Standardwörterbuch

Portugiesisch - Deutsch

Vollständige Neuentwicklung
2002

Ernst Klett Sprachen
Barcelona · Budapest · London · Posen · Sofia · Stuttgart

PONS Standardwörterbuch Portugiesisch

Bearbeitet von:

Joana Mafalda Pimentel Seixas und Antje Weber

Portugisische Grammatik bearbeitet von:

Dr. José A. Palma Caetano, Lutz Hoepner, Johannes J. Mayr,
Dr. Renate Plachy und Franz Ptacek;
für Brasilianisch adaptiert von Gerd Ackermann

Entstanden in Zusammenarbeit von:
Ernst Klett Sprachen GmbH und Porto Editora

Warenzeichen
Wörter, die unseres Wissens eingetragene Warenzeichen darstellen,
sind als solche gekennzeichnet. Es ist jedoch zu beachten, dass weder das
Vorhandensein noch das Fehlen derartiger Kennzeichnungen die Rechtslage
hinsichtlich eingetragener Warenzeichen berührt.

1. Auflage 2002 – Nachdruck 2003 (1,02)

© Ernst Klett Sprachen GmbH, Rotebühlstraße 77, 70178 Stuttgart 2002,
©Porto Editora Lda., Porto, Portugal 2002

Internet: www.pons.de
E-Mail: info@pons.de

Redaktion: Dr. Krzysztof Petelenz
Sprachdatenverarbeitung: Andreas Lang, conTEXT AG
für Informatik und Kommunikation, Zürich
Einbandgestaltung: Ira Häußler, Stuttgart
Logoentwurf: Erwin Poell, Heidelberg
Druck: Clausen und Bosse, Leck
Printed in Germany
ISBN 3-12-517293-4

Inhaltsverzeichnis　　Índice

Liste der verwendeten phonetischen Zeichen
Lista dos símbolos fonéticos usados no dicionário

Die deutsche Phonetik
Símbolos fonéticos da língua alemã

[ː]	lange Vokale wie A... in **A**bend	[ˈaːbənd]
[ʔ]	wie in Ein**ö**de	[ˈaɪnʔøːdə]
[ø]	wie in eint**ö**nig	[ˈaɪntøːnɪç]
[ɑ]	wie in digit**a**l	[digiˈtɑːl]
[ɛ]	wie in Asp**e**kt	[asˈpɛkt]
[ã]	wie in **en**gagieren	[ãgaˈʒiːrən]
[ã]	wie in Engagem**ent**	[ãgaʒəˈmãː]
[ç]	wie in Mäd**ch**en	[ˈmɛːtçən]
[ə]	wie in Mad**e**	[ˈmaːdə]
[ɛ̃]	wie in Cous**in**	[kuˈzɛ̃ː]
[ɪ]	wie in D**i**ktat	[dɪkˈtaːt]
[ʒ]	wie in Mane**g**e	[maˈneːʒə]
[ŋ]	wie in ma**ng**els	[ˈmaŋəls]
[ɔ]	wie in Mailb**o**x	[ˈmɛɪlbɔks]
[o̜]	wie in F**o**yer	[fo̜aˈjeː]
[œ]	wie in er**ö**rtern	[ɛɐˈœrtən]
[õ]	wie in B**on**	[bõː]
[ɔ̃]	wie in Ann**on**ce	[aˈnɔ̃sə]
[œ̃]	wie in Parf**üm**	[parˈfœ̃ː]
[ɐ]	Partitu**r**	[partiˈtuːɐ]
[ʃ]	wie in **Sch**nee	[ʃneː]
[θ]	wie in **Th**riller	[ˈθrɪlɐ]
[ɥ]	wie in Ec**u**ador	[ekɥˈdoːɐ]
[ʊ]	wie in Ba**u**	[baʊ]
[x]	wie in Jo**ch**	[jɔx]
[ʏ]	wie in Ol**y**mpiade	[olʏmˈpjaːdə]
[dʒ]	wie in **J**et	[ˈdʒɛt]

VI

Die portugiesische Phonetik
Símbolos fonéticos da língua portuguesa

'	vor einer Silbe bedeutet, dass die nachfolgende Silbe betont ist; z. B. [pə'kenu].	
[a]	offenes a wie in alle	cá [ka] lado ['ladu] sala ['salɐ]
[ɐ]	geschlossenes a	casa ['kazɐ] cama ['kɐmɐ]
[ɐ̃]	nasaliertes [ɐ]	manhã [mɐ'ɲɐ̃]
[ɛ]	offenes e wie in hell	café [kɐ'fɛ] leve ['lɛvə]
[e]	geschlossenes e wie in geben	ele ['elə] ver [ver] medo ['medu] cena ['senɐ]
[ẽ]	nasaliertes [e]	quente ['kẽntə] lenço ['lẽsu]
[ə]	wie in bitte, meist kaum hörbar	dever [də'ver] tarde ['tardə]
[i]	wie in Minute	fila ['filɐ] livro ['livru]
[ĩ]	nasaliertes [i]	fim [fĩ] ginja ['ʒĩʒɐ]
[ɔ]	offenes o wie in offen	logo ['lɔgu] porta ['pɔrtɐ] avó [ɐ'vɔ]
[o]	geschlossenes o wie in Rose	avô [ɐ'vo] bolo ['bolu]
[õ]	nasaliertes [o]	com [kõ] pronto ['prõntu]
[u]	wie in Ufer	tudo ['tudu] lugar [lu'gar]
[ũ]	nasaliertes [u]	um [ũ] comum [ku'mũ]
[j]	wie in Marion	rádio ['ʁadju] passear [pɐ'sjar]
[w]	nicht wie dt. w, sondern mit vorgestülpten Lippen ein kurzes [u] bilden, dann schnell zum nachfolgenden Vokal übergehen	quarto ['kwartu] voar [vwar]
[f]	wie in fallen, Vater	fado ['fadu] falar [fɐ'lar]

[v]	wie in **W**asser, **V**ioline	ver [ver] lavar [lɐ'var]
[s]	wie in rei**ß**en, la**ss**en	saber [sɐ'ber] passar [pɐ'sar] lenço ['lẽsu]
[z]	wie in le**s**en, rei**s**en	casa ['kazɐ] fazer [fɐ'zer]
[ʃ]	wie in **sch**ön, Ti**sch**	chave ['ʃavə] fechar [fə'ʃar] peixe ['peiʃə]
[ʒ]	wie in Gara**g**e, Lo**g**e	jornal [ʒur'nal] gente ['ʒẽntə]
[r]	leichtes, geschlagenes Zungen-**r**	caro ['karu] pagar [pɐ'gar]
[ʀ]	stark gerolltes Zungen- oder Zäpfchen-**r**	rua ['ʀuɐ] carro ['kaʀu]
[λ]	etwa wie in Fami**li**e, wie das ital. g**l** in fi**gl**io	filho ['fiλu] olho ['oλu] mulher [mu'λɛr]
[ɲ]	etwa wie in Ko**gn**ak, wie das span. **ñ** in se**ñ**or	minha ['miɲɐ] ganhar [ga'ɲar]
[ŋ]	wie in la**ng**, bri**ng**en, in portugiesischen Vokabeln nur zwischen Nasal und [g] bzw. [k]	enganar [ẽŋgɐ'nar] banco ['bẽŋku]

In den portugiesischen **Diphtongen** behält jeder Vokal seinen eigenen Wert.
Bei den **Oraldiphthongen** ist auf den Unterschied zwischen [e] und [ɛ] sowie zwischen [o] und [ɔ] zu achten:
peixe ['peiʃə]   – papéis [pɐ'pɛiʃ]
museu [mu'zeu]   – céu ['sɛu]
coisa ['koizɐ]   – herói [i'rɔi]

Bei den **Nasaldiphthongen** wird der erste Bestandteil nasal ausgesprochen:
mão [mẽu]   – mãe [mẽi]   – peões [pjõiʃ]
falam ['falẽu]   – bem [bẽi]

Die nicht erwähnten **Konsonanten** werden ähnlich den deutschen ausgesprochen.

Liste der im Wörterbuch verwendeten Abkürzungen
Lista das abreviaturas usadas no dicionário

abw	abwertend	pejorativo	*pej*
abk	Abkürzung	abreviatura	*abrev*
	(Akademisch)	académico	*acad*
adj	adjektiv	adjectivo	*adj*
adv	adverb	advérbio, adverbial	*adv*
akk	Akkusativ	acusativo	*ac*
art	artikel	artigo	*art*
best	bestimmt	definido	*def*
bras	brasilanisch	brasileiro	*bras*
dat	Dativ	dativo	*dat*
etw	etwas	alguma coisa	*a. c*
f	femininum	feminino	*fem*
fig	figürlich	figurativo	*fig*
geh	gehoben	elevado	*elev*
gen	Genitiv	genitivo	*gen*
inf	Infinitiv	infinitivo	*inf*
interj	Interjektion	interjeição	*interj*
	(unveränderlich)	(invariável)	*inv*
	(ironisch)	irónico	*irón*
irreg	irregulär	irregular	*irr*
jd	jemand	(alguém)	
jdn	jemanden	(alguém)	
jdm	jemandem	(a alguém)	
jds	jemandes	(de alguém)	
konj	Konjunktion	conjunção, conjuncional	*konj*
komp	komparativ	comparativo	*comp*
	(Satzglied)	locução	*loc*
m	Maskulinum	masculino	*m*
nom	Nominativ	nominativo	*nom*
nt	Neutrum	neutro	*nt*
num card	Kardinalzahl	número cardinal	*núm card*
num ord	Ordinalzahl	número ordinal	*núm ord*
österr	österreichisch	austríaco	*A*

pl	Plural	plural	*pl*
präp	Präposition (Pronomen)	preposição, prepositiva pronome, pronominal	*prep* *pron*
pron. dem	Demonstrativpronomen	pronome demonstrativo	*pron dem*
pron. indef	Indefinitpronomen	pronome indefinido	*pron indef*
pron. interr	Interrogativpronomen	pronome interrogativo	*pron interr*
pron. pers	Personalpronomen	pronome pessoal	*pron pess*
pron. poss	Possessivpronomen	pronome possessivo	*pron poss*
pron. refl	Reflexivpronomen	pronome reflexo	*pron refl*
pron. rel	Relativpronomen	pronome relativo	*pron rel*
reg	regional	regional	*reg*
refl	reflexiv	reflexo	*refl*
	(substantiv)	substantivo	*s*
superl	superlativ	superlativo	*superl*
schw	schweizerisch	suíço	*S*
umg	umgangsprachlich	coloquial	*coloq*
unbest	unbestimmt	indefinido	*indef*
unpers	unpersönlich	impessoal	*impess*
v aux	Hilfsverb	verbo auxiliar	*v aux*
vi	intransitives Verb	verbo intransitivo	*vi*
vt	transitives Verb	verbo transitivo	*vt*
AERON	Luftfahrt	Aeronáutica	*AERON*
AGR	Landwirtschaft	Agricultura	*AGR*
ANAT	Anatomie	Anatomia	*ANAT*
ARCH	Architektur	Arquitectura	*ARQ*
ASTR	Astronomie	Astronomia	*ASTR*
BIOL	Biologie	Biologia	*BIOL*
BOT	Botanik	Botânica	*BOT*
CHEM	Chemie	Química	*QUÍM*
ELEKTR	Elektrotechnik	Electrotecnia	*ELECTR*
FILM	Film	Cinema	*CIN*
FOT	Fotografie	Fotografia	*FOT*
GASTR	Gastronomie	Culinária	*CUL*
GEOG	Geographie	Geografia	*GEOG*
GEOL	Geologie	Geologia	*GEOL*
GESCH	Geschichte	História	*HIST*
GRAM	Grammatik	Gramática	*GRAM*
INFORM	Informatik	Informática	*INFORM*
JUR	Jura, Recht	Direito	*DIR*

x

LING	Linguistik	Linguística	*LING*
LIT	Literatur	Literatura	*LIT*
MAT	Mathematik	Matemática	*MAT*
MED	Medizin	Medicina	*MED*
METEOR	Meteorologie	Meteorologia	*METEOR*
MIL	Militärwesen	Militar	*MIL*
MIN	Bergbau	Mineralogia	*MIN*
MUS	Musik	Música	*MᵥS*
NAUT	Nautik, Seefahrt	Náutica	*NÁUT*
ÖKOL	Ökologie	Ecologia	*ECOL*
PHARM	Pharmazie	Farmácia	
PHYS	Physik	Física	*FÍS*
POL	Politik	Política	*POL*
PSYCH	Psychologie	Psicologia	*PSIC*
PUBL	Publizistik, Presse	Jornalismo	*JORN*
REL	Religion	Religião	*RELIG*
SPORT	Sport	Desporto	*DESP*
TECH	Technik	Técnica	*TÉC*
TEL	Telekommunikation	Telecomunicações	*TEL*
WIRTSCH	Wirtschaft	Economica	*ECON*
ZOOL	Zoologie	Zoologia	*ZOOL*
		dois géneros	*2 gén*

A

a I. *art f* die, der, das; ~ **mesa/pessoa/menina** der Tisch/die Person/das Mädchen II. *pron pers* (*ela*) sie, ihn, es; (*você*) Sie; **eu vi-~** ich habe sie/Sie gesehen; **ele visitou-~?** hat er sie/Sie besucht? III. *pron dem* ~ **que** die(jenige), der(jenige), das(jenige) IV. *prep* **1.** (*direcção*) in, zu; (*país, cidade*) nach; **ir à escola** in die/zur Schule gehen; **ir à igreja** in die Kirche gehen; **ir ~ casa de alguém** zu jdm gehen; ~ **Lisboa** nach Lissabon **2.** (*posição*) an; **à janela/mesa** am Fenster/Tisch **3.** (*distância*) ~ **uns metros** einige Meter entfernt **4.** (*tempo*) um; **à uma hora** um ein Uhr; **daqui ~ uma semana** heute in einer Woche **5.** (*modo*) **à mão** mit der Hand; ~ **pé** zu Fuß; **à jardineira** nach Gärtnerinnenart **6.** (*preço*) zu, für; ~ **100 euros** zu 100 Euro **7.** (*consecutividade*) **dia ~ dia** Tag für Tag; **passo ~ passo** Schritt für Schritt **8.** (*complemento indirecto*) **dar a. c. ~ alguém** jdm etw geben

A, a [ɐ] *m* A, a *nt*

à [a] Zusammensetzung: präp a + art a

aba *f* **1.** (*do chapéu*) Krempe *f*; (*do prato*) Rand *m*; (*da saia*) Saum *m* **2.** (*da mesa*) Klappe *f* **3.** (*margem*) Ufer *nt*

abacate [ɐbɐˈkatɐ] *m* Avocado *f*

abacaxi [abakaʃi] *m* **1.** (*fruta*) Ananas *f* **2.** (*brasil: problema*) Ärger *m*

abade, **abadessa** *m, f* Abt *m*, Äbtissin *f*

abadia [ɐbɐˈdiɐ] *f* Abtei *f*

abafado [ɐbɐˈfadu] *adj* **1.** (*som*) dumpf **2.** (*atmosfera*) schwül, drückend **3.** (*num quarto*) stickig

abafar I. *vt* (*som*) dämpfen; (*fogo, pessoa*) ersticken; (*informação, notícia*) unterdrücken II. *vi* (*pessoa*) ersticken

abaixar I. *vt* **1.** (*objecto*) herunterlassen **2.** (*reduzir*) senken, verringern **3.** (*humilhar*) demütigen, erniedrigen II. *vr* **1.** (*curvar-se*) sich (nieder)beugen **2.** (*humilhar-se*) sich erniedrigen (*a zu*)

abaixo I. *adv* unten; **pelas escadas** ~ die Treppe hinunter, die Treppe herunter; **vir** ~ herunterkommen; ~ **de** unter II. *interj* ~! nieder!

abaixo-assinado *m* **1.** (*documento*) Unterschriftensammlung *f* **2.** (*pessoa*) Unterzeichner, Unterzeichnerin *m, f,* Unterzeichnete

abajur *m* Lampenschirm *m*

abalar I. *vt* (*pessoa*) erschüttern II. *vi* **1.** (*terra*) beben **2.** (*coloq: pessoa*) sich davonmachen, abhauen

abalo *m* **1.** (*comoção*) Erschütterung *f* **2.** (*tremor de terra*) Erdbeben *nt*

abanador *m* Fächer *m*

abananar *vt* verwirren, verblüffen

abanão *m* Ruck *m,* Stoß *m*

abanar I. *vt* (*cabeça, árvore*) schütteln; (*cauda*) wedeln mit II. *vi* wackeln

abancar *vi* (*coloq*) sich setzen, sich niederlassen

abandonado *adj* verlassen

abandonar *vt* **1.** (*pessoa, local*) verlassen **2.** (*desamparar*) im Stich lassen **3.** (*plano, ideia*) aufgeben

abandono *m* **1.** (*de pessoa, local*) Verlassen *nt* **2.** (*desistência*) Aufgabe *f*; ~ **da energia nuclear** Ausstieg aus der Atomenergie **3.** (*desleixo*) Verwahrlosung *f*

abarcar *vt* **1.** (*abranger, compreender*) einschließen, umfassen **2.** (*açambarcar*) horten, hamstern

abarrotado *adj* überfüllt

abarrotar *vt* überladen, vollstopfen

abastado [ɐbɐʃˈtadu] *adj* wohlhabend, vermögend

abastança *f* Überfluss *m,* Wohlstand *m*

abastardar I. *vt* verderben II. *vr* entarten

abastecedor *m* Lieferant *m*

abastecer I. *vt* versorgen (*de* mit); (*loja*) beliefern (*de* mit) II. *vr* sich versorgen (*de* mit)

abastecimento *m* Versorgung *f* (*de* mit); ~ **de energia** Energieversorgung *f*

abatatado *adj* kartoffelförmig; **nariz** ~ Knollennase *f*

abate *m* **1.** (*de árvores*) Fällen *nt* **2.** (*do gado*) Schlachten *nt*

abater I. *vt* (*preço*) senken, verringern; (*árvore*) fällen; (*gado*) schlachten II. *vi* mager werden, abmagern

abatido *adj* 1. (*cansado*) abgespannt 2. (*deprimido*) niedergeschlagen

abatimento *m* (*do preço*) Ermäßigung *f*, Rabatt *m*

abatis *m(f)* *inv* 1. (MIL) Schanze *f* 2. (CUL: *brasil*) Geflügelklein *nt*

abaulamento *m* Wölbung *f*

abaular *vt* wölben

abcesso [ɐb'sɜsu] *m* (MED) Abszess *m*

abdicação *f* Abdankung *f*

abdicar *vi* (*de cargo*) sein Amt niederlegen; ~ **de a. c.** auf etw verzichten

abdómen [ɐb'dɔmɛ̃] *m* Unterleib *m*

abdominal I. *m* Bauchmuskel *m* II. *adj* Unterleibs ...

abecedário *m* 1. (*alfabeto*) Alphabet *nt* 2. (*livro*) Fibel *f*

abeirar I. *vt* heranrücken II. *vr* sich nähern (*de*), näher kommen (*de*)

abelha [ɐ'beʎɐ] *f* Biene *f*

abelha-mestra *f* Bienenkönigin *f*

abelhão *m* Hummel *f*

abelheira *f* Bienennest *nt*

abelhudo *adj* 1. (*coloq: curioso*) indiskret, vorlaut 2. (*coloq: teimoso*) hartnäckig

abemolado *adj* 1. (MÚS) in b-Moll 2. (*suave*) weich

abençoado *adj* gesegnet

abençoar *vt* segnen

aberração *f* (*tb. óptica*) Abweichung *f*

aberta *f* 1. (*abertura*) Öffnung *f* 2. (*na floresta*) Lichtung *f* 3. (METEO) Aufheiterung *f* 4. (*oportunidade*) Chance *f*, Möglichkeit *f*; **tive uma** ~ es ergab sich eine Möglichkeit für mich

abertamente *adv* offen; (*sinceramente*) aufrichtig

aberto [ɐ'bɜrtu] I. *pp de* **abrir** II. *adj* 1. (*porta, loja*) geöffnet, offen 2. (*mentalidade*) offen, offenherzig 3. (*sincero*) aufrichtig, redlich

abertura [ɐbɐr'turɐ] *f* 1. (*de porta*) Öffnung *f*; (*de loja*) Eröffnung *f* 2. (*início*) Anfang *m*, Beginn *m* 3. (*orifício*) Öffnung *f* 4. (MÚS) Ouvertüre *f*

abeto *m* Tanne *f*

abismado *adj* erstaunt (*com* über); (*espantado*) bestürzt (*com* über); **ficar** ~ erstaunt sein

abismal *adj* abgrundtief, kolossal

abismar *vt* 1. (*espantar*) bestürzen 2. (*precipitar*) hinabstürzen, hinabstoßen

abismo *m* Abgrund *m*; (*fig*) Kluft *f*

abissal *adj* 1. (*do mar*) Tiefsee ... 2. (*abismal*) abgrundtief

abjeção *f* (*brasil*) v. **abjecção**

abjecção *f* Gemeinheit *f*, Abscheulichkeit *f*

abjecto *adj* gemein, abscheulich

abjeto *adj* (*brasil*) v. **abjecto**

abjudicação *f* (DIR) Aberkennung *f*

abjudicar *vt* (DIR) aberkennen; ~ **um direito a alguém** jdm ein Recht aberkennen

abjurar *vt* widerrufen

ablação *f* 1. (MED) Entfernung *f*, Ablation *f* 2. (GEOL) Ablation *f*

ablegar *vt* verbannen

ablução *f* (REL) Reinigung *f*, Waschung *f*

abluir *vt* (REL) reinigen, waschen

abnegação *f* Selbstverleugnung *f*

abnegado *adj* selbstlos

abnegar *vt* entsagen

abóbada [ɐ'bɔbɐdɐ] *f* Gewölbe *nt*

abobalhado *adj* (*brasil*) dumm, blöd

abóbora [ɐ'bɔburɐ] *f* 1. (BOT) Kürbis *m* 2. (*coloq: pessoa*) Schwächling *m*

abocanhar *vt* 1. (*cão*) beißen 2. (*difamar*) verleumden; (*coloq*) durchhecheln

abocar *vt* 1. (*apanhar*) schnappen 2. (*meter na boca*) in den Mund stecken

aboletamento *m* 1. (MIL: *lugar*) Quartier *nt* 2. (*acção*) Einquartierung *f*

aboletar *vt* (MIL) einquartieren

abolição *f* Abschaffung *f*; (*de lei*) Aufhebung *f*, Annullierung *f*; ~ **da escravatura** Abschaffung der Sklaverei

abolir *vt* abschaffen; (*lei*) aufheben, annullieren

abominação *f* 1. (*sentimento*) Widerwille *m*, Abscheu *m* 2. (*coisa*) Abscheulichkeit *f*

abominar *vt* (*detestar*) verabscheuen; (*odiar*) hassen

abominável *adj* abscheulich, grässlich

abonar I. *vt* bürgen für, garantieren II. *vr* sich rühmen (*de*)

abono *m* 1. (*subsídio*) Beihilfe *f*; ~ **de família** Kindergeld *nt* 2. (*fiança*) Bürgschaft *f* 3. (*adiantamento*) Vorschuss *m*

abordagem *f* 1. (*a assunto, problema*) Ansprechen *nt* 2. (NAÚT) Anlegen *nt*

abordar I. *vt* (*pessoa, problema*) ansprechen; (NAÚT) entern II. *vi* (NAÚT) anlegen

aborígene I. *m(f)* Ureinwohner, Ureinwohnerin *m, f* II. *adj* eingeboren

aborrecer I. *vt* 1. (*irritar*) verärgern 2. (*ma-*

çar) langweilen **II.** *vr* **1.** (*irritar-se*) sich ärgern (*com* über) **2.** (*maçar-se*) sich langweilen (*de* über)

aborrecido [ɐbuɾɐ'sidu] *adj* **1.** (*livro, filme*) langweilig **2.** (*pessoa*) missmutig, verärgert; **estar ~ com a. c.** etw nicht mehr sehen können; **estar ~ com alguém** auf jdn böse sein **3.** (*situação*) unangenehm

aborrecimento *m* **1.** (*irritação*) Ärger *m*, Missmut *m* **2.** (*tédio*) Langeweile *f* **3.** (*fastio*) Überdruss *m*

abortar *vi* **1.** (*aborto provocado*) abtreiben; (*aborto espontâneo*) eine Fehlgeburt haben **2.** (*plano*) fehlschlagen

aborto [ɐ'bortu] *m* (*provocado*) Abtreibung *f*; (*espontâneo*) Abort *m*, Fehlgeburt *f*

abotoar *vt* zuknöpfen

abraçar [ɐbɾɐ'sar] *vt* **1.** (*uma pessoa*) umarmen **2.** (*uma ideia*) annehmen, übernehmen; ~ **uma profissão** einen Beruf ergreifen

abraço *m* Umarmung *f;* **dar um ~ a alguém** jdn umarmen

abrandar I. *vt* **1.** (*a velocidade*) verlangsamen, verringern **2.** (*sofrimento*) lindern, milden; (*ira*) besänftigen **3.** (*amaciar*) erweichen **II.** *vi* **1.** (*pessoa*) langsamer werden; (*automóvel*) abbremsen **2.** (*chuva*) nachlassen; (*vento*) abflauen

abranger *vt* **1.** (*conter*) umfassen, enthalten **2.** (*compreender*) einbeziehen, erfassen

abrasivo I. *m* Schleifmittel *nt* **II.** *adj* **pó ~** Scheuerpulver *nt*

abre-cartas *m* Brieföffner *m*

abre-latas *m* Büchsenöffner *m*, Dosenöffner *m*

abrenúncio *interj* ~! Gott bewahre!

abreviado *adj* **1.** (*palavra*) abgekürzt **2.** (*texto*) gekürzt, zusammengefasst

abreviar *vt* **1.** (*palavra*) abkürzen **2.** (*texto*) kürzen, zusammenfassen; ~ **razões** sich kurz fassen

abreviatura [ɐbɾɐvjɐ'tuɾɐ] *f* Abkürzung *f*

abridor *m* **1.** (*instrumento*) Öffner *m* **2.** (*gravador*) Graveur *m*

abrigar I. *vt* Zuflucht gewähren, aufnehmen; (*proteger*) schützen **II.** *vr* **1.** (*da chuva*) sich unterstellen **2.** (*refugiados*) Zuflucht suchen

abrigo *m* Zufluchtsort *m;* ~ **antiaéreo** Luftschutzkeller *m;* ~ **nuclear** Atombunker *m;* **ao ~ de** geschützt vor; **procurar ~** Zuflucht suchen (*em* in/bei)

Abril *m* April *m; v.* **Março**

abrir [ɐ'bɾir] **I.** *vt* **1.** (*porta, janela*) öffnen, aufmachen; (*com chave*) aufschließen; (*livro*) aufschlagen; ~ **uma excepção** eine Ausnahme machen **2.** (*conta bancária, loja*) eröffnen **3.** (*torneira*) aufdrehen; (*aquecimento*) anstellen; (*luz*) anmachen **4.** (*apetite*) anregen **5.** (*braços, asas*) ausbreiten **II.** *vi* **1.** (*porta, janela, loja*) öffnen **2.** (*dia*) anbrechen **3.** (*flor*) aufbrechen **4.** (*madeira*) sich spalten **III.** *vr* **1.** (*porta, janela*) sich öffnen **2.** (*pessoa*) ~-**se com alguém** sich jdm anvertrauen

abrupto *adj* **1.** (*repentino*) plötzlich **2.** (*grosseiro*) schroff, rau **3.** (*íngreme*) steil, abschüssig **4.** (*pessoa*) unfreundlich

abrutalhado *adj* unhöflich, grob

absinto *m* Absinth *m*

absolutamente [ɐbsuluteˈmẽntɐ] *adv* unbedingt, durchaus; ~ **nada** gar nichts

absolutismo *m* (HIST) Absolutismus *m*

absoluto *adj* **1.** (*não relativo*) absolut **2.** (*poder*) unumschränkt **3.** (*sem restrições*) unbeschränkt; **concordas com isso? - Em ~** bist du damit einverstanden?; (*negativa*) - ganz und gar nicht; (*afirmativa*) - völlig

absolutório *adj* freisprechend; (DIR); **sentença absolutória** Freispruch *m*

absolver *vt* **1.** (DIR) freisprechen (*de* von) **2.** (REL) die Absolution erteilen **3.** (*desobrigar*) entbinden (*de* von)

absolvição *f* **1.** (DIR) Freispruch *m* **2.** (REL) Absolution *f*

absolvido *adj* (DIR) **ficar ~** freigesprochen werden; (REL) die Absolution erhalten

absorção *f* Absorbieren *nt;* (TÉC) Absorption *f*

absorto *adj* **1.** (*pensando*) in Gedanken versunken **2.** (*extasiado*) erstaunt, entzückt

absorver I. *vt* (*líquido*) absorbieren, aufsaugen; (*fig: pessoa*) in Anspruch nehmen **II.** *vr* sich vertiefen (*em* in)

abstenção *f* (POL) Stimmenthaltung *f*

abstencionista *m/f* Nichtwähler, Nichtwählerin *m, f*

abster I. *vt* abhalten (*de* von) **II.** *vr* verzichten (*de* auf); (*em votação*) sich enthalten (*de*)

abstinência *f* Enthaltsamkeit *f*, Abstinenz *f*

abstração *f* (*brasil*) *v.* **abstracção**

abstracção *f* **1.** (FIL) Abstraktion *f* **2.** (*distracção*) Zerstreutheit *f*, Geistesabwesenheit *f*

abstracto *adj* abstrakt

abstraído *adj* zerstreut, geistesabwesend; ~

nos **pensamentos** in Gedanken versunken
abstrair-se *vr* abstrahieren (*de* von)
abstrato *adj* (*brasil*) *v.* **abstracto**
absurdo I. *m* Unsinn *m,* Sinnlosigkeit *f* II. *adj* absurd, unsinnig
abundância *f* 1. (*grande quantidade*) Fülle *f* (*de/em* an) 2. (*opulência*) Überfluss *m,* Reichtum *m* (*de/em* an)
abundante *adj* reichhaltig; (*colheita*) reich, ergiebig; ~ **em** reich an
abundar *vi* reichlich vorhanden sein, überquellen (*de* von)
abusado *adj* (*brasil*) frech, unverschämt
abusador *adj* frech, unverschämt
abusar *vi* übertreiben; ~ **de** missbrauchen; ~ **da comida/bebida** übermäßig essen/trinken
abuso *m* Missbrauch *m;* ~ **de autoridade** Amtsmissbrauch *m;* ~ **de confiança** Vertrauensbruch *m*
abutre *m* Geier *m*
acabado *adj* 1. (*feito*) vollendet, fertig 2. (*pessoa*) erledigt
acabamento *m* (*de produto*) Fertigstellung *f;* (*de têxteis*) Appretur *f*
acabamentos *mpl* (*da casa*) Ausstattung *f;* (*de automóvel, móveis*) Ausführung *f*
acabar [ɐkɐ'bar] I. *vt* (*concluir*) beenden, abschließen; (*coloq*) fertig machen; (*aperfeiçoar*) bearbeiten II. *vi* aufhören, enden; ~ **bem** gut ausgehen; ~ **com a. c.** mit etw Schluss machen; **acabei de falar com ele** ich habe eben/gerade mit ihm gesprochen; ~ **por fazer a. c.** schließlich etw tun; (*namoro*); ~ **com alguém** mit jdm Schluss machen; (*aniquilar*) jdn fertig machen III. *vr* ausgehen; **acabou-se!** Schluss jetzt!
acácia *f* Akazie *f*
academia *f* Akademie *f*
académico, -a I. *m, f* (*estudante*) Student, Studentin *m, f;* (*membro da academia*) Akademiemitglied *nt* II. *adj* akademisch
açafrão [ɐsɐ'frãu] *m* 1. (*planta*) Krokus *m* 2. (*especiaria*) Safran *m*
açaimar *vt* 1. (*animal*) den Maulkorb anlegen 2. (*fig: pessoa*) zügeln
açaime *m* Maulkorb *m*
acalmar I. *vt* 1. (*pessoa*) besänftigen, beruhigen 2. (*dor*) lindern, stillen II. *vi* 1. (*pessoa*) ruhig werden, sich beruhigen 2. (*tempestade, vento*) sich legen
acalmia *f* Ruhepause *f*

acalorado *adj* (*pessoa*) leidenschaftlich; (*discussão*) hitzig
acalorar *vt* 1. (*aquecer*) erhitzen 2. (*discussão*) aufheizen 3. (*entusiasmar*) erregen, begeistern
acamado *adj* **estar** ~ das Bett hüten, (krank) im Bett liegen
açambarcador(a) *m(f)* Hamsterer, Hamsterin *m, f*
açambarcamento *m* Aufkauf *m;* (*coloq*) Hamstern *nt*
açambarcar *vt* aufkaufen; (*coloq*) hamstern
acampamento *m* (MIL) Lager *nt;* ~ **de refugiados** Flüchtlingslager *nt*
acampar [ɐkãm'par] *vi* lagern, ein Lager aufschlagen; (*nas férias*) campen, zelten
acanaladura *f* Rinne *f,* Furche *f*
acanalhado *adj* gemein, gewissenlos
acanhado *adj* 1. (*tímido*) schüchtern 2. (*em tamanho*) beengt, eng
acanhamento *m* 1. (*timidez*) Schüchternheit *f;* (*embaraço*) Verlegenheit *f* 2. (*em tamanho*) Enge *f*
acanhar I. *vt* 1. (*pessoa*) einschüchtern 2. (*em tamanho*) verengen, verkleinern II. *vr* 1. (*envergonhar-se*) verlegen werden, sich schämen 2. (*acobardar-se*) Angst bekommen
acantonamento *m* (MIL) Einquartierung *f;* (*lugar*) Quartier *nt,* Standort *m*
acantonar I. *vt* (MIL) einquartieren II. *vi* (MIL) Quartier beziehen
ação *f* (*brasil*) *v.* **acção**
acareação *f* (DIR) Gegenüberstellung *f*
acarear *vt* (DIR) gegenüberstellen
acariciar *vt* liebkosen, streicheln
acarinhar *vt* 1. (*mimar*) umhegen; (*acariciar*) streicheln 2. (*lisonjear*) schmeicheln
ácaro *m* Milbe *f*
acarretar *vt* 1. (*transportar*) transportieren; (*trazer*) anfahren, herbeischaffen; (*reunir*) zusammentragen 2. (*consequências*) mit sich bringen
acasalar I. *vt* paaren II. *vi* sich paaren
acaso [ɐ'kazu] *m* Zufall *m;* **ao** ~ aufs Geratewohl; **por** ~ zufällig, durch Zufall
acastanhado *adj* bräunlich
acatamento *m* Respekt *m,* Ehrerbietung *f*
acatar *vt* 1. (*respeitar*) respektieren, ehren 2. (*cumprir*) beachten, befolgen
acautelado *adj* vorsichtig, umsichtig
acautelar I. *vt* (*prevenir*) warnen (*contra* vor); (*precaver*) vorbeugen II. *vr* sich in Acht

nehmen (*contra* vor), sich vorsehen (*contra* vor)

acavalar *vr* sich setzen (*em* auf)

acção [asãu] *f* **1.** (*acto de agir*) Aktion *f*, Tat *f*; **fazer uma boa** ~ eine gute Tat vollbringen **2.** (*efeito*) Wirkung *f* (*em/sobre* auf) **3.** (ECON) Aktie *f* **4.** (MIL) Unternehmen *nt* **5.** (DIR) Klage *f* (*contra* gegen), Gerichtsverfahren *nt* (*contra* gegen); **pôr uma ~ em tribunal** ein Gerichtsverfahren anstrengen **6.** (LIT) Handlung *f*

accionador *m* (*do motor*) Anlasser *m*

accionamento *m* (TÉC) Antrieb *m*

accionar *vt* (*máquina*) in Gang setzen; (*motor*) anlassen

accionista *m/f* Aktionär, Aktionärin *m, f*

acearia *f* Stahlwerk *nt*

acedares *mpl* Sardinennetz *nt*

acedência *f* **1.** (*concordância*) Zustimmung *f*, Einverständnis *nt* **2.** (*conciliação*) Entgegenkommen *nt*

aceder *vi* **1.** (*concordar*) zustimmen (*a*), bewilligen (*a*); ~ **a um pedido** einem Antrag stattgeben **2.** (*entrar*) beitreten (*a*), eintreten (*a* in)

acéfalo *adj* kopflos

aceitação *f* **1.** (*de proposta, presente*) Annahme *f* **2.** (*reconhecimento*) Anerkennung *f* **3.** (*consentimento*) Zustimmung *f*; **ter muita ~** viel Zustimmung finden

aceitar [esei'tar] *vt* **1.** (*proposta, presente*) annehmen, akzeptieren; ~ **de volta** zurücknehmen **2.** (*consentir*) zustimmen

aceitável *adj* annehmbar, akzeptabel

aceite I. *pp* de **aceitar** II. *adj* (*visita*) willkommen, angenehm

aceito *adj* (*brasil*) v. **aceite**

aceleração *f* Beschleunigung *f*

acelerado *adj* rasch, schnell

acelerador *m* (*automóvel*) Gaspedal *nt*; **carregar no** ~ Gas geben

acelerar I. *vt* (*um processo*) beschleunigen II. *vi* (*no automóvel*) Gas geben; (*a pé*) schneller gehen; ~ **a fundo** Vollgas geben

acelga *f* Mangold *m*

acém *m* Kammstück *nt*

acenar *vi* **1.** (*com a mão*) winken (*a*) **2.** (*com a cabeça*) zunicken, (mit dem Kopf) nicken

acendedor *m* (*para gás*) Anzünder *m*

acender [esẽn'der] I. *vt* (*cigarro, lume*) anzünden; (*luz, forno, fogão*) anschalten, einschalten; (*sentimento*) erregen II. *vr* (*discus-*

são) entbrennen; (*desejo*) erwachen

acendrar *vt* reinigen; (*alma*) läutern

aceno *m* **1.** (*com a mão*) Wink *m* **2.** (*com a cabeça*) Nicken *nt*

acento *m* **1.** (*sinal gráfico*) Akzent *m*; ~ **agudo** Akut *m*; ~ **circunflexo** Zirkumflex *m*; ~ **grave** Gravis *m* **2.** (*de palavra*) Betonung *f*; ~ **tónico** Hauptton *m*

acentuação *f* Betonung *f*

acentuado *adj* **1.** (*sílaba*) betont; (*graficamente*) mit Akzent **2.** (*marcado*) markant, ausgeprägt

acentuar *vt* **1.** (*sílaba*) betonen; (*graficamente*) einen Akzent setzen auf **2.** (*sublinhar*) betonen, hervorheben

acepção *f* Bedeutung *f*; **na verdadeira ~ da palavra** im wahrsten Sinne des Wortes

acepipe *m* Leckerbissen *m*

acepipes *mpl* Vorspeise *f*

ácer *m* Ahorn *m*

acerca *prep* ~ **de** hinsichtlich, bezüglich

acercar I. *vt* annähern; (*objecto*) heranrücken II. *vr* sich nähern (*de*)

acérrimo *superl de* **acre**

acertar I. *vt* (*atinar com*) treffen; (*caminho*) finden; (*ajustar*) berichtigen; ~ **o relógio** die Uhr stellen II. *vi* treffen; **acertaste!** getroffen!; ~ **no alvo** das Ziel treffen; ~ **em cheio** ins Schwarze treffen; ~ **com a. c.** etw herausfinden

acerto *m* Abrechnung *f*; ~ **de contas** Rechnungsausgleich *m*

acervo *m* **1.** (DIR) Besitztum *nt,* Vermögen *nt* **2.** (*montão*) Haufen *m*

aceso *adj* **1.** (*vela, luz*) brennend **2.** (*excitado*) aufgeregt; (*discussão*) hitzig

acessível *adj* **1.** (*pessoa, lugar*) erreichbar **2.** (*preço*) erschwinglich

acesso [e'sɜsu] *m* **1.** (*entrada*) Zutritt *m*, Zugang *m*; (*para carros*) Zufahrt *f*; (*na auto-estrada*) Auffahrt *f*; ~ **à Internet** Zugang zum Internet; **ter ~ a a. c.** Zugang zu etw haben **2.** (MED) Anfall *m*; ~ **de fúria** Wutanfall *m*

acessório I. *m* (*de máquina*) Zubehör *nt*; (*peça sobresselente*) Ersatzteil *nt* II. *adj* zusätzlich

acessórios *mpl* (*de moda*) Accessoires *pl*

acetato *m* Acetat *nt*

acético *adj* Essig ...; **ácido** ~ Essigsäure *f*

acetileno *m* Acetylen *nt*

acetinado *adj* satiniert; (*lustroso*) glänzend

acetona [esə'tonɐ] *f* Aceton *nt*

acha *f* Holzscheit *nt*

achacadiço *adj* anfällig, kränklich

achacado *adj* kränklich, schwach

achado *m* Fund *m*

achaque *m* **1.** (*doença*) Leiden *nt* **2.** (*vício*) schlechte Angewohnheit *f*

achaques *mpl* Unannehmlichkeiten *pl;* (MED) Beschwerden *pl*

achar [ɐ'ʃar] **I.** *vt* (*encontrar*) finden; (*descobrir*) entdecken; (*pensar, julgar*) finden, glauben; ~ **bom/bem** gut finden, für gut halten; **acho que** ... ich finde, dass ... **II.** *vr* sich befinden

achatado *adj* platt

achatar *vt* abflachen, platt drücken

achega *f* **1.** (*aditamento*) Beitrag *m* **2.** (*auxílio*) Unterstützung *f*

achincalhar *vt* verspotten, verhöhnen

achocolatado *adj* **1.** (*sabor*) Schokoladen ... **2.** (*cor*) schokoladenbraun

acicatar *vt* anspornen, anstacheln

acicate *m* Ansporn *m*

acidar *vt* (*carne*) sauer einlegen

acidentado *adj* **1.** (*terreno*) uneben, hügelig; (*rua*) holperig **2.** (*vida*) bewegt

acidental *adj* **1.** (*casual*) zufällig **2.** (*inesperado*) unerwartet, unvorhergesehen

acidente [ɐsi'dɛ̃tɐ] *m* **1.** (*desastre*) Unfall *m*, Unglück *nt;* ~ **de viação** Verkehrsunfall *m* **2.** (*acaso*) Zufall *m;* **por** ~ durch Zufall **3.** (GEOG) Unebenheit *f*

acidez *f* Säure *f*, Säuregehalt *m*

acídia *f* Faulheit *f*, Trägheit *f*

ácido ['asidu] **I.** *m* Säure *f;* ~ **carbónico** Kohlensäure *f;* ~ **clorídico** Salzsäure *f;* ~ **sulfúrico** Schwefelsäure *f* **II.** *adj* sauer

acima **I.** *adv* (*em cima*) oben; **os nomes** ~ die obigen Namen; ~ **de** über, oberhalb; **estar** ~ **de qualquer suspeita** über jeden Verdacht erhaben sein; (*para cima*) aufwärts, nach oben; **pelas escadas** ~ die Treppe hinauf/herauf **II.** *interj* ~! rauf!, hinauf!

acinzentado *adj* gräulich

acionador *m* (*brasil: do motor*) Anlasser *m;* (INFORM); ~ **de disquetes** Diskettenlaufwerk *nt*

acionamento *m* (TÉC: *brasil*) Antrieb *m*

acionar *vt* (*brasil*) *v.* **accionar**

acionista *m(f)* (*brasil*) Aktionär, Aktionärin *m, f*

acirrado *adj* halsstarrig

acirrar *vt* **1.** (*irritar*) reizen, ärgern **2.** (*estimular*) anstacheln; (*cão*) hetzen

aclamação *f* **1.** (*aplauso*) Applaus *m* **2.** (POL) Akklamation *f;* **eleito por** ~ per Akklamation gewählt

aclamar *vt* **1.** (*bradar*) zujubeln **2.** (POL) durch Zuruf wählen, per Akklamation wählen

aclarar *vt* **1.** (*esclarecer*) erhellen **2.** (*crime*) aufklären; (*a verdade*) ans Licht bringen **3.** (*explicar*) erklären; ~ **uma questão** eine Frage klären

aclimatação *f* Gewöhnung *f*, Eingewöhnung *f*

aclimatar **I.** *vt* gewöhnen an, akklimatisieren **II.** *vr* sich gewöhnen (*a* an); (*a cidade*) sich eingewöhnen (*a* in)

aclive **I.** *m* Hang *m*, Abhang *m;* **em** ~ ansteigend **II.** *adj* steil

acne *f* (MED) Akne *f*

aço *m* Stahl *m;* ~ **inox(idável)** rostfreier Stahl; **de** ~ stählern

acobardado *adv* feige, mutlos

acobardar **I.** *vt* Angst einjagen, einschüchtern **II.** *vr* verzagen, einen Rückzieher machen

acobertar **I.** *vt* (*tapar*) zudecken; (*dissimular*) verstecken, verschleiern **II.** *vr* (*fig*) sich verstecken (*com* hinter)

acochar-se *vr* sich kauern

acocorar **I.** *vt* hinhocken **II.** *vr* sich hinkauern, sich hinhocken

açodado *adj* eilig, hastig

açodar *vt* antreiben, hetzen

acoimar *vt* bestrafen

acoitamento *m* (*de refugiados*) Aufnahme *f*

acoitar **I.** *vt* beherbergen, aufnehmen; (*esconder*) verstecken **II.** *vr* Zuflucht suchen

açoitar *vt* auspeitschen

açoite *m* **1.** (*chicotada*) Peitschenhieb *m* **2.** (*chicote*) Peitsche *f* **3.** (*coloq: palmada*) Klaps *m*

acolá *adv* dort, da; **para** ~ dorthin, dahin

acolchoado **I.** *m* (*objecto estofado*) Polster *nt;* (*coberta*) Steppdecke *f* **II.** *adj* gepolstert

acolchoar *vt* **1.** (*estofar*) polstern **2.** (*roupa*) wattieren (und (ab)steppen)

acolhedor *adj* **1.** (*ambiente, local*) gemütlich, gastlich **2.** (*pessoa*) gastfreundlich

acolher **I.** *vt* (*uma visita*) empfangen; (*uma ideia*) aufnehmen; (*abrigar*) Zuflucht gewäh-

A

ren; (*hospedar*) beherbergen **II.** *vr* Schutz suchen

acolhimento *m* **1.** (*de uma visita*) Empfang *m;* (*de uma ideia*) Aufnahme *f* **2.** (*refúgio*) Zuflucht *f*

acolitar *vt* **1.** (*acompanhar*) begleiten **2.** (*ajudar*) assistieren

acólito *m* (REL) Messdiener *m*

acometer *vt* **1.** (*atacar*) anfallen, angreifen **2.** (*doença*) befallen; **uma doença acomete alguém** jd bekommt eine Krankheit; **ele foi acometido de/por uma vertigem** ihm wurde schwindelig

acomodação *f* **1.** (*adaptação*) Anpassung *f* **2.** (*conforto*) Bequemlichkeit *f* **3.** (*alojamento*) Unterkunft *f*

acomodar **I.** *vt* (*hospedar*) unterbringen, beherbergen; (*adaptar*) gewöhnen (*a* an); (*arrumar*) aufräumen **II.** *vr* sich anpassen (*a* an), sich fügen (*a* in)

acompanhamento *m* **1.** (*de pessoa*) Begleitung *f;* (*séquito*) Geleit *nt;* ~ **fúnebre** Leichenzug *m* **2.** (MÚS) Begleitung *f* **3.** (CUL) Beilage *f* **4.** (MED) Betreuung *f;* ~ **médico** ärztliche Betreuung

acompanhante *m/f* Begleiter, Begleiterin *m, f*

acompanhar [ɐkõmpɐ'ɲar] *vt* **1.** (*pessoa*) begleiten; ~ **alguém a casa** jdn nach Hause begleiten; ~ **alguém ao piano** jdn auf dem Klavier begleiten **2.** (*um acontecimento*) verfolgen **3.** (*grupo de turistas, doente*) betreuen

aconchegado *adj* behaglich, gemütlich

aconchegar **I.** *vt* ~ **alguém** (**com a. c.**) es jdm gemütlich machen **II.** *vr* sich schmiegen (*em* an)

aconchego *m* Gemütlichkeit *f*

acondicionamento *m* Herrichtung *f* (für den Versand)

acondicionar *vt* herrichten; (*embalar*) verpacken; (*para transporte*) versandfertig machen

aconselhar [ɐkõsə'ʎar] **I.** *vt* raten, empfehlen; ~ **alguém** jdn beraten; ~ **a. c. a alguém** jdm etw empfehlen **II.** *vr* sich beraten; ~**-se com alguém** jdn zu Rate ziehen

aconselhável *adj* ratsam, empfehlenswert

acontecer [ɐkõntə'ser] *vi* geschehen, sich ereignen

acontecimento [ɐkõntəsi'mẽntu] *m* Ereignis *nt*

acoplamento *m* **1.** (ELECTR) Schaltung *f* **2.** (*de veículos, máquinas*) Kopplung *f*

acoplar *vt* **1.** (ELECTR) schalten **2.** (*veículos, máquinas*) koppeln

açor *m* Habicht *m*

açorda [ɐ'sordɐ] *f* (CUL) Brotbrei *m*

acordado [ɐkur'dadu] *adj* **1.** (*desperto*) wach **2.** (*combinado*) vereinbart

acordante *adj* übereinstimmend

acórdão *m* (DIR) Urteil *nt*

acordar [ɐkur'dar] **I.** *vt* **1.** (*despertar*) wecken, aufwecken **2.** (*combinar*) vereinbaren **3.** (*pôr em harmonia*) in Einklang bringen; (*adversários*) versöhnen **II.** *vi* **1.** (*despertar*) aufwachen, erwachen; **não** ~ **a horas** verschlafen **2.** (*concordar*) sich einigen

acorde *m* (MÚS) Akkord *m*

acordeão *m* Ziehharmonika *f*, Akkordeon *nt*

acordo [ɐ'kordu] *m* **1.** (*concordância*) Übereinstimmung *f*, Einverständnis *nt;* (*convenção*) Vereinbarung *f*, Übereinkommen *nt;* **de** ~! einverstanden!; **de** ~ **com** gemäß; **chegar a um** ~ eine Vereinbarung treffen; **estar de** ~ **com alguém** mit jdm einer Meinung sein; **de comum** ~ einmütig **2.** (POL) Abkommen *nt;* **assinar um** ~ ein Abkommen unterzeichnen **3.** (DIR) Vertrag *m*, Vergleich *m;* ~ **amigável** gütlicher Vergleich; ~ **pré-nupcial** vorehelicher Vertrag

Açores *mpl* Azoren *pl*

açoriano, -a **I.** *m, f* Azorianer, Azorianerin *m, f* **II.** *adj* von den Azoren

acorrentar *vt* anketten, fesseln

acorrer *vi* herbeieilen; ~ **a alguém** jdm zu Hilfe kommen

acossar *vt* **1.** (*perseguir*) verfolgen **2.** (*atormentar*) beunruhigen, quälen **3.** (*molestar*) belästigen

acostamento *m* (*brasil*) Randstreifen *m*, Seitenstreifen *m*

acostar **I.** *vt* anlehnen **II.** *vi* (NAÚT) anlegen; (*naufragar*) stranden; (*atracar*) entern **III.** *vr* (*recostar-se*) sich anlehnen (*a* an)

acostumado *adj* gewohnt (*a* an); **mal** ~ verwöhnt

acostumar **I.** *vt* gewöhnen (*a* an) **II.** *vr* sich gewöhnen (*a* an)

acotovelamento *m* **1.** (*na multidão*) Gedränge *nt* **2.** (*com cotovelo*) Ellbogenstoß *m*

acotovelar **I.** *vt* (mit dem Ellbogen) anstoßen **II.** *vr* sich drängen

açougue [a'sogi] *m* **1.** (*matadouro*)

Schlachthaus *nt* **2.** (*brasil: talho*) Metzgerei *f*
acre I. *m* (AGR) Morgen *m* II. *adj* (*sabor*) bitter, herb
acreditar [ɐkrɐdiˈtar] I. *vt* (POL) akkreditieren II. *vi* glauben (*em* an); ~ **em alguém** jdm glauben
acrescentar *vt* **1.** (*anexar*) hinzufügen, anfügen **2.** (*ao cozinhar*) hinzufügen, zugeben **3.** (*aumentar*) vermehren
acrescer I. *vt* hinzufügen II. *vi* hinzukommen
acréscimo *m* Zuwachs *m*, Zunahme *f*
acriançado *adj* kindisch
acrílico *m* Acryl *nt*
acrobacia *f* Akrobatik *f*
acrobata *m(f)* Akrobat, Akrobatin *m, f*; ~ **aéreo** Kunstflieger, Kunstfliegerin *m, f*
acrobático *adj* akrobatisch
acromático *adj* **1.** (*óptica*) achromatisch **2.** (MÚS) eintönig, monoton
acta *f* **1.** (*relatório*) Bericht *m;* (*de reunião*) Protokoll *nt* **2.** (*documento*) Urkunde *f*
activação *f* Aktivierung *f*
activar *vt* aktivieren, in Gang setzen; (*estimular*) beleben; ~ **o fogo** das Feuer schüren
actividade *f* Tätigkeit *f*, Aktivität *f;* ~ **profissional** berufliche Tätigkeit, Beruf *m;* ~s **culturais** Kulturveranstaltungen *pl;* ~s **de lazer** Freizeitaktivitäten; **cheio de** ~ voller Tatendrang
activista *m(f)* Aktivist, Aktivistin *m, f*
activo I. *m* (ECON) Aktiva *pl* II. *adj* **1.** (*pessoa*) aktiv, rührig; (*profissionalmente*) erwerbstätig **2.** (*eficaz*) wirksam
acto [ˈatu] *m* **1.** (*acção*) Tat *f,* Handlung *f;* ~ **jurídico** Rechtshandlung *f* **2.** (LIT) Akt *m*
actor, **actriz** [aˈtor] *m, f* Schauspieler, Schauspielerin *m, f*
actuação *f* (*em palco*) Auftritt *m;* ~ **em directo** Liveauftritt *m*
actual *adj* aktuell, gegenwärtig
actualidade *f* **1.** (*de notícia, documento*) Aktualität *f;* **de grande** ~ hochaktuell **2.** (*presente*) Gegenwart *f;* **viver na** ~ in der Gegenwart leben
actualização *f* Aktualisierung *f;* ~ **de conhecimentos** Fortbildung *f*
actualizar *vt* aktualisieren, auf den neuesten Stand bringen
actualmente *adv* heutzutage, zurzeit
actuar *vi* **1.** (*influir*) wirken (*sobre* auf) **2.**

(*em palco*) auftreten; ~ **em directo** live auftreten
açúcar [ɐˈsukar] *m* Zucker *m;* ~ **em cubos** Würfelzucker *m;* ~ **em pó** Puderzucker *m;* **sem** ~ ungesüßt
açucarar *vt* süßen, zuckern; (*fig*) versüßen
açucareiro I. *m* Zuckerdose *f* II. *adj* Zucker ...
açucena *f* weiße Lilie *f*
açude *m* (*represa*) Stauwehr *nt;* (*comporta*) Schleuse *f*
acudir *vi* **1.** (*em socorro*) zu Hilfe kommen, zu Hilfe eilen; **acudam!** (zu) Hilfe! **2.** (*vir*) herbeikommen; (*multidão*) zusammenlaufen
acuidade *f* **1.** (*agudeza*) Schärfe *f* **2.** (*sensibilidade*) Empfindlichkeit *f*
acumulação *f* Anhäufung *f*, Ansammlung *f*
acumulador *m* (ELECTR) Akkumulator *m*
acumular I. *vt* (*amontoar*) anhäufen; (*perguntas*) ansammeln; (*energia*) speichern II. *vr* sich ansammeln
acupunctura *f* Akupunktur *f*
acusação *f* **1.** (DIR) Anklage *f* **2.** (*censura*) Vorwurf *m* **3.** (*culpabilização*) Anschuldigung *f*, Beschuldigung *f;* ~ **caluniosa** Verleumdung *f*
acusado, **-a** *m, f* (DIR) Angeklagte
acusar *vt* **1.** (*culpar*) beschuldigen; ~ **alguém de a. c.** jdm etw zum Vorwurf machen; ~ **alguém de um crime** jdn eines Verbrechens beschuldigen **2.** (DIR) anklagen **3.** (ECON) ~ **a recepção** den Empfang bestätigen
acusativo *m* (LING) Akkusativ *m*
acústica *f* Akustik *f*
acústico *adj* akustisch
acutângulo *adj* spitzwinklig
acutilar *vt* erstechen
adaga *f* Dolch *m*
adágio *m* **1.** (*provérbio*) Sprichwort *nt* **2.** (MÚS) Adagio *nt*
adaptação *f* **1.** (*acomodação*) Anpassung *f* (*a* an); (*modificação*) Umstellung *f* **2.** (*de filme*) Bearbeitung *f*
adaptador [ɐdɐptɐˈdor] *m* (ELECTR) Adapter *m*
adaptar I. *vt* (*adequar*) anpassen (*a* an); (*modificar*) umarbeiten, umstellen; (*filme*) bearbeiten II. *vr* sich umstellen (*a* auf), sich anpassen (*a* an); ~ **às suas possibilidades** im Rahmen des Möglichen bleiben
adega *f* Weinkeller *m*

A

adeleiro, **-a** *m, f* Trödler, Trödlerin *m, f*
adelgaçar *vt* **1.** (*tornar delgado*) verdünnen **2.** (*diminuir*) verkleinern **3.** (*desbastar*) abnutzen
adenção *f* (DIR) Widerruf *m*
adenda *f* **1.** (*aditamento*) Nachtrag *m* **2.** (*apêndice*) Anhang *m*
adenite *f* (MED) Lymphknotenentzündung *f*
adentro *adv* hinein; **terra** ~ landeinwärts
adepto, **-a** *m, f* (POL, SPORT) Anhänger, Anhängerin *m, f*
adequado *adj* angemessen (*a*), geeignet (*a* für); ~ **às necessidades** den Bedürfnissen angemessen
adequar *vt* angleichen (*a* an), anpassen (*a* an)
adereçar *vt* **1.** (*enfeitar*) schmücken, ausschmücken **2.** (*dirigir*) richten (*a* an)
adereço *m* Schmuck *m*, Schmuckstück *nt*
adereços *mpl* (*teatro*) Ausstattung *f*
aderência *f* **1.** (TÉC: *de objecto*) Haftfähigkeit *f*, Haftung *f*; (*de automóvel*) Bodenhaftung *f* **2.** (*a tradição*) Verbundenheit *f* (*a* mit); (*a pessoa*) Anhänglichkeit *f* (*a* an)
aderente **I.** *m(f)* Anhänger, Anhängerin *m, f* **II.** *adj* Klebe ...
aderir *vi* **1.** (*colar*) haften (*a* an), kleben (*a* an) **2.** (*a organização*) sich anschließen (*a*), beitreten (*a*); (*a campanha*) teilnehmen (*a* an); ~ **a um partido** sich einer Partei anschließen
adernar *vi* (NAÚT) Schlagseite haben
adesão *f* **1.** (*a organização*) Beitritt *m* (*a* zu) **2.** (*aprovação*) Zustimmung *f* (*a* zu), Billigung *f* **3.** (FÍS) Adhäsion *f*
adesivo [ɐdɐˈzivu] **I.** *m* (MED) Heftpflaster *nt* **II.** *adj* klebend
adestrar *vt* **1.** (*pessoa*) schulen **2.** (*animal*) abrichten
adeus [ɐˈdeuʃ] **I.** *m* Abschied, Verabschiedung *f*; (*despedir-se*); **dizer** ~ **a alguém** sich von jdm verabschieden; (*acenar*) jdm winken; (*coloq*); **dizer** ~ **a a. c.** etw in den Mond schreiben **II.** *interj* ~! auf Wiedersehen!, tschüss!
adiamento *m* **1.** (*de reunião*) Vertagung *f*, Verschiebung *f* **2.** (*de prazo*) Aufschub *m*
adiantadamente *adv* im Voraus
adiantado *adj* fortgeschritten; (*pessoa*); **estar** ~ zu früh kommen; (*relógio*) vorgehen
adiantamento *m* **1.** (*progresso*) Fortschritt *m* **2.** (*dinheiro*) Vorschuss *m*

adiantar **I.** *vt* (*mover por diante*) vorwärts treiben, vorantreiben; (*fazer progredir*) vorwärts bringen, voranbringen; ~ **trabalho** einen Teil der Arbeit bereits erledigen; (*coloq*); **não adianta nada** das bringt nichts; (*dinheiro*) vorschießen; (*o relógio*) vorstellen **II.** *vi* Fortschritte machen **III.** *vr* zuvorkommen (*a*)
adiante *adv* **1.** (*direcção*) vorwärts; ~! weiter! **2.** (*em primeiro lugar*) vorne
adiar [ɐˈdjar] *vt* verschieben (*para* auf); (*sem data concreta*) aufschieben; ~ **o pagamento** die Bezahlung aufschieben
adiável *adj* aufschiebbar, verschiebbar
adição *f* (MAT) Addition *f*
adicional [ɐdɐsjuˈnal] **I.** *m* Zusatz *m*; (*dinheiro*) Zuschlag *m* **II.** *adj* zusätzlich, ergänzend; **rendimento** ~ Nebeneinkommen *nt*
adicionar *vt* **1.** (MAT) addieren, zusammenzählen **2.** (*acrescentar*) zufügen, dazutun; (*comentário*) hinzufügen **3.** (*anexar*) beifügen
adido *m* Attaché *m*; ~ **militar** Militärattaché *m*
adipose *f* (MED) Fettleibigkeit *f*
aditamento *m* **1.** (*acrescento*) Ergänzung *f*, Zusatz *m*; **em** ~ außerdem **2.** (POL) Zusatzantrag *m*
aditar *vt* **1.** (*complementar*) ergänzen **2.** (*juntar*) zufügen, hinzusetzen
aditivo **I.** *m* (QUÍM) Zusatz *m*; (*em alimentos*) Zusatzstoff *m* **II.** *adj* zusätzlich; (MAT); **sinal** ~ Pluszeichen *nt*
adivinha *f* (*enigma*) Rätsel *nt*
adivinhar [ɐdɐviˈɲar] *vt* **1.** (*os pensamentos*) erraten; **adivinhou!** erraten! **2.** (*um segredo, enigma*) raten **3.** (*prognosticar*) voraussagen, vorhersagen; ~ **o futuro** die Zukunft vorhersagen **4.** (*pressentir*) ahnen
adivinho, **-a** *m, f* Wahrsager, Wahrsagerin *m, f*
adjacência *f* **1.** (*proximidade*) Nähe *f* **2.** (*vizinhança*) Nachbarschaft *f*
adjacências *fpl* Umgebung *f*
adjacente *adj* angrenzend
adjectivar *vt* beschreiben, charakterisieren
adjectivo *m* Adjektiv *nt*
adjetivar *vt* (*brasil*) *v.* **adjectivar**
adjetivo *m* (*brasil*) *v.* **adjectivo**
adjudicação *f* **1.** (DIR) Zuerkennung *f* **2.** (*leilão*) Zuschlag *m*; (*trabalho*) Vergabe *f*
adjudicar *vt* **1.** (DIR) zuerkennen, zusprechen **2.** (*leilão*) zuschlagen, den Zuschlag ge-

ben; (*trabalho*) vergeben; ~ **um contrato para ...** einen Auftrag erteilen für ...

adjudicatário, -a *m, f* **1.** (*leilão*) Ersteigerer, Ersteigererin *m, f* **2.** (*trabalho*) Auftragsempfänger, Auftragsempfängerin *m, f*

adjunto, -a *m, f* Gehilfe *m,* Assistent, Assistentin *m, f;* **médico** ~ Assistenzarzt *m*

administração [adməni∫tre'sãu] *f* Verwaltung *f;* ~ **pública** öffentliche Verwaltung

administrador(a) *m(f)* Verwalter, Verwalterin *m, f*

administrar *vt* **1.** (*uma empresa*) verwalten **2.** (*um cargo*) bekleiden **3.** (*um medicamento*) verabreichen **4.** (REL: *sacramentos*) spenden

administrativo *adj* Verwaltungs ...

admiração *f* **1.** (*adoração*) Bewunderung *f* (*por* für) **2.** (*surpresa*) Erstaunen *nt,* Verwunderung *f*

admirado *adj* erstaunt (*com* über)

admirador(a) *m(f)* Bewunderer, Bewunderin *m, f;* (*adorador*) Verehrer, Verehrerin *m, f;* ~ **secreto** heimlicher Verehrer

admirar [ɐdmi'rar] **I.** *vt* (*adorar*) bewundern; (*surpreender*) erstaunen, verwundern; **isso admira-me** das erstaunt mich; **não admira!** kein Wunder! **II.** *vr* sich wundern (*com* über)

admirável *adj* bewundernswert

admissão *f* **1.** (*para exame*) Zulassung *f* (*a/em* zu) **2.** (*em associação*) Aufnahme *f* (*a/em* in) **3.** (*em empresa*) Einstellung *f* **4.** (*aceitação*) Annahme *f* **5.** (TÉC) Zuführung *f;* ~ **de ar** Luftzufuhr *f*

admissível *adj* zulässig, statthaft

admitir *vt* **1.** (*um erro*) zugeben **2.** (*uma possibilidade*) akzeptieren, annehmen **3.** (*contratar*) einstellen; ~ **um aprendiz** einen Lehrling einstellen **4.** (*permitir*) zulassen

admoestação *f* **1.** (*advertência*) Ermahnung *f* **2.** (*repreensão*) Rüge *f,* Verweis *m*

admoestar *vt* **1.** (*advertir*) ermahnen **2.** (*repreender*) rügen, zurechtweisen

adoçante [edu'sãntə] *m* Süßstoff *m*

adoção *f* (*brasil*) *v.* **adopção**

adoçar *vt* **1.** (*chá*) süßen **2.** (*suavizar*) versüßen

adocicado *adj* süßlich; (*vinho*) lieblich

adocicar *vt* leicht süßen

adoecer *vi* krank werden, erkranken (*com* an)

adolescência *f* Jugend *f*

adolescente **I.** *m(f)* Jugendliche, Teenager *m* **II.** *adj* jugendlich

adopção *f* **1.** (*de crianças*) Adoption *f* **2.** (*aplicação*) Anwendung *f* **3.** (*de uma ideia*) Annahme *f,* Übernahme *f*

adoptar *vt* **1.** (*crianças*) adoptieren **2.** (*um método*) anwenden **3.** (*uma ideia*) annehmen, übernehmen **4.** (*uma medida*) ergreifen

adoptivo *adj* Adoptiv ...

adoração *f* (REL) Anbetung *f,* Verehrung *f*

adorar *vt* **1.** (REL) anbeten, verehren **2.** (*coloq: gostar*) lieben; **gostaste do filme? - Adorei!** hat dir der Film gefallen? - ich fand ihn klasse!

adormecer **I.** *vt* **1.** (*criança*) zum Schlafen bringen **2.** (*animal*) einschläfern **II.** *vi* **1.** (*começar o sono*) einschlafen **2.** (*dormir depois da hora*) verschlafen

adormecido *adj* schlafend

adornar *vt* schmücken, verzieren

adorno *m* Schmuck *m,* Verzierung *f;* (*fig*) Zierde *f*

adotar *vt* (*brasil*) *v.* **adoptar**

adotivo *adj* (*brasil*) *v.* **adoptivo**

adquirir *vt* **1.** (*comprar*) erwerben, kaufen; ~ **por leasing** leasen **2.** (*conseguir, obter*) erlangen

adrenalina *f* Adrenalin *nt*

adriático *adj* adriatisch; **mar Adriático** Adria *f*

adro *m* Kirchhof *m,* Kirchplatz *m*

adstringente *adj* (MED) adstringierend

adstringir *vt* (MED) adstringieren, zusammenziehen

adstrito *adj* abhängig (*a* von), gebunden (*a* an)

aduaneiro, -a **I.** *m, f* Zollbeamte, Zollbeamtin *m, f* **II.** *adj* Zoll ...

adubar *vt* düngen

adubo *m* Dünger *m;* ~ **químico** Kunstdünger *m*

aduela *f* Daube *f;* (*coloq*); **ter uma ~ a menos** nicht alle Tassen im Schrank haben

adulação *f* Schmeichelei *f,* Lobhudelei *f*

adular *vt* schmeicheln

adulteração *f* Verfälschung *f;* (*de bebidas*) Panschen *nt*

adulterar **I.** *vt* (*falsificar*) fälschen; ~ **a verdade** die Wahrheit verfälschen; (*leite, vinho*) panschen **II.** *vr* verderben, schlecht werden

adultério *m* **1.** (*casamento*) Ehebruch *m;*

A

cometer ~ Ehebruch begehen **2.** (*falsificação*) Verfälschung *f*

adúltero, **-a** *m, f* Ehebrecher, Ehebrecherin *m, f*

adulto, **-a** [e'dultu] **I.** *m, f* Erwachsene **II.** *adj* erwachsen

adurente I. *m* (MED) Ätzmittel *nt* **II.** *adj* ätzend

adventício I. *m* Fremde *m,* Auswärtige *m* **II.** *adj* **1.** (*estrangeiro*) fremd, zugewandert **2.** (*casual*) zufällig

Advento *m* (REL) Advent *m*

adverbial *adj* adverbial

advérbio *m* Adverb *nt*

adversário, **-a I.** *m, f* Gegner, Gegnerin *m, f,* Widersacher, Widersacherin *m, f* **II.** *adj* gegnerisch

adversativo *adj* gegensätzlich, entgegengesetzt; (LING) adversativ

adversidade *f* **1.** (*contrariedade*) Widrigkeit *f* **2.** (*infortúnio*) Missgeschick *nt*

adverso *adj* **1.** (*oposto*) widrig; **ser** ~ **a a. c.** etw abgeneigt sein **2.** (*inimigo*) gegnerisch, feindlich

advertência *f* **1.** (*aviso*) Warnung *f* **2.** (*repreensão*) Vorwurf *m,* Verweis *m* **3.** (*informação*) Hinweis *m,* Benachrichtigung *f*

advertido *adj* **1.** (*avisado*) gewarnt **2.** (*acautelado*) vorsichtig, klug

advertir *vt* **1.** (*avisar*) warnen (*de* vor) **2.** (*chamar a atenção*) aufmerksam machen (*sobre* auf), hinweisen (*sobre* auf); (*informar*) benachrichtigen (*sobre* von), in Kenntnis setzen (*sobre* von) **3.** (*repreender*) verweisen

advir *vi* **1.** (*suceder*) geschehen **2.** (*acrescer*) hinzukommen **3.** (*como consequência*) sich ergeben (*de* aus)

advocacia *f* (DIR) Anwaltsberuf *m;* **exercer** ~ als Anwalt tätig sein

advogado, **-a** [advu'gadu] *m, f* (DIR) Rechtsanwalt, Rechtsanwältin *m, f;* ~ **de acusação** Anwalt des Klägers; ~ **de defesa** Verteidiger *m*

advogar *vt* verteidigen, eintreten für +*ac*

aéreo *adj* **1.** (*do ar*) Luft ... **2.** (*pessoa*) verträumt

aeróbata *m/f* Luftikus *m*

aeróbica [ɐ3'rɔbikɐ] *f* Aerobic *nt*

aerodeslizador *m* Luftkissenfahrzeug *nt*

aerodinâmica *f* Aerodynamik *f*

aerodinâmico *adj* aerodynamisch

aeródromo *m* Flugplatz *m*

aerofotografia *f* Luftaufnahme *f*

aerogare *f* Abfertigungshalle *f*

aerólito *m* Meteorstein *m*

aerómetro *m* (FÍS) Aerometer *nt*

aeromoço, **-a** *m, f* (*brasil*) Steward, Stewardess *m, f*

aeromotor *m* Windrad *nt,* Windmotor *m*

aeronauta *m/f* Flugzeugführer, Flugzeugführerin *m, f,* Pilot, Pilotin *m, f*

aeronáutica *f* Luftfahrt *f*

aeronáutico *adj* Luftfahrt ...

aeronave *f* Luftschiff *nt;* ~ **espacial** Raumschiff *nt*

aeroplano *m* Flugzeug *nt;* ~ **de combate** Jagdflieger *m,* Jäger *m*

aeroporto [ɐ3ro'portu] *m* Flughafen *m*

aerossol *m* Spray *m, nt*

aerostática *f* (FÍS) Aerostatik *f*

aeróstato *m* Ballon *m*

aerotecnia *f* Flugtechnik *f*

aeroveleiro *m* Segelflugzeug *nt*

aerovia *f* Luftkorridor *m*

afã *m* Anstrengung *f,* Mühe *f*

afabilidade *f* Freundlichkeit *f*

afadigar I. *vt* ermüden, anstrengen **II.** *vr* sich *dat* Mühe geben, sich bemühen

afagar *vt* **1.** (*acariciar*) liebkosen **2.** (*lisonjear*) schmeicheln

afago *m* Liebkosung *f*

afamado *adj* berühmt

afamar I. *vt* berühmt machen **II.** *vr* berühmt werden

afanado *adj* in Anspruch genommen; (*coloq*) müde, erschöpft

afanar I. *vt* anstreben **II.** *vr* **1.** (*trabalhar*) sich abmühen (*em* mit) **2.** (*cansar-se*) ermüden

afasia *f* (MED) Aphasie *f*

afastado *adj* abgelegen (*de* von), entfernt (*de* von)

afastamento *m* **1.** (*de um partido*) Entfernung *f* **2.** (*distância*) Abstand *m*

afastar I. *vt* entfernen (*de* von); (*empurrando*) wegschieben **II.** *vr* **1.** (*distanciar-se*) sich entfernen (*de* von) **2.** (*desviar-se*) Abstand nehmen (*de* von); (*do caminho*) abweichen (*de* von) **3.** (*retirar-se*) sich zurückziehen (*de* aus)

afável *adj* freundlich (*com* zu), nett (*com* zu)

afazeres *mpl* **1.** (*negócios*) Geschäfte *pl* **2.** (*obrigações*) Pflichten *pl,* Verpflichtungen *pl;* ~ **domésticos** Hausarbeiten *pl*

afeção *f* (*brasil*) *v.* **afecção**

afecção f 1. (MED) Erkrankung f 2. (estado) Affekt m

afectação f 1. (falta de naturalidade) Geziertheit f, Affektiertheit f 2. (vaidade) Eitelkeit f

afectado adj 1. (pouco natural) gekünstelt, affektiert 2. (vaidoso) eitel

afectar vt 1. (influenciar) beeinflussen; (dizer respeito a) betreffen, angehen 2. (prejudicar) beeinträchtigen 3. (simular) heucheln, vorgeben

afectivo adj Gefühls ...; **vida afectiva** Gefühlsleben nt

afecto m (afeição) Zuneigung f; (carinho) Zärtlichkeit f

afectuoso adj zärtlich, liebevoll

Afeganistão m Afghanistan nt

afeição f 1. (afecto) Zuneigung f (a/por zu); **tomar ~ a alguém** jdn lieb gewinnen 2. (inclinação) Neigung f (a/por zu)

afeiçoar I. vt (formar) formen; (adaptar) anpassen (a an) II. vr lieb gewinnen (a)

afeito adj gewohnt (a an)

aferição f Eichung f

aferido adj geeicht, geprüft

aferidor m 1. (instrumento) Eichmaß nt 2. (critério) Maßstab m

aferir vt 1. (pesos, medidas) eichen 2. (medir) messen (por an)

aferrar I. vt festhalten, packen II. vr sich klammern (a an)

aferro m Hartnäckigkeit f, Eigensinn m

aferroar vt anstacheln

aferrolhar vt 1. (porta) verriegeln 2. (criminosos) einsperren, einkerkern 3. (dinheiro) wegschließen

afetação f (brasil) v. **afectação**

afetado adj (brasil) v. **afectado**

afetar vt (brasil) v. **afectar**

afetivo adj (brasil) v. **afectivo**

afeto m (brasil) v. **afecto**

afetuoso adj (brasil) v. **afectuoso**

afiado adj (faca, lâmina) scharf, geschliffen; (lápis, língua) spitz

afiançar vt 1. (ficar por fiador) bürgen für, eine Bürgschaft leisten für 2. (garantir) verbürgen

afiançável adj kautionsfähig

afiar vt (faca, lâmina) schärfen, schleifen; (lápis) anspitzen

aficionado, -a m, f Liebhaber, Liebhaberin m, f

afigurar-se vr scheinen

afilhado, -a m, f 1. (REL) Patensohn, Patentochter m, f, Patenkind nt 2. (protegido) Schützling m

afiliação f Eintritt m, Beitritt m

afiliado, -a m, f Mitglied nt

afiliar I. vt (um membro) aufnehmen II. vr Mitglied werden (em bei)

afim I. m Verwandte m II. adj verwandt; **afins** dergleichen; **eles vendem frigoríficos e afins** sie verkaufen Kühlschränke und dergleichen

afinação f 1. (TÉC) Einstellung f, Regulierung f 2. (MÚS) Stimmen nt

afinal adv 1. (por fim) schließlich, endlich; **~ de contas** letzten Endes, letztendlich 2. (ênfase) also, nun; **que queres ~?** was willst du eigentlich?

afinar vt 1. (TÉC) regulieren, einstellen 2. (MÚS) stimmen

afinco m 1. (pertinácia) Hartnäckigkeit f; (perseverança) Beharrlichkeit f 2. (empenho) Eifer m, Fleiß m

afinfar vt 1. (coloq: bater) verprügeln 2. (coloq: comida) fressen; (bebida) saufen

afinidade f 1. (por casamento) Verschwägerung f 2. (semelhança) Ähnlichkeit f (entre zwischen) 3. (QUÍM) Affinität f

afirmação f 1. (asseveração) Behauptung f 2. (de pergunta) Bejahung f 3. (confirmação) Bestätigung f

afirmar I. vt (asseverar) behaupten; (dar por certo) bestätigen; (dizer sim) bejahen II. vr (pessoa) sich behaupten

afirmativa f Zusage f; (confirmação) Bestätigung f

afirmativamente adv bejahend; **responder ~** zustimmen, zusagen

afirmativo adj bejahend; **resposta afirmativa** positive Antwort

afixação f Anschlag m; **~ proibida** Plakatieren verboten

afixar vt (cartaz) anschlagen, anbringen

aflição f 1. (sofrimento) Kummer m; (dor) Schmerz m 2. (agitação) Aufregung f

afligir vt 1. (preocupar) bekümmern, bedrücken; (atormentar) quälen 2. (agitar) aufregen

aflito adj 1. (desesperado) verzweifelt (com über); (agitado) aufgeregt (com über) 2. (triste) betrübt (com über)

aflorar I. vt (um assunto) berühren; (nivelar)

einebnen **II.** *vi* auftauchen

afluência *f* **1.** (*de pessoas*) Zustrom *m*, Andrang *m;* ~ **às urnas** Wahlbeteiligung *f* **2.** (*de água, dinheiro*) Zufluss *m* **3.** (*abundância*) Fülle *f;* ~ **de palavras** Wortschwall *m*

afluente I. *m* (GEOG) Nebenfluss *m* **II.** *adj* reichlich

afluir *vi* **1.** (*rio*) fließen (*a* in), münden (*a* in) **2.** (*pessoas*) herbeiströmen

afluxo *m* **1.** (*de pessoas*) Zustrom *m*, Herbeiströmen *nt* **2.** (*de sangue*) Blutandrang *m*

afogadilho *m* Eile *f*, Hetze *f;* **de** ~ hastig

afogado *adj* **1.** (*pessoa*) ertrunken; **morrer** ~ ertrinken **2.** (*vestido*) hochgeschlossen

afogamento *m* (*morrer*) Ertrinken *nt;* (*ser morto*) Ertränken *nt*

afogar I. *vt* ertränken **II.** *vr* (*morrer*) ertrinken; (*matar-se*) sich ertränken

afogueado *adj* (*pessoa*) atemlos, erhitzt

afoitar I. *vt* ermutigen, anspornen **II.** *vr* sich trauen, wagen

afoito *adj* kühn, energisch

afonia *f* Heiserkeit *f*

afónico *adj* heiser

afonsino *adj* uralt; **dos tempos** ~**s** vorsintflutlich

afora *adv* **1.** (*local*) hinaus; **rua** ~ die Straße hinaus **2.** (*temporal*) hindurch; **pela vida** ~ das ganze Leben hindurch

aforamento *m* Verpachtung *f*

aforismo *m* Aphorismus *m*

aforro *m* **1.** (*liberdade*) Freiheit *f* **2.** (*poupança*) Ersparnisse *pl*

afortunado *adj* glücklich

afortunar I. *vt* (*tornar feliz*) glücklich machen; (*dar fortuna*) bereichern **II.** *vr* glücklich werden

África *f* Afrika *nt;* ~ **do Sul** Südafrika *nt*

africano, -a I. *m, f* Afrikaner, Afrikanerin *m, f* **II.** *adj* afrikanisch

afronta *f* Beleidigung *f*

afrontado *adj* **1.** (MED) erhitzt **2.** (*coloq: com comida*) pappsatt

afrontar *vt* beleidigen, beschimpfen

afrouxamento *f* **1.** (*de cinto, corda*) Lockerung *f;* (*dos músculos*) Erschlaffen *nt* **2.** (*da velocidade*) Verringerung *f*

afrouxar I. *vt* (*cinto, regras*) lockern; (*músculos*) erschlaffen lassen; (*velocidade*) verlangsamen, verringern; (*dor*) lindern, mildern **II.** *vi* nachlassen

afta *f* Aphthe *f*

afugentar *vt* in die Flucht schlagen, verjagen

afundar I. *vt* (*um barco*) versenken **II.** *vr* versinken, untergehen

afunilado *adj* trichterförmig

agachar I. *vt* verstecken **II.** *vr* sich ducken

agarrado, -a I. *m, f* Geizhals *m* **II.** *adj* (*ao dinheiro*) geizig

agarrar I. *vt* greifen, ergreifen; (*com força*) packen, fassen; ~ **uma oportunidade** eine Gelegenheit ergreifen **II.** *vr* sich klammern (*a* an); ~ **com unhas e dentes a a. c.** sich mit Händen und Füßen an etw klammern

agasalhar I. *vt* **1.** (*com roupa*) warm anziehen **2.** (*receber*) freundlich aufnehmen, unterbringen **II.** *vr* **1.** (*com roupa*) sich warm anziehen **2.** (*abrigar-se*) absteigen

agasalho *m* **1.** (*roupa*) warme Kleidung *f* **2.** (*resguardo*) Schutz *m* (vor Kälte)

ágata *f* Achat *m*

agência [e'ʒẽsjɐ] *f* Agentur *f*, Vertretung *f;* ~ **funerária** Beerdigungsinstitut *nt;* ~ **de informações** Informationsbüro *nt;* ~ **noticiosa** Presseagentur *f;* ~ **de publicidade** Werbeagentur *f;* ~ **de transportes** Spedition *f;* ~ **de turismo** Fremdenverkehrsverein *m*, Touristeninformation *f;* ~ **de viagens** Reisebüro *nt*

agenda *f* **1.** (*livro*) Notizbuch *nt*, Taschenkalender *m* **2.** (*ordem de trabalhos*) Tagesordnung *f*

In der **Agenda Cultural**, die man in den portugiesischen Großstädten, vor allem Lissabon und Porto, beim Verkehrsamt bekommen kann, ist das aktuelle Angebot an Theater - Konzert - Kino zu finden. Die Tageszeitung informiert ebenfalls ausführlich über die Programme. In Portugal werden die Kinofilme in der Originalfassung mit portugiesischen Untertiteln gezeigt. Wenn gerade ein deutscher Film läuft, können Sie ihn also "pur" genießen.

agente I. *m* (QUÍM) Wirkstoff *m;* (MED) Krankheitserreger *m;* (LING) Agens *nt* **II.** *m(f)* Agent, Agentin *m, f*, Vertreter, Vertreterin *m, f;* ~ **da polícia** Polizist, Polizistin *m, f;* ~ **secreto** Geheimagent, Geheimagentin *m, f;* ~ **de seguros** Versicherungsagent, Versicherungsagentin *m, f;* ~ **de vendas** Vertreter, Vertreterin *m, f* **III.** *adj* (*pessoa*) handelnd; (*substância*) wirkend

agigantar I. *vt* (*aumentar*) vergrößern; (*exagerar*) übertreiben II. *vr* über sich hinauswachsen

ágil *adj* 1. (*nos movimentos*) flink, gewandt 2. (*hábil*) geschickt

agilidade *f* 1. (*nos movimentos*) Gewandtheit *f* 2. (*habilidade*) Geschicklichkeit *f*

ágio *m* (ECON) Agio *nt*, Aufgeld *nt*

agiota *m(f)* 1. (*usurário*) Wucherer, Wucherin *m, f* 2. (*na Bolsa*) Börsenspekulant, Börsenspekulantin *m, f*

agiotagem *f* 1. (*usura*) Wucher *m* 2. (*na Bolsa*) Börsenspekulation *f*

agiotar *vi* 1. (*usurar*) Wucher treiben, wuchern 2. (*na Bolsa*) spekulieren

agir *vi* 1. (*proceder*) vorgehen, handeln 2. (*actuar*) wirken (*sobre* auf)

agitação *f* 1. (*movimento*) heftige Bewegung *f* 2. (*de líquido*) Schütteln *nt*; (*do mar*) Wellengang *m* 3. (*fig: de pessoa*) Unruhe *f*, Aufregung *f* 4. (POL) Agitation *f*, Aufruhr *m*

agitado *adj* 1. (*mar*) unruhig, aufgewühlt 2. (*pessoa*) unruhig, aufgeregt

agitar I. *vt* (*uma coisa*) schütteln; ~ **bem antes de usar** vor Gebrauch gut schütteln; (*fig: uma pessoa*) aufregen, erregen; (POL) aufwiegeln II. *vr* sich heftig bewegen

aglomeração *f* 1. (*de material*) Anhäufung *f*; (*de pessoas*) Auflauf *m* 2. (GEOL) Ablagerung *f*

aglomerado I. *m* (GEOL) Agglomerat *nt*; ~ **de carvão** Presskohle *f*, Brikett *nt*; ~ **de cortiça** Presskork *m*; ~ **de madeira** Pressholz *nt*; ~ **urbano** Ballungsgebiet *nt* II. *adj* gehäuft, geballt

aglomerar I. *vt* anhäufen, zusammenballen II. *vr* sich ansammeln

aglutinação *f* (MED, LING) Agglutination *f*

aglutinar *vt* 1. (LING) agglutinieren 2. (*colar*) zusammenkleben; (*ligar*) verbinden

agnição *f* (DIR) Anerkennung *f*

agoirado *adj* **bem** ~ Glück verheißend; **mal** ~ unheilvoll

agoirar I. *vt* verkünden, verheißen II. *vi* Unheil verkünden; (*coloq*) unken

agoiro *m* Vorzeichen *nt*

agonia *f* 1. (*morte*) Agonie *f*, Todeskampf *m*; **estar nas vascas da** ~ in den letzten Zügen liegen 2. (*coloq: náusea*) Übelkeit *f*

agoniado *adj* niedergeschlagen; **estou** ~ mir ist übel

agoniar I. *vt* (*afligir*) quälen; (*causar náuse-*

as) Übelkeit verursachen II. *vr* sich ängstigen

agonizante I. *m(f)* Sterbende II. *adj* sterbend

agonizar I. *vt* peinigen II. *vi* mit dem Tode ringen

agora [ɐ'ɡɔrɐ] I. *adv* jetzt, nun; **de** ~ **em diante** von nun an; ~ **mesmo** soeben, gerade eben; (*essa*) ~! nein, so was!; **por** ~ fürs Erste, bis auf weiteres II. *m(f)* (*mas*) aber; ~ **que** jetzt da

Agosto [ɐ'ɡoʃtu] *m* August *m; v.* **Março**

agourado *adj v.* **agoirado**

agourar *vi v.* **agoirar**

agouro *m* Vorzeichen *nt*

agradar [ɐ'ɡradɨ] I. *vi* gefallen (*a*), zusagen (*a*) II. *vr* Gefallen finden (*com* an), Freude finden (*com* an)

agradável [ɐɡrɐ'davɛl] *adj* 1. (*clima, situação*) angenehm; (*lugar*) behaglich, gemütlich; (*acontecimento*) erfreulich 2. (*pessoa*) freundlich, nett

agradecer [ɐɡrɐdɨ'ser] *vt* danken für; ~ **a. c. a alguém** jdm für etw danken, sich bei jdm für etw bedanken; ~ **antecipadamente** im Voraus danken

agradecido *adj* dankbar; **mal** ~ undankbar; **muito** ~! herzlichen Dank!

agradecimento *m* Dank *m* (*por* für), Dankbarkeit *f* (*por* für)

agrado *m* Wohlgefallen *nt*; (*satisfação*) Zufriedenheit *f*; **ser do** ~ **de alguém** jdm gefallen; **não é do meu** ~ das gefällt mir nicht

agrafador *m* Hefter *m*, Heftapparat *m*

agrafar *vt* heften

agrafo *m* 1. (*para agrafador*) Heftklammer *f* 2. (MED) Wundklammer *f*

agrário *adj* landwirtschaftlich, Agrar ...

agravamento *m* Verschlechterung *f*, Verschlimmerung *f*; (DIR); ~ **da pena** Strafverschärfung *f*

agravante I. *f* (DIR) belastende(r) Umstand *m* II. *adj* erschwerend; (DIR) strafverschärfend

agravar I. *vt* (*o estado*) verschlimmern, verschlechtern; (DIR) belasten; (*a pena*) verschärfen II. *vr* (*situação, doença*) sich zuspitzen, sich verschlimmern

agravo *m* 1. (*ofensa*) Beleidigung *f* 2. (DIR) Berufung *f*

agredir *vt* 1. (*atacar*) angreifen, überfallen 2. (*bater*) schlagen 3. (*insultar*) beleidigen

agregação *f* 1. (FÍS) Aggregat *nt* 2. (*ajunta-*

mento) Hinzufügen *nt;* (*união*) Vereinigung *f*

agregado *m* **1.** (*conjunto*) Mischung *f;* ~ **familiar** Familienangehörige *m* **2.** (*material*) Pressstoff *m*

agregar *vt* **1.** (*acrescentar*) hinzufügen **2.** (*reunir*) anhäufen **3.** (*um adjunto*) zuteilen

agressão [agrɐˈsãu] *f* Aggression *f;* (*ataque*) Angriff *m* (*a/contra* auf); (*insulto*) Beleidigung *f*

agressividade *m* Aggressivität *f*, Angriffslust *f*

agressivo *adj* aggressiv, angriffslustig

agressor(a) *m(f)* Angreifer, Angreiferin *m, f*

agreste *adj* **1.** (*selvagem*) wild; (*clima*) rau **2.** (*rústico*) ländlich **3.** (*grosseiro*) grob

agrião *m* Brunnenkresse *f*

agrícola **I.** *m(f)* Landwirt, Landwirtin *m, f* **II.** *adj* landwirtschaftlich, Agrar ...; **cooperativa agrícola** Agrargenossenschaft *f*

agricultor(a) *m(f)* Landwirt, Landwirtin *m, f*

agricultura *f* Landwirtschaft *f*, Ackerbau *m*

agridoce *adj* süßsauer

agrimensar *vt* vermessen

agrónomo, -a *m, f* Agronom, Agronomin *m, f*, Diplomlandwirt, Diplomlandwirtin *m, f*

agropecuária *f* Land- und Viehwirtschaft *f*

agrupamento *m* **1.** (*acção de agrupar*) Zusammenstellung *f* **2.** (*grupo*) Gruppe *f*, Gruppierung *f*

agrupar *vt* gruppieren, zusammenstellen

água [ˈagwɐ] *f* Wasser *nt;* ~ **benta** Weihwasser *nt;* ~ **destilada** destilliertes Wasser; ~ **doce** Süßwasser *nt;* ~ **dura/macia** hartes/ weiches Wasser; ~ **gasosa** Sprudel *m;* ~ **mineral com/sem gás** Mineralwasser mit/ ohne Kohlensäure; ~ **de nascente** Quellwasser *nt;* ~ **oxigenada** Wasserstoffsuperoxid *nt;* ~ **potável** Trinkwasser *nt;* ~ **salgada** Salzwasser *nt;* (*brasil*); ~ **sanitária** Waschlauge *f;* ~ **da torneira** Leitungswasser *nt;* **à prova de** ~ wasserdicht, wasserfest; ~ **o deu,** ~ **o levou** wie gewonnen, so zerronnen; **cresce-lhe** ~ **na boca** ihm läuft das Wasser im Mund zusammen; (*fig*); **ir por** ~ **abaixo** ins Wasser fallen, den Bach hinuntergehen; (*coloq*); **isso traz** ~ **no bico** da steckt etwas dahinter; (*fig*); **até lá ainda vai correr muita** ~ **debaixo da ponte** bis dahin fließt noch viel Wasser den Berg hinunter; (*fig*); **deitar** ~ **na fervura** die Wogen glätten; ~ **mole em pedra dura tanto bate até que**

fura steter Tropfen höhlt den Stein

aguaceiro [agwɐˈseiru] *m* Schauer *m*, Regenguss *m*

água-de-colónia *f* Kölnischwasser *nt*

aguado *adj* wässrig

água-forte *f* **1.** (QUÍM) Scheidewasser *nt* **2.** (*desenho*) Radierung *f*

água-marinha *f* Aquamarin *nt*

água-pé *f* Tresterwein *m*

aguar **I.** *vt* (*dissolver*) (in Wasser) auflösen; (*regar*) gießen; (*campo*) bewässern; (*leite, vinho*) verwässern; (*estragar*) vereiteln, verderben **II.** *vi* (*coloq: ougar*) sich verzehren (*por* nach)

aguardar **I.** *vt* abwarten **II.** *vi* abwarten, warten (*por* auf)

aguardente *f* Branntwein *m*

aguarela [agwɐˈrɜlɐ] *f* **1.** (*técnica, quadro*) Aquarell *nt* **2.** (*tinta*) Wasserfarbe *f*

aguarrás *f* Terpentin *nt*

águas *fpl* Gewässer *pl;* (*mar*) Meer *nt;* (*urina*) Wasser *nt;* ~ **medicinais** Heilquellen *pl;* ~ **residuais** Abwässer *pl;* ~ **territoriais** Hoheitsgewässer *pl;* (*coloq*); **verter** ~ Wasser lassen; (*fig*); ~ **passadas** Schnee von gestern; (*coloq*); **ficar em** ~ **de bacalhau** ins Wasser fallen, in die Hose gehen; (*fig*); **navegar em duas** ~ zwei Herren dienen, auf zwei Hochzeiten tanzen

águas-furtadas *fpl* Dachgeschoss *nt*

água-tinta *f* Aquatinta *f*

aguça *m* Bleistiftspitzer *m*

aguçado *adj* (*lápis, língua*) spitz

aguçar *vt* **1.** (*lápis*) spitzen **2.** (*incitar*) anstacheln, anregen; ~ **o apetite** den Appetit anregen

agudo *adj* **1.** (*objecto*) spitz **2.** (*som*) hoch, schrill **3.** (MED) akut

aguentar **I.** *vt* (*apoiar*) stützen, tragen; (*aturar*) aushalten **II.** *vi* halten **III.** *vr* durchhalten

águia *f* Adler *m*

agulha *f* **1.** (*para coser, injecções*) Nadel *f;* (*de tricôt*) Stricknadel *f;* **é como procurar uma** ~ **num palheiro** das ist, als ob man eine Stecknadel im Heuhaufen sucht **2.** (*caminhos-de-ferro*) Weiche *f* **3.** (ARQ) Turmspitze *f* **4.** (NAÚT) ~ **magnética** Kompass *m*

agulhão *m* (NAÚT) Steuerkompass *m*

ah *interj* ah!, ach!

ai [ai] **I.** *m* Ach *nt* **II.** *interj* ~! au!; ~ **de mim!** wehe mir!; ~ **de quem/daquele que**

+*conj* wehe dem, der ...

aí [ɐ'i] I. *m* (ZOOL: *brasil*) Faultier *nt* II. *adv* 1. (*lá*) dort, da; ~ **vem ele** da kommt er; **espera** ~! Moment mal!; (*caminho*); **por** ~ dadurch; (*lugar indeterminado*) da irgendwo 2. (*aproximadamente*) ungefähr; ~ **por 10 dias** ungefähr 10 Tage; ~ **pelas quatro horas** gegen vier Uhr

aidético, -a *m, f* (MED: *brasil*) Aidskranke

ai-jesus *m* Liebling *m* II. *interj* ~! ach herrje!, du meine Güte!

ainda [ɐ'ĩndɐ] *adv* noch, immer noch; ~ **assim** immerhin; ~ **bem que** ... ein Glück, dass ...; ~ **não** noch nicht; ~ **que** +*conj* wenn ... auch, wenngleich; ~ **agora** gerade (eben)

aipim *m* (*brasil*) Maniok *m*

aipo ['aipu] *m* Sellerie *m*

airbag *m* Airbag *m*

airosidade *f* Anmut *f,* Grazie *f*

airoso *adj* 1. (*pessoa*) anmutig, elegant 2. (*local*) luftig, hell

ajardinado *adj* Grün ...; **zona ajardinada** Grünanlage *f*

ajardinar *vt* (*terreno*) bepflanzen; (*bairro*) mit Grünanlagen versehen

ajeitar I. *vt* zurechtmachen, in Ordnung bringen II. *vr* zurechtkommen (*com* mit)

ajoelhado *adj* kniend, auf den Knien

ajoelhar-se *vr* sich niederknien

ajuda [ɐ'ʒudɐ] *f* 1. (*auxílio*) Hilfe *f,* Unterstützung *f;* **dar uma ~ a alguém** jdm helfen (*com/em* bei); **pedir ~ a alguém** jdn um Hilfe bitten; **com a ~ de** mit Hilfe von 2. (*dinheiro*) Unterstützung *f;* **~s de custo** Spesen *pl,* Aufwandsentschädigung *f*

ajudante *m(f)* 1. (*que ajuda*) Gehilfe, Gehilfin *m, f,* Helfer, Helferin *m, f;* (*numa empresa*) Handlanger, Handlangerin *m, f* 2. (*assistente*) Assistent, Assistentin *m, f* 3. (MIL) Adjutant *m*

ajudar [ɐʒu'dar] *vt* helfen, unterstützen; ~ **alguém em a. c.** jdm bei etw helfen; ~ **alguém a fazer a. c.** jdm helfen, etw zu tun

ajuizado *adj* vernünftig, einsichtig

ajuntamento *m* (*de pessoas*) Auflauf *m*

ajustagem *f* (*brasil*) Einstellung *f*

ajustar I. *vt* (*adaptar*) anpassen (*a* an); (TÉC) einstellen (*a* auf); (*combinar*) vereinbaren; (*liquidar*) begleichen; (*fig*); ~ **contas com alguém** mit jdm abrechnen II. *vr* passen (*a* zu)

ajuste *m* 1. (*combinação*) Vereinbarung *f* 2.

(*máquina*) Einstellung *f* 3. (*liquidação*) ~ **de contas** Abrechnung *f*

ala ['alɐ] I. *f* (*fila*) Reihe *f;* **formar ~s** Spalier bilden; (*na igreja*) Seitenschiff *nt;* (*de um partido, edifício, tropa*) Flügel *m* II. *interj* (*coloq*) ~! weg!, geh!

alabastro *m* Alabaster *m*

alado *adj* 1. (*com asas*) geflügelt, mit Flügeln 2. (*leve*) beschwingt, leicht

alagado *adj* 1. (*encharcado*) überschwemmt; (*molhado*) triefend 2. (*desmoronado*) eingestürzt

alagar I. *vt* 1. (*encharcar*) überschwemmen 2. (*derribar*) einstürzen II. *vr* 1. (*molhar-se*) nass werden 2. (*inundar-se*) überschwemmt werden 3. (*afundar-se, desmoronar-se*) untergehen

alamar *m* Litze *f*

alambique *m* Destillierapparat *m,* Retorte *f*

alameda *f* 1. (*avenida*) Allee *f;* (*com álamos*) Pappelallee *f* 2. (*parque*) Park *m*

álamo *m* Pappel *f*

alandro *m* Oleander *m*

alapar I. *vt* verstecken II. *vi* hocken, kauern III. *vr* 1. (*esconder-se*) sich verstecken 2. (*coloq: sentar-se*) sich setzen

alar I. *vt* erheben; (*bandeira*) hissen II. *vr* aufsteigen

alaranjado *adj* orange, orangefarben

alarde *m* Prahlerei *f;* (*vaidade*) Eitelkeit *f*

alargamento *m* Erweiterung *f,* Ausdehnung *f*

alargar I. *vt* (*tornar largo*) vergrößern, erweitern; (*rua*) verbreitern; (*borracha*) dehnen; (*calças*) verlängern; ~ **os horizontes** seinen Horizont erweitern; (*o poder*) ausdehnen; (*um prazo*) verlängern; (*afrouxar*) lockern II. *vi* (*tecido*) sich dehnen III. *vr* (*orador, discurso*) sich ausbreiten (*a* über)

alarido *m* Geschrei *nt,* Geheul *nt*

alarmante *adj* beunruhigend, alarmierend

alarmar I. *vt* alarmieren II. *vr* in Aufregung geraten

alarme *m* 1. (*para avisar*) Alarm *m;* **falso ~** falscher Alarm 2. (*sobressalto*) Aufregung *f,* Tumult *m*

Alasca *m* Alaska *nt*

alastramento *m* Ausbreitung *f,* Ausdehnung *f*

alastrar I. *vt* verbreiten II. *vi* (*fogo*) sich ausbreiten III. *vr* (*doença*) sich verbreiten, sich ausbreiten

A

alaúde *m* Laute *f*

alavanca *f* Hebel *m;* (AERO); ~ **de comando** Steuerknüppel *m;* (*automóvel*); ~ **de velocidades** Schalthebel *m*, Schaltknüppel *m*

alazão *m* (*cavalo*) Fuchs *m*

alba *f* Tagesanbruch *m*

albafar *m* (*perfume*) Parfüm *nt;* (*incenso*) Weihrauch *m*

albanês, -esa I. *m*, *f* Albaner, Albanerin *m*, *f* II. *adj* albanisch

Albânia *f* Albanien *nt*

albarda *f* Packsattel *m*

albardar *vt* **1.** (*animal*) satteln **2.** (*oprimir*) unterkriegen

albarrã *f* **1.** (ARQ) Mauerturm *m* **2.** (BOT) **cebola** ~ wilde Zwiebel *f*

albatroz *m* Albatros *m*

albergar I. *vt* (*hospedar*) beherbergen, aufnehmen; (*conter*) enthalten, umfassen II. *vr* absteigen, unterkommen

albergaria *f* Herberge *f;* (*com restaurante*) Gasthaus *nt*

albergue *m* Herberge *f;* (*para sem-abrigo*) Obdachlosenunterkunft *f;* ~ **da juventude** Jugendherberge *f*

albino *m* Albino *m*

albufeira *f* **1.** (*lagoa*) Lagune *f* **2.** (*represa*) Stausee *m*

álbum *m* Album *nt*

albumina *f* (BIOL) Eiweiß *nt*

alça *f* (*de roupa*) Träger *m*

alcacel *m* Grünfutter *nt*

alcachofra *f* Artischocke *f*

alçada *f* Zuständigkeit *f;* **isso não é da minha** ~ dafür bin ich nicht zuständig; **estar sob a** ~ **de alguém** in jds Zuständigkeitsbereich fallen

alçado *m* (ARQ) Aufriss *m*

alcagüete *m* (*cal brasil*) Spitzel *m*

alcali *m* (QUÍM) Alkali *nt*

alcalino *adj* (QUÍM) alkalisch

alcalóide *m* (QUÍM) Alkaloid *nt*

alcançado *adj* **1.** (*atingido*) erreicht **2.** (*contas*) im Rückstand

alcançar *vt* **1.** (*objectivo, pessoa*) erreichen **2.** (*conseguir*) erlangen, erzielen

alcançável *adj* erreichbar

alcance *m* **1.** (*da ciência*) Errungenschaft *f* **2.** (*de tiro, visão*) Reichweite *f;* **fora do** ~ außer Reichweite; **estar ao** ~ **da vista** in Sichtweite sein **3.** (*âmbito*) Bereich *m;* (*compreensível*); **ao** ~ **de todos** leicht verständlich;

(*para compra*) für jeden bezahlbar

alcandor *m* Gipfel *m*

alcântara *f* Steinbrücke *f*

alçapão *m* **1.** (ARQ) Falltür *f*, Bodenklappe *f* **2.** (*armadilha*) Falle *f*

alcaparra *f* **1.** (BOT) Kaper *f* **2.** (*reg: azeitona*) Konservenolive *f* (ohne Stein)

alçar I. *vt* (*elevar*) hochheben; (*bandeira*) hissen; (*edificar*) errichten; (*aclamar*) loben II. *vr* aufsteigen

alcateia *f* (*lobos, cães*) Rudel *nt*

alcatifa *f* Teppichboden *m*

alcatifar *vt* mit Teppichboden auslegen

alcatrão *m* Teer *m*

alcatroado *adj* asphaltiert

alcatroar *vt* teeren, asphaltieren

alcatruz *m* Schöpfeimer *m*

alce *m* Elch *m*

alcofa *f* Henkelkorb *m;* (*de bebé*) Tragekorb *m*

álcool *m* Alkohol *m;* **sem** ~ alkoholfrei

alcoólatra *m(f)* Trinker, Trinkerin *m, f*

alcoolémia *f* Blutalkohol *m;* **teste de** ~ Alkoholtest *m*

alcoólico, -a I. *m, f* Alkoholiker, Alkoholikerin *m, f;* ~ **crónico** Gewohnheitstrinker *m* II. *adj* alkoholisch

alcoolismo *m* Alkoholismus *m*, Trunksucht *f*

alcoolizado *adj* betrunken

alcoolizar I. *vt* alkoholisieren II. *vr* sich betrinken

Alcorão *m* (REL) Koran *m*

alcova *f* Schlafzimmer *nt*

alcovitar I. *vt* verkuppeln II. *vi* **1.** (*casais*) Kuppelei treiben **2.** (*mexericar*) klatschen

alcoviteiro, -a *m, f* **1.** (*casamenteiro*) Kuppler, Kupplerin *m, f* **2.** (*mexeriqueiro*) Klatschbase *f*

alcunha *f* Spitzname *m*

aldeão, aldeã I. *m, f* Dorfbewohner, Dorfbewohnerin *m, f;* (*camponês*) Bauer *m*, Bäuerin *f* II. *adj* dörflich, ländlich; (*camponês*) bäurisch

aldeia [al'deie] *f* Dorf *nt*

aldraba *f* **1.** (*tranca*) Türklinke *f* **2.** (*batente*) Türklopfer *m*

aldrabão, -ona *m, f* Schwindler, Schwindlerin *m, f;* (*mentiroso*) Lügner, Lügnerin *m, f*

aldrabar I. *vt* betrügen II. *vi* **1.** (*enganar*) schwindeln; (*mentir*) lügen **2.** (*no trabalho*) schludern, pfuschen

aldrabice *f* Schwindel *m*
aleatório *adj* zufällig
alecrim *m* Rosmarin *m*
alegação *f* (DIR) Plädoyer *nt*
alegar I. *vt* (*razão*) angeben, geltend machen; (*prova*) vorbringen; (*como desculpa*) vorgeben, vorschützen; ~ **doença** Krankheit vorgeben II. *vi* sich berufen auf, geltend machen
alegoria *f* Allegorie *f*
alegórico *adj* allegorisch
alegrar I. *vt* (*causar alegria a*) erfreuen; **alegra-me que ...** es freut mich, dass ...; (*animar*) aufmuntern, aufheitern II. *vr* sich freuen (*com* über)
alegre [ɐˈlɜgrɐ] *adj* 1. (*contente*) froh, fröhlich 2. (*divertido*) lustig 3. (*animado*) heiter, lebhaft 4. (*com álcool*) angeheitert 5. (*cor*) leuchtend
alegria [ɐlɐˈgriɐ] *f* Freude *f*, Fröhlichkeit *f*, Heiterkeit *f*
alegro *m* (MÚS) Allegro *nt*
aleijado, -a I. *m, f* Krüppel *m* II. *adj* verkrüppelt
aleijar I. *vt* verletzen II. *vr* sich verletzen
aleitamento *m* Stillen *nt*
aleluia I. *f* Halleluja *nt*, Lobgesang *m* II. *interj* ~! Halleluja!
além [aˈlãi] I. *m* Jenseits *nt* II. *adv* dort, da drüben; (*longe*) dahinten; **mais** ~ weiter hinten; **não é/tem nada por aí** ~ das ist nichts Besonderes; (*para lá de*) ~ **de** jenseits; (*excepto*) außer, abgesehen von; ~ **disso** außerdem
Alemanha [ɐlɐˈmɐɲɐ] *f* Deutschland *nt;* ~ **Ocidental/Oriental** West-/Ostdeutschland
alemão, alemã [ɐlɐˈmɐ̃u] I. *m, f* Deutsche; ~ **do leste/ocidente** Ost-/Westdeutsche; (*coloq*) Ossi/Wessi *m* II. *m* (*língua*) Deutsch *nt;* **não falo** ~ ich spreche kein Deutsch; **aprender** ~ Deutsch lernen III. *adj* deutsch
além-fronteiras *adv* im Ausland
além-mar I. *m* Übersee *f* II. *adv* in Übersee
além-mundo *m* Jenseits *nt*
alentado *adj* 1. (*forte*) stark, kräftig 2. (*encorajado*) mutig
alentar I. *vt* stärken, ermutigen; (*esperanças*) hegen II. *vr* Mut fassen
alentejano, -a I. *m, f* Alentejaner, Alentejanerin *m, f* II. *adj* alentejanisch, aus dem Alentejo

alento *m* 1. (*coragem*) Mut *m;* **dar** ~ ermutigen; **cobrar** ~ Mut fassen 2. (*fôlego*) Atem *m;* **tomar** ~ Atem holen
alergia [ɐlɜrˈʒiɐ] *f* (MED) Allergie *f* (*a* gegen)
alérgico *adj* allergisch (*a* auf/gegen)
alerta I. *m* (*sinal*) Alarm *m;* **dar o** ~ Alarm schlagen II. *adj* wachsam; **estar** ~ aufpassen III. *interj* ~! Achtung!, Alarm!
aletria *f* (CUL) Fadennudeln *pl*

Die Haupteisenbahnstrecke Portugals liegt zwischen Porto - Coimbra - Lissabon (*ca. 320 km*). Hier empfiehlt es sich, mit der Bahn zu fahren. **Alfas** sind schnelle und bequeme Züge, die einen für wenig Geld problemlos ans Ziel bringen. Seit neuestem gibt es sogar einen **Alfa Pendular**, in dem man in der 1. Klasse mit allen möglichen Luxusangeboten verwöhnt wird. Außerdem verkehren Regionais (Regionalzüge) sowie Intercitys und Interregiões (Schnellzüge) in den verschiedenen Landesteilen. Das Lösen einer Fahrkarte für einen Schnellzug - expresso, Alfa etc - ist in Portugal immer mit einer Platzreservierung gekoppelt. Das heißt, dass man ohne Platzkarte in diesen Zügen keinen oder nur schwer einen Sitzplatz bekommt. In Brasilien spielt die Bahn kaum eine Rolle.

alfabético *adj* alphabetisch; **por ordem alfabética** alphabetisch geordnet
alfabetizar I. *vt* alphabetisieren; (*crianças*) einschulen II. *vr* lesen und schreiben lernen
alfabeto *m* Alphabet *nt,* ABC *nt*
alface *f* Kopfsalat *m*
alfacinha I. *m(f)* Lissabonner, Lissabonnerin *m, f* II. *adj* aus Lissabon, typisch für Lissabon
alfafa *f* Luzerne *f*
alfaia *f* 1. (*utensílio*) Gerät *nt;* ~**s agrícolas** landwirtschaftliche Geräte 2. (*adorno*) Schmuck *m*
alfaiataria *f* Herrenschneiderei *f*
alfaiate [alfɐˈjatə] *m* Herrenschneider *m*
alfândega *f* Zoll *m;* (*edifício*) Zollbehörde *f,* Zollamt *nt*
alfandegagem *f* Zollabfertigung *f*
alfandegar *vt* 1. (*pagar*) verzollen 2. (*despachar*) zollamtlich abfertigen
alfandegário *adj* Zoll ...
alfarrabista *m(f)* Antiquar, Antiquarin *m, f*
alfarroba *f* Johannisbrot *nt*

alfazema *f* Lavendel *m*
alfena *f* Liguster *m*
alfinetar *vt* **1.** (*pregar*) feststecken **2.** (*uma bolha*) aufstechen
alfinete *m* **1.** (*para pregar*) Stecknadel *f;* ~ **de segurança** Sicherheitsnadel *f* **2.** (*jóia*) Anstecknadel *f;* (*de gravata*) Krawattennadel *f*
alfineteira *f* (*almofada*) Nadelkissen *nt*
alfombra *f* **1.** (*tapete*) Teppich *m* **2.** (*relva*) Rasenfläche *f*
alforra *f* Mehltau *m*
alforreca *f* Qualle *f*
alforriar *vt* freilassen; (*contra dinheiro*) loskaufen
alga *f* Alge *f*
algáceo *adj* algenartig
algália *f* (MED) Katheter *m*
algaliar **I.** *vt* (MED) katheterisieren **II.** *vr* (*reg*) feiern
algarismo *m* Ziffer *f*
Algarve *m* Algarve *m, f*
algarvio *adj* aus dem/der Algarve
algas *fpl* Tang *m*
algazarra *f* Lärm *m,* Geschrei *nt*
álgebra *f* Algebra *f*
algema *f* Handschelle *f*
algemar *vt* Handschellen anlegen
algeroz *m* Dachtraufe *f*
algibeira *f* Tasche *f,* Kleidertasche *f*
algo ['algu] **I.** *pron indef* etwas, irgendetwas; **gostaria de comer** ~ ich würde gerne etwas essen **II.** *adv* etwas, ein bisschen; **ela é** ~ **arrogante** sie ist ein bisschen arrogant
algodão *m* **1.** (BOT) Baumwolle *f;* ~ **em rama** Rohbaumwolle *f;* **de** ~ baumwollen, aus Baumwolle **2.** (MED) ~ **hidrófilo** Watte *f*
algodoeiro **I.** *m* (BOT) Baumwollstaude *f* **II.** *adj* Baumwoll ...
alguém [al'gãi] *pron indef* jemand
alguidar *m* (große) Schüssel *f*
algum *pron indef* **1.** *sing* (irgend)ein; ~**a coisa** etwas; ~ **dia** eines Tages **2.** *pl* einige, manche; **algumas vezes** manchmal; **alguns anos** einige Jahre
algures *adv* irgendwo; **para** ~ irgendwohin; **de** ~ irgendwoher
alhada *f* (*coloq*) Durcheinander *nt;* **estar metido numa** ~ in der Patsche sitzen
alheio **I.** *m* fremdes Eigentum *nt* **II.** *adj* **1.** (*estranho*) fremd (*a*) **2.** (*afastado*) (weit) entfernt (*a* von)
alheira *f* Knoblauchwurst *f*

alheta *f* (*coloq*) **pôr-se na** ~ sich aus dem Staub machen, abhauen
alho ['aʎu] *m* Knoblauch *m;* **eu pergunto** ~**s e ele responde bugalhos** er antwortet nicht auf meine Frage; **misturar** ~**s com bugalhos** alles durcheinander werfen
alho-porro *m* Lauch *m,* Porree *m*
ali [ɐ'li] *adv* dort, da; (*para* ~) dorthin, dahin
aliado, -a **I.** *m, f* Verbündete **II.** *adj* verbunden (*a* mit)
aliança *f* **1.** (*união*) Bund *m,* Bündnis *nt* **2.** (*anel*) Ring *m;* ~ **de casamento** Trauring *m;* ~ **de noivado** Verlobungsring *m*
aliar **I.** *vt* verbinden (*a* mit) **II.** *vr* sich verbünden (*a* mit)
aliás *adv* **1.** (*diga-se de passagem*) übrigens **2.** (*correcção*) beziehungsweise **3.** (*de outra forma*) sonst **4.** (*mesmo assim*) ohnehin
álibi *m* Alibi *nt*
alicantina *f* Schwindel *m,* Betrug *m*
alicate *m* Zange *f;* ~ **de corte** Kneifzange *f*
alicerçar *vt* die Grundlage schaffen für
alicerce *m* **1.** (ARQ) Unterbau *m,* Fundament *nt* **2.** (*base*) Fundament *nt,* Grundlage *f;* **lançar os** ~**s para a. c.** den Grundstein zu etw legen
aliciação *f* Verführung *f*
aliciante *adj* verlockend, verführerisch
aliciar *vt* **1.** (*seduzir*) verführen (*para* zu), verlocken (*para* zu) **2.** (*atrair*) anlocken
alienação *f* **1.** (*afastamento*) Entfremdung *f* **2.** (PSIC) Geistesgestörtheit *f;* ~ **mental** geistige Verwirrung *f* **3.** (ECON: *transferência*) Veräußerung *f*
alienado, -a **I.** *m, f* (PSIC) Geisteskranke **II.** *adj* (PSIC) geisteskrank
alienar **I.** *vt* (*afastar*) entfremden; (*desvairar*) verrückt machen; (ECON: *transferir*) veräußern **II.** *vr* (PSIC) geisteskrank werden; (*coloq*) verrückt werden
alienatário, -a *m, f* (ECON) Empfänger, Empfängerin *m, f,* Erwerber , Erwerberin (von Eigentum) *m*
alienável *adj* (ECON) veräußerlich
alienismo *m* (PSIC) Wahnsinn *m,* Geistesgestörtheit *f*
aligeirar *vt* **1.** (*aliviar*) erleichtern **2.** (*apressar*) beschleunigen
alimentação *f* **1.** (*sustento*) Nahrung *f,* Ernährung *f;* (*de animais*) Fütterung *f;* ~ **forçada** Zwangsernährung *f;* ~ **integral** Vollwertkost *f* **2.** (TÉC, ELEKTR) Zufuhr *f;* (INFORM); ~

de papel Papierzuführung *f*

alimentar I. *vt* ernähren; (*um animal*) füttern II. *vr* sich ernähren (*de* von) III. *adj* Nahrungs ...

alimentício *adj* Nahrungs ..., Nähr ...; **indústria alimentícia** Nahrungsmittelindustrie *f*

alimento *m* Nahrung *f*, Nahrungsmittel *nt*; (*de animais*) Futter *nt*

alimentos *mpl* Alimente *pl*

alínea *f* 1. (*nova linha*) Absatz *m* 2. (DIR) Paragraph *m*

alinhamento *m* 1. (*direcção*) Ausrichtung *f*; (ARQ) Fluchtlinie *f* 2. (*nivelamento*) Angleichung *f* 3. (DESP) Aufstellung *f*

alinhar I. *vt* 1. (*em linha recta*) richten, ausrichten; (*automóvel*); ~ **a direcção** die Spur einstellen 2. (*nivelar*) angleichen 3. (*estrada*) begradigen II. *vi* 1. (*em fila*) sich aufstellen 2. (*num projecto, equipa*) mitmachen (*em* bei), teilnehmen (*em* an) 3. (*entrar no bom caminho*) einfädeln

alinhavar *vt* 1. (*costura*) heften 2. (*delinear*) entwerfen

alisar *vt* glätten; (*aplanar*) abschleifen

alistamento *m* (MIL) Anwerbung *f*

alistar I. *vt* (MIL) anwerben II. *vr* (MIL) eintreten

aliteração *f* (LIT) Alliteration *f*, Stabreim *m*

aliviado *adj* erleichtert

aliviar I. *vt* (*de preocupação*) erleichtern, entlasten; (*a dor*) lindern, mildern; (*suavizar*) besänftigen II. *vi* (*tempo*) aufklären

alívio *m* 1. (*de preocupação*) Erleichterung *f* 2. (*da dor*) Milderung *f*, Linderung *f*

alma *f* Seele *f*; (*espírito, fantasma*) Geist *m*; ~ **penada** Gespenst *nt*; **de** ~ **e coração** von ganzem Herzen; **de corpo e** ~ mit Leib und Seele; **dar a** ~ **ao Criador** seinen Geist aufgeben; **vender a** ~ **ao diabo** sich dem Teufel verschreiben

almaço *adj* **papel** ~ Kanzleipapier *nt*

alma-do-padeiro *f* Luftloch *nt* im Brot

almanaque *m* Almanach *m*, Jahrbuch *nt*

almejar *vt* ersehnen, sich sehnlich wünschen

almejo *m* Sehnsucht *f*

almirante *m* Admiral *m*

almoçar ['almusar] *vi* zu Mittag essen

almoço [al'mosu] *m* Mittagessen *nt*

almofada [almu'fade] *f* 1. (*para cabeça*) Kopfkissen *nt*, Kissen *nt* 2. (*estofo*) Polster *nt*

3. (*de porta*) Türfüllung *f*

almofadar *vt* polstern

almofariz *m* Mörser *m*

almôndega *f* (CUL) Fleischklößchen *nt*, Klops *m*

aló *adv* (NAÚT) luvwärts

alô *interj* (*brasil*) hallo

alocução *f* kurze Rede *f*, Ansprache *f*

alogia *f* Unsinn *m*, Quatsch *m*

aloirado *adj* 1. (*cabelo*) leicht blond 2. (CUL) knusprig

aloirar I. *vt* 1. (*cabelo*) aufhellen 2. (CUL) anbräunen, braun braten II. *vi* 1. (*cabelo*) blond werden 2. (CUL) braun werden

alojamento [ɐluʒɐ'mẽtu] *m* 1. (*geral*) Unterkunft *f* 2. (MIL) Quartier *nt*

alojar I. *vt* 1. (*hospedar*) unterbringen, beherbergen 2. (MIL) einquartieren 3. (*brasil: vomitar*) brechen II. *vr* 1. (*pessoa*) absteigen, unterkommen 2. (*bactéria*) sich einnisten

alomorfia *m* (BIOL) Umwandlung *f*

alongado *adj* länglich

alongamento *m* Ausdehnung *f*; (*em comprimento*) Verlängerung *f*

alongar I. *vt* 1. (*tornar longo*) verlängern 2. (*alargar*) ausdehnen 3. (*prolongar, atrasar*) hinauszögern, verzögern II. *vr* 1. (*prolongar-se*) sich verzögern 2. (*orador*) sich verlieren (*em* in)

aloquete *m* Vorhängeschloss *nt*

alourado *adj* v. **aloirado**

alourar *vi* v. **aloirar**

alpaca *f* 1. (ZOOL) Alpaka *nt* 2. (*tecido*) Alpakawolle *f*, Alpaka *nt*

alpendre *m* Schutzdach *nt*

alperce *m* Aprikose *f*

Alpes *mpl* Alpen *pl*

alpestre *adj* Alpen ...; (*montanhoso*) bergig, gebirgig

alpinismo *m* Bergsport *m*, Bergsteigen *nt*

alpinista *m(f)* Bergsteiger, Bergsteigerin *m*, *f*

alpino *adj* alpin

alporca *f* 1. (MED) Skrofel *f* 2. (BOT) Ableger *m*

alqueive *m* (AGR) Brachfeld *nt*

alquimia *f* Alchimie *f*

alquimista *m(f)* Alchimist, Alchimistin *m*, *f*

Alsácia *f* Elsass *nt*

alsaciano, -a I. *m*, *f* Elsässer, Elsässerin *m*, *f* II. *adj* elsässisch

alta *f* 1. (*de preços*) Teuerung *f*; (*de cotação*)

Hausse f **2.** (conjuntura favorável) Aufschwung m **3.** (da cidade) Oberstadt f **4.** (MED) Entlassung f; **dar** ~ entlassen; **ter** ~ entlassen werden

Alta-Áustria f Oberösterreich nt

altamente I. adj (coloq) **é** ~! es ist geil! **II.** adv höchst, in hohem Maß

altaneiro adj **1.** (ave) hoch fliegend **2.** (árvore, torre) hoch aufragend **3.** (pessoa) anmaßend, arrogant

altar [al'tar] m Altar m

altar-mor m Hochaltar m

alta-roda f vornehme Gesellschaft f

alteração f **1.** (modificação) Veränderung f, Änderung f **2.** (transformação) Umwandlung f; ~ **química** chemische Umwandlung

alterar I. vt **1.** (modificar) verändern, ändern **2.** (adulterar) fälschen; ~ **a verdade** die Wahrheit verfälschen **3.** (a voz) erheben **II.** vr **1.** (modificar-se) sich ändern, sich verändern **2.** (zangar-se) sich aufregen, sich empören

alternadamente adv wechselweise

alternado adj abwechselnd

alternador [altərne'dor] m (ELECTR) Wechselstromgenerator m

alternância f Abwechslung f, Wechsel m

alternar vt abwechseln, wechseln

alternativa f Alternative f (a zu)

alternativo adj alternativ

alterno adj abwechselnd

alteza f Hoheit f; **sua Alteza** Ihre Hoheit

altifalante [altife'lãntə] m Lautsprecher m

altímetro m Altimeter nt, Höhenmesser m

Altíssimo m (REL) **o** ~ der Allmächtige

altista m(f) (ECON) Hausse-Spekulant, Hausse-Spekulantin m, f

altitude f Höhe f (über dem Meeresspiegel)

altivez f Hochmut m, Arroganz f; (orgulho) Stolz m

altivo adj hochmütig, arrogant; (orgulhoso) stolz

alto ['altu] **I.** m (cimo) Gipfel m; **do** ~ von oben; **os** ~**s e baixos** das Auf und Ab; (em terreno) Anhöhe f; (altura) Höhe f; **isto tem três metros de** ~ das ist drei Meter hoch **II.** adj (casa, montanha) hoch; (pessoa) groß; (som) laut; (elevado) vornehm; **alta sociedade** High Society f; (GEOG) obere(r, s); **o Alto Douro** der obere Douro **III.** adv hoch; (som) laut; **falar** ~ laut sprechen **IV.** interj ~ (lá)! halt!

alto-alemão m Hochdeutsch nt

alto-astral I. m (brasil: boa disposição) gute Laune f; (brasil: sorte) Glückssträhne f **II.** adj (brasil) gut gelaunt

alto-forno m Hochofen m

alto-relevo m Hochrelief nt

altruísmo m Selbstlosigkeit f, Uneigennützigkeit f

altruísta I. m(f) selbstlose(r) Mensch m **II.** adj selbstlos

altura [al'turə] f **1.** (de edifício, montanha) Höhe f; **ter 100 metros de** ~ 100 Meter hoch sein **2.** (de pessoa) Größe f; **ter um metro de** ~ einen Meter groß sein **3.** (ocasião) Zeitpunkt m; **a certa** ~ auf einmal; **em qualquer** ~ bei Gelegenheit; (passado); **nessa** ~ zu jener Zeit, damals; (futuro) dann; **nesta** ~ jetzt, zurzeit **4.** (nível) Niveau nt; **estar à** ~ **de alguém/a. c.** jdm/etw gewachsen sein

alucinação f Halluzination f, Wahnvorstellung f

alucinado adj verblendet, wahnsinnig

alucinante adj betörend

alucinar vt betören

alude m Schneelawine f

aludir vt andeuten, anspielen (a auf); (mencionar) erwähnen

alugar [elu'gar] vt **1.** (dar de aluguer) vermieten; (bicicleta, filme) verleihen; (terreno) verpachten; **aluga-se** zu vermieten **2.** (casa, tomar de aluguer) mieten; (bicicleta) leihen, mieten; (terreno) pachten

aluguel m (brasil) v. **aluguer**

aluguer m **1.** (de casa ; arrendamento) Vermietung f; (de objecto) Verleih m, Verleihung f; ~ **de automóveis** Autoverleih m **2.** (de casa; renda) Miete f; (de objecto) Leihgebühr f

aluir I. vt (fazer desabar) zum Einsturz bringen; (sacudir) schütteln, rütteln **II.** vi einstürzen

alumiar I. vt (iluminar) beleuchten; (esclarecer) aufklären **II.** vi leuchten

alumínio m Aluminium nt; **folha de** ~ Aluminiumfolie f

aluminite f Alaunstein m

alunagem f Mondlandung f

alunar vi auf dem Mond landen

alunissagem f (brasil) v. **alunagem**

alunissar vi (brasil) v. **alunar**

aluno, -a m, f (da escola) Schüler, Schülerin m, f; (da universidade) Student, Studentin m, f, Studierende

alusão *f* Andeutung *f*, Anspielung *f* (*a* auf)
alusivo *adj* anspielend (*a* auf)
aluvião *m* **1.** (*cheia*) Überschwemmung *f*; (GEOL); **terra de** ~ Schwemmland *nt* **2.** (*depósito*) Ablagerung *f*
alva *f* **1.** (*alvorada*) Morgengrauen *nt*, Tagesanbruch *m* **2.** (*do olho*) Weiße *nt* (im Auge)
alvado *m* **1.** (*de instrumento*) Öhr *nt* **2.** (*da colmeia*) Flugloch *nt*
alvará *m* (*para negócio*) Konzession *f*; (*de construção*) Baugenehmigung *f*
alvejar *vt* (*com arma*) schießen auf
alvéloa *f* Bachstelze *f*
alveolar *adj* (LING) alveolar
alvéolo *m* **1.** (ANAT) Zahnhöhle *f* **2.** (*de abelhas*) Bienenzelle *f*
alverca *f* **1.** (*terreno*) Sumpf *m* **2.** (*tanque*) Teich *m*
alvião *m* (AGR) Kreuzhacke *f*
alvíssaras *fpl* Finderlohn *m*
alvitrar *vt* vorschlagen, empfehlen
alvitre *m* Vorschlag *m*, Anregung *f*
alvo I. *m* Zielscheibe *f*; (*fig*) Ziel *nt*; **acertar no** ~ das Ziel treffen; **errar o** ~ das Ziel verfehlen II. *adj* **1.** (*branco*) weiß **2.** (*puro*) rein
alvor *m* **1.** (*alvorada*) Morgendämmerung *f* **2.** (*brancura*) Weiße *f*
alvorada *f* **1.** (*manhã*) Morgendämmerung *f* **2.** (MIL) Reveille *f*; **toque de** ~ Wecksignal *nt*
alvoroçar *vt* **1.** (*inquietar, agitar*) beunruhigen, aufregen **2.** (*amotinar*) aufwiegeln **3.** (*entusiasmar*) freudig erregen
alvoroço *m* **1.** (*inquietação, agitação*) Aufregung *f* **2.** (*motim*) Aufruhr *m* **3.** (*entusiasmo*) Begeisterung *f*
alvura *f* **1.** (*brancura*) Weiße *f* **2.** (*pureza*) Reinheit *f*
ama *f* **1.** (*ama-de-leite*) Amme *f* **2.** (*ama-seca*) Kindermädchen *nt*, Kinderfrau *f* **3.** (*dona da casa*) Hausherrin *f* **4.** (*governanta*) Haushälterin *f*
amabilidade *f* Liebenswürdigkeit *f*, Freundlichkeit *f*; **falta de** ~ Unfreundlichkeit *f*
amabilíssimo *adj superl de* **amável**
amachucar *vt* (*papel*) zerknüllen; (*tecido*) verknittern
amaciador *m* **1.** (*da roupa*) Weichspüler *m* **2.** (*do cabelo*) Pflegespülung *f*
amaciar I. *vt* (*suavizar*) besänftigen; (*alisar*) glätten II. *vi* sanft werden

ama-de-leite *f* Amme *f*
amadia *f* (*reg*) Korken *m*
amado, -a *m*, *f* Geliebte *f*
amador(a) *m(f)* Liebhaber, Liebhaberin *m*, *f*, Amateur, Amateurin *m*, *f*
amadurecer I. *vt* zur Reife bringen II. *vi* (*fig*) reifen
âmago *m* **1.** (BOT: *medula*) Mark *nt* **2.** (*interior*) Innere *nt*, Wesen *nt* **3.** (*núcleo, essência*) Kern *m*, Hauptsache *f*; **o** ~ **da questão** der Kern der Frage
amainar I. *vt* (*as velas*) einziehen II. *vi* (*tempestade, ira*) nachlassen
amaldiçoar I. *vt* verfluchen II. *vi* fluchen
amálgama *f* **1.** (QUÍM) Amalgam *nt* **2.** (*mistura*) Gemisch *nt*
amalgamar *vt* **1.** (QUÍM) amalgamieren **2.** (*misturar*) vermengen, vermischen
amamentar *vt* säugen
amanhã [ame'ɲã] I. *m* Morgen *nt* II. *adv* morgen; ~ **de manhã** morgen Früh; **depois de** ~ übermorgen
amanhecer I. *m* Tagesanbruch *m*; **ao** ~ bei Tagesanbruch II. *vi* dämmern, Tag werden
amansar I. *vt* (*domar*) zähmen, bändigen; (*serenar*) beruhigen, besänftigen II. *vi* sich beruhigen; (*tempestade*) sich legen
amante *m(f)* Geliebte, Liebhaber, Liebhaberin *m*, *f*
amar [ɐ'mar] *vt* lieben
amaragem *f* Wasserlandung *f*
amarelado *adj* gelblich
amarelo [ɐmɐ'rɛlu] I. *m* Gelb *nt* II. *adj* **1.** (*cor*) gelb **2.** (*pálido*) blass; **sorriso** ~ gezwungenes Lächeln
amarfanhar *vt* **1.** (*amachucar*) zerknittern **2.** (*humilhar*) demütigen
amargar *vt* **1.** (*tornar amargo*) verbittern **2.** (*sofrer*) leiden
amargo [ɐ'margu] *adj* (*fig*) bitter
amargor *m* **1.** (*sabor*) bittere(r) Geschmack *m* **2.** (*dissabor*) Bitterkeit *f*; (*sofrimento*) Qual *f*
amaríssimo *adj superl de* **amargo**
amarra *f* (NAÚT) Ankertau *nt*, Haltetau *nt*; **soltar as** ~**s** die Leinen lösen
amarração *f* (*coloq brasil*) Beziehungskiste *f*
amarrado *adj* (*coloq brasil*) verknallt (*em* in)
amarrar I. *vt* (*atar*) festbinden; (*acorrentar*) anketten; (NAÚT) vertäuen; (*coloq brasil*) ~ **o bode** sich ärgern II. *vi* (NAÚT) ankern III. *vr*

A

1. (*com corda*) sich binden (*a* an) **2.** (*a ideia*) sich versteifen (*a* auf) **3.** (*brasil: a pessoa*) sich verknallen (*a* in)

amarrotar *vt* (*tecido*) zerknittern, zerdrücken

ama-seca *f* Kindermädchen *nt*, Kinderfrau *f*

amassado *adj* **1.** (*chapa*) verbeult **2.** (*brasil: tecido*) zerknittert, verknittert

amassar *vt* **1.** (*a massa*) kneten **2.** (*chapa*) zerquetschen

amável [ɐˈmavɐl] *adj* liebenswürdig, freundlich; **pouco ~** unfreundlich

Amazonas *m* Amazonas *m*

Amazónia *f* Amazonien *nt*, Amazonastiefland *nt*

âmbar *m* Bernstein *m*

ambição *f* Ehrgeiz *m*

ambicionar **I.** *vt* anstreben **II.** *vi* streben (*a* nach)

ambicioso *adj* ehrgeizig

ambidestro *adj* beidhändig

ambiental *adj* Umwelt ...; **política ~** Umweltpolitik *f*

ambientar **I.** *vt* eine Atmosphäre schaffen für + *ac* **II.** *vr* sich eingewöhnen; (*no emprego*) sich einarbeiten

ambiente [ãmˈbjẽntə] **I.** *m* (*geral*) Atmosphäre *f*; **~ pesado/de cortar à faca** dicke Luft; (*ecológico*) Umwelt *f*; (*que nos rodeia*) Umgebung *f*; (*meio social*) Milieu *nt* **II.** *adj* umgebend

ambiguidade *f* Zweideutigkeit *f*, Doppeldeutigkeit *f*; (*dúvida*) Zweifel *m*

ambíguo *adj* zweideutig, doppeldeutig; (*duvidoso*) zweifelhaft

âmbito *m* (*campo*) Bereich *m*; (*contorno*) Umkreis *m*; **~ de aplicação** Anwendungsbereich *m*; **no ~ do projecto** im Rahmen des Projektes

ambos [ˈãmbuʃ] *pron indef* beide

ambulância [ãmbuˈlãsjə] *f* Krankenwagen *m*

ambulante *adj* ambulant, Wander ...; **vendedor ~** Straßenverkäufer *m*; **teatro ~** Wandertheater *nt*

ambulatório **I.** *m* (MED: *brasil*) Ambulanz *f*, Poliklinik *f* **II.** *adj* **1.** (*variável*) unstet **2.** (MED: *tratamento*) ambulant

ameaça *f* Drohung *f*, Bedrohung *f*; **~ de bomba** Bombendrohung *f*; **~ de morte** Morddrohung *f*

ameaçador *adj* drohend, bedrohlich

ameaçar *vt* drohen (*de* mit); (*com objecto*) bedrohen (*com* mit); **~ alguém de morte** jdm mit dem Tod drohen; **~ com uma pistola** jdn mit einer Pistole bedrohen

ameaço *m* **1.** (MED: *sintoma*) Symptom *nt* **2.** (*prenúncio*) Anzeichen *nt*

amealhar *vi* sparen

ameba *f* (BIOL) Amöbe *f*

amedrontar *vt* erschrecken

amêijoa *f* Herzmuschel *f*

ameixa *f* Pflaume *f*; **~ seca** Backpflaume *f*

ameixoeira *f* Pflaumenbaum *m*

Ámen *interj* **~!** Amen!; **dizer ~ a tudo** zu allem ja und Amen sagen

amêndoa *f* Mandel *f*; **~ confeitada** Zuckermandel *f*; **~ torrada** gebrannte Mandel

amendoada *f* (CUL) Mandelkuchen *m*

amendoeira *f* Mandelbaum *m*

amendoim *m* Erdnuss *f*

ameninado *adj* kindlich, kindisch

amenizar *vt* besänftigen, beruhigen

ameno *adj* angenehm, freundlich; (*clima*) mild; (*paisagem*) lieblich

amenorreia *f* (MED) Amenorrhöe *f*

América *f* Amerika *nt*; **~ Central** Mittelamerika *nt*; **~ Latina** Lateinamerika *nt*; **~ do Norte** Nordamerika *nt*; **~ do Sul** Südamerika *nt*

americanice *f* (*pej*) Überspanntheit *f*; **isso é uma ~** das ist typisch amerikanisch

americano, -a **I.** *m, f* Amerikaner, Amerikanerin *m, f* **II.** *adj* amerikanisch

amestrar *vt* **1.** (*domar*) dressieren, abrichten **2.** (*ensinar*) schulen

ametista *f* Amethyst *m*

amial *m* Erlenwald *m*

amianto *m* Asbest *m*

amicíssimo *adj superl de* **amigo**

amido *m* (CUL) Stärke *f*, Stärkemehl *nt*

amieiro *m* (BOT) Erle *f*

amigalhaço, -a *m, f* Busenfreund, Busenfreundin *m, f*

amigável *adj* (*relação*) freundschaftlich; (*pessoa*) liebenswürdig

amígdala *f* Mandel *f*

amigdalite [amigdɐˈlitə] *f* (MED) Mandelentzündung *f*

amigo, -a [ɐˈmigu] **I.** *m, f* Freund, Freundin *m, f*; **~ da onça** treuloser Freund; **~ do peito** Busenfreund *m*; **cara de poucos ~s** mürrisches Gesicht **II.** *adj* **ser ~ de alguém** mit jdm befreundet sein; **ser ~ de a. c.** etw mögen

amimalhar *vt* verziehen

amissão *f* (DIR) Verlust *m*

amiúde *adv* oft, häufig

amizade *f* Freundschaft *f;* **travar** ~ Freundschaft schließen (*com* mit)

amnésia *f* Gedächtnisschwund *m*

amnésico *adj* gedächtnisschwach

amnistia *f* Amnestie *f*

amnistiar *vt* amnestieren, begnadigen

amo *m* Hausherr *m*

amolação *f* (*coloq brasil*) Schererei *f,* Ärger *m*

amolar *vt* **1.** (*afiar*) schärfen, wetzen **2.** (*brasil: molestar*) belästigen

amolecar *vt* (*brasil*) schlecht behandeln, lächerlich machen

amolecer **I.** *vt* (*uma substância*) aufweichen; (*fig: uma pessoa*) erweichen **II.** *vi* weich werden

amolgado *adj* verbeult

amolgadura *f* Beule *f*

amolgar *vt* zerdrücken, zerquetschen

amónia *f* Salmiakgeist *m*

amoníaco *m* Ammoniak *nt*

amónio *m* Ammonium *nt*

amontoado **I.** *m* Haufen *m* **II.** *adj* angehäuft

amontoamento *m* Haufen *m,* Anhäufung *f*

amontoar *vt* anhäufen, stapeln; (AGR) häufeln; ~ **riquezas** Reichtümer ansammeln

amor [ɐˈmoɾ] *m* **1.** (*sentimento*) Liebe *f;* **ter** ~ **a a alguém/a. a. c.** jdn/etw lieben; **por** ~ **a alguém** aus Liebe zu jdm; **fazer** ~ (**com alguém**) (jdn.) lieben; **por** ~ **de Deus!** um Gottes willen!; **o** ~ **é cego** Liebe macht blind **2.** (*pessoa*) Liebling *m;* **meu** ~ mein Liebling; **ela é um** ~ sie ist ein Schatz

amora *f* Brombeere *f;* (*da amoreira*) Maulbeere *f*

amordaçar *vt* **1.** (*com mordaça*) knebeln **2.** (*calar*) mundtot machen; (*coloq*) den Mund stopfen, einen Maulkorb anlegen

amoreira *f* Maulbeerbaum *m*

amorfo *adj* formlos, amorph

amornar *vt* aufwärmen, anwärmen

amoroso *adj* **1.** (*pessoa*) liebevoll **2.** (*relativo a amor*) Liebes ... **3.** (*reg: suave*) weich, sanft

amor-perfeito *m* (BOT) Stiefmütterchen *nt*

amor-próprio *m* Selbstachtung *f,* Ehrgefühl *nt*

amortalhar *vt* in ein Leichentuch hüllen

amortecedor **I.** *m* (*do automóvel*) Stoßdämpfer *m;* (AERO) Federbein *nt* **II.** *adj* dämpfend

amortecer *vt* (*ruído, choque, queda*) dämpfen; (*luz*) abschwächen, dämpfen; (*golpe*) abschwächen; (*dor*) mildern

amortização *f* (ECON) Tilgung *f,* Rückzahlung *f;* ~ **de capital** Kapitalrückfluss *m;* ~ **de dívidas** Schuldabzahlung *f;* ~ **de empréstimo** Anleihetilgung *f*

amortizar *vt* (ECON) abschreiben, tilgen

amostra *f* **1.** (*de mercadoria*) Muster *nt;* ~ **de compra** Warenprobe *f* **2.** (*estatística*) Probe *f;* (*tomada ao acaso*) Stichprobe *f;* **de** ~ zur Probe **3.** (*prova*) Beweis *m*

amostragem *f* (*estatística*) Probenentnahme *f*

amotinação *f* Aufstand *m,* Aufruhr *m;* (MIL) Meuterei *f*

amotinar **I.** *vt* aufwiegeln, aufhetzen **II.** *vr* sich auflehnen

amover *vt* **1.** (*expropriar*) enteignen **2.** (*afastar*) entfernen

amovível *adj* entfernbar

amparar **I.** *vt* (*apoiar*) stützen; (*sustentar, patrocinar*) unterstützen; (*proteger*) schützen **II.** *vr* sich stützen (*a* auf)

amparo *m* **1.** (*apoio*) Unterstützung *f;* (*ajuda*) Hilfe *f* **2.** (*protecção*) Schutz *m*

ampere *m* (FÍS) Ampere *nt*

ampere-hora *m* (FÍS) Amperestunde *f*

amperímetro *m* (FÍS) Amperemeter *nt*

ampliação *f* **1.** (*alargamento*) Erweiterung *f* **2.** (FOT) Vergrößerung *f*

ampliar *vt* **1.** (*alargar*) erweitern; (*casa*) anbauen; (*prazo*) verlängern **2.** (FOT) vergrößern

ampliável *adj* erweiterbar

amplificação *f* **1.** (*de som*) Verstärkung *f* **2.** (*ampliação*) Erweiterung *f*

amplificador *m* (ELECTR) Verstärker *m*

amplificar *vt* **1.** (*som*) verstärken **2.** (*ampliar*) erweitern

amplitude *f* Weite *f,* Ausdehnung *f;* (FÍS) Amplitude *f*

amplo *adj* **1.** (*largo*) weit, breit **2.** (*vasto*) umfassend **3.** (*espaçoso*) geräumig **4.** (*abundante, rico*) reichlich

ampola *f* (FARM) Ampulle *f*

ampulheta *f* Sanduhr *f,* Eieruhr *f*

amputação *f* (MED) Amputation *f*

A

amputar *vt* (MED) amputieren
amuado *adj* (*coloq*) mürrisch, eingeschnappt
amuar *vi* (*coloq*) maulen, einschnappen
amuleto *m* Talisman *m*
amurada *f* (NAÚT) Reling *f*
anacrónico *adj* anachronistisch
anacruse *f* (MÚS) Auftakt *m*
anafado *adj* klein und dick
anafar *vt* mästen
anáfora *f* (LING) Anapher *f*
anagrama *m* Anagramm *nt*
anais *mpl* Jahrbuch *nt;* (HIST) Annalen *pl*
anal *adj* anal
analepse *f* 1. (LIT) Rückblende *f* 2. (MED)
Genesung *f,* Rekonvaleszenz *f*
analfabetismo *m* Analphabetismus *m,* An-
alphabetentum *nt*
analfabeto, -a I. *m, f* Analphabet, Analphabetin *m, f* II. *adj* analphabetisch
analgésico I. *m* (FARM) Schmerzmittel *nt*
II. *adj* (FARM) schmerzstillend
analisador *m* (FÍS) Analysator *m,* Prüfgerät
nt
analisar *vt* analysieren; (*resultado*) auswer-
ten
analisável *adj* analysierbar
análise *f* Analyse *f* (*de* von); (MED); ~ **ao sangue** Blutuntersuchung *f;* (ECON); ~ **de mercado** Marktanalyse *f;* ~ **laboratorial** Labor-
untersuchung *f;* **em última** ~ letzten Endes,
schließlich
analista *m(f)* 1. (POL) Beobachter, Beobachterin *m, f* 2. (MED) Laborant, Laborantin *m,*
f 3. (MAT) Analytiker, Analytikerin *m, f*
analítico *adj* analytisch
analogia *f* Analogie *f*
analógico *adj* analog; **relógio** ~ Analoguhr
f
analogismo *m* Analogieschluss *m;* (LING)
Analogiebildung *f*
análogo *adj* analog (*a* zu), entsprechend (*a*)
anamnese *f* (MED) Krankengeschichte *f,*
Anamnese *f*
ananás [ɐnɐ'naʃ] *m* Ananas *f*
anão, anã I. *m, f* Zwerg, Zwergin *m, f* II.
adj zwergenhaft, winzig
anarquia *f* Anarchie *f*
anárquico *adj* anarchisch
anarquista I. *m(f)* Anarchist, Anarchistin
m, f II. *adj* anarchistisch
anatocismo *m* (ECON) Zinseszins *m*

anatomia *f* Anatomie *f*
anatómico *adj* anatomisch
anca [ãŋkɐ] *f* Hüfte *f*
ancestrais *mpl* Vorfahren *pl*
ancestral *adj* alt, uralt
anchova *f* 1. (ZOOL) Sardelle *f* 2. (CUL) An-
chovis *f*
ancião, anciã I. *m, f* Greis, Greisin *m, f* II.
adj sehr alt, hochbetagt
ancilose *f* (MED) Gelenksteife *f*
ancinho *m* Harke *f,* Rechen *m*
âncora *f* (NAÚT) Anker *m;* **levantar** ~ den
Anker lichten
ancorado *adj* (NAÚT) verankert; **estar** ~ vor
Anker liegen
ancoradouro *m* (NAÚT) Ankerplatz *m*
ancoragem *f* 1. (NAÚT: *lançamento de âncora*) Ankern *nt* 2. (NAÚT: *taxa*) Liegegebühr
f, Hafengebühr *f*
ancorar I. *vt* (NAÚT) verankern II. *vi* (NAÚT)
vor Anker gehen, ankern
andaimar *vt* mit einem Gerüst versehen
andaime *m* Baugerüst *nt;* ~ **suspenso** Hän-
gegerüst *nt*
andamento *m* 1. (*progresso*) Gang *m,*
Fortgang *m;* (*curso*) Verlauf *m;* **estar em** ~ in
Gang sein; **pôr a. c. em** ~ etw in Gang bringen, etw in Gang setzen; **dar** ~ **a a. c.** etw
vorantreiben 2. (MÚS) Satz *m*
andança *f* 1. (*lida*) Arbeit *f* 2. (*aventura*)
Abenteuer *nt*
andante I. *m* (MÚS) Andante *nt* II. *m(f)* (*brasil*) Passant, Passantin *m, f* III. *adj* wandernd,
Wander ...
andar [ãn'dar] I. *m* 1. (*de edifício*) Etage *f,*
Stockwerk *nt;* (*brasil*); ~ **térreo** Erdgeschoss
nt 2. (*habitação*) Wohnung *f* 3. (*movimento*) Gehen *nt,* Laufen *nt;* **por este** ~ wenn es
so weitergeht II. *vi* 1. (*movimentar-se*) gehen; (*com transporte*) fahren; ~ **a cavalo** reiten; ~ **a pé** gehen; ~ **de carro** (mit dem Auto) fahren; ~ **de avião** fliegen; ~ **de barco**
mit dem Schiff fahren; ~ **de bicicleta** Fahrrad fahren; ~ **de rojo** kriechen; **anda cá!**
komm her!; ~ **atrás de alguém** hinter jdm
herlaufen; (*fig*) hinter jdm her sein; **pôr-se a**
~ abhauen 2. (*frequentar*) besuchen; ~ **na
escola** zur Schule gehen 3. (*exercer uma actividade*) ~ **a ler um livro** dabei sein, ein
Buch zu lesen 4. (*funcionar*) gehen; **isto não
anda** das geht nicht 5. (*decorrer*) laufen;
deixar ~ laufen lassen 6. (*progredir*) voran-

gehen **7.** (*estar*) sich fühlen; ~ **triste** traurig sein; **eu ando bem** es geht mir gut; ~ **mal de finanças** schlecht bei Kasse sein **8.** (*coloq: namorar*) ~ **com alguém** mit jdm gehen

> Bei portugiesischen Anschriften (in Wohnblöcken) sollte man nie vergessen, **andar** - das Stockwerk - anzugeben und ob die Wohnung rechts oder links liegt, da an den Briefkästen keine Namen stehen. Also: Senhora D. ..., Rua ..., 3o-Dto. (3. Etage rechts) P-1250-187 Lisboa. Aus demselben Grund brauchen Sie auch unbedingt die Stockwerkangabe, wenn Sie jemanden besuchen und dazu klingeln müssen.

andas *fpl* Stelzen *pl*
andebol [ãndə'bɔl] *m* Handball *m*
Andes *mpl* Anden *pl*
andor I. *m* Traggestell *nt* II. *interj* ~! weg!
andorinha *f* Schwalbe *f*
andorinha-do-mar *f* Seeschwalbe *f*
andorinhão *m* Turmschwalbe *f*
Andorra *f* Andorra *nt*
andorrano, -a I. *m, f* Andorraner, Andorranerin *m, f* II. *adj* andorranisch
andrajo *m* Lumpen *m*, Fetzen *m*
andrajoso *adj* zerlumpt
androgínico *adj* (BIOL) zwittrig
andu *m* (BOT) Andubohne *f*
anedota [ɐnə'dɔtɐ] *f* Anekdote *f*
anedótico *adj* anekdotenhaft, anekdotisch
aneiro *adj* (BOT) zweijährig; **árvore aneira** zweijähriger Baum
anel [ɐ'nɛl] *m* Ring *m;* ~ **de cabelo** Locke *f*
anelação *f* (MED) Atemnot *f*
anemia *f* (MED) Anämie *f*, Blutarmut *f*
anémico *adj* **1.** (MED) anämisch, blutarm **2.** (*pálido*) farblos, blass
anemómetro *m* (METEO) Windgeschwindigkeitsmesser *m*, Windmesser *m*
anémona *f* Anemone *f*
aneróide *m* (FÍS) Luftdruckmesser *m*
anervia *f* (MED) Lähmung *f*
anestesia [ɐnəʃtɐ'ziɐ] *f* (MED) Anästhesie *f;* (*fig*) Betäubung *f;* ~ **geral** Vollnarkose *f;* ~ **local** Lokalanästhesie *f*
anestesiar *vt* (MED) anästhesieren; (*fig*) betäuben
anestésico I. *m* (FARM) Betäubungsmittel *nt* II. *adj* (FARM) Betäubungs ...
aneto *m* Dill *m*

anexação *f* (POL) Annexion *f*
anexar I. *vt* (POL) annektieren; (*um documento*) beilegen II. *vr* sich anschließen (*a*)
anexo I. *m* (ARQ) Anbau *m;* (*documento*) Anhang *m;* (*em carta*) Anlage *m;* **em** ~ beiliegend; (*acessório*) Zubehör *nt* II. *adj* (*junto*) angeschlossen; (*perto*) anliegend
anfíbio I. *m* Amphibie *f* II. *adj* amphibisch
anfiteatro [ãfi'tjatru] *m* Amphitheater *nt*
anfitrião, anfitriã *m, f* Gastgeber, Gastgeberin *m, f*
ânfora *f* Amphore *f*
angariação *f* Beschaffung *f;* (*de pessoas*) Anwerbung *f;* ~ **de fundos** Geldbeschaffung *f*, Sponsorensuche *f*
angariador(a) *m(f)* (*de fundos*) Finanzakquisiteur, Finanzakquisiteurin *m, f*, Fundraiser, Fundraiserin *m, f*
angariar *vt* **1.** (*obter, conseguir*) beschaffen; ~ **simpatias** sich beliebt machen **2.** (*pessoa*) anwerben, einstellen **3.** (*dinheiro*) einziehen
angarilha *f* Flechtwerk *nt* (um Flaschen)
angelical *adj* engelhaft
angina [ã'ʒinɐ] *f* (MED) Angina *f*, Mandelentzündung *f;* ~ **de peito** Angina pectoris *f;* ~ **membranosa** Diphtherie *f*
anglicano, -a I. *m, f* Anglikaner, Anglikanerin *m, f* II. *adj* anglikanisch
anglicismo *m* (LING) Anglizismus *m*
anglo-saxão, anglo-saxã *m, f* Angelsachse *m*, Angelsächsin *f*
anglo-saxónico *adj* angelsächsisch
Angola *f* Angola *nt*
angolano, -a I. *m, f* Angolaner, Angolanerin *m, f* II. *adj* angolanisch
angra *f* (kleine) Bucht *f*
angu-de-caroço *m* (*coloq brasil*) heikle Situation *f;* **estar num** ~ in der Klemme stecken
angular *adj* Winkel ...
ângulo *m* **1.** (MAT) Winkel *m;* ~ **agudo** spitzer Winkel; ~ **obtuso** stumpfer Winkel; ~ **re(c)to** rechter Winkel **2.** (*esquina, canto*) Ecke *f*, Kante *f* **3.** (*ponto de vista*) Gesichtspunkt *m*
angústia *f* Beklemmung *f*, Angstgefühl *nt*
angustiado *adj* beklommen, angsterfüllt
angustiante *adj* beängstigend, qualvoll
angustiar I. *vt* ängstigen, beängstigen II. *vr* sich ängstigen
anho *m* Lamm *nt*

anídrico *adj* (QUÍM) wasserfrei

anil I. *m* Indigoblau *nt* II. *adj* 1. (*cor*) blau 2. (*senil*) altersschwach

anilha *f* (MEC) Unterlegscheibe *f*

animação *f* 1. (*acção de animar*) Belebung *f* 2. (*vivacidade, alegria*) Lebhaftigkeit *f*, (angeregte) Stimmung *f* 3. (*movimento, pessoas*) Betrieb *m*; (*coloq*) Rummel *m*

animado *adj* (*pessoa*) munter; (*ambiente*) lebhaft, angeregt; (*rua, praça*) belebt

animador(a) I. *m(f)* Animateur, Animateurin *m*, *f*; (*em programa*) Talkmaster, Talkmasterin *m*, *f*, Moderator, Moderatorin *m*, *f* II. *adj* aufmunternd, ermutigend

animal [ɐni'mal] I. *m* Tier *nt*; ~ **doméstico/de estimação** Haustier *nt* II. *adj* tierisch, Tier ...

animalesco *adj* tierisch, Tier ...

animar I. *vt* 1. (*dar vida*) animieren, beleben 2. (*entusiasmar*) anregen, ermuntern; (*encorajar*) ermutigen II. *vr* 1. (*tomar vida*) lebhaft werden 2. (*encorajar-se*) Mut fassen

animato *adv* (MÚS) lebhaft

anímico *adj* seelisch

ânimo I. *m* (*alento, coragem*) Mut *m*; **recobrar** ~ wieder Mut fassen; (*força de vontade*) Lust *f* II. *interj* ~! nur Mut!

animosidade *f* Abneigung *f*, Unwille *m*

animoso *adj* 1. (*corajoso*) tatkräftig, beherzt 2. (*resoluto*) entschlossen

aninhar I. *vt* (*esconder*) verbergen; (*acolher*) aufnehmen II. *vr* sich ducken

aniquilação *f* Vernichtung *f*, Auslöschung *f*

aniquilar I. *vt* (*o inimigo*) vernichten, ausrotten; (*moralmente*) zugrunde richten II. *vr* zugrunde gehen

anis *m* Anis *m*

anistia *f* (*brasil*) Amnestie *f*

anistiar *vt* (*brasil*) amnestieren, begnadigen

aniversariante *m(f)* Geburtstagskind *nt*

aniversário [ɐnivɐr'sarju] *m* (*de nascimento*) Geburtstag *m*; (*de um evento*) Jahrestag *m*, Jubiläum *nt*; ~ **de casamento** Hochzeitstag *m*; **quando é o teu** ~? wann hast du Geburtstag?; **o meu** ~ **é a 12 de Junho** ich habe am 12. Juni Geburtstag

anjinho *m* (*irón*) Naivling *m*

anjo *m* Engel *m*; **Anjo Custódio/da Guarda** Schutzengel *m*

ano ['ɐnu] *m* Jahr *nt*; ~ **bissexto** Schaltjahr *nt*; ~ **civil** Kalenderjahr *nt*; ~ **comercial/económico** Geschäftsjahr *nt*; ~ **comum**, ~

de nascimento Geburtsjahr *nt*; (*escola*); ~ **le(c)tivo** Schuljahr *nt*; (*universidade*) Studienjahr *nt*; **Ano Novo** Neujahr *nt*; **dia de** ~**s** Geburtstag *m*; **por** ~ pro Jahr; **os** ~**s cinquenta** die fünfziger Jahre, die Fünfzigerjahre; **no** ~ **de 1980** im Jahr 1980; **no próximo** ~ nächstes Jahr; **no** ~ **passado** letztes Jahr; **quantos** ~**s tem?** wie alt sind Sie?; **ela tem 18** ~**s** sie ist 18 (Jahre alt); **fazer** ~**s** Geburtstag haben; **fazer 20** ~ 20 (Jahre alt) werden, Jahr, das kein Schaltjahr ist

anoitecer I. *m* Dämmerung *f*, Abenddämmerung *f*; **ao** ~ beim Einbruch der Dunkelheit II. *vi* dunkel werden

anomalia *f* Anomalie *f*

anómalo *adj* abnorm, anormal

anonimato *m* Anonymität *f*

anónimo *adj* anonym

anoraque *m* Anorak *m*

anorexia *f* (MED) Anorexie *f*, Appetitlosigkeit *f*

anormal *adj* anormal; (*mental*) geistig zurückgeblieben

anormalidade *f* Anormalität *f*

anotação *f* 1. (*num texto*) Anmerkung *f* 2. (*comentário*) Bemerkung *f*

anotar [ɐnu'tar] *vt* 1. (*escrever*) notieren, aufschreiben 2. (*observar*) anmerken

anseio *m* 1. (*aflição*) Sorge *f*, Kummer *m* 2. (*desejo*) Verlangen *nt*

ânsia *f* 1. (*desejo*) Streben *nt* (*de* nach), Verlangen *nt* (*de* nach); ~ **de aprender** Wissensdurst *m*; ~ **de poder** Machthunger *m* 2. (*aflição*) Beklemmung *f*; (*por incerteza*) Bangen *nt*

ansiar I. *vt* 1. (*desejar*) sich sehnen nach, herbeisehnen 2. (*afligir*) ängstigen, quälen II. *vi* 1. (*desejar*) begehren, streben (*por* nach) 2. (*angústia*) sich ängstigen (*por* um)

ansiedade *f* 1. (*desejo*) Begierde *f*, Sehnsucht *f* (*por* nach) 2. (*impaciência*) Ungeduld *f*, innere Unruhe *f* 3. (*angústia, aflição*) Angst *f*, Beklemmung *f*

ansioso *adj* 1. (*desejoso*) sehnsüchtig; **estar** ~ **por** brennen auf 2. (*inquieto*) unruhig

anta *f* 1. (HIST) Hünengrab *nt* 2. (ZOOL) Tapir *m*

antagónico *adj* gegensätzlich

antagonismo *m* Gegensatz *m*, Antagonismus *m*

antagonista *m(f)* Gegner, Gegnerin *m*, *f*, Antagonist, Antagonistin *m*, *f*

antárctico *adj* antarktisch
Antárctida *f* Antarktis *f*
antártico *adj* (*brasil*) v. **antárctico**
Antártida *f* (*brasil*) v. **Antárctida**
ante *m(f)* **1.** (*local*) vor **2.** (*em vista de*) angesichts
anteacto *m* (*teatro*) Vorspiel *nt*
anteato *m* (*brasil*) v. **anteacto**
antebraço *m* Unterarm *m*
antecâmara *f* Vorzimmer *nt*
antecedência *f* Vorrang *m;* **com** ~ im Voraus
antecedente *adj* vorhergehend, vorig
antecedentes *mpl* Vorgeschichte *f,* Hintergrund *m;* (*de pessoa*) Vorleben *nt;* **ter** ~ **penais** Vorstrafen haben; **sem** ~ beispiellos
anteceder **I.** *vt* vorhergehen, vorangehen **II.** *vr* zuvorkommen
antecessor(a) *m(f)* Vorgänger, Vorgängerin *m, f*
antecipação *f* Zuvorkommen *nt,* Vorgreifen *nt*
antecipadamente *adv* im Voraus
antecipado *adj* (*eleições*) vorgezogen
antecipar **I.** *vt* vorwegnehmen, vorausnehmen; (*data, viagem*) vorverlegen; (*dinheiro*) vorstrecken **II.** *vr* zuvorkommen (*a*)
antemão *adv* **de** ~ im Voraus
antena *f* **1.** (*de rádio, televisão*) Antenne *f;* ~ **exterior** Dachantenne *f;* ~ **interior** Zimmerantenne *f;* ~ **parabólica** Parabolantenne *f;* ~ **rotativa** Drehantenne *f* **2.** (ZOOL) Fühler *m*
anteontem [ãn'tjõntãi] *adv* vorgestern
antepassado, -a **I.** *m, f* Vorfahr, Vorfahrin *m, f* **II.** *adj* vergangen
antepenúltimo *adj* vorvorletzt, drittletzt
anteprojecto *m* Vorentwurf *m*
anteprojeto *m* (*brasil*) v. **anteprojecto**
antera *f* (BOT) Staubbeutel *m*
anterior *adj* vorangehend, vorig
anteriormente *adv* vorher, früher
antes ['ãntəʃ] **I.** *adv* (*temporal*) vorher, zuvor; (*antigamente*) früher; (*primeiro*) zuerst; **ele vai chegar** ~ er wird zuerst ankommen; **alguns dias** ~ einige Tage zuvor; (*de preferência*) lieber; ~ **quero ler** lieber lese ich; (*pelo contrário*) vielmehr, im Gegenteil **II.** *prep* ~ **de** vor; ~ **de comer** vor dem Essen; ~ **de tudo/de mais nada** vor allem, zuallererst; ~ **do tempo** zu früh **III.** *konj* ~ **que** bevor, ehe; ~ **que comece** bevor es anfängt

antever *vt* vorhersehen, voraussehen
antevéspera *f* vorvorige(r) Tag *m;* **na** ~ **de** zwei Tage vor
antiácido *adj* säurebeständig
antiaéreo *adj* Flugabwehr ...; **defesa antiaérea** Luftabwehr *f*
antialcoólico *adj* antialkoholisch
antibiótico [ãnti'bjɔtiku] **I.** *m* (FARM) Antibiotikum *nt* **II.** *adj* (FARM) antibiotisch
anticefalálgico *adj* (FARM) gegen Kopfschmerzen
anticiclone *m* (METEO) Hoch *nt*
anticientífico *adj* unwissenschaftlich
anticlerical *adj* kirchenfeindlich, antiklerikal
anticoncepcional *adj* empfängnisverhütend
anticongelante **I.** *m* Frostschutzmittel *nt* **II.** *adj* Frostschutz ..., Gefrierschutz ...
anticonstitucional *adj* verfassungswidrig
anticorpo *m* (BIOL) Antikörper *m*
anticorrosivo *adj* Rostschutz ..., Korrosionsschutz ...
antidemocrata *m(f)* Demokratiegegner, Demokratiegegnerin *m, f*
antidemocrático *adj* undemokratisch, demokratiefeindlich
antiderrapante *adj* (TÉC) rutschfest
antidesportivo *adj* unsportlich, unfair
antidetonante *adj* (TÉC) klopffest
antídoto *m* (FARM) Gegenmittel *nt;* (*contraveneno*) Gegengift *nt*
antiespasmódico *adj* (FARM) krampflösend, antispasmodisch
antiestático *adj* (FÍS) antistatisch
antiestético *adj* unästhetisch
antifascismo *m* Antifaschismus *m*
antifascista **I.** *m(f)* Antifaschist, Antifaschistin *m, f* **II.** *adj* antifaschistisch *f*
antifebril *adj* (FARM) fiebersenkend
antiflogístico *adj* (FARM) entzündungshemmend
antigamente [ãntigə'mẽntə] *adv* früher
antigo [ãn'tigu] *adj* **1.** (*velho*) alt; **o Antigo Testamento** das Alte Testament **2.** (*desactualizado*) altertümlich, veraltet **3.** (*da antiguidade*) antik **4.** (*anterior*) ehemalig; **os** ~**s alunos** die ehemaligen Schüler
antiguidade *f* **1.** (HIST) Altertum *nt,* Antike *f* **2.** (*tempo de serviço*) Dienstalter *nt*
antiguidades *fpl* Antiquitäten *pl*
anti-higiénico *adj* unhygienisch

antílope *m* Antilope *f*

antimilitarismo *m* Antimilitarismus *m*

antimonárquico *adj* antimonarchisch

antimónio *m* (QUÍM) Antimon *nt*

antinatural *adj* unnatürlich

antinomia *f* (DIR) Gegensatz *m,* Widerspruch *m*

antipatia *f* Abneigung *f* (*por* gegen), Antipathie *f* (*por* gegen)

antipático *adj* unsympathisch

antipatizar *vi* nicht mögen (*com*)

antipatriótico *adj* unpatriotisch

antiquado *adj* veraltet, altmodisch

antiquário, -a [ãnti'kwarju] *m, f* Antiquitätenhändler, Antiquitätenhändlerin *m, f*

antiquíssimo *adj* uralt

anti-racismo *m* Antirassismus *m*

anti-racista *adj* antirassistisch

anti-religioso *adj* unreligiös

anti-roubo *m* Diebstahlschutz *m,* Diebstahlsicherung *f*

anti-rugas *adj inv* Antifalten ...; **creme ~** Antifaltencreme *f*

anti-semita I. *m(f)* Antisemit, Antisemitin *m, f* II. *adj* antisemitisch

anti-semitismo *m* Antisemitismus *m*

anti-séptico *adj* (MED) antiseptisch

anti-sísmico *adj* erdbebensicher

anti-social *adj* asozial, unsozial

antítese *f* Gegensatz *m;* (FIL) Antithese *f*

antitóxico I. *m* (FARM) Gegengift *nt* II. *adj* (FARM) entgiftend

antojar *vt* 1. (*apetecer*) Lust haben auf; (*desejar*) sich wünschen, begehren 2. (*imaginar*) sich vorstellen +*dat*

antojo *m* 1. (*desejo*) Wunsch *m* 2. (*apetite*) Gelüst *nt*

antologia *f* 1. (LIT) Anthologie *f* 2. (BOT) Blumensammlung *f*

antónimo I. *m* Gegenteil *nt* II. *adj* entgegengesetzt

antracite *f* Anthrazit *m*

antro *m* Höhle *f*

antropófago, -a *m, f* Menschenfresser, Menschenfresserin *m, f*

antropóide I. *m* Menschenaffe *m* II. *adj* menschenähnlich

antropologia *f* Anthropologie *f*

antropólogo, -a *m, f* Anthropologe, Anthropologin *m, f*

antropomorfismo *m* (FIL) Anthropomorphismus *m*

anual [e'nwal] *adj* 1. (*todos os anos*) jährlich, Jahres ...; **encontro ~** jährliches Treffen 2. (*de um ano*) Jahres ...; **relatório ~** Jahresbericht *m*

anuário *m* Jahrbuch *nt;* **~ comercial** Firmenverzeichnis *nt,* Adressbuch *nt*

anuência *f* Zustimmung *f;* (*autorização*) Genehmigung *f*

anuidade *f* (ECON) Jahresrate *f*

anuir *vi* zustimmen (*a*), einwilligen (*a* in)

anulação *f* (*de lei*) Aufhebung *f;* (*de contrato*) Auflösung *f;* (*de decisão*) Widerruf *m;* (*de pedido*) Stornierung *f*

anular [enu'lar] I. *vt* (*lei*) aufheben, annullieren; (*contrato*) auflösen; (*decisão*) rückgängig machen; (*pedido*) stornieren II. *adj* ringförmig, Ring ...

ânulo *m* (ARQ) Ringverzierung *f*

anunciação *f* (REL) Verkündigung *f*

anunciante *m(f)* Inserent, Inserentin *m, f*

anunciar *vt* 1. (*dar a conhecer*) ankündigen, bekannt geben 2. (*no jornal*) inserieren, annoncieren 3. (*na rádio, televisão*) ansagen

anúncio *m* 1. (*informação*) Ankündigung *f,* Bekanntmachung *f* 2. (*de jornal*) Anzeige *f,* Inserat *nt;* **~ de casamento** Heiratsanzeige *f* 3. (*de publicidade*) Reklame *f;* (*na televisão*) Werbespot *m;* **~ luminoso** Leuchtreklame *f*

anúria *f* (MED) Harnverhaltung *f*

ânus *m* After *m*

anuviar I. *vt* (*nublar*) bewölken; (*escurecer*) verdunkeln, verdüstern II. *vr* (*céu*) sich beziehen, sich bewölken

anzol *m* 1. (*pesca*) Angelhaken *m* 2. (*fig: engodo*) Fallstrick *m*

ao [eu] Zusammensetzung: präp a + art o

aonde [e'õndə] *adv* wohin

aorta *f* (ANAT) Aorta *f,* Hauptschlagader *f*

apadrinhar *vt* 1. (*criança*) die Patenschaft übernehmen für 2. (*proteger*) begünstigen, schützen

apagado *adj* 1. (*luz, aparelho*) ausgeschaltet; (*coloq*) aus 2. (*som*) dumpf 3. (*sem brilho*) stumpf

apagar I. *vt* 1. (*fogo*) löschen; (*cigarro*) ausdrücken, ausmachen 2. (*rádio, televisor*) ausstellen, ausschalten; (*luz*) ausknipsen, ausmachen 3. (*escrita*) ausradieren 4. (INFORM) löschen II. *vr* 1. (*fogo, luz*) erlöschen, ausgehen 2. (*som*) verklingen

apaixonado, -a I. *m, f* Liebhaber, Liebhaberin *m, f* **II.** *adj* **1.** (*pessoa*) verliebt **2.** (*discurso*) leidenschaftlich

apaixonar-se *vr* (*por pessoa*) sich verlieben (*por* in); (*por ideia, cidade*) sich begeistern (*por* für)

apalavrado *adj* (mündlich) vereinbart, besprochen

apalavrar *vt* (mündlich) vereinbaren, absprechen

apalermado *adj* albern

apalpadela *f* Tasten *nt,* Fühlen *nt;* **às ~s** tastend; (*fig*) aufs Geratewohl

apalpão *m* Betasten *nt*

apalpar *vt* betasten, abtasten; (*fig*); ~ **terreno** die Lage sondieren

apanágio *m* Kennzeichen *nt,* Merkmal *nt*

apanha *f* (AGR) Ernte; ~ **da azeitona** Olivenernte *f*

apanhado I. *m* (*resumo*) Zusammenfassung *f;* (*sinopse*) Übersicht *f;* **fazer um ~ da história** die Geschichte zusammenfassen **II.** *adj* **1.** (*coloq: maluco*) verrückt **2.** (*coloq: apaixonado*) verknallt

apanhador(a)¹ *m(f)* Pflücker, Pflückerin *m, f*

apanhador² *m* (*pá do lixo*) Kehrblech *nt*

apanha-moscas *m* Fliegenfänger *m*

apanhar [ɐpɐˈɲar] **I.** *vt* (*colher*) ernten; (*fruta*) pflücken; (*do chão*) aufsammeln, auflesen; (*um objecto*) aufheben; (*agarrar*) fassen, packen; (*uma bola*) auffangen; (*uma pessoa*) einholen; (*um transporte*) nehmen; (*uma doença, multa*) bekommen; (*coloq*) kriegen; ~ **ar** Luft schöpfen, Luft schnappen; ~ **chuva** in den Regen kommen; ~ **sol** sich sonnen; (*surpreender*) erwischen, ertappen; ~ **alguém em flagrante** jdn auf frischer Tat ertappen; (*uma surra*) abbekommen; (*um peixe*) fangen; (*a roupa*) abnehmen, von der Leine nehmen; (*uma malha*) aufheben, aufnehmen **II.** *vi* Prügel bekommen

apaparicar *vt* liebkosen

apaparicos *mpl* **1.** (*mimos*) Liebkosung *f* **2.** (*guloseimas*) Leckerbissen *m*

apara *f* (*de madeira*) Span *m;* (*de papel*) Schnipsel *m*

aparador *m* Anrichte *f,* Büfett *nt*

aparafusar *vt* schrauben (*a* auf); (*fixar*) festschrauben

apara-lápis *m* Bleistiftspitzer *m*

aparar *vt* **1.** (*cabelo*) schneiden **2.** (*lápis*) spitzen, anspitzen; (*madeira*) abschleifen **3.** (*segurar*) auffangen

aparas *fpl* (*de comida*) Abfall *m*

aparato *m* Prunk *m,* Pracht *f*

aparatoso *adj* prunkvoll, prachtvoll

aparecer *vi* **1.** (*mostrar-se*) erscheinen, zum Vorschein kommen; (*inesperadamente*) auftauchen; ~ **numa festa** auf einer Party erscheinen **2.** (*doença*) auftreten **3.** (*livro*) erscheinen

aparecimento *m* Erscheinen *nt*

aparelhado *adj* bereit (*para* zu); (*cavalo*) angeschirrt

aparelhagem *f* **1.** (*de som*) Stereoanlage *f* **2.** (*ferramenta*) Werkzeuge *pl;* (*equipamento*) Ausrüstung *f*

aparelhar *vt* **1.** (*preparar*) vorbereiten; (*equipar*) ausrüsten (*com* mit); (*cavalo*) anschirren **2.** (*pedra*) behauen, bearbeiten; (*madeira*) hobeln

aparelho [ɐpɐˈreʎu] *m* **1.** (ELECTR) Apparat *m,* Gerät *nt;* ~ **doméstico** Haushaltsgerät *nt;* ~ **de escuta** Abhörgerät *nt* **2.** (POL) Apparat *m;* ~ **administrativo** Verwaltungsapparat *m;* ~ **do Estado** Staatsapparat *m* **3.** (ANAT) Apparat *m;* ~ **digestivo** Verdauungsapparat *m;* ~ **respiratório** Atemwege *pl,* Atmungsorgane *pl* **4.** (TEL) Apparat *m* **5.** (NAÚT) Takelage *f,* Takelung *f*

aparência *f* Aussehen *nt;* **ter boa ~** gut aussehen

aparências *fpl* Schein *m;* **as ~ iludem** der Schein trügt; **manter as ~** den Schein wahren

aparentado *adj* verwandt

aparentar *vt* **1.** (*parecer*) scheinen, aussehen; **ele aparenta ser mais velho** er scheint älter zu sein, er sieht älter aus **2.** (*simular*) vorspiegeln, vortäuschen

aparente *adj* scheinbar

aparição *f* **1.** (*fantasma*) Gespenst *nt* **2.** (*aparecimento*) Erscheinen *nt,* Auftreten *nt*

apartado I. *m* Postfach *nt* **II.** *adj* **1.** (*separado*) entfernt (*de* von) **2.** (*afastado*) abgelegen (*de* von)

apartamento [ɐpɐrtɐˈmẽtu] *m* **1.** (*casa*) Appartement *nt,* Wohnung *f* **2.** (*separação*) Trennung *f,* Abtrennen *nt*

apartar I. *vt* **1.** (*pôr de parte*) beiseite legen **2.** (*separar*) trennen, absondern **II.** *vr* **1.** (*separar-se*) sich trennen (*de* von) **2.** (*retirar-se*) sich zurückziehen

A

aparte *m* Zwischenbemerkung *f,* Zwischenruf *m*

Apartheid *m* Apartheid *f*

aparvalhado *adj* **1.** (*confuso*) ratlos, bestürzt **2.** (*apalermado*) albern

aparvalhar *vt* verdutzen, verwirren

apatia *f* Apathie *f,* Gleichgültigkeit *f*

apático *adj* apathisch, teilnahmslos

apátrida *adj* staatenlos

apavorado *adj* erschrocken, entsetzt

apavorar *vt* (*amedrontar*) Angst einjagen, ängstigen; (*espantar*) erschrecken

apaziguador(a) **I.** *m(f)* Friedenstifter, Friedenstifterin *m, f* **II.** *adj* beschwichtigend, besänftigend

apaziguamento *m* Besänftigung *f,* Beruhigung *f*

apaziguar *vt* **1.** (*pôr em paz*) Frieden stiften in **2.** (*serenar*) besänftigen, beruhigen **3.** (*abrandar*) mildern

apeadeiro *m* Haltestelle *f*

apear **I.** *vt* (*fazer descer*) herunterholen; (*de cargo*) entheben (*de*); (*de emprego*) entlassen **II.** *vr* (*de automóvel, comboio*) aussteigen; (*de bicicleta*) absteigen; (*de cavalo*) absitzen

apedrejar *vt* steinigen

apegado *adj* (*dedicado*) zugetan (*a*)

apegar-se *vr* sich klammern (*a* an)

apego *m* **1.** (*afeição*) Zuneigung *f* **2.** (*aferro*) Anhänglichkeit *f;* **ter ~ ao poder** die Macht nicht aus der Hand geben wollen

apelação *f* **1.** (DIR) Berufung *f;* **sem ~ nem agravo** ohne Revisionsmöglichkeit **2.** (*apelo*) Appell *m*

apelante *m(f)* (DIR) Berufungskläger, Berufungsklägerin *m, f*

apelar *vi* **1.** (DIR) Berufung einlegen (*de* gegen) **2.** (*invocar*) anflehen (*para*); (*recorrer*) appellieren (*para* an)

apelidar *vt* nennen; **~ alguém de a. c.** jdn etw nennen; (*alcunhar*) jdm einen Spitznamen geben

apelido [ɐpəˈlidu] *m* **1.** (*sobrenome*) Familienname *m,* Nachname *m;* **~ de solteira** Mädchenname *m* **2.** (*brasil: alcunha*) Spitzname *m*

apelo *m* **1.** (*chamada*) Aufruf *m,* Appell *m* **2.** (DIR) Berufung *f;* **sem ~** unwiderruflich

apenas *adv* **1.** (*somente*) nur, bloß; **tenho ~ 200 euros** ich habe nur 200 Euro **2.** (*temporal*) erst; **ela tem ~ 6 anos** sie ist erst 6 Jahre alt

apêndice [ɐˈpẽndisə] *m* **1.** (*documento*) Anhang *m,* Ergänzung *f* **2.** (ANAT) Blinddarm *m*

apendicite [apẽndəˈsitə] *f* (MED) Blinddarmentzündung *f*

apenso **I.** *m* Anhang *m,* Anlage *f* **II.** *adj* beigefügt

apepsia *m* (MED) Verdauungsstörung *f,* Magenverstimmung *f*

aperaltado *adj* geckenhaft

aperceber-se *vr* **~ de** bemerken, wahrnehmen

aperfeiçoamento *m* **1.** (*acabamento*) Vollendung *f;* (*melhoramento*) Verbesserung *f,* Vervollkommnung *f* **2.** (*estudos, profissão*) Weiterbildung *f*

aperfeiçoar **I.** *vt* vervollkommnen; (*melhorar*) verbessern **II.** *vr* sich verbessern

aperitivo **I.** *m* Aperitif *m* **II.** *adj* appetitanregend

aperreado *adj* (*coloq brasil*) verärgert, genervt

aperrear *vt* (*coloq brasil*) quälen; (*oprimir*) unterdrücken

apertado *adj* **1.** (*rua, roupa*) eng **2.** (*tempo*) knapp **3.** (*numa multidão*) gedrängt **4.** (*sem tempo*) (zeitlich) eingespannt **5.** (*avarento*) knauserig **6.** (*severo, rigoroso*) streng

apertão *m* **1.** (*aperto*) Quetschung *f* **2.** (*multidão*) Gedränge *nt*

apertar **I.** *vt* **1.** (*pessoa*) drängen; (*abraçar*) drücken; **~ a mão a alguém** jdm die Hand drücken **2.** (*atar*) schnüren; (*abotoar*) zuknöpfen; **~ o cinto de segurança** sich anschnallen, den Sicherheitsgurt anlegen (*fig*); **~ o cinto/os cordões à bolsa** den Gürtel enger schnallen **3.** (*comprimir*) festklemmen, pressen **4.** (*parafuso*) anziehen **5.** (*roupa*) enger machen **6.** (*disciplina, vigilância*) verschärfen **7.** (*coração*) bedrücken **II.** *vi* **1.** (*sapatos*) drücken; (*vestido*) zu eng sein **2.** (*frio, calor*) drücken, stärker werden **3.** (*tempo*) drängen **4.** (*pressionar*) **~ com alguém** jdm zusetzen, jdn bedrängen

aperto *m* **1.** (*pressão*) Druck *m;* **~ de mão** Händedruck *m* **2.** (*situação difícil*) Verlegenheit *f;* (*coloq*) Klemme *f,* Patsche *f;* **estar num ~** in der Klemme sitzen **3.** (*de pessoas*) Andrang *m,* Gedränge *nt* **4.** (*espaço*) Enge *f*

apesar [ɐpəˈzar] **I.** *prep* **~ de** trotz; **~ da chuva** trotz des Regens **II.** *prep* **~ de** +*inf* obwohl, obgleich; **~ de eu ir, não gosto dis-**

so obwohl ich gehe, gefällt mir das nicht **III.** *adv* ~ **disso/de tudo** trotzdem

apetecer [ɐpətəˈser] *vt* gerne wollen, Lust haben auf; **apetece-me um gelado** ich habe Lust auf ein Eis; **não me apetece sair** ich habe keine Lust, wegzugehen

apetecível *adj* begehrenswert

apetência *f* **1.** (*desejo*) Verlangen *nt* **2.** (*de comer*) Appetit *m*

apetite [ɐpəˈtitə] *m* Appetit *m;* **bom** ~! guten Appetit!; **abrir o** ~ den Appetit anregen

apetitoso *adj* appetitlich; (*gostoso*) schmackhaft

apetrechar *vt* ausrüsten, ausstatten

apetrecho *m* Werkzeug *nt*

ápice *m* **1.** (*cume*) Gipfel *m*, Spitze *f* **2.** (*grau mais alto*) Höhepunkt *m*

apicultor(a) *m(f)* Imker, Imkerin *m, f*

apicultura *f* Bienenzucht *f*

apimentar *vt* würzen; (*com pimenta*) pfeffern

apinhado *adj* überfüllt

apinhar I. *vt* (*encher*) füllen; (*amontoar*) anhäufen **II.** *vr* sich häufen; (*pessoas*) sich drängen

ápiro *adj* feuerfest

apitar *vi* pfeifen; (*sirene*) heulen

apito *m* **1.** (*instrumento*) Pfeife *f* **2.** (*som*) Pfiff *m*

aplainar *vt* **1.** (*madeira*) hobeln **2.** (*caminho*) ebnen

aplanado *adj* flach, eben

aplanar *vt* **1.** (*nivelar*) ebnen; (*alisar*) glätten **2.** (*dificuldades*) beheben

aplaudir I. *vt* (*com aplausos*) applaudieren; (*louvar*) loben **II.** *vi* applaudieren, Beifall klatschen

aplauso *m* Beifall *m*, Applaus *m*

aplestia *f* (MED) Gefräßigkeit *f*, Fresssucht *f*

aplicação *f* **1.** (INFORM: *de lei, programa, método*) Anwendung *f*; ~ **multimédia** Multimediaanwendung *f* **2.** (*uso*) Gebrauch *m*, Verwendung *f* **3.** (*dedicação*) Fleiß *m* **4.** (*de capitais*) Anlage *f*

aplicado *adj* **1.** (*pessoa*) fleißig **2.** (*ciência*) angewandt

aplicar I. *vt* **1.** (*lei, programa, método*) anwenden **2.** (*utilizar*) gebrauchen, verwenden **3.** (*etiqueta*) befestigen, anbringen; (*tinta*) auftragen **4.** (*medicamento*) verabreichen; (*pomada*) auftragen **5.** (*golpe*) versetzen **6.** (*dinheiro*) anlegen, investieren **II.** *vr* **1.** (*pes-*

soa) sich widmen (*a/em*) **2.** (*situação, caso*) angewendet werden (*a* auf)

aplicável *adj* anwendbar (*a* auf)

Apocalipse *m* Apokalypse *f*

apoderar-se *vr* sich bemächtigen (*de*)

apodrecer *vi* **1.** (*alimento, material*) faulen, verfaulen **2.** (*moralmente*) verderben

apodrecimento *m* **1.** (*de alimento, material*) Fäulnis *f*, Fäule *f* **2.** (*moral*) Verdorbenheit *f*

apogeu [ɐpuˈʒeu] *m* **1.** (*auge*) Höhepunkt *m* **2.** (ASTR) Apogäum *nt*

apoiado *interj* bravo

apoiar I. *vt* (*muro, casa*) abstützen, stützen; (*braço*) aufstützen (*em* auf); (*moralmente*) unterstützen; (*com dinheiro*) unterstützen, sponsern **II.** *vr* sich stützen (*em* auf)

apoio *m* **1.** (*suporte*) Halt *m*, Stütze *f* **2.** (*moral*) Unterstützung *f*, Hilfe *f* **3.** (*financeiro*) Unterstützung *f*, Sponsoring *nt*

apólice *f* Police *f*; ~ **de seguro** Versicherungspolice *f*

apologia *f* **1.** (*defesa*) Verteidigungsrede *f* **2.** (*elogio*) Lobrede *f* (*de* auf)

apologista *m(f)* (*de uma ideia*) Verfechter, Verfechterin *m, f*, Verteidiger, Verteidigerin *m, f*

apologizar *vt* **1.** (*justificar*) rechtfertigen **2.** (*defender*) verteidigen, verfechten **3.** (*elogiar*) loben

apontamento *m* Notiz *f*, Aufzeichnung *f*; **tomar/tirar** ~**s** sich Notizen machen +*dat*

apontar I. *vt* **1.** (*arma*) zielen (*a/para* auf); ~ **a pistola ao peito** die Pistole auf die Brust setzen **2.** (*tomar nota*) notieren, aufschreiben **II.** *vi* **1.** (*com o dedo*) zeigen (*para* auf) **2.** (*indicar*) hinweisen (*para* auf)

apoplético, -a I. *m, f* (MED) Apoplektiker, Apoplektikerin *m, f* **II.** *adj* (MED) apoplektisch; **ataque** ~ Hirnschlag *m*

apoplexia [ɐpɔplɐˈksiɐ] *f* (MED) Schlaganfall *m*, Apoplexie *f*

apoquentação *f* Kummer *m*, Qual *f*

apoquentar I. *vt* (*molestar*) belästigen; (*afligir*) quälen, bedrücken **II.** *vr* sich ärgern

aportar *vi* (NAÚT: *cidade*) anlaufen (*a*); (*porto*) einlaufen (*a* in); **o navio aporta a Hamburgo** das Schiff läuft Hamburg an

após *prep* nach; ~ **uma semana** nach einer Woche; **ano** ~ **ano** Jahr für Jahr

aposentado, -a I. *m, f* Rentner, Rentnerin *m, f*; (*funcionário público*) Pensionär, Pensionärin *m, f* **II.** *adj* in Rente; (*funcionário público*) im Ruhestand, pensioniert; (MIL) außer Dienst

aposentadoria *f* Rente *f;* (*de funcionário público*) Pension *f*

aposentar I. *vt* in Rente schicken; (*funcionário público*) pensionieren **II.** *vr* in Rente gehen; (*funcionário público*) in Pension gehen, in den Ruhestand gehen

aposento *m* **1.** (*quarto*) Zimmer *nt* **2.** (*albergue*) Herberge *f*

aposição *f* **1.** (*justaposição*) Nebeneinanderstellung *f* **2.** (LING) Apposition *f*

apossar-se *vr* Besitz ergreifen (*de* von), sich aneignen (*de*)

aposta *f* Wette *f;* **fazer uma ~** eine Wette abschließen

apostar *vi* wetten (*a* um), eine Wette abschließen (*em* auf); **aposto 5000 euros** ich wette (um) 5000 Euro; **aposto que ele não vem** ich wette, er kommt nicht

apostasia *f* Glaubensabfall *m,* Abtrünnigkeit *f*

apóstata *m(f)* Apostat *m,* Abtrünnige

aposto *m* (LING) Apposition *f*

apostolar *vi* (REL) predigen, das Evangelium verkündigen

apostólico *adj* (REL) apostolisch

apóstolo *m* (REL) Apostel *m,* Jünger *m*

apóstrofe *f* Zwischenruf *m*

apóstrofo *m* Apostroph *m*

apoteose *f* Apotheose *f,* Vergötterung *f*

aprazar *vt* befristen

aprazer *vi* gefallen; **apraz-me saber que ...** ich freue mich zu hören, dass ...

aprazível *adj* gefällig, angenehm

apre *interj* ~! pfui!

apreçar *vt* **1.** (*perguntar o preço de*) nach dem Preis fragen von +*dat* **2.** (*fixar o preço de*) den Preis festsetzen von +*dat* **3.** (*estimar o preço de*) den Preis schätzen von +*dat*

apreciação *f* **1.** (*estimação*) Schätzung *f* **2.** (*avaliação*) Bewertung *f;* (*crítica, juízo*) Beurteilung *f* **3.** (*estima*) Würdigung *f*

apreciador(a) *m(f)* Liebhaber, Liebhaberin *m, f*

apreciar *vt* **1.** (*estimar, calcular*) schätzen **2.** (*avaliar*) bewerten, beurteilen **3.** (*dar valor a*) würdigen, schätzen **4.** (*deleitar-se com*) genießen **5.** (*analisar, examinar*) prüfen

apreço *m* **1.** (*estima*) Achtung *f,* Anerkennung *f* **2.** (*valor*) Wertschätzung *f;* **dar muito**

~ a a. c. großen Wert auf etw legen

apreender *vt* **1.** (*pessoa*) ergreifen, fassen **2.** (*mercadoria*) beschlagnahmen, konfiszieren; (*carta de condução*) einziehen **3.** (*uma ideia*) erfassen, begreifen

apreensão *m* **1.** (*de uma pessoa*) Ergreifung *f* **2.** (*preocupação*) Besorgnis *f* **3.** (*de mercadoria*) Beschlagnahmung *f;* (*de carta de condução*) Einziehung *f* **4.** (*compreensão*) **de fácil** ~ leicht verständlich

apreensível *adj* begreiflich

apreensivo *adj* besorgt

apregoador(a) *m(f)* Ausrufer, Ausruferin *m, f;* (*no mercado*) Marktschreier, Marktschreierin *m, f*

apregoar *vt* ausrufen; (*mercadoria*) anpreisen

aprender [eprẽn'der] *vi* lernen, erlernen; **~ de cor** auswendig lernen; **~ uma língua** eine Sprache lernen

aprendiz, -a *m, f* Lehrling *m*

aprendizado *m* **1.** (*brasil: de aprendiz*) Lehrzeit *f* **2.** (*na matéria*) Einarbeitung *f*

aprendizagem *f* Lehre *f*

apresentação [eprezẽnte'sãu] *f* **1.** (*de pessoas*) Vorstellung *f* **2.** (*introdução*) Einführung *f* **3.** (*de filme, peça de teatro*) Vorführung *f* **4.** (*de documentos*) Vorlage *f;* **contra ~** bei Vorlage **5.** (*aparência*) Äußere *nt;* **ter boa ~** gut aussehen **6.** (*configuração*) Aufmachung *f,* Darstellung *f*

apresentador(a) *m(f)* (*na televisão*) Ansager, Ansagerin *m, f;* (*em programa*) Moderator, Moderatorin *m, f*

apresentar [eprezẽn'tar] **I.** *vt* **1.** (*pessoa*) vorstellen (*a*) **2.** (*introduzir*) einführen in **3.** (*documento*) vorlegen **4.** (*álibi*) beibringen; (*desculpa*) vorbringen **5.** (*programa*) präsentieren, moderieren **6.** (*candidato*) aufstellen **II.** *vr* **1.** (*a uma pessoa*) sich vorstellen **2.** (*num local*) erscheinen

apresentável *adj* ansehnlich; (*pessoa*) gut aussehend

apressado [epre'sadu] *adj* eilig, hastig

apressar I. *vt* beschleunigen **II.** *vr* sich beeilen

apresto *m* **1.** (*preparativo*) Vorbereitung *f* **2.** (*equipamento*) Ausrüstung *f*

aprimorar I. *vt* sorgfältig machen; (*aperfeiçoar*) vervollkommnen **II.** *vr* sich Mühe geben

aprisionado *adj* gefangen

aprisionamento *m* Gefangennahme *f,* Festnahme *f*

aprisionar *vt* gefangen nehmen, festnehmen

aproar **I.** *vt* (NAÚT: *virar*) drehen; (NAÚT: *dirigir*) zusteuern (*para* auf) **II.** *vi* (NAÚT) einlaufen

aprofundamento *m* Vertiefung *f*

aprofundar *vt* vertiefen

aprontar *vt* fertig machen; (*preparar*) herrichten

apropriação *f* **1.** (*de bens*) Aneignung *f* **2.** (*adaptação*) Anpassung *f*

apropriado *adj* geeignet, passend

apropriar **I.** *vt* (*adaptar*) anpassen; (*aplicar*) anwenden **II.** *vr* ~**-se de a. c.** sich etw aneignen + *dat*

aprovação *f* **1.** (*de uma proposta*) Zustimmung *f,* Billigung *f* **2.** (*num exame*) Bestehen *nt* **3.** (*autorização*) Zulassung *f* (*para* zu)

aprovado *adj* **1.** (*método*) bewährt **2.** (*autorizado*) genehmigt **3.** (*em exame*) bestanden; **ficar** ~ **no exame** die Prüfung bestehen

aprovar *vt* **1.** (*uma proposta*) zustimmen + *dat*, billigen **2.** (*concordar*) gutheißen, zustimmen + *dat* **3.** (*autorizar*) genehmigen, zulassen **4.** (*um aluno*) bestehen lassen

aproveitamento *m* **1.** (*de tempo, objecto*) Nutzung *f;* (*de restos*) Verwertung *f;* ~ **do solo** Bodennutzung *f* **2.** (*escolar*) (schulische) Leistung *f;* **com** ~ bestanden

aproveitar **I.** *vt* (*tempo, espaço, oportunidade*) nutzen, ausnutzen; **aproveita!** nutze es!, genieß es!; (*objecto*) benutzen (*para* für), gebrauchen (*para* für); (*conhecimentos*) verwerten (*para* für), nutzbar machen (*para* für) **II.** *vr* ausnutzen (*de*)

aproveitável *adj* nutzbar

aprovisionamento *m* **1.** (*abastecimento*) Versorgung *f* **2.** (*provisões*) Proviant *m*

aprovisionar *vt* versorgen

aproximação *f* **1.** (*geral*) Annäherung *f* (*a* an) **2.** (AERO) Anflug *m* **3.** (MAT) Approximation *f* **4.** (*lotaria*) Trostpreis *m*

aproximadamente   [ɐprɔsi↓ madɐ'mẽntɐ] *adv* ungefähr, etwa

aproximar **I.** *vt* näher bringen; (*objecto*) heranrücken **II.** *vr* näher kommen (*de*), sich nähern (*de*); (AERO) anfliegen

aprumado *adj* **1.** (*na vertical*) senkrecht **2.** (*correcto*) korrekt

aprumar **I.** *vt* senkrecht stellen, gerade aufrichten; (NAÚT) loten **II.** *vr* Haltung annehmen

aprumo *m* **1.** (*posição vertical*) senkrechte Stellung *f* **2.** (*compostura*) Korrektheit *f*

apside *f* (ASTR) Apside *f*

aptidão *f* Eignung *f* (*para* für), Befähigung *f* (*para* für); ~ **para línguas** Sprachbegabung *f*

apto *adj* geeignet (*para* für)

apurado *adj* **1.** (*problema*) klar, geklärt **2.** (*olfacto, humor*) fein **3.** (*pessoa*) fein, elegant **4.** (DESP) qualifiziert; **ficar** ~ **para a. c.** sich für etw qualifizieren

apuramento *m* **1.** (*de um problema*) Klarstellung *f,* Klärung *f* **2.** (*da verdade*) Ermittlung *f* **3.** (*aperfeiçoamento*) Verfeinerung *f,* Verbesserung *f* **4.** (*contagem*) Zählung *f;* ~ **dos votos** Stimmenauszählung *f;* (ECON); ~ **dos custos** Kostenabrechnung *f* **5.** (DESP) Qualifikation *f*

apurar *vt* **1.** (*verdade*) ermitteln **2.** (*problema*) klarstellen **3.** (*aperfeiçoar*) verfeinern, verbessern **4.** (*sentidos*) schärfen **5.** (*comida*) abschmecken **6.** (*escolher*) wählen, auswählen

apuro *m* **1.** (ECON) Einnahme *f* **2.** (*requinte*) Verfeinerung *f* **3.** (*esmero*) Sorgfalt *f*

apuros *mpl* schwierige Lage *f;* **estar em** ~**s** in Schwierigkeiten stecken, in der Patsche sitzen

aquário *m* Aquarium *nt*

Aquário *m* (*zodíaco*) Wassermann *m*

aquartelamento *m* (MIL) Einquartierung *f;* (*quartel*) Kaserne *f*

aquartelar *vt* (MIL) einquartieren

aquático *adj* Wasser ...; **parque** ~ Freizeitbad *nt*

aquatinta *f* Aquatinta *f*

aquecedor *m* **1.** (*para quarto*) Heizlüfter *m,* Heizgerät *nt* **2.** (*para água*) Boiler *m,* Warmwasserbereiter *m* **3.** (ELECTR) ~ **de imersão** Tauchsieder *m*

aquecer [ɐkɜ'ser] **I.** *vt* (*a casa*) heizen; (*água*) erwärmen, erhitzen; (*leite, comida*) aufwärmen; (*excitar*) erregen; **isso não me aquece nem me arrefece** das lässt mich kalt, das ist mir egal **II.** *vi* (*comida*) warm werden; (*água*) sich erwärmen; (DESP: *pessoa*) sich warm machen; (METEO) warm werden **III.** *vr* sich aufwärmen

A

aquecimento [ɐkɜsi'mẽntu] *m* Heizung *f*; ~ **a gás** Gasheizung *f*; ~ **a óleo** Ölheizung *f*; ~ **central** Zentralheizung *f*

aqueduto *m* Aquädukt *nt*

aquela [ɐ'kɜlɐ] I. *f* sem mais ~s mir nichts, dir nichts II. *pron dem* jene (dort), jener (dort), jenes (dort); ~ **mesa**/**rapariga**/**mulher** jener Tisch/jenes Mädchen/jene Frau; ~ **que ...** diejenige, die ..., derjenige, der ..., dasjenige, das ...

àquela Zusammensetzung: präp a + pron aquila

aquele [ɐ'kelɐ] *pron dem* jener (dort), jene (dort), jenes (dort); ~ **homem**/**carro**/**cigarro** jener Mann/jenes Auto/jene Zigarette; ~ **que ...** derjenige, der ..., dasjenige, das ..., diejenige, die ...

àquele Zusammensetzung: präp a + pron aquila

aqueloutro Zusammensetzung: pron aquele + pron outro

aquém *adv* diesseits (*de*)

aquém-fronteiras *adv* diesseits der Grenze

aqui [ɐ'ki] *adv* hier; (*para ~*) hierher; (*agora*) jetzt; **até** ~ bisher; **d**~ **a pouco**/**nada** demnächst, bald; **d**~ **a dois meses** in zwei Monaten

aquietação *f* (*de criança*) Beruhigung *f*; (*dos ânimos*) Besänftigung *f*

aquietar *vt* (*criança*) beruhigen; (*ânimo*) besänftigen

aquilo *pron dem* das, dasjenige; ~ **que ...** das, was ...

àquilo Zusammensetzung: präp a + pron aquilo

aquisição *f* 1. (*obtenção*) Erwerb *m*; ~ **de conhecimentos** Erwerb von Kenntnissen 2. (*compra*) Kauf *m*, Erwerb *m*

aquisitivo *adj* Erwerbs ..., Kauf ...; (ECON); **poder** ~ Kaufkraft *f*

aquista *m(f)* Kurgast *m*

aquoso *adj* Wasser ...; (*com água*) wässerig, wasserhaltig

ar [ar] *m* 1. (*atmosfera*) Luft *f*; ~ **condicionado** Klimaanlage *f*; ~ **comprimido** Druckluft *f*; (*fig*); ~ **pesado** dicke Luft; **ao** ~ **livre** im Freien, an der frischen Luft; **apanhar**/**tomar** ~ **fresco** frische Luft schnappen; **ir pelos** ~**es** in die Luft fliegen; (*rádio*) **estar no** ~ auf Sendung sein 2. (*brisa*) Brise *f*; (*corrente de* ~) Luftzug *m* 3. (*aparência*) Aussehen

nt, Gestalt *f*; **ter um** ~ **cansado** müde aussehen

árabe I. *m(f)* Araber, Araberin *m, f* II. *adj* arabisch

Arábia *f* Arabien *nt*; ~ **Saudita** Saudi-Arabien *nt*

arado *m* Pflug *m*

aragem *f* Brise *f*, leichte(r) Wind *m*

aramagem *f* Maschendraht *m*

arame *m* Draht *m*; ~ **farpado** Stacheldraht *m*

arando *m* Blaubeere *f*

aranha *f* 1. (ZOOL) Spinne *f* 2. (*lustre*) Kronleuchter *m*

aranha-do-mar *f* Spinnenkrebs *m*

aranhento *adj* Spinnen ...

aranhiço *m* 1. (ZOOL) Feldspinne *f* 2. (*coloq: pessoa*) spindeldürre Person *f*

arão *m* (BOT) Aronstab *m*

araponga *m(f)* (*coloq*) Spitzel *m*

arapuca *f* 1. (*brasil: para pássaros*) Vogelschlinge *f* 2. (*coloq: armadilha*) Falle *f*

arar *vt* pflügen

arara *f* Arara *m*

arbitragem *f* 1. (*mediação*) Schlichtung *f* 2. (*sentença*) Schiedsspruch *m* 3. (*instituição*) Schiedsgericht *nt*

arbitral *adj* schiedsrichterlich

arbitrar *vt* 1. (*mediar*) schlichten; (*decidir*) schiedsrichterlich entscheiden 2. (DESP: *um jogo*) pfeifen

arbitrariamente *adv* willkürlich

arbitrariedade *f* Willkür *f*

arbitrário *adj* willkürlich

arbítrio *m* 1. (*sentença*) Schiedsrichterspruch *m* 2. (*vontade*) Gutdünken *nt*; **de livre** ~ nach Gutdünken, nach freiem Willen

árbitro, **-a** ['arbitru] *m, f* Schiedsrichter, Schiedsrichterin *m, f*

arboricultura *f* Baumzucht *f*

arborização *f* Aufforstung *f*

arborizar *vt* aufforsten

arbusto *m* Strauch *m*, Busch *m*

arca *f* 1. (*caixa*) Truhe *f*; (REL); ~ **da aliança** Bundeslade *f*; ~ **congeladora** Gefriertruhe *f*; ~ **frigorífica** Kühltruhe *f*; ~ **de Noé** Arche Noah *f* 2. (*cofre*) Tresor *m*, Safe *m*

arcaboiço *m* 1. (ANAT) Brustkorb *m* 2. (*esqueleto de construção*) Gerüst *nt*

arcabouço *m v.* **arcaboiço**

arcada *f* (ARQ) Bogengang *m*, Arkade *f*

arcaico *adj* altertümlich

arcaísmo *m* (LING) Archaismus *m*

arcanjo *m* Erzengel *m*

arcano I. *m* Geheimnis *nt*, Mysterium *nt* II. *adj* mysteriös

arcar *vi* 1. (*suportar*) ertragen; ~ **com as consequências** die Folgen tragen müssen; ~ **com a responsabilidade** die Verantwortung auf sich nehmen 2. (*lutar*) ringen, kämpfen

arcatura *f* (ARQ) Blendbogen *m*

arcebispado *m* Erzbistum *nt*

arcebispo *m* Erzbischof *m*

arcete *m* Steinsäge *f*

archote *m* Fackel *f*, Pechfackel *f*

arco ['arku] *m* 1. (MAT) Bogen *m;* ~ **do triunfo** Triumphbogen *m* 2. (*aro*) Reifen *m*

arco-da-velha *m* **fazer coisas do** ~ tolle Dinge treiben

arco-íris *m* Regenbogen *m*

ardência *f* (MED) Brennen *nt*

ardente *adj* brennend, glühend; (*sol*) stechend

arder *vi* 1. (*fogo, madeira, olhos, pele*) brennen 2. (*sem chama*) glühen 3. (*pimenta*) beißen 4. (*fig: pessoa*) ~ **de raiva/paixão** in Wut/Liebe entbrennen

ardil *m* List *f*

ardiloso *adj* hinterlistig

ardina *m* Zeitungsjunge *m*

ardor *m* 1. (*paixão*) Leidenschaft *f*, Inbrunst *f* 2. (*calor*) Hitze *f*, Glut *f*

ardósia *f* Schiefer *m*

árduo *adj* 1. (*trabalho*) schwierig, mühsam; **trabalho** ~ harte Arbeit 2. (*caminho*) beschwerlich 3. (*escarpado*) steil

are *m* Ar *nt*

área *f* 1. (*superfície*) Fläche *f*; (ARQ); ~ **coberta** bebaute Fläche *f*; (AGR); ~ **cultivada** Anbaufläche *f*; (ARQ); ~ **descoberta** Freifläche *f* 2. (*zona*) Gebiet *nt*, Bezirk *m;* ~ **residencial** Wohngebiet *nt*, Wohnbezirk *m;* ~ **de serviço** Raststätte *f*, Rasthof *m* 3. (*de actividade*) Bereich *m*, Gebiet *nt;* ~ **de competência** Kompetenzbereich *m;* ~ **de investigação** Forschungsgebiet *ntpl;* ~ **de trabalho** Arbeitsbereich *m, f*

areal *m* Sandgrube *f*; (*praia*) Strand *m*

areia [ɐˈrejɐ] *f* Sand *m;* ~ **fina** feiner Sand; ~ **movediça** Treibsand *m*, Flugsand *m;* (*pej*); **ter** ~ **na cabeça** Stroh im Kopf haben

arejado *adj* luftig, belüftet

arejamento *m* Lüftung *f*

arejar I. *vt* lüften, durchlüften II. *vi* (frische) Luft schöpfen

arejo *m* Lüftung *f*, Lüften *nt;* (*corrente*) Luftzug *m*

arena [ɐˈrenɐ] *f* Arena *f*

arenífero *adj* sandhaltig

arenito *m* Sandstein *m*

arenoso *adj* sandig, Sand ...

arenque [ɐˈrẽŋkɐ] *m* Hering *m;* ~ **defumado** Bückling *m*

areómetro *m* (FÍS) Senkwaage *f*, Aräometer *nt*

aresta *f* Kante *f;* ~ **viva** scharfe Kante

aresto *m* (DIR) Urteil *nt*

arfar *vi* 1. (*ofegar*) keuchen 2. (*coração*) klopfen 3. (NAÚT) stampfen

argamassa *f* Mörtel *m*

Argélia *f* Algerien *nt*

argentífero *adj* silberhaltig

Argentina *f* Argentinien *nt*

argentite *f* Argentit *m*, Silberglanz *m*

argila *f* Ton *m*, Lehm *m;* ~ **branca** Porzellanton *m*

argiloso *adj* tonhaltig, lehmig

argola *f* 1. (*aro*) Ring *m*, Metallring *m;* (DESP); ~**s** Ringe *pl* 2. (*brinco*) Ohrring *m* 3. (*de porta*) Türklopfer *m*

argúcia *f* Scharfsinn *f*

arguente *m(f)* Redner, Rednerin *m, f*

arguição *f* 1. (DIR: *argumentação*) Beweisführung *f* 2. (DIR: *impugnação*) Verweis *m*

arguido, -a *m, f* (DIR) Beschuldigte

arguir I. *vt* (DIR: *acusar*) anklagen; (DIR: *impugnar*) beschuldigen II. *vi* argumentieren

argumentação *f* Beweisführung *f*, Argumentation *f*

argumentador(a) *m(f)* Disputant, Disputantin *m, f*

argumentar I. *vt* (*debater*) diskutieren, erörtern; (*sustentar*) begründen II. *vi* argumentieren

argumento *m* 1. (*para convencer*) Argument *nt* 2. (*prova*) Beweis *m* 3. (*de filme, peça de teatro*) Handlung *f*

arguto *adj* (*astucioso*) scharfsinnig, verschlagen; (*engenhoso*) spitzfindig

aridez *f* Dürre *f*, Trockenheit *f*

árido *adj* dürr, trocken

arisco *adj* 1. (*pessoa*) scheu 2. (*arenoso*) sandig 3. (*bravio*) rau

aristocracia *f* Aristokratie *f*

aristocrata *m(f)* Aristokrat, Aristokratin *m*, *f*

aristocrático *adj* aristokratisch

aritmética *f* Arithmetik *f*

aritmético, -a I. *m, f* Arithmetiker, Arithmetikerin *m, f* II. *adj* arithmetisch, Rechen ...

arlequim *m* Harlekin *m*

arma *f* 1. (MIL) Waffe *f;* ~ **branca** Stichwaffe *f;* ~ **de fogo** Feuerwaffe *f,* Schusswaffe *f;* ~**s ABQ** ABC-Waffen *pl;* ~**s biológicas** biologische Waffen; ~**s nucleares** Kernwaffen *pl,* Atomwaffen *pl;* ~**s pesadas** schwere Waffen; **às ~s!** an die Waffen! 2. (*recurso*) Mittel *nt,* Hilfsmittel *nt*

armação *f* 1. (*equipamento*) Ausrüstung *f* 2. (*estrutura*) Gestell *nt,* Gerüst *nt* 3. (*de óculos*) Gestell *nt*

armada *f* (NAÚT) Flotte *f*

armadilha *f* (*fig*) Falle *f;* (*fig*); **cair na** ~ in die Falle gehen; **pôr uma** ~ eine Falle stellen

armado *adj* bewaffnet

armador *m* 1. (NAÚT) Reeder *m* 2. (*funerário*) Leichenbestatter *m*

armadura *f* 1. (*do guerreiro*) Rüstung *f* 2. (*de edifício*) Balkenwerk *nt;* (*do betão armado*) Drahtgeflecht *nt*

armamento *m* (MIL) Bewaffnung *f;* (*de país*) Aufrüstung *f;* **corrida ao** ~ Wettrüsten *nt;* **indústria de** ~ Rüstungsindustrie *f*

armar I. *vt* 1. (*com armas*) bewaffnen 2. (*equipar*) ausrüsten 3. (*loja*) einrichten, ausstatten 4. (*cama*) aufstellen; (*tenda*) aufschlagen 5. (*armadilha*) stellen; ~ **intrigas** Ränke schmieden; ~ **barraca/sarilhos** Streit anfangen II. *vr* 1. (*com armas*) sich bewaffnen 2. (*prevenir-se*) sich wappnen (*de* mit) 3. (*coloq: adular-se*) sich aufspielen (*em* als)

armário [er'marju] *m* Schrank *m;* (*de parede*) Wandschrank *m*

armas *fpl* 1. (*brasão*) Wappen *nt* 2. (*do touro*) Stierhörner *pl*

armazém *m* (*depósito*) Lager *nt,* Lagerraum *m;* (*edifício*) Lagerhaus *nt;* ~ **frigorífico** Kühlhaus *nt;* ~ **intermédio** Zwischenlager *nt*

armazenagem *f* 1. (*depósito*) Lagerung *f,* Einlagerung *f;* (*duração*) Lagerzeit *f;* (*lixo atómico*); ~ **definitiva** Endlagerung *f* 2. (*taxa*) Lagergebühr *f*

armazenar *vt* 1. (*mercadoria*) lagern, einla-

gern 2. (*brasil*) INFORM. speichern

armazenista *m(f)* Großhändler, Großhändlerin *m, f*

armazéns *mpl* (*de comércio*) Kaufhaus *nt,* Warenhaus *nt*

Arménia *f* Armenien *nt*

arminho *m* 1. (ZOOL) Hermelin *nt* 2. (*pele*) Hermelin *m*

armistício *m* Waffenstillstand *m*

arnela *m* Zahnstumpf *m*

aro *m* 1. (*arco*) Reifen *m* 2. (*anel*) Ring *m* 3. (*da roda*) Radkranz *m,* Felge *f* 4. (*de janela, porta*) Rahmen *m*

aroma *m* Aroma *nt,* Duft *m*

aromático *adj* wohlriechend, aromatisch

aromatizar *vt* (CUL) würzen

arpão [er'pãu] *m* Harpune *f*

arqueação *f* 1. (*curvatura*) Krümmung *f,* Biegung *f* 2. (*medição*) Messung *f* 3. (NAÚT) Tonnage *f*

arqueado *adj* bogenförmig

arquear *vt* 1. (*curvar*) biegen, krümmen 2. (*medir*) messen, bestimmen

arqueiro *m* (DESP: *brasil*) Torwart *m*

arquejar *vi* 1. (*respirar*) keuchen 2. (*ansiar*) lechzen (*por* nach)

arquejo *m* Keuchen *nt*

arqueologia [erkjulu'ʒie] *f* Archäologie *f*

arqueólogo, -a *m, f* Archäologe, Archäologin *m, f*

arquétipo *m* Urbild *nt,* Archetypus *m*

arquiducado *m* Erzherzogtum *nt*

arquiducal *adj* erzherzoglich

arquiduque, arquiduquesa *m, f* Erzherzog, Erzherzogin *m, f*

arquipélago *m* Archipel *m,* Inselgruppe *f*

arquitectar *vt* 1. (*edificar*) errichten, erbauen 2. (*um plano*) entwerfen

arquitecto, -a *m, f* Architekt, Architektin *m, f*

arquitectónico *adj* architektonisch

arquitectura *f* Architektur *f,* Baukunst *f*

arquitetar *vt* (*brasil*) *v.* **arquitectar**

arquiteto *m* (*brasil*) *v.* **arquitecto**

arquitetónico *adj* (*brasil*) *v.* **arquitectónico**

arquitetura *f* (*brasil*) *v.* **arquitectura**

arquitrave *f* (ARQ) Architrav *m*

arquivar *vt* 1. (*documentos*) archivieren, aufbewahren; (*numa pasta*) ablegen, abheften 2. (DIR: *processo*) zu den Akten legen, einstellen; (*fig*); ~ **um assunto** eine Angele-

genheit zu den Akten legen **3.** (INFORM) speichern
arquivo *m* **1.** (*de documentos*) Archiv *nt;*
(*pasta*) Ordner *m* **2.** (INFORM) Speicher *m;* ~
de dados Datenarchiv *nt;* ~ **mestre** Stamm-
datei *f*
arrabalde *m* **1.** (*da cidade*) Vorort *m,* Rand-
gebiet *nt* **2.** (*arredores*) Umgebung *f*
arraial *m* **1.** (*romaria*) Volksfest *nt* **2.** (MIL)
Lager *nt*
arraia-miúda *f* (*pej*) Pöbel *m*
arraigado *adj* eingefleischt
arraigar *vi* **1.** (*planta*) Wurzeln schlagen **2.**
(*pessoa*) sich einleben, Wurzeln schlagen
arrais *m* (NAÚT) Schiffer *m,* Bootsführer *m*
arrancar [ɐʀɐ̃ŋˈkar] **I.** *vt* (*folha de papel*)
herausreißen, abreißen; (*planta*) ausreißen;
(*tirar*) abreißen, wegziehen; (*com força*) entreißen; (*árvore*) entwurzeln **II.** *vi* (*partir*) losgehen; (*processo, máquina*) anlaufen; (*carro*)
starten, anfahren; (AERO) starten, abheben
arranca-rabo *m* (*coloq brasil*) Durcheinander *nt,* Chaos *nt*
arranha-céus *m* Wolkenkratzer *m*
arranhão *m* Kratzer *m,* Schramme *f*
arranhar *vt* **1.** (*a pele*) kratzen **2.** (*uma língua*) radebrechen; **eu arranho o alemão** ich
radebreche das Deutsche nur
arranjadela *f* Ausbesserung *f*
arranjado *adj* ordentlich, in Ordnung
arranjar [ɐʀɐ̃ˈʒar] **I.** *vt* **1.** (*ordenar, compor*) in Ordnung bringen **2.** (*arrumar*) aufräumen **3.** (*conseguir*) besorgen, beschaffen **4.**
(*consertar*) ausbessern **5.** (*casaco, gravata*)
zurechtzupfen **6.** (*almoço*) vorbereiten **7.**
(*malas*) packen **8.** (*emprego*) finden **II.** *vr* **1.**
(*na vida*) zurechtkommen **2.** (*para sair*) sich
fertig machen
arranjinho *m* **1.** (*coloq: combinação*) Absprache *f* **2.** (*coloq: namoro*) Liebschaft *f*
arranjo *m* **1.** (*arrumação*) Anordnung *f,*
Ordnung *f;* ~ **de flores** Blumenstrauß *m* **2.**
(*acordo*) Abmachung *f,* Vereinbarung *f* **3.**
(MÚS) Arrangement *nt*
arranque *m* **1.** (*de máquina*) Anlaufen *nt;*
(*de motor*) Anspringen *nt* **2.** (*de projecto*)
Start *m* **3.** (DESP) Anlauf *m*
arrasado *adj* (*pessoa*) erledigt, erschöpft
arrasar *vt* **1.** (*aplanar*) einebnen, dem Erdboden gleichmachen; (*casa*) abtragen; (*fortaleza*) schleifen **2.** (*fig: pessoa*) niederschmet-
tern, zugrunde richten

arrastadeira *f* Bettpfanne *f*
arrastado *adj* (*passos*) schleppend, langsam; (*vida*) armselig
arrastão *m* **1.** (*puxão*) Ruck *m* **2.** (*barco*)
Motorboot *nt* (mit Schleppnetz)
arrasta-pé *m* (*coloq brasil*) Schieber *m*
arrastar **I.** *vt* schleppen; (*levar*) wegschlep-
pen; (*com força*) mitreißen; ~ **a voz** schleppend sprechen; ~ **os pés** schleppend gehen,
schlurfen; **o rio arrastou uma árvore** der
Fluss hat einen Baum mitgerissen; ~ **para a
praia** auf den Strand werfen **II.** *vr* kriechen,
sich schleppen
arre *interj* **1.** (*irritação*) verflucht, verdammt
(noch mal) **2.** (*para animais*) hü
arreado *adj* angeschirrt
arrear *vt* **1.** (*animais*) einspannen **2.** (*casa*)
einrichten **3.** (*abandonar*) verlassen **4.** (*vela,
bandeira*) einholen
arrebatado *adj* **1.** (*violento*) heftig, ungestüm **2.** (*colérico*) jähzornig **3.** (*precipitado*)
voreilig
arrebatador *adj* entzückend, hinreißend
arrebatar *vt* entreißen
arrebique *m* (*enfeite*) kitschige(r) Schmuck
m, Kitsch *m*
arrebitado *adj* hoch stehend; **com o nariz**
~ hochnäsig
arrebitar *vt* hochbiegen, hochklappen; ~ **o
nariz** die Nase hoch tragen
arrebol *m* (*da tarde*) Abendrot *nt;* (*da manhã*) Morgenröte *f*
arre-burrinho *m* Wippe *f*
arrecadação *f* Abstellraum *m*
arrecadar *vt* **1.** (*guardar*) aufbewahren **2.**
(*poupar*) sparen **3.** (*cobrar*) eintreiben, einziehen **4.** (*prémios*) erhalten, bekommen
arrecuas *adv* **às** ~ rückwärts; **andar às** ~
rückwärts gehen
arredado *adj* abgelegen
arredar **I.** *vt* (*objecto*) beiseite stellen; ~ **pé**
weggehen **II.** *vr* **1.** (*afastar-se*) sich entfernen **2.** (*retirar-se*) zurückweichen
arredondado *adj* **1.** (*forma*) rundlich **2.**
(MAT) gerundet
arredondar **I.** *vt* (*forma*) runden, rund machen; (*trabalho*) abrunden; (MAT: *por defeito*)
abrunden; (*por excesso*) aufrunden **II.** *vi*
dick werden
arredor *adv* umher
arredores [ɐʀəˈdɔrəʃ] *mpl* Umgebung *f*
arrefecer **I.** *vt* kühlen, abkühlen **II.** *vi* **1.**

(*comida, bebida*) kalt werden **2.** (METEO) kalt werden, sich abkühlen

arrefecido *adj* abgekühlt

arrefecimento *m* Kühlung *f*, Abkühlung *f*

arregaçar *vt* (*calças*) aufkrempeln; (*mangas*) aufkrempeln, zurückstreifen

arregalar *vt* aufreißen; ~ **os olhos** große Augen machen

arreganhar *vt* ~ **a tacha** lachen; ~ **os dentes** grinsen

arrelia *f* Ärger *m*, Verdruss *m*

arreliado *adj* ärgerlich, böse

arreliar *vt* ärgern, plagen

arrematação *f* Auktion *f*, Versteigerung *f*

arrematador(a) *m(f)* **1.** (*leiloeiro*) Versteigerer, Versteigerin *m, f* **2.** (*que faz o lanço mais alto*) Meistbietende

arrematar *vt* (*leiloar*) versteigern; (*comprar*) ersteigern

arremedar *vt* nachahmen; (*pej*) nachäffen

arremedo *m* **1.** (*imitação*) Nachahmung *f*; (*pej*) Nachäfferei *f* **2.** (*aparência*) Anschein *m*

arremessar *vt* schleudern; (*para fora*) hinauswerfen

arremesso *m* **1.** (*de objecto*) Wurfgeschoss *nt* **2.** (*ameaça*) Drohung *f*; (*ataque*) Angriff *m* **3.** (*precipitação*) Ungestüm *nt*

arremeter **I.** *vt* überfallen, angreifen **II.** *vi* stürmen (*contra* gegen)

arremetida *f* Überfall *m* (*a/contra* auf), Angriff *m* (*a/contra* auf)

arrendamento *f* **1.** (*acção: de casa*) Vermietung *f*; (*de terreno*) Verpachtung *f* **2.** (*preço: de casa*) Miete *f*; (*de terreno*) Pacht *f*

arrendar *vt* **1.** (*tomar de arrendamento*) mieten; (*terreno*) pachten **2.** (*dar de arrendamento*) vermieten; (*terreno*) verpachten; **arrenda-se** zu vermieten

arrendatário, -a *m, f* (*de casa*) Mieter, Mieterin *m, f*; (*de terreno*) Pächter, Pächterin *m, f*

arrepanhar *vt* **1.** (*cabelo*) raufen; (*tecido*) zerknittern **2.** (*dinheiro*) zusammenkratzen

arrepelar **I.** *vt* (*cabelos*) an den Haaren zerren/ziehen; (*beliscar*) kneifen **II.** *vr* sich die Haare raufen + *dat*

arrepender-se *vr* bereuen (*de*)

arrependido *adj* zerknirscht; (*criminoso*) reuig; **estar** ~ **de a. c.** etw bereuen

arrependimento *f* Reue *f*

arrepiado *adj* (*cabelo*) hoch stehend; **pele**

arrepiada Gänsehaut *f*; **estou** ~ mich schaudert

arrepiante *adj* haarsträubend

arrepiar **I.** *vt* (*cabelos*) zerzausen; (*penas*) aufplustern; (*pessoa*) schaudern **II.** *vr* eine Gänsehaut bekommen

arrepio *m* Schauder *m*, Schauer *m*; **estar com** ~s frösteln

arretado *adj* (*coloq brasil*) korrekt

arrevesar *vt* umdrehen, umkehren

arriar **I.** *vt* **1.** (*deitar abaixo*) umwerfen, umstoßen; (*coloq*); ~ **o calhau** zum Klo müssen **2.** (*vela, bandeira*) einholen **II.** *vi* **1.** (*ceder*) nachgeben **2.** (*render-se*) sich ergeben

arriba *interj* hoch

arribação *f* (ZOOL) **ave de** ~ Zugvogel *m*

arriscado *adj* gefährlich, riskant

arriscar **I.** *vt* riskieren, wagen; ~ **tudo numa jogada** alles auf eine Karte setzen **II.** *vi* ein Wagnis eingehen; **quem não arrisca não petisca** wer nicht wagt, gewinnt nicht **III.** *vr* sich einer Gefahr aussetzen

arritmia *f* (MED) Arrhythmie *f*

arrogância *f* Arroganz *f*, Überheblichkeit *f*

arrogante *adj* arrogant, überheblich

arrojado *adj* kühn, verwegen

arrojar **I.** *vt* (*arremessar*) werfen, fortwerfen; (*com força*) schleudern; (*o mar*) anschwemmen **II.** *vr* sich stürzen (*a* auf)

arrojo *m* Verwegenheit *f*; **ter o** ~ **de fazer a. c.** die Stirn haben, etw zu tun

arrolamento *m* **1.** (*inventário*) Bestandsaufnahme *f* **2.** (*numa lista*) Eintragung *f*

arrolar *vt* **1.** (*numa lista*) eintragen, aufnehmen **2.** (*bens*) eine Aufstellung machen von

arrolhar *vt* verkorken

arromba *f* **de** ~ großartig, fabelhaft

arrombamento *m* (*de casa*) Einbruch *m*

arrombar [ɐʀõ'baɾ] *vt* (*porta, janela, fechadura*) aufbrechen; (*casa*) einbrechen in + *ac*

arrotar *vi* aufstoßen, rülpsen; (*fig*); ~ **postas de pescada** prahlen, angeben

arroteamento *m* Urbarmachen *nt*, Urbarmachung *f*

arrotear *vt* urbar machen

arroto *m* Rülpser *m*

arroz [ɐ'ʀoʃ] *m* Reis *m*; ~ **de frango** Reis mit Hühnerfleisch; ~ **de marisco** Reis mit Meeresfrüchten

arrozal *m* Reisfeld *nt*

arroz-doce *m* (CUL) Milchreis *m*

arruaça *f* Tumult *m,* Aufruhr *m*
arruaceiro, -a *m, f* Raufbold *m,* Unruhestifter, Unruhestifterin *m, f*
arruamento *m* Straßenzug *m*
arrufar I. *vt* verstimmen, ärgern **II.** *vr* **1.** (*ave*) sich aufplustern **2.** (*pessoa*) sich ärgern
arrufo *m* Verstimmung *f*
arruinado *adj* ruiniert
arruinar I. *vt* (*pessoa*) ruinieren, zugrunde richten **II.** *vr* sich ruinieren, zugrunde gehen
arruivado *adj* rötlich
arrumação *f* **1.** (*acção de arrumar*) Aufräumen *nt* **2.** (*ordem*) Ordnung *f* **3.** (*lugar*) Abstellkammer *f*
arrumadela *f* (schnelles) Aufräumen *nt;* **dar uma ~ a a. c.** etw (schnell) aufräumen
arrumado *adj* **1.** (*casa*) aufgeräumt **2.** (*pessoa*) ordentlich, ordnungsliebend
arrumador(a) *m(f)* (*de automóveis*) Parkeinweiser, Parkeinweiserin *m, f,* (illegaler) Parkwächter *m,* (illegale) Parkwächterin *f;* (*no cinema*) Platzanweiser, Platzanweiserin *m, f*
arrumar I. *vt* **1.** (*casa, quarto*) aufräumen, in Ordnung bringen **2.** (*guardar*) abstellen **3.** (*voltar a guardar*) zurücklegen, aufräumen **4.** (*problema, assunto*) beseitigen, bereinigen **5.** (*carro*) abstellen **6.** (NAÚT) verstauen **II.** *vr* **1.** (*casar-se*) heiraten **2.** (*empregar-se*) eine Stelle finden **3.** (*para sair*) sich fertig machen
arrumos *mpl* Abstellraum *m*
arsenal *m* Arsenal *nt*
arsénico *m* Arsenik *nt*
arsénio *m* Arsen *nt*
arte ['artə] *f* **1.** (*actividade*) Kunst *f;* ~ **abstra(c)ta** abstrakte Kunst; ~**s plásticas** bildende Künste; **sétima** ~ Filmkunst *f* **2.** (*manha*) List *f;* **com más** ~**s** mit List und Tücke
artefacto *m* (handgefertigtes) Erzeugnis *nt*
artelho *m* (ANAT) Fußknöchel *m*
artéria *f* **1.** (ANAT) Schlagader *f,* Arterie *f* **2.** (*via*) Verkehrsader *f,* Hauptverkehrsstraße *f*
arterial *adj* Arterien ...
arteriosclerose *f* (MED) Arterienverkalkung *f*
artesanato [ertəze'natu] *m* Handwerk *nt,* Kunsthandwerk *nt*
artesão, artesã *m, f* Handwerker, Handwerkerin *m, f*
articulação [artikule'sãu] *f* **1.** (MEC) Gelenk *nt* **2.** (*de pensamentos, palavras*) Artikulation *f*

articulado I. *m* (DIR) Darlegung *f* **II.** *adj* **1.** (MEC) Gelenk ... **2.** (*pensamento, palavra*) artikuliert
articular I. *vt* (*pensamentos, palavras*) artikulieren; (*peças*) ineinander fügen **II.** *adj* Gelenk ...
artífice *m(f)* (*artesão*) Handwerker, Handwerkerin *m, f;* (*artista*) Künstler, Künstlerin *m, f*
artificial *adj* künstlich, Kunst ...; **flor** ~ Kunstblume *f*
artificialidade *f* (*de pessoa*) Geziertheit *f*
artifício *m* **1.** (*perfeição*) Kunstfertigkeit *f* **2.** (*habilidade*) Geschick *nt* **3.** (*manha*) Trick *m,* Kniff *m*
artificioso *adj* listig, verschlagen
artigo *m* **1.** (JORN) Artikel *m;* ~ **de fundo** Leitartikel *m* **2.** (ECON) Artikel *m;* ~**s** Ware *f;* ~ **de luxo** Luxusartikel *m;* ~ **de marca** Markenartikel *m;* ~**s congelados** Tiefkühlwaren *pl;* ~ **de primeira necessidade** Bedarfsartikel *m;* ~**s de moda** Modewaren *pl;* ~**s de papelaria** Schreibwaren *pl* **3.** (LING) Artikel *m;* ~ **definido/indefinido** bestimmter/unbestimmter Artikel
artilharia *f* (MIL) Artillerie *f*
artimanha *f* **1.** (*manha*) Kniff *m,* Trick *m* **2.** (*astúcia*) Arglist *f,* Verschlagenheit *f*
artista *m(f)* Künstler, Künstlerin *m, f*
artístico *adj* künstlerisch, Kunst ...
artrose *f* (MED) Arthritis *f,* Gelenkentzündung *f*
arvorar *vt* **1.** (*mastro*) aufrichten **2.** (*bandeira*) hissen **3.** (*pessoa*) befördern (*em* zu)
árvore ['arvurə] *f* **1.** (BOT) Baum *m;* ~ **de fruto** Obstbaum *m;* ~ **de Natal** Weihnachtsbaum *m;* ~ **genealógica** Stammbaum *m* **2.** (NAÚT) Mast *m* **3.** (MEC) Achse *f,* Welle *f;* ~ **roscada** Spindel *f*
arvoredo *m* Wäldchen *nt*
ás *m* Ass *nt*
asa ['aze] *f* **1.** (*de ave, avião*) Flügel *m;* (*fig*); **bater a** ~ sich davonmachen; **dar** ~**s à imaginação** der Fantasie freien Lauf lassen **2.** (*de saco, chávena, tacho*) Henkel *m,* Griff *m* **3.** (DESP) ~ **delta** Drachen *m*
asbesto *m* Asbest *m*
ascendência *f* **1.** (*antepassados*) Vorfahren *pl,* Ahnen *pl* **2.** (*origem*) Herkunft *f* **3.** (*subida*) Aufstieg *m* **4.** (*influência*) Einfluss *m* **5.** (*superioridade*) Überlegenheit *f*
ascendente I. *m(f)* Vorfahr, Vorfahrin *m, f,*

Ahn, Ahnin *m, f* **II.** *m (influência)* Einfluss *m* (*sobre* auf); *(superioridade)* Überlegenheit *f* **III.** *adj* steigend, wachsend

ascender *vi* **1.** *(pessoa)* befördert werden (*a* zu), aufsteigen (*a* zu); ~ **ao poder** an die Macht kommen **2.** *(preço)* ansteigen (*a* auf) **3.** *(conta)* sich belaufen (*a* auf)

ascensão [ɐʃsɐ̃'sãu] *f* **1.** *(subida)* Aufstieg *m;* (FÍS); ~ **do ar** Luftauftrieb *m* **2.** (REL) (Christi) Himmelfahrt *f*

ascensor *m* Aufzug *m,* Fahrstuhl *m*

asco *m* Ekel *m;* **isso dá-me** ~ das ekelt mich (an); **ter** ~ **a alguém/a. c.** sich vor jdm/etw ekeln; **que** ~! pfui!

ascoroso *adj* ekelhaft, widerlich

aselha *m(f) (coloq)* Tollpatsch *m*

asfaltar *vt* asphaltieren

asfalto *m* Asphalt *m*

asfixia *f* Ersticken *nt*

asfixiante *adj (fig)* erdrückend

asfixiar *vi* ersticken

Ásia *f* Asien *nt;* ~ **Menor** Kleinasien *nt*

asiático, -a **I.** *m, f* Asiat, Asiatin *m, f* **II.** *adj* asiatisch

asilar **I.** *vt* aufnehmen, Asyl gewähren **II.** *vr* Zuflucht suchen

asilo *m* **1.** (POL) Asyl *nt* **2.** *(de idosos)* Altenheim *nt;* (*para alcoólatras*) Entziehungsanstalt *f*

asma ['aʒmɐ] *f* (MED) Asthma *nt*

asmático *adj* asthmatisch

asneira *f* **1.** *(disparate)* Dummheit *f,* Blödsinn *m;* **dizer/fazer ~s** Blödsinn reden/machen **2.** *(palavrão)* Schimpfwort *nt*

asno, -a *m, f* **1.** (ZOOL) Esel, Eselin *m, f* **2.** *(pej: pessoa)* Esel *m,* Dummkopf *m*

aspas *fpl* Anführungszeichen *pl;* (*coloq*) Gänsefüßchen *pl;* **abrir** ~ Anführungszeichen oben; **fechar** ~ Anführungszeichen unten; **entre** ~ in Anführungszeichen

aspecto *m* **1.** *(aparência)* Aussehen *nt;* **ter** ~ **de doente** krank aussehen; **ter bom/mau** ~ gut/schlecht aussehen **2.** *(ponto de vista)* Aspekt *m;* **em todos os** ~ in jeder Hinsicht; **nesse** ~ in dieser Hinsicht

aspereza *f* **1.** *(rudeza)* Rauheit *f* **2.** *(falando)* barsche(r) Ton *m* **3.** (MÚS) Missklang *m*

áspero *adj* **1.** *(superfície)* rau **2.** *(severo)* streng **3.** *(acre)* herb **4.** *(terreno)* schroff

aspérrimo *adj superl de* **áspero**

aspiração *f* **1.** *(de ar)* Einatmen *nt,* Atemzug *m* **2.** *(ambição)* Streben *nt* **3.** (TÉC: *suc-*

ção) Aufsaugen *nt;* (*por bomba*) Ansaugen *nt* **4.** (LING) Aspiration *f*

aspirador *m (doméstico)* Staubsauger *m*

aspirante **I.** *m(f) (a um título, cargo)* Anwärter, Anwärterin *m, f* **II.** *adj* saugend, Saug ...

aspirar **I.** *vt (inspirar)* einatmen; *(sugar)* saugen; *(chão)* saugen, staubsaugen; (TÉC: *ar*) ansaugen; (LING) aspirieren **II.** *vi* streben (*a* nach), anstreben

aspirina [ɐʃpi'rinɐ] *f* (FARM) Aspirin® *nt*

asqueroso *adj* ekelhaft, widerlich

assadeira *f* Tonform *f,* Auflaufform *f*

assado [ɐ'sadu] **I.** *m* (CUL) Braten *m* **II.** *adj* gebraten, Brat ...

assalariado, -a *m, f* Lohnempfänger, Lohnempfängerin *m, f,* Arbeitnehmer, Arbeitnehmerin *m, f*

assalariar *vt* **1.** *(pagar)* entlohnen **2.** *(empregar)* (gegen Lohn) beschäftigen

assaltante *m(f)* **1.** *(de banco)* Bankräuber, Bankräuberin *m, f;* (*de casa*) Einbrecher, Einbrecherin *m, f* **2.** *(na rua)* Angreifer, Angreiferin *m, f*

assaltar *vt* **1.** *(pessoa, banco)* überfallen; *(casa)* einbrechen in **2.** *(atacar)* angreifen **3.** *(doença)* befallen

assalto [ɐ'saltu] *m* **1.** *(a pessoa, banco)* Überfall *m;* (*a casa*) Einbruch *m;* ~ **a um banco** Banküberfall *m;* ~ **à mão armada** bewaffneter Überfall **2.** *(ataque)* Angriff *m* (*a* auf) **3.** (DESP: *boxe*) Runde *f;* (*esgrima*) Ausfall *m*

assanhado *adj* wütend, zornig

assanhar *vt* erzürnen

assar *vt* braten, rösten

assarapantado *adj* verwirrt, erschrocken

assarapantar *vt* verwirren, erschrecken

assassinar *vt* ermorden

assassinato *m* Mord *m;* ~ **e roubo** Raubmord *m*

assassínio *m v.* **assassinato**

assassino, -a **I.** *m, f* Mörder, Mörderin *m, f* **II.** *adj* mörderisch

assaz *adv* **1.** *(elev: bastante)* ziemlich; **é** ~ **grave** es ist ziemlich schlimm **2.** *(elev: suficientemente)* genug

asseado *adj* sauber, reinlich

assear **I.** *vt* säubern **II.** *vr* sich gepflegt kleiden

assediar *vt* **1.** *(importunar)* belästigen; ~ **com perguntas** mit Fragen bestürmen **2.** *(cercar)* belagern, umzingeln

assédio [ɐ'sɜdju] *m* **1.** (*impertinência*) Belästigung *f*; ~ **sexual** sexuelle Belästigung **2.** (*cerco*) Belagerung *f*

assegurado *adj* sicher

assegurar **I.** *vt* (*afirmar*) versichern, zusichern; (*garantir*) sicherstellen **II.** *vr* sich vergewissern

asseio *m* Reinlichkeit *f*

assembleia *f* Versammlung *f*; ~ **distrital** Kreistag *m*; ~ **geral** Generalversammlung *f*

assemelhar **I.** *vt* (*tornar semelhante*) angleichen; (*comparar*) vergleichen **II.** *vr* ähneln (*a*), ähnlich sehen (*a*)

assentada *f* **de uma** ~ auf einmal, in einem Zug

assentar **I.** *vt* **1.** (*registar*) eintragen; (ECON) buchen **2.** (*cabos*) verlegen **3.** (*golpe*) versetzen, verpassen; ~ **a mão em alguém** jdm einen Schlag versetzen **4.** (*determinar*) festlegen, festsetzen **5.** (*tijolos*) legen **II.** *vi* **1.** (*roupa*) sitzen, passen **2.** (*na vida*) gesetzt werden, Vernunft annehmen **3.** (*basear-se*) beruhen (*em* auf), sich gründen (*em* auf) **4.** (*pó*) sich legen

assente **I.** *pp irr de* **assentar** **II.** *adj* fest, sicher

assentimento *m* Zustimmung *f*, Genehmigung *f*

assentir *vt* zustimmen, genehmigen

assento [ɐ'sɛ̃tu] *m* **1.** (*banco*) Sitz *m*, Sitzplatz *m* **2.** (*base*) Boden *m*

assepsia *f* (MED) Keimfreiheit *f*, Asepsis *f*

asséptico *adj* (MED) keimfrei, aseptisch

asserção *f* Behauptung *f*

assertar *vt* behaupten

assessor(**a**) *m(f)* Berater, Beraterin *m, f*

assessoria *f* Beratung *f*

assético *adj* (*brasil*) *v.* **asséptico**

asseveração *f* Behauptung *f*

asseverar *vt* behaupten; (*assegurar*) versichern

assexuado *adj* (BIOL) geschlechtslos

assiduidade *f* **1.** (*pontualidade*) Pünktlichkeit *f* **2.** (*empenho*) Fleiß *m*, Eifer *m* **3.** (*constância*) Beharrlichkeit *f*

assíduo *adj* **1.** (*pontual*) pünktlich **2.** (*empenhado*) fleißig, eifrig

assim [a'sĩ] **I.** *adv* so, auf diese Art (und Weise); ~ **como** sowie; ~ **como** ~ wie dem auch sei; ~ **que** +*conj* sobald; ~ **ou assado** so oder so; ~ **seja!** so sei es!; **ainda/mesmo** ~ immerhin, trotzdem; (*brasil*); **como** ~**?** wieso?; **e** ~ **por diante** und so weiter; **por** ~ **dizer** sozusagen **II.** *adv* daher, also

assim-assim *adv* soso lala

assimetria *f* Asymmetrie *f*

assimétrico *adj* asymmetrisch

assimilação *f* **1.** (BIOL, LING) Assimilation *f* **2.** (*de uma ideia*) Aufnahme *f*

assimilar *vt* **1.** (BIOL, LING) assimilieren **2.** (*ideia*) aufnehmen

assimilável *adj* (MED) verträglich

assinalar *vt* **1.** (*marcar*) kennzeichnen, markieren; ~ **com uma cruz** ankreuzen **2.** (*designar*) bezeichnen

assinalável *adj* (*notável*) bedeutend, herausragend

assinante *m(f)* **1.** (*de uma revista*) Abonnent, Abonnentin *m, f* **2.** (*de um documento*) Unterzeichner, Unterzeichnerin *m, f* **3.** (*do telefone*) Kunde, Kundin *m, f*

assinar [ɐsi'nar] *vt* **1.** (*documento*) unterschreiben **2.** (*revista*) abonnieren

assinatura [ɐsinɐ'turɛ] *f* **1.** (*em documento*) Unterschrift *f* **2.** (*de uma revista*) Abonnement *nt* **3.** (TEL: *taxa*) Grundgebühr *f*

assistência *f* **1.** (*presença*) Anwesenheit *f* **2.** (*público*) Zuschauer *pl*, Publikum *nt* **3.** (*auxílio*) Hilfe *f*, Beistand *m*; **prestar** ~ **a alguém** jdm Hilfe leisten; ~ **médica** ärztliche Hilfe; ~ **religiosa** Seelsorge *f*; ~ **social** Sozialarbeit *f*; ~ **técnica** Kundendienst *m*, Wartung *f*

assistente **I.** *m(f)* (*ajudante*) Assistent, Assistentin *m, f*; ~ **de bordo** Steward, Stewardess *m, f*; ~ **de laboratório** Laborant, Laborantin *m, f*; ~ **social** Sozialarbeiter, Sozialarbeiterin *m, f* **II.** *f* (*brasil: parteira*) Hebamme *f* **III.** *adj* anwesend

assistir **I.** *vt* helfen, unterstützen **II.** *vi* zugegen sein (*a* bei), anwesend sein (*a* bei); (*a um espectáculo*) zuschauen; (*a uma aula*) besuchen

assoalhada *f* (*reg*) Zimmer *nt*

assoar **I.** *vt* (*nariz*) putzen **II.** *vr* sich die Nase putzen +*dat*

assobiar **I.** *vt* (*actor*) auspfeifen **II.** *vi* pfeifen

assobio *m* **1.** (*som*) Pfiff *m*; (*coloq*); **de três** ~**s** fabelhaft, toll **2.** (*instrumento*) Pfeife *f*

associação *f* Verein *m*, Verband *m*; ~ **comercial** Handelsverein *m*; ~ **criminosa** kriminelle Vereinigung; ~ **de empresários** Unternehmerverband *m*; ~ **patronal** Arbeitgeberverband *m*

A

associado, **-a** I. *m, f* Mitglied *nt* II. *adj* verbunden (*a* mit)

associar I. *vt* verbinden (*a* mit) II. *vr* **1.** (*juntar-se*) sich verbünden (*a* mit), sich zusammenschließen (*a* mit) **2.** (*tomar parte*) Anteil nehmen (*a* an) **3.** (*como associado*) Mitglied werden (*a* bei)

assolação *f* Verwüstung *f*

assolar *vt* (*cidade*) verwüsten, zerstören; (*pessoa*) heimsuchen

assomar *vi* erscheinen, auftauchen

assombração *f* Spuk *m;* (*fantasma*) Gespenst *nt*

assombrado *adj* **1.** (*casa*) gespenstig; **esta casa está assombrada** in diesem Haus spukt es **2.** (*assustado*) bestürzt, erschrocken **3.** (*pasmado*) erstaunt, verblüfft

assombrar I. *vt* (*pasmar*) erstaunen, verblüffen; (*assustar*) erschrecken, bestürzen II. *vr* erstaunt sein (*com* über)

assombro *m* (*espanto*) Verblüffung *f,* Erstaunen *nt*

assombroso *adj* (*espantoso*) erstaunlich, verblüffend

assomo *m* **1.** (*aparecimento, manifestação*) Erscheinen *nt;* ~ **de raiva** Wutanfall *m* **2.** (*indício*) Anzeichen *nt*

assonância *f* Anklang *m*

assumir *vt* **1.** (*culpa, responsabilidade, cargo*) übernehmen **2.** (*um erro*) eingestehen

assunção *f* (REL) ~ **de Maria** Mariä Himmelfahrt *f*

assunto [ɐ'sõntu] *m* Angelegenheit *f,* Sache *f;* (*de um livro*) Thema *nt;* **cingir-se ao** ~ bei der Sache bleiben; **mudar de** ~ das Thema wechseln

assustadiço *adj* schreckhaft

assustado *adj* erschrocken (*com* über)

assustador *adj* erschreckend, beängstigend

assustar I. *vt* erschrecken II. *vr* sich erschrecken (*com* über); (*cavalo*) scheuen

astenia *f* (MED) Schwäche *f*

astenopia *f* (MED) Augenschwäche *f*

áster *m* (BOT) Aster *f*

asterisco *m* Sternchen *nt*

asteróide I. *m* (ASTR) Asteroid *m* II. *adj* (ASTR) sternförmig

astigmatismo *m* (MED) Astigmatismus *m*

astral *adj* Sternen ...

astro *m* Gestirn *nt*

astrolábio *m* Astrolabium *nt*

astrologia *f* Astrologie *f*

astrólogo, **-a** *m, f* Astrologe, Astrologin *m, f*

astronauta *m(f)* Astronaut, Astronautin *m, f,* Raumfahrer, Raumfahrerin *m, f*

astronáutica *f* Raumfahrt *f*

astronomia *f* Astronomie *f*

astronómico *adj* astronomisch

astrónomo, **-a** *m, f* Astronom, Astronomin *m, f*

astúcia *f* (*manha*) Verschlagenheit *f,* List *f;* (*perspicácia*) Scharfsinn *m*

astuciar *vt* ausdenken

astuto *adj* scharfsinnig, pfiffig

ata *f* (*brasil*) *v.* **acta**

atabalhoado *adj* (*pessoa*) unbeholfen

atabalhoar *vt* pfuschen, verpfuschen

atacadista *m(f)* (*brasil*) Grossist, Grossistin *m, f*

atacado *m(f)* (ECON) **por** ~ **en gros**

atacador *m* (*de sapato*) Schnürsenkel *m*

atacante *m(f)* (DESP: *brasil*) Stürmer, Stürmerin *m, f*

atacar *vt* **1.** (*agredir*) angreifen **2.** (*doença*) befallen **3.** (*sapato*) schnüren

atadinho *adj* (*pej*) ungeschickt, unbeholfen

atado I. *m* Bündel *nt* II. *adj* (*pessoa*) scheu, verlegen

atafona *f* Mühle *f;* **andar numa** ~ keine Ruhe haben

ataláia *f* Wachturm *m,* Ausguck *m;* **estar de** ~ auf der Hut sein

atalhar I. *vt* (*abreviar*) abkürzen, verkürzen; (*interromper*) unterbrechen; (*argumentar*) entgegensetzen; (*impedir*) aufhalten II. *vi* (*falando*) ins Wort fallen; (*caminho*) einen Seitenweg einschlagen III. *vr* verlegen werden

atalho [ɐ'taʎu] *m* **1.** (*caminho*) Seitenweg *m,* Pfad *m;* **não há** ~ **sem trabalho** ohne Fleiß kein Preis **2.** (*estorvo*) Hindernis *nt*

atamancar *vi* schludern, pfuschen

atapetar *vt* mit Teppich auslegen

ataque [ɐ'takə] *m* **1.** (*agressão*) Angriff *m* **2.** (MED) Anfall *m;* ~ **de fúria** Wutanfall *m;* **ter um** ~ **cardíaco** einen Herzanfall bekommen

atar *vt* **1.** (*com fio, corda*) schnüren, binden **2.** (*segurar*) festbinden, anbinden; (*com nó*) anknüpfen

atarantado *adj* verwirrt; **ficar** ~ die Besinnung verlieren

atarantar *vt* verwirren, durcheinander bringen

atarefado adj geschäftig; **andar** ~ viel zu tun haben

atarefar-se vr viel arbeiten

ataroucado adj albern

atarracado adj untersetzt

atarraxar vt anschrauben

ataúde m 1. (caixão) Sarg m 2. (sepultura) Grab nt

ataviar vt schmücken, ausschmücken

atavio m Schmuck m

atavismo m Atavismus m

ataxia f (MED) Ataxie f, Bewegungsstörung f

até [a'tɜ] I. prep (temporal) bis; ~ **às 15 horas** bis 15 Uhr; ~ **agora** bisher; ~ **já** bis gleich; ~ **logo** bis später; ~ **que** +conj bis; ~ **que enfim!** endlich!; (local) bis, bis nach/zu; ~ **Berlim** bis nach Berlin; ~ **ao joelho** bis zu den Knien; ~ **à estação** bis zum Bahnhof; ~ **certo ponto** in gewissem Maße; ~ (**em**) **cima** bis obenhin II. adv sogar, selbst; ~ **mesmo** sogar, selbst

atear vt 1. (fogo) anzünden 2. (ódio) schüren

ateia f f de **ateu** Atheistin f

ateísmo m Atheismus m

ateísta m(f) Atheist, Atheistin m, f

atemorizar vt 1. (assustar) erschrecken 2. (intimidar) einschüchtern

atempadamente adj rechtzeitig

atenção [atɛ̃'sãu] I. f (concentração) Aufmerksamkeit f; **chamar a** ~ **de alguém** jdn aufmerksam machen (para auf); **prestar** ~ aufpassen; (cortesia) Höflichkeit f; (consideração) Rücksicht f; **ter a. c. em** ~ etw berücksichtigen II. interj ~! Achtung!

atenciosamente adv (em carta) hochachtungsvoll

atencioso adj 1. (cortês) höflich, zuvorkommend 2. (atento) aufmerksam 3. (respeitoso) rücksichtsvoll

atendedor m (TEL) ~ (**automático**) **de chamadas** Anrufbeantworter m

atender I. vt (cliente; servir) bedienen; (aviar) abfertigen; **já está atendido?** werden Sie schon bedient?; (TEL) entgegennehmen; ~ **uma chamada** einen Anruf annehmen; ~ **o telefone** ans Telefon gehen; **eu atendo!** ich gehe dran! II. vi ~ **a** beachten, berücksichtigen; ~ **a um conselho** einen Rat beherzigen; ~ **a um pedido** eine Anfrage erledigen

atendimento m 1. (num restaurante) Bedienung f 2. (despacho) Abfertigung f

atentado m Attentat nt; ~ **bombista** Bombenattentat nt; ~ **à moral** Attentat auf die guten Sitten; **cometer um** ~ **contra alguém** ein Attentat auf jdn verüben

atentamente adv sorgfältig

atentar I. vt 1. (observar) beachten 2. (considerar) in Betracht ziehen II. vi 1. (cometer atentado) ein Attentat verüben (contra auf); ~ **contra a vida de alguém** einen Mordanschlag auf jdn verüben 2. (ponderar) ~ **em** bedenken

atento adj aufmerksam; **estar** ~ **a a. c.** auf etw aufpassen, auf etw achten

atenuação f 1. (dos efeitos) Abschwächung f; (da dor) Linderung f 2. (QUÍM) Schwächung f 3. (ELECTR) Dämpfen nt, Dämpfung f 4. (ECON: da inflação) Abschwächung f, Dämpfung f

atenuante I. f (DIR) mildernde(r) Umstand m II. adj mildernd; (DIR) strafmildernd

atenuar vt 1. (efeitos) vermindern, abschwächen; (dor) mildern, lindern; (cor) abschwächen 2. (ELECTR) dämpfen 3. (DIR: pena) mildern

atérmico adj (FÍS) wärmeundurchlässig

aterrador adj entsetzlich, schrecklich

aterragem [atə'ʀaʒãi] f (AERO) Landung f; ~ **forçada/de emergência** Notlandung f

aterrar I. vt (AERO) landen; (assustar) erschrecken II. vi (AERO) landen

aterrissagem [ateʀi'saʒãi] f (brasil) v. **aterragem**

aterrissar vi (brasil) v. **aterrar**

aterro m (ebenes) Gelände nt; (para lixo) Mülldeponie f

aterrorizar vt terrorisieren

ater-se vr sich halten (a an)

atestado [ətə'ʃtadu] I. m Bescheinigung f; (do médico) Attest nt; (da escola) Zeugnis nt; ~ **médico** ärztliches Attest; ~ **de residência** Aufenthaltsbescheinigung f II. adj randvoll

atestar vt 1. (passar atestado) bescheinigen, bestätigen 2. (encher) (bis zum Rand) füllen; ~ **o depósito** den Tank auffüllen

ateu I. m Atheist m II. adj gottlos, atheistisch

atiçamento m (do fogo, ódio) Schüren nt

atiçar vt 1. (fogo) schüren 2. (pessoa, animal) aufstacheln, aufhetzen

atilar vt verbessern, verfeinern

atilho m Schnur f, Band nt

atimia f Schwermut f, Trübsinn m

atinado *adj* **1.** (*com tino*) verständig, vernünftig **2.** (*adequado*) treffend

atinar *vi* treffen; (*com solução*) finden; ~ **com a. c.** etw herausfinden; (*coloq*); ~ **com alguém** jdn mögen

atingir *vt* **1.** (*objectivos*) erreichen, erlangen **2.** (*compreender*) verstehen **3.** (*a tiro*) treffen **4.** (*dizer respeito a*) betreffen, angehen

atirar **I.** *vt* werfen, schleudern **II.** *vi* (*com arma*) schießen (*sobre* auf) **III.** *vr* sich stürzen (*a/para* auf); (*coloq*); ~-**se a alguém** sich jdm an den Hals werfen; (*para a água*); ~-**se de cabeça** einen Kopfsprung machen; (*para uma coisa*) sich kopfüber hineinstürzen

atitude *f* Einstellung *f*, Haltung *f*; **marcar/tomar uma** ~ Stellung nehmen

ativação *f* (*brasil*) Aktivierung *f*

ativar *vt* (*brasil*) v. **activar**

atividade *f* (*brasil*) v. **actividade**

ativista *m(f)* (*brasil*) Aktivist, Aktivistin *m, f*

ativo *adj* (*brasil*) v. **activo**

atlântico *adj* atlantisch; **oceano** ~ Atlantik *m*

Atlântico [e'tlãntiku] *m* Atlantik *m*

atlas *m* Atlas *m*

atleta *m(f)* Athlet, Athletin *m, f*, Leichtathlet, Leichtathletin *m, f*

atlético *adj* athletisch

atletismo [etlɜ'tiʒmu] *m* Leichtathletik *f*

atmosfera *f* **1.** (METEO) Atmosphäre *f* **2.** (*ambiente*) Atmosphäre *f*, Stimmung *f*

atmosférico *adj* atmosphärisch; **pressão atmosférica** Luftdruck *m*

ato *m* (*brasil*) v. **acto**

atoalhado *m* (*de mesa*) Tischdecke *f*, Tischtuch *nt*; (*de casa-de-banho*) Handtuch *nt*

atol *m* (GEOG) Atoll *nt*, Koralleninsel *f*

atolar **I.** *vt* im Schlamm versenken **II.** *vr* im Schlamm versinken

atoleiro *m* Morast *m*, Sumpf *m*

atómico *adj* (QUÍM) atomar, Atom ...; **bomba atómica** Atombombe *f*; **energia atómica** Atomenergie *f*

atomizador *m* Zerstäuber *m*

atomizar *vt* **1.** (*material*) zertrümmern **2.** (*líquido*) versprühen, zerstäuben

átomo *m* Atom *nt*

atonia *f* **1.** (MED) Atonie *f* **2.** (*inércia*) Trägheit *f*

atónito *adj* verblüfft, perplex

átono *adj* (LING) unbetont, tonlos

ator *m* (*brasil*) Schauspieler *m*

atordoado *adj* **1.** (*por um golpe*) betäubt, bewusstlos **2.** (*atónito*) verblüfft

atordoar *vt* **1.** (*estontear*) betäuben **2.** (*admirar*) verwirren, verblüffen

atormentado *adj* qualvoll

atormentar *vt* quälen, peinigen; (*torturar*) foltern

atóxico *adj* ungiftig

atracador *m* (NAÚT) Trosse *f*

atracar [etre'kar] *vi* (NAÚT) anlegen (*em* an)

atracção *f* **1.** (*acção de atrair*) Anziehung *f*; (*força*) Anziehungskraft *f* **2.** (*coisa interessante*) Attraktion *f*; ~ **sexual** Sexappeal *m*; ~ **turística** Sehenswürdigkeit *f*

atractivo **I.** *m* Reiz *m*, Verlockung *f* **II.** *adj* anziehend, verlockend

atraente *adj* (*pessoa*) anziehend, charmant; (*coisa*) verlockend, anziehend

atraiçoar *vt* verraten

atrair *vt* **1.** (FÍS) anziehen **2.** (*ser interessante para*) anziehen, anlocken

atrapalhação *f* **1.** (*confusão*) Durcheinander *nt*, Verwirrung *f* **2.** (*acanhamento*) Ratlosigkeit *f*

atrapalhado *adj* **1.** (*confundido*) verwirrt, durcheinander **2.** (*acanhado*) ratlos, verlegen; **ficar** ~ verlegen werden

atrapalhar **I.** *vt* **1.** (*confundir*) verwirren, durcheinander bringen **2.** (*estorvar*) stören **3.** (*embaraçar*) verlegen machen, in Verlegenheit bringen **II.** *vr* **1.** (*confundir-se*) durcheinander geraten **2.** (*embaraçar-se*) in Verlegenheit geraten **3.** (*falando*) sich verhaspeln

atrás [e'traʃ/e'traʒ] *adv* **1.** (*local*) hinten; (*direcção*) zurück; ~ **de** hinter; **andar/ir** ~ **de alguém** hinter jdm her sein; **voltar** ~ zurückgehen **2.** (*temporal*) nach; **uns** ~ **dos outros** einer nach dem anderen; (*brasil*); **dois meses** ~ vor zwei Monaten

atrasado *adj* **1.** (*país*) rückständig; (*pej*); ~ **mental** minderbemittelt, zurückgeblieben **2.** (*pessoa, transporte*) verspätet, überfällig; **chegar** ~ zu spät kommen; **estou** ~ ich bin spät dran; **estar** ~ **em/com a. c.** mit etw im Rückstand sein; **o meu relógio está** ~ meine Uhr geht nach

atrasar **I.** *vt* **1.** (*relógio*) zurückstellen **2.** (*pagamento*) verzögern, hinauszögern **II.** *vr* **1.** (*pessoa, transporte*) sich verspäten, zu spät kommen **2.** (*num trabalho*) zurückbleiben, in Rückstand geraten **3.** (*relógio*) nachgehen

atraso [ɐˈtrazu] *m* **1.** (*de um país*) Rückstand *m*, Rückständigkeit *f* **2.** (*de pessoa, transporte*) Verspätung *f;* **estar/vir com uma hora de** ~ eine Stunde Verspätung haben **3.** (*no pagamento*) Rückstand *m;* **estar em** ~ überfällig sein, im Rückstand sein

atrativo *m* (*brasil*) Reiz *m*, Verlockung *f*

atravancar *vt* versperren

atravanco *m* Hindernis *nt*

através [ɐtrɐˈvɨʒ] *adv* hindurch; (*por meio de*); ~ **de** durch; (*com base em*) anhand; ~ **dos séculos** durch die Jahrhunderte; **aprender** ~ **de um livro** anhand eines Buches lernen; **conheci-a** ~ **da Maria** ich habe sie über Maria kennengelernt

atravessado *adj* quer; (*em pé*); **estar** ~ quer stehen; (*deitado*) quer liegen; (*fig*) **isso está-me** ~ (*na garganta*) das liegt mir quer im Magen

atravessar [ɐtrɐvɨˈsar] **I.** *vt* **1.** (*rua, rio, mar*) überqueren; ~ **a. c. a nado** etw durchschwimmen **2.** (*cruzar*) kreuzen **3.** (*cidade*) gehen durch +*ac*, fahren durch +*ac* **4.** (*crise*) durchmachen **5.** (*ponte*) überqueren, gehen/fahren über **II.** *vr* **1.** (*pessoa, automóvel*) quer stehen; (*deitando-se*) sich quer legen; (*fig*); ~**-se no caminho de alguém** jdm in die Quere kommen **2.** (*na garganta*) stecken bleiben

atreito *adj* empfänglich (*a* für)

atrelado *m* Anhänger *m*

atrelar I. *vt* (*automóvel*) anhängen (*a* an), ankoppeln (*a* an); (*cavalo*) anspannen **II.** *vr* (*pej*) ~**-se a alguém** jdm hinterherlaufen

atrever-se *vr* wagen (*a*), sich trauen (*a* zu)

atrevido *adj* unverschämt, dreist

atrevimento *m* Unverschämtheit *f*, Dreistigkeit *f*

atribuição *f* **1.** (*de tarefa*) Zuteilung *f* **2.** (*de prémio*) Verleihung *f;* (*de bolsa*) Vergabe *f*

atribuições *fpl* Befugnisse *pl*

atribuir *vt* **1.** (*culpa*) zuschieben **2.** (*competências*) erteilen; (*tarefa*) zuteilen **3.** (*significado*) beimessen; (*características*) zuschreiben **4.** (*direitos*) zuerkennen; (*título, prémio*) verleihen; (*bolsa*) vergeben

atribulação *f* Kummer *m*, Sorge *f*

atribulado *adj* **1.** (*vida, dia*) bewegt, ereignisreich **2.** (*preocupado*) bekümmert, besorgt

atribular *vt* bekümmern; (*maltratar*) peinigen, quälen

atributivo *adj* (LING) attributiv

atributo *m* **1.** (*característica, qualidade*) Kennzeichen *nt*, Eigenschaft *f* **2.** (LING) Attribut *nt*

atrição *f* (REL) Reue *f*

átrio *m* Vorhalle *f*, Eingangshalle *f*

atrito *m* (FÍS) Reibung *f*

atritos *mpl* Schwierigkeiten *pl;* **sem** ~ reibungslos

atriz *f* (*brasil*) Schauspielerin *f*

atrocidade *f* Gräueltat *f*

atrofia *f* (MED) Atrophie *f*

atrofiado *adj* **1.** (*órgão, membro*) verkümmert **2.** (*coloq: pessoa*) verrückt

atrofiar *vi* **1.** (*órgão, membro*) verkümmern **2.** (*coloq: pessoa*) verrückt werden

atropelamento *m* Überfahren *nt*

atropelar *vt* **1.** (*na estrada*) überfahren **2.** (*lei*) übertreten, missachten; ~ **a verdade** es mit der Wahrheit nicht so genau nehmen

atropelo *m* **1.** (*da lei*) Übertretung *f*, Missachtung *f* **2.** (*de palavras*) Verhaspeln *nt;* **de** ~ hastig

atropina *f* (MED) Atropin *nt*

atroz *adj* grässlich, grausam

atuação *f* (*brasil*) *v.* **actuação**

atual *adj* (*brasil*) aktuell, gegenwärtig

atualidade *f* (*brasil*) *v.* **actualidade**

atualização *f* (*brasil*) *v.* **actualização**

atualizar *vt* (*brasil*) *v.* **actualizar**

atualmente *adv* (*brasil*) heutzutage, zurzeit

atuar *vt* (*brasil*) *v.* **actuar**

atufar I. *vt* füllen **II.** *vr* tauchen

atulhar *vt* **1.** (*encher*) auffüllen **2.** (*obstruir*) versperren

atum [ɐˈtũ] *m* Thunfisch *m*

aturar *vt* aushalten, ertragen

aturável *adj* erträglich

aturdido *adj* kopflos, benommen; (*assombrado*) verblüfft

aturdimento *m* **1.** (*dos sentidos*) Kopflosigkeit *f*, Benommenheit *f* **2.** (*assombro*) Verblüffung *f*

aturdir *vt* **1.** (*atordoar*) betäuben **2.** (*pasmar*) in Erstaunen versetzen, verblüffen

audácia *f* Kühnheit *f*, Verwegenheit *f*

audaz *adj* kühn, verwegen

audição *f* **1.** (*sentido*) Hören *nt* **2.** (MÚS) Konzert *nt;* **primeira** ~ Erstaufführung *f* **3.**

(*para teatro*) Casting *nt* **4.** (*de testemunhas*) Anhörung *f*

audiência *f* **1.** (DIR) Gerichtsverhandlung *f* **2.** (*ouvintes*) Zuhörer *pl*, Zuhörerschaft *f* **3.** (*recepção*) Audienz *f*; **conceder uma ~ a alguém** jdm Audienz gewähren

audiências *fpl* (*televisão*) Einschaltquote *f*

audiovisual *adj* audiovisuell

auditivo *adj* Gehör ..., Hör ...

auditor(a) *m(f)* Auditor, Auditorin *m, f*

auditoria *f* (*cargo*) Richteramt *nt*

auditório *m* **1.** (*salão*) Hörsaal *m* **2.** (*ouvintes*) Zuhörer *pl*, Zuhörerschaft *f*

auê *m* (*coloq brasil*) Durcheinander *nt*, Schlamassel *m*

auge *m* (*fig*) Gipfel *m*, Höhepunkt *m*

augúrio *m* **1.** (*sinal*) Vorzeichen *nt;* (*pressentimento*) Vorahnung *f* **2.** (*prognóstico*) Vorhersage *f*

augusto *adj* (*elev*) erhaben

aula *f* **1.** (*lição*) Unterrichtsstunde *f*; **dar ~s a alguém** jdm Unterricht geben/erteilen; **ter ~s com alguém** Unterricht bei jdm haben **2.** (*sala*) Klassenzimmer *nt*

aumentar [aumɛn'tar] **I.** *vt* **1.** (*em tamanho*) vergrößern; (*em quantidade*) vermehren **2.** (*salário, preço*) erhöhen **3.** (*rendimento*) steigern **4.** (*alargar*) erweitern, ausbauen **II.** *vi* **1.** (*crescer*) zunehmen, wachsen **2.** (*preço, temperatura*) (an)steigen **3.** (*rendimento, valor*) sich steigern, steigen

aumento *m* **1.** (*em tamanho*) Vergrößerung *f*, Zunahme *f*; (*em quantidade*) Vermehrung *f* **2.** (*do salário*) Erhöhung *f*; (*do preço*) Anstieg *m*, Erhöhung *f* **3.** (*do rendimento, valor*) Steigerung *f* **4.** (*da temperatura*) Anstieg *m*

áureo *adj* golden

auréola *f* **1.** (*dos santos*) Heiligenschein *m* **2.** (*prestígio*) Ruhm *m*

aurícula *f* **1.** (ANAT) Vorkammer *f*, Vorhof *m* **2.** (BOT) Aurikel *f*

auricular I. *m* Kopfhörer *m* **II.** *adj* Ohren ..., Ohr ...; **testemunha ~** Ohrenzeuge *m*

aurora *f* Morgenröte *f*; **~ boreal** Nordlicht *nt*

auscultação *f* (MED) Auskultation *f*, Abhorchen *nt*

auscultador [auʃkulteˈdor] *m* **1.** (TEL) Hörer *m* **2.** (MÚS) Kopfhörer *m* **3.** (MED) Stethoskop *nt*

auscultar *vt* (MED) abhorchen

ausência *f* **1.** (*não-presença*) Abwesenheit *f*

2. (*carência*) Mangel *m* (*de* an)

ausentar-se *vr* **1.** (*partir*) verreisen **2.** (*afastar-se*) sich entfernen

ausente *adj* **1.** (*localmente*) abwesend **2.** (*mentalmente*) geistesabwesend, zerstreut

auspício *m* **1.** (*prenúncio*) Vorzeichen *nt* **2.** (*apoio, protecção*) Schirmherrschaft *f*; **sob os ~s de** unter der Schirmherrschaft von +*dat*

auspicioso *adj* aussichtsreich, viel versprechend

austeridade *f* **1.** (*severidade*) Strenge *f*, Härte *f* **2.** (ECON) Sparsamkeit *f*; **política de ~** Sparpolitik *f*

austero *adj* streng, hart

austral *adj* südlich, Süd ...

austrália *f* (BOT) Akazie *f* (aus Australien)

Austrália *f* Australien *nt*

australiano, -a I. *m, f* Australier, Australierin *m, f* **II.** *adj* australisch

Áustria ['auʃtrjɐ] *f* Österreich *nt*

austríaco, -a [auʃ'triɐku] **I.** *m, f* Österreicher, Österreicherin *m, f* **II.** *adj* österreichisch

autarquia *f* **1.** (POL) Autarkie *f* **2.** (*comunidade*) Gemeinde *f*

autárquico *adj* autark

autenticação *f* (DIR) Beglaubigung *f*

autenticar *vt* (DIR) beglaubigen

autenticidade *f* Echtheit *f*

autêntico [au'tɛntiku] *adj* echt, authentisch

autista *m(f)* Autist, Autistin *m, f*

auto *m* **1.** (DIR) Akte *f* **2.** (*de reunião*) Protokoll *nt;* **lavrar um ~** ein Protokoll abfassen

auto-avaliação *f* Selbstbeurteilung *f*, Selbstbewertung *f*

autobiografia *f* Autobiografie *f*

autobiográfico *adj* autobiografisch

autocaravana [autɔkereˈvene] *f* Wohnmobil *nt*

autocarro [autoˈkaru] *m* Bus *m*, Autobus *m;* **~ articulado** Gelenkbus *m;* **~ de dois andares** Doppelbus *m*

autoclismo *m* (WC-)Spülung *f*, Wasserspülung *f*; **puxar o ~** spülen

autocolante *m* Aufkleber *m*, Sticker *m*

autoconfiança *f* Selbstvertrauen *nt*

autocracia *f* Autokratie *f*

autocrata *m(f)* Autokrat, Autokratin *m, f*

autocrático *adj* autokratisch

autocrítica *f* Selbstkritik *f*

autocromia f (FOT) Farbrastverfahren nt
autóctone I. m/f Ureinwohner, Ureinwohnerin m, f II. adj Ur ...
auto-de-fé m (HIST) Ketzergericht nt
autodefesa f Selbstverteidigung f
autodeterminação f (POL) Selbstbestimmung f
autodidacta m/f Autodidakt, Autodidaktin m, f
autodidáctico adj autodidaktisch
autodidata m/f (brasil) v. **autodidacta**
autodidático adj (brasil) v. **autodidáctico**
autodisciplina f Selbstdisziplin f
autodomínio m Selbstbeherrschung f
autódromo m Motodrom nt, Autodrom nt
auto-escola f (brasil) Fahrschule f
auto-estrada f Autobahn f

Das Straßennetz in Portugal ist mittlerweile gut ausgebaut. Es gibt nicht nur **auto-estradas** (Autobahnen), die Mautgebühren kosten, sondern auch die neuen itinerários principais (IPs) und itinerários complementares (ICs). Diese sind meistens sehr gut, aber für das steigende Verkehrsaufkommen in den letzten Jahren nicht ausreichend. Sie müssen damit rechnen, dass Sie unterwegs viel Geduld und Vorsicht brauchen. Um die Zahl der Verkehrsunfälle einzudämmen, wurde seit kurzem auf vielen Strecken die sogenannte "Nulltoleranz" (Tolerância Zero) eingeführt. Lassen Sie sich nicht von der Raserei der anderen anstecken. Das kann ganz schön teuer werden, auch für mitteleuropäische Verhältnisse! Die Höchstgeschwindigkeit beträgt in Portugal 120 km/h auf Autobahnen, 90 km/h bzw. 100 km/h auf Landstraßen und 50 km/h innerorts. Die Promillegrenze ist 0,5.

autogestão f Selbstverwaltung f
autógrafo I. m Autogramm nt II. adj eigenhändig
automaticamente adv automatisch; (coloq) von selbst
automático [autu'matiku] adj automatisch
automatismo m Automatismus m
autómato m 1. (máquina) Automat m 2. (pessoa) willenlose(s) Werkzeug nt

automobilismo m (DESP) Autosport m
automobilista m/f Kraftfahrer, Kraftfahrerin m, f
automobilístico adj Auto ...
automotora f Triebwagen m
automóvel [autu'mɔvɛl] I. m Auto nt, Kraftfahrzeug nt; ~ **ligeiro de passageiros** Personenkraftwagen m, Pkw m II. adj selbstfahrend
autonomia f 1. (POL) Autonomie f 2. (na administração) Selbstverwaltung f 3. (moral, financeira) Selbstständigkeit f 4. (AERO) ~ **de voo** Reichweite f 5. (ELECTR) Netzunabhängigkeit f
autónomo adj 1. (POL) autonom 2. (independente) selbstständig, unabhängig
autópsia f (MED) Autopsie f, Obduktion f
autopsiar vt (MED) eine Autopsie/Obduktion vornehmen bei
autor(a) m/f 1. (de uma obra) Autor, Autorin m, f; (de um texto) Verfasser, Verfasserin m, f 2. (de um crime) Täter, Täterin m, f 3. (DIR) Kläger, Klägerin m, f
auto-rádio m Autoradio nt
autoria f Urheberschaft f
autoridade f 1. (poder) Autorität f, Amtsgewalt f 2. (competência) Befugnis f
autoridades [auturi'dadəʃ] fpl Behörde f; ~ **locais/municipais** Kommunalverwaltung f
autoritário adj autoritär
autoritarismo m Autoritarismus m
autorização [auturize'sãu] f Erlaubnis f (para für), Genehmigung f (para für); ~ **de residência** Aufenthaltsgenehmigung f
autorizado adj (pessoa) berechtigt
autorizar [auturi'zar] vt bevollmächtigen, autorisieren; (permitir) erlauben, genehmigen
auto-serviço m (brasil) Selbstbedienung f
auto-silo m Parkhaus nt
auto-suficiente adj selbstgenügsam; **ser** ~ Selbstversorger sein
autuar vt 1. (multar) mit einer Geldstrafe belegen 2. (DIR: processar) eine schriftliche Erklärung abgeben
auxiliar I. m/f Helfer, Helferin m, f II. vt (ajudar, socorrer) helfen; (apoiar) unterstützen III. adj Hilfs ...
auxílio m 1. (ajuda) Hilfe f 2. (apoio) Unterstützung f, Beistand m 3. (subsídio) Unterstützung f

A

avacalhado adj (brasil) schlampig (angezogen)

aval m (ECON) Wechselbürgschaft f, Aval m

avalancha f Lawine f

avaliação f **1.** (de valor) Schätzung f; (escolar) Bewertung f **2.** (de rendimento) Beurteilung f; ~ **pericial** Expertise f

avaliar vt **1.** (valor) schätzen, bewerten **2.** (rendimento) beurteilen, bewerten **3.** (calcular) einschätzen, schätzen **4.** (estimar) schätzen

avalista m(f) (ECON) Avalist, Avalistin m, f

avançado, -a¹ I. m, f (DESP) Stürmer, Stürmerin m, f II. adj (idade, nível) fortgeschritten; (tecnologia) fortschrittlich

avançado² m (ARQ) Vorsprung m

avançamento m (ARQ) Vorsprung m

avançar I. vt **1.** (dinheiro) vorstrecken **2.** (processo) voranbringen, vorwärts bringen **3.** (notícia) vorbringen II. vi **1.** (tropas) vordringen, vorrücken; ~ **contra alguém** auf jdn losgehen **2.** (progredir) vorankommen, vorwärts kommen; ~ **com a. c.** etw voranbringen

avanço m **1.** (progresso) Fortschritt m **2.** (das tropas) Vorrücken nt, Vormarsch m **3.** (MEC) Vorschub m **4.** (distância) Vorsprung m

avantajado adj vorteilhaft

avantajar I. vt übertreffen II. vr sich hervortun (a vor)

avante I. adv vorne; **de ora** ~ von nun an, von jetzt ab II. interj ~! vorwärts!

avarento, -a I. m, f Geizhals m II. adj geizig

avaria [ɐvɐ'riɐ] f (de máquina) Schaden m, Störung f; (de automóvel) Panne f

avariado adj beschädigt, defekt; (coloq) kaputt; **estar** ~ nicht funktionieren; (coloq) nicht gehen

avariar I. vt beschädigen; (coloq) kaputtmachen II. vi **1.** (máquina) kaputtgehen; (automóvel) eine Panne haben; (coloq) liegen bleiben **2.** (enlouquecer) verrückt werden

avassalador adj überwältigend

avati m (brasil) Mais m

ave f Vogel m; ~ **de arribação** Zugvogel m; ~ **de rapina** Raubvogel m; ~**s** Geflügel nt

ave-do-paraíso f Paradiesvogel m

ave-fria f Kiebitz m

aveia f Hafer m

avelã f Haselnuss f

avelaneira f Haselnussstrauch m

aveludado adj samtartig

ave-maria f (REL) Ave-Maria nt

avença f **1.** (quantia) Pauschalsumme f; **por** ~ pauschal **2.** (acordo) Vergleich m

avenida f Allee f

avental m Schürze f

aventura f Abenteuer nt

aventurar I. vt wagen; (pensamentos) vorbringen II. vr sich wagen (a an)

aventureiro, -a I. m, f Abenteurer, Abenteurerin m, f II. adj abenteuerlich, gefährlich

averiguação f Untersuchung f, Ermittlung f

averiguado adj erwiesen, ermittelt

averiguar vt **1.** (investigar) untersuchen; (apurar) ermitteln **2.** (verificar) überprüfen, nachprüfen

avermelhado adj rötlich

aversão f Widerwille m, Abneigung f; **ter** ~ **a alguém/a. c.** eine Abneigung gegen jdn/etw haben

avessas adv **às** ~ verkehrt, verdreht; **sair às** ~ schief gehen

avesso I. m Kehrseite f, Rückseite f; **estar do** ~ verkehrt herum sein; **virar do** ~ umdrehen, umstülpen II. adj umgekehrt, verkehrt herum

avestruz f Strauß m, Vogelstrauß m

aviação f Luftfahrt f, Flugwesen nt; ~ **militar** Luftwaffe f

aviado adj fertig, erledigt; (irón); **estar bem** ~ in der Patsche sitzen

aviador(a) m(f) Flieger, Fliegerin m, f

avião m Flugzeug nt; ~ **a ja(c)to** Düsenflugzeug nt; ~ **de caça** Jagdflugzeug nt, Jäger m; ~ **de carga** Frachtflugzeug nt; ~ **de longo alcance** Langstreckenflugzeug nt; ~ **de passageiros** Passagiermaschine f; ~ **de treino** Schulflugzeug nt; ~ **supersónico** Überschallflugzeug nt

aviar I. vt (cliente) abfertigen; (tarefa) ausführen, erledigen; (expedir) absenden, versenden; (aprontar) vorbereiten II. vr sich beeilen, sich sputen

aviário m Vogelhaus nt

avicultor(a) m(f) Geflügelzüchter, Geflügelzüchterin m, f

avicultura f Geflügelzucht f

avidez f Gier f

ávido adj gierig (de nach)

aviltamento m Verkommenheit f

aviltar I. vt entwürdigen, herabwürdigen;

(ECON); ~ **os preços** die Preise drücken **II.** *vr* verkommen; (*humilhar-se*) sich erniedrigen

avinagrado *adj* sauer

avinagrar *vt* (CUL) säuern, sauer einlegen

avindo **I.** *m* (*reg*) Kunde *m* **II.** *adj* einig

avioneta *f* Sportflugzeug *nt*

avisador [ɐvizɐ'dor] **I.** *m* Warnanlage *f*, Warnsystem *nt* **II.** *adj* Warn ..., Signal ...

avisar [ɐvi'zar] *vt* **1.** (*prevenir*) warnen (*de* vor) **2.** (*informar*) benachrichtigen **3.** (*aconselhar*) beraten

aviso *m* **1.** (*advertência*) Warnung *f* **2.** (*comunicação*) Mitteilung *f*, Benachrichtigung *f*; (*de evento*) Ankündigung *f*; ~ **de cobrança** Zahlungsanweisung *f*; ~ **prévio** Vorankündigung *f*; ~ **de recepção** Empfangsbestätigung *f*; **sem** ~ fristlos

avistar **I.** *vt* erblicken **II.** *vr* sich treffen (*com* mit)

avitaminose *f* (MED) Vitaminmangel *m*

avivar **I.** *vt* (*animar*) beleben; (*realçar*) deutlich machen **II.** *vr* munter werden

avo *m* **1.** (MAT) Bruchteil *m* **2.** (*insignificância*) Kleinkram *m*

avô, -ó [ɐ'vo] *m*, *f* Großvater, Großmutter *m*, *f*; ~ **materno** Großvater mütterlicherseits; ~ **paterno** Großvater väterlicherseits; **os avós** die Großeltern

avolumar **I.** *vt* vergrößern; (*em número*) vermehren **II.** *vr* zunehmen, sich vergrößern

à-vontade *m* Ungezwungenheit *f*, Unbefangenheit *f*; **com** ~ ungezwungen, unbefangen; **ter** ~ **com alguém** ein lockeres Verhältnis zu jdm haben

avulso *adj* **1.** (*solto*) einzeln; **comprar a. c.** ~ etw lose kaufen **2.** (*arrancado*) herausgerissen

avultado *adj* groß, umfangreich; (*volumoso*) voluminös; (*quantia*) beträchtlich

avultar **I.** *vt* vergrößern **II.** *vi* anwachsen

axadrezado *adj* kariert

axial *adj* Achsen ..., axial

axila *f* **1.** (ANAT) Achsel *f*; (*cavidade*) Achselhöhle *f* **2.** (BOT) Astwinkel *m*

axioma *m* (FIL) Axiom *nt*

axiomático *adj* axiomatisch

áxis *m* Achse *f*

azáfama *f* Hektik *f*, Hetze *f*

azálea *f* (BOT) Azalee *f*

azar *m* Unglück *nt*; (*coloq*) Pech *nt*; **ter** ~ Pech haben

azebre *m* (QUÍM) Grünspan *m*

azedar **I.** *vt* säuern **II.** *vi* sauer werden

azedeira *f* (BOT) Sauerampfer *m*, Sauerklee *m*

azedo *adj* **1.** (*comida*) sauer **2.** (*pessoa*) sauer, bissig

azedume *m* **1.** (*sabor*) Säure *f* **2.** (*mau humor*) Verbitterung *f*, Missmut *m*

azeite [ɐ'zeitə] *m* Olivenöl *nt*

azeiteiro *adj* (*coloq*) prolo, prollig

azeitona *f* Olive *f*

azenha *f* Wassermühle *f*

Azerbeijão *m* Aserbaidschan *nt*

azeviche *m* Pechkohle *f*; **de** ~ kohlrabenschwarz

azevinho *m* Stechpalme *f*

azia [ɐ'ziɐ] *f* (MED) Sodbrennen *nt*

azinhaga *f* Fußweg *m*

azinheira *f* Steineiche *f*

azo *m* **1.** (*ocasião*) Gelegenheit *f*; **dar** ~ **a a. c.** etw ermöglichen **2.** (*causa*) Grund *m*; **dar** ~ **a a. c.** etw verursachen

azotato *m* (QUÍM) Salpeter *m*

azoto *m* (QUÍM) Stickstoff *m*

azougue *m* Quecksilber *nt*

azucrinar *vt* (*coloq*) nerven, auf die Nerven gehen

azul [ɐ'zul] **I.** *m* Blau *nt* **II.** *adj* blau

azuladinha *f* (*coloq brasil*) Zuckerrohrschnaps *m*

azulado *adj* bläulich

azular *vi* (*coloq brasil*) abhauen, sich davonmachen

azul-celeste *adj inv* himmelblau

azulejo *m* Kachel *f*, Fliese *f*

Azulejos sind bemalte und glasierte Wandkacheln und sind in ganz Portugal sehr beliebt. Die Tradition der Fliesenmalerei wurde im 15. Jahrhundert von den Mauren eingeführt. Ursprünglich waren sie blau-weiß. Die Portugiesen brachten es in der Herstellung der gemusterten Fliesen zur Meisterschaft. Die azulejos machten im Laufe der Zeit eine Entwicklung durch. Sie wurden von verschiedenen Stilen, von der Manuelinik bis zum Jugendstil und im 20. Jh. von den neuen Schulen beeinflusst. Maler wie Jorge Barradas, Maria Keil, Júlio Resende, etc. werden seit Mitte des 20. Jh. mit der Azulejos-Kunst in Verbindung gebracht.

azul-marinho *adj inv* marineblau

azul-turquesa *adj inv* türkisblau

B

B

B, b *m* B, b *nt*
baba *f* **1.** (*saliva*) Sabber *m* **2.** (*babeiro*) Lätzchen *nt*
babá *f* (*brasil*) Kindermädchen *nt*, Kinderfrau *f*
babaca *adj* (*brasil*) schwachsinnig, dumm
babado *adj* **1.** (*com baba*) besabbert **2.** (*desejoso*) erpicht (*por* auf) **3.** (*orgulhoso*) stolz; **papá** ~ stolzer Vater
babador *m* (*brasil*) Lätzchen *nt*
babar-se *vr* sabbern; ~ **por alguém** in jdn verknallt sein
babau *interj* (*coloq*) aus!, vorbei!
babeiro *m* Lätzchen *nt*
babete *f* Lätzchen *nt*
baboseira *f* Unsinn *m*
babuíno *m* (ZOOL) Pavian *m*
bacalhau [bɐkɐˈʎau] *m* (*seco*) Stockfisch *m;* ~ **fresco** Kabeljau *m;* **para quem é,** ~ **basta!** das ist gerade gut genug für ihn/sie!

Portugals Nationalgericht ist der **bacalhau** (der Stockfisch). Er wird zwar nicht an portugiesischen Küsten gefangen, ist aber tief verwurzelt in der gastronomischen Tradition von Norden bis Süden, von Westen bis Osten. Es gibt sehr viele gute Stockfischgerichte. Probieren Sie in Lissabon Bacalhau à Brás, in Porto Bacalhau à Zé do Pipo und überall Bacalhau Assado na Brasa. Am Heiligen Abend ist es Brauch, Stockfisch zu essen. Dann gibt es (meistens) Bacalhau da Consoada, der mit Kohl und Kartoffeln gekocht wird.

bacana *adj* (*brasil*) cool, prima
bacanal *m* Orgie *f*
bacará *m* **1.** (*jogo*) Bakkarat *nt* **2.** (*cristal*) Kristallglas *nt*
bacharel *m* (*grau de formatura*) akademischer Titel nach dreijährigem Studium
bacharelato *m* Studienabschluss nach dreijährigem Universitätsstudium
bacia *f* **1.** (ANAT) Becken *nt* **2.** (*recipiente*) Schüssel *f* **3.** (GEOG) ~ **hidrográfica** Becken *nt*
bacilo *m* (BIOL) Bazillus *m*

bacio *m* Nachttopf *m*
backup *m* (INFORM) Back-up *nt;* **fazer um** ~ ein Back-up erstellen (*de* von)
baço **I.** *m* (ANAT) Milz *f* **II.** *adj* trübe, matt
bacoco *adj* (*coloq*) blöd, albern
bacorada *f* (*na linguagem*) Zote *f*
bactéria *f* (BIOL) Bakterie *f*
bactericida **I.** *m* **1.** (BIOL) keimtötende(s) Mittel *nt* **2.** (MED) Bakterizid *nt* **II.** *adj* **1.** (BIOL) keimtötend **2.** (MED) bakterizid
bacteriologia *f* (BIOL) Bakteriologie *f*
badalada *f* Glockenschlag *m*
badalado *adj* stadtbekannt
badalar **I.** *vt* (*contar*) ausplaudern **II.** *vi* **1.** (*relógio*) schlagen; (*sino*) läuten **2.** (*falar*) schwätzen
badalhoco, -a **I.** *m, f* (*pej: homem*) Schwein *nt;* (*mulher*) Schlampe *f* **II.** *adj* (*pej*) schweinisch, schmutzig
badalo *m* Klöppel *m,* Glockenschwengel *m;* **dar ao** ~ schwatzen
badameco *m* Niemand *m;* **é um** ~ er hat nichts zu sagen
badejo *m* (ZOOL) Dorsch *m*
Baden-Vurtemberga *f* Baden-Württemberg *nt*
badminton [bɐdˈmĩntɔn] *m* (DESP) Badminton *nt*
bafejar **I.** *vt* (*com o bafo*) anhauchen; (*sorte, destino*) begünstigen **II.** *vi* hauchen
bafejo *m* **1.** (*bafo*) Hauch *m* **2.** (*da sorte, do destino*) Gunst *f*
bafo *m* Hauch *m*
baforada *f* **1.** (*de vento*) Windstoß *m* **2.** (*de fumo*) Rauchwolke *f*
baga *f* (BOT) Beere *f*
bagaceira *f* Schnaps *m*, Branntwein *m*
bagaço *m* **1.** (*bagaceira*) Tresterschnaps *m,* Tresterbranntwein *m* **2.** (*coloq: dinheiro*) Moos *nt*
bagageira *f* Kofferraum *m*
bagageiro *m* Gepäckträger *m*
bagagem [bɐˈgaʒɐ̃i] *f* **1.** (*malas*) Gepäck *nt;* **despachar a** ~ das Gepäck aufgeben **2.** (*conhecimentos*) Kenntnisse *pl,* Allgemeinbildung *f*

bagatela *f* Bagatelle *f*, Kleinigkeit *f*
bago *m* **1.** (BOT) Beere *f* **2.** (*coloq: dinheiro*) Moneten *pl*
baguete *f* Baguette *nt*
bagulho *m* **1.** (BOT) Traubenkern *m* **2.** (*brasil: coisa sem valor*) Trödel *m*, Kram *m*
bagunça *f* (*brasil*) Radau *m*, Krach *m*
baía [bɐˈiɐ] *f* (GEOG) Bai *f*, Bucht *f*
baila *f* (*coloq*) **vir à** ~ aufs Tapet kommen; **trazer à** ~ aufs Tapet bringen
bailado [baiˈladu] *m* Ballett *nt*
bailar *vi* tanzen
bailarico *m* Tanz *m*, Tanzabend *m*
bailarino, -a [bailɐˈrinu] *m*, *f* Tänzer, Tänzerin *m*, *f*
baile [ˈbailɐ] *m* Ball *m*, Tanz *m*; ~ **de máscaras** Maskenball *m*
bainha *f* **1.** (*da roupa*) Saum *m* **2.** (*da espada*) Scheide *f*
baioneta *f* Bajonett *nt*
bairrismo *m* Lokalpatriotismus *m*
bairrista *m(f)* Lokalpatriot, Lokalpatriotin *m*, *f*
bairro [ˈbaiʀu] *m* Stadtviertel *nt*
baixa [ˈbaiʃɐ] *f* **1.** (*da cidade*) Stadtzentrum *nt* **2.** (*dos preços, da produção*) Rückgang *m*, Sinken *nt*; (*na Bolsa*) Baisse *f*; **a** ~ **dos salários** der Lohnrückgang **3.** (*por doença*) Krankschreibung *f*; **meter** ~ sich krankmelden; **estar de** ~ krankgeschrieben sein **4.** (*hospital*) Einlieferung *f*; **dar** ~ **num hospital** in ein Krankenhaus eingeliefert werden **5.** (MIL: *licença*) Entlassung *f*; (*em combate*) Verlust *m*; **dar** ~ **de** entlassen werden aus **6.** (*numa lista*) Streichung *f*; **dar** ~ **de a. c.** etw streichen
Baixa-Áustria *f* Niederösterreich *nt*
baixar I. *vt* **1.** (*os preços, a produção*) senken, herabsetzen **2.** (*a voz*) senken; (*o som*) herabsetzen; ~ **o rádio** das Radio leiser stellen **3.** (*diminuir*) verringern **II.** *vi* **1.** (*os preços*) sinken, fallen **2.** (*temperatura*) sinken **3.** (*avião*) niedergehen **III.** *vr* **1.** (*curvar-se*) sich bücken **2.** (*humilhar-se*) sich erniedrigen
baixel *m* (NAÚT) Boot *nt*
baixo [ˈbaiʃu] **I.** *m* (MÚS) Bass *m* **II.** *adj* **1.** (*pessoa*) klein; (*monte*) niedrig **2.** (*preço*) niedrig **3.** (*cabeça*) gesenkt **4.** (*voz*) leise; **falar em voz baixa** leise sprechen; **pôr o som mais** ~ etw leiser stellen **5.** (*som*) tief **6.** (*rio*) seicht **7.** (*desprezível*) platt, gemein **III.**

adv **1.** (*voz*) leise; **falar** ~ leise sprechen **2.** (*lugar*) **em** ~ unten; **por/em/de** ~ **de** unter +*ac/dat;* **para** ~ hinunter, herunter **3.** (*abatido*) niedergeschlagen; **estar em** ~ niedergeschlagen sein
baixo-alemão *m* (LING) Niederdeutsch *nt*, Plattdeutsch *nt*
baixo-astral I. *m* (*brasil*) Niedergeschlagenheit *f* **II.** *adj* niedergeschlagen, deprimiert
baixo-relevo *m* (*arte*) Basrelief *nt*
bajulação *f* Schmeichelei *f*, Lobhudelei *f*
bajular *vt* umschmeicheln, lobhudeln
bala *f* **1.** (*de arma*) Kugel *f* **2.** (*brasil: rebuçado*) Bonbon *nt*
balada *f* (MÚS, LIT) Ballade *f*
balança *f* **1.** (*instrumento*) Waage *f* **2.** (ECON) Bilanz *f*; ~ **comercial** Handelsbilanz *f* **3.** (*zodíaco*) Waage *f*
balançar *vi* **1.** (*oscilar*) schwanken, schaukeln **2.** (*hesitar*) schwanken, zögern
balancé *m* Schaukel *f*
balancete *m* (ECON) Zwischenbilanz *f*
balanço *m* **1.** (ECON) Bilanz *f*; **fazer o** ~ die Bilanz aufstellen **2.** (*exame*) Auswertung *f*, Überprüfung *f* **3.** (*movimento*) Schaukeln *nt*, Schlingern *nt*
balão *m* **1.** (*de ar*) Ballon *m*, Luftballon *m* **2.** (QUÍM) ~ **de ensaio** Kolben *m* **3.** (*roupa*) **saia de** ~ Reifrock *m*
balastro *m* Schotter *m*
balaústre *m* (ARQ) Geländersäule *f*, Baluster *m*
balbuciar *vi* stammeln, stottern
balbúrdia *f* (*coloq*) Zoff *m*
balcão *m* **1.** (*de loja, café*) Theke *f* **2.** (*no teatro*) Rang *m* **3.** (*do banco*) Bankfiliale *f* **4.** (ARQ) Balkon *m*
balda *f* **1.** (*defeito*) Fehler *m* **2.** (*coloq: desordem, confusão*) Chaos *nt*, Durcheinander *nt*; **à** ~ nachlässig
baldar I. *vt* vereiteln, zunichte machen **II.** *vr* **1.** (*jogo de cartas*) abwerfen **2.** (*ficar frustrado*) scheitern **3.** (*coloq: escapar a*) sich drücken; ~ **às aulas** blaumachen
balde *m* Eimer *m*; ~ **do lixo** Mülleimer *m*; ~ **de água fria** kalte Dusche *f*
baldroca *f* Schwindel *m*; **fazer trocas e** ~**s** schwindeln
baleia *f* (ZOOL) Wal *m*, Walfisch *m*; ~ **azul** Blauwal *m*
balir *vi* blöken
balística *f* Ballistik *f*

B

baliza [bɐˈlizɐ] *f* **1.** (DESP) Tor *nt* **2.** (NAÚT) Boje *f*

ballet [baˈlɛ] *m* Ballet *nt*

balnear *adj* Bade ...; **época** ~ Badesaison *f*; **estância** ~ Kurort *m*

balneário *m* **1.** (*estância balnear*) Badeort *m*, Kurort *m* **2.** (*em piscina*) Umkleidekabine *f*

balofo *adj* **1.** (*pessoa*) aufgeblasen **2.** (*pão*) locker **3.** (*vazio*) leer

baloiçar *vi* schaukeln

baloiço *m* Schaukel *f*

bálsamo *m* Balsam *m*

báltico *adj* baltisch; **Mar Báltico** Ostsee *f*

baluarte *m* Bollwerk *nt*

bambolear *vi* schaukeln; (*ao andar*) schwanken, wanken

bamboleio *m* Schaukeln *nt*; (*ao andar*) Schwanken *nt*, Wanken *nt*

bambu *m* (BOT) Bambus *m*

banal *adj* banal, alltäglich

banalidade *f* Banalität *f*

banalizar *vt* banalisieren

banana I. *f* (BOT) Banane *f*; (*brasil: manguito*) Stinkefinger *m* II. *m* (*pessoa*) Schwächling *m*

bananeira *f* (BOT) Bananenstaude *f*

banca *f* **1.** (ECON) Bankwesen *nt* **2.** (*jogo*) Bank *f* **3.** (*de jornais*) Stand *m*, Kiosk *m* **4.** (*de advogado*) Büro *nt*; **abrir** ~ sich als Rechtsanwalt niederlassen **5.** (*de cozinha*) Spülbecken *nt*

bancada *f* **1.** (*no estádio*) Tribüne *f* **2.** (POL) Fraktion *f*

bancário *adj* Bank ...; **crédito** ~ Bankkredit *m*

bancarrota *f* Bankrott *m*

banco [ˈbãŋku] *m* **1.** (ECON) Bank *f*; ~ **mundial** Weltbank *f* **2.** (*assento*) Bank *f*; ~ **dos réus** Anklagebank *f* **3.** (*automóvel*) Sitz *m*; ~ **da frente** Vordersitz *m*; ~ **de trás** Rücksitz *m*; ~ **reclinável** Liegesitz *m* **4.** (MEC) Werkbank *f*; ~ **de carpinteiro** Hobelbank *f* **5.** (MED) Notaufnahme *f*; ~ **de esperma** Samenbank *f*; ~ **de sangue** Blutbank *f* **6.** (GEOL) Schicht *f*; ~ **de areia** Sandbank *f* **7.** (INFORM) ~ **de dados** Datenbank *f*

banda *f* **1.** (MÚS) Kapelle *f*, Blaskapelle *f*; ~ **sonora** Filmmusik *f* **2.** (*lado*) Seite *f*; (*margem*) Ufer *nt*; **mandar alguém à outra** ~ jdn wegschicken; **não ser destas** ~**s** nicht von hier sein; **andar por estas** ~**s** in der Gegend

sein **3.** (*faixa*) Band *nt*, Schärpe *f*; ~ **magnética** Magnetband *nt*; ~ **desenhada** Comics *pl*

bandalheira *f* Lumperei *f*

bandeira *f* **1.** (*distintivo*) Fahne *f* **2.** (*nacional*) Flagge *f*, Fahne *f* **3.** (*janela*) Oberlicht *nt*

bandeirada *f* (*táxi*) Grundgebühr *f*

bandeja *f* Tablett *nt*

bandido *m* Bandit *m*

bando *m* **1.** (*de aves*) Schwarm *m* **2.** (*de pessoas*) Schar *f*, Trupp *m*

bandolim *m* (MÚS) Mandoline *f*

bandulho *m* (*coloq*) Wanst *m*; **encher o** ~ sich den Bauch voll schlagen + *dat*

bangalô [bãŋɡɐˈlɔ] *m* Bungalow *m*

banha *f* Schmalz *nt*; ~**s** Fettpolster *pl*

banhar I. *vt* (*dar banho*) baden; **banhado em lágrimas** in Tränen aufgelöst; (*rio*) vorbeifließen an II. *vr* baden (*em in*)

banheira [bɐˈɲɐjrɐ] *f* Badewanne *f*

banheiro [bɐˈɲɐjru] *m* **1.** (*pessoa*) Bademeister *m* **2.** (*brasil: quarto-de-banho*) Badezimmer *nt*

banhista *m(f)* Badegast *m*

banho [ˈbɐɲu] *m* Bad *nt*; **tomar** ~ baden, ein Bad nehmen; ~ **de sangue** Blutbad *nt*; ~ **de vapor** Dampfbad *nt*

banho-maria *m* Wasserbad *nt*; **cozinhar em** ~ im Wasserbad garen

banhos *mpl* **1.** (*termas*) Thermalbad *nt*, Heilbad *nt*; **ir a** ~ eine Badekur machen **2.** (*de sol*) **apanhar** ~ **de sol** sonnenbaden **3.** (*casamento*) Aufgebot *nt*; **publicar os** ~ das Aufgebot bestellen

banir *vt* verbannen

banjo *m* (MÚS) Banjo *nt*

banqueiro *m* Bankier *m*

banquete *m* Bankett *nt*, Festessen *nt*

banzado *adj* verblüfft, erstaunt

banzé *m* (*coloq*) Lärm *m*, Radau *m*

banzo *adj* (*brasil*) traurig, niedergeschlagen

baptismo [baˈtiʒmu] *m* (REL) Taufe *f*

baptizado *m* Taufe *f*, Kindstaufe *f*

baptizar *vt* taufen; **foi baptizado de Niklas** er wurde Niklas getauft

baque *m* **1.** (*ruído*) Rumsen *nt* **2.** (*queda*) Fall *m*

bar [bar] *m* **1.** (*de diversão*) Bar *f* **2.** (*de uma escola*) Cafeteria *f*

barafunda *f* **1.** (*ajuntamento*) Gedränge *nt* **2.** (*confusão*) Wirrwarr *m*, Durcheinander *nt*

3. (*barulho*) Lärm *m*
barafustar *vi* zappeln (*com* mit)
baralhar *vt* **1.** (*confundir*) verwirren, durcheinander bringen **2.** (*cartas*) mischen
baralho *m* Kartenspiel *nt*
barão *m* Baron *m*
barata *f*(ZOOL) Küchenschabe *f;* **como uma ~ tonta** verwirrt, ratlos
barato [bɐˈratu] *adj* billig, preiswert
barba [ˈbarbɐ] *f* Bart *m;* **~ cerrada** Vollbart *m;* **fazer a ~** sich rasieren; **fazer a ~ a alguém** jdn rasieren
barba-azul *m* Blaubart *m*
barbante *m* (*brasil*) Bindfaden *m*
barbaridade *f* **1.** (*crueldade*) Grausamkeit *f* **2.** (*disparate*) Unsinn *m*, Quatsch *m;* **que ~!** so ein Unsinn!
barbárie *f* Barbarei *f*
bárbaro I. *m* Barbar *m* II. *adj* **1.** (*dos bárbaros*) barbarisch **2.** (*selvagem*) wild **3.** (*desumano*) unmenschlich **4.** (*rude*) roh
barbatana *f* Flosse *f*
barbear I. *vt* rasieren; **máquina de ~** Rasierapparat *m* II. *vr* sich rasieren
barbearia [bɐrbjɐˈriɐ] *f* Herrensalon *m*
barbeiro *m* (*pessoa, estabelecimento*) Herrenfrisör *m;* **ir ao ~** zum Frisör gehen
barbo *m* (ZOOL) Barbe *f*
barbudo *adj* bärtig
barca [ˈbarkɐ] *f* Barke *f*, Kahn *m*
barcaça *f* große Barke *f*, große(r) Kahn *m*
barco [ˈbarku] *m* Boot *nt;* (*navio*) Schiff *nt;* **~ a motor** Motorboot *nt;* **~ a remos** Ruderboot *nt;* **~ à vela** Segelboot *nt;* **~ insuflável** Schlauchboot *nt;* **~ pesqueiro/de pesca** Fischerboot *nt;* **~ salva-vidas** Rettungsboot *nt;* **estar no mesmo ~** in einem Boot sitzen
baril *adj* (*coloq*) cool, geil
bário *m* (QUÍM) Barium *nt*
barítono *m* (MÚS) Bariton *m*
barman *m* Barkeeper *m*
barómetro *m* Barometer *nt*
baronesa *f* Baronin *f*
barqueiro, -a *m, f* Ruderer, Ruderin *m, f*
barquilho *m* Waffel *f*, Biskuitrolle *f*
barra *f* **1.** (*de aço, ferro*) Stab *m*, Stange *f* **2.** (*de ouro*) Barren *m* **3.** (*do porto*) Hafeneinfahrt *f*, Mole *f* **4.** (DESP) **~ fixa** Reck *nt;* **~s paralelas** Barren *m* **5.** (*salto em altura*) Latte *f* **6.** (*da saia*) Besatz *m* **7.** (MÚS) Taktstrich *m* **8.** (DIR) **~ do tribunal** Zeugenstand *m* **9.** (*tipografia*) Schrägstrich *m*

barraca *f* **1.** (*de madeira, chapa*) Baracke *f* **2.** (*de feira*) Bude *f* **3.** (*tenda*) Zelt *nt* **4.** (*de praia*) (Art) Strandkorb *m*
barracão *m* Schuppen *m*
barragem *f* Staudamm *m*
barra-limpa *adj* **1.** (*coloq brasil: pessoa*) vorbildlich **2.** (*situação*) günstig
barranco *m* **1.** (*quebrada*) Schlucht *f* **2.** (*precipício*) Abgrund *m*
barra-pesada I. *f* (*situação*) schwierige Lage *f* II. *m(f)* **1.** (*pessoa de má índole*) hinterhältige(r) Mensch *m*, Fiesling *m* **2.** (*pessoa competente*) Tausendsassa *m*, Alleskönner *m*
barrar *vt* **1.** (*a passagem*) versperren **2.** (*o pão*) schmieren, bestreichen
barreira *f* **1.** (*cancela*) Barriere *f*, Sperre *f*, Schranke *f* **2.** (DESP) Hürde *f;* **corrida de ~s** Hürdenlauf *m* **3.** (*obstáculo*) Hindernis *nt;* **~ do som** Schallmauer *f;* **ultrapassar as ~s** Hindernisse überwinden
barrela *f* Lauge *f*
barrete *m* Mütze *f;* **enfiar o ~** sich den Schuh anziehen
barricada *f* Barrikade *f*
barriga [bɐˈriɣɐ] *f* (ANAT) Bauch *m;* **estar de ~** schwanger sein; **~ da perna** Wade *f*
barrigudo, -a I. *m, f* Fettwanst *m* II. *adj* dickbäuchig, fett
barril *m* Fass *nt*
barro *m* Lehm *m;* (*de oleiro*) Ton *m*, Tonerde *f;* **~ vidrado** Steingut *nt*
barroco [bɐˈroku] I. *m* Barock *m* II. *adj* barock
barrote *m* Sparren *m*, Querholz *nt*
barulheira *f* Radau *m*, Krach *m*
barulhento *adj* laut, lärmend
barulho [bɐˈruʎu] *m* **1.** (*constante*) Geräusch *nt;* (*momentâneo*) Krach *m*, Lärm *m;* **fazer ~** lärmen, Lärm machen; **ouvir um ~** einen Krach hören **2.** (*briga*) Streit *m;* **armar ~** Streit anfangen; **andar ao ~** streiten
basalto *m* Basalt *m*
basculante *adj* kippbar
base *f* **1.** (*suporte*) Basis *f*, Fundament *nt* **2.** (*princípio*) Grundlage *f;* **com ~ em** anhand +*gen*, aufgrund +*gen;* **na ~ de** auf der Grundlage von; **não ter ~** unbegründet sein; **não tem ~s** ihm/ihr fehlen die Grundlagen **3.** (INFORM) **~ de dados** Datenbank *f* **4.** (ARQ: *de uma coluna*) Fuß *m* **5.** (QUÍM) Base *f* **6.** (*de cerveja*) Bierdeckel *m* **7.** (*cosmético*) Make-up *nt*, Unterlage *f*

baseado *adj* wohl begründet

basear I. *vt* gründen (*em* auf), basieren (*em* auf) II. *vr* basieren (*em* auf), beruhen (*em* auf)

basebol *m* (DESP) Baseball *nt*

básico *adj* 1. (*fundamental*) grundlegend, Grund ...; **conhecimentos ~s** Grundkenntnisse *pl* 2. (QUÍM) basisch

Basileia *f* Basel *nt*

basílica *f* Basilika *f*

basquetebol [baʃkɜtə'bɔl] *m* (DESP) Basketball *nt*

basta ['baʃtɐ] *interj* Schluss jetzt!, basta!

bastante [beʃ'tãntɐ] I. *adj* genügend II. *adv* 1. (*suficientemente*) genug 2. (*muito*) ziemlich (viel)

bastão *m* Stab *m*

bastar [beʃ'tar] *vi* genügen, ausreichen

bastardo *adj* (*filho*) unehelich

bastidores *mpl* Kulissen *pl;* **nos ~** hinter den Kulissen

bata *f* Kittel *m*

batalha *f* Schlacht *f;* **travar uma ~ com alguém** sich eine Schlacht mit jdm liefern +*dat;* (*jogo*); **~ naval** Schiffe versenken

batalhão *m* (MIL) Bataillon *nt*

batalhar *vi* kämpfen, sich eine Schlacht liefern

batata *f* 1. (BOT) Kartoffel *f;* **~s fritas** Pommes frites *pl;* **vai plantar ~s!** geh' hin, wo der Pfeffer wächst! 2. (*coloq: nariz*) Knollennase *f*

batata-doce *f* (BOT) Batate *f,* Süßkartoffel *f*

bate-boca *m* (*brasil*) Wortwechsel *m*

bate-chapa *m* derjenige, der in einer Autowerkstatt das Ausbeulen übernimmt

batedeira *f* 1. (*instrumento*) Schneebesen *m;* **~ eléctrica** Rührgerät *nt* 2. (*recipiente*) Rührschüssel *f*

batel *m* Kahn *m,* Boot *nt;* (*canoa*) Kanu *nt*

batente *m* 1. (*aldraba*) Türklopfer *m* 2. (*da porta*) Türpfosten *m*

bate-papo *m* (*coloq brasil*) Schwätzchen *nt*

bater I. *vt* 1. (*golpear*) schlagen; **~ o pé** mit dem Fuß stampfen; **~ palmas** Beifall klatschen; **~ os dentes** mit den Zähnen klappern; **~ as asas** mit den Flügeln schlagen 2. (*a massa*) rühren; (*as claras*) schlagen 3. (*ferro*) hämmern 4. (*vencer*) schlagen 5. (*um recorde*) brechen 6. (*um caminho*) absuchen; **já batemos tudo** wir haben schon alles abge-

sucht II. *vi* 1. (*à porta*) klopfen; **~ à porta** an die Tür klopfen; (**ir**) **~ à porta de alguém** bei jdm anklopfen; **estão a ~** (**à porta**) es klopft; **~ à máquina** tippen 2. (*dar pancada*) schlagen, prügeln; **~ em alguém** jdn schlagen 3. (*ir de encontro a*) stoßen (*contra* gegen), prallen (*em* an, *em* auf); (*automóvel*) zusammenstoßen (*em* mit); **~ com a cabeça na parede** mit dem Kopf gegen die Wand stoßen/schlagen; **~ com a perna na cadeira** sich das Bein am Stuhl stoßen +*dat;* **~ com o nariz na porta** vor verschlossenen Türen stehen; **eles bateram** sie sind zusammengestoßen; **eu bati com o carro** ich hatte einen Unfall 4. (*coração*) schlagen (*por* für) 5. (*sol*) scheinen (*em* auf) 6. (*chuva, ondas*) schlagen, peitschen (*em* an, *contra* gegen) 7. (*porta*) klappern, schlagen; **~ com a porta** mit der Tür schlagen 8. (*coloq: vinho*) in den Kopf steigen 9. **~ certo** passen, übereinstimmen; **há qualquer coisa que não bate certo** irgendwas stimmt (hier) nicht 10. **não ~ bem da cabeça/mona** nicht ganz bei Trost sein

bateria *f* 1. (*do automóvel*) Batterie *f* 2. (MÚS) Schlagzeug *nt*

batida *f* 1. (*bebida*) Mixgetränk *nt* 2. (*brasil: rusga*) Durchsuchung *f;* **~ policial** Polizeirazzia *f* 3. (*ritmo*) Beat *m*

batido I. *m* Mixgetränk *nt* II. *adj* 1. (*pessoa*) **ser ~ em a. c.** sich mit/in etw gut auskennen 2. (*rua*) ausgefahren; (*caminho*) ausgetreten 3. (*roupa*) abgetragen 4. (*expressão*) abgedroschen 5. (*assunto*) altbekannt

batina *f* Sutane *f*

batismo [ba'tiʒmu] *m* (*brasil*) v. **baptismo**

batizado *m* (*brasil*) v. **baptizado**

batizar *vt* (*brasil*) v. **baptizar**

baton *m* Lippenstift *m*

batoque *m* Zapfen *m,* Spund *m*

batota *f* Falschspiel *nt,* Mogelei *f;* **fazer ~** mogeln

batoteiro, -a *m, f* Falschspieler, Falschspielerin *m, f,* Mogler, Moglerin *m, f*

batráquio *m* (ZOOL) Lurch *m*

batuque *m* 1. (MÚS: *tambor*) Trommel *f* 2. (*dança*) afrikanischer Tanz

batuta *f* (MÚS) Taktstock *m*

baú *m* Truhe *f*

baunilha *f* Vanille *f*

bávaro, -a I. *m, f* Bayer, Bayerin *m, f* **II.** *adj* bayrisch

Baviera *f* Bayern *nt*

bazar *m* Basar *m*

bazófia *f* (*coloq*) Angeberei *f*

bazuca *f* (MIL) Bazooka *f*

beata *f* **1.** (*mulher*) Betschwester *f* **2.** (*coloq: ponta de cigarro*) Kippe *f*

bêbado *m v.* **bêbedo**

bebé [bɜ'bɜ] *m* Baby *nt,* Säugling *m;* ~ **proveta** Retortenbaby *nt*

bebedeira *f* Rausch *m;* **apanhar uma ~** sich einen Rausch antrinken; **cozer a ~** seinen Rausch ausschlafen

bêbedo, -a I. *m, f* (*alcoólatra*) Trinker, Trinkerin *m, f;* Säufer, Säuferin *m, f;* (*borracho*) Betrunkene; (*coloq*) Besoffene **II.** *adj* betrunken; (*coloq*) besoffen; (*coloq*); ~ **como um cacho** sternhagelvoll

beber [bə'ber] *vt* **1.** (*pessoas*) trinken; ~ **à saúde de alguém** auf jds Gesundheit trinken; **desta água não ~ei** das werde ich nie machen, das kann mir nicht passieren **2.** (*animais*) saufen

bebericar *vt* nippen an

bebes *mpl* comes e ~ Essen und Trinken

bebida [bə'bidɐ] *f* Getränk *nt;* ~**s alcoólicas** Spirituosen *pl;* ~ **branca** Hochprozentige *nt;* ~ **de cápsula** Getränke, die in Flaschen ausgegeben werden (*Bier, Erfrischungsgetränke*)

bebível *adj* trinkbar

bechamel *m* (CUL) Béchamelsoße *f*

beco *m* Gasse *f;* ~ **sem saída** Sackgasse *f;* **estar num ~ sem saída** in einer Sackgasse stecken

bedelho *m* (*de porta*) Riegel *m;* **meter o ~** seinen Senf dazugeben

bege ['bɜʒə] **I.** *m* Beige *nt* **II.** *adj* beige

begónia *f* (BOT) Begonie *f*

beicinho *m* Schnute *f,* Schnütchen *nt;* **fazer ~** eine Schnute machen/ziehen; **andar/estar pelo ~** verknallt sein; **trazer alguém pelo ~** jdn um den Finger wickeln

beiço *m* (*de pessoa*) Lippe *f;* (*de animal*) Lefze *f*

beiçudo *adj* dicklippig

beijada *adv* de mão ~ umsonst; **dar a. c. de mão** ~ etw gratis abgeben; **receber a. c. de mão** ~ etw in den Schoß gelegt bekommen

beija-flor *m* (ZOOL) Kolibri *m*

beijar [bei'ʒar] *vt* küssen

beijinhos *mpl* (*cumprimentos*) Küsschen *pl;* (*em carta*) herzliche Grüße

beijo ['beiʒu] *m* Kuss *m;* **dar um ~ a alguém** jdm einen Kuss geben; ~ **de Judas** Judaskuss *m*

beijoca *f* (*coloq*) Schmatz *m*

beira *f* **1.** (*do copo, da mesa, do chapéu*) Rand *m;* ~ **do passeio** Bordstein *m;* **à ~ de** (nahe) bei + *dat;* **estar à ~ de um ataque de nervos** am Rande eines Nervenzusammenbruchs stehen **2.** (*de rio, mar*) Ufer *nt*

beiral *m* Dachrinne *f*

beira-mar *f* Küste *f;* **à ~** am Strand, an der Küste

belas-artes *fpl* bildende Kunst *f*

belas-letras *f* Belletristik *f*

beldade *f* Schönheit *f*

beleza *f* Schönheit *f;* **é uma ~!** herrlich!

belga I. *m(f)* Belgier, Belgierin *m, f* **II.** *adj* belgisch

Bélgica *f* Belgien *nt*

beliche *m* **1.** (*camas*) Doppelbett *nt,* Stockbett *nt* **2.** (NÁUT) Koje *f*

bélico *adj* (MIL) kriegerisch, Kriegs ...

beligerância *f* (MIL) Kriegszustand *m*

beligerante *adj* kriegführend

beliscar I. *vt* kneifen, zwicken **II.** *vr* sich kneifen

belo ['bɜlu] *adj* schön, wunderschön

bel-prazer *m* a seu ~ nach Belieben

beltrano *m* Herr Soundso *m*

bem [bãi] **I.** *m* (ECON) Gut *nt;* ~ **de primeira necessidade** Bedarfsartikel *m;* **bens de consumo** Konsumgüter *pl;* **bens de raízes** Liegenschaften *pl;* (*moral*) Gute *nt;* **o ~ e o mal** das Gute und das Böse; **praticar/fazer o ~** Gutes tun; **homem de ~** Ehrenmann *m;* (*bem-estar*) Wohl *nt;* **querer ~ a alguém** jdm Gutes wollen/wünschen; **é para teu ~!** es ist zu deinem Besten!; **fazer ~ à saúde** gut für die Gesundheit sein; **isto vai fazer-te** ~ das wird dir gut tun; (*benefício*) Nutzen *m,* Vorteil *m;* (*pessoa*); **meu ~** mein Schatz **II.** *adv* (*de modo agradável*) gut; **sentir-se ~** sich wohl fühlen; **cheirar/saber ~** gut riechen/schmecken; **sabe tão ~!** das tut gut!; (*correctamente*) gut, richtig; **estar/responder ~** richtig sein/antworten; **muito ~!** sehr gut!; (**é**) ~ **feito!** das geschieht ihm/ihr recht!; (*com saúde*) gut; (**está**) **tudo bem?** wie geht's?; **tudo ~!** es geht (gut); ~ **haja!** danke!; ~ **haja quem ...** wohl dem, der..;

B

passe ~**!** alles Gute!; (*muito*) sehr, recht; ~ **grande/fundo/caro/frio** recht groß/tief/teuer/kalt; (*exactamente*) genau; ~ **no meio** genau in der Mitte; **não é** ~ **assim** das stimmt nicht ganz; **eu** ~ **te disse/avisei** ich hab's dir doch gesagt/dich doch gewarnt; (*de bom grado*) gern(e); **eu** ~ (**que**) **queria ir, mas não posso** ich würde zwar gerne gehen, aber ich kann nicht; **está** ~**!** (na) gut!; **ainda** ~**!** glücklicherweise, Gott sei Dank!; **ainda** ~ **que ...** gut, dass ... **III.** *adj* fein, besser; **gente** ~ feine Leute **IV.** *m(f)* ~ **como** sowie; **se** ~ **que** obgleich, obwohl **V.** *interj* ~**!** also!

bem-aventurado *adj* glücklich, glückselig
bem-comportado *adj* artig, brav
bem-dizer *vt* loben
bem-educado *adj* gut erzogen
bem-encarado *adj* nett, sympathisch
bem-estar *m* Wohlbefinden *nt*
bem-falante *adj* beredt, eloquent
bem-humorado *adj* gut gelaunt
bem-intencionado *adj* wohlmeinend, gut gemeint
bem-mandado *adj* gehorsam
bem-me-quer *m* (BOT) Vergissmeinnicht *nt*
bemol *m* (MÚS) Erniedrigungszeichen *nt*
bem-parecido *adj* gut aussehend, hübsch
bem-posto *adj* gut gekleidet
bem-querer **I.** *m* Zuneigung *f* **II.** *vt* mögen, schätzen
bem-vindo *adj* o *interj* willkommen; ~**!** (herzlich) willkommen!
bem-visto *adj* beliebt; (*estimado*) geschätzt
bênção *f* Segen *m;* **dar a** ~ **a alguém** jdm den Segen geben
bendito *adj* gesegnet
beneditino *m* Benediktiner *m*
beneficência *f* Wohltätigkeit *f*
beneficiar **I.** *vt* (*favorecer*) begünstigen; (*melhorar*) veredeln **II.** *vi* begünstigt werden (*de* von), Nutzen ziehen (*de* aus)
beneficiário, -a *m, f* Nutznießer, Nutznießerin *m, f;* ~ **do seguro** Krankenversicherte *m*
benefício *m* **1.** (*acto de beneficiar*) Wohltat *f* **2.** (*lucro*) Nutzen *m*, Vorteil *m;* **em** ~ **de** zum Vorteil von **3.** (*espectáculo*) Benefizveranstaltung *f*
benéfico *adj* **1.** (*que faz bem*) wohltätig **2.** (*com vantagens*) vorteilhaft
Benelux *m* Benelux *m*

benemérito **I.** *m* Wohltäter *m* **II.** *adj* verdienstvoll
benevolência *f* Wohlwollen *nt*
benevolente *adj* gütig, wohlwollend
benfeitor(a) *m(f)* Wohltäter, Wohltäterin *m, f*
bengala *f* Spazierstock *m*
bengaleiro *m* **1.** (*para roupa*) Garderobe *f* **2.** (*para guarda-chuvas*) Schirmständer *m*
benigno *adj* (MED) gutartig
benjamim [bẽʒaˈmĩ] *m* **1.** (*o mais novo*) Nesthäkchen *nt* **2.** (*queridinho*) Liebling *m*
bens *mpl* Besitz *m*, Vermögen *nt;* ~ **de raiz** Grundbesitz *m*
benzer **I.** *vt* segnen, weihen **II.** *vr* sich bekreuzigen
benzina *f* Waschbenzin *nt*
benzol *m* (QUÍM) Benzol *nt*
berbequim *m* Bohrer *m*, Bohrmaschine *f;* ~ **de percussão** Schlagbohrer *m*
berbigão *m* (ZOOL) Herzmuschel *f*
berço *m* Wiege *f*
beringela *f* Aubergine *f*
Berlim *f* Berlin *nt;* **bola de** ~ Berliner *m*
berlinda *f* estar na ~ im Kreuzfeuer der Kritik stehen
berlinde *m* **1.** (*esfera*) Murmel *f* **2.** (*jogo*) Murmelspiel *nt*
berlinense **I.** *m(f)* Berliner, Berlinerin *m, f* **II.** *adj* Berliner
berliques *mpl* artes de ~ e berloques Taschenspielerkünste *pl;* **por artes de** ~ **e berloques** auf geheimnisvolle Weise
berloque *m* **1.** (*bagatela*) Kleinigkeit *f* **2.** (*da pulseira*) Anhänger *m*
berma *f* Seitenstreifen *m*, Randstreifen *m*
bermudas *fpl* Bermudashorts *pl*
Berna *f* Bern *nt*
berra *f* Brunst *f;* **estar na** ~ in Mode sein
berrante *adj* (*cor*) grell, schreiend
berrar *vi* schreien, brüllen; ~ **com alguém** jdn anschreien
berregar *vi* **1.** (*pessoa*) brüllen **2.** (*ovelha*) blöken
berreiro *m* Gebrüll *nt*, Geschrei *nt*
berro *m* Schrei *m*
besouro *m* (ZOOL) Käfer *m*
besta **I.** *f* (*animal, pessoa*) Biest *nt;* ~ **de carga** Lasttier **II.** *adj* dumm
besteira *f* (*coloq brasil*) Dummheit *f;* **dizer** ~**s** dummes Zeug reden; **fazer uma** ~ Dummheiten machen

bestial *adj* (*coloq*) toll, prima
best-seller *m* Bestseller *m*
besugo *m* (ZOOL) Brasse *f*
besuntado *adj* schmierig; (*de óleo*) ölig
besuntar *vt* einschmieren, beschmieren
betão *m* Beton *m;* ~ **armado** Stahlbeton *m*
beterraba *f* (BOT) Rote Beete *f*
betonar *vt* betonieren
betoneira *f* Betonmischmaschine *f*
betonilha *f* Feinbeton *m*
bétula *f* (BOT) Birke *f*
betumar *vt* 1. (*vidro*) kitten 2. (TÉC) bituminieren
betume *m* 1. (*para vidro*) Kitt *m* 2. (QUÍM) Bitumen *nt*
betuminoso *adj* teerhaltig
bexiga [bəˈʃigɐ] *f* (ANAT) Blase *f*, Harnblase *f*
bexigas *fpl* (MED) Pocken *pl;* ~ **loucas** Windpocken *pl*
bezerra *f* (ZOOL) Kuhkalb *nt;* (**estar a**) **pensar na morte da** ~ seinen Gedanken nachhängen
bezerro *m* 1. (ZOOL) Bullenkalb *nt* 2. (*pele*) Kalbsleder *nt*
biatlo *m* (DESP) Biathlon *nt*
bibe *m* Spielkittel *m*, Spielschürze *f*
bibelô *m* Nippes *pl*
biberão [bibəˈrãu] *m* Saugflasche *f*, Fläschchen *nt*
Bíblia *f* Bibel *f*
bíblico *adj* biblisch
bibliografia *f* Bibliografie *f*
bibliográfico *adj* bibliografisch
bibliomania *f* Bücherfimmel *m*
bibliómano *m(f)* Büchernarr *m*
biblioteca *f* Bibliothek *f*, Bücherei *f*
bibliotecário, -a *m, f* Bibliothekar, Bibliothekarin *m, f*
bica *f* 1. (*tubo*) Wasserrohr *nt* 2. Espresso *m*
bicada *f* Schnabelhieb *m;* **dar uma** ~ **em a. c.** an etw picken
bicão *m* (*brasil*) aufdringliche(r) Mann *m*
bicarbonato *m* (QUÍM) Bikarbonat *nt;* ~ **de sódio** Natron *nt*
bicéfalo *adj* doppelköpfig
bíceps *m* (ANAT) Bizeps *m*
bicha [ˈbiʃɐ] *f* 1. (ZOOL) Kriechtier *nt;* (*serpente*) Schlange *f;* ~ **solitária** Bandwurm *m;* **estar como uma** ~ wütend sein 2. (*fila*) Schlange *f;* **fazer** ~ Schlange stehen; **me-**

ter-se na ~ sich anstellen 3. (*pej brasil*) Schwule *m*
bicha-cadela *f* (ZOOL) Ohrwurm *m*
bichanar *vi* flüstern
bichano *m* Kätzchen *nt*
bicharada *f* Getier *nt*, Ungeziefer *nt*
bicharoco *m* Biest *nt*
bicho *m* 1. (ZOOL) (kleines) Tier *nt* 2. (*verme*) Wurm *m*
bicho-carpinteiro *m* (ZOOL) Holzwurm *m;* **ter bichos-carpinteiros** kribbelig sein
bicho-da-seda *m* (ZOOL) Seidenraupe *f*
bicho-de-conta *m* (ZOOL) Kellerassel *f*
bicicleta [bəsiˈklɐtɐ] *f* Fahrrad *nt;* ~ **de montanha** Mountainbike *nt;* ~ **motorizada** Mofa *nt;* **andar de** ~ Rad fahren
bico *m* 1. (*de pássaro*) Schnabel *m* 2. (*ponta*) Spitze *f* 3. (*de pena*) Schreibfeder *f* 4. (*de chaleira*) Ausguss *m*, Tülle *f;* (*de gás*) Gasbrenner *m* 5. (*coloq: boca*) Schnabel *m*, Schnauze *f;* **calar o** ~ den Schnabel halten; **molhar o** ~ trinken
bico-de-obra *m* knifflige Sache *f*
bicolor *adj* zweifarbig
bicudo *adj* 1. (*ponteagudo*) spitz; **caso** ~ knifflige/heikle Lage *f* 2. (*brasil: pessoa*) mürrisch
bidão *m* Kanister *m*
bidé *m* Bidet *nt*
Bielo-Rússia *f* Weißrussland *nt*
bienal I. *f* Biennale *f* II. *adj* zweijährig
bife *m* (CUL) Beefsteak *nt*
bifurcação *f* Gabelung *f*, Abzweigung *f*
bifurcar *vi* abzweigen
bigamia *f* Bigamie *f*
bígamo, -a *m, f* Bigamist, Bigamistin *m, f*
bigode [biˈgɔdə] *m* Schnurrbart *m*
bigodes *mpl* (ZOOL) Schnurrhaare *pl*
bigodi *m* Lockenwickler *m*
bigorna *f* (ANAT) Amboss *m*
bijutaria [biʒuteˈriɐ] *f* Schmuck *m*, Modeschmuck *m*
bilateral *adj* bilateral
bilha *f* Tonkrug *m*
bilhão *m* (*brasil*) Milliarde *f*
bilhar *m* Billard *nt*
bilhete [bəˈʎetɐ] *m* 1. (*teatro, cinema*) Karte *f* (*para* für); (*espectáculo, festa*) Eintrittskarte *f* (*para* für); (*schweiz*) Billet *nt;* (*de lotaria*) Los 2. (*de autocarro, comboio*) Fahrkarte *f;* (*schweiz*) Billet *nt;* (*de avião*) Tikket *nt;* ~ **de gare** Bahnsteigkarte *f;* ~ **de ida**

B

e **volta** Rückfahrkarte *f* 3. (*recado*) Zettel *m;*
deixar/escrever um ~ eine Nachricht *f* hinterlassen/schreiben
bilheteira [bəɅə'teirɐ/biɅete'riɐ] *f* 1. (*teatro, cinema*) Kasse *f* 2. (*caminhos de ferro*) Schalter *m,* Fahrkartenschalter *m*
bilhete-postal *m* Postkarte *f*
bilheteria [biɅete'riɐ] *f* (*brasil*) v. **bilheteira**
bilião *m* Billion *f*
biliar [bi'ljar] *adj* (MED) Gallen ...; **cálculos** ~**es** Gallensteine *pl*
bilingue *adj* zweisprachig
bílis *f* (MED) Galle *f*
bilro *m* Klöppel *m*
bimbo, -a *m, f* (*coloq*) Trottel *m,* Depp *m*
bimotor I. *m* (AERO) zweimotorige(s) Flugzeug *nt* II. *adj* zweimotorig
binário *adj* 1. (MAT, INFORM) binär 2. (MÚS) **compasso** ~ Zweivierteltakt *m*
bingo *m* Bingo *m*
binóculo *m* Fernglas *nt,* Feldstecher *m;* (*de teatro, ópera*) Opernglas *nt*
binómio *m* (MAT) Binom *nt*
biodegradável *adj* biologisch abbaubar
biografia *f* Biografie *f*
biográfico *adj* biografisch
biógrafo, -a *m, f* Biograf, Biografin *m, f*
biologia *f* Biologie *f*
biológico *adj* biologisch
biólogo, -a *m, f* Biologe, Biologin *m, f*
biombo *m* spanische Wand *f*
biópsia *f* (MED) Biopsie *f*
bioquímica *f* Biochemie *f*
bioquímico, -a *m, f* Biochemiker, Biochemikerin *m, f*
biosfera *f* Biosphäre *f*
biotecnologia *f* Biotechnik *f*
biótopo *m* (BIOL) Biotop *nt*
bípede I. *m* Zweibeiner *m,* Zweifüßler *m* II. *adj* zweibeinig
biqueira *f* (*do sapato*) Spitze *f*
biqueiro *m* (*coloq*) Fußtritt *m;* **dar um** ~ **a alguém** jdm einen Fußtritt geben/verpassen
biquíni *m* Bikini *m*
birra *f* Starrsinn *m,* Eigensinn *m;* **fazer** ~ vor Wut toben
biruta I. *f* Windhose *f* II. *adj* (*brasil*) närrisch
bis I. *adv* zweimal II. *interj* ~! Zugabe!
bisavô, -ó *m, f* Urgroßvater, Urgroßmutter *m, f;* **os bisavós** die Urgroßeltern
bisbilhotar *vi* 1. (*falar*) klatschen, tratschen

2. (*intrigar*) intrigieren 3. (*observar*) herumschnüffeln
bisbilhoteiro, -a *m, f* 1. (*que fala*) Klatschbase *f* 2. (*que intriga*) Intrigant, Intrigantin *m, f* 3. (*que observa*) Schnüffler, Schnüfflerin *m, f*
bisbilhotice *f* 1. (*falatório*) Klatsch *m,* Tratsch *m* 2. (*observação*) Schnüffelei *f*
biscate *m* Gelegenheitsarbeit *f;* **fazer uns** ~**s** Gelegenheitsarbeiten verrichten
biscoito *m* Keks *m*
bisnaga *f* 1. (*de pomada*) Tube *f* 2. (*brasil: pão*) lange(s) Weißbrot *nt*
bisneto, -a *m, f* Urenkel, Urenkelin *m, f*
bisonte *m* (ZOOL) Bison *m*
bispado *m* Bistum *nt*
bispo *m* 1. (REL) Bischof *m;* **trabalhar para o** ~ für die Katz arbeiten 2. (*xadrez*) Läufer *m*
bissectar *vt* halbieren
bissexto I. *m* Schalttag *m* II. *adj* Schalt ...; **ano** ~ Schaltjahr *nt*
bissexual *adj* bisexuell
bisteca *f* (*brasil*) Schnitzel *nt;* ~ **de porco** Schweineschnitzel *nt*
bisturi *m* Seziermesser *nt,* Skalpell *nt*
bit *m* (INFORM) Bit *nt*
bitola *f* 1. (*medida-padrão*) Maßstab *m;* **medir tudo pela mesma** ~ alles über einen Kamm scheren 2. (*norma*) Norm *f* 3. (*caminhos de ferro*) Spurweite *f*
bituca *f* (*brasil*) Zigarettenstummel *m*
bívio *m* (*estrada*) Abzweigung *f*
bizarro *adj* bizarr
blasfemar *vi* lästern
blasfémia *f* 1. (REL) Blasphemie *f,* Gotteslästerung *f* 2. (*maldição*) Fluch *m*
blazer ['bleize] *m* Blazer *m,* Jacke *f*
blefe *m* (*brasil*) Bluff *m*
blenorragia *f* (MED) Tripper *m,* Gonorrhö *f*
blindado I. *m* (MIL) Panzer *m* II. *adj* Panzer ..., gepanzert
blindagem *f* Panzerung *f,* Panzer *m*
blindar *vt* panzern
bloco ['blɔku] *m* Block *m;* **em** ~ alle zusammen
bloquear *vt* absperren, blockieren
bloqueio *m* 1. (*obstrução*) Sperrung *f* (*a*), Blockade *f* (*a*); **levantar o** ~ die Sperrung aufheben 2. (MIL) Blockade *f* (*a*)
blues [blus] *mpl* (MÚS) Blues *m*
bluff *m* Bluff *m*

blusa ['bluzɐ] *f* Bluse *f;* ~ **de lã** Pullover *m*

blusão *m* Blouson *m,* Jacke *f*

boa ['boɐ] **I.** *f* (ZOOL) Boa *f* **II.** *adj* **essa é ~!** das ist doch allerhand!; *v.* **bom**

boa-pinta *adj* (*brasil*) elegant, schick

boa-praça *adj* (*coloq brasil*) nett

boas-entradas *interj* guten Rutsch (ins neue Jahr)!

boas-festas **I.** *fpl* (*Natal*) Festwünsche *pl,* Weihnachtswünsche *pl;* (*Ano Novo*) Neujahrswünsche *pl;* **postal de** ~ Weihnachtskarte *f;* **desejar** (**as**) ~ **a alguém** jdm ein frohes Fest wünschen **II.** *interj* ~! Frohes Fest!

boas-vindas **I.** *fpl* Willkommen *nt;* (**ir**) **dar** (**as**) ~ **a alguém** jdn willkommen heißen **II.** *interj* ~! (herzlich) willkommen!

boato *m* Gerücht *nt*

boa-vida *f* ruhige(s)/(lockere(s) Leben) *nt;* **andar na** ~ es sich gut gehen lassen

boazona *comp de* **boa**

boazuda *adj* (*coloq*) *v.* **boazona**

bobagem *f* (*brasil*) Dummheit *f,* Albernheit *f*

bobalhão *m* (*brasil*) Dussel *m*

bobear *vi* (*brasil*) Dummheiten machen, herumalbern

bobina *f* **1.** (ELECTR) Spule *f* **2.** (*de filme*) Rolle *f*

bobo, -a **I.** *m, f* (*brasil*) Narr, Närrin *m, f,* Dummkopf *m* **II.** *adj* (*brasil*) dumm, albern

boca ['bokɐ] *f* **1.** (ANAT) Mund *m;* (*do leão*) Rachen *m;* **ter má** ~ wählerisch sein; **abrir a** ~ gähnen; **não abrir a** ~ kein Wort sagen; **cala a ~!** halt den Mund!; **ficar/estar de** ~ **aberta** sprachlos sein; **tapar a** ~ **a alguém** jdm den Mund stopfen; **ter seis ~s para sustentar** sechs Esser im Hause haben; **cair na** ~ **do povo** ins Gerede kommen; **mandar uma** ~ **a alguém** jdm die Meinung sagen **2.** (*de túnel*) Öffnung *f* **3.** (*entrada*) Eingang *m* **4.** (*foz*) Mündung *f*

boca-aberta *m(f)* Hans Guckindieluft *m*

boca-de-incêndio *f* Hydrant *m*

boca-de-siri *f* (*coloq brasil*) Ruhe *f;* **fazer** ~ still sein

bocado [bu'kadu] *m* **1.** (*pedaço*) Bissen *m,* Happen *m;* **um** ~ ein bisschen **2.** (*temporal*) Weile *f;* **há** ~ vor kurzem, vor einer Weile; **podes esperar um ~?** kannst du eine Weile warten?; **estive lá um** ~ ich war eine Weile dort; **passado um** ~ nach einer Weile; **passar um mau** ~ eine schwere Zeit durchmachen

bocal *m* **1.** (*de frasco*) Öffnung *f* **2.** (MEC) Düse *f* **3.** (MÚS) Mundstück *nt*

boçal *adj* **1.** (*estúpido*) dumm **2.** (*ingénuo*) naiv **3.** (*grosseiro*) grob

boca-livre *f* (*brasil: cerveja*) Freibier *nt,* Speisen und Getränke, die umsonst angeboten werden

boca-mole *adj* (*coloq brasil*) schwatzhaft

bocejar *vi* gähnen

bocejo *m* Gähnen *nt*

boceta *f* (*cal brasil*) Möse *f*

bochecha *f* Wange *f,* Backe *f*

bochechar *vi* den Mund ausspülen (*com mit*)

bochechudo *adj* pausbackig

bócio *m* (MED) Kropf *m*

bocó *adj* (*coloq brasil*) schwachsinnig

boda *f* Hochzeit *f,* Hochzeitsfest *nt;* ~**s de prata/de ouro** silberne/goldene Hochzeit *f*

bode *m* **1.** (ZOOL) Ziegenbock *m;* ~ **expiatório** Sündenbock *m* **2.** (*coloq brasil: problema*) Patsche *f*

bodega *f* **1.** (*taberna*) (schlechtes) Wirtshaus *nt,* (schlechte) Wirtschaft *f* **2.** (*porcaria*) Schmutz *m,* Dreck *m*

body ['bɔdi] *m* Body *m*

boémia *f* Boheme *f*

bofar *vt* auswerfen

bofes *mpl* (*coloq*) Lunge *f;* **deitar os** ~ **pela boca** völlig außer Atem sein

bofetada *f* Ohrfeige *f;* **apanhar/levar uma** ~ eine Ohrfeige bekommen; **dar uma** ~ **a alguém** jdm eine Ohrfeige geben

boi *m* (ZOOL) Ochse *m,* Rind *nt*

bóia *f* **1.** (NAÚT) Boje *f* **2.** (*brasil: comida*) Essen *nt*

bóia-fria *m(f)* (*brasil*) Tagelöhner, Tagelöhnerin *m, f*

boião *m* Einmachtopf *m*

boiar *vi* (*pessoa, barco*) treiben

boicotar *vt* boykottieren

boicote *m* Boykott *m*

boina *f* Baskenmütze *f*

bojo *m* **1.** (*saliência*) Ausbuchtung *f* **2.** (*de garrafa*) Bauch *m* **3.** (*resistência*) Widerstandskraft *f*

bola¹ ['bɔlɐ] *f* **1.** (*para brincar*) Ball *m;* (*esfera*) Kugel *f;* ~ **de berlim** Berliner *m;* ~ **de futebol** Fußball *m;* ~ **de neve** Schneeball *m;* ~ **de sabão** Seifenblase *f;* **não dar** ~ **para a. c./alguém** jdn/etw links liegen lassen **2.** (*coloq: cabeça*) Rübe *f;* **não bater**

B

bem/ser certo da ~ nicht ganz richtig im Kopf sein

bola² *f* (CUL) ~ **de carne** Art Brot mit eingebackenem gekochtem Schinken oder Schinkenspeck

bolacha *f* **1.** (CUL) Keks *m* **2.** (*coloq: bofetada*) Backpfeife *f*

bolandas *fpl* **andar em ~s** keine Ruhe haben, sich abhetzen

bolar *vt* (*coloq brasil: um plano*) entwerfen

bolas I. *m(f)* (*coloq: pessoa*) Nichtsnutz *m* **II.** *fpl* (*coloq: testículos*) Eier *pl* **III.** *interj* (ora) ~! verflixt (nochmal)!

bolbo *m* (BOT) Knolle *f*, Blumenzwiebel *f*

bolchevismo *m* Bolschewismus *m*

bolchevista I. *m(f)* Bolschewist, Bolschewistin *m, f* **II.** *adj* bolschewistisch

boleia *f* Mitfahrgelegenheit *f*; **ir/viajar à/de** ~ per Anhalter fahren; **dar** ~ **a alguém** jdn mitnehmen; **pedir** ~ Autostopp machen; **porque não pedes** ~ **a um amigo?** warum fragst du nicht einen Freund, ob er dich mitnimmt?

bolero *m* **1.** (MÚS) Bolero *m* **2.** (*casaco*) Bolerojäckchen *nt*

boletim [bula'tĩ] *m* **1.** (*do totoloto*) Schein *m* **2.** (*comunicado*) Mitteilung *f*; ~ **oficial** Gesetzesblatt *nt* **3.** (*relatório*) Bulletin *nt*, Bericht *m*; ~ **financeiro** Börsenbericht *m*; ~ **meteorológico** Wetterbericht *m* **4.** (*impresso*) Vordruck *m*, Formular *nt*; ~ **de inscrição** Einschreibeformular *nt*; ~ **de vacinas** Impfausweis *m*; ~ **de voto** Stimmzettel *m*

bolha *f* **1.** (MED: *de ar*) Blase *f* **2.** (*coloq: mania*) Verdrehtheit *f*; **estar com a** ~ einen Rappel haben

boliche *m* (*brasil*) v. **bowling**

bolinha *f* (*brasil*) ~ **de gude** Murmel *f*

Bolívia *f* Bolivien *nt*

boliviano, -a I. *m, f* Bolivianer, Bolivianerin *m, f* **II.** *adj* bolivianisch

bolo ['bolu] *m* **1.** (CUL) Kuchen *m* **2.** (*coloq: palmada*) Schlag *m* auf die Hand

bolor *m* Schimmel *m*; **criar** ~ verschimmeln; **ter** ~ schimmelig sein

bolo-rei *m* (CUL) Weihnachtsgebäck aus Hefeteig mit Rosinen, Nüssen und kandierten Früchten

bolorento *adj* schimmelig

bolota *f* (BOT) Eichel *f*; **quem quer** ~ **trepa** ohne Fleiß kein Preis

bolsa ['bolsɐ] *f* **1.** (ECON) Börse *f*; ~ **de va-**

lores Wertpapierbörse *f* **2.** (*carteira*) Handtasche *f* **3.** (ZOOL) ~ **marsupial** Beutel *m* **4.** (*de estudos*) Stipendium *nt*; ~ **anual** Jahresstipendium *nt*; **candidatar-se a uma** ~ sich um ein Stipendium bewerben

bolseiro, -a *m, f* Stipendiat, Stipendiatin *m, f*

bolsista *m(f)* **1.** (ECON) Börsenspekulant, Börsenspekulantin *m, f*, Börsianer, Börsianerin *m, f* **2.** (*brasil*) v. **bolseiro**

bolso ['bolsu] *m* Tasche *f*; **meter a mão no** ~ in die Tasche greifen

bom [bõ] *adj* **1.** (*agradável, bondoso, competente*) gut; **o tempo está** ~ das Wetter ist schön; **que** ~! herrlich!; ~ **dia!** guten Morgen!; **boa tarde!** guten Tag!; **boa noite!** guten Abend!; (*ao deitar-se*) gute Nacht!; **ele é muito** ~ **com toda a gente** er ist sehr gut zu allen Leuten **2.** (*tempo*) schön **3.** (*qualidade*) gut; **é um** ~ **livro** es ist ein gutes Buch; **a comida está muito boa** das Essen schmeckt sehr gut; **um** ~ **médico** ein guter Arzt; **uma boa professora** eine gute Lehrerin **4.** (*com saúde*) gesund; **está** ~? wie geht's Ihnen?; **ele está** ~ es geht ihm gut; **eu já estou** ~/**boa** es geht mir wieder gut; **não estar** ~ **da cabeça** nicht ganz richtig im Kopf sein **5.** (*não exactamente, muito*) gut; **um** ~ **quarto de hora** eine gute Viertelstunde; **ele recebeu um** ~ **dinheiro** er hat gutes Geld dafür bekommen; **já não a vejo há uns bons anos** ich habe sie schon seit ein paar Jahren nicht mehr gesehen **6.** (*coloq: fisicamente*) gut aussehend, attraktiv; **homem** ~ schöner Mann; **mulher boa** schöne Frau

bomba ['bõmbɐ] *f* **1.** (*máquina*) Pumpe *f*; ~ **aspirante/de sucção** Saugpumpe *f*; ~ **de água** Wasserpumpe *f*; ~ **de ar** Luftpumpe *f*; ~ **de gasolina** Tankstelle *f*; ~ **de incêndio** Feuerspritze *f* **2.** (*explosivo*) Bombe *f*; ~ **atómica** Atombombe *f*; ~ **de hidrogénio** Wasserstoffbombe *f*; **cair como uma** ~ wie eine Bombe einschlagen

bombardeamento *m* Bombardement *nt*, Bombardierung *f*; ~ **aéreo** Luftangriff *m*

bombardear *vt* bombardieren

bombardeiro *m* Bombenflugzeug *nt*, Bomber *m*

bomba-relógio *f* Zeitbombe *f*

bombástico *adj* bombastisch

bombazine *f* Kord *m*

bombear *vt* (*líquido*) auspumpen

bombeiro *m* Feuerwehrmann *m;* ~**s** Feuerwehr *f*

bombista I. *m(f)* Bombenwerfer, Bombenwerferin *m, f,* Bombenleger, Bombenlegerin *m, f* II. *adj* Bomben …; **atentado** ~ Bombenattentat *nt*

bombo *m* (MÚS) (große) Trommel *f*

bombom *m* Praline *f*

bombordo *m* (NAÚT) Backbord *nt*

bom-de-bico *adj* (brasil) redegewandt, wortgewandt

bom-tom *m* gute(r) Ton *m;* (**não**) **é de** ~ das schickt/gehört sich (nicht)

Bona *f* Bonn *nt*

bonacheirão *adj* gutmütig

bonança *f* 1. (NAÚT) günstige(r) Wind *m* 2. (sossego) Ruhe *f*

bondade *f* Güte *f;* **tenha a** ~ **de entrar** bitte kommen Sie herein!

bonde ['bõndi] *m* (brasil) Straßenbahn *f*

bondoso *adj* gütig, gutmütig

boné [bɔ'nɛ] *m* Mütze *f,* Schirmmütze *f*

boneca *f* Puppe *f*

boneco *m* 1. (brinquedo) Puppe *f;* ~ **de peluche** Plüschtier *nt* 2. (pej: pessoa) Hampelmann *m*

bonecos *mpl* (coloq: desenhos animados) Trickfilm *m*

bonificação *f* 1. (gratificação) Vergünstigung *f,* Prämie *f* 2. (dos preços) Preisnachlass *m*

bonifrate *m* (fig) Hampelmann *m*

bonina *f* (BOT) Gänseblümchen *nt*

bonito [bu'nitu] *adj* (pessoa) schön, hübsch; (paisagem, objecto, música) schön; ~**!** das ist ja heiter!; ~ **serviço!** gut gemacht!, ja klasse!

bonsai *f* (BOT) Bonsai *m*

bons-dias *mpl* **dar os** ~ **a alguém** jdm guten Morgen sagen

bónus *m* 1. (prémio) Bonus *m,* Prämie *f* 2. (desconto) Ermäßigung *f*

bonzo *m* Bonze *m*

boom *m* (ECON) Boom *m*

boquiaberto *adj* verdutzt, baff; **ficar/estar** ~ baff sein, Mund und Nase aufreißen

boquilha *f* 1. (de cigarro) Zigarettenspitze *f;* (de charuto) Zigarrenspitze *f* 2. (MÚS) Mundstück *nt*

borboleta *f* (ZOOL) Schmetterling *m*

borbotão *m* Strahl *m*

borbotar *vi* sprudeln, herausspritzen

borbulha *f* 1. (MED) Pickel *m;* (com alergia) Hautausschlag *m* 2. (por mosquito) Mückenstich *m* 3. (em líquidos) Blase *f*

borbulhar *vi* sprudeln, brodeln

borda *f* 1. (beira) Rand *m,* Kante *f* 2. (bainha) Saum *m* 3. (margem) Ufer *nt*

bordadeira *f* 1. (pessoa) Stickerin *f* 2. (máquina) Stickmaschine *f*

bordado *m* Stickerei *f,* Stickarbeit *f*

bordão *m* Wanderstab *m*

bordar *vt* sticken

bordejar *vi* (NAÚT) lavieren

bordel *m* Bordell *nt*

bordo *m* (NAÚT, AERO) Bord *m;* **a** ~ an Bord

bordoada *f* Schlägerei *f*

borla *f* 1. (tufo) Quaste *f,* Troddel *f* 2. (barrete) Doktorhut *m* 3. (coloq: grátis) **de** ~ umsonst

borne *m* (TÉC) Klemme *f,* Klemmschraube *f;* ~ **de ligação** Lüsterklemme *f*

boro *m* (QUÍM) Bor *nt*

borra *f* Satz *m,* Bodensatz *m*

borra-botas *m* Taugenichts *m*

borracha *f* Gummi *m;* (para apagar) Radiergummi *m*

borrachão, -ona *m, f* (coloq) Säufer, Säuferin *m, f*

borracheira *f* (coloq) Rausch *m;* **apanhar uma** ~ sich einen Rausch antrinken; **estar com uma** ~ besoffen sein

borracho I. *m* (pombo) Täubchen *nt;* (coloq: bêbedo) Besoffene *m;* (pessoa atraente) gut aussehende(r) Mann *m,* gut aussehende Frau *f* II. *adj* (coloq) besoffen

borrada *f* (coloq) Mist *m;* **fazer** ~ Mist bauen

borralheira *f* Aschkasten *m;* **gata** ~ Aschenputtel *nt*

borralho *m* heiße Asche *f,* Glut *f*

borrão *m* 1. (de tinta) Klecks *m* 2. (rascunho) Konzept *nt,* Kladde *f* 3. (esboço) Entwurf *m* 4. (desdouro) Schandfleck *m*

borrar I. *vt* (manchar) beklecksen II. *vr* 1. (coloq: sujar-se) sich schmutzig/dreckig machen 2. (coloq: defecar) sich in die Hosen machen +dat

borrasca *f* 1. (METEO) Schlechtwetterfront *f* 2. (tempestade) Unwetter *nt*

borrego *m* (ZOOL) Lamm *nt*

borrifador *m* (da roupa) Wäschesprenger *m*

borrifar I. *vt* (be)sprengen II. *vr* abschalten; (coloq); **estar a** ~**-se para alguém/a. c.** jdm die kalte Schulter zeigen/bei etw abschalten

Bósnia *f* Bosnien *nt*

Bósnia-Erzegovina *f* Bosnien-Herzegowina *nt*

bósnio, -a I. *m, f* Bosnier, Bosnierin *m, f* II. *adj* bosnisch

bosque *m* Wald *m*, Gehölz *nt*; **Robin dos Bosques** Robin Hood

bossa *f* **1.** (*do camelo*) Höcker *m* **2.** (MED) Beule *f*, Schwellung *f* **3.** (*talento*) Eignung *f* (*para* für), Talent *nt* (*para* für)

Bossa Nova ist ein brasilianischer Musikstil, der Ende der fünfziger bis Mitte der sechziger Jahre in Amerika und Europa sehr populär wurde. Es gab auch einen gleichnamigen Tanz. Der Bossa Nova gilt als Meilenstein der brasilianischen Popmusik (Música Popular Brasileira) und beeinflusste nachhaltig die Entwicklung der brasilianischen Musik. Weltberühmt ist die Komposition Garota de Ipanema, einer der bekanntesten Sänger ist João Gilberto.

bosta *f* Kuhfladen *m*, Kuhmist *m*; **é uma ~!/ que ~!** verfluchter Mist!

bota *f* Stiefel *m*; **~s de montar** Reitstiefel *pl*; **~s de borracha** Gummistiefel *pl*; **~s altas** Schaftstiefel *pl*; **descalçar a ~** sich aus der Affäre ziehen; (*coloq*); **bater a ~** abkratzen

bota-de-elástico *m(f)* (*pej*) Ewiggestrige

bota-fora *m* (NAÚT) Stapellauf *m*

botânica *f* Botanik *f*

botânico, -a I. *m, f* Botaniker, Botanikerin *m, f* II. *adj* botanisch; **jardim ~** botanischer Garten *m*

botão *m* **1.** (*da roupa*) Knopf *m*; **falar com os seus botões** Selbstgespräche führen **2.** (*de máquina*) Knopf *m*, Schaltknopf *m*; (*da campainha*) Klingelknopf *m*; **carregar no ~** den Knopf drücken **3.** (BOT) Knospe *f*

botar *vt* **1.** (*brasil: pôr*) legen, setzen, stellen; (*ovos*) legen; (*a mesa*) decken; **~ fora** wegwerfen, wegschmeißen **2.** (*roupa, sapatos*) anziehen **3.** (*defeito*) beanstanden, kritisieren; **~ defeito em a. c.** an etw herummäkeln

bote *m* (NAÚT) Boot *nt*

In Brasilien trifft man Freunde und Kollegen nicht Zuhause, sondern eher in einer Bar oder einem Restaurant. Besonderer

Beliebtheit erfreuen sich die **Boteco**, einfache Bars, wo man köstliche Häppchen wie Muscheln, Krebse, gegrilltes Fisch, etc. bekommt. Man kennt auch in den gehobenen Restaurants fast keine Kleidungsvorschriften. Abends ist es allerdings etwas komisch, wenn ein Mann Bermudas trägt. Keiner sagt was, aber man fällt unangenehm auf. Manche Türsteher achten auf geschlossene Schuhe! Die gehobenen Restaurants am Strand darf man nur betreten, wenn man über der Badebekleidung ein Kleid oder T-Shirt trägt.

botequim *m* Wirtschaft *f*, Wirtshaus *nt*

boticário, -a *m, f* Apotheker, Apothekerin *m, f*

botifarra *f* Arbeitsstiefel *m*, klobige(r) Stiefel *m*

botija *f* **1.** (*de gás*) Gasflasche *f* **2.** (*de água*) Wärmflasche *f*

botim *m* Stiefelette *f*

bouça *f* Gestrüpp *nt*

bouquet *m* Bukett *nt*

boutique [bu'tikə] *f* Boutique *f*

bovino *adj* Ochsen ..., Rind(er) ...; **gado ~** Rinder *pl*

bowling ['bɔliŋ] *m* Bowling *nt*, Kegeln *nt*; **jogar ~** kegeln

boxe *m* Boxen *nt*

boxeador *m* (*brasil*) Boxer *m*

boxear *vi* (*brasil*) boxen

boxer *m* (ZOOL) Boxer *m*

braçada *f* **1.** (*quantidade*) Armvoll *m* **2.** (DESP) Zug *m*; **dar uma ~** einen Zug schwimmen

braçadeira *f* **1.** (*no braço*) Armbinde *f* **2.** (MEC) Schelle *f*

braçal *adj* **trabalho ~** körperliche Arbeit *f*

bracejar *vi* die Arme schlenkern, mit den Armen fuchteln

bracelete *f* Armband *nt*, Armreifen *m*

braço ['brasu] *m* **1.** (ANAT) Arm *m*; **de ~ dado** Arm in Arm; **de ~s cruzados** mit verschränkten Armen; **não dar o ~ a torcer** nicht nachgeben; **ser o ~ direito de alguém** jds rechte Hand sein; **ver-se/estar a ~s com a. c.** etw auf dem Hals haben **2.** (*da cadeira*) Armlehne *f* **3.** (*ramo*) Ast *m* **4.** (MEC, GEOG) Arm *m*; **~ articulado** Gelenkarm *m*; **~ de mar** Meeresarm *m*; **~ de rio** Flussarm *m* **5.**

(*do violino*) Hals *m* **6.** (*mão-de-obra*) Arbeitskraft *f*

bradar *vi* schreien, brüllen; **isso é de ~ aos
céus!** schrei zum Himmel!

bragal *m* Wäscheausstattung *f*

bragas *fpl* kurze Hose *f*

braguilha *f* Hosenschlitz *m*

bramido *m* Gebrüll *nt*

bramir *vi* brüllen

branca *f* (*cabelo*) weiße(s) Haar *nt;* **ter ~s**
grau werden; **Branca de Neve** Schneewittchen *nt*

branco ['brãŋku] **I.** *m* Weiß *nt* **II.** *adj* **1.**
(*cor*) weiß **2.** (*página; vazio*) **em ~** leer; (*cheque*) blanko; (*pessoa*); **estar em ~** blank sein
3. (*pálido*) blass

brancura *f* Weiße *f*

brande *m* Weinbrand *m,* Branntwein *m*

Brandemburgo *m* Brandenburg *nt*

brandir **I.** *vt* schwingen, schwenken **II.** *vi*
schwanken

brando *adj* **1.** (*mole*) sanft, weich **2.** (*fraco*)
schwach **3.** (*tempo*) mild

brandura *f* **1.** (*doçura*) Sanftheit *f* **2.** (*suavidade*) Weichheit *f* **3.** (*tempo*) Milde *f*

branquear *vt* **1.** (*tornar branco*) weißen **2.**
(*caiar*) tünchen

brânquia *f* (ZOOL) Kieme *f*

brasa *f* **1.** (*de carvão*) Glut *f,* glühende Asche
f; **em ~** glühend; (*coloq: puxar a ~ à sua sardinha*) seine Schäfchen ins Trockene bringen
2. (*coloq: mulher*) geile Frau *f*

brasão *m* (HIST) Wappen *nt*

braseiro *m* Kohlenbecken *nt*

brasil *m* (BOT) Brasilholz *nt*

Brasil *m* Brasilien *nt*

brasileirismo *m* (LING) brasilianische(r)
Ausdruck *m*

brasileiro, -a **I.** *m, f* Brasilianer, Brasiliane-
rin *m, f* **II.** *adj* brasilianisch

bravata *f* Prahlerei *f*

bravatear *vi* prahlen, aufschneiden

bravio **I.** *m* Ödland *nt* **II.** *adj* **1.** (*terreno*)
unbebaut **2.** (*animal*) wild **3.** (*clima*) rau,
unwirtlich

bravo ['bravu] **I.** *adj* (*pessoa*) tapfer; (*intrépido*) ungestüm; (*animal*) wild **II.** *interj* ~!
bravo!

bravura *f* Tapferkeit *f,* Mut *m*

breca *f* (MED) Muskelkrampf *m;* **com a ~!**
(zum) Donnerwetter nochmal!; **ser levado
da ~** verteufelt sein

brecar *vi* (*brasil*) bremsen

brecha *f* Bresche *f,* Lücke *f*

brega *adj* (*brasil*) ordinär

brejeiro *adj* flegelhaft

brejo *m* **1.** (*bravio*) Ödland *nt* **2.** (*pântano*)
Sumpfland *nt*

Bremen *f* Bremen *nt*

breque *m* (*brasil*) Bremse *f;* ~ **de mão** Handbremse *f*

breu *m* Teer *m,* Pech *nt;* **escuro como ~**
pechschwarz

breve ['brɛvə] **I.** *f* (GRAM) kurze Silbe *f* **II.**
adj kurz; **até ~** bis bald; (**dentro**) **em ~** demnächst

brevemente *adv* bald, demnächst

brevete *m* (AERO) Flugschein *m*

brevidade *f* Kürze *f*

bricabraque *m* Antiquitäten *pl*

bricolage *m* Heimwerken *nt,* Basteln *nt*

brida *f* Zaum *m,* Zügel *m;* **a toda a ~** blitzschnell

briga *f* Streit *m*

brigada *f* **1.** (*polícia*) Streife *f;* ~ **de trânsito**
Verkehrspolizei *f* **2.** (MIL) Brigade *f*

brigadeiro *m* (MIL) Brigadegeneral *m*

brigão *m* Raufbold *m*

brigar *vi* **1.** (*ter brigas*) streiten (*por* um) **2.**
(*lutar*) raufen

brigue *m* (NAÚT) Brigg *f*

brilhante *adj* **1.** (*cintilante*) glänzend **2.**
(*muito bom*) brillant

brilhantina *f* Haarpomade *f*

brilhar *vi* **1.** (*metais*) glänzen **2.** (*luz*) schim-
mern **3.** (*olhos*) funkeln **4.** (*sol*) scheinen

brilho *m* **1.** (*dos metais, olhos*) Glanz *m* **2.**
(*da luz*) Schimmer *m* **3.** (*do sol*) Scheinen *nt*

brim *m* Segeltuch *nt*

brincadeira [brĩŋke'deire] *f* **1.** (*gracejo*)
Spaß *m,* Scherz *m;* ~ **de mau gosto** übler
Scherz; **ai a ~!** da hört der Spaß auf!; **deixa-te de ~s** lass den Quatsch; **estar na ~
com alguém** seinen Spaß mit jdm treiben;
fora de ~s Spaß beiseite; **não estar para ~s**
nicht zum Scherzen aufgelegt sein; **não gostar de ~s** keinen Spaß vestehen; **por ~** aus/
zum Spaß **2.** (*crianças*) Spiel *nt;* **estar na ~**
spielen

brincalhão, -ona **I.** *m, f* Spaßvogel *m* **II.**
adj lustig

brincar [brĩŋ'kar] *vi* **1.** (*crianças*) spielen; ~
aos professores/médicos Lehrer/Arzt
spielen; ~ **às casinhas** Eltern und Kind spie-

len **2.** (*gracejar*) scherzen, (einen) Spaß machen; **dizer a. c. a** ~ etw im Spaß sagen; **estava a** ~ **contigo!** es war doch nur ein Spaß/ Scherz!; **com isso não se brinca!** darüber macht man keine Witze!

brinco *m* Ohrring *m*

brincos-de-princesa *mpl* (BOT) Fuchsien *pl*

brindar I. *vt* beschenken (*com* mit) **II.** *vi* (*com os copos*) anstoßen; ~ **a alguém/a. c.** auf jdn/etw trinken; ~ **à saúde de alguém** auf jds Wohl trinken

brinde *m* **1.** (*com copos*) Trinkspruch *m,* Toast *m;* **fazer um** ~ **a alguém** auf jdn trinken **2.** (*oferta*) Geschenk *nt*

brinquedo *m* Spielzeug *nt*

brio *m* Ehrgefühl *nt,* Stolz *m;* (*coloq*) Schneid *m;* **ter** ~ **em a. c.** etw sorgfältig machen

briol *m* **1.** (*coloq: vinho*) Wein *m* **2.** (*coloq: frio*) Eiseskälte *f;* **está um** ~**!** es ist eiskalt!

briquete *m* Brikett *nt*

brisa *f* Brise *f*

Brisa *f* Betreibergesellschaft der portugiesischen Autobahnen

brita *f* Kies *m,* Schotter *m*

britânico, -a I. *m, f* Brite, Britin *m, f* **II.** *adj* britisch

broa *f* Maisbrot *nt*

broca *f* Bohrer *m*

brocado *m* Brokat *m*

brocar *vt* bohren

broche ['brɔʃə] *m* Brosche *f*

brochura *f* **1.** (*folheto*) Broschüre *f* **2.** (*de livros*) Broschur *f*

brócolis *mpl* (*brasil*) *v.* **brócolos**

brócolos ['brɔkuluʃ] *mpl* (BOT) Brokkoli *pl*

bronca *f* (*coloq*) Ärger *m,* Stunk *m;* **dar** ~ Stunk machen

bronco *adj* **1.** (*pessoa*) grob, ungebildet **2.** (*trabalho*) stumpfsinnig

broncopneumonia *f* (MED) Lungenentzündung *f*

bronquial *adj* bronchial

brônquio *m* (ANAT) Bronchie *f*

bronquite [brɔ̃ŋkitə] *f* (MED) Bronchitis *f*

bronze ['brɔ̃zə] *m* **1.** (*metal*) Bronze *f;* **de** ~ bronzen; **medalha de** ~ Bronzemedaille *f* **2.** (*insensibilidade*) Hartherzigkeit *f;* **ter coração de** ~ hartherzig sein **3.** (*do sol*) Sonnenbräune *f*

bronzeado [brɔ̃'zjadu] *adj* braun gebrannt, sonnengebräunt

bronzear-se *vr* sich sonnen

brotar I. *vt* hervorbringen **II.** *vi* **1.** (*planta*) Knospen treiben, knospen; (*árvore*) ausschlagen **2.** (*água*) (hervor)quellen (*de* aus)

broxa *f* (dicker) Pinsel *m,* Anstreicherpinsel *m*

bruaca *f* (*coloq brasil*) Hexe *f*

bruços I. *adv* **de** ~ auf dem Bauch, bäuchlings **II.** *mpl* (DESP) Brustschwimmen *nt*

bruma *f* Nebel *m*

brunideira *f* Büglerin *f*

brunir *vt* **1.** (*polir*) polieren **2.** (*a roupa*) bügeln

brusco *adj* **1.** (*movimento*) brüsk **2.** (*pessoa*) barsch, schroff **3.** (*súbito*) plötzlich, jäh

bruta *adv* **à** ~ rücksichtslos

brutal *adj* **1.** (*grosseiro*) brutal, roh **2.** (*violento*) gewalttätig

brutalidade *f* Brutalität *f,* Gewalttätigkeit *f*

brutalizar *vt* verrohen

brutalmente *adv* brutal; **ser** ~ **assassinado** brutal ermordet werden

brutamontes *m* Flegel *m,* Rohling *m*

bruto *adj* **1.** (*pessoa*) ungeschliffen, rücksichtslos **2.** (*material*) roh; (*por trabalhar*) unbearbeitet; (*por polir*) ungeschliffen; **em** ~ im Rohzustand **3.** (ECON) brutto; **salário** ~ Bruttogehalt *nt;* **rendimento** ~ Bruttoeinkommen *nt;* **peso** ~ Bruttogewicht *nt*

bruxa *f* Hexe *f;* **noite das** ~**s** Halloween *nt*

bruxaria *f* Hexerei *f;* **fazer** ~ hexen

Bruxelas *f* Brüssel *nt*

bruxo *m* Hexenmeister *m,* Zauberer *m*

BSE *abrev de* **Bovine Spongiforme Encephalopathie** BSE

bucha *f* **1.** (*coloq: comida*) Happen *m* **2.** (*de fixação*) Dübel *m* **3.** (*brasil*) ~ **vegetal** Badeschwamm *m*

bucho *m* (*coloq*) Bauch *m;* (*pej*) Wanst *m*

buço *m* Flaum *m*

bucólico *adj* ländlich; (LIT) bukolisch

budismo *m* Buddhismus *m*

budista I. *m(f)* Buddhist, Buddhistin *m, f* **II.** *adj* buddhistisch

bueiro *m* **1.** (*cano*) Abflussrohr *nt* **2.** (*na rua*) Gully *m*

bufa *f* (*cal*) Furz *m*

búfalo *m* (ZOOL) Büffel *m*

bufar *vi* **1.** (*soprar*) pusten **2.** (*de raiva*) schnauben **3.** (*gabar-se*) aufschneiden, angeben **4.** (*coloq: denunciar*) petzen **5.** (*cal: expelir bufas*) furzen

bufê *m* (*brasil*) *v.* **bufete**

bufete *m* Büfett *nt*

bufo *m* **1.** (*sopro*) Blasen *nt* **2.** (*ave*) Uhu *m* **3.** (*coloq: da polícia*) Spitzel *m*

bugalho *m* (BOT) Gallapfel *m*

bugiar *vi* (*coloq*) spazieren gehen, eine Runde drehen; **mandar** ~ zum Teufel schicken

bugiganga *f* Krimskrams *m,* Plunder *m;* **loja de** ~**s** Kramladen *m*

bulbo *m* (BOT) Blumenzwiebel *f*

buldogue *m* (ZOOL) Bulldogge *f*

bule *m* Teekanne *f*

Bulgária *f* Bulgarien *nt*

búlgaro, -a I. *m, f* Bulgare, Bulgarin *m, f* II. *adj* bulgarisch

bulha *f* **1.** (*gritaria*) Geschrei *nt,* Lärm *m* **2.** (*briga*) Streit *m;* **andar à** ~ **com alguém** mit jdm Streit haben

bulício *m* **1.** (*murmúrio*) Gemurmel *nt* **2.** (*aperto*) Gedränge *nt,* Gewühl *nt* **3.** (*desassossego*) Unruhe *f*

buliçoso *adj* unruhig, laut

bulimia *f* (MED) Bulimie *f*

bulir I. *vt* berühren II. *vi* sich rühren, sich regen

bum *interj* boing!, bums!

bumerangue *m* Bumerang *m*

bunda *f* (*coloq brasil*) Hintern *m,* Hinterteil *nt*

buquê *m* (*brasil*) Bukett *nt*

buraco [buˈraku] *m* Loch *nt;* ~ **da fechadura** Schlüsselloch *nt;* ~ **do ozono** Ozonloch *nt*

burburinho *m* Gemurmel *nt*

bureta *f* (QUÍM) Bürette *f*

Burgenland *m* Burgenland *nt*

burguês, -esa I. *m, f* Bürger, Bürgerin *m, f;* (*pej*) Spießer, Spießerin *m, f* II. *adj* bürger-lich; (*pej*) spießig

burguesia *f* Bürgertum *nt*

buril *m* **1.** (*para gravar*) Radiernadel *f,* Grabstichel *m* **2.** (*para pedra*) Meißel *m*

burla *f* Betrug *m;* ~ **fiscal** Steuerhinterziehung *f*

burlão *m* Betrüger *m*

burlar *vt* betrügen, prellen

burocracia *f* Bürokratie *f*

burocrata *m(f)* Bürokrat, Bürokratin *m, f*

burocrático *adj* bürokratisch

burótica *f* Büroautomation *f,* Bürokommunikation *f*

burrice *f* Dummheit *f*

burro, -a [ˈburu] I. *m, f* (ZOOL) Esel, Eselin *m, f;* ~ **de carga** Packesel *m;* (*pej: pessoa*) Idiot *m* II. *adj* dumm, doof; **pra** ~ schrecklich viel

busardo *m* (ZOOL) Bussard *m*

busca *f* **1.** (*de uma coisa*) Suche *f* **2.** (*num quarto, numa casa*) Durchsuchung *f*

busca-pé *m* (*fogo de artifício*) Schwärmer *m*

busca-pólos *m* (ELECTR) Phasenprüfer *m*

buscar [buʃˈkar] *vt* **1.** (*coisa*) suchen; **ir** ~ **a. c./alguém** etw/jdn abholen **2.** (*espaço, quarto*) durchsuchen

busílis *m* (*fig*) Haken *m;* **aí é que está o** ~ da liegt der Hund begraben

bússola [ˈbusulɐ] *f* Kompass *m;* ~ **marítima** Seekompass *m*

busto *m* **1.** (*escultura, peito*) Büste *f* **2.** (*pintura*) Brustbild *nt*

bute *m* (*coloq*) Stiefel *m;* **ir a** ~**s** zu Fuß gehen

buzina *f* Hupe *f;* **tocar a** ~ hupen

buzinar *vi* hupen

byte *m* (INFORM) Byte *nt*

C

C, c [se] *m* C, c *nt*

cá [ka] *adv* hier; (*para* ~) hierher; **de** ~ hiesig, von hier; **anda/vem** ~**!** komm (hier)her!

cabaça *f* (BOT) Flaschenkürbis *m*

cabal *adj* **1.** (*completo*) vollständig **2.** (*certo*) richtig

cabana *f* Hütte *f*

cabaré *m* Nachtclub *m*

cabaz *m* Henkelkorb *m*

cabeça [kɐˈbesɐ] *f* **1.** (ANAT, TÉC) Kopf *m;* (INFORM); ~ **de escritura/de leitura** Schreib-/Lesekopf *m;* **meter a. c. na** ~ sich etw in den Kopf setzen + *dat;* (*coloq*) **não estar bom da** ~ einen Vogel haben; **perder a** ~ den Kopf verlieren; **subir à** ~ zu Kopf steigen; **ter** ~ klug sein **2.** (*numericamente*) Stück *nt;* ~ **de gado** Stück Vieh **3.** (*de um objecto*) obere(r) Teil *m;* (*de um prego*) Kopf *m* **4.** (*de um partido*) Spitze *f;* **estar à** ~ an der Spitze stehen

cabeçada *f* **1.** (*pancada*) Kopfstoß *m;* ~**s** Kopfnicken *nt* **2.** (DESP) Kopfball *m*

cabeça-de-alho-chocho *m(f)* Dummkopf *m*

cabeça-de-casal *m(f)* Familienoberhaupt *nt*

cabeçalho *m* Überschrift *f;* (*do jornal*) Titelzeile *f,* Zeitungskopf *m*

cabeça-no-ar *m(f)* Luftikus *m*

cabeça-rapada *m(f)* Skinhead *m*

cabecear *vi* **1.** (*com sono*) einnicken **2.** (*barco*) stampfen

cabeceira *f* **1.** (*da cama*) Kopfende *nt;* (*da mesa*) Stirnseite *f* **2.** (*almofada*) Kopfkissen *nt*

cabecilha *m(f)* (*de um partido*) Parteiführer, Parteiführerin *m, f;* (*de um bando*) Anführer, Anführerin *m, f*

cabeço *m* Hügel *m*

cabeçudo *adj* dickköpfig, eigensinnig

cabedal *m* **1.** (*couro*) (feines) Leder *nt* **2.** (*coloq: de pessoa*) Körperbau *m*

cabeleira *f* **1.** (*cabelo*) Haare *pl* **2.** (*artificial*) Perücke *f,* Toupet *nt*

cabeleireiro, **-a** *m, f* Friseur, Friseurin *m, f*

cabelo [kɐ'bel] *m* **1.** (ANAT) Haar *nt* **2.** (*de relógio*) Spiralfeder *f*

cabeludo *adj* behaart

caber *vi* **1.** (*objecto, pessoa*) (hinein)passen (*em* in), Platz haben (*em* in) **2.** (*título*) zustehen; (*tarefa*); ~ **a alguém** jds Aufgabe sein; **cabe à Sandra resolver o problema** es ist Sandras Aufgabe, das Problem zu lösen

cabide *m* **1.** (*bengaleiro*) Garderobe *f,* Kleiderhaken *m* **2.** (*cruzeta*) Kleiderbügel *m*

cabidela *f* (CUL) Geflügelklein *nt*

cabimento *m* Angemessenheit *f;* **ter** ~ möglich/denkbar sein; **não ter** ~ unsinnig sein

cabine *f* Kabine *f;* ~ **telefónica** Telefonzelle *f*

In Portugal gibt es viele Telefonzellen - **cabine telefónica**. Im Zeitalter der Handys sind sie auch meistens frei, denn die Portugiesen haben eine besondere Vorliebe für diese mobilen Helfer. Es gibt drei Arten von Telefonzellen: Sie funktionieren entweder mit einer cartão telefónico (Telefonkarte), mit Ihrer eigenen Kreditkarte oder mit Münzen. Es gibt allerdings re-gionalbedingt verschiedene Telefonkarten. In vielen Restaurants stehen öffentliche Münzapparate. Telefonieren kann man auch in jeder Post.

cabisbaixo *adj* niedergeschlagen, geknickt

cablagem *f* Kabel *pl*

cabo ['kabu] *m* **1.** (*extremidade*) Ende *nt;* (*de vassoura*) Stiel *m;* (*de faca*) Griff *m;* ~ **do mundo** Ende der Welt; **de** ~ **a rabo** von hinten bis vorne **2.** (MIL) Gefreite *m;* ~ **do mar** Polizeiinspektor der Wasserpolizei *m;* ~ **da polícia** Polizeiwachtmeister *m* **3.** (GEOG) Kap *nt* **4.** (ELECTR) Kabel *nt* **5.** (*cabo, fio*) Seil *nt,* Tau *nt;* ~ **de aço** Drahtseil *nt;* ~ **de reboque** Abschleppseil *nt*

cabograma *m* Telegramm *nt*

cabotagem *f* Küstenschifffahrt *f*

cabouco *m* Ausschachtung *f*

Cabo Verde *m* Kapverdische Inseln *pl*

caboverdiano, **-a** **I.** *m, f* Kapverdier, Kapverdierin *m, f* **II.** *adj* kapverdisch

cabra *f* (*fig*) Ziege *f*

cabra-cega *f* (*jogo*) Blindekuh *f*

cabresto *m* Halfter *nt*

cabriolé *m* Kabriolett *nt*

cabrito *m* Zicklein *nt*

cábula **I.** *f* (*nota*) Spickzettel *m* **II.** *m(f)* Schwänzer, Schwänzerin *m, f;* (*preguiçoso*) Faulpelz *m* **III.** *adj* faul, nachlässig

caça **I.** *f* (*actividade*) Jagd *f;* ~ **submarina** Unterwasserjagd *f;* **andar à** ~ **de a. c.**/**alguém** auf der Suche nach etw/jdm sein; **ir à** ~ auf die Jagd gehen; (*animais*) Wild *nt;* ~ **grossa** Hochwild *nt* **II.** *m* (AERO) Jagdflugzeug *nt,* Jäger *m*

caçadeira *f* Jagdflinte *f*

caçador(a) *m(f)* Jäger, Jägerin *m, f;* ~ **furtivo** Wilderer *m*

caça-minas *m* Minensuchboot *nt*

caçar *vt* **1.** (*em terra*) jagen; (*baleia*) fangen **2.** (*apanhar*) erwischen

cacaracá *m* Kikeriki *nt;* **de** ~ läppisch, unbedeutend; (*pergunta*) kinderleicht

cacarejar *vi* gackern

cacarejo *m* Gackern *nt,* Gegacker *nt*

caçarola *f* Kasserolle *f*

cacatua *f* (ZOOL) Kakadu *m*

cacau *m* Kakao *m*

cacaueiro *m* (BOT) Kakaobaum *m*

cacetada *f* Schlag *m*

cacete **I.** *m* (*pau*) Knüppel *m;* (*da polícia*)

Gummiknüppel *m;* (*pão*) Stangenweißbrot *nt*
II. *adj* (*brasil*) lästig, unangenehm

cachaça *f* (*brasil*) Zuckerrohrschnaps *m*

cachaço *m* 1. (ANAT) Nacken *m* 2. (*pancada*) Schlag *m* in den Nacken

cachalote *m* (ZOOL) Pottwal *m*

cachamorra *f* Knüppel *m*

cachecol [kaʃəˈkɔl] *m* Schal *m*

cachimbo *m* Pfeife *f;* **fumar** ~ Pfeife rauchen

cachimónia *f* 1. (*coloq: cabeça*) Schädel *m* 2. (*coloq: juizo*) Grips *m*

cacho *m* 1. (*de uvas*) Traube *f;* (*de bananas*) Bund *nt* 2. (*de cabelo*) Locke *f* 3. (*coloq brasil*) Flirt *m*

cachoeira *f* Wasserfall *m*

cachola *f* (*coloq*) Schädel *m*, Rübe *f*

cachopo, -a¹ *m, f* Bursche *m*, Mädchen *nt*

cachopo² *m* Klippe *f*

cachorro¹ [kəˈʃoʀu] *m* 1. (ARQ) Kragstein *m*, Tragstein *m* 2. (CUL) ~ **quente** Hot Dog *m*

cachorro, -a² *m, f* Welpe *m*

cacifo [kəˈsifu] *m* (*para correio*) Postfach *nt;* (*na estação*) Schließfach *nt;* (*para roupa*) Spind *m*

cacimba *f* 1. (*nevoeiro*) dichte(r) Nebel *m* 2. (*chuva*) Sprühregen *m*

cacique *m* 1. (*entre indígenas*) Kazike *m* 2. (*na política*) Dorftyrann *m*

caco *m* 1. (*de louça*) Scherbe *f;* **fazer em** ~s zerschlagen, zerbrechen 2. (*coloq: cabeça*) Birne *f*

caçoada *f* Spöttelei *f*

caçoar *vi* spotten; ~ **de** verspotten

cacofonia *f* Missklang *m*

caçoila *f* (flacher) Kochtopf *m*

cacto *m* (BOT) Kaktus *m*

caçula *m(f)* (*brasil*) Nesthäkchen *nt*

cada [ˈkɐdɐ] *pron indef* jede(r, s); ~ **um/qual** (ein) jeder; ~ **vez** jedes Mal; **100 euros** ~ (**um**) 100 Euro das Stück; ~ **dois dias** alle zwei Tage, jeden zweiten Tag; ~ **vez mais** immer mehr; **um de** ~ **vez** einer nach dem anderen, jeweils einer; **tens** ~ **uma!** was für ein Quatsch!

cadafalso *m* Schafott *nt*

cadastrado *adj* vorbestraft

cadastrar *vt* ins Grundbuch eintragen

cadastro *m* 1. (*de prédios*) Kataster *m*, Grundbuch *nt* 2. (*policial*) Strafregister *nt;* **ter** ~ vorbestraft sein

cadáver *m* (*de pessoa*) Leiche *f;* (*de animal*) Kadaver *m*

cadavérico *adj* leichenblass, totenblass

cadeado *m* Vorhängeschloss *nt*

cadeia *f* 1. (*corrente*) Kette *f;* **reacção em** ~ Kettenreaktion *f* 2. (*prisão*) Gefängnis *nt*

cadeira [kɐˈdeirɐ] *f* 1. (*móvel*) Stuhl *m;* ~ **de baloiço** Schaukelstuhl *m;* ~ **de braços** Armstuhl *m*, Sessel *m;* ~ **de rodas** Rollstuhl *m;* ~ **de verga** Korbstuhl *m;* ~ **teleférica** Sessellift *m* 2. (*da universidade*) Fach *nt*

cadeirão *m* Sessel *m*, Armsessel *m*

cadeirinha *f* Sänfte *f*

cadela *f* Hündin *f*

cadência *f* 1. (*ritmo*) Rhythmus *m* 2. (*movimento compassado*) Takt *m*, Tempo *nt* 3. (MÚS) Kadenz *f*

cadenciado *adj* rhythmisch

cadente *adj* fallend

caderneta *f* 1. (*bloco, caderno*) Notizbuch *nt*, Heft *nt* 2. (*registo bancário*) ~ **de poupança** Sparbuch *nt*, Heft, in dem die Kontobewegungen registriert werden

caderno *m* Heft *nt;* ~ **de apontamentos** Notizbuch *nt;* ~ **de argolas** Ringbuch *nt;* (ECON) ~ **de encargos** Lastenheft *nt*

cadete *m* (MIL) Kadett *m*

cadilhos *mpl* 1. (*franja*) Fransen *pl* 2. (*cuidados*) Sorgen *pl*

cádmio *m* (QUÍM) Kadmium *nt*

caducar *vi* 1. (*documento*) ablaufen, ungültig werden; (*prazo*) ablaufen 2. (*império*) verfallen

caducidade *f* 1. (*documento*) Gültigkeit *f* 2. (*decadência*) Verfall *m* 3. (*senilidade*) Altersschwäche *f*, Gebrechlichkeit *f*

caduco *adj* 1. (DIR: *passaporte*) ungültig, abgelaufen 2. (*senil*) gebrechlich, altersschwach 3. (BOT: *árvore*) Laub abwerfend; (*folha*) abfallend

café [kəˈfɛ] *m* 1. (*produto, bebida*) Kaffee *m;* (*brasil*): ~ **da manhã** Frühstück *nt;* ~ **em grão** Bohnenkaffee *m;* ~ **instantâneo** löslicher Kaffee *m;* ~ **simples** schwarzer Kaffee; ~ **com leite** Milchkaffee *m* 2. (*local*) Café *nt*, Kaffeehaus *nt*

Ein portugiesisches **Café** bietet vorwiegend warme und kalte Getränke, aber auch kleine Imbisse und einfache kleine Kuchen an und hat einen eigenen Charakter: Das Café ist sozusagen die verlän-

gerte Wohnung der Portugiesen. Das Frühstück schmeckt dort am allerbesten. Für wiederholte Kaffeepausen findet man immer einen Vorwand. Ein Kleinimbiss ist auch schnell auf dem Tisch. Nach Feierabend müsste man eigentlich noch auf einen Sprung vorbei, und natürlich nach dem Abendessen für den kleinen "Verdauungskaffee". Man trifft sich dort mit Freunden, geht mit der ganzen Familie hin, liest in Ruhe die (mitgebrachte) Zeitung, lässt die Schuhe nebenbei auf Hochglanz bringen oder beobachtet einfach das Geschehen.
Café com leite (heißer Kaffee mit Milch) ist in ganz Brasilien das traditionelle Getränk zum Frühstück. Nicht ohne Grund nennt man das Frühstück café da manhã (Kaffee am Morgen). Der cafézinho (kleiner, starker Mokka) wird überall in kleinen Plastikbechern angeboten. Man trinkt ihn meistens mit viel Zucker. Brasilien ist heute noch der größte Kaffeeproduzent der Erde.

café-concerto *m* Musikcafé *nt*

café-restaurante heißt in Portugal ein Café, in dem man auch zu Mittag und zu Abend essen kann. Wenn man à la carte isst, wird das Couvert - bestehend aus Brot und Butter - berechnet.

cafeeiro *m* (BOT) Kaffeepflanze *f*
cafeína *f* Koffein *nt;* **sem** ~ koffeinfrei
cafeteira *f* Kaffeekanne *f*
cafezal *m* Kaffeeplantage *f*

In Brasilien ist nach einem Essen ein kleiner schwarzer starker Mokka, der **cafézinho**, obligatorisch und in Restaurants kostenlos. Der starke koffeinhaltige Mate-Tee sollte in seiner Wirkung auch nicht unterschätzt werden.

cafona *adj* (*coloq brasil*) geschmacklos
cafua *f* **1.** (*cova*) Höhle *f* **2.** (*habitação*) Hütte *f*, Baracke *f*
cafuné *m* (*brasil*) Liebkosung *f*
cagaçal *m* **1.** (*coloq: monturo*) Misthaufen *m* **2.** (*barulho*) Krach *m*, Lärm *m*
cagaço *m* (*cal*) Schiss *m*, Angst *f*
cagada *f* (*cal*) Scheiße *f*
cágado *m* (ZOOL) Wasserschildkröte *f*
caga-lume *m* (*coloq*) Glühwürmchen *nt*

caganita *f* (*cal*) ~ **de rato** Mäusedreck *m*
cagão *m* (*cal*) Schisser *m*, Angsthase *m*
cagar **I.** *vt* (*cal*) bescheißen **II.** *vi* (*cal*) scheißen
caguincha *m(f)* Feigling *m*, Angsthase *m*
caiadela *f* Kalkanstrich *m*
caiaque *m* kleine(s) Segelboot *nt;* (*a remos*) Ruderboot *nt*
caiar *vt* kalken, weißen
cãibra ['kãibrɐ] *f* (MED) Krampf *m*, Muskelkrampf *m*
caída *f* Fall *m; v.* **queda**
caído *adj* **1.** (*pendurado*) hängend **2.** (*abatido*) niedergeschlagen **3.** (*coloq: apaixonado*) verknallt (*por* in), verliebt (*por* in)
caipira *m(f)* (*brasil*) Bauer *m*, Bäuerin *f;* (*fig*) Hinterwäldler, Hinterwäldlerin *m, f*

Caipirinha, ein Cocktail aus cachaça (Zuckerrohrschnaps), Limonen, viel zerstoßenem Eis und Zucker, gilt als typisch brasilianisches Getränk. Cachaça kann man auch pinga, aguardente oder cana nennen. Die traditionellen Cachaça-Brennereien liegen in Minas Gerais, Rio de Janeiro, São Paulo und im Nordosten. In Brasilien wird cachaça oft auch pur getrunken.

cair [ke'ir] *vi* **1.** (*pessoa*) fallen, hinfallen, stürzen; ~ **morto** tot umfallen; ~ **em cima de a. c.** über etw herfallen; ~ **na miséria** in Not geraten; ~ **num erro** sich irren, einen Fehler begehen; (*fig*); ~ **na armadilha** in die Falle gehen; ~ **no esquecimento** in Vergessenheit geraten **2.** (*avião*) abstürzen **3.** (*cabelo*) ausfallen; (*folhas*) abfallen; (*botão*) abgehen **4.** (*nível, preços*) sinken, fallen **5.** (*telhado*) herunterkommen, einfallen **6.** (*raio*) einschlagen; **ao** ~ **da noite** bei Einbruch der Nacht
cais *m* **1.** (NÁUT) Kai *m;* ~ **acostável** Anlegebrücke *f* **2.** (*caminhos-de-ferro*) Bahnsteig *m*
caixa ['kaiʃɐ] **I.** *f* (*pequena*) Schachtel *f;* (*redonda*) Büchse *f*, Dose *f;* (*grande*) Kasten *m*, Kiste *f;* ~ **acústica** Lautsprecherbox *f;* ~ **de música** Spieldose *f;* (*brasil*); ~ **de som** Lautsprecher *m;* ~ **do correio** Briefkasten *m;* (*brasil*); ~ **postal** Postfach *nt;* **não dar uma para a** ~ nichts Vernünftiges von sich geben; (*numa loja*) Kasse *f;* ~ **registadora** Registrierkasse *f;* (*estabelecimento*) Kasse *f;* ~ **de previdência** Krankenkasse *f;* (TÉC); ~ **de veloci-**

dades Schaltgetriebe *nt* **II.** *m(f)* Kassierer, Kassiererin *m, f* **III.** *m* Kassenbuch *nt;* ~ **automático** Geldautomat *m*

caixa-económica *f* Sparkasse *f*

caixa-forte *f* Tresor *m*, Safe *m*

caixão *m* Sarg *m*

caixeiro *m* Verkäufer *m*

caixeiro-viajante *m* Vertreter *m*, Handelsreisende *m*

caixilho *m* (*quadro, porta, janela*) Rahmen *m*

caixote *m* Kiste *f;* (*para transporte*) Versandkiste *f;* ~ **do lixo** Mülleimer *m*

cajadada *f* Stockschlag *m*

cajado *m* **1.** (*de pastor*) Hirtenstab *m* **2.** (*amparo*) Stütze *f*

caju *m* (BOT) Cashewnuss *f*

cal *f* Kalk *m*

calaboiço *m* Kerker *m*

calada *adv* **pela** ~ heimlich

calado **I.** *m* (NAÚT) Tiefgang *m* **II.** *adj* still, schweigsam; (*discreto*) verschwiegen; **estar** ~ schweigen

calafetar *vt* abdichten, kalfatern

calafrio *m* **1.** (MED) Schüttelfrost *m;* **tenho** ~**s** mich fröstelt **2.** (*por susto*) Schauder *m*

calamidade *f* Not *f;* (*desastre*) Katastrophe *f;* (*desgraça*) Unheil *nt*

calamina *f* Zinkspat *m*

calamitoso *adj* katastrophal, entsetzlich; (*desgraçado*) unheilvoll

cálamo *m* (BOT) Getreidehalm *m*

calão *m* Slang *m*, Jargon *m*

calar **I.** *vt* (*facto*) verschweigen; (*pessoa*) zum Schweigen bringen; (*coloq*); **cala a boca/o bico!** halt's Maul!, halt die Klappe! **II.** *vi* schweigen, verstummen; **quem cala consente** wer schweigt, stimmt zu **III.** *vr* schweigen, verstummen; **cala-te!** halt den Mund!

calçada *f* **1.** (*rua*) steile Gasse *f* **2.** (*brasil: passeio*) Bürgersteig *m*

calçadeira *f* Schuhanzieher *m*, Schuhlöffel *m*

calçado *m* Schuhwerk *nt*

calcanhar *m* Ferse *f;* ~ **de Aquiles** Achillesferse *f;* **não chegar aos** ~**es de alguém** jdm nicht das Wasser reichen können

calcar *vt* treten auf

calçar *vt* **1.** (*luvas, meias, sapatos*) anziehen **2.** (*rua*) pflastern **3.** (*carro*) die Bremsbeläge erneuern an

calcário **I.** *m* Kalkstein *m* **II.** *adj* kalkhaltig, Kalk ...

calças ['kalseʃ] *fpl* Hose *f;* ~ **à jardineira** Latzhose *f;* ~ **de ganga** Jeans *pl*

calcetar *vt* pflastern

calcificação *f* (MED) Verkalkung *f*

calcificar *vi* verkalken

calcinação *f* (QUÍM) Kalzination *f*

calcinar *vt* **1.** (*queimar*) verbrennen **2.** (QUÍM) kalzinieren

calcinhas *fpl* Unterhose *f*

cálcio *m* (QUÍM) Kalzium *nt*

calcite *f* Kalkspat *m*, Kalzit *m*

calço *m* Keil *m;* (*caminhos-de-ferro*) Bremsklotz *m;* ~ **do travão** Bremsbelag *m*

calções *mpl* Shorts *pl*, kurze Hose *f;* ~ **de banho** Badehose *f*

calcografia *f* Kupferstechkunst *f*

calcorrear *vi* (*coloq*) zu Fuß gehen; (*caminhar muito*) wandern

calculadamente *adv* absichtlich

calculadora *f* Rechner *m*, Rechenmaschine *f;* ~ **de bolso** Taschenrechner *m*

calcular [kalku'lar] **I.** *vt* (MAT) berechnen; (*aproximadamente*) schätzen; (*imaginar*) schätzen, glauben; **calculo!** kann ich mir vorstellen!; **calculo que sim** ich glaube schon **II.** *vi* rechnen

calculável *adj* berechenbar

calculista *adj* (*pej*) berechnend

cálculo *m* **1.** (MAT) Berechnung *f;* (*aproximado*) Schätzung *f;* ~ **diferencial** Differenzialrechnung *f;* ~ **integral** Integralrechnung *f;* ~ **mental** Kopfrechnen *nt* **2.** (MED) Stein *m;* ~**s renais** Nierensteine *pl*

calda *f* **1.** (*xarope*) Sirup *m*, Fruchtsaft *m* **2.** (*do ferro*) Erhitzen *nt*

caldas *fpl* Thermalbad *nt*

caldear *vt* **1.** (*ligar metais*) schweißen, zusammenschweißen **2.** (*cal*) löschen **3.** (*tornar rubro*) erhitzen, zum Glühen bringen

caldeira *f* **1.** (*recipiente*) Kessel *m* **2.** (*de máquina a vapor*) Dampfkessel *m*

caldeirada [kaldei'radɐ] *f* (CUL) Eintopf aus verschiedenen Fischen

caldeirão *m* große(r) Kessel *m*

caldeirinha *f* Weihwasserkessel *m*

caldo *m* (CUL) Brühe *f;* (*fig*); **entornar o** ~ die Sache verderben

caldo-verde *m* (CUL) Kohlsuppe *f*

calefação *f* (*brasil*) *v.* **calefacção**

calefacção *f* Erhitzung *f*, Erwärmung *f*

caleira f Dachrinne f
calejado adj 1. (caloso) schwielig 2. (endurecido) abgehärtet 3. (experimentado) erfahren
calendário m Kalender m
calha f 1. (para líquidos) Rinne f 2. (caminhos-de-ferro) Schiene f
calhamaço m Schwarte f
calhambeque m alte Karre f
calhar vi impess passen; (projecto) klappen; **vir mesmo a** ~ gelegen kommen, wie gerufen kommen; ~ **bem** sich gut treffen; **como** ~ wie es gerade kommt; **quando** ~ bei Gelegenheit; **se** ~ vielleicht
calhau m Felsen m, Felsbrocken m; **burro como um** ~ dumm wie Bohnenstroh
calibragem f Kalibrieren nt
calibrar vt 1. (balança) kalibrieren 2. (medir) ausmessen 3. (rodas) auswuchten
calibre m 1. (arma, tubo) Kaliber nt 2. (padrão) Eichmaß nt 3. (qualidade) Kaliber nt, Art f
cálice m 1. (copo) Stielglas nt 2. (REL, BOT) Kelch m
calidez f Hitze f
cálido adj 1. (quente) heiß; (fogoso) feurig 2. (astuto) schlau, scharfsinnig
caligrafia f 1. (letra bonita) Schönschrift f, Kalligraphie f 2. (forma de letra) Handschrift f
calinada f Unsinn m, Blödsinn m
calista m(f) Fußpfleger, Fußpflegerin m, f
calma ['kalmɐ] f 1. (sossego) Ruhe f, Stille f 2. (de espírito) Gelassenheit f; ~! beruhige dich!; **com** ~! sachte, sachte!, immer mit der Ruhe!; **manter a** ~ sich beherrschen; **perder a** ~ die Fassung verlieren 3. (NAÚT) Windstille f
calmante [kalˈmãntɐ] I. m (FARM) Beruhigungsmittel nt II. adj beruhigend
calmaria f 1. (no mar) Windstille f, Flaute f 2. (calor) Schwüle f
calmo ['kalmu] adj (sossegado) ruhig, still; (descontraído) gelassen
calo m 1. (na pele) Schwiele f, Hornhaut f; (fig); **criar** ~ abstumpfen 2. (MED) Hühnerauge nt
caloiro, -a m, f Neuling m; (universidade) Erstsemester nt, Studienanfänger, Studienanfängerin m, f
calor [kɐˈlor] m 1. (de um corpo) Wärme f 2. (clima) Hitze f; **está** ~ es ist heiß; **tenho** ~

mir ist warm/heiß 3. (ardor) Eifer m; **com** ~ eifrig
caloria f Kalorie f; **pobre em** ~s kalorienarm
caloroso adj 1. (recepção) warm, herzlich 2. (enérgico) lebhaft
calosidade f v. calo
caloso adj schwielig
caloteiro, -a m, f Betrüger, Betrügerin m, f, Zechpreller, Zechprellerin m, f
caluda interj Ruhe!
calúnia f Verleumdung f
caluniar vt verleumden
calunioso adj verleumderisch
calvário m Qual f, Leid nt
calvície f Kahlköpfigkeit f
calvo adj kahl, kahlköpfig; **ser** ~ eine Glatze haben
cama ['kɐmɐ] f Bett nt; ~ **de casal** Doppelbett nt, Ehebett nt; ~ **de solteiro** Einzelbett nt; **estar de** ~ das Bett hüten
camada f Schicht f; ~ **de ozono** Ozonschicht f; ~s **socias** soziale Schichten
camaleão m (ZOOL) Chamäleon nt
câmara ['kɐmɐrɐ] f 1. (quarto, instituição) Kammer f; ~ **ardente** Sterbezimmer nt; **Câmara de Comércio** Handelskammer f; ~ **de gás** Gaskammer f; ~ **escura** Dunkelkammer f; ~ **municipal** Rathaus nt 2. (aparelho) Kamera f; ~ **lenta** Zeitlupe f; ~ **de vídeo** Videokamera f
câmara-ardente f Totenkammer f, Sterbezimmer nt
camarada m(f) Kamerad, Kameradin m, f; (coloq) Kumpel m; (de partido) Genosse, Genossin m, f
camaradagem f Kameradschaft f
câmara-de-ar f Schlauch m
camarão m (ZOOL) Krabbe f
camarário adj städtisch, kommunal
camarim m Ankleidezimmer nt; (teatro) Garderobe f
camarote [kɐmɐˈrɔtɐ] m 1. (teatro) Loge f 2. (NAÚT) Kajüte f, Kabine f
cambada f 1. (quantidade) Haufen m, Menge f 2. (pessoas) Gesindel nt
cambalacho m Betrug m
cambalear vi schwanken, taumeln
cambalhota f Purzelbaum m; **dar uma** ~ einen Purzelbaum schlagen
cambial adj (ECON) Wechsel ..., Devisen ...
cambiar vt (dinheiro) wechseln
câmbio ['kãmbju] m 1. (de dinheiro) Geld-

wechsel *m* **2.** (ECON: *cotação*) Wechselkurs *m*

cambraia *f* Batist *m*

camélia *f* (BOT) Kamelie *f*

camelo *m* (*fig*) Kamel *nt*

camião *m* Lastwagen *m*, Lkw *m;* ~ **basculante** Kipper *m*

camião-cisterna *m* Tankwagen *m*

caminhada *f* lange(r) Fußmarsch *m*

caminhão *m* (*brasil*) *v.* **camião**

caminhar [kemi'ɲar] *vi* (*pessoa*) laufen, (zu Fuß) gehen; (*animal*) laufen, gehen

caminheta *f* (*brasil*) *v.* **camioneta**

caminho [ke'miɲu] *m* **1.** (*via*) Weg *m;* ~ **aéreo** Seilbahn *f;* **ir a** ~ unterwegs sein; **pelo/no** ~ unterwegs; **pôr-se a** ~ sich auf den Weg machen; **ficar pelo** ~ auf der Strecke bleiben; **andar por maus** ~**s** auf Abwege geraten sein; **estar no bom** ~ auf dem richtigen Weg sein; (**já**) **é meio** ~ **andado** die Hälfte ist schon geschafft **2.** (*distância*) Strecke *f*

caminho-de-ferro *m* Eisenbahn *f*

caminhonete *f* (*brasil*) *v.* **camioneta**

camioneta *f* **1.** (*de passageiros*) Überlandbus *m*, Bus *m* **2.** (*de carga*) Lastwagen *m*, Lkw *m*

camionista *m/f* Lastwagenfahrer, Lastwagenfahrerin *m, f*, Lkw-Fahrer, Lkw-Fahrerin *m, f*

camisa [ke'mize] *f* Hemd *nt*, Oberhemd *nt;* ~ **de dormir** Nachthemd *nt*

camisa-de-forças *f* Zwangsjacke *f*

camisa-de-vénus *f* (*coloq*) Pariser *m*

camiseta [kami'zete] *f* (*brasil*) T-Shirt *nt*

camisinha *f* (*coloq brasil*) Pariser *m*

camisola [kemi'zɔle] *f* **1.** (*de lã, algodão*) Pullover *m;* ~ **interior** Unterhemd *nt;* ~ **de gola alta** Rollkragenpullover *m* **2.** (*brasil: para dormir*) Nachthemd *nt*

camomila [kemu'mile] *f* (BOT) Kamille *f*

campa *f* **1.** (*sepultura*) Grab *nt* **2.** (*pedra*) Grabstein *m*

campainha *f* **1.** (*de casa*) Klingel *f;* **tocar à** ~ klingeln **2.** (*sino*) Glocke *f* **3.** (BOT) Glockenblume *f*

campal *adj* Feld ...

campana *f* kleine Glocke *f*

campanário [kãmpe'narju] *m* Glockenturm *m*

campanha *f* Kampagne *f;* ~ **eleitoral** Wahlkampf *m*

campânula *f* (*cobertura*) Glocke *f*

campeão, campeã *m, f* (DESP) Meister, Meisterin *m, f;* ~ **mundial** Weltmeister *m*

campeonato [kãmpju'natu] *m* Meisterschaft *f;* ~ **mundial** Weltmeisterschaft *f*

campestre *adj* ländlich, Land ...

campina *f* Ebene *f*

campino *m* Stierhirte *m*

campismo *m* Camping *nt;* **fazer** ~ campen

campista *m/f* Camper, Camperin *m, f*

campo ['kãmpu] *m* **1.** (*terreno*) Feld *ntpl;* (*de cultivo*) Acker *m;* ~ **de batalha** Schlachtfeld *nt* **2.** (*de trabalho*) Gebiet *nt* **3.** (*aldeia*) Land *nt;* **no** ~ auf dem Land; **para o** ~ aufs Land **4.** (DESP) Platz *m;* ~ **de golfe** Golfplatz *m;* ~ **de jogos** Sportplatz *m* **5.** (*acampamento*) Lager *nt;* ~ **de concentração** Konzentrationslager *nt;* ~ **de refugiados** Flüchtlingslager *m*

camponês, -esa *m, f* Bauer *m*, Bäuerin *f*

campónio *m* (*pej*) Bäuerlein *nt*

campus *m* Campus *m*, Universitätsgelände *nt*

camuflagem *f* Tarnung *f*

camuflar *vt* tarnen

camurça *f* **1.** (ZOOL) Gämse *f* **2.** (*pele*) Wildleder *nt*

cana *f* (BOT) Schilf *nt*, Rohr *nt*

Canadá *m* Kanada *nt*

cana-da-índia *f* Bambusrohr *nt*

cana-de-açúcar *f* Zuckerrohr *nt*

canadense *m/f* (*brasil*) *v.* **canadiano**

canadiano, -a **I.** *m, f* Kanadier, Kanadierin *m, f* **II.** *adj* kanadisch

canal *m* **1.** (ANAT: *via artificial*) Kanal *m* **2.** (*do mar*) Meerenge *f* **3.** (*de televisão*) Sender *m*, Kanal *m*

canalha **I.** *m* (*patife*) Lump *m*, Aas *nt* **II.** *f* **1.** (*crianças*) Rasselbande *f* **2.** (*pej: gente*) Gesindel *nt*, Pack *nt*

canalização *f* Kanalisation *f;* (*de água*) Wasserleitung *f;* (*de gás*) Gasleitung *f*

canalizador(a) *m/f* Klempner, Klempnerin *m, f*

canalizar *vt* **1.** (*abrir canais*) kanalisieren **2.** (*encaminhar*) gezielt lenken, kanalisieren

canapé *m* Sofa *nt*

canário *m* (ZOOL) Kanarienvogel *m*

canasta *f* Canasta *nt*

canastra *f* (großer) Tragkorb *m*

canavial *m* Ried *nt*, Röhricht *nt*

canção [kã'sãu] *f* Lied *nt;* ~ **de embalar**

Wiegenlied *nt,* Schlaflied *nt;* ~ **popular** Volkslied *nt*

cancela *f* **1.** (*de jardim*) Gartentür *f* **2.** (*caminhos-de-ferro*) Schranke *f*

cancelamento *f* (*encomenda, matrícula*) Annullierung *f;* (*conta*) Sperrung *f*

cancelar [kãsə'lar] *vt* (*encomenda*) rückgängig machen, für ungültig erklären; (*matrícula*) annullieren; (*conta*) sperren

câncer ['kãsɜr] *m* **1.** (MED: *brasil*) Krebs *m* **2.** (*brasil: zodíaco*) Krebs *m*

canceroso *adj* krebsartig, Krebs ...; (MED) kanzerös

cancro ['kãŋkru] *m* (MED) Krebs *m;* ~ **da mama** Brustkrebs *m;* ~ **de próstata** Prostatakrebs *m;* ~ **do pulmão** Lungenkrebs *m*

candeeiro [kãn'djeiru] *m* Lampe *f;* (*da rua*) Straßenlaterne *f;* ~ **de pé** Stehlampe *f*

candeia *f* Öllampe *f*

candelabro *m* (*na mesa*) Kandelaber *m,* Armleuchter *m;* (*no tecto*) Kronleuchter *m*

candelária *m* **1.** (REL) Lichtmess *f* **2.** (BOT) Königskerze *f*

candente *adj* weiß glühend

candidatar-se *vr* (*a um cargo*) kandidieren (a für); (*a um emprego, uma bolsa*) sich bewerben (a um)

candidato, -a *m, f* (*a um cargo*) Kandidat, Kandidatin *m, f;* (*a um emprego, uma bolsa*) Bewerber, Bewerberin *m, f*

candidatura *f* (*a um cargo*) Kandidatur *f;* (*a um emprego, uma bolsa*) Bewerbung *f*

cândido *adj* **1.** (*alvo*) weiß **2.** (*puro*) rein **3.** (*ingénuo*) naiv, arglos

candonga *f* **1.** (*contrabando*) Schmuggel *m* **2.** (*mercado negro*) Schwarzmarkt *m*

candura *f* **1.** (*alvura*) Weiße *f* **2.** (*pureza*) Reinheit *f* **3.** (*ingenuidade*) Naivität *f,* Arglosigkeit *f* **4.** (*inocência*) Unschuld *f*

caneca [kɐ'nɜkɐ] *f* (*de cerveja*) Krug *m;* (*de leite*) Kännchen *nt; v.* **cervejaria**

canela *f* **1.** (CUL) Zimt *m* **2.** (ANAT) Schienbein *nt*

canelado *adj* gerippt

caneleira *f* (DESP) Schienbeinschützer *m*

caneta *f* Stift *m;* (*esferográfica*) Kugelschreiber *m,* Kuli *m;* ~ **de feltro** Filzstift *m;* ~ **de tinta permanente** Füllfederhalter *m,* Füller *m*

cânfora *f* Kampfer *m*

cangaceiro *m* (*brasil*) Bandit *m*

cangalhas *fpl* **1.** (*dos animais*) Packsattel *m* **2.** (*coloq: óculos*) Brille *f*

cangalheiro *m* Beerdigungsunternehmer *m*

canguru *m* (ZOOL) Känguruh *nt*

canhão *m* **1.** (MIL) Kanone *f,* Geschütz *nt* **2.** (*da fechadura*) Zylinder *m* **3.** (*da manga*) Ärmelaufschlag *m* **4.** (*da bota*) Schaft *m*

canhoto, -a I. *m, f* Linkshänder, Linkshänderin *m, f* **II.** *adj* linkshändig

canibal *m(f)* Menschenfresser, Menschenfresserin *m, f,* Kannibale, Kannibalin *m, f*

canibalismo *m* Kannibalismus *m*

caniche *m* Pudel *m*

canil *m* **1.** (*alojamento*) Hundezwinger *m* **2.** (*para matar*) Einrichtung, in der streunende Hunde und Katzen getötet werden

canino I. *m* (*dente*) Eckzahn *m* **II.** *adj* Hunde ...; **fome canina** Wolfshunger *m*

canivete [kɐni'vɜtə] *m* Taschenmesser *nt*

canja ['kãʒɐ] *f* (CUL) Hühnersuppe *f* (mit Reis); **isto é ~!** das ist kinderleicht!

cano *m* **1.** (*tubo*) Rohr *nt,* Röhre *f;* ~ **de esgoto** Abflussrohr *nt* **2.** (*de arma*) Lauf *m* **3.** (*de bota*) Schaft *m*

canoa [kɐ'noɐ] *f* Kanu *nt*

cânone *m* Kanon *m*

canónico *adj* kanonisch

canonização *f* (REL) Heiligsprechung *f,* Kanonisierung *f*

canonizar *vt* (REL) heilig sprechen, kanonisieren

canoro *adj* harmonisch, wohlklingend; **ave canora** Singvogel *m*

cansaço *m* Müdigkeit *f,* Erschöpfung *f*

cansado [kã'sɐdu] *adj* müde, erschöpft

cansar I. *vt* (*fatigar*) ermüden, anstrengen; (*enfastiar*) langweilen **II.** *vr* müde werden, ermüden; **não me canso de o ouvir** ich werde nicht müde, ihm zuzuhören

cansativo *adj* ermüdend, anstrengend

canseira *f* Anstrengung *f,* Stress *m*

cantão *m* Kanton *m*

cantar [kãn'tar] *vi* (*pessoa, pássaro*) singen; (*galo*) krähen

cântaro *m* Tonkrug *m;* **chove a ~s** es regnet in Strömen

cantarolar *vi* trällern

canteiro *m* (*de flores*) Beet *nt*

cântico *m* (REL) Lobgesang *m*

cantiga *f* höfisches oder religiöses Lied im Mittelalter

cantil *m* Feldflasche *f*

cantina *f* Kantine *f;* (*na universidade*) Mensa *f*

canto ['ka~ntu] *m* **1.** (*da sala*) Ecke *f;* **dos quatro ~s do mundo** aus allen Ecken der Welt **2.** (*da mesa*) Kante *f;* ~ **arredondado** abgerundete Kante **3.** (*ângulo*) Winkel *m;* ~ **da boca** Mundwinkel *m* **4.** (*vocal*) Gesang *m;* (*do galo*) Krähen *nt;* ~ **da sereia** verführerische Worte *pl* **5.** (DESP) Eckball *m*

cantoneira *m* **1.** (*armário*) Eckschrank *m;* (*prateleira*) Eckbord *nt* **2.** (*protecção*) Winkeleisen *nt*

cantor(a) [kãn'tor] *m(f)* Sänger, Sängerin *m, f*

canudo *m* (kurzes) Rohr *nt;* ver (**Braga**) **por um** ~ in die Röhre gucken

cão [kãu] *m* Hund *m;* **cem cães a um osso** viele Bewerber auf eine Stelle

cão-polícia *m* Polizeihund *m*

caos *m* Chaos *nt*

caótico *adj* chaotisch

capa *f* **1.** (*vestuário*) Umhang *m,* Cape *nt* **2.** (*de livro*) Buchdeckel *m;* (*de revista*) Titelblatt *nt* **3.** (*cobertura*) Schicht *f,* Überzug *m* **4.** (*pasta*) Mappe *f*

capacete [kɐpɐ'setɐ] *m* Helm *m;* (*para motociclistas*) Sturzhelm *m;* (MIL); ~ **azul** Blauhelm *m*

capachinho *m* Perücke *f*

capacho *m* Fußmatte *f*

capacidade *f* **1.** (*de uma pessoa*) Fähigkeit *f* (*para* zu) **2.** (*de um recipiente*) Fassungsvermögen *nt* **3.** (*de uma máquina*) Leistung *f,* Leistungsfähigkeit *f* **4.** (MAT) Rauminhalt *m* **5.** (INFORM) Kapazität *f*

capacitar I. *vt* (*tornar capaz*) befähigen (*para* zu); (*persuadir*) überzeugen **II.** *vr* sich überzeugen (*de* von)

capanga *m* (*brasil*) Leibwächter *m*

capar *vt* (*animal*) kastrieren

capataz *m* Vorarbeiter *m*

capaz *adj* fähig (*de* zu); **ela é** ~ **de tudo** sie ist zu allem fähig

capela [kɐ'pɛlɐ] *f* **1.** (*igreja*) Kapelle *f* **2.** (*loja*) Kurzwarengeschäft *nt* **3.** (*de flores*) Blumengewinde *nt*

capela-mor *f* Kapelle *f* mit Hochaltar

capelão *m* Kaplan *m*

capeta *m* (*brasil*) Teufel *m*

capicua *f* symmetrische Zahl *f*

capilar *adj* **1.** (*do cabelo*) Haar ... **2.** (*fino*) haarfein

capim *m* (*brasil*) Rasen *m*

capital [kɐpi'tal] **I.** *f* (*de um país*) Hauptstadt *f* **II.** *m* (ECON) Kapital *nt;* ~ **social** Stammkapital *nt* **III.** *adj* wesentlich, Haupt ...; **pena** ~ Todesstrafe *f*

capitalismo *m* Kapitalismus *m*

capitalista *m(f)* Kapitalist, Kapitalistin *m, f*

capitalizar *vt* (ECON) kapitalisieren

capitania *f* (NAÚT) Hafenbehörde *f*

capitão *m* **1.** (MIL) Hauptmann *m* **2.** (DESP) Mannschaftskapitän *m* **3.** (NAÚT) Kapitän *m;* ~ **do porto** Hafenmeister *m*

capitão-de-mar-e-guerra *m* Kapitän *m* zur See

capitel *m* (ARQ) Kapitell *nt*

capitulação *f* (MIL) Kapitulation *f*

capitular *vi* (MIL) kapitulieren, sich ergeben

capítulo *m* **1.** (*de um livro*) Kapitel *nt;* (*de um contrato*) Abschnitt *m* **2.** (REL) Kapitel *nt*

capô *m* Motorhaube *f*

capoeira *f* **1.** (*de galinhas*) Hühnerkäfig *m* **2.** (*brasil*) Capoeira *f,* Tanz, der einen Kampf simuliert

capota *f* (*do carro*) Verdeck *nt*

capotar *vi* sich überschlagen, umkippen

capote *m* (bodenlanger) Regenmantel *m;* (MIL) Militärmantel *m*

caprichar *vi* **1.** (*ter capricho*) launisch sein **2.** (*esmerar-se*) sich Mühe geben (*em* zu)

capricho *m* **1.** (*vontade súbita*) Laune *f* **2.** (*obstinação*) Eigensinn *m*

caprichoso *adj* **1.** (*inconstante*) launisch **2.** (*obstinado*) eigensinnig

capricórnio *m* (*zodíaco*) Steinbock *m*

cápsula *f* **1.** (FARM) Kapsel *f* **2.** (*de garrafa*) Kronkorken *m*

captar *vt* **1.** (*programa*) bekommen, empfangen **2.** (*água da nascente*) entnehmen **3.** (*alguma coisa*) erschleichen; (*alguém*) (für sich) gewinnen

captura *f* Fang *m,* Festnahme *f*

capturar *vt* festnehmen

capuchinho *m* Kapuzenumhang *m;* **Capuchinho vermelho** Rotkäppchen *nt*

capuz *m* Kapuze *f*

caqui *m* **1.** (*tecido*) Khaki *m* **2.** (BOT: *brasil*) Khakifrucht *f*

cara [ka r ɐ] **I.** *f* (ANAT) Gesicht *nt;* ~ **a** ~ von Angesicht zu Angesicht; (*fig*); **atirar a. c. à** ~ **de alguém** jdm etw ins Gesicht werfen; (*coloq*) jdm (eine) ins Gesicht schlagen; **dar de** ~s **com a. c.** auf etw stoßen; **dizer a. c. na** ~ **de alguém** jdm etw ins Gesicht sagen; **é a**

tua ~ (**chapada**) er/sie ist dein Ebenbild; **quem vê ~s não vê corações** stille Wasser sind tief; **ser muito ~ de pau** frech/unverschämt sein; (*expressão*) Miene *f;* **estar com/ter ~ de poucos amigos** ein mürrisches Gesicht machen; **ficar de ~ à banda** verblüfft sein; **estar com/fazer ~ de caso** bedenklich schauen/ein bedenkliches Gesicht machen; (*aspecto*) Aussehen *nt;* **estar com má ~** schlecht aussehen; **ter ~ de aussehen wie;** (*da moeda*) Kopf *m* **II.** *m* (*brasil*) Kerl *m*

carabina *f* Karabiner *m*

caraças *interj* verdammt!

caracol *m* **1.** (ZOOL) Schnecke *f;* **a passo de ~** im Schneckentempo **2.** (*de cabelo*) Locke *f*

carácter *m* **1.** (PSIC) Charakter *m* **2.** (*tipografia*) Buchstabe *m* **3.** (*índole*) Art *f;* **um texto de ~ religioso** ein religiöser Text

caracteres *mpl* (*tipografia*) Schrift *f;* **~ de imprensa** Druckschrift *f*

característica *f* Kennzeichen *nt,* Charakteristik *f*

característico *adj* charakteristisch, kennzeichnend

caracterização *f* Charakterisierung *f*

caracterizar *vt* **1.** (*descrever*) charakterisieren **2.** (*teatro*) schminken

Caraíbas *fpl* Karibik *f*

caralho *m* (*cal*) Schwanz *m*

caramba *interj* (*espanto*) Donnerwetter!; (*desagrado*) verdammt!

caramelo *m* **1.** (*açúcar*) Karamell *m* **2.** (*rebuçado*) Karamellbonbon *nt*

cara-metade *f* (*coloq*) **a minha ~** meine bessere Hälfte

caramujo *m* (ZOOL) Seeschnecke *f*

caranguejo *m* **1.** (ZOOL) Krebs *m* **2.** (*zodíaco*) Krebs *m*

carapaça *f* Panzer *m*

carapau [kɐreˈpau] *m* (ZOOL) Stichling *m*

carapinha *f* krause(s) Haar *nt*

carapuça *f* Zipfelmütze *f;* **enfiar a ~** die Kritik schlucken; **não me serve a ~** das trifft mich nicht; **qual ~!** so ein Quatsch!

caravana [kɐreˈvene] *f* **1.** (*campismo*) Wohnwagen *m* **2.** (*pessoas*) Karawane *f*

caravela *f* Karavelle *f*

carbonato *m* (QUÍM) Karbonat *nt*

carboneto *m* (QUÍM) Karbid *nt*

carbonizado *adj* verkohlt

carbonizar *vt* verkohlen

carbono *m* (QUÍM) Kohlenstoff *m*

carburador [kɐrbureˈdor] *m* Vergaser *m*

carcaça *f* **1.** (*armação*) Gestänge *nt,* Gerippe *nt* **2.** (*pão*) Brötchen *nt*

carcela *f* Hosenschlitz *m*

cárcere *m* Kerker *m,* Gefängnis *nt*

carcereiro, -a *m, f* Gefängniswärter, Gefängniswärterin *m, f*

carcinoma *m* (MED) Karzinom *nt*

carcoma *m* (ZOOL) Holzwurm *m*

carcomer *vt* zernagen, zerfressen

carcomido *adj* wurmstichig

cardápio *m* **1.** (*brasil: ementa*) Speisekarte *f* **2.** (*brasil: pratos*) Menü *nt*

cardar *vt* **1.** (*lã*) kämmen **2.** (*coloq: uma pessoa*) schröpfen

cardeal I. *m* (REL) Kardinal *m* **II.** *adj* Haupt ...; **pontos cardeais** Himmelsrichtungen *pl*

cárdia *f* (ANAT) Mageneingang *m*

cardíaco, -a [kɐrˈdieku] **I.** *m, f* (MED) Herzkranke **II.** *adj* (MED) Herz ...

cardinal *adj* wesentlich, Haupt ...; (MAT); **numeral ~** Grundzahl *f,* Kardinalzahl *f*

cardiologista [kɐrdjuluˈʒiʃte] *m(f)* Herzspezialist, Herzspezialistin *m, f,* Kardiologe, Kardiologin *m, f*

cardite *f* (MED) Karditis *f*

cardo *m* (BOT) Distel *f*

cardume *m* Schwarm *m*

careca I. *f* Glatze *f;* **descobrir a ~ a alguém** jdm die Maske vom Gesicht reißen **II.** *m* (*pessoa*) Glatzkopf *m* **III.** *adj* kahlköpfig

carecer *vi* nicht haben (*de*); **carecemos de ...** es fehlt uns an ...; **carecem de ajuda** sie bekommen keine Hilfe

careiro *adj* teuer

carência *f* Fehlen *nt* (*de*); (*alimentos*) Mangel *m* (*de an*)

careta I. *f* Grimasse *f;* **fazer ~s** Grimassen schneiden **II.** *adj* (*brasil*) überholt, altbacken

carga *f* **1.** (*carregamento*) Last *f;* **~ de água** Regenguss *m;* **~ explosiva** Sprengladung *f;* **porque ~ d'água ...?** aus welchem unerfindlichen Grund ...? **2.** (*fardo*) Last *f,* Belastung *f* **3.** (ECON) Fracht *f,* Frachtgut *nt* **4.** (ELECTR) Ladung *f* **5.** (MIL) Angriff *m*

cargo *m* **1.** (*função*) Amt *nt;* (*emprego*) Stellung *f* **2.** (*obrigação*) Verpflichtung *f,* Pflicht *f* **3.** (*responsabilidade*) Verantwortung *f;* **isso está a ~ dele** er ist dafür zuständig; **deixar a. c. a ~ de alguém** jdm etw überlassen; **isso fica a meu ~** das übernehme ich

cargueiro I. *m* (NAÚT) Frachtdampfer *m*, Frachter *m* II. *adj* Fracht ..., Last ...

cariado *adj* (*dente*) kariös

cariar *vi* (*dente*) von Karies befallen werden

caricato *adj* lächerlich, grotesk

caricatura *f* Karikatur *f*

caricaturar *vt* karikieren

carícia *f* Liebkosung *f*

caridade *f* 1. (*amor ao próximo*) Nächstenliebe *f* 2. (*generosidade*) Barmherzigkeit *f*, Wohltätigkeit *f*

caridoso *adj* wohltätig, barmherzig

cárie *f* (MED) Karies *f*

caril *m* (CUL) Curry *nt*

carimbar *vt* stempeln, abstempeln

carimbo *m* Stempel *m*

carinho *m* 1. (*sentimento*) Zuneigung *f* (*por* für) 2. (*acto*) Liebkosung *f*

carinhoso [keri'ɲozu] *adj* liebevoll (*com* zu), zärtlich (*com* zu)

Caríntia *f* Kärnten *nt*

carioca [kɐrj'ɔke] I. *m(f)* (*pessoa*) Einwohner , Einwohnerin von Rio de Janeiro *m* II. *m* (*bebida*) ~ **de café** schwache(r) Kaffee *m* III. *adj* aus Rio de Janeiro

carisma *m* Charisma *nt*

cariz *m* 1. (*de pessoa*) Aussehen *nt* 2. (*de situação*) Entwicklung *f* 3. (METEO) Wetterlage *f*

carmesim *m* Karmesin *nt*, Karmin *nt*

carmim *m* v. **carmesim**

carnal *adj* fleischlich, sinnlich

carnaval [kɐrne'val] *m* Karneval *m*, Fasching *m*

Der **carnaval** in Rio, das alljährlich vier Tage vor Aschermittwoch gefeierte größte Spektakel Brasiliens, findet zur gleichen Zeit wie unser Fasching statt und dauert fünf Tage lang. Über 250.000 Leute sind an diesem Fest, das noch wichtiger als Weihnachten und Ostern ist, direkt oder indirekt beteiligt. Sämtliche Sambaschulen haben sich fast ein Jahr lang mit kunstvoll gefertigten Kostümen und perfekt einstudierten Tänzen auf ihren Auftritt vorbereitet. Fast alle Mitglieder kommen aus den favelas (Slums). Durch den recht hochdotierten Hauptgewinn hoffen sie, zu etwas Wohlstand zu gelangen. Die meisten Läden und Ämter sind während der gesamten Zeit der kollektiven Tanzorgien geschlossen.

carne ['karnə] *f* Fleisch *nt;* ~ **assada** Braten *m;* ~ **defumada** Rauchfleisch *nt;* ~ **de porco** Schweinefleisch *nt;* ~ **de vaca** Rindfleisch *nt;* ~ **picada** Hackfleisch *nt;* ~**s frias** Aufschnitt *m;* **em** ~ **e osso** leibhaftig

carneiro *m* Hammel *m;* ~ **assado** Hammelbraten *m*

Carneiro *m* (*zodíaco*) Widder *m*

carniceiro, -a *m, f* 1. (*de animais*) Schlachter, Schlachterin *m, f*, Metzger, Metzgerin *m, f* 2. (*pej: sanguinário*) Schlächter, Schlächterin *m, f*

carnificina *f* Gemetzel *nt*, Blutbad *nt*

carnívoro *adj* Fleisch fressend

carnudo *adj* fleischig

caro ['karu] *adj* 1. (*no preço*) teuer 2. (*querido*) lieb; (*em carta*); ~ /**cara colega** lieber Kollege/liebe Kollegin

carocha I. *m* (*automóvel*) Käfer *m* II. *f* (ZOOL) Hirschkäfer *m*

carochinha *f* **história da** ~ Märchen *nt*

caroço *m* Kern *m*, Stein *m*

carola I. *m(f)* (*pessoa*) Fanatiker, Fanatikerin *m, f* II. *f* (*coloq: cabeça*) Birne *f* III. *adj* fanatisch

carolice *f* Frömmelei *f*

carona I. *f* (*brasil*) Mitfahrgelegenheit *f;* **andar/viajar de** ~ per Anhalter fahren, trampen II. *m(f)* (*brasil*) Schwarzfahrer, Schwarzfahrerin *m, f*

carótida *f* (ANAT) Halsschlagader *f*

carpa *f* (ZOOL) Karpfen *m*

carpete *f* Teppich *m*

carpintaria [kɐrpĩnte'riɐ] *f* Tischlerei *f*, Schreinerei *f*

carpinteiro, -a *m, f* Tischler, Tischlerin *m, f*, Schreiner, Schreinerin *m, f*

carpo *m* 1. (ANAT) Handwurzel *f* 2. (BOT) Frucht *f*

carquilha *f* Falte *f*

carraça *f* (ZOOL) Zecke *f*

carrada *f* Fuhre *f;* ~**s de** Mengen (von); **ter** ~**s de razão** hundertprozentig Recht haben

carrancudo *adj* (*pessoa*) mürrisch, verdrießlich; (*dia*) trist

carrapato *m* 1. (BOT) Rizinus *m* 2. (ZOOL) Zecke *f*

carrapicho *m* (*no cabelo*) Haarknoten *m*, Dutt *m*

carrapito *m* (*no cabelo*) Pferdeschwanz *m*

carrascão I. *m* (*vinho*) Rachenputzer *m* II. *adj* (*vinho*) herb, sauer

carrasco m **1.** (verdugo) Henker m **2.** (pessoa cruel) Unmensch m **3.** (BOT) Steineiche f
carraspana f (coloq) Rausch m, Schwips m
carregado adj **1.** (automóvel, pessoa) beladen; (muito ~) überladen **2.** (ELECTR) geladen **3.** (céu) bewölkt **4.** (cor) kräftig **5.** (so taque) stark
carregador[1] m (ELECTR) Ladegerät nt
carregador(a)[2] m(f) (na estação) Gepäckträger, Gepäckträgerin m, f
carregamento m **1.** (carga) Ladung f **2.** (embarque) Einladen nt, Verladen nt **3.** (de arma) Laden nt
carregar I. vt **1.** (navio, camião) beladen; (mercadoria) verladen, einladen; ~ **demais o carro** das Auto überladen **2.** (ELECTR, INFORM) laden **3.** (arma) laden II. vi **1.** (malas; transportar) ~ **com a. c.** etw tragen; (deveres) etw übernehmen **2.** (premir) ~ **em** drücken (auf)
carreira f **1.** (profissão) Laufbahn f; (com êxito) Karriere f **2.** (DESP) Lauf m, Rennen nt **3.** (fila) Reihe f; **em** ~ in einer Reihe **4.** (transportes) Linie f; (percurso) Strecke f
carreiro m Fußweg m; (de formigas) Ameisenstraße f
carriça f (ZOOL) Zaunkönig m
carril m Schiene f
carrinha f Kombi m, Kombiwagen m; (para transportes) Lieferwagen m; ~ **de caixa aberta** Pritschenwagen m
carrinho m kleine(r) Wagen m, Wägelchen nt; ~ **de bebé** Kinderwagen m; ~ **de compras** Einkaufswagen m; ~ **de mão** Schubkarre f
carripana f (coloq) (alte) Kiste f
carro ['kaʀu] m Wagen m, Auto nt; ~ **de aluguer** Mietwagen m; ~ **de combate** Panzer m; ~ **usado/em segunda mão** Gebrauchtwagen m; (fig) **pôr o** ~ **à frente dos bois** das Pferd am Schwanz aufzäumen
carroça f Leiterwagen m
carroçaria f Karosserie f
carrocel m Karussell nt
carro-patrulha m Streifenwagen m
carruagem f Wagen m, Waggon m
carruagem-cama f Schlafwagen m
carruagem-restaurante f Speisewagen m
carta ['kartɐ] f **1.** (correspondência) Brief m; ~ **de apresentação** Anschreiben nt; ~ **de recomendação** Empfehlungsschreiben nt; ~ **registada** Einschreiben nt; ~ **de demissão**

Kündigungsschreiben nt **2.** (mapa) Landkarte f **3.** (do baralho) Karte f, Spielkarte f **4.** (documento oficial) Urkunde f, Bescheinigung f; ~ **constitucional** Verfassungsurkunde f; ~ **de condução** Führerschein m; **tirar a** ~ den Führerschein machen

> Sagen Sie nicht **carta**, wenn Sie eine Karte wollen, sonst bekommen Sie einen Brief. Das Wort "Karte" heißt auf portugiesisch postal.

carta-branca f Blankovollmacht f; **dar** ~ **a alguém** jdm völlig freie Hand lassen
cartão [kɐr'tãu] m **1.** (papelão) Pappe f, Karton m; ~ **canelado** Wellpappe f **2.** (de instituição) Karte f; ~ **de beneficiário** Krankenversichertenkarte f; ~ **de contribuinte** Steuerzahlerausweis m; ~ **de crédito** Kreditkarte f; ~ **de estudante** Studentenausweis m; ~ **de telefone** Telefonkarte f; (caminhos-de-ferro); ~ **dourado** Seniorenpass m **3.** (brasil: postal) Postkarte f, Ansichtskarte f
cartão-de-visita m Visitenkarte f
cartão-postal m (brasil) Postkarte f
cartaz [kɐr'taʃ] m Plakat nt; **afixar um** ~ ein Plakat aufhängen
carteira [kɐr'teirɐ] f **1.** (para dinheiro) Brieftasche f; (de senhora) Handtasche f **2.** (escrivaninha) Schulbank f **3.** (ECON) Wertpapierbestand m **4.** (brasil: documento) ~ **de identidade** Personalausweis m; ~ **de motorista** Führerschein m
carteirista [kɐrtei'riʃtɐ] m(f) Taschendieb, Taschendiebin m, f
carteiro m Briefträger m
cartel m (ECON) Kartell nt
cartilagem f (ANAT) Knorpel m
cartilha f Fibel f
cartografia f Kartographie f
cartola f **1.** (chapéu) Zylinder m **2.** (reg: bebedeira) Rausch m
cartolina f feine(r) Karton m, Zeichenkarton m
cartomante m(f) Kartenleger, Kartenlegerin m, f
cartório m **1.** (de notário) Notariat nt **2.** (arquivo) Archiv nt
cartucho [kɐr'tuʃu] m **1.** (saco de papel) Tüte f **2.** (de arma) Patrone f
caruma f (trockene) Nadeln pl, (trockene) Piniennadeln pl

C

caruncho f Holzwurm m
carvalho m (BOT) Eiche f
carvão [kɐr'vãu] m Kohle f; ~ **mineral** Steinkohle f; ~ **vegetal** Holzkohle f
casa ['kazɐ] f 1. (ARQ) Haus nt; (andar) Wohnung f; ~ **alugada/arrendada** Mietwohnung f; ~ **de pasto** einfache Gaststätte f; ~ **própria** Eigenheim nt; ~ **das máquinas** Maschinenhaus nt; ~ **de saúde** Krankenhaus nt; **em** ~ zu Hause; **estar em** ~ **de alguém** bei jdm sein; **está em casa da Cristina** er/ sie ist bei Cristina; **ir a** ~ **de alguém** zu jdm gehen; **para** ~ nach Hause 2. (estabelecimento) Firma f; **Casa da Moeda** Münze f; ~ **de penhores** Leihhaus nt 3. (do botão) Knopfloch nt 4. (xadrez) Feld nt
casa-alugada f (ZOOL) Einsiedlerkrebs m
casaca f Frack m; (fig); **cortar na** ~ lästern; (fig); **cortar na** ~ **de alguém** über jdn herziehen; (fig); **virar a** ~ das Lager wechseln
casacão m (dicke) Jacke f
casaco [kɐ'zaku] m Jacke f; (para homem) Jackett nt; ~ **de malha** Strickjacke f
casa-de-banho f (na casa) Badezimmer nt; (em lugar público) Toiletten pl
casado [kɐ'zadu] adj verheiratet
casadoiro adj heiratsfähig
casal m 1. (de pessoas) Paar nt; (casado) Ehepaar nt; (de animais) Pärchen nt 2. (povoado) Weiler m
casamata f Kasematte f
casamenteiro, **-a** m, f Heiratsvermittler, Heiratsvermittlerin m, f; Kuppler, Kupplerin m, f
casamento [kɐzɐ'mẽtu] m 1. (união) Ehe f 2. (cerimónia) Trauung f; ~ **civil/religioso** standesamtliche/kirchliche Trauung 3. (boda) Hochzeit f
casar I. vt trauen II. vi heiraten; ~ **com alguém** jdn heiraten; ~ **pela Igreja** kirchlich heiraten III. vr sich verheiraten (com mit)
casarão m große(s) Haus nt
casca f (de árvore, queijo) Rinde f; (de ovo, fruta, batata) Schale f
casca-grossa m(f) (coloq) Grobian m
cascalho m 1. (pedras) Schotter m, Kies m 2. (coloq: moedas) Kies m
cascar vt (coloq: bater) durchprügeln
cascata f Wasserfall m
cascavel I. f (ZOOL) Klapperschlange f II. m (chocalho) Rassel f
casco m 1. (crânio) Schädel m 2. (de navio) Rumpf m 3. (de cavalo) Huf m 4. (de vinho) Weinfaß nt
casebre m elende Hütte f
caseiro I. m Pächter m II. adj 1. (pessoa) häuslich 2. (objecto, alimento) hausgemacht
caserna f Kaserne f
casimira f Kaschmir m
casino [kɐ'zinu] m Kasino nt
casmurro adj 1. (teimoso) dickköpfig, eigensinnig 2. (triste) mürrisch, verdrießlich
caso ['kazu] I. m (acontecimento) Fall m, Angelegenheit f; ~ **bicudo** knifflige/heikle Angelegenheit; ~ **de consciência** Gewissensfrage f; ~ **contrário** sonst, anderenfalls; **em** ~ **de dúvida** im Zweifelsfall; **em** ~ **de necessidade** falls es nötig ist; **em todo o** ~ jedenfalls, auf jeden Fall; **o** ~ **está mal parado** die Sache sieht schlecht aus; **em último** ~ notfalls; **nesse/neste** ~ in diesem Fall; **no** ~ **de** falls; **isso não vem ao** ~ das gehört nicht zur Sache; **não fazer** ~ **de ...** kein Aufhebens machen von ..., ... nicht beachten; (GRAM) Fall m, Kasus m II. m(f) + conj falls
casota f (de cão) Hundehütte f
caspa ['kaʃpɐ] f Schuppe f
casquilho m 1. (de lâmpada) Gewinde f 2. (pessoa) Geck m
cassa f Gaze f
cassar vt aufheben
cassete [ka'sɛtɐ] f Kassette f; ~ **de vídeo** Videokassette f
cassetete m Schlagstock m
casta f 1. (raça) Rasse f 2. (classe social, religiosa) Kaste f; **toda a** ~ **de** allerlei
castanha f 1. (BOT) Esskastanie f 2. (assada) Marone f
castanho [kɐʃ'tɐɲu] I. m (madeira) Kastanienholz nt; (cor) Braun nt II. adj braun
castanholas m(f)pl Kastagnetten pl
castelhano, **-a** I. m, f Kastilier, Kastilierin m, f II. adj kastilisch
castelo [kɐʃ'talu] m Schloss nt; (fortaleza) Burg f, Kastell nt; ~**s no ar** Luftschlösser
castiçal m Kerzenleuchter m
castiço adj 1. (animal) reinrassig 2. (puro) authentisch, ursprünglich 3. (engraçado) niedlich
castidade f Keuschheit f
castigar vt bestrafen (por für)
castigo [kɐʃ'tigu] m 1. (pena) Strafe f (por für) 2. (acto) Bestrafung f
casto adj keusch

castor *m* (ZOOL) Biber *m*
castração *f* Kastration *f*
castrar *vt* kastrieren
castro *m* (HIST) vorrömische Siedlung *f*
casual *adj* zufällig, Zufalls ...
casualidade *f* Zufall *m*
casulo *m* **1.** (*insectos*) Kokon *m* **2.** (BOT) Samenkapsel *f*
cata *f* Suche *f*; **andar à ~ de a. c.** auf der Suche nach etw sein
cataclismo *m* **1.** (GEOL) Kataklysmus *m* **2.** (*inundação*) Überschwemmung *f* **3.** (*social*) Umsturz *m*
catacumba *f* Katakombe *f*
catalepsia *f* (MED) Katalepsie *f*, Muskelverkrampfung *f*
catalisador *m* Katalysator *m*
catalisar *vt* (QUÍM) katalysieren
catálise *f* (QUÍM) Katalyse *f*
catalogar *vt* katalogisieren
catálogo *m* Katalog *m*
cataplasma *f* (MED) Kataplasma *nt*, Breiumschlag *m*
catapulta *f* Katapult *nt*
catar *vt* (*pulgas, piolhos*) suchen; (*coloq*) knacken; **~ as pulgas ao cão/os piolhos à criança** den Hund flöhen/das Kind lausen
catarata *f* **1.** (*queda d'água*) Wasserfall *m* **2.** (MED) graue(r) Star *m*
catarro *m* (MED) Katarrh *m*
catástrofe *f* Katastrophe *f*
catastrófico *adj* katastrophal
cata-vento *m* Wetterfahne *f*
catecismo *m* (REL) Katechismus *m*
cátedra *f* Lehrstuhl *m*, Professur *f*
catedral [ketə'dral] *f* Dom *m*, Kathedrale *f*
categoria *f* **1.** (*grupo, qualidade*) Kategorie *f*; **~ profissional** Beruf *m*; **de ~** erstklassig **2.** (*social*) Rang *m*, Stellung *f*; **de ~** hochgestellt
categórico *adj* kategorisch
catequese *f* (REL) Katechese *f*
catequista *m(f)* (REL) Katechet, Katechetin *m, f*
cateto *m* (MAT) Kathete *f*
catita *adj* fein, elegant
cativante *adj* fesselnd; (*sorriso*) bezaubernd
cativar *vt* **1.** (*prender*) gefangen nehmen, festnehmen **2.** (*facto, acontecimento*) fesseln; (*com simpatia*) bezaubern
cativeiro *m* Gefangenschaft *f*

cativo, -a I. *m, f* Gefangene *m* II. *adj* gefangen
cato *m* (*brasil*) Kaktus *m*
catolicismo *m* Katholizismus *m*
católico, -a I. *m, f* Katholik, Katholikin *m, f* II. *adj* katholisch
catorze [ke'torzə] *num card* vierzehn
catraia *f* **1.** (*barco*) Einer *m* **2.** (*coloq: rapariga*) kleine(s) Mädchen *nt*
catraio *m* Knirps *m*
catrapus *interj* boing!, plumps!
caução [kau'sãu] *f* **1.** (*valor*) Kaution *f* **2.** (*garantia*) Bürgschaft *f*
cauda *f* **1.** (*animais*) Schwanz *m* **2.** (*vestido*) Schleppe *f* **3.** (*cometa*) Schweif *m* **4.** (*avião*) Heck *nt* **5.** (*retaguarda*) Ende *nt*
caudal I. *m* (*torrente*) Wasserflut *f*; (*volume*) Wassermenge *f* II. *adj* Schwanz ...
caule *m* (BOT) Stängel *m*
causa ['kauze] *f* **1.** (*motivo*) Grund *m* (*de* für), Ursache *f* (*de* für); **por ~ de** wegen **2.** (DIR) Rechtssache *f*; (*processo*) Prozess *m*
causador(a) I. *m(f)* Urheber, Urheberin *m, f*; (*de danos*) Verursacher, Verursacherin *m, f* II. *adj* verursachend
causal *adj* ursächlich; (GRAM) kausal
causar [kau'zar] *vt* verursachen; **~ admiração** Bewunderung hervorrufen; **~ danos** Schaden anrichten; **~ a morte de alguém** jds Tod herbeiführen; **o sismo causou muitos mortos** das Erdbeben forderte viele Todesopfer
cáustico I. *m* Ätzmittel *nt* II. *adj* ätzend
cautela *f* **1.** (*precaução*) Vorsicht *f*; **~!** Vorsicht!; **à ~** zur Vorsicht **2.** (*lotaria*) Los *nt* **3.** (*de penhor*) Pfandschein *m*
cauteleiro, -a *m, f* Losverkäufer, Losverkäuferin *m, f*
cauteloso *adj* vorsichtig
cauto *adj* vorsichtig
cava *f* **1.** (*vinha*) Weinkeller *m* **2.** (*para mangas*) Armausschnitt *m*; (*pescoço*) Halsausschnitt *m*
cavaca *f* **1.** (CUL) Plätzchen *nt* **2.** (*de madeira*) Scheit *nt*
cavaco *m* **1.** (*de madeira*) Splitter *m*, Holzspan *m* **2.** (*coloq: conversação*) Schwatz *m*; **não dar ~** keinen Laut von sich geben, nichts von sich hören lassen +*dat*
cavado *adj* hohl
cavala *f* (ZOOL) Makrele *f*
cavalariça *f* Pferdestall *m*

cavaleiras *fpl* **às ~** huckepack
cavaleiro¹ *m* (HIST) Ritter *m*
cavaleiro, -a² *m, f* Reiter, Reiterin *m, f*
cavalete *m* **1.** (*armação*) Gestell *nt* **2.** (*do pintor*) Staffelei *f*
cavalgada *f* **1.** (*pessoas*) Reitertrupp *m* **2.** (*passeio*) Ausritt *m*
cavalgar *vi* reiten
cavalheiresco *adj* galant; (*nobre*) vornehm
cavalheirismo *f* Galanterie *f*
cavalheiro *m* Kavalier *m*
cavalitas *adv* **às ~** huckepack
cavalo [kɐ'valu] *m* **1.** (ZOOL) Pferd *nt;* **~ de montar** Reitpferd *nt;* **~ de tiro** Zugpferd *nt;* **a ~** zu Pferd; (*geral*) rittlings; **andar a ~** reiten; **passar/ir de ~ para burro** eine Etage tiefer sinken **2.** (*xadrez*) Springer *m* **3.** (FÍS) Pferdestärke *f*
cavalo-marinho *m* **1.** (*hipopótamo*) Flusspferd *nt,* Nilpferd *nt* **2.** (*peixe*) Seepferdchen *nt*
cavalo-vapor *m* (FÍS) Pferdestärke *f*
cavanhaque *m* (*brasil*) Spitzbart *m*
cavaqueira *f* Schwatz *m,* Plauderei *nt*
cavaquinho *m* kleine viersaitige Gitarre
cavar *vt* **1.** (*abrir a terra*) graben; (*revolver*) hacken **2.** (*tirar da terra*) ausgraben
cave *f* **1.** (*da casa*) Keller *m,* Kellergeschoss *nt* **2.** (*adega*) Weinkeller *m,* Kellerei *f*
caveira *m* Totenkopf *m*
caverna [kɐ'vɜrnɐ] *f* (*gruta*) Höhle *f*
caviar *m* (CUL) Kaviar *m*
cavidade *f* Hohlraum *m;* (ANAT); **~ torácica** Brusthöhle *f*
cavilha *f* Bolzen *m,* Zapfen *m*
cavo *adj* **1.** (*oco*) hohl **2.** (*fundo*) tief
caxemira *f* Kaschmir *m*
Cazaquistão *m* Kasachstan *nt*
CD [se'de] *abrev de* **compact disc** CD (= *compact disc*)
CD-ROM *m* (INFORM) CD-ROM *f*
CE *abrev de* **Comunidade Europeia** EG (= *Europäische Gemeinschaft*)
cear *vi* zu Abend essen
cebola *f* **1.** (BOT) Zwiebel *f* **2.** (*coloq: relógio*) große dicke Taschenuhr *f*
cebolada *f* (CUL) Zwiebelsoße *f*
cebolinha *f* Silberzwiebel *f*
cecear *vi* lispeln
ceco *m* (ANAT) Blinddarm *m*
ceder **I.** *vt* überlassen; (*direitos*) abtreten, übertragen **II.** *vi* **1.** (*dobrar-se, transigir*)

nachgeben **2.** (*diminuir*) nachlassen
cedilha *f* Cedille *f*
cedinho *adv* sehr früh; (*coloq*) recht früh
cedo ['sedu] *adv* früh; (*antes do tempo*) zu früh; **mais ~ ou mais tarde** früher oder später
cedro *m* (BOT) Zeder *f*
cédula *f* Schein *m,* Bescheinigung *f;* **~ de nascimento** Geburtsurkunde *f;* **~ pessoal** Ausweis *m*
cefaleia *f* (MED) Kopfschmerzen *pl*
cefálico *adj* (MED) Kopf ...
cegar **I.** *vt* blenden **II.** *vi* erblinden
cegas *adv* **às ~** blindlings
cego, -a¹ ['sɜgu] **I.** *m, f* Blinde **II.** *adj* **1.** (*que não vê*) blind **2.** (*deslumbrado*) verblendet
cego² *m* (ANAT) Blinddarm *m*
cegonha *f* (ZOOL) Storch *m*
cegueira *f* (*fig*) Blindheit *f*
ceia *f* Abendessen *nt;* (*mais tarde*) nächtliche(r) Imbiss *m;* (REL); **última ~** Abendmahl *nt*
ceifa *f* (AGR) Getreideernte *f*
ceifar *vi* (AGR) ernten
ceifeira *f* (*máquina*) Mähmaschine *f*
cela *f* Zelle *f*
celebérrimo *superl de* **célebre**
celebração *f* Feier *f,* Fest *nt*
celebrar **I.** *vt* (*festejar*) feiern; (*realizar*) abhalten, veranstalten; **~ a missa** die Messe lesen **II.** *vr* stattfinden
célebre *adj* berühmt (*por* für)
celebridade *f* **1.** (*fama*) Ruhm *m* **2.** (*pessoa*) Berühmtheit *f*
celeiro *m* Getreidespeicher *m*
celeste *adj* himmlisch, Himmels ...
celestial *adj v.* **celeste**
celeuma *f* Lärm *m,* Krach *m*
celibatário, -a **I.** *m, f* Junggeselle, Junggesellin *m, f* **II.** *adj* ledig, unverheiratet
celibato *f* Zölibat *nt*
celofane *m* Zellophan *nt,* Cellophan *nt*
célula *f* (BIOL, POL) Zelle *f*
celular [selu'lar] **I.** *m* (*brasil*) Handy *nt* **II.** *adj* zellular, Zell ...
celulite *f* (MED) Zellulitis *f*
celulóide *f* (QUÍM) Zelluloid *nt*
celulose *f* (BIOL) Zellulose *f*
cem [sãi] *num card* hundert
cementar *vt* (*metal*) härten
cemitério [sɐmi'tɜrju] *m* Friedhof *m;* **~ nuclear** atomares Endlager *nt*
cena ['senɐ] *f* **1.** (*situação, parte de uma pe-*

ça) Szene *f* **2.** (*palco*) Bühne *f;* **entrar em** ~ **torta** nicht vorwärts kommen, auf der Stelle auftreten

cenário *m* **1.** (*no teatro*) Bühnenbild *nt* **2.** (*panorama*) Szenerie *f*

cénico *adj* szenisch

cenografia *f* Bühnenbildgestaltung *f*

cenoura *f* Karotte *f*, Möhre *f*

censo *m* Zensus *m,* Volkszählung *f;* ~ **eleitoral** Wählerliste *f*

censura *f* **1.** (*de textos*) Zensur *f* **2.** (*repreensão*) Tadel *m*

censurar *vt* **1.** (*textos*) zensieren **2.** (*repreender*) tadeln

censurável *adj* tadelnswert

centavo *m* (*moeda*) Centavo *m*

centeio [sɛ̃'teju] *m* Roggen *m*

centena *f* Hundert *nt;* **às** ~**s** zu Hunderten

centenário **I.** *m* Hundertjahrfeier *f;* ~ **da morte** hundertster Todestag *m* **II.** *adj* hundertjährig

centesimal *adj* zentesimal

centésimo **I.** *m* Hundertstel *nt* **II.** *num ord* hundertste(r, s)

centígrado *adj* grau ~ Celsiusgrad *nt;* **dez graus** ~**s** zehn Grad Celsius

centímetro [sɛ̃'timətru] *m* Zentimeter *m*

cento ['sɛ̃tu] *m* Hundert *nt;* **cinco por** ~ fünf Prozent

centopeia *f* (ZOOL) Tausendfüßler *m*

central [sɛ̃'tral] **I.** *f* Zentrale *f;* (TEL) Amt *nt;* ~ **eléctrica** Kraftwerk *nt;* ~ **nuclear** Atomkraftwerk *nt* **II.** *adj* zentral; (*importante*) wesentlich; **rua** ~ Hauptstraße *f*

centralização *f* Zentralisierung *f*

centralizar *vt* zentralisieren

centrar *vt* zentrieren

centrifugador *m* Zentrifuge *f*

centrifugadora *f* ~ **de roupa** Wäscheschleuder *f*

centrifugar *vt* zentrifugieren; (*roupa*) schleudern

centrífugo *adj* zentrifugal; **força centrífuga** Zentrifugalkraft *f*

centro ['sɛ̃tru] *m* **1.** (*ponto no meio*) Zentrum *nt,* Mittelpunkt *m,* Mitte *f;* ~ **da cidade** Stadtmitte *f,* Stadtzentrum *nt;* (FíS) ~ **de gravidade** Schwerpunkt *m;* **ser o** ~ **das atenções** im Mittelpunkt stehen **2.** (*instituição*) Zentrum *nt;* ~ **cívico** Bürgerzentrum *nt;* ~ **comercial** Einkaufszentrum *nt* **3.** (POL) Zentrum *nt,* Mitte *f*

cepa *f* Rebstock *m;* **não passar/sair da** ~

cepo *m* **1.** (*pedaço de madeira*) Holzklotz *m* **2.** (*de árvore*) Baumstumpf *m*

cepticismo *m* Skepsis *f*

céptico, -a **I.** *m, f* Skeptiker, Skeptikerin *m, f* **II.** *adj* skeptisch

ceptro *m* Zepter *nt*

cera *f* **1.** (*velas, depilação*) Wachs *nt;* ~ **de soalho** Bohnerwachs *nt* **2.** (*do ouvido*) Ohrenschmalz *nt*

cerâmica [sə'remike] *f* Keramik *f*

cerâmico *adj* keramisch

cerca ['serke] **I.** *m* **1.** (*construção*) Zaun *m* **2.** (*terreno*) eingezäunte(s) Grundstück *nt;* (*para animais*) Gehege *nt* **II.** *adv* **1.** (*aproximadamente*) ~ **de** etwa, zirka; **são** ~ **de 500 km** es sind etwa 500 km **2.** (*perto de*) nahe bei, in der Nähe von; **fica** ~ **de Coimbra** es liegt in der Nähe von Coimbra

cercanias *fpl* Umgebung *f*

cercar *vt* **1.** (*com cerca*) einzäunen **2.** (*uma cidade*) einschließen, einkreisen; (*polícia*) absperren, abriegeln **3.** (*rodear*) umgeben (*com* mit)

cerco *m* **1.** (*acto*) Umzingelung *m* **2.** (MIL) Belagerung *f,* Einkesselung *f* **3.** (*bloqueio*) Absperrung *m*

cerda *f* Borste *f*

cerdo *m* Schwein *nt*

cereais *mpl* Getreide *nt*

cereal *m* Getreideart *f*

cerealífero *adj* Getreide ...; (*que produz cereais*) Getreide produzierend

cerebelo *m* (ANAT) Kleinhirn *nt*

cerebral [sərə'bral] *adj* Gehirn ...

cérebro ['sɜrəbru] *m* **1.** (ANAT) Gehirn *nt* **2.** (*inteligência*) Verstand *m* **3.** (*centro intelectual*) Kopf *m*

cereja *f* Kirsche *f*

cerejeira *f* Kirschbaum *m*

cerimónia *f* **1.** (*celebração*) Zeremonie *f,* Feier *f* **2.** (*etiqueta*) Förmlichkeit *f;* **sem** ~**s** ungezwungen

cerimonial **I.** *m* (*ritual*) Zeremoniell *nt;* (*regras*) Etikette *f* **II.** *adj* feierlich, förmlich

cerimonioso *adj* förmlich; (*pessoa*) steif

cerne *m* **1.** (*árvore*) Kernholz *nt* **2.** (*parte central*) Kern *m;* **o** ~ **da questão** der Kern der Frage

ceroulas *fpl* lange Unterhose *f*

cerrado *adj* **1.** (*nevoeiro*) dicht **2.** (*noite*) dunkel, tief **3.** (*olhos*) geschlossen **4.** (*pro-*

núncia) schwer verständlich, undeutlich

cerrar *vt* **1.** (*fechar*) schließen **2.** (*cercar*) einschließen; (*com cerca*) einzäunen

certame *m* Wettbewerb *m*

certeiro *adj* **1.** (*pessoa*) sicher, treffsicher **2.** (*exacto*) zutreffend

certeza [sər'tezɐ] *f* Gewissheit *f*, Sicherheit *f*; **com/de** ~ sicher; **ter a** ~ (**de que ...**) sicher sein (, dass ...)

certidão *f* (amtliche) Bescheinigung *f*; (*escola, universidade*) Zeugnis *nt*; ~ **de nascimento** Geburtsurkunde *f*; ~ **de baptismo** Taufschein *m*; ~ **de óbito** Totenschein *m*

certificação *f* Beglaubigung *f*

certificado [sərtəfi'kadu] *m* Bescheinigung *f*; (*comprovativo*) Nachweis *m*; (*atestado*) Attest *nt*; ~ **de habilitações** Zeugnis *nt*; ~ **de aforro** Sparbrief *m*; ~ **de aprendizagem** Lehrbrief *m*; ~ **de qualidade** Qualitätszertifikat *nt*

certificar [sərtəfi'kar] **I.** *vt* (*curso*) bescheinigen; (*cópia*) beglaubigen **II.** *vr* sich vergewissern (*de*)

certo ['sɜrtu] *adj* **1.** (*sem dúvida*) sicher; **ao** ~ genau; **de** ~ sicher; **estou** ~ **de que ...** ich bin sicher, dass ...; **bater** ~ stimmen; **dar** ~ klappen **2.** (*determinado*) bestimmt, gewiss; ~ **dia** eines Tages; **de** ~ **modo/certa forma** in gewissem Maße; (**uma**) **certa pessoa** ein gewisser Jemand **3.** (*exacto*) richtig; **resposta certa** richtige Antwort; **o relógio está** ~ die Uhr geht richtig; **está** ~! in Ordnung!

cerveja [sər'veʒɐ] *f* Bier *nt*; ~ **branca** helle(s) Bier *nt*; ~ **preta** dunkle(s) Bier *nt*; ~ **de pressão** Bier vom Fass

Das brasilianische Bier - **cerveja** - ist bei den Einheimischen so beliebt wie caipirinha. Man trinkt allmählich nicht mehr so viel cachaça pur (Zuckerrohrschnaps). Die bekanntesten Biermarken sind Antarctica, Brahma, Bavaria und Skol.

cervejaria *f* **1.** (*fábrica*) Brauerei *f* **2.** (*bar*) Bierlokal *nt*; (*coloq*) Kneipe *f*; (*ao ar livre*) Biergarten *m*

Eine **Cervejaria** ist in Portugal ein Bierlokal, in dem man meistens auch mariscos (Meeresfrüchte) essen kann. Probieren Sie hier eine caneca - ein großes, frisches Bier vom Fass!

cervical *adj* Nacken ...

cerzideira *f* Kunststopferin *f*

cerzir *vt* kunststopfen

cesariana *f* (MED) Kaiserschnitt *m*

césio *m* (QUÍM) Zäsium *nt*

cessante *adj* scheidend

cessar **I.** *vt* **1.** (*parar*) stoppen; (*suspender*) unterbrechen **2.** (*deixar de fazer*) aufgeben **II.** *vi* **1.** (*acabar, desistir*) aufhören; **sem** ~ unaufhörlich **2.** (*parar*) unterbrochen werden

cessar-fogo *m* (MIL) Waffenstillstand *m*

cesta *f* Korb *m*; (*com asas*) Henkelkorb *m*

cetáceo *m* (ZOOL) Meeressäugetier *nt*

cetim *m* Satin *m*

céu [sɜu] *m* Himmel *m*; **cair do** ~ vom Himmel fallen; **estar no sétimo** ~ im siebten Himmel schweben

céu-da-boca *m* (ANAT) Gaumen *m*

cevada *f* Gerste *f*

CFC *abrev de* **clorofluorcarboneto** FCKW (= *Fluorchlorkohlenwasserstoff*)

chá [ʃa] *m* **1.** (*planta, bebida*) Tee *m*; ~ **dançante** Tanztee *m*; ~ **preto** schwarzer Tee; **não ter tomado** ~ **em criança** keine Manieren haben **2.** (*reprimenda*) Verweis *m*, Ermahnung *f*; **dar um** ~ **a alguém** jdn ermahnen

chacal *m* (ZOOL) Schakal *m*

chacina *f* Gemetzel *nt*, Blutbad *nt*

chacinar *vt* **1.** (*animais*) schlachten **2.** (*pessoas*) niedermetzeln

chacota *f* Spott *m*, Hohn *m*; **fazer** ~ **de** verspotten

chafariz *m* Brunnen *m*

chafurdar *vi* sich im Schlamm wälzen

chaga *f* (*ferida*) (offene) Wunde *f*

chagas *fpl* (BOT) Kapuzinerkresse *f*

chalaça *f* Scherz *m*, Witz *m*

chalado *adj* **1.** (*amalucado*) leicht verrückt, nicht ganz bei Trost **2.** (*pouco interessante*) langweilig

chalé *m* Landhaus *nt*, Chalet *nt*

chaleira *f* Wasserkessel *m*, Wasserkocher *m*

chalota *f* (BOT) Schalotte *f*

chalupa **I.** *f* (NAÚT) Schaluppe *f* **II.** *adj* verrückt, durchgedreht

chama ['ʃemɐ] *f* Flamme *f*; **estar em** ~**s** brennen

chamada [ʃe'mada] *f* **1.** (*telefónica*) Anruf *m*; ~ **a pagar no destino** R-Gespräch *nt*; ~ **interurbana** Ferngespräch *nt*; ~ **local** Ortsgespräch *nt;* **fazer uma ~ para alguém** jdn anrufen **2.** *(na escola)* Aufruf *m* **3.** *(apelo)* Appell *m;* **~ de atenção** Verweis *m* **4.** *(num texto)* Randzeichen *nt* **5.** (MIL) Einberufung *f*

chamamento *m* Ruf *m*

chamar [ʃeˈmar] **I.** *vt* rufen; **~ alguém** jdn rufen; (MIL) jdn einberufen; **~ ladrão a alguém** jdn einen Dieb nennen; **~ nomes a alguém** jdn beschimpfen **II.** *vr* heißen; **chamo-me Mónica/Miguel** ich heiße Mónica/Miguel

chamariz *m* **1.** *(coisa, ave)* Lockvogel *m* **2.** *(instrumento)* Lockpfeife *f*

chamego *m (brasil)* Liebkosung *f*

chaminé *f* **1.** *(conduta)* Schornstein *m;* *(de fábrica)* Schlot *m* **2.** *(na sala)* Kamin *m*

champanhe [ʃãmˈpeɲə] *m* Champagner *m;* *(espumante)* Sekt *m*

champô [ʃãmˈpo] *m* Shampoo *nt,* Haarwaschmittel *nt;* **~ anti-caspa** Schuppenshampoo *nt*

chamuscado *adj* versengt

chamuscar *vt* ansengen, versengen

chanca *f* Holzschuh *m*

chanceler *m(f)* (POL) Kanzler, Kanzlerin *m, f*

chantagem *f* Erpressung *f;* **fazer ~ com alguém** jdn erpressen

chantilly *m* Schlagsahne *f*

chão [ʃãu] **I.** *m* Boden *m;* *(na casa)* Fußboden *m;* *(solo)* Erdboden *m;* **cair no ~** auf den Boden fallen **II.** *adj* eben, flach

chapa *f* Platte *f;* **~ ondulada** Wellblech *nt;* **~ de matrícula** Nummernschild *nt;* **de ~** direkt (ins Gesicht)

chapada *f (bofetada)* Ohrfeige *f;* *(pancada)* Schlag *m*

chapado *adj* **1.** *(coloq: perfeito)* perfekt **2.** *(coloq: exacto)* ganz genau; **cara ~** Ebenbild *nt*

chape-chape *m* Plätschern *nt*

chapelaria *f* Hutgeschäft *nt*

chapeleira *f* Hutschachtel *f*

chapéu [ʃeˈpɛu] *m* Hut *m;* **~ de coco** Melone *f;* **pôr/tirar o ~** den Hut aufsetzen/abnehmen; **é de se lhe tirar o ~!** Hut ab!

chapéu-de-chuva *m* Regenschirm *m*

chapinhar [ʃepiˈɲar] *vi* **1.** *(água)* plätschern **2.** *(pessoa)* planschen

charada *f* Silbenrätsel *nt*

charco *m* Tümpel *m;* *(lodaçal)* Sumpf *m*

charlatão *m* Scharlatan *m,* Quacksalber *m*

charme *m* Charme *m*

charmoso *adj* charmant

charneca *f* Heide *f*

charneira *f* Scharnier *nt*

charro I. *m (coloq)* Joint *m* **II.** *adj* ordinär, grob

charrua *f* (AGR) Pflug *m*

charter *m* Charterflugzeug *nt*

charuto *m* **1.** *(tabaco)* Zigarre *f* **2.** (NAÚT) Paddelboot *nt*

chassi *m (automóvel)* Fahrgestell *nt*

chateado *adj (coloq)* sauer *(com* auf*)*

chatear *vt* **1.** *(coloq: irritar)* verärgern **2.** *(coloq: maçar)* langweilen **3.** *(coloq: importunar)* nerven

chatice [ʃeˈtisə] *f (coloq)* Ärger *m;* **que ~!** so ein Mist!, was für ein Ärger!

chato I. *m (coloq)* Filzlaus *f* **II.** *adj* **1.** *(plano)* flach, platt **2.** *(maçador)* langweilig, öde **3.** *(sem originalidade)* fad

chauvinismo *m* Chauvinismus *m*

chavão *m* **1.** *(estribilho)* Klischee *nt* **2.** *(pessoa)* Kapazität *f* **3.** *(para bolos)* Kuchenform *f*

chave [ˈʃavə] *f* **1.** *(instrumento)* Schlüssel *m;* **~ de fendas** Schraubenzieher *m;* **~ de ignição** Zündschlüssel *m;* **~ falsa** Nachschlüssel *m;* **fechar à ~** abschließen, zuschließen **2.** *(solução)* Lösung *f*

chave-inglesa *f* Engländer *m*

chaveiro *m* Schlüsselring *m,* Schlüsselanhänger *m*

chávena [ˈʃavənə/ˈʃikarə] *f* Tasse *f*

chaveta *f* **1.** *(sinal ortográfico)* geschweifte Klammer *f* **2.** *(peça)* Sicherungsstift *m*

chavo *m (coloq)* Heller *m;* **não ter um ~** keinen Cent haben; **não valer um ~** keinen Heller wert sein

checo, -a I. *m, f* Tscheche, Tschechin *m, f* **II.** *adj* tschechisch

Checoslováquia *f* Tschechoslowakei *f*

chefe [ˈʃɛfə] *m(f)* Chef, Chefin *m, f,* Vorgesetzte

chefia *f* Führung *f*

chefiar *vt (grupo, departamento)* führen, leiten; *(comissão)* vorstehen

chega [ˈʃɛga] *interj* genug!, das reicht!

chegada [ʃəˈgaðə] *f* Ankunft *f (a* in*)*

chegado *adj* nahe *(a* an/bei*)*

chegar [ʃəˈgar] **I.** *vt* herbringen, hergeben **II.** *vi (vir)* ankommen *(a* in*);* **o avião chega às 20 horas** das Flugzeug kommt um 20 Uhr an; *(ser suficiente)* ausreichen *(para* für*);* **chega e sobra!** mehr als genug!; **até dizer**

C

chega sehr viel; (bater); **chega-lhe!** gib's ihm!; (atingir) reichen; **a água chega** (até) **ao joelho** das Wasser geht bis zum Knie; ~ **a fazer a. c.** dazu kommen, etw zu tun; ~ **a velho** alt werden; **não sei onde queres** ~ ich weiß nicht, worauf du hinauswillst III. vr sich nähern (a)

cheia ['ʃeiɐ] f Hochwasser nt

cheio adj 1. (recipiente) voll; ~ **de água** voller Wasser; **mal** ~ nicht ganz voll 2. (pessoa) **estar** ~ **de a. c./alguém** etw/jdn satt haben; **estar** ~ **de fome/sono** einen Riesenhunger haben/hundemüde sein; **estar** ~ **de dores** überall Schmerzen haben; ~ **de si** von sich eingenommen 3. (com comida) satt 4. (dia) ausgefüllt; **um dia em** ~! ein gelungener Tag

cheirar [ʃei'rar] I. vt riechen; (animais) wittern; (fig) hineinriechen in II. vi riechen (a nach); (agradável) duften (a nach); ~ **mal** stinken

cheiro ['ʃeiru] m Geruch m (a nach); (agradável) Duft m (a nach)

cheiroso adj wohlriechend, duftend

cheque ['ʃɛkə] m Scheck m; ~ **à ordem** Orderscheck m; ~ **ao portador** Überbringerscheck m; ~ **cruzado** Verrechnungsscheck m; ~ **de viagem** Reisescheck m; ~ **em branco** Blankoscheck m; ~ **sem cobertura** ungedeckter Scheck; **cobrar/trocar um** ~ einen Scheck einlösen; **passar um** ~ einen Scheck ausstellen

cheque-mate m Schachmatt nt

cheta f (coloq) v. **chavo**

chiar vi (porta, pneus) quietschen

chicana f Kniff m; **fazer** ~ Kniffe anwenden

chicha f 1. (coloq: carne) Fleisch nt 2. (coloq: apontamento) Spickzettel m

chicharro m (ZOOL) (großer) Stichling m

chichi m (coloq) Pipi nt; **fazer** ~ Pipi machen

chiclete f (reg brasil) Kaugummi m

chicória f 1. (de café) Zichorie f 2. (brava) Endivie f

chicotada f Peitschenhieb m

chicote m Peitsche f

chifre m Horn nt; ~**s** Geweih nt

Chile m Chile nt

chilique m (coloq) Ohnmacht f; **ter um** ~ in Ohnmacht fallen

chilrear vi zwitschern

chimpanzé m (ZOOL) Schimpanse m

China f China nt

chinela f Hausschuh m, Pantoffel m

chinelo m Hausschuh m; **meter alguém num** ~ jdn übertrumpfen

chinês, -esa I. m, f Chinese, Chinesin m, f II. adj chinesisch

chinesice f 1. (objecto) Plunder m 2. (ideia) ausgefallene Idee f

chinfrim m (coloq) Krach m, Radau m

chinó m Perücke f

chip m (INFORM) Chip m

Chipre m Zypern nt

chique adj schick

chiqueiro m Schweinestall m

chispa f Funke m

chispar vi 1. (cintilar) funkeln, blitzen 2. (coloq: ir embora) sich davonmachen

chispe m Schweinefuß m

chita f (tecido) (bedruckter) Kattun m

choça f 1. (casa) Hütte f 2. (coloq: prisão) Knast m

chocalhar I. vt schütteln II. vi 1. (chocalho) läuten 2. (divulgar) ausplaudern

chocalho m 1. (badalo) Kuhglocke f 2. (pessoa) Klatschbase f

chocante adj schockierend

chocar I. vt (ovos) ausbrüten; (uma pessoa) schockieren II. vi zusammenprallen (com mit), zusammenstoßen (com mit)

chocho I. m (coloq) Schmatz m II. adj 1. (seco) trocken 2. (sem miolo) leer, hohl 3. (chato) fad

choco I. m (ZOOL) Tintenfisch m II. adj 1. (ovo) bebrütet; **galinha choca** Glucke f 2. (estragado) verdorben; (podre) faul; (cerveja, água) abgestanden; **água choca** Jauche f 3. (coloq: pessoa) langweilig

chocolate [ʃuku'latə] m Schokolade f

chofre m unerwartete(r) Stoß m; **de** ~ plötzlich, unerwartet

choldra f 1. (coloq: canalha) Gesindel nt, Pack nt 2. (coloq: mixórdia) Mischmasch m

chope ['ʃɔpi] m (brasil) Fassbier nt, Bier nt vom Fass

choque ['ʃɔkə] m 1. (colisão) Zusammenstoß m, Zusammenprall m; ~ **frontal** Frontalzusammenstoß m 2. (comoção) Schock m; **estar em estado de** ~ unter Schock stehen 3. (ELECTR) Schlag m

choradeira f Geweine nt, Gejammer nt

choramingar vi quengeln

chorão, -ona¹ m, f Jammerlappen m, Heulsuse f

chorão² *m* (BOT) Trauerweide *f*
chorar I. *vt* (*lágrimas*) beweinen; (*arrepender-se de*) bereuen II. *vi* weinen (*por* wegen)
choro *m* Weinen *nt*
chorrilho *m* Reihe *f*, Serie *f*
chorudo *adj* 1. (*coloq: gordo*) dick 2. (*coloq: rendoso*) einträglich
choupal *m* Pappelhain *m*
choupana *f* Hütte *f*, Strohhütte *f*
choupo *m* (BOT) Pappel *f*
chouriço [ʃo'risu] *m* 1. (CUL) geräucherte Wurst *f* 2. (*para portas, janelas*) Zugluftstopper *m*
chover [ʃu'ver] *vi pers* regnen; **está a ~** es regnet; **~ a cântaros** in Strömen regnen; **nem que chova** da kann kommen, was will
chucha *f* 1. (*coloq: chupeta*) Lutscher *m* 2. (*coloq: peito*) Brust *f*
chuchar *vi* 1. (*chupar*) lutschen; **ficar a ~ no dedo** das Nachsehen haben 2. (*coloq: brincar*) faule Witze machen; **~ com** verspotten
chuço *m* 1. (*pau*) Spieß *m* 2. (*coloq: guarda-chuva*) Regenschirm *m*
chucrute *m* (CUL) Sauerkraut *nt*
chui *m* (*coloq: polícia*) Bulle *m*
chulipa *f* Eisenbahnschwelle *f*
chulo *m* (*cal*) Zuhälter *m*
chumaceira *f* (TÉC) Lager *nt*
chumbar I. *vt* (*um dente*) plombieren; (*metal*) löten; (*coloq: um aluno*) durchfallen lassen II. *vi* (*coloq: na escola*) sitzen bleiben; (*na universidade*) durchfallen
chumbo ['ʃõmbu] *m* 1. (*metal*) Blei *nt*; **com ~** verbleit; **sem ~** bleifrei 2. (*de dente*) Plombe *f* 3. (*para caça*) Schrot *m* 4. (*coloq: escola, universidade*) Durchfallen *nt*; **apanhar um ~** durchfallen
chupa-chupa *m* Lutscher *m*, Lolli *m*
chupar *vt* 1. (*esponja*) aufsaugen 2. (*um rebuçado*) lutschen
chupeta [ʃu'petɐ] *f* Schnuller *m*
churrasco *m* gegrillte(s) Fleisch *nt*; (*em espeto*) Spießbraten *m*
churrasqueira *f* Grillrestaurant *nt*

In Brasilien heißen die typischen Grillrestaurants **churrascarias**. Für eine relativ geringe Pauschale (zwischen 10 und 20 Dollar) kann man ein rodízio bestellen: An einer Kühltheke wählt man selbst aus Dutzenden von schmackhaften Beilagen aus. Anschließend erscheint der erste Ober mit einem großen Spieß gegrillten Fleisch am Tisch und schneidet eine Portion auf den Teller. Bis zu 20 verschiedene Ober erscheinen nach und nach mit ebenso vielen Fleischsorten. Das Fleisch ist vom Feinsten und Edelsten. Hat man genug, winkt man den Obern einfach ab.

chus *adv* **sem dizer ~ nem bus** ohne ein einziges Wort zu sagen
chutar *vt* (*bola*) schießen, kicken
chuva ['ʃuvɐ] *f* Regen *m*; **~s ácidas** saurer Regen; **~ miudinha** Sprühregen *m*; **~ radioactiva** Fall-out *m*
chuveiro *m* Dusche *f*
chuviscar *vi pers* nieseln; **está a ~** es nieselt
chuvisco *m* Nieselregen *m*
chuvoso [ʃu'vozu] *adj* regnerisch
cianeto *m* (QUÍM) Zyanid *nt*
cianogénio *m* (QUÍM) Zyan *nt*
ciática ['sjatikɐ] *f* (MED) Ischias *f*
ciático *adj* **dor ciática** Ischias *m, nt*; **nervo ~** Ischiasnerv *m*
ciberespaço *m* Cyberspace *m*
cíclico *adj* zyklisch
ciclismo [si'kliʒmu] *m* Radsport *m*
ciclista *m(f)* Radfahrer, Radfahrerin *m, f*; (DESP) Radsportler, Radsportlerin *m, f*
ciclo *m* (*sucessão*) Zyklus *m*, Kreislauf *m*; **~ económico** Wirtschaftszyklus *m*
ciclomotor *m* Mofa *nt*
ciclone *m* (METEO) Zyklon *m*, Wirbelsturm *m*
cidadania *f* Staatsbürgerschaft *f*
cidadão, **cidadã** [ue] *m, f* (*no Estado*) Staatsbürger, Staatsbürgerin *m, f*; (*na cidade*) Bürger, Bürgerin *m, f*
cidade [si'dadɐ] *f* Stadt *f*; **~ geminada** Partnerstadt *f*
cidadela *f* Zitadelle *f*
cidrão *m* (BOT) Zitronatzitrone *f*
cidreira *f* Melisse *f*
cieiro *m* aufgesprungene Haut *f*, Riss *m*; **~ nos lábios** aufgesprungene Lippen *pl*
ciência *f* Wissenschaft *f*; **~s** (**naturais/da natureza**) Naturwissenschaften *pl*; **~s sociais** Sozialwissenschaften *pl*
ciente *adj* gelehrt; **estar ~ de** wissen

científico *adj* wissenschaftlich

cientista *m(f)* Wissenschaftler, Wissenschaftlerin *m, f*

cifra *f* 1. (*algarismo*) Ziffer *f* 2. (*código*) Chiffre *f*

cifrão *m* (HIST) Escudozeichen *nt*

cigano, -a *m, f* Zigeuner, Zigeunerin *m, f*

cigarra *f* (ZOOL) Zikade *f*

cigarreira *f* Zigarettenetui *nt*

cigarrilha *f* Zigarillo *m*

cigarro *m* Zigarette *f*

cilada *f* Hinterhalt *m,* Falle *f;* **armar uma ~ a alguém** jdn in eine Falle locken

cilindrada *f* Hubraum *m*

cilíndrico *adj* zylindrisch

cilindro *m* 1. (*corpo, do motor*) Zylinder *m* 2. (*para laminar*) Walze *f;* ~ **das estradas** Straßenwalze *f*

cima ['simɛ] *f* Gipfel *m;* **em** ~ oben; **de** ~ von oben; **de cima para/a baixo** von oben nach/bis unten; **para** ~ nach oben, hinauf; **na parte de** ~ am/im oberen Teil; **em** ~ **de** auf; **lá em** ~ da oben; **por** ~ **de** über, oberhalb; **ainda por** ~ außerdem

cimeira *f* (POL) Gipfeltreffen *nt,* Gipfelkonferenz *f*

cimentar *vt* zementieren

cimento *m* Zement *m*

cimo *m* (*monte*) Gipfel *m;* (*torre*) Spitze *f*

cinco ['sĩŋku] *num card* fünf; *v.* **dois**

cinema [si'nemɛ] *m* 1. (*sala*) Kino *nt;* **ir ao** ~ ins Kino gehen 2. (*arte*) Film *m*

cinematografia *f* 1. (*arte*) Filmkunst *f* 2. (*indústria*) Filmindustrie *f*

cinematográfico *adj* kinematographisch, filmisch

cinética *f* (FÍS) Kinetik *f*

cingir I. *vt* (*cercar*) umgeben (*de* mit); (*assunto*) beschränken (*a* auf) II. *vr* sich beschränken (*a* auf)

cínico *adj* zynisch

cinismo *m* Zynismus *m*

cinquenta [sĩŋ'kwẽntɛ] *num card* fünfzig

cinquentenário *m* fünfzigste(r) Jahrestag *m;* ~ **da morte** fünfzigster Todestag *m*

cinta *f* 1. (*de pano*) Band *nt;* (*de couro*) Gurt *m;* ~ **de aço** Stahlgürtel *m* 2. (*cintura*) Bund *m*

cintado *adj* (*vestido*) tailliert

cintilar *vi* funkeln, glitzern

cinto ['sĩntu] *m* 1. (*das calças*) Gürtel *m;* (*fig*); **apertar o** ~ den Gürtel enger schnallen

2. (*cinta*) Gurt *m;* ~ **de segurança** Sicherheitsgurt *m;* **apertar/pôr o** ~ (sich) anschnallen

cintura *f* Taille *f;* ~ **industrial** Industriegürtel *m*

cinturão *m* (*karaté*) Gürtel *m*

cinza I. *f* Asche *f* II. *adj* (*cinzento*) grau, aschgrau

cinzeiro [sĩ'zeiru] *m* Aschenbecher *m*

cinzel *m* Meißel *m*

cinzento [sĩ'zẽntu] *adj* grau

cio *m* (*animais de caça*) Brunst *f;* (*cadelas*) Läufigkeit *f;* (*aves*) Balz *f;* (*cadela*); **andar/estar com o** ~ läufig sein; (*gata*) rollig sein

cipó *m* (BOT) Liane *f*

cipreste *m* (BOT) Zypresse *f*

circo ['sirku] *m* Zirkus *m*

circuito *m* 1. (*linha*) Grenzlinie *f,* Begrenzung *f* 2. (*volta*) Rundfahrt *f* 3. (DESP) Strecke *f;* (*automóveis*) Rennstrecke *f* 4. (ELECTR) Stromkreis *m*

circulação *f* 1. (*ciclo*) Kreislauf *m;* ~ **do sangue** Blutkreislauf *m* 2. (*trânsito*) Verkehr *m* 3. (*de produtos, moeda*) Umlauf *m;* ~ **monetária** Geldumlauf *m;* **em** ~ im Umlauf; **fora de** ~ nicht mehr im Umlauf

circular I. *f* 1. (*carta*) Rundschreiben *nt* 2. (*brasil: rotunda*) Kreisverkehr *m* II. *adj* kreisförmig; **movimento** ~ Kreisbewegung *f* III. *vi* 1. (*sangue, ar*) zirkulieren; (*dinheiro*) in Umlauf sein 2. (*pessoas*) hin- und hergehen; (*carros*) hin- und herfahren; **circulam pelas/nas ruas de Faro** sie gehen/fahren durch die Straßen von Faro 3. (*transportes*) verkehren (*entre* zwischen)

circulatório *adj* (ANAT) Kreislauf ...

círculo *m* Kreis *m;* ~ **de amigos** Freundeskreis *m;* ~ **polar** Polarkreis *m;* ~ **vicioso** Teufelskreis *m*

circum-navegação *f* Umschiffung *f*

circuncisão *f* Beschneidung *f*

circundante *adj* umgebend

circunferência *f* 1. (*periferia*) Umkreis *m* 2. (MAT) Kreisumfang *m*

circunflexo *adj* bogenförmig; **acento** ~ Zirkumflex *m*

circunscrever I. *vt* begrenzen II. *vr* sich beschränken (*a* auf)

circunscrição *f* Begrenzung *f*

circunspecção *f* Umsicht *f*

circunstância *f* Umstand *m;* **nestas ~s** unter diesen Umständen

circunvalação *f* (*estrada*) Umgehungsstraße *f*

círio *m* große Wachskerze *f*

cirrose *f* (MED) Zirrhose *f*

cirurgia *f* (MED) Chirurgie *f;* ~ **plástica** plastische Chirurgie

cirurgião, **cirurgiã** [sirur'ʒjãu] *m, f* Chirurg, Chirurgin *m, f*

cirúrgico *adj* chirurgisch

cisão *f* Spaltung *f;* ~ **nuclear** Kernspaltung *f*

cisma I. *f* (*preocupação*) Sorge *f;* (*ideia fixa*) Grübelei *f;* **andar com** ~ grübeln II. *m* Spaltung *f*

cismar *vi* grübeln (*com* über)

cisne *m* (ZOOL) Schwan *m*

cisterna *f* Zisterne *f,* Wassertank *m*

cistite *f* (MED) Blasenentzündung *f*

citação *f* 1. (*de um texto*) Zitat *nt* 2. (DIR) Vorladung *f*

citadino *adj* städtisch

citar *vt* 1. (*de um texto*) zitieren 2. (DIR) vorladen

cítara *f* (MÚS) Zither *f*

citrato *m* (QUÍM) Zitrat *nt*

citrino *m* Zitrusfrucht *m*

ciúme *m* Eifersucht *f;* **ter** ~**s** eifersüchtig sein (*de* auf)

ciumento *adj* eifersüchtig

cívico *adj* bürgerlich, Bürger ...

civil [sə'vil] I. *m(f)* Zivilist, Zivilistin *m, f* II. *adj* 1. (*dos cidadãos*) bürgerlich 2. (*não militar*) zivil

civilização *f* Zivilisation *f*

civilizado *adj* zivilisiert; (*cortês*) höflich

civismo *m* Bürgersinn *m*

clã *m* Clan *m*

clamar *vi* 1. (*gritar*) schreien 2. (*queixar-se*) (laut) klagen

clamor *m* 1. (*gritos*) Geschrei *nt* 2. (*queixa*) Klage *f*

clandestinidade *f* 1. (*secretismo*) Heimlichkeit *f* 2. (POL) Untergrund *m*

clandestino *adj* 1. (*secreto*) heimlich 2. (*ilegal*) illegal; **passageiro** ~ blinder Passagier *m*

claque *f* Anhänger *pl;* (DESP) Fans *pl*

clara *f* Eiweiß *nt;* **bater as** ~**s em castelo** das Eiweiß steif schlagen

clarabóia *f* Oberlicht *nt,* Dachfenster *nt*

clarão *m* Leuchten *nt*

clarear *vi* 1. (*céu*) aufklaren 2. (*enigma*) sich aufklären

clareira *f* Lichtung *f*

clareza *f* Klarheit *f;* (*da linguagem*) Deutlichkeit *f;* **com** ~ klar, deutlich

claridade *f* Helligkeit *f*

clarim *m* (MÚS) Bügelhorn *nt*

clarinete *m* (MÚS) Klarinette *f*

clarividência *f* Hellsichtigkeit *f,* Weitsicht *f*

claro ['klaru] I. *adj* klar; (*luz, cor*) hell; (*nítido*) deutlich; **é/está** ~! selbstverständlich!; ~ **como água** glasklar; **passar a noite em** ~ kein Auge zutun II. *interj* natürlich!, klar!; ~ **que sim/não!** klar doch!/natürlich nicht!

classe *f* 1. (*grupo*) Klasse *f;* ~ **média** Mittelschicht *f;* ~ **social** Gesellschaftsschicht *f* 2. (*aula*) Unterricht *m;* ~ **de história** Geschichtsunterricht *m* 3. (*categoria*) Klasse *f;* **de primeira** ~ erstklassig; **viajar em primeira** ~ erster Klasse reisen

classicismo *m* 1. (*arte, literatura*) Klassik *f* 2. (ARQ) Klassizismus *m*

clássico ['klasiku] *adj* klassisch

classificação *f* 1. (*ordenação*) Klassifizierung *f,* Einordnung *f;* (*a nível*) Einstufung *f;* (QUÍM) ~ **periódica** Periodensystem *nt* 2. (DESP) Punktzahl *f* 3. (*universidade*) Bewertung *f*

classificado *adj* klassifiziert; **ficar** ~ **no segundo lugar** den zweiten Platz erreichen

classificados *mpl* Kleinanzeigen *pl*

classificar I. *vt* klassifizieren, einteilen II. *vr* sich auszeichnen (*como* als); (DESP) sich klassifizieren (*para* für)

cláusula *f* Klausel *f*

clausura *f* Klausur *f*

clave *f* (MÚS) Schlüssel *m;* ~ **de sol** Violinschlüssel *m*

clavícula [klɐ'vikulɐ] *f* (ANAT) Schlüsselbein *nt*

cláxon *m* Hupe *f;* **tocar** ~ hupen

clemência *f* Milde *f,* Nachsicht *f*

clemente *adj* mild, nachsichtig

cleptomania *f* Kleptomanie *f*

cleptomaníaco, **-a** *m, f* Kleptomane, Kleptomanin *m, f*

clerical *adj* klerikal

clero *m* Klerus *m*

clichê *m* Klischee *nt*

cliente *m(f)* 1. (*loja*) Kunde, Kundin *m, f;* ~ **habitual** Stammkunde *m* 2. (*médico*) Patient, Patientin *m, f* 3. (*advogado*) Klient, Klientin *m, f*

clientela f Kundschaft f
clima ['klimɐ] m Klima nt
climatérico adj klimatisch
clímax m Höhepunkt m
clínica ['klinikɐ] f 1. (local) Klinik f; ~ **dentária** Zahnklinik f; ~ **particular/privada** Privatklinik f 2. (prática) Klinik f; ~ **geral** Allgemeinmedizin f
clipe m 1. (para papel) Büroklammer f 2. (de música) Videoclip m
clister m (MED) Klistier nt, Einlauf m
clítoris m (ANAT) Klitoris f, Kitzler m
clonagem f (BIOL) Klonen nt
clonar vt (BIOL) klonen
cloreto m (QUÍM) Chlorkalk m
cloro m (QUÍM) Chlor nt
clorofila f (BOT) Chlorophyll nt
clorofórmio m (QUÍM) Chloroform nt
clube ['klubɐ] m Klub m, Verein m; ~ **de ténis** Tennisklub m; ~ **de vídeo** Videothek f
coabitar vi zusammenleben, zusammenwohnen
coação f (brasil) v. **coacção**
coacção f Zwang m; (DIR) Nötigung f
coadjuvar vt unterstützen, helfen
coador m Sieb nt
coagir vt zwingen; (DIR) nötigen
coagulação f 1. (leite, sangue) Gerinnung f 2. (QUÍM) Koagulation f
coagular vi 1. (leite, sangue) gerinnen 2. (QUÍM) koagulieren
coágulo m Gerinnsel nt
coalhada f (CUL) Art Dickmilch
coar vt (líquido) filtern, durchseihen
co-arrendar vt gemeinsam mieten
co-autor(a) m(f) (livro) Mitverfasser, Mitverfasserin m, f
co-autoria f Miturheberschaft f
coaxar vi quaken
coaxo m Quaken nt
cobaia f 1. (ZOOL) Meerschweinchen nt 2. (para experiências) Versuchstier nt; **fazer/servir de** ~ als Versuchskaninchen dienen
cobalto m (QUÍM) Kobalt nt
cobarde I. m(f) Feigling m II. adj feige
cobardia f Feigheit f
coberta f 1. (de cama) Decke f, Steppdecke f 2. (NAÚT) Deck nt
coberto I. pp de **cobrir** II. m 1. (alpendre) Schutzdach nt 2. (MIL) Deckung f
cobertor [kubɐr'tor] m Bettdecke f
cobertura f 1. (cobertor) Decke f; (de pro-

tecção) Abdeckung f 2. (tecto) Dach nt 3. (ECON, MIL) Deckung f 4. (CUL) Glasur f
cobiça f Begierde f; (avidez) Gier f
cobiçar vt begehren
cobra ['kɔbrɐ] f (ZOOL) Kobra f
cobrador(a) m(f) Kassierer, Kassiererin m, f; (do comboio) Schaffner, Schaffnerin m, f
cobrança f 1. (acto) Kassieren nt; à ~ per Nachnahme 2. (quantia) Einnahmen pl
cobrar vt 1. (força) wiedererlangen; ~ **ânimo** Mut fassen 2. (dinheiro) kassieren, einnehmen; (impostos) erheben; (uma dívida) eintreiben
cobre m Kupfer nt; **de** ~ kupfern
cobres mpl Kupfergeld nt
cobrir I. vt (objecto) bedecken (com mit); (pessoa) zudecken (com mit); (os custos) decken; (uma casa) bedachen; (animais) decken; (MIL) decken; (ocultar) decken; (proteger) schützen; (abranger) umfassen II. vr sich zudecken
cobro m Ende nt; **pôr** ~ **a a. c.** etw ein Ende machen/setzen
coca f (BOT) Kokastrauch m, Koka f; **estar à** ~ auf der Lauer liegen
coça f (coloq) Prügelei f; **apanhar/levar uma** ~ Prügel bekommen; **dar uma** ~ **a alguém** jdn verprügeln
coçado adj abgetragen, verschlissen
cocaína f Kokain nt
cocar vi lauern
coçar vt kratzen
cóccix m (ANAT) Steißbein nt, Steiß m
cócegas fpl Kitzel m; **fazer** ~ kitzeln; **ter** ~ kitzlig sein
coche m Kutsche f
cocheiro m Kutscher m
cochichar vi flüstern, tuscheln
cochicho m Geflüster nt, Getuschel nt
cochilar vi schlummern
cockpit m (AERO) Cockpit nt
cocktail m Cocktail m
coco m Kokosnuss f
cócoras adv **estar de** ~ hocken, kauern; **pôr-se de** ~ sich niederhocken
cocorocó m Kikeriki nt
côdea f Kruste f, Rinde f
codificar vt kodieren
código ['kɔdigu] m 1. (para identificar) Code m; ~ **de barras** Strichcode m; ~ **postal** Postleitzahl f; ~ **secreto** Geheimcode m 2. (regulamento) Regelwerk nt; ~ **da estrada**

Straßenverkehrsordnung *f;* (DIR); ~ **penal** Strafgesetzbuch *nt*

codorniz *f* (ZOOL) Wachtel *f*

coeducação *f* Unterricht in gemischten Klassen *m,* Koedukation *f*

coeficiente *m* **1.** (MAT) Koeffizient *m* **2.** (*factor*) Faktor *m*

coelheira *f* Kaninchenstall *m*

coelho, -a *m, f* (ZOOL) Kaninchen *nt;* (*fig*); **matar dois ~s de uma cajadada só** zwei Fliegen mit einer Klappe schlagen

coentro [ku'ɛntru] *m* (BOT) Koriander *m*

coerção *f* Zwang *m,* Druck *m;* (DIR) Nötigung *f*

coercivo *adj* Zwangs ...

coerência *f* Kohärenz *f,* Zusammenhang *m*

coerente *adj* kohärent, zusammenhängend

coesão *f* (FÍS) Zusammenhalt *m,* Kohäsion *f*

coexistência *f* Koexistenz *f*

coexistir *vi* gleichzeitig existieren, koexistieren

cofre ['kɔfrə] *m* Safe *m,* Geldschrank *m;* ~ **de aluguer** Schließfach *nt*

cogitação *f* Nachdenken *nt;* **estar fora de** ~ nicht in Betracht kommen

cogitar *vi* nachdenken (*sobre* über)

cognição *f* Wahrnehmung *f,* Erkenntnis *f*

cognitivo *adj* kognitiv

cognome *m* Beiname *m*

cogumelo *m* (BOT) Pilz *m*

coice *m* Fußtritt *m;* **dar um** ~ **a alguém** jdm einen Tritt versetzen; **levar um** ~ einen Tritt kriegen

coincidência *f* **1.** (*de acontecimentos*) Zusammenfallen *nt,* Überschneidung *f* **2.** (*acaso*) Zufall *m*

coincidir *vi* (*acontecimentos*) zusammenfallen, gleichzeitig stattfinden

coisa ['koiza] *f* Ding *nt,* Sache *f;* **alguma** ~ etwas; ~ **nenhuma** nichts; **outra** ~ etwas anderes; **a mesma** ~ dasselbe; **não ser grande** ~ nichts Besonderes sein; **há** ~ **de cinco minutos** vor etwa fünf Minuten; **não dizer** ~ **com** ~ nichts Vernünftiges von sich geben; **como quem não quer a** ~ wie zufällig

coiso *m* (*coloq*) Dingsda *nt*

coitadinho *adj* (*coloq*) arm; ~! ach Gott!, der Ärmste!

coitado, -a **I.** *m, f* (*coloq*) Ärmste; ~! der Ärmste! **II.** *adj* arm, unglücklich; ~ **de mim!** ich Ärmster

coito *m* Beischlaf *m,* Koitus *m*

cola ['kɔlə] **I.** *f* (*de papel*) Klebstoff *m;* (*de madeira*) Leim *m;* ~ **branca** Leim *m;* (*rasto*) Spur *f;* **ir na** ~ **de alguém** hinter jdm hergehen; (*brasil: cópia*) Kopie *f;* **fazer** ~ abschreiben **II.** *m(f)* (*coloq*) Klette *f,* (lästiges) Anhängsel *nt;* **o Pedro é um** ~ Pedro folgt einem auf Schritt und Tritt

colaboração *f* Zusammenarbeit *f* (*com* mit), Mitwirkung *f* (*em* an); **com a** ~ **de** unter Mitwirkung von

colaborador(a) *m(f)* Mitarbeiter, Mitarbeiterin *m, f*

colaborar *vi* **1.** (*pessoas*) zusammenarbeiten (*com* mit) **2.** (*trabalho*) mitarbeiten (*em* an)

colagem *f* **1.** (*acção de colar*) Leimen *nt,* Kleben *nt* **2.** (*pintura, teatro*) Collage *f*

colapso *m* **1.** (MED) Kollaps *m,* Schwächeanfall *m* **2.** (*queda repentina*) Zusammenbruch *m*

colar [ku'lar] **I.** *m* Halskette *f* **II.** *vt* kleben, leimen

colarinho *m* Hemdkragen *m*

cola-tudo *f* Alleskleber *m*

colcha ['kolʃə] *f* Tagesdecke *f*

colchão [kol'ʃãu] *m* Matratze *f;* ~ **de ar** Luftmatratze *f;* ~ **de molas** Federkernmatratze *f;* ~ **de água** Wasserbett *nt*

colcheia *f* (MÚS) Achtel *nt,* Achtelnote *f*

colchete *m* **1.** (*da roupa*) Haken *m;* ~**s** Haken und Ösen **2.** (*tipografia*) eckige Klammer *f*

coldre *m* Pistolenhalfter *m*

coleção *f* (*brasil*) v. **colecção**

colecção *f* **1.** (*arte*) Sammlung *f* **2.** (*moda*) Kollektion *f*

coleccionador(a) *m(f)* Sammler, Sammlerin *m, f*

coleccionar *vt* sammeln; ~ **selos** Briefmarken sammeln

colecta *f* **1.** (*peditório*) Sammlung *f* **2.** (*imposto*) Abgabe *f*

colectânea *f* Anthologie *f,* Sammelband *m*

colectar **I.** *vt* (*tributar*) besteuern; (*reunir*) einsammeln **II.** *vr* sich beim Finanzamt registrieren lassen

colectividade *f* Gemeinschaft *f*

colectivismo *m* (POL) Kollektivismus *m*

colectivo **I.** *m* Kollektiv *nt* **II.** *adj* gemeinsam, kollektiv; (GRAM); **nome** ~ Sammelbegriff *m*

colector *m* (ELECTR) Kollektor *m*

colega [ku'lɛgə] *m(f)* (*de trabalho*) Kollege,

Kollegin *m, f;* (*de curso*) Kommilitone, Kommilitonin *m, f*

colégio *m* Privatschule *f;* ~ **interno** Internat *nt*

coleira *f* Halsband *nt*

cólera ['kɔlərɐ] *f* 1. (*raiva*) Wut *f,* Zorn *m* 2. (MED) Cholera *f*

colesterol *m* (BIOL) Cholesterin *nt*

colete [ku'letɐ] *m* Weste *f;* ~ **de salvação** Schwimmweste *f*

colete-de-forças *m* Zwangsjacke *f*

colheita [ku'ʎeitɐ] *f* (AGR) Ernte *f*

colher¹ [ku'ʎɜr] *vt* 1. (*fruta*) ernten 2. (*flores*) pflücken 3. (*informações*) einziehen, sammeln 4. (*atropelar*) anfahren

colher² *f* Löffel *m;* ~ **de café** Kaffeelöffel *m;* ~ **de chá** Teelöffel *m;* ~ **de sobremesa** Dessertlöffel *m;* ~ **de sopa** Esslöffel *m*

colherada *f* Löffel *m* voll; **meter a sua** ~ seinen Senf dazutun

colibri *m* (ZOOL) Kolibri *m*

cólica ['kɔlikɐ] *f* (MED) Kolik *f*

colidir *vi* zusammenstoßen (*com* mit), stoßen (*com* gegen)

coligação *f* Zusammenschluss *m;* (POL) Koalition *f*

colina [ku'linɐ] *f* Hügel *m*

colisão *f* Kollision *f,* Zusammenstoß *m*

coliseu *m* Stadthalle *f,* Konzerthalle *f*

collants *mpl* Strumpfhose *f*

colmeia *f* Bienenkorb *m*

colo *m* 1. (*regaço*) Schoß *m;* **ao** ~ auf dem Schoß/Arm 2. (*pescoço*) Hals *m*

colocação *f* 1. (*emprego*) Stelle *f,* Anstellung *f* 2. (*acto de colocar*) Aufstellung *f*

colocar [kulu'kar] *vt* 1. (*pôr*) setzen, stellen, legen; (*afixar*) anbringen; ~ **uma questão a alguém** jdm eine Frage stellen 2. (*num emprego*) anstellen; (*trabalhadores*) einstellen 3. (ECON: *dinheiro*) anlegen 4. (*produtos*) auslegen

cólon *m* (ANAT) Dickdarm *m*

colónia *f* Kolonie *f;* **as antigas** ~**s** die früheren Kolonien; ~ **de férias** Ferienlager *nt*

colonial *adj* kolonial, Kolonial ...; **época** ~ Kolonialzeit *f*

colonização *f* Kolonisierung *f*

colonizar *vt* kolonisieren

colono, -a *m, f* Siedler, Siedlerin *m, f*

coloquial *adj* umgangssprachlich

colóquio *m* 1. Gespräch *nt* 2. Kolloquium *nt*

coloração *f* Färbung *f*

colorau [kulu'rau] *m* Paprikapulver *nt*

colorido *adj* farbig, bunt

colorir *vt* färben; (*pintar*) bemalen, anmalen; ~ **de vermelho** rot färben

colossal *adj* riesig, kolossal

colosso *m* Koloss *m*

coluna [ku'lunɐ] *f* 1. (ARQ) Säule *f,* Pfeiler *m* 2. (ANAT) Säule *f;* ~ **vertebral** Wirbelsäule *f* 3. (*tipografia*) Spalte *f* 4. (MIL) Kolonne *f* 5. (*de som*) Box *f,* Lautsprecherbox *f*

colunável *m(f)* (*coloq*) Prominente

colza *f* (BOT) Raps *m*

com [ko] *prep* 1. (*acompanhamento*) mit; **estar** ~ **os amigos** mit seinen Freunden zusammen sein; **falar** ~ **alguém** mit jdm sprechen; **estou** ~ **frio/calor** mir ist kalt/warm; **estar** ~ **fome/sono** hungrig/müde sein; **estar** ~ **medo** Angst haben 2. (*circunstância*) bei; ~ **mau tempo** bei schlechtem Wetter; **isso é** ~ **ela** das ist ihre Sache 3. (*meio*) durch; ~ **a reforma** durch die Reform

coma I. *m* (MED) Koma *nt* II. *f* (*juba*) Mähne *f*

comadre *f* Taufpatin *f* des Sohnes/der Tochter

comandante [kumɐn'dɐntɐ] *m* 1. (MIL) Kommandant *m,* Oberst *m* 2. (AERO) Flugkapitän *m;* (NAÚT) Kapitän *m*

comandar *vt* 1. (MIL) kommandieren 2. (*ordenar*) befehlen 3. (*uma máquina, um navio*) steuern

comandita *f* (ECON) Kommanditgesellschaft *f*

comando *m* 1. (MIL) Kommando *nt* 2. (INFORM) Befehl *m* 3. (TÉC) Steuerung *f;* ~ **à distância** Fernbedienung *f;* ~ **automático** Selbststeuerung *f*

comarca *f* Verwaltungsbezirk *m*

comas *fpl* Anführungszeichen *pl;* (*coloq*) Gänsefüßchen *pl*

combate *m* Kampf *m* (*a* gegen); (MIL) Gefecht *nt;* ~ **ao fogo** Brandbekämpfung *f*

combatente *m(f)* (MIL) Kämpfer, Kämpferin *m, f*

combater I. *vt* bekämpfen II. *vi* kämpfen

combinação *f* 1. (*ligação*) Kombination *f,* Verbindung *f* 2. (*acordo*) Vereinbarung *f,* Abmachung *f* 3. (*roupa*) Unterrock *m*

combinar [kɔmbi'nar] I. *vt* 1. (*ligar*) kombinieren, verbinden 2. (*acordar*) vereinbaren, abmachen; (*um encontro*) verabreden;

(condições) absprechen, abstimmen; **combinado!** abgemacht! **II.** vi **1.** (cores) passen **2.** (ideias) übereinstimmen

comboio [kõm'bɔju] m **1.** (caminhos-de-ferro) Zug m, Bahn f; ~ **correio** Postzug m; ~ **de passageiros** Personenzug m; ~ **de mercadorias** Güterzug m; ~ **inter-regional** Regionalbahn f; ~ **misto** Personen- und Güterzug m; ~ **rápido** Eilzug m, Schnellzug m; ~ **suburbano** Nahverkehrszug m; **ir de** ~ mit dem Zug fahren **2.** (de navios, carros) Konvoi m

combustão f Verbrennung f

combustível I. m Brennstoff m **II.** adj brennbar

começar [kuməˈsar] **I.** vt anfangen, beginnen; ~ **um trabalho** eine Arbeit/mit einer Arbeit beginnen **II.** vi anfangen (a zu), beginnen (a zu); **começa às 20 horas** es beginnt um 20 Uhr; **começa a chover** es fängt an zu regnen

começo [kuˈmesu] m Anfang m (de), Beginn m (de); **no** ~ am Anfang

comédia [kuˈmɛdjɐ] f Komödie f

comediante m(f) Komödiant, Komödiantin m, f

comedido adj **1.** (moderado) gemäßigt **2.** (modesto) bescheiden, zurückhaltend

comedir I. vt kontrollieren **II.** vr Maß halten, sich mäßigen

comedoiro m v. **comedouro**

comedouro m (lugar) Futterplatz m; (vaso) Fresstrog m

comemoração f Gedenken nt; (ceremónia) Gedächtnisfeier f; **em** ~ **de** zum Gedenken an

comemorar vt gedenken; (festejar) feiern; (elev) feierlich begehen

comemorativo adj Gedenk ...; **placa comemorativa** Gedenktafel f

comemorável adj denkwürdig

comendador m (HIST) Komtur m

comentar vt **1.** (criticar) kommentieren **2.** (explicar) erklären, erläutern

comentário m **1.** (crítica) Kommentar m; (oral) Bemerkung f; **fazer** ~ **s sobre alguém/a.c.** einen Kommentar zu jdm/etw abgeben **2.** (explicação) Erklärung f, Erläuterung f

comer [kuˈmer] **I.** vt **1.** (pessoa) essen; (animal) fressen **2.** (palavras) verschlucken **3.** (xadrez, damas) schlagen **4.** (ferrugem) zer-

fressen **5.** (coloq: enganar) hereinlegen **6.** (de raiva) fressen **7.** (coloq: sexualmente) vernaschen **II.** vi **1.** (pessoa) essen; (elev) speisen; (animal) fressen; **dar de** ~ füttern **2.** (coloq: tareia) abbekommen

comercial adj Handels ..., Geschäfts ...; **centro** ~ Einkaufszentrum nt

comercializar vt vermarkten, kommerzialisieren

comerciante m(f) Kaufmann, Kauffrau m, f, Händler, Händlerin m, f

comércio m **1.** (actividade) Handel m; ~ **clandestino** Schwarzhandel m; ~ **externo** Außenhandel m; ~ **interno** Binnenhandel m; ~ **por atacado/grosso** Großhandel m; ~ **pequeno** ~ Einzelhandel m **2.** (lojas) Geschäfte pl

comes mpl ~ **e bebes** Essen und Trinken nt

comestíveis mpl Esswaren pl, Lebensmittel pl

comestível [kuməˈtivɛl] adj essbar

cometa m (ASTR) Komet m

cometer vt **1.** (um crime, um erro) begehen **2.** (MIL) angreifen

cometida f (MIL) Angriff m

comezaina f (coloq) Gelage nt

comichão f **1.** (MED) Jucken nt, Juckreiz m; **estou com/tenho** ~ es juckt mich; **fazer** ~ jucken **2.** (desejo) Gelüst nt

comício m Versammlung f

cómico, -a I. m, f Komiker, Komikerin m, f **II.** adj komisch, witzig

comida [kuˈmidɐ] f Essen nt, Nahrung f; ~ **biológica** Biokost f; ~ **caseira** Hausmannskost f

comida-de-urso f (coloq) Prügel pl

comigo Zusammensetzung: präp com + pron mim

comilão, -ona I. m, f (coloq) Vielfraß m **II.** adj gefräßig; (fig) gierig

cominho m (BOT) Kümmel m

comiseração f Mitleid nt, Erbarmen nt

comiserar I. vt Mitleid erregen bei, erbarmen **II.** vr sich erbarmen; ~**-se de alguém** jdn bemitleiden

comissão [kumiˈsãu] f **1.** (comité) Ausschuss m, Kommission f; **Comissão Europeia** Europäische Kommission **2.** (ECON) Provision f; **trabalhar à** ~ auf Provisionsbasis arbeiten; **ter** ~ **nas vendas** am Umsatz beteiligt sein

comissariado m Kommissariat nt

comissário, **-a** [kumiˈsarju] *m, f* Kommissar, Kommissarin *m, f,* Beauftragte; (AERO); ~ **de bordo** Steward *m*
comité *m* Ausschuss *m,* Komitee *nt;* ~ **empresarial** Betriebsrat *m*
comitente *m* (ECON) Auftraggeber, Auftraggeberin *m, f*
comitiva *f* Gefolge *nt*
como [ˈkomu] **I.** *konj* (*comparação*) wie; **ele é** ~ **o pai** er ist wie sein Vater; **tão ...** ~ **so ...** wie; **tanto ...** ~ **sowohl ... als** (auch); **assim** ~ **sowie;** (*causal*) da, weil; ~ **era tarde, ele dormiu aqui** da es spät war, hat er hier geschlafen; (*na qualidade de*) als; **ele trabalha** ~ **gerente de loja** er arbeitet als Geschäftsführer **II.** *adv* (*modo*) wie; ~ **ele gosta dela!** wie (sehr) er sie liebt!; ~ **é que funciona?** wie geht das?; ~ **que/quem diz** sozusagen; ~ **não!** natürlich!; ~ **se** +*conj* als ob **III.** *pron interr* wie; ~? wie (bitte)?; ~ **assim?** wieso?; ~ **não?** warum nicht?; **a** ~ **é?** was kostet es?
comoção *f* **1.** (*sentimental*) Rührung *f;* **com grande** ~ sehr gerührt **2.** (*abalo*) Erschütterung *f*
cómoda *f* Kommode *f*
comodidade *f* **1.** (*de móveis*) Bequemlichkeit *f* **2.** (*na vida*) Annehmlichkeit *f;* **com todas as** ~**s** mit allem Komfort
comodismo *m* Bequemlichkeit *f;* (*pej*) Behäbigkeit *f*
comodista *adj* (*pej*) bequem, behäbig
cómodo [ˈkɔmudu] *adj* bequem
comovente *adj* rührend, ergreifend
comover I. *vt* rühren, ergreifen **II.** *vr* gerührt sein
compactar *vt* (INFORM) komprimieren
compacto [kɔ̃mˈpaktu] *adj* **1.** (*maciço*) kompakt **2.** (*denso*) dicht
compadecer I. *vt* (*ter compaixão*) bemitleiden; (*suportar*) ertragen **II.** *vr* ~**-se de** Mitleid haben mit
compadre *m* Taufpate *m* des Sohnes/der Tochter
compadrio *m* Vetternwirtschaft *f*
compaixão *f* Mitleid *nt* (*por* mit), Erbarmen *nt;* **ter** ~ **por** sich erbarmen
companheirismo *m* Kameradschaftlichkeit *f*
companheiro, **-a** *m, f* **1.** (*camarada*) Kamerad, Kameradin *m, f;* (*amigo*) Freund, Freundin *m, f;* (*da escola*) Mitschüler, Mit-

schülerin *m, f* **2.** (*relação amorosa*) Partner, Partnerin *m, f,* Lebensgefährte, Lebensgefährtin *m, f*
companhia *f* **1.** (*acompanhamento*) Gesellschaft *f;* **fazer** ~ **a alguém** jdm Gesellschaft leisten **2.** (*de teatro*) Truppe *f* **3.** (ECON) Gesellschaft *f;* ~ **aérea** Fluggesellschaft *f;* ~ **de seguros** Versicherungsgesellschaft *f;* ~ **limitada** Gesellschaft mit beschränkter Haftung **4.** (MIL) Kompanie *f*
comparação *f* **1.** (*confronto*) Vergleich *m;* **em** ~ **com** im Vergleich zu **2.** (GRAM) Steigerung *f;* ~ **dos adjectivos** Steigerung der Adjektive; **graus de** ~ Steigerungsstufen *pl*
comparar [kɔ̃mpeˈrar] *vt* vergleichen (*com* mit)
comparativo I. *m* (GRAM) Komparativ *m;* ~ **de igualdade** Positiv *m* **II.** *adj* **1.** (*em comparação*) vergleichend **2.** (GRAM) komparativ; **linguística comparativa** Komparatistik *f*
comparável *adj* vergleichbar (*a* mit)
comparecer *vi* erscheinen (*a* bei/zu); ~ **no tribunal** vor Gericht erscheinen
comparência *f* Erscheinen *nt*
comparsa *m(f)* **1.** (*cúmplice*) Komplize, Komplizin *m, f* **2.** (*teatro*) Statist, Statistin *m, f* **3.** (*filme*) Komparse, Komparsin *m, f*
comparticipação *f* (*do Estado*) Zuschuss *m*
comparticipar *vi* (*Estado*) unterstützen
compartilhar I. *vt* teilen **II.** *vi* teilnehmen (*de* an + dat)
compartimento [kɔ̃mpertiˈmẽtu] *m* **1.** (*de casa*) Raum *m* **2.** (*do comboio*) Abteil *nt*
compassado *adj* (MÚS) taktmäßig, im Takt
compasso *m* **1.** (*instrumento*) Zirkel *m* **2.** (MÚS) Takt *m;* **a** ~ im Takt; **marcar o** ~ den Takt schlagen **3.** (REL) Osterbesuch *m*
compatibilidade *f* Vereinbarkeit *f;* (INFORM) Kompatibilität *f*
compatível *adj* vereinbar (*com* mit); (INFORM) kompatibel
compatriota *m(f)* Landsmann, Landsmännin *m, f*
compelir *vt* zwingen, nötigen
compêndio *m* Kompendium *nt,* Abriss *m*
compenetrado *adj* **1.** (*convicto*) überzeugt **2.** (*concentrado*) vertieft (*em* in)
compensação *f* **1.** (*indemnização*) Entschädigung *f* **2.** (*substituto*) Ersatz *m* **3.** (*equilíbrio*) Ausgleich *m,* Kompensation *f;* **em** ~ **recebe ...** dafür erhalten Sie ...

compensar vt 1. (*indemnizar*) entschädigen; ~ **alguém de a. c.** jdn für etw entschädigen 2. (*equilibrar*) ausgleichen, kompensieren

competência f 1. (*de um funcionário*) Zuständigkeit f (*para* für), Befugnis f (*para* zu); **isso não é da minha** ~ dafür bin ich nicht zuständig 2. (*capacidade*) Fähigkeit f (*para* zu), Kompetenz f (*para* zu) 3. (*aptidão*) Tauglichkeit f (*para* für); **não ter** ~ **para nada** zu nichts taugen

competente adj 1. (*funcionário*) zuständig (*para* für), befugt 2. (*capaz*) fähig (*para* zu), kompetent 3. (*apto*) maßgebend, maßgeblich

competição [kɔ̃mpəti'sãu] f 1. (*concurso*) Wettbewerb m 2. (DESP) Wettkampf m

competir vi 1. (*concorrer*) in Wettbewerb stehen (*com* mit), wetteifern (*com* mit); (ECON) konkurrieren (*com* mit) 2. (*competência*) ~ **a alguém** in jds Zuständigkeitsbereich fallen; (*elev*) jdm obliegen; **isso não me compete** dafür bin ich nicht zuständig; **compete-lhe cumprir a cláusula** Sie sind verpflichtet, die Klausel einzuhalten; **compete-nos a nós atender o telefone** wir sind dafür zuständig, ans Telefon zu gehen

competitividade f Konkurrenzfähigkeit f

competitivo adj konkurrenzfähig

compilação f Zusammenstellung f, Kompilation f

compilar vt zusammenstellen, kompilieren

complacente adj zuvorkommend

compleição f 1. (*física*) Körperbeschaffenheit f, Konstitution f 2. (*psicológica*) Naturell nt, Gemüt nt 3. (*temperamento*) Temperament nt

complementar adj ergänzend, Ergänzungs ...

complemento m 1. (*remate*) Ergänzung f 2. (LING) Objekt nt; ~ **directo**/**indirecto** direktes/präpositionales Objekt 3. (MAT) Komplement nt

completamente [kɔ̃mplətə'mẽntə] adv völlig, ganz; **estar** ~ **exausto** völlig erschöpft sein; **estar** ~ **cheio** randvoll sein

completar vt 1. (*um exercício*) ergänzen 2. (*um trabalho*) vervollständigen, vollenden; **ela completou 20 anos** sie hat ihr zwanzigstes Lebensjahr vollendet 3. (*os estudos*) abschließen

completo [kɔ̃m'plɔtu] adj 1. (*trabalho, co-*

lecção) vollständig; **obras completas** gesammelte Werke 2. (*comboio, hotel*) besetzt, ausgebucht; (*coloq*) voll

complexado adj voller Komplexe, komplexbeladen

complexidade f Komplexität f

complexo I. m (PSIC) Komplex m; ~ **de inferioridade** Minderwertigkeitskomplex m; ~ **industrial** Industriekomplex m; **ter** ~**s** Komplexe haben II. adj 1. (*complicado*) kompliziert 2. (*confuso*) komplex, verwickelt

complicação f 1. (*dificuldade*) Schwierigkeit f, Komplikation f 2. (MED) Komplikation f 3. (*enredo*) Verwicklung f

complicado adj kompliziert

complicar vt komplizieren, erschweren; ~ **a vida a alguém** jdm das Leben schwer machen

complô m Komplott nt; **armar um** ~ **contra alguém** ein Komplott gegen jdn schmieden

componente I. m(f) (*geral*) Bestandteil m, Glied nt; (ELECTR) Bauteil nt, Element nt; (QUÍM) Bestandteil m, Komponente f II. adj Teil ...

compor I. vt 1. (*juntar*) zusammensetzen, zusammenstellen 2. (*formar*) bilden 3. (MÚS) komponieren 4. (*um texto*) verfassen 5. (*tipografia*) setzen 6. (*arranjar*) ordnen, in Ordnung bringen 7. (*apaziguar*) versöhnen II. vi 1. (LIT) dichten 2. (MÚS) komponieren III. vr 1. (*postura*) sich fassen 2. (*arranjar-se*) sich zurechtmachen 3. (*ser composto*) ~-**se de** bestehen aus (dat)

comporta f Schleuse f

comportado adj **bem** ~ artig, gut erzogen; **mal** ~ unartig, schlecht erzogen

comportamento m Benehmen nt, Verhalten nt; ~ **do automóvel na estrada** Straßenlage f

comportar I. vt fassen; **o estádio comporta 40000 pessoas** das Stadion fasst 40000 Menschen; **o contentor comporta 50 kg** der Container fasst 50 kg II. vr sich verhalten (*como* wie), sich benehmen (*como* wie); ~-**se bem**/**mal** sich gut/schlecht benehmen

composição f 1. (*acto de compor*) Zusammensetzung f, Zusammenstellung f 2. (*redacção*) Aufsatz m 3. (*estrutura*) Aufbau m, Struktur f 4. (MÚS) Komposition f 5. (QUÍM) Verbindung f

compositor(a) [kõmpuzi'tor] *m(f)* **1.** (MÚS) Komponist, Komponistin *m, f* **2.** (*tipografia*) Setzer, Setzerin *m, f*

composto I. *pp de* **compor II.** *m* (QUÍM) Verbindung *f* **III.** *adj* **1.** (*ordenado*) ordentlich **2.** (GRAM) zusammengesetzt; **palavra composta** Kompositum *nt*

compostura *f* Haltung *f*, Betragen *nt*

compota *f* Marmelade *f*

compra *f* Kauf *m*, Einkauf *m;* ~ **e venda** An- und Verkauf; ~**s de Natal** Weihnachtseinkäufe; **fazer** ~**s** einkaufen; **ir às** ~**s** einkaufen gehen

comprador(a) *m(f)* Käufer, Käuferin *m, f*

comprar [kõm'prar] *vt* kaufen; ~ **a prestações** auf Raten kaufen; ~ **a pronto** bar kaufen

comprazer I. *vi* (*consentir*) einwilligen; (*transigir*) nachgeben **II.** *vr* Vergnügen finden (*com* an), sich gefallen (*de* in)

compreender [kõmprjẽn'der] *vt* **1.** (*entender*) verstehen, begreifen **2.** (*incluir*) einschließen **3.** (*conter*) enthalten **4.** (*abranger*) umfassen

compreensão *f* Verständnis *nt;* **de fácil** ~ leicht verständlich; **de** ~ **lenta** schwer von Begriff

compreensível *adj* verständlich

compreensivo *adj* verständnisvoll

compressa *f* (MED) Umschlag *m*, Kompresse *f*

compressão *f* **1.** (*redução*) Zusammenpressen *nt* **2.** (TÉC) Kompression *f* **3.** (*de gases*) Verdichtung *f* **4.** (*opressão*) Druck *m*

compressor *m* Kompressor *m*

comprido [kõm'pridu] *adj* lang; **ao** ~ der Länge nach

comprimento [kõmpri'mẽntu] *m* Länge *f;* **ter 5 metros de** ~ 5 Meter lang sein

comprimido [kõmpri'midu] **I.** *m* (FARM) Tablette *f* **II.** *adj* zusammengepresst; **ar** ~ Druckluft *f*

comprimir *vt* zusammenpressen, zusammendrücken

comprometedor *adj* verdächtig, kompromittierend

comprometer I. *vt* (*expor a vergonha*) kompromittieren, bloßstellen; (*coloq*) blamieren; (*expor a perigo*) gefährden, in Gefahr bringen **II.** *vr* sich verpflichten (*a* zu)

comprometido *adj* **1.** (*com namorado, -a, noivo, -a*) verlobt **2.** (*para um encontro*) ver-

abredet (*com* mit) **3.** (*embaraçado*) verlegen, beschämt

compromisso [kõmpru'misu] *m* **1.** (*acordo*) Kompromiss *m;* (DIR) Vergleich *m;* **chegar a um** ~ einen Kompromiss schließen **2.** (*encontro*) Verabredung *f;* **ter um** ~ verabredet sein **3.** (*obrigação*) Verpflichtung *f;* **assumir um** ~ eine Aufgabe übernehmen; **ter um** ~ **com alguém** eine feste Beziehung mit jdm haben; **sem** ~ unverbindlich

comprovação *f* **1.** (*prova*) Nachweis *m* **2.** (*confirmação*) Bestätigung *f*

comprovar *vt* **1.** (*provar*) nachweisen, belegen **2.** (*confirmar*) bestätigen

comprovativo *adj* belegend, beweisend; (DIR) beweiskräftig

compulsão *f* Zwang *m*, Nötigung *f*

compulsivo *adj* zwingend

compulsório *adj* Zwangs ...

computador *m* Computer *m*, Rechner *m;* ~ **pessoal** Personalcomputer *m;* ~ **portátil** Laptop *m*

comum [ku'mõ] *adj* **1.** (*conjunto*) gemeinsam; **de** ~ **acordo** in gegenseitigem Einverständnis; **fazer a. c. em** ~ etw gemeinsam machen; **isso é** ~ **a essas pessoas** das haben diese Personen gemeinsam; **ter a. c. em** ~ **com alguém** etw mit jdm gemeinsam haben **2.** (*geral*) allgemein; **senso** ~ gesunder Menschenverstand **3.** (*usual*) gewöhnlich

comuna I. *f* Kommune *f*, Gemeinde *f* **II.** *m(f)* (*pej*) Kommunist, Kommunistin *m, f*

comungar *vi* (REL) das Abendmahl empfangen, die Kommunion empfangen

comunhão *f* **1.** (REL) Kommunion *f*, Abendmahl *nt;* ~ **solene** Firmung *f;* **fazer a** ~ gefirmt werden **2.** (DIR) ~ **de bens** Gütergemeinschaft *f*

comunicação *f* **1.** (*acto de comunicar*) Kommunikation *f;* **estabelecer** ~ **com alguém** sich mit jdm in Verbindung setzen; **órgão de** ~ **social** Massenmedium *nt* **2.** (*participação*) Mitteilung *f;* ~ **interna** interne Mitteilung **3.** (*ligação*) Verbindung *f*

comunicado *m* Bekanntmachung *f*, Kommuniqué *nt*

comunicar I. *vt* mitteilen, verkünden **II.** *vi* kommunizieren (*com* mit), in Verbindung stehen (*com* mit)

comunicativo *adj* kommunikativ; (*afável*) gesellig

comunidade *f* Gemeinschaft *f;* (REL) Gemeinde *f;* **Comunidade Europeia** Europäische Gemeinschaft

comunismo *m* Kommunismus *m*

comunista I. *m(f)* Kommunist, Kommunistin *m, f* II. *adj* kommunistisch

comutador *m* (ELECTR) Schalter *m,* Umschalter *m*

comutar *vt* 1. (*permutar*) umtauschen 2. (DIR: *a pena*) mildern

conca *f* (ANAT) Ohrmuschel *f*

côncavo *adj* konkav, hohl

conceber *vt* 1. (BIOL) empfangen 2. (*entender*) begreifen, erfassen 3. (*imaginar*) sich vorstellen 4. (*um plano*) entwerfen

concebível *adj* denkbar, vorstellbar

conceder *vt* 1. (*uma autorização*) erteilen 2. (*um favor*) gewähren 3. (*um direito*) zugestehen 4. (*bens*) abtreten 5. (*autorizar*) erlauben, bewilligen 6. (*admitir*) zugeben

conceição [kõsei'sãu] *f* (REL) Empfängnis *f;* **a Imaculada Conceição** die unbefleckte Empfängnis

conceito *m* 1. (*ideia*) Begriff *m* 2. (*opinião*) Meinung *f*

conceituado *adj* angesehen; **ser muito ~** hoch angesehen sein

concelho *m* Landkreis *m;* **Paços do ~** Rathaus *nt*

concentração *f* 1. (*mental*) Konzentration *f,* Anspannung *f* 2. (*de pessoas*) Ansammlung *f* 3. (QUÍM) Konzentration *f*

concentrado I. *m* Konzentrat *nt* II. *adj* 1. (*num local*) konzentriert 2. (*mentalmente*) vertieft (*em* in)

concentrar I. *vt* 1. (*reunir*) konzentrieren 2. (*esforços*) sammeln 3. (QUÍM: *um líquido*) konzentrieren 4. (*tornar mais denso*) verdichten 5. (*tornar mais forte*) verstärken 6. (*as tropas*) zusammenziehen II. *vr* 1. (*pessoas*) sich sammeln, zusammenkommen 2. (*mentalmente*) sich konzentrieren (*em* auf), sich vertiefen (*em* in)

concepção *f* 1. (BIOL) Empfängnis *f* 2. (*percepção*) Anschauung *f,* Auffassung *f* 3. (*compreensão*) Begreifen *nt,* Verständnis *nt* 4. (*de um plano*) Entwurf *m*

conceptual *adj* begrifflich, konzeptuell

concertar *vt* 1. (*combinar*) vereinbaren 2. (*um plano*) ausarbeiten, erstellen

concertina *f* (MÚS) Ziehharmonika *f*

concerto [kõ'sertu] *m* Konzert *nt*

concessão *f* 1. (ECON) Konzession *f* 2. (*de*

uma *hipótese*) Zugeständnis *nt* 3. (*de um pedido*) Gewährung *f* 4. (*de uma licença*) Erteilung *f* 5. (*permissão*) Erlaubnis *f*

concessionário *m* (ECON) Vertragshändler *m,* Fachhändler *m*

concessivo *adj* (GRAM) konzessiv

concha ['kõʃe] *f* 1. (ZOOL) Muschel *f* 2. (*do caracol*) Schneckenhaus *nt* 3. (*da sopa*) Kelle *f*

conchavo *m* Verschwörung *f*

conciliar *vt* 1. (*inimigos*) versöhnen 2. (*interesses*) in Einklang bringen

conciliável *adj* vereinbar

concílio *m* (REL) Konzil *nt*

conciso *adj* kurz, knapp

concludente *adj* 1. (*decisivo*) entscheidend 2. (*final*) endgültig 3. (*convincente*) überzeugend

concluir *vt* 1. (*acabar*) beenden, vollenden 2. (*um contrato*) abschließen 3. (*deduzir*) folgern (*de* aus); **daí podemos ~ que ...** wir können daraus folgern, dass ...

conclusão *f* 1. (*de um trabalho*) Vollendung *f,* Fertigstellung *f* 2. (*de um contrato*) Abschluss *m* 3. (*dedução*) Schlussfolgerung *f;* **tirar uma ~ de a. c.** eine Schlussfolgerung aus etw ziehen

concomitante *adj* 1. (*que acompanha*) begleitend; **circunstâncias ~s** Begleitumstände *pl* 2. (*que age em conjunto*) mitwirkend 3. (*simultâneo*) gleichzeitig

concordância *f* 1. (*harmonia*) Übereinstimmung *f* 2. (GRAM) Kongruenz *f*

concordar [kõŋkur'dar] I. *vt* in Einklang bringen II. *vi* zustimmen, übereinstimmen; **~ com alguém/a. c.** jdm zustimmen/mit etw einverstanden sein

concorrência *f* 1. (ECON) Konkurrenz *f;* **~ desleal** unlauterer Wettbewerb *m;* **fora de ~** nicht konkurrenzfähig 2. (*afluência*) Zulauf *m*

concorrente *m(f)* 1. (ECON) Konkurrent, Konkurrentin *m, f* 2. (*num concurso*) Bewerber, Bewerberin *m, f* 3. (*num concurso televisivo*) Kandidat, Kandidatin *m, f,* Teilnehmer, Teilnehmerin *m, f*

concorrer *vi* 1. (ECON) konkurrieren (*com* mit) 2. (*afluir*) zusammenkommen, zusammenlaufen 3. (*candidatar-se*) sich bewerben (*a* um + ac.) 4. (*contribuir*) beitragen (*para* zu)

concorrido *adj* stark besucht

concretização *f* Verwirklichung *f*
concretizar *vt* verwirklichen
concreto I. *m* (*brasil*) Beton *m* II. *adj* konkret; **nada de** ~ nichts Bestimmtes
concubina *f* Konkubine *f*
concurso *m* 1. (*competição*) Wettbewerb *m;* (*hipismo, dança*) Turnier *nt* 2. (ECON) Ausschreibung *f;* **abrir** ~ ausschreiben 3. (*jogo*) Quiz *nt*
condado *m* (*território*) Grafschaft *f*
condão *m* Gabe *f,* Vorrecht *nt*
conde, condessa *m, f* Graf *m,* Gräfin *f*
condecoração *f* Orden *m,* Auszeichnung *f*
condecorar *vt* einen Orden verleihen (dat)
condenação *f* Verurteilung *f*
condenado, -a I. *m, f* Verurteilte II. *adj* (DIR) verurteilt (*a* zu); **estar** ~ verloren sein
condenar *vt* 1. (*censurar*) verurteilen 2. (DIR) schuldig sprechen, verurteilen (*a* zu); ~ **à morte** zum Tode verurteilen 3. (REL) verdammen
condenável *adj* verwerflich
condensação *f* Kondensation *f,* Verdichtung *f*
condensado *adj* 1. (*ideias, texto*) zusammengefasst 2. (*amontoado*) zusammengedrängt
condensador *m* 1. (ELECTR, FÍS) Kondensator *m* 2. (*óptica*) Kondensor *m*
condensar *vt* 1. (FÍS: *gás, vapor*) kondensieren 2. (*resumir, sintetizar*) zusammenfassen
condescendência *f* 1. (*transigência*) Nachgiebigkeit *f* 2. (*complacência*) Zustimmung *f*
condescendente *adj* nachgiebig
condescender *vi* 1. (*transigir*) nachgeben (*a*), entgegenkommen (*a*); (*pej*) sich herablassen (*a* zu) 2. (*consentir*) einwilligen (*a* in)
condição [kõndi'sãu] *f* 1. (*circunstância*) Bedingung *f;* **nestas condições** unter diesen Bedingungen/Umständen; **na/com a** ~ **de ... +** *inf* unter der Bedingung, dass ... 2. (*estado*) Zustand *m;* **estar em condições** in Ordnung sein; **o edifício não está em condições** das Gebäude ist in einem schlechten baulichen Zustand; **estar em condições de fazer a. c.** in der Lage sein, etw zu tun; **o edifício não tem condições** in dem Gebäude fehlt es an allen Ecken und Enden 3. (*social*) Stand *m,* Rang *m;* **de baixa** ~ aus der Unterschicht 4. (*qualidade*) Beschaffenheit *f*
condicional I. *m* (GRAM) Konditional *m* II.

adj konditional; (GRAM); **oração** ~ Bedingungssatz *m*
condicionar *vt* bedingen
condimentar *vt* (*fig*) würzen
condimento [kõndi'mẽntu] *m* Gewürz *nt*
condizer *vi* 1. (*roupa*) passen (*com* zu) 2. (*concordar*) übereinstimmen (*com* mit)
condoer-se *vr* ~ **de** Mitleid haben mit
condolência *f* Beileid *nt;* **apresentar as** ~**s a alguém** jdm sein Beileid aussprechen
condomínio *m* 1. (*moradores*) Hausgemeinschaft *f;* ~ **fechado** abgeschlossene, bewachte Wohnanlage *f* 2. (*quantia*) monatliche Kosten zur Instandhaltung der Wohnanlage
condor *m* (ZOOL) Kondor *m*
condução [kõndu'sãu] *f* 1. (*direcção*) Führung *f,* Leitung *f;* **perder a** ~ den Anschluss verpassen 2. (*de um automóvel*) Steuern *nt,* Lenken *nt* 3. (*brasil: transporte*) Verkehrsmittel *nt*
conduta *f* 1. (*cano*) Leitung *f;* ~ **de gás** Gasleitung *f;* ~ **de lixo** Müllschlucker *m* 2. (*moral*) Führung *f,* Betragen *nt*
conduto *m* 1. (*cano*) Röhre *f,* Leitung *f* 2. (*canal*) Kanal *m* 3. (*coloq: alimento*) Brotbeilage *f,* Aufschnitt *m*
condutor(a)¹ [kõndu'tor] I. *m(f)* (*de automóvel*) Fahrer, Fahrerin *m, f;* (*de comboio*) Zugführer, Zugführerin *m, f* II. *adj* leitend; **fio** ~ Leitungsdraht *m*
condutor² *m* (ELECTR) Leiter *m*
conduzir [kõndu'zir] *vt* 1. (*encaminhar*) leiten, führen 2. (*um automóvel*) fahren 3. (*uma máquina*) lenken 4. (*um barco*) steuern
cone *m* 1. (*geometria*) Kegel *m* 2. (*de gelado*) Tüte *f*
cónego *m* (REL) Domherr *m*
confecção *f* 1. (*vestuário*) Konfektion *f* 2. (*fabrico*) Anfertigung *f,* Herstellung *f*
confeccionar *vt* anfertigen, herstellen
confederação *f* (POL) Bund *m,* Staatenbund *m;* ~ **helvética** Schweizerische Eidgenossenschaft *f*
confeitaria [kõfeite'rie] *f* Konditorei *f; v.* **pastelaria**
confeito *m* Konfekt *nt*
conferência *f* 1. (POL) Konferenz *f,* Besprechung *f;* **realizar uma** ~ eine Konferenz abhalten 2. (*discurso*) Vortrag *m,* Vorlesung *f;* **fazer uma** ~ einen Vortrag halten
conferenciar *vi* sich besprechen (*com* mit),

beratschlagen (*com* mit)

conferencista *m(f)* Vortragende, Referent, Referentin *m, f*

conferir I. *vt* (*controlar*) prüfen, kontrollieren; (*direitos*) verleihen; (*a palavra*) erteilen II. *vi* stimmen

confessar I. *vt* (*a culpa, um erro*) gestehen, bekennen; **confesso que sim/não** ich gestehe es war/war nicht so; (REL: *os pecados*) beichten II. *vr* beichten

confessionário *m* Beichtstuhl *m*

confetti *m* Konfetti *nt*

confiança [kõˈfjãsə] *f* Vertrauen *nt;* **de ~** zuverlässig, vertrauenswürdig; **não ser de ~** unzuverlässig sein; **ter ~ em alguém/a. c.** Vetrauen zu jdm/etw haben; **ter ~ com alguém** ein vertrautes Verhältnis zu jdm haben

confiante *adj* voller Vertrauen; **estar ~ em** Vetrauen haben zu

confiar I. *vt* anvertrauen; **~ a. c. a alguém** jdm etw anvertrauen II. *vi* vertrauen; **~ em alguém** jdm/auf jdn vertrauen

confidência *f* vertrauliche Mitteilung *f*

confidencial *adj* vertraulich

confidente *m(f)* Vertraute

configuração *f* Form *f,* Gestalt *f*

configurar *vt* formen, gestalten; (INFORM) konfigurieren

confinante *adj* angrenzend

confinar I. *vt* begrenzen II. *vi* angrenzen, grenzen (*com* an)

confins *mpl* (*fronteiras, limites*) Grenzen *pl;* (*sítio longínquo*); **nos ~ do mundo** am Ende der Welt

confirmação *f* 1. (*certificação*) Bestätigung *f* 2. (REL: *católica*) Firmung *f;* (*protestante*) Konfirmation *f*

confirmar [kõfirˈmar] *vt* 1. (*certificar*) bestätigen, bekräftigen 2. (REL: *católica*) firmen; (*protestante*) konfirmieren

confiscar *vt* beschlagnahmen, konfiszieren

confissão *f* 1. (*de culpa*) Geständnis *nt* 2. (REL) Beichte *f*

conflito *m* Konflikt *m,* Auseinandersetzung *f;* **~ de interesses** Interessenkonflikt *m*

conflituoso *adj* konfliktgeladen, brisant

conformar-se *vr* sich abfinden (*com* mit)

conforme I. *adj* (*idêntico*) übereinstimmend, identisch (*a* mit); **estar ~** übereinstimmen; (*correspondente*) angemessen; (**é**) **~!** je nachdem! II. *prep* gemäß, entsprechend III. *prep* wie, je nachdem

conformidade *f* Übereinstimmung *f;* **em ~ com** gemäß (dat)

confortar *vt* 1. (*consolar*) trösten 2. (*animar*) aufmuntern

confortável [kõfurˈtavɛl] *adj* bequem, gemütlich

conforto *m* 1. (*de uma casa*) Komfort *m,* Bequemlichkeit *f* 2. (*consolo*) Trost *m*

confraria *f* Bruderschaft *f*

confraternização *f* Verbrüderung *f*

confraternizar *vi* ein brüderliches Verhältnis haben (*com* zu)

confrontação *f* 1. (*conflito, choque*) Konfrontation *f* 2. (*acareação*) Gegenüberstellung *f*

confrontar I. *vt* konfrontieren, gegenüberstellen II. *vr* gegenüberstehen (*com*)

confronto *f* Gegenüberstellung *f*

confundir [kõfõnˈdir] *vt* 1. (*coisas*) verwechseln (*com* mit) 2. (*tornar confuso*) durcheinander bringen 3. (*uma pessoa*) verwirren

confusão *f* Verwirrung *f,* Durcheinander *nt*

confuso *adj* verwirrt, konfus

congelado *adj* 1. (*comida*) tiefgekühlt, gefroren 2. (*muito frio*) eisig, eiskalt

congelador *m* Gefrierfach *nt*

congelar I. *vt* (*comida*) tiefkühlen, einfrieren; (*o crédito*) sperren, einfrieren; (*uma nota*) einfrieren II. *vi* einfrieren

congénere *adj* artverwandt

congénito *adj* angeboren

congestão *f* (MED) Blutandrang *m*

congestionado *adj* 1. (*trânsito*) stockend 2. (*de raiva*) hochrot

congestionamento *m* (*do trânsito*) Verkehrsstockung *f,* Stau *m*

congestionar I. *vt* 1. (MED) Blutandrang verursachen in 2. (*trânsito*) behindern II. *vr* 1. (*sangue*) sich stauen 2. (*trânsito*) stocken 3. (*de raiva*) rot anlaufen

congratulação *f* Glückwunsch *m*

congratular I. *vt* beglückwünschen; **~ alguém por a. c.** jdn zu etw beglückwünschen II. *vr* sich freuen (*com* über)

congregação *f* 1. (REL) Kongregation *f* 2. (*ajuntamento*) Versammlung *f*

congresso *m* Kongress *m*

congro *m* (ZOOL) Meeraal *m*

congruência *f* Kongruenz *f*

congruente *adj* kongruent

conhaque *m* Cognac® *m,* Kognak *m*

C

conhecer [kuɲəˈser] vt **1.** (ter conhecimento) kennen; **dar a** ~ bekannt machen; **vir/chegar a** ~ kennen lernen **2.** (travar conhecimento) kennen lernen **3.** (reconhecer) erkennen (por an + dat) **4.** (orientar-se em) sich auskennen in

conhecido, -**a** [kuɲəˈsidu] **I.** m, f Bekannte **II.** adj bekannt; **ser muito** ~ überall bekannt sein

conhecimento m **1.** (saber) Kenntnis f; ~ **de causa** Sachkenntnis f; **ter/tomar ~ de a. c.** etw wissen/zur Kenntnis nehmen; **dar ~ de a. c. a alguém** jdn von etw in Kenntnis setzen **2.** (pessoa) Bekanntschaft f; **ter ~s** Beziehungen haben **3.** (consciência) Bewusstsein nt; **perder o ~** das Bewusstsein verlieren

conivência f Mitschuld f

conivente adj mitschuldig (em an)

conjectura f Mutmaßung f; **fazer ~s** Vermutungen anstellen

conjecturar vt mutmaßen, vermuten

conjugação f **1.** (GRAM) Konjugation f **2.** (ligação) Verbindung f

conjugado adj verbunden; **eixo** ~ Kuppelachse f

conjugal adj ehelich, Ehe ...

conjugar vt **1.** (GRAM) konjugieren **2.** (ligar) verbinden **3.** (unir) vereinigen

cônjuge m (marido) Gatte m; (mulher) Gattin f; **os ~s** die Eheleute

conjunção f **1.** (GRAM) Konjunktion f **2.** (ligação) Verbindung f **3.** (união) Vereinigung f

conjuntamente adv zusammen, gemeinsam

conjuntivite f (MED) Bindehautentzündung f

conjuntivo m (GRAM) Konjunktiv m

conjunto [kɔ̃ˈʒõntu] **I.** m (totalidade) Ganze nt, Gesamtheit f; (de roupa, toalhas) Garnitur f; (de ferramentas) Satz m; (MÚS) Band f **II.** adj gemeinsam

conjuntura f (ECON) Konjunktur f; ~ **favorável** günstige Konjunktur

connosco Zusammensetzung: präp com + pron nós

conquanto konj **1.** (ainda que) obgleich **2.** (embora) obwohl

conquista f **1.** (acção) Eroberung f **2.** (objecto) Errungenschaft f

conquistador m **1.** (de terras, corações) Eroberer m **2.** (coloq: de mulheres) Don Juan m

conquistar vt **1.** (terras, corações, mulheres) erobern **2.** (alcançar) erringen; **ele conquistou o primeiro lugar** er hat den ersten Platz errungen

consagração f **1.** (glorificação) Weihe f **2.** (dedicação) Aufopferung f **3.** (REL: na missa) Wandlung f

consagrado adj anerkannt

consagrar vt **1.** (REL) weihen, heiligen **2.** (dedicar) widmen

consciência f **1.** (moral) Gewissen nt; **com ~** gewissenhaft; **ter a ~ limpa/pesada** ein reines/schlechtes Gewissen haben **2.** (conhecimento) Bewusstsein nt

consciencioso adj gewissenhaft

consciente **I.** m (PSIC) Bewusstsein nt **II.** adj bewusst; **estar (bem) ~ de** sich (völlig) im Klaren sein über

consecutivamente adv nacheinander, unaufhörlich; **e assim ~** und so weiter

consecutivo adj aufeinander folgend; **dois dias ~s** zwei Tage hintereinander; **duas horas consecutivas** zwei Stunden lang

consequinte adj folgend; **por ~** folglich

conseguir **I.** vt (obter) erlangen, erreichen; (alcançar) können, gelingen (zu); **eu (não) consigo perceber o texto** ich kann den Text (nicht) verstehen; **não consigo dormir** ich kann nicht schlafen; **conseguiste falar com ele?** ist es dir gelungen, mit ihm zu sprechen?; **não consigo ouvir/ver nada** ich kann nichts hören/sehen; **ela consegue estudar com barulho** sie kann auch lernen, wenn es laut ist; (coloq: arranjar) beschaffen; **onde é que conseguiste o dinheiro?** wie bist du an das Geld gekommen? **II.** vi (coloq: alcançar os objectivos) schaffen; **eu consigo!** ich werde es schaffen!; **consegui!** ich habe es geschafft!

conselheiro, -**a** m, f Ratgeber, Ratgeberin m, f, Berater, Beraterin m, f

conselho m **1.** (recomendação) Rat m, Ratschlag m; **dar um ~ a alguém** jdm einen Rat geben; **pedir um ~ a alguém** jdn um Rat fragen; **seguir o ~ de alguém** jds Rat befolgen **2.** (assembleia) Rat m; **Conselho de Administração** Verwaltungsrat m; **Conselho de Ministros** Ministerrat m; **Conselho Europeu** Europarat m

consenso m **1.** (consentimento) Einwilligung *f*, Zustimmung *f* **2.** (*acordo*) Konsens *m*; **chegar a um** ~ Übereinstimmung erzielen

consentimento *m* Zustimmung *f*, Einwilligung *f*; **dar o** ~ zustimmen, einwilligen

consentir *vt* **1.** (*permitir*) gestatten, zulassen **2.** (*tolerar*) dulden

consequência *f* Folge *f*, Konsequenz *f*; **em** ~ **de** infolge; **por** ~ folglich; **arcar com as** ~**s** die Folgen tragen; **ter a. c. como** ~ etw zur Folge haben; **ter** ~**s** Folgen haben

consequente *adj* folgerichtig, konsequent

consequentemente *adv* folglich, infolgedessen

consertar *vt* reparieren, ausbessern; (*remendar*) flicken

conserto *m* Reparatur *f*, Ausbesserung *f*; (*remendo*) Flicken *nt*; **isto não tem** ~ das kann nicht repariert werden

conserva *f* Konserve *f*; **de/em** ~ aus der Konserve; **carne de** ~ Büchsenfleisch *nt*

conservação *f* (*de documentos, alimentos*) Konservierung *f*

conservador(**a**) **I.** *m(f)* (*de museu, biblioteca*) Konservator, Konservatorin *m*, *f*; (*do registo predial*) Beamte, in *m*, *f* im Katasteramt; (*do registo civil*) Standesbeamte, Standesbeamtin *m*, *f*; (POL) Konservative **II.** *adj* konservativ

conservadorismo *m* Konservatismus *m*, Konservativismus *m*

conservante *m* Konservierungsmittel *nt*; **sem** ~**s** ohne Konservierungsmittel

conservantismo *m v.* **conservadorismo**

conservar [kɔsər'var] **I.** *vt* **1.** (*alimentos, documentos*) konservieren **2.** (*frutos*) einmachen **3.** (*manter*) erhalten **4.** (*guardar*) aufbewahren **II.** *vr* **1.** (*alimento*) sich halten **2.** (*cultura*) erhalten bleiben, weiter bestehen

Conservatória *f* ~ **do Registo Civil** Standesamt *nt*; ~ **do Registo Predial** Katasteramt *nt*

conservatório *m* Konservatorium *nt*

consideração *f* **1.** (*ponderação*) Überlegung *f*, Erwägung *f*; **levar/ter/tomar a. c. em** ~ etw berücksichtigen **2.** (*respeito*) Rücksicht *f*, Achtung *f*; **com toda a** ~ hochachtungsvoll; **falta de** ~ Rücksichtslosigkeit *f*; **ter** ~ **por alguém** jdn achten

considerado *adj* hoch geschätzt, angesehen

considerar [kɔside'rar] **I.** *vt* (*ter em consideração*) in Betracht ziehen, berücksichtigen; (*tomar como*) betrachten als, halten für; (*ponderar*) überlegen, erwägen; (*ter consideração por*) achten, respektieren **II.** *vr* sich halten für

considerável *adj* beträchtlich, ansehnlich

consignação *f* **1.** (*entrega*) Hinterlegung *f* **2.** (ECON) Konsignation *f*

consignar *vt* **1.** (*entregar*) übergeben **2.** (ECON) konsignieren **3.** (*dinheiro*) anweisen **4.** (*por escrito*) festlegen

consignatário, -a *m*, *f* **1.** (*destinatário*) Empfänger, Empfängerin *m*, *f* **2.** (*credor*) Verwahrer, Verwahrerin *m*, *f*

consigo Zusammensetzung: präp com + pron si

consistência *f* **1.** (*firmeza*) Konsistenz *f* **2.** (*duração*) Beständigkeit *f* **3.** (*espessura*) Dichte *f*

consistente *adj* **1.** (*firme*) fest, konsistent **2.** (*constante*) dauerhaft, beständig **3.** (*espesso*) dicht

consistir *vi* **1.** (*compor-se de*) bestehen (*em* aus) **2.** (*fundar-se em*) bestehen (*em* in)

consoada [kɔŋ'swada] *f* **1.** (*ceia*) Festessen an Heiligabend *nt* **2.** (*presente*) Weihnachtsgeschenk *nt*

consoante **I.** *f* (GRAM) Konsonant *m* **II.** *adj* (sich) reimend **III.** *prep* **1.** (*segundo*) gemäß **2.** (*conforme*) je nach

consola *f* Konsole *f*

consolação *f* Trost *m*; **servir de** ~ ein Trost sein

consolado *adj* zufrieden gestellt

consolador *adj* tröstlich

consolar **I.** *vt* trösten **II.** *vr* sich trösten (*com* mit)

consolidação *f* **1.** (*fortificação*) Festigung *f* **2.** (*de uma amizade*) Stärkung *f* **3.** (ECON) Konsolidierung *f*

consolidar **I.** *vt* (*fortificar*) festigen; (*uma amizade*) stärken; (ECON) konsolidieren **II.** *vr* sich festigen

consolo *m* Trost *m*

consonância *f* **1.** (*harmonia*) Einklang *m*, Harmonie *f* **2.** (*rima*) Endreim *m*

consonante *adj* konsonant, gleichklingend

consórcio *m* (ECON) Konsortium *nt*

consorte *m(f)* Gatte, Gattin *m*, *f*

conspícuo *adj* **1.** (*notável*) bemerkenswert **2.** (*sério*) ernsthaft

conspiração *f* Verschwörung *f*, Konspiration *f*

conspirador(a) *m(f)* Verschwörer, Verschwörerin *m, f*

conspirar *vi* sich verschwören (*contra* gegen)

conspurcação *f (fig)* Beschmutzung *f*

conspurcar *vt* **1.** (*roupa*) fleckig/schmutzig machen **2.** (*reputação*) beschmutzen

constância *f* Beständigkeit *f*, Beharrlichkeit *f*

constante I. *f* (MAT) Konstante *f* II. *adj* beständig, konstant

constar *vi* **1.** (*dizer-se*) verlauten; **consta-me que ...** ich habe gehört, dass ... **2.** (*consistir*) bestehen (*de* aus) **3.** (*estar escrito*) geschrieben stehen; **isso não consta dos registos** das steht nirgends geschrieben

constatar *vt* feststellen

constelação *f* (ASTR) Konstellation *f*, Sternbild *nt*

consternado *adj* bestürzt

consternar *vt* bestürzen, tief betrüben

constipação [kɔ̃ʃtipaˈsãu] *f* (MED) Erkältung *f*, Schnupfen *m*

constipado *adj* erkältet

constipar-se *vr* sich erkälten

constitucional *adj* verfassungsgemäß, Verfassungs ...

constitucionalidade *f* Verfassungsmäßigkeit *f*

constitucionalismo *m* verfassungsgemäße Regierungsform *f*

constituição *f* **1.** (*fundação*) Gründung *f* **2.** (*de uma comissão*) Einrichtung *f* **3.** (*formação*) Aufbau *m* **4.** (POL) Verfassung *f* **5.** (MED) Konstitution *f* **6.** (QUÍM) Beschaffenheit *f*

constituinte *adj* (POL) konstituierend

constituir *vt* **1.** (*estabelecer*) konstituieren, gründen; **~ família** eine Familie gründen **2.** (*formar*) bilden **3.** (*ser*) darstellen

constitutivo *adj* konstitutiv, grundlegend

constranger *vt* **1.** (*obrigar*) zwingen (*a* zu), nötigen (*a* zu) **2.** (*acanhar*) verlegen machen, in Verlegenheit bringen

constrangido *adj* verlegen

constrangimento *m* **1.** (*obrigação*) Zwang *m;* **sem ~** ungezwungen **2.** (*acanhamento*) Verlegenheit *f*

construção [kɔ̃ʃtruˈsãu] *f* **1.** (*prédio*) Bau *m* **2.** (*sector*) Bauwesen *nt*, Bausektor *m* **3.**

(GRAM) Satzbau *m* **4.** (MAT) Konstruktion *f* **5.** (*estrutura*) Aufbau *m*

construir *vt* **1.** (*casa*) bauen; (*edificar*) errichten **2.** (*frases*) bilden **3.** (MAT) konstruieren **4.** (*formar, organizar*) aufbauen

construtivo *adj* konstruktiv

construtor(a) *m(f)* Bauunternehmer, Bauunternehmerin *m, f*

construtora *f* (*empresa*) Bauunternehmen *nt*

cônsul *m* Konsul *m;* **~ geral** Generalkonsul *m*

consulado [kɔ̃suˈladu] *m* Konsulat *nt;* **~ geral** Generalkonsulat *m*

consulesa *f* Konsulin *f*

consulta *f* **1.** (*inquérito*) Anfrage *f* (*a* bei) **2.** (*no médico*) Arztbesuch *m;* **tenho uma consulta no médico/dentista amanhã** morgen habe ich einen Arzttermin/Zahnarzttermin **3.** (*a um livro*) **fazer uma ~ a um livro/dicionário** etw in einem Buch/Wörterbuch nachschlagen

consultar *vt* **1.** (*inquirir*) befragen **2.** (*pedir conselho*) um Rat fragen; **~ alguém** jdn um Rat fragen; **~ um médico** sich untersuchen lassen, zum Arzt gehen **3.** (*um livro, dicionário*) nachschlagen in

consultor(a) *m(f)* Berater, Beraterin *m, f*

consultório *m* Praxis *f*

consumação *f* Vollendung *f*

consumado *adj* vollendet, vollkommen; **facto ~** vollendete Tatsache

consumar *vt* **1.** (*completar*) vollenden **2.** (*um acto*) vollbringen **3.** (*um crime*) begehen **4.** (*um casamento*) vollziehen

consumição *f* Verdruss *m*, Besorgnis *f*

consumido *adj* **1.** (*aflito*) besorgt **2.** (*pelo fogo*) vernichtet

consumidor(a) *m(f)* Verbraucher, Verbraucherin *m, f*

consumir *vt* **1.** (*um bem*) verbrauchen; (*comer, beber*) verzehren; (*drogas*) konsumieren; (*coloq*) nehmen **2.** (*afligir*) ärgern **3.** (*fogo*) vernichten

consumismo *m* Konsumhaltung *f*, (übertriebenes) Konsumverhalten *nt*

consumo [kɔ̃ˈsumu] *m* **1.** (ECON) Konsum *m*, Verbrauch *m;* **~ de drogas** Drogenkonsum *m;* **~ de energia** Energieverbrauch *m* **2.** (*de comida, bebida*) Verzehr *m;* **~ obrigatório** Mindestverzehr *m*

conta [ˈkõntɐ] *f* **1.** (*bancária*) Konto *nt;* **~**

corrente Girokonto *nt;* **abrir/fechar uma** ~ ein Konto eröffnen/auflösen; **depositar dinheiro na** ~ Geld auf das Konto einzahlen **2.** (*cálculo, factura*) Rechnung *f;* **errar a** ~ sich verrechnen; **fazer uma** ~ rechnen; **pedir a** ~ die Rechnung bestellen; **a** ~, **se faz favor** (ich möchte) zahlen, bitte; **pôr na** ~ auf die Rechnung setzen; **prestar** ~**s a alguém** jdm Rechenschaft ablegen; **ajustar** ~**s com alguém** mit jdm abrechnen; **afinal de** ~**s** letzten Endes **3.** (*encargo*) **à** ~ **de** wegen; **por** ~ **de** auf Kosten von; **por** ~ **própria** auf eigene Rechnung; **tomar** ~ **de alguém** sich um jdn kümmern **4.** (*de rosário*) Perle *f*

contabilidade *f* Buchhaltung *f,* Buchführung *f*

contabilista *m(f)* Buchhalter, Buchhalterin *m, f*

contactar *vt* Kontakt aufnehmen mit, sich in Verbindung setzen mit

contacto [kɔ̃n'taktu] *m* **1.** (*ligação*) Verbindung *f,* Kontakt *m;* **entrar em** ~ **com alguém** sich mit jdm in Verbindung setzen; **estar em** ~ **com alguém** mit jdm in Verbindung stehen **2.** (*com a pele*) Berührung *f* **3.** (ELECTR) Kontakt *m;* **fazer** ~ Kontakt haben

contador(**a**)¹ *m(f)* **1.** (*funcionário*) Rechnungsprüfer, Rechungsprüferin *m, f* **2.** (*brasil: contabilista*) Buchhalter, Buchhalterin *m, f* **3.** (*de histórias*) Erzähler, Erzählerin *m, f*

contador² *m* (*da água*) Wasseruhr *f;* (*da luz*) Stromzähler *m;* (*do gás*) Gaszähler *m,* Gasuhr *f*

contagem *f* Zählung *f,* Zählen *nt;* ~ **decrescente** Countdown *m;* (*brasil*); ~ **regressiva** Countdown *m*

contagiar *vt* anstecken (*com* mit)

contágio *m* Ansteckung *f*

contagioso [kɔ̃ntɐ'ʒjozu] *adj* ansteckend; **doença contagiosa** ansteckende Krankheit

conta-gotas *m* Tropfenzähler *m*

contaminação *f* **1.** (*contágio*) Ansteckung *f* **2.** (*poluição*) Verschmutzung *f,* Verseuchung *f*

contaminar *vt* **1.** (*contagiar*) anstecken **2.** (*poluir*) verschmutzen, verseuchen

contanto *konj* ~ **que** sofern, wenn ... nur; **ele pode ir** ~ **que tome as devidas precauções** er kann gehen, sofern er die entsprechenden Vorsichtsmaßnahmen trifft

conta-quilómetros *m* Kilometerzähler *m*

contar [kɔ̃n'tar] **I.** *vt* **1.** (*uma história*) erzählen; ~ **a. c. a alguém** jdm etw erzählen **2.** (*números*) zählen; ~ (**a. c.**) **pelos dedos** (etw) an den Fingern abzählen **II.** *vi* **1.** (*números*) zählen **2.** (*calcular*) rechnen; ~ **com alguém/a. c.** mit jdm/etw rechnen **3.** (*tencionar*) ~ **fazer a. c.** beabsichtigen, etw zu tun

conta-rotações *m* Drehzahlmesser *m*

contatar *vt* (*brasil*) *v.* **contactar**

contato *m* (*brasil*) *v.* **contacto**

contemplação *f* **1.** (*observação*) Betrachtung *f* **2.** (REL) Kontemplation *f*

contemplar *vi* **1.** (*observar*) betrachten, anschauen **2.** (*um pedido*) berücksichtigen

contemporâneo, **-a** **I.** *m, f* Zeitgenosse, Zeitgenossin *m, f* **II.** *adj* zeitgenössisch; ~ **de** Zeitgenosse von

contenção *f* (*de despesas*) Mäßigung *f*

contencioso **I.** *m* (DIR) Strafgericht *nt,* Strafkammer *f* **II.** *adj* (DIR) Streit ...

contenda *f* Streit *m,* Zank *m*

contentamento *m* Zufriedenheit *f,* Freude *f*

contentar **I.** *vt* befriedigen, zufrieden stellen **II.** *vr* sich zufrieden geben (*com* mit); ~ **com pouco** leicht zufrieden zu stellen sein

contente [kɔ̃n'tẽntə] *adj* zufrieden (*com* mit), froh (*com* über)

contentor [kɔ̃ntẽn'tor] *m* Container *m*

conter **I.** *vt* (*abranger*) enthalten; (*o riso*) unterdrücken; (*coloq*) verkneifen **II.** *vr* an sich halten, sich beherrschen

conterrâneo, **-a** *m, f* Landsmann *m,* Landsmännin *f*

contestação *f* Widerspruch *m;* **sem** ~ widerspruchslos

contestar **I.** *vt* bestreiten, in Abrede stellen; (*sentença*) anfechten **II.** *vi* widersprechen, Einspruch erheben

contestável *adj* fragwürdig, strittig; (*sentença*) anfechtbar

conteúdo *m* Inhalt *m;* (*teor*) Gehalt *m*

contexto *m* Zusammenhang *m,* Kontext *m;* (*pessoa*); (**não**) **estar dentro do** ~ den Stand der Dinge (nicht) kennen

contigo [kɔ̃n'tigu] Zusammensetzung: präp com + pron ti

contiguidade *f* Angrenzen *nt*

contíguo *adj* angrenzend, benachbart

continência *f* **1.** (*sexual*) Enthaltsamkeit *f* **2.** (*moderação*) Mäßigung *f* **3.** (MIL) Ehrenbezeigung *f;* Gruß *m;* **fazer** ~ **a** grüßen

continental *adj* kontinental

continente I. *m* Kontinent *m,* Festland *nt* II. *adj* (*sexual*) enthaltsam

contingência *f* Möglichkeit *f*

contingente I. *m* (MIL) Kontingent *nt;* (*quota*) Quote *f* II. *adj* möglich, eventuell

continuação *f* Fortsetzung *f,* Weiterführung *f*

continuar I. *vt* fortsetzen, weiterführen II. *vi* 1. (*não parar*) fortfahren (*a* zu), weitermachen (*a* mit); ~ **doente/aqui** (immer) noch krank/hier sein; **ela continua a estudar** sie lernt noch 2. (*seguir*) weitergehen; **continua** Fortsetzung folgt

continuidade *f* Kontinuität *f,* Fortdauer *f;* **ter** ~ Bestand haben

contínuo I. *m* 1. (*de escritório*) Bürogehilfe *m* 2. (*de escola, universidade*) Angestellter, der für Hilfsarbeiten (*z. B. Materialausgabe*) eingesetzt wird II. *adj* 1. (*seguido*) ununterbrochen; **acto** ~ unverzüglich 2. (*repetido*) fortgesetzt

conto *m* 1. (*história*) Erzählung *f;* (*de fadas*) Märchen *nt* 2. (*dinheiro,* HIST) eintausend Escudos

contorção *f* Verrenkung *f*

contorcer I. *vt* verrenken; (*cara*) verzerren II. *vr* sich winden

contorcionista *m(f)* Schlangenmensch *m*

contornar *vt* 1. (*uma rotunda*) herumgehen um, herumfahren um 2. (*um assunto, uma situação*) umgehen 3. (*no papel*) umreißen

contorno *m* 1. (*de um objecto*) Kontur *f,* Umriss *m* 2. (*desvio*) Umweg *m* 3. (*da frase*) Eleganz *f*

contornos *mpl* Umgebung *f*

contra [ˈkɔ̃trɛ] I. *m* Nachteil *m;* **os prós e os** ~**s** das Für und Wider II. *prep* (*em oposição*) gegen; **ele está** ~ **mim** er ist gegen mich; **não tenho nada** ~ **ti** ich habe nichts gegen dich; **bater/ir** ~ **a. c.** gegen etw schlagen/laufen; **isso vai** ~ **os meus princípios** das geht gegen meine Prinzipien; (*face a*) gegenüber III. *adv* dagegen

contra-almirante *m* (MIL) Konteradmiral *m*

contra-atacar *vi* einen Gegenangriff starten

contra-ataque *m* Gegenangriff *m*

contrabaixo *m* 1. (*instrumento*) Kontra-

bass *m* 2. (*pessoa*) Kontrabassist *m*

contrabalançar *vt* aufwiegen, ausgleichen

contrabandista   *m(f)*   Schmuggler, Schmugglerin *m, f*

contrabando [kɔ̃trɛˈbãndu] *m* 1. (*actividade*) Schmuggel *m;* **tabaco de** ~ geschmuggelter Tabak; **fazer** ~ (**de a. c.**) (etw) schmuggeln 2. (*mercadoria*) Schmuggelware *f*

contracção *f* 1. (*união*) Zusammenziehung *f* 2. (GRAM, MED) Kontraktion *f*

contracenar *vi* 1. (*teatro*) gemeinsam auf der Bühne stehen (*com* mit) 2. (*filme*) gemeinsam vor der Kamera stehen (*com* mit)

contracepção *f* (MED) Empfängnisverhütung *f*

contraceptivo *m* Verhütungsmittel *nt*

contradança *f* 1. (*dança*) Kontertanz *m* 2. (*vaivém*) Hin und Her *nt*

contradição *f* Widerspruch *m*

contradique *m* Vordamm *m*

contraditório *adj* widersprüchlich

contradizer I. *vt* (*uma pessoa*) widersprechen; (*um facto*) bestreiten II. *vr* sich widersprechen

contraente I. *m(f)* Vertragspartner, Vertragspartnerin *m, f* II. *adj* vertragschließend

contra-espionagem *f* Spionageabwehr *f,* Gegenspionage *f*

contrafação *f* (*brasil*) *v.* **contrafacção**

contrafacção *f* 1. (*de dinheiro*) Fälschung *f* 2. (*imitação*) Nachahmung *f*

contrafé *f* (DIR) Vorladung *f*

contrafeito *adj* 1. (*forçado*) gezwungen 2. (*constrangido*) beengt

contraforte *m* 1. (ARQ) Strebepfeiler *m* 2. (GEOG) ~**s** Vorgebirge *nt*

contraído *adj* zusammengezogen; (*músculos*) kontrahiert

contra-indicação *f* (MED) Gegenanzeige *f,* Kontraindikation *f*

contrair I. *vt* (*unir*) zusammenziehen; (GRAM, MED) kontrahieren; (*uma dívida*) machen; (*matrimónio*) schließen (*com* mit); (*obrigações*) eingehen, übernehmen; (*uma doença*) bekommen; (*um empréstimo*) aufnehmen; (*um hábito*) annehmen II. *vr* sich zusammenziehen

contralto *m* (MÚS) Altstimme *f,* Alt *m*

contramão *f* **ir na** ~ entgegen der Fahrtrichtung fahren

contramarcha *f* Rückmarsch *m*

contramedida *f* Gegenmaßnahme *f*

contramestre *m* (NAÚT) Obermaat *m*

contra-ofensiva *f* (MIL) Gegenoffensive *f*, Gegenangriff *m*

contra-ordem *f* Gegenbefehl *m*

contrapartida *f* **1.** (*peça*) Gegenstück *nt* **2.** (*compensação*) Ausgleich *m*; **em** ~ dafür

contrapeso *m* Gegengewicht *nt*

contraplacado *m* Sperrholz *nt*; (*para móveis*) Furnier *nt*

contraponto *m* (MÚS) Kontrapunkt *m*

contrapor *vt* gegenüberstellen, entgegenstellen

contraproducente *adj* kontraproduktiv, unangebracht

contraproposta *f* Gegenvorschlag *m*

contraprova *f* **1.** (DIR) Gegenbeweis *m* **2.** (*verificação*) Gegenprobe *f* **3.** (*de um texto*) zweite Korrektur *f*

contra-regra *m/f* Inspizient, Inspizientin *m, f*

contrariado *adj* widerstrebend, widerwillig

contrariamente *adv* im Gegensatz (*a* zu)

contrariar *vt* **1.** (*ir contra*) sich entgegenstellen **2.** (*um plano*) durchkreuzen **3.** (*arreliar*) verdrießen

contrariedade *f* Widrigkeit *f*, Unannehmlichkeit *f*

contrário [kõn'trarju] **I.** *m* Gegenteil *nt*; **ao** ~ umgekehrt; **ao** ~ **de** im Gegensatz zu; (**muito**) **pelo** ~ (ganz) im Gegenteil **II.** *adj* gegensätzlich, entgegensetzt; **de/caso** ~ andernfalls; **em sentido** ~ in der Gegenrichtung

contra-rubricar *vi* gegenzeichnen

contra-senha *f* (MIL) Losungswort *nt*

contra-senso *m* **1.** (*contradição*) Widersinn *m* **2.** (*disparate*) Unsinn *m*

contrastar I. *vt* (*ouro, prata*) den Feingehalt bestimmen von **II.** *vi* abstechen (*com* von), sich abheben (*com* von)

contraste *m* **1.** (*oposição*) Gegensatz *m*, Kontrast *m*; **estabelecer/fazer o** ~ **entre** den Unterschied aufzeigen zwischen **2.** (*de metais*) Bestimmung des Feingehalts *f* **3.** (*marca nos metais*) Stempel *m*

contratação *f* Einstellung *f*

contratar *vt* (*pessoal*) einstellen; (*músicos, grupo de teatro*) engagieren

contratempo *m* **1.** (*impedimento*) Zwischenfall *m* **2.** (MÚS) Taktverschiebung *f*

contrato [kõn'tratu] *m* Vertrag *m*; ~ **de arrendamento** Mietvertrag *m*; ~ **a prazo** Zeitvertrag *m*; ~ **de trabalho** Arbeitsvertrag *m*; **conforme o/de acordo com o/nos termos do** ~ vertragsgemäß

contratual *adj* vertraglich

contravenção *f* (*elev*) Zuwiderhandlung *f*, Verstoß *m*

contraveneno *m* (FARM) Gegengift *nt*

contraventor(a) I. *m/f* Zuwiderhandelnde **II.** *adj* straffällig

contravir *vt* (*elev*) verstoßen gegen, übertreten

contribuição *f* **1.** (*para uma obra comum*) Beitrag *m* (*para* zu) **2.** (*imposto*) Abgabe *f*, Steuer *f*; ~ **autárquica** Gemeindesteuer *f*; ~ **predial** Grund- und Gebäudesteuer *f*

contribuinte *m/f* Steuerzahler, Steuerzahlerin *m, f*

contribuir *vi* beitragen (*para* zu)

contributo *m* Beitrag *m*; **dar o seu** ~ **para a. c.** seinen Beitrag zu etw leisten

contrição *f* (REL) Reue *f*

controlador(a) *m/f* Kontrolleur, Kontrolleurin *m, f*; ~ **de voo** Fluglotse *m*

controlar I. *vt* (*fiscalizar*) kontrollieren, überprüfen; (*a situação, os sentimentos*) beherrschen; (TÉC) bedienen **II.** *vr* sich beherrschen

controle *m* (*brasil*) *v.* **controlo**

controlo *m* **1.** (*fiscalização*) Kontrolle *f*, Überprüfung *f*; **ter alguém/a. c. sob** ~ jdn/etw unter Kontrolle haben; ~ **de doping** Dopingkontrolle *f*; ~ **de qualidade** Qualitätskontrolle *f*; ~ **por radar** Radarkontrolle *f* **2.** (*da situação, dos sentimentos*) Kontrolle *f* (*de* über); **está tudo sob** ~ es ist alles unter Kontrolle **3.** (ELECTR) Steuerung *f*; ~ **à distância** Fernbedienung *f*

controvérsia *f* Kontroverse *f*, Auseinandersetzung *f*

controverso *adj* strittig, Streit ...

contudo *konj* jedoch, dennoch; **ela não gosta de viajar;** ~ **foi de férias** sie reist nicht gerne, dennoch ist sie in Urlaub gefahren

contumácia *f* **1.** (*teimosia*) Eigensinn *m* **2.** (DIR) Nichterscheinen (vor Gericht) *nt*, Kontumaz *f*

contumaz *adj* eigensinnig, halsstarrig

contundente *adj* **1.** (*coisa*) Schlag ... **2.** (*prova*) schlagkräftig

contundir *vt* quetschen

conturbado *adj* aufgeregt, verwirrt

conturbar *vt* **1.** (*perturbar*) beunruhigen **2.** (*amotinar*) aufwiegeln

contusão [kõntu'zãu] *f* (MED) Quetschung *f*, Prellung *f*

convalescença *f* (MED) Genesung *f*; **estar em ~** auf dem Wege der Besserung sein

convalescente *m(f)* Genesende

convalescer *vi* genesen

convecção *f* (FÍS) Konvektion *f*

convenção *f* **1.** (*acordo*) Konvention *f*, Abkommen *nt* **2.** (*formalidades*) Konvention *f*

convencer [kõvẽ'ser] **I.** *vt* (*fazer crer*) überzeugen (*de* von); (*persuadir*) überreden (*de* zu); (*provar*) überführen; **~ alguém de um crime** jdn eines Verbrechens überführen **II.** *vr* sich überzeugen (*de* von)

convencido *adj* **1.** (*convicto*) überzeugt (*de* von); **estou ~ que sim** ich bin davon überzeugt **2.** (*coloq: imodesto*) überzeugt

convencional *adj* **1.** (*de convenção*) konventionell **2.** (*admitido geralmente*) üblich

convencionalismo *m* Konventionen *pl*

convencionar *vt* festsetzen, vereinbaren

conveniência *f* **1.** (*de palavras*) Angemessenheit *f* **2.** (*vantagem*) Vorteil *m* **3.** (*utilidade*) Zweckmäßigkeit *f*; **casamento de ~** Vernunftehe *f* **4.** (*decência*) Schicklichkeit *f*

conveniente *adj* **1.** (*preciso, decente*) angemessen, schicklich **2.** (*vantajoso*) vorteilhaft **3.** (*útil*) nützlich, zweckmäßig

convénio *m* Abkommen *nt*

convento [kõ'vẽntu] *m* Kloster *nt*

conventual *adj* klösterlich, Kloster ...

convergência *f* **1.** (MAT) Konvergenz *f* **2.** (*semelhança*) Übereinstimmung *f*

convergente *adj* **1.** (*linhas*) zusammenlaufend **2.** (*igual*) übereinstimmend **3.** (MAT) konvergent

convergir *vi* **1.** (*raios, pessoas*) zusammenlaufen **2.** (MAT) konvergieren **3.** (*para um fim*) abzielen auf

conversa [kõ'vɜrsɐ] *f* Unterhaltung *f*; (*diálogo*) Gespräch *nt*; **~ fiada** Geschwätz *nt*; **~ telefónica** Telefongespräch *nt*; **ter uma ~ com alguém** ein Gespräch mit jdm führen; **estar na ~ com alguém** eine Unterhaltung mit jdm führen; **meter ~ com alguém** ein Gespräch mit jdm beginnen; **ouvir a ~ dos outros** einem fremden Gespräch zuhören; **isso é ~!** das ist Gerede!

conversação *f* Konversation *f*, Gespräch *nt*; (POL); **estar em conversações** Gespräche führen

conversador *adj* geschwätzig

conversão *f* **1.** (*transformação*) Umwandlung *f*, Verwandlung *f* **2.** (*de moeda*) Umtausch *m*, Konvertierung *f* **3.** (REL) Bekehrung *f*, Konversion *f* **4.** (INFORM) Konvertierung *f*

conversar [kõvɜr'sar] *vi* sich unterhalten; **~ com alguém sobre a. c.** sich mit jdm über etw unterhalten

conversível *adj* **1.** (*moeda*) konvertibel **2.** (INFORM) konvertierbar

converter **I.** *vt* (*transformar*) umwandeln (*em* in), verwandeln (*em* in); (*moeda*) konvertieren; (INFORM) konvertieren; (REL) bekehren, konvertieren **II.** *vr* (REL) sich bekehren

convés [kõ'vɜʃ] *m* (NAÚT) Deck *nt*

convexo *adj* konvex, gewölbt

convicção *f* Überzeugung *f*

convicto *adj* überzeugt (*de* von)

convidado, -a [kõvi'dadu] **I.** *m, f* Gast *m* **II.** *adj* geladen (*para* zu)

convidar [kõvi'dar] *vt* **1.** (*para uma festa*) einladen (*para* zu) **2.** (*solicitar*) auffordern; **~ a sair** zum Gehen auffordern

convidativo *adj* einladend

convincente *adj* **1.** (*pessoa*) überzeugend **2.** (*prova, argumento*) triftig

convir *vi* **1.** (*ser vantajoso, ficar bem*) angebracht sein; **convém notar que ...** man sollte beachten, dass ...; (**não**) **convém** es empfiehlt sich (nicht) **2.** (*servir*) passen, zusagen; **não me convém** das passt mir nicht **3.** (*concordar*) einwilligen (*em* in); **convenhamos que ...** wir müssen zugeben, dass ...

convite *m* **1.** (*para uma festa*) Einladung *f* (*para* zu); **aceitar um ~** eine Einladung annehmen **2.** (*solicitação*) Aufforderung *f* (*para* zu)

convivência *f* Zusammenleben *nt*

conviver *vi* zusammenleben (*com* mit)

convívio *m* **1.** (*convivência*) Zusammenleben *nt* (*com* mit) **2.** (*reunião*) geselliges Beisammensein *nt*, kleines Fest *nt*

convocação *f* **1.** (*convite*) Aufforderung *f* **2.** (MIL) Einberufung *f*

convocar *vt* **1.** (*uma reunião*) einberufen **2.** (*uma greve*) aufrufen zu **3.** (*pessoas*) zusammenrufen **4.** (DIR) laden, vorladen

C

convocatória *f* **1.** (MIL) Einberufungs-schreiben *nt* **2.** (*para greve*) Aufruf *m*

convosco Zusammensetzung: präp com + pron vós

convulsão *f* **1.** (MED) Zuckung *f*, Krampf *m* **2.** (POL) Unruhe *f*

convulsionar *vt* **1.** (MED) Krämpfe verursa-chen **2.** (*agitar*) aufwiegeln

convulso *adj* **1.** (MED) zuckend; **tosse convulsa** Keuchhusten *m* **2.** (*agitado*) aufge-wühlt

cooperação *f* **1.** (*trabalho conjunto*) Zu-sammenarbeit *f*; (POL, ECON) Kooperation *f* **2.** (*colaboração*) Mitarbeit *f* (*em* an)

cooperar *vi* **1.** (*trabalhar em conjunto*) zu-sammenarbeiten; (POL, ECON) kooperieren **2.** (*colaborar*) mitarbeiten (*em* an)

cooperativa *f* Genossenschaft *f*, Kooperati-ve *f*

cooperativo *adj* **1.** (*pessoa*) kooperativ **2.** (*que colabora*) mitwirkend **3.** (*instituição*) genossenschaftlich

coordenação *f* Koordinierung *f*

coordenadas *fpl* (MAT, GEOG) Koordinaten *pl*

coordenar *vt* anordnen, koordinieren

copa *f* **1.** (*de árvore*) Krone *f* **2.** (*da casa*) An-richte *f*, Geschirrschrank *m* **3.** (DESP: *brasil*) Pokal *m*

copas *fpl* (*cartas*) Herz *nt*

cópia ['kɔpje] *f* **1.** (*de texto*) Kopie *f*, Ab-schrift *f*; (*de fotografia*) Kopie *f*, Abzug *m*; (*de cassete, disquete*) Kopie *f*; **fazer uma ~ de a. c.** etw abschreiben; **tirar uma ~ de a. c.** eine Kopie/Fotokopie von etw machen; **~ pirata** Raubkopie *f* **2.** (*imitação*) Nachahmung *f*

copiar *vt* **1.** (*um documento, uma disquete*) kopieren; (*um texto*) abschreiben; (*uma cas-sete*) überspielen **2.** (*imitar*) nachahmen

copioso *adj* **1.** (*abundante*) reichlich **2.** (*ex-tenso*) umfangreich

copo ['kɔpu] *m* (*de vidro*) Glas *nt*; (*de plásti-co*) Becher *m*; **um ~ de água/vinho** ein Glas Wasser/Wein; **vamos beber um ~!** lasst uns was trinken!; **estar com os ~s** besoffen sein

copo-d'água *m* kalte(s) Bufett *nt*; (*de casa-mento*) Hochzeitsempfang *m*

co-proprietário, -a *m, f* Miteigentümer, Miteigentümerin *m, f*

cópula *f* **1.** (*ligação*) Verbindung *f* **2.** (*aca-salamento*) Begattung *f* **3.** (GRAM) Kopula *f*

copulação *f* Begattung *f*, Paarung *f*

copular *vi* sich begatten, sich paaren

copulativo *adj* (GRAM) kopulativ

coque *m* **1.** (QUÍM) Koks *m* **2.** (*na cabeça*) Klaps *m*

coqueiro *m* (BOT) Kokospalme *f*

coqueluche *f* (MED) Keuchhusten *m*; (*co-loq*) blauer Husten; **ser a ~ de** einen Krampf-husten kriegen

coquetel *m* Cocktail *m*

cor¹ [kor] *f* Farbe *f*; **~ de tijolo** ziegelrot; **~ de vinho** weinrot; **de que ~ é?** welche Far-be hat es?; **dar ~ a a. c.** Farbe in etw bringen; (*objeto, pessoa*); **de ~** farbig

cor² *adv* **de ~** (**e salteado**) (in- und) auswen-dig

coração [kuɾe'sãu] *m* **1.** (ANAT: *fig*) Herz *nt*; **do fundo do ~** aus tiefstem Herzen; **não ter ~** herzlos sein; **no ~ da Europa** im Her-zen Europas; **pessoa de bom ~** gutherziger Mensch **2.** (BOT) Kerngehäuse *nt*

corado *adj* **1.** (*vermelho*) rot **2.** (*de vergo-nha*) schamrot

coradoiro *m* Bleiche *f*

coragem *f* Mut *m*

corajoso *adj* mutig

coral **I.** *m* (ZOOL) Koralle *f*; (MÚS) Choral *m* **II.** *adj* Chor ...; **canto ~** Chorgesang *m*; **gru-po ~** Chor *m*

corante *m* Farbstoff *m*

corar **I.** *vt* (*roupa*) bleichen **II.** *vi* erröten, rot werden

corço, -a *m, f* Reh *nt*, Ricke *f*

corcova *f* Buckel *m*

corcovar *vt* krümmen, beugen

corcunda **I.** *f* (ANAT) Buckel *m* **II.** *m(f)* Bucklige **III.** *adj* bucklig

corda ['kɔɾde] *f* **1.** (*para prender*) Seil *nt*, Schnur *f*; (*fig*); **estar com a ~ na garganta** das Wasser bis zum Hals stehen haben **2.** (MÚS) Saite *f*; **instrumento de ~s** Streichin-strument *nt* **3.** (*do relógio*) Feder *f*; **dar ~ ao relógio** die Uhr aufziehen; **dar ~ a alguém** jdm die entsprechenden Stichwörter geben **4.** (*da roupa*) Leine *f* **5.** (ANAT, MAT) Sehne *f*; **~s vocais** Stimmbänder *pl*

cordame *m* (NAÚT) Takelwerk *nt*

cordão *m* **1.** (*fio*) Schnur *f*, Faden *m*; **~ um-bilical** Nabelschnur *f*; (*fig*); **abrir/puxar os cordões à bolsa** den Geldbeutel zücken **2.** (*de polícias*) Absperrung *f* **3.** (*jóia*) Goldkette *f* **4.** (ELECTR) Litze *f*

cordeiro *m* Lamm *nt*

cordel *m* Kordel *f*, Schnur *f*

cor-de-laranja *adj inv* orange, orangefarben

cordelinhos *mpl* dünne Schnüre *pl;* **mexer os ~** die Fäden in der Hand haben

cor-de-rosa *adj inv* rosa

cordial *adj* herzlich

cordialidade *f* Herzlichkeit *f*

cordilheira *f* Gebirgskette *f*

cordoveias *fpl* (*coloq*) (hervorstehende) Halsadern *pl*

coreia *f* (MED) Veitstanz *m*

Coreia *f* Korea *nt*

coreografia *f* Choreografie *f*

coreógrafo, -a *m, f* Choreograf, Choreografin *m, f*

coreto *m* Musikpavillon *m*

coríntia *f* (CUL) Korinthe *f*

coriscar *vi* wetterleuchten

corista *m(f)* Chorsänger, Chorsängerin *m, f*

coriza *f* (MED) Nasenschleimhautentzündung *f*

corja *f* (*pej*) Pack *nt*, Gesindel *nt*

córnea *f* (ANAT) Hornhaut *f*

corneta *f* (MÚS) Horn *nt;* **~ acústica** Hörrohr *nt*

cornetim *m* (MÚS) Kornett *nt*

cornija *f* (ARQ) Mauervorsprung *m*

corno *m* (ZOOL) Horn *nt; ~s* Geweih *nt;* **pôr os ~s a alguém** jdm Hörner aufsetzen

cornucópia *f* Füllhorn *nt*

cornudo *adj* gehörnt

coro ['koru] *m* **1.** (MÚS) Chor *m;* **em ~** im Chor **2.** (ARQ) Chor *m* **3.** (*coloq: mentira*) Lügenmärchen *nt;* **bater um ~** Märchen erzählen

coroa [ku'roɐ] **I.** *f* (*jóia, de dente*) Krone *f;* (*de flores*) Kranz *m; ~* **de louros** Lorbeerkranz *m;* (ASTR) Korona *f;* (*de moeda*) Zahl *f;* **cara ou ~?** Kopf oder Zahl? **II.** *m(f)* (*coloq brasil*) Oldie *m*, Grufti *m*

coroação *f* Krönung *f*

coroado *adj* gekrönt; *~* **de êxito** erfolggekrönt

coroar *vt* (*fig*) krönen; **~ rei** zum König krönen

corografia *f* Länderkunde *f*

corolário *m* Folgesatz *m*

coronel *m* (MIL) Oberst *m*

coronha *f* Gewehrkolben *m*

corpanzil *m* Hüne *m*

corpo ['korpu] *m* **1.** (*geral, administrativo, do homem*) Körper *m; ~* **de Deus** Fronleichnam *m; ~* **docente** Lehrkörper *m; ~* **a ~** Mann gegen Mann; **de ~ e alma** mit Leib und Seele; **ganhar/tomar ~** Gestalt annehmen **2.** (*cadáver*) Leiche *f* **3.** (MIL) Korps *nt* **4.** (*parte principal*) Hauptbestandteil *m;* (DIR); *~* **de delito** Corpus delicti *nt*

corporação *f* Körperschaft *f*, Verband *m; ~* **de bombeiros** Feuerwehr *f*

corporal **I.** *m* (REL) Kelchtuch *nt* **II.** *adj* körperlich

corporativismo *m* Körperschaftswesen *nt*, Korporativismus *m*

corporativo *adj* korporativ; **Estado ~** Ständestaat *m*

corpóreo *adj* körperlich

corpulência *f* Beleibtheit *f*, Korpulenz *f*

corpulento *adj* beleibt, korpulent

corpúsculo *m* (FÍS) Kleinteil *nt*, Korpuskel *nt*

correcção *f* **1.** (*de um teste, erro*) Korrektur *f* **2.** (*de uma pessoa*) Zurechtweisung *f* **3.** (*no comportamento*) Anstand *m*, korrekte(s) Benehmen *nt;* **casa de ~** Erziehungsheim *nt*

correccional *adj* (DIR) polizeilich; **tribunal ~** Polizeigericht *nt*

correctivo **I.** *m* (FARM) Gegenmittel *nt;* (*castigo*) Strafe *f* **II.** *adj* richtig stellend

correcto [ku'rɛtu] *adj* **1.** (*certo*) richtig, korrekt **2.** (*exacto*) genau

corrector *m* Korrekturflüssigkeit *f;* (INFORM); *~* **ortográfico** Rechtschreibprüfung *f*

corrediça *f* Gleitschiene *f*

corrediço *adj* glatt; **nó ~** Schlinge *f*

corredor(a)[1] [kuɾɐ'dor] *m(f)* **1.** Läufer, Läuferin *m, f*, Jogger, Joggerin *m, f* **2.** (*de automóveis*) Rennfahrer, Rennfahrerin *m, f*

corredor[2] *m* Korridor *m*, Flur *m*

corregedor(a) *m(f)* (DIR) Gerichtspräsident, Gerichtspräsidentin *m, f*

córrego *m* Hohlweg *m*

correia [ku'rɐjɐ] *f* Riemen *m; ~* **do ventilador** Keilriemen *m*

correio [ku'reju] *m* **1.** (*correspondência, edifício*) Post *f;* (**estação dos) ~s** Postamt *nt; ~* **aéreo** Luftpost *f; ~* **electrónico** E-Mail *f;* **pôr uma carta no ~** einen Brief einwerfen **2.** (*carteiro*) Briefträger *m*

correlação *f* Korrelation *f*

correligionário, -a *m, f* **1.** (REL) Glaubensgenosse, Glaubensgenossin *m, f* **2.** (*partido*) Parteigenosse, Parteigenossin *m, f*

corrente [ku'ʀɛ̃ntə] **I.** *f* **1.** (ELECTR) Strom *m;* ~ **alterna** Wechselstrom *m;* ~ **contínua** Gleichstrom *m* **2.** (*metálica*) Kette *f* **3.** (*da água*) Strömung *f;* ~ **de ar** Durchzug *m* **II.** *adj* **1.** (*mês, ano*) laufend; **estar ao** ~ **de a. c.** auf dem Laufenden sein; **pôr alguém ao** ~ **de a. c.** jdm den Stand der Dinge mitteilen **2.** (*água*) fließend **3.** (*estilo*) flüssig **4.** (*usual*) üblich, gebräuchlich; **linguagem** ~ Umgangsprache *f* **5.** (*moeda*) gültig

correntemente *adv* üblicherweise

correnteza *f* **1.** (*de casas*) Reihe *f* **2.** (*brasil: de ar*) Luftzug *m* **3.** (*de rio*) Strömung *f*

correr [ku'ʀer] **I.** *vt* **1.** (*um percurso*) laufen **2.** (*o risco*) eingehen **3.** (*as persianas*) herunterlassen; (*as cortinas*) zuziehen **II.** *vi* **1.** (*pessoa*) rennen, laufen; ~ **atrás de alguém/a. c.** jdm/etw nachlaufen **2.** (*processo*) verlaufen, ablaufen **3.** (*exame*) laufen; **como é que correu?** wie ist es gelaufen? **4.** (*água*) fließen, strömen **5.** (*boato*) gehen

correria *f* Gerenne *nt*

correspondência *f* **1.** (*troca de cartas*) Korrespondenz *f*, Briefwechsel *m* **2.** (*correio*) Post *f;* **receber** ~ Post bekommen **3.** (*caminhos-de-ferro*) Anschluss *m* **4.** (*correlação*) Entsprechung *f* **5.** (*de sentimentos*) Erwiderung *f*

correspondente **I.** *m(f)* Korrespondent, Korrespondentin *m, f,* Berichterstatter, Berichterstatterin *m, f* **II.** *adj* entsprechend

corresponder **I.** *vi* (*estar de acordo*) entsprechen (*a*); ~ **à verdade** der Wahrheit entsprechen; ~ **às expectativas** die Erwartungen erfüllen; (*sentimentos*) erwidern **II.** *vr* im Briefwechsel stehen (*com* mit)

corretor(a) *m(f)* (ECON) Makler, Maklerin *m, f*

corrida [ku'ʀidɐ] *f* **1.** (DESP) Rennen *nt,* Lauf *m;* ~ **de automóveis** Autorennen *nt;* ~ **de cavalos** Pferderennen *nt;* ~ **de touros** Stierkampf *m;* **dar uma** ~ einen Sprint einlegen **2.** (*competição*) Wettlauf *m* (*a* um); ~ **ao armamento** Wettrüsten *nt*

corrido *adj* (*expulso*) hinausgeworfen

corrigir [kuʀi'ʒir] **I.** *vt* (*um teste*) korrigieren; (*um erro*) berichtigen **II.** *vr* sich bessern

corrigível *adj* verbesserungsfähig

corrimão [kuʀi'mãu] *m* Geländer *nt*

corrimento *m* (MED) Ausfluss *m,* Absonderung *f*

corriqueiro *adj* alltäglich, unbedeutend

corroboração *f* Bekräftigung *f,* Bestärkung *f*

corroborar *vt* bekräftigen, bestärken

corroer *vt* zerfressen, zernagen

corromper **I.** *vt* (*carne, sociedade*) verderben; (*peitar*) bestechen **II.** *vr* verkommen, verderben

corrosão *f* Korrosion *f*

corrosivo *adj* korrosiv; **agente** ~ Ätzmittel *nt*

corrupção *f* Korruption *f,* Bestechung *f*

corruptível *adj* **1.** (*alimento*) verderblich **2.** (*pessoa*) bestechlich

corrupto *adj* korrupt, bestechlich

corsário *m* Seeräuber *m*

cortadela *f* Schnitt *m*

cortador *m* Schneidemaschine *f;* ~ **de relva** Grasmähmaschine *f*

corta-mato *m* Querfeldeinrennen *nt*

cortante *adj* **1.** (*objecto*) scharf **2.** (*frio*) bitter, schneidend

corta-palha *m* Häckselmaschine *f*

corta-papel *m* Papiermesser *nt*

cortar [kur'tar] **I.** *vt* (*tecido, papel, cabelo, carne*) schneiden; (*de um pedaço*) abschneiden; (*uma árvore*) fällen; ~ **ao meio** durchschneiden; (*gás, água*) absperren; (*telefone*) abstellen; (*de uma lista*) streichen; (*virar*) abbiegen, einbiegen; ~ **à esquerda/direita** links/rechts einbiegen; (*encurtar*) abkürzen; ~ **caminho** den Weg abkürzen; (*cartas*) stechen; (*interromper*) unterbrechen; ~ **a palavra a alguém** jdm ins Wort fallen; ~ **relações com alguém** die Beziehungen zu jdm abbrechen; **é de** ~ **a respiração!** es ist atemberaubend! **II.** *vr* sich schneiden

corte¹ *m* **1.** (*num dedo*) Schnitt *m;* ~ **de árvores** Fällen *nt;* **fazer um** ~ sich schneiden **2.** (*de cabelo*) Schnitt *m;* **ter um novo** ~ **de cabelo** einen neuen Haarschnitt haben **3.** (*de relações*) Abbruch *m* **4.** (*cartas*) Abheben *nt* **5.** (*da roupa*) Zuschnitt *m*

corte² *f* Hof *m*

cortejar *vt* den Hof machen

cortejo [kur'teʒu] *m* Festzug *m,* Umzug *m;* ~ **fúnebre** Leichenzug *m;* ~ **nupcial** Hochzeitszug *m*

cortês *adj* höflich

cortesia *f* Höflichkeit *f*

córtex *m* **1.** (BOT) Rinde *f* **2.** (ANAT) Kortex *m*

cortiça *f* Kork *m*

corticite *f* Presskork *m*

cortiço *m* **1.** (*de abelhas*) Bienenkorb *m* **2.** (*brasil: bloco de habitação*) Kasten *m*

cortilha *f* Teigrädchen *nt*

cortina *f* Gardine *f,* Vorhang *m; ~ de ferro* eiserner Vorhang

cortinado *m* Gardinen *pl*

cortisona *f* (FARM) Kortison *nt*

coruja *f* Eule *f*

corujão *m* Uhu *m*

coruscar *vi* blitzen

corveta *f* (NAÚT) Korvette *f*

corvo *m* Rabe *m*

cós *m* Bund *m*

coscos *mpl* (*coloq*) Kleingeld *nt*

coscuvilhar *vi* (*coloq*) klatschen

coscuvilheiro, -a *m, f* (*coloq*) Klatschbase *f*

coscuvilhice *f* (*coloq*) Klatsch *m*

co-secante *f* (MAT) Kosekans *m*

co-seno *m* (MAT) Kosinus *m*

coser [ku'zer] *vi* nähen (*a* an)

cosmética *f* Kosmetik *f*

cosmético **I.** *m* Schönheitspflegemittel *nt,* Kosmetikum *nt* **II.** *adj* kosmetisch

cósmico *adj* kosmisch

cosmologia *f* (ASTR) Kosmologie *f*

cosmonauta *m(f)* Kosmonaut, Kosmonautin *m, f*

cosmonáutica *f* Raumfahrt *f*

cosmopolita *adj* weltbürgerlich, kosmopolitisch

cosmorama *m* Guckkasten *m*

cosmos *m* Weltall *nt,* Kosmos *m*

costa ['kɔʃtɐ] *f* (GEOG) Küste *f; dar à ~* stranden; **morar na ~** an der Küste wohnen

costas ['kɔʃtɐʃ] *fpl* **1.** (ANAT) Rücken *m;* **às ~** auf dem Rücken; **pelas ~** von hinten; **estar de ~ para alguém/a. c.** mit dem Rücken zu jdm/etw stehen; **virar as ~ a alguém** jdm den Rücken kehren **2.** (*da cadeira*) Lehne *f*

costear *vi* die Küste entlangfahren

costeiro *adj* Küsten ...

costela [kuʃ'tɛlɐ] *f* (ANAT) Rippe *f*

costeleta *f* Kotelett *nt*

costumar *vi ~* **fazer a. c.** pflegen etw zu tun; **ele costuma ser simpático** er ist immer freundlich

costume *m* Sitte *f,* Brauch *m; (hábito)* Ange-

wohnheit *f; ~s* Sitten und Bräuche; **os bons ~s** die guten Sitten; **ter o ~ de fazer a. c.** die Angewohnheit haben etw zu tun; **como de ~** wie gewöhnlich; **do ~** üblich; **é ~** es ist üblich

costumeiro *adj* üblich

costura *f* **1.** (*actividade*) Nähen *nt* **2.** (*de roupa, soldadura*) Naht *f;* **estar a rebentar pelas ~s** aus den Nähten platzen **3.** (*cicatriz*) Narbe *f*

costurar *vi* nähen

costureiro, -a *m, f* Schneider, Schneiderin *m, f,* Näherin *f*

cota *f* **1.** (*porção*) Quote *f,* Anteil *m; ~ parte* Anteil *m* **2.** (*quantia*) Beitrag *m; ~ anual* Jahresbeitrag *m* **3.** (GEOL) Höhe *f* **4.** (*de faca*) Rücken *m*

cotação *f* (ECON) Kurs *m*

cotado *adj* geschätzt

co-tangente *f* (MAT) Kotangens *m*

cotão *m* Staubflocke *f*

cotar *vt* (ECON) notieren (*em* mit)

cotejar *vt* vergleichen

cotejo *m* Vergleich *m*

cotovelada *f* Stoß (mit dem Ellbogen) *m; dar uma ~ em a. c.* etw einen Stoß versetzen; **andar às ~s** herumstoßen

cotovelo *m* **1.** (ANAT) Ellbogen *m;* **falar pelos ~s** unaufhörlich quasseln **2.** (*cano*) Knie *nt,* Kniestück *nt*

cotovia *f* (ZOOL) Lerche *f*

coturno *m* **de alto ~** edler Abstammung

couraça *f* Panzer *m*

couraçado **I.** *m* (NAÚT) Panzerkreuzer *m* **II.** *adj* gepanzert

couro *m* **1.** (*de animal*) Tierhaut *f* **2.** (*trabalhado*) Leder *nt* **3.** (*de pessoa*) Haut *f; ~ cabeludo* Kopfhaut *f;* **em ~ nackt**

coutada *f* Gehege *nt*

couve ['kovə] *f* Kohl *m; ~ galega* Grünkohl *m; ~ lombarda* Weißkohl *m; ~ roxa* Rotkohl *m; (österr)* Blaukraut *nt*

couve-de-bruxelas *f* Rosenkohl *m*

couve-flor *f* Blumenkohl *m*

cova *f* **1.** (*na terra*) Grube *f* **2.** (*sepultura*) Grab *nt* **3.** (*caverna*) Höhle *f*

covarde *m(f)* Feigling *m*

covardia *f* Feigheit *f*

coveiro *m* Totengräber *m*

covil *m* (*de animais*) Bau *m*

covinha *f* Grübchen *nt*

cowboy *m* Cowboy *m*

coxa *f* **1.** (ANAT) Oberschenkel *m* **2.** (CUL) Keule *f*

coxear *vi* hinken

coxia *f* **1.** (*passagem*) Durchgang *m* **2.** (NAÚT) Laufsteg *m*

coxo *adj* lahm

cozedura *f* **1.** (*de batatas*) Kochen *nt* **2.** (*de pão*) Backen *nt* **3.** (*de cerâmica*) Brennen *nt*

cozer *vt* **1.** (*batatas*) kochen **2.** (*pão*) backen **3.** (*cerâmica*) brennen

cozido [ku'zidu] **I.** *m* gekochtes Rind-, Schweine- und Hühnerfleisch mit Wurst, Kartoffeln, Kohl und Reis **II.** *adj* **1.** (*batatas*) gekocht; **batatas cozidas** Salzkartoffeln *pl* **2.** (*pão*) gebacken

cozinha [ku'ziɲɐ] *f* Küche *f;* ~ **encastrada** Einbauküche *f;* ~ **francesa** französische Küche

cozinhado *m* Gericht *nt*

cozinhar [kuzə'ɲar] *vi* kochen

cozinheiro, -a [kuzə'ɲeiru] *m, f* Koch *m,* Köchin *f*

CP *abrev de* **Caminhos-de-ferro Portugueses** Portugiesische Eisenbahngesellschaft

crachá *m* Button *m*

crânio *m* (ANAT) Schädel *m*

crápula *m* Lump *m*

craque *m* Crack *m*

crasso *adj* **1.** (*grande*) krass **2.** (*grosso*) dick; **erro** ~ Klops *m* **3.** (*grosseiro*) grob **4.** (*denso*) dicht

cratera *f* Krater *m*

crava *m/f* (*coloq*) Schnorrer, Schnorrerin *m, f*

cravar *vt* **1.** (*pregar*) nageln; ~ **as unhas em a. c.** sich an etw festkrallen; ~ **os olhos em a. c.** die Augen auf etw heften **2.** (*pedras preciosas*) einfassen **3.** (*coloq: pedir*) schnorren

cravinho *m* (BOT) Gewürznelke *f*

cravo *m* **1.** (BOT) Nelke *f* **2.** (MED) Warze *f* **3.** (MÚS) Cembalo *nt*

cravo-da-índia *m* (BOT) Gewürznelke *f*

creche *f* Kinderkrippe *f*

credenciais *fpl* Ernennungsurkunde *f*

credibilidade *f* Glaubwürdigkeit *f*

creditar *vt* gutschreiben

crédito *m* **1.** (ECON) Guthaben *nt* **2.** (*de conta*) Haben *nt;* **débito e** ~ das Soll und das Haben **3.** (*empréstimo*) Kredit *m* **4.** (*credibilidade*) Glaubwürdigkeit *f* **5.** (*confiança*) Vertrauen *nt*

credível *adj* glaubwürdig, glaubhaft

credo **I.** *m* (REL) Glaubensbekenntnis *nt,* Kredo *nt* **II.** *interj* ~! schrecklich!, pfui!

credor(a) *m/f* Gläubige

credulidade *f* Leichtgläubigkeit *f*

crédulo *adj* leichtgläubig

cremação *f* Einäscherung *f*

cremalheira *f* (MEC) Zahnstange *f*

cremar *vt* einäschern

crematório *m* Krematorium *nt*

creme ['krɜmə] *m* **1.** (*cosmética*) Creme *f;* ~ **hidratante** Feuchtigkeitscreme *f* **2.** (CUL: *sopa*) Cremesuppe *f;* (*sobremesa*) Creme *f;* ~ **de legumes** Gemüsecremesuppe *f;* ~ **de leite** Sahne *f*

cremoso *adj* cremig

crença *f* Glaube *m* (*em* an)

crendice *f* (*pej*) Aberglaube *m*

crente **I.** *m/f* Gläubige **II.** *adj* gläubig

crepe *m* **1.** (CUL) Krepp *f* **2.** (*tecido*) Krepp *m* **3.** (*de luto*) Trauerflor *m*

crepitação *f* Knistern *nt*

crepitar *vi* knistern

crepuscular *adj* dämmerig, Dämmer ...

crepúsculo *m* Dämmerung *f*

crer **I.** *vi* glauben (*em* an); **creio que sim/não** ich glaube ja/nein **II.** *vr* sich halten für

crescente **I.** *m* (ASTR) zunehmende(r) Mond *m* **II.** *adj* wachsend, zunehmend; **quarto** ~ Halbmond *m*

crescer *vt* **1.** (*em tamanho*) wachsen **2.** (*pessoa*) aufwachsen **3.** (*em quantidade*) zunehmen

crescido *adj* (*pessoa*) groß, erwachsen

crescimento *m* **1.** (*em tamanho*) Wachstum *nt* **2.** (*em quantidade*) Zunahme *f*

crespo *adj* **1.** (*cabelo*) kraus **2.** (*mar*) bewegt **3.** (*superfície*) rau

cretino *m* Kretin *m,* Schwachkopf *m*

cria *f* Junge *nt;* ~**s** Wurf *m*

criação *f* **1.** (*invenção*) Schaffung *f,* Einrichtung *f* **2.** (*do mundo*) Schöpfung *f* **3.** (*de crianças*) Erziehung *f* **4.** (*de animais*) Zucht *f*

criadagem *f* Dienerschaft *f*

criado, -a **I.** *m, f* Diener, Dienerin *m, f* **II.** *adj* erzogen

criado-mudo *m* (*brasil*) Nachttisch *m*

criador(a)[1] **I.** *m/f* (*de animais*) Züchter, Züchterin *m, f* **II.** *adj* schöpferisch

criador[2] *m* (*do mundo*) Schöpfer *m*

criança [krj'ãsɐ] *f* Kind *nt;* ~ **de colo** Säugling *m*

criançada *f* Kinderschar *f*

criancice *f* (*pej*) Kinderei *f*

criar *vt* **1.** (*produzir*) erzeugen **2.** (*inventar*) schaffen **3.** (*fundar*) gründen **4.** (INFORM) anlegen **5.** (*crianças*) erziehen **6.** (*animais*) züchten **7.** (*pó, ferrugem*) ansetzen

criativo [krjeˈtivu] *adj* kreativ

criatura *f* Geschöpf *nt*, Kreatur *f*

crime [ˈkrimə] *m* Verbrechen *nt;* **cometer um** ~ ein Verbrechen begehen

criminal *adj* kriminell

criminalidade *f* Kriminalität *f*

criminologia *f* (DIR) Kriminologie *f*

criminoso, -a **I.** *m, f* Verbrecher, Verbrecherin *m, f* **II.** *adj* strafbar

crina *f* Mähne *f*

crioulo, -a **I.** *m, f* Kreole, Kreolin *m, f* **II.** *adj* kreolisch

cripta *f* Krypta *f*

críquete *m* (DESP) Kricket *nt*

crisálida *f* (ZOOL) Puppe *f*

crisântemo *m* (BOT) Chrysantheme *f*

crise *f* Krise *f;* ~ **de nervos** Nervenzusammenbruch *m;* ~ **económica** Wirtschaftskrise *f;* **entrar em** ~ in eine Krise geraten

crisma *m* (REL) Firmung *f*

crismar *vt* **1.** (REL) firmen **2.** (*mudar o nome*) umbenennen

crispar **I.** *vt* kräuseln **II.** *vr* zusammenzucken

crista *f* **1.** (*do galo, da onda*) Kamm *m* **2.** (*cabelo*) Irokesenschnitt *m*

cristal [krifˈtal] *m* Kristall *m;* **de** ~ kristallen; **os cristais** Kristall *nt*

cristaleira *f* Gläserschrank *m*

cristalino **I.** *m* (ANAT) Linse *f* **II.** *adj* kristallklar; **voz cristalina** kristallklare Stimme

cristalizado *adj* (*fruta*) kandiert

cristandade *f* Christenheit *f*

cristão, cristã **I.** *m, f* Christ, Christin *m, f* **II.** *adj* christlich

cristianismo [krifˈtjeˈniʒmu] *m* Christentum *nt*

cristianização *f* Christianisierung *f*

Cristo *m* Christus *m*

critério *m* Kriterium *nt;* **deixar a. c. ao** ~ **de alguém** jdm die Entscheidung über etw überlassen

criterioso *adj* vernünftig, verständnisvoll

crítica *f* Kritik *f;* **fazer uma** ~ **a alguém/a. c.** Kritik an jdm/etw üben

criticar [kritiˈkar] *vt* kritisieren

criticável *adj* kritisierbar

crítico, -a **I.** *m, f* Kritiker, Kritikerin *m, f* **II.** *adj* kritisch; **estado** ~ kritischer Zustand

crivar *vt* durchlöchern

crível *adj* glaubhaft

Croácia *f* Kroatien *nt*

croata **I.** *m(f)* Kroate, Kroatin *m, f* **II.** *adj* kroatisch

croché *m* Häkelarbeit *f;* **fazer** ~ häkeln

crocodilo *m* Krokodil *nt*

croissant [krwaˈsã] *m* Croissant *nt*

cromado *adj* verchromt

cromática *f* Farbenlehre *f*

crómio *m* (QUÍM) Chrom *nt*

cromossoma *m* (BIOL) Chromosom *nt*

crónica *f* Chronik *f*

crónico *adj* chronisch

cronista *m(f)* Chronist, Chronistin *m, f*

cronologia *f* Chronologie *f*

cronológico *adj* chronologisch

cronometrar *vt* stoppen, die Zeit nehmen

cronómetro *m* Stoppuhr *f*

croquete *m* (CUL) Krokette *f*

crosta *f* Kruste *f;* (*de ferida*) Schorf *m;* ~ **terrestre** Erdkruste *f*

cru [kru] *adj* **1.** (*material*) naturbelassen, roh; (*alimento*) ungekocht, roh **2.** (*rude*) rau

crucial *adj* (*decisivo*) entscheidend

crucificação *f* Kreuzigung *f*

crucificar *vt* kreuzigen

crucifixo [krusiˈfiksu] *m* Kruzifix *nt*

cruciforme *adj* kreuzförmig

cruel *adj* grausam, unmenschlich

crueldade *f* Grausamkeit *f*

crusta *f v.* **crosta**

crustáceo *m* (ZOOL) Schalentier *nt*

cruz [kruʃ] *f* (*fig*) Kreuz *nt;* **Cruz Vermelha** Rotes Kreuz *nt;* ~ **gamada** Hakenkreuz *nt;* **em** ~ gekreuzt; **carregar a** ~ sein Kreuz tragen; **levar a** ~ **ao calvário** sein Kreuz auf sich nehmen, sein Los tragen

cruzada *f* Kreuzzug *m*

cruzado **I.** *m* (*pessoa*) Kreuzfahrer *m* **II.** *adj* (*braços*) verschränkt; (*pernas*) übereinander geschlagen; **fogo** ~ Kreuzfeuer *nt;* **palavras cruzadas** Kreuzworträtsel *nt;* **ficar de braços** ~**s** die Hände in den Schoß legen

cruzamento [kruzeˈmẽtu] *m* Kreuzung *f*

cruzar **I.** *vt* (*rua*) überkreuzen; ~ **os braços** die Arme verschränken; (*fig*) die Hände in den Schoß legen; ~ **as pernas** die Beine übereinander schlagen **II.** *vr* begegnen (*com*)

cruzeiro [kruˈzeirɔ] *m* Kreuzfahrt *f*

cruzes I. *fpl* (ANAT) Kreuz *nt* **II.** *interj* ~! Gott bewahre!

cruzeta [kru'zetɐ] *f* Kleiderbügel *m*

cu *m* (*cal*) Arsch *m*

cúbico *adj* kubisch, würfelförmig; **metro** ~ Kubikmeter *m;* **raiz cúbica** Kubikwurzel *f*

cubículo *m* Kämmerchen *nt*

cúbito *m* (ANAT) Elle *f*

cubo *m* (MAT) Würfel *m*

cuco *m* Kuckuck *m*

cuecas *fpl* Slip *m,* Unterhose *f*

cueiro *m* Windel *f*

cuidado [kui'dadu] **I.** *m* (*preocupação*) Sorge *f;* **estar em** ~**s** besorgt sein; (*precaução*) Sorgfalt *f;* (*cautela*) Vorsicht *f;* **com** ~ sorgfältig; **ter**/**tomar** ~ **com a. c.** vorsichtig mit etw sein; (*responsabilidade*); **ao** ~ **de** bei; (*em carta*) zu Händen von; **deixar a. c. ao** ~ **de alguém** jdm etw überlassen **II.** *interj* ~! Vorsicht!

cuidadoso *adj* **1.** (*precavido*) vorsichtig (*com* mit) **2.** (*aplicado*) sorgfältig (*com* bei)

cuidar I. *vi* **1.** (*tratar*) sorgen (*de* für), sich kümmern (*de* um) **2.** (*pensar*) denken, glauben **II.** *vr* **1.** (*fisicamente*) sich pflegen **2.** (*zelar-se*) auf sich aufpassen; **cuida-te!** pass auf dich auf!

cujo, -a I. *pron rel* dessen, deren; **a mulher,** ~ **cão**/**cuja casa** ... die Frau, deren Hund/ Haus ...; **o homem,** ~ **cão**/**cuja casa** ... der Mann, dessen Hund/Haus ... **II.** *m, f* (*coloq*) **o dito** ~ eben jener

culatra *f* Gewehrkolben *nt*

culinária *f* Kochkunst *f*

culinário *adj* kulinarisch

culminação *f* (ASTR) Höhepunkt *m,* Kulmination *f*

culminância *f* Höhepunkt *m*

culminante *adj* überragend; **ponto** ~ Gipfel *m;* **momento** ~ entscheidender Augenblick

culminar *vi* gipfeln (*em* in), den Höhepunkt erreichen

culpa ['kulpɐ] *f* Schuld *f;* **ter (a)** ~ **de** schuld sein an; **ter** ~ **em** mitschuldig sein an; **por** ~ **de** wegen; **ter** ~**s no cartório** mitschuldig sein; **a** ~ **não é minha**/**não tenho** ~ es ist nicht meine Schuld; **deitar**/**lançar as** ~**s para cima de alguém** jdm die Schuld zuschieben

culpado, -a I. *m, f* Schuldige **II.** *adj* schuldig (*de* an)

culpar I. *vt* beschuldigen (*de*/*por*) **II.** *vr* die Schuld auf sich nehmen (*por* für)

culpável *adj* (*acto*) strafbar

cultivar I. *vt* (*a terra*) bestellen, bebauen; (*legumes*) anbauen, anpflanzen; (*uma amizade*) pflegen **II.** *vr* sich bilden

cultivável *adj* (AGR) anbaufähig

cultivo *m* **1.** (AGR: *da terra*) Bestellen *nt* **2.** (*de legumes*) Anbau *m* **3.** (*de uma amizade*) Pflege *f*

culto I. *m* Kult *m;* **praticar um** ~ eine Religion ausüben **II.** *adj* gebildet

cultura [kul'turɐ] *f* **1.** (*de um povo*) Kultur *f* **2.** (*de uma pessoa*) Bildung *f;* ~ **geral** Allgemeinbildung *f* **3.** (*da terra*) Bestellen *nt*

cultural *adj* kulturell, Kultur ...

culturismo *m* Bodybuilding *nt*

cume *m* **1.** (*de um monte*) Gipfel *m,* Spitze *f* **2.** (*auge*) Gipfel *m,* Höhepunkt *m*

cumeeira *f* First *m*

cúmplice I. *m(f)* Komplize, Komplizin *m, f* **II.** *adj* mitschuldig (*em* an)

cumplicidade *f* Komplizenschaft *f,* Mitschuld *f*

cumpridor *adj* zuverlässig

cumprimentar [kõmprimẽn'tar] **I.** *vt* (*saudar*) grüßen, begrüßen; (*felicitar*) beglückwünschen **II.** *vi* grüßen

cumprimento *m* **1.** (*de uma ordem, lei*) Befolgung *f* **2.** (*de uma tarefa*) Ausführung *f* **3.** (*dos requisitos*) Erfüllung *f* **4.** (*saudação*) Gruß *m,* Begrüßung *f;* **mandar** ~**s a alguém** jdn grüßen (lassen) **5.** (*felicitação*) Glückwunsch *m*

cumprir [kõm'prir] **I.** *vt* (*uma ordem, lei*) befolgen; (*uma tarefa*) ausführen, erledigen; (*uma promessa*) einlösen, erfüllen; (*a palavra*) halten; (*um prazo*) einhalten; (*os requisitos*) erfüllen **II.** *vi* pflichtbewusst sein; ~ **com as suas obrigações** seiner Pflicht nachkommen

cúmulo *m* Gipfel *m;* **isso é o** ~! das ist die Höhe!; **isso é o** ~ **da estupidez!** das ist der Gipfel der Dummheit!; **isso é o** ~ **dos** ~**s!** das ist das Allerletzte!

cunha *f* **1.** (*objecto*) Keil *m* **2.** (*relações*) Beziehungen *pl,* Vitamin B *nt;* **meter uma** ~ seine Beziehungen spielen lassen

cunhado, -a [ku'ɲadu] *m, f* Schwager *m,* Schwägerin *f*

cunhagem *f* Prägung *f*

cunhar *vt* prägen

cunho *m* **1.** (*carimbo*) Prägestempel *m* **2.** (*marca*) Prägung *f* **3.** (*carácter*) Gepräge *nt*

cupão *m* Kupon *m*

cupé *m* Coupé *nt*

cúpula ['kupulǝ] *f* **1.** (ARQ) Kuppel *f* **2.** (*de partido*) Spitze *f*

cura *f* Kur *f;* (**não**) **ter** ~ (nicht) heilbar sein; ~ **de desintoxicação** Entziehungskur *f*

curado *adj* **1.** (*pessoa, doença*) geheilt **2.** (*queijo*) abgelagert **3.** (*carne*) gedörrt

curandeiro, -a *m, f* Kurpfuscher, Kurpfuscherin *m, f,* Wunderheiler, Wunderheilerin *m, f*

curar I. *vt* (MED: *pessoa*) heilen; (*ferida*) behandeln; (*queijo*) ablagern; (*carne*) dörren **II.** *vr* gesund werden; (*elev*) genesen

curativo *m* Pflaster *nt;* **fazer o** ~ die Wunde frisch verbinden

curável *adj* heilbar

cúria *f* Kurie *f*

curiosidade *f* **1.** (*sentimento*) Neugierde *f;* **estar com** ~ neugierig sein **2.** (*raridade*) Kuriosität *f* **3.** (*turismo*) Sehenswürdigkeit *f*

curioso [ku'rjozu] *adj* **1.** (*indiscreto*) neugierig **2.** (*estranho*) kurios, merkwürdig

curral *m* Pferch *m*

currículo *m v.* **curriculum**

curriculum *m* ~ **vitae** Lebenslauf *m*

cursado *adj* geübt (*em* in)

cursar *vt* (*brasil: disciplina*) studieren; (*universidade*) besuchen; (*curso*) absolvieren; **ele cursa medicina** er studiert Medizin

cursivo *adj* kursiv

curso ['kursu] *m* **1.** (*direcção*) Lauf *m*, Gang *m* **2.** (*aulas*) Kurs *m*, Lehrgang *m;* **fazer um** ~ einen Kurs machen; ~ **de formação** Fortbildungskurs *m* **3.** (*universidade*) Studium *nt;* **acabar o** ~ das Studium beenden; **tirar o** ~ **de Medicina** Medizin studieren

cursor *m* (INFORM) Cursor *m*

curtição *f* (*coloq*) Spaß *m*

curtir I. *vt* **1.** (*couro*) gerben **2.** (*azeitonas*) einlegen **3.** (*coloq: férias*) geil finden; (*música, pessoa*) abfahren auf, stehen auf **II.** *vi* **1.** (*coloq: divertir-se*) sich bombig/tierisch amüsieren **2.** (*coloq: com alguém*) anbändeln (*com* mit)

curto ['kurtu] *adj* **1.** (*tamanho*) kurz, knapp **2.** (*duração*) kurz; ~ **de vistas** kurzsichtig **3.** (*inteligência*) beschränkt

curto-circuito *m* (ELECTR) Kurzschluss *m*

curtume *m* Gerbstoff *m;* **fábrica de** ~**s** Gerberei *f*

curva ['kurvǝ] *f* Kurve *f;* **dar/fazer a** ~ um die Kurve fahren; **vou dar uma** ~ ich werde eine Runde drehen; ~ **apertada** Knick *m*

curvado *adj* krumm

curvar I. *vt* krümmen, biegen **II.** *vr* **1.** (*inclinar-se*) sich bücken **2.** (*submeter-se*) sich beugen (*a*)

curvatura *f* Krümmung *f*

curvo *adj* krumm, gebogen

cuspe *m* Spucke *f*

cuspido *adj* (*expelido*) **ser** ~ hinausgeschleudert werden; **ele foi** ~ **do cavalo** er wurde vom Pferd geworfen

cuspir I. *vt* (*arrojar*) hinausschleudern, hinauswerfen; (*expelir*) spucken; ~ **sangue** Blut spucken **II.** *vi* (aus)spucken

cuspo *m* Spucke *f*

custar [kuʃ'tar] **I.** *vt* kosten; **quanto custa?** was kostet es?; ~ **os olhos da cara** unbezahlbar sein; ~ **a vida** das Leben kosten **II.** *vi* schwer fallen; **isso não custa** (**nada**) das ist (ganz) leicht; **custe o que** ~ koste es, was es wolle; ~ **a fazer** schwer sein; **custa a crer** das ist kaum zu glauben

custas *fpl* (DIR) Kosten pl; **à(s)** ~**(s) de** zu Lasten von; (*financeiramente*) auf Kosten von

custear *vt* die Kosten tragen von, finanzieren

custo *m* **1.** (*preço*) Preis *m;* ~**s** Kosten *pl;* ~**s de viagem/deslocação** Fahrtkosten *pl;* **ajudas de** ~ Aufwandsentschädigung *f* **2.** (*esforço*) Mühe *f;* **a muito** ~ mit Müh' und Not; **a todo o** ~ unbedingt

custódia *f* **1.** (*de prisioneiros*) Aufsicht *f*, Bewachung *f* **2.** (*de crianças*) Sorgerecht *nt;* **o pai/a mãe tem a** ~ **dos filhos** der Vater/die Mutter hat das Sorgerecht für die Kinder **3.** (REL) Monstranz *f*

custódio *adj* Schutz ...; **anjo** ~ Schutzengel *m*

custoso *adj* **1.** (*caro*) kostspielig **2.** (*difícil*) mühsam, schwierig

cutâneo *adj* (ANAT) Haut ...; **erupção cutânea** Hautausschlag *m*

cutelo *m* Hackmesser *nt*

cutícula *f* Oberhaut *f*

cútis *f* (ANAT) Haut *f*

CV *abrev de* **cavalo-vapor** PS (= *Pferdestärke*)

czar *m* Zar *m*

D

D, d *m* D, d *nt*

D. *abrev de* **Dona** Fr. (= *Frau*)

da [də] Zusammensetzung: präp de + art a

dacolá *adv* dorther, von dort

dactilografar *vt* mit der Maschine schreiben; (*coloq*) tippen

dactilografia *f* Maschinenschreiben *nt*

dactilógrafo, -a *m, f* Maschinenschreiber, Maschinenschreiberin *m, f*

dádiva *f* (*dom*) Gabe *f*; **isto é uma ~ de Deus!** das ist eine Gabe Gottes!

dado I. *m* (*de jogo*) Würfel *m*; **lançar os ~s** würfeln; (*facto*) Tatsache *f*; (*base*) Tatbestand *m*, Sachverhalt *m*; (MAT) meßbare Größe *f* II. *adj* (*concedido*) gegeben; **dada a gravidade da situação, tomaremos medidas drásticas** angesichts der ernsten Lage werden wir drastische Maßnahmen ergreifen; **em ~ momento** zum gegebenen Zeitpunkt; (*dedicado*) ergeben (*a*); (*sociável*) freundlich; (*propenso*); **ser ~ a a. c.** zu etw neigen III. *konj* **~ que ... da ...**

dador(a) *m(f)* Spender, Spenderin *m, f*; **~ de sangue** Blutspender *m*

dados ['daduʃ] *mpl* (INFORM) Daten *pl*

daí *adv* **1.** (*desse lugar*) von da, von dort; **anda ~!** komm her! **2.** (*por isso*) daher, dar aus; **~ resulta que ...** daraus folgt, dass ...; **e ~?** und?

dalém *adv* von dort, von da

dali *adv* von da, von dort

dália *f* (BOT) Dahlie *f*

dálmata *m* (ZOOL) Dalmatiner *m*

daltónico *adj* farbenblind

daltonismo *m* Farbenblindheit *f*

dama *f* **1.** (*senhora*) Dame *f*; **~ de companhia** Gesellschafterin *f*; **~ de honor** Brautjungfer *f*; **~ de honra** Brautjungfer *f* **2.** (*jogos*) Dame *f*

damas *fpl* (*jogo*) Damespiel *nt*; **jogar ~** Dame spielen

damasco *m* **1.** (*tecido*) Damast *m* **2.** (BOT) Aprikose *f*

danação *f* (*condenação*) Verdammung *f*

danado *adj* **1.** (*condenado*) verdammt **2.** (*furioso*) wütend **3.** (*malandro*) verrufen

dança [dãsə] *f* Tanz *m*; **~ de salão** Gesellschaftstanz *m*

dançar [dã'sar] *vt* tanzen; **~ uma música com alguém** mit jdm zu einem Stück tanzen

dançarino, -a *m, f* Tänzer, Tänzerin *m, f*

danificação *f* **1.** (*acção de danificar*) Beschädigung *f* **2.** (*estrago*) Schaden *m*

danificar [dənəfi'kar] *vt* beschädigen

daninho *adj* (BOT, ZOOL) schädlich; **ervas daninhas** Unkraut *nt*

dano ['dɐnu] *m* **1.** (*prejuízo*) Schaden *m*; **~ material** Sachschaden *m*; **~ moral** ideeller Schaden **2.** (*perda*) Verlust *m*

dantes *adv* früher

Danúbio *m* Donau *f*

daquele, -a Zusammensetzung: präp de + pron aquele, -a

daquém *adv* von dieser Seite, von hier

daqui [dɐ'ki] *adv* von hier; **~ a pouco/nada** gleich/sofort; **~ a uma semana/um mês** in einer Woche/einem Monat; **~ em diante** von jetzt an; **~ até lá** (von jetzt) bis dahin; **sai ~!** raus hier!

daquilo Zusammensetzung: präp de + pron aquilo

dar [dar] I. *vt* **1.** (*ceder*) geben; (*oferecer*) schenken, (*entregar*) überreichen; **~ uma explicação a alguém** jdm eine Erklärung geben; **~ aulas** unterrichten; **dá cá!** gib her!; **dei 50 euros pelos sapatos** ich habe 50 Euro für die Schuhe bezahlt; **quanto é que deste por isso?** was hast du dafür gezahlt? **2.** (*conceder*) erteilen, gewähren **3.** (*comunicar*) überbringen; **~ os cumprimentos a alguém** jdm Grüße ausrichten; **~ os parabéns a alguém** jdm seine Glückwünsche aussprechen; **~ um recado a alguém** jdm etwas ausrichten **4.** (*fazer*) machen; (*uma matéria*) durchnehmen; **~ um passeio** einen Spaziergang machen; **~ uma festa** eine Fete geben **5.** (*soma*) ergeben **6.** (*causar*) hervorrufen; **~ problemas** Probleme geben; **~ trabalho a alguém** jdm Arbeit machen; **~ medo/pena** Angst machen/Mitleid erregen **7.** (*produzir*) geben, erzeugen; **~ fruto** Früchte tragen **8.** (*as cartas*) austeilen II. *vi*

1. (*ser possível*) möglich sein; (*coloq*) klappen; **não dá!** es geht nicht!; **tentámos chegar a horas mas não deu** wir haben versucht pünktlich zu sein, doch haben es nicht geschafft; (*coloq*); **dá para ver/ouvir a. c.?** kann man etw sehen/hören? **2.** (*ser suficiente*) reichen; **isto não dá para todos** das reicht nicht für alle; **isto não dá para nada** das reicht hinten und vorne nicht; **esse dinheiro dá para (comprar) um vestido** das ist genug Geld für ein Kleid/um ein Kleid zu kaufen **3.** (*reparar em*) bemerken; **não ~ por nada** nichts merken; **~ pela presença de alguém** jds Anwesenheit wahrnehmen **4.** (*encontrar*) finden; **~ com uma casa/rua** ein Haus/eine Straße finden **5.** (*ir ter*) führen (*para* zu); **este caminho dá para o rio** dieser Weg führt zum Fluss **6.** (*estar voltado*) gehen (*para* auf, zu); **esta janela dá para o jardim** dieses Fenster geht auf den Garten **7.** (*na televisão*) kommen; **o que é que dá hoje na televisão?** was kommt heute im Fernsehen?; **ontem deu um filme muito bom** gestern kam ein sehr guter Film **III.** *vr* **1.** (*plantas*) wachsen, gedeihen; **esta planta não se dá dentro de casa** diese Pflanze gedeiht im Zimmer nicht **2.** (*acontecer*) sich ereignen, geschehen; **este ano deu-se uma subida nos preços** dieses Jahr sind die Preise gestiegen **3.** (*com alguém*) verkehren; **eu dou-me com ele** ich stehe mit ihm in Kontakt; **eles dão-se bem/mal** sie vestehen sich gut/schlecht

dardo *m* **1.** (DESP) Speer *m* **2.** (*jogo*) Wurfpfeil *m;* **jogar ~s** Darts spielen **3.** (*de insecto*) Stachel *m*

darwinismo *m* Darwinismus *m*

data ['datɐ] *f* **1.** (*tempo*) Datum *nt;* **~ de nascimento** Geburtsdatum *nt;* **de fresca ~** neu; **de longa ~** alt; **pôr a ~ em a. c.** etw datieren **2.** (*grande quantidade*) **uma ~ de** eine große Menge

datar I. *vt* datieren **II.** *vi* datieren (*de* aus/von)

datilografar *vt* (*brasil*) v. **dactilografar**

datilografia *f* (*brasil*) v. **dactilografia**

datilógrafo, -a *m, f* (*brasil*) v. **dactilógrafo**

dativo *m* (GRAM) Dativ *m*

d.C. *abrev de* **depois de Cristo** n. Chr. (= *nach Christus*)

de [də] *prep* **1.** (*proveniência, origem*) aus, von; **ela é ~ Portugal** sie kommt aus Portu-

gal; **ele saiu ~ casa** er ist aus dem Haus gegangen; **recebi uma carta do João** ich habe einen Brief von João bekommen **2.** (*material*) aus; **uma mesa ~ madeira/vidro** ein Tisch aus Holz/Glas; **chapéu ~ palha** Strohhut *m;* **bolo ~ chocolate** Schokoladenkuchen *m* **3.** (*posse*) von; **a casa/o carro do Manuel** Manuels Haus/Auto, das Haus/Auto von Manuel **4.** (*temporal*) von; **~ ... a ...** von ... bis ...; **~ dia** tagsüber; **~ manhã** vormittags; **~ tarde** nachmittags; **~ hoje em diante** von heute an; **~ hoje a oito (dias)** heute in einer Woche **5.** (*modo*) mit; **estar ~ pé** stehen; **estar ~ chapéu/óculos** einen Hut/eine Brille tragen; **~ carro/comboio** mit dem Auto/Zug; **estar ~ lado** auf der Seite liegen; **ver a. c. ~ lado/frente/costas** etw von der Seite/von vorne/von hinten sehen; **começar ~ novo** von Neuem anfangen, noch einmal anfangen; **nada ~ novo** nichts Neues **6.** (*descritivo*) **sala ~ jantar** Esszimmer *nt;* **um copo ~ vinho/água** ein Glas Wein/Wasser; **a cidade ~ Colónia** die Stadt Köln; **isto é difícil/fácil ~ entender** das ist schwer/leicht zu verstehen; **é ~ comer/beber** es ist zum Essen/Trinken **7.** (*causa*) vor **8.** (*distância, com números*) von; **da minha casa à esquina** von meiner Wohnung bis zur Ecke; **~ zero a vinte** von null bis zwanzig; **~ cá para lá e ~ lá para cá** hin und her **9.** (*comparação*) **mais ~ vinte** mehr als zwanzig; **é o vestido mais caro da loja** das teuerste Kleid des Geschäftes

deambular *vi* herumstreifen

debaixo [də'baiʃu] *adv* unten; **~ de** unter

debalde *adv* vergeblich, umsonst

debandada *f* Flucht *f;* **em ~** auf der Flucht; **pôr em ~** in die Flucht schlagen

debate *m* Debatte *f;* **estar em ~** zur Debatte stehen

debater I. *vt* debattieren, erörtern **II.** *vr* sich sträuben (*com* gegen)

debelar *vt* (*uma crise*) überwinden

debicar *vi* **1.** (*pássaro*) picken (*em* an) **2.** (*comer*) naschen (*em* von)

débil I. *m(f)* **~ mental** geistig Behinderte **II.** *adj* **1.** (*corpo*) schwach, schwächlich **2.** (*mente*) schwachsinnig, geistesschwach

debilidade *f* Schwäche *f;* **~ mental** Schwachsinnigkeit *f,* Geistesschwäche *f*

debilitar I. *vt* schwächen **II.** *vr* schwach werden

debitar *vt* im Soll buchen

D

débito *m* Soll *nt;* (*dívida*) Schuld *f;* ~ **e crédito** Soll und Haben

debochar I. *vt* verderben II. *vi* (*brasil*) ~ **de** spotten über

deboche *m* 1. (*devassidão*) Zügellosigkeit *f,* Ausschweifung *f* 2. (*brasil: troça*) Spott *m*

debruar *vt* einfassen

debruçar I. *vt* beugen II. *vr* 1. (*na janela*) sich hinauslehnen (*em* aus) 2. (*sobre um assunto*) sich befassen (*sobre* mit)

debrum *m* Borte *f*

debulhadora *f* (AGR) Mähdrescher *m*

debulhar *vt* dreschen

debuxar *vt* entwerfen; (*quadro*) skizzieren

debuxo *m* Entwurf *m;* (*quadro*) Skizze *f*

década *f* Jahrzehnt *nt*

decadência *f* Dekadenz *f;* (*de época*) Niedergang *m;* (*de costumes*) Verfall *m;* **entrar/ estar em** ~ verfallen

decadente *adj* dekadent

decágono *m* Zehneck *nt*

decair *vi* (*qualidade, nível*) nachlassen

decalcar *vt* durchpausen, abpausen

decalque *m* Pausen *nt,* Durchpausen *nt*

decano *m* Dekan *m*

decantar *vt* klären

decapagem *f* Beize *f*

decapar *vt* dekapieren, abbeizen

decapitação *f* Enthauptung *f*

decapitar *vt* enthaupten

decatlo *m* (DESP) Zehnkampf *m*

decenal *adj* zehnjährig

decência *f* 1. (*decoro*) Anstand *m* 2. (*asseio*) Sauberkeit *f,* Reinlichkeit *f*

decénio *m* Jahrzehnt *nt*

decente *adj* 1. (*decoroso*) anständig 2. (*asseado*) sauber, reinlich

decepado *adj* verstümmelt

decepar *vt* verstümmeln

decepção *f* Enttäuschung *f*

decepcionado *adj* enttäuscht (*com* von)

decepcionar *vt* enttäuschen

decerto *adv* gewiss, sicherlich; ~ **ele ainda não sabe o que aconteceu** er weiß gewiss noch nicht, was passiert ist

decididamente *adv* entschieden; (*em todo o caso*) auf jeden Fall

decidido *adj* 1. (*resolvido*) entschlossen (*a* zu); **estar** ~ **a fazer a. c.** entschlossen sein, etw zu tun 2. (*resoluto*) entschieden, energisch; **ela é muito decidida** sie ist sehr energisch

decidir [dǝsi'dir] I. *vt* beschließen II. *vi* entscheiden (*entre* zwischen) III. *vr* sich entschließen (*a* zu), sich entscheiden (*a* zu, *contra* gegen, *entre* zwischen, *por* für)

decifrar *vt* (*letra*) entziffern; (*código*) dechiffrieren

decilitro *m* Deziliter *m*

décima *f* (MAT) Zehntel *nt*

decimal *adj* (MAT) dezimal

decímetro *m* Dezimeter *m*

décimo ['dǝsimu] I. *m* Zehntel *nt* II. *num ord* zehnte(r, s); *v.* **segundo**

decisão *f* 1. (*escolha*) Entscheidung *f* (*entre* zwischen); **tomar uma** ~ eine Entscheidung treffen 2. (*resolução*) Entschluss *m;* (*do tribunal*) Beschluss *m;* **tomar uma** ~ einen Entschluss fassen

decisivo *adj* entscheidend, ausschlaggebend

declamação *f* Deklamation *f*

declamar *vi* deklamieren

declaração *f* 1. (*acção, documento*) Erklärung *f;* (*alfândega*) Zollerklärung *f;* ~ **de rendimentos** Einkommensteuererklärung *f;* **fazer uma** ~ **de amor** eine Liebeserklärung machen 2. (*afirmação, depoimento*) Aussage *f;* **prestar declarações** eine Aussage machen

declaradamente *adv* offensichtlich

declarado *adj* offenkundig, deutlich

declarar [dǝklǝ'rar] I. *vt* 1. (*anunciar*) erklären; **eu declaro que ...** ich erkläre, dass ...; ~ **guerra** den Krieg erklären 2. (*rendimentos*) angeben; (*na alfândega*) verzollen; **nada a** nichts zu verzollen II. *vr* 1. (*manifestar-se*) sich aussprechen (*contra* gegen, *a favor de* für); ~**-se culpado** sich schuldig bekennen 2. (*a alguém*) eine Liebeserklärung machen (*a*)

declinação *f* 1. (*inclinação*) Neigung *f* 2. (GRAM, ASTR) Deklination *f* 3. (GEOG) Gefälle *nt*

declinar I. *vt* (*elev: recusar*) zurückweisen; (GRAM) deklinieren II. *vi* (*decair*) sinken, nachlassen

declínio *m* Niedergang *m,* Verfall *m*

declivar *vi* (*terreno*) abfallen

declive *m* Gefälle *nt;* **em** ~ abschüssig

DECOL *abrev de* **Defesa do Consumidor** Verbraucherschutz

decolagem *f* (AERO: *brasil*) Abheben *nt,* Start *m*

decolar *vi* (AERO: *brasil*) abheben, starten

decompor I. *vt* (QUÍM) zerlegen II. *vr* zerfallen; (*cadáver*) verwesen

decomposição *f* Zerfall *m;* (*cadáver*) Verwesung *f;* (QUÍM) Zerlegung *m;* (*alimentos*); **em estado de** ~ verdorben; **entrar em** ~ zerfallen; (*cadáver*) verwesen

decoração *f* **1.** (*actividade*) Dekoration *f;* ~ **de interiores** Raumausstattung *f* **2.** (*de um quarto*) Einrichtung *f*

decorador(a) *m(f)* Dekorateur, Dekorateurin *m, f;* ~ **de interiores** Raumausstatter, Raumausstatterin *m, f*

decorar *vt* **1.** (*ornamentar*) dekorieren, schmücken **2.** (*uma casa*) einrichten; (*equipar*) ausstatten **3.** (*uma matéria*) auswendig lernen

decorativo *adj* dekorativ

decoro *m* Anstand *m,* Schicklichkeit *f*

decoroso *adj* anständig, schicklich

decorrer *vi* **1.** (*realizar-se*) stattfinden; **a exposição decorre de 10 a 20 de Maio** die Ausstellung ist vom 10. bis 20. Mai geöffnet **2.** (*acontecimentos*) ablaufen, verlaufen **3.** (*tempo*) vergehen

decotado *adj* ausgeschnitten, dekolletiert

decote *m* Ausschnitt *m,* Dekolletee *nt,* Dekolleté *nt*

decrépito *adj* gebrechlich, altersschwach

decrepitude *f* Gebrechlichkeit *f,* Altersschwäche *f*

decrescendo *m* (MÚS) Decrescendo *nt*

decrescente *adj* abnehmend, fallend

decrescer *vi* abnehmen, fallen

decréscimo *m* Abnahme *f,* Rückgang *m*

decretar *vt* anordnen, verfügen

decreto *m* Verordnung *f,* Erlass *m*

decreto-lei *m* Gesetzesverordnung *f*

decurso *m* **1.** (*dos acontecimentos*) Ablauf *m,* Verlauf *m* **2.** (*do tempo*) Lauf *m;* **no** ~ **do mês** im Lauf des Monats

dedada *f* **1.** (*marca*) Fingerabdruck *m* **2.** (*de sal*) Prise *f*

dedal *m* Fingerhut *m*

dedaleira *f* (BOT) Fingerhut *m*

dedicação *f* **1.** (*devoção*) Hingabe *f* **2.** (*nos estudos, no trabalho*) Fleiß *m*

dedicado *adj* (*nos estudos, no trabalho*) fleißig

dedicar **I.** *vt* widmen (*a*); ~ **o seu tempo/a sua vida a alguém/a. c.** jdm/etw seine Zeit/sein Leben widmen; ~ **uma música a alguém** jdm ein Lied widmen **II.** *vr* sich widmen (*a*)

dedicatória *f* Widmung *f* (*a* für)

dedo ['dedu] *m* (ANAT) Finger *m;* ~ **anular** Ringfinger *m;* ~ **indicador** Zeigefinger *m;* ~ **médio** Mittelfinger *m;* ~ **mínimo/mindinho** kleiner Finger; ~ **polegar** Daumen *m;* ~ **do pé** Zehe *f,* Zeh *m;* **contar a. c. pelos ~s** etw an den Fingern abzählen (können)

dedução *f* **1.** (*de uma quantia*) Abzug *m* **2.** (*ilação*) Folgerung *f,* Schlussfolgerung *f;* (FIL) Deduktion *f*

dedutivo *adj* deduktiv

deduzir *vt* **1.** (*de uma quantia*) abziehen (*de* von), abrechnen (*de* von) **2.** (*inferir*) folgern (*de* aus), ableiten (*de* aus); **daí deduz-se que ...** daraus lässt sich ableiten, dass ...

defecação *f* Stuhlgang *m*

defecar *vi* Stuhlgang haben

defeito [dəˈfeitu] *m* **1.** (*moral*) Fehler *m;* (*físico*) Gebrechen *nt* **2.** (*num produto*) Fehler *m,* Defekt *m;* ~ **de fabrico** Fabrikationsfehler *m*

defeituoso *adj* (*produto*) fehlerhaft, mangelhaft

defender **I.** *vt* (DIR) verteidigen (*de/contra* gegen); (*uma ideia, tese*) vetreten, verfechten; (*proteger*) schützen (*contra* vor) **II.** *vr* sich verteidigen (*de* gegen)

defensável *adj* (*ideia*) vertretbar

defensiva *f* Defensive *f;* **estar na** ~ in der Defensive sein

defensor(a) *m(f)* Verteidiger, Verteidigerin *m, f;* (*de uma ideia*) Verfechter, Verfechterin *m, f*

deferência *f* (*elev*) Ehrerbietung *f*

deferido *adj* (*elev*) bewilligt

deferimento *m* (*elev*) Bewilligung *f*

deferir *vt* (*elev*) bewilligen

defesa **I.** *f* (MIL, JUR) Verteidigung *f* (*contra* gegen); ~ **antiaérea** Flugabwehr *f;* **legítima** ~ Notwehr *f;* (*protecção*) Schutz *m* (*contra* vor); ~ **do ambiente** Umweltschutz *m;* ~ **do consumidor** Verbraucherschutz *m;* ~ **do património** Denkmalschutz *m;* (DESP) Abwehr *f;* **jogar à** ~ in der Abwehr spielen, sich defensiv verhalten **II.** *m* (DESP) Verteidiger *m*

défice *m* Defizit *nt*

deficiência [dəfiˈsjɛsjə] *f* (MED) Behinderung *f*

deficiente [dəfəsiˈɛntə] **I.** *m(f)* (MED) Behinderte; ~ **mental** geistig Behinderte **II.** *adj* behindert

deficit *m* Defizit *nt*

deficitário *adj* defizitär

definhado *adj* (*pessoa*) abgezehrt, mager; (*pele*) schlaff, welk

definhar *vi* (*pessoa*) abmagern; (*pele*) schlaff werden, welken

definição *f* Definition *f;* (FOT); ~ **de imagem** Bildfeinheit *f*

definido *adj* (GRAM) bestimmt

definir I. *vt* (*uma palavra*) definieren; (*delimitar*) abgrenzen; (*determinar*) bestimmen, festlegen II. *vr* sich entscheiden

definitivamente [dəfənitivɐ'mẽ̃ntə] *adv* endgültig

definitivo [dəfəni'tivu] *adj* endgültig, definitiv

deflação *f* (ECON) Deflation *f*

deflagração *f* 1. (*de um incêndio*) Ausbreitung *f,* Auflodern *nt* 2. (*de bomba*) Explosion *f* 3. (*de uma guerra*) Ausbruch *m*

deflagrar *vi* 1. (*incêndio*) sich ausbreiten, auflodern 2. (*bomba*) explodieren 3. (*guerra*) ausbrechen

deformação *f* 1. (*deturpação da forma*) Verformung *f;* (*desfiguração*) Entstellung *f* 2. (MED) Missbildung *f;* ~ **congénita** angeborene Missbildung

deformar *vt* verformen; (*imagem*) verzerren; (*desfigurar*) entstellen

defraudação *f* Betrug *m;* (*dinheiro*) Unterschlagung *f*

defraudar *vt* 1. (*uma pessoa*) betrügen 2. (*bens*) unterschlagen

defrontar-se *vr* ~ **com** gegenübertreten

defronte [də'frõ̃ntə] *adv* 1. (*em frente*) gegenüber; ~ **de** gegenüber von 2. (*diante*) davor; ~ **de** vor

defumado [dəfu'madu] *adj* geräuchert; **carne defumada** Rauchfleisch *nt*

defumar *vt* räuchern

defunto, **-a** I. *m, f* Verstorbene II. *adj* verstorben

degelar *vi* auftauen

degelo *m* Tauwetter *nt*

degeneração *f* Degeneration *f,* Verfall *m*

degenerar *vi* degenerieren; ~ **em** ausarten in, sich entwickeln zu

deglutir *vt* schlucken, verschlucken

degolar *vt* köpfen, die Kehle durchschneiden

degradação *f* 1. (*moral*) Demütigung *f,* Erniedrigung *f;* (*de um local*) Verfall *m* 2. (*do cargo*) Degradierung *f* 3. (GEOL) Verwitterung *f* 4. (*de cores*) Abstufung *f*

degradado *adj* 1. (*do cargo*) degradiert 2. (*local*) heruntergekommen, verkommen

degradante *adj* erniedrigend, demütigend

degradar *vt* 1. (*moralmente*) erniedrigen, demütigen; (*um local*) verkommen lassen 2. (*do cargo*) degradieren (*a* zu) 3. (*cores*) abstufen

degrau [də'grau] *m* (*fig*) Stufe *f*

degredar *vt* verbannen

degredo *m* Verbannung *f,* Exil *nt;* **condenado ao** ~ ausgewiesen

degustar *vt* (*comida*) abschmecken; (*vinho*) probieren

deidade *f* Gottheit *f*

deificação *f* Vergöttlichung *f*

deificar *vt* vergöttlichen

deísmo *m* Deismus *m*

deitado [dei'tadu] *adj* liegend; **estar** ~ liegen; (*à noite*) im Bett liegen

deitar I. *vt* (*atirar*) werfen; ~ **fora** wegwerfen; (*um objecto*) ~ **abaixo** hinunterwerfen; (*um edifício*) abreißen; (*colocar na horizontal*) legen, hinlegen; (*na cama*) ins Bett bringen; (*um líquido*) gießen (*em/para* in); (*expelir*) ausstoßen; (*cheiro*) ausströmen; ~ **fumo** Rauch ausstoßen, rauchen; ~ **sangue** bluten II. *vr* sich hinlegen; (*à noite*) ins Bett gehen

deixa *f* (*teatro*) Stichwort *nt*

deixar [dei'ʃar] I. *vt* (*permitir*) lassen, zulassen; **os meus pais** ~ **am-me sair** meine Eltern haben mich ausgehen lassen; (*abandonar*) verlassen; **ele deixou a sala** er hat den Raum verlassen; **ela deixou o marido** sie hat ihren Mann verlassen; (*um objecto*) (liegen) lassen; (*uma pessoa*) absetzen; **ele deixou (ficar) os livros em casa** er hat seine Bücher zu Hause gelassen; **podes** ~**-me aqui/em casa** du kannst mich hier/zu Hause absetzen; ~ **a. c. com alguém** jdm etw überlassen; (*desistir de*) aufgeben, aufhören mit; **deixamos isso para depois** verschieben wir das auf später; (*causar*) machen, bewirken; ~ **alguém triste/sem fala** jdn traurig/sprachlos machen; (*soltar*) loslassen; ~ **cair a. c.** etw fallen lassen; ~ **andar alguém/a. c.** jdn gehen lassen/etw laufen lassen; (*um recado, uma herança*) hinterlassen; ~ (**ficar**) **recado** eine Nachricht hinterlassen; ~ **a. c. a alguém** jdm etw hinterlassen II. *vi* (*desistir*) ~ **de** aufhören zu; ~ **de fumar** aufhören zu rauchen, nicht mehr rauchen; **não**

posso ~ **de ir** ich muss gehen; **deixa lá is-so!** lass das!, vergiss es! **III.** *vr* ~-**se de a. c.** etw lassen, mit etw aufhören; **deixa-te de brincadeiras/mentiras** hör auf Witze zu machen/zu lügen; ~-**se andar** sich gehen lassen; ~-**se cativar por alguém** sich von jdm beeindrucken lassen; ~-**se convencer por alguém** sich von jdm überzeugen lassen; ~-**se estar** dableiben; ~-**se ficar** nichts sagen/tun

dela ['dɔlɐ] Zusammensetzung: präp de + pron ela

delação *f* Anzeige *f;* (*denúncia*) Denunziation *f*

delatar *vt* anzeigen; (*denunciar*) denunzieren

delator(a) *m(f)* Denunziant, Denunziantin *m, f*

dele Zusammensetzung: prep de + pron ele

delegação *f* Abordnung *f,* Delegation *f*

delegacia *f* **1.** (*cargo*) Amt *nt* **2.** (*brasil: da polícia*) Polizeiwache *f,* Polizeirevier *nt*

delegado, -a *m, f* **1.** (*representante*) Beauftragte, Delegierte; ~ **de informação médica** Arzneimittelvertreter *m* **2.** (*brasil: da polícia*) Polizeikommissar, Polizeikommissarin *m, f*

delegar *vt* delegieren (*em* an); ~ **a. c. em alguém** jdn mit etw beauftragen

deleitar **I.** *vt* ergötzen **II.** *vr* sich ergötzen (*com* an)

deleite *m* Wonne *f,* Vergnügen *nt*

delgado [dɔl'gadu] *adj* schlank, dünn

deliberação *f* (*decisão*) Entscheidung *f;* (*resolução*) Beschluss *m*

deliberadamente *adv* absichtlich

deliberar **I.** *vt* beschließen **II.** *vi* beratschlagen (*sobre* über); (*reflectir*) nachdenken (*sobre* über)

delicadeza *f* Zartheit *f;* (*pessoa*) Feinfühligkeit *f,* Fingerspitzengefühl *nt*

delicado [dɔli'kadu] *adj* **1.** (*suave*) zart, fein **2.** (*pessoa*) feinfühlig, rücksichtsvoll **3.** (*situação*) heikel **4.** (*roupa*) empfindlich **5.** (MED: *operação*) schwierig

delícia *f* Wonne *f,* Entzücken *nt;* (*comida*); **ser uma** ~ köstlich sein; **é uma** ~ **ver as crianças brincar** es ist eine Wonne, die Kinder spielen zu sehen

deliciar **I.** *vt* entzücken (*com* mit), eine Freude bereiten (*com* mit) **II.** *vr* sich ergötzen (*com* an)

delicioso [dɔli'sjozu] *adj* entzückend; (*comida*) köstlich

delimitação *f* Abgrenzung *f,* Begrenzung *f*

delimitar *vt* abgrenzen, begrenzen

delinear *vt* **1.** (*um desenho*) entwerfen, skizzieren **2.** (*uma ideia*) umreißen, in groben Zügen darstellen

delinquência *f* **1.** (*na sociedade*) Kriminalität *f* **2.** (*delito*) Verbrechen *nt*

delinquente *m(f)* Verbrecher, Verbrecherin *m, f*

delirante *adj* wahnsinnig

delirar *vi* **1.** (*falando*) Unsinn reden **2.** (*imaginando*) fantasieren **3.** (*de dores*) toben

delírio *m* **1.** (MED) Delirium *nt;* ~ **alcoólico** Delirium tremens *nt;* ~ **febril** Fieberwahn *m* **2.** (*entusiasmo*) Begeisterung *f*

delito *m* (DIR) Straftat *f,* Delikt *nt;* **cometer um** ~ eine Straftat begehen; **em flagrante** ~ auf frischer Tat

delituoso *adj* (DIR) verbrecherisch, strafbar

delonga *f* **1.** (*demora*) Verzögerung *f* **2.** (*adiamento*) Aufschub *m*

delta ['dɔltɐ] *m* Delta *nt*

demagogia *f* Demagogie *f*

demagógico *adj* demagogisch

demagogo, -a *m, f* Demagoge, Demagogin *m, f*

demais [dɐ'maiʃ] **I.** *adv* zu viel; **por** ~ unerträglich; **é bom** ~ **para ser verdade!** das ist zu schön, um wahr zu sein!; (*coloq*) **isto/ele é** ~! das/er ist spitze! **II.** *pron indef* **os** ~ die übrigen, die anderen

demanda *f* **1.** (DIR) Klage *f* **2.** (ECON) Nachfrage (nach) *f* + *dat*

demandante *m(f)* (DIR) Kläger, Klägerin *m, f*

demandar *vt* **1.** (DIR) verklagen **2.** (*exigir*) fordern, verlangen

demão *f* Anstrich *m;* **dar uma** ~ einmal überstreichen

demarcação *f* Abgrenzung *f*

demarcado *adj* abgegrenzt; **região demarcada** kontrollierte(s) Anbaugebiet *nt,* festgelegte(s) Ursprungsgebiet *nt*

demarcar *vt* abgrenzen

demasia *f* Übermaß *nt;* **em** ~ übermäßig

demasiadamente *adv* zu; **ele é** ~ **egoísta** er ist zu egoistisch

demasiado [dɐmɐ'zjadu] **I.** *adj* zu viel, übermäßig **II.** *adv* zu viel

demência *f* Wahnsinn *m;* (MED) Schwachsinn *m*

demente *adj* verrückt; (MED) schwachsinnig, geistesgestört

demissão *f* **1.** (*do próprio*) Kündigung *f;* (*político*) Rücktritt *m;* **pedir a** ~ kündigen; (*político*) zurücktreten **2.** (*do patrão*) Entlassung *f,* Kündigung *f*

demitir I. *vt* (*empregados*) entlassen, kündigen; (*governo*) absetzen **II.** *vr* (*empregado*) kündigen; (*político*) zurücktreten

demo *m* Dämon *m,* Teufel *m*

democracia *f* Demokratie *f*

democrata *m(f)* Demokrat, Demokratin *m, f*

democrático *adj* demokratisch

democratização *f* Demokratisierung *f*

demografia *f* Demographie *f*

demográfico *adj* demographisch

demolhar *vt* (CUL) wässern

demolição *f* (*construção*) Abbruch *m,* Abriss *m*

demolir *vt* (*construção*) abreißen

demoníaco *adj* dämonisch, teuflisch

demónio *m* Teufel *m*

demonstração *f* **1.** (*comprovação*) Beweis *m;* ~ **de afecto** Liebesbeweis *m* **2.** (*exposição*) Darlegung *f*

demonstrar *vt* **1.** (*comprovar*) beweisen, nachweisen **2.** (*um facto*) darlegen **3.** (*sentimentos*) zeigen, zum Ausdruck bringen

demonstrativo *adj* (GRAM) demonstrativ

demora *f* (*atraso*) Verzögerung *f,* Verspätung *f;* **sem** ~ unverzüglich

demorado *adj* zeitraubend

demorar [dəmuˈrar] **I.** *vi* **1.** (*acontecimento*) lange dauern; (**ainda**) **demora muito?** dauert es (noch) lange? **2.** (*pessoa*) sich aufhalten; **eu não demoro** ich halte mich nicht lange auf, ich komme gleich; ~ **a chegar** sich verspäten; ~ **a fazer a. c.** etw hinauszögern **II.** *vr* **1.** (*permanecer*) aufgehalten werden (*em* an/in); (*actividade*) sich länger aufhalten (*com* bei/mit) **2.** (*atrasar-se*) sich verspäten

demover *vt* abbringen, abraten; ~ **alguém de a. c.** jdn von etw abbringen/jdm von etw abraten

denegar *vt* verweigern; ~ **um depoimento** die Aussage verweigern

denegrir *vt* (*reputação*) beschmutzen

denominação *f* Bezeichnung *f*

denominado *adj* so genannt

denominador *m* (MAT) Nenner *m;* ~ **co-**

mum gemeinsamer Nenner; **reduzir ao mesmo** ~ auf einen gemeinsamen Nenner bringen

denominar I. *vt* nennen, benennen **II.** *vr* heißen

denotação *f* Bezeichnung *f;* (LING) Denotation *f*

denotar *vt* zeigen

densidade *f* Dichte *f;* ~ **de tráfego** Verkehrsdichte *f;* ~ **populacional** Bevölkerungsdichte *f*

densímetro *m* (FÍS) Densimeter *nt*

denso *adj* **1.** (*compacto*) dicht; **nevoeiro** ~ dichter Nebel **2.** (*espesso*) dick; **nuvens densas** dicke Wolken

dentada *f* Biss *m;* **dar uma** ~ **em a. c.** in etw hineinbeißen

dentado *adj* gezähnt; **roda dentada** Zahnrad *nt*

dentadura *f* Gebiss *nt*

dental I. *f* (GRAM) Dental *m,* Dentallaut *m* **II.** *adj* Zahn ..., dental; **fio** ~ Zahnseide *f*

dentão *m* (ZOOL) Zahnbrasse *f*

dentar *vi* zahnen

dentário *adj* Zahn ...; **clínica dentária** Zahnklinik *f*

dente [ˈdẽtə] *m* **1.** (ANAT) Zahn *m;* ~ **canino** Eckzahn *m;* ~ **de leite** Milchzahn *m;* ~ **do siso** Weisheitszahn *m;* **lavar os** ~**s** die Zähne putzen; **ranger os** ~**s** mit den Zähnen knirschen; **dizer a. c. entre** ~**s** sich etw in den Bart murmeln +*dat* **2.** (*de garfo, pente*) Zacke *f* **3.** (*de alho*) Zehe *f*

dente-de-leão *m* (BOT) Löwenzahn *m*

dentição *f* Zahnen *nt*

dentífrico I. *m* Zahnpasta *f,* Zahncreme *f* **II.** *adj* Zahn ...

dentista [dẽˈtiʃtə] *m(f)* Zahnarzt, Zahnärztin *m, f*

dentre Zusammensetzung: präp de + präp entre

dentro [ˈdẽtru] *adv* **1.** (*local*) innen, drinnen; **aí** ~ dort drinnen; **de** ~ von innen; **para** ~ nach innen, hinein; **vai lá para** ~ geh hinein; **eles estão lá** ~ sie sind dort drinnen; **por** ~ innen; ~ **de casa** im Haus **2.** (*temporal*) in; ~ **de cinco dias** in fünf Tagen; ~ **em pouco/de pouco tempo** in Kürze, bald

denúncia *f* Anzeige *f;* (*secreta*) Denunziation *f*

denunciante *m(f)* Denunziant, Denunziantin *m, f*

denunciar *vt* anzeigen; (*em secredo*) denunzieren; ~ **alguém à polícia** jdn bei der Polizei anzeigen

deparar *vi* ~ **com** stoßen auf

departamento *m* (*de empresa*) Abteilung *f*; (*de universidade*) Fachbereich *m*

depenado *adj* (*fig*) gerupft

depenar *vt* (*fig*) rupfen

dependência *f* **1.** (*de droga, pessoa*) Abhängigkeit *f* (*de* von) **2.** (ARQ) Nebengebäude *nt* **3.** (ECON) Zweigstelle *f*

dependente *adj* abhängig (*de* von)

depender *vi* abhängen (*de* von); (**isso**) **depende!** das kommt darauf an!

depenicar *vt* naschen

depilação *f* Enthaarung *f*; **fazer** (**a**) ~ sich enthaaren

depilar *vt* enthaaren

depilatório [dəpilɐ'tɔrju] **I.** *m* Enthaarungsmittel *nt* **II.** *adj* Enthaarungs ...

deplorar *vt* beklagen, (zutiefst) bedauern

deplorável *adj* beklagenswert, bedauernswert; **estar num estado** ~ in einem erbärmlichen Zustand sein

depoimento *m* Aussage *f*; **fazer um** ~ eine Aussage machen

depois [də'poiʃ/də'poiʒ] *adv* (~ *disso*) danach; (*em seguida*) dann; (*mais tarde*) später, nachher; **dois dias** ~ zwei Tage später; ~ **de** nach; ~ **de almoçar/do almoço, vou sair** nach dem Essen gehe ich weg; ~ **de amanhã** übermorgen; **e** ~? und?

depor I. *vt* (*armas*) niederlegen; (*uma pessoa, o governo*) absetzen **II.** *vi* (DIR) aussagen

deportação *f* Deportation *f*

deportar *vt* deportieren

depositar [dəpuzi'tar] *vt* **1.** (*dinheiro*) einzahlen (*em* auf) **2.** (*bagagem*) abgeben; (*mercadoria*) einlagern

depósito [də'pɔzitu] *m* **1.** (*de dinheiro*) Einlage *f*; (*para uma casa*) Kaution *f*; **fazer um** ~ Geld einzahlen **2.** (*de água*) Speicher *m*; (*de gasolina*) Tank *m*; **encher o** ~ tanken **3.** (*de garrafa*) Pfand *nt*; (*schweiz*) Depot *nt* **4.** (*armazém*) Lager *nt* **5.** (QUÍM) Bodensatz *m*, Ablagerung *f*

depravação *f* Verdorbenheit *f*

depravado *adj* (moralisch) verdorben

depravar *vt* (moralisch) verderben

depreciação *f* **1.** (*desvalorização*) Abwertung *f* **2.** (*menosprezo*) Verachtung *f*, Geringschätzung *f*

depreciar *vt* **1.** (*desvalorizar*) abwerten **2.** (*menosprezar*) verachten, geringschätzen

depreciativo *adj* geringschätzig, verächtlich

depreender *vt* folgern (*de* aus), entnehmen (*de*); **daí depreende-se que ...** daraus geht hervor, dass ...

depressa [də'prɛsɐ] *adv* schnell, rasch

depressão *f* **1.** (ECON, PSYCH) Depression *f* **2.** (METEO) Tief *nt* **3.** (GEOG) Senke *f*

depressivo *adj* depressiv

deprimente *adj* deprimierend

deprimido *adj* deprimiert

deprimir *vt* deprimieren

depuração *f* Klärung *f*, Aufbereitung *f*

depurar *vt* klären, aufbereiten

deputação *f* Abordnung *f*

deputado, -a *m, f* Abgeordnete; ~ **europeu** Europaabgeordnete

deputar *vt* abordnen

deriva *m(f)* **à** ~ richtungslos; **andar à** ~ treiben

derivação *f* **1.** (GRAM, MAT) Ableitung *f* **2.** (*proveniência*) Abstammung *f*

derivada *f* (MAT) Differenzialquotient *m*

derivado *m* **1.** (*produto*) Nebenprodukt *nt* **2.** (QUÍM, MED) Derivat *nt*

derivar I. *vt* (*um rio*) umleiten; (ELECTR) abzweigen; (LING) ableiten **II.** *vi* seinen Ursprung haben (*de* in), hervorgehen (*de* aus)

dermatologia *f* (MED) Dermatologie *f*

dermatologista [dɜrmɐtulu'ʒiʃtɐ] *m(f)* (MED) Hautarzt, Hautärztin *m, f*, Dermatologe, Dermatologin *m, f*

dermatose *f* (MED) Hautkrankheit *f*

derradeiro *adj* letzte(r, s)

derramamento *m* Vergießen *nt*, Verschütten *nt*; ~ **de sangue** Blutvergießen *nt*

derramar *vt* **1.** (*sangue, lágrimas*) vergießen **2.** (*entornar*) verschütten

derrame *m* (MED) Erguss *m*; ~ **cerebral** Gehirnschlag *m*

derrapagem *f* Schleudern *nt*; **fazer uma** ~ ins Schleudern geraten

derrapar *vi* schleudern

derreado *adj* erschöpft

derreter I. *vt* (*gelo, manteiga*) schmelzen; (*gordura*) auslassen **II.** *vi* (*neve, gelo, coração*) schmelzen **III.** *vr* zerschmelzen

derribar *vt* niederreißen; (*casa*) abreißen

derrocada *f* **1.** (*casa*) Einsturz *m* **2.** (*ruína*) Zusammenbruch *m*

derrogação *f* (DIR) Teilaufhebung *f*
derrogar *vt* (DIR) teilweise aufheben
derrogatório *adj* (DIR) aufhebend
derrota [dəˈʀɔtɐ] *f* (*em luta, jogo, discussão*) Niederlage *f;* **sofrer uma** ~ eine Niederlage erleiden
derrotado *adj* geschlagen
derrotar *vt* **1.** (*em luta, discussão*) besiegen **2.** (DESP) schlagen
derrubar *vt* **1.** (*um objecto*) umstoßen, umwerfen **2.** (*o governo*) stürzen
desabafar *vi* sich aussprechen (*com* bei), sich anvertrauen (*com*)
desabafo *m* vertrauensvolle(s) Gespräch *nt;* **foi um ~!** jetzt bin ich erleichtert!
desabamento *m* Einsturz *m;* ~ **de terras** Erdrutsch *m*
desabar *vi* **1.** (*terra*) abrutschen **2.** (*telhado, muro*) einstürzen, einfallen **3.** (*projecto*) scheitern
desabitado *adj* unbewohnt
desabituado *adj* entwöhnt; **já estou** ~ ich bin nicht mehr daran gewöhnt
desabituar I. *vt* entwöhnen; ~ **alguém de a. c.** jdm etw abgewöhnen **II.** *vr* sich abgewöhnen +*dat* (*de*)
desabotoar *vt* aufknöpfen
desabrido *adj* **1.** (*rude, áspero*) grob, barsch **2.** (*tempestuoso*) rau
desabrigado *adj* (*local*) offen, ungeschützt
desabrochar *vi* (*flor, pessoa*) aufblühen
desacatar *vt* missachten
desacato *m* Missachtung *f* (*a*); ~ **à autoridade** Beamtenbeleidigung *f*
desacompanhado *adj* allein, ohne Begleitung
desaconchegado *adj* ungemütlich
desaconchego *m* Ungemütlichkeit *f*
desaconselhar *vt* abraten; ~ **alguém de a. c.** jdm von etw abraten
desaconselhável *adj* nicht ratsam, nicht empfehlenswert
desacordo *m* **1.** (*falta de acordo*) Uneinigkeit *f;* **estar em** ~ **com alguém** mit jdm nicht übereinstimmen **2.** (*divergência*) Unstimmigkeit *f*
desacreditar *vt* in Verruf bringen, diskreditieren
desactivado *adj* **1.** (*central nuclear*) stillgelegt **2.** (*bomba*) entschärft
desactivar *vt* **1.** (*uma central nuclear*) stilllegen **2.** (*uma bomba*) entschärfen

D

desactualizado *adj* **1.** (*pessoa*) nicht auf dem Laufenden **2.** (*documento*) abgelaufen **3.** (*conhecimentos*) überholt
desadaptado *adj* nicht gewöhnt (*de* an)
desadaptar-se *vr* nicht (mehr) gewöhnt sein (*de* an)
desafectação *f* Ungezwungenheit *f*
desafectado *adj* ungezwungen
desafeiçoado *adj* abgeneigt (*de*)
desafeiçoar-se *vr* Abstand nehmen (*de* von)
desafiar *vt* herausfordern (*para* zu)
desafinado *adj* (*instrumento*) verstimmt
desafinar *vi* **1.** (*cantando*) falsch singen; (*tocando*) falsch spielen **2.** (*instrumento*) verstimmt sein
desafio *m* **1.** (*provocação*) Herausforderung *f;* **aceitar um** ~ eine Herausforderung annehmen **2.** (DESP) Wettkampf *m*
desafogado *adj* **1.** (*abastado*) (finanziell) abgesichert **2.** (*despreocupado*) sorglos **3.** (*aliviado*) erleichtert
desaforado *adj* unverschämt, frech
desaforo *m* Unverschämtheit *f*, Frechheit *f*
desafortunado *adj* unglücklich
desagasalhado *adj* leicht bekleidet
desagradar *vi* missfallen; **esta situação desagrada-me** diese Situation missfällt mir
desagradável [dəzegreˈdavɜl] *adj* **1.** (*situação*) unangenehm, peinlich **2.** (*pessoa*) unfreundlich **3.** (*vento*) unangenehm
desagrado *m* Missfallen *nt;* **cair no** ~ Missfallen erregen
desagravar *vt* **1.** (*atenuar*) entschärfen, mildern **2.** (DIR) aufheben; ~ **uma sentença** ein Urteil aufheben
desagravo *m* **1.** (*de situação*) Entschärfung *f* **2.** (DIR: *de sentença*) Aufhebung *f*
desagregação *f* Zerfall *m,* Auflösung *f*
desagregar I. *vt* auflösen; (*substância*) zersetzen **II.** *vr* zerfallen
desaguar I. *vt* entwässern, trockenlegen **II.** *vi* münden (*em* in); **o Douro desagua no Atlântico** der Douro mündet in den Atlantik
desaire *m* Schicksalsschlag *m,* Unglück *nt*
desajeitado *adj* ungeschickt, unbeholfen
desajuizado *adj* unvernünftig
desajustado *adj* verwirrt, durcheinander; **estar** ~ **da realidade** realitätsfremd sein
desajuste *m* **1.** (*relação*) Missverhältnis *nt* (*entre* zwischen), Diskrepanz *f* (*entre* zwi-

schen) **2.** (*máquina*) Verstellung *f,* Fehleinstellung *f*

desalento *m* Mutlosigkeit *f*

desalfandegar *vt* (ECON) aus dem Zollverschluss nehmen

desalgemar *vt* die Fesseln lösen, befreien

desalinhado *adj* unordentlich; (*carro*); **a direcção está desalinhada** die Spur muss eingestellt werden

desalinhar *vt* durcheinander bringen

desalmado *adj* herzlos, unmenschlich

desalojado *adj* obdachlos

desalojar *vt* kündigen, vertreiben

desamarrar I. *vt* losmachen, losbinden II. *vi* (NAÚT) die Anker lichten

desamolgar *vt* ausbeulen

desamor *m* Lieblosigkeit *f*

desamparado *adj* **1.** (*indefeso*) hilflos; (*desprotegido*) schutzlos **2.** (*abandonado*) verlassen

desamparar *vt* verlassen, im Stich lassen

desamparo *m* **1.** (*falta de defesas*) Hilflosigkeit *f;* (*falta de protecção*) Schutzlosigkeit *f* **2.** (*abandono*) Verlassenheit *f*

desancar *vt* (*coloq*) verdreschen

desancorar *vi* (NAÚT) die Anker lichten

desanexar *vt* abtrennen

desanimado *adj* mutlos, niedergeschlagen

desanimar I. *vt* entmutigen II. *vi* den Mut verlieren; **não desanimes!** Kopf hoch!

desânimo *m* Mutlosigkeit *f,* Niedergeschlagenheit *f*

desanuviado *adj* **1.** (*céu*) wolkenlos **2.** (*pessoa*) sorglos, erleichtert

desanuviar *vi* **1.** (*céu*) sich aufklären, aufklaren **2.** (*pessoa*) entspannen, abschalten

desaparafusar *vt* aufschrauben, losschrauben

desaparecer [dəzɐpɐrə'ser] *vi* verschwinden (*de* aus/von); **fazer** ~ verschwinden lassen; (*dinheiro*) verschwenden

desaparecido, -a I. *m, f* Vermisste; (POL) Verschwundene II. *adj* vermisst; **andar** ~ als vermisst gelten; **dado como** ~ als vermisst gemeldet

desaparecimento *m* Verschwinden *nt*

desapegado *adj* gleichgültig

desapegar-se *vr* das Interesse verlieren (*de* an)

desapego *m* Gleichgültigkeit *f*

desapercebido *adj* unvorbereitet

desapertar *vt* **1.** (*o cinto*) lockern; (*o casa-*

co, as calças) aufknöpfen; (*os sapatos, as calças*) aufmachen **2.** (*um parafuso*) aufschrauben, lösen **3.** (*soltar, alargar*) lockern **4.** (*desprender*) losmachen

desapoiado *adj* (*pessoa*) ohne Unterstützung, auf sich selbst gestellt; (*objecto*); **estar** ~ keinen Halt haben

desapontado *adj* enttäuscht (*com* von)

desapontar *vt* enttäuschen

desaprender *vt* verlernen

desapropriação *f* Enteignung *f*

desapropriar *vt* enteignen; ~ **alguém de a. c.** jdm etw wegnehmen

desaprovar *vt* **1.** (*não aprovar*) missbilligen **2.** (*censurar*) kritisieren

desaproveitado *adj* (*terreno, oportunidade*) ungenutzt

desaproveitamento *m* (*recursos*) Vergeudung *f*

desaproveitar *vt* **1.** (*oportunidade*) nicht nutzen, ungenutzt lassen **2.** (*desperdiçar*) vergeuden

desarborizado *adj* baumlos

desarborizar *vt* abholzen

desarmado *adj* unbewaffnet; **à vista desarmada** mit bloßem Auge

desarmamento *m* (MIL) Abrüstung *f;* ~ **nuclear** nukleare Abrüstung

desarmar I. *vt* (*tropas, pessoas*) entwaffnen; (*uma bomba*) entschärfen; (*uma máquina*) auseinander nehmen, zerlegen; (*uma tenda*) abbauen; (*aplacar*) entwaffnen II. *vi* (MIL) abrüsten

desarranjado *adj* unordentlich

desarranjar *vt* in Unordnung bringen

desarranjo *m* Unordnung *f,* Durcheinander *nt*

desarregaçar *vt* (*mangas, calças*) herunterkrempeln

desarrolhar *vt* entkorken

desarrumação *f* Chaos *nt,* Unordnung *f*

desarrumado *adj* (*quarto*) unaufgeräumt; (*pessoa*) unorganisiert, unordentlich

desarrumar *vt* in Unordnung bringen

desarticular *vt* **1.** (*desmontar*) auseinander nehmen **2.** (*um membro*) ausrenken

desassossegado *adj* unruhig

desassossegar *vt* beunruhigen

desassossego *m* Unruhe *f*

desastrado *adj* (*pessoa*) ungeschickt, tolpatschig

desastre [də'zaʃtrə] *m* Unglück *nt,* Kata-

strophe *f;* ~ **ambiental** Umweltkatastrophe *f;*
~ **de automóvel** Autounfall *m;* ~ **de avião**
Flugzeugunglück *nt*

desastroso *adj* katastrophal; (*funesto*) unheilvoll, verhängnisvoll

desatacar *vt* (*desatar*) aufschnüren, aufbinden

desatar I. *vt* (*um molho*) aufbinden; (*um nó*)
aufknoten II. *vi* ~ **a fazer a. c.** plötzlich anfangen, etw zu tun; **ela desatou a correr** sie
fing an zu laufen; **ele desatou a chorar/rir**
er brach in Tränen/Gelächter aus

desatarraxar *vt* abschrauben, heraus-
schrauben

desatento *adj* unaufmerksam

desatinado *adj* **1.** (*sem tino*) unbesonnen
2. (*coloq: zangado*) sauer

desatinar *vi* **1.** (*dizer desatinos*) Unsinn reden **2.** (*perder o tino*) den Verstand verlieren
3. (*coloq: descontrolar-se*) die Geduld verlieren; (*coloq*) zu viel kriegen; ~ **com alguém**
sich mit jdm in die Haare kriegen

desatino *m* **1.** (*falta de tino*) Unverstand *m*
2. (*disparate*) Unsinn *m*

desativado *adj* (*brasil*) v. **desactivado**

desativar *vt* (*brasil*) v. **desactivar**

desatolar *vt* aus dem Schlamm ziehen

desatracar I. *vt* losmachen II. *vi* die Taue
lösen

desatravancar *vt* freimachen

desatrelar *vt* **1.** (*atrelado*) loskoppeln **2.**
(*cavalo*) ausspannen

desatualizado *adj* (*brasil*) v. **desactualizado**

desavença *f* Zwist *m,* Streit *m*

desavergonhado *adj* unverschämt,
schamlos

desavindo *adj* zerstritten; **andar** ~ **com alguém** mit jdm zerstritten sein

desbancar *vt* **1.** (*vencer*) besiegen **2.** (*exceder*) übertreffen

desbaratar *vt* **1.** (*os bens*) verschleudern,
vergeuden **2.** (*o inimigo*) schlagen

desbarato *m* Vergeudung *f,* Misswirtschaft
f; **ao** ~ zu Schleuderpreisen

desbastar *vt* **1.** (*madeira*) abhobeln **2.** (*mato*) lichten; (*o cabelo*) ausdünnen

desbaste *m* **1.** (*de madeira*) Abhobeln *nt* **2.**
(*do mato*) Ausholzung *f;* (*do cabelo*) Ausdünnen *nt*

desbloquear *vt* die Blockade aufheben

desbotado *adj* (*cor*) matt, blass; (*roupa*) aus-
geblichen

desbotar *vi* (*cor*) verblassen; (*roupa*) ausbleichen

desbravar *vt* **1.** (*terras*) urbar machen **2.**
(*animais*) zähmen; (*cavalo*) bändigen

descabido *adj* unpassend, unangebracht

descafeinado [dəʃkefeiˈnadu] I. *m* koffe-
infreie(r)/entkoffeinierte(r) Kaffee *m* II. *adj*
entkoffeiniert, koffeinfrei

descaída *f* **1.** (*lapso*) Lapsus *m* **2.** (CUL) Geflügelklein *nt*

descair I. *vi* (*superfície*) abfallen; (*vento*) abnehmen, nachlassen II. *vr* (*coloq*) sich verplappern

descalabro *m* **1.** (*ruína*) Zusammenbruch
m **2.** (*prejuízo*) Schaden *m*

descalçar I. *vt* (*sapatos, luvas, meias*) ausziehen; (*rua*) aufreißen II. *vr* sich die Schuhe
ausziehen + *dat*

descalcificação *f* (MED) Kalkmangel *m*

descalço *adj* **1.** (*sem calçado*) barfuß; **andar** ~ barfuß laufen **2.** (*desprevenido*) unvorbereitet

descambar *vi* schief stehen, zur Seite kippen; ~ **em** ausarten in

descampado *m* offene(s) Feld *nt*

descansado *adj* (*vida*) geruhsam; (*pessoa*)
beruhigt; **fique** ~! seien Sie unbesorgt!; **dormir** ~ ruhig schlafen

descansar [dəʃkãˈsar] I. *vt* (*tranquilizar*)
beruhigen; (*as pernas*) ausruhen; (MIL) ~ **armas!** Gewehr ab! II. *vi* sich ausruhen; (*nas
férias*) sich erholen, ausspannen

descanso [dəʃˈkãsu] *m* **1.** (*sossego*) Ruhe *f*
2. (*repouso*) Ausruhen *nt;* (*nas férias*) Erholung *f* **3.** (*apoio*) Stütze *f;* (*do telefone*) Gabel
f; (*da bicicleta*) Ständer *m;* (*para os pés*) Fuß-
stütze *f* **4.** (*folga*) Pause *f;* ~ **semanal** Ruhetag *m;* **sem** ~ unaufhörlich

descapotável *adj* aufklappbar, zurück-
klappbar; **carro** ~ Kabrio *nt,* Kabriolett *nt*

descaracterizar *vt* seiner Charakteristiken
berauben; (*pej*) verschandeln

descaradamente *adv* unverschämt; **mente** ~ er/sie lügt wie gedruckt

descarado *adj* **1.** (*pessoa*) unverschämt,
frech **2.** (*mentira*) offenkundig

descaramento *m* Unverschämtheit *f,*
Frechheit *f;* **ter o** ~ **de fazer a. c.** die Frechheit haben, etw zu tun

descarga *f* **1.** (ELECTR) Entladung *f;* ~ **eléctrica** elektrische Entladung **2.** (NAÚT) Löschen *nt* **3.** (*de camião*) Entladen *nt;* **fazer a**

D

~ ausladen, entladen; **cargas e ~s** Be- und Entladen *nt* **4.** (*de água*) Ablassen *nt* **5.** (*tiros*) Salve *f*

descargo *m* Entlastung *f;* **para ~ de consciência** zur Entlastung des Gewissens

descaroçar *vt* entkernen

descarregamento *m* Entladen *nt;* (*navio*) Löschen *nt*

descarregar *vt* **1.** (*mercadoria, camião*) ausladen, entladen; (*mercadoria de navio*) löschen **2.** (*uma arma, pilha*) entladen **3.** (*sentimentos*) abreagieren, ablassen; **o professor estava aborrecido e descarregou nos/em cima dos alunos** der Lehrer war unzufrieden und ließ seine Wut an den Schülern aus

descarrilamento *m* Entgleisung *f*

descarrilar *vi* (*fig*) entgleisen

descartar-se *vr* sich entledigen (*de*), loswerden (*de*)

descartável *adj* (*fraldas, seringa*) Wegwerf ...; (*embalagem*) Einweg ...; **fraldas descartáveis** Wegwerfwindeln *pl*

descasar *vi* (*brasil*) sich scheiden lassen

descascador *m* Schälmesser *nt*

descascar I. *vt* (*fruta, batatas*) schälen; (*ervilhas*) enthülsen, palen; (*uma árvore*) entrinden II. *vi* **1.** (*pele*) sich schälen; (*tinta*) abblättern **2.** (*pessoa*) schimpfen (*em* über)

descendência *f* **1.** (*filhos*) Nachkommenschaft *f* **2.** (*filiação*) Abstammung *f*

descendente I. *m/f* Nachkomme *m;* ~**s** Nachwuchs *m* II. *adj* **1.** (*decrescente*) fallend **2.** (*proveniente*) abstammend (*de* von)

descender *vi* abstammen (*de* von)

descentralização *f* Dezentralisierung *f*

descentralizar *vt* dezentralisieren

descer [dəʃ'ser] I. *vt* **1.** (*as escadas*) hinuntergehen; (*um monte*) hinuntersteigen **2.** (*a pé*) hinuntergehen; (*de carro*) hinunterfahren **3.** (*a persiana*) herunterlassen **4.** (*o preço*) senken (*em* um, *para* auf), herabsetzen (*em* um, *para* auf) II. *vi* **1.** (*preço, temperatura, pressão*) sinken (*em* um, *para* auf), fallen (*em* um, *para* auf) **2.** (*rua, terreno*) abfallen **3.** (*avião*) niedergehen, an Höhe verlieren **4.** (*da bicicleta, do cavalo*) absteigen (*de* von); (*do autocarro*) aussteigen (*de* aus) **5.** (*qualidade*) nachlassen; (*nível*) sinken; (*notas*) schlechter werden **6.** (*de pára-quedas*) herunterspringen, abspringen

descida *f* **1.** (*acto*) Abstieg *m* **2.** (*na rua*) Gefälle *nt* **3.** (*chão inclinado*) Rampe *f* **4.** (DESP:

(*de divisão*) Abstieg *m;* (*de um monte*) Abfahrt *f* **5.** (*dos preços, da temperatura*) Sinken *nt,* Rückgang *m* **6.** (*do avião*) Landeanflug *m* **7.** (*de pára-quedas*) Absprung *m*

desclassificado *adj* **1.** (DESP) (von der Teilnahme) ausgeschlossen; **ficar ~** ausscheiden **2.** (*desacreditado*) diskreditiert

desclassificar *vt* **1.** (DESP) (von der Teilnahme) ausschließen; (*coloq*) ausschalten **2.** (*desacreditar*) diskreditieren

descoberta *f* Entdeckung *f;* **fazer uma ~** eine Entdeckung machen

descoberto I. *pp de* **descobrir** II. *adj* (*destapado*) unbedeckt; (*conta*); **a ~** nicht gedeckt

descobridor(a) *m(f)* Entdecker, Entdeckerin *m, f*

Descobrimentos *mpl* (HIST) Epoche *f* der Entdeckungen

descobrir [dəʃku'brir] I. *vt* (*encontrar*) entdecken; (*achar*) finden; (*destapar, denunciar*) aufdecken II. *vr* sich aufdecken

descodificador *m* (INFORM) Decoder *m*

descodificar *vt* (INFORM) decodieren

descolagem *f* (AERO) Abheben *nt,* Start *m*

descolar I. *vt* ablösen (*de* von) II. *vi* **1.** (*autocolante*) sich ablösen, abgehen **2.** (AERO) abheben, starten

descoloração *f* Bleichen *nt*

descolorar *vt* bleichen

descomedido *adj* maßlos

descompactar *vt* (INFORM) dekomprimieren; (*coloq*) entpacken

descompassado *adj* aus dem Takt geraten, unregelmäßig

descompor *vt* **1.** (*desarranjar*) durcheinander bringen **2.** (*censurar*) ausschimpfen

descomposto I. *pp de* **descompor** II. *adj* **1.** (*desarranjado*) unordentlich **2.** (*sem compostura*) unanständig

descompostura *f* Zurechtweisung *f;* **dar uma ~ a alguém** jdn zurechtweisen

descompressão *f* (FÍS) Dekompression *f,* Druckabfall *m*

descomprimir *vi* entspannen

descomprometido *adj* (*pessoa*) ungebunden

descomunal *adj* **1.** (*extraordinário*) außergewöhnlich **2.** (*colossal*) kolossal, ungeheuerlich

desconceituado *adj* verrufen

desconcentrar I. *vt* ablenken, aus dem

Konzept bringen **II.** *vr* sich ablenken lassen, aus dem Konzept kommen

desconcertado *adj* **1.** (*embaraçado*) verlegen **2.** (*perturbado*) verwirrt

desconcertante *adj* verwirrend

desconcertar *vt* **1.** (*confundir*) verwirren, durcheinander bringen **2.** (*transtornar*) verblüffen

desconexão *f* **1.** (*incoerência*) Zusammenhanglosigkeit *f* **2.** (ELECTR) Abschalten *nt*

desconexo *adj* zusammenhanglos

desconfiado *adj* misstrauisch, argwöhnisch

desconfiança *f* Misstrauen *nt*, Argwohn *m*

desconfiar *vi* **1.** (*duvidar*) zweifeln (*de* an); (*suspeitar*) misstrauen (*de*); ~ **de alguém** jdm misstrauen **2.** (*supor*) vermuten, ahnen; **desconfio que ...** ich ahne, dass ...

desconforme *adj* **1.** (*desproporcional*) unverhältnismäßig **2.** (*desigual*) ungleich **3.** (*monstruoso*) ungeheuer

desconfortável *adj* unbequem

desconforto *m* **1.** (*de uma casa*) mangelnde(r) Komfort *m* **2.** (*desconsolo*) Trostlosigkeit *f*

descongelação *f* (*comida*) Auftauen *nt;* (*glaciar*) Abtauen *nt*

descongelante *m* Entfroster *m*

descongelar *vi* auftauen; ~ **uma conta bancária** ein Sperrkonto freigeben

descongestionamento *m* **1.** (*do trânsito*) Entlastung *f* **2.** (MED) Entstauung *f*

descongestionar *vt* **1.** (*o trânsito*) entlasten **2.** (*uma rua*) frei machen **3.** (MED) entstauen

desconhecer *vt* (*não saber*) nicht wissen; (*não conhecer*) nicht kennen; ~ **a língua francesa** kein Französisch sprechen

desconhecido, -a [dəʃkuɲə'sidu] **I.** *m, f* Unbekannte **II.** *adj* unbekannt

desconhecimento *m* Unkenntnis *f;* (*ignorância*) Unwissenheit *f*

desconjuntar **I.** *vt* (*uma articulação*) verrenken; (*desmanchar*) auseinander nehmen, zerlegen **II.** *vr* aus den Fugen gehen, auseinander gehen

desconsagrar *vt* entweihen

desconsertado *adj* entzwei, kaputt

desconsertar *vt* kaputtmachen

desconsideração *f* Rücksichtslosigkeit *f;* (*desprezo*) Missachtung *f*

desconsiderado *adj* **1.** (*não ponderado*) unbedacht **2.** (*desrespeitado*) missachtet **3.**

(*não estimado*) wenig angesehen

desconsiderar *vt* **1.** (*não considerar*) missachten **2.** (*tratar sem respeito*) unhöflich behandeln

desconsolado *adj* **1.** (*triste*) trostlos **2.** (*desgostoso*) betrübt **3.** (*sem consolação*) untröstlich

desconsolo *m* Trostlosigkeit *f;* (*desgosto*) Betrübnis *f*

descontar *vt* abziehen (*de* von), abrechnen (*de* von); (ECON) diskontieren

descontentamento *m* Unzufriedenheit *f*

descontente *adj* unzufrieden (*com* mit)

descontinuidade *f* Zusammenhanglosigkeit *f*

descontínuo *adj* unterbrochen

desconto [dəʃ'kõntu] *m* **1.** (*dedução*) Ermäßigung *f*, Rabatt *m;* **fazer um** ~ **a alguém** jdm einen Rabatt gewähren; **dar um** ~ **a alguém** ein Auge zudrücken **2.** (ECON) Diskont *m*

descontracção *f* Entspannung *f*

descontraído *adj* locker, entspannt

descontrair **I.** *vt* entspannen **II.** *vr* sich entspannen

descontrolado *adj* unbeherrscht; (*sentimento*) zügellos

descontrolar **I.** *vt* die Kontrolle verlieren über **II.** *vr* die Fassung verlieren, außer sich geraten

descontrolo *m* Mangel *m* an Kontrolle

desconversar *vi* das Thema wechseln

desconvidar *vi* ausladen

descoordenação *f* Mangel *m* an Koordinierung/Koordination

descoordenar *vt* die Koordination durcheinander bringen von

descoroar *vt* absetzen

descortês *adj* unhöflich

descortesia *f* Unhöflichkeit *f*

descortinar *vt* (*fig*) entdecken

descoser **I.** *vt* auftrennen **II.** *vr* **1.** (*costura*) aufgehen **2.** (*revelar um segredo*) sich verplappern

descosido *adj* aufgetrennt

descrédito *m* Misskredit *m*

descrença *f* Ungläubigkeit *f*

descrente **I.** *m(f)* Ungläubige **II.** *adj* ungläubig

descrever [dəʃkrə'ver] *vt* **1.** (*objecto, pessoa*) beschreiben; (*acontecimento*) schildern **2.** (*narrar*) darstellen

D

descrição *f* **1.** (*de objecto, pessoa*) Beschreibung *f;* (*de acontecimento*) Schilderung *f;* **fazer a** ~ **de alguém/a. c.** jdn/etw beschreiben **2.** (*narração*) Darstellung *f*

descritivo *adj* beschreibend, deskriptiv

descrito *pp de* **descrever**

descuidado *adj* **1.** (*acto, pessoa*) fahrlässig **2.** (*aspecto*) nachlässig

descuidar I. *vt* vernachlässigen **II.** *vr* **1.** (*das tarefas*) vernachlässigen (*de*) **2.** (*ser desleixado*) nachlässig sein (*de* in); (*coloq*); ~**-se com as horas** die Zeit verschwitzen; **não te descuides!** pass auf!

descuido *m* **1.** (*desleixo*) Nachlässigkeit *f* **2.** (*lapso*) Versehen *nt;* **por** ~ versehentlich, aus Versehen

desculpa [dəʃˈkulpɐ] *f* **1.** (*perdão*) Entschuldigung *f;* **pedir** ~(**s**) **a alguém por a. c.** sich bei jdm für etw entschuldigen, jdn um Entschuldigung für etw bitten **2.** (*pretexto*) Ausrede *f,* Vorwand *m;* **dar uma** ~ **a alguém** jdm eine Ausrede liefern; ~ **esfarrapada** faule Ausrede

desculpar I. *vt* entschuldigen; **desculpe!** Entschuldigung! **II.** *vr* sich entschuldigen (*por* für)

desculpável *adj* entschuldbar

descurar *vt* vernachlässigen

desde [ˈdeʒdə] **I.** *prep* **1.** (*temporal*) seit; ~ **o dia 12 de Fevereiro** seit dem 12. Februar; ~ **então** seitdem; ~ **há muito** seit langem; ~ **logo** sogleich **2.** (*local*) von; **percorremos tudo,** ~ **o Algarve até ao Minho** wir sind überall gewesen, von der Algarve bis zum Minho **II.** *konj* **1.** (*temporal*) ~ **que** seitdem; **ainda não disse nada** ~ **que chegou** seitdem er/sie angekommen ist, hat er/sie noch nichts gesagt **2.** (*se*) ~ **que** sofern, wenn; **eu vou,** ~ **que me convidem** ich gehe mit, sofern sie mich einladen

desdém *m* Verachtung *f;* **com** ~ verächtlich

desdenhar *vt* verachten

desdenhoso *adj* verächtlich

desdentado *adj* zahnlos

desdita *f* Missgeschick *nt;* (*desgraça*) Unglück *nt*

desdito *pp de* **desdizer**

desdizer *vt* abstreiten, bestreiten

desdobrar I. *vt* (*lenço*) entfalten, auseinander falten; (*separar*) teilen **II.** *vr* (*fig*) abspalten, spalten (*em* in)

desdobrável I. *m* Faltblatt *m* **II.** *adj* aufklappbar, Klapp ...

deseducar *vt* verziehen

desejado *adj* gewünscht, erwünscht

desejar [dəzəˈʒar] *vt* wünschen; (*ardentemente*) begehren; **que deseja?** was wünschen Sie?; **isto deixa muito a** ~ das lässt viel zu wünschen übrig

desejável *adj* wünschenswert

desejo *m* Wunsch *m* (*de* nach); (*ardente*) Begehren *nt* (*de* nach); **podes pedir um** ~ du hast einen Wunsch frei; **satisfazer um** ~ einen Wunsch erfüllen; **o teu** ~ **é uma ordem** dein Wunsch ist mir Befehl

desejoso *adj* begierig (*de* nach)

deselegância *f* Plumpheit *f*

deselegante *adj* nicht elegant, plump

desemaranhar *vt* **1.** (*desenredar*) entwirren **2.** (*esclarecer*) klären

desembaciador *m* (*automóvel*) Heckscheibenheizung *f*

desembaciar *vt* (*vidro, espelho*) abwischen, frei wischen

desembalar *vt* auspacken

desembaraçado *adj* ungezwungen; (*ágil*) flink

desembaraçar I. *vt* (*cabelo*) entwirren; (*caminho*) frei machen; (*livrar*) befreien (*de* von) **II.** *vr* sich entledigen (*de*), sich befreien (*de* von)

desembaraço *m* **1.** (*desenvoltura*) Ungezwungenheit *f* **2.** (*facilidade, agilidade*) Geschick *nt;* **fazer a. c. com** ~ etw mit Geschick machen

desembarcar I. *vt* ausladen; (*do navio*) löschen **II.** *vi* (*do comboio, avião*) aussteigen; (*do navio*) an Land gehen

desembargador *m* Richter *m* am Landgericht

desembargar *vt* freigeben, das Embargo aufheben für

desembargo *m* Freigabe *f*

desembarque *m* **1.** (*de passageiros*) Aussteigen *nt;* (*do navio*) Ausschiffung *f* **2.** (*de mercadoria*) Löschung *f*

desembocadura *f* Mündung *f*

desembocar *vi* (*rio, rua*) münden (*em* in)

desembolsar *vt* ausgeben

desembraiar *vt* (*carro*) auskuppeln

desembrear *vt* (*brasil*) *v.* **desembraiar**

desembrulhar *vt* **1.** (*uma prenda*) auswickeln **2.** (*desdobrar*) entfalten, auseinander falten **3.** (*questão*) entwirren, aufklären

desembuchar *vi* sich aussprechen; **desembucha!** nun sag's schon!

desempacotar *vt* auspacken

desempatar I. *vt* entscheiden; (*votação*) durch Stichwahl entscheiden II. *vi* (DESP) den entscheidenden Treffer erzielen, in Führung gehen; **as duas equipas ~ am quase no fim do jogo** der entscheidende Treffer fiel gegen Ende des Spieles

desempate *m* 1. (*decisão*) Entscheidung *f* 2. (DESP) entscheidende(r) Treffer *m*

desempenar *vt* gerade biegen

desempenhar *vt* 1. (*uma tarefa*) ausführen 2. (*uma função*) ausüben 3. (*um papel*) spielen; **os computadores desempenham um papel importante na nossa sociedade** Computer spielen in unserer Gesellschaft eine wichtige Rolle 4. (*as obrigações*) erfüllen 5. (*um penhor*) einlösen

desempenho *m* 1. (*de uma tarefa*) Ausführung *f* 2. (*de uma função*) Ausübung *f* 3. (*das obrigações*) Erfüllung *f* 4. (*de uma máquina*) Leistung *f* 5. (*de um penhor*) Einlösung *f*

desemperrar *vt* lockern

desempestar *vt* (gründlich) desinfizieren

desempossar *vt* enteignen; **~ alguém de a. c.** jdm etw wegnehmen

desempregado, -a I. *m, f* Arbeitslose II. *adj* arbeitslos

desempregar I. *vt* entlassen II. *vr* seine Stelle aufgeben, kündigen

desemprego *m* Arbeitslosigkeit *f*

desencadear I. *vt* (*provocar*) entfesseln, auslösen; (*desacorrentar*) losketten II. *vr* ausbrechen

desencadernado *adj* ungebunden

desencadernar *vt* den Einband entfernen von

desencaixar *vt* 1. (*tirar*) herausnehmen 2. (*desmanchar*) auseinander nehmen

desencaixilhar *vt* aus dem Rahmen nehmen

desencaixotar *vt* auspacken

desencalhar I. *vt* (NAÚT) flottmachen II. *vi* (NAÚT) wieder flott werden

desencaminhador(**a**) *m(f)* schlechte(r) Ratgeber, schlechte Ratgeberin *m, f*

desencaminhar *vt* irreführen, vom Weg abbringen; (*fig*) verleiten; **ele desencaminhou-me para sair** er hat mich zum Ausgehen verleitet

desencantamento *m* Ernüchterung *f*; (*desilusão*) Enttäuschung *f*

desencantar *vt* 1. (*desenfeitiçar*) entzaubern 2. (*desiludir*) ernüchtern 3. (*a verdade*) aufdecken; (*pessoa*) ausfindig machen; (*objecto*) auftreiben; **onde é que foste ~ isso?** wo hast du das aufgetrieben?

desencaracolar *vi* glätten

desencontrar-se *vr* sich verfehlen

desencontro *m* nicht zustande gekommene(s) Treffen *nt*

desencorajar *vt* entmutigen

desencostar I. *vt* abrücken (*de* von), wegstellen (*de* von); **~ a. c. da parede** etw von der Wand wegstellen II. *vr* sich aufrichten

desencravar *vt* 1. (*uma máquina*) wieder in Gang bringen 2. (*uma pessoa*) aus der Klemme helfen

desenfeitar *vt* den Schmuck abnehmen, abschmücken

desenfeitiçar *vt* entzaubern

desenferrujar *vt* 1. (*um metal*) entrosten, den Rost entfernen von 2. (*as pernas*) lockern; **~ a língua** der Zunge freien Lauf lassen

desenfreado *adj* 1. (*pessoa*) ungestüm; (*descomedido*) maßlos 2. (*sentimentos*) stürmisch

desenganado *adj* nüchtern, ohne Illusionen

desenganar *vt* 1. (*tirar do engano*) ernüchtern; (*desiludir*) enttäuschen 2. (*desmascarar*) entlarven

desengano *m* Ernüchterung *f*; (*desilusão*) Enttäuschung *f*

desengatar *vt* (*vagão*) abkoppeln

desengate *m* (*vagão*) Abkuppelung *f*

desengonçado *adj* 1. (*objecto*) wackelig, locker 2. (*pessoa*) ungelenk

desengonçar *vt* (*uma porta*) aushängen; (*um membro*) ausrenken

desengordurar *vt* entfetten, von Fettflecken säubern

desenhador(**a**) *m(f)* Zeichner, Zeichnerin *m, f*; (*de móveis*) Designer, Designerin *m, f*

desenhar [dəzə'ɲar] I. *vt* zeichnen II. *vr* sich abzeichnen

desenho [də'zɐɲu] *m* Zeichnung *f*; **~ geométrico** Planzeichnen *nt*; **~s animados** Zeichentrickfilm *m*

desenjoar *vi* die Übelkeit vertreiben

desenlace *m* Ausgang *m*

desenquadrado *adj* rahmenlos

D

desenrascado adj findig, geschickt

desenrascar I. vt zur Seite stehen; (coloq) aus der Patsche helfen II. vr 1. (ser desenrascado) gewandt sein (em in) 2. (sair de apuros) Schwierigkeiten überwinden; **desenrasca-te!** lass dich nicht unterkriegen!

desenrolar I. vt aufrollen II. vr (acontecimento) ablaufen

desenrugar vt glätten, glatt machen

desentalar vt 1. (desprender) losmachen 2. (pessoa) aus einer Zwangslage befreien

desentender-se vr sich streiten (com mit)

desentendido adj **fazer-se** ~ sich dumm stellen

desentendimento m 1. (mal-entendido) Missverständnis nt 2. (discussão) Auseinandersetzung f; **ter um** ~ **com alguém** eine Auseinandersetzung mit jdm haben

desenterrado adj ausgegraben

desenterrar vt (fig) ausgraben

desentorpecer vt lockern

desentortar vt gerade biegen

desentranhar vt ausnehmen

desentupir vt (o nariz) frei machen; (um cano) reinigen

desenvencilhar I. vt (fig: desemaranhar) entwirren; (desprender) lösen II. vr sich losmachen (de von)

desenvolto adj 1. (desembaraçado) ungezwungen, locker 2. (ágil, ligeiro) gewandt, flink

desenvoltura f 1. (desembaraço) Ungezwungenheit f, Zwanglosigkeit f 2. (agilidade, ligeireza) Gewandtheit f

desenvolver I. vt (fazer progredir) entwickeln; (as capacidades) ausbilden; (uma actividade) entfalten; (expor) darlegen, entwickeln II. vr sich entwickeln

desenvolvido adj entwickelt

desenvolvimento m Entwicklung f; (progresso) Fortschritt m; (aumento) Wachstum nt

desenxabido adj (comida, pessoa) fad(e)

desequilibrado adj unausgeglichen

desequilibrar I. vt aus dem Gleichgewicht bringen II. vr das Gleichgewicht verlieren, aus dem Gleichgewicht geraten

desequilíbrio m Ungleichgewicht nt; (entre diferentes coisas) Unausgeglichenheit f

deserção f Fahnenflucht f, Desertion f

deserdar vt enterben

desertar vi desertieren, zum Feind überlaufen

deserto I. m Wüste f II. adj 1. (desabitado) unbewohnt; (zona) unbesiedelt 2. (abandonado) verlassen; (rua) menschenleer

desertor(a) m(f) Fahnenflüchtige, Deserteur, Deserteurin m, f

desesperado adj verzweifelt

desesperante adj hoffnungslos, aussichtslos

desesperar I. vt zur Verzweiflung bringen II. vi verzweifeln

desespero m Verzweiflung f

desfalcar vt 1. (defraudar) unterschlagen 2. (diminuir) vermindern

desfalecer vi 1. (perder as forças) schwach werden 2. (desmaiar) in Ohnmacht fallen

desfalque m Unterschlagung f; **fazer um** ~ unterschlagen

desfavorável adj (situação, vento) ungünstig (a/para für)

desfavorecer vt 1. (prejudicar) benachteiligen; **esta fotografia desfavorece-te** auf diesem Bild bist du nicht gut getroffen; **esse vestido desfavorece-te** dieses Kleid steht dir nicht 2. (desajudar) schaden

desfavorecido adj (na sociedade) benachteiligt; **foi criada uma associação para ajudar os mais** ~**s** es wurde eine Vereinigung zur Unterstützung der sozial Schwachen gegründet

desfazer I. vt 1. (desmanchar) zerlegen; (um nó) lösen, aufmachen; (uma costura) auftrennen; (um acordo) lösen; ~ **as malas** auspacken 2. (destruir) kaputtmachen, zerstören; (em pedaços) zerbrechen; **ela desfez o livro** sie hat das Buch kaputtgemacht 3. (dissolver) auflösen (em in) II. vr 1. (casa) einfallen, verfallen; (costura, nó) aufgehen; (grupo) sich auflösen; (tecido, penteado) auseinander gehen; ~-**se em pó** zu Staub zerfallen; ~-**se em lágrimas** in Tränen aufgelöst sein; ~-**se em desculpas** sich tausendmal entschuldigen 2. (dissolver-se) sich auflösen; (gelo) schmelzen; **o chocolate desfaz-se na boca** die Schokolade zergeht im Mund 3. (vender) ~-**se a. c.** etw verkaufen

desfechar I. vt (um tiro) abgeben; (um olhar) werfen II. vi (arma) losgehen

desfecho m Ausgang m, Ende nt

desfeita f Beleidigung f; **fazer uma** ~ **a alguém** jdn beleidigen

desfeito I. *pp de* **desfazer** II. *adj* **1.** (*destruído*) zerstört; **o carro ficou completamente** ~ der Wagen war völlig zerstört **2.** (*dissolvido*) aufgelöst

desfiar I. *vt* (*tecido*) auftrennen; (*bacalhau, frango*) zerlegen II. *vr* ausfransen

desfiguração *f* **1.** (*da forma*) Verformung *f;* (*das feições*) Entstellung *f* **2.** (*tornar feio*) Verunstaltung *f* **3.** (*de factos*) Verfälschung *f*

desfigurado *adj* **1.** (*verdade, feições*) entstellt **2.** (*feio*) verunstaltet

desfigurar *vt* **1.** (*forma*) verformen; (*feições*) entstellen **2.** (*tornar feio*) verunstalten **3.** (*factos*) verfälschen

desfilada *f* Folge *f,* Serie *f;* **à** ~ im Galopp, stürmisch

desfiladeiro [dǝʃfile'deiru] *m* Pass *m;* (*fig*) Engpass *m*

desfilar *vi* vorbeiziehen; (MIL) vorbeimarschieren

desfile *m* (*numa festa*) Umzug *m;* (*de tropas*) Vorbeimarschieren *nt*

desflorar *vt* entjungfern

desflorestamento *m* Kahlschlag *m*

desflorestar *vt* kahl schlagen

desfocado *adj* unscharf

desfocar *vt* (*televisão, máquina fotográfica*) unscharf einstellen; (*fotografia*) verwackeln

desfolhar *vt* (*o milho*) die Blätter entfernen von; (*uma flor*) die Blütenblätter abzupfen von

desforra *f* Rache *f;* **tirar a** ~ sich rächen; **dar a** ~ Revanche geben

desforrar-se *vr* sich rächen (*de* für)

desfraldar *vt* (*bandeira, vela*) hissen

desfrutar *vt* Nutzen ziehen aus; ~ **de** genießen

desfrute *m* **1.** (*gozo*) Genuss *m* **2.** (*usufruto*) Nutznießung *f*

desgarrada *f* Wettgesang *m;* **cantar à** ~ um die Wette singen

desgarrar I. *vt* vom Weg abbringen, irreleiten; (NAÚT) vom Kurs abbringen II. *vr* sich verirren; **~-se de** abweichen von

desgastado *adj* **1.** (*material*) abgenutzt; (*roupa*) abgetragen **2.** (*pessoa*) ausgelaugt; (*imagem*) angeschlagen

desgastar I. *vt* **1.** (*material*) abnutzen, verschleißen; (*roupa*) abtragen; (*sapatos*) ablaufen **2.** (*pessoa*) auslaugen, stark beanspruchen II. *vr* **1.** (*material*) sich abnutzen **2.** (*pessoa*) sich aufreiben, sich abarbeiten

desgaste *m* Verschleiß *m,* Abnutzung *f*

desgostar I. *vt* (*causar desgosto*) missfallen; (*arreliar*) verärgern II. *vi* ~ **de** nicht mögen; **eu não desgosto desta comida/deste livro** dieses Essen schmeckt recht gut/Buch ist nicht schlecht

desgosto *m* **1.** (*desagrado*) Missfallen *nt* **2.** (*aborrecimento*) Unannehmlichkeit *f,* Ärger *m* **3.** (*pesar*) Kummer *m;* ~ **de amor** Liebeskummer *m;* **ter/sofrer um** ~ Kummer haben

desgovernado *adj* **1.** (*pessoa*) verschwenderisch **2.** (*automóvel*) außer Kontrolle geraten

desgoverno *m* Misswirtschaft *f,* Verschwendung *f*

desgraça *f* **1.** (*infortúnio*) Unglück, Pech *nt;* **por** ~ unglücklicherweise, leider **2.** (*miséria*) Elend *nt* **3.** (*descrédito*) Ungnade *f;* **cair em** ~ in Ungnade fallen

desgraçado, -a I. *m, f* Pechvogel *m* II. *adj* **1.** (*infeliz*) unglücklich **2.** (*mal sucedido*) vom Pech verfolgt

desgraçar I. *vt* (*causar desgraça*) ins Unglück stürzen; (*arruinar*) ruinieren, zunichte machen II. *vr* sich ins Unglück stürzen

desgravar *vt* (*uma cassete*) löschen

desiderato *m* **1.** (*desejo*) Wunsch *m* **2.** (*objectivo*) Ziel *nt*

desidratação *f* Wasserentzug *m;* (MED) Dehydration *f*

desidratado *adj* trocken; (MED) dehydriert

desidratar *vt* Wasser entziehen; (*campo*) entwässern

design *m* Design *nt*

designação [dǝziɡnɐ'sɐ̃u] *f* **1.** (*indicação*) Bezeichnung *f* **2.** (*nomeação*) Ernennung *f* **3.** (*denominação*) Benennung *f*

designadamente *adv* insbesondere

designar *vt* **1.** (*indicar*) bezeichnen **2.** (*nomear*) ernennen **3.** (*determinar*) bestimmen **4.** (*significar*) bedeuten

designativo *adj* bezeichnend (*de* für)

desígnio *m* **1.** (*propósito*) Zweck *m,* Ziel *nt;* (*intenção*) Absicht *f* **2.** (*plano*) Plan *m*

desigual *adj* **1.** (*não igual*) ungleich; (*injusto*) ungerecht **2.** (*superfície*) uneben **3.** (*variável*) unbeständig

desigualdade *f* **1.** (*falta de igualdade*) Ungleichheit *f;* (*diferença*) Verschiedenheit *f* **2.** (*desproporção*) Missverhältnis *nt* **3.** (*de superfície*) Unebenheit *f*

D

desiludido [dəzilu'didu] *adj* enttäuscht (*com* von); **ficar ~ com alguém/a. c.** von jdm/etw enttäuscht sein

desiludir I. *vt* (*decepcionar*) enttäuschen; (*desenganar*) ernüchtern II. *vr* enttäuscht sein (*com* von)

desilusão *f* 1. (*decepção*) Enttäuschung *f;* **ter uma ~** eine Enttäuschung erleben 2. (*desengano*) Ernüchterung *f*

desimpedido *adj* frei

desimpedir *vt* frei machen

desinchar *vi* 1. (MED) abschwellen 2. (*desensoberbecer-se*) bescheiden werden

desinência *f* (GRAM) Endung *f*

desinfeção *f* (*brasil*) *v.* **desinfecção**

desinfecção *f* Desinfektion *f*

desinfectante [dəzĩfɜ'tãntə] I. *m* Desinfektionsmittel *nt* II. *adj* desinfizierend

desinfectar [dəzĩfɜ'tar] *vt* desinfizieren

desinfestação *f* Ungeziefervernichtung *f*

desinfestar *vt* von Ungeziefer befreien, ausräuchern

desinfetante *m* (*brasil*) *v.* **desinfectante**

desinfetar *vt* (*brasil*) *v.* **desinfectar**

desinibido *adj* leidenschaftlich, enthemmt

desinibir *vt* die Hemmungen nehmen, aus der Reserve holen

desinquietação *f* Unruhe *f;* (*excitação*) Aufregung *f*

desinquietar *vt* beunruhigen

desinquieto *adj* unruhig

desintegração *f* (FÍS) Zerfall *m*

desintegrar I. *vt* auflösen; (*pedra*) zertrümmern; (*átomo*) spalten II. *vr* (FÍS) zerfallen

desinteressado *adj* 1. (*que não é interesseiro*) uneigennützig, selbstlos 2. (*que não é interessado*) uninteressiert

desinteressante *adj* uninteressant

desinteressar-se *vr* das Interesse verlieren (*de* an)

desinteresse *m* 1. (*indiferença*) Gleichgültigkeit *f* (*por* gegenüber) 2. (*altruísmo*) Uneigennützigkeit *f,* Selbstlosigkeit *f*

desintoxicação *f* Entgiftung *f;* (*de toxicodependentes*) Entzug *m;* **fazer uma cura de ~** eine Entziehungskur machen

desintoxicar *vt* entgiften; (*toxicodependentes*) entwöhnen

desistência *f* 1. (*de um cargo*) Rücktritt *m* 2. (*de um curso*) Aufgabe *f,* Beendigung *f* 3. (*renúncia*) Verzicht *m*

desistir *vi* 1. (*de um cargo*) zurücktreten (*de* von) 2. (*não continuar*) aufgeben (*de*), nicht weitermachen (*de*) 3. (*renunciar*) verzichten (*de* auf)

deslavado *adj* 1. (*desbotado*) ausgewaschen, verwaschen 2. (*descarado*) unverschämt

desleal *adj* 1. (*infiel*) untreu 2. (*falso*) unredlich, unfair

deslealdade *f* 1. (*infidelidade*) Treulosigkeit *f,* Untreue *f* 2. (*acto*) unfaire(s) Verhalten *nt*

desleixado *adj* nachlässig, fahrlässig

desleixar-se *vr* 1. (*ser desleixado*) sich nicht kümmern (*com* um) 2. (*tornar-se desleixado*) nachlässig werden

desleixo *m* Nachlässigkeit *f,* Fahrlässigkeit *f*

desligado *adj* 1. (*aparelho*) ausgeschaltet, abgeschaltet 2. (*pessoa*) nicht interessiert (*de* an); **ele é ~** ihm ist alles egal

desligar *vt* 1. (*um aparelho*) ausschalten, abschalten; (*a luz*) ausschalten; **~ a ficha** den Stecker herausziehen 2. (TEL) auflegen; **não desligue!** bleiben Sie dran!

deslindar *vt* klarstellen, klären

deslizar *vi* 1. (*mover-se*) gleiten (*por* über) 2. (*escorregar*) rutschen, ausrutschen

deslize *m* (*lapso*) Lapsus *m,* Versehen *nt*

deslocação *f* 1. (*viagem*) Fahrt *f,* Reise *f* 2. (*do ar, da água*) Verdrängung *f* 3. (MED) Verrenkung *f*

deslocado *adj* 1. (*sítio*) weit entfernt 2. (*pessoa, crítica*) deplatziert 3. (*membro*) verrenkt

deslocar I. *vt* 1. (*um objecto*) an einen anderen Platz stellen, verstellen 2. (*água, ar*) verdrängen 3. (*um osso*) ausrenken; (*um membro*) verrenken II. *vr* 1. (*movimentar-se*) sich bewegen 2. (*viajar*) fahren; **como é que te deslocas para o trabalho?** wie kommst du zur Arbeit?

deslumbrado *adj* hingerissen (*com* von), begeistert (*com* von)

deslumbramento *m* 1. (*ofuscação*) Blendung *f* 2. (*fascinação*) Begeisterung *f*

deslumbrante *adj* 1. (*luz*) grell; (*sol*) blendend 2. (*fascinante*) fantastisch, atemberaubend

deslumbrar *vt* 1. (*ofuscar*) blenden 2. (*fascinar*) begeistern

desmagnetizar *vt* entmagnetisieren

desmaiado *adj* 1. (*sem sentidos*) ohnmächtig **2.** (cor) matt, blass **3.** (desbotado) farblos

desmaiar vi ohnmächtig werden, in Ohnmacht fallen

desmaio [dəʒ'maju] m Ohnmacht f

desmamar vt abstillen

desmancha-prazeres m(f) inv Spielverderber, Spielverderberin m, f

desmanchar I. vt **1.** (nó) aufmachen; (cama) zerwühlen; (penteado) durcheinander bringen **2.** (plano) zunichte machen; (namoro, noivado) beenden **3.** (máquina) auseinander nehmen II. vr **1.** (máquina) kaputtgehen **2.** (penteado) aufgehen

desmantelamento m **1.** (TÉC) Abbau m, Demontage f **2.** (NAÚT) Abtakelung f **3.** (de um grupo) Aufdeckung f

desmantelar vt **1.** (TÉC) abbauen, demontieren **2.** (NAÚT) abtakeln **3.** (grupo) aufdecken

desmarcar vt (encontro, consulta) absagen

desmascarar vt entlarven

desmazelado adj nachlässig; (coloq) schludrig

desmazelar-se vr nachlässig werden; (coloq) schludern

desmazelo m Nachlässigkeit f; (coloq) Schludrigkeit f

desmedido adj (excessivo) übermäßig; (imenso) ungeheuer

desmembramento m **1.** (desagregação) Zergliederung f (em in) **2.** (separação) Abspaltung f; (divisão) Teilung f

desmembrar I. vt (corpo) zerstückeln; (separar) abtrennen, abspalten; (dividir) teilen II. vr sich auflösen; (dividir-se) sich teilen (em in)

desmentir vt abstreiten; (POL) dementieren

desmerecedor adj unwürdig (de)

desmerecimento m Unwürdigkeit f

desmesurado adj **1.** (enorme) unmäßig, riesig **2.** (excessivo) exzessiv, maßlos

desmilitarização f Entmilitarisierung f

desmilitarizar vt entmilitarisieren

desmiolado adj (coloq) hirnverbrannt

desmobilização f (MIL) Demobilisierung f

desmobilizar vt (MIL) demobilisieren

desmontagem f **1.** (de máquina) Auseinanderbauen nt, Demontage f; (de peça) Ausbau m **2.** (de tenda) Abbau m

desmontar I. vt (uma máquina) auseinander bauen, demontieren; (uma peça) ausbauen, abmontieren; (uma tenda) abbauen II. vi absteigen (de von)

desmontável adj (máquina) zerlegbar; (peça) abnehmbar

desmoralização f Demoralisierung f

desmoralizado adj mutlos, niedergeschlagen

desmoralizar vt entmutigen, demoralisieren

desmoronamento m **1.** (de casa) Zusammenbruch m, Einsturz m; (de ruínas) Verfall m **2.** (de terra) Erdrutsch m

desmoronar-se vr **1.** (casa) einfallen, einstürzen; (ruínas) verfallen **2.** (terra) abrutschen **3.** (sistema) zusammenbrechen

desnatado adj entrahmt

desnatar vt entrahmen

desnaturado adj unmenschlich

desnecessariamente adv unnötigerweise

desnecessário adj unnötig; (supérfluo) überflüssig

desnível m **1.** (de estrada) Unebenheit f; (de terreno) Höhenunterschied m **2.** (social) Gefälle nt

desnivelado adj **1.** (terreno) uneben **2.** (inclinado) schräg

desnivelar vt **1.** (terreno) uneben machen **2.** (distinguir) unterscheiden

desnorteado adj **1.** (sem rumo) ziellos **2.** (maluco) verrückt

desnuclearizado adj atomwaffenfrei

desnutrição f Unterernährung f

desnutrido adj unterernährt

desobedecer vi nicht gehorchen (a), sich widersetzen (a)

desobediência f Ungehorsam m (a gegenüber)

desobediente adj **1.** (que desobedece) ungehorsam; (coloq) frech **2.** (insubmisso) rebellisch

desobrigação f Entbindung f, Befreiung f

desobrigar vt entbinden (de von), befreien (de von)

desobstrução f **1.** (MED) Abschwellen nt der Schleimhäute **2.** (de uma estrada) Räumung f

desobstruir vt **1.** (MED: vias respiratórias) frei machen **2.** (uma estrada) räumen

desocupação f **1.** (MIL) Abzug m **2.** (de uma casa) Räumung f

desocupado adj **1.** (desempregado) arbeitslos, erwerbslos **2.** (casa) unbewohnt; (casa-de-banho) frei

D

desocupar vt (casa) räumen; (casa-de-banho) frei machen

desodorante m (brasil) v. **desodorizante**

desodorizante m Deodorant nt; ~ **roll-on** Deoroller m

desolação f 1. (tristeza) Untröstlichkeit f; (aflição) Verzweiflung f 2. (devastação) Verwüstung f

desolado adj 1. (pessoa) untröstlich, verzweifelt 2. (lugar) verwüstet; (solitário) trostlos

desolar vt 1. (uma pessoa) erschüttern 2. (uma terra) verwüsten

desolhado adj mit Ringen unter den Augen

desonestidade f Unehrlichkeit f

desonesto adj unehrlich

desonra f 1. (perda da honra) Ehrverlust m, Schmach f 2. (vergonha) Schande f

desonrado adj (comportamento) unehrenhaft; (pessoa) ehrlos

desonrar vt 1. (tirar a honra) entehren 2. (desacreditar) degradieren

desopilação f Erleichterung f; (de dores) Linderung f

desopilante adj (riso) befreiend

desopilar I. vt (dor) lindern II. vi Erleichterung verschaffen; (dores) Linderung verschaffen

desoras adv a ~ zur Unzeit

desordeiro, -a I. m, f Unruhestifter, Unruhestifterin m, f II. adj aufrührerisch

desordem f 1. (na casa) Unordnung f; (confusão) Durcheinander nt 2. (POL) Unruhe f, Tumult m

desordenado adj unordentlich; (coisas) durcheinander, ungeordnet

desordenar vt in Unordnung bringen

desorganização f Desorganisation f, Chaos nt

desorganizado adj 1. (pessoa) unorganisiert, chaotisch 2. (trabalho) unübersichtlich, verworren

desorganizar vt in Unordnung bringen, durcheinander bringen

desorientação f Orientierungslosigkeit f

desorientado adj orientierungslos

desorientar I. vt (desnortear) irreführen; (desconcertar) verwirren II. vr die Richtung verlieren

desova f (acto) Laichen nt; (época) Laichzeit f

desovar vi (ZOOL) laichen

despachado adj flink, fix; **estar** ~ fertig sein

despachante m Zollagent m

despachar I. vt (pej: uma pessoa, uma encomenda) abfertigen; (um trabalho) erledigen II. vr sich sputen, sich beeilen; **despacha-te!** nun mach schon!

despacho m 1. (de encomendas, mercadoria) Abfertigung f; **dar** ~ **a a. c.** etw abfertigen 2. (do governo) Resolution f

despassarado adj (coloq) verträumt

despautério m (elev) Unsinn m

despedaçar vt 1. (um objecto) zerbrechen, zertrümmern 2. (fig: o coração) zerreißen

despedida f Abschied m; (acto oficial) Verabschiedung f

despedidas-do-verão fpl (BOT) Winterastern pl

despedimento m (de pessoal) Entlassung f

despedir I. vt entlassen II. vr 1. (de uma pessoa) sich verabschieden (de von), Abschied nehmen (de von) 2. (de um emprego) kündigen

despeitado adj empört, verärgert

despeitar vt empören, verärgern

despeito m Empörung f, Verärgerung f; **a** ~ **de** trotz

despejar vt 1. (um líquido) gießen (em/para in), ausschütten 2. (um recipiente) ausschütten; (garrafa) leeren 3. (os inquilinos) zur Räumung zwingen, hinaussetzen

despejo m (desocupação) Räumung f

despencar vi stürzen (de von)

despender vt (dinheiro) ausgeben; (tempo, energia) aufwenden, verwenden; (esforços) einsetzen

despenhadeiro m Abhang m, Steilhang m

despenhar-se vr abstürzen

despensa f Speisekammer f

despenteado adj ungekämmt, zerzaust

despentear vt (o cabelo) zerzausen; ~ **uma pessoa** jdm die Haare zerzausen

despercebido adj unbeachtet; **passar** ~ unbemerkt bleiben; **fazer-se** ~ so tun, als ob man nichts bemerkt hätte

desperdiçar vt 1. (dinheiro, tempo, energia) verschwenden, vergeuden 2. (uma oportunidade) verpassen, ungenutzt verstreichen lassen

desperdício m (de dinheiro, tempo, energia) Verschwendung f, Vergeudung f

desperdícios *mpl* Abfall *m*

despertador [dəʃpərteˈdor] *m* Wecker *m;* **pôr o ~ para as 8 horas** den Wecker auf 8 Uhr stellen

despertar I. *vt* 1. (*uma pessoa*) wecken 2. (*sentimentos*) erwecken; **~ interesse/curiosidade** Interesse/Neugier wecken II. *vi* 1. (*acordar*) aufwachen 2. (*animar*) munter werden

desperto *adj* 1. (*acordado*) wach 2. (*animado*) munter

despesa *f* Ausgabe *f;* **~s** Kosten *pl,* Unkosten *pl;* **~s de deslocação** Reisekosten *pl;* **dar ~ a alguém** jdm Kosten verursachen; **meter-se em ~s** sich in Unkosten stürzen; **arcar com as ~s de** die Kosten tragen für

despido *adj* 1. (*pessoa*) nackt; **~ de preconceitos** vorurteilslos 2. (*árvore, sala*) kahl

despir I. *vt* (*roupa, pessoa*) ausziehen II. *vr* sich ausziehen

despistado *adj* (*pessoa*) zerstreut

despistagem *f* (MED) Diagnose *f*

despistar I. *vt* (*do caminho*) irreführen, vom Weg abbringen; (*desorientar*) ablenken, irreführen II. *vr* von der Fahrbahn abkommen

despiste *m* (*de automóvel*) Abkommen *nt* von der Fahrbahn

desplante *m* Kühnheit *f,* Dreistigkeit *f;* **ter o ~ de fazer a. c.** die Dreistigkeit besitzen, etw zu tun

despojado *adj* (*fig*) beraubt (*de*)

despojar *vt* 1. (*pessoa*) ausrauben; (*privar*) berauben (*de*) 2. (*objecto*) rauben

despojo *m* 1. (*expoliação*) Ausrauben *nt,* Plünderung *f* 2. (*presa de guerra*) Kriegsbeute *f*

despojos *mpl* Überbleibsel *pl;* **~ mortais** sterbliche Überreste *pl*

despontar *vi* zum Vorschein kommen; (*dia*) anbrechen; (BOT) keimen

desportista *m(f)* Sportler, Sportlerin *m, f*

desportivismo *m* Fairness *f*

desportivo *adj* sportlich

desporto [dəʃˈportu] *m* Sport *m;* **fazer/praticar ~** Sport treiben; **~ de alta competição** Hochleistungssport *m;* **~s radicais** Extremsportarten *pl*

desposar *vt* heiraten

déspota *m(f)* Despot, Despotin *m, f*

despótico *adj* despotisch

despotismo *m* Despotismus *m*

despovoado *adj* menschenleer, unbewohnt

despovoamento *m* Entvölkerung *f*

despovoar *vt* entvölkern

desprazer *m* Ärger *m,* Unzufriedenheit *f*

desprender *vt* lösen, losmachen; (*desatar*) losbinden

despreocupação *f* Sorglosigkeit *f,* Unbekümmertheit *f*

despreocupado *adj* sorglos, unbekümmert

desprestigiar *vt* (*uma pessoa*) um sein Ansehen bringen, herabwürdigen; (*um trabalho*) nicht würdigen, schlecht machen

despretensioso *adj* anspruchslos, bescheiden

desprevenido *adj* unvorbereitet; **apanhar alguém ~** für jdn aus heiterem Himmel kommen, jdn kalt erwischen

desprezado *adj* verachtet

desprezar *vt* verachten, gering schätzen

desprezível *adj* verwerflich, schändlich

desprezo *m* Verachtung *f,* Geringschätzung *f*

desprivilegiado *adj* benachteiligt

desprivilegiar *vt* benachteiligen

despromoção *f* Herabstufung *f*

despromover *vt* herabstufen (*a* auf)

despronunciar *vt* (DIR) die Anklage zurückziehen gegen

desproporção *f* Missverhältnis *nt*

desproporcional *adj* unverhältnismäßig (*a* zu)

despropositadamente *adv* grundlos, zu Unrecht

despropositado *adj* ungelegen

despropósito *m* Unsinn *m*

desprotegido *adj* schutzlos; (*abandonado*) verlassen

desprover *vt* nicht versorgen (*de* mit)

desprovido *adj* frei (*de* von); (*pessoa*) unversorgt; **~ de recursos** mittellos

desqualificação *f* (DESP) Disqualifikation *f*

desqualificado *adj* (DESP) disqualifiziert

desqualificar *vt* (DESP) disqualifizieren

desquite *m* 1. (DIR: *separação*) Trennung *f* 2. (*desforra*) Revanche *f*

desratizar *vt* die Mäuse und Ratten ausrotten in

desregrado *adj* (*pessoa*) chaotisch, planlos; (*vida*) ungeregelt

desrespeitar *vt* 1. (*uma lei*) missachten 2.

D

(*uma pessoa*) unhöflich behandeln

desrespeito *m* **1.** (*desacato*) Missachtung *f* **2.** (*falta de respeito*) Rücksichtslosigkeit *f* (*por* gegenüber), Unhöflichkeit *f* (*por* gegenüber)

dessa Zusammensetzung: präp de + pron esa

desse Zusammensetzung: präp de + pron ese

dessincronizado *adj* nicht synchron

desta Zusammensetzung: präp de + pron esta

destacado I. *m* (MÚS) Stakkato *nt* II. *adj* **1.** (*evidente*) deutlich **2.** (*saliente*) herausragend **3.** (*solto*) einzeln, zusammenhanglos

destacamento *m* (MIL) Sondereinheit *f*

destacar I. *vt* (*fazer sobressair*) hervorheben; (*sublinhar*) unterstreichen; (*papel*) abtrennen (*de* von); ~ **pelo picotado** an der Perforation entlang abtrennen; (MIL) abkommandieren II. *vr* hervortreten (*por* durch), sich auszeichnen (*por* durch)

destacável *adj* (*papel*) abtrennbar; (*rádio*) herausnehmbar

destapado *adj* (*recipiente*) offen; (*pessoa*) nicht zugedeckt

destapar *vt* **1.** (*um tacho*) öffnen, den Deckel abnehmen von **2.** (*uma pessoa*) abdecken

destaque *m* **de** ~ hochgestellt; **em** ~ sichtbar; **pôr em** ~ hervorheben; (*sublinhar*) unterstreichen

deste Zusammensetzung: präp de + pron este

destemido *adj* furchtlos, kühn

desterrar *vt* verbannen (*de* aus)

desterro *m* Verbannung *f*

destilação *f* **1.** (QUÍM) Destillation *f* **2.** (*gotejamento*) Träufeln *nt*

destilado *adj* destilliert

destilar *vt* **1.** (QUÍM) destillieren **2.** (*gota a gota*) träufeln

destilaria *f* Spiritusbrennerei *f*, Destillieranlage *f*

destinar I. *vt* bestimmen; (*fixar*) festlegen II. *vr* bestimmt sein (*a* für)

destinatário, -a [dəʃtine'tarju] *m, f* (LING) Empfänger, Empfängerin *m, f*

destino [dəʃ'tinu] *m* **1.** (*sina*) Schicksal *nt*, Los *nt* **2.** (*local*) Bestimmungsort *m*; (*de uma viagem*) Ziel *nt*; **sem** ~ ziellos; **o comboio com** ~ **a Braga** der Zug nach Braga **3.** (*finalidade*) Bestimmung *f*

destituição *f* Absetzung *f*; (*demissão*) Entlassung *f*

destituir *vt* absetzen; ~ **alguém de um cargo** jdn seines Amtes entheben

destoar *vi* **1.** (MÚS) falsch klingen **2.** (*não condizer*) nicht passen (*de* zu)

destrambelhado *adj* wirr, verrückt

destrancar *vt* entriegeln

destravado *adj* **1.** (*automóvel*) mit gelöster Bremse; (*porta*) offen **2.** (*pessoa*) zügellos

destravar *vt* (*carro*) die Bremse lösen/loslassen; (*porta*) entriegeln; **destravaste o carro?** ist die Bremse auch nicht angezogen?

destreinado *adj* aus der Übung; (DESP) untrainiert

destreza *f* Geschicklichkeit *f*

destro *adj* **1.** (*ágil*) gewandt, geschickt **2.** (*não canhoto*) rechtshändig

destroçar *vt* **1.** (*em troços*) zertrümmern; (*o coração*) zerreißen **2.** (*destruir*) zerstören **3.** (*derrotar*) (vernichtend) schlagen

destroço *m* **1.** (*destruição*) Zerstörung *f* **2.** (*derrota*) Vernichtung *f* **3.** (*estrago*) Schaden *m*

destroços *mpl* Trümmer *pl*

destronar *vt* absetzen, entthronen

destruição *f* **1.** (*de objecto, cidade, edifício*) Zerstörung *f* **2.** (*aniquilação*) Vernichtung *f* **3.** (*devastação*) Verwüstung *f*

destruído *adj* **1.** (*objecto, cidade, edifício*) zerstört **2.** (*aniquilado*) vernichtet **3.** (*devastado*) verwüstet

destruidor(a) I. *m(f)* Zerstörer, Zerstörerin *m, f* II. *adj* zerstörend

destruir *vt* **1.** (*objecto, cidade, edifício*) zerstören **2.** (*aniquilar*) vernichten **3.** (*devastar*) verwüsten

destrutivo *adj* zerstörerisch, destruktiv

desumano *adj* unmenschlich, grausam

desumidificador *m* Luftentfeuchter *m*

desunião *f* **1.** (*desacordo*) Uneinigkeit *f* **2.** (*separação*) Trennung *f*

desunir *vt* **1.** (*separar*) trennen **2.** (*causar discórdia*) entzweien

desuso *m* **cair em** ~ aus dem Gebrauch/der Mode kommen; **estar em** ~ nicht mehr gebraucht werden, nicht mehr üblich sein

desvairado *adj* verrückt; (*olhar*) wirr

desvalorização *f* (*tb. da moeda*) Abwertung *f*

desvalorizar I. *vt* (*tb. da moeda*) abwerten II. *vi* an Wert verlieren

desvanecer *vi* nachlassen, erlöschen

desvantagem *f* Nachteil *m*; **estar em** ~ im Nachteil sein

desvantajoso *adj* nachteilig (*para* für)
desvão *m* **1.** (*recanto*) Schlupfwinkel *m* **2.** (*sótão*) Dachboden *m*
desvario *m* Wahnsinn *m*
desvelo *m* Sorgfalt *f*
desvendar *vt* (*um mistério*) aufdecken
desventura *f* Missgeschick *nt*, Unglück *nt*
desviado *adj* (*afastado*) abgelegen
desviar **I.** *vt* **1.** (*do assunto, do caminho*) abbringen (*de* von); (*dos pensamentos*) ablenken (*de* von); ~ **o olhar/a cabeça** die Augen/den Kopf abwenden **2.** (*um avião*) entführen **3.** (*dinheiro*) unterschlagen; (*uma carta*) abfangen **4.** (*trânsito*) umleiten **II.** *vr* **1.** (*do caminho*) abweichen (*de* von); (*do assunto*) abschweifen (*de* von) **2.** (*de um objecto, de uma pessoa*) Abstand nehmen (*de* von)
desvio [dəʒ'viu] *m* **1.** (*de direcção*) Ablenkung *f*; (*mudança*) Richtungsänderung *f* **2.** (*do caminho*) Abweichen *nt*; (*do assunto*) Abschweifen *nt* **3.** (*na estrada*) Umweg *m*; (*por motivo de obras*) Umleitung *f*; **fazer um** ~ einen Umweg machen **4.** (*de dinheiro*) Unterschlagung *f*
detalhadamente *adv* im Detail, detailliert
detalhado *adj* detailliert, genau; **fazer uma descrição detalhada** eine genaue Beschreibung geben
detalhe *m* Detail *nt*, Einzelheit *f*
detectar *vt* festellen, erkennen; **nós detectámos uma avaria no sistema** wir haben einen Fehler im System festgestellt
detective *m(f)* Detektiv, Detektivin *m*, *f*; **particular/privado** Privatdetektiv *m*
detector *m* Detektor *m*; ~ **de incêndios** Feuermelder *m*; ~ **de metais** Metallsuchgerät *nt*; ~ **de mentiras** Lügendetektor *m*
detenção *f* (DIR) Festnahme *f*, Verhaftung *f*
detentor(a) *m(f)* Inhaber, Inhaberin *m*, *f* (*de* von)
deter *vt* **1.** (*fazer parar*) anhalten **2.** (*prender*) festnehmen, verhaften **3.** (*o poder*) besitzen **4.** (*suspender*) unterbrechen
detergente *m* (*para limpezas*) Putzmittel *nt*; (*da louça*) Spülmittel *nt*; (*da roupa*) Waschmittel *nt*; ~ **em pó** Waschpulver *nt*; ~ **líquido** Flüssigwaschmittel *nt*
deterioração *f* **1.** (*de um produto*) Verderben *nt* **2.** (*de uma situação*) Verschlechterung *f*
deteriorado *adj* verdorben
deteriorar **I.** *vt* (*alimento, mercadoria*) ver-

derben; (*madeira*) beschädigen; (*uma situação*) verschlimmern, verschlechtern **II.** *vr* (*produto*) verderben; (*situação, saúde*) sich verschlechtern; (*doença*) sich verschlimmern
deteriorável *adj* verderblich
determinação *f* **1.** (*resolução, firmeza*) Entschlossenheit *f*, Bestimmtheit *f* **2.** (*acção de determinar*) Bestimmung *f*
determinado [dətərmi'nadu] *adj* **1.** (*decidido*) entschlossen (*a* zu) **2.** (*certo*) bestimmt, gewiss; **a determinada altura** zu einem bestimmten Zeitpunkt
determinante *adj* entscheidend
determinar *vt* **1.** (*fixar*) bestimmen, festsetzen **2.** (*um valor*) ermitteln
detestar *vt* verabscheuen; (*odiar*) hassen
detestável *adj* abscheulich, ekelhaft
detetive *m(f)* (*brasil*) *v.* **detective**
detido **I.** *pp de* **deter** **II.** *adj* **1.** (*no trânsito*) stecken geblieben **2.** (DIR) verhaftet, festgenommen
detonação *f* Detonation *f*, Knall *m*
detonador *m* Sprengstoffzünder *m*, Zündkapsel *f*
detonar *vi* detonieren, explodieren
detrás **I.** *adv* hinten; **por** ~ dahinter; (*na ausência*) hintenherum **II.** *prep* ~ **de** hinter
detrimento *m* Nachteil *m*, Schaden *m*; **em** ~ **de** zum Nachteil von
detritos *mpl* (GEOL) Gesteinsschutt *m*, Detritus *m*
deturpação *f* Entstellung *f*, Verfälschung *f*
deturpar *vt* (*uma história, a verdade*) entstellen, verfälschen
deus, -a [deuʃ] *m*, *f* Gott, Göttin *m*, *f*; **meu Deus!** mein Gott!; **pelo/por amor de Deus!** um Gottes willen!; **valha-me Deus!** Gott steh mir bei!; **Deus me livre!** Gott bewahre!; **graças a Deus** Gott sei dank; **Deus queira!** hoffentlich!; **se Deus quiser** so Gott will
deus-dará *adv* **ao** ~ auf gut Glück
devagar [dəve'gar] *adv* langsam; ~ **se vai ao longe** Eile mit Weile
devaneio *m* **1.** (*quimera*) Hirngespinst *nt* **2.** (*sonho*) Traum *m*, Wunschtraum *m*
devassa *f* (DIR) Untersuchung *f*
devassidão *f* Zügellosigkeit *f*, Ausschweifung *f*
devasso *adj* zügellos, ausschweifend
devastação *f* Verwüstung *f*
devastado *adj* verwüstet

D

devastar *vt* verwüsten

devedor(**a**) *m(f)* Schuldner, Schuldnerin *m, f*

dever [də'ver] **I.** *m* Pflicht *f,* Verpflichtung *f;* **fazer os ~ es** (**de casa**) die Hausaufgaben machen **II.** *vt* **1.** (*dinheiro, respeito*) schulden; **~ dinheiro a alguém** jdm Geld schulden; **ficar a ~ 1000 euros** 1000 Euro schuldig bleiben **2.** (*um favor*) verdanken; **eu devo-lhe a vida** ich verdanke ihm/ihr das Leben **III.** *vi* **1.** (*obrigação moral*) sollen; **ele devia ir ao médico** er sollte zum Arzt gehen **2.** (*probabilidade*) müssen, können; **ela deve estar em casa** sie muss/müsste zu Hause sein; **ele ainda não deve ter chegado** er wird noch nicht angekommen sein

deveras *adv* wirklich

devidamente *adv* **1.** (*convenientemente*) richtig, angemessen; **isso já foi ~ explicado** das wurde schon ausführlich erklärt **2.** (*conforme o dever*) vorschriftsmäßig; **preencha ~ o formulário** füllen Sie das Formular vorschriftsmäßig aus

devido *adj* **1.** (*adequado*) angemessen, richtig; **com o ~ respeito** mit dem nötigen Respekt; **na devida altura** zum richtigen Zeitpunkt **2.** (*quantia*) ausstehend

devoção *f* **1.** (REL) Frömmigkeit *f* **2.** (*dedicação*) Ergebenheit *f,* Hingabe *f*

devolução *f* Rückgabe *f;* (*restituição*) Rückerstattung *f*

devolver [dəvol'ver] *vt* **1.** (*entregar*) zurückgeben; (*enviar*) zurückschicken, zurücksenden; (*atirar*) zurückwerfen **2.** (*restituir*) rückerstatten

devolvido *adj* (*correio*) Annahme verweigert

devorador(**a**) **I.** *m(f)* Fresser, Fresserin *m, f* **II.** *adj* (*olhar*) gierig

devorar *vt* (*fig*) verschlingen

devotado *adj* ergeben (*a*)

devotar *vt* widmen (*a*)

devoto, -a I. *m, f* Gläubige **II.** *adj* (REL) fromm, gläubig

dextrina *f* (QUÍM) Dextrin *nt*

dez [dɛʒ] *num card* zehn; *v.* **dois**

dezanove [dəzɐ'nɔvə] *num card* neunzehn

dezasseis [dəzɐ'sejʃ] *num card* sechzehn

dezassete [dəzɐ's3tə] *num card* siebzehn

Dezembro [də'zɛ̃mbru] *m* Dezember *m; v.* **Março**

dezena *f* (MAT) Zehner *m;* **uma ~** (**de**) zehn

dezoito [də'zɔitu] *num card* achtzehn

dia ['diɐ] *m* Tag *m;* **de/durante o ~** tagsüber; **bom ~!** guten Tag!; (*de manhã*) guten Morgen!; **no ~ 2 de Março** am 2. März; **~ de abstinência/jejum** Fastentag *m;* **~ de anos/aniversário** Geburtstag *m;* **~ de folga** Ruhetag *m;* **~ dos namorados** Valentinstag *m;* **Dia de Reis** Dreikönigstag *m;* **~ santo** kirchliche(r) Feiertag *m;* **~ útil** Werktag *m;* **~ a/após ~** Tag für Tag, tagtäglich; **um ~** eines Tages; **~ sim, ~ não** alle zwei Tage; **mais ~, menos ~** früher oder später; **de um ~ para o outro** von heute auf morgen, über Nacht; **hoje em ~** heutzutage; **há ~s** kürzlich; (**no**) **outro ~** neulich, kürzlich; **dentro de ~s** in wenigen Tagen, bald; **até ao fim dos meus ~s** bis an das Ende meiner Tage; **trabalhar aos ~s** für einen Tagelohn arbeiten, tageweise bezahlt werden; (*documento*) **estar em ~** gültig sein; **ter as contas em ~** schuldenfrei sein, keine Außenstände haben; **pôr a conversa em ~** sich die letzten Neuigkeiten erzählen

dia-a-dia *m* Alltag *m*

diabetes [djɐ'bɛtəʃ] *m(f)* (MED) Diabetes *m,* Zuckerkrankheit *f*

diabético, -a [djɐ'bɛtiku] **I.** *m, f* Diabetiker, Diabetikerin *m, f,* Zuckerkranke **II.** *adj* diabetisch, zuckerkrank

diabo *m* Teufel *m;* **que ~!** zum Teufel!; **por que/(o) que ~ ...?** warum/was zum Teufel ...?; **o ~ que te carregue!** hol dich der Teufel!; **um pobre ~** ein armer Teufel; **anda o ~ à solta!** hier ist der Teufel los!

diabólico *adj* teuflisch, diabolisch

diabrete *m* **1.** (*criança*) Teufelchen *nt* **2.** (*cartas*) schwarze(r) Peter *m*

diabrura *f* böse(r) Streich *m;* **fazer ~s** böse Streiche aushecken

diacho *m* (*coloq*) *v.* **diabo**

diáfano *adj* (*elev*) durchsichtig

diafragma *m* **1.** (ANAT) Zwerchfell *nt* **2.** (MED) Diaphragma *nt* **3.** (FOT) Blende *f*

diagnosticar *vt* (MED) diagnostizieren

diagnóstico [djɐg'nɔʃtiku] *m* (MED) Diagnose *f;* **fazer um ~** eine Diagnose stellen

diagonal I. *f* Diagonale *f* **II.** *adj* diagonal

diagrama *m* Diagramm *nt,* Schaubild *nt*

dialéctica *f* (FIL) Dialektik *f*

dialecto *m* Dialekt *m*

dialética *f* (*brasil*) *v.* **dialéctica**

dialeto *m* (*brasil*) *v.* **dialecto**

diálise *f* (QUÍM, MED) Dialyse *f*
dialogado *adj* in Gesprächsform
dialogar *vi* ein Gespräch führen (*com* mit, *sobre* über), miteinander sprechen (*sobre* über)
diálogo *m* Dialog *m*, Gespräch *nt;* **ter um ~ com alguém sobre a. c.** mit jdm ein Gespräch über etw führen
diamante *m* Diamant *m;* **de ~** diamanten
diametral *adj* diametral
diametralmente *adv* diametral; **~ oposto** diametral entgegengesetzt
diâmetro *m* (MAT) Durchmesser *m*
diante ['djãntə] **I.** *adv* vorne; **para ~** nach vorne, vorwärts; **de hoje em ~** von heute an; **ir por ~** weitergehen; **e assim por ~** und so weiter **II.** *prep* **1.** (*local*) **~ de** vor **2.** (*perante*) **~ de** angesichts
dianteira *f* **1.** (*de objecto*) Vorderseite *f* **2.** (*vanguarda*) Spitze *f;* **tomar a ~** die Führung übernehmen
dianteiro *adj* Vorder ..., vordere(r, s); **rodas dianteiras** Vorderräder *pl*
diapasão *m* **1.** (MÚS: *instrumento*) Stimmgabel *f* **2.** (*som*) Kammerton *m*
diapositivo *m* (FOT) Dia *nt*
diária *f* (*de hotel*) Tagespreis *m*
diário I. *m* (*livro*) Tagebuch *nt;* **~ de bordo** Logbuch *nt;* (*jornal*) Tageszeitung *f;* **Diário da República** Amtsblatt *nt* **II.** *adj* täglich
diarreia [dje'ʀeje] *f* (MED) Durchfall *m*, Diarrhö *f*
dica *f* (*coloq*) Tipp *m;* **dar uma ~ a alguém** jdm einen Tipp geben
dicção *f* Ausdrucksweise *f,* Sprechweise *f*
dicionário *m* Wörterbuch *nt;* **~ bilingue/monolingue** zweisprachiges/einsprachiges Wörterbuch; **~ de imagens** Bildwörterbuch *nt;* **~ de verbos** Verbwörterbuch *nt*
dictafone *m* Diktiergerät *nt*
didáctica *f* Didaktik *f*
didáctico *adj* didaktisch
didática *f* (*brasil*) v. **didáctica**
didático *adj* (*brasil*) v. **didáctico**
diesel *m* Diesel *m*
dieta ['djзtə] *f* Ernährung *f,* Ernährungsweise *f;* (MED) Diät *f;* **estar de/fazer ~** Diät leben; (*para perder peso*) eine Diät machen; **~ rigorosa** strenge Diät
dietética *f* Diätetik *f,* Ernährungswissenschaft *f*
dietético *adj* diätetisch

difamação *f* Verleumdung *f*
difamador(a) *m(f)* Verleumder, Verleumderin *m, f*
difamar *vt* diffamieren, in Verruf bringen
difamatório *adj* verleumderisch
diferença [difə'ʀɛsə] *f* **1.** (*divergência*) Unterschied *m* (*entre* zwischen); **não faz ~** das macht nichts; **não me faz ~ (nenhuma)** das macht mir nichts aus, das stört mich nicht **2.** (*excesso*) Differenz *f*
diferencial I. *m* (MAT, MEC) Differenzial *nt* **II.** *adj* Differenzial ...; **engrenagem ~** Differenzialgetriebe *nt*
diferenciar I. *vt* unterscheiden (*entre* zwischen), differenzieren (*entre* zwischen) **II.** *vr* sich unterscheiden (*por* durch)
diferente [difə'ʀɛntə] **I.** *adj* verschieden; (*distinto*) unterschiedlich; **eles são muito ~s (um do outro)** sie sind sehr verschieden; **ele está muito ~** er hat sich sehr verändert **II.** *adv* anders (*de* als); **ele é ~** er ist anders
diferir I. *vt* aufschieben, verschieben **II.** *vi* sich unterscheiden (*de* von); (*opiniões*) auseinander gehen
difícil [di'fisil] *adj* **1.** (*trabalho, situação*) schwierig, schwer **2.** (*improvável*) schwerlich, kaum; **é ~ que isso aconteça** das wird kaum passieren
dificílimo *superl de* **difícil**
dificilmente *adv* **1.** (*com dificuldade*) mit Mühe, kaum **2.** (*improbabilidade*) selten, kaum; **isso ~ acontece** das tritt selten ein
dificuldade [dəfikul'dadə] *f* Schwierigkeit *f;* **com ~** mühsam, mit Mühe; **sem ~** leicht, mühelos; **levantar ~s** Schwierigkeiten bereiten; **ter ~s** Schwierigkeiten haben
dificultar I. *vt* erschweren; **~ as coisas a alguém** es jdm schwer machen **II.** *vr* schwierig werden, schwer werden
difteria [difta'ʀie] *f* (MED) Diphtherie *f*
difundir *vt* **1.** (*notícias*) verbreiten **2.** (*rádio*) senden
difusão *f* **1.** (*rádio*) Sendung *f* **2.** (*divulgação, propagação*) Verbreitung *f* **3.** (FÍS) Diffusion *f*
difuso *adj* diffus
difusor *m* (FÍS) Diffusor *m*
digerir *vt* (*fig*) verdauen
digerível *adj* verdaulich
digestão [diʒəf'tãu] *f* Verdauung *f;* **(não) fazer a ~** (nicht) verdauen
digestivo I. *m* (*vinho*) Digestif *m;* (MED) ver-

D

dauuungsfördernde(s) Mittel *nt* **II.** *adj* Verdauungs ...; (MED) verdauungsfördernd

digital [diʒi'tal] **I.** *f* (BOT) Fingerhut *m* **II.** *adj* **1.** (ANAT) Finger ...; **impressão** ~ Fingerabdruck *m* **2.** (INFORM) digital, Digital ...

digitar *vt* (*telefone*) wählen; (*computador*) tippen

dígito *m* Ziffer *f*

dignar-se *vr* geruhen (*a* zu), sich herablassen (*a* zu); **ele não se dignou a aparecer** er hat sich nicht dazu herabgelassen zu erscheinen

dignidade *f* Würde *f;* ~ **humana** Menschenwürde *f*

dignificar *vt* mit Würden ausstatten; ~ **alguém** jdm Würde verleihen

digno *adj* **1.** (*merecedor*) würdig (*de*); ~ **de confiança** vertrauenswürdig; ~ **de protecção** schützenswert **2.** (*apropriado*) passend, angemessen

digressão *f* **1.** (*de grupo musical*) Tournee *f;* ~ **mundial** Welttournee *f* **2.** (*de um tema*) Abschweifung *f*

dilação *f* Verzögerung *f,* Aufschub *m;* **sem** ~ unverzüglich

dilacerante *adj* **1.** (*espectáculo*) herzzerreißend **2.** (*pungente*) stechend

dilacerar *vt* zerreißen, zerfetzen

dilatação *f* Dehnung *f,* Ausdehnung *f*

dilatado *adj* ausgedehnt

dilatar *vi* **1.** (*aumentar o volume*) ausdehnen, dehnen **2.** (*prolongar*) verlängern

dilema *m* Dilemma *nt*

diletante **I.** *m(f)* Amateur, Amateurin *m, f* **II.** *adj* Amateur ...

diletantismo *m* Amateurhaftigkeit *f*

diligência *f* **1.** (*no trabalho*) Eifer *m;* (*esmero*) Sorgfalt *f* **2.** (*carruagem*) Postkutsche *f*

diligências *fpl* **1.** (*medidas*) Maßnahmen *pl;* **fazer** ~ Maßnahmen ergreifen **2.** (*da polícia*) Ermittlungen *pl;* **fazer** ~ ermitteln **3.** (*do tribunal*) Prozesshandlung *f*

diligente *adj* fleißig, eifrig

diluente *m* Lösungsmittel *nt*

diluir *vt* **1.** (*substância*) auflösen (*em* in) **2.** (*líquido*) verdünnen, verwässern

dilúvio *m* (*fig*) Sintflut *f*

dimensão *f* **1.** (*extensão*) Ausdehnung *f,* Dimension *f;* **de três dimensões** dreidimensional **2.** (*tamanho*) Ausmaß *nt,* Größe *f;* **quais são as dimensões do quarto?** welche Größe hat das Zimmer?; **ainda se desconhece a** ~ **da catástrofe** das Ausmaß der

Katastrophe ist noch nicht bekannt

dimensional *adj* dimensional

diminuição *f* (*da quantidade, da qualidade, do nível*) Verringerung *f,* Abnahme *f;* (*em tamanho*) Verkleinerung *f*

diminuidor *m* (MAT) Subtrahend *m*

diminuir **I.** *vt* (*a quantidade, a qualidade*) vermindern (*em* um, *para* auf), verringern (*em* um, *para* auf); (*em tamanho*) verkleinern (*em* um, *para* auf); (*subtrair*) abziehen, subtrahieren; (*despesas*) beschränken, kürzen; (*preços*) herabsetzen (*em* um, *para* auf), senken (*em* um, *para* auf) **II.** *vi* (*a quantidade, a qualidade, o interesse*) abnehmen (*em* um), sich verringern (*em* um)

diminutivo **I.** *m* (GRAM) Diminutiv *nt* **II.** *adj* verkleinernd

diminuto *adj* winzig

Dinamarca *f* Dänemark *nt*

dinamarquês, -esa **I.** *m, f* Däne, Dänin *m, f* **II.** *adj* dänisch

dinâmica *f* (FÍS) Dynamik *f*

dinâmico *adj* dynamisch

dinamismo *m* Elan *m,* Schwung *m*

dinamite *m* Dynamit *nt*

dinamizar *vt* in Schwung bringen, vorantreiben

dínamo ['dinɐmu] *m* (FÍS) Dynamo *m*

dinastia [dinɐʃ'tie] *f* Dynastie *f*

dinheirão *m* (*coloq*) Unsumme *f,* Heidengeld *nt*

dinheiro [də'ɲeiru] *m* Geld *nt;* **pagar a** ~ bar bezahlen; **depositar/levantar** ~ Geld einzahlen/abheben; ~ **apurado** Geldeinnahme *f*

dinossauro *m* Dinosaurier *m*

diocese *f* (REL) Diözese *f*

diodo *m* (ELECTR) Diode *f*

dioptria *f* (FÍS) Dioptrie *f*

dióspiro *m* (BOT) Khakifrucht *f*

dióxido *m* (QUÍM) Dioxid *nt;* ~ **de carbono** Kohlendioxid *nt*

dioxina *f* (QUÍM) Dioxin *nt*

diploma *m* Diplom *nt*

diplomacia *f* Diplomatie *f*

diplomado *adj* mit akademischem Grad, diplomiert

diplomata *m(f)* Diplomat, Diplomatin *m, f*

diplomático *adj* diplomatisch

dique *m* Deich *m*

direção [dirɜ'sɐu] *f* (CIN: *brasil*) Regie *f; v.* **direcção**

D

direcção [dirɜ'sãu] *f* **1.** (*administração, directores*) Leitung *f*, Direktion *f*; (POL) Führung *f*; ~ **artística** künstlerische Leitung **2.** (*sentido*) Richtung *f*; **em** ~ **a** in Richtung auf; **ir bei** ~ **do mercado** Richtung Markt gehen/fahren **3.** (*endereço*) Anschrift *f*, Adresse *f* **4.** (TÉC) Lenkung *f*, Steuerung *f*; ~ **assistida** Servolenkung *f*; **alinhar a** ~ die Lenkung einstellen

directa *f* (*coloq*) **fazer uma** ~ (die Nacht) durchmachen

directamente *adv* direkt; **ele descende** ~ **dessa família** er stammt direkt von dieser Familie ab; **fale** ~ **com o gerente!** sprechen Sie direkt mit dem Geschäftsführer!

directiva *f* Richtlinie *f*

directivo *adj* leitend; **Conselho Directivo** Vorstand *m*

directo [di'rɜtu] **I.** *adj* (*eleição, caminho*) direkt; (*contacto*) unmittelbar; **comboio** ~ durchgehender Zug; (*televisão*); **transmitir em** ~ direkt/live übertragen; (*pessoa, comentário*) direkt, offen **II.** *adv* direkt; **ir** ~ **ao assunto** gleich zur Sache kommen; *v.* **directamente**

director(a) [dirɜ'tor] *m/f* Direktor, Direktorin *m, f*

directoria *f* Vorstand *m*, Präsidium *nt*

directório *m* Direktorium *nt*

directriz *f* **1.** (MAT) Leitlinie *f* **2.** (*directiva*) Richtlinie *f*

direita [di'reite] *f* **1.** (POL) Rechte *f* **2.** (*lado direito*) rechte Seite *f*; **à** ~ rechts; **seguir pela** ~ rechts fahren/gehen

direito [di'reitu] **I.** *m* **1.** (*regalia*) Recht *nt* (*a* auf), Anspruch *m* (*a* auf); **~s de autor** Urheberrecht *nt*, Copyright *nt*; **~s humanos** Menschenrechte *pl*; **ter** ~ **a a. c.** Anspruch auf etw haben; **ter o** ~ **de fazer a. c.** das Recht haben, etw zu tun; **dar o** ~ **de** berechtigen zu; **não há** ~! das gibt es nicht!; **dar** ~ **a** führen zu **2.** (*ciência*) Rechtswissenschaft *f*, Jura *nt*; ~ **civil** Zivilrecht *nt*; ~ **consuetudinário** Gewohnheitsrecht *nt*; ~ **internacional** Internationales Recht; ~ **penal** Strafrecht *nt*; **ela estuda Direito** sie studiert Jura **3.** (*de um tecido*) rechte Seite *f* **II.** *adj* **1.** (*mão, lado*) rechte(r, s) **2.** (*em linha recta*) gerade; (*na vertical*) senkrecht, aufrecht; **senta-te** ~! setz dich gerade hin!; **ir** (**sempre**) **a** ~ (immer) geradeaus gehen/fahren **3.** (*fato*) einreihig **4.** (*pessoa*) rechtschaffen, ehrlich **5.** (*justo*) gerecht

direitos *mpl* Abgaben *pl*, Gebühren *pl*; ~ **alfandegários** Zollgebühren *pl*

diretamente *adv* (*brasil*) *v.* **directamente**

diretiva *f* (*brasil*) *v.* **directiva**

diretivo *adj* (*brasil*) *v.* **directivo**

direto [di'rɜtu] *adj* (*brasil*) *v.* **directo**

diretor(a) [dirɜ'tor] *m/f* (CIN: *brasil*) Regisseur, Regisseurin *m, f*; *v.* **director**

diretoria *f* (*brasil*) *v.* **directoria**

diretório *m* (*brasil*) *v.* **directório**

diretriz *f* (*brasil*) *v.* **directriz**

dirigente *m/f* Leiter, Leiterin *m, f*; (*de um partido, sindicato*) Führer, Führerin *m, f*

dirigir I. *vt* **1.** (*um negócio*) leiten; (*um partido, sindicato*) führen **2.** (*o olhar, a atenção*) richten (*para* auf); (*uma pergunta, um pedido*) richten (*a* an); ~ **a palavra a alguém** das Wort an jdn richten **3.** (*um veículo*) lenken, steuern **II.** *vi* (*brasil*) Auto fahren **III.** *vr* **1.** (*a alguém*) sich wenden (*a* an); **para mais informações, por favor, dirija-se à recepção** für nähere Auskünfte wenden Sie sich bitte an die Rezeption **2.** (*ir em direcção*) sich begeben (*para* nach, *a* zu); **a chuva dirige-se para norte** der Regen zieht nach Norden; **o carro dirige-se para aqui** das Auto kommt hierher **3.** (*virar-se*) sich richten (*para* nach)

dirigível I. *m* (AERO) Luftschiff *nt*, Zeppelin *m* **II.** *adj* lenkbar

discar [dis'kar] *vt* (TEL: *brasil*) wählen

discernimento *m* **1.** (*faculdade*) Unterscheidungsvermögen *nt* **2.** (*juízo*) Überlegung *f*

discernir *vt* unterscheiden (*entre* zwischen)

disciplina *f* **1.** (*ordem*) Disziplin *f* **2.** (*área do saber*) Fachgebiet *nt*; (*na escola, universidade*) Fach *nt*; ~ **obrigatória** Pflichtfach *nt*

disciplinado *adj* diszipliniert

disciplinar *adj* disziplinarisch

discípulo *m* **1.** (*aluno*) Schüler *m* **2.** (REL) Jünger *m*

disco ['diʃku] *m* **1.** (*geral*) Scheibe *f*; ~ **voador** fliegende Untertasse *f* **2.** (MÚS) Schallplatte *f*; ~ **laser** Compact Disc *f*, CD *f* **3.** (DESP) Diskus *m* **4.** (INFORM) Platte *f*; ~ **duro/rígido** Festplatte *f*

disco jockey *m/f* Diskjockey *m*

discordar *vi* anderer Meinung sein (*de* als), nicht übereinstimmen (*de* mit)

discórdia *f* Zwietracht *f,* Streit *m;* **pomo de ~** Zankapfel *m*

discorrer *vi* (*fig*) nachdenken (*sobre* über)

discoteca [dəʃku'tɐkə] *f* **1.** (*para divertimento*) Diskothek *f;* (*coloq*) Disko *f;* **ir à ~** in die Disko gehen **2.** (*loja de discos*) Plattengeschäft *nt* **3.** (*colecção de discos*) Schallplattensammlung *f*

discrepância *f* Diskrepanz *f* (*entre* zwischen)

discretamente *adv* diskret; **fazer/dizer a. c. ~** etw diskret machen/sagen

discreto *adj* **1.** (*pessoa, comportamento*) diskret; (*reservado*) zurückhaltend, verschwiegen **2.** (*vestido*) unauffällig

discrição *f* Diskretion *f;* (*reserva*) Verschwiegenheit *f,* Zurückhaltung *f;* **fazer a. c. com ~** etw diskret machen

discricionário *adj* beliebig; (*ilimitado*) unbeschränkt

discriminação *f* **1.** (*de sexo, raça*) Diskriminierung *f* (*contra*) **2.** (*distinção*) Unterscheidung *f* (*entre* zwischen)

discriminado *adj* (*produtos, chamadas telefónicas*) einzeln aufgeführt; **factura discriminada** Einzelaufstellung *f*

discriminar *vt* **1.** (*pelo sexo, pela raça*) diskriminieren (*por* wegen) **2.** (*distinguir*) unterscheiden (*entre* zwischen) **3.** (*produtos*) einzeln aufführen

discursar *vi* eine Rede halten (*sobre* über)

discurso *m* Rede *f;* **fazer um ~** eine Rede halten; (GRAM); **~ directo/indirecto** direkte/indirekte Rede

discussão *f* **1.** (*amigável*) Diskussion *f* (*sobre* über) **2.** (*conflito*) Auseinandersetzung *f;* **ter uma ~ com alguém** eine Auseinandersetzung mit jdm haben

discutido *adj* umstritten

discutir I. *vt* (*falar sobre*) diskutieren, erörtern; (*um problema*) besprechen, durchsprechen; (*contestar*) bestreiten **II.** *vi* sich streiten (*por causa de* wegen); **nós discutimos** wir haben uns gestritten

discutível *adj* diskutabel, fraglich

disenteria *f* (MED) Ruhr *f*

disfarçado *adj* **1.** (*mascarado*) verkleidet (*de* als) **2.** (*oculto*) verborgen

disfarçar I. *vt* (*a verdade, um acto*) verbergen, verschleiern; (*a voz*) verstellen **II.** *vi* sich verstellen **III.** *vr* sich verkleiden (*de* als)

disfarce *m* **1.** (*de carnaval*) Verkleidung *f* **2.**

(*dissimulação*) Verstellung *f*

disforme *adj* plump, unförmig

disjuntor *m* (ELECTR) (automatischer) Schaltmechanismus *m*

dislexia *f* Legasthenie *f*

disléxico *adj* legasthenisch

díspar *adj* ungleich

disparado *adj* (*fig*) **sair de casa ~** aus dem Haus stürzen, sich blitzschnell davonmachen

disparador [dəʃpɐre'dor] *m* (FOT) Auslöser *m;* **~ automático** Selbstauslöser *m*

disparar I. *vt* **1.** (*uma arma*) abdrücken; (*um tiro*) abgeben **2.** (FOT) den Auslöser betätigen **II.** *vi* **1.** (*pessoa, arma*) schießen (*contra/sobre* auf) **2.** (FOT: *flash*) blitzen

disparatado *adj* (*pessoa, comentário*) sinnlos, absurd

disparatar *vi* **1.** (*falando*) Unsinn reden, albernes Zeug sagen **2.** (*agindo*) unüberlegt handeln

disparate *m* Blödsinn *m,* Quatsch *m;* **dizer ~s** Quatsch reden; **fazer ~s** Quatsch machen; **que ~!** (so ein) Quatsch!

disparidade *f* Ungleichheit *f*

disparo *m* Schuss *m*

dispendioso *adj* kostspielig

dispensa *f* Freistellung *f* (*de* von), Befreiung *f* (*de* von)

dispensado *adj* freigestellt (*de* von); **está ~** Sie können gehen

dispensar *vt* **1.** (*de um dever*) befreien (*de* von), entbinden (*de* von) **2.** (*prescindir*) verzichten auf; **eu dispenso a tua ajuda** ich verzichte auf deine Hilfe **3.** (*ajuda*) leisten

dispersão *f* Zerstreuung *f*

dispersar I. *vt* zerstreuen; (*as tropas*) versprengen **II.** *vi* sich zerstreuen

disperso *adj* zerstreut; (*tropas*) versprengt

displicência *f* (*elev*) Missvergnügen *nt*

displicente *adj* (*elev*) unangenehm

disponibilidade *f* Verfügbarkeit *f;* **~s** Vorräte *pl;* **ter ~ para fazer a. c.** (zeitlich/finanziell) in der Lage sein, etw zu tun; **~s financeiras** verfügbare Geldmittel *pl*

disponível *adj* **1.** (*produto*) erhältlich; (*dinheiro*) verfügbar, disponibel **2.** (*pessoa*) frei; (*coloq*); **ele ainda está ~** er ist noch zu haben

dispor I. *m* (*disposição*) Verfügung *f;* **estar ao ~ de alguém** jdm zur Verfügung stehen **II.** *vt* **1.** (*arranjar*) aufstellen, anordnen; (*ordenar*) ordnen **2.** (AGR, BOT) aussäen **3.** (*re-*

D

gras) aufstellen, festsetzen **III.** *vi* (*ter à disposição*) ~ **de** verfügen über; **disponha!** es steht alles zu Ihrer Verfügung! **IV.** *vr* **1.** (*estar pronto a*) sich bereit machen (*a* zu), sich anschicken (*a* zu); **ele dispôs-se logo a ajudar** er schickte sich sofort an zu helfen **2.** (*decidir-se a*) sich entschließen (*a* zu)

disposição *f* **1.** (*estado de espírito*) Verfassung *f*, Stimmung *f*; **estar com boa/má** ~ in guter/schlechter Verfassung sein **2.** (*dispor*) Verfügung *f*; **estar à** ~ **de alguém** jdm zur Verfügung stehen; **pôr a. c. à** ~ **de alguém** jdm etw zur Verfügung stellen **3.** (*prescrição*) Vorschrift *f*, Bestimmung *f*; ~ **legal** gesetzliche Vorschrift **4.** (*de objectos, móveis*) Anordnung *f*, Aufstellung *f*

dispositivo *m* Vorrichtung *f*; ~ **de segurança** Sicherheitsvorrichtung *f*

disposto [dəʃˈpoʃtu] **I.** *pp de* **dispor II.** *adj* **1.** (*pronto*) bereit (*a* zu); **ela está disposta a ajudar** sie ist bereit zu helfen **2.** (*estado de espírito*) gelaunt, aufgelegt; **estar bem/mal** ~ gut/schlecht gelaunt sein

disputa *f* **1.** (*contenda*) Disput *m*, Auseinandersetzung *f* **2.** (DESP) Wettkampf *m*

disputar *vt* **1.** (*lutar por*) kämpfen um; ~ **o primeiro lugar** um den ersten Platz kämpfen **2.** (DESP) austragen; ~ **uma corrida** ein Rennen austragen

disquete *f* (INFORM) Diskette *f*; ~ **original** Originaldiskette *f*

dissabor *m* Verdruss *m*, Unannehmlichkeit *f*

dissecação *f* **1.** (ANAT) Sektion *f*, Sezieren *nt* **2.** (*análise*) eingehende Analyse *f*

dissecar *vt* **1.** (ANAT) sezieren **2.** (*analisar*) eingehend analysieren

disseminação *f* Ausbreitung *f*, Verbreitung *f*

disseminar *vt* ausbreiten, verbreiten

dissertação *f* **1.** (*trabalho*) wissenschaftliche Abhandlung *f*; (*para obtenção de grau académico*) Dissertation *f* **2.** (*discurso*) Vortrag *m*

dissertar *vi* (*falando*) sprechen (*sobre* über); (*escrevendo*) schreiben (*sobre* über)

dissidência *f* (*cisão*) Spaltung *f*, Abspaltung *f*

dissidente I. *m(f)* Dissident, Dissidentin *m*, *f* **II.** *adj* anders denkend (*de* als); (REL) andersgläubig (*de* als)

dissílabo *m* (GRAM) zweisilbige(s) Wort *nt*

dissimulado *adj* (*acto*) hinterhältig

dissimular I. *vt* (*ocultar*) verheimlichen;

(*fingir*) vortäuschen **II.** *vi* sich verstellen

dissipação *f* **1.** (*dispersão*) Zerstreuung *f* **2.** (*desvanecimento*) Auflösung *f* **3.** (*desperdício*) Verschwendung *f*

dissipar I. *vt* (*dispersar*) zerstreuen; (*desvanecer*) auflösen; (*desperdiçar*) verschwenden **II.** *vr* (*nevoeiro*) sich auflösen

disso [ˈdisu] Zusammensetzung: präp de + pron isso

dissociação *f* Trennung *f*; (QUÍM) Aufspaltung *f*

dissociar *vt* trennen (*de* von); (QUÍM) aufspalten

dissociável *adj* trennbar, abtrennbar (*de* von)

dissolução *f* (QUÍM: *de casamento, parlamento*) Auflösung *f*

dissolúvel *adj* (QUÍM) löslich (*em* in)

dissolvente *m* (QUÍM) Lösemittel *nt*

dissolver I. *vt* (QUÍM: *casamento, parlamento*) auflösen (*em* in) **II.** *vr* sich auflösen (*em* in)

dissonância *f* (MÚS) Missklang *m*, Dissonanz *f*

dissonante *adj* (MÚS) dissonant, missklingend

dissuadir *vt* umstimmen; (*desaconselhar*) abraten (*de* von); ~ **alguém de a. c.** jdn von etw abbringen

dissuasão *f* Abraten *nt*

dissuasivo *adj* Überredungs ...

distância [dəʃˈtãsjɐ] *f* **1.** (*local*) Distanz *f* (*de* von, *entre* zwischen), Entfernung *f* (*de* von, *entre* zwischen); **a 10 quilómetros** ~ 10 Kilometer entfernt; **à** ~ in der Ferne; **manter a. c. à** ~ etw fernhalten; **manter a** ~ Distanz bewahren **2.** (*espaço, intervalo*) Abstand *m* (*de* von/zu, *entre* zwischen); **guardar** ~ Abstand halten

distanciar I. *vt* entfernen (*de* von) **II.** *vr* **1.** (*local*) sich entfernen (*de* von) **2.** (*de ideia, pessoa*) abrücken (*de* von), sich distanzieren (*de* von)

distante [dəʃˈtãtɐ] *adj* **1.** (*local*) entfernt (*de* von), abgelegen **2.** (*temporal*) weit zurückliegend **3.** (*fig: pessoa*) in Gedanken, abwesend

distar *vi* (*elev*) entfernt sein (*de* von)

distender *vt* **1.** (*dilatar*) dehnen, ausdehnen **2.** (*estirar*) spannen **3.** (MED) zerren

distensão [dəʃtẽˈsãu] *f* **1.** (*dilatação*) Dehnung *f*, Ausdehnung *f* **2.** (*estiramento*) Spannen *nt* **3.** (MED) Zerrung *f;* ~ **muscular** Muskelzerrung *f*

distensível *adj* dehnbar

distinção *f* **1.** (*diferenciação*) Unterscheidung *f* (*entre* zwischen); **fazer** ~ unterscheiden **2.** (*classificação*) Auszeichnung *f;* **com** ~ mit Auszeichnung

distinguir **I.** *vt* (*diferenciar*) unterscheiden (*entre* zwischen); (*um objecto*) wahrnehmen, erkennen; (*um som*) hören; (*pelo mérito*) auszeichnen **II.** *vr* herausragen (*de* aus)

distinguível *adj* **1.** (*diferenciável*) unterscheidbar **2.** (*perceptível*) wahrnehmbar

distintivo *m* (*da polícia*) Dienstmarke *f*

distinto [dəʃ'tĩntu] *adj* **1.** (*diferente*) verschieden, unterschiedlich **2.** (*nítido*) deutlich, klar **3.** (*educado*) distinguiert

disto Zusammensetzung: präp de + pron isto

distorção *f* (*imagem, som*) Verzerrung *f*

distorcer *vt* **1.** (*o som, a imagem*) verzerren **2.** (*uma história*) verfälschen

distorcido *adj* (*som, imagem*) verzerrt

distração *f* (*brasil*) *v.* **distracção**

distracção *f* Zerstreuung *f,* Ablenkung *f;* **por** ~ aus Versehen

distraidamente *adv* aus Versehen

distraído *adj* zerstreut; **apanhar alguém** ~ jdn überraschen

distrair **I.** *vt* **1.** (*desconcentrar*) ablenken **2.** (*entreter*) zerstreuen, unterhalten **II.** *vr* **1.** (*desconcentrar-se*) sich ablenken (*com* mit); ~**-se com as horas** die Zeit vergessen **2.** (*entreter-se*) sich die Zeit vertreiben (*com* mit), sich unterhalten (*com* mit)

distribuição *f* **1.** (*de panfletos, prendas*) Verteilung *f* (*por* in); (*de jornais, correio*) Zustellung *f;* ~ **dos prémios** Preisverleihung *f* **2.** (*do tempo*) Einteilung *f;* (*dos móveis*) Aufstellung *f,* Anordnung *f* **3.** (ECON: *de produtos*) Vertrieb *m* **4.** (*abastecimento de água, gás*) Versorgung *f;* (*canalização*) Anschluss *m*

distribuidor(a)¹ [dəʃtribwi'dor] *m(f)* **1.** (ECON) Vertreter, Vertreterin *m, f;* ~ **autorizado** Vertragshändler *m* **2.** (CIN) Filmverleiher, Filmverleiherin *m, f*

distribuidor² *m* (MEC) Verteiler *m*

distribuidora *f* ~ **automática** Automat *m*

distribuir *vt* **1.** (*panfletos, prendas*) verteilen (*por* in), austeilen (*por* in); (*jornais, correio*) austragen, zustellen; (*alimentos*) zuteilen (*por*) **2.** (*o tempo*) einteilen; (*os móveis*)

aufstellen, anordnen **3.** (ECON: *produtos*) vertreiben

distrital *adj* Bezirks ...

distrito *m* Bezirk *m*

distúrbio *m* **1.** (*motim*) Unruhe *f* **2.** (MED) Störung *f;* ~ **mental** geistige Verwirrung *f*

ditado *m* **1.** (*na escola*) Diktat *nt* **2.** (*provérbio*) Sprichwort *nt;* ~ **popular** Volksweisheit *f*

ditador *m* Diktator *m*

ditadura *f* Diktatur *f*

ditame *f* Regel *f,* Gebot *nt;* **os** ~**s da moda** das Gebot der Mode

ditar *vt* (*um texto, regras*) diktieren; ~ **a. c. a alguém** jdm etw diktieren

ditatorial *adj* diktatorisch

dito **I.** *m* Ausspruch *m* **II.** *pp de* **dizer** **III.** *adj* besagt, genannt; **o** ~ **documento** das besagte Dokument; (*coloq*); **o** ~ **cujo** eben jener; ~ **e feito** gesagt, getan; **dar o** ~ **por não** ~ seine Behauptungen zurücknehmen; **tenho** ~! ich habe gesprochen!

ditongo *m* (GRAM) Diphthong *m*

diurno *adj* Tages ...

diva *f* Diva *f*

divã *m* Diwan *m*

divagação *f* Umherstreifen *nt*

divagar *vi* **1.** (*falando, pensando*) abschweifen **2.** (*andando*) umherwandern, umherstreifen

divergência *f* **1.** (*desvio*) Abweichung *f* (*de* von) **2.** (*de opinião*) Meinungsverschiedenheit *f* **3.** (MAT) Divergenz *f*

divergente *adj* **1.** (*de um rumo*) abweichend (*de* von) **2.** (*opiniões*) auseinander gehend, abweichend **3.** (MAT) divergent

divergir *vi* **1.** (*desviar-se*) abweichen (*de* von) **2.** (*opiniões*) auseinander gehen **3.** (MAT) divergieren

diversão *f* **1.** (*entretenimento*) Unterhaltung *f,* Zeitvertreib *m* **2.** (*desvio*) Ablenkung *f* **3.** (MIL) Ablenkungsmanöver *m*

diversidade *f* Vielfalt *f;* **neste jardim zoológico há uma grande** ~ **de espécies** in diesem Zoo gibt es viele verschiedene Tierarten

diversificar **I.** *vt* verschiedenartig gestalten; (ECON) diversifizieren **II.** *vi* anders sein, sich unterscheiden

diverso *adj* unterschiedlich, verschieden

divertido [divər'tidu] *adj* (*pessoa, festa, filme*) lustig

D

divertimento [divərti'mẽntu] *m* Unterhaltung *f,* Vergnügen *nt*

divertir I. *vt* amüsieren, unterhalten II. *vr* sich amüsieren (*com* über), sich vergnügen (*com* mit)

dívida ['dividə] *f* Schuld *f;* ~ **externa** Auslandsschuld *f;* **contrair uma** ~ Schulden machen; **pagar uma** ~ eine Schuld begleichen; **estar em** ~ **para com alguém** in jds Schuld stehen

dividendo *m* 1. (ECON) Dividende *f* 2. (MAT) Dividend *m*

dividido *adj* (*fig*) gespalten, hin- und hergerissen (*entre* zwischen)

dividir *vt* 1. (*um bolo*) teilen (*em* in); (*tarefas, despesas*) einteilen (*em* in), aufteilen (*em* in, *por* auf); ~ **a meias** halbe-halbe machen 2. (MAT) dividieren (*por* durch)

divinal *adj* (*fig*) göttlich, himmlisch

divindade *f* 1. (*entidade*) Gottheit *f* 2. (*característica*) Göttlichkeit *f*

divino *adj* göttlich

divisa *f* 1. (*lema*) Devise *f;* (*num brasão*) Wappenspruch *m* 2. (MIL) Abzeichen *nt* 3. (ECON) ~**s** Devisen *pl*

divisão *f* 1. (*de um bolo*) Teilung *f* (*em* in); (*de tarefas, despesas*) Einteilung *f* (*em* in), Aufteilung *f* (*em* in, *por* auf) 2. (*linha*) Trennungslinie *f;* (*parede*) Trennwand *m* 3. (*da casa*) Zimmer *nt,* Raum *m* 4. (MAT, MIL) Division *f*

divisibilidade *f* Teilbarkeit *f*

divisível *adj* teilbar (*por* durch)

divisor *m* (MAT) Divisor *m*

divisória *f* 1. (*linha*) Trennungslinie *f,* Grenzlinie *f* 2. (*parede*) Trennwand *f,* Zwischenwand *f*

divorciado *adj* geschieden

divorciar-se *vr* sich scheiden lassen (*de* von)

divórcio *m* Scheidung *f;* **pedir o** ~ die Scheidung einreichen

divulgação *f* (*de uma notícia, um boato*) Verbreitung *f*

divulgar *vt* (*uma notícia, um boato*) verbreiten

dizer [di'zer] I. *vt* sagen; ~ **a. c. a alguém** jdm etw sagen; **como é que se diz isso em alemão?** wie heißt das auf Deutsch?; ~ **uma oração** ein Gebet sprechen; **a quem o dizes!** wem sagst du das!; (*despedir-se*) ~ **adeus** sich verabschieden (*a* von); (*acenar*)

winken (*a*) II. *vi* (*falar*) sagen, sprechen; ~ (**a alguém**) **que sim/não** (zu jdm) ja/nein sagen; ~ **bem/mal de alguém** gut/schlecht über jdn sprechen; **o que é que dizes do meu carro novo?** was sagst du zu meinem neuen Auto?; **dizem que ...** es heißt, dass ...; **não me diga!** was Sie nicht sagen!, sagen Sie bloß!; **por assim** ~ sozusagen; **quer** ~ heißt; **o que é que isso quer dizer?** was heißt das?; **o que é que queres** ~ (**com isso**)? was willst du damit sagen?; (*condizer*) passen (*com* zu) III. *vr* sich darstellen als; **ele diz-se o melhor da equipa** er sagt (von sich), er sei der Mannschaftsbeste

dizimar *vt* (*fig*) dezimieren

do [du] Zusammensetzung: präp de + art o

dó *m* 1. (*compaixão*) Mitleid *nt,* Erbarmen *nt;* **dar** ~ Mitleid erregen; **sem** ~ **nem piedade** erbarmungslos, mitleidslos 2. (MÚS) C *nt*

doação *f* Spende *f* (*a* an); ~ **de sangue** Blutspende *f;* ~ **de órgãos** Organspende *f;* **fazer uma** ~ eine Spende machen

doador(**a**) *m(f)* Spender, Spenderin *m, f;* (*schweiz*) Donator, Donatorin *m, f;* ~ **de sangue** Blutspender *m;* ~ **de órgãos** Organspender *m*

doar *vt* (*bens, sangue, órgãos*) spenden (*a* an)

dobra *f* 1. (*em papel*) Knick *m,* Kniff *m;* (*em tecido*) Falte *f* 2. (*das calças*) Bügelfalte *f*

dobrada *f* (CUL) Rindergekröse *nt*

dobradiça *f* 1. (*de porta*) Scharnier *nt* 2. (*assento*) Klappsitz *m*

dobrado *adj* 1. (*duplicado*) doppelt 2. (*papel, tecido*) gefaltet 3. (*filme*) synchronisiert

dobragem *f* (*de um filme*) Synchronisation *f*

dobrar I. *vt* (*papel, tecido*) falten; (*duplicar*) verdoppeln; **fazer/ter a. c. a** ~ etw doppelt machen/haben; (*curvar*) biegen, krümmen; (*contornar*) umfahren; ~ **a esquina** um die Ecke biegen; (NAÚT) ~ **o cabo** das Kap umschiffen; (CIN: *um filme*) synchronisieren; (*o sino*) läuten; (*fig: uma pessoa*) umstimmen II. *vi* sich verdoppeln III. *vr* sich beugen

dobro *m* Doppelte *nt*

doca *f* (NAÚT) Dock *nt;* ~ **seca** Trockendock *nt*

doçaria *f* Süßwaren *pl*

doce ['dosə] I. *m* Süßigkeit *f;* (*sobremesa*) Süßspeise *f;* (*de fruta*) Marmelade *f;* ~ **de morango** Erdbeermarmelade *f* II. *adj* (*fig*) süß

docência *f* Dozentur *f*

docente I. *m(f)* Dozent, Dozentin *m, f* II. *adj* Lehr ...; **corpo** ~ Lehrkörper *m*

dócil *adj* 1. (*submisso*) fügsam 2. (*flexível*) geschmeidig

documentação *f* 1. (*acção*) Dokumentation *f* 2. (*documentos*) Papiere *pl;* (*de trabalho*) Unterlagen *pl*

documental *adj* dokumentarisch

documentar *vt* dokumentieren, urkundlich belegen

documentário *m* Dokumentarfilm *m*

documentável *adj* belegbar

documento [duku'mẽntu] *m* Dokument *nt*, Urkunde *f;* ~s Ausweispapiere *pl*

doçura *f* 1. (*característica do doçe*) Süße *f* 2. (*ternura*) Sanftmut *f*

doença ['dwẽsɐ] *f* (MED) Krankheit *f;* (*coloq*); ~ **das vacas loucas** Rinderwahnsinn *m;* ~ **grave** schwere Krankheit; ~ **prolongada** lang anhaltende Krankheit; ~ **venérea** Geschlechtskrankheit *f*

doente ['dwẽntɐ] I. *m(f)* Kranke II. *adj* 1. (MED) krank; **ser** ~ **do coração** herzkrank sein 2. (*obcecado*) vernarrt (*por* in)

doentio *adj* (*pej*) krankhaft

doer [dwer] *vi* schmerzen, wehtun; **dói-me a cabeça/o braço** mir tut der Kopf/Arm weh

dogma *m* Dogma *nt*

dogmático *adj* dogmatisch

dogue *m* Dogge *f*

doido, **-a** ['doidu] I. *m, f* Verrückte II. *adj* (*fig*) verrückt (*por* nach); **dar em** ~ verrückt werden (*com* vor)

dói-dói *m* (*coloq*) Wehwehchen *nt*

dois, **dua** [doiʃ] *num card* zwei; **a** ~ zu zweit; **ter uma conversa a** ~ ein Gespräch unter vier Augen führen; ~ **a** ~ paarweise; **os** ~ die beiden, beide; **são duas** (**horas**) es ist zwei (Uhr); **às duas horas** um zwei Uhr; **às duas e meia** um halb drei; **às duas e/menos um quarto** um Viertel nach/vor zwei; **de duas em duas horas** alle zwei Stunden; **o autocarro saiu há** ~ **minutos** der Bus ist vor zwei Minuten abgefahren; **o dia** ~ **de Maio** der zweite Mai; **isso custa** ~ **euros** das kostet zwei Euro; **ela tem/faz** ~ **anos** sie ist/wird zwei Jahre alt; **das duas uma** entweder oder

dólar *m* Dollar *m*

dolência *f* Schmerz *m*

dolente *adj* schmerzerfüllt

dólmen *m* (HIST) Dolmen *m*

dolo *m* 1. (DIR: *fraude*) Betrug *m,* Täuschung *f* 2. (DIR: *atitude*) Vorsatz *m*

doloroso *adj* schmerzhaft

dom *m* 1. (*dádiva*) Gabe *f* 2. (*talento*) Talent *nt* 3. (*título*) Ehrentitel vor dem Vornamen eines Adligen

domador(a) *m(f)* Dompteur, Dompteurin *m, f*

domar *vt* (*fig*) zähmen, bändigen

domesticar *vt* (*fig*) zähmen

doméstico, **-a** I. *m, f* (*na própria casa*) Hausmann, Hausfrau *m, f;* (*na casa de outrém*) Hausangestellte II. *adj* häuslich, Haus ...

domicílio [dumi'silju] *m* (*morada*) Wohnsitz *m;* (*sede*) Hauptsitz *m;* **entrega ao** ~ Lieferung frei Haus

dominante *adj* herrschend, dominant

dominar I. *vt* (*uma língua, uma pessoa*) beherrschen; (*um país*) herrschen über II. *vi* 1. (*rei, povo*) herrschen 2. (*preponderar*) dominieren, vorherrschen

domingo [du'mĩŋgu] *m* Sonntag *m;* ~ **gordo** Sonntag vor Fastnacht; **Domingo de Ramos** Palmsonntag *m;* v. **segunda-feira**

domingueiro *adj* sonntäglich, Sonntags ...

dominical *adj* sonntäglich, Sonntags ...; **missa** ~ sonntägliche Messe

domínio *m* 1. (*poder*) Herrschaft *f;* **exercer** ~ **sobre alguém/a. c.** jdn/etw unter seine Herrschaft stellen; **estar sob o** ~ **de alguém** von jdm beherrscht werden 2. (*âmbito*) Bereich *m;* **isto é do** ~ **público** das ist überall bekannt 3. (*território*) Gebiet *nt*

dominó *m* 1. (*jogo*) Domino *nt* 2. (*traje*) Domino *m*

dona ['donɐ] *f* Frau *f;* ~ **de casa** Hausfrau *f;* **a** ~ **Maria** (Frau) Maria

donatário, **-a** *m, f* Empfänger, Empfängerin *m, f*

donativo *m* Schenkung *f;* **fazer um** ~ eine Schenkung machen

donde ['dõndɐ] Zusammensetzung: präp de + pron onde

doninha *f* (ZOOL) Wiesel *nt*

dono, **-a** ['donu] *m, f* Besitzer, Besitzerin *m, f;* (*de uma casa*) Eigentümer, Eigentümerin *m, f*

donzela *f* 1. (*mulher solteira*) ledige Frau *f* 2. (*virgem*) Jungfrau *f*

dopado *adj* (DESP) gedopt

dopar I. *vt* (DESP) dopen II. *vr* (DESP) sich dopen

doping *m* (DESP) Doping *nt*

dor [dor] *f* Schmerz *m;* (*fig*) Leid *nt;* ~(**es**) **de cabeça** Kopfweh *nt,* Kopfschmerzen *pl;* ~(**es**) **de dentes** Zahnschmerzen *pl;* (*coloq*); ~ **de cotovelo** Eifersucht *f*

doravante *adv* von jetzt an, von nun an

dorido *adj* schmerzend

dormente *adj* **1.** (*perna*) eingeschlafen **2.** (*água*) stehend

dormida [dur'midɐ] *f* (*num hotel*) Übernachtung *f;* **dar** ~ **a alguém** jdn bei sich übernachten lassen, jdm eine Unterkunft bieten

dorminhoco, -a *m, f* Schlafmütze *f*

dormir [dur'mir] *vi* schlafen; ~ **fora** auswärts übernachten; **pôr alguém a** ~ jdn schlafen legen; ~ **com alguém** mit jdm schlafen; ~ **sobre a. c.** etw überschlafen

dormitar *vi* dösen

dormitório *m* Schlafzimmer *nt*

dorna *f* Bottich *m*

dorsal [dor'sal] *adj* Rücken ...

dorso *m* **1.** (ANAT) Rücken *m* **2.** (*de objecto*) Rückseite *f*

dosagem *f* Dosierung *f*

dose ['dɔzɐ] *f* **1.** (MED, PHARM) Dosis *f;* **uma boa** ~ **de** eine ordentliche Menge **2.** (CUL) Portion *f*

dosear *vt* dosieren

dossiê *m* (*brasil*) *v.* **dossier**

dossier *m* Dossier *nt*

dotado *adj* **1.** (*talentoso*) begabt **2.** (*equipado*) ausgestattet (*de* mit)

dotar *vt* ausstatten (*de* mit)

dote *m* **1.** (*de casamento*) Mitgift *f* **2.** (*talento*) Begabung *f,* Gabe *f;* ~**s culinários** Kochtalent *nt;* ~**s musicais** musikalische Begabung

dourado [do'radu] *adj* **1.** (*cor*) golden **2.** (*coberto com ouro*) vergoldet

dourar *vt* vergolden

Douro *m* Douro *m*

douto *adj* (*elev*) gelehrt

doutor(a) *m(f)* Doktor, Doktorin *m, f;* ~ **honoris causa** Ehrendoktor *m*

doutorado *adj* promoviert

doutoramento *m* Doktorarbeit *f,* Promotion *f;* ~ **honoris causa** Ehrendoktorwürde *f*

doutorar-se *vr* seinen Doktor machen, promovieren

doutrina *f* Doktrin *f*

doutrinal *adj* doktrinär

doze [dozɐ] *num card* zwölf; *v.* **dois**

Dr. *abrev de* **Doutor** Dr. (= *Doktor*)

Dr.ᵃᵃ *abrev de* **Doutora** Dr. (= *Frau Doktor*)

dracma *f* Drachme *f*

draconiano *adj* drakonisch

draga *f* Nassbagger *m*

dragão *m* Drachen *m*

dragar *vt* ausbaggern

drageia *f* (FARM) Dragee *nt*

drama ['drɐmɐ] *m* (*fig*) Drama *nt*

dramático *adj* dramatisch

dramatizar *vt* dramatisieren

dramaturgo, -a *m, f* Dramatiker, Dramatikerin *m, f*

drasticamente *adv* drastisch; **os preços subiram/desceram** ~ die Preise sind drastisch gestiegen/gefallen

drástico *adj* drastisch; **tomar medidas drásticas** zu drastischen Maßnahmen greifen

drenagem *f* **1.** (*de terreno*) Entwässerung *f* **2.** (MED) Drainage *f*

drenar *vt* **1.** (*um terreno*) entwässern **2.** (MED) drainieren

Dresda *f* Dresden *nt*

driblar *vt* **1.** (DESP) dribbeln **2.** (*enganar*) hintergehen, täuschen

drinque *m* (*brasil*) Drink *m*

drive *f* (INFORM) Laufwerk *nt*

droga ['drɔgɐ] *f* **1.** (*substância*) Droge *f;* ~**s leves/pesadas** weiche/harte Drogen **2.** (*pej: coisa que não presta*) Mist *m;* **que** ~! so ein Mist!

drogado, -a I. *m, f* (*pej*) Drogenabhängige, Junkie *m* II. *adj* unter Drogen stehend; (*coloq*) high

drogar I. *vt* Drogen verabreichen II. *vr* Drogen nehmen

drogaria [drugɐ'riɐ] *f* Drogerie *f*

droguista *m(f)* Drogist, Drogistin *m, f*

dromedário *m* (ZOOL) Dromedar *nt*

duas *num card v.* **dois**

dúbio *adj* unsicher, zweifelhaft

dublar *vt* (CIN: *brasil*) *v.* **dobrar**

dublê *m(f)* (CIN: *brasil*) *v.* **duplo**

ducado *m* Herzogtum *nt*

ducha [a 'duʃɐ] *f* (*brasil*) *v.* **duche**

duche ['duʃɐ] *m* Dusche *f;* **tomar um** ~ duschen

dúctil *adj* (*elev*) dehnbar

duelo *m* Duell *nt;* **travar um ~ com alguém** sich mit jdm duellieren
duende *m* Kobold *m*
dueto *m* (MÚS) Duett *nt*
dulcíssimo *superl de* **doce**
dum [dõ] Zusammensetzung: präp de + art um
duma Zusammensetzung: präp de + art uma
dumping *m* (ECON) Dumping *nt*
duna *f* Düne *f*
duo *m* (MÚS) Duo *nt*
duodeno *m* (ANAT) Zwölffingerdarm *m*
dupla *f* (MÚS) Duo *nt*
dúplex *m* Maisonette *f*
duplicação *f* Verdoppelung *f*
duplicado I. *m* Duplikat *nt* II. *adj* doppelt, zweifach; **em ~** in doppelter Ausfertigung
duplicar I. *vt* verdoppeln II. *vi* sich verdoppeln
duplicata *f* (ECON) Duplikat *nt*
duplo, -a ['duplu] I. *m, f* (CIN) Stuntman, Stuntgirl *m, f* II. *adj* doppelt, zweifach
duque, **duquesa** *m, f* Herzog, Herzogin *m, f*
dura *f* Dauer *f;* **de pouca ~** von kurzer Dauer; **de muita ~** dauerhaft
durabilidade *f* Haltbarkeit *f*
duração [dure'sãu] *f* Dauer *f*
duradouro *adj* dauerhaft, haltbar
durante [du'rãntə] *m(f)* während; **~ uma hora/semana** eine Stunde/Woche lang

durar [du'rar] *vi* 1. (*prolongar-se*) dauern, andauern; **o filme dura 3 horas** der Film dauert 3 Stunden 2. (*conservar-se*) sich halten; **as rosas estão a ~** die Rosen halten sich lange; **a amizade deles já dura há 10 anos** ihre Freundschaft hält schon 10 Jahre
durex *adj* (*brasil*) **fita ~** Klebestreifen *m*, Tesafilm® *m*
dureza *f* (*fig*) Härte *f*
duriense *adj* aus dem Dourogebiet
duro ['duru] *adj* 1. (*material, pessoa, trabalho*) hart; (*severo*) streng; **ser ~ com alguém** streng zu jdm sein; **~ de roer** schwer zu ertragen 2. (*coloq brasil: sem dinheiro*) blank
dúvida *f* Zweifel *m;* **estar na ~** zweifeln, unsicher sein; **pôr em ~** bezweifeln, in Zweifel ziehen; **sem ~** zweifellos, ohne Zweifel; **em caso de ~** im Zweifelsfall; **tirar uma ~ com alguém** sich etw von jdm erklären lassen +*dat;* **tirar uma ~ a alguém** jdm Gewissheit verschaffen; **por via das ~s** vorsichtshalber
duvidar *vi* zweifeln (*de* an), bezweifeln (*de*); **duvido que ele venha!** ich bezweifle, dass er kommt!
duvidoso *adj* zweifelhaft, fraglich; (*suspeito*) verdächtig
duzentos [du'zẽntuʃ] *num card* zweihundert
dúzia *f* Dutzend *nt;* **meia ~ (de)** ein halbes Dutzend
e [i] *konj* und

E

E, e *m* E, e *nt*
é *pres de* **ser**
ébano *m* Ebenholz *nt*
ebonite *f* Ebonit *nt*, Hartgummi *m*
ébrio *adj* 1. (*de álcool*) betrunken (*de* von) 2. (*perturbado*) trunken (*de* vor)
ebulição *f* (FÍS) Kochen *nt*, Sieden *nt;* **estar em ~** kochen, sieden
ECG (MED) *abrev de* **ele(c)trocardiograma** EKG (= *Elektrokardiogramm*)
eclesiástico *adj* kirchlich, Kirchen ...
eclipsar I. *vt* 1. (ASTR) verfinstern 2. (*encobrir*) verbergen; (*esconder*) verstecken II. *vr* 1. (ASTR) sich verfinstern 2. (*desaparecer*) verschwinden

eclipse *m* (ASTR) Finsternis *f,* Verfinsterung *f;* **~ da lua** Mondfinsternis *f;* **~ do sol** Sonnenfinsternis *f*
eclíptica *f* (ASTR) Sonnenbahn *f*
eclodir *vi* ausbrechen
eclosão *f* Ausbruch *m*
eclusa *f* Schleuse *f*
eco *m* 1. (*repetição*) Echo *nt*, Widerhall *m;* **fazer ~** widerhallen 2. (*ressonância*) Anklang *m*
ecoar *vi* hallen, widerhallen
ecocentro *m* Wertstoffsammelstelle *f*
ecografia *f* (MED) Ultraschallbild *nt;* **fazer uma ~** ein Ultraschallbild machen
ecologia *f* Ökologie *f,* Umweltschutz *m*

ecológico *adj* ökologisch

economia *f* **1.** (*ciência*) Wirtschaft *f,* Ökonomie *f;* ~ **de mercado** Marktwirtschaft *f* **2.** (*poupança*) Sparsamkeit *f*

economias *fpl* Ersparnisse *pl*

economicamente *adv* wirtschaftlich

económico *adj* **1.** (*de economia*) ökonomisch, wirtschaftlich **2.** (*automóvel, aparelho, pessoa*) sparsam **3.** (*barato*) billig, preiswert

economista *m/f* Volkswirtschaftler, Volkswirtschaftlerin *m, f,* Wirtschaftswissenschaftler, Wirtschaftswissenschaftlerin *m, f,* Ökonom, Ökonomin *m, f*

economizar **I.** *vt* sparen, einsparen **II.** *vi* sparen

ecossistema *m* Ökosystem *nt*

ecrã *m* (*de televisão*) Bildschirm *m;* (CIN) Leinwand *f;* ~ **gigante** Großbildleinwand *f,* Breitwand *f*

écran *m v.* **ecrã**

ecstasy *m* Ecstasy *f*

eczema [ek'zeme] *m* (MED) Ekzem *nt,* Hautausschlag *m*

éden *m* Eden *nt,* Paradies *nt*

edição *f* **1.** (*acção de editar*) Herausgabe *f;* (INFORM) Edition *f* **2.** (*impressão*) Ausgabe *f* **3.** (*conjunto de exemplares*) Auflage *f*

edicto *m* Erlass *m*

edificação *f* Erbauung *f,* Errichtung *f*

edificante *adj* erbaulich

edificar *vt* **1.** (*um edifício*) errichten, erbauen **2.** (*elevar*) erbauen

edifício [idə'fisju] *m* Gebäude *nt,* Bau *m*

edifício-garagem *m* (*brasil*) Parkhaus *nt*

édipo *m* (PSIC) **complexo de** ~ Ödipuskomplex *m*

edital *m* öffentliche Bekanntmachung *f,* Anschlag *m*

editar *vt* **1.** (*um livro*) herausgeben, verlegen **2.** (INFORM) editieren

edito *m* (*brasil*) Erlass *m*

editor *m* **1.** (*de um livro*) Verleger *m,* Herausgeber *m* **2.** (INFORM) Editor *m*

editora *f* (*empresa*) Verlag *m;* ~ **discográfica** Schallplattenfirma *f,* Label *nt*

editorial **I.** *m* (JORN) Leitartikel *m* **II.** *f* Verlag *m* **III.** *adj* Verlags ...

edredão *m* Federbett *nt,* Steppdecke *f*

edredom *m* (*brasil*) *v.* **edredão**

educação *f* **1.** (*dos filhos*) Erziehung *f* **2.** (*boas maneiras*) Benehmen *nt;* **falta de** ~

schlechtes Benehmen, Ungezogenheit *f* **3.** (*instrução*) Ausbildung *f;* (*formação*) Bildung *f;* ~ **física** Sportunterricht *m,* Turnen *nt;* ~ **sexual** Sexualerziehung *f*

educacional *adj* Erziehungs ..., Bildungs ...

educado *adj* höflich; **ser bem/mal** ~ gut/ schlecht erzogen sein

educador(a) *m(f)* Erzieher, Erzieherin *m, f;* ~**a de infância** Kindergärtnerin *f*

educando, -a *m, f* Zögling *m;* (*aluno*) Schüler, Schülerin *m, f*

educar *vt* (*pessoa*) erziehen; (*animal*) dressieren

educativo *adj* **1.** (*relativo à educação*) erzieherisch **2.** (*formação*) Bildungs ...; (*instrutivo*) Lehr ...; **série educativa** Vorschulserie *f;* **sistema** ~ Bildungssystem *nt*

EEG (MED) *abrev de* **ele(c)troencefalograma** EEG (= *Elektroenzephalogramm*)

efectivação *f* Durchführung *f*

efectivamente *adv* tatsächlich, in der Tat

efectivo **I.** *m* (MIL) Truppenstärke *f* **II.** *adj* **1.** (*real*) wirklich, tatsächlich **2.** (*funcionário*) fest angestellt; **passar a** ~ fest angestellt werden

efectuar *vt* ausführen, durchführen

efeito *m* **1.** (*consequência, influência*) Wirkung *f* (*em/sobre* auf), Effekt *m* (*em/sobre* auf); ~ **de estufa** Treibhauseffekt *m;* (FARM); ~ **secundário** Nebenwirkung *f;* (CIN); ~**s especiais** Trickaufnahmen *pl,* Trick *m;* **fazer** ~ wirken; **estar sob o** ~ **do álcool** unter Alkoholeinfluss stehen; **para todos os** ~**s** für alle Fälle **2.** (*realização*) Durchführung *f;* **levar a. c. a** ~ etw durchführen; (*plano*); **ficar sem** ~ hinfällig werden; (*festa*) nicht stattfinden **3.** (DESP: *na bola*) Antippen *nt*

efeméride *f* **1.** (*relação*) Tagebuch *nt* **2.** (ASTR) astronomische(s) Jahrbuch *nt,* Ephemeride *f*

efémero *adj* kurzlebig, vorübergehend

efeminado *adj* feminin; (*pej*) weibisch

efervescência *f* Aufwallen *nt,* Brodeln *nt;* **estar em** ~ sprudeln

efervescente *adj* brodelnd, schäumend

efervescer *vi* brodeln, aufwallen

efetivação *f* (*brasil*) *v.* **efectivação**

efetivamente *adv* (*brasil*) *v.* **efectivamente**

efetivar *vt* (*brasil*) *v.* **efectivar**

efetivo *adj* (*brasil*) *v.* **efectivo**

efetuar *vt* (*brasil*) *v.* **efectuar**

E

eficácia *f* Wirksamkeit *f,* Wirkung *f*

eficaz *adj* wirksam, wirkungsvoll

eficiência *f* (*pessoa*) Tüchtigkeit *f;* (*máquina*) Leistungsfähigkeit *f*

eficiente *adj* (*pessoa*) tüchtig; (*máquina*) leistungsfähig, leistungsstark

efígie *f* Bildnis *nt*

egípcio, -a I. *m, f* Ägypter, Ägypterin *m, f* II. *adj* ägyptisch

Egipto *m* Ägypten *nt*

Egito *m* (*brasil*) *v.* **Egipto**

ego *m* Ich *nt;* **isso faz bem ao** ~ das tut gut

egocêntrico *adj* egozentrisch

egoísmo *m* Egoismus *m*

egoísta I. *m(f)* Egoist, Egoistin *m, f* II. *adj* egoistisch

égua *f* Stute *f*

eh *interj* ~! he!, hei!

ei *interj* ~! hei!

eia *interj* ~! los!, auf!

ei-lo, -a Zusammensetzung: adv eis + art o/a

eira *f* Tenne *f;* **sem** ~ **nem beira** arm wie eine Kirchenmaus

eis *adv* (*singular*) hier ist; (*plural*) hier sind; ~**-me** (**aqui**) da bin ich; ~ **senão quando** plötzlich, auf einmal

eito *adv* **a** ~ nacheinander, hintereinander

eixo *m* Achse *f;* (MEC) Welle *f;* **entrar nos ~s** Vernunft annehmen; **sair dos ~s** auf die schiefe Bahn geraten

ejaculação *f* **1.** (*de líquido*) Strahl *m* **2.** (*de sémen*) Ejakulation *f,* Samenerguss *m*

ejacular I. *vt* (*líquido*) ausspritzen, spritzen II. *vi* (*sémen*) ejakulieren

ejectar-se *vr* (AERO) sich mit dem Schleudersitz retten

ejetar-se *vr* (*brasil*) *v.* **ejectar-se**

ela ['ɜle] *pron pers* sie; **com** ~ mit ihr; **estar/ficar** ~ **por** ~ quitt sein; **agora é que são** ~**s!** jetzt gibt's was!

elaboração *f* Ausarbeitung *f,* Erstellung *f*

elaborar *vt* ausarbeiten, erstellen

élan *m* Elan *m*

elas ['ɜleʃ] *pron pers pl* sie; **com** ~ mit ihnen

elasticidade *f* Elastizität *f,* Dehnbarkeit *f*

elástico I. *m* Gummiband *nt* II. *adj* elastisch, dehnbar; **mesa elástica** Ausziehtisch *m*

Elba *m* Elbe *f*

ele ['elə] *pron pers* er; **com** ~ mit ihm; **para** ~ für ihn

electrão *m* (FÍS) Elektron *nt*

electricidade [ilɜtrəsi'dadə] *f* Elektrizität *f;* ~ **estática** statische Elektrizität

electricista *m(f)* Elektriker, Elektrikerin *m, f*

eléctrico [i'lɜtriku] I. *m* Straßenbahn *f* II. *adj* **1.** (ELECTR) elektrisch, Elektro ...; **fio** ~ Leitungsdraht *m* **2.** (*coloq: pessoa*) aufgeregt; **ele está** ~ er steht unter Strom

electrificar *vt* elektrifizieren

electrocardiograma *m* (MED) Elektrokardiogramm *nt*

electrochoque *m* Elektroschock *m*

electrocussão *f* (*pena*) Tötung *f* durch den elektrischen Stuhl; (*acidente*) tödliche(r) Stromschlag *m*

electrocutado *adj* durch einen Stromschlag getötet; **ele morreu** ~ er starb durch einen Stromschlag; (*na cadeira eléctrica*) er wurde auf dem elektrischen Stuhl hingerichtet

electrocutar *vt* durch Stromschlag töten; (*na cadeira eléctrica*) auf dem elektrischen Stuhl hinrichten

eléctrodo *m* (FÍS) Elektrode *f*

electrodoméstico *m* Haushaltsgerät *nt,* Elektrogerät *nt*

electroencefalograma *m* (MED) Elektroenzephalogramm *nt*

electroíman *m* (FÍS) Elektromagnet *m*

electrólise *f* (QUÍM) Elektrolyse *f*

electrólito *m* Elektrolyt *m*

electromagnético *adj* elektromagnetisch

electrómetro *m* Elektrometer *nt*

electromotor *m* Elektromotor *m*

electrónica *f* Elektronik *f*

electrónico *adj* elektronisch

electroscópio *m* (FÍS) Elektroskop *nt*

electrotecnia *f* Elektrotechnik *f*

electrotécnico *adj* elektrotechnisch; **engenheiro** ~ Elektroingenieur *m*

electroterapia *f* (MED) Elektrotherapie *f*

elefante *m* Elefant *m*

elegância *f* **1.** (*de movimentos, modos*) Eleganz *f* **2.** (*magreza*) Schlankheit *f*

elegante [ilə'gãntə] *adj* **1.** (*nos movimentos, modos*) elegant **2.** (*magro*) schlank

eleger *vt* wählen

eleição *f* Wahl *f;* ~ **preliminar** Vorwahl *f*

eleições *fpl* (POL) Wahlen *pl;* ~ **legislativas** Parlamentswahlen *pl*

eleito I. *pp irr de* **eleger** II. *adj* auserwählt (*para* für); (POL) gewählt (*para* zu)

eleitor(**a**) *m(f)* (POL) Wähler, Wählerin *m, f,* Wahlberechtigte

eleitorado *m* (POL) Wählerschaft *f*

eleitoral *adj* (POL) Wahl ...; **campanha ~** Wahlkampf *m*

elementar *adj* elementar, grundlegend

elemento *m* **1.** (*parte*) Element *nt,* Bestandteil *m;* (*de um grupo*) Mitglied *nt* **2.** (QUÍM) Element *nt*

elenco *m* (*teatro*) Besetzung *f*

eles ['eləʃ] *pron pers pl* sie; **com ~** mit ihnen

eletri ... (*brasil*) *v.* **electri ...**

eletro ... (*brasil*) *v.* **electro ...**

eletroímã *m* (*brasil*) Elektromagnet *m*

elétron *m* (*brasil*) Elektron *nt*

elevado *adj* **1.** (*preço, salário*) hoch **2.** (*sublime*) gehoben

elevador [iləve'dor] *m* Aufzug *m,* Fahrstuhl *m*

elevar *vt* erheben (*a* zu)

eliminação *f* Beseitigung *f,* Entfernung *f;* (MAT) Eliminierung *f*

eliminar *vt* **1.** (*excluir*) beseitigen, entfernen; (*a concorrência*) ausschalten; (*uma possibilidade*) ausschließen; (MAT) eliminieren **2.** (DESP) besiegen

eliminatória *f* (DESP) Ausscheidungskampf *m*

eliminatório *adj* Ausscheidungs ...

elipse *f* Ellipse *f*

elite *f* Elite *f*

elitista *adj* elitär

elixir *m* **1.** (FARM) Elixier *nt,* Heiltrank *m* **2.** (*mágico*) Zaubertrank *m;* **o ~ da juventude** das Wasser des Jungbrunnens

elmo *m* Helm *m*

elo *m* **1.** (*de corrente*) Kettenglied *nt* **2.** (*de ligação*) Bindeglied *nt* (*entre* zwischen)

elocução *f* Ausdrucksweise *f,* Sprechweise *f*

elogiar *vt* loben, rühmen

elogio *m* Lob *nt;* **fazer um ~ a alguém** jdn loben

eloquência *f* Beredsamkeit *f*

eloquente *adj* beredt, redegewandt

elóquio *m* (*elev*) Rede *f*

el-rei *m* (HIST) König *m*

elucidar *vt* **1.** (*pessoa*) aufklären (*sobre* über) **2.** (*questão*) erklären, erläutern

elucidativo *adj* erläuternd, erklärend

em [ãi] *prep* **1.** (*local; dentro de*) in; (*sobre*) auf; (*perto de*) an; **estar na gaveta/no bolso** in der Schublade/Tasche liegen; **estar no** avião/autocarro im Flugzeug/Bus sitzen; **estar na mesa/no chão** auf dem Tisch/Boden liegen; **~ casa** zu Hause; **~ casa de alguém** bei jdm; **~ Portugal** in Portugal; **no litoral** an der Küste; **trabalhar numa empresa** bei/in einer Firma arbeiten; **~ baixo** unten; **~ cima** oben **2.** (*movimento; para dentro*) in; (*sobre*) auf; **pôr na gaveta/no bolso** in die Schublade/Tasche legen; **entrar no avião/autocarro** in das Flugzeug/den Bus einsteigen; **pôr na mesa/no chão** auf den Tisch/Boden legen **3.** (*temporal*) in; **~ dois dias** in zwei Tagen; **~ 1999** 1999, im Jahr 1999; **~ Março** im März; **no Domingo/fim-de-semana** am Sonntag/Wochenende **4.** (*modo*) **~ alemão** auf Deutsch; **estar ~ pé** stehen; **~ silêncio** schweigend **5.** (*diferença*) um; **aumentar/diminuir ~ 5%** sich um 5% erhöhen/verringern

emagrecer **I.** *vt* abnehmen; **ele emagreceu três quilos** er hat drei Kilo abgenommen **II.** *vi* abmagern, abnehmen

emagrecimento *m* Abmagern *nt,* Abnehmen *nt*

e-mail *m* E-Mail *f*

emanar *vi* (*luz, calor*) ausstrahlen (*de* von); (*odor*) ausströmen (*de* aus)

emancipação *f* Emanzipation *f*

emancipado *adj* emanzipiert

emancipar **I.** *vt* emanzipieren; (*libertar*) befreien **II.** *vr* sich emanzipieren (*de* von)

emaranhado **I.** *m* Verwicklung *f* **II.** *adj* verwickelt, verwirrt

emaranhar **I.** *vt* verwickeln, verwirren **II.** *vr* sich verwickeln, sich verwirren

embaciado *adj* beschlagen; **ficar ~** anlaufen, beschlagen

embaciar **I.** *vt* trüben; (*com o bafo*) anhauchen **II.** *vi* beschlagen, anlaufen

embainhar *vt* **1.** (*uma saia*) umsäumen, säumen **2.** (*uma espada*) in die Scheide stecken

embaixada [ẽmbai'ʃadɐ] *f* Botschaft *f*

embaixador *m* Botschafter *m*

embaixatriz *f* Botschafterin *f*

embalado *adj* **ir ~** Schwung haben

embalagem [ẽmbɐ'laʒãi] *f* Verpackung *f*

embalar **I.** *vt* (*empacotar*) verpacken, einpacken; (*uma criança*) wiegen **II.** *vi* (*ganhar velocidade*) schneller werden, beschleunigen

embalo *m* Wiegen *nt*

embalsamado *adj* einbalsamiert

embalsamar *vt* einbalsamieren

embaraçado *adj* **1.** (*constrangido*) verlegen, gehemmt **2.** (*emaranhado*) verwirrt

embaraçar I. *vt* (*constrangir*) in Verlegenheit bringen, verlegen machen; (*emaranhar*) verwirren; (*obstruir*) behindern, hemmen **II.** *vr* verlegen sein

embaraço *m* **1.** (*constrangimento*) Verlegenheit *f* **2.** (*obstáculo*) Hindernis *nt*, Hemmnis *nt*

embaraçoso *adj* peinlich, unangenehm

embarcação *f* (*barco*) Boot *nt*; (*navio*) Schiff *nt*

embarcar I. *vt* (AERO, NÁUT) verladen, einladen **II.** *vi* (AERO, NÁUT) an Bord gehen; (*no comboio*) einsteigen

embargar *vt* ein Embargo verhängen gegen; ~ **uma obra** einen Baustopp erlassen, den Bau stoppen

embargo *m* Embargo *nt*; **levantar o** ~ das Embargo aufheben

embarque *m* (NÁUT) Einschiffung *f*; (AERO) Einchecken *nt*; **sala de** ~ Abflughalle *f*

embarrar *vi* stoßen (*em* an)

embasbacado *adj* erstaunt, verblüfft; **ficar** ~ staunen

embasbacar *vt* verblüffen

embate *m* Aufprall *m*, Zusammenstoß *m*

embater *vi* prallen (*em* gegen), stoßen (*em* gegen)

embebedar I. *vt* betrunken machen **II.** *vi* berauschen, betrunken machen; **o vinho embebeda** der Wein macht betrunken **III.** *vr* sich betrinken; **ela embebedou-se com cerveja** sie hat sich mit Bier betrunken

embeber I. *vt* (*um pano, uma esponja, madeira*) tränken (*em* mit), tauchen (*em* in) **II.** *vr* (*fig*) sich vertiefen (*em* in)

embelezar *vt* verschönern

embevecer I. *vt* entzücken, begeistern **II.** *vr* in Verzückung geraten

embevecido *adj* entzückt, begeistert

embirrar *vi* **1.** (*teimar*) halsstarrig sein; (*coloq*) bocken **2.** (*coloq: implicar*) auf dem Kieker haben (*com*)

emblema *m* Emblem *nt*, Wahrzeichen *nt*

emblemático *adj* sinnbildlich

embocadura *f* **1.** (*de instrumento*) Mundstück *nt* **2.** (*de rio*) Mündung *f*

embolia *f* (MED) Embolie *f*

êmbolo *m* (MEC) Kolben *m*

embolsar *vt* verdienen

embora [ɛ̃mˈbɔɾɐ] **I.** *adv* weg, fort; **ir(-se)** ~ weggehen, fortgehen; **vai(-te)** ~! geh weg!, verschwinde!; **mandar alguém** ~ jdn wegschicken; ~ **para a escola!** marsch in die Schule! **II.** *konj* + *conj* obwohl, zwar; **vamos passear,** ~ **esteja a chover** wir gehen spazieren, obwohl es regnet; ~ **eu não goste de festas, esta foi muito divertida** ich mag zwar keine Partys, aber diese war ganz lustig **III.** *interj* ~! immerhin!

emboscada *f* Hinterhalt *m*; **cair numa** ~ in einen Hinterhalt geraten

embotado *adj* stumpf

embraiagem [ɛ̃mbɾɐˈjaʒɐ̃i] *f* (MEC) Kupplung *f*

embraiar *vi* (MEC) kuppeln

embrandecer *vt* besänftigen

embreagem *f* (*brasil*) *v.* **embraiagem**

embrear *vi* (*brasil*) *v.* **embraiar**

embrenhado *adj* vertieft (*em* in)

embrenhar-se *vr* sich vertiefen (*em* in); ~ **pelo mato** sich ins Dickicht schlagen

embriagado [ɛ̃mbɾjɐˈgadu] *adj* **1.** (*bêbedo*) betrunken **2.** (*extasiado*) berauscht (*com* von), begeistert (*com* von)

embriagar I. *vt* (*com álcool*) betrunken machen; (*extasiar*) begeistern **II.** *vr* sich betrinken

embriaguez *f* **1.** (*com álcool*) Betrunkenheit *f*, Rausch *m* **2.** (*êxtase*) Rausch *m*

embrião *m* (BIOL) Embryo *m*

embrionário *adj* (BIOL) embryonisch, embryonal

embromar I. *vt* (*brasil: adiar*) aufschieben, verschieben; (*enganar*) betrügen **II.** *vi* Umschweife machen

embrulhada *f* Durcheinander *nt*; **estar metido numa** ~ sich in einer dummen Lage befinden

embrulhado *adj* eingewickelt (*em* in), eingepackt (*em* in)

embrulhar *vt* **1.** (*um objecto*) einwickeln (*em* in), einpacken (*em* in) **2.** (*coloq: uma pessoa*) einwickeln; **deixar-se** ~ sich einwickeln lassen

embrulho *m* Päckchen *nt*; (*pacote*) Paket *nt*

embruxar *vt* verhexen

embuchar I. *vt* (*coloq: comida*) hinunterschlingen; (*brasil: engravidar*) schwängern **II.** *vi* (*brasil*) schwanger werden

embuste *m* **1.** (*ardil*) Trick *m* **2.** (*mentira*) Schwindelei *f*, Lüge *f*

embusteiro, -a *m, f* Schwindler, Schwindlerin *m, f,* Lügner, Lügnerin *m, f*

embutido *adj* eingebaut (*em* in); **armário ~** Einbauschrank *m*

embutir *vt* 1. (*madeira*) einlegen 2. (*um armário*) einbauen

emenda *f* 1. (*correcção*) Abänderung *f;* (*melhoramento*) Verbesserung *f,* Besserung *f;* **ela não tem ~** bei ihr ist Hopfen und Malz verloren; **servir de ~ a alguém** jdm eine Lehre sein; **é pior a ~ que o soneto** das eine ist noch schlimmer als das andere 2. (*de lei*) Nachtragsgesetz *nt* 3. (*remendo*) Flicken *m*

emendar I. *vt* (*um erro*) korrigieren, verbessern; (*melhorar*) verbessern; (*uma lei*) abändern II. *vr* sich verbessern

ementa [i'mẽntɐ] *f* Speisekarte *f*

emergência [imər'ʒẽsjɐ] *f* 1. (*incidente*) Notfall *m;* **em caso de ~** im Notfall 2. (*surgimento*) Auftauchen *nt*

emergir *vi* 1. (*surgir*) hervortreten, in Erscheinung treten 2. (*da água*) auftauchen (*de* aus)

emérito *adj* (*elev*) emeritiert

emersão *f* Auftauchen *nt*

emerso *adj* schwimmend, treibend

emigração *f* Auswanderung *f* (*de* aus, *para* nach), Emigration *f* (*de* aus, *para* nach)

emigrante *m(f)* Auswanderer, Auswanderin *m, f,* Emigrant, Emigrantin *m, f*

emigrar *vi* auswandern (*de* aus, *para* nach), emigrieren (*de* aus, *para* nach)

eminência *f* 1. (*título*) Eminenz *f* 2. (*saliência*) Vorsprung *m;* (*de terreno*) Anhöhe *f*

eminente *adj* 1. (*elevado*) hoch gelegen 2. (*superior*) herausragend, hervorragend

emissão *f* 1. (*de gases*) Emission *f,* Ausstoß *m;* **~ de gases de escape** Abgasemission *f* 2. (*de cheque, documento*) Ausstellung *f* 3. (*de notas, selos*) Ausgabe *f* 4. (*de rádio, televisão*) Sendung *f*

emissora *f* Sender *m;* **~ de rádio** Rundfunkstation *f;* **~ de televisão** Fernsehstation *f*

emitir *vt* 1. (*gases*) ausstoßen 2. (*um cheque, documento*) ausstellen 3. (*notas, selos*) ausgeben 4. (*rádio*) senden, übertragen 5. (*som*) ausstoßen, von sich geben; (*luz*) ausstrahlen

emoção *f* Emotion *f*

emocional *adj* emotional, Gefühls ...

emocionante *adj* 1. (*excitante*) aufregend 2. (*comovente*) ergreifend, rührend

emocionar I. *vt* ergreifen, rühren II. *vr* gerührt sein (*com* über)

emoldurar *vt* einrahmen

emolumento *m* 1. (*taxa*) Gebühr *f* 2. (*lucro*) Gewinn *m;* **~s** Nebeneinkünfte *pl*

emotividade *f* Emotivität *f,* Erregbarkeit *f*

emotivo *adj* (*pessoa*) gefühlvoll, gefühlsbetont

empacotado *adj* verpackt

empacotar *vt* verpacken, einpacken

empada *f* (CUL) gefüllte Teigpastete *f*

empadão *m* (CUL: *de carne*) Kartoffel-Hackfleisch-Auflauf *m;* (*de peixe*) Kartoffel-Fisch-Auflauf *m*

empáfia *f* Hochmut *m,* Dünkel *m*

empalhar *vt* (*animal*) ausstopfen

empalidecer *vi* erblassen, erbleichen

empanar *vi* (*carro*) eine Panne haben, liegen bleiben

empancar *vi* 1. (*trânsito*) stocken; (*carro*) stecken bleiben 2. (*ao ler, falar*) stocken

empanque *m* (TÉC) Dichtungsmasse *f*

empanturrar I. *vt* voll stopfen II. *vr* sich voll stopfen (*com* mit), sich überfressen (*com* mit)

emparelhado *adj* **rima emparelhada** Paarreim *m*

empastado *adj* (*tinta*) eingetrocknet

empatado [ẽmpɐ'tadu] *adj* (DESP, POL) unentschieden; **o jogo está ~** das Spiel steht unentschieden; **as equipas estão empatadas** die Mannschaften spielten unentschieden

empatar I. *vt* (*uma pessoa*) hinhalten; (*tempo*) verlieren (*em* mit); (*dinheiro*) hineinstecken (*em* in) II. *vi* (DESP: *jogo*) unentschieden enden; (*equipas*) unentschieden spielen

empate *m* 1. (*obstáculo*) Hindernis *nt* 2. (DESP) Unentschieden *nt;* (POL) Stimmengleichheit *f*

empecilho *m* Hindernis *nt*

empedrado *m* Pflaster *nt,* Straßenpflaster *nt*

empedrar *vt* pflastern

empenagem *f* (AERO) Leitwerk *nt*

empenar *vi* sich verziehen

empenhado *adj* 1. (*penhorado*) verpfändet 2. (*endividado*) verschuldet 3. (*esforçado*) bemüht; **estar ~ em a. c.** sich um etw bemühen, sich für etw einsetzen

empenhamento *m v.* **empenho**

empenhar I. *vt* (*penhorar*) verpfänden; **~ a**

E

palavra sein Wort geben, sich verpflichten **II.** *vr* **1.** (*endividar-se*) sich verschulden, sich in Schulden stürzen **2.** (*esforçar-se*) sich einsetzen, sich bemühen; **~-se em fazer a. c.** sich große Mühe geben, etw zu tun, alles daransetzen, etw zu tun

empenho *m* (*esforço*) Einsatz *m;* (*afinco*) Eifer *m,* Streben *nt*

emperrar *vi* stocken

empestar *vt* verpesten

empilhador *m* Gabelstapler *m*

empilhar *vt* aufhäufen, stapeln

empinado *adj* aufgerichtet, (aufrecht) stehend; **com o nariz ~** hochnäsig

empinar I. *vt* (*coloq*) pauken, büffeln **II.** *vr* (*cavalo*) sich aufbäumen

empiricamente *adv* empirisch

empírico *adj* empirisch

empirismo *m* **1.** (*prática*) Empirie *f* **2.** (FIL) Empirismus *m*

emplastro *m* (MED) Pflaster *nt*

empobrecer I. *vt* verarmen lassen, arm machen **II.** *vi* verarmen, arm werden

empobrecimento *m* Verarmung *f*

empolado *adj* **1.** (*pele*) geschwollen **2.** (*discurso*) schwülstig

empolar *vi* (*pele*) Blasen bilden

empoleirado *adj* (oben) auf (*em*); **estar ~ no muro** auf der Mauer stehen

empoleirar-se *vr* sich stellen (*em* auf)

empolgado *adj* begeistert

empolgante *adj* spannend, packend

empolgar I. *vt* packen, an sich reißen **II.** *vr* sich begeistern

empório *m* (*comercial*) Handelsplatz *m;* (*cultural*) kulturelle(s) Zentrum *nt,* Hochburg *f*

empreendedor(a) I. *m(f)* Unternehmer, Unternehmerin *m, f* **II.** *adj* unternehmerisch

empreender *vt* in Angriff nehmen, beginnen

empreendimento *m* (ECON) Unternehmen *nt*

empregado, -a I. *m, f* (*de empresa*) Angestellte; (*do Estado*) Beamte, Beamtin *m, f;* (*de loja*) Verkäufer, Verkäuferin *m, f;* (*de café, restaurante*) Kellner, Kellnerin *m, f;* **~ de escritório** Büroangestellte *m;* **empregada doméstica** Hausangestellte *f* **II.** *adj* angestellt (*em* bei)

empregar I. *vt* (*pessoal*) einstellen, beschäftigen; (*utilizar*) gebrauchen, verwenden; (*a*

força) aufwenden; (*uma técnica, um método*) anwenden; (*dinheiro*) anlegen (*em* in), ausgeben (*em* für) **II.** *vr* eine Stelle finden

emprego [ɛ̃mˈpregu] *m* **1.** (*trabalho*) Stelle *f,* Anstellung *f;* (*coloq*) Job *m;* ~ **em "part-time"** Teilzeitbeschäftigung *f;* ~ **a tempo inteiro** Vollzeitbeschäftigung *f,* Ganztagsstelle *f;* **arranjar ~** eine Stelle finden **2.** (*utilização*) Verwendung *f;* (*uso*) Gebrauch *m,* Benutzung *f;* (*da força*) Aufwendung *f;* (*de técnica, método*) Anwendung *f,* Einsatz *m* **3.** (*de dinheiro*) Anlage *f,* Verwendung *f*

empregue I. *pp de* **empregar II.** *adj* (*conhecimentos*) **ser ~** zum Einsatz kommen; (*dinheiro*) Verwendung finden, verwendet werden; (*técnica, método*) Anwendung finden, angewendet werden; **ser bem/mal ~** gut/schlecht eingesetzt werden

empreitada *f* Akkordarbeit *f;* **dar de ~** einen Subunternehmer beauftragen mit

empreiteiro *m* (*de construção*) Bauunternehmer *m;* (*subcontratado*) Subunternehmer *m*

empresa [ɛ̃mˈpreze] *f* (ECON) Unternehmen *nt,* Betrieb *m;* ~ **pública** Staatsunternehmen *nt*

empresário, -a *m, f* **1.** (ECON) Unternehmer, Unternehmerin *m, f* **2.** (*de espectáculos*) Intendant, Intendantin *m, f*

emprestado [ɛ̃mpraʃˈtadu] *adj* geliehen, geborgt; **pedir a. c. emprestada a alguém** etw von jdm leihen, bei jdm etw ausleihen

emprestar [ɛ̃mpraʃˈtar] *vt* verleihen; ~ **a. c. a alguém** jdm etw leihen

empréstimo *m* **1.** (*financeiro*) Darlehen *nt;* **contrair um ~** ein Darlehen aufnehmen; **pedir um ~ ao banco** ein Darlehen bei der Bank beantragen **2.** (*de coisa*) Verleihung *f,* Verleihen *nt*

emproado *adj* (*pessoa*) hochmütig; (*discurso*) hochtrabend

emproar-se *vr* hochmütig werden

empunhar *vt* ergreifen

empurrão *m* Stoß *m;* (*coloq*) Schubs *m;* **dar um ~ a alguém/a. c.** jdm/etw einen Stoß geben; **aos empurrões** drängelnd, schubsend

empurrar *vt* **1.** (*uma pessoa, um objecto*) stoßen; (*coloq*) schubsen; (*uma porta*) drücken **2.** (*a responsabilidade*) zuschieben

emudecer I. *vt* zum Schweigen bringen, verstummen lassen **II.** *vi* verstummen

emulação *f* Wetteifer *m*
emulsão *f* Emulsion *f*
EN *abrev de* **estrada nacional** Bundesstraße
ena *interj* ~! hei!
enaltecedor *adj* lobend, preisend
enaltecer *vt* loben, preisen
enamorado *adj* verliebt (*de* in)
enamorar-se *vr* sich verlieben (*de* in)
encabeçar *vt* **1.** (*um grupo*) anführen **2.** (*uma folha*) oben stehen auf; **o título encabeça a folha** der Titel steht oben auf der Seite
encabulado *adj* verlegen
encabular *vt* in Verlegenheit bringen
encadeamento *m* Verknüpfung *f*, Verkettung *f*
encadear *vt* (miteinander) verknüpfen, verketten
encadernação *f* **1.** (*acção de encadernar*) Binden *nt*, Buchbinden *nt* **2.** (*capa*) Einband *m*
encadernado *adj* gebunden
encadernar *vt* binden, einbinden
encafifado *adj* (*brasil*) in Gedanken vertieft, nachdenklich
encafuar *vt* einsperren
encaixar **I.** *vt* (*uma peça*) einfügen, einpassen; (*coloq: na cabeça*) einpauken, pauken **II.** *vi* passen
encaixe *m* **1.** (*acção de encaixar*) Einfügen *nt*, Einpassung *f* **2.** (*ranhura*) Falz *m*, Nut *f* **3.** (*peça de encaixe*) Einsatz *m*
encaixilhar *vt* (*um quadro*) einrahmen; (*uma janela, porta*) mit Rahmen versehen
encaixotado *adj* (in Kisten) verpackt
encaixotar *vt* (in Kisten) verpacken
encalço *m* Verfolgung *f*; **ir no** ~ **de alguém** jdm auf den Fersen sein
encalhado *adj* **1.** (NAÚT) gestrandet, aufgelaufen **2.** (*pej: solteiro*) solo; **estar** ~ keine abgekriegt haben
encalhar *vi* **1.** (NAÚT) auflaufen, stranden **2.** (*processo*) ins Stocken geraten, stocken; (*negociações*) sich festfahren
encaminhado *adj* **bem/mal** ~ gut/ schlecht geplant
encaminhar **I.** *vt* (*um processo*) leiten, lenken; (*uma pessoa*) führen, anleiten; (*no bom caminho*) auf den richtigen Weg bringen, den richtigen Weg zeigen **II.** *vr* sich auf den Weg machen (*para* nach), sich begeben (*para* nach)

encanado *adj* (*água*) in Leitungen, Leitungs ...
encanador(a) *m(f)* (*brasil*) Klempner, Klempnerin *m, f*, Installateur, Installateurin *m, f*
encanamento *m* (*brasil*) Rohr *nt*, Leitung *f*; ~ **de água** Wasserleitung *f*
encandear *vt* blenden
encantado *adj* **1.** (*por artes mágicas*) verzaubert **2.** (*entusiasmado*) entzückt, begeistert; **estar** ~ **com alguém/a. c.** von jdm/ etw angetan sein
encantador [ɛ̃ŋkɑ̃ntɐ'dor] *adj* bezaubernd, entzückend
encantamento *m* Verzauberung *f*
encantar *vt* **1.** (*por meio de magia*) verzaubern **2.** (*entusiasmar*) begeistern, entzücken
encanto *m* **1.** (*feitiço*) Zauber *m* **2.** (*pessoa*) liebenswürdige(r) Mensch *m; (coloq)* Schatz *m; (coisa)* Schmuckstück *nt;* **ele/ela é um** ~ er/sie ist die Liebenswürdigkeit in Person
encapar *vt* (*um livro*) einschlagen
encapelado *adj* aufgewühlt, wild
encaracolado *adj* lockig, gelockt
encaracolar-se *vr* (*cabelo*) sich locken
encarar *vt* **1.** (*uma pessoa*) ins Gesicht sehen, ansehen **2.** (*um problema*) ins Auge sehen
encarcerar *vt* inhaftieren, einsperren
encardido *adj* schmutzig
encarecer **I.** *vt* verteuern **II.** *vi* teurer werden
encarecidamente *adj* eindringlich, mit Nachdruck; **pedir a. c.** ~ inständig um etw bitten
encarecimento *m* Verteuerung *f*
encargo *m* **1.** (*incumbência*) Auftrag *m; (obrigação)* Verpflichtung *f*, Pflicht *f* **2.** (*financeiro*) Belastung *f*; ~**s judiciais** Gerichtskosten *pl*
encarnado [ɛ̃ŋkɐr'nadu] *adj* rot
encarnar *vt* verkörpern
encarquilhado *adj* (*pele, cara*) runzlig; (*fruta*) verschrumpelt, schrumplig
encarquilhar *vi* (*pele, cara*) runzlig werden; (*fruta*) verschrumpeln
encarrapitar-se *vr* sich stellen (*em* auf)
encarregado, -a **I.** *m, f* Beauftragte *m, f*; ~ **de educação** Erziehungsberechtigte *m* **II.** *adj* (*com encargo*) beauftragt (*de* mit); (*incumbido*) zuständig (*de* für)
encarregar **I.** *vt* beauftragen; ~ **alguém de**

E

a. c. jdn mit etw beauftragen **II.** *vr* ~-**se de** übernehmen; ~-**se de fazer a. c.** sich zu etw verpflichten

encarreirado *adj* **estar** ~ einen guten Weg nehmen, gut verlaufen

encarreirar I. *vt* (*encaminhar*) in die Wege leiten; (*no bom caminho*) auf den richtigen Weg bringen **II.** *vi* den richtigen Weg nehmen, gut verlaufen

encarrilar *vi* v. **encarreirar**

encasquetar *vt* (*coloq*) eintrichtern

encastelar *vt* (*fig*) aufeinander türmen, aufeinander stapeln

encastrado *adj* eingebaut, Einbau ...; **cozinha encastrada** Einbauküche *f;* **móveis** ~s Einbaumöbel *pl*

encastrar *vt* einbauen

encavacado *adj* gehemmt, befangen

encavalitar-se *vr* sich stellen (*em* auf)

encefálico *adj* (MED) Gehirn ...

encefalite *f* (MED) Gehirnentzündung *f*

encefalograma *m* (MED) Enzephalogramm *nt*

encenação [ɛ̃sənɛ'sãu] *f* (*fig*) Inszenierung *f*

encenador(a) *m(f)* Regisseur, Regisseurin *m, f*

encenar *vt* (*fig*) inszenieren

encerado *adj* gebohnert, gewachst

enceradora *f* Bohnermaschine *f*

encerar *vt* wachsen, bohnern

encerrado *adj* **1.** (*audiência, assunto*) abgeschlossen; (*reunião*) beendet; **assunto** ~! Schluss damit! **2.** (*fechado*) geschlossen

encerramento *m* **1.** (*de uma reunião, audiência*) Abschluss *m,* Ende *nt* **2.** (*fecho*) Schließen *nt;* (*de estabelecimento*) Ladenschluss *m*

encerrar *vt* **1.** (*uma reunião, audiência*) abschließen, beenden **2.** (*fechar*) schließen; (*à chave*) abschließen **3.** (*conter*) einschließen, enthalten

encestar *vi* (DESP) einen Korb werfen

encetar *vt* **1.** (*o pão*) anschneiden; (*um pacote*) anbrechen **2.** (*iniciar*) beginnen, anfangen

encharcado [ɛ̃ʃer'kadu] *adj* durchnässt; (*coloq*) patschnass, klitschnass

encharcar I. *vt* durchnässen **II.** *vr* durchnässt werden; (*coloq*) patschnass werden

enchente *f* Flut *f* (*de* von)

encher [ɛ̃'ʃer] **I.** *vt* (*um recipiente, uma sala*) füllen (*de* mit); (*um pneu*) aufpumpen; (*um balão*) aufblasen; ~ **o depósito** tanken **II.** *vi* **1.** (*maré*) steigen **2.** (*comida*) sättigen, satt machen **III.** *vr* **1.** (*de comida*) satt werden **2.** (*cansar-se*) genug bekommen (*de* von), müde werden; **ele não se enche de ouvir aquela música** er wird nicht müde, dieses Lied zu hören **3.** (*recipiente, sala*) sich füllen (*de* mit)

enchido *m* (CUL) Wurst *f*

> Es gibt in Portugal eine große Auswahl an **enchidos** (Dauer-)Wurstwaren. Die meisten Namen davon kann man einfach nicht übersetzen, weil es sie bei uns nicht gibt. Am besten ist es, Sie schauen sich in einem portugiesischen Feinkostladen oder hipermercado die Wurstabteilung an. Achten Sie dann auf Namen wie paio, salpicão, linguiça, chourição, alheiras, farinheiras.

enchimento *m* Füllung *f*

enchumaço *m* Futter *nt;* (*nos ombros*) Schulterpolster *nt*

enciclopédia *f* Enzyklopädie *f*

enclausurado *adj* eingesperrt

enclausurar *vt* einsperren

encoberto I. *pp de* **encobrir II.** *adj* **1.** (*céu*) bedeckt, bewölkt **2.** (*oculto*) verborgen

encobrir *vt* **1.** (*ocultar*) verbergen, verstecken **2.** (*uma pessoa*) decken

encolher I. *vt* (*as pernas*) einziehen; ~ **os ombros** mit den Achseln zucken **II.** *vi* schrumpfen; (*roupa*) einlaufen **III.** *vr* verzagen

encolhido *adj* zusammengekauert

encomenda *f* (ECON) Auftrag *m;* (*pedido*) Bestellung *f;* ~ **postal** Postpaket *nt;* **de/por** ~ auf Bestellung; (*por medida*) nach Maß

encomendar *vt* bestellen

encontrão *m* Stoß *m,* Zusammenstoß *m;* **dar um** ~ **a alguém** jdn stoßen/gegen etw stoßen; **aos encontrões** (um sich) stoßend

encontrar [ɛ̃kõn'trar] **I.** *vt* **1.** (*achar*) finden **2.** (*uma pessoa*) treffen; (*inesperadamente*) begegnen **II.** *vr* **1.** (*achar-se*) sich befinden **2.** (*ter encontro*) sich treffen (*com* mit)

encontro [ɛ̃ŋ'kõntru] *m* **1.** (*entre conhecidos*) Treffen *nt,* Verabredung *f;* (*casual*) Begegnung *f;* **ter um** ~ (**marcado**) **com al-**

guém eine Verabredung mit jdm haben, mit jdm verabredet sein; **marcar um ~ com alguém** sich mit jdm verabreden; **ir ao ~ de alguém/a. c.** jdm/etw entgegengehen; **ir de ~ a alguém/a. c.** jdn anrempeln/gegen etw stoßen **2.** (*reunião*) Treffen *nt*; (*congresso*) Tagung *f*

encorajar *vt* ermutigen (*a* zu), ermuntern (*a* zu)

encornar *vt* (*coloq*) pauken, büffeln

encorpado *adj* **1.** (*vinho*) stark **2.** (*pessoa*) beleibt

encorrilhado *adj* knitterig, verknittert

encorrilhar *vi* verknittern

encosta *f* Abhang *m*, Hang *m*

encostado *adj* **1.** (*pessoa, objecto*) **estar ~ a alguém** sich an jdn anlehnen; **estar ~ a a. c.** an etw lehnen **2.** (*porta, janela*) angelehnt

encostar **I.** *vt* **1.** (*um objecto*) lehnen (*a* an); (*fig*); **~ alguém à parede** jdn in die Enge treiben **2.** (*a cabeça*) lehnen (*a* an), legen (*a* auf) **3.** (*o carro*) zur Seite fahren **4.** (*a porta, a janela*) anlehnen **II.** *vi* (*automóvel*) an die Seite fahren **III.** *vr* **1.** (*apoiar-se*) sich anlehnen (*a* an), sich lehnen (*a* an); (*reclinar-se*) sich zurücklehnen **2.** (*deitar-se*) sich hinlegen

encosto *m* (*da cadeira*) Lehne *f*; **~ de braços** Armlehne *f*; **~ de cabeça** Kopfstütze *f*

encovado *adj* (*olhos*) tief liegend; (*face*) eingefallen

encravado *adj* **1.** (*pelo, unha*) eingewachsen **2.** (*máquina*) verklemmt **3.** (*em apuros*) in Schwierigkeiten; **estar ~ in** Schwierigkeiten stecken

encravar *vi* **1.** (*pelo, unha*) einwachsen **2.** (*máquina*) klemmen

encrenca *f* Unannehmlichkeit *f*, Schwierigkeit *f*; **meter-se numa ~** in eine unangenehme Lage geraten

encrencado *adj* **1.** (*situação*) verfahren **2.** (*pessoa*) in Schwierigkeiten; **estar ~** Schwierigkeiten haben

encrencar **I.** *vt* (*uma pessoa*) in Schwierigkeiten bringen; (*uma situação*) verkomplizieren **II.** *vi* (*situação*) unüberschaubar werden, kompliziert werden

encrespado *adj* **1.** (*cabelo*) kraus, gekräuselt **2.** (*mar*) schäumend, aufgewühlt

encrespar-se *vr* **1.** (*cabelo*) sich kräuseln **2.** (*mar*) schäumen, aufgewühlt sein

encruado *adj* nicht gar, halb gar

encruzilhada *f* Kreuzweg *m*

encurralado *adj* umzingelt

encurralar *vt* (*o gado*) einpferchen; (*uma pessoa*) umzingeln

encurtar *vt* verkürzen, kürzen

endémico *adj* (MED) endemisch

endereçar *vt* adressieren (*a* an)

endereço [ɛ̃ndə'resu] *m* Anschrift *f*, Adresse *f*; **~ de e-mail** E-Mail-Adresse *f*

endeusar *vt* vergöttern

endiabrado *adj* (*travesso*) ausgelassen

endinheirado *adj* begütert, reich

endireita *m(f)* Quacksalber, Quacksalberin *m, f*

endireitar **I.** *vt* (*um objecto*) aufrichten, aufrecht (hin)stellen; (*dobrando*) gerade biegen; (*uma situação*) in Ordnung bringen, einrenken **II.** *vr* sich aufrichten

endívia *f* (BOT) Chicorée *m*, Schikoree *m*

endividado *adj* verschuldet

endividar-se *vr* sich verschulden

endocarpo *m* (BOT) Endokarp *nt*

endoidecer **I.** *vt* in den Wahnsinn treiben, verrückt machen **II.** *vi* verrückt werden

endossado *adj* (*cheque*) indossiert

endossante *m(f)* (ECON) Indossant, Indossantin *m, f*, Indossent, Indossentin *m, f*

endossar *vt* (ECON) indossieren

endosso *m* (ECON) Indossament *nt*, Indosso *nt*

endurecer **I.** *vt* verhärten, hart machen **II.** *vi* hart werden

endurecimento *m* Verhärtung *f*

energia *f* **1.** (FÍS) Energie *f*; **~ elé(c)trica** elektrische Energie *f*; **~ atómica/nuclear** Kernenergie *f*; **~ solar** Sonnenenergie *f*; **~s renováveis** erneuerbare Energien; **acumular/poupar/gastar ~** Energie speichern/sparen/verbrauchen **2.** (*força, vigor*) Energie *f*, Tatkraft *f*

enérgico *adj* energisch, tatkräftig

enervante *adj* nervtötend, nervig

enervar **I.** *vt* auf die Nerven fallen, nerven **II.** *vr* nervös werden

enevoado *adj* (METEO) nebelig; (*em altitude*) diesig

enfado *m* Langeweile *f*

enfadonho *adj* langweilig

enfardar *vi* (*coloq*) Prügel kriegen

enfarinhado *adj* bemehlt, mit Mehl bestäubt

enfartado *adj* satt; (*coloq*) voll

enfartar **I.** *vt* satt machen, sättigen (*com*

E

mit) **II.** *vr* sich satt essen (*com* an)

enfarte [ɛ̃'fartə] *m* (MED) Infarkt *m*

ênfase *m* Emphase *f;* (*realce*) Nachdruck *m;* **com** ~ nachdrücklich; **dar** ~ **a a. c.** Nachdruck auf etw legen

enfastiado *adj* überdrüssig

enfático *adj* emphatisch, nachdrücklich

enfatizar *vt* (*brasil*) betonen

enfeitar **I.** *vt* schmücken, verzieren **II.** *vr* sich schmücken

enfeite *m* Schmuck *m,* Verzierung *f*

enfeitiçado *adj* **1.** (*com feitiço*) verzaubert, verhext **2.** (*fig: encantado*) verzaubert, entzückt

enfeitiçar *vt* **1.** (*com feitiço*) verzaubern, verhexen **2.** (*fig: encantar*) bezaubern, entzücken

enfermagem *f* Krankenpflege *f;* **pessoal de** ~ Pflegepersonal *nt*

enfermaria *f* Krankenstation *f*

enfermeiro, -a *m, f* Krankenpfleger, Krankenschwester *m, f*

enfermidade *f* Krankheit *f*

enfermo *adj* krank

enferrujado *adj* **1.** (*ferro*) verrostet, rostig **2.** (*sem exercício*) eingerostet

enferrujar *vi* **1.** (*ferro*) rosten, verrosten **2.** (*fig: pessoa*) rosten, einrosten

enfiada *f* Reihe *f;* **de** ~ hintereinander

enfiado *adj* (*coloq*) **estar** ~ **em** stecken in; **estar sempre** ~ **em casa** immer zu Hause sitzen

enfiar **I.** *vt* (*meter*) hineinstecken, hineinschieben; (*um fio*) einfädeln; (*um anel*) anstecken; ~ **a. c. na cabeça de alguém** jdm etw eintrichtern; (*coloq: pôr*) stecken (*em* in); (*coloq: vestir, calçar*) überstreifen, überziehen **II.** *vr* hineingehen (*por* in); **onde é que ele se enfiou?** wo steckt er?

enfim *adv* endlich, schließlich; **até que** ~! endlich!; ~! na ja!

enforcado, -a **I.** *m, f* Gehängte, Gehenkte **II.** *adj* gehängt, gehenkt; **morrer** ~ gehängt/gehenkt werden

enforcar **I.** *vt* hängen **II.** *vr* sich erhängen

enfraquecer **I.** *vt* schwächen **II.** *vi* **1.** (*pessoa*) schwach werden **2.** (*diminuir*) sich abschwächen

enfraquecimento *m* Schwächung *f*

enfrascar *vi* (*coloq*) saufen

enfrentar *vt* (*uma situação*) sich stellen, angehen; (*uma pessoa*) gegenübertreten

enfurecer **I.** *vt* wütend machen; (*coloq*) auf die Palme bringen **II.** *vr* **1.** (*pessoa*) wütend werden, in Rage kommen **2.** (*mar, vento*) tosen

enfurecido *adj* **1.** (*pessoa*) wütend **2.** (*mar, vento*) tosend

engalfinhar-se *vr* sich raufen (*com* mit)

enganado *adj* **estar** ~ sich irren, sich täuschen; **estar redondamente** ~ sich gründlich irren

enganador *adj* **1.** (*traiçoeiro*) betrügerisch **2.** (*ilusório*) täuschend, irreführend

enganar [ɛ̃ŋge'nar] **I.** *vt* (*iludir*) täuschen; (*induzir em erro*) irreführen; (*trair*) betrügen **II.** *vr* sich irren, sich täuschen; (*no caminho*) sich verlaufen; (*de carro*) sich verfahren; (*nas contas*) sich verrechnen; (*a escrever*) sich verschreiben; (*a falar*) sich versprechen; ~**-se a respeito de alguém** sich in jdm täuschen; **se não me engano** wenn ich mich nicht irre

enganchar *vt* einhaken

engano *m* **1.** (*erro*) Irrtum *m;* (TEL); **é** ~ Sie sind falsch verbunden; **por** ~ irrtümlich, aus Versehen; **cometer um** ~ einen Irrtum begehen **2.** (*traição*) Betrug *m* **3.** (*ilusão*) Täuschung *f*

enganoso *adj* irreführend, trügerisch

engarrafado *adj* **1.** (*vinho*) (in Flaschen) abgefüllt **2.** (*trânsito*) lahm gelegt

engarrafamento [ɛ̃ŋgɐɾɐfɐ'mẽntu] *m* **1.** (*de bebidas*) Abfüllung *f* **2.** (*do trânsito*) Verkehrsstau *m*

engarrafar *vt* **1.** (*bebidas*) abfüllen, in Flaschen füllen **2.** (*o trânsito*) lahm legen, zum Erliegen bringen

engasgado *adj* (*com comida, bebida*) **estar** ~ sich verschluckt haben; (*sem fala*) sprachlos sein

engasgar-se *vr* sich verschlucken

engastar *vt* (*pedra preciosa*) einfassen

engatar *vt* **1.** (*uma peça*) einrasten lassen; (*enganchar*) einhaken; (*carruagem*) ankuppeln **2.** (*velocidade*) einlegen; ~ **o carro** den Gang eingelegt lassen **3.** (*coloq: uma pessoa*) anmachen

engate *m* **1.** (*do carro, de carruagem*) Kupplung *f* **2.** (*coloq: de pessoa*) **ir ao** ~ **de alguém** jdn anmachen; **andar no** ~ jdn aufreißen wollen, auf Männerfang/Brautschau sein

engelhado *adj* (*tecido, papel*) zerknittert; (*pele*) runzlig

engelhar *vt* (*papel, tecido*) zerknittern; (*pele*) runzlig machen

engendrar *vt* überlegen; (*coloq*) aushecken; ~ **a. c.** sich *dat* etw ausdenken

engenharia *f* Ingenieurwissenschaft *f*, Ingenieurwesen *nt;* ~ **de ambiente** Umwelttechnik *f;* ~ **genética** Gentechnologie *f*

engenheiro, -a *m, f* Ingenieur, Ingenieurin *m, f;* ~ **agrónomo** Agraringenieur *m;* ~ **civil** Bauingenieur *m;* ~ **ele(c)trotécnico** Elektrotechniker *m;* ~ **mecânico** Maschinenbauingenieur *m;* ~ **de minas** Bergbauingenieur *m*

engenho *m* **1.** (*aptidão*) Ideenreichtum *m*, Talent *nt* **2.** (*máquina*) Maschine *f;* ~ **explosivo** Sprengsatz *m* **3.** (*brasil: moinho*) Mühle *f*

engenhoca *f* (*coloq*) Apparat *m*, Maschinchen *nt*

engenhocas *m(f) inv* (*coloq*) Tüftler, Tüftlerin *m, f*

engenhoso *adj* erfinderisch

engessado *adj* eingegipst; **ter um braço ~** einen Gipsarm haben

engessar *vt* eingipsen

englobar *vt* **1.** (*abranger*) umfassen **2.** (*incluir*) einbeziehen (*em* in), einschließen (*em*)

Eng.°°, Eng.ª *abrev de* **engenheiro, -a** Ing. (= *Ingenieur*(*in*))

engodo *m* (*fig*) Köder *m*

engolir *vt* **1.** (*comida, bebida*) schlucken; (*as palavras*) verschlucken; ~ **em seco** etw hinterschlucken **2.** (*coloq: uma história*) schlucken

engomar *vt* **1.** (*passar a ferro*) bügeln; (*schweiz*) glätten **2.** (*com goma*) stärken

engonço *m* Scharnier *nt*

engonhar *vi* (*reg*) auf der Stelle treten, nicht vorankommen

engordar **I.** *vt* (*pessoa*) dick machen; (*animal*) mästen **II.** *vi* zunehmen, dick werden

engordurar *vt* fettig machen

engraçado *adj* **1.** (*divertido*) drollig, lustig **2.** (*com piada*) witzig **3.** (*coloq: giro*) niedlich, süß

engraçar *vi* ~ **com alguém** jdn nett finden; ~ **com a. c.** etw gut finden

engrandecer *vt* (*enobrecer*) adeln

engravatado *adj* Schlips tragend

engravidar **I.** *vt* schwängern **II.** *vi* schwanger werden

engraxadela *f* **1.** (*com graxa*) Einfetten *nt*, Eincremen *nt;* **dar uma ~ aos sapatos** die

Schuhe putzen **2.** (*coloq: bajulação*) Schmeichelei *f*, Schöntuerei *f;* **dar uma ~ a alguém** jdm schmeicheln, sich bei jdm einschmeicheln

engraxador(a) *m(f)* **1.** (*de sapatos*) Schuhputzer, Schuhputzerin *m, f* **2.** (*coloq: bajulador*) Schmeichler, Schmeichlerin *m, f*

engraxar *vt* **1.** (*sapatos*) putzen; (*couro*) eincremen, einfetten **2.** (*coloq: uma pessoa*) schmeicheln, schöntun

engraxate *m(f)* (*brasil*) *v.* **engraxador**

engrenagem *f* **1.** (MEC) Getriebe *nt;* ~ **diferencial** Differenzialgetriebe *nt* **2.** (*fig: de instituição*) Herz *nt*

engrenar *vt* **1.** (MEC) verzahnen **2.** (*em assunto, conversa*) einhaken (*em* in)

engrossar *vi* **1.** (*líquido*) eindicken **2.** (*coloq brasil: conversa*) hitzig werden; (*pessoa*) böse werden, sich ärgern

enguia [ɛ̃ˈɡiɐ] *f* Aal *m*

enguiçar **I.** *vt* (*brasil*) kaputtmachen, zerstören **II.** *vi* (*brasil*) kaputtgehen

enguiço *m* **1.** (*mau agouro*) schlechte(s) Zeichen *nt* **2.** (*brasil: carro; avaria*) Panne *f;* (*máquina*) Schaden *m*

enigma *m* Rätsel *nt*

enigmático *adj* rätselhaft

enjaulado *adj* in einen Käfig gesperrt

enjaular *vt* in einen Käfig sperren

enjeitar *vt* **1.** (*rejeitar*) zurückweisen, ablehnen **2.** (*uma criança*) aussetzen

enjoado [ɛ̃ˈʒwadu] *adj* **1.** (*geral, em viagem*) **estou ~** mir ist übel/schlecht; (*no mar*) ich bin seekrank **2.** (*enfastiado*) angeödet; (*coloq*); **estou ~ disso** ich habe die Nase voll davon

enjoar **I.** *vt* **1.** (*remédio, comida, cheiro*) Übelkeit verursachen; **isso enjoa-me** davon wird mir übel/schlecht **2.** (*enfastiar*) abstoßen, anekeln **II.** *vi* **1.** (*em viagem*) übel/schlecht werden; (*no mar*) seekrank werden; **ele enjoa** ihm wird (beim Auto fahren) schlecht **2.** (*enfastiar-se*) ~ **de** sich langweilen

enjoativo *adj* widerwärtig, ekelhaft

enjoo [ɛ̃ˈʒou] *m* (*geral, em viagem*) Übelkeit *f*, Brechreiz *m;* (*no mar*) Seekrankheit *f*

enlaçar *vt* (*atar*) binden, festbinden; (*unir*) verbinden, verknüpfen

enlace *m* Verbindung *f*

enlameado *adj* schlammig

enlatado *adj* (*comida*) Konserven ...

enlatados *mpl* Konserven *pl*

E

enlatar *vt* (*comida*) eindosen

enlevar I. *vt* entzücken, hinreißen II. *vr* in Verzückung geraten

enlevo *m* Verzückung *f*, Entzücken *nt*

enlouquecer I. *vt* verrückt machen, um den Verstand bringen II. *vi* verrückt werden, den Verstand verlieren

enobrecer *vt* (*pessoa*) adeln; (*discurso*) bereichern, verschönern

enojado *adj* angeekelt (*com* von), angewidert (*com* von)

enojar *vt* ekeln, anwidern

enologia *f* Weinkunde *f*, Önologie *f*

enorme *adj* riesig, enorm

enormidade *f* 1. (*tamanho*) (enorme) Größe *f*; **uma ~ de** eine Unmenge 2. (*disparate*) Ungeheuerlichkeit *f*

enquadramento *m* (*fig*) Anpassung *f* (*em* an), Einfügen *nt* (*em* in)

enquadrar I. *vt* (*fig*) einfügen (*em* in); **~ a. c. num contexto** etw in einen Kontext stellen II. *vi* passen (*com* zu) III. *vr* (*em situação*) sich anpassen (*em* an); (*em grupo*) sich einfügen (*em* in)

enquanto [ɛ̃ŋˈkwãntu] *m(f)* 1. (*temporal*) während; **~ isso** währenddessen, inzwischen; **por ~** fürs Erste, vorläufig 2. (*ao passo que*) **~** (**que**) wohingegen 3. (*na qualidade de*) als; **~ professor** als Lehrer

enraivecer I. *vt* wütend machen II. *vr* wütend werden

enraizado *adj* verwurzelt

enraizar *vi* (*fig*) Wurzeln schlagen

enrascada *f* Unannehmlichkeit *f*; **estar/meter-se numa ~** in einer unangenehmen Lage sein/in Schwierigkeiten kommen

enrascado *adj* betrogen; (*coloq*) reingelegt

enrascar I. *vt* (*coloq*) reinlegen II. *vr* reinfallen

enredo *m* 1. (*de um livro*) Handlung *f* 2. (*intriga*) Intrige *f*

enregelar *vi* gefrieren

enriçado *adj* wirr, durcheinander

enriçar I. *vt* zerzausen, durcheinander bringen II. *vr* sich verwirren

enrijecer I. *vt* härten II. *vi* hart werden

enriquecer I. *vt* (*com dinheiro*) reich machen; (*fig: enobrecer*) bereichern II. *vi* reich werden

enriquecimento *m* 1. (*material*) Reichtum *m* 2. (*fig: enobrecimento*) Bereicherung *f*

enrodilhar *vt* verwickeln, verwirren

enrolamento *m* (TÉC) Wickelung *f*

enrolar I. *vt* (*um tapete, papel*) aufrollen, zusammenrollen; (*um fio, uma corda*) wickeln, aufwickeln; (*um cigarro*) drehen; (*fig: uma pessoa*) einwickeln II. *vr* sich aufrollen, sich zusammenrollen

enroscar I. *vt* wickeln, zusammenrollen II. *vr* sich winden

enrouquecer *vi* heiser werden

enrubescer *vi* (*elev*) erröten

enrugado *adj* kraus

enrugar I. *vt* kräuseln II. *vr* runzlig werden

ensaboadela *f* 1. (*com sabão*) Einseifen *nt*; **dar uma ~ a a. c.** etw einseifen 2. (*coloq: reprimenda*) Abreibung *f*; **dar uma ~ a alguém** jdm eine Abreibung verpassen

ensaiar *vt* 1. (*uma peça, uma música*) proben; (*preparar*) einstudieren 2. (*examinar*) testen, prüfen

ensaio *m* 1. (*de teatro*) Probe *f*; **~ final** Generalprobe *f* 2. (*automóvel*) Test *m* 3. (LIT) Essay *m*

ensaísta *m(f)* Essayist, Essayistin *m, f*

ensamblar *vt* (*madeira*) verzapfen

ensanduichado *adj* (*coloq*) eingequetscht

ensanduichar *vt* (*coloq*) quetschen, einquetschen

ensanguentado *adj* (*pessoa, ferida*) blutend; (*chão, roupa*) blutig, blutbefleckt

ensanguentar *vt* mit Blut beflecken

enseada *f* (GEOG) (kleine) Bucht *f*

ensejo *m* (günstige) Gelegenheit *f*

ensinadela *f* Lehre *f*

ensinado *adj* 1. (*animal*) dressiert 2. (*pessoa*) gebildet; **ninguém nasce ~** es ist noch kein Meister vom Himmel gefallen

ensinamento *m* Lehre *f*

ensinar [ɛ̃siˈnar] *vt* 1. (*uma pessoa*) unterrichten; (*uma disciplina*) unterrichten, lehren; **~ alguém a fazer a. c./a. c. a alguém** jdm etw beibringen 2. (*um animal*) abrichten, dressieren

ensino *m* 1. (*instrução*) Unterricht *m*; **o ~ das línguas/da matemática** der Sprach-/Mathematikunterricht 2. (*sistema*) Bildungswesen *nt*, Bildungssystem *nt*; **~ preparatório** Unterstufe *f*; **~ secundário** Sekundarschulwesen *nt*; **~ secundário complementar** Oberstufe *f*; **~ superior** Hochschulwesen *nt*

ensopado I. *m* (CUL) Eintopf *m* II. *adj* durchnässt

ensopar vt **1.** (embeber) eintunken **2.** (encharcar) durchnässen

ensurdecedor adj betäubend, ohrenbetäubend

ensurdecer **I.** vt taub machen **II.** vi taub werden

entaipar vt mit Mauern umgeben

entalado adj **1.** (preso) eingeklemmt **2.** (engasgado) estar ~ sich verschluckt haben; **ficar** ~ sich verschlucken

entalar **I.** vt einklemmen **II.** vr sich verschlucken

entalhar vt schnitzen

entalhe m Kerbe f

então [ẽn'tãu] **I.** adv (nessa altura) dann, da; (naquele tempo) damals; **até** ~ bis dahin; **desde** ~ seitdem; (nesse caso) dann **II.** interj also; (coloq); ~, **tudo bem?** na, wie geht's?

entardecer **I.** m Abend m, Spätnachmittag m; **ao** ~ in der Abenddämmerung **II.** vi Abend werden

ente m Wesen nt

enteado, -a m, f Stiefsohn, Stieftochter m, f

entediar vt langweilen, anöden

entendedor(a) m(f) Kenner, Kennerin m, f; **para bom ~, meia palavra basta** Sie wissen schon, was ich meine

entender [ẽntẽn'der] **I.** m Meinung f; **no meu** ~ meiner Meinung nach, meines Erachtens **II.** vt (compreender) verstehen, begreifen; (uma língua) verstehen; (achar) denken, meinen **III.** vi (perceber) verstehen; **dar a** ~ **a. c. a alguém** jdm etw zu verstehen geben, jdm etw nahe legen; **fazer-se** ~ sich verständlich machen; (conhecer) sich auskennen (de mit), verstehen (de von); **ele não entende nada de música** er versteht nichts von Musik **IV.** vr sich verstehen (com mit)

entendido, -a **I.** m, f Sachverständige, Fachmann, Fachfrau m, f **II.** adj verstanden

entendimento m **1.** (inteligência) Verstand m, Auffassungsgabe f **2.** (compreensão) Verständnis nt

enternecer vt rühren

enternecimento m Rührung f

enterrado adj begraben

enterrar **I.** vt begraben; (sepultar) beerdigen **II.** vr sich vergraben (em in)

enterro m **1.** (acto) Vergraben nt **2.** (funeral) Begräbnis nt, Beerdigung f

entidade f **1.** (ser) Wesen nt **2.** (corporação) Körperschaft f

entoação f **1.** (sonora) Tonfall m, Intonation f **2.** (ênfase) Betonung f; **dar** ~ **a a. c.** etw betonen

entoar vt anstimmen

entomologia f (ZOOL) Insektenkunde f, Entomologie f

entomológico adj (ZOOL) entomologisch, Insekten ...

entomologista m(f) (ZOOL) Insektenforscher, Insektenforscherin m, f, Entomologe, Entomologin m, f

entonação f (brasil) v. **entoação**

entontecer vt schwindlig machen

entornar vt **1.** (vazar) ausgießen, ausschütten; (por descuido) vergießen, verschütten **2.** (um recipiente) umstoßen

entorpecente m (brasil) Rauschgift nt

entorpecer **I.** vt lähmen **II.** vi lahm werden

entorpecido adj gelähmt

entorpecimento m **1.** (acção de entorpecer) Lähmung f **2.** (falta de sensibilidade) Unempfindlichkeit f

entorse f (MED) Sehnenzerrung f

entortar **I.** vt (dobrando) verbiegen, biegen; (torcendo) verdrehen **II.** vr sich krümmen

entozoário m Darmparasit m

entrada [ẽn'tradɐ] f **1.** (acção de entrar) Eintritt m; (num país) Einreise f; (DESP: em campo) Einlauf m; (teatro); ~ **em cena** Auftritt m; ~ **em vigor** In-Kraft-Treten nt; **dar** ~ **no hospital** ins Krankenhaus eingeliefert werden **2.** (local) Eingang m; (para carros) Zufahrt f; (de auto-estrada) Auffahrt f; **na** ~ am Eingang **3.** (em sítio público) Zutritt m; (preço) Eintritt m; **a** ~ **é às 20 horas** um 20 Uhr ist Einlass; ~ **proibida** Zutritt verboten; ~ **gratuita** Eintritt frei **4.** (de dinheiro, mercadoria, correio) Eingang m; **dar uma** ~ eine Anzahlung leisten **6.** (CUL) Vorspeise f **7.** (MÚS) Einsatz m **8.** (do Inverno) Beginn m

entradas fpl **1.** (no cabelo) Geheimratsecken pl **2.** (ano novo) Rutsch m; **boas ~!** guten Rutsch!

entrançado **I.** m Geflecht nt **II.** adj geflochten

entrançar vt flechten

entranhado adj (sujidade) festsitzend; (cheiro) penetrant; (sentimento) innig

entranhar-se *vr* eindringen (*em* in), sich festsetzen (*em* in)

entranhas *fpl* **1.** (*vísceras*) Eingeweide *pl*, Innereien *pl* **2.** (*interior*) Innerste *nt*

entrar [ɛ̃n'trar] *vi* **1.** (*ir para dentro*) hineingehen, eintreten; (*vir para dentro*) hereinkommen; (*num país*) einreisen; (*automóvel*) hineinfahren; (*navio*) einlaufen; **mandar** ~ hereinbitten; **entre/entra!** herein!; ~ **ao serviço** Dienst haben; ~ **em pormenores** ins Detail gehen; (*teatro*); ~ **em cena** auftreten; ~ **em vigor** in Kraft treten **2.** (*numa associação*) eintreten **3.** (*mercadoria, correio, dinheiro*) eingehen **4.** (*líquido*) eindringen; **deixar** ~ **água** durchlässig sein, undicht sein **5.** (*num jogo, num filme*) mitspielen; (*numa brincadeira*) mitmachen; (*numa discussão*) sich einmischen

entravar *vt* hemmen

entrave *m* Hemmnis *nt*, Hindernis *nt*

entre ['ɛ̃trɛ] *prep* (*dois*) zwischen; (*vários*) unter, bei; ~ **parêntesis/aspas** in Klammern/Anführungsstrichen; ~ **outras coisas** unter anderem; ~ **si** unter sich

entreaberto I. *pp de* **entreabrir II.** *adj* halb geöffnet; (*porta, janela*) angelehnt

entreabrir *vt* halb öffnen

entreacto *m* **1.** (*teatro*) Zwischenakt *m* **2.** (MÚS) Intermezzo *nt*

entreato *m* (*brasil*) *v.* **entreacto**

entrecortado *adj* unregelmäßig

entrecortar I. *vt* unterbrechen **II.** *vr* (MAT) sich schneiden

entrecosto *m* Rippchen *nt*

entrecruzar-se *vr* sich kreuzen

entrega *f* **1.** (*de um objecto*) Übergabe *f*; (*de mercadoria*) Lieferung *f*; (*de bagagem*) Ausgabe *f*; (*de prémio*) Verleihung *f*; **fazer a** ~ **de a. c.** etw liefern **2.** (*dedicação*) Engagement *nt*, Hingabe *f* **3.** (*rendição*) Übergabe *f*

entregar [ɛ̃ntrə'gar] **I.** *vt* **1.** (*um objecto*) abgeben, aushändigen; (*mercadoria*) abliefern, ausliefern; (*um requerimento*) einreichen; (*um prémio*) verleihen **2.** (*denunciar*) anzeigen (*a* bei) **II.** *vr* **1.** (*a uma pessoa*) sich hingeben (*a*); (*a uma causa*) sich widmen (*a*) **2.** (*render-se*) sich ergeben; (*à polícia*) sich stellen

entregue I. *pp de* **entregar II.** *adj* übergeben, ausgehändigt; **estar** ~ **a alguém** jdm ausgeliefert sein; **ficar/estar bem** ~ **a alguém** bei jdm gut aufgehoben sein; **estar** ~

a si próprio sich selbst überlassen sein

entrelaçar *vt* (miteinander) verflechten, ineinander schlingen; ~ **um fio de algodão com uma corda** einen Baumwollfaden und eine Schnur ineinander schlingen

entrelinha *f* Zeilenabstand *m*; (*fig*); **ler nas** ~**s** zwischen den Zeilen lesen

entremear *vt* einfügen, einschieben

entremeio *m* Zwischenraum *m*

entrementes *adv* unterdessen, inzwischen

entreolhar-se *vr* sich ansehen

entreposto *m* Lagerhalle *f*

entretanto I. *m* Zwischenzeit *f*; **no** ~ in der Zwischenzeit **II.** *adv* inzwischen, unterdessen

entretenimento *m* Unterhaltung *f*, Zeitvertreib *m*

entreter I. *vt* unterhalten **II.** *vr* sich beschäftigen (*com* mit), sich die Zeit vertreiben +*dat* (*com* mit)

entretido *adj* beschäftigt (*com* mit); **estar** ~ **a fazer a. c.** damit beschäftigt sein, etw zu tun

entrevado *adj* gelähmt

entrevista *f* Interview *nt*; (*para um emprego*) Vorstellungsgespräch *nt*; **marcar uma** ~ einen Termin für ein Vorstellungsgespräch ausmachen; ~ **coletiva** Pressekonferenz *f*

entrevistador(a) *m(f)* Interviewer, Interviewerin *m, f*

entrevistar *vt* interviewen

entristecer I. *vt* betrüben, traurig machen **II.** *vi* traurig werden

entroncado *adj* mit breitem Oberkörper, kräftig

entroncamento *m* Knotenpunkt *m*

Entrudo *m* Karneval *m*, Fastnacht *f*; **Terça-feira de** ~ Fastnachtsdienstag *m*

entulhar *vt* **1.** (*encher de entulho*) mit Schutt füllen, Schutt abladen in/auf **2.** (*amontoar*) aufhäufen, anhäufen

entulho *m* **1.** (*lixo*) Abfall *m* **2.** (*de construção*) Schutt *m*

entupido *adj* (*cano, nariz*) verstopft

entupimento *m* Verstopfung *f*

entupir *vi* (*cano, nariz*) verstopfen

entusiasmado [ɛ̃ntuzjɐʒ'madu] *adj* begeistert (*com* von)

entusiasmar I. *vt* begeistern **II.** *vr* sich begeistern (*com* für)

entusiasmo *m* Begeisterung *f* (*por* für), Enthusiasmus *m*

entusiasta [ɛ̃ntu'zjaʃtɐ] *m(f)* Enthusiast, Enthusiastin *m, f,* Begeisterte

entusiástico *adj* enthusiastisch, begeistert; **aplauso** ~ begeisterter Applaus

enumeração *f* Aufzählung *f*

enumerar *vt* aufzählen

enunciado *m (de um teste)* Prüfungsbogen *m,* Aufgabenblatt *nt*

enunciar *vt* **1.** *(declarar)* behaupten **2.** *(exprimir)* aussprechen, ausdrücken

envelhecer I. *vt* alt machen **II.** *vi* altern, alt werden

envelhecimento *m (pessoa)* Altern *nt,* Älterwerden *nt; (método)* Veralten *nt*

envelope [ɛ̃vɐ'lɔpɐ] *m* Briefumschlag *m*

envencilhar-se *vr* sich (ineinander) verwickeln

envenenado *adj* vergiftet; **morrer** ~ vergiftet werden

envenenamento [ɛ̃vɐnɐnɐ'mɛ̃ntu] *m* Vergiftung *f*

envenenar I. *vt* vergiften **II.** *vr* sich vergiften

enveredar *vi (carreira profissional)* ~ **por** einschlagen; *(religião)* annehmen; ~ **pelo marxismo** Marxist werden

envergadura *f* **1.** (AERO: *das asas*) Spannweite *f* **2.** *(de pessoa)* Körperbau *m; (capacidade)* Fähigkeit *f* **3.** *(de acontecimento)* Tragweite *f;* **de grande** ~ von großer Tragweite

envergonhado *adj* verschämt; *(embaraçado)* verlegen; *(tímido)* schüchtern

envergonhar I. *vt* beschämen, in Verlegenheit bringen **II.** *vr* sich schämen; ~-**se de alguém/a. c.** sich vor jdm/für etw schämen

envernizar *vt (as unhas, madeira)* lackieren

enviado, -**a** *m, f* **1.** (POL) Gesandte **2.** (JORN) Auslandskorrespondent, Auslandskorrespondentin *m, f;* ~ **especial** Sonderkorrespondent *m*

enviar *vt (uma carta, mercadoria)* senden, schicken; *(uma pessoa)* entsenden

envidraçado *adj* verglast

envidraçar *vt (uma sala)* verglasen

enviesado *adj* schräg, schief

enviesar *vt* schräg hinstellen

envio *m (de uma carta)* Sendung *f; (de mercadoria)* Versand *m*

enviuvar *vi* verwitwen

envolto *adj* eingewickelt *(em* in)

envolvente *adj (livro, filme)* packend, mitreißend

envolver I. *vt* **1.** *(embrulhar)* einwickeln *(em* in), einhüllen *(em* in) **2.** *(comprometer)* verwickeln *(em* in), hineinziehen *(em* in); ~ **alguém numa discussão** jdn in eine Diskussion verwickeln **3.** *(acarretar)* mit sich bringen, nach sich ziehen; **este projecto envolve muito trabalho e uma grande despesa** dieses Projekt ist sehr arbeitsintensiv und kostspielig **II.** *vr* **1.** *(numa situação)* sich verstricken *(em* in) **2.** *(com uma pessoa)* sich einlassen *(com* mit)

envolvido *adj* verwickelt, verstrickt; **estar** ~ **num crime** in ein Verbrechen verwickelt sein

envolvimento *m (num crime)* Verwickelung *f (em* in), Verstrickung *f (em* in); *(num projecto)* Mitarbeit *f (em* an/in)

enxada *f* Hacke *f*

enxaguar *vt* abspülen

enxame *m* Schwarm *m*

enxaqueca [ɛ̃ʃɐ'kɜkɐ] *f* (MED) Migräne *f*

enxergar *vt* **1.** *(avistar)* erblicken **2.** *(notar)* bemerken

enxerido *adj (pej brasil)* naseweis

enxertar *vt* pfropfen

enxerto *m* Pfropfreis *m;* **fazer um** ~ pfropfen *(em)*

enxofre *m* (QUÍM) Schwefel *m*

enxotar *vt* verscheuchen, verjagen

enxoval *m (da noiva)* Brautausstattung *f; (do bebé)* Erstausstattung *f*

enxovalhar *vt* verschmutzen, schmutzig machen

enxugar I. *vt* trocknen; *(loiça)* abtrocknen **II.** *vi* trocknen

enxurrada *f* **1.** *(de água)* Sturzbach *m* **2.** *(grande quantidade)* Menge *f;* **uma** ~ **de gente** Menschenmengen

enxuto I. *pp de* **enxugar II.** *adj* trocken

enzima *f* (BIOL) Enzym *nt*

eólico *adj* Wind ...; **energia eólica** Windenergie *f*

epicentro *m* Epizentrum *nt*

épico I. *m* Epiker *m* **II.** *adj* episch

epidemia *f* (MED) Epidemie *f,* Seuche *f*

epidémico *adj* epidemisch, seuchenartig

epiderme *f* Epidermis *f,* Oberhaut *f*

epiglote *f* (ANAT) Kehldeckel *m*

epígrafe *f* Inschrift *f*

epigrafia *f* Inschriftenkunde *f,* Epigraphik *f*

E

epilepsia [ipilɐp'sjɐ] *f* (MED) Epilepsie *f*
epiléptico, **-a** I. *m*, *f* Epileptiker, Epileptikerin *m*, *f* II. *adj* epileptisch
epílogo *m* Epilog *m*, Nachwort *nt*
episcopado *m* (REL) Episkopat *nt*
episcopal *adj* bischöflich, Bischofs ...
episódio *m* Episode *f*; (*de uma série*) Folge *f*, Teil *m*
epíteto *m* 1. (LING) Epitheton *nt* 2. (*elev: alcunha*) Beiname *m*
época ['ɜpukɐ] *f* Epoche *f*, Zeitalter *nt;* **naquela** ~ damals
epopeia *f* (LIT) Epos *nt*, Heldengedicht *nt*
equação *f* (MAT) Gleichung *f*
equador *m* (GEOG) Äquator *m*
Equador *m* Ecuador *nt*
equalizador *m* Equalizer *m*
equatorial *adj* äquatorial
equiângulo *adj* (MAT) gleichwinklig
equidade *f* Gleichheit *f*
equidistante *adj* gleich weit entfernt
equilátero *adj* (MAT) gleichseitig
equilibrado *adj* (*fig*) ausgeglichen
equilibrar I. *vt* (*pôr em equilíbrio*) ins Gleichgewicht bringen; (*manter em equilíbrio*) im Gleichgewicht halten; (*igualar*) ausgleichen II. *vr* sich ausgleichen
equilíbrio *m* Gleichgewicht *nt;* **manter/perder o** ~ das Gleichgewicht halten/verlieren
equilibrista *m(f)* Seiltänzer, Seiltänzerin *m*, *f*
equinócio *m* Tagundnachtgleiche *f*, Äquinoktium *nt*
equipa [i'kipɐ/i'kipi] *f* (*desportiva*) Mannschaft *f*; (*de trabalho*) Team *nt*
equipamento *m* 1. (*apetrechos*) Ausstattung *f*, Ausrüstung *f*; ~ **informático** Ausstattung mit Computern 2. (*de jogador*) Trikot *nt*
equipar I. *vt* (*um avião, uma fábrica*) ausrüsten (*com* mit); (*uma cozinha*) ausstatten (*com* mit) II. *vr* (*jogador*) sich umziehen, das Trikot anziehen
equiparação *f* Gleichsetzung *f*, Gleichstellung *f*
equiparar I. *vt* gleichstellen (*a*), gleichsetzen (*a*) II. *vr* ~**-se a** ebenbürtig sein; **ela equipara-se aos seus adversários** sie ist ihren Gegnern ebenbürtig
equiparável *adj* vergleichbar (*a* mit)
equipe *f* (*brasil*) v. **equipa**

equitação *f* Reitsport *m*, Reiten *nt;* **praticar** ~ reiten
equitativo *adj* gerecht
equivalência *f* Gleichwertigkeit *f*, Äquivalenz *f*; (*de curso*) Anerkennung *f*; **dar** ~ **a** (als gleichwertig) anerkennen
equivalente I. *m* Gegenwert *m*, Äquivalent *nt* II. *adj* 1. (*com igual valor*) gleichwertig (*a* mit), äquivalent; (*com igual significado*) gleichbedeutend (*a* mit) 2. (*correspondente*) entsprechend (*a*)
equivaler *vi* 1. (*ter igual valor*) gleichwertig sein (*a* mit); (*ter igual significado*) gleichbedeutend sein (*a* mit) 2. (*corresponder*) entsprechen (*a*), gleichkommen (*a*)
equivocado *adj* **estar** ~ sich irren
equivocar-se *vr* sich irren
equívoco I. *m* 1. (*mal-entendido*) Missverständnis *nt* 2. (*engano*) Irrtum *m;* (*erro*) Fehler *m;* **por** ~ irrtümlich II. *adj* 1. (*ambíguo*) doppeldeutig 2. (*duvidoso*) zweifelhaft
era ['ɜrɐ] I. *imp de* **ser** II. *f* Zeitalter *nt*, Ära *f*
erário *m* Staatskasse *f*, Staatsschatz *m*
ereção *f* (*brasil*) v. **erecção**
erecção *f* 1. (ANAT) Erektion *f* 2. (*de um monumento*) Errichtung *f*
erecto *adj* (*pessoa*) stehend; (*pénis*) erigiert, steif
eremita *m(f)* Einsiedler, Einsiedlerin *m*, *f*, Eremit, Eremitin *m*, *f*
ereto *adj* (*brasil*) v. **erecto**
ergonomia *f* Ergonomie *f*
ergonómico *adj* ergonomisch
erguer I. *vt* (*levantar*) hochheben; (*um monumento*) errichten II. *vr* sich erheben
erguido *adj* aufgerichtet, stehend
eriçado *adj* gesträubt
eriçar I. *vt* sträuben II. *vr* sich sträuben
erigir *vt* erbauen, errichten
ermida *f* Kapelle *f*
ermo I. *m* Einöde *f* II. *adj* abgelegen
erosão *f* Erosion *f*
erótico *adj* erotisch
erotismo *m* Erotik *f*
erradicar *vt* ausrotten, ausmerzen
errado [i'ʀadu] *adj* 1. (*pessoa*) **estar** ~ sich irren 2. (*resposta, caminho*) falsch
errante *adj* umherziehend
errar I. *vt* (*o caminho*) verfehlen; (*uma pergunta*) falsch beantworten; ~ **o alvo** das Ziel verfehlen II. *vi* 1. (*enganar-se*) sich irren 2. (*vaguear*) umherirren

errata *f* Druckfehlerverzeichnis *nt*

erro [ˈɛʀu] *m* Fehler *m;* (*engano*) Irrtum *m;* **cometer um** ~ einen Fehler machen; **um** ~ **de palmatória** ein schwerer Fehler; **salvo** ~ wenn ich mich nicht irre

errôneo *adj* falsch

erudição *f* Gelehrtheit *f,* (umfassende) Bildung *f*

erudito, -a I. *m, f* Gelehrte II. *adj* gelehrt, gebildet

erupção *f* 1. (GEOL) Ausbruch *m,* Eruption *f;* **entrar em** ~ ausbrechen 2. (MED) ~ **cutânea** Hautausschlag *m*

eruptivo *adj* (GEOL) eruptiv, durch Eruption entstanden

erva *f* 1. (BOT) Gras *nt;* ~**s aromáticas** Kräuter *pl;* ~**s daninhas** Unkraut *nt* 2. (*coloq: droga*) Gras *nt*

erva-doce *f* Anis *m*

ervanário *m* Heilkräuterhandlung *f*

ervilha *f* Erbse *f*

esbaforido *adj* atemlos, außer Atem

esbanjar *vt* verschleudern, verschwenden

esbarrar I. *vi* stoßen (*contra* gegen, *em* an), prallen (*contra* gegen, *em* an) II. *vr* 1. (*ir de encontro a*) sich stoßen (*em, contra* an) 2. (*encontrar casualmente*) stoßen (*com* auf)

esbater-se *vr* verblassen, ausgewaschen werden

esbelto *adj* schlank

esboçar *vt* 1. (*um desenho, plano*) skizzieren, entwerfen 2. (*um sorriso*) andeuten

esboço *m* Skizze *f,* Entwurf *m*

esbofetear *vt* ohrfeigen

esborrachado *adj* zerquetscht

esborrachar I. *vt* zerquetschen, zerdrücken II. *vr* hinstürzen

esbranquiçado *adj* weißlich

esbugalhado *adj* **olhos** ~**s** hervorstehende Augen *pl,* Glotzaugen *pl*

esbugalhar *vt* (*os olhos*) aufreißen

esburacado *adj* (*rua*) voller Schlaglöcher; (*parede*) zerlöchert, löcherig

esburacar *vt* 1. (*uma rua*) zu Schlaglöchern führen in 2. (*perfurar*) durchlöchern

esc. *abrev de* **escudo** Escudo

escabeche *m* 1. (CUL) Marinade *f;* **de** ~ mariniert 2. (*coloq: barulho*) Krach *m*

escabroso *adj* 1. (*áspero*) rau 2. (*acidentado*) holprig, uneben; (*íngreme*) steil 3. (*melindroso*) heikel

escachar *vt* (*as pernas, os braços*) spreizen

escada [ˈʃkadɐ] *f* 1. (*fixa*) Treppe *f;* ~ **de caracol** Wendeltreppe *f;* ~ **rolante** Rolltreppe *f* 2. (*portátil*) Leiter *f*

escadaria *f* Treppenhaus *nt*

escadote *m* Leiter *f*

escafandro *m* Taucheranzug *m*

escafeder *vi* (*coloq brasil*) verduften, abhauen

escala [ˈʃkalɐ] *f* 1. (*de mapa, planta*) Maßstab *m;* **à** ~ **de 1 para 100** im Maßstab 1 zu 100 2. (*de um instrumento*) Skala *f* 3. (AERO) Zwischenlandung *f;* (AERO); **fazer** ~ **em Lisboa** in Lissabon zwischenlanden; (NAÚT) Lissabon anlaufen 4. (MÚS) Tonleiter *f*

escalada *f* Bergsteigen *nt;* (*subida*) Aufstieg *m*

escalão *m* 1. (*nível*) Stufe *f;* **por escalões** gestaffelt 2. (*profissional*) Dienstgrad *m;* (*de salário*) Gehaltsstufe *f;* (MIL) Rang *m;* **subir de** ~ befördert werden

escalar I. *vt* (*uma montanha*) besteigen, steigen auf; (*um muro*) klettern auf, steigen auf II. *vi* eskalieren

escaldado *adj* 1. (*queimado*) verbrüht 2. (*imune*) abgehärtet, hartgesotten

escaldante *adj* glühend heiß

escaldão *m* Sonnenbrand *m;* **apanhar um** ~ einen Sonnenbrand bekommen

escaldar I. *vt* 1. (*queimar*) verbrühen 2. (*para tirar a pele*) abbrühen II. *vr* 1. (*queimar-se*) sich verbrühen 2. (*prejudicar-se*) Schaden davontragen; (*coloq*) sich die Finger verbrennen + *dat*

escaleno *adj* (MAT) ungleichseitig

escalfado *adj* (*ovo*) pochiert; (*mal cozido*) weich gekocht

escalfar *vt* (*um ovo*) pochieren; (*cozer mal*) weich kochen

escalonamento *m* Abstufung *f,* Staffelung *f*

escalonar *vt* abstufen, staffeln

escalope *m* (CUL) Schnitzel *nt*

escama *f* (*de peixe, na pele*) Schuppe *f*

escamado *adj* (*peixe*) abgeschuppt

escamar I. *vt* (*o peixe*) schuppen, abschuppen II. *vi* (*pele*) sich schuppen

escamoso *adj* schuppig

escamotear *vt* 1. (*fazer desaparecer*) verschwinden lassen 2. (*roubar*) stehlen

escancarado *adj* weit offen, weit geöffnet

escancarar *vt* 1. (*uma porta*) weit öffnen, aufsperren 2. (*mostrar*) präsentieren, zur Schau stellen

E

escâncaras *adv* **às** ~ weit offen

escanchar *vt* (*as pernas*) spreizen

escandalizado *adj* empört; (*ofendido*) schockiert, entsetzt

escandalizar I. *vt* empören; (*ofender*) schockieren, Anstoß erregen bei II. *vr* sich empören (*com* über), Anstoß nehmen (*com an*)

escândalo *m* Skandal *m*; **dar um** ~ Aufsehen erregen, einen Skandal provozieren; **fazer um** ~ Krach schlagen

escandaloso *adj* skandalös, Aufsehen erregend

Escandinávia *f* Skandinavien *nt*

escandinavo, -a I. *m*, *f* Skandinavier, Skandinavierin *m, f* II. *adj* skandinavisch

escangalhar I. *vt* (*coloq: estragar*) kaputtmachen, vermasseln; (*coloq: desmontar*) auseinander nehmen, zerlegen II. *vr* auseinander gehen

escantilhão *m* 1. (*medida-padrão*) Eichmaß *nt* 2. (*de letras*) Buchstabenschablone *f*

escanzelado *adj* (*coloq*) klapperdürr, nur Haut und Knochen

escapadela *f* 1. (*fuga*) Entwischen *nt*, Entkommen *nt* 2. (*amorosa*) Seitensprung *m*; **dar uma** ~ einen Seitensprung machen

escapamento *m* (*brasil*) Auspuff *m*

escapar *vi* 1. (*fugir*) fliehen (*a* vor, *de* aus), entkommen (*de* aus); ~ **da prisão** aus dem Gefängnis ausbrechen; ~ **a alguém** jdm entkommen; ~ **de um perigo** einer Gefahr entrinnen; ~ **por um triz** gerade noch einmal davonkommen 2. (*passar despercebido*) entgehen; **deixar** ~ **a. c.** sich etw entgehen lassen +*dat*; **não te escapa nada!** dir entgeht nichts!

escaparate *m* Glasschrank *m*, Vitrine *f*

escapatória *f* (*coloq*) Ausweg *m*; **não há** ~ **possível** die Lage ist ausweglos

escape ['ʃkapə] *m* Auspuff *m*

escapulário *m* (REL) Skapulier *nt*

escapulir-se *vr* entwischen

escara *f* (MED) Schorf *m*

escarafunchar *vt* 1. (*esgravatar*) scharren in; (*revolver*) aufwühlen 2. (*investigar*) schnüffeln in

escaravelho *m* Käfer *m*

escarcéu *m* 1. (*onda*) Sturzwelle *f*, Brecher *m* 2. (*alarido*) Geschrei *nt*, Gezeter *nt*; **fazer um** ~ Theater machen

escarlate I. *m* Scharlachrot *nt* II. *adj* scharlachrot

escarlatina [ʃkɐrlɐˈtinɐ] *f* (MED) Scharlach *m*

escárnio *m* Spott *m*, Hohn *m*

escarpa *f* (*declive, ladeira*) Abhang *m*; (*ribanceira*) Böschung *f*

escarpado [ʃkɐrˈpadu] *adj* abschüssig, steil

escarrapachado *adj* 1. (*pernas*) gespreizt 2. (*coloq: evidente*) glasklar

escarrapachar *vt* (*as pernas*) spreizen

escarrar *vi* (*coloq*) spucken

escarro *m* (*coloq*) Ausgespuckte *nt*

escassear *vi* (*tempo, material*) knapp werden, knapp sein

escassez *f* Knappheit *f*, Mangel *m* (*de* an)

escasso *adj* (*tempo, material*) knapp; (*vegetação*) spärlich; **escassas vezes** selten

escavação *f* 1. (*arqueologia*) Ausgrabung *f* 2. (*construção*) Aushebung *f*

escavadeira *f* (*brasil*) v. **escavadora**

escavadora *f* Bagger *m*

escavar *vt* 1. (*um buraco*) graben, ausheben 2. (*ruínas*) ausgraben

esclarecedor *adj* klärend; (*que explica*) erklärend; **uma explicação** ~**a** eine Erklärung, die alle Zweifel ausräumt

esclarecer *vt* 1. (*um problema, mal-entendido, uma dúvida, situação*) klären; (*um engano, mistério*) aufklären; ~ **um mal-entendido** ein Missverständnis aus der Welt räumen 2. (*explicar*) erklären

esclarecido *adj* 1. (*situação*) geklärt, klar 2. (*pessoa*) **estar/ficar** ~ keine Fragen mehr haben

esclarecimento *m* 1. (*de um problema, mal-entendido, de uma dúvida, situação*) Klärung *f*; (*de um engano, mistério*) Aufklärung *f* 2. (*explicação*) Erklärung *f* 3. (*informação*) Auskunft *f* (*sobre* über)

esclerose *f* (MED) Sklerose *f*

esclerótica *f* (ANAT) Sklera *f*

escoadouro *m* Abflussrohr *nt*, Abwasserrohr *nt*

escoamento *m* 1. (*de águas*) Abfluss *m* 2. (*de mercadoria*) Absatz *m*

escoar *vt* 1. (*um líquido*) abfließen lassen 2. (*mercadoria*) absetzen

escocês, -esa I. *m*, *f* Schotte, Schottin *m, f* II. *adj* schottisch

Escócia *f* Schottland *nt*

escol *m* Auslese *f*, Spitzenklasse *f*; (*da sociedade*) Elite *f*

escola ['ʃkɔlɐ] *f* Schule *f;* ~ **de condução** Fahrschule *f;* ~ **primária** Grundschule *f;* ~ **preparatória** Orientierungsstufe *f,* fünfte und sechste Klassenstufe *f;* ~ **secundária** Oberschule *f,* Gymnasium *nt;* **Escola Superior** Hochschule *f;* ~ **superior de música** Musikhochschule *f*

escolar *adj* schulisch, Schul ...; **livro** ~ Schulbuch *nt*

escolaridade *f* Schulzeit *f,* Schulausbildung *f;* ~ **obrigatória** Schulpflicht *f*

escolástica *f* (FIL) Scholastik *f*

escolástico I. *m* Scholastiker *m* II. *adj* scholastisch

escolha ['ʃkoʎɐ] *f* Wahl *f;* (*selecção*) Auswahl *f;* **à** ~ (je) nach Wunsch; **fazer uma boa** ~ eine gute Wahl treffen

escolher [ʃku'ʎer] *vt* 1. (*eleger*) wählen; (*seleccionar*) auswählen, aussuchen 2. (*arroz, feijão*) verlesen

escolhido *adj* auserlesen, ausgewählt

escolho *m* (*fig*) Klippe *f*

escólio *m* (*elev*) Anmerkung *f*

escolta *f* 1. (MIL) Eskorte *f* 2. (*acompanhamento*) Geleit *nt*

escoltar *vt* 1. (MIL) eskortieren 2. (*acompanhar*) geleiten

escombros *mpl* Trümmer *pl*

esconde-esconde *m* Versteckspiel *nt*

esconder I. *vt* (*um objecto, uma pessoa, um sentimento*) verstecken (*de* vor); (*tapar*) verbergen, verdecken; (*um segredo, uma notícia*) verheimlichen; ~ **a. c. de alguém** jdm etw verheimlichen II. *vr* sich verstecken (*de* vor)

esconderijo *m* Versteck *nt*

escondidas *fpl* Versteckspiel *nt;* **brincar às** ~ Versteck spielen; **fazer a. c. às** ~ etw heimlich tun

escondido *adj* versteckt; (*oculto*) verborgen

esconjurar *vt* 1. (*exorcizar*) austreiben 2. (*amaldiçoar*) verfluchen

esconjuro *m* 1. (*exorcismo*) Austreibung *f* 2. (*maldição*) Verfluchung *f*

escopo *m* (*objectivo*) Ziel *nt;* (*propósito*) Zweck *m;* (*intenção*) Absicht *f*

escopro *m* Meißel *m;* ~ **curvo** Hohlmeißel *m*

escora *f* 1. (*apoio*) Stütze *f* 2. (*brasil: cilada*) Hinterhalt *m*

escorbuto *m* (MED) Skorbut *m*

escória *f* 1. (GEOL) Schlacke *f* 2. (*ralé*) Abschaum *m,* Gesindel *nt*

escoriação *f* (MED) Schürfung *f*

escorpião *m* (ZOOL) Skorpion *m*

Escorpião *m* (*zodíaco*) Skorpion *m*

escorraçar *vt* verjagen, hinauswerfen

escorregadela *f* 1. (*ao andar*) Ausrutscher *m;* **dar uma** ~ ausrutschen 2. (*ao falar*) Ausrutscher *m,* Fauxpas *m;* **dar uma** ~ einen Fauxpas begehen

escorregadio *adj* glatt, rutschig

escorregão *m* Rutsche *f,* Rutschbahn *f*

escorregar *vi* ausrutschen, rutschen

escorrer I. *vt* (*líquido*) ablaufen lassen; (*louça*) abtropfen lassen II. *vi* (*vazar*) ablaufen, abfließen; (*por filtro, fenda*) durchlaufen; (*pingar*) abtropfen

escoteiro, -a *m, f* Pfadfinder, Pfadfinderin *m, f*

escotilha *f* (NAÚT) Luke *f*

escotilhão *m* (NAÚT) kleine Luke *f*

escova ['ʃkovɐ] *f* Bürste *f;* ~ **de dentes** Zahnbürste *f*

escovadela *f* **dar uma** ~ **a a. c.** etw abbürsten

escovar *vt* (*um objecto*) bürsten, abbürsten; (*o cabelo*) bürsten; (*o pó*) ausbürsten, abbürsten; (*os dentes*) putzen; (*um cavalo*) striegeln

escovilhão *m* Flaschenbürste *f*

escravatura *f* 1. (*tráfico*) Sklavenhandel *m* 2. (*escravidão*) Sklaverei *f*

escravidão *f* Sklaverei *f*

escravizar *vt* versklaven

escravo, -a I. *m, f* Sklave, Sklavin *m, f* II. *adj* sklavisch

escrever [eʃkrɐ'ver] *vt* schreiben; ~ **à máquina** Maschine schreiben, tippen; ~ (**uma carta**) **a alguém** jdm (einen Brief) schreiben

escrevinhar *vt* kritzeln

escrita *f* 1. (*letra*) Schrift *f* 2. (ECON) Buchführung *f*

escrito ['ʃkritu] I. *pp de* **escrever** II. *adj* geschrieben; ~ **à mão** handgeschrieben; ~ **à máquina** maschinengeschrieben; **por** ~ schriftlich

escritor(a) *m(f)* Schriftsteller, Schriftstellerin *m, f*

escritório [ʃkri'tɔrju] *m* Büro *nt;* (*de advogado*) Kanzlei *f;* (*em casa*) Arbeitszimmer *nt*

escritura *f* (DIR) Grundbucheintragung *f*

escrituração *f* (ECON) Buchführung *f*

escriturário, -a *m, f* Schreibkraft *f*

E

escrivaninha *f* Schreibtisch *m*

escrivão, **escrivã** *m, f* Protokollführer, Protokollführerin *m, f;* (*schweiz*) Gerichtsschreiber, Gerichtsschreiberin *m, f*

escrúpulo *m* (*cuidado*) Sorgfalt *f;* **com ~** sorgfältig

escrúpulos *mpl* Skrupel *pl,* Bedenken *pl;* **sem ~** skrupellos

escrupuloso *adj* gewissenhaft, sorgfältig

escrutínio *m* **1.** (*votação*) Wahl *f* **2.** (*contagem dos votos*) Stimmenauszählung *f*

escudar *vt* beschützen

escudo *m* **1.** (*arma*) Schild *m,* Schutzschild *m* **2.** (*moeda,* HIST) Escudo *m*

esculpir *vt* (*em pedra*) meißeln; (*em madeira*) schnitzen

escultor(a) [ʃkulˈtor] *m(f)* (*em pedra*) Bildhauer, Bildhauerin *m, f;* (*em madeira*) Holzschnitzer, Holzschnitzerin *m, f*

escultura [ʃkulˈturɐ] *f* **1.** (*arte*) Bildhauerei *f* **2.** (*obra*) Skulptur *f,* Plastik *f*

escultural *adj* (*fig*) bildschön, bildhübsch

escuma *f v.* **espuma**

escumadeira *f* Schaumlöffel *m*

escumalha *f* **1.** (*de metal*) Hochofenschlacke *f* **2.** (*da sociedade*) Abschaum *m*

escumar *vi* schäumen

escuna *f* (NAÚT) Schoner *m*

escuras *adv* (*sem luz*) **às ~** im Dunkeln; (*fig*) blindlings

escurecer **I.** *vt* (*tornar escuro*) verdunkeln; (*obscurecer*) trüben **II.** *vi* dunkel werden

escuridão *f* Dunkelheit *f;* (*trevas*) Finsternis *f*

escuro [ˈʃkuru] *adj* **1.** (*local, cor*) dunkel; (*sombrio*) finster; **vermelho ~** dunkelrot; **~ como breu** pechschwarz **2.** (*obscuro*) trüb, undurchsichtig; **negócios ~s** krumme Geschäfte

escusadamente *adv* (*desnecessariamente*) unnötigerweise; (*em vão*) umsonst

escusado *adj* unnütz, unnötig; **é ~ ires** du brauchst nicht zu gehen; **~ será dizer que** ... es erübrigt sich zu sagen, dass ...

escusar *vi* **~ de** ... nicht zu ... brauchen; **escusas de vir** du brauchst nicht zu kommen; **isso escusa de ser traduzido** das muss nicht übersetzt werden

escuta *f* Anhören *nt;* **estar à ~** lauschen, horchen; (TEL); **estar sob ~** abgehört werden; **aparelho de ~** Abhörgerät *nt*

escutar **I.** *vt* **1.** (*ouvir*) hören, anhören; (*com* atenção) zuhören **2.** (*estar à escuta de*) belauschen; (*conversa telefónica*) abhören **II.** *vi* **1.** (*ouvir com atenção*) zuhören; **escuta!** hör zu! **2.** (*estar à escuta*) horchen, lauschen

escuteiro *m* Pfadfinder *m*

esdrúxulo *adj* (LING) auf der drittletzten Silbe betont

esfacelar *vt* (*rasgar*) zerfetzen; (*cortar*) zerstückeln

esfalfado *adj* erschöpft

esfalfar **I.** *vt* überanstrengen, erschöpfen **II.** *vr* **1.** (*estafar-se*) sich abhetzen **2.** (*com trabalho*) sich überarbeiten

esfaquear *vt* niederstechen

esfarelado *adj* (*muro, parede*) bröckelig; (*madeira*) morsch

esfarelar *vi* zerbröckeln

esfarrapado *adj* **1.** (*pessoa*) zerlumpt, abgerissen **2.** (*tecido*) zerrissen, zerfetzt **3.** (*desculpa*) faul

esfera *f* **1.** (*corpo redondo*) Kugel *f* **2.** (*área*) Sphäre *f,* Bereich *m;* **~ de a(c)tividade** Wirkungsbereich *m*

esférico **I.** *m* (DESP) Ball *m* **II.** *adj* kugelförmig, kugelig

esferográfica [ʃfɛrɔˈgrafikɐ] *f* Kugelschreiber *m*

esfiapar *vi* ausfransen

esfinge *f* Sphinx *f*

esfoladela *f* Schramme *f;* (*arranhão*) Kratzer *m*

esfolar **I.** *vt* (*ferir*) aufkratzen, zerkratzen; (*um animal*) häuten; (*uma pessoa*) schröpfen **II.** *vi* (*pelo sol*) sich schälen; (*por arranhão*) abgehen, sich lösen

esfomeado *adj* ausgehungert

esforçado *adj* bemüht

esforçar-se *vr* sich bemühen, sich anstrengen; **~ por fazer a. c.** sich bemühen, etw zu tun

esforço *m* Anstrengung *f,* Mühe *f;* **fazer um ~** sich Mühe geben, Anstrengungen unternehmen

esfrangalhar *vt* zerfetzen, zerreißen

esfregão *m* Scheuerschwämmchen *nt,* Topfkratzer *m;* **~ de arame** Stahlschwamm *m*

esfregar **I.** *vt* (*para limpar*) abreiben; (*o chão*) scheuern, schrubben; (*friccionar*) reiben; **~ as mãos/os olhos** sich die Hände/Augen reiben +*dat* **II.** *vr* sich reiben (*em* an)

esfregona *f* Wischmopp *m*

esfriar *vi* **1.** (*arrefecer*) abkühlen **2.** (*esmorecer*) sich abkühlen

esfumar-se *vr* **1.** (*névoa*) sich auflösen **2.** (*sentimento*) vergehen

esgaçar *vt* (*tecido*) zerreißen; (*carne*) zerstückeln, zerfetzen

esganado *adj* **1.** (*ávido*) gierig **2.** (*avarento*) geizig

esganar *vt* **1.** (*estrangular*) erdrosseln, erwürgen **2.** (*sufocar*) ersticken

esganiçado *adj* (*voz*) schrill

esgaravatar *vt* v. **esgravatar**

esgazeado *adj* (*coloq*) irrsinnig

esgotado [ʒgu'tadu] *adj* **1.** (*bilhetes*) ausverkauft; (*livro*) vergriffen **2.** (*pessoa*) erschöpft; (*coloq*) hundemüde

esgotamento *m* **1.** (MED) Zusammenbruch *m;* ~ **nervoso** Nervenzusammenbruch *m* **2.** (*exaustão*) Erschöpfung *f*

esgotante *adj* aufreibend, ermüdend

esgotar **I.** *vt* (*recursos*) verbrauchen, aufbrauchen; (*uma pessoa, um tema, a paciência*) erschöpfen; **já esgotámos todas as possibilidades** wir haben bereits alle Möglichkeiten ausgeschöpft **II.** *vi* (*mercadoria*) ausgehen; **os bilhetes/livros esgotaram** die Vorstellung ist ausverkauft/die Bücher sind vergriffen **III.** *vr* (*forças, energia, paciência*) zu Ende gehen, sich erschöpfen; **a minha paciência esgotou-se** ich bin mit meiner Geduld am Ende

esgoto *m* Abfluss *m,* Ausguss *m*

esgravatar *vt* (*o solo*) scharren in; (*revolver*) aufwühlen

esgrima *f* Fechten *nt*

esgrimir *vi* fechten

esgrimista *m(f)* Fechter, Fechterin *m, f*

esgrouviado *adj* (*coloq*) irrsinnig, irre

esguedelhado *adj* zerzaust

esguedelhar *vt* zerzausen

esgueirar-se *vr* sich davonschleichen, sich davonmachen

esguelha *adv* **de** ~ schief, schräg; **olhar para alguém de** ~ jdn schief ansehen

esguichar **I.** *vt* verspritzen **II.** *vi* herausspritzen

esguicho *m* **1.** (*jacto*) Strahl *m* **2.** (*instrumento*) Spritze *f*

esguio *adj* hager

eslavo, -a **I.** *m, f* Slawe, Slawin *m, f* **II.** *adj* slawisch

Eslavónia *f* Slawonien *nt*

eslovaco, -a **I.** *m, f* Slowake, Slowakin *m, f* **II.** *adj* slowakisch

Eslováquia *f* Slowakei *f*

Eslovénia *f* Slowenien *nt*

esloveno, -a **I.** *m, f* Slowene, Slowenin *m, f* **II.** *adj* slowenisch

esmaecer *vi* **1.** (*empalidecer*) erbleichen, blass werden **2.** (*esmorecer*) sich abkühlen

esmagado *adj* zerquetscht

esmagador *adj* (*maioria*) überwältigend

esmagar *vt* zerquetschen, zerdrücken; (*desfazer*) zermalmen

esmaltar *vt* emaillieren

esmalte *m* **1.** (*para metal*) Email *nt;* (*para porcelana*) Glasur *f* **2.** (*dos dentes*) Zahnschmelz *m* **3.** (*brasil: de unhas*) Nagellack *m*

esmerado *adj* **1.** (*pessoa*) sorgfältig, gewissenhaft **2.** (*trabalho*) tadellos

esmeralda *f* Smaragd *m*

esmerar-se *vr* sich Mühe geben; (*no trabalho*) gewissenhaft arbeiten

esmerilhão *m* (ZOOL) Merlin *m*

esmero *m* Sorgfalt *f,* Gewissenhaftigkeit *f;* **com** ~ gewissenhaft, genau

esmigalhar *vt* zerkrümeln, zerbröseln

esmiuçar *vt* **1.** (*um objecto*) zerkleinern **2.** (*examinar*) eingehend untersuchen, durchleuchten

esmo *adv* **a** ~ aufs Geratewohl

esmola *f* Almosen *nt;* **dar uma** ~ **a alguém** jdm ein Almosen geben; **pedir** ~ betteln

esmorecer *vi* **1.** (*relação, sentimento*) sich abkühlen **2.** (*cor*) blass werden, ausbleichen; (*luz*) schwächer werden

esmurraçar *vt* schlagen

esmurrado *adj* zerkratzt

esmurrar *vt* **1.** (*arranhar*) kratzen **2.** (*esmurraçar*) schlagen

esnobar *vt* (*brasil*) von oben herab behandeln, links liegen lassen

esnobe *adj* (*pej brasil*) snobistisch

esnobismo *m* (*pej brasil*) Snobismus *m*

esófago [i'zɔfɛgu] *m* Speiseröhre *f*

esotérico *adj* esoterisch

esoterismo *m* Esoterik *f*

espaçadamente *adv* hin und wieder, gelegentlich

espaçado *adj* **1.** (*temporal*) gelegentlich; **a intervalos** ~**s** in regelmäßigen Abständen **2.** (*local*) auseinander liegend

espacial *adj* Raum ...; **nave** ~ Raumschiff *nt*

espaço *m* **1.** (*extensão*) Raum *m;* (*lugar*)

Platz *m; ~* **verde** Grünanlage *f;* **ainda há ~ para três pessoas/carros** es ist noch Platz für drei Personen/Autos **2.** (*distância*) Lücke *f,* Zwischenraum *m;* **deixar um ~ entre a. c.** eine Lücke zwischen etw lassen **3.** (*intervalo*) Zeitraum *m; ~* **de tempo** Zeitraum *m;* **um ~ de dois anos** ein Zeitraum von zwei Jahren **4.** (ASTR) Weltraum *m,* Weltall *nt* **5.** (*tipografia*) Leerzeichen *nt,* Leerschritt *m*

espaçoso *adj* geräumig, weiträumig

espada *f* Degen *m,* Schwert *nt;* **estar entre a ~ e a parede** in einer Zwickmühle sein; **colocar alguém entre a ~ e a parede** jdn in die Enge treiben

espadachim *m* Haudegen *m,* Raufbold *m*

espadana *f* (BOT) Schwertlilie *f*

espadarte *m* (ZOOL) Schwertfisch *m*

espadas *fpl* (*cartas*) Pik *nt*

espadim *m* Uniformdegen *m*

espádua *f* Schulter *f*

espairecer *vi* **1.** (*distrair-se*) sich zerstreuen; (*divertir-se*) sich amüsieren **2.** (*passear*) spazieren gehen

espaldar *m* Rückenlehne *f*

espalhafato *m* **1.** (*barulho*) Lärm *m,* Krach *m;* (*gritaria*) Geschrei *nt;* **fazer um ~** Radau machen **2.** (*confusão*) Chaos *nt,* Durcheinander *nt* **3.** (*ostentação*) Aufwand *m*

espalhafatoso *adj* **1.** (*pej: espampanante*) großspurig, angeberisch **2.** (*exagerado*) übertrieben

espalhar **I.** *vt* **1.** (*polvilhar*) streuen, verstreuen **2.** (*uma notícia, um boato, o pânico*) verbreiten **3.** (*pomada*) verteilen **II.** *vr* **1.** (*notícia, doença*) sich ausbreiten, sich verbreiten **2.** (*estatelar-se*) zu Boden stürzen, hinfallen

espalmado *adj* platt

espalmar *vt* platt machen, flach drücken

espampanante *adj* **1.** (*pessoa*) großspurig **2.** (*vistoso*) auffallend

espanador *m* Staubwedel *m*

espancar [ʃpɐ̃ˈkar] *vt* verprügeln, prügeln

Espanha [ˈʃpɐɲɐ] *f* Spanien *nt*

espanhol, -a [ʃpeˈɲɔl] **I.** *m, f* Spanier, Spanierin *m, f* **II.** *adj* spanisch

espanholada *f* (MÚS) spanische Musik *f*

espantado *adj* erstaunt (*com* über), verwundert (*com* über)

espantalho *m* (*fig*) Vogelscheuche *f*

espantar **I.** *vt* (*admirar*) erstaunen, wundern; (*afugentar*) verscheuchen, vertreiben;

~ **o sono** den Schlaf vertreiben **II.** *vr* sich wundern (*com* über)

espanto *m* Erstaunen *nt,* Verwunderung *f;* **a casa/o vestido é um ~!** das ist ein Wahnsinnshaus/Wahnsinnskleid!

espantoso *adj* erstaunlich; (*estupendo*) fabelhaft; (*coloq*) super

esparadrapo *m* (*brasil*) Pflaster *nt*

espargir *vt* versprengen

espargo *m* Spargel *m*

esparguete *m* (CUL) Spaghetti *pl,* Spagetti *pl*

esparregado *m* (CUL) Gemüsecreme *f*

esparrela *f* **1.** (*armadilha*) Schlinge *f* **2.** (*cilada*) Falle *f;* **cair na ~** reinfallen

esparso *adj* **1.** (*espalhado*) verstreut **2.** (*solto*) locker

espartilho *m* Korsett *nt*

espasmo [ˈʃpaʒmu] *m* (MED) Krampf *m*

espatifar **I.** *vt* zerschlagen, zertrümmern **II.** *vr* stürzen

espátula *f* Spachtel *m*

espavorir *vt* erschrecken

especado *adj* steif, unbeweglich; **ficar ~** dastehen/dasitzen und schauen

especial [ʃpeˈsjal] *adj* (*lugar, data, livro, amigo*) besondere(r, s), speziell; (*autorização, edição, comissão*) Sonder ...; **em ~** besonders, insbesondere; **nada de ~** nichts Besonderes

especialidade [ʃpeʃeliˈdadɐ] *f* **1.** (CUL) Spezialität *f* **2.** (*ramo de actividade*) Fachgebiet *nt,* Spezialgebiet *nt*

especialista [ʃpeʃeˈliʃtɐ] *m(f)* Spezialist, Spezialistin *m, f* (*em* für); (*profissional*) Fachmann, Fachfrau *m, f* (*em* für); (MED) Facharzt, Fachärztin *m, f* (*em* für)

especialização *f* Spezialisierung *f* (*em* auf)

especializado *adj* spezialisiert; **trabalhador ~** Facharbeiter *m*

especializar-se *vr* sich spezialisieren (*em* auf)

especialmente [ʃpeʃalˈmẽtɐ] *adv* **1.** (*de propósito*) extra, speziell; **isto foi feito ~ para ti** das wurde speziell für dich gemacht **2.** (*principalmente*) insbesondere, besonders

especiaria *f* Gewürz *nt*

espécie [eˈʃpɛsjɐ] *f* **1.** (*tipo*) Art *f,* Sorte *f;* **ele faz toda a ~ de erros** er macht allerhand Fehler **2.** (BIOL) Art *f,* Gattung *f*

especificação *f* Spezifizierung *f*

especificado *adj* einzeln dargelegt, einzeln aufgeführt

especificar *vt* einzeln darlegen, spezifizieren

específico *adj* spezifisch

espécime *m* 1. (*modelo, padrão*) Muster *nt* 2. (*amostra*) Probe *f* 3. (*exemplar*) Exemplar *nt*

espectacular *adj* 1. (*que dá nas vistas*) spektakulär, Aufsehen erregend 2. (*coloq: excelente*) geil

espectáculo [ʃpɜ'takulu] *m* 1. (*de teatro, música*) Veranstaltung *f* 2. (*coloq: escândalo*) Spektakel, Szene *f;* **dar** ~ eine Szene machen 3. (*coloq: espectacular*) geile Sache *f;* **a festa foi um ~!** das war eine geile Fete!

espectador(**a**) *m(f)* Zuschauer, Zuschauerin *m, f*

espectro *m* 1. (*fantasma*) Gespenst *nt,* Geist *m* 2. (FÍS) Spektrum *nt*

especulação *f* (ECON) Spekulation *f*

especulador(**a**) *m(f)* Spekulant, Spekulantin *m, f*

especular *vi* 1. (ECON) spekulieren; ~ **na Bolsa** an der Börse spekulieren 2. (*meditar*) nachsinnen (*sobre* über)

especulativo *adj* spekulativ; (*teórico*) theoretisch

espéculo *m* (MED) Spekulum *nt*

espelhar *vt* spiegeln, widerspiegeln

espelho [ʃpeʎu] *m* Spiegel *m;* ~ **retrovisor** Rückspiegel *m*

espelunca *f* Spelunke *f*

espera *f* Warten *nt;* (*esperar por*); **estar à** ~ **de alguém/a. c.** auf jdn/etw warten; (*contar com*); **estar à** ~ **de a. c.** etw erwarten; **estar à** ~ **de bebé** ein Kind erwarten

esperado *adj* erwartet

esperança *f* Hoffnung *f;* **dar** (**falsas**) ~**s a alguém** jdm (falsche) Hoffnungen machen

esperançoso *adj* hoffnungsvoll

esperanto *m* Esperanto *nt*

esperar [ʃpə'rar] I. *vt* 1. (*aguardar*) warten auf 2. (*contar com*) erwarten II. *vi* 1. (*aguardar*) warten (*por* auf); **fazer alguém** ~ jdn warten lassen; **espera aí!** warte mal! 2. (*ter esperança*) hoffen (*por* auf); **espero que sim/não** ich hoffe doch/nicht

esperma *m* (BIOL) Sperma *nt,* Samen *m*

espermatozóide *m* (BIOL) Spermium *nt,* Samenzelle *f*

espernear *vi* strampeln

espertalhão, **-ona** *m, f* Schlauberger *m,* Schlaumeier *m*

esperteza *f* Schlauheit *f,* Klugheit *f*

esperto [ʃpɜrtu] *adj* schlau, klug

espesso *adj* 1. (*líquido*) dick, dickflüssig 2. (*tecido, livro, parede*) dick

espessura *f* 1. (*de líquido*) Dickflüssigkeit *f* 2. (*de material*) Dichte *f*

espetacular *adj* (*brasil*) *v.* **espectacular**

espetáculo *m* (*brasil*) *v.* **espectáculo**

espetada *f* (CUL) Grillspieß *m*

espetadela *f* Stich *m*

espetar I. *vt* 1. (*um alfinete*) durchstechen 2. (CUL) aufspießen II. *vr* 1. (*picar-se*) sich stechen; ~**-se num dedo** sich in den Finger stechen + *dat* 2. (*coloq: ter um acidente*) einen schweren Unfall haben 3. (*coloq: num exame*) durchfallen, durchrasseln; ~**-se numa pergunta** eine Frage verhauen

espeto [ʃpetu] *m* Spieß *m,* Bratspieß *m;* **frango assado no** ~ Hähnchen vom Spieß

espevitado *adj* 1. (*vivo*) munter, keck 2. (*atrevido*) vorlaut

espezinhar *vt* 1. (*calcar*) mit Füßen treten 2. (*humilhar*) demütigen, erniedrigen

espia *f* (NAÚT) Schlepptau *nt*

espião, **espiã** *m, f* (POL) Spion, Spionin *m, f;* (*da polícia*) Spitzel *m*

espiar *vt* ausspionieren

espicaçar *vt* 1. (*picar*) stechen 2. (*instigar*) anstacheln

espiga *f* (*de milho*) Kolben *m*

espigado *adj* (*coloq: cabelo*) gespalten

espigar *vi* 1. (BOT) Ähren ansetzen 2. (*coloq: cabelo*) sich spalten

espinafre *m* Spinat *m*

espinal *adj* Rückgrat ...; ~ **medula** Rückenmark *nt*

espingarda *f* Gewehr *nt;* ~ **de dois canos** Doppelbüchse *f*

espinha [ʃpiɲɐ] *f* 1. (*do peixe*) Gräte *f* 2. (ANAT) ~ **dorsal** Rückgrat *nt* 3. (*borbulha*) Pickel *m*

espinho *m* 1. (*de planta*) Dorn *m,* Stachel *m* 2. (*de animal*) Stachel *m* 3. (*dificuldade*) Schwierigkeit *f,* Hindernis *nt*

espinhoso *adj* (BOT) stachelig, dornig

espionagem *f* Spionage *f*

espionar I. *vt* ausspionieren II. *vi* spionieren

espiral I. *f* Spirale *f* II. *adj* spiralförmig, Spiral ...

espírita I. *m(f)* Spiritist, Spiritistin *m, f* II. *adj* spiritistisch

E

espiritismo *m* Spiritismus *m*

espírito *m* **1.** (*fantasma, pensamento, alma*) Geist *m;* **o Espírito Santo** der Heilige Geist; **dia do Espírito Santo** Pfingsten *nt* **2.** (*sensibilidade*) Sinn *m*, Geist *m;* ~ **de equipa** Teamgeist *m;* **ter** ~ **para a. c.** Sinn für etw haben; **ter** ~ **crítico** kritikfähig sein

espiritual *adj* **1.** (*intelectual*) geistig **2.** (*religioso*) geistlich

espiritualidade *f* Geistigkeit *f*, Spiritualität *f*

espirituoso *adj* **1.** (*pessoa*) geistreich **2.** (*bebida*) alkoholisch

espirrar *vi* niesen

espirro *m* Niesen *nt;* **dar um** ~ niesen

esplanada *f* (*na rua*) Straßencafé *nt;* (*num jardim*) Gartenlokal *nt*

> **Esplanada** ist eine Art Straßencafé, bei schönem Wetter eine Verlängerung der Lokale auf die Straße (in Fußgängerzonen) oder auf den Bürgersteig.

esplêndido [ʃplẽndidu] *adj* glänzend, herrlich

esplendor *m* Glanz *m*, Pracht *f*

esplendoroso *adj v.* **esplêndido**

espoleta *f* Zünder *m*

espoliação *f* **1.** (*expropriação*) Enteignung *f* **2.** (*pilhagem*) Plünderung *f*

espoliar *vt* **1.** (*expropriar*) enteignen **2.** (*pilhar*) plündern

espólio *m* **1.** (*herança*) Nachlass *m* **2.** (*de guerra*) Kriegsbeute *f*

espondilose *f* (MED) Spondylose *f*

esponja *f* **1.** (*material*) Schwamm *m;* **passemos uma** ~ **sobre o assunto!** Schwamm drüber!; **beber como uma** ~ saufen wie ein Loch **2.** (*coloq: pessoa*) Säufer, Säuferin *m, f*

esponjoso *adj* schwammartig

esponsais *mpl* Verlobung *f*

espontaneamente *adv* spontan

espontaneidade *f* Spontaneität *f*

espontâneo *adj* spontan; **de livre e espontânea vontade** freiwillig

espontar **I.** *vt* die Spitzen schneiden von **II.** *vi* (*astro*) aufgehen; (*dia*) anbrechen; (*planta*) sprießen

espora *f* Sporn *m*

esporádico *adj* sporadisch, gelegentlich

esporão *m* (ZOOL) Sporn *m*

esporte [es'pɔrti] *m* (*brasil*) Sport *m*

esportista *m(f)* (*brasil*) Sportler, Sportlerin *m, f*

esportivo *adj* (*brasil*) sportlich

esposo, -a *m, f* Gatte, Gattin *m, f*, Gemahl, Gemahlin *m, f*

espreguiçar-se *vr* sich recken

espreita *f* **estar à** ~ auf der Lauer liegen; **pôr-se à** ~ sich auf die Lauer legen

espreitadela *f* (*coloq*) **dar uma** ~ **em a. c.** einen Blick auf etw werfen

espreitar *vt* heimlich beobachten, ausspionieren; ~ **ocasião** die richtige Gelegenheit abpassen

espremedor *m* Saftpresse *f*, Entsafter *m*

espremer *vt* **1.** (*com espremedor*) auspressen **2.** (*uma esponja*) ausdrücken; (*uma borbulha*) ausquetschen **3.** (*coloq: uma pessoa*) ausquetschen

espuma *f* (*de sabão, cerveja*) Schaum *m;* (*das ondas*) Gischt *f;* ~ **de barbear** Rasierschaum *m;* ~ **de borracha** Schaumstoff *m;* **fazer** ~ schäumen

espumadeira *f* Schaumlöffel *m*

espumante *m* Sekt *m*, Schaumwein *m*

espumar *vi* schäumen

espumoso *adj* schaumig

esq. *abrev de* **esquerdo** links

esquadra *f* **1.** (*da polícia*) Wache *f* **2.** (MIL) Trupp *m* **3.** (NÁUT) Flotte *f*, Geschwader *nt*

esquadrão *m* (MIL) Schwadron *f*

esquadria *f* (MAT) rechte(r) Winkel *m*

esquadro *m* Winkelmaß *nt*

esquálido *adj* schmutzig

esquartejar *vt* vierteilen; (*dilacerar*) zerreißen, zerfetzen; (*retalhar*) zerschneiden; (*um cadáver*) zerstückeln

esquecer [ʃkɜ'ser] **I.** *vt* (*não lembrar*) vergessen; (*recalcar*) verdrängen; (*desaprender*) verlernen; (*negligenciar*) versäumen **II.** *vr* ~**-se de** vergessen

esquecido *adj* vergesslich; **fazer-se de** ~ so tun, als ob man vergesslich wäre

esquecimento *m* Vergessenheit *f;* **cair no** ~ in Vergessenheit geraten

esquelético *adj* (*pej*) klapperdürr, spindeldürr

esqueleto *m* **1.** (ANAT) Skelett *nt* **2.** (*armação*) Gerüst *nt*, Gerippe *nt*

esquema *m* Schema *nt*

esquemático *adj* schematisch

esquematizar *vt* schematisieren

esquentado *adj* (*fig*) hitzig

esquentador *m* (*de água*) Durchlauferhitzer *m*, Warmwasserboiler *m*

esquentar I. *vt* erwärmen, erhitzen II. *vr* (*pessoa*) aufbrausen, sich erregen

esquerda ['ʃkerdɐ] *f* (POL) Linke *f*; **virar à ~** links abbiegen

esquerdista *m(f)* (POL) Linke

esquerdo ['ʃkerdu] *adj* linke(r, s)

esqui [ʃki] *m* Ski *m*; **~ aquático** Wasserski *m*; **fazer ~** Ski laufen

esquiador(**a**) *m(f)* (DESP) Skiläufer, Skiläuferin *m*, *f*

esquiar *vi* Ski laufen, Ski fahren

esquilo *m* Eichhörnchen *nt*

esquimó I. *m(f)* Eskimo, Eskimofrau *m*, *f* II. *adj* eskimoisch

esquina ['ʃkinɐ] *f* Ecke *f*; **na ~** an der Ecke; **ao virar da ~** um die Ecke

esquisito *adj* 1. (*estranho*) eigenartig, komisch 2. (*exigente*) wählerisch 3. (*extravagante*) ausgefallen; **ter um gosto ~** einen ausgefallenen Geschmack haben

esquivar-se *vr* sich drücken (*a/de* vor); **~ ao trabalho/a uma pergunta** sich vor der Arbeit drücken/einer Frage ausweichen

esquivo *adj* 1. (*pessoa*) scheu, ungesellig; (*resposta*) ausweichend 2. (*olhar*) scheu

esquizofrenia *f* (MED) Schizophrenie *f*

esquizofrénico, -a I. *m*, *f* (MED) Schizophrene II. *adj* schizophren

esse, -a ['esɐ] *pron dem* dieser, diese, dieses, der (da), die (da), das (da); **~ livro/vinho** dieses Buch/dieser Wein; **essa senhora** diese Frau; **essa agora!** nein, so was!; **essa é boa!** das ist echt gut!, das ist stark!; **ainda mais essa!** auch das noch!; (*de nada*); **ora essa!** keine Ursache!, gern geschehen!; (*indignação*) ich bitte dich/Sie!; **é por essas e por outras** aus solchen und ähnlichen Gründen; **~ tal ...** der berühmte ...

essência *f* 1. (*ser, perfume*) Essenz *f* 2. (*de uma coisa*) Kern *m*, Wesentliche *nt*

essencial I. *m* Hauptsache *f*, Wesentliche *nt* II. *adj* wesentlich, grundlegend

essencialmente *adv* im Wesentlichen, vor allem

essoutro, -a Zusammensetzung: pron esse + pron outro, -a

estabelecer I. *vt* 1. (*fundar*) gründen; (*um negócio*) eröffnen 2. (*um horário, prazo, regras*) festsetzen, festlegen; (*um recorde, uma teoria*) aufstellen; (*uma lei*) erlassen 3. (*uma ligação, relação*) herstellen (*entre* zwischen); (*contacto*) aufnehmen II. *vr* 1. (*fixar residência*) sich niederlassen 2. (*montar um estabelecimento*) sich selbstständig machen

estabelecimento *m* 1. (*fundação*) Einrichtung *f*, Gründung *f* 2. (*das regras, do prazo*) Festlegung *f*; (*de um recorde, de uma teoria*) Aufstellung *f* 3. (*instituição*) Einrichtung *f*; (*comercial*) Geschäft *nt*, Laden *m*; **~ de ensino** Bildungseinrichtung *f*; **~ prisional** Vollzugsanstalt *f*; **~ público** öffentliche Einrichtung

estabilidade *f* (*financeira, emocional*) Stabilität *f*; (*do tempo*) Beständigkeit *f*

estabilizador *m* (AERO) Flosse *f*

estabilizar I. *vt* stabilisieren II. *vi* sich stabilisieren

estábulo *m* Stall *m*

estaca *f* 1. (*pau*) Pfahl *m*, Pflock *m* 2. (*coloq: pessoa*) Bohnenstange *f*, lange(r) Lulatsch *m*

estação [ʃte'sãu] *f* 1. (*de caminhos-de-ferro*) Bahnhof *m*; (*de camionetas*) Haltestelle *f*; (*oficina*); **~ de serviço** Autowerkstatt *f*; (*bomba de gasolina*) Tankstelle *f* 2. (*do ano*) Jahreszeit *f* 3. (*de rádio, televisão*) Sender *m* 4. (*centro*) Station *f*; **~ espacial** Raumstation *f*

estacar *vi* anhalten

estacionado *adj* 1. (*automóvel*) parkend; **estar mal ~** falsch parken 2. (*situação*) stagnierend, gleich bleibend

estacionamento *m* 1. (*acção de estacionar*) Parken *nt*; **~ proibido** Parken verboten 2. (*lugar*) Parkplatz *m*

estacionar [ʃtesju'nar] I. *vt* (*o automóvel*) parken II. *vi* 1. (*com o automóvel*) parken; **não ~!** Einfahrt freihalten! 2. (*situação*) stagnieren

estacionário *adj* gleich bleibend, unverändert

estada *f* Aufenthalt *m*

estadia *f* v. **estada**

estádio [ʃ'tadju] *m* 1. (DESP) Stadion *nt* 2. (*fase*) Stadium *nt*

estadista *m(f)* Staatsmann *m*, bedeutende(r) Politiker *m*, bedeutende Politikerin *f*

estado [ʃ'tadu] *m* 1. (*condição*) Zustand *m*, Lage *f*; **~ civil** Familienstand *m*; **~ de emergência** Notstand *m*; **~ de espírito** Geisteszustand *m*; **em bom/mau ~** in gutem/schlechtem Zustand 2. (POL) Staat *m*; (*de Fe-*

deração) Bundesstaat *m;* **Estados Unidos da América** Vereinigte Staaten von Amerika
estado-maior *m* (MIL) Generalstab *m*
Estado-membro *m* (POL) Mitgliedsstaat *m*
estadual *adj* bundesstaatlich
estafa *f* Hetze *f*
estafado *adj* erschöpft, zerschlagen
estafar I. *vt* erschöpfen, überanstrengen II. *vr* sich abhetzen
estafermo *m* (pej) Arschloch *nt,* Saukerl *m*
estafeta I. *m/(f)* (de entrega ao domicílio) Bote, Botin *m, f;* (DESP) Staffelläufer, Staffelläuferin *m, f* II. *f* (DESP) **corrida de ~s** Staffellauf *m*
estagiar *vi* ein Praktikum machen (em bei); (professor) das Referendariat machen (em in)
estagiário, -a *m, f* Praktikant, Praktikantin *m, f;* (professor) Referendar, Referendarin *m, f*
estágio *m* 1. (aprendizagem) Praktikum *nt,* praktische Ausbildung *f;* (de professor) Referendariat *nt* 2. (fase) Stadium *nt,* Phase *f*
estagnado *adj* 1. (água) stehend 2. (progresso, economia) stagnierend; (processo) stockend
estagnar *vi* 1. (água) sich stauen 2. (progresso, economia) stagnieren; (processo) stocken
estalactite *f* (GEOL) Stalaktit *m*
estalada *f* (coloq: bofetada) Ohrfeige *f*
estaladiço *adj* knusprig
estalado *adj* gesprungen
estalagem *f* Hotel *nt*
estalagmite *f* (GEOL) Stalagmit *m*
estalar I. *vt* ~ **os dedos** mit den Fingern schnalzen II. *vi* 1. (fender) springen, Risse bekommen 2. (dar estalos) knallen; (lenha) knistern 3. (guerra) ausbrechen
estaleiro *m* (de construção) Baustelle *f;* (NAÚT) Werft *f*
estalido *m* Knallen *nt,* Knall *m;* (com a boca, os dedos) Schnalzer *m;* (da lenha) Geknister *nt*
estalinismo *m* (POL) Stalinismus *m*
estalo *m* 1. (som) Krachen *nt,* Knacken *nt;* **dar um** ~ krachen, knacken 2. (coloq: bofetada) Ohrfeige *f;* **apanhar/dar um** ~ eine Ohrfeige kriegen/verpassen
estampa *f* Bild *nt,* Druck *m*
estampado I. *m* bedruckte(r) Stoff *m* II. *adj* 1. (tecido) bedruckt 2. (evidente) offensichtlich; **ela tem a felicidade estampada**

no rosto ihr steht die Freude ins Gesicht geschrieben
estampagem *f* Druck *m*
estampar *vt* drucken; (em relevo) prägen
estamparia *f* Druckerei *f*
estancar I. *vt* (o sangue) stillen; (a água) stauen; (vedar) abdichten II. *vi* (sangue) nicht mehr fließen
estanca-rios *m* Wasserrad *nt*
estância *f* 1. (local) Aufenthaltsort *m;* ~ **balnear** Badeort *m* 2. (LIT) Stanze *f*
estanco *adj v.* **estanque**
estandardização *f* Standardisierung *f,* Normung *f*
estandardizar *vt* standardisieren, normen
estandarte *m* Fahne *f,* Flagge *f*
estande *m* (brasil) Stand *m*
estanho *m* Zinn *nt;* **papel de** ~ Silberpapier *nt*
estanque *adj* dicht, wasserdicht
estante *f* Regal *nt*
estapafúrdio *adj* 1. (coloq: disparatado) chaotisch 2. (coloq: excêntrico) verschroben, schrullig
estar [ʃtar] *vi* 1. (encontrar-se) sein, sich befinden; ~ **em casa** zu Hause sein; **onde é que estás?** wo bist du? 2. (presença) anwesend sein; (coloq) da sein; **ela não está** sie ist nicht da; **quem está aí?** wer ist da? 3. (modo) ~ **doente/contente** krank/froh sein; ~ **sentado** sitzen; ~ **de pé** stehen; ~ **deitado** liegen; ~ **pendurado** hängen; **está frio/calor** es ist kalt/heiß; ~ **com fome/sede** Hunger/Durst haben; ~ **com medo** Angst haben; **estou com frio** mir ist kalt, ich friere; **como está/estás?** wie geht es Ihnen/dir?; ~ **de férias** im Urlaub sein, Urlaub haben; ~ **de chapéu/óculos** einen Hut/eine Brille aufhaben; ~ **de luto** Trauer tragen; ~ **de bébé** schwanger sein; ~ **sem dinheiro/emprego** kein Geld haben/arbeitslos sein; **ela está sem dormir/comer há dois dias** sie hat seit zwei Tagen nicht geschlafen/nichts gegessen; ~ **ao corrente** (da situação) auf dem Laufenden sein; **não** ~ **para brincadeiras** nicht zum Spaßen aufgelegt sein; (ainda) ~ **por fazer** noch zu tun sein; **está bem!** ist gut!, okay! 4. (brasil: acção contínua) ~ **fazendo a. c.** etw gerade machen, gerade dabei sein, etw zu tun; **ele está a conversar/ler/cozinhar** er unterhält sich/liest/kocht gerade 5. (ao telefone) **está/estou?** hallo!

estardalhaço *m* (*coloq*) Radau *m*, Heidenlärm *m*

estarrecer *vi* erschrecken

estatal *adj* staatlich, Staats ...

estatelado *adj* langgestreckt

estatelar-se *vr* zu Boden stürzen, der Länge nach hinfallen

estática *f* Statik *f*

estático *adj* **1.** (FÍS) statisch **2.** (*imóvel*) unbeweglich

estatística *f* Statistik *f*

estatístico *adj* statistisch; **cálculos ~s** statistische Berechnungen

estátua [ˈʃtatwɐ] *f* Statue *f*, Standbild *nt*

estatuária *f* Bildhauerei *f*, Plastik *f*

estatueta *f* Statuette *f*

estatuir *vt* festsetzen, bestimmen

estatura *f* Statur *f*, Körpergröße *f*

estatuto *m* **1.** (*lei*) Statut *nt*, Verordnung *f*; (*de uma associação*) Satzung *f* **2.** (*condição, categoria*) Status *m*

estável *adj* (*situação, economia, saúde*) stabil; (*relação*) fest; (*tempo*) beständig

este¹ [ˈeʃtɐ] *m* (GEOG) Osten *m*

este, -a² *pron dem* dieser, diese, dieses, der (hier), die (hier), das (hier); ~ **livro/vinho** das Buch/der Wein hier; **esta senhora** die Frau hier; (*a noite passada*); **esta noite** letzte Nacht; (*hoje à noite*) heute Nacht

esteio *m* (*fig*) Stütze *f*

esteira *f* **1.** (*tapete*) Matte *f* **2.** (*vestígio*) Spur *f*; (*caminho*) Weg *m*; **ir na ~ de alguém** jds Beispiel folgen

estendal *m* Wäscheleine *f*; (*em casa*) Wäscheständer *m*

estender **I.** *vt* **1.** (*um mapa, uma toalha*) ausbreiten; (*uma rede*) auslegen **2.** (*as pernas, os braços*) strecken, ausstrecken; (*a mão*) reichen **3.** (*a massa*) ausrollen **4.** (*uma mesa, antena*) ausziehen **5.** (*um prazo*) verlängern **6.** (*a roupa*) aufhängen **II.** *vr* **1.** (*deitar-se*) sich strecken, sich ausstrecken **2.** (*paisagem*) sich erstrecken **3.** (*temporal*) sich ausdehnen, sich erstrecken **4.** (*estatelar-se*) der Länge nach hinfallen

estenografar *vt* stenografieren

estenografia *f* Kurzschrift *f*, Stenografie *f*

estenógrafo, -a *m*, *f* Stenograf, Stenografin *m*, *f*

estepe *f* Steppe *f*

esterco *m* **1.** (*estrume*) Dünger *m*, Dung *m* **2.** (*excremento*) Mist *m*

estereofonia *f* Stereophonie *f*

estereofónico *adj* Stereo ..., stereophon

estereoscópio *m* Stereoskop *nt*

estereótipo *m* Stereotyp *nt*

estéril *adj* **1.** (*pessoa, animal*) steril, unfruchtbar; (*solo*) unfruchtbar **2.** (*infrutífero*) fruchtlos

esterilidade *f* (*pessoa, animal*) Unfruchtbarkeit *f*, Sterilität *f*; (*solo*) Unfruchtbarkeit *f*

esterilização *f* Sterilisation *f*, Sterilisierung *f*

esterilizado *adj* steril, keimfrei

esterilizar *vt* (*pessoa, animal, objecto*) sterilisieren

esterlino *adj* **libra esterlina** Pfund Sterling *nt*

esterno *m* (ANAT) Brustbein *nt*

esterqueira *f* Misthaufen *m*

estética *f* Ästhetik *f*

esteticista *m*(*f*) Kosmetiker, Kosmetikerin *m*, *f*

estético *adj* ästhetisch

estetoscópio *m* Stethoskop *nt*, Hörrohr *nt*

estibordo *m* (NAÚT) Steuerbord *nt*

esticão *m* Ruck *m*

esticar **I.** *vt* (*material*) auseinander ziehen; (*alongar*) dehnen, lang ziehen; (*elástico, corda*) spannen; (*o pescoço*) recken; (*os braços, as pernas*) strecken, ausstrecken; (*um prazo*) strecken, ausdehnen **II.** *vr* sich strecken, sich ausstrecken

estigma *m* (BOT, ZOOL) Stigma *nt*

estigmatizar *vt* stigmatisieren

estilhaçar **I.** *vt* zersplittern **II.** *vi* zerspringen

estilhaço *m* Splitter *m*

estilismo *m* (*moda*) Styling *nt*

estilista *m*(*f*) (*moda*) Stylist, Stylistin *m*, *f*

estilístico *adj* stilistisch

estilizar *vt* stilisieren

estilo [ˈʃtilu] *m* Stil *m*; ~ **de vida** Lebensstil *m*; **isso não faz o meu** ~ das ist nicht mein Ding

estima *f* Hochschätzung *f*, Wertschätzung *f*; (*consideração*) Achtung *f*; **ter ~ por alguém** jdn schätzen

estimação *f* **1.** (*estimativa*) Schätzung *f* **2.** (*estima*) Hochschätzung *f*

estimado *adj* geschätzt, geachtet; ~ **cliente** sehr geehrter Kunde

estimar *vt* **1.** (*ter estima por*) schätzen; (*ter consideração por*) achten; **estimo-lhe as melhoras** ich wünsche Ihnen gute Besse-

E

rung **2.** (*calcular*) schätzen (*em* auf)

estimativa *f* Schätzung *f*

estimativo *adj* geschätzt, Schätz ...; **valor** ~ Schätzwert *m;* (*afectivo*) Liebhaberwert *m*

estimulador **I.** *m* (MED) ~ **cardíaco** Herzschrittmacher *m* **II.** *adj* anregend

estimulante **I.** *m* (FARM) Stimulans *nt,* Anregungsmittel *nt* **II.** *adj* (MED) stimulierend, anregend

estimular *vt* **1.** (*uma pessoa*) ermuntern (*a* zu); (*incitar*) anspornen (*a* zu) **2.** (*a circulação, o coração*) stimulieren; (*a fantasia*) anregen **3.** (*a economia*) Anreize schaffen für; (*coloq*) ankurbeln; (*o progresso*) Antrieb geben

estímulo *m* (*incentivo*) Ansporn *m;* (ECON) Anreiz *m*

Estio *m* Sommer *m*

estipular *vt* festsetzen, festlegen; **está estipulado que ...** es ist festgelegt, dass ...

estirador *m* Reißbrett *nt*

estirão *m* weite(r) Weg *m*

estirar *vt* dehnen, ausdehnen

Estíria *f* Steiermark *f*

estirpe *f* **1.** (BOT) Wurzelwerk *nt* **2.** (*linhagem*) Abstammung *f,* Herkunft *f*

estivador *m* (NAÚT) Stauer *m*

estivagem *f* (NAÚT) Stauen *nt*

estival *adj* sommerlich, Sommer ...

estocada *f* **1.** (*com espada*) Degenstich *m,* Degenstoß *m* **2.** (*pancada*) Stoß *m,* Schlag *m;* **levar uma** ~ einen Stoß bekommen

estofador(a) *m(f)* Polsterer, Polsterin *m, f*

estofar *vt* (*móveis*) polstern

estofo *m* **1.** (*para móveis*) Polster *nt* **2.** (*de pessoa*) Talent *nt,* Voraussetzung *f;* **ele não tem** ~ **para isso** er hat nicht das Zeug dazu

estoicismo *m* Stoizismus *m,* Gleichmut *m*

estóico, -a **I.** *m, f* Stoiker, Stoikerin *m, f* **II.** *adj* stoisch, gelassen

estoirar *vi v.* **estourar**

estoiro *m v.* **estouro**

estojo *m* (*de óculos*) Etui *nt,* Futteral *nt;* (*de lápis, canetas*) Federmäppchen *nt;* (*caixa*) Kasten *m;* ~ **de costura** Nähkästchen *nt;* ~ **de primeiros socorros** Erste-Hilfe-Kasten *m*

estola *f* Stola *f*

estomacal *adj* Magen ...

estômago [ʃtomɐgu] *m* Magen *m;* **isso dá-me a volta ao** ~ davon wird mir schlecht; (*coloq*); **ter** ~ **para fazer a. c.** den Mumm zu etw haben

estomatologia *f* (MED) Stomatologie *f*

Estónia *f* Estland *nt*

estónio, -a **I.** *m, f* Este, Estin *m, f* **II.** *adj* estnisch

estonteante *adj* (*fig*) betäubend

estontear *vt* (*fig*) betäuben

estoque *m* (*brasil*) Lagerbestand *m,* Vorrat *m*

estore *m* Rollo *nt,* Jalouise *f*

estornar *vt* (*uma quantia*) stornieren

estorninho *m* (ZOOL) Star *m*

estorno *m* (ECON) Stornobuchung *f,* Stornieren *nt*

estorvar *vt* **1.** (*incomodar*) stören **2.** (*dificultar*) behindern; (*impedir*) verhindern

estorvo *m* **1.** (*incómodo*) Störung *f* **2.** (*obstáculo*) Hindernis *nt*

estourar **I.** *vt* **1.** (*rebentar*) platzen lassen **2.** (*coloq: dinheiro*) vergeuden, rausschmeißen **II.** *vi* **1.** (*pneu, balão*) platzen, bersten; (*bomba*) explodieren **2.** (*escândalo*) auffliegen

estouro *m* **1.** (*estrondo*) Knall *m,* Krach *m* **2.** (*coloq: acidente*) Unfall *m;* **ter um** ~ einen Unfall haben; **houve um** ~ es hat gekracht

estoutro, -a Zusammensetzung: pron este + pron outro, -a

estouvado *adj* leichtfertig, leichtsinnig

estrábico *adj* (MED) schielend

estrabismo *m* (MED) Schielen *nt*

estraçalhar *vt* zerstückeln

estrada [ʃtrade] *f* **1.** (*rua*) Straße *f;* (*fora da cidade*) Landstraße *f;* ~ **nacional** Nationalstraße *f,* Bundesstraße *f;* ~ **de ferro** Eisenbahn *f;* ~ **de Santiago** Milchstraße *f* **2.** (*fig: caminho*) Weg *m*

estrado *m* **1.** (*palanque*) Podest *nt* **2.** (*de cama*) Bettrost *m*

estragado [ʃtreˈgadu] *adj* (*comida*) verdorben; (*máquina*) kaputt

estragar **I.** *vt* (*uma máquina*) kaputtmachen, zerstören; (*o apetite*) verderben; (*a saúde, os planos*) zerstören; (*a reputação*) ruinieren; (*o dinheiro*) verschwenden; (*com mimos*) verwöhnen, verziehen **II.** *vr* (*comida*) verderben

estrago *m* Schaden *m,* Zerstörung *f*

estrambólico *adj* (*coloq*) skurril, komisch

estrangeirado *adj* fremd, fremdländisch

estrangeiro¹ [ʃtrãˈʒeiru] *m* Ausland *nt;* **ir para o** ~ ins Ausland fahren; **estar no** ~ im Ausland sein

E

estrangeiro, -a² I. *m, f* Ausländer, Ausländerin *m, f* II. *adj* ausländisch; **país** ~ fremdes Land

estrangulado *adj* stranguliert; **morrer** ~ erwürgt werden

estrangulador *m* (TÉC) Choke *m*

estrangulamento *m* Erdrosselung *f*, Strangulation *f*

estrangular *vt* erdrosseln, erwürgen

estranhar I. *vt* (*achar estranho*) seltsam finden; (*o clima, um ambiente*) nicht gewöhnt sein an, ungewohnt finden; (*admirar-se com*) sich wundern über, erstaunt sein über II. *vr* sich wundern

estranheza *f* 1. (*qualidade de estranho*) Fremdartigkeit *f* 2. (*admiração*) Verwunderung *f*, Erstaunen *nt;* **isso causa-me** ~ das erstaunt mich

estranho, -a I. *m, f* Fremde II. *adj* 1. (*desconhecido*) fremd; ~ **ao serviço** betriebsfremd, unbefugt 2. (*invulgar*) seltsam, sonderbar; (*esquisito*) komisch

estranja I. *m(f)* (*coloq*) Ausländer, Ausländerin *m, f* II. *f* (*coloq*) Ausland *nt* III. *adj* (*coloq*) ausländisch

estratagema *m* List *f*; (*subterfúgio*) Ablenkungsmanöver *nt*

estratégia *f* Strategie *f*

estratégico *adj* strategisch

estratificação *f* (GEOL) Schichtenbildung *f*, Stratifikation *f*

estratificar *vt* 1. (*material*) schichten 2. (GEOL) stratifizieren

estrato *m* 1. (GEOL) Schicht *f*, Lage *f* 2. (METEO) Stratuswolke *f* 3. (*social*) Gesellschaftsschicht *f*

estratosfera *f* Stratosphäre *f*

estrear I. *vt* (*roupa*) zum ersten Mal tragen; (*uma peça, um filme*) uraufführen, zum ersten Mal aufführen II. *vi* (*filme, peça*) Premiere haben III. *vr* zum ersten Mal auftreten (*como* als), debütieren

estrebaria *f* Pferdestall *m*

estrebuchar *vi* zappeln

estreia ['ʃtreje] *f* 1. (*de filme, peça*) Premiere *f*, Uraufführung *f* 2. (*de actor*) Debüt *nt*, erste(r) Auftritt *m*

estreitamento *m* (*de relação*) Vertiefung *f*, Intensivierung *f*

estreitar *vt* (*uma relação*) vertiefen, intensivieren

estreiteza *f* 1. (*de espaço*) Enge *f* 2. (*de* *mentalidade*) Beschränktheit *f*

estreito ['ʃtreitu] I. *m* (GEOG) Meerenge *f* II. *adj* 1. (*rua*) eng; (*objecto, caminho*) schmal 2. (*relação*) eng, innig

estrela ['ʃtrele] *f* 1. (ASTR) Stern *m;* ~ **polar** Polarstern *m;* (**ficar a**) **ver** ~**s** Sterne sehen 2. (*pessoa*) Star *m;* ~ **de cinema** Filmstar *m*

estrela-cadente *f* (ASTR) Sternschnuppe *f*

estrelado *adj* 1. (*céu*) mit Sternen bedeckt 2. (*ovo*) **ovo** ~ Spiegelei *nt*

estrela-do-mar *f* Seestern *m*

estrelar *vt* (*um ovo*) braten

estrelato *m* Berühmtheit *f*; **atingir o** ~ ein Star werden

estremadura *f* Grenze *f*, Grenzgebiet *nt*

estremecer *vi* 1. (*edifício*) beben; (*parede*) zittern 2. (*pessoa*) schaudern; **eu estremeço quando penso nisso** es läuft mir kalt den Rücken hinunter, wenn ich daran denke

estremunhado *adj* schlaftrunken

estrénuo *adj* beherzt, mutig

estressado *adj* (*brasil*) gestresst

estressante *adj* (*brasil*) stressig, anstrengend

estresse *m* (*brasil*) Stress *m*

estria *f* Rinne *f*

estribeira *f* (*coloq*) Fassung *f*; **perder as** ~**s** die Fassung verlieren

estribo *m* 1. (*de carruagem*) Trittbrett *nt* 2. (*do cavalo*) Steigbügel *m*

estricnina *f* (QUÍM) Strychnin *nt*

estridente *adj* schrill

estridular *vi* zirpen

estritamente *adv* strikt; ~ **proibido** streng verboten

estrito *adj* 1. (*restrito*) eingeschränkt; **em sentido** ~ im engeren Sinne 2. (*rigoroso*) streng, strikt

estrofe *f* (LIT) Strophe *f*

estroina I. *m(f)* (*coloq*) Luftikus *m*, Hallodri *m* II. *adj* (*coloq*) leichtsinnig, leichtfertig

estroinice *f* (*coloq*) Leichtsinn *m*, Leichtfertigkeit *f*

estroncar *vt* (*fechadura, porta*) aufbrechen

estrôncio *m* (QUÍM) Strontium *nt*

estrondo *m* Knall *m*, Krach *m;* **armar** ~ Krach schlagen

estrondoso *adj* 1. (*ruidoso*) krachend; (*aplauso*) tosend 2. (*coloq: espectacular*) Aufsehen erregend

estropiar *vt* (*fig*) verstümmeln

estrugido *m* (CUL) Zwiebelschwitze *f*

estrumar vt (AGR) düngen

estrume m (AGR) Dünger m, Dung m

estrupido m Getöse nt

estrutura f 1. (contextura) Struktur f; (organização) Aufbau m; ~ óssea Knochenbau m 2. (LIT) Gliederung f, Struktur f

estrutural adj strukturell, Struktur ...

estruturar vt strukturieren, anordnen; (texto) gliedern

estuário m (GEOG) trichterförmige Flussmündung f, Ästuar nt

estucador(a) m(f) Stuckateur, Stuckateurin m, f

estucar vt mit Stuck verkleiden

estudante [ʃtu'dãnt] m(f) (da escola) Schüler, Schülerin m, f; (universitário) Student, Studentin m, f

estudantil adj (da escola) Schüler ...; (universitário) Studenten ..., studentisch; **movimento** ~ Studentenbewegung f

estudar [ʃtu'dar] I. vt (uma matéria) lernen; (CIN: um papel) einstudieren; (um caso) untersuchen, prüfen; (um documento) studieren, genau durchlesen; (medicina, direito, línguas) studieren II. vi (na escola) zur Schule gehen; (na universidade) studieren

estúdio [ʃ'tudju] m 1. (de rádio, televisão) Studio nt 2. (atelier) Atelier nt, Studio nt

estudioso adj fleißig

estudo m (científico) Studie f, Untersuchung f

estudos mpl (escola) Schulbildung f; (universidade) Studium nt; (escola); **acabar os** ~ die Schule beenden; (universidade) das Studium abschließen

estufa f Treibhaus nt, Gewächshaus nt

estufado [ʃtu'fadu] I. m (CUL) Schmorbraten m II. adj geschmort, gedünstet; **carne estufada/peixe** ~ geschmortes Fleisch/gedünsteter Fisch

estufar vt (CUL) dünsten; (guisar) schmoren

Estugarda f Stuttgart nt

estupefação f (brasil) v. **estupefacção**

estupefacção f Verblüffung f

estupefaciente m Rauschgift nt

estupefacto adj verblüfft

estupefato adj (brasil) v. **estupefacto**

estupendo adj fabelhaft, toll

estupidez f 1. (burrice) Dummheit f, Beschränktheit f 2. (parvoíce) Frechheit f; **que** ~! so eine Frechheit!

estúpido, -a [ʃ'tupidu] I. m, f Dummkopf

m, Idiot, Idiotin m, f II. adj 1. (burro) dumm, beschränkt 2. (parvo) frech

estupor m 1. (MED) Lähmung f 2. (coloq: pessoa) Blödmann m, Depp m

estuporar vt (coloq) kaputtmachen

estuprar vt vergewaltigen

estupro m Vergewaltigung f

estuque m Stuck m

esturjão m Stör m

esturricado adj angebrannt

esturricar vi anbrennen

esturro m **cheira-me a** ~ das ist mir nicht ganz geheuer

esvaecer vi 1. (esmorecer) sich abschwächen 2. (dissipar-se) vergehen, verfliegen

esvaído adj schwach, kraftlos

esvair-se vr vergehen, verfliegen; ~ **em sangue** verbluten

esvanecer vi v. **esvaecer**

esvaziar I. vt leeren, ausleeren II. vr sich leeren, sich entleeren

esverdeado adj grünlich

esvoaçar vi flattern

etapa f 1. (dum caminho) Etappe f, Abschnitt m 2. (fase) Zeitabschnitt m; **por** ~s in Etappen 3. (DESP) Etappe f, Streckenabschnitt m

ETAR abrev de **estação de tratamento de águas residuais** Kläranlage

etc. abrev de **et cetera** etc. (= et cetera)

éter m Äther m

etéreo adj ätherisch

eternidade f Ewigkeit f; **isso dura uma** ~! das dauert eine Ewigkeit!

eternizar vt verewigen

eterno adj ewig

ética f Ethik f

ético adj ethisch

etileno m (QUÍM) Äthylen nt

etílico adj Äthyl ...; **álcool** ~ Äthylalkohol m

étimo m (LING) Etymon nt, Stammwort nt

etimologia f (LING) Etymologie f

etimológico adj (LING) etymologisch

etíope I. m(f) Äthiopier, Äthiopierin m, f II. adj äthiopisch

Etiópia f Äthiopien nt

etiqueta f 1. (na roupa; rótulo) Etikett nt; (com preço) Preisschild nt, Preisetikett nt; (numa mala) Kofferanhänger m 2. (protocolo) Etikette f

etiquetagem f Etikettierung f

etiquetar vt etikettieren

etmóide *m* (ANAT) Siebbein *nt*
etnia *f* Ethnie *f,* Volksstamm *m*
étnico *adj* ethnisch
etnologia *f* Ethnologie *f,* Völkerkunde *f*
etnológico *adj* ethnologisch, völkerkund-
lich
eu [eu] **I.** *m* Ich *nt* **II.** *pron pers* ich; **sou** ~!
ich bin es!
EUA *abrev de* **Estados Unidos da América**
USA
eucalipto *m* Eukalyptus *m*
eucaristia *f* (REL) Eucharistie *f*
eucarístico *adj* (REL) eucharistisch
eufemismo *m* (LING) Euphemismus *m*
eufonia *f* Wohlklang *m,* Euphonie *f*
eufónico *adj* wohlklingend, euphonisch
euforia *f* Euphorie *f*
eufórico *adj* euphorisch
eufrásia *f* (BOT) Augentrost *m*
eunuco *m* Eunuch *m*
euro *m* Euro *m*
euroasiático *adj* eurasisch
eurocheque [eurɔ'ʃɛkə] *m* Euroscheck *m*
eurodeputado, -a *m, f* Europaabgeordnete
Europa [eu'rɔpɐ] *f* Europa *nt;* ~ **Central**
Mitteleuropa *nt;* ~ **de Leste** Osteuropa *nt*
europeu, europeia [euru'peu] **I.** *m, f* Europäer, Europäerin *m, f* **II.** *adj* europäisch
eurovisão *f* Eurovision *f*
eutanásia *f* Euthanasie *f*
evacuação [ivɐkwɐ'sãu] *f* **1.** (*de uma sala,
região*) Räumung *f,* Evakuierung *f* **2.** (*das tropas*) Rückzug *m* **3.** (BIOL) Stuhlgang *m*
evacuar **I.** *vt* (*uma sala, região*) räumen, evakuieren; (*as tropas*) zurückziehen **II.** *vi*
(BIOL) Stuhlgang haben
evadir-se *vr* fliehen (*de* aus)
Evangelho *m* (REL) Evangelium *nt*
evangélico *adj* evangelisch, protestantisch
evangelista *m(f)* Protestant, Protestantin
m, f
evangelizar *vt* evangelisieren
evaporação *f* Verdunstung *f,* Verdampfung
f
evaporar **I.** *vt* verdunsten lassen, verdampfen lassen **II.** *vr* **1.** (*água*) verdunsten, verdampfen **2.** (*cheiro*) verfliegen **3.** (*coloq: desaparecer*) verduften
evasão *f* Flucht *f* (*de* aus); (*de prisioneiros*)
Ausbruch *m* (*de* aus); ~ **fiscal** Steuerhinterziehung *f*

evasiva *f* **1.** (*subterfúgio*) Ausflucht *f,* Ausrede *f* **2.** (*escapatória*) Ausweg *m*
evasivo *adj* (*resposta*) ausweichend; (*pessoa*) schwer fassbar
evento [i'vẽtu] *m* Ereignis *nt,* Begebenheit
f
eventual *adj* **1.** (*possível*) eventuell, möglich **2.** (*casual*) zufällig **3.** (*ocasional*) gelegentlich
eventualidade *f* **1.** (*possibilidade*) Möglichkeit *f;* **na** ~ **de** falls **2.** (*casualidade*) Zufall *m*
eventualmente *adv* **1.** (*possivelmente*)
eventuell, möglicherweise; (*em caso afirmativo*) gegebenenfalls **2.** (*casualmente*) zufällig
evidência *f* Offenkundigkeit *f,* Offensicht-
lichkeit *f;* **pôr a. c. em** ~ etw deutlich machen, etw hervorheben; **render-se às** ~**s**
sich den Tatsachen beugen
evidenciar *vt* (*mostrar*) zeigen; (*salientar*)
hervorheben
evidente *adj* offensichtlich, offenkundig; **é**
~ **que sim/não** das ist offensichtlich so/
nicht so
evidentemente [ividẽntə'mẽntə] *adv* offensichtlich, offenbar
evitar *vt* **1.** (*uma pessoa, um local*) meiden
2. (*um erro, um acidente*) vermeiden
evitável *adj* vermeidbar
evocação *f* **1.** (*de espíritos*) Beschwörung *f,*
Anrufung *f* **2.** (*de lembranças*) Erinnerung *f*
evocar *vt* **1.** (*um espírito*) beschwören, anrufen **2.** (*uma lembrança*) sich erinnern an,
ins Gedächtnis zurückrufen
evolução *f* Evolution *f;* (*desenvolvimento*)
Entwicklung *f;* (*de doença*) Verlauf *m*
evoluir *vi* sich entwickeln; *doença* verlaufen
evolutivo *adj* Entwicklungs ..., Evolutions ...
Exªª *abrev de* **Excelência** Exzellenz
exacerbar **I.** *vt* **1.** (*irritar*) erbittern, wütend
machen **2.** (*agravar*) verschärfen, verschlimmern **II.** *vr* **1.** (*exaltar-se*) sich ereifern, wütend werden **2.** (*agravar-se*) sich verschärfen,
sich verschlimmern
exactamente [izatɐ'mẽntə] *adv* genau,
exakt; ~ **o mesmo** genau dasselbe/derselbe;
são ~ **quatro horas** es ist genau vier Uhr; ~!
genau!, eben!
exactidão *f* **1.** (*precisão*) Genauigkeit *f,*
Exaktheit *f* **2.** (*de uma conta*) Richtigkeit *f,*
Exaktheit *f*

E

exacto [i'zatu] *adj* **1.** (*correcto*) exakt, richtig; ~! genau! **2.** (*preciso*) genau, exakt

exagerado, -a [izeʒə'radu] **I.** *m, f* Wichtigtuer, Wichtigtuerin *m, f*, Angeber, Angeberin *m, f* **II.** *adj* übertrieben

exagerar *vi* übertreiben

exagero *m* Übertreibung *f*

exalar *vt* (*cheiro*) ausströmen; (*vapor*) ausstoßen

exaltação *f* **1.** (*excitação*) Aufregung *f* **2.** (*irritação*) Erregung *f* **3.** (*glorificação*) Verherrlichung *f*, Lobpreisung *f*

exaltado *adj* **1.** (*excitado*) aufgeregt, überspannt **2.** (*irritado*) erhitzt, erregt

exaltar **I.** *vt* (*excitar*) aufregen; (*irritar*) erregen; (*glorificar*) loben, rühmen; (*em excesso*) verherrlichen **II.** *vr* sich ereifern, sich aufregen

exame [i'zemə] *m* **1.** (*prova*) Prüfung *f*; ~ **de admissão** Aufnahmeprüfung *f*; ~ **de condução** Fahrprüfung *f*; ~ **de madureza** Abitur *nt*; ~ **final** Abschlussprüfung *f*; (*do liceu*) Abitur *nt*; **fazer um** ~ eine Prüfung machen; **passar no** ~ die Prüfung bestehen; **reprovar no** ~ in der Prüfung durchfallen **2.** (MED) Untersuchung *f*; (*paciente*); **fazer um** ~ sich untersuchen lassen; (*médico*) untersuchen

examinador(a) *m(f)* Prüfer, Prüferin *m, f*

examinando, -a *m, f* Prüfling *m*

examinar [izemi'nar] *vt* **1.** (*uma pessoa*) prüfen **2.** (*um doente*) untersuchen **3.** (*uma máquina*) überprüfen, inspizieren **4.** (*observar*) mustern, genau beobachten; (*uma situação*) prüfen, abchecken

exasperar **I.** *vt* erbosen, zur Verzweiflung bringen **II.** *vr* sich aufregen, wütend werden

exatamente [izate'mẽntə] *adv* (*brasil*) v. **exactamente**

exatidão *f* (*brasil*) v. **exactidão**

exato *adj* (*brasil*) v. **exacto**

exaurir *vt* **1.** (*esgotar*) erschöpfen, aufbrauchen **2.** (*esvaziar*) leeren

exaustão *f* Erschöpfung *f*; **trabalhar até à** ~ bis zum Umfallen arbeiten

exaustivo *adj* **1.** (*fatigante*) aufreibend, anstrengend **2.** (*estudo, leitura*) gründlich

exausto *adj* erschöpft

exaustor *m* Dunstabzugshaube *f*

exceção *f* (*brasil*) v. **excepção**

excedente **I.** *m* Überschuss *m* **II.** *adj* überschüssig, überzählig

exceder **I.** *vt* **1.** (*ultrapassar*) übersteigen **2.** (*superar*) übertreffen (*em* an) **II.** *vr* **1.** (*superar-se*) sich selbst übertreffen **2.** (*descomedir-se*) zu weit gehen, übertreiben

excelência *f* Exzellenz *f*; (*rei*); **Vossa/Sua Excelência** Eure/Seine Majestät; (*em carta*); **Vossa** ~ Seine/Ihre Exzellenz

excelente [ʃsə'lẽntə] *adj* **1.** (*qualidade, comportamento, actuação*) ausgezeichnet, hervorragend; (*comida*) ausgezeichnet, vorzüglich **2.** (*pessoa*) wunderbar **3.** (*nota*) sehr gut

Excelentíssimo *adj* (*em carta*) ~ **Senhor** sehr geehrter Herr; ~**s Senhores** sehr geehrte Damen und Herren

excelso *adj* hochrangig

excentricidade *f* Überspanntheit *f*, Exzentrizität *f*

excêntrico *adj* exzentrisch, extravagant

excepção *f* Ausnahme *f*; **com** ~ **de** mit Ausnahme von, außer; **sem** ~ ohne Ausnahme; **abrir uma** ~ eine Ausnahme machen

excepcional *adj* (*raro, notável*) außergewöhnlich, einzigartig

excepcionalmente *adv* ausnahmsweise

excepto [ʃ'sɜtu] *m(f)* außer, abgesehen von; **vieram todos** ~ **ele** es kamen alle außer ihm; **as férias foram óptimas,** ~ **o último dia** die Ferien waren toll, abgesehen von dem letzten Tag

exceptuar *vt* ausnehmen (*de* von)

excerto *m* Auszug *m* (*de* aus)

excessivamente *adv* übermäßig, maßlos

excessividade *f* Übermäßigkeit *f*, Maßlosigkeit *f*

excessivo *adj* übermäßig, exzessiv

excesso *m* **1.** (*imoderação*) Übermaß *nt*, Exzess *m*; ~ **de peso** Übergewicht *nt*; ~ **de velocidade** Geschwindigkeitsüberschreitung *f*; **comer/beber em** ~ unmäßig essen/trinken **2.** (*excedente*) Überschuss *m*

exceto [ʃ'sɜtu] *m(f)* (*brasil*) v. **excepto**

excetuar *vt* (*brasil*) v. **exceptuar**

excisão *f* (MED) Entfernung *f*

excitação *f* **1.** (*agitação*) Aufregung *f* **2.** (*sexual*) Erregung *f*

excitado *adj* **1.** (*agitado*) aufgeregt, aufgelöst **2.** (*sexualmente*) erregt

excitante **I.** *m* Anregungsmittel *nt*, Stimulans *nt* **II.** *adj* **1.** (*estimulante*) aufregend **2.** (*sexualmente*) erregend

excitar **I.** *vt* (*agitar*) aufregen, nervös machen; (*sexualmente*) erregen **II.** *vr* (*sexualmente*) erregt werden

exclamação *f* Ausruf *m*

exclamar *vt* ausrufen, rufen

exclamativo *adj* (LING) Ausrufe ...; **frase exclamativa** Ausrufesatz *m*

excluir *vt* ausschließen (*de* aus/von)

exclusão *f* Ausschluss *m;* ~ **social** gesellschaftliche Ausgrenzung; **por ~ de partes** durch schrittweises Ausschließen (der nicht infrage kommenden Möglichkeiten)

exclusivamente *adv* ausschließlich

exclusive *adv* ausschließlich

exclusividade *f* Ausschließlichkeit *f*

exclusivo I. *m* (*de direitos*) Alleinrecht *nt;* (*nas vendas*) Alleinverkauf *m,* Alleinvertretung *f* **II.** *adj* exklusiv

excomungar *vt* (REL) exkommunizieren

excomunhão *f* (REL) Exkommunikation *f*

excremento *m* (BIOL) Exkrement *nt*

excrescência *f* (MED) Wucherung *f*

excursão [ʃkurˈsãu] *f* **1.** (*viagem*) Ausflug *m* **2.** (*divagação*) Exkurs *m*

execrar *vt* verabscheuen

execrável *adj* abscheulich, widerlich

execução *f* **1.** (*de uma tarefa, ordem*) Ausführung *f;* (*de uma pena*) Vollstreckung *f* **2.** (*realização*) Durchführung *f* **3.** (*de uma pessoa*) Hinrichtung *f*

executar *vt* **1.** (*uma tarefa, ordem*) ausführen; (*uma pena*) vollstrecken **2.** (*realizar*) durchführen **3.** (*uma pessoa*) hinrichten **4.** (MÚS) spielen

executável *adj* **1.** (*tarefa, ordem*) ausführbar **2.** (*exequível*) durchführbar

executivo, -a I. *m, f* Führungskraft *f,* leitende Angestellte **II.** *adj* ausübend, ausführend; **poder ~** Exekutive *f,* Exekutivgewalt *f*

executor(a) *m(f)* Ausführende

exemplar I. *m* (*unidade*) Exemplar *nt;* (*modelo*) Muster *nt* **II.** *adj* vorbildlich, musterhaft

exemplificar *vt* veranschaulichen, an Beispielen erklären

exemplo [iˈzẽmplu] *m* **1.** (*facto, frase*) Beispiel *nt;* **por ~** zum Beispiel; **dar um ~** ein Beispiel geben **2.** (*modelo*) Beispiel *nt,* Vorbild *nt;* **dar o ~** mit gutem Beispiel vorangehen; (**não**) **servir de ~** (k)ein gutes Beispiel sein; **seguir o ~ de alguém** sich jdn zum Vorbild nehmen

exéquias *fpl* Trauerfeier *f,* Exequien *pl*

exequível *adj* durchführbar, ausführbar

exercer *vt* (*uma actividade, poder, influência*) ausüben (*sobre* auf); ~ **medicina/advocacia** als Arzt/Anwalt tätig sein

exercício *m* **1.** (*acção de exercitar*) Übung *f;* (*na escola*) Aufgabe *f,* Übung *f;* ~ **físico** sportliche Aktivität **2.** (*acção de exercer*) Ausübung *f;* **no ~ das suas funções** in Ausübung seines/ihres Amtes

exercitar *vt* üben

exército *m* Heer *nt,* Armee *f*

exibição *f* (*de um filme*) Vorführung *f;* (*de uma peça*) Aufführung *f;* (*filme*) **estar em ~** laufen

exibicionismo *m* Exhibitionismus *m*

exibicionista I. *m(f)* Exhibitionist, Exhibitionistin *m, f* **II.** *adj* exhibitionistisch

exibido *adj* (*brasil*) eingebildet

exibir I. *vt* (*mostrar*) zeigen; (*os documentos*) vorzeigen, vorlegen; (*um filme*) zeigen; (*uma peça*) aufführen **II.** *vr* (*na atitude*) sich aufspielen, sich wichtig machen; (*falando*) angeben

exigência *f* **1.** (*reclamação*) Forderung *f,* Anspruch *m;* **fazer ~s** Forderungen stellen, Ansprüche geltend machen **2.** (*requisito*) Anforderung *f;* (*necessidade*) Erfordernis *nt;* **satisfazer as ~s** den Anforderungen genügen

exigente *adj* anspruchsvoll

exigir *vt* **1.** (*reclamar*) fordern, verlangen; ~ **a. c. de alguém** etw von jdm fordern **2.** (*requerer*) erfordern, verlangen; **isto exige muito esforço** dafür sind große Anstrengungen nötig

exíguo *adj* **1.** (*escasso*) geringfügig, gering **2.** (*diminuto*) winzig

exilado, -a I. *m, f* politische(r) Flüchtling *m* **II.** *adj* exiliert; **estar ~** im Exil leben

exilar I. *vt* exilieren, ins Exil schicken **II.** *vr* ins Exil gehen

exílio *m* Exil *nt*

exímio *adj* hervorragend, ausgezeichnet

existência *f* **1.** (*vida*) Existenz *f,* Dasein *nt* **2.** (*de coisas*) Vorhandensein *nt*

existencial *adj* existenziell

existências *fpl* (*stock*) Bestände *pl,* Vorrat *m*

existente *adj* bestehend, vorhanden

existir [iziʃˈtir] *vi* **1.** (*viver*) existieren, leben **2.** (*haver*) vorhanden sein

êxito *m* Erfolg *m*

E

ex-líbris *m* Exlibris *nt*

Exmo. *abrev de* **Excelentíssimo** sehr geehrter

êxodo *m* Exodus *m*

exoneração *f* Absetzung *f;* (*de um cargo*) Amtsenthebung *f*

exonerar *vt* **1.** (*de um cargo*) absetzen **2.** (*de uma obrigação*) befreien (*de* von)

exorar *vt* (*elev*) erflehen

exorbitância *f* **1.** (*exce sso*) Übermaß *nt;* (*preço*); **isso é uma** ~ das ist unverschämt teuer, das sind Wucherpreise **2.** (*exagero*) Übertreibung *f*

exorbitante *adj* **1.** (*excessivo*) übermäßig; (*preço*) überhöht **2.** (*exagerado*) übertrieben

exorcismar *vt* (*um espírito*) austreiben, exorzieren

exorcismo *m* Teufelsaustreibung *f,* Exorzismus *m;* **fazer um** ~ **a alguém** jdm den Teufel austreiben

exorcista *m(f)* Geisterbeschwörer, Geisterbeschwörerin *m, f,* Exorzist, Exorzistin *m, f*

exorcizar *vt v.* **exorcismar**

exórdio *m* (*elev*) Exordium *nt,* Einleitung *f*

exortação *f* Ermahnung *f* (*a* zu)

exortar *vt* ermahnen (*a* zu), mahnen (*a* zu)

exótico *adj* exotisch

expandir **I.** *vt* expandieren; (*os conhecimentos*) erweitern; (*o poder*) ausdehnen **II.** *vr* sich ausdehnen

expansão *f* **1.** (*alargamento*) Ausdehnung *f,* Vergrößerung *f* **2.** (ECON, POL) Expansion *f;* ~ **económica** wirtschaftliches Wachstum

expansionismo *m* Expansionsdrang *m*

expansivo *adj* (*pessoa*) gesellig, offen

expatriado, -a *m, f* (*da pátria*) Ausgebürgerte; (*da Europa de Leste*) Aussiedler, Aussiedlerin *m, f*

expatriar *vt* ausbürgern, des Landes verweisen

expectativa *f* Erwartung *f;* **isso corresponde às minhas ~s** das entspricht meinen Erwartungen; **ficar na** ~ abwarten

expectoração *f* (MED) Auswurf *m*

expectorante **I.** *m* (FARM) schleimlösende(s) Mittel *nt,* Expektorans *nt* **II.** *adj* schleimlösend

expectorar *vi* aushusten, expektorieren

expedição *f* **1.** (*viagem*) Expedition *f* **2.** (*envio*) Versand *m;* (*despacho*) Abfertigung *f*

expediente *m* **1.** (*de escritório*) Geschäftsverkehr *m;* (*despacho*) Bearbeitung *f;* **horas de** ~ Dienstzeit *f,* Bürozeit *f* **2.** (*desembaraço*) Ungezwungenheit *f,* Gewandtheit *f;* **ela tem muito** ~ sie hat ein ungezwungenes Wesen

expedir *vt* **1.** (*mercadoria*) versenden; (*um telegrama*) aufgeben **2.** (*despachar*) abfertigen

expedito *adj* **1.** (*rápido*) flink, schnell **2.** (*desembaraçado*) ungezwungen, gewandt

expelir *vt* ausstoßen

experiência *f* **1.** (*prática*) Erfahrung *f;* ~ **profissional** Berufserfahrung *f;* **ter uma boa/má** ~ eine gute/schlechte Erfahrung machen; **por** ~ (**própria**) aus (eigener) Erfahrung **2.** (*ensaio*) Experiment *nt,* Versuch *m;* (*com automóvel*) Probefahrt *f;* **a título de** ~ probeweise

experiente *adj* erfahren

experimentado *adj* erfahren (*em* in)

experimental *adj* experimentell, Versuchs ...

experimentar *vt* **1.** (*comida*) probieren, versuchen **2.** (*roupa*) anprobieren **3.** (*droga, uma actividade*) ausprobieren, testen **4.** (*submeter à experiência*) versuchen **5.** (*pôr à prova*) erproben **6.** (*passar por*) erfahren

expiração *f* **1.** (*respiração*) Ausatmung *f* **2.** (*de um prazo*) Ablauf *m*

expirar *vi* **1.** (*respiração*) ausatmen **2.** (*prazo*) ablaufen

explanação *f* (*explicação*) Erklärung *f;* (*exposição*) Darstellung *f*

explanar *vt* (*explicar*) erklären, erläutern; (*expor*) darstellen

explicação *f* Erklärung *f,* Erläuterung *f;* **dar uma** ~ **a alguém** jdm eine Erklärung geben

explicações *fpl* Nachhilfestunden *pl;* **dar** ~ Nachhilfestunden geben

explicadamente *adv* eingehend

explicador(a) *m(f)* Nachhilfelehrer, Nachhilfelehrerin *m, f*

explicar [ʃpliˈkar] **I.** *vt* (*esclarecer*) erklären, erläutern; ~ **a. c. a alguém** jdm etw erklären; (*expor*) darlegen, schildern **II.** *vr* verständlich machen, sich ausdrücken

explicativo *adj* erklärend, erläuternd

explícito *adj* ausdrücklich, explizit

explodir *vi* (*fig*) explodieren

exploração *f* **1.** (*de riquezas naturais*) Nutzung *f;* (*em excesso*) Raubbau *m;* (*de minas*) Abbau *m;* ~ **agrícola** landwirtschaftlicher Betrieb *m;* *f* **2.** (*de terreno, região*) Erforschung *f,*

Erkundung *f* **3.** (*de pessoa*) Ausbeutung *f*
explorador(a) *m(f)* **1.** (*investigador*) Forscher, Forscherin *m, f* **2.** (*de pessoas*) Ausbeuter, Ausbeuterin *m, f*
explorar *vt* **1.** (*riquezas naturais*) nutzen;
(*uma mina*) abbauen, ausbeuten **2.** (*um terreno, uma região*) erforschen, erkunden **3.**
(*um negócio*) betreiben **4.** (*uma pessoa*) ausbeuten
explosão *f* **1.** (*de uma bomba*) Explosion *f*
2. (*de sentimentos*) Ausbruch *m*
explosivo I. *m* Sprengstoff *m* II. *adj* **1.** (*material*) explosiv **2.** (*pessoa*) temperamentvoll
expoente *m* (MAT) Exponent *m*
expor I. *vt* **1.** (*em exposição*) ausstellen; (*numa montra*) auslegen; (*um cartaz*) aushängen
2. (*a vida de alguém*) in der Öffentlichkeit bekannt machen; ~ **alguém ao ridículo/ao
perigo** jdn der Lächerlichkeit/der Gefahr
aussetzen **3.** (*descrever*) darstellen; (*explicar*) darlegen, ausführen **4.** (FOT) belichten
II. *vr* **1.** (*em público*) sich zeigen **2.** (*arriscar*) sich einem Risiko aussetzen
exportação *f* Export *m*, Ausfuhr *f*
exportador(a) *m(f)* Exporteur, Exporteurin
m, f
exportadora *f* (*empresa*) Exportfirma *f*
exportar *vt* exportieren, ausführen
exposição [ʃpuzi'sãu] *f* **1.** (*de arte*) Ausstellung *f*; (*feira*) Messe *f*; **estar em** ~ ausgestellt
sein **2.** (*descrição*) Darstellung *f*; (*explicação*) Darlegung *f*, Ausführung *f* **3.** (*oxibição*)
Aussetzen *nt*; ~ **ao sol** Sonnenbestrahlung *f*
4. (FOT) Belichtung *f*
expositor(a) *m(f)* Aussteller, Ausstellerin
m, f
exposto I. *pp irr de* **expor** II. *m* Dargelegte
nt, Gesagte *nt*; **o acima** ~ das oben genannte
III. *adj* **1.** (*na exposição*) ausgestellt; (*na
montra*) ausgelegt; (*cartaz*) ausgehängt **2.**
(*lugar*) exponiert **3.** (*pessoa*) gefährdet; **estar
~ ao perigo** einer Gefahr ausgesetzt sein
expressamente [ʃprɜsɐ'mẽtɐ] *adv* ausdrücklich
expressão [ʃprɐ'sãu] *f* Ausdruck *m*; ~ **idiomática** Redewendung *f*; **é uma força de** ~
sozusagen, wenn man so will
expressar *vt v.* **exprimir**
expressionismo *m* Expressionismus *m*
expressividade *f* Expressivität *f*, Aus-
drucksstärke *f*
expressivo *adj* ausdrucksvoll

expresso I. *pp irr de* **exprimir** II. *m* (*comboio*) Schnellzug *m*, Eilzug *m* III. *adj* **1.** (*explícito*) ausdrücklich **2.** (*rápido*) Express ...,
Eil ...; **correio** ~ Eilsendung *f*

Die meisten Orte Portugals werden vom
dichten Fernbusnetz der EVA Transportes
S.A. und einigen kleineren Gesellschaften
versorgt. Auch das Landesinnere ist relativ
gut abgedeckt. Die Überlandbusse, **Ex-
pressos**, sind bequem und schnell und
verkehren täglich zwischen den großen
Städten.

E

exprimir I. *vt* ausdrücken, äußern II. *vr* sich
ausdrücken
expropriação *f* Enteignung *f*
expropriar *vt* enteignen
expugnar *vt* **1.** (*conquistar, tomar*) erobern
2. (*vencer*) besiegen
expulsão *f* **1.** (*de um país*) Ausweisung *f*,
Abschiebung *f* **2.** (*de uma região*) Vertreibung *f*; (*de uma comunidade*) Verstoßen *nt*,
Ausstoßen *nt* **3.** (*da escola*) Verweis *m*; (*jogador*) Platzverweis *m* **4.** (*de espírito*) Austreibung *f*
expulsar *vt* **1.** (*de um país*) ausweisen (*de*
aus), abschieben (*de* aus) **2.** (*de uma região*)
vertreiben (*de* aus); (*de uma comunidade*)
ausstoßen (*de* aus), verstoßen (*de* aus) **3.** (*de
uma festa, de casa*) hinauswerfen (*de* aus);
(*da escola, de um sítio público*) verweisen
(*de* von); (*um jogador*) vom Platz verweisen
4. (*um espírito*) austreiben (*de*)
expulso *pp irr de* **expulsar**
êxtase *m* Ekstase *f*, Verzückung *f*; **ficar em
~** in Ekstase geraten
extasiado *adj v.* **extático**
extasiar *vt* verzücken, begeistern
extático *adj* verzückt, hingerissen; **estar/fi-
car ~** hingerissen sein/in Ekstase geraten
extensão [ʃtẽ'sãu] *f* **1.** (*dimensão*) Ausdehnung *f*, Fläche *f* **2.** (*alcance*) Ausmaß *nt*, Umfang *m* **3.** (ELECTR) Verlängerungsschnur *f* **4.**
(TEL) Durchwahl *f*
extensivamente *adv* ausführlich
extensível *adj* **1.** (*material*) dehnbar **2.** (*antena*) ausziehbar
extensivo *adj* übertragbar; **ser ~ a** übertragbar sein auf
extenso *adj* **1.** (*em tamanho*) weit, ausgedehnt **2.** (*texto, discurso*) lang **3.** (*vasto*) umfangreich

extensor m (de ginástica) Expander m
extenuação f **1.** (enfraquecimento) Entkräftung f **2.** (exaustão) Erschöpfung f
extenuado adj **1.** (debilitado) schwach, entkräftet **2.** (esgotado) erschöpft
extenuante adj aufreibend, anstrengend
extenuar vt **1.** (debilitar) schwächen, entkräften **2.** (esgotar) erschöpfen
exterior I. m (parte de fora, aspecto) Äußere nt; **no ~** von außen; (estrangeiro) Ausland nt II. adj Außen ..., äußere(r, s); **o lado ~** die äußere Seite; **antena ~** Außenantenne f
exteriorização f Äußerung f
exteriorizar vt äußern, zeigen
exteriormente adv äußerlich
exterminação m v. **extermínio**
exterminar vt (um povo) ausrotten; (o inimigo, insectos, parasitas) vernichten
extermínio m (de um povo) Ausrottung f; (do inimigo, de insectos, parasitas) Vernichtung f
externato m Externat nt
externo adj Außen ..., äußerlich; **o país está sujeito a influências externas** das Land ist Einflüssen von außen ausgesetzt; (FARM); **para uso ~** zur äußerlichen Anwendung
extinção f **1.** (do fogo) Löschen nt **2.** (de uma espécie) Aussterben nt; **em vias de ~** vom Aussterben bedroht **3.** (de um povo) Ausrottung f
extinguir I. vt **1.** (o fogo) löschen **2.** (um povo) auslöschen, ausrotten II. vr **1.** (fogo) erlöschen **2.** (espécie, povo) aussterben
extinto adj **1.** (fogo, vulcão) erloschen **2.** (espécie) ausgestorben **3.** (povo) ausgelöscht, ausgerottet
extintor [ʃtĩn'tor] m Feuerlöscher m
extirpar vt ausrotten
extorquir vt erpressen
extorsão f Erpressung f
extra ['eiʃtrɐ] I. m Extra nt; (quantia) Zulage f, Sonderzahlung f II. adj inv (coloq) extra, zusätzlich; **horas ~** Überstunden pl
extração f (brasil) v. **extracção**
extracção f **1.** (da lotaria) Ziehung f **2.** (de um dente) Ziehen nt **3.** (de minério, petróleo) Förderung f, Gewinnung f
extraconjugal adj außerehelich
extracto m **1.** (bancário) Auszug m **2.** (substância) Extrakt nt

extra-curricular adj nicht im Lehrplan enthalten
extradição f (DIR) Auslieferung f
extraditar vt (DIR) ausliefern
extrair vt **1.** (um dente) ziehen; (uma raiz) herausziehen **2.** (minério, petróleo) fördern
extrajudicial adj außergerichtlich
extraordinariamente adv außerordentlich
extraordinário adj (raro, notável) außergewöhnlich, außerordentlich; (reunião, despesa) außerplanmäßig; **horas extraordinárias** Überstunden pl
extraprograma m zusätzliche(r) Programmpunkt m; (bis) Zugabe f
extraterrestre m(f) Außerirdische
extrato m (brasil) v. **extracto**
extravagância f Extravaganz f
extravagante adj extravagant, ausgefallen
extravasar vi ausfließen, auslaufen
extraviar I. vt **1.** (uma carta) abfangen; (dinheiro) unterschlagen **2.** (desencaminhar) fehlleiten II. vr **1.** (objecto) verloren gehen **2.** (fig: pessoa) auf Abwege geraten
extravio m **1.** (de uma carta) Abfangen nt; (de dinheiro) Unterschlagung f **2.** (perda) Verlust m
extremamente adv äußerst, extrem; **~ difícil/caro/perigoso** extrem schwierig/teuer/gefährlich
extrema-unção f (REL) Letzte Ölung f
extremidade f Ende nt; (pontiaguda) Spitze f
extremismo m Extremismus m
extremista I. m(f) Radikale, Extremist, Extremistin m, f II. adj extremistisch
extremo I. m Extrem nt; **levar a. c. ao ~** etw auf die Spitze treiben II. adj **1.** (excessivo, radical) extrem, äußerst; **a extrema direita/esquerda** die extreme Rechte/Linke **2.** (no espaço) weit entfernt, entfernteste(r, s); **o Extremo Oriente** der Ferne Osten
extremoso adj zärtlich
extrínseco adj äußerlich
extrovertido adj extrovertiert
exuberância f Üppigkeit f
exuberante adj üppig
exultar vi sich freuen, jubeln
exumação f Exhumierung f
exumar vt exhumieren
eyeliner m Eyeliner m

F

F, f ['ɜfə] *m* F, f *nt*
fá *m* (MÚS) F *nt,* f *nt*
fã *m(f)* Fan *m*
fábrica ['fabrikɐ] *f* Fabrik *f;* ~ **de cerveja** Brauerei *f;* ~ **de conservas** Konservenfabrik *f*
fabricação *f* Herstellung *f,* Fabrikation *f*
fabricante *m(f)* Hersteller, Herstellerin *m, f*
fabricar *vt* herstellen, erzeugen; ~ **cerveja** Bier brauen
fabrico *m* Herstellung *f;* ~ **próprio** eigene Herstellung
fabril *adj* Fabrik ...; (*produção*) fabrikmäßig; **indústria** ~ Großindustrie *f*
fábula *f* Fabel *f*
fabuloso *adj* fabelhaft
faca ['fakɐ] *f* Messer *nt;* ~ **de mato** Hirschfänger *m;* **ter a** ~ **e o queijo na mão** das Heft in der Hand haben
facada *f* Messerstich *m;* **dar uma** ~ **a alguém** jdm einen Messerstich versetzen; **levar uma** ~ durch einen Messerstich verletzt werden
façanha *f* Heldentat *f*
facção *f* (POL) Fraktion *f*
faccioso *adj* **1.** (POL) Fraktions ... **2.** (*parcial*) parteiisch
face *f* (*rosto*) Gesicht *nt;* (*bochecha*) Wange *f;* ~ **a** ~ von Angesicht zu Angesicht; **à/em** ~ **de** angesichts; **o portão está à** ~ **da rua** das Tor führt auf die Straße; **fazer** ~ **a a. c.** etw die Stirn bieten
faceta *f* Facette *f;* **mostrar a sua verdadeira** ~ sein wahres Gesicht zeigen
fachada [fɐ'ʃadɐ] *f* (*de edifício, pessoa*) Fassade *f*
facho *m* Fackel *f*
facial *adj* Gesichts ...; **creme** ~ Gesichtscreme *f*
fácil ['fasil] *adj* leicht (*de* zu); (*simples*) einfach (*de* zu); **isso é** ~ **de dizer** das ist leicht gesagt
facilidade *f* Leichtigkeit *f;* **fazer a. c. com** ~ etw mit Leichtigkeit schaffen
facilidades *fpl* Erleichterungen *pl;* ~ **de pagamento** Zahlungserleichterungen *pl*

facílimo *superl de* **fácil**
facilitar I. *vt* (*tornar fácil*) erleichtern; ~ **o trabalho a alguém** jdm die Arbeit erleichtern; (*pôr à disposição*) zur Verfügung stellen, bereitstellen II. *vi* leichtsinnig sein
facilmente *adv* leicht, mühelos
fac-símile *m* Faksimile *nt*
factício *adj* künstlich, falsch
facto *m* Tatsache *f,* Fakt *nt;* **de** ~ tatsächlich, in der Tat; ~ **consumado** vollendete Tatsache; **chegar a vias de** ~ handgreiflich werden
factor *m* Faktor *m;* ~ **de protecção solar** Lichtschutzfaktor *m*
factual *adj* tatsächlich
factura [fa'turɐ] *f* Rechnung *f;* **passar/pagar uma** ~ eine Rechnung ausstellen/bezahlen
facturar *vt* **1.** (*mercadoria*) in Rechnung stellen **2.** (*dinheiro*) erwirtschaften; **a empresa facturou muito dinheiro o ano passado** das Unternehmen hat letztes Jahr einen hohen Gewinn erwirtschaftet
faculdade *f* **1.** (*capacidade*) Fähigkeit *f* (*de* zu); ~**s mentais** geistige Fähigkeiten **2.** (*de uma universidade*) Fakultät *f;* **Faculdade de Letras** geisteswissenschaftliche Fakultät
facultar *vt* **1.** (*possibilitar*) ermöglichen **2.** (*pôr à disposição*) zur Verfügung stellen, bereithalten
facultativo *adj* fakultativ
fada *f* Fee *f*
fadado *adj* (*vom Schicksal*) vorherbestimmt
fadiga *f* **1.** (*cansaço*) Müdigkeit *f* **2.** (*trabalho árduo*) Strapaze *f*
fadista *m(f)* Fadosänger, Fadosängerin *m, f*
fado ['fadu] *m* **1.** (*destino*) Schicksal *nt* **2.** (MÚS) Fado *m*

Fado ist ein Volksgesang, der von Sehnsucht (saudade), Schicksal, Liebe und Trennungsschmerz erzählt. Er gehört zur portugiesischen "Kultur" wie die Liebe zum Fußball, Strand oder Stockfisch. Das Wort **fado** stammt von dem lateinischen fatum (Schicksal). Erst gegen Ende des

19. Jahrhunderts wurde **fado** gesellschaftsfähig . Er wurde in den armen Lokalen von Lissabons Stadtvierteln Bairro Alto, Alfama und Mouraria gesungen. Die Fado-Szene gehört bis heute zu diesen Vierteln. Das Publikum bestand aus Seemännern, Leuten aus den untersten Schichten, aber auch aus der Boheme. Begleitet wird fado von einer guitarra portuguesa und der klassischen Gitarre, viola.
Im Unterschied zum **Fado de Lisboa** wird der **Fado de Coimbra** ausschließlich von männlichen Studenten in ihrer schwarzen Stundententracht gesungen.

fagote m (MÚS) Fagott nt
fagulha f Funke m
faia f (BOT) Buche f
faial m Buchenwald m
faina f 1. (NAÚT) Arbeit f an Bord 2. (trabalho) Arbeit f
faisão m (ZOOL) Fasan m
faísca f Funke m; fazer ~ Funken sprühen
faiscar vi 1. (metal, fogo) Funken sprühen 2. (cintilar) blitzen, funkeln
faixa f 1. (de tecido) Band nt; (cinto) Gürtel m; (tira) Streifen m 2. (na estrada) Spur f; ~ **de pedestres** Zebrastreifen m; ~ **de rodagem** Fahrbahn f; ~ **de ultrapassagem** Überholspur f 3. (de um disco) Spur f
fala ['faʎe] f Sprache f; **perder a/ficar sem** ~ sprachlos sein
falacioso adj 1. (enganador) trügerisch, irreführend 2. (palrador) geschwätzig
falado adj besprochen; **muito** ~ sehr bekannt
falador(a) I. m(f) Quasselstrippe f, Plappermaul nt II. adj schwatzhaft, geschwätzig
falange f (ANAT) Fingerglied nt
falar [fɐ'lar] I. m Sprechweise f, Sprechen nt; **isso é um** ~ **e dois entenderes** das ist missverständlich II. vt (uma língua) sprechen; **fala português?** sprechen Sie Portugiesisch?; (brasil: dizer) sagen; ~ **a. c. de alguém** etw über jdn sagen; ~ **a verdade** die Wahrheit sagen; ~ **besteira** Blödsinn reden III. vi (articular palavras) sprechen (com mit, a zu, de/em von, sobre über), reden (com mit, a zu, de/em von, sobre über); (conversar) sich unterhalten; ~ **em alemão** auf Deutsch reden; **o bebé já fala** das Baby

spricht schon; **ela fala demais** sie redet zu viel; ~ **bem/mal de alguém** Gutes/Schlechtes über jdn sagen; **dar que** ~ in aller Munde sein; **por** ~ **nisso** wenn wir schon bei dem Thema sind ...; (já) **para não** ~ **de** ... ganz zu schweigen von ...; (brasil: dizer) sagen IV. vr miteinander sprechen; **eles já não se falam há anos** sie sprechen schon seit Jahren nicht mehr miteinander
falatório m Geschwätz nt
falaz adj trügerisch, irreführend
falcão m (ZOOL) Falke m
falcatrua f 1. (fraude) Betrug m; **fazer uma** ~ betrügen 2. (ardil) List f, Trick m
falecer vi (elev) verscheiden, versterben
falecido, -a I. m, f Verstorbene, Verschiedene II. adj verstorben
falecimento m (elev) Verscheiden nt, Versterben nt
falência f Konkurs m, Bankrott m; **abrir** ~ Konkurs anmelden; **ir à** ~ Konkurs machen, Bankrott gehen; **levar alguém à** ~ jdn in den Bankrott treiben
falésia f Steilküste f
falha ['faʎe] f 1. (erro, defeito) Fehler m; (de máquina) Versagen nt, Defekt m 2. (lacuna) Lücke f; ~ **de memória** Gedächtnislücke f 3. (GEOL) Verwerfung f
falhado adj 1. (tentativa, plano) gescheitert 2. (pessoa) erfolglos
falhar vi 1. (não acertar) verfehlen 2. (motor) versagen, aussetzen 3. (na vida, plano) scheitern
falido adj bankrott, zahlungsunfähig
falir vi (ECON) Konkurs machen, die Zahlungen einstellen
falível adj fehlbar
falsamente adv fälschlicherweise
falsário, -a m, f Fälscher, Fälscherin m, f
falsete m (MÚS) Falsett nt
falsidade f Falschheit f
falsificação f Fälschung f
falsificador(a) m(f) Fälscher, Fälscherin m, f
falsificar vt fälschen
falso adj 1. (dinheiro, ouro, amigo, nome) falsch; **chave falsa** Nachschlüssel m; **tecto** ~ Zwischendecke f; **porta falsa** blinde Tür; **juramento** ~ Meineid m; **nota falsa** falscher Geldschein; **dar um passo em** ~ daneben treten 2. (gémeos) zweieiig
falta f 1. (escassez) Mangel m (de an); ~ **de**

respeito Respektlosigkeit *f;* **fazer** ~ (**a alguém**) (jdm.) fehlen; **há** ~ **de** es mangelt an; **amanhã tens de vir cá sem** ~ morgen musst du auf jeden Fall kommen; **eu sinto** ~ **de alguém/a. c.** jd./etw fehlt mir; **isso é** ~ **de educação** das ist frech **2.** (*erro*) Fehler *m;* **cometer uma** ~ einen Fehler begehen **3.** (DESP) Foul *nt;* **fazer** ~ foulen; **sofrer uma** ~ gefoult werden

faltar [fal'tar] *vi* **1.** (*fazer falta*) fehlen, mangeln an; **falta-lhe coragem** es fehlt ihm/ihr an Mut; **ainda faltam cinco minutos** es fehlen noch fünf Minuten; **era** (**só**) **o que faltava!** das fehlte gerade noch! **2.** (*não comparecer*) fehlen; ~ **às aulas/ao trabalho** im Unterricht/in der Arbeit fehlen; **quem** ~? wer fehlt? **3.** (*não cumprir*) nicht halten, brechen; ~ **à palavra** sein Wort nicht halten

fama *f* **1.** (*celebridade*) Ruhm *m;* **ter** ~ berühmt sein; **ter a** ~ **e não o proveito** keinen Nutzen von seinem Ruhm haben **2.** (*reputação*) Ruf *m;* **ter má** ~ einen schlechten Ruf haben; **ter** ~ **de** bekannt sein für

família [fe'milje] *f* Familie *f;* **pessoa de** ~ Verwandte; ~ **numerosa** kinderreiche Familie

Wundern Sie sich nicht, wenn man Sie in Portugal gleich nach Ihrer **família** (Familie) fragt. Die Portugiesen haben einen sehr ausgeprägten Familiensinn. Die Frage hat bestimmt nichts mit Indiskretion zu tun, sondern ist in Portugal ganz natürlich.

familiar I. *m(f)* Verwandte, Familienangehörige II. *adj* **1.** (*da família*) Familien ...; **agregado** ~ Familienangehörige *pl* **2.** (*conhecido*) geläufig, vertraut; **esse nome é-me** ~ dieser Name ist mir geläufig **3.** (*caseiro*) familiär; **ambiente** ~ familiäre Umgebung

familiaridade *f* (*confiança*) Vertrautheit *f;* (*à-vontade*) Ungezwungenheit *f*

familiarizado *adj* vertraut; **estar** ~ **com a. c.** mit etw vertraut sein

familiarizar I. *vt* vertraut machen (*com* mit), gewöhnen (*com* an) II. *vr* sich vertraut machen (*com* mit), sich anfreunden (*com* mit); ~**-se com o trabalho** sich einarbeiten

faminto *adj* **1.** (*com fome*) hungrig (*de* nach) **2.** (*ávido*) begierig (*de* nach)

famoso [fe'mozu] *adj* berühmt (*por* für)

fanar *vt* (*coloq*) klauen

fanático, -a I. *m, f* Fanatiker, Fanatikerin *m, f* II. *adj* fanatisch

fanatismo *m* Fanatismus *m*

fandango *m* (MÚS) Fandango *m*

faneca *f* (ZOOL) Aalmutter *f*

fanfarra *f* Fanfare *f*

fanfarrão *m* Großmaul *nt*

fanhoso *adj* (*som*) genäselt; **ele é** ~ er spricht durch die Nase, er näselt

fanico *m* **1.** (*desmaio*) Ohnmacht *f;* **deu-lhe o** ~ er/sie ist in Ohnmacht gefallen **2.** (*pedaço*) Stückchen *nt;* **fazer em** ~**s** zertrümmern, in Stücke schlagen

fantasia *f* **1.** (*imaginação*) Fantasie *f* **2.** (*traje*) Karnevalskostüm *nt*

fantasiar I. *vt* ausdenken, erfinden II. *vi* fantasieren III. *vr* sich verkleiden (*de* als)

fantasioso *adj* fantasievoll

fantasma *m* **1.** (*espírito*) Gespenst *nt,* Phantom *nt* **2.** (*ilusão*) Trugbild *nt*

fantasmagórico *adj* erfunden, unwirklich

fantástico [fãn'taʃtiku] *adj* fantastisch

fantochada *f* **1.** (*com fantoches*) Marionettentheater *nt* **2.** (*palhaçada*) Unsinn *m*

fantoche *m* (*boneco, pessoa*) Marionette *f*

faqueiro *m* Besteckkasten *m*

faquir *m* Fakir *m*

faraó *m* Pharao *m*

farda *f* Uniform *f*

fardado *adj* uniformiert

fardar-se *vr* (sich) die Uniform anziehen +*dat*

fardo *m* **1.** (*de palha*) Bündel *nt;* (*de tecido*) Ballen *m* **2.** (*sobrecarga*) Last *f*

farejar *vi* (*fig*) wittern

farelo *m* **1.** (*de farinha*) Kleie *f* **2.** (*de madeira*) Sägemehl *nt*

farfalhudo *adj* behangen; (*com rendas*) spitzenbesetzt

farináceo I. *m* Mehlprodukt *nt* II. *adj* mehlhaltig, Mehl ...

faringe *f* (ANAT) Rachen *m,* Schlund *m*

faringite *f* (MED) Rachenentzündung *f*

farinha [fe'riɲe] *f* Mehl *nt*

Farinha de mesa ist in Brasilien ein Mehl, das aus der Maniok-Knolle entsteht (gemahlen oder gerieben). Diese Art des Maniok-Mehls ist am weitesten in Brasilien verbreitet. Farinha darf bei keiner Mahlzeit fehlen.

F

farinha-de-pau *f* Tapioka *f*
farinheira *f* Mehlwurst *f*
farinhento *adj* weich, matschig
farmacêutico, -a I. *m, f* Apotheker, Apothekerin *m, f* II. *adj* pharmazeutisch; **indústria farmacêutica** Pharmaindustrie *f*
farmácia [fɐr'masjɐ] *f* 1. (*loja*) Apotheke *f* 2. (*ciência*) Pharmazie *f*
farmacologia *f* Arzneikunde *f*, Pharmakologie *f*
farnel *m* Reiseproviant *m*
faro *m* 1. (*dos animais*) Witterung *f* 2. (*das pessoas*) Spürsinn *m*
faroeste *m* (*coloq*) Western *m*
farofa *f* Maniokmehl *nt*

> Geröstet und in Butter gebraten wird das Maniokmehl *(auch farinha genannt)* zu einer leckeren Beilage, die sehr gut zu Fleisch- oder Geflügelgerichten passt. Dann nennt man es **farofa**. Es wird fast immer zu feijoada serviert. Farofa kann besonders edel mit gekochten Eiern, angebratenen Kalbsleberstückchen, Knoblauchwurst und gekochtem Trockenfleisch zubereitet werden.

farol [fɐ'rɔl] *m* 1. (*torre*) Leuchtturm *m* 2. (*de automóvel*) Scheinwerfer *m;* ~ **de nevoeiro** Nebelscheinwerfer *m*
farolete *m* (*brasil*) v. **farolim**
farolim *m* Licht *nt;* ~ **traseiro** Schlußlicht *nt*
farpa *f* 1. (*de madeira*) Splitter *m* 2. (*para touros*) Speer *m*
farpado *adj* stachelig; **arame** ~ Stacheldraht *m*
farpela *f* Aufzug *m*
farra *f* Vergnügen *nt*, Gaudi *f;* **andar na** ~ sich amüsieren; (*coloq*) einen draufmachen
farrapo *m* 1. (*de tecido*) Lumpen *m*, Fetzen *m* 2. (*pessoa*) schlecht gekleidete(r) Mensch *m*
farrusco *adj* rußig
farsa *f* Posse *f*, Farce *f*
farta *adv* à ~ in Hülle und Fülle
fartar-se *vr* satt werden; ~ **de alguém/a. c.** jdn/etw satt haben; ~ **de rir** sich totlachen; ~ **de chorar** sich die Augen ausheulen; ~ **de comer** sich satt essen; **não se fartar de fazer a. c.** nicht müde werden, etw zu tun; **não se fartar de olhar para/ouvir a. c.** sich an etw nicht satt sehen/hören können

farto *adj* 1. (*pessoa*) satt; **estar** ~ **de alguém/a. c.** jdn/etw satt haben; **estar** ~ **de fazer a. c.** es satt haben, etw zu tun 2. (*refeição*) üppig
fartura *f* 1. (*abundância*) Überfluss *m;* **com** ~ im Überfluss 2. (*doce*) fritierte(s) Spritzgebäck *nt*
fascículo *m* (*de revista*) Heft *nt*
fascinado *adj* hingerissen (*com* von), fasziniert (*com* von)
fascinante *adj* faszinierend
fascinar *vt* faszinieren
fascínio *m* Reiz *m*, Faszination *f*
fascismo *m* Faschismus *m*
fascista I. *m(f)* Faschist, Faschistin *m, f* II. *adj* faschistisch
fase *f* (ELECTR) Phase *f;* ~ **de construção** Bauabschnitt *m*
fasquia *f* Latte *f*
fastidioso *adj* (*aborrecido*) langweilig; (*incomodativo*) lästig
fastio *m* 1. (*tédio*) Langeweile *f* 2. (*aversão*) Ekel *m*, Widerwille *m* 3. (*falta de apetite*) Appetitlosigkeit *f*
fatal *adj* 1. (*mortal*) tödlich 2. (*inevitável*) unabwendbar, unausweichlich
fatalidade *f* 1. (*marcado pelo destino*) Verhängnis *nt* 2. (*desgraça*) Unglück *nt*
fatalismo *m* Fatalismus *m*
fatalista *m(f)* Fatalist, Fatalistin *m, f*
fatalmente *adv* fatal
fatela *adj* (*coloq*) widerlich, scheußlich
fatia [fɐ'tiɐ] *f* 1. (*de pão*) Scheibe *f;* **cortar/partir a. c. às** ~s etw in Scheiben schneiden 2. (*parcela*) Teil *m*, Stück *nt;* **ele ficou com uma boa** ~ **dos lucros** er behielt einen Großteil des Gewinns
fatídico *adj* verhängnisvoll
fatigante [fɐti'gãntɐ] *adj* beschwerlich, ermüdend
fatiota *f* (*pej*) Aufzug *m*, Kluft *f*
fato ['fatu] *m* 1. (*vestuário*) Anzug *m;* ~ **de banho** Badeanzug *m;* ~ **de treino** Trainingsanzug *m*, Jogginganzug *m* 2. (*brasil*) v. **facto**
fato-macaco *m* Monteuranzug *m*, Overall *m*
fator *m* (*brasil*) v. **factor**
fátuo *adj* 1. (*elev: fugaz*) flüchtig 2. (*elev: pretencioso*) eingebildet 3. (*elev: frívolo*) leichtsinnig
fatura *f* (*brasil*) v. **factura**

faturar vt (brasil) v. **facturar**
faúlha f Funke m
fauna f Fauna f, Tierwelt f
fausto I. m Prunk m, Pracht f II. adj Glück
bringend, günstig
fava f (BOT) Saubohne f
favela f (brasil) Favela f, Slum m

Favela ist ursprünglich die Bezeichnung
eines Hügels in Rio de Janeiro, an dem arme, von der Gesellschaft ausgestoßene
Menschen Hütten aufgebaut hatten, um
wenigstens ein notdürftiges Quartier beziehen zu können, und ist in den Jahr-
zehnten der Industrialisierung zum Synonym für Slums geworden. **Favelas** sind
zum festen Bestandteil des brasilianischen
Lebens geworden, die **favelados** (Slum-
bewohner) sind ursprünglich Opfer der
im Nordosten vorherrschenden Trockenheit oder von den fazendeiros (Groß-
grundbesitzern) und den großen land-
wirtschaftlichen Konzernen vertriebene
Bauern. Heute kann man jedoch nicht
mehr mit Sicherheit sagen, wo die Slums-
bewohner herkommen. Viele Generationen sind schon dort geboren und aufge-
wachsen. Das größte Problem in den
favelas ist die Macht, die konkurrierende
Drogendealer-Gruppen ausüben. Nur ganz
wenige favelas haben den Wandel zum
sauberen Unterklassenviertel geschafft,
die meisten werden sich wohl nie ändern.
Abgesehen von moralischen Bedenken
sollte man aus Sicherheitsgründen keine
Ausflüge in die favelas unternehmen!

favo m Bienenwabe f
favor [fe'vor] m Gefallen m; **por/(se) faz ~!**
bitte!; **fazer um ~ a alguém** jdm einen Gefallen tun; **a ~ de** für; (vantagem) zu Gunsten
von; **a meu ~** zu meinen Gunsten
favorável adj (situação, vento) günstig (a für)
favorecer vt begünstigen; **esse vestido fa-
vorece-te** dieses Kleid steht dir gut
favoritismo m Vetternwirtschaft f
favorito, -a I. m, f Favorit, Favoritin m, f
II. adj Lieblings ...; **livro ~** Lieblingsbuch nt
fax m Fax nt; **mandar um ~** faxen; **mandar
a. c. por ~** etw faxen
faxina f Faschine f; (MIL) **estar de ~** Stuben-
dienst haben
fazenda f 1. (pano) grobe(r) Stoff m; **casaco
de ~** Stoffjacke f 2. (finanças) Steuerbehörde

f; **~ pública** Finanzwesen nt 3. (brasil: quinta) Landgut nt, Farm f
fazendeiro, -a m, f (brasil) Farmer, Farme-
rin m, f; Gutsbesitzer, Gutsbesitzerin m, f
fazer [fe'zer] I. vt 1. (executar, produzir)
machen, tun; (uma pergunta) stellen; (o almoço, chá, café) kochen; **~ efeito** wirken,
eine Wirkung zeigen; **~ a barba** (sich) rasieren; **~ justiça** Gerechtigkeit üben; **ter muito
que ~** viel zu tun haben; **~ a. c. a alguém**
jdm etw antun; **dito e feito** gesagt, getan; **(é)
bem feito!** das geschieht dir recht! **2.** (uma
actividade) machen; **~ desporto** Sport treiben; **~ ginástica** Gymnastik machen **3.**
(obrigar) zwingen; **ele fez-me ficar aqui** er
zwang mich, hier zu bleiben **4.** (provocar)
lassen, bewirken; **isso faz-me sentir melhor** damit geht es mir besser; **a grande procura faz com que os preços subam** die
große Nachfrage lässt die Preise steigen II. vi
1. (profissão) arbeiten, machen; **o que é que
o senhor faz?** was sind Sie von Beruf? **2.**
(personagem) darstellen, spielen; **ele faz de
professor** er spielt den Lehrer **3.** (consequências) **~ bem/mal à saúde** gut/schlecht
für die Gesundheit sein, gesund/ungesund
sein; **~ bem** gut tun; **isso não me faz bem**
das bekommt mir nicht gut; **que é feito
dele/disso?** was ist aus ihm/daraus geworden?; **não faz mal!** das macht nichts!; **tanto
faz** es ist egal **4.** (esforçar-se) **~ por** sich
Mühe geben, sich anstrengen III. vi pers **1.**
(METEO) sein; **faz frio/calor** es ist kalt/warm
2. (temporal) her sein; **faz hoje um ano que
eu viajei** heute vor einem Jahr bin ich verreist; **faz seis meses que ela está cá** sie ist
seit sechs Monaten hier IV. vr **1.** (tornar-se)
werden; **faz-se tarde** es wird spät **2.** (fingir)
sich stellen, sich taub stellen
fé f (crença) Glaube m; (convicção) Überzeugung f; (confiança) Vertrauen nt; **ter ~ em**
glauben an; **agir de boa ~** in gutem Glauben
handeln; **agir de má ~** böswillig handeln;
dar ~ de a. c. etw merken
fealdade f Hässlichkeit f
febra f 1. (carne) magere(s) Fleisch nt 2.
(energia) Energie f, Power f
febre ['fɛbrə] f (fig) Fieber nt; **estar com/ter
~** Fieber haben; **~ aftosa** Maul- und Klauen-
seuche f
febril adj 1. (MED) fiebrig 2. (exaltado) fieberhaft

F

fechado [fə'ʃadu] *adj* **1.** (*loja, porta, tornei-ra*) geschlossen; (*coloq*) zu; ~ **à chave** abgeschlossen **2.** (*curva*) scharf, eng **3.** (*pessoa*) verschlossen **4.** (*coloq: semáforo*) rot

fechadura [fəʃe'durɐ] *f* Schloss *nt;* ~ **de segurança** Sicherheitsschloss *nt*

fechar [fə'ʃar] **I.** *vt* (*uma janela, porta, loja*) schließen, zumachen; ~ **à chave** abschließen; ~ **a sete chaves** doppelt und dreifach verschließen; (*o gás, a água*) abdrehen, abstellen; (*um negócio*) abschließen **II.** *vi* (*fábrica, loja*) schließen **III.** *vr* sich verschließen

fecho *m* **1.** (*para roupa*) Verschluss *m;* ~ **éclair** Reißverschluss *m* **2.** (*de porta*) Türriegel *m;* ~ **centralizado** Zentralverriegelung *f*

fécula *f* Stärke *f;* ~ **de batata** Kartoffelstärke *f*

fecundação *f* Befruchtung *f*

fecundar *vt* befruchten

fecundidade *f* Fruchtbarkeit *f*

fecundo *adj* fruchtbar

fedelho *m* Rotznase *f,* Grünschnabel *m*

feder *vi* stinken

federação *f* Bund *m;* (POL) Föderation *f,* Staatenbund *m*

federal *adj* (POL) Bundes ...

federalismo *m* (POL) Föderalismus *m*

fedor *m* Gestank *m*

fedorento *adj* stinkend

feedback *m* Feed-back *nt*

feição *f* estar de ~ günstig sein

feições *fpl* Gesichtszüge *pl*

feijão [fei'ʒãu] *m* Bohne *f;* ~ **verde** grüne Bohne

feijoada *f* (CUL) Bohnengericht *nt*

> **Feijoada** ist Brasiliens Nationalgericht und wird häufig ab Samstag-mittag in den Restaurants angeboten. Es besteht aus schwarzen Bohnen, die mit verschiedenen Fleisch- und Wurstsorten gekocht werden. Dazu gibt es Kohl, Reis und farofa.

feijoca *f* (BOT) dicke Bohne *f*

feio *adj* **1.** (*pessoa, objecto*) hässlich **2.** (*situação*) unangenehm **3.** (*atitude*) abscheulich; **fazer** ~ einen schlechten Eindruck machen **4.** (*tempo*) schlecht

feira ['feirɐ] *f* **1.** (*mercado*) Markt *m;* ~ **da ladra** Flohmarkt *m,* Trödelmarkt *m* **2.** (*de divertimento*) Jahrmarkt *m,* Fest *nt* **3.** (*exposição*) Messe *f*

feirante *m(f)* Marktverkäufer, Marktfrau *m, f*

feita *f* desta ~ diesmal

feitiçaria *f* Zauberei *f,* Hexerei *f*

feiticeiro, -a *m, f* Zauberer, Zauberin *m, f*

feitiço *m* **1.** (*coisa mágica*) Zauber *m,* Zauberei *f;* **virou-se o** ~ **contra o feiticeiro** der Schuss ging nach hinten los **2.** (*de adoração*) Fetisch *m*

feitio *m* **1.** (*forma*) Form *f,* Gestalt *f;* (*de roupa*) Schnitt *m* **2.** (*temperamento*) Charakter *m,* Gemüt *nt;* **ter mau** ~ jähzornig sein, ein aufbrausendes Wesen haben

feito ['feitu] **I.** *pp de* fazer **II.** *m* Tat *f;* ~ **heróico** Heldentat *f* **III.** *adj* (*pronto*) fertig; (*acabado*) vollendet; **estou** ~**!** ich bin aufgeschmissen!; **ele está um homem** ~ er ist zum Mann gereift

feixe *m* Bündel *nt,* Bund *nt;* ~ **de luz** Lichtbündel *nt*

fel *m* Galle *f*

felicidade *f* Glück *nt*

felicidades [fələsi'dadəʃ] *fpl* Glückwunsch *m;* **muitas** ~**!** alles Gute!, herzlichen Glückwunsch!

felicíssimo *superl de* **feliz**

felicitação *f* Glückwunsch *m*

felicitar [fələsi'tar] *vt* beglückwünschen (*por* zu), gratulieren (*por* zu)

felino *adj* katzenartig

felinos *mpl* (ZOOL) Familie *f* der Katzen

feliz [fə'liʃ] *adj* glücklich, froh

felizardo, -a *m, f* Glückspilz *m*

felizmente *adv* glücklicherweise

felpo *m* Frottee *m, nt*

felpudo *adj* samtig, flauschig

feltro *m* Filz *m*

fêmea *f* **1.** (*animal*) Weibchen *nt* **2.** (MEC) Schraubenmutter *f*

feminidade *f* Weiblichkeit *f*

feminino [fəmə'ninu] **I.** *m* (GRAM) Femininum *nt* **II.** *adj* weiblich, feminin

feminismo *m* Feminismus *m*

feminista **I.** *m(f)* Feminist, Feministin *m, f* **II.** *adj* feministisch

fémur *m* (ANAT) Schenkelknochen *m*

fenda *f* Riss *m;* (*na louça*) Sprung *m;* (*na terra*) Spalte *f*

fenecer *vi* **1.** (*murchar*) verwelken **2.** (*morrer*) sterben **3.** (*terminar*) enden

feno *m* Heu *nt*

fenol *m* (QUÍM) Phenol *nt*

fenomenal adj (fig) phänomenal
fenómeno m Phänomen nt, Erscheinung f
fera f Raubtier nt
feracidade f Fruchtbarkeit f
féretro m Sarg m
feriado [fɐˈrjadu] m Feiertag m; ~ **nacional** Nationalfeiertag m; ~ **religioso** kirchlicher Feiertag

1. Januar - Ano Novo, Neujahr
Februar - Carnaval, Karneval
April - Sexta-Feira Santa, Karfreitag
April - Páscoa, Ostern (ohne Ostermontag)
25. April - Revolução dos Cravos, Nelkenrevolution (1974)
1. Mai - Dia do Trabalho, Tag der Arbeit
Mai/Juni - Corpo de Deus, Fronleichnam
10. Juni - Dia de Portugal, Nationalfeiertag
15. August - Assunção de Nossa Senhora, Mariä Himmelfahrt
5. Oktober - Implantação da República, Proklamation der Republik (1910)
1. November - Todos os Santos, Allerheiligen
1. Dezember - Restauração da Independência, Restauration (1640). Portugal erlangte 1640 nach 60 Jahren wieder die Unabhängigkeit von Spanien
8. Dezember - Imaculada Conceição da Nossa Senhora, Unbefleckte Empfängnis
25. Dezember - Natal, Weihnachten
Darüber hinaus hat fast jeder Kreis einen festen kommunalen Feiertag.

férias [ˈfɛrjɐʃ] fpl Ferien pl, Urlaub m; **tirar/fazer** ~ Ferien machen; **estar de** ~ im Urlaub sein; **passar as** ~ **em ...** den Urlaub in ... verbringen
ferida [fɐˈridɐ] f Wunde f; (fig); **mexer na** ~ alte Wunden aufreißen; (fig); **pôr o dedo na** ~ den Finger auf die Wunde legen
ferido, -a [fɐˈridu] I. m, f Verletzte, Verwundete; ~ **ligeiro/grave** Leichtverletzte/Schwerverletzte m II. adj verletzt, verwundet
ferimento m Verletzung f, Verwundung f
ferir [fɐˈrir] I. vt (MED) verletzen, verwunden; (ofender) verletzen, kränken II. vr sich verletzen; ~-**se numa perna** sich am Bein verletzen
fermentação f Gärung f
fermentar vi gären

fermento m Gärstoff m; (de padeiro) Hefe f; ~ **em pó** Backpulver nt
ferocidade f Wildheit f
feroz adj (animal) wild; (pessoa) grausam; (sentimento) stark, unbändig
ferradela f (de cão) Biss m; (de insecto) Stich m; (cão); **dar/levar uma** ~ beißen/gebissen werden; (insecto) stechen/gestochen werden
ferrado adj (coloq brasil) aufgeschmissen
ferradura f Hufeisen nt
ferragem f Beschläge pl
ferramenta [fɐʁɐˈmẽtɐ] f 1. (utensílio) Werkzeug nt 2. (conjunto) Werkzeuge pl
ferrão m (insecto) Stachel m
ferrar I. vt (cão) beißen; (insecto) stechen; (um cavalo) beschlagen II. vi (cão) beißen; (insecto) stechen
ferreiro m Schmied m
ferrenho adj (adepto) fanatisch
férreo adj Eisen ..., eisern; **via férrea** Eisenbahn f
ferrinhos mpl (MÚS) Triangel m
ferro m 1. (metal) Eisen nt; **de** ~ eisern, Eisen ... 2. (de engomar) Bügeleisen nt; **passar a** ~ bügeln 3. (âncora) Anker m; **levantar** ~ den Anker lichten
ferroada f Stich m
ferrolho m Riegel m
ferro-velho m 1. (material) Schrott m 2. (pessoa) Schrotthändler m
ferrovia f Eisenbahn f
ferroviário adj Eisenbahn ...
ferrugem f Rost m; **criar/ganhar** ~ verrosten
ferrugento adj rostig, verrostet
ferruginoso adj eisenhaltig
ferry-boat m Fähre f
fértil adj (pessoa) fruchtbar; (solo) ergiebig, fruchtbar
fertilidade f Fruchtbarkeit f
fertilizante m (AGR) Dünger m, Düngemittel nt
fertilizar vt 1. (o solo) düngen 2. (fecundar) befruchten
fervedor m Henkeltopf m
fervente adj (água) kochend, siedend
ferver [fɐrˈver] I. vt kochen; (água) zum Kochen bringen II. vi 1. (líquido) kochen, sieden; (borbulhar) sprudeln 2. (de raiva) kochen; (de amor) brennen; ~ **em pouca água** sich über Kleinigkeiten aufregen; ~ **de impa-**

F

ciência vor Ungeduld brennen **3.** (*objecto*) glühen; **estar a** ~ heiß sein

fervilhar *vi* **1.** (*líquido*) kochen, köcheln **2.** (*abundar*) wimmeln (*de* von)

fervor *m* **1.** (*ardor*) Hitze *f*, Glut *f* **2.** (*paixão*) Leidenschaft *f*, Inbrunst *f* **3.** (*diligência*) Eifer *m*, Ungestüm *nt*

fervoroso *adj* **1.** (*apaixonado*) leidenschaftlich, inbrünstig **2.** (*diligente*) eifrig

fervura *f* Sieden *nt*, Kochen *nt;* **levantar** ~ zu kochen beginnen

festa ['fɜʃtɐ] *f* **1.** (*celebração*) Fest *nt;* (*coloq*) Fete *f*, Party *f;* ~ **de despedida** Abschiedsfest *nt*, Abschiedsparty *f;* **dar uma** ~ ein Fest geben; **Boas Festas!** Fröhliche Weihnachten!; **dar as Boas Festas a alguém** jdm ein frohes Fest wünschen **2.** (*carícia*) Liebkosung *f;* **fazer** ~**s a alguém** jdn streicheln **3.** (*manifestação de alegria*) Hallo *nt;* **eles fizeram-lhe uma** ~ **quando a viram** sie begrüßten sie mit großem Hallo

festança *f* große(s) Fest *nt*

festejar *vt* feiern

festejo *m* Feier *f*

festim *m* Familienfest *f*

festival *m* Festspiele *pl*, Festival *nt;* ~ **da canção** Schlagerfestival *nt;* ~ **de cinema** Filmfestspiele *pl;* ~ **de teatro** Theaterfestival *nt*

festividade *f* Festlichkeit *f*, Feierlichkeit *f;* ~ **religiosa** Kirchenfest *nt*

festivo *adj* festlich, feierlich

fetiche *m* Fetisch *m*

fetichista *m(f)* Fetischist, Fetischistin *m, f*

fétido *adj* stinkend

feto *m* **1.** (*embrião*) Fetus *m*, Fötus *m* **2.** (BOT) Farn *m*

feudal *adj* (HIST) feudal

feudalismo *m* (HIST) Feudalismus *m*

feudo *m* (HIST) Lehen *nt*

fêvera *f* magere(s) Fleisch *nt*

Fevereiro [fəvə'reiru] *m* Februar *m; v.* **Março**

fezes ['fɜzəʃ] *fpl* Kot *m*, Exkremente *pl*

fiação *f* Spinnen *nt;* **fábrica de** ~ Spinnerei *f*

fiado *adv* **comprar** ~ auf Kredit kaufen; **vender** ~ anschreiben

fiador(a) *m(f)* Bürge, Bürgin *m, f*

fiambre ['fjãmbrə] *m* Kochschinken *m*, gekochte(r) Schinken *m*

fiança *f* **1.** (*do fiador*) Bürgschaft *f* **2.** (*caução*) Kaution *f;* **sob** ~ gegen Kaution

fiapo *m* Fädchen *nt*

fiar **I.** *vt* (*algodão*) spinnen; (*confiar*) anvertrauen; (*vender fiado*) anschreiben **II.** *vr* sich verlassen (*em* auf)

fiasco *m* Fiasko *nt*, Misserfolg *m*

fiável *adj* zuverlässig, vertrauenswürdig

fibra *f* **1.** (BIOL: *têxtil*) Faser *f;* ~ **sintética** Kunstfaser *f;* ~ **de vidro** Glasfaser *f;* ~**s vegetais** Ballaststoffe *pl* **2.** (*personalidade*) Kraft *f*

fibrocimento *m* Asbestzement *m*

fibroma *m* (MED) Fibrom *nt*

fibroso *adj* faserig

ficar [fi'kar] **I.** *vi* **1.** (*permanecer*) bleiben; ~ **para trás** zurückbleiben; ~ **parado** stehen bleiben; ~ **na memória** im Gedächtnis bleiben; ~ **a olhar/falar** anschauen/sprechen; ~ **na mesma** sich gleich bleiben, unverändert sein; ~ **por fazer** noch nicht getan sein, noch zu tun sein; ~ **na sua** auf seiner Meinung beharren **2.** (*sobrar*) übrig bleiben **3.** (*estar situado*) sein (*em* an/in), sich befinden (*em* an/in), liegen (*em* an/in); **a loja fica no centro** das Geschäft ist im Zentrum; **a aldeia fica na costa** das Dorf liegt an der Küste **4.** (*tornar-se*) werden; ~ **contente/triste** zufrieden/traurig sein; ~ **com medo/frio** Angst bekommen/frieren; ~ **cego/surdo** erblinden/taub werden; (*trabalho*); ~ **bom/mau** gut/schlecht werden, gut/schlecht ausfallen; (*num exame*); ~ **bem/mal** bestehen/nicht bestehen; ~ **fora de si** außer sich geraten **5.** (*guardar*) ~ **com** behalten; (*levar*) mitnehmen; (*fazer companhia*) bleiben bei; **isto fica para ti** das ist für dich **6.** (*roupa, cor*) ~ **bem/mal a alguém** jdm gut/schlecht stehen; (*atitude*) zu jdm passen/nicht zu jdm passen **7.** (*ser adiado*) ~ **para** verschoben werden auf; **isso fica para amanhã** das verschieben wir auf morgen **8.** (*acordo*) ~ **de** verbleiben; **ele ficou de telefonar** er wollte anrufen; **em que é que ficamos?** wie verbleiben wir? **9.** (*constantemente*) ~ **falando/pensando em a. c.** ständig von etw reden/an etw denken **II.** *vr* **1.** (*num local*) zurückbleiben **2.** (*não reagir*) ruhig bleiben

ficção ['fiksãu] *f* Fiktion *f;* ~ **científica** Sciencefiction *f*

ficha ['fiʃɐ] *f* **1.** (*peça*) Marke *f;* (*de jogo*) Chip *m*, Jeton *m;* (*de bengaleiro*) Garderobenmarke *f* **2.** (ELECTR) Stecker *m;* ~ **dupla** Doppelstecker *m;* ~ **tripla** Dreifachstecker *m*

3. (*de arquivo*) Karteikarte *f* **4.** (*de exercícios*) Aufgabenblatt *nt*

fichário *m* (*brasil*) *v.* **ficheiro**

ficheiro *m* **1.** (*armário*) Karteikasten *m* **2.** (INFORM) Datei *f;* **abrir/guardar um** ~ eine Datei öffnen/speichern

fictício *adj* fiktiv

fidalgo *m* **1.** (HIST) Edelmann *m* **2.** (*coloq: snobe*) Snob *m*, Vornehmtuer *m*

fidalguia *f* Edelmut *m*

fidedigno *adj* glaubwürdig, zuverlässig

fidelidade *f* **1.** (*lealdade*) Treue *f* (*a* zu) **2.** (*exactidão*) Genauigkeit *f*

fidelíssimo *superl de* **fiel**

fiduciário *adj* (ECON) Geld ..., Währungs ...; **circulação fiduciária** Geldumlauf *m*

fieis *mpl* Gläubige *pl*

fiel I. *m* **1.** (*funcionário*) Wächter *m*, Wachmann *m* **2.** (*da balança*) Zeiger *m*, Zunge *f* **II.** *adj* **1.** (*pessoa*) treu (*a*) **2.** (*descrição*) genau, detailgetreu

fig *abrev de* **figura** Abb. (= *Abbildung*)

figa *f* **fazer** ~**s** die Daumen drücken, Amulett in Faustform

figadeira *f* (*coloq*) Leberentzündung *f*

fígado ['figedu] *m* Leber *f*

figo *m* (BOT) Feige *f;* ~ **seco** getrocknete Feige; **chamar um** ~ **a a. c.** etw lecker finden

figueira *f* Feigenbaum *m*

figura *f* **1.** (*aparência*) Figur *f;* **fazer boa** ~ eine gute Figur machen; **fazer triste** ~ traurig aussehen, einen schlechten Eindruck machen **2.** (*num livro*) Abbildung *f* **3.** (LING) ~ **de estilo** Stilfigur *f*

figurado *adj* bildlich; **no sentido** ~ im übertragenen Sinn

figurante *m(f)* (CIN) Statist, Statistin *m, f*

figurar *vi* vorkommen (*em* in)

figurativo *adj* bildlich

figurino *m* **1.** (*desenho*) Modellzeichnung *f* **2.** (*revista*) Modezeitschrift *f*

fila ['file] *f* Reihe *f;* **em** ~ in einer Reihe; **fazer** ~ Schlange stehen; ~ **indiana** Gänsemarsch *m*

filamento *m* **1.** (*fio*) Faden *m* **2.** (*fibra*) Faser *f*

filantropia *f* Menschenliebe *f*

filantrópico *adj* menschenfreundlich

filantropo *m* Menschenfreund *m*

filão *m* Ader *f*, Flöz *nt*

filarmónica *f* Philharmonie *f*

filarmónico *adj* philharmonisch; **orques-**

tra filarmónica Philharmonieorchester *nt*

filatelia *f* Briefmarkenkunde *f*, Philatelie *f*

filé *m* (*brasil: de carne, peixe*) Filet *nt*

fileira *f* Reihe *f;* **em** ~ in einer Reihe

filete *m* (CUL) Filet *nt;* ~ **de peixe** Fischfilet *nt*

filharada *f* Kinderschar *f*

filho, -a ['fiʎu] *m, f* Sohn *m*, Tochter *f;* ~**s** Kinder *pl;* ~ **de peixe sabe nadar** der Apfel fällt nicht weit vom Stamm; ~ **da puta** Arschloch *nt*

filhó *f* (CUL) kleine(r) Pfannkuchen *m*

filhote *m* (ZOOL) Junge *nt*

filiação *f* **1.** (*pais*) Eltern *pl* **2.** (*num partido*) Mitgliedschaft *f* (*em* in), Zugehörigkeit *f* (*em* zu)

filial *f* Zweigstelle *f*, Filiale *f*

filiar-se *vr* eintreten (*em* in)

filigrana *f* Filigran *nt*

Filipinas *fpl* Philippinen *pl*

filmagem *f* **1.** (*acto de filmar*) Filmaufnahme *f*, Filmen *nt* **2.** (*conversão em película*) Verfilmung *f*

filmar *vt* filmen

filme ['filmə] *m* Film *m;* ~ **de acção** Actionfilm *m;* ~ **de terror** Horrorfilm *m;* ~ **cómico** Komödie *f;* ~ **policial** Krimi *m*

filologia *f* Philologie *f;* ~ **germânica** Germanistik *f;* ~ **moderna** Neuphilologie *f;* ~ **portuguesa** Lusitanistik *f*

filológico *adj* philologisch

filólogo, -a *m, f* Philologe, Philologin *m, f*

filosofal *adj* philosophisch; **pedra** ~ Stein der Weisen *m*

filosofar *vi* philosophieren

filosofia *f* Philosophie *f*

filosófico *adj* philosophisch

filósofo, -a *m, f* Philosoph, Philosophin *m, f*

filoxera *f* Reblaus *f*

filtrar *vt* filtern, filtrieren

filtro ['filtru] *m* Filter *m*

fim [fĩ] *f* **1.** (*final*) Ende *nt*, Schluss *m;* ~ **de estação** Saisonende *nt;* **no** ~ **de** am Ende; **por** ~ endlich, schließlich; **sem** ~ ohne Ende, endlos; **pôr** ~ **a a. c.** etw ein Ende machen/bereiten, etw beenden; **no** ~ **de Agosto** Ende August; **ao** ~ **da tarde/do dia** abends; **chegar ao** ~ enden; **ao** ~ **e ao cabo** letzten Endes **2.** (*objectivo*) Ziel *nt;* (*propósito*) Zweck *m;* **a** ~ **de fazer a. c.** um etw zu tun; **os fins justificam os meios** der Zweck heiligt die Mittel

F

fim-de-semana *m* Wochenende *nt;* **no ~** am Wochenende; **bom ~!** schönes Wochenende!

finado, -a I. *m, f* Verstorbene II. *adj* verstorben

final [fiˈnal] I. *m* 1. *(fim)* Ende *nt,* Schluss *m;* **~ feliz** Happyend *nt* 2. (MÚS) Finale *nt* II. *f* (DESP) Endspiel *nt,* Finale *nt;* **chegar à ~** ins Finale kommen III. *adj* 1. *(último)* End ..., Schluss ... 2. *(definitivo)* endgültig

finalidade *f (propósito)* Zweck *m;* (intenção) Absicht *f;* **com a ~ de** mit der Absicht zu

finalista *m/f* Student , Studentin des letzten Studienjahres *m*

finalizar *vt* beenden

finalmente [finalˈmẽ̃ntə] I. *adv (por fim)* endlich, schließlich; *(por último)* zuletzt, schließlich II. *interj* **~!** endlich!

finanças *fpl* Finanzen *pl;* **estar mal de ~** knapp bei Kasse sein

financeiro I. *m* (ECON) Finanzier *m* II. *adj* finanziell

financiamento *m* Finanzierung *f*

financiar *vt* finanzieren

finca-pé *m* Aufstemmen *nt;* **fazer ~** nicht nachgeben, insistieren; **fazer ~ em** bestehen auf

fincar *vt (os olhos)* heften *(em* auf); *(as unhas)* bohren *(em* in); **~ o pé** mit dem Fuß stampfen

findar I. *vt* beenden II. *vi* enden, zu Ende gehen; *(prazo)* ablaufen

findo *adj* beendet; *(prazo)* abgelaufen

fineza *f* 1. *(magreza)* Feinheit *f,* Dünne *f* 2. *(nos modos)* Feinheit *f*

fingido *adj (pessoa)* falsch; *(sentimento)* geheuchelt

fingimento *m* Verstellung *f,* Heuchelei *f*

fingir I. *vt (doença)* vortäuschen; *(sentimentos)* heucheln II. *vi* sich verstellen, heucheln; **ele finge que está doente** er tut so, als ob er krank wäre III. *vr* **~-se de doente/burro** sich krank/dumm stellen

finito *adj* (MAT) endlich

finlandês, -esa I. *m, f* Finne, Finnin *m, f* II. *adj* finnisch

Finlândia *f* Finnland *nt*

fino [ˈfinu] I. *m (reg)* Glas *nt* Bier II. *adj* 1. *(delgado)* fein, zart; *(magro)* dünn 2. *(distinto)* fein; *(educado)* höflich 3. *(esperto)* schlau, gerissen 4. *(voz)* zart

finório *adj* schlau, listig

finta *f* (DESP) Finte *f;* **fazer uma ~ a alguém** sich einer Finte bedienen

fintar *vt* 1. (DESP) sich einer Finte bedienen 2. *(enganar)* täuschen

fio *m* 1. *(têxtil)* Faden *mpl,* Garn *nt;* **~ dental** Zahnseide *f;* **estar por um ~** an einem seidenen Faden hängen; **perder o ~ à meada** den Faden verlieren; *(fig);* **~ condutor** roter Faden; **de ~ a pavio** von Anfang bis Ende, von A bis Z; **a ~** ununterbrochen, nacheinander; **horas a ~** stundenlang 2. (ELECTR, TEL) Leitung *f;* *(metálico)* Draht *m;* **~ condutor** Leitungsdraht *m;* **~ de terra** Erdleitung *f* 3. *(da faca)* Schneide *f* 4. *(de água)* dünne(r) Strahl *m* 5. *(de ouro, prata)* Faden *m;* **~ de cabelo** Haar *nt*

fio-de-prumo *m* Schnurlot *nt*

fiorde *m* Fjord *m*

firma [ˈfirmɐ] *f* Firma *f*

firmamento *m* Firmament *nt*

firmar *vt* 1. *(um contrato)* unterzeichnen 2. *(uma amizade)* festigen, intensivieren

firme *adj* 1. *(pessoa)* standfest, unerschütterlich 2. *(objecto)* robust, solide; *(decisão)* fest

firmeza *f* 1. *(de pessoa)* Entschlossenheit *f,* Standhaftigkeit *f* 2. *(de um objecto)* Festigkeit *f*

fiscal I. *m/f* 1. *(de alfândega)* Zollbeamte, Zollbeamtin *m, f* 2. *(de impostos)* Steuerprüfer, Steuerprüferin *m, f* II. *adj* 1. *(de impostos)* Steuer ... 2. *(de fiscalização)* Aufsichts ...; **conselho ~** Aufsichtsrat *m*

fiscalização *f* Aufsicht *f,* Kontrolle *f*

fiscalizar *vt* beaufsichtigen, prüfen

fisco *m* (ECON) Fiskus *m;* **fugir ao ~** Steuern hinterziehen

fisga *f* Zwille *f*

fisgada *f (reg: dor)* Stich *m*

física *f* Physik *f;* **~ nuclear** Kernphysik *f*

fisicamente *adv* körperlich

físico, -a¹ I. *m, f* (FÍS) Physiker, Physikerin *m, f* II. *adj* 1. (FÍS) physikalisch 2. *(corporal)* physisch, körperlich; **educação física** Sportunterricht *m*

físico² *m (constituição)* Statur *f,* Körperbau *m;* *(aspecto)* Aussehen *nt*

físico-químico *adj* chemisch-physikalisch

fisiologia *f* Physiologie *f*

fisiológico *adj* physiologisch

fisionomia *f* Physiognomie *f*

fisioterapeuta *m(f)* Krankengymnast, Krankengymnastin *m*, *f*; Physiotherapeut, Physiotherapeutin *m*, *f*

fisioterapia *f* Physiotherapie *f*

fissão *f* Spaltung *f*; ~ **nuclear** Kernspaltung *f*

fissura *f* Spalt *m*, Riss *m*

fístula *f* (MED) Fistel *f*

fita *f* **1.** (*de tecido*) Band *nt*; (*de papel*) Streifen *m*; (*de cassete*) Tonband *nt*, Band *nt*; ~ **adesiva** Klebeband *nt*; ~ **magnética** Magnetstreifen *m*; ~ **métrica** Maßband *nt* **2.** (*filme*) Film *m*, Streifen *m* **3.** (*fingimento*) Heuchelei *f*; **fazer ~s** Theater machen

fita-cola *f* Tesafilm® *m*

fitar *vt* anstarren, den Blick heften auf

fito *m* Absicht *f*, Ziel *nt*

fitologia *f* Pflanzenkunde *f*

fivela *f* Schnalle *f*

fixação *f* **1.** (*com parafusos*) Befestigung *f* **2.** (*obsessão*) Fixierung *f* (*por* auf)

fixador [fiksɐ'dor] *m* **1.** (*de cabelo*) Haarspray *nt* **2.** (FOT) Fixierbad *nt*

fixamente *adv* beharrlich; **olhar ~ para alguém/a. c.** jdn/etw fixieren

fixar **I.** *vt* (*prender*) festmachen, befestigen; (*um preço*) festlegen; (*um prazo*) festsetzen; (*memorizar*) sich merken; (*fitar*) fixieren **II.** *vr* sich niederlassen

fixe *adj* (*coloq*) cool

fixo *adj* **1.** (*salário, morada, namorado*) fest; (*objecto*) unbeweglich, fest; **preço ~** Festpreis *m* **2.** (*olhar*) starr **3.** (*ideia*) fix

flácido *adj* schlaff

flagelar *vt* auspeitschen; (REL) geißeln

flagelo *m* Geißel *f*

flagrante **I.** *m* frische Tat *f*; **apanhar alguém em ~** jdn auf frischer Tat ertappen **II.** *adj* flagrant, offenkundig; (DIR); ~ **delito** frische Tat *f*

flamejante *adj* lodernd

flamejar *vi* aufflammen, auflodern

flamenco *m* (MÚS) Flamenco *m*

flamengo, -a **I.** *m*, *f* Flame *m*, Flämin *f* **II.** *adj* flämisch

flamingo *m* (ZOOL) Flamingo *m*

flan *m* Pudding *m* mit Karamell

flanar *vi* flanieren

flanco *m* Flanke *f*

Flandres *f* Flandern *nt*

flanela *f* Flanell *m*

flanquear *vt* flankieren

flash [flɜʃ] *m* **1.** (FOT) Blitzlicht *nt* **2.** (*coloq:* *ideia repentina*) Geistesblitz *m*

flashback *m* (CIN) Rückblende *f*

flatulência [flɐtu'lẽsjɐ] *f* Blähung *f*

flauta *f* Flöte *f*

flautim *m* Pikkoloflöte *f*

flautista *m(f)* Flötist, Flötistin *m*, *f*

flébil *adj* weinerlich

flebite *f* (MED) Venenentzündung *f*

flecha *f* Pfeil *m*; **os preços subiram em ~** die Preise stiegen blitzschnell

flectir *vt* beugen

flertar *vi* (*brasil*) flirten

flerte *m* (*brasil*) Flirt *m*

fletir *vt* (*brasil*) beugen

flexão *f* **1.** (*dos joelhos*) Beugen *nt* **2.** (GRAM) Flexion *f* **3.** (DESP) Liegestütze *f*; **fazer flexões** Liegestützen machen

flexibilidade *f* **1.** (*de um material*) Biegsamkeit *f*, Elastizität *f* **2.** (*de política, personalidade*) Flexibilität *f*, Anpassungsfähigkeit *f*

flexibilizar *vt* flexibilisieren

flexível *adj* **1.** (*material*) biegsam, elastisch; (*corpo*) gelenkig; **horário ~** Gleitzeit *f* **2.** (*pessoa*) flexibel, anpassungsfähig

flipado *adj* (*coloq*) ausgeflippt, flippig

flipar *vi* (*coloq*) ausflippen

flippers *mpl* Flipper *m*

floco *m* **1.** (*de neve*) Flocke *f*; ~**s de aveia** Haferflocken *pl*; ~**s de cereais** Cornflakes *pl* **2.** (*de pelo*) Büschel *nt*

flor [flor] *f* **1.** (BOT) Blume *f*; (*florescência*) Blüte *f*; ~ **campestre** Feldblume *f*; **estar em ~** blühen; **um vestido às ~es** ein geblümtes Kleid **2.** (*superfície*) Oberfläche *f*; **à ~ da água** an der Wasseroberfläche; **ter os nervos à ~ da pele** die Nerven bloßliegen haben **3.** (*auge*) Blüte *f*, Höhepunkt *m*; **estar na ~ da idade** in der Blüte seiner Jahre stehen

flora *f* Flora *f*, Pflanzenwelt *f*

floreado *adj* (*tecido*) geblümt

floreados *mpl* Ausschmückungen *pl*

floreira *f* Blumenvase *f*

florescência *f* Blüte *f*

florescente *adj* (*indústria*) blühend

florescer *vi* (*indústria*) blühen, florieren

floresta [flu'rɐʃtɐ] *f* Wald *m*; ~ **virgem** Urwald *m*; **Floresta Negra** Schwarzwald *m*

florestal *adj* Wald ..., Forst ...; **caminho ~** Waldweg *m*

floricultor(a) *m(f)* Blumenzüchter, Blumenzüchterin *m*, *f*

floricultura *f* Blumenzucht *f*

F

florido *adj* **1.** (*árvore*) blühend **2.** (*jardim*) blumenreich

florim *m* Gulden *m*

florir *vi* aufblühen, blühen

florista [flu'riʃtɐ] **I.** *m(f)* Blumenhändler, Blumenhändlerin *m, f,* Florist, Floristin *m, f* **II.** *f* (*loja*) Blumenladen *m*

fluência *f* Flüssigkeit *f;* **escrever com** ~ flüssig schreiben

fluente *adj* fließend

fluentemente *adv* fließend; **falar uma língua** ~ eine Sprache fließend sprechen

fluidez *f* Flüssigkeit *f*

fluido I. *m* Flüssigkeit *f* **II.** *adj* flüssig

fluir *vi* (*líquido, palavras*) fließen

fluminense I. *m(f)* Einwohner , Einwohnerin von Rio de Janeiro *m* **II.** *adj* aus Rio de Janeiro

flúor *m* Fluor *nt*

fluorescente *adj* fluoreszierend; **lâmpada** ~ Leuchtstofflampe *f;* **amarelo** ~ leuchtendes Gelb

flutuação *f* Schwanken *nt*

flutuador *m* (*pesca, hidroavião*) Schwimmer *m*

flutuante [flutu'ãntə] *adj* schwimmend, treibend; (*no ar*) schwebend

flutuar *vi* **1.** (*barco*) treiben, schwimmen **2.** (*variar*) fluktuieren, schwanken **3.** (*ao vento*) flattern; (*no ar*) schweben

fluvial *adj* Fluss ...; **águas fluviais** Flusswasser *nt;* **porto** ~ Binnenhafen *m*

fluxo *m* Fluss *m*

fluxograma *m* Ablaufplan *m*

FMI *abrev de* **Fundo Monetário Internacional** IWF (= *Internationaler Währungsfond*)

fobia *f* Phobie *f* (*de* vor)

foca *f* (ZOOL) Seehund *m,* Robbe *f*

focagem *f* (FOT) Einstellung *f*

focalizar *vt* (*brasil*) *v.* **focar**

focar *vt* **1.** (FOT) einstellen; ~ **bem** scharf stellen **2.** (*um assunto*) sich konzentrieren auf, beleuchten

foçar *vt* (mit der Schnauze) aufwühlen

focinho *m* Schnauze *f,* Maul *nt*

foco *m* **1.** (*de luz*) Lichtquelle *f* **2.** (*centro*) Brennpunkt *m,* Mittelpunkt *m;* (*de doença, terramoto*) Herd *m;* **estar em** ~ im Mittelpunkt stehen; **pôr em** ~ hervorheben

foder *vi* (*cal*) ficken, bumsen

fofo *adj* **1.** (*material*) weich, flauschig **2.** (*pessoa*) süß **3.** (*massa*) locker

fofoca *f* (*brasil*) Klatscherei *f,* Tratscherei *f*

fofocar *vi* (*brasil*) klatschen, tratschen

fofoqueiro, -a *m, f* (*brasil*) Klatschbase *f*

fogão [fu'gãu] *m* Herd *m;* (*de campismo*) Gaskocher *m;* ~ **a gás** Gasherd *m;* ~ **a lenha** Kohleherd *m*

fogareiro *m* Holzkohlegrill *m*

fogo ['fogu] *m* **1.** (*aberto*) Feuer *nt;* (*incêncio*) Brand *m;* ~ **posto** Brandstiftung *f;* **fazer** ~ Feuer machen; **pegar/pôr** ~ **a a. c.** etw in Brand setzen/stecken; **apagar o** ~ das Feuer löschen; **à prova de** ~ feuerfest **2.** (MIL) Feuer *nt;* ~ **cruzado** Kreuzfeuer *nt;* **abrir/cessar** ~ das Feuer eröffnen/einstellen **3.** (*habitacional*) Haushalt *m*

fogo-de-artifício *m* Feuerwerk *nt;* **lançar** ~ ein Feuerwerk abbrennen

fogo-fátuo *m* Irrlicht *nt*

fogosidade *f* Heftigkeit *f*

fogoso *adj* feurig, heftig

fogueira *f* Feuer *nt;* **fazer uma** ~ ein Feuer machen

foguetão *m* (AERO) Rakete *f*

foguete *m* Feuerwerksrakete *f;* **deitar/lançar** ~s Raketen abbrennen; **deitar** ~s **antes da festa** den Tag vor dem Abend loben

foice *f* Sichel *f*

folar *m* **1.** (CUL) Osterkuchen *m* **2.** (*prenda*) Ostergeschenk *nt*

folclore [fɔl'klɔrə] *m* Folklore *f*

folclórico *adj* Folklore ..., folkloristisch; **grupo** ~ Folkoregruppe *f*

fole *m* Blasebalg *m*

fôlego *m* Atem *m;* **tomar** ~ Luft holen; **perder o** ~ außer Atem kommen; **sem** ~ außer Atem, atemlos

foleiro *adj* (*coloq: ambiente, comentário*) mies; (*objecto*) scheußlich

folga *f* **1.** (*do trabalho*) Ruhepause *f;* **estar de** ~ frei haben **2.** (MEC) Spiel *nt,* Spielraum *m;* **ter** ~ Spiel haben

folgado *adj* **1.** (*roupa*) weit **2.** (*vida*) locker **3.** (*brasil: pessoa*) frech, dreist

folgar *vi* **1.** (*descansar*) ausruhen, entspannen; (*do trabalho*) frei haben **2.** (*divertir-se*) sich amüsieren **3.** (*alegrar-se*) sich freuen; **folgo que tenha tido boa viagem** ich freue mich, dass Sie gut angekommen sind

folgazão *m* Lebenskünstler *m*

folha ['foʎɐ] *f* **1.** (*de papel*) Blatt *nt,* Bogen *m* **2.** (BOT) Blatt *nt* **3.** (*de metal*) Folie *f;* ~ **de alumínio** Aluminiumfolie *f* **4.** (INFORM)

F

~ **de cálculo** Tabellenkalkulationsprogramm *nt*

folha-de-flandres *f* Weißblech *nt*

folhado *adj* blattartig; **massa folhada** Blätterteig *m*

folhagem *f* Laub *nt*

folheado *m* Furnier *nt*

folhear *vt* durchblättern, blättern in

folhetim *m* Feuilleton *nt*

folheto *m* (*panfleto*) Flugblatt *nt;* (*brochura*) Broschüre *f;* ~ **informativo** Faltblatt *nt;* (*de medicamentos*) Packungsbeilage *f*

folho *m* Rüsche *f*

folia *f* Rummel *m,* lärmende(s) Vergnügen *nt*

folião *m* Hansdampf *m*

fome ['fɔmə] *f* Hunger *m;* **estar com/ter** ~ hungrig sein, Hunger haben; **passar** ~ Hunger leiden; **matar a** ~ den Hunger stillen; ~ **canina** Heißhunger *m;* **ter** ~ **de amor** liebeshungrig sein; **ter** ~ **de gente** Leute um sich brauchen; **para boa** ~ **não há ruim pão** Hunger ist der beste Koch

fomentar *vt* fördern; (*a economia*) ankurbeln

fomento *m* Förderung *f;* (*da economia*) Ankurbelung *f*

fona *f* (*coloq*) **andar numa** ~ abgehetzt sein

fondue *m* (CUL) Fondue *nt*

fonema *m* Phonem *nt*

fonética *f* Phonetik *f,* Lautlehre *f*

fonético *adj* phonetisch, lautlich

fonologia *f* Phonologie *f*

fontanário *m* Wasserstelle *f,* öffentliche(r) Brunnen *m*

fonte ['fɔntə] *f* **1.** (*chafariz*) Brunnen *m* **2.** (*nascente, origem*) Quelle *f;* ~ **de energia** Energiequelle *f;* ~ **de rendimento** Einkommensquelle *f;* **sabemos de** ~ **segura que ...** aus sicherer Quelle wissen wir, dass ... **3.** (ANAT) Schläfe *f*

fora ['fɔrɐ] **I.** *m* (*brasil*) **dar o** ~ auf und davon gehen **II.** *adv* (*exteriormente*) außen, draußen; **de** ~ von außen; **lá** ~ (da) draußen; **por** ~ (von) außen; **olhar lá para** ~ nach draußen schauen; **ir lá para** ~ hinausgehen; **deixar de** ~ auslassen, übergehen; **ficar de** ~ außen vor bleiben; **deitar/pôr** ~ wegwerfen; (**ir**) **jantar** ~ auswärts essen (gehen); **pagar a. c. por** ~ etw extra bezahlen; **vender comida para** ~ einen Straßenverkauf haben; (*não na cidade*); **lá** ~ im Ausland; **de** ~ von außerhalb, aus dem Ausland; **estar** (**para**) ~

verreist sein; **ir para** ~ ins Ausland fahren, verreisen; (DESP) aus **III.** *prep* (*no exterior, longe*) ~ **de** außerhalb; ~ **de casa** außerhalb des Hauses; ~ **de mão** entfernt, abgelegen; ~ **de horas** zur Unzeit; ~ **de serviço** außer Betrieb; ~ **de moda** aus der Mode, altmodisch; **ficar** ~ **de si** außer sich geraten; **isso está** ~ **de questão** das kommt nicht in Frage; (*excepto*) außer; (*além de*) abgesehen von; ~ **isso** abgesehen davon **IV.** *interj* ~! raus!

fora-de-jogo *m* (DESP) Abseits *nt*

foragido, -a **I.** *m, f* Flüchtling *m* **II.** *adj* geflohen, geflüchtet

forasteiro, -a **I.** *m, f* Fremde; (*estrangeiro*) Ausländer, Ausländerin *m, f* **II.** *adj* fremd; (*estrangeiro*) ausländisch

forca *f* Galgen *m*

força ['forsɐ] *f* Kraft *f,* Stärke *f;* (*violência*) Gewalt *f;* **usar a** ~ Gewalt anwenden; **à** (**viva**) ~ mit Gewalt; **fazer** ~ Kraft aufwenden, sich anstrengen; (MIL); ~ **aérea** Luftwaffe *f;* (MIL); ~**s armadas** Streitkräfte *pl;* **um caso de** ~ **maior** höhere Gewalt

forcado *m* **1.** (AGR) Heugabel *f* **2.** (*de touros*) Stiertreiber *m*

forçado *adj* **1.** (*obrigado*) gezwungen; **trabalhos** ~**s** Zwangsarbeit *f* **2.** (*não natural*) gekünstelt, künstlich

forçar *vt* **1.** (*obrigar*) zwingen; ~ **alguém a fazer a. c.** jdn zwingen, etw zu tun **2.** (*fechadura, porta*) aufbrechen; (*mala*) zudrücken; ~ **a entrada** sich Einlass verschaffen +*dat* **3.** (*a vista, voz*) überanstrengen

forçosamente *adv* notwendigerweise

forja *f* **1.** (*actividade*) Schmieden *nt* **2.** (*forno*) Schmiedeofen *m* **3.** (*bigorna*) Amboss *m*

forjado *adj* geschmiedet; **ferro** ~ Schmiedeeisen *nt*

forjador(a) *m(f)* **1.** (*de metal*) Schmied, Schmiedin *m, f* **2.** (*inventor*) Urheber, Urheberin *m, f*

forjar *vt* **1.** (*metal*) schmieden **2.** (*inventar*) aushecken, erfinden

forma¹ ['fɔrmɐ] *f* **1.** (*formato*) Form *f,* Gestalt *f;* **dar** ~ **a a. c.** etw eine Form geben **2.** (*maneira*) Art *f;* **desta** ~ auf diese Art (und Weise); **de** ~ **alguma/nenhuma** keineswegs, keinesfalls; **de alguma** ~ irgendwie; **de outra** ~ andernfalls, sonst; **de qualquer** ~ auf jeden Fall; **de** ~ **a fazer a. c.** um etw zu tun **3.** (*física*) Form *f;* **estar em** ~ fit sein; **manter a** ~ sich fit halten; **estar em baixo**

de ~ nicht in Form sein, ein Formtief haben

forma² f (para bolos) Form f; (de sapatos) Leisten m

formação f **1.** (educação) Ausbildung f; ~ **profissional** Berufsausbildung f; ~ **contínua** Weiterbildung f; **acção de** ~ Fortbildungsmaßnahme f **2.** (da personalidade) Entwicklung f, Bildung f **3.** (surgimento) Entstehung f

formado adj **1.** (pela universidade) graduiert; **ela é formada em medicina** sie hat Medizin studiert **2.** (constituído) zusammengesetzt (por aus); **o grupo é ~ por dez homens e dez mulheres** die Gruppe setzt sich aus zehn Männern und zehn Frauen zusammen

formador(a) m(f) Ausbilder, Ausbilderin m, f

formal adj **1.** (relativo à forma) formal, Form ... **2.** (linguagem) förmlich; (acontecimento, roupa) offiziell

formalidade f Formalität f; (etiqueta) Förmlichkeit f

formalizar vt formalisieren

formalmente adv förmlich

formando, -a m, f Auszubildende; (coloq) Azubi

formão m Stechbeitel m

formar [fur'mar] **I.** vt **1.** (dar forma a) formen, gestalten; (uma frase, uma equipa) bilden; (a personalidade) formen; (uma sociedade, empresa) gründen **2.** (educar) ausbilden **II.** vi (MIL) antreten **III.** vr **1.** (surgir) entstehen; (pó) sich bilden **2.** (na universidade) studieren, ein Studium absolvieren

formatar vt (INFORM) formatieren

formato m Format nt

formatura f **1.** (da universidade) Studienabschluss m; **baile de** ~ Abschlussball m **2.** (MIL) Aufstellung f

formidável [furmi'davɜl] adj großartig, vortrefflich

formiga f Ameise f

formigar vi **1.** (dar comichão) kribbeln **2.** (pulular) wimmeln

formigueiro m **1.** (de formigas) Ameisenhaufen m **2.** (de pessoas) Menschenmenge f **3.** (no corpo) Juckreiz m

formoso adj **1.** (paisagem) schön, lieblich **2.** (pessoa) bildhübsch, wunderschön

formosura f Schönheit f

fórmula f (MAT, SPORT) Formel f; ~ **sanguínea** Blutbild nt

formular vt formulieren

formulário m Formular nt; **preencher um** ~ ein Formular ausfüllen

fornada f Ofenladung f

fornalha f Backofen m

fornecedor(a) m(f) Lieferant, Lieferantin m, f

fornecer vt **1.** (mercadoria) liefern **2.** (abastecer) versorgen; (loja) beliefern; ~ **alguém de a. c.** jdn mit etw versorgen

fornecimento m Lieferung f; (abastecimento) Versorgung f

fornicar **I.** vt (coloq) bumsen **II.** vi (herum)huren

forno m Ofen m; (para alimentos) Backofen m; ~ **microondas** Mikrowellenherd m

foro m **1.** (jurisdição) Recht nt; ~ **civil** Zivilrecht nt; ~ **íntimo** Gewissen nt **2.** (tribunal) Gerichtshof m

forquilha f Heugabel f

forrado adj **1.** (roupa) gefüttert; (móvel) gepolstert **2.** (parede) tapeziert; (de madeira) holzverkleidet

forrar vt **1.** (roupa) füttern; (um móvel) polstern **2.** (cobrir) überziehen (de mit) **3.** (uma parede de papel) tapezieren; (de madeira, tecido) verkleiden (de mit)

forreta **I.** m(f) Geizhals m **II.** adj geizig

forro m **1.** (de roupa) Futter nt **2.** (de sofá) Bezug m **3.** (de madeira) Verkleidung f

fortalecer vt stärken, kräftigen

fortalecimento m Stärkung f

fortaleza [furtɐ'lezɐ] f Festung f

forte ['fɔrtɐ] **I.** m **1.** (MIL) Fort nt, Festung f **2.** (aptidão) Stärke f; **matemática (não) é o meu** ~ Mathematik ist (nicht) meine Stärke **II.** adj **1.** (pessoa, vento) stark, kräftig; (pancada) kräftig; (café) stark; (bebida alcoólica) hochprozentig; **fazer-se** ~ stark werden **2.** (corpulento) korpulent; (sólido) robust, stabil

fortemente adv stark, kräftig

fortificar vt **1.** (fortalecer) stärken **2.** (MIL) befestigen

fortuito adj zufällig

fortuna f **1.** (riqueza) Vermögen nt; **fazer** ~ reich werden; **a casa custa uma** ~ das Haus kostet ein Vermögen **2.** (destino) Schicksal nt, Los nt

fórum m Forum nt

fosco adj (cor, luz) matt; (metal) stumpf; **vidro** ~ Milchglas nt

fosfato *m* (QUÍM) Phosphat *nt*

fosforescência *f* Phosphoreszenz *f*

fosfórico *adj* Phosphor ...

fósforo ['fɔʃfuru] *m* **1.** (QUÍM) Phosphor *m* **2.** (*lume*) Streichholz *nt;* **acender um** ~ ein Streichholz anzünden

fossa *f* **1.** (*cova*) Grube *f;* (ANAT); **~s nasais** Nasenhöhlen *pl* **2.** (*coloq brasil: depressão*) Depression *f;* **estar na** ~ down sein

fóssil *m* Fossil *nt*

fossilizar *vi* (GEOL) fossilisieren

fosso *m* Graben *m*

foto *f* (*brasil*) Foto *nt*

fotocópia *f* Fotokopie *f;* ~ **a cores** Farbkopie *f;* **tirar uma** ~ eine Fotokopie machen

fotocopiadora *f* Fotokopierer *m*

fotoeléctrico *adj* fotoelektrisch

fotogénico *adj* fotogen

fotografar *vt* fotografieren

fotografia [futugre'fiɐ] *f* Fotografie *f,* Foto *nt;* **tirar uma** ~ ein Foto machen

fotográfico *adj* fotografisch

fotógrafo, -a *m, f* Fotograf, Fotografin *m, f*

fotomontagem *f* Fotomontage *f*

fotonovela *f* Fotoroman *m*

fotossíntese *f* (BOT) Fotosynthese *f*

foxtrot *m* (MÚS) Foxtrott *m*

foz [fɔʃ] *f* Flussmündung *f*

fração *f* (*brasil*) *v.* **fracção**

fracassar *vi* (*plano*) scheitern, misslingen; (*pessoa*) scheitern

fracasso *m* Misserfolg *m,* Scheitern *nt*

fracção *f* Bruchstück *nt,* Teil *nt;* (MAT) Bruch *m*

fraccionário *adj* (MAT) Bruch ...; **numeral** ~ Bruchzahl *f,* Bruch *m*

fracionário *adj* (*brasil*) *v.* **fraccionário**

fraco ['fraku] *adj* **1.** (*sem força*) schwach **2.** (*sem qualidade*) billig

fractura [fra'turɐ] *f* **1.** (MED) Bruch *m,* Knochenbruch *m;* ~ **craniana** Schädelbruch *m* **2.** (GEOL) Einbruch *m*

fracturar *vt* (MED) brechen

frade *m* Mönch *m*

fraga *f* Felsen *m*

fragata *f* **1.** (NAÚT) Fregatte *f* **2.** (ZOOL) Fregattvogel *m*

frágil *adj* **1.** (*objecto*) zerbrechlich; (*quebradiço*) brüchig **2.** (*pessoa*) gebrechlich **3.** (*saúde*) schwach, anfällig

fragilidade *f* Zerbrechlichkeit *f;* (*fraqueza*) Schwäche *f*

fragmentação *f* Zerstückelung *f*

fragmentar **I.** *vt* zerstückeln; (*vidro*) zerschlagen **II.** *vr* zerbrechen, in Stücke fallen

fragmento *m* Bruchstück *nt,* Fragment *nt*

fragor *m* Getöse *nt,* Knall *m*

fragoroso *adj* knallend, laut

fragrância *f* Wohlgeruch *m,* Duft *m*

fralda *f* **1.** (*para bebé*) Windel *f;* **mudar as** **~s ao bebé** dem Baby die Windeln wechseln, das Baby wickeln **2.** (*da camisa*) Hemdzipfel *m*

framboesa *f* Himbeere *f*

França ['frãse] *f* Frankreich *nt*

francamente *adv* offen gesagt; ~! also ehrlich!

francês, -esa [frã'seʃ] **I.** *m, f* Franzose, Französin *m, f* **II.** *adj* französisch

francesismo *m* Gallizismus *m*

franchising *m* (ECON) Franchising *nt*

franciscano **I.** *m* (REL) Franziskaner *m* **II.** *adj* franziskanisch

franco **I.** *m* (*moeda*) Franken *m;* ~ **suisso** Schweizer Franken **II.** *adj* **1.** (*sincero*) aufrichtig, ehrlich **2.** (*isento de imposto*) steuerfrei; (*direito alfandegário*) zollfrei

franco-alemão *adj* deutsch-französisch

francófilo *adj* frankophil

Francoforte *m* Frankfurt *nt*

frangalho *m* Lumpen *m,* Fetzen *m*

franganito *m* (*fig*) Grünschnabel *m*

frango ['frãgu] *m* Hähnchen *nt,* Hühnchen *nt;* ~ **assado** Brathähnchen *nt*

frango-d'água *m* Blässhuhn *nt*

franja ['frãʒe] *f* **1.** (*de tecido*) Franse *f* **2.** (*de cabelo*) Pony *m*

franqueza *f* Offenheit *f,* Aufrichtigkeit *f;* **para falar com** ~, **não me agrada nada** offen gesagt gefällt mir das gar nicht

franquia [frã'kiɐ] *f* Porto *nt*

franquiar [frã'kjar] *vt* frankieren

franzino *adj* mager, klapperig

franzir *vt* fälteln, kräuseln; ~ **as sobrancelhas** die Augenbrauen zusammenziehen

fraque *m* Frack *m*

fraquejar *vi* **1.** (*enfraquecer*) schwach werden **2.** (*desanimar*) verzagen, den Mut verlieren

fraqueza *f* Schwäche *f;* **fazer das ~s forças** aus der Not eine Tugend machen

fraquinho *m* Schwäche *f;* **ter um** ~ **por alguém** eine Schwäche für jdn haben

frasco *m* Fläschchen *nt;* (*mostarda*) Glas *nt*

F

frase ['frazə] *f* Satz *m;* ~ **feita** Redensart *f;* ~ **subordinada** Nebensatz *m*

fraternal *adj* brüderlich

fraternidade *f* Brüderlichkeit *f*

fraternizar *vi* sich verbrüdern (*com* mit)

fratricídio *m* Brudermord *m*

fratura *f* (*brasil*) *v.* **fractura**

fraturar *vt* (MED: *brasil*) brechen

fraudar *vt* betrügen

fraude *f* Betrug *m,* Täuschung *f;* **cometer uma** ~ betrügen

fraudulento *adj* betrügerisch

freada *f* (*brasil*) Bremsung *f,* Bremsen *nt;* **dar uma** ~ bremsen

frear *vi* (*brasil*) bremsen, abbremsen

freguês, -esa *m, f* Kunde, Kundin *m, f*

freguesia *f* **1.** (*clientela*) Kundschaft *f* **2.** (*de um concelho*) Gemeinde *f* **3.** (*reg: aldeia*) Dorf *nt*

frei *m* (REL) Bruder *m*

freima *f* **1.** (*impaciência*) Ungeduld *f* **2.** (*pressa*) Eile *f*

freio *m* **1.** (*de veículo*) Bremse *f;* ~ **de emergência** Notbremse *f;* ~ **de mão** Handbremse *f* **2.** (*do cavalo*) Trense *f* **3.** (*fig: travão*) Bremse *f,* Zügel *m*

freira *f* Nonne *f*

freixo *m* (BOT) Esche *f*

fremente *adj* brausend, tosend

frenesi *m* Raserei *f*

frenético *adj* rasend, frenetisch

frente ['frẽtə] *f* **1.** (*lado frontal*) Vorderseite *f;* (*de prédio*) Front *f;* ~ **a** ~ von Angesicht zu Angesicht; **estar de** ~ (*para*) etw vor sich haben, mit dem Gesicht zu etw stehen; **para a** ~ nach vorne, vorwärts; **à** ~ **de** vor, gegenüber; **sempre em** ~ immer geradeaus; **a casa em** ~ das Haus gegenüber; **sair da** ~ aus dem Blickfeld gehen; **ele está à minha** ~ er steht mir gegenüber; **fazer** ~ **a a.c.** etw Einhalt gebieten, etw die Stirn bieten **2.** (*dianteira*) Spitze *f;* **ir/estar à** ~ an der Spitze liegen; (*em corrida, jogo*) vorne liegen, führen **3.** (MIL) Front *f* **4.** (METEO) Front *f;* ~ **fria/quente** Kaltfront/Warmfront *f*

frequência *f* **1.** (*repetição*) Häufigkeit *f;* **com** ~ häufig; **com que** ~? wie oft? **2.** (*ação de frequentar*) Besuch *m* **3.** (*teste*) Klausur *f* **4.** (*de rádio*) Frequenz *f*

frequentado *adj* (*local*) belebt; **ser bem** ~ gut besucht sein; **ser muito** ~ großen Zulauf haben

frequentador(a) *m(f)* regelmäßige(r) Besucher, regelmäßige Besucherin *m, f*

frequentar *vt* **1.** (*uma escola, aula*) besuchen **2.** (*um café*) regelmäßig besuchen

frequente *adj* häufig

frequentemente *adv* oft, häufig

fresa *f* Fräsmaschine *f*

fresar *vt* fräsen

fresca *adv* (*roupa*) **à** ~ leicht bekleidet; (*sombra*) im Schatten

fresco ['freʃku] **I.** *m* **1.** (*ar*) Brise *f;* **pôr-se ao** ~ fliehen **2.** (*pintura*) Fresko *nt* **II.** *adj* **1.** (*recente*) frisch; **pintado de** ~ frisch gestrichen **2.** (*temperatura*) kühl, frisch; (*bebida*) eisgekühlt **3.** (*tecido*) leicht, dünn

frescura *f* **1.** (*temperatura*) Kühle *f,* Frische *f* **2.** (*pej brasil*) Frechheit *f*

fresta *f* (*da porta, janela*) Spalt *m;* (*no telhado*) Dachluke *f*

fretar *vt* (*um camião*) mieten; (*um navio, avião*) chartern

frete *m* **1.** (ECON) Fracht *f* **2.** (*coloq: maçada*) Belästigung *f;* **fazer um** ~ etw unwillig/lustlos machen

fria ['friɐ] *f* (*coloq brasil*) **estar numa** ~ in der Patsche sitzen; **entrar numa** ~ Schwierigkeiten kriegen

fricassé *m* (CUL) Frikassee *nt*

fricativa *f* (LING) Reibelaut *m*

fricção *f* Reibung *f*

friccionar *vt* reiben

frieira *f* (MED) Frostbeule *f*

frieza *f* Kälte *f,* Hartherzigkeit *f*

frigideira [friʒəˈdeirɐ] *f* Bratpfanne *f,* Pfanne *f*

frigidez *f* Kälte *f;* (*sexual*) Frigidität *f*

frigidíssimo *superl de* **frio**

frígido *adj* eisig

frigorífico [friguˈrifiku] **I.** *m* Kühlschrank *m* **II.** *adj* Kühl ...

frincha *f* Spalt *m,* Ritze *f*

frio ['friu] **I.** *m* Kälte *f;* **apanhar** ~ sich erkälten; **está/faz** ~ es ist kalt; **tenho** ~ ich friere, mir ist kalt **II.** *adj* (*temperatura, pessoa*) kalt, frostig

friorento *adj* kälteempfindlich, verfroren

frisado *adj* (*cabelo*) gekräuselt

frisar *vt* **1.** (*o cabelo*) kräuseln **2.** (*salientar*) betonen, hervorheben

friso *m* (ARQ) Fries *m*

fritadeira *f* Fritteuse *f*

fritar *vt* (in Öl) braten; (*na fritadeira*) frittieren

fritilo *m* Würfelbecher *m*

frito ['fritu] **I.** *pp de* **fritar II.** *adj* **1.** (*alimento*) gebraten; **batatas fritas** Pommes frites *pl* **2.** (*coloq: pessoa*) aufgeschmissen

fritura *f* Braten *nt*

frivolidade *f* Leichtfertigkeit *f*, Leichtsinn *m*

frívolo *adj* leichtfertig, leichtsinnig

fronha *f* Kopfkissenbezug *m*

frontal I. *m* (*de porta*) Türaufsatz *m* **II.** *adj* **1.** (*de frente*) frontal; **choque** ~ Frontalzusammenstoß *m* **2.** (*pessoa*) direkt

frontalidade *f* Direktheit *f*

frontão [frõ'tãu] *m* (ARQ) Giebel *m*, Frontispiz *nt*

frontaria *f* (ARQ) Fassade *f*

fronte *f* (ANAT) Stirn *f*

fronteira [frõ'teire] *f* Grenze *f* (*com* zu); **atravessar/passar a** ~ die Grenze überqueren; **fazer** ~ **com** grenzen an

fronteiriço [frõntei'risu] *adj* **1.** (*país*) angrenzend **2.** (*guarda*) Grenz ...

fronteiro *adj* gegenüberliegend

frontispício *m* **1.** (*de um livro*) Titelblatt *nt* **2.** (ARQ) Fassade *f*

frota *f* Flotte *f*

frouxidão *f* Schlaffheit *f*

frouxo *adj* **1.** (*músculo*) schlaff; (*corda*) locker **2.** (*fraco*) schwach

fruição *f* Genuss *m*

fruir *vt* genießen

frustração *f* Enttäuschung *f*, Frustration *f*

frustrado *adj* **1.** (*pessoa*) frustriert, enttäuscht **2.** (*tentativa*) vereitelt, erfolglos

frustrante *adj* frustrierend

frustrar *vt* frustrieren, enttäuschen; (*tentativa*) vereiteln

fruta ['frute] *f* Obst *nt*; ~ **cristalizada** kandierte Früchte *pl*; ~ **seca** Dörrobst *nt*

fruticultura *f* Obstanbau *m*

frutífero *adj* (*fig*) ergiebig, fruchtbar

fruto *m* **1.** (BOT) Frucht *f*; ~**s secos** Trockenfrüchte ~; **o** ~ **proibido é o mais apetecido** das Verbotene hat den größten Reiz **2.** (*resultado*) Ergebnis *nt*; **isto é** ~ **do meu trabalho** das sind die Früchte meiner Arbeit **3.** (*lucro*) Ertrag *m*, Gewinn *m*; **dar** ~**s** Früchte tragen

frutuoso *adj* fruchtbar; (*negócio*) einträglich

fuça *f* (*coloq*) Schnauze *f*

fufa I. *f* (*coloq*) Lesbe *f* **II.** *adj* (*coloq*) lesbisch

fuga *f* **1.** (*evasão*) Flucht *f* **2.** (*de líquido*)

Auslaufen *nt*, Ausfließen *nt*; (*de gás*) Ausströmen *nt*; **houve uma** ~ **de gás** es ist Gas ausgeströmt **3.** (*em recipiente*) Leck *nt*; **ter uma** ~ lecken **4.** (MÚS) Fuge *f*

fugacidade *f* Flüchtigkeit *f*

fugaz *adj* flüchtig

fugida *f* Abstecher *m*; **de** ~ nebenbei; **dar uma** ~ **a** auf einen Sprung gehen zu

fugidio *adj* flüchtig

fugir *vi* fliehen; (*prisioneiro*) ausbrechen; ~ **de alguém** vor jdm fliehen; ~ **de a. c.** etw aus dem Weg gehen; **é de** ~! es ist zum Davonlaufen!

fugitivo, -a *m, f* Ausbrecher, Ausbrecherin *m, f*

fuinha *f* (ZOOL) Steinmarder *m*

fulano, -a *m, f* Herr X *m*, Frau X *f*; Herr Soundso *m*, Frau Soundso *f*; ~ **e sicrano** Hinz und Kunz

fulcral *adj* entscheidend

fulcro *m* **1.** (*ponto crucial*) Drehpunkt *m* **2.** (*ponto de apoio*) Stütze *f*

fulgente *adj* leuchtend, strahlend

fulgor *m* Glanz *m*, Strahlen *nt*

fulgurante *adj* funkelnd, glänzend

fuligem *f* Ruß *m*

fulminante *adj* (*olhar*) blitzartig; (*palavras*) vernichtend

fulminar *vt* (*olhar, palavras*) vernichten

fulo *adj* (*coloq*) fuchsteufelswild, wütend

fumaça *f* Rauchwolke *f*

fumador(a) [fume'dor] *m(f)* Raucher, Raucherin *m, f*; ~ **passivo** passiver Raucher

fumante *m(f)* (*brasil*) *v.* **fumador**

fumar [fu'mar] *vi* rauchen; ~ **um charuto** eine Zigarre rauchen

fumarada *f* Qualm *m*

fumegar *vi* (*vapor*) dampfen; (*fumo*) qualmen

fumeiro *m* Räucherkammer *f*

fumo *m* **1.** (*de fogo*) Rauch *m*, Qualm *m*; **deitar** ~ qualmen; **onde há** ~ **há fogo** da steckt etwas dahinter **2.** (*vapores*) Dampf *m*; **deitar** ~ dampfen

função *f* **1.** (*papel*) Funktion *f* **2.** (*trabalho*) Aufgabe *f*; (*cargo*) Amt *nt*; **desempenhar uma** ~ ein Amt ausüben

funcho ['fõʃu] *m* (BOT) Fenchel *m*

funcional *adj* funktionell, funktional

funcionalismo *m* ~ **público** Beamtenschaft *f*

funcionamento *m* **1.** (*de um sistema, de*

uma empresa) Funktionieren *nt* **2.** (*de uma máquina*) Betrieb *m;* (*de um motor*) Laufen *nt;* **pôr a. c. em** ~ etw in Betrieb setzen

funcionar [fõsju'nar] *vi* funktionieren; (MEC) laufen

funcionário, -a *m, f* (*de empresa*) Angestellte; (POL) Funktionär, Funktionärin *m, f;* ~ **público** Beamte *m*

fundação *f* **1.** (*acção de fundar*) Gründung *f* **2.** (*instituição*) Stiftung *f*

fundador(a) **I.** *m(f)* Gründer, Gründerin *m, f* **II.** *adj* Gründungs ...

fundamental *adj* **1.** (*básico*) grundlegend, fundamental **2.** (*essencial*) Haupt ...

fundamentalmente *adv* vor allem

fundamentar **I.** *vt* (*justificar*) begründen; (*basear*) stützen (*em* auf) **II.** *vr* sich stützen (*em* auf)

fundamento *m* **1.** (*motivo*) Grund *m,* Ursache *f;* **sem** ~ grundlos **2.** (*princípio*) Grundlage *f,* Fundament *nt* **3.** (*justificação*) Begründung *f*

fundão *m* Strudel *m*

fundar *vt* (*empresa*) gründen; (*prémio*) stiften

fundiário *adj* agrarisch, landwirtschaftlich

fundição *f* **1.** (*actividade*) Gießen *nt* **2.** (*fábrica*) Gießerei *f*

fundir **I.** *vt* (*vidro*) schmelzen; (*metal*) gießen; (*minério*) verhütten; (*unir*) verschmelzen, zusammenschließen; (*empresas*) fusionieren **II.** *vi* (*lâmpada, fusível*) durchbrennen

fundo ['fõndu] **I.** *m* (*do mar*) Grund *m,* Boden *m;* (*da garrafa*) Boden *m;* **no** ~ im Grunde (genommen); **ir ao** ~ sinken; (*fig*) zu Grunde gehen; **a** ~ gründlich; (*do palco, quadro*) Hintergrund *m;* **ouvia-se um barulho de** ~ im Hintergrund waren Geräusche zu vernehmen; (*da rua*) Ende *nt;* **ao** ~ **do corredor** am Ende des Ganges; **é ali ao** ~ es ist dort hinten **II.** *adj* tief

fundos *mpl* **1.** (ECON) Mittel *pl,* Gelder *pl;* ~ **de reserva** Reservefonds *m* **2.** (*da casa*) hintere(r) Teil *m*

fúnebre *adj* **1.** (*de funeral*) Toten ...; **cortejo** ~ Leichenzug *m* **2.** (*triste*) traurig, düster

funeral *m* Beerdigung *f,* Begräbnis *nt*

funerário *adj* Begräbnis ..., Beerdigungs ...; **agência funerária** Beerdigungsinstitut *nt*

funesto *adj* unheilvoll, verhängnisvoll

fungar *vi* schnauben, schnaufen

fungo *m* (BOT) Schwamm *m*

funil *m* Trichter *m*

furacão *m* (METEO) Orkan *m*

furado *adj* (*recipiente, saco*) löcherig; (*pneu*) platt; (*orelha*) durchstochen

furador *m* Locher *m*

furar *vt* **1.** (*fazer um furo*) ein Loch bohren in; (*perfurar*) durchbohren; (*uma orelha*) durchstechen; (*papel*) lochen **2.** (*uma greve*) brechen

furgão *m* Gepäckwagen *m*

furgoneta *f* Lieferwagen *m*

fúria *f* **1.** (*raiva*) Wut *f,* Zorn *m* **2.** (*mitologia*) Furie *f*

furibundo *adj* tobend, rasend vor Wut

furioso [fu'rjozu] *adj* wütend, zornig

furna *f* Grotte *f,* Höhle *f*

furo *m* **1.** (*orifício*) Loch *nt;* (*num pneu*) Plattfuß *m;* **nós tivemos um** ~ wir hatten einen Platten **2.** (*no horário*) Freistunde *f*

furor *m* **1.** (*ira*) Wut *f,* Zorn *m* **2.** (*entusiasmo*) Begeisterung *f*

furtar **I.** *vt* stehlen; ~ **a. c. a alguém** jdm etw stehlen **II.** *vr* ausweichen (*a*)

furtivo *adj* heimlich; (*olhar*) verstohlen; **caçador** ~ Wilderer *m*

furto *m* Diebstahl *m*

furúnculo *m* (MED) Furunkel *m*

fusa *f* (MÚS) Zweiunddreißigstelnote *f*

fusão *f* **1.** (*de metal*) Schmelzen *nt;* (*de minério*) Verhüttung *f;* **ponto de** ~ Schmelzpunkt *m* **2.** (FÍS) Fusion *f* **3.** (*união*) Verschmelzung *f,* Zusammenschluss *m;* (*de empresas*) Fusionierung *f,* Fusion *f*

In Brasilien heißen die populärsten und billigsten Taxis **fusca** (VW-Käfer). Sie stehen an jeder Straßenecke und sind meistens ziemlich betagt. Es ist sinnvoll, mit dem Fahrer zu handeln und einen Fahrpreis zu vereinbaren, wenn man in etwa weiß, was die Strecke kosten darf. Bei den Funktaxis ist der Fahrpreis von vornherein festgelegt. Diese luxuriösen und sehr gepflegten Fahrzeuge kosten jedoch bis zu dreimal so viel wie die guten alten fuscas.

fusco *adj* dunkel

fuselagem *f* (AERO) Rumpf *m*

fusível [fu'zivɐl] **I.** *m* (ELECTR) Sicherung *f* **II.** *adj* schmelzbar

fuso *m* Spindel *f;* ~ **horário** Zeitzone *f*

fustigar *vt* peitschen, auspeitschen

futebol [futə'bɔl] *m* Fußball *m;* ~ **de salão** Hallenfußball *m*

In Portugal gehört es zum guten Ton, sich mit dem Nationalsport **futebol** (Fußball) ein bisschen auszukennen. Es genügt, wenn Sie die Namen der wichtigsten Mannschaften wissen: F.C. Porto, Benfica, Sporting (Lissabon) und Boavista (Porto). In Brasilien hat der Fußball einen noch größeren Stellenwert, wohl daher, weil er einen steilen Aufstieg aus den favelas ins Rampenlicht der internationalen Öffentlichkeit möglich macht. Beispiele dafür sind Spieler wie Pelé, Jairzinho, Romário, Garrincha und Ronaldo.

futebolista *m(f)* Fußballer, Fußballerin *m, f,* Fußballspieler, Fußballspielerin *m, f*
fútil *adj* belanglos, nichtig
futilidade *f* Belanglosigkeit *f,* Nichtigkeit *f*

futre *m* Nichtsnutz *m,* Taugenichts *m*
futrica I. *f* (*casa*) Hütte *f;* (*coisas velhas*) Kram *m,* Schund *m* II. *adv* andar/estar à ~ keine Studententracht tragen
futricar *vt* (*brasil*) belästigen
futurista *adj* futuristisch
futuro [fu'turu] I. *m* (*temporal*) Zukunft *f;* **no** ~ in der Zukunft; **num** ~ **próximo** in absehbarer Zeit; **daqui para o** ~ von heute an; (GRAM) Futur *nt* II. *adj* künftig, zukünftig
fuxico *m* (*brasil*) Klatscherei *f*
fuxiqueiro, -**a** *m, f* (*brasil*) Klatschbase *f*
fuzil *m* (*brasil*) Karabiner *m,* Gewehr *nt*
fuzilamento *m* (standrechtliche) Erschießung *f*
fuzilar *vt* (standrechtlich) erschießen
fuzileiro *m* Infanterist *m;* ~ **naval** Marineinfanterist *m*
fuzuê *m* (*brasil*) Chaos *nt,* Durcheinander *nt*

G

G

G, g [ge] *m* G, g *nt*
gabar I. *vt* loben, rühmen II. *vr* prahlen (*de* mit)
gabardine *f* Regenmantel *m*
gabarola *m(f)* (*coloq*) Aufschneider, Aufschneiderin *m, f,* Angeber, Angeberin *m, f*
gabarolice *f* Angeberei *f,* Prahlerei *f*
gabinete *m* 1. (*escritório*) Büro *nt* 2. (POL) Kabinett *nt*
gabiru *m* (*coloq brasil*) Schurke *m*
gado *m* Vieh *nt;* ~ **bovino** Rinder *pl*
gafanhoto *m* (ZOOL) Heuschrecke *f*
gafe *f* Lapsus *m,* Fauxpas *m;* **cometer uma** ~ einen Fauxpas begehen
gago, -**a** I. *m, f* Stotterer, Stotterin *m, f* II. *adj* stotternd
gaguejar *vi* stottern
gaguez *f* Stottern *nt*
gaiato I. *m* Lausbub *m,* Bengel *m* II. *adj* lausbubenhaft, frech
gaifona *f* (*coloq*) Grimasse *f,* Fratze *f*
gaio I. *m* (ZOOL) Eichelhäher *m* II. *adj* lustig, fröhlich
gaiola *f* Käfig *m*
gaiolo *m* Vogelschlinge *f*
gaita *f* Rohrflöte *f*

gaita-de-beiços *f* Mundharmonika *f*
gaita-de-foles *f* Dudelsack *m*
gaivão *m* (ZOOL) Mauersegler *m*
gaivota [gai'vɔte] *f* 1. (ZOOL) Möwe *f* 2. (*barco*) Tretboot *nt*
gajo, -**a** *m, f* (*coloq*) Typ *m,* Frau *f,* Tussi *f*
gala *f* Gala *f,* Galaabend *m*
galã *m* Galan *m*
galáctico *adj* galaktisch
galaico *adj* galicisch
galantaria *f* Liebenswürdigkeit *f,* Aufmerksamkeit *f*
galante *adj* galant, aufmerksam
galanteio *m* Hofieren *nt*
galão *m* 1. (*café com leite*) Milchkaffee *m* im Glas; *v.* **pastelaria** 2. (MIL) Tresse *f,* Litze *f* 3. (*medida*) Gallone *f*
galardão *m* Auszeichnung *f*
galardoar *vt* auszeichnen
galarim *m* Höhepunkt *m*
galáxia *f* (ASTR) Galaxie *f*
galdério, -**a** *m, f* Faulpelz *m,* Faulenzer, Faulenzerin *m, f*
galé *f* (NAÚT) Galeere *f*
galeão *m* (NAÚT) Galeone *f*
galego, -**a** I. *m, f* Galicier, Galicierin *m, f*

II. *adj* galicisch

galera *f* 1. (NAÚT) Galeere *f* 2. (*coloq brasil:* *pessoas*) Leute *pl*

galeria [gələ'riɐ] *f* 1. (*de arte, de um edifício*) Galerie *f;* (*do teatro*) Galerie *f,* oberste(r) Rang *m* 2. (*subterrânea*) Stollen *m*

Gales País de ~ Wales *nt*

galgar *vt* springen über

galgo, -a *m, f*(ZOOL) Windhund, Windhündin *m, f*

galhardete *m* Wimpel *m*

galheta *f* 1. (*do vinagre*) Essigfläschchen *nt;* (*do azeite*) Ölfläschchen *nt* 2. (*coloq: bofetada*) Ohrfeige *f*

galheteiro *m* Menage *f,* Essig- und Ölständer *m*

galho *m* 1. (*de árvore*) Zweig *m;* **quebrar o** ~ **a alguém** jdm aus der Patsche helfen 2. (*de animal*) Horn *nt*

galhofa *f* 1. (*brincadeira*) Spaß *m;* **estar na** ~ Spaß machen 2. (*escárnio*) Spott *m;* **fazer** ~ **de alguém** über jdn spotten, sich über jdn lustig machen

Gália *f*(HIST) Gallien *nt*

galicanismo *m* (HIST) Gallikanismus *m*

galicano *adj* (REL) gallikanisch

galicismo *m* (LING) Gallizismus *m*

galinha *f* Henne *f;* ~ **choca** Bruthenne *f*

galinheiro *m* Hühnerstall *m*

galinhola *f*(ZOOL) Schnepfe *f*

Galiza *f* Galicien *nt*

galo ['galu] *m* 1. (ZOOL) Hahn *m;* **cantar de** ~ den Chef markieren 2. (*coloq: na cabeça*) Beule *f*

galocha *f* Gummistiefel *m*

galopante *adj* galoppierend

galopar *vi* galoppieren

galope *m* Galopp *m;* **a** ~ im Galopp

galpão *m* (*brasil*) Schuppen *m*

galrear *vi* (*criança*) brabbeln

galvânico *adj* galvanisch

galvanização *f* Galvanisierung *f*

galvanizado *adj* mit Metall überzogen

galvanizar *vt* 1. (*metalurgia*) galvanisieren 2. (*estimular*) beleben

gama *f* (*de produtos*) Palette *f;* (*de automóvel*) Serie *f;* (*de cores*) Skala *f;* **topo de** ~ Spitzenprodukt *nt*

gamado *adj* (*coloq brasil*) verknallt (*em* in)

gamão *m* Backgammon *nt,* Puffspiel *nt*

gamar I. *vt* (*coloq*) stibitzen II. *vr* sich verlieben (*em* in)

gamba *f* Garnele *f*

gambá *m* (ZOOL: *brasil*) Beuteltier *nt*

gâmbia *f*(*coloq*) Hachse *f,* Haxe *f;* **dar às** ~**s** die Beine in die Hand nehmen

gambozinos *mpl*(*coloq*) **ir à caça de** ~ abhauen; **vai à caça de** ~**!** mach dass du wegkommst!, verschwinde!

gamela *f* Schüssel *f*

gamo *m* Hirsch *m*

gana *f* 1. (*desejo*) Verlangen *nt;* **ter** ~**s de fazer a. c.** Lust haben, etw zu tun 2. (*ódio*) Hass *m,* Wut *f;* **ter** ~ **a alguém** auf jdn wütend sein

Gana *m* Ghana *nt*

ganância *f* 1. (*avidez*) Habgier *f* 2. (*usura*) Wucher *m*

ganancioso *adj* habgierig

gancho *m* Haken *m;* (*de cabelo*) Haarklemme *f*

gandaia *f* faule(s) Leben *nt;* **andar na** ~ herumlungern, faulenzen

gandulo *m* (*pej*) Drückeberger *m,* Herumtreiber *m*

gang *m* Gang *f*

ganga ['gãngɐ] *f* Drillich *m,* Jeansstoff *m*

gânglio *m* (ANAT) Ganglion *nt;* ~ **linfático** Lymphknoten *m*

gangrena *f*(MED) Brand *m,* Gangrän *f*

gangster *m(f)* Gangster *m*

ganha-pão *m* Broterwerb *m*

ganhar [ga'ɲar] *vi* 1. (*um jogo, uma competição, guerra*) gewinnen; **quem está a** ~**?** wer gewinnt? 2. (*o salário*) verdienen; **quanto é que ela ganha?** wie viel verdient sie?; ~ **a vida** seinen Lebensunterhalt verdienen 3. (*adquirir*) erwerben; ~ **coragem para a. c.** Mut fassen, um etw zu tun; ~ **juízo** Vernunft annehmen

ganho I. *pp de* **ganhar** II. *m* 1. (*lucro*) Gewinn *m* 2. (*proveito*) Nutzen *m*

ganir *vi* (*baixo*) winseln; (*alto*) jaulen

ganso *m* (*espécie, fêmea*) Gans *f;* (*macho*) Gänserich *m*

garagem [ga'raʒãi] *f* 1. (*para o carro*) Garage *f;* **lugar de** ~ Garagenplatz *m* 2. (*oficina*) Autowerkstatt *f*

garanhão *m* 1. (*cavalo*) Zuchthengst *m* 2. (*homem*) Weiberheld *m*

garantia [garãn'tiɐ] *f* 1. (*segurança*) Garantie *f,* Sicherheit *f;* **dar** ~ Gewähr geben, garantieren 2. (*de um aparelho*) Garantie *f* 3. (*abonação*) Bürgschaft *f,* Garantie *f;* ~ **ban-**

cária Bankbürgschaft *f*

garantir *vt* **1.** (*assegurar*) garantieren, gewährleisten **2.** (*abonar*) bürgen für

garbo *m* Anmut *f*, Eleganz *f*

garça *f* (ZOOL) Reiher *m*

garço *adj* blaugrün

garçon, garçonete *m, f* (*brasil*) Kellner, Kellnerin *m, f*

gardénia *f* (BOT) Gardenie *f*

gare *f* Bahnsteig *m*

garfada *f* Gabel *f*; **dar uma** ~ eine Gabel (voll) nehmen

garfo ['garfu] *m* (*comida, bicicleta*) Gabel *f*; **ser bom** ~ ein guter Esser sein

gargalhada *f* Gelächter *nt*; **dar/soltar uma** ~ in schallendes Gelächter ausbrechen; **rir às** ~**s** schallend lachen

gargalo *m* Flaschenhals *m*

garganta [ger'gãnte] *f* **1.** (ANAT) Kehle *f*; **ter dores de** ~ Halsweh haben; **ter a. c. atravessada na** ~ etw in der Kehle stecken haben; **ter alguém atravessado na** ~ jdn nicht ausstehen können **2.** (GEOG) Pass *m* **3.** (*coloq: jactância*) Angeberei *f*, Angabe *f*; **ter muita** ~ dicke Töne spucken; **isso é só** ~! das ist pure Angabe!

gargantilha *f* Halsband *nt*

gargarejar *vi* gurgeln

gargarejo *m* **1.** (*acção*) Gurgeln *nt* **2.** (*líquido*) Gurgelmittel *nt*

gárgula *f* (ARQ) Wasserspeier *m*

garimpeiro, -a *m, f* Diamantensucher, Diamantensucherin *m, f*

garino, -a *m, f* **1.** (*coloq*) Typ *m*, Frau *f*, Tussi *f* **2.** (*coloq: namorado*) Liebste

garnacha *f* Talar *m*

garnisé *m* (ZOOL) Zwerghuhn *nt*

garoa *f* (*brasil*) Sprühregen *m*, Nieselregen *m*

garotice *f* Lausbubenstreich *m*

garoto, -a¹ *m, f* Junge *m*, Mädchen *nt*

garoto² *m* (kleine) Tasse *f* Milchkaffee

garra *f* Kralle *f*, Klaue *f*; **ter** ~ hartnäckig sein

garrafa [ge'Rafe] *f* Flasche *f*; **uma** ~ **de vinho** eine Flasche Wein

garrafão *m* Fünfliterflasche *f*; (*de verga*) Korbflasche *f*; **um** ~ **de água** eine Fünfliterflasche Wasser

garrafa-termos *f* Thermosflasche *f*

garrafeira *f* **1.** (*cave*) Weinkeller *m*; (*armário*) Flaschenschrank *m* **2.** (*loja*) Weinhandlung *f*

garrido *adj* (*cor*) schreiend, grell; (*vestido*) kunterbunt, grell

garrote *m* **1.** (*de madeira*) Balken *m* **2.** (MED) Dreieckabbindtuch *nt*

garupa *f* **1.** (*do cavalo*) Kruppe *f* **2.** (*mala*) Satteltasche *f*

gás *m* **1.** (FÍS, CHEM) Gas *nt*; ~ **de escape** Auspuffgas *nt*; ~ **lacrimogéneo** Tränengas *nt*; ~ **natural** Erdgas *nt*; ~ **propulsor** Treibgas *nt*; ~ **tóxico** Giftgas *nt*; **emissão de** ~**es** Gasausstoß *m* **2.** (*de bebidas*) Kohlensäure *f*; **água com** ~ Sprudel *m*; **água sem** ~ stilles Wasser **3.** (*coloq: energia*) Energie *f*, Power *f*; **ela está com muito** ~ sie hat viel Power

gaseificação *f* Gasbildung *f*, Umwandlung *f* in Gas

gaseificado *adj* (*bebida*) mit Kohlensäure versetzt

gaseificar *vt* (QUÍM) vergasen, in Gas umwandeln

gases *mpl* Blähungen *pl*

gasganete *m* (*coloq: garganta*) Kehle *f*; (*pescoço*) Hals *m*

gasoduto *m* Gasfernleitung *f*

gasóleo [ga'zɔlju] *m* Diesel *m*

gasolina [gezu'line] *f* Benzin *nt*; ~ **com/ sem chumbo** verbleites/bleifreies Benzin; **meter** ~ tanken

gasómetro *m* Gasbehälter *m*, Gaskessel *m*

gasosa *f* Zitronenlimonade *f*

gasoso *adj* gasförmig

gastar [geʃ'tar] **I.** *vt* (*dinheiro*) ausgeben (*em* für); ~ **o dinheiro no jogo** das Geld verspielen; ~ **o dinheiro em bebidas** das Geld vertrinken; (*tempo*) verbringen (*com* mit); (*energia, gasolina*) verbrauchen (*em* für); (*a roupa*) abtragen; (*os sapatos*) durchlaufen; (*um aparelho*) abnutzen; (*os pneus*) abfahren; (*o stock*) verbrauchen, aufbrauchen; (*desperdiçar*) verschwenden, vergeuden **II.** *vr* (*dinheiro*) verbraucht werden, ausgehen; (*objecto*) sich abnutzen

gasto I. *pp de* **gastar II.** *adj* **1.** (*stock*) verbraucht **2.** (*objecto, piso*) abgenutzt; (*roupa*) abgetragen, verschlissen; (*sapatos*) durchgelaufen; (*pneu*) abgefahren

gastos *mpl* Ausgaben *pl*, Unkosten *pl*

gástrico *adj* Magen ...

gastrite *f* (MED) Magenschleimhautentzündung *f*, Gastritis *f*

gastronomia *f* Gastronomie *f*

gastronómico *adj* gastronomisch

G

gastrónomo, -a *m, f* Gastronom, Gastronomin *m, f*

gata-borralheira *f* Hausmütterchen *nt*

gatafunhar *vi* kritzeln

gatafunho *m* Gekritzel *nt*

gatas *fpl* **andar de** ~ auf allen vieren kriechen, krabbeln

gatilho *m* Abzug *m;* **apertar o** ~ abdrücken

gatinhar *vi* kriechen, krabbeln

gato, -a ['gatu] *m, f (espécie, fêmea)* Katze *f;* (*macho*) Kater *m;* ~ **montês** Wildkatze *f;* **vender** ~ **por lebre a alguém** jdn betrügen; **comer** ~ **por lebre** sich anführen lassen, hereinfallen; **aí há** ~! da stimmt was nicht!, da ist etwas faul!

gato-pingado *m* (*coloq: sem importância*) (unscheinbares) Wesen *nt;* (*sem utilidade*) Nichtsnutz *m*

gato-sapato *m* **fazer de alguém** ~ mit jdm Schindluder treiben

gatuno, -a *m, f* Gauner, Gaunerin *m, f,* Dieb, Diebin *m, f*

gaulês, -esa **I.** *m, f* (HIST) Gallier, Gallierin *m, f* **II.** *adj* (HIST) gallisch

gávea *f* **1.** (NAÚT: *plataforma*) Mastkorb *m* **2.** (NAÚT: *vela*) Marssegel *nt*

gaveta *f* Schublade *f,* Schubfach *nt;* **abrir/ fechar a** ~ die Schublade öffnen/schließen

gaveto *m* **de** ~ Eck ...

gavião *m* (ZOOL) Sperber *m*

gaze ['gazə] *f* Gaze *f*

gazela *f* (ZOOL) Gazelle *f*

gazeta *f* **1.** (JORN) Zeitung *f* **2.** (*coloq: escola*) Schuleschwänzen *nt;* **fazer** ~ schwänzen, blaumachen

gazua *f* Dietrich *m*

geada ['ʒjadə] *f* Frost *m;* (*sobre as plantas*) Reif *m*

gear *vi* frieren; (*orvalho*) reifen; **esta noite geou** diese Nacht hat es gefroren; (*orvalho*) diese Nacht ist Reif gefallen

gel *m* Gel *nt;* ~ **de banho** Badegel *nt*

geladeira [ʒela'derə] *f* (*brasil*) Kühlschrank *m*

gelado [ʒə'ladu] **I.** *m* Eis *nt;* ~ **de chocolate** Schokoladeneis *nt* **II.** *adj* eisig, eiskalt; **eu estou** ~ ich bin völlig durchgefroren

gelar *vi* gefrieren, frieren

gelataria *f* Eisdiele *f*

gelatina *f* **1.** (*ingrediente*) Gelatine *f* **2.** (*doce*) Götterspeise *f*

gelatinoso *adj* gallertartig

geleia *f* (*de fruta*) Gelee *m, nt;* (*de carne*) Sülze *f,* Gallert *m*

gélido *adj* eisig

gelo ['ʒelu] *m* Eis *nt;* (METEO) Frost *m;* **quebrar o** ~ das Eis brechen

gema *f* **1.** (*do ovo*) Eigelb *nt,* Eidotter *m* **2.** (BOT) Auge *nt* **3.** (*genuinidade*) **de** ~ waschecht; **um português de** ~ ein waschechter Portugiese **4.** (*âmago*) Kern *m* **5.** (*pedra preciosa*) Edelstein *m*

gemada *f* Eierpunsch *m*

gémeo, -a **I.** *m, f* Zwilling *m;* **três** ~**s** Drillinge *pl* **II.** *adj* Zwillings ...; **irmão** ~ Zwillingsbruder *m*

gémeos *mpl* (*zodíaco*) Zwillinge *pl*

gemer *vi* stöhnen (*de* vor), ächzen (*de* vor)

gemido *m* Stöhnen *nt,* Ächzen *nt;* **dar/soltar um** ~ stöhnen

geminado *adj* (BOT) paarig; **casa geminada** Doppelhaus *nt;* **cidade geminada** Partnerstadt *f*

geminar *vt* verdoppeln

gene *m* (BIOL) Gen *nt*

genealogia *f* Genealogie *f*

genealógico *adj* genealogisch; **árvore genealógica** Stammbaum *m*

genebra *f* Gin *m*

Genebra *f* Genf *nt*

genebrês *adj* Genfer

general *m* (MIL) General *m*

generalidade *f* Allgemeinheit *f;* ~**s** Allgemeine *nt;* **na** ~ im Allgemeinen

generalização *f* Verallgemeinerung *f*

generalizado *adj* **1.** (*geral*) verallgemeinert **2.** (*vulgarizado*) weit verbreitet

generalizar **I.** *vt* (*tornar geral*) verallgemeinern; (*vulgarizar*) verbreiten **II.** *vi* verallgemeinern

generativo *adj* Erzeugungs ...

genericamente *adv* im Allgemeinen

genérico **I.** *m* (CIN: *início*) Vorspann *m;* (*fim*) Abspann *m,* Nachspann *m* **II.** *adj* **1.** (*do género*) Gattungs ... **2.** (*geral*) allgemein

género *m* **1.** (*tipo*) Art *f,* Sorte *f* **2.** (LIT, BIOL) Gattung *f;* **o** ~ **humano** die Gattung Mensch **3.** (GRAM) Genus *nt,* Geschlecht *nt*

géneros *mpl* Waren *pl;* ~ **alimentícios** Lebensmittel *pl,* Nahrungsmittel *pl*

generosidade *f* Großzügigkeit *f*

generoso *adj* **1.** (*pessoa*) großzügig **2.** (*vinho*) **vinho** ~ Dessertwein *m*

génese *f* Entstehung *f,* Genese *f*

genética f Genetik f; ~ **humana** Humangenetik f

genético adj genetisch; **engenharia genética** Gentechnik f

gengibre m (BOT) Ingwer m

gengiva [ʒẽˈʒive] f Zahnfleisch nt

gengivite f (MED) Zahnfleischentzündung f

genial adj genial

genica f (coloq) Power f

génio m 1. (pessoa) Genie nt; **de** ~ genial 2. (temperamento) Charakter m, Gemüt nt; **ter bom/mau** ~ gutmütig/jähzornig sein

genital adj Geschlechts ..., genital; **órgãos genitais** Geschlechtsorgane pl

genitivo m (GRAM) Genitiv m

genocídio m Völkermord m

genro m Schwiegersohn m

gentalha f (pej) Pack nt

gente [ˈʒẽntɐ] f 1. (pessoas) Leute pl; **a** ~ **nova** die jungen Leute; **toda a** ~ alle; **fazer-se** ~ groß/erwachsen werden; **as** ~**s** das Volk; **havia muita** ~ es waren viele Leute da 2. (alguém) jemand; **está** ~ es ist jemand da 3. (coloq: nós) wir; (impessoal) man; **a** ~ **vai embora** wir gehen; **a** ~ **não pode entrar** man darf nicht hineingehen

gentil [ʒẽnˈtil] adj freundlich, liebenswürdig

gentileza f Freundlichkeit f, Liebenswürdigkeit f; **por** ~ wären Sie so freundlich, bitte

gentinha f (pej) Pöbel m

genuinidade f Echtheit f, Ursprünglichkeit f

genuíno adj 1. (pele, sentimento) echt 2. (pessoa) ehrlich

geocêntrico adj (ASTR) geozentrisch

geodinâmica f (GEOL) Geodynamik f

geofísica f Geophysik f

geografia f Erdkunde f, Geographie f

geográfico adj geographisch; **localização geográfica** geographische Lage f

geógrafo, -a m, f Geograph, Geographin m, f

geologia f Geologie f

geológico adj geologisch

geólogo, -a m, f Geologe, Geologin m, f

geometria f Geometrie f; ~ **analítica/descritiva** analytische/darstellende Geometrie

geométrico adj geometrisch

Geórgia f Georgien nt

geração f 1. (de pessoas) Generation f; **as gerações futuras** die kommenden Generationen 2. (acção de gerar) Zeugung f

gerador m (TÉC) Generator m

geral I. m Allgemeine nt; **no** ~ im Allgemeinen II. adj allgemein, generell; **de um modo** ~ im Allgemeinen

geralmente adv im Allgemeinen, meistens

gerar I. vt (um ser) zeugen; (energia) erzeugen II. vr entstehen; **gerou-se uma grande confusão** es entstand ein großes Durcheinander

gerência f Geschäftsführung f

gerente m(f) (de uma empresa) Geschäftsführer, Geschäftsführerin m, f; (de um banco) Filialleiter, Filialleiterin m, f

geringonça f 1. (objecto) Ramsch m 2. (gíria) Jargon m

gerir vt 1. (uma empresa) leiten 2. (dinheiro, uma casa) verwalten

germânico adj deutsch; (HIST) germanisch

germanismo m (LING) Germanismus m

germanista m(f) Germanist, Germanistin m, f

germanizar vt eindeutschen, germanisieren

germano adj (HIST) germanisch

Germanos mpl (HIST) Germanen pl

germe m Keim m

gérmen m Keim m

germinação f 1. (BOT) Keimen nt, Keimung f 2. (formação) Entstehung f

germinar vi 1. (BOT) keimen, sprießen 2. (formar-se) entstehen, aufkeimen

gerúndio m (GRAM) Gerundium nt

gesso m 1. (MED: material) Gips m; **ter** ~ **num braço** einen Gipsarm haben, den Arm in Gips haben 2. (estátua) Gipsfigur f, Gipsstatue f

gestação f (dos humanos) Schwangerschaft f; (dos animais) Tragezeit f

gestão f 1. (de uma empresa) Management nt, Leitung f; ~ **cultural** Kulturmanagement nt; ~ **de empresas** Betriebswirtschaft f 2. (de dinheiro) Verwaltung f

gesticular vi gestikulieren

gesto f Geste f; **um** ~ **generoso/de amizade** eine großzügige/freundschaftliche Geste

gestor(a) m(f) (gerente) Geschäftsführer, Geschäftsführerin m, f; (de bens alheios) Verwalter, Verwalterin m, f; ~ **de conta** Finanzberater m

Gibraltar m Gibraltar nt

giesta f (BOT) Ginster m

gigabyte m (INFORM) Gigabyte nt

gigante I. *m(f)* Riese, Riesin *m, f* **II.** *adj* riesig

gigantesco *adj* gigantisch, riesig

gilete *f* Rasierapparat *m*, Rasierer *m*

gim *m* Gin *m;* ~ **tónico** Gin Tonic *nt*

ginásio [ʒiˈnazju] *m* **1.** (DESP) Turnhalle *f* **2.** (*brasil: escola*) Gymnasium *nt*

ginasta *m(f)* Turner, Turnerin *m, f*

ginástica [ʒiˈnaʃtike] *f* Gymnastik *f;* ~ **de manutenção** Fitnessgymnastik *f;* **fazer** ~ turnen, Gymnastik machen

ginástico *adj* gymnastisch, Turn ...

gincana *f* Sportfest *nt*

ginecologia *f* Gynäkologie *f*

ginecológico *adj* gynäkologisch

ginecologista [ʒinəkuluˈʒiʃte] *m(f)* Frauenarzt, Frauenärztin *m, f*, Gynäkologe, Gynäkologin *m, f*

ginger-ale *m* Gingerale *nt*

ginja [ˈʒĩʒɐ] *f* Sauerkirsche *f*, Schattenmorelle *f*

ginjeira *f* Sauerkirschbaum *m*

ginjinha *f* Sauerkirschlikör *m*

gira-discos *m* Plattenspieler *m*

girafa *f* Giraffe *f*

girar *vi* sich drehen (*em volta de* um), kreisen (*em volta de* um); **fazer** ~ drehen

girassol *m* Sonnenblume *f*

giratório *adj* drehbar, Dreh ...; **cadeira giratória** Drehstuhl *m;* **porta giratória** Drehtür *f*

gíria *f* Jargon *m;* ~ **dos estudantes** Studentenjargon *m*

girino *m* (ZOOL) Kaulquappe *f*

giro [ˈʒiru] **I.** *m* (*passeio*) Bummel *m;* **dar um** ~ einen Bummel machen **II.** *adj* (*coloq: pessoa, vestido, lugar*) toll, super; (*criança*) niedlich

giroscópio *m* (FÍS) Gyroskop *nt*, Kreiselgerät *nt*

giz *m* Kreide *f*

glacial *adj* eisig, Eis ...; **era** ~ Eiszeit *f*

glaciar *m* Gletscher *m*

gladíolo *m* (BOT) Gladiole *f*

glande *f* (ANAT) Eichel *f*

glândula *f* Drüse *f*

glandular *adj* (ANAT) Drüsen ...

glauco *adj* blaugrün, meergrün

glaucoma *m* (MED) Glaukom *nt*, grüne(r) Star *m*

glicerina *f* Glyzerin *nt*

glicose [gliˈkɔzə] *f* Traubenzucker *m*

global *adj* global, Gesamt ...; (*custos*) pauschal

globalização *f* Globalisierung *f*

globalmente *adv* insgesamt, im Ganzen

globo *m* Globus *m;* ~ **terrestre** Erdkugel *f;* ~ **ocular** Augapfel *m*

glóbulo *m* ~ **sanguíneo** Blutkörperchen *nt;* ~**s brancos/vermelhos** weiße/rote Blutkörperchen

glória *f* Glanz *m*, Ruhm *m;* ~ **a Deus!** Ehre sei Gott!

glorificar *vt* preisen, rühmen

glorioso *adj* glorreich, glorios; (*famoso*) ruhmreich

glossário *m* Glossar *nt*

glote *f* (ANAT) Stimmritze *f*, Glottis *f*

glucose *f* Glukose *f*

glutão, -ona I. *m, f* Vielfraß *m* **II.** *adj* gefräßig

gnomo *m* Gnom *m*

gnose *f* Gnosis *f*

gnosticismo *m* Gnostizismus *m*

GNR *abrev de* **Guarda Nacional Republicana** (in ländlichen Regionen tätige) Schutzpolizei

godé *m* **1.** (*para tintas*) Töpfchen *nt* zum Farbenmischen **2.** (*saia*) **saia de** ~ Glockenrock *m*

goela *f* (ANAT) Schlund *m;* (*garganta*) Kehle *f;* **enfiar a. c. pela** ~ **abaixo** etw hinunterschlucken

goiaba *f* (BOT) Guajave *f*

goiabada *f* Guajavenbrot *nt*

gol [gol] *m* (*brasil*) *v.* **golo**

gola *f* **1.** (*de roupa*) Kragen *m;* ~ **alta** Rollkragen *m* **2.** (ARQ) Karnies *nt*

golada *f* (*coloq*) (großer) Schluck *m;* **beber a. c. de** ~ etw in einem Zug austrinken

gole *m* Schluck *m;* **dar um** ~ einen Schluck nehmen

goleiro [goˈleru] *m* (*brasil*) Torwart *m*

golfada *f* (*de água*) Strahl *m;* (*de vapor*) Wolke *f*

golfe [ˈgɔlfə] *m* (DESP) Golf *nt*

golfinho *m* (ZOOL) Delfin *m*

golfo *m* Golf *m*, Meerbusen *m*

golo [ˈgolu] *m* Tor *nt;* (*österr, schweiz*) Goal *nt;* **marcar/sofrer um** ~ ein Tor schießen/kassieren

golpe [ˈgɔlpə] *m* **1.** (*pancada*) Schlag *m*, Hieb *m;* ~ **de Estado** Staatsstreich *m*, Putsch *m;* ~ **de mestre** Meisterleistung *f;* ~ **mortal**

Todesstoß *m;* ~ **de vento** Windstoß *m* **2.**
(*corte*) Stich *m*

golpear *vt* (*objecto*) zerstechen; (*pessoa*) erstechen

goma *f* **1.** (*substância, doce*) Gummi *nt* **2.**
(*brasil: pastilha elástica*) Kaugummi *nt* **3.**
(*para roupa*) Stärke *f*

gomo *m* **1.** (*de laranja*) Schnitt *m* **2.** (*de ramo*) Auge *nt*, Spross *m;* (*de flor*) Knospe *f*

gôndola *f* Gondel *f*

gondoleiro *m* Gondoliere *m*

gongo *m* Gong *m*

goniometria *f* (MAT) Goniometrie *f,* Winkelmessung *f*

goniómetro *m* (MAT) Winkelmesser *m*

gonorreia *f* (MED) Gonorrhöe *f,* Tripper *m*

gonzo *m* Türangel *f*

gorar I. *vt* vereiteln, zum Scheitern bringen
II. *vi* (*plano*) scheitern

goraz *m* (ZOOL) Brasse *f*

gordo ['gordu] *adj* (*pessoa*) dick; (*pej*) fett;
(*carne*) fett; **leite** ~ Vollmilch *f*

gorducho *adj* rundlich, mollig

gordura *f* **1.** (CUL, ANAT) Fett *nt* **2.** (*de uma
pessoa*) Beleibtheit *f;* (*obesidade*) Fettleibigkeit *f* **3.** (*graxa*) Schmieröl *nt,* Schmierfett *nt*

gorduroso *adj* (*pele, mãos*) fettig; (*comida*)
fett; (*oleoso*) ölig

gorgorejar *vi* gluckern

gorila *m* (*animal, pessoa*) Gorilla *m*

gorjear *vi* zwitschern

gorjeio *m* Zwitschern *nt,* Triller *m*

gorjeta [gur'ʒete] *f* Trinkgeld *nt*

gorro *m* Mütze *f*

gostar [guʃ'tar] *vi* ~ **de** mögen; (*comida*)
schmecken; (*pessoa*) mögen, gefallen, gern
haben; ~ **muito de a. c.** etw lieben; ~ **de fazer a. c.** etw gerne tun; **gosto deste livro**
dieses Buch gefällt mir; **ele gosta mais deste livro** er mag dieses Buch lieber; **ela gosta
mais de ler** sie liest lieber; **gostou do filme?**
hat Ihnen der Film gefallen?; **eu gostaria de
ir** ich würde gerne hingehen

gosto ['gɔʃtu] *m* Geschmack *m* (*a* nach);
muito ~! angenehm!; **muito** ~ **em conhecê-lo!** ich freue mich, Sie kennen zu lernen!;
com muito ~ sehr gern; **ter um** ~ **a laranja**
nach Orange schmecken; **ter bom/mau** ~
einen guten/schlechten Geschmack haben;
isso é uma questão de ~! das ist Geschmacksache!; **os** ~**s não se discutem**
über Geschmack lässt sich nicht streiten

gostoso *adj* **1.** (*comida*) schmackhaft, lecker **2.** (*agradável*) angenehm

gota *f* **1.** (*de um líquido*) Tropfen *m;* ~ **de
água** Wassertropfen *m;* (*medicamento*); ~**s**
Tropfen *pl;* ~ **a** ~ tropfenweise; (*fig*) nach und
nach; **ser uma** ~ **de água no oceano** ein
Tropfen auf den heißen Stein sein; **isso foi a
** ~ **de água (que fez transbordar o copo)**
das brachte das Fass zum Überlaufen **2.**
(MED) Gicht *f*

goteira *f* Dachrinne *f*

gotejar *vi* tropfen; (*devagar*) tröpfeln

gótico ['gɔtiku] I. *m* Gotik *f* II. *adj* gotisch

goto *m* Schlund *m;* **cair no** ~ gefallen

gourmet *m* Gourmet *m*

governado *adj* sparsam

governador(a) *m(f)* Gouverneur, Gouverneurin *m, f*

governamental *adj* Regierungs ...

governanta *f* Haushälterin *f*

governante *m(f)* Machthaber, Machthaberin *m, f,* Regierende

governar I. *vt* (POL) regieren; (*um automóvel*) lenken; (*um navio*) steuern; ~ **a casa** den
Haushalt führen II. *vr* (sparsam) wirtschaften, haushalten

governo [gu'vernu] *m* **1.** (POL) Regierung
f; ~ **militar** Militärregierung *f* **2.** (*de um automóvel*) Lenken *nt;* (*de um navio*) Steuern
nt; ~ **da casa** Haushaltsführung *f*

gozar I. *vt* (*desfrutar*) genießen II. *vi* **1.** (*divertir-se*) sich amüsieren **2.** (*zombar*) spotten
(*com* über)

gozo *m* **1.** (*desfrute*) Genuss *m;* (*prazer*) Vergnügen *nt,* Spaß *m;* **ter** ~ **em a. c.** etw mit
Vergnügen tun, Spaß an etw haben **2.** (*zombaria*) Spott *m,* Stichelei *f;* **dar** ~ **a alguém**
sich über jdn lustig machen, jdn aufziehen

Grä-Bretanha *f* Großbritannien *nt*

graça ['grase] *f* **1.** (*graciosidade*) Grazie *f,*
Anmut *f;* **ficar sem** ~ verlegen sein **2.** (*piada*) Witz *m;* **ter** ~ witzig sein; (*fig*); **tem** ~!
wer hätte das gedacht! **3.** (*favor*) Gefallen *m;*
(*mercê*) Gunst *f,* Gnade *f;* **de** ~ umsonst, kostenlos

graças *fpl* Dank *m;* ~ **a** dank; ~ **à sua ajuda**
dank seiner/ihrer Hilfe; ~ **a Deus!** Gott sei
Dank!; **dar** ~ **a alguém** jdm danken

gracejar *vi* scherzen, Späße machen

gracejo *m* Scherz *m,* Spaß *m*

graciosidade *f* Grazie *f,* Anmut *f*

gracioso *adj* graziös, anmutig

G

gradação *f* (*de luz, cor*) Abstufung *f*

grade *f* **1.** (*de metal, madeira*) Gitter *nt;* **atrás das ~s** hinter Gittern **2.** (*para bebidas*) Kiste *f;* **uma ~ de cerveja** eine Kiste Bier **3.** (AGR) Egge *f*

gradeamento *m* Gitter *pl*

grado *m* Wille *m;* **de bom ~** gerne; **mau ~ meu** gegen meinen Willen

graduação *f* **1.** (*divisão em graus*) Gradeinteilung *f* **2.** (*óptica*) Anpassung *f* **3.** (MIL) Rang *m*

graduado *adj* Stufen ..., Grad ...; **óculos ~s** Brille mit angepassten Gläsern

gradual *adj* allmählich

gradualmente *adv* allmählich, nach und nach

graduar I. *vt* (*dividir em graus*) graduieren, mit Gradeinteilung versehen; (MIL) einen Rang verleihen **II.** *vr* einen akademischen Grad erwerben; **~-se em Biologia** sein Diplom in Biologie machen

grã-duquesa *f* Großherzogin *f*

graffiti *mpl* Graffiti *pl*

grafia *f* Schreibung *f,* Schreibweise *f*

gráfica *f* (*oficina*) Druckerei *f*

gráfico I. *m* Grafik *f,* Diagramm *nt;* **~ de barras** Balkendiagramm *nt* **II.** *adj* **1.** (*relativo à gráfica*) grafisch; **artes gráficas** Grafik *f;* **representação gráfica** grafische Darstellung *f,* Schaubild *nt* **2.** (*relativo à grafia*) Schrift ...

grã-fino, -a *m, f* (*brasil*) schicke(r) Mann *m,* schicke Frau *f,* Dame *f*

grafite *f* Graphit *m*

grafologia *f* Graphologie *f*

grafólogo, -a *m, f* Graphologe, Graphologin *m, f*

grafómetro *m* Winkelmessgerät *nt*

grafonola *f* Grammofon *nt*

grainha *f* Kern *m*

gralha *f* **1.** (ZOOL) Krähe *f* **2.** (*tipografia*) Druckfehler *m* **3.** (*coloq: pessoa*) Klatschbase *f*

grama ['greme] **I.** *m* (*peso*) Gramm *nt;* **100 ~s de fiambre** 100 Gramm gekochter Schinken **II.** *f* (BOT) Quecke *f*

gramar *vt* **1.** (*coloq: pessoa, coisa*) ausstehen; (*situação*) durchstehen **2.** (*coloq: gostar de*) stehen auf, toll finden; **não ~ alguém/a. c.** jdn/etw nicht riechen können

gramática *f* Grammatik *f*

gramatical *adj* grammatisch, grammatikalisch; **regra ~** Grammatikregel *f*

gramático, -a I. *m, f* Grammatiker, Grammatikerin *m, f* **II.** *adj* grammatisch

gramíneo *adj* grasartig

gramofone *m* Grammophon *nt*

grampeador *m* (*brasil*) Hefter *m,* Heftmaschine *f*

grampo *m* Klammer *f*

granada *f* **1.** (MIL) Granate *f;* **~ de mão** Handgranate *f* **2.** (*mineral*) Granat *m*

granadeiro *m* (MIL) Grenadier *m*

grande ['grãndə] *adj* (*fig*) groß; **~ cidade** Großstadt *f;* **um ~ poeta** ein großer Dichter; **à ~** auf großem Fuße

grandemente *adv* sehr, außerordentlich

grandeza *f* **1.** (*tamanho*) Größe *f* **2.** (*importância*) Bedeutung *f,* Größe *f*

grandiosidade *f* Großartigkeit *f,* Pracht *f*

grandioso ['grãn'djozu] *adj* großartig, grandios

granel *m* **1.** (*para cereais*) Speicher *m* **2.** (*tipografia*) Fahne *f*

granítico *adj* Granit ...

granito *m* Granit *m*

granizar *vi* hageln

granizo *m* Hagel *m*

granja *f* **1.** (*quinta*) Bauernhof *m* **2.** (*celeiro*) Scheune *f*

granulado I. *m* Granulat *nt* **II.** *adj* körnig

grânulo *m* Körnchen *nt;* (*de superfície*) Unebenheit *f*

grão [grãu] *m* **1.** (*de areia, arroz, sal, trigo*) Korn *nt;* (*de café*) Bohne *f;* **~ a ~ enche a galinha o papo** Eile mit Weile **2.** (*da fruta*) Kern *m*

grão-de-bico *m* (BOT) Kichererbse *f*

grão-duque *m* Großherzog *m*

grasnar *vi* (*pato, ganso*) schnattern; (*corvo, gralha*) krächzen; (*sapo*) quaken

gratidão *f* Dankbarkeit *f* (*por* für)

gratificação *f* (*no trabalho*) Vergütung *f* (*por* für); (*recompensa*) Belohnung *f* (*por* für); (*alvíssaras*) Finderlohn *m* (*por* für)

gratificante *adj* lohnend

gratificar *vt* (*com dinheiro*) vergüten (*por*); (*recompensar*) belohnen (*por* für); **~ alguém por a. c.** jdm etw vergüten

gratinado [grəti'nadu] **I.** *m* (CUL) Gratin *nt* **II.** *adj* (CUL) überbacken, gratiniert

gratinar *vt* (CUL) überbacken, gratinieren

grátis *adv* gratis, umsonst

grato *adj* dankbar (*por* für)

gratuito [grɐˈtuitu] *adj* **1.** (*trabalho*) unentgeltlich; (*entrada*) frei; (*comida, viagem*) kostenlos **2.** (*afirmação, comentário*) unüberlegt

grau *m* **1.** (MAT, FÍS) Grad *m;* ~ **centígrado** Grad Celsius; ~ **de latitude** Breitengrad *m* **2.** (*nível*) Stufe *f,* Grad *m;* ~ **de dificuldade** Schwierigkeitsgrad *m* **3.** (MIL) Rang *m;* ~ **académico** Hochschulgrad *m,* akademischer Grad **4.** (LING) ~ **de comparação** Steigerung *f*

graúdo *adj* (*coisa*) groß; (*pessoa*) erwachsen

gravação *f* **1.** (*em disco, cassete*) Aufnahme *f* **2.** (*em metal*) Gravierung *f,* Gravieren *nt;* (*em madeira*) Einschnitzen *nt;* (*em pedra*) Einmeißeln *nt*

gravador *m* Kassettenrecorder *m*

gravar *vt* **1.** (*em disco, cassete*) aufnehmen (*em* auf); (INFORM) speichern (*em* auf); ~ **um disco/uma cassete** eine Platte/Kassette aufnehmen **2.** (*no metal*) eingravieren (*em* in); (*na madeira*) einschnitzen (*em* in); (*na pedra*) einmeißeln (*em* in) **3.** (*na memória*) einprägen (*em* in)

gravata [grɐˈvatɐ] *f* Krawatte *f,* Schlips *m*

grave *adj* **1.** (*assunto*) ernst; (*situação*) ernst, kritisch; (*doença, ferimento*) schwer; **estar em estado** ~ schwer verletzt sein **2.** (*som, voz*) tief **3.** (GRAM: *palavra*) auf der vorletzten Silbe betont; **acento** ~ Gravis *m*

gravemente *adv* schwer, ernst

graveto *m* Stück *nt* Holz; (*fino*) Holzspan *m*

grávida I. *f* Schwangere *f* II. *adj* (*mulher*) schwanger; (*animal*) trächtig; **estar** ~ schwanger sein

gravidade *f* **1.** (*de assunto, de situação*) Ernst *m;* (*de doença*) Schwere *f* **2.** (FÍS) Schwerkraft *f*

gravidez [grɐviˈdeʃ] *f* Schwangerschaft *f;* ~ **de risco** Risikoschwangerschaft *f;* ~ **indesejada** unerwünschte Schwangerschaft

gravilha *f* Kies *m*

gravitação *f* (FÍS) Gravitation *f,* Anziehungskraft *f*

gravitar *vi* (FÍS) gravitieren

gravura *f* Abbildung *f,* Illustration *f;* ~**s rupestres** Felszeichnungen *pl*

graxa [ˈgraʃɐ] *f* (*para couro*) Lederfett *nt;* (*para sapatos*) Schuhcreme *f;* (*para automóveis*) Schmieröl *nt,* Schmiere *f;* **dar** ~ **a alguém** jdm Honig um den Bart schmieren

Grécia *f* Griechenland *nt*

gregário *adj* Herden …

grego, -a [ˈgregu] I. *m, f* Grieche, Griechin *m, f* II. *adj* griechisch

gregoriano *adj* gregorianisch

gregório *m* ir ao ~ kotzen

grei *f* **1.** (*rebanho*) Herde *f* **2.** (*povo*) Volk *nt*

grelar *vi* keimen

grelha [ˈgreʎɐ] *f* **1.** (*para grelhar, assar*) Grill *m,* Rost *m* **2.** (*de automóvel*) Kühlergrill *m*

grelhado *adj* gegrillt

grelhador *m* (elektrischer) Grill *m*

grelhar *vt* (*carne, peixe*) grillen

grelo *m* **1.** (*rebento*) Sproß *m* **2.** (*legume*) Steckrübenblätter *pl*

grémio *m* Innung *f;* (*commissão*) Gremium *nt*

grés *m* (GEOL) Sandstein *m*

greta *f* (*no solo*) Spalte *f;* (*na pele*) Riss *m*

gretar *vi* (*solo, pele*) aufreißen, rissig werden

greve *f* Streik *m;* ~ **de aviso** Warnstreik *m;* ~ **de braços caídos** Sitzstreik *m;* ~ **de fome** Hungerstreik *m;* ~ **de zelo** Bummelstreik *m;* **fazer** ~ streiken

grevista *m(f)* Streikende

grilhão *m* Fußfessel *f*

grilo *m* (ZOOL) Grille *f*

grinalda *f* Girlande *f*

gringo, -a *m, f* (*pej brasil*) Ausländer, Ausländerin *m, f*

gripado *adj* **1.** (*pessoa*) grippekrank; **estar** ~ Grippe haben **2.** (*motor*) mit festgefressenen Teilen

gripar *vi* **1.** (*pessoa*) an Grippe erkranken, Grippe bekommen **2.** (*motor*) festgefressene Teile haben

gripe [ˈgripə] *f* (MED) Grippe *f*

grisalho *adj* gräulich; (*cabelo*) grau

Grisões *mpl* Graubünden *nt*

grisu *m* (QUÍM) Grubengas *nt*

gritar [griˈtar] I. *vt* rufen, schreien; ~ **a. c. a alguém** jdm etw zurufen II. *vi* schreien (*por* nach, um); ~ **com alguém** jdn anschreien/anbrüllen

gritaria *f* Geschrei *nt*

grito *m* Schrei *m,* Ruf *m;* **dar/soltar um** ~ schreien, einen Schrei ausstoßen; **aos** ~**s** schreiend; **o último** ~ **da moda** der letzte Schrei; **foi de** ~**s!** es war zum Schreien!

grogue I. *m* Grog *m* II. *adj* **1.** (*bêbedo*) betrunken **2.** (*coloq: esgotado*) groggy

Gronelândia *f* Grönland *nt*

G

grosa f **1.** (doze dúzias) Gros nt **2.** (lima) Raspel f

groselha f **1.** (fruto) Johannisbeere f **2.** (sumo) Johannisbeersaft m

grossaria f **1.** (acto) Unhöflichkeit f, Plumpheit f; **fazer uma** ~ sich schlecht benehmen **2.** (dito) vulgäre Äußerung f; (palavra) Schimpfwort nt; **dizer uma** ~ Schimpfwörter benutzen

grosseirão, -ona I. m, f Flegel m, Rüpel m II. adj ungeschliffen, rüpelhaft

grosseiro adj **1.** (pessoa) grob, ungesittet; (modos) plump, ungehobelt **2.** (ordinário) ordinär, gewöhnlich **3.** (objecto) schlecht verarbeitet; (pano) grob

grosseria f v. **grossaria**

grossista m Grossist m

grosso I. m Hauptteil m II. adj **1.** (objecto) dick; (líquido) dickflüssig **2.** (voz) tief **3.** (grosseiro) grob, unhöflich; ~ **modo** in groben Zügen **4.** (coloq: embriagado) blau

grossura f **1.** (espessura) Dicke f, Stärke f **2.** (corpulência) Beleibtheit f, Korpulenz f

grotesco adj grotesk

grua f Kran m

grudar vt (brasil) leimen, zusammenleimen

grude m Leim m

grugrulejar vi kollern

grumo m (na tinta, massa, no molho) Klümpchen nt, Klumpen m; (no sangue) Gerinnsel nt

grumoso adj klumpig

grunhido m Grunzen nt

grunhir vi **1.** (porco) grunzen **2.** (resmungar) murren, schimpfen

grupo ['grupu] m Gruppe f, nt; (de música) Band f; ~ **de amigos** Freundeskreis m; (coloq) Clique f; ~ **destinatário** Zielgruppe f; ~ **de risco** Risikogruppe f; ~ **sanguíneo** Blutgruppe f; ~ **de operações especiais** Antiterroreinheit f, Sondereinsatzkommando nt; ~ **de trabalho** Arbeitskreis m, Arbeitsgemeinschaft f; **vir/ir em** ~ als Gruppe kommen/ gehen; **fazer a. c. em** ~ etw in der Gruppe machen

gruta ['grute] f Grotte f

guache m Gouache f, Guasch f

Guaraná ist ein alkoholfreies Getränk, das aus den Samen einer Kletterpflanze aus dem Amazonasgebiet hergestellt wird. Dieses Getränk enthält Koffein und gilt in Brasilien überall als landeseigene Cola. Es hat belebende Wirkung und (so glauben die Indianer) auch aphrodisische Kräfte.

guarda I. m(f) Wächter, Wächterin m, f; Aufseher, Aufseherin m, f; ~ **prisional** Gefängnisaufseher, Gefängnisaufseherin m, f II. f **1.** (pessoas) Wache f, Aufsicht f; **Guarda Nacional Republicana** (in ländlichen Regionen tätige) Schutzpolizei f; **render a** ~ die Wache ablösen **2.** (protecção) Schutz m; **pôr-se em** ~ in Deckung gehen

guarda-chuva m Regenschirm m

guarda-costas I. m(f) inv Leibwächter, Leibwächterin m, f II. m(f) (NAÚT) Boot nt der Küstenwache

guarda-fatos m Kleiderschrank m

guarda-florestal m(f) Förster, Försterin m, f

guarda-fogo m Feuerschutz m; (para chaminé) Kamingitter nt

guarda-freio m Eisenbahnmechaniker, der die Bremsen kontrolliert

guarda-jóias m Schmuckkästchen nt

guarda-lama m (da bicicleta) Schutzblech nt; (do automóvel) Kotflügel m

guarda-louça m Geschirrschrank m

guardanapo [gwerde'napu] m Serviette f

guarda-nocturno, -a m, f Nachtwächter, Nachtwächterin m, f

guardar [gwer'dar] vt **1.** (conservar) aufbewahren, aufheben; ~ **um segredo** ein Geheimnis für sich behalten **2.** (proteger) beschützen **3.** (vigiar) beaufsichtigen, bewachen; (animais) hüten **4.** (arrumar) abstellen; (em segurança) (sicher) verwahren

guarda-redes m(f) inv (DESP) Torwart, Torfrau m, f

guarda-roupa m **1.** (armário) Kleiderschrank m **2.** (dos actores) Garderobe f

guarda-sol m Sonnenschirm m

guarda-vento m Windschutz m

guarda-vestidos m Kleiderschrank m

guardião, guardiã m, f Leibwächter, Leibwächterin m, f

guarida f (abrigo) Zuflucht f, Schutz m; **dar** ~ **a alguém** jdm Zuflucht bieten

guarita f Wachturm m

guarnecer vt **1.** (equipar) ausrüsten (de mit), ausstatten (de mit) **2.** (enfeitar) schmücken (de mit), dekorieren (de mit);

(*um vestido*) verzieren (*de* mit) **3.** (*comida*) garnieren (*de* mit)

guarnição *f* **1.** (*equipamento*) Ausrüstung *f* **2.** (*enfeite*) Schmuck *m,* Verzierung *f;* (*de um vestido*) Borte *f,* Besatz *m* **3.** (CUL: *acompanhamento*) Beilage *f* **4.** (MIL) Garnison *f*

guar-te!! *m* **sem tir-te nem ~** mir nichts dir nichts

Guatemala *f* Guatemala *nt*

gude *m* (*brasil: jogo*) Murmelspiel *nt*

guedelha *f* Mähne *f*

guedelhudo *adj* langhaarig

guelra *f* Kieme *f*

guerra *f* Krieg *m;* **~ atómica/nuclear** Atomkrieg *m;* **~ civil** Bürgerkrieg *m;* **~ fria** kalter Krieg *m;* **~ mundial** Weltkrieg *m;* **estar em ~ com** Krieg führen mit; **declarar ~ a alguém** jdm den Krieg erklären; **dar ~ a alguém** jdm das Leben schwer machen

guerreiro, -a **I.** *m, f* Krieger, Kriegerin *m, f* **II.** *adj* **1.** (*relativo à guerra*) Kriegs ... **2.** (*dedicado à guerra*) Krieg führend

guerrilha *f* Guerilla *f,* Guerillakrieg *m*

guerrilheiro, -a *m, f* Guerrillakämpfer, Guerrillakämpferin *m, f*

gueto *m* Getto *nt*

guia ['giə] **I.** *m(f)* (*turismo*) Fremdenführer, Fremdenführerin *m, f* **II.** *m* (*livro*) Leitfaden *m;* (*manual*) Handbuch *nt;* (*roteiro*) Reiseführer *m;* **~ do estudante** Studienführer *m,* Vorlesungsverzeichnis *nt* **III.** *f* (ECON: *documento*) Begleitschein *m,* Lieferschein *m*

guiador *m* (*do automóvel*) Lenkrad *nt;* (*da bicicleta*) Lenkstange *f*

guião *m* **1.** (CIN) Drehbuch *nt* **2.** (*estandarte*) Standarte *f*

guiar **I.** *vt* (*uma pessoa*) führen, leiten; (*um automóvel, uma bicicleta*) fahren, lenken **II.** *vr* sich richten (*por* nach)

guiché *m* Schalter *m*

guilhotina *f* **1.** (*para decapitar*) Guillotine *f* **2.** (*para papel*) Schneidemaschine *f;* (*para*

charutos) Zigarrenabschneider *m*

guinada *f* **1.** (NAÚT) Kursabweichung *f* **2.** (*com o automóvel*) Ausweichmanöver *m;* **dar uma ~ para a direita/esquerda** nach rechts/links ausweichen

guinar *vi* zur Seite springen, ausweichen; **~ para a direita/esquerda** nach rechts/links ausweichen

guinchar *vi* kreischen

guincho *m* **1.** (*som*) Kreischen *nt,* Aufschrei *m* **2.** (*máquina*) Winde *f*

guindaste *m* Kran *m*

Guiné *f* Guinea *nt*

Guiné-Bissau *f* Guinea Bissau *nt*

guineense **I.** *m(f)* Guineer, Guineerin *m, f* **II.** *adj* guineisch

guisado **I.** *m* (CUL) Ragout *nt* **II.** *adj* geschmort

guisar *vt* (CUL) schmoren

guita *f* **1.** (*cordel*) Bindfaden *m* **2.** (*coloq: dinheiro*) Kohle *f*

guitarra *f* 12-saitige Gitarre *f;* **~ eléctrica** Elektrogitarre *f*

guitarrada *f* Gitarrenkonzert *nt*

guitarrista *m(f)* Gitarrist, Gitarristin *m, f*

guizo *m* Schelle *f*

gula *f* Gefräßigkeit *f,* Völlerei *f*

gulodice *f* **1.** (*de uma pessoa*) Essgier *f,* Gefräßigkeit *f* **2.** (*comida*) Leckerbissen *m,* Leckerei *f*

guloseima *f* Leckerei *f,* Leckerbissen *m*

guloso, -a **I.** *m, f* Schlemmer, Schlemmerin *m, f,* Leckermaul *nt* **II.** *adj* **1.** (*comilão*) gefräßig, verfressen **2.** (*que gosta de guloseimas*) Schlemmer ...

gume *m* Schneide *f;* (*fig*); **de dois ~s** zweischneidig

guri *m* (*brasil*) Kind *nt*

gusa *f* Gusseisen *nt*

gustação *f* Kosten *nt,* Probieren *nt;* **~ de vinhos** Weinprobe *f*

gustativo *adj* Geschmacks ...

gutural *adj* guttural, Kehl ...

G

H

H, h [ɐˈga] *m* H, h *nt*
há [a] *pres de* **haver**
hã *interj* was?
habeas corpus *m* (DIR) Habeaskorpusakte *f*
hábil *adj* 1. (*capaz*) fähig 2. (*manualmente*) geschickt, tüchtig 3. (DIR) fähig
habilidade *f* 1. (*capacidade*) Fähigkeit *f* (*para* zu); (*talento*) Begabung *f* (*para* für) 2. (*manual*) Geschicklichkeit *f*
habilidoso *adj* geschickt
habilitação *f* Befähigung *f* (*para* zu)
habilitações *fpl* Qualifikationen *pl*
habilitar I. *vt* (*tornar apto*) befähigen (*para* zu); (*dar direito a*) berechtigen (*a* zu) II. *vr* ~-**se a** gewinnen können; ~-**se a um automóvel** ein Auto gewinnen können
habitação *f* 1. (*casa*) Wohnung *f* 2. (*residência*) Wohnsitz *m*
habitacional *adj* Wohnungs ...
habitáculo *m* (*do automóvel*) Innenraum *m*
habitado *adj* bewohnt
habitante [ɐbiˈtãntɐ/abiˈtãntə] *m(f)* (*de uma casa*) Bewohner, Bewohnerin *m, f*; (*de um país, de uma cidade*) Einwohner, Einwohnerin *m, f*
habitar I. *vt* bewohnen II. *vi* wohnen (*em* in)
habitat *m* (BIOL) Habitat *nt*
habitável *adj* bewohnbar
hábito *m* 1. (*costume*) Gewohnheit *f*; (*social*) Sitte *f*; **mau** ~ Unsitte *f* 2. (REL) Ordenstracht *f*; **tomar o** ~ in einen Orden eintreten, ins Kloster gehen; **o** ~ **não faz o monge** der Schein trügt
habituado *adj* gewohnt (*a* an); **estar** ~ **a fazer a. c.** es gewohnt sein, etw zu tun
habitual [ɐbiˈtwal] *adj* gewöhnlich, gewohnt
habituar I. *vt* gewöhnen (*a* an) II. *vr* sich gewöhnen (*a* an)
Haia *f* Den Haag *nt*
hálito *m* Hauch *m*; **mau** ~ Mundgeruch *m*; ~ **a álcool** Fahne *f*
hall *m* Eingangshalle *f*
halo *m* (ASTR) Hof *m*
halogéneo I. *m* (QUÍM) Halogen *nt* II. *adj* (QUÍM) halogen

haltere *m* Hantel *f*; **levantar os** ~**s** hanteln
halterofilista *m(f)* Gewichtheber, Gewichtheberin *m, f*
Hamburgo *m* Hamburg *nt*
hamburguer *m* (CUL) Hamburger *m*
hamster *m* Hamster *m*
hangar *m* (*para máquinas*) Schuppen *m*; (AERO) Hangar *m*
hansa *f* (HIST) Hanse *f*
hanseático *adj* hanseatisch, Hanse ...; **Liga Hanseática** Hanse *f*; **cidade hanseática** Hansestadt *f*
hardware *m* (INFORM) Hardware *f*
harém *m* Harem *m*
harmonia *f* 1. (*acordo*) Harmonie *f*, Übereinstimmung *f* 2. (*entre pessoas*) Eintracht *f*, Harmonie *f* 3. (MÚS) Harmonie *f*; (*ciência*) Harmonielehre *f*
harmónica *f* Harmonika *f*; (*gaita-de-beiços*) Mundharmonika *f*
harmónio *m* (MÚS) Harmonium *nt*
harmonioso *adj* harmonisch
harmonizar *vt* 1. (*conciliar*) in Einklang bringen (*com* mit), harmonisieren 2. (MÚS) harmonisieren
harpa *f* Harfe *f*
hasta *f* 1. (*lança*) Speer *m*, Lanze *f* 2. (*leilão*) Versteigerung *f*; **vender a. c. em** ~ **pública** etw öffentlich versteigern
haste *f* 1. (*de bandeira*) Fahnenstange *f*; **colocar a bandeira a meia** ~ halbmast flaggen 2. (BOT) Stängel *m* 3. (*dos óculos*) Bügel *m* 4. (*do veado*) Horn *nt*; ~**s** Geweih *nt*
hastear *vt* (*uma bandeira*) hissen
haurir *vt* 1. (*água, ar*) schöpfen 2. (*esgotar*) erschöpfen
Havai *m* Hawaii *nt*
havano *m* (*brasil: charuto*) Havanna *f*
haver I. *m* Habe *f* II. *vt* (*existir*) (vorhanden) sein; **há** es gibt; **há livros em todas as salas** in allen Zimmern sind Bücher; **havia lá muita gente** es waren viele Leute da; **o que é que há para comer?** was gibt es zum Essen?; **espero que haja dinheiro para isso** ich hoffe, es ist Geld dafür vorhanden; (*acontecer*) geschehen, sich ereignen; **o que é que**

há? was ist los?; **houve um acidente/uma conferência** es hat sich ein Unfall ereignet/ es hat eine Konferenz stattgefunden; **não houve nada de novo** es gab nichts Neues; **haja o que houver** komme, was wolle; (*altura específica*) vor; (*duração*) seit; **há pouco** (**tempo**) vor/seit kurzem; **há muito** (**tempo**) vor/seit langer Zeit; **há tempos** vor/seit einiger Zeit; **isso** (**já**) **foi há muito tempo** das ist (schon) lange her; **vi-o há três dias** ich habe ihn vor drei Tagen gesehen; **ele está em minha casa há três dias** er ist seit drei Tagen bei mir; **há uma semana** vor/seit einer Woche; **há anos que não a vejo** ich habe sie seit Jahren nicht gesehen; **havia muito tempo** vor langer Zeit; (*considerar*); ~ **por bem** für gut halten **III.** *vi* (*futuro*) ~ **de** werden; **eu hei-de procurar isso** ich werde das wohl suchen müssen; **hás-de falar com ele** du wirst wohl mit ihm sprechen; **nós havemos de ir lá** wir werden wohl dorthin gehen; **ele há-de vir** er wird wohl kommen; (*dever*); ~ **de** sollen; **tu havias de ter visto** das hättest du sehen sollen; **ele havia de ir ao médico** er sollte zum Arzt gehen; **eu não sei o que hei-de fazer** ich weiß nicht, was ich machen soll **IV.** *vi pers* **há que** man muss; **há que trabalhar** man muss arbeiten **V.** *vr* ~-**se com alguém** mit jdm abrechnen; **se não te comportas, vou ter de me ~ contigo** wenn du nicht brav bist, werd ich dir was erzählen! **VI.** *aux* haben, sein; **ele havia tido uma vida difícil** er hatte ein hartes Leben gehabt

haveres *mpl* Vermögen *nt*

haxixe *m* Haschisch *nt*

hebraico I. *m* Hebräisch *nt* **II.** *adj* hebräisch

hebreu, hebreia I. *m, f* Israeli *m, f* **II.** *adj* hebräisch

hectare *m* Hektar *m*

hediondo *adj* scheußlich

hegemonia *f* Hegemonie *f*, Vorherrschaft *f*

hélice *f* (AREON) Propeller *m;* (NAÚT) Schraube *f*

helicóptero *m* Hubschrauber *m*

hélio *m* (QUÍM) Helium *nt*

heliocêntrico *adj* (ASTR) heliozentrisch

helvécio, -a I. *m, f* Schweizer, Schweizerin *m, f* **II.** *adj* schweizerisch

helvético *adj* helvetisch, schweizerisch

hem *interj* (*brasil*) was?

hematologia *f* (MED) Hämatologie *f*

hematoma *m* (MED) Bluterguss *m*, Hämatom *nt*

hematose *f* (BIOL) Blutbildung *f*

hemiciclo *m* Halbkreis *m*

hemisfério *m* (GEOG) Erdhalbkugel *f;* **Hemisfério Norte/Sul** nördliche/südliche Halbkugel

hemodiálise *f* (MED) Hämodialyse *f*, Blutwäsche *f*

hemofilia *f* (MED) Hämophilie *f*, Bluterkrankheit *f*

hemofílico, -a *m, f* Bluter, Bluterin *m, f*

hemoglobina *f* (BIOL) Hämoglobin *nt*, rote(r) Blutfarbstoff *m*

hemorragia [emuʀɐ'ʒiɐ] *f* (MED) (starke) Blutung *f;* ~ **nasal** Nasenbluten *nt*

hemorróidas [emu'ʀɔideʃ] *fpl* (MED) Hämorrhoiden *pl*, Hämorriden *pl*

hemostático *m* (FARM) blutstillende(s) Mittel *nt*

hepatite *f* (MED) Hepatitis *f*, Leberentzündung *f*

hera *f* (BOT) Efeu *m*

herança *f* Erbschaft *f*, Erbe *nt;* **deixar a. c. em** ~ etw hinterlassen

herbáceo *adj* krautartig

herbanário *m* Heilkräuterhandlung *f*

herbicida *m* Unkrautvernichtungsmittel *nt*

herbívoro I. *m* Pflanzenfresser *m* **II.** *adj* Pflanzen fressend

hércules *m* Herkules *m*

herdade *f* Landgut *nt*

herdar *vt* erben (*de* von)

herdeiro, -a *m, f* Erbe, Erbin *m, f;* ~ **universal** Alleinerbe *m*

hereditariedade *f* Erblichkeit *f*

hereditário *adj* erblich, vererbbar; **doença heriditária** Erbkrankheit *f*

herege I. *m(f)* Ketzer, Ketzerin *m, f* **II.** *adj* ketzerisch

heresia *f* Ketzerei *f*

hermafrodita I. *m(f)* Zwitter *m* **II.** *adj* zwittrig

hermenêutica *f* Hermeneutik *f*

hermético *adj* hermetisch; (*saco*) luftdicht

hérnia *f* (MED) Eingeweidebruch *m*

herói, -oína [i'ʀɔi] *m, f* Held, Heldin *m, f*

heróico *adj* heldenhaft, heldenmütig

heroína *f* Heroin *nt*

heroísmo *m* Heldenmut *m*

herpes *m(f)* (MED) Herpes *m*

hertz *m* (FÍS) Hertz *nt*

H

hertziano *adj* (FÍS) Hertz ...; **ondas hertzi-anas** hertzsche Wellen *pl*

hesitação *f* Zögern *nt*, Zaudern *nt;* **sem ~** ohne Zögern

hesitante *adj* zögernd, zaudernd

hesitar *vi* zögern, zaudern; **fazer ~** verunsichern

Hesse *m* Hessen *nt*

heterogeneidade *f* Verschiedenartigkeit *f,* Heterogenität *f*

heterogéneo *adj* verschiedenartig, heterogen

heterónimo *m* (LIT) Heteronym *nt*

heterossexual **I.** *m/f* Heterosexuelle **II.** *adj* heterosexuell

heureca *interj* ich hab's!

hexagonal *adj* sechseckig

hexágono *m* Sechseck *nt*

hialino *adj* glasklar; (*transparente*) durchsichtig

hiato *m* (GRAM) Hiatus *m*

hibernação *f* Winterschlaf *m*

hibernar *vi* Winterschlaf halten

híbrido **I.** *m* (BIOL) Hybride *m, f* **II.** *adj* (BIOL, LING) hybrid

hidra *f* (ZOOL) Hydra *f*

hidratação *f* (QUÍM) Hydration *f,* Hydratation *f*

hidratante *adj* Feuchtigkeit spendend; **creme ~** Feuchtigkeitscreme *f*

hidratar *vt* (QUÍM) hydratisieren

hidrato *m* (QUÍM) Hydrat *nt;* **~ de carbono** Kohlenhydrat *nt*

hidráulica *f* Hydraulik *f*

hidráulico *adj* hydraulisch; **central hidráulica** Wasserkraftwerk *nt;* **travão ~** hydraulische Bremse *f*

hidrelétrica *f* (*brasil*) Wasserkraftwerk *nt*

hidrelétrico *adj* (*brasil*) v. **hidroeléctrico**

hídrico *adj* Wasser ...

hidroavião *m* (AERO) Wasserflugzeug *nt*

hidrocultura *f* Hydrokultur *f*

hidrodinâmica *f* (FÍS) Hydrodynamik *f*

hidrodinâmico *adj* (FÍS) hydrodynamisch

hidroeléctrico *adj* hydroelektrisch, Wasserkraft ...

hidrofobia *f* (MED) Wasserphobie *f*

hidrogénio *m* (QUÍM) Wasserstoff *m*

hidrografia *f* Hydrographie *f,* Gewässerkunde *f*

hidrográfico *adj* hydrographisch; **mapa ~** Gewässerkarte *f*

hidrólise *f* (QUÍM) Hydrolyse *f*

hidrologia *f* (GEOG) Hydrologie *f*

hidromel *m* Honigwein *m*, Met *m*

hidrómetro *m* Hydrometer *nt*

hidropisia *f* (MED) Wassersucht *f*

hidroplanagem *f* Aquaplaning *nt*

hidroplano *m* (AERO) Wasserflugzeug *nt*

hidrosfera *f* (GEOL) Hydrosphäre *f*

hidrostática *f* (FÍS) Hydrostatik *f*

hidrotecnia *f* Hydrotechnik *f*

hidroterapia *f* (MED) Hydrotherapie *f*

hiena *f* (ZOOL) Hyäne *f*

hierarquia *f* Hierarchie *f*

hierárquico *adj* hierarchisch

hierarquizar *vt* hierarchisieren

hieroglífico *adj* **1.** (*de hieróglifos*) hieroglyphisch **2.** (*misterioso*) geheimnisvoll, rätselhaft

hieróglifo *m* Hieroglyphe *f*

hífen *m* Bindestrich *m*

higiene *f* Hygiene *f;* **~ no trabalho** Hygiene am Arbeitsplatz

higiénico [i'ʒjɜniku] *adj* hygienisch; **papel ~** Toilettenpapier *nt;* **penso ~** Damenbinde *f*

higrómetro *m* Luftfeuchtigkeitsmesser *m*, Hygrometer *nt*

hilariante *adj* erheiternd; **gás ~** Lachgas *nt*

hímen *m* (ANAT) Hymen *nt*, Jungfernhäutchen *nt*

hindu **I.** *m, f* Hindu **II.** *adj* hinduistisch

hino *m* Hymne *f;* **~ nacional** Nationalhymne *f*

hióide *m* (ANAT) Zungenbein *nt*

hipérbole *f* (LIT, MAT) Hyperbel *f*

hipermercado *m* Verbrauchermarkt *m*

Neben den lojas *(Läden)*, mercearias *(Lebensmittelgeschäften)* und supermercados *(Supermärkten)* in den Städten und Ortschaften Portugals gibt es viele **hipermercados** (Riesensupermärkte) meistens am Rande der Stadt. Sie sind oft an schicke Einkaufszentren angeschlossen, die fast buchstäblich eine ganze Einkaufsstadt darstellen, inkl. Gastronomie, Kinos usw. Die Portugiesen lieben diese Zentren, zumal sie die ganze Woche offen sind, also auch sonntags. Hier macht Einkaufen Spaß. Allgemein gelten für Läden Öffnungszeiten von 9 bis 13 und von 15 bis 19 Uhr, samstags nur bis 13 Uhr. Manche Läden im Zentrum machen aber keine Mittagspause und bleiben auch samstags nachmittags offen. Die großen Einkaufszentren haben von 10 bis 24 Uhr geöffnet, und das sieben Tage die Woche.

hipersensibilidade *f* Überempfindlichkeit *f*

hipersensível *adj* überempfindlich

hipertensão *f* (MED) Bluthochdruck *m*

hipertrofia *f* (MED, BIOL) Hypertrophie *f*

hípico *adj* Pferde ...; **centro** ~ Reitclub *m;* **concurso** ~ Springreiten *nt*

hipismo *m* Reitsport *m*

hipnose *f* Hypnose *f*

hipnotismo *m* Hypnotismus *m*

hipnotizado *adj* hypnotisiert

hipnotizador(a) *m(f)* Hypnotiseur, Hypnotiseurin *m, f*

hipnotizar *vt* hypnotisieren

hipocondria *f* (MED) Hypochondrie *f*

hipocondríaco, -a I. *m, f* Hypochonder *m* II. *adj* hypochondrisch, schwermütig

hipocrisia *f* Heuchelei *f,* Scheinheiligkeit *f*

hipócrita I. *m(f)* Heuchler, Heuchlerin *m, f* II. *adj* heuchlerisch, scheinheilig

hipódromo *m* Pferderennbahn *f*

hipopótamo *m* (ZOOL) Flusspferd *nt,* Nilpferd *nt*

hipoteca *f* Hypothek *f*

hipotecado *adj* mit einer Hypothek belastet

hipotecar *vt* eine Hypothek aufnehmen auf

hipotecário *adj* hypothekarisch

hipotensão *f* (MED) niedrige(r) Blutdruck *m,* Hypotonie *f*

hipotenusa *f* (MAT) Hypotenuse *f*

hipótese *f* 1. (*suposição*) Annahme *f;* **na ~ de ele vir** falls er kommt; **na melhor das ~s** bestenfalls; **na pior das ~s** im schlechtesten Falle 2. (*oportunidade*) Chance *f;* (*possibilidade*) Möglichkeit *f;* **ter a ~ de fazer a. c.** die Möglichkeit haben, etw zu tun; **dar uma ~ a alguém** jdm eine Chance geben 3. (*teoria*) Hypothese *f*

hipotético *adj* hypothetisch

hipotrofia *f* (MED) Unterernährung *f*

hippie I. *m(f)* Hippie *m* II. *adj* Hippie ...

hipsometria *f* (GEOG) Höhenmessung *f*

hipsómetro *m* Höhenmesser *m*

hirto *adj* steif, starr

hispânico *adj* spanisch; (HIST) hispanisch

histerectomia *f* (MED) Gebärmutterentfernung *f*

histeria *f* Hysterie *f*

histérico *adj* hysterisch

histerismo *m* Hysterie *f*

histologia *f* (MED) Histologie *f*

história ['ʃtɔrjɐ] *f* Geschichte *f;* ~ **contemporânea** Zeitgeschichte *f;* ~ **da arte** Kunstgeschichte *f;* ~ **natural** Naturwissenschaft *f;* ~ **universal** Weltgeschichte *f;* ~ **sagrada** biblische Geschichte; **contar uma** ~ eine Geschichte erzählen; **deixa-te lá de ~s!** erzähl keine Geschichten!; **isso é outra ~!** das ist eine andere Geschichte!

historiador(a) *m(f)* Historiker, Historikerin *m, f*

historial *m* (*empresa*) Firmengeschichte *f*

histórico *adj* historisch, geschichtlich

hobby ['ɔbi] *m* Hobby *nt*

hoje ['oʒɐ] *adv* heute; ~ **em dia** heutzutage; ~ **à tarde/noite** heute Nachmittag/Abend

holanda *f* (*tecido*) feine(s) Leinen *nt*

Holanda *f* Holland *nt*

holandês, -esa I. *m, f* Holländer, Holländerin *m, f* II. *adj* holländisch

holocausto *m* Holocaust *m*

holofote *m* Flutlichtstrahler *m*

homem ['ɔmɐ̃i] *m* 1. (*do sexo masculino*) Mann *m;* ~ **de negócios** Geschäftsmann *m;* ~ **galinha** Frauenheld *m* 2. (*ser humano*) Mensch *m*

homem-rã *m* Froschmann *m*

homenagear *vt* chren

homenagem *f* Ehrung *f;* **prestar** ~ **a alguém** jdn ehren; **em** ~ **ao seu talento** in Anerkennung seines/ihres Talents

homenzarrão *m* Riese *m*

homenzinho *m* Knirps *m,* Männlein *nt*

homeopatia *f* Homöopathie *f*

homessa *interj* jetzt aber!

homicida I. *m(f)* Mörder, Mörderin *m, f* II. *adj* mörderisch

homicídio *m* Tötung *f;* (*planeado*) Mord *m;* ~ **involuntário/por negligência** fahrlässige Tötung

homilia *f* (REL) Homilie *f*

hominídeos *mpl* (BIOL) Hominiden *pl*

homófono *adj* (LING) homophon, gleichlautend

homogeneidade *f* Homogenität *f*

homogeneizar *vt* homogenisieren

homogéneo *adj* homogen

H

homógrafo adj (LING) homograph

homologação f (offizielle) Anerkennung f; (carro) Betriebserlaubnis f

homologar vt (offiziell) anerkennen

homologia f Entsprechung f

homólogo, -a I. m, f Amtskollege, Amtskollegin m, f; **a Ministra da Saúde encontrou-se ontem com o seu ~ alemão** die Gesundheitsministerin traf sich gestern mit ihrem deutschen Amtskollegen II. adj ähnlich, vergleichbar

homónimo adj (LING) homonym

homossexual I. m(f) Homosexuelle II. adj homosexuell

homossexualidade f Homosexualität f

Honduras fpl Honduras nt

hondurenho, -a m, f Honduraner, Honduranerin m, f

honestamente adv ehrlich

honestidade f Ehrlichkeit f

honesto adj ehrlich

honorário adj Ehren ...; **cidadão ~** Ehrenbürger m; **sócio ~** Ehrenmitglied nt

honorários mpl Honorar nt

honorífico adj ehrenvoll, Ehren ...; **cargo ~** Ehrenamt nt

honra f Ehre f; **em ~ de** zu Ehren von; **fazer as ~s da casa** die Gäste empfangen; **tenho a ~ de apresentar ...** ich habe die Ehre, ... vorzustellen; **dar a sua palavra de ~ a alguém** jdm sein Ehrenwort geben

honradez f **1.** (honestidade) Ehrlichkeit f **2.** (de carácter) Anständigkeit f, Redlichkeit f

honrado, -a 1. (que tem honra) ehrenhaft **2.** (decente) anständig

honrar vt ehren (com mit)

honroso adj ehrenvoll, ehrenhaft

hóquei m Hockey nt; **~ em patins** Rollhockey nt; **~ sobre o gelo** Eishockey nt

hora ['ɔrɐ] f **1.** (60 minutos) Stunde f; **~s extras/extraordinárias** Überstunden pl; **por ~** pro Stunde; **meia ~** halbe Stunde; **ser pago à ~** stundenweise bezahlt werden; **de ~ a ~** stündlich; **esperei duas ~s** ich habe zwei Stunden gewartet; (relógio); **dar ~s** schlagen; (estômago) knurren; **100 km por ~** 100 km pro Stunde; **o carro ía a 100 à ~** das Auto fuhr 100; **~s e ~s** stundenlang **2.** (momento) Uhrzeit f; **a ~s** rechtzeitig; **a qualquer ~** irgendwann; **a toda a ~** immer wieder; **a que ~s?** um wie viel Uhr?; **às dez ~s** um zehn Uhr; **que ~s são?** wie spät ist

es?, wie viel Uhr ist es?; **é uma ~/são dez ~s** es ist ein/zehn Uhr; **tem ~s?** wie spät ist es?; **a ~s mortas** tief in der Nacht; **~ de chegada** Ankunftszeit f; **~ da morte** Todesstunde f; **~ de ponta** Hauptverkehrszeit f; **~ da vingança** Stunde der Rache; **~s de consulta** Sprechstunde f; **~s de lazer** Freizeit f; **~s vagas** Mußestunden pl; **marcar uma ~** eine Uhrzeit festlegen; **chegar (mesmo) em cima da ~** gerade noch rechtzeitig kommen; **está na ~ de ir embora** es wird Zeit zu gehen; **já são (mais que) ~s de ...** es ist höchste Zeit zu ...; **à ~ do almoço/jantar** in der Mittagszeit/zur Abendbrotzeit; **à última da ~** auf die letzte Minute; **foi uma decisão de última ~** die Entscheidung fiel im letzten Augenblick; **fazer ~s (para)** die Zeit totschlagen; **(não) ter ~s para chegar** zu einer (keiner) bestimmten Zeit ankommen müssen; **tarde e a más ~s** spät und ungelegen

horário [oˈrarju] I. m Zeitplan m; (da escola) Stundenplan m; (dos transportes) Fahrplan m; **~ de abertura** Öffnungszeiten pl; **~ de atendimento** Sprechstunde f; **~ de expediente** Bürozeiten pl; **~ de trabalho** Arbeitszeit f; **~ flexível** gleitende Arbeitszeit f II. adj stündlich; **sinal ~** Zeitzeichen nt; **100 km ~s** 100 Stundenkilometer

horda f Horde f

horizontal I. f Waagrechte f, Horizontale f II. adj waagrecht, horizontal

horizonte m Horizont m; **alargar os ~s** seinen Horizont erweitern

hormona f Hormon nt

hormonal adj hormonal, hormonell

horóscopo m Horoskop nt

horrendo adj entsetzlich, schrecklich

horripilante adj haarsträubend, grauenhaft

horrível adj schrecklich, grausam

horror m **1.** (impressão) Entsetzen nt, Grausen nt; **que ~!** wie entsetzlich! **2.** (aversão, medo) Horror m

horrorizar vt entsetzen

horroroso adj entsetzlich, grauenvoll

horta f Gemüsegarten m

hortaliça f Gemüse nt

hortelã [ortəˈlã] f (BOT) Minze f

hortelã-pimenta f (BOT) Pfefferminze f

hortênsia f (BOT) Hortensie f

horticultura f Gartenbau m

horto m Gartencenter nt; **~ das Oliveiras** Ölberg m

hosana m **1.** (REL) Hosianna nt **2.** (louvor) Lobgesang m
hospedado adj estar ~ em untergebracht sein in/bei
hospedar I. vt beherbergen, aufnehmen II. vr absteigen (em in), unterkommen (em in)
hospedaria f Gasthaus nt
hóspede ['ɔʃpədə] m(f) Gast m
hospedeira [ɔʃpə'deirɐ] f (AERO) Stewardess f
hospício m psychiatrische Klinik f
hospital [oʃpi'tal] m Krankenhaus nt; ~ militar Militärhospital nt; estar no ~ im Krankenhaus liegen
hospitalar adj Krankenhaus ...
hospitaleiro adj gastfreundlich
hospitalidade [oʃpiteli'dadə] f Gastfreundschaft f
hospitalizado adj estar ~ im Krankenhaus liegen
hospitalizar vt ins Krankenhaus einliefern
hoste f Schar f
hóstia f Hostie f
hostil adj feindlich; (atitude) feindselig (a gegenüber); ~ ao progresso fortschrittsfeindlich
hostilidade f Feindseligkeit f
hostilizar vt anfeinden
hotel [ɔ'tɛl] m Hotel nt; ~ de cinco estrelas First-Class-Hotel nt, Fünfsternehotel nt

In Brasilien ist im **hotel** Feilschen angesagt, selbst im Nobelhotel. Rabatte bis zu 40% in der Nachsaison sind möglich. Beim Betreten eines Zimmers ist darauf zu achten, ob es ruhig ist. In Großstädten geht es sehr geschäftig zu, und die hohe Lärmbelästigung ist für einen Europäer gewöhnungsbedürftig.
In Portugal ist das Angebot an Unterkunftsarten sehr vielfältig: Vom Spitzen-Luxushotel bis zu einfachen Häusern. Die offizielle Staffelung geht natürlich nach Sternen. Zusätzlich zum internationalen Namen hotel können Sie noch andere Bezeichnungen finden. **Aparthotels** sind meistens in der Kategorie zwischen zwei bis vier Sterne, **Estalagens** sind meistens gehobener und regionstypischer als die Hotels, **Albergarias** sind bequeme Gasthäuser. **Pousadas** - ein echter Tipp - sind staatlich-private Häuser in auffallend schönen Gebieten

oder historischen Gebäuden. Ein **Residencial** kann fast wie ein Hotel sein, aber es gibt dort nur das Frühstück, oder auch eine einfache Pension ohne Frühstück. **Pensões** (Pensionen) sind in verschiedenen Kategorien zu finden. Zu den luxuriösen Unterkünften gehören auch die **Aldeamentos** oder **Apartamentos Turísticos** - Apartmentanlagen mit Dorfcharakter und meistens stilecht. Zu der Anlage gehören Bars, Swimmingpool, Boutiquen und ein Friseur.

hotelaria f Hotelgewerbe nt, Gaststättengewerbe nt
hoteleiro adj Hotel ...; indústria hoteleira Hotelgewerbe nt
hulha f Steinkohle f
hum interj hm!
humanamente adv menschlich
humanidade f **1.** (género humano) Menschheit f **2.** (bondade) Humanität f, Menschlichkeit f; tratar com ~ human behandeln
humanidades fpl Geisteswissenschaften pl
Humanismo m Humanismus m
humanístico adj humanistisch
humanitário adj humanitär; ajuda humanitária humanitäre Hilfe f
humanizar I. vt menschlich machen II. vr menschlicher werden
humano adj menschlich
humanos mpl os ~ die Menschen
humedecer I. vt anfeuchten, befeuchten II. vi feucht werden
humidade f Feuchtigkeit f; ~ do ar Luftfeuchtigkeit f
húmido ['umidu] adj feucht
humildade f **1.** (modéstia) Bescheidenheit f **2.** (submissão) Demut f
humilde adj **1.** (modesto) bescheiden; (pobre) einfach, arm; de família ~ aus bescheidenen/einfachen Verhältnissen **2.** (submisso) demütig
humilhação f Demütigung f, Erniedrigung f
humilhante adj demütigend, erniedrigend
humilhar I. vt demütigen, erniedrigen II. vr sich erniedrigen
humor m **1.** (comicidade) Humor m; ter (bom) sentido de ~ (viel) Sinn für Humor haben **2.** (disposição) Laune f; estar de bom/mau ~ gute/schlechte Laune haben

H

humorado *adj* **estar bem/mal** ~ gut/ schlecht gelaunt sein
humorista *m(f)* Komiker, Komikerin *m, f*
humorístico *adj* humoristisch
humos *m* Humus *m*

húngaro, -a I. *m, f* Ungar, Ungarin *m, f* II. *adj* ungarisch
Hungria *f* Ungarn *nt*
hurra *interj* hurra!

I

I, i [i] *m* I, i *nt;* ~ **grego** Ypsilon *nt*
iambo *m* Jambus *m*
ião *m* (FÍS) Ion *nt*
iate *m* (NAÚT) Jacht *f*
ibérico *adj* iberisch
ibero-americano *adj* iberoamerikanisch
IC *abrev de* **intercidades** IC (= *Intercityzug*)
içar *vt* hissen, aufziehen
icebergue *m* Eisberg *m*
ICM (*brasil*) *abrev de* **Imposto sobre Circulação de Mercadorias** MwSt. (= *Mehrwertsteuer*)
ícone *m* 1. (REL) Ikone *f* 2. (INFORM) Icon *nt,* Symbol *nt*
iconografia *f* Ikonographie *f*
icterícia [iktəˈrisjɐ] *f* (MED) Gelbsucht *f*
ictiologia *f* Fischkunde *f*
ida *f* Hinweg *m;* (*viagem*) Hinreise *f*, Hinfahrt *f;* **à** ~ auf dem Hinweg; ~ **e volta** Hin- und Rückfahrt
idade [iˈdadɐ] *f* Alter *nt;* **Idade Média** Mittelalter *nt;* **de** ~ alt; **que** ~ **tens?** wie alt bist du?; **tenho 16 anos de** ~ ich bin 16 Jahre alt; **ela tem a minha** ~ sie ist so alt wie ich; **um homem de meia** ~ ein Mann mittleren Alters; **eles são da mesma** ~ sie sind gleich alt; **na minha** ~ in meinem Alter; **ser maior/menor de** ~ volljährig/minderjährig sein; **a terceira** ~ das Rentenalter
ideal I. *m* 1. (*político*) Ideal *nt* 2. (*situação*) Optimum *nt,* Idealfall *m* II. *adj* 1. (*exemplar*) ideal 2. (*imaginário*) ideell, geistig
idealismo *m* Idealismus *m*
idealista I. *m(f)* Idealist, Idealistin *m, f* II. *adj* idealistisch
idealizar *vt* idealisieren
ideia [iˈdejɐ] *f* 1. (*pensamento*) Idee *f*, Gedanke *m;* ~ **fixa** fixe Idee; **ter uma** ~ eine Idee haben 2. (*imaginação*) Ahnung *f*, Vorstellung *f;* **não faço** ~/**a mínima** ~ ich habe keine/nicht die geringste Ahnung; **fazer**

uma ~ **de a. c.** eine Vorstellung von etw haben 3. (*opinião*) Meinung *f*, Ansicht *f;* **mudar de** ~**s** seine Meinung ändern; ~**s políticas** politische Gesinnung 4. (*intenção*) Absicht *f;* **estar com** ~**s de fazer a. c.** die Absicht haben, etw zu tun 5. (*lembrança*) Erinnerung *f;* **não tenho** ~ **disso** ich habe keine Erinnerung daran
idem *adv* derselbe, dieselbe, dasselbe
idêntico *adj* identisch; **ele é** ~ **à sua irmã** er ist genau wie seine Schwester
identidade *f* 1. (*de pessoa*) Identität *f* 2. (*igualdade*) Gleichheit *f*
identificar I. *vt* 1. (*uma pessoa*) identifizieren 2. (*um problema, uma doença*) feststellen II. *vr* 1. (*apresentar identificação*) sich ausweisen 2. (*empatia*) sich identifizieren (*com* mit)
ideologia *f* Ideologie *f*
ideológico *adj* ideologisch
idílico *adj* idyllisch
idioma *m* Sprache *f*
idiomático *adj* idiomatisch
idiota I. *m(f)* Idiot, Idiotin *m, f* II. *adj* idiotisch
idiotice *f* Idiotie *f*, Blödsinn *m*
idolatrar *vt* vergöttern, anbeten
ídolo *m* (*pessoa*) Idol *nt*
idoneidade *f* Eignung *f*, Tauglichkeit *f*
idóneo *adj* geeignet; (*capaz*) fähig
idoso *adj* alt, betagt
lémene *m* Jemen *m*
iene *m* Yen *m*
ignição [igniˈsãu] *f* Zündung *f*
ignóbil *adj* niedrig, gemein
ignorância *f* Unwissenheit *f*
ignorante I. *m(f)* Ignorant, Ignorantin *m, f* II. *adj* ignorant, unwissend
ignorar *vt* 1. (*não saber*) nicht wissen; (*não conhecer*) nicht kennen 2. (*não prestar atenção*) ignorieren, nicht beachten

igreja [i'greʒe] *f* Kirche *f*

Kirchen - **igrejas** - sind in Portugal Gotteshäuser und keine touristische Attraktion. Sollte also irgendwo die Aufforderung stehen, nicht zu fotografieren (proibido tirar fotografias), halten Sie sich bitte daran.

igual [i'gwal] *adj* (*o mesmo, idêntico*) gleich; (*proporcional*) gleichmäßig; **ser ~ a alguém/a. c.** genau wie jd./etw sein; **tratar alguém de ~ para ~** jdn wie seinesgleichen behandeln; **dividir a. c. em partes iguais** etw in gleiche Teile teilen; **um acontecimento sem ~** ein Ereignis ohnegleichen; (MAT); **três mais três é ~ a seis** drei plus drei ist sechs

igualar *vt* gleichstellen (*a* mit), gleichsetzen (*a* mit)

igualdade *f* Gleichheit *f;* **~ de direitos** Gleichberechtigung *f*

igualmente *adv* ebenfalls, ebenso; (*como resposta*) gleichfalls

igualzinho *adj* (*coloq*) haargenau gleich; **o meu casaco é ~ ao teu** unsere Jacken sind haargenau gleich

iguana *f* Leguan *m*

iguaria *f* Leckerbissen *m*, Leckerei *f*

ilação *f* Folgerung *f*, Schlussfolgerung *f;* **tirar as suas ilações de a. c.** Schlussfolgerungen aus etw ziehen

ilegal *adj* illegal, gesetzwidrig

ilegalidade *f* Illegalität *f*, Gesetzwidrigkeit *f*

ilegítimo *adj* 1. (*acto*) unrechtmäßig, illegitim 2. (*filho*) unehelich

ilegível *adj* unleserlich

ileso *adj* unverletzt; **sair ~ de um acidente** einen Unfall unverletzt überstehen

iletrado *adj* ungebildet

ilha ['iʎe] *f* Insel *f*

ilhéu¹ *m* (*ilhota*) kleine Insel *f*

ilhéu, ilhoa² *m, f* Inselbewohner, Inselbewohnerin *m, f*

ilhó *m* Öse *f*

ilhota *f* kleine Insel *f*

ilibar *vt* für unschuldig erklären; **~ alguém de um crime** jds Unschuld beweisen

ilícito *adj* unerlaubt, unzulässig; **cometer um a(c)to ~** eine Straftat begehen

ilimitado *adj* unbegrenzt, unbeschränkt

ilíquido *adj* brutto

ilógico *adj* unlogisch

iludir I. *vt* täuschen II. *vr* sich täuschen; **~-se com alguém/a. c.** sich in jdm/bei etw täuschen

iluminação *f* Beleuchtung *f*

iluminado *adj* 1. (*rua*) beleuchtet 2. (*espírito*) erleuchtet

iluminar *vt* 1. (*com luz*) beleuchten 2. (*fig: esclarecer*) aufklären

Iluminismo *m* Aufklärung *f*

ilusão *f* 1. (*erro*) Täuschung *f;* **~ de ó(p)tica** optische Täuschung 2. (*aparência*) Illusion *f*

ilusionismo *m* Zauberei *f*

ilusionista *m(f)* Zauberkünstler, Zauberkünstlerin *m, f*

ilusório *adj* trügerisch, illusorisch

ilustração *f* 1. (*de livro, texto*) Abbildung *f*, Illustration *f* 2. (*de uma ideia*) Veranschaulichung *f*

ilustrado *adj* illustriert

ilustrar *vt* 1. (*um livro*) illustrieren 2. (*uma ideia*) verdeutlichen, veranschaulichen

ilustre *adj* berühmt, bekannt

ilustríssimo *adj* (*brasil: em carta*) **~ senhor** sehr verehrter Herr

imã *m* (*brasil*) Magnet *m*

imaculado *adj* makellos

imagem *f* 1. (*figura, retrato*) Bild *nt*, Bildnis *nt* 2. (*reprodução*) Abbild *nt* 3. (*de televisão, no espelho*) Bild *nt* 4. (*de pessoa*) Image *nt;* **manter a ~** das Image pflegen

imaginação *f* Einbildung *f*, Vorstellungskraft *f;* **usar a ~** fantasievoll sein

imaginar I. *vt* 1. (*conceber*) sich vorstellen; (*inventar*) sich ausdenken, sich einbilden; **nem imaginas!** das kannst du dir nicht vorstellen!; **não posso ~** das kann ich mir nicht vorstellen; **imagina que ...** stell dir vor, ... 2. (*supor*) vermuten, annehmen; **imagino que sim** ich nehme an, dass es so ist II. *vr* 1. (*imaginar a si próprio*) sich vorstellen 2. (*julgar-se*) sich halten für

imaginário I. *m* Vorstellung *f* II. *adj* 1. (*que existe na imaginação*) imaginär 2. (*fictício*) erfunden

imaginativo *adj* einfallsreich, fantasievoll

íman *m* Magnet *m*

imane *adj* enorm, riesig; (*desmedido*) maßlos

imanente *adj* innewohnend, immanent

imaturidade *f* Unreife *f*

imaturo *adj* unreif

imbatível *adj* unschlagbar

imbecil I. *m(f)* Schwachkopf *m* II. *adj* schwachsinnig, blöd

imberbe *adj* bartlos

imbróglio *m* Wirrwarr *m*, Durcheinander *nt*

imediações [iməʤe'sɔiʃ] *fpl* **nas ~** in der Nähe, in der Umgebung

imediatamente [iməʤate'mẽntə] *adv* sofort, prompt; (*com urgência*) unverzüglich, umgehend; **~ a seguir** gleich danach

imediato *adj* unverzüglich, umgehend; **de ~** sofort

imemorável *adj* sehr weit zurückliegend; **em tempos imemoráveis** in längst vergangenen Zeiten

imensidão *f* Unermesslichkeit *f*, Unendlichkeit *f*

imenso *adj* unermesslich, immens

imensurável *adj* unmessbar

imerecido *adj* unverdient

imergir *vi* untertauchen

imérito *adj* unverdient

imersão *f* Untertauchen *nt*

imerso *adj* tauchend, untergetaucht

imigração *f* Einwanderung *f*, Immigration *f*

imigrante *m(f)* Einwanderer, Einwanderin *m, f*, Immigrant, Immigrantin *m, f*

imigrar *vi* einwandern, immigrieren

iminência *f* nahe(s) Bevorstehen *nt*; **o prédio está na ~ de ruir** das Gebäude steht kurz vor dem Einsturz

iminente *adj* (*perigo, crise*) drohend; **estar ~** kurz bevorstehen

imiscível *adj* (*elev*) nicht mischbar, unmischbar

imiscuir-se *vr* (*elev*) sich einmischen

imitação *f* 1. (*acção de imitar*) Nachahmung *f*; **fazer uma ~ de alguém** jdn nachahmen 2. (*cópia*) Imitat *nt*, Imitation *f*; **a jóia/o quadro é uma ~** das Schmuckstück/Bild ist ein Imitat

imitador(a) *m(f)* Imitator, Imitatorin *m, f*

imitar *vt* 1. (*uma pessoa, um animal*) nachahmen, nachmachen 2. (*uma jóia, um quadro*) fälschen

imitável *adj* nachahmenswert

imobiliária *f* Immobilienagentur *f*, Immobilienbüro *nt*; (*österr*) Realkanzlei *f*

imobilidade *f* Unbeweglichkeit *f*

imobilizado *adj* **estar ~** sich nicht bewegen können

imobilizar *vt* 1. (*paralisar*) lähmen 2. (*um processo*) zum Erliegen bringen; (*dinheiro*) festlegen

imoderado *adj* unmäßig, maßlos

imodéstia *f* Unbescheidenheit *f*

imodesto *adj* unbescheiden

imódico *adj* übermäßig

imoral *adj* unmoralisch

imoralidade *f* Unsittlichkeit *f*, Sittenlosigkeit *f*

imortal I. *m(f)* Unsterbliche II. *adj* unsterblich

imortalidade *f* Unsterblichkeit *f*

imóveis *mpl* Immobilien *pl*

imóvel *adj* unbeweglich

impaciente *adj* ungeduldig

impacto *m* 1. (*choque*) Aufprall *m* 2. (*efeito*) Wirkung *f* (*em auf*); **~ ambiental** Umweltbelastung *f*; **de ~ grande ~** wirkungsvoll

impagável *adj* unbezahlbar

impalpável *adj* nicht fühlbar

ímpar *adj* 1. (*número*) ungerade 2. (*único*) einzigartig

imparável *adj* (*processo*) unaufhaltsam; (*pessoa*) nicht zu bremsen

imparcial *adj* unparteiisch

imparcialidade *f* Unparteilichkeit *f*

impasse *m* Klemme *f*, Sackgasse *f*; **estar num ~** in der Klemme sitzen

impassível *adj* 1. (*indiferente*) gleichmütig 2. (*insensível*) gefühllos

impávido *adj* unerschrocken; **~ e sereno** nicht aus der Ruhe zu bringen

impecável *adj* 1. (*trabalho, objecto*) tadellos, einwandfrei 2. (*pessoa*) korrekt

impedido [ĩmpə'didu] *adj* 1. (*telefone*) besetzt 2. (*rua*) gesperrt

impedimento *m* Hindernis *nt*

impedir *vt* 1. (*deter*) hindern, abhalten; **~ alguém de fazer a. c.** jdn daran hindern/davon abhalten, etw zu tun 2. (*evitar*) verhindern; **~ a. c.** etw verhindern 3. (*obstruir*) aufhalten, behindern; **~ a passagem** den Durchgang versperren

impeditivo *adj* hinderlich

impelir *vt* 1. (*empurrar*) stoßen, schieben 2. (*incitar*) veranlassen, antreiben 3. (*obrigar*) zwingen

impenetrável *adj* 1. (*floresta*) undurchdringlich 2. (*pessoa*) unzugänglich, verschlossen

impensado *adj* unbedacht, unüberlegt

impensável *adj* undenkbar

imperador *m* Kaiser *m*

imperar *vi* herrschen

imperativo I. *m* (LING) Imperativ *m,* Befehlsform *f* II. *adj* 1. (*urgente*) zwingend notwendig 2. (*que ordena*) befehlerisch, befehlend

imperatriz *f* Kaiserin *f*

imperceptível *adj* unmerkbar, unmerklich; (*som*) nicht wahrnehmbar

imperdoável *adj* unverzeihlich

imperecível *adj* unvergänglich

imperfeição *f* 1. (*falta de perfeição*) Unvollkommenheit *f* 2. (*defeito*) Mangel *m*

imperfeito I. *m* (LING) Imperfekt *nt* II. *adj* 1. (*sem perfeição*) unvollkommen 2. (*defeituoso*) mangelhaft 3. (MED) behindert

imperial ['ĩmpərjal] I. *f* Glas Bier *nt* II. *adj* 1. (*relativo a imperador*) kaiserlich, Kaiser ... 2. (*relativo a império*) Reichs ...

imperialismo *m* Imperialismus *m*

imperialista I. *m/f* Imperialist, Imperialistin *m, f* II. *adj* imperialistisch

império *m* Reich *nt,* Imperium *nt*

impermeabilidade *f* Undurchlässigkeit *f*

impermeável [ĩmpər'mjavɜl] I. *m* Regenmantel *m* II. *adj* undurchlässig, wasserdicht

impertinente *adj* 1. (*pessoa*) frech, unverschämt 2. (*comentário*) ungehörig, unpassend

imperturbável *adj* unerschütterlich

unpersoal *adj* unpersönlich

ímpeto *m* 1. (*impulso*) Schwung *m* 2. (*furor*) Wucht *f,* Heftigkeit *f*

impetuoso *adj* (*pessoa, sentimento*) stürmisch

impiedade *f* Herzlosigkeit *f*

impiedoso *adj* hartherzig, herzlos

impingir *vt* aufdrängen, aufzwingen; ~ **a. c. a alguém** jdm etw aufzwingen

ímpio *adj* (*elev*) erbarmungslos, unbarmherzig

implacável *adj* 1. (*rigoroso*) unerbittlich 2. (*que não perdoa*) unversöhnlich

implantação *f* 1. (*de um sistema*) Einführung *f;* ~ **da República** Einführung der Republik 2. (MED) Implantation *f*

implantar I. *vt* 1. (*um sistema*) einführen 2. (MED) einpflanzen, implantieren II. *vr* 1. (*costume*) sich einbürgern 2. (*bactéria*) eindringen

implante *m* (MED) Implantation *f*

implicar I. *vt* (*envolver*) verwickeln (*em* in), hineinziehen (*em* in); (*conter*) beinhalten, implizieren; (*consequências*) zur Folge haben, mit sich bringen; **isso implica um grande investimento** das macht große Investitionen notwendig II. *vi* es abgesehen haben (*com* auf)

implicitamente *adv* indirekt

implícito *adj* 1. (*contido*) inbegriffen, mit einbegriffen 2. (*subentendido*) unausgesprochen, implizit; **isso está** ~ das versteht sich von selbst

implodir *vi* implodieren

implorar *vt* anflehen, flehen; ~ **a. c. a alguém** jdn um etw anflehen; ~ **perdão** um Vergebung flehen

implosão *f* Implosion *f*

impoluto *adj* makellos

imponderado *adj* unbedacht, unüberlegt

imponência *f* 1. (*altivez*) Stattlichkeit *f* 2. (*magnificiência*) Großartigkeit *f*

imponente *adj* 1. (*altivo*) imponierend, beeindruckend 2. (*magnífico*) großartig, imposant

impopular *adj* unpopulär

impopularidade *f* Unpopularität *f*

impor I. *vt* 1. (*a vontade, opinião*) durchsetzen; (*impingir*) aufzwingen, aufdrängen; ~ **respeito** Respekt einflößen 2. (*condições*) auferlegen, stellen; (*regras*) aufstellen II. *vr* 1. (*fazer-se respeitar*) sich durchsetzen 2. (*ter imponência*) imponieren, beeindrucken

importação *f* Import *m,* Einfuhr *f*

importador(a) *m/f* Importeur, Importeurin *m, f*

importância [ĩmpur'tãsjɐ] *f* 1. (*qualidade de importante*) Wichtigkeit *f,* Bedeutung *f;* **sem** ~ unwichtig; **dar** ~ **a a. c.** Wert auf etw legen; **não tem** ~ das macht nichts; **isso não tem** ~ **nenhuma** das hat überhaupt keine Bedeutung 2. (*quantia*) Betrag *m*

importante [ĩmpur'tãntɐ] I. *m* **o** ~ das Wichtigste, die Hauptsache; **o** ~ **é que não haja problemas** Hauptsache, es gibt keine Probleme II. *adj* wichtig, bedeutend

importar I. *vt* (ECON) einführen, importieren II. *vi* (*ter importância*) wichtig sein, von Bedeutung sein; **não importa!** das macht nichts!; (*quantia*) ~ **em** sich belaufen auf, betragen III. *vr* Wert legen (*com* auf), Bedeutung beimessen (*com*); **não me importo** es macht mir nichts aus; **importa-se que ...**

+*conj*? macht es Ihnen etwas aus, ...?; **se não se importa** wenn es Ihnen recht ist

importunar [ĩmpurtu'nar] *vt* belästigen

importuno *adj* ungelegen, unangebracht

imposição *f* **1.** (*obrigação*) Auflage *f;* (*de um contrato*) Vertragspflicht *f* **2.** (*de insígnia*) Verleihung *f*

impossibilidade *f* Unmöglichkeit *f*

impossibilitado *adj ~* **de** unfähig zu; *~* **de trabalhar** arbeitsunfähig

impossibilitar *vt* unmöglich machen, verhindern

impossível [ĩmpu'sivɜl] *adj* unmöglich

imposto **I.** *pp de* **impor** **II.** *m* Steuer *f; ~* **automóvel** Kraftfahrzeugsteuer *f;* (*brasil*); *~* **de renda** Einkommensteuer *f;* (*brasil*); *~* **sobre circulação de mercadorias** Mehrwertsteuer *f; ~* **sobre o valor acrescentado** Mehrwertsteuer *f*

impostor(a) *m(f)* Betrüger, Betrügerin *m, f,* Schwindler, Schwindlerin *m, f*

impotável *adj* nicht trinkbar; **água** ~! kein Trinkwasser!

impotência *f* **1.** (*incapacidade*) Machtlosigkeit *f,* Ohnmacht *f* **2.** (MED) Impotenz *f,* Zeugungsunfähigkeit *f*

impotente *adj* **1.** (*incapaz*) machtlos, ohnmächtig; **sentir-se** *~* **para fazer a. c.** sich nicht in der Lage fühlen, etw zu tun **2.** (MED) impotent, zeugungsunfähig

impraticável *adj* unausführbar, undurchführbar

imprecisão *f* Ungenauigkeit *f*

impreciso *adj* ungenau

impregnado *adj* **1.** (*de líquido*) getränkt (*de* mit), voll gesaugt (*de* mit) **2.** (*de cheiro*) erfüllt (*de* von)

impregnar *vt* **1.** (*de líquido*) tränken (*de* mit) **2.** (*de cheiro*) erfüllen (*de* mit)

imprensa *f* Presse *f; ~* **sensacionalista** Sensationspresse *f*

imprescindível *adj* unentbehrlich, unbedingt erforderlich

imprescritível *adj* (DIR) unverjährbar

impressão [ĩmprə'sãu] *f* **1.** (*tipografia*) Druck *m; ~* **a cores** Farbdruck *m* **2.** (*marca*) Abdruck *m; ~* **digital** Fingerabdruck *m* **3.** (*sensação*) Eindruck *m;* **troca de impressões** Meinungsaustausch *m;* **causar boa/má** *~* einen guten/schlechten Eindruck machen; **tenho a** *~* **que ...** ich habe den Eindruck, dass ... **4.** (*estranheza*) Ekel *m,* Ab-

scheu *m;* **os ratos fazem-me** *~* mir graust es vor Mäusen

impressionado *adj* **1.** (*de forma positiva*) beeindruckt (*com* von) **2.** (*de forma negativa*) erschüttert (*com* über), entsetzt (*com* über)

impressionante *adj* beeindruckend, eindrucksvoll

impressionar **I.** *vt* (*de forma positiva*) beeindrucken, Eindruck machen auf; (*de forma negativa*) erschüttern, entsetzen **II.** *vr* erschüttert sein (*com* über), entsetzt sein (*com* über)

impressionável *adj* leicht zu beeindrucken

impressionismo *m* Impressionismus *m*

impressionista *m(f)* Impressionist, Impressionistin *m, f*

impresso [ĩm'prɜsu] **I.** *pp irr de* **imprimir** **II.** *m* Formular *nt;* **preencher um** *~* ein Formular ausfüllen **III.** *adj* gedruckt

impressora *f* Drucker *m; ~* **a ja(c)to de tinta** Tintenstrahldrucker *m; ~* **a laser** Laserdrucker *m; ~* **de agulhas** Nadeldrucker *m*

imprestável *adj* (*pessoa*) nicht hilfsbereit

impreterível *adj* unaufschiebbar

impreterivelmente *adv* unverzüglich, ohne Aufschub

imprevidência *f* Unvorsichtigkeit *f,* Leichtsinn *m*

imprevidente *adj* unvorsichtig, leichtsinnig; (*descuidado*) sorglos, nachlässig

imprevisível *adj* **1.** (*acontecimento*) unvorhersehbar; (*consequência*) unabsehbar **2.** (*pessoa*) unberechenbar

imprevisto **I.** *m* unvorhersehbare(s) Ereignis *nt;* **surgiu um** *~* es ist etwas dazwischengekommen **II.** *adj* unerwartet, unvorhergesehen

imprimir *vt* (*um documento, uma estampa*) drucken; (INFORM) ausdrucken

improbabilidade *f* Unwahrscheinlichkeit *f*

improcedente *adj* **1.** (*sem fundamento*) grundlos **2.** (*que não se justifica*) unangemessen

improdutivo *adj* **1.** (*trabalho*) unproduktiv, unergiebig **2.** (*solo*) unfruchtbar

impróprio *adj* (*medida*) ungeeignet; (*atitude, assunto*) unangebracht, unpassend; (*ocasião*) ungünstig; *~* **para consumo** für den Verzehr ungeeignet

improrrogável *adj* (*prazo*) nicht verlängerbar

improvável [ĩmpru'vavɛl] *adj* unwahrscheinlich

improvisar *vi* improvisieren

improviso *m* Improvisation *f;* **de** ~ aus dem Stegreif

imprudente *adj* unvorsichtig

impudor *m* Schamlosigkeit *f*

impugnação *f* **1.** (*de teoria*) Bestreiten *nt,* scharfe Kritik *f* **2.** (DIR) Anfechtung *f*

impugnar *vt* **1.** (*uma teoria*) angreifen, bestreiten **2.** (*uma sentença*) anfechten

impulsão *f* (FÍS) Auftrieb *m*

impulsionador(a) *m(f)* Initiator, Initiatorin *m, f,* treibende Kraft *f*

impulsionar *vt* antreiben, vorantreiben

impulsivo *adj* (*pessoa, acto*) impulsiv

impulso *m* **1.** (*ímpeto*) Schwung *m* **2.** (*estímulo*) Antrieb *m,* Impuls *m;* **dar** ~ **a a. c.** etw Auftrieb geben **3.** (TEL) Einheit *f*

impune *adj* ungestraft, straffrei; **sair** ~ straffrei ausgehen

impureza *f* **1.** (*estado*) Unreinheit *f* **2.** (*no ar, na água*) Verunreinigung *f,* Verschmutzung *f;* ~**s da pele** Hautunreinheiten *pl*

impuro *adj* **1.** (*espírito*) unrein **2.** (*ar, água*) verunreinigt, verschmutzt

imputar *vt* (*responsabilidade, trabalho*) aufbürden (*a*); (*culpa*) zuschreiben (*a*), anlasten (*a*)

imundície *f* Schmutz *m,* Dreck *m*

imundo *adj* schmutzig, dreckig

imune *adj* **1.** (MED, JUR) immun (*a* gegen) **2.** (*fig: invulnerável*) unempfänglich, immun (*a* gegen); **estar** ~ **a a. c.** unempfänglich für etw sein

imunidade *f* (MED, JUR) Immunität *f*

imunodeficiência *f* (MED) Immunschwäche *f*

imutável *adj* unveränderbar

inabalável *adj* unerschütterlich, fest

inábil *adj* **1.** (*incapaz*) unfähig, untauglich **2.** (*sem habilidade*) ungeschickt

inabilidade *f* **1.** (*inaptidão*) Unfähigkeit *f,* Untauglichkeit *f* **2.** (*falta de habilidade*) Ungeschicktheit *f*

inabitado *adj* unbewohnt

inabitável *adj* unbewohnbar

inacabado *adj* unvollendet, unfertig

inaceitável *adj* unannehmbar, inakzeptabel

inacessível *adj* **1.** (*local*) unerreichbar **2.**

(*preço*) unerschwinglich **3.** (*pessoa*) unzugänglich, unnahbar

inacreditável *adj* unglaublich

inactividade *f* Untätigkeit *f;* (*inércia*) Trägheit *f*

inactivo *adj* **1.** (*indolente*) untätig **2.** (*funcionário*) außer Dienst

inadequado [ineda'kwadu] *adj* ungeeignet (*a* für), unpassend (*a* für)

inadiável *adj* unaufschiebbar

inadmissível *adj* unzulässig; (*inaceitável*) unannehmbar

inadvertência *f* **1.** (*negligência*) Fahrlässigkeit *f* **2.** (*descuido*) Versehen *nt*

inadvertido *adj* **1.** (*pessoa*) nachlässig, fahrlässig **2.** (*acto*) unüberlegt

inalação *f* Einatmen *nt;* (*de medicamento*) Inhalation *f*

inalador *m* Inhalationsapparat *m,* Inhalator *m*

inalar *vt* einatmen; (*um medicamento*) inhalieren

inalcançável *adj* unerreichbar

inalterado *adj* unverändert

inalterável *adj* (*situação*) unveränderlich; (*decisão*) unwiderruflich

inanimado *adj* leblos

inaplicável *adj* unanwendbar (*a* auf)

inaptidão *f* Unfähigkeit *f* (*para* zu), Untauglichkeit *f* (*para* für)

inapto *adj* unfähig (*para* zu), untauglich (*para* für)

inatingível *adj* **1.** (*inalcançável*) unerreichbar **2.** (*incompreensível*) unbegreiflich, unverständlich

inatividade *f* (*brasil*) v. **inactividade**

inativo *adj* (*brasil*) v. **inactivo**

inato *adj* angeboren

inaudito *adj* **1.** (*sem igual*) nie dagewesen **2.** (*espantoso*) unerhört

inaudível *adj* unhörbar

inauguração *f* (*de loja, auto-estrada*) Einweihung *f,* Eröffnung *f;* (*de exposição*) Vernissage *f;* (*de monumento*) Enthüllung *f*

inaugural *adj* Einweihungs ..., Eröffnungs ...

inaugurar **I.** *vt* (*uma loja, auto-estrada*) einweihen, eröffnen; (*um monumento*) enthüllen **II.** *vi* eröffnen

incalculável *adj* (*custos*) unermesslich; (*prejuízo*) unbezifferbar

incandescência *f* Weißglut *f*

incandescente *adj* weiß glühend
incansável *adj* unermüdlich
incapacidade *f* Unfähigkeit *f* (*para* zu)
incapacitado *adj* unfähig; ~ **de trabalhar** arbeitsunfähig
incapacitar *vt* unfähig machen
incapaz *adj* unfähig (*de* zu)
Incas *mpl* Inkas *pl*
incauto *adj* unvorsichtig, unbedacht
incendiar I. *vt* in Brand setzen, in Brand stecken II. *vr* in Brand geraten, sich entzünden
incendiário, -a *m, f* Brandstifter, Brandstifterin *m, f*
incêndio [ĩ'sẽndju] *m* Brand *m*
incenso *m* Weihrauch *m*
incentivar *vt* ermuntern, ermutigen; (ECON) Anreize schaffen für; ~ **alguém a fazer a. c.** jdn ermuntern, etw zu tun
incentivo *m* Anreiz *m,* Lockmittel *nt;* **esta medida é um ~ à agricultura** diese Maßnahme stellt einen Anreiz für die Landwirtschaft dar
incerteza *f* Ungewissheit *f,* Unsicherheit *f*
incerto *adj* 1. (*pessoa, negócio*) unsicher 2. (*número*) unbestimmt 3. (*superfície*) uneben 4. (*tempo*) wechselhaft, unbeständig 5. (*duvidoso*) ungewiss
incessante *adj* unaufhörlich, ununterbrochen
incesto *m* Inzest *m;* **cometer** ~ Inzest begehen
incestuoso *adj* inzestuös; **uma relação incestuosa** eine inzestuöse Beziehung
inchaço [ĩ'ʃasu] *m* Schwellung *f*
inchado [ĩ'ʃadu] *adj* 1. (MED) geschwollen 2. (*fig: pessoa*) aufgeblasen, eingebildet
inchar *vi* (MED) schwellen, anschwellen
incidência *f* Einfall *m;* **ângulo de** ~ Einfallswinkel *m*
incidente [ĩsi'dẽntə] *m* Zwischenfall *m,* Vorfall *m*
incidir *vi* 1. (*luz*) einfallen (*em* in) 2. (*suspeita*) fallen (*sobre* auf)
incineração *f* (*de cadáver*) Einäscherung *f,* Feuerbestattung *f;* (*de lixo*) Verbrennung *f*
incineradora *f* Müllverbrennungsanlage *f*
incinerar *vt* (*cadáver*) einäschern; (*lixo*) verbrennen
incisão *f* Einschnitt *m,* Schnitt *m*
incisivo *m* (*dente*) Schneidezahn *m*
incitar *vt* anstacheln (*a* zu), anstiften (*a* zu);

(*à revolta*) aufhetzen (*a* zu)
incivilizado *adj* unzivilisiert
inclemência *f* Härte *f,* Strenge *f;* **a** ~ **do destino** die Ungunst des Schicksals; **as ~s do tempo** die Unbilden der Witterung
inclemente *adj* (*pessoa*) unbarmherzig, hart; (*clima*) rau
inclinação *f* 1. (*de superfície*) Neigung *f* 2. (*tendência*) Hang *m* (*para* zu)
inclinado *adj* (*superfície*) geneigt; (*pessoa*) gebückt, gebeugt; (*objecto*) schief, schräg
inclinar I. *vt* (*um objecto, a cabeça*) neigen, beugen II. *vr* (*baixar-se*) sich beugen, sich bücken; (*debruçar-se*) sich hinauslehnen; **~-se para trás** sich nach hinten lehnen
incluído [ĩŋ'klwidu] *adj* inbegriffen, eingeschlossen; (*em anexo*) beiliegend; **com tudo** ~ alles inklusive
incluindo *adv* einschließlich
incluir I. *vt* (*inserir*) einbeziehen (*em* in); (*em lista*) aufnehmen (*em* in); (*em anexo*) beilegen; (*abranger*) umfassen, einschließen II. *vr* sich zählen (*em* zu)
inclusão *f* Einschluss *m,* Einschließung *f;* (*em lista*) Aufnahme *f*
inclusivamente *adv* einschließlich
inclusive *adv* einschließlich; **do dia 1 ao dia 30** ~ vom Ersten bis zum Dreißigsten einschließlich
incoadunável *adj* unverträglich (*com* mit)
incoerência *f* Zusammenhanglosigkeit *f,* Inkohärenz *f*
incoerente *adj* zusammenhanglos, unzusammenhängend
incógnita *f* 1. (*mistério*) Rätsel *nt* 2. (MAT) unbekannte Größe *f*
incógnito[1] *adv* inkognito
incógnito, -a[2] I. *m, f* Inkognito *nt* II. *adj* unbekannt
incolor *adj* farblos
incólume *adj* (*pessoa*) unverletzt; (*objecto*) heil, unversehrt
incomensurável *adj* 1. (*imenso*) unermesslich, maßlos 2. (*sem medida comum*) unvergleichbar
incomodado *adj* verärgert (*com* über)
incomodar [ĩŋkumu'dar] I. *vt* (*atrapalhar*) belästigen, stören; (*aborrecer*) lästig sein, zur Last fallen; (*afligir*) aufregen, ärgern II. *vr* sich aufregen (*com* über), sich ärgern (*com* über)
incomodativo *adj* lästig

incómodo I. *m* Ärgernis *nt;* **causar** ~ **a alguém** jdm Mühe machen II. *adj* 1. (*desconfortável*) unbequem 2. (*incomodativo*) lästig, beschwerlich 3. (*assunto*) unangenehm

incomparável *adj* unvergleichbar, nicht zu vergleichen (*a* mit)

incompatibilidade *f* Unvereinbarkeit *f* (*com* mit)

incompatível *adj* unvereinbar (*com* mit); (INFORM, JUR) inkompatibel (*com* mit)

incompetência *f* Unfähigkeit *f*

incompetente *adj* unfähig, inkompetent

incompleto *adj* unvollständig; (*inacabado*) unvollendet

incomportável *adj* unerträglich

incompreendido *adj* unverstanden

incompreensível *adj* unverständlich, unbegreiflich

incomunicabilidade *f* (DIR) Einzelhaft *f*

incomunicável *adj* unerreichbar

inconcebível *adj* undenkbar, unvorstellbar

inconciliável *adj* unvereinbar

incondicional *adj* bedingungslos, uneingeschränkt

inconfidência *f* Verrat *m*

inconfundível *adj* unverwechselbar, unverkennbar

inconsciência *f* 1. (MED) Bewusstlosigkeit *f* 2. (*irresponsabilidade*) Verantwortungslosigkeit *f*, Leichtsinn *m*

inconsciencioso *adj* gewissenlos

inconsciente I. *m* (PSIC) Unterbewusstsein *nt* II. *adj* 1. (MED) bewusstlos, ohnmächtig 2. (*irreflectido*) gedankenlos 3. (*irresponsável*) verantwortungslos, leichtsinnig

inconsequente *adj* inkonsequent

inconsistente *adj* 1. (*material*) nicht fest 2. (*teoria*) haltlos, schwach

inconsolável *adj* untröstlich

inconstância *f* 1. (METEO) Unbeständigkeit *f* 2. (*psicológica*) Wechselhaftigkeit *f*; (*elev*) Wankelmut *m*

inconstante *adj* 1. (*instável*) unbeständig; **tempo** ~ unbeständiges Wetter 2. (*psicologicamente*) wechselhaft, unstet

inconstitucional *adj* verfassungswidrig

inconstitucionalidade *f* Verfassungswidrigkeit *f*

incontável *adj* unzählbar

incontestável *adj* unbestreitbar, nicht zu leugnen

incontinência *f* 1. (MED) Inkontinenz *f* 2.

(*sexual*) Unenthaltsamkeit *f*, Unkeuschheit *f*

incontinente *adj* 1. (MED) inkontinent 2. (*sexual*) unenthaltsam, unkeusch

incontroverso *adj* unbestreitbar

inconveniência *f* Unannehmlichkeit *f*; **causar** ~ **a alguém** jdm Unannehmlichkeiten bereiten

inconveniente I. *m* (*desvantagem*) Nachteil *m;* (*transtorno*) Unannehmlichkeit *f* II. *adj* (*comentário, atitude*) ungebührlich, unschicklich; (*pessoa*) taktlos; (*momento*) ungelegen, unpassend

incorporar *vt* 1. (*integrar*) eingliedern (*em* in), einbinden (*em* in); (*uma empresa*) aufkaufen 2. (*um papel*) verkörpern

incorpóreo *adj* nicht körperlich

incorreção *f* (*brasil*) v. **incorrecção**

incorrecção *f* 1. (*erro*) Fehler *m* 2. (*imprecisão*) Ungenauigkeit *f*

incorrecto *adj* 1. (*errado*) unrichtig, falsch 2. (*impreciso*) ungenau 3. (*comportamento*) unkorrekt, unhöflich

incorrer *vi* (*estar sujeito a*) ~ **em a. c.** sich etw zuziehen; (*cometer*) etw begehen; ~ **numa multa** eine Strafe erhalten

incorreto *adj* (*brasil*) v. **incorrecto**

incorrigível *adj* unverbesserlich

incorruptível *adj* 1. (*pessoa*) unbestechlich 2. (*que não corrompe*) unvergänglich

incrédulo, -a I. *m, f* 1. (*sem fé*) Ungläubige 2. (*céptico*) Skeptiker, Skeptikerin *m, f* II. *adj* 1. (*sem fé*) ungläubig 2. (*céptico*) skeptisch, misstrauisch

incrementar *vt* steigern, erhöhen; (*a economia*) ankurbeln

incremento *m* 1. (*crescimento, aumento*) Steigerung *f*, Erhöhung *f*; (*da economia*) Wachstum *nt* 2. (*desenvolvimento*) Entwicklung *f*

incriminar *vt* beschuldigen

incrível [ĩŋ'krivɜl] *adj* unglaublich; **por** ~ **que pareça** so unglaublich es auch sein mag

incubação *f* 1. (*acção de incubar*) Brüten *nt;* (*espaço de tempo*) Brutzeit *f* 2. (MED) Inkubationszeit *f*

incubadora *f* Brutkasten *m*

incubar *vt* 1. (*um vírus*) in sich tragen, infiziert sein mit 2. (*um plano*) ausbrüten, aushecken

inculto *adj* 1. (*pessoa*) ungebildet 2. (*terreno*) unbebaut, unbestellt

incumbência *f* Zuständigkeit *f*; (*encargo*)

Auftrag *m;* ter a ~ de fazer a. c. für etw zuständig sein

incumbido *adj* estar ~ de a. c. für etw zuständig sein

incumbir *vt* beauftragen; ~ alguém de a. c. jdn mit etw beauftragen

incurável *adj* unheilbar

incúria *f* Nachlässigkeit *f*

incursão *f* Einfall *m* (*em* in); ~ aérea Luftangriff *m*

incutir *vt* beibringen (*em*), erziehen zu (*em*); ~ o sentido da responsabilidade em alguém jdn zu einem verantwortungsbewussten Menschen erziehen

indagar *vt* erforschen, ermitteln

indecência *f* Unanständigkeit *f,* Unschicklichkeit *f*

indecente *adj* 1. (*pessoa*) anstößig, unschicklich 2. (*acto, comentário*) unverschämt; isso foi ~ da parte dela das war unverschämt von ihr 3. (*anedota*) unanständig, schlüpfrig

indecifrável *adj* unentzifferbar; (*ilegível*) unleserlich; (*imperceptível*) unhörbar

indecisão *f* Unentschlossenheit *f,* Unschlüssigkeit *f*

indeciso *adj* unentschlossen, unschlüssig

indecoroso *adj* unanständig, unschicklich

indeferido *adj* abgelehnt

indeferimento *m* Ablehnung *f*

indeferir *vt* ablehnen

indefeso *adj* (*sem defesa*) wehrlos; (*desprotegido*) ungeschützt, schutzlos

indefinidamente *adv* auf unbestimmte Zeit

indefinido *adj* (LING) unbestimmt; por tempo ~ auf unbestimmte Zeit

indelével *adj* unvergänglich

indelicadeza *f* Unhöflichkeit *f,* Taktlosigkeit *f*

indelicado *adj* unhöflich, taktlos; ser ~ com alguém unhöflich zu jdm sein

indemnização [ĩndəmnize'sãu] *f* Entschädigung *f;* dar uma ~ a alguém por a. c. jdn für etw entschädigen

indemnizar [ĩndəmni'zar] *vt* entschädigen (*por* für)

indenização [ĩndəmnize'sãu] *f* (*brasil*) *v.* **indemnização**

indenizar [ĩndəni'zar] *vt* (*brasil*) *v.* **indemnizar**

independência [ĩndəpẽn'dẽsjɐ] *f* 1. (*de*

país, pessoa) Unabhängigkeit *f* 2. (*de trabalhador*) Selbstständigkeit *f*

independente *adj* 1. (*livre*) unabhängig 2. (*trabalhador*) selbstständig

indescritível *adj* unbeschreiblich

indesculpável *adj* unverzeihlich, unentschuldbar

indesejável *adj* unerwünscht

indestrutível *adj* unzerstörbar

indeterminado *adj* unbestimmt; por tempo ~ auf unbestimmte Zeit

indevidamente *adv* 1. (*de forma imprópria*) unsachgemäß; tomar um medicamento ~ ein Medikament unvorschriftsmäßig einnehmen 2. (*injustamente*) zu Unrecht

indevido *adj* 1. (*impróprio*) unvorschriftsmäßig, unsachgemäß 2. (*imerecido*) unverdient

índex *m* 1. (REL) Index *m* 2. (*dedo indicador*) Zeigefinger *m*

Índia *f* Indien *nt*

indiano, -a I. *m, f* Inder, Inderin *m, f* II. *adj* indisch

indicação [ĩndike'sãu] *f* 1. (*instrução*) Hinweis *m;* por ~ do médico auf Anraten des Arztes 2. (*indício*) Zeichen *nt* (*de* für), Anzeichen *nt* (*de* für); não há ~ de que ... +*conj* es gibt keine Anzeichen dafür, dass ... 3. (*informação*) Angabe *f*

indicado *adj* passend (*para* für), geeignet (*para* für); ser ~ para fazer a. c. für etw geeignet sein

indicador I. *m* (*ponteiro*) Zeiger *m;* (*dedo*) Zeigefinger *m* II. *adj* ~ de Hinweis ...; a subida de preços é um factor ~ de crise die Preissteigerung ist ein Faktor, der eine Krise anzeigt

indicar *vt* 1. (*referir*) nennen, angeben; ~ as razões die Gründe nennen 2. (*sugerir*) nennen, empfehlen; ~ um bom restaurante ein gutes Restaurant empfehlen 3. (*o caminho*) beschreiben 4. (*dar indícios de*) hinweisen auf, zeigen; isso indica falta de conhecimentos das weist auf mangelnde Kenntnisse hin; tudo indica que ... alles weist darauf hin, dass ... 5. (INFORM) anzeigen

indicativo, -n *m* 1. (LING) Indikativ *m* 2. (TEL) Vorwahl *f*

índice *m* 1. (*de um livro*) Inhaltsverzeichnis *nt;* (*dos termos usados*) Register *nt,* Index *m* 2. (*catálogo*) Katalog *m* 3. (MAT) Wurzelexponent *m* 4. (*taxa*) Rate *f,* Quote *f;* ~ de ál-

cool no sangue Alkoholgehalt im Blut
indício m Anzeichen nt (de für), Indiz nt (de für)
indiferença f Gleichgültigkeit f
indiferente adj gleichgültig; **ser** ~ **a a. c.** etw gleichgültig gegenüberstehen; **é-me** ~ das ist mir gleich
indígena I. m(f) Eingeborene, Ureinwohner, Ureinwohnerin m, f II. adj eingeboren, einheimisch
indigência f Not f, Bedürftigkeit f
indigente adj bedürftig, arm
indigestão [ĩndiʒəʃ'tãu] f Verdauungsstörung f
indigesto adj schwer verdaulich
indigitar vt 1. (nomear) ernennen 2. (propor) vorschlagen
indignação f Entrüstung f, Empörung f
indignado adj entrüstet (com über), empört (com über)
indignar I. vt empören II. vr sich entrüsten (com über), sich empören (com über)
indignidade f Unwürdigkeit f
indigno adj unwürdig (de)
índigo m Indigo m
índio, -a m, f Indianer, Indianerin m, f; (da América Central, do Sul) Indio, Indiofrau m, f
indirecta f (coloq) Anspielung f (a auf)
indirectamente adv indirekt
indirecto adj indirekt
indireta f (brasil) Anspielung (a auf)
indiretamente adv (brasil) indirekt
indireto adj (brasil) indirekt
indisciplina f Disziplinlosigkeit f, Ungehorsam m
indisciplinado adj undiszipliniert; (rebelde) ungehorsam
indiscreto adj indiskret, taktlos; (curioso) aufdringlich
indiscrição f Indiskretion f, Taktlosigkeit f; (curiosidade) Aufdringlichkeit f
indiscriminadamente adv ohne Unterschied, in gleicher Weise; **disparar** ~ **sobre uma multidão** ziellos in die Menge schießen
indiscriminado adj undifferenziert
indiscutível adj unbestreitbar, indiskutabel
indispensável I. m o ~ das Allernötigste II. adj unentbehrlich, unerlässlich
indisponível adj 1. (mercadoria) nicht lieferbar 2. (pessoa) verhindert
indispor vt 1. (aborrecer) verstimmen 2.

(de saúde) nicht vertragen; **este vinho indispõe-me** diesen Wein vertrage ich nicht
indisposição f Unpässlichkeit f, Unwohlsein nt
indisposto I. pp de indispor II. adj unpässlich, unwohl; **estar** ~ sich unwohl fühlen
indisputável adj unbestreitbar, unbestritten
indissociável adj untrennbar; **ser** ~ **de** untrennbar verbunden sein mit
indissolúvel adj unauflöslich
indistinto adj undeutlich, unklar
individual adj 1. (particular) individuell 2. (separado) Einzel ..., einzeln; **quarto** ~ Einzelzimmer nt
individualidade f Individualität f, Persönlichkeit f
individualismo m Individualismus m
individualista I. m(f) Individualist, Individualistin m, f II. adj individualistisch
individualmente adv individuell
indivíduo m 1. (ser humano) Individuum nt, einzelne(r) Mensch m 2. (coloq: sujeito) Kerl m
indivisível adj unteilbar
índole f 1. (carácter) Charakter m, Wesen nt; **de boa** ~ gutartig; **de má** ~ bösartig, tückisch 2. (temperamento) Gemüt nt
indolência f 1. (preguiça) Trägheit f 2. (apatia) Teilnahmslosigkeit f, Apathie f
indolente adj 1. (preguiçoso) träge 2. (apático) teilnahmslos, apathisch
indolor adj schmerzlos
indomável adj 1. (animal) unzähmbar 2. (pessoa) unbezwingbar
Indonésia f Indonesien nt
indonésio, -a I. m, f Indonesier, Indonesierin m, f II. adj indonesisch
indubitável adj unzweifelhaft
indubitavelmente adv zweifellos
indução f 1. (persuasão) Verleitung f, Anstiftung f 2. (ELECTR, FIL) Induktion f
indulgência f 1. (condescendência) Nachsicht f 2. (REL) Ablass m
indulgente adj nachsichtig
indultar vt (DIR) begnadigen
indulto m 1. (DIR) Begnadigung f 2. (REL) Ablass m
indumentária f Kleidung f
indústria f Industrie f; (ofício) Gewerbe nt
industrial I. m(f) Industrielle II. adj industriell, Industrie ...

industrialização *f* Industrialisierung *f*

industrializar *vt* industrialisieren

indutivo *adj* induktiv

induzir *vt* **1.** (*persuadir*) verleiten (*a* zu); ~ **em erro** zum Irrtum verleiten **2.** (*deduzir*) folgern

INE *abrev de* **Instituto Nacional de Estatística** Staatliches Statistisches Institut

inebriar *vt* (*fig*) berauschen

inédito *adj* **1.** (*música, livro*) unveröffentlicht **2.** (*acontecimento*) nie da gewesen

inefável *adj* unaussprechlich, unsagbar

ineficácia *f* Unwirksamkeit *f*, Wirkungslosigkeit *f*; (*inutilidade*) Nutzlosigkeit *f*

ineficaz *adj* unwirksam, wirkungslos; (*inútil*) nutzlos

inegável *adj* unleugbar, unbestreitbar

inenarrável *adj* unbeschreiblich

inequívoco *adj* eindeutig, unmissverständlich

inércia *f* (FÍS) Trägheit *f*

inerente *adj* innewohnend (*a*), inhärent (*a*); (*nato*) angeboren

inerte *adj* (*sem movimento*) regungslos; (*sem actividade*) träge

inesgotável *adj* unerschöpflich

inesperado *adj* unerwartet

inesquecível *adj* unvergesslich

inestético *adj* unästhetisch

inestimável *adj* unschätzbar

inevitável *adj* unvermeidlich, unvermeidbar

inexequível *adj* unrealisierbar, nicht praktikabel

inexistência *f* Nichtvorhandensein *nt* (*de* von)

inexistente *adj* nicht vorhanden

inexorável *adj* unerbittlich

inexperiência *f* Unerfahrenheit *f*

inexperiente *adj* unerfahren

inexplicável *adj* unerklärlich

inexplorado *adj* **1.** (*país*) unerforscht **2.** (*campo*) unbestellt; (*mina*) unerschlossen

inexpressivo *adj* ausdruckslos

infalível *adj* unfehlbar, todsicher

infame *adj* gemein, niederträchtig

infâmia *f* **1.** (*vergonha*) Schande *f* **2.** (*vileza*) Niedertracht *f*, Gemeinheit *f* **3.** (*calúnia*) Verleumdung *f*

infância *f* Kindheit *f*

infantaria *f* (MIL) Infanterie *f*

infantário *m* Kindertagesstätte *f*, Kinderkrippe *f*

infante, -a *m*, *f* Infant, Infantin *m*, *f*

infantil [ĩfãn'til] *adj* **1.** (*para crianças*) Kinder ...; **parque** ~ Kinderspielplatz *m* **2.** (*atitude, mentalidade*) kindisch, infantil

infantilidade *f* Kindlichkeit *f*, Infantilität *f*

infecção [ĩfɜ'sãu] *f* **1.** (*em ferida*) Entzündung *f* **2.** (*contágio*) Infektion *f*, Ansteckung *f*

infeccionar **I.** *vt* eine Entzündung verursachen; **isso infeccionou a ferida** dadurch hat sich die Wunde entzündet **II.** *vi* sich entzünden

infeccioso *adj* ansteckend, infektiös

infectado *adj* (*pessoa*) infiziert; (*ferida*) entzündet

infectar **I.** *vt* anstecken, infizieren **II.** *vi* sich entzünden

infecundo *adj* (*fig*) unfruchtbar

infelicidade *f* Unglück *nt*

infeliz **I.** *m/f* Unglückliche **II.** *adj* unglücklich

infelizmente [ĩfəliʒ'mẽntə] *adv* leider, unglücklicherweise

inferior *adj* **1.** (*nível, temperatura*) niedriger (*a* als), tiefer (*a* als); (*qualidade*) minderwertig; (*quantidade*) geringer (*a* als) **2.** (*em hierarquia, no espaço*) untere(r, s)

inferioridade *f* Unterlegenheit *f*

inferiorizar *vt* (*pessoa*) erniedrigen; (*trabalho*) herabwürdigen

inferir *vt* folgern (*de* aus), schließen (*de* aus)

infernal *adj* höllisch; **um barulho** ~ ein Höllenlärm

infernizar *vt* quälen; ~ **a vida a alguém** jdm das Leben zur Hölle machen

inferno *m* Hölle *f*

infértil *adj* (*pessoa, solo*) unfruchtbar

infertilidade *f* (*de pessoa, solo*) Unfruchtbarkeit *f*

infestar *vt* verpesten, verseuchen

infetado *adj* (*brasil*) *v.* **infectado**

infetar *vi* (*brasil*) *v.* **infectar**

infidelidade *f* Untreue *f*

infiel **I.** *m/f* (REL) Ungläubige **II.** *adj* untreu (*a*)

infiltração *f* **1.** (*de líquido, gás*) Eindringen *nt* **2.** (*de pessoa*) Einschleusung *f*

infiltrar-se *vr* **1.** (*líquido, gás, cheiro*) eindringen (*em* in) **2.** (*pessoa*) sich einschleusen (*em* in)

ínfimo *adj* unterste(r, s), niedrigste(r, s); **descrever a. c. até ao mais** ~ **pormenor** etw bis ins letzte Detail beschreiben

infindável *adj* endlos, unendlich

infinidade *f* Unendlichkeit *f;* **uma ~ de coisas** eine Unmenge von Sachen

infinitamente *adv* **1.** (*sem fim*) unendlich **2.** (*extraordinariamente*) außerordentlich; **ser ~ maior/melhor** bedeutend größer/besser sein

infinitivo *m* (LING) Infinitiv *m*

infinito **I.** *m* Unendliche *nt* **II.** *adj* **1.** (*infindável*) unendlich, endlos **2.** (*ilimitado*) grenzenlos **3.** (MAT) unendlich

inflação *f* (ECON) Inflation *f*

inflamação [ĩflɐmɐ'sãu] *f* (MED) Entzündung *f*

inflamado *adj* (MED) entzündet

inflamar *vi* (MED) sich entzünden

inflamatório *adj* (MED) entzündlich

inflamável [ĩflɐ'mavɐl] *adj* leicht entzündbar, leicht brennbar

inflar *vt* aufblasen

inflexível *adj* **1.** (*material*) unbiegsam **2.** (*pessoa*) unflexibel, unnachgiebig

infligir *vt* (*um castigo*) auferlegen (*a*); (*dor*) zufügen (*a*)

influência *f* Einfluss *m;* **uma pessoa de ~** eine einflussreiche Person; **estar sob a ~ de álcool/calmantes** unter dem Einfluss von Alkohol/Beruhigungsmitteln stehen; **exercer ~ sobre alguém/a. c.** Einfluss auf jdn/etw ausüben; **ter ~ em a. c.** Einfluss auf etw haben

influenciar *vt* beeinflussen

influenciável *adj* beeinflussbar

influente *adj* einflussreich

influir *vi* **~ em/sobre** beeinflussen, Einfluss haben auf

influxo *m* Zufluss *m,* Zustrom *m*

informação [ĩfurmɐ'sãu] *f* Auskunft *f* (*sobre* über), Information *f* (*sobre* über); **dar uma ~ a alguém** jdm eine Information geben; **pedir informações a alguém** (**sobre a. c.**) jdn um Informationen (über etw) bitten; **para tua ~** zu deiner Information

informações [ĩfurmɐ'sõiʃ] *fpl* (TEL) Auskunft *f*

informado *adj* informiert; **estar ~** Bescheid wissen; **estar bem/mal ~** gut/schlecht informiert sein

informar [ĩfur'mar] **I.** *vt* informieren (*de/sobre* über); **pode informar-me acerca dos horários dos comboios?** können Sie mich über die Abfahrtszeiten der Züge informie-

ren? **II.** *vr* sich erkundigen (*sobre* nach, *junto de* bei), sich informieren (*sobre* über, *junto de* bei)

informática *f* Informatik *f*

informático, -a **I.** *m, f* Informatiker, Informatikerin *m, f* **II.** *adj* Informatik ...

informativo *adj* informativ

infortúnio *m* Unglück *nt*

infração *f* (*brasil*) v. **infracção**

infracção *f* (*de lei, regra*) Verstoß *m;* (*de contrato*) Bruch *m*

infractor(a) *m(f)* Zuwiderhandelnde

infra-estrutura *f* Infrastruktur *f*

infrator(a) *m(f)* (*brasil*) v. **infractor**

infravermelho *adj* infrarot

infringir *vt* verstoßen gegen

infrutífero *adj* vergeblich, erfolglos

infundado *adj* unbegründet

infundir *vt* (*respeito*) einflößen

infusão [ĩfu'zãu] *f* **1.** (*com água a ferver*) Aufguss *m* **2.** (*bebida*) Kräutertee *m*

ingenuidade *f* Naivität *f*

ingénuo *adj* naiv

ingerência *f* Einmischung *f*

ingerir *vt* (*alimento*) zu sich nehmen; (*medicamento*) einnehmen

ingestão *f* (*de alimento*) Essen *nt;* (*de medicamento*) Einnahme *f*

Inglaterra *f* England *nt*

inglês, -esa [ĩŋ'gleʃ] **I.** *m, f* Engländer, Engländerin *m, f;* **para ~ ver** nur zum Schein **II.** *adj* englisch

inglório *adj* unrühmlich, ruhmlos

ingratidão *f* Undankbarkeit *f*

ingrato *adj* (*pessoa, actividade*) undankbar

ingrediente *m* Zutat *f*

íngreme [ĩŋgrɐmə] *adj* steil, abschüssig

ingressar *vi* (*em organização*) beitreten (*em*), eintreten (*em* in); **~ na escola** eingeschult werden

ingresso *m* **1.** (*acção de ingressar*) Eintritt *m* (*em* in); (*em organização*) Beitritt *m* (*em* zu); (*na escola*) Einschulung *f* **2.** (*bilhete*) Eintrittskarte *f*

inibição *f* (PSIC) Hemmung *f*

inibido *adj* gehemmt

inibir *vt* **1.** (*impedir*) verhindern **2.** (*embaraçar*) hemmen

inibitivo *adj* hemmend

iniciação *f* **1.** (*em actividade*) Einführung *f* (*em* in), Einarbeitung *f* (*em* in) **2.** (*nível de conhecimentos*) Grundstufe *f*

iniciado *adj* (*em actividade*) eingearbeitet (*em* in); (*na sexualidade*) aufgeklärt

inicial I. *f* Anfangsbuchstabe *m* II. *adj* anfänglich, Anfangs ...

inicialmente *adv* zu Beginn, anfangs

iniciar I. *vt* (*começar*) anfangen, beginnen; (INFORM) starten; (*em actividade*) einweisen (*em* in), einarbeiten (*em* in) II. *vr* sich vertraut machen (*em* mit), sich einarbeiten (*em* in)

iniciativa *f* Initiative *f*; **tomar a ~** (**de fazer a. c.**) die Initiative ergreifen (, etw zu tun); **por ~ própria** aus eigenem Antrieb

início *m* Beginn *m*, Anfang *m*; **no ~** am Anfang; **ter ~** beginnen, anfangen

inigualável *adj* unvergleichlich

inimaginável *adj* unvorstellbar

inimigo, -a I. *m, f* Feind, Feindin *m, f* II. *adj* feindlich; **ser ~ de alguém** jdm feindlich gegenüberstehen

inimitável *adj* unnachahmlich

inimizade *f* Feindschaft *f*

ininteligível *adj* unverständlich

ininterruptamente *adv* ununterbrochen

ininterrupto *adj* ununterbrochen

injeção *f* (*brasil*) *v.* **injecção**

injecção [ĩʒɛ'sãu] *f* 1. (MED) Spritze *f*; **dar/levar uma ~** eine Spritze geben/bekommen 2. (TÉC) Injektion *f* 3. (*coloq: conversa*) (ewiges) Gerede *nt*; **uma ~ de literatura/matemática** ein ewiges Gerede über Literatur/Mathematik

injectar I. *vt* spritzen, injizieren II. *vr* sich spritzen

injetar *vr, vt* (*brasil*) *v.* **injectar**

injúria *f* Beleidigung *f*

injuriar *vt* beleidigen

injurioso *adj* beleidigend

injustiça *f* Ungerechtigkeit *f*; **cometer uma ~** ungerecht handeln; **isto é uma ~!** das ist eine Ungerechtigkeit!

injustificado *adj* ungerechtfertigt

injusto *adj* (*pessoa, atitude*) ungerecht

in loco *adv* vor Ort

inocência *f* 1. (*falta de culpa*) Unschuld *f* 2. (*ingenuidade*) Naivität *f*

inocentar *vt* für unschuldig erklären, rehabilitieren

inocente *adj* 1. (*sem culpa*) unschuldig 2. (*ingénuo*) naiv

inócuo *adj* (*elev*) unschädlich, harmlos

inodoro *adj* geruchlos

inofensivo *adj* harmlos

inoportuno *adj* unangebracht; (*temporal*) ungelegen

inorgânico *adj* anorganisch

inóspito *adj* 1. (*povo, país*) ungastlich 2. (*clima*) unwirtlich, rau

inovação *f* Neuerung *f*, Innovation *f*

inovador *adj* innovativ

inovar *vt* Neuerungen einführen in, erneuern

inoxidável *adj* nicht rostend, rostfrei

inqualificável *adj* unaussprechlich, unglaublich; (*vergonhoso*) unverschämt

inquebrável *adj* unzerbrechlich

inquérito *m* Umfrage *f*; (DIR) Verhör *nt*

inquestionável *adj* unbestritten, unbestreitbar

inquietação *f* Unruhe *f*; (*excitação*) Aufregung *f*

inquietante *adj* beunruhigend

inquietar I. *vt* beunruhigen II. *vr* beunruhigt sein

inquieto *adj* unruhig

inquilino, -a *m, f* Mieter, Mieterin *m, f*

inquinado *adj* verseucht

inquirir *vt* untersuchen

Inquisição *f* (HIST) Inquisition *f*

inquisidor *m* (HIST) Inquisitor *m*

insaciável *adj* unersättlich; (*fome*) unstillbar

insano *adj* verrückt, wahnsinnig

insatisfação *f* Unzufriedenheit *f*

insatisfatório *adj* unbefriedigend

insatisfeito *adj* unzufrieden (*com* mit)

inscrever I. *vt* (*em curso, escola*) anmelden; (*em lista*) eintragen II. *vr* (*em curso, escola*) sich anmelden (*em* für); (*na universidade*) sich einschreiben (*em* für), sich immatrikulieren

inscrição [ĩʃkri'sãu] *f* 1. (*epígrafe*) Inschrift *f* 2. (*em curso, escola*) Anmeldung *f* (*em* für); (*em universidade*) Einschreibung *f* (*em* für), Immatrikulation *f*; **as inscrições estão abertas** die Anmeldefrist hat begonnen 3. (*em lista*) Eintragung *f*

inscrito I. *pp de* **inscrever** II. *adj* angemeldet (*em* für); (*universidade*) eingeschrieben (*em* für), immatrikuliert

inseticida [ĩsɛti'sidɛ] *m* Insektizid *nt*, Insektenbekämpfungsmittel *nt*

insecto [ĩ'sɛtu] *m* Insekt *nt*

insegurança *f* Unsicherheit *f*

inseguro *adj* unsicher

inseminação *f* Befruchtung *f; (de animal)* Besamung *f;* ~ **artificial** künstliche Befruchtung

inseminar *vt* befruchten; *(animal)* besamen

insensatez *f* 1. *(falta de sensatez)* Unvernunft *f* 2. *(acção)* Unsinn *m*

insensato *adj* unvernünftig

insensibilidade *f (sentimental)* Gefühllosigkeit *f; (física)* Unempfindlichkeit *f*

insensível *adj* gefühllos; **ser** ~ **a a. c.** unempfindlich gegen etw sein

inseparável *adj* untrennbar; **eles são amigos inseparáveis** sie sind unzertrennliche Freunde

inserção *f* Einfügen *nt* (em in); *(de disquete)* Einlegen *nt* (em in); *(de moeda)* Einwurf *m* (em in)

inserir I. *vt* 1. *(introduzir)* einfügen *(em* in); *(disquete)* einlegen *(em* in); *(moeda)* einwerfen *(em* in) 2. *(incluir)* einbeziehen *(em* in) II. *vr* 1. *(introduzir-se)* sich eingliedern, sich einfügen 2. *(estar incluído)* gehören *(em* zu)

inseticida *m (brasil)* v. **insecticida**

inseto [ĩ'sɐtu] *m (brasil)* Insekt *nt*

insidioso *adj* hinterlistig, intrigant

insígnia *f* Abzeichen *nt*

insignificância *f* 1. *(qualidade de insignificante)* Bedeutungslosigkeit *f,* Unwichtigkeit *f* 2. *(ninharia)* Kleinigkeit *f*

insignificante *adj* unbedeutend, bedeutungslos; *(sem importância)* unwichtig, belanglos

insinuação *f* Anspielung *f,* Andeutung *f;* **fazer uma** ~ eine Anspielung machen

insinuante *adj (atitude)* einschmeichelnd; *(roupa)* verführerisch

insinuar I. *vt* andeuten, anspielen auf; **o que é estás a** ~? worauf spielst du an? II. *vr* sich einschmeicheln

insípido *adj* 1. *(comida)* geschmacklos, fade 2. *(monótono)* langweilig, fade

insistência *f* Beharrlichkeit *f,* Hartnäckigkeit *f;* **pedir a. c. com** ~ nachdrücklich um etw bitten

insistente *adj* 1. *(pessoa)* beharrlich; *(obstinado)* hartnäckig 2. *(pedido)* nachdrücklich

insistir [ĩsiʃ'tir] *vt* 1. *(pressionar)* drängen *(em* auf) 2. *(fazer questão)* bestehen *(em* auf), beharren *(em* auf)

insociável *adj* ungesellig, menschenscheu

insofismável *adj* unleugbar

insolação [ĩsulɐ'sãu] *f* (MED) Sonnenstich *m,* Insolation *f;* **apanhar uma** ~ einen Sonnenstich bekommen

insolência *f* Frechheit *f,* Unverschämtheit *f*

insolente *adj* frech, ausfallend

insólito *adj* ungewöhnlich; *(extraordinário)* außergewöhnlich

insolúvel *adj* unlöslich

insolvência *f* Zahlungsunfähigkeit *f;* (ECON) Insolvenz *f*

insolvente *adj* zahlungsunfähig; (ECON) insolvent

insónia [ĩ'sɔnjɐ] *f* Schlaflosigkeit *f;* **ter** ~**s** unter Schlaflosigkeit leiden, nicht schlafen können

insosso *adj* 1. *(sem sal)* salzlos, ungesalzen; *(com pouco sal)* fade 2. *(coloq: pessoa)* fade, langweilig

inspeção *f (brasil)* v. **inspecção**

inspecção *f* 1. *(vistoria)* Inspektion *f; (fiscalização)* Aufsicht *f,* Kontrolle *f* 2. *(exame)* Prüfung *f,* Untersuchung *f; (revisão)* Nachprüfung *f,* Überprüfung *f* 3. (MIL) Musterung *f* 4. *(vigilância)* Überwachung *f*

inspeccionar *vt* 1. *(vistoriar)* inspizieren; *(fiscalizar)* kontrollieren 2. *(examinar)* prüfen, untersuchen; *(rever)* nachprüfen, überprüfen 3. (MIL) mustern 4. *(vigiar)* überwachen

inspecionar *vt (brasil)* v. **inspeccionar**

inspector(a) *m(f) (da polícia)* Inspektor, Inspektorin *m, f; (fiscal)* Aufsichtsbeamte, Aufsichtsbeamtin *m, f*

inspetor(a) *m(f) (brasil)* v. **inspector**

inspiração *f* 1. *(respiração)* Einatmung *f* 2. *(espiritual)* Inspiration *f,* Eingebung *f*

inspirar I. *vt (espiritualmente)* inspirieren; *(confiança)* einflößen; **o estado dela inspira cuidados** ihr Zustand ist Besorgnis erregend II. *vi* einatmen III. *vr* sich inspirieren lassen *(em* von)

instabilidade *f* 1. (PSIC) Labilität *f* 2. (ECON, POL) Instabilität *f*

instalação *f* 1. *(de máquina)* Aufbau *m,* Montage *f; (de aquecimento)* Einbau *m,* Installation *f;* (INFORM) Installierung *f,* Installation *f; (de cabos, canos)* Verlegung *f; (de telefone)* Anschluss *m* 2. *(aparelhos)* Anlage *f;* ~ **elé(c)trica** elektrische Leitungen

instalações *fpl (de fábrica, empresa, escola)* Einrichtungen *pl,* Anlagen *pl*

instalar I. *vt* 1. *(máquina)* aufstellen, montieren; (*aquecimento*) einbauen, installieren; (INFORM) installieren; (*gás, água, luz*) legen; (*tubo, cano, cabos*) verlegen; (*telefone*) anschließen **2.** (*alojar*) unterbringen **II.** *vr* **1.** (*numa cidade*) sich niederlassen; ~-**se no sofá** es sich auf dem Sofa gemütlich machen **2.** (*medo, pânico*) ausbrechen **3.** (*bactéria*) sich einnisten

instância *f* (DIR) Instanz *f;* **em última ~** wenn keine andere Wahl bleibt

instantâneo [ĩʃtãn'tenju] **I.** *m* (FOT) Schnappschuss *m* **II.** *adj* **1.** (*imediato*) unverzüglich, sofortig **2.** (*repentino*) plötzlich **3.** (*café*) Instant ..., löslich; (*pudim, mousse*) instant

instante I. *m* Augenblick *m;* **neste ~** in diesem Augenblick; **isso faz-se num ~** das ist im Nu erledigt **II.** *adj* **1.** (*pertinaz*) inständig **2.** (*urgente*) dringend

instar I. *vt* inständig/eindringlich bitten um **II.** *vi* ~ **com alguém** jdn inständig bitten

instauração *f* (*de sistema*) Errichtung *f;* (*de democracia, ditadura*) Einführung *f*

instaurar *vt* **1.** (*um sistema*) errichten; (*democracia, ditadura*) einführen **2.** (DIR: *um processo*) einleiten

instável [ĩʃ'tavɜl] *adj* **1.** (ECON, POL) instabil, labil **2.** (*pessoa*) launisch **3.** (*tempo*) wechselhaft, unbeständig

instigar *vt* **1.** (*greve, revolta*) anzetteln **2.** (*estimular*) anstiften

instintivo *adj* instinktiv

instinto *m* Instinkt *m,* Trieb *m;* ~ **maternal** mütterlicher Instinkt; **agir por** ~ instinktiv handeln; **seguir os seus** ~s seinem Instinkt folgen

instituição *f* Einrichtung *f,* Institution *f;* ~ **bancária** Geldinstitut *nt*

instituir *vt* **1.** (*fundar*) einführen **2.** (*fixar*) festsetzen, festlegen

instituto *m* Institut *nt;* ~ **de línguas** Sprachinstitut *nt;* **Instituto Superior Técnico** Technische Hochschule *f*

instrução *f* **1.** (*educação*) Ausbildung *f;* (*ensino*) Lehre *f,* Unterricht *m;* ~ **primária** Grundschulunterricht *m* **2.** (*saber*) Bildung *f* **3.** (MIL) Ausbildung *f,* Drill *m*

instruções *fpl* Anweisungen *pl;* (*de funcionamento*) Anleitung *f;* **dar** ~ **a alguém** jdm Anweisungen erteilen; **seguir as** ~ **de alguém** jds Anweisungen Folge leisten

instruído *adj* gebildet

instruir *vt* **1.** (*educar*) ausbilden; (*ensinar*) lehren, unterrichten **2.** (*dar instruções*) anweisen **3.** (DIR: *um processo*) einleiten

instrumental *adj* (MÚS) instrumental

instrumentista *m(f)* Instrumentalist, Instrumentalistin *m, f*

instrumento *m* **1.** (MÚS) Instrument *nt,* Musikinstrument *nt;* ~ **de cordas** Streichinstrument *nt;* ~ **de sopro** Blasinstrument *nt;* **tocar um** ~ ein Instrument spielen **2.** (*ferramenta*) Werkzeug *nt;* (*aparelho*) Gerät *nt,* Instrument *nt* **3.** (*meio*) Mittel *nt,* Instrument *nt*

instrutivo *adj* instruktiv, lehrreich

instrutor(a) *m(f)* (DESP) Trainer, Trainerin *m, f;* (MIL) Ausbilder, Ausbilderin *m, f;* (*de condução*) Fahrlehrer, Fahrlehrerin *m, f*

insubmissão *f* (*desobediência*) Ungehorsam *m;* (*rebeldia*) Aufsässigkeit *f*

insubmisso *adj* (*desobediente*) ungehorsam; (*rebelde*) rebellisch, aufrührerisch

insubordinado *adj* aufsässig

insubornável *adj* unbestechlich

insubstituível *adj* unersetzlich, unersetzbar

insucesso *m* Misserfolg *m*

insuficiência *f* (MED) ~ **cardíaca** Herzschwäche *f*

insuficiente *adj* ungenügend, unzureichend; (*nota*) mangelhaft

insuflar *vt* aufblasen

insuflável *adj* aufblasbar

insular I. *vt* (TÉC) isolieren, abdichten **II.** *adj* insular, Insel ...

insulina [ĩsu'linɐ] *f* (MED) Insulin *nt*

insultar *vt* beschimpfen; (*ofender*) beleidigen

insulto *m* Beschimpfung *f;* (*ofensa*) Beleidigung *f*

insuperável *adj* **1.** (*dificuldade*) unüberwindbar **2.** (*qualidade*) unübertrefflich **3.** (*invencível*) unbesiegbar, unschlagbar

insuportável [ĩsupur'tavɜl] *adj* unerträglich

insurgir-se *vr* sich erheben (*contra* gegen)

insurrecto *adj* ungezogen, aufsässig

insurreição *f* Aufstand *m*

insurreto *adj* (*brasil*) *v.* **insurrecto**

insuspeito *adj* unverdächtig

insustentável *adj* unhaltbar

intacto *adj* unberührt, intakt

intangível *adj* unerreichbar

intato *adj* (*brasil*) *v.* **intacto**

íntegra *adv* **na** ~ vollkommen, vollständig

integração *f* Integration *f* (*em* in)

integral [ĩntə'gral] *adj* **1.** (*completo*) vollständig, ganz; (MAT); **cálculo** ~ Integralrechnung *f* **2.** (CUL) Vollkorn ...; **arroz** ~ ungeschälter Reis, Naturreis *m;* **pão** ~ Vollkornbrot *nt*

integrante *adj* integrierend; **ser parte** ~ **de a. c.** Bestandteil von etw sein

integrar **I.** *vt* integrieren (*em* in), eingliedern (*em* in) **II.** *vr* sich integrieren (*em* in)

integridade *f* (*física*) Unversehrtheit *f;* (*moral*) Rechtschaffenheit *f,* Integrität *f*

íntegro *adj* (*pessoa*) integer, rechtschaffen

inteirado *adj* **estar** ~ **de a. c.** über etw informiert sein, Kenntnis von etw haben

inteiramente [ĩnteire'mẽntə] *adv* völlig; **estar** ~ **de acordo com alguém** mit jdm völlig übereinstimmen

inteirar **I.** *vt* in Kenntnis setzen, informieren; ~ **alguém de a. c.** jdn über etw in Kenntnis setzen **II.** *vr* erfahren (*de* von), Kenntnis erhalten (*de* von)

inteiriço *adj* aus einem Stück gefertigt

inteiro [ĩn'teiru] *adj* **1.** (*não partido*) ganz **2.** (*completo*) vollständig **3.** (*intacto*) unversehrt, intakt; (*ileso*) unverletzt

intelecto *m* Verstand *m,* Intellekt *m*

intelectual **I.** *m/f* Intelektuelle **II.** *adj* intellektuell

inteligência *f* Intelligenz *f;* ~ **artificial** künstliche Intelligenz

inteligente [ĩntəli'ʒẽntə] *adj* intelligent

inteligível *adj* verständlich; (*som*) deutlich hörbar

intempérie *f* (METEO) Unwetter *nt*

intempestivo *adj* **1.** (*impulsivo*) impulsiv **2.** (*inesperado*) unerwartet; (*súbito*) plötzlich

intenção *f* Absicht *f;* **com segundas intenções** mit Hintergedanken; **com a melhor das intenções** in der besten Absicht; **ter a** ~ **de fazer a. c.** die Absicht haben, etw zu tun

intencionado *adj* **bem** ~ wohl gemeint; **mal** ~ bösartig

intencional *adj* absichtlich, vorsätzlich

intendência *f* Verwaltung *f*

intendente *m/f* Leiter, Leiterin *m, f*

intensidade [ĩntẽsi'dadə] *f* Stärke *f,* Intensität *f*

intensificar **I.** *vt* verstärken, intensivieren; (*relações*) ausbauen **II.** *vr* (*calor, trânsito*) zunehmen, stärker werden; (*conflito*) sich verschärfen; (*tensão*) steigen, zunehmen; (*contacto*) intensiver werden

intensivo *adj* intensiv; **curso** ~ Intensivkurs *m*

intenso *adj* **1.** (*dor, cheiro*) stark, intensiv; (*sentimento*) heftig; (*luz*) hell **2.** (*comércio, tráfego*) lebhaft; (*vida social*) rege

intento *m* Absicht *f*

interação *f* (*brasil*) *v.* **interacção**

interacção *f* Interaktion *f* (*entre* zwischen)

interactivo *adj* interaktiv

interativo *adj* (*brasil*) *v.* **interactivo**

intercalar *vt* einfügen (*com* in), einschieben (*com* in)

intercâmbio *m* Austausch *m*

interceder *vt* sich einsetzen (*por* für)

interceptar *vt* (*uma carta*) abfangen; (*uma chamada*) abhören; (*uma conversa, emissão*) unterbrechen

intercidades *m* Intercityzug *m*

intercomunicador *m* Lautsprecheranlage *f;* (*na campainha*) Sprechanlage *f*

intercontinental *adj* interkontinental

interdição *f* Verbot *nt*

interdisciplinar *adj* interdisziplinär

interditar *vt* untersagen (*a*), verbieten (*a*)

interdito *adj* verboten; ~ **a menores de 18 anos** kein Zutritt für Jugendliche unter 18 Jahren

interessado, -a **I.** *m, f* Interessent, Interessentin *m, f* **II.** *adj* interessiert; **estar** ~ **em alguém/a. c.** an jdm/etw interessiert sein; **ser** ~ wissbegierig sein, aufgeschlossen sein

interessante [ĩntərə'sãntə] *adj* interessant

interessar **I.** *vt* interessieren; **isso não me interessa** das interessiert mich nicht **II.** *vr* sich interessieren (*por* für)

interesse *m* **1.** (*empenho*) Interesse *nt;* **sem** ~ uninteressant; **perder o** ~ das Interesse verlieren; **ter** ~ **em a. c.** Interesse an etw haben **2.** (*egoísta*) Nutzen *m;* **fazer a. c. por** ~ etw aus Eigennutz machen

interesseiro *adj* eigennützig, berechnend

interface *f* Schnittstelle *f*

interferência *f* (*ruído*) Störung *f,* Interferenz *f;* **fazer** ~ Interferenzen verursachen

interferir *vi* **1.** (*fazer interferência*) Einfluss haben (*em* auf), beeinflussen (*em*); (FÍS) interferieren **2.** (*intrometer-se*) sich einmischen (*em* in)

interino *adj* (POL) Interims ...

interior [ĩnteˈrjor] **I.** *m* (*parte de dentro*) Innere *nt;* (*lado de dentro*) Innenseite *f;* (*do país*) Inland *nt;* (*centro*) Landesinnere *nt;* **no** ~ im Landesinneren **II.** *adj* inner, Innen ...; **pátio** ~ Innenhof *m*
interiorizar *vt* verinnerlichen
interjeição *f* (LING) Interjektion *f*
interligado *adj* zusammenhängend
interlocutor(a) *m(f)* Gesprächspartner, Gesprächspartnerin *m, f*
interlúdio *m* (MÚS) Interludium *nt*
intermediário, -a **I.** *m, f* Vermittler, Vermittlerin *m, f;* (ECON) Zwischenhändler, Zwischenhändlerin *m, f* **II.** *adj* vermittelnd
intermédio **I.** *m* **por** ~ **de alguém** durch jds Vermittlung **II.** *adj* mittlere(r, s); **nível** ~ mittleres Niveau
interminável *adj* endlos, unendlich
intermitente *adj* mit Unterbrechungen; (*luz, semáforo*) blinkend
internacional [ĩntərnesjuˈnal] *adj* international
internado *adj* eingeliefert; **estar** ~ im Krankenhaus liegen
internamento *m* (*em hospital*) Einlieferung (*em* in); (*em hospício*) Einweisung *f* (*em* in)
internar *vt* (*em colégio*) schicken (*em* auf); (*em hospital*) einliefern (*em* in); (*em hospício*) einweisen (*em* in)
internato *m* Internat *nt*
Internet *f* Internet *nt;* **navegar na** ~ im Internet surfen
interno *adj* **1.** (*interior*) innere(r, s); **medicina interna** innere Medizin **2.** (*aluno*) intern **3.** (*comércio*) Binnen ...
interpelação *f* (POL) Interpellation *f,* (parlamentarische) Anfrage *f*
interpelar *vt* **1.** (*dirigir-se a*) sich wenden an **2.** (*interromper*) unterbrechen **3.** (POL) eine Interpellation einbringen in
interpor *vt* (DIR: *um recurso*) einlegen
interposto *pp de* **interpor**
interpretação *f* **1.** (*de um texto, uma pergunta, situação*) Deutung *f,* Interpretation *f* **2.** (*de um papel*) Darstellung *f;* (*de uma música*) Interpretation *f* **3.** (*de línguas*) Dolmetschen *nt;* ~ **simultânea** Simultandolmetschen *nt*
interpretar *vt* **1.** (*um texto, uma pergunta, situação*) deuten (*como* als), interpretieren (*como* als); ~ **mal a. c.** etw falsch interpre-

tieren **2.** (*um papel*) darstellen; (*uma música*) interpretieren **3.** (*uma língua*) dolmetschen
intérprete *m(f)* **1.** (*de línguas*) Dolmetscher, Dolmetscherin *m, f* **2.** (*de um papel*) Darsteller, Darstellerin *m, f;* (*de uma música*) Interpret, Interpretin *m, f*
interregno *m* (*elev*) Unterbrechung *f*
interrogação *f* **1.** (*pergunta*) Frage *f* **2.** (*interrogatório*) Vernehmung *f,* Verhör *nt*
interrogar *vt* befragen; (*testemunhas*) vernehmen, verhören
interrogatório *m* Verhör *nt,* Vernehmung *f*
interromper [ĩntəʀõmˈper] *vt* **1.** (*um processo*) unterbrechen; (*definitivamente*) abbrechen **2.** (*uma pessoa*) unterbrechen, ins Wort fallen
interrupção *f* Unterbrechung *f;* (*definitiva*) Abbruch *m;* ~ **voluntária da gravidez** Schwangerschaftsabbruch *m*
interruptor [ĩntəʀupˈtor] *m* (ELECTR) Schalter *m*
interseção *f* (*brasil*) *v.* **intersecção**
intersecção *f* (MAT) Schnittpunkt *m*
intersectar *vt* (MAT) den Schnittpunkt bestimmen von
intersetar *vt* (*brasil*) *v.* **intersectar**
interurbano *adj* (TEL) **serviço** ~ Inlandsverbindungen *pl;* **chamada interurbana** Ferngespräch *nt*
intervalo [ĩntərˈvalu] *m* **1.** (*de tempo*) Zeitspanne *f,* Zeitraum *m;* (*pausa*) Pause *f,* Unterbrechung *f;* **fazer um** ~ eine Pause machen **2.** (*distância*) Abstand *m,* Zwischenraum *m;* **deixar um** ~ **entre alguém/a. c.** Abstand zu jdm/etw halten
intervenção *f* **1.** (*interferência*) Eingreifen *nt* **2.** (MED) Eingriff *m,* Operation *f* **3.** (MIL) Intervention *f*
interveniente *m(f)* **1.** (*participante*) Teilnehmer, Teilnehmerin *m, f* **2.** (*intermediário*) Vermittler, Vermittlerin *m, f*
intervir *vi* **1.** (*numa conversa, num debate*) teilnehmen (*em* an) **2.** (*agir*) eingreifen, intervenieren; (*polícia*) einschreiten
intestinal *adj* Darm ...
intestino [ĩntəʃˈtinu] *m* Darm *m;* ~ **delgado** Dünndarm *m;* ~ **grosso** Dickdarm *m*
intimação *f* Aufforderung *f;* (DIR) Vorladung *f*
intimamente *adv* im Vertrauen; **estar** ~

relacionado com a. c. mit etw eng verbunden sein

intimar *vt* auffordern; (DIR) vorladen

intimidade *f* Intimität *f;* **ter ~ com alguém** mit jdm eng befreundet sein

intimidar I. *vt* einschüchtern; **deixar-se ~ por alguém/a. c.** sich von jdm/etw einschüchtern lassen **II.** *vr* sich einschüchtern lassen (*com* von)

íntimo I. *m* Innerste *nt; no ~* im Innersten **II.** *adj* **1.** (*vida, assunto*) privat, intim **2.** (*amigo*) eng

intitular I. *vt* betiteln **II.** *vr* den Titel tragen

intolerância *f* Intoleranz *f*

intolerante *adj* intolerant

intolerável *adj* **1.** (*inadmissível*) untragbar **2.** (*insuportável*) unerträglich

intoxicação [ĩntɔksike'sãu] *f* Vergiftung *f;* **~ alimentar** Lebensmittelvergiftung *f*

intoxicar I. *vt* vergiften **II.** *vr* sich vergiften

intraduzível *adj* unübersetzbar

intragável *adj* **1.** (*comida*) ungenießbar **2.** (*insuportável*) unerträglich

intramuscular *adj* intramuskulär

intranquilo *adj* unruhig

intransigência *f* Unnachgiebigkeit *f*

intransigente *adj* unnachgiebig

intransitável *adj* (*rua, caminho*) unpassierbar; (*de carro*) nicht befahrbar

intransitivo *adj* (LING) intransitiv

intransmissível *adj* unübertragbar

intransponível *adj* (*barreira, dificuldade*) unüberwindbar

intratável *adj* unfreundlich, mürrisch; (*mal-educado*) respektlos, barsch

intravenoso *adj* intravenös

intriga *f* Intrige *f*

intrigado *adj* neugierig; **estar ~ com a. c.** etw zu gerne wissen wollen

intrigante *adj* **1.** (*com intrigas*) intrigant **2.** (*assunto*) interessant, spannend

intrigar I. *vt* neugierig machen **II.** *vi* intrigieren

intriguista *m(f)* Intrigant, Intrigantin *m, f*

intrínseco *adj* **1.** (*interior*) innerlich **2.** (*inerente*) innewohnend, eigen **3.** (*essencial*) wesentlich

introdução *f* **1.** (*de sistema*) Einführung *f;* (*de disquete*) Einlegen *nt;* (*de moeda*) Einwurf *m* **2.** (*de texto, discurso*) Einleitung *f* **3.** (MÚS) Vorspiel *nt,* Einleitung *f*

introduzir I. *vt* (*novo sistema*) einführen

(*em* in); (*mão, chave*) hineinstecken (*em* in); (*disquete*) einlegen (*em* in); (*moeda*) einwerfen (*em* in); (*um tema*) einführen in **II.** *vr* eindringen (*em* in)

intrometer-se *vr* sich einmischen (*em* in)

intrometido *adj* zudringlich, aufdringlich

intromissão *f* Einmischung *f*

introspeção *f* (*brasil*) v. **introspecção**

introspecção [ĩntrɔʃpɜ'sãu] *f* (PSIC) Selbstbeobachtung *f;* **fazer uma ~** sich selbst beobachten

introvertido *adj* introvertiert, verschlossen

intrujão, -ona *m, f* Schwindler, Schwindlerin *m, f,* Gauner, Gaunerin *m, f*

intrujar *vt* anschwindeln, reinlegen

intrujice *f* Betrügerei *f,* Gaunerei *f*

intruso, -a *m, f* Eindringling *m*

intuição *f* Intuition *f*

intuitivo *adj* intuitiv

intuito *m* **1.** (*intenção*) Absicht *f* **2.** (*propósito*) Zweck *m*

inultrapassável *adj* unüberwindbar

inúmero *adj* unzählig; **inúmeras vezes** unzählige Male

inundação *f* Überschwemmung *f*

inundado *adj* **1.** (*com água*) überschwemmt, überflutet **2.** (*cheio*) überschwemmt

inundar *vt* **1.** (*com água*) überschwemmen, überfluten **2.** (*encher*) überschwemmen

inusitado *adj* ungewöhnlich

inútil *adj* **1.** (*pessoa*) unnütz **2.** (*objecto*) unnütz, unbrauchbar **3.** (*acção*) zwecklos, nutzlos; (*tentativa*) vergeblich

inutilizado *adj* (*objecto*) **estar ~** zerstört sein, kaputt sein; (*bilhete*) entwertet sein; (*pessoa*) arbeitsunfähig sein

inutilizar *vt* (*objecto*) zerstören; (*bilhete*) entwerten; (*cartão*) beschädigen

invadir *vt* **1.** (*uma casa*) eindringen in; (MIL) einfallen in, einmarschieren in **2.** (*água*) überfluten, überschwemmen; (*doença*) heimsuchen **3.** (*sentimento*) überkommen, überfallen

invalidar *vt* (*um contrato, uma lei*) für ungültig erklären

invalidez *f* (MED) Invalidität *f*

inválido, -a I. *m, f* Invalide **II.** *adj* **1.** (*pessoa*) invalide, arbeitsunfähig **2.** (*documento*) ungültig

invariável I. *f* (MAT) Konstante *f* **II.** *adj* unveränderlich

invasão f (de uma casa) Eindringen nt; (MIL) Einfall m (de in), Invasion f; ~ **da privacidade** Eindringen in die Privatsphäre; (DIR); ~ **de domicílio** Hausfriedensbruch m

invasor(a) m(f) (MIL) Invasor, Invasorin m, f, Eroberer, Eroberin m, f

inveja f Neid m; **ter** ~ **de alguém** auf jdn neidisch sein

invejar vt (uma pessoa) beneiden; (um objecto) neidisch sein auf; ~ **a. c. a alguém** jdn um etw beneiden

invejável adj beneidenswert

invejoso, -a I. m, f Neider, Neiderin m, f II. adj neidisch

invenção f Erfindung f

invencível adj 1. (inimigo) unbesiegbar 2. (obstáculo) unüberwindbar

inventar vt erfinden

inventariação f Inventur f

inventariar vt Inventur machen von

inventário m 1. (rol) Inventar nt, Bestandsverzeichnis nt 2. (inventariação) Inventur f

inventivo adj erfinderisch

invento m Erfindung f

inventor(a) m(f) Erfinder, Erfinderin m, f

Inverno [ĩ'vɛrnu] m Winter m

inverosímil adj 1. (improvável) unwahrscheinlich 2. (inacreditável) unglaubwürdig

inverossímil adj (brasil) v. **inverosímil**

inversão f Umkehrung f; (LING) Umstellung f

inverso I. m Gegenteil nt II. adj 1. (ordem) umgekehrt 2. (oposto) entgegengesetzt

invertebrado adj (ZOOL) wirbellos

inverter vt umkehren, umdrehen; (LING) umstellen

invertido adj umgekehrt

invés adv ao ~ **de** statt, anstatt

investida f (MIL) Angriff m (sobre auf), Überfall m (sobre auf)

investidor(a) m(f) Investor, Investorin m, f

investigação f Erforschung f, Untersuchung f; ~ **científica** Forschung f; ~ **policial** polizeiliche Ermittlung f

investigador(a) m(f) Forscher, Forscherin m, f; ~ **científico** Wissenschaftler m

investigar vt untersuchen, erforschen; (polícia) ermitteln; ~ **um caso** in einem Fall ermitteln

investimento m Investition f

investir I. vt (dinheiro) anlegen (em in), investieren (em in); (tempo) investieren (em

in), aufwenden (em für) II. vi angreifen (contra), überfallen (contra)

inveterado adj leidenschaftlich; **ser um desportista** ~ ein leidenschaftlicher Sportler sein

inviável adj undurchführbar, nicht praktikabel

invicto adj unbesiegt

inviolável adj (código) unverletzbar, unantastbar

invisível adj unsichtbar

invisual I. m(f) Blinde II. adj blind

in vitro m(f) (MED) in vitro; **fecundação** ~ In-vitro-Fertilisation f

invocado adj (brasil) estar ~ grübeln (com über)

invocar vt 1. (uma razão) anführen, vorbringen 2. (um espírito) anrufen

invólucro m Hülle f

involuntário adj unabsichtlich, unbeabsichtigt; (homicídio) fahrlässig

invulgar [ĩvul'gar] adj ungewöhnlich, außergewöhnlich

iodo ['jodu] m (QUÍM) Jod nt

ioga [i'ɔgɐ] m Yoga nt

iogurte m Joghurt m

ió-ió m Jo-Jo nt

íon m (FÍS: brasil) Ion nt

IPQ abrev de **Instituto Português da Qualidade** Portugiesisches Institut für Qualitätssicherung

ípsilon m Ypsilon nt

ir [ir] I. vi 1. (a pé, geral) gehen; (com transporte) fahren; (partir) abfahren; ~ **a cavalo** reiten; ~ **de carro** mit dem Auto fahren; ~ **de avião** fliegen; ~ **a pé** zu Fuß gehen; ~ **embora** weggehen; **já vou!** ich komme schon!; **vais à festa?** gehst du zu der Party?; **ela já foi (embora)** sie ist schon gegangen; **onde vais?** wohin gehst du?; **vamos (embora)!** gehen wir!; (pessoa); ~ **abaixo** zusammenbrechen; (INFORM) abstürzen 2. (dirigir-se) sich begeben (a zu), gehen (a zu) 3. (estar, passar) laufen, gehen; **como vais?** wie läuft es bei dir?, wie geht es dir?; **ele não vai muito bem** es geht ihm nicht sehr gut; **como é que vai o trabalho?** wie läuft die Arbeit? 4. (futuro) ~ **fazer a. c.** bald etw tun; **vou sair** ich gehe gleich; **eu vou trabalhar amanhã** morgen werde ich arbeiten 5. (+ gerúndio) ~ **fazendo a. c.** langsam etw tun; **eu vou andando/indo** ich mache mich auf den Weg; **já vai sendo altura de ...** es wird langsam Zeit, dass ... **II.** *vr* **1.** (*partir*) ~**-se** (**embora**) weggehen, gehen **2.** (*coloq: morrer*) sterben

ira *f* Zorn *m*, Wut *f*

Irã *m* (*brasil*) Iran *m*

irado [i'radu] *adj* zornig, wütend

iraniano, -a **I.** *m, f* Iraner, Iranerin *m, f* **II.** *adj* iranisch

Irão *m* Iran *m*

Iraque *m* Irak *m*

iraquiano, -a **I.** *m, f* Iraker, Irakerin *m, f* **II.** *adj* irakisch

irascível *adj* reizbar, jähzornig

IRC *abrev de* **Imposto sobre o Rendimento de Pessoas Colectivas** Körperschaftsteuer

íris *f* Iris *f*

Irlanda *f* Irland *nt*

irlandês, -esa **I.** *m, f* Ire, Irin *m, f* **II.** *adj* irisch

irmão, irmã [ir'mãu] *m, f* Bruder *m*, Schwester *f*; ~ **gémeo** Zwillingsbruder *m*; ~**s** Geschwister *pl*

ironia *f* Ironie *f*; **isso é ~ do destino** das ist eine Ironie des Schicksals

ironicamente *adv* ironisch

irónico *adj* ironisch

irra *interj* ~! zum Donnerwetter!

irracional *adj* irrational, unvernünftig

irracionalidade *f* Irrationalität *f*, Unvernunft *f*

irradiação *f* Ausstrahlung *f*

irradiar *vt* (*luz, felicidade*) ausstrahlen

irreal *adj* irreal, unwirklich

irreconciliável *adj* unversöhnlich

irreconhecível *adj* unerkennbar, nicht wieder zu erkennen; **ele está ~** er ist nicht wieder zu erkennen

irrecuperável *adj* unwiederbringbar

irrecusável *adj* nicht zurückzuweisen, nicht ablehnbar; **uma proposta ~** ein nicht zurückzuweisender Vorschlag

irredutível *adj* (*pessoa*) unbeugsam, kompromisslos

irreflectido *adj* unüberlegt, unbedacht

irrefletido *adj* (*brasil*) *v.* **irreflectido**

irrefutável *adj* unumstößlich, unwiderlegbar

irrular *adj* **1.** (LING: *ritmo*) unregelmäßig **2.** (*superfície*) uneben

irrularidade *f* **1.** (*no ritmo*) Unregelmäßigkeit *f* **2.** (*em superfície*) Unebenheit *f* **3.** (*falha, diferença*) Unstimmigkeit *f*

irrelevante *adj* unerheblich, irrelevant

irremediável *adj* **1.** (*situação*) nicht wieder gutzumachen **2.** (*pessoa*) unverbesserlich

irremissível *adj* unverzeihlich, unentschuldbar

irreparável *adj* **1.** (*estrago*) unersetzlich **2.** (*situação, erro*) nicht wieder gutzumachen

irrepreensível *adj* einwandfrei, tadellos

irrequieto *adj* unruhig

irresoluto *adj* (*pessoa*) unentschlossen, unschlüssig

irrespirável *adj* stickig

irresponsabilidade *f* Unverantwortlichkeit *f*

irresponsável *adj* (*pessoa, acto*) unverantwortlich, verantwortungslos

irreverência *f* Respektlosigkeit *f*

irreverente *adj* respektlos

irrevogável *adj* unwiderruflich, endgültig

irrigação *f* (*de terreno, jardim*) Bewässerung *f*; (*de rua*) Sprengen *nt*, Abspritzen *nt*

irrigar *vt* (*terreno, jardim*) bewässern; (*rua*) sprengen, spritzen

irrisório *adj* lächerlich

irritabilidade *f* Reizbarkeit *f*

irritação *f* **1.** (*sentimento*) Verärgerung *f*, Aufregung *f* **2.** (*na pele*) Reizung *f*, Ausschlag *m*

irritadiço *adj* reizbar

irritado *adj* **1.** (*pessoa*) verärgert **2.** (*pele*) gereizt

irritante *adj* ärgerlich

irritar **I.** *vt* (*pessoa*) verärgern, reizen; (*pele*) reizen **II.** *vr* ärgerlich werden, sich aufregen

irromper *vi* **1.** (*pessoa*) (gewaltsam) eindringen (*em* in, *por* durch) **2.** (*ódio*) aufbrechen

IRS *abrev de* **Imposto sobre o Rendimento de Pessoas Singulares** Einkommensteuer

isca *f v.* **isco**

isco *m* (*fig*) Köder *m*; **morder o ~** anbeißen

isenção *f* Befreiung *f*; ~ **de impostos** Steuerbefreiung *f*

isento *adj* frei; ~ **de impostos/taxas** steuerfrei/gebührenfrei

Islã *m* (*brasil*) Islam *m*

islâmico *adj* islamisch

islamismo *m* Islam *m*

islandês, -esa **I.** *m, f* Isländer, Isländerin *m, f* **II.** *adj* isländisch

I

Islândia f Island nt
Islão m Islam m
isolado adj **1.** (lugar) abgelegen; (pessoa) isoliert (de von) **2.** (ELECTR) isoliert
isolamento m **1.** (separação) Absonderung f, Isolierung f **2.** (ELECTR) Isolierung f, Isolation f
isolar **I.** vt (separar) absondern, isolieren; (ELECTR) isolieren **II.** vr sich absondern (de von), sich isolieren (de von)
isopor m (brasil) Styropor® nt
isósceles adj (MAT) gleichschenklig
isótopo m Isotop nt
isqueiro m Feuerzeug nt; (no automóvel) Zigarettenanzünder m; **acender o** ~ das Feuerzeug anzünden
Israel m Israel nt
israelense m(f) (brasil) v. **israelita**
israelita **I.** m(f) Israeli **II.** adj israelisch
isso ['isu] pron dem **1.** (objecto) das (da), dies (da); **o que é** ~? was ist das?; **da cá** ~! gib das her! **2.** (assunto) das; ~ **mesmo!**

ganz genau!; ~ **é contigo!** das ist deine Sache!; ~ **não interessa** das interessiert nicht; **por** ~ deshalb
istmo m Landenge f, Isthmus m
isto pron dem **1.** (objecto) das (hier), dies (hier); **o que é** ~? was ist das hier? **2.** (assunto) das; ~ **é** das heißt; **com** ~ hiermit, damit
Itália f Italien nt
italiano, -a **I.** m, f Italiener, Italienerin m, f **II.** adj italienisch
itálico **I.** m Kursivschrift f; **escrever a. c. em** ~ etw kursiv schreiben **II.** adj kursiv
item m **1.** (de lista, tabela) Posten m, Position f **2.** (de texto, contrato) einzelne(r) Punkt m
itinerário [itinə'rarju] m **1.** (rota) Route f, Strecke f **2.** (horário de viagem) Fahrplan m
Iugoslávia f (brasil) Jugoslawien nt
iugoslavo, -a **I.** m, f (brasil) Jugoslawe, Jugoslawin m, f **II.** adj (brasil) jugoslawisch
IVA abrev de **Imposto sobre o Valor Acrescentado** MwSt. (= Mehrwertsteuer)

J

J, j ['ʒɔte] m J, j nt
já [ʒa] **I.** adv (antecipadamente, anteriormente) schon, bereits; ~ **estiveste em Portugal?** warst du schon (einmal) in Portugal?; ~ **não sei** ich weiß es nicht mehr; (agora) jetzt; **desde** ~ von nun an; **para** ~ fürs erste, vorläufig; ~ **chega!** jetzt reicht es!, Schluss jetzt!; ~ **agora ...** da du/wir schon dabei bist/sind ...; (dentro de pouco tempo) gleich; **até** ~! bis gleich!; **vou** ~! ich komme schon!; (imediatamente) sofort, sogleich; **faz isso** ~! mach das auf der Stelle!; (por outro lado) schon; **não gosto de filmes de terror;** ~ **os de ficção agradam-me mais** ich mag keine Horrorfilme; Sciencefiction gefällt mir (da) schon besser; **até** ~ sogar **II.** konj ~ **que** da
jacaré m (ZOOL) Kaiman m
jacente **I.** m Brückenbogen m **II.** adj liegend
jacinto m (BOT) Hyazinthe f
jackpot m Jackpot m
jacobino, -a m, f (HIST) Jakobiner, Jakobinerin m, f
jactância f Prahlerei f, Aufschneiderei f

jacto ['ʒatu] m **1.** (de água) Strahl m **2.** (AERO) Düsenflugzeug nt; **propulsão a** ~ Düsenantrieb m
jade m Jade m
jaguar m (ZOOL) Jaguar m
jagunço m (coloq brasil) Leibwächter m, Gorilla m
jamais adv **1.** (nunca) nie, niemals; **eu** ~ **irei lá** niemals werde ich dorthin gehen; ~ **pensei em tal coisa** nie habe ich an so etwas gedacht **2.** (alguma vez) je, jemals; **é o mais bonito que eu** ~ **vi** das ist das Schönste, was ich je gesehen habe
janeiras fpl Neujahrslieder pl
Janeiro [ʒɐ'neiru] m Januar m; v. **Março**
janela [ʒɐ'nɔlɐ] f Fenster nt; ~ **dupla** Doppelfenster nt; **estar à** ~ am Fenster stehen, aus dem Fenster schauen
jangada f Floß nt
janota adj flott, schick
janta f (reg) Abendbrot nt
jantar [ʒɐn'tar] **I.** m Abendessen nt, Abendbrot nt; **fazer o** ~ das Abendessen machen **II.** vi zu Abend essen

jantarada *f* Gelage *nt*

jante *f* Felge *f*

Japão *m* Japan *nt*

japoneira *f* (BOT) Kamelie *f*

japonês, -esa I. *m, f* Japaner, Japanerin *m, f* II. *adj* japanisch

jaqueta *f* Jacke *f*, Jackett *nt*

jararaca *f* (*coloq brasil*) Zicke *f*

jarda *f* Yard *nt*

jardim [ʒerˈdĩ] *m* Garten *m*; (*público*) Park *m*, Grünanlage *f*; ~ **botânico/zoológico** botanischer/zoologischer Garten; ~ **de infância** Kindergarten *m*

jardim-escola *m* Kindergarten *m*

jardinagem *f* Gartenbau *m*

jardinar [ʒerdiˈnar] *vi* gärtnern

jardineiras *fpl* Latzhose *f*

jardineiro, -a *m, f* Gärtner, Gärtnerin *m, f*

jargão *m* (LING) Jargon *m*

jarra [ˈʒaʀe] *f* 1. (*de flores*) Vase *f*, Blumenvase *f* 2. (*de água*) Krug *m*

jarrão *m* große Schmuckvase *f*

jarro *m* 1. (*de água*) Krug *m* 2. (BOT) Aronstab *m*

jasmim *m* (BOT) Jasmin *m*

jato *m* (*brasil*) *v.* **jacto**

jaula *f* Käfig *m*

Java *f* Java *nt*

javali, javalina *m, f* (ZOOL) Wildschwein *nt*, Wildsau *f*, Bache *f*

javardar *vi* (*coloq*) sich in den Mittelpunkt stellen, auffallen; (*pej*) aus der Rolle fallen, sich danebenbenehmen

javardice *f* 1. (*coloq: borga*) auffallende(s) Benehmen *nt* 2. (*imundície*) Schmutz *m*, Dreck *m*

javardo, -a *m, f* 1. (*coloq: brincalhão*) Spaßvogel *m*, Witzbold *m* 2. (*coloq: imundo*) Schmutzfink *m*

jazer *vi* liegen; (*no cemitério*) ruhen, begraben sein; **aqui jaz ...** hier ruht ...

jazida *f* 1. (*no cemitério*) (letzte) Ruhestätte *f* 2. (*de minério*) Lagerstätte *f*

jazigo *m* 1. (*sepultura*) Grab *nt*, Grabstätte *f* 2. (*de minério*) Lagerstätte *f*

jazz [dʒɜz] *m* (MÚS) Jazz *m*

jeitinho *m* 1. (*aptidão*) Geschick *nt*; **ele não tem ~ nenhum para isso** er hat kein Händchen dafür 2. (*cuidado*) Sorgfalt *f*, Genauigkeit *f*; **fazer a. c. com ~** etw sorgfältig machen 3. (*desvio*) **dá-me um ~?** würden Sie mich bitte vorbeilassen?

jeito *m* 1. (*aptidão, destreza*) Geschick *nt*, Talent *nt*; **falta de ~** Ungeschicktheit *f*; **sem ~** ohne Pfiff; **ter ~ para (fazer) a. c.** Talent für etw haben; **tomar o ~ a a. c.** etw in den Griff bekommen; **isso não tem ~ nenhum!** das ist aber gar nicht lustig!; **não dá ~** das ist unpraktisch; **não me dá ~** es passt mir nicht; **estar a ~** griffbereit sein; **fazer ~** gerade recht kommen 2. (*de uma pessoa*) Art *f* 3. (*maneira*) Art *f*, Weise *f*; **de que ~?** wie?; **de ~ nenhum!** auf keinen Fall!; **em ~ de** als 4. (*arranjo*) Handgriff *m*; (*situação*); **dar um ~ a** gerade biegen, ins Lot bringen; **dar um ~ ao cabelo** sich die Haare zurechtmachen +*dat*; **dar um ~ à casa** die Wohnung aufräumen; **não vejo ~** ich sehe keine Möglichkeit 5. (*torcedura*) Verstauchung *f*; **dar um ~ no pé** sich den Fuß verstauchen +*dat* 6. (*defeito*) Beschwerde *f*; **ela tem um ~ numa perna** sie hat ein Beinleiden 7. (*coloq: favor*) Gefallen *m*; **fazer um ~ a alguém** jdm einen Gefallen tun

jeitoso *adj* 1. (*habilidoso*) geschickt, gewandt 2. (*casa, sala*) groß, geräumig; (*sofá*) bequem; (*apetrecho*) handlich 3. (*aparência*) hübsch

jejuar *vi* fasten

jejum [ʒəˈʒũ] *m* Fasten *nt*; **estar em ~** noch nichts gegessen haben, einen nüchternen Magen haben

jerico *m* (ZOOL) Esel *m*

jeropiga *f* Likör *m*

jesuíta I. *m* Jesuit *m* II. *adj* jesuitisch

Jesus *m* Jesus *m*; ~! herrje!, ojemine!

jibóia *f* (ZOOL) Boa *f*

jipe *m* Jeep® *m*

joalharia [ʒweʎeˈrie] *f* Schmuckgeschäft *nt*, Juwelierladen *m*

joalheiro, -a *m, f* Juwelier, Juwelierin *m, f*

joalheria *f* (*brasil*) *v.* **joalharia**

joanete *m* Überbein *nt*

joaninha *f* (ZOOL) Marienkäfer *m*

joão-ninguém *m* Niemand *m*

joão-pestana *m* Sandmännchen *nt*

jocosidade *f* Heiterkeit *f*, Fröhlichkeit *f*

jocoso *adj* fröhlich, lustig

joelheira *f* (DESP) Knieschützer *m*

joelho [ˈʒweʎu] *m* Knie *nt*; **de ~s** kniend; **estar de ~s** knien; **pôr-se de ~s** sich hinknien

jogada *f* (DESP) Spielzug *m*; (*no xadrez*) Zug *m*; (*nas cartas*) Ausspiel *nt*; **foi uma boa ~**

das war ein guter Zug
jogador(**a**) *m(f)* Spieler, Spielerin *m, f*
jogar [ʒu'gar] **I.** *vt* (*um jogo*) spielen; (*uma carta*) ausspielen; ~ **às cartas** Karten spielen; ~ **a última cartada** den letzten Trumpf ausspielen; (*arriscar*) aufs Spiel setzen, riskieren; (*brasil: atirar*) werfen; ~ **fora** wegwerfen **II.** *vi* spielen; ~ **na Bolsa** an der Börse spekulieren
jogging ['dʒɔgiŋ] *m* Jogging *nt;* **fazer** ~ joggen
jogo ['ʒɔgu] *m* **1.** (*diversão*) Spiel *nt;* ~ **de azar** Glücksspiel *nt;* ~ **da Bolsa** Börsenspekulation *f;* ~ **de palavras** Wortspiel *nt;* ~ **de pimbolim** Tischfußballspiel *nt;* **Jogos Olímpicos** Olympische Spiele **2.** (*conjunto*) Satz *m;* (*de lençóis, toalhas*) Garnitur *f*
jóia *f* **1.** (*para adorno*) Schmuckstück *nt,* Juwel *nt;* ~**s** Schmuck *m* **2.** (*de inscrição*) Aufnahmegebühr *f,* Einschreibgebühr *f* **3.** (*coloq: pessoa*) Schatz *m;* **ele é uma** ~ er ist ein Schatz
joio *m* (BOT) Lolch *m*
jóquei *m* (DESP) Jockei *m,* Jockey *m*
Jordânia *f* Jordanien *nt*
jornada *f* **1.** (*dia*) Tag *m;* (*de trabalho*) Arbeitstag *m;* (DESP) Sportfest *nt* **2.** (*viagem*) Tagesreise *f*
jornal [ʒur'nal] *m* Zeitung *f*
jornaleco *m* (*coloq*) Käseblatt *nt,* Provinzblatt *nt*
jornaleiro, -a *m, f* **1.** (*trabalhador*) Tagelöhner, Tagelöhnerin *m, f* **2.** (*brasil: ardina*) Zeitungsverkäufer, Zeitungsverkäuferin *m, f*
jornalismo *m* Journalismus *m,* Pressewesen *nt*
jornalista *m(f)* Journalist, Journalistin *m, f*
jornalístico *adj* journalistisch
jorrar *vi* (*água, palavras*) heraussprudeln
jorro *m* (dicker) Strahl *m*
jovem ['ʒɔvãi] **I.** *m(f)* Jugendliche **II.** *adj* jung
jovial *adj* heiter, fröhlich
jovialidade *f* Fröhlichkeit *f,* Heiterkeit *f*
juba *f* Mähne *f*
jubilado *adj* (*professor*) emeritiert
jubilar-se *vr* (*professor*) emeritiert werden
jubileu *m* Jubiläum *nt*
júbilo *m* Jubel *m,* Freude *f*
jubiloso *adj* jubelnd, voller Freude
judaico *adj* jüdisch
judaísmo *m* Judentum *nt*
judas *m* Verräter *m*

judeu I. *m* Jude *m* **II.** *adj* jüdisch
judia *f* Jüdin *f*
judiação *f* (*brasil*) *v.* **judiaria**
judiar *vi* (*coloq*) sich lustig machen (*de* über)
judiaria *f* (*coloq*) Schabernack *m*
judicial *adj* **1.** (*de tribunal*) gerichtlich, Gerichts ... **2.** (*de direito*) Justiz ...
judiciária *f* (*coloq*) Kripo *f*
judiciário *adj* Gerichts ..., gerichtlich; **o poder** ~ die richterliche Gewalt
judicioso *adj* (*sensato*) vernünftig, verständig
judo *m* Judo *nt*
judô *m* (*brasil*) *v.* **judo**
judoca *m(f)* (DESP) Judoka *m*
Jugoslávia *f* Jugoslawien *nt*
jugoslavo, -a I. *m, f* Jugoslawe, Jugoslawin *m, f* **II.** *adj* jugoslawisch
juiz, -a *m, f* (DIR) Richter, Richterin *m, f;* (DESP); ~ **de linha** Linienrichter *m*
juízo *m* **1.** (*sensatez*) Vernunft *f,* Verstand *m;* **ter** ~ vernünftig sein; **ganhar/tomar** ~ Vernunft annehmen; **ganha** ~! nimm doch Vernunft an!; **perder o** ~ den Verstand verlieren; (**não**) **estar no seu perfeito** ~ (nicht) ganz bei Sinnen sein; ~! sei vernünftig! **2.** (*sentença*) Urteil *nt;* (*parecer*) Gutachten *nt;* **formar um** ~ **sobre** sich ein Urteil bilden über + *dat;* **o Juízo Final** das Jüngste Gericht
julgamento *m* **1.** (DIR: *audiência*) Gerichtsverhandlung *f* **2.** (*acção de julgar*) Verurteilung *f*
julgar I. *vt* (*sentenciar*) urteilen über; (DIR) verurteilen; **o juiz julgou o réu** der Richter verurteilte den Angeklagten; **ele está sempre a** ~ **os outros** er urteilt immer über andere; (*avaliar*) beurteilen; (*considerar*) halten für **II.** *vi* (*crer*) glauben; **julgo que sim/não** ich glaube ja/nein **III.** *vr* sich halten für; **ele julga-se o melhor** er hält sich für den Besten; **ela julga-se capaz de tudo** sie meint, sie kann alles
Julho ['ʒuʎu] *m* Juli *m;* *v.* **Março**
jumento, -a *m, f* Esel, Eselin *m, f*
junção *f* **1.** (*acção de juntar*) Verbindung *f* **2.** (*ponto*) Verbindungsstelle *f*
junco *m* (BOT) Binse *f*
Junho ['ʒuɲu] *m* Juni *m;* *v.* **Março**
júnior I. *m* Junior *m* **II.** *adj* junior
junta *f* **1.** (*corporação*) Rat *m;* ~ **de freguesia** Teil der Kommunalverwaltung in Portugal **2.** (*comissão*) Ausschuss *m* **3.** (*ligação*)

Fuge *f* **4.** (*de bois*) Gespann *nt*

juntamente [ʒõnteˈmẽntə] *adv* zusammen (*com* mit)

juntar I. *vt* **1.** (*unir*) verbinden (*a* mit); ~ **o útil ao agradável** das Angenehme mit dem Nützlichen verbinden **2.** (*reunir*) versammeln **3.** (*acrescentar*) hinzufügen; (*anexar*) beilegen, beifügen **4.** (*amontoar*) anhäufen; (*dinheiro*) sparen **II.** *vr* **1.** (*unir-se*) sich zusammenschließen (*a* mit), sich vereinigen (*a* mit); ~**-se a alguém** sich jdm anschließen **2.** (*reunir-se*) sich versammeln **3.** (*casal*) zusammenziehen (*com* mit)

junto [ˈʒõntu] **I.** *adj* (*um com o outro*) miteinander; (*um ao pé do outro*) beieinander; ~**s** zusammen; **todos** ~**s** alle zusammen; (*em anexo*) beiliegend; (*ligado*) verbunden **II.** *adv* (*ao lado*) daneben; (*em anexo*) beiliegend; (*de uma vez*) zusammen; **tudo** ~ alles zusammen, alles auf einmal **III.** *m(f)* ~ **a/de** neben, bei

jura *f* Schwur *m*

jurado, -a *m, f* (DIR) Geschworene

juramento *m* Eid *m;* **sob** ~ unter Eid; **fazer um** ~ einen Eid leisten; ~ **falso** Meineid *m;* ~ **de bandeira** Fahneneid *m*

jurar *vi* schwören

júri *m* (*de uma prova*) Prüfungsausschuss *m;* (*de um concurso*) Jury *f;* (DIR) Geschworene *pl*

jurídico *adj* juristisch, Rechts ...

jurisdição *f* **1.** (*aplicação das leis*) Rechtsprechung *f* **2.** (*território*) Gerichtsbezirk *m* **3.** (*competência*) Befugnis *f*

jurisprudência *f* (DIR) Rechtswissenschaft *f*

jurista *m(f)* (DIR) Jurist, Juristin *m, f*

juro *m* (ECON) Zins *m;* **sem** ~**s** zinslos; **pagar a. c. com/sem** ~**s** für etw Zinsen/keine Zinsen bezahlen

jururu *adj* (*brasil*) niedergeschlagen, deprimiert

jus *m* **fazer** ~ **a a. c.** etw gerecht werden

jusante *f* Ebbe *f;* **a** ~ stromabwärts, flussabwärts

justa *adv* **à** ~ knapp; **o carro passa mesmo à** ~ der Wagen fährt ganz dicht vorbei

justamente [ʒuʃteˈmẽntə] *adv* **1.** (*precisamente*) gerade; (*exactamente*) genau **2.** (*com justiça*) mit/zu Recht

justapor *vt* nebeneinander stellen, nebeneinander legen

justaposição *f* Nebeneinanderstellung *f;* (GRAM) Juxtaposition *f*

justiça *f* **1.** (*equidade*) Gerechtigkeit *f;* **fazer** ~ Gerechtigkeit üben **2.** (DIR) Justiz *f*

justiceiro, -a *m, f* gerechtigkeitsliebende(r) Mensch *m*

justificação *f* Rechtfertigung *f* (*para* für); (*fundamentação*) Begründung *f* (*para* für)

justificadamente *adv* mit/zu Recht

justificar I. *vt* rechtfertigen (*com* mit); (*fundamentar*) begründen (*com* mit); ~ **uma falta** eine offizielle Bescheinigung zur Rechtfertigung seines Fehlens vorlegen **II.** *vr* sich rechtfertigen (*por* für)

justificativo *adj* rechtfertigend, Rechtfertigungs ...; (*comprovativo*) Beweis ...

justo *adj* **1.** (*pessoa, lei, sentença*) gerecht; (*imparcial*) unparteiisch; **não é** ~**!** das ist ungerecht! **2.** (*apertado*) knapp, eng; **ficar** ~ eng anliegen

juta *f* (BOT) Jute *f*

juvenil I. *m* (ZOOL) junge(r) Fisch *m* **II.** *adj* jugendlich, Jugend ...

juventude *f* Jugend *f*

K

K

K, **k** [ˈkapɛ] *m* K, k *nt*

kamikaze *m* (MIL) Kamikaze *m*

karaoke *m* Karaoke *nt*

karaté *m* Karate *nt*

kart *m* Gokart *m*

kartódromo *m* Gokart-Rennbahn *f*

KB *abrev de* **quilobyte** KB (= *Kilobyte*)

Kcal *abrev de* **quilocaloria** Kcal (= *Kilokalorie*)

ketchup [kɜˈtʃɛp] *m* Ketschup *nt*

kg *abrev de* **quilograma** kg (= *Kilogramm*)

kispo *m* Regenjacke *f*

kit *m* **1.** (*conjunto*) Satz *m;* ~ **de ferramentas** Werkzeugsatz *m;* ~ **de primeiros-socorros** Erste-Hilfe-Ausrüstung *f*, Verbandkasten *m;* ~ **de remendos** Flickzeug *nt* **2.** (*de montagem*) Baukasten *m*

kitchenette [kitʃiˈnɔtə] *f* Kochnische *f,*

Kitchenette *f*
kiwi *m* Kiwi *f*
km *abrev de* **quilómetro** km (= *Kilometer*)
km/h *abrev de* **quilómetros por hora** km/h (= *Stundenkilometer*)
knock-out *m* (DESP) Knock-out *m*
know-how *m* Know-how *nt*

K. O. *abrev de* **knock-out** k. o (= *Knock-out*)
kosher *adj* (REL) koscher
kúmmel *m* Kümmel *m,* Kümmelbranntwein *m*
kV *abrev de* **quilovolt** kV (= *Kilovolt*)
kW *abrev de* **quilowatt** kW (= *Kilowatt*)

L

L, l ['ɜlə] *m* L, l *nt*
la *pron f* sie, ihn, es; **a Sandra canta; estás a ouvi-~?** Sandra singt; hörst du sie?; **gostas desta mesa? vais comprá-~?** gefällt dir dieser Tisch? willst du ihn kaufen?; **conheces esta canção? ouvimo-~ já pela terceira vez** kennst du dieses Lied? wir hören es jetzt schon zum dritten Mal
lá [la] **I.** *m* (MÚS) A *nt,* a **II.** *adv* **1.** (*naquele lugar*) da, dort; (*para lá*) dahin, dorthin; ~ **em cima/baixo** da oben/unten; ~ **atrás/ao fundo** dahinten/dort hinten; ~ **fora** draußen; ~ **em casa** bei mir, zu Hause; **de** ~ dorther; **para** ~ dorthin; ~ **para cima** hinauf; ~ **para baixo** hinunter; **eu vou** ~ **amanhã** ich gehe morgen dorthin; **de** ~ **para cá** (**e de cá para** ~) hin und her **2.** (*ênfase*) **sei** ~! was weiß ich!; **diz/mostra** ~! sag/zeig mal!; **anda** ~! komm schon! **3.** (*aproximadamente*) ungefähr; ~ **para as 4 horas** gegen 4 Uhr **4.** (*temporal*) **até** ~ bis dann
lã *f* Wolle *f;* **de** ~ wollen, Woll ...; ~ **virgem** Schurwolle *f*
labareda *f* Flamme *f*
lábia *f* **1.** (*coloq: palavreado*) Mundwerk *nt;* **ter muita** ~ ein flinkes Mundwerk haben **2.** (*coloq: astúcia*) Gerissenheit *f*
labial **I.** *f* (LING) Labiallaut *m* **II.** *adj* Lippen ...; (LING) labial
lábio ['labju] *m* Lippe *f;* ~ **inferior** Unterlippe *f;* ~ **leporino** Hasenscharte *f;* ~ **superior** Oberlippe *f;* **morder os ~s** sich auf die Lippen beißen + *dat*
labirinto *m* Labyrinth *nt;* (*jardim*) Irrgarten *m*
laborar *vi* arbeiten
laboratório *m* Laboratorium *nt,* Labor *nt;* ~ **de línguas** Sprachlabor *nt*
laborioso *adj* **1.** (*trabalho*) mühselig, müh-

sam **2.** (*pessoa*) fleißig
labrego, -a **I.** *m, f* Bauer *m,* Bäuerin *f* **II.** *adj* bäurisch
labuta *f* (harte) Arbeit *f*
labutar *vi* hart arbeiten
laca ['lakɐ] *f* **1.** (*verniz*) Lack *m* **2.** (*para o cabelo*) Haarspray *nt*
lacado *adj* lackiert
lacaio *m* Lakai *m*
lacar *vt* lackieren
laçarote *m* große Schleife *f*
laço *m* **1.** (*nó*) Schleife *f,* Schlinge *f;* **dar um** ~ eine Schleife machen **2.** (*para o pescoço*) Fliege *f* **3.** (*vínculo*) Band *nt;* **reforçar os ~s de amizade** die Freundschaft intensivieren
lacónico *adj* lakonisch; (*linguagem, estilo*) knapp; (*pessoa*) wortkarg
lacrar *vt* versiegeln
lacrau *m* Skorpion *m*
lacre *m* Siegellack *m*
lacrimal *adj* Tränen ...; **glândula** ~ Tränendrüse *f*
lacrimejar *vi* Tränen vergießen
lacrimogéneo *adj* Tränen erregend; **gás** ~ Tränengas *nt*
lactação *f* (*animal*) Säugen *nt;* (*pessoa*) Stillen *nt*
lácteo *adj* milchig, Milch ...; (ASTR); **Via Láctea** Milchstraße *f*
lacticínio *m* Milchprodukt *nt*
lactose *f* (QUÍM) Milchzucker *m,* Laktose *f*
lacuna *f* Lücke *f;* ~ **da lei** Gesetzeslücke *f;* **preencher uma** ~ eine Lücke füllen
ladainha *f* Litanei *f;* **é sempre a mesma** ~ es ist immer das gleiche Lied
ladear *vt* sich seitlich befinden von
ladeira *f* Abhang *m;* (*encosta*) Berghang *m*
ladeiro *adj* (*prato*) flach
ladino *adj* gerissen, pfiffig

lado ['ladu] *m* Seite *f*; (*de ângulo*) Schenkel *m*; **ao** ~ nebenan; **ao** ~ **de** neben, bei; **de** ~ von der Seite; ~ **a** ~ Seite an Seite; **dos dois** ~**s** beiderseits, von beiden Seiten; **de um** ~ **para o outro** hin und her; **pelo meu** ~ meinerseits; **por um** ~ **...**, **por outro** ~ **...** einerseits ..., andererseits ...; **estar do** ~ **de alguém** auf jds Seite stehen; (*dinheiro*); **pôr de** ~ beiseite legen; (*uma ideia*) aufgeben; (*uma pessoa*) links liegen lassen; **por estes** ~**s** hier in der Gegend; **para os** ~**s de** in der Gegend von; **olhar de** ~ **para alguém** jdn schief ansehen

ladrão, -a [le'drãu] *m, f* Dieb, Diebin *m, f*, Räuber, Räuberin *m, f*

ladrar *vi* bellen

ladrilhador(a) *m(f)* (*na casa*) Fliesenleger, Fliesenlegerin *m, f*; (*na rua*) Pflasterer, Pflasterin *m, f*

ladrilhar *vt* (*chão*) mit Fliesen belegen, fliesen; (*rua*) pflastern

ladrilho *m* Backsteinfliese *f*

ladroagem *f* Raub *m*, Diebstahl *m*

lagar *m* (*de azeitonas*) Ölpresse *f*; (*de uvas*) Kelter *f*

lagarta *f* **1.** (ZOOL) Raupe *f* **2.** (MEC) Raupenkette *f*, Raupe *f*

lagartixa *f* Mauereidechse *f*

lagarto *m* Eidechse *f*

lago ['lagu] *m* See *m*; (*de jardim*) Teich *m*

lagoa *f* Lagune *f*

lagosta *f* Languste *f*

lagostim *m* Garnele *f*

lágrima *f* Träne *f*; ~**s de crocodilo** Krokodilstränen *pl*; **verter uma** ~ Tränen vergießen; **banhado em** ~**s** tränenüberströmt; **desfazer-se em** ~**s** bitterlich weinen

lagrimal *adj* v. **lacrimal**

lagrimejar *vi* Tränen vergießen

laia *f* **1.** (*maneira*) Art *f*; **à** ~ **de alemão** auf deutsche Art **2.** (*coloq: de pessoas*) Schlag *m*; **são os dois da mesma** ~ sie sind beide vom gleichen Schlag

laico, -a *m, f* Laie *m*

laje *f* Steinplatte *f*; (*de construção*) Betonplatte *f*

lajeado *m* **1.** (*pavimento*) Plattenbelag *m* **2.** (*superfície*) Steinfußboden *m*, Steinboden *m*

lama *f* Schlamm *m*, Matsch *m*; **arrastar (o nome de) alguém pela** ~ jdn durch den Dreck ziehen

lamaçal *m* Morast *m*, schlammige(s) Gelände *nt*

lamacento *adj* schlammig, morastig

lambada *f* **1.** (*bofetada*) Ohrfeige *f*; **dar/levar uma** ~ eine Ohrfeige geben/bekommen **2.** (MÚS) Lambada *f*

lambão, -ona **I.** *m, f* (*coloq*) Schleckermaul *nt*, Naschkatze *f* **II.** *adj* (*coloq*) naschhaft

lambareiro, -a **I.** *m, f* Leckermaul *nt* **II.** *adj* naschhaft

lambarice *f* **1.** (*gulodice*) Süßigkeit *f* **2.** (*gulodice*) Leckerei *f*

lambe-botas *m(f) inv* (*coloq*) Stiefellecker *m*, Schleimer *m*

lamber **I.** *vt* lecken, ablecken; ~ **os dedos/ beiços** die Finger ablecken/sich die Lippen lecken +*dat*; ~ **as botas a alguém** jdm die Stiefel lecken **II.** *vr* sich die Lippen lecken +*dat*

lambidela *f* Lecken *nt*; **dar uma** ~ **em a. c.** an etw lecken

lambido *adj* (*cabelo*) glatt

lambiscar *vt* (*coloq*) naschen, knabbern

lambisco *m* (*coloq*) Häppchen *nt*; **num** ~ im Nu

lambisgóia *f* Klatschbase *f*

lambreta *f* Motorroller *m*

lambril *m* Wandverkleidung *f*

lambuzar *vt* Fettflecken machen in

lamecha *adj* (*coloq: pessoa*) gefühlsduselig, rührselig; (*filme*) rührselig

lamela *f* Lamelle *f*

lamelado *adj* lamellenförmig

lamentar [lemẽ'tar] **I.** *vt* beklagen; (*ter pena*) bedauern; **lamento muito!** es tut mir sehr Leid! **II.** *vr* sich beklagen (*de* über), jammern (*de* über)

lamentável *adj* bedauernswert; (*lastimável*) beklagenswert

lamento [le'mẽtu] *m* Klagen *nt*, Wehklagen *nt*

lâmina *f* **1.** (*cortante*) Klinge *f*; ~ **de barbear** Rasierklinge *f* **2.** (*de metal*) Folie *f* **3.** (*de estore*) Lamelle *f* **4.** (*de microscópio*) Objektträger *m*

laminado *adj* (*metal*) gewalzt

laminar *vt* (*metal*) auswalzen, walzen

lâmpada ['lãmpede] *f* Lampe *f*; (*eléctrica*) Glühbirne *f*

lamparina *f* Lämpchen *nt*; (*de azeite*) Öllämpchen *nt*

L

lampeiro *adj* dreist, keck

lampejar *vi* **1.** (*luz*) aufblitzen, funkeln **2.** (*fogo*) Funken sprühen

lampião *m* **1.** (*de casa*) Laterne *f*; (*de rua*) Straßenlaterne *f* **2.** (*portátil*) Lampion *m*

lampreia *f* Neunauge *nt*

lamúria *f* Jammer *m*, Wehklage *f*

lamuriar-se *vr* jammern, wehklagen

lança *f* **1.** (*arma*) Lanze *f* **2.** (*de carruagem*) Deichsel *f*

lança-chamas *m* Flammenwerfer *m*

lançamento *m* **1.** (*de um objecto*) Werfen *nt*, Schleudern *nt* **2.** (DESP) Einwurf *m*; ~ **dardo** Speerwurf *m*; ~ **do disco** Diskuswerfen *nt*; ~ **do peso** Kugelstoßen *nt* **3.** (*de um foguetão*) Abschuss *m* **4.** (*de um produto*) Einführung *f*, Lancierung *f*; (*de disco, filme*) Vorstellung *f*; ~ **de impostos** Steuerveranlagung *f* **5.** (*de uma bomba*) Abwurf *m*

lançar I. *vt* (*um objecto*) werfen, schleudern; (DESP: *bola*) einwerfen; (*disco*) werfen; (*um foguetão*) abschießen; (*um produto*) auf den Markt bringen, lancieren; (*um disco, filme*) vorstellen; (*uma moda*) aufbringen; (*um imposto*) einführen; (*um boato*) in Umlauf bringen; (*uma bomba*) abwerfen; (INFORM: *dados*) eingeben II. *vr* sich stürzen (*para* in)

lanceta *f* Lanzette *f*

lancetar *vt* mit der Lanzette operieren

lancha ['lãʃe] *f* Motorboot *nt*

lanchar I. *vt* nachmittags essen, zwischendurch essen; **lanchei uma torrada** heute Nachmittag habe ich ein Toast gegessen II. *vi* einen Imbiss einnehmen, eine Kleinigkeit essen

lanche *m* (*à tarde*) Nachmittagskaffee *m*; (*refeição rápida*) Imbiss *m*

lancheira *f* Frischhaltedose *f*, Frühstücksdose *f*

lanchonete *f* (*brasil*) Schnellimbiss *m*, Imbissstand *m*

lancinante *adj* stechend

lanço *m* **1.** (*impulso*) Anlauf *m*, Schwung *m*; **ganhar/tomar** ~ Anlauf nehmen; **dar** ~ einen Schubs geben **2.** (*em leilão*) Gebot *nt* **3.** (*de estrada*) Abschnitt *m*; (*de casas*) Reihe *f*; ~ **de escadas** Treppenstufen *pl*

languidez *f* **1.** (*moleza*) Schlaffheit *f* **2.** (*definhamento*) Siechtum *nt*

lânguido *adj* **1.** (*mole*) schlaff **2.** (*debilitado*) schwach, geschwächt

lanifício *m* Wollprodukt *nt*; ~**s** Wollindustrie *f*

lanolina *f* (QUÍM) Lanolin *nt*, Wollfett *nt*

lanterna *f* Laterne *f*; (*de pilhas*) Taschenlampe *f*

lapa *f* **1.** (*de rochedo*) Felsenhöhle *f* **2.** (ZOOL) Napfschnecke *f* **3.** (*coloq: pessoa*) Klette *f*

lapada *f* (*coloq*) Ohrfeige *f*

lapela *f* (*de casaco*) Aufschlag *m*, Revers *nt*; (*de fraque*) Spiegel *m*

lapidagem *f* Edelsteinschleifen *nt*

lapidar I. *vt* (*pedras preciosas*) schleifen; (*aperfeiçoar*) ausfeilen, den letzten Schliff geben II. *adj* lapidar

lápide *f* Steintafel *f*; (*comemorativa*) Gedenkstein *m*, Gedenktafel *f*; (*tumular*) Grabstein *m*

lápis ['lapiʃ] *m* Bleistift *m*; ~ **de cor** Farbstift *m*; ~ **dos olhos** Kajalstift *m*

lapiseira *f* Drehbleistift *m*

lápis-lazúli *m* Lapislazuli *m*

Lapónia *f* Lappland *nt*

lapónio, -a I. *m*, *f* Lappländer, Lappländerin *m*, *f*, Lappe, Lappin *m*, *f* II. *adj* lappländisch, lappisch

lapso *m* **1.** (*descuido*) Lapsus *m*, Versehen *nt*; (*erro*) Irrtum *m*, Fehler *m*; ~ **de memória** lückenhafte Erinnerung; **por** ~ aus Versehen **2.** (*de tempo*) Zeitraum *m*

lar *m* Heim *nt*, Zuhause *nt*; ~ **de infância** Kinderheim *nt*; ~ **de terceira idade** Altersheim *nt*, Seniorenheim *nt*

laranja I. *f* Apfelsine *f*, Orange *f* II. *adj inv* orange, orangefarben

laranjada *f* Orangenlimonade *f*

laranjeira *f* Apfelsinenbaum *m*, Orangenbaum *m*

larápio *m* Gauner *m*, Langfinger *m*

lareira *f* Kamin *m*; **acender a** ~ den Kamin anzünden; **estar à** ~ am Kamin sitzen

larga *f* **à** ~ reichlich, großzügig; **dar** ~**s à imaginação** seiner Fantasie freien Lauf lassen

largada *f* (AERO) Abflug *m*; (NÁUT) Ablegen *nt*; (*em corrida*) Start *m*; **dar a** ~ das Startzeichen geben

largamente *adv* (*extensamente*) ausgiebig, in großem Umfang

largar I. *vt* (*soltar*) loslassen; (*deixar escapar*) ablassen; ~ **tinta** ausfärben II. *vi* (AERO) abfliegen; (NÁUT) auslaufen, ablegen

largo ['largu] I. *m* **1.** (*praça*) (kleiner) Platz

m **2.** (MÚS) Largo *nt* **3.** (NAÚT) hohe See *f,* Hochsee *f* **II.** *adj* **1.** (*no espaço*) breit; (*extenso*) weit, ausgedehnt **2.** (*temporal*) lang; ~**s anos/meses** viele Jahre/Monate lang **3.** (*grande*) groß; **largas quantidades de tecido** große Mengen Stoff; **a passos** ~ mit großen Schritten **4.** (*roupa*) groß, weit; **ficar** ~ **a alguém** jdm zu groß sein **5.** (*vasto*) umfangreich; **ter** ~**s conhecimentos de a. c.** umfangreiche Kenntnisse in etw haben

largura [lɐrˈgurɐ] *f* Breite *f;* (*extensão*) Weite *f,* Ausdehnung *f;* **ter um metro de** ~ einen Meter breit sein; **qual é a** ~ **da sala?** wie breit ist das Zimmer?

larica *f* **1.** (BOT) Trespe *f* **2.** (*coloq: fome*) Kohldampf *m*

laringe *f* Kehlkopf *m*

laringite *f* (MED) Kehlkopfentzündung *f*

laringologia *f* Laryngologie *f*

larva *f* Larve *f*

las *pron pl* sie; **para ouvi-**~ um sie zu hören

lasanha *f* (CUL) Lasagne *f*

lasca *f* (*de louça, madeira*) Splitter *m;* (*de madeira, metal*) Span *m*

lascado *adj* (*madeira*) gesplittert; (*louça*) gesprungen, zersprungen

lascar *vi* (*madeira*) splittern; (*louça*) zerspringen

lascivo *adj* lüstern, lasziv

laser *m* Laser *m*

lástima *f* Jammer *m;* **estar numa** ~ in einem jämmerlichen Zustand sein; **que** ~**!** was für ein Jammer!, wie schade!

lastimar **I.** *vt* bedauern **II.** *vr* klagen (*de* über), jammern (*de* wegen)

lastimável *adj* beklagenswert; (*lamentável*) bedauernswert

lastimoso *adj* klagend; (*voz*) kläglich, jämmerlich

lastro *m* Ballast *m*

lata [ˈlatɐ] *f* **1.** (*material*) Weißblech *nt* **2.** (*recipiente*) Blechdose *f,* Blechbüchse *f;* (*maior*) Kanister *m;* ~ **de conservas** Konservenbüchse *f* **3.** (*coloq: atrevimento*) Frechheit *f,* Dreistigkeit *f;* **ter muita** ~ frech sein; **ter a** ~ **de fazer a. c.** die Frechheit haben, etw zu tun

latão *m* Messing *nt*

latejar *vi* (*sangue*) klopfen, hämmern; **a cabeça lateja** in den Schläfen hämmert das Blut

latente *adj* latent

lateral [lɐtɐral] *adj* seitlich, Seiten ...

látex *m* Latex *m*

latido *m* Gebell *nt*

latifundiário, -a *m, f* Großgrundbesitzer, Großgrundbesitzerin *m, f*

latifúndio *m* Großgrundbesitz *m,* Latifundium *nt*

latim *m* Latein *nt;* **gastar o seu** ~ sich den Mund fusselig reden +*dat*

latino, -a **I.** *m, f* Latino, Latina *m, f* **II.** *adj* lateinisch, Latein ...; **América Latina** Lateinamerika *nt;* **língua latina** romanische Sprache

latino-americano *adj* lateinamerikanisch

latir *vi* bellen, kläffen

latitude *f* (GEOG) Breite *f*

lato *adj* (*extenso*) ausgedehnt; (*abrangente*) umfassend; **em sentido** ~ im weiteren Sinne

latrina *f* Latrine *f*

latrocínio *m* Raubüberfall *m*

láudano *m* (FARM) Laudanum *nt*

laudo *m* (DIR: *brasil*) Schiedsspruch *m*

lauto *adj* **1.** (*abundante*) üppig **2.** (*sumptuoso*) prächtig

lava [ˈlavɐ] *f* Lava *f*

lavabo *m* Toilette *f*

lavadeira *f* Wäscherin *f,* Waschfrau *f*

lavadela *f* (*roupa, cabelo*) kurze Wäsche *f;* (*chão, mesa*) Darüberwischen *nt;* (*louça*); **dar uma** ~ **a a. c.** etw abwaschen; (*roupa*) etw durchwaschen

lavado [lɐˈvadu] *adj* (*roupa*) gewaschen; (*louça*) gespült; ~ **em lágrimas** tränenüberströmt

lavadora *f* (*brasil*) Waschmaschine *f*

lavagante *m* (ZOOL) Hummer *m*

lavagem *f* **1.** (*acção de lavar*) Waschen *nt;* (*de louça*) Spülen *nt,* Abwaschen *nt;* ~ **automática** Waschanlage *f;* ~ **cerebral** Gehirnwäsche *f;* ~ **de dinheiro** Geldwäsche *f;* ~ **a seco** chemische Reinigung *f* **2.** (*para porcos*) Schweinefutter *nt*

lava-louça *m* Spüle *f*

lavanda *f* Lavendel *m*

lavandaria [lɐvɐndɐˈriɐ] *f* (*a seco*) Wäscherei *f,* Reinigung *f;* (*com máquinas de lavar*) Waschsalon *m*

lavar [lɐˈvar] **I.** *vt* (*a roupa, o cabelo*) waschen; (*a louça*) abwaschen, spülen; (*os dentes*) putzen; **pôr a. c. para** ~ etw in die Wäsche tun; (FOT) wässern **II.** *vr* sich waschen

lavatório [lɐvɐˈtɔrju] *m* Waschbecken *nt*

lavável *adj* waschbar, waschecht

L

lavoura f (AGR) Ackerbau m
lavrador, -eira m, f **1.** (camponês) Bauer m, Bäuerin f, Landwirt, Landwirtin m, f **2.** (proprietário) Landbesitzer, Landbesitzerin m, f
lavrar vt **1.** (a terra) bestellen, bebauen; (com charrua) pflügen **2.** (um documento) abfassen
laxante I. m (FARM) Abführmittel nt II. adj abführend
laxativo [leʃe'tivu] adj abführend
lazer m (descanso) Erholung f; (ócio) Muße f; **horas de** ~ Freizeit f, Mußestunden pl
lazulite f Lapislazuli m
LDA abrev de **limitada** beschränkt
leal adj treu (com), loyal (com gegenüber)
lealdade f Treue f (para com zu), Loyalität f
leão, leoa m, f (ZOOL) Löwe, Löwin m, f
Leão m (zodíaco) Löwe m
leão-marinho m Seelöwe m
lebre f (espécie, macho) Hase m; (fêmea) Häsin f
leccionar vi unterrichten
lecionar vi (brasil) v. **leccionar**
lecitina f (QUÍM) Lezithin nt
lectivo adj Schul ..., Unterrichts ...; (universidade) Lehr ...; **ano** ~ Schuljahr nt; (universidade) Studienjahr nt, Vorlesungszeit f
legação f (POL) Gesandtschaft f
legado m Vermächtnis nt; (DIR) Legat nt
legal adj **1.** (relativo a lei) gesetzlich **2.** (permitido por lei) legal, rechtmäßig **3.** (coloq brasil: pessoa, local) in Ordnung, nett; **está** ~ das ist in Ordnung
legalidade f Legalität f, Gesetzmäßigkeit f
legalização f Legalisierung f
legalizar vt legalisieren
legalmente adv gesetzmäßig, gesetzlich
legar vt vermachen, vererben
legatário, -a m, f Erbe, Erbin m, f; (DIR) Legatar, Legatarin m, f
legenda f **1.** (inscrição) Aufschrift f, Inschrift f **2.** (rótulo) Etikett nt **3.** (de figura) Bildunterschrift f; (de mapa) Legende f, Zeichenerklärung f **4.** (de filme) Untertitel m
legião f Legion f
legionário m Legionär m
legislação f Gesetzgebung f
legislador(a) m(f) Gesetzgeber, Gesetzgeberin m, f
legislar I. vt gesetzlich festlegen II. vi Gesetze erlassen

legislativo adj gesetzgebend; **o poder** ~ die gesetzgebende Gewalt, die Legislative
legislatura f Legislaturperiode f
legitimidade f Legitimität f, Rechtmäßigkeit f
legítimo adj **1.** (acto) rechtmäßig, legitim; **em legítima defesa** in Notwehr **2.** (filho) ehelich
legível adj leserlich
légua f (spanische) Meile f; ~ **marítima** (spanische) Seemeile f
legume m Gemüse nt
leguminosas fpl Hülsenfrüchte pl
leguminoso adj Hülsen ...
lei f Gesetz nt; ~ **natural** Naturgesetz nt; **cumprir a** ~ das Gesetz befolgen; **infringir/ violar uma** ~ ein Gesetz übertreten
leigo, -a I. m, f Laie m II. adj **1.** (ignorante) laienhaft, unwissend; **ser** ~ **em a. c.** nichts von etw verstehen, Laie auf einem Gebiet sein **2.** (sem ordens sacras) Laien ..., weltlich
leilão m Versteigerung f, Auktion f; **vender a. c. em** ~ etw versteigern
leiloar vt versteigern
leiloeiro, -a m, f Auktionator m, Versteigerer, Versteigerin m, f
leitão m Spanferkel nt
leitaria f Milch- und Käsegeschäft nt
leite ['leitə] m Milch f; ~ **coalhado** Dickmilch f; ~ **condensado** Kondensmilch f; ~ **magro** Magermilch f; ~ **meio-gordo** fettarme Milch; ~ **gordo** Vollmilch f; ~ **em pó** Milchpulver nt
leite-creme m (CUL) Art Pudding
leiteira f (brasil) Henkeltopf m
leiteria f (brasil) Milch- und Käsegeschäft m

Die sogenannten **leitos** sind in Brasilien Liege-Luxusbuse mit nur halb so vielen Sitzen, wie in den sonstigen Überlandbussen. Solche Busse werden häufig von einem Steward begleitet, sind sehr komfortabel und bis zu dreimal so teuer. Um die großen Entfernungen innerhalb Brasiliens zu überbrücken, sind leitos eine preiswerte und halbwegs bequeme Alternative zum Flugzeug. Bei den immens langen Strecken können die Fahrten allerdings entsprechend lange dauern: Rio - Salvador 28 h, Rio - Recife 38h und Rio - Belém 70h.

leitor(a)¹ [lei'tor] *m(f)* **1.** (*de texto, livro*) Leser, Leserin *m, f* **2.** (*professor*) Lektor, Lektorin *m, f*

leitor² *m* ~ **de cassetes** Kassettendeck *nt;* ~ **de CD** CD-Spieler *m;* ~ **de CD-ROM** CD-ROM-Laufwerk *nt*

leituga *f* (BOT) Lattich *m*

leitura *f* **1.** (*de um texto*) Lesen *nt*, Lektüre *f;* (*em voz alta*) Vorlesen *nt;* **dedicar-se à** ~ sich der Lektüre widmen **2.** (*electricidade, água*) Ablesen *nt;* **fazer a** ~ **do gás/de um código** den Gaszählerstand ablesen/einen Code einlesen

lema *m* **1.** (*divisa*) Motto *nt*, Devise *f* **2.** (MAT) Lemma *nt*, Hilfssatz *m* **3.** (*no dicionário*) Lemma *nt*

lembrança [lẽm'brãsə] *f* **1.** (*memória*) Erinnerung *f* **2.** (*prenda de alguém*) Andenken *nt;* (*de viagem*) Souvenir *nt*

lembrar **I.** *vt* erinnern; ~ **alguém de a. c.** jdn an etw erinnern; **fazer** ~ **a. c.** an etw erinnern **II.** *vi* einfallen; **isso não lembra a ninguém** so etwas fällt niemandem ein **III.** *vr* sich erinnern (*de* an); ~**-se de a. c.** sich an etw erinnern; (*para o futuro*) sich etw merken +*dat;* **lembrei-me agora** (**de repente**) **que ...** es ist mir gerade eingefallen, dass ...

leme *m* (AERO, NÁUT: *fig*) Ruder *nt*

lenço ['lẽsu] *m* Taschentuch *nt;* (*do pescoço*) Halstuch *nt;* (*da cabeça*) Kopftuch *nt;* ~ **de papel** Papiertaschentuch *nt*, Tempo® *nt*

lençol *m* **1.** (*de cama*) Betttuch *nt*, Laken *nt;* ~ **de banho** Badetuch *nt;* **estar em maus lençóis** in der Patsche sitzen, in Schwierigkeiten stecken **2.** (*superfície*) ~ **de água** große Pfütze *f*

lenda *f* Legende *f*, Sage *f*

lendário *adj* sagenhaft, legendär

lêndea *f* Nisse *f*

lengalenga *f* (coloq) Litanei *f*

lenha *f* Brennholz *nt;* **deitar** ~ **na fogueira** Öl ins Feuer gießen; **arranjar** ~ **para se queimar** sich ins eigene Fleisch schneiden

lenhador(a) *m(f)* (*que abate as árvores*) Holzfäller, Holzfällerin *m, f;* (*que corta a lenha*) Holzhacker, Holzhackerin *m, f*

leninismo *m* (POL) Leninismus *m*

lentamente *adv* langsam

lente *f* Linse *f;* (*dos óculos*) Glas *nt;* (*objectiva*) Objektiv *nt;* ~ **de aumento** Lupe *f*, Vergrößerungsglas *nt;* ~ **grande-angular** Weit-

winkelobjektiv *nt;* ~**s de conta(c)to** Kontaktlinsen *pl*

lentejoila *f v.* **lentejoula**

lentejoula *f* Pailette *f*

lenticular *adj* linsenförmig

lentidão *f* Langsamkeit *f;* (*de movimentos*) Trägheit *f;* (*de raciocínio*) Schwerfälligkeit *f*

lentilha *f* Linse *f*

lento ['lẽntu] *adj* langsam; (*nos movimentos*) träge; (*intelectualmente*) schwerfällig

leoa *f* Löwin *f*

leonino *adj* löwenartig, Löwen ...

leopardo *m* Leopard *m*

lépido *adj* flink, flott

leporino *adj* Hasen ..., hasenartig; **lábio** ~ Hasenscharte *f*

lepra *f* (MED) Lepra *f*

leproso *adj* (MED) leprös

leque *m* **1.** (*objecto*) Fächer *m* **2.** (*de produtos*) Palette *f;* **ter um grande** ~ **de escolha** eine große Auswahl haben

ler [ler] *vi* **1.** (*uma coisa escrita*) lesen; (*em voz alta*) vorlesen; (**não**) **saber** ~ (nicht) lesen können **2.** (*imaginar, interpretar*) deuten; ~ **a. c. nos olhos de alguém** jdm etw an den Augen ablesen; ~ **os pensamentos a alguém** jds Gedanken lesen **3.** (*um código*) ablesen

lerdo *adj* schwerfällig, plump

léria *f* Redeschwall *m*, leere(s) Geschwätz *nt;* **isso são** ~**s!** das ist Quatsch!

lero-lero *m* (*brasil*) Geschwätz *nt*

lés *abrev de* **leste** O (= Osten)

lesão *f* **1.** (*dano*) Schaden *m* **2.** (MED) Verletzung *f*

lesar *vt* schädigen

lésbica **I.** *f* Lesbe *f* **II.** *adj* lesbisch

lesionado *adj* (MED) verletzt

lesionar-se *vr* (MED) sich verletzen

lesma *f* **1.** (ZOOL) Nacktschnecke *f* **2.** (*pej: pessoa*) Lahmarsch *m*

leste ['lɜʃtə] *m* Osten *m;* (coloq); **estar a** ~ **de a. c.** nicht den leisesten Schimmer von etw haben

letal *adj* tödlich

letargia *f* Lethargie *f*

letárgico *adj* lethargisch

letivo *adj* (*brasil*) *v.* **lectivo**

Letónia *f* Lettland *nt*

letra *f* **1.** (*do alfabeto*) Buchstabe *m;* **à** ~ wörtlich; **levar a. c. à** ~ etw genau nehmen; (*texto, discurso*) etw wörtlich nehmen; **res-**

L

ponder à ~ eine passende Antwort geben; **com todas as** ~**s** ganz genau, wie es sich gehört **2.** (*escrita*) Schrift *f;* (*de pessoa*) Handschrift *f;* ~ **de imprensa** Druckschrift *f,* Druckbuchstaben *pl* **3.** (*de uma música*) Text *m* **4.** (ECON) ~ **de câmbio** Wechsel *m*

letrado, -a *m, f* Gelehrte

Letras *fpl* Geisteswissenschaften *pl;* **Faculdade de** ~ geisteswissenschaftliche Fakultät

letreiro *m* Schild *nt,* Aufschrift *f*

letria *f* (CUL: *coloq*) Fadennudeln *pl*

léu *adv* **ao** ~ bloß, nackt; **com as pernas ao** ~ mit bloßen Beinen

leucemia *f* (MED) Leukämie *f*

leucócito *m* Leukozyt *m,* weiße(s) Blutkörperchen *nt*

levado *adj* (*travesso*) ausgelassen

levantado *adj* **estar** ~ auf sein, aufgestanden sein

levantamento *m* **1.** (*acção de levantar*) Hochheben *nt;* (DESP); ~ **de pesos** Gewichtheben *nt* **2.** (*motim*) Aufstand *m,* Aufruhr *m* **3.** (*de dinheiro*) Abhebung *f* **4.** (*de embargo, bloqueio*) Aufhebung *f* **5.** (*em terreno*) ~ **topográfico** Vermessung *f*

levantar [ləvɐn'tar] **I.** *vt* **1.** (*um objecto, uma pessoa*) hochheben, heben; (*um pouco*) anheben; (*do chão*) aufheben; (*a mão, uma perna, a cabeça*) heben; (*o auscultador*) abnehmen, abheben; (*pó*) aufwirbeln **2.** (*pôr em pé*) aufrichten, aufstellen **3.** (*içar*) aufziehen, hissen; (NAÚT) ~ **ferro** den Anker lichten **4.** (*dinheiro*) abheben **5.** (*a voz*) erheben **6.** (*suscitar*) ~ **problemas** Steine in den Weg legen; ~ **dúvidas** etw in Zweifel ziehen **7.** (AERO) ~ **voo** abheben **8.** (*a moral*) stärken **II.** *vi* **1.** (*nevoeiro*) sich heben **2.** (*avião*) abheben **III.** *vr* **1.** (*da cama, do chão*) aufstehen **2.** (*vento*) aufkommen **3.** (*revoltar-se*) sich erheben (*contra* gegen)

levar [lə'var] **I.** *vt* **1.** (*objecto, pessoa*) transportieren, (hin)bringen; (*consigo*) mitnehmen; ~ **alguém a casa** jdn nach Hause bringen **2.** (*bofetada, injecção*) bekommen **3.** (*tempo*) brauchen, dauern **4.** (*a vida*) führen **5.** (*induzir*) verleiten; ~ **alguém a fazer a. c.** jdn dazu bringen, etw zu tun; **deixar-se** ~ sich verleiten lassen **6.** (*receber*) ~ **a. c. a bem** etw gut aufnehmen; ~ **a. c. a mal** etw übelnehmen; ~ **a. c. a sério** etw ernst nehmen **7.** (*coloq: enganar*) reinlegen **8.** (*realizar*) ~ **a. c. a cabo** etw durchführen, etw ver-

wirklichen **II.** *vi* **1.** (*conduzir*) ~ **a** führen zu **2.** (*coloq: apanhar*) was hinter die Ohren kriegen

leve ['lɛvə] *adj* **1.** (*peso, refeição, ferimento*) leicht; **tocar em a. c. ao de** ~ etw leicht berühren **2.** (*pecado*) lässlich

levedar *vi* (*massa*) aufgehen

levedura *f* Hefe *f,* Gärstoff *m;* ~ **de cerveja** Bierhefe *f*

leveza *f* Leichtigkeit *f*

leviandade *f* Leichtsinn *m,* Leichtfertigkeit *f*

leviano *adj* leichtsinnig, leichtfertig

levitação *f* Levitation *f*

levitar **I.** *vt* schweben lassen, zum Schweben bringen **II.** *vi* (in der Luft) schweben

lexema *m* (LING) Lexem *nt*

lexical *adj* lexikalisch

léxico *m* Wortschatz *m,* Vokabular *nt*

lexicografia *f* Lexikographie *f*

lexicógrafo, -a *m, f* Lexikograph, Lexikographin *m, f*

lexicologia *f* Lexikologie *f*

lezíria *f* Reisfeld *nt*

lha Zusammensetzung: pron lhe + pron a

lhe [ʎə] *pron* (*a ele*) ihm; (*a ela*) ihr; (*a si*) Ihnen

lhes [ʎəʃ] *pron pl* ihnen, Ihnen

lho Zusammensetzung: pron lhe + pron o

liamba *f* (BOT) Hanf *m*

liame *m* Bindung *f*

libanês, -esa **I.** *m, f* Libanese, Libanesin *m, f* **II.** *adj* libanesisch

Líbano *m* Libanon *m*

libelinha *f v.* **libélula**

libelo *m* (DIR) Anklageschrift *f*

libélula *f* (ZOOL) Libelle *f*

liberação *f* Befreiung *f* (*de* von)

liberal **I.** *m(f)* (POL) Liberale **II.** *adj* **1.** (*pessoa*) liberal **2.** (*profissão*) freiberuflich; **profissão** ~ freiberufliche Tätigkeit

liberalidade *f* Großzügigkeit *f;* (*educação, mentalidade*) Toleranz *f*

liberalismo *m* (POL) Liberalismus *m*

liberalização *f* Liberalisierung *f;* (*de drogas*) Freigabe *f*

liberalizar *vt* liberalisieren; (*as drogas*) freigeben

liberar *vt* befreien (*de* von), entbinden (*de* von)

liberdade *f* Freiheit *f;* (DIR) ~ **condicional** Strafaussetzung zur Bewährung; ~ **de culto** Religionsfreiheit *f;* ~ **de expressão** Redefreiheit *f;* ~ **de imprensa** Pressefreiheit *f;* **pôr alguém em** ~ jdn freilassen; **tomar a** ~ **de fazer a. c.** sich erlauben, etw zu tun + *dat*

Libéria *f* Liberia *nt*

liberiano, -a I. *m, f* Liberianer, Liberianerin *m, f* II. *adj* liberianisch

libertação *f* **1.** (*da prisão*) Entlassung *f;* (*de uma dificuldade*) Befreiung *f,* Rettung *f* **2.** (*de calor, energia*) Abgabe *f,* Ausströmen *nt*

libertar I. *vt* (*da prisão*) entlassen (*de* aus), freilassen; (*de uma dificuldade*) befreien (*de* aus), retten (*de* aus); (*calor, energia*) abgeben, ausströmen II. *vr* sich befreien (*de* von)

libertinagem *f* Zügellosigkeit *f,* Liederlichkeit *f*

libertino *adj* zügellos, ausschweifend

liberto I. *pp irr de* **libertar** II. *adj* (*da prisão*) entlassen; (*de uma dificuldade*) befreit, erlöst

Líbia *f* Libyen *nt*

libidinoso *adj* lüstern, wollüstig

libido *f* Trieb *m;* (PSIC) Libido *f*

líbio, -a I. *m, f* Libyer, Libyerin *m, f* II. *adj* libysch

libra *f* Pfund *nt;* ~ **esterlina** Pfund Sterling *nt*

libreto *m* Libretto *nt,* Textbuch *nt*

lição *f* **1.** (*aula*) Unterricht *m,* Unterrichtsstunde *f* **2.** (*unidade temática*) Lektion *f* **3.** (*ensinadela*) Lehre *f,* Lektion *f;* **servir de** ~ **a alguém** jdm eine Lehre sein; **dar uma** ~ **a alguém** jdm einen Denkzettel verpassen; **aprender a** ~ seine Lektion lernen

liceal *adj* Gymnasial ...

licença [li'sẽse] *f* **1.** (*permissão*) Erlaubnis *f;* **com** ~**!** (wenn) Sie gestatten!; **dá-me** ~**?** gestatten Sie?; **dar** ~ **a alguém para fazer a. c.** jdm etw gestatten/erlauben **2.** (*autorização oficial*) Bewilligung *f;* (*para construção*) Genehmigung *f;* (*para um negócio*) Lizenz *f;* ~ **de caça** Jagdschein *m;* ~ **de porte de arma** Waffenschein *m* **3.** (*do trabalho*) Urlaub *m,* Beurlaubung *f;* (*da tropa*) Ausgang *m;* ~ **de parto** Mutterschaftsurlaub *m;* (*do trabalho*)'; **estar de** ~ Urlaub haben; (*da tropa*) Ausgang haben; (*grávida*) im Mutterschutz sein

licenciado, -a I. *m, f* Hochschulabsolvent, Hochschulabsolventin *m, f* II. *adj* **1.** (*obra*) genehmigt, bewilligt **2.** (*pessoa*) graduiert; ~ **em direito** Jurist *m;* **sou** ~ **em medicina** ich habe Medizin studiert

licenciar-se *vr* Examen machen, das Studium beenden

licenciatura *f* Hochschulstudium *nt*

liceu *m* Gymnasium *nt*

licitação *f* Gebot *nt*

licitar *vt* versteigern

lícito *adj* **1.** (*legal*) gesetzlich zulässig, erlaubt **2.** (*legítimo*) legitim, rechtmäßig

licor *m* Likör *m*

lida *f* Arbeit *f;* ~ **da casa** Hausarbeit *f*

lidar *vi* ~ **com** umgehen mit

líder *m(f)* Führer, Führerin *m, f*

liderança *f* Führung *f*

liderar *vt* führen

lido *pp de* **ler**

liga *f* **1.** (*aliança*) Bund *m,* Bündnis *nt* **2.** (DESP) Liga *f;* **Liga dos Campeões** Champions League *f* **3.** (*de meias*) Strumpfband *nt* **4.** (QUÍM) Legierung *f;* ~ **leve** Leichtmetalllegierung *f*

ligação [lige'sãu] *f* **1.** (ELECTR) Anschluss *m;* ~ **à corrente** Netzanschluss *m;* ~ **à terra** Erdung *f* **2.** (*de transportes*) Anschluss *m* **3.** (TEL) Verbindung *f;* **fazer uma** ~ eine Verbindung herstellen **4.** (*entre pessoas*) Bindung *f* **5.** (*entre acontecimentos*) Verbindung *f;* **estabelecer uma** ~ eine Verbindung herstellen

ligado *adj* **1.** (*luz, aparelho*) eingeschaltet; (*coloq*) an **2.** (*com ligadura*) verbunden

ligadura [lige'dure] *f* (MED) Binde *f,* Verband *m*

ligamento *m* (ANAT) Band *nt*

ligar [li'gar] I. *vt* **1.** (*estabelecer ligação*) verbinden (*a* mit) **2.** (*atar*) binden (*a* an), festbinden (*a* an) **3.** (*um aparelho, a luz*) anschalten, einschalten; (*o carro*) anlassen **4.** (*à corrente, à Internet*) anschließen (*a* an) **5.** (QUÍM) legieren **6.** (TEL) verbinden (*com* mit) **7.** (*com ligadura*) verbinden II. *vi* **1.** (*coloq: telefonar*) anrufen (*a*) **2.** (*coloq: dar importância*) mit Eifer bei der Sache sein, toll finden; **ele não liga a isso** das lässt ihn völlig kalt; **ela não me liga nenhuma** sie lässt mich links liegen **3.** (QUÍM) sich verbinden

ligeireza *f* Behändigkeit *f,* Schnelligkeit *f*

ligeiro I. *adj* (*leve*) leicht; (*desembaraçado*) schnell, flink II. *adv* schnell

lignite *f* Braunkohle *f*

lilás [li'laʃ] I. *m* (*cor*) Lila *nt;* (BOT) Flieder *m* II. *adj inv* lila

liliputiano, -a I. *m, f* Liliputaner, Liliputanerin *m, f* **II.** *adj* liliputanisch

lima *f* **1.** (*instrumento*) Feile *f* **2.** (BOT) Limone *f,* Limette *f*

limalha *f* Metallspäne *pl*

limão [li'mãu] *m* Zitrone *f*

limar *vt* **1.** (*metal, madeira, unhas*) feilen **2.** (*aperfeiçoar*) ausfeilen; ~ **as arestas** den letzten Schliff geben

limbo *m* (REL) Limbus *m,* Vorhölle *f*

limiar *m* (*fig*) Schwelle *f;* **no** ~ **do século XXI** an der Schwelle zum 21. Jahrhundert

limitação *f* Begrenzung *f,* Beschränkung *f;* ~ **da velocidade** Geschwindigkeitsbeschränkung *f*

limitado *adj* beschränkt, begrenzt

limitar I. *vt* (*despesas*) beschränken; (*a liberdade*) einschränken; (*o tempo*) begrenzen; (*região, país*) begrenzen **II.** *vr* sich beschränken (*a* auf); ~-**se a fazer a. c.** sich darauf beschränken, etw zu tun

limite *m* Grenze *f;* ~ **de idade** Altersgrenze *f;* ~ **de velocidade** Tempolimit *nt;* **passar dos** ~**s** zu weit gehen

limítrofe *adj* angrenzend, Grenz ...

limo *m* **1.** (BOT) Grünalge *f* **2.** (*lodo*) Schlamm *m*

limoeiro *m* Zitronenbaum *m*

limonada *f* Limonade *f*

limpa-chaminés *m(f)* *inv* Schornsteinfeger, Schornsteinfegerin *m, f,* Kaminfeger, Kaminfegerin *m, f*

limpadela *f* **dar uma** ~ **a a. c.** etw abwischen

limpa-móveis *m* Möbelpolitur *f*

limpa-neve *m* Schneepflug *m*

limpa-pára-brisas *m* Scheibenwischer *m*

limpar [lĩm'par] **I.** *vt* säubern, reinigen; (*a casa, o chão*) putzen; (*a louça*) abtrocknen; (*pó, lágrimas, suor*) abwischen; ~ **a boca** (sich) den Mund abwischen +*dat;* ~ **a seco** chemisch reinigen **II.** *vi* (*tempo*) (sich) aufheitern, aufklaren

limpa-vidros *m* Fensterputzmittel *nt,* Glasreiniger *m*

limpeza [lĩm'peze] *f* **1.** (*estado*) Sauberkeit *f* **2.** (*processo*) Putzen *nt,* Reinigung *f;* **fazer** ~ **a a. c.** etw putzen, sauber machen; ~ **a seco** chemische Reinigung *f;* ~ **de pele** Peeling *nt*

limpidez *f* Klarheit *f;* (*transparência*) Durchsichtigkeit *f*

límpido *adj* klar; (*transparente*) durchsichtig

limpo ['lĩmpu] **I.** *pp irr de* **limpar II.** *adj* **1.** (*sem sujidade*) sauber; (*ar*) rein; **passar a. c. a** ~ etw ins Reine schreiben; **tirar a. c. a** ~ etw aufklären **2.** (*céu*) wolkenlos, klar **3.** (*consciência*) rein; (*reputação*) gut **4.** (ECON: *líquido*) netto; **100.000 euros** ~**s** 100.000 Euro netto

limusine *f* Limousine *f*

lince *m* Luchs *m*

linchamento *m* Lynchjustiz *f*

linchar *vt* lynchen

lindeza *f* Schönheit *f*

lindo ['lĩndu] *adj* wunderschön, herrlich

linear *adj* **1.** (*relativo a linhas*) Linien ... **2.** (MAT, PHYS) linear

linfa *f* Lymphe *f*

linfático *adj* lymphatisch, Lymph ...

lingerie *f* Unterwäsche *f*

lingote *m* Barren *m*

língua ['lĩŋgwe] *f* **1.** (*idioma*) Sprache *f;* ~ **estrangeira** Fremdsprache *f;* ~ **materna** Muttersprache *f;* **falar várias** ~**s** mehrere Sprachen sprechen **2.** (ANAT) Zunge *f;* **pôr a** ~ **de fora** die Zunge herausstrecken; **ter a. c. debaixo da** ~ etw auf der Zunge haben; **saber a. c. na ponta da** ~ etw aus dem Effeff können; **dar à** ~ schwatzen, tratschen; **dar com a** ~ **nos dentes** etw ausplaudern

linguado [lĩŋ'gwadu] *m* **1.** (ZOOL) Seezunge *f* **2.** (*coloq: beijo*) Zungenkuss *m*

linguafone *m* Kassettengerät *nt,* Kassettenspieler *m*

linguagem *f* Sprache *f;* ~ **gestual** Zeichensprache *f;* (INFORM); ~ **de programação** Programmiersprache *f*

linguareiro, -a *m, f* v. **linguarudo**

linguarudo, -a *m, f* Klatschbase *f,* Tratschweib *nt*

lingueta *f* **1.** (*de balança*) Zünglein *nt* **2.** (*de sapato*) Lasche *f,* Zunge *f*

linguiça *f* dünne Wurst *f*

linguista *m(f)* Linguist, Linguistin *m, f,* Sprachwissenschaftler, Sprachwissenschaftlerin *m, f*

lingüista *m(f)* (*brasil*) v. **linguista**

linguística *f* Linguistik *f,* Sprachwissenschaft *f;* ~ **comparada** Vergleichende Sprachwissenschaft

lingüística *f* (*brasil*) v. **linguística**

linguístico *adj* (*relativo à língua*) sprachlich; (*relativo à linguística*) sprachwissenschaftlich, linguistisch

lingüístico *adj* (*brasil*) *v.* **linguístico**
linha ['liɲe] *f* **1.** (*traço*) Linie *f;* ~ **em zigue zague** Zickzacklinie *f;* ~**s aerodinâmicas** Stromlinienform *f;* **em** ~ **re(c)ta** geradewegs **2.** (*fila*) Reihe *f;* ~ **de montagem** Fließband *nt* **3.** (*de texto*) Zeile *f* **4.** (*de coser*) Faden *m,* Garn *nt* **5.** (TEL) Leitung *f;* **estar em** ~ in der Leitung sein **6.** (*de pesca*) Angelschnur *f* **7.** (*de comboio*) Strecke *f,* Linie *f* **8.** (*física*) Figur *f;* **manter a** ~ auf die (schlanke) Linie achten **9.** (*de comportamento*) Haltung *f;* **manter alguém na** ~ jdn an der kurzen Leine haben
linhaça *f* **1.** (*semente*) Leinsamen *m* **2.** (*óleo*) Leinöl *nt*
linhagem *f* Abstammung *f,* Herkunft *f*
linho *m* **1.** (BOT) Flachs *m* **2.** (*tecido*) Leinen *nt*
linifícios *m* Leinenwaren *pl,* Weißwaren *pl*
linóleo *m* Linoleum *nt*
liofilização *f* Gefriertrocknung *f*
liofilizado *adj* gefriergetrocknet
lípido *m* (BIOL, CHEM) Lipoid *nt*
lipo-aspiração *f* (MED) Fettabsaugung *f;* **fazer uma** ~ Fett absaugen lassen
lipoma *m* (MED) Fettgeschwulst *f*
liquefacção *f* Verflüssigung *f*
liquefazer **I.** *vt* verflüssigen **II.** *vr* sich verflüssigen, flüssig werden
liquefeito **I.** *pp de* **liquefazer** **II.** *adj* flüssig
líquen *m* (BOT, MED) Flechte *f*
liquidação *f* **1.** (*de uma dívida*) Tilgung *f,* Abzahlung *f;* (*de conta bancária*) Auflösung *f* **2.** (*de contas*) Begleichung *f* **3.** (*em loja*) Ausverkauf *m;* ~ **total** Totalausverkauf *m,* Räumungsverkauf *m* **4.** (*extermínio*) Liquidierung *f,* Tötung *f*
liquidar *vt* **1.** (*uma dívida*) tilgen, liquidieren; (*uma conta bancária*) auflösen **2.** (*as contas*) begleichen **3.** (*matar*) töten, liquidieren
liquidez *f* **1.** (*de líquido*) Flüssigkeit *f* **2.** (ECON) Liquidität *f*
liquidificador *m* Saftzentrifuge *f*
liquidificar **I.** *vt* verflüssigen **II.** *vi* sich verflüssigen, flüssig werden
líquido ['likidu] **I.** *m* Flüssigkeit *f* **II.** *adj* **1.** (*estado*) flüssig **2.** (ECON) liquid, Netto ...; **ordenado** ~ Nettolohn *m;* **peso** ~ Nettogewicht *nt*
lira *f* **1.** (MÚS) Leier *f* **2.** (*moeda*) Lira *f*

lírica *f* Lyrik *f*
lírico, -a **I.** *m, f* Lyriker, Lyrikerin *m, f* **II.** *adj* lyrisch
lírio *m* Lilie *f*
lírio-d'água *m* Wasserlilie *f*
lírio-do-vale *m* Maiglöckchen *nt*
lirismo *m* Lyrik *f*
lis *f* Lilie *f*
Lisboa *f* Lissabon *nt*
lisboeta **I.** *m(f)* Lissabonner, Lissabonnerin *m, f* **II.** *adj* aus Lissabon, Lissabonner
liso *adj* **1.** (*superfície*) glatt, eben **2.** (*cabelo*) glatt **3.** (*unicolor*) einfarbig **4.** (*folha*) unliniert **5.** (*coloq: sem dinheiro*) pleite, blank
lisonja *f* Schmeichelei *f*
lisonjear *vt* schmeicheln
lisonjeiro *adj* schmeichelhaft, schmeichelnd
lista ['liʃte] *f* **1.** (*rol*) Liste *f,* Verzeichnis *nt;* ~ **de espera** Warteliste *f;* ~ **telefónica** Telefonbuch *nt;* **estar na** ~ (**negra**) auf der (schwarzen) Liste stehen **2.** (*ementa*) Speisekarte *f;* ~ **dos vinhos** Weinkarte *f;* **à** ~ nach der Karte, à la carte **3.** (*listra*) Streifen *m*
listado *adj* gestreift
listagem *f* (INFORM) Auflistung *f,* Liste *f*
listel *m* (ARQ) Leiste *f*
listra *f* Streifen *m*
listrado *adj* gestreift
lisura *f* Glätte *f*
litania *f* Litanei *f*
liteira *f* Sänfte *f*
literal *adj* wörtlich; (*fig*) buchstäblich; **tradução** ~ wörtliche Übersetzung
literalmente *adv* wörtlich; (*fig*) buchstäblich; **traduzir a. c.** ~ etw wörtlich übersetzen; **ela foi** ~ **expulsa** sie wurde buchstäblich hinausgeworfen
literário *adj* literarisch
literato, -a *m, f* Literat, Literatin *m, f,* Schriftsteller, Schriftstellerin *m, f*
literatura *f* Literatur *f*
litigante *m(f)* (DIR) Prozessteilnehmer, Prozessteilnehmerin *m, f,* Prozessführende
litigar *vt* (DIR) prozessieren um, einen Prozess führen um
litígio *m* (DIR) Prozess *m*
litigioso *adj* (DIR) strittig, Streit ...; **separação litigiosa** Scheidung mit Gerichtsprozess
litografia [litugrɐ'fie] *f* Lithographie *f*
litologia *f* (GEOL) Gesteinskunde *f*
litoral **I.** *m* Küstengebiet *nt,* Küste *f* **II.** *adj* Küsten ...

L

litosfera *f* (GEOL) Lithosphäre *f*

litro ['litru] *m* Liter *m;* **um** ~ **de água** ein Liter Wasser; **meio** ~ ein halber Liter; ~ **e meio** eineinhalb Liter; **é-me igual ao** ~ das ist mir egal

Lituânia *f* Litauen *nt*

lituano, -a I. *m, f* Litauer, Litauerin *m, f* II. *adj* litauisch

liturgia *f* Liturgie *f*

litúrgico *adj* liturgisch

lividez *f* Blässe *f*

lívido *adj* blass, bleich

livrança *f* (ECON) Schuldschein *m*

livrar I. *vt* 1. (*libertar*) befreien (*de* von); (*salvar*) retten (*de* aus) 2. (*preservar*) bewahren (*de* vor); **Deus me livre!** Gott bewahre! II. *vr* 1. (*libertar-se*) sich befreien (*de* von) 2. (*escapar*) herumkommen (*de* um) 3. (*desembaraçar-se*) sich entledigen (*de*), loswerden (*de*); ~-**se de alguém/a. c.** jdn/etw loswerden

livraria [livre'riɐ] *f* Buchhandlung *f*

livre ['livrə] I. *m* (DESP) Freistoß *m* II. *adj* 1. (*com liberdade, desocupado*) frei; **ao ar** ~ im Freien; ~ **arbítrio** Willensfreiheit *f;* **de** ~ **vontade** aus freiem Willen; **ter um dia** ~ einen freien Tag haben 2. (*não comprometido*) unverheiratet, ledig 3. (*isento*) ~ **de impostos** steuerfrei; ~ **de preconceitos** vorurteilsfrei; **entrada** ~ freier Eintritt

livre-câmbio *m* Freihandel *m*

livreiro, -a *m, f* Buchhändler, Buchhändlerin *m, f*

livremente *adv* frei; **circular** ~ sich frei bewegen

livrete *m* (*de automóvel*) Fahrzeugschein *m*

livro ['livru] *m* Buch *nt;* ~ **de bolso** Taschenbuch *nt;* ~ **de cheques** Scheckheft *nt;* ~ **de instruções** Gebrauchsanleitung *f;* ~ **de receitas** Rezeptbuch *nt;* ~ **de reclamações** Beschwerdebuch *nt;* **ser um** ~ **aberto** mit offenen Karten spielen

lixa *f* 1. (*material*) Sandpapier *nt,* Schmirgelpapier *nt;* (*brasil*); ~ **de unhas** Nagelfeile *f* 2. (ZOOL) Katzenhai *m*

lixar I. *vt* (*com lixa*) schmirgeln, abschmirgeln; (*coloq: prejudicar*) linken, verarschen II. *vr* in den Arsch gekniffen sein, die Arschkarte haben; **vai-te** ~! geh zum Teufel!, hau ab!

lixeira *f* Müllplatz *m,* Mülldeponie *f*

lixeiro *m* Müllwerker *m;* (*coloq*) Müllmann *m*

lixívia *f* 1. (*para lavar*) Waschlauge *f;* **pôr a. c. em** ~ etw einweichen 2. (QUÍM) Lauge *f*

lixo ['liʃu] *m* Müll *m,* Abfall *m;* ~ **atómico/ nuclear** Atommüll *m;* ~ **orgânico** Biomüll *m;* ~ **radioa(c)tivo** radioaktiver Abfall; **separar o** ~ den Müll trennen

lo *pron* *m* ihn, es, sie; **o Mário canta; estás a ouvi-?** Mario singt; hörst du ihn?; **conheces este livro? Vou comprá-~** kennst du dieses Buch? Ich werde es kaufen; **gostas deste casaco? Vou experimentá-~** gefällt dir diese Jacke? Ich werde sie anprobieren

ló *m* (NÁUT) Luv *f*

lobby *m* Lobby *f*

lobisomem *m* Werwolf *m*

lobo¹ *m* (ANAT: *do pulmão*) Lappen *m,* Flügel *m;* ~ **da orelha** Ohrläppchen *nt*

lobo, -a² *m, f* (ZOOL) Wolf *m,* Wölfin *f*

lobo-marinho *m* Seehund *m*

lóbulo *m* 1. (ANAT: *do fígado*) Lappen *m* 2. (BOT) Läppchen *nt*

locação *f* Vermietung *f*

local [lu'kal] I. *m* Ort *m,* Stelle *f;* ~ **de trabalho** Arbeitsplatz *m;* ~ **de nascimento** Geburtsort *m* II. *adj* lokal, örtlich; **anestesia** ~ Lokalanästhesie *f*

localidade *f* Ortschaft *f,* Ort *m*

localização *f* 1. (*acção de localizar*) Lokalisierung *f* 2. (*local*) Standort *m*

localizado *adj* **estar bem/mal** ~ gut/ schlecht gelegen sein

localizar *vt* lokalisieren, ausfindig machen

loção *f* Lotion *f*

locatário, -a *m, f* Mieter, Mieterin *m, f*

lock-out *m* Aussperrung *f*

locomoção *f* Fortbewegung *f*

locomotiva *f* Lokomotive *f*

locomotor *adj* treibend, antreibend

locutor(a) *m(f)* Sprecher, Sprecherin *m, f*

lodaçal *m* Morast *m,* schlammige(s) Gelände *nt*

lódão *m* (BOT) Lotos *m*

lodo *m* Schlamm *m,* Matsch *m*

logaritmo *m* (MAT) Logarithmus *m*

lógica *f* Logik *f;* **ter** ~ logisch sein

lógico *adj* logisch

logística *f* Logistik *f*

logístico *adj* logistisch

logo ['lɔgu] I. *adv* (*em seguida*) gleich, sofort; ~ **a seguir** gleich darauf; ~ **à primeira** auf Anhieb; (*mais tarde*) nachher, später; **até** ~! bis später!; (*justamente*); ~ **agora** ausgerechnet jetzt; ~ **ele!** ausgerechnet er! **II.** *konj* also, folglich; ~ **que** +*conj* sobald; ~ **que seja possível** so bald wie möglich

logotipo *m* Emblem *nt;* (*de empresa*) Firmenzeichen *nt*

lograr I. *vt* (*alcançar*) erreichen; (*obter*) erringen; (*enganar*) betrügen **II.** *vi* gelingen

logro *m* (*engano*) Betrug *m*

loiça *f v.* **louça**

loiro, -a *m, f v.* **louro, -a**

loisa *f v.* **lousa**

loja *f* Laden *m,* Geschäft *nt;* ~ **duty-free/ franca** Duty-free-Shop *m;* ~ **de produtos naturais** Reformhaus *nt,* Bioladen *m;* **abrir uma** ~ ein Geschäft eröffnen

lojista *m(f)* Ladenbesitzer, Ladenbesitzerin *m, f,* Geschäftsinhaber, Geschäftsinhaberin *m, f*

lomba *f* (*na estrada*) Anhöhe *f;* (*de monte*) Bergrücken *m*

lombada *f* (*de livro*) Buchrücken *m*

lombar *adj* Lenden ...

lombinho *m* (CUL) Lendenstück *nt,* Lende *f*

lombo *m* **1.** (*de animal*) Rücken *m* **2.** (CUL) Lende *f*

lombriga *f* Ringelwurm *m* (MED) Spulwurm *m*

lona *f* Segeltuch *nt;* (*coloq*); **estar nas ~s** kaum noch Kohle haben

Londres *f* London *nt*

londrino, -a I. *m, f* Londoner, Londonerin *m, f* **II.** *adj* Londoner, aus London

longa-metragem *f* (CIN) Spielfilm *m*

longe ['lɔʒə] *adv* weit, weit entfernt; ~ **de** weit entfernt von; **ao** ~ in der Ferne; **de** ~ aus der Ferne, von weitem; (*fig*) mit Abstand; **ela é de** ~ **a melhor** sie ist mit Abstand die Beste; **ir** ~ **demais** zu weit gehen; ~ **de mim tal ideia!** so etwas kommt mir nicht in den Sinn!

longevidade *f* Langlebigkeit *f*

longevo *adj* alt, betagt

longínquo *adj* (*local*) fern, entfernt; (*temporal*) fern

longitude *f* (GEOG) Länge *f*

longitudinal *adj* Längen ..., Längs ...

longo ['lɔ̃ŋgu] *adj* **1.** (*em tamanho*) lang **2.** (*discurso*) lang; (*trabalho*) langwierig; (*caminho, viagem*) weit, lang

lontra *f* Otter *m*

looping *m* Looping *m, nt*

lorde *m* Lord *m;* (POL); **câmara dos ~s** Oberhaus *nt*

lorpa I. *m(f)* (*pej*) Depp *m,* Tölpel *m* **II.** *adj* (*pej*) tölpelhaft, blöd

losango *m* Raute *f*

lota *f* Fischauktion *f*

lotação *f* (*de recinto, autocarro*) Kapazität *f,* Anzahl der Plätze *f;* **com a ~ esgotada** ausverkauft

lotado *adj* (*cinema, teatro*) ausverkauft

lotaria *f* Lotterie *f;* **jogar/ganhar na** ~ in der Lotterie spielen/gewinnen

lote *m* **1.** (*de terreno*) Parzelle *f* **2.** (*de mercadoria*) Posten *m* **3.** (*de café*) Sorte *f*

lotear *vt* (*um terreno*) parzellieren

loteria *f* (*brasil*) *v.* **lotaria**

loto *m* Lotto *nt*

louça ['losɐ] *f* **1.** (*de cozinha*) Geschirr *nt;* ~ **de barro** Steingut *nt;* **lavar/limpar a** ~ das Geschirr abwaschen/abtrocknen **2.** (*de casa-de-banho*) Sanitärkeramik *f*

louco, -a ['loku] **I.** *m, f* Verrückte; (*demente*) Irrsinnige **II.** *adj* **1.** (*pessoa*) verrückt (*por* nach); (*demente*) irrsinnig **2.** (*sucesso*) wahnsinnig, irrsinnig

loucura *f* Verrücktheit *f,* Wahnsinn *m;* (*demência*) Irrsinn *m;* **isso é uma ~!** das ist der reine Wahnsinn!

louro, -a¹ ['loru] **I.** *m, f* Blonde, Blondine *f* **II.** *adj* (*pessoa, cabelo*) blond

louro² *m* (BOT) Lorbeer *m;* **ficar com os ~s** die Lorbeeren ernten

lousa *f* **1.** (*material*) Schiefer *m* **2.** (*pedra tumular*) Grabstein *m*

louva-a-deus *m* (ZOOL) Gottesanbeterin *f*

louvar *vt* loben, preisen

louvável *adj* lobenswert

louvor *m* Lob *nt*

lua ['luɐ] *f* Mond *m;* ~ **cheia** Vollmond *m;* ~ **nova** Neumond *m;* **andar na** ~ in den Wolken schweben; **ser de ~s** launisch sein

lua-de-mel *f* Flitterwochen *pl;* **estar em** ~ in den Flitterwochen sein; **ir de** ~ in die Flitterwochen fahren

luar *m* Mondschein *m*

lubrificação *f* Schmieren *nt*

lubrificante I. *m* Schmiermittel *nt,* Schmiere *f* **II.** *adj* Schmier ...

lubrificar *vt* schmieren, einschmieren

lucidez *f* (PSIC) Klarheit des Verstandes *f;* **momento de** ~ heller/klarer Augenblick

lúcido *adj* (PSIC) bei klarem Verstand

lúcio *m* (ZOOL) Hecht *m*

lucrar I. *vt* einbringen **II.** *vi* profitieren (*com*

L

von), Nutzen ziehen (*com* aus)

lucrativo *adj* **1.** (*financeiramente*) einträglich, Gewinn bringend **2.** (*vantajoso*) vorteilhaft

lucro *m* **1.** (*financeiro*) Gewinn *m,* Profit *m;* **dar ~** Gewinn bringen **2.** (*proveito*)Nutzen *m*

ludibriar *vt* beschwindeln; (*enganar*) betrügen

lúdico *adj* Spiel ..., spielerisch

lufada *f* Windstoß *m*

lufa-lufa *f* Hetzerei *f,* Hetze *f;* **andar numa ~** ununterbrochen arbeiten

lugar [lu'gar] *m* **1.** (*sítio*) Platz *m,* Ort *m; ~* **de pé** Stehplatz *m; ~* **sentado** Sitzplatz *m;* **em ~ de** statt, anstatt; **estar fora do ~** fehl am Platz sein; **dar o ~ a alguém** jdm seinen Platz anbieten **2.** (*ordenação*) Stelle *f;* **em primeiro ~** an erster Stelle, erstens **3.** (*emprego, situação*)Stelle *f;* **no teu ~, não faria isso** an deiner Stelle würde ich das nicht tun; **põe-te no meu ~** versetz dich einmal in meine Lage **4.** (*ocasião*) **dar ~ a** Anlass geben zu; **ter ~** stattfinden

lugar-comum *m* Gemeinplatz *m*

lugarejo *m* Kaff *nt*

lugar-tenente *m* Stellvertreter *m*

lugre *m* (NAÚT) Logger *m*

lúgubre *adj* düster, finster

lula *f* Tintenfisch *m*

lumbago [lŏm'bagu] *m* Hexenschuss *m*

lume *m* Feuer *nt;* **fazer ~** Feuer machen; **tem ~?** haben Sie Feuer?

lúmen *m* (FÍS) Lumen *nt*

luminosidade *f* **1.** (*claridade*) Helligkeit *f* **2.** (*intensidade da luz*) Leuchtkraft *f*

luminoso *adj* **1.** (*sala*) hell **2.** (*que ilumina*) leuchtend; (*brilhante*) strahlend, glänzend; **reclame ~** Leuchtreklame *f;* **ter uma ideia luminosa** eine glänzende Idee haben **3.** (*referente a luz*) Licht ...

lunar *adj* Mond ...

lunático, -a **I.** *m, f* Geistesgestörte, Wahnsinnige **II.** *adj* geistesgestört, wahnsinnig

luneta *f* Brille *f; ~s* Kneifer *m*

lupa *f* Lupe *f*

lúpulo *m* (BOT) Hopfen *m*

lúpus *m* (MED) Lupus *m*

lusco-fusco *m* Abenddämmerung *f*

lusitano, -a **I.** *m, f* Portugiese, Portugiesin *m, f* **II.** *adj* portugiesisch, lusitanisch

luso *adj* portugiesisch, lusitanisch

luso-alemão *adj* deutsch-portugiesisch

luso-brasileiro *adj* portugiesisch-brasilianisch

lustre *m* **1.** (*brilho*) Glanz *m;* **dar ~ a a. c.** etw polieren **2.** (*candelabro*)Kronleuchter *m*

lustro *m* (*coloq*) *v.* **lustre**

lustroso *adj* glänzend

luta *f* Kampf *m* (*por* für, *contra* gegen); (DESP); **~ livre** Freistilringen *nt; ~* **pela sobrevivência** Überlebenskampf *m*

lutador(a) *m(f)* Kämpfer, Kämpferin *m, f*

lutar *vi* kämpfen (*com* gegen, *por* um, *contra* gegen)

luteranismo *m* Luthertum *nt*

luterano, -a **I.** *m, f* Lutheraner, Lutheranerin *m, f* **II.** *adj* lutherisch, lutheranisch

luto *m* Trauer *f; ~* **nacional** Staatstrauer *f;* **estar de ~** Trauer tragen; **estar de ~ por alguém** um jdn trauern; **pôr ~** Trauer anlegen

luva *f* **1.** (*para as mãos*) Handschuh *m; ~* **de borracha** Gummihandschuh *m;* **calçar uma ~** einen Handschuh anziehen; **assentar a alguém como uma ~** jdm wie angegossen sitzen **2.** (*coloq: suborno*) Schmiergeld *nt;* **ele aceita ~s** ihn kann man schmieren

luxação *f* (MED) Verrenkung *f*

Luxemburgo *m* Luxemburg *nt*

luxemburguês, -esa **I.** *m, f* Luxemburger, Luxemburgerin *m, f* **II.** *adj* luxemburgisch

luxo *m* Luxus *m;* **de ~** luxuriös; **dar-se ao ~ de fazer a. c.** sich den Luxus leisten, etw zu tun + *dat*

luxuoso [lu'ʃwozu] *adj* luxuriös

luxúria *f* Wollust *f,* Lüsternheit *f*

luz [luʃ] *f* Licht *nt;* (*electricidade*) Strom *m; ~* **do dia** Tageslicht *nt;* **acender/apagar a ~** das Licht anmachen/ausmachen; (*fig*); **à ~ de** im Lichte; **à meia ~** im Halbdunkel; **não ter ~ em casa** keinen Stromanschluss im Haus haben; **dar ~ verde a alguém** jdm grünes Licht geben; **ser a ~ dos olhos de alguém** jds Augapfel sein

luzes *fpl* **1.** (*noções*) Wissen *nt; ~* **ter umas ~ de a. c.** ein bisschen Ahnung von etw haben **2.** (*do automóvel*) Beleuchtung *f;* **dar sinais de ~** die Lichthupe betätigen

luzidio *adj* glänzend, strahlend

luzir *vi* leuchten, strahlen

lycra *f* Lycra *nt*

M

M, m [ˈʒmə] *m* M, m *nt*
ma *v.* **me**
má *f de* **mau**
maca *f* Tragbahre *f*
maçã *f* Apfel *m;* ~ **do rosto** Backenknochen *m*
macabro *adj* makaber
macacada *f* Blödsinn *m,* Unsinn *m*
macacão *m* Overall *m*
macaco, -a¹ [məˈkaku] *m, f* (ZOOL) Affe *m,* Äffin *f*
macaco² *m* (*para automóvel*) Wagenheber *m*
maçada *f* Plackerei *f,* Schufterei *f; que* ~! ist das nervig!
macadame *m* Makadam *m*
maçã-de-adão *f* Adamsapfel *m*
maçador [mɐseˈdor] *adj* nervig, langweilig
macaense I. *m(f)* Einwohner , Einwohnerin von Macau *m* II. *adj* aus Macau
macambúzio *adj* 1. (*carrancudo*) griesgrämig, mürrisch 2. (*tristonho*) traurig, niedergeschlagen
maçaneta *f* 1. (*de porta*) Klinke *f;* (*redonda*) Knauf *m* 2. (*de bombo*) Schlegel *m*
maçante *adj* (*brasil*) nervig, langweilig
mação *m* Freimaurer *m*
maçapão *m* Marzipan *nt*
macaquice *f* Faxen *pl,* Quatsch *m*
macaquinhos *mpl* (*coloq*) **ter** ~ **no sótão** einen Vogel haben
maçar *vt* 1. (*importunar*) belästigen; (*coloq*) nerven 2. (*aborrecer*) langweilen
maçarico¹ *m* 1. (*de chama*) Schweißbrenner *m* 2. (ZOOL) Eisvogel *m*
maçarico, -a² *m, f* (*coloq: pessoa*) Anfänger, Anfängerin *m, f*
macarrão *m* Makkaroni *pl*
Macau *m* Macau *nt*
Macedónia *f* Mazedonien *nt,* Makedonien *nt*
maceração *f* 1. (*em líquido*) Einweichung *f,* Aufweichung *f* 2. (*com penitências*) Kasteiung *f*
macerar *vt* 1. (*em líquido*) einweichen, aufweichen 2. (*com penitências*) kasteien

macete *m* (*brasil*) Kniff *m,* Trick *m*
machadada *f* Beilhieb *m,* Axthieb *m;* **dar uma** ~ **em alguém/a. c.** jdm einen Axthieb verpassen/etw mit der Axt zerschlagen
machado *m* Axt *f,* Beil *nt*
machão *m* Macho *m*
machete *m* Buschmesser *nt*
machista I. *m* Macho *m* II. *adj* Macho ..., chauvinistisch
macho I. *m* (ZOOL: *sexo masculino*) Männchen *nt;* (*animal cruzado*) Maulesel *m;* (*para roscas*) Gewindebohrer *m* II. *adj* männlich
machucar I. *vt* 1. (*ferir*) verwunden 2. (*fig brasil: magoar*) verletzen II. *vr* 1. (*ferir-se*) sich verletzen 2. (*fig brasil: magoar-se*) verletzt sein
maciço I. *m* (*montanhas*) Massiv *nt* II. *adj* massiv
macieira *f* Apfelbaum *m*
macilento *adj* bleich; (*rosto*) eingefallen
macio [mɐˈsiu] *adj* (*objecto, tecido, pele, cabelo*) weich; (*voz*) sanft
maço *m* 1. (*de cigarros*) Schachtel *f,* Päckchen *nt* 2. (*de notas, folhas*) Bündel *nt* 3. (*martelo*) Holzhammer *m;* (*de calceteiro*) Stampfe *f*
maçom *m* Freimaurer *m*
maconha *f* (*coloq brasil*) Hasch *nt;* **cigarro de** ~ Joint *m*
maçónico *adj* Freimaurer ...
macramé *m* Makramee *nt*
má-criação *f* 1. (*falta de educação*) schlechte Erziehung *f* 2. (*acto*) Ungezogenheit *f,* Frechheit *f*
macrobiótica *f* Makrobiotik *f*
macrobiótico *adj* makrobiotisch
maçudo *adj* (*texto, livro*) langweilig, zäh
macumba *f* (*brasil*) Hexerei *f,* Zauberei *f*
macumbeiro, -a *m, f* (*brasil*) Zauberer, Zauberin *m, f*
Madagáscar *m* Madagaskar *nt*
madeira *f* Holz *nt;* **de** ~ hölzern, aus Holz
Madeira [mɐˈdeire] *f* Madeira *nt*
madeirense I. *m(f)* Einwohner , Einwohnerin von Madeira *m* II. *adj* aus Madeira

M

madeixa [mɐ'deiʃɐ] *f* Strähne *f,* Haarsträhne *f*

má-disposição *f* **1.** (*humor*) schlechte Laune *f* **2.** (*saúde*) Unwohlsein *nt*

madrasta *f* Stiefmutter *f*

madre *f* (REL) Mutter *f*

madrepérola *f* Perlmutt *nt*

madrépora *f* Steinkoralle *f*

madressilva *f* Geißblatt *nt*

madre-superiora *f* (REL) Oberin *f*

madrinha *f* (*baptizado*) Patin *f;* (*casamento*) Trauzeugin *f*

madrugada *f* Tagesanbruch *m,* Morgendämmerung *f;* **de** ~ frühmorgens

madrugador(a) *m(f)* Frühaufsteher, Frühaufsteherin *m, f*

madrugar *vi* früh aufstehen

madureza *f* Reife *f*

maduro [mɐ'duru] *adj* **1.** (*fruta, pessoa*) reif **2.** (*plano*) ausgereift

mãe [mãi] *f* Mutter *f;* (*como tratamento*) Mutti *f;* ~ **ado(p)tiva** Adoptivmutter *f;* **futura** ~ werdende Mutter; (*brasil*); ~ **de santo** Zauberin *f;* **ela foi** ~ sie ist Mutter geworden

maestro, -ina *m, f* (MÚS) Dirigent, Dirigentin *m, f*

mafarrico *m* Teufel *m*

má-fé *f* böse(r) Wille *m,* böse Absicht *f;* **agir de** ~ in böser Absicht handeln

máfia *f* Mafia *f*

mafioso, -a *m, f* Mafioso, Mafiosa *m, f*

magala *m* (*coloq: soldado*) Soldat *m;* (*recruta*) Rekrut *m*

maganão *m* Spaßvogel *m,* Witzbold *m*

maganice *f* Schabernack *m*

magazine *m* (*brasil*) Zeitschrift *f*

magenta *f* Purpurrot *nt*

magia *f* Magie *f;* ~ **negra** schwarze Magie

magicar I. *vt* (*um plano*) nachdenken über II. *vi* grübeln

mágico, -a I. *m, f* Magier, Magierin *m, f,* Zauberer, Zauberin *m, f* II. *adj* magisch, Zauber ...

magistério *m* **1.** (*profissão*) Lehrberuf *m* **2.** (*professorado*) Lehrerschaft *f,* Lehrer *pl*

magistrado *m* Richter *m*

magistratura *f* **1.** (*estatuto*) Richteramt *nt* **2.** (*duração*) Amtszeit *f*

magnânimo *adj* großzügig; (*nobre*) edelmütig

magnata *m* Magnat *m*

magnésio *m* (QUÍM) Magnesium *nt*

magnético *adj* magnetisch, Magnet ...

magnetismo *m* **1.** (FÍS) Magnetismus *m* **2.** (*fig: atracção*) Anziehungskraft *f*

magnificência *f* Herrlichkeit *f,* Pracht *f*

magnífico *adj* herrlich, großartig

magnitude *f* **1.** (*grandeza*) Größe *f* **2.** (*importância*) Bedeutung *f*

magno *adj* groß; (*importante*) bedeutend; **Carlos Magno** Karl der Große

magnólia *f* Magnolie *f*

mago *m* Magier *m;* **os Reis Magos** die Heiligen Drei Könige

mágoa *f* Kummer *m,* Leid *nt*

magoado *adj* verletzt; **estou** ~ **com ele/a atitude dele** er/sein Verhalten hat mich verletzt

magoar I. *vt* (*fig*) verletzen II. *vr* **1.** (*ferir-se*) sich verletzen **2.** (*ofender-se*) verletzt sein

magote *m* Menge *f;* **um** ~ **de gente** ein Haufen Leute

magrelo, -a *m, f* (*brasil*) *v.* **magricela**

magreza *f* Magerkeit *f*

magricela *m(f)* (*pej*) Skelett *nt;* **ser um** ~ nur aus Haut und Knochen bestehen

magro ['magru] *adj* (*pessoa*) dünn, mager; (*carne*) mager; (*queijo, iogurte*) fettarm; **leite** ~ Magermilch *f*

magusto *m* **1.** (*acção*) Braten *nt* der Maronen **2.** (*festa*) Fest, an dem Maronen gebraten werden

maia *f* **1.** (BOT) gelbe(r) Ginster *m* **2.** (*festa*) Maifest *nt*

Maio ['maju] *m* Mai *m; v.* **Março**

maiô [ma'jo] *m* (*brasil*) Badeanzug *m*

maionese [majo'nɜzɐ] *f* Majonäse *f*

maior *adj* **1.** (*comp. de grande*) größer ((*do*) *que* als); (*em altura*) höher ((*do*) *que* als); ~ **de idade** volljährig **2.** (*superl. de grande*) **o/a** ~ der/die/das größte, am größten; (*em altura*) der/die/das höchste, am höchsten; **a** ~ **parte das vezes** meistens; **a** ~ **parte dos livros/das pessoas** die meisten Bücher/Leute; **o** ~ **edifício** das höchste Gebäude; **ela é a** ~ sie ist die Größte

maioral *m(f)* Oberhaupt *nt*

maioria *f* Mehrheit *f;* (POL); ~ **absoluta** absolute Mehrheit; **estar em** ~ in der Mehrheit sein; **a** ~ **dos trabalhadores** die meisten Arbeiter; **a** ~ **das pessoas** die meisten (Menschen)

maioridade *f* Volljährigkeit *f*

maioritariamente *adv* mehrheitlich

mais [maiʃ/maiʒ] I. *m* (*resto*) **o** ~ der Rest; (MAT) Pluszeichen *nt* II. *adv* (*comparativo*) mehr ((*do*) *que* als); (*antes de adjectivo*); ~ **triste/bonito/velho** (**do**) **que** ... trauriger/ schöner/älter als ...; ~ **de dez** mehr als zehn; **pouco** ~ **de** kaum mehr als; **muito** ~ viel mehr; ~ **ou menos** mehr oder weniger, ungefähr; **sem** ~ **nem menos** mir nichts dir nichts; ~ **tarde ou** ~ **cedo** früher oder später; **cada vez** ~ immer mehr; (*superlativo*) am meisten; **o que sabe/lê** ~ der am meisten weiß/liest; (*antes de adjectivo*); **o** ~ **triste/bonito/velho** der traurigste/schönste/ älteste; **o** ~ **tardar** spätestens; (*adicional*); ~ **alguma coisa?** noch etwas?; **que** ~**?** was noch?, sonst noch etwas?; ~ **nada** sonst nichts; ~ **ninguém** sonst niemand; ~ **vezes** öfter; ~ **uma vez** noch einmal; **antes de** ~ **nada** zu allererst; (*negativa*) nicht mehr; **ele não vai lá** ~ er geht dort nicht mehr hin; **não quero** ~ ich möchte nicht(s) mehr; **nunca** ~ nie wieder, nie mehr; **não tenho** ~ **dinheiro** ich habe kein Geld mehr; (*de sobra*); **ter a. c. a** ~ etw übrig haben; **estar a** ~ überflüssig sein, nicht gebraucht werden; **de** ~ zu viel; (*de preferência*) lieber; **gosto** ~ **de ler** ich lese lieber; ~ **vale** ... es ist besser, wenn ...; (MAT) plus, und; **dois** ~ **dois são quatro** zwei plus zwei gibt vier; (*concessivo*); **por** ~ **que tente** so sehr ich es auch versuche; **por** ~ **difícil que seja** so schwierig es auch sein mag; **quanto** ~ **não seja** schon allein deshalb III. *konj* und

mais-que-perfeito *m* (LING) Plusquamperfekt *nt*

mais-valia *f* Mehrwert *m*

maiúscula *f* Großbuchstabe *m;* **escrever a. c. em** ~**s** etw in Großbuchstaben schreiben

maiúsculo *adj* großgeschrieben; **escrever a. c. com letra maiúscula** etw großschreiben

maizena *f* Maizena® *f*

majestade *f* Majestät *f;* **Sua Majestade** Ihre Majestät

majestoso *adj* majestätisch, würdevoll

major *m* (MIL) Major *m*

mal [mal] I. *m* 1. (*moral*) Böse *nt;* **praticar o** ~ Böses tun; **não foi por** ~ es war nicht böse gemeint 2. (*de situação*) Übel *nt;* **arrancar o** ~ **pela raiz** das Übel bei der Wurzel packen; **do** ~ **o menos** das kleinere Übel;

~ **por** ~ wohl oder übel; **que** ~ **tem isso?** was ist denn dabei?; **nada de** ~ nichts Schlimmes 3. (*doença*) Krankheit *f* II. *adj* 1. (*incorrecto*) falsch; **a resposta está** ~ die Antwort ist falsch 2. (*situação*) schlimm; **ir de** ~ **a pior** immer schlimmer werden III. *adv* 1. (*situação*) schlimm, übel; (*saúde*) schlecht; **ele está** ~ es geht ihm schlecht; **falar** ~ **de alguém** schlecht über jdn sprechen; (*pessoa*); **fazer** ~ **a alguém** jdm schaden; (*alimento*) jdm schlecht bekommen; **não faz** ~ das macht nichts; **menos** ~ glücklicherweise, wenigstens 2. (*incorrectamente*) falsch; (*imperfeitamente*) schlecht; **isso está** ~ **feito** das ist schlecht gemacht 3. (*quase não*) kaum; ~ **posso esperar!** ich kann es kaum erwarten!; **eu** ~ **falei com ele** ich habe kaum mit ihm gesprochen; ~ **saíste, tocou o telefone** kaum warst du hinausgegangen, klingelte das Telefon

mala ['malɐ] *f* 1. (*de viagem*) Koffer *m;* **fazer a** ~**/as** ~**s** den/die Koffer packen; **desfazer a(s)** ~**(s)** auspacken 2. (*de senhora*) Handtasche *f* 3. (*do automóvel*) Kofferraum *m*

malabar *adj* **jogos** ~**es** Jonglieren *nt;* **fazer jogos** ~**es** jonglieren

malabarismo *m* Jonglieren *nt*

malabarista *m(f)* Jongleur, Jongleurin *m, f*

mal-afortunado *adj* unglückselig, vom Pech verfolgt

mal-agradecido *adj* undankbar

malagueta *f* 1. (BOT) rote(r) Pfeffer *m* 2. (NAÚT) Spake *f*

mal-ajambrado *adj* 1. (*pessoa*) schlecht angezogen 2. (*objecto*) schlecht verarbeitet; (*trabalho*) schlecht gemacht

malandrice *f* 1. (*vigarice*) Gaunerei *f* 2. (*vadiagem*) Faulenzerei *f*

malandro, -a I. *m, f* 1. (*maroto*) freche(r) Kerl *m,* Schlingel *m* 2. (*vigarista*) Gauner, Gaunerin *m, f,* Halunke *m* 3. (*preguiçoso*) Faulpelz *m* II. *adj* 1. (*maroto*) frech 2. (*preguiçoso*) faul

malária [mɐˈlarjɐ] *f* (MED) Malaria *f*

Malásia *f* Malaysia *nt*

mal-assombrado *adj* 1. (*enfeitiçado*) verwünscht, verhext 2. (*sombrio*) düster

malcheiroso *adj* übel riechend, stinkend

malcomportado *adj* ungezogen

malcriadice *f* Ungezogenheit *f*

malcriado, -a I. *m, f* Flegel *m,* Lümmel *m*

M

II. *adj* unerzogen; (*grosseiro*) ungezogen

maldade *f* Bosheit *f*, Gemeinheit *f*

maldição *f* Fluch *m*, Verwünschung *f*

maldisposto *adj* **1.** (*humor*) schlecht gelaunt **2.** (*saúde*) **estou** ~ mir ist übel/schlecht

maldito I. *pp de* **maldizer II.** *adj* verflucht, verdammt

maldizer *vt* verfluchen, verdammen

maldoso *adj* bösartig, gehässig

maleabilidade *f* Geschmeidigkeit *f*; (*flexibilidade*) Biegsamkeit *f*

maleável *adj* geschmeidig; (*flexível*) biegsam

maledicência *f* Verleumdung *f*

mal-educado *adj* unerzogen; (*grosseiro*) ungezogen

malefício *m* Schaden *m*

maléfico *adj* (*prejudicial*) schädlich, negativ

mal-encarado *adj* grimmig, missmutig

mal-entendido *m* Missverständnis *nt*; **esclarecer um** ~ ein Missverständnis aufklären

mal-estar *m* **1.** (*físico*) Unwohlsein *nt*; **sentir um** ~ sich unwohl fühlen **2.** (*moral*) Unbehagen *nt*

malévolo *adj* (*mal-intencionado*) böswillig; (*maldoso*) boshaft, gemein

malfadado *adj* unselig, unglückselig

malformação *f* Missbildung *f*

malga *f* Suppentasse *f*

malha ['maʎɐ] *f* **1.** (*fio, da rede*) Masche *f*; ~**s** Strickwaren *pl*; ~ **caída** Laufmasche *f*; **camisola de** ~ gestrickter Pullover; **casaco de** ~ Strickjacke *f*; **fazer** ~ stricken **2.** (*mancha*) Fleck *m*

malhado *adj* (*animal*) gefleckt

malhão *m* (MÚS) Volkstanz aus Nordportugal

malhar I. *vt* schlagen; (*cereais*) dreschen **II.** *vi* (*coloq: cair*) hinfliegen

mal-humorado *adj* schlecht gelaunt

malícia *f* **1.** (*maldade*) Bosheit *f*, Boshaftigkeit *f* **2.** (*manha*) Arglist *f*, Heimtücke *f*

malicioso *adj* **1.** (*maldoso*) boshaft **2.** (*manhoso*) arglistig, heimtückisch

maligno *adj* (MED) bösartig

má-língua I. *f* üble Nachrede *f* **II.** *m(f)* (*pessoa*) Lästermaul *nt*, Lästerer, Lästerin *m, f*

mal-intencionado *adj* (*pessoa*) übel gesinnt; (*acto*) böswillig

maljeitoso *adj* **1.** (*pessoa*) ungeschickt, unbeholfen **2.** (*objecto*) unförmig, plump

malmequer *m* Ringelblume *f*

malograr I. *vt* (*plano*) vereiteln, durchkreuzen **II.** *vi* (*plano*) fehlschlagen, misslingen; (*pessoa*) scheitern

malogro *m* Fehlschlag *m*, Misserfolg *m*

malote *m* Kosmetikkoffer *m*

malta *f* (*coloq*) Bande *f*, Truppe *f*

Malta *f* Malta *nt*

malte *m* Malz *nt*

maltês *adj* (*gato*) bläulich grau

maltrapilho *m* schlecht gekleidete(r) Mensch *m*, Vogelscheuche *f*

maltratar *vt* misshandeln

maluco, -a I. *m, f* Verrückte, Spinner, Spinnerin *m, f* **II.** *adj* verrückt

maluqueira *f v.* **maluquice**

maluquice *f* **1.** (*acto, ideia*) Unsinn *m*, Blödsinn *m* **2.** (*estado*) Verrücktheit *f*

malva *f* (BOT) Malve *f*

malvadez *f* Bosheit *f*, Boshaftigkeit *f*

malvado, -a I. *m, f* Bösewicht *m*, Übeltäter, Übeltäterin *m, f* **II.** *adj* böse, boshaft

mama *f* Brust *f*; ~**s** Busen *m*

mamã *f* Mama *f*, Mutti *f*

mamadeira *f* (*brasil*) Fläschchen *nt*

mamãe *f* (*brasil*) *v.* **mamã**

mamar *vt* **1.** (*leite*) trinken, (an der Brust) saugen; **dar de** ~ **a** stillen **2.** (*coloq: dinheiro*) abziehen, in die eigene Tasche wirtschaften

mamário *adj* Brust ...

mamarracho *m* (*mal feito*) Pfusch *m*; (*de mau gosto*) Scheußlichkeit *f*

mamífero *m* Säugetier *nt*

mamilo *m* Brustwarze *f*

mamografia *f* Mammographie *f*

mamute *m* Mammut *nt*

manada *f* Herde *f*

manápula *f* Pranke *f*

mancada *f* (*brasil*) Fauxpas *m*; **dar uma** ~ einen Fauxpas begehen

mancal *m* (TÉC) Lager *nt*

mancar *vi* hinken, humpeln

mancebo, -a *m, f* junge(r) Mann *m*, junge Frau *f*

mancha *f* **1.** (*nódoa*) Fleck *m* **2.** (*fig: mácula*) Makel *m*

manchado *adj* fleckig, voller Flecken

manchar *vt* **1.** (*sujar*) beflecken, schmutzig machen **2.** (*a reputação*) besudeln, in den Schmutz ziehen

manchete *f* **1.** (JORN) Schlagzeile *f* **2.** (DESP) **dar** ~ baggern

manco, -a I. *m, f* Einbeinige; (*pej*) Krüppel *m* II. *adj* einbeinig; (*coxo*) hinkend; **estar/ ser ~ de uma perna** er hinkt auf einem Bein

mancomunado *adj* verbündet; (*coloq*); **estar ~ com alguém** mit jdm unter einer Decke stecken

mancomunar-se *vr* sich verbünden, sich zusammentun

manda-chuva *m(f)* Boss *m*

mandado I. *m* (DIR) Befehl *m; ~ de busca* Durchsuchungsbefehl *m; ~ de captura* Haftbefehl *m* II. *adj* **bem ~** gehorsam, brav

mandamento *m* (REL) Gebot *nt;* **os dez ~s** die Zehn Gebote

mandão, -ona I. *m, f* Despot, Despotin *m, f,* herrische(r) Mensch *m* II. *adj* herrschsüchtig, herrisch

mandar [mãn'dar] I. *vt* (*ordenar*) befehlen; **~ (alguém) fazer a. c.** (jdm.) befehlen, etw zu tun; (*enviar*) schicken, senden; **~ uma carta a alguém** jdm einen Brief schicken; **ele manda cumprimentos** er lässt grüßen; (*encomendar*) veranlassen, beauftragen; **~ limpar um casaco** eine Jacke reinigen lassen; **~ chamar alguém** jdn rufen lassen; **~ vir a. c.** etw bestellen II. *vi* befehlen; **~ em alguém** über jdn bestimmen; **quem manda aqui sou eu!** hier habe ich das Sagen!

mandarim *m* Mandarin *m*

mandatário, -a *m, f* Beauftragte, Mandatar, Mandatarin *m, f*

mandato *m* (POL) Mandat *nt;* **cumprir um ~** ein Mandat ausüben

mandíbula *f* Unterkiefer *m*

mandioca *f* Maniok *m*

Mandioca (der Maniok) hatte sich schon vor 1500 von Brasilien aus über Südamerika, Mexiko und die Antillen verbreitet. Die Portugiesen brachten ihn auch nach Afrika. Die Indianer aus Südamerika entwickelten eine besondere Methode, um das Gift (Blausäure) aus der Wurzelknolle zu entziehen. Mit dem aus der Knolle gewonnenen Maniokmehl werden hauptsächlich Fladenbrot, Brei, Soßen, Suppen und alkoholische Getränke (Kaschiri) hergestellt. Das bekannteste Handelsprodukt ist Tapioka, reine Stärke der Maniok-Wurzelknollen.

mando *m* **a ~ de** auf Befehl von

mandrião, -ona I. *m, f* Faulenzer, Faulenzerin *m, f* II. *adj* faul

mandriar *vi* faulenzen, gammeln

manducar *vi* (*coloq*) essen, spachteln

maneira [me'neire] *f* Art *f,* Art und Weise *f;* **à ~ de** nach Art; (*coloq*); **à ~** ordentlich, anständig; **de ~ nenhuma** keinesfalls; **de qualquer ~** irgendwie; **de que ~?** wie?; **de tal ~ que ...** so, dass ...; **é uma ~ de falar** wie man so sagt; **não há ~ de convencê-lo** es ist unmöglich, ihn zu überzeugen

maneiras *fpl* Manieren *pl,* Benehmen *nt*

maneirinho *adj* (*coloq*) handlich

maneiro *adj* **1.** (*ferramenta*) handlich **2.** (*trabalho*) leicht

manejar *vt* (*instrumento*) handhaben, hantieren mit; (*máquina*) bedienen; **fácil de ~** leicht zu handhaben

manejo *m* (*de instrumento*) Handhabung *f;* (*de máquina*) Bedienung *f*

manequim I. *m(f)* (*pessoa*) Mannequin *nt* II. *m* (*de montra*) Schaufensterpuppe *f;* (*de costura*) Schneiderpuppe *f*

maneta *adj* einarmig

manga *f* **1.** (*roupa*) Ärmel *m;* **em ~s de camisa** in Hemdsärmeln **2.** (BOT) Mango *f*

mangação *f* Spott *m,* Spötterei *f*

manganésio *m* (QUÍM) Mangan *nt*

mangar *vi* **~ de** spotten über

mangueira *f* Schlauch *m*

manha *f* Verschlagenheit *f;* **ter ~** gerissen sein

manhã [ma'ɲã] *f* Morgen *m,* Vormittag *m;* **de ~** morgens, vormittags; **às sete da ~** um sieben Uhr morgens; **de ~ à noite** von morgens bis abends

manhãzinha *f* **de ~** frühmorgens

manhoso *adj* gerissen, verschlagen

mania *f* **1.** (MED) Wahn *m; ~ da perseguição* Verfolgungswahn *m;* **ter a ~ das grandezas** größenwahnsinnig sein **2.** (*obsessão*) fixe Idee *f,* Manie *f* **3.** (*extravagância*) Schrulle *f,* Marotte *f;* **ter a ~ de chegar atrasado** ein notorischer Zuspätkommer sein

maníaco, -a I. *m, f* Wahnsinnige II. *adj* **1.** (*excêntrico*) verrückt; **ser ~** ein bisschen spinnen **2.** (MED) wahnsinnig, manisch

manicómio *m* Irrenanstalt *f*

manicura *f* Maniküre *f*

manif *f* (*coloq*) Demo *f*

manifestação *f* **1.** (*protesto*) Demonstration *f,* Kundgebung *f* **2.** (*de sentimentos*) Äu-

M

ßerung *f,* Ausdruck *m*

manifestante *m(f)* Demonstrant, Demonstrantin *m, f*

manifestar I. *vt* 1. (*opinião*) äußern, zum Ausdruck bringen 2. (*sentimentos*) zeigen II. *vr* 1. (*pessoa*) demonstrieren 2. (*sintomas*) sich zeigen; (*doença*) auftreten

manifesto I. *m* Manifest *nt* II. *adj* offenbar, offenkundig

manilha *f* (*no braço*) Armreif *m;* (*no tornozelo*) Fußreif *m*

manipulação *f* Manipulation *f*

manipulador *adj* manipulierend

manipular *vt* manipulieren

manípulo [mɐ'nipulu] *m* Griff *m;* (*das mudanças*) Schaltknüppel *m*

manivela *f* Kurbel *f;* **dar à** ~ die Kurbel drehen

manjar I. *m* (*comida*) Speise *f;* (*iguaria*) Lekkerbissen *m* II. *vt* 1. (*coloq: ver*) sehen 2. (*coloq: perceber*) verstehen, kapieren; (*trama, truque*) durchschauen

manjedoira *f* v. **manjedoura**

manjedoura *f* Futtertrog *m*

manjerico *m* Basilikum *nt*

mano, -a *m, f* (*coloq*) Bruder *m,* Schwester *f*

manobra *f* (*navio, automóvel, militar*) Manöver *nt;* (*comboio*) Rangieren *nt;* **fazer uma** ~ manövrieren; **o condutor fez uma ~ perigosa** der Fahrer hat ein gefährliches Manöver durchgeführt

manobrar *vt* 1. (*conduzir*) steuern, manövrieren 2. (*manipular*) beeinflussen

manómetro *m* (FÍS) Manometer *nt*

manquejar *vi* hinken, humpeln

mansão *f* Villa *f*

mansarda *f* Mansarde *f*

mansinho *adv* **de** ~ ganz leise, ganz sacht

manso *adj* 1. (*animal*) zahm 2. (*mar*) still 3. (BOT) **pinheiro** ~ Pinie *f*

manta *f* Decke *f;* (*fig*); **pintar a** ~ alles auf den Kopf stellen

manteiga [mãn'teigɐ] *f* Butter *f;* ~ **de cacau** Kakaobutter *f*

manteigueira *f* Butterdose *f*

manter I. *vt* 1. (*conservar*) aufrechterhalten, beibehalten; (*um costume*) erhalten; (*a cor*) behalten; ~ **as aparências** den Schein wahren; ~ **segredo** ein Geheimnis für sich behalten; ~ **o nível de qualidade** das Qualitätsniveau beibehalten 2. (*a direcção*) einhalten; (*distância, recorde, equilíbrio*) halten 3.

(*a opinião*) beharren auf 4. (*um diálogo*) führen 5. (*num lugar*) aufbewahren; ~ **afastado das crianças!** von Kindern fern halten! 6. (*a família*) ernähren; (*coloq*) durchbringen II. *vr* 1. (*situação*) gleich bleiben; **os juros mantiveram-se estáveis** die Zinsen sind stabil geblieben 2. (*pessoa*) seinen Lebensunterhalt bestreiten, sich ernähren

mantilha *f* Mantille *f*

mantimentos *mpl* Lebensmittel *pl*

manto *m* Umhang *m*

manual I. *m* Handbuch *nt* II. *adj* manuell, Hand ...; **trabalho** ~ Handarbeit *f*

manualmente *adv* manuell, von Hand

manufactura *f* Herstellung *f,* Fertigung *f*

manufacturar *vt* herstellen, fertigen

manufatura *f* (*brasil*) v. **manufactura**

manufaturar *vt* (*brasil*) v. **manufacturar**

manuscrito I. *m* (HIST) Manuskript *nt,* Handschrift *f;* (*de livro*) Manuskript *nt* II. *adj* handschriftlich, handgeschrieben

manusear *vt* handhaben; (*livro*) blättern in

manutenção [mɐnutẽ'sãu] *f* 1. (*conservação*) Aufrechterhaltung *f,* Beibehaltung *f* 2. (*administração*) Verwaltung *f* 3. (*da família*) Unterhalt *m* 4. (*do carro, de máquina*) Wartung *f;* (*da casa*) Instandhaltung *f*

mão [mãu] *f* 1. (ANAT) Hand *f;* (*lavagem, trabalho*); **à** ~ von Hand; (*perto*) zur Hand; **escrito à** ~ handgeschrieben; **abrir** ~ **de a. c.** auf etw verzichten; **dar a** ~ **a alguém** jdm die Hand geben; **de** ~ **em** ~ von Hand zu Hand; **de** ~**s dadas** Hand in Hand; **em segunda** ~ aus zweiter Hand; **fora de** ~ abgelegen; **estar com as** ~**s na massa** mit etw beschäftigt sein; **dar uma** ~ **a alguém** jdm zur Hand gehen; **estar nas** ~**s de alguém** in jds Händen sein; **por** ~ **própria** eigenhändig; ~**s à obra!** an die Arbeit!; **meter** ~**s à obra** sich ins Zeug legen; **não ter** ~**s a medir** sich sofort an die Arbeit machen; **pedir a** ~ **a alguém** um jds Hand anhalten; **ter a. c. entre** ~**s** sich um etw kümmern; **pôr as** ~**s no fogo por alguém** für jdn seine Hand ins Feuer legen; **dar uma notícia em primeira** ~ eine Nachricht aus erster Hand weitergeben; **está à** ~ **de semear** es liegt direkt vor dir 2. (*de pintura*) Schicht *f* 3. (*na estrada*) **na sua** ~ in Fahrtrichtung; **fora de** ~ gegen die Fahrtrichtung; (*auto-estrada*) auf der Gegenfahrbahn 4. (*mão-cheia*) Hand *f* voll 5.

(DESP) **primeira** ~ Hinspiel *nt;* **segunda** ~ Rückspiel *nt*

mão-aberta *adj* (*brasil*) v. **mãos-largas**

mão-cheia *f* Hand *f* voll; **uma ~ de clientes** eine Hand voll Kunden

mão-de-obra *f* Arbeitskraft *f*

mãos-largas *adj inv* freigebig, großzügig

mapa ['mapɐ] *m* **1.** (*de país*) Karte *f*, Landkarte *f;* (*de cidade*) Stadtplan *m;* ~ **das estradas** Straßenkarte *f* **2.** (*lista*) Liste *f*, Aufstellung *f*

mapa-múndi *m* Weltkarte *f*

maple *m* Sessel *m*, Klubsessel *m*

maqueta *f* Modell *nt*

maquiagem *f* v. **maquilhagem**

maquiar *vr, vt* v. **maquilhar**

maquiavélico *adj* machiavellistisch

maquilhagem *f* Make-up *nt;* **pôr ~** sich schminken; **tirar a ~** sich abschminken

maquilhar I. *vt* schminken II. *vr* sich schminken

máquina ['makinɐ] *f* Maschine *f;* **à ~** maschinell; ~ **fotográfica** Fotoapparat *m;* ~ **de barbear** Rasierapparat *m;* ~ **de costura** Nähmaschine *f;* ~ **de escrever** Schreibmaschine *f;* ~ **de lavar louça** Spülmaschine *f;* ~ **de lavar roupa** Waschmaschine *f*

maquinar *vt* anstiften, anzetteln

maquinaria *f* Maschinenpark *m*

maquineta *f* Apparat *m*, Vorrichtung *f*

maquinista *m(f)* **1.** (*de comboio*) Lokführer, Lokführerin *m, f* **2.** (*de máquinas*) Maschinist, Maschinistin *m, f*

mar [mar] *m* **1.** (*água*) Meer *nt*, See *f;* **alto ~** offene/hohe See; **Mar Báltico** Ostsee *f;* **Mar do Norte** Nordsee *f;* **o Mar Vermelho/Morto/Negro** das Rote/Tote/Schwarze Meer; **por ~** zur See; **fazer-se ao ~** in See stechen; **nem tanto ao ~, nem tanto à terra** die goldene Mitte **2.** (*grande quantidade*) Menge *f*, Masse *f;* **um ~ de gente** eine Menschenmasse

maracujá *m* Maracuja *f*

maratona *f* (DESP) Marathon *m*, Marathonlauf *m*

maravilha *f* Wunder *nt;* ~ **do mundo** Weltwunder *nt;* (*coloq*) **isto é uma ~** das ist wunderbar, das ist spitze; (*coloq*); **corre tudo às mil ~s** es läuft alles wie geschmiert

maravilhado *adj* verwundert (*com* über); **ficar ~** sich wundern

maravilhar *vt* in Verwunderung versetzen

maravilhoso [mɐrɐvi'ʎozu] *adj* wunderbar, wundervoll

marca *f* **1.** (*sinal*) Zeichen *nt*, Kennzeichen *nt* **2.** (*de produto, automóvel*) Marke *f;* ~ **regist(r)ada** eingetragenes Warenzeichen **3.** (*limite*) Grenze *f;* (*fig*); **passar das ~s** zu weit gehen

marcação [mɐrkɐ'sɐ̃u] *f* **1.** (*sinalização*) Markierung *f* **2.** (*de lugar*) Belegen *nt;* (*reserva*) Platzreservierung *f*, Vorbestellung *f* **3.** (*de data, consulta, prazo*) Festlegung *f*, Festsetzung *f*

marcador *m* **1.** (*caneta*) Textmarker *m* **2.** (DESP: *quadro*) Anzeigetafel *f*

marcante *adj* markant, hervorstechend

marcar [mɐr'kar] *vt* **1.** (*assinalar*) markieren, kennzeichnen **2.** (*número de telefone*) wählen **3.** (*um lugar*) belegen; (*reservar*) vorbestellen, reservieren **4.** (*uma data, uma consulta, um prazo*) festlegen, festsetzen; (*um encontro*) anberaumen **5.** (DESP: *um golo*) schießen; (*pontos*) erzielen **6.** (DESP: *um jogador*) decken **7.** (*fig: uma pessoa*) prägen

marcenaria *f* Schreinerei *f*, Tischlerei *f*

marceneiro, **-a** *m, f* Schreiner, Schreinerin *m, f*, Tischler, Tischlerin *m, f*

marcha ['marʃɐ] *f* **1.** (MIL, MUS) Marsch *m;* ~ **acelerada** Laufschritt *m;* ~ **fúnebre** Trauermarsch *m;* ~ **nupcial** Hochzeitsmarsch *m* **2.** (*fig: andamento*) Gang *m;* **pôr a. c. em ~** etw in Gang bringen; **estar em ~** in Gang

marcha-atrás *f* Rückwartsgang *m;* **ir em ~** im Rückwärtsgang fahren

marchar I. *vi* marschieren II. *interj* (MIL) ~! marsch!

marchetado I. *m* Einlegearbeit *f* II. *adj* Einlege ...

marcial *adj* kriegerisch, Kriegs ...; **lei ~** Kriegsrecht *nt*

marciano, **-a** I. *m, f* Marsmensch *m* II. *adj* Mars ...

marco *m* **1.** (*em terreno*) Grenzstein *m*, Grenzpfahl *m* **2.** (*na História*) Meilenstein *m* **3.** (*moeda*, HIST) Mark *f;* ~ **alemão** Deutsche Mark **4.** (*de correio*) Briefkasten *m*

M

Normale Post gehört in Portugal in die roten **marcos de correio** (Briefkästen); Schnellpost (correio azul) wird in die blauen Briefkästen eingeworfen. In Brasilien lassen Sie besser Ihre Post vor Ihren

Augen auf dem Postamt (Correiros oder ECT = Empresa de Correios e Telégrafos) frankieren und abstempeln. Die wenigen Briefkästen in Großstädten sollte man lieber nicht benutzen. Päckchen und Pakete von und nach Brasilien bleiben oft wochenlang beim Zoll liegen.

Março ['marsu] *m* März *m;* **em** ~ im März; **no mês de** ~ im Monat März; **no dia 10 de** ~ am zehnten März; **o dia 5 de** ~ der fünfte März; **hoje são 20 de** ~ heute ist der zwanzigste März; **no início/fim de** ~ Anfang/Ende März; **em meados de** ~ Mitte März; **Porto, 30 de** ~ **de 1998** Porto, den 30. März 1998

maré [mɐ'rɜ] *f* Gezeiten *pl;* ~ **cheia** Flut *f;* ~ **baixa/vaza** Ebbe *f;* ~ **de azar** Pechsträhne *f;* ~ **de sorte** Glückssträhne *f*

marechal *m* Marschall *m*

marégrafo *m* Mareograph *m,* Flutmesser *m*

maremoto *m* Seebeben *nt*

maresia *f* faulige(r) Meeresgeruch *m*

marfim *m* Elfenbein *nt*

margarida *f* (*grande*) Margerite *f;* (*pequena*) Gänseblümchen *nt*

margarina [mɐrɡe'rinɐ] *f* Margarine *f*

margem ['marʒãi] *f* **1.** (*de rio*) Ufer *nt* **2.** (*de página*) Rand *m* **3.** (ECON: *diferença*) Spanne *f;* ~ **de lucro** Gewinnspanne *f* **4.** (*facilidade*) Spielraum *m;* ~ **de erro** Raum für Fehler

marginal I. *f* Küstenstraße *f* II. *m(f)* Außenseiter, Außenseiterin *m, f,* sozial Benachteiligte

marginalidade *f* Marginalität *f,* soziale(s) Abseits *nt*

marginalizar *vt* aus der Gesellschaft ausgrenzen, an den Rand der Gesellschaft drängen

marginar *vt* (*à mão*) einen Rand ziehen auf; (*com computador*) den Rand einstellen bei

maricas I. *m* (*coloq*) Schwule *m* II. *adj* (*coloq*) schwul

marido [mɐ'ridu] *m* Mann *m,* Ehemann *m*

marijuana *f* Marihuana *nt*

marimbar-se *vr* (*coloq*) ele está a ~ **para a escola/o trabalho** die Schule/Arbeit ist ihm völlig egal; **ela está a** ~ **para o João** sie interessiert sich nicht die Bohne für João

marinada *f* (CUL: *brasil*) Marinade *f*

marinar *vt* (CUL: *brasil*) marinieren

marinha *f* Marine *f,* Flotte *f;* ~ **mercante** Handelsmarine *f;* ~ **de guerra** Kriegsmarine *f*

marinheiro [mɐri'ɲeiru] *m* Seemann *m,* Matrose *m*

marinho *adj* Meer ..., See ...

marionete *f* Marionette *f*

mariposa *f* **1.** (ZOOL) Schmetterling *m* **2.** (DESP) Schmetterlingsstil *m*

marisco *m* Meeresfrucht *f*

marital *adj* ehelich, Ehe ...

marítimo *adj* **1.** (*relativo ao mar*) See ... **2.** (*relativo à navegação*) seefahrend, Seefahrer ...

marketing *m* Marketing *nt*

marmanjo *m* **1.** (*rapaz*) Riese *m;* (*coloq*) Schrank *m* **2.** (*patife*) Halunke *m*

marmelada [mɐrmə'lada] *f* Quittenbrot *nt*

marmelo *m* Quitte *f*

marmita *f* Blechtopf *m*

mármore *m* Marmor *m*

marmota *f* Murmeltier *nt*

marosca *f* Kniff *m*

maroto, -a I. *m, f* Lausbub *m,* Gör *nt,* Lümmel *m* II. *adj* pfiffig, durchtrieben

marquês, -esa *m, f* Marquis, Marquise *m, f,* Markgraf *m,* Markgräfin *f*

marquesa *f* (*de consultório*) Liege *f*

marquise *f* Glasveranda *f*

marrão, -ona *m, f* (*coloq*) Streber, Streberin *m, f*

marrar *vi* (*coloq*) pauken

marreta *f* Vorschlaghammer *m*

Marrocos *m* Marokko *nt*

marrom [ma'rõ] I. *m* (*brasil*) Braun *nt* II. *adj* (*brasil*) braun

marroquinaria *f* Lederwaren *pl*

marroquino, -a I. *m, f* Marokkaner, Marokkanerin *m, f* II. *adj* marokkanisch

marsupial *m* (ZOOL) Beuteltier *nt*

marta *f* (ZOOL) Marder *m*

Marte *m* (ASTR) Mars *m*

martelada *f* Hammerschlag *m;* **dar uma** ~ **em a. c.** mit dem Hammer auf etw schlagen

martelado *adj* (*vidro*) geriffelt

martelar *vi* **1.** (*com martelo*) hämmern (*em* auf) **2.** (*coloq: insistir*) hartnäckig wiederholen; **estar sempre a** ~ **na mesma coisa** immer wieder auf etw herumreiten

martelo *m* Hammer *m;* ~ **pneumático** Presslufthammer *m*

mártir *m(f)* Märtyrer, Märtyrerin *m, f*

martírio m 1. (do mártir) Martyrium nt 2. (padecimento) Qual f

martirizar I. vt martern, quälen II. vr sich quälen (com mit)

marujo m Seemann m, Matrose m

marxismo m (POL) Marxismus m

marxista m(f) Marxist, Marxistin m, f

mas [meʃ] I. konj aber; (~ sim) sondern; **não só ... ~ também** nicht nur ..., sondern auch II. Zusammensetzung: pron me + pron as

mascar vt kauen

máscara f (fig) Maske f; **tirar a ~ a alguém** jdn entlarven; **deixar cair a ~** die Maske fallen lassen

mascarado adj 1. (com máscara) maskiert 2. (fantasiado) verkleidet (de als)

mascarar I. vt 1. (pôr máscara em) maskieren 2. (disfarçar) verstecken II. vr 1. (pôr máscara) sich maskieren 2. (fantasiar-se) sich verkleiden (de als)

mascarilha f Larve f

mascate m(f) (brasil) Straßenverkäufer, Straßenverkäuferin m, f

mascavado adj 1. (açúcar) braun 2. (língua) unverständlich, unkorrekt

mascote f Maskottchen nt

masculinidade f Männlichkeit f

masculino [meʃku'linu] adj männlich

másculo adj männlich

masmorra f Kerker m, Verlies nt

masoquismo m Masochismus m

masoquista adj masochistisch

massa f 1. (para bolos) Teig m; (macarrão) Nudeln pl; ~ **folhada** Blätterteig m; ~ **de tomate** Tomatenmark nt; ~**s alimentícias** Teigwaren pl 2. (de betume) Mörtel m 3. (quantidade) Masse f; **em** ~ massenhaft; **as** ~**s** die Massen 4. (coloq: dinheiro) Kohle f

massacrar vt niedermetzeln, massakrieren

massacre m Massaker m

massagem [me'saʒãi] f Massage f; **fazer uma** ~ massieren

massagista m(f) Masseur, Masseurin m, f

massajar vt massieren

massificar vt für die breite Masse zugänglich machen

mass media mpl Massenmedien pl

massudo adj (bolo, pão) teigig

mastigar vt 1. (os alimentos) kauen 2. (as palavras) nuscheln

mastodonte m Mastodon nt

mastro m Mast m

masturbar-se vr masturbieren

mata ['mate] f Wald m, Waldgebiet nt

mata-borrão m Löschpapier nt

matadoiro m v. **matadouro**

matadouro m Schlachthof m

matagal m Gestrüpp nt, Dickicht nt

mata-moscas m 1. (produto) Insektengift nt, Insektenspray m 2. (objecto) Fliegenklatsche f

mata-mosquitos m Mückengift nt, Mückenspray m

matança f 1. (de animal) Schlachten nt, Töten nt 2. (de pessoas) Massenmord m; (numa batalha) Gemetzel nt

matar I. vt (uma pessoa) töten, umbringen; (gado) schlachten; (a fome, sede) stillen; (o tempo) totschlagen; (brasil: uma aula) schwänzen, blaumachen II. vr sich umbringen; ~-**se a trabalhar** sich zu Tode arbeiten

mata-ratos m Rattengift nt

mate I. m (xeque-mate) Matt nt; (chá) Matetee m II. adj matt

matemática f Mathematik f

matemático, -a I. m, f Mathematiker, Mathematikerin m, f II. adj mathematisch

matéria f 1. (substância material) Materie f 2. (assunto) Thema nt, Materie f 3. (da escola) Stoff m; **dar uma** ~ den Stoff durchnehmen

material [mete'rjal] I. m Material nt II. adj materiell

materialismo m Materialismus m

materialista I. m(f) Materialist, Materialistin m, f II. adj materialistisch

materializar vt verwirklichen

matéria-prima f Rohstoff m

maternal adj mütterlich; **amor** ~ Mutterliebe f

maternidade f 1. (qualidade de mãe) Mutterschaft f 2. (estabelecimento) Entbindungsklinik f

materno adj mütterlich, Mutter ...; **o avô** ~ der Großvater mütterlicherseits

matilha f Meute f

matina f (coloq) Morgen m; **às duas da** ~ um zwei Uhr nachts; **às sete da** ~ um sieben Uhr morgens

matinal adj morgendlich

matiné f Nachmittagsvorstellung f

matiz m 1. (combinação de cores) Farbgebung f 2. (gradação) Nuance f, Abstufung f

mato m Dickicht nt, Gestrüpp nt

M

matraca f **1.** (instrumento) Knarre f, Klapper f **2.** (coloq: boca) Klappe f

matraquilhos mpl Tischfußballspiel nt

matrecos mpl v. **matraquilhos**

matreiro adj listig, geschickt

matriarca f Matriarchin f

matrícula f **1.** (em escola, curso) Anmeldung f; (em universidade) Einschreibung f, Immatrikulation f **2.** (de automóvel) Kennzeichen nt

matricular **I.** vt (em escola) anmelden (em in); (em curso) anmelden (em für); (em universidade) einschreiben (em an), immatrikulieren (em an) **II.** vr (em escola) sich anmelden (em an); (em curso) sich anmelden (em für); (em universidade) sich einschreiben (em an), sich immatrikulieren (em an)

matrimonial adj ehelich, Ehe ...

matrimónio m Ehe f

matriz **I.** f **1.** (molde) Matrize f **2.** (MAT) Matrix f **3.** (ANAT) Gebärmutter f **II.** adj **1.** (principal) Haupt ...; igreja ~ Hauptkirche f **2.** (origem) Stamm ...

matrona f Matrone f

matulão, -ona m, f Grobian m

maturidade f Reife f

matutar vi grübeln (em über), nachgrübeln (em über)

matutino adj Morgen ...

mau [mau] **I.** adj (situação) schlimm, übel; (tempo, ambiente) schlecht; (qualidade) schlecht, minderwertig; (índole) böse, gemein; (momento) ungünstig; **vir em má altura** ungelegen kommen **II.** interj ~! au!

mau-olhado m böse(r) Blick m

Mauritânea f Mauretanien nt

mausoléu m Mausoleum nt

maus-tratos mpl Misshandlungen pl; **sofrer** ~ misshandelt werden

maxila [ma'ksilɐ] f v. **maxilar**

maxilar **I.** m Kiefer m; ~ **inferior** Unterkiefer m; ~ **superior** Oberkiefer m **II.** adj Kiefer ...

máxima f **1.** (lema) Maxime f, Grundsatz m **2.** (METEO) Höchsttemperatur f

máximo ['masimu] **I.** m Maximum nt; **no** ~ höchstens, maximal; **é necessário o ~ de esforço** größte Anstrengung sind nötig; (coloq): **a festa foi o** ~ die Fete war astrein **II.** adj superl de **grande** größte(r, s), höchste(r, s); **a temperatura máxima** die Höchsttemperatur; **a nota máxima** die beste

Note; **a máxima exigência** höchste Anforderungen

máximos mpl (faróis) Fernlicht nt; **ligar os** ~ das Fernlicht einschalten

mazela f **1.** (ferida) Wunde f **2.** (mácula) Makel m

me [mə] pron pers (objecto directo, reflexo) mich; (objecto indirecto) mir; **ela pergunta-me** sie fragt mich; **eu lavo-me** ich wasche mich; **ela dá-me** sie gibt mir

meada f (de fio) Knäuel nt

meado m Mitte f; **em** ~**s de Janeiro** Mitte Januar

mealheiro m Sparbüchse f

mecânica f Mechanik f

mecânico, -a **I.** m, f Mechaniker, Mechanikerin m, f; ~ **de automóveis** Automechaniker m **II.** adj mechanisch

mecanismo m Mechanismus m

mecanizar vt mechanisieren

mecha f **1.** (pavio) Docht m **2.** (rastilho) Zündschnur f **3.** (de cabelo) Strähne f **4.** (gaze) Verbandsmull m

Mecklemburgo-Pomerânia m Mecklenburg-Vorpommern nt

meda f Garbe f

medalha f Medaille f; **o reverso da** ~ die Kehrseite der Medaille

medalhão [mədɐ'ʎãu] m Medaillon nt

media mpl Medien pl

média ['mɜdjɐ] f **1.** (valor médio) Mittelwert m, Durchschnitt m; **em** ~ durchschnittlich; **estar acima/abaixo da** ~ über/unter dem Durchschnitt liegen **2.** (brasil: meia-de-leite) Milchkaffee m

mediação f Vermittlung f

mediador(a) m(f) Vermittler, Vermittlerin m, f; ~ **de seguros** Versicherungsvertreter m

mediano adj **1.** (regular) mittelmäßig **2.** (em tamanho) mittlerer Größe

mediante m(f) **1.** (através de) mittels, durch **2.** (em troca de) gegen; ~ **recibo** gegen Quittung

mediar vt vermitteln

mediato adj mittelbar

medicação f Medikation f; **estar sob** ~ medikamentös behandelt werden

medicamento [mədikɐ'mẽntu] m Medikament nt, Arzneimittel nt; **tomar um** ~ ein Medikament nehmen

medicamentoso adj heilkräftig, Heil ...

medição f Messung f

medicar *vt* medikamentös behandeln

medicina *f* Medizin *f;* ~ **interna** innere Medizin; ~ **dentária** Zahnmedizin *f;* ~ **legal** Gerichtsmedizin *f;* **estudar** ~ Medizin studieren; **exercer** ~ als Arzt/Ärztin tätig sein

medicinal *adj* medizinisch

médico, -a ['mɜdiku] I. *m, f* Arzt *m,* Ärztin *f;* ~ **de clínica geral** Arzt für Allgemeinmedizin; ~ **especialista** Facharzt *m* II. *adj* ärztlich

médico-cirurgião, -a *m, f* Chirurg, Chirurgin *m, f*

medida *f* 1. (*para medição*) Maß *nt;* (*unidade de* ~) Maßeinheit *f;* **à** ~ nach Maß; **feito à** ~ maßgefertigt; (*roupa*) maßgeschneidert; **tirar** ~**s a alguém/a. c.** bei jdm Maß nehmen/etw ausmessen 2. (*decisão*) Maßnahme *f;* ~**s de precaução** Vorsichtsmaßnahmen *pl;* ~**s de segurança** Sicherheitsvorkehrungen *pl;* **tomar uma** ~ eine Maßnahme ergreifen 3. (*fig: extensão*) Ausmaß *nt,* Maß *nt;* **em que** ~ inwiefern; **na** ~ **em que** insofern als; **ir além da** ~ zu weit gehen; **à** ~ **que eu for falando, podem tomar notas** während meines Vortrags können Sie mitschreiben

medidor *m* Messgerät *nt*

medieval *adj* mittelalterlich

médio ['mɜdju] *adj* 1. (*no meio*) mittlere(r, s); **classe média** Mittelschicht *f;* **dedo** ~ Mittelfinger *m;* **tamanho** ~ mittlere Größe 2. (*meio-termo*) durchschnittlich, Durchschnitts ...; **temperatura média** Durchschnittstemperatur *f*

medíocre *adj* mittelmäßig

médios ['mɜdjuʃ] *mpl* (*faróis*) Abblendlicht *nt;* **ligar os** ~ das Abblendlicht einschalten

medir I. *vt* (*em comprimento, largura, altura*) messen, abmessen, ausmessen; ~ **forças com alguém** sich mit jdm messen; (*humidade, velocidade*) messen; (*ter de medida*) messen; **ele mede 1,70 m** er misst 1,70 m; **a sala mede 2 m de comprimento/largura** der Raum ist 2 m lang/breit; (*calcular*) abwägen, abschätzen; ~ **as consequências** die Folgen abwägen; (*ponderar*) mäßigen; ~ **as palavras/os actos** seine Worte/sich mäßigen II. *vr* sich messen (*com* mit)

meditar *vi* nachdenken (*sobre* über)

Mediterrâneo [mɐditɐˈʀɐnju] *m* Mittelmeer *nt*

mediterrânico *adj* Mittelmeer ..., mediterran

médium *m/f* Medium *nt*

medo ['medu] *m* Angst *f;* **estar com/ter** ~ **de alguém/a. c.** Angst vor jdm/etw haben; **meter** ~ **a alguém** jdm Angst einflößen; **fazer a. c. a** ~ ängstlich etw tun

medonho *adj* furchtbar, schrecklich

medrar *vi* wachsen, gedeihen

medricas I. *m/f) inv* Angsthase *m* II. *adj inv* zaghaft, ängstlich

medroso *adj* furchtsam, ängstlich

medula *f* (ANAT) Knochenmark *nt*

medusa *f* (ZOOL) Qualle *f*

megabyte *m* (INFORM) Megabyte *nt*

megafone *m* Megaphon *nt*

megalítico *adj* megalithisch, Megalith ...

megalomania *f* Größenwahn *m*

megalómano, -a *m, f* Größenwahnsinnige

megera *f* Furie *f*

meia I. *f* Strumpf *m;* (*curta*) Socke *f;* **calçar uma** ~ einen Strumpf anziehen II. *num card* (*brasil*) sechs

meia-calça *f* Strumpfhose *f*

meia-de-leite *f* Milchkaffee *m*

meia-final *f* (DESP) Halbfinale *nt*

meia-idade *f* mittlere(s) Alter *nt;* **uma senhora de** ~ eine Frau mittleren Alters

meia-lua *f* Halbmond *m*

meia-luz *f* Schummerlicht *nt,* Dämmerlicht *nt;* **à** ~ im Halbdunkel

meia-noite *f* Mitternacht *f;* **à** ~ um Mitternacht

meias-palavras *fpl* (*coloq*) Andeutungen *pl,* Anspielungen *pl*

meigo ['meigu] *adj* zärtlich, liebevoll

meiguice *f* Zärtlichkeit *f;* ~**s** Liebkosungen *pl*

meio ['meju] I. *m* (*centro*) Mitte *f;* **no** ~ in der Mitte; **no** ~ **de** mitten in, inmitten; **pelo** ~ mittendurch; **a** ~ **da noite** mitten in der Nacht; **no** ~ **da rua** mitten auf der Straße; **a janela do** ~ das mittlere Fenster; (*metade*) Hälfte *f;* **a** ~ **do caminho** auf halber Strecke; **deixar um trabalho a** ~ eine Arbeit nicht fertig machen; **deixar um café/um pão a** ~ den Kaffee nur zur Hälfte austrinken/das Brötchen nur zur Hälfte aufessen; **deixar uma conversa a** ~ ein Gespräch nicht zu Ende führen; **cortar/dividir a. c. a** ~ etw in der Hälfte durchschneiden/teilen; (*instrumento, método*) Mittel *nt;* ~ **de transporte** Verkehrsmittel *nt;* ~**s de comunicação** Massenmedien *pl;* **por** ~ **de** mittels; (*social*) Mi-

lieu *nt;* (*habitat*) natürliche(r) Lebensraum *m*
II. *adj* halb; **um e** ~ anderthalb, eineinhalb;
dois e ~ zweieinhalb; ~ **litro** ein halber Liter; **meia hora** eine halbe Stunde; **à meia
hora** um halb eins; **às três horas e meia** um
halb vier **III.** *adv* halb; **estar** ~ **a dormir**
halb schlafen
meio-ambiente *m* Umwelt *f*
meio-bilhete *m* Kinderfahrkarte *f*
meio-campo *m* (DESP) Mittelfeld *nt*
meio-círculo *m* Halbkreis *m*
meio-corpo *m* Oberkörper *m*
meio-dia *m* Mittag *m;* **ao** ~ mittags um
zwölf; ~ **e meia** (**hora**) halb eins
meio-irmão, -a *m, f* Halbbruder, Halbschwester *m, f*
meios *mpl* (*tb. financeiros*) Mittel *pl*
meio-seco *adj* halbtrocken
meio-tempo *m* (DESP) Halbzeit *f*
meio-termo *m* Mittelweg *m*
meio-tom *m* (MÚS) Halbton *m*
mel [mɛl] *m* Honig *m;* **não há** ~ **sem fel** keine Rose ohne Dornen
melaço *m* Melasse *f*
melado *adj* (*pegajoso*) klebrig
melancia [məlɐ̃'siɐ] *f* Wassermelone *f*
melancolia *f* Melancholie *f*
melancólico *adj* melancholisch; **estar** ~
Trübsinn blasen
melão [mə'lɐ̃u] *m* Melone *f,* Honigmelone *f*
meleca *f* (*brasil*) Schmutz *m,* Dreck *m*
melga *f* Stechmücke *f*
melhor [mə'ʎɔr] **I.** *m* o ~ das Beste; **o** ~ **é
telefonar** das Beste ist, (dort) anzurufen **II.**
adj (*comp. de bom*) besser ((*do*) *que* als); **tanto** ~! um so besser!; **a minha mãe está** ~
meiner Mutter geht es besser; (*superl. de
bom*); **o/a** ~ der/die/das beste, am besten; **o**
~ **aluno da turma** der beste Schüler der
Klasse; **ele é o** ~ er ist der Beste **III.** *superl*
de **bem**
melhorado *adj* verbessert
melhoramento *m* Verbesserung *f*
melhorar [məʎu'rar] **I.** *vt* verbessern **II.** *vi*
1. (*aperfeiçoar-se*) sich bessern, sich verbessern **2.** (MED) gesund werden **3.** (*tempo, situação*) besser werden
melhoras [mə'ʎɔreʃ] *fpl* Besserung *f;* (**estimo**) **as** ~! gute Besserung!
melhoria *f* Besserung *f,* Verbesserung *f;* ~
da temperatura Temperaturerhöhung *f*
melindrado *adj* beleidigt, eingeschnappt

melindrar I. *vt* beleidigen **II.** *vr* beleidigt
sein
melindroso *adj* **1.** (*pessoa*) empfindlich,
zimperlich **2.** (*situação*) schwierig, heikel
meloa *f* Galiamelone *f*
melodia *f* Melodie *f*
melodioso *adj* melodisch
melodrama *m* Melodrama *nt*
melodramático *adj* melodramatisch
melro *m* Amsel *f*
membrana *f* Membran *f,* Häutchen *nt*
membranoso *adj* häutig
membro *m* **1.** (ANAT) Glied *nt;* ~**s** Gliedmaßen *pl* **2.** (*de organização, grupo*) Mitglied
nt
memorando *m* Memorandum *nt,* Denkschrift *f*
memorável *adj* denkwürdig
memória *f* **1.** (*de pessoa*) Gedächtnis *nt,* Erinnerungsvermögen *nt;* (*lembrança*) Erinnerung *f;* **ter boa** ~ ein gutes Gedächtnis haben; **ter falta de** ~ ein schlechtes Gedächtnis
haben; **guardar a. c. na** ~ etw im Gedächtnis behalten; **em** ~ **de alguém/a. c.** in Erinnerung an jdn/etw **2.** (INFORM) Speicher *m*
memórias *fpl* Memoiren *pl*
memorizar *vt* auswendig lernen
menção *f* Erwähnung *f;* **fazer** ~ **a a. c.** etw
erwähnen
mencionar *vt* erwähnen
mendicidade *f* Bettelei *f*
mendigar I. *vt* erbetteln, betteln um **II.** *vi*
betteln
mendigo, -a *m, f* Bettler, Bettlerin *m, f*
menina [mə'ninɐ] *f* (*criança*) Mädchen *nt;*
(*jovem*) junge Frau *f;* **é a** ~ **Sandra** es ist Sandra; ~**s!** meine Damen!
menina-do-olho *f* (ANAT) Pupille *f*
meninge *f* (ANAT) Hirnhaut *f*
meningite *f* (MED) Hirnhautentzündung *f,*
Meningitis *f*
meninice *f* **1.** (*infância*) Kindheit *f* **2.** (*infantilidade*) kindliche(s) Verhalten *nt*
menino [mə'ninu] *m* Junge *m;* ~ **da mamã**
Muttersöhnchen *nt;* ~ **prodígio** Wunderkind *nt*
menisco *m* (ANAT) Meniskus *m*
Meno *m* Main *m*
menopausa *f* Wechseljahre *pl*
menor I. *m(f)* Minderjährige **II.** *adj* **1.**
comp de **pequeno** (*em tamanho*) kleiner
((*do*) *que* als); (*em quantidade*) geringer ((*do*)

que als); ~ **de idade** minderjährig **2.** *superl de* **pequeno** (*em tamanho*) **o/a** ~ der/die/ das kleinste, am kleinsten; (*em quantidade*) der/die/das geringste, am geringsten; **não faço a** ~ **idea** ich habe nicht die leiseste Ahnung

menoridade *f* Minderjährigkeit *f*

menos ['menuʃ] **I.** *m* (*mínimo*) **o** ~ das Wenigste; **isso é o** ~**!** das ist das Wenigste!; **ao/ pelo** ~ zumindest, wenigstens; (MAT) Minuszeichen *nt* **II.** *adv* (*comparativo*) weniger ((*do*) *que* als); ~ **bom/caro** weniger gut/teuer, nicht so gut/teuer; **eu não sei falar bem inglês e muito** ~ **escrever** ich spreche nicht gut Englisch und schreiben kann ich es schon gar nicht; (*superlativo*) am wenigsten; **o/a** ~ **inteligente** der/die am wenigsten Intelligente; **o que estuda** ~ der, der am wenigsten lernt; (MAT) minus; **quatro** ~ **um são três** vier minus eins gibt drei; (*horas*) vor; **oito** ~ **dez** zehn vor acht **III.** *prep* (*excepto*) außer; **todos** ~ **eu** alle außer mir; (*tirando*) abzüglich **IV.** *konj* **a** ~ **que** +*conj* es sei denn, dass

menosprezar *vt* **1.** (*subestimar*) gering schätzen **2.** (*desprezar*) verachten

menosprezo *m* **1.** (*subestimação*) Geringschätzung *f* **2.** (*desprezo*) Verachtung *f*

mensageiro, -a **I.** *m, f* Bote, Botin *m, f*, Kurier, Kurierin *m, f* **II.** *adj* Boten ...

mensagem *f* Botschaft *f*, Mitteilung *f*; (*recado*) Nachricht *f*; **deixar uma** ~ **para alguém** jdm eine Nachricht hinterlassen

mensal [mẽ'sal] *adj* monatlich, Monats ...

mensalidade *f* monatliche Zahlung *f*

mensalmente [mẽ'salmẽntɐ] *adv* monatlich

menstruação [mẽʃtrwe'sãu] *f* Menstruation *f*

mensurável *adj* messbar

menta *f* Pfefferminze *f*

mental ['mẽntal] *adj* geistig, mental

mentalidade *f* Mentalität *f*

mentalmente *adv* geistig, mental

mente *f* (*espírito*) Geist *m*; (*intelecto*) Verstand *m*; **ter a. c. em** ~ etw beabsichtigen

mentecapto *adj* schwachsinnig, blöd

mentir *vi* lügen; ~ **a alguém** jdn belügen; **ele mente ao pai sobre as notas** er belügt seinen Vater und sagt ihm die Noten nicht

mentira *f* Lüge *f*; **parece** ~**!** das ist unglaublich!

mentiroso, -a **I.** *m, f* Lügner, Lügnerin *m, f* **II.** *adj* verlogen

mentol *m* Menthol *nt*

mentor(a) *m(f)* Mentor, Mentorin *m, f*

menu [me'nju] *m* (CUL, INFORM) Menü *nt*

meramente *adv* nur, lediglich

mercado [mər'kadu] *m* Markt *m*; **o Mercado Comum** der Gemeinsame Markt; ~ **negro** Schwarzmarkt *m*; ~ **de trabalho** Arbeitsmarkt *m*; **ir ao** ~ auf den Markt gehen; **lançar um produto no** ~ ein Produkt auf den Markt bringen

mercador(a) *m(f)* Händler, Händlerin *m, f*

mercadoria *f* Ware *f*

mercante *adj* Handels ...; **navio** ~ Handelsschiff *nt*; **marinha** ~ Handelsmarine *f*

mercantil *adj* Handels ...; **cidade** ~ Handelsstadt *f*; **povo** ~ Handel treibendes Volk

mercantilismo *m* (ECON) Merkantilismus *m*

mercê *f* **1.** (*elev: graças a*) ~ **de** dank **2.** (*arbítrio*) **estar à** ~ **de alguém** jdm ausgeliefert sein

mercearia [mərsjɐ'riɐ] *f* Lebensmittelgeschäft *nt*

merceeiro, -a *m, f* Lebensmittelhändler, Lebensmittelhändlerin *m, f*

mercenário, -a *m, f* (MIL) Söldner, Söldnerin *m, f*

mercúrio *m* (QUÍM) Quecksilber *nt*

Mercúrio *m* (ASTR) Merkur *m*

mercurocromo *m* (FARM) Jodtinktur *f*

merda *f* (*cal*) Scheiße *f*; **vai à** ~**!** verpiss dich!

merecedor *adj* würdig; **ser** ~ **de a. c.** etw verdienen

merecer *vt* verdienen; **eu não mereço isto** das habe ich nicht verdient

merecidamente *adv* verdientermaßen, zu Recht

merecido *adj* gerecht, verdient; **bem** ~ wohl verdient

merecimento *m* Verdienst *nt*

merenda *f* Imbiss *m*

merendar **I.** *vt* essen **II.** *vi* einen Imbiss einnehmen

merengue *m* (CUL) Meringe *f*, Meringue *f*

meretriz *f* Dirne *f*

mergulhador(a) *m(f)* Taucher, Taucherin *m, f*

mergulhar [mərgu'ʎar] **I.** *vt* untertauchen, eintauchen **II.** *vi* **1.** (*na água*) tauchen,

M

untertauchen **2.** (*nos pensamentos*) in Gedanken versinken

mergulho *m* Tauchen *nt;* **dar um** ~ untertauchen

meridiano *m* (GEOG) Meridian *m*

meridional *adj* südlich, Süd ...

meritíssimo *adj* Euer Ehren

mérito *m* **1.** (*merecimento*) Verdienst *nt;* **ela conseguiu isso por** ~ **próprio** das ist ihr eigenes Verdienst **2.** (*valor*) Wert *m,* Vorzug *m*

meritório *adj* lobenswert

mero *adj* bloß, rein; **por** ~ **acaso** durch reinen Zufall

mês [meʃ] *m* Monat *m;* **ao/por** ~ monatlich; **no** ~ **de Maio** im Monat Mai; **no princípio/ fim do** ~ am Anfang/Ende des Monats; **(n)o** ~ **passado** (im) letzten Monat; **um** ~ **e meio** eineinhalb Monate; **faz hoje um** ~ heute vor einem Monat

mesa ['meze] *f* **1.** (*móvel*) Tisch *m;* ~ **elástica** ausziehbarer Tisch; ~ **de jogo** Spieltisch *m;* ~ **de mistura** Mischpult *nt;* **pôr a** ~ den Tisch decken; **levantar a** ~ den Tisch abdecken; **estar/sentar-se à** ~ am Tisch sitzen/ sich an den Tisch setzen **2.** (*comité*) Ausschuss *m*

mesada *f* (monatliches) Taschengeld *nt*

mesa-de-cabeceira *f* Nachttisch *m*

mescla *f* Mischung *f*

mesclado *adj* gemischt, vermischt

meseta *f* (GEOG) Hochebene *f*, Plateau *nt*

mesma *f* ficar/estar na ~ unverändert sein, gleich bleiben

mesmíssimo *adj superl de* **mesmo** genau derselbe/dieselbe/dasselbe, genau der gleiche/die gleiche/das gleiche; **é a mesmíssima coisa!** es ist haargenau das Gleiche!

mesmo ['meʃmu] **I.** *adj* **1.** (*idêntico*) gleich; **é a mesma coisa** das ist das Gleiche; **eles vivem na mesma casa** sie leben im gleichen Haus; **eles são da mesma idade** sie sind gleichaltrig, sie sind gleich alt; **elas são do** ~ **tamanho** sie sind gleich groß; **ao** ~ **tempo** gleichzeitig, zur gleichen Zeit **2.** (*após pron.*) selbst; **ele** ~ **o fez** er selbst hat es gemacht **II.** *pron dem* **o** ~/**a mesma** derselbe, dieselbe, dasselbe; **vai dar ao/no** ~ das läuft auf dasselbe hinaus; **eles estudam o** ~ sie studieren dasselbe; **fazer o** ~ **a alguém** Gleiches mit Gleichem vergelten **III.** *adv* **1.** (*ênfase*) eben, gerade; **por isso** ~ ge-

rade deswegen; **fica** ~ **ao lado** es liegt direkt daneben; **aqui/hoje** ~ gleich hier/heute; **só** ~ **ele** keiner außer ihm; **nem** ~ nicht einmal; **isso é** ~ **dele!** das sieht ihm ähnlich! **2.** (*temporal*) gerade, eben; **ela chegou agora** ~ sie ist eben angekommen **3.** (*concessivo*) selbst; ~ **assim** trotzdem; ~ **que eu queira** selbst wenn ich wollte **4.** (*até*) sogar, selbst; ~ **ele não concordou** sogar er war nicht einverstanden **5.** (*exactamente*) genau; **(é) isso** ~! genau das ist es!

mesquinhez *f* **1.** (*com insignificâncias*) Kleinlichkeit *f*, Pingeligkeit *f* **2.** (*avareza*) Knauserei *f*, Geiz *m*

mesquinho *adj* **1.** (*com insignificâncias*) kleinlich, pingelig **2.** (*avaro*) geizig, knauserig

mesquita *f* Moschee *f*

Messias *m* Messias *m*

mester *m* Beruf *m*, Arbeit *f*

mestiço, -a **I.** *m, f* Mischling *m* **II.** *adj* Mischlings ...

mestrado *m* akademischer Grad nach zweijährigem Aufbaustudium

mestre, -a *m, f* **1.** (*de um ofício*) Meister, Meisterin *m, f;* **de** ~ meisterhaft **2.** (*de um barco*) Bootsführer, Bootsführerin *m, f*

mestre-de-obras *m* Polier *m*

mestria *f* fundierte(s) Wissen *nt*, Können *nt*

mesuradamente *adv* maßvoll

mesurado *adj* **1.** (*comedido*) gemäßigt, maßvoll **2.** (*prudente*) umsichtig

meta *f* (*fig*) Ziel *nt;* **alcançar a** ~ das Ziel erreichen

metabolismo *m* (BIOL) Stoffwechsel *m*

metade [mə'tadə] *f* Hälfte *f;* **pagar** ~ die Hälfte bezahlen

metadona *f* Methadon *nt*

metafísica *f* Metaphysik *f*

metafísico *adj* metaphysisch

metáfora *f* Metapher *f*

metafórico *adj* metaphorisch

metais *mpl* (MÚS) Blechblasinstrumente *pl*

metal *m* Metall *nt;* ~ **precioso** Edelmetall *nt*

metálico *adj* metallisch, Metall ...

metalizado *adj* metallic

metalurgia *f* Metallurgie *f*

metalúrgico *adj* Metall ..., metallurgisch

metamorfose *f* Metamorphose *f*

metástase *f* (MED) Metastase *f*

metediço *adj* (*pej*) aufdringlich

meteorito *m* Meteorstein *m,* Meteorit *m*

meteoro m Meteor m, Sternschnuppe f
meteorologia f Meteorologie f
meteorológico [mətjuru'lɔʒiku] adj meteorologisch, Wetter ...
meteorologista m(f) Meteorologe, Meteorologin m, f
meter [mə'ter] I. vt 1. (introduzir) stecken (em in), hineinstecken (em in); (numa caixa) hineinlegen (em in); (coloq) hineintun (em in); ~ **a. c. na cabeça de alguém** jdn von etw überzeugen; ~ **gasolina** tanken 2. (envolver) beteiligen (em an); (pej) verwickeln (em in), hineinziehen (em in); **não me metas nisso!** zieh mich da nicht hinein! 3. (infundir) ~ **medo a alguém** jdm Furcht einjagen II. vr 1. (enfiar-se) verschwinden (por durch, em in); **onde é que ela se meteu?** wo steckt sie? 2. (intrometer-se) sich einmischen (em in); **não te metas!** misch dich nicht ein!; **mete-te na tua vida!** kümmere dich um deine eigenen Angelegenheiten! 3. (envolver-se) sich einlassen (em auf); ~-**se em aventuras** sich auf Abenteuer einlassen 4. (provocar) ~-**se com alguém** sich mit jdm anlegen, jdn provozieren
meticuloso adj gewissenhaft
metido adj 1. (envolvido) verwickelt (em in); **estar** ~ **em apuros** in Schwierigkeiten stecken; (coloq); **andar** ~ **com** sich herumtreiben mit 2. (intrometido) aufdringlich
metileno m (QUÍM) Methylen nt
metodicamente adv methodisch
metódico adj methodisch
metodista m(f) (REL) Methodist, Methodistin m, f
método m Methode f; **com** ~ methodisch; ~ **anticoncepcional** Verhütungsmethode f
metodologia f Methodologie f, Methodik f; (do ensino) Methodik f
metodólogo, -**a** m, f Methodiker, Methodikerin m, f; (de estagiários) Mentor, Mentorin m, f
metralhadora f Maschinengewehr nt, Maschinenpistole f
métrica f Metrik f, Verslehre f
métrico adj metrisch; **sistema** ~ metrisches Maßsystem
metro ['mɛtru] m 1. (unidade de medida) Meter m; ~ **quadrado** Quadratmeter m; ~ **cúbico** Kubikmeter m; **ter 10** ~**s de altura/comprimento/largura** 10 Meter hoch/lang/breit sein; **isto/ele mede dois** ~**s** das

ist zwei Meter lang/er ist zwei Meter groß 2. (metropolitano) U-Bahn f; ~ **de superfície** Straßenbahn f; **apanhar o** ~ die U-Bahn nehmen; **ir de** ~ mit der U-Bahn fahren
metrô m (brasil) U-Bahn f
metrologia f Metrologie f
metrópole f Metropole f
metropolitano [mətrupuli'tɐnu] m Untergrundbahn f
meu [meu 'fiʎu] pron poss mein, meine; **o** ~ **quarto/pai/trabalho** mein Zimmer/mein Vater/meine Arbeit; **isso é** ~ das gehört mir; **um amigo** ~ ein Freund von mir
mexer I. vt (massa) rühren; (bebida) umrühren; (a cabeça, um braço) bewegen II. vi ~ **em a. c.** etw anfassen; **não mexas nisso!** fass das nicht an! III. vr sich bewegen; **mexe-te!** beweg dich jetzt!
mexericos mpl Klatsch m, Tratsch m
mexeriqueiro, -**a** m, f Klatschmaul nt, Tratsche f
México m Mexiko nt
mexido adj 1. (pessoa) rührig, engagiert 2. (objectos) benutzt
mexilhão m Miesmuschel f
mezinha f Hausmittel nt
mi m (MÚS) E nt, e
miar vi miauen
micose [mi'kɔzə] f (MED) Mykose f, Pilzkrankheit f
micróbio m (BIOL) Mikrobe f
microchip m (ELECTR) Mikrochip m
microclima m Mikroklima nt
microcomputador m Mikrocomputer m
microelectrónica f Mikroelektronik f
microeletrônica f (brasil) v. **microelectrónica**
microfilme m Mikrofilm m
microfone m Mikrofon nt; **falar ao** ~ ins Mikrofon sprechen
microonda f (FÍS) Mikrowelle f
microondas m (forno) Mikrowelle f, Mikrowellenherd m
microprocessador m (INFORM) Mikroprozessor m
microrganismo m (BIOL) Mikroorganismus m
microscópico adj mikroskopisch
microscópio m Mikroskop nt; **ver a. c. ao** ~ etw durch das Mikroskop betrachten
mictório m Pissoir nt
mídia mpl (brasil) Medien pl

migalha *f* Krümel *m;* (*restos*); ~**s** Rest *m,* Überbleibsel *nt*

migar *vt* zerkrümeln, zerbröckeln

migração *f* **1.** (*pessoas*) Auswanderung *f,* Migration *f* **2.** (ZOOL) Migration *f*

migrar *vi* auswandern

migratório *adj* Wander ...; **ave migratória** Zugvogel *m*

mijar I. *vi* (*cal*) pinkeln, pissen II. *vr* (*cal*) sich nass pinkeln

mijo *m* (*cal*) Pisse *f*

mil [mil] *num card* tausend; ~ **milhões** eine Milliarde

milagre *m* Wunder *nt;* **por** ~ wie durch ein Wunder; **eu não faço** ~**s** ich kann nicht hexen

milagroso *adj* **1.** (*pessoa*) wundertätig; (*medicamento*) Wunder wirkend **2.** (*acontecimento*) wundersam

Milão *f* Mailand *nt*

milavo *m* Tausendstel *nt*

milenar *adj* tausendjährig

milenário *m* Tausendjahrfeier *f*

milénio *m* Jahrtausend *nt*

milésimo *num ord* tausendste(r, s)

milha ['miʎɐ] *f* Meile *f;* ~ **marítima** Seemeile *f*

milhão *m* Million *f;* **um** ~ **de vezes** eine Million Mal; **mil milhões** eine Milliarde

milhar *m* Tausend *nt;* ~**es de anos/pessoas** Tausende von Jahren/Menschen

milho ['miʎu] *m* Mais *m*

milícia *f* Miliz *f,* Truppe *f*

miligrama *m* Milligramm *nt*

mililitro *m* Milliliter *m*

milímetro [mi'limɐtru] *m* Millimeter *m;* **examinar a. c. ao** ~ etw haargenau untersuchen

milionário, **-a** I. *m, f* Millionär, Millionärin *m, f* II. *adj* steinreich

militante *m(f)* (POL) Parteimitglied *nt*

militar I. *m* Militär *m;* (*soldado*) Soldat *m* II. *adj* militärisch, Militär ...

militarização *f* Militarisierung *f*

mim [mĩ] *pron pers* mich, mir; **para** ~ für mich; **por** ~, **está bem** von mir aus geht es klar; **faz isso por** ~ tu es für mich

mimado *adj* verwöhnt; (*em excesso*) verzogen, verhätschelt

mimalho *adj* anschmiegsam

mimar *vt* verwöhnen; (*em excesso*) verziehen, verhätscheln

mimetismo *m* (ZOOL) Mimese *f,* Mimikry *f*

mímica *f* Mimik *f*

mímico *adj* mimisch

mimo *m* Liebkosung *f,* Zärtlichkeit *f;* **dar** ~**s a alguém** jdn verwöhnen; **ter muito** ~ sehr verwöhnt sein

mimosa *f* Mimose *f*

mimoso *adj* **1.** (*delicado*) zart **2.** (*meigo*) zärtlich

mina *f* **1.** (*de minério*) Bergwerk *nt,* Mine *f;* ~**s** Bergbau *m* **2.** (MIL) Mine *f;* ~ **anti-pessoal** Landmine *f,* Personenmine *f*

minar *vt* **1.** (MIL) verminen, Minen legen in **2.** (*projecto*) untergraben, zu Fall bringen

minarete *m* Minarett *nt*

mindinho *m* (*coloq*) kleine(r) Finger *m*

mineiro I. *m* Bergmann *m,* Bergarbeiter *m* II. *adj* bergmännisch, Bergbau ...; **exploração mineira** Bergwerk *nt*

mineral I. *m* Mineral *nt* II. *adj* mineralisch, Mineral ...

mineralogia *f* Mineralogie *f*

minério *m* Erz *nt*

mingar *vi* (*coloq*) eingehen, einlaufen

mingau *m* (*brasil*) Brei *m*

míngua *f* **1.** (*escassez*) Mangel *m;* **à** ~ **de** aus Mangel an **2.** (*carência*) Not *f;* **morrer à** ~ verarmt sterben

minguante I. *m* abnehmende(r) Mond *m* II. *adj* **quarto** ~ abnehmender Mond

minguar *vi* **1.** (*escassear*) knapp sein; (*faltar*) mangeln an, fehlen an; **os medicamentos minguam** es fehlt an Medikamenten **2.** (*diminuir*) abnehmen

minha ['miɲɐ] *pron poss* mein, meine; **a** ~ **amiga/cama/mesa** meine Freundin/mein Bett/mein Tisch; **uma amiga** ~ eine Freundin von mir

minhoca *f* Regenwurm *m*

miniatura *f* Miniatur *f*

minigolfe [mini'gɔlfə] *m* Minigolf *nt*

mínima *f* **1.** (METEO) Tiefsttemperatur *f* **2.** (MÚS) halbe Note *f*

minimizar *vt* **1.** (*reduzir*) reduzieren, senken **2.** (*depreciar*) herunterspielen, die Bedeutung schmälern von

mínimo I. *m* Minimum *nt,* Mindeste *nt;* ~ **de subsistência** Existenzminimum *nt;* **no** ~ zumindest, wenigstens; **é o** ~ **que posso fazer** das ist das Mindeste, was ich tun kann; **com o** ~ **de esforço** mit einem minimalen Aufwand II. *adj superl de* **pequeno** kleinste(r, s), geringste(r, s); **dedo** ~ kleiner Finger; **salário** ~ Mindestlohn *m;* **não faço a mínima ideia** ich habe nicht die geringste Ahnung; **a temperatura/nota mínima** die Tiefsttemperatur/die Mindestnote; **aqui não há as mínimas condições para trabalhar** die Arbeitsbedingungen hier sind unter aller Kritik

mínimos ['minimuʃ] *mpl (faróis)* Standlicht *nt;* **ligar os** ~ das Standlicht einschalten

mini-saia *f* Minirock *m*

mini-série *f* mehrteilige Fernsehsendung *f*

ministerial *adj* ministeriell, Ministerial ...

ministério *m* Ministerium *nt;* ~ **da Defesa** Verteidigungsministerium *nt;* ~ **da Educação** Erziehungsministerium *nt;* ~ **das Finanças** Finanzministerium *nt;* ~ **do Interior** Innenministerium *nt;* ~ **da Justiça** Justizministerium *nt;* ~ **dos Negócios Estrangeiros** Außenministerium *nt;* ~ **público** Staatsanwaltschaft *f*

ministrar *vt* **1.** *(um medicamento)* verabreichen, geben **2.** *(uma aula)* erteilen, geben

ministro, **-a** *m, f* Minister, Ministerin *m, f;* ~ **das Finanças** Finanzminister *m;* ~ **do Ambiente** Umweltminister *m*

minorar *vt* **1.** *(diminuir)* mindern, vermindern **2.** *(atenuar)* lindern

minoria *f* Minderheit *f;* **estar em** ~ in der Minderheit sein

minúcia *f* Genauigkeit *f,* Gewissenhaftigkeit *f*

minuciosidade *f v.* **minúcia**

minucioso *adj* **1.** *(pessoa)* gewissenhaft, sorgfältig **2.** *(estudo, trabalho)* ausführlich, minuziös

minúscula *f* kleine(r) Buchstabe *m;* **escrever uma palavra com** ~ ein Wort kleinschreiben

minúsculo *adj* winzig, sehr klein; *(letra)* klein

minuta *f* Entwurf *m,* Skizze *f*

minuto [mi'nutu] *m* Minute *f;* **são três horas menos/e cinco** ~**s** es ist fünf Minuten vor/nach drei; **aguarde só um** ~ warten Sie bitte eine Minute

miolo *m* **1.** *(de pão)* Brotinnere *nt,* Krume *f* **2.** *(de fruta)* Fruchtfleisch *nt; (de noz)* Kern *m*

miolos *mpl (coloq)* Grips *m*

míope *adj* kurzsichtig

miopia *f* Kurzsichtigkeit *f*

miosótis *f* (BOT) Vergissmeinnicht *nt*

mira *f* **1.** *(de arma)* Visier *nt* **2.** *(intenção)* Absicht *f; (objectivo)* Ziel *nt;* **ter a. c. em** ~ etw beabsichtigen

mirabolante *adj* auffallend, Aufsehen erregend

miradouro [mire'doru] *m* Aussichtspunkt *m*

miragem *f* Fata Morgana *f*

mirar *vt* ansehen, beobachten

mirra *f* (BOT) Myrrhe *f*

mirrar *vi* verdorren, vertrocknen

misantropia *f* Menschenfeindlichkeit *f,* Misanthropie *f*

misantropo, **-a** *m, f* Menschenfeind, Menschenfeindin *m, f,* Misanthrop, Misantrophin *m, f*

míscaro *m* (BOT) Edelreizker *m,* Echte(r) Reizker *m*

miscelânea *f* Miszellen *pl,* Miszellaneen *pl*

miscível *adj* mischbar

miserável **I.** *m(f) (pobre)* Bedürftige; *(desgraçado)* Unglückliche, Pechvogel *m* **II.** *adj (pessoa)* armselig; *(estado, situação)* jämmerlich, erbärmlich

miséria *f* Elend *nt,* Not *f;* **cair na** ~ in Not geraten

misericórdia *f* **1.** *(comiseração)* Barmherzigkeit *f* **2.** *(compaixão)* Erbarmen *nt*

misericordioso *adj* barmherzig

mísero *adj* lumpig, schäbig

missa ['misɐ] *f* Messe *f,* Gottesdienst *m;* ~ **do galo** Christmette *f;* **ir à** ~ in die Messe gehen; **não saber da** ~ **a metade** nicht die ganze Geschichte kennen, nicht über alles informiert sein

missanga *f* Glasperle *f*

missão *f* (REL, POL) Mission *f;* **cumprir uma** ~ eine Mission erfüllen

míssil *m* (MIL) Rakete *f;* ~ **de alcance intermédio** Mittelstreckenrakete *f;* ~ **de longo alcance** Langstreckenrakete *f;* ~ **(de) cruzeiro** Marschflugkörper *m*

missionário, **-a** *m, f* Missionar, Missionarin *m, f*

mistela *f (coloq)* Mischmasch *m*

mistério *m* **1.** *(enigma)* Rätsel *nt;* **desvendar um** ~ ein Geheimnis lüften **2.** (REL) Mysterium *nt*

misterioso *adj* geheimnisvoll, rätselhaft

mística *f* Mystik *f*

misticismo *m* Mystizismus *m*

místico *adj* mystisch

M

mistificar *vt* sich lustig machen über; *(burlar)* hereinlegen

misto ['miʃtu] **I.** *m* Gemisch *nt* **II.** *adj* gemischt; **automóvel** ~ Kombiwagen *m;* **colégio** ~ gemischte/koedukative Schule; **salada mista** gemischter Salat; **tosta mista** Schinken-Käse-Toast

misto-quente *m* *(brasil)* Schinken-Käse-Toast *m*

mistura [məʃ'turə] *f* **1.** *(junção)* Mischung *f* **2.** *(produto misturado)* Gemisch *nt,* Mixtur *f* **3.** *(cinema, televisão)* Mischen *nt*

misturada *f* Mischmasch *m*

misturado *adj* gemischt, vermischt

misturar **I.** *vt* **1.** *(tb. cinema, televisão; juntar)* mischen **2.** *(confundir)* verwechseln, durcheinander werfen **II.** *vr* **1.** *(substâncias)* sich mischen; ~**-se na multidão** sich unter die Menge mischen **2.** *(intrometer-se)* sich einmischen

mítico *adj* mythisch

mitigar *vt* lindern

mito *m* Mythos *m*

mitologia *f* Mythologie *f*

mitológico *adj* mythologisch

miudagem *f* Kids *pl,* Kinderschar *f*

miudeza *f* Kleinheit *f,* Winzigkeit *f;* *(bugigangas)*; ~**s** Kurzwaren *pl*

miudinho *adj* **1.** *(pej: esquisito)* kleinlich, etepetete **2.** *(minucioso)* sorgfältig, genau

miúdo, -a **I.** *m, f* Kleine; **os** ~**s** die Kids **II.** *adj* klein

miúdos *mpl* (CUL) Geflügelklein *nt*

mixaria *f* *(brasil)* Lappalie *f,* Kleinigkeit *f*

mixórdia *f* *(coloq)* Mischmasch *m*

mixuruca *adj* *(brasil)* billig, schlecht

mo Zusammensetzung: pron me + pron o

mó *f* *(de moinho)* Mühlstein *m;* *(para afiar)* Schleifstein *m*

moagem *f* Mahlen *nt*

mobilado *adj* möbliert

mobilar *vt* möblieren, einrichten

mobília *f* Möbel *pl,* Mobiliar *nt*

mobiliar *vt* *(brasil)* v. **mobilar**

mobiliário **I.** *m* Mobiliar *nt,* Einrichtung *f* **II.** *adj* Möbel ...

mobilidade *f* Beweglichkeit *f*

mobilizar *vt* mobilisieren

moca *f* **1.** *(instrumento)* Keule *f* **2.** *(coloq: com álcool)* Rausch *m;* *(com drogas)* Trip *m;* **apanhar uma** ~ sich einen antrinken +*dat*

mocado *adj* *(coloq: com drogas)* high

moçambicano, -a **I.** *m, f* Mosambikaner, Mosambikanerin *m, f* **II.** *adj* mosambikanisch

Moçambique *m* Mosambik *nt*

moção *f* (POL) Antrag *m;* **apresentar uma** ~ einen Antrag einreichen

mochila [mu'ʃilə] *f* Rucksack *m*

mocho *m* Kauz *m*

mocidade *f* Jugend *f*

moço, -a **I.** *m, f* *(criança)* Junge *m,* Mädchen *nt;* *(jovem)* Jugendliche; ~ **de recados** Laufbursche *m* **II.** *adj* jung

moda ['mɔdə] *f* **1.** *(actual)* Mode *f;* **estar na** ~ in Mode sein; **estar fora de** ~ aus der Mode gekommen sein **2.** *(maneira)* Art *f;* **à** ~ **da casa** nach Art des Hauses

modal *adj* modal

modalidade *f* **1.** *(aspecto)* Form *f,* Art *f* (und Weise) **2.** *(circunstâncias)* Umstände *pl* **3.** (DESP) Sportart *f*

modelo [mu'delu] **I.** *m* *(padrão)* Modell *nt,* Muster *nt;* *(exemplo)* Vorbild *nt;* *(de automóvel)* Modell *nt* **II.** *m(f)* *(pessoa)* Modell *nt;* ~ **fotográfico** Fotomodell *nt,* Model *nt*

modem *m* (INFORM) Modem *nt*

moderação *f* Mäßigung *f;* **fazer a. c. com** ~ sich bei etw mäßigen

moderadamente *adv* maßvoll

moderado *adj* **1.** *(pessoa, partido)* gemäßigt; *(velocidade)* mäßig; *(preço)* moderat **2.** *(vento, clima)* mild

moderar *vt* *(a velocidade, os gastos)* herabsetzen, verringern; *(as atitudes)* mäßigen, zurückhalten

modernice *f* *(pej)* Modeerscheinung *f*

modernidade *f* Modernität *f*

modernizar *vt* modernisieren

moderno [mu'dɜrnu] *adj* **1.** *(roupa, edifício)* modern **2.** *(época)* neuzeitlich; **História Moderna** Geschichte der Neuzeit

modestamente *adv* bescheiden

modéstia *f* Bescheidenheit *f;* ~ **à parte** keine falsche Bescheidenheit

modesto *adj* bescheiden

módico *adj* *(preço)* mäßig, gering

modificação *f* Veränderung *f,* Änderung *f*

modificar **I.** *vt* verändern, abändern; *(lei)* modifizieren **II.** *vr* sich verändern

modista [mu'diʃtə] *f* Schneiderin *f*

modo ['mɔdu] *m* **1.** *(maneira)* Art *f,* Weise *f;* ~ **de vida** Lebensweise *f;* **deste** ~ auf diese Weise; **de certo** ~ gewissermaßen; **de** ~ **al-**

gum keineswegs, auf keinen Fall; **de outro ~** sonst, andernfalls; **de ~ que** so dass; **de qualquer ~** auf jeden Fall; **do mesmo ~** ebenso **2.** (LING) Modus *m* **3.** (MÚS) Tonart *f*

modos *mpl* Manieren *pl;* **com ~** mit guten Manieren, gut erzogen

módulo *m* **1.** Modul *m* **2.** (AERO) Raumkapsel *f*

moeda ['mwɜdɐ] *f* **1.** (*objecto*) Münze *f;* **uma ~ de quinquagésimo centos** eine Fünfzig-Cent-Münze **2.** (ECON: *de um país*) Währung *f;* **~ única** Gemeinschaftswährung *f* (POL);

moela *f* Geflügelmagen *m*

moer *vt* **1.** (*café, milho*) mahlen **2.** (*coloq: a cabeça*) plagen, belästigen; **~ a paciência a alguém** jds Geduld erschöpfen

mofento *adj* muffig

mofo *m* **1.** (*bafio*) Muff *m;* **cheirar a ~** muffig riechen **2.** (*bolor*) Schimmel *m*

mogno *m* **1.** (*madeira*) Mahagoni *nt* **2.** (*árvore*) Mahagonibaum *m*

Mogúncia *f* Mainz *nt*

moído *adj* **1.** (*café, milho*) gemahlen **2.** (*peixe*) verdorben **3.** (*dor*) dumpf **4.** (*pessoa*) abgespannt, totmüde

moinho *m* Mühle *f;* **~ de água** Wassermühle *f;* **~ de café** Kaffeemühle *f;* **~ de vento** Windmühle *f*

moiro, -a **I.** *m, f* Maure, Maurin *m, f* **II.** *adj* maurisch

moita *f* Dickicht *nt*, Gebüsch *nt*

mola *f* **1.** (*peça elástica*) Feder *f* **2.** (*da roupa*) Wäscheklammer *f* **3.** (*em vestuário, carteira*) Druckknopf *m*

molar *m* (*dente*) Backenzahn *m*

moldar *vt* **1.** (*uma peça*) modellieren, formen; (*metal*) gießen **2.** (*personalidade*) formen

Moldávia *f* Moldawien *nt*

molde *m* (*para peças*) Form *f;* (*para metal*) Gussform *f;* (*para vestuário*) Schnittmuster *nt*

moldura *f* Rahmen *m*

mole ['mɔlə] *adj* **1.** (*objecto*) weich **2.** (*sem energia*) schlaff, träge

molécula *f* Molekül *nt*

molecular *adj* molekular

moleirinha *f* (*coloq*) Schädel *m*

moleiro, -a *m, f* Müller, Müllerin *m, f*

molengão, -ona **I.** *m, f* (*coloq*) Schlaffi *m* **II.** *adj* schlaff, träge

moleque *m* **1.** (*brasil: rapaz*) Junge *m* **2.** (*brasil: de rua*) Straßenkind *nt*

molestar *vt* **1.** (*incomodar*) belästigen, stören **2.** (*maltratar*) quälen

moléstia *f* Krankheit *f*, Unwohlsein *nt*

molete *m* (*reg*) Brötchen *nt*

moleza *f* **1.** (*de objecto*) Weichheit *f* **2.** (*falta de energia*) Schlaffheit *f*, Trägheit *f*

molha *f* **apanhar uma ~** nass werden, in einen Schauer kommen

molhado [mu'ʎadu] **I.** *m* nasse Stelle *f* **II.** *adj* nass

molhar **I.** *vt* nass machen; (*humedecer*) anfeuchten; (*mergulhar*) einweichen **II.** *vr* nass werden

molhe *m* Mole *f*

molho¹ ['moʎu] *m* **1.** (CUL) Soße *f* **2.** (*de água*) **pôr a. c. de ~** etw wässern; (*roupa*) etw einweichen

molho² *m* (*de chaves, salsa*) Bund *nt;* (*de palha, papéis*) Bündel *nt*

moliço *m* Seetang *m*

molinete *m* Drehkreuz *nt*

molusco *m* (ZOOL) Weichtier *nt*

momentaneamente *adv* momentan, im Augenblick

momentâneo *adj* momentan, augenblicklich; (*passageiro*) vorübergehend

momento [mu'mẽtu] *m* Augenblick *m*, Moment *m;* **a todo o ~** jeden Augenblick; **de ~** momentan; **~s depois** gleich danach; **neste ~** im Augenblick; **de um ~ para o outro** von einer Sekunde zur anderen; **um ~!** Moment mal!

Mónaco *m* Monaco *nt*

monarca *m(f)* Monarch, Monarchin *m, f*

monarquia *f* Monarchie *f*

monárquico *adj* monarchisch

monástico *adj* **1.** (*do mosteiro*) klösterlich **2.** (*dos monges*) Mönchs ..., mönchisch

monção *f* (METEO) Monsun *m*

mondar *vt* Unkraut jäten in, von Unkraut säubern

monetário *adj* Währungs ...

monge *m* Mönch *m*

Mongólia *f* Mongolei *f*

mongolismo *m* (MED) Mongolismus *m*

mongolóide *adj* (MED) mongoloid

monitor(a)¹ *m(f)* Kursleiter, Kursleiterin *m, f*

monitor² *m* (INFORM) Monitor *m*

mono *m* (*coloq*) Griesgram *m*

M

monocromático *adj* einfarbig, monochrom

monocultura *f* (AGR) Monokultur *f*

monofásico *adj* (ELECTR) einphasig

monogamia *f* Monogamie *f*

monógamo *adj* monogam

monografia *f* Monographie *f*

monograma *m* Monogramm *nt*

monólogo *m* Monolog *m;* **ter um** ~ einen Monolog halten

monopólio *m* Monopol *nt*

monopolizar *vt* **1.** (ECON) monopolisieren **2.** (*uma conversa*) an sich reißen, allein bestreiten

monossilábico *adj* einsilbig

monossílabo *m* einsilbige(s) Wort *nt*

monoteísmo *m* Monotheismus *m*

monoteísta **I.** *m(f)* Monotheist, Monotheistin *m, f* **II.** *adj* monotheistisch

monotonia *f* Monotonie *f,* Eintönigkeit *f*

monótono *adj* monoton, eintönig

monóxido *m* (QUÍM) Monoxid *nt;* ~ **de carbono** Kohlenmonoxid *nt*

monstro *m* Ungeheuer *nt,* Monster *nt*

monstruosidade *f* **1.** (*coisa descomunal*) Ungeheuer *nt,* Monstrum *nt* **2.** (*coisa abominável*) Ungeheuerlichkeit *f*

monstruoso *adj* **1.** (*descomunal*) monströs; (*enorme*) riesig **2.** (*abominável*) scheußlich, abscheulich

monta-cargas *m* Lastenaufzug *m*

montagem *f* **1.** (*máquinas*) Montage *f,* Zusammensetzung *f* **2.** (CIN, FOT) Montage *f*

montanha [mɔ̃n'teɲɐ] *f* Gebirge *nt*

montanha-russa *f* Achterbahn *f;* **andar na** ~ Achterbahn fahren

montanhismo [mɔ̃nte'ɲiʒmu] *m* Bergsteigen *nt*

montanhista *m(f)* Bergsteiger, Bergsteigerin *m, f*

montanhoso *adj* bergig, gebirgig

montante *m* Gesamtbetrag *m,* Summe *f*

montar **I.** *vt* (*uma máquina*) zusammenbauen, montieren; (*uma tenda*) aufbauen, aufstellen; (*subir para*) steigen auf; (*cavalgar*) reiten; ~ **uma bicicleta** auf ein Fahrrad steigen; (*uma casa*) einrichten; (*uma loja, empresa*) eröffnen **II.** *vi* reiten

monte ['mɔ̃ntə] *m* **1.** (*em terreno*) Berg *m* **2.** (*pilha*) Haufen *m;* **a** ~ durcheinander, ungeordnet; **um** ~ **de livros** ein Haufen Bücher; ~**s de gente** Menschenmassen *pl;* **aos** ~**s** in Massen

montês *adj* wild

montra *f* Schaufenster *nt*

monumental *adj* monumental; (*grandioso*) großartig

monumento [munu'mẽntu] *m* **1.** (*de pessoa, personagem*) Denkmal *nt;* (*edifício*) Monument *nt* **2.** (*de interesse turístico*) Sehenswürdigkeit *f*

morada *f* (*endereço*) Anschrift *f*

moradia *f* Einfamilienhaus *nt*

morador(a) *m(f)* (*de uma casa*) Bewohner, Bewohnerin *m, f;* (*de uma rua*) Anwohner, Anwohnerin *m, f*

moral **I.** *f* Moral *f* **II.** *adj* moralisch

moralidade *f* Sittlichkeit *f*

moralista **I.** *m(f)* Moralist, Moralistin *m, f* **II.** *adj* moralistisch

morango *m* Erdbeere *f*

morar [mu'rar] *vi* wohnen (*em* in)

Morávia *f* Mähren *nt*

morbidade *f* (*estatística*) Krankenstand *m*

morbidez *f* Kränklichkeit *f,* Schwäche *f*

mórbido *adj* kränklich, morbid

morcão, -ona *m, f* (*coloq*) Flasche *f,* Versager, Versagerin *m, f*

morcego *m* Fledermaus *f*

morcela [mur'sɐlə] *f* Blutwurst *f*

mordaça *f* Knebel *m*

mordaz *adj* bissig; (*crítica*) scharf

mordente *m* Beize *f*

morder [mur'der] *vt* (*pessoa, cão*) beißen; (*insecto*) stechen; ~ **a língua** sich auf die Zunge beißen +*dat;* ~ **os lábios** auf die Lippen nagen; (*fig*); ~ **o isco** anbeißen

mordidela *f* Biss *m;* **dar uma** ~ **em a. c.** in etw hineinbeißen

mordiscar *vt* knabbern

mordomo *m* Hausverwalter *m,* Gutsverwalter *m*

moreia *f* (GEOL) Moräne *f*

morena *f* (GEOL) *v.* **moreia**

moreno, -a **I.** *m, f* Dunkelhaarige **II.** *adj* **1.** (*de cabelo*) dunkelhaarig **2.** (*de pele*) dunkelhäutig; (*pelo sol*) braun, braun gebrannt

morfema *m* (LING) Morphem *nt*

morfina *f* Morphium *nt*

morfologia *f* Morphologie *f*

morfológico *adj* morphologisch

morgue *f* Leichenhalle *f,* Leichenschauhaus *nt*

moribundo *adj* im Sterben liegend

mormacento *adj* (*tempo*) feuchtwarm

mormente *adv* hauptsächlich, insbesondere

morno *adj* lauwarm

moroso *adj* **1.** (*demorado*) langwierig **2.** (*lento*) langsam

morrer [mu'ʀer] *vi* **1.** (*pessoa, animal*) sterben (*de* an); (*planta*) eingehen; ~ **afogado** ertrinken; ~ **asfixiado** ersticken; ~ **de susto** vor Schreck tot umfallen, sich zu Tode erschrecken; ~ **por alguém/a. c.** für jdn/etw sterben; **estar a ~ de fome/frio** vor Hunger/Kälte sterben **2.** (*fogo*) verlöschen; (*luz, sentimento*) erlöschen; (*som*) verklingen

morrinha *f* (*reg*) Sprühregen *m*

morrinhar *vi* (*reg*) nieseln

morro *m* Hügel *m*

morsa *f* Walross *nt*

Morse *m* **código** ~ Morsealphabet *nt*

mortadela *f* Mortadella *f*

mortal **I.** *m(f)* Sterbliche **II.** *adj* **1.** (*que mata*) tödlich, Tod ...; **pecado** ~ Todsünde *f* **2.** (*que morre*) sterblich

mortalha *f* **1.** (*de cadáver*) Leichentuch *nt* **2.** (*de tabaco*) Zigarettenpapier *nt*

mortalidade *f* Sterblichkeit *f;* ~ **infantil** Kindersterblichkeit *f;* **taxa de** ~ Sterblichkeitsrate *f*

mortalmente *adv* tödlich

mortandade *f* v. **mortalidade**

morte ['mɔrtə] *f* Tod *m;* ~ **aparente** Scheintod *m;* ~ **súbita** plötzlicher Tod; (DESP) Golden Goal *nt*

morteiro *m* (MIL) Mörser *m*

mortiço *adj* (*luz*) erlöschend

mortífero *adj* tödlich, todbringend

morto, **-a** ['mortu] **I.** *pp irr de* **matar** **II.** *m, f* Tote; (*defunto*) Verstorbene **III.** *adj* **1.** (*falecido*) tot **2.** (*cor*) matt, gedämpft **3.** (*inexpressivo*) leblos, starr **4.** (*exausto*) totmüde, erschöpft **5.** (*ansioso*) **estar ~ por a. c.** auf etw wahnsinnig gespannt sein; **estar ~ por fazer a. c.** darauf brennen, etw zu tun

mosaico [mu'zaiku] *m* Mosaik *nt*

mosca ['moʃkɐ] *f* Fliege *f;* **estar às ~s** menschenleer sein; **ele não faz mal a uma** ~ er tut keiner Fliege etwas zuleide

mosca-morta *m(f)* (*coloq*) Faulpelz *m*

moscardo *m* (ZOOL) Bremse *f*

moscatel **I.** *m* Muskatellerwein *m,* Muskateller *m* **II.** *adj* **uva** ~ Muskatellertraube *f*

Moscou *m* (*brasil*) Moskau *nt*

moscovita **I.** *m(f)* Moskauer, Moskauerin *m, f* **II.** *adj* moskauisch

Moscovo *m* Moskau *nt*

Mosela *m* Mosel *f*

mosquetão *m* Verschluss *m*

mosqueteiro *m* Musketier *m*

mosquiteiro *m* Moskitonetz *nt*

mosquito [muʃ'kitu] *m* Stechmücke *f;* (*nos países tropicais*) Moskito *m*

mossa *f* Beule *f*

mostarda [muʃ'tardə] *f* Senf *m*

mosteiro [muʃ'teiru] *m* Mönchskloster *nt*

mosto *m* Most *m,* Traubenmost *m*

mostra *f* **estar à** ~ sichtbar sein; **pôr/ter a. c. à** ~ etw vorzeigen; **dar ~s de progresso** Fortschritte machen

mostrador *m* (*de relógio*) Zifferblatt *nt*

mostrar [muʃ'trar] **I.** *vt* zeigen, vorzeigen **II.** *vr* sich zeigen

mostrengo, **-a** *m, f* (*pej*) Ungetüm *nt,* Scheusal *nt*

mostruário *m* Schaukasten *m*

mota *f* (*coloq*) Maschine *f*

motard *m(f)* v. **motociclista**

mote *m* Motto *nt*

motel [mo'tɛl] *m* Motel *nt*

Ziehen Sie lieber in Brasilien in kein **Motel**! Diese sind (oft luxuriöse) Absteigen, die ausschließlich für Pärchen gedacht sind.

motim *m* Meuterei *f,* Aufstand *m*

motivação *f* Motivation *f* (*para* zu)

motivar *vt* motivieren (*para* zu)

motivo *m* **1.** (*causa, razão*) Grund *m,* Anlass *m;* (*de crime*) Motiv *nt;* **por esse** ~ aus diesem Grund; **por** ~ **de doença** wegen Krankheit; **dar ~s para a. c.** Anlass zu etw geben **2.** (*arte, música*) Motiv *nt*

moto *m* Antrieb *m;* **de** ~ **próprio** aus eigenem Antrieb

motocicleta *f* Motorrad *nt*

motociclismo *m* Motorradsport *m*

motociclista *m(f)* Motorradfahrer, Motorradfahrerin *m, f*

motociclo *m* Motorrad *nt*

motocross *m* Motocross *nt*

motoneta *f* (*brasil*) Motorroller *m*

motoqueiro, **-a** *m, f* (*coloq*) v. **motociclista**

motor [mu'tor] *m* Motor *m;* ~ **de arranque** Anlasser *m;* (INFORM); ~ **de busca** Suchmaschine *f;* ~ **a diesel** Dieselmotor *m;* ~ **de in-**

M

je(c)ção Einspritzmotor *m*

motoreta *f* Motorroller *m*

motorismo *m* Motorsport *m*

motorista *m(f)* (*de autocarro*) Busfahrer, Busfahrerin *m, f;* (*de camião*) Kraftfahrer, Kraftfahrerin *m, f;* (*particular*) Chauffeur, Chauffeurin *m, f*

motorizada *f* Mofa *nt*

moto-serra *f* Motorsäge *f*

motriz *adj* força ~ treibende Kraft *f*

mouco, -a I. *m, f* Taube II. *adj* taub

mouro, -a I. *m, f* Maure, Maurin *m, f* II. *adj* maurisch

movediço *adj* beweglich; **areias movediças** Treibsand *m*

móvel ['mɔvɛl] I. *m* Möbelstück *nt;* **móveis** Möbel *pl;* **móveis encastrados** Einbaumöbel *pl* II. *adj* beweglich

mover I. *vt* (*fig*) bewegen II. *vr* sich bewegen

movimentado *adj* (*rua, lugar*) belebt; (*trânsito*) lebhaft

movimentar I. *vt* (*mover*) bewegen; (*dinheiro*) umsetzen II. *vr* sich bewegen

movimento *m* 1. (POL: *deslocação*) Bewegung *f;* **pôr a. c. em** ~ etw in Bewegung setzen, etw in Gang bringen 2. (ECON) Umsatz *m* 3. (*na rua, em estabelecimento*) Betrieb *m;* **essa loja tem muito** ~ in diesem Geschäft ist viel Betrieb

muamba *f* 1. (*coloq brasil: contrabando*) Schmuggel *m* 2. (*coloq brasil: objectos roubados*) Hehlerei *f*

muco *m* Schleim *m*

mucosa *f* Schleimhaut *f*

mucoso *adj* schleimig

muçulmano, -a I. *m, f* Moslem, Moslime *m, f,* Muslim, Muslime *m, f* II. *adj* moslemisch, muslimisch

mudança [mu'dãsɐ] *f* 1. (*alteração*) Änderung *f;* (*transformação*) Veränderung *f,* Umwandlung *f;* ~ **de tempo** Wetteränderung *f* 2. (*troca*) Wechsel *m;* ~ **de casa** Umzug *m;* ~ **de óleo** Ölwechsel *m* 3. (*variação*) Abwechslung *f* 4. (*de velocidades*) Gangschaltung *f;* **meter uma** ~ einen Gang einlegen

mudar [mu'dar] I. *vt* 1. (*alterar*) ändern, abändern; (*transformar*) verändern 2. (*trocar*) wechseln; ~ **a fralda** die Windeln wechseln; ~ **o óleo** einen Ölwechsel machen; ~ **a (roupa da) cama** die Bettwäsche wechseln, das Bett frisch beziehen II. *vi* 1. (*alterar-se*) sich ändern; (*transformar-se*) sich verändern; **o tempo vai** ~ das Wetter ändert sich; **isto/ela não mudou nada** das/sie hat sich gar nicht verändert; **a hora muda amanhã** morgen wird die Uhr umgestellt 2. (*trocar*) ~ **de** wechseln; ~ **de autocarro/comboio** umsteigen; ~ **de casa** umziehen; ~ **de roupa** sich umziehen; **preciso de** ~ **de ares** ich brauche eine Luftveränderung; ~ **de assunto** das Thema wechseln; ~ **de opinião/ideias** seine Meinung ändern; ~ **de lugar com alguém** mit jdm den Platz tauschen 3. (*variar*) seine Gewohnheit ändern III. *vr* 1. (*casa*) umziehen (*para* nach); ~**-se para o campo** aufs Land ziehen 2. (*roupa*) sich umziehen

mudez *f* Stummheit *f*

mudo, -a ['mudu] I. *m, f* Stumme II. *adj* (LING) stumm

muesli ['musli] *m* Müsli *nt*

mugido *m* Muhen *nt*

mugir *vi* muhen

muito ['mõĩntu/'mõĩntɔ] I. *adj* viel; ~ **esforço** eine große Anstrengung; **muitas pessoas** viele Leute; ~**s amigos** viele Freunde; ~ **tempo** lange Zeit; **conheço-o há** ~ (**tempo**) ich kenne ihn schon lange; **li este livro há** ~ (**tempo**) ich habe das Buch vor langer Zeit gelesen; **não demora** ~ (**tempo**) es dauert nicht lange II. *adv* viel, sehr; (*com adjectivo*) sehr; ~ **caro** sehr teuer; ~ **melhor** viel besser; **comer/ler/trabalhar** ~ viel essen/lesen/arbeiten; **gostar** ~ **de alguém** jdn sehr gerne mögen; **gosto** ~ **deste livro** dieses Buch gefällt mir sehr gut III. *pron indef* viel; **tenho** ~ **que fazer** ich habe viel zu tun; ~**s pensam que ...** viele denken, dass ...

mula *f* Maultier *nt*

mulato, -a *m, f* Mulatte, Mulattin *m, f*

muleta [mu'leta] *f* Krücke *f;* **andar de** ~**s** an Krücken gehen

mulher [mu'ʎɛr] *f* Frau *f;* (*esposa*) Ehefrau *f,* Frau *f;* ~ **a dias** Putzfrau *f*

mulher-carteiro *f* Briefträgerin *f*

mulherengo I. *m* Frauenheld *m,* Schürzenjäger *m* II. *adj* **ser** ~ hinter den Frauen her sein

mulherio *m* (*coloq*) Frauen *pl*

mulher-polícia *f* Polizistin *f*

multa ['multɐ] *f* Geldstrafe *f,* Bußgeld *nt;* **apanhar uma** ~ (**de 500 euros**) ein Bußgeld (in Höhe von 500 Euro) bezahlen müssen; **passar uma ~ a alguém** ein Bußgeld gegen jdn verhängen

multar *vt* mit einer Geldstrafe belegen; **~ alguém** (**em 500 euros**) jdn mit einer Geldstrafe (von 500 Euro) belegen

multibanco *m* Geldautomat *m*

Wenn Sie in Portugal etwas von der Bank brauchen, lassen Sie es sich nicht zu spät einfallen: Banken schließen zwar nicht während der Mittagspause, sind aber nur Montag bis Freitag von 8.30 bis 15 Uhr geöffnet. Ganz wichtige Schalter in Lissabon oder in touristischen Zentren sind allerdings bis 18 Uhr geöffnet. Sehr praktisch sind die **multibancos** (Geldautomaten), die in großer Zahl überall vorhanden sind. Dort können Sie mit Scheckkarte und Geheimzahl Euros abheben. Bei den meisten Automaten können Sie sogar die Sprache für die Abfrage wählen. Das Bezahlen mit Kreditkarte ist in Portugal sehr verbreitet. Viele Restaurants, Läden und Tankstellen nehmen Kreditkarten, vor allem die bekanntesten Anbieter.

multicolor *adj* bunt, vielfarbig

multicultural *adj* multikulturell

multidão *f* Menge *f*, Menschenmenge *f*

multimédia I. *f* Multimediawelt *f* II. *adj* Multimedia ..., multimedial

multimilionário, -a I. *m, f* Multimillionär, Multimillionärin *m, f* II. *adj* Multimillionärs ...

multinacional I. *f* (ECON) multinationale(r) Konzern *m;* (*coloq*) Multi *m* II. *adj* multinational

multiplicação *f* 1. (MAT) Multiplikation *f* 2. (*reprodução*) Vermehrung *f*

multiplicador I. *m* (MAT) Multiplikator *m* II. *adj* Multiplikations ...

multiplicar I. *vt* (MAT) multiplizieren (*por* mit); (*reproduzir*) vermehren II. *vr* sich vermehren

múltiplo *adj* vielfach; (MAT); **20 é ~ de 5** 20 ist ein Vielfaches von 5

múmia *f* Mumie *f*

mundano *adj* weltlich

mundial I. *m* (DESP) Weltmeisterschaft *f* II. *adj* Welt ..., weltweit

mundialmente *adv* ~ **conhecido** weltbekannt

mundo ['mõndu] *m* Welt *f;* **o outro ~** das Jenseits; **terceiro ~** Dritte Welt; **vir ao ~** auf die Welt kommen; **uma coisa do outro ~** etwas ganz Besonderes/Außergewöhnliches; (*brasil*); **todo o ~** alle; **prometer ~s e fundos** große Versprechungen machen; **estar no ~ da lua** zerstreut sein

mungir *vt* melken

munição *f* Munition *f*

municipal *adj* Stadt ..., Gemeinde ...; **biblioteca ~** Stadtbibliothek *f;* **câmara ~** Rathaus *nt*

munícipe *m(f)* Bürger, Bürgerin *m, f*

município *m* 1. (*zona*) Stadtbezirk *m*, Gemeindebezirk *m* 2. (*comunidade*) Gemeinde *f*

munir *vt* versorgen (*de* mit)

muque *m* (*coloq brasil*) Muskelkraft *f*

muquete *m* (*brasil*) *v.* **murro**

muralha *f* Mauer *f*, Stadtmauer *f*

murar *vt* mit einer Mauer versehen, eine Mauer bauen um

murchar *vi* 1. (*flor*) verwelken 2. (*diminuir*) erschlaffen, absterben; (*voz*) dünner werden 3. (*pessoa*) abschlaffen, ermüden

murcho *adj* 1. (*flor*) welk, verwelkt 2. (*fig: pessoa*) schlaff

murmurar I. *vt* murmeln II. *vi* (*pessoa*) murmeln; (*vento*) säuseln; (*folhagem*) rauschen; (*água*) plätschern

murmúrio *m* (*de pessoa*) Murmeln *nt;* (*do vento*) Säuseln *nt;* (*da folhagem*) Rauschen *nt;* (*da água*) Plätschern *nt*

muro ['muru] *m* Mauer *f*

murro *m* Faustschlag *m;* **dar um ~ a alguém/em a. c.** jdm einen Faustschlag versetzen/mit der Faust auf etw schlagen

musa *f* Muse *f*

musculação [muʃkule'sãu] *f* Bodybuilding *nt;* **fazer/praticar ~** Bodybuilding machen

muscular *adj* Muskel ...

músculo ['muʃkulu] *m* Muskel *m*

musculoso *adj* muskulös

museologia *f* Museumskunde *f*

museu [mu'zeu] *m* Museum *nt;* ~ **de arte moderna** Museum für Moderne Kunst

musgo *m* Moos *nt*

música ['muzike] *f* 1. (*geral*) Musik *f;* ~ **instrumental** Instrumentalmusik *f* 2. (*peça musical*) Stück *nt;* (*canção*) Lied *nt,* Song *m*

M

musical [muziˈkal] **I.** *m* Musical *nt* **II.** *adj* musikalisch, Musik ...

músico, -a *m, f* Musiker, Musikerin *m, f*

musselina *f* Musselin *m*

mutação *f* Mutation *f*

mutável *adj* veränderlich

mutilação *f* Verstümmelung *f*

mutilado, -a **I.** *m, f* Krüppel *m* **II.** *adj* verstümmelt

mutilar *vt* verstümmeln

mutreta *f* (*coloq brasil*) Geschwätz *nt*

mutuamente *adv* gegenseitig

mútuo *adj* gegenseitig

N

N, n [ˈʒnə] *m* N, n *nt*

na [nɐ] Zusammensetzung: präp em + art a

nã *adv* (*coloq*) nee

nabiça *f* Rübenblatt *nt*

nação *f* Nation *f;* **Nações Unidas** Vereinte Nationen

nacional [nɐʃuˈnal] *adj* **1.** (POL) national, National ... **2.** (ECON) Inlands ..., inländisch

nacionalidade [nɐʃunɐliˈdadə] *f* Nationalität *f,* Staatsangehörigkeit *f*

nacionalismo *m* Nationalismus *m*

nacionalista **I.** *m(f)* Nationalist, Nationalistin *m, f* **II.** *adj* nationalistisch

nacionalização *f* (ECON) Verstaatlichung *f*

nacionalizar-se *vr* die Staatsbürgerschaft annehmen; ~ **português** die portugiesische Staatsbürgerschaft annehmen

nacional-socialismo *m* (POL) Nationalsozialismus *m*

nacional-socialista **I.** *m(f)* (POL) Nationalsozialist, Nationalsozialistin *m, f* **II.** *adj* (POL) nationalsozialistisch

naco *m* (großes) Stück *nt;* **um ~ de pão** ein großes Stück Brot

nada [ˈnadɐ] **I.** *m* Nichts *nt;* **do ~** aus heiterem Himmel **II.** *pron indef* nichts; ~ **de novo** nichts Neues; **de ~** keine Ursache, nichts zu danken; **antes de mais ~** zuallererst; **não sei de ~** ich weiß nichts davon **III.** *adv* nichts; **ele não fez ~** er hat gar nichts gemacht; **não é ~ fácil** es ist gar nicht so leicht

nadador(a) *m(f)* Schwimmer, Schwimmerin *m, f*

nadador-salvador, nadadora-salvadora *m, f* Rettungsschwimmer, Rettungsschwimmerin *m, f*

nadar [nɐˈdar] *vi* schwimmen; ~ **em dinheiro** in Geld schwimmen

nádegas *fpl* Gesäß *nt*

nadica *adv* (*coloq brasil*) gar nichts, kein bisschen

nadinha *m* (*coloq*) kleine Menge *f;* **um ~** ein klein wenig

nado **I.** *adv* **a ~** schwimmend; **atravessar um rio a ~** einen Fluss durchschwimmen **II.** *adj* geboren

nado-morto *adj* tot geboren

nafta *f* (QUÍM) Naphta *nt*

naftalina *f* **1.** (QUÍM) Naphtalin *nt* **2.** (*contra a traça*) Mottenpulver *nt*

naifa *f* (*coloq*) Messer *nt*

naifada *f* (*coloq*) Messerstich *m*

náilon *m* (*brasil*) Nylon® *nt*

naipe *m* (*cartas*) Farbe *f*

nalgum, -a Zusammensetzung: präp em + pron algum, -a

namoradeiro *adj* kokett

namorado, -a [nɐmuˈradu] *m, f* Freund, Freundin *m, f*

namorar **I.** *vt* (*cobiçar*) haben wollen **II.** *vi* ~ **com** eine Beziehung haben mit; (*coloq*) gehen mit

namorico *m* Flirt *m*

namoriscar *vi* flirten (*com* mit)

namoro *m* Beziehung *f*

nanar *vi* (*coloq*) pennen, knacken

nanquim *m* **1.** (*tinta*) chinesische Tusche *f* **2.** (*tecido*) Baumwollstoff *m*

não [nãu] **I.** *m* Nein *nt* **II.** *adv* **1.** (*resposta*) nein; **vens? - não** kommst du? - nein; ~ **é?** oder?, nicht wahr?; **pois ~** aber gewiss doch **2.** (*em negativa*) nicht; **ele ~ vem** er kommt nicht; **ela já ~ vem** sie kommt nicht mehr; ~ **só ..., mas também ...** nicht nur ..., sondern auch ...; ~ **tem de quê** nichts zu danken

não-agressão *f* **pacto de ~** Nichtangriffspakt *m*

não-condutor *adj* (ELECTR) nicht leitend

não-conformista *m(f)* Nonkonformist, Nonkonformistin *m, f*

não-fumador(a) *m(f)* Nichtraucher, Nichtraucherin *m, f*

não-fumante *m(f)* (*brasil*) v. **não-fumador**

não-poluente *adj* umweltfreundlich

napalm *m* (QUÍM) Napalm® *nt*

Nápoles *f* Neapel *nt*

naquele, **-a** [nɐ'kelɐ] Zusammensetzung: präp em + pron aquele, -a

naquilo Zusammensetzung: präp em + pron aquilo

narcisismo *m* Narzissmus *m*

narcisista *adj* narzisstisch

narciso *m* Narzisse *f*

narcose *f* (MED) Narkose *f*

narcótico I. *m* Betäubungsmittel *nt*, Narkotikum *nt* II. *adj* betäubend, narkotisch

narcotraficante *m(f)* Drogenhändler, Drogenhändlerin *m, f*

narcotráfico *m* Drogenhandel *m*

nardo *m* (BOT) Narde *f*

narigudo *adj* mit einer großen Nase; **ser ~** eine große Nase haben

narina *f* Nasenloch *nt*

nariz [nɐ'riʃ] *m* Nase *f*; **torcer o ~** die Nase rümpfen; **dar com o ~ na porta** die Tür vor der Nase zugeschlagen bekommen

narração *f* Erzählung *f*

narrador(a) *m(f)* Erzähler, Erzählerin *m, f*

narrar *vt* erzählen

narrativa *f* Prosa *f*

narrativo *adj* erzählend

narval *m* (ZOOL) Narwal *m*, Einhornwal *m*

nas Zusammensetzung: präp em + art as

nasal *adj* 1. (ANAT) Nasen ...; **fossas nasais** Nasenhöhlen *pl* 2. (LING) nasal, Nasal ...; **som ~** Nasallaut *m*

nasalar *vt* (*um som*) nasalieren

nascença *f* Geburt *f*; **à ~** bei der Geburt; **de ~** von Geburt an; **cego de ~** von Geburt an blind, blind geboren

nascente I. *f* (*de um rio*) Quelle *f*; (*de uma coisa*) Ursprung *m*, Anfang *m* II. *m* Osten *m*

nascer I. *m* ~ **do sol** Sonnenaufgang *m* II. *vi* 1. (*pessoa, animal*) geboren werden, zur Welt kommen; (*ave*) schlüpfen; **eu nasci no dia 2 de Fevereiro** ich bin am 2. Februar geboren 2. (*dia*) anbrechen; (*sol*) aufgehen 3. (*rio*) entspringen 4. (*planta*) sprießen 5. (*aparecer*) entstehen

nascido [nɐʃ'sidu] *adj* geboren

nascimento [nɐʃsi'mɛntu] *m* 1. (*de pessoa*) Geburt *f* 2. (*origem*) Ursprung *m* 3. (*aparecimento*) Entstehung *f*

nassa *f* (*coloq*) Rausch *m*

nata *f* Sahne *f*, Rahm *m*

natação [nɐtɐ'sãu] *f* Schwimmen *nt*; ~ **de braços** Brustschwimmen *nt*; ~ **de costas** Rückenschwimmen *nt*; **praticar ~** schwimmen

natal *adj* 1. (*país*) Heimat ...; **a minha terra ~** meine Heimatregion 2. (*relativo a nascimento*) Geburts ...

Natal [nɐ'tal] *m* Weihnachten *nt*; **no ~** an Weihnachten; **Feliz ~!** Frohe Weihnachten!

natalício *adj* Weihnachts ...

natalidade *f* Geburtenrate *f*, Geburtenzahl *f*

natalino *adj* (*brasil*) v. **natalício**

natividade *f* Geburt *f*

nativo, **-a** *m, f* Einheimische

nato *adj* geboren; **ele é um músico ~** er ist der geborene Musiker

natural [nɐtu'ral] I. *m(f)* Einheimische II. *adj* 1. (*não artificial*) natürlich; **sumo de laranja ~** frisch gepresster Orangensaft 2. (*normal*) natürlich, normal 3. (*nascido*) ~ **de** gebürtig aus 4. (*à temperatura ambiente*) nicht gekühlt

naturalidade *f* 1. (*normalidade*) Natürlichkeit *f*; **encarar a. c. com ~** etw ganz natürlich angehen 2. (*local de nascimento*) Geburtsort *m*

naturalismo *m* Naturalismus *m*

naturalização *f* Einbürgerung *f*

naturalizar-se *vr* die Staatsbürgerschaft annehmen

naturalmente [nɐtural'mɛntɐ] *adv* natürlich, selbstverständlich

natureza [nɐtu'rɐzɐ] *f* Natur *f*; **por ~** von Natur aus

natureza-morta *f* Stillleben *nt*

naturista *m(f)* Heilpraktiker, Heilpraktikerin *m, f*

nau *f* (großes) Segelschiff *nt*

naufragar *vi* Schiffbruch erleiden

naufrágio *m* Schiffbruch *m*

náufrago, **-a** *m, f* Schiffbrüchige

náusea ['nauzjɐ] *f* Brechreiz *m*, Übelkeit *f*; **isso dá-me ~s** davon wird mir schlecht; (*fig*) das ekelt mich an

nauseabundo *adj* ekelhaft, Übelkeit erregend

N

náutica ƒ Nautik ƒ, Schifffahrtskunde ƒ
náutico adj nautisch; **clube** ~ Segelclub m
naval adj **1.** (de barcos) Schiffs ...; **construção** ~ Schiffsbau m **2.** (marítimo) See ...
navalha ƒ Messer nt, Klappmesser nt; ~ **de barba** Rasiermesser nt
navalhada ƒ Messerstich m; **dar uma** ~ **a alguém** jdm einem Messerstich versetzen
nave ƒ (ARQ, NAUT) Schiff nt; ~ **espacial** Raumschiff nt
navegação ƒ (NAÚT) Schifffahrt ƒ; ~ **aérea** Luftfahrt ƒ; ~ **fluvial** Binnenschifffahrt ƒ
navegador(a) m(ƒ) Seefahrer, Seefahrerin m, ƒ
navegar I. vt **1.** (os mares) befahren **2.** (o espaço) durchfliegen II. vi **1.** (NAÚT) zur See fahren, Schiff fahren; (velejar) segeln **2.** (AERO) fliegen **3.** (na Internet) surfen
navegável adj **1.** (NAÚT) schiffbar **2.** (AERO) durchfliegbar
navio m Schiff nt; ~ **de carga** Frachtschiff nt, Frachter m; ~ **de guerra** Kriegsschiff nt; ~ **mercante** Handelsschiff nt
navio-cisterna m Tankschiff nt, Tanker m
navio-escola m Schulschiff nt
navio-tanque m Tankschiff nt, Tanker m
nazi I. m(ƒ) Nazi m II. adj nazistisch, Nazi ...
nazismo m (POL) Nazismus m; (época) Nazizeit ƒ
nazista m(ƒ) (brasil) v. **nazi**
N.B. abrev de **Note Bem** Hinweis
neblina ƒ Nebel m
nebulosa ƒ (ASTR) Nebelfleck m, Nebel m
nebulosidade ƒ (neblina) Dunst m; (com nuvens) Bewölkung ƒ
nebuloso adj **1.** (METEO) nebelig; (em altitude) diesig **2.** (confuso) unklar, undeutlich
necessariamente adv zwangsläufig; **não** ~ nicht unbedingt
necessário [nəsə'sarju] I. m o ~ das Notwendige II. adj **1.** (preciso) notwendig, nötig; (exigido) erforderlich **2.** (indispensável) unentbehrlich **3.** (inevitável) unvermeidlich, zwangsläufig
necessidade ƒ **1.** (que se precisa) Notwendigkeit ƒ; (ECON) Bedarf m; **de primeira** ~ lebenswichtig; **ter** ~ **de a. c.** etw brauchen; **não há** ~ **de ...** es ist nicht nötig, dass ... **2.** (falta) Bedürfnis nt; **satisfazer uma** ~ ein Bedürfnis befriedigen **3.** (pobreza) Not ƒ; **por** ~ aus Not

necessidades ƒpl (coloq) **fazer as** ~ zum stillen Örtchen gehen
necessitado adj bedürftig
necessitar I. vt brauchen, benötigen II. vi ~ **de** brauchen
necrologia ƒ Todesanzeigen pl
necrópole ƒ Nekropolis ƒ
necrose ƒ (MED) Nekrose ƒ
néctar m Nektar m
nectarina ƒ Nektarine ƒ
neerlandês, -esa I. m, ƒ Niederländer, Niederländerin m, ƒ II. adj niederländisch
nefando adj abscheulich, schändlich
nefasto adj unheilvoll, Unheil bringend
nefrite [nə'fritə] ƒ (MED) Nierenentzündung ƒ
nega ƒ **1.** (recusa) Absage ƒ **2.** (negação) Verneinung ƒ **3.** (coloq: nota) miese Note ƒ
negação ƒ Verneinung ƒ
negar I. vt (desmentir) abstreiten, leugnen; (recusar) verweigern; ~ **a. c. a alguém** jdm etw abschlagen II. vi verneinen III. vr sich weigern (a zu)
negativa ƒ **1.** (LING) Verneinung ƒ, Negation ƒ **2.** (nota) schlechte Note ƒ
negativo [nəgə'tivu] I. m (FOT) Negativ nt II. adj **1.** (não positivo) negativ **2.** (resposta) abschlägig, ablehnend; **dar uma resposta negativa a alguém** jdm eine negative Antwort geben **3.** (inferior a zero) minus; (MAT); **número** ~ negative Zahl; **estão 5 graus** ~**s** es sind 5 Grad minus/unter Null
negligência ƒ Nachlässigkeit ƒ; (DIR) Fahrlässigkeit ƒ
negligenciar vt vernachlässigen
negligente adj nachlässig; (DIR) fahrlässig
negociação ƒ Verhandlung ƒ; **estar em negociações** Verhandlungen führen, verhandeln
negociante m, ƒ Händler, Händlerin m, ƒ, Kaufmann, Kauffrau m, ƒ
negociar I. vt verhandeln über, aushandeln; ~ **a. c. com alguém** mit jdm über etw verhandeln II. vi Handel treiben (em mit), handeln (em mit)
negociata ƒ dunkle(s) Geschäft nt; **fazer uma** ~ dunkle Geschäfte machen
negociável adj verhandelbar, auszuhandeln
negócio m **1.** (tráfego, loja) Geschäft nt; **fechar um** ~ ein Geschäft abschließen **2.** (brasil: coisa) Sache ƒ; (assunto) Angelegenheit ƒ
negrito m (brasil: tipografia) Fettdruck m

negro, **-a** ['negru] I. *m*, *f* Schwarze II. *adj* schwarz

nele, **-a** Zusammensetzung: präp em + pron ele, -a

nem I. *adv* (auch) nicht; ~ **eu** ich auch nicht; ~ **sequer** nicht einmal; ~ **sempre** nicht immer II. *m(f)* ~ **que** + *conj* selbst wenn; ~ ..., ~ ... weder ..., noch ...

nenê *m(f)* (*brasil*) Baby *nt*

neném *m(f)* (*brasil*) v. **nenê**

nenhum, **-a** [nə'nõ] *pron indef* keine(r, s); **de modo** ~ keinesfalls; **em lugar** ~ nirgendwo, nirgends

nenhures *adv* nirgendwo, nirgends

nenúfar *m* Seerose *f*

neo- *f* Neo ..., neo ...

neoclássico *adj* (ARQ) neoklassizistisch

neolatino *adj* (*língua, povo*) romanisch

neolítico I. *m* (HIST) Neolithikum *nt*, Jungsteinzeit *f* II. *adj* neolithisch; **o período** ~ die Jungsteinzeit

neologia *f* (LING) Neologie *f*

neologismo *m* (LING) Neologismus *m*

néon *m* Neon *nt*

neonazi *m(f)* Neonazi *m*

neonazista *m(f)* (*brasil*) v. **neonazi**

neoplasma *m* (MED) Neoplasma *nt*, Geschwulst *f*

neoplastia *f* Gewebetransplantation *f*

neozelandês, **-esa** I. *m*, *f* Neuseeländer, Neuseeländerin *m*, *f* II. *adj* neuseeländisch

népias *adv* (*coloq*) nichts, nix

nepotismo *m* Vetternwirtschaft *f*, Nepotismus *m*

Neptuno *m* (ASTR) Neptun *m*

nereida *f* Nereide *f*, Meernymphe *f*

nervo ['nervu] *m* 1. (*de pessoa, planta*) Nerv *m;* **fazer** ~**s a alguém** jdm auf die Nerven gehen 2. (*de carne*) Sehne *f*

nervosismo *m* Nervosität *f*

nervoso [nər'vozu] *adj* nervös

nervura *f* 1. (BOT) Blattader *f*, Nerv *m* 2. (ZOOL) Nerv *m*, Ader *f* 3. (ARQ) Rippe *f*

nêspera *f* Mispel *f*

nesse, **-a** Zusammensetzung: präp em + pron esse, -a

neste, **-a** Zusammensetzung: präp em + pron este, -a

neto, **-a** ['nɛtu] *m*, *f* Enkel, Enkelin *m*, *f;* ~**s** Enkelkinder *pl*

neura *f* (*coloq*) schlechte Laune *f*, Genervtheit *f*

neurocirurgião, **neurocirurgiã** *m*, *f* Neurochirurg, Neurochirurgin *m*, *f*

neurologia *f* Neurologie *f*

neurologista *m(f)* Neurologe, Neurologin *m*, *f*

neurónio *m* Neuron *nt*

neurose *f* (MED) Neurose *f*

neurótico, **-a** I. *m*, *f* (MED) Neurotiker, Neurotikerin *m*, *f* II. *adj* neurotisch

neutral *adj* neutral; (*imparcial*) unparteiisch

neutralidade *f* Neutralität *f*

neutralizar *vt* neutralisieren

neutrão *m* (FÍS) Neutron *nt*

neutro *adj* 1. (*neutral*) neutral, unparteiisch 2. (LING) sächlich; **género** ~ Neutrum *nt*

nêutron *m* (*brasil*) v. **neutrão**

nevada *f* Schneefall *m*

nevão *m* Schneetreiben *nt*, Schneegestöber *nt*

nevar [nə'var] *vi pers* schneien

nevasca *f* Schneesturm *m*

neve ['nɛvə] *f* Schnee *m;* ~ **solta** Pulverschnee *m*

névoa *f* Nebel *m*

nevoeiro [nə'vweiru] *m* (dichter) Nebel *m*

nevralgia *f* (MED) Neuralgie *f*

nevrite *f* (MED) Nervenentzündung *f*

nexo *m* Zusammenhang *m*, Verbindung *f;* **com/sem** ~ zusammenhängend/zusammenhangslos

nicho *m* Nische *f*

nicles *adv* (*coloq*) überhaupt nichts

nicotina *f* Nikotin *nt*

Nigéria *f* Nigeria *nt*

Nilo *m* Nil *m*

nimbo *m* 1. (METEO) Nimbostratus *m* 2. (*de santo*) Heiligenschein *m*

nímio *adj* übertrieben

ninfa *f* Nymphe *f*

ninfomaníaca *f* Nymphomanin *f*

ningres-ningres *m* (*coloq*) Null *f*, Taugenichts *m*

ninguém [nĩŋ'gãi] *pron indef* niemand, keiner; ~ **sabe** keiner weiß; **não está** ~ es ist niemand da; **mais** ~ sonst niemand

ninhada *f* (*de cães, gatos*) Wurf *m;* (*de pássaros*) Brut *f*

ninharia *f* Kleinigkeit *f*, Lappalie *f*

ninho *m* Nest *nt*

nino, **-a** *m*, *f* (*coloq*) Kleine

nipónico *adj* japanisch

níquel *m* (QUÍM) Nickel *nt*

N

niquento *adj* (*pej*) etepetete, kleinlich

nirvana *m* Nirwana *nt*

nisso Zusammensetzung: präp em + pron isso

nisto Zusammensetzung: präp em + pron isto

nitidamente *adv* deutlich, klar

nitidez *f* 1. (*de imagem, fotografia*) Schärfe *f* 2. (*clareza*) Deutlichkeit *f*, Klarheit *f*

nítido *adj* 1. (*imagem, fotografia*) scharf 2. (*claro*) deutlich, klar

nitrato *m* (QUÍM) Nitrat *nt*

nitrogénio *m* (QUÍM) Stickstoff *m*

nitroglicerina *f* (QUÍM) Nitroglyzerin *nt*

nível *m* 1. (*grau*) Stufe *f*; (*situação*) Niveau *nt*, Ebene *f*; ~ **de conhecimentos** Kenntnisstand *m*; ~ **de desenvolvimento** Entwicklungsstand *m*; ~ **de radiação** Strahlenbelastung *f*; ~ **de vida** Lebensstandard *m*; **uma reunião ao mais alto** ~ ein Treffen auf höchster Ebene 2. (*de líquido*) Pegel *m*; ~ **da água** Wasserstand *m*; ~ **da água do mar** Meeresspiegel *m* 3. (*instrumento*) Wasserwaage *f* 4. (*classe*) Niveau *nt*; **uma pessoa/ conversa com** ~ ein Mensch/Gespräch mit Niveau

nivelar *vt* 1. (*estrada*) planieren 2. (*diferenças*) aufheben, nivellieren

níveo *adj* schneeweiß

no [nu] Zusammensetzung: prän em + art o

n°° *abrev de* **número** Nr. (= *Nummer*)

nó *m* 1. (NAÚT: *em fio, na gravata*) Knoten *m*; **dar um** ~ einen Knoten machen; (*coloq*); **ter um** ~ **na garganta** einen Kloß im Hals haben 2. (*de auto-estrada*) Autobahnkreuz *nt* 3. (*dos dedos*) Knöchel *m* 4. (*coloq: entre pessoas*) **dar o** ~ heiraten 5. (*na madeira*) Knorren *m*

nobilíssimo *superl de* **nobre**

nobilitar *vt* adeln

nobre I. *m(f)* Adlige II. *adj* 1. (*da nobreza*) adlig 2. (*acto, sentimento, metal*) edel; **horário** ~ beste Sendezeit

nobreza *f* Adel *m*

noção *f* 1. (*ideia*) Vorstellung *f*, Ahnung *f*; **não ter a mínima** ~ **de a. c.** nicht die geringste Ahnung von etw haben 2. (*conceito*) Begriff *m* 3. (*conhecimento básico*) Grundkenntnisse *pl*; **ter umas noções de a. c.** Grundkenntnisse in etw haben

nocaute *m* (DESP: *brasil*) Knock-out *nt*

nocivo [nu'sivu] *adj* schädlich; ~ **para o ambiente** umweltschädlich

nocturno I. *m* (MÚS) Notturno *nt* II. *adj* nächtlich, Nacht ...; **curso** ~ Abendkurs *m*; **trabalho** ~ Nachtarbeit *f*

nodo *m* (ASTR) Knoten *m*, Knotenpunkt *m*

nódoa ['nɔdwə] *f* 1. (*de sujidade*) Fleck *m*; (MED); ~ **negra** blauer Fleck 2. (*mácula*) Makel *m*

nódulo *m* Knötchen *nt*; (MED) Knoten *m*

nogado *m* Nugat *m*, *nt*

nogueira *f* Nussbaum *m*

nóia *f* (*coloq*) Wahnsinn *m*, Verrücktheit *f*

noitada *f* schlaflose Nacht *f*; (*de trabalho*) Arbeitsnacht *f*; (*a trabalhar*) **fazer uma** ~ die Nacht durcharbeiten; (*a divertir-se*) eine Nacht durchmachen

noite [noitə] *f* Nacht *f*; (*fim do dia*) Abend *m*; **à** ~ abends, am Abend; **de** ~ nachts, in der Nacht; **boa** ~! guten Abend!; (*despedida*) gute Nacht!; **uma** ~ eines Nachts; (*ao fim do dia*) eines Abends; ~ **cerrada** dunkle Nacht; **de** ~ **todos os gatos são pardos** bei Nacht sind alle Katzen grau

noitinha *f* Spätnachmittag *m*, frühe(r) Abend *m*; **à** ~ gegen Abend

noivado *m* (*compromisso*) Verlobung *f*; (*espaço de tempo*) Verlobungszeit *f*

noivo, -a ['noivu] *m*, *f* (*comprometido*) Verlobte; (*no casamento*) Bräutigam *m*, Braut *f*; ~**s** Brautpaar *nt*

nojento *adj* ekelhaft, eklig

nojo *m* 1. (*repugnância*) Ekel *m* (*de* vor); **ter** ~ **de alguém/a. c.** sich vor jdm/etw ekeln; **fazer** ~ **a alguém** jdn anekeln; **isto está um** ~ das ist ekelhaft 2. (*elev: luto*) Trauer *f*

no-lo, -a Zusammensetzung: pron nos + pron o, a

nómada I. *m(f)* Nomade, Nomadin *m, f* II. *adj* nomadisch, Nomaden ...

nome ['nomə] *m* Name *m*; ~ **de família** Familienname *m*; ~ **próprio** Eigenname *m*; (*lei, ideologia*); **em** ~ **de** im Namen; (*pessoa*) im Auftrag von; **conhecer alguém/a. c. de** ~ jdn/etw dem Namen nach kennen; **chamar** ~**s a alguém** jdn beschimpfen

nomeação *f* Ernennung *f* (*para* zu)

nomeadamente *adv* vor allem, hauptsächlich

nomear *vt* ernennen (*para* zu)

nomenclatura *f* Nomenklatur *f*

nominal *adj* 1. (*referente a nome*) Namen(s) ..., namentlich 2. (*só o nome*) nominell; **valor** ~ Nennwert *m*

nominativo *m* (LING) Nominativ *m*

nonagenário, -a I. *m, f* Neunzigjährige II. *adj* neunzigjährig

nonagésimo *num ord* neunzigste(r, s)

nono ['nɔnu] *num ord* neunte(r, s); *v.* **segundo**

nora *f* 1. (*familiar*) Schwiegertochter *f* 2. (*de água*) Schöpfrad *nt*; (*coloq*); **ver-se à ~ para fazer a. c.** große Schwierigkeiten bei etw haben, alt aussehen

nordeste *m* Nordosten *m;* **a ~ de** nordöstlich von, im Nordosten von

nórdico, -a I. *m, f* Nordländer, Nordländerin *m, f* II. *adj* nordisch

norma *f* Norm *f*; **por ~** normalerweise

normal [nɔr'mal] I. *m* Übliche *nt* II. *adj* normal; (*habitual*) üblich

normalidade *f* Normalität *f*

normalização *f* 1. (*estado normal*) Normalisierung *f* 2. (*regulamentação*) Normung *f*, Standardisierung *f*

normalizar *vt* 1. (*tornar normal*) normalisieren 2. (*elaborar normas*) normen, standardisieren

normalmente [nɔrmal'mẽntə] *adv* normalerweise

normativo *adj* normativ

noroeste *m* Nordwesten *m;* **a ~ de** nordwestlich von, im Nordwesten von

nortada *f* (kalter) Nordwind *m*

norte ['nɔrtə] *m* Norden *m;* **a ~ de** nördlich von; **Norte de África** Nordafrika *nt*

norte-americano, -a I. *m, f* Nordamerikaner, Nordamerikanerin *m, f* II. *adj* nordamerikanisch

nortenho, -a I. *m, f* Nordportugiese, Nordportugiesin *m, f* II. *adj* nordportugiesisch

nortista I. *m(f)* (*brasil*) Nordbrasilianer, Nordbrasilianerin *m, f* II. *adj* (*brasil*) nordbrasilianisch

Noruega *f* Norwegen *nt*

norueguês, -esa I. *m, f* Norweger, Norwegerin *m, f* II. *adj* norwegisch

nos [nuʃ] I. *pron* uns; **telefone-~!** rufen Sie uns an! II. Zusammensetzung: präp em + art os

nós *pron pers* (*sujeito*) wir; (*objecto, após prep.*) uns; **isso é para ~?** ist das für uns?

nosso, -a ['nɔsu] *pron poss* unser; **o ~ amigo/livro/trabalho** unser Freund/unser Buch/unsere Arbeit; **um amigo ~** ein Freund von uns

nostalgia *f* Nostalgie *f*

nostálgico *adj* sehnsüchtig

nota ['nɔtə] *f* 1. (*apontamento*) Notiz *f;* **tomar ~ de a. c.** etw notieren 2. (*observação*) Anmerkung *f;* (*reparo*) Vermerk *m* 3. (MÚS: *de escola*) Note *f;* **ter boas ~s** gute Noten haben 4. (*dinheiro*) Schein *m* 5. (ECON: *brasil*) **~ fiscal** Rechnung *f*

notabilizar I. *vt* berühmt machen II. *vr* berühmt werden

notar [nu'tar] *vt* merken, bemerken; **fazer-se ~** sich bemerkbar machen; **note bem!** zur Beachtung!

notariado *m* Notariat *nt*

notarial *adj* notariell

notário *m* Notar *m*

notável *adj* bemerkenswert, beachtlich

notícia [nu'tisjə] *f* Nachricht *f;* **ter ~s de alguém** von jdm gehört haben; **mandar ~s** von sich hören lassen +*dat*

noticiar *vt* mitteilen

noticiário *m* Nachrichtensendung *f,* Nachrichten *pl*

notificação *f* Benachrichtigung *f*

notificar *vt* informieren, benachrichtigen

notoriedade *f* 1. (*fama*) Berühmtheit *f;* **de ~ mundial** weltbekannt 2. (*publicidade*) Offenkundigkeit *f*

notório *adj* 1. (*conhecido*) allgemein/öffentlich bekannt 2. (*evidente*) offenkundig

noturno *adj* (*brasil*) *v.* **nocturno**

noutro, -a ['notru] Zusammensetzung: präp em + pron outuro, -a

nova *f* (*notícia*) Nachricht *f;* (*novidade*) Neuigkeit *f*

Nova Iorque *f* New York *nt*

nova-iorquino, -a I. *m, f* New Yorker, New Yorkerin *m, f* II. *adj* New Yorker

novamente *adv* von neuem, erneut

novato, -a *m, f* Neuling *m*

Nova Zelândia *f* Neuseeland *nt*

nove ['nɔvə] *num card* neun; *v.* **dois**

novecentos *num card* neunhundert

novela *f* 1. (LIT) Roman *m* 2. (*de televisão*) Seifenoper *f*

novelista *m(f)* Romanautor, Romanautorin *m, f*

novelo *m* 1. (*de fios*) Knäuel *nt* 2. (*enredo*) Verwicklung *f*

Novembro [nu'vẽmbru] *m* November *m;* *v.* **Março**

novena *f* (REL) Novene *f*

N

noventa [nu'vẽntɐ] *num card* neunzig
noviciado *m* (REL) Noviziat *nt*
noviço, -a *m, f* (REL) Novize, Novizin *m, f*
novidade [nuvi'dadɐ] *f* **1.** (*coisa nova*) Neuheit *f;* **isso para mim é** ~ das ist mir neu **2.** (*notícia*) Neuigkeit *f;* **há** ~**s?** gibt's was Neues?
novilho *m* Jungstier *m*
novo ['novu] *adj* **1.** (*objecto, situação*) neu; ~ **em folha** nagelneu; **de** ~ nochmals, noch einmal; **nada de** ~ nichts Neues; **que há de** ~**?** was gibt's Neues? **2.** (*pessoa, animal*) jung
novocaína *f* (FARM) Novocain® *nt*
novo-rico, nova-rica I. *m, f* Neureiche **II.** *adj* neureich
noz *f* Nuss *f,* Walnuss *f*
noz-moscada *f* Muskatnuss *f*
nu [nu] **I.** *m* (*pintura*) Akt *m* **II.** *adj* nackt; **a olho** ~ mit bloßem Auge; **a verdade** ~**a e crua** die nackte Wahrheit
nuance *f* Nuance *f*
nublado [nu'bladu] *adj* bewölkt, bedeckt
nublar *vt* (*fig*) betrüben
nuca *f* Nacken *m,* Genick *nt*
nuclear *adj* Kern ..., nuklear; **energia** ~ Kernenergie *f*
núcleo *m* Kern *m;* ~ **atómico** Atomkern *m*
nudez *f* Nacktheit *f*
nudismo *m* Nudismus *m,* Freikörperkultur *f;* **praticar** ~ Nudist/FKK-Anhänger sein
nudista *m(f)* Nudist, Nudistin *m, f,* FKK-Anhänger, FKK-Anhängerin *m, f*
nulidade *f* **1.** (*coisa vã*) Nichtigkeit *f* **2.** (*falta de validade*) Ungültigkeit *f* **3.** (*pessoa*) Null *f,* Versager, Versagerin *m, f;* **ele/ela é uma** ~ er/sie ist eine Null
nulo *adj* **1.** (*nenhum*) kein; **os lucros foram** ~**s** es wurden keine Gewinne erzielt **2.** (*insignificante*) nichtig **3.** (*inútil*) unnütz **4.** (*inválido*) ungültig
num, -a Zusammensetzung: pron em + art um, -a

numeração *f* Nummerierung *f*
numerado *adj* nummeriert
numerador *m* (MAT) Zähler *m*
numeral *m* Zahl *f;* ~ **cardinal** Grundzahl *f,* Kardinalzahl *f;* ~ **fra(c)cionário** Bruch *m;* ~ **ordinal** Ordnungszahl *f,* Ordinalzahl *f*
numerar *vt* nummerieren
numérico *adj* numerisch, zahlenmäßig
número ['numɐru] *m* **1.** (MAT) Zahl *f;* (*cifra*) Nummer *f;* ~ **da casa** Hausnummer *f;* ~ **de telefone** Telefonnummer *f* **2.** (*quantidade*) Anzahl *f;* **o** ~ **de casas/sócios** die Anzahl der Häuser/Mitglieder; **um grande** ~ **de** eine Menge **3.** (LING) Numerus *m* **4.** (*de calçado, roupa*) Größe *f* **5.** (*de teatro*) Stück *nt*
numeroso *adj* zahlreich
numismática *f* Numismatik *f*
nunca ['nõŋkɐ] *adv* nie, niemals; ~ **mais** nie wieder; **mais (do) que** ~ mehr denn je; **quase** ~ fast nie
nuncio *m* Nuntius *m;* **o** ~ **apostólico** der päpstliche Nuntius
nupcial *adj* Hochzeits ...
núpcias *fpl* Hochzeit *f;* **noite de** ~ Hochzeitsnacht *f*
Nuremberga *f* Nürnberg *nt*
nutrição *f* Ernährung *f*
nutricionismo *m* Ernährungswissenschaft *f*
nutricionista *m(f)* Ernährungswissenschaftler, Ernährungswissenschaftlerin *m, f*
nutrido *adj* wohl genährt
nutriente *m* Nährstoff *m*
nutrir *vt* **1.** (*alimentar*) ernähren **2.** (*elev: um sentimento*) nähren, hegen
nutritivo *adj* **1.** (*que nutre*) nahrhaft **2.** (*respeitante à nutrição*) Ernährungs ...
nuvem ['nuvãi] *f* Wolke *f;* ~ **de fumo** Rauchwolke *f;* **cair das nuvens** aus allen Wolken fallen; **estar nas nuvens** im siebten Himmel schweben
nylon *m* Nylon® *nt*

O

O, o [ɔ] *m* O, o *nt*
o I. *art m* der, die, das; ~ **homem/cigarro/copo** der Mensch/die Zigarette/das Glas; ~ **Carlos não está** Carlos ist nicht da **II.** *pron* *pers* (*ele*) ihn, sie, es; (*você*) Sie; **conheço-**~ ich kenne ihn/Sie; **tens o livro/saco? - Tenho-**~ hast du das Buch/die Tasche? - Ja, ich habe es/sie

ó *interj* ~ **menina!** junge Frau!; ~ **Marco!** Marco!

oásis *m* Oase *f*

obcecado *adj* verrückt (*por* nach)

obedecer *vi* **1.** (*a pessoa*) gehorchen (*a*) **2.** (*a regras*) befolgen (*a*)

obediência *f* Gehorsam *m* (*a* gegenüber)

obediente *adj* gehorsam

obelisco *m* (ARQ) Obelisk *m*

obesidade *f* Fettleibigkeit *f*

obeso *adj* fettleibig

óbito *m* Sterbefall *m;* **certidão de** ~ Totenschein *m*

obituário *m* Sterberegister *nt*

objeção *f* (*brasil*) *v.* **objecção**

objecção *f* Einwand *m;* ~ **de consciência** Kriegsdienstverweigerung aus Gewissensgründen *f;* **levantar/pôr objecções a a. c.** Einwände gegen etw erheben

objectar *vt* einwenden

objectiva [obʒ3'tivɐ] *f* (FOT) Objektiv *nt*

objectividade *f* Sachlichkeit *f*, Objektivität *f*

objectivo [obʒ3'tivu] **I.** *m* Ziel *nt*, Zweck *m* **II.** *adj* objektiv, sachlich

objecto [ob'ʒ3tu] *m* **1.** (*coisa*) Gegenstand *m*, Objekt *nt*; ~ **de valor** Wertgegenstand *m* **2.** (LING) Objekt *nt*

objector *m* ~ **de consciência** Kriegsdienstverweigerer aus Gewissensgründen *m*

objetar *vt* (*brasil*) einwenden

objetiva *f* (FOT: *brasil*) Objektiv *nt*

objetividade *f* (*brasil*) *v.* **objectividade**

objetivo *adj* (*brasil*) *v.* **objectivo**

objeto *m* (*brasil*) *v.* **objecto**

objetor *m* (*brasil*) *v.* **objector**

oblíqua *f* (MAT) schräge Linie *f*

obliquângulo *adj* schiefwinklig

oblíquo *adj* **1.** (*ângulo, linha*) schräg, schief **2.** (*olhar*) schief **3.** (*caminho*) krumm

obliterador *m* (*de bilhetes*) Entwerter *m*

obliterar [oblitɐ'rar] *vt* (*um bilhete*) entwerten; (*um selo*) abstempeln

oblívio *m* (*elev*) Vergessenheit *f*

oblongo *adj* länglich

oboé *m* Oboe *f*

obra ['ɔbrɐ] *f* **1.** (*artística*) Werk *nt;* ~ **de arte** Kunstwerk *nt;* ~**s completas** Gesamtwerk *nt* **2.** (*de construção*) Bauwerk *nt* **3.** (*feito*) Tat *f*, Werk *nt;* **isso é** ~ **dele** das ist sein Werk **4.** (*bom resultado*) Leistung *f*

obra-prima *f* Meisterwerk *nt*

obrar *vi* Stuhlgang haben

obras *fpl* Umbau *m;* (*na estrada*) Bauarbeiten *pl;* ~ **públicas** öffentliche Bauarbeiten; **estar em** ~ umgebaut werden

obrigação *f* **1.** (*dever*) Pflicht *f*, Verpflichtung *f;* **ter a** ~ **de fazer a. c.** verpflichtet sein, etw zu tun **2.** (ECON) Schuldverschreibung *f*, Obligation *f*

obrigacionista *m(f)* (ECON) Obligationsinhaber, Obligationsinhaberin *m, f*

obrigado [obri'gadu] **I.** *adj* verpflichtet, gezwungen; **ser** ~ **a fazer a. c.** gezwungen sein, etw zu tun; **estar** ~ **a a. c.** zu etw verpflichtet sein **II.** *interj* danke (*por* für); **muito** ~**!** vielen Dank!

In Portugal sind die kleinen alltäglichen Höflichkeiten wichtig. Man legt Wert auf **obrigado**, faz favor, desculpe. Bedankt sich ein Mann, sagt er **obrigado**, tut es eine Frau, so sagt sie **obrigada**.

obrigar [obri'gar] *vt* **1.** (*forçar*) zwingen, verpflichten; ~ **alguém a fazer a. c.** jdn zu etw zwingen **2.** (*implicar*) beinhalten, mit sich bringen; **isso obriga a mais despesas** das bringt höhere Ausgaben mit sich

obrigatoriamente *adv* gezwungenermaßen

obrigatório *adj* verpflichtend, obligatorisch; **serviço militar** ~ Wehrpflicht *f;* **é** ~ **ler isso** es ist Pflicht, das zu lesen

obs. *abrev de* **observações** Bemerkungen

obscenidade *f* **1.** (*característica*) Obszönität *f*, Unanständigkeit *f* **2.** (*comentário*) obszöne Bemerkung *f;* **dizer** ~**s** dreckige Bemerkungen machen

obsceno *adj* (*acto, comentário, pessoa*) obszön, unanständig

obscurantismo *m* Obskurantismus *m*

obscurecer *vt* (*os factos, a verdade*) verschleiern, verbergen; (*o entendimento*) verwirren

obscuro *adj* unklar, unverständlich

obséquio *m* (*elev*) Gefälligkeit *f;* **por** ~ bitte; **fazer um** ~ **a alguém** jdm einen Gefallen tun

observação *f* **1.** (*de pessoa, local, situação*) Beobachtung *f;* **o doente está em** ~ der Kranke steht unter Beobachtung **2.** (*comentário*) Bemerkung *f;* (*nota*) Anmerkung *f;* **fazer uma** ~ eine Bemerkung machen

O

observador(a) I. *m(f)* Beobachter, Beobachterin *m, f* II. *adj* beobachtend

observância *f* Befolgung *f*, Beachtung *f*

observar [obsər'var] *vt* **1.** (*pessoa, local, situação*) beobachten **2.** (*notar*) bemerken, anmerken **3.** (*regras, leis*) befolgen, beachten

observatório *m* Observatorium *nt*; ~ **astronómico** Sternwarte *f*; ~ **meteorológico** Wetterwarte *f*

obsessão *f* **1.** (*ideia fixa*) fixe Idee *f*, Fimmel *m* **2.** (PSIC) Zwangsvorstellung *f*

obsessivo *adj* Zwangs ...; (PSIC) obsessiv

obsoleto *adj* überholt; (*vocábulo*) veraltet

obstáculo *m* (DESP) Hindernis *nt*; **ultrapassar um** ~ ein Hindernis überwinden

obstante I. *adj* hinderlich II. *konj* **1.** (*apesar de*) trotz; **não** ~ **os esforços, o desemprego aumenta** trotz aller Bemühungen steigt die Arbeitslosigkeit **2.** (*apesar disso*) trotzdem, dennoch; **são feitos muitos esforços; não ~, o desemprego aumenta** es werden viele Anstrengungen unternommen; dennoch steigt die Arbeitslosigkeit

obstar *vi* ~ **a** verhindern

obstetra *m(f)* Geburtshelfer, Geburtshelferin *m, f*

obstetrícia *f* Geburtshilfe *f*

obstinação *f* Hartnäckigkeit *f*, Halsstarrigkeit *f*

obstinado *adj* hartnäckig, halsstarrig

obstipação *f* (MED) Stuhlverstopfung *f*

obstrução *f* **1.** (*do caminho*) Versperrung *f*, Blockierung *f* **2.** (MED) Verstopfung *f*

obstruir *vt* **1.** (*o caminho*) versperren, blockieren **2.** (MED) verstopfen

obtenção *f* (*de informação*) Erhalten *nt*, Erhalt *m*; (*de um diploma*) Erwerb *m*; (*de grau académico*) Erlangung *f*; (*de um recorde*) Erzielen *nt*

obter *vt* (*resultados, um recorde*) erzielen; (*lucros*) erwirtschaften, erzielen; (*informação, uma nota*) erhalten, bekommen; (*um diploma*) erwerben

obturador *m* Verschluss *m*; (FOT) Blende *f*

obturar *vt* **1.** (*fechar*) verschließen; (*obstruir*) verstopfen **2.** (*um dente*) plombieren, füllen

obtuso *adj* **1.** (*ângulo, objecto*) stumpf **2.** (*pessoa*) begriffsstutzig

obviamente *adv* offenkundig, offensichtlich

óbvio *adj* offensichtlich, klar; **é** ~ **que ...** es ist offensichtlich, dass ...

ocarina *f* (MÚS) Okarina *f*

ocasião *f* Gelegenheit *f*; **a** ~ **faz o ladrão** Gelegenheit macht Diebe; **aproveitar a** ~ die Gelegenheit nutzen; **por** ~ **de** zur Zeit

ocasional *adj* **1.** (*casual*) zufällig **2.** (*às vezes*) gelegentlich

ocasionalmente *adv* gelegentlich

ocasionar *vt* verursachen, bewirken

Oceania *f* Ozeanien *nt*

oceânico *adj* ozeanisch, Ozean ...

oceano [o'sjenu] *m* Ozean *m*

oceanografia *f* Meereskunde *f*

oceanógrafo, -a *m, f* Meereskundler, Meereskundlerin *m, f*

ocelo *m* (ZOOL) Punktauge *nt*

ocidental *adj* westlich, West ...

ocidente *m* Westen *m*

ócio *m* Muße *f*

ociosidade *f* Müßiggang *m*

ocioso *adj* **1.** (*pessoa*) untätig **2.** (*vida*) müßig

oclusão *f* Verschluss *m*

oclusivo *adj* (LING) Okklusiv ...

oco *adj* hohl

ocorrência *f* **1.** (*acontecimento*) Ereignis *nt*; (*incidente*) Vorfall *m* **2.** (GEOL) Vorkommen *nt*

ocorrer *vi* **1.** (*acontecer*) vorkommen, sich ereignen **2.** (*ideia*) einfallen; **agora não me ocorre nada** jetzt fällt mir nichts ein

ocre *m* Ocker *m*

octaedro *m* (MAT) Oktaeder *nt*

octana *f* (QUÍM) Oktan *nt*

octogenário, -a I. *m, f* Achtzigjährige II. *adj* achtzigjährig

octogonal *adj* achteckig, oktogonal

ocular I. *f* Okular *nt* II. *adj* Augen ...; **testemunha** ~ Augenzeuge *m*

oculista [ɔku'liʃte] *m(f)* **1.** (*vendedor, fabricante*) Optiker, Optikerin *m, f* **2.** (*brasil: oftalmologista*) Augenarzt, Augenärztin *m, f*

óculo *m* Fernglas *nt*; (*automóvel*); ~ **traseiro** Heckscheibe *f*

óculos *mpl* Brille *f*; ~ **escuros/de sol** Sonnenbrille *f*; **usar** ~ eine Brille tragen

ocultar *vt* **1.** (*esconder*) verbergen **2.** (*uma notícia*) verheimlichen, verschweigen; ~ **um segredo** ein Geheimnis für sich behalten

ocultismo *m* Okkultismus *m*

oculto *adj* **1.** (*escondido*) verborgen **2.** (*se-*

creto) geheim **3.** (*sobrenatural*) übersinnlich

ocupação *f* **1.** (*actividade, emprego*) Beschäftigung *f* **2.** (*tomada de posse*) Amtsantritt *m* **3.** (MIL) Besetzung *f*, Okkupation *f*

ocupado [oku'padu] *adj* **1.** (*pessoa*) beschäftigt (*com* mit) **2.** (*lugar, telefone*) besetzt; (TEL); **dá sinal de** ~ das Besetztzeichen ertönt **3.** (*casa*) bewohnt **4.** (MIL) besetzt

ocupante *m(f)* Insasse, Insassin *m, f*; ~ **ilegal de casa** Hausbesetzer, Hausbesetzerin *m, f*

ocupar I. *vt* (*um lugar*) einnehmen; ~ **o primeiro lugar** die erste Stelle einnehmen; (MIL) besetzen; (*um cargo*) bekleiden, innehaben; (*uma pessoa*) beschäftigen (*com* mit); (*uma casa*) bewohnen; (*um quarto*) belegen; (*o tempo*) ausfüllen II. *vr* sich beschäftigen (*de/com* mit)

ode *f* (LIT) Ode *f*

odiar *vt* hassen

odiento *adj* hasserfüllt

ódio *m* Hass *m* (*por* auf)

odioso *adj* verhasst

odisseia *f* Irrfahrt *f*, Odyssee *f*

odontologia *f* Zahnmedizin *f*

odontólogo, -a *m, f* Zahnarzt, Zahnärztin *m, f*

odor *m* Geruch *m*; (*agradável*) Duft *m*

oeste [o'ɜʃtə] *m* Westen *m*; **a** ~ **de** westlich von

ofegante *adj* keuchend

ofegar *vi* keuchen

ofender I. *vt* beleidigen II. *vr* ~-**se com a. c.** etw übel nehmen

ofendido *adj* beleidigt (*com* wegen); (*coloq*) eingeschnappt (*com* wegen)

ofensa [o'fɛsə] *f* Beleidigung *f*; ~ **corporal** Körperverletzung *f*

ofensiva *f* Offensive *f*, Angriff *m*; **passar à** ~ zum Angriff übergehen

ofensivo *adj* **1.** (*que ofende*) beleidigend, anstößig **2.** (*que ataca*) Angriffs ...

ofensor(a) *m(f)* Beleidiger, Beleidigerin *m, f*

oferecer [ofərə'ser] I. *vt* (*dar*) bieten; (*apresentar*) anbieten; ~ **garantias** Garantien geben; ~ **vantagens** Vorteile bieten; ~ **resistência** Widerstand leisten; (*uma prenda*) schenken, verschenken II. *vr* sich anbieten; ~-**se para ajudar** seine Hilfe anbieten

oferenda *f* Gabe *f*, Geschenk *nt*

oferta *f* **1.** (*dádiva*) Gabe *f*; (*doação*) Spende *f* **2.** (*prenda*) Geschenk *nt* **3.** (ECON) Angebot *nt*; **lei da** ~ **e da procura** das Gesetz von Angebot und Nachfrage

ofertório *m* (REL) Kollekte *f*

office-boy *m* (*brasil*) Laufbursche *m*

offline *adj* (INFORM) offline

oficial [ofə'sjal] I. *m(f)* (MIL) Offizier *m*; (DIR); ~ **de justiça** Gerichtsschreiber, Gerichtsschreiberin *m, f*; (*de um ofício*) Geselle, Gesellin *m, f* II. *adj* offiziell

oficializar *vt* amtlich bestätigen

oficialmente *adv* offiziell

oficina [ofə'sine] *f* Werkstatt *f*, Reparaturwerkstatt *f*; **o carro está na** ~ das Auto ist in der Werkstatt

ofício *m* **1.** (*arte*) Handwerk *nt*; **saber do seu** ~ sein Handwerk verstehen **2.** (*cargo*) Amt *nt* **3.** (DIR: *carta*) amtliche(s) Schreiben *nt* **4.** (REL) ~ **divino** Gottesdienst *m*

oficioso *adj* halbamtlich

oftalmologia *f* Augenheilkunde *f*

oftalmologista [ɔftalmulu'ʒiʃte] *m(f)* Augenarzt, Augenärztin *m, f*

ofuscante *adj* blendend

ofuscar *vt* (*a verdade*) verschleiern; (*o raciocínio*) trüben; (*sol*); ~ **a vista** blenden

ogiva *f* **1.** (ARQ) Spitzbogen *m* **2.** (MIL) Sprengkopf *m*

oi *interj* (*brasil*) hallo

oiro *m* Gold *nt*

oitava *f* (MÚS) Oktave *f*

oitavo [oi'tavu] I. *m* Achtel *nt* II. *num ord* achte(r, s); *v.* **segundo**

oitenta [oi'tẽte] *num card* achtzig

oito ['oitu] *num card* acht; ~ **dias** acht Tage; *v.* **dois**

oitocentos *num card* achthundert

olá [ɔ'la] *interj* hallo

olaria [ɔle'riɐ] *f* Töpferei *f*

oleado *m* Wachstuch *nt*

oleandro *m* (BOT) Oleander *m*

olear *vt* ölen

oleiro, -a *m, f* Töpfer, Töpferin *m, f*

óleo ['ɔlju] *m* Öl *nt*; (*de peixe*) Tran *m*; ~ **alimentar** Speiseöl *nt*; ~ **multigrado** Mehrbereichsöl *nt*; ~ **de rícino** Rizinusöl *nt*; ~ **de soja** Sojaöl *nt*; ~ **vegetal** Pflanzenöl *nt*; **mudar o** ~ einen Ölwechsel machen

oleoduto *m* Pipeline *f*

oleoso [o'ljozu] *adj* ölig; (*gorduroso*) fettig

olfactivo *adj* Geruchs ...

olfacto *m* Geruchssinn *m*

olfativo *adj* (*brasil*) *v.* **olfactivo**

O

olfato *m* (*brasil*) v. **olfacto**

olhadela *f*(kurzer) Blick *m; dar uma ~ a a. c.* einen Blick auf etw werfen

olhar [o'ʌar] I. *m* Blick *m* II. *vt* anschauen, ansehen III. *vi* schauen, blicken; (*coloq*) gucken; ~ **para alguém/a. c.** jdn/etw ansehen, jdn/etw anschauen; ~ **por alguém** auf jdn aufpassen, nach jdm schauen; ~ **por a. c.** nach etw schauen; **olha!** guck mal!

olheiras *fpl* Augenringe *pl*

olho ['oʌu] *m* 1. (ANAT) Auge *nt; a ~* nach Augenmaß/Gefühl; *a ~* **nu** mit bloßem Auge; ~ **de vidro** Glasauge *nt;* (*brasil*); ~ **gordo** böser Blick; ~ **vivo** Achtung, aufgepasst; (*fig*); **de ~s fechados** ohne nachzudenken; ~**s nos ~s** Auge in Auge; **arregalar os ~s** große Augen machen; **ter (bom) ~ para a. c.** ein (gutes) Auge für etw haben; **não pregar ~** kein Auge zutun; **custar os ~s da cara** ein Vermögen kosten; **a ~s vistos** zusehends; **ver alguém com bons ~s** jdn gern haben; **num abrir e fechar de ~s** im Nu; **estar de ~ em alguém/a. c.** ein Auge auf jdn/etw haben; **pôr os ~s em alguém/a. c.** jdn/etw ansehen; (*fig*); **querer tapar os ~s a alguém** jdn übers Ohr hauen wollen; ~ **por ~, dente por dente** Auge um Auge, Zahn um Zahn 2. (*de agulha*) Öhr *nt*

olho-de-boi *m* 1. (*na porta*) Spion *m* 2. (BOT) Ochsenauge *nt*

oligarca *m(f)* Oligarch, Oligarchin *m, f*

oligarquia *f* Oligarchie *f*

oligárquico *adj* oligarchisch

olimpíadas *fpl* Olympiade *f*

olímpico *adj* (DESP) olympisch

olival *m* Olivenhain *m,* Olivenpflanzung *f*

oliveira *f* Olivenbaum *m*

olmo *m* Ulme *f*

ombrear *vi* wetteifern (*com* mit)

ombreira *f* 1. (*da porta*) Türpfosten *m* 2. (*de vestuário*) Schulterpartie *f*

ombro ['ombru] *m* Schulter *f;* **encolher os ~s** mit den Schultern zucken; **olhar alguém por cima do ~** jdn über die Schulter ansehen

omelete *f*(CUL) Omelett *nt*

omissão *f* 1. (*de uma palavra*) Auslassung *f;* (*da verdade*) Leugnung *f* 2. (*lacuna*) Lücke *f*

omisso *adj* 1. (*lei*) lückenhaft 2. (*pessoa*) nachlässig

omitir *vt*(*uma palavra*)auslassen, weglassen; (*a verdade*) leugnen

omnipotente *adj* allmächtig

omnipresente *adj* allgegenwärtig

omnisciente *adj* allwissend

omoplata *f*Schulterblatt *nt*

OMS *abrev de* **Organização Mundial de Saúde** WHO (= *Weltgesundheitsorganisation*)

onça *f* 1. (*medida de peso*)Unze *f* 2. (ZOOL) Luchs *m;* **ser um amigo da ~** ein falscher Freund sein

oncologia *f*Onkologie *f*

oncologista *m(f)*Onkologe, Onkologin *m, f*

onda *f* 1. (*de água*) Welle *f;* (*vaga*) Woge *f;* ~ **de calor** Hitzewelle *f;* (*fig*); **ir na ~** mitmachen, dabei sein 2. (FÍS) Welle *f;* ~ **curta** Kurzwelle *f;* ~ **média** Mittelwelle *f;* ~ **longa** Langwelle *f* 3. (*coloq: moda*) Welle *f;* **isto é uma ~ passageira** das ist bald wieder out

onde ['ondə] *adv* (*em que sítio*) wo; (*para que sítio*)wohin; **de ~** woher; **para ~** wohin; **por ~** wo entlang; ~ **quer que seja** wo auch immer; **onde estás?** wo bist du?; ~ **vais?** wohin gehst du?

ondulação [ondulɛ'sãu] *f* 1. (*da água*) Wellenbewegung *f* 2. (*natural no cabelo*) Locken *pl* 3. (*permanente*) Dauerwelle *pl*

ondulado *adj* 1. (*superfície*)gewellt 2. (*cabelo*) gewellt, wellig

ondulante *adj* auf- und absteigend, Wellen ...

ondular I. *vt* (*com papelotes*) in Wellen legen; (*permanente*); ~ **o cabelo** sich eine Dauerwelle machen lassen + *dat* II. *vi*wogen

ônibus ['onibus] *m* (*brasil*) Bus *m;* **ir de ~** mit dem Bus fahren

onipotente *adj* (*brasil*) allmächtig

onipresente *adj* (*brasil*) allgegenwärtig

onisciente *adj* (*brasil*) allwissend

online *adj* (INFORM) online

onomástica *f*Namenkunde *f,* Onomastik *f*

onomatopaico *adj* (LING) onomatopoetisch, lautmalend; **palavra onomatopaica** Onomatopoetikum *nt*

onomatopeia *f* (LING) Onomatopöie *f,* Lautmalerei *f*

ontem ['ontãi] *adv* gestern; ~ **de manhã/à tarde/à noite** gestern Morgen/Nachmittag/Abend; **estar a olhar para ~** zerstreut sein

ontologia *f*Ontologie *f*

O.N.U. *abrev de* **Organização das Nações Unidas** UNO (= *Organisation der Vereinten Nationen*)

ónus *m* Gebühr *f*

onze ['õzə] *num card* elf; *v.* **dois**

oó *m* **fazer** ~ heia machen

opacidade *f* Undurchsichtigkeit *f*, Lichtundurchlässigkeit *f*

opaco *adj* undurchsichtig, lichtundurchlässig

opção *f* Wahl *f*; **fazer uma** ~ auswählen; **não ter** ~ keine Wahl haben

open *m* (DESP) Open *nt*

ópera ['ɔpərɐ] *f* 1. (*espectáculo*) Oper *f*; **ir à** ~ in die Oper gehen 2. (*edifício*) Opernhaus *nt*

operação [opərɛ'sãu] *f* (MED) Operation *f*; ~ **stop** Verkehrskontrolle *f*; (*brasil*); ~ **tartaruga** Bummelstreik *m*

operacional *adj* 1. (*máquina*) betriebsbereit 2. (*tropas*) marschbereit

operador(a) *m(f)* (*de câmara*) Kameramann, Kamerafrau *m, f*; (*de rádio*) Funker, Funkerin *m, f*; ~ **turístico** Reiseveranstalter *m*; ~ **de informática** Datentechniker *m*, Operator *m*; ~ **de registo de dados** Datentypist *m*

operar *vt* 1. (MED) operieren 2. (*uma máquina*) bedienen

operariado *m* Arbeiterschaft *f*

operário, -a *m, f* Arbeiter, Arbeiterin *m, f*

operatório *adj* Operations ..., operativ

operável *adj* operabel

opereta [ɔpə'retɐ] *f* (MÚS) Operette *f*

opilação *f* (MED) Verstopfung *f*

opinar *vi* sich äußern (*sobre* zu), Stellung nehmen (*sobre* zu)

opinião [opɐ'njãu] *f* Meinung *f*, Ansicht *f*; ~ **pública** öffentliche Meinung; **dar a sua** ~ seine Meinung sagen, Stellung nehmen; **mudar de** ~ seine Meinung ändern; **na minha** ~ meiner Ansicht nach; **eu sou da** ~ **que ...** ich bin der Meinung, dass ...

ópio *m* Opium *nt*

opíparo *adj* opulent, üppig

oponente I. *m(f)* Gegner, Gegnerin *m, f* II. *adj* gegnerisch, Gegen ...

opor I. *vt* 1. (*contrapor*) entgegensetzen (*a*) 2. (*objectar*) einwenden (*a* gegen) II. *vr* 1. (*ser contrário*) dagegen sein 2. (*resistir*) sich widersetzen (*a*)

oportunamente *adv* 1. (*a tempo*) rechtzeitig 2. (*na ocasião própria*) bei passender Gelegenheit, gelegentlich

oportunidade *f* Gelegenheit *f*; (*ocasião favorável*) Chance *f*; **aproveitar/desperdiçar uma** ~ eine Gelegenheit nutzen/verpassen;

dar uma ~ **a alguém** jdm eine Chance geben

oportunismo *m* Opportunismus *m*

oportunista I. *m(f)* Opportunist, Opportunistin *m, f* II. *adj* opportunistisch

oportuno *adj* 1. (*apropriado, a propósito*) passend, angebracht; **no momento** ~ im richtigen Augenblick 2. (*a tempo*) rechtzeitig

oposição *f* 1. (*oposto*) Gegensatz *m*; **em** ~ **a** im Gegensatz zu 2. (*resistência*) Widerstand *m* 3. (POL) Opposition *f*

oposicionista *m(f)* Oppositionelle

opositor(a) *m(f)* Gegner, Gegnerin *m, f*

oposto [o'poʃtu] I. *pp de* **opor** II. *m* Gegensatz *m*, Gegenteil *nt*; **os** ~**s atraem-se** Gegensätze ziehen sich an III. *adj* 1. (*contrário*) entgegengesetzt, gegensätzlich 2. (*em frente*) gegenüberliegend

opressão *f* Unterdrückung *f*

opressivo *adj* unterdrückend

opressor(a) *m(f)* Unterdrücker, Unterdrückerin *m, f*

oprimido *adj* unterdrückt

oprimir *vt* unterdrücken

optar *vi* 1. (*decidir-se*) sich entscheiden (*por* für) 2. (*fazer escolha*) eine Wahl treffen, wählen (*entre* zwischen)

óptica *f* 1. (FÍS) Optik *f* 2. (*perspectiva*) Blickpunkt *m*, Blickwinkel *m*; **na** ~ **do utilizador** aus der Sicht des Benutzers

óptico *adj* optisch

optimismo *m* Optimismus *m*

optimista I. *m(f)* Optimist, Optimistin *m, f* II. *adj* optimistisch, zuversichtlich

optimizar *vt* optimieren

óptimo ['ɔtimu] *adj superl de* **bom** optimal, bestmögliche(r, s); (*excelente*) vortrefflich, ausgezeichnet

opulência *f* Üppigkeit *f*, Opulenz *f*

opulento *adj* üppig, opulent

ora I. *adv* nun, jetzt; **por** ~ fürs Erste, vorläufig; ~ **...**, ~ **...** mal ..., mal ...; **de** ~ **avante** von nun an, ab jetzt; ~ **bem** nun (gut), also; ~ **olha/ouve!** sieh/hör mal! II. *konj* aber, jedoch III. *interj* ~! na!, nanu!; ~ **bolas!** ach!, oh je!; (*de nada*); ~ **essa!** bitte sehr!, nichts zu danken!; (*indignação*) ach was!

oração *f* 1. (REL) Gebet *nt* 2. (LING) Satz *m*; ~ **principal** Hauptsatz *m*; ~ **subordinada** Nebensatz *m*

oráculo *m* Orakel *nt*

orador(a) *m(f)* Redner, Rednerin *m, f*

O

oral I. *f* mündliche Prüfung *f* II. *adj* mündlich

oralidade *f* Mündlichkeit *f*

orangotango *m* Orang-Utan *m*

orar *vi* beten

oratória *f* Redekunst *f*, Rhetorik *f*

oratório *m* 1. (*capela*) Hauskapelle *f*; (*altar*) Hausaltar *m* 2. (MÚS) Oratorium *nt*

órbita *f* 1. (ASTR) Umlaufbahn *f*; **entrar em ~** seine Umlaufbahn erreichen 2. (ANAT) Augenhöhle *f*

orçamental *adj* Haushalts ...

orçamento *m* 1. (*de material, obra*) Kostenvoranschlag *m* 2. (POL) Haushalt *m*, Etat *m*

orçar I. *vt* veranschlagen (*em* auf) II. *vi* **~ em** veranschlagt sein auf

ordeiro *adj* ordnungsliebend

ordem *f* 1. (*comando*) Befehl *m*, Anweisung *f*; **~ de despejo** Räumungsbefehl *m*; (ECON) **~ de pagamento** Zahlungsanweisung *f*; **dar uma ~ a alguém** jdm einen Befehl geben; **cumprir uma ~** einen Befehl ausführen; **estar às ordens de alguém** jdm zur Verfügung stehen; **sempre às ordens!** stets zu Ihren Diensten!; **por ~ de alguém** in jds Auftrag 2. (*sequência*) Reihenfolge *f*; **~ alfabética/numérica** alphabetische/numerische Reihenfolge; **estar por ~** der Reihe nach aufgestellt sein; **pôr a. c. por ~** etw der Reihe nach aufstellen/anordnen 3. (*organização*) Ordnung *f*, Anordnung *f*; **estar em ~** in Ordnung sein; **pôr a. c. em ~** etw in Ordnung bringen 4. (*profissional*) Kammer *f*; **Ordem dos advogados** Rechtsanwaltskammer *f*; **Ordem dos médicos** Ärztekammer *f* 5. (*comunidade religiosa*) Orden *m*

ordenação *f* 1. (*ordem*) Anordnung *f* 2. (REL) Priesterweihe *f*, Ordination *f*

ordenada *f* (MAT) Ordinate *f*

ordenadamente *adv* 1. (*por ordem*) ordnungsgemäß 2. (*de modo ordenado*) ordentlich

ordenado I. *m* Gehalt *nt* II. *adj* geordnet

ordenar I. *vt* (*pôr por ordem*) ordnen; (*dispor*) anordnen; (*mandar*) befehlen, anordnen; (REL) ordinieren II. *vr* (REL) die Priesterweihe empfangen

ordenha *f* 1. (*local*) Melkstation *f* 2. (*acço de ordenhar*) Melken *nt*

ordenhar *vt* melken

ordinal I. *m* Ordnungszahl *f*, Ordinalzahl *f*

II. *adj* Ordnungs ...

ordinário [ordi'narju] *adj* 1. (*habitual*) üblich, gewöhnlich 2. (*regular*) regelmäßig 3. (*pej: grosseiro*) ordinär, vulgär

orégano *m* (*brasil*) *v.* **orégão**

orégão *m* 1. (BOT) Dost *m*, Origanum *nt* 2. (*condimento*) Oregano *m*

orelha [o're/e] *f* Ohr *nt*; **torcer a ~** (etw) bereuen

orelhão *m* (*brasil*) offene Telefonkabine *f*

Im Brasilianischen Straßenbild fallen die gelben und blauen Plastikhauben auf, auch **Orelhão** (großes Ohr) genannt, unter denen sich noch oft Münztelefone verstecken. Zum Telefonieren kauft man sich **fichas** (Jetons), die in jeder Kneipe, am Zeitungskiosk oder bei Straßenverkäufern erhältlich sind. Mittlerweile sind jedoch die Münztelefone fast überall durch Kartentelefone ersetzt worden. Die Form und der lustige Name blieben jedoch, und die Telefonkarten kann man auch dort kaufen, wo man die Jetons bekommt.

---

orelheira *f* Schweineohr *nt*

orfanato *m* Waisenhaus *nt*

órfão, órfã I. *m, f* Waise *f* II. *adj* verwaist; **~ de mãe** mutterlos; **~ de pai** vaterlos

orfeão *m* (MÚS) Gesangverein *m*

organdi *m* Organdy *m*

orgânico *adj* organisch; **lixo ~** Biomüll *m*

organigrama *m* Organigramm *nt*

organismo *m* 1. (BIOL) Organismus *m* 2. (*instituição*) Einrichtung *f*

organista *m(f)* Organist, Organistin *m, f*

organização *f* 1. (*associação*) Organisation *f*, Einrichtung *f*; **Organização Mundial de Saúde** Weltgesundheitsorganisation *f*; **Organização das Nações Unidas** Organisation der Vereinten Nationen 2. (*de um evento*) Organisierung *f*, Organisation *f* 3. (*de documentos*) Aufräumen *nt*, Sortieren *nt* 4. (*ordem*) Ordnung *f*

organizado *adj* 1. (*pessoa*) ordentlich 2. (*em ordem*) geordnet, systematisch

organizador(a) *m(f)* Veranstalter, Veranstalterin *m, f*, Organisator, Organisatorin *m, f*

organizar *vt* 1. (*um evento*) veranstalten, organisieren 2. (*documentos*) aufräumen, sortieren 3. (*a vida*) gestalten

órgão *m* 1. (ANAT: *instituição*) Organ *nt*; **~s**

de comunicação social Massenmedien *pl;* ~s de soberania gesetzgebende Organe **2.** (MÚS) Orgel *f*

orgasmo *m* Orgasmus *m*

orgia *f* Orgie *f*

orgulhar I. *vt* stolz machen II. *vr* stolz sein (*de* auf)

orgulho *m* Stolz *m* (*de/em* auf)

orgulhoso *adj* stolz (*de* auf)

orientação *f* **1.** (*no espaço*) Orientierung *f* **2.** (*localização*) Positionsbestimmung *f* **3.** (*direcção*) Orientierung *f*, Anleitung *f;* ~ **profissional** Berufsberatung *f;* **sob a** ~ **de** unter Leitung von

orientador(a) *m(f)* (*guia*) Leiter, Leiterin *m, f;* (*na escola*) Mentor, Mentorin *m, f*, Tutor, Tutorin *m, f;* (*conselheiro*) Berater, Beraterin *m, f*

oriental *adj* **1.** (*de leste*) östlich, Ost ... **2.** (*do extremo oriente*) orientalisch

orientar I. *vt* (*no espaço*) Orientierungshilfe geben; (*guiar*) anleiten; (*aconselhar*) beraten II. *vr* sich orientieren (*por* an)

oriente *m* **1.** (*ponto cardeal*) Osten *m* **2.** (*países*) Orient *m;* **Extremo/Médio/Próximo Oriente** Ferner/Mittlerer/Naher Osten

orifício *m* Öffnung *f*, (kleines) Loch *nt*

origem *f* **1.** (*proveniência*) Herkunft *f* **2.** (*causa*) Ursache *f;* **dar** ~ **a a. c.** etw verursachen **3.** (*princípio*) Ursprung *m;* (*aparecimento*) Entstehung *f;* **ter** ~ entstehen

original [oriʒiˈnal] I. *m* Original *nt* II. *adj* **1.** (*primeiro*) original, ursprünglich **2.** (*novo*) originell **3.** (*peculiar*) eigenartig, eigentümlich

originalidade *f* **1.** (*de documento*) Echtheit *f* **2.** (*singularidade*) Originalität *f*

originar I. *vt* verursachen; (*provocar*) hervorrufen II. *vr* entstehen, entspringen

originário *adj* (*objecto, palavra*) stammend (*de* aus); (*pessoa*) gebürtig (*de* aus); **os móveis são** ~**s da Itália** die Möbel stammen aus Italien

Órion *m* (ASTR) Orion *m*

oriundo *adj* (*pessoa*) gebürtig (*de* aus); (*objecto*) stammend (*de* aus); **ele é** ~ **da Grécia** er ist gebürtiger Grieche

orla *f* Rand *m;* (*em vestuário*) Saum *m;* ~ **marítima** Meeresküste *f*

ornamentar *vt* verzieren

ornamento *m* Ornament *nt*, Verzierung *f*

ornitologia *f* Ornithologie *f*, Vogelkunde *f*

ornitológico *adj* ornithologisch, vogelkundlich

ornitologista *m(f)* Ornithologe, Ornithologin *m, f*, Vogelkundler, Vogelkundlerin *m, f*

orografia *f* (GEOG) Orographie *f*

orquestra [ɔrˈkɜʃtrɐ] *f* Orchester *nt*

orquestração *f* (MÚS) Orchestrierung *f*, Orchestration *f*

orquestral *adj* orchestral, Orchester..

orquestrar *vt* orchestrieren

orquídea *f* Orchidee *f*

ortocromático *adj* (FOT) orthochromatisch

ortodoxo *adj* orthodox

ortogonal *adj* rechtwinklig

ortografia *f* Rechtschreibung *f*, Orthographie *f*

ortográfico *adj* orthographisch; **reforma ortográfica** Rechtschreibreform *f*

ortopedia *f* Orthopädie *f*

ortopédico *adj* orthopädisch

ortopedista *m(f)* Orthopäde, Orthopädin *m, f*

orvalhar *vi pers* tauen

orvalho *m* Tau *m*, Reif *m*

os [uʃ] I. *art m, f pl* die II. *pron pers pl* (*eles*) sie; (*vocês*) Sie, euch

oscilação *f* **1.** (*movimento*) Schwingung *f;* (*de preços*) Schwankung *f* **2.** (FÍS) Oszillation *f* **3.** (*hesitação*) Unschlüssigkeit *f*

oscilador *m* (FÍS) Oszillator *m*

oscilar *vi* **1.** (*movimento, preços*) schwanken; (*pêndulo*) schwingen, ausschlagen **2.** (FÍS) oszillieren **3.** (*hesitar*) schwanken

oscitar *vi* (*elev*) gähnen

oscular *vt* (*elev*) küssen

ósculo *m* (*elev*) Kuss *m*

osga *f* Gecko *m*

osmose *f* (QUÍM) Osmose *f*

ossada *f* **1.** (*de pessoa*) Skelett *nt*, Knochengerüst *nt* **2.** (*de edifício*) Skelett *nt*

ossatura *f* Gerippe *nt*

ósseo *adj* knöchern, Knochen ...

osso [ˈosu] *m* Knochen *m;* **ser um** ~ **duro de roer** eine harte Nuss sein

ossudo *adj* knochig

ostensivo *adj* offensichtlich

ostentação *f* Zurschaustellen *nt*

ostentar *vt* zur Schau stellen, zur Schau tragen

osteologia *f* Osteologie *f*

osteoporose *f* (MED) Osteoporose *f*

ostra *f* Auster *f*

O

ostracismo *m* Verbannung *f*
Ostrogodos *mpl* (HIST) Ostgoten *pl*
OTAN *abrev de* **Organização do Tratado do Atlântico Norte** NATO
otário, -a *m, f* (*coloq*) Trottel *m*
ótica *f* (*brasil*) *v.* **óptica**
ótico *adj* (*brasil*) optisch
otimismo *m* (*brasil*) Optimismus *m*
otimista *adj o m* (*f*) (*brasil*) *v.* **optimista**
otimizar *vt* (*brasil*) optimieren
ótimo *adj* (*brasil*) *v.* **óptimo**
otite [ɔ'titə] *f* (MED) Ohrenentzündung *f*
otorrinolaringologista
[ɔtoʀinoleʀĩŋgulu'ʒiʃtə] *m* (*f*) Hals-Nasen-Ohren-Arzt, Hals-Nasen-Ohren-Ärztin *m, f*
otoscópio *m* Ohrenspiegel *m*
ou [o] oder; ~ ... ~ ... entweder ... oder ...; ~ **melhor** besser gesagt; ~ **seja** das heißt, beziehungsweise
ougado *adj* (*coloq*) **estar/ficar** ~ leer ausgehen, in die Röhre gucken
ourado *adj* schwindelig; **estou** ~ mir ist schwindelig
ouriço *m* (BOT) stachelige Hülse *f*
ouriço-cacheiro *m* (ZOOL) Igel *m*
ouriço-do-mar *m* (ZOOL) Seeigel *m*
ourives *m* (*f*) *inv* (*fabricante*) Goldschmied, Goldschmiedin *m, f*; (*vendedor*) Juwelier, Juwelierin *m, f*
ourivesaria [oʀivəze'ʀiə] *f* 1. (*loja*) Juweliergeschäft *nt* 2. (*arte*) Goldschmiedekunst *f*
ouro ['oʀu] *m* Gold *nt;* **de** ~ golden
ouros *mpl* (*cartas*) Karo *nt*
ousadia *f* 1. (*audácia*) Wagemut *m*, Kühnheit *f* 2. (*atrevimento*) Verwegenheit *f*, Dreistigkeit *f*; **ter a** ~ **de fazer a. c.** so dreist sein, etw zu tun
ousado *adj* 1. (*audaz*) wagemutig, kühn 2. (*arriscado*) gewagt 3. (*atrevido*) verwegen, dreist
ousar *vt* wagen; ~ **fazer a. c.** es wagen, etw zu tun
outeiro *m* Hügel *m*
outonal *adj* herbstlich, Herbst ...
Outono [o'tonu] *m* Herbst *m*
outorga *f* Bewilligung *f*
outorgante *m* (*f*) (*de um contrato*) Vertragspartner, Vertragspartnerin *m, f*
outorgar *vt* bewilligen
outrem *pron indef* jemand anders; **traba-**

lhar por conta de ~ auf fremde Rechnung arbeiten
outro, -a ['otru] I. *pron indef* andere(r, s); **o/um** ~ der andere/ein anderer; **a/uma outra** die/eine andere; **um ao** ~ einander; **um com o** ~ miteinander; **os** ~**s** die anderen; ~ **qualquer** jeder andere; ~ **que tal** noch so einer; ~ **tanto** noch einmal so viel II. *adj* 1. (*distinto*) andere(r, s); (*há dias*); (*no*) ~ **dia** neulich, kürzlich; (*no dia seguinte*) am nächsten Tag; **outra coisa** etwas anderes; **de** ~ **modo** sonst, andernfalls; **outra pessoa** jemand anders 2. (*adicional*) weitere(r, s), noch ein; **outra vez** noch einmal, nochmal; **um** ~ **exemplo é ...** ein weiteres Beispiel ist ...; **queria** ~ **café, por favor** ich hätte gerne noch einen Kaffee
outrora *adv* früher
outrossim *adv* ebenfalls, ebenso
Outubro [o'tubru] *m* Oktober *m; v.* **Março**
ouvido [o'vidu] *m* 1. (ANAT) Ohr *nt* 2. (*sentido*) Gehör *nt;* **ter um bom** ~ ein gutes Gehör haben; **tocar de** ~ nach Gehör spielen; (**não**) **dar** ~**s a** (kein) Gehör schenken; **fazer** ~**s de mercador** sich taub stellen; **ser todo** ~**s** ganz Ohr sein
ouvinte *m* (*f*) Zuhörer, Zuhörerin *m, f*; (*de rádio*) Hörer, Hörerin *m, f*
ouvir [o'vir] *vt* hören; (*com atenção*) anhören, zuhören; ~ **rádio/música** Radio/Musik hören; ~ **alguém falar/rir** jdn sprechen/lachen hören; **ouvi dizer que ...** ich habe gehört, dass ...; **de** ~ **falar** vom Hörensagen; **já ouviu falar de ...?** haben Sie schon von ... gehört?; **ouve lá!** hör mal!
ova *f* (ZOOL) Fischrogen *m*
ovação *f* Beifall *m*, Ovation *f*
oval *adj* oval
ovar *vi* (*peixe*) laichen
ovário *m* 1. (ANAT) Eierstock *m* 2. (BOT) Fruchtknoten *m*
oveiro *m* Eierbecher *m*
ovelha *f* Schaf *nt;* **ser a** ~ **negra** das schwarze Schaf sein
overdose *f* Überdosis *f*
ovino *adj* **gado** ~ Schafe *pl*
ovíparo *adj* Eier legend
OVNI *abrev de* **Obje(c)to Voador Não Identificado** UFO (= *unbekanntes Flugobjekt*)
ovo *m* Ei *nt;* ~ **cozido** hart gekochtes Ei; ~ **escalfado** pochiertes Ei; (*malcozido*) weich

gekochtes Ei; ~ **estrelado** Spiegelei *nt;* ~**s mexidos** Rühreier *pl;* **pôr** ~**s** Eier legen

óvulo *m* (ANAT) Eizelle *f,* Ei *nt*

oxalá *interj* ~! hoffentlich!; ~ (**que**) **eles venham!** hoffentlich kommen sie!

oxidação *f* 1. (QUÍM) Oxidation *f,* Oxidierung *f* 2. (*metal*) Rosten *nt,* Rostbildung *f*

oxidar I. *vt* (QUÍM) oxidieren II. *vi* 1. (*me-tal*) rosten 2. (*fruta*) braun werden

óxido *m* (QUÍM) Oxid *nt*

oxigenar *vt* 1. (QUÍM) mit Sauerstoff versetzen 2. (*o cabelo*) mit Wasserstoffperoxid blondieren

oxigénio *m* (QUÍM) Sauerstoff *m*

ozônio *m* (*brasil*) *v.* **ozono**

ozono *m* Ozon *nt*

P

P, p [pe] *m* P, p *nt*

p. *abrev de* **página** S. (= *Seite*)

pá I. *f* (*para escavar, de escavadora, remo*) Schaufel *f;* (*de padeiro*) Ofenschieber *m;* (*de cimento*) Spitzkelle *f;* (*de moinho*) Flügel *m;* (*de hélice, remo*) Blatt *nt;* ~ **do lixo** Kehrblech *nt;* (*de porco*) Schulterblatt *nt* II. *interj* (*coloq*) ~! Mann!, Mensch!; **ah** ~! eh!, oh Mann!

paca *f* (ZOOL) Paka *m*

pacatamente *adv* gemächlich, ruhig

pacatez *f* (*de pessoa*) Gelassenheit *f;* (*de lugar*) Ruhe *f*

pacato *adj* (*pessoa*) gemächlich, gelassen; (*lugar*) still, ruhig

pacemaker *m* (MED) Herzschrittmacher *m*

pachorra *f* 1. (*coloq: paciência*) Geduld *f* 2. (*lentidão*) Behäbigkeit *f,* Trägheit *f*

pachorrento *adj* träge, behäbig

paciência [pɐ'sjɛ̃sjɐ] *f* 1. (*qualidade de paciente*) Geduld *f,* Ausdauer *f;* **tenha** ~! immer mit der Ruhe!; **ter** ~ **para alguém/a. c.** geduldig mit jdm sein, Geduld mit jdm/für etw haben 2. (*jogo de cartas*) Patience *f*

paciente I. *m(f)* Patient, Patientin *m, f* II. *adj* geduldig (*com* mit)

pacientemente *adv* geduldig

pacificar *vt* beruhigen, besänftigen

pacífico *adj* 1. (*pessoa*) friedfertig, friedlich 2. (*lugar*) ruhig

pacifista I. *m(f)* Pazifist, Pazifistin *m, f* II. *adj* pazifistisch

paço *m* Palast *m;* (*palácio real*) Königspalast *m*

pacote *m* 1. (*embrulho*) Paket *nt;* (*de leite, bolachas*) Packung *f* 2. (ECON) Paket *nt;* ~ **laboral** Paket arbeitsrechtlicher Maßnahmen 3. (*turismo*) Pauschalreise *f*

pacóvio, -a I. *m, f* Idiot, Idiotin *m, f* II. *adj* dämlich

pacto *m* Pakt *m,* Vertrag *m;* **fazer um** ~ **com alguém** einen Pakt mit jdm schließen

pactuar *vi* einen Pakt schließen (*com* mit), paktieren (*com* mit)

padaria [pɐdɐ'riɐ] *f* Bäckerei *f*

padecer *vi* leiden (*de* an, *com* unter)

padeiro, -a *m, f* Bäcker, Bäckerin *m, f*

padrão *m* 1. (*de peso, medida*) Eichmaß *nt* 2. (*modelo*) Muster *nt,* Vorlage *f* 3. (*de tecido*) Muster *nt* 4. (*fig: de pensamento*) Schablone *f,* Muster *nt*

padrasto *m* Stiefvater *m*

padre ['padrɐ] *m* Pater *m;* **o** ~ **João** Pater João

padre-nosso *m* (REL) Vaterunser *nt;* **ele/ ela quer ensinar o** ~ **ao vigário** das Ei will klüger sein als die Henne

padrinho *m* 1. (*baptismo*) Pate *m,* Taufpate *m;* (*casamento*) Trauzeuge *m* 2. (*protector*) Förderer *m,* Gönner *m*

padroeiro, -a *m, f* Schutzheilige

paella *f* (CUL) Paella *f*

paga *f* 1. (*de vingança*) Vergeltung *f* 2. (*remuneração*) Lohn *m*

pagador(a) *m(f)* Zahler, Zahlerin *m, f*

pagamento [pɐgɐ'mẽtu] *m* Zahlung *f,* Bezahlung *f;* ~ **antecipado** Vorauszahlung *f;* ~ **a prestações** Ratenzahlung *f;* **efe(c)tuar um** ~ eine Zahlung leisten

paganismo *m* Heidentum *nt*

pagão, pagã [pɐ'gãu] I. *m, f* Heide, Heidin *m, f* II. *adj* heidnisch

pagar [pɐ'gar] I. *vt* 1. (*uma conta, quantia*) zahlen, bezahlen; (*uma dívida*) abbezahlen; ~ **a. c. a alguém** jdm etw bezahlen; **queria** ~, **por favor!** ich möchte gerne zahlen!, zahlen bitte!; ~ **a. c. a prestações** etw in Raten bezahlen; ~ **um sinal de a. c.** etw anzahlen; ~ **10.000 euros de sinal** 10.000 Euro anzahlen **2.** (*um acto*) heimzahlen, vergelten; ~ **a alguém na mesma moeda** jdm etw mit gleicher Münze heimzahlen; ~ **o bem com o mal** undankbar sein; **tu vais pagá-las!** das wirst du mir büßen! **II.** *vi* **1.** (*com dinheiro*) bezahlen, zahlen **2.** (*sofrer castigo*) büßen (*por* für); ~ **pelos pecados/por um crime** für seine Sünden/ein Verbrechen büßen müssen

pagável *adj* zahlbar

página ['paʒinɐ] *f* (*de livro, na Internet*) Seite *f*; (*fig*); ~ **negra** dunkles Kapitel; ~s **amarelas** Gelbe Seiten; **na** ~ **10** auf Seite 10

paginar *vt* paginieren, mit Seitenzahlen versehen

pago I. *pp de* **pagar II.** *adj* bezahlt; **estamos** ~s wir sind quitt

pai [pai] *m* Vater *m*; (*como tratamento*) Vati *m*; ~ **ado(p)tivo** Adoptivvater *m*; **Pai Natal** Weihnachtsmann *m*; (*brasil*); ~ **de santo** Zauberer *m*

painço *m* (BOT) Hirse *f*

painel *m* Tafel *f*; (ELECTR) Schalttafel *f*; ~ **de comando** Armaturenbrett *nt*; (*brasil*); ~ **de instrumentos** Armaturenbrett *nt*

pai-nosso *m* (REL) Vaterunser *nt*

paio *m* Rollschinken *m*

paiol *m* **1.** (MIL) Pulverkammer *f* **2.** (*brasil: armazém*) Warenlager *nt*; (*de mantimentos*) Vorratsraum *m*

pairar *vi* schweben (*sobre* über)

pais ['paiʃ] *mpl* Eltern *pl*; **os meus** ~s meine Eltern

país [pe'iʃ] *m* Land *nt*; ~ **em vias de desenvolvimento** Entwicklungsland *nt*; **País de Gales** Wales *nt*

paisagem [pai'zaʒɐ̃i] *f* Landschaft *f*

paisagista *m(f)* (*arquitecto*) Landschaftsgärtner, Landschaftsgärtnerin *m, f*; (*pintor*) Landschaftsmaler, Landschaftsmalerin *m, f*

paisagístico *adj* Landschafts ...

paisana *adv* à ~ in Zivil

Países Baixos *mpl* Niederlande *pl*

paixão *f* (*por pessoa, actividade*) Leidenschaft *f* (*por* für)

paixoneta *f* Liebelei *f*, Schwärmerei *f*

pajem I. *m* (HIST) Page *m*, Edelknabe *m* **II.** *f* (REL) Ministrantin *f*

pala *f* **1.** (*de boné*) Schirm *m* **2.** (*no automó-*

vel) Sonnenblende *f* **3.** (*de sapato, carteira*) Lasche *f* **4.** (*para burro, cavalo*) Scheuklappe *f* **5.** (*para pneus*) Spritzschutz *m*

palacete *m* Schlösschen *nt*

palácio [pɐ'lasju] *m* Palast *m*, Schloss *nt*; ~ **da justiça** Justizpalast *m*

paladar *m* **1.** (*sentido*) Geschmackssinn *m* **2.** (*gosto*) Geschmack *m* (*a* nach)

paládio *m* (QUÍM) Palladium *nt*

palafita *f* (HIST: *habitação*) Pfahlbau *m*; (*estacaria*) Pfähle *pl*

pálamo *m* (ZOOL) Schwimmhaut *f*

palanque *m* Tribüne *f*

palatal I. *f* (LING) Gaumenlaut *m*, Palatal *m* **II.** *adj* Gaumen ..., palatal

Palatinado *m* Pfalz *f*

palato *m* (ANAT) Gaumen *m*

palavra [pɐ'lavrɐ] *f* **1.** (*vocábulo, fala*) Wort *nt*; ~s **cruzadas** Kreuzworträtsel *nt*; ~ **a** ~ Wort für Wort; **nem mais uma** ~! kein Wort mehr!; **ter o dom da** ~ wortgewandt sein; **pedir a** ~ um das Wort bitten; **dar a** ~ **a alguém** jdm das Wort erteilen; **ter a** ~ das Wort haben; **tomar a** ~ das Wort ergreifen; **negar a** ~ **a alguém** jdm das Wort verbieten; **ser de poucas** ~s wortkarg sein; **tiraste-me as** ~s **da boca!** du nimmst mir das Wort aus dem Mund! **2.** (*promessa*) Wort *nt*; **cumprir a sua** ~ sein Wort halten; **faltar à** ~ sein Wort brechen; **dar a sua** ~ **de honra** sein Ehrenwort geben; **ser uma pessoa de** ~ zuverlässig sein **3.** (*doutrina*) Lehre *f*; **a** ~ **de Deus** das Wort Gottes

palavra-chave *f* Schlüsselwort *nt*

palavrão *m* **1.** (*calão*) Schimpfwort *nt* **2.** (*palavra difícil*) Zungenbrecher *m*

palavreado *m* Geschwätz *nt*, Gerede *nt*

palavrinha *f* (*coloq*) **dar uma** ~ **a alguém** mit jdm ein Schwätzchen halten

palco *m* Bühne *f*; **subir ao** ~ auf die Bühne treten

paleio *m* Geschwätz *nt*; **estar no** ~ (**com alguém**) (mit jdm) schwatzen

paleografia *f* Paläographie *f*

paleolítico I. *m* Altsteinzeit *f*, Paläolithikum *nt* **II.** *adj* altsteinzeitlich, paläolithisch

paleologia *f* Paläolinguistik *f*

paleontologia *f* Paläontologie *f*

palerma I. *m(f)* Trottel *m* **II.** *adj* dämlich, trottelig

palermice *f* Dämlichkeit *f*, Doofheit *f*

Palestina *f* Palästina *nt*

palestino, -a I. *m, f* Palästinenser, Palästinenserin *m, f* II. *adj* palästinensisch

palestra *f* Vortrag *m;* **dar uma ~ sobre a. c.** einen Vortrag über etw halten

paleta *f* (*pintura*) Palette *f*

palete *f* (*mercadoria*) Palette *f,* Auswahl *f*

paletó *m* (*brasil*) Jackett *nt*

paletó-saco *m* (*brasil*) Sakko *nt*

palha *f* 1. (*conjunto*) Stroh *nt;* (*individual*) Strohhalm *m* 2. (*para beber*) Strohhalm *m* 3. (*coloq: insignificância*) Kleinigkeit *f;* **não mexer uma ~** keinen Finger krumm machen; **por dá cá aquela ~** umsonst, gratis 4. (*coloq: em exame*) Geschwafel *nt*

palhaçada *f* Unsinn *m,* Albernheit *f*

palhaço *m* Clown *m*

palha-d'aço *f* Stahlwolle *f*

palheiro *m* Heuschober *m,* Scheune *f*

palheta *f* 1. (*instrumento de sopro*) Blatt *nt;* (*instrumento de cordas*) Plektron *nt* 2. (*de roda*) Schaufel *f* 3. (*coloq: rasteira*) Falle *f;* **pregar uma ~ a alguém** jdm ein Bein stellen

palhetão *m* Bart *m,* Schlüsselbart *m*

palhinha [pɐˈʎiɲɐ] *f* 1. (*para beber*) Strohhalm *m* 2. (*em mobiliário*) Rohr *nt;* **cadeira de ~** Rohrstuhl *m*

palhota *f* Strohhütte *f*

paliativo *m* (FARM) Schmerzmittel *nt*

palidez *f* Blässe *f*

pálido *adj* blass, bleich

palitar *vt* **~ os dentes** die Zähne mit einem Zahnstocher säubern

paliteiro *m* Zahnstocherbehälter *m*

palito [pɐˈlitu] *m* 1. (*para os dentes*) Zahnstocher *m* 2. (*coloq: pessoa magra*) Strich *m*

palma *f* 1. (BOT) Palme *f;* (*folha*) Palmzweig *m* 2. (ANAT) **~ da mão** Handfläche *f;* **conhecer alguém/a. c. como a ~ da sua mão** jdn sehr gut kennen/etw wie seine Westentasche kennen

palmada *f* Klaps *m;* **dar uma ~ a alguém** jdm einen Klaps geben

palmas *fpl* Beifall *m;* **bater ~** Beifall klatschen; **bater ~ a alguém/a. c.** jdm/etw applaudieren

palmatoada *f v.* **palmada**

palmatória *f* Rohrstock *m;* **um erro de ~** ein schwerwiegender Fehler; **dar a mão à ~** sich schuldig bekennen

palmeira *f* Palme *f*

palmilha *f* Einlegesohle *f,* Schuheinlage *f*

palminho *m* (*coloq*) **ter um ~ de cara** hübsch sein

palmípede *m* (ZOOL) Schwimmvogel *m*

palmo *m* Handbreit *f;* **~ a ~** Schritt für Schritt; **não ver um ~ à frente do nariz** die Hand nicht vor den Augen sehen können; **um ~ de terra** ein Stück Land; **gente de ~ e meio** Kinder *pl;* **ter um ~ de testa** Köpfchen haben

PALOP *abrev de* **Países Africanos de Língua Oficial Portuguesa** Afrikanische Staaten mit Amtssprache Portugiesisch

palpação *f* (MED) Abtasten *nt*

palpar *vt* abtasten, abfühlen

palpável *adj* fühlbar, greifbar

pálpebra *f* Lid *nt*

palpitação *f* 1. (*do coração*) Herzschlag *m;* (*do pulso*) Pulsschlag *m* 2. (*agitado*) Herzklopfen *nt*

palpitante *adj* 1. (*coração*) klopfend 2. (*comovente*) rührend, ergreifend

palpitar *vi* 1. (*coração*) klopfen, schlagen 2. (*pressentimento*) spüren, ahnen; **palpita-me que ela já não vem** ich habe so eine Ahnung, dass sie nicht mehr kommt

palpite *m* 1. (*pressentimento*) Gefühl *nt;* (*intuição*) Ahnung *f;* **ter um ~** etw im Gefühl haben 2. (*opinião*) Meinung *f;* (*coloq*); **dar ~s** seinen Senf dazu geben 3. (*no jogo*) Tipp *m*

palrador(a) *m(f)* Schwätzer, Schwätzerin *m, f*

palrar *vi* schwatzen; (*bebé*) plappern

paludismo [pɐluˈdiʒmu] *m* (MED) Malaria *f*

pamonha *m(f)* (*brasil*) träge, faul

panaca *adj* (*coloq brasil*) trottelig, doof

panaceia *f* Allheilmittel *nt*

panado I. *m* (CUL) panierte(s) Schnitzel *nt* II. *adj* (CUL) paniert

Panamá *m* Panama *nt*

panamenho, -a I. *m, f* Panamaer, Panamaerin *m, f* II. *adj* panamaisch

panar *vt* (CUL) panieren

panca *f* (*coloq*) Macke *f;* **ter uma ~** eine Schraube locker haben

pança *f* 1. (*de pessoa*) Bauch *m,* Wanst *m* 2. (*de animal*) Pansen *m*

pancada *f* 1. (*golpe*) Schlag *m;* (*choque*) Stoß *m;* **ela deu uma ~ na mesa** sie schlug auf den Tisch 2. (*de relógio*) Schlag *m* 3. (*tareia*) Tracht *f* Prügel; **andar à ~ com alguém** sich mit jdm prügeln; **dar uma ~ a alguém**

P

jdm eine Tracht Prügel verabreichen; **apanhar uma** ~ **de alguém** von jdm eine Tracht Prügel bekommen **4.** (*coloq: mania*) Macke *f*, Tick *m*

pancadaria *f* Schlägerei *f*

pâncreas *m* Bauchspeicheldrüse *f*

pançudo *adj* dick

panda *m* Panda *m*

pândega *f* Gaudi *f*, Heidenspaß *m*

pândego *adj* lustig, witzig

pandeireta I. *f* (kleines) Tamburin *nt*, Schellentrommel *f* II. *m(f)* Tamburinschläger, Tamburinschlägerin *m, f*, Tamburinspieler, Tamburinspielerin *m, f*

pandeiro *m* (MÚS) Tamburin *nt*; **tenho a cabeça num** ~ mir dröhnt der Kopf

pandémico *adj* allgemein verbreitet

pandemónio *m* Chaos *nt*, Tohuwabohu *nt*

panela *f* **1.** (*para cozinhar*) Kochtopf *m*; ~ **de pressão** Dampfkochtopf *m* **2.** (*de automóvel*) Auspufftopf *m*

paneleiro I. *m* (*coloq*) Schwule *m* II. *adj* (*coloq*) schwul

panfleto *m* Flugblatt *nt*; (POL) Pamphlet *nt*

pânico *m* Panik *f*; **entrar em** ~ in Panik geraten; **estar em** ~ in Panik sein

panificação *f* Brotherstellung *f*; **indústria de** ~ Bäckereigewerbe *nt*

pano *m* **1.** (*tecido*) Stoff *m*; (*fig*); **ter** ~ **para mangas** viel Stoff für etw liefern **2.** (*trapo*) Tuch *nt*, Lappen *m*; ~ **do pó** Staubtuch *nt*; ~ **da louça** Geschirrtuch *nt* **3.** (*teatro*) Vorhang *m*; ~ **de fundo** Kulisse *f*, Hintergrund *m*; **o** ~ **desce/sobe** der Vorhang fällt/steigt **4.** (NAÚT) Segel *nt*

panóplia *f* Rüstung *f*

panorama [penu'reme] *m* Panorama *nt*

panorâmico *adj* Panorama ...; **vista panorâmica** Rundblick *m*

panqueca *f* (CUL) Pfannkuchen *m*

pantanal *m* Sumpfgebiet *nt*

pantanas *fpl* **o quarto está em** ~ das Zimmer ist auf den Kopf gestellt

pântano *m* Moor *nt*, Sumpf *m*

pantanoso *adj* sumpfig

panteísmo *m* Pantheismus *m*

panteísta I. *m(f)* Pantheist, Pantheistin *m, f* II. *adj* pantheistisch

pantera *f* Panther *m*

pantufa *f* Hausschuh *m*

pão [pãu] *m* (*geral*) Brot *nt*; (*individual*) Brötchen *nt*; ~ **de forma** Kastenbrot *nt*; ~ **integral** Vollkornbrot *nt*; ~ **de mistura** Mischbrot *nt*; ~ **ralado** Semmelbrösel *pl*; ~ **de trigo** Weizenbrot *nt*, Weißbrot *nt*; **estar a** ~ **e água** von Brot und Wasser leben; **queria cinco pães, por favor!** ich hätte gerne fünf Brötchen

In Portugal gibt es **doçarias** (Süßwaren) und **pão** (Backwaren) in großer Vielfalt. Gehen Sie in eine Konditorei (pastelaria/confeitaria) und schauen Sie sich die Kuchenauslage an. Sie werden bestimmt nicht beim Anschauen bleiben.

pão-de-ló *m* (CUL) Biskuit *m*

pão-duro I. *m(f)* (*coloq brasil*) Geizkragen *m* II. *adj* knauserig, knickerig

pãozinho *m* Brötchen *nt*

papa I. *m* (REL) Papst *m* II. *f* **1.** (*para bebé*) Brei *m*; **não ter** ~**s na língua** kein Blatt vor den Mund nehmen **2.** (*coloq: comida*) Essen *nt*

papá *m* Papa *m*

papado *m* Papsttum *nt*

papa-formigas *m* (ZOOL) Ameisenbär *m*

papagaio *m* **1.** (ZOOL) Papagei *m* **2.** (*de papel*) Drachen *m*; **lançar um** ~ einen Drachen steigen lassen

papaguear I. *vt* nachplappern II. *vi* labern

papai *m* (*brasil*) Papa *m*; **Papai Noel** Weihnachtsmann *m*

papaia *f* Papaya *f*

papal *adj* päpstlich, Papst ...

papão *m* (*coloq*) Schwarze(r) Mann *m*

papar *vi* (*coloq*) essen

paparicar *vt* verwöhnen

paparicos *mpl* Zärtlichkeiten *pl*

paparoca *f* (*coloq*) Essen *nt*

papeira [pe'peire] *f* (MED) Kropf *m*

papel [pe'pɔl] *m* **1.** (*material*) Papier *nt*; ~ **de alumínio** Aluminiumfolie *f*; ~ **autocolante** selbstklebende Folie; (*brasil*); ~ **carbono** Kohlepapier *nt*; ~ **de carta** Briefpapier *nt*; ~ **de cartucho/de embrulho** Packpapier *nt*; ~ **contínuo/sem-fim** Endlospapier *nt*; ~ **higiénico** Toilettenpapier *nt*; ~ **de parede** Tapete *f*; ~ **químico** Kohlepapier *nt*; ~ **de rascunho** Konzeptpapier *nt*; ~ **reciclado** Umweltschutzpapier *nt*; ~ **vegetal** Pauspapier *nt*; (*fig*); **no** ~ auf dem Papier, theoretisch **2.** (*teatro, cinema*) Rolle *f*; **desempe-**

nhar um ~ eine Rolle spielen; **fazer** ~ **de parvo** sich dumm stellen

papelada f Papiere pl, Papierkram m

papelão m Pappe f

papelaria [pɐpǝlɐ'riɐ] f Schreibwarengeschäft nt; **artigos de** ~ Schreibwaren pl

papeleira f Sekretär m

papel-moeda m Papiergeld nt

papelote m Lockenwickler m

papelucho m (coloq) Wisch m

papiro m Papyrus m

papo m **1.** (de ave) Kropf m **2.** (coloq: de pessoa) Bauch m; **isso já está no** ~ das habe ich in der Tasche; **ficar de** ~ **para o ar** faulenzen **3.** (saliência) Beule f **4.** (brasil: conversa) Schwatz m; **bater/levar um** ~ **com alguém** mit jdm plaudern

papo-furado m (brasil) (leeres) Geschwätz nt

papoila f Mohn m

papo-seco m (reg) Brötchen nt

papoula f v. **papoila**

papudo adj geschwollen

paquera f (brasil) Flirt m

paquerar I. vt (brasil) flirten mit **II.** vi (brasil) flirten

paquete m **1.** (NAÚT) Passagierschiff nt **2.** (pessoa) Laufbursche m

paquistanês, -esa I. m, f Pakistani m, Pakistaner, Pakistanerin m, f **II.** adj pakistanisch

Paquistão m Pakistan nt

par [par] **I.** m (dois) Paar nt; **aos** ~**es** paarweise; **sem** ~ ohnegleichen; **um** ~ **de sapatos/brincos** ein Paar Schuhe/Ohrringe; **um** ~ **de calças** eine Hose; **a** ~ **de** gegenüber, verglichen mit; **aberto de** ~ **em** ~ sperrangelweit offen; **estar a** ~ **de a. c.** über etw im Bilde sein; (de dança) Partner, Partnerin m, f; **o meu** ~ mein Partner/meine Partnerin **II.** adj (número) gerade

para ['pɐrɐ] prep **1.** (direcção) nach +dat, an +ac, a +ac; ~ **baixo** hinunter; ~ **cima** hinauf; ~ **dentro** hinein; ~ **fora** hinaus; ~ **casa** nach Hause; **ela vem** ~ **minha casa** sie kommt zu mir; **eu vou** ~ **Lisboa/França** ich fahre nach Lissabon/Frankreich; **vai** ~ **a janela!** geh an das Fenster!; **o livro caiu** ~ **o tapete** das Buch ist auf den Teppich gefallen; ~ **o campo/a cidade** auf das Land/in die Stadt **2.** (finalidade) zu; (em proveito de) für; **não tenho dinheiro** ~ **isso** ich habe kein Geld dafür; ~ **quê?** wozu?, wofür?; ~ **isso**

dazu, dafür; **isto é** ~ **limpar o chão** das ist zum Boden putzen; **não estou** ~ **isso!** ich habe keine Lust dazu! **3.** (a fim de) um ... zu ...; ~ **que** damit; **eu trabalho** ~ **pagar as contas** ich arbeite, um die Rechnungen bezahlen zu können; **eu telefonei** ~ **que saibas tudo** ich habe angerufen, damit du über alles Bescheid weißt **4.** (temporal) für; ~ **sempre** für immer; ~ **a semana/o ano** nächste Woche/nächstes Jahr; **lá** ~ **as dez horas** gegen zehn Uhr **5.** (sentimento, atitude) ~ **com** gegenüber **6.** (proporcionalidade) zu; **à escala de 10** ~ **1** im Maßstab 10 zu 1 **7.** (medicamento) gegen; **um xarope** ~ **a tosse** ein Sirup gegen Husten

parabenizar vt (brasil) beglückwünschen

parabéns [pɐrɐ'bãiʃ] mpl Glückwunsch m; **dar (os)** ~ **a alguém por a. c.** jdn zu etw beglückwünschen; (muitos) ~**!** herzlichen Glückwunsch!

parábola f Parabel f

parabólica f (antena) Parabolantenne f; (coloq) Schüssel f

pára-brisas m Windschutzscheibe f

pára-choques m (automóvel) Stoßstange f; (caminhos-de-ferro) Puffer m

parada [pɐ'rɐdɐ] f **1.** (MIL) Parade f **2.** (de jogo) Einsatz m **3.** (brasil: de ônibus) Haltestelle f

paradeiro m Aufenthaltsort m

paradigma m Paradigma nt

paradisíaco adj paradiesisch, himmlisch

parado [pɐ'radu] adj **1.** (pessoa) **estar** ~ stehen; **ficar** ~ stehen bleiben **2.** (actividade) eingestellt, unterbrochen; (fábrica) stillgelegt; (máquina) außer Betrieb; (carro) stehend; **o caso está mal** ~ es sieht schlecht aus

paradoxal adj paradox, widersinnig

paradoxo m Paradox nt, Widerspruch m

parafina f Paraffin nt

paráfrase f (LING) Paraphrase f, Umschreibung f

parafrasear vt (falando) frei wiedergeben; (escrevendo) umschreiben

parafuso [pɐrɐ'fuzu] m Schraube f; (coloq); **ter um** ~ **a menos** eine Schraube locker haben

paragem [pɐ'raʒãi] f **1.** (acção de parar) Halten nt, Anhalten nt **2.** (de autocarro) Haltestelle f

paragens fpl (região) Gegend f; **nestas** ~ in dieser Gegend

P

parágrafo *m* **1.** (*de um texto*) Absatz *m,* Abschnitt *m* **2.** (*de artigo, lei*) Paragraph *m*

Paraguai *m* Paraguay *nt*

paraguaio, -a I. *m, f* Paraguayer, Paraguayerin *m, f* II. *adj* paraguayisch

paraíso *m* Paradies *nt*

pára-lamas *m* (*de automóvel*) Kotflügel *m;* (*de bicicleta*) Schutzblech *nt*

paralela *f* (MAT) Parallele *f*

paralelamente *adv* gleichzeitig

paralelas *fpl* (DESP) Barren *m*

paralelepípedo *m* **1.** (*de pavimento*) Pflasterstein *m* **2.** (*figura geométrica*) Parallelflach *nt*

paralelo I. *m* (*coloq: de pavimento*) Pflasterstein *m* II. *adj* **1.** (*linha, rua*) parallel (*a* zu) **2.** (*actividade*) gleichzeitig, parallel

paralisação *f* **1.** (*de processo, actividade*) Lähmung *f,* Behinderung *f* **2.** (*dos músculos*) Lähmung *f*

paralisado *adj* **1.** (*pessoa, membros*) gelähmt **2.** (*processo*) lahm gelegt

paralisar I. *vt* (*os músculos*) lähmen; (*um processo*) lähmen, behindern; (*uma actividade*) zum Erliegen bringen; (*o trânsito*) lahm legen II. *vi* (*actividade, processo*) stocken

paralisia [pərəlɐˈziɐ] *f* (MED) Lähmung *f,* Paralyse *f;* ~ **cerebral** Gehirnlähmung *f*

paralítico, -a I. *m, f* (MED) Paralytiker, Paralytikerin *m, f* II. *adj* (MED) paralytisch, gelähmt

paralogismo *m* (FIL) Fehlschluss *m,* Paralogismus *m*

paramédico, -a *m, f* Sanitäter, Sanitäterin *m, f*

parâmetro *m* Parameter *m*

paramilitar *adj* paramilitärisch

paranóia *f* Paranoia *f*

paranóico, -a I. *m, f* Paranoiker, Paranoikerin *m, f* II. *adj* paranoisch

para-olimpíadas *fpl* (DESP) Paralympics *pl*

parapeito *m* Fensterbank *f*

parapente [pɐrɐˈpɛ̃ntə] *m* Gleitschirmfliegen *nt,* Paragliding *nt*

paraplegia *f* (MED) Querschnittslähmung *f*

paraplégico, -a [pɐrɐˈplɨʒiku] I. *m, f* (MED) Querschnittsgelähmte II. *adj* querschnittsgelähmt

parapsicologia *f* Parapsychologie *f*

parapsicólogo, -a *m, f* Parapsychologe, Parapsychologin *m, f*

pára-quedas *m* Fallschirm *m*

pára-quedismo *m* Fallschirmspringen *nt*

pára-quedista *m(f)* Fallschirmspringer, Fallschirmspringerin *m, f*

parar [pɐˈrar] I. *vt* (*o trânsito*) anhalten, stoppen; (*um processo*) unterbrechen, stoppen; (*uma máquina*) abstellen, anhalten II. *vi* (*carro*) halten; (*pessoa, relógio, máquina*) stehen bleiben; (*processo, trânsito*) stocken; (*barulho*) aufhören; **sem** ~ ununterbrochen; **ir** ~ **a** landen in/auf; **mandar alguém** ~ jdn anhalten; ~ **de fazer a. c.** mit etw aufhören; **pára com isso!** hör auf damit!

pára-raios *m* Blitzableiter *m*

parasita I. *m* **1.** (BIOL) Parasit *m* **2.** (*pessoa*) Schmarotzer *m* II. *adj* **1.** (BIOL) parasitär **2.** (*pessoa*) schmarotzerhaft; **ruído** ~ Störgeräusch *m*

pára-sol *m* Sonnenschirm *m*

pára-vento *m* **1.** (*divisória*) spanische Wand *f* **2.** (*para a praia*) Windschutz *m*

parcamente *adv* spärlich, einfach

parceiro, -a *m, f* (*amoroso, de negócios, político*) Partner, Partnerin *m, f;* (*em brincadeira*) Mitspieler, Mitspielerin *m, f*

parcela *f* **1.** (*em soma*) Summand *m* **2.** (*de terreno*) Parzelle *f* **3.** (*dos lucros*) Anteil *m*

parcelamento *m* (*de terras*) Aufteilung *f,* Parzellierung *f*

parceria *f* Partnerschaft *f;* (ECON) Konsortium *nt*

parcial *adj* **1.** (*em parte*) partiell, Teil … **2.** (*pessoa*) parteiisch

parcialidade *f* Parteilichkeit *f*

parcialmente *adv* teilweise, partiell

parco *adj* (*escasso*) knapp, spärlich; (*refeição*) karg

parcómetro *m* Parkscheinautomat *m*

pardacento *adj* dunkelgrau

pardal *m* Spatz *m*

pardieiro *m* baufällige(s) Haus *nt*

pardo *adj* grau, dunkelgrau

parecença *f* Ähnlichkeit *f;* **ter** ~**s com alguém/a. c.** Ähnlichkeit mit jdm/etw haben

parecer I. *m* (*opinião*) Meinung *f,* Ansicht *f;* **dar o seu** ~ seine Meinung äußern; (*escrito*) Gutachten *nt* II. *vt* aussehen wie, ähneln; **ela parece a mãe** sie sieht aus wie ihre Mutter III. *vi* (*aparentar*) aussehen, wirken; **ela parece (ser) feliz** sie wirkt glücklich; **ele parece doente** er sieht krank aus; (*afigurar-se*) scheinen, aussehen; **pareceu-me estranho** es kam mir sonderbar vor; **parece**

que ... es sieht so aus, als ob ...; **parece-me que** ... es scheint mir, dass ...; **que lhe parece?** was halten Sie davon?; **ao que parece** ... offenbar ...; **parece que vai chover** es sieht nach Regen aus; **não me parece que ela esteja interessada** sie scheint mir nicht interessiert zu sein; **parece-me que sim/ não** ich glaube ja/nein **IV.** *vr* sich ähneln; **~-se com alguém/a. c.** jdm/etw ähneln

parecido *adj* ähnlich; **ser ~ com alguém/ a. c.** jdm/etw ähnlich sein; **bem ~** gut aussehend

paredão *m* Felswand *f*

parede [pɐˈredə] *f* Wand *f*; **as ~s têm ouvidos!** die Wände haben Ohren!; **~s meias com** Wand an Wand mit

parelha *f* (*de cavalos, pessoas*) Gespann *nt*; **fazer ~** zueinander passen

parente **I.** *m(f)* Verwandte; **um ~ afastado/próximo** ein entfernter/naher Verwandter **II.** *adj* verwandt (*de* mit)

parentesco *m* Verwandtschaft *f*

parêntese *m* Klammer *f*; **abrir ~s!** Klammer auf!; **fechar ~s!** Klammer zu!; **~ angular/curvo/recto** spitze/runde/eckige Klammer; **pôr a. c. entre ~s** etw in Klammern setzen

parêntesis *m v.* **parêntese**

pargo *m* (ZOOL) Meerbrasse *f*

paridade *f* (*igualdade*) Gleichheit *f*; (*semelhança*) Ähnlichkeit *f*

parideira *adj* (ZOOL) fruchtbar

parietal *adj* (ANAT) **osso ~** Scheitelbein *nt*

parir **I.** *vt* werfen **II.** *vi* werfen

Paris *f* Paris *nt*

parisiense **I.** *m(f)* Pariser, Pariserin *m, f* **II.** *adj* Pariser

parlamentar **I.** *m(f)* Parlamentsmitglied *nt*, Abgeordnete **II.** *adj* parlamentarisch

parlamento *m* Parlament *nt*; **Parlamento Europeu** Europaparlament *nt*

Das wichtigste Regierungsgremium in Portugal ist **Parlamento** - das Parlament. Es ist eine aus einer Kammer bestehende Versammlung der Republik (Assembleia da República). Die 230 Abgeordneten werden nach dem Verhältniswahlrecht für eine Amtszeit von vier Jahren gewählt.

parmesão *adj* **queijo ~** Parmesankäse *m*

pároco *m* Pfarrer *m*

paródia *f* Parodie *f*

parolice *f* Geschmacklosigkeit *f*

parolo, **-a** **I.** *m, f* Vogelscheuche *f* **II.** *adj* kitschig, geschmacklos

parónimo *m* (LING) stammverwandte(s) Wort *nt*

paróquia *f* **1.** (*zona*) Pfarrei *f*, Pfarrbezirk *m* **2.** (*comunidade*) Gemeinde *f*

paroquial *adj* Gemeinde ..., Pfarr ...

paroquiano, **-a** **I.** *m, f* Gemeindemitglied *nt* **II.** *adj* Gemeinde ...

parque [ˈparkə] *m* **1.** (*terreno*) Park *m*; **~ de campismo** Campingplatz *m*; **~ de diversões** Vergnügungspark *m*; **~ eólico** Windpark *m*; **~ de estacionamento** Parkplatz *m*; **~ infantil** Spielplatz *m* **2.** (*de bebé*) Laufstall *m*

parquet *m* Parkett *nt*

parquímetro *m* Parkuhr *f*

parra *f* Weinblatt *nt*; **muita ~ e pouca uva** viel Geschrei um nichts

parte [ˈpartə] *f* **1.** (*de um todo*) Teil *m*; (*quota-parte*) Anteil *m*; **~ integrante** Bestandteil *m*; **em ~** zum Teil, teilweise; (*de filme*) **a primeira/segunda ~** der erste/ zweite Teil; (*futebol*) die erste/zweite Halbzeit; **na maior ~ das vezes** meistens; **uma grande ~ das pessoas** ein Großteil der Leute; **em grande ~** größtenteils **2.** (*local*) Ort *m*; (*região*) Gegend *f*; **em qualquer ~** irgendwo; **em ~ nenhuma/alguma** nirgendwo, nirgends; **para qualquer ~** irgendwohin; **de qualquer ~** irgendwoher; **em toda a ~** überall; (*coloq*); **mandar alguém àquela ~** jdn zum Teufel schicken **3.** (*lado*) Seite *f*; **pela minha ~** meinerseits, von mir aus; **da/por ~ de alguém** von jdm; **de ~ a ~** gegenseitig; **pôr a. c. de ~** etw beiseite legen; **pôr alguém de ~** jdn nicht beachten; **à ~** extra, gesondert **4.** (DIR: *de litígio*) Partei *f*; (*de contrato*) Vertragspartner *m* **5.** (*participação*) **tomar ~ em** teilnehmen an + *dat*; **fazer ~ de** gehören zu + *dat*; **dar ~ de alguém** (**à polícia**) jdn (bei der Polizei) anzeigen

parteira *f* Hebamme *f*

participação *f* **1.** (*comunicação*) Mitteilung *f*, Benachrichtigung *f*; (*à polícia*) Anzeige *f* **2.** (*em acontecimento*) Teilnahme *f* (*em* an), Beteiligung *f* (*em* an) **3.** (*financeira*) Beteiligung *f*

participante *m(f)* Teilnehmer, Teilnehme-

P

rin *m, f* (*em* an); (*colaborador*) Beteiligte (*em* an)

participar [pǝrtǝsi'par] **I.** *vt* mitteilen; (*à polícia*) anzeigen **II.** *vi* teilnehmen (*em* an); (*colaborar*) sich beteiligen (*em/de* an); (*coloq*) mitmachen (*em/de* bei); ~ **nas aulas** sich am Unterricht beteiligen

particípio *m* (LING) Partizip *nt*

partícula *f* **1.** (*fragmento*) Stückchen *nt*, Teilchen *nt* **2.** (LING) Partikel *f*

particular [pǝrtiku'lar] **I.** *m(f)* Privatperson *f* **II.** *adj* **1.** (*pessoal*) persönlich; **assuntos** ~**es** persönliche Angelegenheiten **2.** (*privado*) privat; **clínica** ~ Privatklinik *f;* **falar com alguém em** ~ sich mit jdm privat unterhalten **3.** (*especial*) besondere(r, s); **em** ~ insbesondere, besonders **4.** (*peculiar*) eigentümlich

particularidade *f* Eigenheit *f,* Eigentümlichkeit *f;* (*especialidade*) Besonderheit *f*

particularmente *adv* besonders, insbesondere

partida [pǝr'tidɐ] *f* **1.** (*viagem*) Abreise *f,* Aufbruch *m;* (*de comboio*) Abfahrt *f;* (*de avião*) Abflug *m;* (DESP) Start *m;* **estar de** ~ vor der Abreise stehen **2.** (*de xadrez, futebol*) Spiel *nt* **3.** (*brincadeira*) Streich *m;* **pregar uma** ~ **a alguém** jdm einen Streich spielen

partidário, -a I. *m, f* Anhänger, Anhängerin *m, f* **II.** *adj* Partei ...

partido [pǝr'tidu] **I.** *m* (POL) Partei *f;* **tomar o** ~ **de alguém** für jdn Partei ergreifen; (*proveito*) Nutzen *m;* **tirar** ~ **de a. c.** Nutzen aus etw ziehen; (*conveniência*) Partie *f;* **ele/ela é um bom** ~ er/sie ist eine gute Partie **II.** *adj* zerbrochen

partilha *f* Teilung *f;* (*de herança*) Erbteilung *f;* **fazer as** ~**s** das Erbe teilen

partilhar I. *vt* teilen (*com* mit) **II.** *vi* teilen (*de*); ~ **da mesma opinião** eine Meinung teilen; ~ **dos mesmos gostos** denselben Geschmack haben

partir [pǝr'tir] **I.** *vt* **1.** (*quebrar*) zerbrechen; (*uma perna*) brechen **2.** (*dividir*) teilen **3.** (*pão, carne*) schneiden **II.** *vi* **1.** (*quebrar-se*) zerbrechen **2.** (*de viagem*) abreisen; (*avião*) abfliegen; (*comboio, automóvel*) abfahren

partitivo *adj* (LING) partitiv

partitura *f* (MÚS) Partitur *f*

parto *m* **1.** (*mulher*) Entbindung *f,* Geburt *f;* ~ **prematuro** Frühgeburt *f;* **entrar/estar em trabalho de** ~ Wehen bekommen/in den Wehen liegen **2.** (*animal*) Werfen *nt*

parturiente I. *f* Gebärende *f;* (*que acaba de dar à luz*) Wöchnerin *f* **II.** *adj* gebärend

parvo, -a ['parvu] **I.** *m, f* (*burro*) Dummkopf *m,* Blödmann *m;* (*idiota*) Idiot, Idiotin *m, f* **II.** *adj* blöd, doof

parvoíce *f* Blödsinn *m,* Quatsch *m*

parvónia *f* (*coloq*) Ende *nt* der Welt; **na** ~ dort, wo sich Fuchs und Hase gute Nacht sagen

pascácio *adj* (*coloq*) beschränkt

pascal *adj* österlich, Oster ...

Páscoa ['paʃkwɐ] *f* Ostern *nt;* **na** ~ an/zu Ostern

pasmaceira *f* Faulenzerei *f*

pasmado *adj* verblüfft (*com* über)

pasmar *vt* verblüffen

pasmo *m* Verblüffung *f,* Staunen *nt*

paspalhão, -ona *m, f* Trottel *m,* Depp *m*

passa *f* **1.** (*uva*) Rosine *f* **2.** (*coloq: de cigarro*) Zug *m;* **dar uma** ~ **no cigarro** an der Zigarette ziehen

passada [pe'sadɐ] *f* Schritt *m;* **dar uma** ~ einen Schritt machen

passadeira *f* **1.** (*tapete*) Läufer *m* **2.** (*para peões*) Zebrastreifen *m;* **atravessar na** ~ den Zebrastreifen benutzen

passado [pe'sadu] **I.** *m* Vergangenheit *f* **II.** *adj* **1.** (*temporal*) vergangen, letzte(r, s); **no ano** ~ im vergangenen Jahr; **na semana passada** in der letzten Woche; ~**s três dias** nach drei Tagen **2.** (CUL: *sopa*) passiert; (*carne*); **bem** ~ durchgebraten; (*carne*); **mal** ~ nicht ganz durchgebraten **3.** (*coloq: tolo*) verrückt, durchgedreht; (*espantado*) baff, verdattert

passador¹ *m* Passiergerät *nt;* (*coador*) Durchschlag *m,* Sieb *nt*

passador(a)² *m(f)* (*coloq: de droga*) Dealer, Dealerin *m, f*

passageiro, -a [pese'ʒeiru] **I.** *m, f* (*de au-*

tocarro, comboio) Fahrgast *m;* (*de avião*) Passagier *m,* Fluggast *m;* (*de automóvel*) Insasse, Insassin *m, f* **II.** *adj* vorübergehend, vergänglich

passagem [pɐ'saʒãi] *f* **1.** (*acção de passar*) Passieren *nt,* Durchreise *f;* ~ **de ano** Silvester *nt;* **estar** ~ auf der Durchreise sein; **dar** ~ **a alguém** jdn vorbeilassen; **diga-se de** ~ nebenbei bemerkt **2.** (*travessia*) Überqueren *f;* (*de barco*) Überfahrt *f* **3.** (*lugar*) Durchgang *m,* Passage *f;* ~ **de nível** Bahnübergang *m;* (*brasil*); ~ **de pedestres** Fußgängerüberweg *m;* ~ **subterrânea** Unterführung *f* **4.** (*bilhete*) Ticket *nt;* (*de avião*); ~ **de ida e volta** Rückflugticket *nt* **5.** (*em livro*) Passage *f,* Abschnitt *m* **6.** (*acontecimento*) Vorfall *m*

passamanaria *f* (*obra*) Posamentierarbeit *f*
passamanes *mpl* Posament *nt,* Besatz *m*
passaporte [pasɐ'pɔrtɐ] *m* Pass *m,* Reisepass *m*

passar [pɐ'sar] **I.** *vt* **1.** (*atravessar*) überqueren **2.** (*trespassar*) durchziehen (*por* durch) **3.** (*exceder*) überschreiten **4.** (*um objecto*) weitergeben (*a* an); (*chegar*) reichen (*a*); **passa-me a manteiga por favor** reich mir bitte die Butter **5.** (*uma chamada*) durchstellen **6.** (*a roupa*) bügeln **7.** (*um cheque, recibo*) ausstellen **8.** (*um negócio*) übertragen **9.** (*tempo*) verbringen; ~ **o Natal/as férias no Brasil** Weihnachten/die Ferien in Brasilien verbringen; ~ **a noite** übernachten; ~ **o dia a trabalhar** den ganzen Tag arbeiten **10.** (*escrever*) abschreiben; ~ **a. c. a limpo** etw ins Reine schreiben **11.** (*sofrer*) leiden; (*coloq*) durchmachen; ~ **fome** Hunger leiden, hungern; **ele passou muito na guerra** er hat im Krieg viel gelitten **12.** (*música*) auflegen **13.** (CUL: *batata, sopa*) passieren; (*carne*) durchdrehen **14.** (*pomada*) verstreichen (*em* in); (*um pano, uma esponja*) darüber wischen mit; ~ **a. c. por água** etw ausspülen/ abspülen **15.** (*coloq: droga*) dealen mit **II.** *vi* **1.** (*perto*) vorbeigehen, vorübergehen; **ele passou aqui agora mesmo** er ist gerade hier vorbeigegangen; **passa lá em casa!** komm doch mal bei mir vorbei! **2.** (*por região; atravessar*) (*por* durch), reisen (*por* durch); (*em viagem*) kommen (*por* über), fahren (*por* über) **3.** (*acabar, desaparecer*) vorübergehen, aufhören; **o pior já passou** das Schlimmste haben wir hinter uns; **isso passa!** das geht vorbei!; ~ **de moda** aus

der Mode kommen **4.** (*tempo*) vergehen **5.** (*ser aprovado*) bestehen; (*em assembleia*) angenommen werden; ~ **num exame** eine Prüfung bestehen **6.** (*trespassar*) durchgehen (*por* durch); (*líquido, frio*) durchdringen; **este casaco deixa** ~ **a água/o frio** diese Jacke ist Wasser durchlässig/Kälte durchlässig **7.** (*exceder*) ~ **de** hinausgehen über; ~ **dos 50 anos** über 50 Jahre alt sein; **já passa das dez** (**horas**) es ist schon nach zehn (Uhr) **8.** (*saúde*) gehen; **como tem passado?** wie geht es Ihnen?; **ele passou mal ontem à noite** letzte Nacht ging es ihm schlecht **9.** (*tornar-se*) werden; ~ **a ser** werden; ~ **a ser fiel** treu werden; ~ **a ser um amigo** zu einem Freund werden **10.** (*transitar*) gehen; **ele passou para o partido oposto** er ist zur gegnerischen Partei übergewechselt; ~ **à frente de alguém** jdn überholen, sich vor jdn stellen; (*na escola*); ~ **de ano** versetzt werden; ~ **pela cabeça** durch den Kopf gehen **11.** (*situação desagradável*) ~ **por** durchmachen, durchleben **12.** (*aparentar*) ~ **por** durchgehen als; **fazer-se** ~ **por alguém** sich als jd anders ausgeben **13.** (*prescindir de*) ~ **sem a. c.** ohne etw auskommen, auf etw verzichten können; **eu já não passo sem o computador** ich komme nicht mehr ohne Computer aus **III.** *vr* **1.** (*acontecer*) geschehen, passieren; (*realizar-se*) stattfinden; **o que é que se passou aqui?** was ist hier passiert?; **o que é que se passa?** was ist los?; **aqui não se passa nada** hier ist nichts los; **a história passa-se no século XIX** die Geschichte spielt im 19. Jahrhundert **2.** (*coloq: enfurecer-se*) ausrasten; **ele passou-se quando lhe contei a história** er ist ausgerastet, als ich ihm die Geschichte erzählte **3.** (*coloq: espantar-se*) erschrecken (*com* über)

passarela *f* Laufsteg *m*
pássaro *m* Vogel *m*
passatempo *m* Zeitvertreib *m*
passe ['pasɐ] *m* **1.** (*cartão*) Passierschein *m;* (*transportes públicos*) Monatskarte *f,* Jahreskarte *f;* ~ **diário** Tageskarte *f;* ~ **de estudante** Semesterticket *nt;* ~ **social** Seniorenkarte *f* **2.** (DESP) Pass *m,* Zuspiel *nt*
passear [pɐ'sjar] **I.** *vt* spazieren führen; ~ **o cão** mit dem Hund spazieren gehen **II.** *vi* (*a pé*) spazieren gehen; (*de carro*) spazieren fahren; **mandar alguém** ~ jdn zum Teufel

P

schicken; **vai** ~! geh hin, wo der Pfeffer wächst!

passeata f 1. (pequeno passeio) Bummel m, Runde f 2. (brasil: marcha colectiva) Protestmarsch m

passeio [pɐ'seju] m 1. (a pé) Spaziergang m; (de carro) Spazierfahrt f; (a pé); **dar um** ~ einen Spaziergang machen, spazieren gehen; (de carro) spazieren fahren 2. (excursão) Ausflug m; ~ **da escola** Schulausflug m 3. (para peões) Bürgersteig m, Gehweg m

passe-partout m Wechselrahmen m

passe-vite m (para carne) Fleischwolf m; (para batata, legumes) Passiersieb nt

passional adj leidenschaftlich; **crime** ~ Verbrechen aus Leidenschaft

passiva f (LING) Passiv nt

passível adj empfindsam; **ser** ~ **de ... ...** werden können; **ser** ~ **de acontecer** passieren können; **ser** ~ **de crítica** kritisiert werden können; **isso é** ~ **de ser encontrado** das ist auffindbar

passividade f Passivität f

passivo I. m (ECON) Passiva pl II. adj passiv

passo ['pasu] m 1. (ao andar) Schritt m; **dar um** ~ einen Schritt machen; **a** ~ langsam, gemächlich; **ao** ~ **que** während, wohingegen; **a dois** ~s gleich um die Ecke; **dar um** ~ **em falso** einen Fauxpas begehen; **nem mais um** ~! und keinen Schritt weiter!; **ouvir** ~s Schritte hören; ~ **a** ~ Schritt für Schritt; **o primeiro** ~ der erste Schritt 2. (pegada) Fußstapfen m, Fußspur f; **seguir os** ~s **de alguém** in jds Fußstapfen treten

pasta f 1. (substância) Paste f, Brei m; ~ **dentífrica/dos dentes** Zahnpasta f 2. (para documentos) Mappe f, Ordner m; (com asa) Aktentasche f; (INFORM) Ordner m; ~ **de arquivo** Aktenordner m 3. (de ministro) Geschäftsbereich m 4. (coloq: dinheiro) Knete f, Kohle m

pastagem f Weide f

pastar I. vt fressen II. vi 1. (animal) weiden, grasen 2. (coloq: preguiçar) faulenzen, sich auf die faule Haut legen

pastel I. m (de massa folhada) Pastete f; (bolo) Kuchen m; ~ **de carne** Fleischpastete f; (pintura) Pastell nt; (coloq: dinheiro) Knete f, Kohle f II. adj inv (cor) Pastell ...

pastelão m (CUL) gefüllte Teigpastete f

pastelaria [pɐʃtələ'riɐ] f Konditorei f

Eine portugiesische **pastelaria** oder **confeitaria** ist eine Konditorei und entspricht in etwa dem deutschen Café. Besonders empfehlenswert sind hier galão - ein starker Kaffee mit Milch, der in einem hohen, schmalen Glas serviert wird, und dazu das sehr schmackhafte süße Gebäck. Eine Sache ist hier tabu (dies gilt auch für cafés, restaurantes usw.): Setzen Sie sich zu niemandem an den Tisch, auch wenn es sonst keinen Platz gibt!

pasteleiro, -a m, f Konditor, Konditorin m, f

pasteurização f Pasteurisierung f

pasteurizado adj pasteurisiert

pastilha f 1. (para chupar) Pastille f, Lutschtablette f; ~ **elástica** Kaugummi m 2. (INFORM) Chip m 3. (coloq: música) Techno m

pasto m Viehfutter nt, Gras nt; **casa de** ~ einfache Gaststätte f

pastor(a) m(f) 1. (de ovelhas) Schäfer, Schäferin m, f; (ZOOL); ~ **alemão** (Deutscher) Schäferhund m 2. (REL) Pastor, Pastorin m, f

pastoril adj Schäfer ..., Hirten ...

pastoso adj klebrig

pata f 1. (de animal) Bein nt, Fuß m; (de cão) Pfote f; (de gato) Tatze f; (de ave) Klaue f; ~ **dianteira** Vorderbein nt; ~ **traseira** Hinterbein nt 2. (pej: de pessoa) Fuß m, Hachse f; **tira as** ~s **daí!** nimm die Hachsen da weg!

patada f Fußtritt m; **dar uma** ~ **a alguém** jdm einen Fußtritt verpassen

patamar m Treppenabsatz m

patavina f (coloq) **não perceber** ~ nur Bahnhof verstehen

patê m Paste f; ~ **de fígado** Leberpastete f

patego, -a m, f (coloq) Dussel m, Depp m

patela f 1. (jogo) Wurfspiel nt 2. (disco) Wurfscheibe f

patente I. f (ECON) Patent nt; **regist(r)ar a** ~ ein Patent anmelden; (MIL) Rang m II. adj offensichtlich, offenkundig

patentear vt 1. (um invento) patentieren 2. (mostrar) zeigen, vorzeigen

paternal adj väterlich; **amor** ~ väterliche Liebe

paternidade f Vaterschaft f

paterno adj väterlich, Vater ...; **o avô** ~ der Großvater väterlicherseits

pateta I. m(f) Dummkopf m, Schafskopf m

II. *adj* dumm, dusselig
patetice *f* Dummheit *f*
patético *adj* ergreifend, mitreißend
patifaria *f* Gemeinheit *f*
patife *m* Schuft *m*, Schurke *m*
patilhas *fpl* (*barba*) Koteletten *pl*
patim *m* (*de gelo*) Schlittschuh *m;* (*com rodas*) Rollschuh *m; ~* **em linha** Inliner *m;* **andar de patins** Rollschuh laufen; (*em gelo*) Schlittschuh laufen
patinador(a) *m(f)* (*no gelo*) Schlittschuhläufer, Schlittschuhläuferin *m, f;* (*com rodas*) Rollschuhläufer, Rollschuhläuferin *m, f*
patinagem *f* (*no gelo*) Eislaufen *nt,* Schlittschuhlaufen *nt; ~* **artística** Eiskunstlauf *m*
patinar *vi* **1.** (*com patins*) Rollschuh laufen; (*no gelo*) Schlittschuh laufen, Eis laufen **2.** (*derrapar*) ausrutschen
patinete *m* (*brasil*) Skateboard *nt*
patinhar **I.** *vt* Fußspuren hinterlassen auf **II.** *vi* planschen
patinho *m* **1.** (*pato*) Entchen *nt* **2.** (*pessoa*) Trottel *m,* Doofkopf *m;* (*coloq*); **cair que nem um** *~* auf alles reinfallen
pátio ['patju] *m* Hof *m; ~* **interior** Innenhof *m*
pato, -a *m, f* (*espécie, fêmea*) Ente *f;* (*macho*) Enterich *m,* Erpel *m*
patogénico *adj* krankheitserregend, pathogen
patologia *f* Pathologie *f*
patológico *adj* krankhaft, pathologisch
patologista *m(f)* Pathologe, Pathologin *m, f*
patranha *f* faustdicke Lüge *f*
patrão, patroa *m, f* Arbeitgeber, Arbeitgeberin *m, f*
pátria ['patrje] *f* **1.** (*terra natal*) Heimat *f* **2.** (*mãe-pátria*) Vaterland *nt;* (*de colónia*) Mutterland *nt*
patriarca *m* Patriarch *m*
património *m* Erbe *nt; ~* **do Estado** Staatseigentum *nt; ~* **nacional** öffentliches Eigentum; *~* **mundial** Weltkulturerbe *nt*
patriota *m(f)* Patriot, Patriotin *m, f*
patriótico *adj* patriotisch
patriotismo *m* Patriotismus *m,* Vaterlandsliebe *f*
patrocinador(a) *m(f)* Schirmherr, Schirmherrin *m, f,* Sponsor, Sponsorin *m, f*
patrocinar *vt* **1.** (*promover*) fördern, unterstützen **2.** (*com fundos*) sponsern

patrocínio *m* Schirmherrschaft *f,* Sponsoring *nt*
patronal *adj* Arbeitgeber ...
patronato *m* Arbeitgeberschaft *f,* Arbeitgeber *pl*
patrono, -a *m, f* Schutzpatron, Schutzpatronin *m, f*
patrulha *f* Polizeistreife *f;* (MIL) Patrouille *f*
patrulhar **I.** *vt* Streife fahren in **II.** *vi* patrouillieren, Streife fahren
patuscada *f* Essen *nt*
patusco *adj* lustig
pau *m* **1.** (*de madeira*) Stock *m,* Stab *m; ~* **de vassoura** Besenstiel *m;* (*coloq*); *~* **para toda a obra** Mädchen für alles **2.** (*coloq: dinheiro,* HIST) Escudo *m;* **quinhentos ~s** fünfhundert Escudos
pau-brasil *m* Palisander *m*
paulada *f* Schlag *m* mit einem Stock, Stockschlag *m*
paulista **I.** *m(f)* Einwohner , Einwohnerin von São Paulo *m* **II.** *adj* aus São Paulo
pau-mandado *m* (*pej*) Kriecher *m*
paupérrimo *superl de* **pobre**
pau-preto *m* Palisander *m*
paus *mpl* (*cartas*) Kreuz *nt*
pausa *f* Pause *f;* **fazer uma** *~* eine Pause machen
pausadamente *adv* bedächtig, ruhig
pausado *adj* bedächtig, ruhig
pau-santo *m* Palisander *m*
pauta *f* **1.** (MÚS) Notenlinien *pl* **2.** (*lista*) Liste *f* **3.** (*tarifa*) Tarif *m; ~* **aduaneira** Zoll *m*
pautado *adj* **1.** (*folha*) liniert **2.** (*metódico*) methodisch; (*regulado*) planmäßig **3.** (*moderado*) maßvoll
pautar *vt* (*tarifa*) festsetzen
pavão, pavoa *m, f* Pfau, Pfauhenne *m, f*
pávido *adj* erschrocken, entsetzt
pavilhão *m* **1.** (*de desporto, exposições*) Halle *f;* (*construção ligeira*) Pavillon *m; ~* **multiusos** Mehrzweckhalle *f* **2.** (*tenda*) Zelt *nt*
pavimentar *vt* (*rua*) pflastern; (*casa*) Fußboden legen in
pavimento *m* (*da rua*) Pflaster *nt;* (*de casa*) Fußbodenbelag *m*
pavio *m* Docht *m*
pavonear **I.** *vt* sich brüsten mit, zur Schau tragen **II.** *vr* sich aufspielen
pavor *m* Entsetzen *nt* (*de* vor), Grauen *nt* (*de* vor)

P

pavoroso *adj* entsetzlich, grauenhaft

paz [paʃ] *f* Friede *m*; (*sossego*) Ruhe *f*; **viver em ~ com alguém** mit jdm in Frieden leben; **deixa-me em ~!** lass mich in Ruhe!; **fazer as ~es com alguém** Frieden mit jdm schließen

PC *abrev de* **personal computer** PC

Pe *abrev de* **padre** Pater

pé [pɛ] *m* **1.** (*de pessoa*) Fuß *m*; ~ **chato** Plattfuß *m*; ~ **ante ~** auf leisen Sohlen; **ao ~ de** bei +*dat*, neben +*dat*; **aos ~s de** zu Füßen +*gen*; **estar a ~** auf sein; (*pessoa, objecto*) **estar de/em ~** stehen; (*proposta, convite*) gelten; **ir a ~** zu Fuß gehen; **do ~ para a mão** von einem Augenblick zum anderen; **eu nunca pus lá os ~s** ich habe nie einen Fuß dorthin gesetzt; **estar de ~ atrás** (**com alguém/a. c.**) (jdm./etw gegenüber) misstrauisch sein; **estar com os ~s para a cova** mit einem Bein im Grabe stehen; **entrar com o ~ direito** einen guten Anfang haben; **meter os ~s pelas mãos** alles durcheinander werfen; **não ter ~s nem cabeça** weder Hand noch Fuß haben **2.** (*de planta*) Stiel *m*, Stängel *m*; (*de alface*) Kopf *m*; **um ~ de salsa** ein Stängel Petersilie **3.** (*de mobília*) Bein *nt* **4.** (*borra*) Bodensatz *m*

peão [pjãu] *m* **1.** (*na rua*) Fußgänger, Fußgängerin *m, f* **2.** (*xadrês*) Bauer *m* **3.** (MIL) Fußsoldat *m*, Infanterist *m*

peça ['pɛsɐ] *f* Stück *nt*; (TÉC) Teil *nt*; (*de jogo*) Stein *m*, Figur *f*; ~ **de roupa** Kleidungsstück *nt*; ~ **de teatro** Theaterstück *nt*; ~ **musical** Musikstück *nt*; ~ **sobresselente** Ersatzteil *nt*

pecadilho *m* leichte Sünde *f*

pecado *m* Sünde *f*; ~ **mortal** Todsünde *f*; ~ **original** Erbsünde *f*; **cometer um ~** eine Sünde begehen; **para mal dos meus ~s** zu meinem Unglück

pecador(a) I. *m(f)* Sünder, Sünderin *m, f* II. *adj* sündig

pecaminoso *adj* sündhaft, sündig

pecar *vi* sündigen

pechincha *f* (*coloq*) Schnäppchen *nt*

pecíolo *m* (BOT) Blattstiel *m*

peçonhento *adj* giftig

pecuária *f* Viehzucht *f*

peculiar *adj* eigen, besondere(r, s)

peculiaridade *f* Eigentümlichkeit *f*, Besonderheit *f*

pecuniário *adj* finanziell; **bens ~s** Barvermögen *nt*

PED *abrev de* **processamento ele(c)trónico de dados** EDV (= *Elektronische Datenverarbeitung*)

pedaço [pə'dasu] *m* **1.** (*parte*) Stück *nt*; **fazer em ~s** in Stücke schlagen; **um ~ de papel/madeira** ein Papierfetzen/ein Stück Holz **2.** (*de tempo*) Weile *f*; **eu esperei um ~** ich habe eine Weile gewartet

pedágio [pe'daʒju] *m* (*brasil*) Autobahngebühr *f*

pedagogia *f* Pädagogik *f*

pedagógico *adj* pädagogisch, erzieherisch

pedagogo, -a *m, f* Pädagoge, Pädagogin *m, f*

pedal *m* Pedal *nt*; (*piano*); **carregar no ~** das Pedal treten

pedalar *vi* radeln, Rad fahren

pedante I. *m(f)* Pedant, Pedantin *m, f* II. *adj* **1.** (*censor*) pedantisch **2.** (*vaidoso*) eingebildet

pé-de-cabra *m* Brechstange *f*

pé-de-galo *m* Hopfen *m*

pé-de-meia *m* Rücklage *f*, Geldreserve *f*

pederasta *m* Päderast *m*

pederneira *f* Feuerstein *m*

pedestal *m* Sockel *m*

pedestre [pe'dɛʃtri] *m(f)* (*brasil*) Fußgänger, Fußgängerin *m, f*

pé-de-vento *m* Windstoß *m*; (*fig*); **fazer um ~** Lärm machen

pediatra [pə'djatrɐ] *m(f)* Kinderarzt, Kinderärztin *m, f*

pediatria *f* Kinderheilkunde *f*, Pädiatrie *f*

pediátrico *adj* pädiatrisch

pedicelo *m* (BOT) Blütenstiel *m*

pedicura *f* **1.** (*pessoa*) Fußpflegerin *f*, Pediküre *f* **2.** (*tratamento*) Pediküre *f*

pedido [pə'didu] *m* **1.** (*informal*) Bitte *f*; (*apelo*) Gesuch *nt*; (*requerimento*) Antrag *m*; ~ **de casamento** Heiratsantrag *m*; ~ **de desculpa(s)** Bitte um Entschuldigung; ~ **de demissão** Rücktrittsgesuch *nt*; ~ **de informação** Anfrage *f*; **fazer um ~ a alguém** eine Bitte an jdn richten; **a meu ~** auf meine Bitte **2.** (*encomenda*) Bestellung *f*

pedigree *m* (ZOOL) Stammbaum *m*

pedinchão, -ona *m, f* (*pej*) Schnorrer, Schnorrerin *m, f*

pedinchar *vi* (*pej*) betteln, schnorren

pedinte *m(f)* Bettler, Bettlerin *m, f*

pedir [pə'dir] I. *vt* (*solicitar*) bitten um; (*informação*) einholen; ~ **a. c. a alguém** jdn um etw bitten; ~ **ajuda** um Hilfe bitten; ~ **um favor a alguém** jdn um einen Gefallen bitten; ~ **um conselho a alguém** jdn um Rat fragen; (*encomendar*) bestellen II. *vi* betteln

pé-direito *m* lichte Höhe *f*

peditório *m* (öffentliche) Sammlung *f*; (*na igreja*) Kollekte *f*

pedofilia *f* Pädophilie *f*

pedófilo, -a *m*, *f* Pädophile

pedra ['pɛdrɐ] *f* 1. (*calhau*) Stein *m*; ~ **preciosa** Edelstein *m*; **a primeira** ~ der Grundstein; (*fig*); **reagir com duas ~s na mão** aus der Haut fahren; **dormir como uma** ~ schlafen wie ein Murmeltier 2. (*de granizo*) Hagelkorn *nt*; (*de açúcar*) Stück *nt*; (*de sal*) Korn *nt* 3. (*de jogo*) Stein *m*, Figur *f* 4. (MED) Stein *m*

pedrada *f* 1. (*com pedra*) Steinwurf *m* 2. (*coloq: com droga*) Trip *m*

pedrado *adj* (*coloq*) high

pedra-pomes *f* Bimsstein *m*

pedregoso [pədrɐ'gozu] *adj* steinig

pedregulho *m* Felsblock *m*

pedreira *f* Steinbruch *m*

pedreiro *m* Maurer *m*

pedreiro-livre *m* Freimaurer *m*

pedúnculo *m* (BOT) Stiel *m*

pega¹ *f* 1. (*em mala*) Griff *m*; (*em tacho*) Henkel *m* 2. (*de tecido*) Topflappen *m* 3. (*tauromaquia*) Bändigung *f* des Stieres

pega² *f* 1. (ZOOL) Elster *f* 2. (*pej: prostituta*) Hure *f*, Nutte *f*

pegada *f* Fußspur *f*

pegado *adj* 1. (*ao lado*) angrenzend, Nachbar ...; **a casa pegada** das Nebenhaus; **o restaurante** ~ **à minha casa** das Restaurant neben meinem Haus 2. (*colado*) angeklebt 3. (*discussão*) **eles estão** ~ **s** sie sind zerstritten; (*coloq*) sie haben Krach

pegajoso *adj* klebrig

pegar [pe'gar] I. *vt* 1. (*uma doença*) anstecken; **o Mário pegou-te a gripe** Mário hat dich mit Grippe angesteckt 2. (*fogo*) ~ **fogo a a. c.** etw in Brand stecken/setzen 3. (*brasil: o ônibus*) nehmen, fahren mit 4. (*o touro*) bändigen II. *vi* 1. (*segurar*) ~ **em** nehmen, anfassen 2. (*colar*) kleben; (CUL) anbrennen 3. (*carro*) anspringen 4. (*hábito, moda*) sich durchsetzen, sich ausbreiten 5.

(*planta*) anwachsen 6. (*fogo*) angehen, brennen 7. (*provocar*) ~ **com alguém** mit jdm aneinander geraten, sich mit jdm streiten 8. (*coloq: história*) überzeugen, glaubhaft sein; **essa comigo não pega!** das zieht bei mir nicht! III. *vr* 1. (*doença, riso*) ansteckend sein 2. (*coloq: pessoas*) aneinander geraten, sich streiten; **eles pegaram-se** sie sind aneinander geraten

peidar-se *vr* (*cal*) furzen

peido *m* (*cal*) Furz *m*

peitilho *m* Latz *m*

peito ['peitu] *m* (ANAT) Brust *f*; (*de mulher*) Busen *m*; ~ **do pé** Spann *m*

peitoral *m* (ANAT) Brustmuskel *m*

peitoril *m* Fenstersims *m*

peixada *f* (CUL) Fischgericht *nt*

peixaria [peiʃɐ'riɐ] *f* Fischgeschäft *nt*

peixe ['peiʃə] *m* Fisch *m*; ~ **dourado** Goldfisch *m*; **estar como** ~ **na água** sich fühlen wie der Fisch im Wasser

peixe-aranha *m* Spinnenfisch *m*

peixe-espada *m* Schwertfisch *m*

peixeiro, -a [pei'ʃeiru] *m*, *f* Fischhändler, Fischhändlerin *m*, *f*

Peixes *mpl* (*zodíaco*) Fische *pl*

peixe-serra *m* Sägefisch *m*

pejo *m* Scham *f*; **sem** ~ schamlos

pejorar *vt* herabsetzen, schlecht machen

pejorativo *adj* verächtlich, abwertend

pela Zusammensetzung: pron por + art a

pelada *f* (*brasil*) Fußballspiel *nt*

pelado *adj* 1. (*fruta, batata*) geschält; (*tomate*) abgezogen 2. (*brasil: nu*) nackt

pelagem *f* Behaarung *f*

pelar I. *vt* (*animal*) häuten; (*fruta, batata*) schälen; (*tomate*) abziehen II. *vr* versessen sein (*por* auf), verrückt sein (*por* nach)

pele ['pɛlə] *f* 1. (*de pessoa*) Haut *f*; (*de animal*) Fell *nt*; ~ **de galinha** Gänsehaut *f*; **ser só** ~ **e osso** nur Haut und Knochen sein; **eu não queria estar na tua** ~ ich möchte nicht in deiner Haut stecken; **sentir a. c. na própria** ~ etw am eigenen Leib erfahren 2. (*de fruta, legume*) Schale *f* 3. (*como agasalho*) Pelz *m*; **casaco de** ~**s** Pelzjacke *f* 4. (*couro*) Leder *nt*; **casaco de/em** ~ Lederjacke *f*

peleja *f* Streit *m*, Streitigkeit *f*

pelicano *m* Pelikan *m*

película *f* 1. (CIN, FOT) Film *m* 2. (*membrana*) Haut *f*; ~ **aderente** Frischhaltefolie *f*

pelintra *adj* ärmlich, schäbig

P

pelo ['pelu] Zusammensetzung: pron por + art o

pêlo m (de pessoa) Haar nt; (de animal) Fell nt; (de tecido) Fasern pl, Flaum m; **em ~** splitternackt

peloirinho m v. **pelourinho**

pelota f (brasil) Ball m

pelotão m (MIL) Zug m

pelourinho m Pranger m, Schandpfahl m

pelouro m städtische(s) Amt nt; **o ~ da cultura** das Kulturamt

peluche m Plüsch m

pelúcia f v. **peluche**

peludo adj haarig, behaart

pelugem f Behaarung f

pélvico adj Becken ...

pelvis f Becken nt

pena ['pene] f **1.** (DIR) Strafe f; **~ capital/de morte** Todesstrafe f; **~ suspensa** Bewährungsstrafe f; **cumprir uma ~** eine Strafe verbüßen **2.** (pesar) Leid nt, Kummer m; (piedade) Mitleid nt; **eu tenho/sinto ~ dele** er tut mir Leid; **tenho muita ~!** es tut mir sehr Leid!; **é/que ~!** (wie) schade!); (isso) **não vale a ~** das lohnt sich nicht; **é com muita ~ que eu digo isto** es tut mir sehr Leid, das sagen zu müssen **3.** (de ave) Feder f

penado adj **alma penada** Gespenst nt

penal adj (DIR) Straf ...

penalidade f **1.** (DESP) Freistoß m; **grande ~** Elfmeter m, Strafstoß m **2.** (DIR) Strafbestimmungen pl

penalizar vt strafen, bestrafen; (DESP) verwarnen

pênalti m (brasil) v. **penalty**

penalty m (DESP) Elfmeter m, Strafstoß m

penar vi leiden

penca f **1.** (BOT) Art Weißkohl **2.** (coloq: nariz) Zinken m

pendão m Banner nt, Flagge f

pendente adj **1.** (pendurado) hängend **2.** (assunto, questão) offen, ungelöst; (trabalho) unerledigt; (processo) anhängig, schwebend

pender vi **1.** (estar pendurado) hängen (de an) **2.** (estar inclinado) sich neigen (para nach)

pêndulo m Pendel nt

pendurado adj hängend; **estar ~** hängen (em an); **deixar alguém ~** jdn hängen lassen

pendurar vt hängen (em an), aufhängen (em an)

penduricalho m (em candeeiro) kleine

Kristallkugel f, von der Wand oder Decke hängende Dekoration

penedo m Fels m, Felsen m

peneira f **1.** (objecto) Sieb nt; **querer tapar o sol com a ~** offene Geheimnisse verbergen wollen **2.** (coloq: afectação) Hochnäsigkeit f, Arroganz f

peneirento adj (coloq) eingebildet

penetra m(f) (coloq) Eindringling m; (numa festa) ungebetene(r) Gast m; **ele é um ~** er schleicht sich überall ein

penetração f Eindringen nt

penetrante adj (cheiro) penetrant; (frio) beißend, schneidend; (som) durchdringend; (olhar) durchbohrend

penetrar I. vt dringen in, durchdringen; (com o olhar) durchbohren II. vi **1.** (pessoa, frio, líquido) eindringen (em in) **2.** (olhar) durchbohren

penha f Fels m, Felsen m

penhasco m große(r) Felsen m, Felsblock m

penhor [pə'ɲor] m Pfand nt; **casa de ~es** Pfandhaus nt

penhora f (DIR) Pfändung f

penhorado adj gepfändet

penhorar vt (Estado, banco) pfänden; (indivíduo) verpfänden

penhorista m(f) Pfandleiher, Pfandleiherin m, f

penicilina f Penizillin nt

penico m Nachttopf m

península f Halbinsel f; **Península Ibérica** Iberische Halbinsel

peninsular I. m(f) Bewohner , Bewohnerin der Halbinsel m II. adj Halbinsel ...

pénis m Penis m

penitência f (REL) Buße f, Sühne f

penitenciária f Haftanstalt f, Strafanstalt f

penitenciário, -a m, f Gefangene, Häftling m

penitente m(f) (REL) Beichtende

penoso adj **1.** (assunto) peinlich **2.** (trabalho) mühsam, strapaziös

pensado adj überlegt; **de caso ~** vorsätzlich

pensador(a) m(f) Denker, Denkerin m, f

pensamento m **1.** (ideia) Gedanke m **2.** (acto de pensar) Denken nt, Nachdenken nt

pensão [pẽ'sãu] f **1.** (hospedaria) Pension f; **~ completa** Vollpension f; **meia ~** Halbpension f **2.** (dinheiro) Pension f; **~ de alimentos** Unterhaltsgeld nt

pensar [pẽ'sar] I. vt denken; **~ as conse-**

quências die Folgen bedenken **II.** *vi* **1.** (*raciocinar*) denken (*em* an); **em que estás a ~?** woran denkst du?; **pensar bem/mal de alguém** gut/schlecht über jdn denken; **o que pensas disto?** was hälst du davon?; **isso dá que ~** das gibt einem zu denken; **nem ~ nisso!** daran ist gar nicht zu denken!; **fazer a. c. sem ~** etw ohne zu überlegen tun; **penso que sim/não** ich denke ja/nein **2.** (*ponderar*) nachdenken (*em/sobre* über), überlegen (*em/sobre*); **ainda vou ~ melhor** ich werde noch einmal darüber nachdenken; **pense na minha proposta** denken Sie über meinen Vorschlag nach; **pensa bem!** überleg es dir gut! **3.** (*tencionar*) planen, vorhaben; **estou a ~ em ir viajar** ich habe vor zu verreisen

pensativo *adj* nachdenklich

pensionista *m(f)* Pensionär, Pensionärin *m*, *f*

penso ['pẽsu] *m* Verband *m;* **~ higiénico** Damenbinde *f;* **~ rápido** Schnellverband *m*

pentagonal *adj* fünfeckig

pentágono *m* Fünfeck *nt*

pentatlo *m* (DESP) Fünfkampf *m*

pente ['pẽntə] *m* Kamm *m;* **passar a. c. a ~ fino** etw durchkämmen

penteadela *f* Kämmen *nt;* **dar uma ~ ao cabelo** die Haare durchkämmen

penteado [pẽn'tjadu] **I.** *m* Frisur *f* **II.** *adj* (*pessoa, cabelo*) gekämmt

penteador *m* Frisierumhang *m*

pentear [pẽn'tjar] **I.** *vt* kämmen; **vai ~ macacos!** geh zum Teufel! **II.** *vr* sich kämmen

Pentecostes *m* Pfingsten *nt*

penugem *f* Flaum *m*

penúltimo *adj* vorletzte(r, s)

penumbra *f* Halbschatten *m;* (*meia-luz*) Halbdunkel *nt*

penúria *f* Not *f,* Elend *nt*

pepino [pə'pinu] *m* Gurke *f;* **~ em pickle** saure Gurke

pepita *f* (*de ouro*) Klumpen *m;* (*de chocolate*) Stückchen *nt*

pequenada *f* Kinder *pl*

pequenez *f* **1.** (*tamanho*) Kleinheit *f,* geringe Größe *f* **2.** (*mesquinhez*) Kleinlichkeit *f*

pequenino, -a **I.** *m, f* Kleine **II.** *adj* winzig

pequenitates *m(f) inv* (*coloq*) Knirps *m*

pequeno, -a [pə'kenɔ] **I.** *m, f* Kleine; **os ~s** die Kleinen, die Kids; **em ~** als Kind **II.** *adj* (*tamanho*) klein; (*quantidade*) gering; **pe-**

quenas coisas Kleinigkeiten *pl*

pequeno-almoço *m* Frühstück *nt;* **tomar o ~** frühstücken

pequeno-burguês, -esa **I.** *m, f* Kleinbürger, Kleinbürgerin *m, f* **II.** *adj* kleinbürgerlich

pequerrucho, -a **I.** *m, f* Kleines *nt,* Kleine **II.** *adj* klein

Pequim *f* Peking *nt*

per *adv* (ECON) **~ capita** pro Kopf

pêra *f* **1.** (BOT) Birne *f* **2.** (*barba*) Spitzbart *m* **3.** (*interruptor*) Schalter *m*

peralta *m(f)* Schickimicki-Typ *m,* Modepuppe *f*

perambular *vi* umherstreifen, bummeln

perante *prep* **1.** (*em vista de*) angesichts +*gen;* **~ esta situação, temos de tomar medidas rapidamente** angesichts dieser Situation müssen wir rasch Maßnahmen treffen **2.** (*na presença de*) vor +*dat;* (*pessoa*) in Gegenwart +*gen;* **estamos ~ um grave problema** wir stehen vor einem großen Problem; **~ os pais, ele é sempre bem comportado** in Gegenwart der Eltern benimmt er sich immer gut

pé-rapado *adj* (*coloq brasil*) arm

perca ['pɜrkɐ] *f* (ZOOL) Barsch *m*

percalço *m* Unannehmlichkeit *f*

perceba *f* (ZOOL) Entenmuschel *f*

perceber *vi* **1.** (*entender*) verstehen, begreifen **2.** (*aperceber-se de*) wahrnehmen, bemerken

percentagem *f* Prozentsatz *m*

percepção *f* Wahrnehmung *f*

perceptível *adj* wahrnehmbar

perceptivo *adj* wahrnehmungsfähig, aufnahmefähig

percevejo *m* Wanze *f*

percorrer *vt* (*a pé*) gehen durch, durchlaufen; (*com transporte*) fahren durch, durchfahren

percurso [pər'kursu] *m* **1.** (*trajecto*) Strecke *f* **2.** (*de um rio*) Lauf *m*

percussão *f* (MÚS) Schlagzeug *nt*

perda *f* Verlust *m;* **~ de peso** Gewichtsverlust *m;* **~ de cabelo** Haarausfall *m;* **~ de tempo** Zeitverschwendung *f;* **sofrer uma ~** einen Verlust erleiden

perdão [pər'dãu] *m* Verzeihung *f;* (*dos pecados*) Vergebung *f;* **~!** Entschuldigung!, Verzeihung!; **pedir ~ a alguém por a. c.** jdn für etw um Entschuldigung bitten

perder [pər'der] **I.** *vt* **1.** (*um objecto, uma*

P

pessoa, dinheiro) verlieren; ~ **dinheiro no jogo** Geld verspielen; ~ **a vida** ums Leben kommen **2.** *(meio de transporte, oportunidade)* verpassen, versäumen **3.** *(tempo)* verlieren *(com* mit) **4.** *(hábito, vício)* ablegen **II.** *vi* verlieren **III.** *vr* **1.** *(no caminho)* sich verirren, sich verlaufen; *(com automóvel)* sich verfahren; ~**-se de alguém** jdn verlieren **2.** *(nos pensamentos, em discurso)* sich verlieren *(em* in) **3.** *(objecto, costume)* verloren gehen

perdição *f* **1.** *(desgraça)* Verderben *nt,* Untergang *m;* **os computadores são a minha** ~ Computer sind mein Untergang **2.** (REL) ewige Verdammnis *f*

perdidamente *adv* ohne Sinn und Verstand, wie toll; **estar** ~ **apaixonado por alguém** bis über beide Ohren in jdn verliebt sein

perdido *adj* **1.** *(objecto)* verloren **2.** *(no caminho)* verirrt; **estar** ~ sich verirrt haben **3.** *(na vida)* verloren; **estou** ~! ich bin verloren!; *(coloq)* ich bin aufgeschmissen!

perdidos [pər'diduz] *mpl* ~ **e achados** Fundsachen *pl*

perdigão *m* (ZOOL) Rebhuhnmännchen *nt*

perdigoto *m* *(coloq)* Spucketropfen *m*

perdigueiro *m* (ZOOL) Hühnerhund *m,* Vorstehhund *m*

perdiz *f* Rebhuhn *nt*

perdoar I. *vt (um acto)* verzeihen, entschuldigen; *(os pecados)* vergeben; ~ **a. c. a alguém** jdm etw verzeihen; *(um castigo)* erlassen **II.** *vi* verzeihen

perdoável *adj* verzeihlich, entschuldbar

perdurar *vi* **1.** *(ser lembrado)* fortbestehen, Bestand haben **2.** *(durar)* andauern, anhalten

perecer *vi (cultura)* untergehen; *(costume)* verloren gehen

perecível *adj* vergänglich; *(alimento)* verderblich

peregrinação [pərəgrinɐ'sãu] *f* Wallfahrt *f (a* nach), Pilgerfahrt *f (a* nach); **fazer uma** ~ pilgern, eine Wallfahrt machen

peregrino, -a *m, f* Pilger, Pilgerin *m, f,* Wallfahrer, Wallfahrerin *m, f*

pereira *f* Birnbaum *m*

perempção *f* (DIR) Verjährung *f*

perempto *adj* (DIR) verjährt

peremptório *adj* endgültig

perene *adj* **1.** *(duradouro)* beständig, fortdauernd; *(bem de consumo)* langlebig **2.**

(constante) dauernd, ständig

perfazer *vt (uma quantia)* betragen, machen; **isto perfaz a quantia de 20.000 euros** die Summe beträgt 20.000 Euro, das macht 20.000 Euro

perfeição *f* Vollkommenheit *f,* Perfektion *f;* **fazer a. c. na** ~ etw perfekt machen

perfeitamente *adv* **1.** *(com perfeição)* perfekt; ~! genau! **2.** *(completamente)* ganz, völlig

perfeito I. *pp de* **perfazer II.** *m* (LING) Perfekt *nt* **III.** *adj* perfekt, vollkommen

perfídia *f* **1.** *(traição)* Verrat *m* **2.** *(deslealdade)* Treulosigkeit *f,* Heimtücke *f*

pérfido *adj* **1.** *(traidor)* verräterisch **2.** *(desleal)* treulos, heimtückisch

perfil *m* **1.** *(de pessoa, edifício)* Profil *nt;* **de** ~ im Profil **2.** *(psicológico)* Charakter *m;* **traçar o** ~ **de alguém** jdn charakterisieren

perfilhar *vt* **1.** *(uma criança)* adoptieren, an Kindes Statt annehmen **2.** *(uma ideia)* sich zu eigen machen *+ dat,* annehmen

performance *f* Leistung *f*

perfumado *adj* **1.** *(que exala perfume)* duftend, wohlriechend **2.** *(que tem perfume)* parfümiert

perfumar I. *vt* parfümieren **II.** *vr* sich parfümieren

perfumaria *f* Parfümerie *f*

perfume [pər'fumə] *m* **1.** *(substância)* Parfüm *nt* **2.** *(aroma)* Duft *m*

perfuradora *f* Bohrmaschine *f;* ~ **pneumática** Pressluftbohrer *m*

perfurar *vt* **1.** *(um objecto)* durchbohren, ein Loch bohren in **2.** (MED: *um órgão)* perforieren

perfuratriz *f (brasil) v.* **perfuradora**

pergaminho *m* Pergament *nt*

pergunta [pər'gõntə] *f* Frage *f;* ~ **de algibeira** Fangfrage *f;* **fazer uma** ~ (a alguém) (jdm.) eine Frage stellen; **responder a uma** ~ eine Frage beantworten

perguntar [pərgõn'tar] **I.** *vt* fragen; ~ **a. c. a alguém** jdn etw fragen; ~ **o caminho (a alguém)** (jdn.) nach dem Weg fragen **II.** *vi* fragen; ~ **por alguém/a. c.** nach jdm/etw fragen **III.** *vr* sich fragen

pericarpo *m* (BOT) Samenhülle *f*

perícia *f* **1.** *(conhecimento)* Sachverstand *m* **2.** *(destreza)* Geschicklichkeit *f,* Geschick *nt* **3.** *(brasil: exame)* technische Überprüfung *f*

pericial *adj* sachverständig, fachmännisch

periclitante *adj* gefährdet

periferia *f* Peripherie *f*; (*da cidade*) Stadtrand *m*

periférico I. *m* (INFORM) Peripherie-Gerät *nt* II. *adj* peripher, Rand ...; **a zona periférica da cidade** die Randbezirke der Stadt

perífrase *f* Umschreibung *f*; (LING) Periphrase *f*

perifrástico *adj* umschreibend; (LING) periphrastisch

perigo [pə'rigu] *m* Gefahr *f*; **pôr a. c. em ~** etw gefährden; **correr ~** Gefahr laufen; **estar em ~** gefährdet sein; **~ de vida/morte** Lebensgefahr *f*

perigoso [pəri'gozu] *adj* gefährlich

perímetro *m* Umfang *m*

periodicamente *adv* regelmäßig

periodicidade *f* (*de visita, acontecimento*) Regelmäßigkeit *f*; (*de jornal*) regelmäßige(s) Erscheinen *nt*

periódico I. *m* (*jornal*) Zeitung *f*; (*revista*) Zeitschrift *f* II. *adj* periodisch, regelmäßig

período *m* 1. (*espaço de tempo*) Zeitraum *m*, Periode *f*; (*época*) Zeit *f* 2. (*escolar*) Schultrimester *nt* 3. (*menstruação*) Periode *f*, Regel *f*; **ela está com o ~** sie hat ihre Periode 4. (LING) Periode *f*

peripécia *f* (*incidente*) Zwischenfall *m*

periquito *m* Wellensittich *m*

periscópio *m* Periskop *nt*

peritagem *f* (TÉC) technische Überprüfung *f*

perito, -a *m, f* 1. (*profissional*) Sachverständige, Fachmann, Fachfrau *m, f* 2. (*versado*) Experte, Expertin *m, f*; **ser ~ em a. c.** Experte für/in etw sein

perjúrio *m* (DIR) Meineid *m*

perlimpimpim *m(f)* (*coloq*) **pós de ~** Zauberpulver *nt*

permanecer *vi* bleiben; **ele permaneceu duas semanas no Algarve** er blieb zwei Wochen an der Algarve; **o preço da carne permanece alto** der Fleischpreis bleibt hoch

permanência *f* Verweilen *nt*, Aufenthalt *m*

permanente [pərmɐ'nɛ̃tɐ] I. *f* Dauerwelle *f* II. *adj* (*constante*) dauernd, permanent; (*residência*) ständig

permanentemente *adv* ständig, ununterbrochen

permeabilidade *f* Durchlässigkeit *f*

permear *vi* dazwischen liegen, in der Mitte liegen

permeável *adj* durchlässig

permeio *adv* **de ~** dazwischen, in der Mitte

permissão *f* Erlaubnis *f*; **ter ~ para fazer a. c.** die Erlaubnis haben, etw zu tun

permissível *adj* erlaubt

permissivo *adj* nachgiebig, tolerant

permitido [pərmi'tidu] *adj* erlaubt, gestattet; (**não**) **é ~ fumar** Rauchen ist (nicht) gestattet

permitir [pərmi'tir] I. *vt* erlauben, gestatten; (*consentir*) zulassen; (*autorizar*) genehmigen; **~ a. c. a alguém** jdm etw erlauben II. *vr* **~-se a. c.** sich *dat* etw erlauben

permuta *f* Tausch *m*

permutar *vt* tauschen

perna ['pɜrnɐ] *f* 1. (*de pessoa, mesa*) Bein *nt*; **~s arqueadas** O-Beine *pl*; **~ das calças** Hosenbein *nt*; **~ de pau** Holzbein *nt*; **estar de ~s para o ar** auf dem Kopf stehen; (*fig*) in der heillosen Durcheinander sein; **fazer a. c. com uma ~ às costas** etw mit links machen; (*fig*); **passar a ~ a alguém** jdn aufs Kreuz legen 2. (*de porco, vitela*) Keule *f* 3. (*de compasso*) Schenkel *m*; (*de escadote*) Holm *m*

pernalta *f* (ZOOL) Stelzvogel *m*, Schreitvogel *m*

pernalto *adj* langbeinig

perneta I. *m(f)* Einbeinige II. *adj* einbeinig

pernicioso *adj* schädlich

pernil *m* 1. (*de animal*) Keule *f*; (*coloq*); **esticar o ~** ins Gras beißen 2. (CUL) geräucherte(r) Schinken *m*

pernilongo I. *m* (*ave*) Schnepfe *f*; (*brasil: mosquito*) Stechmücke *f* II. *adj* langbeinig

perno *m* Bolzen *m*

pernoitar [pərnoi'tar] *vi* übernachten (*em* in)

pêro *m* 1. (BOT: *maçã; pêra*) kleine Birne *f*; (*coloq*); **ser são como um ~** kerngesund sein, kleiner, länglicher Apfel 2. (*coloq: murro*) Faustschlag *m*

pérola ['pɜrulɐ] *f* Perle *f*

perónio *m* Wadenbein *nt*

perpassar I. *vt* durchziehen (*por* durch), ziehen (*por* durch) II. *vi* vorbeigehen (*por* an), vorübergehen (*por* an)

perpendicular I. *f* Senkrechte *f* II. *adj* senkrecht (*a* zu)

perpetração *f* (*de um crime*) Begehen *nt*, Verüben *nt*

perpetrador(a) *m(f)* (*de um crime*) Täter, Täterin *m, f*

P

perpetrar *vt* (*um crime*) begehen, verüben
perpetuar *vt* **1.** (*eternizar*) verewigen **2.** (*a raça*) erhalten
perpétuo *adj* **1.** (*contínuo*) ständig; (*inalterável*) unvergänglich, ewig **2.** (*prisão*) lebenslänglich
perplexidade *f* Bestürzung *f*, Verwirrung *f*
perplexo *adj* perplex, verwirrt; **ficar** ~ perplex sein
perro *adj* (*fechadura, porta*) klemmend; **estar** ~ klemmen
persa **I.** *m(f)* Perser, Perserin *m, f* **II.** *adj* persisch
perscrutador *adj* forschend; (*olhar*) durchdringend
perscrutar *vt* erforschen, untersuchen
perseguição *f* Verfolgung *f*
perseguidor(a) *m(f)* Verfolger, Verfolgerin *m, f*
perseguir *vt* verfolgen
perseverança *f* Beharrlichkeit *f*, Ausdauer *f*; **com** ~ **tudo se alcança** Beharrlichkeit führt zum Ziel
perseverante *adj* beharrlich
Pérsia *f* Persien *nt*
persiana *f* Jalousie *f*, Rollladen *m*; **abrir/fechar a** ~ den Rollladen hochziehen/herunterlassen
pérsico *adj* persisch; **o Golfo Pérsico** der Persische Golf
pérsio *adj v.* **pérsico**
persistência *f* Ausdauer *f*, Beharrlichkeit *f*
persistente *adj* **1.** (*obstinado*) beharrlich, hartnäckig **2.** (*constante*) anhaltend
persistir *vi* **1.** (*perdurar*) andauern, anhalten **2.** (*insistir*) ~ **em** bestehen auf, beharren auf
personagem *m(f)* **1.** (*de livro, filme, teatro*) Figur *f*, Gestalt *f* **2.** (*personalidade*) Persönlichkeit *f*
personalidade *f* Persönlichkeit *f*
personalizado *adj* (*serviço, atendimento*) individuell
personificação *f* Personifizierung *f*, Verkörperung *f*
personificar *vt* personifizieren, verkörpern
perspectiva *f* **1.** (*arte*) Perspektive *f* **2.** (*ponto de vista*) Blickwinkel *m*, Perspektive *f*
perspicácia *f* Scharfsinn *m*
perspicaz *adj* scharfsinnig
perspiração *f* Hautausdünstung *f*
perspirar *vi* leicht schwitzen

persuadir *vt* überreden; ~ **alguém a** (**fazer**) **a. c.** jdn zu etw überreden
persuasão *f* **1.** (*acto de persuadir*) Überredung *f* **2.** (*convicção*) Überzeugung *f*
persuasivo *adj* überzeugend
pertença *f* Eigentum *nt*
pertencente *adj* **1.** (*próprio*) gehörend (*a*) **2.** (*parte*) zugehörig (*a zu*)
pertencer *vi* gehören (*a*); **isso pertence-lhe** das gehört ihm
pertinácia *f* Halsstarrigkeit *f*, Hartnäckigkeit *f*
pertinaz *adj* halsstarrig, hartnäckig
pertinência *f* Angemessenheit *f*; (*relevância*) Bedeutung *f*, Relevanz *f*
pertinente *adj* **1.** (*relevante*) relevant **2.** (*apropriado*) passend, angemessen
perto ['pɜrtu] **I.** *adv* in der Nähe, nah **II.** *m(f)* (*no espaço*) ~ **de** in der Nähe von, bei; (*aproximadamente*) ungefähr, etwa; **de** ~ aus der Nähe
perturbação *f* **1.** (*da ordem*) Störung *f* **2.** (*mental*) Verwirrung *f*
perturbado *adj* (*transtornado*) verwirrt; (*comovido*) bestürzt
perturbador(a) **I.** *m(f)* Unruhestifter, Unruhestifterin *m, f* **II.** *adj* **1.** (*barulho*) störend **2.** (*notícia, acontecimento*) beunruhigend
perturbar **I.** *vt* (*incomodar*) stören; (*transtornar*) verwirren; (*comover*) bestürzen **II.** *vr* unruhig werden (*com* durch), sich aus der Ruhe bringen lassen (*com* durch)
peru, -a *m, f* Puter, Pute *m, f*, Truthahn, Truthenne *m, f*; ~ **recheado** gefüllter Truthahn
Peru *m* Peru *nt*
peruca *f* Perücke *f*
perversão *f* **1.** (*acto*) Pervertierung *f* **2.** (*depravação*) Verdorbenheit *f*; (PSIC) Perversion *f*
perversidade *f* Perversität *f*
perverso *adj* **1.** (*malvado*) bösartig, böse **2.** (*gosto, conselho*) abartig; (PSIC) pervers
perverter *vt* **1.** (*depravar*) verderben **2.** (*sentido*) verdrehen, entstellen **3.** (*corromper*) pervertieren
pesadelo *m* Alptraum *m*, Albtraum *m*
pesado [pəˈzadu] *adj* **1.** (*objecto, pessoa*) schwer **2.** (*sono*) fest **3.** (*livro, escrita*) langatmig, zäh; (*filme*) brutal, schwer verdaulich **4.** (*consciência, ambiente*) schlecht **5.** (*trabalho*) hart, schwer **6.** (*comida*) schwer **7.** (*andar*) schwerfällig, schwer **8.** (*luto*) tief

pêsames *mpl* Beileid *nt;* **dar os ~ a alguém** jdm sein Beileid aussprechen; **os meus ~!** herzliches Beileid!

pesar [pə'zar] **I.** *m* **1.** (*mágoa*) Kummer *m* **2.** (*arrependimento*) Bedauern *nt* **II.** *vt* **1.** (*objecto, pessoa*) wiegen; **ele pesa 80 quilos** er wiegt 80 Kilo **2.** (*avaliar*) abwägen; **~ as consequências** die Folgen abwägen **III.** *vi* **1.** (*ser pesado*) schwer sein; **isso não pesa nada!** das wiegt gar nichts! **2.** (*influir*) Gewicht haben (*em* in), zum Tragen kommen (*em* bei) **3.** (*recair*) lasten (*sobre* auf)

pesaroso *adj* **1.** (*desgostoso*) betrübt, traurig **2.** (*arrependido*) reuig

pesca *f* Fischfang *m,* Fischen *nt;* **~ à linha** Angeln *nt;* **ir à ~** Angeln gehen

pescada [pəʃ'kadə] *f* Seehecht *m*

pescado *m* Fisch *m*

pescador(a) *m(f)* Fischer, Fischerin *m, f;* (*à linha*) Angler, Anglerin *m, f*

pescar *vt* **1.** (*peixe*) fischen, fangen; (*à linha*) angeln **2.** (*coloq: perceber*) kapieren

pescaria *f* **1.** (*pesca*) Fischfang *m,* Fischerei *f* **2.** (*peixes*) Menge *f* Fisch **3.** (*excursão*) Ausfahren *nt*

pescoço [pəʃ'kosu] *m* Hals *m;* (*fig*); **torcer o ~ a alguém** jdm den Hals umdrehen

pés-de-galinha *mpl* Krähenfüße *pl*

peseta *f* Pesete *f*

peso ['pezu] *m* **1.** (*de objecto, pessoa*) Gewicht *nt;* **~ bruto** Bruttogewicht *nt;* **~ líquido** Nettogewicht *nt;* **~ morto** Ballast *m;* **exercer ~ sobre alguém/a. c.** Einfluss auf jdn/etw ausüben; **valer o seu ~ em ouro** nicht mit Gold zu bezahlen sein **2.** (*importância*) Gewicht *nt,* Bedeutung *f;* **um adversário de ~** ein gewichtiger Gegner **3.** (*sobrecarga, fardo*) Last *f;* **ser um ~ para alguém** eine Last für jdn sein; **ter um ~ na consciência** etwas auf der Seele liegen haben **4.** (DESP) Kugel *f* **5.** (*para balança*) Gewicht *nt*

pespegar *vt* versetzen

pespontar *vt* steppen

pesponto *m* Steppstich *m*

pesqueiro *adj* Fischer ...; **indústria pesqueira** Fisch verarbeitende Industrie

pesquisa *f* **1.** (*investigação*) Nachforschung *f,* Untersuchung *f;* **~ de mercado** Marktforschung *f* **2.** (*científica*) Forschung *f*

pesquisar *vt* (*investigar*) erforschen; (*examinar*) untersuchen

pêssego *m* Pfirsich *m*

pessegueiro *m* Pfirsichbaum *m*

pessimismo *m* Pessimismus *m*

pessimista **I.** *m(f)* Pessimist, Pessimistin *m, f* **II.** *adj* pessimistisch

péssimo *superl de* **mau**

pessoa [pə'soɐ] *f* Person *f;* (*ser humano*) Mensch *m;* **as ~s** die Leute, die Menschen; **muitas ~s** viele Leute; **em ~** persönlich; (*coloq*); **uma ~** man; (LING); **a primeira ~ do singular** die erste Person Singular; **morreram cinco ~s no acidente** bei dem Unfall kamen fünf Personen ums Leben

pessoal [pə'swal] **I.** *m* (*de empresa*) Personal *nt;* **~ docente** Lehrkräfte *pl;* (*coloq: pessoas*) Leute *pl* **II.** *adj* persönlich

pessoalmente *adv* persönlich

pestana *f* Wimper *f;* (*coloq*); **queimar as ~s** büffeln

pestanejar *vi* zwinkern, blinzeln; **sem ~** ohne mit der Wimper zu zucken

peste *f* (MED) Pest *f*

pesticida *m* Schädlingsbekämpfungsmittel *nt,* Pestizid *nt*

pestilência *f* **1.** (*peste*) Pest *f* **2.** (*epidemia*) Seuche *f*

pestilento *adj* (*cheiro*) pestartig, übel; (*ambiente*) verpestet

peta *f* (*coloq*) Flunkerei *f,* Schwindelei *f*

pétala *f* Blütenblatt *nt*

petição *f* **1.** (*pedido*) Bitte *f;* **fazer uma ~** ein Gesuch einreichen **2.** (*documento*) Petition *f,* Gesuch *nt*

peticionário, -a *m, f* (DIR) Kläger, Klägerin *m, f*

petiscar **I.** *vt* knabbern **II.** *vi* naschen, knabbern

petisco *m* Häppchen *nt;* (*saboroso*) Leckerbissen *m,* Leckerei *f*

petiz *m* Knirps *m*

petrificação *f* Versteinerung *f*

petrificado *adj* **1.** (*em pedra*) versteinert **2.** (*paralisado*) versteinert, erstarrt

petrificar *vi* **1.** (*em pedra*) versteinern **2.** (*paralisar*) wie versteinert sein, erstarren

petroleiro *m* (NAÚT) Tanker *m*

petróleo *m* **1.** (*bruto*) Erdöl *nt* **2.** (*para candeeiro*) Petroleum *nt*

petrolífero *adj* **1.** (*com petróleo*) ölhaltig, erdölhaltig **2.** (*referente a petróleo*) Erdöl ...; **indústria petrolífera** Erdölindustrie *f*

petrologia *f* (GEOL) Petrologie *f*

petulância *f* Unverschämtheit *f,* Frechheit *f*

P

petulante *adj* unverschämt, frech

peúga *f* Socke *f*

pevide *f* **1.** (*de fruto*) Kern *m* **2.** (*massa*) Graupe *f*

p. ex. *abrev de* **por exemplo** z. B. (= *zum Beispiel*)

pez *m* **1.** (*piche*) Pech *nt* **2.** (*resina*) Harz *nt*

pezinho *m* com ~s de lã heimlich, im Verborgenen

p. f. *abrev de* **por favor** b. (= *bitte*)

pfennig *m* (HIST) Pfennig *m*

pH *m* pH-Wert *m*

pia *f* (*da cozinha*) Spüle *f*; (*da roupa*); ~ **baptismal** Taufbecken *nt,* Art Waschtisch aus Stein mit Waschbrett

piaçá *f* (*material*) Piassavefaser *f,* Piassave *f*

piada *f* Witz *m;* **ter** ~ witzig sein

piadético *adj* witzig

piamente *adv* fromm; **acreditar** ~ **em alguém/a. c.** jdm blind vertrauen/etw unbesehen glauben

pianinho *adv* (*coloq*) ganz leise

pianista *m(f)* Klavierspieler, Klavierspielerin *m, f,* Pianist, Pianistin *m, f*

piano **I.** *m* Klavier *nt;* ~ **de cauda** Flügel *m* **II.** *adv* (MÚS) piano

pianola *f* Pianola *nt*

pião *m* **1.** (*brinquedo*) Kreisel *m* **2.** (*coloq: movimento*) Drehung *f;* **fazer um** ~ sich drehen

piar *vi* **1.** (*pássaro*) piepsen, piepen **2.** (*coloq: falar*) quatschen; **não** ~ keinen Pieps sagen **3.** (*coloq: queixar-se*) meckern; ~ **fino** nicht aufmucken

pica *f* **1.** (*coloq: de cigarro*) Kippe *f* **2.** (*coloq: injecção*) Spritze *f*

piça *f* (*cal*) Schwanz *m*

picada [pi'kaðɐ] *f* Stich *m*

picadeiro *m* Reithalle *f*

picadela *f* v. **picada**

picado **I.** *m* (CUL) ~ **de carne** Haschee *nt,* Hackfleischsoße *f* **II.** *adj* **1.** (*com picadelas*) zerstochen. **2.** (*cebola, salsa*) gehackt; **carne picada** Hackfleisch *nt,* Gehackte *nt* **3.** (*melindrado*) beleidigt, pikiert **4.** (*mar*) aufgewühlt *m*

picadora *f* (*para salsa, cebola*) Zerkleinerer *m;* (*para carne*) Fleischwolf *m*

picante [pi'kãntɐ] *adj* **1.** (*comida*) scharf, pikant **2.** (*anedota*) schlüpfrig, pikant

pica-pau *m* Specht *m*

picar [pi'kar] **I.** *vt* **1.** (*agulha, insecto*) ste-

chen; (*pássaro*) picken **2.** (*carne, cebola*) hacken **3.** (*um animal*) antreiben **4.** (*uma senha, um cartão*) lochen; ~ **o ponto** stechen **5.** (*espicaçar*) anstacheln; (*irritar*) reizen **II.** *vi* **1.** (*espinho*) stechen; (*camisola*) kratzen **2.** (*pimenta*) scharf sein, brennen **III.** *vr* **1.** (*ferir-se*) sich stechen; ~**-se numa agulha** sich mit einer Nadel stechen **2.** (*coloq: na estrada*) um die Wette fahren (*com* mit)

picareta *f* Pickel *m,* Spitzhacke *f*

picas *pron indef* (*coloq brasil*) nichts, nix

pichaím *m* (*coloq brasil*) krause(s) Haar *nt*

piche *m* Pech *nt*

pichelaria *f* Klempnerei *f*

picheleiro, -a *m, f* Klempner, Klempnerin *m, f,* Installateur, Installateurin *m, f*

pickle *m* Mixedpickles *pl*

pico *m* **1.** (*espinho*) Dorn *m;* (*de metal*) Stachel *m* **2.** (*cume*) Spitze *f,* Gipfel *m* **3.** (*um pouco*) **mil e** ~ etwas mehr als tausend; **às dez e** ~ um kurz nach zehn

picolé *m* (*brasil*) Eis *nt*

picotado *m* Perforation *f;* **abrir pelo** ~ an der Perforation öffnen

picuinhas *adj inv* (*pej*) pingelig, etepetete

piedade *f* **1.** (*devoção*) Frömmigkeit *f* **2.** (*compaixão*) Erbarmen *nt,* Mitleid *nt;* **ter** ~ **de alguém** Mitleid mit jdm haben

piedoso *adj* **1.** (*devoto*) fromm **2.** (*compassivo*) mitleidig **3.** (*misericordioso*) barmherzig

piegas *adj inv* (*pessoa*) sentimental; (*filme*) schnulzig

pieguice *f* (*coloq*) Gefühlsduselei *f*

piela *f* (*coloq*) Rausch *m,* Schwips *m;* **apanhar uma** ~ sich einen Schwips antrinken +*dat*

pifar *vi* (*coloq: aparelho, carro*) den Geist aufgeben, kaputtgehen

pífaro *m* Pikkoloflöte *f*

pífio *adj* gemein, fies

pigmentação *f* Pigmentierung *f*

pigmento *m* Pigment *nt*

pijama *m* Schlafanzug *m*

pila *f* (*coloq*) Pimmel *m*

pilantra *m(f)* (*coloq brasil*) Gauner, Gaunerin *m, f,* Schlitzohr *nt*

pilar *m* (ARQ) Pfeiler *m*

pilau *m* (*coloq*) Pimmel *m*

pilé *adj* **açúcar** ~ Kristallzucker *m*

pileque *m* (*coloq brasil*) Rausch *m;* **estar de** ~ blau sein

pilha ['piʎɐ] *f* **1.** (*monte*) Haufen *m;* (*de livros*) Stoß *m,* Stapel *m;* **estar (n)uma ~ de nervos** ein Nervenbündel sein **2.** (FÍS) Batterie *f;* **~ recarregável** aufladbare Batterie **3.** (*lanterna*) Taschenlampe *f*

pilhagem *f* Plünderung *f*

pilhar *vt* plündern

piloro *m* (ANAT) Magenausgang *m*

piloso *adj* haarig, behaart

pilotagem *f* (AERO, NAUT) Steuern *nt,* Steuerung *f*

pilotar *vt* (AERO, NAUT) steuern

piloto [pi'lotu] **I.** *m/f* (AERO) Pilot, Pilotin *m, f,* Flugzeugführer, Flugzeugführerin *m, f;* (NAÚT) Steuermann *m;* (*automobilismo*) Fahrer, Fahrerin *m, f;* **~ automático** Autopilot *m* **II.** *adj inv* Versuchs ..., Muster ...; **escola ~** Versuchsschule *f*

pílula *f* Pille *f*

pimba **I.** *adj* (*coloq*) schnulzig, schmalzig; **música ~** Schnulzen *pl* **II.** *interj* ~! klatsch!, patsch!

pimenta [pi'mɐ̃tɐ] *f* Pfeffer *m*

pimenta-malagueta *f* (*brasil*) *v.* **piripiri**

pimentão *m* (*brasil*) *v.* **pimento**

pimenteira *f* Pfefferstreuer *m*

pimento *m* Paprika *m,* Paprikaschote *f*

pimpampum *m* Abzählreim *m,* Abzählvers *m*

pimpão *adj* großspurig

pimpolho *m* **1.** (BOT) Schößling *m* **2.** (*rapaz*) Knirps *m*

pin *m* Anstecknadel *f*

pináculo *m* **1.** (*elev: de monte*) Gipfel *m;* (*de edifício*) First *m* **2.** (*elev: auge*) Gipfel *m,* Höhepunkt *m*

pinça ['pĩsɐ] *f* **1.** (*de sobrancelhas*) Pinzette *f* **2.** (*para gelo*) Eiswürfelzange *f;* (*para salada*) Salatbesteck *nt* **3.** (MED) Klammer *f,* Klemme *f*

píncaro *m v.* **pináculo**

pincel *m* Pinsel *m;* **~ da barba** Rasierpinsel *m*

pincelada *f* Pinselstrich *m;* **dar uma ~** einen Pinselstrich machen

pincelar *vt* anstreichen, streichen

pinchar *vi* hüpfen, springen

pincho *m* Sprung *m;* **dar um ~** einen Sprung machen

pinga *f* **1.** (*gota*) Tropfen *m;* (*fig*); **às ~s** tröpfchenweise; (*fig*); **ficar sem ~ de sangue** leichenblass werden **2.** (*coloq: bocadi-*

nho) Schlückchen *nt;* **vou beber uma ~ de água/vinho** ich werde ein Schlückchen Wasser/Wein trinken **3.** (*coloq: vinho*) Wein *m;* **beba uma ~!** trinken Sie einen Schluck!; **beber uma ~ a mais** zu tief ins Glas gucken; **estar com a ~** angeheitert sein **4.** (*brasil: cachaça*) Zuckerrohrschnaps *m*

pingar **I.** *vt* tropfen **II.** *vi* **1.** (*líquido, torneira*) tropfen **2.** (*chuva*) tröpfeln; **está a ~** es tröpfelt

pingente *m* Anhänger *m*

pingo ['pĩgu] *m* **1.** (*pinga*) Tropfen *m;* **não ter um ~ de vergonha** sich kein bisschen schämen **2.** (*reg: bebida*) Kaffee *m* mit wenig Milch

pingo-de-mel *m* Feigenart

pingue *m* (CUL) Schweineschmalz *nt*

pingue-pongue *m* Tischtennis *nt,* Pingpong *nt*

pinguim *m* Pinguin *m*

pinha *f* **1.** (BOT) Kiefernzapfen *m,* Pinienzapfen *m* **2.** (*de pessoas*) **estar à ~** überfüllt sein

pinhal *m* Kiefernwald *m,* Pinienwald *m*

pinhão *m* Pinienkern *m*

pinheiro *m* Kiefer *f;* **~ manso** Pinie *f;* **~ bravo** Kiefer *f;* **~ de Riga** Waldkiefer *f;* **~ de Natal** Weißtanne *f*

pinho *m* Kiefernholz *nt,* Pinienholz *nt*

pino *m* **1.** (*prego*) Stift *m;* (*perno*) Bolzen *m* **2.** (*auge*) Gipfel *m,* Höhepunkt *m;* **no ~ do Verão/Inverno** im Hochsommer/im tiefsten Winter **3.** (*do corpo*) Handstand *m;* **fazer o ~** einen Handstand machen **4.** (*de bowling*) Kegel *m*

pinote *m* **1.** (*salto*) Satz *m* **2.** (*coice*) Hufschlag *m;* **dar um ~** ausschlagen

pinscher *m* (ZOOL) Pinscher *m*

pinta *f* **1.** (*de tinta, líquido*) Spritzer *m;* **um tecido/vestido às ~s** ein getupfter Stoff/getupftes Kleid **2.** (*coloq: estilo*) Aussehen *nt;* **ter (muita) ~** gut aussehen; **esta casa/este carro tem muita ~** dieses Haus/Auto sieht klasse aus

pintadela *f* Anstrich *m;* **dar uma ~ a a. c.** etw überstreichen

pintado *adj* **1.** (*quadro*) gemalt **2.** (*parede*) gestrichen; **~ de amarelo** gelb gestrichen; **~ de fresco** frisch gestrichen

pintainho *m* Küken *nt*

pintalgar *vt* tüpfeln, sprenkeln

pintar [pĩtar] **I.** *vt* (*um quadro, uma paisagem*) malen; (*uma casa, porta*) streichen; (*o* *carro, as unhas*) lackieren; ~ **a. c. à pistola** etw spritzen; (*com lápis, caneta*) anmalen, bemalen; ~ **a. c. de verde** etw grün anmalen; (*maquilhar*) schminken; (*o cabelo*) färben; (*descrever*) schildern **II.** *vi* (*brasil: surgir*) sich auftun; **pintou um emprego/uma oportunidade** es tat sich eine Stelle/Gelegenheit auf **III.** *vr* sich schminken

pintassilgo *m* Stieglitz *m*, Distelfink *m*

pintinha *f* Spritzer *m*; **às ~s** getupft, getüpfelt

pinto ['pĩntɔ] *m* Küken *nt*; **estar como um ~** völlig durchnässt sein; **ficar como um ~** patschnass werden

pintor(a) *m(f)* (*artístico*) Maler, Malerin *m, f*; (*de casas*) Anstreicher, Anstreicherin *m, f*, Maler, Malerin *m, f*

pintura [pĩn'turɐ] *f* **1.** (*arte*) Malerei *f*; ~ **a óleo** Ölmalerei *f*; ~ **a aguarela** Aquarell *nt* **2.** (*quadro*) Gemälde *nt*, Bild *nt* **3.** (*de objecto, casa*) Anstrich *m*; (*de automóvel*) Lackierung *f* **4.** (*maquilhagem*) Make-up *nt*

pio I. *m* (*de ave*) Pieps *m*; (*coloq: fala*); **nem mais um ~!** kein Wort mehr!; **não dar um ~** keinen Pieps sagen; **perder o ~** keinen Pieps mehr sagen **II.** *adj* fromm; (*caridoso*) barmherzig

piolhento *adj* verlaust

piolho *m* Laus *f*

pioneiro, -a *m, f* Pionier, Pionierin *m, f(em)*

pionés *m* Heftzwecke *f*, Reißnagel *m*

pior I. *m* **o ~** das Schlimmste; **o ~ já passou/ainda está para vir** das Schlimmste ist überstanden/kommt noch **II.** *adj* **1.** (*comp. de mau*) schlechter ((*do*) *que* als), schlimmer ((*do*) *que* als); **tanto ~!** um so schlimmer! **2.** (*superl. de mau*) schlechteste(r, s), schlimmste(r, s); **essa é a ~ solução** das ist die schlechteste Lösung; **ela é a ~ aluna da turma** sie ist die schlechteste Schülerin der Klasse **III.** *adv* **1.** (*comp. de mal*) schlimmer, schlechter; **ele está muito ~** es geht ihm viel schlechter **2.** (*superl. de mal*) am schlimmsten, am schlechtesten; **o que fala ~ francês** der, der am schlechtesten Französisch spricht

piora *f* Verschlimmerung *f*, Verschlechterung *f*

piorar I. *vt* verschlimmern, verschlechtern **II.** *vi* **1.** (*situação*) schlimmer werden, sich verschlimmern; (*qualidade*) schlechter werden, sich verschlechtern **2.** (*doente*) schlechter gehen; **ele piora** es geht ihm schlechter

piorio *m* (*coloq*) **do ~** vom Teufel geritten

pipa *f* **1.** (*de vinho*) Fass *nt* **2.** (*coloq: grande quantidade*) Masse *f*; **uma ~ de massa** massenhaft Kohle

pipi *m* **1.** (*coloq: genital*) Scheide *f* **2.** (*coloq brasil: urina*) Pipi *nt*; **fazer ~** Pipi machen

pipo *m* Fässchen *nt*

pipoca *f* Popcorn *nt*

pique *adv* **a ~** senkrecht

piquenique *m* Picknick *nt*

piquete *m* **estar de ~** Dienst haben

pirado *adj* (*coloq*) durchgedreht, bescheuert

pirâmide *f* Pyramide *f*

piranha *f* **1.** (ZOOL) Piranha *m* **2.** (*brasil: mulher*) Furie *f*

pirar I. *vi* (*coloq*) durchdrehen **II.** *vr* (*coloq*) abhauen, sich aus dem Staub machen

pirata I. *m(f)* Pirat, Piratin *m, f*; ~ **do ar** Luftpirat, Luftpiratin *m, f*; ~ **informático** Hacker, Hackerin *m, f* **II.** *adj inv* Raub ..., Piraten ...; **cassete/disquete ~** Raubkopie *f*; **rádio ~** Piratensender *m*

pirataria *f* (ECON, INFORM) Piraterie *f*

piratear *vt* (ECON) unerlaubterweise kopieren; (INFORM) eine Raubkopie anfertigen von; (*disco*) eine Raubpressung anfertigen von

pires ['pirəʃ] *m* Untertasse *f*

pirex *m* *v.* **pyrex**

pirilampo *m* Glühwürmchen *nt*

Pirinéus *mpl* Pyrenäen *pl*

piripiri *m* **1.** (*malageta*) rote(r) Pfeffer *m* **2.** (*molho*) Tabascosoße *f*

pirogénese *f* (FÍS) Wärmeerzeugung *f*

pirólise *f* (QUÍM) Pyrolyse *f*

piromania *f* (MED) Pyromanie *f*

piromaníaco, -a *m, f* (MED) Pyromane, Pyromanin *m, f*

piropo *m* Kompliment *nt*

piroso *adj* (*coloq*) kitschig, geschmacklos

pirotecnia *f* Pyrotechnik *f*, Feuerwerkerei *f*; **fábrica de ~** pyrotechnische Fabrik

pirotécnico, -a I. *m, f* Pyrotechniker, Pyrotechnikerin *m, f*, Feuerwerker, Feuerwerkerin *m, f* **II.** *adj* pyrotechnisch

pirralho *m* Schlingel *m*

pirueta *f* Pirouette *f*; **fazer uma ~** eine Pirouette machen

pirulito *m* (*brasil*) Lutscher *m*

pisada *f* (*pegada*) Fußstapfen *m*; (*rasto*) Spur *f*; **seguir as ~s de alguém** jds Spur folgen; (*tomar como exemplo*) in jds Fußstapfen treten

pisadela *f* **1.** (*calcadela*) leichte(r) Tritt *m;* **dar uma ~ em alguém/a. c.** jdm/etw einen leichten Tritt versetzen **2.** (*pisadura*) Quetschung *f*, Prellung *f*

pisadura [pizeˈduɾɐ] *f* **1.** (*pisadela*) Quetschung *f*, Prellung *f* **2.** (*marca*) blaue(r) Fleck *m*

pisa-papéis *m* Briefbeschwerer *m*

pisar *vt* **1.** (*calcar*) treten; **~ alguém** jdn treten; **~ o pé a alguém** jdm auf den Fuß treten **2.** (*um local*) betreten **3.** (*uvas, com os pés*) stampfen; (*dentro do lagar*) pressen, keltern **4.** (*esmagar*) einklemmen; **~ um dedo/uma perna** einen Finger/ein Bein einklemmen **5.** (*fig: subjugar*) erniedrigen

pisca *m* (*coloq*) Blinker *m;* **ligar o ~** blinken; **ligar os quatro ~s** die Warnblinkanlage anmachen

pisca-pisca *m* (*coloq*) *v.* **pisca**

piscar I. *vt* **~ o olho** blinzeln, zwinkern; **~ o olho a alguém** jdm zublinzeln, jdm zuzwinkern II. *vi* (*luz*) blinken; **num ~ de olhos** im Nu

piscatório *adj* **1.** (*de pescadores*) Fischer ...; **aldeia piscatória** Fischerdorf *nt* **2.** (*de pesca*) Fischerei ...

piscicultor(a) *m(f)* Fischzüchter, Fischzüchterin *m, f*

piscicultura *f* Fischzucht *f*

piscina [peˈsinɐ] *f* Schwimmbad *nt;* **~ coberta** Hallenbad *nt*

pisco *m* (ZOOL) Dompfaff *m;* (*coloq*) **jer um ~** (**a comer**) wie ein Spatz essen

piso *m* **1.** (*andar*) Stock *m*, Stockwerk *nt;* **uma casa de três ~s** ein dreistöckiges Haus; **no segundo ~** im zweiten Stock **2.** (*chão*) Boden *m;* (*de sala*) Fußbodenbelag *m;* (*de estrada*) Pflaster *nt*

pista [ˈpiʃte] *f* **1.** (*faixa de rodagem*) Fahrbahn *f;* (*de avião*) Rollbahn *f*, Piste *f;* (*de corridas*) Rennbahn *f;* (*de cavalos*) Reitbahn *f;* (*de patinagem*) Eisbahn *f*, Schlittschuhbahn *f;* (*de dança*) Tanzfläche *f* **2.** (*rasto*) Fährte *f*, Spur *f;* **seguir uma ~** eine Spur verfolgen **3.** (*para adivinhar*) Tipp *m;* **dar uma ~ a alguém** jdm einen Tipp geben

pistácio *m* Pistazie *f*

pistão [piʃˈtɐ̃u] *m* (MEC) Kolben *m*

pistola *f* **1.** (*arma*) Pistole *f* **2.** (*para pintar*) Spritzpistole *f;* **pintar a. c. à ~** etw spritzen

pistolão *m* (*brasil: cunha*) Beziehungen *pl*

pistom *m* (*brasil*) *v.* **pistão**

pitada *f* Prise *f;* **uma ~ de sal** eine Prise Salz; **não** (**querer**) **perder ~** keine Gelegenheit auslassen (wollen)

pitecantropo *m* (HIST) Pithekanthropus *m*

pitéu *m* (*coloq*) Leckerbissen *m*

pito *m* **1.** (*coloq: pinto*) Küken *nt* **2.** (*cal: vagina*) Möse *f*

pitoresco *adj* pittoresk, malerisch

pitosga I. *m(f)* (*coloq*) Kurzsichtige II. *adj* (*coloq*) kurzsichtig

pivete *m* **1.** (*coloq: criança*) Schlingel *m*, Racker *m* **2.** (*coloq: mau cheiro*) Gestank *m*

pivô *m* **1.** (*dente*) Stift *m* **2.** (*do noticiário*) Nachrichtensprecher *m* **3.** (DESP) Rückraumspieler *m*

pizza *f* Pizza *f*

pizzaria *f* Pizzeria *f*

PJ *abrev de* **polícia judiciária** Kripo (= *Kriminalpolizei*)

placa [ˈplakɐ] *f* **1.** (*de betão*) Platte *f* **2.** (*de sinalização*) Schild *nt;* **~ comemorativa** Gedenktafel *f;* **~ da matrícula** Nummernschild *nt* **3.** (*bacteriana*) Plaque *f*

placard *m* Plakatwand *f;* (*publicitário*) Werbetafel *f*

placenta *f* (ANAT) Plazenta *f*

plácido *adj* ruhig, gelassen

plagiador(a) *m(f)* Plagiator, Plagiatorin *m, f*

plagiar *vt* plagiieren, abschreiben

plagiário, -a *m, f v.* **plagiador, -a**

plágio *m* Plagiat *nt*

plaina *f* Hobel *m*

planador *m* Segelflugzeug *nt*

planalto *m* (GEOG) Hochebene *f*

planar *vi* (*ave, avião*) segeln, im Gleitflug fliegen

plâncton *m* Plankton *nt*

planeamento *m* Planung *f;* **~ familiar** Familienplanung *f;* **~ urbano** Stadtplanung *f*

planear *vt* planen

planejamento *m* (*brasil*) *v.* **planeamento**

planejar *vt* (*brasil*) *v.* **planear**

planeta *m* Planet *m;* **o ~ Terra** der Planet Erde

planetário I. *m* Planetarium *nt* II. *adj* Planeten ...

planície [pleˈnisjɐ] *f* Ebene *f*

planificação *f* Planung *f*

planificar *vt* planen

plano [ˈplɐnu] I. *m* (*projecto*) Plan *m;* **traçar um ~** einen Plan machen/entwerfen; (*ní-*

P

vel) Ebene *f;* **em primeiro/último** ~ im Vordergrund/Hintergrund; **no** ~ **afectivo** was die Gefühle angeht, in Hinblick auf das Gefühlsleben; **no** ~ **financeiro** in finanzieller Hinsicht; (MAT) Ebene *f* **II.** *adj* flach, eben

planta ['plãntɐ] *f* **1.** (BOT) Pflanze *f* **2.** (*de prédio, casa*) Grundriss *m;* (*de cidade*) Stadtplan *m* **3.** (ANAT) ~ **do pé** Fußsohle *f*

plantação *f* **1.** (*acção de plantar*) Pflanzen *nt,* Pflanzung *f* **2.** (*terreno*) Plantage *f*

plantador(a) *m(f)* (AGR) Pflanzer, Pflanzerin *m, f*

plantão *m* **estar de** ~ Wache stehen, auf Wache sein

plantar I. *vt* (*vegetal*) pflanzen; (*um terreno*) bepflanzen **II.** *vr* sich hinstellen

plantio *m v.* **plantação**

plaqueta *f* ~ **sanguínea** Blutplättchen *nt,* Thrombozyt *m*

plasma *m* Plasma *nt*

plástica *f* (*cirurgia*) Schönheitschirurgie *f,* plastische Chirurgie *f;* **fazer uma** ~ sich einer Schönheitsoperation unterziehen

plasticidade *f* Formbarkeit *f,* Plastizität *f*

plasticina *f* Plastilin *nt,* Knetmasse *f*

plástico ['plaʃtiku] **I.** *m* Kunststoff *m,* Plastik *nt* **II.** *adj* Plastik ...

plastificar *vt* (*um cartão*) (in Plastik) einschweißen

plataforma *f* **1.** (*na estação*) Bahnsteig *m;* (*de eléctrico*) Plattform *f;* ~ **de lançamento** Abschussrampe *f* **2.** (*de edifício*) Flachdach *nt*

plátano *m* Platane *f*

plateia [plɐ'tɐjɐ] *f* (*teatro*) Parkett *nt*

platina *f* Platin *nt*

platinado *m* (MEC) Unterbrecher *m*

platónico *adj* platonisch

plausível *adj* **1.** (*credível*) plausibel, glaubhaft **2.** (*provável*) wahrscheinlich

play-back *m* (MÚS) Play-back *nt;* **fazer** ~ Play-back spielen

playboy *m* Playboy *m*

plebe *f* Pöbel *m*

plebeia *f* (HIST) Plebejerin *f*

plebeu I. *m* (HIST) Plebejer *m* **II.** *adj* (HIST) plebejisch

plebiscito *m* Volksbefragung *f,* Plebiszit *nt*

plenamente *adv* völlig; **estar** ~ **de acordo com alguém** mit jdm völlig übereinstimmen

plenário I. *m* Plenum *nt* **II.** *adj* **sessão plenária** Plenarsitzung *f*

plenipotência *f* Vollmacht *f*

plenipotenciário, -a I. *m, f* Bevollmächtigte **II.** *adj* bevollmächtigt

plenitude *f* **1.** (*abundância*) Fülle *f* **2.** (*perfeição*) Vollkommenheit *f*

pleno *adj* **1.** (*cheio*) voll; (*completo*) vollständig; **em** ~ **Inverno** mitten im Winter; **em plena rua** auf offener Straße; **em** ~ **dia** am helllichten Tag **2.** (*perfeito*) vollkommen

pleonasmo *m* (LING) Pleonasmus *m*

plinto *m* **1.** (ARQ) Plinthe *f* **2.** (DESP) Kasten *m*

plissado I. *m* Plissee *nt* **II.** *adj* plissiert

plissar *vt* plissieren

pluma *f* Feder *f*

plumagem *f* Gefieder *nt*

plumoso *adj* (BOT, ZOOL) gefiedert

plural *m* Plural *m,* Mehrzahl *f*

pluralidade *f* Vielfältigkeit *f*

pluralismo *m* (POL) Pluralismus *m*

Plutão *m* (ASTR) Pluto *m*

plutocracia *f* (POL) Geldherrschaft *f,* Plutokratie *f*

plutocrata *m(f)* Plutokrat, Plutokratin *m, f*

plutónio *m* (QUÍM) Plutonium *nt*

pluvial *adj* Regen ...

pluvioso *adj* regnerisch

PME *abrev de* **pequenas e médias empresas** kleine und mittelständische Betriebe

pneu [pneu] *m* **1.** (*de automóvel*) Reifen *m;* ~ **radial** Gürtelreifen *m;* ~**s** Bereifung *f;* **pôr** ~**s no carro** den Wagen bereifen; **trocar os** ~**s** die Reifen wechseln; **ter um** ~ **furado** einen Plattfuß haben **2.** (*coloq: no corpo*) Rettungsring *m*

pneumático I. *m* Reifen *m* **II.** *adj* (MEC) pneumatisch

pneumonia [pneumu'niɐ] *f* (MED) Lungenentzündung *f*

pó [pɔ] *m* **1.** (*sujidade*) Staub *m;* **limpar o** ~ Staub wischen; (*coloq*); **morder o** ~ ins Gras beißen **2.** (*produto*) Pulver *nt;* **em** ~ Pulver ...; ~ **de talco** Talkumpuder *nt,* Talkum *nt* **3.** (*cosmético*) Puder *m*

pobre ['pɔbrɐ] **I.** *m(f)* Arme **II.** *adj* (*pessoa*) arm, bedürftig; (*casa*) ärmlich, armselig; ~ **de ti/dele!** du Armer/der Arme!; ~ **do Carlos!** der arme Carlos!; ~ **de espírito** beschränkt

pobreza *f* Armut *f,* Not *f*

POC *abrev de* **Plano Oficial de Contas** offizielle Regelung zur firmeninternen Buchhaltung

poça I. *f* Pfütze *f* II. *interj* ~! verdammt!

poção *f* (FARM) Arzneitropfen *pl*

pocilga *f* Schweinestall *m*

poço *m* 1. (*de água*) Brunnen *m;* ~ petrolífero Ölquelle *f;* um ~ sem fundo ein Fass ohne Boden; ser um ~ de sabedoria ein unerschöpfliches Wissen haben 2. (*de mina, elevador*) Schacht *m* 3. (*em rio, mar*) tiefe Stelle *f;* (AERO) ~ de ar Luftloch *nt*

poda *f* Beschneiden *nt*

podar *vt* beschneiden, stutzen

pó-de-arroz *m* Gesichtspuder *m, nt*

poder [pu'der] I. *m* 1. (*autoridade*) Macht *f;* (*domínio*) Gewalt *f;* ~ executivo Exekutive *f*, vollziehende Gewalt; ~ judicial Judikative *f*, richterliche Gewalt; ~ legislativo Legislative *f*, gesetzgebende Gewalt; (DIR) plenos ~es Vollmacht *f;* exercer ~ sobre alguém Macht über jdn haben; estar no ~ an der Macht sein 2. (*faculdade*) Vermögen *nt;* ~ de compra Kaufkraft *f* 3. (*posse*) Besitz *m;* ter a. c. em seu ~ im Besitz von etw sein II. *vi* 1. (*capacidade, possibilidade*) können; eu posso encontrar-me consigo amanhã ich kann mich morgen mit Ihnen treffen; já não posso mais! ich kann nicht mehr! 2. (*permissão*) dürfen; posso entrar? darf ich hereinkommen?; aqui não se pode fumar hier darf man nicht rauchen 3. (*suposição*) können, mögen; pode ser mag sein, kann sein; ele pode estar ocupado er könnte beschäftigt sein; pode ser que ela venha es kann sein, dass sie kommt 4. (*peso*) ~ com tragen können; ela não pode comigo/com isto sie kann mich/das nicht tragen 5. (*coloq: suportar*) não ~ com alguém/a. c. mit jdm nicht können/etw schlecht finden

poderoso *adj* mächtig

pódio *m* (DESP) Siegerpodest *nt*

podre ['podrə] *adj* 1. (*alimento*) faul, verfault 2. (*moralmente*) verdorben

podridão *f* 1. (*putrefacção*) Fäulnis *f* 2. (*moral*) Verdorbenheit *f*

poeira *f* Staub *m;* (*fig*); deitar ~ aos olhos de alguém jdm Sand in die Augen streuen; (*fig*); levantar ~ Staub aufwirbeln

poeirada *f* Staubwolke *f*

poeirento *adj* staubig, verstaubt

poema *m* Gedicht *nt*

poente I. *m* Westen *m* II. *adj* untergehend

poesia *f* Poesie *f*, Dichtung *f*

poeta, **-isa** *m, f* Dichter, Dichterin *m, f*

poética *f* Poetik *f*, Dichtkunst *f*

poético *adj* poetisch, dichterisch

poetisa *f* Dichterin *f*

poio *m* (*coloq*) Scheiße *f*

pois [poiʃ] I. *konj* denn II. *adv* also; (*consentimento*) ah ja, natürlich; ~ bem! also gut!; ~ claro! klar doch!, selbstverständlich!; ~ é! ja klar!, stimmt!; ~ não! natürlich nicht!; ~, eu sei ich weiß schon; não leste o livro, ~ não? du hast das Buch nicht gelesen, oder doch?; (*brasil*); ~ não? Sie wünschen?, was darf es sein?; (*irón*); ~ sim! denkste!, sonst noch Wünsche?

poiso *m* Aufenthaltsort *m*

polaco, **-a** I. *m, f* Pole, Polin *m, f* II. *adj* polnisch

polainas *fpl* Leggings *pl*, Leggins *pl*

polar *adj* polar, Polar ...

polarização *f* (FíS) Polarisierung *f*, Polarisation *f*

polarizador *m* (FíS) Polarisator *m*

polaróide *f* 1. (*máquina*) Polaroidkamera® *f* 2. (*fotografia*) Polaroidbild *nt*, Polaroidfoto *nt*

polca *f* (MúS) Polka *f*

poldro *m* (ZOOL) Fohlen *nt*

polegada *f* Zoll *m*

polegar *m* Daumen *m*

poleiro *m* Sitzstange *f;* (*fig*); estar no ~ an der Macht sein

polémica *f* Polemik *f;* causar ~ eine Polemik hervorrufen

polémico *adj* strittig

pólen *m* (BOT) Pollen *m*

poliamida *f* (QUíM) Polyamid *nt*

polícia [pu'lisjə] I. *f* (*instituição*) Polizei *f;* ~ de fronteira Grenzpolizei *f;* ~ judiciária Kriminalpolizei *f;* ~ de segurança pública Schutzpolizei *f;* ~ de trânsito Verkehrspolizei *f;* chamar a ~ die Polizei rufen II. *m(f)* (*pessoa*) Polizist, Polizistin *m, f*

policial [pulisi'al] I. *m(f)* (*brasil*) Polizist, Polizistin *m, f* II. *adj* polizeilich, Polizei ...; filme ~ Kriminalfilm *m;* romance ~ Kriminalroman *m*

policiamento *m* Polizeiaufsicht *f*

policlínica *f* Poliklinik *f*

policromático *adj* vielfarbig

polido *adj* 1. (*superfície*) poliert, glänzend 2. (*comportamento*) höflich, fein

poliedro *m* (MAT) Polyeder *nt*, Vielflächner *m*

P

poliéster *m* Polyester *m*
poliestireno *m* Styropor® *nt*
poligamia *f* Polygamie *f*
polígamo, -a *m, f* Polygamist, Polygamistin *m, f*
poliglota I. *m(f)* Polyglotte II. *adj* mehrsprachig, polyglott
polígono *m* (MAT) Polygon *nt*, Vieleck *nt*
polimento *m* 1. (*de superfície*) Polieren *nt*, Schliff *m* 2. (*cortesia*) Höflichkeit *f*
Polinésia *f* Polynesien *nt*
polinizar *vt* (BOT) bestäuben
poliomielite [pɔljomjeˈlitə] *f* (MED) Kinderlähmung *f*, Poliomyelitis *f*
polir *vt* 1. (*dar lustre*) polieren 2. (*alisar*) glätten
polissilábico *adj* mehrsilbig
polissílabo *m* (LING) mehrsilbige(s) Wort *nt*
politécnico *adj* polytechnisch; **Instituto Politécnico** Polytechnikum *nt*
politeísmo *m* Polytheismus *m*, Vielgötterei *f*
politeísta I. *m(f)* Polytheist, Polytheistin *m*, *f* II. *adj* polytheistisch
política *f* Politik *f*; ~ **ambiental** Umweltpolitik *f*; ~ **da educação** Bildungspolitik *f*; ~ **monetária** Währungspolitik *f*
político, -a I. *m, f* Politiker, Politikerin *m, f* II. *adj* politisch
politiquice *f* (*pej*) Stammtischpolitik *f*
polivalente *adj* 1. (*pessoa*) vielseitig 2. (*sala*) Mehrzweck ...; **pavilhão** ~ Mehrzweckhalle *f*
pólo [ˈpɔlu] *m* 1. (FÍS, GEOG) Pol *m*; **Pólo Norte** Nordpol *m*; **Pólo Sul** Südpol *m*; ~ **positivo** Pluspol *m*; ~ **negativo** Minuspol *m* 2. (DESP) Polo *nt* 3. (*camisola*) Polohemd *m*
Polónia *f* Polen *nt*
polpa *f* 1. (*de fruta*) Fruchtfleisch *nt*; (*de raiz*) Mark *nt*; ~ **de tomate** passierte Tomaten *f* 2. (*dos dedos*) Fingerkuppe *f*
poltrona *f* Sessel *m*
poluente *adj* umweltschädlich; **pouco** ~ umweltfreundlich
poluição *f* Verschmutzung *f*; ~ **do ar** Luftverschmutzung *f*; ~ **dos mares** Meeresverschmutzung *f*; ~ **dos rios** Flussverschmutzung *f*; ~ **sonora** Lärmbelästigung *f*
poluído *adj* verschmutzt, verseucht
poluir *vt* verschmutzen, verseuchen
polvilhar *vt* bestreuen (*com* mit)
polvo *m* Krake *m*

pólvora *f* Schießpulver *nt*
polvorosa *f* Hetze *f*; **estar em** ~ hetzen
pomada [puˈmadə] *f* (FARM) Salbe *f*; ~ **para queimaduras** Brandsalbe *f*; **aplicar uma** ~ eine Salbe auftragen
pomar *m* 1. (*quintal*) Obstgarten *m* 2. (*loja*) Obstgeschäft *nt*
pomba *f* Taube *f*; ~ **da paz** Friedenstaube *f*
pombal *m* Taubenschlag *m*
pombo *m* (*espécie*) Taube *f*; (*macho*) Tauber *m*, Täuberich *m*
pombo-correio *m* Brieftaube *f*
pompa *f* Pomp *m*, Prunk *m*; **com** ~ **e circunstância** mit großem Prunk
pompom *m* Pompon *m*
pomposo *adj* pompös, prunkvoll
ponche *m* Punsch *m*
poncheira *f* Punschkaraffe *f*
ponderação *f* 1. (*reflexão*) Überlegung *f* 2. (*avaliação*) Abwägen *nt*
ponderado *adj* überlegt
ponderar I. *vt* abwägen, prüfen II. *vi* nachdenken (*sobre* über)
pónei *m* Pony *nt*
ponta [ˈpɔ̃tə] *f* 1. (*bicuda*) Spitze *f*; ~ **do dedo** Fingerspitze *f*; **pôr-se nas** ~**s dos pés** sich auf die Zehenspitzen stellen; **até à** ~ **dos cabelos** bis zum Hals; **isso não tem** ~ **por onde se lhe pegue** das hat weder Hand noch Fuß; **tomar alguém de** ~ sich mit jdm anlegen 2. (*extremidade*) Ende *nt*; ~ **de cigarro** Zigarettenstummel *m*; **na outra** ~ **da cidade** am anderen Ende der Stadt; (*fig*) **de** ~ **a** ~ von einem Ende zum anderen 3. (*pouco*) Bisschen *nt*; **uma** ~ **de** ein bisschen
pontada [pɔ̃ˈtadə] *f* (*dor*) Stich *m*, stechende(r) Schmerz *m*
ponta-direita *m* (DESP) Rechtsaußen *m*
ponta-esquerda *m* (DESP) Linksaußen *m*
pontal *m* (GEOG) Landzunge *f*
pontão *m* kleine Brücke *f*, Steg *m*
pontapé *m* 1. (*geral*) Fußtritt *m*; **dar um** ~ **a alguém** jdm einen Fußtritt versetzen; **levar um** ~ einen Fußtritt bekommen 2. (DESP) Schuss *m*; ~ **de meta** Torschuss *m*; ~ **de saída** Anstoß *m*; **dar um** ~ **na bola** den Ball schießen
pontaria *f* Zielen *nt*; **fazer** ~ zielen; **ter boa** ~ gut zielen
ponte [ˈpɔ̃tə] *f* 1. (ARQ) Brücke *f*; ~ **aérea** Luftbrücke *f*; ~ **levadiça** Zugbrücke *f*; ~ **móvel** Hubbrücke *f*; ~ **pênsil/suspensa** Hän-

gebrücke *f* **2.** (NAÚT) Brückendeck *nt* **3.** (*de feriados*) Brückentag *m*, Fenstertag *m;* **fazer** ~ ein verlängertes Wochenende machen
pontear *vt* **1.** (*meias*) stopfen **2.** (MÚS) zupfen
ponteiro *m* Zeiger *m;* ~ **do relógio** Uhrzeiger *m*
pontiagudo *adj* spitz
pontífice *m* (REL) Bischof *m;* **Sumo** ~ Pontifex maximus *m*
pontinha *f* (*coloq: bocadinho*) Bisschen *nt;* **uma** ~ **de ciúmes** ein Anflug von Eifersucht
ponto ['põntu] *m* **1.** (*pinta, questão*) Punkt *m;* (*em dado*) Auge *nt;* ~ **crucial** Knackpunkt *m;* ~ **de ebulição** Siedepunkt *m;* ~ **de encontro** Treffpunkt *m;* (*automóvel*); ~ **morto** Leerlauf *m;* ~ **negro** Mitesser *m;* ~ **de partida** Ausgangspunkt *m;* ~ **de referência** Bezugspunkt *m*, Anhaltspunkt *m;* ~ **de vista** Standpunkt *m;* **o jogador marcou três ~s** der Spieler erzielte drei Punkte; **a situação chegou a tal** ~ **que ...** die Situation spitzte sich so zu, dass ...; **às cinco horas em** ~ um Punkt fünf Uhr; **pôr os ~s nos is** reinen Tisch machen **2.** (*tipografia; ponto final*) Punkt *m;* (*de pontuação*) Zeichen *nt;* ~ **de exclamação** Ausrufezeichen *nt;* ~ **de interrogação** Fragezeichen *nt;* ~ **e vírgula** Semikolon *nt*, Strichpunkt *m;* **dois ~s** Doppelpunkt *m* **3.** (*teste*) Klausur *f* **4.** (MED: *de costura*) Stich *m* **5.** (*brasil: de ônibus*) Haltestelle *f;* (*de táxi*) Taxistand *m* **6.** (*de caramelo*) Karamell *m;* (*açúcar*); **estar no** ~ karamellisieren; (*pessoa*) topfit sein; (*máquina*) Höchstleistungen bringen **7.** (*no teatro*) Souffleur, Souffleuse *m, f* **8.** (*coloq: pessoa*) Marke *f;* **ele/ela é um** ~! der/die ist eine Marke!
pontuação *f* **1.** (LING) Zeichensetzung *f* **2.** (DESP) Bewertung *f*
pontual [põn'twal] *adj* **1.** (*pessoa*) pünktlich **2.** (*situação*) punktuell; **caso** ~ Einzelfall *m*
pontualidade *f* Pünktlichkeit *f*
pontuar *vt* (*frase, texto*) mit Satzzeichen versehen
pop [pɔp] *m* (MÚS) Popmusik *f*
popa *f* (NAÚT) Heck *nt*
popelina *f* Popeline *f*
popó *m* (*coloq*) Auto *nt*
população *f* **1.** (*pessoas*) Bevölkerung *f* **2.** (*em estatística*) Grundgesamtheit *f*

populacional *adj* Bevölkerungs ...
popular [pupu'lar] *adj* **1.** (*do povo*) Volks ... **2.** (*estimado*) populär, beliebt
popularidade *f* Popularität *f*, Beliebtheit *f*
populoso *adj* dicht bevölkert
póquer *m* Poker *nt*
por [pur] *prep* **1.** (*local*) durch; (*em viagem*) über; **eu vou pelo jardim** ich gehe durch den Garten; **passamos** ~ **Lisboa** wir fahren über Lissabon; **passear pela cidade** durch die Stadt spazieren; ~ **terra/mar** auf dem Landweg/Seeweg; ~ **fora** (von) außen; ~ **dentro** (von) innen **2.** (*temporal; aproximadamente*) um, gegen; (*durante*) für; **pelo dia 20 de Maio** um den zwanzigsten Mai herum; **pelas 3 horas da tarde** gegen 3 Uhr nachmittags; **pela manhã/noitinha** gegen Morgen/Abend; ~ **hoje** für heute; ~ **dois anos** für zwei Jahre; ~ **enquanto** vorläufig; ~ **pouco tempo** für kurze Zeit; ~ **vezes** hin und wieder **3.** (*preço*) für; **comprei este livro** ~ **20 euros** ich habe dieses Buch für 20 Euro gekauft **4.** (*distribuição*) pro; **10 euros** ~ **pessoa** 10 Euro pro Person; **10 metros** ~ **segundo** 10 Meter pro Sekunde; **30 horas** ~ **mês** 30 Stunden im Monat; **uma vez** ~ **semana** einmal in der Woche; **20** ~ **cento** 20 von Hundert, 20 Prozent **5.** (*motivo*) wegen, aus; ~ **necessidade/doença** aus Not/wegen Krankheit; ~ **razões pessoais** aus persönlichen Gründen; ~ **isso** deshalb, deswegen; ~ **exemplo** zum Beispiel; ~ **acaso** zufällig; **ela fez isso** ~ **mim/ti** sie hat das mir/dir zuliebe getan; **cá** ~ **mim** von mir aus **6.** (*pessoa*) von; (*através de*) durch; **este quadro foi pintado** ~ **mim/ti** dieses Bild wurde von mir/dir gemalt; **a cidade foi destruída** ~ **um tremor de terra** die Stadt ist durch ein Erdbeben zerstört worden **7.** (MAT) **multiplicar** ~ **dez** mit zehn multiplizieren; **dividir** ~ **dez** durch zehn teilen **8.** (*modo*) per; ~ **escrito** schriftlich; ~ **medida** nach Maß; (*correio*); ~ **via aérea** per Luftpost; **um** ~ **um** einer nach dem anderen **9.** (*troca*) gegen; **trocar um livro** ~ **um quadro** ein Buch gegen ein Bild eintauschen **10.** (*concessivo*) obwohl; ~ (**mais**) **fácil que pareça** obwohl es so leicht erscheint, so leicht es auch scheint **11.** + *inf* **isso** (**ainda**) **está** ~ **fazer** das muss noch gemacht werden; **isso** (**ainda**) **está** ~ **dizer** das muss noch gesagt werden

P

pôr I. *vt* 1. (*colocar*) stellen, legen; (*inserir*) hineintun; (*pendurar*) hängen; ~ **açúcar** Zucker hineintun; ~ **à venda** verkaufen; ~ **em liberdade** freilassen; ~ **fora** wegwerfen; ~ **na rua** hinauswerfen; ~ **em perigo** in Gefahr bringen; (*som*) ~ **mais alto/baixo** lauter/leiser stellen; **onde é que puseste o meu chapéu?** wo hast du meinen Hut hingelegt?; **põe o vestido no armário/a mala no carro** häng das Kleid in den Schrank/leg den Koffer ins Auto 2. (*roupa, sapatos*) anziehen; (*óculos, chapéu*) aufsetzen 3. (*a mesa*) decken 4. (*um anúncio*) aufgeben 5. (*um ovo*) legen 6. (*um problema, uma dúvida*) darlegen; ~ **dificuldades** Schwierigkeiten bereiten; ~ **a. c. em dúvida** etw in Zweifel ziehen 7. (*maquilhagem*) auflegen II. *vr* 1. (*posição*) sich stellen; ~**-se de pé** aufstehen; ~**-se de joelhos** (sich) hinknien; ~**-se à vontade** es sich bequem machen +*dat* 2. (*acção*) ~**-se a fazer a. c.** mit etw beginnen; **ela põe-se a escrever a carta** sie beginnt damit, den Brief zu schreiben; ~**-se a rir/chorar** anfangen zu lachen/weinen; ~**-se em fuga** fliehen; ~**-se bonito** sich schön machen 3. (*sol*) untergehen

porão *m* 1. (*cave*) Souterrain *nt*, Kellergeschoss *nt* 2. (NAÚT) Laderaum *m*

porca *f* 1. (*para parafuso*) Mutter *f* 2. (ZOOL) Sau *f*

porcalhão, -ona I. *m, f* Dreckschwein *m*, Schmutzfink *m* II. *adj* dreckig, schweinisch

porção *f* 1. (*parte*) Portion *f* 2. (*grande quantidade*) Haufen *m;* **uma ~ de gente** ein Haufen Leute

porcaria *f* 1. (*sujidade*) Dreck *m*, Schweinerei *f* 2. (*insignificância*) Dreck *m*

porcelana [pursǝ'lɐnɐ] *f* Porzellan *nt*

porcentagem *f* (*brasil*) Prozentsatz *m*

porco ['porku] I. *m* (ZOOL) Schwein *nt* II. *adj* (*pessoa*) dreckig; (*lugar*) dreckig, versifft

porco-espinho *m* (ZOOL) Stachelschwein *nt*

pôr-do-sol *m* Sonnenuntergang *m;* **ao ~** bei Sonnenuntergang

porém [pu'rɐ̃i] *m(f)* jedoch

porfia *adv* à ~ um die Wette

pormenor *m* Einzelheit *f*, Detail *nt;* **em ~** im Einzelnen; **com todos os ~es** in allen Einzelheiten, detailliert; **entrar em ~es** ins Detail gehen

pormenorizado *adj* detailliert

pornografia *f* Pornografie *f*

pornográfico *adj* pornografisch

poro *m* Pore *f*

poroso *adj* porös

porquanto *konj* da

porque ['purkǝ] I. *prep* weil, da; **eu vou de avião ~ é mais rápido** ich fliege, weil es schneller geht; **por que é que dizes/não dizes isso?** - ~ **sim/não** warum sagst du das/das nicht? - weil ich es will/ich nicht will; (*coloq*) warum sagst du das/das nicht? - darum II. *adv* warum

porquê [pur'ke] I. *m* Grund *m* II. *pron interr* warum

porquinho-da-índia *m* Meerschweinchen *nt*

porra *interj* (*impaciência*) ~! verdammt (nochmal)!; (*admiração*) boh!, super!

porrada *f* 1. (*coloq: sova*) Prügel *pl*, Dresche *f;* **apanhar ~** Prügel kriegen, verdroschen werden; **dar ~ em alguém** jdn verdreschen 2. (*coloq: grande quantidade*) Masse *f;* **uma ~ de livros** massig Bücher

porre *m* (*coloq brasil*) Rausch *m;* **estar de ~** einen sitzen haben

porreiro *adj* (*coloq*) cool, stark

porreta *adj* (*brasil*) v. **porreiro**

porta ['pɔrtǝ] *f* Tür *f;* ~ **de correr** Schiebetür *f;* ~ **dianteira** Vordertür *f;* ~ **de entrada** Eingang *m;* ~ **giratória** Drehtür *f;* ~ **da rua** Haustür *f;* ~ **de saída** Ausgang *m;* ~ **traseira** Hintertür *f;* **as ~s da cidade** die Stadttore; **bater à** ~ an die Tür klopfen; **estar à** ~ vor der Tür stehen; **à ~ fechada** hinter verschlossenen Türen; **ser surdo como uma ~** stocktaub sein; **estar às ~s da morte** im Sterben liegen

porta-aviões *m* Flugzeugträger *m*

porta-bagagem *m* (*automóvel*) Kofferraum *m;* (*bicicleta*) Gepäckträger *m*

portada *f* (*de janela*) Fensterladen *m*

portador(a) *m(f)* (*de documento*) Inhaber, Inhaberin *m, f*

porta-estandarte *m(f)* Fahnenträger, Fahnenträgerin *m, f*

portagem [pur'taʒɐ̃i] *f* 1. (*em auto-estrada*) Autobahngebühr *f;* (*em ponte*) Transitgebühr *f;* (*österr*) Mautgebühr *f* 2. (*local*) Zahlstelle *f;* (*österr*) Maut *f*

porta-jóias *m* Schmuckkasten *m*

portal [pur'tal] *m* Portal *nt*

porta-lápis *m* Federmäppchen *nt*

portaló *m* (NAÚT) Gangway *f*

porta-luvas *m* Handschuhfach *nt*

porta-malas *m* (*brasil*) *v.* **porta-bagagem**

porta-moedas *m* Portmonee *nt,* Geldbeutel *m*

portanto [pur'tãntu] *konj* **1.** (*então*) also, folglich **2.** (*por isso*) deshalb, deswegen

portão [pur'tãu] *m* Tor *nt,* Pforte *f*

portaria *f* **1.** (*de edifício*) Eingangshalle *f* **2.** (*do governo*) Ministerialerlass *m*

portar-se *vr* sich benehmen, sich betragen; ~ **bem/mal** sich gut/schlecht benehmen

portátil *adj* tragbar

porta-voz *m/f* Sprecher, Sprecherin *m, f* (*de*)

porte ['pɔrtə] *m* **1.** (*frete*) Fracht *f* **2.** (*taxa*) Porto *nt;* ~ **pago** Gebühr bezahlt **3.** (*envergadura*) Größe *f;* (*de pessoa*) Körperbau *m;* **de grande** ~ groß

porteiro, -a *m, f* (*de edifício, hotel*) Portier *m;* (*de empresa*) Pförtner, Pförtnerin *m, f;* (*de bar, discoteca*) Türsteher, Türsteherin *m, f;* (*brasil*); ~ **eletrônico** Videoüberwachung *f*

pórtico *m* **1.** (ARQ) Säulengang *m* **2.** (*de carga*) Containerbrücke *f,* Ladebrücke *f*

porto ['portu] *m* **1.** (*de navios*) Hafen *m;* ~ **de mar** Seehafen *m;* ~ **fluvial** Binnenhafen *m* **2.** (*vinho do Porto*) Portwein *m*

Porto *m* Porto *nt*

Porto Rico *m* Puerto Rico *nt*

porto-riquenho, -a **I.** *m, f* Puerto-Ricaner, Puerto-Ricanerin *m, f* **II.** *adj* puerto-ricanisch

portuário *adj* Hafen ...

portuense **I.** *m/f* Portuenser, Portuenserin *m, f* **II.** *adj* aus Porto

Portugal [purtu'gal] *m* Portugal *nt*

português, -esa [purtu'geʃ] **I.** *m, f* Portugiese, Portugiesin *m, f* **II.** *adj* portugiesisch

porventura *adv* **1.** (*por acaso*) zufällig; **se** ~ **vir o meu gato, diga-me** falls Sie zufällig meine Katze sehen, sagen Sie mir bitte Bescheid **2.** (*talvez, possivelmente*) etwa, vielleicht; ~ **achas que eu faria isso?** meinst du etwa, das würde ich tun?

posar *vi* posieren (*para* für)

pós-data *f* Nachdatierung *f;* **o documento tem uma** ~ das Dokument ist nachdatiert

pose *f* Pose *f*

pós-graduação *f* Postgraduierung *f*

pós-graduado, -a *m, f* Postgraduierte

pós-guerra *m* Nachkriegszeit *f*

posição *f* **1.** (*colocação, situação*) Position *f,* Stellung *f;* ~ **social** gesellschaftliche Stellung **2.** (*opinião*) Einstellung *f,* Position *f*

posicionar *vt* positionieren, in eine bestimmte Stellung bringen

positivismo *m* (FIL) Positivismus *m*

positivo [puzi'tivu] **I.** *m* (FOT) Positiv *nt;* (LING) Positiv *m* **II.** *adj* positiv

pós-moderno *adj* postmodern

pós-morte *m* Leben *nt* nach dem Tod

pós-natal *adj* postnatal, nachgeburtlich

posologia *f* (FARM) Dosierung *f*

possante *adj* **1.** (*poderoso*) mächtig **2.** (*forte*) kräftig

posse *f* Besitz *m;* **estar na** ~ **de alguém** in jds Besitz sein; **tomar** ~ **de a. c.** etw in Besitz nehmen; **tomar** ~ **dum cargo** ein Amt antreten

posses *fpl* Vermögen *nt;* (**não**) **ter muitas** ~ (nicht) sehr vermögend sein

possessivo *adj* **1.** (*pessoa*) besitzergreifend, possessiv **2.** (LING) possessiv; **pronome** ~ Possessivpronomen *nt*

possesso *adj* besessen (*por* von)

possibilidade [pusibəli'dadə] *f* **1.** (*que é possível*) Möglichkeit *f;* ~**s financeiras** finanzielle Möglichkeiten **2.** (*oportunidade*) Gelegenheit *f*

possibilitar *vt* ermöglichen

possível [pu'sivəl] **I.** *m* **o** ~ das Mögliche; **fazer os possíveis** (**e os impossíveis**) sein Möglichstes tun; **na medida do** ~ im Rahmen des Möglichen **II.** *adj* möglich; **o mais depressa** ~ so schnell wie möglich; **é** ~ **que ...** +*conj* es ist möglich, dass ...

possivelmente *adv* möglicherweise

possuído *adj* besessen (*por* von)

possuidor(a) *m/f* Besitzer, Besitzerin *m, f,* Inhaber, Inhaberin *m, f*

possuir *vt* besitzen

posta *f* Stück *nt;* (*fatia*) Scheibe *f;* (*fig*); **arrotar** ~**s de pescada** große Töne spucken

postal [puʃ'tal] **I.** *m* (*dos correios*) Postkarte *f;* (*de aniversário, natal*) Karte *f;* ~ **ilustrado** Ansichtskarte *f* **II.** *adj* Post ..., postalisch; **encomenda** ~ Postpaket *nt*

Das Wort "Karte" heißt auf portugiesisch **postal**. Sagen Sie also nicht **carta**, wenn Sie eine Karte wollen, sonst bekommen Sie einen Brief.

P

posta-restante *f* postlagernde(r) Brief *m*
poste *m* **1.** (ELECTR, TEL) Mast *m* **2.** (*da baliza*) Pfosten *m*
poster *m* Poster *nt*
posteridade *f* **1.** (*gerações futuras*) Nachwelt *f;* **ficar para a** ~ der Nachwelt erhalten bleiben **2.** (*futuro*) Zukunft *f*
posterior [puʃtə'rjor] *adj* **1.** (*no tempo*) nachfolgend, später; **ser** ~ **a a. c.** später als etw geschehen **2.** (*no espaço*) hintere(r, s)
posteriormente *adv* nachher, nachträglich
postiço *adj* (*dentadura*) künstlich, falsch; **cabelo** ~ Haarteil *nt*
postigo *m* Luke *f*, Fensterchen *nt*
posto ['poʃtu] **I.** *pp de* **pôr II.** *m* **1.** (*emprego*) Stelle *f;* ~ **de trabalho** Arbeitsplatz *m* **2.** (*da polícia*) Revier *nt*, Polizeiwache *f;* ~ **alfandegário** Zollstation *f*, Zollstelle *f;* ~ **de gasolina** Tankstelle *f;* ~ **de saúde** Ambulanz *f* **3.** (MIL) Posten *m* **III.** *adj* **1.** (*óculos, chapéu*) aufgesetzt **2.** (*sol*) untergegangen
postulado *m* (REL) Postulat *nt*
póstumo *adj* (*livro*) nachgelassen, postum; (*homenagem*) nachträglich, postum
postura *f* **1.** (*de corpo*) Körperhaltung *f*, Stellung *f* **2.** (*comportamento*) Haltung *f*, Verhalten *nt* **3.** (*opinião*) Einstellung *f;* **qual é a sua** ~ **em relação ao problema?** wie stehen Sie zu der Frage?
pós-venda *adj* **assistência/serviço** ~ Kundendienst *m*
potássio *m* (QUÍM) Kalium *nt*
potável [pu'tavɜl] *adj* trinkbar; **água** ~ Trinkwasser *nt*
pote *m* Gefäß *nt*, Topf *m;* (*bacio*) Nachttopf *m;* (*coloq*); **chove a** ~**s** es gießt wie aus Kübeln
potência *f* **1.** (POL) Macht *f;* **grande** ~ Großmacht *f* **2.** (BIOL, MAT) Potenz *f;* **três elevado à quarta** ~ drei hoch vier **3.** (*de som*) Lautstärke *f* **4.** (*de motor*) Leistung *f*
potencial I. *m* (*capacidade*) Möglichkeiten *pl*, Potenzial *nt;* (ELECTR) Spannung *f* **II.** *adj* möglich, potenziell; **um** ~ **assassino** ein potenzieller Mörder
potencialidade *f* (TÉC) Leistungsfähigkeit *f*
potenciar *vt* (MAT) zur Potenz erheben, potenzieren
potente *adj* **1.** (*forte*) mächtig; (*som*) laut **2.** (*motor*) leistungsfähig, stark **3.** (BIOL) potent

potro *m* (ZOOL) Fohlen *nt*
poucachinho I. *m* (*coloq*) kleine(s) bisschen *nt*, Klacks *m* **II.** *adv* (*coloq*) fast nichts
pouca-vergonha *f* (*coloq*) Schande *f;* **isto é uma** ~! das ist eine Schande!
pouco ['poku] **I.** *m* Wenige *nt*, Bisschen *nt;* **um** ~ **de** ein bisschen; ~ **a** ~ nach und nach; **por** ~ fast; **o** ~ **que eu sei não é suficiente** das wenige, das ich weiß, genügt nicht; **espera um** ~! warte ein bisschen! **II.** *adj* wenig; **há** ~ (**tempo**) vor kurzem; **poucas vezes** wenige Male; **poucas pessoas** ein paar Leute; **eu tenho** ~ **tempo** ich habe wenig Zeit **III.** *adv* wenig; **ele sabe** ~ **de matemática** er hat nicht viel Ahnung von Mathematik; **ela lê muito** ~ sie liest sehr wenig; **gostar** ~ **de alguém/a. c.** jdn/etw nicht sehr gern mögen **IV.** *pron indef* wenig; **uns** ~**s de dias** ein paar Tage; ~**s acham isso** wenige meinen das; **ter** ~ **que fazer** wenig zu tun haben
poucochinho *adv* (*coloq*) *v.* **poucachinho**
poupa *f* **1.** (*no cabelo*) Schwanz *m* **2.** (*de penas*) Federbusch *m* **3.** (ZOOL) Wiedehopf *m*
poupado *adj* sparsam
poupança *f* Sparen *nt* (*de* von); ~ **de energia** Energiesparen *nt*
poupanças *fpl* Ersparnisse *pl*
poupar I. *vt* (*dinheiro, energia*) sparen; (*máquina, roupa*) schonen; (*coisa desagradável*) ersparen; ~ **a. c. a alguém/alguém de a. c.** jdm etw ersparen **II.** *vi* sparen
pouquinho I. *m* Bisschen *nt* **II.** *adv* (sehr) wenig, ein bisschen
pouquíssimo *adv* kaum etwas, sehr wenig
pousada *f* Hotel *nt;* ~ **da juventude** Jugendherberge *f*

Pousadas sind staatlich-private, sehr gut geführte Hotels in besonders schönen Gegenden Portugals. Oft sind sie in historischen Gebäuden untergebracht. Allgemein ist das Preisniveau nicht viel niedriger als bei Ihnen zu Hause. In der Hochsaison sind die Preise sogar ziemlich hoch.

pousado *adj* **estar** ~ liegen
pousar I. *vt* legen (*em* auf); (*pôr*) stellen (*em* auf); (*o auscultador*) auflegen; **podes** ~ **a mala** (**aí**) du kannst den Koffer (dort) hinstel-

len **II.** *vi* (*avião*) aufsetzen; (*ave*) landen

pousio *m* **1.** (AGR: *terreno*) Brachland *nt* **2.** (AGR: *processo*) Brache *f;* **estar de** ~ brachliegen

pouso *m* Aufenthaltsort *m;* **não ter** ~ **certo** keinen festen Wohnsitz haben

povinho *m* (*pej*) (einfaches) Volk *nt*

povo ['povu] *m* Volk *nt*

povoação [puvwe'sãu] *f* Ort *m,* Ortschaft *f*

povoado I. *m* Ortschaft *f* **II.** *adj* bevölkert

povoar *vt* bevölkern, besiedeln

p.p. *abrev de* **por procuração** i. A. (= *im Auftrag*)

pra *m(f)* [*coloq*] *v.* **para**

praça ['prase] *f* **1.** (*largo*) Platz *m;* ~ **de táxis** Taxistand *m;* ~ **de touros** Stierkampfarena *f* **2.** (*mercado*) Markt *m* **3.** (*leilão*) Versteigerung *f,* Auktion *f*

praceta *f* kleine(r) Platz *m*

pradaria *f* (GEOG) Prärie *f*

prado ['pradu] *m* Wiese *f*

praga *f* **1.** (*peste*) Plage *f* **2.** (*maldição*) Fluch *m;* **rogar** ~**s a alguém** jdn verfluchen

pragmático *adj* pragmatisch

praguejar *vi* fluchen (*contra* über)

praia ['praje] *f* Strand *m;* **na** ~ am Strand; **ir à** ~ an den Strand gehen

prancha *f* **1.** (*tábua*) Brett *nt;* ~ **de surf** Surfbrett *nt* **2.** (*na piscina*) Sprungbrett *nt*

prancheta *f* **1.** (*ripa*) Latte *f* **2.** (*de desenho*) Zeichenbrett *nt*

pranto *m* **1.** (*choro*) Weinen *nt* **2.** (*queixume*) Klage *f*

prata ['prate] *f* Silber *nt;* **de** ~ silbern; **as** ~**s** die Silbergegenstände; (*louça*) das Silbergeschirr; (*talheres*) das Silberbesteck, das Tafelsilber

pratada *f* Teller *m;* **uma** ~ **de arroz** ein Teller Reis

prateado [pre'tjadu] *adj* silberfarben, silbern

prateleira *f* (*na parede*) Bord *nt;* (*em estante*) Regalbrett *nt*

prática *f* Praxis *f;* **na** ~ in der Praxis; **ter muita/pouca** ~ **em a. c.** viel/wenig Praxis in etw haben; (*um plano*) **pôr em** ~ in die Tat umsetzen, durchführen; (*um método*) praktizieren; (*conhecimentos*) anwenden

praticamente *adv* praktisch

praticante I. *m(f)* (*de uma actividade*) Tätige, Ausübende; (*de desporto*) Aktive; (*de uma teoria*) Anwender, Anwenderin *m, f* **II.**

adj (*de uma actividade*) praktizierend, ausübend; (*de desporto*) aktiv; **católico** ~/**não** ~ praktizierender/nicht praktizierender Katholik

praticar [preti'kar] **I.** *vt* (*uma actividade*) ausüben; (*um desporto*) treiben; (*exercitar*) üben **II.** *vi* üben

praticável *adj* machbar; (*plano*) durchführbar

prático, -a ['pratiku] **I.** *m, f* Praktiker, Praktikerin *m, f* **II.** *adj* (*pessoa, objecto*) praktisch

prato ['pratu] *m* **1.** (*louça*) Teller *m;* ~ **ladeiro** flacher Teller; ~ **de sopa** Suppenteller *m;* ~ **de sobremesa** Kuchenteller *m* **2.** (*em refeição*) Gang *m;* ~ **de carne** Fleischgang *m;* ~ **de peixe** Fischgang *m* **3.** (*comida*) Gericht *nt;* **um** ~ **típico** ein typisches Gericht **4.** (*de balança*) Waagschale *f* **5.** (*de gira-discos*) Plattenteller *m*

Wer in Brasilien preiswert und gut essen möchte, sollte mittags in ein kleineres Restaurant gehen, in dem **prato do dia** oder **prato comercial** (Mittagsmenüs) angeboten werden. Dieses Essen reicht oft sogar für eine zweite Person. Die Frage eines Gastes "Reicht das Essen für zwei Personen?" hat in Brasilien nichts mit Geiz zu tun. Auch die Brasilianer stellen sie. Tatsache ist, dass in den meisten Fällen das Essen so ausgiebig ist, dass es für zwei Personen reicht.

pratos *mpl* (MÚS) Becken *nt*

praxar *vt* (*coloq*) den Initiationsriten unterziehen

praxe *f* **1.** (*costume*) Brauch *m;* **ser da** ~ üblich sein; **isso não é da** ~ das ist nicht üblich **2.** (*em universidade, empresa*) Initiationsriten für Erstsemester bzw. neueingestellte Arbeiter und Angestellte

prazenteiro *adj* angenehm

prazer [pre'zer] **I.** *m* Vergnügen *nt,* Freude *f;* **com muito** ~! sehr gern!; **muito** ~! angenehm!; **muito** ~ **em conhecê-lo!** ich freue mich, Sie kennen zu lernen! **II.** *vi* (*elev*) gefallen

prazo *m* Frist *f;* ~ **de entrega** Lieferfrist *f;* **a curto** ~ kurzfristig; **a médio** ~ mittelfristig; **a longo** ~ langfristig; **no** ~ **de três dias** innerhalb von drei Tagen; **ter dinheiro a** ~ Geld festgelegt haben

P

pré-aviso *m* Vorwarnung *f;* **sem** ~ ohne Vorwarnung

precário *adj* prekär, ungewiss

preçário *m* Preisliste *f*

precatado *adj* vorsichtig

precaução *f* 1. (*medida de prevenção*) Vorsichtsmaßnahme *f;* **tomar** (**as devidas**) **precauções** (die notwendigen) Vorkehrungen treffen; (*anticoncepção*) verhüten 2. (*cautela*) Vorsicht *f;* **por** ~ vorsichtshalber

precaver I. *vt* warnen (*de* vor) II. *vr* sich schützen (*de* vor, *contra* gegen)

precavido *adj* 1. (*prevenido*) vorgewarnt, gewarnt 2. (*prudente*) vorsichtig

prece *f* Gebet *nt*

precedência *f* Vorrang *m;* **ter** ~ Vorrang haben, vorrangig sein

precedente I. *m* Präzedenzfall *m;* **sem** ~**s** beispiellos II. *adj* vorhergehend

preceder *vt* 1. (*no espaço*) gehen vor, vorangehen; **o artigo precede o substantivo** der Artikel steht vor dem Substantiv 2. (*no tempo*) kommen vor; **o Verão precede o Outono** der Sommer kommt vor dem Herbst

precedido *adj* ~ **de** adjectivo mit vorhergehendem Adjektiv

preceito *m* Vorschrift *f,* Regel *f;* **fazer a. c. a** ~ etw vorschriftsmäßig machen

preciosidade *f* Kostbarkeit *f*

preciosismo *m* (*pej*) Affektiertheit *f,* Geziertheit *f*

precioso *adj* kostbar, wertvoll

precipício *m* Abgrund *m*

precipitação *f* 1. (*queda*) Sturz *m;* (*de avião*) Absturz *m* 2. (*pressa*) Überstürzung *f,* Hast *f;* **com** ~ hastig, überstürzt 3. (METEO) Niederschlag *m*

precipitadamente *adv* überstürzt

precipitado *adj* 1. (*acto*) überstürzt, unüberlegt 2. (*pessoa*) hastig, vorschnell

precipitar I. *vt* (*decisão, acontecimentos*) überstürzen II. *vr* 1. (*cair*) stürzen; (*avião*) abstürzen 2. (*atirar-se*) sich stürzen (*contra* auf) 3. (*agir irreflectidamente*) überstürzt handeln; **não te precipites!** überstürz nichts! 4. (*acontecimentos*) sich überstürzen

precisamente *adv* genau; **mais** ~ und zwar, genauer gesagt

precisão *f* Genauigkeit *f,* Präzision *f*

precisar [prəsi'zar] I. *vt* genau angeben, präzisieren II. *vi* (*necessitar*) ~ **de** brauchen, benötigen; (*ter de*) müssen; **ela não precisa**

de viver na cidade sie braucht nicht in der Stadt zu wohnen; **eu preciso de trabalhar** ich muss arbeiten; **tu precisas de um passaporte para sair do país** du brauchst einen Pass, um das Land zu verlassen; **eu preciso que me tragas os papéis** du musst mir die Papiere bringen; **não precisas de ir lá, podes telefonar** du musst nicht dorthin gehen, du kannst anrufen

preciso [prə'sizu] *adj* 1. (*necessário*) nötig, notwendig; **é** ~ **trabalhar** man muss arbeiten; **ainda é** ~ **limpar a casa** das Haus muss noch geputzt werden 2. (*exacto*) genau; (*claro*) deutlich; **neste** ~ **momento** genau in diesem Moment

preço ['presu] *m* Preis *m;* ~ **de custo** Selbstkostenpreis *m;* ~ **de fábrica** Herstellerpreis *m,* Erzeugerpreis *m;* ~ **fixo** Festpreis *m;* **qual é o** ~ **disto?** was kostet das?; **a que** ~ **estão as maçãs?** wie teuer sind die Äpfel?; **ao** ~ **da chuva** spottbillig

precoce *adj* 1. (*criança*) frühreif 2. (*decisão*) verfrüht

preconcebido *adj* vorgefasst; **ideias preconcebidas** Vorurteile *pl*

preconceito *m* Vorurteil *nt* (*contra* gegen)

preconizar *vt* 1. (*louvar*) anpreisen, rühmen 2. (*recomendar*) empfehlen

pré-cozinhado *m* Fertiggericht *nt*

precursor(**a**) *m(f)* Wegbereiter, Wegbereiterin *m, f,* Pionier, Pionierin *m, f*

predador *m* (ZOOL) Raubtier *nt*

pré-datado *adj* (*documento*) vordatiert

predecessor(**a**) *m(f)* Vorgänger, Vorgängerin *m, f*

predestinado *adj* 1. (*futuro*) vorherbestimmt 2. (*pessoa*) geschaffen (*para* für)

predestinar *vt* vorherbestimmen, prädestinieren

predicado *m* (LING) Prädikat *nt*

predição *f* Vorhersage *f*

predicativo *adj* (LING) prädikativ; **nome** ~ Prädikatsnomen *nt*

predileção *f* (*brasil*) v. **predilecção**

predilecção *f* Vorliebe *f;* **o desporto da minha** ~ mein Lieblingssport

predilecto, -a I. *m, f* Liebling *m* II. *adj* bevorzugt, Lieblings ...; **livro** ~ Lieblingsbuch *nt*

predileto, -a *adj* (*brasil*) v. **predilecto**

prédio *m* Gebäude *nt;* (*de habitação*) Wohnblock *m;* ~ **de apartamentos** Apartmenthaus *nt*

predispor-se *vr* sich einstellen (*a* auf)

predisposição *f* Neigung *f* (*para* zu), Veranlagung *f* (*para* zu)

predisposto *adj* vorbereitet (*a* auf), gefasst (*a* auf)

predizer *vt* voraussagen, vorhersagen

predominância *f v.* **predomínio**

predominante *adj* vorherrschend, überwiegend

predominantemente *adv* vorrangig

predominar *vi* vorherrschen, überwiegen

predomínio *m* 1. (*poder*) Vorherrschaft *f* 2. (*preponderância*) Übergewicht *nt* 3. (*superioridade*) Überlegenheit *f*

preencher [prjẽ'ʃer] *vt* 1. (*um impresso, um espaço*) ausfüllen 2. (*uma vaga, um cargo*) besetzen 3. (*um requisito*) erfüllen 4. (*o tempo*) füllen

preenchimento *m* 1. (*de impresso*) Ausfüllen *nt* 2. (*de vaga*) Besetzung *f*

preestabelecer *vt* vorher festsetzen, im Voraus bestimmen

preestabelecido *adj* im Voraus festgesetzt

preexistência *f* vorherige(s) Vorhandensein *nt*

preexistente *adj* vorher bestehend

pré-fabricado *adj* vorgefertigt; **casa pré-fabricada** Fertighaus *nt*

prefácio *m* Vorwort *nt*

prefeito, -a *m, f* (*brasil*) Bürgermeister, Bürgermeisterin *m, f*

prefeitura *f* (*brasil*) Stadtverwaltung *f*

preferência *f* 1. (*predilecção*) Vorliebe *f* 2. (*primazia*) Vorzug *m;* **de** ~ vorzugsweise; (*coloq*) am liebsten; **ter** ~ **por alguém/a. c.** jdm/etw den Vorzug geben, jdn/etw bevorzugen

preferido *adj* Lieblings ..., bevorzugt; **o meu livro** ~ mein Lieblingsbuch

preferir [prəfə'rir] *vt* vorziehen, lieber mögen; **eu prefiro** (**beber**) **café a** (**beber**) **chá** ich trinke lieber Kaffee als Tee; **ele preferiu ficar em casa** er zog es vor, zu Hause zu bleiben; **eu prefiro esta casa** ich ziehe dieses Haus vor

preferível *adj* vorzuziehen, besser; **é** ~ **não irmos hoje** es ist besser, wenn wir nicht heute fahren

prefixo [pre'fiksu] *m* 1. (LING) Präfix *nt* 2. (TEL: *brasil*) Vorwahl *f*

prega *f* Falte *f*

pregador(**a**)[1] *m(f)* Prediger, Predigerin *m, f*

pregador[2] *m* (*brasil*) Klammer *f*

pregão *m* öffentliche(r) Ausruf *m*

pregar[1] *vt* 1. (*um prego*) einschlagen (*a/em* in), schlagen in; (*uma tábua*) annageln (*a/em* an), nageln an/auf 2. (*um botão*) annähen 3. (*os olhos*) heften (*em* auf) 4. (*soco, bofetada*) versetzen; ~ **uma rasteira a alguém** jdm ein Bein stellen; ~ **um susto a alguém** jdm einen Schreck einjagen

pregar[2] *vi* predigen

prego ['prɛgu] *m* 1. (*de metal*) Nagel *m;* **pregar um** ~ einen Nagel einschlagen 2. (CUL) Beefsteak *nt;* ~ **em pão** Beefsteaksandwich *nt;* ~ **em prato** Beefsteak mit Spiegelei, gekochtem Schinken und Pommes frites 3. (*coloq: casa de penhores*) Leihhaus *nt,* Pfandhaus *nt;* **pôr a. c. no** ~ etw ins Leihhaus bringen

preguiça *f* 1. (*moleza*) Faulheit *f,* Trägheit *f;* **estar com/ter** ~ faul sein; **estar com/ter** ~ **de fazer a. c.** zu faul sein, etw zu tun 2. (ZOOL) Faultier *nt*

preguiçar [prəgi'sar] *vi* faulenzen

preguiçoso I. *m* Faulpelz *m,* Faulenzer, Faulenzerin *m, f* II. *adj* faul

pré-história *f* Vorgeschichte *f,* Prähistorie *f*

pré-histórico *adj* vorgeschichtlich, prähistorisch

preia-mar *f* Flut *f*

prejudicado, -a I. *m, f* Geschädigte II. *adj* 1. (*pessoa*) geschädigt 2. (*saúde*) ruiniert; (*ambiente*) belastet

prejudicar I. *vt* (*uma pessoa*) schaden, schädigen; (*a saúde*) schaden; (*o ambiente*) belasten, schaden; (*o trabalho*) beeinträchtigen II. *vr* sich schaden + *dat* (*com* mit)

prejudicial *adj* schädlich (*a/para* für); ~ **à saúde** gesundheitsschädlich; ~ **para o ambiente** umweltschädlich, umweltbelastend

prejuízo [prə'ʒwizu] *m* 1. (*dano*) Schaden *m;* **ter** ~ **com a. c.** durch etw Schaden erleiden; **sofrer um** ~ **de 200 euros** einen Schaden von 200 Euro erleiden 2. (*perda*) Verlust *m;* **dar** ~ ein Verlustgeschäft sein

preliminar *adj* einleitend

preliminares *mpl* 1. (*preparativos*) Vorverhandlungen *pl* 2. (*sexualidade*) Vorspiel *nt*

prelúdio *m* 1. (MÚS: *da composição*) Präludium *nt* 2. (MÚS: *para ensaiar*) Einstimmen *nt*

prematuro *adj* 1. (*parto*) Früh ...; **bebé** ~

P

Frühgeburt *f;* **o parto foi** ~ es war eine Frühgeburt **2.** (*decisão*) frühzeitig, verfrüht

premeditadamente *adv* vorsätzlich

premeditado *adj* vorsätzlich

premeditar *vt* vorher überlegen; (*crime*) vorsätzlich planen

premente *adj* dringend, drängend; **um assunto** ~ eine dringende Angelegenheit

premiado, -a I. *m, f* Preisträger, Preisträgerin *m, f;* (*lotaria, loto*) Gewinner, Gewinnerin *m, f* II. *adj* (*pessoa*) preisgekrönt, ausgezeichnet (*com* mit); **bilhete** ~ Gewinn *m,* Treffer *m*

premiar *vt* **1.** (*obra, autor*) mit einem Preis auszeichnen, prämieren **2.** (*recompensar*) belohnen (*com* mit)

prémio *m* **1.** (*de concurso*) Preis *m;* ~ **Nobel** Nobelpreis *m;* (*pessoa*) Nobelpreisträger *m* **2.** (*de seguro*) Prämie *f* **3.** (*recompensa*) Belohnung *f* **4.** (*da lotaria*) Gewinn *m*

premir *vt* drücken

premissa *f* Voraussetzung *f,* Prämisse *f*

premonitório *adj* vorwarnend

pré-montagem *f* Vormontage *f*

premunição *f* Vorahnung *f,* Vorgefühl *nt*

pré-natal *adj* vorgeburtlich, pränatal

prenda *f* Geschenk *nt;* **dar uma** ~ **a alguém** jdm ein Geschenk machen

prendado *adj* fähig

prendedor *m* (*brasil: da roupa*) Wäscheklammer *f*

prender [prɛn'der] I. *vt* **1.** (*fixar*) befestigen **2.** (*atar*) festbinden, anbinden; (*o cabelo*) zusammenbinden **3.** (*um ladrão*) festnehmen, verhaften **4.** (*em casa, numa sala*) einsperren **5.** (*fig: unir*) verbinden; **já nada me prende aqui** hier hält mich nichts mehr **6.** (*fig: cativar*) fesseln II. *vi* (*ficar preso*) klemmen III. *vr* **1.** (*compromisso*) sich binden (*a* an) **2.** (*entrave*) sich abhalten lassen, sich zurückhalten lassen; **não te prendas por minha causa** lass dich von mir nicht davon abhalten

prenhe *adj* (ZOOL) trächtig

prensa *f* Presse *f;* (*para sande*) Sandwichautomat *m*

prensado *adj* gepresst

prensar *vt* pressen; (*sande*) zusammenpressen

prenúncio *m* Anzeichen *nt*

preocupação *f* Sorge *f,* Besorgnis *f*

preocupado *adj* besorgt; **estar** ~ **com alguém/a. c.** sich um jdn/etw Sorgen machen +*dat*

preocupante *adj* Besorgnis erregend

preocupar I. *vt* beunruhigen, Sorgen machen II. *vr* sich Sorgen machen +*dat* (*com* um); **não te preocupes!** mach dir keine Sorgen!

pré-pagamento *m* Vorauskasse *f*

preparação *f* Vorbereitung *f;* (*de comida*) Zubereitung *f;* **não ter** ~ **para a. c.** auf etw nicht vorbereitet sein

preparado I. *m* Präparat *nt* II. *adj* vorbereitet (*para* auf); **ter a. c. preparada para alguém** etw für jdn bereithalten

preparar [prəpə'rar] I. *vt* (*arranjar*) vorbereiten (*para* für); (*comida*) zubereiten; (*um banho*) bereiten; (*uma pessoa*) vorbereiten (*para* auf); (FARM, CHEM) herstellen; (*uma matéria, aula*) vorbereiten; (*pedra, madeira, tecido*) präparieren II. *vr* sich vorbereiten (*para* auf); **prepara-te!** mach dich auf etwas gefasst!

preparativos *mpl* Vorbereitungen *pl* (*para* für)

preparatório *adj* vorbereitend, Vorbereitungs ...

preparo *m* Vorbereitung *f*

preponderância *f* Übergewicht *nt;* (*predomínio*) Vorherrschaft *f*

preponderante *adj* überwiegend, vorwiegend; **ele desempenha um papel** ~ er spielt die führende Rolle

preposição *f* (LING) Präposition *f*

preposicional *adj* (LING) präpositional

prepotência *f* Übermacht *f*

prepotente *adj* übermächtig

prerrogativa *f* Vorrecht *nt,* Privileg *nt*

presa *f* Beute *f*

presbitério *m* Pfarrhaus *nt*

presbítero *m* Priester *m*

prescindir *vi* ~ **de** verzichten auf

prescindível *adj* entbehrlich

prescrever I. *vt* (*regra*) vorschreiben; (*um prazo*) bestimmen, festlegen; (*um medicamento*) verschreiben II. *vi* (DIR) verjähren

prescrição *f* **1.** (*disposição, regra*) Vorschrift *f* **2.** (DIR) Verjährung *f*

prescrito *pp de* **prescrever**

pre-seleção *f* (*brasil*) *v.* **pre-selecção**

pré-selecção *f* Vorauswahl *f*

presença *f* Anwesenheit *f,* Gegenwart *f;* ~ **de espírito** Geistesgegenwart *f;* ~ **obrigató-**

ria Anwesenheitspflicht *f;* **na ~ de alguém** in jds Gegenwart

presenciar *vt* **1.** (*assistir a*) beiwohnen, erleben **2.** (*ver*) sehen

presente [prǝ'zɛntǝ] **I.** *m* **1.** (*temporal*) Gegenwart *f;* (LING) Präsens *nt* **2.** (*prenda*) Geschenk *nt;* **dar um ~ a alguém** jdm ein Geschenk machen; **dar a. c. de ~** etw verschenken; **dar a. c. de ~ a alguém** jdm etw schenken **II.** *adj* **1.** (*actual*) gegenwärtig; **ter a. c. ~** etw präsent haben **2.** (*comparência*) anwesend; **estar ~** anwesend sein (*em in/ bei*) **3.** (*este*) vorliegend; **o ~ contrato** der vorliegende Vertrag

presentear *vt* beschenken; **~ alguém com a. c.** jdm etw schenken

presépio *m* Weihnachtskrippe *f*

preservação *f* **1.** (*conservação*) Erhaltung *f* **2.** (*protecção*) Schutz *m;* **~ da natureza** Naturschutz *m*

preservar *vt* **1.** (*conservar*) erhalten **2.** (*proteger*) schützen (*de* vor)

preservativo [prǝzǝrve'tivu] *m* Präservativ *nt,* Kondom *nt*

presidência *f* **1.** (POL) Präsidentschaft *f;* **~ da república** Amt des Ministerpräsidenten *nt* **2.** (*de associação, empresa*) Vorsitz *m*

presidencial *adj* **1.** (POL) Präsidenten ..., präsidial **2.** (*associação, empresa*) Vorstands ...

presidente *m(f)* **1.** (POL) Präsident, Präsidentin *m, f;* **~ da câmara** Bürgermeister, Bürgermeisterin *m, f;* **~ da república** Ministerpräsident, Ministerpräsidentin *m, f* **2.** (*de associação, empresa*) Vorsitzende

presidiário, -a *m, f* Häftling *m,* Strafgefangene

presídio *m* Strafanstalt *f,* Gefängnis *nt,* Kerker *m*

presidir *vi* **1.** (*ocupar a presidência*) den Vorsitz innehaben **2.** (*dirigir*) leiten, den Vorsitz führen (*a* bei); **~ a uma conferência** eine Konferenz leiten

presilha *f* **1.** (*para prender*) Schlinge *f* **2.** (*de calças*) Schlaufe *f*

preso, -a **I.** *m, f* Gefangene, Häftling *m* **II.** *adj* **1.** (*na cadeia*) inhaftiert; (*numa sala*) eingesperrt; **ficar ~ no trânsito** im Verkehr stecken bleiben **2.** (*fixo*) fest; (*emperrar*); **ficar ~** klemmen **3.** (*músculo*) verzerrt

pressa ['prɔsɐ] *f* Eile *f;* **fazer a. c. à ~** etw hastig machen; **a toda a ~** in aller Eile; **estar**

com/ter ~ es eilig haben, in Eile sein

presságio *m* Vorzeichen *nt,* Omen *nt;* **um bom/mau ~** ein gutes/schlechtes Omen

pressão *f* Druck *m;* **alta ~** Hochdruck *m;* (*brasil*); **~ arterial** Blutdruck *m;* **~ atmosférica** Luftdruck *m;* **baixa ~** Tiefdruck *m;* **estar sob ~** unter Druck stehen; **fazer a. c. à ~ etw** unter Druck machen

pressentimento *m* Gefühl *nt,* Vorahnung *f;* **ter um bom/mau ~ em relação a a. c.** bei etw ein gutes/schlechtes Gefühl haben; **eu tenho o ~ de que ele não vem** ich habe das Gefühl, dass er nicht kommt

pressentir *vt* **1.** (*o perigo*) vorausahnen **2.** (*sentir*) spüren, fühlen

pressionar *vt* **1.** (*um botão*) drücken **2.** (*uma pessoa*) unter Druck setzen

pressupor *vt* **1.** (*partir do princípio*) voraussetzen **2.** (*supor*) annehmen, vermuten

pressuposto **I.** *pp de* **pressupor** **II.** *m* (*princípio*) Voraussetzung *f;* **partindo do ~ que ...** vorausgesetzt dass ...; (*suposição*) Annahme *f,* Vermutung *f;* (*propósito*) Zweck *m;* (*intenção*) Absicht *f* **III.** *adj* vorausgesetzt, angenommen

prestação *f* **1.** (*quantia*) Rate *f;* **pagar a ~ da casa/do carro** die Rate für das Haus/ Auto bezahlen; **comprar a. c. a prestações** etw auf Raten kaufen; **pagar a. c. a prestações** etw in Raten bezahlen **2.** (*de um serviço, de ajuda*) Leistung *f;* **~ de serviços** Erbringung von Dienstleistungen *f*

prestar **I.** *vt* (*ajuda, um serviço*) leisten; **~ atenção a a. c.** etw Aufmerksamkeit schenken; **~ homenagem a alguém** jdn ehren; **~ contas a alguém** jdm Rechenschaft ablegen **II.** *vi* (*objecto*) taugen (*para* zu), brauchbar sein (*para* zu); **não ~** nichts taugen, unbrauchbar sein; **isso não presta** (**para nada**)! das taugt nichts!; (*coloq: pessoa*); **não ~** ein windiger Typ sein, kein Pardon kennen **III.** *vr* **~-se a a. c.** sich etw gefallen lassen +*dat*

prestável *adj* hilfsbereit

prestes *adj inv* **estar ~ a fazer a. c.** im Begriff sein, etw zu tun

prestígio *m* Ansehen *nt,* Prestige *nt*

prestigioso *adj* **1.** (*respeitado*) angesehen **2.** (*influente*) einflussreich

préstimo *m* (*utilidade*) Brauchbarkeit *f,* Nützlichkeit *f;* (*valor*) Wert *m;* **sem ~** wertlos; **com muito ~** sehr wertvoll

P

presumido *adj* eingebildet

presumir *vt* annehmen, vermuten

presumível *adj* vermutlich; **o ~ assassino** der mutmaßliche Mörder

presunção *f* **1.** (*suposição*) Annahme *f*, Mutmaßung *f* **2.** (*arrogância*) Einbildung *f*

presunçoso *adj* eingebildet

presunto [prə'zöntu] *m* **1.** (*defumado*) rohe(r) Schinken *m* **2.** (*brasil: fiambre*) gekochte(r) Schinken *m*

pretendente *m(f)* **1.** (*ao trono*) Thronanwärter, Thronanwärterin *m, f* **2.** (*amoroso*) Bewerber, Bewerberin *m, f*

pretender *vt* **1.** (*tencionar*) beabsichtigen, vorhaben; **eu pretendo fazer uma viagem no próximo ano** ich beabsichtige, nächstes Jahr eine Reise zu machen **2.** (*querer*) wollen; (*desejar*) wünschen **3.** (*exigir*) verlangen

pretendido *adj* **1.** (*desejado*) gewünscht, erhofft **2.** (*tencionado*) beabsichtigt

pretensão *f* **1.** (*exigência*) Anspruch *m*, Forderung *f* **2.** (*intenção*) Absicht *f*

pretensioso *adj* anspruchsvoll

pretenso *adj* angeblich, vermeintlich

pretérito *m* (LING) Präteritum *nt; ~* **perfeito** Perfekt *nt; ~* **imperfeito** Imperfekt *nt; ~* **mais-que-perfeito** Plusquamperfekt *nt*

pretexto *m* Vorwand *m*, Ausrede *f*

preto, -a¹ ['pretu] **I.** *m, f* (*pessoa*) Schwarze **II.** *adj* schwarz; **fotografia a ~ e branco** Schwarzweißfotografie *f;* **televisão a ~ e branco** Schwarzweißfernsehen *nt;* (*aparelho*) Schwarzweißfernseher *m;* (*fig*); **~ no branco** schwarz auf weiß

preto² *m* (*cor*) Schwarz *nt*

prevalecer *vi* **1.** (*manter-se*) erhalten bleiben, fortbestehen **2.** (*predominar*) vorherrschen, überwiegen **3.** (*levar vantagem*) siegen (*sobre* über)

prevaricação *f* Pflichtverletzung *f*

prevaricador(a) *m(f)* seine Pflicht verletzende(r) Mensch *m*, pflichtvergessene(r) Mensch *m;* **ela é ~a** sie verletzt ihre Pflicht

prevaricar *vi* seine Pflicht verletzen, gegen seine Pflicht handeln

prevenção *f* **1.** (*precaução*) Verhütung *f*, Vorbeugung *f* **2.** (MED) Vorbeugung *f* **3.** (*cautela*) Vorsicht *f;* **estar de ~** auf der Hut sein; (MIL) in Alarmbereitschaft sein

prevenido *adj* gewarnt; **homem ~ vale por dois** Vorsicht ist besser als Nachsicht

prevenir I. *vt* (*evitar*) verhüten, verhindern;

(*uma doença*) vorbeugen; **mais vale ~** (**do**) **que remediar** vorbeugen ist besser als heilen; (*uma pessoa*) warnen (*de* vor) **II.** *vr* sich vorsehen (*contra* vor), Vorkehrungen treffen (*contra* gegen)

preventivo *adj* vorbeugend, präventiv

prever *vt* voraussehen, vorhersehen; **~ as consequências** die Folgen absehen

previamente *adv* vorher, zuvor

previdência [prəvi'dɛ̃sjə] *f* Vorsorge *f*

prévio *adj* vorherige(r, s), vorige(r, s); **sem/com aviso ~** ohne Vorwarnung/mit vorheriger Warnung

previsão [prəvi'zãu] *f* Voraussicht *f*, Vorhersage *f; ~* **do tempo** Wettervorhersage *f*

previsível *adj* (*acontecimento*) vorhersehbar; (*pessoa*) (leicht) durchschaubar

previsto I. *pp de* **prever II.** *adj* vorhergesehen, erwartet

prezado *adj* verehrt; (*querido*) lieb; **~s colegas** liebe Kollegen

prezar *vt* hoch achten, hoch schätzen

prima-dona *f* (MÚS) Primadonna *f*

primar *vi* sich auszeichnen (*por* durch)

primária *f* (*escola*) Grundschule *f*

primário I. *m* (*tinta*) Grundierung *f*, Grundfarbe *f;* (*contra a ferrugem*) Rostschutz *m* **II.** *adj* **1.** (*primeiro*) ursprünglich **2.** (*principal*) hauptsächlich, wesentlich; (*fundamental*) grundlegend **3.** (*primitivo*) primitiv

primata *m* Primat *m*

Primavera [prima'vɛrə] *f* Frühling *m;* **ter quinze primaveras** fünfzehn Jahre alt sein

primaveril *adj* Frühlings ...

primazia *f* (*de nível*) Überlegenheit *f;* (*de qualidade*) Erstklassigkeit *f*

primeira [pri'meirə] *f* **1.** (*classe*) erste Klasse *f;* **de ~** erstklassig; **viajar em ~** erster Klasse reisen **2.** (*vez*) **à ~** auf Anhieb, beim ersten Mal **3.** (*velocidade*) erste(r) Gang *m;* **meter a ~** den ersten Gang einlegen

primeiramente *adv* zuerst, zunächst

primeiranista *m(f)* Studienanfänger, Studienanfängerin *m, f*

primeiro¹ [pri'meiru] *adv* zuerst

primeiro, -a² **I.** *m, f* Erste **II.** *num ord* erste(r, s); **em ~ lugar** an erster Stelle; *v.* **segundo**

primeiro-ministro, primeira-ministra *m, f* Premierminister, Premierministerin *m, f,* Ministerpräsident, Ministerpräsidentin *m, f*

primeiro-sargento *m* (MIL) Oberfeldwebel *m*

primeiros-socorros *mpl* erste Hilfe *f;* **prestar os ~ a alguém** jdm erste Hilfe leisten

primitivo *adj* primitiv; (*original*) ursprünglich; **povos ~s** Naturvölker *pl*

primo, **-a** ['primu] I. *m, f* Cousin, Cousine *m, f,* Vetter *m,* Kusine *f* II. *adj* **número ~** Primzahl *f*

primogénito, **-a** I. *m, f* Erstgeborene II. *adj* erstgeboren

primor *m* 1. (*beleza*) Schönheit *f* 2. (*perfeição*) Vollkommenheit *f*

primordial *adj* ursprünglich

primórdio *m* (*origem*) Ursprung *m;* (*princípio*) Anfang *m;* **nos ~s da humanidade** am Anfang der Menschheit

primoroso *m* 1. (*maravilhoso*) ausgezeichnet, hervorragend; (*perfeito*) perfekt 2. (*belo*) schön

princesa *f* Prinzessin *f*

principado *m* Fürstentum *nt*

principal [prĩsi'pal] I. *m* Hauptsache *f;* **o ~ é ...** die Hauptsache ist, ... II. *adj* 1. (*mais importante*) hauptsächlich, Haupt ...; **actor ~** Hauptdarsteller *m* 2. (*essencial*) wesentlich

principalmente [prĩsipal'mẽntə] *adv* hauptsächlich, vor allem

príncipe *m* 1. (*filho do rei*) Prinz *m; ~* **herdeiro** Kronprinz *m;* **o ~ encantado** der Märchenprinz 2. (*de principado*) Fürst *m*

principesco *adj* fürstlich

principiante *m(f)* Anfänger, Anfängerin *m, f*

principiar *vi* anfangen, beginnen

princípio *m* 1. (*início*) Anfang *m,* Beginn *m;* **a ~** anfangs; **no ~** am Anfang, zu Beginn 2. (*moral*) Grundsatz *m,* Prinzip *nt;* **em ~** im Prinzip; **por ~** aus Prinzip; **uma pessoa sem ~s** ein Mensch ohne Prinzipien; **partindo do ~ que ...** vorausgesetzt dass ...

prior *m* Prior *m*

prioridade [prjuri'dadə] *f* 1. (*urgência, importância*) Priorität *f,* Vorrang *m;* **ter ~** Vorrang haben 2. (*na estrada*) Vorfahrt *f;* **ter/dar ~** Vorfahrt haben/gewähren

prioritário *adj* vorrangig

prisão [pri'zãu] *f* 1. (*captura*) Verhaftung *f,* Festnahme *f* 2. (*clausura*) Haft *f; ~* **perpétua** lebenslängliche Haft; **~ preventiva** Untersuchungshaft *f* 3. (*cadeia*) Gefängnis *nt;* **estar na ~** im Gefängnis sein; **ir parar à ~** ins Gefängnis kommen 4. (MED) **~ de ventre** Verstopfung *f*

prisca *f* (*coloq brasil*) Kippe *f*

prisioneiro, **-a** *m, f* Gefangene, Häftling *m*

prisma *m* 1. (*figura geométrica*) Prisma *nt* 2. (*perspectiva*) Gesichtspunkt *m,* Blickwinkel *m;* **nunca tinha visto o problema por esse ~** unter diesem Gesichtspunkt habe ich das Problem noch nie betrachtet

privação *f* Entbehrung *f,* Einschränkung *f;* **passar por privações** Entbehrungen ertragen

privacidade *f* Privatsphäre *f;* **invadir a ~ de alguém** jds Privatsphäre verletzen

privada *f* (*brasil*) Toilette *f;* **descarga de ~** Toilettenspülung *f*

privado *adj* 1. (*pessoal*) privat, persönlich 2. (*privativo*) privat 3. (*despojado*) beraubt (*de*)

privar I. *vt* entziehen; **~ alguém de a. c.** jdm etw entziehen II. *vi* **~ com alguém** mit jdm verkehren III. *vr* verzichten (*de* auf)

privativo *adj* privat

privatização *f* (ECON) Privatisierung *f*

privatizar *vt* (ECON) privatisieren

privilegiado, **-a** I. *m, f* Privilegierte II. *adj* privilegiert

privilegiar *vt* privilegieren

privilégio *m* Vorrecht *nt,* Privileg *nt*

pró I. *m* Pro *nt;* **os ~s e os contras** das Pro und Kontra II. *adv* pro

proa *f* (NAÚT) Bug *m*

probabilidade *f* Wahrscheinlichkeit *f*

probatório *adj* Beweis ...

problema [pru'blemɐ] *m* Problem *nt;* (MAT) Aufgabe *f*

problemático *adj* problematisch

proceder *vi* 1. (*agir*) handeln, vorgehen; **~ bem/mal** richtig/falsch handeln 2. (*comportar-se*) sich verhalten

procedimento *m* 1. (*processo*) Verfahren *nt* 2. (*maneira de agir*) Vorgehen *nt,* Vorgehensweise *f;* (*comportamento*) Verhalten *nt*

processador *m* (INFORM) Prozessor *m; ~* **de texto** Textverarbeitungssystem *nt*

processamento *m* Verarbeitung *f; ~* **de dados** Datenverarbeitung *f; ~* **de texto** Textverarbeitung *f*

processar I. *vt* (DIR: *uma pessoa*) verklagen, vor Gericht bringen; (*informação, dados*) verarbeiten II. *vr* ablaufen, verlaufen

P

processo *m* (DIR) Prozess *m*

procissão [prusi'sãu] *f* Prozession *f*

proclamação [prukleme'sãu] *f* Verkündigung *f*, Proklamation *f*

proclamar *vt* verkündigen, proklamieren; ~ **a República** die Republik ausrufen

procriação *f* Fortpflanzung *f*

procriar *vi* sich fortpflanzen

procura *f* **1.** (*busca*) Suche *f*; **estar à ~ de alguém/a. c.** jdn/etw suchen; **andar à ~ de alguém/a. c.** auf der Suche nach jdm/etw sein; **ir à ~ de alguém/a. c.** auf die Suche nach jdm/etw gehen **2.** (ECON) Nachfrage *f*

procuração [prɔkure'sãu] *f* Vollmacht *f*; **passar uma ~ a alguém** jdm eine Vollmacht erteilen

procurador(a) *m(f)* Bevollmächtigte; ~ **da República** Staatsanwalt *m*

procurador-geral, **procuradora-geral** *m, f* Oberstaatsanwalt, Oberstaatsanwältin *m, f*; ~ **da República** Oberstaatsanwalt *m*

procuradoria *f* Staatsanwaltschaft *f*

procurar [prɔku'rar] *vt* **1.** (*andar à procura*) suchen **2.** (*tentar*) versuchen; ~ **fazer a. c.** versuchen, etw zu tun **3.** (*ir visitar*) aufsuchen

prodígio *m* Wunder *nt*

produção *f* **1.** (*fabrico*) Herstellung *f*, Produktion *f*; ~ **em série** Serienproduktion *f* **2.** (*de energia, leite*) Erzeugung *f*; (*de petróleo*) Produktion *f* **3.** (*rendimento*) Leistung *f* **4.** (CIN) Produktion *f*

produtividade *f* (ECON) Produktivität *f*

produtivo *adj* **1.** (*negócio*) einträglich, rentabel **2.** (*solo*) fruchtbar, ertragreich **3.** (*experiência*) nützlich

produto [pru'dutu] *m* **1.** (ECON) Produkt *nt*, Erzeugnis *nt*; ~ **agrícola** landwirtschaftliches Erzeugnis; ~ **alimentar** Nahrungsmittel *nt*; ~ **final** Endprodukt *nt* **2.** (*resultado*) Ergebnis *nt* **3.** (*rendimento*) Ertrag *m* **4.** (*preparado*) Mittel *nt*, Produkt *nt*; ~ **de limpeza** Putzmittel *nt*

produtor(a) *m(f)* **1.** (*fabricante*) Hersteller, Herstellerin *m, f*, Produzent, Produzentin *m, f* **2.** (AGR) Erzeuger, Erzeugerin *m, f* **3.** (CIN) Produzent, Produzentin *m, f*

produzido *adj* (*pessoa*) tipptopp gekleidet, wie aus dem Ei gepellt

produzir I. *vt* (*fabricar*) herstellen, produzieren; (*energia, leite*) erzeugen; (*petróleo*) produzieren; (*originar*) hervorbringen; (*criar*) schaffen; (*um filme*) produzieren II. *vr* (*pessoa*) sich tipptopp zurechtmachen, sich herausputzen

proeminência *f* Erhebung *f*, Anhöhe *f*

proeminente *adj* **1.** (*saliente*) vorstehend, vorspringend **2.** (*pessoa*) prominent

proeza *f* Heldentat *f*; **fazer uma ~** eine Heldentat vollbringen

profanar *vt* entweihen, schänden

profano *adj* profan, weltlich

profecia *f* Prophezeiung *f*

proferir *vt* **1.** (*uma palavra*) aussprechen; (*um discurso*) halten **2.** (*uma sentença*) verkünden

professar *vt* sich bekennen zu

professor(a) *m(f)* (*de escola*) Lehrer, Lehrerin *m, f*; (*universitário*) Dozent, Dozentin *m, f*

profeta, **profetisa** *m, f* Prophet, Prophetin *m, f*

profético *adj* prophetisch

profetisa *f* Prophetin *f*

profetizar *vt* prophezeien

proficiência *f* Tüchtigkeit *f*, Kompetenz *f*

proficiente *adj* tüchtig, kompetent

profícuo *adj* (*elev*) nützlich

profiláctico *adj* (MED) vorbeugend, prophylaktisch

profilático *adj* (*brasil*) v. **profiláctico**

profilaxia *f* (MED) Vorbeugung *f*, Prophylaxe *f*

profissão [prufi'sãu] *f* **1.** (*ofício*) Beruf *m*; **qual é a sua ~?** was sind Sie von Beruf?; **a minha ~ é secretária** ich bin Sekretärin von Beruf **2.** (REL) Bekenntnis *nt*; ~ **de fé** Glaubensbekenntnis *nt*

profissional I. *m(f)* Profi *m* II. *adj* **1.** (*actividade, formação*) beruflich, Berufs ...; **escola ~** Berufsschule *f* **2.** (*que tem como profissão*) professionell; **actor ~** professioneller Schauspieler

pró-forma I. *m* Formsache *f* II. *adj* pro forma; **factura ~** Vorausberechnung *f*, Kostenvoranschlag *m*

profundamente *adv* tief

profundidade *f* (*fig*) Tiefe *f*

profundo *adj* **1.** (*poço, buraco, ferida*) tief **2.** (*sentimento*) tief **3.** (*conversa*) tiefsinnig, tiefgründig **4.** (*alteração*) tief greifend

progenitor(a) *m(f)* Vater *m*, Mutter *f*, Erzeuger, Erzeugerin *m, f*

prognose *f* (MED) Prognose *f*

prognóstico *m* **1.** (*predição*) Vorhersage *f*,

Prognose *f* **2.** (MED) Prognose *f*
programa [pru'grɛmɐ] *m* **1.** (*informático, de televisão, de diversão*) Programm *nt;* **qual é o ~ para hoje?** was steht heute auf dem Programm? **2.** (*da escola*) Lehrplan *m* **3.** (*prospecto*) Programm *nt*, Programmheft *nt*
programação *f* **1.** (INFORM: *de uma máquina*) Programmierung *f* **2.** (*planeamento*) Programm *nt* **3.** (*da televisão*) Programm *nt*, Programmgestaltung *f*
programador(a) *m(f)* (INFORM) Programmierer, Programmiererin *m, f*
programar *vt* **1.** (*uma máquina*) programmieren **2.** (*as férias*) planen
progredir *vi* **1.** (*pessoa*) Fortschritte machen, vorankommen **2.** (*situação*) weitergehen, sich weiterentwickeln
progressão *f* **1.** (*progresso*) Fortschreiten *nt*, Progression *f* **2.** (MAT) Reihe *f*
progressivo *adj* fortschreitend, allmählich
progresso *m* Fortschritt *m;* **fazer ~s** Fortschritte machen
proibição *f* Verbot *nt*
proibido [prwi'bidu] *adj* verboten; **é ~ fumar** Rauchen ist verboten
proibir *vt* verbieten; **~ alguém de fazer a. c.** jdm verbieten, etw zu tun
proibitivo *adj* Verbots ...; **preço ~** Wucherpreis *m*
projeção *f* (*brasil*) v. **projecção**
projecção *f* **1.** (*de diapositivos, de um filme*) Vorführung *f*, Projektion *f* **2.** (*eleitoral*) Hochrechnung *f*
projectar *vt* **1.** (*arremessar*) schleudern, werfen; (*a voz*) klar artikulieren **2.** (*um filme, diapositivos*) projizieren, zeigen **3.** (*planear*) planen **4.** (*fig: uma imagem*) projizieren
projéctil *m* Projektil *nt*, Geschoss *nt*
projecto *m* **1.** (*esboço*) Entwurf *m*, Plan *m;* **~ de lei** Gesetzentwurf *m* **2.** (*de trabalho*) Projekt *nt;* **~ científico** wissenschaftliches Projekt; **estar a trabalhar num ~** in einem Projekt arbeiten
projector *m* **1.** (*de luz*) Scheinwerfer *m* **2.** (*de diapositivos*) Diaprojektor *m;* (*de filmes*) Filmprojektor *m*
projetar *vt* (*brasil*) v. **projectar**
projétil *m* (*brasil*) v. **projéctil**
projeto *m* (*brasil*) v. **projecto**
projetor *m* (*brasil*) v. **projector**
prol *m(f)* **em ~ de** zugunsten von
prole *f* Nachkommenschaft *f*, Kinder *pl*

prolepse *f* (LING) Prolepse *f*
proletariado *m* Proletariat *nt*
proletário, -a **I.** *m, f* Proletarier, Proletarierin *m, f* **II.** *adj* proletarisch
proliferação *f* Verbreitung *f*, Ausbreitung *f*
proliferar *vi* sich ausbreiten, sich verbreiten
prolixo *adj* weitschweifig
prólogo *m* Vorwort *nt*
prolongado *adj* lang, lang anhaltend
prolongamento *m* (DESP) Verlängerung *f*
prolongar [prulɔ̃'gar] **I.** *vt* **1.** (*um prazo*) verlängern **2.** (*um discurso, uma visita*) ausdehnen **II.** *vr* **1.** (*estender-se*) sich ausdehnen **2.** (*durar*) dauern
promessa *f* **1.** (*compromisso*) Versprechen *nt;* **fazer uma ~ a alguém** jdm ein Versprechen geben; **cumprir uma ~** ein Versprechen halten **2.** (REL) Gelübde *nt;* **fazer uma ~** ein Gelübde ablegen
prometedor *adj* viel versprechend
prometer [prumə'ter] **I.** *vt* versprechen; (*solenemente*) geloben; **~ a. c. a alguém** jdm etw versprechen **II.** *vi* viel versprechend sein; **isto hoje promete!** das ist heute viel versprechend!
prometido **I.** *m* Versprochene *nt;* **o ~ é devido** was man verspricht, das muss man auch halten **II.** *adj* versprochen; **a Terra Prometida** das Gelobte Land
promiscuidade *f* Promiskuität *f*
promíscuo *adj* promiskuitiv
promissor *adj* viel versprechend
promissória *f* Schuldverschreibung *f*
promoção *f* **1.** (*profissional*) Beförderung *f* (*a* zu) **2.** (*fomento*) Förderung *f* **3.** (*de produto*) Sonderangebot *nt;* **estar em ~** im Sonderangebot sein

Außer auf Wochen- und Flohmärkten und in den meisten Antiquitätengeschäften wird in Portugal nicht gehandelt, es gibt überall Festpreise. Achten Sie besser auf Sonderangebote unter der Bezeichnung **promoção**. Der Sommer- und Winterschlussverkauf läuft unter dem Namen **saldos**.

promotor(a) *m(f)* **1.** (*de evento*) Veranstalter, Veranstalterin *m, f;* (*de produto*) Salespromotor, Salespromotorin *m, f* **2.** (DIR) **~ público** Staatsanwalt *m*
promover *vt* **1.** (*profissão*) befördern (*a* zu)

2. (*fomentar*) fördern **3.** (*um produto*) promoten, werben für

promulgação *f* (*de uma lei*) Erlassung *f*, Verkündung *f*

promulgar *vt* (*uma lei*) erlassen, verkünden

pronome *m* (LING) Pronomen *nt*, Fürwort *nt*; ~ **demonstrativo** Demonstrativpronomen *nt*; ~ **pessoal** Personalpronomen *nt*; ~ **relativo** Relativpronomen *nt*

prontamente *adv* sofort, unverzüglich

prontidão *f* Bereitschaft *f*; **fazer a. c. com** ~ etw prompt erledigen

prontificar-se *vr* sich bereit erklären (*a* zu)

pronto ['prɔ̃ntu] **I.** *adj* (*acabado, despachado*) fertig; **estou** ~! ich bin fertig!; ~ **a usar** gebrauchsfertig; (*preparado*) bereit (*para* für); (*resposta*) prompt; (*pagamento*); **pagar a. c. a** ~ etw in bar bezahlen **II.** *interj* (*coloq*) ~! also

pronto-a-comer *m* Schnellimbiss *m*

pronto-a-vestir *m* Prêt-a-porter *nt*

pronto-socorro *m* Rettungswagen *m*

prontuário *m* (*manual*) Handbuch *nt*

pronúncia *f* Aussprache *f*

pronunciado *adj* ausgeprägt

pronunciar [prunõ'sjar] **I.** *vt* (*uma palavra*) aussprechen; (*uma sentença*) verkünden **II.** *vr* sich äußern (*acerca de* zu), Stellung nehmen (*acerca de* zu)

propagação *f* Verbreitung *f*, Ausbreitung *f*

propaganda *f* **1.** (*política*) Propaganda *f* (*a favor de* für, *contra* gegen); **fazer** ~ Propaganda machen **2.** (*publicitária*) Werbung *f*, Reklame *f*

propagandista *m(f)* Propagandist, Propagandistin *m, f*

propagar **I.** *vt* verbreiten, ausbreiten **II.** *vr* sich verbreiten, sich ausbreiten

propano *m* (QUÍM) Propan *nt*

propedêutica *f* Propädeutik *f*

propensão *f* Neigung *f* (*para* zu), Hang *m* (*para* zu)

propenso *adj* ~ **a** geneigt zu; **ser** ~ **a a. c.** zu etw neigen

propiciar *vt* begünstigen; (*possibilitar*) ermöglichen

propício *adj* günstig

propina *f* **1.** (*de escola, colégio*) Schulgeld *nt*; (*de universidade*) Studiengebühr *f*; (*de exame*) Prüfungsgebühr *f*; (*de inscrição*) Einschreibgebühr *f*, Aufnahmegebühr *f* **2.** (*brasil: gorjeta*) Trinkgeld *nt*

proponente *m(f)* (POL) Antragsteller, Antragstellerin *m, f*

propor **I.** *vt* (*sugerir*) vorschlagen; ~ **a. c. a alguém** jdm etw vorschlagen; (*apresentar*) darlegen, unterbreiten; (*candidatos*) aufstellen **II.** *vr* sich vornehmen +*dat;* ~**-se a fazer a. c.** sich vornehmen, etw zu tun +*dat*

proporção *f* Proportion *f*, Verhältnis *nt*; **estar em** ~ **com a. c.** im Verhältnis zu etw stehen

proporcionado *adj* proportioniert

proporcional *adj* proportional (*a* zu)

proporcionalidade *f* Verhältnismäßigkeit *f*, Proportionalität *f*

proporcionar *vt* **1.** (*possibilitar*) ermöglichen **2.** (*oferecer*) bieten; ~ **uma oportunidade a alguém** jdm eine Gelegenheit bieten; ~ **uma noite agradável a alguém** jdm einen angenehmen Abend bereiten

proporções *fpl* **1.** (*dimensões*) Proportionen *pl* **2.** (*de projecto, acontecimento*) Ausmaß *nt*

proposição *f* (LING) Satz *m*

propositado *adj* absichtlich; (*crime*) vorsätzlich

propósito [pru'pɔzitu] *m* **1.** (*intenção*) Absicht *f*; **de** ~ absichtlich; **a** ~! übrigens!, apropos!; (*comentário*); **vir a** ~ passen, angebracht sein; (*assunto*) genau richtig kommen; **não foi de** ~ das war keine Absicht **2.** (*finalidade*) Zweck *m*; **a** ~ **de** bezüglich; **a que** ~? wieso?

proposta [pru'pɔʃtɐ] *f* **1.** (*sugestão*) Vorschlag *m*; **fazer uma** ~ **a alguém** jdm einen Vorschlag machen; **aceitar/recusar uma** ~ einen Vorschlag annehmen/ablehnen **2.** (*oferta*) Angebot *nt*; **fazer/receber uma** ~ ein Angebot machen/erhalten

proposto *pp de* **propor**

propriamente *adv* **1.** (*exactamente*) genau; **isto não é** ~ **o que eu queria, mas aceito** das ist nicht genau das, was ich wollte, doch ich akzeptiere **2.** (*no sentido próprio*) eigentlich; **a casa** ~ **dita** das Haus im engeren Sinn

propriedade *f* **1.** (*posse*) Eigentum *nt*, Besitz *m*; **ser** ~ **de alguém** jds Eigentum sein **2.** (*terra*) Grundbesitz *m*, Landgut *nt* **3.** (*característica*) Eigenschaft *f*

proprietário, -a [pruprje'tarju] *m, f* Eigentümer, Eigentümerin *m, f*, Besitzer, Besitzerin *m, f*

próprio ['prɔprju] *adj* **1.** (*apropriado*) geeignet (*para* für) **2.** (*mesmo*) selbst; **ele ~ mo disse** er selbst hat es mir gesagt; **eu ~ ich** selbst; **por si** ~ von selbst; (*ao telefone*); **é o ~!** am Apparat! **3.** (*posse*) eigen; **o meu ~ filho** mein eigener Sohn; **eu tenho o meu ~ quarto** ich habe mein eigenes Zimmer **4.** (*oportuno*) günstig; **no momento** ~ im richtigen Moment **5.** (*característico*) charakteristisch (*de* für), typisch (*de* für)

propulsão *f* (TÉC) Antrieb *m;* ~ **a ja(c)to** Düsenantrieb *m*

propulsar *vt* (TÉC) antreiben

prorrogação *f* **1.** (*de prazo, contrato*) Verlängerung *f* **2.** (*adiamento*) Vertagung *f*

prorrogar *vt* **1.** (*prazo, contrato*) verlängern **2.** (*adiar*) vertagen, aufschieben

prorrogável *adj* **1.** (*prazo, contrato*) verlängerbar **2.** (*adiável*) aufschiebbar, vertagbar

prosa *f* **1.** (LIT) Prosa *f* **2.** (*brasil: conversa*) Schwatz *m;* **ter uma** ~ **com alguém** einen Schwatz mit jdm halten

prosaico *adj* **1.** (LIT) prosaisch, Prosa ... **2.** (*quotidiano*) alltäglich

proscrever *vt* verbieten

proscrito *pp* de **proscrever**

prosear *vi* (*brasil*) schwatzen, plaudern

prospeção *f* (*brasil*) v. **prospecção**

prospecção *f* **1.** (*pesquisa*) Forschung *f;* ~ **de mercado** Marktforschung *f* **2.** (GEOL) Erkundung *f,* Prospektion *f*

prospecto [pruʃ'pɐtu] *m* Prospekt *m*

prosperar *vi* gedeihen

prosperidade *f* **1.** (*florescimento*) Gedeihen *nt* **2.** (*riqueza*) Wohlstand *m*

próspero *adj* **1.** (*florescente*) blühend, erfolgreich **2.** (*favorável, propício*) günstig

prosseguimento *m* Fortsetzung *f;* **dar ~ a a. c.** etw fortsetzen, mit etw fortfahren

prosseguir **I.** *vt* fortsetzen, fortführen **II.** *vi* fortfahren (*com* mit), weitermachen (*com* mit)

próstata *f* (ANAT) Prostata *f,* Vorsteherdrüse *f*

prostituição *f* Prostitution *f*

prostituir-se *vr* sich prostituieren

prostituto, -a *m, f* Prostituierte

prostrar-se *vr* sich niederbeugen; ~ **aos pés de alguém** jdm zu Füßen fallen

protagonista *m(f)* Hauptfigur *f,* Hauptperson *f;* (CIN) Hauptdarsteller, Hauptdarstellerin *m, f,* Protagonist, Protagonistin *m, f*

protão *m* (FÍS) Proton *nt*

proteção *f* (*brasil*) v. **protecção**

protecção *f* Schutz *m;* ~ **do meio-ambiente** Umweltschutz *m*

proteccionismo *m* (ECON) Protektionismus *m*

protecionismo *m* (*brasil*) v. **proteccionismo**

protector(a) **I.** *m(f)* Beschützer, Beschützerin *m, f* **II.** *adj* Schutz ...

proteger *vt* schützen (*de* vor), beschützen (*de* vor)

protegido, -a **I.** *m, f* Protegé *m,* Günstling *m* **II.** *adj* geschützt (*de* vor)

proteína *f* Protein *nt;* **rico em ~s** reich an Proteinen

protelação *f* Aufschieben *nt,* Vertagung *f*

protelar *vt* aufschieben, vertagen

prótese ['prɔtəzə] *f* (LING, MED) Prothese *f;* ~ **dentária** Zahnprothese *f*

protestação *f* v. **protesto**

protestante **I.** *m(f)* Protestant, Protestantin *m, f* **II.** *adj* protestantisch

protestantismo *m* Protestantismus *m*

protestar *vi* protestieren (*contra* gegen)

protesto *m* Protest *m* (*contra* gegen)

protetor(a) (*brasil*) v. **protector, -a**

protocolar *adj* protokollarisch

protocolo *m* (*regulamento, documento*) Protokoll *nt*

próton *m* (FÍS: *brasil*) Proton *nt*

protoplasma *m* (BIOL) Protoplasma *nt*

protótipo *m* Prototyp *m*

protozoário *m* Protozoon *nt,* Urtierchen *nt*

protuberância *f* **1.** (*parte saliente*) Vorsprung *m* **2.** (ANAT) Auswuchs *m,* Protuberanz *f*

protuberante *adj* vorstehend, hervortretend

prova *f* **1.** (*comprovação*) Beweis *m;* **apresentar uma** ~ einen Beweis erbringen **2.** (*exame*) Prüfung *f;* ~ **de admissão** Aufnahmeprüfung *f;* ~ **oral** mündliche Prüfung **3.** (*de roupa*) Anprobe *f* **4.** (DESP) Wettkampf *m;* ~ **eliminatória** Ausscheidungsspiel *nt* **5.** (FOT) Abzug *m* **6.** (*de comida*) Kostprobe *f;* ~ **de vinhos** Weinprobe *f* **7.** (*provação*) Probe *f;* ~ **de força** Kraftprobe *f;* ~ **de resistência** Ausdauerprüfung *f;* **pôr alguém/a. c. à ~** jdn/etw auf die Probe stellen **8.** (MAT) Probe *f;* **tirar a ~ a a. c.** bei etw die Probe machen **9.** (*tipografia*) Druckfahne *f,* Korrekturbogen

P

m **10.** (*imunidade*) à ~ **de bala** kugelsicher; à ~ **de fogo** feuerfest; à ~ **de água** wasserdicht

provação *f* **1.** (*prova*) Probe *f;* **passar por uma** ~ eine Probe bestehen **2.** (*período de tempo*) Probezeit *f*

provado *adj* bewiesen, erwiesen

provador(a) *m(f)* (CUL) Koster, Kosterin *m, f;* (*de vinho*) Weinprüfer, Weinprüferin *m, f*

provar [pru'var] *vt* **1.** (*comprovar*) beweisen, nachweisen **2.** (*roupa*) anprobieren **3.** (*experimentar*) ausprobieren, testen **4.** (*comida, vinho*) kosten, probieren

provável [pru'vavɜl] *adj* wahrscheinlich

provavelmente [pruvavɜl'mɛ̃ntə] *adv* wahrscheinlich

provedor(a) *m(f)* Versorger, Versorgerin *m, f;* ~ **de justiça** Ombudsmann *m*

proveito *m* Nutzen *m;* **tirar** ~ **de a. c.** Nutzen aus etw ziehen; **em** ~ **de** zugunsten von; **sem** ~ nutzlos; **bom** ~**!** guten Appetit!; **fazer bom** ~ **de a. c.** den größtmöglichen Nutzen aus etw ziehen

proveitoso *adj* **1.** (*útil*) nützlich **2.** (*vantajoso*) vorteilhaft

proveniência *f* Herkunft *f;* (*origem*) Ursprung *m*

proveniente *adj* **1.** (*pessoa, produto*) stammend (*de* aus), kommend (*de* aus); ~ **de Coimbra** aus Coimbra **2.** (*conflito*) herrührend (*de* von)

prover *vt* versorgen (*de* mit)

proverbial *adj* sprichwörtlich

provérbio *m* Sprichwort *nt*

proveta *f* Reagenzglas *nt;* **bebé** ~ Retortenbaby *nt*

providência *f* **1.** (*prevenção*) Vorsorge *f;* (*medida*) Vorkehrung *f;* **tomar** ~**s** Vorkehrungen treffen **2.** (REL) Vorsehung *f*

providenciar *vt* besorgen, sorgen für

providente *adj* **1.** (*que toma providências*) vorsorgend **2.** (*cuidadoso*) vorsichtig

próvido **I.** *pp de* **provir II.** *adj* versorgt (*de* mit)

província *f* Provinz *f;* **da/na** ~ aus/in der Provinz

provinciano, -a **I.** *m, f* Provinzler, Provinzlerin *m, f* **II.** *adj* provinziell

provindo *adj* kommend (*de* aus), stammend (*de* aus)

provir *vi* kommen (*de* aus), stammen (*de* aus)

provisões *fpl* Proviant *m*

provisório [pruvi'zɔrju] *adj* provisorisch; (*temporal*) vorläufig, einstweilig

provitamina *f* Provitamin *nt*

provocação *f* Provokation *f,* Herausforderung *f*

provocante *adj* aufreizend, verführerisch

provocar *vt* **1.** (*desafiar*) provozieren, herausfordern **2.** (*causar*) hervorrufen, verursachen; (*vítimas*) fordern **3.** (*seduzir*) verführen

provocatório *adj* provozierend, provokativ

proxeneta *m* Zuhälter *m*

próxima ['prɔsimɐ] *f* (*vez*) nächste(s) Mal *nt;* **para a** ~ für das nächste Mal; **até à** ~ bis bald

proximidade *f* Nähe *f;* **nas** ~**s de** in der Nähe von

próximo ['prɔsimu] **I.** *m* Nächste *m,* Mitmensch *m* **II.** *adj* (*no espaço*) nah (*de* bei); **onde fica a estação mais próxima?** wo ist der nächste Bahnhof?; (*no tempo*) nächste(r, s), kommende(r, s); **na próxima semana** in der nächsten Woche; (*seguinte*) nächste(r, s); **o** ~**, por favor!** der Nächste bitte! **III.** *adv* nah, in der Nähe

prudência *f* Vorsicht *f;* **com** ~ vorsichtig

prudente *adj* vorsichtig

prumo *m* Lot *nt;* **a** ~ senkrecht

prurido *m* (MED) Juckreiz *m*

Prússia *f* Preußen *nt*

prussiano, -a **I.** *m, f* Preuße, Preußin *m, f* **II.** *adj* preußisch

P.S. *abrev de* **post-scriptum** PS (= *Postskriptum*)

pseudónimo **I.** *m* Pseudonym *nt* **II.** *adj* pseudonym

psicadélica *f* (*lâmpada*) Spotlight *nt*

psicanálise *f* Psychoanalyse *f*

psicanalista *m(f)* Psychoanalytiker, Psychoanalytikerin *m, f*

psiché *m* Frisiertoilette *f,* Toilettentisch *m*

psicologia *f* Psychologie *f*

psicológico *adj* psychologisch

psicólogo, -a *m, f* Psychologe, Psychologin *m, f*

psicopata *m(f)* Psychopath, Psychopathin *m, f*

psicose *f* Psychose *f,* Geisteskrankheit *f*

psicossociologia *f* Sozialpsychologie *f*

psicossociólogo, -a *m, f* Sozialpsychologe, Sozialpsychologin *m, f*

psicossomático *adj* psychosomatisch
psicotécnico *adj* **teste** ~ psychologische(r) Eignungstest *m*
psicoterapeuta *m(f)* Psychotherapeut, Psychotherapeutin *m*, *f*
psicoterapia *f* Psychotherapie *f*
psique *f* Psyche *f*
psiquiatra *m(f)* Psychiater, Psychiaterin *m*, *f*
psiquiatria *f* Psychiatrie *f*
psiquiátrico *adj* psychiatrisch
psíquico *adj* psychisch, seelisch
psiu *interj* ~! pst!
psoríase *f* (MED) Schuppenflechte *f*
PSP *abrev de* **Polícia de Segurança Pública** Schutzpolizei
pub *m* Pub *m*, Kneipe *f*
puberdade *f* Pubertät *f*
púbis *m(f)* (ANAT) Schamgegend *f*; (*osso*) Schambein *nt*
publicação *f* **1.** (*de notícia, artigo*) Veröffentlichung *f*; (*de livro*) Herausgabe *f* **2.** (*obra publicada*) Publikation *f*
publicar *vt* (*uma notícia, um artigo*) veröffentlichen, publizieren; (*um livro*) herausgeben
publicidade *f* Werbung *f*; **fazer** ~ **a a. c.** Werbung für etw machen
publicitar *vt* werben für
publicitário, **-a** **I.** *m*, *f* Werbefachmann, Werbefachfrau *m*, *f* **II.** *adj* Werbe ...
público [ˈpublikμ] **I.** *m* **1.** (*povo*) Öffentlichkeit *f*; **o grande** ~ die breite Masse; **em** ~ in aller Öffentlichkeit **2.** (*de espectáculo*) Publikum *nt*; (*ouvintes*) Zuhörer *pl*; (*espectadores*) Zuschauer *pl* **II.** *adj* **1.** (*de todos*) öffentlich **2.** (*estatal*) staatlich, Staats ...
púcaro *m* Krug *m*
pudera *interj* ~! völlig klar!, kein Zweifel!
pudico *adj* schamhaft
pudim *m* Pudding *m*; ~ **francês** Art Karamellpudding
pudor *m* Scham *f*, Schamgefühl *nt*; **sem** ~ schamlos; **atentado ao** ~ Sittlichkeitsverbrechen *nt*
puericultura *f* Kinderkrankenpflege *f*
pueril *adj* **1.** (*de crianças*) kindlich, Kindes ... **2.** (*atitude, mentalidade*) kindisch
puerilidade *f* **1.** (*carácter*) Kindlichkeit *f* **2.** (*acto*) Kinderei *f*
pufe *m* (*para sentar-se*) Puff *m*

pugilismo *m* Boxen *nt*, Boxsport *m*
pugilista *m(f)* Boxer, Boxerin *m*, *f*
pujança *f* Kraft *f*, Stärke *f*
pujante *adj* kräftig, stark; (*poderoso*) mächtig
pular **I.** *vt* (*um muro, uma página*) überspringen **II.** *vi* hüpfen, springen; ~ **de alegria** vor Freude hüpfen
pulga *f* Floh *m*; **estar com a** ~ **atrás da orelha** gespannt sein; (*desconfiado*) misstrauisch sein
pulga-do-mar *f* Sandhüpfer *m*
pulha *m* (*pej*) Lump *m*, Schuft *m*
pulmão [pulˈmãu] *m* Lunge *f*; **cantar/gritar a plenos pulmões** aus vollem Hals singen/schreien
pulmonar *adj* Lungen ...
pulo *m* Sprung *m*, Satz *m*; **dar um** ~ einen Satz machen
pulôver [puˈlovɜr] *m* Pullover *m* (mit V-Ausschnitt)
púlpito [ˈpulpitu] *m* Kanzel *f*
pulsação *f* (*do pulso*) Pulsschlag *m*; (*do coração*) Herzschlag *m*; **60 pulsações por minuto** 60 Pulsschläge pro Minute
pulsar *vi* (*artéria*) pulsieren; (*coração*) schlagen
pulseira [pulˈseire] *f* Armband *nt*
pulso [ˈpulsu] *m* **1.** (ANAT) Handgelenk *nt* **2.** (MED) Puls *m*; **tomar o** ~ **a alguém** jdm den Puls fühlen **3.** (*força*) Durchsetzungsvermögen *nt*, Autorität *f*
pulular *vi* **1.** (*abundar, agitar-se*) wimmeln **2.** (*germinar*) wuchern
pulverizador *m* Zerstäuber *m*
pulverizar *vt* **1.** (*líquidos*) zerstäuben **2.** (*fazer em pó*) pulverisieren, zermahlen
pum *interj* ~! boing!, peng!
puma *m* Puma *m*
pumba *interj* ~! klatsch!
punção *f* (MED) Punktion *f*
puncionar *vt* (MED) punktieren
pundonor *m* Ehrgefühl *nt*
pungente *adj* (*dor*) stechend
punhado *m* Hand *f* voll; **um** ~ **de cartas** eine Hand voll Briefe
punhal *m* Dolch *m*
punhalada *f* Dolchstoß *m*; (*fig*) **dar uma** ~ **nas costas a alguém** jdm in den Rücken fallen
punho *m* **1.** (ANAT) Faust *f*; **de arma em** ~ mit gezückter Waffe **2.** (*de camisa*) Manschette *f* **3.** (*cabo*) Griff *m*

P

punição *f* Bestrafung *f*, Strafe *f*
punir *vt* strafen, bestrafen
punível *adj* strafbar
punk *m(f)* Punker, Punkerin *m, f*
pupa *f* (ZOOL) Puppe *f*
pupila *f* (ANAT) Pupille *f*
puramente *adv* nur, lediglich; **pura e simplesmente** schlicht und einfach
puré *m* Püree *nt;* ~ **de batata** Kartoffelbrei *m;* ~ **de maçã** Apfelmus *nt*
pureza *f* Reinheit *f*
purgante I. *m* (FARM) Abführmittel *nt* II. *adj* abführend
Purgatório *m* (REL) Fegefeuer *nt*
purificação *f* 1. *(limpeza)* Reinigung *f* 2. *(de carácter)* Läuterung *f;* (REL) Purifikation *f*
purificador *m* Reinigungsgerät *nt;* ~ **de ar** Luftreiniger *m*
purificante *adj* Reinigungs ...
purificar *vt* 1. *(limpar)* reinigen 2. *(carácter)* läutern; (REL) purifizieren
purismo *m* (LING) Purismus *m*
purista *m(f)* (LING) Purist, Puristin *m, f*
puritano I. *m* Puritaner, Puritanerin *m, f* II. *adj* puritanisch
puro *adj* rein, pur; *(ar)* sauber; **isso é pura inveja** das ist der pure Neid; **é a pura verdade** es ist die reine Wahrheit
puro-sangue *m* (ZOOL) Vollblut *nt*
púrpura *f* Purpur *m*
purulento *adj* eitrig
pus [puʃ] *m* Eiter *m*
pusilânime *adj* zaghaft, schüchtern
pústula *f* (MED) Pustel *f*, Eiterbläschen *nt*
puta *f* (cal) Nutte *f*
puto *m* 1. *(coloq: miúdo)* Junge *m*, Bengel *m;* **os** ~**s** die Kids 2. *(coloq brasil)* Schwule *m*

putrefação *f* (brasil) *v.* **putrefacção**
putrefacção *f* 1. *(cadáver)* Verwesung *f* 2. *(alimentos)* Verfaulen *nt*, Verfaulung *f*
putrefacto *adj* 1. *(cadáver)* verwest 2. *(alimento)* verfault, faulig
putrefato *adj* (brasil) *v.* **putrefacto**
putrescência *f v.* **putrefacção**
putrescente *adj* 1. *(cadáver)* verwesend 2. *(alimento)* faulend
pútrido *adj v.* **putrefacto**
puxa *interj* (coloq brasil) ~! na so was!, Donnerwetter!
puxado *adj* 1. *(difícil)* schwierig 2. *(caro)* teuer 3. (CUL: *tenro)* zart; *(sabor)* streng
puxador *m* 1. *(de porta)* Klinke *f* 2. *(de armário, gaveta)* Griff *m; (redondo)* Knopf *m*
puxão *m* Ruck *m;* **dar um** ~ **a a. c.** an etw ziehen
puxar [pu'ʃar] I. *vt* 1. *(uma porta, um objecto, uma pessoa)* ziehen; *(com força)* zerren, reißen; *(as cortinas)* zuziehen; ~ **o cabelo a alguém** jdn an den Haaren ziehen 2. *(um assunto)* zur Sprache bringen II. *vi* 1. *(por objecto, pessoa)* ziehen *(por* an); *(com força)* zerren *(por* an) 2. *(esforçar)* ~ **por** anstrengen; ~ **por alguém** viel von jdm verlangen; ~ **pela voz** die Stimme anstrengen; ~ **pela cabeça** seinen Grips (ein bisschen) anstrengen 3. *(brasil: a um familiar)* kommen *(a* auf)
puxa-saco *m(f)* (coloq brasil) Stiefellecker *m*
puxo *m* Dutt *m*, Knoten *m*
puzzle *m* Puzzle *nt*
P.V.P. *abrev de* **preço de venda ao público** Ladenverkaufspreis
pyrex *m* 1. *(material)* Pyrex® *nt* 2. *(recipiente)* Pyrexschale *f*

Q

Q, q [ke] *m* Q, q *nt*
QI *abrev de* **quociente de inteligência** IQ (= *Intelligenzquotient)*
quadra *f* 1. (LIT) Vierzeiler *m* 2. *(período)* Zeit *f;* ~ **natalícia** Weihnachtszeit *f* 3. *(brasil: quarteirão)* Häuserblock *m*
quadrado [kwa'dradu] I. *m* (MAT) Quadrat *nt;* **três ao** ~ drei hoch zwei; **aos** ~**s** kariert II. *adj* 1. *(sala, objecto)* quadratisch 2.

(MAT) Quadrat ...; **raíz quadrada** Quadratwurzel *f* (de aus) 3. *(coloq: pessoa)* stämmig, korpulent
quadragésimo *num ord* vierzigste(r, s)
quadrangular *adj* viereckig
quadrante *m* Quadrant *m*
quadriculado *adj* kariert
quadril *m* Hüfte *f*
quadrilha *f* Räuberbande *f*, Diebesbande *f*

quadrinho *m* (*brasil*) **história em ~s** Comic *m*

quadro ['kwadru] *m* **1.** (*pintura*) Bild *f, nt,* Gemälde *nt* **2.** (*tabela*) Tabelle *f;* ~ **sinóptico** Übersicht *f* **3.** (*painel*) Tafel *f;* ~ **elé(c)trico** Schalttafel *f* **4.** (*na escola*) Tafel *f;* ~ **de afixação** schwarzes Brett **5.** (*em empresa*) Personal *nt,* Belegschaft *f;* **pessoal do ~** Stammpersonal *nt;* **pertencer aos ~s da empresa** zur Belegschaft der Firma gehören **6.** (MIL) Kader *m, f*

quadrúpede I. *m* Vierbeiner *m* **II.** *adj* vierbeinig

quadruplicar I. *vt* vervierfachen **II.** *vi* sich vervierfachen

quádruplo I. *m* Vierfache *nt* **II.** *adj* vierfach

qual [kwal] **I.** *pron interr* welcher, welche, welches; **de ~ gostas mais?** welcher gefällt dir besser? **II.** *pron rel* **a/o** ~ der, die, das; **cada** ~ jeder; **seja ~ for a razão/resposta** was es auch für Gründe geben mag/wie die Antwort auch lauten mag **III.** *konj* (so) wie **IV.** *interj* ~! ach was!

qualidade [kwɐli'dadə] *f* **1.** (*de um produto*) Qualität *f,* Güte *f;* **de primeira** ~ erstklassig; ~ **de vida** Lebensqualität *f* **2.** (*de uma pessoa*) Qualität *f* **3.** (*característica*) Eigenschaft *f;* (*natureza*) Beschaffenheit *f;* **na ~ de director** in seiner Eigenschaft als Direktor

qualificação *f* Qualifikation *f*

qualificado *adj* **1.** (*trabalho*) qualifiziert; **trabalhador** ~ Facharbeiter *m* **2.** (DESP) qualifiziert

qualificar *vt* ~ **de** bezeichnen als

qualitativo *adj* qualitativ

qualquer *pron indef* irgendein, irgendeine; ~ **pessoa** irgendwer; ~ **coisa** irgendetwas; ~ **um** jeder; **em** ~ **parte** irgendwo; **para** ~ **parte** irgendwohin; **de** ~ **parte** irgendwoher; **de** ~ **forma** irgendwie; **em** ~ **altura** irgendwann; **a** ~ **momento** jederzeit; **quaisquer** irgendwelche; ~ **que seja a razão/resposta** was es auch für Gründe geben mag/wie die Antwort auch lauten mag

quando ['kwãndu] **I.** *adv* wann; **até ~?** bis wann?; **desde ~?** seit wann?; ~ **é que chegaste?** wann bist du angekommen?; **seja ~ for** wann immer es auch sein mag **II.** *prep* **1.** (*temporal*) als; (*sempre que*) wenn; ~ **fui a Paris** als ich nach Paris fuhr; ~ **ia/vou a Paris** immer wenn ich nach Paris fuhr/fahre; **de vez em** ~ ab und zu, hin und wieder **2.**

(*ao passo que*) während

quantia [kwãn'tie] *f* Betrag *m,* Summe *f;* ~ **fixa** Pauschale *f;* **um cheque na** ~ **de 5.000 euros** ein Scheck in Höhe von 5.000 Euro

quantidade [kwãnti'dadə] *f* Menge *f,* Quantität *f;* (*número*) Anzahl *f;* **em grande** ~ in großer Menge

quantitativo *adj* quantitativ

quanto ['kwãntu] **I.** *pron interr* wie viel; ~ **dinheiro tens?** wie viel Geld hast du?; ~ **custa?** wie viel kostet das?; ~ **tempo?** wie lange?; **quantas vezes?** wie oft?; ~**s dias?** wie viele Tage?; ~**s são hoje?** der Wievielte ist heute? **II.** *pron rel* alles, was; **tudo** ~ alles, was; **tanto** ~ **sei** so viel ich weiß; **leva tantos livros** ~**s quiseres** nimm so viele Bücher mit, wie du willst **III.** *adv* wie (sehr); **a casa não é tão cara** ~ **eu pensava** das Haus ist nicht so teuer wie ich dachte; ~ **a alguém/a. c.** was jdn/etw angeht; (o) ~ **antes** so bald wie möglich; **ela não tem tempo para descansar,** ~ **mais para ir de férias** sie hat keine Zeit, um sich auszuruhen und schon gar nicht, um Urlaub zu machen **IV.** *konj* ~ **mais cedo, melhor** je eher, desto besser; ~ **mais ele trabalha, mais ganha** je mehr er arbeitet, desto mehr verdient er

quão *adv* wie; **não imaginas** (o) ~ **feliz estou!** du kannst dir nicht vorstellen, wie glücklich ich bin!

quarenta [kwɐ'rẽntɐ] *num card* vierzig

quarentão, -ona I. *m, f* Vierzigjährige **II.** *adj* vierzigjährig

quarentena *f* Quarantäne *f;* **estar de** ~ unter Quarantäne stehen

Quaresma *f* (REL) Fastenzeit *f*

quarta-feira *f* Mittwoch *m;* **Quarta-feira de Cinzas** Aschermittwoch *m; v.* **segunda-feira**

quartanista *m(f)* Student , Studentin im vierten Studienjahr *m*

quarteirão *m* **1.** (*de casas*) Häuserblock *m* **2.** (*vinte e cinco*) **um** ~ **de sardinhas** fünfundzwanzig Sardinen

quartel *m* **1.** (MIL) Kaserne *f* **2.** (*quarta parte*) Viertel *nt;* **no primeiro** ~ **do século XX** im ersten Viertel des 20. Jahrhunderts

quartel-general *m* (MIL) Hauptquartier *nt*

quarteto *m* (MÚS) Quartett *nt*

quartilho *m* halbe(r) Liter *m*

quarto ['kwartu] **I.** *m* (*de dormir*) Zimmer *nt;* ~ **de casal** Doppelzimmer *nt;* (*brasil*); ~

Q

de despejo Speisekammer *f;* ~ **de hóspedes** Gästezimmer *nt;* ~ **individual** Einzelzimmer *nt;* (*quarta parte*) Viertel *nt;* **um** ~ **de hora** eine Viertelstunde; **três** ~**s de hora** eine Dreiviertelstunde; **às cinco e um** ~ um Viertel nach fünf; **um** ~ **de litro** ein Viertelliter; ~ **crescente/minguante** erstes/letztes Mondviertel   **II.** *num ord* vierte(r, s); *v.* **segundo**

quartzo *m* (MIN) Quarz *m*

quase ['kwazə] *adv* fast, beinahe; ~ **nunca** fast nie; **estou** ~ **pronto** ich bin fast fertig

quatro ['kwatru] *num card* vier; *v.* **dois**

quatrocentos *num card* vierhundert

que [kə] **I.** *pron rel* der, die, das, was; **o computador** ~ **está ali** der Computer, der dort steht; **o rádio** ~ **está ali** das Radio, das dort steht; **a senhora** ~ **fala** die Frau, die spricht; **o/aquilo** ~ **eu disse** das, was ich gesagt habe   **II.** *pron interr* (*o quê*) was; (**o**) ~ (**é que**) **queres?** was willst du?; (**o**) ~ (**é que**) **disseste?** was hast du gesagt?; (*que tipo de*) was für ein, was für eine, was für; ~ **vinho é este?** was für ein Wein ist das?; (*qual*) welcher, welche, welches; ~ **vestido levas?** welches Kleid ziehst du an?; **em** ~ **comboio vieste?** mit welchem Zug bist du gekommen?   **III.** *m(f)* (*subordinada, consecutiva*) dass; **ela disse** ~ **estava doente** sie sagte, dass sie krank gewesen sei; **espero** ~ **ele venha** ich hoffe, dass er kommt; **é tão difícil** ~ **não percebo** es ist so schwierig, dass ich es nicht verstehe; (*em comparação*) als; **ela é maior** (**do**) ~ **ele** sie ist größer als er; (*porque*) weil   **IV.** *adv* wie; ~ **bonito!** wie schön!; ~ **pena!** wie schade!

quê [ke] **I.** *m* (*alguma coisa*) **um** ~ **de** etwas; **ela tem um** ~ **de tristeza** sie hat etwas Trauriges; (*dificuldade*) Schwierigkeit *f*   **II.** *pron interr* (**o**) ~? was?; **com** ~? womit?; **para** ~? wofür?, wozu?; **por** ~? warum?

quebra *f* **1.** (*ruptura*) Bruch *m;* (*interrupção*) Unterbrechung *f*   **2.** (*redução*) Abnahme *f;* **houve uma** ~ **na produção de vestuário** die Produktion von Textilien ist rückläufig

quebra-cabeças *m* Denkaufgabe *f*

quebradiço *adj* zerbrechlich

quebrado *adj* **1.** (*partido*) zerbrochen   **2.** (*papel*) zerknittert, verknickt   **3.** (*brasil: carro, máquina, telefone*) defekt

quebra-galho *m* (*coloq brasil*) Gelegenheitsarbeit *f,* Job *m*

quebra-gelo *m* Eisbrecher *m*

quebra-luz *m* Lampenschirm *m*

quebra-nozes *m* Nussknacker *m*

quebrar **I.** *vt* **1.** (*partir*) durchbrechen, zerbrechen   **2.** (*interromper*) abbrechen, unterbrechen   **3.** (*papel*) verknicken, zerknittern   **II.** *vi* **1.** (*partir-se*) durchbrechen, zerbrechen   **2.** (*brasil: carro, máquina*) kaputtgehen

queca *f* (*coloq*) Nummer *f;* **dar uma** ~ bumsen, vögeln

queda *f* **1.** (*acção de cair*) Fall *m,* Sturz *m;* (*de avião*) Absturz *m;* ~ **d'água** Wasserfall *m;* ~ **de cabelo** Haarausfall *m;* **a** ~ **do Muro de Berlim** der Fall der Berliner Mauer; **sofrer uma** ~ fallen, stürzen   **2.** (*jeito*) Neigung *f,* Vorliebe *f;* **ele tem** ~ **para a política** er hat eine Vorliebe für Politik   **3.** (*declínio*) Verfall *m,* Rückgang *m;* ~ **de preços** Preisrückgang *m*

quedar-se *vr* stillstehen; (*parar*) stehen bleiben

quede *pron interr* (*coloq*) wo ist/sind; ~ **ele?** wo ist er?; ~ **os meus livros?** wo sind meine Bücher?

quedes *m* (*brasil: de lona*) Leinenschuh *m;* (*de desporto*) Turnschuh *m*

quedo *adj* (*reg*) *v.* **quieto**

queijada *f* Käsekuchen *m*

queijadinha *f* kleine(r) Käsekuchen *m*

queijaria *f* Käserei *f*

queijo ['keiʒu] *m* Käse *m;* ~ **flamengo** Edamer *m;* ~ **fundido** Schmelzkäse *m;* ~ **suíço** Schweizer Käse

queima *f* Verbrennung *f;* ~ **das fitas** großes Fest am Ende des Studienjahres

queimada *f* Waldbrand *m*

queimadela *f* Verbrennung *f*

queimado *adj* verbrannt

queimadura [keimeʹdurɐ] *f* Brandwunde *f,* Verbrennung *f*

queimar **I.** *vt* (*com fogo, cigarro*) verbrennen; (*com líquido quente*) verbrühen; ~ **a língua** sich die Zunge verbrennen +*dat*; (*fig*); ~ **as pestanas** büffeln   **II.** *vi* (*sol, fogo, objecto*) brennen   **III.** *vr* sich verbrennen; ~**-se num dedo** sich einen Finger verbrennen +*dat*

queima-roupa *adv* **à** ~ aus nächster Nähe

queixa *f* Klage *f,* Beschwerde *f;* (DIR) Anklage *f;* **fazer** ~ **de alguém** sich über jdn beklagen; **apresentar** ~ Anzeige erstatten

queixar-se *vr* sich beschweren (*de* über),

sich beklagen (*de* über); ~ **a alguém de a. c.**
sich bei jdm über etw beklagen; **o doente**
queixa-se de dores de cabeça der Kranke
klagt über Kopfschmerzen

queixo *m* Kinn *nt*

queixoso, -a *m, f* (DIR) Kläger, Klägerin *m, f*

queixume *m* (*lamentação*) Jammern *nt;* (*gemido*) Stöhnen *nt*

quelha *f* **1.** (*ruela*) Gasse *f* **2.** (*calha*) Rinne *f*

quem [kãi] **I.** *pron interr* wer; ~ **está aí?**
wer ist dort?; **de** ~ **é isto?** wem gehört das?;
~ **viste na festa?** wen hast du auf dem Fest
gesehen?; **com** ~ **vens?** mit wem kommst
du? **II.** *pron rel* der, die, das; **o rapaz com**
~ **eu falei** der Junge, mit dem ich gesprochen habe; **o público a** ~ **o artigo se**
dirige das Publikum, an das sich der Artikel
wendet **III.** *pron indef* (*alguém*) jemand,
man; (*aquele que*) derjenige, der, wer; ~
quiser participar, é bem-vindo wer teilnehmen möchte, ist herzlich willkommen;
não há ~ **coma isto** das ist ungenießbar; **há**
~ **diga que ...** man sagt, dass ..., es heißt; ~
quer que seja wer es auch sein mag; ~ **sabe!** wer weiß!; ~ **diria!** wer hätte das gedacht!; **por** ~ **é!** ich bitte Sie!, um Himmels
willen!

Quénia *m* Kenia *nt*

quentão *m* (*brasil*) Ingwerschnaps *m*

quente ['kẽntə] *adj* **1.** (*comida, roupa, tempo*) warm; (*muito* ~) heiß **2.** (*cor*) warm

quentura *f* Wärme *f*

queque ['kɛkə] **I.** *m* (CUL) Art Muffin **II.** *adj*
(*pej*) schickimicki

quer *konj* ~ **..., ~ ...** sowohl ... als auch ...; ~
os alunos, ~ os professores sowohl die
Schüler als auch die Lehrer; ~ **ele venha, ~**
não ob er kommt oder nicht; **quem/o que/**
onde ~ **que seja** wer/was/wo es auch sein
mag

querela *f* Querele *f*, Streit *m*

querer [kə'rer] **I.** *vt* (*ter vontade*) wollen,
mögen; **eu quero falar com ele** ich will mit
ihm sprechen; **queres que eu saia?** soll ich
hinausgehen?; **Deus queira que ...** hoffentlich ...; **por/sem** ~ absichtlich/aus Versehen; **como queira** wie Sie wollen; **o que eu**
quero dizer é ... was ich sagen will ist, ...;
não ~ **nada com alguém/a. c.** mit jdm/etw
nichts zu tun haben wollen; (*pedido*) mögen;
eu queria ich möchte; **queria uma cerveja,**
por favor ich hätte gerne ein Bier; (*convite*)

wollen, mögen; **queres ir ao cinema hoje?**
möchtest du heute ins Kino gehen?; **queres**
entrar? willst du hereinkommen?; **queira**
sentar-se! nehmen Sie doch bitte Platz! **II.**
vi ~ **bem/mal a alguém** jdm Gutes/
Schlechtes wollen; ~ **dizer** bedeuten; **quer**
dizer das heißt; **o que** (**é que**) **quer dizer**
isto em português? was heißt das auf Portugiesisch?

querido, -a [kə'ridu] **I.** *m, f* Schatz *m*, Liebste **II.** *adj* lieb; ~ **Artur/querida Ana** lieber
Artur/liebe Ana

quermesse *f* Kirmes *f*

querosene *m* **1.** (*iluminação*) Lampenöl *nt*
2. (*avião*) Kerosin *nt*

quesito *m* Frage *f*

questão [kəʃ'tãu] *f* **1.** (*pergunta*) Frage *f*;
colocar uma ~ (**a alguém**) (jdm.) eine Frage
stellen; **estar em** ~ infrage stehen; **pôr a. c.**
em ~ etw infrage stellen; **isso é uma** ~ **de**
tempo das ist eine Frage der Zeit; **é uma** ~
de gosto das ist Geschmackssache **2.** (*assunto*) Angelegenheit *f*; (*problema*) Problem *nt*
3. (*contenda*) Streitfrage *f*

questionar I. *vt* (*perguntar a*) fragen; (*pôr*
em questão) bestreiten, infrage stellen **II.** *vr*
sich fragen

questionário *m* Fragebogen *m*

questionável *adj* fraglich, zweifelhaft

questiúncula *f* Wortwechsel *m*

quiçá *adv* vielleicht

quieto ['kjɜtu] *adj* **1.** (*sossegado*) ruhig,
still; **está ~!** sei still! **2.** (*imóvel*) bewegungslos; **está ~!** sitz still!

quietude *f* Ruhe *f*, Stille *f*

quilate *m* Karat *nt*

quilha *f* (NAÚT) Kiel *m*

quilo ['kilu] *m* Kilo *nt;* **um** ~ **de maçãs** ein
Kilo Äpfel

quilobyte *m* (INFORM) Kilobyte *nt*

quilograma [kilu'greməə] *m* Kilogramm *nt*

quilolitro *m* Kiloliter *m*

quilometragem *f* Kilometerstand *m*

quilómetro [ki'lɔmətru] *m* Kilometer *m;* ~
quadrado Quadratkilometer *m;* **~s à hora**
Stundenkilometer *m*, Kilometer pro Stunde;
o carro vai a 100 ~s à hora das Auto fährt
100 Stundenkilometer

quilovátio *m* (FíS) Kilowatt *nt*

quilovátio-hora *m* (FíS) Kilowattstunde *f*

quilowatt *m v.* **quilovátio**

quimera *f* Hirngespinst *nt*

Q

química f Chemie f; ~ **alimentar** Lebensmittelchemie f

químico, **-a** I. m, f Chemiker, Chemikerin m, f II. adj chemisch

quimioterapia f (MED) Chemotherapie f

quimo m (BIOL) Speisebrei m

quimono m Kimono m

quina f 1. (canto) Ecke f 2. (em brasão) Schild m

quinado adj **vinho** ~ mit Chinarinde versetzter Wein

quinhão m Anteil m

quinhentos num card fünfhundert

quinina f (QUÍM) Chinin nt

quinquagésimo num ord fünfzigste(r, s)

quinquilharias fpl Trödel m, Krimskrams m

quinta ['kĩntɐ] f Landgut nt

quinta-feira f Donnerstag m; **Quinta-Feira Santa** Gründonnerstag m; v. **segunda-feira**

quintal m 1. (jardim) Garten m; (horta) Gemüsegarten m 2. (medida de peso) Zentner m; ~ **métrico** Doppelzentner m

quintanista m(f) Student , Studentin im fünften Studienjahr m

quinteiro m kleine(r) Garten m

quinteto m (MÚS) Quintett nt

quinto ['kĩntu] I. m Fünftel nt II. num ord fünfte(r, s); v. **segundo**

quíntuplo I. m Fünffache nt II. adj fünffach

quinze ['kĩzɐ] num card fünfzehn; ~ **dias** vierzehn Tage; v. **dois**

quinzena f zwei Wochen pl, vierzehn Tage pl

quinzenal adj vierzehntägig

quinzenalmente adv alle vierzehn Tage, vierzehntägig

quiosque m Kiosk m

quiproquó m Missverständnis nt

quiromante m(f) Handleser, Handleserin m, f

quisto m (MED) Zyste f

quitanda f (brasil) Verkaufsstand m, Marktstand m

quitandeiro, **-a** m, f (brasil) Marktverkäufer, Marktfrau m, f; (que vende legumes) Gemüsehändler, Gemüsehändlerin m, f

quitar vt (uma dívida) erlassen

quite adj **estar** ~ quitt sein; **estamos ~s** wir sind quitt

quociente m (MAT) Quotient m; ~ **de inteligência** Intelligenzquotient m

quota f Quote f

quota-parte f Anteil m

quotidiano I. m Alltag m II. adj alltäglich

R

R, **r** ['ɜʀɐ] m R, r nt

R. abrev de **rua** Str. (= Straße)

rã f Frosch m

rabanada f 1. (CUL) arme(r) Ritter m 2. (de vento) Bö f, Böe f

rabanete m Radieschen nt

rábano m Rettich m

rabear vi 1. (peixe) die Flossen bewegen; (cão) mit dem Schwanz wedeln 2. (pessoa) unruhig sein

rabecada f (coloq) Anschiss m; **levar uma** ~ einen Anschiss kriegen

rabelo m (barco) Douroschiff nt

rabeta adj (coloq, pej) schwul

rabi m Rabbi m

rabicho m Zopf m, Rattenschwänzchen nt

rabino m Rabbiner m

rabiosque m v. **rabiote**

rabiote m (coloq) Po m, Hintern m

rabiscar vi kritzeln

rabisco m Gekritzel nt, Kritzelei f

rabo m 1. (de animal) Schwanz m 2. (de pessoa) Gesäß nt, Hintern m; **fugir com o** ~ **à seringa** einen heiklen Punkt umgehen

rabo-de-cavalo m (penteado) Pferdeschwanz m

rabo-de-saia m (coloq) Frau f

rabugento adj schlecht gelaunt, mürrisch

rabugice f Kratzbürstigkeit f, schlechte Laune f

rabujar vi nörgeln; (criança) quengeln

rábula f Nebenrolle f

raça f Rasse f; (animal); **de** ~ (pura) reinrassig

ração f Ration f

racha f 1. (em muro) Riss m 2. (na roupa) Schlitz m

rachadela f Riss m

rachado adj (muro) rissig; (cabeça) aufgeschlagen

rachar vt **1.** (a cabeça) aufschlagen; ~ **a cabeça a alguém** jdm den Kopf einschlagen **2.** (lenha) hacken **3.** (brasil: despesas) umlegen f

racial adj rassisch, Rassen ...

raciocinar vi nachdenken (sobre über), überlegen

raciocínio m **1.** (dedução) Schlussfolgerung f **2.** (capacidade) Urteilsvermögen nt **3.** (ponderação) Nachdenken nt (sobre über)

racional adj rational

racionalidade f Rationalität f

racionalizar vt rationalisieren

racionalmente adv vernünftig

racionar vt rationieren

racismo m Rassismus m

racista I. m(f) Rassist, Rassistin m, f II. adj rassistisch

radar m Radar m, nt

radiação f (FÍS) Strahlung f

radiador [ʀɐdjɐˈdoɾ] m **1.** (de aquecimento) Heizkörper m **2.** (de automóvel) Kühler m

radiante adj strahlend

radicado adj ansässig (em in), wohnhaft (em in)

radical I. m **1.** (LING) Stamm m, Wurzel f **2.** (MAT) Wurzelzeichen nt **3.** (QUÍM) Radikal nt II. adj **1.** (mudança) grundlegend, tief greifend; (limpeza) gründlich **2.** (extremista) radikal

radicar-se vr sich niederlassen (em in)

rádio [ˈʀadju] I. m (aparelho) Radio nt; ~ **portátil** Kofferradio nt; **ouvir** ~ Radio hören; (ANAT) Speiche f; (QUÍM) Radium nt II. f (instituição) Rundfunk m; **na** ~ im Rundfunk

radioactividade f Radioaktivität f

radioactivo adj radioaktiv

radioatividade f (brasil) v. **radioactividade**

radioativo adj (brasil) v. **radioactivo**

rádio-despertador m Radiowecker m

radiodifusão f Rundfunk m, Rundfunkwesen nt

radiofónico adj Rundfunk ..., Radio ...

radiografar [ʀɐdjugɾɐˈfaɾ] vt röntgen

radiografia [ʀɐdjugɾɐˈfiɐ] f Röntgenaufnahme f, Röntgenbild nt; (paciente); **tirar uma** ~ sich röntgen lassen

radiograma m Funkspruch m

radiogravador m Radiorecorder m

radiologia f Röntgenologie f

radiologista m(f) Röntgenologe, Röntgenologin m, f, Radiologe, Radiologin m, f

radiopatrulha f Funkstreife f

radioscopia f Durchleuchtung f

radioso adj strahlend

radiotelefonia f Sprechfunk m

radiotelegrafar vt funken

radiotelegrafista m(f) Funker, Funkerin m, f

radioterapia f Strahlenbehandlung f, Strahlentherapie f

rafeiro m (coloq) Köter m

ráfia f Bast m

rafting [ˈʀɐftiŋ] m (DESP) Rafting nt

râguebi [ˈʀɛɡɐbi] m Rugby nt

raia f **1.** (ZOOL) Rochen m **2.** (traço) Strich m, Linie f **3.** (limite) Grenze f; **tocar as** ~s **de** an die Grenzen stoßen

raiado adj gestreift; (olho) blutunterlaufen

raiar vi **1.** (sol) strahlen **2.** (dia) anbrechen

rail m Leitplanke f

rainha f **1.** (monarca) Königin f **2.** (de xadrez) Dame f

raio m **1.** (FÍS: de sol, luz) Strahl m; ~s **X** Röntgenstrahlen pl **2.** (relâmpago) Blitz m; (coloq); ~s **te partam!** hol dich der Teufel!; (coloq); ~s **partam isto!** zum Teufel damit!; (coloq); **com um** ~! verfluchter Mist!; (coloq); **que** ~ **de pergunta é essa?** was soll die blöde Frage?; (coloq); **que** ~ **de tempo!** was für ein Scheißwetter! **3.** (de roda) Speiche f **4.** (de circunferência) Radius m **5.** (área) Umkreis m; ~ **de a(c)ção** Reichweite f; **foi tudo destruído num** ~ **de 10 km** im Umkreis von 10 km war alles zerstört

raiva f **1.** (MED) Tollwut f **2.** (fúria) Wut f; **estar com** ~ **de alguém** auf jdn wütend sein; **ter** ~ **de alguém** jdn hassen

raivoso adj **1.** (MED) tollwütig **2.** (furioso) wütend

raiz f **1.** (de planta, cabelo, dente) Wurzel f; **lançar** ~es Wurzeln schlagen **2.** (de palavra) Wurzel f, Stamm m **3.** (MAT) Wurzel f; ~ **cúbica** Kubikwurzel f; ~ **quadrada** Quadratwurzel f **4.** (origem) Ursprung m

rajá m Radscha m

rajada [ʀɐˈʒadɐ] f Bö f, Windstoß m

ralado adj **1.** (comida) gerieben, geraspelt

R

2. (*coloq: pessoa*) deprimiert (*com* wegen), down

ralador *m* Reibe *f,* Raspel *f*

ralar I. *vt* (*comida*) reiben, raspeln; (*uma pessoa*) bedrücken, quälen **II.** *vr* betrübt sein (*com* wegen); (*preocupar-se*) sich Sorgen machen (*com* um)

ralé *f* Gesocks *nt,* Pack *nt*

ralhar *vi* schimpfen; ~ **com alguém** mit jdm schimpfen

rali *m* Rallye *f;* ~ **paper** Rallye *f*

ralo I. *m* (*de lavatório, banheira*) Abfluss *m;* (*de regador*) Brause *f* **II.** *adj* **1.** (*cabelo*) schütter, licht; **barba rala** spärlicher Bartwuchs **2.** (*sopa*) dünn

ramada *f* **1.** (*para sombra*) Laube *f* **2.** (*coloq: bebedeira*) Rausch *m*

ramadão *m* (REL) Ramadan *m*

ramal *m* **1.** (*caminho-de-ferro*) Nebenstrecke *f;* (*estrada*) Nebenstraße *f* **2.** (TEL: *brasil*) Nebenanschluss *m*

ramalhar *vi* rauschen

ramalhete *m* Strauß *m*

rameira *f* Hure *f,* Nutte *f*

ramerrão *m* **1.** (*ruído*) eintönige(s) Geräusch *nt* **2.** (*rotina*) Routine *f*

ramificação *f* (*de estrada*) Verzweigung *f*

ramificar-se *vr* sich verzweigen

ramo ['ʀɐmu] *m* **1.** (*de árvore*) Zweig *m;* (*grosso*) Ast *m* **2.** (*de flores*) Strauß *m* **3.** (*área*) Gebiet *nt;* ~ **de actividade** Gewerbe *nt,* Branche *f;* ~ **do saber** Wissensgebiet *nt*

rampa ['ʀɐ̃mpɐ] *f* Rampe *f;* (*de garagem*) Auffahrt *f*

rancho *m* **1.** (*de dança*) ~ **folclórico** Folkloregruppe *f* **2.** (CUL) Nudelgericht mit Kichererbsen und Fleisch **3.** (*herdade*) Ranch *f*

ranço *m* (*sabor*) ranzige(r) Geschmack *m;* (*cheiro*) ranzige(r) Geruch *m;* **saber/cheirar a** ~ ranzig schmecken/riechen

rancor *m* Groll *m;* **guardar** ~ nachtragend sein

rancoroso *adj* nachtragend

rançoso *adj* ranzig

ranger I. *vt* ~ **os dentes** mit den Zähnen knirschen **II.** *vi* (*porta, madeira*) knarren; (*papel*) knistern; (*neve*) knirschen

rangido *m* (*de madeira*) Knarren *nt;* (*de dentes*) Knirschen *nt*

rango *m* **1.** (*brasil: petisco*) Häppchen *nt* **2.** (*brasil: jantarada*) Gelage *nt*

ranho *m* Rotz *m*

ranhoso *adj* rotzig

ranhura *f* (*fenda*) Spalt *m,* Ritze *f;* (*para moedas*) Schlitz *m*

ranking *m* Rangliste *f;* ~ **mundial** Weltrangliste *f*

ranzinza *adj* griesgrämig, mürrisch

rap [ʀɐp] *m* (MÚS) Rap *m*

rapado *adj* (*cabeça*) kahl geschoren; (*cabelo*) kurz geschoren

rapagão *m* stämmige(r) Bursche *m,* kräftige(r) junge(r) Mann *m*

rapar *vt* **1.** (*raspar*) abkratzen, abschaben; ~ **o tacho** den Topf auskratzen **2.** (*o cabelo*) scheren; (*a barba*) abrasieren

rapariga [ʀɐpɐ'ʀiɡɐ] *f* (*criança*) Mädchen *nt;* (*adolescente*) Jugendliche *f,* junge Frau *f*

rapaz [ʀɐ'paʃ] *m* (*criança*) Junge *m;* (*adolescente*) Jugendliche *m,* junge(r) Mann *m*

rapaziada *f* **1.** (*jovens*) Jugendliche *pl,* junge(n) Leute *pl* **2.** (*rapazes*) Jungen *pl;* (*adolescentes*) Jugendliche *pl*

rapé *m* Schnupftabak *m*

rapidamente *adv* schnell, rasch

rapidez *f* Schnelligkeit *f;* **com** ~ schnell, rasch

rápido ['ʀapidu] *adj o adv* schnell

raposa *f* (*espécie, macho*) Fuchs *m;* (*fêmea*) Füchsin *f*

rapsódia *f* Rhapsodie *f*

raptar *vt* entführen

rapto *m* Entführung *f*

raptor(**a**) *m(f)* Entführer, Entführerin *m, f*

raquete *f* **1.** (*de ténis*) Schläger *m,* Tennisschläger *m* **2.** (*para a neve*) Schneeschuh *m*

raquítico *adj* **1.** (MED) rachitisch **2.** (*franzino*) schmächtig

raquitismo *m* (MED) Rachitis *f*

raramente [ʀɐʀɐ'mẽtɐ] *adv* selten

rarear *vi* **1.** (*frequência*) selten werden **2.** (*quantidade*) weniger werden; (*cabelo*) sich lichten

rarefazer *vt* verdünnen

rarefeito I. *pp de* **rarefazer II.** *adj* dünn

raridade *f* **1.** (*objecto*) Rarität *f* **2.** (*frequência*) Seltenheit *f;* **com** ~ selten

raro ['ʀaru] *adj* **1.** (*acontecimento*) selten; **raras vezes** selten; **é** ~ **o dia em que isso não acontece** es gibt kaum einen Tag, an dem das nicht geschieht **2.** (*objecto*) rar

rasante *adj* (*tiro, voo*) rasant

rasca I. *adv* (*coloq*) **estar à** ~ in der Klemme stecken; (*coloq*); **ver-se à** ~ **com alguém/a.**

c. mit jdm/etw nicht klarkommen; (*coloq*); **ver-se à** ~ **para fazer a. c.** etw mit Hängen und Würgen schaffen **II.** *adj* (*coloq: de má qualidade*) miserabel; (*de mau gosto*) ekelhaft, grauenhaft

rascunho *m* (*de texto*) Entwurf *m*, Konzept *nt*; (*de desenho*) Skizze *f*; **fazer um** ~ einen Entwurf machen

rasgado *adj* **1.** (*tecido, roupa, papel*) zerrissen **2.** (*olhos*) groß

rasgão *m* Riss *m*

rasgar **I.** *vt* (*papel, tecido*) durchreißen; (*em pedaços, por acidente*) zerreißen; (*com violência*) zerfetzen; (*abrir*) aufreißen; (*destacar*) abtrennen; (*uma parede*) durchbrechen **II.** *vr* (*papel, tecido*) zerreißen

raso *adj* (*plano*) eben; (*chato*) platt; (*baixo*) niedrig; (*prato*) flach; **ângulo** ~ gestreckter Winkel; **soldado** ~ gemeiner Soldat

raspa *f* Geriebene *nt*, Raspel *pl*; ~ **de limão** abgeriebene Zitronenschale

raspador *m* Schaber *m*

raspanço *m* (*coloq*) Standpauke *f*, Anpfiff *m*

raspão *m* Schramme *f*, Kratzer *m*; **de** ~ dicht an

raspar **I.** *vt* (*uma superfície*) abschaben; (*tinta, cola*) abkratzen; (*arranhar*) schrammen; (*ralar*) reiben, raspeln **II.** *vi* streifen (*em*); **o carro raspou na parede** der Wagen streifte die Wand **III.** *vr* (*coloq*) ausreißen, abhauen

rasteira *f* **1.** (*com a perna*) Beinstellen *nt*; **passar/pregar uma** ~ **a alguém** jdm ein Bein stellen **2.** (*armadilha*) Falle *f*; (*em pergunta*) Fangfrage *f*; **pregar uma** ~ **a alguém** jdn aufs Glatteis führen, jdm eine Falle stellen

rasteiro *adj* kriechend; **planta rasteira** Kriechpflanze *f*

rastejante **I.** *m* Kriechtier *nt* **II.** *adj* Kriech ...

rastejar *vi* **1.** (*no chão*) kriechen **2.** (*fig: rebaixar-se*) kriechen

rastilho *m* Zündschnur *f*

rasto *m* Spur *f*; (*de navio*) Kielwasser *nt*; **seguir o** ~ **de alguém** in jds Fußstapfen treten; **desaparecer sem deixar** ~ spurlos verschwinden

rastos *adv* **andar de** ~ kriechen; **ir de** ~ nur widerwillig gehen; **levar alguém de** ~ jdn mitschleppen; (*coloq*); **estar de** ~ vollkommen fertig sein

rastrear *vt* **1.** (*percurso, processo*) zurück-

verfolgen, erforschen **2.** (*uma doença*) diagnostizieren

rastreio *m* **1.** (*de percurso, processo*) Zurückverfolgung *f*, Erforschung *f*; (*de pistas*) Spurensuche *f* **2.** (*de doença*) Diagnose *f*; ~ **do cancro** Krebsdiagnose *f*

rastro *m* v. **rasto**

rasurar *vt* (*documento*) korrigieren; (*palavra*) durchstreichen

ratar *vt* annagen, anfressen

ratazana *f* Ratte *f*

rateio *m* (ECON) Kontingentierung *f*

ratificar *vt* ratifizieren

ratinho *m* (*coloq*) **ter um** ~ **a roer** ein bisschen Hunger haben

rato *m* (ZOOL, INFORM) Maus *f*

rato-de-biblioteca *m* Bücherwurm *m*

ratoeira *f* **1.** (*para ratos*) Mausefalle *f* **2.** (*fig: cilada*) Falle *f*; **cair na** ~ in die Falle gehen

ravina *f* **1.** (*barranco*) Schlucht *f* **2.** (*de água*) Sturzbach *m*

razão [ʀɐˈzɐ̃w] *f* **1.** (*em discussão*) Recht *nt*; **ter/não ter** ~ Recht/Unrecht haben; **tens** ~ du hast Recht; **estar cheio de** ~ vollkommen im Recht sein; **com (toda a)** ~ mit (vollem) Recht; **dar** ~ **a alguém** jdm Recht geben **2.** (*motivo*) Grund *m*; **isso tem a sua** ~ **de ser** das hat seine Daseinsberechtigung; **isso não tem** ~ **de ser** es gibt keinen Grund, warum das so sein sollte; **sem (qualquer)** ~ ohne (jeden) Grund; **(não) ter** ~ **de queixa** (keinen) Grund zum Klagen haben; **não sei por que** ~ **isso acontece** ich weiß nicht, warum das passiert **3.** (*entendimento*) Verstand *m*; (*sensatez*) Vernunft *f*; **chamar alguém à** ~ jdn zur Vernunft bringen **4.** (MAT) Verhältnis *nt*, Proportion *f* **5.** (ECON: *percentagem*) Prozentsatz *m*; (*taxa de juro*) Zinssatz *m*; **à** ~ **de** zum Zinssatz von

razoável *adj* **1.** (*preço*) angemessen; (*proposta, qualidade*) annehmbar **2.** (*esforço, quantidade*) ziemlich **3.** (*sensato*) vernünftig

razoavelmente *adv* ziemlich gut

r/c *abrev de* **rés-do-chão** EG (= *Erdgeschoss*)

RDA *abrev de* **República Democrática Alemã** DDR (= *Deutsche Demokratische Republik*)

ré **I.** *f f de* **réu** (NAÚT) Heck *nt*; (*brasil: no automóvel*) Rückwärtsgang *m*; **dar (marcha à)** ~ rückwärts fahren **II.** *m* (MÚS) D *nt*

reabastecer **I.** *vt* (*avião*) auftanken; (*estabe-*

R

lecimento) beliefern (*de* mit); (*tropas*) mit Nachschub versorgen (*de* an) **II.** *vr* sich neu eindecken (*de* mit)

reabastecimento *m* **1.** (*de avião*) Auftanken *nt* **2.** (*das tropas*) Nachschub *m*

reaberto *pp de* **reabrir**

reabertura *f* Wiedereröffnung *f*

reabilitação *f* **1.** (*de pessoa*) Rehabilitation *f*, Rehabilitierung *f* **2.** (*da economia*) Sanierung *f*

reabilitar *vt* **1.** (*uma pessoa*) rehabilitieren **2.** (*a economia*) sanieren

reabrir *vi* wieder eröffnen

reação *f* (*brasil*) *v.* **reacção**

reacção *f* Reaktion *f* (*a* auf); ~ **em cadeia** Kettenreaktion *f*; **ter uma** ~ **alérgica a a. c.** allergisch auf etw reagieren

reaccionário, -a **I.** *m, f* Reaktionär, Reaktionärin *m, f* **II.** *adj* reaktionär

reacionário, -a *m, f* (*brasil*) *v.* **reaccionário**

reactivar *vt* (*máquina*) wieder in Gang bringen; (*fábrica*) wieder in Betrieb nehmen; (*economia, produção*) ankurbeln, wieder in Schwung bringen

reactor *m* **1.** (*nuclear*) Reaktor *m*; ~ **nuclear** Atomreaktor *m* **2.** (AERO) Triebwerk *nt*

readaptação *f* Wiederanpassung *f* (*a* an)

readaptar-se *vr* sich wieder anpassen (*a* an)

readmitir *vt* (*em empresa*) wieder einstellen

reafirmar *vt* nochmals versichern, bekräftigen

reagente *m* Reagens *nt*

reagir *vi* reagieren (*a* auf)

reajuste *m* Angleichung *f*, Anpassung *f*

real *adj* **1.** (*da realeza*) königlich, Königs ...; **a família** ~ die Königsfamilie **2.** (*verdadeiro*) wirklich, tatsächlich; (*autêntico*) echt; **uma história** ~ eine wahre Geschichte **3.** (MAT) reell

Innerhalb weniger Jahre hatte Brasilien drei Währungsreformen. Die gültige Währung (seit Juli 1994) heißt **Real** und ist am leichtesten im Land erhältlich. Schecks, Dollars und Euro werden in Banken und auch in Hotels problemlos akzeptiert. Reiseschecks sind dennoch nach wie vor das sicherste Zahlungsmittel. Schwarz tauschen wie früher zum paralelo ist unin-

teressant geworden, der offizielle Touristenkurs ist wesentlich günstiger. Ein Rücktausch der Devisen in der Heimat ist nicht möglich, den Real kauft keine Bank der Welt.

realçar **I.** *vt* hervorheben, betonen **II.** *vr* sich hervorheben, hervorstechen

realce *m* Betonung *f*; **dar** ~ **a a. c.** etw hervorheben/betonen

realejo *m* Leierkasten *m*, Drehorgel *f*

realeza *f* Königswürde *f*

realidade *f* Wirklichkeit *f*, Realität *f*; **na** ~ in Wirklichkeit; ~ **virtual** virtuelle Realität

realismo *m* Realismus *m*

realista **I.** *m(f)* Realist, Realistin *m, f* **II.** *adj* realistisch

realização *f* **1.** (*de tarefa, trabalho*) Ausführung *f*, Durchführung *f*; (*de projecto*) Verwirklichung *f*; ~ **pessoal** Selbstverwirklichung *f* **2.** (*de um sonho*) Erfüllung *f* **3.** (CIN) Regie *f*

realizador(a) *m(f)* (CIN) Regisseur, Regisseurin *m, f*

realizar **I.** *vt* **1.** (*tarefa, trabalho*) durchführen, ausführen; (*projecto*) verwirklichen, realisieren **2.** (*um sonho*) erfüllen **3.** (*concerto, exposição, curso*) veranstalten **4.** (CIN) Regie führen bei **II.** *vr* **1.** (*evento*) stattfinden **2.** (*projecto*) durchgeführt werden **3.** (*sonho*) in Erfüllung gehen, sich erfüllen **4.** (*prognóstico, previsão*) eintreffen **5.** (*pessoa*) sich selbst verwirklichen

realmente [ʁjalˈmẽntə] *adv* **1.** (*verdadeiramente*) wirklich; **isto é** ~ **bonito** das ist wirklich schön **2.** (*de facto*) tatsächlich, in der Tat; ~, **o filme não é assim tão bom** der Film ist in der Tat nicht so gut

realojar *vt* umsiedeln

reanimação *f* (MED) Wiederbelebung *f*

reanimar **I.** *vt* (MED) wieder beleben; (*animar*) aufmuntern **II.** *vr* neuen Mut schöpfen

reaparecer *vi* (*doença*) wieder ausbrechen; (*pessoa*) wieder erscheinen, wieder auftauchen

reaparecimento *m* Wiedererscheinen *nt*

reaprender *vt* wieder lernen

reaproveitamento *m* Wiederverwertung *f*

reaproveitar *vt* wiederverwerten

reaproximar-se *vr* sich wieder annähern (*de* an)

rearmamento m (MIL) Wiederbewaffnung f, Nachrüstung f

rearmar vt (MIL) nachrüsten, wieder bewaffnen

reatar vt (relação) wieder aufnehmen; (amizade, namoro) wieder aufleben lassen, fortführen

reativar vt (brasil) v. **reactivar**

reator m (brasil) v. **reactor**

reaver vt zurückbekommen, zurückerhalten

reavivar I. vt (a memória) auffrischen II. vr (interesse, costumes) wieder aufleben

rebaixa f Preissenkung f, Preisnachlass m

rebaixar I. vt (preço) senken, herabsetzen; (fig: uma pessoa) herabwürdigen, erniedrigen II. vr sich herabwürdigen

rebanho m Herde f

rebaptizar vt umbenennen (de in)

rebate m Alarm m

rebater vt 1. (golpe) abwehren 2. (argumento) widerlegen; (acusação) zurückweisen 3. (assento) umklappen

rebatível adj umklappbar

rebatizar vt (brasil) v. **rebaptizar**

rebelar-se vr (POL) rebellieren (contra gegen)

rebelde I. m(f) Rebell, Rebellin m, f, Aufständische II. adj 1. (população, tropas) aufständisch, rebellisch 2. (pessoa) aufsässig, rebellisch

rebeldia f Aufsässigkeit f, Widerspenstigkeit f

rebelião f Aufstand m, Rebellion f

rebentar I. vt 1. (fechadura, porta) aufbrechen 2. (balão) zerplatzen lassen II. vi 1. (balão, veia, tumor, cano) platzen 2. (corda, elástico) reißen 3. (bomba) explodieren 4. (guerra) ausbrechen 5. (BOT) ausschlagen 6. (onda) sich brechen

rebento m 1. (BOT) Trieb m; ~ **de soja** Sojasprosse f 2. (filho) Sprößling m

rebite m Niete f

rebocador m (NAÚT) Schlepper m

rebocar [ʀəbu'kar] vt 1. (automóvel) abschleppen; (navio) schleppen 2. (parede) verputzen

reboco m Putz m

rebolar-se vr sich wälzen

reboque [ʀə'bɔkə] m 1. (método) Abschleppen nt; **levar um carro/navio a** ~ ein Auto abschleppen/ein Schiff schleppen 2. (veículo) Abschleppwagen m; **chamar o** ~

den Abschleppdienst rufen 3. (atrelado) Anhänger m

rebordo m Rand m

rebotalho m Ramsch m

rebuçado m Bonbon nt

rebuliço m 1. (de pessoas) Getümmel nt 2. (desordem) Wirrwarr m, Unordnung f; **estar num** ~ durcheinander liegen

rebuscado adj (estilo) gekünstelt, gesucht

recado m Nachricht f; **dar/deixar um** ~ **a alguém** jdm eine Nachricht ausrichten/hinterlassen; **quer deixar** ~? wollen Sie eine Nachricht hinterlassen?; (fig); (não) **dar conta do** ~ seinen Aufgaben (nicht) nachkommen

recaída f Rückfall m; **ter uma** ~ einen Rückfall bekommen

recair vi 1. (culpa, responsabilidade) fallen (sobre auf) 2. (doente) einen Rückfall bekommen

recalcamento m (PSIC) Verdrängung f

recalcar vt (PSIC) verdrängen

recambiar vt zurückschicken

recanto m Winkel m, Ecke f; (esconderijo) Schlupfwinkel m

recapitulação f 1. (repetição) Wiederholung f 2. (sumário) Zusammenfassung f

recapitular vt 1. (a matéria) wiederholen 2. (os factos) zusammenfassen, rekapitulieren

recarga f (embalagem) Nachfüllpackung f; (de caneta) Patrone f

recarregar vt 1. (pilha, bateria) aufladen 2. (embalagem) auffüllen

recarregável adj 1. (pilha) aufladbar 2. (embalagem) nachfüllbar, auffüllbar

recatado adj 1. (reservado) zurückhaltend; (modesto) bescheiden 2. (pudico) züchtig, sittsam

recauchutagem f (de pneu) Runderneuerung f

recauchutar vt (pneu) runderneuern

recear I. vt fürchten, befürchten II. vi sich sorgen (por um)

receber [ʀəsə'ber] I. vt 1. (prenda, ordenado, prémio, carta, elogio, proposta) erhalten, bekommen 2. (convidados) empfangen; (hóspedes) aufnehmen II. vi 1. (ordenado) Lohn erhalten, bezahlt werden 2. (convidados) Besucher empfangen

recebimento m (brasil) v. **recepção**

receio m Misstrauen nt; (temor) Befürchtung

R

f; **ter ~ de alguém/a. c.** jdm/etw nicht trauen

receita [Rə'seitɐ] *f* **1.** (CUL) Rezept *nt* **2.** (*médica*) Rezept *nt;* **passar uma ~** ein Rezept ausstellen **3.** (ECON) Ertrag *m;* **~s** Einnahmen *pl*

receitar [Rɐsei'tar] *vt* verordnen, verschreiben; **~ um medicamento a alguém** jdm ein Medikament verschreiben

recém-casado *adj* frisch verheiratet

recém-chegado, -a **I.** *m, f* Neuankömmling *m* **II.** *adj* neu angekommen (*a* in), soeben eingetroffen (*a* in)

recém-falecido *adj* kürzlich verstorben

recém-licenciado, -a *m, f* Hochschulabgänger, Hochschulabgängerin *m, f*

recém-nascido, -a **I.** *m, f* Neugeborene *nt* **II.** *adj* neugeboren

recenseamento *m* **1.** (*contagem*) Zählung *f;* **~ da população** Volkszählung *f;* **~ eleitoral** Erstellung des Wählerverzeichnisses **2.** (*inscrição*) Registrierung *f;* **fazer o ~ eleitoral** sich ins Wählerverzeichnis eintragen lassen

recensear **I.** *vt* zählen; **~ a população** eine Volkszählung durchführen **II.** *vr* sich im Wählerverzeichnis eintragen

recente *adj* **1.** (*acontecimento, objecto*) neu; **o filme/livro é ~** der Film ist neu/das Buch ist vor kurzem erschienen; **a separação deles ainda é muito ~** sie haben sich erst vor kurzem getrennt **2.** (*último*) letzte(r, s); **nos anos mais ~s** in den letzten Jahren

recentemente [Rɐsɛ̃tɐ'mɛ̃tɐ] *adv* kürzlich, vor kurzem

receoso *adj* ängstlich, furchtsam

recepção [Rɐsɛ'sãu] *f* **1.** (*de carta*) Empfang *m;* **acusamos a ~ da vossa carta** wir bestätigen den Eingang Ihres Schreibens **2.** (*de hotel*) Rezeption *f;* (*de escritório*) Anmeldung *f* **3.** (*de pessoas*) Aufnahme *f,* Empfang *m;* **dar uma ~ calorosa a alguém** jdm einen herzlichen Empfang bereiten; **ter uma ~ calorosa** freundlich aufgenommen werden

recepcionista *m/f* Empfangschef, Empfangsdame *m, f*

receptáculo *m* **1.** (*recipiente*) Behälter *m,* Gefäß *nt* **2.** (BOT) Blütenboden *m*

receptividade *f* **1.** (*para opiniões*) Aufgeschlossenheit *f,* Aufnahmefähigkeit *f* **2.** (*de espectáculo*) Anklang *m,* Resonanz *f;* (**não**) **ter muita ~** (keinen) großen Anklang finden

receptivo *adj* empfänglich (*a* für), aufnahmebereit

receptor *m* (*aparelho*) Empfangsgerät *nt,* Receiver *m*

recessão *f* (ECON) Rezession *f*

recheado [Rə'ʃjadu] *adj* **1.** (CUL) gefüllt (*com* mit) **2.** (*fig: repleto*) voll (*de* mit), gespickt (*de* mit)

rechear *vt* **1.** (CUL) füllen (*com* mit) **2.** (*fig: encher*) spicken (*de* mit); **~ um texto de ironia** einen Text mit ironischen Bemerkungen spicken

recheio *m* **1.** (CUL) Füllung *f,* Farce *f* **2.** (*da casa*) Hausrat *m*

rechonchudo *adj* pausbäckig, pummelig

recibo [Rə'sibu] *m* Quittung *f,* Beleg *m;* **passar um ~** eine Quittung ausstellen

reciclagem *f* **1.** (ECOLL) Recycling *nt* **2.** (*formação*) Fortbildung *f,* Weiterbildung *f*

reciclar *vt* recyceln

reciclável *adj* recycelbar

recife *m* Riff *nt*

recinto *m* **1.** (*espaço*) Gelände *nt;* **um ~ fechado** ein geschlossener Raum **2.** (*de exposições*) Ausstellungsgebäude *nt;* (*de desportos*) Halle *f;* (*de feiras*) Messegelände *nt*

recipiente [Rɐsə'pjɛ̃tɐ] *m* Gefäß *nt,* Behälter *m*

reciprocidade *f* Gegenseitigkeit *f,* Wechselseitigkeit *f*

recíproco *adj* gegenseitig, wechselseitig; **verbo ~** reziprokes Verb; **o sentimento é ~** das beruht auf Gegenseitigkeit

recital *m* **1.** (*de música*) Solokonzert *nt;* **~ de piano** Klavierabend *m* **2.** (*de poesia*) Dichterlesung *f*

recitar *vt* rezitieren, vortragen

reclamação [Rɐklɐmɐ'sãu] *f* **1.** (*queixa*) Beschwerde *f;* (*em restaurante*) Reklamation *f,* Beanstandung *f;* (ECON) Mahnung *f;* **fazer uma ~ a alguém de a. c.** sich bei jdm wegen etw beschweren **2.** (*reivindicação*) Rückforderung *f* **3.** (*protesto*) Einspruch *m*

reclamar [Rɐklɐ'mar] **I.** *vt* **1.** (*reivindicar*) zurückfordern, verlangen **2.** (*queixar-se de*) beanstanden, reklamieren; **~ a bagagem** das verloren gegangene Gepäck reklamieren **II.** *vi* **1.** (*protestar*) Einspruch erheben (*contra* gegen) **2.** (*em restaurante, hotel*) sich beschweren (*de* über)

reclame *m* Reklame *f,* Werbung *f;* **~ luminoso** Leuchtreklame *f*

reclamo *m v.* **reclame**

reclinar-se *vr* sich zurücklehnen

recluso, -a *m, f* Häftling *m,* Gefangene

recobrar *vt* wiederbekommen, zurückbekommen; ~ **o ânimo** wieder Mut schöpfen

recolha *f* 1. (*de assinaturas, dinheiro, donativos*) Sammeln *nt;* (*de informação*) Einholen *nt;* ~ **de dados** Datenerfassung *f* 2. (*de lixo*) Müllabfuhr *f* 3. (*transportes públicos*) Depot *nt*

recolher I. *m* ~ **obrigatório** Ausgangssperre *f* II. *vt* (*informações, opiniões*) einholen; (*dinheiro, assinaturas, donativos*) sammeln; (*dados*) erfassen; (*antena*) einziehen; (*colheita*) einbringen, einholen; (*fruto, azeitona*) pflücken, ernten; (*gado*) in den Stall treiben; (*hospedar*) aufnehmen, unterbringen III. *vr* sich zurückziehen

recolhido *adj* (*pessoa*) zurückgezogen lebend; (*lugar*) abgelegen, abgeschieden; **estar** ~ ruhen, sich zur Ruhe begeben haben; **ela é uma pessoa recolhida** sie führt ein zurückgezogenes Leben

recolhimento *m* (*espiritual*) Andacht *f*

recomeçar *vi* wieder anfangen

recomeço *m* Wiederanfang *m,* Neuanfang *m;* (*de actividade, conversa*) Wiederaufnahme *f*

recomendação *f* 1. (*sugestão*) Empfehlung *f;* **por** ~ **de** auf Empfehlung von 2. (*conselho*) Rat *m;* (*advertência*) Hinweis *m*

recomendações *fpl* (*cumprimentos*) Grüße *pl;* **as minhas** ~ **ao seu marido** grüßen Sie Ihren Mann von mir

recomendar [ʀəkumẽn'dar] *vt* empfehlen; ~ **a. c. a alguém** jdm etw empfehlen

recomendável *adj* empfehlenswert

recompensa *f* Belohnung *f* (*por* für)

recompensar *vt* belohnen (*por* für)

recompor-se *vr* 1. (*pessoa*) sich erholen (*de* von) 2. (*situação*) sich beruhigen

recomposto *pp de* **recompor**

reconciliação *f* Versöhnung *f*

reconciliar I. *vt* versöhnen, aussöhnen II. *vr* sich versöhnen (*com* mit)

recôndito *m* (*fig*) Innerste *nt*

reconduzir *vt* zurückbringen, zurückführen

reconfortante *adj* tröstlich, tröstend

reconfortar *vt* trösten

reconforto *m* Trost *m*

reconhecer *vt* 1. (*identificar*) erkennen (*por* an); **eu reconheci-o pela voz** ich habe

ihn an der Stimme erkannt 2. (*admitir*) zugestehen; (*erro*) zugeben, einräumen 3. (*esforço, trabalho, pessoa*) anerkennen 4. (*uma assinatura*) beglaubigen 5. (MIL) erkunden, aufklären

reconhecido *adj* 1. (*grato*) dankbar (*por* für) 2. (*reputado*) anerkannt; ~ **oficialmente** staatlich anerkannt

reconhecimento *m* 1. (*de esforço, trabalho*) Anerkennung *f* 2. (*gratidão*) Dankbarkeit *f* (*por* für) 3. (*de um erro*) Einsicht *f* 4. (*de assinatura*) Beglaubigung *f* 5. (MIL) Erkundung *f,* Aufklärung *f*

reconhecível *adj* erkennbar (*por* an)

reconquista *f* (MIL) Rückeroberung *f*

reconquistar *vt* 1. (MIL) zurückerobern 2. (*readquirir*) zurückgewinnen, wiedererlangen; ~ **a confiança de alguém** jds Vertrauen zurückgewinnen

reconsiderar I. *vt* (*uma decisão*) überdenken; (*um problema*) nachdenken über II. *vi* 1. (*mudar de ideias*) es sich anders überlegen 2. (*repensar*) es sich noch einmal überlegen

reconstituição *f* Rekonstruktion *f*

reconstituir *vt* rekonstruieren; (*cena*) nachstellen

reconstrução *f* (*de cidade, monumento*) Wiederaufbau *m;* (*de casa*) Sanierung *f;* **estar em** ~ sich im Wiederaufbau befinden

reconstruir [ʀəkõʃ'trwir] *vt* 1. (*cidade, monumento*) wieder aufbauen; (*casa*) sanieren 2. (*a vida*) neu gestalten

recontagem *f* Nachzählung *f*

reconvalescença *f* Genesung *f;* **estar em** ~ auf dem Wege der Besserung sein

recordação *f* 1. (*memória*) Erinnerung *f;* **ter boas/más recordações de alguém/a. c.** gute/schlechte Erinnerungen an jdn/etw haben 2. (*de pessoa*) Andenken *nt;* (*de lugar*) Souvenir *nt;* ~ **do Algarve** Souvenir von der Algarve

recordar I. *vt* (*lembrar-se de*) sich erinnern; ~ **alguém/a. c.** sich an jdn/etw erinnern; (*lembrar*) erinnern; ~ **alguém de a. c.** jdn an etw erinnern II. *vr* sich erinnern (*de* an)

recorde *m* Rekord *m;* **bater/estabelecer um** ~ einen Rekord brechen/aufstellen

recordista *m(f)* Rekordhalter, Rekordhalterin *m, f,* Rekordinhaber, Rekordinhaberin *m, f;* ~ **mundial** Weltrekordhalter, Weltrekordhalterin *m, f*

recorrer *vi* 1. (DIR) Berufung einlegen (*de*

R

gegen, *a* bei) **2.** (*a métodos, meios*) zurückgreifen (*a* auf); ~ **à justiça** den Rechtsweg beschreiten

recortar I. *vt* (*uma figura*) ausschneiden; (*tecido*) zuschneiden II. *vr* sich abzeichnen

recorte *m* **1.** (*de jornal*) Ausschnitt *m* **2.** (*para enfeite*) Ausschneidearbeit *f* **3.** (*contorno*) Umriss *m*

recostar-se *vr* sich anlehnen

recreativo *adj* Freizeit ...; **a(c)tividades recreativas** Freizeitaktivitäten *pl;* **associação recreativa** Verein für Freizeitgestaltung

recreio *m* **1.** (*diversão*) Unterhaltung *f* **2.** (*na escola*) Pause *f*

recriar *vt* neu erschaffen

recriminar *vt* (*acusar*) beschuldigen; (*condenar*) verurteilen

recruta I. *f* (*instrução*) Grundausbildung *f*, Rekrutenzeit *f* II. *m(f)* (*pessoa*) Rekrut, Rekrutin *m, f*

recrutamento *m* (MIL) Einberufung *f*

recrutar *vt* **1.** (MIL: *instruir*) ausbilden; (*chamar*) einberufen, einziehen **2.** (*pessoas, mão-de-obra*) anwerben, rekrutieren

recta *f* **1.** (*linha*) Gerade *f* **2.** (*estrada*) gerade Strecke *f*

rectangular *adj* rechteckig

rectângulo I. *m* Rechteck *nt* II. *adj* rechtwinklig

rectidão *f* Aufrichtigkeit *f*, Rechtschaffenheit *f*

rectificação *f* (*de um erro*) Berichtigung *f*, Verbesserung *f*; (*de uma afirmação*) Richtigstellung *f*; **fazer uma** ~ etw berichtigen/richtig stellen

rectificar *vt* (*um erro*) berichtigen, verbessern; (*uma afirmação*) richtig stellen

recto I. *m* (ANAT) Mastdarm *m* II. *adj* **1.** (*linha*) gerade **2.** (*parêntesis*) eckig; **ângulo** ~ rechter Winkel **3.** (*pessoa*) aufrichtig, rechtschaffen

recuar *vi* **1.** (*andando*) zurückgehen **2.** (*exército*) zurückweichen **3.** (*no tempo*) sich zurückversetzen **4.** (*hesitar*) zurückweichen (*perante* vor), zurückschrecken (*perante* vor)

recuo *m* **1.** (*retrocesso*) Rückschritt *m* **2.** (*diminuição*) Rückgang *m*

recuperação *f* **1.** (*de dinheiro*) Wiederbeschaffung *f*; (*de prestígio*) Wiedererlangung *f* **2.** (*de quadro, edifício*) Restaurierung *f* **3.** (MED) Genesung *f*, Erholung *f*; **estar em fase de** ~ auf dem Wege der Besserung sein

recuperador *m* (*de calor*) Abhitzeverwerter *m*

recuperar I. *vt* (*reaver*) zurückbekommen, zurückerhalten; (*forças*) zurückgewinnen, wieder erlangen; (*prestígio*) zurückbehalten; ~ **os sentidos** wieder zu sich kommen; (*tempo*) nachholen, aufholen; ~ **o tempo perdido** die verlorene Zeit aufholen; (*carga, cadáver*) bergen; (*material, quadro, edifício*) restaurieren; (INFORM: *ficheiro*) wiederherstellen II. *vi* sich erholen (*de* von)

recurso *m* **1.** (*acção de recorrer*) Rückgriff *m* (*a* auf), Ergreifen *nt;* **o** ~ **a medidas drásticas** das Ergreifen drastischer Maßnahmen **2.** (*meio*) Mittel *nt;* **em último** ~ im äußersten Fall **3.** (DIR) Berufung *f;* **interpor um** ~ Berufung einlegen **4.** (*natural*) Ressource *f*

recursos *mpl* (*financeiros*) (finanzielle) Mittel *pl*

recusa *f* **1.** (*a proposta, convite*) Ablehnung *f;* (*a pedido*) Abweisung *f* **2.** (*negação*) Weigerung *f*

recusar [ʀəku'zar] I. *vt* (*proposta, convite*) ablehnen; (*prenda*) zurückweisen; (*pedido*) abschlagen, abweisen II. *vr* sich weigern (*a* zu)

redação *f* (brasil) v. **redacção**

redacção *f* **1.** (*acção de redigir*) Schreiben *nt*, Verfassen *nt* **2.** (*composição*) Aufsatz *m;* **fazer/escrever uma** ~ einen Aufsatz schreiben **3.** (JORN) Redaktion *f*

redactor(a) *m(f)* Redakteur, Redakteurin *m, f*

redator(a) *m(f)* (brasil) v. **redactor**

rede ['ʀedə] *f* **1.** (INFORM, SPORT, ELEKTR, TEL: *de pesca, estradas, transportes*) Netz *nt;* ~ **de distribuição** Verteilernetz *nt;* ~ **de estradas** Straßennetz *nt;* (TEL) ~ **fixa** Festnetz *nt;* (TEL) ~ **móvel** mobiles Netz; (*telemóvel*); **estar sem** ~ keinen Empfang haben **2.** (*de lojas*) Kette *f;* **uma** ~ **de supermercados** eine Supermarktkette **3.** (*para descansar*) Hängematte *f* **4.** (*coloq: do canil*) Hundefänger *m*

rédea *f* Zügel *m;* (*fig*); **tomar as** ~**s de a. c.** die Zügel in die Hand nehmen; (*fig*); **manter alguém com** ~ **curta** jdn an der kurzen Leine halten

redemoinho *m* (*na água*) Strudel *m;* (*de ar, no cabelo*) Wirbel *m*

redenção *f* (REL) Erlösung *f*

redigir *vt* verfassen; (JORN) redigieren

redimir I. vt (REL) erlösen **II.** vr sich befreien

redobrado adj verdoppelt

redobrar vt verdoppeln

redoma f Glasglocke f; (fig); **meter-se numa** ~ sich abkapseln

redondamente adv ganz und gar, völlig; **estar** ~ **enganado** sich völlig irren, auf dem Holzweg sein

redondezas fpl Umgebung f; **nas** ~ in der Umgebung

redondo [Rǝ'dõndu] adj rund

redor adv **ao** ~ ringsherum; **em** ~ **de ...** um ... herum

redução [Rǝdu'sãu] f **1.** (de quantidade) Verringerung f (em um, para auf), Reduzierung f (em um, para auf); (de tamanho) Verkleinerung f (em um, para auf); (de tempo) Verkürzung f (em um, para auf); (da qualidade) Verminderung f; (de pessoal) Abbau m **2.** (de salário, preço) Herabsetzung f (em um, para auf), Senkung f (em um, para auf) **3.** (desconto) Ermäßigung f, Rabatt m

redundância f Redundanz f

redundante adj überflüssig, redundant

reduzir I. vt (em quantidade) verringern (em um, para auf), reduzieren (em um, para auf); (em tamanho) verkleinern (em um, para auf); (a qualidade) vermindern; (pessoal) abbauen; ~ **em/para 10% o número de passageiros** die Anzahl der Passagiere um/auf 10% reduzieren; (preço, salário) herabsetzen, senken; (custos, despesas) einschränken, senken; (a velocidade) verlangsamen, verringern **II.** vi (velocidade) zurückschalten (para in) **III.** vr sich beschränken (a auf); **~-se ao estritamente necessário** sich auf das Allernötigste beschränken

reedição f Neuauflage f, Neuausgabe f

reeditar vt neu auflegen, neu herausgeben

reeleger vt wiederwählen

reeleição f Wiederwahl f

reeleito pp de **reeleger**

reembolsar vt **1.** (restituir) zurückzahlen, zurückerstatten; ~ **alguém** jdn auszahlen **2.** (reaver) zurückerhalten, zurückbekommen

reembolso m Rückerstattung f, Rückzahlung f; **contra** ~ gegen Nachnahme

reencarnação f Reinkarnation f

reencarnar vi wiedergeboren werden

reencontrar vt wieder treffen

reencontro m Wiedersehen nt (com mit); (oficial) erneute(s) Treffen nt

reequipar vt (fábrica, empresa) modernisieren; (escritório, cozinha) neu ausstatten

reescrever vt neu schreiben

reescrito pp de **reescrever**

reestruturar vt umstrukturieren, neu strukturieren; (o governo) umbilden

refᵃᵃ abrev de **referência** Bezug

refastelar-se vr sich rekeln, sich lümmeln

refazer I. vt (a vida) neu ordnen, neu gestalten; (um trabalho) neu machen, noch einmal machen **II.** vr sich erholen (de von), wieder zu Kräften kommen

refeição [Rǝfei'sãu] f Mahlzeit f; **à** ~ beim Essen

refeito pp de **refazer**

refeitório m Speisesaal m

refém m Geisel f

referência f **1.** (menção) Erwähnung f **2.** (indicação) Hinweis m; (alusão) Anspielung f; **fazer** ~ **a a. c.** auf etw anspielen **3.** (em texto, livro) Verweis m (para auf) **4.** (de carta) Zeichen nt; **com** ~ **a** unter Bezug auf **5.** (de produto) Warennummer f, Kennnummer f

referências fpl (para emprego) Referenzen pl; **dar** ~ **de alguém** jdm Referenzen ausstellen; **exigem-se** ~ Referenzen erforderlich

referendo m Referendum nt, Volksabstimmung f; **fazer um** ~ ein Referendum durchführen

referente adj ~ **a** bezüglich, in Bezug auf

referido adj besagt, erwähnt

referir I. vt erwähnen **II.** vr **1.** (assunto, carta) sich beziehen (a auf); **no que se refere a ...** was ... angeht, in Bezug auf ... **2.** (pessoa) meinen; **eu refiro-me a ele/isto** ich meine ihn/das

refilão, -ona I. m, f Flegel m, Kratzbürste f **II.** adj ruppig, flegelhaft

refilar vi ruppig sein, bissig sein

refinado adj (fig) raffiniert; **açúcar** ~ Raffinade f

refinaria f Raffinerie f

reflectir I. vt **1.** (imagem) spiegeln; (luz) reflektieren **2.** (fig: revelar) widerspiegeln **II.** vi nachdenken (sobre über), überlegen **III.** vr **1.** (objecto, imagem) sich spiegeln (em in) **2.** (repercutir-se) sich widerspiegeln (em in); **o cansaço refle(c)te-se no trabalho** die Müdigkeit spiegelt sich in der Arbeit wider

reflector m Reflektor m

refletir vt (brasil) v. **reflectir**

refletor m (brasil) v. **reflector**

R

reflexão f Überlegung f (sobre zu)

reflexivo adj (LING) reflexiv

reflexo I. m (na água, no espelho) Spiegelung f; (fisiológico) Reflex m; ~ **condicionado** bedingter Reflex; (luminoso) Reflex m, Widerschein m; (no cabelo) Strähnchen nt; (fig: repercussão) Widerspiegelung f II. adj (LING) reflexiv

refluxo m Rückfluss m

refogado m (CUL) Zwiebelschwitze f

refogar vt 1. (a cebola) anbraten 2. (carne) schmoren

reforçar vt 1. (construção) verstärken 2. (vigilância) verschärfen 3. (um sentimento) verstärken; (uma afirmação) bekräftigen; (a segurança) erhöhen

reforço m Verstärkung f

reforços mpl (pessoas) Verstärkung f

reforma f 1. (modificação) Reform f; ~ **agrária** Landreform f; ~ **ortográfica** Rechtschreibreform f 2. (aposentadoria) Ruhestand m; **estar/entrar na** ~ im Ruhestand sein/in Ruhestand gehen; **dar a** ~ **a alguém** jdn in den Ruhestand versetzen 3. (ARQ) Renovierung f

Reforma f (HIST) Reformation f

reformado, -a [Rəfur'madu] I. m, f Rentner, Rentnerin m, f II. adj im Ruhestand, pensioniert

reformar I. vt (reorganizar) umgestalten, umändern; (emendar) verbessern; (um funcionário) in den Ruhestand versetzen, pensionieren; (ARQ) renovieren II. vr in den Ruhestand gehen, sich pensionieren lassen

reformatório m Erziehungsheim nt

refractário adj feuerfest

refrão m Refrain m

refratário adj (brasil) v. **refractário**

refreado adj gezügelt

refrear I. vt zügeln II. vr sich bremsen, sich zurückhalten

refrescante adj erfrischend, frisch

refrescar I. vt (ar) abkühlen; (corpo) erfrischen; (a memória) auffrischen II. vr sich erfrischen, sich abkühlen

refresco [Rə'freʃku] m Erfrischung f

refrigeração f Abkühlung f, Kühlung f

refrigerante I. m Erfrischungsgetränk nt II. adj erfrischend

refrigerar vi abkühlen, kühlen

refugiado, -a m, f Flüchtling m

refugiar-se vr Zuflucht suchen (em in)

refúgio m 1. (fuga) Flucht f (de vor) 2. (lugar) Zufluchtsort m

refugo m Ausschuss m

refulgente adj leuchtend, strahlend

refutar vt (uma acusação) zurückweisen; (um argumento) widerlegen, entkräften

rega f Bewässerung f

regaço m Schoß m; **no** ~ auf dem Schoß

regador m Gießkanne f

regalado adj zufrieden; **levar uma vida regalada** ein sorgloses Leben führen

regalar-se vr sich ergötzen (com an), Gefallen finden (com an); (com comida) sich gütlich tun (com an)

regalia f Vergünstigung f, Vorrecht nt

regalo m 1. (prazer) Vergnügen nt, Genuss m 2. (comodidade) Komfort m

regar vt (campo) bewässern; (jardim, flores) gießen; (rua) sprengen

regata [Rə'gatɐ] f Regatta f

regatear I. vt aushandeln II. vi feilschen, handeln

regateiro, -a I. m, f Marktschreier, Marktschreierin m, f II. adj eitel

regato m Rinnsal nt

regelado adj (congelado) erfroren; (muito frio) eiskalt, eisig

regência f 1. (LING) Rektion f 2. (na universidade) Fachbereichsleitung f, Institutsleitung f

regeneração f Regeneration f, Regenerierung f

regenerar-se vr sich regenerieren

regente m(f) 1. (na universidade) Fachbereichsleiter, Fachbereichsleiterin m, f, Institutsleiter, Institutsleiterin m, f 2. (de orquestra) Dirigent, Dirigentin m, f

reger I. vt (uma orquestra) dirigieren; (LING) regieren; (na universidade); ~ **uma cadeira** einen Fachbereich leiten II. vr sich richten (por nach)

região [Rə'ʒɐu] f 1. (de país, cidade, do mundo) Gegend f; (administração) Region f 2. (do corpo) Region f

regicídio m Königsmord m

regime m 1. (POL) Regime nt 2. (alimentar) Diät f; **fazer** ~ Diät halten; **estar de** ~ eine Diät machen 3. (método, sistema) System nt; ~ **de trabalho** Arbeitszeitregelung f

regimento m (MIL) Regiment nt

régio adj königlich, Königs ...

regional adj regional

regionalismo *m* (POL, LING) Regionalismus *m*

registado *adj* registriert; (*patente*) geschützt; (*carta*) eingeschrieben; **marca registada** eingetragenes Warenzeichen

registadora *f* (*máquina*) Registriergerät *nt*

registar *vt* **1.** (*oficialmente*) eintragen; (*patente*) anmelden; ~ **uma casa em seu nome** ein Haus auf seinen Namen eintragen lassen **2.** (*dados*) erfassen; (*quantia*) buchen **3.** (*totobola, totoloto*) annehmen, registrieren **4.** (*na memória*) registrieren, speichern

registo *m* **1.** (*documento*) Register *nt*, Verzeichnis *nt* **2.** (*repartição*) ~ **civil** Standesamt *nt*; ~ **predial** Grundbuchamt *nt*

registradora *f* (*brasil*) v. **registadora**

registrar *vt* (*brasil*) v. **registar**

registro *m* (*brasil*) v. **registo**

regozijar-se *vr* sich freuen (*com* über), jubeln (*com* über)

regozijo *m* Freude *f*, Jubel *m*

regra *f* Regel *f*; ~ **geral** in der Regel; **cumprir as ~s** die Regeln befolgen; **estabelecer ~s** Regeln aufstellen; **fugir à** ~ von der Regel abweichen; (MAT); ~ **de três** Dreisatz *m*

regrado *adj* (*vida*) geordnet

regressão *f* **1.** (ECON) Rückgang *m* **2.** (*de doença*) Rückfall *m*

regressar [ʀəgʀəˈsar] *vi* (*vir*) zurückkehren, zurückkommen; (*ir*) zurückgehen; (*com transporte*) zurückfahren; ~ **a casa** heimkehren, nach Hause kommen

regressivo *adj* rückschrittlich; (*brasil*); **contagem regressiva** Countdown *m*

regresso [ʀəˈgʀɜsu] *m* Rückkehr *f*; (*com transporte*) Rückfahrt *f*; ~ **a casa** Heimkehr *f*

régua *f* Lineal *nt*

regueifa *f* ringförmige(s) Brot *nt*, Brot aus feinem Mehl

reguila *adj* trotzig, widerspenstig

regulação *f* (*de temperatura, som*) Regulierung *f*; (*de aparelho*) Einstellung *f*

regulador *m* Regler *m*

regulamentação *f* **1.** (*regulamentos*) Regelwerk *nt* **2.** (*acção de regulamentar*) Regelung *f*

regulamentar **I.** *vt* (gesetzlich) regeln **II.** *adj* vorschriftsmäßig

regulamento *m* Regelung *f*, Vorschrift *f*; ~**s** Satzung *f*

regular [ʀəguˈlar] **I.** *vt* **1.** (*temperatura, som*) regeln, regulieren **2.** (*aparelho*) einstellen **3.** (*trânsito*) regeln **II.** *vi* (*coloq: pessoa, cabeça*) arbeiten, funktionieren; **ele não regula bem** er tickt nicht richtig **III.** *vr* sich richten (*por* nach) **IV.** *adj* **1.** (*ritmo, verbo*) regelmäßig **2.** (*médio*) durchschnittlich **3.** (*habitual*) regulär **4.** (*pontual*) pünktlich

regularidade [ʀəguleˈɾidadə] *f* Regelmäßigkeit *f*; **com** ~ regelmäßig

regularização *f* Regelung *f*

regularizar **I.** *vt* regeln, in Ordnung bringen **II.** *vr* sich regeln

regularmente [ʀəgularˈmɛ̃ntə] *adv* regelmäßig

regulável *adj* verstellbar

rei *m* König *m*; **sem** ~ **nem roque** wirr, durcheinander; **trazer o** ~ **na barriga** sehr eingebildet sein

reinação *f* (*coloq*) Spaß *m*, Gaudi *f*

reinado *m* Herrschaft *f*, Regierungszeit *f*

reinar *vi* **1.** (*rei*) herrschen, regieren **2.** (*haver*) herrschen; **reinava uma grande confusão** es herrschte ein großes Durcheinander **3.** (*coloq: brincar*) Spaß machen

reincidência *f* (DIR) Rückfall *m*

reincidente *adj* (DIR) rückfällig

reincidir *vi* (DIR) rückfällig werden

reineta *f* (*maçã*) Renette *f*

reino *m* Königreich *nt*; ~ **animal** Tierreich *nt*; **Reino Unido** Vereinigtes Königreich; ~ **vegetal** Pflanzenreich *nt*

reintegrar **I.** *vt* wieder eingliedern; ~ **na sociedade** resozialisieren **II.** *vr* sich wieder eingliedern

reiterado *adj* wiederholt

reiterar *vt* **1.** (*repetir*) wiederholen **2.** (*confirmar*) bestätigen

reitor(a) *m(f)* Rektor, Rektorin *m, f*

reitoria *f* Rektorat *nt*

reivindicação *f* (*de direitos*) Forderung *f*

reivindicar *vt* (*bem*) zurückfordern, Anspruch erheben auf; (*direitos*) fordern

rejeição *f* **1.** (*de pessoa*) Zurückweisung *f* **2.** (*de convite, proposta*) Ablehnung *f*; (*de requerimento*) Abweisung *f* **3.** (MED) Abstoßen *nt*

rejeitar *vt* **1.** (*uma pessoa*) abweisen **2.** (*convite, proposta*) ablehnen; (*ideia, plano*) verwerfen; (*requerimento*) abweisen **3.** (MED: *órgão*) abstoßen

rejuvenescer *vi* (*pessoa*) sich verjüngen, jünger aussehen; (*pele*) wieder jung werden, straff werden

R

rela f 1. (para pássaros) Vogelfalle f 2. (ZOOL) Laubfrosch m

relação [Rələ'sãu] f 1. (entre pessoas) Beziehung f, Verhältnis nt; ~ **amorosa** Liebesbeziehung f; **ter uma boa** ~ **com alguém** ein gutes Verhältnis zu jdm haben; **estar de relações cortadas com alguém** die Beziehungen zu jdm abgebrochen haben 2. (entre factos, acontecimentos) Zusammenhang m; **há uma** ~ **entre os dois crimes** es besteht ein Zusammenhang zwischen den beiden Verbrechen; **em** ~ **a ele/isso, gostaria de dizer que ...** zu ihm/in Bezug darauf möchte ich sagen, dass ...; **estabelecer uma** ~ **entre a. c.** einen Zusammenhang zwischen etw herstellen; **dar a sua opinião em** ~ **a a. c.** sich zu etw äußern 3. (lista) Aufstellung f, Verzeichnis nt 4. (proporção) Verhältnis nt; **uma** ~ **de dez para um** ein Verhältnis von zehn zu eins; **em** ~ **ao preço** im Verhältnis zum Preis

relacionado adj estar ~ **com a. c.** sich auf etw beziehen, in Beziehung zu etw stehen; ~ **com a profissão** berufsbezogen

relacionamento m Verhältnis nt

relacionar I. vt (factos, acontecimentos) in Beziehung setzen (com zu), in Zusammenhang bringen (com mit) II. vr 1. (pessoa) verkehren (com mit), Umgang haben (com mit) 2. (facto) in Zusammenhang stehen (com mit)

relações fpl 1. (conhecimentos) Beziehungen pl 2. (sexuais) Geschlechtsverkehr m; **ter** ~ **com alguém** ein Verhältnis mit jdm haben pl

relâmpago [Rə'lãmpegu] m Blitz m

relampejar vi pers blitzen

relance adv de ~ kurz; **olhar para alguém/ a. c. de** ~ einen raschen Blick auf jdn/etw werfen

relatar vt berichten, schildern

relativamente adv 1. (em proporção) relativ, verhältnismäßig; **a prova foi** ~ **difícil** die Prüfung war relativ schwer 2. (com referência) bezüglich; ~ **a alguém/a. c.** was jdn/etw betrifft

relatividade f Relativität f

relativo adj 1. (em proporção) relativ; **com relativa frequência** relativ oft; **isso é** ~ das ist relativ 2. (referente) betreffend; **este documento é** ~ **ao mês passado** diese Unterlagen beziehen sich auf letzten Monat

relato m Bericht m, Schilderung f; (DESP) Spielbericht m

relatório m Bericht m; **apresentar um** ~ **a alguém sobre a. c.** jdm einen Bericht über etw vorlegen

relaxado adj 1. (pessoa, músculo) entspannt 2. (vida) locker 3. (desleixado) nachlässig

relaxamento m Entspannung f

relaxante I. m (FARM) Relaxans nt II. adj entspannend

relaxar I. vt lockern, entspannen II. vi entspannen

relé m (ELECTR) Relais nt

relembrar vt 1. (acontecimento) ins Gedächtnis zurückrufen, in Erinnerung bringen 2. (pessoa) erinnern; ~ **alguém de a. c.** jdn an etw erinnern

relento adv ao ~ unter freiem Himmel

reler vt noch einmal lesen

reles adj inv (coloq: pessoa) ordinär; (filme, música, comida) mies; (restaurante) schäbig

relevância f Bedeutung f; **ter/não ter** ~ von Bedeutung sein/keine Bedeutung haben

relevante adj wichtig, bedeutend

relevar vt vergeben, verzeihen

relevo m Relief nt; **pôr a. c. em** ~ etw hervorheben

religião [Rələ'ʒjãu] f Religion f

religiosidade f Religiosität f, Frömmigkeit f

religioso, -a I. m, f Mönch m, Nonne f II. adj religiös

relinchar vi wiehern

relíquia f (REL) Reliquie f

relógio [Rə'lɔʒju] m Uhr f; ~ **de bolso** Taschenuhr f; ~ **de cuco** Kuckucksuhr f; ~ **de parede** Wanduhr f; ~ **de ponto** Stechuhr f; ~ **de pulso** Armbanduhr f; ~ **de sol** Sonnenuhr f; **dar corda ao** ~ die Uhr aufziehen; **acertar o** ~ die Uhr stellen; **adiantar/ atrasar o** ~ die Uhr vorstellen/zurückstellen; **o** ~ **está atrasado/adiantado** die Uhr geht nach/vor; **o** ~ **está certo** die Uhr geht richtig

relógio-despertador m Wecker m

relojoaria f Uhrengeschäft nt

relojoeiro, -a [Rəlu'ʒweiru] m, f Uhrmacher, Uhrmacherin m, f

relutância f Widerwille m; **fazer a. c. com** ~ etw widerwillig machen

relutante adj widerwillig, widerstrebend

reluzente adj glänzend

reluzir *vi* (*móvel, superfície*) glänzen; (*estrela*) leuchten

relva ['ʀɜlvɐ] *f* Rasen *m*

relvado [ʀɜl'vadu] *m* Rasen *m*

remador(a) *m(f)* Ruderer, Ruderin *m, f*

remar [ʀɐ'mar] *vi* rudern; (*fig*); ~ **contra a maré** gegen den Strom schwimmen

rematar I. *vt* 1. (*concluir*) beenden, abschließen 2. (*costura*) vernähen II. *vi* 1. (*concluir*) enden; **para ~, gostaria de dizer que ...** abschließend möchte ich sagen, dass ... 2. (DESP) schießen; ~ **à baliza** auf das Tor schießen

remate *m* 1. (*conclusão*) Ende *nt*, Abschluss *m* 2. (*ponto de costura*) letzte(r) Stich *m*; (*borda*) Saum *m* 3. (DESP) Torschuss *m*

remedeio *m* (*coloq*) Mittel *nt*, Ausweg *m*

remediado *adj* (*pessoa*) nicht unbemittelt; **ser ~** sein Auskommen haben

remediar I. *vt* (*uma situação*) in Ordnung bringen (*com* durch); (*um erro, problema*) beheben II. *vr* 1. (*arranjar-se*) sich behelfen (*com* mit) 2. (*financeiramente*) zurechtkommen

remédio [ʀɐ'mɜdju] *m* 1. (*medicamento*) Heilmittel *nt*; ~ **caseiro** Hausmittel *nt*; **tomar um ~** ein Medikament nehmen 2. (*para situação*) Abhilfe *f*, Ausweg *m*; **que ~!** da kann man nichts machen!; **ele já não tem ~** ihm ist nicht mehr zu helfen; **isto já não tem ~** da ist nichts zu machen

remela *f* Schlaf *m* (im Auge)

remeloso *adj* (*olho*) voller Schlaf; (*pessoa*) mit Schlaf in den Augen

remendão, -ona *m, f* (*pej*) Pfuscher, Pfuscherin *m, f*, Stümper, Stümperin *m, f*

remendar *vt* (*pneu, roupa*) flicken, ausbessern

remendo *m* Flicken *m*

remessa *f* (*envio*) Sendung *f*; (*entrega*) Lieferung *f*

remetente [ʀɐmə'tẽntə] *m(f)* Absender, Absenderin *m, f*

remeter [ʀɐmə'ter] I. *vt* senden, übersenden II. *vi* verweisen (*para* auf)

remexer *vt* wühlen in, kramen in

reminiscência *f* Erinnerung *f*

remissão *f* 1. (REL) Vergebung *f* 2. (*referência*) Verweis *m* (*para* auf) 3. (*doença*) vorübergehende(s) Nachlassen *nt*, kurzzeitige Besserung *f*

remo ['ʀɛmu] *m* Ruder *nt*

remoção *f* (*eliminação*) Beseitigung *f*; (*extracção*) Entfernung *f*; ~ **do lixo** Abfallbeseitigung *f*

remodelação *f* 1. (*de sistema*) Umgestaltung *f*; (*de governo*) Umbildung *f* 2. (*de edifício, casa*) Umbau *m*

remodelar *vt* 1. (*sistema*) umgestalten; ~ **o governo** die Regierung umbilden 2. (*edifício, casa*) umbauen

remoer *vt* (*fig*) wiederkäuen, herumreiten auf

remoinho *m* (*na água*) Strudel *m*; (*de ar, cabelo*) Wirbel *m*

remolada *f* (CUL) Remoulade *f*

remontar *vi* zurückgehen (*a* auf)

remorsos *mpl* Gewissensbisse *pl*; **ter/sentir ~s por a. c.** wegen etw Gewissensbisse haben

remoto *adj* 1. (*no espaço*) weit entfernt, fern 2. (*no tempo*) weit zurückliegend

remover *vt* 1. (*eliminar*) beseitigen; (*retirar*) entfernen, wegräumen; ~ **um obstáculo** ein Hindernis beseitigen 2. (*deslocar*) verschieben

removível *adj* entfernbar

remuneração *f* Vergütung *f*, Bezahlung *f*

remunerar *vt* 1. (*o trabalho*) vergüten, bezahlen 2. (*a pessoa*) bezahlen (*por* für)

rena *f* Rentier *nt*, Ren *nt*

renal *adj* Nieren ...

Renânia *f* Rheinland *nt*; ~ **do Norte-Vestefália** Nordrhein-Westfalen *nt*

Renânia-Palatinado *f* Rheinland-Pfalz *nt*

renano *adj* 1. (*da Renânia*) rheinländisch 2. (*do Reno*) rheinisch

Renascença [ʀɐnəʃ'sɛsɐ] *f* (HIST) Renaissance *f*

renascentista *adj* Renaissance ...

renascer *vi* (*fig: pessoa, interesse*) wieder aufleben

renascimento *m* (*fig*) Aufleben *nt*, Wiederaufleben *nt*

Renascimento [ʀɐnəʃsi'mẽntu] *m* (HIST) Renaissance *f*

renda ['ʀẽndɐ] *f* 1. (*em vestuário*) Spitze *f*; (*croché*) Häkelarbeit *f*; **fazer ~** häkeln 2. (*da casa*) Miete *f*; **pagar a ~** die Miete bezahlen 3. (*brasil*) v. **rendimento**

rendado *adj* spitzenbesetzt

render I. *m* ~ **da guarda** Wachablösung *f* II. *vt* (*dinheiro*) einbringen; (*juros*) bringen; (*lucro*) abwerfen; (*máquina, motor*) leisten; (*a*

R

guarda) ablösen; (*prestar*); ~ **homenagem a alguém** jdn ehren **III.** *vi* (*negócio*) Gewinn abwerfen; (*tempo*) produktiv sein; (*trabalho*); **umas vezes o tempo rende, outras não** manchmal komme ich gut mit der Arbeit vorwärts, manchmal nicht; **o dia hoje não rendeu** der heutige Tag war wenig produktiv; (*dinheiro*) Zinsen abwerfen **IV.** *vr* (MIL) sich ergeben, kapitulieren (*a* vor)

rendição *f* (*entrega*) Übergabe *f*; (*capitulação*) Kapitulation *f*

rendimento *m* **1.** (*financeiro*) Einkünfte *pl*; (*nacional*) Einnahmen *pl*; ~ **anual** Jahreseinkommen *nt*; ~ **familiar** Gesamteinkünfte eines Haushaltes; ~ **líquido** Nettoeinkommen *nt*; ~ **mínimo** (**garantido**) Sozialhilfe *f* **2.** (*de máquina, motor*) Leistung *f*, Leistungsfähigkeit *f* **3.** (*de trabalhador*) Arbeitsleistung *f*; **dar** ~ leistungsfähig sein

renegado *adj* (REL) abtrünnig

renegar *vt* **1.** (*uma pessoa, as convicções*) verleugnen; (*o passado*) leugnen **2.** (REL) abschwören, sich lossagen von

renhido *adj* heftig

renitente *adj* widerspenstig, renitent

Reno *m* Rhein *m*

renomado *adj* (*brasil*) angesehen, renommiert

renome *m* (guter) Ruf *m*; (*fama*) Ruhm *m*; **de** ~ angesehen

renovação *f* **1.** (*de contrato*) Erneuerung *f*; (*de documento*) Verlängerung *f* **2.** (*de casa*) Renovierung *f* **3.** (*de ar*) Luftzirkulation *f*, Sauerstoffzufuhr *f*

renovar *vt* **1.** (*contrato*) erneuern; ~ **o bilhete de identidade** den Personalausweis verlängern **2.** (*casa*) renovieren **3.** (*ar*) austauschen

rentabilidade *f* Wirtschaftlichkeit *f*, Rentabilität *f*

rentável *adj* rentabel

rente I. *adj* sehr kurz **II.** *adv* dicht an; ~ **ao chão/muro** dicht am Boden/an der Mauer

renúncia *f* Verzicht *m* (*a* auf)

renunciar *vi* verzichten (*a* auf); (*a um cargo*) niederlegen; (*à religião*) aufgeben

reocupação *f* (MIL) Wiederbesetzung *f*

reocupar *vt* (MIL) wieder besetzen, wieder einnehmen

reorganização *f* (*de sistema*) Neugestaltung *f*, Umgestaltung *f*; (*de documentos*) Neuordnung *f*

reorganizar *vt* (*sistema, a vida*) neu gestalten, umgestalten; (*documentos*) neu ordnen

reóstato *m* (ELECTR) Rheostat *m*, Regelwiderstand *m*

repa *f* Pony *m*

reparação *f* **1.** (*de aparelho, automóvel*) Reparatur *f*; (*de casa*) Instandsetzung *f* **2.** (*de erro*) Wiedergutmachung *f*; (*de situação*) Bereinigung *f*

reparar [ʀəpɐˈrar] **I.** *vt* (*aparelho, automóvel*) reparieren; (*casa*) instand setzen; (*erro*) wieder gutmachen; (*situação*) bereinigen, in Ordnung bringen, zurechtrücken, einrenken **II.** *vi* bemerken; **repara!** sieh mal!; ~ **em alguém/a. c.** jdn/etw bemerken; **não repare na desarrumação!** achten Sie nicht auf die Unordnung!

reparo *m* (*comentário*) Bemerkung *f*; (*crítica*) kritische Bemerkung *f*, Einwand *m*; **fazer um** ~ eine Bemerkung machen

repartição *f* Dienststelle *f*, Amt *nt*; ~ **de Finanças** Finanzamt *nt*

repartir *vt* **1.** (*partilhar*) teilen (*com* mit) **2.** (*dividir*) aufteilen (*em* in), einteilen (*em* in) **3.** (*distribuir*) verteilen (*por* unter); (*custos*) umlegen; (*lucros*) aufteilen

repatriar *vt* in die Heimat zurückschicken; (DIR, POL) repatriieren

repelente I. *m* Insektenschutzmittel *nt* **II.** *adj* abstoßend

repelir *vt* **1.** (*um golpe*) abwehren **2.** (*uma pessoa*) abstoßen, abweisen

repenicado *adj* schrill

repensar I. *vt* überdenken **II.** *vi* noch einmal nachdenken

repente [ʀəˈpẽtɐ] *m* (*movimento*) plötzliche Bewegung *f*; (*ideia*) Einfall *m*; (*ímpeto*) Ausbruch *m*; **de** ~ plötzlich

repentinamente *adv* plötzlich

repentino *adj* plötzlich

repercussão *f* **1.** (*de som*) Widerhall *m* **2.** (*efeito*) Auswirkung *f*, Rückwirkung *f*; **isso tem repercussões na vida profissional** das hat Auswirkungen auf das Berufsleben

repercutir I. *vt* (*som*) zurückwerfen **II.** *vr* **1.** (*som*) widerhallen **2.** (*ter efeito*) sich auswirken (*em* auf), rückwirken (*em* auf); **a instabilidade económica repercute-se na vida dos cidadãos** die Wirtschaftsschwäche wirkt sich auf das Leben der Bürger aus

repertório *m* Repertoire *nt*

repescagem *f* **prova de** ~ Wiederholungsprüfung *f*

repetente **I.** *m/f* Wiederholer, Wiederholerin *m, f,* Sitzenbleiber, Sitzenbleiberin *m, f* **II.** *adj* sitzen geblieben, durchgefallen

repetição *f* Wiederholung *f*

repetidamente *adv* mehrmals, wiederholt

repetir [ʀəpə'tir] **I.** *vt* wiederholen **II.** *vi* (*à refeição*) noch eine Portion essen, nachnehmen **III.** *vr* (*pessoa, situação*) sich wiederholen

repetitivo *adj* (*discurso, texto*) mit vielen Wiederholungen; **ele é** ~ er wiederholt sich ständig; **a conversa é repetitiva** das Gespräch dreht sich im Kreis

repicar *vi* läuten

repique *m* Glockenläuten *nt*

repisar *vt* (*fig*) immer wieder zurückkommen auf, immer wieder zur Sprache bringen, herumreiten auf

repleto *adj* voll (*de* mit), überfüllt (*de* mit)

réplica *f* **1.** (*cópia*) Replik *f;* (*de avião*) Modell *nt,* Nachbildung *f* **2.** (*de sismo*) Nachbeben *nt* **3.** (*resposta*) Erwiderung *f,* Entgegnung *f*

replicar *vi* entgegnen, erwidern

repolho *m* Kohlkopf *m,* Kohl *m*

repor **I.** *vt* (*voltar a pôr*) wieder hinlegen, wieder hinstellen; (*dinheiro*) zurückerstatten, zurückzahlen **II.** *vr* sich erholen (*de* von)

reportagem *f* Reportage *f* (*sobre* über), Bericht *m* (*sobre* über)

reportar-se *vr* sich beziehen (*a* auf)

repórter *m/f* Reporter, Reporterin *m, f,* Berichterstatter, Berichterstatterin *m, f;* ~ **fotográfico** Bildreporter *m*

reposição *f* Rückerstattung *f,* Rückzahlung *f*

reposteiro *m* Vorhang *m*

reposto *pp de* **repor**

repousado *adj* ruhig, gelassen

repousar *vi* **1.** (*pessoa*) sich ausruhen **2.** (*massa*) ruhen

repouso [ʀə'pozu] *m* Erholung *f,* Ruhe *f*

repreender *vt* tadeln, zurechtweisen

repreensão *f* Tadel *m,* Rüge *f*

repreensível *adj* tadelnswert

repreensivo *adj* vorwurfsvoll

represa *f* Staudamm *m,* Stauwehr *nt*

represálias *fpl* Repressalien *pl*

representação [ʀəpʀəzẽte'sãu] *f* **1.** (*de pessoa*) Vertretung *f,* Stellvertretung *f;* ~ **di-**plomática diplomatische Vertretung; **ir/estar em** ~ **de alguém** stellvertretend für jdn gehen/da sein **2.** (*reprodução*) Darstellung *f* **3.** (*teatral*) Aufführung *f,* Vorstellung *f*

representante *m/f* (*de pessoa*) Vertreter, Vertreterin *m, f,* Stellvertreter, Stellvertreterin *m, f;* (*de empresa*) Repräsentant, Repräsentantin *m, f;* ~ **autorizado** Markenfachgeschäft *nt;* ~ **diplomático** diplomatischer Vertreter

representar *vt* **1.** (*uma pessoa, empresa*) vertreten; ~ **alguém em tribunal** jdn vor Gericht vertreten **2.** (*reproduzir*) darstellen; **o quadro representa a sociedade da altura** das Bild stellt die Gesellschaft der damaligen Zeit dar **3.** (*significar*) bedeuten; **esta descoberta representa um grande avanço** diese Entdeckung bedeutet einen großen Fortschritt **4.** (*peça teatral*) aufführen

representativo *adj* repräsentativ (*de* für)

repressão *f* Unterdrückung *f*

repressivo *adj* unterdrückend, repressiv

reprimenda *f* Verweis *m,* Rüge *f;* **dar uma** ~ **a alguém** jdm eine Rüge erteilen

reprimir **I.** *vt* (*pessoas, sentimentos*) unterdrücken **II.** *vr* sich zurückhalten, sich beherrschen

reprodução *f* **1.** (*de som, história*) Wiedergabe *f;* (*de imagem*) Reproduktion *f;* (*de livro*) Nachdruck *m;* (*de estátua*) Nachbildung *f* **2.** (BIOL) Fortpflanzung *f*

reprodutor *adj* (BIOL) Fortpflanzungs ...; **aparelho** ~ Fortpflanzungsorgane

reproduzir **I.** *vt* **1.** (*som, uma história*) wiedergeben; (*imagem*) reproduzieren; (*objectos*) abbilden **2.** (*multiplicar*) vermehren **II.** *vr* **1.** (BIOL) sich fortpflanzen **2.** (*multiplicar-se*) zunehmen, sich vermehren

reprovação *f* **1.** (*de requerimento, lei*) Ablehnung *f* **2.** (*de atitude*) Missbilligung *f* **3.** (*em exame*) Durchfallen *nt;* (*de ano*) Nichtbestehen *nt*

reprovado *adj* **1.** (*pedido, requerimento*) abgelehnt, abgewiesen **2.** (*aluno*) durchgefallen; **ficar** ~ **no exame** in der Prüfung durchfallen

reprovador *adj* vorwurfsvoll, missbilligend

reprovar **I.** *vt* (*requerimento, lei*) ablehnen; (*atitude*) missbilligen, verurteilen; (*aluno*) durchfallen lassen **II.** *vi* durchfallen

reprovável *adj* tadelnswert, verwerflich

réptil *m* Reptil *nt,* Kriechtier *nt*

R

república [ʀɜ'publike] *f* **1.** (POL) Republik *f;* ~ **popular** Volksrepublik *f* **2.** (*casa*) Wohngemeinschaft *f* **3.** (*brasil: residência universitária*) Studentenwohnheim *nt*

republicano, -a I. *m, f* Republikaner, Republikanerin *m, f* II. *adj* republikanisch

repudiar *vt* verwerfen, ablehnen

repúdio *m* Ablehnung *f*

repugnância *f* Abneigung *f*, Abscheu *m*

repugnante *adj* widerlich, ekelhaft

repugnar *vi* anekeln, anwidern; **isso repugna-me** das ekelt mich an

repulsa *f* Ekel *m*, Abscheu *m;* **causar ~ a alguém** jdn abstoßen

repulsivo *adj* abstoßend, widerlich

reputação *f* Ruf *m*, Ansehen *nt;* **ter uma boa/má ~** einen guten/schlechten Ruf haben

reputado *adj* angesehen

repuxar *vi* (*tecido, roupa*) sich zusammenziehen

repuxo *m* Wasserstrahl *m;* (*chafariz*) Fontäne *f*

requeijão [ʀəkei'ʒãu] *m* Quark *m;* (*österr*) Topfen *m*

requentado *adj* aufgewärmt

requentar *vt* aufwärmen

requerente *m(f)* Antragsteller, Antragstellerin *m, f*

requerer *vt* **1.** (*com requerimento*) beantragen **2.** (*exigir*) erfordern, verlangen; (*tempo*) beanspruchen; **isso requer muito esforço** das erfordert große Anstrengungen

requerimento *m* Antrag *m;* **fazer um ~ a alguém** einen Antrag bei jdm stellen

réquiem *m* Requiem *nt*

requintado *adj* (*pessoa*) vornehm; (*gosto, ambiente*) erlesen; (*decoração*) ausgesucht, raffiniert

requinte *m* Feinheit *f*, Erlesenheit *f;* **roupa com ~** feine/erlesene Kleidung; **fazer a. c. com ~** etw mit Stil machen

requisição *f* Antrag *m,* Antragsformular *nt;* **preencher uma ~** einen Antrag ausfüllen

requisitar *vt* **1.** (*solicitar*) anfordern, bitten um; (*material*) beantragen **2.** (*em biblioteca*) ausleihen

requisito *m* Anforderung *f;* **preencher os ~s** die Anforderungen erfüllen

rês *f* Vieh *nt*

rescaldo *m* **1.** (*de incêndio*) glühende Asche *f,* Glut *f;* **estar em fase de ~** glühen

2. (*de acontecimento*) unmittelbare Zeit *f* nach, Folgezeit *f;* **no ~ da guerra** in der Nachkriegszeit

rescindir *vt* (*contrato*) aufheben, für ungültig erklären

rescisão *f* (*de contrato*) Aufhebung *f,* Kündigung *f*

rés-do-chão *m* Erdgeschoss *nt,* Parterre *nt;* **no ~** im Erdgeschoss

reserva [ʀɜ'zɜrve] *f* **1.** (*de material, alimentos*) Vorrat *m,* Reserve *f;* (*de dinheiro*) Rücklagen *pl;* **ter a. c. de ~** etw vorrätig haben **2.** (*de mesa, quarto*) Reservierung *f;* (*de bilhetes*) Vorbestellung *f;* **fazer uma ~ num restaurante/hotel** einen Tisch/ein Zimmer reservieren **3.** (*restrição*) Vorbehalt *m;* **ter ~s em relação a a. c.** Vorbehalte gegen etw haben; **sem ~s** ohne Vorbehalte **4.** (MIL) Reserve *f;* **passar à ~** zur Reserve abgestellt werden **5.** (GEOL) Reservat *nt;* **~ natural** Naturschutzgebiet *nt* **6.** (*discrição*) Zurückhaltung *f* **7.** (*de vinho*) Auslese *f*

reservado *adj* **1.** (*mesa, quarto, lugar*) reserviert **2.** (*pessoa*) zurückhaltend, reserviert **3.** (*tarefa, decisão*) vorbehalten; **estar ~ a alguém** jdm vorbehalten sein; **~ o direito de admissão** Hausrecht vorbehalten

reservar [ʀəzər'var] I. *vt* (*mesa, quarto*) reservieren, bestellen; (*viagem*) buchen; (*lugar*) belegen; (*bilhetes*) vorbestellen; (*tarefa*) zurückbehalten (*para* für), aufheben (*para* für) II. *vr* **~-se o direito de fazer a. c.** sich *dat* das Recht vorbehalten etw zu tun

reservatório *m* Speicher *m*

resfriado [ʀes'frjadu] I. *m* Erkältung *f;* **apanhar um ~** sich *dat* eine Erkältung holen II. *adj* erkältet

resgatar *vt* **1.** (*hipoteca*) abtragen, tilgen; (*dívida*) begleichen **2.** (*refém, prisioneiro*) auslösen; (*com dinheiro*) freikaufen

resgate *m* **1.** (*de hipoteca, dívida*) Tilgung *f* **2.** (*de refém, prisioneiro*) Befreiung *f* **3.** (*dinheiro*) Lösegeld *nt*

resguardar-se *vr* sich hüten (*de* vor)

resguardo *m* Schutz *m*

residência *f* **1.** (*morada*) Wohnsitz *m* **2.** (POL) Residenz *f* **3.** (*moradia*) Wohnhaus *nt;* **~ universitária** Studentenwohnheim *m*

residencial *f* Pension *f* garni

residente *adj* wohnhaft (*em* in), ansässig (*em* in)

residir *vi* **1.** (*pessoa*) wohnen, ansässig sein

2. (*problema*) bestehen (*em* in)
residual *adj* Abfall ...
resíduo *m* **1.** (QUÍM) Rückstand *m* **2.** (*lixo*) Abfall *m;* ~s **industriais** Industrieabfälle *pl;* ~s **tóxicos** Giftmüll *m*, Sondermüll *m*
resignação *f* Resignation *f*
resignado *adj* resigniert (*com* angesichts)
resignar-se *vr* resignieren (*com* angesichts), sich abfinden (*com* mit)
resina *f* Harz *nt*
resinoso *adj* harzig
resistência *f* **1.** (*renitência*) Widerstand *m* (*a* gegen); **oferecer** ~ Widerstand leisten **2.** (*de máquina, material*) Haltbarkeit *f*, Widerstandsfähigkeit *f* **3.** (*física*) Ausdauer *f* **4.** (ELECTR, PHYS) Widerstand *m*
Resistência *f* (POL) Widerstand *m* (*contra* gegen)
resistente [ʀəziʃ'tɐ̃ntə] *adj* (*pessoa*) zäh; (*material, aparelho*) haltbar, widerstandsfähig (*a* gegen)
resistir *vi* **1.** (*opor-se*) sich widersetzen, Widerstand leisten; ~ **a alguém/a. c.** sich jdm/etw widersetzen **2.** (*aguentar*) ~ **a a. c.** etw aushalten, etw ertragen; (*a Inverno, doença*) etw überstehen; (*material*) etw aushalten, gegen etw beständig sein; ~ **ao calor/frio** hitzebeständig/kältebeständig sein; **ele não resistiu ao choque** er hat dem Aufprall nicht standgehalten **3.** (*tentação*) widerstehen; **ela não resiste a uma boa sobremesa** einem guten Nachtisch kann sie nicht widerstehen
resma *f* (*de papel*) 500 Blatt
resmungão, -ona I. *m*, *f* Nörgler, Nörglerin *m*, *f* II. *adj* nörgelig
resmungar *vi* nörgeln; (*criança*) quengeln; ~ **com alguém** an jdm herumnörgeln
resolução *f* **1.** (*decisão*) Entschluss *m*, Beschluss *m* **2.** (*de problema*) Lösung *f* **3.** (*de imagem*) Auflösung *f;* ~ **digital** digitale Auflösung
resoluto *adj* entschlossen, resolut
resolver [ʀəzol'veɾ] I. *vt* (*problema, mistério*) lösen; (*dúvida*) beseitigen; (*assunto*) erledigen; (*decidir*) beschließen II. *vi* sich entscheiden; ~ **fazer a. c.** sich entscheiden, etw zu tun III. *vr* sich entschließen (*a* zu)
respectivamente *adv* beziehungsweise; **o espectáculo realiza-se hoje e amanhã, às 15 e às 16 horas** ~ die Veranstaltung findet heute und morgen um 15 beziehungsweise 16 Uhr statt; **estavam lá um homem e uma**

mulher, com 30 e 40 anos ~ dort waren ein Mann und eine Frau, er war 30 und sie 40
respectivo *adj* **1.** (*em questão*) betreffend; (*correspondente*) entsprechend **2.** (*cada*) jeweilig; **eles são os responsáveis dos** ~**s grupos** sie sind für die jeweiligen Gruppen verantwortlich
respeitado *adj* angesehen, geachtet
respeitante *adj* ~ **a alguém/a. c.** jdn/etw betreffend
respeitar I. *vt* (*pessoa*) achten, respektieren; (*lei, regras*) beachten; (*prazo*) einhalten; (*decisão, opinião*) respektieren II. *vi* betreffen, angehen; **no que respeita a ...** was ... betrifft ...
respeitável *adj* achtbar, ehrwürdig
respeito *m* **1.** (*consideração*) Respekt *m* (*por* vor), Hochachtung *f;* **ter** ~ **por alguém/a. c.** Respekt vor jdm/etw haben **2.** (*por lei, regras*) Beachtung *f*, Einhaltung *f* **3.** (*referência*) **a** ~ **de** in Bezug auf; **a este** ~ in dieser Hinsicht, diesbezüglich; **dizer** ~ **a alguém/a. c.** jdn/etw betreffen, jdn angehen; **pelo que me diz** ~ was mich angeht; **isso não te diz** ~ das betrifft dich nicht
respeitoso *adj* respektvoll
respiração *f* Atmung *f*, Atem *m*
respirar [ʀəʃpi'ɾaɾ] I. *vt* atmen; ~ **ar puro** frische Luft atmen II. *vi* atmen; ~ **fundo** tief einatmen; (*fig*) aufatmen
respiratório *adj* Atmungs ...; **aparelho** ~ Atmungsorgane *pl*
respiro *m* Lüftungsloch *nt*
resplandecente *adj* glänzend, strahlend
resplendor *m* Glanz *m*
respondão, -ona I. *m*, *f* Frechdachs *m* II. *adj* schnippisch, patzig
responder [ʀəʃpõ'deɾ] I. *vt* antworten II. *vi* **1.** (*a pessoa*) antworten; (*a pergunta, carta*) beantworten, antworten auf; ~ **a alguém** jdm antworten; ~ **a uma pergunta** eine Frage beantworten; ~ **a um anúncio/uma carta** auf eine Anzeige/einen Brief antworten **2.** (*responsabilizar-se*) haften, einstehen; ~ **por alguém/a. c.** für jdn/etw haften; **eu não respondo por mim** ich übernehme keine Verantwortung für mein Tun **3.** (DIR) vor Gericht stehen; ~ **por tentativa de homicídio** wegen versuchtem Mord vor Gericht stehen
responsabilidade *f* Verantwortung *f;* (DIR)

R

Haftung *f;* **assumir a ~ por alguém/a. c.** die Verantwortung für jdn/etw übernehmen; **um cargo de ~** ein verantwortungsvolles Amt; **falta de ~** Verantwortungslosigkeit *f*

responsabilizar I. *vt* verantwortlich machen (*por* für) II. *vr* die Verantwortung übernehmen (*por* für); (DIR) haften (*por* für); **eu não me responsabilizo por isso/ele** ich übernehme keine Verantwortung dafür/für ihn

responsável [ʀəʃpɔ̃'savɛl] I. *m(f)* Verantwortliche (*por* für); **os responsáveis** die Verantwortlichen II. *adj* verantwortlich (*por* für); **ele é muito ~** er ist sehr verantwortungsbewusst

resposta *f* Antwort *f;* **~ afirmativa** Zusage *f;* **~ negativa** Absage *f;* **dar uma ~ a alguém** jdm eine Antwort geben; **eu aguardo uma ~ da vossa parte** ich erwarte Ihre Antwort; **ter sempre uma ~ pronta** schlagfertig sein

ressabiado *adj* (*pessoa*) beleidigt, verärgert (*com* über)

ressaca *f* (*coloq*) Kater *m;* **estar de ~** einen Kater haben

ressacado *adj* (*coloq*) verkatert

ressacar *vi* (*coloq*) sich auskurieren (*de* von), seinen Kater loswerden

ressaibo *m* 1. (*com comida*) Beigeschmack *m* 2. (*de acontecimento*) Nachwehen *pl,* Nachwirkungen *pl*

ressaltar I. *vt* hervorheben, betonen II. *vi* sich abheben (*de* von), hervorstechen

ressalva *f* Vorbehalt *m*

ressarcimento *m* Wiedergutmachung *f,* Entschädigung *f*

ressarcir *vt* entschädigen; **~ alguém de a. c.** jdn für etw entschädigen

ressecar *vi* austrocknen

ressentido *adj* beleidigt; **estou ~ com ele** er hat mich beleidigt

ressentimento *m* (*rancor*) Groll *m;* **sem ~s** ohne Groll

ressentir-se *vr* (*melindrar-se*) **~ de a. c.** wegen etw beleidigt sein; (*sentir os efeitos*) etw spüren; **o corpo ressente-se de muitas noites sem dormir** viele schlaflose Nächte machen dem Körper zu schaffen

ressequido *adj* (*planta*) verdorrt, vertrocknet; (*solo*) ausgetrocknet; (*pele*) welk

ressoar *vi* widerhallen, hallen; **o som ressoa-me nos ouvidos** ich habe den Klang noch im Ohr

ressonância *f* Resonanz *f*

ressonar *vi* schnarchen

ressurgimento *m* Wiederaufleben *nt*

ressurreição *f* (REL) Auferstehung *f*

ressuscitar I. *vt* 1. (*um morto*) vom Tod erwecken, auferwecken 2. (*um sentimento*) wiedererwecken; (*um costume, uma tradição*) wiederbeleben II. *vi* 1. (*morto*) auferstehen; **~ dos mortos** von den Toten auferstehen 2. (*sentimento*) wiederaufflammen; (*costume, tradição*) wiederaufleben

restabelecer I. *vt* wiederherstellen II. *vr* sich erholen

restabelecimento *m* 1. (*da paz*) Wiederherstellung *f* 2. (MED) Erholung *f,* Genesung *f*

restante [ʀəʃ'tãntə] I. *m* Rest *m;* **os ~s** die verbleibenden Personen II. *adj* 1. (*que sobra*) übrig geblieben 2. (*outro*) übrig, restlich; **a ~ quantia** der Restbetrag; **as ~s pessoas** die restlichen Leute

restar *vi* übrig bleiben; **não restou nada** es ist nichts übrig geblieben; **não nos resta outra saída** uns bleibt kein anderer Ausweg

restauração [ʀəʃtauraˈsãu] *f* (*de monumento, edifício*) Sanierung *f,* Instandsetzung *f;* (*de móvel*) Restaurierung *f*

restaurante *m* Restaurant *nt,* Gaststätte *f*

Ein **Restaurante** serviert in Portugal Mittag- und Abendessen, meistens Tagessessen, Menüs oder à la carte und entspricht dem deutschen Speiselokal. Vergessen Sie in einem restaurante nicht, extra zu sagen, dass Sie die Getränke gleich haben möchten (falls Sie es wollen). Meistens werden sie erst mit dem Essen gebracht. Und wenn etwas nicht stimmt - auch wenn Ihnen nicht danach ist: Vergessen Sie nicht das Zauberwörtchen **desculpe** (Entschuldigung) vor der Beschwerde und ein Lächeln. Wer in Brasilien vor 21 Uhr zu Abend essen möchte, hat gute Chancen, ganz alleine zu speisen. Die letzten Bestellungen dagegen kann man in den großen Restaurants oft bis in die frühen Morgenstunden aufgeben. Auch Brasilianer setzen sich nicht einfach hin, sondern warten immer, bis der Kellner einen Platz zuweist.

restaurar [ʀəʃtauˈrar] *vt* (*monumento, edifício*) instand setzen, sanieren; (*móvel*) restaurieren

réstia f 1. (de luz) Lichtstrahl m, Lichtschein m 2. (vislumbre) Schimmer m; **uma ~ de esperança** ein Hoffnungsschimmer

restituição f (de bens) Rückgabe f; (de dinheiro) Rückerstattung f

restituir vt (bens, dignidade) zurückgeben; (dinheiro) zurückerstatten; ~ **a. c. a alguém** jdm etw zurückgeben

resto m Rest m; ~ **de comida** Essensrest m; ~**s mortais** sterbliche Überreste; **de ~** im Übrigen, ansonsten; (aliás) übrigens

restolho m Stoppel f

restrição f Einschränkung f, Beschränkung f; **sem restrições** ohne Einschränkungen; **impor restrições a alguém** jdm Beschränkungen auferlegen

restringir I. vt (pessoa, assunto) einschränken, beschränken (a auf); (liberdade, poder) beschränken, begrenzen II. vr sich beschränken (a auf)

restritivo adj einschränkend, restriktiv

restrito adj begrenzt, beschränkt; **em sentido ~** im engeren Sinn; **um círculo ~ de pessoas** ein begrenzter Personenkreis

resultado [Rəzul'tadu] m 1. (de acontecimento) Ergebnis nt, Resultat nt; (consequência) Folge f; **dar/não dar ~** gelingen/misslingen 2. (de eleições, jogo, exame) Ergebnis nt

resultante adj entstehend; ~ **de** sich ergebend aus

resultar vi 1. (dar resultado) Erfolg haben, gut werden, klappen; **não resultou** es hat nicht geklappt, es ist nichts geworden 2. (ser resultado) sich ergeben (de aus) 3. (ter como resultado) führen (em zu), zur Folge haben

resumido adj zusammengefasst

resumir I. vt (texto, história, livro) zusammenfassen; **resumindo ...** zusammenfassend ...; **esta frase resume tudo** dieser Satz fasst alles zusammen; (reduzir) beschränken (a auf) II. vr sich beschränken (a auf); **a reportagem resume-se à descrição dos acontecimentos** der Bericht beschränkt sich auf die Beschreibung der Ereignisse

resumo m Zusammenfassung f, Resümee nt; **em ~** kurz gesagt, in einem Wort

resvalar vi 1. (carro) ins Rutschen kommen, schleudern 2. (terra, neve) abrutschen

resvés adv sehr dicht, sehr nah

reta f 1. (brasil: linha) Gerade f 2. (brasil: estrada) gerade Strecke f

retaguarda f 1. (de automóvel) Heck nt;

à/na ~ hinten 2. (MIL) Nachhut f

retalhar vt (cortando) zerschneiden; (rasgando) zerreißen

retalhista m(f) Einzelhändler, Einzelhändlerin m, f

retalho m Stoffrest m; **venda a ~** Einzelhandel m; **vender a. c. a ~** im Kleinhandel verkaufen

retaliação f (MIL) Vergeltungsmaßnahme f

retaliar vi (MIL) Vergeltungsmaßnahmen durchführen

retangular adj (brasil) rechteckig

retângulo m (brasil) Rechteck nt

retardar vt verzögern

retardatário, -a m, f Nachzügler, Nachzüglerin m, f, Zuspätkommende

retarde m (brasil) Verzögerung f

retenção f 1. (de dinheiro, informação) Zurückhalten nt 2. (MED) Verhaltung f, Retention f

reter vt 1. (dinheiro, informação) zurückhalten 2. (uma pessoa) festhalten 3. (na memória) behalten 4. (lágrimas) zurückhalten 5. (MED) verhalten

retesado adj steif

reticências fpl Auslassungspunkte pl

reticente adj zurückhaltend

retículo m Raster m

retidão f (brasil) Aufrichtigkeit f, Rechtschaffenheit f

retificação f (brasil) v. **rectificação**

retificar vt (brasil) v. **rectificar**

retina f Netzhaut f, Retina f

retintim m Klirren nt

retirada f (MIL) Rückzug m

retirado adj (lugar) abgelegen; (pessoa) zurückgezogen

retirar I. vt 1. (uma queixa) zurückziehen; (um comentário) zurücknehmen; **eu retiro o que disse** ich nehme das, was ich gesagt habe, zurück 2. (tirar) entfernen; ~ **a. c. de circulação** etw aus dem Verkehr ziehen II. vr 1. (da sala, festa) sich entfernen, gehen; **retire-se!** gehen Sie! 2. (da vida activa) sich zurückziehen 3. (MIL) sich zurückziehen

retiro m 1. (lugar) Zufluchtsort m 2. (isolamento) Zurückgezogenheit f; ~ **espiritual** geistige Zurückgezogenheit

reto m (ANAT: brasil) Mastdarm m

retocar vt (quadro, pintura) ausbessern

retomar vt 1. (actividade, conversações)

R

wiederaufnehmen **2.** (*lugar*) wieder einnehmen

retoque *m* Ausbesserung *f;* **dar um ~ em a. c.** etw ausbessern; (*fig*); **dar os últimos ~s** letzte Hand anlegen

retorcer I. *vt* winden, drehen **II.** *vr* sich winden

retórica *f* Rhetorik *f*

retórico *adj* rhetorisch

retornado, -a *m, f* Remigrant, Remigrantin *m, f;* (*das ex-colónias*) Rückwanderer, Rückwanderin *m, f*

retornar *vi* zurückkommen, zurückkehren; **~ a casa** heimkehren

retorno *m* **1.** (*regresso*) Rückkehr *f;* **~ a casa** Heimkehr *f* **2.** (*devolução*) Rückgabe *f*

reto-romano I. *m* Rätoromanisch *nt* **II.** *adj* rätoromanisch

retorquir *vi* entgegnen, erwidern

retorta *f* Retorte *f*

retractar I. *vt* zurücknehmen **II.** *vr* widerrufen

retraído *adj* (*pessoa*) scheu, zurückhaltend

retrair I. *vt* (*membro*) zurückziehen **II.** *vr* sich zurückhalten

retratar I. *vt* (*pintar, desenhar*) porträtieren; (*descrever*) beschreiben, darstellen; (*brasil: acusação, palavra*) zurücknehmen **II.** *vr* (*brasil*) widerrufen

retrato [Rɐˈtratu] *m* Porträt *nt*

retrato-robô *m* Phantombild *nt*

retrete *f* Toilette *f*

retribuição *f* **1.** (*de um favor*) Erwiderung *f* **2.** (*recompensa*) Belohnung *f* (*por* für)

retribuir *vt* **1.** (*visita*) erwidern; **~ um favor/cumprimentos a alguém** jdm auch einen Gefallen tun/jdn wieder grüßen **2.** (*recompensar*) belohnen (*com* mit)

retroactivo *adj* rückwirkend

retroativo *adj* (*brasil*) v. **retroactivo**

retroceder *vi* (*fig*) zurückgehen

retrocesso *m* Rückschritt *m*

retrógrado *adj* rückschrittlich, reaktionär

retroprojector *m* Tageslichtprojektor *m,* Overheadprojektor *m*

retroprojetor *m* (*brasil*) v. **retroprojector**

retrosaria *f* Kurzwarengeschäft *nt*

retrospectiva *f* Rückblick *m;* **em ~** rückblickend

retrospectivo *adj* rückblickend, retrospektiv

retroversão *f* Rückübersetzung *f*

retrovisor [R3trɔviˈzor] *m* (*espelho*) Rückspiegel *m*

retumbante *adj* (*sucesso*) durchschlagend

retumbar *vi* dröhnen

réu, ré *m, f* Angeklagte

reumático, -a I. *m, f* Rheumatiker, Rheumatikerin *m, f* **II.** *adj* rheumatisch

reumatismo [Rɐumɐˈtiʒmu] *m* Rheuma *nt,* Rheumatismus *m*

reunião *f* **1.** (*de negócios*) Sitzung *f,* Besprechung *f;* **estar em ~** in einer Sitzung sein **2.** (*assembleia*) Versammlung *f*

reunificação *f* Wiedervereinigung *f;* **a ~ alemã** die deutsche Wiedervereinigung

reunificar *vt* wiedervereinigen

reunir *vt* **1.** (*informações, dados*) sammeln, zusammentragen **2.** (*pessoas*) versammeln **3.** (*qualidades, condições*) vereinen, verfügen über

reveillon *m* Silvesterfeier *f*

revelação *f* **1.** (*de segredo, escândalo*) Enthüllung *f,* Aufdeckung *f;* **fazer uma ~** eine Enthüllung machen **2.** (FOT) Entwicklung *f*

revelar I. *vt* **1.** (*segredo, escândalo*) aufdecken, enthüllen **2.** (*mostrar*) zeigen **3.** (FOT) entwickeln; **mandar ~ um rolo** einen Film entwickeln lassen **II.** *vr* **1.** (*pessoa*) sich anvertrauen; (*publicamente*) sich outen; **~-se a alguém** sich jdm anvertrauen **2.** (*sintoma*) auftreten; (*doença*) ausbrechen **3.** (*ser*) sich herausstellen; **a tarefa revela-se por vezes difícil** die Aufgabe stellt sich manchmal als schwierig heraus

revelia *adv* (DIR) **à ~** in Abwesenheit

revenda *f* Wiederverkauf *m*

revendedor(a) *m(f)* Wiederverkäufer, Wiederverkäuferin *m, f*

rever *vt* **1.** (*tornar a ver*) wieder sehen **2.** (*para corrigir*) durchsehen, überarbeiten; (*lei, contrato*) revidieren; (*examinar*) nachprüfen, überprüfen **3.** (*a matéria*) wiederholen

reverberar *vi* funkeln, glitzern

reverência *f* Verehrung *f,* Hochachtung *f*

reverenciar *vt* ehren, Hochachtung erweisen

reverendo *m* Pfarrer *m*

reversível *adj* umkehrbar, reversibel

reverso *m* Rückseite *f;* **o ~ da medalha** die Kehrseite der Medaille

reverter *vi* zurückfallen (*para* an); **~ para o Estado** an den Staat zurückfallen; **~ a favor**

de alguém jdm zugute kommen

revertério m (coloq brasil) unvorhergesehene(r) Zwischenfall m, unangenehme Überraschung f

revés m Rückschlag m; **ao** ~ umgekehrt; **de** ~ schief

revestimento m (de objecto) Bezug m, Überzug m; (de chão) Belag m; (de parede) Verkleidung f; (de material) Ummantelung f

revestir vt (parede) verkleiden (de mit); (gaveta) auslegen (de mit); (material) überziehen (de mit); ~ **o chão de madeira** Holzfußboden legen

revezar-se vr sich abwechseln (em bei)

revirado adj (casa, quarto) durchwühlt

revirar vt **1.** (os olhos) verdrehen **2.** (casa) durchsuchen; (gaveta) durchwühlen **3.** (tornar a virar) wieder umdrehen

reviravolta f (fig) Umbruch m, Wende f; **dar uma** ~ eine neue Wende nehmen

revisão f **1.** (de trabalho, documento) Überprüfung f, Nachprüfung f; (de texto) Bearbeitung f, Überarbeitung f; (de lei, contrato) Revision f, Abänderung f **2.** (de automóvel) Inspektion f; **o carro tem de ir à** ~ das Auto muss zur Inspektion

revisar vt (brasil) v. **rever**

revisor(a) [ʀəviˈzoɾ] m(f) (em comboio) Schaffner, Schaffnerin m, f, Zugbegleiter, Zugbegleiterin m, f; (em autocarro) Kontrolleur, Kontrolleurin m, f

revista [ʀəˈviʃtɐ] f **1.** (JORN) Zeitschrift f, Illustrierte f; ~ **científica** Fachzeitschrift f **2.** (busca) Durchsuchung f; (inspecção) Überprüfung f; **passar** ~ **a alguém/a. c.** jdn/etw durchsuchen **3.** (teatro) Revue f

revistar vt (casa, pessoa) durchsuchen

revisto pp de **rever**

revitalizar vt wiederbeleben

reviver vt wieder erleben; ~ **os velhos tempos** die alten Zeiten noch einmal erleben

revogação f (de lei, sentença) Aufhebung f

revogar vt (uma lei, sentença, decisão) aufheben; (uma ordem) widerrufen

revogável adj aufhebbar

revolta f **1.** (popular) Revolte f **2.** (interior) Auflehnung f

revoltado adj empört (com über), aufgebracht (com über)

revoltante adj empörend

revoltar **I.** vt empören, aufbringen **II.** vr sich auflehnen (contra gegen), rebellieren (contra gegen)

revolto adj **1.** (mar) aufgewühlt **2.** (cabelo) wirr, zerzaust

revolução f Revolution f; ~ **dos cravos** Nelkenrevolution f; ~ **industrial** industrielle Revolution

revolucionar vt grundlegend umgestalten, revolutionieren

revolucionário, -a **I.** m, f Revolutionär, Revolutionärin m, f **II.** adj revolutionär

revolver vt **1.** (a terra) aufwühlen **2.** (papéis, roupa) durchwühlen **3.** (livros) wälzen

revólver m Revolver m

reza f Gebet nt

rezar **I.** vt (uma oração) beten; ~ **o terço** den Rosenkranz beten; (a missa) lesen **II.** vi beten (a zu, por für); **reza a história que ...** die Geschichte lehrt uns, dass ...

rezingar vi (coloq) meckern; (criança) quengeln

RFA abrev de **República Federal da Alemanha** BRD (= Bundesrepublik Deutschland)

Rh m **fa(c)tor** ~ Rhesusfaktor m

ria f Ria f

riacho m Bach m

ribaldaria f (coloq) Chaos nt, Tohuwabohu nt

ribalta f Rampenlicht nt; **estar na** ~ im Rampenlicht stehen

ribanceira f Abhang m; (margem) Böschung f; (costa) Steilküste f

ribeira f **1.** (ribeiro) Bach m **2.** (margem) Flussufer m

ribeirinho adj Ufer ...; **casa ribeirinha** Haus am Ufer; **população ribeirinha** Uferbewohner pl

ribeiro m Bach m

ricaço, -a **I.** m, f (coloq) reiche(r) Protz m **II.** adj (coloq) steinreich

rícino m Rizinus m

rico, -a [ˈʀiku] **I.** m, f Reiche **II.** adj **1.** (endinheirado, abundante) reich (em an) **2.** (variado) reichhaltig **3.** (excelente) prächtig; (comida) köstlich, lecker; **um** ~ **jantar** ein leckeres Abendessen; **uma rica casa** ein prächtiges Haus **4.** (simpático) reizend; **um** ~ **filho** ein reizendes Kind

ricochete m Abprall m; **fazer** ~ abprallen (em von)

ridicularizar vt lächerlich machen

ridículo **I.** m **expor alguém/a. c. ao** ~ jdn/

R

etw der Lächerlichkeit preisgeben; **prestar-se ao** ~ sich lächerlich machen, sich blamieren; **o ~ da situação é ...** das Lächerliche an der Situation ist ... **II.** *adj* lächerlich

rifa *f* Verlosung *f*

rifar *vt* verlosen

rigidez *f* **1.** (*de material*) Starrheit *f* **2.** (*severidade*) Härte *f*, Strenge *f*

rígido *adj* **1.** (*material*) starr **2.** (*severo*) streng, unerbittlich

rigor *m* **1.** (*exactidão*) Genauigkeit *f*; **com ~** genau; **em ~** streng genommen **2.** (*de disciplina, regras*) Strenge *f*, Härte *f*

rigorosamente *adv* **1.** (*exactamente*) genau **2.** (*em rigor*) streng genommen

rigoroso *adj* **1.** (*disciplina, regras*) hart, streng; (*costume, tradição*) starr **2.** (*medida*) rigoros **3.** (*exacto*) präzise, genau **4.** (*Inverno*) streng, hart

rijo *adj* **1.** (*material*) hart; (*carne*) zäh **2.** (*pessoa*) kräftig, stark

rim [ʀĩ] *m* Niere *f*

rima *f* Reim *m*

rimar *vi* sich reimen (*com* auf)

rímel [ˈʀimɛl] *m* Wimperntusche *f*

ringue *m* (*boxe*) Ring *m*

rinoceronte *m* Nashorn *nt*, Rhinozeros *nt*

rio [ˈʀiu] *m* Fluss *m*, Strom *m*; ~ **acima** flussaufwärts; ~ **abaixo** flussabwärts

ripa *f* Latte *f*

ripar *vt* (*o cabelo*) toupieren

ripostar *vi* **1.** (*falando*) schlagfertig antworten **2.** (*batendo*) zurückschlagen

riquexó *m* Rikscha *f*

riqueza *f* **1.** (*material*) Reichtum *m*, Vermögen *nt*; ~**s do subsolo** Bodenschätze *pl* **2.** (*abundância*) Reichtum *m* (*em* an), Fülle *f* (*em* von) **3.** (*de linguagem, vocabulário*) Reichtum *m*

rir [ʀir] *vi* lachen; ~ **às gargalhadas** schallend lachen; **fartar-se de** ~ sich totlachen; **o último a ~, ri melhor** wer zuletzt lacht, lacht am besten; **foi de (morrer a)** ~! es war zum Totlachen! **II.** *vr* lachen; ~**-se de a. c.** über etw lachen; (*pej*) ~**-se de alguém** jdn auslachen; ~**-se para alguém** jdn anlachen; ~**-se na cara de alguém** jdm ins Gesicht lachen

risada *f* Gelächter *nt*; **dar uma ~** laut lachen

risca [ˈʀiʃkɐ] *f* **1.** (*em vestuário*) Streifen *m*; **às ~s (pretas)** (schwarz) gestreift **2.** (*no cabelo*) Scheitel *m*

riscado *adj* **1.** (*papel*) bekritzelt; (*palavra*) durchgestrichen **2.** (*disco*) zerkratzt

riscar *vt* **1.** (*um papel*) Striche malen auf, vollstricheln; (*uma palavra, frase*) durchstreichen **2.** (*de uma lista, da memória*) streichen

risco [ˈʀiʃku] *m* **1.** (*traço*) Strich *m*; **fazer um** ~ einen Strich ziehen **2.** (*perigo*) Risiko *nt*; **correr o ~ de** Gefahr laufen, zu + *inf*; **pôr a. c. em** ~ etw einer Gefahr aussetzen; **não correr ~s** kein Risiko eingehen; **correr ~ de vida** in Lebensgefahr sein

riso *m* Lachen *nt*, Gelächter *nt*

risonho *adj* **1.** (*pessoa, cara*) heiter, fröhlich **2.** (*futuro*) verheißungsvoll

risota *f* (*coloq*) höhnische(s) Gelächter *nt*; **estar na** ~ (**com alguém**) lachen

rispidez *f* Schroffheit *f*, Unfreundlichkeit *f*

ríspido *adj* (*pessoa*) rau, grob; (*palavras*) scharf; (*comentário, reposta*) schroff

rissol *m* mit Fleisch oder Krabben gefüllte Teigtasche

ritmado *adj* rhythmisch

rítmico *adj* rhythmisch

ritmo *m* Rhythmus *m*; (*de desenvolvimento*) Tempo *nt*; ~ **biológico** Biorhythmus *m*; ~ **cardíaco** Herzrhythmus *m*; **de trabalho** Arbeitstempo *nt*

rito *m* Ritus *m*, Ritual *nt*

ritual **I.** *m* Ritual *nt* **II.** *adj* rituell

rival *m(f)* Rivale, Rivalin *m, f*

rivalidade *f* Rivalität *f*

rivalizar *vi* rivalisieren, wetteifern

rixa *f* Schlägerei *f*, Rauferei *f*

robalo *m* Seebarsch *m*, Wolfsbarsch *m*

robe *m* Morgenrock *m*

robô *m* Roboter *m*

robustez *f* Robustheit *f*

robusto *adj* robust

roca *f* Spinnrocken *m*

roça *f* **1.** (AGR: *brasil*) Ackerbau *m* **2.** (*brasil: campo*) Land *nt*

roçado *adj* (*roupa*) abgetragen, abgewetzt

roçar **I.** *vt* (*tocar*) streifen; (*roupa*) abtragen **II.** *vr* streifen (*em*), leicht berühren (*em*); **os gatos roçam-se nas pernas dela** die Katzen streifen um ihre Beine

rocha [ˈʀɔʃɐ] *f* (*geral*) Gestein *nt*; (*rochedo*) Fels *m*, Felsen *m*

rochedo [ʀuˈʃedu] *m* Felsen *m*, Klippe *f*

rochoso *adj* felsig

rock *m* Rock *m*, Rockmusik *f*

rococó *m* Rokoko *nt*

roda [ˈʀɔdɐ] *f* **1.** (*objecto*) Rad *nt;* ~ **dentada** Zahnrad *nt;* ~ **dianteira** Vorderrad *nt;* ~ **gigante** Riesenrad *nt;* ~ **do leme** Steuerrad *nt;* ~ **traseira** Hinterrad *nt* **2.** (*círculo*) Kreis *m;* **fazer uma** ~ **à volta de alguém/a. c.** einen Kreis um jdn/etw bilden **3.** (*redor*) **à/em** ~ ringsumher, rundherum; **andar à** ~ **de alguém/a. c.** um jdn/etw herumgehen; **à/em** ~ **da casa** um das Haus herum **4.** (*rotação*) **andar à** ~ sich drehen **5.** (*de saia*) Weite *f* **6.** (*lotaria*) **amanhã anda à** ~ morgen ist die Ziehung der Lottozahlen

rodada *f* Runde *f;* **pagar uma** ~ eine Runde ausgeben

rodado *adj* **1.** (*saia*) weit **2.** (*automóvel*) eingefahren **3.** (*coloq: pessoa*) erfahren

rodagem *f* (*de automóvel*) Einfahren *nt;* **fazer a** ~ den Wagen einfahren

rodapé *m* **1.** (ARQ) Fußleiste *f* **2.** (*de folha*) Fußzeile *f;* **nota de** ~ Fußnote *f*

rodar I. *vt* **1.** (*um botão, a chave*) drehen; (*a cabeça*) rollen **2.** (*um filme*) drehen II. *vi* **1.** (*girar*) sich drehen **2.** (*tarefa; passar*) übertragen werden (*por*); (*objecto*) kreisen, weitergereicht werden (*por* an); ~ **de mão em mão** von Hand zu Hand gehen

roda-viva *f* Trubel *m*, Hetze *f;* **andar numa** ~ rotieren

rodeado *adj* umgeben (*de* von)

rodear *vt* umgeben (*de* mit)

rodeios *mpl* Umweg *m;* **fazer** ~ um den heißen Brei herumreden; **sem** ~ ohne Umschweife

rodela *f* Scheibe *f;* **cortar a. c. às** ~**s** etw in Scheiben schneiden

rodilha *f* Tragpolster *nt* (für Kopflasten)

rodízio *m* Möbelrolle *f*

rodopiar *vi* im Kreis wirbeln, sich schnell drehen

rodopio *m* **1.** (*movimento*) Wirbeln *nt* **2.** (*azáfama*) Hetze *f;* **andar num** ~ sich abhetzen

rodovalho *m* Steinbutt *m*

rodovia *f* (*brasil*) Fahrbahn *f*

rodoviário *adj* (*de estrada*) Straßen ...; (*de trânsito*) Verkehrs ...; (*de transporte*) Transport ...

roedor *m* Nagetier *nt*

roer I. *vt* nagen, abnagen; ~ **as unhas** an den Nägeln kauen II. *vr* ~**-se de inveja** vor Neid vergehen

rogado *adj* **fazer-se** ~ sich zieren, sich bitten lassen

rogar *vt* bitten; (*suplicar*) anflehen; ~ **a. c. a alguém** jdn um etw bitten; ~ **pragas a alguém** jdn verfluchen

roído *adj* angenagt

rojão *m* (CUL) Schweinefleisch *nt* in Würfeln

rojo *adv* **andar de** ~ kriechen; **ir de** ~ gezogen werden

rol *m* Liste *f*, Verzeichnis *nt*

rola *f* Turteltaube *f*

rolamento *m* Lager *nt;* ~ **de esferas** Kugellager *nt*

rolante *adj* rollend, Roll ...

rolar I. *vt* rollen II. *vi* (*bola, pedra*) rollen; (*lágrimas*) laufen, kullern III. *vr* rollen

roldana *f* Flaschenzug *m*

roleta *f* Roulette *nt*

rolha *f* (*de garrafa*) Korken *m;* (*grande*) Pfropfen *m*

roliço *adj* rundlich

rolo *m* **1.** (*de papel*) Rolle *f;* ~ **da massa** Nudelholz *nt*, Teigrolle *f* **2.** (FOT) Film *m* **3.** (*em máquina*) Walze *f* **4.** (*de cabelo*) Lockenwickler *m* **5.** (CUL: *bolo*) Biskuitrolle *f;* ~ **de carne** Roulade *f* **6.** (*brasil: sarilho*) Probleme *pl*, Schwierigkeiten *pl*

romã *f* Granatapfel *m*

romance [ʀuˈmãsə] *m* **1.** (LIT) Roman *m* **2.** (*amoroso*) Romanze *f*, Liebesgeschichte *f*

romancista *m(f)* Romanautor, Romanautorin *m, f*

românico [ʀuˈmɐniku] *adj* romanisch; **filologia românica** Romanistik *f*

Romanos *mpl* Römer *pl*

romântico, -a I. *m, f* Romantiker, Romantikerin *m, f* II. *adj* romantisch

romantismo *m* Romantik *f*

romantizar *vt* romantisieren

romaria [ʀumeˈriɐ] *f* **1.** (*arraial*) Volksfest *nt* **2.** (*peregrinação*) Wallfahrt *f*

rombo I. *m* (*em recipiente*) Loch *nt;* (*em navio*) Leck *nt;* (*desfalque*) Unterschlagung *f* II. *adj* stumpf

romeiro, -a *m, f* Pilger, Pilgerin *m, f*

Roménia *f* Rumänien *nt*

romeno, -a I. *m, f* Rumäne, Rumänin *m, f* II. *adj* rumänisch

rompante *m* Ruck *m;* **fazer a. c. de** ~ etw stürmisch machen; **ela entrou de** ~ **no quarto** sie stürzte ins Zimmer

romper I. *m* ~ **do dia** Tagesanbruch *m;* **ao**

R

~ **do dia** bei Tagesanbruch **II.** *vt* (*roupa*) zerreißen; (*corda*) durchreißen; (*relações*) abbrechen; (*o silêncio, juramento, promessa*) brechen **III.** *vi* (*dia*) anbrechen, beginnen; (*inverno*) hereinbrechen; (*acabar*) brechen; ~ **com alguém** mit jdm brechen; ~ **com um hábito** mit einer Gewohnheit brechen **IV.** *vr* (*tecido*) zerreißen; (*corda*) reißen, durchreißen

rompimento *m* Bruch *m;* (*de relações*) Abbruch *m*

ronca *f* (*de nevoeiro*) Nebelhorn *nt*

roncar *vi* **1.** (*ressonar*) schnarchen **2.** (*grunhir*) grunzen **3.** (*motor*) brummen

ronda *f* Runde *f;* **fazer a** ~ die Runde machen

rondar *vt* **1.** (*uma casa*) Runden drehen um; (*uma cidade*) eine Runde drehen durch; (*para vigiar*) patrouillieren durch **2.** (*aproximadamente*) ungefähr betragen; **o preço ronda os 400 euros** der Preis beträgt ungefähr 400 Euro

ronha *f* **1.** (*de animal*) Räude *f* **2.** (*coloq: manha*) Gerissenheit *f;* **ter** ~ gerissen sein

ronrom *m* Schnurren *nt*

ronronar *vi* schnurren

roqueiro, -a *m, f* (*coloq*) Rocker, Rockerin *m, f*

ror *m* **um** ~ **de** ein Haufen, eine Menge

rosa I. *f* Rose *f* **II.** *adj inv* rosa

rosácea *f* (ARQ) Rosette *f;* (*na igreja*) Fensterrose *f*

rosado *adj* rosig

rosa-dos-ventos *f* Windrose *f*

rosário *m* Rosenkranz *m*

rosbife *m* Roastbeef *nt*

rosca *f* **1.** (*de parafuso, tampa, gargalo*) Gewinde *nt* **2.** (*coloq: bebedeira*) Rausch *m*

roseira *f* Rosenbusch *m*, Rosenstrauch *m*

rosmaninho *m* Rosmarin *m*

rosnar *vi* knurren

rosquilha *f* Kringel *m*

rosto [ˈRoʃtu] *m* Gesicht *nt*

rota *f* **1.** (*de viagem*) Route *f* **2.** (*de navio*) Kurs *m* **3.** (*de astro*) Umlaufbahn *f*

rotação *f* Umdrehung *f*, Drehung *f;* (TÉC) Rotation *f;* **movimento de** ~ **da Terra** Erdumdrehung *f*

rotativo *adj* **1.** (*giratório*) Rotations ..., Dreh ...; **movimento** ~ Drehbewegung *f* **2.** (*tarefa*) rotierend; **a presidência é rotativa** der Vorsitz geht reihum

roteiro *m* (*das ruas*) Stadtplan *m*, Straßenverzeichnis *nt;* (*das atracções turísticas*) Reiseführer *m*

rotina *f* Routine *f;* **entrar na** ~ in seinen Trott verfallen; **sair da** ~ die Routine durchbrechen; **exame de** ~ Routinekontrolle *f*

rotineiro *adj* gewohnt, gewohnheitsmäßig

roto *adj* (*esburacado*) durchlöchert, zerlumpt; (*rasgado*) zerrissen

rotor *m* (ELECTR) Rotor *m*

rótula *f* (ANAT) Kniescheibe *f*

rotular *vt* **1.** (*com rótulo*) etikettieren, beschriften **2.** (*uma pessoa*) etikettieren (*de* als); (*pej*) abstempeln (*de* als)

rótulo *m* **1.** (*em frasco*) Etikett *nt*, Schild *nt* **2.** (*para pessoa*) Etikett *nt*

rotunda *f* Kreisverkehr *m*, Kreisel *m;* **contornar a** ~ durch den Kreisverkehr fahren

rotura *f* Bruch *m;* (*de relações*) Abbruch *m*

roubalheira *f* (*coloq*) Wucher *m*, Betrug *m*

roubar [Roˈbar] *vi* rauben, stehlen; ~ **a. c. a alguém** jdm etw stehlen; ~ **alguém** jdn berauben/bestehlen

roubo [ˈRobu] *m* Raub *m*, Diebstahl *m*

rouco [ˈRoku] *adj* heiser

roufenho *adj* verzerrt

roulote *f* Wohnwagen *m*

roupa [ˈRopɐ] *f* (*para vestir*) Kleidung *f;* (*para lavar, passar*) Wäsche *f;* ~ **de cama** Bettwäsche *f;* ~ **interior** Unterwäsche *f;* **lavar a** ~ Wäsche waschen; (*fig*) **lavar** ~ **suja** schmutzige Wäsche waschen; **chegar a** ~ **ao pêlo de alguém** jdn verprügeln

roupão *m* Morgenrock *m*, Morgenmantel *m;* (*de banho*) Bademantel *m*

roupa-velha *f* (CUL) Resteessen nach dem Weihnachtsmenü (*mit Olivenöl und Knoblauch gewürzter, zerkleinerter Kabeljau mit Kartoffeln und Kohl*)

roupeiro *m* Kleiderschrank *m*

rouquidão *f* Heiserkeit *f*

rouxinol *m* Nachtigall *f*

roxo [ˈRoʃu] **I.** *m* Violett *nt*, Lila *nt* **II.** *adj* violett, lila; (*lábios*) blau

RP *abrev de* **relações públicas** PR (= *Public Relations*)

r.s.f.f. *abrev de* **responder se faz favor** u.A.w.g. (= *um Antwort wird gebeten*)

rua [ˈRuɐ] *f* Straße *f;* ~ **principal** Hauptstraße *f;* ~ **secundária** Nebenstraße *f;* ~ **de sentido único** Einbahnstraße *f;* ~ **sem saída**

Sackgasse *f;* **na** ~ auf der Straße; **nesta** ~ in dieser Straße; **pôr alguém na** ~ jdn auf die Straße setzen; ~! raus!

rubéola [ʀuˈbʒulɐ] *f* (MED) Röteln *pl*

rubi *m* Rubin *m*

rublo *m* Rubel *m*

rubor *m* Röte *f*

ruborescer *vi* (*elev*) erröten

rubrica *f* **1.** (JORN) Rubrik *f*, Sparte *f* **2.** (*assinatura*) Namenszeichen *nt*

rubricar *vt* abzeichnen

rubro *adj* feuerrot, blutrot

ruço *adj* **1.** (*cor*) verblasst, ausgewaschen; (*roupa*) abgetragen, verschlissen **2.** (*animal*) grau (meliert) **3.** (*coloq: pessoa, cabelo*) blond

rude *adj* **1.** (*superfície*) rau **2.** (*pessoa, resposta*) grob; (*atitude, modos*) plump; (*ignorante*) ungebildet

rudeza *f* **1.** (*de superfície*) Rauheit *f* **2.** (*nos modos*) Grobheit *f*, Plumpheit *f*

rudimentar *adj* **1.** (*equipamento, conhecimento*) rudimentär **2.** (*método*) rückständig

rudimentos *mpl* Grundlagen *pl*, Grundbegriffe *pl*

ruela *f* Gasse *f*

rufar **I.** *vt* schlagen; ~ **tambor** trommeln **II.** *vi* ertönen

rufia *m* Raufbold *m*

rufião *m v.* **rufia**

ruga *f* Falte *f*

rugby *m* Rugby *nt*

rugido *m* Brüllen *nt*

rugir *vi* brüllen

rugoso *adj* faltig

ruibarbo *m* Rhabarber *m*

ruído [ˈʀwidu] *m* Geräusch *nt;* (*de pessoas*) Lärm *m;* (*estrondo*) Krach *m;* ~ **parasita** Nebengeräusch *nt;* **fazer** ~ Lärm machen; (*rádio, televisão*) rauschen

ruidoso *adj* **1.** (*aparelho*) laut **2.** (*multidão*) lärmend; (*festa*) laut

ruim *adj* **1.** (*qualidade*) schlecht, minder-

wertig **2.** (*pessoa*) niederträchtig, gemein **3.** (*nocivo*) schädlich

ruína [ˈʀwinɐ] *f* **1.** (*decadência*) Ruin *m*, Untergang *m;* **estar na** ~ ruiniert sein **2.** (*de edifício, cidade*) Verfall *m*

ruínas *fpl* **1.** (*por degradação*) Verfall *m;* **estar em** ~ baufällig sein **2.** (*arqueológicas*) Ruinen *pl*

ruindade *f* Bosheit *f*, Gemeinheit *f*

ruir *vi* einstürzen, einfallen

ruivo, -a[1] **I.** *m, f* Rothaarige **II.** *adj* (*pessoa*) rothaarig; (*cabelo*) rot

ruivo[2] *m* (*peixe*) Knurrhahn *m*

rum *m* Rum *m*

rumar *vi* **1.** (*navio*) Kurs nehmen (*para* auf) **2.** (*pessoa*) den Weg einschlagen (*para* nach)

ruminante *m* Wiederkäuer *m*

ruminar *vi* **1.** (*animal*) wiederkäuen **2.** (*matutar*) nachgrübeln (*sobre* über)

rumo *m* **1.** (AERO, NAUT) Kurs *m;* **mudar de** ~ den Kurs ändern **2.** (*direcção*) Richtung *f*, Fahrtrichtung *f;* **sem** ~ ziellos **3.** (*de situação, da vida*) Zielsetzung *f*, Orientierung *f;* **dar um** ~ **à sua vida** sich neu orientieren, sich *dat* ein Ziel setzen

rumor *m* **1.** (*ruído*) Getöse *nt*, Gepolter *nt;* (*de vozes*) Stimmengewirr *nt* **2.** (*boato*) Gerücht *nt*

rumorejar *vi* **1.** (*água, folhagem*) rauschen **2.** (*pessoas*) murmeln

rupestre *adj* Felsen ...; **pintura** ~ Felsenmalerei *f*

ruptura *f* Bruch *m;* (*de relações*) Abbruch *m*

rural *adj* **1.** (*do campo*) ländlich **2.** (*agrícola*) landwirtschaftlich

rusga *f* Razzia *f;* **fazer uma** ~ eine Razzia machen

Rússia *f* Russland *nt*

russo, -a **I.** *m, f* Russe, Russin *m, f* **II.** *adj* russisch

rústico *adj* **1.** (*casa, decoração*) rustikal **2.** (*pessoa*) einfach, schlicht

S

S

S, s [ˈʒsə] *m* S, s *nt*

S. *abrev de* **São** St. (= *Sankt*)

S.A. *abrev de* **Sociedade Anónima** AG (= *Aktiengesellschaft*)

sábado [ˈsabɐdu] *m* Samstag *m*, Sonnabend *m;* **aos** ~s samstags; *v.* **segunda-feira**

sabão *m* Kernseife *f;* (*sabonete*) Seife *f*

sabedoria *f* Weisheit *f;* (*conhecimentos*)

Wissen *nt;* **ter muita** ~ sehr weise sein

saber [se'ber] **I.** *m* **1.** (*conhecimento*) Wissen *nt* **2.** (*capacidade*) Können *nt* **II.** *vt* **1.** (*ter conhecimento*) wissen; **sabes que mais?** weist du was?; **sabe-se lá!** weiß der Himmel!; **sei lá!** was weiß ich!; **que eu saiba** so weit ich weiß; **a** ~ nämlich, und zwar **2.** (*capacidade*) können; ~ **nadar/escrever/inglês** schwimmen/schreiben/Englisch können **3.** (*descobrir*) erfahren; **vir a** ~ erfahren; **eu soube isso ontem** ich habe gestern davon erfahren **III.** *vi* **1.** (*ter conhecimento*) wissen (*de* von); **não sei** ich weiß es nicht **2.** (*ter sabor*) schmecken (*a* nach); ~ **bem/mal** gut/schlecht schmecken

sabiamente *adv* **1.** (*com sabedoria*) klug **2.** (*com prudência*) umsichtig

sabichão, -ona *m, f* Besserwisser, Besserwisserin *m, f,* Neunmalkluge

sabido *adj* **1.** (*matéria*) gelernt **2.** (*pessoa*) geschickt

sábio, -a I. *m, f* Weise **II.** *adj* weise

sabonete [sebu'netə] *m* Seife *f*

saboneteira *f* (*caixa*) Seifenschale *f,* Seifendose *f;* (*de parede*) Seifenhalter *m*

sabor *m* Geschmack *m* (*a* nach)

saborear *vt* (*fig*) genießen

saboroso *adj* schmackhaft, wohlschmeckend

sabotagem *f* Sabotage *f*

sabotar *vt* sabotieren

sabre *m* Säbel *m*

sabrina *f* Ballettschuh *m*

sabugueiro *m* (BOT) Holunder *m*

saburra *f* Belag *m* auf der Zunge

saca *f* Tasche *f;* ~ **de rede** Einkaufsnetz *nt*

sacada *f* (*varanda*) Balkon *m;* (*marquise*) Erker *m*

sacado *m* (ECON) Trassat *m*

sacador *m* (ECON) Trassant *m*

sacana *m(f)* Schuft *m*

sacanagem *f* (*coloq brasil*) Sauerei *f*

sacanear *vt* (*brasil*) hereinlegen

sacar I. *vt* **1.** (*tirar*) herausziehen; (*à força*) herausreißen **2.** (*uma informação*) herausbekommen **3.** (*letra de câmbio*) ausstellen **4.** (*coloq brasil: perceber*) kapieren **II.** *vi* **1.** (*tirar*) ~ **de** herausholen; (*uma arma*) ziehen **2.** (*coloq brasil: perceber*) kapieren

sacarina *f* Saccharin *nt*

saca-rolhas *m* Korkenzieher *m*

sacarose *f* Rohrzucker *m,* Saccharose *f*

sacerdócio *m* Priesteramt *nt*

sacerdote, sacerdotisa *m, f* Priester, Priesterin *m, f*

sachola *f* kleine Hacke *f*

saciar I. *vt* **1.** (*a fome, sede*) stillen **2.** (*satisfazer*) befriedigen **II.** *vr* **1.** (*com comida*) sich satt essen **2.** (*satisfazer-se*) sich gönnen + *dat*

saco ['saku] *m* (*grande*) Sack *m;* (*pequeno*) Beutel *m;* (*de viagem*) Tasche *f;* (*brasil*) ~ **de dormir** Schlafsack *m;* ~ **de plástico** Plastiktüte *f;* **um** ~ **de batatas** ein Sack Kartoffeln; (*fig*); **meter tudo no mesmo** ~ alles über einen Kamm scheren

saco-cama *m* Schlafsack *m*

sacramento *m* (REL) Sakrament *nt;* **o Santíssimo Sacramento** das heilige Abendmahl

sacrificar I. *vt* opfern **II.** *vr* sich opfern (*por* für)

sacrifício *m* Opfer *nt;* **fazer ~s** (**por alguém**) sich (für jdn) aufopfern

sacrilégio *m* Sakrileg *nt*

sacrílego, -a *m, f* Frevler, Frevlerin *m, f*

sacristão, sacristã *m, f* Küster, Küsterin *m, f*

sacristia *f* Sakristei *f*

sacro *adj* (REL) heilig

sacudidela *f* Stoß *m;* **dar uma** ~ **a a. c.** etw leicht schütteln

sacudir *vt* **1.** (*pessoa*) schütteln **2.** (*tapete*) klopfen, ausklopfen; (*roupa, pó*) ausschütteln

sádico, -a I. *m, f* Sadist, Sadistin *m, f* **II.** *adj* sadistisch

sadio *adj* **1.** (*pessoa, actividade*) gesund **2.** (*experiência*) heilsam

sadismo *m* Sadismus *m*

sado-masoquismo *m* Sadomasochismus *m*

safa *interj* ~! Donnerwetter!, alle Achtung!

safadeza *f* Gemeinheit *f*

safado *adj* gemein

safanão *m* **1.** (*puxão*) Ruck *m* **2.** (*empurrão*) Stoß *m,* Schubs *m* **3.** (*coloq: bofetada*) kräftige Ohrfeige *f*

safar I. *vt* **1.** (*uma pessoa*) retten (*de* aus/vor) **2.** (*apagar*) ausradieren **II.** *vr* **1.** (*salvar-se*) überstehen (*de*) **2.** (*escapar*) sich drücken (*de* vor) **3.** (*coloq: fugir*) abhauen, sich dünn machen

safari *m* Safari *f*

safira *f* Saphir *m*

safo *adj* **estar** ~ **de a. c.** fein heraus sein, um etw herumgekommen sein

safra f (colheita) Ernte f; (tempo da colheita) Erntezeit f

saga f (LIT) Saga f

sagacidade f (perspicácia) Scharfsinn m; (inteligência) Klugheit f

sagaz adj (perspicaz) scharfsinnig; (inteligente) klug

Sagitário m (zodíaco) Schütze m

sagrado adj heilig

sagui m (ZOOL) Seidenäffchen nt, Pinseläffchen nt

saia ['sajɐ] f 1. (roupa) Rock m 2. (em automóvel) Spoiler m

saia-calça f Hosenrock m

saída [sɐ'idɐ] f 1. (de sala, edifício) Ausgang m; (de garagem, auto-estrada) Ausfahrt f; ~ de emergência Notausgang m 2. (partida) Abfahrt f 3. (INFORM) Output nt 4. (de sociedade, partido) Austritt m 5. (mercadoria) ter ~ sich gut verkaufen 6. (para problema) Ausweg m 7. (coloq: comentário) witzige Bemerkung f

saído adj 1. (saliente) hervorstehend, vorspringend 2. (atrevido) vorlaut

sair [sɐ'ir] I. vi 1. (de um sítio; ir) hinausgehen (de aus); (vir) herauskommen (de aus); (partir) abfahren; (à noite) weggehen, ausgehen; ~ de casa aus dem Haus gehen; ~ do país das Land verlassen; ~ da rotina aus dem Alltag ausbrechen; ~ de um emprego eine Stelle aufgeben; ela já saiu sie ist schon gegangen 2. (livro, filme, disco) herauskommen 3. (cor, nódoa) abgehen 4. (prémio) gewonnen werden; saiu-me um automóvel/o totoloto ich habe ein Auto/im Toto gewonnen 5. (encomenda, correio) abgehen 6. (resultado) ausgehen; ~ bem/mal gut/schlecht ausgehen 7. (parecença) kommen (a auf), ähneln (a nach); ele sai ao pai er kommt nach dem Vater II. vr 1. (comentário) ~-se com a. c. mit etw herausplatzen 2. (êxito) ~-se bem/mal em a. c. ein gutes/schlechtes Ergebnis in etw erzielen, bei etw gut/schlecht abschneiden

sal [sal] m 1. (substância) Salz nt; ~ de cozinha Kochsalz nt, Speisesalz nt; sais de banho Badesalz nt; sais de frutos Art Bullrich Salz <(R)> 2. (de pessoa) Witz m; sem ~ fade, langweilig

sala ['salɐ] f Raum m, Zimmer nt; ~ de aula Unterrichtsraum m; (na escola) Klassenzim-

mer nt; ~ de banho Badezimmer nt; ~ de conferências Konferenzraum m, Sitzungssaal m; ~ de espera Wartezimmer nt; ~ de estar Wohnzimmer nt; ~ de jantar Esszimmer nt; ~ de operações Operationssaal m; fazer ~ die Gäste unterhalten

salada [sɐ'ladɐ] f 1. (CUL) Salat m; ~ de frutas Obstsalat m; ~ de batata Kartoffelsalat m; ~ russa Kartoffelsalat mit Erbsen, grünen Bohnen, Karotten und Majonäse 2. (salgalhada) Mischmasch m, Durcheinander nt

saladeira f Salatschüssel f

salafrário, -a m, f Schlitzohr nt, Halunke m

salamandra f 1. (ZOOL) Salamander m 2. (de aquecimento) Dauerbrenner m

salame [sɐ'lɐmɐ] m Salami f

salão m 1. (sala) Saal m; ~ de festas Festsaal m 2. (estabelecimento) Salon m; ~ de cabeleireiro Friseursalon m; ~ de jogos Spielhalle f

salário m Lohn m; ~ mínimo Mindestlohn m

saldar vt (uma dívida) begleichen, tilgen; (uma conta) ausgleichen

saldo ['saldu] m Saldo m; ~ positivo Überschuss m; ~ negativo Defizit nt

saldos mpl Ausverkauf m, Räumungsverkauf m

saleiro m Salzstreuer m

salgadinhos mpl Snacks pl, Häppchen pl

salgado adj salzig

salgados mpl salzige/herzhafte Speisen pl

salgalhada f (coloq) Mischmasch m, Durcheinander nt

salgar vt salzen

sal-gema m (QUÍM) Steinsalz nt

salgueiro m (BOT) Weide f; ~ chorão Trauerweide f

saliência f Vorsprung m

salientar I. vt hervorheben, unterstreichen II. vr sich hervortun (por durch), auffallen (por durch)

saliente adj vorspringend, hervorstehend

salina f Saline f

salino adj salzhaltig

salitre m Salpeter m

saliva f Speichel m

salivar vi speicheln

salmão [sal'mãu] m Lachs m

salmo m (REL) Psalm m

salmonela f (MED) Salmonelle f

salmonete m (ZOOL) Meerbarbe f

saloio, -a [sɐ'loju] I. m, f Bauer m, Bäuerin

S

f **II.** *adj* **1.** (*camponês*) bäuerlich **2.** (*grosseiro*) bäurisch

salpicado *adj* bespritzt (*de* mit)

salpicão *m* grobe Wurst *f*

salpicar *vt* bespritzen (*de/com* mit)

salpico *m* Spritzer *m*

salsa ['salsɐ] *f* **1.** (BOT) Petersilie *f* **2.** (MÚS) Salsa *f*

salsada *f* (*coloq*) Mischmasch *nt*, Durcheinander *nt*

salsaparrilha *f* (BOT) Sarsaparille *f*

salsicha [sal'siʃɐ] *f* Würstchen *nt; ~* **fresca** frisches Würstchen

salsichão *m* Wurst *f*

salsicharia *f* Wurstwarengeschäft *nt*

saltada *f* Abstecher *m;* **dar uma ~ a casa de alguém** bei jdm kurz vorbeischauen

saltão *m* (ZOOL) Grashüpfer *m*

saltar **I.** *vt* **1.** (*um muro*) springen über **2.** (*uma página, palavra*) überspringen **II.** *vi* **1.** (*pessoa*) springen; *~* **da cama** aus dem Bett springen; *~* **do muro** von der Mauer springen **2.** (*saltitar*) hüpfen; *~* **de contente** vor Freude in die Luft springen **3.** (*líquido*) sprudeln; *~* **da panela** überkochen

salteado *adj* übersprungen, ausgelassen; **saber a. c. de cor e ~** etw in- und auswendig wissen

salteador(a) *m(f)* Straßenräuber, Straßenräuberin *m, f*

saltear *vt* (*alternar*) überspringen, auslassen

saltimbanco *m(f)* Straßenkünstler, Straßenkünstlerin *m, f*

saltitante *adj* hüpfend, springend

saltitar *vi* hüpfen, hopsen

salto *m* **1.** (*movimento*) Sprung *m; ~* **em altura** Hochsprung *m; ~* **de cabeça** Kopfsprung *m; ~* **em comprimento** Weitsprung *m; ~* **mortal** Salto *m; ~* **à vara** Stabhochsprung *m;* **dar um ~** einen Sprung machen; (*crescer*) einen Schuss machen **2.** (*de calçado*) Absatz *m; ~* **alto** Stöckelabsatz *m*

salutar *adj* (*comida*) gesund

salva *f* **1.** (*bandeja*) Silbertablett *nt* **2.** (MIL) Salve *f* **3.** (BOT) Salbei *m*

salvação *f* **1.** (*do perigo*) Rettung *f;* **isso foi a minha ~** das war meine Rettung **2.** (REL) Erlösung *f*

salvador(a) *m(f)* Retter, Retterin *m, f*

Salvador *m* (REL) Heiland *m*, Erlöser *m*

salvaguarda *f* **1.** (*protecção*) Schutz *m* **2.** (*garantia*) Garantie *f*

salvaguardar *vt* **1.** (*proteger*) schützen, beschützen **2.** (*garantir*) garantieren

salvamento *m* Rettung *f*

salvar [sal'var] **I.** *vt* **1.** (*pessoa, objecto, relação*) retten (*de* vor) **2.** (REL) erlösen **II.** *vr* **1.** (*do perigo*) sich retten (*de* vor), sich in Sicherheit bringen (*de* vor) **2.** (REL) erlöst werden

salva-vidas *m* Rettungsboot *nt*

salvo **I.** *pp irr de* **salvar** **II.** *adj* (*do perigo*) gerettet; **são e ~** gesund und munter; **estar a ~** in Sicherheit sein; **pôr alguém/a. c. a ~** jdn/etw in Sicherheit bringen; (REL) erlöst **III.** *m(f)* außer; *~* **erro** Irrtum vorbehalten; *~* **excepção** bis auf Ausnahmen

salvo-conduto *m* Passierschein *m*

Salzburgo *m* Salzburg *nt*

samaritano, -a *m, f* Samariter, Samariterin *m, f*

samarra *f* Kapuzenjacke *f* mit Knebelknöpfen

samba *m* (MÚS) Samba *f*

Der afrobrasilianische Volkstanz **Samba** ist sehr synkopisch und wird von Schlaginstrumenten und Gesang begleitet, bei dem sich Solist und Chor abwechseln. Samba ist ursprünglich ein Gruppentanz, der häufig in einem Kreis getanzt wird. Als Paartanz kam die Samba im späten 19. Jahrhundert nach Nordamerika und wurde in den zwanziger und dreißiger Jahren überall auf der Welt populär. In den sechziger Jahren wurden ihre Melodien und Rhythmen vom Jazz beeinflusst - daraus entstand die neue Richtung des Bossa Nova.

sambar *vi* (MÚS) Samba tanzen

samurai *m* Samurai *m*

sanatório *m* Sanatorium *nt*

sancionar *vt* gutheißen, sanktionieren

sanções *m(f)pl* Sanktionen *pl*

sandália *f* Sandale *f*

sande *f v.* **sanduíche**

sanduíche *m(f)* Sandwich *nt*, belegte(s) Brötchen *nt; ~* **americana** Sandwich mit gekochtem Schinken, Käse, Tomate, Kopfsalat und Spiegelei

saneamento *m* Kanalisation *f*

sanear *vt* (*fig*) sanieren

sanefa *f* (*tábua*) Gardinenleiste *f;* (*tecido*) Querbehang *m*

sangrar [sãŋ'grar] *vi* bluten
sangrento *adj* grausam
sangria *f* **1.** (*bebida*) Sangria *f* **2.** (*banho de sangue*) Blutbad *nt*
sangue ['sãŋgə] *m* Blut *nt;* **deitar** ~ bluten; **ter** ~ **azul** blaues Blut haben
sangue-frio *m* Kaltblütigkeit *f;* **ter** ~ kaltblütig sein; (MED); **a** ~ ohne Betäubung
sanguessuga *f* **1.** (ZOOL) Blutegel *m* **2.** (*pej: pessoa*) Blutsauger *m,* skrupellose(r) Ausbeuter, skrupellose Ausbeuterin *m, f*
sanguinário *adj* **1.** (*pessoa*) blutrünstig **2.** (*acto*) grausam
sanguíneo [sãŋ'g(w)inju] *adj* Blut ...
sanidade *f* **1.** (*higiene*) Hygiene *f* **2.** (*saúde*) Gesundheit *f;* ~ **mental** geistige Gesundheit
sanita *f* Klosettbecken *nt,* Toilette *f*
sanitário [sɐni'tarju] **I.** *m* Toilette *f* **II.** *adj* **1.** (*da saúde*) gesundheitlich, Gesundheits ... **2.** (*da higiene*) sanitär
sânscrito *m* Sanskrit *nt*
santidade *f* Heiligkeit *f;* **Sua Santidade** Seine Heiligkeit
santo, -a ['sãntu] **I.** *m, f* Heilige; **Todos os Santos** Allerheiligen *nt* **II.** *adj* heilig; **Santo António** Heiliger Antonius; **todo o** ~ **dia** den lieben langen Tag
santola *f* Seespinne *f,* Meerspinne *f*
santuário [sãn'twarju] *m* Heiligtum *nt*
são [sãu] *adj* gesund; ~ **e salvo** gesund und munter
São *adj* heilig, Sankt; ~ **Pedro**/**João** heiliger Petrus/Johannes
sapador *m* (MIL) Pionier *m*
sapatada *f* Klaps *m;* **dar/levar uma** ~ einen Klaps geben/bekommen
sapataria [sɐpɐtɐ'riɐ] *f* Schuhgeschäft *nt,* Schuhladen *m*
sapateado *m* (MÚS) Stepptanz *m,* Stepp *m;* **dançar** ~ Stepp tanzen, steppen
sapateira *f* **1.** (ZOOL) Taschenkrebs *m* **2.** (*armário*) Schuhschrank *m*
sapateiro, -a *m, f* Schuhmacher, Schuhmacherin *m, f,* Schuster, Schusterin *m, f*
sapatilha *f* (*de lona*) Stoffschuh *m,* Leinenschuh *m;* (*de atleta*) Turnschuh *m;* (*de ballet*) Gymnastikschuh *m,* Ballettschuh *m*
sapato *m* Schuh *m;* ~ **baixo/raso** Halbschuh *m;* ~ **de atacadores** Schnürschuh *m*
sapiência *f* Weisheit *f*
sapiente *adj* weise
sapo *m* Kröte *f*

saque *m* **1.** (*de cheque, letra de câmbio*) Ausstellung *f* **2.** (*pilhagem*) Plünderung *f*
saqué *m* Sake *m,* Reiswein *m*
saquear *vt* plündern
saraiva *f* Hagel *m*
saraivar *vi pers* hageln
sarampo [sɐ'rãmpu] *m* (MED) Masern *pl*
sarapintar *vt* tüpfeln, sprenkeln
sarar I. *vt* heilen **II.** *vi* (*ferida*) heilen
sarau *m* Abendgesellschaft *f;* ~ **cultural** abendliche Kulturveranstaltung; ~ **musical** musikalischer Abend
sarcasmo *m* Sarkasmus *m*
sarcástico *adj* sarkastisch
sarcófago [sɐr'kɔfegu] *m* Sarkophag *m*
sarda *f* Sommersprosse *f*
sardanisca *f* Echse *f*
sardão *m* Eidechse *f*
sardento *adj* sommersprossig
sardinha *f* Sardine *f;* ~ **de conserva** Ölsardine *f*
sargaço *m* (BOT) Seetang *m*
sargento *m* (MIL) Unteroffizier *m,* Feldwebel *m*
sarilho *m* (*coloq*) Probleme *pl;* **meter-se em** ~**s** in Teufels Küche kommen; **estar** (**metido**) **num** ~ in der Klemme sitzen
sarja *f* Serge *f*
sarjeta *f* Gosse *f*
S.A.R.L. *abrev de* **Sociedade Anónima de Responsabilidade Limitada** GmbH (= *Gesellschaft mit beschränkter Haftung*)
sarna *f* (*em animal*) Räude *f;* (*em pessoa*) Krätze *f*
sarrabisco *m* Gekritzel *nt*
sarrabulho *m* Schweineblut *nt;* **papas de** ~ Brei aus zerfasertem Schweinefleisch, Maismehl, Innereien und Schweineblut
Sarre *m* Saarland *nt*
sarro *m* (*nos dentes*) Zahnstein *m;* (*na língua*) Belag *m*
satã *m v.* **satanás**
satanás *m* Satan *m,* Teufel *m*
satânico *adj* satanisch, teuflisch
satélite *m* Satellit *m;* ~ **artificial** künstlicher Satellit
sátira *f* Satire *f*
satírico *adj* satirisch
satirizar *vt* spötteln über
satisfação *f* **1.** (*acção de satisfazer*) Befriedigung *f;* (*de uma necessidade, um requisito*) Erfüllung *f* **2.** (*contentamento*) Zufrieden-

S

heit *f* **3.** (*explicação*) Erklärung *f;* (*justifica-ção*) Rechenschaft *f;* **dar uma ~ a alguém** jdm eine Erklärung geben; **dar satisfações a alguém** (**de a. c.**) jdm Rechenschaft (über etw) ablegen

satisfatório *adj* befriedigend, zufrieden stellend

satisfazer I. *vt* **1.** (*uma pessoa*) befriedigen, zufrieden stellen **2.** (*requisito, pedido, ne-cessidade*) erfüllen; **~ as exigências** den An-sprüchen genügen II. *vi* **1.** (*ser suficiente*) genügen **2.** (*contentar*) zufrieden stellen

satisfeito [sɐtɐʃ'feitu] I. *pp de* **satisfazer** II. *adj* **1.** (*contente*) zufrieden (*com* über); **dar-se por ~ com a. c.** sich mit etw zufrie-den geben **2.** (*com comida*) satt

saturação *f* **1.** (QUÍM) Sättigung *f,* Saturie-rung *f* **2.** (*fastio*) Überdruss *m*

saturado *adj* **1.** (QUÍM) gesättigt **2.** (*farto*) überdrüssig; **estar ~ de alguém/a. c.** jdn/ etw satt haben

saturar *vt* **1.** (QUÍM) sättigen, saturieren **2.** (*fartar*) langweilen

Saturno *m* (ASTR) Saturn *m*

saudação *f* Begrüßung *f,* Gruß *m*

saudade *f* Sehnsucht *f* (*de* nach); **~s de casa** Heimweh *nt;* **ter ~s de alguém/a. c.** jdn/ etw vermissen; **deixar ~s** vermisst werden; **vou para Coimbra para matar ~s das mi-nhas amigas** ich fahre nach Coimbra, weil ich Sehnsucht nach meinen Freundinnen ha-be; **vou ao Brasil para matar ~s de São Paulo** ich fliege nach Brasilien, weil ich Sehnsucht nach São Paulo habe

Ein Gefühl, das man nicht mit einem Wort übersetzen kann. Es ist eine Mischung aus Sehnsucht, Heim- und Fernweh mit ei-nem stark melancholischen Hang. **Sau-dade** wird im fado - portugiesischem Volksgesang - sehr oft besungen.

saudar *vt* grüßen, begrüßen

saudável [sɐu'davɛl] *adj* **1.** (*pessoa, comi-da*) gesund **2.** (*experiência*) lehrreich

saúde *f* Gesundheit *f;* **ter ~ gesund** sein; **es-tar bem de ~** bei guter Gesundheit sein; **ela está mal de ~** es geht ihr nicht gut; **beber à ~ de alguém** auf jds Wohl trinken; **~!** prost!, zum Wohl!; (*coloq: repreender*); **tratar da ~ a alguém** jdm die Ohren lang ziehen; (*casti-gar*) jdn bestrafen

saudosismo *m* **1.** (*nostalgia*) Nostalgie *f* **2.** (LIT) literarische Bewegung in Portugal zu Be-ginn des 20. Jahrhunderts

saudoso *adj* sehnsuchtsvoll

sauna ['saunɐ] *f* Sauna *f*

sáurio *m* (ZOOL) Saurier *m*

savana *f* Savanne *f*

sável *m* Alse *f*

saxofone *m* Saxophon *nt*

saxofonista *m(f)* Saxophonist, Saxophonis-tin *m, f*

Saxónia *f* Sachsen *nt*

Saxónia-Anhalt *f* Sachsen-Anhalt *nt*

saxónio, -a I. *m, f* Sachse *m,* Sächsin *f* II. *adj* sächsisch

sazonal *adj* Saison ...

scanner *m* (INFORM) Scanner *m;* **copiar a. c. com o ~** etw einscannen

Schleswig-Holstein *m* Schleswig-Holstein *nt*

Schwyz *m* Schwyz *f*

scooter *f* Skooter *m*

se [sə] I. *konj* (*condicional*) wenn; (*no caso de*) falls; **como ~ +***conj* als ob; **~ ele cá es-tivesse, faríamos uma festa** wenn er hier wäre, würden wir ein Fest machen; **como ~ fosse possível** als ob es möglich wäre; **~ isso acontecer, telefona-me** ruf mich an, falls das passiert; **~ fosse/for possível** wenn es möglich ist; (*interrogativo*) ob; **não sei ~ ele vem** ich weiß nicht, ob er kommt; **ele pergunta ~ queres vir** er fragt, ob du mit-kommen möchtest; **não sei ~ sabes** ich weiß nicht, ob du das weißt II. *pron* sich; **la-var-~** sich waschen III. *pron pers* man; **sa-be-~ que ...** man weiß, dass ...; **isto fez-~ em três minutos** das wurde in drei Minuten gemacht; **aqui fala-~ alemão** hier spricht man deutsch; **aqui não ~ fuma** hier wird nicht geraucht

sé *f* Dom *m,* Kathedrale *f*

seara *f* Kornfeld *nt,* Getreidefeld *nt*

sebe *f* **1.** (*de arbustos*) Hecke *f* **2.** (*cerca*) Zaun *m*

sebenta *f* Kladde *f,* Notizheft *nt*

sebento *adj* schmierig, fettig

sebo *m* Talg *m;* (*coloq*); **limpar o ~ a al-guém** jdn aus der Welt schaffen

seborreia *f* (MED) Seborrhö(e) *f,* Schmerfluss *m*

seboso *adj v.* **sebento**

seca *f* **1.** (*falta de chuva*) Dürre *f,* Trockenheit *f* **2.** (*coloq: tédio*) **ser uma** ~ ätzend sein; **estar na** ~ (**à espera**) sich *dat* die Beine in den Bauch stehen

secador *m* Trockner *m;* ~ **de cabelo** Föhn *m,* Haartrockner *m;* ~ **de roupa** Wäschetrockner *m*

secagem *f* Trocknen *nt*

secante *f* (MAT) Sekante *f*

seção *f* (*brasil*) *v.* **secção**

secar [sə'kar] **I.** *vt* (*roupa, cabelo*) trocknen; (*a pele*) abtrocknen; (*fruta*) dörren **II.** *vi* (*roupa, cabelo*) trocknen; **pôr a roupa a** ~ die Wäsche zum Trocknen aufhängen; (*pele*) trocken werden, austrocknen; (*rio*) austrocknen; (*tinta*) eintrocknen; (*planta*) vertrocknen; (*fonte*) versiegen **III.** *vr* sich abtrocknen

secção [sɜk'sãu] *f* **1.** (*parte*) Abschnitt *m,* Teil *m* **2.** (*de empresa, loja*) Abteilung *f;* (*de organização*) Sektion *f* **3.** (MAT) Schnitt *m* **4.** (MIL) Zug *m*

seco ['seku] *adj* **1.** (*roupa, pele, cabelo, vinho*) trocken; (*rio*) ausgetrocknet **2.** (*fruto*) gedörrt, getrocknet; **frutos** ~**s** Trockenfrüchte *pl* **3.** (*planta*) vertrocknet, verdorrt **4.** (*fig: pessoa*) kalt, unfreundlich; (*resposta*) barsch, rau **5.** (*coloq: anedota*) lahm

secreção *f* **1.** (BIOL: *acto*) Ausscheidung *f,* Sekretion *f* **2.** (*matéria*) Sekret *nt*

secretaria *f* Sekretariat *nt;* ~ **de Estado** Referat eines Ministeriums *nt*

secretária *f* **1.** (*mesa*) Schreibtisch *m* **2.** (*brasil: aparelho*) ~ **eletrônica** Anrufbeantworter *m*

secretariado *m* Sekretariat *nt*

secretário, -a *m, f* Sekretär, Sekretärin *m, f;* ~ **de Estado** Staatssekretär *m*

secreto [sə'krɜtu] *adj* geheim

sectário, -a **I.** *m, f* **1.** (*membro de uma seita*) Sektenmitglied *nt* **2.** (*fanático*) Fanatiker, Fanatikerin *m, f* **II.** *adj* **1.** (*de seita*) sektiererisch **2.** (*fanático*) fanatisch

sector *m* Sektor *m*

secular *adj* **1.** (*temporal*) hundertjährig **2.** (REL) weltlich

século ['sɜkulu] *m* Jahrhundert *nt;* **no** ~ **XXI** im 21. Jahrhundert; (*coloq*); **isso foi há** ~**s** das ist Ewigkeiten her

secundário *adj* **1.** (*de menor importância*) zweitrangig, nebensächlich; **isso é** ~ das ist nebensächlich **2.** (*de menor qualidade*) zweiter Wahl, minderwertig

secura *f* **1.** (*falta de humidade*) Trockenheit *f* **2.** (*fig: frieza*) Frostigkeit *f,* Kälte *f;* (*indiferença*) Gleichmut *m*

seda ['sedɐ] *f* Seide *f*

sedativo *m* (FARM) Schmerzmittel *nt*

sede¹ ['sedɐ] *f* Sitz *m*

sede² *f* (*fig*) Durst *m;* **estar com/ter** ~ durstig sein, Durst haben; **matar a** ~ den Durst löschen; **ter** ~ **de amor/gente** liebesbedürftig sein/unter Leute kommen wollen; ~ **de vingança** Durst nach Rache

sedentário, -a **I.** *m, f* **1.** (*local*) Sesshafte *m* **2.** (*inactivo*) Faulenzer, Faulenzerin *m, f* **II.** *adj* **1.** (*povo*) sesshaft **2.** (*pessoa, vida*) bequem; **levar uma vida sedentária** ein bequemes Leben führen

sedento *adj* gierig (*de* nach), erpicht (*de* auf)

sediado *adj* ansässig (*em* in)

sedimentação *f* **1.** (GEOL) Ablagerung *f,* Sedimentation *f* **2.** (QUÍM, BIOL) Sedimentation *f*

sedimentar *vi* **1.** (GEOL) sich ablagern, sedimentieren **2.** (QUÍM) ausfällen, einen Bodensatz bilden

sedimento *m* **1.** (BIOL, GEOL) Sediment *nt* **2.** (QUÍM) Bodensatz *m,* Sediment *nt*

sedoso *adj* (*tecido, pele*) seidig

sedução *f* Verführung *f*

sedutor(a) **I.** *m(f)* Verführer, Verführerin *m, f* **II.** *adj* verführerisch

seduzir *vt* verführen

segmento *m* Segment *nt*

segredar *vt* flüstern; ~ **a. c. ao ouvido de alguém** jdm etw ins Ohr flüstern

segredo [sə'gredu] *m* Geheimnis *nt;* ~ **profissional** Berufsgeheimnis *nt;* **em** ~ heimlich, insgeheim; **manter a. c. em** ~ etw geheim halten; **guardar** ~ schweigen

segregação *f* Absonderung *f;* ~ **racial** Rassentrennung *f*

segregar *vt* **1.** (*separar*) absondern, trennen **2.** (*expelir*) ausscheiden

seguida *adv* (*a seguir*) **em** ~ danach; (*ininterruptamente*); **de** ~ ununterbrochen

seguidamente *adv* **1.** (*a seguir*) gleich darauf, im Anschluss daran **2.** (*ininterruptamente*) ohne Unterbrechung, ununterbrochen

seguido *adj* **1.** (*consecutivo*) aufeinander folgend; **três dias** ~**s** drei Tage hintereinander; **horas seguidas** stundenlang **2.** (*contínuo*) ununterbrochen **3.** (*posição*) gefolgt (*de* von)

S

seguimento *m* Folge *f*, Fortsetzung *f*; **dar ~ a a. c.** etw fortsetzen; **vir em ~ de** eine Folge sein von

seguinte [sə'gĩntə] *adj* folgende(r, s); (*próximo*) nächste(r, s), darauf folgend; **no dia ~** am nächsten Tag; **ela disse o ~** sie sagte Folgendes; **o ~, por favor!** der Nächste bitte!

seguir I. *vt* (*vir depois, observar*) folgen; **~ o exemplo de alguém** jds Beispiel folgen; (*um conselho*) befolgen; (*um caminho*) nehmen; **~ o seu caminho** seinen eigenen Weg gehen; (*uma pista, um acontecimento*) verfolgen; (*uma profissão*) ausüben II. *vi* (*pessoa*) gehen (*por* entlang); (*automóvel*) fahren (*por* entlang); (*continuar*) weiterfahren (*por*); **pode ~!** Sie können weiterfahren!; (*encomenda, correio*) abgehen III. *vr* folgen (*a*)

segunda [sə'gõndə] *f* 1. (*segunda classe*) **de ~** zweitrangig; **viajar em ~** zweiter Klasse reisen 2. (*velocidade*) zweite(r) Gang *m*; **meter a ~** den zweiten Gang einlegen 3. (MÚS) Sekunde *f*

segunda-feira *f* Montag *m*; **na ~** am Montag; **à(s) ~(s)** montags; **na próxima ~** nächsten Montag; **na ~ passada** letzten Montag; **na noite de ~ para terça-feira** in der Nacht von Montag auf Dienstag; **hoje é ~, (dia) 7 de Dezembro** heute ist Montag, der 7. Dezember

segundanista *m(f)* Student , Studentin im zweiten Studienjahr *m*

segundo [sə'gõndu] I. *m* Sekunde *f*; **só um ~!** eine Sekunde! II. *num ord* zweite(r, s); **em ~ lugar** an zweiter Stelle; **no ~ dia/mês** am zweiten Tag/im zweiten Monat; **a segunda vez** das zweite Mal; **segunda classe** zweite Klasse; **ela escreveu um ~ livro** sie hat ein zweites Buch geschrieben; **o ~ mais velho** der Zweitälteste; **o ~ maior** der Zweitgrößte III. *prep* nach +*dat*, laut +*dat*; **~ a lei** laut Gesetz; **~ o que disseram** nach dem, was sie gesagt haben; **~ ele, isso não é possível** seiner Meinung nach ist das nicht möglich IV. *adv* zweitens; **primeiro ..., ~ ...** erstens ..., zweitens ...

segurado, -a I. *m, f* Versicherte, Versicherungsnehmer, Versicherungsnehmerin *m, f* II. *adj* versichert

seguradora *f* Versicherungsgesellschaft *f*

seguramente *adv* sicher, bestimmt

segurança [səgu'rãsə] I. *m(f)* Wachmann *m*, Angestellte eines Wachdienstes II. *f* 1. (*certeza, falta de perigo*) Sicherheit *f*; **em ~** sicher; **~ social** Sozialversicherung *f* 2. (*garantia*) Gewähr *f*

segurar [səgu'rar] I. *vt* (*agarrar*) halten, festhalten; (*amparar*) stützen; (*com seguro*) versichern II. *vi* (*pegar*) **~ em** nehmen, halten; **segura aí** (**nisso**)! nimm das!; (*aguentar-se*) halten III. *vr* sich festhalten (*a* an); **segure-se bem!** halten Sie sich gut fest!

seguro [sə'guru] I. *m* 1. (ECON) Versicherung *f*; **~ contra incêndio** Feuerversicherung *f*; **~ contra todos os riscos** Vollkaskoversicherung *f*; **~ contra terceiros** Teilkaskoversicherung *f*; **~ de saúde** Krankenversicherung *f*; (*brasil*) **~ social** Sozialversicherung *f*; **~ de vida** Lebensversicherung *f*; **pôr a. c. no ~** etw versichern 2. (*segurança*) Sicherheit *f*; **jogar pelo ~** sichergehen II. *adj* 1. (*certo*) sicher; **estás ~ da hora de partida?** bist du sicher, dass die Abfahrtszeit richtig ist? 2. (*de confiança*) zuverlässig 3. (*fixo*) fest

seio *m* 1. (*de mulher*) Brust *f*, Busen *m* 2. (*fig: centro*) Schoß *m*; **no ~ da família** im Schoß der Familie

seis [sejʃ] I. *m* Sechs *f* II. *num card* sechs; **v. dois**

seiscentos *num card* sechshundert

seita *f* Sekte *f*

seiva *f* (BOT) Saft *m*

seixo *m* Kieselstein *m*

seja *conj* de **ser**

sela *f* Sattel *m*

selado *adj* (*carimbado*) gestempelt, abgestempelt

selar *vt* 1. (*carimbar*) stempeln, abstempeln; (*uma carta*) frankieren, freimachen 2. (*lacrar*) versiegeln; (*uma embalagem*) plombieren 3. (*um pacto*) schließen 4. (*um cavalo*) satteln

seleção *f* (*brasil*) *v.* **selecção**

selecção *f* 1. (*escolha*) Auswahl *f*; **~ natural** natürliche Auslese; **fazer uma ~** auswählen 2. (DESP) **~ nacional** Nationalmannschaft *f*

seleccionado *adj* 1. (*pessoa*) ausgewählt (*para* für) 2. (*produto, ambiente*) erlesen

seleccionador(a) *m(f)* (DESP) Trainer, Trainerin *m, f*

seleccionar *vt* auswählen, aussuchen; (*o lixo*) sortieren, trennen

selecionado *adj* (*brasil*) *v.* **seleccionado**

selecionador(a) *m(f)* (*brasil*) v. **seleccionador, -a**

selecionar *vt* (*brasil*) v. **seleccionar**

selectivo *adj* auswählend, selektiv

selecto *adj* erlesen, auserlesen

seletivo *adj* (*brasil*) v. **selectivo**

seleto *adj* (*brasil*) v. **selecto**

self-service *m* Selbstbedienung *f*

selim *m* Sattel *m*

selo ['selu] *m* **1.** (*de carta*) Briefmarke *f* **2.** (*de lacre*) Siegel *nt;* (*carimbo*) Stempel *m;* ~ **branco** Prägesiegel *nt*

selva *f* Urwald *m,* Dschungel *m*

selvagem I. *m(f)* Wilde **II.** *adj* wild

sem [sãi] *m(f)* ohne; ~ **fim** endlos; ~ **mais** ohne weiteres; ~ **parar** ununterbrochen; ~ **saber** ohne zu wissen; ~ **tirar nem pôr** genau so; ~ **que** +*conj* ohne dass; **ficar** ~ **nada** mittellos dastehen, alles verlieren; **estar** ~ **dinheiro** kein Geld haben; (*sítio*) ~ **ninguém** leer; (*pessoa*) allein; **ficar** ~ **gasolina/ dinheiro** kein Benzin/Geld mehr haben; **ficar** ~ **luz** im Dunkeln sitzen

sem-abrigo *m(f)* *inv* Obdachlose

semáforo [sə'mafuru] *m* Ampel *f*

semana [sə'mɐnɐ] *f* Woche *f;* **Semana Santa** Karwoche *f;* **todas as** ~**s** jede Woche, wöchentlich; **uma vez por** ~ ein Mal pro Woche; **durante a** ~ wochentags

semanada *f* Taschengeld *nt*

semanal [səmɐ'nal] *adj* wöchentlich, Wochen ...

semanalmente *adv* wöchentlich

semanário *m* (JORN) Wochenzeitung *f*

semântica *f* (LING) Semantik *f*

semântico *adj* semantisch

semblante *m* **1.** (*elev: cara*) Antlitz *nt* **2.** (*aparência*) Aussehen *nt*

semeador *m* (AGR) Sämaschine *f,* Drillmaschine *f*

semear *vt* **1.** (*um produto*) säen, aussäen; (*a terra*) besäen, das Saatgut ausbringen auf **2.** (*fig: espalhar*) verbreiten

semelhança *f* Ähnlichkeit *f;* **ter** ~**s com alguém/a. c.** Ähnlichkeit mit jdm/etw haben

semelhante [səmə'ʎɐ̃ntə] **I.** *m* Mitmensch *m* **II.** *adj* **1.** (*parecido*) ähnlich (*a*) **2.** (*tal*) so, solch; **nunca vi** ~ **coisa** ich habe so etwas nie gesehen; **ela fez uma** ~ **confusão!** sie hat solch ein Durcheinander angerichtet!

sémen *m* (BIOL) Sperma *nt*

semente *f* (BOT) Samen *m*

semestral *adj* halbjährig, Halbjahres ...; (*universidade*) Semester ...

semestre *m* Halbjahr *nt;* (*universidade*) Semester *nt*

sem-fim *m* **1.** (*infinidade*) Unmenge *f* (*de* an/von); **um** ~ **de cartas** eine Unmenge von Briefen **2.** (MEC) Schnecke *f*

semianalfabeto, -a *m, f* quasi Analphabet, quasi Analphabetin *m, f;* **ele é** ~ er ist sozusagen Analphabet

semibreve *f* (MÚS) Semibrevis *f*

semicírculo *m* Halbkreis *m*

semicircunferência *f* (MAT) halbe(r) Kreisumfang *m*

semicondutor *m* (FÍS) Halbleiter *m*

semieixo *m* (MEC) Antriebswelle *f*

semifinal *f* (DESP) Halbfinale *nt*

semimorto *adj* halb tot

seminário [səmi'narju] *m* **1.** (REL) Priesterseminar *nt* **2.** (*colóquio*) Seminar *nt*

seminarista *m* (REL) Seminarist *m*

seminu *adj* halb nackt

semita *m(f)* Semit, Semitin *m, f*

semitransparente *adj* halbdurchsichtig, halbtransparent

sem-número *m* Unzahl *f* (*de* von); **um** ~ **de casos** eine Unzahl von Fällen

sêmola *f* Grieß *m*

sempre ['sɛmprə] *adv* **1.** (*a todo o momento*) immer; (*constantemente*) stets, ständig; **até** ~ auf Wiedersehen; **como** ~ wie immer; **para** ~ für immer; ~ **que** immer wenn; **a comida/música de** ~ das übliche Essen/die übliche Musik **2.** (*afinal*) doch; (*de facto*) tatsächlich; **ele** ~ **veio** er ist doch gekommen; ~ **vais?** gehst du immer noch?

sem-vergonha I. *m(f)* unverschämte Person *f* **II.** *adj* unverschämt, frech

senado *m* Senat *m*

senador(a) *m(f)* Senator, Senatorin *m, f*

senão I. *m* Schwierigkeit *f,* Haken *m;* **ter um** ~ einen Haken haben; **não há bela sem** ~ keine Rose ohne Dornen **II.** *m(f)* sonst; **despacha-te,** ~ **não chegas a horas** beeil dich, sonst kommst du nicht rechtzeitig **III.** *m(f)* außer; **não está ninguém** ~ **ele** außer ihm ist niemand da

Senegal *m* Senegal *m*

senha *f* **1.** (*de autocarro*) Fahrschein *m* **2.** (*palavra*) Kennwort *nt* **3.** (*talão*) Bon *m;* (*em cantina, discoteca*) Marke *f*

S

senhor(a) [səˈɲor] *m(f)* **1.** (*pessoa*) Mann *m*, Frau *f* **2.** (*tratamento*) Herr *m*, Frau *f;* **o ~ Melo** Herr Melo; **o ~ não sabe?** wissen Sie das nicht?; **sim,** ~! aber sicher doch!, selbstverständlich!; (REL); **Nossa Senhora** Heilige Maria +*dat*

Wenn man nicht näher bekannt ist, lautet nach wie vor die höfliche Anrede für Frauen **Senhora** Dona oder nur Dona und der Vorname, für Männer Senhor und der Familienname, also: Bom dia, (Senhora) Dona Maria!, Bom dia, Senhor Silva!

senhoril *adj* damenhaft; (*nobre*) elegant
senhorio, -a *m, f* Vermieter, Vermieterin *m, f*, Hauswirt, Hauswirtin *m, f*
senhorita *f* (*brasil*) Fräulein *nt*, junge Frau *f;* (*tratamento*) Frau *f*
senil *adj* senil, altersschwach
senilidade *f* Altersschwäche *f*, Senilität *f*
sénior *m* (DESP) Senior *m*
seno *m* (MAT) Sinus *m*
sensação *f* **1.** (*sentimento*) Gefühl *nt*, Empfindung *f;* (*impressão*) Eindruck *m* **2.** (*acontecimento*) Sensation *f;* **causar ~** Aufsehen erregen
sensacional *adj* sensationell, Aufsehen erregend
sensatez *f* **1.** (*prudência*) Besonnenheit *f* **2.** (*bom senso*) Vernunft *f*
sensato *adj* **1.** (*prudente*) besonnen **2.** (*de bom senso*) vernünftig
sensibilidade [sɛ̃sibəliˈdadə] *f* **1.** (*física*) Empfindlichkeit *f* **2.** (*sentimental*) Empfindsamkeit *f*, Sensibilität *f;* **ter ~ para a. c.** sensibel für etw sein
sensibilizar *vt* sensibilisieren
sensitivo *adj* **1.** (*do sentido*) Sinnes ... **2.** (*da sensação*) Gefühls ...
sensível *adj* **1.** (*pessoa*) sensibel, feinfühlig; **ser ~ a a. c.** empfindlich auf etw reagieren **2.** (*pele*) empfindlich
senso *m* Verstand *m*, Vernunft *f;* **~ comum** öffentliche Meinung; **bom ~** gesunder Menschenverstand
sensorial *adj* sensorisch, Sinnes ...
sensual *adj* sinnlich
sensualidade *f* Sinnlichkeit *f*
sentado [sɛ̃ˈtadu] *adj* sitzend; **estar ~** sitzen; **ficar ~** sitzen bleiben
sentar [sɛ̃ˈtar] **I.** *vt* setzen, hinsetzen **II.**

vr sich setzen, Platz nehmen; **sente-se!** setzen Sie sich!
sentença *f* (DIR) Urteil *nt*
sentenciar **I.** *vt* (*condenar*) verurteilen **II.** *vi* urteilen (*sobre* über), ein Urteil abgeben (*sobre* über)
sentencioso *adj* schulmeisterlich
sentido **I.** *m* **1.** (*significado, função sensorial*) Sinn *m;* **~ crítico** kritisches Bewusstsein; **~ de humor** Sinn für Humor; **~ de responsabilidade** Verantwortungsbewusstsein *nt;* **o sexto ~** der sechste Sinn; **perder os ~s** in Ohnmacht fallen; **sem ~** sinnlos; **isso não faz ~** das ist sinnlos, das hat keinen Sinn **2.** (*direcção*) Richtung *f;* **ir em ~ proibido** gegen die Fahrtrichtung fahren; **em ~ contrário** in umgekehrter Richtung; (*automóvel*) entgegen der Fahrtrichtung **3.** (*atenção*) Aufmerksamkeit *f;* **tomar ~ em a. c.** auf etw achten; **estar com o ~ em a. c.** nur eine Sache im Sinn haben **4.** (MIL) ~! stillgestanden!; **estar em ~** stillstehen **5.** (*objectivo*) Zweck *m*, Sinn *m;* **estamos a trabalhar nesse ~** wir arbeiten in diesem Sinne **II.** *adj* **1.** (*pessoa*) verletzt, gekränkt (*com* wegen) **2.** (*queixa*) bitter; (*choro*) bitterlich
sentimental *adj* gefühlvoll, sentimental; **vida ~** Gefühlsleben *nt*
sentimentalismo *m* Sentimentalität *f*
sentimento *m* Gefühl *nt*, Empfindung *f*
sentimentos *mpl* (*pêsames*) Beileid *nt;* **dar os ~ a alguém** jdm sein Beileid aussprechen; **os meus ~!** herzliches Beileid!
sentinela *f* Posten *m*, Wache *f;* **estar de ~** Wache stehen
sentir [sɛ̃ˈtir] **I.** *vt* (*dor, alegria*) fühlen, empfinden; **~ a. c. por alguém** etw für jdn empfinden; (*pressentir*) spüren, fühlen; (*lamentar*) bedauern; **sinto muito!** es tut mir sehr Leid! **II.** *vi* fühlen **III.** *vr* sich fühlen; **como é que te sentes?** wie fühlst du dich?; **~-se feliz/enganado** glücklich sein/sich betrogen fühlen
separação *f* Trennung *f;* **~ amigável** freundschaftliche Trennung; **~ de bens** Gütertrennung *f*
separadamente *adv* **1.** (*à parte*) extra, getrennt **2.** (*individualmente*) einzeln
separado *adj* getrennt; **em ~** getrennt, extra
separador *m* **1.** (*em caderno, ficheiro*)

Trennblatt *nt* **2.** (*de auto-estrada*) Leitplanke *f*

separar [səpɐ'rar] **I.** *vt* (*apartar*) trennen (*de* von), abtrennen (*de* von); (*dividir*) teilen; (*isolar*) absondern, trennen; (*seleccionar*) aussondern; (*o lixo*) trennen, sortieren **II.** *vr* sich trennen (*de* von); (*com divórcio*) sich scheiden lassen (*de* von)

separatismo *m* (POL) Separatismus *m*

separatista *m(f)* (POL) Separatist, Separatistin *m, f*

separável *adj* trennbar

septuagenário, -a **I.** *m, f* Siebzigjährige **II.** *adj* siebzigjährig

septuagésimo *num ord* siebzigste(r, s)

sepulcro *m* Grab *nt*, Grabstätte *f*

sepultado *adj* begraben

sepultura *f* Grab *nt*

sequela *f* Folge *f*

sequência *f* Serie *f*, Reihe *f*

sequer *adv* wenigstens; **nem** ~ nicht einmal

sequestrador(a) *m(f)* (*de pessoa, avião*) Entführer, Entführerin *m, f*

sequestrar *vt* (*pessoa, avião*) entführen

sequestro *m* (*de pessoa, avião*) Entführung *f*

ser [ser] **I.** *m* Wesen *nt;* ~ **vivo** Lebewesen *nt* **II.** *vi* **1.** (*característica, profissão, nome, nacionalidade, quantidade*) sein; **vir a** ~ werden; **tem de** ~ es muss sein; **ela é alta/professora** sie ist groß/Lehrerin; **eu sou português/o Pedro** ich bin Portugiese/Pedro; **sou eu** ich bin es; **são 10 pessoas** es sind 10 Personen; **é uma hora** es ist ein Uhr; **se eu fosse ele, não faria isso** an seiner Stelle würde ich das nicht tun; **isto é** das heißt; **a não** ~ **que ...** +*conj* es sei denn, dass ...; **seja ..., seja ...** sei es ... oder ...; **assim seja** so sei es; **seja como for** wie dem auch sei **2.** (*país*) kommen (*de* aus); **ele é do Brasil** er kommt aus Brasilien **3.** (*preço*) kosten; **os bilhetes são a 1000 euros** die Karten kosten je 1000 Euro **4.** (*material*) sein; **isso é de ferro** das ist aus Eisen **5.** (*pertencer*) gehören; **o livro é dele** das Buch gehört ihm **6.** (*passiva*) werden; **isto é/foi feito na Alemanha** das ist/wurde in Deutschland hergestellt **7.** (*incerteza*) **será que ela vem?** ob sie wohl kommt?

serão [sə'rãu] *m* **1.** (*noite*) Abend *m;* **ao** ~ abends **2.** (*no trabalho*) **fazer** ~ eine Nachtschicht einlegen

serapilheira *f* Sackleinen *nt*

sereia *f* **1.** (*mitologia*) Sirene *f* **2.** (*sirene*) Sirene *f*

serenar **I.** *vt* beruhigen, besänftigen **II.** *vi* sich beruhigen; (*vento*) sich legen

serenata *f* (MÚS) Serenade *f*

serenidade *f* Ruhe *f*, Gelassenheit *f*

sereno *adj* ruhig, gelassen

seriamente *adv* ernstlich, ernsthaft

série *f* **1.** (*sequência*) Serie *f;* **em** ~ serienweise; (*produzir*) in Serie; (*fig*) **fora de** ~ einmalig **2.** (*grande quantidade*) Reihe *f;* **uma** ~ **de vezes** häufig; **uma** ~ **de casas/acidentes** eine Reihe von Häusern/Unfällen **3.** (*de automóvel*) Klasse *f* **4.** (*de televisão*) Serie *f*

seriedade *f* Ernst *m*, Ernsthaftigkeit *f*

seringa *f* Spritze *f*

sério ['sɛrju] *adj* **1.** (*assunto, pessoa, cara*) ernst, ernsthaft; **a** ~ im Ernst; **a** ~**?** wirklich?; **estás a falar a** ~**?** ist das dein Ernst?; **levar a. c. a** ~ etw ernst nehmen **2.** (*honesto*) seriös

sermão *m* **1.** (REL) Predigt *f* **2.** (*coloq: repriménda*) Predigt *f*, Vorhaltungen *pl;* **ouvir/apanhar um** ~ eine Predigt zu hören bekommen; **dar um** ~ **a alguém** jdm eine Predigt halten

serôdio *adj* spät, spät reifend

seropositivo *adj* (MED) HIV-positiv

serpente *f* Schlange *f*

serpentina *f* (*de carnaval*) Luftschlange *f*

serra ['sɛʁɐ] *f* **1.** (*ferramenta*) Säge *f;* ~ **circular** Kreissäge *f;* ~ **elé(c)trica** Motorsäge *f;* **faca de** ~ gezahntes Messer **2.** (GEOG) Gebirge *nt*, Gebirgskette *f*

serração *f* Sägewerk *nt*

serrador(a) *m(f)* Säger, Sägerin *m, f*

serradura *f* Sägespäne *pl*

serragem *f* (*brasil*) Sägespäne *f*

serralharia *f* (*local, actividade*) Schlosserei *f*

serralheiro, -a *m, f* Schlosser, Schlosserin *m, f*

serrar *vt* sägen

serrilha *f* gezackte(r) Rand *m*, Zackenrand *m*

serrim *m* Sägespäne *pl*

serrote *m* Fuchsschwanz *m*

sertã *f* Bratpfanne *f*

serpente *m(f)* Handlanger, Handlangerin *m, f*, Helfer, Helferin *m, f;* (*de limpeza*) Raumpfleger, Raumpflegerin *m, f*

serventia *f* **1.** (*préstimo*) Brauchbarkeit *f;*

S

(**não**) **ter** ~ **para a. c.** für etw (nicht) brauchbar sein **2.** (*funções de servente*) Hilfsarbeiten *pl;* ~ **de cozinha** Restaurantbetrieb *m*

Sérvia *f* Serbien *nt*

serviçal *m(f)* Diener, Dienerin *m, f*

serviço [sər'visu] *m* **1.** (*geral*) Dienst *m;* ~ **militar** Wehrdienst *m;* ~ **militar obrigatório** Wehrpflicht *f;* ~ **pós-venda** Kundendienst *m;* ~**s municipalizados** städtische Betriebe; ~**s públicos** öffentlicher Dienst; **prestar** ~**s** Dienstleistungen erbringen; **criada para todo o** ~ Mädchen für alles; (*pessoa*); **estar de** ~ im Dienst sein; (*farmácia*) Bereitschaft haben **2.** (*funcionamento*) Betrieb *m;* **fora de** ~ außer Betrieb **3.** (*repartição*) Amt *nt* **4.** (*de restaurante*) Bedienung *f*, Service *m* **5.** (*trabalho*) Arbeit *f;* (*irón*); **bonito** ~**!** gut gemacht! **6.** (*de louça*) Service *nt* **7.** (DESP) Angabe *f*

servidão *f* Leibeigenschaft *f*

servido *adj* bedient; **já está** ~**?** bekommen Sie schon?; **é** ~**?** greifen Sie zu!

servidor *m* (INFORM) Anbieter *m*, Server *m*

servil *adj* unterwürfig

sérvio, -a **I.** *m, f* Serbe, Serbin *m, f* **II.** *adj* serbisch

servir [sər'vir] **I.** *vt* **1.** (*prestar serviço*) dienen **2.** (*à mesa, em restaurante*) bedienen **3.** (*comida*) servieren, auftragen; (*bebida*) einschenken **II.** *vi* **1.** (*ter préstimo*) dienen (*de* als), (gut) sein (*para* zu); (*ser útil*) nützen (*para* zu); ~ **de lição** eine Lehre sein; ~ **de exemplo** als Beispiel dienen; **para que serve isso?** wozu ist das gut?; **isso serve para pintar** das ist zum Malen; **isso não serve para nada!** das ist völlig unnütz! **2.** (*ser suficiente*) reichen **3.** (*roupa, calçado*) passen; **isso não me serve** das passt mir nicht **4.** (DESP) angeben **III.** *vr* **1.** (*comida*) sich bedienen; ~**-se da sopa** sich von der Suppe nehmen *+dat;* **sirva-se!** bedienen Sie sich! **2.** (*utilizar*) benutzen; ~**-se do carro** das Auto benutzen **3.** (*pej: usar*) ~**-se de alguém** (**para a. c.**) jdn (für etw) benutzen, jdn ausnutzen

servo, -a *m, f* Sklave, Sklavin *m, f,* Leibeigene

sésamo *m* (BOT) Sesam *m*

sessão [sə'sãu] *f* **1.** (*reunião*) Sitzung *f* **2.** (*de cinema*) Vorstellung *f*

sessenta [sə'sẽntɐ] *num card* sechzig

sesta *f* Mittagsschlaf *m;* **dormir a** ~ einen Mittagsschlaf halten

set *m* (DESP) Satz *m*

seta *f* Pfeil *m*

sete ['sɛtə] **I.** *m* Sieben *f* **II.** *num card* sieben; *v.* **dois**

setecentos *num card* siebenhundert

Setembro [sə'tẽmbru] *m* September *m; v.* **Março**

setenta [sə'tẽntɐ] *num card* siebzig

setentrional *adj* nördlich

sétimo ['sɛtimu] *num ord* siebte(r, s); *v.* **segundo**

setor *m* (*brasil*) Sektor *m*

setter *m* (ZOOL) Setter *m*

seu [seu] *pron poss* **1.** (*dele*) sein; (*dela*) ihr; **o** ~ **futuro** seine/ihre Zukunft; **o** ~ **filho** sein/ihr Sohn; **os** ~**s** die Seinen/Ihren; **ter a. c. de** ~ etw besitzen **2.** (*você*) Ihr; **o** ~ **cigarro/livro** Ihre Zigarette/Ihr Buch; **isto é** ~**?** gehört das Ihnen?

severidade *f* Strenge *f*

severo *adj* streng

sexagenário, -a **I.** *m, f* Sechzigjährige **II.** *adj* sechzigjährig

sexagésimo *num ord* sechzigste(r, s)

sexo ['sɛksu] *m* **1.** (*de pessoa, animal*) Geschlecht *nt;* **o** ~ **feminino/masculino** das weibliche/männliche Geschlecht **2.** (*relações sexuais*) Sex *m;* ~ **seguro** Safer Sex *m*

sexologia *f* Sexualwissenschaft *f*

sexólogo, -a *m, f* Sexualwissenschaftler, Sexualwissenschaftlerin *m, f*

sex-shop *f* Sexshop *m*

sexta-feira *f* Freitag *m;* **Sexta-feira Santa** Karfreitag *m; v.* **segunda-feira**

sextanista *m(f)* Student , Studentin im sechsten Studienjahr *m*

sexto ['seiʃtu] *num ord* sechste(r, s); *v.* **segundo**

sexual [sɛksu'al] *adj* **1.** (*relativo ao sexo*) geschlechtlich, Geschlechts ...; **órgão** ~ Geschlechtsorgan *nt* **2.** (*comportamento, vida*) sexuell, Sexual ...; **educação** ~ Sexualerziehung *f*

sexualidade *f* Sexualität *f*

sexy *adj* sexy

shaker *m* Shaker *m*, Mixbecher *m*

short *m* (*brasil*) Shorts *pl,* kurze Hose *f*

si **I.** *m* (MÚS) H *nt,* h **II.** *pron pers* **1.** (*ele, ela*) sich; **por** ~ von selbst, von sich aus; **para** ~ (**próprio**) für sich (selbst); **estar/ficar fora**

de ~ außer sich sein/geraten **2.** (*você*) Sie, Ihnen; **de** ~ von Ihnen; **por** ~ für Sie; **isto é para** ~ das ist für Sie

siamês, -esa I. *m, f* Siamese, Siamesin *m, f* **II.** *adj* siamesisch; **irmãos siameses** siamesische Zwillinge; **gato** ~ Siamkatze *f*

Sibéria *f* Sibirien *nt*

siberiano, -a I. *m, f* Sibirier, Sibirierin *m, f,* Sibirer, Sibirerin *m, f* **II.** *adj* sibirisch

Sicília *f* Sizilien *nt*

siciliano, -a I. *m, f* Sizilianer, Sizilianerin *m, f* **II.** *adj* sizilianisch

sicrano *m* **fulano e** ~ Hinz und Kunz

Sida (MED) *abrev de* **síndrome de imunodeficiência adquirida** Aids

side-car *m* Beiwagen *m*

siderado *adj* verblüfft (*com* über)

siderar *vt* **1.** (*aniquilar*) zerschmettern **2.** (*deixar perplexo*) verblüffen

siderurgia *f* Eisenindustrie *f*

sidra *f* Apfelwein *m*, Cidre *m*

sifão *m* Siphon *m*

sífilis *f* (MED) Syphilis *f*

sigilo *m* Geheimnis *nt;* ~ **profissional** Berufsgeheimnis *nt*

sigla *f* Monogramm *nt*

signatário, -a I. *m, f* Unterzeichner, Unterzeichnerin *m, f,* Unterzeichnete **II.** *adj* unterzeichnend

significado [signifi'kadu] *m* Bedeutung *f;* **qual é o** ~ **de ...?** was bedeutet ...?; **não ter** ~ keine Bedeutung haben

significar *vt* bedeuten; **isso não significa nada** das bedeutet nichts

significativo *adj* bezeichnend

signo *m* Zeichen *nt;* (*do zodíaco*) Sternzeichen *nt;* **qual é o teu** ~**?** was für ein Sternzeichen bist du?

sílaba *f* Silbe *f;* ~ **átona/tónica** unbetonte/betonte Silbe

silenciador *m* (TÉC) Schalldämpfer *m*

silenciar *vt* zum Schweigen bringen

silêncio *m* **1.** (*sossego, calma*) Ruhe *f;* **em** ~ ruhig; ~**!** Ruhe! **2.** (*de pessoa*) Schweigen *nt;* **estar em** ~ schweigen; **fazer a. c. em** ~ etw schweigend tun

silencioso I. *m* (*brasil*) Schalldämpfer *m* **II.** *adj* (*lugar*) ruhig; (*máquina*) geräuschlos, leise; (*pessoa*) leise

silfide *f* Sylphide *f*

silhueta *f* Silhouette *f*

silicone *m* Silikon *nt*

silo *m* Silo *nt*

silo-auto *m* Parkhaus *nt*

silogismo *m* (FIL) Syllogismus *m*

silva *f* Brombeerstrauch *m*

silvar *vi* pfeifen

silvestre [sil'vɜʃtrə] *adj* wild

silvicultura *f* Forstwirtschaft *f*

silvo *m* Pfeifen *nt*

sim [sī] **I.** *m* Ja *nt;* (*consentimento*) Zustimmung *f;* **pelo** ~, **pelo não** für alle Fälle **II.** *adv* ja; ~, **senhor!** aber sicher doch!, selbstverständlich!; **dizer que** ~ ja sagen; **dia** ~, **dia não** jeden zweiten Tag; **isso** ~**!** das lässt sich hören!; **penso que** ~ ich denke schon

simbiose *f* Symbiose *f*

simbólico *adj* symbolisch

simbolizar *vt* symbolisieren

símbolo ['sīmbulu] *m* Symbol *nt* (*de* für)

simetria *f* Symmetrie *f*

simétrico *adj* symmetrisch

similar *adj* ähnlich

símio *m* (ZOOL) Affe *m*

simpatia *f* Sympathie *f;* **ter** ~ **por alguém** für jdn Sympathie empfinden; **ter** ~ **por a. c.** etw wohlwollend gegenüberstehen; **ser uma** ~ sehr nett sein

simpático [sīm'patiku] *adj* sympathisch, nett

simpatizante *m(f)* Anhänger, Anhängerin *m, f* (*de*)

simpatizar *vi* (*pessoa*) ~ **com** sympathisch finden, nett finden; (*causa*) sympathisieren mit

simples ['sīmpləʃ] *adj inv* **1.** (*não complicado*) einfach; **é muito** ~**!** es ist ganz einfach! **2.** (*mero*) rein; **por** ~ **curiosidade/prazer** aus reiner Neugier/reinem Vergnügen **3.** (*simplório*) einfältig, beschränkt

simplesmente *adv* nur, bloß

simplicidade *f* **1.** (*facilidade*) Einfachheit *f* **2.** (*modéstia*) Schlichtheit *f*, Einfachheit *f*

simplificar *vt* vereinfachen

simplíssimo *superl de* **simples**

simplório, -a I. *m, f* Einfaltspinsel *m* **II.** *adj* einfältig, naiv

simpósio *m* Symposium *nt*

simulação *f* **1.** (*dissimulação*) Verstellung *f* **2.** (*simulacro*) Simulation *f*

simulacro *m* Simulation *f*

simulador *m* Simulator *m;* ~ **de voo** Flugsimulator *m*

simular *vi* simulieren

S

simultaneamente *adv* gleichzeitig

simultâneo *adj* gleichzeitig; (*interpretação*) simultan

sina *f* Schicksal *nt;* **ler a** ~ wahrsagen

sinagoga *f* Synagoge *f*

sinal [si'nal] *m* **1.** (*indício*) Zeichen *nt* (*de* für), Anzeichen *nt* (*de* für); (**não**) **dar sinais de vida** (kein) Lebenszeichen von sich geben +*dat* **2.** (*marca*) Kennzeichen *nt,* Merkmal *nt;* (*na pele*) Fleck *m;* ~ **de nascença** Muttermal *nt* **3.** (MAT: *símbolo*) Zeichen *nt;* ~ **horário** Zeitzeichen *nt;* ~ **de trânsito** Verkehrszeichen *nt;* **isso é um** ~ **dos tempos** das ist ein Zeichen der Zeit; (*automóvel*); **dar** ~ Zeichen geben **4.** (TEL) Freizeichen *nt,* Wählton *m;* ~ **de chamada** Rufton *m;* ~ **de impedido/ocupado** Besetztzeichen *nt,* Besetztton *m* **5.** (*de advertência*) Signal *nt;* ~ **de alarme** Alarmsignal *nt;* ~ **de aviso** Warnsignal *nt;* ~ **luminoso** Leuchtsignal *nt* **6.** (*gesto*) Wink *m;* **fazer** ~ **a alguém** jdm zuwinken **7.** (*monetário*) Anzahlung *f;* **dar um** ~ eine Anzahlung leisten

sinaleiro, -a *m, f* Verkehrspolizist, Verkehrspolizistin *m, f*

sinalização *f* Beschilderung *f*

sinalizar *vt* **1.** (*uma compra*) anzahlen **2.** (*uma rua*) beschildern

sincelo *m* Eiszapfen *m*

sinceridade *f* Ehrlichkeit *f,* Aufrichtigkeit *f*

sincero *adj* ehrlich, aufrichtig

síncope *f* (LING, MED, MUS) Synkope *f*

sincronização *f* Synchronisation *f,* Synchronisierung *f*

sincronizado *adj* synchronisiert

sincronizar *vt* synchronisieren

sindical *adj* gewerkschaftlich, Gewerkschafts ...

sindicalista **I.** *m(f)* Gewerkschaftler, Gewerkschaftlerin *m, f* **II.** *adj* gewerkschaftlich, Gewerkschafts ...

sindicato *m* Gewerkschaft *f*

síndroma *m* (MED) *v.* **síndrome**

síndrome *f* (MED) Syndrom *nt;* ~ **de imunodeficiência adquirida** erworbene Immunschwächekrankheit

sinédoque *f* (LING) Synekdoche *f*

sinergia *f* Synergie *f*

sineta *f* Glöckchen *nt*

sinfonia *f* Sinfonie *f*

sinfónico [sĩ'fɔniku] *adj* sinfonisch

singelo *adj* einfach, schlicht

singrar *vi* gedeihen, prosperieren

singular **I.** *m* (LING) Singular *m,* Einzahl *f* **II.** *adj* **1.** (*individual*) einzeln, vereinzelt **2.** (*único*) einmalig, einzigartig **3.** (*peculiar*) eigenartig, eigentümlich

singularidade *f* Besonderheit *f,* Eigentümlichkeit *f*

sinistrado, -a **I.** *m, f* Verunglückte, Unfallopfer *nt* **II.** *adj* (*pessoa*) verunglückt; (*automóvel*) beschädigt

sinistro **I.** *m* Unfall *m* **II.** *adj* (*pessoa*) unheimlich; (*figura*) düster; (*local*) finster

sino *m* Glocke *f*

sinónimo **I.** *m* Synonym *nt* **II.** *adj* synonym (*de* zu)

sinopse *f* Zusammenfassung *f*

sintáctico *adj* syntaktisch

sintagma *m* (LING) Syntagma *nt*

sintático *adj* (*brasil*) *v.* **sintáctico**

sintaxe *f* (LING) Syntax *f*

síntese *f* **1.** (*resumo*) Zusammenfassung *f;* **fazer uma** ~ **de a. c.** etw zusammenfassen **2.** (FIL, CHEM) Synthese *f*

sintético *adj* **1.** (*resumido*) zusammengefasst **2.** (*artificial*) synthetisch, künstlich

sintetizador *m* (MÚS) Synthesizer *m*

sintetizar *vt* zusammenfassen

sintoma *m* **1.** (MED) Symptom *nt* **2.** (*indício*) Anzeichen *nt* (*de* für); (*sinal*) Zeichen *nt* (*de* für)

sintomático *adj* symptomatisch

sintonia *f* **1.** (ELECTR) Abstimmung *f* **2.** (*acordo mútuo*) Übereinstimmung *f;* **estar em** ~ **com alguém/a. c.** mit jdm auf der gleichen Wellenlänge liegen/mit etw übereinstimmen

sintonização *f* (*do rádio*) Abstimmung *f*

sintonizado *adj* auf derselben Wellenlänge abgestimmt

sintonizar *vt* (*o rádio*) einstellen

sinuoso *adj* kurvig

sinusite [sinu'zitə] *f* (MED) Nebenhöhlenentzündung *f*

sirena *f* (*brasil*) *v.* **sirene**

sirene *f* (*de polícia, ambulância, navio*) Sirene *f;* (*de nevoeiro*) Nebelhorn *nt*

Síria *f* Syrien *nt*

sírio, -a **I.** *m, f* Syrer, Syrerin *m, f* **II.** *adj* syrisch

Sírio *m* (ASTR) Sirius *m,* Hundsstern *m*

sisa *f* Grunderwerbssteuer *f*

sismo *m* Erdbeben *nt*

sismógrafo *m* Seismograph *m*

siso ['sizu] *m* Verstand *m*

sistema *m* System *nt;* ~ **antibloqueio** Antiblockiersystem *nt;* ~ **imunológico** Immunsystem *nt;* ~ **métrico** metrisches System; (INFORM); ~ **operacional** Betriebssystem *nt;* ~ **de rega** Bewässerungssystem *nt;* ~ **solar** Sonnensystem *nt;* **por** ~ grundsätzlich

sistematicamente *adv* **1.** (*metodicamente*) systematisch **2.** (*frequentemente*) häufig

sistemático *adj* **1.** (*relativo a sistema, metódico*) systematisch **2.** (*frequente*) häufig, regelmäßig

sisudo *adj* mürrisch

sítio *m* **1.** (*lugar*) Platz *m,* Stelle *f;* **no** ~ an Ort und Stelle; **fora do** ~ nicht an seinem Platz; **este** ~ **é meu** das ist mein Platz; **não sair do** ~ sich nicht von der Stelle bewegen; (*fig*) auf der Stelle treten **2.** (*localização geográfica*) Lage *f;* **a casa fica num bom** ~ das Haus hat eine gute Lage **3.** (*brasil: propriedade rural*) Landgut *nt*

sito *adj* gelegen; **uma empresa sita na Rua de Camões** eine in der Rua de Camões gelegene Firma

situação [sitwɐ'sãu] *f* Lage *f,* Situation *f;* **é uma** ~ **delicada** das ist eine heikle Situation; **espero que compreenda a minha** ~ ich hoffe, Sie haben Verständnis für meine Lage

situado *adj* gelegen; **a casa fica situada no litoral/interior/norte/monte** das Haus liegt an der Küste/im Landesinneren/im Norden/auf dem Berg

situar I. *vt* (*no espaço*) lokalisieren; (*no tempo*) zeitlich einordnen II. *vr* sich befinden, liegen

skate *m* Skateboard *nt;* **andar de** ~ Skateboard fahren

slogan *m* Slogan *m*

slow *m* (*coloq*) langsame(s) Stück *nt*

smoking *m* Smoking *m*

snack-bar *m* Snackbar *f,* Imbissstube *f*

> Eine **Snack-bar** ist in Portugal ein Lokal, in dem man an der Theke oder auch am Tisch Getränke sowie Sandwiches, Vorspeisen und einige kleine Gerichte bekommt.

snifar *vt* (*coloq*) sniffen, schnüffeln

snobe I. *m/f* Snob *m* II. *adj* snobistisch

snobismo *m* Snobismus *m*

só [sɔ] I. *adj* **1.** (*sozinho*) allein **2.** (*solitário*) einsam **3.** (*único*) einzig; **uma** ~ **vez** ein einziges Mal II. *adv* **1.** (*unicamente*) nur; **não** ~ **..., mas também ...** nicht nur ..., sondern auch ...; ~ **que** es ist nur so, dass; **já** ~ **faltam duas semanas** es sind nur noch zwei Wochen **2.** (*temporal*) erst; **ela** ~ **tem 12 anos** sie ist erst 12 Jahre alt; ~ **agora** erst jetzt; ~ **às duas horas/há dois meses** erst um zwei Uhr/vor zwei Wochen

soalheiro [swɐ'ʎeiru] *adj* sonnig

soalho *m* Fußboden *m*

soar *vi* **1.** (*som, voz*) ertönen, erklingen **2.** (*palavra*) klingen; **isso soa bem/mal** das klingt gut/schlecht

sob *m/f* (*fig*) unter

soberania *f* Souveränität *f;* **órgãos de** ~ Regierung *f*

soberano, -a I. *m, f* Herrscher, Herrscherin *m, f* II. *adj* souverän

soberbo *adj* **1.** (*magnífico*) herrlich; (*sumptuoso*) prächtig **2.** (*altivo*) hochmütig, überheblich

sobra *f* Überfluss *m;* ~**s** Reste *pl;* (*de comida*) Essensreste *pl;* **de** ~ im Überfluss

sobranceiro *adj* hochmütig, arrogant

sobrancelha *f* Augenbraue *f*

sobrar [su'brar] *vi* übrig bleiben; **não sobrou nada** es ist nichts übrig geblieben; **não sobram dúvidas** es besteht kein Zweifel

sobre ['sobrə] *m/f* **1.** (*em cima de*) auf; (*acima de, por cima de*) über **2.** (*acerca de*) über

sobreaviso *m* **estar de** ~ auf der Hut sein

sobrecarga *f* **1.** (*de veículo*) Überladung *f;* **estar com** ~ überladen sein **2.** (*fig: para pessoa*) (zusätzliche) Belastung *f*

sobrecarregado *adj* (*pessoa*) überlastet

sobrecarregar *vt* **1.** (*um veículo*) überladen **2.** (*fig: uma pessoa*) überlasten

sobre-humano *adj* übermenschlich

sobreiro *m* (BOT) Korkeiche *f*

sobrelotado *adj* überfüllt

sobremaneira *adv* überaus, äußerst

sobremesa [sobrə'mezɐ] *f* Nachtisch *m,* Dessert *nt*

sobrenatural I. *m* Übernatürliche *nt* II. *adj* übernatürlich

sobrenome [sobre'nomi] *m* Familienname *m,* Nachname *m*

sobrepor I. *vt* (*uma coisa*) legen (*a* auf), stellen (*a* auf); (*duas coisas*) übereinander legen II. *vr* ~**-se a a. c.** über etw liegen; (*em qualidade*) etw übertreffen

sobreposto I. *pp de* **sobrepor** II. *adj* 1. (*objectos*) übereinander liegend 2. (*horário*) sich überschneidend

sobrepovoado *adj* übervölkert, überbevölkert

sobrescrito *m* Briefumschlag *m*, Umschlag *m*

sobressair *vi* 1. (*ficar saliente*) hervorstehen, herausragen (*de* aus) 2. (*dar nas vistas*) auffallen, sich abheben (*de* von)

sobressaltar I. *vt* (*surpreender*) überraschen; (*assustar*) erschrecken, bestürzen II. *vr* erschrecken, zusammenfahren

sobressalto *m* (*susto*) Schreck *m*; (*agitação*) Aufregung *f*; **de** ~ plötzlich, überraschend; **em** ~ beunruhigt

sobresselente *adj* Ersatz ...; **peça** ~ Ersatzteil *nt*

sobrestimar *vt* überschätzen

sobretaxa *f* Zuschlag *m*; (*dos correios*) Nachporto *nt*, Strafporto *nt*

sobretudo [sobrə'tudu] I. *m* Mantel *m*, Wintermantel *m* II. *adv* vor allem

sobrevir *vi* folgen

sobrevivência *f* Überleben *nt*

sobrevivente I. *m(f)* Überlebende II. *adj* überlebend

sobreviver *vi* überleben (*a*)

sobrevoar *vt* überfliegen

sobriedade *f* 1. (*moderação*) Mäßigkeit *f*, Genügsamkeit *f* 2. (*reserva*) Zurückhaltung *f* 3. (*sem álcool*) Nüchternheit *f*

sobrinho, -a *m*, *f* Neffe *m*, Nichte *f*

sobrinho-neto, **sobrinha-neta** *m*, *f* Großneffe, Großnichte *m*, *f*

sóbrio *adj* 1. (*sem álcool*) nüchtern 2. (*moderado*) mäßig, genügsam 3. (*reservado*) zurückhaltend

sobrolho *m* Augenbraue *f*; **franzir o** ~ die Stirn runzeln

soca *f* Holzpantoffel *m*, Clog *m*

socapa *adv* **à** ~ verstohlen, heimlich

socar *vt* 1. (*dar socos*) mit den Fäusten schlagen 2. (*brasil: a massa*) kneten

social *adj* gesellschaftlich, sozial

socialismo *m* Sozialismus *m*

socialista I. *m(f)* Sozialist, Sozialistin *m*, *f* II. *adj* sozialistisch

socialização *f* Sozialisierung *f*

sociável *adj* gesellig, umgänglich

sociedade *f* 1. (*geral, comercial*) Gesellschaft *f*; **Sociedade Anónima** Aktiengesell-schaft *f*; ~ **de consumo** Konsumgesellschaft *f*; **alta** ~ High Society *f* 2. (*entre sócios*) Partnerschaft *f*

sócio, -a ['sɔsju] *m*, *f* (*de empresa*) Teilhaber, Teilhaberin *m*, *f*; (*nos negócios*) Geschäftspartner, Geschäftspartnerin *m*, *f*; (*de associação, clube*) Mitglied *nt*

sociologia *f* Soziologie *f*

sociológico *adj* soziologisch

sociólogo, -a *m*, *f* Soziologe, Soziologin *m*, *f*

soco[1] *m* Holzpantoffel *m*, Clog *m*

soco[2] *m* Faustschlag *m*; **dar um** ~ **a alguém/em a. c.** jdm/etw einen Faustschlag versetzen

socorrer I. *vt* zu Hilfe kommen +*dat*, helfen +*dat* II. *vr* zurückgreifen (*de* auf)

socorro [su'koʀu] *m* Hilfe *f*; **pedir** ~ um Hilfe rufen; **primeiros** ~**s** erste Hilfe; ~**!** Hilfe!

soda *f* 1. (*bebida*) Limonade *f* 2. (QUÍM) Soda *f*; ~ **cáustica** Ätznatron *nt*

sódio *m* (QUÍM) Natrium *nt*

sofá *m* Sofa *nt*, Couch *f*

sofá-cama *m* Schlafcouch *f*, Schlafsofa *nt*

sofisma *m* Sophismus *m*

sofisticado *adj* 1. (*pessoa*) herausgeputzt; (*roupa*) hochmodisch 2. (*técnica*) ausgereift, hoch entwickelt

sôfrego *adj* gierig

sofreguidão *f* Gier *f*

sofrer I. *vt* (*uma derrota, perda*) erleiden; (*um acidente*) haben; (*um choque*) erleiden, bekommen; (*uma alteração*) erfahren II. *vi* leiden (*de* an, *com* unter)

sofrimento *m* Leiden *nt*

software *m* (INFORM) Sofware *f*

sogro, -a *m*, *f* Schwiegervater, Schwiegermutter *m*, *f*; ~**s** Schwiegereltern *pl*

soja *f* Soja *f*

sol [sɔl] *m* 1. (ASTR) Sonne *f*; **está/faz** ~ die Sonne scheint; **apanhar** ~ sich sonnen; **de** ~ **a** ~ von Sonnenaufgang bis Sonnenuntergang 2. (MÚS) G *nt*, g

sola ['sɔlə] *f* Sohle *f*; **pôr** ~**s nos sapatos** die Schuhe besohlen; (*coloq*); **dar à** ~ sich davonmachen

solar I. *m* Adelspalast *m* II. *adj* Sonnen ...; **sistema** ~ Sonnensystem *nt*

solário [su'larju] *m* Solarium *nt*

solavanco *m* Stoß *m*

soldado *m* Soldat *m*

soldador(a) *m(f)* Schweißer, Schweißerin *m*, *f*

soldadura *f* **1.** (*acto*) Schweißen *nt*, Schweißarbeit *f* **2.** (*parte soldada*) Schweißnaht *f*

soldar *vt* schweißen; (*com metal*) löten

soleira *f* Türschwelle *f*

solene *adj* **1.** (*formal*) förmlich **2.** (*festivo*) feierlich, festlich

soletrar [sulə'trar] *vt* buchstabieren

solfejo *m* (MÚS) Solfeggieren *nt*, Solmisieren *nt*

solha *f* **1.** (ZOOL) Scholle *f* **2.** (*coloq: bofetada*) Klaps *m*

solicitação *f* (*pedido*) Bitte *f*; (*requerimento*) Gesuch *nt*

solicitador(a) *m(f)* (DIR) Rechtsbeistand *m*

solicitar *vt* (*pedir*) bitten um; (*exigir*) verlangen; (*oficialmente*) beantragen

solícito *adj* hilfsbereit

solidão *f* Einsamkeit *f*

solidariedade *f* Solidarität *f*

solidário *adj* solidarisch (*com* mit)

solidez *f* **1.** (*resistência*) Festigkeit *f* **2.** (*de negócio, empresa*) Solidität *f*

solidificação *f* (FÍS) Verfestigung *f*, Übergang *m* in den festen Aggregatzustand

solidificar *vi* fest werden

sólido **I.** *m* (FÍS) feste(r) Körper *m* **II.** *adj* **1.** (*não líquido*) fest **2.** (*material, objecto*) haltbar, stabil; (*empresa*) solide; (*relação*) fest **3.** (*argumento*) fundiert

solista [su'liʃtɐ] *m(f)* (MÚS) Solist, Solistin *m, f*

solitária *f* (*na prisão*) Einzelzelle *f*

solitário, -a [suli'tarju] **I.** *m, f* Einzelgänger, Einzelgängerin *m, f* **II.** *adj* einsam

solo ['sɔlu] *m* **1.** (*terra*) Boden *m* **2.** (MÚS) Solo *nt*; **cantar a ~** ein Solo singen

solstício *m* (ASTR) Sonnenwende *f*

solta *adv* **à ~** frei; **andar à ~** frei herumlaufen

soltar **I.** *vt* (*largar*) loslassen; **solta-me!** lass mich los!; (*libertar*) befreien, freilassen; (*afrouxar*) lockern; (*desatar*) losmachen, lösen; **~ o cabelo** die Haare lösen; (*um grito*) ausstoßen; (*um suspiro*) von sich geben +*dat*; **~ uma gargalhada** laut loslachen **II.** *vr* aufgehen, sich lösen

solteirão, -ona *m, f* alte(r) Junggeselle *m*, alte Junggesellin *f*

solteiro, -a [sol'teiru] **I.** *m, f* Alleinstehende, Single *m* **II.** *adj* ledig, unverheiratet

solto **I.** *pp irr de* **soltar** **II.** *adj* **1.** (*nó, para-* *fuso, botão*) locker; (*cabelo*) offen **2.** (*pessoa*) frei

soltura *f* (MED) Durchfall *m*

solução [sulu'sãu] *f* (QUÍM) Lösung *f*

soluçar *vi* **1.** (*ter soluços*) Schluckauf haben **2.** (*chorando*) schluchzen

solucionar *vt* lösen

soluço *m* **1.** (*choro*) Schluchzer *m* **2.** (*fisiológico*) Schluckauf *m*; **estar com/ter ~s** Schluckauf haben

solúvel *adj* (*num líquido*) löslich

solvência *f* (ECON) Zahlungsfähigkeit *f*, Solvenz *f*

solvente *adj* (ECON) zahlungsfähig, solvent

som *m* Ton *m*, Laut *m*; (*de instrumento, música*) Klang *m*; (FÍS) Schall *m*; (LING) **~ nasal** Nasallaut *m*; **ao ~ de uma música** zum Klang eines Liedes

soma ['sɔmɐ] *f* Summe *f*

somar **I.** *vt* (MAT) zusammenzählen, addieren; (*vitórias, medalhas*) erlangen, einheimsen; **~ conquistas** viele Eroberungen machen; **ela somou medalhas** sie erlangte eine Medaille nach der anderen **II.** *vi* (MAT) zusammenzählen, addieren

sombra ['sõmbrɐ] *f* (*fig*) Schatten *m*; **à ~** im Schatten; **sem ~ de dúvida** ohne den leisesten Zweifel; **nem por ~s** auf gar keinen Fall

sombreado **I.** *m* Schattierung *f* **II.** *adj* schattig

sombrinha *f* Sonnenschirm *m*

sombrinhas *fpl* (*jogo*) Schattenspiel *nt*

sombrio *adj* **1.** (*à sombra*) schattig **2.** (*lúgubre*) düster, finster

somente *adv* nur, lediglich

somítico *adj* geizig

sonambulismo *m* Schlafwandeln *nt*, Nachtwandeln *nt*

sonâmbulo, -a **I.** *m, f* Schlafwandler, Schlafwandlerin *m, f* **II.** *adj* schlafwandlerisch, mondsüchtig

sonância *f* Klang *m*

sonda *f* **1.** (MED) Sonde *f* **2.** (NAÚT) Lot *nt*, Senkblei *nt*

sondagem *f* (*de opinião*) Umfrage *f*; **fazer uma ~** eine Umfrage machen

sondar *vt* **1.** (MED) sondieren **2.** (NAÚT) ausloten **3.** (*fig: uma região*) untersuchen **4.** (*fig: uma pessoa*) aushorchen; (*a opinião*) herausbekommen

soneca *f* Schläfchen *nt*; **dormir uma ~** ein Schläfchen halten

S

sonegar *vt* **1.** (*informação, dados*) zurückhalten **2.** (*impostos*) hinterziehen

soneto *m* Sonett *nt*

sonhador(a) **I.** *m(f)* Träumer, Träumerin *m, f* **II.** *adj* träumerisch

sonhar *vi* träumen (*com* von); ~ **acordado** mit offenen Augen träumen

sonho *m* **1.** (*mental*) Traum *m;* **de** ~ traumhaft **2.** (CUL) fritierte(s) Spritzgebäck *nt*

sono *m* **1.** (*dormida*) Schlaf *m;* **dormir a noite de um** ~ die ganze Nacht durchschlafen **2.** (*sonolência*) Schläfrigkeit *f,* Müdigkeit *f;* **estar com/ter** ~ müde sein; **estar a cair de** ~ todmüde sein, vor Müdigkeit umfallen; **dar** ~ schläfrig machen

sonolência *f* (*antes do sono*) Schläfrigkeit *f;* (*depois do sono*) Schlaftrunkenheit *f*

sonolento *adj* (*antes do sono*) schläfrig; (*depois do sono*) schlaftrunken

sonoplastia *f* (CIN) (künstliche) Geräuschkulisse *f*

sonoro *adj* **1.** (*que produz som*) Klang erzeugend **2.** (*que tem som claro*) volltönend, klangvoll **3.** (*com som*) Ton ..., Schall ...; **filme** ~ Tonfilm *m;* **onda sonora** Schallwelle *f* **4.** (LING) stimmhaft

sonso *adj* **1.** (*dissimulado*) listig, verschlagen **2.** (*ingênuo*) naiv

sopa ['sopɐ] *f* Suppe *f;* ~ **de legumes** Gemüsesuppe *f;* ~ **de tomate** Tomatensuppe *f;* ~ **de rabo de boi** Ochsenschwanzsuppe *f;* (**ou**) **sim ou** ~**s** entweder oder!

sopapo *m* Faustschlag *m;* (*debaixo do queixo*) Kinnhaken *m;* **dar um** ~ **a alguém** jdm einen Kinnhaken versetzen

sopé *m* Fuß *m* des Berges

soprano *m(f)* (MÚS) Sopran *m,* Sopransänger, Sopransängerin *m, f*

soprar **I.** *vt* (*vidro*) blasen; (*velas*) ausblasen; (*balão*) aufblasen; (*pó*) wegblasen **II.** *vi* (*pessoa, vento*) blasen; (*teste de alcoolémia*) ~ **ao balão** (ins Röhrchen) pusten

sopro *m* Blasen *nt;* (*hálito*) Hauch *m*

soquete *m* Socke *f*

sórdido *adj* **1.** (*sujo*) schmutzig; (*repugnante*) widerlich, abstoßend **2.** (*vil*) gemein

sorna *f* (*preguiça*) Faulheit *f;* (*moleza*) Trägheit *f*

sornar *vi* trödeln

soro *m* (MED) Serum *nt;* ~ **fisiológico** Kochsalzlösung *f;* **estar a** ~ am Tropf hängen

sorrateiramente *adv* heimlich, verstohlen

sorridente *adj* lächelnd

sorrir *vi* lächeln; ~ **para alguém** jdn anlächeln

sorriso *m* Lächeln *nt;* **ter um** ~ **de orelha a orelha** über das ganze Gesicht strahlen

sorte ['sɔrtɐ] *f* **1.** (*ventura*) Glück *nt;* **boa** ~! viel Glück!; **tive pouca** ~ ich habe Pech gehabt; **por** ~ glücklicherweise; **estar com/ ter** ~ Glück haben; **dar** ~ Glück bringen **2.** (*acaso*) Zufall *m;* **à** ~ aufs Geratewohl **3.** (*destino*) Los *nt,* Schicksal *nt* **4.** (*de lotaria*) Los *nt;* **a** ~ **grande** das große Los

sortear *vt* verlosen

sorteio *m* Verlosung *f*

sortido **I.** *m* Sortiment *nt* **II.** *adj* gemischt

sortimento *m* Sortiment *nt*

sortudo *adj* **ser** ~ Glück haben; **és** (**um**) ~ du bist ein Glückspilz

sorumbático *adj* düster

sorver *vt* schlürfen

sorvete *m* (*brasil*) Speiseeis *nt*

sorveteria *f* (*brasil*) Eisdiele *f*

sós *adv* **a** ~ allein

sósia *m(f)* Doppelgänger, Doppelgängerin *m, f*

soslaio *adv* **de** ~ schief

sossegado [susə'gadu] *adj* ruhig, still

sossegar **I.** *vt* beruhigen, besänftigen **II.** *vi* ruhig werden, sich beruhigen

sossego *m* Ruhe *f,* Stille *f*

sostra *m(f)* (*coloq*) Schlamper, Schlampe *m, f*

sótão *m* Dachboden *m*

sotaque *m* Akzent *m;* **não ter/ter** ~ ohne/ mit Akzent sprechen

sotavento *m* (NAÚT) Lee *f*

soterrado *adj* verschüttet

soterrar *vt* vergraben

soturno *adj* (*pessoa*) finster; (*local*) düster

souflé *m* (CUL) Soufflé *nt*

soutien *m* BH *m,* Büstenhalter *m*

souto *m* Dickicht *nt*

sova *f* Tracht Prügel *f;* **apanhar uma** ~ eine Tracht Prügel bekommen; **dar uma** ~ **a alguém** jdm eine Tracht Prügel verabreichen

sovaco *m* Achselhöhle *f*

sovar *vt* verprügeln

soviético, -a **I.** *m, f* Sowjetbürger, Sowjetbürgerin *m, f* **II.** *adj* sowjetisch

sovina **I.** *m(f)* Geizhals *m* **II.** *adj* geizig

sozinho [sɔ'ziɲu] *adj* allein

spray *m* Spray *nt*

squash [skwɔʃ] *m* (DESP) Squash *nt*

Sr. *abrev de* **Senhor** Hr. (= *Herr*)

Sr.ª *abrev de* **Senhora** Fr. (= *Frau*)

Sta. *abrev de* **Santa** St. (= *Sankt*)

stand *m* Messestand *m;* ~ **de automóveis** Autohaus *nt*

standard *adj inv* Standard ...

standardizar *vt* vereinheitlichen, standardisieren

status *m* Status *m*

stereo *adj inv* Stereo ..., stereo

stick *m* (DESP) Hockeyschläger *m*

Sto. *abrev de* **Santo** St. (= *Sankt*)

stock *m* Vorrat *m*, Lagerbestand *m;* ~ **limitado** so lange der Vorrat reicht

stop *m* (*coloq*) Stoppschild *nt*

stress *m* Stress *m;* **entrar em** ~ in Stress kommen

stressado *adj* (*coloq*) gestresst

stressante *adj* (*coloq*) stressig

stressar *vi* (*coloq*) in Stress kommen

strip-tease *m* Striptease *m*

sua ['suɐ] *pron poss* **1.** (*dele*) sein; (*dela*) ihr; **a** ~ **casa** sein/ihr Haus; **a** ~ **irmã** seine/ihre Schwester; **fazer das** ~**s** seine üblichen Dummheiten machen **2.** (*você*) Ihr; **a** ~ **vizinha/loja** Ihre Nachbarin/Ihr Geschäft

suado *adj* verschwitzt

suar [swar] *vi* schwitzen

suástica *f* Hakenkreuz *nt*

suave ['swavɐ] *adj* **1.** (*material*) weich **2.** (*cheiro, vento, música, voz*) sanft; (*temperatura, tabaco*) mild; (*vinho*) leicht

suavidade *f* **1.** (*de material*) Weichheit *f* **2.** (*de voz, música, no olhar*) Sanftheit *f;* (*nos gestos*) Feinheit *f*, Zartheit *f*

suavizar *vt* (*a dor*) mildern; (*um conflito*) entschärfen

subalimentado *adj* unterernährt

subalterno, -a I. *m, f* Untergebene II. *adj* untergeben

subalugar *vt* untervermieten

subaquático *adj* Unterwasser ...

subarrendamento *m* Untervermietung *f*

subarrendar *vt* untervermieten

subarrendatário, -a *m, f* Untermieter, Untermieterin *m, f*

subcantão *m* Halbkanton *m*

subchefe *m(f)* stellvertretende(r) Chef *m*, stellvertretende Chefin *f*

subcomissão *f* Unterausschuss *m*

subconsciente I. *m* Unterbewusstsein *nt* II. *adj* unterbewusst

subdesenvolvido *adj* unterentwickelt

subdirector(a) *m(f)* stellvertretende(r) Direktor *m*, stellvertretende Direktorin *f*

subdiretor(a) *m(f)* (*brasil*) v. **subdirector**

súbdito, -a *m, f* Untertan, Untertanin *m, f*

subdividir *vt* unterteilen

subdivisão *f* Unterteilung *f;* (*secção*) Unterabteilung *f*

subentender-se *vr* sich von selbst verstehen

subentendido *adj* unausgesprochen, implizit; **estar** ~ sich von selbst verstehen

subestimar *vt* unterschätzen

subgerente *m(f)* stellvertretende(r) Geschäftsführer *m*, stellvertretende Geschäftsführerin *f*

subida [su'bidɐ] *f* **1.** (*caminho*) Aufgang *m;* (*para automóveis*) Auffahrt *f* **2.** (*de rua*) Ansteigen *nt;* (*rua que sobe*) Steigung *f* **3.** (*escalada*) Aufstieg *m* **4.** (*de preços*) Erhöhung *f*, Steigerung *f;* (*de temperatura*) Anstieg *m*

subir [su'bir] I. *vt* **1.** (*um monte*) hinaufsteigen, besteigen; (*uma escada, rua*) hinaufgehen **2.** (*uma persiana*) hochziehen **3.** (*preços, ordenados, renda*) erhöhen II. *vi* **1.** (*ir para cima*) hinaufgehen; (*maré*) steigen; (*fumo*) aufsteigen; ~ **para uma cadeira** auf einen Stuhl steigen; (*vinho, dinheiro*); ~ **à cabeça** in den Kopf steigen **2.** (*temperatura, preço, ordenado, renda*) steigen (*para* auf) **3.** (*na vida*) aufsteigen, Karriere machen **4.** (*rua*) ansteigen

subitamente *adv* plötzlich

súbito *adj* **1.** (*movimento*) jäh, rasch **2.** (*acontecimento*) plötzlich; **de** ~ auf einmal, plötzlich

subjacente *adj* **1.** (*terreno*) tiefer liegend, unten liegend **2.** (*problema*) zugrunde liegend; **estar** ~ **a a. c.** etw zugrunde liegen

subjectividade *f* Subjektivität *f*

subjectivo *adj* subjektiv

subjetividade *f* (*brasil*) v. **subjectividade**

subjetivo *adj* (*brasil*) v. **subjectivo**

subjugar *vt* unterwerfen

subjuntivo *m* (LING: *brasil*) Konjunktiv *m*

sublevação *f* Aufstand *m*

sublevar-se *vr* sich auflehnen, rebellieren

sublime *adj* erhaben

sublinhar *vt* **1.** (*uma palavra*) unterstrei-

S

chen **2.** (*realçar*) hervorheben, unterstreichen

sublocar *vt* untervermieten

sublocatário, -a *m, f* Untermieter, Untermieterin *m, f*

submarino I. *m* U-Boot *nt* II. *adj* Unterwasser ...

submergir I. *vt* untertauchen, eintauchen II. *vi* tauchen, untertauchen

submerso *adj* (*submarino*) untergetaucht

submeter I. *vt* (*subjugar*) unterwerfen; (*sujeitar*) unterziehen (*a*); ~ **alguém/a. c. a exame** jdn/etw einer Prüfung unterziehen II. *vr* sich unterwerfen (*a*)

submissão *f* Unterwürfigkeit *f*

submisso *adj* unterwürfig

submundo *m* Halbwelt *f*

subnutrição *f* Unterernährung *f*

subnutrido *adj* unterernährt

subordinado, -a I. *m, f* Untergebene II. *adj* **1.** (*a um tema, conceito*) untergeordnet (*a*) **2.** (*subalterno*) untergeben

subordinar *vt* unterordnen (*a*)

subornar *vt* bestechen

subornável *adj* bestechlich

suborno *m* Bestechung *f*

subscrever I. *vt* (*um documento*) unterschreiben, unterzeichnen; (*uma ideia*) teilen; (*acções*) kaufen; (*um livro*) subskribieren II. *vr* (*em carta*) verbleiben

subscrição *f* Subskription *f*

subscrito *pp de* **subscrever**

subscritor(a) *m(f)* Subskribent, Subskribentin *m, f*

subseção *f* (*brasil*) *v.* **subsecção**

subsecção *f* Unterabteilung *f*

subsecretário, -a *m, f* ~ **de Estado** Ministerialdirektor, Ministerialdirektorin *m, f*, Ministerialdirigent, Ministerialdirigentin *m, f*

subsequente *adj* nachfolgend, anschließend

subserviência *f* Unterwürfigkeit *f*

subserviente *adj* unterwürfig

subsidiar *vt* (finanziell) unterstützen

subsídio *m* (finanzielle) Unterstützung *f*, Zulage *f*; (*para empresas, colectividades*) Subvention *f*; ~ **de alimentação** Essenszuschuss *m*; ~ **de desemprego** Arbeitslosengeld *nt*; ~ **de férias** Urlaubsgeld *nt*; ~ **de risco** Gefahrenzulage *f*

subsistência *f* Lebensunterhalt *m*

subsistir *vi* **1.** (*existir*) existieren, bestehen

2. (*persistir, conservar-se*) fortbestehen

subsolo *m* Untergrund *m*; **no** ~ unter der Erde

substância *f* Substanz *f*

substancial *adj* **1.** (*essencial*) wesentlich, substanziell **2.** (*alimentação*) nahrhaft

substancialmente *adv* im Wesentlichen

substantivar *vt* (LING) substantivieren

substantivo *m* Substantiv *nt*

substituição *f* Ersetzung *f*; (*em funções*) Ablösung *f*; (*temporariamente*) Vertretung *f*, Stellvertretung *f*; **em - de alguém/a. c.** an jds Stelle/an Stelle von etw

substituir [subʃti'twir] *vt* ersetzen (*por* durch); (*em funções*) nachfolgen, ablösen; (*temporariamente*) vertreten

substituível *adj* ersetzbar

substituto, -a I. *m, f* Ersatz *m*; (*em funções*) Vertreter, Vertreterin *m, f* II. *adj* Ersatz ...; (*em funções*) stellvertretend

substrato *m* **1.** (*base*) Grundlage *f*; (*essência*) Essenz *f* **2.** (GEOL) Unterschicht *f*

subterfúgio *m* **1.** (*evasiva*) Ausflucht *f* **2.** (*pretexto*) Vorwand *m*

subterrâneo *adj* unterirdisch

subtil *adj* **1.** (*pessoa*) unauffällig; (*comentário*) subtil **2.** (*diferença*) fein

subtileza *f* (*em pessoa*) Raffiniertheit *f*; (*em comentário*) Spitzfindigkeit *f*

subtítulo *m* Untertitel *m*

subtração *f* (*brasil*) *v.* **subtracção**

subtracção *f* (MAT) Subtraktion *f*

subtrair *vt* (MAT) abziehen, subtrahieren

subtropical *adj* subtropisch

suburbano, -a I. *m, f* Vorstädter, Vorstädterin *m, f* II. *adj* Vorstadt ...

subúrbio [su'burbju] *m* Vorstadt *f*, Vorort *m*

subvenção *f* Zuschuss *m*; (*estatal*) Subvention *f*

subversão *f* Umsturz *m*

subversivo *adj* umstürzlerisch, subversiv

subverter *vt* **1.** (*sistema político*) umstürzen **2.** (*princípios morais*) untergraben

sucata *f* Schrott *m*

sucateiro, -a *m, f* **1.** (*de sucata*) Schrotthändler, Schrotthändlerin *m, f* **2.** (*remendão*) Stümper *m*

sucção *f* Sog *m*

sucedâneo *m* Ersatzstoff *m*, Surrogat *nt*

suceder I. *vi* (*num cargo*) die Stelle übernehmen (*a* von), folgen (*a* auf); (*acontecer*) sich ereignen, geschehen; (*seguir-se*) folgen **II.** *vr* (*acontecimentos*) aufeinander folgen

sucedido I. *m* Ereignis *nt* **II.** *adj* **ser bem** ~ erfolgreich sein; **ser mal** ~ keinen Erfolg haben

sucessão *f* **1.** (*de acontecimentos*) Reihe *f;* (*sequência*) Reihenfolge *f* **2.** (*num cargo*) Nachfolge *f*

sucessivamente *adv* nacheinander; **e assim** ~ und so weiter

sucessivo *adj* aufeinander folgend

sucesso *m* Erfolg *m;* **ser um** ~ ein Erfolg sein

sucessor(a) *m(f)* Nachfolger, Nachfolgerin *m, f*

sucinto *adj* kurz, knapp

suco *m* Saft *m;* (*brasil*); ~ **de laranja** Orangensaft *m*

In Brasilien müssen Sie unbedingt die frischen Fruchtsäfte - **sucos** - und die Milch-Frucht-Shakes - **vitaminas** - probieren. Sie werden aus allen möglichen exotischen Früchten hergestellt. In allen Ortschaften oder am Rand der Durchgangsstraßen wird **Água de Côco**, der Saft der grünen Kokosnuss und **Caldo de Cana**, frisch gepresster Zuckerrohrsaft, angeboten.

suculento [suku'lẽntu] *adj* saftig

sucumbir *vt* **1.** (*ceder*) nachgeben (*a*); (*em combate*) unterliegen (*a*) **2.** (*ir abaixo*) zusammenbrechen, nachgeben **3.** (*morrer*) sterben, ums Leben kommen

sucursal *f* (*de banco*) Zweigstelle *f,* Filiale *f;* (*de empresa*) Niederlassung *f*

sudanês, -esa I. *m, f* Sudanese, Sudanesin *m, f* **II.** *adj* sudanesisch

Sudão *m* Sudan *m*

sudeste *m* Südosten *m*

súdito *m* (*brasil*) v. **súbdito**

sudoeste *m* Südwesten *m*

Suécia *f* Schweden *nt*

sueco, -a I. *m, f* Schwede, Schwedin *m, f* **II.** *adj* schwedisch

sueste *m* Südosten *m*

suéter *m* (*brasil*) Pullover *m*

Suevos *mpl* (HIST) Sueben *pl*

suficiente [sufə'sjẽntə] *adj* genügend, ausreichend; (*nota*) ausreichend

suficientemente *adv* genug

sufixo *m* (LING) Suffix *nt*

suflê *m* (CUL: *brasil*) Soufflé *nt*

sufocado *adj* estar ~ keine Luft bekommen; **morrer** ~ ersticken

sufocante *adj* (*calor*) drückend; (*ar*) stickig

sufocar *vi* (*fig*) ersticken

sufoco *m* Kummer *m;* **estar num** ~ bekümmert sein

sufrágio *m* **1.** (*votação*) Wahl *f;* ~ **dire(c)to** Direktwahl *f* **2.** (*direito de voto*) Wahlrecht *nt,* Stimmrecht *nt;* ~ **universal** allgemeines Wahlrecht

sugar *vt* saugen

sugerir *vt* **1.** (*propor*) vorschlagen, anregen **2.** (*indicar*) andeuten; (*recomendar*) empfehlen

sugestão *f* **1.** (*proposta*) Vorschlag *m;* **dar uma** ~ einen Vorschlag machen **2.** (*indicação*) Andeutung *f;* (*recomendação*) Empfehlung *f*

sugestivo *adj* anregend

Suíça ['swisɐ] *f* Schweiz *f*

suíças ['swisɐʃ] *fpl* (*barba*) Koteletten *pl*

suicida I. *m(f)* Selbstmörder, Selbstmörderin *m, f* **II.** *adj* selbstmörderisch, Selbstmord ...

suicidar-se *vr* Selbstmord begehen, sich das Leben nehmen +*dat*

suicídio *m* Selbstmord *m;* **cometer** ~ Selbstmord begehen

suíço, -a ['swisu] **I.** *m, f* Schweizer, Schweizerin *m, f* **II.** *adj* schweizerisch, Schweizer

suinicultor(a) *m(f)* Schweinezüchter, Schweinezüchterin *m, f*

suíno I. *m* Schwein *nt* **II.** *adj* Schweine ...; **gado** ~ Schweine *pl*

suite *f* Suite *f*

sujar I. *vt* schmutzig machen, verschmutzen **II.** *vr* sich schmutzig machen

sujeira *f* **1.** (*brasil: sujidade*) Schmutz *m,* Dreck *m* **2.** (*coloq brasil: acto*) Sauerei *f*

sujeitar I. *vt* unterwerfen (*a*) **II.** *vr* **1.** (*submeter-se*) sich unterwerfen (*a*), sich abfinden (*a* mit) **2.** (*risco*) Gefahr laufen; ~**-se a ter um acidente** Gefahr laufen in einen Unfall verwickelt zu werden

sujeito[1] *m* (LING) Subjekt *nt*

sujeito, -a[2] **I.** *m, f* (*coloq*) Individuum *nt,* Kerl *m,* Frau *f* **II.** *adj* **ser** ~ **a a. c.** sich etw unterziehen; (*submeter-se*) **estar** ~ **a a. c.** etw unterworfen sein, etw unterliegen; (*risco*) Gefahr laufen; **se beber e conduzir está** ~ **a ir preso** wenn Sie trinken und dann Auto fahren, laufen Sie Gefahr, festgenommen zu werden; ~ **a impostos** steuerpflichtig

S

sujidade f Schmutz m, Dreck m

sujo ['suʒu] adj **1.** (com sujidade) schmutzig, dreckig **2.** (fig: dinheiro, negócio) schmutzig

sul [sul] m Süden m; a ~ de südlich von

sul-africano, -a I. m, f Südafrikaner, Südafrikanerin m, f II. adj südafrikanisch

sul-americano, -a I. m, f Südamerikaner, Südamerikanerin m, f II. adj südamerikanisch

sulco m **1.** (na terra) Furche f; (para rega) Rinne f **2.** (na água) Kielwasser nt **3.** (fenda) Rille f

sulfamida f (QUÍM) Sulfonamid nt

sulfatar vt (AGR) (mit Kupfersulfat) spritzen

sulfato m (QUÍM) Sulfat nt

sulfureto m (QUÍM) Sulfit nt

sulfúrico adj (QUÍM) Schwefel ...; **ácido** ~ Schwefelsäure f

sulista I. m(f) (brasil) Südbrasilianer, Südbrasilianerin m, f II. adj (brasil) südbrasilianisch

sultão, sultana m, f Sultan, Sultanin m, f

suma m(f) **em** ~ kurz, mit einem Wort

sumarento adj saftig

sumariamente adv zusammengefasst

sumário m Zusammenfassung f

sumaúma f (material) Kapok m

sumiço m (brasil) Verschwinden nt; **dar** ~ **a a. c.** etw verschwinden lassen; **levar** ~ verschwinden

sumidade f (pessoa) Kapazität f, herausragende Persönlichkeit f

sumido adj (brasil) verschwunden

sumir vi (brasil) verschwinden; ~ **com a. c.** etw verschwinden lassen

sumo ['sumu] I. m Saft m; ~ **de fruta** Fruchtsaft m; ~ **de laranja** Orangensaft m II. adj höchste(r, s)

sumptuosidade f Pracht f, Luxus m

sumptuoso adj prächtig, prunkvoll

sunga f (brasil) Badehose f

suntuosidade f (brasil) Pracht f, Luxus m

suntuoso adj (brasil) prächtig, prunkvoll

suor m Schweiß m

super adv (coloq) super, toll

superabundância f Überfluss m

superabundante adj **1.** (abundante) überreichlich, im Überfluss **2.** (supérfluo) überflüssig

superar I. vt (uma dificuldade) überwinden, bewältigen; (as expectativas) übertreffen

II. vr sich selbst übertreffen

superável adj überwindbar

superavit m (ECON) Überschuss m

superficial adj oberflächlich

superficialidade f Oberflächlichkeit f

superficialmente adv oberflächlich

superfície f Oberfläche f; **vir/estar à** ~ an die Oberfläche kommen/an der Oberfläche liegen; (ECON) **grande** ~ Großmarkt m

supérfluo adj überflüssig

super-homem m Übermensch m

superintender vt **1.** (dirigir) leiten **2.** (fiscalizar) beaufsichtigen

superior I. m(f) Vorgesetzte II. adj **1.** (nível, temperatura) höher (a als); (qualidade) besser (a als); (quantidade) größer (a als); (ultrapassar); **ser** ~ **a a. c.** etw übertreffen; **qualidade** ~ erstklassige Qualität **2.** (situado acima) obere(r, s); (em hierarquia, no espaço) höher

superioridade f Überlegenheit f

superlativo m (LING) Superlativ m

superlotado adj überfüllt

supermercado [supɾmɐr'kadu] m Supermarkt m

super-mulher f Superfrau f

superpotência f (POL) Großmacht f, Supermacht f

superpovoado adj übervölkert, überbevölkert

supersónico I. m (AERO) Überschallflugzeug nt II. adj Überschall ...

superstição f Aberglaube m

supersticioso adj abergläubisch

superstrutura f (POL) Überbau m

supervisão f Beaufsichtigung f, Überwachung f

supervisionar vt beaufsichtigen, überwachen

supimpa adj (coloq brasil) prima, klasse

suplantar vt (pessoa, pensamento, sentimento) verdrängen

suplementar [supləmẽ'tar] adj ergänzend, zusätzlich

suplemento [suplə'mẽtu] m **1.** (acrescento) Ergänzung f, Zusatz m; (posterior) Nachtrag m **2.** (taxa) Zuschlag m **3.** (de jornal) Beilage f

suplente I. m(f) (DESP) Ersatzspieler, Ersatzspielerin m, f; Auswechselspieler, Auswechselspielerin m, f II. adj Ersatz ...

súplica f Flehen nt, inständige Bitte f

suplicar *vt* flehen um; ~ **a. c. a alguém** jdn um etw anflehen

suplício *m* Qual *f,* Tortur *f; (tortura)* Folter *f*

supor *vt* annehmen, vermuten; **suponha-mos que ...** nehmen wir an, dass ...; **supondo que ...** vorausgesetzt, dass ...; **suponho que sim/não** ich glaube schon/nicht

suportar [supur'tar] *vt* **1.** *(um peso)* tragen, halten **2.** *(aguentar)* ertragen, aushalten; *(tolerar)* dulden

suportável *adj* erträglich

suporte *m* Stütze *f,* Träger *m; (INFORM); ~ de dados* Datenträger *m*

suposição *f* Vermutung *f,* Annahme *f*

supositório [supuzi'tɔrju] *m* (FARM) Zäpfchen *nt*

supostamente *adv* angeblich

suposto I. *pp de* **supor** II. *adj (alegado)* angeblich; *(hipotético)* mutmaßlich, vermeintlich

supracitado *adj* oben genannt

supramencionado *adj* oben erwähnt

supra-sumo *m* Höhepunkt *m*

supraterrâneo *adj* oberirdisch

supremacia *f* Vorherrschaft *f,* Vormachtstellung *f*

supremo *adj* höchste(r, s); **o Supremo Tribunal** der Oberste Gerichtshof

supressão *f* **1.** *(de imposto)* Abschaffung *f; (de fronteira, postos de trabalho)* Abbau *m; (de dor)* Linderung *f* **2.** *(omissão)* Auslassung *f*

suprimir *vt* **1.** *(imposto)* abschaffen; *(fronteira, postos de trabalho)* abbauen; *(dor)* lindern **2.** *(omitir)* auslassen, weglassen

suprir *vt (uma falha)* ausgleichen; *(as necessidades)* erfüllen

supurar *vi* eitern

surdez *f* Taubheit *f*

surdina *f* (MÚS) Dämpfer *m;* **em ~** leise

surdo, -a ['surdu] I. *m, f* Taube II. *adj* taub; **ser ~ como uma porta** stocktaub sein

surdo-mudo, surda-muda I. *m, f* Taubstumme II. *adj* taubstumm

surf *m* (DESP) Surfen *nt*

surfar *vi (coloq)* surfen

surfista *m(f)* Surfer, Surferin *m, f*

surgir *vi* auftauchen, erscheinen

surpreendente *adj* überraschend; *(espantoso)* erstaunlich

surpreender I. *vt* überraschen II. *vr* überrascht sein *(com* über)

surpreendido [surprjẽ'didu] *adj* überrascht *(com* über); **ficar ~** überrascht sein

surpresa *f* Überraschung *f; de ~* unerwartet

surpreso I. *pp irr de* **surpreender** II. *adj (brasil)* überrascht

surra *f (coloq)* Dresche *f;* **levar uma ~** Dresche kriegen; **dar uma ~ a alguém** jdn verdreschen

surrar *vt* verprügeln, verdreschen

surrealismo *m* Surrealismus *m*

surrealista I. *m(f)* Surrealist, Surrealistin *m, f* II. *adj* surrealistisch

surripiar *vt (coloq)* stibitzen, klauen

surtir *vt* bewirken, zur Folge haben; **~ efeito** Wirkung zeigen

surto *m* (MED) Ausbruch *m*

susceptibilidade *f* Empfänglichkeit *f; (sensibilidade)* Empfindlichkeit *f; (para doenças)* Anfälligkeit *f;* **eu preferi não falar disso para não ferir ~s** ich habe lieber nicht davon gesprochen, um niemanden zu verletzen

susceptibilizar *vt* kränken, verletzen

susceptível *adj* **1.** *(sensível)* empfänglich *(a* für) **2.** *(passível)* **ser ~ de ... ...** werden müssen/können; **é ~ de fazer-se** das kann gemacht werden; **ser ~ de modificação** veränderbar sein; **um comportamento ~ de crítica** ein zu kritisierendes Verhalten

suscetibilidade *f (brasil)* v. **susceptibilidade**

suscetibilizar *vt (brasil)* v. **susceptibilizar**

suscetível *adj (brasil)* v. **susceptível**

suscitar *vt (curiosidade)* erregen; *(dúvidas)* hervorrufen, wecken; *(problema)* aufwerfen, schaffen; *(ódio)* schüren

suspeita *f* Verdacht *m;* **estar acima de qualquer ~** über jeden Verdacht erhaben sein; **levantar ~s** Verdacht erregen

suspeitar *vi ~* **de** verdächtigen

suspeito, -a I. *m, f* Verdächtige II. *adj* verdächtig

suspender *vt* **1.** *(processo, conversações, reunião)* abbrechen, unterbrechen; *(actividade, pagamento)* einstellen; *(um contrato)* aufheben; *(audiência)* vertagen **2.** *(funcionário, aluno)* suspendieren; *(jogador)* sperren **3.** *(uma encomenda)* rückgängig machen

suspensão *f* **1.** *(interrupção)* Unterbrechung *f,* Abbruch *m; (de actividade, pagamento)* Einstellung *f* **2.** *(de um contrato)* Aufhebung *f* **3.** *(como castigo)* Suspen-

S

dierung *f;* (*de jogador*) Sperre *f* **4.** (*em líqui-do*)Suspension *f* **5.** (*de automóvel*) Federung *f*

suspense *m* Spannung *f;* **manter alguém em** ~ jdn auf die Folter spannen

suspenso **I.** *pp irr de* **suspender** **II.** *adj* **1.** (*no ar*) schwebend; (*em líquido*) treibend, schwimmend; **estar** ~ schweben **2.** (*pendurado*) hängend, aufgehängt; **estar** ~ hängen **3.** (*pergunta, questão*) **ficar em** ~ offen bleiben **4.** (*funcionário, aluno*) suspendiert; (*jogador*) gesperrt

suspensórios *mpl* Hosenträger *pl*

suspirar *vi* seufzen; ~ **por a. c.** sich nach etw sehnen

suspiro *m* **1.** (*respiração*) Seufzer *m* **2.** (CUL) Meringe *f*

sussurrar **I.** *vt* flüstern **II.** *vi* **1.** (*pessoa*)flüstern **2.** (*folhagem, vento*)rauschen, säuseln; (*água*) murmeln

sussurro *m* **1.** (*de pessoa*) Flüstern *nt* **2.** (*de folhagem, do vento*) Rauschen *nt,* Säuseln *nt;* (*da água*) Murmeln *nt*

sustenido *m* (MÚS) Kreuz *nt*

sustentação *f* **1.** (*capacidade*) Tragkraft *f*

2. (*sustentáculo*) Stütze *f*

sustentáculo *m* **1.** (*suporte*) Stütze *f,* Träger *m* **2.** (*fig: sustentação*) Stütze *f*

sustentar **I.** *vt* **1.** (*apoiar*)stützen **2.** (*peso*) tragen **3.** (*financeiramente*) unterhalten, ernähren **II.** *vr* **1.** (*segurar-se*) sich halten **2.** (*financeiramente*) leben (*com* von); **eu sustento-me com o trabalho** ich verdiene meinen Lebensunterhalt durch Arbeit; **ele sustenta-se com o dinheiro dela** er lebt von ihrem Geld

sustento *m* Lebensunterhalt *m*

suster **I.** *vt* (*apoiar*) stützen, tragen; (*a respiração*) anhalten **II.** *vr* sich halten

susto *m* Schreck *m;* **apanhar um** ~ einen Schreck bekommen, sich erschrecken; **pregar um** ~ **a alguém** jdm einen Schreck einjagen, jdn erschrecken

sutiã *m* (*brasil*) Büstenhalter *m,* BH *m*

sutil *adj* (*brasil*) *v.* **subtil**

sutileza *f* (*brasil*) *v.* **subtileza**

sutura *f* (MED) Naht *f*

suturar *vt* (MED) nähen, vernähen

swing *m* (MÚS) Swing *m*

T

T, t [te] *m* T, t *nt*

ta Zusammensetzung: pron te + art a

tá *interj* (*coloq*) ok, alles klar

tabacaria [tɐbɐkɐ'riɐ] *f* Tabakladen *m*

tabaco [tɐ'baku] *m* Tabak *m;* (*cigarros*) Zigaretten *pl;* **onde é que eu posso comprar ~?** wo kann ich Tabak kaufen?

tabagismo *m* Tabakmissbrauch *m*

tabaqueira *f* Tabakfabrik *f*

tabefe *m* (*coloq*) Ohrfeige *f*

tabela *f* **1.** (*quadro*) Tabelle *f* **2.** (*lista*) Liste *f;* ~ **de preços** Preisliste *f* **3.** (*horário*) Fahrplan *m;* **à** ~ fahrplanmäßig **4.** (*no bilhar*) Bande *f;* **fazer uma** ~ über die Bande spielen; (*fig*); **apanhar a. c. por** ~ zu Unrecht mitbestraft/getadelt werden; **apanhamos por** ~ er/sie hat uns allen eine Standpauke gehalten

tabelado *adj* (*preço*) festgesetzt; **artigo** ~ Artikel mit Festpreis

tabelar **I.** *vt* (*um artigo*) den Preis festsetzen für **II.** *adj* tabellarisch

taberna [tɐ'bɜrnɐ] *f* Kneipe *f*

tabernáculo *m* (REL) Stiftshütte *f*

tabique *m* Trennwand *f,* Zwischenwand *f*

tablete *f* Tafel *f;* **uma** ~ **de chocolate** eine Tafel Schokolade

tablier *m* Armaturenbrett *nt*

tablóide *m* (JORN) Boulevardzeitschrift *f*

tabu *m* Tabu *nt*

tábua *f* Brett *nt;* ~ **de passar a ferro** Bügelbrett *nt;* (*fig*); ~ **de salvação** Rettungsanker *m*

tabuada *f* (MAT) Multiplikationstabelle *f*

tabulador *m* Tabulator *m*

tabuleiro *m* **1.** (*bandeja*) Tablett *nt* **2.** (*de forno*) Backblech *nt,* Blech *nt* **3.** (*de xadrez, damas*) Brett *nt* **4.** (*de ponte*) Fahrbahn *f*

tabuleta *f* Schild *nt*

TAC (MED) *abrev de* **tomografia axial computadorizada** Computertomographie

taça *f* **1.** (*de champanhe*) Kelch *m;* (*de gelado*) Eisschale *f;* (*grande*) Schüssel *f* **2.** (DESP) Pokal *m*

tacada *f* (*bilhar*) Stoß *m;* **dar uma ~ na bola** die Kugel stoßen

tacanho *adj* (*pej*) engstirnig, kleinkariert

tacão *m* Absatz *m;* **~ alto** hoher Absatz

tacha *f* Tapeziernagel *m,* Stift *m;* (*de enfeite*) Ziernagel *m,* Polsternagel *m;* (*em sapato*) Täcks *m*

tachinha *f* (*brasil*) Heftzwecke *f,* Reißnagel *m*

tacho *m* **1.** (*para cozinhar*) Kochtopf *m* **2.** (*coloq: emprego*) ruhige(r) Posten *m,* lukrative(r) Job *m*

tácito *adj* stillschweigend

taciturno *adj* **1.** (*calado*) schweigsam, wortkarg **2.** (*tristonho*) trübsinnig, schwermütig

taco ['taku] *m* **1.** (*de bilhar*) Billardstock *m,* Queue *f;* (*de golfe, basebol*) Schläger *m* **2.** (*para pavimento*) kleine(s) Holzbrett *nt,* Diele *f;* (*österr*) Parkette *f*

tacómetro *m* Tachometer *nt*

tactear *vt* befühlen, betasten

táctica *f* Taktik *f*

táctico *adj* taktisch

tacto *m* **1.** (*sentido*) Tastsinn *m* **2.** (*diplomacia*) Takt *m,* Taktgefühl *nt*

tafetá *m* Taft *m*

tagarela **I.** *m(f)* Schwätzer, Schwätzerin *m,* *f* **II.** *adj* geschwätzig, schwatzhaft

tagarelar *vi* schwatzen

tailandês, -esa **I.** *m, f* Thailänder, Thailänderin *m, f* **II.** *adj* thailändisch

Tailândia *f* Thailand *nt*

tailleur *m* Kostüm *nt*

tainha *f* (ZOOL) Meeräsche *f*

taipa *f* Trennwand *f*

Taiwan *m* Taiwan *nt*

Tajiquistão *m* Tadschikistan *nt*

tal **I.** *adj* so; **tais** solche; **nunca via ~ coisa** so etwas habe ich noch nie gesehen; **~ pai, ~ filho** wie der Vater, so der Sohn; **~ e qual** genau so **II.** *pron indef* (*pessoa*) **o/a ~** derjenige/diejenige; **os tais** diejenigen; **o ~ professor** dieser Lehrer; **a ~ pessoa** dieser Mensch; **um ~ de Paulo** ein gewisser Paulo; (*sugestão*); **que ~ irmos ao cinema?** wie wäre es, wenn wir ins Kino gingen?; **que ~ um cafezinho?** wie wäre es mit einem Kaffee?; (*opinião; que acha*); **que ~?** wie finden Sie das?; (*como está*) wie geht's?; (*quantidade incerta*) etwas über, etwas mehr als; **são dez e ~** es sind etwas über zehn; **mil e ~ eu-**

ros etwas mehr als tausend Euro, tausend Euro und ein paar Zerquetschte; (*indeterminado*) soundso; **na rua ~** in der Straße soundso; **em ~ dia** am Soundsovielten **III.** *adv* so, auf diese Weise; **~ como** so wie; **de ~ maneira que** auf so eine Art, dass

tala ['talɐ] *f* (MED) Schiene *f*

tálamo *m* (BOT) Blütenboden *m*

talão *m* Talon *m;* (*da caixa*) Kassenzettel *m;* **~ de cheques** Scheckheft *nt*

talco *m* Talk *m*

talento *m* Talent *nt* (*para* für), Begabung *f*

talentoso *adj* begabt, talentiert

talha ['taʎɐ] *f* Schnitzerei *f;* **~ dourada** vergoldete Holzschnitzerei

Die vergoldeten Holzschnitzereien - **talha dourada** - gehören zu den typischen Dekorationselementen des portugiesischen Barocks. Sie wurden zuerst nur aus dem billigen Holz der Kastanie oder Eiche (in Portugal beheimatet) ohne Vergoldung hergestellt. Ab der zweiten Hälfte des 17. Jh. begann man, die Holzbildhauerarbeiten mit dem Gold aus Portugals Kolonie Brasilien zu überziehen. Sie schmücken vor allem Altäre von Kirchen

talhado *adj* **1.** (*madeira*) geschnitzt **2.** (*fig: pessoa*) geschaffen (*para* für) **3.** (*leite*) geronnen

talhante *m(f)* Metzger, Metzgerin *m, f,* Fleischer, Fleischerin *m, f*

talhar **I.** *vt* (*madeira*) schnitzen; (*um destino*) gestalten **II.** *vi* (*leite*) gerinnen

talher [tɐ'ʎɜr] *m* Besteck *nt;* **ser um bom ~** ein guter Esser sein

talho ['taʎu] *m* Metzgerei *f,* Fleischerei *f*

talismã *m* Talisman *m*

talkshow *m* Talkshow *f*

talo *m* (BOT) Thallus *m*

taluda *f* (*coloq*) große(s) Los *nt*

talude *m* Böschung *f*

talvez [tal'veʃ] *adv* + *conj* vielleicht; **~ eu telefone** vielleicht rufe ich an; **~ não seja caro** vielleicht ist es nicht teuer

tamanca *f v.* **tamanco**

tamanco *m* Holzschuh *m*

tamanho [tɐ'mɐɲu] **I.** *m* Größe *f;* **de que ~ é?** wie groß ist es? **II.** *adj* so ein, solch ein; **nunca vi tamanha confusão** nie habe ich solch ein Durcheinander gesehen

T

tâmara f (BOT) Dattel f

também [tãm'bãi] adv auch, ebenfalls; **eu ~ não** ich auch nicht; **ele ~ quer vir** er will auch mitkommen; **para ti ~** für dich auch

tambor m Trommel f

tamboril m (ZOOL) Seeteufel m

tamborileiro, -a m, f Trommler, Trommlerin m, f

tamborim m Tamburin nt

Tamisa m Themse f

tampa f (de recipiente) Deckel m; (de caneta) Kappe f; (coloq) **dar ~ a alguém** jdm einen Korb geben; (coloq) **levar ~ de alguém** von jdm einen Korb bekommen

tampão m **1.** (para tapar) Deckel m; (para os ouvidos) Ohrstöpsel m, Oropax® nt **2.** (para menstruação) Tampon m **3.** (de automóvel) Radkappe f

tampo m (da mesa) Platte f

tampouco adv auch nicht

tandem m Tandem nt

tanga f **1.** (na praia) Tanga m; (povos indígenas) Lendenschurz m **2.** (coloq: troça) Verarschung f; **dar ~ a alguém** jdn auf den Arm nehmen; **isso é ~** das ist Verarschung

tangente f (MAT) Tangente f; (fig) **à ~** um ein Haar

tanger vt (instrumento) spielen; (cordas) zupfen

tangerina f Mandarine f

tangível adj greifbar, fühlbar

tango m **1.** (MÚS) Tango m **2.** (bebida) Bier nt mit Johannisbeersirup

tanque m **1.** (reservatório) Tank m **2.** (MIL) Panzer m **3.** (para lavar roupa) Wanne f

tanso, -a I. m, f (coloq: ingénuo) Einfaltspinsel m; (burro) Blödmann m II. adj (coloq: ingénuo) naiv; (burro) blöd, doof

tantã adj (coloq brasil) verrückt

tantas m(f) (se calhar) **às ~** vielleicht; (de repente) auf einmal

tanto ['tãntu] I. pron indef so viel; (um pouco) **um ~** etwas, ein bisschen; (quantidade indefinida) so viel; **outro ~** noch einmal so viel; **um euro e ~** etwas über ein Euro; **não é caso para ~** so schlimm ist es nun auch wieder nicht; **~ quanto pude** so viel ich konnte; **~ quanto sei** soweit ich weiß; **~s** so viele; **~ faz** das ist egal; **foi uma festa e ~!** das war vielleicht ein Fest! II. adj so viel; **~ tempo** so lange; **tanta gente** so viele Leute; **~ trabalho** so viel Arbeit; **tantas vezes** so oft

III. adv (modo) so, so sehr; (quantidade) so viel; **ele gosta ~ disso!** er mag das so gerne!; **ela trabalha ~!** sie arbeitet so viel!; **~ melhor** um so besser; **ele insistiu ~, que eu cedi** er hat so sehr darauf bestanden, dass ich nachgegeben habe; (temporal) so lange; **demora ~!** das dauert so lange! IV. konj **~ ... como ...** sowohl ... als auch ...; **~ mais que ...** da ..., schon allein deshalb, weil ...

tantra m Tantra nt

tão [tãu] adv so; **ele é ~ rico como/quanto eles** er ist so reich wie sie; **é ~ grande/bonito!** es ist so groß/schön!; **não é assim ~ mau/grave** es ist nicht so schlecht/schlimm

tão-pouco adv auch nicht; **eu ~** ich auch nicht

tão-só adv lediglich, nur

tapa m (brasil) Klaps m

tapado adj **1.** (tacho, pessoa) zugedeckt; (móvel) abgedeckt; (cara) bedeckt **2.** (coloq: ingénuo) vernagelt, geistig zurückgeblieben; **ser ~** ein Brett vor dem Kopf haben

tapar I. vt (tacho, pessoa) zudecken (com mit); (móvel, copo) abdecken (com mit); (cara) bedecken (com mit); (olhos, boca) zuhalten; **~ os ouvidos** sich dat die Ohren zuhalten; (fechar) verschließen; (um buraco) zustopfen, verstopfen II. vr sich zudecken

tapa-vento m Windschutz m

tapear vt (brasil) betrügen, hereinlegen

tapeçaria f Wandteppich m

tapete m Teppich m; **~ rolante** Förderband nt, Fließband nt; (INFORM) **~ do rato** Mousepad nt

tapioca f Tapioka f

tapir m (ZOOL) Tapir m

tapume m Zaun m

taquicardia f (MED) Herzjagen nt, Tachykardie f

tara f **1.** (peso, embalagem) Tara f; **~ perdida** kein Pfand, keine Rückgabe **2.** (coloq: mania) Fimmel m

tarado, -a I. m, f Besessene, Verrückte; **~ sexual** Sexbesessene m II. adj besessen, verrückt

taramelar vi schwatzen

tarântula f (ZOOL) Tarantel f

tardar vi (acontecimento) sich verzögern, auf sich warten lassen; (pessoa) spät kommen; (acontecimento); **não ~** bald geschehen; (pessoa) bald kommen; **o mais ~** spätestens

tarde ['tardə] **I.** f Nachmittag m; **à/de ~ am** Nachmittag, nachmittags; **boa ~!** guten Tag!; **ao fim da ~** am frühen Abend **II.** adv spät; **~ e a más horas** sehr spät; **agora é ~ demais** jetzt ist es zu spät; **nunca é ~ para ...** es ist nie zu spät, um zu ...; **mais vale ~ (do) que nunca** besser spät als nie

tardinha f Spätnachmittag m, frühe(r) Abend m; **à ~ am** Spätnachmittag

tardio adj spät

tarecos mpl Gerümpel nt

tarefa f Aufgabe f; **cumprir uma ~** eine Aufgabe erfüllen

tarefeiro, -a m, f selbstständige(r) Handwerker m, selbstständige Handwerkerin f

tareia f Tracht Prügel f; **levar uma ~** Prügel kriegen; **dar uma ~ a alguém** jdn tüchtig verprügeln

tarifa f Tarif m

tarifar vt den Tarif festsetzen für

tarô m Tarot nt

tarso m (ANAT) Spann m

tártaro m **1.** (MED) Zahnstein m **2.** (de vinho) Weinstein m

tartaruga f **1.** (ZOOL) Schildkröte f **2.** (brasil: lomba) Anhöhe f

tarte f Torte f

tasca ['taʃkɐ] f v. **tasco**

> Eine **Tasca** ist in Portugal ein kleines, volkstümliches Lokal, in dem man außer Getränken auch einfache Speisen bekommt.

tasco m Kneipe f

tataravô, -ó m, f (coloq) Urururgroßvater, Urururgroßmutter m, f

tatear vt (brasil) befühlen, betasten

tática f (brasil) Taktik f

tático adj (brasil) taktisch

tato m (brasil) v. **tacto**

tatuador(a) m(f) Tätowierer, Tätowiererin m, f

tatuagem f Tätowierung f; **fazer uma ~** sich tätowieren lassen

tatuar vt tätowieren

tau interj (de pancada) klatsch; (de detonação) boing, peng

taurino adj Stier ...

tauromaquia f Stierkampfkunst f

tau-tau m (coloq) Haue f

taverna f Kneipe f

taxa ['taʃɐ] f **1.** (imposto) Gebühr f; **~ adicional** Zuschlag m; **~ fixa** feste Gebühr; **~s alfandegárias** Zoll m **2.** (índice) Rate f, Quote f; **~ de audiências** Einschaltquote f; **~ de câmbio** Wechselkurs m; **~ de desemprego** Arbeitslosenquote f; **~ de juros** Zinssatz m; **~ de inflação** Inflationsrate f; **~ de mortalidade** Sterblichkeitsrate f

taxar vt **1.** (um produto) besteuern **2.** (um preço) festsetzen

taxativamente adv offensichtlich

taxativo adj eindeutig, offensichtlich

táxi m Taxi nt; **apanhar/chamar um ~** ein Taxi nehmen/rufen

taxímetro m Taxameter m, nt

taxista m(f) Taxifahrer, Taxifahrerin m, f

tchau [tʃau] interj tschüss

tcheco, -a I. m, f (brasil) Tscheche, Tschechin m, f **II.** adj (brasil) tschechisch

Tchecoslováquia f (brasil) Tschechoslowakei f

Tchetchénia f Tschetschenien nt

te [tə] pron pers (acusativo) dich; (dativo) dir; **ela telefona-te** sie ruft dich an; **eu digo-te** ich sage dir

tear m Webstuhl m

teatral adj Theater ...

teatro ['tjatru] m **1.** (arte, edifício) Theater nt; **ir ao ~** ins Theater gehen **2.** (de acontecimento) Schauplatz m

tecelagem f **1.** (actividade) Weben nt **2.** (fábrica) Weberei f

tecelão, tecelã m, f Weber, Weberin m, f

tecer vt **1.** (tecido) weben **2.** (teia) spinnen, weben **3.** (fazer) ~ **um elogio** loben; ~ **uma crítica** Kritik äußern

techno ['tɜknu] m (MÚS) Techno m

tecido m **1.** (têxtil) Gewebe nt, Stoff m **2.** (BIOL) Gewebe nt

tecla f Taste f; (INFORM); ~ **de função** Funktionstaste f; **carregar numa ~** eine Taste drücken; (fig); **bater sempre na mesma ~** auf etw herumreiten

teclado m (MÚS, INFORM) Tastatur f

técnica f Technik f

tecnicamente adv technisch

técnico, -a I. m, f Fachmann, Fachfrau m, f, Techniker, Technikerin m, f; ~ **de informática** Informatiker, Informatikerin m, f; ~ **de electrónica** Elektroniker, Elektronikerin m, f **II.** adj technisch

tecnocracia f Technokratie f

T

tecnocrata *m(f)* (POL) Technokrat, Technokratin *m, f*

tecnologia *f* Technologie *f;* ~ **de ponta/ alta** ~ Spitzentechnologie *f,* High Tech *nt*

tecnológico *adj* technologisch

tecto ['tɛtu] *m* **1.** (*de casa*) Dach *nt;* (*de sala*) Decke *f* **2.** (*de automóvel*) ~ **de abrir** Schiebedach *nt* **3.** (*fig: abrigo*) Dach *nt*

tectónica *f* (GEOL) Tektonik *f*

tédio *m* Langeweile *f,* Überdruss *m;* **que** ~! wie langweilig!

tedioso *adj* lästig, langweilig

teia *f* **1.** (*de aranha*) Spinnennetz *nt* **2.** (*de espionagem*) Ring *m*

teima *f* Eigensinn *m,* Starrsinn *m;* **tirar as ~s** die Standpunkte sachlich klären

teimar *vi* beharren (*em* auf), bestehen (*em* auf)

teimosia *f* Eigensinn *m,* Starrsinnigkeit *f*

teimoso *adj* eigensinnig, starrsinnig

tejadilho *m* (*de automóvel*) Dach *nt*

Tejo ['tɛʒu] *m* Tejo *m,* Tajo *m*

tel. *abrev de* **telefone** Tel. (= Telefon(*nummer*))

tela *f* **1.** (*de pintura*) Leinwand *f* **2.** (*brasil: de televisão*) Bildschirm *m;* (*de cinema*) Leinwand *f*

telebanco *m* Telebanking *nt*

telebip *m* Piepser *m*

telecomandado *adj* ferngesteuert

telecomando *m* Fernsteuerung *f;* (*de televisão*) Fernbedienung *f*

telecomunicações *fpl* **1.** (*sistema*) Telekommunikation *f,* Nachrichtentechnik *f* **2.** (*empresa*) Fernmeldewesen *nt*

teledisco *m* Videoclip *m*

tele-escola *f* Fernunterricht *m*

telefax [tɛlɛ'faks] *m* Telefax *nt*

teleférico *m* Seilbahn *f;* **andar de** ~ mit der Seilbahn fahren

telefonadela *f* (*coloq*) **dar uma** ~ **a alguém** jdn kurz anrufen

telefonar [tələfu'nar] *vi* telefonieren (*a/ para* mit), anrufen (*a/para*); **telefona-me!** ruf mich an!

telefone [tələ'fɔnə] *m* **1.** (*aparelho*) Telefon *nt;* ~ **de moedas** Münztelefon *nt;* ~ **digital** Tastentelefon *nt;* ~ **público** öffentliches Telefon; ~ **portátil** schnurloses Telefon; **por** ~ telefonisch; **estar ao** ~ (**com alguém**) (mit jdm) telefonieren; **atender o** ~ ans Telefon gehen **2.** (*coloq: número de* ~) Nummer *f*

telefonema *m* Telefongespräch *nt,* Telefonat *nt;* **fazer/receber um** ~ ein Telefongespräch führen/einen Anruf erhalten

telefónico *adj* telefonisch

telefonista *m(f)* Telefonist, Telefonistin *m, f*

telegrafar *vt* telegrafieren

telegrafia *f* Telegrafie *f*

telégrafo *m* Telegraf *m*

telegrama [tələ'grɛmɐ] *m* Telegramm *nt;* **mandar/enviar um** ~ **a alguém** jdm ein Telegramm schicken

telejornal *m* Tagesschau *f,* Fernsehnachrichten *pl*

telem. *abrev de* **telemóvel** Handy

telemóvel [tɛlɛ'mɔvɛl] *m* Handy *nt;* (*no carro*) Autotelefon *nt*

telenovela *f* Seifenoper *f*

teleobjectiva [tɛlɛɔbʒɛ'tivɛ] *f* Teleobjektiv *nt*

teleobjetiva *f* (*brasil*) *v.* **teleobjectiva**

telepatia *f* Telepathie *f*

telepático *adj* telepathisch

teleponto *m* Auto Cue *nt,* in der Fernsehkamera eingeblendeter Text

telescópico *adj* teleskopisch

telescópio *m* Teleskop *nt,* Fernrohr *nt*

telespectador(a) *m(f)* Fernsehzuschauer, Fernsehzuschauerin *m, f*

telespetador(a) *m(f)* (*brasil*) *v.* **telespectador**

teletexto *m* Videotext *m*

teletrabalhador(a) *m(f)* Telearbeiter, Telearbeiterin *m, f*

teletrabalho *m* Telearbeit *f*

televendas *fpl* Teleshopping *nt*

televisão [tələvi'zãu] *f* Fernsehen *nt;* ~ **a cores** Farbfernsehen *nt;* ~ **por cabo** Kabelfernsehen *nt;* ~ **privada** Privatfernsehen *nt;* ~ **via satélite** Satellitenfernsehen *nt;* **vêr** ~ fernsehen

Rádio Televisão Portuguesa ist das staatliche Fernsehen, das seine Programme über RTP 1, RTP 2, RTPi (international) und RTP África, ausstrahlt. Außerdem gibt es zwei private Sender, SIC, Televisão Independente (TVI) und TV Cabo. Das Programm bietet vor allem Unterhaltungs- und Quizsendungen, Sport, Kinderprogramme und viele Filme, die von Werbung und gelegentlich von notícias (Nachrichten) unterbrochen werden (nicht bei RTP 2). Die meisten Produktionen werden im Originalton mit portugiesischen Untertiteln gezeigt. Aus Brasilien kommen die berühmten telenovelas, Seifenopern die täglich ausgestrahlt werden. Sehr aktuell sind die sogenannten "Reality Shows" wie Big Brother, etc.

televisivo *adj* Fernseh ...

televisor *m* Fernsehapparat *m*, Fernseher *m*

telex [tɛ'lɜks] *m* Telex *nt*

telha *f* **1.** (*de telhado*) Dachziegel *m* **2.** (*coloq: mania*) Tick *m*; **estar com a** ~ schlecht drauf sein **3.** (*coloq: cabeça*) Birne *f*; **ele faz o que lhe dá na** ~ er macht das, was ihm gerade in den Sinn kommt

telhado [tə'ʎadu] *m* Dach *nt*; ~ **de colmo** Strohdach *nt*

telhador(a) *m(f)* Dachdecker, Dachdeckerin *m, f*

telheiro *m* Schuppen *m*

tema *m* **1.** (*assunto*) Thema *nt* **2.** (LING: *de palavra*) Stamm *m* **3.** (MÚS) Thema *nt*

temática *f* Thematik *f*

temer **I.** *vt* fürchten, befürchten **II.** *vi* fürchten (*por* um); **eu temo que ...** +*conj* ich fürchte, dass ...; ~ **por alguém** um jdn Angst haben

temerário *adj* **1.** (*arrojado*) waghalsig; (*audaz*) tollkühn, verwegen; (*valente*) mutig **2.** (*imprudente*) unbesonnen

temeroso *adj* **1.** (*situação*) Furcht erregend **2.** (*pessoa*) furchtsam, ängstlich

temido *adj* gefürchtet

temível *adj* furchtbar, fürchterlich

temor *m* Furcht *f*

têmpera *f* (*de metal*) Härten *nt*

temperado *adj* **1.** (*comida*) gewürzt **2.** (*clima*) gemäßigt

temperamental *adj* temperamentvoll

temperamento *m* Temperament *nt*

temperar [tɛmpə'rar] *vt* **1.** (*a comida*) würzen; (*a salada*) anmachen **2.** (*metal*) härten

temperatura [tɛmpərɛ'turɛ] *f* Temperatur *f*

tempero *m* (CUL) Gewürz *nt*

tempestade *f* Unwetter *nt*; **fazer uma** ~ **num copo de água** einen Sturm im Wasserglas hervorrufen; **depois da** ~ **vem a bonança** auf Regen folgt Sonnenschein

tempestuoso *adj* stürmisch

templo ['tɛmplu] *m* Tempel *m*

tempo ['tɛmpu] *m* **1.** (*duração, época*) Zeit *f*; ~ **de antena** Sendezeit *f*; ~**s livres** Freizeit *f*; **a** ~ (**e horas**) rechtzeitig; **ao mesmo** ~ gleichzeitig; **a seu** ~ zu seiner Zeit; **com** ~ in aller Ruhe; **com o** ~ im Laufe der Zeit; **em** ~**s** früher; **há muito** ~ vor langer Zeit; **o** ~ **todo** die ganze Zeit; **naquele** ~ damals; (**não**) **ter** ~ **para alguém/a. c.** (keine) Zeit für jdn/ etw haben; **quanto** ~? wie lange?; **de** ~**s a** ~**s** hin und wieder, von Zeit zu Zeit; **nos últimos** ~**s** in letzter Zeit; **no meu** ~ zu meiner Zeit **2.** (METEO) Wetter *nt*; **mau** ~ schlechtes Wetter; **como está o** ~? wie ist das Wetter?; **o** ~ **está bom/mau** das Wetter ist gut/schlecht; **com este** ~ bei diesem Wetter **3.** (LING) Tempus *nt*, Zeit *f* **4.** (MÚS) Tempo *nt*; (*fig*); **fazer a. c. em três** ~**s** etw in null Komma nichts machen **5.** (DESP) Halbzeit *f*; **primeiro/segundo** ~ erste/ zweite Halbzeit

têmpora *f* (ANAT) Schläfe *f*

temporada *f* **1.** (*espaço de tempo*) Zeit *f*; **passar uma** ~ **no estrangeiro** einige Zeit im Ausland leben **2.** (*de espectáculos*) Saison *f*, Spielzeit *f*

temporal **I.** *m* (METEO) Unwetter *nt* **II.** *adj* zeitlich; (LING) temporal

temporão *adj* frühreif

temporariamente *adv* vorübergehend

temporário *adj* vorübergehend, zeitweilig

tenacidade *f* **1.** (*de material*) Widerstandsfähigkeit *f* **2.** (*obstinação*) Hartnäckigkeit *f*, Starrsinn *m*

tenaz **I.** *f* **1.** (*ferramenta*) Zange *f* **2.** (*de caranguejo*) Schere *f* **II.** *adj* **1.** (*material*) robust **2.** (*pessoa*) beharrlich, hartnäckig

tenção *f* Absicht *f*; **fazer** ~ **de a. c.** etw beabsichtigen

tencionar [tɛsju'nar] *vt* beabsichtigen; ~ **fazer a. c.** beabsichtigen, etw zu tun

tenda ['tɛndɐ] *f* Zelt *nt*; (*no mercado*) Stand *m*; ~ **de campismo** Zelt *nt*

tendão *m* (ANAT) Sehne *f*

tendência *f* (*fig*) Neigung *f*, Tendenz *f*; **ter** ~ **para a. c.** zu etw neigen/tendieren; **isso tem** ~ **a melhorar** es gibt eine Tendenz zur Besserung

tendencioso *adj* tendenziös

tender *vi* (*fig*) tendieren (*para* zu), neigen (*para* zu); **a situação tende a melhorar** wir verzeichnen eine Tendenz zur Besserung

T

tenebroso *adj* dunkel, finster

tenente *m* (MIL) Leutnant *m*

tenente-coronel *m*(MIL) Oberstleutnant *m*

ténia *f*(MED) Bandwurm *m*

ténis ['tɛniʃ] *m* **1.** (DESP) Tennis *nt;* ~ **de mesa** Tischtennis *nt* **2.** (*calçado*) Tennisschuh *m*

tenista *m(f)* Tennisspieler, Tennisspielerin *m, f*

tenor *m* (MÚS) Tenor *m*

tenro ['tɛʀu] *adj* **1.** (*alimento*) zart, weich **2.** (*pessoa*) jung; **de tenra idade** in zartem Alter

tensão *f* (*fig*) Spannung *f;* **alta** ~ Hochspannung *f;* **baixa** ~ Niederspannung *f;* ~ **arterial** Blutdruck *m*

tenso *adj* (*músculo, situação*) gespannt, angespannt; (*pessoa*) angespannt

tentação *f*Versuchung *f;* **cair em** ~ in Versuchung kommen

tentáculo *m*(ZOOL) Tentakel *nt*, Fangarm *m*

tentado *adj*in Versuchung geführt; **estar** ~ **a fazer a. c.** in Versuchung sein, etw zu tun

tentador *adj*verführerisch, verlockend

tentar [tɛn'tar] *vt* **1.** (*experimentar*) versuchen, ausprobieren; ~ **fazer a. c.** versuchen, etw zu tun **2.** (*aliciar*) in Versuchung führen

tentativa *f* Versuch *m;* ~ **de homicídio** Mordversuch *m;* ~ **de suicídio** Selbstmordversuch *m;* **fazer uma** ~ einen Versuch machen

tentear *vt* sondieren

tentilhão *m* (ZOOL) Fink *m*

tento *m* **1.** (*cautela*) Vorsicht *f*, Behutsamkeit *f;* **tomar** ~ **em a. c.** bei etw Vorsicht walten lassen **2.** (*tino*) Verstand *m*

ténue *adj* (*luz, voz*) dünn, zart; (*fronteira*) verschwommen

teocracia *f*Theokratie *f*

teologia *f*Theologie *f*

teológico *adj* theologisch

teólogo, -a *m, f*Theologe, Theologin *m, f*

teor *m* **1.** (*de texto, conversa*) Inhalt *m;* **um texto de** ~ **prático** ein praxisbezogener Text **2.** (QUÍM) Gehalt *m;* ~ **de pH** pH-Wert *m*

teorema *m* Theorem *nt*, Lehrsatz *m*

teoria *f*Theorie *f;* **na** ~ theoretisch

teoricamente *adv* theoretisch

teórico, -a **I.** *m, f*Theoretiker, Theoretikerin *m, f* **II.** *adj* theoretisch

teorico-prático *adj* (*aula*) theoretisch und praktisch; (*livro*) theorie- und praxisbezogen

tépido *adj*lauwarm

ter [ter] **I.** *vt* (*posse*) haben; ~ **fome/dores** Hunger/Schmerzen haben; ~ **a. c. de seu** Vermögen haben; **o que é que tens?** hast du?; ~ **a/que ver com alguém/a. c.** mit jdm/etw zu tun haben; **isso não tem mal nenhum** das ist nicht schlimm; **o que é que tem** (**isso**)? was ist schon dabei?; **não tem de quê** nichts zu danken; **tenho que fazer** ich habe zu tun; (*idade, medidas*) sein; **quantos anos tens?** wie alt bist du?; **tenho 30 anos** ich bin 30 Jahre alt; **o muro tem um metro de comprimento/altura** die Mauer ist einen Meter lang/hoch; (*receber*) bekommen; ~ **uma prenda** ein Geschenk bekommen; ~ **uma má nota** eine schlechte Note bekommen; **ela teve um bebé** sie hat ein Kind bekommen; (*conversa, diálogo*) führen; (*considerar*) ~ **por** halten für; (*coloq brasil: haver*) sein, geben; (*brasil*); **tem muita gente que ...** es gibt viele Leute, die ...; (*brasil*); **tem três dias que estou doente** ich bin seit drei Tagen krank; (*coloq*); **tinha lá muitas pessoas** dort waren viele Leute **II.** *aux* (*passado*) haben, sein; **eu não tinha percebido** ich hatte es nicht verstanden; **ele tinha ido a casa** er war nach Hause gegangen; **tivesses dito!** hättest du doch etwas gesagt!; **eu não devia** ~ **ido** ich hätte nicht hingehen sollen; (*obrigação*); ~ **de/que** müssen; **eu tive de/que trabalhar** ich musste arbeiten **III.** *vi*(*caminho*) **ir** ~ **a** führen nach; (*pessoa*) gehen zu; **vai** ~ **a minha casa!** komm mal bei mir vorbei!; (*encontrar*); **ir** ~ **com alguém** zu jdm gehen; **mandar alguém ir** ~ **com alguém** jdn zu jdm schicken; **ele foi** ~ **connosco** er kam zu uns **IV.** *vr* sich beherrschen, an sich halten; ~**-se de pé** sich aufrecht halten

terapeuta *m(f)* Therapeut, Therapeutin *m, f;* ~ **da fala** Logopäde, Logopädin *m, f*

terapêutica *f*Therapeutik *f*

terapêutico *adj* therapeutisch

terapia *f*Therapie *f;* ~ **da fala** Sprachförderung *f*

terça-feira *f*Dienstag *m; v.* **segunda-feira**

terceira *f*(*velocidade*) dritte(r) Gang *m;* **meter a** ~ den dritten Gang einlegen

terceiranista *m(f)* (*acad*) Student *m* im dritten Studienjahr, Studentin *f* im dritten Studienjahr

terceiro, -a [tər'seiru] **I.** *m, f* Dritte; ~**s** Dritte *pl* **II.** *num ord* dritte(r, s); *v.* **segundo**

terceto *m* (MÚS) Terzett *nt*

terciário *adj* **sector** ~ Dienstleistungssektor *m*

terço *m* **1.** (*terça parte*) Drittel *nt* **2.** (REL) Rosenkranz *m*

terçol *m* (MED) Gerstenkorn *nt*

terçolho *m* (*coloq*) *v.* **terçol**

terebintina *f* Terpentin *nt*

termal [tər'mal] *adj* Thermal ...; **águas termais** Thermalquelle *f*

termas *fpl* **1.** (*local*) Thermalbad *nt* **2.** (*águas*) Thermalquelle *f*

térmico *adj* thermisch; **saco** ~ Kühltasche *f*

terminação *f* **1.** (*conclusão*) Beendigung *f*, Abschluss *m* **2.** (LING) Endung *f*

terminal [tərmi'nal] **I.** *m* (AERO) Abfertigungshalle *f*, Terminal *nt*; (NÁUT) Terminal *nt*; (*de camionagem*) Busbahnhof *m*; (INFORM) Terminal *nt* **II.** *adj* End ...; **fase** ~ Endphase *f*

terminantemente *adv* ausdrücklich

terminar I. *vt* beenden **II.** *vi* **1.** (*reunião, trabalho*) enden; (*barulho*) aufhören **2.** (*palavra*) enden (*em* auf) **3.** (*pessoa*) fertig sein (*com* mit)

término ['tɜrminu] *m* **1.** (*paragem final*) Endstation *f* **2.** (*fim*) Ende *nt*

terminologia *f* Terminologie *f*

termo *m* **1.** (*fim*) Ende *nt*; **pôr** ~ **a a. c.** etw ein Ende setzen **2.** (*vocábulo*) Wort *nt*; (*expressão*) Ausdruck *m*; ~ **técnico** Fachbegriff *m* **3.** (*conteúdo*) Bestimmungen *pl*, os ~**s do contrato** die Vertragsbestimmungen *m*

termocolagem *f* Thermobindung *f*

termodinâmica *f* Thermodynamik *f*

termoelectricidade *f* Thermoelektrizität *f*

termoelectricidade *f* (*brasil*) *v.* **termoelectricidade**

termómetro [tər'mɔmətru] *m* Thermometer *nt*; ~ **clínico** Fieberthermometer *nt*

termonuclear *adj* thermonuklear

termos¹ ['tɜrmuʃ] *m* (*garrafa*) Thermosflasche® *f*

termos² *mpl* (*modos*) Verhalten *nt*, Benehmen *nt*; **com** ~ höflich

termóstato *m* Thermostat *m*, Temperaturregler *m*

ternário *adj* dreiteilig; (MÚS) **compasso** ~ Dreiertakt *m*

terninho *m* (*brasil*) Kostüm *nt*

terno ['tɜrnu] **I.** *m* (*brasil: fato*) Herrenanzug *m*; (*coloq: queda*) Sturz *m*; **dar um** ~ hinfallen **II.** *adj* zart, zärtlich

ternura *f* Zärtlichkeit *f*

terra ['tɛʁə] *f* **1.** (*substância*) Erde *f*; (*solo*) Boden *m*; **debaixo da** ~ unter der Erde; **deitar a. c. por** ~ etw auf den Boden werfen; **ser** ~ **a** ~ mit beiden Beinen auf der Erde stehen **2.** (*localidade*) Ort *m*; (*região*) Gebiet *nt*; (*país*) Land *nt*; (*pátria*) Heimat *f*; **na minha** ~ in meiner Heimat; ~ **de ninguém** Niemandsland *nt*; **a Terra Santa** das Heilige Land **3.** (*contraste com mar*) Land *nt*; **em** ~ an Land; ~ **firme** Festland *nt*

Terra *f* (ASTR) Erde *f*; **na** ~ auf der Erde

terraço [tə'ʁasu] *m* Terrasse *f*

terracota [tɛʁɐ'kɔtɐ] *f* Terrakotta *f*

terramoto *m* Erdbeben *nt*

terraplenagem *f* Planierung *f*

terraplenar *vt* planieren

terremoto *m* (*brasil*) *v.* **terramoto**

terreno [tə'ʁenu] **I.** *m* (*geral*) Gelände *nt*; (*parcela*) Grundstück *nt*; ~ **para construção** Bauplatz *m*; (*fig: área*) Terrain *nt*, Gebiet *nt*; **pisar** ~ **desconhecido** Neuland betreten; **ganhar** ~ an Boden gewinnen **II.** *adj* irdisch, weltlich

térreo *adj* ebenerdig; (*brasil*); **andar** ~ Erdgeschoss *nt*

terrestre *adj* irdisch

terrina *f* Terrine *f*

terriola *f* (*pej*) Kaff *nt*

territorial *adj* territorial, Gebiets ...

território *m* Territorium *nt*, Gebiet *nt*

terrível [tə'ʁivɛl] *adj* schrecklich, furchtbar

terror *m* Terror *m*

terrorismo *m* Terrorismus *m*

terrorista I. *m(f)* Terrorist, Terroristin *m, f* **II.** *adj* **1.** (POL) terroristisch **2.** (*coloq: criança*) wild; (*insurrecto*) aufsässig

terroso *adj* erdig

tertúlia *f* Treffen *nt*; (*de literatos*) literarische(r) Zirkel *m*

terylene *m* Terylen® *nt*

tesão *f* (*coloq*) Lust *f*

tese *f* These *f*; (*de doutoramento*) Dissertation *f*, Doktorarbeit *f*

teso *adj* **1.** (*tecido, roupa*) hart; (*cabo*) straff; (*pessoa*) steif, starr **2.** (*coloq: sem dinheiro*) pleite, abgebrannt

tesoira *f v.* **tesoura**

tesoirada *f v.* **tesourada**

T

tesoiro *m v.* **tesouro**

tesoura *f* Schere *f;* ~ **de poda** Gartenschere *f;* ~ **das unhas** Nagelschere *f*

tesourada *f* Schnitt *m* mit der Schere

tesouraria *f* **1.** (*escritório, repartição*) Kasse *f* **2.** (*do Estado*) Staatskasse *f*

tesoureiro, -a *m, f* (*em associação*) Schatzmeister, Schatzmeisterin *m, f,* Kassenwart *m;* (*em repartição pública*) Lohnbuchhalter, Lohnbuchhalterin *m, f*

tesouro [tə'zoru] *m* Schatz *m;* ~ **público** Staatskasse *f*

testa *f* Stirn *f,* **estar à ~ de a. c.** an der Spitze von etw liegen

testáceo *m* (ZOOL) Schalentier *nt*

testa-de-ferro *m(f)* Strohmann *m*

testamentário, -a **I.** *m, f* Erbe, Erbin *m, f* **II.** *adj* testamentarisch

testamento *m* Testament *nt;* **o Antigo/ Novo Testamento** das Alte/Neue Testament

testar *vt* testen, prüfen

teste *m* Test *m;* ~ **de aptidão** Eignungsprüfung *f*

testemunha *f* Zeuge, Zeugin *m, f;* ~ **de acusação** Belastungszeuge *m;* ~ **de defesa** Entlastungszeuge *m;* ~ **ocular** Augenzeuge *m*

testemunhar **I.** *vt* (*presenciar*) selbst erleben, dabei sein bei; (DIR) bezeugen **II.** *vi* aussagen (*contra* gegen, *a favor de* für)

testemunho *m* **1.** (*depoimento*) Zeugenaussage *f,* Aussage *f,* **levantar falsos** ~**s** jdn durch eine Falschaussage belasten **2.** (*prova*) Beweis *m* (*de* für); (*indício*) Anzeichen *nt* (*de* für) **3.** (*em corrida de estafetas*) Staffelstab *m*

testículo *m* (ANAT) Hoden *m*

testo *m* Deckel *m*

teta *f* Zitze *f*

tétano ['tɜtɐnu] *m* (MED) Wundstarrkrampf *m,* Tetanus *m*

tetina [tə'tinɐ] *f* (*de biberão*) Sauger *m*

teto *m* (*brasil*) *v.* **tecto**

tetracampeão, tetracampeã *m, f* vierfache(r) Meister *m,* vierfache Meisterin *f*

tetraedro *m* Tetraeder *nt,* Vierflächner *m*

tetralogia *f* Tetralogie *f*

tetravô, -ó *m, f* Ururugroßvater, Ururugroßmutter *m, f*

tétrico *adj* **1.** (*lúgubre*) finster, düster **2.** (*horrível*) grausam

teu [teu] *pron poss* dein; **o ~ trabalho/car-** ro deine Arbeit/dein Auto; **isso é** ~ das gehört dir; **um amigo** ~ ein Freund von dir; **os** ~**s** die Deinen

têxteis *mpl* Textilien *pl*

têxtil *adj* textil; **indústria** ~ Textilindustrie *f*

texto *m* Text *m*

textual *adj* **1.** (*referente a texto*) Text ... **2.** (*literal*) wörtlich

textualmente *adv* wörtlich

textura *f* Struktur *f*

texugo *m* (ZOOL) Dachs *m*

tez *f* Teint *m,* Gesichtsfarbe *f*

ti [ti] *pron pers* (*acusativo*) dich; (*dativo*) dir; **de** ~ von dir; **para** ~ für dich

tibetano, -a **I.** *m, f* Tibeter, Tibeterin *m, f* **II.** *adj* tibetisch

Tibete *m* Tibet *nt*

tíbia ['tibjɐ] *f* (ANAT) Schienbein *nt*

Ticino *m* Tessin *nt*

ticket *m* (*da caixa*) Kassenbon *m,* Kassenzettel *m;* (*de parque de estacionamento*) Parkschein *m;* (*de auto-estrada*) Ticket *nt;* (*para esperar a vez*) Wartemarke *f,* Wartenummer *f*

tido **I.** *pp de* **ter** **II.** *adj* gehalten (*como* für); **ele é** ~ **como um bom professor** er wird für einen guten Lehrer gehalten

tifo ['tifu] *m* (MED) Typhus *m*

tifóide *adj* (MED) typhös; **febre** ~ Typhus *m*

tigela *f* (*para sopa*) Suppentasse *f,* (*para cereais*) Schale *f,* Schälchen *nt;* (*grande*) Schüssel *f*

tigrado *adj* getigert

tigre *m* Tiger *m*

tijoleira *f* Fliese *f*

tijolo *m* Ziegelstein *m,* Backstein *m*

til *m* Tilde *f*

tília *f* (BOT) Linde *f,* **chá de** ~ Lindenblütentee *m*

tilintar *vi* (*vidro*) klirren; (*moedas*) klimpern

timbrado *adj* mit Namensaufdruck; **papel** ~ Briefpapier mit aufgedrucktem Briefkopf

timbre *m* **1.** (*de voz, instrumento*) Klang *m* **2.** (*carimbo*) Stempel *m*

time *m* (*brasil*) Mannschaft *f;* **de segundo** ~ zweitklassig

timidez *f* Schüchternheit *f*

tímido *adj* schüchtern

Timor *m* Timor *nt*

tímpano *m* **1.** (ANAT) Trommelfell *nt* **2.** (MÚS) Pauke *f*

tina *f* Wanne *f*

tingir I. *vt* färben; ~ **de azul** blau färben II. *vi* färben

tinha *f* (*doença*) Räude *f*

tinhoso *adj* räudig

tinir *vi* (*vidro, metal*) klirren

tino *m* Vernunft *f*; **com** ~ vernünftig; **sem** ~ ohne Sinn und Verstand

tinta *f* (*para pintar, tingir*) Farbe *f*; (*para escrever*) Tinte *f*; (*para imprimir*) Druckfarbe *f*

tinta-da-china *f* Tusche *f*

tinteiro *m* (INFORM) Druckerpatrone *f*

tintim *adv* ~ **por** ~ Punkt für Punkt

tinto ['tĩntu] *adj* **vinho** ~ Rotwein *m*

tintura [tĩn'turɐ] *f* Tinktur *f*; ~ **de iodo** Jodtinktur *f*

tinturaria [tĩnturɐ'riɐ] *f* Färberei *f*

tio, -a *m, f* Onkel *m*, Tante *f*; (*coloq*); **ficar para** ~ Junggeselle bleiben

tio-avô, tio-avó *m, f* Großonkel, Großtante *m, f*

típico ['tipiku] *adj* typisch (*de* für)

tipo[1] *m* (*género*) Typ *m*, Art *f*; (*coloq*); **ele não é o meu** ~ er ist nicht mein Typ

tipo, -a[2] *m, f* (*coloq: pessoa*) Typ *m*, Frau *f*

tipografia *f* 1. (*actividade*) Drucken *nt*, Druck *m* 2. (*estabelecimento*) Druckerei *f*

tipóia *f* (*brasil*) Schlinge *f*

tique *m* Tick *m*

tiquetaque *m* Ticktack *nt*; **fazer** ~ ticken

tiquete *m* (*brasil*) *v.* **ticket**

tiquinho *m* (*coloq brasil*) klein bisschen; **um** ~ **de vinho** ein Schlückchen Wein

tira ['tirɐ] I. *f* (*de papel*) Streifen *m*; (*fita*) Band *nt* II. *m* (*coloq brasil*) Bulle *m*

tiracolo [tirɐ'kɔlu] *adv* **a** ~ über die Schulter gehängt

tiragem *f* 1. (*de ar*) Zug *m* 2. (*de jornal*) Auflage *f* 3. (*de correio*) Leerung *f*

tira-linhas *m* Reißfeder *f*

tirania *f* Tyrannei *f*

tirânico *adj* tyrannisch

tiranizar *vt* tyrannisieren

tirano, -a *m, f* Tyrann, Tyrannin *m, f*

tira-nódoas *m* Fleckenentferner *m*

tira-olhos *m* (ZOOL) Libelle *f*

tirar [ti'rar] *vt* 1. (*tampa; retirar*) abnehmen; (*de estante*) herausnehmen; (*eliminar*) entfernen; (*extrair, arrancar*) ziehen, herausziehen; (*uma nódoa*) entfernen; **sem** ~ **nem pôr** ganz genau so; ~ **um dente** einen Zahn ziehen; ~ **sangue** Blut abnehmen; **tira isso daí!** nimm das dort weg!; **tira a mão!** nimm die Hand weg!; **não** ~ **os olhos de alguém/a. c.** jdn/etw nicht aus den Augen lassen 2. (*extorquir*) wegnehmen; (*à força*) entreißen; (*esperança*) nehmen; **ela tirou-me a caneta/tirou-me a caneta da mão** sie hat mir den Füller weggenommen/aus der Hand genommen 3. (*deduzir, subtrair*) abziehen (*de* von) 4. (*chapéu, óculos*) abnehmen; (*roupa, sapatos*) ausziehen 5. (*uma conclusão*) ziehen (*de* aus) 6. (*lucro*) erzielen; (*salário*) erhalten, verdienen; **ela tira 3.000 euros por mês** sie verdient 3.000 Euro im Monat 7. (*bilhete de identidade, passaporte*) sich *dat* ausstellen lassen 8. (*carta de condução, fotografia, fotocópia*) machen; ~ **um curso** einen Kurs machen; (*universitário*) ein Studium absolvieren; ~ **apontamentos** sich *dat* Notizen machen, mitschreiben 9. (*um bilhete*) lösen 10. (*medidas*) treffen 11. (*férias*) nehmen 12. (*uma nota*) bekommen; **quanto tiraste a matemática?** was hast du in Mathematik bekommen?

tirinho *m* (*coloq: distância*) **é um** ~ es ist nur ein Katzensprung

tiritar *vi* (*de frio*) zittern (*de* vor)

tiro ['tiru] *m* Schuss *m*; ~ **ao alvo** Scheibenschießen *nt;* **dar um** ~ **em alguém/a. c.** einen Schuss auf jdn/etw abgeben; **levar um** ~ angeschossen werden; **matar alguém a** ~ jdn erschießen; (*fig*); **o** ~ **saiu pela culatra** der Schuss ging nach hinten los; (*coloq*); **dar um** ~ **às aulas** blaumachen

tiróide *f* (ANAT) Schilddrüse *f*

Tirol *m* Tirol *nt*

tiroteio *m* Schießerei *f*, Schusswechsel *m*

titânio *m* (QUÍM) Titan *nt*

titica *f* (*coloq brasil*) Kacke *f*

titular *m(f)* (*de conta*) Inhaber, Inhaberin *m, f*; (*de prémio*) Träger, Trägerin *m, f*

título *m* 1. (*de texto, jornal*) Überschrift *f*, Titel *m* 2. (*de pessoa*) Titel *m* 3. (*documento*) Urkunde *f*; (ECON) Wertpapier *nt*; ~ **de propriedade** Besitzurkunde *f* 4. (*motivo*) Grund *m*; **a** ~ **de curiosidade** aus Neugierde

to Zusammensetzung: pron te + art o

toa *adv* **à** ~ aufs Geratewohl

toalete *m* 1. (*brasil: casa-de-banho*) Toilette *f* 2. (*brasil: roupa*) Toilette *f*

toalha ['twaʎɐ] *f* Tuch *nt*; ~ **de banho** Badetuch *nt*; ~ **das mãos** Handtuch *nt*; ~ **de mesa** Tischdecke *f*; ~ **turca/de felpo** Frottierhandtuch *nt*, Frotteetuch *nt*

T

toalheiro *m* Handtuchhalter *m*

toalhete *m* **1.** (*de mesa*) Set *nt,* Platzdeckchen *nt* **2.** (*de higiene*) Kosmetiktuch *nt;* (*refrescante*) Erfrischungstuch *nt*

toalhita *f* Kosmetiktuch *nt*

toar *vi* tönen

toca *f* Bau *m*

toca-discos *m* (*brasil*) Plattenspieler *m*

tocado *adj* **1.** (*fruta*) angefault **2.** (*coloq: com álcool*) beschwipst, angeheitert

toca-fitas *m* (*brasil*) Kassettendeck *nt*

tocante *adj* rührend

tocar [tu'kar] **I.** *vt* (*instrumento, música*) spielen; (*saxofone, trompete*) blasen, spielen; ~ **tambor** trommeln; (*uma pessoa, um objecto*) berühren, anfassen; (*roçar*) streifen; (*fig: aproximar-se de*) grenzen an; **isso toca as raias da loucura** das grenzt an Wahnsinn; (*comover*) rühren **II.** *vi* (*com os dedos*) ~ **em** anfassen, berühren; (*telefone, despertador*) klingeln; (*sino*) läuten; (*alarme*) schrillen; **estão a** ~ **à campainha** es klingelt; (*dizer respeito*); ~ **a alguém** jdn angehen, jdn betreffen; **agora toca-me a mim** jetzt bin ich dran; **pelo que me toca** was mich angeht; (*herança, tarefa*); ~ **a alguém** jdm zufallen; (*fig: roçar*); ~ **em** streifen; ~ **num assunto** eine Angelegenheit kurz erwähnen **III.** *vr* (*mutuamente*) sich berühren

tocha *f* Fackel *f*

toco *m* **1.** (*de árvore*) Stumpf *m* **2.** (*de vassoura*) Stiel *m*

todavia *konj* jedoch, dennoch

todo ['todu] **I.** *m* Ganze *nt;* **ao** ~ insgesamt, im Ganzen **II.** *adj* (*inteiro*) ganz; ~ **o dia/país** der ganze Tag/das ganze Land; **toda a noite/semana** die ganze Nacht/Woche; **em/por toda a parte** überall; **toda a família** die ganze Familie; **vimos o filme** ~ wir haben den ganzen Film gesehen; (*cada*) jede(r, s); (*plural*) alle; ~**s os dias/meses/anos** jeden Tag/Monat/jedes Jahr; **a** ~ **o momento** jeden Augenblick/Moment; **toda a gente** alle Leute; **a toda a hora** immer; **de toda a espécie** aller Art; **todas as vezes** jedes Mal **III.** *pron indef* ~**s** alle **IV.** *adv* ganz, völlig; **estar** ~ **molhado/sujo** ganz nass/schmutzig sein; **de** ~ ganz und gar nicht

todo-o-terreno I. *m* Geländewagen *m* **II.** *adj inv* geländegängig

todo-poderoso I. *m* (REL) Allmächtige *m* **II.** *adj* allmächtig

toga *f* Talar *m*

toilette *f* **1.** (*roupa*) Toilette *f* **2.** (*higiene pessoal*) Körperpflege *f*

toiro *m* Stier *m*

tola *f* (*coloq*) Kopf *m,* Schädel *m*

toldar **I.** *vt* (*céu*) bedecken; (*entendimento, razão*) trüben **II.** *vr* (*céu*) sich bewölken, sich bedecken

toldo *m* **1.** (*de loja, varanda*) Markise *f* **2.** (*para cobrir*) Plane *f*

toledo *m* (*coloq*) Leichtsinn *m*

tolerância *f* **1.** (*transigência*) Toleranz *f* **2.** (*margem*) zulässige Abweichung *f;* (*temporal*) Verlängerung *f;* ~ **de ponto** flexible Arbeitszeit *f*

tolerante *adj* tolerant

tolerar *vt* **1.** (*admitir*) tolerieren, dulden **2.** (*suportar*) ertragen

tolerável *adj* erträglich

tolher *vt* **1.** (*impedir*) behindern **2.** (*paralisar*) lähmen

tolhido *adj* gelähmt

tolice *f* Dummheit *f*

tolo, -a ['tolu] **I.** *m, f* **1.** (*maluco*) Verrückte **2.** (*tonto*) Dummkopf *m;* **estar como o** ~ **no meio da ponte** perplex sein **II.** *adj* **1.** (*maluco*) verrückt **2.** (*tonto*) blöd, dumm

tom *m* **1.** (*de voz, cor, linguagem*) Ton *m;* **de bom/mau** ~ höflich/verpönt **2.** (MÚS) Tonart *f*

toma *f* **1.** (*extracção*) Entnahme *f* **2.** (*de medicamento*) Einnahme *f*

tomada [tu'made] *f* **1.** (*toma*) Einnahme *f;* ~ **de posse** Amtsübernahme *f;* ~ **de reféns** Geiselnahme *f* **2.** (ELECTR) Steckdose *f* **3.** (MIL: *ocupação*) Einnahme *f;* (*conquista*) Eroberung *f*

tomado *adj* besessen (*por* von); ~ **de susto** angsterfüllt

tomar [tu'mar] *vt* **1.** (*um medicamento*) einnehmen; (*café, chá*) trinken; ~ **o pequeno-almoço** frühstücken **2.** (*ganhar*) annehmen; ~ **coragem** Mut fassen; ~ **juízo** Vernunft annehmen **3.** (*aceitar, receber*) nehmen; ~ **a mal** übel nehmen; ~ **a sério** ernst nehmen; ~ **a. c. a seu cargo** etw auf sich nehmen **4.** (*ar, fôlego*) schöpfen **5.** (*uma estrada, um caminho*) einschlagen, nehmen **6.** (*uma medida*) ergreifen; (*uma decisão*) treffen, fällen **7.** (*tirar*) nehmen; ~ **tempo a alguém** jds Zeit in Anspruch nehmen **8.** (*considerar*) ~ **por** halten für; **por**

quem me tomas? für wen hälst du mich? **9.** (MIL) erobern, einnehmen

tomara *interj* hoffentlich; ~ **eu saber!** wüsste ich das nur!; ~**s tu!** du bist ja nur neidisch!; ~ **que ele venha!** hoffentlich kommt er!; ~ **que sim/não** hoffentlich/hoffentlich nicht

tomate *m* Tomate *f*

tombadilho *m* (NAÚT) Oberdeck *nt*

tombar I. *vt* umstoßen, umwerfen II. *vi* **1.** (*cair*) fallen, umfallen **2.** (*recipiente*) umkippen

tombo *m* Fall *m*, Sturz *m;* **dar um** ~ hinfallen

tômbola *f* Tombola *f*

tomilho *m* (BOT) Thymian *m*

tomo *m* Band *m*

tomografia *f* Tomographie *f;* ~ **computadorizada** Computertomographie *f*

tona *f* à ~ **da água** auf der Wasseroberfläche; **vir à** ~ an die Oberfläche kommen; (*fig*) ans Licht kommen

tonalidade *f* **1.** (*de cor*) Schattierung *f*, Tönung *f* **2.** (MÚS) Tonart *f*

tonalizar *vt* schattieren, abtönen

tonel *m* Tonne *f*

tonelada *f* Tonne *f*

tonelagem *f* Tonnage *f*

toner *m* Toner *m*

tónica *f* **1.** (*acentuação*) betonte Silbe *f* **2.** (*tema fundamental*) Hauptthema *nt*, Schwerpunktthema *nt*

tónico I. *m* (FARM) Stärkungsmittel *nt*, Tonikum *nt* II. *adj* **1.** (LING) betont **2.** (*bebida*) **água tónica** Tonic, Tonicwater *nt;* **gim** ~ Gin Tonic *m*

tonificar *vt* stärken, kräftigen

toninha *f* (ZOOL) Delfin *m*

tonto, -a I. *m, f* Dummkopf *m* II. *adj* **1.** (*bobo*) dumm, töricht **2.** (*ourado*) schwindlig; (*atordoado*) benommen; **estou** ~ mir ist schwindlig

tontura [tõn'turɐ] *f* Schwindel *m*, Schwindelgefühl *nt;* **tenho** ~**s** mir ist schwindlig

top *m* **1.** (*roupa*) Top *nt* **2.** (MÚS) Spitzenreiter *m*

topar I. *vt* **1.** (*coloq: mentira, truque*) durchschauen **2.** (*coloq: perceber*) kapieren II. *vi* **1.** (*deparar*) stoßen (*com* auf) **2.** (*coloq: perceber*) kapieren **3.** (*coloq: alinhar*) mitmachen; ~ **fazer a. c.** bei etw mitmachen

topete *m* (*no cabelo*) Toupet *nt*

tópico I. *m* Punkt *m*, Unterpunkt *m* II. *adj* (FARM) äußerlich, topisch

topless *m* (*coloq*) oben ohne; **fazer** ~ oben ohne gehen

topo *m* Gipfel *m*

topografia *f* Topographie *f*

topográfico *adj* topographisch; **mapa** ~ topographische Karte

toque *m* **1.** (*com os dedos*) Berührung *f;* (*em tecla*) Anschlag *m* **2.** (*de campainha, telefone*) Klingeln *nt;* (*de buzina*) Hupsignal *nt;* (*de instrumento*) Klang *m;* (*coloq*); **dar um** ~ **a alguém** jdn anrufen **3.** (*com pincel*) Pinselstrich *m* **4.** (*vestígio*) Hauch *m;* **um** ~ **de ironia** ein Hauch von Ironie

Tóquio *f* Tokio *nt*

torácico *adj* Brust ...; **caixa torácica** Brustkorb *m*

toranja [to'rãʒe] *f* Grapefruit *f*, Pampelmuse *f*

tórax *m* (ANAT) Brustkorb *m*

torção *f* **1.** (MED) Verstauchung *f* **2.** (*de roupa*) Auswringen *nt*

torcer I. *vt* (*entortar*) biegen, krümmen; (*um fio*) zwirnen; (*a roupa*) auswringen; ~ **o nariz** die Nase rümpfen; ~ **o pescoço a alguém** jdm den Hals umdrehen; **aí é que a porca torce o rabo!** da fangen die Schwierigkeiten an!; (MED: *um pé*) verstauchen; (*o pescoço*) verrenken; (*fig: distorcer*) verdrehen; ~ **o sentido das palavras** den Sinn verdrehen II. *vi* (DESP) anfeuern (*por*), unterstützen (*por*); ~ **por alguém** jdm die Daumen drücken III. *vr* sich ducken; (*com dores*) sich winden, sich krümmen

torcicolo *m* (MED) steife(r) Hals *m;* **ter um** ~ einen steifen Hals haben

torcida *f* (*brasil*) Fans *pl*

torcido [tur'sidu] *adj* krumm

tordo *m* (ZOOL) Drossel *f*

tormenta *f* Unwetter *nt*

tormento *m* (*martírio*) Qual *f;* (*tortura*) Folter *f*

torna *f* Ausgleichszahlung *f*

tornado *m* Wirbelsturm *m*, Tornado *m*

tornar I. *vt* (*virar*) umdrehen, umwenden; (*fazer*) machen; **a situação tornou-o impaciente** die Situation lies ihn ungeduldig werden; **o catedrático tornou-o seu assistente** der Professor machte ihn zu seinem Assistenten II. *vi* (*regressar*) zurückkehren; (*doença*) wieder auftreten; (*repetir*); ~ **a fa-**

T

zer a. c. etw wieder tun, etw noch einmal tun; **eu não torno a escrever isto** ich schreibe das nicht noch einmal; **ela tornou a falar nisso** sie hat wieder davon gesprochen **III.** *vr* werden

torneado *adj* (*letra*) gestochen; (*perna*) perfekt geformt

tornear *vt* **1.** (*no torno*) drechseln **2.** (*contornar*) umgeben

torneio *m* (DESP) Turnier *nt*

torneira [tur'neirɐ] *f* Hahn *m*; **abrir/fechar a ~** den Hahn aufdrehen/zudrehen

torneiro, -a *m, f* (*de madeira*) Drechsler, Drechslerin *m, f*; (*de metal*) Dreher, Dreherin *m, f*

torniquete *m* Drehkreuz *nt*

torno *m* Drehbank *f*; (*para madeira*) Drechslerbank *f*

tornozelo [turnu'zelu] *m* (ANAT) Knöchel *m*

toro *m* Baumstumpf *m*

torpe *adj* **1.** (*membro*) steif **2.** (*vil*) gemein **3.** (*repugnante*) abstoßend

torpedear *vt* (MIL) torpedieren

torpedo *m* (MIL) Torpedo *m*

torpor *m* (MED) Steife *f*

torrada [tu'raðɐ] *f* Toast *m*

Ein **Torrada** ist ein Riesentoast mit zwei "Etagen", der mit Butter bestrichen und in drei Stücken geschnitten wird. Es gibt ihn in allen Cafés und - zusammen mit einem **galão** (heißer Kaffee mit Milch im hohen Glas serviert) - schmeckt er sehr gut als Frühstück.

torradeira [turɐ'deirɐ] *f* Toaster *m*

torrão *m* **1.** (*de açúcar*) Stück *nt* **2.** (*de terra*) Klumpen *m*

torrar *vt* (*pão*) toasten, rösten; (*café*) rösten

torre ['torɐ] *f* (*de construção, xadrez*) Turm *m*; (AERO); **~ de controlo** Kontrollturm *m*

torreão *m* Festungsturm *m*

torrencialmente *adv* in Strömen; **chover ~** in Strömen gießen

torrente *f* **1.** (*de água*) Sturzbach *m* **2.** (*quantidade*) Flut *f*; **~ de palavras** Wortschwall *m*; **uma ~ de perguntas/cartas** eine Flut von Fragen/Briefen

torresmo *m* Griebe *f*

tórrido *adj* heiß

torta *f* Torte *f*

torto *adj* **1.** (*torcido*) krumm, schief; (*inclinado*) schräg; (*sem reflectir*); **a ~ e a direito** unüberlegt; (*indiscriminadamente*) ohne Unterschied **2.** (*resposta*) unflätig, unverschämt

tortuoso *adj* kurvenreich; (*fig*); **por caminhos ~s** auf krummen Wegen

tortura *f* **1.** (*tormento*) Folter *f* **2.** (*angústia*) Tortur *f*

torturar *vt* **1.** (*um prisioneiro*) foltern **2.** (*atormentar*) quälen

tosco *adj* **1.** (*por trabalhar*) roh, unbearbeitet; (*por polir*) ungeschliffen **2.** (*grosseiro*) schlecht gearbeitet **3.** (*movimento*) schwerfällig

tosquia *f* Schur *f*

tosquiado *adj* geschoren

tosquiar *vt* scheren

tosse ['tɔsə] *f* Husten *m*; **~ convulsa** Keuchhusten *m*; (*coloq*); **tirar a ~ a alguém** jdn umlegen

tossir *vi* husten

tosta ['tɔʃtɐ] *f* Zwieback *m*; (*com queijo, compota*) Toast *m*; **~ mista** Toast mit Käse und gekochtem Schinken

tostado *adj* **1.** (*pão*) getoastet, geröstet **2.** (*pessoa*) braun gebrannt

tostão *m* **não ter um ~** keinen Cent haben; **não valer um ~** (*furado*) keinen Cent wert sein

tostar I. *vt* rösten, toasten **II.** *vi* (*ao sol*) sich bräunen

total [tu'tal] **I.** *m* (*conjunto*) Ganze *nt*; (*de soma*) Gesamtsumme *f*; (*quantia*) Gesamtbetrag *m* **II.** *adj* total

totalidade *f* Gesamtheit *f*; **na ~** insgesamt

totalitário *adj* totalitär

totalizar *vt* (*quantia*) betragen

totalmente *adv* total, völlig

totó *m* (*coloq: no cabelo*) Zopf *m*

touca *f* Haube *f*; (*de banho*) Duschhaube *f*; (*de natação*) Badekappe *f*

toucinho *m* Speck *m*; **~ do céu** Mandelkuchen *m*

toupeira *f* (ZOOL) Maulwurf *m*

tourada [to'raðɐ] *f* Stierkampf *m*

toureiro, -a *m, f* Stierkämpfer, Stierkämpferin *m, f*

tournée *f* Tournee *f*

touro *m* Stier *m*

Touro *m* (*zodíaco*) Stier *m*

tóxico I. *m* Giftstoff *m*, Toxikum *nt* **II.** *adj* toxisch, giftig

toxicodependência *f* Drogenabhängigkeit *f*

toxicodependente I. *m(f)* Drogenabhängige II. *adj* drogenabhängig

toxicómano, **-a** *m, f v.* **toxicodependente**

toxina *f* Toxin *nt*

trabalhado *adj* 1. (*material*) verarbeitet 2. (*solo*) bestellt

trabalhador(a) I. *m(f)* Arbeiter, Arbeiterin *m, f;* ~ **qualificado** Facharbeiter *m* II. *adj* arbeitsam

trabalhador-estudante, **trabalhadora-estudante** *m, f* studierende Berufstätige; **sou** ~ ich bin berufstätig und studiere

trabalhão *m* (*coloq*) Heidenarbeit *f*, Plackerei *f;* **dar um** ~ eine Heidenarbeit machen

trabalhar [trɐbɐ'ʎar] I. *vt* 1. (*madeira, metal, tecido*) bearbeiten 2. (*a terra*) bestellen II. *vi* (*pessoa*) arbeiten (*em* bei, an, in, *para* für); **ela trabalha nesta empresa** sie arbeitet in/bei dieser Firma; **ele trabalha num novo projecto** er arbeitet an einem neuen Projekt 2. (*funcionar*) funktionieren, laufen; (*motor, carro, máquina*); **estar a** ~ laufen; (*motor, carro*); **pôr a** ~ anlassen; (*máquina*) anstellen

trabalheira *f v.* **trabalhão**

trabalho [trɐ'baʎu] *m* Arbeit *f;* ~ **a tempo inteiro** Vollzeitbeschäftigung *f;* ~ **a tempo parcial** Teilzeitbeschäftigung *f;* ~ **de grupo** Gruppenarbeit *f;* ~ **de parto** Geburtsvorgang *m*, Austreibungsphase *f;* ~ **físico/intelectual** körperliche/geistige Arbeit; ~**s manuais** Handarbeit *f;* ~**s domésticos** Hausarbeit *f;* ~**s forçados** Zwangsarbeit *f;* **ir para o** ~ zur Arbeit gehen; **dar** ~ **a alguém** jdm Arbeit machen

trabalhoso *adj* mühselig, mühsam

traça *f* Motte *f*

traçado I. *m* 1. (*planta*) Riss *m*, Plan *m* 2. (*esboço*) Skizze *f*, Entwurf *m* II. *adj* 1. (*plano*) entworfen; (*caminho*) geplant; (*destino*) bestimmt 2. (*pneu, cabo*) beschädigt

tração *f* (*brasil*) *v.* **tracção**

traçar *vt* 1. (*esboçar*) aufzeichnen, skizzieren 2. (*uma linha*) ziehen; (*uma circunferência*) beschreiben, zeichnen 3. (*um plano*) entwerfen; (*um caminho, uma rota*) planen; (*o destino*) bestimmen 4. (*cortar*) beschädigen 5. (*casaco*) zuhalten; (*capa*) über die Schulter werfen

tracção *f* Zug *m;* (TÉC) Traktion *f;* ~ **às quatro rodas** Allradantrieb *m*

tracejado I. *m* gestrichelte Linie *f* II. *adj* gestrichelt

tracejar *vt* stricheln

traço *m* 1. (*risco*) Strich *m* 2. (*travessão*) Gedankenstrich *m;* (*hífen*) Bindestrich *m* 3. (*vestígio*) Spur *f*

traços *mpl* (*fisionomia*) Gesichtszüge *pl*

tractor *m* Traktor *m*

tradição *f* Tradition *f*

tradicional *adj* traditionell

tradicionalista *adj* traditionalistisch

tradicionalmente *adv* traditionell

tradução *f* Übersetzung *f;* ~ **consecutiva** Konsekutivdolmetschen *nt;* ~ **simultânea** Simultandolmetschen *nt*

tradutor(a) *m(f)* Übersetzer, Übersetzerin *m, f*

traduzir [trɐdu'zir] I. *vt* übersetzen (*para* in) II. *vr* zum Ausdruck kommen (*em* in)

traduzível *adj* übersetzbar

tráfego *m* Verkehr *m;* (*comércio*) Handel *m;* ~ **de mercadorias** Güterverkehr *m*

traficante *m(f)* Händler, Händlerin *m, f;* ~ **de droga** Drogenhändler *m*

traficar *vt* (*droga, armas*) handeln mit

tráfico *m* Verkehr *m;* (*comércio*) Handel *m;* ~ **de drogas** Drogenhandel *m*

trafulha *m(f)* Gauner, Gaunerin *m, f*

trafulhice *f* Gaunerei *f*, Schwindel *m*

tragada *f* (*brasil*) *v.* **trago**

tragar *vt* schlucken

tragédia [trɐ'ʒɛdjɐ] *f* (*fig*) Tragödie *f*

trágico *adj* tragisch

tragicomédia *f* Tragikomödie *f*

trago *m* Schluck *m;* **de um** ~ in einem Zug

traição *f* Verrat *m;* (*de namorado, cônjuge*) Betrug *m;* ~ **à pátria** Vaterlandsverrat *m;* **à** ~ hinterrücks

traiçoeiro *adj* verräterisch; (*falso*) falsch, hinterlistig

traidor(a) *m(f)* Verräter, Verräterin *m, f*

trailer ['treilɐ] *m* (*brasil*) Wohnwagen *m*

traineira *f* Fischerboot *nt*

training *m* (*brasil*) Trainingsanzug *m*

trair *vt* (*um amigo, a pátria*) verraten; (*a confiança, amizade*) brechen; (*namorado, cônjuge*) betrügen

trajar I. *vt* (*elev*) tragen II. *vr* (*estudante*) die Studententracht anziehen

T

traje ['traʒə] *m* (*de folclore*) Tracht *f;* (*de estudante*) Studententracht *f;* ~ **de gala** Gala-anzug *m*

trajecto [trɛ'ʒʒtu] *m* **1.** (*caminho*) Strecke *f* **2.** (*de viagem*) Route *f,* Strecke *f;* **seguir um** ~ eine Route nehmen

trajectória *f* (*de bala*) Geschossbahn *f;* (*de voo*) Flugbahn *f*

trajeto *m* (*brasil*) *v.* **trajecto**

trajetória *f* (*brasil*) *v.* **trajectória**

trajo *m v.* **traje**

tralha *f* (*coloq*) Krimskrams *m,* Kram *m*

trama *f* **1.** (*tecido*) Gewebe *nt* **2.** (*conspiração*) Komplott *nt,* Intrige *f*

tramar *vt* **1.** (*coloq: uma pessoa*) linken **2.** (*coloq: maquinar*) anzetteln

trambique *m* (*brasil*) Betrug *m*

trambolhão *m* Sturz *m;* **dar um** ~ fallen, stürzen; (*pessoas*)*;* **andar aos trambolhões** durcheinander purzeln

trambolho *m* **1.** (*coloq: objecto*) Ungetüm *nt* **2.** (*coloq: pessoa*) Dickwanst *m*

trâmite *m* Weg *m;* **pelos ~s legais** auf dem Dienstweg

tramóia *f* **1.** (*trama*) Machenschaft *f* **2.** (*manha*) List *f,* Kniff *m*

trampa *f* (*coloq*) Mist *m*

trampolim *m* (*de piscina*) Sprungbrett *nt;* (*em ginástica*) Trampolin *nt*

tranca *f* **1.** (*de porta*) Türriegel *m* **2.** (*brasil: de carro*) Verriegelung *f;* ~ **central** Zentralverriegelung *f*

trança *f* Zopf *m*

trancar *vt* **1.** (*porta*) verriegeln **2.** (*pessoa*) einsperren

tranquilamente *adv* ruhig

tranquilidade *f* **1.** (*sossego*) Ruhe *f* **2.** (*silêncio*) Stille *f*

tranquilizar **I.** *vt* beruhigen **II.** *vr* sich beruhigen

tranquilo *adj* **1.** (*sossegado*) ruhig, friedlich; (*descontraído*) gelassen **2.** (*silencioso*) still

transação *f* (*brasil*) *v.* **transacção**

transacção *f* **1.** (*operação comercial*) Transaktion *f;* (*negócio*) Geschäft *nt* **2.** (*acordo*) Abmachung *f*

transaccionar *vt* handeln mit

transacionar *vt* (*brasil*) *v.* **transaccionar**

transacto *adj* vergangen; **no ano** ~ im vergangenen Jahr

Die brasilianische Fernstraße **Transamazônica**, ein Überbleibsel des großangelegten "Land ohne Leute für Leute ohne Land"-Programms der brasilianischen Militärdiktaturen, von Fernfahrern auch **Transamargura** (Straße der Tränen) genannt, ist nur zwischen Juli und Dezember befahrbar und auch außerhalb der Regenzeit stellenweise kaum passierbar. Diese Schneise durch den Dschungel verläuft in Ost-West-Richtung vom Atlantik bis zum brasilianischen Bundesstaat Acre, an der Grenze Brasiliens zu Peru und Bolivien. Nach 3000 Kilometer endet sie im Morast.

transatlântico **I.** *m* (NAÚT) Passagierdampfer *m* **II.** *adj* transatlantisch, überseeisch

transato *adj* (*brasil*) *v.* **transacto**

transbordar *vi* **1.** (*recipiente*) überlaufen, überquellen; (*rio*) über die Ufer treten **2.** (*líquido*) überlaufen **3.** (*superabundar*) überschäumen; **ela está a** ~ **de felicidade** sie schäumt über vor Glück; **estar a** ~ **de gente** vor Menschen überquellen

transbordo *m* (*de comboio, avião*) Umsteigen *nt;* **fazer** ~ umsteigen

transcendental *adj* (FIL) transzendent, transzendental

transcendente *adj* **1.** (*transcendental*) transzendent, transzendental **2.** (*superior*) überlegen

transcender *vt* übersteigen, hinausgehen über; **isso transcende-me** das übersteigt meine Vorstellungskraft

transcontinental *adj* transkontinental

transcrever *vt* **1.** (*copiar*) abschreiben (*de* aus/von) **2.** (*reproduzir*) umschreiben

transcrição *f* **1.** (*cópia*) Abschrift *f* **2.** (*reprodução*) Transkription *f,* Umschrift *f;* ~ **fonética** phonetische Umschrift

transe *m* Trance *f;* **estar em** ~ in Trance sein

transeunte **I.** *m(f)* Passant, Passantin *m, f* **II.** *adj* vorübergehend

transexual **I.** *m(f)* Transsexuelle *m* **II.** *adj* transsexuell

transfer *m* (*em viagem*) Transfer *m*

transferência *f* **1.** (*de conhecimentos*) Übertragung *f* **2.** (*de dinheiro*) Überweisung *f* **3.** (*de lugar*) Verlegung *f* (*para* nach) **4.** (DESP) Transfer *m*

transferidor *m* Winkelmesser *m*

transferir **I.** *vt* (*conhecimentos*) übertragen; (*dinheiro*) überweisen; (*trabalhador*) versetzen (*para* nach); (*um negócio, uma secção*) verlegen (*para* nach); **transferimos os móveis para outra sala** wir haben umgeräumt; (*no tempo*) verschieben (*para* auf), verlegen (*para* auf); (DESP) transferieren **II.** *vr* (*empresa*) verlegt werden (*para* nach), umziehen (*para* nach)

transferível *adj* übertragbar

transfiguração *f* **1.** (*transformação*) Verwandlung *f* **2.** (*desfiguração*) Entstellung *f* **3.** (REL) Verklärung *f*, Transfiguration *f*

transfigurar *vt* **1.** (*transformar*) verwandeln **2.** (*desfigurar*) entstellen **3.** (REL) verklären

transformação *f* **1.** (*modificação*) Veränderung *f*; (*reestruturação*) Umgestaltung *f*, Umbildung *f*; **sofrer uma** ~ umgestaltet werden **2.** (*mudança*) Umwandlung *f* (*em* in), Verwandlung *f* (*em* in)

transformador *m* (ELECTR) Transformator *m*

transformar **I.** *vt* (*modificar*) verändern; (*reestruturar*) umgestalten, umformen; (*mudar*) verwandeln (*em* in), umwandeln (*em* in); **eles** ~**am a casa numa escola** sie haben das Haus in eine Schule umgewandelt **II.** *vr* sich verwandeln (*em* in)

transfusão *f* Umfüllung *f*; ~ **de sangue** Bluttransfusion *f*

transgredir *vt* **1.** (*lei, regras*) übertreten, verstoßen gegen **2.** (*ultrapassar*) überschreiten

transgressão *f* (*de lei, regras*) Übertretung *f*

transgressor(**a**) *m(f)* Zuwiderhandelnde; (*de lei*) Gesetzesbrecher, Gesetzesbrecherin *m, f*

transição *f* Übergang *m*; **uma fase de** ~ eine Übergangsphase

transigência *f* Nachgiebigkeit *f*

transigente *adj* nachgiebig

transigir *vi* nachgeben

transistor *m* (ELECTR) Transistor *m*

transitar *vi* wechseln (*para*); (*para a outra margem*) übersetzen (*para* zu); ~ **de partido** die Partei wechseln; ~ **de ano** versetzt werden

transitável [trãzi'tavɜl] *adj* (*caminho*) begehbar; (*rua, estrada*) befahrbar

transitivo *adj* (LING) transitiv

trânsito ['trãzitu] *m* **1.** (*na estrada*) Verkehr *m* **2.** (*passagem*) Durchfahrt *f*; ~ **proibido** Durchfahrt verboten **3.** (*de mercadorias*) Durchfuhr *f*, Transit *m*

transitório *adj* vorübergehend

translação *f* (FÍS) Translation *f*

translúcido *adj* durchscheinend, lichtdurchlässig

transmissão *f* **1.** (*transferência*) Übertragung *f*; (*de uma ideia, informação*) Übermittlung *f*; (*rádio, televisão*) Sendung *f*; ~ **de pensamentos** Gedankenübertragung *f*; ~ **directa/ao vivo** Liveübertragung *f*, Livesendung *f*; ~ **diferida** Aufzeichnung *f*, Mitschnitt *m* **2.** (*de doença*) Ansteckung *f*

transmissível *adj* übertragbar

transmissor *m* Sender *m*

transmitir *vt* **1.** (*transferir*) übertragen; (*ideia, informação, mensagem*) übermitteln; (*rádio, televisão*) senden; ~ **uma imagem** ein Bild übertragen **2.** (*uma doença*) anstecken; ~ **uma doença a alguém** jdn mit einer Krankheit anstecken

transparecer *vi* zum Vorschein kommen, zu Tage treten; **deixar** ~ **a. c.** etw erkennen lassen

transparência *f* **1.** (*de material*) Durchsichtigkeit *f*, Transparenz *f*, Lichtdurchlässigkeit *f* **2.** (*fig: de pessoa, atitude*) Transparenz *f*

transparente *adj* **1.** (*material, roupa*) durchsichtig, transparent **2.** (*fig: pessoa, atitude*) transparent

transpassar *vt* (*brasil*) v. **trespassar**

transpasse *m* (*brasil*) v. **trespasse**

transpiração *f* Schweißabsonderung *f*

transpirar *vi* **1.** (*pessoa*) schwitzen **2.** (*notícia*) bekannt werden, durchsickern

transplantação *f* **1.** (MED) Transplantation *f* **2.** (*planta*) Umpflanzung *f*, Verpflanzung *f*

transplantar *vt* **1.** (MED) transplantieren **2.** (*planta*) umpflanzen, verpflanzen **3.** (*transferir*) übertragen

transplante *m* (MED) Transplantation *f*

transponível *adj* überwindbar

transpor *vt* **1.** (*uma barreira*) überspringen **2.** (*exceder*) überschreiten

transportador *m* Transportband *nt*

transportadora *f* (*empresa*) Transportunternehmen *nt*

T

transportar *vt* **1.** (*mercadorias*) transportieren, befördern **2.** (*levar*) bringen, befördern **3.** (*transferir*) übertragen (*para* auf) **4.** (*mentalmente*) zurückversetzen (*para* in)

transportável *adj* transportierbar; (*doente*) transportfähig; (*portátil*) tragbar

transporte *m* **1.** (*acção de transportar*) Transport *m*, Beförderung *f* **2.** (*veículo*) Transportmittel *nt*; **~s cole(c)tivos** öffentliche Verkehrsmittel *pl* **3.** (*soma*) Übertrag *m*

transposto *pp de* **transpor**

transtornado *adj* durcheinander, verstört

transtornar *vt* **1.** (*uma pessoa*) durcheinander bringen, verstören **2.** (*os planos*) durcheinander bringen, umwerfen

transtorno *m* **1.** (*mental*) Verwirrung *f* **2.** (*nos planos*) Störung *f*; **causar ~ a alguém** jdm Unannehmlichkeiten bereiten

transvazar *vi* ausfließen

transversal **I.** *f* (*rua*) Querstraße *f* **II.** *adj* quer; **corte ~** Querschnitt *m*

transviar *vt* irreführen, fehlleiten

trapaça *f* Betrug *m*; **fazer ~** betrügen

trapacear **I.** *vt* betrügen **II.** *vi* schwindeln; (*fazer batota*) mogeln

trapaceiro, -a *m, f* Betrüger, Betrügerin *m, f*

trapalhada *f* **1.** (*confusão*) Durcheinander *nt* **2.** (*situação*) Zwickmühle *f*

trapalhão, -ona *m, f* Tollpatsch *m*

trapalhice *f* Durcheinander *nt*

trapézio *m* Trapez *nt*

trapezista *m/f* Trapezkünstler, Trapezkünstlerin *m, f*

trapinhos *mpl* (*coloq*) Klamotten *pl*; **juntar os ~** heiraten

trapo *m* Lumpen *m*, Fetzen *m*

traque *m* (*coloq*) Furz *m*; **dar um ~** furzen

traqueia *f* (ANAT) Luftröhre *f*

traquejo *m* Erfahrung *f*

traqueotomia *f* (MED) Luftröhrenschnitt *m*

traquina **I.** *m/f* Quirl *m* **II.** *adj* ausgelassen, wild

traquinice *f* Übermut *m*, Ausgelassenheit *f*

trás [traʃ] **I.** *adv* **de ~** von hinten; (*olhar*); **para ~** nach hinten; (*andar*) rückwärts; **de ~ para a frente** von hinten nach vorne; **por ~ de** hinter; (*voltar*); **andar para ~** zurückgehen **II.** *interj* klatsch, bums

traseira *f* hintere(r) Teil *m*

traseiras *fpl* (*da casa*) Hinterhof *m*

traseiro **I.** *m* (*coloq*) Hintern *m*, Gesäß *nt*

II. *adj* hintere(r, s), Hinter ...

trasladação *f* Überführung *f*

trasladar *vt* überführen

traste *m* **1.** (*coisa*) **~s velhos** Gerümpel *nt* **2.** (*pej: pessoa*) Fiesling *m*

tratado [tre'tadu] **I.** *m* Pakt *m*, Vertrag *m* **II.** *adj* (*objecto*) **estar bem/mal ~** in einem guten/schlechten Zustand sein; (*animal, criança*) in guten/schlechten Händen sein

tratador(a) *m(f)* Tierpfleger, Tierpflegerin *m, f*

tratamento *m* **1.** (*de pessoa, doença*) Behandlung *f*; **fazer um ~** sich in Behandlung begeben **2.** (*em discurso*) Anrede *f* **3.** (*de material*) Behandlung *f* (*com* mit) **4.** (*de lixo, resíduos*) Aufbereitung *f*

tratar **I.** *vt* **1.** (MED: *uma pessoa*) behandeln; **~ bem/mal alguém** jdn gut/schlecht behandeln **2.** (*um tema*) behandeln, bearbeiten **3.** (*em discurso*) anreden; **~ alguém por tu/você** jdn duzen/siezen; **~ alguém por Doutor** jdn mit seinem Doktortitel anreden; **como é que tu o tratas?** wie redest du ihn an? **4.** (*lixo, resíduos*) aufbereiten **II.** *vi* **1.** (*cuidar*) sorgen (*de* für), sich kümmern (*de* um); **~ de alguém/a. c.** sich um jdn/etw kümmern **2.** (*assunto*) handeln (*de* von); **o livro trata de literatura moderna** das Buch handelt von moderner Literatur **3.** (*encarregar-se*) sorgen (*de* für); **eu trato das bebidas** ich sorge für Getränke **III.** *vr* **1.** (MED) sich behandeln lassen **2.** (*assunto*) sich handeln (*de* um); **de que se trata?** worum handelt es sich?

tratável *adj* (*pessoa*) umgänglich, freundlich

trato *m* **1.** (*tratamento*) Behandlung *f*; **maus ~s** Misshandlung *f* **2.** (*comportamento*) Verhalten *nt*; (*com pessoas*) Umgang *m* **3.** (*acordo*) Abmachung *f*, Vereinbarung *f*

trator *m* (*brasil*) Traktor *m*

trauma *m* (PSIC) Trauma *nt*

traumático *adj* traumatisch

traumatismo [traume'tiʒmu] *m* (MED) Trauma *nt*; **~ craniano** Gehirnerschütterung *f*

traumatizado *adj* traumatisiert (*com* durch)

traumatizar *vt* traumatisieren

trautear *vi* trällern

travado *adj* **1.** (*automóvel*) mit angezogener Handbremse **2.** (*porta*) verriegelt **3.** (*saia*) eng

travagem *f* Bremsen *nt;* **fazer uma ~ brusca** plötzlich bremsen

trava-línguas *m* Zungenbrecher *m*

travão [tre'vãu] *m* Bremse *f;* **carregar no ~** auf die Bremse treten

travar I. *vt* (*automóvel*) bremsen; (*um processo*) bremsen, hemmen; (*conversa*) anknüpfen; (*conhecimento, amizade*) schließen; (*porta*) verriegeln; (*uma luta*) kämpfen; **~ batalha** sich eine Schlacht liefern **II.** *vi* bremsen; **~ a fundo** eine Vollbremsung machen

trave *f* **1.** (*viga*) Balken *m* **2.** (*da baliza*) Querlatte *f*

través *adv* **de ~** schräg, quer

travessa [tre'vɐsɐ] *f* **1.** (*rua*) Gasse *f* **2.** (*para comida*) Platte *f* **3.** (*para o cabelo*) Steckkamm *m* **4.** (*trave*) Querbalken *m* **5.** (*caminhos-de-ferro*) Schwelle *f*

travessão *m* **1.** (*de cabelo*) Haarspange *f* **2.** (*sinal gráfico*) Gedankenstrich *m* **3.** (MÚS) Taktstrich *m* **4.** (*de balança*) Waagebalken *m*

travesseira *f v.* **travesseiro**

travesseiro [trevɐ'seiru] *m* Kopfkissen *nt;* **consultar o ~** etw überschlafen

travessia *f* (*por terra*) Durchfahrt *f*, Durchreise *f;* (*por mar*) Überfahrt *f*

travesso *adj* ausgelassen, wild

travessura *f* Übermut *m*, Ausgelassenheit *f;* (*maldade*) Streich *m*

travesti *m* Transvestit *m*

travo *m* (*fig*) Nachgeschmack *m*

trazer [trɐ'zer] *vt* **1.** (*transportar*) bringen; (*consigo*) mitbringen, dabei haben; **eu não trouxe dinheiro** ich habe kein Geld dabei **2.** (*roupa*) tragen, anhaben; **ele traz um casaco vermelho** er trägt eine rote Jacke **3.** (*consequências*) mit sich bringen

trecho *m* **1.** (MÚS) Auszug *m* **2.** (*de livro*) Abschnitt *m*

tréguas *fpl* Waffenstillstand *m*

treinado *adj* (*amestrado*) abgerichtet, dressiert; (*limpo*) stubenrein

treinador(a) *m(f)* **1.** (DESP) Trainer, Trainerin *m, f* **2.** (*de cão*) Dresseur, Dresseurin *m, f;* (*de elefantes, leões*) Dompteur, Dompteurin *m, f*

treinamento *m* (*brasil*) *v.* **treino**

treinar I. *vt* **1.** (DESP) trainieren **2.** (*animal*) abrichten, dressieren **3.** (*exercitar*) üben; (*voz*) ausbilden **4.** (MIL) drillen **II.** *vi* **1.** (DESP) trainieren **2.** (*exercitar*) üben

treino ['treinu] *m* **1.** (DESP) Training *nt* **2.** (*exercício*) Übung *f*

trejeito *m* **1.** (*careta*) Grimasse *f* **2.** (*gesto*) Geste *f*

trela *f* **1.** (*de cão*) Hundeleine *f;* **trazer o cão pela ~** den Hund an der Leine führen; (*fig*); **trazer alguém pela ~** jdn an der Leine haben **2.** (*coloq: conversa*) Geschwätz *nt;* **dar ~ a alguém** auf jdn eingehen

trem [trãi] *m* **1.** (*conjunto; tachos*) **~ de cozinha** Topfset *nt;* (*acessórios*) Küchenutensilien *pl;* (AERO); **~ de aterragem** Fahrwerk *nt* **2.** (*brasil: comboio*) Zug *m;* **ir de ~** mit dem Zug fahren

trema *m* (LING) Trema *nt;* (*gramática alemã*) Umlaut *m*

tremelicar *vi* **1.** (*pessoa*) zittern **2.** (*luz*) flackern

tremeluzir *vi* glitzern

tremendo *adj* **1.** (*terrível*) fürchterlich, schrecklich **2.** (*forte, enorme*) riesig, enorm **3.** (*medonho*) ohrenbetäubend

tremer *vi* **1.** (*pessoa*) zittern; **~ de frio/medo** vor Kälte/Angst zittern **2.** (*terra, edifício*) beben **3.** (*monitor, ecrã*) flimmern

tremido *adj* **1.** (*letra*) zittrig; (*imagem*) flimmernd; (*fotografia*) unscharf, verschwommen **2.** (*coloq: relação, aluno*) wackelig

tremoço *m* Lupine *f;* (*coloq*); **ser mais conhecido que o ~** bekannt sein wie ein bunter Hund

tremor *m* **1.** (*em pessoa*) Zittern *nt* **2.** (*terra, edifício*) Beben *nt;* **~ de terra** Erdbeben *nt*

trémulo *adj* **1.** (*pessoa, mão*) zitternd **2.** (*voz*) zitternd, bebend **3.** (*luz*) flackernd

tremura *f* Zittern *nt*

trenó *m* Schlitten *m;* **~ dirigível** Bob *m;* **andar de ~** Schlitten fahren, rodeln

trepa *f* (*coloq*) Tracht Prügel *f*

trepadeira *f* (BOT) Kletterpflanze *f*

trepar I. *vt* hinaufklettern **II.** *vi* klettern (*a* auf)

trepidação *f* Erschütterung *f*

trepidar *vi* holpern

três [treʃ] **I.** *m* Drei *f* **II.** *num card* drei; *v.* **dois**

tresandar *vi* stinken

tresloucado *adj* verrückt, übergeschnappt

trespassar *vt* **1.** (*penetrar*) durchbohren; (*frio, cheiro*) durchdringen **2.** (*um estabelecimento*) weiterverpachten, untervermieten

T

trespasse *m* **1.** (*de estabelecimento*) Weiterverpachtung *f*, Untervermietung *f* **2.** (*cruzamento*) Überkreuzen *nt*; **saia de** ~ Wickelrock *m*

tresvariar *vi* wirre Dinge reden

tresvario *m* Irrsinn *m*

treta *f* **1.** (*coloq: disparate*) Quatsch *m*; **isso são** ~**s!** das ist Quatsch! **2.** (*coloq: coisa*) Teil *nt*

trevas *fpl* Finsternis *f*

trevo *m* (BOT) Klee *m*

treze ['trezə] **I.** *m* Dreizehn *f* **II.** *num card* dreizehn

trezentos [trə'zẽntuʃ] *num card* dreihundert

triagem *f* Auslese *f*

triangular *adj* dreieckig

triângulo [tri'ãŋgulu] *m* Dreieck *nt*; (*para sinalização*) Warndreieck *nt*

triatlo *m* Triathlon *m*, *nt*

tribal *adj* Stammes ...

tribo *f* Stamm *m*

tribuna *f* **1.** (*palanque*) Tribüne *f* **2.** (*no teatro*) oberste(r) Rang *m*

tribunal [tribu'nal] *m* Gericht *nt*; ~ **arbitral** Schiedsgericht *nt*; ~ **de comarca** Amtsgericht *nt*; ~ **de contas** Rechnungshof *m*; o **Tribunal Internacional/Europeu** der Internationale/Europäische Gerichtshof; **Tribunal da Relação** Landgericht *nt*; ~ **do trabalho** Arbeitsgericht *m*; o **Supremo Tribunal** der Oberste Gerichtshof; **levar alguém a** ~ jdn verklagen; **ir a** ~ vor Gericht gehen

tributar *vt* besteuern

tributário *adj* **1.** (*sujeito a imposto*) steuerpflichtig **2.** (*relativo a imposto*) Steuer ...

tributo *m* **1.** (*homenagem*) Tribut *m*, Hochachtung *f*; **prestar** ~ **a alguém** jdm Tribut zollen **2.** (*imposto*) Steuer *f*

tricampeão, tricampeã *m*, *f* dreifache(r) Meister *m*, dreifache Meisterin *f*

tricentenário *m* Dreihundertjahrfeier *f*; ~ **da morte** dreihundertster Todestag

triciclo *m* Dreirad *nt*

tricô *m* Strickarbeit *f*; **fazer** ~ stricken

tricolor *adj* dreifarbig

tricórnio *m* Dreispitz *m*

tricotar *vi* stricken

tridente *m* Dreizack *m*

tridimensional *adj* dreidimensional

trifásico *adj* (ELECTR) **corrente trifásica**

Drehstrom *m*, Dreiphasenstrom *m*

trigémios *mpl* Drillinge *pl*

trigésimo *num ord* dreißigste(r, s)

trigo *m* Weizen *m*; **separar o** ~ **do joio** die Spreu vom Weizen trennen

trigonometria *f* Trigonometrie *f*

trilha *f* **1.** (*caminho*) Pfad *m* **2.** (*rasto*) Spur *f*

trilhadela *f* Quetschung *f*

trilhão *m* (*brasil*) v. **trilião**

trilhar **I.** *vt* (*entalar*) einklemmen; ~ **um dedo na porta** einen Finger in der Tür einklemmen; (*um caminho*) planen **II.** *vr* sich klemmen; ~**-se num dedo** sich *dat* den Finger klemmen

trilho *m* **1.** (*carril*) Schiene *f* **2.** (*caminho*) Pfad *m*

trilião *m* Trillion *f*

trilingue *adj* dreisprachig

trilo *m* Triller *m*

trilogia *f* Trilogie *f*

trimestral *adj* vierteljährlich

trimestre *m* Vierteljahr *nt*, Quartal *nt*

trinca *f* Biss *m*; **dar uma** ~ **em a. c.** in etw hineinbeißen

trinca-espinhas *m(f)* *inv* (*coloq*) Bohnenstange *f*

trincar *vt* beißen in

trincha *f* **1.** (*pincel*) breite(r) Pinsel *m*, Streichbürste *f* **2.** (*para carne*) Tranchiermesser *nt*

trinchar *vt* (*carne*) tranchieren

trincheira *f* **1.** (MIL) Schützengraben *m* **2.** (*circo, praça de touros*) Absperrung *f*, Arenabegrenzung *f*

trinco *m* Klinke *f*

trindade *f* (REL) Dreifaltigkeit *f*

trineto, -a *m*, *f* Ururenkel, Ururenkelin *m*, *f*

trinta ['trĩntɐ] *num card* dreißig

trintão, -ona *m*, *f* Dreißigjährige

trio *m* Trio *nt*

tripa *f* Darm *m*; (CUL); ~**s** Kaldaunen *pl*; (*österr, schweiz*) Kutteln *pl*

tripar *vi* (*coloq*) ausrasten, ausflippen; ~ **com a.c.** bei etw ausrasten; **tripo com ele** er bringt mich auf die Palme

tripartir *vt* dreiteilen

tripé *m* Stativ *nt*

tripeiro, -a *m*, *f* (*coloq*) Portuenser, Portuenserin *m*, *f*

tripla *f* (*ficha*) Dreifachstecker *m*

triplicado *adj* verdreifacht; **em** ~ in dreifacher Ausfertigung

triplicar I. *vt* verdreifachen II. *vi* sich verdreifachen

triplo I. *m* Dreifache *nt* II. *adj* dreifach

tripulação *f* (*avião, barco*) Besatzung *f*, Crew *f*

tripulante *m(f)* (*avião, barco*) Besatzungsmitglied *nt*

tripular *vt* (*avião, barco*) steuern

trisavô, -ó *m, f* Ururgroßvater, Ururgroßmutter *m, f*

trissílabo *m* (LING) dreisilbige(s) Wort *nt*

triste ['triʃtə] *adj* traurig

tristeza *f* Traurigkeit *f*

tristonho *adj* 1. (*pessoa*) traurig, betrübt 2. (*lugar*) finster

triturador *m* Zerkleinerungsmaschine *f*; ~ **de lixo** Müllzerkleinerer *m*

triturar *vt* (*pulverizar*) pulverisieren, zerstoßen; (*esmagar*) zermalmen; (*moer*) zermahlen; (*esfregar*) zerreiben; (*mastigar*) zerkauen

triunfal *adj* triumphal

triunfante *adj* siegreich

triunfar *vi* 1. (*numa batalha*) siegen (*sobre* über); ~ **na vida** es zu etwas bringen 2. (*ideias*) sich durchsetzen

triunfo *m* Triumph *m*, Sieg *m*

trivial *adj* trivial

trivialidade *f* Trivialität *f*, Plattheit *f*

triz *adv* **por um** ~ um ein Haar; **foi por um** ~! das war knapp!

troar *vi* **o trovão troa** es donnert

troca ['trɔkɐ] *f* Tausch *m*; ~ **de ideias** Gedankenaustausch *m*; ~ **de palavras** Wortwechsel *m*; **em** ~ im Tausch

troça *f* Spott *m*; **fazer** ~ **de alguém/a. c.** über jdn/etw spotten

trocadilho *m* Kalauer *m*

trocado I. *m* Kleingeld *nt* II. *adj* 1. (*palavra, número*) vertauscht 2. (*misturado*) vermischt

trocar [tru'kar] I. *vt* (*permutar*) tauschen (*por* gegen); (*uma compra*) umtauschen; (*uma peça*) ersetzen, austauschen; (*dinheiro, palavras, olhares*) wechseln; (*experiências, ideias*) austauschen; (*confundir*) verwechseln (*com* mit) II. *vi* ~ **de** tauschen, wechseln; ~ **de lugar** die Plätze tauschen; ~ **de lugar com alguém** mit jdm den Platz tauschen; ~ **de carro** sich *dat* ein anderes Auto zulegen; ~ **de casa** umziehen; ~ **de roupa** die Kleidung wechseln, sich umziehen

troçar *vi* spotten (*de* über); ~ **de alguém** jdn verspotten/aufziehen

troca-tintas *m(f) inv* 1. (*trapalhão*) Tollpatsch *m* 2. (*aldrabão*) Gauner, Gaunerin *m, f*

trocista I. *m(f)* Spötter, Spötterin *m, f* II. *adj* spöttisch

troco ['troku] *m* 1. (*de pagamento*) Wechselgeld *nt*; **dar** ~ **de 1000 euros** auf 1000 Euro herausgeben; **dar 100 euros de** ~ 100 Euro herausgeben 2. (*fig: resposta*) Antwort *f*, Reaktion *f*; **a** ~ **de** für; **ajudar alguém a** ~ **de uma refeição** jdm für ein Essen bei etw helfen

troço¹ *m* 1. (*de couve*) Strunk *m* 2. (*de estrada*) Strecke *f*, Stück *nt*

troço² *m* (*brasil: coisa*) Ding *nt*; (*assunto*) Angelegenheit *f*, Sache *f*

trocos [uʃ 'trɔkuʃ] *mpl* Kleingeld *nt*

troféu *m* Trophäe *f*

troglodita *m(f)* Höhlenbewohner, Höhlenbewohnerin *m, f*

troleicarro *m* Oberleitungsomnibus *m*, Trolleybus *m*

trolha *m* (ungelernter) Bauarbeiter *m*, Hilfsarbeiter *m* auf dem Bau

tromba *f* 1. (*de elefante*) Rüssel *m* 2. (METEO) ~ **de água** Regenguss *m*, heftige(r) Schauer *m* 3. (*coloq: de pessoa*) Visage *f*; **estar/ficar de** ~s ein Gesicht ziehen

trombada *f* (*coloq*) Zusammenstoß *m*

trombone *m* Posaune *f*

trombose *f* (MED) Thrombose *f*

trombudo *adj* (*coloq*) brummig, mürrisch

trompa *f* 1. (MÚS) Horn *nt*, Waldhorn *nt* 2. (ANAT) ~ **de falópio** Eileiter *m*

trompete *m* Trompete *f*

trompetista *m(f)* Trompeter, Trompeterin *m, f*

tronco *m* 1. (*de árvore*) Stamm *m* 2. (*de pessoa*) Rumpf *m*

trono *m* Thron *m*; **subir ao** ~ den Thron besteigen

tropa *f* 1. (*de soldados*) Truppe *f* 2. (*coloq: serviço militar*) Wehrdienst *m*; **ir para a** ~ zum Bund gehen; **fazer a** ~ beim Bund sein

tropeço *m* Stolpern *nt*; **dar um** ~ stolpern

tropeçar *vi* stolpern (*em* über)

trôpego *adj* (*pessoa*) schwerfällig; (*pernas*) schwer

tropel *m* (*multidão*) Gewühl *nt*; (*barulho*) Getrappel *nt*; **em** ~ wild durcheinander

T

tropical *adj* tropisch, Tropen ...; **fruto** ~ tropische Frucht; **zona** ~ Tropen *pl*

trópico *m* (GEOG) Wendekreis *m;* ~ **de Câncer** Wendekreis des Krebses; ~ **de Capricórnio** Wendekreis des Steinbocks; **os** ~**s** die Tropen

troposfera *f* (METEO) Troposphäre *f*

trote *m* **1.** (*do cavalo*) Trab *m;* **ir a** ~ traben **2.** (*brasil: zombaria*) Spaß *m*, Jux *m;* **isso é** ~! das ist nur Spaß!

trotinete *f* Roller *m*

trouxa **I.** *f* (*de roupa*) Bündel *nt;* **arrumar as** ~**s** seine sieben Sachen packen **II.** *m* (*brasil*) Idiot *m*, Dussel *m* **III.** *adj* (*brasil*) dusselig, dämlich

trovador *m* (LIT) Troubadour *m*, Minnesänger *m*

trovão [tru'vãu] *m* Donner *m*

trovejar *vi pers* donnern; **está a** ~ es donnert

trovoada *f* Gewitter *nt*

trucidar *vt* **1.** (*assassinar*) niedermetzeln **2.** (*mutilar*) verstümmeln

trufa *f* Trüffel *m*

truncar *vt* **1.** (*cortar*) abschneiden **2.** (*mutilar*) verstümmeln

trunfa *f* **1.** (*turbante*) Turban *m* **2.** (*cabelo*) Mähne *f*

trunfar *vi* Trumpf spielen

trunfo *m* (*fig*) Trumpf *m*

truque *m* Trick *m*

truta *f* (ZOOL) Forelle *f;* **não se pescam** ~**s a bragas enxutas** ohne Fleiß kein Preis

truz *interj* boing

truz-truz *interj* klopf, klopf

tsé-tsé *f* Tsetsefliege *f*

t-shirt *f* T-Shirt *nt*

tu [tu] *pron pers* du; **tratar alguém por** ~ jdn duzen

tua ['tue] *pron poss f de* **teu** dein; **a** ~ **casa/família** dein Haus/deine Familie; **uma amiga** ~ eine Freundin von dir

tuba *f* (MÚS) Tuba *f*

tubagem *f* Rohrleitungen *pl*, Leitungsnetz *nt*

tubarão *m* (ZOOL) Hai *m*, Haifisch *m*

tubérculo *m* **1.** (BOT) Knolle *f* **2.** (MED) Tuberkel *m*

tuberculose *f* (MED) Tuberkulose *f*, Schwindsucht *f*

tuberculoso, -a *m, f* (MED) Tuberkulosekranke, Schwindsüchtige

tubo *m* **1.** (*cano*) Rohr *nt;* (QUÍM) ~ **de ensaio** Reagenzglas *nt;* ~ **de escape** Auspuffrohr *nt* **2.** (*bisnaga*) Tube *f*

tudo ['tudu] *pron indef* alles; ~ **o mais** alles andere; ~ **ou nada** alles oder nichts; **acima de** ~ vor allem; **ele/ela é o meu mais que** ~ er/sie ist mein Ein und Alles; **estar por** ~ zu allem bereit sein

tudo-nada *m* Quentchen *nt*, Bisschen *nt*

tufão *m* Taifun *m*, Wirbelsturm *m*

tufo *m* (*de cabelo*) Büschel *nt;* (*de algodão*) Bausch *m*

tugir *vi* murmeln, flüstern; **sem** ~ **nem mugir** ohne ein Wort zu sagen

tule *m* Tüll *m*

túlipa *f* Tulpe *f*

tumba **I.** *f* Grab *nt* **II.** *interj* bums, klatsch

tumor [tu'mor] *m* (MED) Tumor *m*, Geschwulst *f*

tumular *adj* Grab ...

túmulo ['tumulu] *m* Grabmal *nt*

tumulto *m* Tumult *m*, Aufruhr *m*

tumultuoso *adj* (*tempestade, sentimento*) stürmisch; (*multidão*) aufgewühlt

tuna *f* **1.** (*orquestra*) Kapelle *f* **2.** (*de estudantes*) Studentenkapelle *f*

túnel ['tunɜl] *m* Tunnel *m*

túnica *f* (*países árabes*) Kaftan *m;* (*de senhora*) Tunika *f*, lange Damenbluse *f*

Tunísia *f* Tunesien *nt*

tuno, -a *m, f* (*estudante*) Mitglied einer Studentenkapelle ("*tuna*")

turba *f* Menschenmenge *f*

turbante *m* Turban *m*

turbilhão *m* **1.** (*de vento*) Wirbelwind *m;* (*de água*) Strudel *m* **2.** (*agitação*) Aufruhr *m*, Aufregung *f*

turbina *f* Turbine *f*

turbocompressor *m* Turbolader *m*

turbulência *f* **1.** (*agitação*) Aufruhr *m*, Durcheinander *nt* **2.** (AERO) Turbulenz *f*

turbulento *adj* (*mar*) tosend, stürmisch; (*época*) stürmisch, turbulent; (*multidão*) aufgewühlt, aufgebracht

turco, -a **I.** *m, f* Türke, Türkin *m, f* **II.** *adj* türkisch

turfa *f* Torf *m*

Turgóvia *f* Thurgau *m*

Turíngia *f* Thüringen *nt*

turismo *m* Tourismus *m*, Fremdenverkehr *m;* ~ **de habitação** Urlaub in früheren portugiesischen Adelspalästen und auf Landsitzen

turista [tu'riʃtɐ] *m(f)* Tourist, Touristin *m*, *f*

turístico *adj* touristisch

turma *f* 1. (*de escola*) Klasse *f*; (*de universidade*) Gruppe *f* 2. (*brasil: malta*) Clique *f*

turnê *f* (*brasil*) Tournee *f*

turno *m* Schicht *f*; ~ **da noite** Nachtschicht *f*; **trabalhar por ~s** Schicht arbeiten

turquês *f* Kneifzange *f*

turquesa [tur'kezɐ] I. *f* Türkis *m* II. *adj inv* türkis

Turquia *f* Türkei *f*

turra *f* Stoß mit dem Kopf *m*; **dar uma ~ a alguém** mit den Köpfen aneinander stoßen; (*coloq*); **andar à ~ e à massa** sich ständig in den Haaren liegen

turrão, -ona I. *m*, *f* (*coloq*) Dickkopf *m* II. *adj* (*coloq*) dickköpfig

turvar *vt* trüben

turvo *adj* trüb

tuta-e-meia *f* (*coloq*) Bagatelle *f*, Kleinigkeit *f*

tutano *m* (ANAT) Knochenmark *nt*

tutela *f* Vormundschaft *f*; **estar sob a ~ de alguém** unter jds Vormundschaft stehen

tutelar I. *vt* unter Vormundschaft stellen II. *adj* Vormundschafts ..., vormundschaftlich

tutor(a) *m(f)* 1. (DIR) Vormund *m* 2. (*em escola*) Tutor, Tutorin *m*, *f*

tutu *m* 1. (*coloq: rabiote*) Po *m* 2. (CUL: *brasil*) Bohnenbrei *m* 3. (*coloq brasil: dinheiro*) Knete *f*

U

U, u [u] *m* U, u *nt*

úbere I. *m* Euter *nt* II. *adj* 1. (*fértil*) fruchtbar 2. (*abundante*) üppig

ubérrimo *superl de* **úbere**

Ucrânia *f* Ukraine *f*

ucraniano, -a I. *m*, *f* Ukrainer, Ukrainerin *m*, *f* II. *adj* ukrainisch

UE [ue] *abrev de* **União Europeia** EU (= *Europäische Union*)

ué *interj* (*brasil*) nanu!

ufa *interj* uff

ufanar-se *vr* sich brüsten (*de* mit)

Uganda *m* Uganda *nt*

uh *interj* au, aua

ui *interj* (*surpresa*) ah, ach; (*dor*) au, aua

uísque *m* Whisk(e)y *m*

uivar *vi* (*lobo, vento*) heulen; (*cão*) jaulen

uivo *m* (*do lobo*) Geheul *nt*, Heulen *nt*; (*do cão*) Jaulen *nt*

úlcera ['ulsɐrɐ] *f* (MED) Geschwür *nt*

ulmeiro *m v.* **ulmo**

ulmo *m* (BOT) Ulme *f*

ulterior *adj* 1. (*posterior*) später 2. (*final*) letzte(r, s)

última ['ultimɐ] *f* (*coloq: notícia*) Neueste *nt*; **já sabes da ~?** weißt du schon das Neueste?

ultimamente *adv* zuletzt, in letzter Zeit

ultimar *vt* fertig stellen

últimas *fpl* (*coloq: pessoa*) **estar a dar as ~**

in den letzten Zügen liegen; (*máquina*) den Geist aufgeben

ultimato *m* Ultimatum *nt*; **fazer um ~ a alguém** jdm ein Ultimatum stellen

último ['ultimu] *adj* 1. (*em sequência*) letzte(r, s); **por ~** zuletzt, schließlich; **em ~ lugar** an letzter Stelle, zuletzt; **a última novidade** die letzte Neuigkeit; **pela última vez** zum letzten Mal; **nos ~s anos** in den letzten Jahren 2. (*em altura*) oberste(r, s), letzte(r, s); **o ~ andar** das oberste Stockwerk

ultrajante *adj* beleidigend

ultrajar *vt* beleidigen, beschimpfen

ultraje *m* Beleidigung *f*, Beschimpfung *f*

ultraleve *m* Paraglider *m*

ultramar *m* Übersee *f*; **no ~** in Übersee

ultramarino *adj* überseeisch, Übersee ...

ultramoderno *adj* hochmodern

ultrapassado *adj* überholt, veraltet

ultrapassagem *f* Überholen *nt*; **fazer uma ~** überholen

ultrapassar [ultrɐpɐ'sar] *vt* 1. (*exceder*) hinausgehen über, überschreiten 2. (*automóvel*) überholen

ultra-som *m* 1. (FÍS) Ultraschall *m* 2. (*brasil: ecografia*) Ultraschallbild *nt*

ultra-sónico *adj* Ultraschall ...

ultra-sonografia *f* (*brasil*) Ultraschallbild *nt*

U

ultravioleta *adj inv* ultraviolett; *raios ~* UV-Strahlen *pl*

ulular *vi* **1.** (*lobo*) heulen; (*cão*) jaulen **2.** (*pessoa*) schreien, brüllen

um, -a¹ [ö] **I.** *num card* ein; *v.* **dois II.** *art indef* (*certo*) ein, eine; *~* **carro/cigarro** ein Auto/eine Zigarette; *~***a casa/blusa** ein Haus/eine Bluse; *~* **dia** eines Tages; **ele tem uns sapatos/~as botas muito grandes** er hat sehr große Schuhe/Stiefel; (*alguns*) einige; **uns anos/umas horas** einige Jahre/Stunden; **uns poucos** ein paar; (*aproximadamente*) ungefähr; **uns cinco minutos** ungefähr fünf Minuten; *~***as dez pessoas** ungefähr zehn Personen; (*ênfase*); **estou com** *~***a fome!** ich habe vielleicht einen Hunger!; **está** *~* **frio!** ist das eine Kälte! **III.** *pron indef* eine(r, s); *~* **ao outro** einander; *~* **atrás do outro** einer nach/hinter dem anderen; *~* **com o outro** miteinander; *~* **e outro** beide; **cada** *~* jeder; *~* **a/por** *~* einzeln; **tenho aqui dois livros/lápis; queres** *~***?** ich habe hier zwei Bücher/Stifte; möchtest du eines/einen?

um² *m* Eins *f*

umbigo *m* (ANAT) Nabel *m*

umbilical *adj* Nabel ...

umbral *m* Schwelle *f*

umedecer I. *vt* (*brasil*) anfeuchten, befeuchten **II.** *vi* (*brasil*) feucht werden

úmero *m* (ANAT) Oberarmbein *nt*, Oberarmknochen *m*

umidade *f* (*brasil*) Feuchtigkeit *f*

úmido ['umidu] *adj* (*brasil*) feucht

unânime *adj* einstimmig

unanimidade *f* Einstimmigkeit *f*; **por** *~* einstimmig

undécimo *m* Elftel *nt*

unguento *m* Salbe *f*

unha *f* Nagel *m*; (*de animal*) Kralle *f*; **com** *~***s e dentes** mit aller Kraft; **por uma** *~* **negra** um ein Haar; **ser** *~* **e carne** ein Herz und eine Seele sein

unhas-de-fome *m(f) inv* Geizkragen *m*, Geizhals *m*

união *f* **1.** (POL) Union *f*; **União Europeia** Europäische Union; *~* **monetária** Währungsunion *f*; **União Soviética** Sowjetunion *f* **2.** (*concórdia*) Einigkeit *f*; **a** *~* **faz a força** Einigkeit macht stark **3.** (*liga*) Vereinigung *f*, Bund *m* **4.** (*casamento*) Heirat *f*; *~* **de facto** eheähnliche Lebensgemeinschaft

unicamente *adv* **1.** (*só*) nur, bloß **2.** (*exclusivamente*) ausschließlich

unicelular *adj* einzellig

único ['uniku] *adj* **1.** (*um só*) einzig; **preço** *~* Einheitspreis *m;* **um** *~* **homem** ein einziger Mann; **uma única vez** ein einziges Mal; **não havia uma única pessoa** es war kein einziger Mensch da; **a única coisa** das Einzige; **ser filho** *~* Einzelkind sein **2.** (*sem igual*) einzigartig, einmalig; **ele é** *~* er ist einmalig **3.** (*uma só vez*) einmalig; **foi um acontecimento** *~* es war ein einmaliges Ereignis

unicolor *adj* einfarbig

unicórnio *m* Einhorn *nt*

unidade *f* **1.** (*uniformidade, padrão*) Einheit *f* **2.** (*união*) Einigkeit *f* **3.** (*peça*) Stück *nt* **4.** (MAT) Einer *m* **5.** (*hospitalar*) Station *f;* *~* **de cuidados intensivos** Intensivstation *f* **6.** (MIL) Einheit *f*

unido *adj* **1.** (*ligado*) verbunden (*a* mit) **2.** (*pessoas*) vereinigt, vereint; **amigos muito** *~***s** sehr enge Freunde

unificação *f* Vereinigung *f*

unificar I. *vt* vereinigen, vereinen **II.** *vr* sich vereinigen

uniforme I. *m* Uniform *f* **II.** *adj* **1.** (*homogéneo*) einheitlich **2.** (*superfície*) eben; (*movimento*) gleichmäßig

uniformizar *vt* vereinheitlichen

unilateral *adj* einseitig

unilingue *adj* einsprachig

unir I. *vt* (*ligar*) verbinden; (*juntar*) zusammenfügen; (*esforços*) vereinen, vereinigen **II.** *vr* sich anschließen (*a*), sich zusammenschließen

unissexo *adj inv* für Frauen und Männer; **cabeleireiro** *~* Damen- und Herrensalon *m*

uníssono I. *m* **em** *~* einstimmig **II.** *adj* **1.** (*canto, som*) einstimmig **2.** (*unânime*) übereinstimmend, gleichartig

unitário *adj* einheitlich, Einheits ...; **preço** *~* Einheitspreis *m*

universal *adj* **1.** (*total*) universal, Universal ...; (*geral*) allgemein, universell; **herdeiro** *~* Alleinerbe *m* **2.** (*mundial*) Welt ...; **história** *~* Weltgeschichte *f*

universalidade *f* Universalität *f*

universalismo *m* (FIL) Universalismus *m*

universalizar *vt* verallgemeinern

universalmente *adv* **1.** (*geralmente*) allgemein **2.** (*no mundo*) weltweit

universidade [univərsi'dadə] *f* Universität *f*

universitário, -a [univərsi'tarju] **I.** *m, f* Student, Studentin *m, f* **II.** *adj* Universitäts ...

universo *m* **1.** (ASTR) Weltall *nt,* Universum *nt* **2.** (*estatística*) Grundgesamtheit *f*

univitelino *adj* eineiig

unívoco *adj* eindeutig

untar *vt* (*forma*) fetten, einfetten; (*o corpo*) eincremen; (*coloq*); ~ **as mãos a alguém** jdn schmieren

upa *interj* hopp

urânio *m* (QUÍM) Uran *nt*

Úrano *m* (ASTR) Uranus *m*

urbanismo *m* **1.** (*ordenamento*) Stadtplanung *f,* Städtebau *m* **2.** (*êxodo rural*) Landflucht *f*

urbanista *m(f)* Stadtplaner, Stadtplanerin *m, f*

urbanização *f* **1.** (*ordenamento*) Stadtplanung *f,* Städtebau *m* **2.** (*casas*) Wohnsiedlung *f,* Siedlung *f*

urbanizar *vt* (*cidade*) umgestalten; (*terrenos*) bebauen, erschließen

urbano *adj* städtisch, Stadt ...

urbe *f* Großstadt *f*

ureia *f* Harnstoff *m*

uréter *m* (ANAT) Harnleiter *m*

uretra *f* (ANAT) Harnröhre *f*

urgência *f* Dringlichkeit *f;* **com** ~ dringend; (*imediatamente*) umgehend

---

In den portugiesischen Großstädten gibt es gut ausgestattete Krankenhäuser, alle mit Notaufnahme - **urgência**, zudem überall die ambulanten Aufnahmen - **Postos de Enfermagem**. Wenn es sich um Kleinigkeiten handelt, können Sie ruhig zur farmácia (Apotheke) gehen. Dort ist man gern bereit, Ihnen rasch und unkompliziert zu helfen.

---

urgências *fpl* (*em hospital*) Unfallstation *f,* Notaufnahme *f*

urgente [ur'ʒẽtə] *adj* dringend; **é** ~ **falar sobre isso** wir müssen dringend darüber sprechen

urgentemente *adv* dringend

urgir *vi* dringend sein, eilen; (*tempo*) drängen; **urge partir** wir müssen unverzüglich aufbrechen; **o tempo urge** die Zeit drängt

úrico *adj* Harn ...; **ácido** ~ Harnsäure *f*

urina [u'rinə] *f* Urin *m,* Harn *m*

urinar *vi* urinieren

urinário *adj* Harn ..., Urin ...; **aparelho** ~ Harnwege *pl*

urinol [uri'nɔl] *m* Pissoir *nt*

urna *f* Urne *f;* ~ **eleitoral** Wahlurne *f*

urografia *f* Röntgenaufnahme *f* der Harnwege

urologia *f* Urologie *f*

urologista [urulu'ʒiʃtə] *m(f)* Urologe, Urologin *m, f*

urrar *vi* brüllen

Ursa *f* (ASTR) Bär *m;* ~ **Maior** großer Bär/Wagen; ~ **Menor** kleiner Bär/Wagen

urso, -a *m, f* (ZOOL) Bär, Bärin *m, f;* ~ **polar** Eisbär *m*

URSS *abrev de* **União das Repúblicas Socialistas Soviéticas** UdSSR (= *Union der Sozialistischen Sowjetrepubliken*)

urticária *f* (MED) Nesselausschlag *m*

urtiga *f* (BOT) Brennnessel *f*

urubu *m* (ZOOL) Geier *m*

Uruguai *m* Uruguay *nt*

uruguaio, -a **I.** *m, f* Uruguayer, Uruguayerin *m, f* **II.** *adj* uruguayisch

urze *f* (BOT) Heidekraut *nt*

usado *adj* (*utilizado*) gebraucht; (*gasto*) abgenutzt, verschlissen; **carro** ~ Gebrauchtwagen *m*

usar [u'zar] **I.** *vt* (*objecto, automóvel, inteligência*) benutzen, gebrauchen; (*linguagem, palavra*) verwenden; (*sistema*) anwenden, benutzen; (*roupa, óculos*) tragen; ~ **barba** einen Bart haben; (*pej: uma pessoa*) ausnutzen, benutzen **II.** *vr* (*roupa*) in Mode sein; (*palavra*) gebraucht werden, benutzt werden; (*hábito*) gebräuchlich sein; **isso já não se usa** das ist nicht mehr gebräuchlich; (*coloq*) das ist völlig out

Usbequistão *m* Usbekistan *nt*

usina *f* (*brasil*) Fabrik *f,* Werk *nt;* ~ **elétrica** Kraftwerk *nt*

uso *m* **1.** (*utilização*) Gebrauch *m,* Benutzung *f;* (*da força, inteligência*) Anwendung *f;* **fazer** ~ **de a. c.** etw gebrauchen/benutzen **2.** (*hábito*) Brauch *m,* Sitte *f;* ~**s e costumes** Sitten und Gebräuche **3.** (*de roupa*) Tragen *nt;* **ter muito** ~ viel getragen werden

usual [u'zwal] *adj* **1.** (*habitual*) üblich, gewöhnlich **2.** (*usado geralmente*) gebräuchlich

usuário, -a *m, f* Benutzer, Benutzerin *m, f*

usufruir *vi* **1.** (*fruir*) ~ **de** genießen **2.** (DIR)

U

~ **de** den Nießbrauch haben von

usufruto *m* (DIR) Nutznießung *f,* Nießbrauch *m*

usufrutuário, -a *m, f* (DIR) Nutznießer, Nutznießerin *m, f,* Nießbraucher, Nießbraucherin *m, f*

usura *f* Wucher *m*

usurário, -a *m, f* Wucherer, Wucherin *m, f*

usurpação *f* widerrechtliche Anmaßung *f,* Usurpation *f*

usurpador(a) *m(f)* Usurpator, Usurpatorin *m, f*

usurpar *vt* **1.** (*poder, trono*) widerrechtlich an sich reißen **2.** (*direitos*) sich anmaßen

utensílio *m* Gerät *nt;* (*ferramenta*) Werkzeug *nt;* ~ **de cozinha** Küchengerät *nt*

utente *m(f)* Benutzer, Benutzerin *m, f*

uterino *adj* Gebärmutter ...

útero *m* (ANAT) Gebärmutter *f*

útil ['util] *adj* **1.** (*experiência, objecto*) brauchbar, nützlich; **ser** ~ **a alguém** jdm nützlich sein; **dia** ~ Werktag *m* **2.** (*pessoa*) geeignet

utilidade *f* Nützlichkeit *f,* Brauchbarkeit *f;* (**não**) **ter** ~ (nicht) nützlich sein

utilitário *m* (*automóvel*) Nutzfahrzeug *nt,* Gebrauchsfahrzeug *nt*

utilização *f* (*uso*) Benutzung *f,* Gebrauch *m;* (*de meios*) Verwendung *f*

utilizar *vt* (*máquina, ferramenta*) benutzen, gebrauchen; (*meios*) verwenden

utopia *f* Utopie *f*

utópico *adj* utopisch

uva *f* Traube *f;* ~ **branca/preta** grüne/blaue Traube *f;* ~ **passa** Rosine *f*

úvula *f* (ANAT) Zäpfchen *nt*

uvular **I.** *f* (LING) Uvular *m* **II.** *adj* (LING) uvular

V

V, v [ve] *m* V, v *nt*

v. *abrev de* **ver** s. (= *siehe*)

vá *interj* los; (*insistência*); ~ **lá!** na los!; (*menos mal*) halb so schlimm!

vã *adj f de* **vão**

vaca *f* **1.** (ZOOL) Kuh *f;* ~ **leiteira** Milchkuh *f* **2.** (CUL) Rind *nt*

vacaria *f* Kuhstall *m*

vacilar *vi* **1.** (*balançar*) schwanken, wanken **2.** (*hesitar*) zögern, schwanken

vacina [ve'sine] *f* **1.** (*substância*) Impfstoff *m* **2.** (*processo*) Impfung *f;* ~ **anti-tetânica** Tetanusschutzimpfung *f;* **tomar uma** ~ sich impfen lassen

vacinação *f* Impfung *f*

vacinado *adj* **1.** (MED) geimpft **2.** (*fig: imune*) immun, unempfindlich; **estar** ~ **contra a. c.** immun gegen etw sein

vacinar **I.** *vt* impfen (*contra* gegen) **II.** *vr* sich impfen lassen

vácuo *m* Vakuum *nt*

vadiagem *f* Herumtreiberei *f,* Vagabundenleben *nt;* **andar na** ~ sich herumtreiben

vadiar *vi* streunen, sich herumtreiben; (*sem fazer nada*) herumlungern

vadio, -a **I.** *m, f* Herumtreiber, Herumtreiberin *m, f* **II.** *adj* **1.** (*pessoa*) herumstreunend, herumlungernd **2.** (*cão*) herrenlos, streunend

vaga ['vage] *f* **1.** (*onda*) Welle *f;* ~ **de calor** Hitzwelle *f;* ~ **de crimes** Welle von Verbrechen **2.** (*em hotel*) freie(s) Zimmer *nt;* (*em curso*) freie(r) Platz *m;* (*de emprego*) freie/offene Stelle *f;* **preencher uma** ~ eine Stelle besetzen

vagabundear *vi* vagabundieren, sich herumtreiben

vagabundo, -a *m, f* Landstreicher, Landstreicherin *m, f,* Penner, Pennerin *m, f*

vagão *m* Waggon *m*

vagão-cama *m* Schlafwagen *m*

vagão-restaurante *m* Speisewagen *m*

vagar **I.** *m* (*ociosidade*) Muße *f;* **com** ~ mit Muße; (*tempo*) Zeit *f;* (**não**) **ter** ~ **para a. c.** (keine) Zeit für etw haben **II.** *vi* frei werden

vagaroso *adj* langsam

vagem *f* **1.** (*casca*) Schote *f,* Hülse *f* **2.** (*feijão verde*) grüne Bohne *f*

vagina *f* (ANAT) Scheide *f,* Vagina *f*

vaginal *adj* Scheiden ..., vaginal

vago *adj* **1.** (*lugar, quarto*) frei; (*emprego*) frei, offen; **este lugar está** ~**?** ist der Platz frei? **2.** (*tempo*) frei; **nas horas vagas** in der Freizeit **3.** (*incerto*) vage; (*descrição*) ungenau; **tenho uma vaga idea** ich habe eine vage Vorstellung davon

vaguear *vi* (*passear*) bummeln (*por* durch); (*sem rumo*) umherziehen, wandern (*por* durch)

vaidade *f* Eitelkeit *f*

vaidoso *adj* eitel

vai-não-vai *adv* (*coloq*) unsicher, unschlüssig; **estive ~ para te telefonar** ich war mir unschlüssig, ob ich dich anrufen sollte

vaivém *m* **1.** (*movimento*) Hin und Her *nt* **2.** (AERO) Raumfähre *f*

vala *f* Graben *m;* **~ comum** Massengrab *nt*

Valais *m* Wallis *nt*

vale ['valə] *m* **1.** (GEOG) Tal *nt* **2.** (*documento*) Gutschein *m;* **~ de correio** Postanweisung *f*

valência *f* (QUÍM, LING) Valenz *f*

valente *adj* tapfer, mutig

valentia *f* Tapferkeit *f*, Mut *m*

valer **I.** *vt* wert sein; **quanto vale o relógio?** wie viel ist die Uhr wert?; **~ muito dinheiro** sehr wertvoll sein **II.** *vi* (*ser válido*) gelten, gültig sein; **isso não vale!** das gilt nicht!; **fazer ~ a. c.** etw geltend machen; (*ter valor, prestar*) taugen; **isto não vale nada** das taugt nichts; **ele vale muito** er hat viele Qualitäten; **ela vale muito como professora** sie ist eine sehr gute Lehrerin; (*compensar*) sich lohnen; (**não**) **vale a pena** es lohnt sich (nicht); **mais vale tarde do que nunca** besser spät als nie; (*ajudar*) helfen; **valha-me Deus!** Gott steh mir bei!; **foi o que me valeu!** das war meine Rettung! **III.** *vr* greifen (*de* zu), zurückgreifen (*de* auf)

valeriana *f* (BOT) Baldrian *m*

valeta *f* Straßengraben *m*

valete *m* (*cartas*) Bube *m*

valia *f* Wert *m;* **de menor ~** minderwertig

validade *f* **1.** (*de documento*) Gültigkeit *f;* **data de ~** Verfallstag *m* **2.** (*de alimento*) Haltbarkeit *f;* **data de ~** Haltbarkeitsdatum *f,* Verfallsdatum *nt;* **prazo de ~** Haltbarkeitsfrist *f;* **está fora/dentro da ~** das Haltbarkeitsdatum ist abgelaufen/noch nicht abgelaufen

validar *vt* gültig machen

válido ['validu] *adj* (*documento*) gültig; **o argumento é ~** das Argument gilt

valioso *adj* wertvoll, kostbar

valor [ve'lor] *m* **1.** (*de objecto, pessoa*) Wert *m;* **~ declarado** Wertbrief *m;* **dar ~ a**

alguém/a. c. jdn schätzen/etw Bedeutung beimessen; (*pessoa*); **ter ~** viele Qualitäten haben; (*quadro*) wertvoll sein **2.** (*quantia*) Betrag *m;* (*preço*) Preis *m;* **um cheque no ~ de 100 euros** ein Scheck im Wert von 100 Euro **3.** (*em exame*) Punkt *m*

valores *mpl* **1.** (*morais*) Werte *pl* **2.** (ECON) Effekten *pl;* **~ selados** Wertmarken *pl,* Gebührenmarken *pl*

valorização *f* **1.** (*de moeda, imóveis*) Wertermittlung *f* **2.** (*de pessoa*) Weiterbildung *f,* Fortbildung *f*

valorizar **I.** *vt* (*moeda, imóveis*) den Wert steigern von, höher bewerten; (*pessoa, atitude*) schätzen **II.** *vi* wert sein

valor-limite *m* Grenzwert *m*

valquíria *f* Walküre *f*

valsa *f* Walzer *m*

valsar *vi* Walzer tanzen

válvula *f* **1.** (MEC) Ventil *nt;* **~ de segurança** Sicherheitsventil *nt* **2.** (ELECTR) Röhre *nt*

vampiro, -a *m, f* Vampir *m*

vandálico *adj* vandalisch, rowdyhaft

vandalismo *m* Vandalismus *m,* Zerstörungswut *f*

vândalo, -a **I.** *m, f* Vandale, Vandalin *m, f,* Rowdy *m* **II.** *adj* vandalisch, rowdyhaft

vanglória *f* **1.** (*bazófia*) Prahlerei *f* **2.** (*vaidade*) Eitelkeit *f*

vangloriar-se *vr* prahlen (*de* mit)

vanguarda *f* **1.** (*arte*) Avantgarde *f* **2.** (*dianteira*) Spitze *f;* **estar na ~** an der Spitze sein/stehen

vanilina *f* Vanillin *nt*

vantagem [vãn'taʒãi] *f* **1.** (*lado positivo, superioridade*) Vorteil *m* (*sobre* gegenüber); **levar ~ a alguém** jdn übertreffen; **estar em ~** im Vorteil sein **2.** (*proveito*) Nutzen *m;* **tirar ~ de a. c.** Nutzen aus etw ziehen

vantajoso *adj* vorteilhaft; (*proveitoso*) nützlich

vão **I.** *m* (*de escadas*) Hohlraum *m;* (*de ponte*) Spannweite *f;* (*de janela, porta*) Öffnung *f* **II.** *adj* (*oco*) hohl; (*fútil*) leer; **promessas vãs** leere Versprechungen; **fazer a. c. em ~** etw vergebens/umsonst tun

vapor *m* Dampf *m,* Dunst *m;* **a todo o ~** mit Volldampf

vaporizador *m* Zerstäuber *m*

vaporizar *vt* sprayen, zerstäuben

vaporoso *adj* (*vestido*) luftig, leicht

vaqueiro *m* Kuhhirte *m*

vaquinha *f* (*coloq*) **fazer uma** ~ zusammenlegen

vara ['varə] *f* **1.** (*pau*) Stock *m,* Stab *m;* (*chibata*) Gerte *f,* Rute *f;* (*estaca*) Stange *f;* **tremer como ~s verdes** wie Espenlaub zittern **2.** (DESP) Stab *m* **3.** (*de porcos*) Schweineherde *f* **4.** (*de tribunal*) Gerichtsbezirk *m*

varal *m* (*de roupa*) Wäscheleine *f*

varanda [vɐ'rãndɐ] *f* Balkon *m*

varandim *m* schmale(r) Balkon *m*

varão *m* **1.** (*homem*) Mann *m;* **o filho** ~ der Sohn **2.** (*de escadas, em bengaleiro*) Stange *f*

vareja *f* v. **varejeira**

varejeira *f* Schmeißfliege *f*

varejista *m(f)* (*brasil*) Einzelhändler, Einzelhändlerin *m, f*

varejo *m* (*brasil*) Einzelhandel *m*

vareta *f* (*de guarda-chuva*) Stock *m*

variação *f* **1.** (*mudança*) Abwechslung *f* **2.** (*oscilação*) Schwankung *f;* **uma ~ nos preços** Preisschwankungen *pl*

variado *adj* **1.** (*diverso*) verschieden **2.** (*diversificado*) abwechslungsreich **3.** (*múltiplo*) vielfältig

variante *f* Variante *f;* (*de curso*) Fächerkombination *f*

variar I. *vt* (*alimentação*) variieren; (*tema, roupa*) wechseln II. *vi* **1.** (*mudar*) abwechseln; **para** ~ zur Abwechslung; **ele gosta de** ~ er liebt die Abwechslung **2.** (*ser diferente*) sich unterscheiden, unterschiedlich sein; **isso varia de pessoa para pessoa** das ist von Mensch zu Mensch unterschiedlich **3.** (*divergir*) abweichen (*de* von) **4.** (*delirar*) irrewerden, den Verstand verlieren

variável I. *f* (MAT) Variable *f* II. *adj* **1.** (*mutável*) veränderbar **2.** (*inconstante*) unstet; (*humor*) launisch

varicela [veri'sɛlɛ] *f* (MED) Windpocken *pl*

variedade *f* **1.** (*diversidade*) Vielfalt *f;* (*multiplicidade*) Reichhaltigkeit *f* **2.** (BIOL) Unterart *f,* Subspezies *f*

variedades [vɐrje'dadɐʃ] *fpl* (*teatro*) Varieté *nt*

varina *f* ambulante Fischverkäuferin *f*

varinha *f* **1.** (*vara*) kleine(r) Stab *m;* ~ **mágica/de condão** Zauberstab *m* **2.** (*de cozinha*) Mixstab *m*

varíola [vɐ'riulɐ] *f* (MED) Pocken *pl*

vários *adj* **1.** (*numerosos*) mehrere, einige **2.** (*diversos*) verschiedene

variz *f* (MED) Krampfader *f*

varredor(a) *m(f)* Straßenkehrer, Straßenkehrerin *m, f*

varredora *f* Kehrmaschine *f*

varrer I. *vt* (*com vassoura*) kehren, fegen; (*fig: vento*) wegfegen II. *vi* *vr* in Vergessenheit geraten, vergessen werden; **isso varreu-se-me da memória** das ist mir entfallen

varrido *adj* **1.** (*chão*) sauber, gefegt **2.** (*pessoa*) **doido** ~ völlig verrückt, durchgeknallt

Varsóvia *f* Warschau *nt*

várzea *f* Flussaue *f,* fruchtbare Ebene *f*

vascular *adj* Gefäß ...

vasculhar *vt* stöbern in + *dat*

vasectomia *f* (MED) Vasektomie *f*

vaselina *f* Vaseline *f*

vasilha *f* Gefäß *nt*

vasilhame *m* Leergut *nt*

vaso *m* **1.** (ANAT) Gefäß *nt;* ~ **sanguíneo** Blutgefäß *nt* **2.** (*de plantas*) Blumentopf *m*

vassalo, -a *m, f* Lehnsmann *m,* Vasall *m*

vassoira *f* v. **vassoura**

vassoura *f* Besen *m*

vastidão *f* Weite *f,* Ausdehnung *f*

vasto *adj* **1.** (*área*) weit, ausgedehnt **2.** (*conhecimentos*) umfangreich; (*variedade*) groß

Vaticano *m* Vatikan *m*

vátio ['vatju] *m* (ELECTR) Watt *nt*

vau *m* Furt *f*

Vaud *m* Waadt *f*

vaza *f* (*cartas*) Stich *m*

vazão *f* **1.** (*de mercadoria*) Absatz *m;* **dar** ~ **a a. c.** etw absetzen **2.** (*de clientes*) Bedienung *f;* **dar** ~ **aos clientes** die Kunden bedienen

vazar I. *vt* **1.** (*líquido*) ausgießen, ausschütten; (*metal*) gießen **2.** (*recipiente*) ausleeren, ausschütten II. *vi* **1.** (*líquido*) ausfließen **2.** (*maré*) zurückgehen **3.** (*coloq: ir embora*) abhauen, verschwinden; **vaza!** hau ab!

vazio [vɐ'ziu] I. *m* Leere *f* II. *adj* leer

veado I. *m* (ZOOL) Hirsch *m* II. *adj* (*coloq brasil*) schwul

vector *m* (MAT) Vektor *m*

vedação *f* Absperrung *f,* Zaun *m*

vedado *adj* **1.** (*terreno*) eingezäunt **2.** (*proibido*) verboten, untersagt; ~ **ao trânsito** Durchfahrt verboten

vedar I. *vt* (*um terreno*) einzäunen; (*uma praça*) absperren; (*entrada, passagem*) sperren; (*proibir*) verbieten, untersagen II. *vi* (*torneira*) schließen; (*recipiente*) dicht sein; **não** ~ (**bem**) das schließt nicht (richtig)

vedeta *f* Star *m;* ~ **de cinema** Filmstar *m*
vedete *f* (*brasil*) *v.* **vedeta**
veemência *f* **1.** (*insistência*) Beharrlichkeit *f,* Nachdruck *m;* (*convicção*) Überzeugung *f* **2.** (*intensidade*) Heftigkeit *f,* Vehemenz *f*
veemente *adj* **1.** (*insistente*) beharrlich, nachdrücklich; (*convincente*) überzeugend **2.** (*intenso*) heftig, vehement
vegetação *f* Vegetation *f*
vegetal **I.** *m* Pflanze *f;* (*legumes*); **vegetais** Gemüse *nt* **II.** *adj* pflanzlich, Pflanzen ...; **gordura** ~ pflanzliches Fett
vegetar *vi* (*pessoa*) vegetieren, kümmerlich vor sich hin leben
vegetariano, **-a** [vəʒəteˈrjɐnu] **I.** *m, f* Vegetarier, Vegetarierin *m, f* **II.** *adj* vegetarisch
vegetativo *adj* vegetativ
veia *f* **1.** (ANAT) Ader *f,* Vene *f* **2.** (*talento*) Ader *f,* Begabung *f;* **ter uma** ~ **poética** eine dichterische Ader haben
veicular *vt* weitergeben
veículo *m* **1.** (*de transporte*) Fahrzeug *nt;* ~ **ligeiro** Personenwagen *m;* ~ **pesado** Lastkraftwagen *m* **2.** (*fig: meio*) Mittel *nt*
veio *m* **1.** (*eixo*) Welle *f* **2.** (*em madeira, pedra*) Maserung *f* **3.** (*de água*) Rinnsal *nt*
vela [ˈvɐlə] *f* **1.** (*de barco*) Segel *nt;* (*de moinho*) Flügel *m;* (NAÚT); **içar/arriar as** ~**s** die Segel setzen/streichen **2.** (*de cera*) Kerze *f;* **acender/apagar uma** ~ eine Kerze anzünden/auslöschen **3.** (*de automóvel*) Zündkerze *f* **4.** (DESP) Segelsport *m,* Segeln *nt;* **fazer** ~ segeln
velar *vt* (*um doente*) wachen bei
veleidade *f* Laune *f*
veleiro *m* Segelschiff *nt*
velejador(a) *m(f)* Segler, Seglerin *m, f*
velejar [vələˈʒar] *vi* segeln
velhaco, **-a** *m, f* Halunke *m,* Gauner, Gaunerin *m, f*
velhice *f* Alter *nt;* **na** ~ im Alter
velho, **-a** [ˈvɐʎu] **I.** *m, f* Alte **II.** *adj* alt
velhote, **-a** **I.** *m, f* alte(r) Knabe *m,* alte(s) Mütterchen *nt* **II.** *adj* alt
velocidade [vəlusiˈdadə] *f* **1.** (FÍS) Geschwindigkeit *f;* ~ **da luz** Lichtgeschwindigkeit *f;* ~ **máxima** Höchstgeschwindigkeit *f;* ~ **recomendada** Richtgeschwindigkeit *f;* ~ **do som** Schallgeschwindigkeit *f;* ~ **ultra-sónica** Ultraschallgeschwindigkeit *f;* **a toda a** ~ so schnell wie möglich **2.** (*no automóvel*) Gang

m; **meter a primeira** ~ den ersten Gang einlegen
velocímetro *m* Tachometer *m*
velocípede *m* Fahrrad *nt*
velódromo *m* Radrennbahn *f*
velório *m* Totenwache *f*
veloz *adj* rasch, flink
veludo *m* Samt *m*
vencedor(a) *m(f)* Gewinner, Gewinnerin *m, f;* (DESP) Sieger, Siegerin *m, f*
vencer **I.** *vt* (*adversário*) besiegen, schlagen; (*guerra, concurso, campeonato*) gewinnen; (*dificuldade*) überwinden **II.** *vi* gewinnen; (DESP) siegen **III.** *vr* (*juros*) fällig werden; (*prazo*) ablaufen, enden
vencido *adj* **1.** (*pessoa*) besiegt, geschlagen; **dar-se por** ~ sich geschlagen geben **2.** (*juros*) fällig
vencimento *m* **1.** (*salário*) Gehalt *nt,* Bezüge *pl* **2.** (*de juros*) Fälligkeit *f;* (*de prazo*) Ablauf *m*
venda [ˈvɛ̃də] *f* **1.** (*de produtos*) Verkauf *m;* ~ **a retalho** Einzelhandel *m;* **estar à** ~ zum Verkauf stehen, zu verkaufen sein; **pôr a. c. à** ~ etw verkaufen; (*medicamento*); **de** ~ **livre** rezeptfrei **2.** (*para os olhos*) Augenbinde *f,* Binde *f*
vendar *vt* verbinden
vendaval *m* Sturm *m*
vendedor(a) *m(f)* Verkäufer, Verkäuferin *m, f;* ~ **ambulante** Straßenverkäufer *m*
vender [vɛ̃ˈder] **I.** *vt* verkaufen; **vende-se** zu verkaufen **II.** *vr* sich verkaufen (*a* an)
vendido *adj* verkauft
vendível *adj* verkäuflich
veneno [vəˈnenu] *m* Gift *nt;* (*fig*); **meter** ~ **em** vergiften
venenoso [vənəˈnozu] *adj* giftig
veneração *f* Verehrung *f*
venerado *adj* verehrt
venerar *vt* verehren
venerável *adj* ehrwürdig
venéreo *adj* (MED) Geschlechts ...
Veneza *f* Venedig *nt*
Venezuela *f* Venezuela *nt*
venezuelano, **-a** **I.** *m, f* Venezolaner, Venezolanerin *m, f* **II.** *adj* venezolanisch
vénia *f* Verbeugung *f;* **fazer uma** ~ eine Verbeugung machen
venoso *adj* venös, Venen ...
ventania *f* starke(r) Wind *m*
ventar *vi* windig sein

V

ventas *fpl* (*coloq*) Maul *nt*, Schnauze *f*
ventilação *f* Lüftung *f*, Ventilation *f*
ventilador [vɛ̃tileˈdor] *m* Ventilator *m*
ventilar *vt* lüften
vento [ˈvɐ̃ntu] *m* Wind *m;* **está** ~ es ist windig; **ir de** ~ **em popa** Glück haben, Rückenwind haben; **espalhar a. c. aos quatro ~s** etw an die große Glocke hängen; **quem semeia ~s, colhe tempestades** wer Wind sät, wird Sturm ernten
ventoinha *f* Ventilator *m*
ventosa *f* Saugnapf *m*
ventoso *adj* windig
ventre [ˈvɛ̃ntrə] *m* **1.** (*barriga*) Bauch *m;* (*abdómen*) Unterleib *m* **2.** (*útero*) Gebärmutter *f*
ventrículo *m* (ANAT) Herzkammer *f*
ventríloquo, -a *m, f* Bauchredner, Bauchrednerin *m, f*
ventura *f* **1.** (*sorte*) Glück *nt* **2.** (*destino*) Schicksal *nt* **3.** (*acaso*) Zufall *m*
Vénus *m* (ASTR) Venus *f*
ver [ver] **I.** *m* Ansicht *f;* **a meu** ~ meiner Ansicht nach **II.** *vt* **1.** (*olhar para*) sehen; (*examinar*) nachschauen; ~ **a. c. por alto** etw überfliegen; ~ **televisão** fernsehen; **viste o filme?** hast du den Film gesehen?; **eu vejo-a todos os dias** ich sehe sie jeden Tag; **fazer** ~ **a. c. a alguém** jdm etw klar machen; **prazer em vê-lo** es freut mich, Sie zu sehen; **já não posso** ~ **isto à** (**minha**) **frente!** ich kann es nicht mehr sehen!; ~ **as horas** auf die Uhr sehen; ~ **página 20** siehe Seite 20 **2.** (*considerar*) ansehen, betrachten; ~ **alguém/a. c. como ...** jdn/etw ansehen als ... **3.** (*espreitar*) durchsehen (*por/através de* durch) **4.** (*procurar*) nachsehen, nachschlagen; ~ **a. c. no dicionário** etw im Wörterbuch nachschlagen **5.** (*visitar*) besuchen; **eu fui vê-lo ontem** ich habe ihn gestern besucht **III.** *vi* **1.** (*visão*) sehen; ~ **bem/mal** gut/schlecht sehen; **não vejo nada** ich sehe nichts **2.** (*notar*) merken, bemerken; **eu vi que ele não estava bem** ich habe gemerkt, dass es ihm nicht gut ging; **eu vi logo!** das habe ich sofort gemerkt!; **pelo que vejo ...** wie ich sehe ...; **como vês ...** wie du siehst ...; **veremos!** warten wir's ab!, schauen wir mal!; **vais** ~ **que é fácil** du wirst sehen, dass es leicht ist; **até** ~ fürs Erste; **vendo bem ...** genau genommen ... **3.** (*advertência*) **vê se te portas bem!** und benimm dich gut!; **vê lá**

se não ... dass du ja nicht ... **4.** (*tentar*) versuchen; **eu vou** ~ **se falo com ele hoje** ich werde versuchen, heute mit ihm zu sprechen **IV.** *vr* **1.** (*encontrar-se*) sich befinden, sein; ~**-se numa situação difícil** in einer schwierigen Lage sein **2.** (*imaginar-se*) sich *dat* vorstellen können; **eu não me vejo a escrever um livro** ich kann mir nicht vorstellen, ein Buch zu schreiben
veracidade *f* Richtigkeit *f*
Verão [vəˈrãu] *m* Sommer *m*
verba *f* (*quantia*) Betrag *m;* (*dinheiro*) Geld *nt*
verbal *adj* **1.** (*do verbo*) Verbal ..., verbal **2.** (*oral*) mündlich
verbalizar *vt* verbalisieren
verbalmente *adv* mündlich
verbo *m* Verb *nt;* ~ **auxiliar** Hilfsverb *nt;* ~ **modal** Modalverb *nt*
verdade [vərˈdadə] *f* Wahrheit *f;* **na** ~ tatsächlich, in Wahrheit; **isso** (**não**) **é** ~**!** das ist (nicht) wahr!; **para dizer/falar a** ~ **...** um die Wahrheit zu sagen ...; (*coloq*) **é** ~ **...** übrigens ...
verdadeiro [vərdɐˈdeiru] *adj* **1.** (*história*) wahr; (*afirmação*) richtig **2.** (*pessoa*) aufrichtig, wahrheitsliebend; (*sentimento, nota*) echt **3.** (*gémeos*) eineiig
verde [ˈverdə] **I.** *m* Grün *nt* **II.** *adj* **1.** (*cor*) grün **2.** (*fruta*) unreif, grün; (*vinho*) spritzig **3.** (*fig: pessoa*) unerfahren, unreif
Verde *m(f)* (POL) Grüne; **os ~s** die Grünen
verdejante *adj* (leicht) grün
verde-mar *adj inv* meergrün, blaugrün
verdete *m* Grünspan *m*
verdura *f* **1.** (*cor*) Grün *nt* **2.** (*alimento*) Gemüse *nt* **3.** (*imaturidade*) Unreife *f*
vereador(a) *m(f)* Stadtrat, Stadträtin *m, f*
vereda *f* Pfad *m*
veredicto *m* (DIR) Urteil *nt*, Urteilsspruch *m;* **dar o** ~ das Urteil verkünden
verga *f* (*em mobiliário*) Korbgeflecht *nt*, Rattan *nt;* **uma cadeira de** ~ ein Korbstuhl
vergar I. *vt* **1.** (*dobrar*) biegen, krümmen **2.** (*subjugar*) unterwerfen **II.** *vr* **1.** (*curvar-se*) sich bücken, sich hinunterbeugen **2.** (*submeter-se*) sich fügen (*a*), sich unterwerfen (*a*)
vergonha *f* **1.** (*pejo*) Scham *f;* **ter** ~ **de alguém/a. c.** sich für jdn/etw schämen **2.** (*desonra*) Schande *f;* **isto é uma** ~ **para o país** das ist eine Schande für das Land **3.** (*acanhamento*) Verlegenheit *f;* **estar com/ter** ~ verlegen sein; **tenho** ~ **de fazer isso**

es ist mir unangenehm, das zu tun

vergonhoso *adj* beschämend, schändlich

verguinha *f v.* **verga**

verídico *adj* wahr, wirklich

verificação *f* **1.** (*revisão*) Nachprüfung *f*, Überprüfung *f* **2.** (*constatação*) Feststellung *f*

verificar [vərifi'kar] **I.** *vt* (*conferir, rever*) nachprüfen, überprüfen; (*constatar*) feststellen **II.** *vr* sich herausstellen; **verificou-se que ...** es hat sich herausgestellt, dass ...

verme *m* Wurm *m*

vermelhidão *f* Röte *f*

vermelho [vər'meʎu] **I.** *m* Rot *nt* **II.** *adj* rot

vermicida *m* Wurmmittel *nt*

vermute *m* Wermut *m*

vernáculo I. *m* Landessprache *f* **II.** *adj* **1.** (*nacional*) einheimisch, Landes ... **2.** (*puro*) rein

verniz *m* **1.** (*para madeira*) Lack *m*; (*em cerâmica*) Glasur *f* **2.** (*das unhas*) Nagellack *m*

verosímil *adj* **1.** (*provável*) wahrscheinlich **2.** (*credível*) glaubwürdig

verossímil *adj* (*brasil*) *v.* **verosímil**

verruga *f* Warze *f*

verruma *f* Holzbohrer *m*

versado *adj* erfahren (*em* in), versiert (*em* in)

versão [vər'sãu] *f* **1.** (*de texto, filme, música*) Fassung *f*, Version *f*; ~ **original** Originalfassung *f* **2.** (*modo de contar*) Version *f*, Darstellung *f* **3.** (*de automóvel*) Modell *nt*

versar *vi* (*elev*) handeln (*sobre* von)

versátil *adj* vielseitig

versatilidade *f* Vielseitigkeit *f*

versículo *m* (REL) Bibelspruch *m*, Bibelvers *m*

verso *m* **1.** (LIT) Vers *m* **2.** (*de folha*) Rückseite *f*

versus *m(f)* im Gegensatz zu, gegenüber

vértebra *f* Wirbel *m*

vertebrado *m* (ZOOL) Wirbeltier *nt*

vertebral *adj* Wirbel ...; **coluna** ~ Wirbelsäule *f*

vertente *f* **1.** (*de encosta*) Abhang *m*, Hang *m* **2.** (*ponto de vista*) Aspekt *m*, Gesichtspunkt *m*

verter I. *vt* **1.** (*vazar*) gießen (*para* in) **2.** (*por descuido*) verschütten, vergießen **3.** (*uma lágrima*) vergießen **II.** *vi* **1.** (*líquido*) ausfließen **2.** (*recipiente*) undicht sein

vertical I. *f* Senkrechte *f*, Vertikale *f*; **estar**

na ~ senkrecht stehen **II.** *adj* senkrecht, vertikal

vértice *m* (MAT) Scheitel *m*, Scheitelpunkt *m*

vertigem [vər'tiʒãi] *f* Schwindel *m*; **eu tenho/sinto vertigens** mir ist schwindelig

vertiginoso *adj* **1.** (*lugar*) in Schwindel erregender Höhe; **altura vertiginosa** Schwindel erregende Höhe **2.** (*velocidade*) rasend, atemberaubend

vesgo *adj* schielend

vesícula [və'zikuɫɐ] *f* Blase *f*; ~ **biliar** Gallenblase *f*

vespa ['veʃpɐ] *f* (ZOOL) Wespe *f*

véspera *f* (*dia*) Vortag *m*; (*noite*) Vorabend *m*; **na** ~ am Vorabend; ~ **de Natal** Heiligabend *m*

vespertino I. *m* (JORN) Abendzeitung *f* **II.** *adj* Nachmittags ...

vestiário [vəʃti'arju] *m* Umkleideraum *m*

vestibular *m* (*brasil*) Aufnahmeprüfung *f*

vestíbulo *m* Vorhalle *f*, Diele *f*; (*do teatro*) Foyer *nt*

vestido [vəʃ'tidu] **I.** *m* Kleid *nt*; ~ **de noite** Abendkleid *nt* **II.** *adj* angezogen, bekleidet; **estar** ~ **de preto** schwarz gekleidet sein

vestígio *m* Spur *f*

vestimenta *f* Kleidung *f*

vestir [vəʃ'tir] **I.** *vt* **1.** (*criança*) anziehen **2.** (*roupa*) anziehen; (*trazer vestido*) tragen **II.** *vr* **1.** (*pôr roupa*) sich anziehen **2.** (*trazer vestido*) tragen

vestuário *m* Kleidung *f*

vetar *vt* (POL) sein Veto einlegen gegen

veterano I. *m* Veteran *m* **II.** *adj* (*fig*) erfahren (*em* in)

veterinária *f* Tiermedizin *f*, Veterinärmedizin *f*

veterinário, -a [vətəri'narju] **I.** *m, f* Tierarzt, Tierärztin, *m, f* **II.** *adj* tierärztlich, veterinär

veto *m* (POL) Einspruch *m*, Veto *nt*

véu *m* Schleier *m*

V. Ex^aa *abrev de* **Vossa Excelência** sehr geehrte(r)

vexado *adj* verschämt, verlegen

vexame *m* **1.** (*vergonha*) Schande *f* **2.** (*escândalo*) Skandal *m*

vexar *vt* in Verlegenheit bringen

vez [veʃ/veʒ] *f* **1.** (*ocasião*) Mal *nt*; **uma** ~ einmal; **duas** ~**es** zweimal; **desta** ~ diesmal, dieses Mal; **de** ~ endgültig; **outra** ~ noch einmal; **às/por** ~**es** manchmal; **alguma** ~ jemals; **da próxima** ~ beim nächsten Mal; **pela primeira** ~ zum ersten Mal; **uma** ~ **por outra** dann und wann; **de** ~ **em quando** hin und wieder, ab und zu; **muitas** ~**es** oft; **poucas/raras** ~**es** selten; **cada** ~ **que ...**; jedes Mal wenn ...; **cada** ~ **melhor/pior** immer besser/schlechter; **de uma** ~ **por todas** ein für alle Mal; **na maior parte das** ~**es** meistens; **uma** ~ **que** **2.** (*turno*) **à** ~ abwechselnd; **um de cada** ~ jeweils eine(r); **em** ~ **de** anstatt, statt; **em** ~ **disso** stattdessen; **agora é a tua** ~ jetzt bist du an der Reihe; (*coloq*) jetzt bist du dran; **chegou a minha** ~ ich bin an der Reihe; **perder a** ~ sich neu anstellen müssen; **por sua** ~ seinerseits

vezes ['vezəʃ] *adv* (MAT) mal; **três** ~ **três são nove** drei mal drei gibt neun

via ['viɐ] **I.** *f* (*estrada*) Straße *f;* ~ **de acesso** Zubringer *m,* Zufahrtstraße *f;* ~ **rápida** Schnellstraße *f;* ~ **verde, de** ~ **única** einspurig, Fahrspur an Zahlstellen für Autobahngebühren, die für Benutzer elektronischer Abrechnungssysteme reserviert ist; (*fig: caminho*) Weg *m;* (*meio*) Mittel *nt;* (ASTR): **Via Lá(c)tea** Milchstraße *f;* (*estradas*); ~**s de comunicação** Verkehrsverbindungen *pl;* (*telefones*) Kommunikationswege *pl;* (*correio*); **por** ~ **aérea** per Luftpost; **por** ~ **legal** auf legalem Weg; ~ **oral** zum Einnehmen; **estar em** ~**s de fazer a. c.** dabei sein etw zu tun; (*de documento*) Exemplar *nt,* Ausfertigung *f* **II.** *adv* über; **nós vamos para o Algarve** ~ **Lisboa** wir fahren über Lissabon an die Algarve

viabilidade *f* **1.** (*exequibilidade*) Machbarkeit *f,* Durchführbarkeit *f* **2.** (*possibilidade*) Wahrscheinlichkeit *f;* **qual é a** ~ **de ...** wie hoch ist die Wahrscheinlichkeit, dass ...

viação *f* (*trânsito*) Straßenverkehr *m;* (*rede rodoviária*) Straßennetz *nt;* **acidente de** ~ Verkehrsunfall *m;* **direcção-geral de** ~ Straßenverkehrsamt *nt*

viaduto *m* Viadukt *m,* Brücke *f*

via-férrea *f* Eisenbahn *f*

viagem ['vjaʒɐi] *f* Fahrt *f;* (*férias*) Reise *f;* ~ **marítima** Seereise *f;* ~ **de negócios** Geschäftsreise *f;* ~ **de ida e volta** Hin- und Rückfahrt *f*

viajado *adj* weit gereist

viajante [vjɐ'ʒɐntə] *m(f)* Reisende

viajar [vjɐ'ʒar] *vi* reisen (*para* nach, *por* durch)

via-sacra *f* (REL) Kreuzweg *m,* Leidensweg *m* (Christi)

viatura *f* Fahrzeug *nt*

viável *adj* **1.** (*exequível*) machbar, durchführbar **2.** (*possível*) wahrscheinlich

víbora *f* **1.** (ZOOL) Viper *f,* Otter *f* **2.** (*pej: mulher*) (falsche) Schlange *f*

vibração *f* **1.** (*movimento*) Vibration *f,* Schwingung *f* **2.** (*som*) Hall *m* **3.** (*entusiasmo*) Begeisterung *f*

vibrador *m* Vibrator *m*

vibrar *vi* **1.** (*objecto*) schwingen, vibrieren; (*voz*) beben, zittern **2.** (*som*) hallen **3.** (*entusiasmar-se*) begeistert sein (*com* von)

vice-presidente *m(f)* Vizepräsident, Vizepräsidentin *m, f*

vice-rei *m* Vizekönig *m*

vice-reitor(a) *m(f)* Prorektor, Prorektorin *m, f,* stellvertretende(r) Direktor *m,* stellvertretende Direktorin *f*

vice-versa *adv* umgekehrt; **ou ele te telefona a ti ou** ~ entweder ruft er dich an oder umgekehrt

viciado, -a **I.** *m, f* Süchtige **II.** *adj* **1.** (*pessoa*) süchtig (*em* nach); ~ **em heroína** heroinsüchtig; ~ **no jogo** spielsüchtig **2.** (*ar*) verbraucht

viciar-se *vr* verfallen (*em*), süchtig sein; ~ **no jogo** dem Spiel verfallen

vício *m* (*hábito*) Laster *nt;* (*de drogas, álcool*) Sucht *f;* **fazer a. c. por** ~ etw aus purer Gewohnheit tun

vicissitude *f* **1.** (*eventualidade*) Zufall *m* **2.** (*infortúnio*) Missgeschick *nt*

viçoso *adj* **1.** (*vegetação*) üppig **2.** (*pessoa*) schwungvoll, stürmisch

vida ['vidɐ] *f* **1.** (*existência*) Leben *nt;* **com** ~ am Leben; **em** ~ zu Lebzeiten; **para toda a** ~ für das ganze Leben; **na** ~ **real** im wirklichen Leben; **estar entre a** ~ **e a morte** in Lebensgefahr schweben; **ganhar a** ~ seinen Lebensunterhalt verdienen; **estar bem na** ~ gut situiert sein, ausgesorgt haben; **ter uma** ~ **de cão** ein Hundeleben führen; **dar a** ~ **por alguém/a. c.** für jdn/etw sein Leben geben; **meter-se na** ~ **dos outros** sich in das Leben anderer Leute einmischen; **meta-se na sua** ~! kümmern Sie sich um ihre eigenen Angelegenheiten!; (*coloq*); **ele passa a** ~ **a ver televisão** er sieht den ganzen Tag fern **2.** (*vivacidade*) Lebendigkeit *f;* **ter muita** ~ sehr lebendig sein; (*pessoa*); **sem** ~ träge;

(*casa*) trist; (*cidade*) ausgestorben; (*história*) eintönig, langweilig; **dar ~ a a. c.** etw lebendiger machen **3.** (*coloq: prostituição*) Strich *m*; **andar na ~** anschaffen gehen, auf den Strich gehen

videira *f* Weinstock *m*

vidente *m(f)* Hellseher, Hellseherin *m, f*

vídeo *m* **1.** (*técnica*) Video *nt* **2.** (*aparelho*) Videogerät *nt*

videocâmara *f* (*brasil*) Videokamera *f*

videocassete *m* **1.** (*brasil: cassete*) Videokassette *f* **2.** (*brasil: aparelho*) Videorecorder *m*

videoclipe *m* Videoclip *m*

videoclube *m* Videothek *f*

videoconferência *f* Videokonferenz *f*

videofone *m* Bildtelefon *nt*

videogravador *m* Videorecorder *m*

videojogo *m* Videospiel *nt*

videoporteiro *m* Videoüberwachung *f*

videoteca *f* (*brasil*) Videothek *f*

videotexto *m* Bildschirmtext *m,* Videotext *m*

vidraça *f* Fensterscheibe *f*

vidraceiro, -a *m, f* Glaser, Glaserin *m, f*

vidrado *adj* **1.** (*olhos*) glasig **2.** (*coloq: apaixonado*) verrückt (*em* nach)

vidrão *m* Altglascontainer *m*

vidrar *vt* (*cerâmica*) glasieren

vidraria *f* Glaserei *f*

vidro *m* **1.** (*material*) Glas *nt; ~* **fosco** Milchglas *nt; ~* **laminado** Sicherheitsglas *nt; ~* **temperado** Panzerglas *nt;* **de ~** gläsern **2.** (*em janela, montra*) Glasscheibe *f,* Fensterscheibe *f* **3.** (*do automóvel*) Scheibe *f; ~***s elé(c)tricos** automatische Seitenscheiben; **abrir/fechar o ~** das Fenster öffnen/schließen

viela ['vjɜlɐ] *f* Gasse *f*

Viena *f* Wien *nt*

vienense I. *m(f)* Wiener, Wienerin *m, f* II. *adj* wienerisch, Wiener

viés *adv* **de ~** schräg

Vietnã *m* (*brasil*) v. **Vietname**

Vietname *m* Vietnam *nt*

viga *f* (*de madeira*) Balken *m; ~* (*de betão*) Träger *m; ~* **mestra** Dachbalken *m*

vigarice *f* Betrug *m*

vigário *m* (REL) Vikar *m*

vigarista *m(f)* Betrüger, Betrügerin *m, f*

vigarizar *vt* (*coloq*) hereinlegen, übers Ohr hauen

vigência *f* Rechtskraft *f,* Gültigkeit *f*

vigente *adj* rechtskräftig, gültig

vigésimo I. *m* Zwanzigstel *nt* II. *num ord* zwanzigste(r, s)

vigia I. *f* (*acção de vigiar*) Wachestehen *nt;* **estar de ~** Wache halten; (*de navio*) Bullauge *nt* II. *m(f)* Wachhabende, Wachposten *m*

vigiar I. *vt* (*pessoa, edifício, fronteira*) bewachen; (*processo, trabalho*) beaufsichtigen, überwachen; (*um exame*) Aufsicht führen bei II. *vi* wachsam sein

vigilância *f* **1.** (*de pessoa, edifício, fronteira*) Bewachung *f;* **estar sob ~** unter Aufsicht stehen **2.** (*de trabalho*) Beaufsichtigung *f,* Überwachung *f;* (*de exame*) Aufsicht *f*

vigilante I. *m(f)* Wächter, Wächterin *m, f;* (*museu*) Aufsichtsperson *f;* (*prisão*) Gefängniswärter, Gefängniswärterin *m, f,* Aufseher, Aufseherin *m, f* II. *adj* wachsam

vigília *f* **1.** (*a um doente*) Nachtwache *f;* (*médico*); **estar de ~** Nachtwache haben **2.** (*insónia*) Schlaflosigkeit *f*

vigor *m* **1.** (*energia*) Energie *f;* (*força*) Kraft *f,* Stärke *f* **2.** (*de lei, regulamento*) **em ~** in Kraft; **entrar em ~** in Kraft treten; **estar em ~** in Kraft sein

vigorar *vi* in Kraft sein

vigoroso *adj* (*enérgico*) energisch; (*forte*) kräftig, stark

vil *adj* **1.** (*mau*) gemein; (*reles*) niederträchtig **2.** (*desprezível*) verwerflich, schändlich

vila *f* Kleinstadt *f*

vilão, vilã *m, f* Schuft *m*

vileza *f* Niedertracht *f,* Schäbigkeit *f*

vime *m* Weidenrute *f;* **cesto de ~** Weidenkorb *m;* **cadeira de ~** Korbstuhl *m*

vimeiro *m* (BOT) Weide *f*

vinagre [vi'nagrɐ] *m* Essig *m; ~* **de vinho** Weinessig *m*

vinagrete *m* Vinaigrette *f*

vincado *adj* **1.** (*papel*) gefaltet; (*tecido*) zerknittert **2.** (*fig: acentuado*) ausgesprochen

vincar *vt* (*papel*) falten, knicken; (*tecido*) zerknittern

vinco *m* (*nas calças*) Bügelfalte *f;* (*em papel*) Knick *m*

vincular *vt* verbinden (*a* mit), verknüpfen (*a* mit)

vinculativo *adj* bindend, verbindlich

vínculo *m* Bindung *f,* Verbindung *f*

vinda *f* Kommen *nt;* (*chegada*) Ankunft *f;* (*regresso*) Rückkehr *f;* **à ~** auf dem Herweg; **a ~**

dele à cidade foi inesperada er kam unerwartet in die Stadt

vindima *f* Weinlese *f*

vindimar *vi* die Weinlese machen

vindo I. *pp de* **vir** II. *adj* kommend (*de* aus)

vindouro *adj* kommend, zukünftig; **as gerações vindouras** die kommenden Generationen

vingador(a) *m(f)* Rächer, Rächerin *m, f*

vingança *f* Rache *f* (*por* für)

vingar I. *vt* rächen II. *vi* (*plano, negócio*) gelingen; (*planta*) gedeihen III. *vr* sich rächen
(*por* für); **~-se de alguém** sich an jdm rächen; **~-se de/por a. c.** sich für etw rächen

vingativo *adj* (*pessoa, atitude*) rachsüchtig,
rachgierig

vinha ['viɲɐ] *f* Weinberg *m*

vinhaça *f* (*coloq*) Wein *m*

vinha-d'alhos *f* (CUL) Marinade *f* mit Lorbeer, Knoblauch und Pfeffer

vinheta *f* Vignette *f*

vinho ['viɲu] *m* Wein *m;* **~ branco** Weißwein *m;* **~ doce/seco** süßer/trockener
Wein; **~ espumoso** Schaumwein *m*, Sekt *m;*
~ maduro durchgegorener Wein; **~ de
mesa** Tafelwein *m;* **~ do Porto** Portwein *m;*
~ rosé Roséwein *m;* **~ tinto** Rotwein *m;* **~
verde** junger/grüner Wein

> Die Vielfalt der Weinanbaugebiete in Por-
> tugal ist groß, und alle Weine sind gut.
> Sie sollten unbedingt einmal den **Vinho
> Verde branco** probieren. Dieser Wein
> stammt aus einem Anbaugebiet im Nord-
> westen Portugals. Er ist nicht so stark wie
> die anderen Weine, schmeckt spritzig
> und leicht und sollte kühl serviert werden
> (ca. 5° C). Weltbekannt ist der nach dem
> portugiesischen Ausfuhrhafen Porto und
> zweitgrößester Stadt genannte **Vinho
> do Porto** (Portwein). Für diesen Aperitiv-
> wein werden speziell die im Dourotal
> (Nordportugal) erzeugten dunkelroten
> und weißen Weine verwendet. Dieses An-
> baugebiet steht als ältestes limitiertes
> Weinanbaugebiet innerhalb der Wein-
> geschichte unter staatlicher Kontrolle. In
> den einfachen Restaurants empfiehlt es
> sich, den **Vinho da Casa** (Hauswein) zu
> trinken. Die Sorte wechselt je nach Ge-
> gend.

vinícola *adj* Wein ...; **região ~** Weinanbau-
gebiet *nt*, Weingegend *f*

vinicultor(a) *m(f)* Weinbauer *m*, Winzer,
Winzerin *m, f*

vinicultura *f* Weinbau *m*

vinil *m* PVC *nt*

vinte ['vĩtɐ] I. *m* Zwanzig *f* II. *num card*
zwanzig

vintém *m* (*coloq*) **não ter ~** abgebrannt sein,
pleite sein

vintena *f* **uma ~ de** zwanzig

viola *f* Gitarre *f*

violação [vjuleˈsɐ̃u] *f* 1. (*de pessoa*) Vergewaltigung *f* 2. (*de lei, regras*) Verletzung *f*,
Verstoß *m* (*de* gegen); **~ de contrato** Vertragsbruch *m* 3. (*de privacidade*) Verletzung
f; **~ de correspondência** Verletzung des
Briefgeheimnisses

violador *m* Vergewaltiger *m*

violão *m* Gitarre *f*

violar *vt* 1. (*pessoa*) vergewaltigen 2. (*lei,
regras*) verletzen, verstoßen gegen; (*contrato*) brechen; (*um princípio*) zuwiderhandeln
3. (*privacidade*) verletzen; (*código*) ent-
schlüsseln, knacken; **~ a correspondência**
das Briefgeheimnis verletzen

violência *f* Gewalt *f*

violentamente *adv* gewaltsam

violentar *vt* 1. (*exercer violência sobre*) unter Druck setzen, nötigen 2. (*brasil: sexualmente*) vergewaltigen

violento *adj* 1. (*pessoa*) gewalttätig, brutal
2. (*filme*) brutal; (*morte*) gewaltsam; (*combate*) heftig 3. (*pancada, tempestade*) heftig

violeta [vjuˈletɐ] I. *f* (BOT) Veilchen *nt* II.
m (*cor*) Violett *nt* III. *adj inv* violett, veil-
chenblau

violinista *m(f)* Geiger, Geigerin *m, f*

violino *m* Geige *f*, Violine *f*

violoncelista *m(f)* Cellist, Cellistin *m, f*

violoncelo *m* Cello *nt*, Violoncello *nt*

vir [vir] *vi* 1. (*caminhar para cá, surgir*) kommen, herkommen; (*~ também*) mitkommen;
ele vem aí da kommt er; **vem cá!** komm
her!; **de onde vens?** woher kommst du?; **eu
venho de avião/comboio** ich komme mit
dem Flugzeug/Zug; **~ parar** gelangen; **~
abaixo** einstürzen; **ele também vem connosco** er kommt auch mit; **que vem a ser
isto?** was soll denn das?; **mandar ~ alguém**
jdn kommen lassen; **mandar ~ a. c.** etw bestellen; **~ à memória** einfallen; **~ a saber-se**
bekannt werden; **na semana/no ano que
vem** in der kommenden Woche/im kom-

menden Jahr **2.** (*chegar*) ankommen; **isto veio hoje** (**pelo correio**) das kam heute (mit der Post); **não venhas tarde** komm nicht so spät **3.** (*regressar*) zurückkommen; **venho já** ich bin gleich zurück **4.** (*estar escrito*) stehen; **vinha no jornal que ...** in der Zeitung stand, dass ...; **o teu nome não vem na lista** dein Name steht nicht auf der Liste **5.** (*acção contínua*) ~ **a fazer a. c.** gerade etw tun; **eu vinha a pensar nisso** ich habe gerade daran gedacht; **ele vem a correr** er kommt angerannt

vira *m* (MÚS) portugiesischer Volkstanz

vira-casaca *m/f* **ser um** ~ den Mantel nach dem Wind hängen

viragem *f* **1.** (*transição*) Wende *f*; **na** ~ **do século** zur Jahrhundertwende **2.** (*mudança de rumo*) Wendung *f*

vira-lata *m* (*brasil*) Köter *m*

virar **I.** *vt* **1.** (*voltar*) drehen; ~ **a cabeça** den Kopf drehen; ~ **as costas a alguém** jdm den Rücken zukehren; ~ **a. c. ao contrário** etw umdrehen; (*roupa*) etw auf links ziehen; ~ **alguém/a. c. de pernas para o ar** jdn/etw auf den Kopf stellen **2.** (*disco*) umdrehen; (*carne*) wenden; ~ **a página** umblättern **3.** (*recipiente*) umkippen; (*líquido*) schütten **4.** (*a esquina*) biegen um **5.** (*bolo, pudim*) stürzen **6.** (*brasil: tornar-se*) werden; **ele virou político** er wurde Politiker **II.** *vi* **1.** (*automóvel, pessoa*) abbiegen; ~ **à direita/esquerda** rechts/links abbiegen **2.** (*vento*) drehen **III.** *vr* **1.** (*voltar-se*) sich zuwenden; ~**-se para o lado** sich zur Seite drehen; ~**-se para alguém** sich jdm zuwenden; ~**-se de costas** sich umdrehen; ~**-se de costas para alguém** jdm den Rücken zudrehen; ~**-se de costas para a. c.** mit dem Rücken zu etw stehen **2.** (*barco*) kentern **3.** (*atacar*) ~**-se a alguém** jdn angreifen

virgem **I.** *m/f* Jungfrau *f*, Mann, der noch keinen Geschlechtsverkehr hatte **II.** *adj* **1.** (*pessoa*) unschuldig, unberührt **2.** (*cassete*) unbespielt; (*disquete*) leer **3.** (*azeite*) kaltgepresst **4.** (*lã*) **lã** ~ Schurwolle *f*

Virgem *f* (REL: *zodíaco*) Jungfrau *f*; **a** ~ **Santíssima** die Heilige Jungfrau

virginal *adj* jungfräulich

virgindade *f* Jungfräulichkeit *f*; **perder a** ~ die Jungfräulichkeit verlieren

vírgula *f* Komma *nt*

viril *adj* männlich, Mannes ...

virilha *f* (ANAT) Leiste *f*

virilidade *f* Männlichkeit *f*

virose *f* (MED) Virusinfektion *f*

virtual *adj* virtuell

virtualmente *adv* möglicherweise

virtude *f* Tugend *f*; **em** ~ **de** aufgrund von, kraft +*gen*

virtuoso *adj* tugendhaft

vírus ['viruʃ] *m* (MED, INFORM) Virus *m*

visão *f* **1.** (*vista*) Sehvermögen *nt*; **ter problemas de** ~ eine Sehschwäche haben **2.** (*alucinação*) Vision *f*, Erscheinung *f*; **ter visões** Visionen haben **3.** (*ponto de vista*) Sichtweise *f*; **ter uma** ~ **deturpada das coisas** eine verzerrte Sicht der Dinge haben

visar *vt* abzielen auf, zum Ziel haben

vis-a-vis **I.** *m* Gegenüber *nt* **II.** *adv* gegenüber, vis-à-vis

vísceras *fpl* Eingeweide *pl*

visco *m* Mistel *f*

visconde, **viscondessa** *m, f* Vicomte, Vicomtesse *m, f*

viscose *f* Viskose *f*

viscoso *adj* klebrig

viseira *f* Visier *nt*

visibilidade [vəzibəli'dadɐ] *f* Sicht *f*, Sichtverhältnisse *pl*; **uma curva com/sem** ~ eine lang gestreckte/scharfe Kurve

Visigodos *mpl* Westgoten *pl*

visionário, -a *m, f* Traumtänzer, Traumtänzerin *m, f*, Fantast *m*

visita [və'zite] *f* **1.** (*a pessoa*) Besuch *m*; ~ **de Estado** Staatsbesuch *m*; **estar de** ~ zu Besuch sein; **ter** ~**s** Besuch haben; **fazer uma** ~ **a alguém** einen Besuch bei jdm machen **2.** (*a museu, monumento, cidade*) Besichtigung *f*; ~ **guiada** Führung *f*

visitante [visi'tãntɐ] *m/f* Besucher, Besucherin *m, f*

visitar [vəzi'tar] *vt* **1.** (*pessoa*) besuchen **2.** (*museu, monumento, cidade*) besichtigen

visível *adj* sichtbar

visivelmente *adv* sichtlich

vislumbrar *vt* erahnen

vislumbre *m* Schimmer *m*; **um** ~ **de esperança** ein Hoffnungsschimmer

vison *m* Nerz *m*

visor [vi'zor] *m* (FOT) Sucher *m*; (*em máquina, telemóvel*) Display *nt*

vista ['viʃtɐ] *f* **1.** (*visão*) Sehvermögen *nt*; (*olho*) Auge *nt*; **à primeira** ~ auf den ersten Blick; **estar à** ~ zu sehen sein; (*fig*) offensichtlich sein; **dar nas ~s** ins Auge springen; **em ~ de** angesichts +*gen;* **em ~ disso** demzufolge, infolgedessen; **dar uma ~ de olhos em a. c.** einen Blick auf etw werfen; **a perder de ~** sehr weit entfernt; **com ~ em** im Hinblick auf; **ter a. c. em ~** etw im Auge haben; **perder alguém/a. c. de ~** jdn/etw aus den Augen verlieren; **até à ~!** bis bald!; **fazer ~ grossa** ein Auge zudrücken **2.** (*panorama*) Blick *m,* Aussicht *f;* **a varanda tem umas boas ~s** von dem Balkon hat man eine gute Aussicht

visto [ˈviʃtu] **I.** *m* (*em passaporte*) Visum *nt;* **~ obrigatório** Visumzwang *m;* **~ de trabalho** Arbeitserlaubnis *f;* **requerer um ~** ein Visum beantragen; (*sinal*) Zeichen *nt,* Haken *m;* **pôr um ~ num documento** ein Dokument abzeichnen **II.** *pp de* **ver III.** *adj* (*pessoa*) angesehen; **ser bem/mal ~** gut/schlecht angesehen sein; (*situação*); **está ~ que ...** es ist offensichtlich, dass ~ **isto, já não podemos fazer nada** so wie die Dinge liegen, können wir nichts mehr machen **IV.** *m(f)* **~ que** da, in Anbetracht der Tatsache, dass; **~ que ele não vem, vamos telefonar-lhe** da er nicht kommt, werden wir ihn anrufen

vistoria *f* Überprüfung *f,* Kontrolle *f*

vistoriar *vt* überprüfen, kontrollieren

vistoso *adj* auffallend, auffällig

visual I. *m* Aussehen *nt* **II.** *adj* Seh ..., Sicht ...

visualizar *vt* sich *dat* ein Bild machen von, sich *dat* vorstellen

vital *adj* lebenswichtig, vital

vitalício *adj* lebenslänglich

vitalidade *f* Vitalität *f,* Lebenskraft *f*

vitamina *f* **1.** (*substância*) Vitamin *nt* **2.** (*brasil: batido*) Mixgetränk *nt*

vitaminado *adj* vitaminreich

vitela *f* (CUL) Kalbfleisch *nt*

vitelo, -a *m, f* (ZOOL) Kalb *nt*

viticultor(a) *m(f)* Weinbauer *m,* Winzer, Winzerin *m, f*

viticultura *f* Weinanbau *m*

vítima [ˈvitimɐ] *f* Opfer *nt;* **~ mortal** Todesopfer *nt;* **ser ~ de alguém/a. c.** jdm/etw zum Opfer fallen; **fazer-se de ~** die Opferrolle übernehmen

vitimar *vt* Todesopfer fordern; **o acidente vitimou dez pessoas** der Unfall forderte zehn Todesopfer, dem Unfall fielen zehn Personen zum Opfer

vitória [viˈtɔrjɐ] *f* Sieg *m* (*sobre* über)

vitorioso *adj* siegreich

vitral *m* (ornamentales) Kirchenfenster *nt*

vítreo *adj* gläsern

vitrina *f* (*armário*) Vitrine *f,* Glasschrank *m*

vitrine *f* (*brasil: montra*) Schaufenster *nt*

viuvez *f* (*de mulher*) Witwenstand *m;* (*de homem*) Witwerstand *m*

viúvo, -a [ˈvjuvu] **I.** *m, f* Witwer, Witwe *m, f* **II.** *adj* verwitwet

viva I. *m* Hoch *nt,* Hochruf *m;* **dar ~s a alguém** jdm zujubeln **II.** *interj* **1.** (*bravo*) hoch!, hoch soll er/sie leben!; **~ a noiva!** hoch lebe die Braut! **2.** (*coloq: olá*) hallo; **ora ~!** grüß dich! **3.** (*para espirro*) Gesundheit!

vivacidade *f* Lebhaftigkeit *f,* Lebendigkeit *f*

vivaço *adj* lebhaft, lebendig

vivalma *f* **nem ~** keine Menschenseele; **não se via ~** es war keine Menschenseele zu sehen

vivamente *adv* (*aconselhar*) nachdrücklich; (*aplaudir*) stürmisch

viveiro *m* **1.** (*de peixes*) Fischteich *m;* (*de marisco*) Zuchtbecken *nt* **2.** (*de plantas*) Gärtnerei *f*

vivência *f* Erlebnis *nt*

vivenciar *vt* erleben

vivenda [viˈvẽdɐ] *f* Einfamilienhaus *nt;* (*de luxo*) Villa *f*

viver [viˈver] **I.** *vt* **1.** (*uma experiência*) erleben **2.** (*a vida*) leben **II.** *vi* **1.** (*existir*) leben (*de* von); **~ bem/mal** gut/schlecht leben **2.** (*morar*) wohnen; **~ com alguém** bei jdm wohnen

víveres *mpl* Lebensmittel *pl,* Nahrungsmittel *pl*

vívido *adj* erfahren; **ser muito ~** viel Lebenserfahrung haben

vívido *adj* **1.** (*com vivacidade*) lebhaft **2.** (*fulgurante*) feurig

vivo [ˈvivu] **I.** *m* **os ~s** die Lebenden **II.** *adj* **1.** (*ser*) lebend **2.** (*com vivacidade*) lebhaft, munter **3.** (*cor*) leuchtend, strahlend

vizinhança *f* Nachbarschaft *f*

vizinho [vəˈziɲu] **I.** *m* Nachbar, Nachbarin *m, f* **II.** *adj* (*casa*) benachbart; (*cidade, país*) Nachbar ...

vizir *m* Wesir *m*

voador I. *m* (*de criança*) Laufstuhl *m* **II.** *adj* fliegend

voar [vwar] *vi* **1.** (*ave, avião*) fliegen **2.** (*tempo*) verfliegen; **o tempo voa** die Zeit verfliegt

vocabulário *m* Wortschatz *m*, Vokabular *nt*

vocábulo *m* Vokabel *f*

vocação *f* **1.** (REL) Berufung *f*; **ter ~ para a. c.** zu etw berufen sein **2.** (*inclinação*) Talent *nt*; **~ profissional** Berufung *f*; **(não) ter ~ para a. c.** (kein) Talent für etw haben

vocacionado *adj* berufen (*para* zu)

vocacional *adj* Berufs ...; **teste ~** Eignungstest *m*

vocal *adj* Stimm ...

vocalista *m(f)* Sänger, Sängerin *m, f*

vocativo *m* (LING) Vokativ *m*

você [vɔ'se] *pron pers* **1.** (*formal*) Sie; **tratar alguém por ~** jdn siezen; **para ~** für Sie; **isto foi dito por ~** das wurde von Ihnen gesagt **2.** (*brasil: tu*) du; **para ~** für dich; **isto foi feito por ~** das wurde von dir gemacht

vocês [vɔ'seʃ] *pron pers pl* ihr; (*formal*) Sie; **para ~** für euch; **isto foi dito por ~** das wurde von euch gesagt

vociferar I. *vt* schreien, brüllen **II.** *vi* (wütend) schreien, (wütend) brüllen

vodka *f* Wodka *m*

vodu *m* Voodoo *m*, Wodu *m*

voga *f* **estar em ~** in Mode sein, in sein

vogal I. *f* (LING) Vokal *m* **II.** *m* (*de assembleia*) stimmberechtigte(s) Mitglied *nt*; (*da Câmara*) Stadtrat, Stadträtin *m, f*

vol. *abrev de* **volume** Bd. (= *Band*)

volante *m* **1.** (*de automóvel*) Lenkrad *nt*; **ir ao ~** am Steuer sitzen **2.** (*de badminton*) Federball *m*

volátil *adj* **1.** (*inconstante*) flatterhaft, unbeständig **2.** (QUÍM) flüchtig

vólei *m v.* **voleibol**

voleibol [vɔlei'bɔl] *m* Volleyball *m*

volframio *m* (QUÍM) Wolfram *nt*

vo-lo, -a Zusammensetzung: *pron* vos + *art* a/o

volt [vɔlt] *m* (ELECTR) Volt *nt*

volta ['vɔlte] **I.** *f* **1.** (*viragem*) Drehung *f*; (*regressar*); **dar meia ~** kehrtmachen; (*de costas*) sich abwenden; **dar ~s à cabeça** sich *dat* den Kopf zerbrechen; **andar às ~s** hin- und herlaufen; **dar a ~ ao mundo** eine Weltreise machen; **não há ~ a dar-lhe** da ist nichts zu machen; (*coloq*); **dar a ~ a alguém** jdn herumkriegen; (*fig*); **~ e meia** hin und wieder **2.** (*em redor*) Runde *f*; **dar a ~ à rotunda** (im Kreisverkehr) eine Runde drehen; **andar à ~ da casa** um das Haus herum gehen **3.** (*regresso*) Rückkehr *f*; (*de viagem*) Rückfahrt *f*; **estar de ~** zurück sein **4.** (*a pé; passeio*) Spaziergang *m*, Rundgang *m*; (*de carro*) Rundfahrt *f*; **dar uma ~** einen Spaziergang machen, bummeln; **dar uma ~ pela Europa** eine Rundreise durch Europa machen; (*coloq*); **vai dar uma ~!** mach, dass du wegkommst! **5.** (*rotação*) Umdrehung *f*; **dar uma ~ à chave** den Schlüssel herumdrehen **6.** (*em automobilismo*) Runde *f* **7.** (*em eleições*) Wahlgang *m* **II.** *prep* **1.** (*local*) **em ~ de** um ... herum; **o jardim está em ~ da casa** um das Haus herum ist der Garten **2.** (*temporal*) **por ~ de** gegen; **por ~ das dez horas** gegen zehn Uhr

voltagem *f* (ELECTR) Spannung *f*, Voltzahl *f*

voltar [vɔl'tar] **I.** *vt* (*virar*) wenden, umdrehen; **~ a cabeça** den Kopf drehen; **~ as costas a alguém** jdm den Rücken kehren **II.** *vi* **1.** (*regressar*) zurückkommen; (*tornar a vir*) wiederkommen; **ela já não volta** sie kommt nicht mehr zurück; **~ a si** wieder zu sich *dat* kommen; **volto já!** komme gleich wieder!; **~ atrás/para trás** umkehren; **~ com a palavra atrás** seine Zusage zurücknehmen; **~ ao assunto** auf die Angelegenheit zurückkommen; **quando é que voltas a Portugal?** wann kommst du wieder nach Portugal? **2.** (*repetição*) **~ a fazer a. c.** etw noch einmal/wieder tun; **ele não voltou a falar nisso** er hat nicht mehr davon gesprochen; **eu voltei a vê-lo** ich habe ihn noch einmal gesehen **III.** *vr* **1.** (*pessoa*) sich umdrehen; **~-se para alguém** sich zu jdm umdrehen **2.** (*barco*) kentern

voltímetro *m* (ELECTR) Spannungsmesser *m*, Voltmeter *nt*

vóltio *m* (ELECTR) Volt *nt*

volume *m* **1.** (MAT) Rauminhalt *m* **2.** (*espaço*) Volumen *nt* **3.** (*de enciclopédia*) Band *m* **4.** (*pacote*) Paket *nt*; (*de cigarros*) Stange *f* **5.** (*de som*) Lautstärke *f* **6.** (*do cabelo*) Fülle *f*; **dar ~ ao cabelo** dem Haar Fülle geben **7.** (*fig: dimensão*) Umfang *m*, Volumen *nt*; **~ de vendas** Umsatz *m*

volumoso *adj* (*objecto*) voluminös, massig; (*pessoa*) korpulent, dick; (*obra*) umfangreich

voluntariamente *adv* freiwillig

voluntário, -a I. *m, f* Freiwillige **II.** *adj* freiwillig

voluntarioso *adj* eigenwillig, eigensinnig

volúpia *f* Wollust *f*

voluptuoso *adj* wollüstig; (*sensual*) sinnlich

volúvel *adj* (*inconstante*) unbeständig; (*leviano*) flatterhaft

volver *vi* (MIL) **direita ~!** rechts schwenkt marsch

volvido *adj* nach, nach Ablauf von; **~s estes anos** nach diesen Jahren; **~s dez anos** nach Ablauf von zehn Jahren

vomitado *m* Erbrochene *nt*

vomitar [vumi'tar] **I.** *vt* erbrechen **II.** *vi* sich übergeben, brechen, kotzen

vómito *m* Erbrechen *nt;* **isso dá ~s** davon wird einem (ganz) übel

vontade [võn'tadə] *f* **1.** (*força de* ~) Wille *m;* **de livre ~** aus freien Stücken; **má ~** Widerwille *m;* **de boa ~** sehr gern, mit großem Vergnügen; **de má ~** widerwillig, ungern **2.** (*desejo*) Lust *f;* **ter ~ de fazer a. c.** Lust haben, etw zu tun; **fazer a. c. com ~** etw gerne tun **3.** (*descontracção*) **estar à ~** sich wohl fühlen; (*à descrição*); **à ~** nach Belieben; **esteja à ~!** fühlen Sie sich wie zu Hause!; **podes dizer à ~** du kannst das ruhig sagen; (MIL); **à ~!** rührt euch!

voo ['vou] *m* Flug *m;* **~ à vela** Segelflug *m;* **~ doméstico** Inlandflug *m;* **~ picado** Sturzflug *m;* **~ rasante** Tiefflug *m;* (*avião*); **levantar ~** abfliegen, starten; (*ave*) auffliegen

voracidade *f* **1.** (*comida*) Gefräßigkeit *f* **2.** (*avidez*) Gier *f*

Vorarlberg *m* Vorarlberg *nt*

voraz *adj* **1.** (*comida*) gefräßig **2.** (*avido*) gierig

vos *pron pers* euch; **eles visitaram-vos** sie besuchten euch; **ela diz-vos ...** sie sagt euch ...

vós *pron pers* ihr; **isto foi feito por ~** das wurde von euch gemacht

vosso ['vɔsu] *pron poss* euer, eure; (*formal*) Ihr; **o ~ filho** euer Sohn; **a vossa filha/casa** eure Tochter/euer Haus; **um amigo ~** ein Freund von euch

votação *f* Abstimmung *f*

votar **I.** *vt* (*eleger*) wählen; (*aprovar*) verabschieden; (*submeter a voto*) abstimmen über

II. *vi* abstimmen; **~ contra/a favor de a. c.** gegen/für etw stimmen; **~ em alguém** für jdn stimmen

voto *m* **1.** (*votação*) Abstimmung *f;* (*individual*) Stimme *f;* **ter direito de ~** stimmberechtigt sein; **não ter ~ na matéria** nichts zu sagen haben **2.** (REL) Gelübde *nt;* **fazer um ~ de pobreza** ein Armutsgelübde ablegen

votos *mpl* (*desejos*) Wunsch *m;* **~ de felicidades** Glückwünsche *pl;* **fazer ~ de a. c.** etw wünschen

vovó *f* Oma *f*

vôvô *m* Opa *m*

voz *f* **1.** (*de pessoa*) Stimme *f;* **a uma (só) ~** einstimmig; **em ~ baixa** leise; **em ~ alta** laut; **ela não tem ~ a(c)tiva em casa** sie hat zu Hause nichts zu melden/sagen; **a ~ do povo** die Stimme des Volkes **2.** (LING) **~ a(c)tiva** Aktiv *nt;* **~ passiva** Passiv *nt* **3.** (MÚS) Stimme *f*

vozearia *f* Geschrei *nt*

vozeirão *m* kräftige Stimme *f*

vs. *abrev de* **versus** vs. (= *versus*)

v.s.f.f. *abrev de* **virar se faz favor** b. w. (= *bitte wenden*)

vulcânico *adj* vulkanisch

vulcão [vul'kãu] *m* Vulkan *m;* **um ~ extinto** ein erloschener Vulkan; **um ~ em a(c)tividade** ein aktiver Vulkan

vulgar *adj* **1.** (*usual*) üblich, gewöhnlich **2.** (*pej: ordinário*) vulgär, ordinär

vulgaridade *f* **1.** (*banalidade*) Gewöhnlichkeit *f* **2.** (*pej: grossaria*) Derbheit *f*, Rohheit *f*

vulgarizar **I.** *vt* allgemein verbreiten, popularisieren **II.** *vr* sich verbreiten, populär werden

vulgarmente *adv* gewöhnlich, allgemein

Vulgata *f* (REL) Vulgata *f*

vulgo **I.** *m* gemeine(s) Volk *nt* **II.** *adv* vulgo

vulnerável *adj* verletzlich, verwundbar

vulto *m* Gestalt *f*

vulva *f* (ANAT) Vulva *f*

Vurtemberga *f* Württemberg *nt*

W

W, w [vedu'bradu] *m* W, w *nt*

walkie-talkie *m* Walkie-Talkie *nt*

walkman ['wɔkmən] *m* Walkman® *m*

watt ['wɔtə/vat] *m* (ELECTR) Watt *nt*

western *m* Western *m*

whisky *m* Whisky *m*

windsurf ['wĩndsɛrf] *m* Windsurfing *nt;* **fazer ~** windsurfen, surfen

workshop [werkə'ʃɔp] *f* Workshop *m*

X

X, x [ʃiʃ] *m* X, x *nt;* **cromossoma** ~ X-Chromosom *nt;* **raio** ~ Röntgenstrahl *m*
xá *m* Schah *m*
xadrez *m* **1.** (*jogo*) Schach *nt* **2.** (*padrão*) Karomuster *nt;* **ao** ~ kariert **3.** (*coloq: cadeia*) Knast *m;* **estar no** ~ im Knast sitzen
xaile *m* Schultertuch *nt*
xale *m v.* **xaile**
xampu [ʃãm'pu] *m* (*brasil*) Shampoo *nt*
xará *adj* (*brasil*) gleichnamig
xarope *m* Sirup *m;* (*da tosse*) Hustensaft *m*
xelim *m* Schilling *m*
xelindró *m* (*coloq brasil*) Kittchen *nt*
xenofobia *f* Fremdenfeindlichkeit *f,* Xenophobie *f*
xenófobo, -a **I.** *m, f* Fremdenfeind, Fremdenfeindin *m, f,* fremdenfeindliche(r) Mensch *m* **II.** *adj* fremdenfeindlich, xenophob
xeque *m* **1.** (*de tribo*) Scheich *m* **2.** (*em xa-*

drez) *v.* **xeque-mate**
xeque-mate *m* Matt *nt,* Schachmatt *nt;* **fazer** ~ das Matt herbeiführen; **estar em** ~ im Schach stehen; **pôr alguém em** ~ Schach bieten
xerez *m* Sherry *m*
xerife *m* Sheriff *m*
xerox *m* **1.** (*brasil: fotocópia*) Fotokopie *f* **2.** (*brasil: máquina*) Fotokopierer *m*
xexé *adj* (*coloq*) verkalkt, senil
xícara *f* (*brasil*) Tasse *f*
xiita *m(f)* Schiit, Schiitin *m, f*
xilofone *m* (MÚS) Xylophon *nt*
xingação *f* (*brasil*) Beschimpfung *f*
xingar *vt* (*brasil*) beschimpfen
xisto *m* Schiefer *m*
xistoso *adj* schiefern, Schiefer ...
xô *interj* ~! ksch!
xodó *m* **1.** (*brasil: paixão*) Leidenschaft *f* **2.** (*brasil: carinho*) Liebkosung *f,* Zärtlichkeit *f*

Y

Y, y [i'gregu] *m* Y, y *nt;* **cromossoma** ~ Y-Chromosom *nt*

Yéti *m* Yeti *m*
yuppie *m* Yuppie *m*

Z

Z, z [ze] *m* Z, z *nt*
zagueiro *m* (DESP: *brasil*) Mittelfeldspieler *m*
Zaire *m* Zaire *nt*
Zâmbia *f* Sambia *nt*
zanga *f* Streit *m,* Zank *m*
zangado [zãŋ'gadu] *adj* böse, verärgert; **estar** ~ **com alguém** böse auf jdn sein
zangão *m* (ZOOL) Drohne *f*
zangar-se *vr* sich ärgern (*com* über); (*mutuamente*) sich zanken, sich streiten; **eles zangaram-se** sie haben sich gestritten
zanzar *vi* (*brasil*) herumlaufen, herumstreifen
zaragata *f* Randale *f*
zaragateiro, -a **I.** *m, f* Randalierer, Randa-

liererin *m, f* **II.** *adj* streitsüchtig
zarolho *adj* schielend
zarpar *vi* **1.** (*barco*) auslaufen **2.** (*coloq brasil: pessoa*) sich davonmachen, abhauen
zás *interj* ~! klatsch!
zebra *f* **1.** (ZOOL) Zebra *nt* **2.** (*para peões*) Zebrastreifen *m*
zebrado *adj* gestreift
zelador(a) *m(f)* (*brasil*) Hausmeister, Hausmeisterin *m, f*
zelar *vi* wachen (*por* über); ~ **pelos direitos de alguém** sich für jds Rechte einsetzen
zelo *m* Eifer *m,* Sorgfalt *f*
zeloso *adj* eifrig, sorgfältig; **ele é muito** ~ **do seu trabalho** er arbeitet sehr sorgfältig

W
X
Y
Z

zé-ninguém *m* Niemand *m*

zénite *m* (ASTR) Zenit *m*

zepelim *m* (AERO) Zeppelin *m*

zé-povinho *m* einfache(s) Volk *nt*

zero ['zɜru] **I.** *m* Null *f;* (*fig*); **ser um** ~ **à esquerda** eine Null sein; **voltar à estaca** ~ wieder bei Null anfangen **II.** *num card* null

ziguezague *m* Zickzack *m;* (*pessoa*) **ir aos** ~**s** torkeln; (*automóvel*) Schlangenlinien fahren

ziguezaguear *vi* (*pessoa*) torkeln; (*automóvel*) Schlangenlinien/im Zickzack fahren

Zimbabwe *m* Simbabwe *nt*

zimbro *m* (BOT) Wacholder *m*

zincar *vt* verzinken

zinco *m* (QUÍM) Zink *nt*

zíper *m* (*brasil*) Reißverschluss *m*

zodiacal *adj* Tierkreis ...

zodíaco *m* Tierkreis *m*

zombador(**a**) **I.** *m/f* Spötter, Spötterin *m, f* **II.** *adj* spöttisch

zombar *vi* spotten (*de* über)

zombaria *f* Spott *m,* Spötterei *f*

zona *f* **1.** (*área*) Zone *f;* (*de país*) Gebiet *nt;* (*de cidade*) Bezirk *m;* (*do corpo*) Stelle *f;* ~ **industrial** Industriegebiet *nt;* ~ **ajardinada/verde** Grünanlage *f;* ~ **de peões** Fußgängerzone *f;* ~ **tropical** Tropen *pl* **2.** (MED) Gürtelrose *f* **3.** (*brasil: bordel*) Bordell *nt*

zonzo *adj* benommen, schwindlig

zoologia *f* Zoologie *f*

zoológico *adj* zoologisch; **jardim** ~ zoologischer Garten, Tiergarten *m*

zoólogo, -a *m, f* Zoologe, Zoologin *m, f*

zoom *m* (FOT) Zoom *nt*

zorro *adv* **de** ~ kriechend, krabbelnd; **ir de** ~ kriechen

Zug *m* (GEOG) Zug *m*

zum *m* (FOT: *brasil*) Zoom *nt*

zumba *interj* plumps

zumbido *m* Summen *nt,* Surren *nt;* (*nos ouvidos*) Sausen *nt,* Dröhnen *nt*

zumbir *vi* **1.** (*insecto*) summen, surren **2.** (*avião*) brummen; (*máquina*) rattern, dröhnen **3.** (*ouvidos*) sausen

zunir *vi* **1.** (*vento, seta*) pfeifen, sausen **2.** (*insecto*) summen, surren **3.** (*avião*) brummen; (*máquina*) rattern, dröhnen **4.** (*cabeça*) brummen, dröhnen

zunzum *m* **1.** (*ruído*) Surren *nt,* Summen *nt;* (*de pessoas*) Getuschel *nt* **2.** (*boato*) Gerücht *nt*

zunzunar *vi* **1.** (*vento*) rauschen; (*folhas*) rascheln **2.** (*pessoas*) tuscheln

Zurique *f* Zürich *nt*

zurrar *vi* iahen

zurro *m* Schrei *m* eines Esels, Iahen *nt*

Privatkorrespondenz
Correspondência particular
An das Verkehrsamt: Anforderung von Prospekten

P. Unger
Schneiderstr. 6
28717 Bremen

An das
Verkehrsamt
Postfach 66 38 92
82211 Herrsching

Bremen, den 2.2.2003

Sehr geehrte Damen und Herren,

wir möchten in diesem Sommer unseren Urlaub am Ammersee verbringen und bitten Sie um Zusendung eines Hotelverzeichnisses und weiterer Informationsmaterialien.

Für Ihre Bemühungen danken wir Ihnen im Voraus.

Mit freundlichen Grüßen

Peter Unger

Para a Central de Turismo: pedido de prospectos

Central de Turismo
Caixa Postal 21000-231
Rio de Janeiro -RJ

Rio de Janeiro, 2 de Fevereiro de 2003

Prezados Senhores:

Gostaríamos de passar as férias deste Verão na Lagoa dos Patos.
Solicitamos que nos enviem alguns prospectos de hotéis assim como material
de informação adicional.

Agradecemos antecipadamente pela sua colaboração.

Atenciosamente,

Pedro Urtigas

Solicitamos que nos enviem

Wir bitten um Zusendung von ...

Agradecemos antecipadamente pela
sua c olaboração

Für Ihre Bemühungen danken wir
Ihnen im Voraus.

Ein Hotelzimmer reservieren

Sehr geehrte Frau Malo,

vielen Dank für Ihren freundlichen Brief vom 17. Juni sowie den Prospekt,
der uns einen Einblick in ihr Haus gegeben hat. Alle Clubmitglieder waren
begeistert.

Entsprechend Ihrer Preisliste bitten wir Sie um die Reservierung von:

4 Doppelzimmern mit Dusche und WC,
4 Einzelzimmern mit Dusche und WC.

Wir gehen davon aus, dass sich die Preise jeweils auf die Übernachtung mit
Frühstück beziehen.

Wir werden voraussichtlich am 2. Oktober gegen 14 Uhr eintreffen. Beiliegend schicken wir Ihnen die genaue Teilnehmerliste.

Wir freuen uns auf unseren Aufenthalt und danken Ihnen für Ihre Mühe.

Mit freundlichen Grüßen

Monika Ottke

Reserva de um quarto em hotel

Cara D. Manuela:

Agradecemos muito a sua gentil carta do dia 17 de Junho assim como o prospecto, que nos deu uma boa ideia do seu hotel. Todos os membros do Clube ficaram encantados.

Com base na sua lista de preços, gostaríamos de fazer a seguinte reserva:

– 4 quartos de casal
– 4 quartos individuais

Partimos do princípio de que os preços indicados incluem dormida e pequeno almoço.

A nossa chegada está prevista para o dia 2 de Outubro por volta das 14:00 h. Em anexo enviamos-lhe a lista completa de participantes.

Agradecemos antecipadamente a sua atenção.

Atenciosamente,

Mônica Ferreira

... que nos deu uma boa ideia do seu hotel   ... hat uns einen Einblick in Ihr Haus gegeben

A nossa chegada está prevista para ...   Wir werden voraussichtlich am ... eintreffen

Auskünfte über eine Ferienwohnung einholen

Sehr geehrte Frau Schober,

das Informationsmaterial des Fremdenverkehrsbüros mit der Beschreibung der Ferienunterkünfte in Ihrer Region hat uns auf die von Ihnen vermieteten Ferienwohnungen aufmerksam gemacht.

Wir würden gerne die Wohnung für fünf Personen ab dem 15. Juli für drei Wochen mieten, haben aber zuvor noch einige Fragen.

Besteht die Möglichkeit in der Woche anzureisen und die Wohnung für 21 Tage von Mittwoch bis Dienstag zu nehmen? Können Sie uns bitte mitteilen, ob die Endreinigung im Preis inbegriffen ist und ob bzw. in welcher Höhe Sie vor der Anreise eine Anzahlung wünschen? Wird Bettwäsche zur Verfügung gestellt? Und ist Hundehaltung – wir haben einen Dackel – in der Wohnung erlaubt?

Mit freundlichen Grüßen

B. und H. Göckritz

Pedir informações sobre um apartamento de férias

Prezada D. Elisa:

Através do material informativo da Central de Turismo que descreve alojamentos para férias localizados na sua região, tomámos conhecimento dos apartamentos que aluga.

Em princípio gostaríamos de alugar um apartamento para cinco pessoas a partir do dia 15 de Julho por um período de três semanas, mas há ainda alguns pontos a esclarecer:

É possível alugar o apartamento por 3 semanas com chegada no meio da semana, isto é, desde uma quarta até uma terça-feira? Poderia informar-nos se a limpeza final do apartamento está incluída no preço? No caso de desejar que se pague sinal, qual o montante deste? Há roupa de cama à disposição? São permitidos cães nos apartamentos? O facto é que nós temos um cão da raça Dachshund.

Esperando as suas notícias,

Atenciosamente,

A. e B.Varela

---

material informativo da Central de Turismo	das Informationsmaterial des Fremdenverkehrsbüros
os apartamentos que aluga	die von Ihnen vermieteten Ferienwohnungen
Seria possível a chegada no meio da semana?	Besteht die Möglichkeit in der Woche anzureisen?
A limpeza final do apartamento está incluída no preço?	Ist die Endreinigung im Preis inbegriffen?
São permitidos cães nos apartamentos?	Ist Hundehaltung erlaubt?

Eine Ferienwohnung mieten

Sehr geehrte Frau Schober,

herzlichen Dank für Ihre rasche Antwort.

Wir sind mit Ihren Konditionen einverstanden und bestätigen hiermit, Ihre Ferienwohnung Nr. 3 für fünf Personen vom 15. Juli bis einschließlich 4. August zu mieten.

Die Vorauszahlung in Höhe von € 200,– haben wir heute auf das von Ihnen angegebene Konto überwiesen, die restliche Miete in Höhe von € 700,– erhalten Sie wie abgesprochen an unserem Abreisetag.

Wir freuen uns auf den Urlaub bei Ihnen.

Mit freundlichen Grüßen

B. und H. Göckritz

P.S.: Könnten Sie uns bitte rechtzeitig Bescheid geben, wo und bis wann wir am Anreisetag unsere Schlüssel abholen können?

Aluguel de um apartamento para férias

Prezada D. Elisa:

Agradecemos a sua rápida resposta.

Estamos de acordo com as suas condições e gostaríamos de confirmar a reserva do seu apartamento de férias n.° 3 para cinco pessoas de 15 de Julho até 4 de Agosto inclusive.

O sinal para o pagamento no valor de € 200,– foi transferido hoje para a conta indicada: O restante, no valor de € 700,–, será pago, conforme combinado, no dia da nossa partida.

Atenciosamente,

A. e B.Varela

P.S.: Poderia informar-nos, a seu devido tempo, onde e até que horas podemos buscar as chaves no dia da nossa chegada?

---

de 15 de Julho até 4 de Agosto inclusive

o restante, no valor de R$ 1.050,00, será pago, conforme combinado, no dia da nossa partida.

vom 15. Juli bis einschließlich 4. August

die restliche Miete ... erhalten Sie wie abgesprochen an unserem Abreisetag

Hallo Marion,

viele Grüße aus Italien! Wir sind jetzt
schon seit einer Woche in Rom und noch
immer total fasziniert von der Stadt.
In ihr pulsiert das Leben, und auf den
Straßen ist immer was los – selbst noch
um 2 Uhr nachts. Tina und ich erholen uns
prächtig und sind auch schon schön braun
geworden. Das Nachtleben genießen wir in
vollen Zügen. Wir gehen jeden Abend tanzen
und lassen uns von dem Charme der Römer
verzaubern. Schade, dass du nicht hier
bist. Alles weitere in einer Woche. Bis dann.

Schönste Grüße
Deine Manuela

Marion Baumgartner

Mainstr. 15

76199 Karsruhe

Cartões postais de férias

Querida Maria:

Lembranças aqui da Itália! Já estamos há
uma semana em Roma e continuamos
totalmente fascinadas com esta cidade.
Há muita vida e sempre há movimento nas
ruas – mesmo às 2:00 h da manhã!
A Ana e eu estamos a passar um óptimo
tempo e já estamos muito bronzeadas.
Estamos a aproveitar plenamente a vida
nocturna. Todas as noites vamos dançar
e deixamo-nos encantar pelo charme
dos romanos. Que pena tu não estares aqui!
O resto contamos-te daqui a uma semana.

Um abraço da
Cristina

Maria Fagundes

Rua Bosque de Saúde 1510

CEP 04142 São Paulo

---

estamos a passar um óptimo tempo   Wir erholen uns prächtig.

O resto daqui a uma semana   Alles weitere in einer Woche.

Weihnachts- und Neujahrsgrüße (an sehr gute Freunde)

Lieber Dieter, liebe Marion,

wir hoffen, dass der Weihnachtsstress
euch noch nicht ganz aufgefressen hat.
Wir haben soweit alles erledigt:
Geschenke für Kinder und Verwandte,
Planung des Weihnachtsmenüs
und alles, was sonst noch dazu gehört.
Wir möchten es nicht versäumen,
euch die allerbesten Weihnachtsgrüße
zu schikken. Wir hoffen, dass Ihr
genügend Zeit findet, euch von der
Hektik des Alltags zu erholen.
Und denkt daran, euch noch ein
bisschen Kraft und gute Laune für
unsere Silvesterfete aufzuheben.
Wir freuen uns sehr darauf, mit guten
Freunden in das neue Jahr zu feiern.
Bis dahin wünschen wir euch und eurer
Familie ein frohes Fest!

Cordula und Peter

Weihnachts- und Neujahrsgrüße (an Bekannte)

Ein frohes Weihnachtsfest
und
ein gutes neues Jahr 2003
wünschen Ihnen

Herr und Frau Mayer

Votos de Natal para bons amigos

Querida Maria e querido Rafael,

Esperamos que as preparações do Natal não tenham sido cansativas demais.Nós já temos tudo preparado:os presentes para as crianças e para o resto da família, os planos para o jantar de Consoada e tudo o que pertence a estas festividades. Não queríamos deixar de mandar-lhes os nossos melhores votos de Natal. Esperamos que tenham tempo suficiente para descansar da correria do dia-a-dia. E não se esqueçam de guardar um pouco de disposição e bom humor para a nossa Festa de Passagem de Ano. Estamos muito contentes por iniciar o novo ano festejando com bons amigos. Boas Festaspara vocês e para a família

Ana e João

Votos de Natal e Fim de Ano (para conhecidos)

Feliz Natal

e

e Bom Ano Novo 2003 desejam

Sr. e Sra. Conde

Geburtstagskarte

Liebe Frau Neumann,

zu Ihrem 60. Geburtstag senden wir Ihnen die herzlichsten Glückwünsche.

Als Ihre Nachbarn wissen wir, dass Sie allen gegenüber stets freundlich und aufgeschlossen sind und sich Ihre Jugend bis zum heutigen Tag innerlich bewahrt haben. Trotz aller Feten, die wir gefeiert haben, haben Sie sich nie beschwert und immer ein freundliches Wort für uns übrig gehabt.

An Ihrem Ehrentag wünschen wir Ihnen nun viel Freude, viele, viele Geschenke und ein harmonisches Fest im Familienkreis, so wie Sie es sich gewünscht haben. Für Ihr weiteres Leben wünschen wir Ihnen außerdem Gesundheit, Glück und Lebensfreude.

Nochmals alles Liebe wünschen

die Müllers von nebenan

Estimada D. Inês,

Os nossos melhores parabéns pelo
seu 60° aniversário!

Como seus vizinhos bem sabemos que é
muito gentil e expansiva e que nada perdeu
da sua jovialidade.

Apesar de as nossas festas serem muitas
vezes um pouco ruidosas, a senhora nunca
se queixou e sempre tem sido simpática
para connosco.

Pelo seu aniversário muitas felicidades,
muitos e muitos presentes e uma festa
harmoniosa na companhia da sua família,
conforme foi o seu desejo. Desejamos-lhe
a continuação de saúde e alegria de viver!

Seus vizinhos, família Ferreira

Kondolenzkarte (an Bekannte)

Mit Trauer haben meine Frau und ich von dem schmerzlichen Verlust in Ihrer Familie erfahren und möchten Ihnen unser herzliches Beileid aussprechen.

Georg und Anne Schreiber

Cartas de condolências

Os nossos sentidos pêsames pela difícil perda sofrida pela sua família.

Jorge e Ana Vilaça

Heiratsanzeige

Siegrid Teich und Nils Hörenz

Wir trauen uns!
... und gehen künftig gemeinsam durchs Leben.

Die kirchliche Trauung erfolgt am 21. Juli 2003 um 14 Uhr
in der Kreuzkirche, Berlin/Kreuzberg.

Participação de casamento

Sr. e Sra. Hermes da Fonseca
têm o prazer de anunciar
o enlace matrimonial de sua filha

Helena Joana
com
José Boaventura

A cerimónia realiza-se no

sábado, 24 de Julho de 2003
na
Igreja do Bom Pastor, Água Rasa
às
14:30 h

Einladung zur Hochzeitsfeier (an Bekannte)

Siegrid Teich und Nils Hörenz

laden Sie/euch herzlich zu unserer Hochzeitsfeier ein,
die im Anschluss an die kirchliche Trauung
am 21. Juli 2003 im Alten Zollhaus/Berlin stattfindet.

Wir bitten alle unsere Gäste bis Anfang Juni verbindlich zu antworten.

Mit herzlichen Grüßen

Siegrid Teich und Nils Hörenz

Einladung zur Hochzeitsfeier (an gute Freunde)

Liebe Susanne, lieber Jens,

*wir heiraten am 21. Juli und laden euch ganz herzlich
zu unserer Hochzeitsfeier ein.*

*Im Anschluss an die kirchliche Trauung gibt
es im "Alten Zollhaus" Kaffee und Kuchen.
Nach einem Spaziergang am Wasser folgt das abendliche
Hochzeitsmenü.*

*Für die Unterbringung unserer Gäste ist selbstverständlich
gesorgt!*

*Wir freuen uns schon darauf, euch bald auf unserer eigenen
Hochzeit wieder zu sehen.*

*Mit herzlichen Grüßen
Siegrid und Nils*

Convite de casamento

José Luiz do Patrocínio   Orlando Mattoso
Maria Alda do Patrocínio   Mariana Mattoso

Convidam V.S. e família para assistirem à cerimónia do enlace
matrimonial de seus filhos

THAÍS HELENA   e   ONOFRE JOEL

a realizar-se no dia um de Agosto de dois mil e um, às vinte horas e trinta minutos,
na Igreja Bom Pastor, Rua Bonifácio Oliveira, 343 – Bom Retiro

Após a cerimónia segue-se uma recepção no salão da Igreja.

Rua Santa Izildinha, 66 – Barra Funda   Rua Catanduva, 13 – Itaim

Carta de convite para casamento (para bons amigos)

Querida Susana, querido João:

*O nosso casamento é no dia 21 de Julho
e gostaríamos muito de convidá-los para
a nossa festa.*

*Após a cerimónia religiosa, convidamos para
a recepção e jantar no "Restaurante Mineiro".*

*A pedido podemos organizar acomodações
para dormida.*

*Ficaríamos felizes em poder tê-los connosco
no dia do nosso casamento.*

*Abraços,
Sandra e Alberto*

Die Einladung zu einer Hochzeitsfeier annehmen

Liebe Christine, lieber Christian,

wir haben uns sehr über eure liebe Einladung zur Hochzeit eurer Tochter Isabelle gefreut. Wir nehmen natürlich dankend an und freuen uns schon darauf, dem jungen Paar alles Gute zu wünschen.

Es ist schön, dass ihr an uns gedacht habt. Wir sind schon sehr gespannt auf ein Wiedersehen mit euch nach all den Monaten, in denen wir nichts voneinander gehört haben. Aber, ihr wisst ja, das Berufsleben nimmt uns sehr in Anspruch und die Zeit vergeht so schnell!

Wir hoffen es geht euch allen gut!

Bis ganz bald!

Herzliche Grüße senden euch
Maria und Johannes

PS. Habt ihr eine Idee für ein schönes Hochzeitsgeschenk? Bitte teilt sie uns mit. Vielen Dank im Voraus.

Querida Cristina e querido João,

Ficámos muito felizes ao receber o vosso gentil convite para o casamento da vossa filha Isabel. Agradecemos o convite e claro que aceitamos. Teremos muito prazer em podermos dar ao jovem casal os nossos votos de felicidades.

Que alegria vocês terem-se lembrado de nós! Estamos ansiosos por estar convosco depois de tantos meses sem contacto. Mas vocês bem sabem como a vida profissional nos mantém sempre ocupados, e além disso, o tempo passa tão depressa!

Esperamos que estejam bons de saúde.

Até muito em breve!

Abraços
Mariana e Pedro

P.S.: Vocês terão alguma idéia para um presente de casamento? Agradecíamos sugestões!

Einladung zu einem Besuch

Liebe Freunde,

wir wohnen nun seit einem Monat in unserem neuen Haus in Saint-Benin, einem kleinen, malerischen Dorf im Norden Frankreichs.

Wir möchten euch ganz herzlich für das Pfingstwochenende in unser neues Haus einladen. Am Samstagabend geben wir eine Einweihungsparty für all unsere Freunde. Wir würden uns sehr freuen, wenn ihr auch dabei sein könntet.

Wir senden euch anbei eine Wegbeschreibung.

Über eure Zusage würden wir uns sehr freuen.

Liebe Grüße

Elisabeth und Pascal

Convite para uma visita

Queridos amigos,

Já há um mês que moramos na nossa casa nova em Parati, uma pequena vila pitoresca na Costa do Atlântico.

Gostaríamos de convidá-los para passar o fim de semana de Pentecostes na nossa casa nova. No sábado à noite daremos uma festa de inauguração para todos os nossos amigos. Ficaríamos felizes se estivessem connosco.

Enviamos em anexo a descrição do caminho. Aguardando a vossa confirmação,

abraços,

Valéria e Tiago.

Eine Einladung annehmen

Liebe Freunde,

herzlichen Dank für eure nette Einladung, die wir sehr gerne annehmen. Wir freuen uns sehr darauf, euch wiederzusehen.

Wir kommen am Freitagabend bei euch an und fahren am Montagmorgen wieder nach Hause.

Für die Wegbeschreibung bedanken wir uns.

Darüber hinaus möchten wir die Gelegenheit nutzen, euch zu eurem neuen Heim zu beglückwünschen.

Liebe Grüße

Annie und Bernd

Aceitar um convite

Queridos amigos,

Agradecemos muito o vosso simpático convite, que aceitamos com muito prazer. Que bom vê-los de novo!

Chegamos na sexta-feira à noite e partimos na segunda-feira de manhã.

Obrigada pela descrição do caminho.

Aproveitamos a oportunidade para vos dar os parabéns pela casa nova.

Abraços,

Antónia e Bernardo

Eine Einladung ablehnen

Liebe Siegrid, lieber Nils,

herzlichen Dank für eure nette Einladung, über die wir uns sehr gefreut haben. Sehr gerne würden wir eure Hochzeit gemeinsam mit euch feiern, doch gerade an diesem Wochenende wird der 90. Geburtstag von Susannes Großmutter mit einem großen Familienfest gefeiert, für das wir schon vor Monaten zugesagt haben.

Am 21. Juli können wir also nur aus der Ferne auf euch anstoßen. Auf jeden Fall kommen wir in diesem Sommer nach Berlin, so dass wir uns bald nach eurer Hochzeit wieder sehen werden. Dann können wir zumindest die Fotos ansehen...

Fürs Erste wünschen wir euch eine schöne Feier!

Mit unseren besten Wünschen für eure Zukunft

Susanne und Jens

Querida Eliana e querido Roberto,

Queremos agradecer o simpático convite, que muito nos alegrou. Gostaríamos imenso de festejar o vosso casamento convosco, mas precisamente nesse fim de semana serão celebrados os 90 anos da avó da Susana. Vai ser uma grande festa de família e já há meses que nos comprometemos a ir. Portanto, no dia 21 de Julho só poderemos fazer um brinde por vós à distância.
No entanto vamos a Curitiba este Verão, de forma que nos veremos logo após o vosso casamento. Aí então poderemos ao menos ver as fotos...

Que tenham uma bela festa de casamento!

Com os nossos melhores votos para o futuro,

Susana e Mário

Sich für ein Hochzeitsgeschenk bedanken

Liebe Frau Clemens, lieber Herr Clemens,

ganz herzlich möchten wir uns bei Ihnen
für das schöne Hochzeitsgeschenk
bedanken, das Sie uns gemacht haben.
Sie haben uns damit eine sehr große
Freude bereitet.

Als kleinen Dank und zur Erinnerung an die
Feier senden wir Ihnen dieses Hochzeits-
foto zu.

Mit herzlichen Grüßen
Siegrid Teich und Nils Hörenz

Agradecer um presente de casamento

Queridos amigos,

Queremos agradecer-lhes do coração
o lindo presente de casamento. Ficámos
muito felizes.

Como pequeno agradecimento
e lembrança da nossa festa enviamos
esta foto.

Abraços
Joana e Luiz

Ficámos muito felizes	Wir haben uns sehr darüber gefreut
Como pequeno agradecimento	Als kleinen Dank

Sich für ein Geburtstagsgeschenk bedanken

Düsseldorf, den 5.3.2002

Liebe Carla,

herzlichen Dank für dein Geburtstagsgeschenk, über das ich mich sehr gefreut
habe. Du hast meinen Geschmack genau
getroffen. Die Vase macht sich
phantastisch in meiner neuen Wohnung.
Ich hoffe, du kommst mich bald einmal
besuchen.

Bis dahin grüße ich dich herzlich!

Deine Christiane

Agradecer um presente de aniversário

São Paulo, 5 de Março de 2002

Querida Carla,

Agradeço do coração o teu presente, fiquei muito feliz. Acertaste em cheio no meu gosto. A jarra vai muitíssimo bem com a decoração do meu apartamento novo. Espero que em breve me venhas visitar.

Um grande abraço da tua

Cristina

Acertaste em cheio no meu gosto

Du hast meinen Geschmack genau getroffen.

vai muitíssimo bem com a decoração do meu apartamento novo

... macht sich phantastisch in meiner neuen Wohnung.

Sich für die Gastfreundschaft bedanken

Liebe Familie Roth,

wir möchten Ihnen ganz herzlich für Ihre Gastfreundschaft danken.

Wir werden uns noch lange an die schöne Zeit erinnern, die wir mit Ihnen verbringen durften.

Auf den vielen Ausflügen, die Sie für uns organisiert haben, konnten wir die Stadt und die Region, in der Sie leben, erstmals kennen lernen. Darüber hinaus sind wir mit einer anderen Lebensart vertraut geworden.

Bitte richten Sie Ihren Nachbarn Herrn und Frau Lebeau aus, dass wir die gemeinsamen Boule-Partien in bester Erinnerung behalten werden.

Wir danken Ihnen nochmals für alles und würden uns freuen, wenn wir Ihnen nun im Gegenzug unser Land zeigen dürften.

Herzliche Grüße

Peter Maier

Carta de agradecimento pela hospitalidade

Querida família Prestes,

Queremos hoje agradecer-lhes a sua hospitalidade.

Manteremos sempre na lembrança os bons momentos que passámos juntos.

Nos muitos passeios que organizaram, tivemos oportunidade de conhecer a cidade e a região em que vivem. Além disso, pudemos conhecer uma outra forma de vida.

Digam ao Sr. e Sra. Prudente que guardaremos as melhores recordações das nossas partidas de bowling.

Mais uma vez muito obrigado por tudo e gostaríamos muito de em breve poder também mostrar-lhes o nosso país.

Os melhores cumprimentos
Pedro Maia

Korrespondenzbezogene Wendungen
Expressões típicas na correspondência

Die Anrede
Forma de tratamento

Sie schreiben – Escreve-se :	
einem guten Bekannten oder Freunden	Querido José! / Querida Maria! Caro José! / Cara Maria! Meus queridos!
einer Person oder mehreren Personen, die Sie gut bzw. sehr gut kennen	Caro colega / Cara colega Caros colegas / Caras colegas Caros amigos / Caras amigas
einer Person, die Sie persönlich kennen oder mit der Sie oft zu tun haben	Prezada D. Maria! / Prezado Senhor Ferreira! Estimada D. Manuela / Estimado Sr. Guerra
einer Firma bzw. einer Person, von der Sie weder Namen noch Geschlecht kennen	Prezados Senhores!
einer Person, deren Titel oder Berufsbezeichnung bekannt ist	Prezado Sr. Presidente Prezado Sr. Doutor Prezado Sr. Director Prezado Sr. Professor

Die Grußformel
Fórmulas de Saudações

Sehr privat:	Muito informal:
Boa sorte!	Mach's gut!
Até breve!	Bis bald!
Abraços	Viele Grüße
Com afecto	Alles Liebe

Privat:	Informal:
Muitos cumprimentos / Cumprimentos	Herzliche Grüße
Com cordiais cumprimentos	Mit freundlichen Grüßen
Cumprimentos para todos	Viele Grüße an euch alle

Formell, aber freundlich:	Formal mas amigável:
Saudações	Mit besten Grüßen
Cordiais saudações	Mit freundlichen Grüßen
Atenciosamente	Mit freundlichem Gruß

Sehr respektvoll:	Formal:
Com a maior consideração	Hochachtungsvoll

Nützliche Redewendungen
Locuções úteis

Höflichkeit

Cortesia

Guten Morgen!	Bom dia! [bõ 'diɐ]
Guten Tag!	Bom dia! / Boa tarde! [bõ 'diɐ/'boɐ 'tardɐ]
Guten Abend!	Boa tarde! / Boa noite! ['boɐ 'tardɐ/'boɐ 'noitɐ]
Hallo! / Grüß dich!	Olá! [ɔ'la]
Wie ist Ihr Name, bitte?	Como se chama? ['komu sɐ 'ʃɐmɐ] Como é o seu nome? ['komu ɛ u seu 'nomɐ]
Wie heißt du?	Como te chamas? ['komu tɐ 'ʃɐmɐʃ]
Ich heiße ...	Chamo-me ... ['ʃɐmumɐ]
Wie geht es Ihnen?	Como está? ['komu ʃta]
Wie geht's?	Como é que vais/estás? ['komu ɛ kɐ vaiʃ/ʃtaʃ]
Danke. Und Ihnen/dir?	Bem, obrigado/obrigada. E o senhor / a senhora / você/tu? [bẽi obri'gadu/obri'gadɐ. i u sɐ'nor/ɐ sɐ'norɐ/vɔ'se/tu]

Darf ich bekannt machen?
Das ist ...
  Frau X.
  Fräulein X.
  Herr X.
  mein Freund / meine Freundin.
	Permita-me que lhe apresente ... [pɐr'mitɐmɐ kɐ ʎ_ɐprɐzẽtɐ]
	  a senhora D. X. [ɐ sɐ'norɐ 'donɐ]
	  a menina X. [ɐ mɐ'ninɐ]
	  o senhor X. [u sɐ'nor]
	  o meu amigo / a minha amiga. [u meu ɐ'migu/ɐ 'minɐ_a'migɐ]

Auf Wiedersehen!	Bom dia! / Boa tarde! / Boa noite! [bõ 'diɐ/'boɐ 'tardɐ/'boɐ 'noitɐ] Adeus! / (Br) Até logo! [ɐ'deuʃ/a'tɛ 'lɔgu]
Bis bald!	Até breve! [ɐ'tɛ 'brɛvɐ]
Bis später!	Até logo! [ɐ'tɛ 'lɔgu]
Bis morgen!	Até amanhã! [ɐtɛ amɐ'nɐ̃]
Gute Nacht!	Boa noite! ['boɐ 'noitɐ]
Tschüss!	Adeus! / (Br) Tchau! [ɐ'deuʃ/tʃau]
Gute Reise!	Boa viagem! ['boɐ 'vjaʒẽi]
Bitte.	Faz favor. [faʃ fɐ'vor]
Ja, bitte.	Sim, faz favor. [sĩ faʃ fɐ'vor]
Nein, danke!	Não, obrigado/obrigada! [nɐ̃u obri'gadu/obri'gadɐ]
Gestatten Sie?	Dá licença? [da li'sẽsɐ]
Können Sie mir bitte helfen?	Pode-me ajudar, por favor? ['pɔdɐm_ɐʒu'dar pur fɐ'vor]
Danke!	Obrigado/Obrigada! [obri'gadu/obri'gadɐ]
Danke, sehr gern!	Obrigado/Obrigada, com muito prazer. [obri'gadu/obri'gadɐ kõ 'mũintu prɐ'zer]

Das ist nett, danke.	Obrigado/Obrigada, é muito amável da sua/tua parte! [obri'gadu/obri'gade, ɛ 'mũint‿ɐ'mavɛl de 'suɐ/ 'tuɐ 'partə]
Bitte sehr. / Gern geschehen.	De nada. / Não tem de quê. [də 'nade/nɐ̃u tɐ̃i də 'ke]
Entschuldigung!	Desculpe!/Desculpa! [dəʃ'kulpɐ/dɐʃ'kulpɐ]
Es war nicht so gemeint.	Não era isso que eu queria dizer. [nɐ̃u 'ɛɐɐ 'isu kjeu kə'riɐ di'zer]
Das ist leider nicht möglich.	Infelizmente não é possível. [ĩfəliʒ'mẽntə nɐ̃u ɛ pu'sivɛl]
Herzlichen Glückwunsch!	Muitos parabéns! ['mũintuʃ pɐɐɐ'bɐ̃iʃ]
Alles Gute zum Geburtstag!	Muitos parabéns pelo seu/teu aniversário! ['mũintuʃ pɐɐɐ'bɐ̃iʃ 'pelu seu/teu ɐnivər'sarju]
Viel Erfolg!	Boa sorte! ['boɐ 'sɔrtə]
Viel Glück!	Felicidades! [fələsi'dadəʃ]
Gute Besserung!	Boas melhoras! ['boɐʒ mə'ʎɔrɐʃ]
Boas melhoras! ['boɐʒ mə'ʎɔrɐʃ]	Bom feriado! [bõ fə'rjadu]
Es tut mir Leid.	Lamento muito. [lɐ'mẽntu 'mũintu]
Schade!	Que pena! [kə 'penɐ]
Wie nett von Ihnen!	Que amável da sua parte! [k‿ɐ 'mavɛl de 'suɐ 'partə]
Es ist wirklich traumhaft hier!	Isto aqui é mesmo fantástico! [iʃt‿ɐ'ki ɛ 'meʃmu fɐ̃n'taʃtiku]
Wir haben selten so gut gegessen wie bei Ihnen.	Raramente comemos tão bem como em sua casa. [ʀarɐ'mẽntə ku'memuʃ tɐ̃u 'bɐ̃i kom_'ɐ̃i 'suɐ 'kazɐ]
Wir haben uns bei Ihnen sehr wohl gefühlt.	Sentimo-nos muito bem em sua casa. [sẽn'timunuʃ 'mũintu 'bɐ̃i ɐ̃i 'suɐ 'kazɐ]

Verständigung

Entendimento

Bitte sprechen Sie etwas langsamer.	Pode falar um pouco mais devagar, faz favor? ['pɔdə fɐ'lar‿ũm 'poku maiʒ dɐvɐ'gar faʃ fɐ'vor]
Ich verstehe.	Entendo. [ẽn'tẽndu]
Sprechen Sie / Sprichst du ... Deutsch? Englisch? Französisch?	Fala/Falas ... ['falɐ/'falɐʃ] alemão? [ɐlə'mɐ̃u] inglês? [ĩŋ'gleʃ] francês? [frɐ̃'seʃ]
Ich spreche nur wenig ...	Falo só um pouco de ... ['falu sɔ ũm 'poku də]
Schreiben Sie es mir bitte auf!	Faça-me o favor de escrever isso. ['fasɐm_u fɐ'vor də_ʃkrə'ver_'isu]

Zustimmung
und Ablehnung

Assentimento e recusa

Gut.	Bem. [bɐ̃i]
Richtig.	Certo. ['sɛrtu]

Genau.	Exa(c)tamente. [izatɐ'mẽntə]
Das stimmt.	... verdade. [ɛ vər'dadə]
Das finde ich (sehr) gut.	Acho isso (muito) bom. [aʃu 'isu ('mũintu) 'bõ]
Mit Vergnügen!	Com muito prazer! [kõ 'mũintu prɐ'zer]
Ich will nicht.	Não quero. [nɐ̆u 'kɛru]
Ich bin nicht einverstanden.	Não estou de acordo. [nɐ̆u ʃto d_ɐ'kordu]
Das kommt nicht in Frage!	Isso está fora de questão! ['isu ʃ'ta 'fɔ rɐ də kəʃ'tɐ̆u]
Auf gar keinen Fall!	De maneira nenhuma! [də mɐ'neirɐ nə'ɲumɐ]
Das gefällt mir (nicht).	Isto agrada-me (não me agrada). ['iʃtu ɐ'gradɐmə (nɐ̆u m_ɐ'gradɐ)]
Ich möchte lieber ...	Prefiro ... [prɐ'firu]
Das ist mir egal.	Tanto me faz. ['tɐ̃ntu mə 'faʒ]
Ich weiß noch nicht.	Ainda não sei. [ɐ'ĩndɐ nɐ̆u 'sei]
Vielleicht.	Talvez. [tal'veʃ]
Wahrscheinlich.	Provavelmente. [pruvavɛl'mẽntə]
Großartig!	Grandioso! [grɐ̃n'djozu]
Ach so!	Ah! [a]
Das ist ärgerlich.	Isso é aborrecido. ['isu ɛ ɐbuʀɐ'sidu]
Zisch ab!	Desaparece! [dəzɐpɐ'ʀɛsɐ]
Jetzt reicht's!	Já chega! [ʒa 'ʃegɐ]

Uhrzeit / Hora

Wie viel Uhr ist es?	Que horas são? ['kjɔʀeʃ sɐ̆u]
Es ist (genau/ungefähr) ...	São (exactamente / mais ou menos) ... [ʃɐ̆u (izatɐ'mẽntə/maiz_o 'menuʃ)]
3 Uhr.	três horas. [trez_'ɔʀeʃ]
5 nach 3.	três e cinco. [trez_i 'sĩŋku]
3 Uhr 10.	três e dez. [trez_i dɛʃ]
Viertel nach 3.	três e um quarto. [trez_i ũ 'kwartu]
halb 4.	três e meia. [trez_i 'mejɐ]
Viertel vor 4.	quatro menos um quarto. ['kwatru 'menuz_ũ 'kwartu]
5 vor 4.	quatro menos cinco. ['kwatru 'menuʃ 'sĩŋku]
Es ist 12 Uhr Mittag / Mitternacht.	... meio-dia/meia-noite. [ɛ 'meju 'diɐ/'mejɐ 'noitɐ]

Wegbeschreibung / Caminho

Entschuldigung, wie komme ich bitte nach ...?	Desculpe, por favor, como se vai para ...? [dəʃ'kulpə pur fɐ'vor 'komu sə vai 'pɐʀɐ]
Immer geradeaus bis ...	Sempre em frente até ... ['sẽmpr_ẽi 'frẽnt_ɐ'tɛ]
Dann bei der Ampel links/rechts abbiegen.	Depois no semáforo vire à esquerda/direita. [də 'poiʒ nu sɐ'mafuru 'vir_a 'ʃkerdɐ/di'reitɐ]

Folgen Sie den Schildern.	Siga as indicações das placas. ['sigaz_ĩndikɐ'sõiʒ deʃ 'plakeʃ]
Wie weit ist das?	Quantos quilómetros são? ['kwẽntuʃ ki'lɔmətruʃ sɐ̃u]
Es ist ganz in der Nähe.	... muito perto daqui. [ɛ 'mũintu 'pɛrtu dɐ'ki]
Bitte, ist das die Straße nach ...?	Faz favor, é esta a estrada para ...? [faʃ fɐ'vor ɛ 'ɛʃta 'ʃtradɐ 'pɐrɐ]
Bitte, wo ist ...?	Faz favor, onde é ...? [faʃ fɐ'vor 'õnd_ɛ]
Tut mir Leid, das weiß ich nicht.	Lamento muito, mas não sei. [lɐ'mẽntu 'mũintu meʒ nɐ̃u sei]
Gehen Sie geradeaus.	Siga em frente. ['sig_ɐi 'frẽntə]
Gehen Sie nach links/rechts.	Vire à esquerda/direita. ['vir_a 'ʃkerdɐ/di'reitɐ]
Überqueren Sie ... die Brücke. den Platz.	Atravesse ... [etre'vɛs_] a ponte. [_ɐ 'põntə] a praça. [_ɐ 'prasɐ]
Nehmen Sie am besten den Bus Nr. ...	O melhor é apanhar (Br pegar) o autocarro (Br ônibus) número ... [u mə'ʎɔr_ɛ ɐpɐ'ɲar (pe'gar) u auto'kaʀu ('onibus) 'numəru]

Verabredung   Encontro

Haben Sie / Hast du für morgen schon etwas vor?	Já tem/tens alguns planos para amanhã? [ʒa tɐ̃i/tɐ̃iz_al'gũʃ 'plenuʃ pɐr_ɐmɐ'ɲɐ̃]
Wollen wir zusammen hingehen?	Vamos juntos? ['vemuʒ_'ʒũntuʃ]
Wollen wir heute Abend gemeinsam etwas unternehmen?	Vamos sair os dois hoje à noite? ['vemuʒ sɐ'ir_uʒ doiʃ oʒ_a 'noitə]
Darf ich Sie/dich zum Essen einladen?	Posso convidá-lo/convidá-la / convidar-te para almoçar? (Mittagessen) / para jantar? (Abendessen) ['pɔsu kõvi'dalu/kõvi'dalɐ/kõvi'dartɐ pɐr_'almusar/ 'pɐrɐ ʒɐ̃n'tar]
Wann treffen wir uns?	A que horas nos encontramos? [ɐ 'kjɔreʒ nuz_ɐ̃ŋkõn'tremuʃ]
Treffen wir uns um 9 Uhr.	Encontramo-nos às 9 horas. ['ɐ̃ŋkõn'tremunuz_aʒ 'nɔv_'ɔreʃ]
Ich hole Sie/dich ab.	Vou buscá-lo/buscá-la / buscar-te. [vo buʃ'kalu/ buʃ'kalɐ/buʃ'kartɐ]
Bitte geh jetzt!	Agora vai-te embora, por favor! [ɐ'gɔrɐ vait_ẽm'bɔrɐ pur fɐ'vor]
Kann ich Sie/dich wieder sehen?	Posso voltar a vê-lo/vê-la / ver-te? ['pɔsu vɔl'tar_ɐ 'velu/'velɐ/'vertɐ]
Vielen Dank für den netten Abend.	Muito obrigado/obrigada por este serão tão agradável. ['mũint_obri'gadu/_obri'gadɐ pur_'eʃtə sə'rɐ̃u tɐ̃u ɐgrɐ'davɛl]

Hotel

Hotel	Hotel
Ich habe bei Ihnen ein Zimmer reserviert. Mein Name ist ...	Eu reservei um quarto. O meu nome é ... [eu ʀəzər'vei ũ 'kwartu. u meu 'nom_ɛ]
Haben Sie noch Zimmer frei? ... für eine Nacht. ... für zwei Tage. ... für eine Woche.	Ainda tem quartos livres? [ɐ'ĩndɐ tɐ̃i 'kwartuʒ 'livrəʃ] ... para uma noite. ['pɐrɐ 'umɐ 'noitə] ... para dois dias. ['pɐrɐ doiʒ 'dieʃ] ... para uma semana. ['pɐrɐ 'umɐ sə'mɐnɐ]
Nein, wir sind leider belegt.	Lamento, mas está tudo cheio. [lɐ'mẽntu mɐʃ_ʃ'ta 'tudu 'ʃeju]
Ja, was für ein Zimmer wünschen Sie? ein Einzelzimmer ein Zweibettzimmer	Temos, sim. Que espécie de quarto deseja? ['temuʃ sĩ. kə 'ʃpɛsjə də 'kwartu də'zeʒe] um quarto individual [ũ 'kwartu ĩndɐvi'dwal] um quarto de casal [ũ 'kwartu də ke'zal]
Was kostet das Zimmer mit ... Frühstück? Halbpension? Vollpension?	Quanto custa o quarto com ... ['kwẽntu 'kuʃtɐ u 'kwartu kõ] pequeno almoço (Br café da manhã)? [pə'ken_al'mosu (ka'fɛ da ma'ɲɐ)] meia pensão? ['mejɐ pẽ'sɐ̃u] pensão completa? [pẽ'sɐ̃u kõm'plɛtɐ]
Wo kann ich den Wagen abstellen?	Onde posso deixar o carro? ['õndə 'pɔsu dei'ʃar_u 'kaʀu]
In unserer Garage. / Auf unserem Parkplatz.	Na nossa garagem. / No nosso parque de estacionamento. [nɐ 'nɔsɐ gɐ'raʒɐ̃i / nu 'nɔsu 'parkə də_ʃtɐsjunɐ'mẽntu]

Einkaufen

Einkaufen	Comprar
Danke, ich sehe mich nur um.	Obrigado/Obrigada, eu quero só ver. [obri'gadu/ obri'gadɐ eu 'kɛru sɔ ver]
Ich möchte ...	Queria ... [kə'riɐ]
Haben Sie ...?	Tem ...? [tɐ̃i]
Darf es sonst noch etwas sein?	Mais alguma coisa? [maiz_al'gumɐ 'koizɐ]
Wie viel kostet es?	Quanto custa? ['kwẽntu 'kuʃtɐ]
Einverstanden.	Está bem. [ʃta bɐ̃i]
Nehmen Sie ... Euroschecks? Kreditkarten?	Aceitam ... [ɐ'seitɐ̃u] eurocheques? [eurɔ'ʃɛkəʃ] cartões de crédito? [kɐr'tõiʒ də 'krɛditu]
Wo finde ich ...?	Onde posso encontrar ...? ['õndə 'pɔs_ẽ ɲkõn'trar]
Öffnungszeiten	Horário de abertura [o'rarju d_ebər'turɐ]
Ich hätte gern ...	Queria ... [kə'riɐ]

Gesundheit

Gesundheit	Saúde
Was für Beschwerden haben Sie?	De que se queixa? [də kə sə 'keiʃɐ]
Ich habe Fieber.	Tenho febre. ['teɲu 'fɛbrɐ]

Mir ist (oft) schlecht/schwindelig.	into-me mal / Tenho vertigens (com frequência). ['sĩntumə mal/'teɲu vər'tiʒĕiʃ (kõ frə'kwẽsjə)]
Ich bin ohnmächtig geworden.	Desmaiei. [dəʃmɐ'jei]
Ich bin stark erkältet.	Estou muito constipado (Br resfriado). [ʃto 'mũintu kõʃti'padu (ʀesʹfrjadu)]
Ich habe mich verletzt.	Feri-me. [fə'rimə]
Können Sie mir bitte etwas gegen ... geben/verschreiben?	Pode-me dar/receitar qualquer coisa para ..., faz favor. ['pɔdəmə dar/ ʀəsei'tar kwal'kɛr 'koizə 'pɐɾɐ ... faʃ fɐ'vor]
Ich bin Diabetiker.	Sou diabético. [so djɐ'bɛtiku]
Ich bin schwanger.	Estou grávida. [ʃto 'gravidɐ]
Ich hatte vor kurzem ...	Tive há pouco tempo ... ['tiv‿a 'poku 'tẽmpu]
Wo tut es weh?	Onde é que lhe dói? ['õnd‿ɛ kə ʎə dɔi]
Ich habe hier Schmerzen.	Dói-me aqui. ['dɔim‿ɐ'ki]
Sie müssen geröntgt werden.	Tem que tirar uma radiografia. [tĕi ke ti'rar‿umɐ ʀad↓jugrɐ'fiɐ]
Ich brauche eine Blut-/Urinprobe.	... preciso uma análise de sangue/urina. [ɛ prə'sizu um‿a'nalizə də 'sẽŋgə/u'rinɐ]
Sie müssen operiert werden.	Tem de ser operado/operada. [tĕi də ser‿opɐ'radu/‿opɐ'radɐ]
Sie brauchen ein paar Tage Bettruhe.	Tem de ficar uns dias de cama. [tĕi də fi'kar‿ũʒ 'dieʒ də 'kemɐ]
Es ist nichts Ernstes.	Não é nada de grave. [nĕu ɛ 'nadɐ də 'gravə]
Ich bin gegen ... geimpft.	Estou vacinado/vacinada contra ... [ʃto vɐsi'nadu/vɐsi'nadɐ 'kõntrɐ]

Standardwörterbuch

Deutsch - Portugiesisch

Vollständige Neuentwicklung
2002

Ernst Klett Sprachen
Barcelona · Budapest · London · Posen · Sofia · Stuttgart

A

A, a [aː] *nt* <-, -> **1.** (*Buchstabe*) A, a *m;* **wer ~ sagt, muss auch B sagen** o que se começa deve ser acabado **2.** (MUS) lá *m*

AA *abk v* **Auswärtiges Amt** Ministério dos Negócios Estrangeiros

Aal [aːl] *m* <-(e)s, -e> enguia *f*

Aargau [ˈaːɐɡaʊ] *m* <-s> *kein pl* Argóvia *f*

Aas¹ [aːs] *nt* <-es, -e> (*Kadaver*) carne *f* morta, corpo *m* em decomposição

Aas² *nt* <-es, Äser> (*umg*) canalha *m*, malandro *m*

ab [ap] **I.** *präp* +*dat* (*räumlich*) de, desde; (*zeitlich*) desde, a partir de, de ... em diante; **~ heute** a partir de hoje; **Kinder ~ 12 (Jahren)** crianças a partir dos 12 anos **II.** *adv* (*weg*) fora; **von da ~** a partir daí, daí em diante; **~ und zu** de vez em quando, uma vez por outra; **Stuttgart ~ 16.50 Uhr** partida de Estugarda às 16.50 horas

ab|ändern *vt* mudar, alterar; (*verbessern*) emendar, corrigir

Abänderung *f* <-en> mudança *f*, alteração *f;* (*Verbesserung*) emenda *f*, correcção *f*

ab|arbeiten **I.** *vt* (*Schulden*) pagar com trabalho, pagar com serviços **II.** *vr* **sich ~** cansar-se, estafar-se

Abart *f* <-en> variedade *f*

abartig *adj* anormal

Abb. *abk v* **Abbildung** fig (= *figura*)

Abbau *m* <-(e)s> *kein pl* **1.** (*von Personal, Lohn, Preis*) redução *f* **2.** (TECH) desmontagem *f* **3.** (MIN) exploração *f*, extracção *f* **4.** (MED) catabolismo *m* **5.** (CHEM) decomposição *f*

ab|bauen **I.** *vt* (*senken, verringern*) reduzir, diminuir; (*Personal*) reduzir; (*TECH*) desmontar, desmantelar; (*MIN*) explorar, extrair; (CHEM) decompor **II.** *vi* entrar em declínio

ab|beißen *vt irreg* dar uma dentada, cortar com os dentes

ab|bekommen* *vt irreg* **1.** (*erhalten*) ter a sua parte **2.** (*losbekommen*) conseguir tirar **3.** (*umg: beschädigt werden*) levar, apanhar; **das Auto hat eine Beule ~** o carro levou uma amolgadela

Abberufung *f* <-en> destituição *f*

ab|bestellen* *vt* (*Hotelzimmer*) anular a reserva; (*Ware*) cancelar a encomenda, dar contra-ordem

ab|bezahlen* *vt* **1.** (*Ware*) pagar em prestações **2.** (*Summe*) amortizar

ab|biegen **I.** *vt irreg* (*umg: verhindern*) evitar **II.** *vi irreg* (*Fahrzeug, Straße*) virar

Abbiegespur *f* <-en> faixa à direita ou à esquerda para os veículos que vão virar no cruzamento seguinte

Abbild *nt* <-(e)s, -er> cópia *f;* (*fig*) imagem *f*

ab|bilden *vt* (*Personen*) retratar; (*Dinge*) reproduzir, ilustrar

Abbildung *f* <-en> (*in Buch*) figura *f*, ilustração *f*

ab|binden *vt irreg* **1.** (*losbinden*) desatar, soltar **2.** (*abschnüren*) estrangular

ab|blasen *vt irreg* (*umg*) anular

ab|blenden *vi* **1.** (*beim Autofahren*) reduzir (a luz) **2.** (FOT) diafragmar

Abblendlicht *nt* <-(e)s> *kein pl* médios *mpl*

ab|blitzen *vi* (*umg*) não ser atendido; **jdn ~ lassen** mandar alguém passear

ab|brausen **I.** *vi* (*umg*) abalar **II.** *vr* **sich ~** tomar um duche

ab|brechen **I.** *vt irreg* **1.** (*Ast, Henkel*) partir, quebrar; (*Gebäude*) demolir **2.** (*Verhandlungen*) suspender; (*Beziehungen*) cortar, romper (*zu* com); (*Rede, Spiel, Arbeit*) interromper **3.** (*Streik*) furar **II.** *vi irreg* **1.** (*zerbrechen*) partir(-se) **2.** (*aufhören*) parar

ab|bremsen *vi* travar; (*brasil*) frear

ab|brennen **I.** *vt irreg* queimar, incendiar; (*Feuerwerk*) lançar **II.** *vi irreg* arder, ficar destruído pelo fogo

ab|bringen *vt irreg* **jdn von etw ~** dissuadir alguém de a. c.

ab|bröckeln *vi* (*Putz*) desfazer-se, desmoronar-se

Abbruch *m* <-(e)s, -brüche> **1.** (*von Haus*) demolição *f* **2.** (*von Verhandlungen*) ruptura *f*, suspensão *f*

ab|buchen *vt* debitar

Abbuchung *f* <-en> débito *m*

ab|bürsten *vt* escovar

Abc *nt <-> kein pl* **1.** (*Alphabet*) ABC *m*, alfabeto *m* **2.** (*Grundwissen*) rudimentos *mpl*

ab|checken *vt* (*umg*) controlar, verificar

ABC-Waffen *pl* armas *fpl* ABQ

ab|dampfen *vi* (*umg*) partir

ab|danken *vi* (*Minister*) demitir-se; (*König*) abdicar

Abdankung *f <-en>* (*von Minister*) demissão *f*; (*von König*) abdicação *f*

ab|decken *vt* **1.** (*freilegen*) descobrir, destapar **2.** (*Haus*) destelhar; **den Tisch ~** levantar a mesa **3.** (*zudecken*) cobrir, tapar

ab|dichten *vt* vedar, calafetar

ab|drehen **I.** *vt* (*Wasser, Gas*) fechar; (*Radio, Licht*) desligar **II.** *vi* (*Flugzeug, Schiff*) mudar de rumo

Abdruck¹ *m <-(e)s, -e>* impressão *f*; (*Abzug*) cópia *f*; (*Nachdruck*) reprodução *f*

Abdruck² *m <-(e)s, -drücke>* marca *f*; (*Gipsabdruck*) molde *m*

ab|drucken *vt* imprimir

ab|drücken *vi* (*Waffe*) disparar

ab|ebben *vi* (*Protest*) diminuir

Abend ['a:bənd] *m <-s, -e>* (*Spätnachmittag*) fim *m* da tarde, tardinha *f*; (*bei Anbruch der Dunkelheit*) noite *f*; **am ~** ao fim da tarde, à tardinha; **guten ~!** boa noite!; **heute/morgen ~** hoje/amanhã à noite; **spät am ~** ao fim da noite; **zu ~ essen** jantar

Abendbrot *nt <-(e)s> kein pl s.* **Abendessen**

Abendessen *nt <-s, ->* jantar *m*; (*spätabends*) ceia *f*

Abendgymnasium *nt <-s, -gymnasien>* escola *f* nocturna

Abendkasse *f <-n>* bilheteira *f*; (*brasil*) bilheteria *f*

Abendkleid *nt <-(e)s, -er>* vestido *m* de noite

Abendkurs *m <-es, -e>* curso *m* nocturno

Abendland *nt <-(e)s> kein pl* ocidente *m*

abendlich *adj* nocturno

Abendmahl *nt <-(e)s> kein pl* (REL) Eucaristia *f*, Comunhão *f*, Santa Ceia *f*

Abendrot *nt <-s> kein pl* arrebol *m* (da tarde)

abends ['a:bənts] *adv* (*bei Anbruch der Dunkelheit*) ao fim da tarde, à tardinha; (*später*) à noite; **sieben Uhr ~** sete horas da tarde/noite

Abenteuer ['a:bəntɔɪɐ] *nt <-s, ->* aventura *f*

abenteuerlich *adj* **1.** (*gefährlich*) aventuroso **2.** (*ungewöhnlich*) extravagante

Abenteurer(in) *m(f) <-s, - o -innen>* aventureiro, aventureira *m, f*

aber ['a:bɐ] *konj* mas; (*jedoch*) contudo, porém, todavia

Aber *nt <-s, ->* mas *m*, senão *m;* **ohne Wenn und ~** sem restrições

Aberglaube *m <-ns> kein pl* superstição *f*

abergläubisch *adj* supersticioso

ab|erkennen* *vt irreg* (JUR) privar de; **jdm Rechte ~** privar alguém de direitos

abermals ['a:bɐma:ls] *adv* de novo, novamente

ab|fahren **I.** *vt irreg* (*abtransportieren*) transportar; (*Strecke*) percorrer; (*Fahrkarte, Reifen*) gastar **II.** *vi irreg* partir (*nach* para), sair (*nach* para); (NAUT) levantar ferro; **wann fährt der Zug ab?** a que horas parte o comboio?

Abfahrt *f <-en>* **1.** (*Zug, Bus*) partida *f* **2.** (*von Autobahn*) saída *f* **3.** (SPORT) descida *f*

Abfahrtslauf *m <-(e)s, -läufe>* (SPORT) queda *f* livre

Abfahrtszeit *f <-en>* hora *f* de partida

Abfall *m <-(e)s, -fälle>* **1.** (*Müll*) lixo *m;* (*Abfallprodukte*) resíduos *mpl*, desperdícios *mpl;* (*Essensreste*) restos *mpl*, aparas *fpl;* **radioaktiver ~** lixo radioactivo **2.** *kein pl* (*Rückgang*) queda *f*; (*der Temperatur*) descida *f*

Abfallbeseitigung *f kein pl* remoção *f* do lixo; (*brasil*) coleta *f* do lixo

Abfalleimer *m <-s, ->* balde *m* do lixo, caixote *m* do lixo

ab|fallen *vi irreg* **1.** (*herunterfallen*) cair **2.** (*zurückgehen*) diminuir, decair **3.** (*Gelände*) descer, descair **4.** (*übrig bleiben*) restar, sobrar

abfällig *adj* desfavorável, negativo; **~ über jdn sprechen** falar mal de alguém

ab|fangen *vt irreg* **1.** (*Person*) apanhar; (*Sendung*) interceptar, apanhar **2.** (*Stoß*) aparar

ab|färben *vi* **1.** (*beim Waschen*) desbotar **2.** (*beeinflussen*) **~ auf** influenciar

ab|fassen *vt* (*Text*) redigir, compor

ab|fertigen *vt* **1.** (*Brief, Paket*) expedir, despachar **2.** (*Kunden*) aviar, atender **3.** (*umg: unfreundlich behandeln*) despachar

Abfertigung *f <-en>* **1.** (*Versand*) expedição *f*, despacho *m* **2.** (*von Kunden*) atendimento *m*

Abfertigungsschalter *m* <-s, -> (AERO) balcão *m* de atendimento

ab|feuern *vt* (*Schuss*) disparar

ab|finden **I.** *vt irreg* compensar, conformar; (*finanziell*) indemnizar **II.** *vr* **sich** ~ *irreg* conformar-se (*mit* com)

Abfindung *f* <-en> compensação *f*, indemnização *f*

ab|flauen ['apflaʊən] *vi* (*Wind, Begeisterung*) abrandar, diminuir

ab|fliegen *vi irreg* **1.** (*Passagier*) partir, ir de avião (*nach* para) **2.** (*Flugzeug*) levantar voo, descolar (*nach* para)

ab|fließen *vi irreg* escoar-se

Abflug *m* <-(e)s, -flüge> descolagem *f*, partida *f*

Abflugzeit *f* <-en> hora *f* de partida

Abflussᴿᴿ *m* <-es, -flüsse>, **Abfluß**ᴬᴸᵀ *m* <-sses, -flüsse> **1.** (*Vorgang*) escoamento *m* **2.** (*Öffnung*) esgoto *m*, sarjeta *f*

Abflussrohrᴿᴿ *nt* <-(e)s, -e> cano *m* de esgoto

ab|fragen *vt* **1.** (INFORM) consultar **2.** (*Kenntnisse überprüfen*) **jdn etw** ~ fazer uma chamada a alguém, perguntar a matéria (*para um exame*)

Abfuhr ['apfuːɐ] *f* <-en> **1.** (*Abtransport*) transporte *m* **2.** (*Zurückweisung*) reprimenda *f*; **jdm eine** ~ **erteilen** dar uma reprimenda a alguém

ab|führen **I.** *vt* **1.** (*Steuern*) pagar **2.** (*Häftling*) levar preso **II.** *vi* **1.** (MED) obrar, evacuar **2.** (*vom Thema, vom Weg*) desviar (*von* de), afastar (*von* de)

abführend *adj* laxativo, purgativo

Abführmittel *nt* <-s, -> purgante *m*, laxante *m*

ab|füllen *vt* trasfegar; (*in Flaschen*) engarrafar

Abgabe *f* <-n> **1.** (*Ablieferung*) entrega *f* **2.** (*von Wärme, Energie*) emissão *f*, libertação *f* **3.** (WIRTSCH) venda *f*

Abgaben *pl* impostos *mpl*

abgabenfrei *adj* isento de impostos

abgabenpflichtig *adj* sujeito a impostos

Abgabetermin *m* <-s, -e> (WIRTSCH) prazo *m* de entrega

Abgang *m* <(e)s, -gänge> **1.** (*Weggang*) partida *f*, saída *f* **2.** (*Absendung*) despacho *m*, expedição *f*

Abgangsprüfung *f* <-en> exame *m* final

Abgangszeugnis *nt* <-ses, -se> certificado *m*, diploma *m*

Abgas *nt* <-es, -e> gás *m* de escape

abgasarm *adj* com baixa emissão de gases de escape; (*umg*) limpo

ab|geben **I.** *vt irreg* (*Gegenstand*) entregar, dar; (*Gepäck*) depositar; (*abtreten*) ceder; (*Laden*) trespassar; (*Amt*) demitir-se de, renunciar a; (*Schuss*) disparar; (*Wärme*) libertar, emitir; (*Erklärung*) dar; **ein Urteil über etw** ~ pronunciar-se sobre a. c.; (*darstellen, sein*) vir a ser; **ein trauriges Bild** ~ fazer uma triste figura **II.** *vr* **sich** ~ *irreg* **sich mit jdm/ etw** ~ tratar de alguém/a. c.

abgebrannt **I.** *pp von* **abbrennen** **II.** *adj* (*umg*) sem meios, sem vintém; (**völlig**) ~ **sein** estar liso/teso

abgedroschen *adj* (*umg*) gasto

abgehackt *adj* intermitente, entrecortado; ~ **sprechen** soluçar

abgehärtet *adj* (*seelisch*) calejado; (*gegen Krankheit*) imune (*gegen* a)

ab|gehen *vi irreg* **1.** (*abfahren*) partir, sair; (*Post*) seguir, sair **2.** (*von der Schule*) deixar **3.** (*Knopf*) cair; (*Fleck*) sair **4.** (*Straße*) fazer um desvio, desviar-se **5.** (WIRTSCH) vender-se (bem); (*abgezogen werden*) deduzir-se (*von* de)

abgelegen *adj* distante, longínquo; (*einsam*) isolado

abgeneigt *adj* pouco disposto a, pouco inclinado a; **ich bin nicht** ~ não me desagradava; **etw nicht** ~ **sein** não ser avesso a a. c.

abgenutzt *adj* gasto (pelo uso)

Abgeordnete(r) *m/f* <-n, -n *o* -n> (POL) deputado, deputada *m*, *f*; (*Vertreter*) delegado, delegada *m*, *f*

Abgeordnetenhaus *nt* <-es, -häuser> (POL) Câmara *f* dos Deputados, Assembleia *f* Nacional

abgeschieden ['apgəʃiːdən] *adj* solitário

abgesehen *adv* ~ **von** independentemente de, abstraindo de; (*außer*) excepto; ~ **davon** independentemente disso

abgespannt *adj* cansado, exausto

abgestanden ['apgəʃtandən] **I.** *pp von* **abstehen** **II.** *adj* (*Wasser, Bier*) choco; (*Luft*) fraco

abgestumpft *adj* insensível (*gegen* a)

ab|gewinnen* *vt irreg* **1.** (*abringen*) ganhar, tirar; **jdm ein Lächeln** ~ ganhar/conseguir um sorriso de alguém **2.** (*Gefallen finden*) **etw Reiz** ~ tomar gosto a a. c.

ab|gewöhnen* *vt* **jdm etw** ~ desabituar alguém de a. c.; **sich** *dat* **etw** ~ desabituar-se de a. c.

Abgott *m* <-(e)s, -götter> ídolo *m*

abgöttisch *adv* **jdn** ~ **verehren** idolatrar alguém

ab|grenzen *vt* delimitar, definir

Abgrund *m* <-(e)s, -gründe> abismo *m*, precipício *m*

ab|gucken *vi* (*umg: nachmachen*) imitar, copiar; (*abschreiben*) copiar, cabular

ab|hacken *vt* cortar (com machado)

ab|halten *vt irreg* **1.** (*Sitzung, Treffen*) ter, realizar; (*Feier*) celebrar; **Unterricht** ~ dar aulas **2.** (*hindern*) impedir (*von* de); **jdn von der Arbeit** ~ impedir alguém de trabalhar **3.** (*fernhalten*) **jdn** ~ deter alguém; **jdn von etw** ~ desviar alguém de a. c.

ab|handeln *vt* **1.** (*schriftlich*) tratar **2.** (*abkaufen*) regatear; **jdm etw** ~ regatear a. c. com alguém

abhanden [apˈhandən] *adv* ~ **kommen** perder-se, extraviar-se

Abhandlung *f* <-en> trabalho *m* (*über* sobre); (*Essay*) ensaio *m* (*über* sobre)

Abhang *m* <-(e)s, -hänge> encosta *f*, ladeira *f*

ab|hängen¹ *vt* **1.** (*Bild*) tirar; (*Anhänger*) desatrelar **2.** (*Verfolger*) despistar

ab|hängen² *vi irreg* depender (*von* de)

abhängig *adj* dependente (*von* de); **von jdm/etw** ~ **sein** depender de alguém/a. c.

Abhängigkeit *f* <-en> dependência *f* (*von* de); **gegenseitige** ~ interdependência *f*

ab|härten *vr* **sich** ~ tornar-se imune (*gegen* a)

ab|hauen *vi* (*umg*) pisgar-se; **hau ab!** vai passear!, vai dar uma volta!

ab|heben **I.** *vt irreg* (*Geld, Hörer*) levantar; (*Schicht*) tirar; **Geld vom Konto** ~ levantar/ retirar dinheiro da conta **II.** *vi irreg* (*Flugzeug, Rakete*) descolar; (*beim Kartenspiel*) cortar **III.** *vr* **sich** ~ *irreg* distinguir-se (*von* de)

Abhebung *f* <-en> levantamento *m* (de dinheiro)

ab|heften *vt* classificar

ab|hetzen *vr* **sich** ~ cansar-se, esfalfar-se

Abhilfe *f kein pl* remédio *m;* ~ **schaffen** remediar

ab|holen *vt* ir buscar, ir esperar; **etw** ~ **lassen** mandar buscar a. c.

ab|holzen *vt* **1.** (*Wald*) cortar árvores, roçar **2.** (*Gebiet*) desflorestar, desarborizar

ab|hören *vt* **1.** (*Tonband*) ouvir **2.** (*Telefongespräch*) escutar, interceptar; **abgehört werden** estar sob escuta **3.** (*Vokabeln*) perguntar, interrogar **4.** (MED) auscultar

Abhörgerät *nt* <-(e)s, -e> aparelho *m* de escuta

Abitur [abiˈtuːɐ] *nt* <-s> *kein pl* (*brasil*) exame *m* de madureza, exame final do ensino secundário

> **Abitur** é o exame final do ensino secundário necessário para a admissão aos estudos superiores. O **Abitur** pode ser feito na maioria dos liceus alemães (Gymnasium), os quais abrangem desde o 5° ao 13° ano escolar, num total portanto de 9 anos. Como em relação ao esquema internacional este exame final se pode considerar tardio, existem, entretanto, algumas regiões que permitem realizar a prova do Abitur no fim do 12° ano. Na Áustria e na Suíça o correspondente a este exame tem o nome de "Matura" respectivamente "Maturität" (significa à letra "maturidade") e pode ser feito após 8 anos escolares.

Abiturient(in) [abituriˈɛnt] *m(f)* <-en, -en o -innen> aluno do último ano do liceu

Abiturzeugnis *nt* <-ses, -se> certificado ou diploma do exame final do liceu

Abk. *abk v* **Abkürzung** abrev. (= *abreviatura*)

ab|kapseln *vr* **sich** ~ fechar-se, isolar-se (*von* de)

ab|kaufen *vt* (*Ware*) **jdm etw** ~ comprar a. c. a alguém; (*umg: glauben*) engolir a. c., acreditar a. c.

ab|kehren *vr* **sich** ~ afastar-se (*von* de)

ab|klappern *vt* (*umg*) correr um por um

Abklatsch *m* <-(e)s, -e> cópia *f*, decalque *m*

ab|klingen *vi irreg* **1.** (*Lärm*) diminuir **2.** (*Schmerz*) abrandar

ab|knallen *vt* (*umg*) matar

ab|knöpfen *vt* (*umg: Geld*) **jdm etw** ~ levar a. c. a alguém; **sie haben uns für das Essen 100 DM abgeknöpft** levaram-nos 100 marcos pelo almoço/jantar

ab|kochen vt ferver, dar uma fervura

ab|kommandieren* vt destacar; **jdn an die Front** ~ destacar alguém para a frente (de combate)

ab|kommen vi irreg **1.** (vom Weg, Thema) desviar-se (von de) **2.** (aufgeben) abandonar, desistir (von de)

Abkommen nt <-s, -> acordo m, convénio m; **ein** ~ **schließen** fazer um acordo

abkömmlich adj dispensável, supérfluo; ~ **sein** estar disponível, ter tempo

ab|kratzen I. vt raspar II. vi (umg) bater a bota

ab|kriegen vt **1.** (umg: erhalten) arranjar **2.** (umg: erleiden) apanhar

ab|kühlen I. vi (Essen) arrefecer; (Motor) refrigerar II. vr sich ~ **1.** (Wetter) arrefecer **2.** (Beziehungen) resfriar, esmorecer

Abkühlung f <-en> arrefecimento m; (TECH) refrigeração f

ab|kürzen vt **1.** (zeitlich, Wort) abreviar **2.** (Weg) cortar, encurtar

Abkürzung f <-en> **1.** (von Wort) abreviatura f **2.** (Weg) atalho m

ab|küssen vt afogar com beijos

ab|laden vt irreg (Ladung, Auto) descarregar

Ablage f <-n> **1.** (das Ablegen) depósito m **2.** (für Akten) arquivo m **3.** (für Kleider) vestiário m **4.** (schweiz: Annahmestelle) local de venda de bilhetes de lotaria

ab|lagern I. vt depositar II. vr sich ~ depositar-se

Ablagerung f <-en> (GEOL) sedimentação f

Ablass^RR m <-es, -lässe>, **Ablaß**^ALT m <-sses, -lässe> (REL) indulgência f, indulto m

ab|lassen I. vt irreg (Dampf, Luft) deixar escapar, soltar; (Wasser) deixar escorrer; (vom Preis) descontar II. vi irreg von etw ~ desistir de a. c.; **von jdm** ~ largar alguém

Ablauf m <-es, -läufe> **1.** (Abfluss) esgoto m, escoadouro m **2.** (von Ereignissen) decurso m **3.** (einer Frist) expiração f, termo m; **vor** ~ **der Frist** antes de expirar o prazo

ab|laufen vi irreg **1.** (abfließen) escorrer **2.** (Ereignisse) decorrer **3.** (Frist, Zeit) expirar, terminar; (Pass) caducar

ab|lecken vt lamber

ab|legen I. vt (Gegenstand) depositar, colocar; (Kleider) tirar, despir; (Akten, Briefe) arquivar; (Gewohnheit) perder; (Prüfung) fazer; (Eid) prestar II. vi (NAUT) levantar ferro

Ableger m <-s, -> (BOT) estaca f, tanchão m

ab|lehnen vt **1.** (Angebot) recusar; (Vorschlag) rejeitar; (Einladung) declinar, recusar **2.** (Antrag) indeferir **3.** (missbilligen) desaprovar

Ablehnung f <-en> recusa f, refutação f

ab|leisten vt (Wehrdienst) cumprir

ab|leiten vt **1.** (umleiten) desviar **2.** (LING) derivar **3.** (folgern) deduzir, concluir

Ableitung f <-en> (LING, MAT) derivação f

ab|lenken I. vt (irreführen) despistar; (zerstreuen) distrair II. vi desviar-se de, fugir a; **vom Thema** ~ fugir ao tema

Ablenkung f <-en> **1.** (Richtungsänderung) desvio m **2.** (Zerstreuung) distracção f

Ablenkungsmanöver nt <-s, -> estratagema m, ardil m

ab|lesen vt irreg ler; **jdm etw an den Augen** ~ ler a. c. nos olhos de alguém

ab|leugnen vt negar, desmentir

ab|liefern vt entregar

Ablieferung f <-en> entrega f

ab|lösen I. vt (abtrennen) tirar (von de), descolar (von de); (Person) revezar-se; (Wache) render; (WIRTSCH) remir II. vr sich ~ descolar

Ablösung f **1.** (Loslösung) desprendimento m **2.** (bei Tätigkeit) substituição f; (MIL) render m (da guarda) **3.** (WIRTSCH) remissão f, resgate m

ABM abk v **Arbeitsbeschaffungsmaßnahme** medida para a criação de postos de trabalho

ab|machen vt **1.** (umg: entfernen) tirar (von de), desprender (von de) **2.** (vereinbaren) combinar; **abgemacht!** combinado!

Abmachung f <-en> acordo m, combinação f

ab|magern vi emagrecer

Abmagerungskur f <-en> cura f de emagrecimento

ab|malen vt (abzeichnen) pintar; (kopieren) copiar; (porträtieren) retratar

Abmarsch m <(e)s, -märsche> partida f, marcha f

ab|marschieren* vi marchar, pôr-se em marcha

ab|mehren vt (schweiz) votar

ab|melden I. vt (Telefon) cancelar a assinatura; (Auto) cancelar o registo; (Schüler) anular a matrícula II. vr sich ~ (am Wohnort) comunicar a mudança de residência (à polícia); (von Kurs) desistir (von de)

Abmeldung *f* <-en> (*von Wohnort*) comunicação *f* da mudança de residência; (*von Schule, Kurs*) pedido *m* de anulação de matrícula

ab|messen *vt irreg* medir

ab|montieren* *vt* desmontar

ABM-Stelle *f* <-n> posto de trabalho criado com subsídios estatais

Abnahme *f* <-n> **1.** (*Verringerung*) diminuição *f* (*um* em), decréscimo *m* (*um* de) **2.** (*das Entfernen*) desmontagem *f*; (MED) amputação *f* **3.** (WIRTSCH) compra *f* **4.** (*Kontrolle*) vistoria *f*, inspecção *f* (para aprovação)

abnehmbar *adj* desmontável, removível

ab|nehmen **I.** *vt irreg* **1.** (*herunternehmen*) tirar (*von* de), remover; (*Telefonhörer*) levantar **2.** (*kaufen*) comprar **3.** (*prüfen*) vistoriar, inspeccionar **4.** (*Körpergewicht*) perder; **er will 5 kg ~** ele quer perder 5 kg **II.** *vi irreg* **1.** (*Geschwindigkeit, Temperatur*) diminuir **2.** (*Person*) perder peso, emagrecer

Abnehmer(in) *m(f)* <-s, - *o* -innen> comprador, compradora *m*, *f*, cliente *m*,*f*

Abneigung *f* <-en> aversão *f* (*gegen* a), antipatia *f* (*gegen* por)

abnorm *adj* anormal

ab|nutzen **I.** *vt* desgastar **II.** *vr* sich ~ gastar-se (com o uso)

Abnutzung *f* <o.pl> desgaste *m*

Abo ['abo] *nt* <-s, -s> (*umg*) *s.* **Abonnement**

Abonnement [abɔn(ə)'mãː] *nt* <-s, -s> (*für Zeitung, Theater*) assinatura *f*

Abonnent(in) [abɔ'nɛnt] *m(f)* <-en, -en *o* -innen> assinante *m*,*f*

abonnieren* *vt* assinar; **eine Zeitung abonniert haben** ser assinante de um jornal

Abordnung *f* <-en> delegação *f*, comissão *f*

ab|packen *vt* empacotar, embalar

ab|passen *vt* (*Zeitpunkt*) espreitar, aguardar; (*Person*) aguardar, esperar por

ab|pfeifen *vt irreg* (SPORT) apitar

ab|pflücken *vt* colher, apanhar

ab|plagen *vr* sich ~ matar-se (*mit* com); **er plagt sich mit den Mathematikaufgaben ab** ele mata-se de estudar matemática

ab|prallen *vi* fazer ricochete (*an* em)

ab|putzen *vt* limpar

ab|rasieren* *vt* rapar

ab|raten *vi irreg* dissuadir (*von* de), desaconselhar (*von* de); **sie hat mir von ... abgeraten** ela dissuadiu-me de ... +*inf*

ab|räumen *vt* **1.** (*Sachen*) arrumar, tirar **2.** (*Tisch*) levantar

ab|reagieren* **I.** *vt* (*Zorn*) descarregar (*an* em) **II.** *vr* sich ~ acalmar os nervos, desafogar-se (*an* com)

ab|rechnen **I.** *vt* descontar, deduzir **II.** *vi* fazer contas; (*fig*); **mit jdm ~** ajustar contas com alguém

Abrechnung *f* <-en> **1.** (*finanziell*) liquidação *f*; **in ~ bringen** descontar **2.** (*Vergeltung*) ajuste *m* de contas, acerto *m* de contas

ab|reiben *vt irreg* **1.** (*säubern*) esfregar **2.** (*trocknen*) friccionar

Abreibung *f* <-en> **1.** (*Frottieren*) fricção *f* **2.** (*umg: Prügel*) tareia *f*; (*mündlich*) descompostura *f*

Abreise *f* <-n> partida *f* (*nach* para)

ab|reisen *vi* partir (*nach* para)

ab|reißen **I.** *vt irreg* **1.** (*Blatt*) arrancar **2.** (*Haus*) demolir **II.** *vi irreg* **1.** (*Verbindung*) interromper-se **2.** (*sich lösen*) romper-se

Abreißkalender *m* <-s, -> calendário(-bloco) *m*

ab|richten *vt* amestrar, treinar

ab|riegeln *vt* (*Gebiet*) cercar; (*Straße*) cortar, bloquear

Abrissᴿᴿ *m* <-es, -e>, **Abriß**ᴬᴸᵀ *m* <-sses, -sse> **1.** (*Entwurf*) esboço *m*; (*Darstellung*) sinopse *f*, compêndio *m* **2.** (*von Gebäude*) demolição *f*

ab|rufen *vt irreg* (INFORM) chamar

ab|runden *vt* (*Summe*) arredondar

abrupt [ap'rʊpt] *adj* abrupto, brusco

ab|rüsten *vi* desarmar

Abrüstung *f* kein *pl* desarmamento *m*

ab|rutschen *vi* escorregar, deslizar

ABS *abk v* **Antiblockiersystem** ABS (= *sistema antibloqueio*)

Abs. *abk v* **Absender** remetente

Absage ['apzaːgə] *f* <-n> **1.** (*Ablehnung*) recusa *f* (*an* a) **2.** (*Antwort*) resposta *f* negativa; **jdm eine ~ erteilen** dar uma resposta negativa a alguém, dizer que não a alguém; **eine ~ erhalten** receber uma resposta negativa

ab|sagen **I.** *vt* (*Einladung*) recusar, declinar; (*Sitzung*) anular **II.** *vi* recusar, declinar; (*Antwort*) responder negativamente; **jdm ~** não aceitar o convite de alguém

ab|sägen *vt* **1.** (*Ast*) serrar **2.** (*umg: Person*) destituir, afastar (de um cargo)

Absatz *m* <-es, -sätze> **1.** (*im Text*) parágrafo *m* **2.** (*am Schuh*) tacão *m,* salto *m* **3.** (*Treppenabsatz*) patamar *m* **4.** (WIRTSCH) venda *f*

absatzfähig *adj* (WIRTSCH) de venda fácil

Absatzmarkt *m* <-es, -märkte> mercado *m* (de consumo)

ab|schaffen *vt* **1.** (*aufheben*) anular; (*Gesetz*) revogar, abolir **2.** (*Auto, Fernseher*) desfazer-se de

Abschaffung *f kein pl* (*von Gesetz*) abolição *f,* revogação *f*

ab|schalten I. *vt* desligar II. *vi* (*umg*) descansar, relaxar

ab|schätzen *vt* **1.** (*taxieren*) taxar, colectar **2.** (*einschätzen*) avaliar, apreciar

abschätzig *adj* (*Bemerkung*) depreciativo; (*Blick*) desdenhoso

ab|schauen *vt* (*österr*) copiar

Abscheu *m* <-s> *kein pl* repulsa *f,* aversão *f* (*vor* a)

abscheulich [apˈʃɔɪlɪç] *adj* (*Verbrechen*) abominável, execrável; (*Anblick*) horrível

ab|schicken *vt* expedir, despachar

ab|schieben *vt irreg* **1.** (*abrücken*) remover (*von* de), empurrar (*von* de) **2.** (*Verantwortung*) empurrar **3.** (*Flüchtlinge*) expulsar

Abschiebung *f* <-en> expulsão *f*

Abschied [ˈapʃiːt] *m* <-(e)s, -e> despedida *f;* ~ **von jdm nehmen** despedir-se de alguém; **zum** ~ para a despedida

Abschiedsessen *nt* <-s, -> banquete *m* de despedida

ab|schießen *vt irreg* **1.** (*Geschoss*) disparar **2.** (*Rakete*) lançar **3.** (*Wild, Flugzeug*) abater

ab|schirmen *vt* proteger (*gegen* de), resguardar (*gegen* contra)

ab|schlachten *vt* **1.** (*Tiere*) abater **2.** (*Menschen*) chacinar, assassinar

Abschlag *m* <-(e)s, -schläge> **1.** (*Preisrückgang*) baixa *f* **2.** (*Teilzahlung*) prestação *f;* **auf** ~ a prestações

ab|schlagen *vt irreg* **1.** (*Baum*) cortar, abater; (*Kopf*) cortar **2.** (*Angriff, Stoß*) repelir **3.** (*ablehnen*) recusar, negar; **jdm eine Bitte** ~ recusar um pedido a alguém

abschlägig *adj* negativo; (**jdm**) **eine** ~**e Antwort erteilen** responder negativamente (a alguém), dizer que não (a alguém)

Abschlagszahlung *f* <-en> pagamento *m* parcial

Abschleppdienst *m* <-es, -e> serviço *m* de reboque

ab|schleppen *vt* rebocar

Abschleppseil *nt* <-(e)s, -e> cabo *m* de reboque

ab|schließen I. *vt irreg* **1.** (*Tür, Koffer*) fechar à chave **2.** (*beenden*) encerrar, terminar **3.** (*Handel*) fechar; (*Vertrag*) assinar II. *vi irreg* **1.** (*mit Schlüssel*) fechar à chave **2.** (*beenden*) **mit etw** ~ terminar/acabar com a. c.

abschließend *adj* final, definitivo; ~**e Bemerkung** observação final

Abschluss^RR *m* <-es, -schlüsse>, **Abschluß**^ALT *m* <-sses, -schlüsse> **1.** (*Beendigung*) fim *m;* (*eines Kongresses*) encerramento *m;* **zum** ~ para terminar/acabar; **etw zum** ~ **bringen** terminar/acabar a. c. **2.** (*von Vertrag, Handel*) conclusão *f* **3.** (*Schlussrechnung*) balanço *m,* saldo *m*

Abschlussprüfung^RR *f* <-en> exame *m* final

ab|schmecken *vt* **1.** (*probieren*) provar **2.** (*würzen*) apurar, condimentar

ab|schmieren *vt* (*Auto*) lubrificar

ab|schminken *vr* **sich** ~ tirar a maquilhagem

ab|schnallen *vr* **sich** ~ tirar/desapertar o cinto

ab|schneiden I. *vt irreg* (*abtrennen*) cortar; (*isolieren*) isolar (*von* de) II. *vi irreg* **gut/schlecht** ~ obter um bom/mau resultado, ser bem/mal sucedido

Abschnitt *m* <-(e)s, -e> **1.** (*Teilstück*) secção *f* **2.** (*Kontrollabschnitt*) talão *m;* (*zum Ausfüllen*) cupão *m* **3.** (*von Buch*) trecho *m,* excerto *m;* (*von Text*) parágrafo *m* **4.** (*Zeitabschnitt*) período *m,* época *f*

ab|schrauben *vt* desaparafusar, desatarrachar

ab|schrecken *vt* **1.** (*abbringen*) desanimar, desencorajar **2.** (*abkühlen*) arrefecer; (*Eier*) passar por água fria

Abschreckung *f* <-en> intimidação *f;* **nukleare** ~ ameaça nuclear *f*

ab|schreiben *vt irreg* **1.** (*kopieren*) copiar (*von* de); (*unerlaubt*) cabular, copiar **2.** (WIRTSCH: *tilgen*) amortizar; (*abrechnen*) descontar **3.** (*umg: verloren geben*) dar por perdido

Abschreibung *f* <-en> (WIRTSCH) amortização *f*

Abschrift *f* <-en> cópia *f* (*von* de)

Abschuss^RR *m* <-es, -schüsse>, **Abschuß**^ALT *m* <-sses, -schüsse> **1.** (*einer*

Rakete) lançamento *m* **2.** (*eines Flugzeugs*) destruição *f*

abschüssig *adj* íngreme

ab|schütteln *vt* **1.** (*entfernen*) sacudir (*von* de) **2.** (*Person, Müdigkeit*) libertar-se de, livrar-se de

ab|schwächen **I.** *vt* (*Wirkung, Eindruck*) atenuar, abrandar; (*Stoß*) amortecer **II.** *vr* **sich** ~ diminuir, enfraquecer

ab|schweifen ['apʃvaɪfən] *vi* desviar-se (*von* de), afastar-se (*von* de)

ab|schwirren *vi* (*umg*) pôr-se a andar; (*brasil*) dar o fora

ab|segnen *vt* (*umg*) aprovar

absehbar *adj* previsível; **in** ~**er Zeit** dentro de algum tempo, num futuro próximo

ab|sehen **I.** *vt irreg* (*Ende, Folgen*) prever **II.** *vi irreg* **von etw** ~ desistir de a. c.; (*nicht berücksichtigen*) abstrair-se de a. c.

ab|seilen *vr* **sich** ~ (*umg*) escapulir-se

abseits ['apzaɪts] **I.** *adv* (*von einer Gruppe*) à parte, de lado; (*nicht im Zentrum*) na periferia; (SPORT) fora de jogo **II.** *präp* +*gen* longe de, afastado de

Abseits *nt* <-> *kein pl* (SPORT) fora-de-jogo *m;* **im** ~ **stehen** estar fora de jogo

ab|senden *vt irreg* enviar, despachar

Absender(in) *m(f)* <-s, - *o* -innen> remetente *m,f*

ab|setzen **I.** *vt* **1.** (*Last*) pousar, pôr no chão **2.** (*Brille, Hut*) tirar **3.** (*Ware*) vender **4.** (*aussteigen lassen*) deixar **5.** (*entlassen*) destituir, depor **6.** (*von der Steuer*) deduzir (*von* de) **7.** (*Medikament, Veranstaltung*) retirar **II.** *vr* **sich** ~ **1.** (*sich ablagern*) depositar-se **2.** (*umg: sich entfernen*) pôr-se a andar

Absetzung *f* <-en> (*aus Amt*) destituição *f*

Absicht *f* <-en> **1.** (*Vorsatz*) intenção *f,* intuito *m;* **mit** ~ de propósito **2.** (*Ziel*) objectivo *m,* fim *m*

absichtlich **I.** *adj* intencional, propositado **II.** *adv* propositadamente, de propósito

ab|sitzen **I.** *vt irreg* (*Strafe*) cumprir **II.** *vi irreg* (*Reiter*) apear(-se) (*von* de), desmontar (*von* de)

absolut [apzo'luːt] *adj* absoluto

Absolution *f* <-en> absolvição *f*

Absolutismus *m* <-> *kein pl* absolutismo *m*

Absolvent(in) *m(f)* <-en, -en *o* -innen> antigo aluno, aluna *m, f;* (*im letzten Jahr*) finalista *m,f*

absolvieren* *vt* **1.** (*Schule*) completar; **ein**

Studium ~ tirar o curso; **eine Prüfung** ~ passar no exame **2.** (REL) absolver

ab|sondern **I.** *vt* (*isolieren*) separar, isolar; (*ausscheiden*) segregar **II.** *vr* **sich** ~ isolar-se (*von* de)

Absonderung *f* <-en> **1.** (*Isolierung*) separação *f,* isolamento *m* **2.** (MED) secreção *f*

absorbieren* *vt* absorver

absorbierend *adj* absorvente

ab|spalten **I.** *vt* (CHEM) dissociar, separar **II.** *vr* **sich** ~ afastar-se, separar-se

ab|specken *vi* (*umg*) emagrecer

ab|speichern *vt* (INFORM) armazenar

ab|spenstig ['apʃpɛnstɪç] *adj* **jdm etw** ~ **machen** tirar a. c. de alguém

ab|sperren *vt* **1.** (*Straße*) fechar, cortar **2.** (*Tür*) trancar, fechar à chave **3.** (*Wasser, Gas*) cortar

Absperrung *f* <-en> **1.** (*Vorgang*) obstrução *f* **2.** (*Sperre*) barricada *f,* cerco *m;* (*Zaun*) cerca *f,* vedação *f;* (*Sperrkette*) cordão *m*

ab|spielen **I.** *vt* (*CD*) pôr a tocar; **vom Blatt** ~ tocar à primeira vista **II.** *vr* **sich** ~ passar-se, ocorrer

Absprache *f* <-n> acordo *m;* **eine** ~ **treffen** chegar a um acordo

ab|sprechen **I.** *vt irreg* (*vereinbaren*) combinar (*mit* com); (*aberkennen*) contestar; **jdm etw** ~ negar a. c. a alguém, privar alguém de a. c. **II.** *vr* **sich** ~ *irreg* combinar; **sich mit jdm** ~ combinar a. c. com alguém

ab|springen *vi irreg* **1.** (*herunterspringen*) saltar **2.** (*Farbe, Lack*) estalar; (*Knopf*) cair **3.** (*umg: Kunden*) fugir; (*Teilnehmer*) desistir (*von* de)

Absprung *m* <-(e)s, -sprünge> (*mit Fallschirm*) salto *m*

ab|spülen *vt* lavar

ab|stammen *vi* **1.** (*Person*) descender (*von* de) **2.** (*Wort*) derivar (*von* de)

Abstammung *f* *kein pl* descendência *f,* origem *f* (*von* de)

Abstand *m* <(e)s, -stände> **1.** (*räumlich*) distância *f* (*von, zu* de, *zwischen* entre); ~ **halten** guardar distância; ~ **nehmen von** desistir de, renunciar a **2.** (*zeitlich*) intervalo *m,* espaço *m* (de tempo) **3.** (*Unterschied*) contraste *m* (*zwischen* entre); **mit** ~ **der Beste** de longe o melhor

ab|stauben ['apʃtaʊbən] *vt* sacudir o pó de, espanar

ab|stechen *vi irreg* contrastar (*von* com),

destacar-se (*von* de)

Abstecher *m* <-s, -> fugida *f*, saltada *f*

ab|stehen *vi irreg* ficar distante

ab|steigen *vi irreg* **1.** (*vom Rad*) descer (*von* de), apear-se (*von* de); (*vom Pferd*) desmontar (*von* de), descer (*von* de) **2.** (*in Gasthof*) hospedar-se (*in* em)

ab|stellen *vt* **1.** (*absetzen*) pousar, pôr no chão **2.** (*Auto, Fahrrad*) arrumar **3.** (*ausschalten*) desligar; (*Wasser, Strom*) fechar, cortar **4.** (*Missstand, Unsitte*) acabar com, suspender

Abstellraum *m* <-(e)s, -räume> arrecadação *f*, arrumos *mpl*

ab|stempeln *vt* **1.** (*Formular*) carimbar; (*Brief*) selar **2.** (*Person*) classificar (*als* de)

ab|sterben *vi irreg* **1.** (*Pflanzen*) murchar, morrer **2.** (*Glieder*) atrofiar

Abstieg ['apʃtiːk] *m* <-(e)s, -e> **1.** (*von Berg*) descida *f* (*von* de) **2.** (*Niedergang*) declínio *m*, decadência *f*; **wirtschaftlicher** ~ ruína económica **3.** (SPORT) descida *f*

ab|stimmen **I.** *vt* (*Interessen, Termine*) conciliar, conjugar; (*zeitlich*) sincronizar; (*Farben*) combinar **II.** *vi* votar; **über eine Reform** ~ votar uma reforma

Abstimmung *f* <-en> **1.** (*von Interessen*) conciliação *f*, conjugação *f* **2.** (*zeitlich*) sincronização *f* **3.** (POL) votação *f* (*über* de)

abstinent *adj* abstinente

Abstinenz *f kein pl* abstinência *f*

Abstinenzler(in) *m(f)* abstémio, abstémia *m, f*

ab|stoßen *vt irreg* **1.** (*wegstoßen*) empurrar **2.** (*Ware*) desfazer-se de **3.** (*anekeln*) repugnar, causar repulsa a

abstoßend *adj* repelente, repugnante

abstrahieren* *vi* abstrair (*von* de)

abstrakt [ap'strakt] *adj* abstracto

Abstraktion *f* <-en> abstracção *f*

Abstraktionsvermögen *nt* <-s> *kein pl* capacidade *f* de abstração

ab|streiten *vt irreg* contestar; (*leugnen*) desmentir; **das kann ihm keiner** ~ ninguém lhe pode negar isso

Abstrich *m* <-(e)s, -e> **1.** (*Kürzung*) corte *m*, redução *f* **2.** (MED) colheita *f*

ab|stufen *vt* **1.** (*Gehälter*) escalonar **2.** (*Farben*) matizar

Abstufung *f* <-en> (*von Gehältern*) gradação *f*, escalonamento *m*

ab|stumpfen ['apʃtʊmpfən] *vi* tornar-se insensível

Absturz *m* <-es, -stürze> **1.** (*aus der Höhe*) queda *f* (violenta) **2.** (INFORM) avaria *f* geral

ab|stürzen *vi* **1.** (*hinunterfallen*) cair; (*Flugzeug*) despenhar-se **2.** (INFORM) ir abaixo

ab|suchen *vt* fazer uma busca a, revistar; (*Gelände*) explorar

absurd [ap'zʊrt] *adj* absurdo, disparatado

Absurdität *f* <-en> absurdo *m*

Abszess^{RR} [aps'tsɛs] *m* <-es, -e>, **Abszeß**^{ALT} *m* <-sses, -sse> (MED) abcesso *m*

Abt [apt] *m* <(e)s, Äbte> abade *m*

Abt. *abk v* **Abteilung** Dept^o (= *departamento*)

ab|tauen **I.** *vt* (*Kühlschrank*) descongelar **II.** *vi* (*Schnee, Eis*) derreter; (*Kühlschrank*) descongelar

Abtei [ap'taɪ] *f* <-en> abadia *f*

Abteil [ap'taɪl] *nt* <-(e)s, -e> compartimento *m* (da carruagem)

ab|teilen *vt* **1.** (*Raum*) dividir **2.** (*abtrennen*) separar

Abteilung [-'---] *f* <-en> **1.** (*im Kaufhaus*) secção *f*; (*in Firma*) departamento *m*, secção *f*; (*im öffentlichen Dienst*) repartição *f* **2.** (MIL) destacamento *m*, contigente *m* (militar)

Abteilungsleiter(in) *m(f)* <-s, - o -innen> chefe *m, f* de secção/departamento

Äbtissin *f* <-nen> abadessa *f*

ab|töten *vt* (*Bakterien*) matar

ab|tragen *vt irreg* **1.** (*Boden, Gelände*) nivelar **2.** (*Speisen*) levar, tirar **3.** (*Schulden*) amortizar **4.** (*Kleidung*) gastar (pelo uso)

abträglich *adj* (*geh*) prejudicial, nocivo; **etw** ~ **sein** ser prejudicial a a. c., ser nocivo para a. c.

Abtransport *m* <-(e)s, -e> transporte *m* (*von* de), transferência *f*

ab|transportieren* *vt* transportar, transferir

ab|treiben **I.** *vt irreg* (*Kind*) abortar **II.** *vi irreg* **1.** (NAUT) andar à deriva, desviar-se do rumo **2.** (MED) abortar

Abtreibung *f* <-en> aborto *m* (provocado)

ab|trennen *vt* separar (*von* de); (*Genähtes*) descoser; (*Stück Papier*) tirar, destacar

ab|treten **I.** *vt irreg* (*Teppich, Absätze*) gastar; (*Schuhe*) limpar; **sich** *dat* **die Füße** ~ limpar os pés; (*überlassen*) ceder; **jdm seinen Platz** ~ ceder o lugar a alguém **II.** *vi irreg* retirar-se, demitir-se

ab|trocknen *vt* enxugar, secar

ab|tropfen *vi* pingar

abtrünnig adj **1.** (POL) rebelde **2.** (REL) renegado; ~ **werden** renegar, abandonar

ab|tun vt irreg **1.** (zurückweisen) pôr de lado; **etw als unwichtig** ~ não dar importância a a. c., não se importar com a. c. **2.** (umg: Kleidung) tirar

ab|wägen vt ponderar, considerar

ab|wählen vt **1.** (Politiker) não voltar a votar **2.** (Schulfach) não escolher

ab|wandeln vt variar, mudar

ab|wandern vi emigrar

Abwart(in) m(f) <-s, -e o -innen> (schweiz) porteiro, porteira m, f

ab|warten I. vt esperar por; **jds Antwort/ den Briefträger** ~ esperar pela resposta de alguém/pelo carteiro **II.** vi esperar, aguardar

abwärts adv abaixo, para baixo; ~ **gehen** descer; (fig) entrar em declínio

Abwasch m <-(e)s> kein pl **1.** (Geschirr) louça f suja **2.** (Handlung) lavagem f da louça

abwaschbar adj lavável

ab|waschen I. vt irreg lavar **II.** vi irreg lavar a louça

Abwaschmaschine f <-n> (schweiz) máquina f de lavar louça

Abwasser nt <-s, -wässer> águas fpl residuais, água f de esgoto

ab|wechseln I. vi alternar **II.** vr sich ~ alternar-se; (Personen) revezar-se (bei em)

abwechselnd adv alternadamente, à vez; **sie passen** ~ **auf die Kinder auf** eles tomam conta das crianças à vez

Abwechslung f <-en> variação f, mudança f; **zur** ~ para variar

abwechslungsreich adj (Leben) animado, agitado; (Landschaft) variado

abwegig ['apveːgɪç] adj absurdo; **ich finde das völlig** ~ acho completamente absurdo

Abwehr ['pveːɐ] f kein pl **1.** (SPORT) defesa f **2.** (Ablehnung) rejeição f

ab|wehren vt **1.** (Schlag) repelir **2.** (Angriff, Gefahr) defender-se de

ab|weichen vi irreg **1.** (von Weg, Thema) desviar-se (von de) **2.** (Meinung) divergir, diferir

abweichend adj divergente, diferente

Abweichung f <-en> **1.** (von Weg, Thema) desvio m (von de) **2.** (Unterschied) divergência f (von de)

ab|weisen vt irreg **1.** (Besucher) mandar embora, despachar **2.** (Antrag) indeferir

abweisend adj (Haltung) frio, distante

ab|wenden I. vt (Augen) desviar; (Kopf) virar; (verhindern) evitar **II.** vr sich ~ afastar-se (von de), virar costas (von a)

ab|werfen vt irreg **1.** (herunterwerfen) atirar (ao chão); (Bombe) lançar **2.** (Gewinne) render

ab|werten vt (WIRTSCH) desvalorizar

Abwertung f <-en> (WIRTSCH) desvalorização f

abwesend ['apveːzənt] adj **1.** (nicht anwesend) ausente **2.** (zerstreut) distraído; ~ **sein** estar distraído

Abwesenheit f kein pl ausência f; **in** ~ **verurteilt werden** ser julgado à revelia

ab|wickeln I. vt (Faden, Knäuel) desenrolar; (durchführen) executar, efectuar; (beenden) concluir **II.** vr sich ~ desenvolver-se, desenrolar-se

ab|wiegen vt irreg pesar

ab|wimmeln vt (umg) livrar-se de, despachar

ab|wischen vt **1.** (Staub) limpar **2.** (Tränen) limpar, enxugar **3.** (Tafel) apagar

Abwurf m <-(e)s, -würfe> **1.** (von Bomben) lançamento m **2.** (von Gewinnen) rendimento m **3.** (SPORT) lançamento m

ab|würgen vt **1.** (umg: Kritik) não aceitar **2.** (umg: Motor) deixar ir abaixo

ab|zahlen vt (in Raten) pagar em prestações; (ganze Schuld) liquidar, saldar (uma dívida); **habt ihr das Auto schon abgezahlt?** já acabaram de pagar o carro?

ab|zählen vt contar; **etw an den Fingern** ~ contar a. c. pelos dedos

Abzahlung f <-en> (in Raten) pagamento m em prestações; (ganze Schuld) liquidação f da dívida

Abzeichen nt <-s, -> emblema m; (der Polizei) distintivo m; (MIL) divisa f; (Orden) insígnia f, condecoração f

ab|zeichnen I. vt **1.** (abmalen) copiar, desenhar **2.** (Dokument) rubricar **II.** vr sich ~ **1.** (Umrisse) distinguir-se, ressaltar **2.** (Ereignis) esboçar-se

Abziehbild nt <-(e)s, -er> decalcomania f

ab|ziehen I. vt irreg (wegnehmen) tirar; **das Bett** ~ mudar a (roupa da) cama; (MAT) subtrair; (Betrag) descontar, deduzir; (FOT) tirar uma cópia/prova (de); (Truppen) retirar; (Tier) esfolar **II.** vi irreg (Rauch) sair; (Gewitter) afastar-se; (umg: weggehen) pôr-se a andar, abalar **III.** vr sich ~ irreg (schweiz) despir-se

ab|zielen *vi* **auf etw** ~ ter a. c. como objectivo, ter a. c. em vista

Abzug *m* <-(e)s, -züge> 1. (*Weggang*) retirada *f*, saída *f* 2. (FOT) cópia *f* 3. (*Betrag*) dedução *f* 4. (*am Gewehr*) gatilho *m*

abzüglich *präp* +*gen* menos

ab|zweigen *vi* 1. (*Weg*) ramificar-se 2. (*Person*) sair (*von* de)

Abzweigung *f* <-en> 1. (*Kreuzung*) entroncamento *m* 2. (*Strecke*) ramal *m*

Accessoires *pl* acessórios *mpl*

ach *interj* (*Verwunderung*) ah!; (*Klage*) ai!; (*Ärger*) oh!; ~ **so!** ah!

Ach *nt* <-s, -(s)> (*umg*) **mit** ~ **und Krach** a muito custo, por um triz

Achse ['aksə] *f* <-n> eixo *m*

Achsel ['aksəl] *f* <-n> 1. (*Schulter*) ombro *m*; **mit den** ~**n zucken** encolher os ombros 2. (*Achselhöhle*) axila *f*

Achselhöhle *f* <-n> (ANAT) axila *f*

acht [axt] *num kard* oito; *s.* **zwei**

Acht¹ [axt] *f* <-en> oito *m*; *s.* **Zwei**

Acht² *f kein pl* cuidado *m*, atenção *f*; ~ **geben** prestar atenção (*auf* a); **gib** ~**!** cuidado!; **etw außer** ~ **lassen** não tomar a. c. em conta; **sich vor etw in** ~ **nehmen** ter cautela com a. c., tomar cuidado com a. c.

achteckig *adj* octogonal

Achtel *nt* <-s, -> 1. (*achter Teil*) oitavo *m*, oitava *f* parte 2. (MUS) colcheia *f*

achten ['axtən] I. *vt* (*Person*) estimar; (*Gesetz*) respeitar II. *vi* **auf etw** ~ reparar em a. c.; **sie achtet darauf, dass sie nicht zu spät kommt** ela toma atenção para não chegar tarde

achtens ['axtəns] *adv* em oitavo lugar

Achterbahn *f* <-en> montanha *f* russa

achte(r, s) *num ord* oitavo; *s.* **zweite(r, s)**

acht|geben^ALT *vi irreg s.* **Acht²**

achthundert ['-'---] *num kard* oitocentos

achtjährig *adj* de oito anos

achtlos *adj* 1. (*sorglos*) desatento, descuidado 2. (*zerstreut*) distraído

Achtlosigkeit *f kein pl* falta *f* de atenção, descuido *m*

achtmal *adv* oito vezes

Achtung ['axtʊŋ] *f kein pl* 1. (*Aufmerksamkeit*) atenção *f*; ~**!** atenção!, cuidado! 2. (*Ehrfurcht*) respeito *m* (*vor* por), consideração *f* (*vor* por)

achtzehn *num kard* dezoito

achtzig ['axtsɪç] *num kard* oitenta

ächzen *vi* gemer (*vor* de)

Acker ['akɐ] *m* <-s, Äcker> campo *m* (de cultivo)

Ackerbau *m* <-(e)s> *kein pl* agricultura *f*

ackern *vi* (*umg*) trabalhar arduamente

Acryl [a'kry:l] *nt* <-s> *kein pl* acrílico *m*

Actionfilm *m* <-(e)s, -e> filme *m* de acção

a. D. *abk v* **außer Dienst** jubilado, aposentado

Adapter *m* <-s, -> adaptador *m*

adäquat *adj* (*geh*) adequado

addieren^* *vt* somar, adicionar

Addition [adi'tsjo:n] *f* <-en> adição *f*

Adel ['a:dəl] *m* <-s> *kein pl* nobreza *f*, aristocracia *f*; (*niederer*) fidalguia *f*

adeln *vt* enobrecer

Ader ['a:dɐ] *f* <-n> 1. (ANAT) veia *f*; (*Schlagader*) artéria *f* 2. (*in Holz, Gestein*) filão *m* 3. (BOT) nervura *f*

Adjektiv ['atjɛkti:f] *nt* <-s, -e> adjectivo *m*

Adler ['a:dlɐ] *m* <-s, -> águia *f*

adlig ['a:dlɪç] *adj* nobre, aristocrático; (*niederer Adel*) fidalgo

administrativ *adj* administrativo

Admiral [atmi'ra:l] *m* <-s, -e oder -räle> almirante *m*

adoptieren^* *vt* ado(p)tar

Adoption [adɔp'tsjo:n] *f* <-en> ado(p)ção *f*

Adoptiveltern *pl* pais *mpl* ado(p)tivos

Adoptivkind *nt* <-(e)s, -er> filho *m* ado(p)tivo, filha *f* ado(p)tiva

Adrenalin [adrena'li:n] *nt* <-s> *kein pl* (MED) adrenalina *f*

Adressat(in) [adrɛ'sa:t] *m(f)* <-en, -en *o* -innen> destinatário, destinatária *m*, *f*

Adressbuch^RR *nt* <-(e)s, -bücher>, **Adreßbuch**^ALT *nt* <-(e)s, -bücher> agenda *f*

Adresse [a'drɛsə] *f* <-n> morada *f*, endereço *m*

adressieren^* *vt* endereçar (*an* a)

Adria ['a:dria] *f kein pl* mar *m* adriático

Advent [at'vɛnt] *m* <-(e)s, -e> Advento *m*

De acordo com a tradição, enfeita-se a sala para os domingos de Advento com uma coroa feita com raminhos de abeto, a que se chama **Adventskranz**. Esta coroa é adornada com quatro velas, às vezes também com fitas e pequenos objectos decorativos. No primeiro domingo acende-se apenas uma vela e em cada domingo seguinte mais uma. Só no último domingo de advento é que ficam as quatro velas acesas.

Adverb [atˈvɛrp] *nt* <-s, -ien> advérbio *m*
adverbial *adj* adverbial
Advokaturbüro *nt* <-s, -s> (*schweiz*) escritório *m* de advocacia
Advokaturskanzlei *f* <-en> (*österr*) escritório *m* de advocacia
Aerobic *nt* <-s> *kein pl* aeróbica *f*
aerodynamisch *adj* aerodinâmico
Affäre *f* <-n> 1. (*Angelegenheit*) caso *m*, assunto *m* 2. (*Verhältnis*) caso *m*
Affe [ˈafə] *m* <-n, -n> macaco *m*
Affekt *m* <-(e)s, -e> im ~ handeln agir de cabeça quente, pensar com o coração
Affekthandlung *f* <-en> (JUR) crime *m* passional
affektiert *adj* afectado
Affenschande *f kein pl* (*umg*) escândalo *m;* das ist eine ~ isto é uma vergonha
Affiche *f* <-n> (*schweiz*) cartaz *m*
Afghanistan *nt* <-s> *kein pl* Afeganistão *m*
Afrika [ˈa(ː)frika] *nt* <-s> *kein pl* África *f*
Afrikaner(in) [afriˈkaːnɐ] *m(f)* <-s, - *o* -innen> africano, africana *m, f*
afrikanisch *adj* africano
After [ˈaftɐ] *m* <-s, -> (ANAT) ânus *m*
After-Shave, **Aftershave**^RR *nt* <-(s), -s> aftershave *m*
AG [aːˈgeː] *abk v* **Aktiengesellschaft** SA (= *Sociedade Anónima*)
Agent(in) [aˈgɛnt] *m(f)* <-en, -en *o* -innen> 1. (*Spion*) espião, espia *m, f* 2. (*für Künstler*) agente *m,f*
Agentur *f* <-en> agência *f*
Aggression [agrɛˈsjoːn] *f* <-en> agressão *f*
aggressiv *adj* agressivo
Aggressivität *f* <-en> agressividade *f*
Agitation *f* <-en> agitação *f*
Agrarreform *f* <-en> reforma *f* agrária
Ägypten *nt* <-s> *kein pl* Egipto *m*
ägyptisch *adj* egípcio
aha *interj* logo vi!
ähneln I. *vi* parecer-se (com) II. *vr* sich ~ assemelhar-se
ahnen [ˈaːnən] *vt* 1. (*vermuten*) supor, suspeitar 2. (*Gefahr*) pressentir, ter um pressentimento de; **ich ahne, dass ...** palpita-me que ...

ähnlich *adj* semelhante (a), parecido (com); **das sieht ihm** ~! é mesmo dele!, é a cara dele!
Ähnlichkeit *f* <-en> semelhança *f* (*mit* com, *zwischen* entre), parecença *f* (*mit* com, *zwischen* entre)
Ahnung *f* <-en> 1. (*Vorstellung*) ideia *f;* **keine** ~! não faço (a mínima) ideia! 2. (*Vorgefühl*) pressentimento *m*, palpite *m*
ahnungslos I. *adj* (*unwissend*) ignorante; (*sorglos*) despreocupado II. *adv* sem saber de nada
Ahorn *m* <-s, -e> ácer *m*
Aids [ɛɪts] *nt* <-> *kein pl* (MED) sida *f*
Aidskranke(r) *m/f* <-n, -n *o* -n> portador, -a *m,f* do vírus da SIDA; (*brasil*) aidético, aidética *m, f*
Aidstest *m* <-(e)s, -s> teste *m* da sida
Airbag [ˈɛɐbɛːk] *m* <-s, -s> airbag *m*
Airbus *m* <-ses, -se> (AERO) airbus *m*
Akademie [akadeˈmiː] *f* <-n> academia *f*
Akademiker(in) [akaˈdeːmikɐ] *m(f)* <-s, - *o* -innen> académico, académica *m, f*
akademisch *adj* académico
Akazie *f* <-n> acácia *f*
akklimatisieren* *vr* sich ~ aclimatar-se (*an* a)
Akkord [aˈkɔrt] *m* <-(e)s, -e> 1. (*bei Arbeit*) ajuste *m;* **im** ~ **arbeiten** trabalhar por ajuste 2. (MUS) acorde *m*
Akkordarbeit *f* <-en> trabalho *m* por ajuste
Akkordarbeiter(in) *m(f)* <-s, - *o* -innen> tarefeiro, tarefeira *m, f*
Akkordeon [aˈkɔrdeɔn] *nt* <-s, -s> acordeão *m*
akkurat [akuˈraːt] *adj* exacto, preciso
Akkusativ [ˈakuzatiːf] *m* <-s, -e> (LING) acusativo *m*
Akne [ˈaːknə] *f* <-n> (MED) acne *f*
Akrobat(in) [akroˈbaːt] *m(f)* <-en, -en *o* -innen> acrobata *m,f*
Akt¹ [akt] *m* <-(e)s, -e> 1. (*Handlung*) acção *f* 2. (*von Theaterstück*) acto *m* 3. (*in Kunst*) nu *m* 4. (*Geschlechtsakt*) acto *m* sexual
Akt² *m* <-(e)s, -en> (*österr*) *s.* **Akte**
Akte [ˈaktə] *f* <-n> documento *m*, auto *m;* **etw zu den** ~n **legen** arquivar a. c.; (*fig*) não falar mais no assunto, arrumar o assunto
Aktenmappe *f* <-n> pasta *f* (de arquivo)
Aktenschrank *m* <-(e)s, -schränke> arquivo *m*

Aktie ['aktsjə] *f*<-n> (WIRTSCH) acção *f;* **die ~n steigen/fallen** as acções sobem/descem

Aktiengesellschaft *f* <-en> sociedade *f* anónima, sociedade *f* por quotas

Aktion [ak'tsjo:n] *f*<-en> **1.** (*Handlung*) acção *f* **2.** (*Kampagne*) campanha *f* (*für* por, *gegen* contra)

Aktionär(in) *m(f)* <-s, -e *o* -innen> accionista *m,f*

aktiv [ak'ti:f] *adj* activo

Aktiv *nt* <-s> *kein pl* (LING) voz *f* activa

aktivieren* *vt* activar

Aktivität *f*<-en> actividade *f*

aktualisieren* *vt* actualizar

Aktualität *f kein pl* actualidade *f*

aktuell [aktu'ɛl] *adj* actual

Akupunktur [akupʊŋk'tu:ɐ] *f*<-en> acupunctura *f*

Akustik [a'kʊstɪk] *f kein pl* acústica *f*

akustisch *adj* acústico

akut [a'ku:t] *adj* **1.** (*Frage, Problem*) urgente, premente **2.** (MED) agudo; ~ **werden** agudizar-se

AKW [a:ka:'ve:] *abk v* **Atomkraftwerk** central atómica

Akzent [ak'tsɛnt] *m* <-(e)s, -e> **1.** (LING) *Betonung*) acento *m* **2.** (*in der Aussprache*) sotaque *m;* **mit starkem ~ sprechen** falar com um sotaque carregado

akzeptabel [aktsɛp'ta:bəl] *adj* aceitável

akzeptieren* *vt* aceitar

Alarm [a'larm] *m* <-(e)s, -e> alarme *m,* rebate *m;* **blinder ~** falso alarme

Alarmanlage *f*<-n> alarme *m*

alarmieren* *vt* **1.** (*Feuerwehr, Polizei*) chamar **2.** (*beunruhigen*) alarmar

Albaner(in) [al'ba:nɐ] *m(f)* <-s, - *o* -innen> albanês, albanesa *m, f*

Albanien [al'ba:niən] *nt* <-s> *kein pl* Albânia *f*

albanisch *adj* albanês

Albatros *m* <-, -se> (ZOOL) albatroz *m*

Alben *pl von* **Album**

albern ['albɛn] *adj* pateta, aparvalhado

Albino *m* <-s, -s> albino *m*

Albtraum^RR *m* <-(e)s, -träume> pesadelo *m*

Album ['albʊm] *nt* <-s, Alben> álbum *m*

Alchemie *f kein pl* alquimia *f*

Alge ['algə] *f*<-n> alga *f*

Algebra ['algebra] *f kein pl* álgebra *f*

Algerien [al'ge:riən] *nt* <-s> *kein pl* Argélia *f*

algerisch *adj* argelino

Algorithmus *m* <-, Algorithmen> (MAT) algoritmo *m*

Alibi ['a:libi] *nt* <-s, -s> álibi *m;* **ein ~ haben** ter um álibi

Alkohol ['alkoho:l] *m* <-s, -e> álcool *m*

Alkoholeinfluss^RR *m* <-es> *kein pl* **unter ~ stehen** estar sob o efeito do álcool

alkoholfrei *adj* sem álcool, não alcoólico

Alkoholiker(in) [alko'ho:likɐ] *m(f)* <-s, - *o* -innen> alcoólico, alcoólica *m, f,* alcoólatra *m,f*

alkoholisch [--'--] *adj* alcoólico

Alkoholismus *m*<-> *kein pl* alcoolismo *m*

Alkoholspiegel *m* <-s, -> alcoolemia *f*

Alkoholverbot *nt* <(e)s, -e> proibição *f* (do álcool)

All [al] *nt* <-s> *kein pl* mundo *m,* universo *m*

alle ['alə] *adv* (*umg*) ~ **sein** ter acabado

Allee [a'le:] *f*<-n> alameda *f*

Allegorie *f*<-n> alegoria *f*

allegorisch *adj* alegórico

allein [a'laɪn] **I.** *adj* sozinho; ~ **leben** viver sozinho; **etw ~ machen** fazer a. c. sozinho **II.** *adv* (*geh*) só, somente

Alleinerziehende(r), **allein Erziehende(r)**^RR *m/f* <-n, -n *o* -n> pai *m* solteiro, mãe *f* solteira

alleinig *adj* único, exclusivo; **der ~e Erbe** o único herdeiro

Alleinstehende(r), **allein Stehende(r)**^RR *m/f* <-n, -n *o* -n> solteiro, solteira *m, f*

alle(r) *pron indef* todos, todas; ~ **beide** ambos; ~ **fünf Jahre** de cinco em cinco anos; ~ **zwei Tage** dia sim, dia não; **vor ~m** sobretudo, acima de tudo; (*umg*)*;* **er hat sie nicht ~** ele não é bem acabado, ele tem um parafuso a menos

allerbeste(r, s) *adj* o melhor de todos; **meine ~ Freundin** a minha melhor amiga

allerdings ['alɐdɪŋs] *adv* **1.** (*gewiss*) com certeza, sem dúvida; **hast du das gewusst?** - ~! sabias disso? - com certeza! **2.** (*jedoch*) na verdade, no entanto; ~ **muss ich zugeben, dass ...** no entanto, tenho de admitir que ... **3.** (*in der Tat*) de fa(c)to; **das ist ~ schlimm** isso é de fa(c)to mau

Allergie [alɛr'gi:] *f*<-n> alergia *f* (*gegen* a)

allergisch *adj* alérgico (*gegen* a)
allerhand ['--'-] *adj* <inv.> (*umg*) uma série de, diversos; **das ist doch** ~! essa é forte!, até parece impossível!; (*lobend*); ~! é qualquer coisa!
Allerheiligen [--'---] *nt* <-> *kein pl* dia *m* de Todos os Santos
allerhöchstens *adv* no máximo
allerhöchste(r, s) *adj* mais alto; **es ist** ~ **Zeit** são mais que horas de +*inf*
allerlei ['ale'laɪ] *adj* <inv.> toda a espécie de
allerletzte(r, s) *adj* o último (de todos), derradeiro; **zu allerletzt** por fim, afinal de contas
Allerseelen [--'--] *nt* <-> *kein pl* dia *m* dos Mortos
allerspätestens *adv* o mais tardar
alles *pron indef* tudo; ~ **in allem** em resumo, resumindo
allesamt ['--'-] *pron indef* (*umg*) todos juntos, todos quantos
Alleskleber *m* <-s, -> cola-tudo *f*
allgemein ['algə'maɪn] I. *adj* comum, geral; (*für alle gültig*) universal; **im Allgemeinen** geralmente, em geral II. *adv* em geral; (*Verbreitung*) por toda a parte; ~ **bekannt** (muito) conhecido
Allgemeinbildung [--'---] *f kein pl* cultura *f* geral
Allgemeinheit [--'--] *f kein pl* 1. (*Öffentlichkeit*) grande *m* público 2. (*Undifferenziertheit*) generalidade *f*
Allgemeinmedizin [--'----] *f kein pl* clínica *f* geral
Alliteration *f* <-en> (LIT) aliteração *f*
alljährlich I. *adj* anual II. *adv* anualmente
Allmacht *f kein pl* (*geh*) omnipotência *f*
allmächtig *adj* omnipotente
allmählich I. *adj* gradual II. *adv* pouco a pouco, gradualmente
Allradantrieb *m* <-(e)s, -e> tracção *f* às quatro rodas
allseitig *adj* universal
Alltag ['alta:k] *m* <-(e)s> *kein pl* dia-a-dia *m*, quotidiano *m*
alltäglich *adj* 1. (*jeden Tag*) quotidiano, de todos os dias 2. (*gewöhnlich*) vulgar, corriqueiro
allumfassend *adj* (*geh*) universal
allwissend ['-'--] *adj* onisciente
allzu ['--] *adv* demais, demasiado; ~ **viel** demais, demasiado

allzuviel^ALT ['--'-] *adv s.* **allzu**
Alm [alm] *f* <-en> pasto *m*, pastagem *f*
Almosen ['almo:zən] *nt* <-s, -> esmola *f*
Alpen ['alpən] *pl* Alpes *mpl*
Alpenveilchen *nt* <-s, -> cíclame *m*
Alphabet [alfa'be:t] *nt* <-(e)s, -e> alfabeto *m*, abecedário *m*
alphabetisch I. *adj* alfabético II. *adv* por ordem alfabética
alphabetisieren* *vt* alfabetizar
alphanumerisch [alfanu'me:rɪʃ] *adj* (INFORM) por ordem numérica e alfabética
alpin *adj* alpino
Alpinist(in) *m(f)* <-en, -en *o* -innen> alpinista *m,f*

Älpler-Magrone é uma especialidade suíça, composta de macarrão com cebola, batatas e um molho de queijo e natas ácidas. É servida com puré de maçã.

Alptraum *m* <-(e)s, -träume> pesadelo *m*
als [als] *konj* 1. (*zeitlich*) quando 2. (*bei Komparativ*) do que; (*Mengenangabe*); **mehr/weniger** ~ mais/menos (do) que; ~ **ob/wenn** como se 3. (*Eigenschaft*) como, na qualidade de; ~ **Beispiel** como exemplo; **nichts** ~ nada como; **nichts** ~ **Ärger** só aborrecimento
also ['alzo] *adv* 1. (*folglich*) portanto, por conseguinte 2. (*das heißt*) quer dizer, ou seja
alt [alt] *adj* velho; (*Mensch*) idoso; (*von früher*) antigo; **wie** ~ **bist du?** que idade tens?, quantos anos tens?; **sie ist 7 Jahre** ~ ela tem 7 anos; **ein älterer Mensch** uma pessoa de idade; **älter werden** envelhecer; **er wird 25 Jahre** ~ ele faz 25 anos
Alt *m* <-s> *kein pl* (MUS) voz *f* de contralto
Altar [al'ta:ɐ] *m* <-s, Altäre> altar *m*
Altbier *nt* <-(e)s, -e> cerveja *f* artesanal
Alter ['altə] *nt* <-s> *kein pl* idade *f*; (*hohes*) velhice *f*, terceira *f* idade; **im** ~ **von ...** aos ... anos; **sie ist in meinem** ~ ela tem a minha idade
älter *komp von* **alt**
altern *vi* envelhecer
alternativ *adj* alternativo; (*umweltbewusst*) ecológico; (*Bäckerei, Landwirtschaft*) biológico
Alternative *f* <-n> alternativa *f* (*zu* para/a)
Altersasyl *nt* <-s, -e> (*schweiz*) lar *m* de terceira idade

Altersgenosse(in) *m(f)* <-n, -n *o* -innen> contemporâneo, contemporânea *m*, *f*

Altersgruppe *f* <-n> faixa *f* etária

Altersheim *nt* <-(e)s, -e> lar *m* de terceira idade

Altersschwäche *f kein pl* senilidade *f*

Altersversorgung *f* <-en> pensão *f* vitalícia, pensão de velhice

Altertum ['altɐtuːm] *nt* <-s> *kein pl* antiguidade *f*

altertümlich *adj* antigo, arcaico; (*altmodisch*) antiquado, fora de moda

älteste(r, s) *superl von* **alt**

Altglas *nt* <-es> *kein pl* casco *m*

Altglascontainer *m* <-s, -> vidrão *m*

altklug *adj* precoce

altmodisch *adj* antiquado, fora de moda

Altpapier *nt* <-s> *kein pl* papel *m* velho

Altstadt *f* <-städte> bairro *m* antigo, parte *f* antiga da cidade

Alufolie ['aːlufoːliə] *f* <-n> papel *m* de alumínio

Aluminium [aluˈmiːniʊm] *nt* <-s> *kein pl* alumínio *m*

am [am] = **an dem** *s.* **an**

Amalgam *nt* <-s, -e> amálgama *f*

Amateur(in) [amaˈtøːɐ] *m(f)* <-s, -e *o* -innen> amador, amadora *m*, *f*

Amazonas *m* <-> *kein pl* Amazonas *m*

Ambiente *nt* <-> *kein pl* (*geh*) ambiente *m*

Ambition *f* <-en> (*geh*) ambição *f*

Amboss[RR] ['ambɔs] *m* <-es, -e>, **Amboß**[ALT] *m* <-sses, -sse> (ANAT) bigorna *f*

ambulant [ambuˈlant] *adj* **1.** (*Händler*) ambulante **2.** (MED) ~**e Behandlung** tratamento ambulatório

Ambulanz [ambuˈlants] *f* <-en> **1.** (*Raum*) banco *m* (do hospital) **2.** (*Krankenwagen*) ambulância *f*

Ameise ['aːmaɪzə] *f* <-en> formiga *f*

Ameisenhaufen *m* <-s, -> formigueiro *m*

Ameisensäure *f kein pl* (CHEM) ácido *m* fórmico

amen *interj* amem

Amerika [aˈmeːrika] *nt* <-s> *kein pl* América *f*

Amerikaner(in) [ameriˈkaːnɐ] *m(f)* <-s, - *o* -innen> americano, americana *m*, *f*

amerikanisch *adj* americano

Ammoniak *nt* <-s> *kein pl* (CHEM) amoníaco *m*

Amnestie [amnɛsˈtiː] *f* <-n> amnistia *f*

Amöbe *f* <-n> (BIOL) amiba *f*, ameba *f*

Ampel ['ampəl] *f* <-n> **1.** (*Verkehrsampel*) semáforo *m* **2.** (*Blumenampel*) lampião *m*

Amphibie *f* <-n> anfíbio *m*

Amputation *f* <-en> amputação *f*

amputieren* *vt* amputar

Amsel ['amzəl] *f* <-n> melro *m*

Amt [amt] *nt* <-(e)s, Ämter> **1.** (*Posten*) cargo *m*, posto *m*; **sein ~ niederlegen** demitir-se **2.** (*Aufgabe*) função *f* **3.** (*Behörde*) repartição *f*, serviços *mpl*; **Auswärtiges ~** Ministério dos Negócios Estrangeiros *m* **4.** (TEL) central *f*

amtieren* *vi* exercer as funções (*als* de); ~**de Ministerin** ministra em funções

amtlich *adj* oficial; ~**es Kennzeichen** matrícula *f*

Amtsgericht *nt* <-(e)s, -e> tribunal *m* de comarca

Amtsmissbrauch[RR] *m* <-(e)s> *kein pl* (JUR) abuso *m* de autoridade

Amtssprache *f* <-n> língua *f* oficial

amüsant *adj* divertido

amüsieren* **I.** *vt* divertir **II.** *vr* **sich ~** divertir-se (*über* com), entreter-se (*über* com)

an [an] **I.** *präp* +*dat* **1.** (*räumlich, zeitlich*) em, a; **am Tisch** à mesa; ~ **Ostern** na Páscoa; **am 15. März** no dia 15 de Março, a 15 de Março; **am Abend** à noite; **am Sonntag** no domingo; ~ **dem Tag**, ~ **dem ...** no dia em que ... **2.** (*neben*) ao pé de, junto de/a; (*nahe bei*) perto de; **Frankfurt am Main** Francoforte do Meno **II.** *präp* +*akk* **1.** (*in Richtung auf*) a, para; ~ **die Küste** à/para a costa **2.** (*ungefähr*) cerca de; ~ **die hundert** cerca de cem **III.** *adv* **1.** (*ab*) **von ...** ~ **de ...** em diante, a partir de ... **2.** (*eingeschaltet*) ligado, aceso; **das Licht ist** ~ a luz está ligada/acesa

Anabolikum *nt* <-s, Anabolika> (MED) anabolismo *m*

anal *adj* anal

analog [anaˈloːk] *adj* análogo (*zu* a)

Analogie *f* <-n> analogia *f*; **in ~ zu** em analogia com

Analphabet(in) ['analfabeːt, ---'-] *m(f)* <-en, -en *o* -innen> analfabeto, analfabeta *m*, *f*

Analyse [anaˈlyːzə] *f* <-n> análise *f*

analysieren* *vt* analisar

Ananas ['ananas] *f* <-(se)> ananás *m*; (*brasil*) abacaxi *m*

Anarchie [anar'çi:] *f* <-n> anarquia *f*

anarchistisch *adj* anarquista, anárquico

Anatomie [anato'mi:] *f* <o.pl> anatomia *f*

anatomisch *adj* anatómico

an|bahnen I. *vt* preparar, principiar II. *vr* **sich** ~ ir-se desenvolvendo, ir-se mostrando

an|bändeln *vi* 1. (*umg: Liebesbeziehung*) **mit jdm** ~ namoriscar com alguém 2. (*Streit*) meter-se (*mit* com)

Anbau¹ *m* <-(e)s> *kein pl* (AGR) cultivo *m*, cultura *f*

Anbau² *m* <-(e)s, -ten> (*Gebäude*) anexo *m*

an|bauen *vt* 1. (*Gemüse*) cultivar 2. (*an Haus*) anexar

Anbaufläche *f* <-n> (AGR) área *f* de cultivo

an|beißen I. *vt irreg* morder, mordiscar II. *vi irreg* 1. (*Fisch*) morder o anzol 2. (*umg: Person*) morder o isco, cair em

an|belangen* *vt* **was das/mich anbelangt** quanto a isso/mim

an|beraumen* *vt* fixar, marcar; **eine Sitzung** ~ marcar uma reunião

an|beten *vt* adorar, idolatrar

Anbetracht ['anbətraxt] **in** ~ +*gen* considerando; **in** ~ **dessen, dass** considerando que, visto que

an|bieten I. *vt irreg* oferecer; (*vorschlagen*) propor II. *vr* **sich** ~ *irreg* oferecer-se (*zu* para)

an|binden *vt irreg* atar, amarrar; **kurz angebunden sein** ser brusco

Anblick *m* <-(e)s, -e> 1. *kein pl* (*das Anblicken*) vista *f* 2. (*Aussehen*) aspecto *m*

an|blicken *vt* olhar; (*betrachten*) mirar, contemplar

Anbot *nt* <-(e)s, -e> (*österr*) *s.* **Angebot**

an|braten *vt irreg* alourar

an|brechen I. *vt irreg* (*Flasche, Schachtel*) abrir II. *vi irreg* (*Zeitalter*) iniciar-se, começar; (*Tag*) romper; (*Nacht*) cair

an|brennen *vi irreg* (*Essen*) queimar(-se), esturricar

an|bringen *vt irreg* 1. (*vorbringen, äußern*) apresentar 2. (*festmachen*) fixar; (*Plakat*) afixar; (TECH) montar 3. (*umg: herbringen*) trazer

Anbruch *m* <-(e)s> *kein pl* começo *m*, princípio *m*; **bei** ~ **des Tages** ao romper do dia, ao amanhecer; **bei** ~ **der Nacht** ao cair da noite, ao anoitecer

an|brüllen *vt* gritar com

Andacht ['andaxt] *f* <-en> 1. (*religiöse Versenkung*) devoção *f* 2. (*Gottesdienst*) serviço *m* religioso

andächtig *adj* 1. (REL) devoto 2. (*konzentriert*) atento

an|dauern *vi* continuar, persistir

andauernd I. *adj* contínuo, permanente II. *adv* constantemente, continuamente

Andenken *nt* <-s, -> 1. *kein pl* (*Erinnerung*) recordação *f* (*an de*) 2. (*Souvenir*) lembrança *f* (*an de*)

andere(r, s) *pron indef* outro, outra; **ein ~r** outro; **etwas ~s** outra coisa; **von etwas ~m sprechen** falar de outra coisa; **unter ~m** entre outros, entre outras coisas; **alles** ~ tudo o mais; **nichts ~s sein als** não ser senão, não ser nada (mais) senão

andererseits *adv* por outro lado

ändern I. *vt* modificar, alterar; **seine Meinung** ~ mudar de ideias II. *vr* **sich** ~ modificar-se, alterar-se

anders ['andɐs] *adv* de outra maneira, de outro modo; ~ **als** diferente de; **jd** ~ outra pessoa, outrem; **irgendwo** ~ noutro sítio qualquer, em qualquer outra parte; **ganz** ~ **aussehen** estar muito diferente, parecer outro

andersherum *adv* 1. (*verkehrt*) em sentido contrário, em sentido inverso 2. (*von der anderen Seite*) pelo outro lado

anderthalb ['andɛt'halp] *num kard* um e meio

Änderung *f* <-en> modificação *f*, alteração *f*

an|deuten *vt* 1. (*anspielen*) aludir a; (*Wink geben*) insinuar, dar a entender 2. (*hinweisen*) indicar, sugerir

Andeutung *f* <-en> 1. (*Anzeichen*) indício *m* 2. (*Anspielung*) alusão *f* (*auf a*), insinuação *f*

Andorra [an'dɔra] *nt* <-s> *kein pl* Andorra *f*

Andrang *m* <-(e)s> *kein pl* 1. (*Zustrom*) afluência *f* 2. (*Gedränge*) aperto *m*

an|drehen *vt* (*Wasser, Gas*) abrir; (*Radio*) ligar

an|drohen *vt* ameaçar; **jdm etw** ~ ameaçar alguém de a. c.

an|eignen *vr* **sich** ~ **sich** *dat* **etw** ~ adquirir a. c.; (*widerrechtlich*) apossar-se de a. c., apropriar-se de a. c.

aneinander [--'--] *adv* um ao/no/pelo outro; (*nahe an*) juntos, um junto ao outro; ~ **grenzen** confinar

Anekdote [anɛk'do:tə] *f* <-n> anedota *f*

an|ekeln *vt* repugnar, meter nojo a

anerkannt I. *pp von* **anerkennen** II. *adj* reconhecido, reputado; **staatlich** ~ reconhecido oficialmente

an|erkennen* *vt irreg* reconhecer (*als* como); (*würdigen*) apreciar

Anerkennung *f* <-en> reconhecimento *m* (*als* como); (*Würdigung*) apreço *m*

an|fahren I. *vt irreg* (*fahren gegen*) embater em; (*Fußgänger*) colher; (*Hafen*) fazer escala em; (*herbeibringen*) trazer, acarretar; (*zurechtweisen*) berrar com II. *vi irreg* (*Auto*) arrancar; (*Zug*) pôr-se em marcha

Anfahrt *f* <-en> 1. (*Strecke*) caminho *m* 2. (*Zufahrt*) entrada *f*

Anfall *m* <-(e)s, -fälle> 1. (MED) ataque *m* 2. (*Wutanfall*) acesso *m*

an|fallen *vt irreg* assaltar, atacar

anfällig *adj* (MED) fraco, de saúde delicada; ~ **für etw sein** ser propenso a a. c., ser sujeito a a. c.

Anfang ['anfaŋ] *m* <-(e)s, -fänge> princípio *m*, início *m*, começo *m;* **von** ~ **an** desde o princípio; **am/zu** ~ de início, a princípio; ~ **Mai** em princípios de Maio, no princípio de Maio

an|fangen I. *vt irreg* principiar, começar, iniciar II. *vi irreg* começar (*mit* com), principiar, iniciar-se; **der Unterricht fängt um 8 Uhr an** a aula começa às 8 horas

Anfänger(in) *m(f)* <-s, - *o* -innen> principiante *m,f*

anfangs ['anfaŋs] *adv* inicialmente, ao/no princípio

Anfangsbuchstabe *m* <-n(s), -n> inicial *f*

Anfangsstadium *nt* <-s, -stadien> estado *m* inicial

an|fassen I. *vt* (*greifen*) pegar em, agarrar; (*berühren*) tocar em; (*behandeln*) tratar; (*Problem*) lidar com II. *vi* (*helfen*) **mit** ~ ajudar, deitar uma mão III. *vr* **sich** ~ dar as mãos

an|fertigen *vt* fazer; (*herstellen*) fabricar, produzir; (*Kleider*) confeccionar; (*Text*) redigir

Anfertigung *f* <-en> (*Herstellung*) fabrico *m*, produção *f*; (*Kleider*) confecção *f*; (*Text*) redacção *f*

an|feuchten ['anfɔɪçtən] *vt* humedecer, molhar

an|feuern *vt* (*Person*) incitar, estimular

an|flehen *vt* suplicar, implorar

an|fliegen *vt irreg* dirigir-se a; (*zur Zwischenlandung*) fazer escala (em)

Anflug *m* <-(e)s, -flüge> 1. (AERO) vôo *m* de aproximação (*auf* de) 2. (*Spur*) assomo *m*, rasgo *m*

an|fordern *vt* solicitar, pedir

Anforderung *f* <-en> 1. (*Anspruch*) requisito *m* (*an* a), exigência *f* (*an* a) 2. (*das Anfordern*) pedido *m*

Anfrage *f* <-n> pedido *m* de informação (*an* a); (WIRTSCH) consulta *f* (*an* a); (POL) interpelação *f*

an|fragen *vi* pedir informações (*bei* a); (POL) interpelar

an|freunden *vr* **sich** ~ tornar-se amigo, ficar amigo; **sich mit jdm** ~ tornar-se amigo de alguém, ficar amigo de alguém; **sich mit etw** ~ familiarizar-se com a. c.

an|fügen *vt* juntar, acrescentar

an|führen *vt* 1. (*leiten*) comandar, dirigir 2. (*zitieren*) citar; (*Grund*) alegar

Anführer(in) *m(f)* <-s, - *o* -innen> comandante *m,f*, cabecilha *m,f*

Anführungszeichen *nt* <-s, -> aspas *fpl;* **in** ~ entre aspas

Angabe *f* <-n> 1. (*Information*) indicação *f*; (*Aussage*) declaração *f*; (TECH) dado *m* 2. *kein pl* (*umg: Prahlerei*) gabarolice *f*, bazófia *f* 3. (SPORT) serviço *m* inicial

an|geben I. *vt irreg* indicar; (*im Einzelnen*) especificar; (*Wert*) declarar; (*Gründe*) alegar II. *vi irreg* 1. (*umg: prahlen*) gabar-se, armar-se 2. (SPORT) servir 3. (*beim Kartenspiel*) começar a jogar

Angeber(in) *m(f)* <-s, - *o* -innen> (*umg*) gabarola *m,f*; (*brasil*) fanfarrão, fanfarrona *m*, *f*

Angeberei *f* <-en> gabarolice *f*, bazófia *f*

angeblich ['ange:plɪç, -'--] I. *adj* suposto, alegado II. *adv* supostamente, segundo dizem/se diz

angeboren *adj* inato; (*Krankheit*) congénito, hereditário

Angebot *nt* <-(e)s, -e> 1. (WIRTSCH) oferta *f* (*an* de) 2. (*Vorschlag*) proposta *f*; (*bei Versteigerung*) lanço *m* 3. (*Auswahl*) sortido *m* (*an* em)

angebracht ['angəbraxt] I. *pp von* **anbringen** II. *adj* conveniente, oportuno

angeheitert ['angəhaɪtət] *adj* alegre (por acção do álcool); (*umg*); ~ **sein** ter um grão na asa

an|gehen I. *vt irreg* **1.** (*betreffen*) dizer respeito a; **das geht mich nichts an** não tenho nada (a ver) com isso; **was mich angeht** quanto a mim **2.** (*Problem*) lidar com, enfrentar II. *vi irreg* **1.** (*Feuer*) pegar; (*Licht*) acender(-se) **2.** (*umg: beginnen*) começar

angehend *adj* futuro, em perspectiva; ~**er** Diplomat/Lehrer futuro diplomata/professor

an|gehören* *vi* pertencer a, fazer parte de

Angehörige(r) *m/f* <-n, -n *o* -n> **1.** (*Verwandte*) familiar *m*; **die** ~ os parentes, a família **2.** (*von Verein*) membro *m*

Angeklagte(r) *m/f* <-n, -n *o* -n> réu, ré *m, f*, acusado, acusada *m, f*

angeknackst *adj* (*umg: Gesundheit*) fraco

Angel ['aŋəl] *f* <-n> **1.** (*zum Fischen*) cana *f* de pesca, anzol *m* **2.** (*der Tür*) gonzo *m*

Angelegenheit *f* <-en> assunto *m*, questão *f*; **sich in fremde** ~**en mischen** meter-se na vida alheia, meter-se onde não é chamado

Angelhaken *m* <-s, -> anzol *m*

angeln ['aŋəln] *vi* pescar (à linha)

Angeln *nt* <-s> *kein pl* pesca *f* (à linha)

Angelsachse, Angelsächsin *m, f* <-n, -n *o* -innen> anglo-saxão, anglo-saxã *m, f*

angelsächsisch *adj* anglo-saxónico

Angelschnur *f* <-schnüre> linha *f* de pesca

angemessen *adj* apropriado, adequado

angenehm ['angəne:m] *adj* agradável (*für* a); ~**!** muito prazer!, muito gosto!

angenommen I. *pp von* **annehmen** II. *adj* suposto, fictício; ~**, dass ...** supondo que ..., admitindo que ...

angepasst^RR ['angəpast] *adj*, **angepaßt**^ALT *adj* conformista

angesehen *adj* conceituado, ilustre

angesichts *präp* +*gen* perante, em vista de

angespannt ['angəʃpant] *adj* (*Lage*) tenso

Angestellte(r) *m/f* <-n, -n *o* -n> empregado, empregada *m, f*; **leitender** ~**r** executivo *m*

angetan ['angəta:n] I. *pp von* **antun** II. *adj* **von jdm/etw** ~ **sein** estar encantado com alguém/a. c.; **es jdm** ~ **haben** encantar alguém

angetrunken *adj* alegre (pela acção do álcool)

angewiesen ['angəvi:zən] I. *pp von* **anweisen** II. *adj* **auf jdn/etw** ~ **sein** depender de alguém/a. c.

an|gewöhnen* *vt* **jdm etw** ~ acostumar/

habituar alguém a a. c.; **sich** *dat* **etw** ~ acostumar-se/habituar-se a a. c.

Angewohnheit *f* <-en> hábito *m*, costume *m*; **schlechte** ~ vício *m*, mau hábito *m*

Angina *f* <Anginen> (MED) angina *f*

an|gleichen *vt irreg* assimilar, adaptar (*an* a); (*Löhne*) ajustar

Angler(in) ['aŋlɐ] *m(f)* <-s, - *o* -innen> pescador, pescadora *m, f* (à linha)

Anglistik [aŋ'glɪstɪk] *f kein pl* Estudos *mpl* Ingleses

Angola *nt* <-s> *kein pl* Angola *f*

Angolaner(in) *m(f)* <-s, - *o* -innen> angolano, angolana *m, f*

angolanisch *adj* angolano

an|greifen *vt irreg* **1.** (*überfallen*) assaltar; (*tätlich*) agredir; (SPORT) atacar **2.** (*schwächen*) debilitar, enfraquecer; (*Gesundheit*) afectar, prejudicar **3.** (*kritisieren*) atacar, criticar **4.** (CHEM) corroer, atacar **5.** (*Kapital, Vorrat*) tocar em, gastar

Angreifer(in) *m(f)* <-s, - *o* -innen> (MIL) agressor, agressora *m, f*

an|grenzen *vi* confinar (*an* com), estar contíguo (*an* a)

Angriff *m* <-(e)s, -e> (MIL) ofensiva *f* (*auf* a/contra); (SPORT) ataque *m* (*auf* a); (JUR) agressão *f* (*auf* contra); **etw in** ~ **nehmen** começar a. c., empreender a. c.

angriffig *adj* (*schweiz*) agressivo

angriffslustig *adj* agressivo

Angst [aŋst] *f* <Ängste> medo *m* (*vor* de); ~ **haben** ter medo; ~ **um jdn/etw haben** ter medo por alguém/a. c.

Angsthase *m* <-n, -n> (*umg*) medricas *m,f*, cobarde *m,f*

ängstigen I. *vt* assustar, sobressaltar II. *vr* **sich** ~ estar em cuidados (*um* com, *vor* com), temer (*um* por)

ängstlich *adj* **1.** (*furchtsam*) medroso, receoso **2.** (*besorgt*) preocupado **3.** (*schüchtern*) tímido

an|gucken *vt* (*umg*) olhar, mirar; **sich** *dat* **etw** ~ (ir) ver a. c.

an|haben *vt irreg* **1.** (*umg: Kleidung*) trazer (vestido), vestir **2.** (*schaden*) **jdm etw** ~ imputar a. c. a alguém, fazer mal a alguém

an|halten I. *vt irreg* (*Fahrzeug*) fazer parar; (*Atem*) conter II. *vi irreg* **1.** (*Fahrzeug*) parar **2.** (*andauern*) persistir, continuar

anhaltend *adj* contínuo, persistente; (*Beifall*) prolongado

Anhalter(in) *m(f)* <-s, - *o* -innen> **per ~ fahren** viajar à boleia, pedir boleia; (*brasil*) viajar de carona, pessoa que pede boleia

Anhaltspunkt *m* <-(e)s, -e> ponto *m* de referência

anhand [an'hant] *präp* +*gen* com base em, através de

Anhang *m* <-(e)s, -hänge> **1.** (*zu Buch*) apêndice *m* **2.** (*Familie*) família *f*

an|hängen *vt* **1.** (*aufhängen*) pendurar (*an* em) **2.** (*Wagen*) atrelar (*an* a) **3.** (*Zusatz*) acrescentar (*an* a)

Anhänger *m* <-s, -> **1.** (*am Auto*) atrelado *m*, reboque *m* **2.** (*am Koffer*) etiqueta *f* **3.** (*Schmuckstück*) pingente *m*

Anhänger(in) *m(f)* <-s, - *o* -innen> (POL) simpatizante *m,f*, partidário, partidária *m, f*; (SPORT) adepto, adepta *m, f*

anhänglich *adj* dedicado, afeiçoado

an|häufen *vt* amontoar, acumular

an|heben *vt irreg* levantar um pouco; (*Preis*) subir

Anhieb ['anhiːp] *m* (*umg*) **auf ~** logo à primeira

Anhöhe *f* <-n> alto *m*, outeiro *m*

an|hören I. *vt* ouvir, escutar II. *vr* **sich ~** soar; **es hört sich gut/schlecht an** soa bem/mal; **es hört sich an, als ob ...** parece que ...

Animateur(in) [anima'tøːɐ] *m(f)* <-s, -e *o* -innen> animador, animadora *m, f*

animieren* *vt* animar

Anis [a'niːs, 'aːnɪs] *m* <-(es), -e> anis *m*

an|kämpfen *vi* lutar (*gegen* contra)

Ankauf *m* <-(e)s, -käufe> compra *f*, aquisição *f*

an|kaufen *vt* comprar, adquirir

Anker ['aŋkɐ] *m* <-s, -> (NAUT) âncora *f*; **vor ~ liegen** ancorar, estar ancorado; **die ~ lichten** levantar ferro

ankern *vi* ancorar, lançar ferro

an|ketten *vt* amarrar, encadear

Anklage *f* <-n> (JUR) acusação *f*; **~ erheben** apresentar queixa, instaurar um processo

an|klagen *vt* acusar (*wegen* de)

Ankläger(in) *m(f)* <-s, - *o* -innen> (JUR) acusador, acusadora *m, f*, delegado, delegada *m, f* do Ministério Público

Anklageschrift *f* <-en> libelo *m*

Anklang *m* <-(e)s, -klänge> ressonância *f*, eco *m*; **bei jdm ~ finden** ser bem acolhido por alguém, agradar a alguém

an|kleben *vt* colar

an|kleiden I. *vt* vestir II. *vr* **sich ~** vestir-se

an|klopfen *vi* bater (à porta)

an|kommen *vi irreg* **1.** (*nach Fahrt*) chegar (*in* a, *bei* a casa de, *um* às) **2.** (*abhängen*) depender (*auf* de); **das kommt darauf an!** depende!, conforme!; **es kommt darauf an, ob ...** isso depende de ...; **es darauf ~ lassen** deixar ver o que dá **3.** (*wichtig sein*) importar, ser importante; **es kommt auf jedes Beweisstück an** todas as provas são importantes **4.** (*umg: Anklang finden*) **gut ~** cair bem, ser bem recebido (*bei* por)

an|kotzen *vt* (*umg*) meter nojo a

an|kreuzen *vt* marcar com uma cruz

an|kündigen *vt* anunciar, avisar

Ankündigung *f* <-en> anúncio *m*, aviso *m*

Ankunft ['ankʊnft] *f kein pl* chegada *f* (*in* a, *bei* a casa de, *um* às)

Ankunftszeit *f* <-en> hora *f* de chegada

an|kurbeln *vt* (*Wirtschaft*) fomentar, estimular

an|lächeln *vt* sorrir para

Anlage *f* <-n> **1.** (*Veranlagung*) predisposição *f* (*zu* para); (*Begabung*) talento *m* (*zu* para) **2.** (*Gebäudekomplex*) complexo *m* urbanístico **3.** (*Park*) jardim *m* público, parque *m* **4.** (INFORM) apêndice *m* **5.** (TECH) instalação *f* **6.** (*im Brief*) anexo *m* **7.** (*Geldanlage*) investimento *m*

Anlass^RR ['anlas] *m* <-es, -lässe>, **Anlaß**^ALT *m* <-sses, -lässe> **1.** (*Ursache*) razão *f* (*zu* de), motivo *m* (*zu* para); **~ zu etw geben** dar aso a a. c. **2.** (*Gelegenheit*) ocasião *f*, ensejo *m*

an|lassen *vt irreg* **1.** (*Motor, Maschine*) pôr a trabalhar **2.** (*Mantel*) não tirar; (*Licht*) deixar aceso; (*Radio*) deixar ligado

Anlasser *m* <-s, -> (*am Auto*) motor *m* de arranque

Anlauf *m* <-(e)s, -läufe> **1.** (SPORT) arranque *m*, partida *f*; **~ nehmen** ganhar lanço, tomar balanço **2.** (*Versuch*) tentativa *f*

an|laufen I. *vt irreg* (NAUT) fazer escala em II. *vi irreg* **1.** (*beginnen*) arrancar, começar; (*Film*) estrear-se **2.** (*Metall*) oxidar-se; (*Glas*) embaciar **3.** (SPORT) começar a correr

Anlaut *m* <-(e)s, -e> (LING) som *m* inicial

an|läuten *vt* (*schweiz*) telefonar

an|legen I. *vt* (*anziehen*) pôr, vestir; (*Schmuck, Verband*) pôr, colocar; (*erstellen*) planear, fazer o traçado de; (*bauen*) construir; (*Akte, Kartei*) organizar; (*Maßstab*) aplicar, adoptar; (*Geld*) investir **II.** *vi* (NAUT) atracar (*an* em)

Anlegestelle *f* <-n> (NAUT) cais *m* de embarque

an|lehnen **I.** *vt* (*Gegenstand*) encostar (*an* a); (*Tür*) encostar **II.** *vr* **sich** ~ apoiar-se (*an* em), encostar-se (*an* a)

Anleihe *f* <-n> empréstimo *m*

an|leiten *vt* guiar, orientar

Anleitung *f* <-en> guia *m;* (*Gebrauchsanleitung*) instruções *fpl*

an|liegen *vi irreg* **1.** (*umg: zur Bearbeitung*) estar por fazer **2.** (*Kleidung*) ficar justo (*an* a)

Anliegen *nt* <-s, -> **1.** (*Bitte*) pedido *m;* (*Wunsch*) desejo *m* **2.** (*Interesse*) preocupação *f,* interesse *m*

Anlieger(in) *m(f)* <-s, - *o* -innen> morador, moradora *m, f* (da zona)

an|locken *vt* atrair

an|lügen *vt irreg* mentir a

Anm. *abk v* **Anmerkung** obs. (= *observação*)

an|machen *vt* **1.** (*Licht, Feuer*) acender **2.** (*Salat*) temperar **3.** (*umg: provozieren*) engatar, provocar

an|malen *vt* pintar

an|maßen *vr* **sich** ~ **sich** *dat* **etw** ~ usurpar a. c.; **sich** *dat* ~ **zu** pretender, atrever-se a

anmaßend *adj* presunçoso, arrogante

an|meckern *vt* (*umg*) chamar à atenção

Anmeldeformular *nt* <-s, -e> boletim *m* de inscrição

an|melden **I.** *vt* **1.** (*ankündigen*) anunciar, notificar **2.** (*registrieren lassen*) registar; (*beim Zoll*) declarar; (*Auto*) registar, fazer o registo de propriedade de **II.** *vr* **sich** ~ **1.** (*sich ankündigen*) comunicar a chegada (*bei* a); (*beim Arzt*) marcar consulta (*bei* em); **sich polizeilich** ~ participar a chegada ao município **2.** (*für Kurs*) inscrever-se (*zu* em)

Anmeldung *f* <-en> **1.** (*Ankündigung*) aviso *m,* notificação *f* **2.** (*Einschreibung*) inscrição *f* (*zu* em), matrícula *f* (*zu* em) **3.** (*polizeilich*) participação *f* de chegada ao município; (TEL) pedido *m* de linha/ligação **4.** (*Büro*) recepção *f*

an|merken *vt* (*schriftlich*) anotar, apontar; (*mündlich*) observar, comentar

Anmerkung *f* <-en> (*schriftlich*) nota *f,* observação *f;* (*mündlich*) observação *f,* comentário *m*

anmutig *adj* (*Bewegung*) gracioso

an|nähen *vt* coser (*an* a), pregar (*an* a)

an|nähern *vr* **sich** ~ aproximar-se (*an* de)

annähernd **I.** *adj* aproximado **II.** *adv* aproximadamente

Annäherung *f* <-en> aproximação (*an* a)

Annäherungsversuch *m* <-(e)s, -e> tentativa *f* de aproximação

Annahme ['anna:mə] *f* <-n> **1.** (*Entgegennahme*) aceitação *f,* recepção *f* **2.** (*von Kind*) adopção *f* **3.** (*Zulassung*) admissão *f;* (*von Antrag*) aprovação *f* **4.** (*Annahmestelle*) recepção *f* **5.** (*Vermutung*) suposição *f,* hipótese *f*

annehmbar *adj* aceitável, admissível; (*Preis*) módico

an|nehmen *vt irreg* **1.** (*entgegennehmen*) aceitar, receber **2.** (*Kind*) adoptar **3.** (*zulassen*) admitir; (*Antrag*) aprovar **4.** (*Gestalt, Vernunft*) tomar, ganhar **5.** (*Gewohnheit*) ganhar, contrair **6.** (*vermuten*) supor; ~, **dass** ... supor/admitir que ...; **angenommen, das ist so** admitindo que assim seja

Annehmlichkeit *f* <-en> agrado *m,* comodidade *f;* (*Vorteil*) vantagem *f*

annektieren* *vt* (POL) anexar

Annonce [a'nɔ̃sə] *f* <-n> anúncio *m*

annoncieren* **I.** *vt* anunciar **II.** *vi* pôr um anúncio

annullieren* *vt* anular

Anode *f* <-n> (PHYS) anódio *m,* ânodo *m*

an|öden *vt* (*umg*) chatear

anomal ['anoma:l, --'-] *adj* anormal

anonym [ano'ny:m] *adj* anónimo

Anonymität *f kein pl* anonimato *m*

Anorak ['anorak] *m* <-s, -s> anoraque *m,* blusão *m*

an|ordnen *vt* **1.** (*ordnen*) ordenar, dispor **2.** (*befehlen*) dar ordem de

Anordnung *f* <-en> **1.** (*Ordnung*) disposição *f,* arranjo *m* **2.** (*Befehl*) ordem *f*

anorganisch ['anɔrga:nɪʃ] *adj* inorgânico

an|packen *vt* **1.** (*fassen, greifen*) agarrar, apanhar; **mit** ~ ajudar **2.** (*handhaben*) manejar

an|passen **I.** *vt* adaptar (*an* a); (TECH) ajustar **II.** *vr* **sich** ~ ajustar-se, adaptar-se (*an* a); **sich der Umwelt/an die Umwelt** ~ adaptar-se ao meio ambiente

Anpassung *f* <-en> adaptação *f* (*an* a)

anpassungsfähig *adj* adaptável (*an* a)

Anpfiff *m* <-(e)s, -e> (SPORT) sinal *m* (para começar)

an|pflanzen *vt* plantar; (*Nutzpflanzen*) cultivar

an|pöbeln vt (umg) importunar

an|prangern ['anpraŋən] vt denunciar

an|preisen vt irreg louvar, elogiar; (öffentlich) fazer a propaganda de, apregoar; **jdm etw ~** recomendar a. c. a alguém

Anprobe f <-n> prova f

an|probieren* vt provar, experimentar

an|pumpen vt (umg) **jdn ~** cravar alguém (um para)

an|rechnen vt **1.** (berechnen) levar em conta; (Schuld) pôr na conta **2.** (gutschreiben) abonar, creditar; **ich habe es ihm hoch angerechnet** eu fiquei-lhe muito grato por isso

Anrecht nt <-(e)s, -e> direito m (auf a)

Anrede f <-n> tratamento m

an|reden vt **1.** (im Gespräch) dirigir a palavra a **2.** (mit Titel) tratar por; **jdn mit Sie/ du ~** tratar alguém por você/tu

an|regen vt **1.** (stimulieren) excitar; (MED) estimular; (Appetit) abrir **2.** (vorschlagen) sugerir

anregend adj (MED) estimulante; (Gespräch) aceso, interessante

Anregung f <-en> **1.** (Anstoß) estímulo m **2.** (Vorschlag) sugestão f, iniciativa f

Anreise f <-n> chegada f

an|reisen vi chegar (de viagem); **mit dem Zug ~** chegar (de comboio)

Anreiz m <-es, -e> estímulo m, incentivo m; **jdm einen ~ zu etw geben** incentivar alguém para a. c.

an|rempeln ['anrɛmpəln] vt (umg) dar um encontrão em

Anrichte f <-n> aparador m

an|richten vt **1.** (Speisen) preparar, arranjar **2.** (Schaden) causar, provocar

anrüchig adj (Ort) de má fama; (Angelegenheit) suspeito

Anruf m <-(e)s, -e> chamada f (telefónica) (bei para), telefonema m (bei para)

Anrufbeantworter m <-s, -> atendedor m de chamadas

an|rufen I. vt irreg telefonar a, ligar a II. vi irreg telefonar (bei para), ligar (bei para)

an|rühren vt **1.** (berühren) tocar em, mexer em; (Essen) tocar em **2.** (Farbe) misturar, diluir; (Teig) mexer, misturar

ans [ans] = **an das** s. **an**

Ansage ['anza:gə] f <-n> notificação f, participação f; (im Fernsehen) anúncio m

an|sagen I. vt anunciar, participar; (bei Kartenspiel) declarar; (modisch sein); **angesagt sein** estar na ordem do dia; **Spannung ist angesagt** promete-se emoção II. vr sich ~ anunciar a sua chegada

Ansager(in) m(f) <-s, - o -innen> (im Fernsehen) apresentador, apresentadora m, f

an|sammeln I. vt acumular, amontoar II. vr sich ~ (Menschen) juntar-se, aglomerar-se; (Fragen, Wasser) acumular-se

Ansammlung f <-en> aglomeração f, acumulação f; (von Menschen) ajuntamento m, multidão f

ansässig adj residente, morador (in em)

Ansatz m <-e(s), -sätze> **1.** (Anzeichen) começo m, princípio m **2.** (Verlängerungsstück) peça f adicional, peça f anexa **3.** (CHEM) depósito m

an|schaffen vt adquirir, comprar

Anschaffung f <-en> aquisição f, compra f

an|schalten vt ligar

an|schauen vt contemplar, olhar para; **sich dat etw ~** olhar para a. c.; **sich dat ein Haus/einen Film ~** (ir) ver uma casa/um filme

anschaulich adj expressivo, plástico; **etw ~ erklären** explicar a. c. com clareza

Anschauung f <-en> **1.** (Vorstellung) conceito m, ideia f; **etw aus eigener ~ kennen** conhecer a. c. por experiência própria **2.** (Meinung) opinião f, parecer m

Anschauungsmaterial nt <-s, -materialien> material m didáctico para o ensino intuitivo

Anschein m <-(e)s> kein pl aparência f, aspecto m; **dem ~ nach** aparentemente

anscheinend adv ao que parece, pelos vistos

an|schicken vr sich ~ preparar-se (zu para)

Anschlag m <-(e)s, -schläge> **1.** (Bekanntmachung) cartaz m; (offiziell) edital m **2.** (Attentat) atentado m (auf contra); **einen ~ auf jdn verüben** atentar contra alguém **3.** (auf Schreibmaschine) toque m

an|schlagen I. vt irreg **1.** (Notiz) afixar **2.** (beschädigen) partir, rachar **3.** (MUS) tocar; (Ton) dar II. vi irreg **1.** (anprallen) embater com, bater contra **2.** (wirken) fazer efeito, dar bom resultado **3.** (SPORT) servir

an|schließen I. vt irreg (ELEKTR) ligar (an a); (Bemerkung, Frage) juntar, anexar II. vr sich ~ irreg (sich zugesellen) **sich jdm ~** juntar-se a alguém; (beipflichten) unir-se a alguém

anschließend I. *adj* (*zeitlich*) seguinte, subsequente II. *adv* a seguir a; ~ **an** a seguir a, no fim de

Anschluss[RR] *m* <-es, -schlüsse>, **Anschluß**[ALT] *m* <-sses, -schlüsse> **1.** (*persönlicher Kontakt*) contacto *m* **2.** (POL) anexação *f*; (*Beitritt*) adesão *f*, afiliação *f* **3.** (*bei Zug, Flugzeug*) ligação *f* (*nach* para) **4.** (TEL) comunicação *f*; (*Apparat*) telefone *m*; **kein** ~ **unter dieser Nummer** o número que marcou encontra-se desligado **5.** (ELEKTR) ligação *f*; (*für Wasser*) tomada *f*, toma *f*

Anschlussflug[RR] *m* <-(e)s, -flüge> voo *m* de ligação

an|schnallen *vr* sich ~ apertar/pôr o cinto de segurança

an|schnauzen *vt* (*umg*) berrar com

an|schneiden *vt irreg* **1.** (*Brot*) encetar, partir; (*Fleisch*) cortar **2.** (*Thema*) tratar de, referir-se a

Anschovis *f* <-> anchova *f*

an|schrauben *vt* aparafusar, atarraxar

an|schreiben *vt irreg* **1.** (*an Tafel*) escrever (*an* em) **2.** (*Geldsumme*) pôr na conta **3.** (*brieflich*) escrever a/para

an|schreien *vt irreg* gritar a/com

Anschrift *f* <-en> endereço *m*, direcção *f*

Anschuldigung *f* <-en> acusação *f*

an|schwellen *vi irreg* **1.** (MED) inchar **2.** (*Lärm*) crescer, aumentar; (*Fluss*) subir

an|schwindeln *vt* (*umg*) mentir a

an|sehen *vt irreg* ver, olhar; (*prüfend*) examinar; **jdm etw** ~ notar/ver a. c. na cara de alguém; **jdn/etw als ...** ~ considerar/ver alguém/a. c. como ...

Ansehen *nt* <-s> *kein pl* **1.** (*Ruf*) reputação *f*; (*Geltung*) prestígio *m* **2.** (*Anschein*) aparência *f*

ansehnlich ['anzeːnlɪç] *adj* **1.** (*beträchtlich*) considerável, notável **2.** (*gut aussehend*) vistoso, de bom aspecto

an|setzen I. *vt* (*in Position bringen*) pôr; (*an Mund*) levar aos lábios; (*anfügen*) unir (*an* a), ligar (*an* a); (*Rost, Schimmel*) ganhar, criar; **Fett** ~ engordar; (*Termin*) fixar (*für* para), marcar (*für* para) II. *vi* (*anfangen*) começar; **zu etw** ~ preparar-se para a. c.

Ansicht *f* <-en> **1.** (*Blick*) vista *f*, panorama *m*; **zur** ~ WIRTSCH. para amostra **2.** (*Meinung*) opinião *f*, parecer *m*; **meiner** ~ **nach** a meu ver

Ansichtskarte *f* <-n> postal *m* ilustrado

Ansichtssache *f* <-> *kein pl* **das ist** ~ é uma questão de opinião, depende do ponto de vista

an|siedeln I. *vt* estabelecer (*in* em), fixar (*in* em) II. *vr* sich ~ estabelecer-se (*in* em), fixar-se (*in* em)

Anspannung *f* <-en> tensão *f*

Anspiel *nt* <-(e)s, -e> (SPORT) começo *m* do jogo

an|spielen *vi* **1.** (*hinweisen*) aludir (*auf* a) **2.** (SPORT) começar (o jogo)

Anspielung *f* <-en> alusão *f* (*auf* a); (*umg*) indirecta *f* (*auf* a)

an|spitzen *vt* (*Bleistift*) aguçar, afiar

Ansporn ['anʃpɔrn] *m* <-(e)s> *kein pl* estímulo *m*

an|spornen *vt* incitar (*zu* a), estimular (*zu* a)

Ansprache *f* <-n> palestra *f*, pequeno discurso *m* (*an* para); **eine** ~ **halten** fazer um discurso, dar uma palestra

an|sprechen I. *vt irreg* (*Person*) dirigir-se a; **jdn auf etw** ~ falar de a. c. a alguém; (*Thema*) abordar; (*gefallen*) agradar a II. *vi irreg* (MED) reagir (*auf* a)

ansprechend *adj* (*Person*) simpático, agradável; (*Sache*) atraente, apelativo

Ansprechpartner(in) *m(f)* <-s, - *o* -innen> interlocutor, interlocutora *m, f*

an|springen I. *vt irreg* saltar para II. *vi irreg* (*Auto*) pegar

Anspruch *m* <-(e)s, -sprüche> **1.** (*Recht*) direito *m* (*auf* a); ~ **auf etw haben** ter direito a a. c. **2.** (*Forderung*) pretensão *f*; ~ **auf etw erheben** reivindicar a. c.; **etw in** ~ **nehmen** recorrer a a. c.; **jdn in** ~ **nehmen** tomar tempo a alguém; **etw ganz für sich in** ~ **nehmen** monopolizar a. c.

anspruchslos *adj* modesto, despretensioso

anspruchsvoll *adj* exigente

an|stacheln ['anʃtaxəln] *vt* incitar, espicaçar

Anstalt ['anʃtalt] *f* <-en> estabelecimento *m*, instituição *f*; (*Heilanstalt*) sanatório *m*

Anstalten *pl* preparativos *mpl*; ~ **machen, etw zu tun** preparar-se para fazer a. c.; **keine** ~ **machen, etw zu tun** não se mostrar disposto a fazer a. c.

Anstand *m* <-(e)s> *kein pl* (*Schicklichkeit*) decência *f*; (*gutes Benehmen*) educação *f*

anständig *adj* **1.** (*schicklich*) decente; (*wohlerzogen*) bem-educado; (*vertrauenswürdig*) honesto, sério **2.** (*umg: beträchtlich*) considerável; (*gut*) bastante bom

Anständigkeit *f* <-> *kein pl* decência *f*, decoro *m*; (*Aufrichtigkeit*) honestidade *f*

anstandshalber *adv* por delicadeza, por conveniência

an|starren *vt* fitar, olhar fixamente

anstatt [an'ʃtat] I. *präp* +*gen* em vez de, em lugar de II. *konj* em vez de; ~ **etw zu tun** em vez de fazer a. c.

an|stecken I. *vt* (*befestigen*) pôr; (*Ring*) enfiar; (*anzünden*) acender; (MED) contagiar II. *vi* (*Idee*) ser contagioso III. *vr* **sich** ~ pegar-se; **ich habe mich bei ihm angesteckt** ele pegou-me a doença

ansteckend *adj* (*Krankheit*) contagioso, infeccioso

Ansteckung *f* <-en> (MED) contágio *m*, contaminação *f*

an|stehen *vi irreg* 1. (*warten*) esperar pela sua vez, meter-se na bicha 2. (*zur Bearbeitung*) estar por fazer

an|steigen *vi irreg* 1. (*Straße*) subir 2. (*zunehmen*) aumentar (*um* em, *auf* para)

anstelle [an'ʃtɛlə] *präp* +*gen* em vez de, em lugar de

an|stellen I. *vt* 1. (*Maschine*) pôr a trabalhar, pôr a funcionar; (*Radio*) ligar; (*Heizung*) ligar, abrir 2. (*Arbeit geben*) contratar 3. (*Vergleich, Versuch*) fazer II. *vr* **sich** ~ 1. (*warten*) meter-se (na bicha), pôr-se na bicha 2. (*umg: sich verhalten*) fingir, simular; **sich dumm** ~ fazer-se de parvo; **sich geschickt** ~ ter jeito para

Anstellung *f* <-en> colocação *f*, emprego *m*

Anstieg ['anʃtiːk] *m* <-(e)s> *kein pl* (*Zunahme*) subida *f* (*um* em, *auf* para)

an|stiften *vt* 1. (*Person*) instigar (*zu* a), incitar (*zu* a) 2. (*Unheil*) causar, provocar

Anstifter(in) *m(f)* <-s, - *o* -innen> autor, autora *m*, *f*, instigador, instigadora *m*, *f*

Anstiftung *f* <-en> instigação *f* (*zu* a)

Anstoß *m* <-es, -stöße> 1. (*Impuls*) impulso *m*, incentivo *m* 2. (SPORT) pontapé *m* de saída 3. (*Anprall*) embate *m*, choque *m*

an|stoßen I. *vt irreg* empurrar, impelir; (*mit Fuß*) dar um pontapé a II. *vi irreg* 1. (*gegenstoßen*) tropeçar (*an* em), embater (*an* contra) 2. (*mit Gläsern*) brindar (*auf* a) 3. (SPORT) dar o pontapé de saída

anstößig *adj* indecente, escandaloso

an|streben *vt* ambicionar, aspirar a

an|streichen *vt irreg* 1. (*mit Farbe*) pintar

2. (*kennzeichnen*) marcar

Anstreicher(in) *m(f)* <-s, - *o* -innen> pintor, pintora *m*, *f*

an|strengen ['anʃtrɛŋən] I. *vt* (*Kräfte*) empregar, usar; (*den Kopf*) puxar por; (*Prozess*) intentar II. *vr* **sich** ~ esforçar-se (*zu* por)

anstrengend *adj* fatigante, cansativo

Anstrengung *f* <-en> esforço *m*

Anstrich *m* <-(e)s, -e> 1. *kein pl* (*das Anstreichen*) pintura *f* 2. (*Überzug*) camada *f*, demão *f* 3. (*Farbe*) cor *f* 4. *kein pl* (*Anschein*) aspecto *m*, aparência *f*

Ansturm *m* <-(e)s, -stürme> 1. (*Angriff*) assalto *m* (*auf* a) 2. (*Andrang*) grande afluência *f*

an|stürmen *vi* 1. (*herbeirennen*) entrar (correndo) 2. (*angreifen*) ~ **gegen** atacar, assaltar

Antagonismus *m* <-, Antagonismen> antagonismo *m*

Antarktis [ant'arktɪs] *f* <-> *kein pl* Antárctico *m*

antarktisch *adj* antárctico

Anteil *m* <-(e)s, -e> 1. (*Teil*) parte *f* (*an* em), quota-parte *f* (*an* em); ~ **haben an** ter quinhão em 2. (WIRTSCH) cota *f*, quota *f*

Anteilnahme ['antaɪlnaːmə] *f* <-> *kein pl* 1. (*Beteiligung*) interesse *m* (*an* por), participação *f* (*an* em) 2. (*Mitgefühl*) compaixão *f* (*an* por)

Antenne [an'tɛnə] *f* <-n> antena *f*

Anthologie *f* <-n> antologia *f*

Anthrazit *m* <-s> *kein pl* antracito *m*

Anthropologie *f* <-> *kein pl* antropologia *f*

antiautoritär *adj* anti-autoritário

Antibabypille *f* <-n> pílula *f* anticonceptiva; (*brasil*) pílula *f* anticoncepcional

Antibiotikum [antibi'oːtikʊm] *nt* <-s, -biotika> antibiótico *m*

Antiblockiersystem *nt* <-s, -e> (*am Auto*) sistema *m* antibloqueio

Antihistamin *nt* <-s, -e> (MED) anti-histamínico *m*

antik [an'tiːk] *adj* antigo

Antike [an'tiːkə] *f* *kein pl* antiguidade *f*

Antikörper *m* <-s, -> (MED) anticorpo *m*

Antilope [anti'loːpə] *f* <-n> antílope *m*

Antipathie [antipa'tiː] *f* <-n> antipatia *f* (*gegen* por)

Antiquariat [antikvari'aːt] *nt* <-(e)s, -e> alfarrabista *m*

antiquarisch *adj* usado, em segunda mão

antiquiert *adj* antiquado, fora de moda

Antiquitäten *fpl* antiguidades *fpl*, velharias *fpl*

Antiquitätenhändler(in) *m(f)* antiquário, antiquária *m, f*

Antisemitismus [antizemi'tɪsmʊs] *m* <-> *kein pl* anti-semitismo *m*

Antiterroreinheit *f* <-en> grupo *m* de operações especiais

Antithese *f* <-n> antítese *f*

Antivirenprogramm *nt* <-(e)s, -e> (INFORM) programa *m* anti-vírus

an|tönen *vt* (*österr, schweiz*) insinuar, aludir a

Antrag ['antra:k] *m* <-(e)s, -träge> 1. (*Gesuch*) requerimento *m* (*auf* para); (POL) moção *f*; **einen ~ stellen** apresentar uma moção 2. (*Formular*) requisição *f* 3. (*Heiratsantrag*) pedido *m* de casamento

Antragsteller(in) *m(f)* <-s, - *o* -innen> requerente *m,f*; (POL) proponente *m,f*

an|treffen *vt irreg* encontrar, achar; **jdn zu Hause ~** encontrar alguém em casa

an|treiben *vt irreg* 1. (*veranlassen, anstacheln*) incitar (*zu* a), instigar (*zu* a) 2. (TECH) accionar, propulsar 3. (*anschwemmen*) arrojar à costa

an|treten *vt irreg* 1. (*Urlaub*) começar; **eine Reise ~** partir em/de viagem 2. (*Amt*) tomar posse, entrar em funções

Antrieb *m* <-(e)s, -e> 1. (*Impuls*) impulso *m*, estímulo *m*; **aus eigenem/freiem ~** de moto próprio /de livre (e espontânea) vontade 2. (TECH) accionamento *m*; (NAUT) propulsão *f*, força *f* motriz

Antritt *m* <-(e)s> *kein pl* 1. (*eines Amtes, der Regierung*) tomada *f* de posse 2. (*einer Reise*) começo *m*, princípio *m*

Antrittsrede *f* <-n> discurso *m* inaugural

Antrittsvorlesung *f* <-en> aula *f* inaugural

an|tun *vt irreg* **jdm etw ~** fazer a. c. a alguém; **jdm Gewalt ~** exercer violência contra alguém; **sich** *dat* **etw ~** suicidar-se

Antwort ['antvɔrt] *f* <-en> resposta *f* (*an* a, *auf* para); **um ~ wird gebeten** roga-se o favor de responder

antworten ['antvɔrtən] *vi* responder, replicar; **jdm ~** responder a alguém; **auf etw ~** responder a a. c.

an|vertrauen* *vt* **jdm etw ~** confiar a. c. a alguém

an|wachsen *vi irreg* 1. (*Pflanze*) pegar 2. (*zunehmen*) aumentar (*auf* para), crescer (*auf* para)

Anwalt, Anwältin ['anvalt] *m, f* <-(e)s, -wälte *o* -innen> advogado, advogada *m, f*

Anwandlung *f* <-en> acesso *m*, ataque *m*

Anwärter(in) *m(f)* <-s, - *o* -innen> candidato, candidata *m, f* (*auf* a); (*Thron*) pretendente *m,f* (*auf* a)

an|weisen *vt irreg* 1. (*anleiten*) instruir, dar instruções a 2. (*befehlen*) ordenar, dar ordens a 3. (*zuteilen*) destinar, indicar

Anweisung *f* <-en> 1. (*Anleitung*) instruções *fpl* 2. (*Befehl*) ordem *f* 3. (WIRTSCH) ordem *f* de pagamento; (*Postanweisung*) vale *m* (do correio)

anwendbar *adj* aplicável (*auf* a)

an|wenden *vt* (*Gewalt, Mittel*) empregar (*auf* em), recorrer a; (*Gesetz, Regel*) aplicar (*auf* a)

Anwenderprogramm *nt* <-(e)s, -e> (INFORM) programa *m* de aplicação

Anwendung *f* <-en> (*von Gewalt*) emprego *m*, uso *m*; (*von Bestimmung, Gesetz*) aplicação *f* (*auf* a); **zur ~ kommen** ser aplicado

an|werben *vt irreg* (*Arbeiter*) recrutar; (MIL) recrutar, alistar

Anwesen *nt* <-s, -> propriedade *f*

anwesend *adj* presente

Anwesende(n) *pl* **die ~n** a assistência

Anwesenheit *f* <-> *kein pl* presença *f*, assistência *f*

an|widern ['anvi:dən] *vt* repugnar, causar repugnância a

Anwohner(in) *m(f)* <-s, - *o* -innen> vizinho, vizinha *m, f*; (*einer Straße*) morador, moradora *m, f*

Anzahl *f* <-en> número *m* (*an* de); (*Menge*) quantidade *f* (*an* de)

an|zahlen *vt* 1. (*Gegenstand*) entregar por conta 2. (*Teilbetrag*) pagar de sinal

Anzahlung *f* <-en> sinal *m*, entrada *f*; **eine ~ leisten** dar um sinal

an|zapfen *vt* 1. (*Fass*) furar 2. (*umg: Leitung, Telefon*) pôr sob escuta

Anzeichen *nt* <-s, -> sinal *m* (*für* de), indício *m* (*für* de); (MED) sintoma *m* (*für* de)

Anzeige ['antsaɪɡə] *f* <-n> 1. (*Inserat, Werbung*) anúncio *m* 2. (*bei Polizei*) denúncia *f*; **~ gegen jdn erstatten** fazer uma denúncia contra alguém

an|zeigen *vt* 1. (*ankündigen*) participar; (*in*

A

Zeitung) anunciar **2.** (*bei Polizei*) denunciar **3.** (INFORM) indicar

an|zetteln *vt* (*pej*) tramar

an|ziehen I. *vt irreg* (*Kleidung*) vestir; (*Schuhe, Handschuhe, Strümpfe*) calçar; (*attraktiv wirken*) atrair; (*Schraube*) apertar; (*Handbremse, Zügel*) puxar; (*Feuchtigkeit*) absorver **II.** *vr* **sich ~** *irreg* vestir-se; (*Schuhe*) calçar-se

anziehend *adj* atraente; (*sympathisch*) simpático

Anziehung *f* <-en> atracção *f*

Anziehungskraft *f* <-kräfte> **1.** (PHYS) gravidade *f*, gravitação *f* **2.** *kein pl* (*Attraktivität*) atracção *f*; **große ~ auf jdn ausüben** encantar alguém, fascinar alguém

Anzug *m* <-(e)s, -züge> fato *m*; (*brasil*) terno *m*

anzüglich *adj* alusivo; (*Bemerkung*) malicioso

an|zünden *vt* (*Streichholz, Feuer, Zigarette*) acender; (*Haus*) incendiar

Anzünder *m* <-s, -> (*im Auto*) isqueiro *m*

an|zweifeln *vt* duvidar de

apart *adj* distinto

Apartheid [a'paːɐthaɪt] *f* <-> *kein pl* apartheid *m*

Apartment [a'partmənt] *nt* <-s, -s> apartamento *m*

Apathie *f* <-n> apatia *f*

apathisch *adj* apático

Aperitiv *m* <-s, -e> aperitivo *m*

Apfel ['apfəl] *m* <Äpfel> maçã *f*; (*fig*); **in den sauren ~ beißen** ter que fazer a. c. desagradável, passar por a. c. desagradável

Apfelbaum *m* <-(e)s, -bäume> macieira *f*

Apfelkuchen *m* <-s, -> tarte *f* de maçã

Apfelmost *m* <-es, -e> cidra *f*

Apfelsaft *m* <-es, -säfte> sumo *m* de maçã

Apfelsine [apfəl'ziːnə] *f* <-n> laranja *f*

Apfelstrudel *m* <-s, -> bolo *m* de maçã

Apfelwein *m* <-(e)s, -e> cidra *f*

Apostel [a'pɔstəl] *m* <-s, -> apóstolo *m*

Apostroph [apo'stroːf] *m* <-(e)s, -e> apóstrofo *m*

Apotheke [apo'teːkə] *f* <-n> farmácia *f*

Apotheker(in) [--'--] *m(f)* <-s, - *o* -innen> farmacêutico, farmacêutica *m, f*

Apparat [apa'raːt] *m* <-(e)s, -e> aparelho *m*; (FOT) máquina *f*; (TEL) telefone *m*; **am ~ bleiben** não desligar

Appell [a'pɛl] *m* <-s, -e> apelo *m* (*an* a)

appellieren* *vi* apelar (*an* a)

Appenzell *m* <-s, -> Appenzell *m*

Appetit [ape'tiːt] *m* <-(e)s> *kein pl* apetite *m*; **~ auf etw haben** apetecer a. c. (a alguém); **guten Appetit!** bom apetite!

appetitlich *adj* apetitoso; **~ aussehen** ter bom aspecto, ter um ar apetitoso

Appetitlosigkeit *f* <-> *kein pl* falta *f* de apetite

applaudieren* *vi* aplaudir, bater palmas; **jdm ~** aplaudir alguém, bater palmas a alguém

Applaus [a'plaʊs] *m* <-es> *kein pl* aplauso *m*, salva *f* de palmas; **stürmischer ~** grande aplauso

Approbation *f* <-en> autorização para o exercício da profissão de médico ou de farmacéutico

Aprikose [apri'koːzə] *f* <-n> damasco *m*, alperce *m*

April [a'prɪl] *m* <-(s)> *kein pl* Abril *m*; **jdn in den ~ schicken** pregar uma partida a alguém; *s.* **März**

Aprilscherz *m* <-es, -e> mentira *f* do dia um de Abril, partida *f* do dia um de Abril

apropos [apro'poː] *adv* a propósito

Aquädukt *m*/*nt* <-(e)s, -e> aqueduto *m*

Aquaplaning *nt* <-(s)> *kein pl* hidroplanagem *f*, aquaplaning *m*

Aquarell [akva'rɛl] *nt* <-s, -e> aguarela *f*

Aquarium [a'kvaːriʊm] *nt* <-s, Aquarien> aquário *m*

Äquator *m* <-s> *kein pl* equador *m*

Äquivalent *nt* <-(e)s, -e> (*geh*) equivalente *m*

Ära *f* <Ären> era *f*

Araber(in) *m(f)* <-s, *o* -innen> árabe *m,f*

arabisch *adj* árabe

Arbeit ['arbaɪt] *f* <-en> **1.** (*Tätigkeit*) trabalho *m* (*an* em), labuta *f*; **körperliche/geistige ~** trabalho físico/intelectual; **bei der ~ sein** estar a trabalhar **2.** (*Erzeugnis*) obra *f* **3.** (*Stelle*) emprego *m*; (*Aufgabe*) tarefa *f* **4.** (*Mühe*) trabalho *m*; (*Anstrengung*) esforço *m*; **das kostet viel ~** isso dá muito trabalho

arbeiten ['arbaɪtən] *vi* (*Person*) trabalhar (*bei* em, *für* para, *als* como); (*Maschine*) trabalhar

Arbeiter(in) ['arbaɪtɐ] *m(f)* <-s, - *o* -innen> trabalhador, trabalhadora *m, f*; (*in Fabrik*) operário, operária *m, f*; **ungelernter ~** trabalhador não qualificado

Arbeiterschaft *f* <-> *kein pl* operariado *m*, trabalhadores *mpl*

Arbeitgeber(in) ['arbaıtgeːbə] *m(f)* <-s, - *o* -innen> patrão, patroa *m, f*

Arbeitnehmer(in) ['arbaıtneːmə] *m(f)* <-s, - *o* -innen> (*Angestellte*) empregado, empregada *m, f;* (*Arbeiter*) trabalhador, trabalhadora *m, f,* operário, operária *m, f*

Arbeitsamt *nt* <-(e)s, -ämter> centro *m* de emprego

Arbeitsbeschaffungsmaßnahme *f* <-n> medida *f* para a criação de postos de trabalho

Arbeitserlaubnis *f* <-> *kein pl* visto *m* de trabalho; **eine ~ beantragen** requerer um visto de trabalho

arbeitsfähig *adj* capaz de trabalhar

Arbeitsgericht *nt* <-(e)s, -e> tribunal *m* de trabalho

Arbeitskraft *f* <-kräfte> **1.** (*Arbeiter*) mão-de-obra *f* **2.** *kein pl* (*des Menschen*) capacidade *f* de trabalho

Arbeitslohn *m* <-löhne> salário *m*

arbeitslos *adj* desempregado; ~ **werden** ficar desempregado, perder o emprego

Arbeitslosengeld *nt* <-(e)s> *kein pl* subsídio *m* de desemprego

Arbeitslosenhilfe *f* <-> *kein pl* fundo *m* de desemprego

Arbeitslose(r) *m/f* <-n, -n *o* -n> desempregado, desempregada *m, f*

Arbeitslosigkeit *f* <-> *kein pl* desemprego *m*

Arbeitsmarkt *m* <-(e)s, -märkte> mercado *m* de trabalho

Arbeitsplatz *m* <-es, -plätze> **1.** (*Platz*) local *m* de trabalho **2.** (*Stelle*) posto *m* de trabalho, emprego *m;* **den ~ wechseln** mudar de emprego

Arbeitsrecht *nt* <-(e)s> *kein pl* direito *m* do trabalho

Arbeitsspeicher *m* <-s, -> (INFORM) memória *f*

Arbeitstag *m* <-(e)s, -e> dia *m* útil, dia *m* de trabalho

Arbeitstier *m* <-(e)s, -e> (*pej*) pessoa obcecada pelo trabalho

arbeitsunfähig *adj* incapaz de trabalhar; (*behindert*) inválido

Arbeitsweise *f* <-n> método *m* de trabalho

Arbeitszeit *f* <-en> horário *m* de trabalho, horas *fpl* de serviço; (*Öffnungszeit*) horário *m* de funcionamento; **gleitende ~** horário flexível *m*

Arbeitszimmer *nt* <-s, -> escritório *m;* (*Büro*) gabinete *m*

archaisch *adj* arcaico

Archäologe(in) *m(f)* <-n, -n *o* -innen> arqueólogo, arqueóloga *m, f*

Archäologie *f kein pl* arqueologia *f*

Archipel *m* <-s, -e> (GEOG) arquipélago *m*

Architekt(in) [arçi'tɛkt] *m(f)* <-n, -n *o* -innen> arquitecto, arquitecta *m, f*

Architektur *f* <-> *kein pl* arquitectura *f*

Archiv [ar'çiːf] *nt* <-s, -e> arquivo *m*

Archivar(in) *m(f)* <-s, -e *o* -innen> arquivista *m,f*

Arena *f* <Arenen> arena *f*

arg [ark] **I.** *adj* (*schlimm*) mau; (*ernst*) severo, grave; (*stark*) forte, grande **II.** *adv* muito; **ich musste ~ lang warten** tive que esperar muito (tempo)

Argentinien [argɛn'tiːnıən] *nt* <-s> *kein pl* Argentina *f*

Ärger *m* <-s> *kein pl* **1.** (*Verdruss*) dissabor *m,* desgosto *m* **2.** (*Wut*) raiva *f,* fúria *f* **3.** (*Unannehmlichkeit*) aborrecimento *m,* arrelia *f;* (*umg*) chatice *f;* **mit jdm/etw ~ haben** chatear-se com alguém / aborrecer-se com a. c.

ärger *komp von* **arg**

ärgerlich *adj* **1.** (*lästig*) irritante; (*umg*) chato **2.** (*zornig*) zangado (*auf/über* com); (*umg*) chateado (*auf/über* com)

ärgern I. *vt* aborrecer, irritar; (*umg*) chatear **II.** *vr* **sich** ~ arreliar-se, irritar-se (*über* com); (*umg*) chatear-se (*über* com)

Ärgernis *nt* <-ses, -se> **1.** (*Ärger*) aborrecimento *m* **2.** *kein pl* (*Anstoß*) escândalo *m;* (JUR); **Erregung öffentliches ~ses** atentado à moral pública, atentado ao pudor

arglos *adj* ingénuo, inocente

Argument [argu'mɛnt] *nt* <-(e)s, -e> argumento *m* (*für* a favor de, *gegen* contra)

Argumentation *f* <-en> argumentação *f*

argumentieren* *vi* argumentar (*für* a favor de, *gegen* contra)

Argwohn ['arkvoːn] *m* <-(e)s> *kein pl* receio *m;* (*Verdacht*) suspeita *f,* desconfiança *f*

argwöhnisch *adj* desconfiado

Arie ['aːriə] *f* <-n> ária *f*

Aristokrat(in) [arıstoˈkraːt] *m(f)* <-en, -en *o* -innen> aristocrata *m,f*

Aristokratie [arıstokraˈtiː] *f* <-n> aristocracia *f*

aristokratisch *adj* aristocrático
Arithmetik *f* <-> *kein pl* aritmética *f*
Arktis ['arktıs] *f* <-> *kein pl* Árctico *m*
arktisch *adj* árctico
arm [arm] *adj* **1.** (*bedürftig*) pobre (*an* em) **2.** (*bedauernswert*) infeliz, coitado; (*umg*); ~ **dran sein** ser um infeliz, ser um pobrezinho
Arm *m* <-(e)s, -e> **1.** (*des Menschen*) braço *m*; (*von Polyp*) tentáculo *m*; ~ **in** ~ de braço dado; **die ~e ausbreiten** abrir os braços; (*umg*); **jdn auf den** ~ **nehmen** gozar com alguém **2.** (TECH) braço *m* **3.** (*Flussarm*) braço *m*
Armaturenbrett *nt* <-(e)s, -er> painel *m* de comando; (*im Auto*) tablier *m*; (*brasil*) painel *m* de instrumentos
Armband *nt* <-(e)s, -bänder> pulseira *f*; (*von Uhr*) bracelete *f*
Armbanduhr *f* <-en> relógio *m* de pulso
Armee [ar'me:] *f* <-n> exército *m*
Ärmel *m* <-s, -> manga *f*; **etw aus dem** ~ **schütteln** improvisar a. c.
Ärmelkanal *m* <-s> *kein pl* Canal *m* da Mancha
Armenien *nt* <-s> *kein pl* Arménia *f*
ärmer *komp von* **arm**
ärmlich *adj* pobre; (*elend*) miserável
armselig ['armse:lıç] *adj* pobre
Armut ['armu:t] *f* <-> *kein pl* pobreza *f*, indigência *f*
Armutszeugnis *nt* <-ses, -se> prova *f* de incompetência, prova *f* de incapacidade
Aroma [a'ro:ma] *nt* <-s, Aromen> aroma *m*
aromatisch *adj* aromático
arrangieren* I. *vt* (*Fest, Reise*) organizar; **das lässt sich** ~ isso arranja-se II. *vr* **sich** ~ chegar a um acordo
Arrest *m* <-(e)s, -e> (*Haft*) detenção *f*, prisão *f*
arrogant [aro'gant] *adj* arrogante
Arroganz *f* <-> *kein pl* arrogância *f*
Arsch [arʃ] *m* <-(e)s, Ärsche> (*umg*) cu *m*, traseiro *m*
Arsen [ar'ze:n] *nt* <-s> *kein pl* arsénico *m*
Arsenal [arze'na:l] *nt* <-s, -e> arsenal *m*
Art [art] *f* <-en> **1.** (*Weise*) maneira *f*, modo *m*; (GASTR); **nach** ~ **des Hauses** à moda da casa **2.** (*Sorte*) género *m*, tipo *m*; **von der** ~ desse género **3.** (BIOL) espécie *f* **4.** (*Wesen*) qualidade *f*, natureza *f*; (*Machart*) feitio *m*
Arterie [ar'te:riə] *f* <-n> (ANAT) artéria *f*

Arterienverkalkung *f* <-en> (*umg*) arteriosclerose *f*
artig ['artıç] *adj* bem comportado, obediente
Artikel [ar'ti:kəl, ar'tıkəl] *m* <-s, -> (LING, PUBL) artigo *m*
artikulieren* I. *vt* (*Laut*) articular II. *vr* **sich** ~ expressar-se
Artischocke [arti'ʃɔkə] *f* <-n> alcachofra *f*
Artist(in) [ar'tıst] *m(f)* <-en, -en *o* -innen> artista *m,f* de circo
Arznei [arts'naı] *f* <-en> medicamento *m*, remédio *m*
Arzneimittel *nt* <-s, -> medicamento *m*, remédio *m*
Arzt, Ärztin [artst] *m, f* <-es, Ärzte *o* -innen> médico, médica *m, f*
Ärztekammer *f* <-n> Ordem *f* dos Médicos
Arzthelferin *f* <-nen> empregada *f* de consultório
ärztlich *adj* médico; **in ~er Behandlung sein** estar a fazer tratamento (médico)
As[ALT] *nt s.* **Ass**
Asbest [as'bɛst] *m* <-(e)s, -e> amianto *m*
Aschantinuss[RR] *f* <-nüsse> (*österr*) amendoim *m*
Asche ['aʃə] *f* <-> *kein pl* cinza *f*; (*sterbliche Überreste*) cinzas *fpl*
Aschenbecher *m* <-s, -> cinzeiro *m*
Aschenbrödel *nt* <-s, -> gata *f* borralheira
Aschermittwoch *m* <-s, -e> Quarta-feira *f* de Cinzas
ASCII-Code *m* <-s, -s> (INFORM) código *m* ASCII
Aserbaidschan *nt* <-s> *kein pl* Azerbaijão *m*
Asiat(in) *m(f)* <-en, -en *o* -innen> asiático, asiática *m, f*
asiatisch *adj* asiático
Asien ['a:ziən] *nt* <-s> *kein pl* Ásia *f*
Askese *f* <-> *kein pl* ascética *f*, ascetismo *m*
Asket(in) [as'ke:t] *m(f)* <-en, -en *o* -innen> asceta *m,f*
asketisch *adj* ascético
asozial ['azotsia:l] *adj* associal
Aspekt [as'pɛkt] *m* <-(e)s, -e> aspecto *m*; **unter diesem** ~ nesse aspecto
Asphalt [as'falt] *m* <-(e)s, -e> asfalto *m*
asphaltieren* *vt* asfaltar
Aspirin® *nt* <-s, -> aspirina *f*
aß *imp von* **essen**
Ass[RR] *nt* <-es, -e> **1.** (*im Kartenspiel*) ás *m*

2. (*Person*) ás *m*

Assistent(in) [asɪsˈtɛnt] *m(f)* <-en, -en *o* -innen> assistente *m,f*

Assoziation [asotsiaˈtsjoːn] *f* <-en> associação *f*

Ast [ast] *m* <-(e)s, Äste> ramo *m;* (*umg*) **sich** *dat* **einen ~ lachen** fartar-se de rir

AStA *abk v* **Allgemeiner Studierendenausschuss** AE (= *associação de estudantes*)

Aster *f* <-n> (BOT) sécia *f*

Ästhetik *f* <-> *kein pl* estética *f*

ästhetisch *adj* estético

Asthma [ˈastma] *nt* <-s> *kein pl* (MED) asma *f*

Asthmatiker(in) *m(f)* <-s, - *o* -innen> asmático, asmática *m, f*

astrein *adj* (*umg*) muito bom, óptimo

Astrologe(in) *m(f)* <-en, -en *o* -innen> astrólogo, astróloga *m, f*

Astrologie *f* <-> *kein pl* astrologia *f*

astrologisch *adj* astrológico

Astronaut(in) [astroˈnaʊt] *m(f)* <-en, -en *o* -innen> astronauta *m,f*

Astronomie *f* <-> *kein pl* astronomia *f*

astronomisch *adj* astronómico

Asyl [aˈzyːl] *nt* <-s, -e> (POL) asilo *m;* **um politisches ~ bitten** pedir asilo político; **jdm ~ gewähren** conceder asilo a alguém

Asylant(in) [azyˈlant] *m(f)* <-en, -en *o* -innen> asilado, asilada *m, f*

Asylbewerber(in) *m(f)* <-s, - *o* -innen> requerente *m,f* de asilo

Asylrecht *nt* <-(e)s> *kein pl* direito *m* de asilo

A.T. *abk v* **Altes Testament** A.T. (= *Antigo Testamento*)

Atelier [ateˈlje:] *nt* <-s, -s> atelier *m*, estúdio *m*

Atem [ˈaːtəm] *m* <-s> *kein pl* respiração *f; ~* **holen** respirar; **außer ~ sein** estar esbaforido, estar sem fôlego; **das verschlägt mir den ~!** é de cortar a respiração!

atemberaubend *adj* (*Spannung*) empolgante, sensacional; (*Tempo*) vertiginoso; (*Schönheit*) assombroso, arrebatador

atemlos *adj* ofegante, sem fôlego

Atemnot *f* <-> *kein pl* falta *f* de ar

Atempause *f* <-n> pausa *f* respiratória; (*fig*) folga *f*

Atemzug *m* <-(e)s, -züge> fôlego *m*

Atheismus [ateˈɪsmʊs] *m* <-> *kein pl* ateísmo *m*

Atheist(in) *m(f)* <-en, -en *o* -innen> ateu, ateia *m, f*

atheistisch *adj* ateísta

ätherisch *adj* etéreo

Äthiopien *nt* <-s> *kein pl* Etiópia *f*

Athlet(in) [atˈleːt] *m(f)* <-en, -en *o* -innen> atleta *m,f*

athletisch *adj* atlético

Atlanten *pl von* **Atlas**

Atlantik [atˈlantɪk] *m* <-s> *kein pl* Atlântico *m*

atlantisch *adj* atlântico

Atlas [ˈatlas] *m* <-(ses), Atlanten> atlas *m*

atmen [ˈaːtmən] *vi* respirar

Atmosphäre *f* <-n> atmosfera *f;* (*Stimmung*) ambiente *m*

Atmung [ˈaːtmʊŋ] *f* <-> *kein pl* respiração *f*

Atom [aˈtoːm] *nt* <-s, -e> átomo *m*

atomar [atoˈmaːɐ] *adj* nuclear, atómico

Atombombe *f* <-n> bomba *f* atómica

Atombunker *m* <-s, -> abrigo *m* nuclear

Atomenergie *f* <-> *kein pl* energia *f* nuclear

Atomkraft *f* <-> *kein pl* energia *f* nuclear

Atomkraftwerk *nt* <-(e)s, -e> central *f* nuclear

Atomkrieg *m* <-(e)s, -e> guerra *f* nuclear

Atommüll *m* <-s> *kein pl* lixo *m* atómico

Atomphysik *f* <-> *kein pl* física *f* nuclear

Atomrakete *f* <-n> míssil *m* nuclear

Atomreaktor *m* <-s, -en> reactor *m* nuclear

Atomsperrvertrag *m* <-(e)s, -träge> tratado *m* de não proliferação de armas nucleares

Atomsprengkopf *m* <-(e)s, -köpfe> ogiva *f* nuclear

Atomwaffe *f* <-n> arma *f* nuclear, arma *f* atómica

atomwaffenfrei *adj* livre de armas nucleares

Attacke [aˈtakə] *f* <-n> (MED) ataque *m*

attackieren* *vt* atacar

Attentat [ˈatənta:t] *nt* <-(e)s, -e> atentado *m* (*auf* a); **ein ~ verüben** cometer um atentado

Attentäter(in) *m(f)* <-s, - *o* -innen> autor, autora *m, f* de um atentado

Attest [aˈtɛst] *nt* <-(e)s, -e> atestado *m*

attraktiv [atrakˈtiːf] *adj* atraente

Attrappe [aˈtrapə] *f* <-n> simulação *f*, imitação *f*

Attribut [atri'bu:t] *nt* <-(e)s, -e> (LING)
atributo *m*

ätzen *vt* **1.** (CHEM) corroer; (*Platte*) gravar a
água-forte **2.** (MED) cauterizar

ätzend *adj* (*umg*) horrível

au *interj* **1.** (*Schmerz*) ai! **2.** (*Begeisterung*)
ah!, oh!; ~ **ja!** ah!

AU *abk v* **Abgasuntersuchung** análise dos
gases de escape

Aubergine [obɛr'ʒi:nə] *f* <-n> beringela
f

auch [aʊx] *adv* **1.** (*ebenfalls*) também; **ich ~
nicht** eu também não, eu tão-pouco **2.** (*über-
dies*) além disso; **das ~ noch!** mais essa!;
wenn ~ ainda que, mesmo que; **wie dem ~
sei** seja como for; **wer/was/wo ~** quem/o
que/onde quer que; **so arm er ~ ist** por muito pobre que ele seja; **wer es ~ sei** seja quem
for, quem quer que seja

audiovisuell [aʊdiovizu'ɛl] *adj* audiovisual

Auditorium *nt* <-s, Auditorien> auditório
m

auf [aʊf] **I.** *präp + dat* **1.** (*oben*) em cima de,
em, sobre; **das Buch liegt ~ dem Tisch** o livro está/em cima da mesa **2.** (*darauf befind-
lich*) em; ~ **der Post/Straße** no correio/na
rua **3.** (*während*) em, durante; ~ **der Reise**
na/durante a viagem **II.** *präp + akk* **1.** (*nach
oben*) em, em cima de; **ich lege das Buch ~
den Tisch** eu ponho o livro na/em cima da
mesa **2.** (*umg: zeitlich*) ~ **einmal** de repente
3. (*Art und Weise*) ~ **deutsch** em alemão; ~
Bitte/Befehl von ... a pedido de .../por ordem de ...; **bis ~ ihn** menos/excepto ele **III.**
adv **1.** (*hinauf*) para cima; ~ **und ab** para
cima e para baixo, de cima abaixo; (*hin und
her*) para lá e para cá, de um lado para o outro
2. (*umg: offen*) aberto; **die Tür ist** ~ a porta
está aberta **3.** (*umg: nicht liegend*) ~ **sein** estar a pé, estar levantado

auf|arbeiten *vt* **1.** (*erledigen*) acabar, des-
pachar **2.** (*bewältigen*) lidar com, superar

auf|atmen *vi* respirar fundo; **erleichtert ~**
respirar de alívio

Aufbau *m* <-(e)s> *kein pl* **1.** (*Tätigkeit*)
construção *f*; (TECH) montagem *f* **2.** (*Schaffung*) constituição *f* **3.** (*Struktur*) estrutura *f*

auf|bauen *vt* **1.** (*errichten*) construir; (*Zelt,
Maschine*) montar **2.** (*schaffen*) constituir;
(*Beziehungen*) construir; (*Existenz*) criar **3.**
(*gliedern*) estruturar

auf|bäumen *vr* **sich** ~ (*Pferd*) empinar-se

auf|bauschen ['aʊfbaʊʃən] *vt* (*Angelegen-
heit*) exagerar

auf|begehren* *vi* protestar (*gegen* contra);
(*stärker*) revoltar-se (*gegen* contra)

auf|bereiten* *vt* **1.** (*Erz, Kohle*) preparar
2. (*Trinkwasser, Atommüll*) tratar **3.** (*Daten*)
processar

auf|bessern *vt* (*Kenntnisse*) melhorar; (*Ge-
halt*) aumentar

auf|bewahren* *vt* (*Gepäck*) guardar; (*Le-
bensmittel*) conservar

Aufbewahrung *f* <-> *kein pl* (*von Lebensmitteln*) conservação *f*; (*von Gepäck*) depósito *m*

auf|bieten *vt irreg* **1.** (*einsetzen*) convocar,
mobilizar; (*Kräfte*) reunir **2.** (*Brautpaar*) publicar banhos

auf|blähen *vt* inchar

auf|blasen *vt irreg* encher (de ar)

auf|bleiben *vi irreg* **1.** (*umg: Person*) não se
deitar, ficar a pé **2.** (*umg: Laden*) ficar aberto

auf|blenden *vt* **1.** (*beim Auto fahren*) ligar
os máximos **2.** (FOT) abrir o diafragma

auf|blicken *vi* levantar os olhos (*zu* para)

auf|blühen *vi* **1.** (*Blume*) abrir, desabrochar
2. (*Handel*) florescer, prosperar; (*Mensch*)
desabrochar

auf|brauchen *vt* gastar, consumir

auf|brausen *vi* enfurecer-se, exaltar-se

auf|brechen **I.** *vt irreg* (*Schloss*) forçar, ar-
rombar; (*Auto*) arrombar **II.** *vi irreg* **1.** (*gehen*) pôr-se a caminho, abalar; **zu einer Reise** ~ partir de viagem (*nach* para) **2.** (*Knospe*)
rebentar; (*Wunde*) abrir

auf|bringen *vt irreg* **1.** (*Geld*) conseguir;
(*Geduld*) ter **2.** (*einführen*) introduzir; (*Idee,
Mode*) lançar **3.** (*erzürnen*) irritar, zangar

Aufbruch *m* <-(e)s> *kein pl* partida *f* (*nach*
para)

auf|bürden *vt* jdm etw ~ imputar a. c. a al-
guém

auf|decken *vt* **1.** (*Topf*) destapar **2.** (*Zu-
sammenhänge*) descobrir, revelar

auf|drängen **I.** *vt* jdm etw ~ impor a. c. a
alguém, impingir a. c. a alguém **II.** *vr* **sich** ~
sich jdm ~ impor-se a alguém

auf|drehen *vt* **1.** (*Wasser, Gashahn*) abrir
2. (*Schraubverschluss*) desaparafusar, desatarraxar

aufdringlich ['aʊfdrɪŋlɪç] *adj* impertinente, maçador

Aufdringlichkeit *f* <-en> impertinência *f*

aufeinander [aʊfaɪˈnandə] *adv* 1. (*übereinander*) um sobre o outro; **Dinge** ~ **legen** empilhar/amontoar coisas; ~ **liegen** estar amontoado 2. (*zeitlich*) sucessivamente, um atrás do outro 3. (*gegenseitig*) um no/ao outro; ~ **treffen** encontrar-se; ~ **warten** esperar um pelo outro

aufeinanderliegen^{ALT} *vi s.* **aufeinander 1**

aufeinandertreffen^{ALT} *vi s.* **aufeinander 3**

Aufenthalt [ˈaʊfənthalt] *m* <-(e)s, -e> 1. (*Anwesenheit*) estad(i)a *f*, permanência *f* 2. (*von Zug, Flugzeug*) paragem *f*; **Sie haben 10 Minuten** ~ tem uma paragem de 10 minutos

Aufenthalter(in) *m(f)* <-s, - *o* -innen> (*schweiz*) residente *m,f* temporário

Aufenthaltsgenehmigung *f* <-en> autorização *f* de residência

Aufenthaltsort *m* <-(e)s, -e> paradeiro *m*; (*Wohnort*) domicílio *m*, residência *f*

auferstanden *pp von* **auferstehen**

auflerstehen *vi irreg* 1. (REL) ressuscitar 2. (*Idee, Mode*) ressurgir

Auferstehung *f* <-> *kein pl* 1. (REL) ressurreição *f* 2. (*Idee, Mode*) ressurgimento *m*

auflessen *vt irreg* comer (tudo)

auflfahren I. *vt irreg* (*Speisen*) servir II. *vi irreg* 1. (*aufprallen*) embater (*auf* contra) 2. (*aufschrecken*) sobressaltar-se; **aus dem Schlaf** ~ acordar sobressaltado 3. (*wütend werden*) enfurecer-se, exaltar-se

Auffahrt *f* <-en> entrada *f*; (*Rampe*) rampa *f*, subida *f*; (*zur Autobahn*) acesso *m*

Auffahrunfall *m* <-(e)s, -fälle> colisão *f*

auflfallen *vi irreg* dar nas vistas, chamar a atenção; **etw fällt jdm auf** alguém repara em/apercebe-se de a. c.; **nicht** ~ passar despercebido

auffällig *adj* (*Farbe, Kleidung*) extravagante, vistoso; (*Benehmen*) estranho

auflfangen *vt irreg* 1. (*Ball*) apanhar 2. (*Funkspruch*) captar; (*Gesprächsfetzen*) interceptar, ouvir 3. (*Flüssigkeit*) aparar

Auffanglager *nt* <-s, -> centro *m* de recolhimento de refugiados

auflfassen *vt* 1. (*begreifen*) compreender, perceber 2. (*auslegen*) conceber (*als* como), interpretar (*als* como)

Auffassung *f* <-en> 1. (*Meinung*) opinião *f*; **ich bin der** ~, **dass ...** eu sou da opinião que ... 2. (*Auslegung*) interpretação *f*, concepção *f*

Auffassungsvermögen *nt* <-s> *kein pl* inteligência *f*, capacidade *f* de compreensão

auflfinden *vt irreg* encontrar

auflfliegen *vi irreg* 1. (*Tür*) abrir-se de repente 2. (*umg: entdeckt werden*) ser descoberto

auflfordern *vt* 1. (*bitten*) pedir, convidar (*zu* para); **sie forderte ihn zum Tanzen auf** ela convidou-o para dançar 2. (*ermuntern*) incitar (*zu* a) 3. (*befehlen*) exigir; **ich fordere Sie auf, den Raum zu verlassen!** exijo que abandone a sala!

Aufforderung *f* <-en> 1. (*Bitte*) convite *m* (*zu* para) 2. (*Befehl*) exigência *f*

Aufforstung *f* <-en> repovoamento *m* florestal

auflfressen *vt irreg* devorar

auflfrischen *vt* (*Erinnerung*) refrescar; (*Farbe, Kenntnisse*) renovar

auflführen I. *vt* (*Theaterstück*) exibir, representar; (*Musikstück*) executar; (*aufzählen*) enumerar; (*Beispiel*) citar; (*Grund*) alegar; (*in Rechnung*) descriminar II. *vr* **sich** ~ comportar-se (*als* como)

Aufführung *f* <-en> (*von Theaterstück*) exibição *f*, representação *f*; (*von Musikstück*) execução *f*, recital *m*

auflfüllen *vt* 1. (*Behälter*) encher 2. (*Vorräte*) abastecer

Aufgabe [ˈaʊfgaːbə] *f* <-n> 1. (*Auftrag*) tarefa *f*, *nt*, trabalho *m*; (*Pflicht*) obrigação *f* 2. (*in Schule*) exercício *m*; (MAT) problema *m* 3. (*von Gepäck, Paket*) despacho *m*, expedição *f* 4. (*Aufhören*) abandono *m* (*von* de), desistência *f* (*von* de); (*Verzicht*) renúncia *f* (*von* a); (*eines Geschäftes*) liquidação *m,f*

Aufgang *m* <-(e)s, -gänge> 1. (*Treppe*) escada *f*; (*Aufstieg*) subida *f* 2. (*eines Gestirns*) nascer *m*

auflgeben I. *vt irreg* (*Paket, Gepäck*) despachar, expedir; (*Telegramm, Brief*) mandar, enviar; (*Bestellung*) fazer; (*Inserat*) pôr; (*Problem*) pôr; **jdm ein Rätsel** ~ propor uma adivinha a alguém; (*Rauchen*) deixar de; (*verzichten auf*) renunciar a; (*Hoffnung*) perder; (*Kranke*) dar por perdido, considerar perdido II. *vi irreg* desistir

Aufgebot *nt* <-(e)s, -e> 1. (*bei Heirat*) publicação *f* de banhos 2. (*Anzahl*) número *m*; **man sah ein großes** ~ **von Polizisten** via-se um grande número de polícias

aufgebracht I. *pp von* **aufbringen** II. *adj* furioso

aufgedunsen [ˈaʊfgədʊnzən] *adj* inchado

auf|gehen *vi irreg* 1. (*sich öffnen*) abrir-se; (*Naht*) descoser-se; (*Vorhang*) subir; (*Knospe*) rebentar, brotar; (*Knoten*) desfazer-se 2. (*Gestirn*) nascer 3. (*Teig*) levedar, fermentar 4. (MAT) bater certo

aufgeklärt *adj* esclarecido, sem preconceitos; (*sexuell*) iniciado na vida sexual

aufgekratzt *adj* (*umg*) animado, divertido

aufgelegt [ˈaʊfgəleːkt] *adj* **gut/schlecht ~ sein** estar de bom/mau humor; **zu etw ~ sein** ter vontade de fazer a. c.

aufgeregt [ˈaʊfgəreːkt] *adj* excitado; (*nervös*) nervoso, irritado

aufgeschlossen [ˈaʊfgəʃlɔsən] I. *pp von* **aufschließen** II. *adj* de espírito aberto (*für* para)

aufgeschmissen [ˈaʊfgəʃmɪsən] *adj* (*umg*) ~ **sein** estar bem arranjado, estar perdido

aufgeweckt [ˈaʊfgəvɛkt] *adj* vivo, esperto

auf|gießen *vt irreg* (*Tee, Kaffee*) fazer

aufgrund [aʊfgrʊnt] *präp* +*gen* com base em; (*wegen*) devido a, por causa de

Aufguss^{RR} *m* <-es, -güsse>, **Aufguß**^{ALT} *m* <-sses, -güsse> (*in Sauna*) infusão *f*

auf|haben I. *vt irreg* (*umg: Hut*) ter na cabeça; (*Brille*) ter posto; (*umg: Schulaufgabe*) ter que/para fazer II. *vi irreg* (*Geschäft*) estar aberto (*von* de, *bis a/* até)

auf|halten I. *vt irreg* 1. (*Person*) deter; (*Verkehr*) fazer parar; (*Entwicklung*) entravar, retardar; (*Katastrophe*) impedir 2. (*Tür*) segurar 3. (*Augen*) manter aberto; (*Hand*) estender II. *vr* **sich ~** *irreg* 1. (*verweilen*) demorar-se (*bei* com, *in* em) 2. (*wohnen*) morar

auf|hängen *vt irreg* 1. (*Bild*) pendurar (*an* em); (*Wäsche*) estender 2. (*Hörer*) pousar 3. (*Person*) enforcar

Aufhänger *m* <-s, -> (*an Kleidung*) presilha *f*

auf|heben I. *vt irreg* (*hochheben*) levantar, erguer; (*vom Boden*) apanhar (do chão); (*aufbewahren*) guardar; **bei jdm gut aufgehoben sein** estar em boas mãos; (*Gesetz*) abolir, revogar; (*Vertrag*) anular, cancelar II. *vr* **sich ~** *irreg* compensar-se

Aufhebung *f* <-en> 1. (*Abschaffung*) abolição *f*, anulação *f*; (*eines Urteils*) revogação *f* 2. (*Beendigung*) encerramento *m*

auf|heitern [ˈaʊfhaɪtən] I. *vt* (*Person*) animar, alegrar II. *vr* **sich ~** (*Himmel, Miene*) desanuviar-se

Aufheiterung *f* <-en> (METEO) desanuviamento *m*

auf|hellen *vt* 1. (*heller machen*) aclarar 2. (*klären*) esclarecer

auf|holen *vt* recuperar; **er hat den Rückstand wieder aufgeholt** ele recuperou o atraso

auf|hören *vi* 1. (*enden*) acabar, terminar (*mit* com); **die Sitzung hört um 20 Uhr auf** a reunião acaba às 20 h. 2. (*nicht weitermachen*) deixar (*mit* de), parar (*mit* com); ~, **etw zu tun** deixar de fazer a. c.; **hör mit dem Blödsinn auf!** pára com os disparates!; **da hört doch alles auf!** parece impossível!, com franqueza!

auf|kaufen *vt* comprar (por atacado); (*hamstern*) açambarcar

auf|keimen *vi* (*Saat, Zweifel*) germinar, brotar

auf|klappen *vt* (*Deckel, Klappe, Buch*) abrir

auf|klären I. *vt* 1. (*Irrtum, Geheimnis*) esclarecer, explicar; (*Fall*) tirar a limpo 2. (*Person*) elucidar (*über* sobre); (*sexuell*) esclarecer 3. (MIL) explorar II. *vr* **sich ~** 1. (*Missverständnis*) esclarecer-se 2. (*Wetter*) desanuviar-se

Aufklärer *m* <-s, -> (MIL) avião *m* de reconhecimento

Aufklärung *f* <-en> 1. (*Klärung*) esclarecimento *m*; (*von Verbrechen*) descoberta *f* 2. (*Information*) explicação *f* 3. (MIL) reconhecimento *m* 4. *kein pl* (*Epoche*) iluminismo *m*

Aufklärungssatellit *m* <-en, -en> satélite *m* de reconhecimento

Aufkleber *m* <-s, -> autocolante *m*

auf|knöpfen *vt* desabotoar, desapertar

auf|kochen *vt* deixar levantar fervura

auf|kommen *vi irreg* 1. (*Wind*) levantar-se; (*Gerücht, Zweifel*) surgir; **keinen Zweifel ~ lassen** não deixar lugar para dúvidas 2. (*sich ausbreiten*) espalhar-se, propagar-se 3. (*Kosten tragen*) **für jdn/etw ~** assumir os custos de alguém/a. c.

auf|krempeln *vt* arregaçar

auf|laden *vt irreg* 1. (*Ladegut, Batterie*) carregar 2. (*umg: belasten*) **jdm etw ~** sobrecarregar alguém com a. c.; **jdm Verantwortung ~** atirar a responsabilidade para cima de alguém

Auflage f <-n> 1. (von Buch) edição f; (von Zeitung) tiragem f 2. (Bedingung) imposição f

auf|lassen vt irreg 1. (umg: Tür, Fenster) deixar aberto 2. (umg: Brille, Mütze) não tirar; **den Hut** ~ não tirar o chapéu

auf|lauern vi jdm ~ estar/pôr-se à espreita de alguém

Auflauf m <-(e)s, -läufe> 1. (Menschenauflauf) ajuntamento m, aglomeração f de pessoas 2. (Kartoffelauflauf, Fleischauflauf) empadão m, pastelão m; (mit Käse) gratinado m

auf|laufen vi irreg (NAUT) encalhar

auf|leben vi (Mensch) rejuvenescer, tomar novo ânimo; (Interesse, Bräuche) renascer, reavivar-se; (Gespräch, Kämpfe) reacender-se

auf|legen I. vt (Gedeck) pôr, colocar; (CD) pôr (a tocar); (Telefonhörer) pousar; (Buch) publicar, editar; **neu** ~ reeditar II. vi (TEL) desligar

auf|lehnen vr sich ~ revoltar-se (gegen contra), insurgir-se (gegen contra)

auf|leuchten vi reluzir, cintilar

auf|listen ['aʊflɪstən] vt ordenar em lista

auf|lockern vt 1. (Programm) animar 2. (Muskeln) afrouxar, distender 3. (Boden) cavar, revolver

auf|lösen I. vt (Versammlung, Ehe, Parlament) dissolver; (Knoten, Wohnung) desfazer; (in Flüssigkeit) dissolver; (Rätsel) resolver; (Geheimschrift) decifrar; (Geschäft) liquidar II. vr sich ~ (Nebel, Menschenmenge) desfazer-se; (CHEM) dissolver-se

Auflösung f <-en> 1. (CHEM: von Nebel, Parlament) dissolução f 2. (von Rätsel) solução f; (von Geschichte) desenlace m 3. (Bildqualität) resolução f 4. (MAT) redução f

Auflösungszeichen nt <-s, -> (MUS) bequadro m

auf|machen I. vt (öffnen) abrir; (Knoten) desfazer, desatar; (Geschäft) montar, abrir; (zurechtmachen) arranjar, apresentar II. vr sich ~ pôr-se a caminho (nach/zu para), abalar (nach/zu para)

Aufmachung f <-en> 1. (von Mensch) aspecto m; (Kleidung) indumentária f 2. (von Ware) apresentação f

auf|marschieren* vi desfilar

aufmerksam ['aʊfmɛrkzaːm] adj 1. (konzentriert) atento; **jdn auf etw** ~ **machen** chamar a atenção de alguém para a. c. 2. (höflich) atencioso, amável

Aufmerksamkeit f <-en> 1. (Wachsamkeit) atenção f 2. (Höflichkeit) atenção f, gentileza f 3. (Geschenk) atenção f; **eine kleine** ~ **für Sie** uma pequena atenção para si

auf|muntern ['aʊfmʊntɐn] vt 1. (erheitern) animar 2. (ermutigen) encorajar, incitar

Aufmunterung f <-en> animação f

Aufnahme ['aʊfnaːmə] f <-n> 1. (Empfang) recepção f, acolhimento m; (in Verein) admissão m; (in Krankenhaus) hospitalização f 2. (in Akte) registo m 3. (von Verhandlungen, Studium) início m 4. (FOT) fotografia f; (von Film) filmagem f; (auf Tonband) gravação f 5. (von Kredit) empréstimo m

aufnahmefähig adj 1. (geistig) inteligente, capaz de assimilar 2. (Markt) capaz de absorver

Aufnahmeprüfung f <-en> exame m de admissão; (brasil) exame m vestibular

Aufnahmsprüfung f <-en> (österr) s. **Aufnahmeprüfung**

auf|nehmen vt irreg 1. (empfangen) receber, acolher 2. (zulassen) admitir 3. (beginnen) iniciar; **Kontakt zu jdm** ~ entrar em contacto com alguém; (Verhandlungen, Gespräch, Arbeit); **wieder** ~ retomar, recomeçar 4. (notieren) anotar, registar; (in Liste) incluir 5. (hochheben) levantar (von de), apanhar (von de) 6. (Menge, Anzahl) ter capacidade para 7. (Geld) pedir emprestado, tomar de empréstimo 8. (FOT) fotografar; (filmen) filmar; (auf Tonband, Platte) gravar 9. (reagieren auf) reagir a; **er hat die Nachricht gut aufgenommen** ele reagiu bem à noticia; **es mit jdm** ~ **können** poder competir com alguém

auf|opfern vr sich ~ sacrificar-se (für por)

auf|passen vi 1. (aufmerksam sein) prestar atenção (auf a), estar atento (auf a); **aufgepasst!** atenção!, oiçam! 2. (beaufsichtigen) tomar conta (auf de), cuidar (auf de)

Aufpasser(in) m(f) <-s, - o -innen> vigia m,f, guarda m,f

auf|platzen vi rebentar

Aufprall ['aʊfpral] m <-(e)s, -e> choque m, embate m

auf|prallen vi chocar (auf com), embater (auf contra)

Aufpreis m <-es, -e> suplemento m

auf|pumpen vt encher (com bomba de ar)

auf|putschen vt (durch Kaffee, Drogen) excitar

Aufputschmittel *nt* <-s, -> estimulante *m,* excitante *m*

auf|putzen *vt* (*österr*) decorar, ornamentar

auf|raffen *vr* **sich** ~ mobilizar energias (*zu* para); (*sich entscheiden*) decidir-se (*zu* a)

auf|räumen I. *vt* (*Zimmer, Sachen*) arrumar, pôr em ordem II. *vi* arrumar (*mit* com), acabar (*mit* com)

Aufräumungsarbeiten *pl* trabalhos *mpl* de limpeza

aufrecht ['aʊfrɛçt] *adj* 1. (*gerade*) a direito, erecto 2. (*ehrlich*) aprumado, correcto

aufrecht|erhalten* *vt irreg* manter

auf|regen I. *vt* (*erregen*) excitar, agitar; (*ärgern*) enervar, perturbar II. *vr* **sich** ~ (*sich erregen*) exaltar-se (*über* com), alterar-se; (*sich ärgern*) irritar-se (*über* com), zangar-se (*über* com)

aufregend *adj* excitante, emocionante

Aufregung *f* <-en> 1. (*Verwirrung*) agitação *f,* alvoroço *m* 2. (*freudig*) excitação *f*

aufreibend *adj* esgotante

auf|reißen I. *vt irreg* (*öffnen*) abrir violentamente; (*beschädigen*) rasgar, romper II. *vi irreg* rasgar-se, romper-se; (*Naht*) descoser-se

aufreizend *adj* provocante, irritante

auf|richten I. *vt* 1. (*gerade stellen*) endireitar, pôr de/em pé 2. (*seelisch*) confortar, consolar II. *vr* **sich** ~ 1. (*hinstellen*) erguer-se 2. (*hinsetzen*) sentar-se

aufrichtig *adj* franco, sincero; **etw** ~ **bedauern** lamentar sinceramente a. c.

Aufrichtigkeit *f* <-> *kein pl* franqueza *f,* sinceridade *f*

Aufriss^{RR} *m* <-es, -e>, **Aufriß**^{ALT} *m* <-sses, -sse> (ARCH) alçado *m,* projecção *f* vertical

auf|rollen *vt* 1. (*auseinander rollen*) desenrolar 2. (*zusammenrollen*) enrolar

auf|rücken *vi* (*Platz machen*) avançar; (MIL) cerrar fileiras

Aufruf *m* <-(e)s, -e> 1. (INFORM: *des Namens*) chamada *f* 2. (*Appell*) apelo *m,* manifesto *m* (*an* a); (*zum Streik*) convocação *f,* apelo *m* (*zu* a)

auf|rufen *vt irreg* 1. (*Namen, Schüler*) fazer a chamada 2. (INFORM) chamar 3. (*auffordern*) chamar (*zu* a), apelar (*zu* a); **zum Streik** ~ convocar uma greve

Aufruhr ['aʊfruːɐ] *m* <-(e)s> *kein pl* 1. (*Erregung*) agitação *f*; **jdn in** ~ **versetzen** agitar alguém 2. (*Revolte*) insurreição *f,* revolta *f*; (*Tumult*) tumulto *m*

aufrührerisch *adj* 1. (*Reden, Ideen*) revolucionário, rebelde 2. (*Volksmenge*) amotinado, sedicioso

auf|runden *vt* arredondar (por excesso) (*auf* para)

auf|rüsten I. *vt* armar II. *vi* armar-se

Aufrüstung *f* <-en> armamento *m,* rearmamento *m*

auf|rütteln *vt* sacudir (*aus* de); **jdn aus dem Schlaf** ~ acordar alguém (sacudindo)

aufs [aʊfs] (*coloq*) = **auf das** *s.* **auf**

auf|sagen *vt* recitar, dizer

auf|sammeln *vt* apanhar, recolher

aufsässig *adj* rebelde

Aufsatz *m* <-es, -sätze> 1. (*Schulaufsatz*) composição *f,* redacção *f*; (*Abhandlung*) artigo *m*; (LIT) ensaio *m* 2. (*Aufbau*) cimo *m,* parte *f* superior

auf|saugen *vt* absorver, chupar

auf|scheuchen *vi* afugentar

auf|schichten *vt* amontoar

auf|schieben *vt irreg* 1. (*verzögern*) adiar, prorrogar 2. (*öffnen*) abrir (empurrando)

Aufschlag *m* <-(e)s, -schläge> 1. (*Aufprall*) golpe *m* (*auf* em) 2. (SPORT) serviço *m* 3. (*Preisaufschlag*) aumento *m,* subida *f*; (*Zuschlag*) suplemento *m*

auf|schlagen I. *vt irreg* 1. (*Buch, Augen*) abrir 2. (*Ei, Nuss*) partir 3. (*mit Gewalt*) arrombar 4. (*Zelt*) armar, montar; (*Lager*) assentar 5. (*Ärmel, Hose*) arregaçar; (*Kragen*) levantar II. *vi irreg* 1. (*Preis*) aumentar, subir 2. (SPORT) servir 3. (*aufprallen*) embater (*auf* contra), dar (*auf* em)

auf|schließen *vt irreg* abrir (com chave)

Aufschluss^{RR} *m* <-es, -schlüsse>, **Aufschluß**^{ALT} *m* <-sses, -schlüsse> explicação *f,* informação *f*; **sich** *dat* **über etw** ~ **verschaffen** arranjar explicação para a. c.

aufschlussreich^{RR} *adj* instrutivo, informativo

auf|schneiden I. *vt irreg* (*Verpackung*) abrir (cortando); (*Braten*) trinchar II. *vi irreg* (*umg*) gabar-se, armar-se

Aufschneider(in) *m(f)* <-s, - *o* -innen> (*umg*) gabarola *m,f*

Aufschnitt *m* <-(e)s> *kein pl* carnes *fpl* frias

auf|schnüren *vt* desatar, desamarrar

auf|schrauben *vt* desaparafusar; (*befestigen*) aparafusar

Aufschrei *m* <-(e)s, -e> grito *m* (de espanto ou sobressalto)

auf|schreiben *vt irreg* anotar, apontar; (*Personalien*) registar; (*polizeilich*) autuar

auf|schreien *vi irreg* gritar, soltar um grito

Aufschrift *f* <-en> **1.** (*Inschrift*) inscrição *f* **2.** (*Etikett*) etiqueta *f*, rótulo *m*

Aufschub *m* <-(e)s, -schübe> adiamento *m*, prorrogação *f* (de prazo)

auf|schütten *vt* **1.** (*anhäufen*) amontoar, acumular **2.** (*Tee*) fazer

Aufschwung *m* <-(e)s, -schwünge> (WIRTSCH) conjuntura *f* (favorável), incremento *m*

auf|sehen *vi irreg* levantar os olhos (*zu* para); (*bewundernd*) admirar, apreciar

Aufsehen *nt* <-s> *kein pl* sensação *f*; (*negativ*) escândalo *m*; ~ **erregen** causar sensação; (*negativ*) dar escândalo; **ein ~ erregendes Ereignis** um acontecimento espectacular

aufsehenerregend^ALT *adj s.* **Aufsehen**

Aufseher(in) *m(f)* <-s, - o -innen> **1.** (*Wächter*) vigilante *m,f*, conferente *m,f* **2.** (*über Arbeiter*) capataz *m* **3.** (*im Park, Museum*) guarda *m,f*

auf|sein^ALT *vi irreg s.* **auf III 2**

auf|setzen I. *vt* (*Hut, Brille*) pôr; (*Miene*) fazer; (*Essen*) pôr ao lume; (*Text*) assentar, escrever **II.** *vi* (*Flugzeug*) aterrar

Aufsicht *f* <-en> **1.** *kein pl* (*Überwachung*) vigilância *f*; **bei einer Prüfung ~ führen** vigiar um exame **2.** *kein pl* (*Kontrolle*) fiscalização *f*, inspecção *f* **3.** (*Person*) fiscal *m*, inspector, -a *m,f*

Aufsichtsrat *m* <-(e)s, -räte> conselho *m* fiscal

auf|sitzen *vi irreg* montar

auf|sperren *vt* escancarar, abrir completamente; **Mund und Nase ~** ficar boquiaberto

auf|spielen *vr* **sich ~** fazer-se importante; (*umg*); **sich ~ als** armar-se em, dar-se ares de

auf|spießen *vt* (*mit Gabel*) espetar

auf|springen *vi irreg* **1.** (*hochspringen*) saltar, levantar-se de um salto **2.** (*auf Fahrzeug*) saltar (*auf* para) **3.** (*sich öffnen*) abrir-se (de súbito); (*Haut*) gretar

auf|spüren *vt* **1.** (*Wild*) seguir o rasto, farejar **2.** (*Geheimnis*) investigar, seguir a pista

auf|stacheln ['aʊfʃtaxəln] *vt* instigar (*zu* a), incitar (*zu* a)

Aufstand *m* <-(e)s, -stände> levantamento *m* popular, insurreição *f*

aufständisch *adj* rebelde, insurrecto

auf|stapeln *vt* amontoar

auf|stauen *vr* **sich ~** (*Verkehr*) congestionar-se

auf|stehen *vi irreg* **1.** (*Person*) levantar-se **2.** (*Tür*) estar aberto

auf|steigen *vi irreg* **1.** (*Flugzeug, Nebel*) levantar, subir **2.** (*auf Pferd, Fahrrad*) subir (*auf* para), montar **3.** (*beruflich*) ascender (*zu* a)

auf|stellen *vt* **1.** (*anordnen, zusammenstellen*) colocar, dispor; (*Mannschaft*) formar, constituir; (*Kandidaten*) apresentar; (*Liste*) organizar, fazer; (*Wache*) formar **2.** (*aufbauen*) construir, erguer; (*Zelt*) armar, montar; (TECH) instalar, montar **3.** (*Rekord, Lehrsatz*) estabelecer **4.** (*schweiz: aufmuntern*) animar

Aufstellung *f* <-en> **1.** (*von Denkmal*) construção *f* **2.** (*von Liste, Programm*) disposição *f*; (*von Kandidaten*) apresentação *f* **3.** (*Liste, Tabelle*) relação *f*, lista *f* **4.** (SPORT) formação *f* da equipa

Aufstieg ['aʊfʃtiːk] *m* <-(e)s, -e> **1.** (*auf Berg*) subida *f* **2.** (*Weg*) subida *f* **3.** (*beruflich*) ascensão *f* (*zu* a)

auf|stöbern *vt* encontrar, descobrir

auf|stoßen I. *vt irreg* (*öffnen*) abrir (empurrando), arrombar **II.** *vi irreg* (*rülpsen*) arrotar

auf|stützen I. *vt* apoiar (*auf* em) **II.** *vr* **sich ~** apoiar-se (*auf* em)

auf|suchen *vt* visitar; (*Arzt*) consultar

auf|takeln *vr* **sich ~** (*umg*) aperaltar-se

Auftakt *m* <-(e)s, -e> **1.** (*Beginn*) prelúdio *m*, início *m* (*zu* de) **2.** (MUS) arse *f*

auf|tanken *vt* (*Flugzeug*) reabastecer; (*Auto*) atestar/encher o depósito de

auf|tauchen *vi* **1.** (*aus Wasser*) emergir, vir à superfície **2.** (*Zweifel, Probleme*) surgir, aparecer

auf|tauen I. *vt* (*Tiefkühlkost, Wasserleitung*) descongelar **II.** *vi* **1.** (*Schnee*) derreter; (*Tiefkühlkost*) descongelar **2.** (*gesprächig werden*) perder o acanhamento

auf|teilen *vt* **1.** (*einteilen*) dividir (*in* em, *nach* por) **2.** (*verteilen*) repartir (*unter* entre), distribuir (*unter* por)

Aufteilung *f* <-en> **1.** (*Einteilung*) divisão *f* (*in* em, *nach* por) **2.** (*Verteilung*) distribuição *f* (*unter* por)

auf|tischen *vt* (*Speisen*) servir, pôr na mesa

Auftrag ['aʊftraːk] *m* <-(e)s, -träge> **1.** (*Aufgabe*) missão *f* **2.** (*Anweisung*) incumbência *f*, encargo *m*; (WIRTSCH) encomenda *f*, contrato *m;* **im** ~ **von** por ordem de, da parte de; **etw in** ~ **geben** encomendar a. c.

auf|tragen *vt irreg* **1.** (*Speisen*) servir **2.** (*Farbe, Salbe*) carregar **3.** (*Auftrag geben*) **jdm etw** ~ encomendar a. c. a alguém, encarregar alguém de a. c.; **sie hat mir Grüße an deine Schwester aufgetragen** ela manda cumprimentos à tua irmã

Auftraggeber(in) *m(f)* <-s, - *o* -innen> (WIRTSCH) cliente *m,f*

auf|treiben *vt irreg* (*umg*) arranjar, encontrar

auf|treten *vi irreg* **1.** (*erscheinen*) aparecer, manifestar-se **2.** (*mit Fuß*) pisar **3.** (*Schauspieler*) representar, desempenhar o papel (*als* de); (*während des Stückes*) entrar em cena **4.** (*sich benehmen*) proceder (*wie* como), comportar-se (*wie* como)

Auftreten *nt* <-s> *kein pl* **1.** (*Vorkommen*) aparecimento *m,* manifestação *f* **2.** (*Benehmen*) procedimento *m,* comportamento *m;* **sicheres** ~ desembaraço *m*

Auftrieb *m* <-(e)s> *kein pl* **1.** (*Schwung*) impulso *m,* impulsão *f* **2.** (PHYS) força *f* ascensional

Auftritt *m* <-(e)s, -e> **1.** (*Theaterszene*) cena *f;* (*des Schauspielers*) entrada *f* em cena **2.** (*Streit*) cena *f* (desagradável)

auf|tun I. *vt irreg* (*umg: finden*) encontrar, arranjar **II.** *vr* **sich** ~ *irreg* (*geh*) abrir-se

auf|wachen *vi* acordar

auf|wachsen *vi irreg* crescer, criar-se

Aufwand ['aʊfvant] *m* <-(e)s> *kein pl* **1.** (*Kosten*) despesas *fpl,* gastos *mpl* **2.** (*Einsatz*) esforço *m* **3.** (*Luxus*) aparato *m,* luxo *m*

aufwändig^{RR} *adj* (*kostspielig*) dispendioso; (*üppig*) opulento

Aufwandsentschädigung *f* <-en> ajudas *fpl* de custo

auf|wärmen *vt* **1.** (*Essen*) aquecer **2.** (*umg: Geschichten*) trazer de novo à baila, tornar a falar de

aufwärts *adv* para cima, acima; **den Fluss** ~ pelo rio acima; (*Berg*); ~ **gehen** subir; (*Entwicklung*) melhorar

aufwärtsgehen^{ALT} *vi irreg s.* **aufwärts**

Aufwärtstrend *m* <-s, -s> tendência *f* favorável

auf|wecken *vt* acordar, despertar

auf|weisen ['aʊfvaɪzən] *vt irreg* mostrar, apresentar

auf|wenden *vt* (*Geld*) gastar (*für* em); (*Kraft*)

despender, empregar; (*Zeit*) gastar (*für* com), dedicar (*für* a)

aufwendig^{ALT} *adj s.* **aufwändig**

Aufwendungen *pl* (*Ausgaben*) despesas *fpl,* gastos *mpl*

auf|werfen *vt irreg* (*Frage, Problem*) levantar

auf|werten *vt* **1.** (*Währung*) revalorizar **2.** (*Ansehen*) valorizar, atribuir mais valor a

Aufwertung *f* <-en> revalorização *f*

auf|wickeln *vt* enrolar

auf|wiegeln ['aʊfvi:gəln] *vt* amotinar, incitar à revolta (*gegen* contra)

auf|wiegen *vt irreg* contrabalançar; (*ausgleichen*) compensar

auf|wirbeln *vt* levantar em remoinho; (*fig*); **Staub** ~ levantar celeuma, levantar alarido

auf|wischen *vt* (*Flüssigkeit*) limpar, enxugar

auf|wühlen *vt* **1.** (*Erde*) revolver, cavar; (*Meer*) revolver **2.** (*erregen*) comover

auf|zählen *vt* enumerar

auf|zeichnen *vt* **1.** (*zeichnen*) desenhar; (*Plan*) esboçar, traçar **2.** (*auf Band*) gravar

Aufzeichnung *f* <-en> **1.** (*Notiz*) nota *f,* apontamento *m* **2.** (*Tonbandaufnahme*) gravação *f;* (*Fernsehen*) transmissão *f* diferida

auf|ziehen I. *vt irreg* (*öffnen*) abrir (puxando); (*Segel, Flagge*) içar; (*Uhr*) dar corda a; (*Kinder*) educar, criar; (*Tiere*) criar; (*umg: Unternehmung, Fest*) organizar; (*umg: necken*) gozar com, fazer troça de **II.** *vi irreg* (*Gewitter*) formar-se; (*Wolken*) aparecer

Aufzug *m* <-(e)s, -züge> **1.** (*Fahrstuhl*) elevador *m,* ascensor *m;* (*für Lasten*) monta-cargas *m* **2.** (*pej: Kleidung*) fatiota *f,* vestimenta *f* **3.** (*bei Theaterstück*) acto *m*

auf|zwingen *vt irreg* **jdm etw** ~ impor a. c. a alguém, impingir a. c. a alguém

Augapfel *m* <-s, -äpfel> menina *f* do olho, globo *m* ocular; **etw wie seinen** ~ **hüten** guardar a. c. como se fosse a própria vida

Auge ['aʊgə] *nt* <-s, -n> **1.** (ANAT) olho *m;* (*Sehvermögen*) vista *f;* **große** ~**n machen/ die** ~**n aufreißen** arregalar os olhos; **aus den** ~**n, aus dem Sinn** longe da vista, longe do coração; **mit bloßem** ~ à vista desarmada, a olho nú; **seine** ~**n sind größer als der Magen** tem mais olhos que barriga; **geh mir aus den** ~**n!** sai da minha vista!; **unter vier** ~**n** a sós, a dois; **etw im** ~ **haben** ter a. c. em vista; **mit einem blauen** ~ **davon kommen**

escapar por uma unha negra/por um triz; **jdn/etw nicht aus den ~n lassen** não perder alguém/a. c. de vista, não tirar os olhos de alguém/a. c.; **~ in** ~ olhos nos olhos; *(fig)*; **jdm die ~n öffnen** abrir os olhos a alguém; *(fig)*; **ein ~ zudrücken** fazer vista grossa; **ins ~ gehen** ir por água abaixo, dar mau resultado; **kein ~ zutun** não pregar olho **2.** *(auf Würfel)* ponto *m*, pinta *f*

Augenarzt, Augenärztin *m, f* <-es, -ärzte *o* -innen> oftalmologista *m,f*, oculista *m,f*

Augenblick *m* <-(e)s, -e> momento *m*, instante *m*; **jeden ~** a todo o momento, dum momento para o outro

augenblicklich I. *adj* **1.** *(vorübergehend)* momentâneo; *(derzeitig)* actual **2.** *(unverzüglich)* imediato **II.** *adv* **1.** *(derzeitig)* de momento **2.** *(unverzüglich)* num instante, imediatamente

Augenbraue ['aʊɡənbraʊə] *f* <-n> sobrancelha *f*

Augenlicht *nt* <-(e)s> *kein pl (geh)* visão *f*, vista *f*

Augenmaß *nt* <-es> *kein pl* medida *f* a olho; **nach ~** a olho; **ein gutes ~ haben** ser capaz de medir a olho com precisão

Augenmerk ['aʊɡənmɛrk] *nt* <-(e)s> *kein pl* atenção *f*; **sein ~ auf etw richten** ter a. c. em mira

Augenschein *m* <-(e)s> *kein pl (geh)* aparência *f*, aspecto *m*; **etw in ~ nehmen** examinar a. c., inspeccionar a. c.

Augentropfen *pl* (MED) gotas *fpl* oftálmicas/para os olhos

Augenweide *f* <-> *kein pl* deleite *m* para os olhos

Augenzeuge(in) *m(f)* <-n, -n *o* -innen> testemunha *f* ocular

August [aʊ'ɡʊst] *m* <-(e)s> *kein pl* Agosto *m*; *s.* **März**

Augustfeier *f* <-n> *(schweiz)* festa nacional em Agosto

Auktion [aʊk'tsjoːn] *f* <-en> leilão *m*, hasta *f* pública

Auktionator(in) *m(f)* <-s, -en *o* -innen> leiloeiro, leiloeira *m, f*

Aula ['aʊla] *f* <Aulen> sala *f* de actos, salão *m* nobre

Au-pair-Mädchen *nt* <-s, -> *s.* **Aupairmädchen** au-pair *f*

aus [aʊs] **I.** *präp +dat* **1.** *(Herkunft, Materi-*

al) de; **das Flugzeug ~ Frankfurt** o avião de Frankfurt; **sie ist ~ guter Familie** ela é de uma boa família; **der Schreibtisch ist ~ Holz** a secretária é de madeira **2.** *(wegen)* por, por causa de; **~ Liebe/Not/Eifersucht** por amor/necessidade/ciúme **II.** *adv* **1.** *(umg: zu Ende)* acabado; **~ sein** ter acabado; **der Krieg/das Spiel ist ~** a guerra/o jogo acabou **2.** *(ausgeschaltet)* **~ sein** estar desligado; *(nicht brennend)* estar apagado **3.** (SPORT) fora; *(Tennis)* out

Aus *nt* <-> *kein pl* **1.** (SPORT) fora-de-jogo *m* **2.** *(Ende)* fim *m*

aus|arbeiten *vt* **1.** *(Plan)* elaborar; *(Vortrag)* redigir **2.** *(Entwurf)* retocar, aperfeiçoar

Ausarbeitung *f* <-en> **1.** *(von Plan)* elaboração *f*; *(von Vortrag)* redacção *f* **2.** *(Vervollkommnung)* aperfeiçoamento *m*; *(der letzte Schliff)* acabamento *m*, últimos retoques *mpl*

aus|arten *vi* abastardar-se, degenerar *(in em)*

aus|atmen *vi* expirar

Ausbau *m* <-(e)s> *kein pl* **1.** *(Erweiterung)* alargamento *m*, extensão *f* **2.** (TECH) desmontagem *f* **3.** *(Intensivierung)* intensificação *f*

aus|bauen *vt* **1.** *(erweitern)* alargar, ampliar **2.** (TECH) desmontar **3.** *(intensivieren)* intensificar

ausbaufähig *adj* ampliável

aus|bessern *vt* *(Gerät)* consertar, reparar; *(Fehler)* emendar; *(Kleidung)* remendar; *(Gemälde)* retocar; *(Wand)* rebocar

aus|beulen *vt* desamolgar

Ausbeute *f* *kein pl* lucro *m* (an com), rendimento *m* (an com)

aus|beuten *vt* explorar

Ausbeutung *f* *kein pl* exploração *f*

aus|bezahlen* *vt* *(Geld, Person)* pagar

aus|bilden *vt* **1.** *(beruflich)* formar, instruir **2.** *(Fähigkeiten)* desenvolver; *(Stimme)* treinar

Ausbildung *f* <-en> **1.** *(beruflich)* formação *f*, instrução *f* **2.** *(von Fähigkeiten)* desenvolvimento *m*

aus|blasen *vt irreg* apagar (soprando)

aus|bleiben *vi irreg* **1.** *(nicht eintreten)* ficar de fora **2.** *(fernbleiben)* faltar, não vir; **lange ~** demorar-se, tardar a vir

Ausblick *m* <-(e)s, -e.> **1.** *(Aussicht)* vista *f* *(auf* para), panorama *m* **2.** *(in die Zukunft)* perspectiva *f* *(auf* de)

aus|borgen vt (reg) emprestar; **sich** dat **etw** ~ pedir a. c. emprestada

aus|brechen vi irreg **1.** (Gefangener) fugir, evadir-se **2.** (Krieg) rebentar; (Panik) instalar-se; (Feuer, Krankheit) propagar-se; (Vulkan) entrar em actividade/erupção; **in Tränen-/Gelächter** ~ desatar a chorar/rir

aus|breiten I. vt **1.** (Tuch, Landkarte) estender **2.** (Arme, Flügel) abrir **II.** vr **sich** ~ **1.** (Nachricht) divulgar-se, propagar-se; (Feuer, Krankheit) alastrar, propagar-se **2.** (sich erstrecken) estender-se

Ausbreitung f kein pl **1.** (Größe) extensão f **2.** (einer Nachricht, Krankheit) propagação f, divulgação f

Ausbruch m <-(e)s, -brüche> **1.** (Flucht) fuga f (aus de); (von Gefangenen) evasão f (aus de) **2.** (von Krieg) eclosão f; (von Krankheit) surto m; **zum** ~ **kommen** rebentar, estalar **3.** (von Vulkan) erupção f **4.** (Gefühlsausbruch) ímpeto m, arrebatamento m

aus|brüten vt **1.** (Eier) chocar **2.** (Idee) tramar, maquinar

aus|buhen vt (umg) assobiar

aus|bürgern vt expatriar

aus|bürsten vt escovar

Ausdauer f kein pl persistência f, perseverança f; (körperlich) resistência f

ausdauernd adj persistente, constante

aus|dehnen I. vt **1.** (räumlich) estender; (Gummi) esticar; (PHYS) dilatar **2.** (zeitlich) prolongar **3.** (Macht) alargar, expandir **II.** vr **sich** ~ **1.** (räumlich) estender-se; (PHYS) dilatar-se **2.** (zeitlich) prolongar-se

Ausdehnung f <-en> **1.** (Größe) extensão f, dimensão f **2.** (Erweiterung) expansão f, alargamento m; (PHYS) dilatação f **3.** (zeitlich) prolongamento m

aus|denken vt irreg (erfinden) **sich** dat **etw** ~ imaginar a. c., inventar a. c.; (überlegen) conceber a. c.

aus|drehen vt (Licht) apagar, desligar; (Gas) fechar, desligar

Ausdruck¹ m <-(e)s, -drücke> **1.** (Gesichtsausdruck) expressão f **2.** (LING) expressão f; (Wort) termo m; **etw zum** ~ **bringen** exprimir a. c.

Ausdruck² m <-(e)s, -e> (INFORM) listagem f (impressa)

aus|drucken vt (INFORM) imprimir

aus|drücken I. vt (Zigarette) apagar; (Zitrone, Schwamm) espremer; (zum Ausdruck bringen) exprimir, expressar **II.** vr **sich** ~ exprimir-se, expressar-se

ausdrücklich I. adj expresso, explícito **II.** adv expressamente, explicitamente; **etw** ~ **verbieten** proibir expressamente a. c.

ausdruckslos I. adj inexpressivo **II.** adv sem expressão

ausdrucksvoll I. adj expressivo **II.** adv com expressão

Ausdrucksweise f <-n> forma f de expressão

auseinander [aʊsaɪˈnandə] adv **1.** (getrennt) separado (um do outro); ~ **bringen** separar; (Familie) ~ **fallen** separar-se; (Gegenstand) (estar a) desfazer-se; ~ **gehen** afastar-se, separar-se; (Meinungen) divergir; ~ **halten** distinguir; ~ **nehmen** desmontar; ~ **reißen** rasgar, romper; **sich mit etw** ~ **setzen** confrontar-se com a. c. **2.** (zeitlich) distante; **sie sind fünf Jahre** ~ eles fazem uma diferença de cinco anos

auseinander|bringen^ALT vt irreg s. **auseinander 1**

auseinander|fallen^ALT vi irreg s. **auseinander 1**

auseinander|gehen^ALT vi irreg s. **auseinander 1**

auseinander|halten^ALT vt irreg s. **auseinander 1**

auseinander|nehmen^ALT vt irreg s. **auseinander 1**

auseinander|reißen^ALT vt irreg s. **auseinander 1**

auseinander|setzen^ALT vr sich ~ s. **auseinander 1**

Auseinandersetzung f <-en> **1.** (Diskussion) discussão f (über sobre), debate m (über sobre) **2.** (Streit) conflito m (zwischen entre)

auserwählt adj eleito

aus|fahren I. vt irreg (Ware) distribuir; (spazieren fahren) levar a passear; (Fahrwerk) baixar **II.** vi irreg sair; (Schiff) largar

Ausfahrt f <-en> **1.** (aus Autobahn, Garage) saída f **2.** (Tor) portão m

Ausfall m <-(e)s> kein pl **1.** (der Haare, Zähne) queda f **2.** (von Veranstaltung) não-realização f **3.** (von Verdienst) falta f; (von Maschine) avaria f

aus|fallen vi irreg **1.** (Zähne, Haare) cair **2.** (nicht stattfinden) ser cancelado, não haver, não se realizar **3.** (nicht funktionieren) avariar; (Zug) não circular **4.** (Ergebnis) resultar, sair; **gut/schlecht** ~ sair bem/mal

ausfallend *adj* 1. (*grob*) grosseiro 2. (*beleidigend*) agressivo, insolente; ~ **werden** exceder-se

aus|fertigen *vt*(*Urkunde*)lavrar, redigir; (*Pass*) emitir; (*Quittung*) passar; (*Rechnung*) tirar

Ausfertigung *f kein pl* 1. (*von Pass, Rechnung*) emissão *f* 2. (*Exemplar*) exemplar *m*; **in doppelter** ~ em duplicado

ausfindig ['aʊsfɪndɪç] *adj* jdn/etw ~ **machen** localizar alguém/a. c.

aus|fließen *vi irreg* vazar

aus|flippen ['aʊsflɪpən] *vi*(*umg*)flipar, passar-se

Ausflucht ['aʊsflʊxt] *f* <-flüchte> evasiva *f*, subterfúgio *m*

Ausflug *m* <-(e)s, -flüge> excursão *f*(*nach* a/para), passeio *m* (*nach* a)

Ausflügler(**in**) *m(f)* <-s, - *o* -innen> excursionista *m,f*

aus|fragen *vt*interrogar, inquirir (*über*sobre)

aus|fransen ['aʊsfranzən] *vi* desfiar

aus|fressen *vt irreg* (*umg*) **etw** ~ fazer alguma asneira

Ausfuhr ['aʊsfuːɐ] *f* <-en> exportação *f*

aus|führen *vt* 1. (*Auftrag*) executar; (*Plan*) realizar 2. (*spazieren führen*) levar a passear 3. (WIRTSCH) exportar 4. (*darlegen*) expor

ausführlich I. *adj*pormenorizado, minucioso II. *adv*minuciosamente, extensivamente

Ausführlichkeit *f* <-> *kein pl* minúcia *f*, minuciosidade *f*

Ausführung *f* <-en> 1. (*von Auftrag*) execução *f*; (*von Plan*) realização *f*; (*von Bau*) construção *f*; (*von Befehl*) cumprimento *m* 2. (*Typ*) modelo *m* 3. (*Darlegung*) exposição *f*, explicação *f*

aus|füllen *vt* 1. (*Fragebogen*) preencher 2. (*Lücke*) tapar, obturar 3. (*Platz, Zeit*) ocupar 4. (*befriedigen*) satisfazer

Ausgabe *f* <-n> 1. *kein pl* (*Verteilung*) distribuição *f*; (*Gepäckausgabe*) entrega *f*(de bagagem) 2. *kein pl*(*von Banknoten, Briefmarken*) emissão *f* 3. (*Version, Modell*) versão *f* 4. (*Buch*) edição *f*

Ausgang *m* <-e)s, -gänge> 1. (*Tür*) saída *f*; **kein** ~! saída proibida! 2. (*Ende*) desfecho *m*, desenlace *m*; (*Ergebnis*) resultado *m*

Ausgangspunkt *m* <-(e)s, -e> ponto *m*de partida

Ausgangsstellung *f*<-en> posição *f*inicial

aus|geben I. *vt irreg* (*austeilen*) distribuir; (*Banknoten, Aktien*) emitir; (*Ware*) entregar;

(*Geld*) gastar II. *vr* sich ~ *irreg* sich für jdn ~ fazer-se passar por alguém

ausgebucht ['aʊsgəbuːxt] *adj* esgotado, (completamente) cheio

ausgedehnt *adj* 1. (*Gelände*) extenso, largo 2. (*zeitlich*) prolongado

ausgedient *adj*gasto

ausgefallen I. *pp von* **ausfallen** II. *adj* fora do vulgar, extravagante

ausgeglichen ['aʊsgəglɪçən] I. *pp von* **ausgleichen** II. *adj*equilibrado, ponderado

Ausgeglichenheit *f*<-> *kein pl*equilíbrio *m*, ponderação *f*

aus|gehen *vi irreg* 1. (*zum Vergnügen*) sair 2. (*zu Ende gehen*) acabar(-se), esgotar(-se); (*Benzin, Atem, Kraft*) faltar 3. (*Haare, Zähne*) cair 4. (*Feuer, Ofen, Licht*) apagar(-se) 5. (*enden*) acabar, terminar; **gut** ~ acabar bem; **leer** ~ sair de mãos a abanar; **im** ~den 19. **Jahrhundert** nos fins do século XIX 6. (*herrühren*) provir (*von* de) 7. (*zugrunde legen*) **von etw** ~ partir de a. c.; **wir gehen davon aus, dass ...** partimos do princípio que ...

ausgehungert *adj* faminto, esfomeado; ~ **sein** estar esfomeado, estar a morrer de fome

ausgekocht *adj*(*umg*) sabido, finório

ausgelassen I. *pp von* **auslassen** II. *adj* (*Feier*) divertido, exuberante; (*Kind*) travesso, endiabrado

Ausgelassenheit *f*<-> *kein pl*exuberância *f*, animação *f*

ausgeleiert *adj*(*Gummi*) gasto, moído

ausgemacht *adj* 1. (*sicher, beschlossen*) assente, decidido 2. (*vollkommen*) rematado, perfeito

ausgenommen ['aʊsgənɔmən] I. *pp von* **ausnehmen** II. *konj* (*außer*) com excepção de, excepto; ~, **dass ...** a não ser que ...

ausgeprägt *adj*pronunciado, acentuado

ausgerechnet ['--'--] *adv* (*umg*) exactamente, precisamente; ~ **jetzt muss der Strom ausfallen!** logo agora é que tinha de falhar a corrente!

ausgeschlossen ['aʊsgəʃlɔsən] I. *pp von* **ausschließen** II. *adj*impossível; ~! de maneira nenhuma!, nem pensar nisso!; **es ist nicht** ~, **dass ...** é possível que ... +*conj*

ausgeschnitten I. *pp von* **ausschneiden** II. *adj*(*Kleid*) decotado

ausgesprochen ['aʊsgəʃprɔxən] I. *pp von* **aussprechen** II. *adj*(*ausgeprägt*) acentuado, pronunciado; **eine** ~**e Schönheit**

A

sein ser uma beleza acentuada **III.** *adv* francamente, sinceramente; **es tut mir ~ Leid** lamento sinceramente

ausgestorben ['aʊsgəʃtɔrbən] **I.** *pp von* **aussterben II.** *adj* extinto; **wie ~ deserto**

ausgesucht ['aʊsgəzuːxt] *adj* selecto

ausgewachsen *adj* (*voll entwickelt*) desenvolvido; (*erwachsen*) adulto

ausgewogen ['aʊsgəvoːgən] *adj* equilibrado

ausgezeichnet ['----, '--'--] *adj* excelente, notável; **das schmeckt ~** está óptimo/excelente

ausgiebig ['aʊsgiːbɪç] **I.** *adj* abundante **II.** *adv* largamente

aus|gießen *vt irreg* **1.** (*Gefäß*) despejar, esvaziar **2.** (*Flüssigkeit*) verter, vazar **3.** (*verschütten*) derramar

Ausgleich ['aʊsglaɪç] *m* <-(e)s> *kein pl* **1.** (*Gleichgewicht*) equilíbrio *m;* (*Einigung*) acordo *m,* compromisso *m* **2.** (SPORT) empate *m;* **den ~ erzielen** empatar **3.** (*Ersatz*) compensação *f* (*für* por)

aus|gleichen I. *vt irreg* (*Unterschied*) ajustar, equilibrar; (*Höhe*) nivelar; (*Konto*) saldar, liquidar; (*Mangel*) compensar **II.** *vi irreg* (SPORT) empatar

aus|graben *vt irreg* desenterrar; (*Leiche*) exumar; (*Ruinen*) escavar

Ausgrabung *f* <-en> escavação *f*

Ausguss[RR] *m* <-es, -güsse>, **Ausguß**[ALT] *m* <-sses, -güsse> **1.** (*Decken*) bacia *f;* (*Spüle*) pia *f* **2.** (*Abfluss*) esgoto *m*

aus|halten *vt irreg* **1.** (*ertragen*) suportar, aguentar **2.** (*unterhalten*) sustentar, manter **3.** (MUS) prolongar

aus|handeln *vt* negociar

aus|händigen *vt* entregar; **jdm etw ~** entregar a. c. a alguém

Aushang *m* <-(e)s, -hänge> edital *m*

aus|hängen[1] *vt* **1.** (*aufhängen*) pendurar, expor **2.** (*Tür*) tirar dos gonzos

aus|hängen[2] *vi irreg* **1.** (*aufgehängt sein*) estar exposto **2.** (*aufgeboten sein*) ter os banhos publicados

Aushängeschild *nt* <-(e)s, -er> tabuleta *f,* letreiro *m*

aus|harren ['aʊsharən] *vi* resistir, perseverar

aus|heben *vt irreg* **1.** (*Loch*) cavar **2.** (*Verbrecherbande*) prender **3.** (*schweiz: Truppen*) recrutar

aus|helfen *vi irreg* auxiliar, ajudar; **jdm ~** ajudar alguém

Aushilfe *f* <-n> **1.** (*Hilfe*) auxílio *m,* ajuda *f;* **jdn zur ~ benötigen** precisar de um ajudante **2.** (*Person*) auxiliar *m,f,* ajudante *m,f*

Aushilfskraft *f* <-kräfte> auxiliar *m,f,* ajudante *m,f*

aushilfsweise *adv* provisoriamente, temporariamente

aus|höhlen *vt* escavar, minar

aus|holen *vi* **1.** (*Schwung holen*) ganhar lanço, tomar balanço (*zu* para); **zum Schlag ~** ganhar lanço com o braço para aplicar um golpe **2.** (*Details darlegen*) expor; **weit ~** ser difuso, ser prolixo

aus|horchen *vt* sondar, procurar obter informações (*über* sobre)

aus|kennen *vr* **sich ~** *irreg* **1.** (*auf Gebiet*) conhecer bem, ser versado (*in* em, *mit* com); (*in Fragen*) saber do assunto **2.** (*an einem Ort*) conhecer bem, orientar-se bem

aus|klammern *vt* (*Thema*) deixar de lado

Ausklang *m* <-(e)s, -klänge> (*geh*) fim *m,* final *m*

aus|kleiden *vt* **1.** (*Raum*) revestir (*mit* de) **2.** (*geh: entkleiden*) despir

aus|klingen *vi irreg* **1.** (*Ton*) perder-se, extinguir-se **2.** (*Fest, Veranstaltung*) terminar (*mit* em/com)

aus|kochen *vt* **1.** (GASTR) extrair por meio de cozedura **2.** (*sterilisieren*) esterilizar

aus|kommen *vi irreg* **1.** (*sich vertragen*) dar-se bem (*mit* com), entender-se (*mit* com) **2.** (*zurechtkommen*) arranjar-se (*mit* com); (*ausreichend haben*) remediar-se (*mit* com); **ohne jdn/etw ~** passar bem sem alguém/a. c. **3.** (*österr: entkommen*) escapar-se **4.** (*schweiz: bekannt werden*) vir a descoberto, tornar-se público

Auskommen *nt* <-s> *kein pl* meios *mpl* de subsistência; **sein ~ haben** ter o bastante para viver

aus|kosten *vt* gozar (até o fim)

aus|kundschaften ['aʊskʊntʃaftən] *vt* espiar; (*Gebiet*) explorar, reconhecer

Auskunft ['aʊskʊnft] *f* <-künfte> **1.** (*Information*) informação *f* (*über* sobre); (*nähere*) pormenores *mpl;* **jdm ~ erteilen** dar uma informação a alguém **2.** (*Telefonauskunft*) informação *fpl*

aus|kurieren* **I.** *vt* **eine Krankheit ~** curar uma doença **II.** *vr* **sich ~** (*umg*) curar-se

aus|lachen *vt* rir-se de, fazer troça de

aus|laden *vt irreg* **1.** (*Auto, Last*) descarregar; (NAUT) desembarcar **2.** (*Gäste*) anular um convite

Auslage *f* <-n> **1.** (*Waren*) artigos *mpl* expostos/em exposição **2.** (*Schaufenster*) montra *f*

Auslagen *pl* despesas *fpl*, gastos *mpl*

Ausland *nt* <-(e)s> *kein pl* estrangeiro *m*; **im** ~ no estrangeiro; **ins** ~ ao/para o estrangeiro; **aus dem** ~ (do) estrangeiro

Ausländer(in) *m(f)* <-s, - o -innen> estrangeiro, estrangeira *m, f*

ausländerfeindlich *adj* xenófobo

Ausländerfeindlichkeit *f* <-> *kein pl* xenofobia *f*

ausländisch *adj* estrangeiro

Auslandsaufenthalt *m* <-(e)s, -e> estad(i)a *f* no estrangeiro

Auslandsgespräch *nt* <-(e)s, -e> (TEL) chamada *f* internacional

Auslandskorrespondent(in) *m(f)* <-en, -en *o* -innen> enviado, enviada *m, f*

aus|lassen I. *vt irreg* (*Wort*) omitir, saltar; (*Wut, Ärger*) descarregar (*an* em), desabafar; (*Fett*) derreter II. *vr* sich ~ *irreg* **sich über etw** ~ manifestar-se sobre a. c., exprimir-se sobre a. c.

aus|laufen *vi irreg* **1.** (NAUT) partir **2.** (*Flüssigkeit*) vazar, escorrer; (*Gefäß*) escorrer **3.** (*enden*) terminar, acabar **4.** (*Farben*) desbotar

Ausläufer *m* <-s, -> (*eines Gebirges*) aba *f*, falda *f*

Auslaut *m* <-(e)s, -e> (LING) som *m* final

aus|lauten *vi* (LING) terminar (*auf* em)

ausleeren *vt* **1.** (*Gefäß*) esvaziar, despejar **2.** (*Flüssigkeit*) vazar

aus|legen *vt* **1.** (*Waren*) expor (para venda) **2.** (*Geld*) emprestar **3.** (*ausstatten*) revestir (*mit* de) **4.** (*Text*) interpretar

Auslegung *f* <-en> interpretação *f*

aus|leiern *vi* (*Gummi, Gewinde*) gastar-se

Ausleihe *f* <-n> **1.** (*Tätigkeit*) empréstimo *m* **2.** (*Stelle*) local *m* de entrega

aus|leihen *vt irreg* **1.** (*sich borgen*) pedir emprestado (*bei* a); (*für Geld*) alugar; (*aus der Bibliothek*) requisitar; **sich** *dat* **etw** ~ pedir a. c. emprestada **2.** (*verleihen*) emprestar; **jdm etw** ~ emprestar a. c. a alguém

Auslese ['aʊsleːzə] *f* <-n> **1.** *kein pl* (*Auswahl*) selecção *f*, escolha *f* **2.** (*Wein*) reserva *f*

aus|lesen *vt irreg* escolher, seleccionar

aus|liefern *vt* **1.** (*Waren*) entregar **2.** (JUR) extraditar

Auslieferung *f* <-en> **1.** (*von Waren*) entrega *f* **2.** (JUR) extradição *f*

aus|liegen *vi irreg* (*Waren, Netze*) estar exposto

aus|losen ['aʊsloːzən] *vt* tirar à sorte, sortear

aus|lösen *vt* **1.** (*hervorrufen*) causar, provocar **2.** (*Schuss*) disparar

Auslöser *m* <-s, -> **1.** (FOT) disparador *m* **2.** (*Ursache*) causa *f*, motivo *m*

Auslosung *f* <-en> sorteio *m*, rifa *f*

aus|machen *vt* **1.** (*Radio, Licht*) apagar, desligar; (*Feuer*) apagar, extinguir **2.** (*vereinbaren*) combinar (*mit* com), ajustar; **ausgemacht!** combinado! **3.** (*erkennen*) distinguir **4.** (*bedeuten*) importar; **das macht mir nichts aus** não me importo (nada); **macht es Ihnen etwas aus, wenn ...?** importa-se que ... ? +*conj*

aus|malen I. *vt* pintar, colorir II. *vr* sich ~ **sich** *dat* **etw** ~ imaginar a. c.

Ausmaß *nt* <-es, -e> **1.** (*von Fläche*) dimensão *f* **2.** (*Grad, Umfang*) extensão *f*; **in großem** ~ em grande escala

aus|merzen ['aʊsmɛrtsən] *vt* (*Ungeziefer*) exterminar; (*Fehler*) eliminar, suprimir

aus|messen *vt irreg* medir, tirar as medidas a

Ausnahme *f* <-n> excepção *f* (*von* de); **mit** ~ **von** com excepção de, excepto; **eine** ~ **machen** abrir uma excepção

Ausnahmefall *m* <-(e)s, -fälle> caso *m* excepcional

Ausnahmezustand *m* <-(e)s, -stände> estado *m* de emergência

ausnahmslos *adv* sem excepção

ausnahmsweise ['----, '--'--] *adv* excepcionalmente

aus|nehmen *vt irreg* **1.** (*ausschließen*) exceptuar (*von* de) **2.** (*Wild, Fisch*) amanhar, estripar **3.** (*umg: betrügen*) ludibriar **4.** (*österr: erkennen*) distinguir, reconhecer

ausnehmend *adv* (*geh*) extraordinariamente; **es gefällt ihm in München** ~ **gut** ele gosta imenso de Munique

aus|nutzen *vt* **1.** (*Zeit, Gelegenheit*) aproveitar **2.** (*Stellung, Einfluss*) usar de; (*auf negative Art*) aproveitar-se de

aus|packen *vt* (*Koffer*) desfazer; (*Verpack-*

tes)desembrulhar; (*aus Kisten*)desencaixotar

aus|parken *vi* tirar o carro

aus|pfeifen *vt irreg* assobiar

aus|plaudern *vt* revelar, dar com a língua nos dentes

aus|plündern *vt* saquear, pilhar

aus|posaunen* *vt* (*umg*) espalhar, divulgar

aus|probieren* *vt* provar, experimentar

Auspuff ['auspuf] *m* <-(e)s, -e> (TECH) escape *m*

Auspuffrohr *nt* <-(e)s, -e> (TECH) tubo *m* de escape

Auspufftopf *m* <-(e)s, -töpfe> (TECH) silenciador *m*, panela *f* de escape

aus|quartieren* *vt* desalojar

aus|quetschen *vt* (*auch fig*) espremer

aus|radieren* *vt* apagar

aus|rangieren* *vt* (*umg*) pôr de lado, rejeitar

aus|rasten *vi* (*umg*) explodir

aus|rauben *vt* espoliar, roubar

aus|räumen *vt* **1.** (*Dinge*) despejar, tirar (*aus* de) **2.** (*Raum, Schrank*) esvaziar; (*Wohnung*) desocupar **3.** (*Zweifel*) eliminar

aus|rechnen *vt* calcular; **sich** *dat* **etw** ~ calcular a. c., fazer as contas de a. c.

Ausrede *f* <-n> pretexto *m*, evasiva *f*

aus|reden **I.** *vt* **jdm etw** ~ dissuadir alguém de a. c. **II.** *vi* acabar de falar

aus|reichen *vi* chegar (*für* para), bastar (*für* para)

ausreichend *adj* suficiente, bastante; (*Schulnote*) suficiente

Ausreise *f* <-n> partida *f* (*nach* para), saída *f* (*nach* para); **bei der** ~ à saída da fronteira

Ausreiseerlaubnis *f* <-se> visto *m* de saída

aus|reisen *vi* partir, sair do país

aus|reißen **I.** *vt irreg* arrancar **II.** *vi irreg* **1.** (*Naht*) rasgar-se, romper-se **2.** (*umg: weglaufen*) pirar-se, safar-se

Ausreißer(in) *m(f)* <-s, - *o* -innen> (*umg*) fugitivo, fugitiva *m, f*

aus|reiten *vi irreg* sair a cavalo

aus|richten *vt* **1.** (*Botschaft*) transmitir; (*Gruß*) dar; **jdm etw** ~ dar um recado a alguém **2.** (*erreichen*) conseguir (*bei* junto de) **3.** (*veranstalten*) realizar, organizar **4.** (*österr: schlecht machen*) falar mal de, fazer pouco de **5.** (*schweiz: bezahlen*) pagar

Ausritt *m* <-(e)s, -e> passeio *m* a cavalo

aus|rollen *vt* (*Teig*) estender

aus|rotten ['ausrɔtən] *vt* (*Lebewesen*) exterminar, extirpar; (*Unsitte*) acabar com

aus|rücken *vi* **1.** (*Feuerwehr*) sair; (*Truppen*) partir **2.** (*umg: weglaufen*) pirar-se, safar-se

Ausruf *m* <-(e)s, -e> exclamação *f*; (*Straßenhandel*) pregão *m*

aus|rufen *vt irreg* **1.** (*rufen*) exclamar, gritar; (*über Lautsprecher*) chamar; (*im Straßenhandel*) apregoar **2.** (*verkünden*) anunciar; (*Streik, Revolution*) convocar; (*Staatsform*) proclamar

Ausrufezeichen *nt* <-s, -> ponto *m* de exclamação

aus|ruhen *vi* repousar, descansar

aus|rüsten *vt* (*Flugzeug, Expedition*) equipar (*mit* com), apetrechar; (*Person*) equipar (*mit* com)

Ausrüstung *f* <-en> equipamento *m*; (MIL) armamento *m*; (*Geräte*) apetrechos *mpl*

aus|rutschen *vi* escorregar, deslizar

Ausrutscher *m* <-s, -> (*umg*) deslize *m*, descuido *m*

Aussaat *f* <-en> sementeira *f*

Aussage ['ausza:gə] *f* <-en> **1.** (*Behauptung*) afirmação *f*, declaração *f* **2.** (JUR) depoimento *m*, testemunho *m*; **eine** ~ **machen** fazer um depoimento

aus|sagen *vt* **1.** (*äußern*) declarar, afirmar **2.** (JUR) depor, testemunhar

Aussand *m* <-(e)s, -sände> (*schweiz*) envio *m*

aus|schaffen *vt* (*schweiz*) expulsar

aus|schalten *vt* **1.** (*elektrische Geräte*) desligar; (*Licht*) apagar, desligar **2.** (*Fehlerquelle, Konkurrenz*) eliminar

Ausschank *m* <-s, -schänke> **1.** *kein pl* (*Tätigkeit*) venda *f* de bebidas **2.** (*Wirtschaft*) taberna *f*

Ausschau *f* <-> *kein pl* **nach jdm/etw** ~ **halten** procurar alguém/a. c. (com os olhos)

aus|schauen *vi* **nach jdm/etw** ~ procurar alguém/a. c. (com os olhos)

aus|scheiden **I.** *vt irreg* **1.** (*Körper*) segregar **2.** (*aussondern*) separar, pôr de parte **3.** (SPORT) eliminar **II.** *vi irreg* **1.** (*weggehen*) sair (*aus* de), deixar de fazer parte (*aus* de) **2.** (SPORT) ser eliminado **3.** (*nicht in Betracht kommen*) estar fora de questão

Ausscheidung *f* <-en> **1.** (BIOL) excrementos *mpl* **2.** (SPORT) eliminatória *f*

Ausscheidungskampf *m* <-(e)s, -kämpfe> (SPORT) provas *fpl* eliminatórias

aus|schimpfen *vt* ralhar com, repreender

aus|schlafen **I.** *vt irreg* **seinen Rausch** ~ curtir a bebedeira, cozer a mona **II.** *vi irreg* dormir até tarde; **sich einmal richtig** ~ dormir em condições

Ausschlag *m* <-(e)s, -schläge> **1.** (MED) eczema *m,* erupção *f* cutânea **2.** (*des Pendels, der Magnetnadel*) oscilação *f;* **den** ~ (**für etw**) **geben** ser decisivo (para a. c.)

aus|schlagen **I.** *vt irreg* **1.** (*Zähne*) partir **2.** (*Teppich*) sacudir **3.** (*bekleiden*) revestir (*mit* de) **4.** (*Angebot*) recusar, rejeitar **II.** *vi irreg* **1.** (*Zeiger, Pendel*) oscilar **2.** (*Pferd*) dar coices **3.** (*Knospen*) rebentar

ausschlaggebend *adj* determinante (*für* para), decisivo (*für* para)

aus|schließen *vt irreg* **1.** (*Zweifel, Irrtum*) excluir; **es ist nicht auszuschließen, dass ...** ...não está fora de questão **2.** (*hinauswerfen*) expulsar (*aus* de); (SPORT) desqualificar

ausschließlich **I.** *adj* exclusivo **II.** *adv* exclusivamente, unicamente

aus|schlüpfen *vi* (*Küken*) sair da casca, sair do ovo

AusschlussRR *m* <-es, -schlüsse>, **Ausschluß**ALT *m* <-sses, -schlüsse> exclusão *f* (*aus* de); (*aus Verein, Partei*) expulsão *f* (*aus* de); (SPORT) desqualificação *f;* **unter** ~ **der Öffentlichkeit** à porta fechada

aus|schmücken *vt* adornar, enfeitar

aus|schneiden *vt irreg* **1.** (*Bild*) recortar, cortar **2.** (*Busch*) podar

Ausschnitt *m* <-(e)s, -e> **1.** (*Teil*) fragmento *m,* parte *f;* (*aus Film*) cena *f;* (*aus Zeitung*) recorte *m* **2.** (*von Kleid*) decote *m*

aus|schreiben *vt irreg* **1.** (*Stelle*) pôr a concurso; (*Wahlen*) convocar **2.** (*Wort, Name*) escrever por extenso **3.** (*Scheck, Rezept, Quittung*) passar

Ausschreitungen ['aʊsʃraɪtʊŋən] *pl* distúrbios *mpl*

AusschussRR *m* <-es, -schüsse>, **Ausschuß**ALT *m* <-sses, -schüsse> **1.** (*Komitee*) comité *m,* delegação *f;* (*Prüfungsausschuss*) júri *m* **2.** *kein pl* (*Ware*) refugo *m,* desperdício *m*

aus|schütteln *vt* sacudir

aus|schütten *vt* **1.** (*Flüssigkeit*) verter, vazar **2.** (*Gefäß*) despejar, esvaziar **3.** (*Dividende*) distribuir

Ausschüttung *f* <-en> (WIRTSCH) distribuição *f*

ausschweifend ['aʊsʃvaɪfənt] *adj* (*Darstellung*) exagerado; (*Leben*) desregrado

Ausschweifung *f* <-en> devassidão *f,* libertinagem *f*

aus|sehen *vi irreg* ter aspecto (*nach* de); (*scheinen*) parecer, aparentar; **es sieht so aus, als ob ...** parece que ...; **es sieht nach Regen aus** parece que vai chover, está com ares de chuva; **es sieht schlecht aus** o caso está mal parado; **er sieht schlecht aus** ele está com má cara/mau aspecto; **sie sieht älter aus** ela parece mais velha, ela aparenta mais idade; **hübsch** ~ ser/estar giro

Aussehen *nt* <-s> *kein pl* aspecto *m,* aparência *f*

aus|seinALT *vi s.* **aus II 1**

außen *adv* fora, do lado de fora; **von** ~ de fora, por fora; **nach** ~ para fora

Außenbezirk *m* <-es, -e> zona *f* periférica

Außenbordmotor *m* <-s, -en> motor *m* fora de bordo

aus|senden *vt* (*Strahlen, Signale*) emitir

Außendienst *m* <-(e)s> *kein pl* serviço *m* externo; **im** ~ **sein** andar/estar fora em serviço

Außenhandel *m* <-s> *kein pl* comércio *m* externo

Außenminister(in) *m(f)* <-s, - *o* -innen> Ministro, Ministra *m, f* dos Negócios Estrangeiros; (*brasil*) Ministro, Ministra *m, f* das Relações Exteriores

Außenministerium *nt* <-s, -ministerien> Ministério *m* dos Negócios Estrangeiros; (*brasil*) Ministério *m* das Relações Exteriores

Außenpolitik *f* <-> *kein pl* política *f* externa

Außenquartier *nt* <-s, -e> (*schweiz*) zona *f* periférica

Außenseiter(in) *m(f)* <-s, - *o* -innen> marginal *m,f,* estranho, estranha *m, f*

Außenstände *pl* (WIRTSCH) créditos *mpl*

Außenstehende(r) *m/f* <-n, -n *o* -n> estranho, estranha *m, f*

Außenstelle *f* <-n> filial *f,* dependência *f*

außer **I.** *präp +dat* (*räumlich, Zustand*) fora de; ~ **Haus** fora de casa; ~ **Betrieb** fora de serviço, avariado; ~ **sich** *dat* **sein/geraten** estar/ficar fora de si; ~ **Stande sein, etw zu tun** não estar em condições de fazer a. c.; (*neben*) para além de; (*abgesehen von*) excepto, salvo **II.** *konj* ~ **dass** a não ser que; ~ **wenn** a menos que

A

außerdem *adv* além disso

außerehelich *adj* (*Beziehung*) extra-conjugal

äußere(r) *adj* **1.** (*außen*) exterior; **der ~ Schein** a aparência **2.** (*von außen kommend*) externo

Äußere(s) *nt* <-n> *kein pl* aparência *f*, aspecto *m*; **nach dem ~n urteilen** julgar pelas aparências

außergewöhnlich *adj* extraordinário, excepcional

außerhalb I. *präp* +*gen* fora de **II.** *adv* por fora; **~ wohnen** morar na periferia

außerirdisch *adj* extraterrestre

äußerlich *adj* **1.** (*außen*) exterior; (MED) externo; **nur zur ~en Anwendung** apenas para uso externo **2.** (*oberflächlich*) superficial

Äußerlichkeit *f* <-en> formalidade *f*

äußern I. *vt* exprimir, dizer; (*Zweifel*) colocar; (*Wunsch*) manifestar; **seine Meinung ~** dar a sua opinião **II.** *vr* **sich ~ 1.** (*sagen*) pronunciar-se (*zu* sobre) **2.** (*sich zeigen*) manifestar-se (*durch* por)

außerordentlich I. *adj* extraordinário, excepcional **II.** *adv* extraordinariamente; **etw ~ schätzen** estimar muito a. c.

außerorts *adv* (*schweiz, österr*) na periferia, fora da cidade

außerplanmäßig *adj* extraordinário; (*Stelle*) além do quadro; (*Zug*) fora do horário

äußerst *adv* extremamente, altamente

außerstande^{ALT} *adv s.* **außer I**

äußerste(r, s) *adj* **1.** (*räumlich*) extremo **2.** (*größtmöglich*) máximo

außertourlich *adj* (*österr*) adicional

Äußerung *f* <-en> declaração *f*; (*Bemerkung*) observação *f*

aus|setzen I. *vt* (*Tier*) abandonar; (JUR: *Verhandlung*) suspender; **eine Strafe zur Bewährung ~** suspender uma pena; (*Belohnung*) prometer; (*Preis*) instituir; (*bemängeln*) criticar, censurar; **an jdm/etw etwas auszusetzen haben** ter que dizer de alguém/a. c. **II.** *vi* parar; (*Motor*) falhar; (*bei Arbeit*) interromper

Aussicht *f* <-en> **1.** (*Blick*) vista *f*, panorama *m* **2.** (*Zukunftsmöglichkeit*) perspectiva *f* (*auf* de), expectativa *f* (*auf* de); **jdm etw in ~ stellen** prometer a. c. a alguém; **etw in ~ haben** ter a. c. em vista

aussichtslos *adj* sem esperança; (*verzweifelt*) desesperado

Aussichtspunkt *m* <-(e)s, -e> miradouro *m*

aussichtsreich *adj* prometedor, auspicioso

Aussichtsturm *m* <-(e)s, -türme> miradouro *m*

Aussiedler(in) *m(f)* <-s, - *o* -innen> expatriado, expatriada *m, f*

aus|söhnen *vr* **sich ~** reconciliar-se (*mit* com)

Aussöhnung *f* <-en> reconciliação *f*

aus|sondern *vt* separar, apartar

aus|sortieren* *vt* seleccionar, escolher

aus|spannen I. *vt* (*Netz*) estender; (*Pferd*) desatrelar **II.** *vi* descontrair, descansar

aus|sparen *vt* (*Thema*) omitir

aus|sperren *vt* **1.** (*aus Wohnung*) fechar a porta a, impedir a entrada a **2.** (*Arbeiter*) impedir a entrada a

Aussperrung *f* <-en> lock-out *m*, greve *f* patronal

aus|spielen *vt* **1.** (*Karten*) jogar **2.** (*aufwiegeln*) **einen gegen den andern ~** atirar um contra o outro

aus|spionieren* *vt* espiar

Aussprache *f* <-n> **1.** (*Artikulation*) pronúncia *f* **2.** (*Unterredung*) debate *m* (*mit* com, *über* sobre), troca *f* de ideias (*mit* com, *über* sobre)

aus|sprechen I. *vt irreg* **1.** (*Wort, Laut*) pronunciar **2.** (*äußern*) exprimir, manifestar **II.** *vi irreg* acabar de falar **III.** *vr* **sich ~** *irreg* **1.** (*sich äußern*) declarar-se (*für* a favor de, *gegen* contra), manifestar-se (*für* a favor de, *gegen* contra) **2.** (*sich anvertrauen*) desabafar; **sich mit jdm ~** falar seriamente com alguém

Ausspruch *m* <-(e)s, -sprüche> dito *m*

aus|spucken *vt* cuspir, escarrar

aus|spülen *vt* lavar, enxaguar

Ausstand *m* <-(e)s> *kein pl* greve *f*; **in den ~ treten** fazer greve

aus|statten ['aʊsʃtatən] *vt* **1.** (*ausrüsten*) equipar (*mit* com); (*mit Vollmacht*) dotar (*mit* de) **2.** (*einrichten*) decorar; (*schmücken*) decorar, equipar (*mit* com)

Ausstattung *f* <-en> **1.** (*Ausrüstung*) equipamento *m* **2.** (*von Wohnung, Auto*) acabamentos *mpl*; (*von Zimmer*) decoração *f*; (*bei Theateraufführung*) adereços *mpl* **3.** (*Aufmachung*) apresentação *f* **4.** (*von Braut*) enxoval *m*

aus|stehen I. *vt irreg* suportar, aguentar;

Schmerzen ~ passar dores; **jdn/etw nicht ~ können** não poder com alguém/a. c., não suportar alguém/a. c. **II.** *vi irreg* (*Antwort, Entscheidung*) faltar; **noch** ~ (ainda) estar por vir; (*Rechnungsbetrag*) estar por pagar

aus|steigen *vi irreg* **1.** (*hinausgehen*) descer (*aus* de), sair (*aus* de); (*aus Zug*) apear-se (*aus* de); (*aus Flugzeug, Schiff*) desembarcar (*aus* de) **2.** (*aus Gesellschaft*) retirar-se (*aus* de), afastar-se (*aus* de)

Aussteiger(in) *m(f)* <-s, - *o* -innen> dissidente *m,f*

aus|stellen *vt* **1.** (*Rechnung*) tirar; (*Quittung, Dokumente, Scheck*) passar; (*Pass, Obligation*) emitir; (*Urkunde*) lavrar; (*Wechsel*) sacar **2.** (*Ausstellungsstücke*) expor, exibir **3.** (*Gerät*) desligar

Aussteller(in) *m(f)* <-s, - *o* -innen> **1.** (*bei Ausstellungen*) expositor, expositora *m, f* **2.** (*von Wechseln*) sacador, sacadora *m, f*

Ausstellung *f* <-en> **1.** (*von Dokument, Pass*) emissão *f*; (*eines Wechsels*) saque *m* **2.** (*Veranstaltung*) exposição *f*

aus|sterben *vi irreg* extinguir-se, desaparecer; **eine vom Aussterben bedrohte Tierart** uma espécie em vias de extinção

Aussteuer *f* <-n> dote *m*

Ausstieg ['aʊsʃtiːk] *m* <-s, -e> **1.** (*Ausgang*) saída *f* **2.** (*aus Gesellschaft*) dissidência *f*; (*aus Kernenergie*) renúncia *f* (*aus* a)

aus|stopfen *vt* (*Kissen*) encher (*mit* de); (*Tiere*) empalhar, embalsamar

aus|stoßen *vt irreg* **1.** (*Atem, Rauch*) expelir; (*Schadstoffe, Strahlen*) emitir; (*Schrei, Seufzer*) soltar; (*Drohung*) fazer **2.** (*aus Gemeinschaft*) expulsar (*aus* de)

aus|strahlen *vt* **1.** (*Wärme, Licht*) irradiar, emanar **2.** (*Radiosendung, Fernsehsendung*) transmitir, difundir

Ausstrahlung *f* <-en> **1.** (*von Licht, Wärme*) irradiação *f*; emanação *f* **2.** (*von Sendung*) transmissão *f*, difusão *f* **3.** (*eines Menschen*) brilho *m* (interior), carisma *m*

aus|strecken **I.** *vt* (*Beine, Hand*) estender, esticar **II.** *vr* **sich** ~ estender-se, esticar-se

aus|strömen **I.** *vt* (*Wärme*) libertar; (*Geruch*) deitar **II.** *vi* (*Gas, Wasser, Radioaktivität*) sair, libertar-se

aus|suchen *vt* escolher, seleccionar

Austausch *m* <-(e)s> *kein pl* **1.** (TECH) troca *f* **2.** (*von Gedanken*) troca *f* **3.** (*von Menschen*) intercâmbio *m*, permuta *f*

austauschbar *adj* permutável

aus|tauschen *vt* **1.** (*Teile*) trocar **2.** (*Erfahrungen, Erinnerungen*) trocar **3.** (*Menschen*) permutar

Austauschmotor *m* <-s, -en> motor *m* de troca/recâmbio

Austauschstudent(in) *m(f)* <-en, -en *o* -innen> estudante *m,f* de intercâmbio

aus|teilen *vt* distribuir (*unter* por), repartir (*unter* entre)

Auster ['aʊstɐ] *f* <-n> ostra *f*

aus|toben *vr* **sich** ~ espairecer

aus|tragen *vt irreg* **1.** (*Post, Waren*) distribuir, entregar **2.** (*Streit*) resolver **3.** (SPORT) disputar

Australien [aʊsˈtraːliən] *nt* <-s> *kein pl* Austrália *f*

Australier(in) *m(f)* <-s, - *o* -innen> australiano, australiana *m, f*

australisch *adj* australiano

aus|treiben *vt irreg* **1.** (*Teufel, Geister*) exorcismar **2.** (*abgewöhnen*) **jdm etw** ~ desabituar alguém de a. c.

aus|treten **I.** *vt irreg* **1.** (*Zigarette*) apagar (com o pé) **2.** (*Treppe*) gastar (com o andar) **II.** *vi irreg* **1.** (*Gas, Dampf*) sair (*aus* de) **2.** (*aus Partei, Verein*) retirar-se (*aus* de), afastar-se (*aus* de) **3.** (*umg: zur Toilette gehen*) fazer as necessidades

aus|tricksen *vt* (SPORT) fintar, fazer uma finta a

aus|trinken **I.** *vt irreg* (*Glas*) esvaziar; (*Getränk*) beber (até ao fim) **II.** *vi irreg* beber (tudo)

Austritt *m* <-(e)s, -e> **1.** (*Verlassen*) saída *f* (*aus* de), retirada *f* (*aus* de) **2.** (*von Gas*) fuga *f*

aus|trocknen *vi* secar

aus|üben *vt* **1.** (*Beruf, Amt*) exercer, praticar **2.** (*Druck, Einfluss*) exercer (*auf* sobre)

Ausübung *f* <-> *kein pl* exercício *m*; **in** ~ **seines Amtes** no exercício das suas funções

Ausverkauf *m* <-(e)s, -käufe> (*im Sommer, Winter*) saldos *mpl*; (*bei Geschäftsaufgabe*) liquidação *f* (total)

ausverkauft *adj* esgotado; (*im Kino, Theater*) **es ist** ~ está esgotado, a lotação está esgotada

Auswahl *f* <-en> **1.** *kein pl* (*Wahl*) escolha *f*, selecção *f*; **eine** ~ **treffen** fazer uma escolha, escolher; **zur** ~ **stellen** dar a escolher **2.** (*an Waren*) sortido *m* (*an* de), variedade *f* (*an* de) **3.** (SPORT) selecção *f*

aus|wählen *vt* escolher (*unter* entre), selecionar (*unter* entre)

Auswanderer(in) *m(f)* <-s, - *o* -innen> emigrante *m,f*

aus|wandern *vi* emigrar (*aus* de, *nach* para)

Auswanderung *f* <-en> emigração *f* (*aus* de, *nach* para)

auswärtig *adj* **1.** (*nicht vom Ort*) de fora, forasteiro **2.** (*ausländisch*) estrangeiro

auswärts *adv* fora; (*im Ausland*) fora, no estrangeiro; (SPORT); ~ **spielen** jogar fora (de casa)

Auswärtsspiel *nt* <-(e)s, -e> (SPORT) jogo *m* fora de casa

aus|waschen *vt irreg* (*Kleidung, Wunde, Fleck*) lavar

aus|wechseln *vt* permutar, trocar; (TECH) trocar (*gegen* por), substituir (*gegen* por)

Auswechslung *f* <-en> permuta *f,* troca *f;* (TECH) troca *f,* substituição *f*

Ausweg *m* <-(e)s, -e> saída *f* (*aus* de); (*Lösung*) saída *f,* solução *m*

aus|weichen *vi irreg* **1.** (*Platz machen*) dar passagem **2.** (*vermeiden*) evitar, fugir a; **jdm/etw** ~ evitar alguém/esquivar-se de a.c.

ausweichend *adj* evasivo; ~ **antworten** fugir à pergunta

Ausweis ['aʊsvaɪs] *m* <-(e)s, -e> documento *m,* credencial *f;* (*Personalausweis*) bilhete *m* de identidade; (*brasil*) carteira *f* de identidade; (*Mitgliedsausweis, Bibliotheksausweis*) cartão *m*

aus|weisen ['aʊsvaɪzən] **I.** *vt irreg* expulsar (*aus* de) **II.** *vr* **sich** ~ *irreg* identificar-se (*als* como); **können sie sich ~?** pode identificar-se?

Ausweispapiere *pl* documentos *mpl* (comprovativos de identidade)

Ausweisung *f* <-en> expulsão *f* (*aus* de)

aus|weiten *vt* alargar (*auf* a), estender (*auf* a); (*Produktion*) alargar

auswendig ['aʊsvɛndɪç] *adv* de cor; **inund** ~ de cor e salteado; ~ **lernen** decorar; (*umg*) empinar

aus|werten *vt* **1.** (*verwerten*) utilizar, aproveitar **2.** (*analysieren*) analisar, avaliar

Auswertung *f* <-en> **1.** (*Verwertung*) utilização *f,* aproveitamento *m* **2.** (*Analyse*) análise *f,* avaliação *f*

aus|wirken *vr* **sich** ~ ter efeito (*auf* em), repercutir-se (*auf* em)

Auswirkung *f* <-en> consequência *f* (*auf* para), efeito *m* (*auf* em)

aus|wischen *vt* limpar

aus|wringen ['aʊsvrɪŋən] *vt irreg* torcer

Auswuchs *m* <-(e)s, -wüchse> **1.** (MED) excrescência *f* **2.** (*Übersteigerung*) exagero *m,* abuso *m*

auswuchten *vt* calibrar

Auswurf *m* <-(e)s> *kein pl* (MED) expectoração *f;* (*umg*) escarro *m*

aus|zahlen **I.** *vt* pagar **II.** *vr* **sich** ~ valer a pena

aus|zählen *vt* contar

aus|zeichnen **I.** *vt* (*ehren*) distinguir (*mit* com); (*Waren*) marcar (o preço em) **II.** *vr* **sich** ~ distinguir-se (*durch* por)

Auszeichnung *f* <-en> distinção *f,* louvor *m;* (MIL) condecoração *f;* **eine Prüfung mit** ~ **bestehen** passar num exame com distinção

aus|ziehen **I.** *vt irreg* (*Kleidung*) tirar, despir; (*Schuh*) tirar, descalçar; (*Zähne*) tirar, extrair; (*Tisch*) estender, abrir **II.** *vi irreg* mudar de casa, mudar-se (*aus* de) **III.** *vr* **sich** ~ *irreg* despir-se

Ausziehtisch *m* <-(e)s, -e> mesa *f* elástica/de abrir

Auszubildende(r) *m/f* <-n, -n *o* -n> aprendiz, aprendiza *m, f;* formando, formanda *m, f*

Auszug *m* <-(e)s, -züge> **1.** (*aus Wohnung*) mudança *f* (de casa) **2.** (*Extrakt*) extracto *m* **3.** (*aus Buch*) excerto *m* **4.** (*Kontoauszug*) extracto *m* de conta

autark *adj* autárquico

authentisch [aʊ'tɛntɪʃ] *adj* autêntico, verdadeiro

Auto ['aʊto] *nt* <-s, -s> automóvel *m,* carro *m;* ~ **fahren** conduzir, guiar; **mit dem** ~ **fahren** ir de carro

Autobahn *f* <-en> auto-estrada *f*

Uma **Autobahn** é uma estrada de alta velocidade com várias pistas de rodagem que permite o trânsito de veículos com velocidade superior a 60 km/h. Corresponde à auto-estrada. Nas auto-estradas alemãs não existe limite de velocidade. Na Áustria o limite de velocidade para veículos ligeiros de passageiros é de 130 km/h e na Suíça de 120 km/h.

Autobahnauffahrt *f* <-en> entrada *f* de auto-estrada

Autobahnausfahrt *f* <-en> saída *f* de auto-estrada

Autobahngebühr *f* <-en> portagem *f*

Autobahnkreuz *nt* <-es, -e> nó *m* da auto-estrada

Autobahnvignette *f* <-n> vinheta obrigatória para a circulação nas auto-estradas

Autobiografie^RR *f* <-n>, **Autobiographie**^ALT autobiografia *f*

Autobus ['aʊtobʊs] *m* <-ses, -se> (*in Stadt*) autocarro *m;* (*brasil*) ônibus *m;* (*Überlandbus*) camioneta *f;* (*brasil*) ônibus *m*

Autofähre *f* <-n> ferry(boat) *m*

Autofahrer(in) *m(f)* <-s, - *o* -innen> condutor, condutora *m, f,* automobilista *m,f*

Autofahrt *f* <-en> viagem *f* de automóvel, viagem *f* de carro

Autogas *nt* <-es, -e> gás *m* liquefeito de petróleo

Autogramm [aʊto'gram] *nt* <-(e)s, -e> autógrafo *m;* **ein ~ geben** dar um autógrafo

Autolenker(in) *m(f)* <-s, - *o* -innen> (*schweiz*) condutor, condutora *m, f*

Automat [aʊto'ma:t] *m* <-en, -en> autómato *m;* (*für Waren*) distribuidora *f* automática; (*Geldautomat*) caixa *m* automática, multibanco *m*

Automatikgurt *m* <-(e)s, -e> cinto *m* (de segurança) automático

Automatikschaltung *f* <-en> caixa *f* de velocidades automática

Automatikwagen *m* <-s, -> automóvel *m* de transmissão automática

automatisch *adj* automático

Automatisierung *f* <-en> automa(ti za)ção *f*

Automechaniker(in) *m(f)* <-s, - *o* -innen> mecânico, mecânica *m, f* de automóveis

Automobil *nt* <-s, -e> automóvel *m*

autonom [aʊto'no:m] *adj* autónomo

Autonomie [aʊtono'mi:] *f* <-n> autonomia *f*

Autonummer *f* <-n> matrícula *f*

Autor(in) ['aʊto:ɐ] *m(f)* <-s, -en *o* -innen> autor, autora *m, f*

Autoradio *nt* <-s, -s> auto-rádio *m*

Autoreifen *m* <-s, -> pneu *m*

Autoreisezug *m* <-(e)s, -züge> auto-expresso *m*

Autorennen *nt* <-s, -> corrida *f* de automóveis

autorisieren* *vt* autorizar (*zu* a)

autoritär *adj* autoritário

Autorität *f* <-en> autoridade *f*

Autoschlüssel *m* <-s, -> chave *f* do carro, chave *f* do automóvel

Autostopp *m* <-(s), -s> ~ **machen** pedir boleia; (*brasil*) pedir carona; **per ~ fahren** viajar à boleia; (*brasil*) viajar de carona

Autotelefon *nt* <-s, -e> telemóvel *m*

Autounfall *m* <-(e)s, -fälle> acidente *m* de automóvel

Autoverleih *m* <-(e)s, -e> aluguer *m* de automóveis

Avantgarde *f* <-n> vanguarda *f*

Avocado [avo'ka:do] *f* <-s> abacate *m*

Axt [akst] *f* <Äxte> machado *m*

Azoren *pl* Açores *mpl*

Azubi [a'tsu:bi] *abk v* **Auszubildende** formanda

B

B, b [be:] *nt* <-, -> **1.** (*Buchstabe*) B, b *m* **2.** (MUS) si-bemol *m*

Baby ['be:bi, 'bɛibi] *nt* <-s, -s> bebé *m;* (*brasil*) nenê *m*

Babyausstattung *f* <-en> enxoval *m* do bebé; (*brasil*) enxoval *m* do nenê

Babynahrung *f kein pl* comida *f* para bebé; (*brasil*) comida *f* para nenê

babysitten *vi* (*umg*) tomar conta de crianças

Babysitter *m* <-s, -> ama *f,* baby-sitter *f;* (*brasil*) babá *f*

Bach [bax] *m* <-(e)s, Bäche> ribeiro *m,* regato *m*

bachab *adv* (*schweiz*) rio abaixo

Back *m* <-s, -s> (SPORT: *österr, schweiz*) defesa *m*

Backblech *nt* <-(e)s, -e> tabuleiro *m* (do forno)

B

Backbord ['bakbɔrt] *nt* <-(e)s> *kein pl* (NAUT) bombordo *m*

Backe ['bakə] *f* <-n> 1. (*Wange*) face *f*, bochecha *f* 2. (*umg: Gesäßhälfte*) rabo *m*

backen ['bakən] I. *vt* (*Brot, Kuchen*) cozer (no forno) II. *vi* (*Brot, Kuchen*) cozer

Backenbart *m* <-(e)s, -bärte> suíças *fpl*

Backenknochen *m* <-s, -> maçã *f* do rosto

Backenzahn *m* <-(e)s, -zähne> dente *m* molar

Bäcker(in) *m(f)* <-s, - *o* -innen> padeiro, padeira *m, f*

Bäckerei *f* <-en> 1. (*Laden*) padaria *f* 2. (*schweiz: Patisserie, Konfiserie*) pastéis *mpl*, bolos *mpl*

Backform *f* <-en> forma *f* (para bolos)

Background *m* <-s, -s> fundo *m*

Backobst *nt* <-es> *kein pl* fruta *f* seca

Backofen *m* <-s, -öfen> forno *m*

Backpflaume *f* <-n> ameixa *f* seca

Backpulver *nt* <-s, -> fermento *m* em pó

Backrohr *nt* <-(e)s, -e> (*österr*) forno *m*

Backstein *m* <-(e)s, -e> tijolo *m*, ladrilho *m*

Back-up, **Backup** *nt* <-s, -s> (INFORM) backup *m*

Backwaren *pl* (*süßes Gebäck*) pastéis *mpl*, bolos *mpl*; (*salziges Gebäck*) salgados *mpl*

Bad [ba:t] *nt* <-(e)s, Bäder> 1. (*Raum*) casa *f* de banho, quarto *m* de banho 2. (*das Baden*) banho *m*; **ein** ~ **nehmen** tomar banho

Badeanstalt *f* <-en> piscina *f* (pública)

Badeanzug *m* <-(e)s, -zuge> fato *m* de banho; (*brasil*) maiô *m*

Badehose *f* <-n> calção *m* de banho

Badekappe *f* <-n> touca *f* de banho

Bademantel *m* <-s, -mäntel> roupão *m* (de banho)

Bademeister(in) *m(f)* <-s, - *o* -innen> banheiro, banheira *m, f*

baden ['ba:dən] I. *vt* banhar, dar banho a II. *vi* 1. (*ein Bad nehmen*) tomar banho; **kalt/warm** ~ tomar banhos frios/quentes; **in Schweiß gebadet** alagado em suor 2. (*schwimmen*) tomar banho, nadar

Baden-Württemberg *nt* <-s> *kein pl* Baden-Vurtemberga *f*

baden-württembergisch *adj* de Baden-Vurtemberga

Badeort *m* <-(e)s, -e> (*Kurort*) estância *f* balnear, termas *fpl*; (*Seebad*) praia *f*

Badetuch *nt* <-(e)s, -tücher> toalha *f* de banho, lençol *m* de banho

Badewanne *f* <-n> banheira *f*

Badezimmer *nt* <-s, -> casa *f* de banho, quarto *m* de banho; (*brasil*) banheiro *m*

Badkleid *nt* <-es, -er> (*schweiz*) *s.* **Badeanzug**

Badminton *nt* <-> *kein pl* (SPORT) badminton *m*

baff [baf] *adj* (*umg*) ~ **sein** ficar abananado, ficar embasbacado

Bafög *abk v* **Bundesausbildungsförderungsgesetz** subsídio directo de estudo

Bagatelle [baga'tɛlə] *f* <-n> bagatela *f*, insignificância *f*

Bagger ['bagɐ] *m* <-s, -> (retro)escavadora *f*

baggern *vi* 1. (*Loch, Graben*) escavar; (*in Fluss, See*) dragar 2. (*Volleyball*) dar manchete

Baggersee *m* <-s, -n> lago *m*

Baguette [ba'gɛt] *nt* <-s, -s> baguete *f*

Bahn [ba:n] *f* <-en> 1. (*als Institution*) caminhos-de-ferro *m, pl* 2. (*Zug*) comboio *m*; (*brasil*) trem *m*; (*Straßenbahn*) eléctrico *m*; (*brasil*) bonde *m* 3. (*Weg*) caminho *m*, via *f*; (*Rennbahn*) pista *f* 4. (ASTR) órbita *f*; (*von Geschoss*) traje(c)tória *f* 5. (*Stoffbahn*) largura *f*, *nt* do pano

Bahnangestellte(r) *m/f* <-n, -n *o* -n> empregado dos caminhos-de-ferro, empregada *m, f*

bahnbrechend *adj* revolucionário, pioneiro

BahnCard *f* <-s> cartão anual dos caminhos-de-ferro alemães que dá direito a um desconto de 50% em todas as viagens

Bahndamm *m* <-s, -dämme> aterro *m*

bahnen ['ba:nən] *vt* (*Weg*) abrir; **jdm den Weg** ~ preparar o caminho para alguém

Bahnfahrt *f* <-en> viagem *f* de comboio; (*brasil*) viagem *f* de trem

Bahnhof *m* <-(e)s, -höfe> estação *f* (de caminho-de-ferro); (*brasil*) estação *f* ferroviária; **auf dem** ~ na estação

Bahnhofsmission *f* <-en> serviço *m* de apoio a passageiros

Bahnhofsvorstand *m* <-(e)s, -stände> (*österr, schweiz*) chefe *m* da estação

Bahnlinie *f* <-n> linha *f* férrea

Bahnpolizei *f kein pl* polícia *f* ferroviária

Bahnsteig ['ba:nʃtaik] *m* <-(e)s, -e> plataforma *f*

Bahnsteigkarte *f* <-n> bilhete *m* de gare

Bahnstrecke *f* <-n> linha *f*

Bahnübergang *m* <-(e)s, -gänge> passagem *f* de nível

Bahnverbindung *f* <-en> ligação *f* ferroviária

Bahre ['ba:rə] *f* <-n> **1.** (*für Kranke*) maca *f* **2.** (*für Tote*) féretro *m*, esquife *m*

Baisse *f* <-n> (WIRTSCH) baixa *f*

Bakterie [bak'te:riə] *f* <-n> bactéria *f*

bakteriell *adj* bacteriano

Bakteriologe(in) *m(f)* <-n, -n *o* -innen> bacteriólogo, bacterióloga *m, f*

Balance [ba'lã:s(ə)] *f* <-n> equilíbrio *m*, balanço *m*

balancieren* **I.** *vt* balançar, equilibrar **II.** *vi* balançar

bald [balt] *adv* **1.** (*zeitlich*) em breve, dentro de pouco tempo; ~ **darauf** pouco depois; **so** ~ **wie möglich** o mais depressa possível; **wird's** ~? avias-te? **2.** (*umg: beinahe*) por pouco, por um triz; **ich hätte** ~ **gesagt** estive quase para dizer

baldig *adj* pronto, rápido; **auf ~es Wiedersehen** até breve

baldmöglichst *adv* quanto antes, o mais depressa possível

Baldrian ['baldria:n] *m* <-s, -e> (BOT) valeriana *f*

balgen ['balgən] *vr* **sich** ~ brigar (*um* por), lutar (*um* por)

Balkan ['balka:n] *m* <-s> *kein pl* Balcãs *mpl*

Balken ['balkən] *m* <-s, -> viga *f*, trave *f*

Balkon [bal'kɔŋ, bal'ko:n] *m* <-s, -e> **1.** (*am Haus*) varanda *f*, terraço *m* **2.** (*im Theater*) balcão *m*

Ball [bal] *m* <-(e)s, Bälle> **1.** (*zum Spielen*) bola *f*; (*brasil*) pelota *f*; ~ **spielen** jogar à bola; **am** ~ **bleiben** continuar a fazer a. c. **2.** (*Tanz*) baile *m*

Ballade *f* <-n> balada *f*

Ballast ['balast, -'-] *m* <-(e)s, -e> lastro *m*, peso *m* morto; (*fig*) fardo *m*, peso *m* inútil; ~ **abwerfen** ver-se livre de um fardo

Ballaststoffe [-'---] *pl* fibras vegetais *fpl*

ballen ['balən] **I.** *vt* (*Faust*) cerrar **II.** *vr* **sich** ~ (*Verkehr, Menschenmenge*) aglomerar-se, acumular-se

Ballen *m* <-s, -> **1.** (*Stoffballen*) fardo *m* **2.** (*der Hand*) palma *f*

Ballett [ba'lɛt] *nt* <-(e)s, -e> ballet *m*

Balletttänzer^{RR}**(in)** *m(f)* <-s, - *o* -innen>,
Ballettänzer^{ALT}**(in)** *m(f)* <-s, - *o* -innen> bailarino, bailarina *m, f*

Balljunge *m* <-n, -n> (SPORT) apanhador *m* de bolas

Ballon [ba'lɔŋ, ba'lo:n] *m* <-s, -e oder -s> **1.** (AERO) aeróstato *m*; (*Luftballon*) balão *m* **2.** (*Flasche*) garrafão *m*

Ballspiel *nt* <-(e)s, -e> jogo *m* da bola

Ballung ['balʊŋ] *f* <-en> aglomeração *f*, concentração *f*

Ballungsraum *m* <-(e)s, -räume> zona *f* industrial

Balsam ['balza:m] *m* <-s> *kein pl* bálsamo *m*

Baltikum ['baltikʊm] *nt* <-s> *kein pl* Báltico *m*

Bambus ['bambʊs] *m* <-ses, -se> bambu *m*

Bambusrohr *nt* <-(e)s, -e> cana-da-índia *f*

Bammel ['baməl] *m* <-s> *kein pl* (*umg*) medo; **vor etw** ~ **haben** estar com/ter medo de a.c.

banal [ba'na:l] *adj* banal, trivial

Banane [ba'na:nə] *f* <-n> banana *f*

Banause [ba'naʊzə] *m* <-n, -n> ignorante *m, f*

band [bant] *imp von* **binden**

Band¹ [bant] *nt* <-(e)s, Bänder> **1.** (*aus Stoff*) fita *f*, tira *f*; (*breit*) faixa *f*, banda *f* **2.** (*Fließband*) linha *f* de montagem **3.** (*Tonband*) fita *f* magnética **4.** (ANAT) ligamento *m*

Band² [bant] *m* <-(e)s, Bände> (*Buch*) volume *m*, tomo *m*

Band³ [bɛnt] *f* <-s> (MUS) banda *f*, grupo *m*

Bandage [ban'da:ʒə] *f* <-n> ligadura *f*

bandagieren* *vt* ligar

Bande ['bandə] *f* <-n> cambada *f*, canalha *f*; (*Straßenbande*) bando *m*, quadrilha *f*

bändigen *vt* (*Tier*) domar, dominar

Bandit [ban'di:t] *m* <-en, -en> bandido *m*

Bandscheibe *f* <-n> (ANAT) disco *m* vertebral

Bandwurm *m* <-(e)s, -würmer> ténia *f*

bange *adj* medroso, receoso; (**jdn**) ~ **machen** assustar (alguém), amedrontar (alguém); **mir ist** ~ tenho medo

bangen ['baŋən] *vi* **um jdn/etw** ~ recear por alguém/a. c.

Banjo *nt* <-s, -s> (MUS) banjo *m*

Bank¹ [baŋk] *f* <Bänke> (*Sitzbank, Sandbank*) banco *m*; (*umg*); **durch die** ~ sem excepção, sem distinção; (*umg*); **etw auf die lange** ~ **schieben** adiar a. c.

Bank² [baŋk] *f* <-en> **1.** (*Geldinstitut*) ban-

B

co *m* **2.** (*beim Spiel*) banca *f*
Bankangestellte(r) *m/f* <-n, -n *o* -n> empregado, empregada *m, f,* bancário, bancária *m, f*
Bankanweisung *f* <-en> transferência *f* bancária
Bankett [baŋ'kɛt] *nt* <-(e)s, -e> banquete *m*
Bankfiliale *f* <-n> agência *f,* balcão *m*
Bankguthaben *nt* <-s, -> crédito *m* bancário
Bankier [baŋ'kje:] *m* <-s, -s> banqueiro *m*
Bankkauffrau *f* <-en> empregada *f* bancária
Bankkaufmann *m* <-(e)s, -männer> empregado *m* bancário
Bankkonto *nt* <-s, -konten> conta-corrente *f,* conta *f* bancária
Bankleitzahl *f* <-en> número *m* de identificação bancária
Banknote *f* <-n> nota *f* (bancária)
Bankomat *m* <-en, -en> caixa *m* automático
Bankraub *m* <-(e)s, -e> assalto *m* a um banco
bankrott [bank'rɔt] *adj* (WIRTSCH) falido, insolvente
Bankrott *m* <-(e)s, -e> (WIRTSCH) falência *f,* bancarrota *f;* ~ **machen/gehen** falir, abrir falência
Banküberfall *m* <-(e)s, -fälle> assalto *m* a um banco
Bankverbindung *f* <-en> identificação *f* bancária
Bankwesen *nt* <-s> *kein pl* sistema *m* bancário
Bann [ban] *m* <-(e)s, -e> **jdn in seinen ~ ziehen** encantar alguém, fascinar alguém
Banner ['banɐ] *nt* <-s, -> estandarte *m,* pendão *m*
bar [ba:ɐ] *adj* **1.** (*Geld*) em dinheiro; **~es Geld** dinheiro à vista; **etw** (**in**) **~ bezahlen** pagar em dinheiro/a pronto **2.** (*geh: rein*) puro; **das ist ~er Unsinn** isso é um autêntico disparate
Bar [ba:ɐ] *f* <-s> bar *m,* botequim *m*
Bär *m* <-en, -en> urso *m;* (ASTR); **Großer/ Kleiner ~** Ursa Maior/Menor *f;* **jdm einen ~en aufbinden** intrujar alguém
Baracke [ba'rakə] *f* <-n> barraca *f*
Barbarei [barba'raɪ] *f* <-en> barbárie *f*
barbarisch *adj* bárbaro

barfuß *adj* descalço
barg [bark] *imp von* **bergen**
Bargeld *nt* <-es> *kein pl* numerário *m*
bargeldlos *adj* por cheque, por transferência
Barhocker *m* <-s, -> banco *m* de bar
Bariton ['ba:ritɔn] *m* <-s, -e> (MUS) barítono *m*
Barkeeper ['ba:ɐki:pɐ] *m* <-s, -> barman *m*
barmherzig [barm'hɛrtsɪç] *adj* caridoso, misericordioso
Barmherzigkeit *f kein pl* caridade *f,* misericórdia *f*
barock *adj* barroco
Barock [ba'rɔk] *m/nt* <-s> *kein pl* barroco *m,* estilo *m* barroco
Barometer [baro'me:tɐ] *nt* <-s, -> barómetro *m*
Barren ['barən] *m* <-s, -> **1.** (*Metall*) barra *f* **2.** (SPORT) barras paralelas *fpl*
Barriere [ba'rje:rə] *f* <-n> barreira *f;* (*Schranke*) cancela *f*
Barrikade [bari'ka:də] *f* <-n> barricada *f;* **auf die ~n gehen** amotinar-se, revoltar-se
barsch [barʃ] *adj* rude, brusco
Barsch [barʃ] *m* <-(e)s, -e> (ZOOL) perca *f*
Barscheck *m* <-s, -s> cheque *m* ao portador
barst [barst] *imp von* **bersten**
Bart [ba:ɐt] *m* <-(e)s, Bärte> **1.** (*des Mannes*) barba *f,* barbas *fpl;* **sich** *dat* **etw in den ~ murmeln** murmurar a. c. entre dentes; **jdm um den ~ gehen** dar graxa a alguém **2.** (*bei Tieren*) bigodes *mpl* **3.** (*des Schlüssels*) palhetão *m*
bärtig *adj* barbudo
Barzahlung *f* <-en> pagamento *m* em dinheiro, pagamento *m* a pronto
Basar [ba'za:ɐ] *m* <-s, -e> bazar *m;* (*Wohltätigkeitsbasar*) venda *f* de beneficência
Base *f* <-n> **1.** (*schweiz: Tante*) tia *f* **2.** (*reg: Cousine*) prima *f*
Basel ['ba:zəl] *nt* <-s> *kein pl* Basileia *f*
Basen *pl von* **Basis**
basieren* *vi* basear-se (*auf* em)
Basilikum *nt* <-s> *kein pl* (BOT) manjerico *m*
Basis ['ba:zɪs] *f* <Basen> base *f,* fundamento *m*
Basketball ['ba:skətbal] *m* <-s> *kein pl* basquetebol *m*
Bass[RR] [bas] *m* <-es, Bässe>, **Baß**[ALT] *m* <-sses, Bässe> (MUS) baixo *m*

Bassin *nt* <-s, -s> tanque *m*

Bassist(in) *m(f)* <-en, -en *o* -innen> baixista *m,f*

Bassschlüssel^RR *m* <-s, -> (MUS) clave *f* de fá

Bast [bast] *m* <-(e)s, -e> ráfia *f*, entrecasca *f*

basta *interj* (*umg*) chega!; **und damit ~!** basta!

basteln ['bastəln] **I.** *vt* fazer, montar **II.** *vi* dedicar-se a bricolage

Bastler(in) ['bastlɐ] *m(f)* <-s, - *o* -innen> pessoa que gosta de fazer trabalhos manuais

bat [ba:t] *imp von* **bitten**

Batallion *nt* <-s, -e> (MIL) batalhão *m*

Batate *f* <-n> batata-doce *f*

Batik *m/f* <-s, -en> batik *m*

batiken *vt* tingir com processo batik

Batterie [batə'ri:] *f* <-n> **1.** (*für Geräte*) pilha *f* (eléctrica) **2.** (*beim Auto*) bateria *f*

batteriebetrieben *adj* que funciona a pilhas

Bau^1 [baʊ] *m* <-(e)s, -ten> (*Gebäude*) edifício *m*, prédio *m*

Bau^2 *m* <-(e)s> *kein pl* **1.** (*das Bauen*) construção *f*, edificação *f* **2.** (*Baustelle*) obras *fpl* **3.** (*Körperbau*) constituição *f*, estatura *f*

Bau^3 *m* <-(e)s, -e> (*von Tier*) toca *f*, covil *m*

Bauarbeiten *pl* obras *fpl*

Bauarbeiter(in) *m(f)* <-s, - *o* -innen> operário, operária *m*, *f* da construção civil

Bauch [baʊx] *m* <-(e)s, Bäuche> barriga *f*, ventre *m*; (*Unterleib*) abdómen *m*; **einen ~ haben** ter barriga; **sich** *dat* **den ~ halten vor Lachen** rebentar a rir

Bauchfell *nt* <-(e)s, -e> (ANAT) peritoneu *m*

bauchig *adj* (*Person*) barrigudo; (*Sache*) abaulado

Bauchnabel *m* <-s, -> umbigo *m*

Bauchredner(in) *m(f)* <-s, - *o* -innen> ventríloquo *m*, ventriloquista *m,f*

Bauchschmerzen *pl* dores de barriga *fpl*

Bauchspeicheldrüse *f* <-n> (ANAT) pâncreas *m*

Bauchtanz *m* <-(e)s, -tänze> dança *f* do ventre

Bauchweh *nt* <-s> *kein pl* (*umg*) *s.* **Bauchschmerzen**

bauen ['baʊən] **I.** *vt* (*Gebäude*) construir, erigir; (*Nest*) fazer; (TECH: *Instrumente*) fabricar **II.** *vi* confiar (*auf* em)

Bauer, Bäuerin ['baʊɐ] *m*, *f* <-n, -n *o* -innen> camponês, camponesa *m*, *f*, agricultor, agricultora *m*, *f*

Bauer^1 *m* <-n, -n> **1.** (*Spielkarte*) valete *m* **2.** (*Schachfigur*) peão *m*

Bauer^2 *m/nt* <-s, -> gaiola *f*

bäuerlich *adj* campestre, rústico

Bauernfänger(in) *m(f)* <-s, - *o* -innen> (*pej*) intrujão, intrujona *m*, *f*, trapaceiro, trapaceira *m*, *f*

Bauernhaus *nt* <-es, -häuser> casa *f* rural, casa *f* de campo

Bauernhof *m* <-(e)s, -höfe> quinta *f*; (*brasil*) fazenda *f*

Bauersfrau *f* <-en> camponesa *f*, agricultora *f*

baufällig *adj* em perigo de ruir

Baufirma *f* <-firmen> empresa *f* de construção civil, empresa *f* construtora

Baugelände *nt* <-s, -> terreno *m* para construção

Baugenehmigung *f* <-en> licenciamento *m* de construção

Baugerüst *nt* <-(e)s, -e> andaime *m*

Bauherr(in) *m(f)* <-n, -en *o* -innen> patrão, patroa *m*, *f*

Bauholz *nt* <-es, -hölzer> madeira *f* para construção

Bauindustrie *f kein pl* indústria *f* de construção civil

Bauingenieur(in) *m(f)* <-s, -e *o* -innen> engenheiro, engenheira *m*, *f* civil

Baujahr *nt* <-(e)s, -e> ano *m* de construção; (*Auto*) modelo *m*

Baukasten *m* <-s, -kästen> caixa *f* de construções

Bauklotz *m* <-es, -klötze> peça *f* de construção; **Bauklötze staunen** ficar de boca aberta, ficar de olhos esbugalhados

Bauland *nt* <-(e)s> *kein pl* terreno *m* para construção

baulich *adj* arquitectónico

Baum [baʊm] *m* <-(e)s, Bäume> árvore *f*; **auf einen ~ klettern** subir/trepar a uma árvore

Baumeister *m* <-s, -> mestre-de-obras *m*

baumeln ['baʊməln] *vi* bambolear, baloiçar; **mit den Beinen ~** baloiçar/abanar as pernas

Baumgrenze *f* <-n> sebe *f*

Baumkrone *f* <-n> copa *f* (da árvore)

Baumnuss^RR *f* <-nüsse> (*schweiz*) noz *f*

Baumrinde *f* <-n> casca *f* (da árvore); (*von Korkeiche*) cortiça *f*

B

Baumschule f <-n> tanchoal m, viveiro m de plantas

Baumstamm m <-(e)s, -stämme> tronco m (da árvore)

Baumsterben nt <-s> kein pl desaparecimento m das florestas

Baumstumpf m <-(e)s, -stümpfe> cepo m

Baumwolle f kein pl algodão m

baumwollen adj de algodão

Baumwollstoff m <-(e)s, -e> tecido m de algodão

Baumwollstrauch m <-(e)s, -sträucher> algodoeiro m

Bauplan m <-(e)s, -pläne> **1.** (Bauvorhaben) projecto m de construção; (für eine Stadt) plano m de urbanização **2.** (Entwurf) planta f

Bauplatz m <-es, -plätze> terreno m para construção

bäurisch adj rústico

Bausch [bauʃ] m <-(e)s, Bäusche> (Watte) chumaço m, tufo m; **in ~ und Bogen** no todo, em globo

Bauschutt m <-(e)s> kein pl entulho m

Bausparkasse f <-n> crédito m predial

Bausparvertrag m <-(e)s, -träge> contrato m de poupança imobiliária

Baustein m <-(e)s, -e> **1.** (Stein) pedra f de construção **2.** (Bestandteil) componete f; (Beitrag) contribuição f

Baustelle f <-n> estaleiro m, obras fpl; **Betreten der ~ verboten!** proibida a entrada no estaleiro

Baustil m <-(e)s, -e> estilo m arquitectónico

Bauteil nt <-(e)s, -e> elemento m de construção

Bauten ['bautən] pl von **Bauten**

Bauunternehmer(in) m(f) <-s, - o -innen> construtor, construtora m, f, empreiteiro, empreiteira m, f

Bauweise f <-n> sistema m de construção, técnica f de construção

Bauwerk nt <-(e)s, -e> obra f

Bauwesen nt <-s> kein pl obras públicas fpl

Bayer(in) m(f) <-n, -n o -innen> bávaro, bávara m, f

Bayern ['baiən] nt <-s> kein pl Baviera f

bayrisch ['bairiʃ] adj bávaro

Bazillus [ba'tsilus] m <-, Bazillen> (BIOL) bacilo m

Bd. abk v **Band** vol. (= volume)

Bde. abk v **Bände** vol. (= volumes)

beabsichtigen* vt ~ **etw zu tun** tencionar fazer a. c., ter a intenção de fazer a. c.

beachten* vt **1.** (Aufmerksamkeit schenken) reparar em, atender a **2.** (berücksichtigen) tomar em consideração, ter em conta **3.** (Regel, Gebot) seguir, respeitar; (Vorfahrt) respeitar

beachtenswert adj notável

beachtlich adj **1.** (beträchtlich) considerável **2.** (wichtig) importante

Beachtung f kein pl (von Vorschriften) observação f; **jdm/etw ~ schenken** dar atenção a alguém/a. c., tomar alguém/a. c. em consideração; ~ **finden** ser considerado

Beamtentum nt <-s> kein pl funcionalismo m público

Beamte(r)(in) m(f) <-n, -n o -innen> funcionário, funcionária m, f público

beängstigen* vt inquietar, alarmar

beängstigend adj inquietante, alarmante

beanspruchen* vt **1.** (fordern) exigir; (Recht) reivindicar; (Platz) reclamar **2.** (Zeit) requerer, levar; **jdn ~** tomar tempo a alguém **3.** (TECH) submeter a esforço

Beanspruchung f <-en> **1.** (Anforderung) exigência f; (eines Rechtes) reivindicação f **2.** (Abnutzung) desgaste m

beanstanden* vt pôr objecções a, reclamar

Beanstandung f <-en> objecção f, reclamação f

beantragen* vt pedir, requerer

beantworten* vt responder a

bearbeiten* vt **1.** (Antrag, Fall, Akte) estudar **2.** (Material) trabalhar, (Stein, Holz) apelrhar, trabalhar **3.** (Land) lavrar, trabalhar **4.** (Text) redigir, compor; (Buch) refundir; (Thema) tratar; (für den Film) adaptar **5.** (MUS) arranjar **6.** (umg: beeinflussen wollen) dar a volta a, tentar convencer

Bearbeiter(in) m(f) <-s, - o -innen> (Text) revisor, revisora m, f

Bearbeitung f <-en> **1.** (von Antrag, Thema) tratamento m **2.** (von Stein) aparelhamento m **3.** (von Land) cultivo m **4.** (überarbeitete Fassung) revisão f, reedição f; (für den Film) adaptação f **5.** (MUS) arranjo m

beatmen* vt **jdn künstlich ~** manter alguém em respiração artificial

beaufsichtigen* vt vigiar, inspeccionar

beauftragen* vt encarregar, incumbir; **jdn mit etw ~** encarregar alguém de a.c.

Beauftragte(r) *m/f*<-n, -n *o* -n> encarregado, encarregada *m, f*, delegado, delegada *m, f*; (JUR) mandatário, mandatária *m, f*
bebauen* *vt* **1.** (*mit Häusern*) urbanizar **2.** (*Acker*) cultivar
Bebauung *f*<-en> urbanização *f*
Bebauungsplan *m* <-(e)s, -pläne> plano *m* de urbanização
Bébé *nt* <-s, -s> (*schweiz*) bebé *m;* (*brasil*) nenê *m*
beben ['beːbən] *vi* tremer
Beben *nt* <-s, -> tremor *m*, sismo *m*
bebildern* *vt* ilustrar
Becher ['bɛçɐ] *m* <-s, -> caneca *f*; (*ohne Henkel*) taça *f*, copo *m*
Becken ['bɛkən] *nt* <-s, -> **1.** (ANAT) bacia *f* **2.** (*Spülbecken*) bacia *f*, alguidar *m*; (*Waschbecken*) lavatório *m*; (*Taufbecken*) pia *f*; (*Schwimmbecken*) piscina *f* **3.** (MUS) pratos *mpl*
Becquerel *nt* <-s, -> (PHYS) becquerel *m*
bedacht [bə'daxt] *adj* ponderado; **auf etw** ~ **sein** pensar em a. c., preocupar-se com a. c.
bedächtig *adj* **1.** (*umsichtig*) reflectido, ponderado **2.** (*langsam*) compassado, lento
bedanken *vr* **sich** ~ agradecer; **sich bei jdm für etw** ~ agradecer a. c. a alguém
Bedarf [bə'darf] *m* <-(e)s> *kein pl* necessidade *f* (*an* de), falta *f* (*an* de); (WIRTSCH) procura *f*; **je nach** ~ segundo/conforme as necessidades; **bei** ~ em caso de necessidade
Bedarfsartikel *m* <-s, -> artigo *m* de primeira necessidade
bedauerlich [bə'daʊɐlɪç] *adj* lamentável, deplorável
bedauern* *vt* lamentar, deplorar; (*bemitleiden*) ter pena de
Bedauern *nt* <-s> *kein pl* pena *f*, pesar *m;* **zu meinem großen** ~ com muita pena minha
bedauernswert *adj* (*Zustände*) lamentável, deplorável; (*Mensch*) desgraçado, digno de compaixão
bedecken* *vt* cobrir (*mit* de), tapar (*mit* com)
bedeckt *adj* coberto; (*Himmel*) encoberto
Bedeckung *f* <-en> **1.** (*mit Tuch, Decke*) cobertura *f* **2.** (*Schutz*) protecção *f*; (MIL) escolta *f*
bedenken* *vt irreg* ponderar, reflectir sobre
Bedenken¹ *nt* <-s> *kein pl* (*Überlegen*) reflexão *f*, meditação *f*

Bedenken² *pl* (*Zweifel*) reservas *fpl*, dúvidas *fpl;* (*Skrupel*) escrúpulos *mpl*
bedenkenlos *adj* sem reservas, sem hesitação
bedenklich *adj* (*Zustand*) crítico, preocupante; (*Tat*) duvidoso
Bedenkzeit *f kein pl* tempo *m* para deliberar
bedeuten* *vt* **1.** (*bezeichnen*) significar, querer dizer; **was bedeutet dieses Wort?** o que quer dizer esta palavra? **2.** (*wichtig sein*) significar, ter importância; **das hat nichts zu** ~ não importa, não quer dizer nada; **jdm viel/wenig** ~ ser muito/pouco importante para alguém
bedeutend *adj* **1.** (*wichtig*) importante **2.** (*beträchtlich*) considerável, significativo
Bedeutung *f*<-en> **1.** (*Sinn*) sentido *m*, significado *m* **2.** *kein pl* (*Wichtigkeit*) importância *f*
bedeutungslos *adj* insignificante, sem importância
Bedeutungslosigkeit *f kein pl* insignificância *f*
bedeutungsvoll *adj* **1.** (*wichtig*) relevante, importante **2.** (*bedeutsam*) significativo
bedienen* **I.** *vt* (*im Restaurant*) servir; (*im Geschäft*) atender; (*Maschine*) manejar **II.** *vr* **sich** ~ (*beim Essen*) servir-se
Bedienerin *f* <-nen> (*österr*) empregada *f* da limpeza
bedienstet *adj* (*österr*) empregado
Bedienung *f* <-en> **1.** *kein pl* (*im Restaurant*) serviço *m;* (*im Geschäft*) atendimento *m* **2.** *kein pl* (*von Maschine*) manejo *m* **3.** (*Kellner(in)*) empregado, empregada *m, f* **4.** *kein pl* (*Zuschlag*) percentagem *f* (de serviço)
bedingen* *vt* **1.** (*voraussetzen*) pressupor; (*erfordern*) exigir, requerer **2.** (*verursachen*) condicionar
Bedingung *f*<-en> condição *f*; **unter der** ~, **dass ...** com a/na condição de ...; **unter keiner** ~ de modo algum
bedingungslos *adj* incondicional
Bedingungssatz *m* <-es, -sätze> (LING) oração *f* condicional
bedrängen* *vt* **1.** (*belästigen*) importunar, maçar **2.** (*Gegner*) pressionar, fazer pressão sobre
bedrohen* *vt* ameaçar (*mit* de)
bedrohlich *adj* ameaçador
Bedrohung *f*<-en> ameaça *f*

B

bedrucken* *vt* imprimir, estampar (*mit* com)

bedrücken* *vt* oprimir, afligir

bedrückend *adj* opressivo, aflitivo

Beduine(in) *m(f)* <-n, -n *o* -innen> beduíno, beduína *m, f*

Bedürfnis *nt* <-ses, -se> necessidade *f;* **das ~ nach etw haben** ter necessidade de a. c.; **ein ~ befriedigen** satisfazer uma necessidade

bedürfnislos *adj* despretensioso; (*bescheiden*) modesto

bedürftig *adj* necessitado, carenciado

beduseln* *vr* **sich ~** (*umg*) embebedar-se

Beefsteak *nt* <-s, -s> bife *m*

beehren* *vt* (*geh*) honrar (*mit* com)

beeiden* *vt* (JUR) jurar, ajuramentar

beeilen* *vr* **sich ~** apressar-se (*zu* a), despachar-se (*zu* a)

beeindrucken* *vt* impressionar, causar impressão a; **von etw beeindruckt sein** ficar impressionado com a. c.

beeinflussen* *vt* influenciar, exercer influência sobre

Beeinflussung *f* <-en> influência *f*

beeinträchtigen* *vt* afectar; (*schaden*) lesar, prejudicar; (*Freiheit*) restringir

Beeinträchtigung *f* <-en> (*Schaden*) prejuízo *m*, dano *m*

beenden* *vt* acabar, terminar, concluir

beengen* *vt* **1.** (*Kleid*) apertar; **das Kleid beengt mich** o vestido aperta-me, o vestido está-me apertado **2.** (*Bewegungsfreiheit*) constranger

beerben* *vt* herdar de, ser herdeiro de

beerdigen* *vt* enterrar, sepultar

Beerdigung *f* <-en> enterro *m*, funeral *m*

Beerdigungsinstitut *nt* <-(e)s, -e> agência *f* funerária

Beere ['be:rə] *f* <-n> bago *m*, baga *f*

Beet [be:t] *nt* <-(e)s, -e> canteiro *m*, alegrete *m*

Beete *f* <-n> **rote ~** beterraba *f*

befähigen* *vt* habilitar (*zu* para), tornar capaz (*zu* de)

Befähigung *f* <-en> **1.** (*Begabung*) capacidade *f*, talento *m* **2.** (*Qualifikation*) qualificação *f*, habilitações *fpl*

befahl *imp von* **befehlen**

befahrbar *adj* (*Straße*) transitável; (NAUT) navegável

befahren*[1] *vt irreg* **1.** (*Straße*) transitar

em, circular em; **dieser Weg wird stark ~** este caminho tem muito movimento **2.** (NAUT) navegar em/por

befahren[2] *adj* (*Straße*) com movimento

befallen* *vt irreg* **1.** (*Angst, Zweifel*) atacar, acometer **2.** (*Schädlinge*) atacar

befangen *adj* **1.** (*unsicher*) embaraçado, acanhado **2.** (JUR) parcial

Befangenheit *f kein pl* **1.** (*Unsicherheit*) embaraço *m*, acanhamento *m* **2.** (JUR) parcialidade *f*

befassen* *vr* **sich ~ 1.** (*Angelegenheit*) ocupar-se (*mit* de), dedicar-se (*mit* a) **2.** (*handeln von*) tratar (*mit* de)

Befehl [bə'fe:l] *m* <-(e)s, -e> ordem *f;* (MIL) (co)mando *m;* (INFORM) comando *m*, instrução *f;* **den ~ übernehmen** assumir o comando

befehlen *vi* ordenar, mandar; **jdm etw ~** dar ordem a alguém de/para fazer a. c.

Befehlscode *m* <-s, -s> (INFORM) código *m* de instrução

befehlswidrig *adj* contrário às ordens

Befehlszeile *f* <-n> (INFORM) barra *f* de comandos

befestigen* *vt* **1.** (*Bild*) fixar, pôr; (*mit Schnur, Seil*) amarrar, prender **2.** (*Straße*) reforçar **3.** (MIL) fortificar **4.** (*Freundschaft*) consolidar, firmar

Befestigung *f* <-en> **1.** (*von Straße, Damm*) reforço *m* **2.** (*mit Schrauben*) fixação *f* **3.** (MIL) fortificação *f* **4.** (*einer Freundschaft*) consolidação *f*

befeuchten* *vt* humedecer

befinden* **I.** *vr* **sich ~** *irreg* encontrar-se, ficar; **das Büro befindet sich im 2. Stock** o escritório fica no 2º andar; **er befindet sich im Ausland** ele encontra-se no estrangeiro **II.** *vi irreg* considerar; **etw für gut/schlecht ~** considerar a. c. bom/mau

Befinden *nt* <-s> *kein pl* estado *m* de saúde

beflissen [bə'flɪsən] *adj* dedicado, aplicado

beflügeln* *vt* (*geh: Fantasie*) dar asas a

befohlen [bə'fo:lən] *imp von* **befehlen**

befolgen* *vt* (*Rat*) seguir; (*Befehl*) obedecer a, executar; (*Gesetz*) cumprir; (*Regel*) observar

befördern* *vt* **1.** (*transportieren*) transportar **2.** (*beruflich*) promover (*zu* a)

Beförderung *f* <-en> **1.** (*Transport*) transporte *m* **2.** (*beruflich*) promoção *f*

befragen* *vt* interrogar; (*Arzt*) consultar

Befragung *f* <-en> (JUR) interrogatório *m*

befreien* I. *vt* (*aus Gefangenschaft*) libertar (*aus/von* de), resgatar; (*von Zahlungen, Militärdienst*) isentar (*von* de), dispensar (*von* de) II. *vr* sich ~ libertar-se (*aus/von* de)

Befreiung *f* <-en> 1. (*aus Gefangenschaft*) libertação *f*, resgate *m* 2. (*von Pflichten*) isenção *f*

Befreiungskrieg *m* <-(e)s, -e> guerra *f* de independência

befremden* *vt* parecer estranho a

befremdlich *adj* estranho

befreunden* *vr* sich ~ tornar-se amigo (*mit* de), travar amizade (*mit* com)

befreundet *adj* amigo (*mit* de)

befriedigen* *vt* satisfazer, contentar

befriedigend *adj* satisfatório; (*Schulnote*) suficiente

Befriedigung *f* <-en> satisfação *f*

befristen* *vt* limitar, aprazar

befristet *adj* limitado, a prazo

befruchten* *vt* fecundar, fertilizar

Befruchtung *f* <-en> fecundação *f*; **künstliche** ~ inseminação artificial, fecundação in vitro

Befugnis [bə'fuːknɪs] *f* <-se> competência *f*, autorização *f*

befugt *adj* **zu etw** ~ **sein** estar autorizado/ habilitado para fazer a. c.

befühlen* *vt* apalpar

Befund *m* <-es, -e> (MED) diagnóstico *m*, resultado *m*

befürchten* *vt* temer, recear

Befürchtung *f* <-en> receio *m*, apreensão *f*

befürworten* *vt* aprovar; (*empfehlen*) recomendar

begabt [bə'gaːpt] *adj* dotado, talentoso; **für etw** ~ **sein** ter jeito para a. c.

Begabung [bə'gaːbʊŋ] *f* <-en> talento *m*, aptidão *f*

begann [bə'gan] *Präteritum* **beginnen**

begeben* *vr* sich ~ *irreg* 1. (*gehen*) dirigir-se (*zu* a/para), ir (*zu* a/para); **sich in Gefahr** ~ expor-se ao perigo; **sich zur Ruhe** ~ ir descansar, ir-se deitar 2. (*geh: geschehen*) acontecer

Begebenheit *f* <-en> acontecimento *m*

begegnen* I. *vi* (*treffen*) encontrar; **jdm** ~ encontrar alguém, cruzar-se com alguém; **wir begegneten ihm** encontrámo-lo, cruzámo-nos com ele; **etw** ~ deparar com a. c.; (*widerfahren*) acontecer, suceder II. *vr* sich

~ encontrar-se, cruzar-se; (*Blicke*) cruzar-se

Begegnung *f* <-en> encontro *m* (*mit* com)

begehen* *vt irreg* 1. (*Straftat, Fehler*) cometer 2. (*geh: Feier*) celebrar, festejar

begehren* *vt* ansiar por, desejar

begehrenswert *adj* desejável, apetecível

begehrt *adj* cobiçado; (*Ware*) muito procurado

begeistern* I. *vt* entusiasmar (*für* por) II. *vr* sich ~ entusiasmar-se (*für* por), vibrar (*für* com)

begeistert *adj* entusiasmado (*von* com); (*Applaus*) entusiástico

Begeisterung *f kein pl* entusiasmo *m* (*für* por)

Begierde [bə'giːɐdə] *f* <-n> desejo *m*, anseio *m*

begierig *adj* desejoso (*auf* por), ansioso (*auf* por)

begießen* *vt irreg* molhar; **das muss begossen werden** temos de festejar isso

Beginn [bə'gɪn] *m* <-(e)s> *kein pl* princípio *m*, começo *m*, início *m*; **zu** ~ de início, a princípio

beginnen *vi* começar, principiar, iniciar; **wir** ~ **mit der Arbeit** começamos (com) o trabalho

beglaubigen* *vt* 1. (*Urkunde, Kopie*) autenticar, certificar; (*Unterschrift*) reconhecer 2. (*Diplomaten*) acreditar

Beglaubigung *f* <-en> atestado *m*, certificado *m*; (*notariell*) reconhecimento *m*, autenticação *f*

begleiten* *vt* (MUS) acompanhar

Begleiter(in) *m(f)* <-s, - *o* -innen> acompanhante *m,f*; (*Gefährte*) companheiro, companheira *m, f*

Begleiterscheinung *f* <-en> fenómeno *m* concomitante; (MED) epifenómeno *m*

Begleitmusik *f* <-en> música *f* de acompanhamento

Begleitschreiben *nt* <-s, -> carta *f* acompanhante; (*bei Bewerbung*) carta *f* de apresentação

Begleitung *f* <-en> companhia *f*; (MUS) acompanhamento *m*; **in** ~ **von** na companhia de; **in** ~ **kommen** vir acompanhado

beglückwünschen* *vt* felicitar (*zu* por), dar os parabéns a (*zu* por)

begnadigen* *vt* indultar, amnistiar

Begnadigung *f* <-en> indulto *m*, amnistia *f*

B

begnügen* vr sich ~ contentar-se (mit com), satisfazer-se (mit com)

Begonie f <-n> (BOT) begónia f

begonnen [bə'gɔnən] pp von **beginnen**

begraben* vt irreg **1.** (Tote) enterrar, sepultar **2.** (Hoffnung) abandonar; (Streit) esquecer

Begräbnis nt <-ses, -se> enterro m, funeral m

begradigen* vt rectificar

begreifen* vt irreg compreender, entender

begreiflich adj compreensível; **jdm etw ~ machen** fazer compreender a. c. a alguém

begrenzen* vt **1.** (Gebiet) delimitar, demarcar **2.** (beschränken) limitar (auf a), restringir (auf a)

begrenzt adj limitado

Begrenzung f <-en> **1.** (das Begrenzen) demarcação f, limitação f **2.** (Grenzen) limites mpl, confins mpl

Begriff m <-(e)s, -e> **1.** (Ausdruck) termo m, conceito m **2.** (Vorstellung) noção f, ideia f; **sich** dat **einen ~ von etw machen** fazer ideia de a. c.; **schwer von ~** de compreensão lenta; **im ~ sein, etw zu tun** estar prestes a fazer a. c., estar mesmo para fazer a. c.

begriffsstutzig adj lento, de compreensão lenta

begründen* vt **1.** (Tat) justificar (mit com) **2.** (gründen) fundar, estabelecer

Begründer(in) m(f) <-s, - o -innen> fundador, fundadora m, f

Begründung f <-en> motivo m (für de), causa f (für de), justificação f (für para)

begrüßen* vt **1.** (Person) saudar, cumprimentar **2.** (Entwicklung, Vorschlag) aclamar, receber bem **3.** (schweiz: zu Rate ziehen) consultar

Begrüßung f <-en> saudação f, cumprimento m

A saudação é diferente nas distintas regiões da Alemanha, na Suíça e na Áustria. Além de "guten Morgen", "guten Tag" (bom dia) e "guten Abend" (boa noite) que se usa em todas as partes, diz-se na Alemanha do Sul e na Áustria "Grüß Gott", na Alemanha do Norte "Moin, moin" e na Suíça "Grüezi".

begünstigen* vt **1.** (Person) favorecer, proteger **2.** (Sachverhalt) promover, patrocinar; (JUR) encobrir

Begünstigung f <-en> protecção f, auxílio m

begutachten* vt emitir parecer sobre, pronunciar-se sobre; (prüfen) examinar, apreciar

begütert adj rico, abastado

behaart adj peludo, cabeludo

Behaarung f kein pl pelugem f; (Tiere) pelagem f

behäbig adj (beleibt) abastado; (phlegmatisch) pachorrento, pacato

Behäbigkeit f kein pl pachorra f, lentidão f

behaftet [bə'haftət] adj mit etw ~ sein estar marcado com a. c.

behagen* vi agradar, ser agradável a; **das behagt ihm/ihr nicht** não lhe agrada

Behagen nt <-s> kein pl agrado m, bem-estar m

behaglich [bə'ha:klıç] adj agradável; (gemütlich) confortável, aconchegado

Behaglichkeit f kein pl comodidade f, bem-estar m

behalten* vt irreg **1.** (nicht weggeben) guardar, ficar com; **etw hier ~** ficar com a. c.; **übrig ~** ter de sobra; **behalte es für dich!** guarda segredo! **2.** (Ruhe, Farbe, Mehrheit) manter, conservar **3.** (im Gedächtnis) reter, recordar; **etw im Auge ~** não perder a. c. de vista; **Recht ~** acabar por ter razão

Behälter m <-s, -> recipiente m, depósito m

behandeln* vt (MED) tratar (mit com); **schlecht ~** tratar mal

Behandlung f <-en> (a MED, TECH) tratamento m (mit com)

beharren* vi insistir (auf em), teimar (auf em); (auf Meinung) manter-se firme (auf em)

beharrlich adj (ausdauernd) persistente, perseverante; (hartnäckig) teimoso, obstinado

Beharrlichkeit f kein pl perseverança f, insistência f

behaupten* **I.** vt (These) afirmar, asseverar; (Stellung) defender, manter **II.** vr sich ~ afirmar-se, impor-se

Behauptung f <-en> afirmação f, asserção f; **eine ~ aufstellen** fazer uma afirmação

Behausung [bə'haʊzʊŋ] f <-en> alojamento m, habitação f

beheben* vt irreg (Schaden) remediar, arranjar; (Zweifel) tirar, resolver

beheizbar adj aquecível

beheizen* vt aquecer

Behelf [bə'hɛlf] m <-(e)s, -e> recurso m, solução f de emergência

behelfen* *vr* sich ~ *irreg* arranjar-se (*mit* com, *ohne* sem), contentar-se (*mit* com, *ohne* sem)

behelfsmäßig *adj* provisório, temporário

behelligen* *vt* importunar (*mit* com), maçar

beherbergen* *vt* albergar, hospedar

beherrschen* **I.** *vt* (*Macht haben*) dominar; (*Sprache*) dominar; (*Situation*) controlar **II.** *vr* sich ~ dominar-se, conter-se

beherrscht *adj* controlado

Beherrschung *f kein pl* **1.** (*von Land, Markt*) domínio *m* **2.** (*Selbstbeherrschung*) controlo *m;* **die** ~ **verlieren** descontrolar-se

beherzigen* *vt* tomar/levar a peito

behilflich *adj* jdm (**bei etw**) ~ **sein** ser útil a alguém (em a. c.), ajudar alguém (em a. c.)

behindern* *vt* estorvar; (*Verkehr*) impedir, obstruir

behindert *adj* (*körperlich*) deficiente (físico); (*geistig*) deficiente mental

behindertengerecht *adj* adaptado a deficientes

Behinderte(r) *m/f* <-n, -n *o* -n> deficiente *m,f*

Behinderung *f* <-en> **1.** (*des Verkehrs*) impedimento *m*, obstrução *f;* (*einer Sache*) estorvo *m* **2.** (MED) deficiência *f*

Behörde *f* <-n> autoridade(s) *fpl*, serviços *mpl* públicos; (*Amt*) repartição *f*, serviço *m*

behüten* *vt* guardar (*vor* de), proteger (*vor* de); **Gott behüte!** Deus queira que não!, Deus me livre!

behutsam [bə'hu:tza:m] *adj* cuidadoso, cauteloso

Behutsamkeit *f kein pl* cuidado *m*, cautela *f*

bei [baɪ] *präp* +*dat* **1.** (*örtlich*) perto de, junto de; (*bei jdm*) em casa de; **er/sie wohnt** ~ **uns** vive connosco, vive em nossa casa; **~m Friseur** no cabeleireiro **2.** (*Begleitumstände*) com; ~ **schlechtem Wetter** com mau tempo; ~ **Regen/Nebel** com chuva/nevoeiro; ~ **Strafe** sob pena; **etw** ~ **sich** *dat* **haben** ter a. c. consigo **3.** (*zeitlich*) a; (*während*) durante, de; ~ **Sonnenaufgang** ao nascer do sol; ~ **jedem Schritt** a cada passo; ~**m Fahren** a conduzir; ~ **der Arbeit** no trabalho; ~ **Nacht/Tag** de noite/dia

beibehalten* *vt irreg* conservar, manter

Beiboot *nt* <-(e)s, -e> bote *m*, batel *m*

beibringen *vt irreg* **1.** (*lehren*) ensinar; **jdm Portugiesisch** ~ ensinar português a alguém **2.** (*Beweise*) apresentar, fornecer; (*Gründe*) alegar, apresentar

Beichte ['baɪçtə] *f* <-n> confissão *f*

beichten I. *vt* confessar **II.** *vi* confessar-se, fazer confidências

Beichtstuhl *m* <-(e)s, -stühle> confessionário *m*

Beichtvater *m* <-s, -väter> confessor *m*

beide ['baɪdə] *adj* ambos, ambas, os dois, as duas; **wir** ~ nós os dois; **keiner von** ~**n** nenhum dos dois, nem um nem outro; **meine** ~**n Brüder** ambos os meus irmãos; **auf** ~**n Seiten** dos dois lados, de ambos os lados; ~**s ist richtig** ambas as coisas estão certas; ~**s** as duas coisas

beiderlei ['baɪdəlaɪ, '--'-] *adj* de ambos, de um e de outro; ~ **Geschlechts** de ambos os sexos

beiderseitig *adj* mútuo, recíproco

beiderseits *adv* de ambos os lados

beidhändig *adj* ambidestro

beidseits *präp* +*gen* (*schweiz*) nos dois lados

beieinander [--'--] *adj* um ao pé do outro, juntos; **alle** ~ todos juntos; **sie sind** ~ eles estão juntos

Beifahrer(in) *m(f)* <-s, - *o* -innen> passageiro, passageira *m, f*

Beifahrersitz *m* <-es, -e> lugar *m* do passageiro

Beifall *m* <-(e)s> *kein pl* **1.** (*Applaus*) aplauso *m;* ~ **klatschen** aplaudir, bater palmas **2.** (*Zustimmung*) aprovação *f;* ~ **finden** ser aplaudido

Beifallssturm *m* <-(e)s, -stürme> grandes aplausos *mpl*, grande *f* ovação

beifügen *vt* juntar, incluir

beige [be:ʃ] *adj* beige

Beige *f* <-n> (*schweiz*) pilha *f*, montão *m*

beigeben *vt irreg* **klein** ~ ceder, desistir

Beigeschmack *m* <-(e)s> *kein pl* ressaibo *m*, sabor *m* esquisito

Beihilfe *f* <-n> **1.** (*finanziell*) subsídio *m*, abono *m* **2.** *kein pl* (JUR) cumplicidade *f*

Beil [baɪl] *nt* <-(e)s, -e> machado *m*, machada *f*

Beilage *f* <-n> **1.** (PUBL) suplemento *m* **2.** (GASTR) acompanhamento *m* **3.** (*österr: zum Brief*) anexo *m*

beiläufig I. *adj* (*Frage*) acidental, casual; (*österr: ungefähr*) aproximado **II.** *adv* de passagem

bei|legen vt 1. (hinzulegen) juntar, anexar 2. (Streit) resolver, solucionar

beileibe [baɪˈlaɪbə] adv ~ **nicht!** de modo nenhum!, de maneira nenhuma!

Beileid nt <-> kein pl pêsames mpl, condolências fpl; **herzliches** ~ os meus pêsames, sinto muito; **jdm sein** ~ **aussprechen** dar os pêsames a alguém

beiliegend adj junto, anexo; ~ **senden wir Ihnen ...** enviamos em anexo ...

beim [baɪm] = **bei dem** s. **bei**

bei|messen vt irreg atribuir, imputar; **etw viel/wenig Bedeutung** ~ dar muita/pouca importância a a. c.

Bein [baɪn] nt <-(e)s, -e> 1. (von Mensch) perna f; **wieder auf den** ~**en sein** (já) estar de pé; **sich auf die** ~**e machen** pôr-se a caminho, pôr-se a andar; **jdm** ~**e machen** fazer alguém andar; **die** ~**e in die Hand nehmen/die** ~**e unter die Arme nehmen** safar-se, pirar-se; **jdm ein** ~ **stellen** passar uma rasteira a alguém 2. (von Tier) pata f 3. (von Stuhl) perna f

beinah(e) adv quase, por um pouco

Beinbruch m <-(e)s, -brüche> fractura f da perna

beinhalten* vt conter, incluir

Beipackzettel m <-s, -> instruções fpl

bei|pflichten [ˈbaɪpflɪçtən] vi jdm ~ concordar com alguém; **etw** ~ aprovar a. c.

Beiried nt <-(e)s, -e> (österr) bife m

beirren* vr sich ~ sich (nicht) ~ lassen (não) deixar-se influenciar, (não) deixar-se enganar

beisammen [baɪˈzamən] adj juntos, reunidos; **er hat sie nicht alle** ~ ele não tem a cabeça no sítio

Beisammensein nt <-s> kein pl convívio m, reunião f

Beischlaf m <-s> kein pl (geh) coito m

Beisein [ˈbaɪzaɪn] nt <-s> kein pl in/ohne jds ~ na/sem a presença de alguém

beiseite [baɪˈzaɪtə] adv à parte, de parte; **Geld** ~ **legen** pôr dinheiro de parte; **Spaß** ~**!** fora de brincadeira!, a sério!

Beisel nt <-s, -(n)> (österr) taberna f

bei|setzen vt enterrar

Beisetzung f <-en> enterro m, funeral m

Beisitzer(in) m(f) <-s, - o -innen> 1. (am Gericht) juiz, juíza adjunta m, f adjunto 2. (in Ausschuss) vogal m,f

Beispiel nt <-s, -e> exemplo m; **zum** ~ por exemplo; **als** ~ **anführen** citar/dar como exemplo; **kein gutes** ~ **sein** não servir de exemplo; **mit gutem** ~ **vorangehen** dar o exemplo; **ohne** ~ sem precedentes

beispielhaft adj exemplar

beispiellos adj inaudito, sem precedentes

beispielsweise adv por exemplo

beißen I. vt (Hund) morder; (Insekt) picar **II.** vi (Hund) morder; (Insekt) picar; (Rauch) arder; (Pfeffer) arder, picar; (Säure) queimar **III.** vr sich ~ (Farben) não condizer, não combinar

beißend adj (Humor) mordaz, sarcástico; (Kälte, Wind) cortante; (Schmerz) agudo; (Geschmack) picante

Beißzange f <-n> turquês f, alicate m de corte

Beistand m <-(e)s, -stände> 1. (Hilfe) ajuda f, auxílio m 2. (JUR) advogado, advogada m, f, conselheiro, conselheira m, f

bei|stehen vi irreg jdm ~ ajudar alguém, auxiliar alguém

bei|steuern vi contribuir (zu para)

Beistrich m <-(e)s, -e> (österr) vírgula f

Beitrag [ˈbaɪtraːk] m <-(e)s, -träge> 1. (Anteil) quota-parte f 2. (Zahlung) contribuição f, contributo m; (Mitgliedsbeitrag) cota f; (Versicherungsbeitrag) prémio m 3. (zu Buch, Zeitschrift) colaboração f

bei|tragen vi irreg contribuir (zu para); (mithelfen) ajudar (zu a)

bei|treten vi irreg (einem Pakt) aderir (a); (einer Organisation) ingressar (em), entrar (para); (einer Partei) filiar-se (em)

Beitritt m <-(e)s, -e> (zu Pakt) adesão f (zu a); (zu Organisation) entrada f (zu em), ingresso m (zu em); (zu Partei) filiação f (zu em); **seinen** ~ **erklären** tornar-se membro

Beiz f <-en> (schweiz) tasca f

Beize f <-n> 1. (für Holz) tinta f para madeiras 2. (für Metall) cáustico m 3. (für Textilien) mordente m 4. (GASTR) escabeche m, marinada f

beizeiten [baɪˈtsaɪtən] adv a tempo

beizen vt 1. (Holz) macerar 2. (Metall) cauterizar 3. (Textilien) mordentar 4. (GASTR) marinar

bejahen* vi dizer que sim, responder afirmativamente

bekämpfen* vt combater, lutar contra

Bekämpfung f kein pl combate m, luta f (contra)

bekannt [bə'kant] I. *pp von* **bekennen** II. *adj* (*Person*) conhecido; (*Sache*) conhecido, sabido; **etw ~ geben** anunciar a. c., comunicar a. c.; **mit jdm ~ sein** conhecer alguém; **etw ~ machen** anunciar a. c., publicar a. c.; **jdn mit jdm ~ machen** apresentar alguém a alguém

Bekanntenkreis *m* <-(e)s, -e> conhecimentos *mpl*, relações *fpl*; **in meinem ~** nas minhas relações

Bekannte(r) *m/f*<-n, -n *o* -n> conhecido, conhecida *m*, *f*

bekanntlich *adv* como se sabe

Bekanntmachung *f* <-en> 1. (*Veröffentlichung*) comunicação *f*, publicação *f* 2. (*amtlich*) edital *m*

Bekanntschaft *f* <-en> conhecimento *m*; **jds ~ machen** conhecer alguém

bekehren* *vt* (*a* REL) converter (*zu* em)

Bekehrung *f* <-en> (REL) conversão *f* (*zu* em)

bekennen* I. *vt irreg* (*zugeben*) confessar, admitir II. *vr* **sich ~** *irreg* (*eintreten für*) **sich zu etw ~** professar a. c.; **sich schuldig ~** confessar-se culpado

Bekennerschreiben *nt* <-s, -> carta *f* de confissão

Bekenntnis *nt* <-ses, -se> (REL) confissão *f*; (*Glaubensbekenntnis*) credo *m*, profissão *f* de fé

beklagen* I. *vt* chorar, lamentar II. *vr* **sich ~** queixar-se (*über* de)

beklagenswert *adj* lamentável, lastimável

bekleben* *vt* (*Wand*) forrar; **etw mit Aufklebern/Plakaten ~** colar autocolantes/ cartazes em a. c., cobrir a. c. de autocolantes/cartazes

bekleckern* I. *vt* manchar, sujar II. *vr* **sich ~** manchar-se, sujar-se

bekleiden* *vt* 1. (*Amt*) ocupar, desempenhar 2. (*anziehen*) vestir; **leicht bekleidet** com pouca roupa

Bekleidung *f* <-en> 1. *kein pl* (*eines Amtes*) desempenho *m*, exercício *m* 2. (*Kleidung*) vestuário *m*

beklemmend *adj* opressivo; (*Hitze*) sufocante, asfixiante; (*Stille*) constrangedor

beklommen [bə'klɔmən] *adj* angustiado, aflito

Beklommenheit *f kein pl* angústia *f*, aflição *f*

bekloppt [bə'klɔpt] *adj* (*umg*) tolo, tolinho

bekommen* I. *vt irreg* (*erhalten*) receber; **eine CD zum Geburtstag ~** receber um CD nos anos; **Post ~** receber correio; (*erlangen*) arranjar, conseguir, obter; (*Angst, Hunger*) ficar com, começar a ter; (*Zug, Krankheit, Schreck*) apanhar; (*Besuch*) receber; (*Kind*) ter II. *vi irreg* **gut/schlecht ~** fazer bem/ mal; (*Essen*) cair bem/mal

bekömmlich *adj* saudável; **leicht ~** leve; **schwer ~** indigesto

bekräftigen* *vt* confirmar, corroborar

bekreuzigen* *vr* **sich ~** benzer-se, persignar-se

bekriegen* *vr* **sich ~** guerrear, combater-se

bekritzeln* *vt* escrevinhar em, fazer rabiscos em

bekümmern* *vt* afligir, preocupar

bekümmert *adj* aflito, preocupado

bekunden* *vt* (*geh*) declarar, manifestar

belächeln* *vt* rir de

beladen* *vt irreg* carregar (*mit* com/de); **schwer ~ sein** estar (muito) carregado

Belag [bə'la:k] *m* <-(e)s, -läge> 1. (*Schicht*) camada *f* (fina); (*Straßenbelag, Fußbodenbelag*) revestimento *m*; (*Zahnbelag*) sarro *m*; (*auf Zunge*) saburra *f* 2. (*Brotbelag*) recheio *m* 3. (*Bremsbelag*) calço *m*

belagern* *vt* cercar, assediar

Belagerung *f* <-en> cerco *m*, sítio *m*

Belang [bə'laŋ] *m* <-(e)s> *kein pl* importância *f*; (**nicht**) **von ~ sein** (não) ter importância, (não) ser importante

Belange *pl* interesses *mpl*

belangen* *vt* (JUR) processar, acusar

belanglos *adj* sem importância, insignificante

Belanglosigkeit *f* <-en> insignificância *f*

belassen* *vt irreg* deixar; **alles beim Alten ~** deixar tudo como estava, deixar ficar

Belastbarkeit *f* <-en> 1. (*von Material*) capacidade *f* de carga 2. *kein pl* (*körperlich, psychisch*) capacidade *f* de resistência

belasten* I. *vt* (*mit Gewicht*) carregar; (JUR) incriminar, culpar; (*bedrücken*); **etw belastet jdn** a. c. pesa sobre alguém; **jdn mit etw ~** sobrecarregar alguém com a. c.; (ÖKOL) prejudicar; (*Grundstück*) onerar; (*Konto*) debitar; (*Haus*) hipotecar II. *vr* **sich ~ sich mit etw ~** sobrecarregar-se com a. c.

belästigen* *vt* importunar (*mit* com), incomodar (*mit* com), maçar (*mit* com); (*sexuell*) assediar

B

Belästigung *f* <-en> incómodo *m,* maçada *f;* (*sexuell*) assédio *m* (sexual)

Belastung [bə'lastʊŋ] *f* <-en> **1.** (*mit Gewicht*) carga *f,* peso *m* **2.** (JUR) incriminação *f* **3.** (*psychisch*) sobrecarga *f;* **erbliche** ~ tara hereditária *f* **4.** (ÖKOL) poluição *f* **5.** (*finanziell*) encargo *m;* (*eines Kontos*) débito *m;* (*eines Hauses*) hipoteca *f*

belaufen* *vr* **sich** ~ *irreg* chegar (*auf* a), importar (*auf* em)

belauschen* *vt* espreitar, escutar

beleben* *vt* animar, dar vida a; **jdn wieder**~ reanimar alguém

belebt *adj* animado; (*Straße*) movimentado

Beleg [bə'le:k] *m* <-(e)s, -e> **1.** (*Beweis*) prova *f;* (*schriftlich*) documento *m* comprovativo **2.** (*Quittung*) recibo *m*

belegen* *vt* **1.** (*beweisen*) comprovar, provar; (*urkundlich*) documentar **2.** (*Platz*) reservar; (*Zimmer*) ocupar; (*Kurs, Vorlesung*) inscrever-se em, matricular-se em **3.** (*Kuchen*) cobrir (*mit* com); **das Brötchen mit Käse/Schinken** ~ pôr queijo/fiambre no pão

Belegschaft *f* <-en> pessoal *m*

belehren* *vt* instruir; **sich** ~ **lassen** dar ouvidos a alguém, seguir o conselho de alguém; **jdn eines Besseren** ~ desenganar alguém, abrir os olhos a alguém

beleibt [bə'laɪpt] *adj* corpulento, gordo

beleidigen* *vt* ofender; (*mündlich*) insultar; (JUR) injuriar; **beleidigt sein** ficar melindrado, ficar ofendido

Beleidigung *f* <-en> ofensa *f;* (*mündlich*) insulto *m;* (JUR) injúria *f*

belesen *adj* muito lido, erudito

beleuchten* *vt* **1.** (*mit Licht*) iluminar **2.** (*Frage, Thema*) focar; **etw näher** ~ ver a. c. mais de perto

Beleuchtung *f* <-en> iluminação *f,* luz *f;* (*von Fahrzeug*) luzes *fpl,* faróis *mpl*

Belgien ['bɛlɡiən] Bélgica *f*

Belgier(in) *m(f)* <-s, - *o* -innen> belga *m,f*

belgisch *adj* belga

belichten* *vt* (FOT) expor (à luz)

Belichtung *f* <-en> (FOT) exposição *f* (à luz)

Belichtungsmesser *m* <-s, -> fotómetro *m*

Belieben *nt* <-s> *kein pl* vontade *f,* agrado *m;* **nach** ~ à vontade, à discrição; (*nach Geschmack*) a gosto

beliebig **I.** *adj* qualquer **II.** *adv* à vontade, à escolha; ~ **viel** à discrição, quanto se queira

beliebt *adj* (*Person*) querido (*bei* por), estimado (*bei* por); (*Sache, Thema*) popular (*bei* entre), em voga; **sich bei jdm** ~ **machen** ganhar as boas graças de alguém

Beliebtheit *f kein pl* popularidade *f* (*bei* entre); **sich großer** ~ **erfreuen** gozar de grande popularidade

beliefern* *vt* fornecer, abastecer (*mit* com/ de)

bellen ['bɛlən] *vi* ladrar, latir

Belletristik [bɛle'trɪstɪk] *f kein pl* belas-letras *fpl*

belohnen* *vt* recompensar (*für* por), premiar (*für* por); (*mit Geld*) gratificar (*für* por)

Belohnung *f* <-en> recompensa *f* (*für* por), prémio *m* (*für* por); (*Geld*) gratificação *f* (*für* por)

belügen* *vt irreg* intrujar, mentir a

belustigend *adj* divertido, alegre

Belustigung *f kein pl* divertimento *m;* **zur allgemeinen** ~ para divertimento de todos

bemächtigen* *vr* **sich** ~ **sich** *dat* **etw** ~ apoderar-se de a. c., usurpar a. c.

bemalen* *vt* pintar

bemängeln* *vt* criticar, censurar

bemannt [bə'mant] *adj* (*Raumschiff*) tripulado

bemerkbar *adj* perceptível; **sich** ~ **machen** dar nas vistas, fazer-se notar

bemerken* *vt* **1.** (*sagen*) fazer uma observação, fazer um reparo **2.** (*wahrnehmen*) reparar em, notar, dar por

bemerkenswert *adj* notável

Bemerkung *f* <-en> observação *f,* reparo *m;* (*schriftlich*) nota *f,* observação *f*

bemessen* *vt irreg* medir

bemitleiden* *vt* ter pena de, sentir compaixão por

bemitleidenswert *adj* digno de compaixão

bemühen* *vr* **sich** ~ esforçar-se (*um* por); **sich** ~, **etw zu tun** dar-se ao trabalho de fazer a. c.; **sich um jdn** ~ ter muitos cuidados com alguém; **sich um etw** ~ tentar conseguir a. c.; ~ **Sie sich nicht!** não se incomode!

Bemühung *f* <-en> esforço *m,* empenho *m*

bemuttern* *vt* tratar com carinho, apaparicar

benachbart [bə'naxbaːɐt] *adj* vizinho; (*angrenzend*) contíguo, adjacente

benachrichtigen* *vt* informar (*von* de), avisar (*von* de)

Benachrichtigung *f* <-en> aviso *m*, notificação *f*, participação *f*

benachteiligen* *vt* prejudicar (*wegen* por), preterir (*wegen* por)

Benachteiligung *f* <-en> detrimento *m*

benebelt *adj* (*durch Alkohol*) tonto

Benediktiner(in) *m(f)* <-s, - *o* -innen> beniditino, beniditina *m*, *f*

benehmen* *vr* **sich** ~ *irreg* comportar-se (*wie* como); **sich gut/schlecht** ~ portar-se bem/mal

Benehmen *nt* <-s> *kein pl* comportamento *m*, conduta *f*; (*Erziehung*) educação *f*; **er hat kein** ~ ele não tem educação, ele é mal educado

beneiden* *vt* invejar; **jdn um etw** ~ invejar a. c. a alguém

beneidenswert *adj* invejável

Beneluxstaaten *pl* Estados *mpl* de Benelux

benennen* *vt irreg* **1.** (*Namen geben*) dar nome a, chamar **2.** (*Kandidaten*) apresentar

Bengel ['bɛŋəl] *m* <-s, -> maroto *m*, malandro *m*

benommen [bə'nɔmən] **I.** *pp von* **benehmen** **II.** *adj* atordoado (*von* por)

benoten* *vt* dar nota a; **einen Test** ~ dar nota a um teste

benötigen* *vt* precisar de, necessitar de

benutzen* *vt* **1.** (*gebrauchen*) usar, utilizar; (*verwenden*) empregar; **den Bus** ~ andar de autocarro **2.** (*ausnutzen*) aproveitar; (*pej*) aproveitar-se de

Benutzer(in) *m(f)* <-s, - *o* -innen> utente *m*,*f*

benutzerfreundlich *adj* fácil de manejar

Benutzerhandbuch *nt* <-(e)s, -bücher> (INFORM) manual *m* do utilizador

Benutzeroberfläche *f* <-n> (INFORM) interface *f*

Benutzung *f kein pl* utilização *f*, uso *m*; (*Verwendung*) emprego *m*; **in** ~ **sein** estar a ser usado

Benzin [bɛn'tsi:n] *nt* <-s, -e> gasolina *f*; (*Reinigungsbenzin*) benzina *f*; **bleifreies** ~ gasolina sem chumbo; **verbleites** ~ gasolina com chumbo

Benzinkanister *m* <-s, -> lata *f* de gasolina

Benzintank *m* <-s, -s> depósito *m* da gasolina

Benzinuhr *f* <-en> indicador *m* do nível de gasolina

Benzinverbrauch *m* <-(e)s> *kein pl* consumo *m* de gasolina

beobachten* *vt* **1.** (*betrachten*) observar **2.** (*überwachen*) vigiar **3.** (*bemerken*) notar (*an* em)

Beobachter(in) *m(f)* <-s, - *o* -innen> observador, observadora *m*, *f*

Beobachtung *f* <-en> observação *f*; (*polizeilich*) vigilância *f*

Beobachtungsgabe *f* <-n> capacidade *f* de observação

bepacken* *vt* carregar (*mit* com/de)

bepflanzen* *vt* plantar (*mit* com)

bequem [bə'kve:m] *adj* **1.** (*Möbel*) cómodo, confortável; **machen Sie es sich** ~! esteja à (sua) vontade! **2.** (*Ausrede, Lösung*) fácil, oportuno; (*Mensch*) comodista

Bequemlichkeit *f* <-en> **1.** (*Komfort*) comodidade *f*, conforto *m* **2.** *kein pl* (*Faulheit*) comodismo *m*

beraten* **I.** *vt irreg* (*Rat geben*) aconselhar; (*fachlich*) assessorar; (*besprechen*) conferenciar **II.** *vr* **sich** ~ *irreg* aconselhar-se (*mit* com); **sich** ~ **lassen** consultar alguém

Berater(in) *m(f)* <-s, - *o* -innen> conselheiro, conselheira *m*, *f*; (*fachlich*) assessor, assessora *m*, *f*, consultor, consultora *m*, *f*

Beratung *f* <-en> **1.** (*Ratschlag*) conselho *m*; (*ärztlich*) consulta *f* **2.** (*Besprechung*) discussão *f*

Beratungsstelle *f* <-n> centro *m* de orientação e apoio; (*ärztlich*) consultório *m*

berauben* *vt* roubar, despojar de; **jdn seiner Freiheit** ~ despojar alguém da liberdade, roubar a liberdade a alguém

berauschen* *vt* (*geh: Alkohol*) inebriar, embriagar; (*Macht, Erfolg*) inebriar, extasiar

Berber(in) *m(f)* <-s, - *o* -innen> (*umg*) vagabundo, vagabunda *m*, *f*

berechenbar [bə'rɛçənba:ɐ] *adj* calculável

berechnen* *vt* **1.** (*ausrechnen*) calcular, avaliar **2.** (*in Rechnung stellen*) pôr na conta

berechnend *adj* (*pej*) calculista, interesseiro

Berechnung *f* <-en> **1.** (*von Kosten*) cálculo *m* **2.** (*Eigennutz*) interesse *m*

berechtigen* *vt* dar o direito (*zu* de), autorizar (*zu* a)

berechtigt *adj* **1.** (*befugt*) autorizado (*zu*

a), com direito (*zu* a) **2.** (*Zweifel*) legítimo

Berechtigung *f* <-en> (*Recht*) direito *m* (*zu* a); (*Befugnis*) autorização *f* (*zu* para)

bereden* *vt* discutir (*mit* com), tratar

Beredsamkeit *f kein pl* eloquência *f*

beredt *adj* eloquente

Bereich [bə'raɪç] *m* <-(e)s, -e> **1.** (*Bezirk*) área *f*, zona *f* **2.** (*Sachgebiet*) área *f*, âmbito *m*, domínio *m*

bereichern* **I.** *vt* enriquecer (*mit* com). **II.** *vr* **sich** ~ enriquecer(-se) (*an* com)

Bereicherung *f* <-en> enriquecimento *m*

Bereifung *f* <-en> pneus *mpl*

bereinigen* *vt* (*Missverständnis*) esclarecer, desfazer; (*Schulden*) liquidar

bereisen* *vt* percorrer, viajar por

bereit [bə'raɪt] *adj* **1.** (*fertig*) pronto (*zu* para), preparado (*zu* para) **2.** (*gewillt*) disposto (*zu* a), a postos (*zu* para); **zu etw** ~ **sein** estar disposto a a. c.; **sich zu etw** ~ **erklären** prontificar-se a/para a. c. **3.** (*verfügbar*) disponível

bereiten* *vt* **1.** (*Speisen, Bad*) preparar **2.** (*Kummer, Freude*) causar, dar; **jdm einen herzlichen Empfang** ~ dar uma recepção calorosa a alguém

bereit|halten *vt irreg* ter à disposição (*für* de), ter preparado (*für* para)

bereit|legen *vt* preparar (*für* para)

bereit|machen *vr* **sich** ~ aprontar-se (*für* para), pôr-se a postos (*für* para)

bereits [bə'raɪts] *adv* já

Bereitschaft *f kein pl* prontidão *f;* **in** ~ **sein** estar a postos; (MIL) estar em estado de prevenção; (*Arzt, Apotheke, Polizist*); ~ **haben** estar de serviço

Bereitschaftsdienst *m* <-(e)s, -e> serviço *m* de urgências; ~ **haben** estar de serviço

bereit|stehen *vi irreg* (*Essen*) estar pronto; (*Wagen*) estar à disposição

bereitwillig **I.** *adj* pronto, solícito **II.** *adv* prontamente, de boa vontade

bereuen* *vt* arrepender-se de

Berg [bɛrk] *m* <-(e)s, -e> monte *m*, montanha *f;* ~**e versetzen** mover céus e terra; **wir sind über den** ~ o pior já passou; **über alle** ~**e sein** ter fugido para longe; **mit etw hinterm** ~ **halten** ocultar a. c., guardar a. c. para si

bergab [bɛrk'ʔap] *adv* (pelo) monte abaixo, a descer; **es geht** ~ está a piorar

Bergarbeiter(in) *m(f)* <-s, - *o* -innen> mineiro, mineira *m, f*

bergauf [bɛrk'ʔaʊf] *adv* (pelo) monte acima, a subir; **es geht** ~ está a melhorar

Bergbahn *f* <-en> teleférico *m*, ascensor *m*

Bergbau *m* <-(e)s> *kein pl* exploração *f* de minas, indústria *f* mineira

bergen ['bɛrgən] *vt* (*Menschen*) salvar, pôr a salvo; (*Ladung*) recuperar

Bergführer(in) *m(f)* <-s, - *o* -innen> guia *m,f* (nas montanhas)

bergig *adj* montanhoso, acidentado

Bergkette *f* <-n> serra *f*, cordilheira *f*

Bergkristall *m* <-(e)s, -e> cristal *m* de rocha

Bergmann *m* <-(e)s, -männer> mineiro *m*

Bergpredigt *f kein pl* (REL) Sermão *m* da Montanha

Bergrutsch *m* <-(e)s, -e> desabamento *m* de terras, derrocada *f*

Bergschuh *m* <-(e)s, -e> sapato *m* cardado

Bergspitze *f* <-n> pico *m*, cume *m*

bergsteigen *vi irreg* praticar montanhismo

Bergsteigen *nt* <-s> *kein pl* montanhismo *m*, alpinismo *m*

Bergsteiger(in) *m(f)* <-s, - *o* -innen> alpinista *m,f*, montanhista *m,f*

Bergtour *f* <-en> excursão *f* (a pé) nas montanhas

Bergung ['bɛrgʊŋ] *f* <-en> (*von Menschen*) salvamento *m*; (*von Material*) recuperação *f*

Bergwacht *f kein pl* guarda *f* das montanhas

Bergwerk *nt* <-(e)s, -e> mina *f*

Bericht [bə'rɪçt] *m* <-(e)s, -e> relatório *m*; (*mündlich*) relato *m*; (*in Radio, Fernsehen, Zeitung*) reportagem *f;* **jdm** (**über etw**) ~ **erstatten** fazer um relatório a alguém sobre a. c.

berichten* *vi* **1.** (*informieren*) informar (*über* sobre); (*schweiz*); **falsch/recht berichtet sein** estar mal/bem informado **2.** (*erzählen*) relatar (*von* sobre) **3.** (*mitteilen*) comunicar, informar

Berichterstatter(in) *m(f)* <-s, - *o* -innen> repórter *m,f*, correspondente *m,f*

berichtigen* *vt* corrigir, rectificar

Berlin [bɛr'liːn] *nt* <-s> *kein pl* Berlim *f*

Berliner **I.** *m* <-s, -> (GASTR) bola *f* de Berlim **II.** *adj* <-s, -> berlinense, de Berlim; **der Fall der** ~ **Mauer** a queda do muro de Berlim

Berliner(in) *m(f)* <-s, - *o* -innen> berlinense *m,f*

Os festivais de cinema de Berlim, **Berliner Filmfestspiele** ou também "Berlinale", realizam-se desde 1951. Coroados de
sucesso nesses festivais foram, entre outros, Ingmar Bergman, Roman Polanski,
Jean-Luc Godard e Claude Chabrol. Nes-
tes festivais são apresentados filmes que
concorrem a um prémio e também filmes
fora de competição. Além disso realiza-se
o "Festival do Filme Infantil" e o "Foro do
Filme Jovem Internacional". Prémios en-
tregues em Berlim são o "Urso de Ouro" e
"Urso de Prata", assim como a "Berlinale
Kamera" desde 1986.

Bermudashorts *pl* bermudas *fpl*
Bern [bɛrn] *nt* <-s> *kein pl* Berna *f*
Bernstein ['bɛrnʃtaɪn] *m* <-(e)s, -e> âmbar
m
bersten ['bɛrsten] *vi* (*geh: platzen*) rebentar, estourar; (*Mauer*) fender, rachar; **vor Lachen** ~ rebentar a rir; **vor Wut/Neid** ~ rebentar de raiva/inveja
berüchtigt *adj* famigerado, de má fama
berücksichtigen* *vt* considerar, tomar em
consideração, atender a; **nicht** ~ não ter em
consideração, ignorar
Beruf [bə'ru:f] *m* <-(e)s, -e> profissão *f;*
was sind Sie von ~? qual é a sua profissão?;
sie ist Journalistin von ~ ela é jornalista
(profissional); **den** ~ **verfehlen** errar a vocação
berufen*¹ I. *vt irreg* convidar (*zu* para), nomear (*zu* para); **jdn zum Vorsitzenden** ~
convidar/nomear alguém para presidente II.
vi irreg (*österr:* JUR) apelar, recorrer III. *vr*
sich ~ *irreg* referir-se (*auf* a), reportar-se (*auf*
a)
berufen² *adj* indicado, destinado; **sich zu
etw** ~ **fühlen** sentir-se indicado para a. c.
beruflich *adj* profissional
Berufsanfänger(in) *m(f)* <-s, - *o* -innen>
recém-formado, recém-formada *m, f*, pessoa
que está a iniciar a sua actividade profissional
Berufsausbildung *f* <-en> formação *f* profissional
Berufsaussichten *pl* perspectivas profissionais *fpl*
Berufsberatung *f* <-en> orientação *f* profissional

Berufsbezeichnung *f* <-en> categoria *f*
profissional
Berufserfahrung *f* <-en> experiência *f*
profissional
Berufsgeheimnis *nt* <-ses, -se> segredo
m profissional
Berufskrankheit *f* <-en> doença *f* causa-
da pelo exercício de uma função
Berufsleben *nt* <-s> *kein pl* vida *f* profissional
Berufsschule *f* <-en> escola *f* profissional
Berufssoldat(in) *m(f)* <-en, -en *o* -in-
nen> militar *m,f* de carreira
berufstätig *adj* que trabalha, em exercício
duma profissão; ~ **sein** estar empregado,
exercer uma profissão
Berufstätige(r) *m/f* <-n, -n *o* -n> profissional *m,f*
Berufsverkehr *m* <-s> *kein pl* horas de
ponta *fpl*
Berufswahl *f kein pl* escolha *f* da profissão
Berufung [bə'ru:fʊŋ] *f* <-en> **1.** (*Ernennung*) nomeação *f* (*zu* para) **2.** (*Befähigung*)
vocação *f* **3.** (JUR) apelação *f;* ~ **einlegen** recorrer, apelar
Berufungsgericht *nt* <-(e)s, -e> tribunal
m da relação
beruhen* *vi* basear-se (*auf* em), assentar (*auf*
em); **etw auf sich** ~ **lassen** deixar (andar) a.
c.
beruhigen* I. *vt* sossegar, tranquilizar; **beruhigt sein** estar descansado, estar sossegado II. *vr* **sich** ~ (*Mensch*) acalmar(-se), sos-
segar(-se); (*Situation*) acalmar
Beruhigung *f kein pl* (*der Nerven*) descanso *m;* (*des Gewissens*) descargo *m;* (*der Situation*) normalização *f*
Beruhigungsmittel *nt* <-s, -> calmante
m, sedativo *m*
berühmt *adj* célebre (*für* por), famoso (*für*
por)
Berühmtheit *f* <-en> **1.** *kein pl* (*das Be-
rühmtsein*) fama *f*, celebridade *f* **2.** (*Star*) celebridade *f*, vedeta *f*
berühren* *vt* **1.** (*anfassen*) tocar em; **nicht
~!** não tocar! **2.** (*flüchtig erwähnen*) tocar
em, aludir a **3.** (*gefühlsmäßig*) tocar, comover
Berührung *f* <-en> **1.** (*das Berühren*) toque
m **2.** (*Kontakt*) contacto *m;* **mit etw in** ~
kommen entrar em contacto com a. c.
Berührungspunkt *m* <-(e)s, -e> ponto *m*
de contacto

B

bes. *abk v* **besonders** esp. (= *especialmente*)
besagen* *vt* (*ausdrücken*) (querer) dizer; (*bedeuten*) significar; **das hat nichts zu ~** isso não quer dizer nada
besagt *adj* (acima) mencionado, referido
besammeln* *vr* **sich ~** (*schweiz*) reunir-se
besänftigen* *vt* acalmar, apaziguar
besaß *imp von* **besitzen**
Besatzer *pl* (*umg*) tropas de ocupação *fpl*
Besatzung *f* <-en> **1.** (MIL) tropas *fpl* de ocupação **2.** (*Mannschaft*) tripulação *f*
Besatzungsmacht *f* <-mächte> (POL) potência *f* ocupante
besaufen* *vr* **sich ~** *irreg* (*umg*) enfrascar-se (*mit* com), embebedar-se (*mit* com)
beschädigen *vt* danificar; (NAUT) avariar
Beschädigung *f* <-en> danificação *f*; (*Schaden*) dano *m*; (NAUT) avaria *f*
beschaffen*¹ *vt* arranjar, conseguir
beschaffen² *adj* feito, constituído; **gut ~** em boas condições; **wie ist es damit ~?** como vai isso?, como anda isso?
Beschaffenheit *f kein pl* (*Zustand*) estado *m*; (*Art*) natureza *f*, qualidade *f*; (*Zusammensetzung*) constituição *f*
Beschaffung *f kein pl* aquisição *f*, compra *f*
beschäftigen* I. *vt* (*mit Aufgabe*) ocupar (*mit* com); (*mit Spiel*) entreter (*mit* com); (*beruflich*) empregar; (*gedanklich*) preocupar II. *vr* **sich ~** ocupar-se (*mit* de), dedicar-se (*mit* a)
Beschäftigung *f* <-en> **1.** (*Tätigkeit*) ocupação *f* (*mit* com) **2.** (*Beruf*) trabalho *m*; (*Anstellung*) emprego *m*
beschämen* *vt* envergonhar
beschatten* *vt* **1.** (*beobachten*) seguir **2.** (SPORT) marcar
beschaulich *adj* tranquilo
Bescheid [bəˈʃait] *m* <-(e)s, -e> (*Antwort*) resposta *f*; (*Nachricht*) aviso *m*; (*Auskunft*) informação *f*; (**über etw**) ~ **wissen** estar a par (de a. c.), ter conhecimento (de a. c.); **ich weiß ~** eu sei, estou informado; **jdm ~ geben/sagen** informar alguém, dizer (a. c.) a alguém; **ohne ~ zu sagen** sem dar cavaco
bescheiden *adj* modesto, simples
Bescheidenheit *f kein pl* modéstia *f*
bescheinigen* *vt* atestar, certificar; **den Empfang von etw** ~ acusar a recepção de a. c.
Bescheinigung *f* <-en> atestado *m*, certificado *m*; (*Quittung*) recibo *m*

bescheißen* *vt irreg* (*umg*) enganar, levar
beschenken* *vt* presentear (*mit* com)
bescheren *vt* dar, oferecer
Bescherung *f* <-en> **1.** (*an Weihnachten*) distribuição *f* de presentes **2.** (*Missgeschick*) sarilho *m*; **eine schöne ~!** bonito serviço!

Na noite de Natal (noite do dia 24 para 25/12) os presentes são colocados sob a Árvore de Natal. Em muitas famílias as crianças recebem e podem abrir os seus presentes depois do Jantar de Consoada, depois de se ter ouvido o sininho do Pai Natal ou do Menino Jesus. A cerimónia de se abrirem os presentes tem o nome de **Bescherung**.

bescheuert [bəˈʃɔɪɐt] *adj* (*umg*) apanhado, tolo
beschießen* *vt irreg* disparar sobre/contra (*mit* com)
beschimpfen* *vt* insultar, chamar nomes a
Beschimpfung *f* <-en> insulto *m*, afronta *f*
Beschissᴿᴿ *m* <-es> *kein pl*, **Beschiß**ᴬᴸᵀ *m* <-sses> *kein pl* (*umg*) peta *f*; (*beim Spielen*) batota *f*
beschissen [bəˈʃɪsən] I. *pp von* **bescheißen** II. *adj* (*umg*) horroroso, péssimo
Beschlag *m* <-(e)s, -schläge> **1.** (*Metallstück*) protecção *f*, guarnição *f* **2.** (*Hufeisen*) ferradura *f* **3.** (*auf Glas*) bafo *m*, humidade *f*
beschlagen*¹ I. *vt irreg* (*Huftiere*) ferrar; (*Metallstück*) pregar II. *vi irreg* (*Glas*) embaciar(-se); (*Metall*) perder o lustro, ficar baço
beschlagen² *adj* **1.** (*Spiegel*) embaciado; (*Metall*) baço **2.** (*umg: Person*) batido (*in* em), conhecedor (*in* de)
beschlagnahmen* *vt* confiscar
beschleunigen* *vt* **1.** (*Tempo*) acelerar; **die Geschwindigkeit** ~ aumentar a velocidade **2.** (*Entwicklung*) acelerar, apressar
Beschleunigung *f kein pl* aceleração *f*
beschließen* *vt irreg* **1.** (*entscheiden*) decidir, resolver; (*gemeinsam*) acordar **2.** (*beenden*) terminar, concluir
Beschlussᴿᴿ *m* <-es, -schlüsse>, **Beschluß**ᴬᴸᵀ *m* <-sses, -schlüsse> decisão *f*, resolução *f*; **einen ~ fassen** tomar uma decisão, chegar a um acordo
beschmieren* *vt* **1.** (*Brot*) barrar (*mit* com) **2.** (*mit Dreck*) besuntar (*mit* de)
beschmutzen* *vt* sujar (*mit* de), manchar (*mit* de)

beschneiden* vt irreg **1.** (stutzen) cortar, aparar; (Bäume) podar **2.** (Ausgaben) cortar, reduzir **3.** (REL) circuncidar

Beschneidung f <-en> **1.** (von Bäumen) poda f **2.** (von Ausgaben) corte m, redução f **3.** (MED) circuncisão f

beschnuppern* vt farejar

beschönigen* vt suavizar, paliar

Beschönigung f <-en> paliação f

beschränken* I. vt limitar (auf a), restringir (auf a) II. vr sich ~ restringir-se (auf a), cingir-se (auf a)

beschrankt adj com barreira, com cancela

beschränkt adj **1.** (eingeschränkt) limitado, escasso **2.** (geistig) tacanho, tapado

Beschränktheit f kein pl **1.** (der Mittel) escassez f **2.** (geistig) tacanhez f

Beschränkung f <-en> limitação f (auf a), restrição f (auf a); (Rationierung) racionamento m; **jdm ~en auferlegen** impor restrições a alguém

beschreiben* vt irreg **1.** (Objekt) descrever **2.** (Papier) escrever em

Beschreibung f <-en> descrição f; **das spottet jeder ~!** é indescritível!

beschriften* vt (Bild) legendar, pôr legenda em; (Gefäß) rotular, pôr rótulo em

Beschriftung f <-en> legenda f, rótulo m

beschuldigen* vt acusar (de), culpar (de)

Beschuldigung f <-en> acusação f

beschummeln* vt (umg) enganar, lubidriar; (beim Spielen) fazer batota

Beschussᴿᴿ m <-es> kein pl, **Beschuß**ᴬᴸᵀ m <-sses> kein pl (MIL) fogo m, bombardeamento m; **unter ~ geraten** ir parar no meio do fogo cruzado

beschützen* vt proteger (vor de), defender (vor de), amparar (vor de)

Beschützer(in) m(f) <-s, - o -innen> protector, protectora m, f, defensor, defensora m, f

Beschwerde [bəˈʃveːɐdə] f <-n> queixa f, reclamação f; **~ einlegen** fazer uma reclamação

Beschwerdebuch nt <-(e)s, -bücher> livro m de reclamações

Beschwerden pl (MED) dores fpl, achaques mpl

beschweren* I. vt carregar, fazer peso em II. vr sich ~ queixar-se; **sich bei jdm über etw ~** queixar-se a alguém de a. c.

beschwerlich adj penoso, incómodo

beschwichtigen* vt acalmar, apaziguar

beschwindeln* vt (umg) intrujar

beschwingt [bəˈʃvɪŋt] adj animado

beschwipst [bəˈʃvɪpst] adj (umg) tocado, alegre

beschwören* vt irreg (a JUR) jurar

beseitigen* vt **1.** (Gegenstand) pôr de lado, afastar; (Schwierigkeit) resolver; (Schmutz) tirar, remover; (Zweifel) eliminar, resolver; (Schaden) reparar **2.** (umg: umbringen) eliminar, liquidar

Beseitigung f <-en> **1.** (das Entfernen) remoção f, afastamento m **2.** (umg: Ermordung) eliminação f

Besen [ˈbeːzən] m <-s, -> vassoura f, espanador m

Besenstiel m <-(e)s, -e> cabo m de vassoura

besessen [bəˈzɛsən] I. pp von besitzen II. adj possesso, obcecado (von por)

besetzen* vt **1.** (Haus, Platz, Land) ocupar **2.** (Posten) preencher, ocupar; (Rolle) distribuir (os papéis) **3.** (mit Edelsteinen) guarnecer (mit de)

besetzt adj (Platz, Toilette) ocupado; (Posten) preenchido; (TEL) impedido, ocupado

Besetztzeichen nt <-s, -> (TEL) sinal m de impedido

Besetzung f <-en> **1.** (MIL) ocupação f **2.** (von Posten) provimento m; (von Rolle) distribuição f (dos papéis) **3.** (SPORT) equipa f

besichtigen* vt **1.** (Sehenswürdigkeit) visitar; (Wohnung) ir ver **2.** (prüfen) inspeccionar, passar revista a

Besichtigung f <-en> **1.** (von Sehenswürdigkeit) visita f **2.** (Begutachtung) inspecção f, vistoria f

besiedeln* vt povoar, colonizar

besiegeln* vt selar

besiegen* vt **1.** (Gegner) vencer, derrotar **2.** (Müdigkeit) vencer

Besiegte(r) m/f <-n, -n o -n> vencido, vencida m, f

besinnen vr sich ~ **1.** (sich erinnern) recordar-se (auf de), lembrar-se (auf de) **2.** (überlegen) reflectir (sobre), ponderar (sobre); **sich eines Besseren ~** mudar de ideias

besinnlich adj pensativo, contemplativo

Besinnung f kein pl consciência f; **bei ~ sein** estar consciente; **wieder zur ~ kommen** recuperar os sentidos, voltar a si; (fig) voltar à razão, cair em si

besinnungslos *adj* inconsciente, sem sentidos

Besitz *m* <-es> *kein pl* posse *f;* (*Eigentum*) propriedade *f;* (*Güter*) bens *mpl;* **in jds ~ sein** estar na posse de alguém; **etw in ~ nehmen** tomar posse de a. c., tomar conta de a. c.

besitzen* *vt irreg* possuir

Besitzer(in) *m(f)* <-s, - *o* -innen> dono, dona *m, f,* proprietário, proprietária *m, f*

besitzlos *adj* sem recursos

besoffen [bə'zɔfən] **I.** *pp von* **besaufen II.** *adj* (*umg*) bêbedo, embriagado

besohlen* *vt* pôr solas em

Besoldung *f kein pl* soldo *m,* salário *m*

besondere(r, s) *adj* **1.** (*speziell*) especial; **es ist nichts Besonderes** não é nada de especial, não é nada por aí além; **etwas Besonderes** qualquer coisa de especial **2.** (*eigentümlich*) peculiar, singular; (*außergewöhnlich*) excepcional; **etw Besonderes** a. c./ algo em particular

Besonderheit *f* <-en> **1.** (*Kennzeichen*) particularidade *f* **2.** (*Eigentümlichkeit*) peculiaridade *f*

besonders [bə'zɔndəs] *adv* **1.** (*außerordentlich*) especialmente, particularmente; **nicht ~** assim-assim **2.** (*hauptsächlich*) principalmente, sobretudo

besonnen [bə'zɔnən] **I.** *pp von* **besinnen II.** *adj* (*vorsichtig*) cauteloso, prudente; (*überlegt*) reflectido, ponderado

Besonnenheit *f kein pl* (*Vorsicht*) cautela *f,* prudência *f;* (*Überlegung*) reflexão *f,* ponderação *f*

besorgen* *vt* **1.** (*beschaffen*) arranjar; (*kaufen*) comprar, adquirir **2.** (*erledigen*) fazer; (*sich kümmern um*) tratar de, cuidar de

Besorgnis [bə'zɔrknɪs] *f* <-se> preocupação *f;* **~ erregend** preocupante, alarmante

besorgniserregend^ALT *adj s.* **Besorgnis**

besorgt [bə'zɔrkt] *adj* preocupado (*wegen* com), apreensivo; **eine ~e Miene haben** estar com cara de caso

Besorgung *f* <-en> **1.** (*Einkauf*) compra *f,* aquisição *f;* **~en machen** fazer compras **2.** *kein pl* (*von Geschäften*) execução *f*

bespielen* *vt* (*Kassette*) gravar

bespitzeln* *vt* espiar, vigiar

besprechen* *vt irreg* **1.** (*Angelegenheit*) falar de, debater; (*Termin*) discutir, combinar; **wie besprochen** conforme combinado **2.** (*Buch*) criticar, fazer a crítica de **3.** (*Tonband*) gravar

Besprechung *f* <-en> **1.** (*Sitzung*) reunião *f,* conferência *f* **2.** (*von Buch*) crítica *f*

bespritzen* *vt* **1.** (*mit Wasser*) regar **2.** (*mit Schmutz*) manchar, salpicar

besser ['bɛsɐ] *adj komp von* **gut** melhor; **~ werden** melhorar; **es geht ihm/ihr ~** ele/ ela está melhor; **dieser Strand gefällt mir ~** gosto mais desta praia; **~ gestellt sein** estar em boa posição; **es wäre ~, wenn ...** seria melhor (se ...) +*conj;* **ich habe Besseres zu tun!** tenho mais que fazer!

bessern I. *vt* melhorar, corrigir **II.** *vr* **sich ~** (*Krankheit, Wetter*) melhorar; (*Mensch*) corrigir-se, emendar-se

Besserung *f kein pl* melhoria *f;* (MED) melhoras *fpl;* **gute ~!** (estimo) as melhoras!

Besserwisser(in) *m(f)* <-s, - *o* -innen> sabichão, sabichona *m, f,* espertalhão, espertalhona *m, f*

Bestand *m* <-es, -stände> **1.** *kein pl* (*Bestehen*) existência *f;* (*Fortdauer*) duração *f,* permanência *f;* **~ haben/von ~ sein** ser constante, manter-se **2.** (*Vorrat*) stock *m,* existências *fpl;* (*Kassenbestand*) dinheiro *m* em caixa

beständig *adj* **1.** (*dauernd*) constante, permanente **2.** (*Material*) resistente (*gegen* a) **3.** (*Wetter*) estável

Beständigkeit *f* <o.pl> **1.** (*Dauerhaftigkeit*) constância *f,* duração *f* **2.** (*von Material*) resistência *f* (*gegen* a) **3.** (*von Wetter*) estabilidade *f*

Bestandsaufnahme *f* <-n> inventário *m*

Bestandteil *m* <-(e)s, -e> componente *m,f,* parte *f* integrante; **etw in seine ~e zerlegen** desmontar a. c.

bestärken* *vt* confirmar, corroborar

bestätigen* *vt* **1.** (*Nachricht*) confirmar; (*Urteil, Gesetz*) ratificar, sancionar; **den Empfang ~** acusar a recepção **2.** (*im Amt*) reeleger, voltar a nomear (*in* para); **sie wurde als Parteivorsitzende bestätigt** ela foi reeleita presidente do partido

Bestätigung *f* <-en> **1.** (*einer Nachricht*) confirmação *f* **2.** (*Bescheinigung*) confirmação *f,* ratificação *f;* (*Empfangsbestätigung*) aviso *m* de recepção; (*Quittung*) recibo *m*

bestatten* *vt* enterrar, sepultar

Bestattung *f* <-en> enterro *m,* funeral *m*

bestäuben* *vt* (BOT) polinizar

bestechen* *vt irreg* subornar, corromper

bestechlich [bəˈʃtɛçlɪç] *adj* venal, corrupto

Bestechlichkeit *f kein pl* venalidade *f*, corrupção *f*

Bestechung *f* <-en> suborno *m*, aliciação *f*

Besteck [bəˈʃtɛk] *nt* <-(e)s, -e> **1.** (*zum Essen*) talher *m* **2.** (MED) estojo *m* (de instrumentos)

bestehen* **I.** *vt irreg* (*Prüfung*) passar em, ficar bem em; (*Kampf, Probe*) vencer, sair-se bem em **II.** *vi irreg* **1.** (*existieren*) haver, existir **2.** (*andauern*) manter-se; ~ **bleiben** continuar (a existir) **3.** (*beharren*) insistir (*auf* em), fazer finca-pé (*auf* em) **4.** (*sich zusammensetzen*) consistir (*aus* de), ser composto (*aus* por)

bestehlen* *vt irreg* roubar

besteigen* *vt irreg* subir, escalar; (*Pferd*) montar

bestellen* *vt* **1.** (*Ware*) encomendar; (*in Lokal*) pedir; (*Person*) mandar vir, mandar chamar **2.** (*reservieren lassen*) marcar, mandar reservar **3.** (*Grüße, Auftrag*) dar, mandar; (*Nachricht*) levar, transmitir

Bestellschein *m* <-(e)s, -e> requisição *f*, pedido *m*

Bestellung *f* <-en> encomenda *f*, pedido *m*; **auf** ~ por/de encomenda; **eine** ~ **aufgeben** fazer uma encomenda

bestenfalls *adv* na melhor das hipóteses, quando muito

bestens [ˈbɛstəns] *adv* da melhor maneira, o melhor possível

beste(r, s) *adj superl von* **gut** melhor; **das** ~ **Restaurant** o melhor restaurante; **sie singt am** ~**n** ela é a que canta melhor; **so ist es am** ~**n** é melhor assim; **am** ~**n gehst du gleich** o melhor é ires já; **zu deinem Besten** para teu bem; **das Beste daraus machen** tirar partido da situação, aproveitar a situação; **der erste Beste** o primeiro que aparecer; **aufs Beste** pelo melhor, da melhor maneira; **etw zum Besten geben** contar a. c.; **jdn zum Besten halten** troçar de alguém, fazer pouco de alguém

besteuern* *vt* tributar, lançar impostos sobre

bestialisch [bɛsˈtjaːlɪʃ] *adj* bestial

Bestie [ˈbɛstjə] *f* <-n> fera *f*, besta *f*

bestimmen* **I.** *vt* (*festsetzen*) determinar; (*Tag, Ort*) marcar, fixar; (*vorsehen*) destinar (*für* para); (*ernennen*) designar (*zu* para); (*Be-*

griff) definir; (*Alter*) determinar **II.** *vi* (*entscheiden*) decidir; (*befehlen*) mandar

bestimmt I. *adj* (*gewiss*) determinado; (*sicher*) certo; ~ **sein für** destinar-se a; (*entschlossen*) decidido; (LING) definido **II.** *adv* com (toda a) certeza, de certo

Bestimmung *f* <-en> **1.** *kein pl* (*Festsetzen*) determinação *f* **2.** (*Vorschrift*) disposição *f* **3.** (*Verwendungszweck, Schicksal*) destino *m* **4.** (*Definition*) definição *f*

Bestimmungort *m* <-(e)s, -e> destino *m*

Bestleistung *f* <-en> record *m*

Best.-Nr. *abk v* **Bestellnummer** nₒ de enc. (= *número de encomenda*)

bestrafen* *vt* (*Kind*) castigar (*mit* com, *wegen* por); (*mit Geld*) multar; (JUR) punir; (SPORT) penalizar

Bestrafung *f* <-en> castigo *m*, punição *f*

bestrahlen* *vt* **1.** (*beleuchten*) irradiar, iluminar **2.** (MED) tratar pela radioterapia

Bestrahlung *f* <-en> **1.** (*Beleuchtung*) irradiação *f* **2.** (MED) tratamento *m* pela radioterapia, radioterapia *f*

Bestreben *nt* <-s> *kein pl* empenho *m*, esforço *m*; **im** ~ **Gutes zu tun** na tentativa de fazer o bem

bestreichen* *vt irreg* **1.** (*mit Farbe*) pintar (*mit* com), cobrir (*mit* com) **2.** (*Brot*) barrar (*mit* com); (*mit Fett, Butter*) untar (*mit* com)

bestreiken* *vt* parar por motivos de greve, sujeitar à greve

bestreiten* *vt irreg* **1.** (*Aussage*) contestar, negar **2.** (*Ausgaben*) custear, cobrir

bestreuen* *vt* polvilhar (*mit* com)

Bestseller [ˈbɛstsɛlɐ] *m* <-s, -> bestseller *m*

bestürmen* *vt* **1.** (*bedrängen*) assediar, importunar; **jdn mit Fragen** ~ assediar alguém com perguntas **2.** (*Festung*) assaltar

bestürzt *adj* perturbado (*über* com), consternado (*über* com)

Bestürzung *f kein pl* (*Schreck*) sobressalto *m* (*über* com); (*Verwirrung*) perturbação *f*, consternação *f* (*über* com)

Besuch [bəˈzuːx] *m* <-(e)s, -e> visita *f*; ~ **haben/bekommen** ter/receber visitas; **einen** ~ **bei jdm machen** fazer uma visita a alguém; **bei jdm auf/zu** ~ **sein** estar de visita a alguém

besuchen* *vt* (*Person, Ort*) visitar; (*Schule*) frequentar, andar em; (*Gottesdienst, Versammlung*) assistir a, ir a; **stark besucht** muito concorrido

Besucher(in) *m(f)* <-s, - *o* -innen> visitante *m,f*

Besuchszeit *f* <-en> horário *m* das visitas

betagt [bə'ta:kt] *adj* (*geh*) idoso

betakeln* *vt* (*österr*) enganar

betasten* *vt* apalpar

betätigen* **I.** *vt* (*Maschine, Hebel*) accionar **II.** *vr* **sich** ~ trabalhar (*als* como); **sich politisch** ~ trabalhar na política

Betätigung *f* <-en> **1.** *kein pl* (TECH) accionamento *m* **2.** (*Tätigkeit*) actividade *f*, ocupação *f*

betäuben* *vt* **1.** (MED) anestesiar; (*Schmerz*) abrandar **2.** (*durch Lärm, Duft*) atordoar, entorpecer

Betäubungsmittel *nt* <-s, -> **1.** (MED) anestesia *f*, narcótico *m* **2.** (*Rauschgift*) estupefaciente *m*

Bete *f* <-n> **Rote** ~ beterraba *f*

beteilen* *vt* (*österr*) prover (*mit* de)

beteiligen* **I.** *vt* dar uma participação a (*an/bei* em) **II.** *vr* **sich** ~ participar (*an* em), tomar parte (*an* em); (*finanziell*) participar (*an* de)

Beteiligte(r) *m/f* <-n, -n *o* -n> participante *m,f*; (*an Verbrechen*) implicado, implicada *m, f*

Beteiligung *f* <-en> **1.** (*an Veranstaltung*) participação *f* **2.** (*Mitwirken*) colaboração *f*; (*geschäftlich*) participação *f*; (JUR) implicação *f*

beten ['be:tən] *vi* rezar (*für/um* por, *zu* a), orar (*für/um* por, *zu* a)

beteuern* *vt* asseverar, reiterar

Beteuerung *f* <-en> afirmação *f* solene

Bethlehem *nt* <-s> *kein pl* Belém *f*

betiteln* *vt* (*Buch*) dar o título (de)

Beton [be'tɔŋ] *m* <-s, -s> betão *m*, cimento *m* armado; (*brasil*) concreto *m* armado

betonen* *vt* **1.** (*Silbe, Note*) acentuar **2.** (*hervorheben*) frisar, realçar

betonieren* *vt* betonar, cimentar

betont [bə'to:nt] **I.** *adj* marcado **II.** *adv* especialmente; **sich** ~ **gleichgültig geben** apresentar-se especialmente indiferente

Betonung *f* <-en> **1.** (*von Wort*) acentuação *f* **2.** (*Hervorhebung*) ênfase *f*

betören* *vt* **1.** (*geh: verführen*) seduzir **2.** (*entzücken*) iludir

Betr. *abk v* **Betreff** ass. (= assunto)

Betracht [bə'traxt] *m* **in** ~ **kommen** interessar; **etw in** ~ **ziehen** tomar a. c. em consideração, ter a. c. em conta

betrachten* *vt* **1.** (*anschauen*) contemplar; (*genau*) observar, examinar **2.** (*einschätzen*) considerar (*als* como)

Betrachter(in) *m(f)* <-s, - *o* -innen> observador, observadora *m, f*

beträchtlich *adj* considerável, de certa importância

Betrachtung *f* <-en> **1.** *kein pl* (*Ansehen*) contemplação *f*; (*genau*) observação *f*, exame *m* **2.** (*Überlegung*) reflexão *f*, consideração *f*

Betrag [bə'tra:k] *m* <-(e)s, -träge> importância *f*, quantia *f*

betragen* **I.** *vi irreg* (*Summe, Rechnung*) importar em, ascender a **II.** *vr* **sich** ~ *irreg* proceder, comportar-se; **sich gut/schlecht** ~ portar-se bem/mal

Betragen *nt* <-s> *kein pl* comportamento *m*, conduta *f*

betrauen* *vt* **jdn mit etw** ~ confiar a. c. a alguém

betreffen* *vi irreg* **1.** (*angehen*) dizer respeito a, referir-se a; **was mich betrifft** quanto a mim, pelo que me diz respeito **2.** (*seelisch*) atingir, afectar

betreffend *adj* respectivo, em questão

betreffs *präp* +*gen* relativo a, respeitante a

betreiben* *vt irreg* **1.** (*Studien, Politik*) dedicar-se a; (*energisch*) apressar, intensificar **2.** (*Geschäft, Lokal*) explorar **3.** (TECH) accionar, pôr em movimento

betreten*[1] *vt irreg* (*Raum, Gebäude*) entrar em; (*Rasen*) pisar, andar sobre; (*Bühne*) subir a, entrar em

betreten[2] *adj* embaraçado, confuso; (*Schweigen*) embaraçoso

betreuen* *vt* (*Kinder*) cuidar de, tomar conta de; (*Reisegruppe*) acompanhar

Betrieb *m* <-(e)s, -e> **1.** (*Unternehmen*) empresa *f*; (*Fabrik*) fábrica *f*; (*handwerklich*) oficina *f* **2.** *kein pl* (*von Maschine*) funcionamento *m*; **in** ~ **sein** estar em funcionamento, estar a funcionar; **außer** ~ **sein** estar avariado; (*Geldautomat*) estar fora de serviço **3.** *kein pl* (*umg: Treiben*) movimento *m*, actividade *f*

betrieblich *adj* da empresa

Betriebsanleitung *f* <-en> instruções *fpl*

Betriebsausflug *m* <-(e)s, -flüge> passeio *m* da empresa

betriebsbereit *adj* (TECH) pronto a funcionar

betriebseigen *adj* próprio da empresa
Betriebsferien *pl* férias da empresa *fpl*
Betriebsgeheimnis *nt* <-ses, -se> segredo *m* profissional
Betriebsklima *nt* <-s> *kein pl* ambiente *m* de trabalho
Betriebskosten *pl* despesas de serviço *fpl;* (*für Produktion*) custos *mpl* de produção
Betriebsleitung *f* <-en> gerência *f*
Betriebsrat *m* <-(e)s, -räte> conselho *m* dos empregados e operários, comité *m* de empresa
Betriebsstörung *f* <-en> avaria *f*
Betriebssystem *nt* <-(e)s, -e> (INFORM) sistema *m* operacional
Betriebswirtschaft *f kein pl* gestão *f* de empresas
betrinken* *vr* **sich** ~ *irreg* embriagar-se, embebedar-se
betroffen [bə'trɔfən] I. *pp von* **betreffen** II. *adj* 1. (*bestürzt*) consternado 2. (*von Maßnahme*) afectado; **von etw** ~ **werden** ser afectado por a. c.
betrüben* *vt* entristecer, afligir
betrübt *adj* triste (*über* com), desolado (*über* com)
Betrug [bə'truːk] *m* <-(e)s> *kein pl* 1. (*Täuschung*) engano *m*, vigarice *f;* (*beim Spielen*) batota *f.* 2. (JUR) fraude *f*, burla *f*
betrügen* *vt irreg* 1. (*täuschen*) enganar, ludibriar; (*Ehepartner*) enganar, trair; (*beim Spielen*) fazer batota 2. (JUR) defraudar, burlar; **jdn um 250 DM** ~ defraudar 250 marcos a alguém
Betrüger(in) *m(f)* <-s, - *o* -innen> intrujão, intrujona *m, f*, impostor, impostora *m, f;* (*beim Spielen*) batoteiro, batoteira *m, f*
betrügerisch *adj* enganador, fraudulento
betrunken [bə'trʊŋkən] I. *pp von* **betrinken** II. *adj* bêbedo, embriagado
Bett [bɛt] *nt* <-(e)s, -en> 1. (*Möbelstück*) cama *f;* **ins/zu** ~ **gehen** (ir) deitar-se, ir para a cama; **sich ins** ~ **legen** deitar-se, meter-se na cama; **das** ~ **hüten** estar de cama; **mit jdm ins** ~ **gehen** ir para a cama com alguém 2. (*Flussbett*) leito *m*
Bettanzug *m* <-(e)s, -züge> (*schweiz*) *s.* **Bettbezug**
Bettbank *f* <-bänke> (*österr*) sofá-cama *m*
Bettbezug *m* <-(e)s, -züge> edredão *m*
Bettdecke *f* <-n> cobertor *m*, coberta *f*
bettelarm ['--'-] *adj* paupérrimo, indigente

Bettelei *f* <-en> (*pej*) mendicidade *f*
betteln *vi* 1. (*um Almosen*) mendigar, pedir (esmola) 2. (*inständig bitten*) pedinchar
bettlägerig *adj* acamado; ~ **sein** estar de cama
Bettlaken *nt* <-s, -> lençol *m*
Bettler(in) ['bɛtlɐ] *m(f)* <-s, - *o* -innen> mendigo, mendiga *m, f*, pedinte *m,f*
Bettvorleger *m* <-s, -> tapete *m* de cama
Bettwäsche *f kein pl* roupa *f* da cama
Bettzeug *nt* <-(e)s> *kein pl* (*umg*) *s.* **Bettwäsche**
beugen ['bɔɪgən] I. *vt* (*Arm, Knie*) dobrar, flectir; (LING) declinar; (*Recht*) violar II. *vr* **sich** ~ (*sich fügen*) abaixar-se, vergar-se (a)
Beule ['bɔɪlə] *f* <-n> 1. (*an Gegenstand*) mossa *f*, amolgadela *f* 2. (*Anschwellung*) papo *m*, inchaço *m;* (*an Stirn*) galo *m*
beunruhigen* *I. vt* inquietar II. *vr* **sich** ~ inquietar-se (*über* com)
Beunruhigung *f kein pl* inquietação *f*, preocupação *f*
beurkunden* *vt* documentar
beurlauben* *vt* 1. (*Urlaub geben*) dar férias a 2. (*von Dienstpflichten*) dar licença a
beurteilen* *vt* julgar, emitir um juízo sobre; (*abschätzen*) apreciar, avaliar; (*Schüler*) avaliar
Beurteilung *f* <-en> juízo *m*, parecer *m;* (*Abschätzung*) apreciação *f*, avaliação *f;* (*Note*) avaliação *f*
Beute ['bɔɪtə] *f kein pl* despojo *m;* (*von Tier*) presa *f*
Beutel ['bɔɪtəl] *m* <-s, -> 1. (*Tasche*) saco *m;* (*Tabakbeutel*) tabaqueira *f* 2. (*umg: Geldbeutel*) bolsa *f* 3. (*von Känguru*) bolsa *f* marsupial
bevölkern* *vt* povoar
Bevölkerung *f* <-en> população *f*
Bevölkerungsdichte *f kein pl* densidade *f* populacional
Bevölkerungsexplosion *f* <-en> explosão *f* demográfica
bevollmächtigen* *vt* conceder plenos poderes a (*zu* para)
Bevollmächtigte(r) *m/f* <-n, -n *o* -n> (WIRTSCH) procurador, procuradora *m, f;* (POL) plenipotenciário, plenipotenciária *m, f*
Bevollmächtigung *f kein pl* procuração *f*
bevor [bə'foːɐ] *konj* antes de, antes que; ~ **du gehst, musst du das Fax an Frau Klose abschicken** antes de ires, tens de enviar o

B

fax à Srª Klose; **du musst dein Zimmer putzen, ~ dein Vater kommt** tens de limpar o teu quarto antes que o teu pai venha

bevormunden* *vt* tutelar, manter sob tutela

Bevormundung *f kein pl* tutela *f*

bevor|stehen *vi irreg* (*Ereignis*) estar iminente, estar para acontecer; **uns steht viel Arbeit bevor** temos muito trabalho à nossa frente

bevorzugen* *vt* preferir, favorecer

Bevorzugung *f* <-en> preferência *f,* favorecimento *m;* (*pej*) favoritismo *m*

bewachen* *vt* vigiar; **jdn/etw streng ~** não tirar os olhos de a. c./alguém

Bewachung *f kein pl* vigilância *f;* **unter ~ stehen** estar sob vigilância

bewaffnen* *vt* armar (*mit* com); **bis an die Zähne bewaffnet sein** estar armado até os dentes

Bewaffnung *f kein pl* armamento *m*

bewahren* *vt* proteger (*vor* de), livrar (*vor* de); **Gott bewahre!** Deus me livre!

bewähren* *vr* **sich ~** (*Person*) dar provas de; (*Sache*) dar bom resultado, mostrar-se eficaz

bewährt *adj* comprovado, experimentado

Bewährung *f kein pl* prova *f;* (JUR) liberdade *f* condicional; **Strafe mit ~** pena condicional *f*

Bewährungsfrist *f* <-en> período *m* de experiência, tempo *m* de prova; (JUR) prazo *m* de liberdade condicional

bewaldet *adj* arborizado

bewältigen* *vt* **1.** (*Schwierigkeit, Problem*) vencer; (*überwinden*) superar **2.** (*Arbeit*) levar a cabo, realizar; (*Portion*) dar conta de

bewandert [bə'vandet] *adj* versado (*in* em), perito (*in* em)

bewässern* *vt* regar, irrigar

Bewässerung *f kein pl* rega *f,* irrigação *f*

Bewässerungssystem *nt* <-s, -e> sistema *m* de rega

bewegen*[1] **I.** *vt* (*Lage verändern*) mover; (*hin und her*) movimentar, mexer; (*in Gang setzen*) pôr em movimento; (*rühren*) comover **II.** *vr* **sich ~** mover-se, mexer-se; (*hin und her*) movimentar-se; (*Preis*) oscilar (*zwischen* entre)

bewegen*[2] *vt* levar a, persuadir; **jdn zu etw ~** persuadir alguém a fazer a. c.; **sich ~ lassen** deixar-se levar

Beweggrund *m* <-(e)s, -gründe> razão *f,* motivo *m*

beweglich [bə've:klıç] *adj* (*Gegenstand*) móvel; (*flink*) ágil; (*geistig*) vivo

bewegt [bə've:kt] *adj* **1.** (*Zeit*) agitado; (*Leben*) acidentado, movimentado **2.** (*Meer*) picado **3.** (*ergriffen*) comovido

Bewegung *f* <-en> **1.** (*a* POL) movimento *m;* (*körperlich*) exercício *m* (físico); **in ~ setzen** pôr em movimento; **keine ~!** quieto! **2.** (*innere*) comoção *f,* emoção *f*

Bewegungsfreiheit *f kein pl* liberdade *f* de movimentos

bewegungslos *adj* imóvel

Beweis [bə'vaıs] *m* <-es, -e> **1.** (*Nachweis*) prova *f* **2.** (*Zeichen*) prova *f,* mostra *f*

beweisbar *adj* demonstrável

beweisen* *vt irreg* provar; (MAT) demonstrar

Beweismittel *nt* <-s, -> (JUR) prova *f*

bewenden *vi* **es bei etw ~ lassen** deixar a. c. como está

bewerben* *vr* **sich ~** *irreg* candidatar-se (*um* a, *bei* em), concorrer (*um* a/para, *bei* em); **sie bewirbt sich bei der Stiftung um ein Stipendium** ela candidata-se/concorre a uma bolsa na fundação

Bewerber(in) *m(f)* <-s, - *o* -innen> candidato, candidata *m, f* (*für* a), concorrente *m,f* (*für* a)

Bewerbung *f* <-en> concurso *m,* candidatura *f* (*um* a)

Bewerbungsunterlagen *pl* documentos *mpl* de candidatura

bewerkstelligen* *vt* realizar, efectuar

bewerten* *vt* (*würdigen*) valorizar; (*einschätzen*) avaliar; (SPORT) classificar

Bewertung *f* <-en> (*Würdigung*) valorização *f;* (*Note*) avaliação *f;* (SPORT) classificação *f*

bewilligen* *vt* conceder, outorgar; (*Antrag*) deferir

bewirken* *vt* **1.** (*verursachen*) causar, provocar **2.** (*erreichen*) conseguir

bewirten* *vt* servir, dar de comer a

bewirtschaften* *vt* **1.** (*Gaststätte, Hof*) administrar, dirigir **2.** (*Acker*) cultivar, explorar

Bewirtung *f kein pl* serviço *m* de refeições

bewog [bə'vo:k] *imp von* **bewegen**

bewogen [bə'vo:gən] *pp von* **bewegen**

bewohnbar *adj* habitável

bewohnen* vt habitar, morar em; **nicht bewohnt sein** estar desabitado/desocupado

Bewohner(in) m(f) <-s, - o -innen> (von Land, Stadt) habitante m,f; (einer Straße, eines Hauses) morador, moradora m, f; (eines Miethauses) inquilino, inquilina m, f

bewölken* vr sich ~ encobrir-se

bewölkt adj nublado; **leicht/stark** ~ pouco/muito nublado

Bewölkung f kein pl nuvens fpl

Bewunderer(in) m(f) <-s, - o -innen> admirador, admiradora m, f

bewundern* vt admirar (wegen com)

bewundernswert adj admirável

Bewunderung f kein pl admiração f

bewusst[RR] [bəˈvʊst] adj, **bewußt**[ALT] adj 1. (wissend) consciente; **sich** dat **etw ~ sein/werden** ter/tomar consciência de a. c.; **jdm etw ~ machen** fazer ver a. c. a alguém 2. (bereits bekannt) conhecido, esse/essa tal, o/a tal 3. (absichtlich) intencional

bewusstlos[RR] adj, **bewußtlos**[ALT] adj inconsciente, sem sentidos; ~ **werden** perder os sentidos

Bewusstlosigkeit[RR] f kein pl desmaio m, perda f dos sentidos

Bewusstsein[RR] nt <-s> kein pl consciência f; **bei** ~ consciente; **zu** ~ **kommen** vir a si, recuperar os sentidos; **das** ~ **verlieren** perder os sentidos; **sich** dat **etw ins** ~ **rufen** tomar consciência de a. c., aperceber-se de a. c.

bezahlen* vt pagar; **sich bezahlt machen** valer a pena

Bezahlung f kein pl 1. (einer Rechnung) pagamento m 2. (Entlohnung) remuneração f

bezaubern* vt encantar (durch com), enfeitiçar

bezeichnen* vt 1. (benennen) designar; ~ **als** qualificar de 2. (beschreiben) descrever; (zeigen) indicar 3. (kennzeichnen) marcar

bezeichnend adj característico (für de)

bezeichnenderweise adv significativamente

Bezeichnung f <-en> 1. (Name) designação f, nome m 2. (Zeichen) indicação f, marca f

bezeugen* vt atestar, certificar; (JUR) testemunhar

bezichtigen vt acusar (de)

beziehen* I. vt irreg 1. (überziehen) cobrir (mit de); (Bett) fazer (de lavado); (Sofa) forrar

2. (Haus) instalar-se em, ir habitar 3. (Ware) comprar; (Zeitung) assinar 4. (Gelder, Lohn) receber 5. (Stellung) ocupar; (Standpunkt) defender 6. (in Beziehung setzen) relacionar (auf com); **etw auf jdn/etw ~** relacionar a. c. com alguém/a. c. II. vr sich ~ irreg 1. (sich berufen) referir-se (auf a), dizer respeito (auf a) 2. (Himmel) anuviar-se, encobrir-se

Beziehung f <-en> 1. (Verbindung, Liebesbeziehung) relação f (zwischen entre, zu (para) ra) com); ~**en haben** ter conhecimentos 2. (Hinsicht) aspecto m; **in jeder** ~ sob todos os aspectos; **in dieser** ~ a este respeito

beziehungsweise konj 1. (und, oder) respectivamente 2. (genauer gesagt) isto é, ou melhor

Bezirk [bəˈtsɪrk] m <-(e)s, -e> 1. (Gebiet) área f, zona f 2. (Stadtbezirk) freguesia f 3. (Verwaltungsbezirk) distrito m; (JUR) comarca f

Bezirksgericht nt <-(e)s, -e> (österr, schweiz) Tribunal m de Comarca

Bezug [bəˈtsuːk] m <-(e)s, -züge> 1. (Überzug) cobertura f; (von Sofa) forro m; (von Kissen) fronha f 2. kein pl (WIRTSCH) compra f, aquisição f; (von Zeitung) assinatura f, subscrição f 3. (Beziehungnehmen) referência f; **in** ~ **auf** em relação a, com respeito a; **auf etw** ~ **nehmen** referir-se a a. c.

Bezüge pl ordenado m, vencimento m

bezüglich I. adj que diz respeito a II. präp +gen referente a, relativo a, respeitante a

Bezugspunkt m <-(e)s, -e> ponto m de referência

Bezugsquelle f <-n> fornecedor m, empresa f fornecedora

bezuschussen* vt subsidiar

bezwecken* vt ter em vista, pretender

bezweifeln* vt duvidar de, pôr em dúvida

bezwingen vt irreg 1. (besiegen) vencer 2. (zügeln) dominar, domar

BGB [beːgeːˈbeː] abk v **Bürgerliches Gesetzbuch** Código Civil

BH [beːˈhaː] abk v **Büstenhalter** soutien

Bhf. abk v **Bahnhof** estação

Biathlet(in) m(f) <-en, -en o -innen> (SPORT) biatleta m,f

Biathlon [ˈbiːatlɔn] nt <-s, -s> (SPORT) biatlo m

Bibel [ˈbiːbəl] f <-n> (REL) Bíblia f

Bibelstelle f <-n> passagem f bíblica, versículo m

Biber ['bi:bɐ] *m* <-s, -> castor *m*
Bibliographie *f* <-, -n> *s.* **Bibliografie** bibliografia *f*
bibliographisch *adj s.* **bibliografisch** bibliográfico
Bibliothek [biblio'te:k] *f* <-en> biblioteca *f*
Bibliothekar(in) *m(f)* <-s, -e *o* -innen> bibliotecário, bibliotecária *m, f*
biblisch ['bi:blɪs] *adj* bíblico
Bidet [bi'de:] *nt* <-s, -s> bidé *m*
Bidon *m* <-s, -s> *(schweiz)* bidão *m*
bieder ['bi:dɐ] *adj* conservador
biegen ['bi:gən] I. *vt (Draht)* dobrar, torcer; *(Glieder)* dobrar, flectir; **etw gerade** ~ endireitar a. c.; *(österr: flektieren)* flectir II. *vi* virar, dobrar; **um die Ecke** ~ dobrar a esquina; **auf Biegen und Brechen** a todo o custo, ou vai ou racha III. *vr* sich ~ curvar-se, dobrar-se; **sie bogen sich vor Lachen** eles encolheram-se de tanto rir
biegsam *adj* flexível
Biegung *f* <-en> curvatura *f; (Kurve)* curva *f*
Biene ['bi:nə] *f* <-n> abelha *f*
Bienenhonig *m* <-s> *kein pl* mel *m* de abelhas
Bienenkönigin *f* <-nen> abelha-mestra *f*, rainha *f* (das abelhas)
Bienenstich *m* <-(e)s, -e> 1. *(Verletzung)* ferroada *f*, picada *f* 2. (GASTR) pastel recheado com creme de baunilha e coberto com amêndoas
Bienenstock *m* <-(e)s, -stöcke> colmeia *f*, cortiço *m*
Bienenwachs *nt* <-es> *kein pl* cera *f* de abelhas
Bienenzucht *f kein pl* apicultura *f*
Bienenzüchter(in) *m(f)* <-s, - *o* -innen> apicultor, apicultora *m, f*
Biennale *f* <-n> (FILM) bienal *f*
Bier [bi:ɐ] *nt* <-(e)s, -e> cerveja *f;* **dunkles/helles** ~ cerveja preta/branca; ~ **vom Fass** cerveja de pressão; **zwei** ~ **bitte!** duas cervejas, se faz favor!; **das ist nicht mein** ~ não tenho nada a ver com isso, isso não é comigo
Bierdeckel *m* <-s, -> base *f* (de cerveja)
Bierfass^RR *nt* <-es, -fässer> barril *m* de cerveja
Bierflasche *f* <-n> garrafa *f* de cerveja
Biergarten *m* <-s, gärten> cervejaria *f* (ao ar livre)
Bierkasten *m* <-s, kästen> grade *f* de cerveja

Bierkrug *m* <-(e)s, -krüge> caneca *f* de cerveja
Bierstängel^RR *m* <-s, ->, **Bierstengel**^ALT *m* <-s, -> *(schweiz)* palito *m* salgado
Bierteller *m* <-s, -> *(schweiz) s.* **Bierdeckel**
Bierzelt *nt* <-(e)s, -e> tenda onde se vende cerveja
Biest [bi:st] *nt* <-(e)s, -er> 1. *(umg: Tier)* besta *f*, fera *f* 2. *(Mensch)* besta *f*
bieten [bi:tən] I. *vt (anbieten)* oferecer, dar; *(bei Auktion)* dar, oferecer; *(darbieten)* apresentar II. *vr* sich ~ *(Gelegenheit)* aparecer, dar-se; **sich dat etw** ~ **lassen** tolerar a. c., suportar a. c.
Big Band, Bigband *f* <-s> big band *f*
Bikini [bi'ki:ni] *m* <-s, -s> biquini *m*
Bilanz [bi'lants] *f* <-en> balanço *m;* ~ **ziehen** fazer o balanço
bilateral ['bi:latera:l, ---'-] *adj* (POL) bilateral
Bild [bɪlt] *nt* <-(e)s, -er> 1. *(Gemälde)* quadro *m; (Porträt)* retrato *m; (Abbildung)* figura *f*, ilustração *f* 2. *(Fernsehbild, Spiegelbild)* imagem *f; (Foto)* fotografia *f* 3. *(Vorstellung)* ideia *f;* **sich dat ein** ~ **von etw machen** fazer uma ideia de a. c., estar a ver
Bildband *m* <-(e)s, -bände> livro *m* ilustrado
bilden ['bɪldən] I. *vt* 1. *(Kreis, Meinung)* formar; *(Verein, Ausschuss)* constituir; *(Satz)* construir; **sich dat ein Urteil über jdn/etw** ~ formar um juízo sobre alguém/a. c. 2. *(künstlerisch)* modelar, moldar 3. *(erziehen)* instruir, educar 4. *(Höhepunkt, Ausnahme)* constituir, ser II. *vr* sich ~ 1. *(entstehen)* formar-se, produzir-se 2. *(geistig)* cultivar-se, formar-se
Bilderbuch *nt* <-(e)s, -bücher> livro *m* ilustrado
Bilderrahmen *m* <-s, -> moldura *f*
Bilderrätsel *nt* <-s, -> enigma *m* ilustrado
Bildfläche *f* <-n> tela *f;* **auf der** ~ **erscheinen** aparecer em cena
bildhaft *adj* plástico, gráfico
Bildhauer(in) ['bɪldhaʊə] *m(f)* <-s, - *o* -innen> escultor, escultora *m, f*
bildhübsch *adj* lindo, muito formoso
bildlich *adj* 1. *(Darstellung)* plástico, gráfico 2. *(Sinn)* figurado; *(Ausdruck)* metafórico
Bildnis ['bɪltnɪs] *nt* <-ses, -se> retrato *m*

B

Bildschirm *m* <-(e)s, -e> (*des Fernsehers*) ecrã *m;* (*brasil*) tela *f;* (*des Computers*) monitor *m*

Bildschirmarbeitsplatz *m* <-es, -plätze> posto *m* de trabalho informatizado

Bildschirmtext *m* <-(e)s> *kein pl* videotexto *m*

bildschön *adj* muito bonito, muito formoso

Bildung ['bɪldʊŋ] *f kein pl* **1.** (*Gründung*) fundação *f;* (*Gestaltung*) constituição *f*, forma *f* **2.** (*Erziehung*) formação *f*, educação *f;* (*Wissen*) cultura *f;* (*Schulbildung*) instrução *f*

Bildungsgang *m* <-(e)s, -gänge> instrução *f*, curso *m* de formação

Bildungslücke *f* <-n> falha *f* na cultura geral

Bildungspolitik *f kein pl* política *f* educacional

Bildungsroman *m* <-(e)s, -e> (LIT) romance *m* didáctico

Bildungssystem *nt* <-(e)s, -e> sistema *m* educacional

Bildungsurlaub *m* <-(e)s, -e> férias de formação *fpl*

Bildwörterbuch dicionário *m* ilustrado

Billard ['bɪljart] *nt* <-s> *kein pl* bilhar *m*

Billardkugel *f* <-n> bola *f* de bilhar

Billardstock *m* <-(e)s, -stöcke> taco *m*

Billet *nt* <-(e)s, -s> **1.** (*schweiz: Fahrbillet, Eintrittskarte*) bilhete *m* **2.** (*österr: Brief*) carta *f*

Billiarde [bɪ'ljardə] *f* <-n> mil biliões *mpl*

billig ['bɪlɪç] *adj* **1.** (*preiswert*) barato **2.** (*pej: minderwertig*) barato, baratucho; (*Ausrede, Trost*) fraco

billigen ['bɪlɪgən] *vt* aprovar

Billigung *f kein pl* aprovação *f*, consentimento *m;* **jds ~ finden** ter a aprovação de alguém

Billion [bɪ'ljoːn] *f* <-en> bilião *m*, milhão *m* de milhões

bimmeln *vi* (*umg: Glocke*) tocar, repicar; (*Telefon*) tocar

binär *adj* (MAT, INFORM) binário

Binde ['bɪndə] *f* <-n> **1.** (*Verband*) faixa *f*, cinta *f;* (*Augenbinde*) venda *f* **2.** (*Armschlinge*) braçadeira *f* **3.** (*Damenbinde*) penso *m* higiénico **4.** (MED) ligadura *f*

Bindegewebe *nt* <-s, -> tecido *m* conjuntivo

Bindeglied *nt* <-(e)s, -er> elo *m* de ligação, vínculo *m* (*zwischen* entre)

Bindehaut *f* <-häute> (ANAT) conjuntiva *f*

Bindehautentzündung *f* <-en> (MED) conjuntivite *f*

Bindemittel *nt* <-s, -> aglutinante *m*, agente *m* aglutinante

binden ['bɪndən] **I.** *vt* (*befestigen*) amarrar, ligar, atar; (*Buch*) encadernar; (*Schleife*) dar; (*Strauß*) fazer; (*verpflichten*) comprometer; (GASTR) ligar **II.** *vr* **sich ~** comprometer-se; **sich an jdn ~** comprometer-se com alguém, ter um compromisso com alguém

Bindestrich *m* <-(e)s, -e> hífen *m*

Bindfaden *m* <-s, -fäden> cordel *m*, fio *m;* **es regnet Bindfäden** chove a cântaros

binnen ['bɪnən] *präp* + *dat/gen* dentro de

Binnenhafen *m* <-s, -häfen> porto *m* fluvial

Binnenhandel *m* <-s> *kein pl* comércio *m* interno

Binnenmeer *nt* <-(e)s, -e> mar *m* interior

Binnenschifffahrt[RR] *f kein pl*, **Binnenschiffahrt**[ALT] *f kein pl* navegação *f* fluvial

Binse ['bɪnzə] *f* <-n> junco *m;* **in die ~n gehen** perder-se, arruinar-se

Binsenweisheit *f* <-en> lugar *m* comum, verdade *f* óbvia

Biochemie [bioçe'miː] *f kein pl* bioquímica *f*

Biochemiker(in) *m(f)* <-s, - *o* -innen> bioquímico, bioquímica *m, f*

Biograf(in) *m(f)* <-en, -en *o* -innen>, **Biograph(in)** *m(f)* <-en, -en *o* -innen> biógrafo, biógrafa *m, f*

Biografie[RR] *f* <-n> **Biographie**[ALT] biografia *f*

Bioladen ['----] *m* <-s, -läden> (*umg*) loja *f* de produtos biológicos

Biologe(in) [bio'loːgə] *m(f)* <-n, -n *o* -innen> biólogo, bióloga *m, f*

Biologie [biolo'giː] *f kein pl* biologia *f*

biologisch *adj* biológico; **~ abbaubar** biodegradável

Biomüll *m* <-s> *kein pl* lixo *m* orgânico

Biorhythmus *m* <-, rhythmen> rítmo *m* biológico

Biotechnik *f kein pl* biotecnologia *f*

Biotonne ['----] *f* <-n> contentor *m* para lixo orgânico

Biotop [bio'toːp] *nt* <-s, -e> (BIOL) biótopo *m*

Birke ['bɪrkə] *f* <-n> (BOT) bétula *f*

Birnbaum *m* <-(e)s, bäume> pereira *f*
Birne ['bɪrnə] *f* <-n> **1.** (*Frucht*) pêra *f* **2.** (*Glühbirne*) lâmpada *f* (eléctrica) **3.** (*umg: Kopf*) cabeça *f*, pinha *f*
birnenförmig *adj* em forma de pêra
bis [bɪs] **I.** *präp* +akk (*zeitlich, räumlich*) até; ~ **zu/an** até; ~ **hierher/bald** até aqui/breve; ~ **in die Nacht** pela noite dentro; **von...** ~ **...** de ... a ..., desde ... até ...; (*außer*) ~ **auf** excepto, menos; **alle** ~ **auf einen** todos menos um; ~ **auf weiteres** por agora, até segunda ordem **II.** *konj* até que, até; **ich warte,** ~ **sie anruft** espero até ela telefonar, espero até que ela telefone
Bischof, Bischöfin ['bɪʃɔf] *m, f* <-(e)s, -schöfe *o* -innen> bispo *m*
bischöflich *adj* episcopal
Bischofssitz *m* <-(e)s, -e> episcopado *m*, diocese *f*
bisexuell ['biːsɛksuɛl, 'biːzɛksuɛl] *adj* bissexual
bisher [bɪs'heːɐ] *adv* até agora, até à data
bisherige(r, s) *adj* **die** ~ **Vorsitzende** a presidente até à data; **sein ~s Verhalten** o seu comportamento até agora
Biskuit [bɪs'kviːt] *m/nt* <-(e)s, -s> biscoito *m*
Biskuitrolle *f* <-n> barquilho *m*
bislang [bɪs'laŋ] *adv* até agora, até à data
biss^RR [bɪs], **biß**^ALT *imp von* **beißen**
Biss^RR [bɪs] *m* <-es, -e>, **Biß**^ALT *m* <-sses, -sse> dentada *f*, mordedura *f*
bisschen^RR ['bɪsçən] *pron*, **bißchen**^ALT *pron indef* **ein** ~ um pouco, um bocado; **ein** ~ **Salz** um pouco de sal; **ein** ~ **Zeit** um momentinho; **kein** ~ nem nada, nem um bocadinho; **ein klein** ~ (**von**) um bocadinho (de), um pouquinho (de); **das ist ein** ~ **wenig** é muito pouco
Bissen ['bɪsən] *m* <-s, -> bocado *m*
bissig *adj* (*Hund*) que morde; (*Bemerkung*) mordaz, sarcástico
Bistro *nt* <-s, -s> pub *m*, bar *m*
Bistum ['bɪstuːm] *nt* <-s, -tümer> bispado *m*
Bit [bɪt] *nt* <-(s), -(s)> (INFORM) bit *m*
bitte *interj* (se) faz favor, por favor; (*als Antwort auf Dank*) de nada, não tem de quê; **wie** ~**?** como (diz)?; ~ **schön!** faz/faça favor!
Bitte *f* <-n> pedido *m*; (*Ersuchen*) apelo *m*; (*Wunsch*) desejo *m*; **ich habe eine** ~ **an Sie** tenho um pedido a fazer-lhe
bitten ['bɪtən] *vt* pedir, rogar; **jdn um etw** ~ pedir a. c. a alguém; **sich lange** ~ **lassen** fazer-se rogado; **ich bitte Sie!** ora essa!, por quem é!
bitter ['bɪtɐ] *adj* **1.** (*Geschmack*) amargo **2.** (*Kälte*) intenso, cortante; (*Winter*) duro; **etw** ~ **nötig haben** precisar de a. c. urgentemente
bitterböse *adj* furioso, muito zangado
Bitumen *nt* <-s, -> (CHEM) betume *m*
Biwak *nt* <-s, -s> acampamento *m*, bivaque *m*
bizarr [bi'tsar] *adj* bizarro, extravagante
Bizeps ['biːtsɛps] *m* <-(es), -e> bíceps *m*
Blabla *nt* <-s> *kein pl* (*umg*) bláblá *m*
Blache *f* <-n> (*österr, schweiz*) lona *f*
blähen **I.** *vt* inchar **II.** *vi* inchar, intumescer; (MED) causar flatulência **III.** *vr* **sich** ~ pavonear-se
Blähung *f* <-en> gases *mpl*, flatulência *f*
blamabel [bla'maːbəl] *adj* vergonhoso
Blamage [bla'maːʒə] *f* <-n> vergonha *f*
blamieren* **I.** *vt* ridicularizar, envergonhar **II.** *vr* **sich** ~ fazer triste figura; (*umg*) fazer figura de urso
blank [blaŋk] *adj* **1.** (*glänzend*) brilhante, polido **2.** (*unbedeckt*) em branco; ~ **sein** estar teso/liso **3.** (*rein*) puro; **aus ~em Neid** por pura inveja
blanko *adv* em branco
Blankoscheck ['blaŋko-] *m* <-s, -s> cheque *m* em branco
Blase [bla:zə] *f* <-n> **1.** (*Luftblase*) bolha *f* **2.** (MED) borbulha *f*, pústula *f* **3.** (*Harnblase*) bexiga *f*; (*Gallenblase*) vesícula *f*
Blasebalg *m* <-s, -bälge> fole *m*
blasen ['bla:zən] **I.** *vt* (*Glas*) soprar; (MUS) tocar; **er bläst Saxofon** ele toca saxofone **II.** *vi* (*Wind*) soprar
Bläser(in) *m(f)* <-s, - *o* -innen> músico, música *m, f* (de instrumento de sopro)
blasiert [bla'zi:ɐt] *adj* (*pej*) presumido, snobe
Blasinstrument ['bla:s-] *nt* <-(e)s, -e> instrumento *m* de sopro
Blaskapelle *f* <-n> banda *f* de música
Blasmusik *f* *kein pl* música *f* para instrumentos de sopro
Blasphemie [blasfe'mi:] *f* <-n> blasfémia *f*
blass^RR [blas] *adj*, **blaß**^ALT *adj* **1.** (*Person*) pálido, branco; ~ **werden** empalidecer, ficar branco **2.** (*Farbe*) desbotado; (*Erinnerung*) vago

B

Blässe *f kein pl* palidez *f*

Blatt [blat] *nt* <-(e)s, Blätter> **1.** (BOT) folha *f;* **kein ~ vor den Mund nehmen** não ter papas na língua **2.** (*Papier*) folha *f;* (*Zeitung*) jornal *m*, gazeta *f;* **vom ~ spielen** tocar à primeira vista

blättern *vi* folhear; **in einem Buch ~** folhear um livro

Blätterteig *m* <-(e)s> *kein pl* massa *f* folhada

Blattlaus *f* <-läuse> pulgão *m*

blattweise *adv* por folha

blau [blaʊ] *adj* **1.** (*Farbe*) azul; (*Lippen*) roxo; (*Auge*) negro; ~**er Fleck** (nódoa) negra *f*, pisadura *f;* ~**es Blut** sangue azul *m;* ~**er Brief** carta de despedida *f;* (*für Arbeitnehmer*) carta *f* de despedimento; **mit einem ~en Auge davonkommen** escapar por uma unha negra, escapar por um triz **2.** (*umg: betrunken*) bêbedo, borracho

Blau *nt* <-s, -> azul *m;* **in ~ gekleidet** vestido de azul

blauäugig *adj* de olhos azuis

Blaue ['blaʊə] *nt* <-n> *kein pl* azul *m;* **Fahrt ins ~** passeio sem destino; **das ~ vom Himmel herunterlügen** mentir como um saco roto

Blauhelm *m* <-(e)s, -e> (MIL) capacete *m* azul

Blaukraut *nt* <-(e)s> *kein pl* (*österr*) couve *f* roxa

Blaulicht *nt* <-(e)s, -er> sinal *m* luminoso

blau|machen *vi* (*umg*) fazer gazeta

Blauwal *m* <-(e)s, -e> baleia *f* azul

Blazer ['bleːzɐ, 'blɛɪzɐ] *m* <-s, -> blazer *m*

Blech *nt* <-(e)s, -e> **1.** (*Metallplatte*) chapa *f;* (*Weißblech*) folha-de-flandres *f* **2.** (*Backblech*) tabuleiro *m* **3.** *kein pl* (MUS) metais *mpl* **4.** *kein pl* (*umg: Unsinn*) baboseira *f*, disparate *m*

Blechdose *f* <-n> lata *f*

blechen ['blɛçən] *vi* (*umg*) pagar (*für* por)

Blechschaden *m* <-s, -schäden> dano *m* na carroçaria

Blei [blaɪ] *nt* <-(e)s> *kein pl* chumbo *m*

Bleibe ['blaɪbə] *f* <-n> alojamento *m*

bleiben ['blaɪbən] *vi* **1.** (*nicht weggehen*) ficar, permanecer; **hier ~** ficar aqui; ~ **Sie am Apparat!** não desligue!; **wo bleibt sie nur?** onde é que ela se meteu? **2.** (*nicht ändern*) manter(-se), continuar; **es bleibt dabei** fica assim, fica combinado; **bei der Sa-**

che; **~ não mudar de assunto, não fugir ao tema; **bei der Wahrheit** ~ cingir-se à verdade; **etw** ~ **lassen** deixar (ficar) a. c.; **lassen Sie das ~!** deixe (ficar) isso; (*Rest*); **übrig** ~ ficar, sobrar; **es bleibt mir nichts Anderes übrig** (**als**) não me resta outra hipótese (senão); ~ **Sie doch sitzen!** deixe-se ficar sentado!, não se levante!; **das Wetter bleibt gut** o tempo continua/mantém-se bom; **das bleibt sich gleich** tanto faz

bleich [blaɪç] *adj* pálido

bleichen *vt* (*Wäsche*) corar, branquear; (*cabelo*) descolorar

bleiern *adj* de chumbo

bleifrei *adj* sem chumbo

bleihaltig *adj* com chumbo

Bleikristall *m* <-s> *kein pl* cristal *m* de chumbo

Bleistift *m* <-(e)s, -e> lápis *m*

Bleistiftspitzer *m* <-s, -> aguça *m*, apara-lápis *m*

Blende ['blɛndə] *f* <-n> **1.** (*Lichtschutz*) viseira *f*, protecção *f* **2.** (FOT) diafragma *m* **3.** (ARCH) janela *f* falsa

blenden ['blɛndən] *vt* **1.** (*Licht, Sonne*) encandear, ofuscar **2.** (*beeindrucken*) deslumbrar, fascinar

blendend *adj* **1.** (*strahlend*) deslumbrante, radiante **2.** (*großartig*) extraordinário, estupendo; ~ **aussehen** estar com óptimo aspecto

Blick [blɪk] *m* <-(e)s, -e> **1.** (*Hinsehen*) olhar *m;* (*kurz*) olhadela *f;* **auf den ersten ~** à primeira vista; **verstohlener ~** olhar furtivo; **der böse ~** o mau-olhado; **einen ~ für etw haben** ter olho para a. c.; **einen ~ auf etw werfen** dar uma olhadela a a. c., dar uma vista de olhos a a. c. **2.** *kein pl* (*Aussicht*) vista *f*, panorama *m*

blicken ['blɪkən] *vi* olhar; **sich ~ lassen** aparecer; **das lässt tief ~** isso deixa transparecer a. c.

Blickpunkt *m* <-(e)s, -e> ponto *m* de vista

blieb [bliːp] *imp von* **bleiben**

blies [bliːs] *imp von* **blasen**

blind [blɪnt] *adj* **1.** (*nicht sehend*) cego; ~ **werden** ficar cego, cegar; ~ **vor Wut** cego de raiva **2.** (*Glas*) baço, sem brilho **3.** (*Passagier*) clandestino **4.** (*Alarm*) falso

Blinddarm *m* <-(e)s, -därme> (ANAT) apêndice *m*

Blinddarmentzündung *f* <-en> (MED) apendicite *f*

Blindenhund *m* <-(e)s, -e> cão *m* de guia
Blindenschrift *f kein pl* escrita *f* Braille
Blinde(r) *m/f* <-n, -n *o* -n> cego, cega *m, f*
Blindheit *f kein pl* cegueira *f;* **mit ~ ge-schlagen sein** estar cego
blindlings ['blɪntlɪŋs] *adv* às cegas
Blindschleiche *f* <-n> licranço *m*
blinken ['blɪŋkən] *vi* **1.** (*Licht*) reluzir, bri-lhar; (*Stern*) cintilar **2.** (*beim Autofahren*) in-dicar a mudança de direcção; (*umg*) dar sinal, dar o pisca(-pisca)
Blinker *m* <-s, -> indicador *m* de mudança de direcção; (*umg*) pisca(-pisca) *m*
Blinklicht *nt* <-(e)s, -er> luz *f* intermitente; (*umg*) piscas *mpl*
blinzeln ['blɪntsəln] *vi* pestanejar; (*als Zei-chen*) piscar o olho
Blitz [blɪts] *m* <-es, -e> **1.** (METEO) relâmpa-go *m*, raio *m;* **wie vom ~ getroffen** como que atingido por um raio **2.** (FOT) flash *m*
Blitzableiter *m* <-s, -> pára-raios *m*
blitzen *vi* **1.** (*bei Gewitter*) relampejar **2.** (*strahlen*) brilhar, reluzir **3.** (FOT) disparar o flash
Blitzgerät *nt* <-(e)s, -e> (FOT) flash *m*
Blitzlicht *nt* <-(e)s, -er> (FOT) flash *m*
blitzsauber ['-'---] *adj* (*umg*) tão limpo que (até) brilha
blitzschnell ['-'-] *adj* (*umg*) rápido como um raio, rapidíssimo
Block [blɔk] *m* <-(e)s, Blöcke> **1.** (*Stein-block, Schreibblock*) bloco *m;* (*Holzblock*) ce-po *m* **2.** (POL) bloco *m* **3.** (*Häuserblock*) quarteirão *m*
Blockade [blɔ'ka:də] *f* <-n> bloqueio *m*
Blockflöte *f* <-n> flauta *f* de bisel
blockieren* *vt* bloquear
Blocksatz *m* <-es> *kein pl* texto *m* justifica-do
blöd *adj* **1.** (*umg: dumm*) burro, estúpido **2.** (*unangenehm*) chato, aborrecido
Blödheit *f* <-en> estupidez *f*, parvoíce *f*
Blödmann *m* <-(e)s, -männer> (*umg*) es-túpido *m*, parvo *m*
Blödsinn *m* <-(e)s> *kein pl* (*umg*) disparate *m*, parvoíce *f;* **red keinen ~!** não digas asnei-ras!, não digas disparates!
blödsinnig *adj* **1.** (*schwachsinnig*) imbecil, idiota **2.** (*umg: unsinnig*) parvo, estúpido
blond [blɔnt] *adj* louro, loiro
blondieren* *vt* alourar, aloirar
Blondine [blɔn'di:nə] *f* <-n> loura *f*, loira *f*

bloß **I.** *adj* (*nackt*) nu; (*unbedeckt*) descober-to; (*nichts als*) puro, mero; **der ~e Gedanke daran** só de pensar nisso; **mit ~em Auge** olho nu, à vista desarmada **II.** *adv* (*nur*) só, apenas, somente; **er denkt ~ noch an Ur-laub** ele só pensa em férias; **sag ~!** diz lá!; **was hat sie ~?** o que é que lhe deu?
Blöße *f* <-n> **1.** (*geh: Nacktheit*) nudez *f* **2.** (*Schwachstelle*) ponto *m* fraco; **sich** *dat* **eine ~ geben** expor-se, revelar um ponto fraco
bloß|stellen *vt* desmascarar, comprometer
Blouson *m* <-s, -s> blusão *m*
Bluejeans, Blue Jeans *pl* blue jeans *mpl*
Blues *m* <-, -> (MUS) blues *mpl*
Bluff *m* <-s, -s> (*pej*) bluff *m;* (*brasil*) blefe *m*
bluffen ['blʊfən, 'blœfən] *vi* (*pej*) fazer blu-ff; (*brasil*) blefar
blühen *vi* **1.** (*Pflanze*) florescer **2.** (*Handel*) prosperar **3.** (*umg: bevorstehen*) ir acontec-er; **ihm blüht etw** ainda lhe vai acontecer a. c., está para lhe acontecer a. c.
Blühet *f kein pl* (*schweiz*) florescência *f*
Blume ['blu:mə] *f* <-n> **1.** (BOT) flor *f;* **~n pflücken** colher/apanhar flores; **etw durch die ~ sagen** dizer a. c. de forma indirecta, di-zer a. c. com jeitinho **2.** (*auf Bier*) espuma *f* **3.** (*von Wein*) aroma *m*
Blumenkohl *m* <-(e)s> *kein pl* couve-flor *f*
Blumenladen *m* <-s, -läden> florista *f*
Blumenstrauß *m* <-es, -sträuße> ramo *m* (de flores), arranjo *m* (de flores)
Blumentopf *m* <-(e)s, -töpfe> vaso *m*
Blumenvase *f* <-n> jarra *f*
Blumenzwiebel *f* <-n> bolbo *m*
blumig *adj* (*Stil*) com floreados
Bluse ['blu:zə] *f* <-n> blusa *f*
Blut [blu:t] *nt* <-(e)s> *kein pl* sangue *m; ~* **spenden** doar sangue; **jdm ~ abnehmen** ti-rar sangue a alguém; **böses ~ machen** cau-sar indignação; **das liegt mir im ~** está-me no sangue
Blutalkohol *m* <-s> *kein pl* taxa *f* de alcoo-lémia no sangue
blutarm *adj* (MED) anémico
Blutbad *nt* <-(e)s, -bäder> carnificina *f*, chacina *f;* **ein ~ anrichten** organizar um massacre
Blutbild *nt* <-(e)s, -er> (MED) fórmula *f* san-guínea
Blutdruck *m* <-(e)s> *kein pl* tensão *f* arteri-al; (*brasil*) pressão *f* arterial; **den ~ messen**

medir a tensão/pressão (arterial)

blutdrucksenkend *adj* que baixa a tensão/pressão (arterial)

Blüte *f* <-n> 1. (BOT) flor *f,* florescência *f;* **in voller ~ stehen** estar em flor 2. *kein pl* (*Höhepunkt*) pujança *f;* **in der ~ seiner Jahre** na flor da idade 3. (*umg: Banknote*) nota *f* falsa

bluten ['bluːtən] *vi* sangrar, deitar sangue

Blütenstaub *m* <-(e)s> *kein pl* pólen *m*

Bluter(in) ['bluːtɐ] *m(f)* <-s, - *o* -innen> (MED) hemofílico, hemofílica *m, f*

Bluterguss^{RR} ['bluːtʔɛɐgʊs] *m* <-es, -güsse> (MED) hemorragia *f,* efusão *f* de sangue

Blütezeit *f* <-en> florescência *f;* (*fig*) apogeu *m*

Blutgefäß *nt* <-es, -e> vaso *m* sanguíneo

Blutgruppe *f* <-n> grupo *m* sanguíneo

Bluthochdruck *m* <-(e)s> *kein pl* (MED) hipertensão *f*

blutig *adj* sangrento

blutjung ['-'-] *adj* muito novo, em plena mocidade

Blutkonserve *f* <-n> conserva *f* de sangue

Blutkörperchen *nt* <-s, -> glóbulo *m* sanguíneo

Blutkreislauf *m* <-(e)s, -läufe> circulação *f* sanguínea

Blutorange *f* <-n> laranja *f* de sangue

Blutprobe *f* <-n> amostra *f* de sangue

Blutrache *f kein pl* vingança *f* de morte

blutrünstig *adj* sanguinário, sangrento

Blutspender(in) *m(f)* <-s, - *o* -innen> dador, dadora *m, f* de sangue

blutt *adj* (*schweiz*) nu

Blutübertragung *f* <-en> transfusão *f* de sangue

Blutung *f* <-en> hemorragia *f;* (*Monatsblutung*) menstruação *f*

Blutvergießen *nt* <-s> *kein pl* derramamento *m* de sangue

Blutvergiftung *f* <-en> (MED) septicemia *f*

Blutwurst *f* <-würste> chouriço *m* de sangue, morcela *f*

BLZ [beːʔɛlˈtsɛt] *abk v* **Bankleitzahl** NIB (= *número de identificação bancária*)

Bö *f* <-en> rajada *f* (de vento)

Boa *f* <-s> boa *f*

Bob *m* <-s, -s> bob *m,* tobogã *m*

Bock [bɔk] *m* <-(e)s, Böcke> 1. (ZOOL) macho *m;* (*Rehbock*) corço *m;* (*Ziegenbock*) bo-

de *m;* (*Schafbock*) carneiro *m* 2. (*Gestell*) cavalete *m* 3. (SPORT) barra *f,* cavalo-de-pau *m;* **~ springen** jogar ao eixo

Bockbier *nt* <-(e)s, -e> cerveja *f* forte

bocken *vi* 1. (*Kind*) teimar, ser teimoso 2. (*Pferd*) empinar-se

bockig *adj* teimoso como uma mula

Bockwurst *f* <-würste> salsicha *f*

Boden ['boːdən] *m* <-s, Böden> 1. (*Fußboden*) chão *m;* (*Erdboden*) solo *m;* (*Meeresboden, Fassboden*) fundo *m;* **zu ~ fallen** cair ao chão 2. (*Speicher*) sótão *m,* águas-furtadas *fpl* 3. (*Grundlage*) base *f,* fundamento *m*

Bodenerhebung *f* <-en> ondulação *f* do terreno

Bodenfrost *m* <-(e)s> *kein pl* geada *f*

bodenlos *adj* 1. (*tief*) sem fundo, insondável 2. (*umg: unerhört*) incrível, espantoso

Bodenpersonal *nt* <-s> *kein pl* (AERO) pessoal *m* de terra

Bodenreform *f* <-en> reforma *f* agrária

Bodensatz *m* <-(e)s> *kein pl* (*Wein*) depósito *m;* (*Kaffee, Wein*) borra(s) *fpl,* pé *m*

Bodenschätze *pl* riquezas naturais *fpl*

Bodensee *m* <-s> *kein pl* lago *m* de Constança

Bodenstation *f* <-en> (AERO) estação *f* terrestre

Bodenturnen *nt* <-s> *kein pl* ginástica *f* de solo

Body ['bɔdi] *m* <-s, -s> body *m*

Bodybuilding ['bɔdibɪldɪŋ] *nt* <-s> *kein pl* culturismo *m,* bodybuilding *m*

bog [boːk] *imp von* **biegen**

Bogen ['boːgən] *m* <-s, Bögen> 1. (*Biegung*) curvatura *f,* curva *f;* **einen ~ um jdn machen** desviar-se de alguém 2. (ARCH) arco *m;* (*spitz*) ogiva *f;* (*Brückenbogen*) vão *m* 3. (*Papier*) folha *f* 4. (*Waffe, der Geige*) arco *m;* **den ~ überspannen** exagerar, ir longe demais

Bogenschießen *nt* <-s> *kein pl* tiro *m* ao arco

Bohle *f* <-n> prancha *f,* pranchão *m*

Bohne ['boːnə] *f* <-n> 1. (*Gemüse*) feijão *m;* (*dicke*) fava *f;* **grüne ~n** feijão verde *m* 2. (*Kaffeebohne*) grão *m*

Bohnenkaffee *m* <-s> *kein pl* café *m* em grão

bohnern ['boːnɐn] *vt* encerar

Bohnerwachs *nt* <-es, -e> cera *f* (para soalhos)

bohren ['boːrən] **I.** *vt* **1.** (*Loch, Tunnel*) furar, brocar **2.** (*durchbohren*) perfurar; (*hineinbohren*) cravar **II.** *vi* **1.** (*in Erde*) introduzir-se (perfurando) **2.** (*Zahnarzt*) brocar; **in der Nase** ~ meter o dedo no nariz **3.** (*umg: fragen*) pedinchar

Bohrer *m* <-s, -> broca *f*, berbequim *m*; (*Holzbohrer*) verruma *f*

Bohrinsel ['boːʔɪnzəl] *f* <-n> plataforma *f* de sondagem; (*Erdöl*) plataforma *f* petrolífera

Bohrmaschine *f* <-n> berbequim *m*, máquina *f* de furar

Bohrturm *m* <-(e)s, -türme> torre *f* de perfuração, torre *f* de sondagem

böig *adj* (*Wind*) às rajadas

Boiler ['bɔɪlɐ] *m* <-s, -> esquentador *m*

Boje ['boːjə] *f* <-n> bóia *f*, baliza *f*

Bolivien [bo'liːviən] *nt* <-s> *kein pl* Bolívia *f*

böllern *vi* disparar morteiros

Böllerschuss^{RR} *m* <-es, -schüsse> tiro *m* de morteiro

Bolzen ['bɔltsən] *m* <-s, -> **1.** (TECH) cavilha *f*; (*kleiner*) perno *m*, pino *m* **2.** (*Geschoss*) flecha *f*, seta *f*

Bombardement [bɔmbardə'mãː] *nt* <-s, -s> bombardeamento *m*

bombardieren* *vt* bombardear

Bombe ['bɔmbə] *f* <-n> bomba *f*; **wie eine ~ einschlagen** cair como uma bomba

Bombenangriff *m* <-(e)s, -e> ataque *m* aéreo

Bombenattentat *nt* <-(e)s, -e> atentado *m* à bomba, atentado *m* bombista

Bombenerfolg ['---'-] *m* <-(e)s, -e> (*umg*) grande sucesso *m*, êxito *m* retumbante

Bombenstimmung ['--'--] *f* *kein pl* (*umg: einer Person*) óptima disposição *f*; (*bei einer Veranstaltung*) espectáculo *m*

Bomber *m* <-s, -> (AERO) bombardeiro *m*

Bon [bɔŋ, bõ:] *m* <-s, -s> **1.** (*Gutschein*) talão *m*, senha *f* **2.** (*Kassenzettel*) talão *m*

Bonbon [bɔŋ'bɔŋ, bõ'bõ:] *m/nt* <-s, -s> rebuçado *m*; (*brasil*) bala *f*

Bonn *nt* <-s> *kein pl* Bona *f*

Bonsai *m* <-(s), -s> árvore *f* bonsai

Bonus ['boːnʊs] *m* <-(ses), -(se)> bónus *m*

Bonze ['bɔntsə] *m* <-n, -n> bonzo *m*

Boom [buːm] *m* <-s, -s> boom *m*

Boot [boːt] *nt* <-(e)s, -e> barco *m*, bote *m*; (*Motorboot*) barco *m* a motor, lancha *f*; **im gleichen ~ sitzen** estar no mesmo barco

Bord¹ [bɔrt] *nt* <-(e)s, -e> **1.** (*Wandbrett*) prateleira *f* **2.** (*schweiz: Rand, Böschung*) borda *f*, bordo *m*

Bord² *m* <-(e)s> *kein pl* (NAUT) bordo *m*; **an ~** a bordo; **an/von ~ gehen** embarcar/desembarcar; **etw über ~ werfen** deitar a. c. (pela) borda fora

Bordell [bɔr'dɛl] *nt* <-(e)s, -e> bordel *m*

Bordkarte *f* <-n> cartão *m* de embarque

Bordpersonal *nt* <-s> *kein pl* pessoal *m* de bordo

Bordstein *m* <-(e)s, -e> beira *f* do passeio; (*brasil*) beira *f* da calçada

borgen ['bɔrgən] *vt* **1.** (*ausleihen*) pedir emprestado; **sich** *dat* **etw von jdm** ~ pedir a. c. emprestado a alguém **2.** (*verleihen*) emprestar; **jdm etw** ~ emprestar a. c. a alguém

borniert *adj* (*pej*) tacanho, bronco

Börse *f* <-n> (WIRTSCH) Bolsa *f*

Börsenkurs *m* <-es, -e> (WIRTSCH) cotação *f* da Bolsa

Börsenmakler(in) *m(f)* <-s, - *o* -innen> corretor, corretora *m, f*

Börsenspekulant(in) *m(f)* <-en, -en *o* -innen> especulador, especuladora *m, f* da Bolsa, agiota *m,f*

Borste ['bɔrstə] *f* <-n> cerda *f*

Borte ['bɔrtə] *f* <-n> debrum *m*, passamanes *mpl*

bösartig *adj* **1.** (*Mensch*) mau; (*Tier*) feroz; (*Bemerkung, Tat*) maldoso **2.** (MED) maligno

Böschung *f* <-en> (*an Straße*) declive *m*; (*am Ufer*) ribanceira *f*

böse **I.** *adj* (*schlecht*) mau, ruim, maldoso; (*Kind*) maroto, mau; (*unangenehm*) mau, desagradável; **ein ~s Ende nehmen** acabar mal; (*zornig*) zangado (*auf* com); **bist du mir ~?** estás zangado comigo?; ~ **werden** zangar-se **II.** *adv* mal; **es war nicht ~ gemeint** não foi por mal; **das kann ~ ausgehen** pode acabar mal

boshaft ['boːshaft] *adj* mau, pérfido

Bosheit *f* <-en> maldade *f*, malícia *f*

Bosnien ['bɔsniən] *nt* <-s> *kein pl* Bósnia *f*

Bosnien-Herzegowina *nt* <-s> *kein pl* Bósnia-Erzegovina *f*

Bosnier(in) *m(f)* <-s, - *o* -innen> bósnio, bósnia *m, f*

bosnisch *adj* bósnio

Boss^{RR} [bɔs] *m* <-es, -e>, **Boß**^{ALT} *m* <-sses, -sse> chefe *m*

böswillig *adj* malévolo, mal-intencionado

bot [boːt] *imp von* **bieten**

Botanik [bo'ta:nɪk] *f kein pl* botânica *f*

Bote(in) ['bo:tə] *m(f)* <-n, -n *o* -innen> moço, moça *m, f*

Botschaft ['bo:tʃaft] *f* <-en> **1.** (*Nachricht*) mensagem *f*, notícia *f* **2.** (POL) embaixada *f*

Botschafter(in) *m(f)* <-s, - *o* -innen> embaixador, embaixatriz *m, f*

Bott *nt* <-(e)s, -e> (*schweiz*) assambleia *f* de sócios

Bottich ['bɔtɪç] *m* <-(e)s, -e> tina *f*, cuba *f*

Bouillon [bʊl'jɔŋ, bʊl'jõ:] *f* <-s> (GASTR) caldo *m*

Boulevardpresse *f kein pl* imprensa *f* sensacionalista, imprensa *f* amarela

Boutique [bu'ti:k] *f* <-n> boutique *f*

Bowle *f* <-n> (GASTR) receita *f*; (*brasil*) ponche *m*, bebida fria preparada com vinho branco, açúcar e frutas cortadas

Box [bɔks] *f* <-en> **1.** (*für Pferde, Rennwagen*) boxe *f* **2.** (*Lautsprecher*) coluna *f*

boxen ['bɔksən] *vi* (SPORT) jogar boxe; (*brasil*) boxear

Boxen *nt* <-s> *kein pl* (SPORT) boxe *m*, pugilismo *m*

Boxer *m* <-s, -> **1.** (SPORT) pugilista *m*; (*brasil*) boxeador *m* **2.** (*Hund*) boxer *m*

Boxhandschuh *m* <-(e)s, -e> luva *f* de boxe

Boxkampf *m* <-(e)s, -kämpfe> combate *m* de boxe

Boykott [bɔɪ'kɔt] *m* <-(e)s, -s> boicote *m*; **zum ~ aufrufen** apelar ao boicote

boykottieren* *vt* boicotar

brach [bra:x] *imp von* **brechen**

brach|liegen *vi irreg* **1.** (*Acker*) ficar de pousio, alqueivar **2.** (*Fähigkeiten*) tornar-se improdutivo

brachte ['braxtə] *imp von* **bringen**

Branche ['brã:ʃə] *f* <-n> ramo *m*

Branchenverzeichnis *nt* <-ses, -se> páginas amarelas *fpl*

Brand [brant] *m* <-(e)s, Brände> **1.** (*Feuer*) incêndio *m*, fogo *m*; **etw in ~ stecken** pôr/deitar fogo a a. c.; **in ~ geraten** pegar fogo, incendiar-se **2.** *kein pl* (*umg: Durst*) sede *f* ardente

branden *vi* (*geh*) rebentar (*an/gegen* contra), embater (*an/gegen* contra)

Brandenburg ['brandənbʊrk] *nt* <-s> *kein pl* Brandemburgo *m*

brandenburgisch *adj* de Brandemburgo

brandmarken ['brantmarkən] *vt* (*Person*)

estigmatizar; (*Zustände*) criticar

Brandsalbe *f* <-n> pomada *f* para queimaduras

Brandstifter(in) *m(f)* <-s, - *o* -innen> incendiário, incendiária *m, f*

Brandstiftung *f* <-en> fogo *m* posto

Brandung ['brandʊŋ] *f kein pl* rebentamento *m* das ondas

brannte ['brantə] *imp von* **brennen**

Branntwein *m* <-(e)s, -e> aguardente *m*

Brasilianer(in) *m(f)* <-s, - *o* -innen> brasileiro, brasileira *m, f*

brasilianisch *adj* brasileiro

Brasilien [bra'zi:liən] *nt* <-s> *kein pl* Brasil *m*

braten ['bra:tən] *vt* assar; (*in der Pfanne*) fritar; **kurz gebraten** mal passado

Braten *m* <-s, -> assado *m*, carne *f* assada; **ich kann den ~ riechen** aqui há coisa

Brathähnchen *nt* <-s, -> frango *m* assado

Brathendl *nt* <-s, -> (*österr*) frango *m* assado

Bratkartoffeln *pl* batatas assadas *fpl*

Bratpfanne *f* <-n> frigideira *f*, sertã *f*

Bratsche *f* <-n> viola *f*

Bratwurst *f* <-würste> salsicha *f* grelhada

Brauch [braʊx] *m* <-(e)s, Bräuche> costume *m*, hábito *m*

brauchbar *adj* útil

brauchen ['braʊxən] *vt* **1.** (*benötigen*) precisar de, necessitar de; (*Zeit*) levar **2.** (*benutzen*) usar, utilizar **3.** (*verbrauchen*) gastar, consumir **4.** (*müssen*) ter que/de; **nicht zu ... ~** escusar de ...; **man braucht nur zu ...** basta ..., e só ...

brauen *vt* (*Bier*) fabricar

Brauerei *f* <-en> fábrica *f* de cerveja, cervejaria *f*

braun [braʊn] *adj* castanho; (*brasil*) marrom; (*Haut*) moreno; (*von Sonne*) bronzeado, moreno; (*Butter*) derretido; **~ gebrannt** queimado; **~ werden** ficar moreno

Bräune *f kein pl* bronzeado *m*

bräunen *vt* **1.** (*durch Sonne*) bronzear, queimar **2.** (GASTR: *Kartoffeln*) alourar, aloirar; (*Zwiebeln*) tostar

Braunkohle *f kein pl* lignite *f*

Bräunungsstudio *nt* <-s, -s> estúdio *m* solar

Brause ['braʊzə] *f* <-n> **1.** (*Dusche*) chuveiro *m*, duche *m* **2.** (*Getränk*) gasosa *f*

Braut [braʊt] *f* <Bräute> noiva *f*

Bräutigam *m* <-s, -e> noivo *m*

Brautjungfer *f* <-n> dama *m* de honor; (*brasil*) dama *f* de honra

Brautkleid *nt* <-(e)s, -er> vestido *m* de noiva

Brautpaar *nt* <-(e)s, -e> noivos *mpl*, recém-casados *mpl*

brav [braːf] *adj* **1.** (*Kind, Tier*) bem-comportado **2.** (*Kleidung*) discreto

bravo *interj* bravo!

BRD [beːʔɛrˈdeː] *abk v* **Bundesrepublik Deutschland** RFA (= *República Federal da Alemanha*)

Brecheisen *nt* <-s, -> pé-de-cabra *m*

brechen [ˈbrɛçən] **I.** *vt* (*zerbrechen*) partir, quebrar; (*Herz*) partir, despedaçar; (MED) fracturar; **sich** *dat* **ein Bein** ~ partir uma perna; **etw in Stücke** ~ partir a. c. aos bocados; **das wird ihm den Hals** ~ isso vai acabar com ele, isso vai matá-lo; (*Schweigen, Vertrag, Eid*) romper; (*Wort, Versprechen*) faltar a; (*Widerstand*) vencer; (*Gesetz*) violar; (*Streik*) furar **II.** *vi* (*Ast, Brett*) partir(-se), quebrar(-se); **mit jdm** ~ romper com alguém; (*umg: erbrechen*) vomitar **III.** *vr* **sich** ~ (*Licht*) reflectir, refractar; (*Wellen*) rebentar, quebrar(-se)

Brechreiz *m* <-es, -e> náusea *f*

Brei [braɪ] *m* <-(e)s, -e> puré *m*; (*für Kinder*) papa *f*; **um den heißen** ~ **herumreden** não ir directo ao assunto

breit [braɪt] *adj* largo; (*ausgedehnt*) vasto, extenso, amplo; (*Nase*) achatado; **das ist 3 Meter** ~ tem 3 metros de largura; **die** ~ **Masse** as massas; **weit und** ~ por toda a parte, largamente; **sich** ~ **machen** espalhar-se

Breite [ˈbraɪtə] *f* <-n> largura *f*; (*Ausdehnung*) extensão *f*, amplitude *f*; (GEOG) latitude *f*; **in die** ~ **gehen** alargar, engordar

Breitengrad *m* <-(e)s, -e> grau *m* de latitude

breitschult(e)rig *adj* entroncado, espadaúdo

Bremen *nt* <-s> *kein pl* Bremen *f*

Bremer *adj* de Bremen

Bremsbelag *m* <-(e)s, -läge> calço *m* do travão

Bremse [ˈbrɛmzə] *f* <-n> **1.** (*am Auto*) travão *m*; (*brasil*) freio *m*, breque *m* **2.** (*Hemmung*) freio *m*, travão *m* **3.** (ZOOL) moscardo *m*

bremsen *vt* **1.** (*Fahrzeug*) travar; (*brasil*) fre-

ar, brecar; **scharf** ~ travar a fundo **2.** (*Entwicklung*) entravar

Bremsflüssigkeit *f* <-en> líquido *m* para travões; (*brasil*) fluido *m* para freios

Bremslicht *nt* <-(e)s, -er> luz *f* de travão

Bremspedal *nt* <-(e)s, -e> pedal *m* do travão; (*brasil*) pedal *m* do freio

Bremsspur *f* <-en> rasto *m* de travagem; (*brasil*) rasto *m* de frenagem/brecada

Bremsweg *m* <-(e)s, -e> distância *f* de paragem; (*brasil*) distância *f* de frenagem

brennbar *adj* inflamável, combustível

Brennelement *nt* <-(e)s, -e> elemento *m* combustível

brennen [ˈbrɛnən] **I.** *vt* (*Ton*) cozer; (*Schnaps*) destilar **II.** *vi* **1.** (*Feuer, Haus, Wunde*) arder; **mir** ~ **die Augen** ardem-me os olhos; **darauf** ~ **zu** estar morto por, estar ansioso por **2.** (*Licht, Zigarette*) estar aceso; (*Kerzen*) arder **3.** (*Sonne*) queimar, escaldar

Brennessel^{ALT} [ˈbrɛnnɛsəl] *f* <-, -n> *s.* **Brennnessel**

Brennmaterial *nt* <-(e)s, -ien> combustível *m*

Brennnessel^{RR} *f* <-n> urtiga *f*

Brennspiritus *m* <-> *kein pl* álcool *m* desnaturado

Brennstoff *m* <-(e)s, -e> combustível *m*

brenzlich *adj* (*österr*) *s.* **brenzlig**

brenzlig [ˈbrɛntslɪç] *adj* (*umg*) difícil; **die Sache wird** ~ a coisa está a ficar feia, o caso está a ficar bicudo

Brett [brɛt] *nt* <-(e)s, -er> **1.** (*aus Holz*) tábua *f*, prancha *f*; (*im Regal*) prateleira *f*; **schwarzes** ~ quadro de afixação *m*; **ein** ~ **vor dem Kopf haben** ser tapado **2.** (*Spielbrett*) tabuleiro *m*

Bretterzaun *m* <-(e)s, -zäune> tabique *m* de madeira

Brettspiel *nt* <-(e)s, -e> jogo *m* de tabuleiro

Brevet *nt* <-s, -s> (*schweiz*) cartão *m*

Brezel *f* <-n> rosquilha *f*

Brezel é uma especialidade do Sul da Alemanha feita de massa de pão de trigo que é imersa num banho ácido, o que lhe confere o tom acastanhado. Esta espécie de pão tem uma forma especial, leva grãos de sal por cima, e, barrada ao meio com manteiga, é vendida como "Butterbrezel "(Brezel com manteiga) nas padarias ou tendazinhas próprias para a sua venda.

Brief [bri:f] *m* <-(e)s, -e> carta *f;* **eingeschriebener/offener** ~ carta registada/aberta; **jdm einen ~ schreiben** escrever uma carta a alguém

Briefbeschwerer ['bri:fbəʃveːrɐ] *m* <-s, -> pesa-papéis *m*

Briefblock *m* <-(e)s, -blöcke> bloco *m* de carta

Briefbogen *m* <-s, -bögen> folha *f* de papel de carta

Brieffreund(in) *m(f)* <-(e)s, -e *o* -innen> pen friend *m,f*

Briefkasten *m* <-s, -kästen> (*am Haus*) caixa *f* do correio; (*auf der Straße*) marco *m* (dos correios)

Briefkopf *m* <-(e)s, -köpfe> cabeçalho *m* de carta

brieflich *adv* por escrito, por carta; **jdm etw ~ mitteilen** comunicar a. c. por carta a alguém

Briefmarke *f* <-n> selo *m*

Brieföffner *m* <-s, -> corta-papel *m*

Briefpapier *nt* <-s, -e> papel *m* de carta

Brieftasche *f* <-n> carteira *f*

Briefträger(in) *m(f)* <-s, - *o* -innen> carteiro *m*, mulher-carteiro *f*

Briefumschlag *m* <-(e)s, -schläge> envelope *m*, sobrescrito *m*

Briefwahl *f* <-en> votação *f* por correio

Briefwechsel *m* <-s, -> correspondência *f;* **in ~ mit jdm stehen** corresponder-se com alguém

briet [bri:t] *imp von* **braten**

Brigade [bri'ga:də] *f* <-n> (MIL) brigada *f*

Brikett *nt* <-s, -s> briquete *m*

brillant [brɪ'ljant] *adj* brilhante, esplêndido

Brillant [brɪ'ljant] *m* <-en, -en> brilhante *m*

Brille ['brɪlə] *f* <-n> óculos *mpl;* **eine ~ tragen** usar óculos

Brillengestell *nt* <-(e)s, -e> armação *f*

Brimborium *nt* <-s> *kein pl* lengalenga *f;* (*Umschweife*) rodeios *mpl*

bringen ['brɪŋən] *vt* **1.** (*herbringen*) trazer; (*befördern*) transportar; (*begleiten*) levar, acompanhar; **jdn nach Hause ~** levar/acompanhar alguém a casa; **etw unter die Leute ~** divulgar a. c., fazer circular a. c.; **ein Kind zur Welt ~** pôr uma criança no mundo; **etw zum Ausdruck ~** exprimir a. c.; **etw zu Papier ~** escrever a. c. **2.** (*Ertrag*) produzir; **es zu etw ~** conseguir subir na vi-

da; **jdn um etw ~** fazer alguém perder a. c.; **jdn ums Leben ~** matar/assassinar alguém; **das bringt nichts** não adianta nada **3.** (*umg: veröffentlichen*) publicar; (*Radio, Fernsehen*) dar **4.** (*Kino, Theater*) representar, mostrar

brisant [bri'zant] *adj* esmagador, explosivo

Brise ['bri:zə] *f* <-n> brisa *f*

Brite(in) ['brɪtə, 'brɪːtə] *m(f)* <-n, -n *o* -innen> britânico, britânica *m, f*

britisch ['brɪtɪʃ] *adj* britânico

bröckeln *vi* (*Mauer, Steine*) desmoronar-se, desfazer-se

Brocken ['brɔkən] *m* <-s, -> pedaço *m;* **ein paar ~ Deutsch sprechen** falar um pouco de alemão

brodeln *vi* **1.** (*Flüssigkeit*) borbulhar **2.** (*österr: trödeln*) demorar-se

Broiler *m* <-s, -> (*reg*) frango *m* assado

Brokat *m* <-(e)s, -e> brocado *m*

Brokkoli ['brɔkoli] *pl* brócolos *mpl*

Brombeere ['brɔmbeːrə] *f* <-n> amora *f* silvestre

Bronchien *pl* brônquios *mpl*

Bronchitis [brɔn'çiːtɪs] *f* <Bronchitiden> (MED) bronquite *f*

Bronze ['brõːsə] *f* <-n> bronze *m*

Bronzemedaille *f* <-n> medalha *f* de bronze

Bronzezeit *f kein pl* idade *f* do bronze

Brosche ['brɔʃə] *f* <-n> broche *m*, alfinete *m*

Broschüre *f* <-n> brochura *f*, folheto *m*

Brösel *m* <-s, -> migalha *f*

Brot [broːt] *nt* <-(e)s, -e> pão *m;* **das tägliche ~** o pão de cada dia

Brötchen *nt* <-s, -> pão *m*, pãozinho *m;* **belegtes ~** sanduíche *f*, sande *f*

Bruch [brʊx] *m* <-(e)s, Brüche> **1.** (*das Zerbrechen*) ruptura *f*, rompimento *m;* **zu ~ gehen/in die Brüche gehen** ficar destruído, partir-se **2.** (MED: *Knochenbruch*) fractura *f;* (*Leistenbruch*) hérnia *f* **3.** (MAT) fracção *f*

Bruchbude *f* <-n> (*umg*) espelunca *f*

brüchig *adj* quebradiço

Bruchlandung *f* <-en> aterragem *f* forçada

Bruchrechnung *f* <-en> cálculo *m* de fracções

Bruchstrich *m* <-(e)s, -e> traço *m* de fracção

Bruchstück *nt* <-(e)s, -e> fragmento *m*

Bruchteil *m* <-(e)s, -e> fracção *f*, parte *f*

Brücke *f* <-n> **1.** (ARCH) ponte *f;* **alle ~n hinter sich** *dat* **abbrechen** ir por um caminho sem retorno **2.** (*Zahnbrücke*) ponte *f* **3.** (*Teppich*) pequeno tapete *m*

Bruder ['bruːdɐ] *m* <-s, Brüder> **1.** (*Verwandter*) irmão *m;* **mein großer/kleiner ~** o meu irmão mais velho/mais novo **2.** (*Mönch*) frade *m*

brüderlich *adj* fraternal

Brühe *f* <-n> **1.** (GASTR) caldo *m* **2.** (*pej: Schmutzwasser*) água *f* da barrela

brüllen *vi* **1.** (*Mensch*) gritar, berrar **2.** (*Löwe*) rugir; (*Rind*) mugir

brummen ['brʊmən] *vi* (*Insekt, Kopf*) zumbir; (*Hund*) rosnar; (*Motor*) roncar; (*Mensch*) resmungar

brummig *adj* rabugento, resmungão

brünett *adj* (*Haar*) castanho, escuro; (*Mensch*) moreno

Brunnen ['brʊnən] *m* <-s, -> **1.** (*Schöpfbrunnen*) poço *m* **2.** (*Springbrunnen*) fonte *f*, chafariz *m* **3.** (*Heilquelle*) águas medicinais *fpl*

brüsk *adj* brusco, rude

brüskieren* *vt* tratar com brusquidão/rudeza

Brüssel Bruxelas *f*

Brust [brʊst] *f* <Brüste> peito *m;* (*Busen*) seio(s) *mpl;* (*Brustkorb*) tórax *m*

Brustbein *nt* <-(e)s, -e> esterno *m*

brüsten *vr* **sich ~** vangloriar-se (*mit* de), gabar-se (*mit* de)

Brustkrebs *m* <-es> *kein pl* cancro *m* da mama

Brustschwimmen *nt* <-s> *kein pl* natação *f* de bruços

Brüstung *f* <-en> parapeito *m*

Brustwarze *f* <-n> mamilo *m*

Brut ['bruːt] *f kein pl* **1.** (*das Brüten*) choco *m* **2.** (*Vogeljunge*) crias *fpl*, filhotes *mpl;* (*Hunde, Katzen*) ninhada *f;* (*Fische*) crias *fpl*, juvenis *mpl* **3.** (*pej: Gesindel*) ralé *f*

brutal [bruˈtaːl] *adj* brutal

Brutalität *f* <-en> brutalidade *f*

brüten *vi* **1.** (*Vögel*) chocar **2.** (*grübeln*) incubar, cogitar (*über* sobre)

Brüter *m* <-s, -> (PHYS) reactor *m* de enriquecimento

Brutkasten *m* <-s, -kästen> incubadora *f*

brutto ['brʊto] *adv* bruto; **sie verdient 3000 DM ~** ela ganha 3000 marcos brutos

Bruttogehalt *nt* <-(e)s, -hälter> salário *m* bruto

Bruttogewicht *nt* <-(e)s, -e> peso *m* bruto

Bruttosozialprodukt *nt* <-(e)s, -e> (WIRTSCH) produto *m* social bruto

BSE [beːʔɛsˈʔeː] *abk v* **Bovine Spongiforme Encephalopathie** (**Rinderwahnsinn**) BSE, doença das vacas loucas

Btx [beːteːˈʔɪks] *abk v* **Bildschirmtext** vídeotexto

Bub *m* <-en, -en> (*österr, schweiz*) rapaz *m*, garoto *m*

Buch [buːx] *nt* <-(e)s, Bücher> **1.** (LIT) livro *m;* (*Drehbuch*) argumento *m;* **das ~ der Bücher** a Bíblia **2.** (*Rechnungsbuch*) livro *m* (de contas); **~ führen** (**über**) escriturar, registar (nas contas); (*brasil*) registrar

Buchdruck *m* <-(e)s> *kein pl* tipografia *f*

Buche ['buːxə] *f* <-n> faia *f*

buchen ['buːxən] *vt* **1.** (*Reise, Platz*) marcar, reservar **2.** (*Betrag*) assentar, registar; (*brasil*) registrar; (*auf das Konto*) lançar (em conta)

Bücherei *f* <-en> biblioteca *f*

Bücherregal *nt* <-(e)s, -e> estante *f*

Bücherschaft *m* <-(e)s, -schäfte> (*schweiz*) *s.* **Bücherregal**

Bücherwurm *m* <-(e)s, -würmer> (*umg*) rato *m* de biblioteca, bibliomaníaco *m*

Buchführung *f* <-en> contabilidade *f*, escrita *f*

Buchhalter(in) *m(f)* <-s, - *o* -innen> contabilista *m,f*

Buchhandel *m* <-s> *kein pl* comércio *m* de livros

Buchhändler(in) *m(f)* <-s, - *o* -innen> livreiro, livreira *m, f*

Buchhandlung *f* <-en> livraria *f*

Büchse *f* <-n> **1.** (*Behälter*) caixa *f* **2.** (*Konservendose*) lata *f* **3.** (*Gewehr*) espingarda *f*

Büchsenöffner *m* <-s, -> abre-latas *m*

Buchstabe ['buːxʃtaːbə] *m* <-n, -n> letra *f*

buchstabieren* *vt* soletrar

buchstäblich **I.** *adj* literal **II.** *adv* à letra, literalmente; **man hat ihn ~ hinausgeworfen** ele foi literalmente posto na rua

Bucht [bʊxt] *f* <-en> baía *f*, golfo *m;* (*klein*) enseada *f*

Buchung ['buːxʊŋ] *f* <-en> **1.** (*Reservierung*) reserva *f*, marcação *f* **2.** (*von Geldbetrag*) lançamento *m*, registo *m;* (*brasil*) registro *m*

Buchweizen *m* <-s> *kein pl* trigo *m* mourisco

Buckel ['bʊkəl] *m* <-s, -> **1.** (ANAT) corcunda *f*, giba *f* **2.** (*umg: Rücken*) costas *fpl*

bücken *vr* sich ~ (a)baixar-se, curvar-se; **sich nach etw** ~ (a)baixar-se para apanhar a. c.

Bückling *m* <-s, -e> **1.** (*Verbeugung*) vénia *f* **2.** (*Fisch*) arenque *m* fumado

Buddhismus [bʊ'dɪsmʊs] *m* <-> *kein pl* budismo *m*

Bude ['buːdə] *f*<-n> **1.** (*Kiosk*) quiosque *m*; (*Marktbude*) barraca *f*, tenda *f* **2.** (*umg: Zimmer*) quarto *m* (de estudante); **jdm auf die** ~ **rücken** importunar alguém com uma visita; **die** ~ **auf den Kopf stellen** pintar a manta

Budget [by'dʒeː, bʏ'dʒeː] orçamento *m*

Büfett *nt* <-(e)s, -s> **1.** (*Tisch mit Speisen*) bufete *m*; (*brasil*) bufê *m*; **kaltes** ~ mesa posta com carnes frias para que cada um se sirva **2.** (*Schrank*) aparador *m*

Büffel *m* <-s, -> (ZOOL) búfalo *m*

büffeln *vi* (*umg*) marrar, empinar

Buffet *nt* <-s, -s> (*österr, schweiz*) *s.* **Büfett**

Bug [buːk] *m* <-(e)s, -e> (NAUT) proa *f*

Bügel *m* <-s, -> **1.** (*Kleiderbügel*) cruzeta *f*, cabide *m*; (*der Brille*) haste *f*; (*an Handtasche*) asa *f* **2.** (*Steigbügel*) estrivo *m*

Bügelbrett *nt* <-(e)s, -er> tábua *f* de engomar, tábua *f* de passar a ferro

Bügeleisen *nt* <-s, -> ferro *m* de engomar/ de passar

Bügelfalte *f*<-n> vinco *m*

bügelfrei *adj* que não precisa de ser passado/engomado

bügeln *vt* passar a ferro, engomar

Buhmann ['buːman] *m* <-(e)s, -männer> (*umg*) espantalho *m*

Bühne *f*<-n> **1.** (*Podium*) estrado *m*, tribuna *f*; (*im Theater*) palco *m*; **hinter der** ~ nos bastidores; **etw über die** ~ **bringen** levar a. c. a cabo, fazer a. c. **2.** (*Theater*) teatro *m*

Bühnenbild *nt* <-(e)s, -er> cenário *m*

Buhruf ['buːruːf] *m* <-(e)s, -e> assobios *mpl*

Bulette [bu'lɛtə] *f*<-n> (*reg*) almôndega *f*

Bulgare(in) [bʊl'gaːrə] *m(f)* <-n, -n *o* -innen> búlgaro, búlgara *m*, *f*

Bulgarien [bʊl'gaːriən] Bulgária *f*

bulgarisch *adj* búlgaro

Bulldogge *f*<-n> (ZOOL) buldogue *m*

Bulle ['bʊlə] *m* <-n, -n> **1.** (*Rind*) touro *m* **2.** (*umg: Polizist*) chui *m*

Bumerang ['bʊməraŋ, 'buːməraŋ] *m*<-s, -s> bumerangue *m*

Bummel ['bʊməl] *m* <-s, -> (*umg*) volta *f*, giro *m*; **einen** ~ **machen** dar uma volta, dar um giro

bummeln *vi* **1.** (*trödeln*) andar nos seus vagares, demorar-se; (*faulenzen*) vadiar, mandriar **2.** (*umg: spazieren gehen*) passear, dar uma volta

Bummelstreik *m* <-s, -s> greve *f* de zelo; (*brasil*) operação *f* tartaruga

Bummelzug *m* <-(e)s, -züge> comboio que pára em todas as estações e apeadeiros

bums *interj* zumba! zás!

bumsen ['bʊmzən] *vi* **1.** (*umg: anprallen*) embater (*gegen* contra) **2.** (*umg: Geschlechtsverkehr haben*) dar uma queca

Bund¹ [bʊnt] *m* <-(e)s, Bünde> **1.** (*Vereinigung*) liga *f*, união *f* **2.** *kein pl* (POL) confederação *f*, estado *m* federal **3.** (*an Hose, Rock*) cós *m*

Bund² [bʊnt] *m* <-(e)s, -e> molho *m*, feixe *m*

Bündel *nt* <-s, -> (*Gepäck*) embrulho *m*, pacote *m*; (*von Schlüsseln*) molho *m*; (*von Akten, Banknoten*) maço *m*; (*von Kleidung*) trouxa *f*; (*von Stroh*) fardo *m*

bündeln *vt* embrulhar

Bundesbank *f kein pl* Banco *m* Federal

Bundesdeutsche(r) *m/f*<-n, -n *o* -n> cidadão, cidadã *m*, *f* da RFA

Bundesgebiet *nt* <-(e)s> *kein pl* território *m* federal

Bundesgericht *nt* <-(e)s, -e> (*schweiz*) Tribunal *m* da Confederação Helvética

Bundesgrenzschutz *m* <-(e)s> *kein pl* polícia *f* das fronteiras da RFA

Bundesheer *nt* <-(e)s> *kein pl* (*österr*) exército *m* da República Federal da Áustria

Bundeskanzler(in) *m(f)* <-s, - *o* -innen> chanceler *m*, *f* federal

Na Alemanha o **Bundeskanzler** (Chanceler) é eleito pelo "Bundestag " (Parlamento Federal) e em seguida nomeado pelo Bundespräsident (presidente federal), chefe do Governo Federal. Na Áustria o **Bundeskanzler** é proposto pelo partido mais forte do "Nationalrat" (Conselho Nacional) e nomeado pelo presente federal. Ele é o Chefe do Governo Federal e lidera o "Bundeskanzleramt". Na Suíça o

Bundeskanzler é o líder da "Bundeskanzlei", que por sua vez está subordinada ao Bundespräsident.

Bundesland *nt* <-(e)s, -länder> estado *m* federado

Desde a reunificação a República Federal da Alemanha é composta por 16 **Bundesländer** (Estados Federais). A República da Áustria está dividida em 9 **Bundesländer**. Cada Estado Federal tem a sua própria capital, onde se encontra a respectiva sede do Governo Estadual.

Bundesliga ['bʊndəsliːga] *f* <-ligen> (SPORT) Liga *f* de futebol da RFA

Bundespräsident(in) *m(f)* <-en, -en *o* -innen> (*in Deutschland, Österreich*) presidente *m,f* da República Federal; (*in der Schweiz*) presidente *m,f* da Confederação

Na Alemanha e na Áustria o **Bundespräsident** (presidente federal) é o Chefe do Governo com funções na maioria das vezes de cunho representativo. Na Suíça, pelo contrário, ele participa do governo, que se constitui de sete pessoas e é chamado de "Bundesrat" (Conselho Federal). Esse "Bundesrat" elege todos os anos um membro para Bundespräsident, que no entanto só actua como Primus Inter Pares.

Bundesrat *m* <-(e)s> *kein pl* **1.** (*in Deutschland*) Câmara *f* Alta do Parlamento Federal; (*in Österreich*) Câmara *f* dos Representantes **2.** (*in der Schweiz*) Conselho *m* Federal

Na Alemanha o **Bundesrat** (Conselho Federal) compõe-se de membros do governo estadual. O número de deputados depende do tamanho do estado. O Bundesrat actua na legislação. Na Áustria o **Bundesrat** é a parte do parlamento em que os estados estão representados de acordo com o seu número de habitantes. O número exacto de representantes estaduais é determinado pelo Bundespräsident após cada recenseamento. Já na Suíça o Bundesrat é um governo composto de sete membros e eleito por um período de quatro anos. O seu chefe é o Bundespräsident.

Bundesregierung *f* <-en> governo *m* federal

Bundesrepublik *f* <-en> República *f* Federal

Bundesstaat *m* <-(e)s, -en> **1.** (*Mitgliedsstaat*) estado *m* federado **2.** (*Staatenbund*) confederação *f*

Bundesstraße *f* <-en> estrada *f* nacional

Bundestag *m* <-(e)s> *kein pl* Câmara *f* Baixa do Parlamento Federal

Os representantes do povo alemão são eleitos de quatro em quatro anos por meio de eleições livres e secretas. O **Bundestag** (parlamento federal) elege o **Bundeskanzler** (chanceler), tem funções consultivas e legisla sobre projectos de lei.

Bundestagswahl *f* <-en> eleição *f* do Parlamento alemão

Bundesverfassungsgericht [---'----] *nt* <-(e)s> *kein pl* Tribunal *m* Constitucional Federal

Bundeswehr *f kein pl* Forças Armadas Federais *fpl*

bündig *adj* conciso; **kurz und** ~ sem rodeios

Bündnis *nt* <-ses, -se> (POL) aliança *f*, pacto *m*

Bungalow ['bʊngalo] *m* <-s, -s> bungalow *m*; (*brasil*) bangalô *m*

Bunker ['bʊnkɐ] *m* <-s, -> abrigo *m* antiaéreo

bunt [bʊnt] *adj* **1.** (*mehrfarbig*) colorido, às cores; (*schreiend*) garrido, de cores vivas; **ein** ~ **gestreifter Schal** um cachecol às riscas coloridas **2.** (*abwechslungsreich*) variado **3.** (*wirr*) desordenado; **das wird mir zu** ~ não posso mais, isso é demais para mim; ~ **durcheinander** numa confusão

Buntstift *m* <-(e)s, -e> lápis *m* de cor

Buntwäsche *f kein pl* roupa *f* de cor

Bünzli *m* <-s, -> (*umg, pej schweiz*) burguês *m*

Burg [bʊrk] *f* <-en> castelo *m*, cidadela *f*

Bürge(in) *m(f)* <-n, -n *o* -innen> fiador, fiadora *m, f*, abonador, abonadora *m, f*

bürgen *vi* afiançar, abonar; **für jdn/etw** ~ responder por alguém, responsabilizar-se por alguém/a. c.

Bürger(in) *m(f)* <-s, - *o* -innen> cidadão, cidadã *m, f*

Bürgerinitiative *f* <-n> comissão *f* de moradores

Bürgerkrieg *m* <-(e)s, -e> guerra *f* civil

bürgerlich *adj* **1.** (*Schicht, Einstellung*) burguês **2.** (JUR) civil

Bürgermeister(in) *m(f)* <-s, - *o* -innen> presidente *m,f* da Câmara, presidente *m,f* da Junta; (*brasil*) prefeito, prefeita *m, f*

Bürgerrecht *nt* <-(e)s, -e> cidadania *f*

Bürgerrechtler(in) *m(f)* <-s, - *o* -innen> defensor, defensora *m, f* dos direitos humanos e dos cidadãos

Bürgersteig *m* <-(e)s, -e> passeio *m;* (*brasil*) calçada *f*

Bürgschaft *f* <-en> **1.** (*Geldbetrag*) fiança *f,* caução *f* **2.** (JUR) garantia *f;* **eine ~ für jdn leisten** prestar/dar garantia por alguém

Büro *nt* <-s, -s> escritório *m*

Büroangestellte(r) *m/f* <-n, -n *o* -n> empregado, empregada *m, f* de escritório

Büroautomation *f kein pl* burótica *f*

Büroklammer *f* <-n> clip *m*

Bürokommunikation *f kein pl* burótica *f*

Bürokrat(in) *m(f)* <-en, -en *o* -innen> burocrata *m,f*

Bürokratie *f kein pl* burocracia *f*

bürokratisch *adj* burocrático

Bursche ['bʊrʃə] *m* <-n, -n> rapaz *m,* garoto *m*

burschikos [bʊrʃi'koːs] *adj* arrapazado, maria-rapaz

Bürste *f* <-n> escova *f*

bürsten *vt* escovar

Bus [bʊs] *m* <-ses, -se> autocarro *m;* (*brasil*) ônibus *m*

Busbahnhof *m* <-(e)s, -höfe> (*Stadtbus*) terminal *f* de autocarros; (*Überlandbus*) ter-

minal *f* de camionetas

Busch [bʊʃ] *m* <-(e)s, Büsche> **1.** (*Strauch*) arbusto *m,* moita *f;* **hier ist etw im** ~ aqui há gato **2.** (*in Tropen*) mato *m*

Büschel *nt* <-s, -> (*Gras*) molho *m;* (*Haare*) tufo *m*

buschig *adj* (*Augenbrauen*) espesso

Busen ['buːzən] *m* <-s, -> seio(s) *mpl,* peito(s) *mpl*

Busenfreund(in) *m(f)* <-es, -e *o* -innen> amigo, amiga *m, f* do peito

Busfahrer(in) *m(f)* <-s, - *o* -innen> motorista *m,f* (de autocarro)

Bushaltestelle *f* <-n> paragem *f* de autocarro; (*brasil*) ponto *m* de ônibus

Bussard *m* <-s, -e> busardo *m*

Buße *f* <-n> **1.** (*Geldbuße*) multa *f* **2.** (REL) penitência *f*

busseln *vi* (*österr*) beijar

büßen *vt* **1.** (*Tat*) pagar; **das wird er mir** ~ ele vai-mas pagar **2.** (REL) fazer penitência

Busserl *nt* <-s, -> (*österr*) beijo *m*

Bußgeld *nt* <-es, -er> multa *f,* coima *f*

Büste *f* <-n> busto *m*

Büstenhalter *m* <-s, -> soutien *m;* (*brasil*) sutiã *m*

Butter ['bʊtɐ] *f kein pl* manteiga *f;* **es ist alles in** ~ tudo corre maravilhosamente

Butterbrot *nt* <-(e)s, -e> fatia *f* de pão com manteiga

Butterbrotpapier *nt* <-s, -e> papel *m* vegetal

Buttermilch *f kein pl* soro *m* de manteiga

Button ['batən] *m* <-s, -s> pin *m*

b.w. *abk v* **bitte wenden** v.s.f.f. (= *virar se faz favor*)

BWL *abk v* **Betriebswirtschaftlehre** gestão de empresas

Byte [baɪt] *nt* <-s, -s> (INFORM) byte *m*

bzw. *abk v* **beziehungsweise** isto é

C

C *adj* <-, -> **1.** (*Buchstabe*) C, c *m* **2.** (MUS) dó *m*

ca. *abk v* **circa** cerca de

Cabrio *nt* <-s, -s> cabrio *m,* descapotável *m*

Café *nt* <-s, -s> café *m*

Cafeteria [kafete'riːa] *f* <Cafeterien> cafeteria *f*

Callboy ['kɔːlbɔɪ] *m* <-s, -s> callboy *m*

Callgirl ['kɔːlgœːl] *nt* <-s, -s> callgirl *f*

Camcorder ['kɛmkɔrdɐ] *m* <-s, -> máquina *f* de filmar

Camembert *m* <-s, -s> queijo *m* camembert

Camion _m_ <-s, -s> (_schweiz_) camião _m_
Camp _nt_ <-s, -s> acampamento _m_
campen ['kɛmpən] _vi_ acampar
Camper(in) _m(f)_ <-s, - _o_ -innen> campista _m,f_
Camping ['kɛmpɪŋ] _nt_ <-s> _kein pl_ campismo _m_
Campingbus _m_ <-ses, -se> carrinha _f_ de campismo
Campingplatz _m_ <-es, -plätze> parque _m_ de campismo
Campus _m_ <-, -> campus _m_
Cape _nt_ <-s, -s> capa _f_
Caquelon _nt_ <-s, -s> (_schweiz_) coquelon _m_
Car _m_ <-s, -s> (_schweiz_) camioneta _f_ de turismo
Caravan ['karavan] _m_ <-s, -s> caravana _f_
Cartoon ['kaːɛtuːn] _m_ <-s, -s> caricatura _f_
Cäsium _nt_ <-s> _kein pl_ (CHEM) césio _m_
Casting _nt_ <-s, -s> audição _f_
catchen _vi_ fazer luta livre
Catcher(in) _m(f)_ <-s, - _o_ -innen> praticante _m,f_ de luta livre
CD [tseːˈdeː] _abk v_ **Compact Disc** CD
CD-ROM _f_ <-s> CD-ROM _m_
CD-ROM-Laufwerk _nt_ <-(e)s, -e> (INFORM) leitor _m_ de CD-ROM
CD-Spieler _m_ <-s, -> leitor _m_ de CD
Cellist(in) _m(f)_ <-en, -en _o_ -innen> violoncelista _m,f_
Cello ['tʃɛlo] _nt_ <-, -> violoncelo _m_
Cellophan _nt_ <-s> _kein pl_ celofane _m_, película _f_ aderente
Celsius ['tsɛlziʊs] _nt_ **Grad** ~ grau centígrado _m;_ **25 Grad** ~ 25 graus centígrados
Chalet _nt_ <-s, -s> (_schweiz_) chalé _m_
Chamäleon _nt_ <-s, -s> camaleão _m_
Champagner [ʃamˈpanjɐ] _m_ <-s, -> champanhe _m_
Champignon ['ʃampɪnjɔŋ] _m_ <-s, -s> champignon _m_, cogumelo _m_
Champion ['tʃɛmpjən] _m_ <-s, -s> campeão _m_
Chance ['ʃãːs(ə)] _f_ <-n> 1. (_Gelegenheit_) oportunidade _f,_ chance _f;_ **eine ~ wahrnehmen** aproveitar uma oportunidade 2. (_Möglichkeit_) possibilidade _f;_ **keine ~ haben** não ter hipótese, não ter chance
Chancengleichheit _f_ <-> _kein pl_ igualdade _f_ de oportunidades
Chanson _m_ <-s, -s> canção _f_
Chaos ['kaːɔs] _nt_ <-> _kein pl_ caos _m_

Chaot(in) [kaˈoːt] _m(f)_ <-en, -en _o_ -innen> pessoa _f_ caótica
chaotisch [kaˈoːtɪʃ] _adj_ caótico
Charakter [kaˈraktɐ] _m_ <-s, -e> carácter _m;_ **einen schwierigen ~ haben** ter um feitio difícil; **das Gespräch hatte vertraulichen ~** o diálogo era confidencial
charakterisieren* _vt_ caracterizar (_als_ de)
charakteristisch _adj_ característico (_für_ de)
charakterlos _adj_ sem carácter
Charakterschwäche _f_ <-n> fraqueza _f_ de carácter
Charakterstärke _f_ <-n> força _f_ de carácter, personalidade _f_ forte
Charakterzug _m_ <-(e)s, -züge> feitio _m_, traço _m_ de carácter
charmant [ʃarˈmant] _adj_ charmoso, atraente
Charme [ʃarm] _m_ <-s> _kein pl_ charme _m_
Charterflug ['tʃaːɛtɐ-] _m_ <-(e)s, -flüge> voo _m_ charter
Charterflugzeug _nt_ <-(e)s, -e> avião _m_ charter, charter _m_
chartern ['tʃaːɛtɐn] _vt_ fretar
Chassis _nt_ <-, -> chassis _m_
Chauffeur(in) [ʃɔˈføːɐ] _m(f)_ <-s, -e _o_ -innen> motorista _m;_ (_brasil_) chofer _m_
Chauffeuse _f_ <-n> (_schweiz_) condutora _f_
Chauvi ['ʃoːvi] _m_ <-s, -s> (_umg_) machista _m_
Chauvinismus [ʃoviˈnɪsmʊs] _m_ <-> _kein pl_ 1. (_Nationalismus_) chauvinismo _m_ 2. (_Sexismus_) machismo _m_
Chauvinist _m_ <-en, -en> 1. (_Nationalist_) chauvinista _m_ 2. (_Sexist_) machista _m_
checken ['tʃɛkən] _vt_ controlar, verificar
Checkliste _f_ <-n> lista _f_ de controlo
Chef(in) [ʃɛf] _m(f)_ <-s, -s _o_ -innen> chefe _m,f_
Chefarzt, **Chefärztin** _m_, _f_ <-es, -ärzte _o_ -innen> médico-chefe, médica-chefe _m_, _f_
Chemie [çeˈmiː] _f_ _kein pl_ química _f_
Chemiefaser _f_ <-n> fibra _f_ sintética
Chemikalie [çemiˈkaːliə] _f_ <-n> produto _m_ químico
Chemiker(in) ['çeːmikɐ] _m(f)_ <-s, - _o_ -innen> químico, química _m_, _f_
Cheminée _nt_ <-s, -s> (_schweiz_) chaminé _f_
chemisch _adj_ químico; **~e Reinigung** limpeza a seco _f_
Chemotherapie [çemoteraˈpiː] _f_ <-n> (MED) quimioterapia _f_
Chicorée _f_ _kein pl_ endiva _f,_ endívia _f_

Chiffre [ˈʃɪfrə] *f* <-n> **1.** (*Ziffer*) cifra *f*, código *m* **2.** (*in Zeitung*) número *m*

Chile [ˈçiːle, ˈtʃiːle] *nt* <-s> *kein pl* Chile *m*

China *nt* <-s> *kein pl* China *f*

Chinese(in) *m(f)* <-n, -n *o* -innen> chinês, chinesa *m*, *f*

chinesisch *adj* chinês

Chip [tʃɪp] *m* <-s, -s> **1.** (INFORM) chip *m*, pastilha *f* **2.** (*Spielmarke*) ficha *f*

Chips *pl* batatas *fpl* fritas

Chirurg(in) [çiˈrʊrk] *m(f)* <-en, -en *o* -innen> cirurgião, cirurgiã *m*, *f*

Chirurgie [çirʊrˈgiː] *f kein pl* cirurgia *f*

chirurgisch *adj* cirúrgico; ~**er Eingriff** operação cirúrgica

Chlor [kloːɐ] *nt* <-s> *kein pl* cloro *m*

Chloroform *nt* <-s> *kein pl* (CHEM) cloro-fórmio *m*

Chlorophyll *nt* <-s> *kein pl* clorofila *f*

Cholera [ˈkoːlera, ˈkɔləra] *f kein pl* (MED) cólera *f*

cholerisch *adj* irascível; (MED) colérico

Cholesterin [kolɛsteˈriːn] *nt* <-s> *kein pl* colesterol *m*

Chor [koːɐ] *m* <-(e)s, Chöre> (*a* ARCH) coro *m*; **im ~ singen** cantar no coro

Choral *m* <-s, Choräle> coral *m*

Choreograph(in) *m(f)* <-en, -en *o* -innen>, **Choreograf(in)** *m(f)* <-en, -en *o* -innen> coreógrafo, coreógrafa *m*, *f*

Choreografieᴿᴿ *f* <-, -n> **Choreographie**ᴬᴸᵀ coreografia *f*

Christ(in) [krɪst] *m(f)* <-en, -en *o* -innen> cristão, cristã *m*, *f*

Christbaum *m* <-(e)s, -bäume> árvore *f* de Natal

christdemokratisch *adj* democrata-cristão

Christenheit *f kein pl* Cristandade *f*

Christentum *nt* <-s> *kein pl* Cristianismo *m*

Christkind *nt* <-(e)s> *kein pl* Menino *m* Jesus

christlich *adj* cristão

Christus [ˈkrɪstʊs] *m* <-> *kein pl* Cristo *m*; **im Jahr(e) 300 vor ~** no ano 300 antes de Cristo

Chrom [kroːm] *nt* <-s> *kein pl* cromo *m*

Chromosom [kromoˈzoːm] *nt* <-s, -en> (BIOL) cromossoma *m*

Chronik [ˈkroːnɪk] *f* <-en> crónica *f*

chronisch *adj* crónico

Chronologie *f* <-n> cronologia *f*

chronologisch [kronoˈloːgɪʃ] *adj* cronológico

Chrysantheme *f* <-n> crisântemo *m*

Cidre *m* <-s> *kein pl* cidra *f*

circa [ˈtsɪrka] *adv* cerca de, aproximadamente

clever *adj* esperto

Clinch [klɪntʃ] *m* <-(e)s> *kein pl* (*umg*) disputa *f*

Clique [ˈklɪkə] *f* <-n> (*Freundeskreis*) malta *f*, pessoal *m*; (*brasil*) turma *f*

Clou [kluː] *m* <-s, -s> (*umg*) atracção *f* principal

Clown [klaʊn] *m* <-s, -s> palhaço *m*

Club [klʊp] *m* <-s, -s> clube *m*

Coach *m* <-(s), -s> treinador *m*

Cockpit [ˈkɔkpɪt] *nt* <-s, -s> (AERO) cockpit *m*, carlinga *f*

Cocktail [ˈkɔktɛɪl] *m* <-s, -s> cocktail *m*

Code [koːt] *m* <-s, -s> código *m*, chave *f*

Cognac® *m* <-s, -s> conhaque *m*, brandy *m*

Coiffeur, Coiffeuse *m*, *f* <-s, -e *o* -n> (*schweiz*) cabeleireiro, cabeleireira *m*, *f*

Coiffeursalon *m* <-s, -s> (*schweiz*) salão *m* de cabeleireiro

Collage [kɔˈlaːʒə] *f* <-n> colagem *f*

Comeback [kamˈbɛk] *nt* <-(s), -s> *s.* **Come-back** regresso *m*; **ein ~ feiern** festejar um regresso

Comic [ˈkɔmɪk] *m* <-s, -s> banda *f* desenhada

Compact Disc [kɔmˈpaktdɪsk] *f* <-s> *s.* **Compactdisc** compact disc *m*; (*brasil*) disco *m* laser

Computer [kɔmˈpjuːtɐ] *m* <-s, -> computador *m*

Computerspiel *nt* <-(e)s, -e> jogo *m* de computador

Computertomographie *f* <-n> tomografia *f* computadorizada

Confiserie *f* <-n> (*schweiz*) confeitaria *f*, pastelaria *f*

Container [kɔnˈteːnɐ] *m* <-s, -> contentor *m*

cool [kuːl] *adj* (*umg*) fixe, porreiro, baril

Copyright [ˈkɔpiraɪt] *nt* <-s, -s> direitos *mpl* de autor

Cordhose *f* <-n> calças *fpl* de bombazine

Corner *m* <-, -> (SPORT: *österr, schweiz*) canto *m*

Cornflakes[RR] *pl* cornflakes *mpl*, flocos *mpl* de cereais

Couch [kaʊtʃ] *f* <-, -en> sofá *m*, divã *m*

Countdown ['kaʊntˈdaʊn] *m* <-s, -s> *s.* **Count-down** contagem *f* decrescente

Coupé *nt* <-s, -s> *(österr)* compartimento *m;* *(Kutsche)* cupé *m*

Coupon [kuˈpõː] *m* <-s, -s> cupão *m*

Courage *f kein pl (umg)* coragem *f*

Cousin(e) [kuˈzɛ̃ː] *m(f)* <-s, -s *o* -n> primo, prima *m, f*

Cousine *f* <-n> *s.* **Kusine**

Cover ['kavɐ] *nt* <-s, -> capa *f*

Cowboy ['kaʊbɔɪ] *m* <-s, -s> cowboy *m*, vaqueiro *m*

Crack *m* <-s, -s> **1.** (SPORT) craque *m* **2.** *(Rauschgift)* crack *m*

Creme *f* <-s> *(a* GASTR) creme *m*

Crew [kruː] *f* <-s> (NAUT) tripulação *f*

Croissant [kroaˈsõː] *nt* <-s, -s> croissant *m*

Curry *nt* <-s, -s> caril *m*

Cursor ['kœːzɐ] *m* <-s, -> cursor *m*

Cutter(in) ['katɐ] *m(f)* <-s, - *o* -innen> montador, montadora *m, f*

Cyberspace ['saɪbɐspɛɪs] *m* <-> *kein pl* (INFORM) ciberespaço *m*

D

D

D *nt* <-, -> **1.** *(Buchstabe)* D, d *m* **2.** (MUS) ré *m*

da [daː] **I.** *adv (dort)* aí, ali, lá; *(hier)* aqui, cá; ~ **bin ich** cá estou eu; ~ **sein** estar presente; **wer ist noch** ~? quem está aí?; **ist noch Kaffee** ~? ainda há café?; **hier und** ~ aqui e ali; ~, **wo** lá onde; ~ **haben wir es!** ora aí está!; *(temporal)* então; **von** ~ **an/ab** a partir de aí, de aí em diante, desde então **II.** *konj* como, já que, visto que; ~ **er sich für Jazz interessiert, verbringt er die Ferien in New York** como ele se interessa por jazz, passa as férias em Nova Iorque

da|behalten* *vt irreg* ficar com

dabei [daˈbaɪ, ˈdaːbaɪ] *adv* **1.** *(räumlich)* junto, ao pé **2.** *(bei dieser Sache)* nisso, com isso; *(anwesend)*; ~ **sein** estar presente; *(beteiligt)* fazer parte (de), tomar parte (em); **das Schwierige** ~ **ist ...** o problema aí é que ...; **was ist schon** ~? que tem isso?; **es ist doch nichts** ~, **wenn ...** não tem mal nenhum, se ...; **es bleibt** ~ fica combinado **3.** *(gleichzeitig)* ao mesmo tempo; **ich bin gerade** ~, **die Adresse zu suchen** estou a procurar o endereço; **er war gerade** ~, **zu gehen** ele ia mesmo a sair **4.** *(obgleich)* embora, apesar de

dabei|haben *vt irreg (umg)* ter (consigo), trazer (consigo); **ich habe kein Geld dabei** não tenho dinheiro (comigo)

dabei|sein[ALT] *vi irreg s.* **dabei 2, 3**

da|bleiben *vi irreg* ficar

Dach [dax] *nt* <-(e)s, Dächer> telhado *m;* **ein/kein** ~ **über dem Kopf haben** (não)

ter onde morar; **etw unter** ~ **und Fach bringen** concluir a. c.

Dachboden *m* <-s, -böden> sótão *m*, águas-furtadas *fpl*

Dachdecker(in) *m(f)* <-s, - *o* -innen> telhador, telhadora *m, f*

Dachgarten *m* <-s, -gärten> terraço *m*

Dachgepäckträger *m* <-s, -> porta-bagagem *m* de tejadilho

Dachgeschoss[RR] *nt* <-es, -e> sótão *m*, águas-furtadas *fpl*

Dachkännel *m* <-s, -> *(schweiz)* caleira *f*

Dachluke *f* <-n> clarabóia *f*

Dachrinne *f* <-n> caleira *f*

Dachs [daks] *m* <-es, -e> texugo *m*

dachte ['daxtə] *imp von* **denken**

Dachverband *m* <-es, -bände> organização *f* de cúpula

Dachziegel *m* <-s, -> telha *f*

Dackel ['dakəl] *m* <-s, -> cão *m* salsicha

dadurch ['daːdʊrç] *adv* **1.** *(räumlich)* por aí, por ali **2.** *(so)* assim, desse modo, desta maneira; *(mittels)* com isto/isso; *(deshalb)* por isso; ~, **dass ...** pelo fa(c)to de ...

DaF *abk v* **Deutsch als Fremdsprache** alemão como língua estrangeira

dafür *adv* para isto, para isso; *(anstatt)* em vez disso; *(Tausch)* em troca, em compensação; ~ **sein** ser a favor (de); **ich kann nichts** ~ eu não tenho culpa disso; ~, **dass ...** atendendo a que ...

dagegen ['daːgeːgən, daˈgeːgən] *adv* **1.** *(räumlich, ablehnend)* contra isso/isto; ~

sein ser contra, opor-se; **ich habe nichts ~** não tenho nada contra isso; **~ kann man nichts tun** contra isso não há nada a fazer **2.** (*im Vergleich damit*) em comparação com isso; (*im Gegensatz*) pelo contrário, por outro lado

daheim [da'haɪm] *adv* **1.** (*reg, österr, schweiz: zu Hause*) em casa, lá em casa; **~ sein** estar em casa **2.** (*reg, österr, schweiz: in Land*) no (seu) país, na (sua) terra; **bei mir ~** lá na minha terra

daher ['da:he:ɐ, da'he:ɐ] *adv* **1.** (*räumlich*) daí, dali, de lá **2.** (*Ursache*) daí, por isso; **von ~** portanto, daí que

daher|bringen *vt irreg* (*österr*) trazer

daher|reden *vi* (*umg*) **dumm ~** dizer asneiras

dahin ['da:hɪn, da'hɪn] *adv* **1.** (*räumlich*) para ali, para lá, para aí; **meine Meinung geht ~, dass ...** a minha opinião é que ... **2.** (*so weit*) a tal ponto; **es ist ~ gekommen, dass ...** chegou a tal ponto que ... **3.** (*zeitlich*) **bis ~** até lá

dahingestellt [-'---] *adj* **etw ~ sein lassen** deixar a. c. (em aberto); **das bleibt ~** isso fica em aberto

dahinten [da'hɪntən] *adv* (lá) atrás; (*in Raum*) (lá) ao fundo

dahinter [da'hɪntɐ] *adv* atrás, por trás; **da steckt etwas ~** ali há coisa, aí há gato; (*entdecken*); **~ kommen** descobrir; (*verstehen*) perceber

dahinter|kommen[ALT] *vt irreg s.* **dahinter**

Dahlie *f* <-n> dália *f*

Daktylo *f* <-s> (*schweiz*) da(c)tilógrafa *f*

da|lassen *vt irreg* (*umg*) deixar (aí); **Sie können Ihre Tasche ~** pode deixar (aí) a sua carteira

damalig *adj* desse tempo, de então; **die ~e Umweltministerin** a então ministra do ambiente

damals ['da:ma:ls] *adv* nesse tempo, naquele tempo

Damast *m* <-(e)s, -e> damasco *m*

Dame *f* <-n> **1.** (*Frau*) senhora *f*; **meine ~n und Herren** minhas senhoras e meus senhores **2.** (*Brettspiel*) damas *fpl*; (*Spielkarte*) dama *f*; (*im Schach*) rainha *f*

Damenbinde *f* <-n> penso *m* higiénico

Damenfahrrad *nt* <-(e)s, -räder> bicicleta *f* de senhora

damenhaft *adj* senhoril

Damentoilette *f* <-n> casa-de-banho *f* das senhoras

Damespiel *nt* <-(e)s, -e> jogo *m* das damas

damisch *adj* (*umg*) estúpido

damit ['da:mɪt, da'mɪt] **I.** *adv* com isto, com isso; **was meinst du ~?** que queres dizer com isso?; **das hat gar nichts ~ zu tun** não tem nada a ver com isso; **hör endlich auf ~!** acaba já com isso!; **wie wäre es ~, im Urlaub nach Brasilien zu fliegen?** que tal se fossemos de férias para o Brasil? **II.** *konj* para, a fim de; **er beeilt sich, ~ er nicht zu spät kommt** ele apressa-se para não chegar atrasado

dämlich *adj* (*umg*) estúpido, bronco

Damm [dam] *m* <-(e)s, Dämme> **1.** (*Deich*) dique *m*; (*Staudamm*) barragem *f* **2.** (*Bahndamm*) aterro *m*

dämmerig *adj* crepuscular

dämmern *vi* **1.** (*morgens*) amanhecer, alvorecer; (*abends*) anoitecer, escurecer **2.** (*umg: klar werden*) ficar claro; **es dämmert mir** começo a entender

Dämmerung *f* <-en> crepúsculo *m*; (*morgens*) alvorada *f*, amanhecer *m*; (*abends*) lusco-fusco *m*, anoitecer *m*

Dämon *m* <-s, -en> demónio *m*

dämonisch *adj* demoníaco

Dampf [dampf] *m* <-(e)s, Dämpfe> vapor *m*; (*umg*); **~ dahinter machen** dar um empurrão a a. c.; (*umg*); **~ ablassen** desabafar

Dampfbad *nt* <-(e)s, -bäder> banho *m* de vapor, banho *m* turco

Dampfbügeleisen *nt* <-s, -> ferro *m* (de engomar) a vapor

dampfen ['dampfən] *vi* fumegar, deitar fumo

dämpfen *vt* **1.** (GASTR) estufar **2.** (*Schall*) abafar; (*Stimme*) baixar; (*Licht*) reduzir **3.** (*Stoß*) amortecer; (*Schmerz*) atenuar, abrandar; (*Ärger*) reprimir

Dampfer ['dampfɐ] *m* <-s, -> barco *m* a vapor; (*umg*); **auf dem falschen ~ sein** estar enganado

Dämpfer *m* <-s, -> (MUS) surdina *f*; (*umg*); **jdm einen ~ aufsetzen** reprimir alguém

Dampfkochtopf *m* <-(e)s, -töpfe> panela *f* de pressão

Dampflokomotive *f* <-n> locomotiva a vapor *f*

Dampfmaschine *f* <-n> máquina *f* a vapor

Dampfwalze *f* <-n> cilindro *m* a vapor (para compressão de pavimentos)

danach ['da:na:x, da'na:x] *adv* **1.** (*zeitlich*) depois, a seguir; (*später*) mais tarde **2.** (*gemäß*) segundo isso, de acordo com isso; **er sieht ~ aus** ele tem cara disso **3.** (*nach dieser Sache*) por isto; **sehen Sie bitte ~!** tome conta disto!, olhe por isto!

Däne(in) *m(f)* <-n, -n *o* -innen> dinamarquês, dinamarquesa *m, f*

daneben [da'ne:bən, 'da:ne:bən] *adv* **1.** (*räumlich*) ao lado, ao pé, junto (de); **sie wohnt direkt ~** ela mora mesmo ao lado **2.** (*im Vergleich*) em comparação **3.** (*außerdem*) além disso

daneben|benehmen* *vr* sich ~ *irreg* (*umg*) perder a linha

daneben|gehen [-'----] *vi irreg* **1.** (*Schuss*) falhar (o alvo) **2.** (*Plan*) falhar, fracassar

Dänemark *nt* <-s> *kein pl* Dinamarca *f*

dänisch *adj* dinamarquês

dank [daŋk] *präp* +*gen/dat* graças a

Dank *m* <-(e)s> *kein pl* agradecimento *m*; **jdm ~ schulden** agradecer a alguém; **zum ~ für ...** como agradecimento por ...; **vielen/besten ~** muito obrigado; **Gott sei ~** graças a Deus

dankbar *adj* **1.** (*Mensch*) agradecido (*für* por), grato (*für* por) **2.** (*Aufgabe*) gratificante

Dankbarkeit *f* <-> *kein pl* gratidão *f*; **aus ~ für ...** como gratidão por ...

danke *interj* (*Mann*) obrigado; (*Frau*) obrigada; **~ schön!** muito obrigado!; **nein ~** não, obrigado

danken *vi* agradecer; **jdm für etw ~** agradecer a. c. a alguém; **ich danke für Ihre Einladung** eu agradeço o seu convite; **nichts zu ~!** de nada!, não tem de quê!

Dankeschön *nt* <-s> *kein pl* muito obrigado *m*

Danksagung *f* <-en> a(c)ção de graças *f*

dann [dan] *adv* **1.** (*danach*) depois; (*Zeitpunkt*) então; **erst die Arbeit, ~ das Vergnügen** primeiro o trabalho, depois o prazer; **~ und wann** de vez em quando; **bis ~!** até lá! **2.** (*außerdem*) além disso; **~ wollte sie noch wissen ...** além disso ela ainda queria saber ... **3.** (*unter diesen Umständen*) mesmo; **selbst ~, wenn er käme** mesmo que ele viesse; **~ eben nicht!** então, não!

daran [da'ran, 'da:ran] *adv* nisso, nisto, a isso, a isto; **dicht/nahe ~** pegado (a isso/isto);

im Anschluss ~ a seguir a isso; **ich komme nicht ~** não chego lá; **sich ~ machen** meter mãos à obra; **er ist ~ gestorben** ele morreu disso; **es liegt ~, dass ...** é porque ...; **ihr liegt viel ~** isso tem muita importância para ela

daran|machen [-'---] *vr* **sich ~** (*umg*) começar (*zu* a), pôr-se (*zu* a)

daran|setzen [-'---] *vt* **wir müssen alles ~, um ...** temos de fazer os possíveis para ...

darauf ['da:raʊf, da'raʊf] *adv* **1.** (*räumlich*) em/por cima, sobre **2.** (*zeitlich*) depois, em seguida, a seguir; **ein Jahr ~** um ano depois; **am Tag ~** no dia seguinte; **der ~ folgende Tag** o dia seguinte **3.** (*auf dieses*) isso; **das kommt ~ an** isso é conforme, isso depende; **es kommt ~ an, ob ...** depende se ...; **ich bin ~ vorbereitet** estou preparado para isso; **ich komme nicht ~** não consigo lembrar-me, não me recordo; **wie kommen Sie ~?** onde é que foi buscar essa ideia?, a que propósito vem isso?

darauffolgend^{ALT} *adj s.* **darauf 2**

daraufhin ['---] *adv* **1.** (*danach*) a seguir **2.** (*infolgedessen*) por conseguinte

daraus ['da:raʊs, da'raʊs] *adv* **1.** (*räumlich*) daí, daqui **2.** (*Material, Konsequenz*) disto, disso; **was ist ~ geworden?** em que ficou isso?; **~ folgt, dass ...** daí resulta que ...; (*umg*); **ich mache mir nichts ~** isso não me importa

Darbietung *f* <-en> representação *f*

darin ['da:rɪn, da'rɪn] *adv* **1.** (*räumlich*) lá dentro **2.** (*in dieser Beziehung*) nisso, nisto; **~ irren Sie sich** nisso está enganado

dar|legen ['da:ɐle:gən] *vt* (*Ansichten, Plan*) explicar; (*Gründe*) expor

Darlehen ['da:ɐle:ən] *nt* <-s, -> empréstimo *m*; **ein ~ aufnehmen** pedir um empréstimo

Darm [darm] *m* <-(e)s, Därme> intestino *m*

Darminfektion *f* <-en> infe(c)ção intestinal *f*

dar|stellen ['da:ɐʃtɛlən] *vt* **1.** (*abbilden, bedeuten*) representar; **der Flug zum Mars stellt einen großen Fortschritt dar** a viagem a Marte representa um grande avanço **2.** (*schildern*) expor; (*beschreiben*) descrever **3.** (*Rolle*) interpretar

Darsteller(in) *m(f)* <-s, - *o* -innen> a(c)tor, a(c)triz *m, f*

Darstellung *f* <-en> **1.** (*Abbildung*) repre-

D

sentação *f* **2.** (*Schilderung*) exposição *f*; (*Beschreibung*) descrição *f* **3.** (*im Theater*) representação *f*

darüber *adv* **1.** (*räumlich*) por cima, em cima; (*fig*); ~ **stehen** estar acima disso **2.** (*in Bezug auf*) sobre isso, a esse respeito, acerca disso; ~ **würde ich gerne mehr wissen** eu gostava de saber mais sobre isso **3.** (*mehr*) mais, daí para cima; ~ **hinaus** para além disso **4.** (*währenddessen*) entretanto; ~ **verging die Zeit** entretanto o tempo passou

darüber|stehen^ALT *vi irreg s.* **darüber 1**

darum ['daːrʊm, daˈrʊm] *adv* **1.** (*räumlich*) à/em volta, ao/em redor; **ein Innenhof mit einigen Zimmern** ~ um pátio com alguns quartos à volta **2.** (*deshalb*) por isso, por esse motivo, por causa disso **3.** (*um diese Sache*) **es geht** ~, **dass ...** trata-se de ...; **ich bitte dich** ~ peço-te

darunter ['daːrʊntɐ, daˈrʊntɐ] *adv* **1.** (*räumlich*) debaixo, por baixo **2.** (*dazwischen*) entre (eles), pelo meio; **es waren viele Kinderbücher** ~ entre eles havia muitos livros infantis, havia pelo meio muitos livros infantis **3.** (*weniger*) daí para baixo, menos; **12 Jahre und** ~ 12 anos e menos

Darwinismus *m* <-> *kein pl* darwinismo *m*

das [das] **I.** *art* o, a; ~ **Brot/Haus** o pão/a casa **II.** *pron dem* isto, isso, aquilo; ~ **ist es!** é isso mesmo! **III.** *pron* que, o qual, a qual; ~, **was** aquilo que, o que

da|sein^ALT *vi irreg s.* **da I**

Dasein *nt* <-s> *kein pl* **1.** (*Leben*) vida *f* **2.** (*Vorhandensein*) existência *f* **3.** (*Anwesenheit*) presença *f*

dasjenige ['dasjeːnɪɡə] *pron dem* o, a; (*weiter entfernt*) aquele, aquela

dass^RR [das] *konj*, **daß**^ALT *konj* que; **ohne** ~ sem que; **so** ~ de modo a; **unter der Bedingung,** ~ na condição de; **nicht** ~ **ich wüsste** que eu saiba, não; ~ **du nur nicht alles Geld ausgibst!** vê lá se não gastas o dinheiro todo!

dasselbe [dasˈzɛlbə] *pron dem* o mesmo, a mesma coisa

da|stehen *vi irreg* estar alí/aí; **gut** ~ prosperar; **dumm** ~ ficar com cara de parvo

Datei [daˈtaɪ] *f* <-en> (INFORM) ficheiro *m*

Dateiname *m* <-ns, -n> (INFORM) nome *m* do ficheiro

Daten ['daːtən] *pl* **1.** *pl von* **Datum 2.** (*Angaben*) dados *mpl*, fa(c)tos *mpl*, elementos *mpl*; **technische** ~ dados técnicos *mpl*

3. (INFORM) dados *mpl*

Datenautobahn *f* <-en> (INFORM) auto-estrada *f* informática

Datenbank *f* <-en> (INFORM) banco *m* de dados

Datenbasis *f* <-basen> (INFORM) base *f* de dados

Datenerfassung *f* <-en> levantamento *m* de dados, recolha *f* de dados

Datenschutz *m* <-es> *kein pl* prote(c)ção *f* de dados

Datenträger *m* <-s, -> (INFORM) suporte *m* de dados, suporte *m* informático

Datentypist(in) *m(f)* <-en, -en *o* -innen> operador de registo de dados, operadora *m, f*

Datenverarbeitung *f* <-> *kein pl* (INFORM) processamento *m* de dados; **elektronische** ~ processamento electrónico de dados

datieren* *vt* pôr a data (*auf* em)

Dativ ['daːtiːf] *m* <-s, -e> (LING) dativo *m*

Dattel ['datəl] *f* <-n> tâmara *f*

Datum ['daːtʊm] *nt* <-s, Daten> data *f*; **mit** ~ **vom 20. Mai** com a data de 20 de Maio; **welches** ~ **haben wir heute?** qual é a data de hoje?, quantos são hoje?

Dauer ['daʊɐ] *f kein pl* duração *f*; (*gewisse Zeitspanne*) período *m*; **auf die** ~ a longo prazo

Dauerauftrag *m* <-(e)s, -träge> ordem *f* permanente de transferência

dauerhaft *adj* durável, constante

Dauerkarte *f* <-n> passe *m*

Dauerlauf *m* <-(e)s, -läufe> (SPORT) corrida *f* de resistência

dauern ['daʊɐn] *vi* durar; (*lange*) demorar; **es dauert nicht lange** não demora muito; **es hat sehr lange gedauert, bis er ...** demorou muito até ele ...

dauernd ['daʊɐnt] *adj* contínuo, permanente

Dauerregen *m* <-s> *kein pl* chuva *f* contínua

Dauerwelle *f* <-n> permanente *f*

Dauerwurst *f* <-würste> salsicha defumada *f*

Dauerzustand *m* <-(e)s, -stände> estado *m* permanente

Daumen ['daʊmən] *m* <-s, -> polegar *m*; (*umg*); **jdm die** ~ **drücken** fazer figas por alguém; (*umg*); **über den** ~ **gepeilt** por alto

Daune *f* <-n> penugem *f*

Daunendecke *f* <-n> edredão *m* de penas

davon ['daːfɔn, daˈfɔn] *adv* **1.** (*Entfernung*) daí, dali; **nur wenige Meter ~ entfernt** apenas a poucos metros dali; **er ist auf und ~** ele pisgou-se, ele fugiu **2.** (*Anteil*) disso, disto; **die Hälfte ~** a metade **3.** (*Angelegenheit, Grund*) disso; **ich weiß nichts ~** eu não sei de nada; **was habe ich ~?** o que é que eu ganho com isso?; **das kommt ~!** ora aí tens o resultado!

davonkommen *vi irreg* escapar, livrar-se, safar-se; **mit dem Schrecken ~** apanhar um valente susto

davonlaufen *vi irreg* fugir (*vor* de), escapar (*vor* de); **es ist zum Davonlaufen!** é de fugir!

davontragen *vt irreg* **1.** (*Dinge*) levar **2.** (*Schaden, Verletzung*) sofrer **3.** (*geh: Sieg*) conseguir

davor ['daːfoːɐ, daˈfoːɐ] *adv* **1.** (*räumlich*) em frente, à frente **2.** (*zeitlich*) antes, anteriormente; **das Jahr ~** o ano anterior **3.** (*in Hinblick auf*) disso; **sie hat keine Angst ~** ela não tem medo disso

dazu ['daːtsu, daˈtsuː] *adv* **1.** (*Angelegenheit*) em relação a isso, acerca disso, sobre isso; **~ wurde nichts gesagt** nada foi dito acerca disso; **wie kommt er ~?** quem lhe deu o direito?; **~ fähig sein** ser capaz disso **2.** (*zu diesem Zweck*) para isso; **~ ist er noch zu jung** ele ainda é muito novo para isso **3.** (*zusätzlich*) além disso, com isso; **sie trinkt ein Glas Wein ~** ela bebe um copo de vinho com isso; **und ~ noch** e ainda por cima

dazugehören* *vi* fazer parte (*zu* de), pertencer (*zu* a)

dazugehörig *adj* correspondente

dazukommen *vi irreg* **1.** (*ankommen*) chegar **2.** (*zusätzlich sein*) acrescer (*zu* a), juntar-se (*zu* a); **dazu kommt, dass alles sehr teuer ist** acresce que é tudo muito caro

dazutun *vt irreg* juntar (*zu* a), acrescentar (*zu* a)

dazwischen ['daːtsvɪʃən, daˈtsvɪʃən] *adv* **1.** (*räumlich*) no meio **2.** (*zeitlich*) (no) entretanto, nesse meio tempo

dazwischenkommen *vi irreg* intervir, interpor-se; **wenn nichts dazwischenkommt** se não surgir um impedimento; **es ist etwas dazwischengekommen** surgiu um contratempo, surgiu um imprevisto

dazwischenreden *vi* interromper (a conversa)

DB [deːˈbeː] *abk v* **Deutsche Bahn** caminhos-de-ferro alemães

DDR [deːdeːˈʔɛr] *abk v* **Deutsche Demokratische Republik** RDA (= *República Democrática Alemã*)

DDR-Bürger(in) *m(f)* <-s, - *o* -innen> cidadão da RDA, cidadã *m, f*

dealen *vi* ~ **mit** traficar

Dealer(in) *m(f)* <-s, - *o* -innen> narcotraficante *m,f*, passador, passadora *m, f*

Debakel *nt* <-s, -> (*geh*) ruína *f*

Debatte [deˈbatə] *f* <-n> debate *m*, discussão *f*; **etw zur ~ stellen** trazer a. c. a debate; **zur ~ stehen** estar em debate

debil *adj* atrasado mental, débil mental

Debüt *nt* <-s, -s> estreia *f*

Deck [dɛk] *nt* <-(e)s, -s> (NAUT) convés *m*

Deckbett *nt* <-(e)s, -en> **1.** (*Bettdecke*) edredão *m* **2.** (*schweiz: Bettbezug*) roupa *f* de cama

Decke ['dɛkə] *f* <-n> **1.** (*Wolldecke*) manta *f*; (*Tagesdecke*) coberta *f*, colcha *f*; (*Bettdecke*) cobertor *m*; (*umg*); **mit jdm unter einer ~ stecken** conspirar com alguém, ser cúmplice de alguém **2.** (*Tischdecke*) toalha *f* **3.** (*Zimmerdecke*) te(c)to *m*

Deckel ['dɛkəl] *m* <-s, -> **1.** (*von Gefäß*) tampa *f* **2.** (*von Buch*) capa *f*

decken ['dɛkən] *vt* **1.** (*bedecken*) cobrir; (*mit Deckel*) tapar; **den Tisch ~** pôr a mesa **2.** (*Bedarf*) satisfazer **3.** (*Kosten*) cobrir **4.** (*Verbrechen*) encobrir

Deckmantel *m* <-s, -mäntel> pretexto *m*

Deckname *m* <-ns, -n> pseudónimo *m*, nome *m* falso

Deckung ['dɛkʊŋ] *f kein pl* **1.** (SPORT) defesa *f*; **in ~ gehen** abrigar-se **2.** (*eines Schecks*) cobertura *f*; **die ~ des Bedarfs** a satisfação das necessidades

Decoder [diˈkɔʊdɐ] *m* <-s, -> descodificador *m*

defekt [deˈfɛkt] *adj* avariado

Defekt *m* <-(e)s, -e> **1.** (MED) deficiência *f*, malformação *f* **2.** (*von Maschine*) avaria *f*

defensiv [defɛnˈziːf] *adj* defensivo

Defensive [defɛnˈziːvə] *f* <-n> defensiva *f*; **in der ~ sein** estar na defensiva

definieren* *vt* definir

Definition [definiˈtsjoːn] *f* <-en> definição *f*

definitiv [definiˈtiːf] *adj* definitivo

Defizit ['deːfitsɪt] *nt* <-s, -e> (WIRTSCH) défice *m*, deficit *m*

deftig ['dɛftɪç] *adj* **1.** (*Mahlzeit*) forte, pesado **2.** (*Spaß*) grande

Degen ['de:gən] *m* <-s, -> espada *f*

degenerieren* *vi* degenerar

degradieren* *vt* (MIL) degradar (*zu* a)

dehnbar ['de:nba:ɐ] *adj* elástico, extensível

dehnen ['de:nən] **I.** *vt* **1.** (*Material*) estender, esticar; (*in die Länge*) alongar; (*in die Breite*) alargar **2.** (*Laut*) alongar **II.** *vr* sich ~ **1.** (*Material*) dilatar(-se) **2.** (*zeitlich*) estender-se, alongar-se **3.** (*sich erstrecken*) estender-se

Dehnung *f* <-en> (*eines Lautes*) alongamento *m*

Deich [daɪç] *m* <-(e)s, -e> dique *m*

Deichsel ['daɪksəl] *f* <-n> lança *f*

deichseln *vt* (*umg*) arranjar, conseguir fazer

dein *pron poss* (*adjektivisch*) o teu, a tua; ~ Mantel/Buch o teu casaco/livro; ~e Bluse a tua blusa; (*im Brief*); ~ Niklas/~e Tabea (o) teu Niklas/(a) tua Tabea

deiner *pron pess gen von* du de ti; wir werden ~ gedenken pensaremos em ti

deine(r, s) *pron poss* (*substantivisch*) o teu, a tua; der Mantel/das Buch dort, ist das ~r/~s? o casaco/livro ali, é o teu?

deinerseits ['daɪnɐzaɪts] *adv* por teu lado, pela tua parte

deinesgleichen ['daɪnəs'glaɪçən] *pron indef* teus/tuas semelhantes

deinetwegen *adv* por ti; (*negativ*) por tua causa

dekadent [deka'dɛnt] *adj* decadente

Dekadenz *f kein pl* decadência *f*

Dekan(in) *m(f)* <-s, -e *o* -innen> (*einer Universität*) dire(c)tor duma Faculdade, dire(c)tora *m, f*

Deklaration *f* <-en> declaração *f*

deklarieren* *vt* declarar

Deklination [deklina'tsjo:n] *f* <-en> (LING) declinação *f*

deklinieren* *vt* (LING) declinar

dekodieren* *vt* (INFORM) descodificar

Dekolleté *nt* <-s, -s> *s*. **Dekolletee** decote *m*

Dekorateur(in) [dekora'tø:ɐ] *m(f)* <-s, -e *o* -innen> decorador, decoradora *m, f*

Dekoration [dekora'tsjo:n] *f* <-en> decoração *f*

dekorativ [dekora'ti:f] *adj* decorativo

dekorieren* *vt* decorar

Dekret [de'kre:t] *nt* <-(e)s, -e> (JUR) decreto *m*

Delegation [delega'tsjo:n] *f* <-en> delegação *f*

delegieren* *vt* delegar (*an* em)

Delegierte(r) *m/f* <-n, -n *o* -n> delegado, delegada *m, f*

Delfin^{RR} *m* <-s, -e> golfinho *m*

delikat [deli'ka:t] *adj* **1.** (*schmackhaft*) delicioso **2.** (*heikel*) delicado, melindroso

Delikatesse [delika'tɛsə] *f* <-n> petisco *m*

Delikt [de'lɪkt] *nt* <-(e)s, -e> (JUR) delito *m*

Delle *f* <-n> (*reg*) mossa *f*, amolgadela *f*

Delphin [dɛl'fi:n] *m* <-s, -e> golfinho *m*

Delta ['dɛlta] *nt* <-s, -s> delta *m*

dem [de(:)m] *art o pron* dem dat sing von der, das

Demagoge(in) *m(f)* <-n, -n *o* -innen> demagogo, demagoga *m, f*

Dementi [de'mɛnti] *nt* <-s, -s> desmentido *m*

dementieren* *vt* desmentir

dementsprechend ['de:m?ɛnt'ʃprɛçənt] **I.** *adj* correspondente **II.** *adv* consequentemente

demnach ['--] *adv* logo, portanto, por conseguinte

demnächst *adv* em breve

Demo ['de:mo] *f* <-s> (*umg*) manif *f*

Demokrat(in) [demo'kra:t] *m(f)* <-en, -en *o* -innen> democrata *m, f*

Demokratie [demokra'ti:] *f* <-n> democracia *f*

demokratisch [demo'kra:tɪʃ] *adj* democrático

demolieren* *vt* demolir

Demonstrant(in) [demɔn'strant] *m(f)* <-en, -en *o* -innen> manifestante *m, f*

Demonstration [demɔnstra'tsjo:n] *f* <-en> **1.** (*Kundgebung*) manifestação *f* **2.** (*Beweis*) demonstração *f*

demonstrativ [demɔnstra'ti:f] *adj* demonstrativo

demonstrieren* **I.** *vt* demonstrar, manifestar **II.** *vi* manifestar-se (*gegen* contra, *für* a favor de)

demoralisieren* *vt* desmoralizar

Demoskopie *f* <-n> demoscopia *f*

Demut ['de:mu:t] *f* <-> *kein pl* humildade *f*

demütig *adj* humilde; (*unterwürfig*) submisso

Demütigung *f* <-en> humilhação *f*

demzufolge ['--'--] *adv* por conseguinte, consequentemente

den *akk sing, dat pl von* **der**

denen *dat pl von* **der**

Den Haag *nt* <-s> *kein pl* Haia *f*

denkbar I. *adj* concebível, imaginável II. *adv* extremamente

denken ['dɛŋkən] *vi* pensar (*an* em); (*vermuten*) crer, julgar; **sich** *dat* **etw** ~ imaginar a. c.; **gut/schlecht über jdn** ~ pensar bem/mal de alguém; **wie** ~ **Sie darüber?** o que pensa disto?; **zu** ~ **geben** dar que pensar; **denk daran!** pensa nisso!; **es ist nicht daran zu** ~! nem pensar nisso!; ~ **Sie sich nur!** ora imagine!

Denker(in) *m(f)* <-s, - *o* -innen> pensador, pensadora *m, f*

Denkfähigkeit *f kein pl* capacidade *f* de raciocínio

Denkfehler *m* <-s, -> erro *m*

Denkmal ['dɛŋkmaːl] *nt* <-s, -mäler> monumento *m*

Denkmalschutz *m* <-es> *kein pl* defesa do património *f*

Denksportaufgabe *f* <-n> quebra-cabeças *m*

denkwürdig *adj* memorável

Denkzettel *m* <-s, -> lição *f*; **jdm einen** ~ **verpassen** dar uma lição a alguém

denn [dɛn] I. *konj* pois, porque II. *adv* então, pois; (*verstärkend*) afinal; **was will er** ~? (afinal) o que é que ele quer?; **es sei** ~, **dass** ... a não ser que ... +*conj*, a menos que ... +*conj*; **warum** ~? então porquê?; **was** ~? o que é que foi?; **was ist** ~ **los?** que é que se passa afinal?

dennoch ['dɛnɔx] *adv* contudo, não obstante

Denunziant(in) *m(f)* <-en, -en *o* -innen> denunciante *m,f*

denunzieren* *vt* denunciar; **jdn bei der Polizei** ~ denunciar alguém à polícia

Deo ['deːo] *nt* <-s, -s> desodorizante *m*; (*brasil*) desodorante *m*

Deodorant [deodo'rant] *nt* <-s, -s> desodorizante *m*, desodorante *m*

Deoroller *m* <-s, -> desodorizante *m* roll-on, desodorante roll-on *m*

Deospray *m/nt* <-s, -s> spray *m* desodorizante, spray desodorante *m*

Departement *nt* <-s, -s> (*schweiz*) departamento *m*

deplatziert^RR *adj s.* **deplaziert**

deplaziert^ALT *adj* deslocado

Deponie [depo'niː] *f* <-n> lixeira *f*

deponieren* *vt* depositar

Deportation *f* <-en> deportação *f*

deportieren* *vt* deportar

Depot [de'poː] *nt* <-s, -s> 1. (*Lager*) depósito *m*, armazém *m* 2. (*in Bank*) cofre *m* 3. (*schweiz: Flaschenpfand*) depósito *m*

Depp *m* <-en, -en> (*pej*) idiota *m*

Depression [deprɛ'sjoːn] *f* <-en> (PSYCH) depressão *f*

depressiv *adj* deprimente

deprimieren* *vt* deprimir

der I. *art* o, a; ~ **Mensch/Baum** o homem/a árvore II. *pron dem* este, esse, aquele; (*umg*); ~ **war's!** foi ele! III. *pron* que, o qual, a qual

derart ['--] *adv* de tal modo, de tal maneira; (*vor Adjektiv*) tão; ~, **dass ...** de tal modo que ...

derartig *adj* tal, semelhante

derb [dɛrp] *adj* 1. (*Ausdruck, Person*) rude, grosseiro 2. (*Leder, Schuhe*) forte, resistente

deren ['deːrən] *gen pl von* **die**

derjenige *pron dem* o, a; (*weiter entfernt*) aquele, aquela; ~, **welcher ...** aquele que ...

dermaßen *adv* tanto, de tal modo, de tal maneira; (*vor Adjektiv*) tão

Dermatologe(in) *m(f)* <-en, -en *o* -innen> dermatologista *m,f*

Dermatologie *f* <-> *kein pl* dermatologia *f*

derselbe *pron dem* o mesmo, a mesma coisa

derzeitig *adj* a(c)tual

des [dɛs] *gen sing von* **der**, **das**

Desaster [de'zastɐ] *nt* <-s, -> desastre *m*, catástrofe *f*

Deserteur *m* <-s, -e> desertor *m*

desertieren* *vi* desertar

desgleichen [dɛs'glaiçən] *adv* igualmente

deshalb ['--] *adv* por isso, por esse motivo; **gerade** ~ por isso mesmo

Design [di'zain] *nt* <-s, -s> desenho *m*, design *m*

Designer(in) *m(f)* <-s, - *o* -innen> desenhador, desenhadora *m, f*

Designerdroge *f* <-n> droga *f* de desenho

desillusionieren* *vt* desiludir

Desinfektion [dezɪnfɛk'tsjoːn] *f* <-en> desinfe(c)ção *f*

Desinfektionsmittel *nt* <-s, -> desinfe(c)tante *m*

D

desinfizieren* vt desinfe(c)tar

Desinteresse ['dɛsʔɪntərɛsə] nt <-s> kein pl desinteresse m

desolat adj desolador

desorientiert adj desorientado

Despot(in) [dɛs'po:t] m(f) <-en, -en o -innen> déspota m,f

dessen ['dɛsən] gen sing von **der, das**

Dessert [dɛ'sɛːɐ] nt <-s, -s> sobremesa f

Dessous [dɛ'su:] nt <-, -> roupa f interior

destillieren* vt destilar

desto ['dɛsto] konj tanto; **je mehr, ~ besser** quanto mais, melhor; **~ besser** tanto melhor

destruktiv [destrʊk'tiːf, '---] adj destrutivo

deswegen ['dɛs've:gən] adv por isso, por essa razão

Detail [de'taɪ] nt <-s, -s> pormenor m, detalhe m; **ins ~ gehen** entrar em pormenores/detalhes; **im ~** a retalho

detailliert adj pormenorizado, detalhado

Detaillist(in) m(f) <-en, -en o -innen> (schweiz) retalhista m,f

Detektiv(in) [detɛk'tiːf] m(f) <-s, -e o -innen> dete(c)tive m,f

Detonation [detona'tsjo:n] f <-en> detonação f

deuten ['dɔɪtən] **I.** vt interpretar (als como); **etw falsch ~** interpretar mal a. c. **II.** vi **1.** (zeigen) apontar (auf para) **2.** (hinweisen) **~ auf** indicar; **alles deutet darauf hin, dass ...** tudo indica que ...

deutlich ['dɔɪtlɪç] adj claro; (Unterschrift) nítido; (Schrift) legível; **jdm etw ~ machen** fazer ver a. c. a alguém; **es wurde ~, dass ...** ficou claro que ...

Deutlichkeit f kein pl claridade f; **etw in aller ~ sagen** falar sem papas na língua

deutsch [dɔɪtʃ] adj alemão; **~ sprechen** falar alemão; **~-portugiesisch** luso-alemão

Deutsch(e) nt <-(n)> kein pl alemão m; **auf ~** em alemão

Deutsche(r) m/f <-n, -n o -n> alemão, alemã m, f

Deutschland nt <-s> kein pl Alemanha f; **in/aus ~** na/da Alemanha

deutschsprachig ['dɔɪtʃpraːxɪç] adj de expressão alemã

Deutung f <-en> interpretação f

Devise [de'viːzə] f <-n> lema m, divisa f

Devisen pl (WIRTSCH) divisas fpl

Dezember [de'tsɛmbɐ] m <-s> kein pl Dezembro m; s. **März**

dezent [de'tsɛnt] adj decente, discreto

dezentral adj descentralizado

Dezernat nt <-(e)s, -e> repartição f, secção f (administrativa)

dezimal adj decimal

Dezimalbruch m <-(e)s, -brüche> fra(c)ção f decimal

Dezimalsystem nt <-(e)s> kein pl sistema m decimal

d. h. abk v **das heißt** isto é

Dia ['diːa] nt <-s, -s> slide m, diapositivo m

Diabetes [dia'beːtɛs] m <-> kein pl (MED) diabetes f

Diabetiker(in) [dia'beːtikɐ] m(f) <-s, - o -innen> diabético, diabética m, f

Diagnose [dia'gno:zə] f <-n> diagnóstico m; **eine ~ stellen** fazer um diagnóstico

diagonal [diago'naːl] adj diagonal

Diagonale f <-n> diagonal f

Diagramm [dia'gram] nt <-s, -e> diagrama m

Dialekt [dia'lɛkt] m <-(e)s, -e> diale(c)to m

Dialog [dia'lo:k] m <-(e)s, -e> diálogo m

Dialyse f <-n> (MED) diálise f

Diamant [dia'mant] m <-en, -en> diamante m

Diaphragma nt <-s, Diaphragmen> (MED) diafragma m

Diapositiv nt <-s, -e> diapositivo m

Diaprojektor m <-s, -en> proje(c)tor m

Diät f <-en> dieta f; **~ halten** fazer dieta

Diäten pl gratificações fpl

dich [dɪç] pron pers o akk von **du** te; (nach Präposition) ti; **für ~** para ti

dicht [dɪçt] **I.** adj (Gebüsch) denso; (Nebel) cerrado; (Verkehr) intenso; (Menschenmenge) compacto; (undurchlässig) impermeável; (luftdicht) hermético; **nicht ~ sein** deixar passar **II.** adv **~ an/bei** muito perto (de), mesmo junto (a); **~ an jdm vorbeigehen** passar rente a alguém; **~ bevölkert** densamente povoado

dichtbevölkert[ALT] adj s. **dicht II**

Dichte f <-n> densidade f

dichten ['dɪçtən] **I.** vt (verfassen) escrever, compor; (Leck) vedar, calafetar **II.** vi (LIT) fazer poesia

Dichter(in) m(f) <-s, - o -innen> poeta, poetisa m, f

dichterisch adj poético

dicht|halten vi irreg (umg) guardar segredo, calar-se

dicht|machen *vt* (*umg: Geschäft*) fechar
Dichtung *f* <-en> **1.** (LIT) poesia *f* **2.** (TECH) empanque *m;* (*am Auto*) junta *f*
dick [dɪk] *adj* **1.** (*Mensch*) gordo; (*Mauer*) largo; (*Wand*) grosso; (*Buch*) volumoso, grosso; ~ **werden** engordar; **sie sind** ~**e Freunde** eles são amigos íntimos **2.** (*dickflüssig*) espesso **3.** (*geschwollen*) inchado
Dicke *f* <-n> **1.** (*von Feststoffen*) grossura *f;* (*von Person*) gordura *f* **2.** (*von Flüssigkeiten*) espessura *f*
Dickicht ['dɪkɪçt] *nt* <-s, -e> mata *f,* matagal *m*
Dickkopf *m* <-(e)s, -köpfe> teimoso *m,* cabeçudo *m;* **einen** ~ **haben** ser teimoso
Dickmilch *f kein pl* leite *m* coalhado
Didaktik [di'daktɪk] *f* <-> *kein pl* didá(c)tica *f*
didaktisch *adj* didá(c)tico
die [di(:)] **I.** *art* o, a; ~ **Frau/Sonne** a mulher/o sol **II.** *pron dem* esta, essa, aquela; (*umg*); ~ **ist es!** é ela! **III.** *pron* que, o qual, a qual
Dieb(in) [di:p, 'di:bɪn] *m(f)* <-(e)s, -e *o* -innen> ladrão, ladra *m, f*
Diebesgut *nt* <-(e)s> *kein pl* bens furtados *mpl*
diebisch *adj* muito, imenso; **eine** ~**e Freude** uma enorme alegria; **sich** ~ **freuen** alegrar-se muito
Diebstahl *m* <-(e)s, -stähle> roubo *m,* furto *m*
diejenige *pron dem* o, a; (*weiter entfernt*) aquele, aquela
Diele ['di:lə] *f* <-n> **1.** (*Brett*) tábua *f,* prancha *f* **2.** (*Vorraum*) hall *m*
dienen ['di:nən] *vi* servir (*als* de, *zu* para); **womit kann ich Ihnen** ~**?** em que posso servi-lo?; **das dient einem guten Zweck** isso é para um bom fim
Diener(in) *m(f)* <-s, - *o* -innen> criado, criada *m, f*
Dienst [di:nst] *m* <-(e)s, -e> serviço *m;* (*Amt*) função *f;* **öffentlicher** ~ serviços públicos *mpl;* **diplomatischer** ~ função diplomática *f;* ~ **haben/im** ~ **sein** estar de serviço; ~ **habend** de serviço; **außer** ~ aposentado, reformado; **jdm einen schlechten** ~ **erweisen** prejudicar alguém
Dienstag ['di:nsta:k] *m* <-(e)s, -e> terça-feira *f; s.* **Montag**
dienstags *adv* à terça-feira

Dienstbote(in) *m(f)* <-n, -n *o* -innen> criado, criada *m, f*
Dienstgeheimnis *nt* <-ses, -se> segredo *m* profissional
Dienstgrad *m* <-(e)s, -e> (MIL) categoria *f*
diensthabend[ALT] ['di:nstha:bənt] *adj s.* **Dienst**
Dienstleistung *f* <-en> prestação *f* de serviços
dienstlich *adj* oficial
Dienstreise *f* <-n> viagem *f* de negócios
Dienststelle *f* <-n> escritório *m,* repartição *f*
Dienstwagen *m* <-s, -> carro de serviço *m*
Dienstweg *m* <-(e)s, -e> via *f* oficial, trâmites legais *mpl;* **auf dem** ~ por via oficial, pelos trâmites legais
Dienstwohnung *f* <-en> residência *f* oficial
Dienstzeit *f* <-en> **1.** (*Amtsdauer*) tempo *m* de serviço **2.** (*Arbeitszeit*) horas *fpl* de expediente
diesbezüglich *adj* respe(c)tivo, correspondente
Diesel *m* <-s, -> **1.** (*umg: Motor*) Diesel *m* **2.** *kein pl* (*Kraftstoff*) gasóleo *m*
dieselbe *pron dem* o mesmo, a mesma coisa
diese(r, s) *pron dem* este, esta; (*weiter entfernt*) esse, essa; **das Festival findet** ~ **Woche statt** o festival realiza-se esta semana; **am 12.** ~**s Monats** no dia 12 deste mês; ~**r Mann/**~ **Frau dort** esse senhor/essa senhora
diesig ['di:zɪç] *adj* enevoado, nebuloso
diesjährig *adj* deste ano
diesmal *adv* desta vez
diesseits ['di:szaɪts] **I.** *adv* neste lado (*von* de) **II.** *präp* +*gen* deste lado de
Dietrich ['di:trɪç] *m* <-s, -e> gazua *f,* chave falsa *f*
diffamieren* *vt* difamar
Differentialgetriebe *nt* <-s, -> *s.* **Differenzialgetriebe** engrenagem *f* diferencial
Differentialrechnung *f* <-, -en> *s.* **Differenzialrechnung** cálculo *m* diferencial
Differenz [dɪfə'rɛnts] *f* <-en> (MAT) diferença *f* (*zwischen* entre)
Differenzen *pl* desavenças *fpl;* **es kam zu** ~ **zwischen ihnen** eles tiveram desavenças
differenzieren* *vi* diferenciar (*zwischen* entre)
digital [digi't :l] *adj* digital
Digitalanzeige *f* <-n> visor digital *m*

Digitaluhr *f* <-en> relógio *m* digital

Diktat [dɪk'taːt] *nt* <-(e)s, -e> ditado *m;* **ein ~ schreiben** fazer um ditado

Diktator [dɪk'taːtoːɐ] *m* <-s, -en> ditador *m*

diktatorisch *adj* ditatorial

Diktatur [dɪkta'tuːɐ] *f* <-en> ditadura *f*

diktieren* *vt* 1. (*Text*) ditar 2. (*Bedingungen*) impor

Diktiergerät *nt* <-(e)s, -e> dictafone *m*

Dilemma [di'lɛma] *nt* <-s, -s> dilema *m*

Dilettant(in) [dilɛ'tant] *m(f)* <-en, -en *o* -innen> diletante *m,f*

Dill [dɪl] *m* <-s, -e> aneto *m*

dilletantisch *adj* diletante

Dimension [dimɛn'zjoːn] *f* <-en> dimensão *f;* **das Projekt nimmt große ~en an** o proje(c)to está a tomar grandes dimensões

Diminutiv *m* <-s, -e> (LING) diminutivo *m*

Dimmer *m* <-s, -> interruptor *m* regulador de luz

Diner *nt* <-s, -s> (*geh*) banquete *m*

Ding¹ [dɪŋ] *nt* <-(e)s, -e> 1. (*Gegenstand*) obje(c)to *m;* (*Sache*) coisa *f* 2. (*Angelegenheit*) assunto *m,* coisa *f;* **das geht nicht mit rechten ~en zu** aí há coisa; **den ~en ihren Lauf lassen** deixar correr as coisas; **ein ~ der Unmöglichkeit** uma coisa impossível; **guter ~e sein** estar bem-disposto; **vor allen ~en** antes de mais nada, acima de tudo; **wie die ~e liegen** como as coisas estão, no estado a(c)tual das coisas

Ding² *nt* <-(e)s, -er> (*umg*) coisa *f;* **was ist denn das für ein ~?** que coisa é essa?; **krumme ~er drehen** fazer negócios escuros

dingfest *adj* **jdn ~ machen** prender alguém

Dingsbums *m/f* <-> *kein pl* (*umg*) o coiso, a coisa

Dingsda *nt* <-> *kein pl* (*Gerät*) coisa *f,* geringonça *f*

Dinosaurier [dino'zauriɐ] *m* <-s, -> dinossauro *m*

Diode [di'oːdə] *f* <-n> (ELEKTR) diodo *m*

Dioptrie [diɔp'triː] *f* <-n> dioptria *f*

Dioxin *nt* <-s> *kein pl* (CHEM) dioxina *f*

Diözese *f* <-n> diocese *f*

Diphterie *f* <-n> (MED) difteria *f*

Diphthong [dɪf'tɔŋ] *m* <-s, -e> (LING) ditongo *m*

Diplom [di'ploːm] *nt* <-s, -e> 1. (*Urkunde*) diploma *m* 2. (*akademischer Grad*) grau académico alemão

Diplomarbeit *f* <-en> tese que leva ao grau académico "Diplom"

Diplomat(in) [diplo'maːt] *m(f)* <-en, -en *o* -innen> diplomata *m,f*

Diplomatie [diploma'tiː] *f* <-> *kein pl* diplomacia *f*

diplomatisch *adj* diplomático

diplomiert *adj* diplomado, licenciado

Diplomingenieur(in) *m(f)* <-s, -e *o* -innen> engenheiro, engenheira *m, f*

dir [diːɐ] *pron pers o dat von* **du** te; (*nach Präposition*) ti; **mit ~** contigo

direkt [di'rɛkt] **I.** *adj* dire(c)to; (LING); **~e Rede** discurso dire(c)to *m;* **~ am Flughafen** mesmo no aeroporto **II.** *adv* 1. (*ohne Umweg*) dire(c)tamente, a direito; **wir fahren ~ ins Zentrum** nós vamos dire(c)tamente para o centro 2. (*Radio, Fernsehübertragung*) em dire(c)to; **das Fußballspiel wird ~ übertragen** o jogo de futebol é transmitido em dire(c)to

Direktion [dirɛk'tsjoːn] *f* <-en> 1. (*Leitung*) dire(c)ção *f* 2. (*schweiz: Ministerium*) departamento *m* cantonal

Direktor(in) *m(f)* <-s, -en *o* -innen> dire(c)tor, dire(c)tora *m, f*

Direktorium *nt* <-s, Direktorien> conselho de dire(c)tores *m*

Direktübertragung *f* <-en> transmissão *f* dire(c)ta

Dirigent(in) [diri'gɛnt] *m(f)* <-en, -en *o* -innen> maestro, maestrina *m, f*

dirigieren* *vt* dirigir

Dirndl *nt* <-s, -> vestido tradicional da Baviera

Dirne ['dɪrnə] *f* <-n> meretriz *f,* prostituta *f*

Discountladen *m* <-s, -läden> loja de desconto *f*

Diskette [dɪs'kɛtə] *f* <-n> disquete *f*

Diskettenlaufwerk *nt* <-(e)s, -e> drive *f* de disquetes

Diskonjockey *m* <-s, -s> disco jockey *m,f*

Disko ['dɪsko] *f* <-s> (*umg*) discoteca *f*

Diskont *m* <-s, -e> (WIRTSCH) desconto *m*

Diskontsatz *m* <-es, -sätze> (WIRTSCH) taxa de desconto *f*

Diskothek [dɪsko'teːk] *f* <-en> discoteca *f*

Diskrepanz [dɪskre'pants] *f* <-en> discrepância *f* (*zwischen* entre)

diskret [dɪs'kreːt] *adj* discreto

Diskretion [dɪskre'tsjoːn] *f* <-> *kein pl* discrição *f*

diskriminieren* *vt* discriminar
Diskriminierung *f* <-en> discriminação *f*
Diskus *m* <-(ses), -se> (SPORT) disco *m*
Diskussion [dɪskuˈsjoːn] *f* <-en> discussão *f*; **zur ~ stehen** estar em discussão; **etw zur ~ stellen** trazer a. c. a discussão
diskutieren* *vi* discutir (*mit* com, *über* sobre)
Display [dɪsˈplɛɪ] *nt* <-s, -s> (INFORM) display *m*, marcador *m* ele(c)trónico
disponieren* *vi* dispor (*über* de)
Disput [dɪsˈpuːt] *m* <-(e)s, -e> disputa *f*
disqualifizieren* *vt* (SPORT) desqualificar
Dissertation [dɪsɛrtaˈtsjoːn] *f* <-en> dissertação *f*, tese *f* de doutoramento
Dissident(in) *m(f)* <-en, -en *o* -innen> dissidente *m,f*
Distanz [dɪsˈtants] *f* <-en> distância *f*; **auf ~ zu jdm gehen** distanciar-se de alguém
distanzieren* *vr* **sich ~** distanciar-se (*von* de), afastar-se (*von* de)
Distel [ˈdɪstəl] *f* <-n> cardo *m*
distinguiert *adj* (*geh*) distinto
Distrikt *m* <-(e)s, -e> distrito *m*
Disziplin [dɪstsiˈpliːn] *f* <-en> **1.** *kein pl* (*Ordnung*) disciplina *f* **2.** (SPORT) modalidade *f*
diszipliniert *adj* disciplinado
Diva [ˈdiːva] *f* <Diven> diva *f*
divers *adj* diverso
Dividende [diviˈdɛndə] *f* <-en> dividendo *m*
dividieren* *vt* dividir (*durch* por)
Division [diviˈzjoːn] *f* <-en> (MIL) divisão *f*
DM *abk v* **Deutsche Mark** marco alemão
DNS [deːˈʔɛnˈʔɛs] *abk v* **Desoxyribonukleinsäure** ADN (= *ácido desoxiribonucleico*)
doch [dɔx] **I.** *adv* (*dennoch*) contudo; **er kam ~ noch** ele (afinal) sempre veio; (*denn*) pois; (*als Aufforderung, Wunsch*); **kommen Sie ~!** venha lá!; **du weißt ~** tu sabes muito bem; **käme er ~!** quem me dera que ele viesse!; **das ist nicht wahr! - doch!** não é verdade! - é pois!; **nicht ~!** por favor, não! **II.** *konj* (*aber*) mas, porém; **wir warteten zwei Stunden, ~ er kam nicht** nós esperámos duas horas, mas ele não veio
Docht [dɔxt] *m* <-(e)s, -e> pavio *m*, mecha *f*
Dock [dɔk] *nt* <-(e)s, -s> doca *f*
Dogge *f* <-n> dogue *m*
Dogma *nt* <Dogmen> dogma *m*

dogmatisch *adj* dogmático
Doktor(in) [ˈdɔktoːɐ] *m(f)* <-s, -en *o* -innen> doutor, doutora *m, f*; **seinen ~ machen** doutorar-se
Doktorand(in) *m(f)* <-en, -en *o* -innen> doutorando, doutoranda *m, f*
Doktorarbeit *f* <-en> tese *f* de doutoramento
Doktorvater *m* <-s, -väter> professor universitário que orienta a tese de doutoramento
Dokument [dokuˈmɛnt] *nt* <-(e)s, -e> documento *m*
Dokumentarfilm *m* <-(e)s, -e> documentário *m*
dokumentarisch *adj* documental
dokumentieren* *vt* documentar
Dolch [dɔlç] *m* <-(e)s, -e> punhal *m*
Dollar [ˈdɔlaːɐ] *m* <-s, -s> dólar *m*
Dollarkurs *m* <-es, -e> cotação do dólar *f*
dolmetschen [ˈdɔlmɛtʃən] **I.** *vt* traduzir simultaneamente **II.** *vi* servir de intérprete, fazer tradução simultânea
Dolmetscher(in) *m(f)* <-s, - *o* -innen> intérprete *m,f*
Dom [doːm] *m* <-(e)s, -e> catedral *f*
Domäne *f* <-n> **1.** (*Spezialgebiet*) domínio *m* **2.** (*Staatsgut*) património *m* do estado
dominant [domiˈnant] *adj* dominante
dominieren* *vi* dominar
Domizil *nt* <-s, -e> (*geh*) domicílio *m*, residência *f*
Dompteur, se [dɔmpˈtøːɐ] *m, f* <-s, -e *o* -n> domador, domadora *m, f*
Donator(in) *m(f)* <-s, -en *o* -innen> (*schweiz*) doador, doadora *m, f*
Donau [ˈdoːnaʊ] *f* *kein pl* Danúbio *m*
Dönerkebab *m* <-(s), -s> carne de carneiro assada no espeto
Donner [ˈdɔnɐ] *m* <-s, -> trovão *m*
donnern [ˈdɔnɐn] *vi* trovejar; **es donnert** troveja
Donnerstag [ˈdɔnɐstaːk] *m* <-(e)s, -e> quinta-feira *f*; *s.* **Montag**
donnerstags *adv* às quintas-feiras
Donnerwetter *nt* <-s, -> (*umg*) ~! caramba!, com mil diabos!; (*brasil*) puxa!
doof [doːf] *adj* parvo, pateta
Dope *nt* <-s> *kein pl* (*umg*) haxixe *m*
dopen *vr* **sich ~** (SPORT) dopar-se
Doping [ˈdoːpɪŋ] *nt* <-s, -s> doping *m*
Dopingkontrolle *f* <-n> controlo de doping *m*

D

Doppel ['dɔpəl] *nt* <-s, -> 1. (*Duplikat*) duplicado *m* 2. (SPORT) jogo *m* de pares

Doppelbett *nt* <-(e)s, -en> cama *f* de casal

Doppeldecker *m* <-s, -> biplano *m*

Doppelgänger(in) *m(f)* <-s, - *o* -innen> sósia *m,f*

Doppelhaus *nt* <-es, -häuser> moradias *fpl* geminadas

Doppelkinn *nt* <-(e)s, -e> queixo duplo *m*

Doppelpunkt *m* <-(e)s, -e> dois pontos *mpl*

Doppelstecker *m* <-s, -> tomada *f* dupla

doppelt ['dɔpəlt] I. *adj* duplo; (*Ausfertigung*) em duplicado; **sie ist ~ so alt wie Fritz** ele é duas vezes mais velha (do) que o Fritz II. *adv* a dobrar; **etw ~ haben** ter a. c. a dobrar; **~ so viel** duas vezes mais, o duplo

Doppelzimmer *nt* <-s, -> quarto *m* duplo, quarto *m* de casal

Dorf [dɔrf] *nt* <-(e)s, Dörfer> aldeia *f*

Dorfbewohner(in) *m(f)* <-s, - *o* -innen> aldeão, aldeã *m, f*

dörflich *adj* aldeão, campesino

Dorfschaft *f* <-en> (*schweiz*) aldeia *f*

Dorn [dɔrn] *m* <-(e)s, -en> espinho *m*

dornig *adj* espinhoso

dörren *vt* secar

Dörrobst *nt* <-(e)s> *kein pl* fruta *f* seca

Dorsch *m* <-(e)s, -e> badejo *m*, bacalhau *m*

dort [dɔrt] *adv* lá, ali; **da und ~** aqui e ali; **~ drüben** acolá, além; **~ oben** ali em cima

dorther ['-'-] *adv* de lá, dali

dorthin ['-'-] *adv* (para) lá, (para) ali; **der Weg ~** o caminho para lá

dortig *adj* de lá, dali

Dose ['do:zə] *f* <-n> caixa *f*; (*Konservendose*) lata *f*

dösen *vi* sonhar acordado

Dosenbier *nt* <-(e)s, -e> cerveja *f* em lata

Dosenöffner *m* <-s, -> abre-latas *m*

dosieren* *vt* dosear

Dosis ['do:zɪs] *f* <Dosen> dose *f*

Dossier [dɔ'sje:] *nt* <-s, -s> dossier *m*, dossiê *m*

dotieren* *vt* dotar (*mit* de)

Dotter ['dɔtɐ] *m/nt* <-s, -> gema *f* (de ovo)

doubeln *vt* ser duplo de, ser dublê de

Double ['du:b(ə)l] *nt* <-s, -s> duplo *m*, dublê *m*

down *adv* (*umg*) em baixo, abatido

Dozent(in) [do'tsɛnt] *m(f)* <-en, -en *o* -innen> docente *m,f*

Dr. *abk v* **Doktor** Dr. (= *doutor*)

Drache ['draxə] *m* <-n, -n> dragão *m*

Drachen *m* <-s, -> 1. (*Spielzeug*) papagaio *m;* **einen ~ steigen lassen** lançar um papagaio 2. (SPORT) asa *f* delta 3. (*pej: Frau*) megera *f*

Drachenfliegen *nt* <-s> *kein pl* voo *m* livre

Drachenflieger(in) *m(f)* <-s, - *o* -innen> voador de asa delta, voadora *m, f*

Dragee *nt* <-s, -s> drageia *f*

Draht [dra:t] *m* <-(e)s, Drähte> arame *m*, fio *m* metálico; **auf ~ sein** estar ó(p)timo, estar bem-disposto

Drahtesel *m* <-s, -> (*umg*) bicicleta *f*

drahtig *adj* (*Figur*) rijo

Drahtseil *nt* <-(e)s, -e> cabo *m* de arame

Drahtzieher(in) *m(f)* <-s, - *o* -innen> intriguista *m, f*

drakonisch *adj* draconiano

drall [dral] *adj* (*Person*) robusto; (*Körperteil*) forte, rijo

Drama ['dra:ma] *nt* <-s, Dramen> drama *m*

Dramatiker(in) *m(f)* <-s, - *o* -innen> autor, autora *m*, *f* dramático

dramatisch *adj* dramático

dramatisieren* *vt* dramatizar

dran [dran] *adv* (*umg*) **es ist nichts ~** não é verdadeiro; **man weiß nie, wie man mit ihm ~ ist** nunca se sabe o que pensar dele; **wer ist ~?** quem está a seguir?; **Sie sind ~** é a sua vez; **gut/schlecht ~ sein** estar em boa/má situação; **bleiben Sie ~** não desligue; *s.* **daran**

drang [draŋ] *imp von* **dringen**

Drang [draŋ] *m* <-(e)s> *kein pl* ímpeto *m* (*nach* de), necessidade *f* (*nach* de)

Drängelei *f* <-en> aperto *m*, acotovelamento *m*

drängeln *vi* (*umg*) empurrar, acotovelar

drängen I. *vt* (*schieben*) empurrar, impelir; (*antreiben*) pressionar, incitar II. *vi* (*eilig sein*) ser urgente, urgir; **die Zeit drängt** o tempo urge; (*fordern*) insistir (*auf* em) III. *vr* **sich ~** acotovelar-se, apinhar-se

drangsalieren* *vt* atormentar, afligir

dran|kommen *vi irr* (*umg*) ser a vez de; **du kommst gleich dran** está quase na tua vez

drastisch ['drastɪʃ] *adj* drástico

drauf ['draʊf] *adv* (*umg*) **~ und dran sein, etw zu tun** estar prestes a fazer a. c.; **er hat**

nicht viel ~ ele não sabe muito; **gut ~ sein** estar bem-disposto; *s.* **darauf**

Draufgänger(in) *m(f)* <-s, - *o* -innen> arrojado, arrojada *m, f,* destemido, destemida *m, f*

drauflgehen *vi irr* **1.** (*umg: Geld*) ir-se, gastar-se **2.** (*sterben*) ir-se, morrer **3.** (*Sache*) romper-se

drauflos [-'-] *adv* dire(c)tamente, sem hesitação

drauflzahlen *vi* (*umg*) pagar

draus *adv* (*umg*) **mach dir nichts** ~ não faças caso!, não ligues!; *s.* **daraus**

draußen *adv* (*lá*) fora; **nach** ~ para fora; **bleib ~!** fica lá fora!

drechseln *vt* tornear

Dreck [drɛk] *m* <-(e)s> *kein pl* **1.** (*umg: Schmutz*) porcaria *f,* imundície *f;* (*brasil*) sujeira *f;* **jdn/etw durch den** ~ **ziehen** arrastar alguém/a. c. pela lama **2.** (*Nichtigkeit*) porcaria *f,* insignificância *f*

dreckig *adj* **1.** (*schmutzig*) sujo, porco, imundo **2.** (*Witz*) indecente; (*Lachen*) maldoso; **es geht ihm** ~ ele está muito mal

Dreckspatz *m* <-en, -en> badalhoco *m*

Drecharbeiten *pl* (FILM) filmagens *fpl*

Drehbank *f* <-bänke> torno *m*

drehbar *adj* rotativo, giratório

Drehbuch *nt* <-(e)s, -bücher> guião *m*

drehen ['dre:ən] **I.** *vt* **1.** (*bewegen*) (fazer) girar, virar; **den Kopf** ~ voltar a cabeça; (*umg*); **an etw** ~ manipular a. c. **2.** (*Film*) rodar **3.** (*Garn*) torcer; (*Zigarette*) enrolar **II.** *vi* **1.** (*Wind*) virar **2.** (*Auto*) dar a volta **III.** *vr* **sich** ~ **1.** (*bewegen*) virar-se, voltar-se; (*um eine Achse*) girar; **hier dreht sich alles um das Baby** aqui gira tudo em torno do bebé **2.** (*handeln von*) tratar-se (*um* de)

Dreher(in) *m(f)* <-s, - *o* -innen> torneiro, torneira *m, f*

Drehkreuz *nt* <-es, -e> molinete *m*

Drehorgel *f* <-n> realejo *m*

Drehstuhl *m* <-(e)s, -stühle> cadeira *f* giratória

Drehtür *f* <-en> porta *f* giratória

Drehung *f* <-en> volta *f;* (*um die Achse*) rotação *f*

Drehzahl *f* <-en> número *m* de rotações

Drehzahlmesser *m* <-s, -> conta-rotações *m*

drei [draɪ] *num kard* três; ~ **viertel** três quartos; (*reg*); **es ist ~ viertel neun** são nove me-

nos um quarto; **nicht bis** ~ **zählen können** ser ignorante; *s.* **zwei**

Drei *f* <-en> três *m; s.* **Zwei**

dreidimensional ['draɪdimɛnzjona:l] *adj* tridimensional

Dreieck ['draɪʔɛk] *nt* <-(e)s, -e> triângulo *m*

dreieckig *adj* triangular

dreierlei *adj* de três formas, de três espécies

dreifach ['draɪfax] *adj* triplo; **in ~er Ausfertigung** em triplicado

dreihundert ['-'--] *num kard* trezentos

dreijährig *adj* de três anos

Dreikäsehoch *m* <-s, -s> (*umg*) cinco-réis de gente *m*

Dreiklang *m* <-(e)s, -klänge> (MUS) tríton-no *m*

Dreikönige *pl* Epifania *f,* Dia *m* de Reis

dreimal *adv* três vezes

dreimalig *adj* três vezes, tri ...; **~er Weltmeister** tricampeão mundial

dreinlreden *vi* (*umg*) **jdm** ~ meter-se na vida de alguém

Dreirad *nt* <-(e)s, -räder> triciclo *m*

Dreisatz *m* <-es, -sätze> (MAT) regra de três *f*

dreißig *num kard* trinta

dreist [draɪst] *adj* ousado, atrevido

Dreistigkeit *f* <-en> ousadia *f,* atrevimento *m*

dreiteilig *adj* de três partes, tripartido

dreiviertel^ALT ['draɪ'fɪrtəl] *adj s.* **drei**

Dreiviertelstunde ['draɪvɪrtəl'ʃtʊndə] *f* <-n> três quartos *mpl* de hora

Dreivierteltakt [-'----] *m* <-(e)s> *kein pl* (MUS) compasso *m* ternário

dreizehn ['--] *num kard* treze; *s.* **zwei**

Dreizimmerwohnung [-'----] *f* <-en> apartamento *m* de três quartos

dreschen *vt* (*Getreide*) malhar, debulhar

Dresden ['dre:sdən] *nt* <-s> *kein pl* Dresda *f*

dressieren* *vt* amestrar

Dressing *nt* <-s, -s> (GASTR) molho *m*

Dr. h. c. *abk v* doctor honoris causa doutor honoris causa

drillen ['drɪlən] *vt* (MIL) treinar

Drillinge *pl* trigémeos *mpl*

drin [drɪn] *adv* (*umg*) **es ist noch alles** ~ vale tudo; **das ist nicht** ~ é impossível, não dá; *s.* **darin**

dringen ['drɪŋən] *vi* **1.** (*eindringen*) **durch**

etw ~ penetrar através de a. c.; **in etw** ~ penetrar em a. c.; **in jdn** ~ instar com alguém **2.** (*verlangen*) **auf etw** ~ insistir em a. c.

dringend I. *adj* urgente, premente II. *adv* insistentemente

Dringlichkeit *f* <-en> urgência *f*

Drink *m* <-s, -s> bebida *f*, drinque *m*

drinnen ['drɪnən] *adv* (lá) dentro

Drittel *nt* <-s, -> terço *m*, terça parte *f*

drittens ['drɪtəns] *adv* em terceiro (lugar)

dritte(r, s) *num ord* terceiro; **die Dritte Welt** o Terceiro Mundo; *s. a.* **zweite(r, s)**

drittletzte(r, s) *adj* antepenúltimo

droben *adv* (*österr*) (lá) em cima

Droge ['dro:gə] *f* <-n> droga *f*; **harte/weiche ~n** drogas duras/leves

Drögeler(in) *m(f)* <-s, - *o* -innen> (*schweiz*) toxicodependente *m,f*

drogenabhängig *adj* toxicodependente

Drogenabhängige(r) *m/f* <-n, -n *o* -n> toxicodependente *m,f*

Drogenhandel *m* <-s> *kein pl* tráfico *m* de drogas, narcotráfico *m*

Drogenszene *f* <-n> mundo da droga *m*

Drogerie [drogə'ri:] *f* <-n> drogaria *f*

Drogist(in) *m(f)* <-en, -en *o* -innen> droguista *m,f*

drohen ['dro:ən] *vi* **1.** (*einschüchtern*) ameaçar; **jdm mit der Faust/mit Entlassung** ~ ameaçar alguém com o punho/de despedimento **2.** (*bevorstehen*) estar iminente; **es droht eine lange Trockenheit** está iminente uma longa seca

dröhnen *vi* (*Motor*) vibrar; (*Stimme, Musik*) retumbar; **mir dröhnt der Kopf** tenho a cabeça num pandeiro

Drohung ['dro:ʊŋ] *f* <-en> ameaça *f*

drollig ['drɔlɪç] *adj* engraçado, divertido

Dromedar ['dro:meda:ɐ, drome'da:ɐ] *nt* <-s, -e> dromedário *m*

Drops *m* <-, -> rebuçado *m* de fruta

drosch [drɔʃ] *imp von* **dreschen**

drosseln ['drɔsəln] *vt* (*Ausgaben*) restringir; (*Geschwindigkeit*) reduzir

drüben *adv* além, do outro lado, do lado de lá

drüber *adv* (*umg*) **da stehst du doch ~!** tu estás acima disso!; *s.* **darüber**

Druck¹ [drʊk] *m* <-(e)s> *kein pl* **1.** (*das Drücken*) pressão *f*; **es genügt ein ~ auf den Knopf** basta carregar no botão **2.** (*Belastung*) pressão *f*; **unter ~ arbeiten** trabalhar sob

pressão; **jdn unter ~ setzen** pressionar alguém **3.** (*das Drucken*) impressão *f*; **etw in ~ geben** mandar imprimir a.c.

Druck² *m* <-(e)s, Drücke> (PHYS) pressão *f*; **der Behälter steht unter ~** o contentor está sob pressão

Druck³ *m* <-(e)s, -e> (*Kunst*) estampa *f*

Druckbuchstabe *m* <-n, -n> letra *f* de imprensa

Drückeberger(in) *m(f)* <-s, - *o* -innen> (*umg*) preguiçoso, preguiçosa *m, f*, malandro, malandra *m, f*; (*Feigling*) cobarde *m,f*

drucken ['drʊkən] *vt* imprimir; **er lügt wie gedruckt** ele mente descaradamente

drücken I. *vt* (*pressen*) pressionar; (*eng zusammen*) comprimir; (*Hand*) apertar; **jdm etw in die Hand** ~ pôr a. c. na mão de alguém; (*umg*); **die Schulbank** ~ ir à escola; (*umarmen*) abraçar; (*Preis*) baixar II. *vi* (*Knopf*) carregar (*auf* em); (*an Türen*) empurrar; (*zu eng sein*) apertar, estar apertado III. *vr* **sich** ~ (*umg*) pisgar-se, escapar-se; **sich vor etw** ~ esquivar-se a a. c.

drückend *adj* (*Hitze*) sufocante, asfixiante; (*Luft*) abafado

Drucker *m* <-s, -> (INFORM) impressora *f*

Drücker *m* <-s, -> **1.** (*Türklinke*) puxador *m* **2.** (*elektrisch*) botão *m*

Druckerei *f* <-en> tipografia *f*

Druckerschwärze *f* *kein pl* tinta *f* de impressão

Druckfehler *m* <-s, -> erro de impressão *m*, gralha *f*

Druckknopf *m* <-(e)s, -knöpfe> mola *f*

Druckluft *f* *kein pl* (PHYS) ar *m* comprimido

Druckmittel *nt* <-s, -> meio *m* coersivo

druckreif *adj* pronto para ser impresso

Drucksache *f* <-n> impresso *m*

Druckschrift *f* <-en> letra *f* de imprensa

drum [drʊm] *adv* (*umg*) **sei's ~!** tanto faz!; *s.* **darum**

drunten *adv* (*österr*) (lá) em baixo

drunter ['drʊntɐ] *adv* (*umg*) **es geht alles ~ und drüber** está tudo de pernas para o ar; *s.* **darunter**

Drüse *f* <-n> glândula *f*

Dschungel ['dʒʊŋəl] *m* <-s, -> selva *f*

du [du:] *pron pers* tu; **jdm das Du anbieten** sugerir a alguém que o trate por tu; **mit jdm per Du sein** tratar alguém por tu

Dübel *m* <-s, -> bucha *f*

dubios *adj* dúbio

ducken ['dʊkən] *vr* **sich** ~ encolher-se, agachar-se

Duckmäuser *m* <-s, -> palerma *m*, lorpa *m*

Dudelsack ['du:dəlzak] *m* <-(e)s, -säcke> gaita-de-foles *f*

Duell [du'ɛl] *nt* <-s, -e> duelo *m*

Duett *nt* <-(e)s, -e> (MUS) dueto *m*

Duft [dʊft] *m* <-(e)s, Düfte> cheiro *m*; (*angenehm*) aroma *m*, fragrância *f*

dufte *adj* (*umg*) porreiro, fantástico

duften ['dʊftən] *vi* cheirar (*nach* a)

duftig *adj* (*Kleid*) vaporoso, leve

dulden ['dʊldən] *vt* tolerar, suportar; **das kann ich nicht** ~! isso eu não posso tolerar!

duldsam ['dʊltza:m] *adj* tolerante

dumm [dʊm] *adj* **1.** (*unwissend, einfältig*) burro, estúpido; **er machte ein** ~**es Gesicht** ele fez uma cara estúpida; **sich** ~ **anstellen** fazer-se de burro; **sich nicht für** ~ **verkaufen lassen** não se deixar enganar **2.** (*ärgerlich*) aborrecido; (*umg*); **das ist** ~ **gelaufen** correu mal

dummerweise *adv* infelizmente

Dummheit *f* <-en> **1.** *kein pl* (*fehlende Intelligenz*) burrice *f*, estupidez *f* **2.** (*Tat*) asneira *f*, estupidez *f*; (*brasil*) besteira *f*

Dummkopf *m* <-(e)s, -köpfe> (*pej*) idiota *m*,*f*, imbecil *m*,*f*, parvo, parva *m*, *f*

dumpf [dʊmpf] *adj* **1.** (*Ton*) abafado **2.** (*Erinnerung*) vago; (*Schmerz*) moído

Dumping *nt* <-s> *kein pl* (WIRTSCH) dumping *m*

Düne *f* <-n> duna *f*

Düngemittel *nt* <-s, -> adubo *m*

düngen *vt* adubar, estrumar

Dünger *m* <-s, -> estrume *m*, adubo *m*

dunkel ['dʊŋkəl] *adj* **1.** (*finster*) escuro; **im Dunkeln** às escuras; **es ist schon** ~ já é noite **2.** (*Ton*) baixo; (*Stimme*) grave **3.** (*Ahnung*) vago; **im Dunkeln tappen** andar às apalpadelas **4.** (*verdächtig*) obscuro, escuro; **das sind dunkle Geschäfte** são negócios escuros

Dunkelheit *f kein pl* escuridão *f*; **bei Einbruch der** ~ ao cair da noite, à noitinha

Dunkelkammer *f* <-n> (FOT) câmara *f* escura

Dunkelziffer *f* <-n> número estimado de casos desconhecidos

dünn *adj* **1.** (*Scheibe*) fino; (*Ast*) delgado, fino; (*Mensch*) magro; ~**er werden** emagrecer **2.** (*spärlich*) pouco denso; ~ **bevölkert**

pouco povoado **3.** (*Suppe*) leve; (*Kaffee*) fraco, aguado **4.** (*Stimme*) fraco; (*Luft*) leve

dünnbevölkert^{ALT} *adj s.* **dünn 2**

dünnflüssig *adj* fluido

Dunst [dʊnst] *m* <-(e)s, Dünste> **1.** (*Dampf*) vapor *m* **2.** *kein pl* (*Nebel*) nebulosidade *f*, névoa *f*, bruma *f*

Dunstabzugshaube *f* <-n> exaustor *m* de fumos

dünsten *vt* (GASTR) estufar

dunstig ['dʊnstɪç] *adj* enevoado

Duo *nt* <-s, -s> (MUS) duo *m*

Duplikat [dupli'ka:t] *nt* <-(e)s, -e> duplicado *m*

Dur *nt* <-> *kein pl* (MUS) tom *m* maior

durch [dʊrç] **I.** *präp* +*akk* (*örtlich*) por, através de; **mitten** ~ (**die Stadt**) pelo meio (da cidade); **geh** ~ **diese Tür** vai por esta porta; (*mittels*) através de, por meio de; ~ **Ausdauer kann man viel erreichen** com perseverança tudo se alcança; **wir haben die Eintrittskarten** ~ **Freunde bekommen** arranjámos os bilhetes através de amigos; (MAT) por; ~ **5 teilen** dividir por 5 **II.** *adv* (*umg*) ~ **und** ~ de ponta a ponta, de cima a baixo; **es ist schon sieben Uhr** ~ já passa das sete horas; **das Fleisch ist** ~ a carne está bem passada

durch|arbeiten I. *vt* (*Text*) trabalhar, estudar **II.** *vi* trabalhar sem interrupção; **wir haben die ganze Nacht durchgearbeitet** nós trabalhámos toda a noite

durch|atmen *vi* respirar fundo

durchaus ['--, -'-] *adv* **1.** (*völlig*) absolutamente, inteiramente; ~ **nicht** de modo nenhum; **das ist** ~ **nicht leicht** não é nada fácil **2.** (*unbedingt*) mesmo

durch|beißen I. *vt irr* separar com os dentes, trincar **II.** *vr* **sich** ~ *irr* (*umg*) batalhar, ultrapassar as dificuldades

durch|bekommen* *vt irr* (*umg*) conseguir passar (*durch* por)

durch|blättern *vt* folhear

Durchblick *m* <-(e)s, -e> (*umg*) vista *f*; **den** ~ **verlieren** desorientar-se, perder-se

durch|blicken *vi* **1.** (*schauen*) espreitar por, olhar através de **2.** (*umg: verstehen*) **etw** ~ **lassen** dar a entender a. c.

Durchblutung *f kein pl* circulação *f* sanguínea

durchbohren* *vt* **1.** (*Wand*) perfurar **2.** (*mit Blicken*) penetrar, fulminar

D

durch|boxen I. *vt* (*umg*) impor II. *vr* **sich** ~ impor-se

durchbrechen*¹ *vt irr* (*Schranken, Schallmauer*) transpor; (*Gewohnheit*) romper com, quebrar; **die Demonstranten durchbrachen die Absperrungen** os manifestantes transpuseram as barricadas

durch|brechen² *vi irr* **1.** (*entzweigehen*) romper(-se) **2.** (*Hass, Wut*) irromper, revelar-se

durch|brennen *vi irr* **1.** (*Sicherung*) fundir **2.** (*umg: weglaufen*) fugir, pisgar-se

durch|bringen *vt irr* **1.** (*gegen Widerstand*) fazer passar **2.** (*Kranke*) conseguir salvar **3.** (*ernähren*) manter **4.** (*vergeuden*) esbanjar; **er hat das ganze Vermögen durchgebracht** ele esbanjou a fortuna toda

Durchbruch ['--] *m* <-(e)s, -brüche> **1.** (MIL) ataque *m* **2.** (*Öffnung*) fenda *f*, brecha *f* **3.** (*Erfolg*) sucesso *m*

durch|checken *vt* controlar

durchdenken* *vt irr* refle(c)tir sobre, meditar sobre

durchdrehen I. *vt* (*Fleisch*) picar II. *vi* (*umg*) enlouquecer

durchdringen*¹ *vt irr* atravessar, trespassar

durch|dringen² *vi irr* (*Kälte, Flüssigkeit*) penetrar

durcheinander [dʊrçʔaɪˈnandə] *adv* **1.** (*unordentlich*) confuso, caótico; ~ **bringen** misturar; (*Pläne*) estragar **2.** (*verwirrt*) confuso, desnorteado; **jdn** ~ **bringen** confundir alguém

Durcheinander ['----] *nt* <-s> *kein pl* **1.** (*Unordnung*) desordem *f*, confusão *f*; **ein wildes** ~ um caos **2.** (*Verwirrung*) confusão *f*, trapalhada *f*

durcheinander|bringen^ALT *vt irr s.* **durcheinander 1**, **2**

durch|fahren¹ *vi irr* **1.** (*durchqueren*) passar (*durch* por) **2.** (*ohne Pause*) não parar no caminho

durchfahren² *vt irr* atravessar

Durchfahrt ['--] *f* <-en> passagem *f*, travessia *f*; ~ **verboten!** trânsito proibido!; **auf der** ~ **sein** estar de passagem

Durchfall *m* <-(e)s> *kein pl* (MED) diarreia *f*

durch|fallen *vi irr* **1.** (*durch Öffnung*) cair (*durch* por) **2.** (*schlecht sein*) ser mal sucedido, fracassar; (*in Prüfung*) reprovar; (*umg*) chumbar

durch|fragen *vr* **sich** ~ perguntar o caminho

durch|führen *vt* (*Plan*) realizar, levar a cabo; (*Maßnahme, Bauarbeiten*) executar

Durchführung *f* <-en> realização *f*, execução *f*

Durchgang *m* <-(e)s, -gänge> **1.** (*Weg*) passagem *f* (*durch* por); ~ **verboten** passagem proibida **2.** (*bei Produktion, Versuch*) fase *f* de ensaio; (SPORT) prova *f* eliminatória; (*bei Wahl*) volta *f*

Durchgangslager *nt* <-s, -> campo de refugiados *m*

Durchgangsverkehr *m* <-s> *kein pl* tráfego *m* em trânsito

durchgefroren *adj* (*Mensch*) (enre)gelado

durch|gehen *vi irr* **1.** (*durch Tür, Straße*) passar (*durch* por), ir (*durch* por) **2.** (*toleriert werden*) passar; **jdm etw** ~ **lassen** deixar passar a. c. a alguém **3.** (*Antrag*) ser aceite

durchgehend *adj* (*Zug*) dire(c)to; (*Öffnungszeiten*) contínuo; ~ **geöffnet** horário contínuo

durch|greifen *vi irr* tomar medidas enérgicas

durch|halten *vi irr* resistir, aguentar firme

durch|hängen *vi irr* (*umg*) estar deprimido

durch|kommen *vi irr* **1.** (*durch Raum, Menge*) conseguir passar (*durch* por), conseguir atravessar **2.** (*in Prüfung*) passar; (*Antrag*) ser aprovado **3.** (*umg: überleben*) salvar-se, safar-se

durchkreuzen* *vt* (*Pläne*) estragar, frustrar

durch|lassen *vt irr* deixar passar

durchlässig *adj* permeável

durch|laufen¹ I. *vt irr* (*Schuhe*) gastar II. *vi irr* **1.** (*ohne Pause*) correr sem parar **2.** (*Flüssigkeit*) escorrer

durchlaufen*² *vt irr* (*Ausbildung*) fazer

Durchlauferhitzer *m* <-s, -> esquentador *m* de água

durchleben* *vt* experimentar, passar por, viver

durch|lesen *vt irr* ler (do princípio ao fim); (*flüchtig*) passar os olhos por

durchleuchten* *vt* **1.** (*Angelegenheit*) esclarecer **2.** (MED) radiografar, tirar uma radiografia a

durchlöchern* *vt* perfurar

durch|machen I. *vt* (*umg: Krankheit*) passar por, sofrer; **viel** ~ passar por muito II. *vi* (*umg: feiern*) fazer noitada; **wir haben zwei**

Nächte durchgemacht nós fizemos duas noitadas (seguidas)

Durchmesser *m* <-s, -> diâmetro *m*

durchnässen* *vt* ensopar, encharcar

durch|nehmen *vt irr* (*in Schule*) dar (uma matéria)

durchnummerieren*RR *vt* **durch|nu-merieren*ALT** numerar

durchqueren* *vt* atravessar

Durchreiche *f* <-n> guiché *m*

Durchreise ['---] *f* <-n> passagem *f*; **auf der ~ sein** estar de passagem

durch|ringen *vr* **sich ~** *irr* **sich zu etw ~** decidir-se a fazer a. c.

durch|rosten *vi* enferrujar

durchs [dʊrçs] (*coloq*) = **durch das** *s.* **durch**

Durchsage ['dʊrçzaːgə] *f* <-n> aviso *m*, comunicação *f*; **eine ~ machen** fazer uma comunicação

durch|sagen *vt* comunicar, anunciar

durchschauen* *vt* (*Person*) conhecer as intenções de; (*Angelegenheit*) atingir; (*Lüge*) topar

durch|scheinen *vi irr* (*Schrift, Muster*) ver-se

durchscheinend *adj* transparente

durch|schlafen *vi irr* dormir de um sono

Durchschlag ['--] *m* <-(e)s, -schläge> 1. (*Kopie*) cópia *f* 2. (*Sieb*) coador *m*, passador *m*

durch|schlagen I. *vt irr* partir, quebrar II. *vr* **sich ~** *irr* ir vivendo, lutar pela vida

durchschlagend *adj* (*Beweis*) convincente; (*Maßnahme*) eficaz; (*Erfolg*) retumbante

durch|schneiden *vt irr* cortar; **das Brot in der Mitte ~** cortar o pão ao meio

Durchschnitt ['dʊrçʃnɪt] *m* <-(e)s, -e> média *f*; **im ~** em média; **über/unter dem ~ liegen** estar acima/abaixo da média

durchschnittlich ['dʊrçʃnɪtlɪç] I. *adj* médio; (*mittelmäßig*) medíocre II. *adv* em média

Durchschnittsgeschwindigkeit *f* <-en> velocidade *f* média

Durchschnittstemperatur *f* <-en> temperatura *f* média

Durchschrift *f* <-en> cópia *f*

durch|sehen I. *vt irr* (*Unterlagen*) examinar, rever; (*Klassenarbeit*) corrigir II. *vi* ver (*durch* por/através de), olhar (*durch* por/através de); **ich versuche, durch das**

Schlüsselloch durchzusehen estou a tentar ver pelo buraco da fechadura

durch|seinᴬᴸᵀ *vt irr s.* **durch II**

durch|setzen I. *vt* (*verwirklichen*) levar a cabo, conseguir; (*Recht*) fazer valer; (*Meinung, Wille*) (conseguir) impor; **seinen Kopf ~** levar a sua avante II. *vr* **sich ~ 1.** (*Idee*) impor-se 2. (*Person*) impor-se, fazer-se respeitar

Durchsetzungsvermögen *nt* <-s> *kein pl* autoridade *f*

Durchsicht *f kein pl* inspe(c)ção *f*, revisão *f*; (*Prüfung*) exame *m*; **bei genauer ~** após inspe(c)ção detalhada

durchsichtig *adj* **1.** (*Material*) transparente, diáfano **2.** (*offensichtlich*) evidente, manifesto

durch|sickern *vi* **1.** (*Flüssigkeit*) passar **2.** (*Nachricht*) escapar, transpirar

durch|spielen *vt* (*Situation*) simular

durch|sprechen *vt irr* discutir

durch|stehen *vi irr* **1.** (*Situation, Prüfung*) aguentar **2.** (*Krankheit*) resistir a; (*Qualen*) sofrer

durch|stellen *vt* (*Telefongespräch*) passar

durchstöbern* *vt* (*umg*) rever (com minúcia)

durch|streichen *vt irr* riscar, cancelar

durchsuchen* *vt* (*Person*) revistar (*nach* em busca de); (*Gebäude, Gepäck*) passar revista a

Durchsuchungsbefehl *m* <-(e)s, -e> (JUR) mandado *m* de busca

durchtrieben [dʊrç'triːbən] *adj* astuto, manhoso

durchwachsen [dʊrç'vaksən] *adj* **1.** (*Speck*) entrelaçado, entremeado **2.** (*umg: mittelmäßig*) regular

Durchwahl *f kein pl* extensão *f*

durchweg ['--, -'-] *adv* sem exceção, completamente; (*zeitlich*) todo o tempo, sempre

durchwegs *adv* (*österr*) *s.* **durchweg**

durchweichen* *vt* encharcar; **der Regen durchweicht den Boden** a chuva encharca o chão

durch|zählen *vt* contar

durch|ziehen¹ I. *vt irr* (*ziehen*) passar (*durch* através de); (*umg: erledigen*) acabar; **wir müssen das Projekt jetzt ~** temos de levar o proje(c)to até ao fim II. *vi irr* passar (*akk.* por)

durchziehen*² *vt irr* **1.** (*Gebiet*) percorrer, passar por **2.** (*vorhanden sein*) estar presente em; **dieser Gedanke durchzieht sein ganzes Werk** este pensamento está presente em toda a sua obra

Durchzug *m* <-(e)s, -züge> **1.** *kein pl* (*Luftzug*) corrente *f* de ar **2.** (*Durchqueren*) travessia *f*

dürfen I. *vi* poder, ter licença II. *nt* **1.** (*Erlaubnis haben*) poder, ter licença de; **du darfst hier 80 km/h fahren** aqui podes andar a 80 km/h; **hier darf nicht geraucht werden** aqui não se pode fumar, aqui é proibido fumar; **wenn ich bitten darf** se faz favor; **das dürfte nicht sein** isto era escusado **2.** (*sollen*) dever, poder; **was darf es sein?** o que deseja?; **darüber darf man sich nicht wundern** não é para admirar; **das ~ Sie mir glauben** pode acreditar **3.** (*Vermutung*) dever; **jetzt dürfte es zu spät sein** agora já deve ser demasiado tarde

durfte ['dʊrftə] *imp von* **dürfen**

dürftig *adj* **1.** (*unzulänglich*) pobre **2.** (*ärmlich*) pobre, necessitado

dürr *adj* **1.** (*vertrocknet*) seco **2.** (*Boden*) árido, estéril **3.** (*mager*) esquelético, magro

Dürre *f* <-n> seca *f*, aridez *f*

Dürreperiode *f* <-n> época *f* de seca

Durst [dʊrst] *m* <-(e)s> *kein pl* sede *f*; **~ haben** estar com/ter sede; **seinen ~ stillen** matar a sede; **einen über den ~ trinken** beber uma pinga a mais

durstig *adj* sedento (*nach* de); **~ sein** estar com sede

Dusche ['duːʃə, 'dʊʃə] *f* <-n> duche *m*, chuveiro *m*, ducha *f*; **hat das Zimmer eine ~?** o quarto tem chuveiro?; (*umg*); **ich stelle mich kurz unter die ~** vou tomar um duche rápido; **sie steht unter der ~** ela está no duche; (*fig*); **das war eine kalte ~** foi um banho de água fria

duschen ['duːʃən, 'dʊʃən] *vi*, *vr* **sich ~** tomar um duche, tomar uma ducha

Duschgel *nt* <-s, -e> gel de banho *m*, gel de duche *m*

Duschkabine *f* <-n> chuveiro *m*

Düse *f* <-n> (TECH) bico *m*, bocal *m;* (*am Flugzeug*) turborrea(c)tor *m*

Düsenantrieb *m* <-(e)s, -e> propulsão *f* a ja(c)to

Düsenflugzeug *nt* <-(e)s, -e> avião *m* a ja(c)to

Düsenjäger *m* <-s, -> (MIL) caça *m*

düster *adj* **1.** (*Farbe, Zimmer*) escuro; (*Zimmer*) escuro, sombrio **2.** (*Gedanken*) triste; (*Zukunft*) negro; (*Miene*) sorumbático **3.** (*Gestalt*) sinistro

Duty-free-Shop *m* <-s, -s> *s.* **Dutyfree-shop** loja *f* franca, loja *f* duty-free

Dutzend ['dʊtsənt] *nt* <-s, -e> dúzia *f;* **ein halbes ~** (**Eier**) meia dúzia (de ovos)

dutzendweise *adv* às dúzias, à dúzia

duzen ['duːtsən] *vt* tratar por tu

Duzis (*schweiz*) **mit jdm ~ machen** tratar-se por tu

DV *abk v* **Datenverarbeitung** processamento de dados

Dynamik [dy'naːmɪk] *f kein pl* **1.** (PHYS) dinâmica *f* **2.** (*Kraft, Schwung*) dinamismo *m*, energia *f*

dynamisch *adj* dinâmico

Dynamit [dyna'miːt, dyna'mɪt] *nt* <-s> *kein pl* dinamite *m*

Dynamo *m* <-s, -s> dínamo *m*

Dynastie [dynas'tiː] *f* <-n> dinastia *f*

E

E *nt* **1.** (*Buchstabe*) E, e *m* **2.** (MUS) mi *m*

Eau de toilette^ALT *nt* <-, Eaux de toilette>, **Eau de Toilette**^RR *nt* <-, Eaux de Toilette> eau *f* de toilette

Ebbe ['ɛbə] *f* <-n> maré *f* baixa, maré *f* vaza; **~ und Flut** fluxo e refluxo, preia-mar e baixa-mar; (*umg*); **in der Kasse herrscht ~** as finanças estão em baixo

eben ['eːbən] I. *adj* **1.** (*flach*) plano **2.** (*glatt*) liso, chão; **zu ~er Erde** no rés-do-chão, no andar térreo II. *adv* **1.** (*gerade erst*) agora mesmo; **sie ist ~ erst gekommen** ela acabou de chegar, ela chegou agora mesmo **2.** (*genau*) precisamente, exactamente; **das ist ja ~ das Problem!** esse é que é o problema!

Ebenbild *nt* <-(e)s, -er> (*geh*) imagem *f;* **er ist das ~ seines Vaters** ele é tal e qual o pai

ebenbürtig *adj* igual; **ein ~er Gegner** um adversário ao mesmo nível

Ebene ['eːbənə] *f* <-n> **1.** (*Landschaft*) planície *f* **2.** (*Niveau*) nível *m;* **Verhandlungen auf höchster** ~ negociações ao mais alto nível **3.** (MAT) plano *m*

ebenerdig *adj* térreo

ebenfalls *adv* igualmente, do mesmo modo; **schönes Wochenende! - danke, ~!** bom fim-de-semana! - obrigado, igualmente!

ebenso ['---] *adv* igualmente, do mesmo modo; ~ **gut** igualmente bem/bom; ~ **oft** outras tantas vezes; ~ **viel** outro tanto; ~ **wenig** tão pouco; ~ **wie** assim como; ~ **schön wie** (assim) tão bonito como

ebensogut^{ALT} *adv s.* **ebenso**

ebensooft^{ALT} *adv s.* **ebenso**

ebensoviel^{ALT} *adv s.* **ebenso**

ebensowenig^{ALT} *adv s.* **ebenso**

Eber ['eːbɐ] *m* <-s, -> porco (macho) *m*

Eberesche *f* <-n> sorveira *f*

ebnen ['eːbnən] *vt* aplanar, nivelar; **jdm den Weg** ~ abrir o caminho a alguém

EC [eːˈtseː] *abk v* **Eurocity** EC (= *Eurocity*)

Echo ['ɛço] *nt* <-s, -s> eco *m;* **ein großes/ nur ein geringes** ~ **finden** ter uma grande/ ter pouca aceitação

Echse ['ɛksə] *f* <-n> sáurio *m*

echt [ɛçt] **I.** *adj* (*Dokument*) autêntico; (*Geldschein*) verdadeiro; (*Leder*) genuíno; ~ **golden** (de) ouro verdadeiro; (*Gefühle*) verdadeiro, puro; (*Freund*) verdadeiro; **seine Trauer war** ~ a sua tristeza era verdadeira; (*typisch*) típico; **sie ist eine ~e Deutsche** ela é uma típica alemã **II.** *adv* (*umg*) mesmo; **der Film ist** ~ **gut!** o filme é mesmo bom!

Echtheit *f kein pl* **1.** (*von Unterschrift, Dokument*) autenticidade *f* **2.** (*von Gefühlen*) pureza *f,* sinceridade *f*

Eckball *m* <-(e)s, -bälle> (SPORT) canto *m*

Ecke ['ɛkə] *f* <-n> **1.** (*an Straße*) esquina *f;* **um die** ~ **ao virar da esquina; das ist noch eine ganze** ~ ainda é um bom pedaço; (*umg*); **an allen ~n und Enden** por toda a parte; (*umg*); **jdn um die** ~ **bringen** matar alguém **2.** (SPORT: *im Zimmer*) canto *m*

eckig *adj* **1.** (*Gegenstand*) angular; (*Klammer*) re(c)to **2.** (*Bewegung*) rude

Eckzahn *m* <-(e)s, -zähne> dente *m* canino

Ecstasy *nt* <-s> *kein pl* ecstasy *m*

Ecuador [eku̯aˈdoːɐ] *nt* <-s> *kein pl* Equador *m*

edel ['eːdəl] *adj* **1.** (*Stein, Metall*) precioso **2.** (*Mensch, Tat*) nobre

Edelgas *nt* <-es, -e> gás *m* nobre

Edelmetall *nt* <-s, -e> metal *m* nobre

Edelstahl *m* <-(e)s, -e> aço *m* nobre

Edelstein *m* <-(e)s, -e> pedra *f* preciosa

editieren* *vt* (INFORM) editar

Editor *m* <-s, -en> (INFORM) editor *m*

EDV [eːdeːˈfaʊ] *abk v* **elektronische Datenverarbeitung** PED (= *processamento electrónico de dados*)

EDV-Anlage *f* <-n> Centro *m* de Processamento de Dados

EEG *abk v* **Elektroenzephalogramm** EEG (= *ele(c)troencefalograma*)

Efeu ['eːfɔɪ] *nt* <-s> *kein pl* hera *f*

Effeff [ɛfˈʔɛf] (*umg: sagen*) **etw aus dem** ~ **können** saber a. c. na ponta da língua; (*machen*) fazer a. c. de olhos fechados

Effekt [ɛˈfɛkt] *m* <-(e)s, -e> efeito *m*

Effekten *pl* (WIRTSCH) valores *mpl*

Effekthascherei *f kein pl* (*pej*) exibicionismo *m*

effektiv [ɛfɛkˈtiːf] *adj* **1.** (*wirksam*) eficaz **2.** (*tatsächlich*) efectivo

effizient [ɛfiˈtsi̯ɛnt] *adj* eficiente

EG [eːˈgeː] *abk v* **Europäische Gemeinschaft** CE (= *Comunidade Europeia*)

egal [eˈgaːl] *adj* igual; (*gleichgültig*) indiferente; **das ist mir ganz** ~ isso é-me completamente indiferente; **das ist** ~ tanto faz/vale

Egge *f* <-n> grade *f* (alfaia agrícola)

Egoismus [egoˈɪsmʊs] *m* <-> *kein pl* egoísmo *m*

Egoist(in) *m(f)* <-en, -en *o* -innen> egoísta *m,f*

egoistisch *adj* egoísta

egozentrisch *adj* egocêntrico

eh [eː] **I.** *konj s.* **ehe** **II.** *adv* **1.** (*schon immer*) **seit** ~ **und je** desde sempre **2.** (*umg österr: sowieso*) de qualquer maneira

ehe ['eːə] *konj* antes que, antes de

Ehe *f* <-n> casamento *m*, matrimónio *m;* **mit jdm die** ~ **schließen** contrair matrimónio com alguém; **in zweiter** ~ em segundas núpcias; **die** ~ **brechen** cometer adultério; **die** ~ **wurde geschieden** o casamento foi dissolvido

eheähnlich *adj* marital; **in einem ~en Verhältnis leben** viver maritalmente

Eheberater(in) *m(f)* <-s, - *o* -innen> consultor matrimonial, consultora *m, f*

Ehebett *nt* <-(e)s, -en> cama *f* de casal

Ehebruch *m* <-(e)s, -brüche> adultério *m;* ~ **begehen** cometer adultério

Ehefrau *f* <-en> mulher *f,* esposa *f*

Ehegatte *m* <-n, -n> (*geh*) marido *m*

Eheleute *pl* cônjuges *mpl*

ehelich *adj* conjugal; (*Kind*) legítimo

ehemalig *adj* antigo, ex- ...

Ehemann *m* <-(e)s, -männer> marido *m*

Ehepaar *nt* <-(e)s, -e> casal *m*

eher ['eːɐ] *adv* **1.** (*früher*) antes (*als* de); **je ~ desto besser** quanto antes melhor, quanto mais cedo melhor **2.** (*lieber*) antes, de preferência

Ehering *m* <-(e)s, -e> aliança *f* de casamento

Ehescheidung *f* <-en> divórcio *m*

Eheschließung *f* <-en> matrimónio *m*, casamento *m*

ehest *adv* (*österr*) o mais cedo possível

eheste(r, s) *adj* primeiro, mais cedo; **am ~n** de preferência, o mais provavelmente

ehrbar ['eːɐbaːɐ] *adj* honrado, respeitável

Ehre ['eːrə] *f* <-n> honra *f;* jdn/etw in ~n **halten** honrar alguém/a. c.; **jdm die letzte ~ erweisen** prestar as últimas honras a alguém; **zu ~n von** em honra de

ehren *vt* honrar; (*achten*) respeitar, venerar; **sehr geehrte Damen und Herren** excelentíssimos senhores e senhoras

ehrenamtlich *adj* não remunerado, gratuito

Ehrenbürger(in) *m(f)* <-s, - *o* -innen> cidadão, cidadã honorária *m, f* honorário

Ehrendoktor *m* <-s, -en> doutor honoris causa *m*

Ehrengast *m* <-(e)s, -gäste> convidado *m* de honra

Ehrenmitglied *nt* <-(e)s, -er> sócio *m* honorário

Ehrenplatz *m* <-es, -plätze> lugar *m* de honra

Ehrensache *f* <-n> questão *f* de honra

Ehrenwort *nt* <-(e)s, -e> palavra *f* de honra; **jdm sein ~ geben** dar a sua palavra de honra a alguém

Ehrfurcht *f kein pl* veneração *f,* respeito *m;* **vor jdm/etw ~ haben** ter veneração por alguém/a. c.

Ehrgefühl *nt* <-(e)s> *kein pl* sentimento *m* de honra

Ehrgeiz *m* <-es> *kein pl* ambição *f*

ehrgeizig *adj* ambicioso

ehrlich *adj* honesto, honrado; (*aufrichtig*) sério; ~ **gesagt** para falar com franqueza, para falar verdade

Ehrlichkeit *f kein pl* honestidade *f;* (*Aufrichtigkeit*) seriedade *f*

Ehrung ['eːrʊŋ] *f* <-en> homenagem *f*

ehrwürdig *adj* venerável, respeitável

Ei [aɪ] *nt* <-(e)s, -er> **1.** (*Vogelei, Hühnerei*) ovo *m;* **ein hartes/weiches ~** um ovo bem/mal cozido; **wie auf ~ern gehen** caminhar cautelosamente; (*umg*); **wie aus dem ~ gepellt** todo janota, todo bem-posto **2.** (*Eizelle*) óvulo *m*

Eiche ['aɪçə] *f* <-n> carvalho *m*

Eichel ['aɪçəl] *f* <-n> (BIOL) bolota *f*

eichen ['aɪçən] *vt* (*Maß, Gewicht*) aferir; (*Waage*) calibrar

Eichhörnchen *nt* <-s, -> esquilo *m*

Eichmaß *nt* <-es, -e> padrão *m*

Eid [aɪt] *m* <-(e)s, -e> juramento *m;* **einen ~ leisten** prestar juramento

Eidechse ['aɪdɛksə] *f* <-n> lagarto *m*

eidesstattlich *adj* (JUR) sob juramento; **~e Erklärung** depoimento sob juramento *m*

Eidgenosse(in) *m(f)* <-n, -n *o* -innen> suíço, suíça *m, f*

Eidgenossenschaft *f* <-en> confederação *f;* **Schweizerische ~** Confederação Helvética *f*

Eidotter ['aɪdɔtɐ] *m* <-s, -> gema *f* de ovo

Eierbecher *m* <-s, -> oveiro *m;* (*brasil*) porta-ovos *m*

Eierkuchen *m* <-s, -> crepe *m*

Eierlöffel *m* <-s, -> colher *f* para comer ovos

Eierschale *f* <-n> casca *f* de ovo

Eierstock *m* <-(e)s, -stöcke> ovário *m*

Eieruhr *f* <-en> ampulheta *f*

Eifer ['aɪfɐ] *m* <-s> *kein pl* (*Fleiß*) afinco *m*, zelo *m;* (*Enthusiasmus*) fervor *m*, entusiasmo *m;* **etw voller ~ machen** fazer a. c. com muito afinco

Eifersucht *f kein pl* ciúme *m;* **aus ~** por ciúmes

eifersüchtig *adj* ciumento (*auf* de)

eiförmig *adj* oval

eifrig ['aɪfrɪç] **I.** *adj* (*emsig*) diligente, zeloso; (*begeistert*) fervoroso **II.** *adv* com entusiasmo, com fervor

Eigelb *nt* <-(e)s, -e> gema *f* de ovo

eigen ['aɪgən] *adj* **1.** (*jdm gehörend*) próprio; (*gesondert, besonders*) à parte; **auf ~e Rechnung** por conta própria, por sua conta e risco **2.** (*typisch*) próprio, característico

Eigenart *f*<-en> peculiaridade *f*, particularidade *f*; (*Wesenszug*) característica *f*

eigenartig *adj* singular, peculiar; (*sonderbar*) esquisito

Eigenbedarf *m*<-(e)s> *kein pl* consumo *m* próprio

Eigenbrötler(in) *m(f)* <-s, - *o* -innen> pessoa *f* esquisita

eigenhändig **I.** *adj* do próprio punho **II.** *adv* em mão, por mão própria; **einen Brief ~ abgeben** entregar uma carta pessoalmente/em mão

Eigenheim *nt* <-(e)s, -e> casa *f* própria

Eigenheit *f*<-en> particularidade *f*, peculiaridade *f*

Eigenlob *nt* <-(e)s> *kein pl* jactância *f*

eigenmächtig *adj* arbitrário

Eigenname *m* <-ns, -n> nome *m* próprio

eigens ['aɪgəns] *adv* especialmente, expressamente

Eigenschaft *f*<-en> propriedade *f*, qualidade *f*; (*Merkmal*) característica *f*

Eigensinn *m* <-(e)s> *kein pl* teimosia *f*, obstinação *f*

eigensinnig *adj* teimoso, obstinado

eigentlich ['aɪgəntlɪç] **I.** *adj* (*wirklich*) verdadeiro, real; (*ursprünglich*) original **II.** *adv* afinal, no fundo, com efeito; **was willst du ~?** afinal o que é que queres?

Eigentor *nt* <-(e)s, -e> (SPORT) auto-golo *m*; **er hat ein ~ geschossen** ele marcou um auto-golo; (*fig*) saiu-lhe o tiro pela culatra

Eigentum *nt* <-s> *kein pl* propriedade *f*, bens *mpl*

Eigentümer(in) *m(f)* <-s, - *o* -innen> proprietário, proprietária *m, f*

eigentümlich *adj* **1.** (*eigen*) próprio, característico **2.** (*merkwürdig*) singular, estranho

Eigentümlichkeit *f*<-en> particularidade *f*

Eigentumswohnung *f*<-en> casa *f* própria

eigenwillig *adj* **1.** (*sonderbar*) voluntarioso **2.** (*eigensinnig*) teimoso

eignen ['aɪgnən] *vr* **sich ~** servir (*zu* para), dar (*zu* para); **das eignet sich zum Verschenken** isto dá para oferecer; **er eignet sich nicht für diese/zu dieser Arbeit** ele não serve para este trabalho

Eignung *f kein pl* aptidão *f* (*zu* para), capacidade *f* (*zu* para)

Eiklar *nt* <-s, -> (*österr*) clara *f* de ovo

Eilbote(in) *m(f)* <-n, -n *o* -innen> correio *m* expresso; **per ~n** por (correio) expresso

Eilbrief *m* <-(e)s, -e> carta *f* urgente

Eile ['aɪlə] *f kein pl* pressa *f*; **in ~** com pressa

eilen ['aɪlən] *vi* **1.** (*Person*) apressar-se **2.** (*Arbeit*) ser urgente

eilends *adv* depressa, apressadamente

Eilgut *nt* <-(e)s, -güter> mercadoria *f* expresso

eilig ['aɪlɪç] *adj* **1.** (*schnell*) apressado; **er hat es immer sehr ~** ele está sempre com pressa **2.** (*dringend*) urgente

Eilzug *m* <-(e)s, -züge> comboio *m* semi-direc(c)to

Eimer ['aɪmɐ] *m* <-s, -> balde *m*; (*umg*); **es ist alles im ~** está tudo estragado

ein(e)¹ [aɪn] **I.** *num kard* um, uma; **das ist ~ und dasselbe** isso é (exactamente) o mesmo; *s.* **zwei II.** *art* um, uma; **~es Tages** um dia; **was für ~ Wein ist das?** que vinho é este?

ein² *adv* (*elektrisches Gerät*) ligado

einander [aɪˈnandɐ] *pron* um ao outro, uma à outra; (*pl*) uns aos outros, umas às outras; (*gegenseitig*) mutuamente, reciprocamente; **nach~** sucessivamente; **sie helfen ~** eles ajudam-se mutuamente/um ao outro

ein|arbeiten *vr* **sich ~** familiarizar-se (*in* com)

ein|atmen **I.** *vt* inalar **II.** *vi* inspirar

einäugig *adj* só com um olho, cego de um olho

Einbahnstraße *f*<-n> rua *f* de sentido único

Einband *m* <-(e)s, -bände> encadernação *f*

einbändig *adj* num só volume

Einbau ['aɪnbaʊ] *m* <-s> *kein pl* instalação *f*

ein|bauen *vt* **1.** (*hineinmontieren*) instalar (*in* em), montar (*in* em); (*Schrank*) embutir; **können Sie mir das Autoradio ~?** pode-me montar o auto-rádio? **2.** (*einfügen*) encaixar (*in* em)

Einbauküche *f*<-n> cozinha *f* encastrada

Einbauschrank *m* <-(e)s, -schränke> armário *m* embutido

ein|berufen * *vt irr* **1.** (*Versammlung*) convocar **2.** (MIL) recrutar, chamar

Einberufung *f* <-en> (MIL) recrutamento *m*, chamada *f*

Einbettzimmer *nt* <-s, -> quarto *m* individual

E

ein|beziehen* *vt irr* incluir (*in* em)

ein|biegen *vi irr* virar (*in* em); **nach rechts/links** ~ virar/cortar à direita/esquerda

ein|bilden *vr* **sich** ~ **1.** (*sich vorstellen*) **sich** *dat* **etw** ~ imaginar a. c. **2.** (*stolz sein*) **sich** *dat* **etw** ~ **auf** vangloriar-se de a. c., gabar-se de a. c.

Einbildung *f kein pl* **1.** (*Vorstellung*) imaginação *f*, ilusão *f* **2.** (*Arroganz*) presunção *f*

Einbildungkraft *f kein pl* capacidade *f* de imaginação, fantasia *f*

ein|binden *vt irr* **1.** (*Buch*) encadernar **2.** (*Person*) integrar, enquadrar

Einblick *m* <-(e)s, -e> vista *f*; (*fig*) ideia *f*; ~ **in etw haben/gewinnen** conhecer/ficar a conhecer a. c.

ein|brechen *vi irr* **1.** (*in Haus*) assaltar **2.** (*einstürzen*) desabar; (*auf dem Eis*) afundar-se **3.** (*Winter*) romper; (*Nacht, Dämmerung*) cair

Einbrecher(in) *m(f)* <-s, - *o* -innen> ladrão, ladra *m*, *f*, assaltante *m,f*

ein|bringen **I.** *vt irr* (*Geld, Nutzen*) render; **das bringt nichts ein** não se lucra nada com isso; (*Gesetzesantrag*) apresentar; (*Ernte*) recolher **II.** *vr* **sich** ~ *irr* evidenciar o seu ponto de vista

ein|brocken ['aɪnbrɔkən] *vt* (*umg*) **jdm etw** ~ pregar uma partida a alguém

Einbruch *m* <-(e)s, -brüche> **1.** (*in Gebäude*) assalto *m* **2.** (*Einsturz*) desabamento *m* **3.** (*des Winters*) entrada *f*; (*der Nacht*) anoitecer *m*; **bei** ~ **der Nacht** ao cair da noite

einbruchsicher *adj* seguro contra roubo

ein|bürgern **I.** *vt* naturalizar **II.** *vr* **sich** ~ introduzir-se

Einbuße *f* <-n> perda *f*, dano *m*, prejuízo *m*; ~**n erleiden** sofrer danos, ter prejuízos

ein|büßen *vt* perder, sofrer danos, ter prejuízo.

ein|checken **I.** *vt* (*Gepäck*) fazer o "check in" de **II.** *vi* (*am Flughafen*) fazer o "check in"; (*im Hotel*) fazer o regist(r)o de entrada

ein|cremen ['aɪnkre:mən] **I.** *vt* pôr creme em; (*Schuhe*) engraxar; **sich** *dat* **die Hände** ~ pôr creme nas mãos **II.** *vr* **sich** ~ pôr creme no corpo

ein|decken *vr* **sich** ~ abastecer-se (*mit* de)

eindeutig ['aɪndɔɪtɪç] *adj* claro, inequívoco

ein|dolen *vt* (*schweiz*) canalizar

ein|dringen ['aɪndrɪŋən] *vi irr* **1.** (*hinein-*

gelangen) penetrar (*in* em), introduzir-se (*in* em); (*Gas, Wasser*) infiltrar-se (*in* em) **2.** (*in ein Land*) invadir (*in*) **3.** (*mit Bitten*) instar (*auf* com)

eindringlich *adj* penetrante; (*Bitte*) insistente

Eindringling *m* <-s, -e> intruso *m*

Eindruck *m* <-(e)s, -drücke> **1.** (*Wirkung*) impressão *f*; ~ **auf jdn machen** impressionar alguém; **ich habe den** ~, **dass ...** tenho a impressão que ... **2.** (*Druckstelle*) marca *f*

eindrücklich *adj* (*schweiz*) *s.* **eindrucksvoll**

eindrucksvoll *adj* impressionante

eineiig *adj* univitelino; (*coloq*) verdadeiro

eineinhalb ['aɪnʔaɪn'halp] *num kard* um(a) e meio; **ich warte schon** ~ **Stunden** já estou à espera há uma hora e meia

ein|engen *vt* **1.** (*Kleidung*) apertar **2.** (*Freiheit*) restringir, limitar

einerlei *adj* igual, indiferente; **es ist mir** ~ tanto se me dá, tanto faz

Einerlei ['aɪnɐ'laɪ] *nt* <-s> *kein pl* monotonia *f*

eine(r, s) *pron indef* um, uma; (*jemand*) alguém; **was für** ~**r?** qual?; **soll** (**dir**) **das** ~**r glauben?** alguém acredita nisso?; **weder der** ~ **noch der andere** nem um nem outro; **es kam** ~**s zum anderen** uma coisa levou à outra

einerseits *adv* por um lado; ~ **ist dieses Hotel billig, andererseits aber auch sehr laut** por um lado, este hotel é barato, por outro lado também é muito barulhento

Einerzimmer *nt* <-s, -> (*schweiz*) quarto *m* individual

einfach ['aɪnfax] **I.** *adj* (*leicht*) simples; (*Fahrt*) (só) ida; (*Verhältnisse*) simples, modesto **II.** *adv* simplesmente; **ich verstehe das** ~ **nicht!** eu simplesmente não percebo!

Einfachheit *f kein pl* simplicidade *f*

ein|fädeln *vt* **1.** (*Faden*) enfiar **2.** (*Intrige*) tramar, urdir

ein|fahren **I.** *vt irr* (*Auto*) fazer a rodagem de **II.** *vi irr* (*Zug*) chegar

Einfahrt *f* <-en> **1.** (*Tor*) portão *m*; (*zum Hafen*) barra *f*; ~ **freihalten!** não estacionar! **2.** *kein pl* (*des Zuges*) chegada *f*

Einfall *m* <-(e)s, -fälle> **1.** (*Idee*) ideia *f*; **ich hatte den** ~ (**zu**) tive/ocorreu-me a ideia (de); **witziger** ~ graça *f* **2.** (MIL) invasão *f* (*in* de) **3.** (*des Lichtes*) incidência *f*

ein|fallen *vi irr* **1.** (*in den Sinn kommen*) lembrar-se de repente; (*sich erinnern*) lembrar-se, recordar-se; (*Gedanke*) vir à ideia, ocorrer; **es fällt mir nicht ein** não me consigo lembrar; **es ist mir eben eingefallen** veio-me agora mesmo à ideia, lembrei-me agora de repente; **sich** *dat* **etw ~ lassen** ter uma ideia; **das fällt mir gar nicht ein!** isso nem me passa pela cabeça!; **was fällt dir ein?** que ideia é essa? **2.** (*einstürzen*) vir abaixo, cair, desmoronar-se **3.** (MIL) **~ in** invadir

einfallslos *adj* sem imaginação, sem ideias

einfallsreich *adj* engenhoso

Einfallswinkel *m* <-s, -> (PHYS) ângulo *m* de incidência

einfältig *adj* simples, simplório; (*naiv*) ingénuo

Einfamilienhaus *nt* <-es, -häuser> moradia *f*, vivenda *f*

ein|fangen *vt irr* apanhar

einfarbig *adj* unicolor, liso

ein|fassen *vt* **1.** (*Edelstein*) engastar **2.** (*Gebiet*) vedar

ein|fetten *vt* (*Form*) untar; (*Leder*) engraxar

ein|finden *vr* **sich ~** *irr* chegar, aparecer, vir

ein|fließen *vi irr* (*Luft, Wasser*) afluir, entrar; **etw ~ lassen** mencionar a. c.

ein|flößen *vt* **1.** (*Medizin*) dar **2.** (*Vertrauen*) inspirar; (*Respekt*) infundir

Einflussᴿᴿ *m* <-es, -flüsse>, **Einfluß**ᴬᴸᵀ *m* <-sses, -flüsse> influência *f* (*auf* em, sobre); (*Wirkung*) efeito *m* (*auf* em, sobre); **~ auf jdn ausüben** exercer influência sobre alguém; **darauf habe ich keinen ~** eu não tenho influência nisso; **unter dem ~ von Alkohol stehen** estar sob os efeitos do álcool

Einflussbereichᴿᴿ *m* <-(e)s, -e> área *f* de influência

einflussreichᴿᴿ *adj* influente

einförmig *adj* monótono

ein|frieren **I.** *vt irr* (*Lebensmittel, Kredit, Löhne*) congelar **II.** *vi irr* (*Wasserrohr*) ficar bloqueado pelo gelo

ein|fügen **I.** *vt* inserir, introduzir (*in* em); (TECH) encaixar (*in* em); (*zusätzlich*) acrescentar (*in* a) **II.** *vr* **sich ~** integrar-se (*in* em), adaptar-se (*in* a)

einfühlsam *adj* sensível, compreensivo

Einfühlungsvermögen *nt* <-s> *kein pl* sensibilidade *f*, compreensão *f*

Einfuhr ['aɪnfuːɐ̯] *f* <-en> importação *f*

ein|führen *vt* **1.** (*hineinschieben*) introduzir (*in* em) **2.** (WIRTSCH) importar **3.** (*Sitte, System*) implantar, instituir (*in* em) **4.** (*anleiten*) iniciar (*in* em)

Einführung *f* <-en> **1.** (*Hineinschieben*) introdução *f* (*in* em) **2.** (*von System*) implantação *f*, instituição *f*; (*von Artikel*) lançamento *m* **3.** (*in Arbeit*) iniciação *f* **4.** (*Vorstellung*) apresentação *f*

Eingabe *f* <-n> **1.** (*Antrag*) petição *f*, requerimento *m* **2.** (INFORM) entrada *f*

Eingang *m* <-(e)s, -gänge> **1.** (*Tür*) entrada *f* **2.** *kein pl* (*von Post, Ware, Geld*) entrada *f*, chegada *f*; **wir bestätigen den ~ Ihres Schreibens** acusamos a recepção da vossa carta; (*brasil*) acusamos o recebimento da vossa carta

eingangs ['aɪŋaŋs] *adv* ao princípio, de início

Eingangshalle *f* <-n> hall *m* de entrada

Eingangstür *f* <-en> porta de entrada *f*

ein|geben *vt irr* (*Daten*) introduzir

eingebildet *adj* **1.** (*hochmütig*) presunçoso, pretensioso; (*umg*) peneirento **2.** (*nicht wirklich*) imaginário

Eingeborene(r) *m/f* <-n, -n *o* -n> indígena *m,f*

Eingebung ['aɪngeːbʊŋ] *f* <-en> inspiração *f*; **eine ~ haben** ter uma ideia

eingefallen **I.** *pp von* **einfallen II.** *adj* (*Gesicht*) magro

eingefleischt ['aɪngəflaɪʃt] *adj* inveterado, incorrigível

ein|gehen **I.** *vt irr* **1.** (*Risiko*) correr; **eine Wette ~** fazer uma aposta **2.** (*Ehe*) contrair; (*Verpflichtung*) assumir **II.** *vi irr* **1.** (*zustimmen*) aceder (*auf* a); (*Bedingung*) aceitar **2.** (*sich auseinandersetzen*) entrar (*auf* em); **auf diese Frage gehe ich später ein** eu entro nessa questão mais tarde; **auf jdn ~** dar atenção a alguém **3.** (*Sendung, Geld*) entrar, chegar; **in die Geschichte ~** entrar para a história **4.** (*Kleidung*) encolher **5.** (*Pflanze, Tier*) morrer (*an* de); (*umg: Firma*) acabar, deixar de existir

eingehend *adj* pormenorizado, detalhado

Eingemachte(s) *nt* <-n> *kein pl* doce *m* em conserva

ein|gemeinden *vt* incorporar (*in* em)

eingenommen **I.** *pp von* **einnehmen II.** *adj* **für/gegen jdn ~ sein** ter boa/má opinião acerca de alguém; **von sich** *dat* **~ sein**

E

ser cheio de si, ser presunçoso

eingerostet *adj* (*auch fig*) enferrujado, perro

eingeschnappt *adj* (*umg*) amuado

eingeschrieben I. *pp von* **einschreiben** II. *adj* (*Brief*) regist(r)ado

ein|gestehen* *vt irr* confessar, admitir

Eingeweide [ˈaɪngəvaɪdə] *pl* entranhas *fpl*, vísceras *fpl*

Eingeweihte(r) *m/f* <-n, -n *o* -n> iniciado, iniciada *m, f*

ein|gewöhnen* *vr* **sich** ~ habituar-se (*in* a), acostumar-se (*in* a)

ein|gießen *vt irr* deitar (*in* para)

eingleisig *adj* de via única

ein|gliedern *vt* integrar (*in* em), incorporar (*in* em)

ein|graben I. *vt irr* enterrar II. *vr* **sich** ~ *irr* 1. (MIL) entrincheirar-se 2. (*ins Gedächtnis*) gravar-se; **etw gräbt sich jdm ins Gedächtnis ein** a. c. fica gravada na memória de alguém

ein|greifen *vi irr* 1. (*Einfluss nehmen*) intervir (*in* em); **in jds Rechte** ~ usurpar os direitos de alguém 2. (TECH) engrenar (*in* em)

Eingriff *m* <-(e)s, -e> 1. (*Übergriff*) intervenção *f* (*in* em), interferência *f* (*in* em) 2. (MED) operação *f*, intervenção *f* cirúrgica

ein|haken *vt* 1. (*befestigen*) enganchar, engatar 2. (*Person*) enfiar o braço em; **sie gehen eingehakt** eles vão de braço dado

Einhalt *m kein pl* (*geh*) **jdm/etw** ~ **gebieten** deter alguém/pôr termo a a. c.

ein|halten *vt irr* (*Regel*) observar, respeitar; (*Frist, Versprechen*) cumprir; (*Diät*) seguir; (*Richtung*) manter

ein|handeln *vr* **sich** ~ (*umg*) **sich** *dat* **etw** ~ trocar a. c.

einhändig *adj* maneta

ein|hängen I. *vt* (*Telefonhörer*) pousar (o auscultador); (*an Haken*) enganchar, engatar II. *vi* desligar III. *vr* **sich** ~ **sich bei jdm** ~ enfiar o braço em alguém

einheimisch [ˈaɪnhaɪmɪʃ] *adj* (*Mensch*) nativo, natural; (*Ware*) nacional

Einheimische(r) *m/f* <-n, -n *o* -n> nativo, nativa *m, f*, natural *m,f*

Einheit [ˈaɪnhaɪt] *f* <-en> 1. (*a* MIL) unidade *f*; **die deutsche** ~ a união alemã 2. (*beim Telefonieren*) impulso *m*

einheitlich *adj* 1. (*homogen*) uniforme; (*System*) unitário 2. (*genormt*) igual

Einheitspreis *m* <-es, -e> preço *m* único

ein|heizen I. *vt* (*Zimmer*) aquecer; (*Ofen*) acender, ligar II. *vi* (*umg*) **jdm** ~ chatear alguém

einhellig [ˈaɪnhɛlɪç] I. *adj* unânime II. *adv* unânimemente, por unanimidade

ein|holen *vt* 1. (*Person*) apanhar 2. (*Rat, Erlaubnis, Auskunft*) pedir

Einhorn *nt* <-(e)s, -hörner> unicórnio *m*

ein|hüllen *vt* envolver (*in* em), embrulhar (*in* em)

einhundert [ˈ-ˈ--] *num kard* cem

einig [ˈaɪnɪç] *adj* de acordo; **sich** *dat* ~ **sein/ werden** estar de acordo/chegar a um acordo (*mit* com)

einige(r, s) *pron indef* alguns, algumas, uns, umas; ~ **hundert Menschen** umas/algumas centenas de pessoas; **in** ~**r Entfernung** a alguma distância; **nach** ~**r Zeit** após algum tempo; ~ **Mal** algumas vezes; ~ **meinen, dass ...** alguns acham que ...

einigemalALT *adv s.* **einige**

einigen [ˈaɪnɪgən] *vr* **sich** ~ acordar (*auf* em), chegar a acordo (*auf* sobre)

einigermaßen *adv* de certa forma, até certo ponto; (*ziemlich*) razoavelmente, relativamente; **wie geht es dir? - so** ~ como estás? - vai-se andando

Einigkeit *f kein pl* concórdia *f*; ~ **macht stark** a união faz a força

Einigung *f* <-en> 1. (*Übereinstimmung*) acordo *m*; **zu einer** ~ **kommen** chegar a um acordo 2. (*Vereinigung*) unificação *f*, união *f*

einjährig *adj* 1. (*Kind, Kurs*) de um ano 2. (*Pflanze*) anual

ein|kalkulieren* *vt* levar em conta

Einkauf *m* <-(e)s, -käufe> compra *f*

ein|kaufen I. *vt* comprar II. *vi* fazer compras; ~ **gehen** ir às compras

Einkaufsbummel *m* <-s, -> passeio *m* de compras; **einen** ~ **machen** dar um passeio (para fazer compras)

Einkaufspreis *m* <-es, -e> preço *m* de custo

Einkaufstasche *f* <-n> saco *m* das compras

Einkaufswagen *m* <-s, -> carrinho *m* de compras

Einkaufszentrum *nt* <-s, -zentren> centro *m* comercial

ein|kehren *vi* parar (para descansar); **in ein Gasthaus** ~ parar numa hospedaria

ein|klammern *vt* pôr entre parêntesis

Einklang *m* <-(e)s> *kein pl* (*geh*) harmonia *f*, acordo *m;* **mit etw im ~ stehen** estar de acordo com a. c.

ein|kleiden *vt* vestir

ein|klemmen *vt* entalar, apertar

ein|kochen *vt* (*Obst*) fazer conserva de

Einkommen *nt* <-s, -> rendimento *m;* (*brasil*) renda *f;* **ein hohes/niedriges ~ haben** ter um rendimento elevado/baixo

Einkommensteuer *f* <-n> imposto *m* complementar; (*brasil*) imposto *m* de renda

ein|kreisen *vt* cercar, circundar

ein|kriegen *vr* **sich ~** (*umg*) controlar-se; **sie kriegte sich nicht mehr ein vor Lachen** ela já não se controlava de tanto rir

Einkünfte *pl* rendimentos *mpl;* (*brasil*) renda *f*

Einlad *nt* <-(e)s> *kein pl* (*schweiz*) *s.* **Einladung**

ein|laden *vt irr* **1.** (*Gäste*) convidar (*zu* para); **darf ich Sie auf ein Bier ~?** posso convidá-lo para (beber) uma cerveja? **2.** (*Ware*) carregar (*in* para)

Einladung *f* <-en> convite *m* (*zu* para); **eine ~ annehmen** aceitar um convite

Einlage *f* <-n> **1.** (*Spareinlage*) depósito *m* (bancário); (*Kapitaleinlage*) investimento *m* **2.** (*im Theater*) entrea(c)to *m* **3.** (*im Schuh*) palmilha *f* ortopédica

ein|lagern *vt* armazenar, depositar

ein|langen *vi* (*österr*) chegar (*in* a)

Einlass^{RR} ['aɪnlas] *m* <-es> *kein pl*, **Einlaß**^{ALT} *m* <-sses> *kein pl* entrada *f*, admissão *f;* **~ ab 20 Uhr** entrada a partir das 20 horas; **sich** *dat* **~ verschaffen** conseguir entrar

ein|lassen I. *vt irr* **1.** (*hereinlassen*) admitir, deixar entrar; **sich** *dat* **ein Bad ~** preparar um banho **2.** (TECH) embutir **II.** *vr* **sich ~** *irr* **1.** (*Umgang pflegen*) **sich mit jdm ~** meter-se com alguém **2.** (*akzeptieren*) **sich auf etw ~** consentir em a. c.; **sich auf ein Abenteuer ~** meter-se numa aventura

Einlauf *m* <-(e)s, -läufe> **1.** (SPORT) entrada *f* (em campo) **2.** (MED) clister *m*

ein|laufen *vi irr* **1.** (*Schiff*) entrar (num porto); (SPORT) entrar (em campo) **2.** (*Stoff*) encolher **3.** (*Wasser*) correr (*in* em)

ein|leben *vr* **sich ~** acostumar-se (*in* a), habituar-se (*in* a)

ein|legen *vt* **1.** (*hineinlegen*) pôr, inserir; **einen Film ~** pôr um rolo **2.** (GASTR) pôr de escabeche **3.** (*Berufung*) interpor; (*Pause*) fazer; **ein gutes Wort für jdn ~** interceder por alguém, intervir em favor de alguém; **Protest ~** protestar

Einlegesohle *f* <-n> palmilha *f*

ein|leiten *vt* **1.** (*beginnen*) abrir, iniciar **2.** (*Verhandlungen*) dar início a; (*Prozess*) instaurar

Einleitung *f* <-en> **1.** (*für Buch, Text*) introdução *f*, prefácio *m* **2.** (*von Verhandlungen*) início *m*

ein|lenken *vi* ceder, transigir

ein|leuchten *vi* ser claro, ser evidente, parecer óbvio; **das leuchtet mir (nicht) ein** eu (não) compreendo

einleuchtend *adj* claro, evidente

ein|liefern *vt* entregar, levar; **jdn in die Klinik ~** hospitalizar alguém

Einliegerwohnung *f* <-en> pequena habitação na cave de uma casa, com entrada independente

ein|lösen *vt* **1.** (*Scheck*) cobrar; (*Pfand*) trocar **2.** (*Versprechen*) cumprir

ein|machen *vt* pôr em conserva

Einmachglas *nt* <-es, -gläser> frasco *m* de conservas

einmal ['aɪnma:l] *adv* **1.** (*ein Mal*) uma vez; **auf ~** de (uma) vez, de uma assentada; (*zeitlich*) de repente; **noch ~** outra vez, mais uma vez; **noch ~ so viel** outro tanto; **nicht ~** nem sequer **2.** (*irgendwann*) qualquer dia; **besuchen Sie mich doch ~** venha visitar-me qualquer dia **3.** (*verstärkend*) **ich bin nun ~ so** eu sou assim, é a minha maneira de ser; **komm ~ her** anda cá

Einmaleins [aɪnma:l'ʔaɪns] *nt* <-> *kein pl* tabuada *f*

einmalig ['---, -'--] *adj* **1.** (*nur ein Mal*) único **2.** (*umg: prima*) fora de série

Einmannbetrieb *m* <-(e)s, -e> empresa *f* individual

Einmarkstück *nt* <-(e)s, -e> moeda *f* de um marco

Einmarsch *m* <-(e)s, -märsche> entrada *f* (*in* em); (MIL) invasão *f* (*in* a)

ein|marschieren* *vi* entrar (*in* em)

ein|massieren* *vt* aplicar (massajando)

ein|mischen *vr* **sich ~** intrometer-se (*in* em), meter-se (*in* em)

Einmischung *f* <-en> intromissão *f* (*in* em)

ein|münden *vi* (*Fluss*) desaguar (*in* em); (*Straße*) desembocar (*in* em)

einmütig I. *adj* unânime II. *adv* unanime-mente

Einnahme ['aınna:mə] *f* <-n> 1. (*Geld*) rendimento *f*, receitas *fpl*; (*brasil*) renda *f* 2. *kein pl* (MIL) tomada *f*, ocupação *f* 3. (*von Medizin*) ingestão *f*

Einnahmequelle *f* <-n> fonte *f* de rendi-mento, fonte *f* de renda

ein|nehmen *vt irr* 1. (*Geld*) receber 2. (*Stellung, Raum*) ocupar; **jdn für sich** ~ cati-var alguém; **jdn gegen sich** ~ despertar an-tipatia a alguém 3. (*Medikament*) tomar, in-gerir

ein|nicken *vi* cabecear, dormitar

ein|nisten *vr* sich ~ (*pej*) instalar-se (*bei* em)

Einöde *f* <-n> deserto *m*

ein|ordnen I. *vt* ordenar, dispor por ordem; (*in Gruppen*) classificar II. *vr* sich ~ (*Auto-fahrer*) ordenar-se, colocar-se na faixa de ro-dagem adequada à direcção a seguir

ein|packen *vt* (*in Papier*) embrulhar; (*in Ki-sten*) encaixotar, embalar; (*in Koffer*) meter na mala

ein|parken *vi* estacionar

ein|pauken *vt* (*umg*) meter na cabeça; (**jdm**) **etw** ~ meter a. c. na cabeça (de al-guém)

ein|pendeln *vr* sich ~ equilibrar-se

ein|pferchen ['aınpfɛrçən] *vt* (*Vieh*) encur-ralar; (*Leute*) juntar

ein|pflanzen *vt* 1. (*Pflanze*) plantar 2. (MED) implantar, incubar

ein|planen *vt* incluir nos planos; **das war nicht eingeplant** isto não estava previsto

ein|prägen *vt* gravar; **sich** *dat* **etw** ~ gravar a. c. (na memória)

einprägsam *adj* fácil de lembrar

ein|quartieren* *vt* alojar (*bei* em), aquarte-lar

ein|rahmen *vt* emoldurar

ein|rasten *vi* encaixar

ein|räumen *vt* 1. (*Bücher, Wäsche*) arru-mar 2. (*Fehler*) admitir; (*Recht, Kredit*) con-ceder

ein|rechnen *vt* levar em conta

ein|reden *vt* **jdm etw** ~ persuadir/conven-cer alguém de a. c.

ein|regnen *vi* apanhar chuva, ficar detido pela chuva

ein|reiben *vt irr* 1. (*Creme*) esfregar, aplicar 2. (*Körperteil*) esfregar, friccionar; **jdm den Rücken** (**mit Sonnenöl**) ~ esfregar as costas

a alguém (com óleo solar)

ein|reichen *vt* (*Unterlagen*) entregar; (*An-trag*) apresentar

ein|reihen *vr* sich ~ unir-se (*in* a)

Einreise *f* <-n> entrada (num país) *f* (*nach* em)

Einreiseerlaubnis *f kein pl* autorização *f* de entrada

ein|reisen *vi* entrar (*nach* em)

ein|reißen I. *vt irr* 1. (*Haus*) demolir 2. (*Pa-pier*) rasgar II. *vi irr* 1. (*Papier, Stoff*) ras-gar(-se) 2. (*Unsitte*) alastrar

ein|renken ['aınrɛŋkən] *vt* 1. (*Arm*) endi-reitar 2. (*umg: in Ordnung bringen*) ajeitar, endireitar; **das wird sich schon wieder** ~ tudo se há-de ajeitar

ein|richten I. *vt* (*Wohnung*) montar, mobi-liar; (*brasil*) mobiliar; (*arrangieren*) arranjar, endireitar; **etw so** ~**, dass ...** arranjar as coi-sas de forma a ... II. *vr* sich ~ (*sich vorberei-ten*) preparar-se (*auf* para)

Einrichtung *f* <-en> 1. (*Institution*) insti-tuição *f*, organização *f*; (*Dienste*) serviço *m* 2. (*der Wohnung*) decoração *f*, mobiliário *m* 3. *kein pl* (*Gründung*) estabelecimento *m*, fun-dação *f*

ein|rosten *vi* enferrujar(-se)

ein|rücken I. *vt* (*Zeile, Absatz*) abrir pará-grafo II. *vi* (MIL) entrar (*in* em)

eins [aıns] I. *num kard* um; *s.* **zwei** II. *adj* (*umg*) **es ist mir alles** ~ tanto me faz

Eins *f* <-en> 1. (*Ziffer*) um *m*; *s.* **Zwei** 2. (*Unterstufe*) cinco *m*; (*Oberstufe*) entre 17 e 20

einsam ['aınza:m] *adj* 1. (*Mensch*) só, soli-tário, sozinho 2. (*Region*) isolado

Einsamkeit *f kein pl* solidão *f*

ein|sammeln *vt* juntar; (*Geld*) recolher

Einsatz *m* <-es, -sätze> 1. *kein pl* (*Bemü-hung*) esforço *m*, empenho *m*; **unter** ~ **sei-nes Lebens** com risco da própria vida 2. *kein pl* (*Verwendung*) emprego *m*, utilização *f*; **zum** ~ **kommen** ser empregue 3. (*Teil*) peça *f* de encaixe; (*aus Stoff*) peitilho *m* 4. (*beim Spiel*) parada *f* 5. (MUS) entrada *f* 6. (MIL) entrada *f* em a(c)ção

einsatzbereit *adj* pronto para entrar em a(c)ção; (*Maschine*) pronto a ser usado

ein|scannen *vt* (INFORM) copiar com o scan-ner

ein|schalten I. *vt* (*Gerät, Licht*) ligar, acen-der; (*Anwalt*) recorrer a II. *vr* sich ~ intervir

Einschaltquote *f* <-n> taxa *f* de audiências
ein|schätzen *vt* avaliar; **hoch** ~ ter em muito apreço
Einschätzung *f* <-en> avaliação *f;* **nach meiner** ~ na minha opinião
ein|schenken *vt* servir
ein|schicken *vt* enviar, remeter
ein|schieben *vt* **1.** (*hineinschieben*) introduzir (*in* em), meter (*in* em) **2.** (*einfügen*) enfiar (*in* em)
ein|schiffen I. *vt* embarcar **II.** *vr* **sich** ~ embarcar (*nach* para)
ein|schlafen *vi irr* **1.** (*Person, Gliedmaßen*) adormecer **2.** (*Freundschaft*) esmorecer
ein|schläfern *vt* **1.** (*zum Schlafen bringen*) adormecer, embalar **2.** (*Tier*) matar
Einschlag *m* <-(e)s, -schläge> **1.** (*von Geschoss*) impacto *m;* (*von Blitz*) queda *f* **2.** (*Nuance*) influência *f*
ein|schlagen I. *vt irr* **1.** (*Fenster, Zähne*) partir; (*Tür*) arrombar; (*Schädel*) rachar **2.** (*Nagel*) pregar (*in* a/em) **3.** (*einwickeln*) embrulhar (*in* em) **4.** (*Lenkrad*) virar **5.** (*Weg, Richtung*) seguir por **II.** *vi irr* **1.** (*Blitz*) cair (*in* em); **auf jdn** ~ desatar a bater em alguém **2.** (*Anklang finden*) ter êxito
einschlägig *adj* correspondente, respectivo
ein|schleichen *vr* **sich** ~ *irr* infiltrar-se, introduzir-se; **hier hat sich ein Fehler eingeschlichen** deu-se aqui um erro
ein|schließen *vt irr* **1.** (*Person, Wertgegenstände*) fechar à chave, encerrar (*in* em) **2.** (*umgeben*) cercar **3.** (*mit einbeziehen*) incluir (*in* em)
einschließlich I. *präp* +*gen* incluindo; ~ **der Lektoren** incluindo os leitores **II.** *adv* inclusive, inclusivamente; **geöffnet vom 1. bis 15. Mai** ~ aberto de 1 a 15 de Maio inclusive
ein|schmeicheln *vr* **sich** ~ cativar as simpatias (*bei* de)
ein|schnappen *vi* **1.** (*Schloss*) engatar **2.** (*umg: beleidigt sein*) melindrar-se
einschneidend *adj* decisivo, radical
Einschnitt *m* <-(e)s, -e> **1.** (*Schnitt*) corte *m;* (MED) incisão *f* **2.** (*im Leben*) corte *m*
ein|schränken I. *vt* (*einengen*) limitar; (*Freiheit*) restringir; (*Kosten*) reduzir **II.** *vr* **sich** ~ poupar
Einschränkung *f* <-en> **1.** (*der Macht, Freiheit*) restrição *f;* (*der Kosten*) redução *f* **2.** (*Vorbehalt*) restrição *f;* **ohne** ~ sem restrições

Einschreibebrief *m* <-(e)s, -e> carta *f* regist(r)ada
ein|schreiben I. *vt irr* (*in eine Liste, als Mitglied*) inscrever (*in* em); (*Schule, Universität*) matricular (*in* em), inscrever (*in* em) **II.** *vr* **sich** ~ *irr* (*in eine Liste, als Mitglied*) inscrever-se (*in* em); (*Schule, Universität*) matricular-se (*in* em), inscrever-se (*in* em)
Einschreiben *nt* <-s, -> remessa *f* regist(r)ada; **einen Brief als** ~ **schicken** mandar uma carta regist(r)ada
Einschreibung *f* <-en> (*in eine Liste, als Mitglied*) inscrição *f;* (*an Schule, Universität*) matrícula *f,* inscrição *f*
ein|schreiten *vi irr* tomar medidas (*gegen* contra), intervir
Einschub *m* <-(e)s, -schübe> inserção *f,* introdução *f*
ein|schüchtern *vt* intimidar; **sich nicht** ~ **lassen** não se deixar intimidar
ein|schulen *vt* mandar para uma escola, matricular numa escola.
ein|sehen *vt irr* **1.** (*Akten*) ver, consultar **2.** (*begreifen*) compreender **3.** (*zugestehen*) reconhecer
Einsehen *nt kein pl* **ein/kein** ~ **haben** (não) ser razoável
ein|seifen *vt* ensaboar
einseitig ['aɪnzaɪtɪç] *adj* **1.** (POL: *Vertrag*) unilateral; (*parteiisch*) parcial **2.** (*Ernährung*) deficiente **3.** (MED) simples; **er ist** ~ **gelähmt** ele está paralítico de um lado
Einseitigkeit *f* <-en> parcialidade *f;* (*der Ernährung*) deficiência *f*
ein|senden *vt* mandar (*an* a), enviar (*an* a)
Einsender(in) *m(f)* <-s, - *o* -innen> remetente *m,f*
Einsendeschluss^{RR} *m* <-es> *kein pl* fim *m* do prazo de envio
Einsendung *f* <-en> envio *m*
ein|setzen I. *vt* (*einfügen*) colocar, inserir, meter; (*Teil*) montar, encaixar; (*in Amt*) colocar; (*ernennen*) nomear; (*verwenden*) utilizar; (*Kraft*) empregar; (*Betrag*) investir; (*Leben*) pôr em risco, arriscar **II.** *vi* (*beginnen*) começar; (MUS) entrar **III.** *vr* **sich** ~ empenhar-se; **sich für jdn/etw** ~ apoiar alguém/a.c., lutar por alguém/a. c.
Einsicht *f* <-en> **1.** *kein pl* (*in Akten, Bücher*) consulta *f* **2.** (*Kenntnis*) entendimento *m,* juízo *m,* conhecimento *m;* **zu der** ~ **kommen, dass ...** chegar à conclusão de que ...

E

einsichtig *adj* **1.** (*vernünftig*) sensato, ajuizado **2.** (*verständlich*) compreensivo

Einsiedler(in) *m(f)* <-s, - *o* -innen> eremita *m,f,* anacoreta *m,f*

einsilbig ['aınzılbıç] *adj* **1.** (*Wort*) monossilábico **2.** (*wortkarg*) lacónico, taciturno

ein|sinken *vi irr* afundar-se (*in* em)

ein|spannen *vt* **1.** (*Blatt, Werkstück*) pôr, colocar **2.** (*Pferde*) atrelar, aparelhar **3.** (*umg: heranziehen*) chamar; **jdn für eine Arbeit** ~ chamar alguém para um trabalho

Einspänner *m* <-s, -> (*österr*) café *m* com natas

ein|sparen *vt* poupar

ein|sperren *vt* **1.** (*in einem Raum*) fechar **2.** (*umg: im Gefängnis*) prender

ein|spielen **I.** *vt* (*Unkosten*) recuperar **II.** *vr* **sich** ~ **1.** (*sich harmonisieren*) harmonizar-se **2.** (SPORT) treinar, exercitar; **die Mannschaft muss sich noch** ~ a equipa ainda tem de treinar

einsprachig *adj* unilingue

ein|springen *vi irr* entrar, dar uma ajuda; **für jdn** ~ substituir alguém

ein|spritzen *vt* inje(c)tar

Einspritzmotor *m* <-s, -en> motor *m* de inje(c)ção

Einspritzpumpe *f* <-n> bomba *f* de inje(c)ção

Einspruch *m* protesto *m*, reclamação *f*; (JUR) recurso *m*; ~ **erheben** protestar (*gegen* contra); (JUR) interpor um recurso (*gegen* contra)

einspurig ['aınʃpu:rıç] *adj* de via única

einst ['aınst] *adv* (*geh*) outrora, antigamente

Einstand *m* <-(e)s, -stände> entrada *f* em funções; **seinen** ~ **geben** oferecer um lanche (no novo posto de trabalho)

ein|stecken *vt* **1.** (*in Tasche*) meter no bolso; (*Münze in Automat*) introduzir; (*Brief*) pôr no correio; (*Stecker*) meter na ficha **2.** (*mitnehmen*) levar consigo; (*umg: Geld*) meter ao bolso **3.** (*umg: hinnehmen*) engolir

ein|stehen *vi irr* responsabilizar-se (*für* por), responder (*für* por)

ein|steigen *vi irr* **1.** (*in Fahrzeug*) entrar (*in* em, para), subir (*in* para) **2.** (*umg: sich beteiligen*) participar

einstellbar *adj* (*Höhe, Temperatur*) regulável

ein|stellen **I.** *vt* (*an seinen Platz stellen*) guardar, arrumar (*in* em); (*Personal*) contra-

tar; (*Geräte*) regular, ajustar; (*Bremsen*) afinar; (*Radio*) sintonizar; (*Kamera*) focar; (*aufhören mit*) acabar com; (*Arbeit, Zahlungen*) suspender; (*Prozess*) arquivar; (*Feuer*) cessar **II.** *vr* **sich** ~ (*erscheinen*) aparecer, chegar; (*Schmerz, Besserung*) fazer-se sentir; (*Erfolg*) ser alcançado; **sich auf jdn/etw** ~ adaptar-se a alguém/a. c.

Einstellung *f* <-en> **1.** (*Haltung, Ansicht*) atitude *f*, mentalidade *f* **2.** (*von Personal*) contratação *f*, recrutamento *m* **3.** (TECH) regulação *f*, afinação *f*; (*der Kamera*) focagem *f*; (*des Radios*) sintonização *f* **4.** (*Unterbrechung*) suspensão *f*

Einstieg *m* <-(e)s, -e> (*Tür*) porta *f*

einstig *adj* antigo

ein|stimmen **I.** *vt* (*Instrument*) afinar **II.** *vi* (*in Gesang*) acompanhar (*in* em); (*in Geschrei, Jubel*) juntar-se (*in* em)

einstimmig **I.** *adj* **1.** (*ohne Gegenstimme*) unânime **2.** (MUS) a uma só voz **II.** *adv* **1.** (*ohne Gegenstimme*) unânimemente, por unanimidade **2.** (MUS) em uníssono

einstöckig *adj* de um andar, de um piso

ein|strömen *vi* afluir

ein|studieren *vt* (*Rolle*) estudar, decorar; (*Theaterstück*) ensaiar

ein|stufen *vt* classificar (*in* em)

einstündig *adj* de uma hora

Einsturz *m* <-es, -stürze> desabamento *m*, desmoronamento *m*; **etw zum** ~ **bringen** fazer desmoronar a. c.

ein|stürzen *vi* desmoronar-se, desabar, ruir

Einsturzgefahr *f kein pl* perigo *m* de desmoronamento

einstweilen ['aınst'vaılən] *adv* (*vorläufig*) por enquanto; (*inzwischen*) entretanto

einstweilig ['aınst'vaılıç] *adj* provisório, interino

eintägig *adj* de um dia

ein|tauchen *vt* mergulhar (*in* em)

ein|tauschen *vt* trocar (*gegen* por)

eintausend ['-'---] *num kard* mil

ein|teilen *vt* **1.** (*in Teile*) dividir (*in* em); (*Geld, Zeit*) distribuir **2.** (*in Gruppen*) classificar (*in* por); (*Menschen*) destacar (*zu* para)

einteilig *adj* de corpo inteiro

Einteilung *f* <-en> **1.** (*Untergliederung*) divisão *f*; (*in Gruppen*) classificação *f* **2.** (*Verteilung*) distribuição *f*

eintönig *adj* monótono

Eintönigkeit *f kein pl* monotonia *f*

Eintopf *m* <-(e)s, -töpfe> guisado *m*, ensopado *m*

Eintracht ['aıntraxt] *f kein pl* harmonia *f*

einträchtig **I.** *adj* unânime, de acordo **II.** *adv* unânimemente

Eintrag ['aıntra:k] *m* <-(e)s, -träge> **1.** (*Vermerk*) nota *f* **2.** (*in Liste*) inscrição *f*

einǀtragen **I.** *vt irr* (*einschreiben*) inscrever (*in* em), regist(r)ar (*in* em); (*einzeichnen*) anotar (*in* em); (*Profit*) render, dar; **jdm etw ~ trazer** a. c. a alguém **II.** *vr* **sich ~** *irr* inscrever-se (*in* em)

einträglich *adj* lucrativo; (*umg*) chorudo

einǀtreffen *vi irr* **1.** (*ankommen*) chegar (*in* a) **2.** (*Voraussage*) confirmar-se, cumprir-se

einǀtreiben *vt irr* (*Schulden, Steuern*) cobrar

einǀtreten **I.** *vt irr* (*Tür*) arrombar (com pontapés) **II.** *vi irr* **1.** (*hineingehen*) entrar (*in* em) **2.** (*in Club, Partei*) entrar (*in* para) **3.** (*geschehen*) acontecer, ocorrer; **plötzlich trat Stille ein** de repente ficou tudo silencioso **4.** (*sich einsetzen*) lutar (*für* por); **für jdn ~** interceder por alguém

Eintritt *m* <-(e)s> *kein pl* **1.** (*in Zimmer, Gebäude*) entrada *f* **2.** (*in Partei, Verein*) ingresso *m* (*in* em) **3.** (*Gebühr*) entrada *f*; **~ frei** entrada livre/gratuita **4.** (*Anfang*) início *m*, começo *m*; **bei ~ der Dunkelheit** ao cair da noite

Eintrittsgeld *nt* <-es, -er> preço *m* de entrada

Eintrittskarte *f* <-n> bilhete *m* (de entrada); (*brasil*) ingresso *m*

Eintrittspreis *m* <-es, -e> preço *m* de entrada

einǀtrocknen *vi* secar, enxugar

einǀtrudeln *vi* (*umg*) chegar (sucessivamente)

einǀüben *vt* estudar, ensaiar

einǀverleiben** *vr* **sich ~** **1.** (*Unternehmen*) incorporar; (*Besitz*) apoderar-se de; (*Gebiet*) anexar **2.** (*umg: Speisen*) embuchar; **sie haben sich den ganzen Kuchen einverleibt** eles embucharam o bolo todo

Einvernehmen ['aınfɛɐneːmən] *nt* <-s> *kein pl* harmonia *f*; **im ~ mit** em harmonia com

einverstanden ['aınfɛɐ ̯ʃtandən] *adj* de acordo; **mit etw ~ sein** estar de acordo com a. c.; **bist du ~?** estás de acordo?, concordas?

Einverständnis *nt* <-ses> *kein pl* **1.** (*Zu-*

stimmung) consentimento *m*; **sein ~ zu etw geben** dar o seu consentimento para a. c. **2.** (*Einigkeit*) acordo *m*; **in gegenseitigem ~** de acordo mútuo

Einwand ['aınvant] *m* <-(e)s, -wände> obje(c)ção *f* (*gegen* a), protesto *m* (*gegen* contra); **Einwände gegen etw erheben** levantar obje(c)ções a a. c.

Einwanderer(in) *m(f)* <-s, - *o* -innen> imigrante *m,f*

einǀwandern *vi* imigrar

Einwanderung *f* <-en> imigração *f*

Einwanderungsland *nt* <-(e)s, -länder> país *m* de destino (dos emigrantes)

einwandfrei *adj* **1.** (*Benehmen*) irrepreensível, impecável; (*Ware*) inta(c)to, impecável **2.** (*eindeutig*) incontestável; **es steht ~ fest, dass ...** é certo que ...

einwärts *adv* para dentro

Einwegflasche *f* <-n> garrafa *f* sem depósito, tara *f* perdida

Einwegspritze *f* <-n> seringa *f* descartável

Einwegverpackung *f* <-en> embalagem *f* descartável

einǀweichen *vt* (*Bohnen, Stockfisch, Wäsche*) pôr de molho

einǀweihen *vt* **1.** (*Brücke, Gebäude*) inaugurar; (*umg: Kleid*) estrear **2.** (*in Geheimnis*) iniciar (*in* em); **eingeweiht sein** estar por dentro (do segredo)

Einweihung *f* <-en> inauguração *f*

einǀweisen *vt irr* **1.** (*in Tätigkeit*) iniciar (*in* em) **2.** (*in Krankenhaus, Anstalt*) internar (*in* em)

Einweisung *f* <-en> **1.** (*in Tätigkeit*) iniciação *f* **2.** (*in Krankenhaus, Anstalt*) internamento *m*

einǀwenden *vt* levantar obje(c)ções (*gegen* a); **dagegen habe ich nichts einzuwenden** não tenho quaisquer obje(c)ções a levantar

einǀwerfen *vt irr* **1.** (*zertrümmern*) partir (à pedrada), apedrejar **2.** (*Brief*) pôr (no correio) (*in* em); (*Münze*) introduzir (*in* em); (*Fußball*) lançar **3.** (*äußern*) obje(c)tar

einǀwickeln *vt* embrulhar (*in* em)

einǀwilligen *vi* consentir (*in* em)

Einwilligung *f* <-en> consentimento *m*; **seine ~ zu etw geben** dar o seu consentimento para a. c.

einǀwirken *vi* a(c)tuar (*auf* sobre); (*beeinflussen*) influir (*auf* sobre)

E

Einwohner(in) *m(f)* <-s, - *o* -innen> habitante *m,f*

Einwohnermeldeamt ['---'---] *nt* <-(e)s, -ämter> cartório *m* do regist(r)o de moradores

Einwurf *m* <-(e)s, -würfe> 1. (*Öffnung*) abertura *f* 2. (*Einwand*) obje(c)ção *f* 3. (SPORT) lançamento *m*

Einzahl *f kein pl* (LING) singular *m*

ein|zahlen *vt* depositar (*auf* em)

Einzahlung *f* <-en> depósito *m* (*auf* em)

ein|zäunen *vt* vedar

Einzelfahrschein *m* <-(e)s, -e> bilhete *m* de uma viagem

Einzelfall *m* <-(e)s, -fälle> caso *m* isolado

Einzelgänger(in) *m(f)* <-s, - *o* -innen> solitário, solitária *m, f*

Einzelhaft *f kein pl* incomunicabilidade *f*

Einzelhandel *m* <-s> *kein pl* comércio *m* a retalho

Einzelheit *f* <-en> pormenor *m;* **in allen ~en** com todos os pormenores

Einzelkind *nt* <-(e)s, -er> filho *m* único

einzeln ['aıntsəln] I. *adj* (*allein*) só, individual; **der/die Einzelne** o indivíduo; (*vereinzelt*) isolado; **wir erwarten ~e Regenschauer** esperamos uns aguaceiros isolados II. *adv* individualmente, em separado; **bitte ~ eintreten** por favor, entrar separadamente; **~ angeben** especificar; **~ betrachten** individualizar; **etw ~ verkaufen** vender a. c. avulso; **im Einzelnen** ao pormenor; **ins Einzelne gehen** entrar em pormenores

Einzelteil *nt* <-(e)s, -e> peça *f* solta, peça *f* avulso

Einzelzimmer *nt* <-s, -> quarto *m* individual

ein|ziehen I. *vt irr* 1. (*Kopf*) baixar; (*Fahrgestell, Antenne*) recolher; (*Fahne, Segel*) arriar 2. (*Steuern*) cobrar; (*Geld*) retirar da circulação; (*Führerschein*) apreender, cassar; (JUR) confiscar 3. (MIL) mobilizar II. *vi irr* 1. (*in Wohnung*) mudar-se (*in* para), instalar-se (*in* em) 2. (*Einzug halten*) entrar (*in* em) 3. (*Flüssigkeit*) penetrar (*in* em)

einzig ['aıntsıç] I. *adj* único; **ein ~es Mal** uma única vez; **das Einzige** a única coisa; **der/die Einzige** a única pessoa; **kein Einziger** nem um único II. *adv* **~ und allein** única e exclusivamente, pura e simplesmente

einzigartig *adj* único, sem par

Einzug *m* <-(e)s, -züge> 1. (*Hineingehen*)

entrada *f* (*in* em) 2. (*in Wohnung*) mudança *f* (*in* para)

Eis [aıs] *nt* <-es, -e> 1. (*Speiseeis*) gelado *m;* (*brasil*) sorvete *m;* **~ am Stiel** gelado de pau *m;* (*brasil*) sorvete de pau *m* 2. (*gefrorenes Wasser*) gelo *m;* **zu ~ werden** converter-se em gelo; **~ laufen** patinar (no gelo); **jdn aufs ~ führen** enganar alguém

Eisbahn *f* <-en> ringue *m* de patinagem (sobre o gelo)

Eisbär *m* <-en, -en> urso *m* polar

Eisbecher *m* <-s, -> taça *f* de gelado; (*brasil*) copo *m* de sorvete

Eisbein *nt* <-(e)s, -e> chispe *m* (salgado)

Eisberg *m* <-(e)s, -e> iceberg *m;* **das ist nur die Spitze des ~es** isto é só a ponta do iceberg

Eischnee *m* <-s> *kein pl* claras *fpl* em castelo

Eiscreme *f* <-s> gelado *m;* (*brasil*) sorvete *m*

Eisdecke *f* <-n> camada *f* de gelo

Eisdiele *f* <-n> gelataria *f;* (*brasil*) sorveteria *f*

Eisen ['aızən] *nt* <-s, -> ferro *m;* **ein heißes ~** um assunto melindroso

Eisenbahn *f* <-en> caminho-de-ferro *m;* (*brasil*) estrada *f* de ferro

Eisenbahner(in) *m(f)* <-s, - *o* -innen> empregado, empregada *m, f* dos caminhos-de-ferro

Eisenbahnnetz *nt* <-es, -e> rede *f* dos caminhos-de-ferro

Eisenbahnwagen *m* <-s, -> carruagem *f* de caminhos-de-ferro

Eisenerz *nt* <-es, -e> minério *m* de ferro

eisenhaltig *adj* ferruginoso

eisern ['aızən] *adj* 1. (*aus Eisen*) de ferro, férreo; **der E~e Vorhang** a cortina de ferro 2. (*Gesundheit, Wille*) de ferro; **die ~e Reserve** as últimas reservas

Eisfach *nt* <-(e)s, -fächer> (compartimento *m* do) congelador

eisfrei *adj* sem gelo

eisgekühlt *adj* fresco

Eishockey ['aıshɔki] *nt* <-s> *kein pl* hóquei *m* sobre o gelo

eisig ['aızıç] *adj* gélido, glacial

eiskalt ['-'-] *adj* 1. (*Wind*) gelado; (*Tag*) muito frio 2. (*abweisend*) impassível

Eiskaffee é tomado principalmente no verão em geladarias e esplanadas. Mas também nas ementas de um restaurante não pode faltar esse café geladinho, dentro do qual flutua uma bola de gelado de baunilha. Em cima é coberto com creme chantilly.

Eiskunstlauf *m* <-(e)s> *kein pl* patinagem *f* artística (no gelo)

eis‖laufen^ALT *vi irr s.* **Eis 2**

Eislaufen *nt* <-s> *kein pl* patinagem *f* no gelo

Eisläufer(in) *m(f)* <-s, - *o* -innen> patinador no gelo, patinadora *m, f*

Eismeer *nt* <-(e)s, -e> oceano glacial *m*

Eisschrank *m* <-(e)s, -schränke> (*reg*) frigorífico *m*; (*brasil*) geladeira *f*

Eiswaffel *f* <-n> barquilho *m*

Eiswürfel *m* <-s, -> cubo *m* de gelo

Eiszapfen *m* <-s, -> sincelo *m*

Eiszeit *f* <-en> era *f* glacial

eitel ['aɪtəl] *adj* vaidoso

Eitelkeit *f* <-en> vaidade *f*

Eiter ['aɪtɐ] *m* <-s> *kein pl* pus *m*

eitern ['aɪtɐn] *vi* supurar

eitrig *adj* purulento

Eiweiß *nt* <-es, -e> **1.** (*vom Ei*) clara *f* de ovo; **das ~ zu Schnee schlagen** bater as claras em castelo **2.** (CHEM) albumina *f*; (BIOL) proteína *f*

eiweißreich *adj* rico em proteínas

Eizelle *f* <-n> óvulo *m*

Ekel ['e:kəl] *m* <-s, -> **1.** *kein pl* (*Abneigung*) asco *m* (*vor* de), nojo *m* (*vor* de); **~ erregend** nojento, asqueroso; (*Widerwille*) repugnância *f* **2.** (*umg: Person*) pessoa *f* nojenta, pessoa *f* repugnante

ekelerregend^ALT *adj s.* **Ekel 1**

ekelhaft *adj* nojento, repugnante

ekeln *vr* **sich ~** sentir repugnância (*vor* por), ter nojo (*vor* de)

EKG *abk v* **Elektrokardiogramm** ECG (= *ele(c)trocardiograma*)

Eklat *m* <-s, -s> escândalo *m*, sensação *f*; **es kam zum ~** rebentou o escândalo

eklig *adj* **1.** (*abscheulich*) repugnante, nojento **2.** (*umg: unangenehm*) horrível

Ekstase [ɛk'sta:zə] *f* <-n> êxtase *m*; **in ~ geraten** entrar em êxtase

Ekzem [ɛk'tse:m] *nt* <-s, -> (MED) eczema *m*

Elan [e'la:n] *m* <-s> *kein pl* (*geh*) elã *m*

elastisch [e'lastɪʃ] *adj* elástico

Elastizität *f kein pl* elasticidade *f*

Elbe ['ɛlbə] *f kein pl* Elba *m*

Elch [ɛlç] *m* <-(e)s, -e> alce *m*

Elefant [ele'fant] *m* <-en, -en> elefante *m*

elegant [ele'gant] *adj* elegante; **eine ~e Lösung** uma saída airosa

Eleganz *f kein pl* elegância *f*

Elektriker(in) [e'lɛktrikɐ] *m(f)* <-s, - *o* -innen> ele(c)tricista *m, f*

elektrisch [e'lɛktrɪʃ] *adj* elé(c)trico

Elektrizität *f kein pl* ele(c)tricidade *f*

Elektrizitätswerk *nt* <-(e)s, -e> central *f* elé(c)trica

Elektrode [elɛk'tro:də] *f* <-n> elé(c)trodo *m*

Elektroenzephalogramm *nt* <-s, -s> (MED) ele(c)troencefalograma *m*

Elektrofahrzeug *nt* <-(e)s, -e> automóvel *m* movido a ele(c)tricidade

Elektrogerät *nt* <-(e)s, -e> ele(c)trodoméstico *m*

Elektroherd *m* <-(e)s, -e> fogão *m* elé(c)trico

Elektrokardiogramm *nt* <-s, -s> (MED) ele(c)trocardiograma *m*

Elektromotor *m* <-s, -en> ele(c)tromotor *m*

Elektron ['e:lɛktrɔn, elɛk'tro:n] *nt* <-s, -en> (PHYS) electrão *m*; (*brasil*) elétron *m*

Elektronenmikroskop *nt* <-(e)s, -e> microscópio *m* ele(c)trónico

Elektronik [elɛk'tro:nɪk] *f kein pl* ele(c)trónica *f*

elektronisch [elɛk'tro:nɪʃ] *adj* ele(c)trónico

Elektrorasierer *m* <-s, -> máquina *f* de barbear (elé(c)trica)

Elektrotechnik *f kein pl* ele(c)trotecnia *f*

Element [ele'mɛnt] *nt* <-(e)s, -e> elemento *m*; **in seinem ~ sein** estar no seu elemento

elementar [elemɛn'ta:ɐ] *adj* elementar, básico

elend *adj* **1.** (*beklagenswert*) infeliz, desgraçado **2.** (*ärmlich*) miserável **3.** (*krank*) adoentado

Elend ['e:lɛnt] *nt* <-(e)s> *kein pl* miséria *f*

Elendsviertel *nt* <-s, -> bairro *m* pobre; (*brasil*) cortiço *m*

elf [ɛlf] *num kard* onze; *s.* **zwei**

Elf *f* <-en> **1.** (*Zahl*) onze *m*; *s.* **Zwei 2.** (*Fußballmannschaft*) equipa *f* de futebol; (*brasil*) time *m* de futebol

Elfe ['ɛlfə] *f* <-n> sílfide *f*

Elfenbein ['ɛlfənbaɪn] *nt* <-s> *kein pl* marfim *m*

Elfenbeinturm *m* <-(e)s, -türme> torre *f* de marfim

elfmal *adv* onze vezes

Elfmeter [ɛlf'me:tɐ] *m* <-s, -> (SPORT) grande penalidade *f*, penalty *m*; (*brasil*) pênalti *m*

Elftel *nt* <-s, -> undécima parte *f*

elfte(r, s) *num kard* décimo primeiro; *s.* **zweite(r, s)**

eliminieren* *vt* eliminar

elitär *adj* elitista

Elite [e'li:tə] *f* <-n> elite *f*

Elixir *nt* <-s, -e> elixir *m*

Ellbogen ['ɛl-] *m* <-s, -> cotovelo *m*; ~ **haben** avançar sem escrúpulos

Elle ['ɛlə] *f* <-n> (ANAT) cúbito *m*

Ellenbogen ['ɛlən-] *m* <-s, -> *s.* **Ellbogen**

Ellipse *f* <-n> elipse *f*

Elsass^RR ['ɛlzas] *nt*, **Elsaß**^ALT *nt* <-sses> *kein pl* Alsácia *f*

Elster ['ɛlstɐ] *f* <-n> pega *f*

elterlich *adj* (próprio) dos pais

Eltern ['ɛltɐn] *pl* pais *mpl*

Elternabend *m* <-s, -e> reunião *f* de pais

Elternhaus *nt* <-es, -häuser> casa *f* paterna

elternlos *adj* órfão

E-Mail *f* <-s> e-mail *m*

Email [e'maɪ] *nt* <-s, -s> esmalte *m*

emaillieren* *vt* esmaltar

Emanzipation [emantsipa'tsjo:n] *f* <-en> emancipação *f*

emanzipieren* *vt* emancipar

emanzipiert *adj* emancipado

Embargo [ɛm'bargo] *nt* <-s, -s> embargo *m*; **ein** ~ **verhängen gegen** embargar

Embolie [ɛmbo'li:] *f* <-n> (MED) embolia *f*

Embryo ['ɛmbryo] *m* <-s, -nen> embrião *m*

Emigrant(in) [emi'grant] *m(f)* <-en, -en *o* -innen> emigrante *m,f*; (*aus politischen Gründen*) exilado, exilada *m, f*

Emigration *f* <-en> emigração *f*

emigrieren* *vi* emigrar

eminent *adj* (*geh*) eminente

Emission *f* <-en> emissão *f*

emotional [emotsjo'na:l] *adj* emocional

empfahl [ɛm'pfa:l] *imp von* **empfehlen**

empfand [ɛm'pfant] *imp von* **empfinden**

Empfang [ɛm'pfaŋ] *m* <-(e)s, -pfänge> 1. (*im Hotel, bei Radio, Fernsehen*) recepção *f*

2. (*Aufnahme*) recepção *f*, acolhimento *m*; **jdm einen herzlichen** ~ **bereiten** dar uma recepção calorosa a alguém; **etw in** ~ **nehmen** receber a. c.

empfangen* *vt* 1. (*Waren, Radiosender*) receber 2. (*Gast*) receber, acolher

Empfänger(in) *m(f)* <-s, - *o* -innen> destinatário, destinatária *m, f*; (*von Waren*) consignatário *m*

empfänglich *adj* sensível (*für* a), impressionável (*für* com)

Empfängnis *f kein pl* concepção *f*

Empfängnisverhütung *f kein pl* anticoncepção *f*

Empfangsbescheinigung *f* <-en> aviso *m* de recepção, recibo *m*

Empfangschef(in) *m(f)* <-s, -s *o* -innen> recepcionista *m,f*

empfehlen* [ɛm'pfe:lən] *vt* recomendar; **jdm etw** ~ recomendar a. c. a alguém; **es empfiehlt sich** é conveniente, é aconselhável

empfehlenswert *adj* recomendável, aconselhável

Empfehlung *f* <-en> recomendação *f*; **auf** ~ **von ...** por recomendação de ...

Empfehlungsschreiben *nt* <-s, -> carta *f* de recomendação

empfinden* [ɛm'pfɪndən] *vt* sentir

empfindlich [ɛm'pfɪntlɪç] I. *adj* (*Person*) sensível; (*Stoff, Farbe, Gerät*) delicado; (*reizbar*) melindroso; (*Kälte*) rigoroso II. *adv* profundamente, gravemente

Empfindlichkeit *f* <-en> sensibilidade *f*, susce(p)tibilidade *f*

empfindsam [ɛm'pfɪntza:m] *adj* sentimental

Empfindung *f* <-en> sensação *f*; (*Gefühl*) sentimento *m*

empfing [ɛm'pfɪŋ] *imp von* **empfangen**

empfohlen [ɛm'pfo:lən] *pp von* **empfehlen**

empfunden [ɛm'pfʊndən] *pp von* **empfinden**

empirisch *adj* empírico

empor [ɛm'po:ɐ] *adv* (*geh*) para cima, acima

Empore [ɛm'po:rə] *f* <-n> tribuna *f*, galeria *f*

empören* I. *vt* escandalizar, chocar; **ich bin empört!** estou chocado! II. *vr* **sich** ~ indignar-se (*über* com), chocar-se (*über* com)

empörend *adj* chocante

empor|kommen *vt irr* (*geh*) prosperar
Emporkömmling *m* <-s, -e> (*pej*) novo-rico *m*
Empörung *f* <-en> indignação *f* (*über* com)
emsig ['ɛmzɪç] *adj* zeloso, diligente
Endausscheidung *f* <-en> (SPORT) eliminatória *f* final
Ende ['ɛndə] *nt* <-s, -n> **1.** *kein pl* (*Endpunkt*) fim *m*, final *m;* **am** ~ no fim, no final; **letzten** ~**s** afinal de contas, ao fim e ao cabo; **etw zu** ~ **bringen**/**führen** terminar a. c., concluir a. c.; **zu** ~ **sein**/**gehen** acabar/estar a acabar; ~ **gut, alles gut** está tudo bem quando acaba bem; ~ **Mai** no fim/final de Maio, em fins/finais de Maio; **ein böses** ~ **nehmen** acabar mal **2.** (*Endstück*) ponta *f*, extremidade *f*
Endeffekt *m* <-(e)s> *kein pl* resultado *m* final; **im** ~ em última análise
enden ['ɛndən] *vi* acabar, terminar (*auf* em); **der Unterricht endet um 12 Uhr** a aula acaba/termina às 12 horas
Endergebnis *nt* <-ses, -se> resultado *m* (final)
endgültig *adj* definitivo
Endivie *f* <-n> escarola *f*
Endlagerung *f* <-en> armazenagem *f* definitiva
endlich ['ɛntlɪç] *adv* finalmente, por fim, enfim; **wann kommt er denn** ~**?** afinal quando é que ele vem?; **jetzt hör** ~ **auf!** acaba lá com isso!
endlos *adj* interminável, sem fim
Endlospapier *nt* <-s> *kein pl* (INFORM) papel *m* contínuo, papel *m* sem-fim
Endprodukt *nt* <-(e)s, -e> produto *m* final
Endspiel *nt* <-(e)s, -e> (SPORT) final *f*
Endspurt *m* <-(e)s, -s> (SPORT) arranque *m* final
Endstation *f* <-en> término *m*
Endung *f* <-en> (LING) terminação *f*, desinência *f*
Energie [enɛr'gi:] *f* <-n> energia *f;* **erneuerbare** ~**n** energias renováveis; ~ **sparen** poupar energia
Energiequelle *f* <-n> fonte *f* de energia
Energieverbrauch *m* <-(e)s> *kein pl* consumo *m* de energia
Energieversorgung *f* <-en> abastecimento *m* de energia
energisch [e'nɛrgɪʃ] *adj* enérgico
eng [ɛŋ] *adj* **1.** (*Straße*) estreito; (*Zimmer*)

acanhado; (*Kleidung*) apertado; ~**er machen** apertar **2.** (*eingeschränkt*) limitado; (*Horizont*) fechado; **im** ~**eren Sinne** em sentido estrito; **in die** ~**ere Wahl kommen** chegar à selecção definitiva; **etw** ~ **sehen** ver a. c. sem abertura de pensamento **3.** (*Freundschaft, Verhältnis*) íntimo
Engagement [ãgaʒə'mãː] *nt* <-s, -s> **1.** *kein pl* (*Einsatz*) empenho *m* **2.** (*im Theater*) contrato *m*
engagieren* **I.** *vt* contratar **II.** *vr* **sich** ~ empenhar-se (*für* em)
Enge ['ɛŋə] *f* <-n> **1.** *kein pl* (*räumlich*) estreiteza *f;* **jdn in die** ~ **treiben** pôr alguém entre a espada e a parede **2.** (*Meerenge*) estreito *m*
Engel ['ɛŋəl] *m* <-s, -> anjo *m*
Engelsgeduld *f* *kein pl* paciência *f* de santo
England ['ɛŋlant] *nt* <-s> *kein pl* Inglaterra *f*
Engländer[1] *m* <-s, -> chave-inglesa *f*
Engländer(in)[2] *m(f)* <-s, - *o* -innen> inglês, inglesa *m*, *f*
englisch ['ɛŋlɪʃ] *adj* inglês
englischsprachig *adj* de língua inglesa
Engpass[RR] *m* <-es, -pässe>, **Engpaß**[ALT] *m* <-sses, -pässe> **1.** (*Stelle*) desfiladeiro *m* **2.** (*in Versorgung*) impasse *m*
engstirnig *adj* tacanho
Enkel(in) ['ɛŋkəl] *m(f)* <-s, - *o* -innen> neto, neta *m*, *f*
Enkelkind *nt* <-(e)s, cr> neto *m*
en masse *adv* em abundância
enorm [e'nɔrm] *adj* enorme
Ensemble [ã'sãːbəl] *nt* <-s, -s> (*am Theater*) elenco *m*
entbehren* *vt* dispensar, prescindir de; **ich kann den Fernseher nicht länger** ~ não posso passar mais sem a televisão; **jdn** ~ dispensar alguém
entbehrlich [ɛnt'beːɐlɪç] *adj* dispensável, prescindível
Entbehrung *f* <-en> privação *f;* ~**en auf sich nehmen** passar por privações
entbinden* **I.** *vt irr* (*von Pflicht*) desobrigar (*von* de), dispensar (*von* de); (*von Amt*) exonerar (*von* de); (*Frau*) dar à luz; **sie wurde von einem Mädchen entbunden** ela deu à luz uma menina **II.** *vi irr* (*gebären*) dar à luz; **meine Frau hat gestern entbunden** a minha mulher deu à luz ontem
Entbindung *f* <-en> (MED) parto *m*

E

entdecken * *vt* descobrir

Entdecker(in) *m(f)* <-s, - *o* -innen> descobridor, descobridora *m, f*

Entdeckung *f* <-en> descoberta *f;* (GESCH) descobrimento *m*

Ente ['ɛntə] *f* <-n> **1.** (ZOOL) pato *m* **2.** (*Nachricht*) boato *m*

entehren * *vt* desonrar, desacreditar

enteignen * *vt* expropriar

Enteignung *f* <-en> expropriação *f*

enteisen * *vt* descongelar

enterben * *vt* deserdar

Enter-Taste *f* <-n> (INFORM) Enter *m*

entfachen * *vt* (*geh: Feuer, Streit, Krieg*) atiçar

entfallen * *vi irr* **1.** (*Zuschuss*) ser anulado; (*Veranstaltung*) ser cancelado; **die Vorstellung um 18 Uhr entfällt** o espe(c)táculo das 18 horas foi cancelado **2.** (*erhalten*) caber (*auf* a), recair (*auf* sobre); **auf jeden Teilnehmer ~ 100 DM** cabe 100 marcos a cada participante **3.** (*vergessen*) passar (da memória); **die Namen sind mir leider ~** infelizmente não me lembro dos nomes

entfalten * **I.** *vt* (*Kräfte, Talent*) desenvolver **II.** *vr* **sich ~** desenvolver-se

entfernen * **I.** *vt* afastar, retirar; (*Flecken*) tirar **II.** *vr* **sich ~** afastar-se (*von* de)

entfernt [ɛnt'fɛrnt] *adj* **1.** (*fern*) longe, distante; **weit ~ sein** ficar/ser muito longe; **Lissabon ist 300 km von Porto ~** Lisboa fica a 300 km do Porto; **ich bin weit davon ~, das zu tun** eu estou muito longe de fazer isso **2.** (*Verwandte*) afastado **3.** (*gering*) remoto, vago; **eine ~e Ähnlichkeit** uma parecença remota/vaga; **nicht im Entferntesten** nem por sombras

Entfernung *f* <-en> **1.** (*Abstand*) distância *f;* **in einer ~ von 500 m** a uma distância de 500 metros **2.** *kein pl* (*Wegschaffen*) eliminação *f* **3.** *kein pl* (*eines Geschwürs*) extracção *f;* (*aus dem Amt*) afastamento *m*

Entfernungsmesser *nt* <-s, -> telémetro *m*

entfesseln * *vt* desencadear, desatar

entfliehen * *vi irr* evadir-se (*aus* de), fugir (*aus* de)

entfremden * *vt* alhear, afastar; **etw seinem Zweck ~** usar a. c. com outro propósito

Entfremdung *f* <-en> alheamento *m*, afastamento *m*

entfrosten * *vt* tirar o gelo de

Entfroster *m* <-s, -> (*für Auto*) descongelante *m*

entführen * *vt* (*Person*) raptar, sequestrar; (*Flugzeug*) desviar

Entführer(in) *m(f)* <-s, - *o* -innen> raptor, raptora *m, f,* sequestrador, sequestradora *m, f*

Entführung *f* <-en> (*von Person*) rapto *m*, sequestro *m;* (*von Flugzeug*) desvio *m*

entgegen [ɛnt'ge:gən] **I.** *präp* +*dat* contra, contrariamente a; **~ meinem Rat** contrariamente ao meu conselho **II.** *adv* (*Richtung*) ao encontro de; **dem Ziel ~** ao encontro do obje(c)tivo

entgegen|bringen *vt irr* (*Interesse, Sympathie*) demostrar

entgegen|gehen *vi irr* ir ao encontro (de); **dem Ende ~** ir ao encontro do fim

entgegengesetzt *adj* **1.** (*gegenteilig*) oposto; **am ~en Ende der Stadt** no lado oposto da cidade **2.** (*widersprechend*) contrário, oposto

entgegen|halten *vt irr* **1.** (*einwenden*) opor, obje(c)tar **2.** (*darbieten*) oferecer

entgegen|kommen *vi irr* **1.** (*sich nähern*) vir ao encontro (de); (*Fahrzeug*) vir na dire(c)ção contrária **2.** (*nachgeben*) ceder; **jdm ~** aceder a alguém

Entgegenkommen *nt* <-s> *kein pl* boa vontade *f*

entgegenkommend *adj* atencioso, amável

entgegen|nehmen *vt irr* receber, aceitar

entgegen|sehen *vt irr* aguardar

entgegen|treten *vi irr* **jdm ~** fazer frente a alguém; **etw ~** opor-se a a. c.

entgegnen * *vt* replicar, retorquir

Entgegnung *f* <-en> resposta *f*

entgehen * *vi irr* passar despercebido, escapar; **seine Unruhe ist mir nicht entgangen** a sua inquietação não me passou despercebida; **ihrem Blick entgeht nichts** nada escapa ao olhar dela; **sich** *dat* **etw ~ lassen** deixar escapar a. c.

entgeistert [ɛnt'gaɪstɐt] *adj* pasmado

Entgelt [ɛnt'gɛlt] *m* <-(e)s, -e> remuneração *f*

entgleisen * *vi* **1.** (*Zug*) descarrilar **2.** (*Mensch*) disparatar

Entgleisung *f* <-en> **1.** (*von Zug*) descarrilamento *m* **2.** (*von Mensch*) deslize *m*

entgleiten * *vi irr* (*geh: Kontrolle*) escapar

entgräten * *vt* tirar as espinhas a

Enthaarung *f kein pl* depilação *f*
Enthaarungsmittel *nt* <-s, -> depilatório *m*
enthalten* I. *vt irr* conter II. *vr* sich ~ *irr* abster-se (de); **er enthielt sich der Stimme** ele absteve-se de votar
enthaltsam [ɛnt'haltzaːm] *adj* moderado; (*sexuell*) continente; (*von Alkohol*) abstémio
Enthaltsamkeit *f kein pl* moderação *f*; (*sexuell*) abstinência *f*, continência *f*
Enthaltung *f* <-en> (*bei Abstimmung*) abstenção *f*
enthüllen* *vt* 1. (*Skandal, Lüge*) desvendar, revelar 2. (*Denkmal*) inaugurar
Enthusiasmus [ɛntuziˈasmʊs] *m* <-> *kein pl* entusiasmo *m*
enthusiastisch *adj* entusiástico
entkleiden* I. *vt* (*geh*) despir II. *vr* sich ~ (*geh*) despir-se
entkommen* *vi irr* fugir (*aus* de), escapar (*aus* de); **jdm/einer Gefahr** ~ escapar a alguém/de um perigo
entkorken* *vt* desarrolhar, abrir
entkräften* *vt* 1. (*körperlich*) debilitar, enfraquecer 2. (*Argumente*) refutar
Entlad *m* <-(e)s> *kein pl* (*schweiz*) descarga *f*
entladen* I. *vt irr* descarregar II. *vr* sich ~ *irr* (*Batterie*) descarregar; (*Zorn*) desencadear-se
entlang [ɛntˈlaŋ] I. *präp* +*gen, akk, dat* ao longo de, por ...fora; **den Fluss** ~ ao longo do rio; ~ **des Weges/dem Weg** ao longo do caminho, pelo caminho fora II. *adv* por; **hier** ~ por aqui (fora); **sie stellen sich an der Straße · auf** eles estão dispostos pela rua fora
entlang|fahren *vt irr* (*Straße*) ir por água abaixo, seguir por
entlang|gehen *vi irr* andar ao longo (*an* de)
entlarven* *vt* desmascarar
entlassen* *vt irr* 1. (*Personal*) despedir, demitir 2. (*Gefangene*) pôr em liberdade, libertar; (*aus Krankenhaus*) dar alta a
Entlassung *f* <-en> 1. (*von Personal*) despedimento *m*, demissão *f* 2. (*aus Gefängnis*) libertação *f*; (*aus Krankenhaus*) alta *f*
entlasten* *vt* 1. (*von Arbeit*) aliviar; (*Straße*) descongestionar 2. (*Angeklagte*) exonerar
Entlastung *f* <-en> 1. (*von Arbeit*) alívio *m* 2. (JUR) exoneração *f*
Entlastungszeuge(in) *m(f)* <-n, -n *o* -in-

nen> (JUR) testemunha *f* de defesa
entlaufen* *vi irr* fugir
entledigen *vr* sich ~ (*geh*) **sich etw** ~ desembaraçar-se de a. c., libertar-se de a. c.; **sich einer Verpflichtung** ~ descartar-se de uma obrigação
entleeren* *vt* esvaziar
entlegen [ɛntˈleːgən] *adj* distante, afastado
entlocken* *vt* **jdm etw** ~ (conseguir) arrancar a. c. de alguém
entlüften* *vt* arejar
entmachten* *vt* desapossar
entmilitarisieren* *vt* desmilitarizar
entmündigen* *vt* pôr sob tutela
entmutigen* *vt* desencorajar, desanimar
entmutigt *adj* desanimado
Entnahme *f* <-n> toma *f*; (MED) colheita *f*
Entnazifizierung *f* <-en> desnazificação *f*
entnehmen* *vt irr* 1. (*herausnehmen*) tirar, retirar 2. (*folgern*) depreender, concluir (de)
entnervt *adj* enervante
entpacken *vt* (INFORM) descompactar
entpuppen* *vr* sich ~ revelar-se; **er entpuppte sich als Betrüger** ele revelou-se um impostor
entreißen* *vt irr* **jdm etw** ~ arrancar/arrebatar a. c. de alguém
entrichten* *vt* pagar, liquidar
entrinnen* *vi irr* escapar (a)
entrosten* *vt* desenferrujar
entrüsten* I. *vt* causar indignação, indignar II. *vr* sich ~ indignar-se (*über* com)
Entrüstung *f* <-en> indignação *f* (*über* com)
entsagen* *vi* (*geh*) renunciar (a), abdicar (de)
entschädigen* *vt* inde(m)nizar (*für* por)
Entschädigung *f* <-en> inde(m)nização *f* (*für* por)
entschärfen* *vt* 1. (*Bombe*) desactivar 2. (*Konflikt*) atenuar
entscheiden* I. *vi irr* decidir (*über* sobre), resolver (*über* sobre) II. *vr* sich ~ *irr* decidir-se (*für, gegen* por, contra); **ich kann mich nicht** ~ eu não consigo decidir-me
entscheidend *adj* decisivo
Entscheidung *f* <-en> decisão *f*; **eine ~ treffen/fällen** tomar uma decisão
Entscheidungsspiel *nt* <-(e)s, -e> (SPORT) jogo *m* decisivo
entschieden [ɛntˈʃiːdən] I. *pp von* ent-

E

scheiden II. *adj* decidido, determinado; **er ist ein ~er Gegner der Todesstrafe** ele é um adversário ferrenho da pena de morte

Entschiedenheit *f kein pl* determinação *f;* **etw mit aller ~ ablehnen** recusar a. c. com muita determinação

entschlacken* *vt* desintoxicar, limpar

entschließen* *vr* **sich ~** *irr* resolver-se (*zu* a), decidir-se (*zu* a); **sich anders ~** decidir-se por outra coisa

entschlossen [ɛntˈʃlɔsən] I. *pp von* entschließen II. *adj* decidido, determinado

Entschlossenheit *f kein pl* determinação *f,* firmeza *f;* **etw voller ~ tun** fazer a. c. com muita determinação

Entschluss^{RR} *m* <-es, -schlüsse>, **Entschluß**^{ALT} *m* <-sses, -schlüsse> decisão *f,* resolução *f;* **einen ~ fassen** tomar uma decisão

entschuldbar *adj* desculpável

entschuldigen* I. *vt* (*verzeihen*) desculpar; **~ Sie bitte** desculpe, peço desculpa; (*rechtfertigen*) justificar; **ich möchte mein Fehlen ~** eu gostaria de justificar a minha falta II. *vr* **sich ~** desculpar-se, pedir desculpa (*bei* a, *für* por); **ich möchte mich bei Ihnen für meine Verspätung ~** queria pedir-lhe desculpa pelo atraso

Entschuldigung *f* <-en> desculpa *f;* **~!** desculpe!; **jdn um ~ bitten** pedir desculpa a alguém (*für* por)

entsenden* *vt irr* (*geh*) enviar

entsetzen* *vt* horrorizar

Entsetzen *nt* <-s> *kein pl* espanto *m*

entsetzlich [ɛntˈzɛtslɪç] *adj* horrível, terrível

entsetzt *adj* horrorizado; **ich bin ~!** estou horrorizado!

entsichern* *vt* (*Waffe*) engatilhar

entsinnen *vr* **sich ~** (*geh*) recordar-se (de)

entsorgen* *vt* (*Müll*) eliminar

Entsorgung *f kein pl* tratamento *m* de lixo

entspannen* I. *vt* 1. (*Muskeln*) descontrair, afrouxar 2. (*Situation*) desanuviar II. *vr* **sich ~** 1. (*Person*) descontrair(-se), relaxar 2. (*Situation*) desanuviar

Entspannung *f kein pl* 1. (*von Mensch*) repouso *m,* descanso *m* 2. (POL) desanuviamento *m*

Entspannungspolitik *f kein pl* política *f* de desanuviamento

entsprechen* *vi irr* 1. (*übereinstimmen*) corresponder (a); **das entspricht nicht den** Tatsachen isso não corresponde aos factos 2. (*Anforderungen, Wünschen*) satisfazer; (*Erwartungen*) corresponder a

entsprechend I. *adj* correspondente, respe(c)tivo; (*angemessen*) adequado II. *präp* +*dat* **~ Ihrem Vorschlag** conforme a sua proposta

entspringen* *vi irr* 1. (*Fluss*) nascer (in em) 2. (*herrühren*) provir (de); **das entspringt seiner Unkenntnis** isso provém da sua ignorância

entstehen* *vi irr* surgir (*aus* de), ter origem (*aus* em); **es werden keine weiteren Kosten ~** não resultarão custos acrescidos

Entstehung *f kein pl* origem *f,* formação *f*

entstellen* *vt* deformar; (*Verletzung*) desfigurar; (*Wahrheit, Text*) deturpar

entstören* *vt* (*Radio*) eliminar interferências

enttäuschen* *vt* desiludir, decepcionar, desapontar

Enttäuschung *f* <-en> desilusão *f,* decepção *f;* **über eine ~ hinwegkommen** conformar-se com uma desilusão

entwaffnen* *vt* desarmar

Entwarnung *f* <-en> fim *m* de alerta; **~ geben** dar o sinal de fim de alerta

entwässern* *vt* drenar, escoar

Entwässerung *f* <-en> drenagem *f,* escoamento *m*

entweder [ˈɛntveːdɐ, -'--] *konj* **~ ...oder** ou ...ou; **~ du kommst jetzt oder ich gehe** ou vens agora, ou eu vou embora

entweichen* *vi irr* (*Gas*) sair (*aus* de)

entweihen* *vt* profanar

entwenden* *vt* (*geh*) extraviar, furtar

entwerfen* *vt irr* (*Zeichnung*) esboçar, delinear; (*Text*) fazer o esboço de; (*Plan*) traçar, delinear

entwerten* *vt* 1. (*Fahrkarte*) inutilizar, obliterar 2. (*Geld*) desvalorizar

Entwerter *m* <-s, -> obliterador *m*

entwickeln* I. *vt* (*Theorie, Produkt, Plan*) desenvolver; (*Mut, Energie*) manifestar, mostrar; (*Fotos*) revelar II. *vr* **sich ~** desenvolver-se, evoluir (*aus* de); (*Rauch*) formar-se; **das hat sich zu einem ernsten Problem entwickelt** isso tornou-se um problema sério

Entwicklung *f* <-en> 1. (*Wachstum*) desenvolvimento *m,* evolução *f* 2. (*von Produkten*) desenvolvimento *m* 3. (*von Filmen*) revelação *f*

Entwicklungshilfe *f kein pl* ajuda *f* para o desenvolvimento

Entwicklungsland *nt* <-(e)s, -länder> país *m* em vias de desenvolvimento

entwirren* *vt* **1.** (*Fäden*) desembaraçar, desemaranhar **2.** (*Unklarheiten*) deslindar

entwischen* *vi* (*umg*) fugir (*aus* de), desaparecer (*aus* de)

entwöhnen* *vt* (*Säugling*) desmamar; (*Süchtige*) desintoxicar

entwürdigend *adj* degradante, aviltante

Entwurf *m* <-(e)s, -würfe> **1.** (*Projekt*) proje(c)to *m;* (*Konzept*) rascunho *m* **2.** (*Zeichnung*) esboço *m*

entwurzeln* *vt* **1.** (*Baum*) arrancar pela raiz **2.** (*Person*) desenraizar

entziehen* **I.** *vt irr* (*Erlaubnis, Unterstützung*) retirar, negar; (*Führerschein*) apreender; (*Rechte*) privar de **II.** *vi irr* (*Süchtige*) fazer uma cura de desintoxicação **III.** *vr* sich ~ *irr* (*einer Verpflichtung*) fugir a

Entziehungskur *f* <-en> cura *f* de desintoxicação

entziffern* *vt* decifrar

entzücken* *vt* enlevar, encantar

Entzücken *nt* <-s> *kein pl* (*geh*) enlevo *m*, encanto *m*

entzückend *adj* encantador, arrebatador

Entzug *m* <-(e)s> *kein pl* **1.** (*von Rauschgift, Alkohol*) desintoxicação *f* **2.** (*des Führerscheins*) apreensão *f*

entzünden *vr* sich ~ (*Wunde*) inflamar (-se)

Entzündung *f* <-en> inflamação *f*

entzündungshemmend *adj* (MED) anti-inflamatório

entzwei [ɛnt'tsvaɪ] *adj* partido, quebrado; **der Teller ist** ~ o prato está partido

entzwei|brechen *vt irr* partir em pedaços

entzweien* *vt* (*Freunde*) separar; (*Volk*) dividir

entzwei|gehen *vi irr* partir-se, ficar em dois

Enzian *m* <-s, -e> (BOT) genciana *f*

Enzyklopädie *f* <-n> enciclopédia *f*

Epen *pl von* **Epos**

Epidemie [epide'mi:] *f* <-n> epidemia *f*

Epilepsie [epilɛ'psi:] *f* <-n> (MED) epilepsia *f*

Epileptiker(in) *m(f)* <-s, - *o* -innen> epiléptico, epiléptica *m, f*

episch *adj* épico

Episode [epi'zo:də] *f* <-n> episódio *m*

Epoche [e'pɔxə] *f* <-n> época *f*

Epos ['e:pɔs] *nt* <-, Epen> epopeia *f*, poema *m* épico

Equalizer *m* <-s, -> (ELEKTR) equalizador *m*

er [e:ɐ] *pron pers* ele; ~ **ist es** é ele; **wenn ich** ~ **wäre** se eu fosse ele

erachten* *vt* (*geh*) julgar, considerar; **etw als wichtig** ~ considerar a. c. importante

Erachten *nt* <-s> *kein pl* **meines ~s** a meu ver, no meu entender

erbarmen* *vr* sich ~ compadecer-se; **sich jds** ~ compadecer-se de alguém

Erbarmen [ɛɐ'barmən] *nt* <-s> *kein pl* compaixão *f*, misericórdia *f;* **kein** ~ **kennen** não ter compaixão

erbärmlich *adj* (*Zustand*) deplorável, lastimável; (*Lohn*) miserável

erbarmungslos *adj* impiedoso, sem compaixão

Erbarmungslosigkeit *f kein pl* impiedade *f*

erbauen* *vt* erigir, edificar

Erbauer(in) *m(f)* <-s, - *o* -innen> construtor, construtora *m, f,* arquite(c)to, arquite(c)ta *m, f*

erbaulich *adj* edificante

Erbauung *f* <-en> construção *f*, edificação *f*

Erbe(in)[1] *m(f)* <-n, -n *o* -innen> herdeiro, herdeira *m, f*

Erbe[2] ['ɛrbə] *nt* <-s> *kein pl* herança *f;* **das** ~ **antreten** entrar na herança

erben ['ɛrbən] *vt* herdar (*von* de)

erbeuten* *vt* capturar

Erbgut *nt* <-(e)s> *kein pl* (BIOL) património *m*

erbittert *adj* (*Kampf, Diskussion*) amargo

Erbkrankheit *f* <-en> doença *f* hereditária

erblassen* *vi* empalidecer; **vor Neid** ~ ficar verde de inveja

erbleichen* *vi* empalidecer

erblich ['ɛrplɪç] *adj* hereditário; ~ **belastet** que sofre de tara hereditária

erblicken* *vt* ver, avistar; **das Licht der Welt** ~ vir ao mundo

erblinden* *vi* cegar

erbost *adj* zangado, irritado

erbrechen* *vi irr* vomitar

Erbschaft *f* <-en> herança *f*, legado *m;* **eine** ~ **machen** herdar

Erbse ['ɛrpsə] *f* <-n> ervilha *f*

Erbstück *nt* <-(e)s, -e> peça *f* de herança

Erbteil *m/nt* <-(e)s, -e> quinhão *m* (duma herança)

E

Erdapfel *m* <-s, -äpfel> (*österr*) batata *f*

Erdbeben *nt* <-s, -> terramoto *m*, tremor *m* de terra, sismo *m*

Erdbeere *f* <-n> morango *m*

Erdbevölkerung *f kein pl* população *f* da Terra

Erdboden *m* <-s> *kein pl* solo *m*, terra *f*; **etw dem ~ gleichmachen** arrasar a. c.

Erde ['eːɐdə] *f kein pl* **1.** (*Welt*) Terra *f*; **auf ~n** na Terra **2.** (*Boden*) terra *f*, solo *m*; **zu ebener ~** no rés-do-chão; **unter der ~** debaixo da terra **3.** (ELEKTR) ligação à terra *f*

erden *vt* (ELEKTR) ligar à terra

erdenklich *adj* imaginável, possível; **sich alle ~e Mühe geben** fazer todos os esforços possíveis e imagináveis

Erdgas *nt* <-es> *kein pl* gás natural *m*

Erdgeschoss^{RR} *nt* <-es, -e>, **Erdgeschoß**^{ALT} *nt* <-sses, -sse> rés-do-chão *m*; (*brasil*) andar *m* térreo

erdig *adj* terroso

Erdkunde *f kein pl* geografia *f*

Erdnuss^{RR} *f* <-nüsse> amendoim *m*

Erdoberfläche *f kein pl* superfície *f* terrestre

Erdöl *nt* <-(e)s, -e> petróleo *m*; **nach ~ bohren** abrir poços em busca de petróleo

erdreisten* *vr* **sich ~** (*geh*) atrever-se (*zu* a)

erdrosseln* *vt* estrangular, sufocar

erdrücken* *vt* esmagar

Erdrutsch *m* <-(e)s, -e> desabamento *m* de terras, aluimento *m* de terras

Erdteil *m* <-(e)s, -e> continente *m*

erdulden* *vt* suportar, tolerar

ereifern* *vr* **sich ~** exaltar-se (*über* com)

ereignen* *vr* **sich ~** acontecer, dar-se, registar-se; **in den letzten Wochen hat sich viel ereignet** nas últimas semanas aconteceu muita coisa

Ereignis *nt* <-ses, -se> acontecimento *m*; **die ~se überstürzen sich** os acontecimentos atropelam-se

ereignisreich *adj* cheio de acontecimentos

Erektion [erɛkˈtsjoːn] *f* <-en> ere(c)ção *f*

Eremit(in) [ereˈmiːt] *m(f)* <-en, -en *o* -innen> eremita *m,f*

erfahren*¹ *vt irr* **1.** (*Nachricht*) (vir a) saber; **wir haben ~, dass ...** nós soubemos que ... **2.** (*erleben*) experimentar, vivenciar; (*Leid*) sofrer

erfahren² I. *pp von* **erfahren** II. *adj* experimentado (*in* em)

Erfahrung *f* <-en> experiência *f*; **aus** (**eigener**) **~** por experiência (própria); **gute/ schlechte ~en machen** ter boas/más experiências; **viel ~ haben** ter muita experiência; **etw in ~ bringen** ficar a saber a. c.

erfahrungsgemäß *adv* por experiência

erfassen* *vt* **1.** (*verstehen*) atingir; (*umg*) **du hast es erfasst!** atingiste! **2.** (*greifen*) agarrar **3.** (*einbeziehen*) compreender, abranger; **diese Untersuchung erfasst jedes Detail** esta pesquisa abrange todos os pormenores **4.** (INFORM: *Daten*) recolher, levantar

erfinden* *vt irr* inventar; **die Geschichte ist frei erfunden** a história é inventada

Erfinder(in) *m(f)* <-s, - *o* -innen> inventor, inventora *m, f*

erfinderisch *adj* engenhoso

Erfindung *f* <-en> invenção *f*; (*Produkt*) invento *m*; **eine ~ machen** fazer uma invenção

Erfindungsreichtum *m* <-s> *kein pl* engenho *m*

Erfolg [ɛɛˈfɔlk] *m* <-(e)s, -e> sucesso *m*, êxito *m*; (*Ergebnis*) resultado *m*; (*Wirkung*) efeito *m*; **~ haben** ter sucesso; **viel ~!** boa sorte!; **~ versprechend** prometedor

erfolgen* *vi* ocorrer, acontecer; (*Zahlung, Beitritt*) efe(c)tuar-se; **es ist noch keine Antwort erfolgt** ainda não houve resposta

erfolglos I. *adj* (*Mensch*) mal sucedido; (*Unternehmen*) malogrado; (*Versuch*) frustrado II. *adv* em vão, sem resultado

Erfolglosigkeit *f kein pl* insucesso *m*, fracasso *m*

erfolgreich *adj* (*Mensch*) bem sucedido; (*Unternehmen*) coroado de êxito; (*Versuch*) eficaz

Erfolgsaussicht *f* <-en> perspectiva de sucesso *f*; **gute ~en haben** ter boas perspectivas de sucesso

erfolgversprechend^{ALT} *adj s.* **Erfolg**

erforderlich [ɛɛˈfɔrdəlɪç] *adj* requerido; (*Kenntnisse*) necessário; **unbedingt ~** indispensável

erfordern* *vt* requerer, exigir

Erfordernis *nt* <-ses, -se> necessidade *f*, exigência *f*

erforschen* *vt* pesquisar, investigar; (*Meinung*) sondar; (*Land, Weltraum*) explorar

Erforschung *f kein pl* investigação *f*, pesquisa *f*; (*von Absichten*) sondagem *f*; (*von Land*) exploração *f*

erfragen* *vt* perguntar; **den Weg** ~ perguntar o caminho

erfreuen* **I.** *vt* alegrar; **sehr erfreut!** muito prazer! **II.** *vr* sich ~ alegrar-se (*an* com)

erfreulich *adj* agradável

erfreulicherweise [-'---'--] *adv* felizmente, por sorte

erfreut *adj* contente, alegre (*über* com)

erfrieren* *vi irr* **1.** (*Körperteil, Pflanze*) gelar **2.** (*Mensch, Tier*) morrer de frio

Erfrierung *f* <-en> congelação *f*

erfrischen* **I.** *vt* refrescar **II.** *vr* sich ~ refrescar-se

Erfrischung *f* <-en> **1.** *kein pl* (*das Erfrischen*) refrescamento *m* **2.** (*Getränk*) refresco *m;* **darf ich Ihnen eine ~ anbieten?** posso oferecer-lhe um refresco?

Erfrischungsgetränk *nt* <-s, -e> refrigerante *m*

Erfrischungsraum *m* <-(e)s, -räume> bar *m*, cafeteria *f*

Erfrischungstuch *nt* <-(e)s, -tücher> toalhete *m* refrescante

erfüllen* **I.** *vt* (*Raum*) encher (completamente); (*Pflicht*) cumprir; (*Bitte, Bedingung*) satisfazer; (*Zweck*) atingir **II.** *vr* sich ~ (*Prophezeiung, Wunsch*) cumprir-se; (*Traum*) realizar-se; (*Hoffnung*) concretizar-se

Erfüllung *f* *kein pl* **1.** (*von Vertrag, Pflicht*) cumprimento *m* **2.** (*von Wunsch*) satisfação *f;* (*von Traum*) realização *f;* **in ~ gehen** realizar-se, cumprir-se

ergänzen* *vt* **1.** (*vervollständigen*) completar **2.** (*hinzufügen*) acrescentar

Ergänzung *f* <-en> **1.** (*Vervollständigung*) complemento *m* **2.** (*Zusatz*) suplemento *m*, aditamento *m*

ergattern* *vt* (*umg*) apanhar

ergeben* **I.** *vt irr* (*Ergebnis*) mostrar; (*Summe*) dar; **die Untersuchung ergab, dass ...** a pesquisa mostrou que ... **II.** *vr* sich ~ *irr* **1.** (MIL) render-se **2.** (*sich hingeben*) dedicar-se (a) **3.** (*folgen*) resultar (*aus* de); **daraus ergibt sich, dass ...** daí resulta que ...

Ergebenheit *f* *kein pl* **1.** (*Fügsamkeit*) resignação *f* **2.** (*Treue*) lealdade *f,* dedicação *f*

Ergebnis [ɛɐ'geːpnɪs] *nt* <-ses, -se> resultado *m;* **wir sind zu dem ~ gekommen, dass ...** chegámos à conclusão de que ...

ergebnislos *adj* sem resultado; **die Suche nach den Vermissten verlief** ~ a busca dos desaparecidos foi inútil

ergehen* *vi irr* **1.** (*geh: Gesetz*) sair, ser publicado **2.** (*geschehen*) acontecer; **wie ist es dir ergangen?** como tens passado?; **etw über sich ~ lassen** suportar/aguentar a. c. pacientemente

ergiebig [ɛɐ'giːbɪç] *adj* produtivo; (*Geschäft*) rentável, lucrativo; (*Ernte*) abundante; (*Boden*) fértil

Ergonomie *f* *kein pl* ergonomia *f*

ergonomisch *adj* ergonómico

Ergotherapeut(in) *m(f)* <-en, -en *o* -innen> ergoterapeuta *m,f*

ergötzen *vr* sich ~ (*geh*) regozijar-se (*an* com), deleitar-se (*an* com)

ergreifen* *vt irr* **1.** (*nehmen*) pegar em **2.** (*Täter*) capturar, prender **3.** (*Maßnahmen, Partei, Initiative, Wort*) tomar; (*Gelegenheit*) aproveitar, agarrar; (*Beruf*) escolher, seguir; **die Flucht ~** fugir

ergriffen [ɛɐ'grɪfən] **I.** *pp von* **ergreifen** **II.** *adj* comovido, abalado

Erguss^{RR} [ɛɐ'gʊs] *m* <-es, -güsse>, **Erguß**^{ALT} *m* <-sses, -güsse> **1.** (*Bluterguss*) derramamento *m* (de sangue) **2.** (*Samenerguss*) ejaculação *f*

erhaben [ɛɐ'haːbən] *adj* **1.** (*feierlich*) elevado, sublime **2.** (*überlegen*) superior (*über* a); **sie ist über jeden Verdacht ~** ela está acima de qualquer suspeita

erhalten* *vt irr* **1.** (*bekommen*) receber; (*Erlaubnis*) obter, conseguir; (*Strafe*) apanhar; **ich habe 300 DM von ihm ~** eu recebi 300 marcos dele **2.** (*bewahren*) conservar; (*Art*) manter; **gut ~** bem conservado; **jdn am Leben ~** manter alguém vivo

erhältlich *adj* disponível; (*käuflich*) à venda; **nur auf Rezept ~** só se vende com receita médica

Erhaltung *f* *kein pl* conservação *f,* manutenção *f*

erhängen* **I.** *vt* enforcar **II.** *vr* sich ~ enforcar-se

erhärten* *vr* sich ~ (*Verdacht*) confirmar-se

erheben* **I.** *vt irr* **1.** (*hochheben*) levantar, erguer **2.** (*Steuern*) lançar; (*Eintritt*) cobrar **3.** (*Klage*) instaurar; **Einspruch ~** protestar (*gegen* contra) **II.** *vr* sich ~ *irr* **1.** (*aufstehen*) levantar-se **2.** (*revoltieren*) sublevar-se (*gegen* contra)

erheblich [ɛɐ'heːplɪç] *adj* considerável

erheitern* *vt* divertir, distrair

E

Erheiterung *f kein pl* divertimento *m*, distra(c)ção *f*

erhellen* *vt* **1.** (*Raum*) iluminar **2.** (*Zusammenhänge*) aclarar

erhitzen* **I.** *vt* (*Speisen*) aquecer; (*brasil*) esquentar; (*erregen*) excitar **II.** *vr* **sich** ~ exaltar-se

erhoffen* *vt* esperar (*von* de); **was erhoffst du dir davon?** o que é que esperas disso?

erhöhen* *vt* (*Preise, Geschwindigkeit*) aumentar (*auf* para, *um* em); (*Lebensstandard*) subir; **der Eintrittspreis wurde auf/um fünf Euro erhöht** o preço de entrada foi aumentado para/em cinco euros

Erhöhung *f* <-en> (*der Preise, Geschwindigkeit*) aumento *m* (*akk.* para, *um* em); (*der Temperatur*) subida *f* (*auf* para, *um* em)

erholen* *vr* **sich** ~ (*von Krankheit*) restabelecer-se (*von* de), recuperar; (*von Schreck*) recompor-se (*von* de), refazer-se; (*entspannen*) descansar

erholsam [ɛɐˈhoːlzaːm] *adj* repousante

Erholung *f kein pl* **1.** (*Genesung*) restabelecimento *m*, recuperação *f* **2.** (*Ruhe, Entspannung*) repouso *m*, descanso *m*

erholungsbedürftig *adj* cansado

Erholungsgebiet *nt* <-(e)s, -e> região *f* de repouso

erhören* *vt* (*geh: Bitte*) atender a, satisfazer

Erika *f* <-s> (BOT) urze *f*

erinnern* **I.** *vt* lembrar, recordar; **jdn an etw** ~ lembrar alguém de a. c.; **erinnerst du mich bitte daran, dass ...** por favor, lembras-me de que ... **II.** *vr* **sich** ~ lembrar-se, recordar-se (*an* de); **wenn ich mich recht erinnere** se bem me lembro

Erinnerung *f* <-en> **1.** (*Gedächtnis*) memória *f* **2.** (*Andenken*) lembrança *f*, recordação *f*; **zur** ~ **an** como recordação de

erkälten *vr* **sich** ~ constipar-se; (*brasil*) pegar um resfriado; **erkältet sein** estar constipado; (*brasil*) estar resfriado

Erkältung *f* <-en> constipação *f*; (*brasil*) resfriado *m*; **eine** ~ **haben** ter uma constipação; (*brasil*) ter um resfriado

erkennbar *adj* reconhecível

erkennen* *vt irr* **1.** (*wahrnehmen*) distinguir; **etw** ~ **lassen** dar a entender a. c.; **am Horizont waren Schiffe zu** ~ distinguiam-se navios no horizonte **2.** (*identifizieren*) reconhecer (*an* por); **jdn wieder** ~ reconhecer alguém

erkenntlich [ɛɐˈkɛntlɪç] *adj* **sich** ~ **zeigen** mostrar-se reconhecido (*für* por)

Erkenntnis *f* <-se> **1.** (*Einsicht*) conhecimento *m*; **zu einer** ~ **kommen/gelangen** reconhecer **2.** *kein pl* (*das Erkennen*) reconhecimento *m*

Erkennungszeichen *nt* <-s, -> sinal *m*, marca *f*

Erker *m* <-s, -> marquise *f*

erklärbar *adj* explicável

erklären* **I.** *vt* (*erläutern*) explicar; (*deuten*) esclarecer; **etw lang und breit** ~ explicar a. c. com todos os pormenores; (*Krieg, Unabhängigkeit*) declarar; **ich erkläre die Ausstellung für eröffnet** declaro a exposição aberta; **etw für ungültig** ~ anular a. c. **II.** *vr* **sich** ~ declarar-se; **sich einverstanden** ~ declarar-se de acordo

erklärlich *adj* compreensível, explicável

Erklärung *f* <-en> **1.** (*Erläuterung*) explicação *f* (*für* para), esclarecimento *m*; **du schuldest mir eine** ~ tu deves-me uma explicação **2.** (*Aussage*) declaração *f*; **eine** ~ **abgeben** fazer uma declaração

erklingen* *vi irr* soar, ressoar

erkranken* *vi* adoecer (*an* com)

Erkrankung *f* <-en> doença *f*

erkunden *vt* (*Geheimnis*) descobrir; (*Gelände*) reconhecer, explorar

erkundigen* *vr* **sich** ~ informar-se (*nach* de, *über* sobre, *bei* junto de); **wir können uns beim Taxifahrer nach dem Weg** ~ podemos informarmo-nos do caminho junto do taxista

Erkundigung *f* <-en> informação *f*; **~en einziehen/einholen** tirar/colher informações (*bei* junto de, *über* sobre)

erlahmen* *vi* **1.** (*Person*) cansar-se **2.** (*geh: Interesse*) esmorecer

erlangen* *vt* conseguir, alcançar

Erlass^{RR} [ɛɐˈlas] *m* <-es, -e>, **Erlaß**^{ALT} *m* <-sses, -sse> (JUR: *Regierungserlass*) decreto *m*, edital *m*; (*Ministerialerlass*) portaria *f*, despacho *m*; (*von Gesetz*) promulgação *f*

erlassen* *vt irr* **1.** (*Gesetz*) promulgar, decretar **2.** (*Schulden, Strafe*) perdoar; **jdm etw** ~ dispensar alguém de a. c.

erlauben *vt* permitir, consentir, autorizar; **jdm etw** ~ permitir a. c. a alguém; **sich** *dat* **etw** ~ permitir-se a. c.; **was** ~ **Sie sich eigentlich?** como é que se atreve?

Erlaubnis *f kein pl* permissão *f*, licença *f*, autorização *f;* **jdn um ~ bitten** pedir autorização/licença a alguém; **jdm die ~ zu etw erteilen/verweigern** dar/não dar licença/autorização a alguém para a. c.

erläutern* *vt* explicar

Erläuterung *f* <-en> explicação *f;* (*Kommentar*) comentário *m*

Erle *f* <-n> amieiro *m*

erleben* *vt* **1.** (*Freude, Enttäuschung*) experimentar, passar por; (*historisches Ereignis*) presenciar, assistir a; (*Abenteuer*) viver, ter; (*Niederlage*) sofrer; (*umg*); **wenn du nicht pünktlich bist, kannst du was ~!** se não fores pontual, vais ver o que te acontece! **2.** (*miterleben*) viver até, chegar a; **werden wir das Jahr 2050 noch ~?** será que vamos viver até ao ano 2050?

Erlebnis *nt* <-ses, -se> vivência *f;* (*Erfahrung*) experiência *f;* (*Ereignis*) aventura *f,* acontecimento *m* (inesquecível)

erledigen *vt* **1.** (*fertig machen*) despachar, fazer; (*Auftrag*) executar; (*Angelegenheit*) resolver; **ich habe noch etw zu ~** ainda tenho de fazer uma coisa **2.** (*umg: umbringen*) despachar; (*ruinieren*) arruinar

Erledigung *f* <-en> **1.** *kein pl* (*das Erledigen*) execução *f* **2.** (*Besorgung*) compra *f;* **~en machen** fazer compras

erlegen* *vt* (*geh*) abater

erleichtern* *vt* aliviar, facilitar; **dieses Computerprogramm erleichtert unsere Arbeit** este programa informático facilita o nosso trabalho; (*umg*); **jdn um 200 DM ~** roubar 200 marcos a alguém

erleichtert *adj* aliviado; **sie wirkt sehr ~** ela parece muito aliviada; **er atmete ~ auf** ele respirou de alívio

Erleichterung *f* <-en> **1.** *kein pl* (*bei Schmerzen*) alívio *m;* **das Medikament wird ihr ~ verschaffen** o medicamento vai aliviá-la **2.** (WIRTSCH) facilidades *fpl;* (*Steuererleichterung*) benefício *m*

erleiden* *vt irr* (*Schmerzen*) ter; (*Niederlage*) sofrer, passar por

erlernbar *adj* que se pode aprender; **das ist ~** isso aprende-se

erlernen* *vt* aprender

erlesen *adj* (*Zutaten*) seleccionado; (*Geschmack*) requintado; (*Publikum*) sele(c)to

erleuchten* *vt* iluminar; **der Saal war hell erleuchtet** o salão estava bem iluminado

Erleuchtung *f* <-en> inspiração *f*

erlogen *adj* falso, inventado

Erlös *m* <-es, -e> lucro *m* (*aus* de)

erlosch *imp von* **erlöschen**

erloschen I. *pp von* **erlöschen II.** *adj* extinto, apagado

erlöschen *vi* **1.** (*Flamme, Vulkan*) extinguir-se, apagar-se **2.** (*Anspruch*) expirar, caducar

erlösen* *vt* libertar (*von* de); (REL) salvar, redimir

Erlösung *f kein pl* (*von Leid*) libertação *f;* (REL) salvação *f,* redenção *f*

ermächtigen* *vt* autorizar (*zu* a)

Ermächtigung *f* <-en> autorização *f* (*zu* para)

ermahnen* *vt* exortar (*zu* a); (*warnen*) advertir

Ermahnung *f* <-en> exortação *f;* (*Warnung*) advertência *f*

ermäßigen* *vt* reduzir (*um* em)

Ermäßigung *f* <-en> **1.** (*Senkung*) redução *f* **2.** (*Nachlass*) desconto *m* (*um* de); **Kinder unter zehn Jahren erhalten ~** as crianças abaixo dos dez anos têm desconto

ermessen* *vt irr* julgar, avaliar; **das lässt sich nicht ~** isso não se pode avaliar

Ermessen *nt* <-s> *kein pl* critério *m,* parecer *m;* **es liegt in Ihrem ~** está nas suas mãos (decidir); **nach menschlichem ~** muito provavelmente

ermitteln* I. *vt* (*Wahrheit*) apurar, averiguar; (*Täter*) descobrir; (*Wert*) determinar **II.** *vi* investigar; **gegen jdn ~** proceder a investigação contra alguém; **die Polizei ermittelt in diesem Fall bereits** a polícia já está a investigar o caso

Ermittlung *f* <-en> **1.** (*polizeilich*) inquérito *m,* investigação *f;* **~en anstellen** fazer diligências; **die Polizei hat ihre ~en eingestellt** a polícia suspendeu as suas diligências **2.** (*Feststellung*) determinação *f,* averiguação *f*

ermöglichen* *vt* possibilitar, proporcionar; **jdm etw ~** proporcionar a. c. a alguém

ermorden* *vt* matar, assassinar

Ermordung *f* <-en> assassínio *m,* assassinato *m*

ermüden* I. *vt* cansar **II.** *vi* cansar-se

ermüdend *adj* cansativo, fatigante

Ermüdung *f kein pl* cansaço *m,* fadiga *f*

Ermüdungserscheinung *f* <-en> sinais *mpl* de cansaço

E

ermuntern* *vt* animar, estimular, incitar (*zu* a)

ermutigen* *vt* instigar (*zu* a), encorajar

ernähren* I. *vt* (*Nahrung geben*) alimentar; **sie wird künstlich ernährt** ela é alimentada artificialmente; (*Familie*) sustentar II. *vr* **sich** ~ alimentar-se (*von* de), viver (*von* de); **er ernährt sich nur von Gemüse** ele só se alimenta de legumes

Ernährer(in) *m(f)* <-s, - *o* -innen> sustentáculo *m* da família

Ernährung *f kein pl* 1. (*Nahrung*) alimentação *f*, nutrição *f*; **ausgewogene/falsche** ~ alimentação equilibrada/errada 2. (*Unterhalt*) sustento *m*

Ernährungswissenschaft *f kein pl* ciências *fpl* da nutrição

ernennen* *vt irr* designar (*zu* para), nomear (*zu* para)

Ernennung *f* <-en> nomeação *f* (*zu* para)

Ernennungsurkunde *f* <-n> certificado *m* de nomeação

erneuern* *vt* 1. (*wiederherstellen*) renovar, restaurar 2. (*auswechseln*) substituir

Erneuerung *f* <-en> 1. (*von Gebäude, Gemälde*) restauração *f*; (*von Vertrag*) renovação *f* 2. (*Auswechselung*) substituição *f*

erneut [ɛɐ̯'nɔɪt] I. *adj* repetido; **~e Regenfälle führten zu Überschwemmungen** repetidas chuvas levaram a inundações II. *adv* de novo, novamente; **ich möchte** ~ **nachfragen, ob ...** eu gostaria de perguntar novamente se ...

erniedrigen* *vt* 1. (*Preise, Druck*) diminuir, baixar 2. (*demütigen*) rebaixar, humilhar

ernst [ɛrnst] I. *adj* (*Mensch, Drohung, Miene*) sério; (*Lage, Krankheit*) grave, sério II. *adv* a sério; **etw** ~ **nehmen** levar a. c. a sério; ~ **gemeint** a sério

Ernst *m* <-(e)s> *kein pl* 1. (*Strenge*) gravidade *f*, severidade *f* 2. (*ernster Wille*) seriedade *f*; **im** ~ a sério; **allen** ~**es** seriamente; **das ist mein** ~ estou a falar a sério; **das ist nicht dein** ~! tu não estás a falar a sério!; **mit etw** ~ **machen** deixar-se de brincadeiras

Ernstfall *m* <-(e)s, -fälle> emergência *f*; **im** ~ em caso de emergência

ernstgemeint^{ALT} *adj s.* **ernst II**

ernsthaft *adj* 1. (*Angebot, Miene*) sério 2. (*Verletzung*) grave

ernstlich *adj* (*Bedenken*) sério

Ernte ['ɛrntə] *f* <-n> colheita *f*; (*brasil*) safra *f*

Erntedankfest [--'--] *nt* <-(e)s, -e> festa *f* em acção de graças pela colheita

ernten ['ɛrntən] *vt* 1. (*Getreide*) ceifar; (*Obst*) colher, apanhar 2. (*Dank, Lob*) colher, receber

Ernüchterung *f kein pl* desengano *m*, desilusão *f*

Eroberer(in) [ɛɐ̯'ʔoːbərə] *m(f)* <-s, - *o* -innen> conquistador, conquistadora *m, f*

erobern* *vt* conquistar, tomar

Eroberung *f* <-en> conquista *f*, tomada *f*

eröffnen* I. *vt* (*Konto, Geschäft*) abrir; (*Sitzung*) iniciar; (*einweihen*) inaugurar; **das Feuer** ~ abrir fogo; (*mitteilen*); **jdm etw** ~ revelar a. c. a alguém, confiar a. c. a alguém II. *vr* **sich** ~ abrir-se, apresentar-se; **es** ~ **sich (uns) völlig neue Möglichkeiten der Kommunikation** abrem-se(-nos) completamente novas possibilidades de comunicação

Eröffnung *f* 1. (*von Geschäft*) abertura *f*; (*einer Sitzung*) início *m*; (*Einweihung*) inauguração *f* 2. (*Mitteilung*) comunicação *f*; **jdm eine** ~ **machen** dar uma notícia a alguém

Eröffnungsfeier *f* <-n> cerimónia *f* de abertura, inauguração *f*

erogen *adj* erógeno

erörtern* *vt* discutir, debater

Erörterung *f* <-en> discussão *f*, debate *m*

Erosion *f* <-en> (GEOL) erosão *f*

Erotik [e'roːtɪk] *f kein pl* erotismo *m*

erotisch *adj* erótico

erpicht [ɛɐ̯'pɪçt] *adj* **auf etw** ~ **sein** estar ansioso por a. c.

erpressen* *vt* 1. (*Person*) chantagear; **man versuchte, ihn mit Fotos zu** ~ tentaram chantageá-lo com fotografias 2. (*Lösegeld, Geständnis*) extorquir

Erpresser(in) *m(f)* <-s, - *o* -innen> chantagista *m,f*

Erpressung *f* <-en> chantagem *f*

erproben* *vt* pôr à prova, experimentar

erraten* *vt irr* adivinhar, resolver

erregbar [ɛɐ̯'reːkbaːɐ] *adj* irritável

Erregbarkeit *f kein pl* irritabilidade *f*

erregen* *vt* 1. (*emotional, sexuell*) excitar 2. (*hervorrufen*) causar, provocar; (*Aufsehen, Interesse*) suscitar 3. (*Fantasie*) estimular

Erreger *m* <-s, -> (MED) bacilo *m*, micróbio *m* patogénico

Erregung *f* <-en> excitação *f*, agitação *f*; ~

öffentlichen Ärgernisses atentado à moral pública

erreichbar *adj* acessível, ao alcance; (*Ort*) acessível; **telefonisch ~ sein** ter telefone

erreichen *vt* **1.** (*Ziel, Geschwindigkeit*) atingir, alcançar; (*Ort, Alter*) chegar a; (*Zug*) apanhar; **der Brief erreichte mich nicht mehr** já não recebi a carta **2.** (*Person*) conta(c)tar; **wie kann ich dich/Sie ~?** como posso entrar em conta(c)to contigo?/como posso conta(c)tá-lo? **3.** (*durchsetzen*) conseguir

errichten* *vt* **1.** (*Gebäude*) erigir, edificar **2.** (*gründen*) fundar, estabelecer

erringen* *vt irr* conseguir

erröten* *vi* corar; **vor Scham ~** corar de vergonha

Errungenschaft [εɛ'rʊŋənʃaft] *f* <-en> progresso *m*; (*umg: Anschaffung*) aquisição *f*

Ersatz [εɛ'zats] *m* <-es> *kein pl* **1.** (*Auswechselung*) substituição *f* **2.** (*Person, Sache*) substituto *m*; (*Teil*) peça *f* sobresselente; (*im Sport*) suplente *m* **3.** (*Entschädigung*) compensação *f*; (*Schadenersatz*) inde(m)nização *f*; **für einen Schaden ~ leisten** inde(m)nizar alguém por um dano

Ersatzdienst *m* <-(e)s, -e> serviço *m* cívico

Ersatzmann *m* <-(e)s, -männer> substituto *m*; (SPORT) suplente *m*

Ersatzreifen *m* <-s, -> pneu *m* sobresselente

Ersatzspieler(in) *m(f)* <-s, - *o* -innen> jogador, jogadora suplente *m*, *f* suplente

Ersatzteil *nt* <-(e)s, -e> peça *f* sobresselente

ersaufen* *vi irr* (*umg*) afogar-se

ersäufen* *vt* afogar

erschaffen* *vt* (*geh*) criar

erscheinen* *vi* **1.** (*sichtbar werden*) aparecer **2.** (*sich einfinden*) vir,; (*vor Gericht*) comparecer **3.** (*Buch, Zeitung*) sair, publicar-se; **die Zeitschrift erscheint vierteljährlich** a revista sai todos os trimestres

Erscheinung *f* <-en> **1.** (*äußere*) aparência *f*, aspecto *m*; (*Gestalt*) figura *f* **2.** (*Gegebenheit*) fenómeno *m*; **in ~ treten** aparecer, manifestar-se

erschießen* *vt irr* matar a tiro; (MIL) fuzilar

erschlaffen* *vi* afrouxar, ceder

erschlagen* *vt irr* matar (à pancada); **vom Blitz ~ werden** ser fulminado por um raio;

(*umg*); **ich bin völlig ~** estou esgotado

erschleichen* *vt irr* (*pej*) conseguir (por manha); **sich** *dat* **jds Vertrauen ~** conseguir a confiança de alguém

erschließen* *vt irr* **1.** (*folgern*) deduzir **2.** (*Land, Bodenschätze*) explorar; (*Märkte*) abrir

erschöpfen* *vt* esgotar; **meine Geduld ist erschöpft** a minha paciência esgotou

erschöpft *adj* exausto, esgotado

Erschöpfung *f kein pl* esgotamento *m*

erschrak *imp von* **erschrecken**

erschrecken **I.** *vt* assustar **II.** *vi irr* assustar-se (*vor* com)

erschreckend *adj* assustador, pavoroso

erschrocken [εɛ'ʃrɔkən] **I.** *pp von* **erschrecken II.** *adj* assustado

erschüttern* *vt* **1.** (*Erdbeben, Vertrauen*) abalar, fazer estremecer **2.** (*emotional*) abalar

Erschütterung *f* <-en> (*auch fig*) abalo *m*

erschweren* *vt* dificultar

erschwinglich [εɛ'ʃvɪŋlɪç] *adj* acessível, ao alcance

ersetzbar *adj* substituível

ersetzen* *vt* **1.** (*Person*) substituir (*durch* por); (*Gerät*) trocar (*durch* por) **2.** (*Schaden, Verlust*) reparar; (*Unkosten*) reembolsar, restituir; **jdm einen Schaden ~** inde(m)nizar alguém por um dano

ersichtlich [εɛ'zɪçtlɪç] *adj* claro, evidente

ersparen* *vt* **1.** (*Geld*) poupar, economizar **2.** (*Mühe, Ärger*) poupar, evitar; **jdm unnötige Arbeit ~** poupar trabalho desnecessário a alguém

Ersparnis *f kein pl* poupança *f* (*an* de)

Ersparnisse *pl* economias *fpl*

erst [eːɐst] *adv* **1.** (*zuerst*) primeiro, primeiramente; **~ einmal** primeiro **2.** (*nicht früher*) só, somente; **eben/jetzt ~** só agora, agora mesmo; **das wurde ~ heute fertig** isto só ficou pronto hoje **3.** (*nur*) só; **sie ist ~ 16** ela só tem 16 anos; **ich habe ~ die Hälfte der Arbeit erledigt** (ainda) só fiz metade do trabalho

erstarren* *vi* **1.** (*vor Kälte*) gelar **2.** (*Flüssigkeit*) solidificar **3.** (*vor Schreck*) estarrecer, paralisar

erstatten* *vt* (*Kosten*) restituir, reembolsar; **über jdn/etw Bericht ~** fazer um relatório sobre alguém/a. c.; (**gegen jdn**) **Anzeige ~** fazer uma denúncia (contra alguém)

E

Erstaufführung *f* <-en> estreia *f*

erstaunen* *vt* admirar, espantar

Erstaunen *nt* <-s> *kein pl* admiração *f*, espanto *m*; **zu meinem** ~ para meu espanto; **jdn in** ~ **versetzen** admirar alguém

erstaunlich *adj* admirável, espantoso; (*überraschend*) surpreendente

erstbeste(r, s) *adj* der/die/das E~ o primeiro que apareça, primeira *m, f*

erstechen* *vt irr* apunhalar

erstehen* *vt irr* adquirir, comprar

erstellen* *vt* 1. (*Gebäude, Wohnungen*) construir 2. (*Plan, Gutachten*) fazer 3. (INFORM) criar; **eine Datei** ~ criar um ficheiro

erstens ['eːɐstəns] *adv* primeiro, em primeiro lugar; ~ **ist das zu weit, zweitens viel zu teuer** primeiro é muito longe, segundo é muito caro

erstere(r, s) der/die/das Erstere o primeiro, a primeira; ~s ..., **letzteres** em primeiro ..., em último

erste(r, s) *num ord* primeiro; **am** ~n **August** no dia 1 de Agosto; **zum** ~n **Mal** pela primeira vez; **fürs Erste** primeiro, por agora; **als Erstes/an** ~r **Stelle** em primeiro (lugar); ~ **Hilfe leisten** prestar os primeiros socorros; **es war Liebe auf den** ~n **Blick** foi amor à primeira vista; *s.* **zweite(r, s)**

ersticken* I. *vt* (*Mensch*) asfixiar, sufocar; (*Flammen*) apagar, abafar; **etw im Keim** ~ abafar a. c. no início II. *vi* morrer asfixiado, abafar, sufocar; (*durch Gas*) asfixiar; **sie wäre fast an einer Gräte erstickt** ela quase morreu asfixiada com uma espinha

erstklassig ['eːɐstklasɪç] *adj* de categoria, de primeira classe

Erstkommunion *f* <-en> primeira *f* comunhão

erstmalig ['eːɐstmaːlɪç] I. *adj* primeiro II. *adv* pela primeira vez

erstmals ['eːɐstmaːls] *adv* pela primeira vez

erstrebenswert *adj* desejável

erstrecken* *vr sich* ~ 1. (*räumlich*) estender-se (*über* sobre); **der Wald erstreckt sich von hier bis zum Fluss** a floresta estende-se daqui até ao rio 2. (*zeitlich*) estender-se (*über* por)

Erstschlag *m* <-(e)s, -schläge> (MIL) ataque *m*

Erstsemester *nt* <-s, -> caloiro, caloira *m, f*

erstunken *adj* (*umg*) **das ist** ~ **und erlogen** é tudo mentira

ersuchen* *vt* (*geh*) apelar (*um* para)

ertappen* *vt* surpreender, apanhar (*bei* em); **jdn auf frischer Tat** ~ apanhar alguém em flagrante

erteilen* *vt* (*Befehl, Rat, Erlaubnis, Unterricht*) dar

ertönen* *vi* ressoar

Ertrag [ɛɐˈtraːk] *m* <-(e)s, -träge> 1. (*Gewinn*) receita *f* 2. (*der Landwirtschaft*) produto *m*

ertragen *vt* suportar, aguentar

erträglich *adj* 1. (*zu ertragen*) suportável 2. (*umg: mittelmäßig*) tolerável

ertränken* *vt* afogar

erträumen* *vt* sonhar com, desejar ardentemente; **das hatte ich mir anders erträumt** eu tinha sonhado com outra coisa

ertrinken* *vi irr* afogar-se

erübrigen I. *vt* (*übrig behalten*) pôr de parte; (*Geld*) poupar, economizar; **Zeit für jdn/ etw** ~ pôr tempo de parte para alguém/a. c. II. *vr sich* ~ ser escusado; **meine Frage erübrigt sich damit** é escusado perguntar

eruieren* *vt* (*geh*) estabelecer

erwachen* *vi* (*geh*) despertar

erwachsen [ɛɐˈvaksən] *adj* crescido, adulto

Erwachsenenbildung *f kein pl* instrução *f* para adultos

Erwachsene(r) *m/f* <-n, -n *o* -n> adulto, adulta *m, f*

erwägen* *vt* ponderar, considerar

Erwägung *f* <-en> ponderação *f*, consideração *f*; **etw in** ~ **ziehen** tomar a. c. em consideração

erwähnen* *vt* mencionar, referir

erwähnenswert *adj* digno de ser mencionado

Erwähnung *f* <-en> menção *f*, referência *f*

erwärmen* I. *vt* aquecer; (*brasil*) esquentar II. *vr sich* ~ 1. (*Klima, Wasser*) aquecer 2. (*Gefallen finden*) entusiasmar-se (*für* por)

erwarten* *vt* 1. (*warten auf*) aguardar, esperar; **etw kaum** ~ **können** mal poder esperar por a. c.; **sie erwartet ein Kind** ela está à espera de bébé 2. (*rechnen mit*) esperar; **das hätte ich nicht von dir erwartet** eu não esperava isso de ti 3. (*verlangen*) exigir; **ich erwarte, dass Sie pünktlich sind** eu exijo que seja pontual; **wir** ~ **Diskretion** exigimos discrição

Erwartung *f* <-en> expectativa *f*; **das ent-**

spricht meinen ~en isto corresponde às minhas expectativas

erwartungsgemäß *adv* de acordo com as expectativas; **alles ist ~ verlaufen** correu tudo como se esperava

erwartungsvoll I. *adj* esperançoso **II.** *adv* ansioso

erwecken* *vt* (*Zweifel*) suscitar; (*Vertrauen*) inspirar; (*Gefühle*) despertar; **es erweckt den Anschein, als ob ...** dá a impressão de ...

erweichen* *vt* amolecer; **sich durch Bitten ~ lassen** ceder aos pedidos

erweisen* **I.** *vt irr* (*nachweisen*) provar, demonstrar; **es gilt als erwiesen, dass ...** está dado como provado que ...; (*Dienst, Gefallen*) fazer, prestar; **jdm einen Gefallen ~** fazer um favor a alguém **II.** *vr* **sich ~** *irr* mostrar-se, revelar-se; **das Gerücht erwies sich als falsch** o boato revelou-se falso

erweitern* *vt* (*Straße, Gebäude*) alargar; (*Kenntnisse*) aumentar

Erwerb [ɛɐˈvɛrp] *m* <-(e)s> *kein pl* **1.** (*von Kenntnissen*) aquisição *f*; (*Kauf*) compra *f*; **der ~ des Lebensunterhalts** o ganha-pão **2.** (*Tätigkeit*) trabalho *m*

erwerben* *vt irr* **1.** (*Waren, Kenntnisse*) adquirir; **etw käuflich ~** comprar a. c. **2.** (*Verdienste, Ansehen*) merecer

erwerbslos *adj* desempregado

erwerbstätig *adj* a(c)tivo; **die ~e Bevölkerung** a população a(c)tiva

Erwerbstätige(r) *m/f* <-n, -n *o* -n> trabalhador, trabalhadora *m, f*

erwerbsunfähig *adj* inválido

erwidern* *vt* **1.** (*antworten*) replicar, responder (*auf* a); **darauf konnte er nichts ~** ele não conseguiu responder a isso **2.** (*Besuch, Gruß*) retribuir; (*Gefühle*) corresponder a

erwischen* *vt* (*umg: Täter, Zug*) apanhar; **er wurde beim Stehlen erwischt** ele foi apanhado a roubar

erwog [ɛɐˈvoːk] *imp von* **erwägen**

erwogen [ɛɐˈvoːɡən] *pp von* **erwägen**

erwünscht *adj* desejado, bem-vindo; **Portugiesischkenntnisse ~** conhecimentos de português desejados; **du bist hier nicht ~** tu não és bem-vindo aqui

erwürgen* *vt* estrangular

Erz [eːɐts, ɛrts] *nt* <-es, -e> minério *m*

erzählen* *vt* contar, narrar; **er erzählt seinem Sohn ein Märchen** ele conta uma his-

tória ao filho; (*umg*); **mir kannst du nichts ~!** não me venhas com histórias!

Erzähler(in) *m(f)* <-s, -*o*-innen> narrador, narradora *m, f*

Erzählung *f* <-en> conto *m,* narrativa *f*

Erzbischof *m* <-(e)s, -bischöfe> arcebispo *m*

Erzengel *m* <-s, -> arcanjo *m*

erzeugen* *vt* (*Waren*) produzir, fabricar; (*Strom*) gerar; (*Angst, Langeweile*) causar

Erzeugnis *nt* <-ses, -se> produto *m;* **landwirtschaftliche ~se** produtos agrícolas

Erzeugung *f* *kein pl* (*von Waren*) produção *f;* (*von Strom*) geração *f*

Erzfeind(in) [ˈɛrts-] *m(f)* <-(e)s, -e *o*-innen> inimigo, inimiga *m, f* de morte

erziehen* *vt irr* educar (*zu* para); **gut/schlecht erzogene Kinder** crianças bem/mal educadas; **allein erziehende Mutter** mãe solteira *f*

Erzieher(in) *m(f)* <-s, -*o*-innen> educador, educadora *m, f* de infância

Erziehung *f* *kein pl* educação *f*

Erziehungsberechtigte(r) *m/f* <-n, -n *o*-n> encarregado de educação, encarregada *m, f*

Erziehungsheim *nt* <-(e)s, -e> casa *f* de corre(c)ção

erzielen* *vt* conseguir, obter; (*Tor*) marcar; **eine Einigung ~** chegar a um acordo

erzwingen* *vt irr* extorquir

es [ɛs] *pron pers* **1.** (*nom.*) ele, ela; o, a; isto, isso; **~ ist sehr hübsch** é muito giro; **wie heißt das Mädchen? - ~ heißt Tabea** como se chama a rapariga? - chama-se Tabea **2.** (*akk.*) isso, o, a; **siehst du ~?** vê-lo?; **ich weiß ~ nicht** não sei **3.** (*unpers.*) **~ regnet** está a chover; **~ gibt** há; **ich bin ~** sou eu; **~ freut mich, dass ...** alegra-me que ...; **~ wurde getanzt** dançou-se

Esche [ˈɛʃə] *f* <-n> freixo *m*

Escudo *m* <-(s), -(s)> (GESCH) escudo *m;* **das kostet 1000 ~s** custa 1000 escudos

Esel [ˈeːzəl] *m* <-s, -> burro *m,* asno *m*

Eselsbrücke *f* <-n> (*umg*) cábula *f*

Eselsohr *nt* <-(e)s, -en> (*umg*) dobra *f* (no canto duma folha)

Eskalation *f* <-en> escalada *f*

eskalieren* *vi* escalar

Eskapade *f* <-n> escapadela *f*

Eskimo, frau [ˈɛskimo] *m, f* <-s, -s *o*-en> esquimó *m, f*

Eskorte [ɛs'kɔrtə] *f* <-n> escolta *f*
Esoterik [ezo'te:rɪk] *f kein pl* esoterismo *m*
esoterisch *adj* esotérico
Espresso *m* <-s, -s> café *m;* (*in Lissabon*) bica *f*
Esprit *m* <-s> *kein pl* vivacidade *f,* perspicácia *f*
Essay ['ɛse, 'ɛsɛi] *m* <-s, -s> ensaio *m*
essbar^RR ['ɛsba:ɐ] *adj,* **eßbar**^ALT *adj* comestível; **der Kuchen ist** ~ o bolo come-se
essen ['ɛsən] *vi* comer; **zu Mittag/zu Abend** almoçar/jantar; ~ **gehen** ir comer fora; **wo kann man hier gut** ~? onde é que se pode comer bem aqui?; **mit großem Appetit** ~ comer com muito apetite; **den Teller leer** ~ comer tudo; (*umg*) **das ist gegessen** o assunto está arrumado
Essen *nt* <-s, -> comida *f;* (*Mahlzeit*) refeição *f;* (*Gericht*) prato *m;* **beim** ~ à refeição; **bleib doch zum** ~ fica para comer; **das** ~ **machen** fazer o almoço/jantar; **wann gibt es** ~? quando é que se come?
Essensmarke *f* <-n> senha *f* (de refeição)
Essenszeit *f* <-en> hora *f* das refeições, hora *f* de comer
Essenz *f* <-en> essência *f*
Essig ['ɛsɪç] *m* <-s, -e> vinagre *m;* (*umg*) **damit ist es jetzt** ~ foi tudo cancelado
Essiggurke *f* <-n> pepino *m* em "pickle"
Esskastanie^RR *f* <-n>, **Eßkastanie**^ALT *f* <-n> castanha *f*
Esslöffel^RR *m* <-s, ->, **Eßlöffel**^ALT *m* <-s, -> colher *f* de sopa
Esstisch^RR *m* <-s, -e>, **Eßtisch**^ALT *m* <-s, -e> mesa *f* de jantar
Esszimmer^RR *nt* <-s, ->, **Eßzimmer**^ALT *nt* <-s, -> sala *f* de jantar
Este(**in**) *m(f)* <-n, -n *o* -innen> estónio *m*
Estland ['ɛstlant] *nt* <-s> *kein pl* Estónia *f*
estnisch ['ɛstnɪʃ] *adj* estónio
Estragon *m* <-s> *kein pl* estragão *m*
etablieren* I. *vt* estabelecer, fundar II. *vr* **sich** ~ estabelecer-se
Etage [e'ta:ʒə] *f* <-n> andar *m;* **wir wohnen in der zweiten** ~ nós moramos no segundo andar
Etagenwohnung *f* <-en> andar *m*
Etappe [e'tapə] *f* <-n> (*a* SPORT: *räumlich, zeitlich*) fase *f,* etapa *f;* **in** ~**n** por etapas
Etappensieg *m* <-(e)s, -e> (SPORT) vitória *f* de uma etapa
Etat [e'ta:] *m* <-s, -s> orçamento *m*

etc. [e:te:'tse:] *abk v* **et cetera** etc. (= *et cetera*)
etepetete *adj* (*umg*) niquento, miudinho
Ethik ['e:tɪk] *f kein pl* ética *f*
ethisch *adj* ético
ethnisch ['ɛtnɪʃ] *adj* étnico
Ethnologie *f kein pl* etnologia *f*
Etikett [eti'kɛt] *nt* <-s, -en> etiqueta *f,* rótulo *m*
Etikette [eti'kɛtə] *f kein pl* etiqueta *f,* protocolo *m*
etikettieren* *vt* etiquetar
etliche(**r, s**) *pron indef* alguns, algumas, uns, umas, vários; ~ **Touristen wurden bestohlen** alguns/vários turistas foram roubados
Etui [ɛt'vi:, ety'i:] *nt* <-s, -s> estojo *m*
etwa ['ɛtva] *adv* **1.** (*ungefähr*) cerca de, aproximadamente; **die Fahrt dauert** ~ **vier Stunden** a viagem dura cerca de quatro horas **2.** (*beispielsweise*) por exemplo **3.** (*vielleicht*) por acaso, porventura; **willst du** ~ **schon gehen?** já vais embora?; **das hast du mit Absicht gemacht, oder** ~ **nicht?** fizeste isso de propósito, ou não foi?
etwaig *adj* eventual, casual; ~**e Beschwerden richten Sie bitte an ...** eventuais queixas remeter para ...
etwas ['ɛtvas] *pron indef* algum, alguma, alguma/qualquer coisa, algo; (*ein wenig*) um pouco (de), um tanto; ~ **anderes** coisa diferente, outra coisa; ~ **Wasser/Geld** um pouco de água/algum dinheiro; ~ **Interessantes** algo de interessante; **ohne** ~ **zu sagen** sem dizer nada; **ich fühle mich schon** ~ **besser** já me sinto um pouco melhor
Etwas *nt* <-> *kein pl* não-sei-quê *m;* **das gewisse** ~ o não-sei-quê
Etymologie *f* <-n> etimologia *f*
EU [e:'?u:] *abk v* **Europäische Union** UE (= *União Europeia*)
EU-Bürger(**in**) *m(f)* <-s, - *o* -innen> cidadão europeu *m,* cidadã europeia *f*
euch [ɔɪç] *pron pers o akk/dat von* **ihr** vos; (*nach präp.*) vós; **mit** ~ convosco; **gehören** ~ **die Räder?** estas bicicletas pertencem-vos?; **das ist für** ~ isto é para vós; **ich bin sehr gerne bei** ~ eu gosto muito de estar em vossa casa; **gefiel** ~ **der Film?** gostaram do filme?
euer, (**e**)**re**[1] ['ɔɪɐ] *pron poss* (*adjektivisch*) (o) vosso, (a) vossa; ~ **Hund/Haus** o vosso

cão/a vossa casa; ~**e Schwester/Freunde** a vossa irmã/os vossos amigos; **viele Grüße,** ~ **Fritz/~e Margret** muitos beijinhos, o vosso Fritz/a vossa Margret

euer² *pron pers o gen von* **ihr** vosso

euere *pron poss s.* **euer**

eu(e)re(r, s) *pron poss (substantivisch)* o vosso, a vossa; **meine Pläne sind anders als eure** os meus planos são diferentes dos vossos

Eukalyptus *m* <-s, Eukalypten> eucalipto *m*

Eule ['ɔɪlə] *f* <-n> coruja *f,* mocho *m*

Eunuch *m* <-en, -en> eunuco *m*

Euphemismus *m* <-, Euphemismen> eufemismo *m*

Euphorie [ɔɪfo'riː] *f* <-n> euforia *f*

euphorisch [ɔɪ'foːrɪʃ] *adj* eufórico

eure *pron poss s.* **euer**

eurerseits *adv* pela vossa parte, por vosso lado

euresgleichen ['--'--] *pron indef* vosso semelhante, como vós; ~ **wollen wir hier nicht haben** não queremos pessoas como vós

euretwegen ['ɔɪrətveːɡən] *adv* por vós; *(negativ)* por vossa causa

Euro ['ɔɪro] *m* <-s, -s> euro *m*

Eurocity *m* <-(s), -s> eurocity *m*

Europa [ɔɪ'roːpa] *nt* <-s> *kein pl* Europa *f*

Europäer(in) *m(f)* <-s, - *o* -innen> europeu, europeia *m, f*

europäisch *adj* europeu

Europameister(in) *m(f)* <-s, - *o* -innen> (SPORT) campeão europeu *m,* campeã europeia *f*

Europameisterschaft *f* <-en> (SPORT) campeonato *m* europeu/da Europa

Europaparlament *nt* <-(e)s> *kein pl* parlamento *m* europeu

Europapokal *m* <-s, -e> (SPORT) taça *f* da Europa

Europarat *m* <-(e)s> *kein pl* Conselho *m* Europeu

Euroscheck *m* <-s, -s> eurocheque *m*

Euroscheckkarte *f* <-n> cartão *m* eurocheque

Eurovision *f kein pl* eurovisão *f*

Euter ['ɔɪtɐ] *nt* <-s, -> úbere *m*

Euthanasie [ɔɪtana'ziː] *f kein pl* eutanásia *f*

e.V. *abk v* **eingetragener Verein** associação regist(r)ada

evakuieren* *vt* evacuar

evangelisch [evaŋ'geːlɪʃ] *adj* evangélico, protestante

Evangelium *nt* <-s, Evangelien> Evangelho *m*

eventuell [evɛntu'ɛl] *adj* eventual

Evolution [evolu'tsjoːn] *f* <-en> (*a* BIOL) evolução *f*

EWG *abk v* **Europäische Wirtschaftsgemeinschaft** CEE (= *Comunidade Económica Europeia*)

ewig ['eːvɪç] *adj* **1.** (*unendlich*) eterno **2.** (*umg: sehr lange*) **das dauert ja ~!** isso dura uma eternidade!

Ewigkeit *f* <-en> eternidade *f*; (*umg*) **das ist ja ~en her** isso já foi há séculos

exakt [ɛ'ksakt] *adj* exa(c)to; **es ist ~ 11 Uhr** são exa(c)tamente 11 horas

Examen [ɛ'ksaːmən] *nt* <-s, Examina> exame *m*; ~ **machen** fazer o exame final do curso

exekutieren* *vt* executar

Exekutive [ɛkseku'tiːvə] *f* <-n> (JUR, POL) executivo *m*

Exemplar [ɛksɛm'plaːɐ] *nt* <-s, -e> exemplar *m*

exemplarisch *adj* exemplar

Exhibitionist *m* <-en, -en> exibicionista *m*

Exil [ɛ'ksiːl] *nt* <-s, -e> exílio *m,* degredo *m;* **ins ~ gehen** ser exilado; **im ~ leben** viver no exílio

Existenz [ɛksɪs'tɛnts] *f* <-en> **1.** *kein pl* (*Dasein*) existência *f* **2.** (*berufliche Stellung*) posição *f;* **sich** *dat* **eine ~ aufbauen** construir uma posição

Existenzberechtigung *f kein pl* direito *m* à existência

Existenzkampf *m* <-(e)s, -kämpfe> luta *f* pela sobrevivência

Existenzminimum *nt* <-s> *kein pl* mínimo *m* de subsistência

existieren* *vi* existir

exklusiv [ɛksklu'ziːf] *adj* exclusivo

exkommunizieren* *vt* excomungar

Exkurs [ɛks'kʊrs] *m* <-es, -e> desvio *m*

Exkursion *f* <-en> excursão *f*

exmatrikulieren* *vt* anular a matrícula de

exotisch [ɛ'ksoːtɪʃ] *adj* exótico

Expander *m* <-s, -> extensor *m* ginástico

expandieren* *vt* (WIRTSCH) expandir

Expansion [ɛkspan'zjoːn] *f* <-en> expansão *f*

E

Expedition [ɛkspedi'tsjoːn] f <-en> expedição f

Experiment [ɛksperi'mɛnt] nt <-(e)s, -e> experiência f, ensaio m

experimentell adj experimental

experimentieren* vi fazer uma experiência (mit com)

Experte(in) [ɛks'pɛrtə] m(f) <-n, -n o -innen> perito, perita m, f; **sie ist Expertin auf diesem Gebiet** ela é perita nesta área

Expertensystem nt <-s, -e> (INFORM) sistema m informático completo

explodieren* vi (vor Zorn, Bombe) explodir

Explosion [ɛksplo'zjoːn] f <-en> explosão f

explosiv [ɛksplo'ziːf] adj explosivo

Exponent [ɛkspo'nɛnt] m <-en, -en> (MAT) expoente m

exponiert adj (Ort, Stellung) exposto

Export [ɛks'pɔrt] m <-(e)s, -e> exportação f

Exporteur(in) [ɛks'pɔrtə] m(f) <-s, -e o -innen> exportador, exportadora m, f

Exporthandel m <-s> kein pl comércio m de exportação

exportieren* vt exportar

Exportland nt <-(e)s, -länder> país m de exportação

Express[RR] m <-es> kein pl, **Expreß**[ALT] m <-sses> kein pl (österr) comboio m expresso

Expressgut[RR] nt <-(e)s, -güter> mercadoria f expresso

Expressionismus [ɛksprɛsjo'nɪsmʊs] m <-> kein pl expressionismo m

Expressstraße[RR] f <-en> (schweiz) via f rápida

exquisit adj requintado

extern [ɛks'tɛrn] adj externo

extra ['ɛkstra] adv **1.** (zusätzlich) extra, adicional, suplementar **2.** (gesondert) à parte, em separado; **das müssen Sie ~ bezahlen** isso tem de pagar à parte **3.** (speziell) expressamente, especialmente; (umg); **das hast du ~ gemacht** fizeste de propósito

Extra nt <-s, -s> extra m

Extrablatt nt <-(e)s, -blätter> edição f especial

extravagant ['ɛkstravagant, ---'-] adj extravagante

Extrazug m <-(e)s, -züge> (schweiz) comboio m especial

extrem [ɛks'treːm] **I.** adj extremo **II.** adv extremamente

Extrem nt <-s, -e> extremo m; **von einem ~ ins andere fallen** passar de um extremo ao outro

Extremismus m <-> kein pl extremismo m

extremistisch adj extremista, radical

extrovertiert [ɛkstrovɛr'tiːɐt] adj extrovertido

exzellent [ɛkstsɛ'lɛnt] adj excelente

Exzellenz [ɛkstsɛ'lɛnts] f <-en> Excelência f

exzentrisch [ɛks'tsɛntrɪʃ] adj excêntrico

Exzess[RR] [ɛks'tsɛs] m <-es, -e>, **Exzeß**[ALT] m <-sses, -sse> excesso m

exzessiv adj excessivo

Eyeliner m <-s, -> (Pinsel) eyeliner m; (Stift) lápis m dos olhos

EZB [eːtsɛt'ʔbeː] abk v **Europäische Zentralbank** BCE (= Banco Central Europeu)

F

F nt **1.** (Buchstabe) F, f m **2.** (MUS) fá m

Fabel ['faːbəl] f <-, -n> fábula f

fabelhaft adj fabuloso, estupendo; **das Kleid steht dir ~** o vestido fica-te um espectáculo

Fabrik [fa'briːk] f <-, -en> fábrica f, usina f

Fabrikant(in) [fabri'kant] m(f) <-en, -en o -innen> fabricante m, f

Fabrikarbeiter(in) m(f) <-s, - o -innen> operário, operária m, f

Fabrikat [fabri'kaːt] nt <-(e)s, -e> **1.** (Pro-

dukt) produto m (manufa(c)turado), artefa(c)to m **2.** (Marke) marca

Fabrikation [fabrika'tsjoːn] f <-en> fabrico m, fabricação f, produção f

Fabrikbesitzer(in) m(f) <-s, - o -innen> dono de fábrica, dona m, f, industrial m, f

Fabrikgelände nt <-s, -> instalações da fábrica fpl

fabrikneu adj saído de fábrica, novo

fabrizieren* vt (umg) fazer

Fach [fax] nt <-es, Fächer> **1.** (in Regal) divisão *f*, prateleira *f*; (*Postfach*) cacifo *m* **2.** (*Berufszweig, Fachgebiet*) ramo *m*, especialidade *f*; **vom ~ sein** ser do ramo; **er versteht sein ~** ele sabe do seu ofício **3.** (*Unterrichtsfach*) disciplina *f*

Facharbeiter(in) *m(f)* <-s, - *o* -innen> perito, perita *m, f*, trabalhador, trabalhadora espezializada *m, f* especializado

Facharzt, Fachärztin *m, f* <-es, -ärzte *o* -innen> especialista *m,f*

Fachausdruck *m* <-s, -drücke> termo técnico *m*

Fachbereich *m* <-(e)s, -e> **1.** (*Fachgebiet*) especialidade **2.** (*in Universität*) departamento *m*, área *f*

Fächer *m* <-s, -> leque *m*

Fachfrau *f* <-en> especialista *f*

Fachgebiet *nt* <-(e)s, -e> especialidade *f*, ramo *m*

Fachgeschäft *nt* <-(e)s, -e> loja especializada *f*

Fachhochschule *f* <-n> Escola Superior *f*, Instituto Superior *m*

Estudantes com nível escolar para cursar **Fachhochschule** (Escola Superior especializada) têm aqui a possibilidade de fazer cursos técnicos ou artísticos de nível superior. O nível de formação que pode ser alcançado numa Fachhochschule é por exemplo o Diplom-Ingenieur (FH), (engenheiro diplomado) abreviado Dipl.Ing. (FH). Na Áustria também é possível a obtenção de um Magister (FH).

Fachkenntnisse *pl* conhecimentos técnicos/especializados *mpl*; **diese Aufgabe erfordert umfassende ~** esta tarefa exige muitos conhecimentos técnicos

Fachkraft *f* <-kräfte> perito *m*, técnico *m*

fachlich *adj* técnico, especializado, profissional; **sie ist ~ gut qualifiziert** ela tem uma boa qualificação profissional

Fachliteratur *f kein pl* literatura especializada *f*

Fachmann, Fachfrau *m, f* <-es, -leute *o* -en> especialista *m,f* (*für* em), técnico, técnica *m, f* (*für* de); (*Experte*) perito, perita *m, f* (*für* em)

fachmännisch *adj* competente, profissional

Fachschaft *f* <-en> **1.** (*Berufsgruppe*) equipa de especialistas *f* **2.** (*in Universität*) departamento *m*

fachsimpeln ['-zɪmpəln] *vi* (*umg*) só falar de (assuntos de) trabalho

Fachsprache *f* <-n> linguagem técnica *f*

Fachwerk *nt* <-(e)s, -e> madeiramento *m*

Fachzeitschrift *f* <-en> revista científica *f*, revista de especialidade *f*

Fackel ['fakəl] *f* <-n> archote *m*, tocha *f*

fade *adj* **1.** (*pej: Speise*) insosso, insípido **2.** (*langweilig*) aborrecido, chato **3.** (*Mensch*) insosso, choco

Faden ['fa:dən] *m* <-s, Fäden> fio *m*; (*zum Nähen*) linha *f*; **der rote ~** o fio condutor; (*fig*); **den ~ verlieren** perder o fio à meada; **an einem seidenen ~ hängen** estar por um fio

fadenscheinig ['fa:dənʃaɪnɪç] *adj* **1.** (*Stoff*) coçado, gasto (pelo uso) **2.** (*pej: Entschuldigung*) esfarrapado

Fagott *nt* <-(e)s, -e> fagote *m*

fähig *adj* **1.** (*imstande*) capaz (*zu* de), apto (*zu* para); **zu etw ~ sein** ser capaz de fazer a. c., estar apto para a. c.; **er ist zu allem ~** ele é capaz de tudo **2.** (*begabt*) capaz, inteligente

Fähigkeit *f* <-en> **1.** *kein pl* (*Imstandesein*) capacidade *f*, aptidão *f* **2.** (*Begabung*) talento *m* **3.** (*geistig*) capacidade *f*

fahnden ['fa:ndən] *vi* procurar (*nach* por)

Fahndung *f* <-en> busca *f* (*nach* de)

Fahndungsliste *f* <-n> lista de pessoas procuradas *f*

Fahne ['fa:nə] *f* <-n> **1.** (*Flagge*) bandeira *f*, estandarte *m* **2.** *kein pl* (*umg: Alkoholfahne*) hálito *m* a álcool; **er hat eine ~** ele tresanda a vinho

Fahnenflucht *f kein pl* (MIL) deserção *f*

Fahrausweis *m* <-es, -e> **1.** (*Fahrkarte*) senha *f*, bilhete *m* **2.** (*schweiz: Führerschein*) carta de condução *f*, carteira de motorista *f*

Fahrbahn *f* <-en> faixa de rodagem *f*, pista *f*; (*brasil*) rodovia *f*; (*auf Brücke*) tabuleiro *m*

fahrbar *adj* móvel, com rodas; (*umg*); **ein ~er Untersatz** um veículo

Fähre *f* <-n> ferry *m*, ferry-boat *m*

fahren ['fa:rən] I. *vt irr* **1.** (*Waren, Personen*) levar, transportar; **jdn nach Hause ~** levar alguém a casa **2.** (*Fahrzeug*) guiar, conduzir **3.** (*Rad, Rollschuh*) andar de; **Ski ~** fazer esqui II. *vi* **1.** (*mit Auto, Zug*) ir (*mit* de), andar (*mit* de); **dieser Zug fährt nach Hamburg** este comboio vai para Hamburgo; **wie**

F

schnell darf man hier ~? a que velocidade é que se pode conduzir aqui?, qual é a velocidade máxima aqui?; ~ **Sie an der nächsten Ecke rechts** vire na próxima à direita; **er ist gegen die Mauer gefahren** ele foi contra o muro **2.** (*abfahren*) partir; **wann fährt der nächste Bus an den Strand?** quando é que parte o próximo autocarro para a praia? **3.** (*reisen*) viajar (*nach* para), ir (*nach* a/para); **wir fahren im Sommer nach Portugal/an die Ostsee/in die Berge** no Verão vamos a Portugal/ao mar Báltico/para as montanhas

Fahrer(in) ['faːrɐ] *m(f)* <-s, - *o* -innen> (*Auto*) condutor, condutora *m, f*; (*Bus*) motorista *m,f*; (*Straßenbahn*) guarda-freio *m,f*

Fahrerflucht *f kein pl* fuga do condutor *f*

Fahrgast *m* <-es, -gäste> passageiro, passageira *m, f*

Fahrgeld *nt* <-(e)s, -er> **1.** (*Preis*) preço do bilhete *m* **2.** (*Geld*) dinheiro do bilhete *m*

Fahrgemeinschaft *f* <-en> pessoas que vão juntas para o emprego para poupar combustível

Fahrgestell *nt* <-(e)s, -e> **1.** (*Auto*) chassis *m* **2.** (*Flugzeug*) trem de aterragem *m*

fahrig *adj* **1.** (*unruhig*) agitado, nervoso **2.** (*zerstreut*) distraído, descuidado

Fahrkarte *f* <-n> (*Bus*) senha *f*, bilhete *m*; (*Zug*) bilhete *m*; (*Schiff*) passagem *f*, bilhete *m*

Fahrkartenautomat *m* <-en, -en> máquina (distribuidora) de bilhetes *f*

Fahrkartenschalter *m* <-s, -> bilheteira *f*

fahrlässig *adj* desleixado, negligente; (JUR) ~**e Tötung** homicídio involuntário *m;* (*von Kranken, Verletzten*) homicídio por negligência *m*

Fahrlässigkeit *f* <-en> incúria *f*, desleixo *m;* (JUR) negligência *f*

Fahrlehrer(in) *m(f)* <-s, - *o* -innen> instrutor de condução, instrutora *m, f*

Fahrplan *m* <-s, pläne> horário *m*

fahrplanmäßig **I.** *adj* regular, ordinário; ~**e Abfahrt/Ankunft** partida/chegada à tabela **II.** *adv* à tabela

Fahrpreis *m* <-es, -e> preço do bilhete *m*

Fahrpreisermäßigung *f* <-en> tarifa reduzida *f*

Fahrprüfung *f* <-en> exame de condução *m*

Fahrrad ['faːraːt] *nt* <-(e)s, -räder> bicicleta *f*

Fahrradfahrer(in) *m(f)* <-s, - *o* -innen> ciclista *m,f*

Fahrradweg *m* <-(e)s, -e> pista de velocípedes *f*, caminho para bicicletas *m*

Fahrschein *m* <-s, -e> bilhete *m*, senha *f*

Fahrschule *f* <-en> escola de condução *f*, auto-escola *f*

Fahrschüler(in) *m(f)* <-s, - *o* -innen> aluno da escola de condução, aluna *m, f*

Fahrstuhl *m* <-(e)s, -stühle> elevador *m*, ascensor *m*

Fahrt [faːɐt] *f* <-en> **1.** (*Reise*) viagem *f*; **gute ~!** boa viagem! **2.** (*Ausflug*) excursão *f*; (*kurz*) passeio *m* **3.** (*mit Taxi*) corrida *f* **4.** (*Strecke*) traje(c)to *m*, percurso *m* **5.** (*Geschwindigkeit*) velocidade *f*; **in voller ~** a toda a velocidade; **in ~ kommen** ganhar à-vontade

Fährte *f* <-n> pista *f*, rasto *m*

Fahrtkosten *pl* custos de viagem *mpl*, custos de deslocação *mpl*

Fahrtrichtung *f* <-en> rumo *m*, direcção *f*

Fahrtunterbrechung *f* <-en> paragem *f*

Fahrtwind *m* <-(e)s, -e> vento contra *m*

Fahrzeit *f* <-en> duração da viagem *f*; **die ~ beträgt eine Stunde** a duração da viagem é de uma hora

Fahrzeug *nt* <-(e)s, -e> veículo *m*

Fahrzeughalter(in) *m(f)* <-s, - *o* -innen> proprietário do veículo, proprietária *m, f*

Fahrzeuglenker(in) *m(f)* <-s, - *o* -innen> (*schweiz*) condutor, condutora *m, f*

Faible ['fɛɪbəl] *nt* <-s, -s> fraqueza *f*, ponto fraco *m;* **ein ~ für jdn/etw haben** ter um fraquinho por alguém/a. c.

fair [fɛːɐ] *adj* correcto, justo; **das ist nicht ~ von dir!** isso não é correcto da tua parte!; ~ **spielen** fazer jogo limpo

Fairness[RR] *f kein pl*, **Fairneß**[ALT] *f kein pl* justiça *f;* (SPORT) jogo *m* limpo

faktisch *adj* efe(c)tivo, real

Faktor ['faktoːɐ] *m* <-s, -en> factor *m*

Faktum ['faktʊm] *nt* <-s, Fakten> fa(c)to *m*

Fakultät *f* <-en> faculdade *f*; **geisteswissenschaftliche ~** Faculdade de Letras *f*

fakultativ *adj* facultativo

Falke ['falkə] *m* <-n, -n> falcão *m*

Fall[1] [fal] *m* <-es> *kein pl* (*Sturz*) queda *f*; **der ~ der Berliner Mauer** a queda do Muro de Berlim

Fall[2] *m* <-es, Fälle> (*a* JUR, LING) caso *m;* **auf**

jeden ~/alle Fälle de qualquer maneira, em todo o caso; (*bestimmt*) com certeza, sem dúvida; **auf keinen ~** de forma alguma, de maneira nenhuma; **für den ~, dass er kommt** caso ele venha; **für alle Fälle** pelo sim pelo não; **das ist nicht der ~** não é esse o caso; (*umg*); **er/sie ist nicht mein ~** ele/ela não é o meu tipo, ele/ela não faz o meu estilo

Falle ['falə] *f* <-n> 1. (*für Tiere*) armadilha *f*; (*für Mäuse*) ratoeira *f*; **eine ~ stellen** armar uma ratoeira 2. (*Hinterhalt*) cilada *f*, armadilha *f* 3. (*schweiz: Türklinke*) trinco *m*

fallen ['falən] *vi* 1. (*stürzen*) cair; **durch eine Prüfung ~** reprovar num exame; **das Licht fällt durch das Fenster** a luz entra pela janela; **jdm in die Arme ~** cair nos braços de alguém; **~ lassen** deixar cair; (*Plan*) abandonar; **auseinander ~** escangalhar-se 2. (*sinken*) baixar (*auf* para), descer (*auf* para); **die Arbeitslosigkeit ist um 3% gefallen** o desemprego baixou 3%; **die Temperaturen ~** as temperaturas baixam/descem 3. (*im Krieg*) morrer em combate 4. (*sich ereignen*) **ein Schuss fällt** ouve-se um tiro; **es sind drei Tore gefallen** marcaram três golos; **jdm ins Wort ~** cortar a palavra a alguém; **er fällt mir auf die Nerven** ele dá-me cabo dos nervos; **die Würfel sind gefallen** a sorte está lançada; **jdm in den Rücken ~** ficar contra alguém

fällen *vt* 1. (*Baum, Holz*) derrubar, abater 2. (*Entscheidung*) tomar; **ein Urteil ~** pronunciar uma sentença

fallenlassen^ALT * *vt irr s.* **fallen 1**

fällig *adj* 1. (*Zinsen*) vencível, ser pagável; **am 31. Dezember ~ sein** vencer-se a 31 de Dezembro 2. (*Bus, Zug*) que deve estar a chegar

Fälligkeit *f* <-en> 1. (*Zinsen*) vencimento *m* 2. (*Frist*) expiração *f*

Fallobst *nt* <-es> *kein pl* fruta caída *f*, fruta do chão *f*

Fallout *m* <-s, -s> *s.* **Fall-out** chuva *f* radioa(c)tiva

falls [fals] *konj* no caso de, se, caso; **~ du Zeit hast, sag mir Bescheid** se tiveres tempo, diz-me

Fallschirm *m* <-(e)s, -e> pára-quedas *m*

Fallschirmspringer(in) *m(f)* <-s, - *o* -innen> pára-quedista *m,f*

falsch [falʃ] I. *adj* (*gefälscht*) falso; **~er Alarm** falso alarme; (*Zähne*) postiço; (*fehlerhaft*) errado, incorrecto; (*hinterhältig*) falso,

desleal II. *adv* mal; **Sie sind ~ verbunden** ligou para o número errado, é engano; **das hast du ~ verstanden** percebeste mal; **~ parken** estacionar mal

fälschen *vt* falsificar, adulterar

Fälscher(in) *m(f)* <-s, - *o* -innen> falsificador, falsificadora *m, f*, falsário, falsária *m, f*

Falschfahrer(in) *m(f)* <-s, - *o* -innen> condutor que viaja em sentido contrário na auto-estrada

Falschgeld *nt* <-(e)s> *kein pl* dinheiro falso *m*

Falschheit *f* <-en> falsidade *f*

fälschlich *adj* falso

fälschlicherweise *adv* por engano, falsamente

Fälschung *f* <-en> 1. (*Geld, Wertpapiere*) falsificação *f*, contrafa(c)ção *f* 2. (*Markenartikel*) falsificação *f*

Faltblatt *nt* <-(e)s, -blätter> folheto *m*, prospecto *m*

Falte ['faltə] *f* <-n> 1. (*in Stoff*) prega *f*; (*in Papier*) dobra *f* 2. (*Bügelfalte*) vinco *m* 3. (*der Haut*) ruga *f*; **die Stirn in ~n ziehen** franzir o sobrolho

falten ['faltən] *vt* 1. (*Papier, Stoff*) dobrar 2. (*zusammenknicken*) vincar 3. (*Hände*) pôr, juntar

Faltenrock *m* <-(e)s, -röcke> saia plissada *f*, saia de pregas *f*

Falter ['faltə] *m* <-s, -> borboleta *f*

faltig *adj* 1. (*Stoff*) amarrotado, enrugado 2. (*Haut*) enrugado 3. (*Stirn*) franzido

familiär *adj* familiar; **ein Hotel mit ~er Atmosphäre** um hotel com ambiente familiar

Familie [faˈmiːljə] *f* <-n> família *f*; **eine ~ gründen** formar uma família; **sie kommt aus guter ~** ela vem de uma boa família; **das liegt in der ~** isso é de família

Familienangehörige(r) *m/f* <-n, -n *o* -n> familiar *m,f*, membro da família *m*; **die ~n** o agregado familiar

Familienangelegenheit *f* <-en> assuntos de família *mpl*

Familienanschluss^RR *m* <-es> *kein pl* **~ haben** ser tratado como pessoa de família

Familienbetrieb *m* <-(e)s, -e> empresa de família *f*

Familienfest *nt* <-es, -e> festa de família *f*

Familienkreis *m* <-es, -e> família *f*; **im engsten ~** no seio da família

F

Familienleben *nt* <-s> *kein pl* vida familiar *f*

Familienmitglied *nt* <-(e)s, -er> membro da família *m*, pessoa de família *f*

Familienname *m* <-n, -n> nome de família *m*, apelido *m*, sobrenome *m*

Familienplanung *f kein pl* planeamento familiar *m*

Familienstand *m* <-(e)s> *kein pl* estado civil *m*

famos *adj* (*umg*) excelente, esplêndido

Fan [fɛn, fɛːn] *m* <-s, -s> fã *m*

Fanatiker(in) [faˈnaːtike] *m(f)* <-s, - *o* -innen> fanático, fanática *m, f*

fanatisch [faˈnaːtɪʃ] *adj* fanático

Fanatismus [fanaˈtɪsmʊs] *m* <-> *kein pl* fanatismo *m*

Fanclub *m* <-s, -s> clube de fãs *m*

fand [fant] *imp von* **finden**

Fanfare [fanˈfaːrə] *f* <-n> fanfarra *f*

Fang [faŋ] *m* <-(e)s> *kein pl* **1.** (*das Fangen*) captura *f* **2.** (*von Fischen*) pesca *f*; **einen guten ~ machen** fazer uma boa pesca **3.** (*Beute*) presa *f*

fangen [ˈfaŋən] **I.** *vt* (*Ball*) apanhar; **Feuer ~** entusiasmar-se; (*Verbrecher*) prender, apanhar; (*Tier*) apanhar; (*Fisch*) pescar **II.** *vr* **sich ~** (*seelisch*) recuperar o equilíbrio

Fangfrage *f* <-n> pergunta de algibeira *f*

Fantasie[RR] *f* <-n> (*a MUS*) fantasia *f*

fantasieren*[RR] *vi* fantasiar, devanear; (MED) desvairar, delirar

fantastisch[RR] *adj* **1.** (*nicht realistisch*) fantástico **2.** (*umg: großartig*) fantástico, espe(c)tacular

Farbaufnahme *f* <-n> fotografia a cores *f*

Farbband *nt* <-(e)s, -bänder> fita (de máquina de escrever) *f*

Farbdruck *m* <-(e)s, -e> impressão a cores *f*

Farbe [ˈfarbə] *f* <-n> **1.** (*Farbton*) cor *f*; **~ bekommen** ganhar cor; (*braun werden*) ficar moreno; **~ bekennen** pôr as cartas na mesa **2.** (*zum Färben, Malen*) tinta *f* **3.** (*bei Spielkarten*) naipe *m*

farbecht *adj* que não desbota

färben **I.** *vt* (*Stoff*) tingir; (*Haar*) pintar; **etw grün ~** pintar a. c. de verde **II.** *vi* tingir, largar tinta

farbenblind *adj* daltónico

farbenfroh *adj* garrido, multicolor

Farbfernsehen *nt* <-s> *kein pl* televisão a cores *f*

Farbfernseher *m* <-s, -> televisor a cores *m*

Farbfilm *m* <-(e)s, -e> filme a cores *m*

Farbfoto *nt* <-s, -s> fotografia a cores *f*

farbig [ˈfarbɪç] *adj* **1.** (*bunt*) às cores, colorido **2.** (*Mensch*) de cor **3.** (*lebhaft*) vivo

färbig *adj* (*österr*) *s.* **farbig**

Farbige(r) *m/f* <-n, -n *o* -n> pessoa de cor *f*

Farbkasten *m* <-s, -kästen> caixa de tintas *f*

farblos *adj* **1.** (*blass*) sem cor **2.** (*durchsichtig*) incolor

Farbstift *m* <-(e)s, -e> lápis de cor *m*

Farbstoff *m* <-(e)s, -e> **1.** (*Farbe*) tinta *f* **2.** (*als Zutat*) corante *m*

Farbton *m* <-(e)s, -töne> tom *m*, tonalidade *f*

Färbung *f* <-en> **1.** (*das Färben*) pintura *f* **2.** (*Farbe*) cor *f* **3.** (*Tönung*) tom *m*, cambiante *m* **4.** (*Tendenz*) feição *f*, tendência *f*

Farce [fars] *f* <-n> **1.** (*Karikatur*) farsa *f* **2.** (GASTR) recheio (de carne) *m*

Farm [farm] *f* <-en> quinta *f*, fazenda *f*

Farn [f rn] *m* <-(e)s, -e> feto *m*

Fasan [faˈzaːn] *m* <-(e)s, -e(n)> faisão *m*

Faschierte(s) *nt* <-n> *kein pl* (*österr*) carne picada *f*

Fasching [ˈfaʃɪŋ] *m* <-s, -s> (*reg*) Carnaval *m*

Faschismus [faˈʃɪsmʊs] *m* <-> *kein pl* fascismo *m*

Faschist(in) [faˈʃɪst] *m(f)* <-en, -en *o* -innen> fascista *m,f*

faschistisch *adj* fascista

faseln [ˈfaːzəln] *vt* (*pej*) dizer asneiras, disparatar

Faser [ˈfaːze] *f* <-n> fibra *f*, filamento *m*

faserig *adj* fibroso

Fass[RR] [fas] *nt* <-es, Fässer>, **Faß**[ALT] *nt* <-sses, Fässer> pipa *f*, barril *m*; (*größer*) tonel *m*; (*Ölfass*) bidão *m*; **Bier vom ~** cerveja de pressão; **das schlägt dem ~ den Boden aus** isso ultrapassa os limites, isso é o cúmulo; **das ist ein ~ ohne Boden** isso é um poço sem fundo

Fassade [faˈsaːdə] *f* <-n> fachada *f*

fassbar[RR] *adj*, **faßbar**[ALT] *adj* **1.** (*greifbar*) palpável, concreto **2.** (*fig: begreifbar*) concebível, compreensível

Fassbier[RR] *nt* <-(e)s, -e> cerveja de barril *f*

fassen [ˈfasən] **I.** *vt* (*greifen*) agarrar, segurar; **jdn an der Hand ~** agarrar alguém pela mão; (*Verbrecher*) apanhar, capturar; (*verstehen*) conceber, compreender; **das ist nicht zu ~!** isso é inconcebível!; (*Inhalt*) comportar; (*Raum*) ter lugar para, levar; (*Gefäß*) levar; **der Eimer fasst 10 Liter** o balde leva 10 litros; (*Entschluss, Zuneigung*) tomar; **Mut ~** cobrar ânimo; **etw ins Auge ~** ter a. c. em mira; (*Edelstein*) engastar **II.** *vr* **sich ~** controlar-se, acalmar-se

Fassung ['fasʊŋ] *f* <-en> **1.** (*Umrahmung, Brille*) armação *f*; (*für Edelsteine*) engaste *m* **2.** (*Lampenfassung*) suporte de lâmpada *m* **3.** (*von Text*) versão *f*; **eine vorläufige ~** uma versão provisória **4.** *kein pl* (*Beherrschung*) calma *f*, sangue-frio *m*; **jdn aus der ~ bringen** desconcertar alguém; **die ~ verlieren** perder as estribeiras; **die ~ wiedergewinnen** acalmar-se

fassungslos *adj* desorientado; (*außer sich*) fora de si

Fassungsvermögen *nt* <-s> *kein pl* **1.** (*Auffassungsgabe*) capacidade de compreensão *f*, inteligência *f* **2.** (*eines Behälters*) capacidade *f*

fast [fast] *adv* quase; **~ nie** quase nunca; **ich bin ~ fertig** estou quase pronto

fasten ['fastən] *vi* jejuar

Fasten *nt* <-s> *kein pl* jejum *m*

Fastenzeit *f* <-en> Quaresma *f*

Fast Food, **Fastfood**^RR [fa:st fu:t] *nt* <-, -(s)> fast food *m*, comida de plástico *f*

Fastnacht *f kein pl* Carnaval *m*

faszinieren* *vt* fascinar

faszinierend *adj* fascinante

fatal [fa'ta:l] *adj* fatal; **der Unfall hatte ~e Folgen** o acidente teve consequências fatais

Fata Morgana *f* <-s> miragem *f*

fauchen ['fauxən] *vi* (*Katze*) bufar

faul [faʊl] *adj* **1.** (*Mensch*) preguiçoso, mandrião; **auf der ~en Haut liegen** mandriar **2.** (*Obst, Gemüse*) podre, estragado **3.** (*pej: zweifelhaft*) duvidoso; (*verdächtig*) suspeito

faulen ['faʊlən] *vi* apodrecer, estragar-se; (*Zahn*) cariar

faulenzen ['faʊlɛntsən] *vi* mandriar, não fazer nada

Faulenzer(in) *m(f)* <-s, - *o* -innen> mandrião, mandriona *m*, *f*, preguiçoso, preguiçosa *m*, *f*, vadio, vadia *m*, *f*

Faulheit *f kein pl* preguiça *f*

faulig *adj* podre, pútrido

Fäulnis *f kein pl* podridão *f*, putrefacção *f*

Faulpelz *m* <-es, -e> (*umg*) mandrião, mandriona *m*, *f*

Fauna ['faʊna] *f* <Faunen> fauna *f*

Faust [faʊst] *f* <Fäuste> punho *m*; **auf eigene ~** de sua própria iniciativa; **mit der ~ auf den Tisch hauen** bater o pé

faustdick ['-'-] *adj* da grossura dum punho; **er hat es ~ hinter den Ohren** ele é um espertalhão

Fausthandschuh *m* <-(e)s, -e> manopla *f*

Faustregel *f* <-n> regra geral *f*

favorisieren* *vt* favorecer

Favorit(in) [favo'ri:t] *m(f)* <-en, -en *o* -innen> favorito, favorita *m*, *f*

faxen **I.** *vt* mandar por fax **II.** *vi* mandar um fax

Faxen *pl* (*umg*) palhaçadas *fpl*, macaquices *fpl*; **mach keine ~!** deixa-te de palhaçadas!

Faxmodem *nt* <-s, -s> modemfax *m*

Fazit ['fa:tsɪt] *nt* <-s, -s> **1.** (*Ergebnis*) resultado *m* **2.** (*Schlussfolgerung*) conclusão *f*; **das ~ aus etw ziehen** tirar a conclusão de a. c.

FCKW [ɛftse:ka:'ve:] *abk v* **Fluorchlorkohlenwasserstoff** CFC (= *clorofluorocarboneto*)

Feber *m* <-s, -> (*österr*) *s.* **Februar**

Februar ['fe:brua:ɐ] *m* <-(s), -e> Fevereiro *m*; *s.* **März**

fechten ['fɛçtən] *vi* **1.** (SPORT) esgrimir **2.** (*kämpfen*) combater (*gegen* com/contra), lutar (*gegen* com/contra)

Feder ['fe:dɐ] *f* <-n> **1.** (*Vogelfeder*) pena *f* **2.** (*als Zierde*) pluma *f*; **in den ~n liegen** estar na cama; **sich mit fremden ~n schmücken** gabar-se de a. c. que não se fez **3.** (*zum Schreiben*) pena *f*, aparo *m* **4.** (TECH) mola *f*

Federball *m* <-(e)s, -bälle> **1.** *kein pl* (*Spiel*) badminton *m* **2.** (*Ball*) volante *m*

Federbett *nt* <-(e)s, -en> edredão de penas *m*

Federhalter *m* <-s, -> caneta *f*

federleicht ['---'] *adj* leve como uma pena, levíssimo

federn *vi* ser elástico

Federung *f* <-en> **1.** (*bei Möbeln*) molas *fpl* **2.** (*des Autos*) suspensão *f*

Fee [fe:] *f* <-n> fada *f*

Feedback *nt* <-s, -s> *s.* **Feed-back** feedback *m*

Fegefeuer ['fe:gə-] *nt* <-s> *kein pl* (REL)

F

Purgatório *m*

fegen ['fe:gən] I. *vt* 1. (*Zimmer, Straße*) varren; (*Schornstein*) limpar 2. (*schweiz: feucht wischen*) limpar (com água), lavar II. *vi* 1. (*Wind*) soprar com violência 2. (*mit Besen*) varrer 3. (*schweiz: feucht wischen*) limpar (com água), lavar

fehl [fe:l] *adv* ~ **am Platz sein** ser inoportuno; (*Bemerkung*) ser despropositado

Fehlanzeige *f* <-n> resposta negativa *f*

fehlen ['fe:lən] *vi* 1. (*abwesend sein*) faltar; **in der Schule** ~ faltar à escola; **es** ~ **noch einige Gäste** ainda faltam alguns convidados 2. (*mangeln*) fazer falta; **etw fehlt jdm** a. c. (faz) falta a alguém; **du fehlst mir** tenho saudades tuas; **das hat gerade noch gefehlt!** era só o que faltava!; **es an nichts** ~ **lassen** fazer todos os possíveis 3. (*gesundheitlich*) ter; **was fehlt dir?** o que é que tens?

Fehler ['fe:lɐ] *m* <-s, -> 1. (*Irrtum*) erro *m*, falta *f*; **einen** ~ **machen** cometer um erro/uma falta; **das war** (**nicht**) **mein** ~ o erro (não) foi meu 2. (*Mangel*) defeito *m*, falha *f*

fehlerfrei *adj* sem erros, perfeito

fehlerhaft *adj* 1. (*Gerät*) com defeito 2. (*Text*) com erros

Fehlgeburt *f* <-en> aborto *m*

fehl|gehen *vi irr* (*geh*) estar enganado, enganar-se; **Sie gehen fehl in der Annahme, dass ...** engana-se supondo que ...

Fehlgriff *m* <-(e)s, -e> erro *m*, engano *m*; **einen** ~ **tun** enganar-se

Fehlinformation *f* <-en> informação falsa *f*

Fehlkonstruktion *f* <-en> plano mal concebido *m*

Fehlpass^{RR} *m* <-es, -pässe> (SPORT) passe errado *m*

Fehlschlag *m* <-(e)s, -schläge> fracasso *m*, malogro *m*, insucesso *m*

fehl|schlagen *vi irr* fracassar, malograr-se

Fehlstart *m* <-(e)s, -s> 1. (SPORT) partida em falso *f* 2. (TECH) arranque com defeito *m*

Fehltritt *m* <-(e)s, -e> 1. (*falscher Tritt*) passo em falso *m*, deslize *m* 2. (*Sünde*) pecado *m*, falta *f*

Fehlzündung *f* <-en> falha de ignição *f*

Feier ['faɪɐ] *f* <-n> (*Geburtstag*) festa *f*; (*Jubiläum*) celebração *f*; (*Hochzeit*) cerimónia *f*; **zur** ~ **des Tages** para celebrar a ocasião

Feierabend *m* <-s, -e> fim do trabalho (diário) *m*; ~ **machen** suspender o trabalho; **nach** ~ depois do trabalho

feierlich *adj* solene, festivo

feiern ['faɪɐn] I. *vt* (*Fest*) celebrar, festejar; **Geburtstag/Weihnachten** ~ festejar o aniversário/o Natal; (*Person*) homenagear II. *vi* fazer uma festa

Feiertag *m* <-(e)s, -e> feriado *m*

1 de Janeiro - Neujahr, Ano Novo
6 de Janeiro - Dreikönige, Epifania
Fevereiro - Karneval, Carnaval
Março / Abril - Karfreitag, Sexta-Feira Santa
Março / Abril - Ostern (Ostersonntag, Ostermontag), Páscoa (Domingo de Páscoa, Segunda-feira de Páscoa)
1 de Maio - Tag der Arbeit, Dia do Trabalho
Maio / Junho - Christi Himmelfahrt, Ascensão de Cristo
Maio / Junho - Pfingsten (Pfingstsonntag, Pfingstmontag) Pentecostes (Domingo de Pentecostes, Segunda-feira de Pentecostes)
Maio / Junho - Fronleichnam, Corpo de Deus
1 de Agosto - Nationalfeiertag der Schweiz, Feriado Nacional na Suíça
3 de Outubro - Tag der Deutschen Einheit, Dia da Unidade Alemã
26 de Outubro - Nationalfeiertag in Österreich, Feriado Nacional na Áustria
31 de Outubro - Reformationsfest, Festa da Reforma (isto é, a reforma religiosa de Lutero)
1 de Novembro - Allerheiligen, Todos os Santos
25 e 26 de Dezembro - Weihnachten, Natal
Nem todos os feriados se festejam em todos os estados federados da Alemanha. A celebração depende da religião (católica ou protestante) da maioria da população.

feig(e) *adj* cobarde, medroso

Feige ['faɪgə] *f* <-n> figo *m*

Feigenbaum *m* <-(e)s, -bäume> figueira *f*

Feigenkaktus *m* <-, -kakteen> figueira-da-índia *f*, nopal *m*

Feigheit ['faɪkhaɪt] *f kein pl* cobardia *f*

Feigling ['faɪklɪŋ] *m* <-s, -e> cobarde *m,f*, medricas *m,f*

Feile ['faɪlə] *f* <-n> lima *f*

feilen ['faɪlən] **I.** *vt* limar **II.** *vi* retocar; **an einer Formulierung** ~ dar os últimos retoques numa redacção

feilschen ['faɪlʃən] *vi* regatear

fein [faɪn] *adj* **1.** (*nicht grob*) fino, delgado; (*Regen*) miudinho **2.** (*zart*) delicado **3.** (*auserlesen*) requintado **4.** (*Gehör, Geruch, Geschmack*) apurado **5.** (*vornehm*) fino, distinto, elegante; **sich** ~ **machen** arranjar-se **6.** (*umg: erfreulich*) belo, excelente; ~**!** que bom!; ~ **heraus sein** estar safo

Feind(in) [faɪnt] *m(f)* <-(e)s, -e *o* -innen> inimigo, inimiga *m*, *f*; **sich** *dat* (**mit etw**) ~**e machen** fazer inimigos (com a. c.)

Feindbild *nt* <-(e)s, -er> imagem do inimigo *f*

feindlich *adj* **1.** (*Truppen*) inimigo **2.** (*Einstellung*) hostil; **jdm** ~ **gesonnen sein** ser hostil a alguém

Feindschaft *f* <-en> inimizade *f*

feindselig ['-ze:lɪç] *adj* hostil

Feindseligkeit *f* <-en> hostilidade *f*, inimizade *f*; **die** ~**en einstellen** acabar com as operações militares

feinfühlig *adj* sensível, delicado

Feingefühl *nt* <-(e)s> *kein pl* sensibilidade *f*, ta(c)to *m*

Feinheit *f* <-en> **1.** (*Dünne*) fineza *f*, finura *f* **2.** (*Zartheit*) fineza *f*, delicadeza *f* **3.** (*Einzelheit*) detalhe *m*

Feinkost *f kein pl* mercearia fina *f*

Feinmechanik *f kein pl* mecânica de precisão *f*

Feinschmecker(in) *m(f)* <-s, - *o* -innen> gastrónomo, gastrónoma *m*, *f*

feinsinnig *adj* delicado, subtil

Feinwaschmittel *nt* <-s, -> detergente para roupa delicada *m*

feist [faɪst] *adj* gordo, anafado

feixen *vi* sorrir com desdém

Feld [fɛlt] *nt* <-(e)s, -er> **1.** (*Acker, Bereich, Spielfeld*) campo *m*; **das** ~ **räumen** retirar-se **2.** (MIL) campanha *f*, campo de batalha *m* **3.** (*bei Brettspiel*) casa *f*

Feldbett *nt* <-(e)s, -en> cama de campanha *f*

Feldflasche *f* <-n> cantil *m*

Feldstecher ['fɛltʃtɛçɐ] *m* <-s, -> binóculo *m*

Feldwebel ['fɛltve:bəl] *m* <-s, -> (MIL) primeiro-sargento *m*

Feldweg *m* <-(e)s, -e> atalho *m*, carreiro *m*

Feldzug *m* <-(e)s, -züge> (*a* MIL) campanha *f*; **sie führen einen** ~ **gegen das Rauchen** eles estão a fazer uma campanha contra o tabaco

Felge ['fɛlgə] *f* <-n> jante *f*

Fell [fɛl] *nt* <-(e)s, -e> pele *f*; (*von Katze, Hund*) pêlo *m*; **jdm das** ~ **über die Ohren ziehen** tirar a pele a alguém; **ein dickes** ~ **haben** ser insensível

Fels [fɛls] *m* <-en, -en> rochedo *m*, penedo *m*, penhasco *m*

Felsen ['fɛlzən] *m* <-s, -> *s.* **Fels**

felsenfest ['--'-] *adj* firme, inabalável; **von etw** ~ **überzeugt sein** estar absolutamente convencido de a. c.

felsig ['fɛlzɪç] *adj* rochoso

Felsspalte *f* <-n> fissura *f*, fenda *f*

Felswand *f* <-wände> escarpa *f*

feminin [femi'ni:n] *adj* feminino

Feminismus [femi'nɪsmʊs] *m* <-s> *kein pl* feminismo *m*

Feminist(in) [femi'nɪst] *m(f)* <-en, -en *o* -innen> feminista *m*,*f*

feministisch *adj* feminista

Fenchel ['fɛnçəl] *m* <-s, -> funcho *m*

Fenster ['fɛnstɐ] *nt* <-s, -> **1.** (*a* INFORM: *von Gebäude*) janela *f*; (*von Auto*) vidro *m* **2.** (*Schaufenster*) montra *f*

Fensterbank *f* <-bänke> peitoril *m*

Fensterladen *m* <-s, -läden> portada *f*

Fensterplatz *m* <-es, -plätze> lugar à janela *m*

Fensterscheibe *f* <-n> vidro *m*, vidraça *f*

Fenstersims *m/nt* <-es, -e> cornija *f*

Ferien ['fe:riən] *pl* férias *fpl*; ~ **haben** estar de férias; **in die** ~ **fahren** ir de férias

Ferienhaus *nt* <-es, -häuser> casa de férias *f*

Ferienkurs *m* <-es, -e> curso de férias *m*

Ferkel ['fɛrkəl] *nt* <-s, -> **1.** (ZOOL) leitão *m* **2.** (*umg: Mensch*) porcalhão *m*

fern [fɛrn] **I.** *adj* (*zeitlich*) distante, remoto; (*räumlich*) distante, longínquo; **von nah und** ~ de toda a parte; **der Ferne Osten** o Extremo Oriente **II.** *adv* longe; **von** ~ de longe; ~ **halten** manter afastado (*von* de); **sich von etw** ~ **halten** manter-se longe de a. c.; **ein solcher Gedanke liegt mir** ~ longe de mim tal ideia

Fernbedienung *f* <-en> controlo à distância *m*; (*für Fernseher*) telecomando *m*, controle *m* remoto

F

fern|bleiben *vi irr* (*geh*) não comparecer; **sie wird der Eröffnungsfeier** ~ ela não comparecerá na cerimónia de abertura

Fernblick *m* <-(e)s> *kein pl* panorama *m*

Ferne ['fɛrnə] *f kein pl* distância *f;* **in/aus der** ~ ao/de longe; **die Hochzeit liegt noch in weiter** ~ o casamento ainda está longe

ferner ['fɛrnə] **I.** *konj* (*außerdem*) além disso, mais; ~ **möchte ich bemerken, dass ...** gostaria ainda de notar que ... **II.** *adv* (*geh: künftig*) de futuro

Fernfahrer(in) *m(f)* <-s, - *o* -innen> camionista *m,f*, caminhoneiro, caminhoneira *m, f*

Ferngespräch *nt* <-(e)s, -e> chamada (telefónica) interurbana *f*

ferngesteuert ['fɛrngəʃtɔɪɐt] *adj* telecomandado

Fernglas *nt* <-es, -gläser> binóculo *m*

fern|halten^{ALT} *vt irr s.* **fern II**

Fernheizung *f* <-en> aquecimento central (de várias casas) *m*

Fernlicht *nt* <-(e)s, -er> máximos *mpl*

fern|liegen^{ALT} *vi irr s.* **fern II**

Fernmeldeamt *nt* <-(e)s, -ämter> telecomunicações *fpl*

Fernost [fɛrn'ɔst] *m* <-> *kein pl* Extremo-Oriente *m*

Fernrohr *nt* <-(e)s, -e> telescópio *m*

Fernsehansager(in) *m(f)* <-s, - *o* -innen> locutor, locutora *m, f*

Fernsehapparat *m* <-(e)s, -e> aparelho de televisão *m*, televisor *m*

fern|sehen *vi irr* ver televisão

Fernsehen *nt* <-s> *kein pl* televisão *f;* **was kommt heute im** ~? o que é que dá hoje na televisão?; **am** ~ na televisão

Fernseher *m* <-s, -> (*umg*) televisor *m*, televisão *f;* **den** ~ **einschalten** ligar o televisor/ a televisão

Fernsehfilm *m* <-(e)s, -e> telefilme *m*

Fernsehserie *f* <-n> série televisiva *f*

Fernsicht *f kein pl* vista *f*, panorama *m*

Fernsprecher *m* <-s, -> telefone *m*

Fernsprechzelle *f* <-en> cabine telefónica *f*

Fernsteuerung *f* <-en> comando à distância *m*

Fernstudium *nt* <-s, -studien> ensino à distância *m*, ensino por correspondência *m*

Fernuniversität *f* <-en> universidade aberta *f*, universidade de ensino por correspondência *f*

Fernverkehr *m* <-s> *kein pl* **1.** (*telefonisch*) serviço interurbano *m* **2.** (*Zug*) serviço ferroviário de longo curso *m* **3.** (*PKW, LKW*) trânsito de longo curso *m*

Fernweh ['fɛrnveː] *nt* <-s> *kein pl* saudade *f*

Ferse ['fɛrzə] *f* <-n> calcanhar *m;* **jdm auf den** ~**n sein** ir no encalço de alguém

fertig ['fɛrtɪç] *adj* **1.** (*bereit*) pronto, despachado **2.** (*gebrauchsfertig*) pronto a usar; **sich** ~ **machen** aprontar-se **3.** (*beendet*) acabado; **etw** ~ **bringen** ser capaz de fazer a. c.; **etw** ~ **machen/stellen** acabar/terminar a. c.; **mit einer Situation** ~ **werden** superar uma situação; **mit jdm** ~ **sein** estar farto/ cheio de alguém **4.** (*umg: erschöpft*) estourado, estafado; **jdn** ~ **machen** dar cabo de alguém

Fertigbauweise *f* <-n> pré-fabricação *f*

fertig|bringen^{ALT} *vt irr s.* **fertig 3**

fertigen ['fɛrtɪgən] *vt* fabricar, fazer

Fertiggericht *nt* <-(e)s, -e> pré-cozinhado *m*

Fertighaus *nt* <-es, -häuser> casa pré-fabricada *f*

Fertigkeit *f* <-en> **1.** (*Geschicklichkeit*) habilidade *f*, jeito *m* **2.** (*Können*) capacidade *f*

fertig|machen^{ALT} *vt s.* **fertig 2**, **3**, **4**
fertig|stellen^{ALT} *vt s.* **fertig 3**

Fertigung *f* <-en> fabrico *m*, produção *f*

fesch *adj* **1.** (*umg: schick*) chique, janota **2.** (*österr: nett*) simpático, amável

Fessel ['fɛsəl] *f* <-n> **1.** (*an Händen*) algemas *fpl;* (*an Füßen*) grilhões *mpl;* **jdm Fesseln anlegen** algemar alguém **2.** (ANAT: *des Menschen*) tornozelo *m* **3.** (*des Pferdes*) pata *f*

fesseln ['fɛsəln] *vt* **1.** (*Gefangene*) algemar; (*an den Füßen*) agrilhoar; **jdn an den Händen** ~ atar/amarrar as mãos a alguém; **die Grippe fesselte sie ans Bett** a gripe obrigou-a a ficar na cama **2.** (*faszinieren*) prender, cativar

fesselnd *adj* cativante, empolgante

fest [fɛst] *adj* **1.** (*kompakt*) sólido; (*hart*) duro **2.** (*stark, kräftig*) consistente, forte **3.** (*unerschütterlich*) firme **4.** (*Gehalt, Preis*) fixo, estável **5.** (*Wohnsitz*) permanente; ~ **angestellt sein** ter emprego fixo; ~ **bei etw bleiben** insistir em a. c. com veemência; **zu etw** ~ **entschlossen sein** estar mesmo decidido a fazer a. c.; **sie hat es mir** ~ **versprochen**

ela prometeu-me solenemente   **6.** (*Schlaf*) profundo; **sie schläft ~** ela dorme profundamente/a sono solto

Fest [fɛst] *nt* <-(e)s, -e> festa *f,* festividade *f;* **ein ~ feiern** fazer uma festa; **Frohes ~!** Boas Festas!

festangestellt[ALT] *adj s.* **fest 5**

Festbeleuchtung *f* <-en> iluminações festivas *fpl*

fest|binden *vt irr* atar (*an* a), amarrar (*an* a)

festen *vi* (*schweiz*) *s.* **feiern**

Festessen *nt* <-s, -> banquete *m,* festim *m;* **ein ~ geben** dar um banquete

fest|fahren *vi irr* **1.** (*mit Fahrzeug*) ficar parado (*in* em), ficar preso **2.** (*Verhandlungen*) encalhar

Festgehalt *nt* <-(e)s, -gehälter> ordenado fixo *m*

fest|halten I. *vt irr* (*ergreifen*) segurar, agarrar; (*aufzeichnen*) registar II. *vi irr* **~ an** manter, não abdicar de; **an seiner Meinung ~** manter a sua opinião III. *vr* **sich ~** *irr* segurar-se (*an* a), agarrar-se (*an* a); **halt dich gut fest!** segura-te bem!

festigen ['fɛstɪɡən] I. *vt* (*Freundschaft*) consolidar; (*Währung*) estabilizar II. *vr* **sich ~** fortalecer, consolidar-se

Festigkeit *f kein pl* **1.** (*Widerstandfähigkeit*) solidez *f,* resistência *f;* (*Stabilität*) estabilidade *f* **2.** (*Entschlossenheit*) firmeza *f* **3.** (*Standhaftigkeit*) constância *f,* consistência *f*

Festival ['fɛstɪvəl] *nt* <-s, -s> festival *m*

fest|klammern *vt* prender (com gancho) (*an* a)

Festland *nt* <-(e)s, -länder> **1.** (*Kontinent*) continente *m* **2.** *kein pl* (*Gegensatz zum Meer*) terra firme *f*

fest|legen I. *vt* (*Regeln, Termin*) fixar, estabelecer, determinar; (*Geld*) imobilizar II. *vr* **sich ~** comprometer-se (*auf* com); **ich möchte mich auf keinen Termin festlegen** eu não gostaria de me comprometer com nenhuma data

festlich ['fɛstlɪç] *adj* solene, festivo; (*Kleidung*) de cerimónia

fest|machen *vt* **1.** (*vereinbaren*) combinar; (*Termin*) fixar, marcar **2.** (*befestigen*) amarrar (*an* a)

fest|nageln *vt* pregar (*an/auf* a); **jdn auf etw ~** comprometer alguém com a. c.

Festnahme ['fɛstnaːmə] *f* <-n> detenção *f,* prisão *f*

fest|nehmen *vt irr* deter, prender

Festplatte *f* <-n> (INFORM) disco duro *m,* disco rígido *m*

Festschrift *f* <-en> publicação comemorativa *f*

fest|setzen I. *vt* (*bestimmen*) estipular, marcar; (*Preise*) tabelar, fixar; **zur festgesetzten Zeit** à hora marcada; (*Person*) prender, deter II. *vr* **sich ~** (*Staub, Schmutz*) fixar-se

fest|sitzen *vi irr* **1.** (*befestigt sein*) estar preso (*an* a) **2.** (*Fahrzeug*) estar parado, estar preso; (*Schiff*) estar encalhado

Festspiel *nt* <-(e)s, -e> festival *m*

Os festivais de Salzburgo, **Salzburger Festspiele**, foram iniciados em Agosto de 1920. No início, Max Reinhardt, entre outros, obteve grandes sucessos com as suas encenações de Shakespeare. Mundialmente conhecidas são também as apresentações de "Jedermann" nas escadarias ao ar livre da catedral de Salzburgo.

fest|stehen *vi irr* ser certo; (*Termin*) estar assente; **also eines steht fest: ...** uma coisa é certa: ...

fest|stellen *vt* **1.** (*herausfinden*) averiguar; (*Personalien, Schuld*) apurar; (*Krankheit*) identificar **2.** (*erkennen*) constatar, verificar; **wir mussten leider ~, dass ...** infelizmente constatámos que ... **3.** (*sagen*) afirmar

Feststellung *f* <-en> **1.** (*Ermittlung*) apuramento *m* **2.** (*Konstatierung*) constatação *f,* verificação *f;* **wir haben die ~ gemacht, dass ...** constatámos/verificámos que ... **3.** (*Aussage*) afirmação *f*

Festtag *m* <-(e)s, -e> dia de festa *m,* feriado *m*

Festung ['fɛstʊŋ] *f* <-en> fortaleza *f*

festverzinslich *adj* a juro fixo

Fete *f* <-n> (*umg*) festa *f*

Fetisch *m* <-(e)s, -e> feitiço *m,* fetiche *m*

Fetischist(in) *m(f)* <-en, -en *o* -innen> fetichista *m,f*

fett *adj* **1.** (*Mensch*) gordo, obeso **2.** (*Essen*) gorduroso

Fett *nt* <-(e)s, -e> gordura *f;* (*Schmalz*) banha *f;* **er wird sein ~ schon abkriegen!** ele vai pagá-las!; **~ ansetzen** engordar

fettarm *adj* (*Essen*) com pouca gordura; (*Milch*) magro, meio-gordo

fetten I. *vt* untar, engordurar; (TECH) lubrificar II. *vi* ser gorduroso

Fettfleck *m* <-(e)s, -en> nódoa de gordura *f*

Fettgehalt *m* <-(e)s> *kein pl* teor de gordura *m*

fettig *adj* (*Salbe, Hände*) gorduroso; (*Haare*) oleoso

Fettnäpfchen *nt* <-s, -> (*umg*) **ins ~ treten** meter água

Fettsucht *f kein pl* obesidade *f*

Fettwanst ['fɛtvanst] *m* <-es, -wänste> (*pej*) pançudo, pançuda *m, f*

Fetzen ['fɛtsən] *m* <-s, -> (*Stoff*) farrapo *m*, trapo *m;* (*von Papier, eines Gesprächs*) pedaço *m*, bocado *m*

fetzig *adj* (*umg*) bom, animado

feucht [fɔɪçt] *adj* húmido, molhado

feuchtfröhlich *adj* (*umg*) alegre (em ar de pândega)

Feuchtigkeit *f kein pl* humidade *f*

Feuchtigkeitscreme *f* <-s> creme hidratante *m*

feudal [fɔɪ'daːl] *adj* feudal

Feuer ['fɔɪɐ] *nt* <-s, -> **1.** (*offenes*) fogo *m*, fogueira *f;* **ein ~ machen** fazer uma fogueira **2.** (*zum Rauchen*) lume *m;* **haben Sie ~?** tem lume? **3.** (*Brand*) incêndio *m;* **~! fogo!;** **~ legen** pôr fogo; **das ~ löschen** apagar o fogo **4.** *kein pl* (MIL) fogo *m;* **das ~ eröffnen** abrir fogo **5.** *kein pl* (*Leidenschaft*) ardor *m*, fogo (da paixão) *m;* **~ fangen** apaixonar-se

Feueralarm *m* <-(e)s, -e> rebate *m*, alarme *m*

Feuerbestattung *f* <-en> incineração *f*, cremação *f*

Feuereifer *m* <-s> *kein pl* ardor *m*, fervor *m*

feuerfest *adj* à prova de fogo, refra(c)tário, resistente ao fogo

Feuergefahr *f kein pl* perigo de incêndio *m*

feuergefährlich *adj* inflamável

Feuerleiter *f* <-n> escada de incêndio *f*

Feuerlöscher *m* <-s, -> extintor de incêndio *m*

Feuermelder *m* <-s, -> dete(c)tor de incêndios *m*

feuern **I.** *vt* (*umg: entlassen*) despedir, expulsar; (*schleudern*) atirar; **er feuerte seine Jacke aufs Sofa** ele atirou o casaco para cima do sofá **II.** *vi* atirar (*auf* contra), disparar (*auf* contra)

feuerrot ['--'-] *adj* rubro

Feuerschaden *m* <-s, -schäden> prejuízo causado por incêndio *m*

Feuerschlucker(in) *m(f)* <-s, - *o* -innen>

engolidor de fogo, engolidora *m, f*

feuersicher *adj* resistente ao fogo

Feuerstein *m* <-(e)s, -e> pederneira *f*, pedra de isqueiro *f*

Feuerversicherung *f* <-en> seguro contra incêndio *m*

Feuerwaffe *f* <-n> arma de fogo *f*

Feuerwehr ['fɔɪveːɐ] *f* <-en> bombeiros *mpl*

Feuerwehrmann *m* <-(e)s, -männer> bombeiro *m*

Feuerwerk *nt* <-(e)s, -e> fogo-de-artifício *m*

Feuerzeug *nt* <-(e)s, -e> isqueiro *m*

Feuilleton [fœjə'tõ:] *nt* <-s, -s> folhetim *m*

feurig ['fɔɪrɪç] *adj* **1.** (*temperamentvoll*) fogoso **2.** (*leidenschaftlich*) ardente

ff. *abk v* **folgende** (**Seiten**) ss. (= *e* (*páginas*) seguintes)

Fiasko ['fjasko] *nt* <-s, -s> fiasco *m;* **ein ~ erleben** sofrer um fiasco

Fiche *f* (*schweiz*) ficha *f*

Fichte ['fɪçtə] *f* <-n> pinheiro *m*, abeto *m*

ficken ['fɪkən] *vi* (*umg*) foder

fidel [fi'deːl] *adj* (*umg*) alegre, divertido

Fieber ['fiːbɐ] *nt* <-s, -> febre *f;* **hohes ~ haben** ter febre alta; (**bei**) **jdm ~ messen** tirar/medir a febre a alguém

fieberfrei *adj* sem febre; **~ sein** não ter febre

fieberhaft *adj* (*a* MED) febril

fiebern *vi* **1.** (*Kranker*) ter febre, estar com febre **2.** (*gespannt sein*) estar exaltado; **nach etw ~** estar ansioso por a. c.

Fieberthermometer *nt* <-s, -> termómetro (clínico) *m*

fiebrig *adj* febril

fiel [fiːl] *imp von* **fallen**

fies [fiːs] *adj* (*umg*) asqueroso; **das war ~ von ihm** isso foi muito baixo da parte dele

fifty-fifty *adv* (*umg*) fifty-fifty, a meias; **wir machen ~** fazemos a meias

Figur [fi'guːɐ] *f* <-en> **1.** (*Gestalt*) figura *f;* **eine gute ~ machen** fazer boa figura; **eine gute ~ haben** ter uma boa figura **2.** (*Spielfigur*) peça *f*, pedra *f* **3.** (*Romanfigur*) personagem *m,f*

figürlich *adj* (LING) figurado

Fiktion [fɪk'tsjoːn] *f* <-en> ficção *f*

fiktiv [fɪk'tiːf] *adj* fictício

Filet [fi'leː] *nt* <-s, -s> filete *m*

Filiale [fi'ljaːlə] *f* <-n> filial *f*, sucursal *f*

filigran *adj* filigrana

Film [fɪlm] *m* <-(e)s, -e> **1.** (*Beschichtung, Belag*) película *f* **2.** (*Kinofilm, Fernsehfilm*) filme *m;* **einen ~ drehen** rodar um filme **3.** *kein pl* (*Filmbranche*) cinema *m;* **sie ist beim ~** ela é a(c)triz **4.** (*für Kamera*) rolo *m;* **ich muss einen neuen ~ einlegen** tenho de pôr um rolo novo; **der ~ ist voll** o rolo está cheio

Filmaufnahme *f* <-n> filmagem *f*

Filmemacher(in) *m(f)* <-s, - *o* -innen> realizador, realizadora *m, f,* cineasta *m,f*

filmen ['fɪlmən] *vi* filmar

Filmfestival *nt* <-s, -s> festival de cinema *m*

Filmkamera *f* <-s> câmara (de filmar) *f,* máquina de filmar *f*

Filmmusik *f* <-en> banda sonora *f*

Filmschauspieler(in) *m(f)* a(c)tor de cinema, a(c)triz *m, f,* artista de cinema *m,f*

Filmstar *m* <-s, -s> estrela de cinema *f*

Filter ['fɪltɐ] *m* <-s, -> filtro *m*

filtern *vt* filtrar

Filterpapier *nt* <-s, -e> papel filtro *m*

Filterzigarette *f* <-n> cigarro com filtro *m*

Filz [fɪlts] *m* <-es, -e> feltro *m*

filzen ['fɪltsən] **I.** *vt* (*umg*) revistar **II.** *vi* (*Wolle*) feltrar

Filzstift *m* <-(e)s, -e> caneta de feltro *f*

Fimmel ['fɪməl] *m* <-s, -> (*umg*) ideia fixa *f,* mania *f,* obsessão *f;* **er hat den ~, Stofftiere zu sammeln** ele tem a mania de cole(c)cionar animais de peluche; **er hat einen ~** ele não regula bem

Finale [fi'na:lə] *nt* <-s, -n> (SPORT) final *f;* **ins ~ kommen** chegar à final

Finanzamt [fi'nants-] *nt* <-(e)s, -ämter> repartição de finanças *f,* fazenda pública *f;* (*brasil*) secretaria da fazenda *f*

Finanzbeamte(r) *m/f* <-n, -n *o* -n> funcionário das Finanças, funcionária *m, f*

Finanzen [fi'nantsən] *pl* finanças *fpl*

finanziell [finan'tsjɛl] *adj* financeiro

finanzieren* *vt* financiar

Finanzierung *f* <-en> financiamento *m*

Finanzminister(in) *m(f)* <-s, - *o* -innen> Ministro das Finanças, Ministra *m, f*

finden ['fɪndən] **I.** *vt* **1.** (*Verlorenes*) achar, encontrar **2.** (*meinen*) achar, pensar; **wie findest du das?** que tal achas?; **wie ~ Sie diesen Film?** que acha deste filme?; **sie hat Recht, ~ Sie nicht?** não acha que ela tem ra-

zão?; **ich finde nichts dabei, wenn ...** não vejo nenhum mal em ...; **ich finde es gut, dass ...** eu acho bem que ... **II.** *vr* **sich ~ 1.** (*zum Vorschein kommen*) aparecer; **es ~ sich immer Leute, die ...** há sempre pessoas que ... **2.** (*in Ordnung kommen*) arranjar-se; **es wird sich ~!** veremos!

Finder(in) *m(f)* <-s, - *o* -innen> pessoa que encontra *f*

Finderlohn *m* <-(e)s> *kein pl* alvíssaras *fpl,* recompensa *f*

findig *adj* engenhoso, esperto

fing [fɪŋ] *imp von* **fangen**

Finger ['fɪŋɐ] *m* <-s, -> dedo *m;* **etw an den ~n abzählen können** contar a. c. pelos dedos; **sich** *dat* **in den ~ schneiden** enganar-se redondamente; **sich** *dat* **etw aus den ~n saugen** inventar a.c; **jdm auf die ~ sehen** vigiar alguém; **jdm auf die ~ klopfen** repreender alguém

Fingerabdruck *m* <(e)s, -drücke> impressão digital *f*

Fingerfertigkeit *f* <-en> destreza *f,* habilidade *f*

Fingerhut *m* <-(e)s, -hüte> **1.** (*zum Nähen*) dedal *m* **2.** (BOT) digital *f*

Fingernagel *m* <-s, -nägel> unha *f*

Fingerspitze *f* <-n> ponta do dedo *f*

Fingerspitzengefühl *nt* <-(e)s> *kein pl* tacto *m;* **diese Aufgabe verlangt viel ~** esta tarefa exige muito tacto

Fingerzeig ['fɪŋɐtsaɪk] *m* <-s, -e> indicação *f,* sinal *m;* **einen ~ bekommen** receber uma dica

fingieren* *vt* fingir, simular

Finish *nt* <-s, -s> (SPORT) arranque *m* final

Fink [fɪŋk] *m* <-en, -en> tentilhão *m*

Finken (*schweiz*) chinelo *m,* pantufa *f;* **die ~ klopfen** dar à sola

Finne(in) ['fɪnə] *m(f)* <-n, -n *o* -innen> finlandês, finlandesa *m, f*

finnisch *adj* finlandês

Finnland ['fɪnlant] *nt* <-s> *kein pl* Finlândia *f*

finster ['fɪnstɐ] *adj* **1.** (*dunkel*) escuro, sombrio, lúgubre; **jdn ~ ansehen** lançar um olhar ameaçador a alguém **2.** (*anrüchig*) sinistro, tenebroso **3.** (*Gedanke*) malévolo

Finsternis *f* *kein pl* **1.** (*Dunkelheit*) escuridão *f,* trevas *fpl* **2.** (ASTR) eclipse *m*

Finte ['fɪntə] *f* <-n> **1.** (SPORT) finta *f* **2.** (*Vorwand*) pretexto *m,* ardil *m*

Firlefanz *m* <-es> *kein pl* (*umg*) futilidade *f*

firm [fɪrm] *adj* **in etw ~ sein** saber bem a. c.

Firma ['fɪrma] *f* <Firmen> firma *f*, empresa *f*

firmeneigen *adj* da empresa

Firmung *f* <-en> crisma *m*, confirmação *f*

Firnis *m* <-ses, -se> verniz *m*

First *m* <-(e)s, -e> **1.** (*Gipfel*) cume *m* **2.** (*des Daches*) cumeeira *f*

First-Class-Hotel^RR *nt* <-s, -s> hotel de cinco estrelas *m*

First Lady *f* <-s> (POL) primeira dama *f*

Fisch [fɪʃ] *m* <-(e)s, -e> peixe *m*; **das ist weder ~ noch Fleisch** não é carne nem é peixe

Fischbesteck *nt* <-(e)s, -e> talher de peixe *m*

Fische *pl* (*Sternzeichen*) Peixes *mpl*

fischen *vi* pescar; **im Trüben ~** pescar em águas turvas

Fischer(in) *m(f)* <-s, - *o* -innen> pescador, pescadora *m, f*

Fischerboot *nt* <-(e)s, -e> barco de pesca *m*, barco pesqueiro *m*

Fischerei *f kein pl* pesca *f*, pescaria *f*

Fischernetz *nt* <-es, -e> rede de pesca *f*

Fischfang *m* <-(e)s> *kein pl* pesca *f*

Fischfilet *nt* <-s, -s> filete de peixe *m*

Fischgericht *nt* <-(e)s, -e> prato de peixe *m*

Fischhändler(in) *m(f)* <-s, - *o* -innen> comerciante de peixe *m,f*

Fischladen *m* <-s, -läden> peixaria *f*

Fischmarkt *m* <-(e)s, -märkte> mercado de peixe *m*

Fischmehl *nt* <-(e)s> *kein pl* farinha de peixe *f*

fischreich *adj* abundante em peixe

Fischverkäufer(in) *m(f)* <-s, - *o* -innen> peixeiro, peixeira *m, f*, varino, varina *m, f*

Fisolen *pl* (*österr*) feijão verde *m*, vagem *f*

fit [fɪt] *adj* em boa forma; **in etw ~ sein** ser bom em a. c.

Fitness^RR ['fɪtnɛs] *f kein pl*, **Fitneß**^ALT *f kein pl* boa forma *f* (física)

Fitnesscenter^RR ['fɪtnɛssɛntɐ] *nt* <-s, -> ginásio *m*, centro de culturismo *m*

fix [fɪks] *adj* **1.** (*Gehalt, Kosten*) fixo; **~e Idee** ideia fixa **2.** (*umg: schnell*) ligeiro, despachado; **nun aber ~!** depressa!

fixen ['fɪksən] *vi* drogar-se

Fixer(in) *m(f)* <-s, - *o* -innen> drogado, drogada *m, f*

fixieren* *vt* fixar

Fjord [fjɔrt] *m* <-(e)s, -e> fiorde *m*

FKK [ɛfka:'ka:] *abk v* Freikörperkultur nudismo

flach [flax] *adj* **1.** (*Gelände*) plano, chato; **die ~e Hand** a palma da mão; **sich ~ auf den Boden legen** estender-se no chão **2.** (*Schuhe*) raso, baixo **3.** (*Gewässer*) pouco profundo; (*Gefäß*) baixo; (*Teller*) ladeiro, raso **4.** (*oberflächlich*) superficial

Flachdach *nt* <-(e)s, -dächer> telhado plano *m*

Fläche *f* <-n> **1.** (*Oberfläche*) superfície *f* **2.** (*Gebiet*) área *f* **3.** (*auf Würfel*) face *f* **4.** (*Ebene*) planície *f*

Flächeninhalt *m* <-(e)s, -e> (MAT) área *f*, superfície *f*

Flächenmaß *nt* <-es, -e> (MAT) medida *f* de superfície

flach|fallen *vi irr* (*umg: Plan*) cair por terra; **bei Regen fällt der Ausflug flach** se chover, o passeio não se realiza

Flachland *nt* <-(e)s> *kein pl* planície *f*

Flachs [flaks] *m* <-es, -e> linho *m*

flachsen *vi* (*umg*) brincar

flackern ['flakɐn] *vi* chamejar, bruxulear

Fladenbrot *nt* <-(e)s, -e> pão redondo e achatado *m*

Flagge ['flagə] *f* <-n> bandeira *f*

flaggen *vi* içar bandeira, embandeirar

Flair [flɛ:ɐ] *m/nt* <-s> *kein pl* ambiente sedutor *m*

Flak *abk v* **Flugzeugabwehrkanone** defesa antiaérea

Flakon [fla'kõ:] *m/nt* <-s, -s> frasco de perfume *m*

flambieren* *vt* flamejar

Flamingo [fla'mɪŋgo] *m* <-s, -s> flamingo *m*

flämisch *adj* flamengo

Flamme ['flamə] *f* <-n> chama *f*; (*größer*) labareda *f*; **in ~n aufgehen** ser consumido pelas chamas; **der Wald steht in (hellen) ~n** a floresta está em chamas

Flandern *nt* <-s> *kein pl* Flandres *f*

Flanell [fla'nɛl] *m* <-s, -e> flanela *f*

flanieren* *vi* flanar

Flanke ['flaŋkə] *f* <-n> (MIL, ZOOL) flanco *m*

flankieren* *vt* flanquear, ladear; **~de Maßnahmen** medidas de apoio

flapsig ['flapsɪç] *adj* (*umg*) pateta

Flasche ['flaʃə] *f* <-n> **1.** (*Gefäß*) garrafa *f*; **eine ~ Wein** uma garrafa de vinho **2.** (*für*

Babys) biberão *m*, mamadeira *f*; **dem Kind die ~ geben** dar o biberão ao bebé, dar a mamadeira ao nenê **3.** (*umg: Person*) morcão *m*, banana *m*

Flaschenbier *nt* <-(e)s, -e> cerveja em garrafa *f*

Flaschenöffner *m* <-s, -> abre-cápsulas *m*

Flaschenpfand *nt* <-(e)s> *kein pl* depósito *m*

Flaschenpost *f kein pl* mensagem numa garrafa (que se lança ao mar) *f*

Flaschner(in) *m(f)* <-s, - *o* -innen> (*schweiz*) picheleiro, picheleira *m*, *f*

flatterhaft *adj* volúvel, inconstante

flattern ['flatən] *vi* **1.** (*Vogel*) esvoaçar **2.** (*Fahne, Wäsche*) flutuar (ao vento); **ihr Haar flatterte im Wind** o seu cabelo flutuava ao vento

flau [flaʊ] *adj* (*Mensch*) fraco, débil; (*Geschäfte*) fraco; **mir ist ~ im Magen** sinto-me desfalecer

Flaum [flaʊm] *m* <-(e)s> *kein pl* penugem *f*

flauschig *adj* macio e felpudo

Flausen *pl* (*umg*) patranhas *fpl*; **sie hat nur ~ im Kopf** ela só tem minhocas na cabeça

Flaute ['flaʊtə] *f* <-n> **1.** (NAUT) calmaria *f* **2.** (WIRTSCH) época morta *f*

Flechte ['flɛçtə] *f* <-n> **1.** (MED) impigem *f* **2.** (BOT) líquen *m*

flechten ['flɛçtən] *vt* **1.** (*Haare*) entrançar **2.** (*Kranz, Korb*) fazer

Fleck [flɛk] *m* <-(e)s, -e> **1.** (*Schmutzfleck*) mancha *f*, nódoa *f*; **blauer ~** nódoa negra **2.** (*umg: Ort*) lugar *m*, sítio *m*; **nicht vom ~ kommen** não sair do sítio

Fleckenentferner *m* <-s, -> tira-nódoas *m*

fleckenlos *adj* sem nódoa, imaculado

Fleckenwasser *nt* <-s, -> tira-nódoas *m*

fleckig ['flɛkɪç] *adj* manchado

Fledermaus ['fleːdəmaʊs] *f* <-mäuse> morcego *m*

Flegel ['fleːgəl] *m* <-s, -> (*pej*) malcriado *m*

flegelhaft *adj* **1.** (*Kind*) malcriado **2.** (*Benehmen*) grosseiro

flehen ['fleːən] *vi* implorar, suplicar

flehentlich ['fleːəntlɪç] **I.** *adj* (*geh*) instante, fervoroso **II.** *adv* insistentemente; **jdn ~ um etw bitten** pedir a. c. a alguém encarecidamente

Fleisch [flaɪʃ] *nt* <-(e)s> *kein pl* **1.** (*von Mensch, Tier*) carne *f*; **~ fressend** carnívoro; **aus ~ und Blut** de carne e osso; **vom ~ fal-**

len emagrecer; **sich** *dat* (**mit etw**) **ins eigene ~ schneiden** prejudicar-se a si próprio (com a. c.); **das wird dir in ~ und Blut übergehen** isso vai entrar-te na massa do sangue **2.** (*von Frucht*) polpa *f*

Fleischbrühe *f* <-n> caldo de carne *m*

Fleischer(in) *m(f)* <-s, - *o* -innen> carniceiro, carniceira *m*, *f*

Fleischerei *f* <-en> talho *m*

fleischfressend^{ALT} *adj s.* **Fleisch 1**

Fleischhauer(in) *m(f)* <-s, - *o* -innen> (*österr*) carniceiro, carniceira *m*, *f*

Fleischklößchen *nt* <-s, -> almôndega *f*

fleischlos *adj* sem carne

Fleischwolf *m* <-(e)s, -wölfe> máquina de picar carne *f*

Fleischwunde *f* <-n> chaga *f*, ferida *f*

Fleischwurst *f* <-würste> mortadela *f*

Fleiß *m* <-es> *kein pl* aplicação *f*, diligência *f*

fleißig *adj* aplicado, trabalhador, assíduo

flektieren* *vt* (LING) declinar

flennen ['flɛnən] *vi* (*umg*) choramingar

fletschen ['flɛtʃən] *vt* **die Zähne ~** mostrar/arreganhar os dentes

flexibel [flɛˈksiːbəl] *adj* flexível

flexiblisieren* *vt* flexibilizar

flicken ['flɪkən] *vt* remendar, consertar

Flicken *m* <-s, -> remendo *m*

Flickzeug *nt* <-(e)s> *kein pl* **1.** (*zum Nähen*) estojo de costura *m* **2.** (*für Reifen*) kit de remendos *m*

Flieder ['fliːdɐ] *m* <-s, -> lilás *m*

Fliege ['fliːgə] *f* <-n> **1.** (ZOOL) mosca *f*; **zwei ~n mit einer Klappe schlagen** matar dois coelhos de uma cajadada só; **er tut keiner ~ etwas zuleide** ele não faz mal a uma mosca **2.** (*Schleife*) laço *m*

fliegen ['fliːgən] **I.** *vt* pilotar **II.** *vi* **1.** (*Vogel, Flugzeug*) voar; (*Mensch*) andar/ir de avião; **ich fliege morgen nach Brasilien** eu vou amanhã (de avião) para o Brasil; **in die Luft ~** ir pelos ares, explodir; **bei der Demonstration flogen Steine** voaram pedras na manifestação **2.** (*umg: entlassen werden*) ser posto na rua; **durch eine Prüfung ~** chumbar num exame

Fliegenpilz *m* <-es, -e> (BOT) amanita *m*

Flieger *m* <-s, -> **1.** (*Person*) aviador *m*, piloto *m* **2.** (*umg: Flugzeug*) avião *m*

Fliegeralarm *m* <-(e)s, -e> alarme antiaéreo *m*

fliehen ['fliːən] *vi* fugir (*vor* de), escapar (*vor* de); **er ist aus dem Gefängnis geflohen** ele fugiu/escapou da prisão

Fliehkraft *f* <-kräfte> (PHYS) força centrífuga *f*

Fliese ['fliːzə] *f* <-n> azulejo *m*, ladrilho *m*; **~n legen** ladrilhar

Fließband *nt* <-(e)s, -bänder> linha de montagem *f*, cadeia de montagem *f*; **am ~ arbeiten/stehen** trabalhar/estar na linha de montagem

fließen *vi* 1. (*Flüssigkeit*) correr, fluir; (*Spenden, Verkehr*) fluir; **es sind Tränen geflossen** escorreram lágrimas 2. (*herausfließen*) desaguar; **der Douro fließt in den Atlantik** o Douro desagua no Atlântico

fließend I. *adj* (*Wasser*) corrente; (*Stil*) fluente; (*Übergänge*) ténue II. *adv* (*sprechen*) fluentemente

flimmern ['flɪmən] *vi* cintilar, tremeluzir; (*Bildschirm*) tremer; **es flimmert mir vor den Augen** vejo tudo a tremer

flink [flɪŋk] *adj* ligeiro, ágil

Flinte ['flɪntə] *f* <-n> espingarda *f*, caçadeira *f*; **die ~ ins Korn werfen** desanimar

flippig ['flɪpɪç] *adj* (*umg*) flipado, atrofiado

Flirt [flɪrt, flœrt] *m* <-s, -s> namorico *m*, flerte *m*

flirten ['flɪrtən, 'flœrtən] *vi* namoriscar (*mit* com), flertar (*mit* com)

Flitterwochen *pl* lua-de-mel *f*; **in die ~ fahren** ir de lua-de-mel

flitzen ['flɪtsən] *vi* (*umg*) voar, correr como uma seta

flocht [flɔxt] *imp von* **flechten**

Flocke ['flɔkə] *f* <-n> floco *m*

flockig *adj* em flocos

flog [floːk] *imp von* **fliegen**

floh [floː] *imp von* **fliehen**

Floh [floː] *m* <-(e)s, Flöhe> pulga *f*; **jdm einen ~ ins Ohr setzen** fazer alguém ficar com a pulga atrás da orelha

Flohmarkt *m* <-(e)s, -märkte> feira da ladra *f*

Flop [flɔp] *m* <-s, -s> fracasso *m*; **der Film war ein echter ~** o filme foi um fracasso autêntico

Floppydisk^{RR} *f* <-s> (INFORM) disquete *f*

Flora ['floːra] *f* <Floren> flora *f*

florieren *vi* florescer, prosperar; **das Geschäft floriert** o negócio está a florescer

Florist(in) *m(f)* <-en, -en *o* -innen> florista *m,f*

Floskel ['flɔskəl] *f* <-n> floreados *mpl*

floss^{RR} [flɔs], **floß** *imp von* **fließen**

Floß *nt* <-es, Flöße> jangada *f*

Flosse ['flɔsə] *f* <-n> barbatana *f*

Flöte *f* <-n> flauta *f*

flöten *vi* 1. (*Flöte spielen*) tocar flauta 2. (*umg: einschmeichelnd*) estar com falinhas mansas 3. (*umg*) **~ gehen** ir por

flöten|gehen^{ALT} *vi irr s.* **flöten 3**

Flötist(in) *m(f)* <-en, -en *o* -innen> flautista *m,f*

flott [flɔt] I. *adj* (*umg: flink, schnell*) ligeiro, desembaraçado; (*schick*) janota, catita; (*Musik*) animado II. *adv* com facilidade, com desembaraço

Flotte ['flɔtə] *f* <-n> frota *f*, marinha *f*, armada *f*

flott|machen *vt* 1. (NAUT) pôr a flutuar 2. (*umg: Auto*) pôr a andar

Fluch [fluːx] *m* <-(e)s, Flüche> 1. (*Verwünschung*) maldição *f*, praga *f*; **darauf liegt ein ~** isto é praga 2. (*Schimpfwort*) praguejo *m*

fluchen ['fluːxən] *vi* 1. (*Fluch ausstoßen*) amaldiçoar 2. (*schimpfen*) praguejar, amaldiçoar; **über etw ~** amaldiçoar a. c.

Flucht [flʊxt] *f* <-en> 1. *kein pl* (*Weglaufen*) fuga *f*, evasão *f*; **auf der ~ sein** andar fugido; **die ~ ergreifen** pôr-se em fuga; **jdn in die ~ schlagen** pôr alguém em fuga; **eine wilde ~** uma debandada 2. (ARCH) alinhamento *m*; **in einer ~ stehen** estar em linha, estar em fileira

fluchtartig I. *adj* em fuga, em debandada II. *adv* precipitadamente; **~ das Haus verlassen** sair de casa a correr

flüchten *vi* fugir (*vor* de), evadir-se (*vor* de); (*aus dem Gefängnis*) escapar (*aus* de); **die politisch Verfolgten flüchteten in das Nachbarland/nach Schweden** os perseguidos políticos fugiram para o país vizinho/a Suécia

Fluchthelfer(in) *m(f)* <-s, - *o* -innen> agente de fuga *m,f*

flüchtig *adj* 1. (*auf der Flucht*) fugitivo; **~ sein** andar fugido 2. (*vergänglich*) fugaz, fugidio 3. (*eilig*) rápido, de fugida; **einen ~en Blick auf etw werfen** dar uma olhadela rápida em a. c. 4. (CHEM) volátil 5. (*oberflächlich*) superficial; **ich kenne sie nur ~** eu só a conheço de passagem

Flüchtigkeit *f* <-en> 1. (*Vergänglichkeit*) fugacidade *f* 2. (*Kürze, Eile*) rapidez *f*, ligeireza *f* **3.** (CHEM) volatilidade *f* **4.** (*Oberfläch-lichkeit*) superficialidade *f*

Flüchtigkeitsfehler *m* <-s, -> lapso *m*

Flüchtling *m* <-(e)s, -e> fugitivo *m;* **politischer** ~ refugiado político *m*

Flüchtlingslager *nt* <-s, -> campo de refugiados *m*

Fluchtversuch *m* <-(e)s, -e> tentativa de fuga *f*

Flug [fluːk] *m* <-(e)s, Flüge> voo *m;* **einen** ~ **buchen** marcar/reservar um voo; **die Zeit vergeht wie im** ~ o tempo voa

Flugabwehr *f kein pl* (MIL) defesa antiaérea *f*

Flugbahn *f* <-en> trajectória (de voo) *f*

Flugbegleiter(in) *m(f)* <-s, - *o* -innen> comissário de bordo *m*, hospedeira de bordo *f*, aeromoço, aeromoça *m*, *f*

Flugblatt *nt* <-(e)s, -blätter> panfleto *m*, folheto *m*

Flügel *m* <-s, -> **1.** (*von Vogel, Flugzeug*) asa *f;* **die** ~ **hängen lassen** desanimar **2.** (*von Gebäude*) ala *f* **3.** (*von Tür, Fenster*) batente *m* **4.** (MUS) piano de cauda *m*

Fluggast *m* <-(e)s, -gäste> passageiro (de avião), passageira *m*, *f*

flügge *adj* (*Vogel, Kind*) prestes a deixar o ninho

Fluggesellschaft *f* <-en> companhia aérea *f*

Flughafen *m* <-s, -häfen> aeroporto *m*

Flugkapitän *m* <-s, -e> piloto aviador (civil) *m*, capitão-aviador *m*

Fluglinie *f* <-n> linha aérea *f*

Fluglotse(in) *m(f)* <-n, -n *o* -innen> controlador de voo *m*, agulheiro do céu *m*

Flugnummer *f* <-n> número de voo *m*

Flugplan *m* <-(e)s, -pläne> horário de voos *m*

Flugplatz *m* <-es, -plätze> aeródromo *m*, campo de aviação *m*

flugs [fluːks] *adv* logo, imediatamente

Flugschein *m* <-(e)s, -e> **1.** (*Ticket*) bilhete de avião *m* **2.** (*des Piloten*) brevet *m*

Flugverkehr *m* <-s> *kein pl* tráfego aéreo *m*

Flugwesen *nt* <-s> *kein pl* aviação *f*

Flugzettel *m* <-s, -> (*österr*) panfleto *m*

Flugzeug ['fluːktsɔɪk] *nt* <-(e)s, -e> avião *m;* **er kommt mit dem** ~ ele vem de avião

Flugzeugabsturz *m* <-es, -stürze> queda de avião *f*, despenhamento de avião *m*

Flugzeugentführung *f* <-en> desvio de avião *m*, sequestro de avião *m*

Flugzeugträger *m* <-s, -> porta-aviões *m*

Fluktuation [flʊktuaˈtsjoːn] *f* <-en> flutuação *f*

flunkern ['flʊŋkɐn] *vi* (*umg*) aldrabar, mentir

Fluor ['fluːoɐ] *nt* <-s> *kein pl* flúor *m*

fluoreszieren* *vi* fluorescer

Fluorkohlenwasserstoff *m* <-(e)s, -e> (CHEM) clorofluorocarboneto *m*

Flur¹ [fluːɐ] *m* <-(e)s, -e> corredor *m*

Flur² *f* <-en> campo *m*, campina *f*

Flurbereinigung *f* <-en> reorganização parcelar *f*

Flurschaden *m* <-s, -schäden> prejuízo (nos campos) *m*

Fluss^RR [flʊs] *m* <-es, Flüsse>, **Fluß**^ALT *m* **1.** <-sses, Flüsse> (*Gewässer*) rio *m;* **am** ~ à beira-rio **2.** *kein pl* (*das Fließen*) curso *m*, fluxo *m;* **im** ~ **sein** estar em curso; **etw in** ~ **bringen** dar andamento a a. c.; **in** ~ **kommen** entrar em andamento

flussabwärts^RR *adv* rio abaixo

flussaufwärts^RR *adv* rio acima

Flussbett^RR *nt* <-(e)s, -en> leito do rio *m*

flüssig *adj* **1.** (*nicht fest*) líquido **2.** (*Stil*) fluente; **sie schreibt sehr** ~ ela escreve com muita fluência **3.** (*Verkehr*) fluido **4.** (*Gelder*) disponível, em caixa; ~ **sein** ter dinheiro disponível

Flüssigkeit *f* <-en> **1.** (*Stoff*) líquido *m*, fluido *m* **2.** *kein pl* (*Zustand*) fluidez *f*

Flusslauf^RR *m* <-(e)s, -läufe> curso do rio *m*

Flussmündung^RR *f* <-en> foz do rio *f*

Flusspferd^RR *nt* <-(e)s, -e> hipopótamo *m*

flüstern *vi* murmurar, sussurrar; **jdm etw ins Ohr** ~ segredar a. c. no ouvido de alguém; **das kann ich dir** ~ podes acreditar

Flut [fluːt] *f* <-en> **1.** *kein pl* (*im Gezeitenwechsel*) maré cheia *f*, preia-mar *f;* **es ist** ~ está maré cheia **2.** (*Wassermassen*) enchente *f*, torrente *f;* (*Wellen*) vagas *fpl*, ondas *fpl;* **sich in die** ~**en stürzen** entrar no mar/na água, cair no mar **3.** (*Menge*) enchente *f;* **sie erhielt eine** ~ **von Zuschriften** ela recebeu uma enchente de cartas

Flutkatastrophe *f* <-en> cheia *f*

Flutlicht *nt* <-(e)s> *kein pl* luz de proje(c)tores *f*

flutschen *vi* **1.** (*umg: gleiten*) escorregar; **mir ist die Seife aus der Hand geflutscht** o sabão escorregou-me da mão **2.** (*umg:*

leicht gehen) andar bem; **heute flutscht die Arbeit nur so** hoje o trabalho está a andar bem

focht [fɔxt] *imp von* **fechten**

Föderalismus *m* <-> *kein pl* federalismo *m*

Fohlen ['foːlən] *nt* <-s, -> potro *m*

Föhn *m* <-(e)s, -e> **1.** *kein pl* (METEO) vento anabático *m*, vento quente e seco *m* **2.** (*Haartrockner*) secador de cabelo *m*

föhnen^{RR} *vt* secar (com secador)

Föhre *f* <-n> pinheiro *m*

Folge ['fɔlɡə] *f* <-n> **1.** (*Ergebnis*) resultado *m* **2.** (*Auswirkung*) consequência *f*, efeito *m;* **etw zur ~ haben** ter a. c. como consequência; **die ~n tragen** arcar com as consequências **3.** (*Aufeinanderfolge*) série *f*, sequência *f* **4.** (*Fortsetzung*) continuação *f*

Folgeerscheinung *f* <-en> consequência *f*, resultado *m*

folgen ['fɔlɡən] *vi* **1.** (*nachgehen*) seguir; **jdm ~ können** compreender o que alguém diz; **er folgte ihrem Rat** ele seguiu o conselho dela **2.** (*zeitlich*) seguir-se, suceder; **auf einander ~** seguir-se; **Fortsetzung folgt** continua **3.** (*sich ergeben*) resultar; **daraus folgt, dass ...** daí resulta que ...; **wie folgt** nos seguintes termos **4.** (*gehorchen*) obedecer

folgend *adj* seguinte, subsequente

folgendermaßen *adv* do seguinte modo, da seguinte maneira

folgenschwer *adj* grave, de graves consequências

folgerichtig *adj* lógico, consequente

folgern ['fɔlɡən] *vt* concluir (*aus* de), deduzir (*aus* de); **daraus lässt sich ~, dass ...** daí conclui-se/deduz-se que ...

Folgerung *f* <-en> conclusão *f*, dedução *f*

folglich ['fɔlklɪç] *adv* logo, por conseguinte, portanto

folgsam ['fɔlkzaːm] *adj* obediente

Folie ['foːliə] *f* <-n> (*aus Metall, Plastik*) folha *f*

Folklore [fɔlk'loːrə] *f kein pl* folclore *m*

Folter ['fɔltɐ] *f* <-n> tortura *f*, tormento *m;* **jdn auf die ~ spannen** torturar alguém

foltern *vt* torturar

Fön^{ALT} *m* <-(e)s, -e> *s.* **Föhn 2**

fönen^{ALT} *vt s.* **föhnen**

Fontäne *f* <-n> repuxo *m*, chafariz *m*

foppen ['fɔpən] *vt* (*umg*) troçar de, escarnecer de

forcieren* *vt* forçar

Förderband *nt* <-(e)s, -bänder> passadeira rolante *f*, cinta transportadora *f*

Förderkorb *m* <-(e)s, -körbe> gaiola de extra(c)ção *f*, elevador *m*

förderlich *adj* útil, proveitoso; **das ist der Arbeit nicht gerade ~** isso não é rentável para o trabalho

fordern ['fɔrdən] *vt* **1.** (*verlangen*) exigir; **der Unfall forderte mehrere Menschenleben** o acidente provocou vários mortos **2.** (*Leistung*) requerer (*von* de), exigir (*von* de); **zu viel von jdm ~** exigir muito de alguém **3.** (*Rechte*) reivindicar, reclamar; **sie ~ Gleichberechtigung** eles reivindicam a igualdade de direitos

fördern *vt* **1.** (*unterstützen*) proteger; (*finanziell*) patrocinar; (*Wachstum, Umsatz*) promover, fomentar, incrementar **2.** (*Kohle*) extrair

Forderung *f* <-en> exigência *f*, pretensão *f;* (*von Rechten*) reivindicação *f;* **~en stellen** fazer exigências; **seine ~en wurden erfüllt** as suas exigências foram satisfeitas

Förderung *f* <-en> **1.** (*Unterstützung*) fomento *m*, promoção *m;* (*finanziell*) patrocínio *m*, subsídio *m* **2.** (*von Kohle*) extracção *f*

Forelle [fo'rɛlə] *f* <-n> truta *f*

Form [fɔrm] *f* <-en> **1.** (*Gestalt*) forma *f;* **in ~ von** na forma de; **feste ~en annehmen** ganhar/tomar uma forma definida **2.** (*zum Backen*) forma *f* **3.** (*Gussform*) molde *m* **4.** (*Machart*) feitio *m* **5.** (*Umgangsform*) formalidade *f*, maneiras *fpl;* **in aller ~** formalmente; **die ~ wahren** manter as aparências **6.** *kein pl* (*Kondition*) condição física *f;* **in ~ sein** estar em forma

formal [fɔr'maːl] *adj* formal

Formaldehyd *nt* <-s> *kein pl* (CHEM) formaldeído *m*

Formalität *f* <-en> formalidade *f;* **die ~en erledigen** tratar das formalidades

Format [fɔr'maːt] *nt* <-(e)s, -e> formato *m*

formatieren* *vt* (INFORM) formatar

Formation *f* <-en> formação *f*

Formel ['fɔrməl] *f* <-n> **1.** (MAT) fórmula *f* **2.** (*sprachlich*) expressão *f*

formell [fɔr'mɛl] *adj* formal, cerimonioso

formen ['fɔrmən] *vt* formar, modelar, moldar

formieren* *vt* formar

förmlich I. *adj* (*offiziell, formell*) formal, protocolar; (*regelrecht*) verdadeiro **II.** *adv* literalmente, realmente

Förmlichkeit *f* <-en> formalidade *f*, cerimónia *f*

formlos *adj* **1.** (*ohne Form*) informe, amorfo **2.** (*zwanglos*) descontraído **3.** (*Antrag*) sem cerimónia

Formular [fɔrmu'laːɐ] *nt* <-s, -e> impresso *m*, formulário *m*; **ein ~ ausfüllen** preencher um impresso

formulieren* *vt* formular, exprimir; **das musst du anders ~** tens de formular isso de outra maneira

Formulierung *f* <-en> **1.** (*Vorgang*) formulação *f* **2.** (*Ergebnis*) redacção *f*

forsch [fɔrʃ] *adj* enérgico, cheio de vida

forschen ['fɔrʃən] *vi* **1.** (*suchen*) procurar, averiguar; **nach der Wahrheit ~** averiguar a verdade **2.** (*wissenschaftlich*) investigar, pesquisar

Forscher(in) *m(f)* <-s, - *o* -innen> investigador, investigadora *m, f*

Forschung *f* <-en> investigação *f*, pesquisa *f*

Forschungszentrum *nt* <-s, -zentren> centro de investigação *m*

Forst [fɔrst] *m* <-(e)s, -e> floresta *f*, bosque *m*

Förster(in) *m(f)* <-s, - *o* -innen> guarda-florestal *m,f*

Forstwirtschaft *f kein pl* silvicultura *f*, engenharia florestal *f*

fort [fɔrt] *adv* fora, embora; **er ist ~** ele foi embora; **und so ~** e assim por diante; **in einem ~** sem descanso

Fortbestand *m* <-(e)s> *kein pl* continuidade *f*, persistência *f*

fort|bestehen* *vi irr* continuar, persistir, durar

fort|bewegen* **I.** *vt* mover **II.** *vr* **sich ~** mover-se, andar, avançar

fort|bilden *vr* **sich ~** a(c)tualizar os conhecimentos, prosseguir os estudos

Fortbildung *f kein pl* a(c)tualização dos conhecimentos *f*, formação permanente *f*; **eine ~ machen** fazer um curso de formação

fort|bilden *vi irr* não vir, não comparecer; **er ist über zwei Stunden fortgeblieben** ele demorou(-se) mais de duas horas

Fortdauer *f kein pl* continuação *f*, duração *f*, persistência *f*

forte *adv* (MUS) forte

fort|fahren *vi irr* **1.** (*wegfahren*) partir **2.** (*weitermachen*) continuar (*mit* com), prosseguir (*mit* com); **bitte fahren Sie fort** por favor continue

fort|führen *vt* **1.** (*fortsetzen*) continuar, prosseguir **2.** (*wegbringen*) levar, conduzir

fort|gehen *vi irr* **1.** (*weggehen*) ir-se embora, sair **2.** (*sich fortsetzen*) continuar

fortgeschritten ['fɔrtgəʃrɪtən] **I.** *pp von* **fortschreiten II.** *adj* adiantado; (*Alter, Stufe*) avançado

fort|kommen *vi irr* **1.** (*verschwinden*) sair, escapar-se; **mach, dass du fortkommst!** vê se te desapareces! **2.** (*Fortschritte machen*) prosperar, fazer progressos, dar-se bem **3.** (*abhanden kommen*) perder-se

fort|laufen *vi irr* fugir

fortlaufend *adj* contínuo, consecutivo

fort|pflanzen *vr* **sich ~** reproduzir-se

Fortpflanzung *f kein pl* reprodução *f*

fort|schicken *vt* **1.** (*Post*) enviar, despachar **2.** (*Person*) despedir, mandar embora

fort|schreiten *vi irr* **1.** (*vorangehen*) progredir, caminhar, avançar **2.** (*sich ausbreiten*) correr

Fortschritt *m* <-(e)s, -e> progresso *m*, avanço *m*; **gute/große ~e machen** fazer bons/grandes progressos

fortschrittlich *adj* (*Mensch, Ideen, Methode*) avançado, moderno

fortschrittsfeindlich *adj* anti-progresso

fortschrittsgläubig *adj* a favor do progresso

fort|setzen *vt* continuar, prosseguir

Fortsetzung *f* <-en> continuação *f*, prosseguimento *m*

fortwährend *adj* contínuo, constante, seguido

fort|ziehen I. *vt irr* puxar, arrastar **II.** *vi irr* mudar-se

Fossil [fɔ'siːl] *nt* <-s, -ien> fóssil *m*

Foto ['foːto] *nt* <-s, -s> fotografia *f*; **ein ~ von jdm machen** tirar uma fotografia a alguém, bater uma foto(grafia) de alguém

Fotoalbum *nt* <-s, -alben> álbum de fotografias *m*

Fotoapparat *m* <-(e)s, -e> máquina fotográfica *f*

fotogen *adj* fotogénico

Fotograf(in) [foto'graːf] *m(f)* <-en, -en *o* -innen> fotógrafo, fotógrafa *m, f*

Fotografie [fotogra'fiː] *f* <-n> fotografia *f*

fotografieren* I. *vt* fotografar II. *vi* tirar fotografias

Fotokopie [fotoko'pi:] *f* <-n> fotocópia *f,* xérox® *m;* **eine ~ von etw machen** tirar uma fotocópia de a. c., fazer um xérox de a. c.

fotokopieren* *vt* fotocopiar

Fotokopierer *m* <-s, -> fotocopiadora *f,* xérox *m*

Fotomodell *nt* <-s, -e> modelo fotográfico *m,f*

Fötzel *m* <-s, -> (*schweiz*) mandrião, mandriona *m, f*

Foul [faʊl] *nt* <-s, -s> (SPORT) falta *f*

foulen *vt* (SPORT) fazer falta

Foxtrott *m* <-s, -s> foxtrot *m*

Fr. *abk v* **Frau** Sra. (= *Senhora*)

Fracht [fraxt] *f* <-en> frete *m*

Frachtenbahnhof *m* <-(e)s, -höfe> (*österr*) estação de mercadorias *f*

Frachter *m* <-s, -> navio de carga *m,* cargueiro *m*

Frachtflugzeug *nt* <-(e)s, -e> avião de carga *m*

Frack [frak] *m* <-(e)s, Fräcke> fraque *m,* casaca *f*

Frage ['fra:gə] *f* <-n> pergunta *f,* questão *f;* (LING) interrogação *f;* (*Problem*) questão *f;* **jdm eine ~ stellen** fazer uma pergunta a alguém, colocar uma questão a alguém; **auf eine ~ antworten** responder a uma pergunta; **haben Sie noch ~n?** tem mais alguma pergunta?; **das ist gar keine ~** isso nem se põe em causa; **das kommt nicht in ~!** isso está fora de questão!, nem pensar nisso!; **etw in ~ stellen** pôr a. c. em causa; **ohne ~** sem dúvida, indiscutivelmente

Fragebogen *m* <-s, -bögen> questionário *m*

fragen ['fra:gən] *vi* perguntar; **es fragt sich, ob ...** resta saber se ...; **jdn um Rat ~** consultar alguém; **jdn nach seiner Meinung ~** perguntar a opinião a alguém; **nach jdm ~** perguntar por alguém; **nach dem Weg ~** perguntar o caminho

Fragepronomen *nt* <-s, -> pronome interrogativo *m*

Fragesatz *m* <-es, -sätze> oração interrogativa *f*

Fragestellung *f* <-en> colocação do problema *f*

Fragewort *nt* <-(e)s, -wörter> partícula interrogativa *f*

Fragezeichen *nt* <-s, -> ponto de interrogação *m*

fraglich ['fra:klɪç] *adj* **1.** (*zweifelhaft*) duvidoso, questionável; **es ist ~, ob ...** é incerto se ... **2.** (*betreffend*) em questão, em causa

fraglos *adv* incontestável, fora de dúvida

Fragment [fra'gmɛnt] *nt* <-(e)s, -e> fragmento *m*

fragwürdig *adj* **1.** (*zweifelhaft*) discutível, questionável **2.** (*unsicher*) duvidoso, incerto

Fraktion [frak'tsjo:n] *f* <-en> **1.** (POL) grupo (partidário) *m* **2.** (CHEM) fra(c)ção *f*

Fraktionschef(in) *m(f)* <-s, -s *o* -innen> chefe de grupo (partidário) *m,f*

Fraktur *f* <-en> (MED) fra(c)tura *f*

Franken ['fraŋkən] *m* <-s, -> franco *m*

frankieren* *vt* franquear

Frankreich ['fraŋkraɪç] *nt* <-s> *kein pl* França *f*

Franse ['franzə] *f* <-n> franja *f*

Franzose, Französin [fran'tso:zə] *m, f* <-n, -n *o* -innen> francês, francesa *m, f*

französisch *adj* francês

frappant *adj* impressionante, surpreendente

fräsen *vt* fresar

fraß *imp von* **fressen**

Fratze ['fratsə] *f* <-n> (*umg*) careta *f;* **~n schneiden** fazer caretas

Frau [fraʊ] *f* <-en> **1.** (*allgemein*) mulher *f;* (*Ehefrau*) mulher *f,* esposa *f;* **seine geschiedene/zukünftige ~** a sua ex-/futura mulher; (REL) **Unsere Liebe ~** Nossa Senhora *f* **2.** (*Anrede*) senhora *f;* **~ Müller** a senhora Müller

Frauenarzt, Frauenärztin *m, f* <-es, -ärzte *o* -innen> ginecologista *m,f*

Frauenbewegung *f* <-en> movimento feminista *m*

Frauenklinik *f* <-en> maternidade e clínica para mulheres

Frauenzeitschrift *f* <-en> revista feminina *f*

Fräulein *nt* <-s, -> menina *f,* senhorita *f*

Fräulein era o título dado antigamente a uma mulher solteira. Mas desde os anos 70 o movimento feminista luta contra esta expressão, já que também não há a palavra "Herrlein ", que seria o termo correspondente para o masculino. Hoje em dia já não se faz distinção entre a mulher casada e solteira, sendo "Frau" o título usual.

fraulich *adj* feminino

Freak [fri:k] *m* <-s, -s> **1.** (*umg: unkonventioneller Mensch*) baldas *m* **2.** (*umg: Computer*) fanático *m*

frech [frɛç] *adj* atrevido, descarado; **werd nicht ~!** não sejas atrevido!

Frechdachs *m* <-es, -e> (*umg*) atrevido *m*, malcriado *m*

Frechheit *f* <-en> atrevimento *m*, descaramento *m;* **er besaß die ~ zu ...** ele teve o descaramento de ...

Fregatte [freˈgatə] *f* <-n> fragata *f*

frei [fraɪ] *adj* **1.** (*unabhängig*) livre; **~er Mitarbeiter** free lancer *m*, trabalhador por conta própria *m;* **sich** *dat* **einen Tag ~ nehmen** tirar um dia de folga; **einen ~en Tag haben** ter um dia livre; **aus ~en Stücken** de livre vontade **2.** (*Stelle, Sitzplatz*) livre, vago; **ist dieser Platz noch ~?** este lugar ainda está vago/livre?; **Zimmer ~** quartos vagos **3.** (*befreit*) livre, isento; **~ von Vorurteilen** livre de preconceitos **4.** (*kostenlos*) grátis, gratuito; **Eintritt ~** entrada gratuita/livre

Freibad *nt* <-(e)s, -bäder> piscina descoberta *f*

frei|bekommen* *vt irr* (*umg*) **ich möchte zwei Tage ~** eu queria ter dois dias livres

freiberuflich *adj* **~ tätig sein** ser free lancer, trabalhar por conta própria

Freie [ˈfraɪə] *nt* <-n> *kein pl* ar livre *m*, natureza *f;* **im ~n** ao ar livre

Freier [ˈfraɪə] *m* <-s, -> (*umg: von Prostituierten*) cliente *m*

Freiexemplar *nt* <-s, -e> exemplar gratuito *m*

frei|geben **I.** *vt irr* (*Gefangene*) libertar, soltar; (*Straße*) abrir; (*Akten, Guthaben*) levantar o embargo a; **etw zum Verkauf ~** aprovar a. c. para venda **II.** *vi irr* (*Schülern, Angestellten*) dar feriado a, dispensar

freigebig [ˈfraɪgəbɪç] *adj* generoso

Freigebigkeit *f kein pl* generosidade *f*

Freigepäck *nt* <-(e)s> *kein pl* bagagem gratuita *f*

frei|haben *vi irr* (*umg*) ter folga, estar de folga; **morgen habe ich frei** amanhã estou de folga

frei|halten *vt irr* **1.** (*Durchfahrt*) deixar livre; **Ausfahrt ~** não estacionar **2.** (*reservieren*) guardar; **jdm einen Platz ~** guardar um lugar para/a alguém

Freihandelszone *f* <-n> zona de livre-câmbio *f*

freihändig *adj* à mão livre, sem apoio

Freiheit [ˈfraɪhaɪt] *f* <-en> liberdade *f;* (*Unabhängigkeit*) independência *f;* **sich** *dat* **die ~ nehmen, etw zu tun** tomar a liberdade de fazer a. c.; **seine ~ verlieren** perder a liberdade

freiheitlich *adj* liberal

Freiheitskampf *m* <-(e)s, -kämpfe> luta da independência *f*

Freiheitsstrafe *f* <-n> (JUR) pena de prisão *f*

Freikarte *f* <-n> bilhete grátis *m*

frei|kommen *vi irr* sair em liberdade

Freikörperkultur *f kein pl* nudismo *m*

frei|lassen *vt irr* soltar, libertar, pôr em liberdade

freilich [ˈfraɪlɪç] *adv* **1.** (*jedoch*) no entanto **2.** (*reg: sicherlich*) sem dúvida, com toda a certeza; **ja ~!** pois claro!

Freilichtbühne *f* <-n> teatro ao ar livre *m*

frei|machen *vt* **1.** (*Brief*) pôr selo, franquiar **2.** (*umg: nicht arbeiten*) ter folga

Freimaurer *m* <-s, -> pedreiro-livre *m*, mação *m*, maçom *m*

Freimaurerei *f kein pl* maçonaria *f*

freimütig *adj* franco, sincero

Freiraum *m* <-(e)s, -räume> espaço livre *m;* **sich** *dat* **Freiräume schaffen** arranjar tempo livre

freischaffend *adj* autónomo; **~e Künstlerin** artista free lance

Freischärler(in) *m(f)* <-s, - *o* -innen> guerrilheiro, guerrilheira *m, f*

frei|sprechen *vt irr* (JUR) absolver

Freispruch *m* <-(e)s, -sprüche> (JUR) absolvição *f*

frei|stehen *vi irr* **1.** (*Wohnung, Haus*) estar livre, estar vago **2.** (*überlassen sein*) ser permitido; **es steht dir frei, zu ...** tens a liberdade de ...

frei|stellen *vt* (*von Pflicht*) livrar (*von* de); **jdm etw ~** deixar a. c. à escolha de alguém

Freistil *m* <-s> *kein pl* (SPORT) estilo livre *m*

Freistoß *m* <-es, -stöße> (SPORT) pontapé *m* livre

Freitag [ˈfraɪta:k] *m* <-(e)s, -e> **1.** (*Wochentag*) sexta-feira *f; s.* **Montag** **2.** (*schweiz: Feiertag*) dia festivo *m*

freitags *adv* à(s) sextas-feira(s)

freiwillig *adj* voluntário, espontâneo

F

Freiwillige(r) *m/f*<-n, -n *o* -n> voluntário, voluntária *m, f*

Freizeit *f kein pl* tempo livre *m*, horas vagas *fpl*

Freizeitgestaltung *f kein pl* organização do tempo livre *f*

Freizeitsport *m* <-(e)s> *kein pl* desporto recreativo *m*, esporte recreativo *m*

freizügig *adj* **1.** (*großzügig*) generoso **2.** (*offen, liberal*) liberal

fremd [frɛmt] *adj* **1.** (*fremdartig*) estranho **2.** (*unbekannt*) desconhecido; **das ist mir ~** isso é-me desconhecido **3.** (*von anderen*) alheio; **~es Eigentum** propriedade alheia; **das ist nichts für ~e Ohren** isto não é para ouvidos alheios **4.** (*ausländisch*) estrangeiro; (*aus anderem Ort*) forasteiro; **~e Sprachen** línguas estrangeiras

fremdartig [ˈfrɛmtaːɐtɪç] *adj* estranho

Fremdenführer(in) *m(f)* <-s, - *o* -innen> guia *m,f*, cicerone *m,f*

Fremdenhass[RR] *m*<-es> *kein pl* xenofobia *f*

Fremdenverkehr *m*<-(e)s> *kein pl* turismo *m*

Fremdenzimmer *nt*<-s, -> quarto de hóspedes *m*

Fremde(r) *m/f*<-n, -n *o* -n> forasteiro, forasteira *m, f*; (*aus dem Ausland*) estrangeiro, estrangeira *m, f*

fremd│gehen *vi irr* (*umg*) ser infiel

Fremdkörper *m*<-s, -> corpo estranho *m*

fremdländisch *adj* estrangeiro

Fremdsprache *f*<-n> língua estrangeira *f*

fremdsprachig *adj* de língua estrangeira

Fremdwort *nt*<-(e)s, -wörter> palavra estrangeira *f*

frenetisch *adj* frenético; **~er Beifall** aplauso frenético

Frequenz [freˈkvɛnts] *f*<-en> (*a* PHYS) frequência *f*

Fresko *nt*<-s, Fresken> fresco *m*

Fresse *f*<-n> (*umg*) boca *f*, focinho *m;* **halt die ~!** cala a boca!; **jdm in die ~ schlagen** partir a cara/o focinho a alguém

fressen [ˈfrɛsən] *vt* **1.** (*Tier*) comer **2.** (*umg: Mensch*) devorar, comer com avidez

Fressnapf[RR] *m* <-(e)s, -näpfe>, **Freß-napf**[ALT] *m*<-(e)s, -näpfe> comedouro *m*, comedoiro *m*

Fresssack[RR] *m*<-(e)s, -säcke> (*umg*) comilão, comilona *m, f*, glutão, glutona *m, f*

Freude [ˈfrɔɪdə] *f*<-n> **1.** (*Fröhlichkeit*) alegria *f* (*auf* por, *über* com) **2.** (*Gefallen*) prazer *m;* **mit großer ~** com muito prazer; **jdm eine ~ machen** dar uma alegria a alguém; **~ an etw haben** ter prazer em a. c.; **vor ~ strahlen** estar radiante

Freudenschrei *m* <-s, -e> grito de alegria *m*

Freudentränen *pl* lágrimas de alegria *fpl*

freudestrahlend *adj* radiante

freudig [ˈfrɔɪdɪç] *adj* **1.** (*Stimmung*) alegre, feliz **2.** (*Nachricht*) bom

freudlos [ˈfrɔɪtloːs] *adj* triste

freuen [ˈfrɔɪən] **I.** *vt* alegrar, dar alegria; **das freut mich!** folgo muito com isso!; **es freut mich, Sie kennen zu lernen** (tenho) muito gosto em conhecê-lo/la; **es freut mich, zu hören, dass ...** alegra-me ouvir que ... **II.** *vr* **sich ~** regozijar-se, ficar contente; **sie freut sich auf die Ferien** ela está ansiosa pelas férias; **er freut sich über das Geschenk** ele está muito contente com o presente

Freund(in) [frɔɪnt] *m(f)* amigo, amiga *m, f*; (*fester Freund*) namorado, namorada *m, f*; **ein ~ von mir** um amigo meu

Freundeskreis [ˈfrɔɪndəs-] *m* <-es, -e> círculo de amizades *m*

freundlich [ˈfrɔɪntlɪç] *adj* **1.** (*liebenswürdig*) simpático, amigável; **sehr ~ von Ihnen!** muito simpático da sua parte!; **seien sie so ~ und ...** não se importa de ...?; **mit ~en Grüßen** com os melhores cumprimentos **2.** (*angenehm*) agradável; (*Gegend*) simpático; (*Zimmer*) alegre; (*Wetter*) ameno

freundlicherweise *adv* gentilmente, amavelmente

Freundlichkeit *f*<-en> amabilidade *f*, gentileza *f*

Freundschaft *f*<-en> amizade *f*; **mit jdm ~ schließen** fazer amizade com alguém

freundschaftlich *adj* amigável, amistoso

Frevel [ˈfreːfəl] *m* <-s, -> **1.** (*geh: Untat*) delito *m*, crime *m* **2.** (REL) sacrilégio *m*

freveln *vi* **1.** (*geh: Untat begehen*) cometer um delito **2.** (REL) cometer um sacrilégio, pecar

Frieden *m* <-s> *kein pl* paz *f*; (*mit jdm*) ~ **schließen** fazer as pazes (com alguém); ~ **stiften** pacificar, restabelecer a paz

Friedensbewegung *f* <-en> movimento pacifista *m*

Friedensnobelpreis *m* <-es, -e> Prémio Nobel da Paz *m*

Friedensverhandlungen *pl* negociações de paz *fpl*

Friedensvertrag *m* <-(e)s, -träge> tratado de paz *m*

friedfertig ['fri:tfɛrtɪç] *adj* pacífico

Friedhof ['fri:tho:f] *m* <-(e)s, -höfe> cemitério *m*

friedlich *adj* pacífico, tranquilo, sossegado

frieren [fri:rən] *vi* 1. (*Wasser, Boden*) congelar, gelar 2. (*Mensch*) estar com frio, ter frio; **ich friere** estou cheio de frio

Fries *m* <-es, -e> (ARCH) friso *m*

Frikadelle [frika'dɛlə] *f* <-n> hamburger *m*

Frikassee *nt* <-s, -s> fricassé *m*

Frisbeescheibe *f* <-n> disco voador *m*

frisch [frɪʃ] *adj* 1. (*Lebensmittel, Wind, Erinnerung*) fresco; (*Kräfte*) novo; (*Luft*) puro; **~e Luft schnappen** apanhar ar fresco/puro 2. (*Fleck, Wunde*) recente; **~ gestrichen** pintado de fresco; **~ gebackenes Brot** pão fresco 3. (*sauber*) limpo; **sich ~ machen** refrescar-se 4. (*Farben*) vivo, alegre 5. (*Aussehen*) fresco, sadio

Frische ['frɪʃə] *f kein pl* frescura *f*, vigor *m*

Frischhaltefolie *f* <-n> película aderente *f*

Friseur(in) [fri'zø:ɐ] *m(f)* <-s, -e *o* -innen> cabeleireiro, cabeleireira *m, f*

Friseursalon *m* <-s, -s> salão de cabeleireiro *m*

Friseuse [fri'zø:zə] *f* <-n> cabeleireira *f*

frisieren* *vt* 1. (*kämmen*) pentear 2. (*umg: Rechnung*) falsificar; (*Motor*) artilhar

Frist [frɪst] *f* <-en> 1. (*Zeitraum*) prazo *m;* **eine ~ setzen/verlängern** fixar/prorrogar um prazo; **die ~ endet am 15. Januar** o prazo acaba/expira a 15 de Janeiro; **eine ~ einhalten** cumprir um prazo 2. (*Aufschub*) moratória *f*

fristlos *adv* imediatamente, sem prazo; (*Entlassung*) sem aviso prévio

Frisur [fri'zu:ɐ] *f* <-en> penteado *m*

Friteuseᴬᴸᵀ *f* <-n> *s.* **Fritteuse**

fritierenᴬᴸᵀ* *vt s.* **frittieren**

Fritten *pl* (*umg*) batatas fritas *fpl*

Fritteuseᴿᴿ *f* <-n> fritadeira *f*

frittieren*ᴿᴿ *vt* fritar

frivol [fri'vo:l] *adj* frívolo

Frl. (*brasil*) *abk v* **Fräulein** senhorita

froh [fro:] *adj* 1. (*fröhlich*) alegre 2. (*glücklich*) feliz (*über* com); **Frohe Weihnachten/**

Ostern! Feliz Natal/Páscoa; **eine ~e Nachricht** uma boa notícia 3. (*zufrieden*) contente (*über* com); **ich bin ~, dass..** estou contente que ... +*conj*

fröhlich *adj* alegre, bem disposto

Fröhlichkeit *f kein pl* alegria *f*

frohlocken *vi* (*geh*) regozijar-se (com), encher-se de júbilo

Frohnatur *f* <-en> pessoa alegre *f*

Frohsinn *m* <-(e)s> *kein pl* alegria *f*, bom-humor *m*

fromm [frɔm] *adj* 1. (*gläubig*) crente, devoto 2. (*gehorsam*) obediente

Frömmelei *f* <-en> (*pej*) beatice *f*, hipocrisia *f*

Frömmigkeit *f kein pl* religiosidade *f*

frönen *vi* (*geh*) entregar-se a, ser escravo de

Fronleichnam [fro:n'laɪçna:m] *m* <-(e)s> *kein pl* Corpo de Deus *m*

Front [frɔnt] *f* <-en> 1. (ARCH) fachada *f* 2. (MIL, METEO) frente *f;* **in vorderster ~ stehen** estar na linha da frente; **gegen jdn/etw ~ machen** fazer frente a alguém/a. c., enfrentar alguém/a. c.

frontal [frɔn'ta:l] *adj* frontal, de frente

Frontantrieb *m* <-(e)s, -e> tra(c)ção dianteira *f*

fror [fro:ɐ] *imp von* **frieren**

Frosch [frɔʃ] *m* <-(e)s, Frösche> rã *f;* **sei kein ~!** não sejas desmancha-prazeres; **einen ~ im Hals haben** estar rouco

Froschmann *m* <-(e)s, -männer> homem-rã *m*

Froschperspektive *f* <-n> mundo visto de baixo *m;* **etw aus der ~ betrachten** contemplar a. c. (a partir) de baixo

Froschschenkel *m* <-s, -> coxa de rã *f*

Frost [frɔst] *m* <-(e)s, Fröste> geada *f*, gelo *m;* (*Kälte*) frio *m;* **es herrscht strenger ~** está muito frio

frösteln *vi* ter arrepios, tiritar

frostig *adj* (*Luft, Wetter, Empfang*) frio

Frostschutzmittel *nt* <-s, -> anticongelante *m*

Frottee ['frɔte:] *m/nt* <-(s), -s> felpo *m*

frottieren* *vt* friccionar, esfregar

Frottiertuch *nt* <-(e)s, -tücher> toalha turca *f*, toalha de felpo *f*

frotzeln ['frɔtsəln] *vi* (*umg*) brincar com, gozar com

Frucht [frʊxt] *f* <Früchte> 1. (BOT) fruto *m*

2. (*Obst*) fruta *f* **3.** (*Ergebnis*) fruto *m*, produto *m*

fruchtbar *adj* **1.** (*Mensch, Tier*) fértil, fecundo; (*Boden*) fértil **2.** (*nützlich*) produtivo

Fruchtbarkeit *f kein pl* (*von Mensch, Tier*) fecundidade *f*, fertilidade *f*; (*des Bodens*) fertilidade *f*

Fruchteis *nt* <-es, -> gelado de fruta *m*, sorvete de fruta *m*

fruchten ['frʊxtən] *vi* dar resultado, servir (para)

Fruchtfleisch *nt* <-(e)s> *kein pl* polpa (de fruta) *f*

fruchtig *adj* com sabor a fruta

fruchtlos *adj* infrutífero, estéril

Fruchtsaft *m* <-(e)s, -säfte> sumo de fruta(s) *m*, suco de fruta *m*

früh I. *adj* (*nicht spät*) cedo; **es ist noch ~** ainda é cedo; **am ~en Morgen/~ am Morgen** de manhã cedo; **warum hast du das nicht ~ gesagt?** por que é que não disseste isso antes?; (*frühzeitig*) prematuro; **er hat schon ~ erkannt, dass ...** ele já reconheceu que ...; **~er oder später** mais cedo ou mais tarde II. *adv* (*morgens*) de manhã; **heute ~** hoje de manhã, esta manhã; **morgen ~** amanhã de manhã; **sehr ~ aufstehen** madrugar; **von ~ bis spät** de manhã à noite

Frühaufsteher(in) *m(f)* <-s, - *o* -innen> madrugador, madrugadora *m, f*

Frühe *f kein pl* madrugada *f*; **in aller ~** de manhã muito cedo

früher I. *adj* (*vorhergehend*) anterior; (*ehemalig*); **meine ~e Freundin** antigo, ex-, a minha ex-namorada II. *adv* **1.** (*vorher*) anteriormente, antes; **einige Tage ~** uns dias antes; **genau wie ~** exactamente como antes **2.** (*ehemals*) antigamente, outrora, dantes

frühestens *adv* não antes de, o mais cedo; **ich komme ~ um 8 Uhr** não venho antes das 8 horas

Frühgeburt *f* <-en> parto prematuro *m*

Frühjahr *nt* <-(e)s> *kein pl* Primavera *f*

Frühjahrsmüdigkeit *f kein pl* fadiga de primavera *f*

Frühling *m* <-s, -e> Primavera *f*

frühmorgens *adv* de manhã cedo, de madrugada

frühreif *adj* precoce

Frühschicht *f* <-en> turno da manhã *m*

Frühstück *nt* pequeno-almoço *m*, café da manhã *m*; **es gibt von 8 bis 10 Uhr ~** o pe-

queno-almoço (café da manhã) é servido das 8 às 10 horas

frühstücken *vi* tomar o pequeno-almoço, tomar o café da manhã

frühzeitig *adj* **1.** (*rechtzeitig*) com antecedência, antecipado; **wir bitten um ~e Anmeldung** agradecemos que responda com antecedência/antecipadamente **2.** (*zu früh*) precoce, prematuro

Frust [frʊst] *m* <-(e)s> *kein pl* (*umg*) frustração *f*

frusten *vt* (*umg*) frustrar

Frustration [frʊstra'tsjoːn] *f* <-en> frustração *f*

frustrieren* *vt* frustrar

Fuchs [fʊks] *m* <-es, Füchse> **1.** (*Tier*) raposa *f* **2.** (*Pferd*) alazão *m* **3.** (*umg: Mensch*) matreiro, matreira *m, f*, manhoso, manhosa *m, f*

fuchsen ['fʊksən] *vt* (*umg*) irritar, aborrecer

fuchsteufelswild ['-'-'-'] *adj* (*umg*) furioso, furibundo

Fuchtel ['fʊxtəl] *f kein pl* (*umg*) **unter jds ~ stehen** estar sob a autoridade de alguém; **jdn unter seiner ~ haben** dominar alguém

fuchteln *vi* agitar; **mit den Armen ~** gesticular

Fuge ['fuːgə] *f* <-n> **1.** (*Spalte*) junta *f*, fenda *f*; **aus den ~n gehen** escangalhar-se **2.** (MUS) fuga *f*

fügen *vr* **sich ~** **1.** (*unterordnen*) conformar-se, resignar-se; **er fügte sich den Anordnungen des Chefs** ele submeteu-se às ordens do chefe **2.** (*passen*) encaixar

fügsam *adj* obediente

fühlbar *adj* **1.** (*merklich*) notável; **es trat eine ~e Besserung ein** começou uma recuperação notável **2.** (*spürbar, tastbar*) palpável

fühlen I. *vt* (*empfinden*) sentir; (*ahnen*) pressentir; (*tasten*) tocar, apalpar; **jdm den Puls ~** tomar o pulso a alguém II. *vr* **sich ~** sentir-se; **wie fühlst du dich?** como é que te sentes?; **sich zu etw verpflichtet ~** sentir-se obrigado a a. c.

Fühler *m* <-s, -> (ZOOL) antena *f*; **die ~ ausstrecken** sondar

fuhr [fuːɐ] *imp von* **fahren**

führen I. *vt* (*leiten*) dirigir; (*Partei*) liderar, chefiar; (*Geschäft*) dirigir, gerir; (*geleiten*) levar, conduzir; **jdn aufs Eis/hinters Licht ~** enganar alguém; (*Name, Titel*) ter, usar; (*Wa-*

ren) vender, ter à venda; (*Gespräch*) ter, manter; **Verhandlungen** ~ negociar; **Regie** ~ dirigir; **einen Prozess gegen jdn** ~ ter um processo contra alguém **II.** *vi* (*verlaufen*) ir ter, ir dar; **diese Straße führt nach Halle** esta estrada vai dar a Halle; (*in Führung liegen*) ir à frente, estar à cabeça; **FC Porto führt 3:1 (gegen ...)** o FC Porto vai à frente com 3:1 (contra ...); (*ergeben*) dar em, levar a; **das führt zu nichts** isso não leva a lado nenhum **III.** *vr* **sich** ~ comportar-se, portar-se

Führer(in)¹ *m(f)* <-s, - o -innen> **1.** (*Leiter*) chefe *m,f*, director, directora *m, f*; (POL) líder *m,f*, dirigente *m,f* **2.** (*Fremdenführer*) guia *m, f*, cicerone *m, f*

Führer² *m* <-s, -> (*Buch*) guia *m*

Führerausweis *m* <-es, -e> (*schweiz*) *s.* **Führerschein**

Führerflucht *f kein pl* (*schweiz*) fuga do condutor *f*

Führerschein *m* <-(e)s, -e> carta de condução *f*, carteira de motorista *f*; **den** ~ **machen** tirar a carta (de condução), tirar a carteira de motorista

Fuhrpark *m* <-s, -s> parque de viaturas *m*

Führung *f* <-en> **1.** *kein pl* (*Leitung*) chefia *f*, gestão *f*; (*von Unternehmen*) gerência *f*, administração *f*, direcção *f* **2.** *kein pl* (POL) liderança *f* **3.** *kein pl* (SPORT) dianteira *f*; **in** ~ **liegen** estar/ir à frente; **die Mannschaft geht mit 4:2 in** ~ a equipa vai à frente com 4:2; **die** ~ **übernehmen** tomar a dianteira **4.** *kein pl* (*Benehmen*) comportamento *m*, conduta *f* **5.** (*bei Besichtigung*) visita guiada *f*

Führungskraft *f* <-kräfte> (WIRTSCH) quadro executivo *m*; (POL) líderes *mpl*

Führungszeugnis *nt* <-ses, -se> certificado de bom comportamento *m*

Fuhrwerk *nt* <-(e)s, -e> carroça *f*

Fülle *f kein pl* **1.** (*Menge*) abundância *f*, plenitude *f*; **eine** ~ **von Ideen** uma abundância de ideias **2.** (*Körperfülle*) corpulência *f*

füllen I. *vt* (*Gefäß*) encher (*mit* de); (*Zahn*) chumbar, obturar; (GASTR) rechear (*mit* com) **II.** *vr* **sich** ~ encher-se; **ihre Augen füllten sich mit Tränen** os olhos dela encheram-se de lágrimas; **nach und nach füllte sich der Raum** a sala foi-se enchendo aos poucos

Füller *m* <-s, -> (*umg*) *s.* **Füllfederhalter**

Füllfederhalter *m* <-s, -> caneta de tinta permanente *f*

Fulltimejob^RR *m* <-s, -s> emprego a tempo inteiro *m*

Füllung *f* <-en> **1.** (GASTR) recheio *m* **2.** (*für Zähne*) massa *f*, chumbo *m* **3.** (*das Füllen*) enchimento *m*

Fund [fʊnt] *m* <-(e)s, -e> **1.** *kein pl* (*das Finden*) descoberta *f* **2.** (*Fundstück*) achado *m*

Fundament [fʊndaˈmɛnt] *nt* <-(e)s, -e> **1.** (*basis*) fundamento *m*, base *f* **2.** (*von Gebäuden*) alicerce(s) *mpl*

fundamental *adj* fundamental

Fundamentalismus [fʊndamɛntaˈlɪsmʊs] *m* <-> *kein pl* fundamentalismo *m*

Fundamentalist(in) *m(f)* <-en, -en o -in-nen> fundamentalista *m,f*

fundamentalistisch *adj* fundamentalista

Fundbüro *nt* <-s, -s> se(c)ção de perdidos e achados *f*

Fundgrube *f* <-n> mina *f*

fundiert *adj* fundamentado; **gut** ~ sólido, seguro; **sie hat** ~**e Kenntnisse** ela tem sólidos/bons conhecimentos

fündig *adj* ~ **werden** descobrir a. c.

Fundort *m* <-(e)s, -e> local do achado *m*

Fundsache *f* <-n> objecto *m* achado, achado *m*

fünf *num kard* cinco; ~ **gerade sein lassen** fechar os olhos (a); *s.* **zwei**

Fünf *f* <-en> **1.** (*Ziffer*) cinco *m*; *s.* **Zwei 2.** (*Unterstufe*) dois *m*; (*Oberstufe*) entre 7 e 9

fünffach *adj* quíntuplo

fünfhundert *num kard* quinhentos

Fünfjahresplan *m* <-(e)s, -pläne> plano quinquenal *m*

fünfjährig *adj* de cinco anos

Fünfkampf *m* <-(e)s, -kämpfe> pentatlo *m*

fünfmal *adv* cinco vezes

Fünfeurostück *nt* <-(e)s, -e> moeda de cinco euros *f*

Fünfcentstück *nt* <-(e)s, -e> moeda de cinco centos *f*

Fünftagewoche *f* <-n> semana inglesa *f*, semana de cinco dias *f*

Fünftel *nt* <-s, -> quinto *m*, quinta parte *f*

fünftens *adv* em quinto (lugar)

fünfte(r, s) *num ord* quinto; *s. a.* **zweite(r, s)**

fünfzehn *num kard* quinze

fünfzig *num kard* cinquenta

fungieren* *vi* actuar (*als* como), servir (*als* de)

F

Funk [fʊŋk] *m* <-s> *kein pl* **1.** (*Übertragung*) transmissão *f*, radiodifusão *f* **2.** (*Rundfunk*) rádio *f*

Funke ['fʊŋkə] *m* <-ns, -n> faísca *f*, centelha *f*, faúlha *f*; **einen ~en Hoffnung haben** ter um vislumbre de esperança

funkeln ['fʊŋkəln] *vi* brilhar, cintilar, reluzir

funkelnagelneu ['--'--'-] *adj* novo em folha

funken ['fʊŋkən] *vt* emitir, radiotelegrafar

Funker(in) *m(f)* <-s, - *o* -innen> (radio)telegrafista *m,f*

Funkgerät *nt* <-(e)s, -e> radiotelefone *m*

Funkhaus *nt* <-es, -häuser> centro de radiodifusão *m*

Funkspruch *m* <-(e)s, -sprüche> radiograma *m*

Funkstille *f kein pl* silêncio *m*; **bei ihm herrscht ~** ele não manda notícias

Funkstreife *f* <-n> rádio-patrulha *f*

Funktelefon *nt* <-s, -e> telemóvel *m*, telebip *m*

Funktion [fʊŋk'tsjoːn] *f* <-en> **1.** (*a* MAT: *Zweck, Amt, Aufgabe*) função *f* **2.** *kein pl* (*von Maschine*) funcionamento *m*; **etw außer ~ setzen** pôr a. c. fora de serviço

Funktionär(in) *m(f)* <-s, -e *o* -innen> funcionário, funcionária *m, f*

funktionieren* *vi* funcionar; **wie funktioniert das?** como é que isso funciona?

Funktionsleiste *f* <-n> (INFORM) barra de funções *f*

Funktionstaste *f* <-n> (INFORM) tecla de função *f*

für *präp* + *akk* **1.** (*Zweck, Bestimmung*) para; **diese Bücher sind ~ die Bibliothek** estes livros são para a biblioteca; **was ~ ein ...?** que (espécie/tipo de) ...?; **das ist alles ~ heute** é tudo por hoje; **ist das alles ~ heute?** isso é tudo para hoje?; **ich ~ meine Person** eu cá por mim **2.** (*Tausch, Preis, Zeit*) por **3.** (*anstelle von*) em vez de; **~ das Auto gebe ich Ihnen noch 3000 DM** ainda lhe dou 3000 marcos pelo carro **4.** (*Zustimmung*) a favor de; **ich bin ~ diesen Vorschlag** sou a favor desta proposta; **das Für und Wider** os prós e os contras

Fürbitte *f* <-n> intercessão *f*

Furche ['fʊrçə] *f* <-n> **1.** (*auf dem Feld*) sulco *m* **2.** (*Runzel*) ruga *f*

Furcht [fʊrçt] *f kein pl* receio *m* (*vor* de), temor *m* (*vor* de); **jdm ~ einflößen** atemorizar alguém

furchtbar I. *adj* (*schrecklich*) terrível, horrível; (*umg: sehr groß*) tremendo; **einen ~en Durst haben** estar a morrer de sede **II.** *adv* (*umg*) muito, super; **er ist ~ nett** ele é muito/super simpático

fürchten I. *vt* temer, recear; **ich fürchte, wir verpassen den Zug** eu receio que vamos perder o comboio **II.** *vr* **sich ~** ter medo (*vor* de), ter receio (*vor* de)

fürchterlich *adj* horrível, terrível

furchtlos *adj* destemido, intrépido

furchtsam *adj* medroso

füreinander *adv* um para o outro

Furie *f* <-n> fúria *f*

Furnier [fʊr'niːɐ] *nt* <-s, -e> folheado *m*, contraplacado *m*

Furore [fu'roːrə] *f* **~ machen** causar sensação

Fürsorge *f kein pl* (*Betreuung, Sozialhilfe*) assistência *f*

Fürsorgeamt *nt* <-(e)s, -ämter> (*schweiz*) serviço de assistência social *m*

fürsorglich *adj* cuidadoso

Fürsprache *f* <-n> intercessão *f*; **~ für jdn einlegen** interceder por alguém

Fürsprecher(in) *m(f)* <-s, - *o* -innen> intercessor, intercessora *m, f*, medianeiro, medianeira *m, f*

Fürst(in) *m(f)* <-en, -en *o* -innen> príncipe *m*, princesa *f*

Fürstentum *nt* <-s, -tümer> principado *m*

fürstlich *adj* **1.** (*des Fürsten*) principesco **2.** (*großzügig*) opulento, sumptuoso; **es gab ein ~es Essen** houve um jantar pomposo

Furt *f* <-en> vau *m*

Furunkel *m/nt* <-s, -> furúnculo *m*

Furz [fʊrts] *m* <-es, Fürze> (*umg*) traque *m*, peido *m*, pum *m*

furzen *vi* (*umg*) dar um traque, peidar-se

Fusel *m* <-s> *kein pl* (*pej*) aguardente ordinária *f*

Fusion [fu'zjoːn] *f* <-en> fusão *f*

fusionieren* *vi* fundir

Fuß *m* <-es, Füße> **1.** (*des Menschen*) pé *m*; (*des Tieres*) pata *f*; **zu ~ gehen** ir a pé; **jdm auf den ~ treten** pisar alguém; **auf eigenen Füßen stehen** andar pelo seu próprio pé; **jdn auf freien ~ setzen** pôr alguém em liberdade; **auf großem ~ leben** viver à grande; **den ~ in ein Haus setzen** pôr os pés numa casa; **er ist heute mit dem linken ~ zuerst aufgestanden** ele hoje acordou mal disposto; **jdm auf dem ~e folgen** ir no encalço de alguém; **etw mit Füßen treten** espezinhar a. c., dar pontapés a a. c.; **mit jdm auf gutem/schlechtem ~ stehen** ter boas/más relações com alguém; **stehenden ~es** imediatamente **2.** (*von Säule*) base *f* **3.** (*von Möbel*) perna *f*

Fußball *m* <-s, -bälle> **1.** (*Ball*) bola de futebol *f* **2.** *kein pl* (*Spiel*) futebol *m*; ~ **spielen** jogar futebol

Fußballer(in) *m(f)* <-s, - *o* -innen> jogador de futebol, jogadora *m, f*, futebolista *m,f*

Fußballfan *m* <-s, -s> fanático do futebol, fanática *m, f*

Fußballmannschaft *f* <-en> equipa de futebol *f*, time de futebol *m*

Fußballplatz *m* <-es, -plätze> campo de futebol *m*

Fußballspiel *nt* <-(e)s, -e> jogo de futebol *m*

Fußballspieler(in) *m(f)* <-s, - *o* -innen> jogador de futebol, jogadora *m, f*, futebolista *m,f*

Fußballstadion *nt* <-s, -stadien> estádio de futebol *m*

Fußboden *m* <-s, -böden> chão *m*, soalho *m*

Fussel ['fʊsəl] *m* <-s, -n> linha *f*

Fußgänger(in) *m(f)* <-s, - *o* -innen> peão *m*, pedestre *m,f*

Fußgängerstreifen *m* <-s, -> (*schweiz*)

s. **Fußgängerüberweg**

Fußgängerüberweg *m* <-(e)s, -e> passadeira *f*, passagem para peões *f*, passagem para pedestres *f*

Fußgängerzone *f* <-en> zona de peões *f*, zona para pedestres *f*

Fußgelenk *nt* <-(e)s, -e> tornozelo *m*

Fußmarsch *m* <-(e)s, -märsche> marcha *f*

Fußnote *f* <-n> nota de rodapé *f*

Fußpfleger(in) *m(f)* <-s, - *o* -innen> calista *m,f*

Fußsohle *f* <-n> planta do pé *f*

Fußspitze *f* <-n> ponta do pé *f*

Fußspur *f* <-en> pegada *f*

Fußstapfen *m* <-s, -> pegada *f*; **in jds ~ treten** seguir as pegadas de alguém

Fußtritt *m* <-(e)s, -e> pontapé *m*, coice *m*

Fußweg *m* <-(e)s, -e> **1.** (*Pfad*) carreiro *m*, vereda *f*, atalho *m* **2.** (*Gehsteig*) passeio *m*, calçada *f*

futsch [fʊtʃ] *adj* (*umg*) estragado, perdido; **es ist ~!** lá se foi!

Futter ['fʊtɐ] *nt* <-s, -> **1.** *kein pl* (*Fressen*) comida para animais *f*, pasto *m* **2.** (*in Kleidung*) forro *m*

Futteral *nt* <-s, -e> estojo *m*

futtern ['fʊtɐn] *vi* (*umg*) comer

füttern *vt* **1.** (*Kind, Tier*) dar de comer a, alimentar **2.** (*Kleidung*) forrar

Futur [fu'tuːɐ] *nt* <-s, -e> (LING) futuro *m*

futuristisch *adj* futurista

G

G *nt* <-, -> **1.** (*Buchstabe*) G, g *m* **2.** (MUS) sol *m*

gab [ɡaːp] *imp von* **geben**

Gabe ['ɡaːbə] *f* <-n> **1.** (*Geschenk*) dádiva *f*; **eine milde** ~ uma esmola **2.** (*Talent*) dom *m* **3.** (*schweiz: Preis*) prémio *m*

Gabel ['ɡaːbəl] *f* <-n> **1.** (*zum Essen*) garfo *m* **2.** (*Heugabel*) forcado *m*; (*kleiner*) forquilha *f* **3.** (*des Telefons*) descanso *m*

gabeln ['ɡaːbəln] *vr* **sich** ~ bifurcar-se, dividir-se em dois

Gabelstapler *m* <-s, -> empilhadora *f*

Gabelung *f* <-en> bifurcação *f*

gackern ['ɡakɐn] *vi* cacarejar

gaffen ['ɡafən] *vi* (*pej*) olhar embasbacado

Gag [ɡɛk] *m* <-s, -s> piada *f*

Gage ['ɡaːʒə] *f* <-n> cachet *m*

gähnen *vi* bocejar

Gala ['ɡaːla] *f kein pl* gala *f*

galant [ɡa'lant] *adj* galante

Galerie [ɡaləˈriː] *f* <-n> galeria *f*

Galerist(in) *m(f)* <-en, -en *o* -innen> dono de galeria, dona *m, f*

Galgen ['ɡalɡən] *m* <-s, -> forca *f*; **an den ~ kommen** ser enforcado

Galgenfrist *f kein pl* último prazo *m*

Galgenhumor *m* <-s> *kein pl* humor *m* negro

Galicien [ɡa'liːtsiən] *nt* <-s> *kein pl* Galiza *f*

galicisch *adj* galego

Galle ['galə] *f* <-n> 1. (*Sekret*) bílis *f*, fel *m*; **mir läuft die ~ über** estou zangado 2. (*Organ*) vesícula *f*

Galopp [ga'lɔp] *m* <-s, -e> galope *m*; **im ~** a galope

galoppieren* *vi* galopar

galt [galt] *imp von* **gelten**

Gameboy *m* <-s, -s> gameboy *m*

gammeln ['gaməln] *vi* 1. (*Lebensmittel*) estragar-se 2. (*Person*) vadiar

Gammler(in) *m(f)* <-s, - *o* -innen> vadio, vadia *m*, *f*

Gämse^RR *f* <-n> camurça *f*

gang [gaŋ] **~ und gäbe sein** ser moeda corrente

Gang¹ [gaŋ] *m* <-(e)s, Gänge> 1. (*Spaziergang*) passeio *m*, volta *f*; (*Botengang*) recado *m*; **ich traf sie auf meinem ~ zum Bahnhof** eu encontrei-a no caminho para a estação 2. *kein pl* (*Gehweise*) andar *m* 3. *kein pl* (*Ablauf, Verlauf*) curso *m*, andamento *m*; **in vollem ~ sein** estar em pleno curso; **etw in ~ bringen** pôr a. c. em andamento; **alles geht seinen gewohnten ~** tudo segue o seu curso habitual 4. (*Auto*) velocidade *f*; **in den dritten ~ schalten** meter a terceira (velocidade) 5. (*Flur*) corredor *m*; (*Durchgang*) passagem *f* 6. (*beim Essen*) prato *m*

Gang² [gɛŋ] *f* <-s> gang *m*, bando *m*

gängeln *vt* (*umg*) trazer pela trela

gängig *adj* corrente

Gangschaltung *f* <-en> mudança *f* de velocidade

Gangster ['gɛŋstɐ] *m* <-s, -> ganster *m*

Gangway *f* <-s> portaló *m*

Ganove [ga'no:və] *m* <-n, -n> (*umg*) gatuno *m*, vigarista *m*

Gans [gans] *f* <Gänse> ganso *m*; **dumme ~!** parvalhona!

Gänseblümchen *nt* <-s, -> margarida *f*, bonina *f*

Gänsebraten *m* <-s, -> ganso *m* assado

Gänsefüßchen *pl* (*umg*) aspas *fpl*; **in ~** entre aspas

Gänsehaut *f kein pl* pele *f* de galinha, pele *f* arrepiada; **ich kriege eine ~, wenn ich das höre!** fico arrepiado/com pele de galinha, quando ouço isso!

Gänsemarsch *m* <-(e)s> *kein pl* **im ~** em fila indiana, um atrás do outro

Gänserich *m* <-s, -e> ganso *m* (macho)

ganz [gants] I. *adj* 1. (*gesamt*) todo, inteiro; (*vollständig*) completo; **~ Europa** toda a Europa; **die/eine ~e Woche** toda a semana/uma semana inteira; **im Ganzen** ao todo, no conjunto; **das Ganze** tudo 2. (*umg: unbeschädigt*) inteiro, intacto; **etw wieder ~ machen** reparar a. c. II. *adv* 1. (*völlig*) inteiramente, completamente; **er ist ~ der Vater** ele é tal e qual o pai; **das ist etwas ~ anderes** isso é completamente diferente; **~ und gar** absolutamente, totalmente; **~ und gar nicht** de todo, de modo algum; **~ im Gegenteil** muito pelo contrário 2. (*vollständig*) completamente; **etw ~ aufessen** comer tudo; **~ recht!** tem toda a razão! 3. (*umg: sehr*) muito; **~ viel Geld** muito dinheiro 4. (*ziemlich*) bem, bastante; **es gefällt mir ~ gut** agrada-me bastante

Ganze(s) *nt* <-n, -n> todo *m*, totalidade *f*; **etw als ~s betrachten** examinar a. c. como um todo; (*umg*); **aufs ~ gehen** arriscar tudo

gänzlich *adv* totalmente, inteiramente

gar [gaːɐ] I. *adj* pronto, cozido II. *adv* ~ **nichts/keiner** absolutamente nada/ninguém; **das ist ~ nicht schlecht** não é nada mau

Garage [ga'raːʒə] *f* <-n> garagem *f*

Garagist(in) *m(f)* <-en, -en *o* -innen> (*schweiz*) dono de oficina, dona *m*, *f*

Garantie [garan'tiː] *f* <-n> garantia *f*; **auf den Fernseher geben wir ein Jahr ~** oferecemos um ano de garantia pela televisão

garantieren* *vt* garantir; **jdm etw ~** garantir a. c. a alguém

Garaus **jdm/etw den ~ machen** acabar com alguém/a. c.

Garbe *f* <-n> molho *m*, feixe *m*

Garderobe [gardə'roːbə] *f* <-n> 1. *kein pl* (*Kleidung*) vestuário *m*, roupa *f*; **für ~ wird nicht gehaftet** não nos responsabilizamos pelo vestuário 2. (*im Theater*) bengaleiro *m*; (*der Schauspieler*) camarim *m* 3. (*für Mäntel, Jacken*) roupeiro *m*, guarda-roupa *m*

Garderobenmarke *f* <-n> ficha *f* de bengaleiro

Gardine [gar'diːnə] *f* <-n> cortina *f*

gären *vi* fermentar, levedar

Garn [garn] *nt* <-(e)s, -e> fio *m*; (*Nähgarn*) linha *f*

Garnele [gar'neːlə] *f* <-n> camarão *m*

garnieren* *vt* guarnecer, enfeitar

Garnison *f* <-en> guarnição *f*

Garnitur [garni'tuːɐ] *f* <-en> (*Bettwäsche*)

jogo *m*, conjunto *m*; (*Unterwäsche*) conjunto *m*

Garten ['gartən] *m* <-s, Gärten> jardim *m*; (*Nutzgarten*) quintal *m*, horta *f*; **botanischer** ~ jardim botânico; **zoologischer** ~ jardim zoológico

Gartenbau *m* <-(e)s> *kein pl* (*Gemüseanbau*) horticultura *f*; (*Ziergarten*) jardinagem *f*

Gartenfest *nt* <-(e)s, -e> festa *f* ao ar livre, festa *f* no jardim

Gartenhaus *nt* <-es, -häuser> anexos *mpl* (nas traseiras da casa)

Gartenlokal *nt* <-s, -e> esplanada *f*

Gartenschlauch *m* <-(e)s, -schläuche> mangueira *f* (de jardim)

Gartensitzplatz *m* <-es, -plätze> (*schweiz*) terraço *m*

Gärtner(in) *m(f)* <-s, - *o* -innen> jardineiro, jardineira *m, f*

Gärtnerei *f* <-en> **1.** (*Laden*) horto *m* **2.** (*Tätigkeit*) jardinagem *f*

Gärung *f* <-en> fermentação *f*, levedura *f*

Garzeit *f* <-en> tempo *m* de cozedura

Gas [ga:s] *nt* <-es, -e> **1.** (CHEM) gás *m* **2.** *kein pl* (*im Auto*) acelerador *m*; ~ **geben** acelerar; **das** ~ **wegnehmen** abrandar

Gasanzünder *m* <-s, -> acendedor *m* de gás

Gasflasche *f* <-n> garrafa *f* de gás

Gasheizung *f* <-en> aquecimento *m* a gás

Gasherd *m* <-(e)s, -e> fogão *m* a gás

Gaskammer *f* <-n> câmara *f* de gás

Gaskocher *m* <-s, -> fogão *m* a gás

Gasmaske *f* <-n> máscara *f* de gás

Gaspedal *nt* <-s, -e> acelerador *m*

Gasse ['gasə] *f* <-n> **1.** (*kleine, enge Straße*) viela *f*, travessa *f*, ruela *f* **2.** (*österr: Straße*) rua *f*; (*zum Mitnehmen*); **über die** ~ para levar

Gast [gast] *m* <-(e)s, Gäste> hóspede *m,f*; (*eingeladen*) convidado, convidada *m, f*; (*im Restaurant*) cliente *m,f*; **bei jdm zu** ~ **sein** estar hospedado em casa de alguém, ser convidado de alguém; **ungebetener** ~ intruso, intrusa *m, f*

Gastarbeiter(in) *m(f)* <-s, - *o* -innen> trabalhador, trabalhadora estrangeira *m, f* estrangeiro

Gästebuch *nt* <-(e)s, -bücher> livro *m* de hóspedes, livro *m* de honra

Gästezimmer *nt* <-s, -> quarto *m* de hóspedes

gastfreundlich *adj* hospitaleiro

Gastfreundschaft *f kein pl* hospitalidade *f*

Gastgeber(in) *m(f)* <-s, - *o* -innen> anfitrião, anfitriã *m, f*

Gasthaus *nt* <-es, -häuser> **1.** (*nur Essen*) restaurante *m* **2.** (*zum Übernachten*) hospedaria *f*, estalagem *f*, pousada *f*

Gasthof *m* <-(e)s, -höfe> *s.* **Gasthaus**

Gasthörer(in) *m(f)* <-s, - *o* -innen> ouvinte *m,f*

gastieren* *vi* representar como convidado (*in* em)

gastlich *adj* hospitaleiro

Gastprofessor(in) *m(f)* <-s, -en *o* -in­nen> professor, professora convidada *m, f* convidado

Gastritis *f* <Gastritiden> (MED) gastrite *f*

Gastronomie [gastrono'mi:] *f kein pl* gastronomia *f*

gastronomisch *adj* gastronómico

Gastspiel *nt* <-(e)s, -e> representação *f* por uma companhia teatral convidada

Gaststätte *f* <-n> restaurante *m*

Gaststättengewerbe *nt* <-s> *kein pl* hotelaria *f*, indústria *f* hoteleira

Gastwirt(in) *m(f)* <-(e)s, -e *o* -innen> dono, dona *m, f* de restaurante

Gastwirtschaft *f* <-en> restaurante *m*

Gaswerk *nt* <-(e)s, -e> fábrica *f* de gás

Gaszähler *m* <-s, -> contador *m* de gás

Gatte(in) ['gatə] *m(f)* <-n, -n *o* -innen> (*geh*) marido *m*, esposa *f*

Gatter ['gatə] *nt* <-s, -> cancela *f*

Gattung ['gatʊŋ] *f* <-en> **1.** (BIOL) espécie *f* **2.** (LIT) género *m* literário

GAU [gaʊ] *abk v* **größter anzunehmender Unfall** catástrofe nuclear

Gaudi ['gaʊdi] *f kein pl* (*umg*) divertimento *m*

Gaul [gaʊl] *m* <-(e)s, Gäule> cavalo *m*

Gaumen ['gaʊmən] *m* <-s, -> palato *m*, céu-da-boca *m*

Gauner(in) ['gaʊnɐ] *m(f)* <-s, - *o* -innen> intrujão, intrujona *m, f*, vigarista *m,f*

Gaunerei *f* <-en> intrujice *f*, vigarice *f*

Gazelle [ga'tsɛlə] *f* <-n> gazela *f*

geb. *abk v* **geboren** nasc. (= *nascido*)

Gebäck *nt* <-(e)s, -e> bolachas *fpl*, biscoitos *mpl*

Gebälk *nt* <-(e)s> *kein pl* vigas *fpl*, traves *fpl*

gebar [gə'ba:ɐ] *imp von* **gebären**

Gebärde *f* <-n> gesto *m*

G

gebärden *vr* **sich** ~ portar-se, comportar-se

gebären *vt* dar à luz

Gebärmutter *f* <-n> útero *m*

Gebäude *nt* <-s, -> edifício *m*, prédio *m*

Gebäulichkeiten *pl* (*schweiz*) s. **Gebäude**

Gebell *nt* <-(e)s> *kein pl* latidos *mpl*, ladrar *m*

geben ['ge:bən] I. *vt* (*reichen*) dar; (*übergeben*) entregar; **sie gab ihm das Buch/eine Ohrfeige** ela deu-lhe o livro/uma bofetada; (*am Telefon*); ~ **Sie mir bitte Herrn Kraut** passe-me ao Sr. Kraut, por favor; **kannst du mir Feuer ~?** podes dar-me lume?; **kein Wort von sich** *dat* ~ não dizer nada; **viel/wenig auf etw** ~ dar muita/pouca importância a a. c.; (*vorhanden sein*) haver; **in dieser Gegend gibt es viele Frösche** nesta região há muitos sapos; **es gibt heute Fisch** hoje há peixe; **wo gibt es hier Briefmarken?** onde é que há aqui selos?; **gibt es noch Eintrittskarten?** ainda há bilhetes?; **es wird Regen** ~ vai chover; (*umg*); **das gibt's doch gar nicht!** não é possível!; (*umg*); **was gibt's?** o que é que se passa?, o que é que há?; (*unterrichten*) dar; **sie gibt Schwedisch** ela dá Sueco; (*Theaterstück, Film*) apresentar; **ein Konzert** ~ dar um concerto II. *vr* **sich** ~ (*nachlassen*) parar, passar; **das wird sich** ~ isso passa

Gebet [gə'be:t] *nt* <-(e)s, -e> oração *f*, prece *f*

gebeten [gə'be:tən] *pp von* **bitten**

Gebiet [gə'bi:t] *nt* <-(e)s, -e> 1. (*Fläche*) região *f*, área *f* 2. (*Sachgebiet*) área *f*, campo *m*

gebieten *vt* 1. (*geh: befehlen*) ordenar, mandar 2. (*geh: verlangen*) exigir

gebieterisch *adj* imperioso, peremptório

Gebilde [gə'bɪldə] *nt* <-s, -> 1. (*Schöpfung*) criação *f* 2. (*Ding*) produto *m* 3. (*Gefüge*) estrutura *f*

gebildet [gə'bɪldət] *adj* culto, instruído

Gebirge [gə'bɪrgə] *nt* <-s, -> serra *f*, montanhas *fpl*

gebirgig *adj* montanhoso

Gebirgskette *f* <-n> cordilheira *f*, cadeia *f* de montanhas

Gebiss^RR [gə'bɪs] *nt* <-es, -e>, **Gebiß**^ALT *nt* <-sses, -sse> dentes *mpl*; (*künstlich*) dentadura *f*

gebissen [gə'bɪsən] *pp von* **beißen**

Gebläse *nt* <-s, -> (*im Auto*) ventoinha *f*

geblasen [gə'bla:zən] *pp von* **blasen**

geblieben [gə'bli:bən] *pp von* **bleiben**

geblümt *adj* às flores, floreado

gebogen [gə'bo:gən] I. *pp von* **biegen** II. *adj* curvado, curvo

geboren [gə'bo:rən] I. *pp von* **gebären** II. *adj* 1. (*gebürtig*) nascido; ~ **in** nascido em, natural de; ~ **werden** nascer; ~ **am 12.6.94** nascido a 12-6-94; **Franziska Müller, ~e Schulz** Franziska Müller, apelido de solteira Schulz 2. (*Begabung*) nato; **sie ist die ~e Wissenschaftlerin** ela é uma cientista nata

geborgen [gə'bɔrgən] I. *pp von* **bergen** II. *adj* **sich** (**bei jdm**) ~ **fühlen** sentir-se seguro (na companhia de alguém)

Geborgenheit *f kein pl* prote(c)ção *f*, segurança *f*

geborsten [gə'bɔrstən] *pp von* **bersten**

gebot *imp von* **gebieten**

Gebot [gə'bo:t] *nt* <-(e)s, -e> 1. (*religiös, moralisch*) mandamento *m*; **die Zehn ~e** dez mandamentos, o Decálogo 2. (*Befehl*) ordem *f* 3. (*bei Versteigerung*) lanço *m*, oferta *f*

geboten [gə'bo:tən] I. *pp von* **bieten, gebieten** II. *adj* indicado, conveniente

gebracht [gə'braxt] *pp von* **bringen**

gebrannt [gə'brant] *pp von* **brennen**

gebraten [gə'bra:tən] *pp von* **braten**

Gebrauch [gə'braʊx] *m* <-(e)s> *kein pl* (*Verwendung*) emprego *m*, utilização *f*; (*Benutzung*) uso *m*; **etw in** ~ **haben** trazer a. c. a uso; **vor** ~ **schütteln!** agite antes de usar!

gebrauchen *vt* 1. (*Auto*) usar; (*Werkzeug*) utilizar; (*Verstand*) empregar, usar 2. (*nützlich sein*) servir para; **das ist nicht zu** ~ isso não serve para nada; **das kann ich gut** ~ isso faz-me muito jeito

gebräuchlich *adj* usual, corrente; **das ist nicht mehr** ~ isso já não se usa

Gebrauchsanweisung *f* <-en> instruções *fpl*, modo *m* de usar

Gebrauchsgegenstand *m* <-(e)s, -stände> artigo *m* de consumo

gebraucht [gə'braʊxt] *adj* usado, em segunda mão; **etw** ~ **kaufen** comprar a. c. em segunda mão

Gebrauchtwagen *m* <-s, -> carro *m* usado, carro *m* em segunda mão

Gebrechen [gə'brɛçən] *nt* <-s, -> (*geh*) deficiência *f* (física)

gebrechlich [gə'brɛçlɪç] *adj* (*schwach*) frágil, débil; (*altersschwach*) decrépito; **alt und ~ sein** ser velho e decrépito

gebrochen [gə'brɔxən] **I.** *pp von* **brechen II.** *adj* **1.** (*Mensch*) abalado, deprimido **2.** (*Sprachbeherrschung*) arranhado, mascavado; **~ Deutsch sprechen** falar mal o alemão, arranhar o alemão; **in ~em Deutsch** num alemão arranhado/mascavado

Gebrüll *nt* <-(e)s> *kein pl* (*von Tier*) rugido *m*; (*von Mensch*) gritaria *f*, berreiro *m*

Gebühr *f* <-en> (*Schule, Universität*) propina *f*; (*Autobahn*) portagem *f*; (*Telefon*) taxa *f*; **eine ~ erheben** cobrar uma taxa

gebühren I. *vi* (*geh*) pertencer (por direito) **II.** *vr* sich ~ convir; **es gebührt sich nicht ... não convém ..., não é conveniente ...; wie es sich gebührt** como convém

gebührend *adj* devido, conveniente

gebührenfrei *adj* isento de taxas; (*Post*) franco de porte

Gebührenordnung *f* <-en> tabela *f*, pauta *f*

gebührenpflichtig *adj* sujeito a taxa

gebunden [gə'bʊndən] *pp von* **binden**

Geburt [gə'buːɐt] *f* <-en> **1.** (*das Geborenwerden*) nascimento *m*; **von ~ an** de nascença; **vor/nach Christi ~** antes/depois de Cristo **2.** (*Entbindung*) parto *m*

Geburtenkontrolle *f* <-n> controlo *m* da natalidade

Geburtenrückgang *m* <-(e)s> *kein pl* diminuição *f* da natalidade

geburtenstark *adj* **ein ~er Jahrgang** um ano com uma elevada taxa de natalidade

gebürtig *adj* natural (*aus* de); **~e Portugiesin** portuguesa de nascimento; **er ist aus Salzburg ~** ele é natural de Salzburgo

Geburtsdatum *nt* <-s, -daten> data *f* de nascimento

Geburtshilfe *f kein pl* obstetrícia *f*

Geburtsjahr *nt* <-(e)s, -e> ano *m* de nascimento

Geburtsort *m* <-(e)s, -e> local *m* de nascimento, naturalidade *f*

Geburtstag *m* <-(e)s, -e> aniversário *m*, dia *m* de anos; **~ haben** fazer anos; **wann hast du ~?** quando é que fazes anos?; **herzlichen Glückwunsch zum ~** feliz aniversário, parabéns

Geburtstagsgeschenk *nt* <-(e)s, -e> prenda *f* de anos

Geburtsurkunde *f* <-en> certidão *f* de nascimento

Gebüsch *nt* <-(e)s, -e> mata *f*, moita *f*

gedacht [gə'daxt] *pp von* **denken**

Gedächtnis *nt* <-ses, -se> memória *f*; **ein gutes ~ haben** ter boa memória; **sich** *dat* **etw ins ~ rufen** recordar a. c.; **es hat sich mir ins ~ gegraben** ficou-me gravado na memória

Gedächtnisstütze *f* <-n> auxiliar *m* de memória

Gedanke [gə'daŋkə] *m* <-n, -n> pensamento *m*; (*Idee*) ideia *f*; **auf den ~n kommen zu ...** ter a ideia de ..., lembrar-se de ...; **ganz in ~n (versunken) sein** estar pensativo, estar distraído; **in ~n vertieft** absorto; **mach dir keine ~n darüber!** não te preocupes com isso!; **jdn auf andere ~n bringen** distrair alguém; **~n lesen** ler os pensamentos

Gedankenaustausch *m* <-(e)s> *kein pl* troca *f* de impressões

Gedankengang *m* <-(e)s, -gänge> ordem *f* de ideias

gedankenlos *adj* **1.** (*unüberlegt*) irrefle(c)tido **2.** (*zerstreut*) distraído

Gedankenlosigkeit *f kein pl* **1.** (*Unüberlegtheit*) descuido *m* **2.** (*Zerstreutheit*) distra(c)ção *f*

Gedankenstrich *m* <-(e)s, -e> travessão *m*

Gedankenübertragung *f* <-en> transmissão de pensamentos *f*

gedanklich *adj* mental

Gedeck [gə'dɛk] *nt* <-(e)s, -e> talher *m*

gedeihen [gə'daɪən] *vi* **1.** (*Pflanze*) crescer, dar-se bem **2.** (*vorankommen*) florescer, prosperar; **die Sache ist so weit gediehen, dass ...** a coisa chegou a tal ponto, que ...

gedenken* *vi irr* **1.** (*geh: denken an*) recordar; **der Toten ~** recordar os mortos **2.** (*geh: beabsichtigen*) tencionar; **ich gedenke, bald Urlaub zu machen** eu tenciono fazer férias em breve

Gedenkminute *f* <-n> minuto *m* de silêncio (em memória de alguém)

Gedenkstätte *f* <-n> lugar *m* comemorativo

Gedicht [gə'dɪçt] *nt* <-(e)s, -e> poema *m*

gediegen *adj* **1.** (*rein*) puro, genuíno **2.** (*von guter Qualität*) bom, sólido

gedieh [gə'diː] *imp von* **gedeihen**

gediehen [gə'diːən] *pp von* **gedeihen**

G

Gedränge nt <-s> kein pl **1.** (Drängelei) aperto m **2.** (Menschenmenge) multidão f; **im** ~ no meio da multidão

gedroschen [gə'drɔʃən] pp von **dreschen**

gedrungen [gə'druŋən] adj (Körperbau) atarracado, baixo

Geduld [gə'dʊlt] f kein pl paciência f; (umg) pachorra f; **die** ~ **verlieren** perder a paciência; **mit jdm/etw** ~ **haben** ter paciência com alguém/a. c.

gedulden* vr sich ~ ter paciência; (umg) ter pachorra

geduldig adj paciente

Geduldsprobe f <-n> teste m à paciência

gedurft [gə'dʊrft] pp von **dürfen**

geehrt [gə'ʔeːɐt] adj (im Brief) caro; **Sehr ~e Damen und Herren** Excelentíssimos Senhores; (brasil) Ilustríssimos Senhores

geeignet [gə'ʔaɪgnət] adj adequado (für para), apropriado (für para), indicado (für para); **im ~en Moment** no momento certo

Gefahr [gə'faːɐ] f <-en> perigo m; (Risiko) risco m; **sich in** ~ **begeben** expor-se ao perigo; **jdn in** ~ **bringen** pôr alguém em perigo; ~ **laufen zu** correr o risco de, arriscar-se a; **in** ~ **schweben** estar em perigo; **es besteht die** ~, **dass ...** há o perigo de ...; **auf eigene** ~ por sua conta e risco

gefährden* vt pôr em perigo, pôr em risco, arriscar; **gefährdet sein** estar em perigo

gefahren [gə'faːrən] pp von **fahren**

Gefahrenzulage f <-n> subsídio m de risco

gefährlich adj perigoso, arriscado; (Alter) crítico; (Krankheit) grave

Gefährte(in) m(f) <-n, -n o -innen> companheiro, companheira m, f

Gefälle nt <-s, -> **1.** (der Straße) inclinação f, declive m **2.** (sozial) desnível m **3.** (der Löhne, Preise) disparidade f

gefallen [gə'falən] **I.** pp von **fallen, gefallen II.** vi agradar; **das gefällt mir (nicht)** eu (não) gosto disso, isso (não) me agrada; **wie gefällt es Ihnen in Lissabon?** que tal acha Lisboa?; **sich** dat **etw** ~ **lassen** suportar a. c., tolerar a. c.; **es gefällt mir gar nicht, dass ...** não me agrada nada que ..., não gosto nada que ...

Gefallen¹ nt <-s> kein pl (Freude) prazer m, gosto m; **an etw** ~ **finden** ter prazer em a. c.

Gefallen² m <-s, -> (Gefälligkeit) favor m; **jdm (mit etw) einen** ~ **tun** fazer um favor a alguém (com a. c.)

Gefälligkeit f <-en> favor m; **jdm eine** ~ **erweisen** fazer um favor a alguém

gefangen [gə'faŋən] **I.** pp von **fangen II.** adj preso, detido; **jdn** ~ **halten** ter alguém prisioneiro; **jdn** ~ **nehmen** fazer alguém prisioneiro

Gefangene(r) m/f <-n, -n o -n> preso, presa m, f, prisioneiro, prisioneira m, f

gefangennehmen^{ALT} vt irr s. **gefangen II**

Gefangenschaft f <-en> prisão f, cativeiro m; **in** ~ **geraten** ser feito prisioneiro

Gefängnis nt <-ses, -se> **1.** (Gebäude) cadeia f; **im** ~ **sitzen** estar na cadeia **2.** (Strafe) prisão f; **er wurde zu zwei Jahren** ~ **verurteilt** ele foi condenado a dois anos de prisão

Gefängnisstrafe f <-n> pena f de prisão

Gefasel nt <-s> kein pl (umg) disparates mpl, tolices fpl

Gefäß nt <-es, -e> **1.** (Behälter) recipiente m **2.** (ANAT) vaso m

gefasst^{RR} [gə'fast] adj, **gefaßt**^{ALT} adj **1.** (beherrscht) calmo, resignado **2.** (eingestellt) preparado (auf para); **auf etw** ~ **sein** estar preparado para a. c.; **sich auf etw** ~ **machen** preparar-se para a. c.

Gefecht [gə'fɛçt] nt <-(e)s, -e> combate m; **jdn außer** ~ **setzen** pôr alguém fora de combate

gefeit [gə'faɪt] adj (geh) **gegen etw** ~ **sein** estar imune a a. c.

Gefieder [gə'fiːdɐ] nt <-s, -> plumagem f

gefiel imp von **gefallen**

gefleckt adj malhado

geflochten [gə'flɔxtən] pp von **flechten**

geflogen [gə'floːgən] pp von **fliegen**

geflohen [gə'floːən] pp von **fliehen**

geflossen [gə'flɔsən] pp von **fließen**

Geflügel nt <-s> kein pl **1.** (Tiere) aves fpl de criação, aves fpl de capoeira **2.** (Fleisch) aves fpl

geflügelt adj alado, com asas; ~**e Worte** ditos proverbiais

Geflüster nt <-s> kein pl murmúrio m

gefochten [gə'fɔxtən] pp von **fechten**

gefragt [gə'fraːkt] adj procurado, desejado

gefräßig adj comilão

Gefreite(r) m <-n, -n> (MIL) cabo m

gefressen [gə'frɛsən] pp von **fressen**

gefrieren vi congelar

Gefrierfach nt <-(e)s, -fächer> (compartimento *m* do) congelador

gefriergetrocknet *adj* liofilizado

Gefrierpunkt *m* <-(e)s> *kein pl* ponto *m* de congelação

Gefriertruhe *f* <-n> arca *f* frigorífica, arca *f* congeladora

gefroren [gəˈfroːrən] *pp von* **frieren**, **gefrieren**

Gefüge *nt* <-s, -> (*Struktur*) estrutura *f*; (*System*) sistema *m*

gefügig *adj* resignado, conformado; **jdn ~ machen** submeter alguém à sua vontade

Gefühl *nt* <-(e)s, -e> **1.** (*körperlich*) ta(c)to *m*, sensibilidade *f* **2.** (*seelisch*) sentimento *m*; **mit gemischten ~en** confuso **3.** *kein pl* (*Ahnung*) impressão *f*, pressentimento *m*; **ich habe kein gutes ~** eu tenho um mau pressentimento

gefühllos *adj* insensível

Gefühllosigkeit *f* *kein pl* insensibilidade *f*

gefühlsbetont *adj* emotivo

Gefühlsduselei *f* <-en> (*umg*) pieguice *f*

gefühlsmäßig *adj* intuitivo

gefühlvoll *adj* emotivo, sentimental

gefunden [gəˈfʊndən] *pp von* **finden**

gegangen [gəˈɡaŋən] *pp von* **gehen**

gegeben [gəˈɡeːbən] *pp von* **geben**

gegebenenfalls [gəˈɡeːbənənfals] *adv* em caso afirmativo, eventualmente

gegen [ˈɡeːɡən] *präp +akk* **1.** (*entgegen, feindlich*) contra; **was hast du ~ ihn?** o que é que tens contra ele?; **Tabletten ~ Kopfschmerzen** comprimidos para as dores de cabeça; **~ etw sein** ser contra a. c. **2.** (*in Richtung auf*) em direcção a, para **3.** (*im Vergleich zu*) em comparação com; **~ mich bist du jung** tu és novo em comparação comigo **4.** (*ungefähr*) cerca de, por volta de; **sie kommt ~ acht** ela vem pelas/por volta das oito horas **5.** (*im Austausch für*) em troca de; **~ Quittung** mediante recibo

Gegenargument *nt* <-(e)s, -e> contra-argumento *m*

Gegenbeweis *m* <-es, -e> contraprova *f*

Gegend [ˈɡeːɡənt] *f* <-en> **1.** (*Gebiet*) região *f*; **hier in der ~** por estes lados, por aqui; **in der ~ von Leipzig** na região de Leipzig **2.** (*Umgebung*) arredores *mpl*; **die ~ um Évora** os arredores de Évora

gegeneinander [ɡeːɡənʔaɪˈnandə] *adv* um contra o outro; **etwas ~ haben** ter a. c. um contra o outro

Gegenfahrbahn *f* <-en> via *f* em sentido contrário

Gegenfrage *f* <-n> contra-pergunta *f*

Gegengewicht *nt* <-(e)s, -e> contrapeso *m*

Gegengift *nt* <-(e)s, -e> antídoto *m*, contraveneno *m*

Gegenkandidat(in) *m(f)* <-en, -en *o* -innen> oponente *m,f*

Gegenleistung *f* <-en> compensação *f*, contrapartida *f*; **als ~ für** como compensação por

Gegenlicht *nt* <-(e)s> *kein pl* contraluz *f*

Gegenliebe *f* *kein pl* amor *m* correspondido; **auf (wenig) ~ stoßen** (não) ser bem aceite

Gegenmaßnahme *f* <-n> contramedida *f*

Gegenmehr *nt* <-> *kein pl* (*schweiz*) voto *m* contra

Gegenmittel *nt* <-s, -> antídoto *m*

Gegensatz *m* <-es, -sätze> **1.** (*Widerspruch*) oposição *f*, contraste *m*; **im ~ stehen zu** estar em oposição a **2.** (*bei Begriff, Wort*) antónimo *m* **3.** (*Unterschied*) contrário *m*, oposto *m*; **im ~ zu** ao contrário de; **Gegensätze ziehen sich an** os opostos atraem-se

gegensätzlich *adj* oposto, contrário; **~e Meinungen vertreten** defender opiniões contrárias

Gegenschlag *m* <-(e)s, -schläge> (MIL) retaliação *f*

Gegenseite *f* <-n> **1.** (*räumlich*) lado *m* oposto **2.** (POL, JUR) oposição *f*

gegenseitig [ˈɡeːɡənzaɪtɪç] *adj* mútuo, recíproco

Gegenseitigkeit *f* *kein pl* reciprocidade *f*; **das beruht auf ~** o sentimento é recíproco

Gegenspieler(in) *m(f)* <-s, - *o* -innen> adversário, adversária *m, f*

Gegenstand *m* <-(e)s, -stände> **1.** (*Ding*) objecto *m* **2.** (*Thema*) assunto *m*

gegenstandslos *adj* **1.** (*hinfällig*) caduco, nulo; (*überflüssig*) desnecessário, supérfluo; **etw als ~ betrachten** considerar que a. c. não se aplica **2.** (*unbegründet*) sem fundamento, sem razão de ser

Gegenstimme *f* <-n> (POL) voto *m* contra

Gegenteil *nt* <-(e)s, -e> contrário *m* (*von* de); **im ~!** pelo contrário!

gegenteilig *adj* contrário, oposto

gegenüber I. *präp +dat* (*räumlich*) em frente de; **er wohnt mir ~** ele mora à minha

G

frente; (*einer Person*) para com; (*angesichts*) diante de, perante; **anderen** ~ **ist er höflich** ele é amável para com os outros; **das wäre ihr** ~ **unfair** isso seria injusto para com ela; (*im Vergleich zu*) em comparação com, contra **II.** *adv* em frente; **sie wohnen schräg** ~ eles moram quase em frente

Gegenüber *nt* <-s, -> vis-à-vis *m*

gegenüber|liegen *vr* **sich** ~ *irr* estar em frente (de)

gegenüber|stehen *vi irr* **jdm/etw positiv/negativ** ~ encarar bem/mal alguém/a. c.

gegenüber|stellen *vt* **1.** (*Person*) confrontar; (JUR) acarear; **die Zeugin wurde dem Angeklagten gegenübergestellt** a testemunha e o réu foram acareados **2.** (*vergleichen*) comparar (com)

Gegenüberstellung *f* <-en> **1.** (*von Personen*) confronto *m;* (JUR) acareação *f* **2.** (*Vergleich*) comparação *f*

Gegenverkehr *m* <-(e)s> *kein pl* trânsito *m* em sentido contrário

Gegenvorschlag *m* <-(e)s, -schläge> contraproposta *f*

Gegenwart ['ge:gənvart] *f kein pl* **1.** (*Anwesenheit*) presença *f;* **in seiner/ihrer** ~ na sua presença **2.** (*Zeit*) a(c)tualidade *f* **3.** (LING) presente *m*

gegenwärtig I. *adj* presente, a(c)tual **II.** *adv* a(c)tualmente, presentemente

Gegenwehr *f kein pl* (*Verteidigung*) defesa *f;* (*Widerstand*) resistência *f;* ~ **leisten** oferecer resistência

Gegenwert *m* <-(e)s> *kein pl* equivalente *m*

Gegenwind *m* <-(e)s> *kein pl* vento *m* contrário

gegen|zeichnen *vt* contra-rubricar

gegessen [gə'gɛsən] *pp von* **essen**

geglichen [gə'gliçən] *pp von* **gleichen**

geglitten [gə'glɪtən] *pp von* **gleiten**

geglommen [gə'glɔmən] *pp von* **glimmen**

Gegner(in) ['ge:gnɐ] *m(f)* <-s, - *o* -innen> adversário, adversária *m, f;* (MIL) inimigo, inimiga *m, f*

gegnerisch *adj* oposto, adverso, inimigo

gegolten [gə'gɔltən] *pp von* **gelten**

gegoren [gə'go:rən] *pp von* **gären**

gegossen [gə'gɔsən] *pp von* **gießen**

gegraben [gə'gra:bən] *pp von* **graben**

gegriffen [gə'grɪfən] *pp von* **greifen**

Gehabe *nt* <-s> *kein pl* (*pej*) afe(c)tação *f,* pose *f*

Gehackte(s) *nt* <-n> *kein pl* carne *f* picada

Gehalt¹ [gə'halt] *nt* <-(e)s, -hälter> ordenado *m,* vencimento *m;* **sie hat ein gutes** ~ ela tem um bom ordenado

Gehalt² [gə'halt] *m* <-(e)s, -e> **1.** (*Anteil*) teor *m* (*an* de); (*prozentual*) percentagem *f* **2.** (*geistig*) conteúdo *m*

gehalten [gə'haltən] *pp von* **halten**

Gehaltsempfänger(in) *m(f)* <-s, - *o* -innen> assalariado, assalariada *m, f*

Gehaltserhöhung *f* <-en> aumento *m* do vencimento

gehaltvoll *adj* substancial

gehandikapt *adj* prejudicado

gehangen [gə'haŋən] *pp von* **hängen**

gehässig *adj* **1.** (*Mensch*) malvado **2.** (*Äußerung*) maldoso

Gehässigkeit *f* <-en> malvadez *f*

gehauen [gə'haʊən] *pp von* **hauen**

Gehäuse *nt* <-s, -> **1.** (*von Radio, Uhr*) caixa *f* **2.** (*von Obst*) caroço *m* **3.** (ZOOL) concha *f*

gehbehindert ['ge:bəhɪndɐt] *adj* com dificuldades no andar

Gehege [gə'he:gə] *nt* <-s, -> cercado *m;* **jdm ins** ~ **kommen** meter-se no caminho de alguém

geheim [gə'haɪm] *adj* secreto; **im Geheimen** às escondidas; **etw** ~ **halten** guardar a. c. em secredo; **streng** ~ confidencial

Geheimdienst *m* <-es, -e> serviços *mpl* secretos

geheim|haltenALT *vt irr s.* **geheim**

Geheimnis *nt* <-ses, -se> segredo *m;* (*Rätsel*) mistério *m;* **keine ~se vor jdm haben** não ter segredos para alguém

Geheimniskrämerei *f* <-en> (*pej*) mania *f* dos segredos

geheimnisvoll *adj* misterioso

geheißen *pp von* **heißen**

gehemmt *adj* inibido

gehen ['ge:ən] *vi* **1.** (*allgemein*) ir; (*zu Fuß*) ir a pé; **über die Straße** ~ atravessar a rua; **ins Bett** ~ ir para a cama; **in die Schule** ~ ir para a escola; **tanzen/schwimmen** ~ ir dançar/nadar; **an die Arbeit** ~ meter mãos ao trabalho; **es geht auf Mitternacht (zu)** é quase meia-noite; **wie geht es Ihnen?** como está?, como vai?; **ihm geht es gut/schlecht** ele está bem/mal, ele vai bem/mal; **das geht**

zu weit isso passa das marcas; **nichts geht über ...** não há nada como ...; **in sich** ~ ponderar; **sich** ~ **lassen** deixar-se andar; (*umg*); **vorwärts** ~ andar para a frente, fazer progressos **2.** (*weggehen*) partir, ir(-se) embora; **der Zug geht um drei Uhr** o comboio parte às três horas **3.** (*funktionieren*) trabalhar, funcionar; **die Uhr geht nicht** o relógio não trabalha; **alles geht nach Wunsch** tudo corre à medida do desejado; **es wird schon alles gut** ~ vai correr tudo bem; (*umg*); **schief** ~ correr mal, dar para o torto **4.** (*Waren*) vender-se; **gut/schlecht** ~ vender-se bem/mal; **das Geschäft geht gut** os negócios vão bem **5.** (*passen*) caber; **es** ~ **hundert Personen in diesen Saal** cabem cem pessoas nesta sala **6.** (*möglich sein*) dar; **das geht nicht** não dá, não pode ser **7.** (*betreffen*) tratar-se (*um* de); **es geht um die Finanzierung des Projektes** trata-se do financiamento do projecto **8.** (*Wind*) soprar **9.** (*gerichtet sein*) dar (*auf* para); **die Fenster** ~ **auf den Garten** as janelas dão para o jardim

gehen|lassen^ALT^* *vr* sich ~ *irr s.* **gehen 1**
geheuer [gə'hɔɪɐ] *adj* **das ist mir nicht** (**ganz**) ~ eu estou inseguro/desconfiado, isto é muito suspeito
Geheul *nt* <-(e)s> *kein pl* **1.** (*Wölfe*) uivo *m* **2.** (*pej: Kinder*) gritaria *f*, choradeira *f*
Gehilfe(in) [gə'hɪlfə] *m(f)* <-n, -n *o* -innen> ajudante *m,f,* auxiliar *m,f;* (JUR) cúmplice *m,f*
Gehirn [gə'hɪrn] *nt* <-(e)s, -e> cérebro *m*
Gehirnerschütterung *f* <-en> (MED) traumatismo *m* craniano
Gehirnschlag *m* <-(e)s, -schläge> (MED) apoplexia *f* cerebral
Gehirnwäsche *f* <-n> lavagem *f* cerebral, lavagem *f* ao cérebro
gehoben [gə'ho:bən] **I.** *pp von* **heben II.** *adj* **1.** (*Stil*) elevado **2.** (*Stimmung*) alegre
geholfen [gə'hɔlfən] *pp von* **helfen**
Gehör *nt* <-(e)s> *kein pl* ouvido *m;* **er hat ein gutes** ~ ele tem bom ouvido; **nach** ~ **spielen** tocar de ouvido; **jdm** (**kein**) ~ **schenken** (não) dar ouvidos a alguém; **sich** *dat* ~ **verschaffen** (conseguir) ser ouvido
gehorchen* *vi* obedecer; **jdm** ~ obedecer a alguém
gehören* **I.** *vi* (*Eigentum sein*) pertencer a, ser de; **wem gehört das?** de quem é isto?, a quem pertence isto?; **es gehört mir/ihr** é

meu/dela; (*zählen zu*) fazer parte (*zu* de); **dieser Wein gehört zu den besten des Landes** este vinho faz parte dos melhores do país; **es gehört zum guten Ton** é de bom-tom; (*erfordern*) ser preciso; **dazu gehört Mut** para isso é preciso coragem; (*seinen Platz haben*) ser (*in* de); **wo gehört das hin?** de onde é isto?; **das gehört nicht hierher** isso não é para aqui chamado **II.** *vr* **sich** ~ ser conveniente; **das gehört sich nicht** isso não é conveniente, parece mal
gehörig *adj* **1.** (*angemessen*) conveniente, apropriado **2.** (*beträchtlich*) grande, a valer; **er hat eine ~e Tracht Prügel verdient** ele merece uma valente sova
gehorsam *adj* obediente
Gehorsam [gə'ho:ɛza:m] *m* <-s> *kein pl* obediência *f;* **jdm den** ~ **verweigern** desobedecer a alguém
Gehweg *m* <-(e)s, -e> (*Bürgersteig*) passeio *m;* (*brasil*) calçada *f*
Geier ['gaɪɐ] *m* <-s, -> abutre *m;* (*umg*); **weiß der ~!** sei lá!
Geige ['gaɪgə] *f* <-n> violino *m;* **die erste** ~ **spielen** desempenhar o papel principal
geigen *vi* tocar violino
Geiger(in) *m(f)* <-s, -*o* -innen> violinista *m,f*
Geigerzähler *m* <-s, -> contador *m* Geiger
geil [gaɪl] *adj* (*umg*) porreiro, fixe
Geisel ['gaɪzəl] *f* <-n> refém *m;* **jdn als** ~ **nehmen** fazer alguém refém
Geiselnahme ['--na:mə] *f* <-n> tomada *f* de reféns
Geiselnehmer(in) *m(f)* <-s, - *o* -innen> raptor, raptora *m, f,* sequestrador, sequestradora *m, f*
Geiß *f* <-en> (*österr, schweiz*) cabra *f*
Geißbock *m* <-(e)s, -böcke> (*österr, schweiz*) bode *m*
geißeln *vt* censurar
Geist [gaɪst] *m* <-(e)s, -er> **1.** *kein pl* (*Verstand*) espírito *m*, mente *f;* **im ~e** em espírito, em pensamento **2.** *kein pl* (*Scharfsinn*) engenho *m* **3.** (*Seele*) espírito *m*, alma *f;* **der Heilige** ~ o Espírito Santo; (*umg*); **den** ~ **aufgeben** dar o berro **4.** (*Gespenst*) espírito *m*, fantasma *m*
Geisterbahn *f* <-en> comboio *m* fantasma; (*brasil*) trem *m* fantasma
Geisterfahrer(in) *m(f)* <-s, - *o* -innen>

condutor que circula em contramão, condutora *m, f*

geisterhaft *adj* sobrenatural, fantasmagórico

geistern *vi* andar como um fantasma; **nachts durch das Haus** ~ andar à noite pela casa como um fantasma

geistesabwesend *adj* distraído

Geistesblitz *m* <-es, -e> flash *m*

Geistesgegenwart *f kein pl* presença *f* de espírito

geisteskrank *adj* demente, doente mental

Geisteskranke(r) *m/f* <-n, -n *o* -n> doente *m, f* mental

Geisteswissenschaften *pl* Letras *fpl*, humanidades *fpl*, ciências *fpl* humanas

Geisteszustand *m* <-(e)s, -stände> estado *m* de espírito

geistig ['gaɪstɪç] *adj* mental; (*Arbeit*) intelectual; (*Wesen*) espiritual; ~ **behindert** deficiente mental

geistlich ['gaɪstlɪç] *adj* espiritual; (*kirchlich*) eclesiástico; (*klerikal*) clerical; ~**e Musik** música sacra

Geistliche(r) *m* <-n, -n> sacerdote *m*, padre *m*

geistlos *adj* trivial, banal; (*langweilig*) insosso, insípido, sem graça

geistreich *adj* espirituoso, brilhante

geisttötend *adj* monótono, fastidioso

Geiz [gaɪts] *m* <-es> *kein pl* avareza *f*

geizen *vi* ser somítico (*mit* com)

Geizhals *m* <-es, -hälse> (*pej*) avarento *m*, sovina *m;* (*brasil*) pão-duro *m*

geizig *adj* avarento, forreta

Geizkragen *m* <-s, -krägen> *s.* **Geizhals**

Gejammer [gə'jamɐ] *nt* <-s> *kein pl* (*pej*) lamúrias *fpl*

gekannt [gə'kant] *pp von* **kennen**

Geklapper [gə'klapɐ] *nt* <-s> *kein pl* matraquear *m*

geklungen [gə'klʊŋən] *pp von* **klingen**

geknickt [gə'knɪkt] *adj* abatido, deprimido

gekniffen [gə'knɪfən] *pp von* **kneifen**

gekommen [gə'kɔmən] *pp von* **kommen**

gekonnt [gə'kɔnt] I. *pp von* **können** II. *adj* de mestre; **das war** ~! essa foi de mestre!

Gekritzel [gə'krɪtsəl] *nt* <-s> *kein pl* (*pej*) rabiscos *mpl*, gatafunhos *mpl*

gekrochen [gə'krɔxən] *pp von* **kriechen**

gekünstelt *adj* (*geziert*) artificial, afe(c)tado; (*Stil*) rebuscado; (*Lachen*) forçado

Gel [ge:l] *nt* <-s, -e> gel *m*

Gelaber [gə'la:bɐ] *nt* <-s> *kein pl* (*pej*) palrar *m*, tagarelar *m*

Gelächter [gə'lɛçtɐ] *nt* <-s> *kein pl* risadas *fpl*, gargalhadas *fpl;* **in** ~ (**schallendes**) **ausbrechen** desatar a rir (às gargalhadas)

geladen [gə'la:dən] I. *pp von* **laden** II. *adj* **1.** (*zornig*) prestes a explodir **2.** (*Gäste*) convidado

Gelage [gə'la:gə] *nt* <-s, -> patuscada *f*, festim *m*

gelähmt *adj* paralítico

Gelände *nt* <-s, -> terreno *m;* (*abgeschlossen*) recinto *m;* (*SPORT*) campo *m*

geländegängig *adj* todo-o-terreno

Geländer *nt* <-s, -> balaustrada *f;* (*an Treppe*) corrimão *m*

Geländewagen *m* <-s, -> carro *m* todo-o-terreno

gelang [gə'laŋ] *imp von* **gelingen**

gelangen * *vi* **1.** (*ankommen*) chegar (*zu, nach* a); **ans Ziel** ~ atingir o objectivo **2.** (*erreichen*) conseguir, arranjar; **zu Reichtum** ~ fazer fortuna; **ich bin zu der Überzeugung gelangt, dass ...** eu cheguei à conclusão de que ...

gelassen [gə'lasən] I. *pp von* **lassen** II. *adj* calmo, descontraído III. *adv* com calma, com moderação; ~ **bleiben** ficar calmo

Gelassenheit *f kein pl* calma *f*, descontra(c)ção *f*

Gelatine [ʒela'ti:nə] *f kein pl* gelatina *f*

gelaufen [gə'laʊfən] *pp von* **laufen**

geläufig *adj* corrente, familiar; **das ist mir** ~ isso é-me familiar

gelaunt [gə'laʊnt] *adj* **gut/schlecht** ~ **sein** estar bem/mal disposto

gelb [gɛlp] *adj* amarelo

gelblich *adj* amarelado

Gelbsucht *f kein pl* (*MED*) i(c)terícia *f*

Geld [gɛlt] *nt* <-(e)s> *kein pl* dinheiro *m;* ~ **wechseln** cambiar/trocar dinheiro; **viel** ~ **kosten** custar muito dinheiro; ~ **waschen** branquear/lavar dinheiro; **etw zu** ~ **machen** vender a. c.; (*umg*) **er hat** ~ **wie Heu** ele nada em dinheiro; **das ist rausgeschmissenes** ~! isso é deitar dinheiro fora!

Geldanlage *f* <-n> investimento *m* (de capital)

Geldautomat *m* <-en, -en> caixa *m* automático, multibanco *m*

Geldbeutel *m* <-s, -> porta-moedas *m*

Geldbuße *f* <-n> multa *f*
Gelder *pl* fundos *mpl*, dinheiros *mpl*; **öffentliche** ~ dinheiros públicos
Geldgeber(in) *m(f)* <-s, - *o* -innen> capitalista *m,f*
geldgierig *adj* ganancioso
Geldinstitut *nt* <-(e)s, -e> instituição *f* bancária
Geldschein *m* <-(e)s, -e> nota *f*; (WIRTSCH) papel-moeda *m*
Geldschrank *m* <-(e)s, -schränke> cofre *m*
Geldstrafe *f* <-n> multa *f*
Geldstück *nt* <-(e)s, -e> moeda *f*
Geldwechsel *m* <-s> *kein pl* câmbio *m*
Gelee [ʒe'le:] *m/nt* <-s, -s> geleia *f*
gelegen [gə'le:gən] **I.** *pp von* **liegen II.** *adj* **1.** (*örtlich*) situado; **zentral** ~ central **2.** (*passend*) oportuno; **das kommt mir sehr** ~ isso vem mesmo a calhar, isso vem mesmo a propósito; **mir ist daran** ~, **dass ...** tenho empenho em que ...
Gelegenheit *f* <-en> ocasião *f* (*zu* para); (*günstige*) oportunidade *f*; **bei** ~ quando calhar, quando houver oportunidade; **die** ~ **nutzen, etw zu tun** aproveitar a oportunidade para fazer a. c.; **wenn sich die** ~ **ergibt** se aparecer a oportunidade
Gelegenheitsarbeit *f* <-en> biscate *m*
Gelegenheitskauf *m* <-(e)s, -käufe> compra *f* de ocasião; (*preiswert*) achado *m*, pechincha *f*
gelegentlich I. *adj* ocasional, acidental **II.** *adv* **1.** (*manchmal*) ocasionalmente **2.** (*bei Gelegenheit*) oportunamente, em devido tempo
gelehrig [gə'le:rɪç] *adj* que aprende bem, inteligente
gelehrt [gə'le:ɐt] *adj* douto, erudito
Gelehrte(r) *m/f* <-n, -n *o* -n> erudito, erudita *m*, *f*, escolar *m,f*
Geleise *nt* <-s, -> (*österr*) carril *m*
Geleit *nt* <-(e)s> *kein pl* **1.** (*geh: Begleitung*) acompanhamento *m*; **freies** ~ salvo-conduto *m*; **jdm das** ~ **geben** acompanhar alguém; **jdm das letzte** ~ **geben** acompanhar alguém à ultima morada **2.** (*Eskorte*) escolta *f*
geleiten * *vt* (*geh*) acompanhar
Geleitschutz *m* <-es> *kein pl* (MIL) escolta *f*; (NAUT) comboio *m*
Gelenk [gə'lɛnk] *nt* <-(e)s, -e> (ANAT) arti-

culação *f*; (TECH) dobradiça *f*
gelenkig *adj* (*Person*) flexível, ágil
gelernt *adj* qualificado; **Beate ist** ~**e Fremdsprachenkorrespondentin** a Beate é uma correspondente de línguas qualificada
gelesen [gə'le:zən] *pp von* **lesen**
Geliebte(r) *m/f* <-n, -n *o* -n> amante *m,f*
geliehen [gə'li:ən] *pp von* **leihen**
gelingen [gə'lɪŋən] *vi* resultar, sair bem, dar resultado; **nicht** ~ falhar, fracassar; **es gelingt ihm** ele consegue; **allen gelang die Flucht** todos conseguiram fugir
gelitten [gə'lɪtən] *pp von* **leiden**
gell *interj* (*reg*) não é?
gellen ['gɛlən] *vi* (ficar a) zumbir; **in den Ohren** ~ ficar a zumbir nos ouvidos
geloben * *vt* prometer (solenemente); **das gelobte Land** a Terra Prometida
gelogen [gə'lo:gən] *pp von* **lügen**
Gelse *f* <-n> (*österr*) mosquito *m*
gelt *interj* (*österr*) não é?
gelten ['gɛltən] *vi* **1.** (*gültig sein*) ser válido; **mein Pass gilt nicht mehr** o meu passaporte já não é válido; **das gilt nicht** não vale; **etw** ~ **lassen** deixar passar a. c. **2.** (*eingeschätzt werden*) passar (*als* por), ser considerado (*als* como); **er gilt als ein großer Staatsmann** ele é considerado um grande homem de Estado **3.** (*bestimmt sein*) ser dirigido (a); **das gilt mir** isso é comigo, isso é dirigido a mim **4.** (*betreffen*) aplicar-se (*für* a)
Geltung *f* *kein pl* **1.** (*Gültigkeit*) validade *f* **2.** (*Bedeutung, Ansehen*) valor *m*, prestígio *m*; **etw zur** ~ **bringen** fazer valer a. c.; **zur** ~ **kommen** fazer notar o seu valor; **sich** *dat* ~ **verschaffen** fazer-se respeitar
Geltungsbedürfnis *nt* <-ses> *kein pl* vaidade *f*
Gelübde *nt* <-s, -> (*geh*) voto *m*, promessa *f*; **das** ~ **der Armut ablegen** fazer o voto de pobreza
gelungen [gə'lʊŋən] **I.** *pp von* **gelingen II.** *adj* (*gut*) bem feito; (*erfolgreich*) bem sucedido, bem conseguido; **das ist gut/schlecht** ~ isso correu bem/mal; **ein** ~**er Abend** uma noite divertida
gemächlich I. *adj* **1.** (*langsam*) pachorrento **2.** (*ruhig*) pacato **II.** *adv* **1.** (*langsam*) lentamente, devagar **2.** (*ruhig*) pacatamente, sossegadamente
Gemahl(in) [gə'ma:l] *m(f)* <-(e)s, -e *o* -innen> (*geh*) esposo, esposa *m*, *f*

G

Gemälde *nt* <-s, -> pintura *f,* quadro *m*

gemäß I. *präp* + *dat* segundo, conforme, em conformidade com; ~ **unserer Vereinbarung** conforme combinado II. *adj* adequado

gemäßigt *adj* moderado; (*Klima*) ameno, temperado

gemein [gə'maın] *adj* 1. (*niederträchtig*) mau, malvado; **ein ~er Kerl** um patife 2. (*unverschämt*) indecente, vergonhoso; **das ist eine ~e Lüge** isso é uma mentira vergonhosa

Gemeinde [gə'maındə] *f* <-n> 1. (*städtisch*) comunidade *f,* município *m,* freguesia *f* 2. (REL) paróquia *f*

Gemeindepräsident(in) *m(f)* <-en, -en *o* -innen> (*schweiz*) presidente da câmara/junta *m,f*

Gemeinderat¹ *m* <-(e)s, -räte> (*Gremium*) junta *f* de freguesia, conselho *m* municipal

Gemeinderat, **Gemeinderätin**² *m, f* <-(e)s, -räte *o* -innen> membro *m* do conselho municipal

Gemeindezentrum *nt* <-s, -zentren> 1. (*der Stadt*) centro *m* cultural 2. (*der Kirche*) centro *m* paroquial

gemeingefährlich *adj* que constitui um perigo público

Gemeinheit *f* <-en> (*Gesinnung, Handlung*) maldade *f*

gemeinnützig *adj* de utilidade pública

Gemeinplatz *m* <-es, -plätze> lugar *m* comum

gemeinsam I. *adj* comum; (*Erklärung*) conjunto; **Gemeinsamer Markt** mercado comum; **mit jdm ~e Sache machen** fazer causa comum com alguém II. *adv* em conjunto

Gemeinsamkeit *f* <-en> interesse *m* comum, coisa *f* em comum

Gemeinschaft *f* <-en> comunidade *f,* associação *f;* **eheähnliche ~** união de facto *f;* **Europäische ~** Comunidade Europeia *f*

gemeinschaftlich I. *adj* comum II. *adv* em comum

Gemeinschaftspraxis *f* <-praxen> consultório *m* comum (de vários médicos)

gemessen [gə'mɛsən] I. *pp von* **messen** II. *adj* pausado; **~en Schrittes** lentamente

Gemetzel [gə'mɛtsəl] *nt* <-s, -> matança *f,* carnificina *f*

gemieden [gə'miːdən] *pp von* **meiden**

Gemisch [gə'mıʃ] *nt* <-(e)s, -e> mistura *f*

gemischt [gə'mıʃt] *adj* misturado; (*beider*

Geschlechter) misto; **mit ~en Gefühlen** confuso

gemocht [gə'mɔxt] *pp von* **mögen**

gemolken [gə'mɔlkən] *pp von* **melken**

Gemseᴬᴸᵀ *f* <-n> *s.* **Gämse**

Gemurmel [gə'mʊrməl] *nt* <-s> *kein pl* murmúrio *m*

Gemüse *nt* <-s, -> legumes *mpl,* verduras *fpl*

Gemüsegarten *m* <-s, -gärten> horta *f*

Gemüsehändler(in) *m(f)* <-s, - *o* -innen> vendedor, vendedora *m, f* de hortaliça

Gemüsesuppe *f* <-n> sopa *f* de legumes

gemusstᴿᴿ [gə'mʊst], **gemußt**ᴬᴸᵀ *pp von* **müssen**

gemustert [gə'mʊstɛt] *adj* estampado

Gemüt *nt* <-(e)s, -er> 1. (*Psyche*) mente *f,* temperamento *m;* **sie hat ein fröhliches ~** ela é uma pessoa alegre; **die Entscheidung erregte die ~er** a decisão exaltou os ânimos 2. (*Seele*) alma *f,* coração *m;* **sich** *dat* **etw zu ~e führen** saborear a. c.

gemütlich *adj* 1. (*einladend*) acolhedor, aconchegante; (*angenehm*) agradável, confortável; **es sich** *dat* ~ **machen** pôr-se à vontade 2. (*Person*) caseiro

Gemütlichkeit *f kein pl* 1. (*Behaglichkeit*) conforto *m,* comodidade *f* 2. (*Gemächlichkeit*) aconchego *m;* **in aller ~** em sossego

Gemütsbewegung *f kein pl* comoção *f*

Gemütsmensch *m* <-en, -en> (*umg*) pessoa *f* caseira

Gemütsruhe *f kein pl* paz *f* de espírito, tranquilidade *f*

Gen [geːn] *nt* <-s, -e> (BIOL) gene *m*

genannt [gə'nant] *pp von* **nennen**

genas [gə'naːs] *imp von* **genesen**

genau [gə'naʊ] I. *adj* (*exakt*) exa(c)to, preciso; (*sorgfältig*) meticuloso, cuidadoso; (*ausführlich*) minucioso II. *adv* exa(c)tamente; (*Uhrzeit*) em ponto; ~ **dasselbe** exa(c)tamente o mesmo; **etw ~ nehmen** levar a. c. à letra; **ich weiß es nicht ~** não sei ao certo; ~ **genommen** em rigor ~ não vistas as coisas; **die Uhr geht ~** o relógio está certo

genaugenommenᴬᴸᵀ *adv s.* **genau II**

Genauigkeit *f kein pl* 1. (*Exaktheit*) exa(c)tidão, precisão *f,* rigor *m* 2. (*Sorgfalt*) cuidado *m,* minúcia *f*

genauso [gə'naʊzoː] *adv* tal e qual; **er macht das ~ wie seine Mutter** ele faz isso tal e qual como a mãe

genehmigen* *vt* (*erlauben*) autorizar, permitir; (*bewilligen*) consentir; (*Antrag*) aprovar, deferir; **sich** *dat* **etw** permitir-se (fazer) a. c.

Genehmigung *f* <-en> (*Erlaubnis*) autorização *f,* permissão *f,* licença *f;* (*eines Antrags*) aprovação *f,* deferimento *m; eine ~ einholen/erteilen* requerer/conceder uma autorização

geneigt [gə'naɪkt] *adj* **zu etw ~ sein** estar inclinado/disposto a fazer a. c.; **sie war nicht ~, sich seine Argumente anzuhören** ela não estava disposta a ouvir os argumentos dele

General [genə'raːl] *m* <-s, -räle> (MIL) general *m*

Generaldirektor(in) *m(f)* <-s, -en *o* -innen> director-geral, directora-geral *m, f*

generalisieren* *vi* generalizar

Generalprobe *f* <-n> ensaio *m* geral

Generalsekretär(in) *m(f)* <-s, -e *o* -innen> secretário-geral, secretária-geral *m, f*

Generalstreik *m* <-(e)s, -s> greve *f* geral

Generalüberholung *f* <-en> revisão *f* geral

Generation [genəra'tsjoːn] *f* <-en> geração *f*

Generationskonflikt *m* <-(e)s, -e> conflito *m* de gerações

Generator [genə'raːtoːɐ] *m* <-s, -en> gerador *m*

generell [genə'rɛl] **I.** *adj* geral, universal **II.** *adv* geralmente

genesen [gə'neːzən] *vi* (*geh*) restabelecer-se, convalescer

Genesung *f kein pl* (*geh*) restabelecimento *m,* convalescença *f*

Genetik [ge'neːtɪk] *f kein pl* genética *f*

genetisch [ge'neːtɪʃ] *adj* genético

Genf [gɛnf] *nt* <-s> *kein pl* Genebra *f*

Genfer *adj* genebrês, genebrino; **~ See** lago Léman *m*

genial [ge'njaːl] *adj* genial

Genick [gə'nɪk] *nt* <-(e)s, -e> nuca *f; das kann ihm/ihr das ~ brechen* isso pode prejudicar a carreira dele/dela

Genie [ʒe'niː] *nt* <-s, -s> génio *m*

genieren* *vr* **sich ~** ter vergonha; **~ Sie sich nicht!** esteja à vontade!, não faça cerimónia!

genießbar *adj* (*Speisen*) comestível

genießen *vt* **1.** (*Reise, Leben*) gozar; (*umg*) curtir **2.** (*Speisen*) saborear; **das Fleisch ist**

nicht zu ~ a carne está intragável; (*umg*); **er ist heute nicht zu ~** ele hoje está insuportável **3.** (*Ausbildung, Erziehung*) gozar de, receber

Genießer(in) *m(f)* <-s, - *o* -innen> folgazão *m,* bon vivant *m,* apreciador, apreciadora *m, f* do que é bom

genießerisch *adj* (*Gesichtsausdruck*) consolado, de deleite

Genitalien [geni'taːliən] *pl* órgãos *mpl* genitais

Genitiv ['geːnitiːf] *m* <-s, -e> (LING) genitivo *m*

genommen [gə'nɔmən] *pp von* **nehmen**

genoss^RR [gə'nɔs], **genoß**^ALT *imp von* **genießen**

Genosse(in) [gə'nɔsə] *m(f)* <-n, -n *o* -innen> camarada *m,f,* companheiro, companheira *m, f*

genossen [gə'nɔsən] *pp von* **genießen**

Genossenschaft *f* <-en> cooperativa *f*

Genre ['ʒãːrə] *nt* <-s, -s> género *m*

gentechnisch *adj* genético

Gentechnologie *f kein pl* engenharia *f* genética

genug [gə'nuːk] *adv* suficiente, bastante; **ich habe ~ davon** já estou farto disso; **~!** chega!; **mehr als ~** chega e sobra

genügen* *vi* bastar, ser suficiente, chegar; **den Anforderungen ~** corresponder às exigências, satisfazer os requisitos

genügend *adj* suficiente, bastante

genügsam *adj* fácil de contentar, modesto

Genügsamkeit *f kein pl* modéstia *f,* moderação *f*

Genugtuung [gə'nuːktuːʊŋ] *f kein pl* satisfação *f*

Genus ['gɛnʊs, 'geːnʊs] *nt* <-, Genera> (LING) género *m*

Genuss^RR [gə'nʊs] *m* <-es, -nüsse>, **Genuß**^ALT *m* <-sses, -nüsse> **1.** (*Vergnügen*) prazer *m,* gozo *m; was für ein ~!* que delícia! **2.** *kein pl* (*von Lebensmitteln*) ingestão *f,* consumo *m* **3.** *kein pl* (*Nutznießung*) usofruto *m;* **in den ~ von etw kommen** beneficiar de a. c.

genüsslich^RR *adv,* **genüßlich**^ALT *adv* com deleite, com prazer

geöffnet *adj* aberto

Geograf(in)^RR *m(f)* <-en, -en *o* -innen> geógrafo, geógrafa *m, f*

G

Geografie^{RR} [geogra'fi:] *f kein pl* geografia *f*

geografisch^{RR} *adj* geográfico

Geograph(in) *m(f)* <-en, -en *o* -innen> geógrafo, geógrafa *m, f*

Geographie *f kein pl* geografia *f*

geographisch *adj* geográfico

Geologe(in) *m(f)* <-en, -en *o* -innen> geólogo, geóloga *m, f*

Geologie [geolo'gi:] *f kein pl* geologia *f*

geologisch *adj* geológico

Geometrie [geome'tri:] *f kein pl* geometria *f*

geometrisch *adj* geométrico

Georgien [ge'ɔrgiən] *nt* <-s> *kein pl* Geórgia *f*

Gepäck *nt* <-(e)s> *kein pl* bagagem *f*, malas *fpl*; **das ~ aufgeben** despachar a bagagem

Gepäckabfertigung *f* <-en> despacho de bagagem *m*

Gepäckannahme *f* <-n> recepção *f* de bagagem

Gepäckaufbewahrung *f* <-en> depósito *m* de bagagem

Gepäcknetz *nt* <-es, -e> rede *f* para a bagagem

Gepäckschein *m* <-(e)s, -e> senha *f* da bagagem

Gepäckträger *m* <-s, -> 1. (*Person*) bagageiro *m* 2. (*am Fahrrad*) porta-bagagem *m*

Gepäckwagen *m* <-s, -> 1. (*am Bahnhof*) carrinho *m* de bagagem 2. (*des Zuges*) furgão *m*, vagão *m* de bagagem

gepanzert *adj* blindado

Gepard ['ge:part] *m* <-en, -en> chita *f*

gepfeffert [gə'pfɛfɛt] *adj* 1. (*umg: Preise*) apimentado 2. (*umg: Kritik*) picante

gepfiffen [gə'pfɪfən] *pp von* **pfeifen**

gepflegt [gə'pfle:kt] *adj* (bem) cuidado; (*Park*) bem tratado; (*Sprache*) cuidado; (*Atmosphäre*) sele(c)cionado; **~es Aussehen** boa apresentação *f*, aspecto *m* cuidado

Geplapper [gə'plapɐ] *nt* <-s> *kein pl* (*umg*) tagarelice *f*

Geplätscher [gə'plɛtʃɐ] *nt* <-s> *kein pl* murmúrio *m* (da água)

gepriesen [gə'pri:zən] *pp von* **preisen**

Gequatsche *nt* <-s> *kein pl* (*umg*) palrar *m*, tagarelice *f*

gequollen [gə'kvɔlən] *pp von* **quellen**

gerade [gə'ra:də] I. *adj* 1. (*geradlinig*) re(c)to, a direito 2. (*aufrecht*) direito 3.

(MAT) par; **die ~n Zahlen** os números pares II. *adv* 1. (*genau*) precisamente, exactamente; **~ deswegen/deshalb** por isso mesmo; **warum ~ ich?** porquê logo eu? 2. (*eben*) agora mesmo; **er war ~ fortgegangen** ele tinha acabado de sair; **~ dabei sein, etw zu tun** estar (mesmo) a fazer a. c.; **ich wollte ~ ausgehen** eu ia mesmo (agora) a sair 3. (*nicht krumm*) (a) direito; **etw ~ biegen** endireitar a. c.; **~ stehen** endireitar-se; **~ stehen für** +*akk* (*umg*) tomar a responsibilidade; **sitz ~!** senta-te direito!

Gerade [gə'ra:də] *f* <-n> (MAT) re(c)ta *f*

geradeaus [---'-] *adv* a direito, em frente

gerade|biegen^{ALT} *vt irr s.* **gerade II 3**

geradeheraus [-'---'-] *adv* (*umg*) francamente

gerädert *adj* (*umg*) estafado, estourado; **ich bin wie ~** estou estafado

gerade|stehen^{ALT} *vi irr s.* **gerade II 3**

geradewegs [-'---] *adv* dire(c)tamente, sem rodeios

geradezu [-'---] *adv* verdadeiramente; **das ist ~ lächerlich** isso é verdadeiramente ridículo

gerammelt *adv* (*umg*) **~ voll** a abarrotar, à pinha

Geranie [ge'ra:niə] *f* <-n> gerânio *m*

gerannt [gə'rant] *pp von* **rennen**

Gerät *nt* <-(e)s, -e> (*Radio, Fernsehen, Sport*) aparelho *m*; (*Werkzeug*) instrumento *m*, utensílio *m*, apetrecho *m*; (*landwirtschaftlich*) alfaia *f*

geraten* [gə'ra:tən] *vi irr* 1. (*gelingen*) sair bem, dar resultado; **gut/schlecht ~** sair bem/mal; **er ist nach der Mutter ~** ele saiu à mãe 2. (*gelangen*) chegar (*an, in* a), ir dar (*an, in* a), ir parar (*an, in* a); (*Situation*) ver-se metido (*in* em), cair (*in* em); **an einen Betrüger ~** deparar com um impostor; **außer sich ~** ficar fora de si; **aneinander ~** passar a vias de facto, pegar-se; **in Brand ~** pegar fogo; **in Schwierigkeiten ~** deparar com dificuldades; **in Vergessenheit ~** cair no esquecimento; **in Wut ~** enfurecer-se, ficar furioso

Geräteturnen *nt* <-s> *kein pl* ginástica *f* de aparelhos

Geratewohl [gə'ra:təvo:l, ---'-] *nt* **aufs ~** ao acaso, à toa, à sorte

geräuchert *adj* defumado

geraum *adj* (*geh*) **~e Zeit später** bastante

tempo depois; **seit ~er Zeit** (desde) há bastante tempo

geräumig *adj* espaçoso, amplo

Geräusch *nt* <-(e)s, -e> ruído *m*, barulho *m*

Geräuschdämmung *f kein pl* insonorização *f*

Geräuschkulisse *f* <-n> ruídos *mpl* de fundo

geräuschlos *adj* silencioso

geräuschvoll *adj* ruidoso, barulhento

gerben ['gɛrbən] *vt* curtir

Gerberei *f* <-en> fábrica *f* de curtumes

gerecht [gə'rɛçt] *adj* (Person, Urteil, Strafe) justo; **jdm/etw ~ werden** fazer justiça a alguém/a. c.; **einer Anforderung ~ werden** satisfazer uma exigência

Gerechtigkeit *f kein pl* justiça *f*

Gerede [gə're:də] *nt* <-s> *kein pl* 1. (umg: Geschwätz) palavreado *m* 2. (Klatsch) falatório *m*, boato *m*; **jdn ins ~ bringen** difamar alguém; **ins ~ kommen** cair nas bocas do mundo

geregelt *adj* regrado; **ein ~es Leben führen** levar uma vida regrada

gereizt [gə'raitst] *adj* irritado; (Stimmung) tenso

Gericht [gə'rɪçt] *nt* <-(e)s, -e> 1. (Institution) tribunal *m*; **jdn vor ~ bringen** levar alguém a tribunal; **vor ~ stehen** estar em tribunal; **das Jüngste ~** o Juízo Final 2. (Essen) prato *m*

gerichtlich *adj* judicial, legal; **gegen jdn ~ vorgehen** processar alguém

Gerichtsbarkeit *f kein pl* jurisdição *f*

Gerichtshof *m* <-(e)s, -höfe> tribunal *m*; **der Europäische/Internationale ~** o Tribunal Europeu/Internacional

Gerichtskosten *pl* encargos *mpl* judiciais

Gerichtsmedizin *f kein pl* medicina *f* legal

Gerichtssaal *m* <-(e)s, -säle> sala *f* de audiências

Gerichtsverfahren *nt* <-s, -> processo *m* judicial

Gerichtsverhandlung *f* <-en> audiências *fpl* (de um processo)

Gerichtsvollzieher(in) *m(f)* <-s, - *o* -innen> oficial *m,f* de diligências

gerieben [gə'ri:bən] *pp von* **reiben**

geriet [gə'ri:t] *imp von* **geraten**

gering [gə'rɪŋ] *adj* 1. (klein) pequeno; (wenig) pouco; (Temperatur) baixo 2. (unbedeutend) insignificante; **das stört mich nicht im Geringsten** isso não me incomoda minimamente; **jdn/etw ~ schätzen** menosprezar alguém/a. c.

geringfügig *adj* insignificante, mínimo; **~e Unterschiede** diferenças mínimas

gering|schätzen^{ALT} *vt s.* **gering 2**

geringschätzig *adj* depreciativo, desdenhoso

gerinnen [gə'rɪnən] *vi irr* (Blut) coagular; (Milch) talhar, coalhar

Gerippe [gə'rɪpə] *nt* <-s, -> (Skelett) esqueleto *m*, ossatura *f*

gerissen [gə'rɪsən] I. *pp von* **reißen** II. *adj* manhoso, sabido; **~ sein** ter manha

geritten [gə'rɪtən] *pp von* **reiten**

Germanist(in) *m(f)* <-en, -en *o* -innen> germanista *m,f*

Germanistik [gɛrma'nɪstɪk] *f kein pl* Estudos *mpl* Alemães, filologia *f* germânica

gern(e) *adv* com gosto, de bom grado; **jdn/etw ~ haben/mögen** gostar de alguém/a. c.; **etw ~ machen** gostar de fazer a. c., fazer a. c. com gosto; **er liest/arbeitet ~** ele gosta de ler/trabalhar; **ein ~ gesehener Gast** um convidado bem-vindo; **das wird hier nicht ~ gesehen** isso aqui não é bem visto; **das glaube ich ~** não me custa acreditar; **ich hätte ~ ein Kilo Äpfel** eu queria um quilo de maçãs; **~ geschehen!** foi um prazer!; (umg); **du kannst mich mal ~ haben!** estou-me nas tintas!

gerochen [gə'rɔxən] *pp von* **riechen**

Geröll *nt* <-(e)s, -e> cascalho *m*, entulho *m*

geronn *imp von* **gerinnen**

geronnen [gə'rɔnən] *pp von* **rinnen**, **gerinnen**

Gerontologie *f kein pl* gerontologia *f*

Gerste ['gɛrstə] *f* <-n> cevada *f*

Gerstenkorn *nt* <-(e)s, -körner> 1. (BOT) grão *m* de cevada 2. (MED) terçolho *m*

Gerte ['gɛrtə] *f* <-n> chibata *f*

gertenschlank *adj* esguio

Geruch [gə'rʊx] *m* <-(e)s, Gerüche> cheiro *m* (nach a), aroma *m* (nach a), odor *m* (nach a)

geruchlos *adj* inodoro

Geruchssinn *m* <-(e)s> *kein pl* olfa(c)to *m*

Gerücht *nt* <-(e)s, -e> boato *m*, rumor *m*; **es geht das ~, dass ...** corre o boato que ..., dizem por aí que ...

gerufen [gə'ru:fən] *pp von* **rufen**

gerührt *adj* (Person) comovido

geruhsam [gəˈruːzaːm] *adj* calmo, pacato
Gerümpel *nt* <-s> *kein pl* (*pej*) tralha *f*, tarecos *m*
gerungen [gəˈrʊŋən] *pp von* **ringen**
Gerüst *nt* <-(e)s, -e> (*auf dem Bau*) armação *f*, andaime *m*
gesalzen [gəˈzaltsən] *adj* **1.** (*Speise*) salgado **2.** (*Preise*) exorbitante
gesamt [gəˈzamt] *adj* todo, inteiro, geral; (*Kosten*) total; (*Werke*) completo; **es kommt die ~e Familie** vem a família toda
Gesamtausgabe *f* <-n> edição *f* completa
gesamtdeutsch *adj* de toda a Alemanha
Gesamteindruck *m* <-(e)s, -drücke> impressão *f* geral
gesamthaft I. *adj* (*schweiz*) total II. *adv* (*schweiz*) no total
Gesamtheit *f kein pl* totalidade *f*, conjunto *m*, todo *m*; **in seiner/ihrer ~** no seu todo
Gesamthochschule *f* <-n> Escola *f* Superior integrada
Gesamtschule *f* <-n> escola *f* integrada

Na escola do tipo **Gesamtschule** (Escola integrada) não vigora o sistema escolar tradicional. Aqui há matérias principais que são obrigatórias para todos os alunos, matérias optativas dentre as quais os alunos podem fazer uma escolha, matérias de acordo com as tendências particulares e cursos especiais. Conforme o talento do aluno, é possível obterem-se diversos níveis dentro da educação escolar. Este tipo de escola não conseguiu impôr-se em todas as regiões da Alemanha, da Áustria nem da Suíça.

gesandt [gəˈzant] *pp von* **senden**
Gesandte(r) *m/f* <-n, -n *o* -n> enviado, enviada *m, f*; **der päpstliche ~** o núncio apostólico
Gesandtschaft *f* <-en> legação *f*; **päpstliche ~** nunciatura *f*
Gesang [gəˈzaŋ] *m* <-(e)s, -sänge> **1.** *kein pl* (*das Singen*) canto *m* **2.** (*Lied*) cântico *m*
Gesangbuch *nt* <-(e)s, -bücher> livro *m* de cânticos
Gesangverein *m* <-(e)s, -e> grupo *m* coral, orfeão *m*
Gesäß *nt* <-es, -e> rabo *m*
gesch. *abk v* **geschieden** divorciado
geschaffen [gəˈʃafən] *pp von* **schaffen**
Geschäft *nt* <-(e)s, -e> **1.** (*Handel*) negócio

m; **ein ~ abschließen** fechar um negócio; **ein gutes/schlechtes ~ machen** fazer um bom/mau negócio; **mit jdm ins ~ kommen** entrar em negociações com alguém **2.** (*Laden*) loja *f*, estabelecimento *m;* **das ~ schließt um 7 Uhr** o comércio/a loja fecha às 7 horas
Geschäftemacher(in) *m(f)* <-s, - *o* -innen> (*pej*) aproveitador, aproveitadora *m, f*, explorador, exploradora *m, f*
geschäften *vi* (*schweiz*) negociar
geschäftig *adj* diligente
Geschäftigkeit *f kein pl* diligência *f*
geschäftlich I. *adj* comercial, de negócios II. *adv* em negócios; **~ unterwegs sein** estar para fora em negócios
Geschäftsaufgabe *f* <-n> liquidação *f* comercial
Geschäftsbrief *m* <-(e)s, -e> carta *f* comercial
geschäftsfähig *adj* (JUR) capaz
Geschäftsführer(in) *m(f)* <-s, - *o* -innen> gerente *m,f*, dire(c)tor, dire(c)tora *m, f*
Geschäftsführung *f* <-en> gerência *f*, dire(c)ção *f*
Geschäftsjahr *nt* <-(e)s, -e> ano *m* fiscal, ano *m* económico
Geschäftslage *f kein pl* (WIRTSCH) situação *f* (comercial)
Geschäftsleute *pl* homens *mpl* de negócios
Geschäftsmann *m* <-(e)s, -leute> homem *m* de negócios
Geschäftspartner(in) *m(f)* <-s, - *o* -innen> sócio, sócia *m, f*
Geschäftsreise *f* <-n> viagem *f* de negócios; **auf ~ sein** estar numa viagem de negócios
Geschäftsschlussᴿᴿ *m* <-es> *kein pl* encerramento *m*, hora *f* de fecho; **nach ~** após o encerramento
Geschäftsstelle *f* <-n> (*Büro*) escritório *m;* (*Filiale*) agência *f*
geschäftstüchtig *adj* eficiente, competente
geschah [gəˈʃaː] *imp von* **geschehen**
geschehen* [gəˈʃeːən] *vi* acontecer, suceder; **das geschieht dir recht!** é bem feito!; **was auch ~ mag** aconteça o que acontecer; **als ob nichts ~ wäre** como se não tivesse acontecido nada; **etw ~ lassen** deixar acontecer a. c.

Geschehen *nt* <-s> *kein pl* acontecimentos *mpl*

gescheit [gəˈʃaɪt] *adj* sensato, inteligente; **nichts Gescheites** nada de jeito

Geschenk [gəˈʃɛŋk] *nt* <-(e)s, -e> prenda *f*, presente *m;* **jdm ein ~ machen** dar uma prenda a alguém

Geschenkgutschein *m* <-(e)s, -e> vale-presente *m*

Geschichte [gəˈʃɪçtə] *f* <-n> **1.** (*Erzählung*) história *f*, conto *m; ~n für Kinder* histórias infantis **2.** *kein pl* (*der Menschheit*) História *f; ~* **studieren** estudar História; **Alte/Mittlere/Neue** ~ História Antiga/Medieval/Moderna **3.** (*umg: Angelegenheit*) história *f*, coisa *f;* **schon wieder die alte ~!** sempre a mesma história!; **eine schöne ~!** bonito serviço!

geschichtlich *adj* histórico

Geschichtsschreibung *f kein pl* historiografia *f*

Geschick [gəˈʃɪk] *nt* <-(e)s> *kein pl s.* **Geschicklichkeit**

Geschicklichkeit *f kein pl* habilidade *f*, jeito *m*, perícia *f*

geschickt **I.** *adj* hábil, habilidoso, jeitoso **II.** *adv* com arte

geschieden [gəˈʃiːdən] *pp von* **scheiden**

geschienen [gəˈʃiːnən] *pp von* **scheinen**

Geschirr [gəˈʃɪr] *nt* <-(e)s, -e> **1.** (*zum Essen*) louça *f* **2.** *kein pl* (*Gesamtheit*) utensílios *m* de cozinha, trem *m* de cozinha

Geschirrspülmaschine *f* <-n> máquina *f* de lavar louça, máquina *f* da louça

Geschirrtuch *nt* <-(e)s, -tücher> pano *m* de cozinha, pano *m* da louça

geschissen [gəˈʃɪsən] *pp von* **scheißen**

geschlafen [gəˈʃlaːfən] *pp von* **schlafen**

geschlagen [gəˈʃlaːgən] *pp von* **schlagen**

Geschlecht [gəˈʃlɛçt] *nt* <-(e)s, -er> **1.** (BIOL) sexo *m;* **das andere ~** o sexo oposto; **beiderlei ~s** de ambos os sexos **2.** (LING) género *m*

geschlechtlich *adj* sexual

Geschlechtskrankheit *f* <-en> doença *f* venérea, doença *f* sexualmente transmissível

Geschlechtsorgan *nt* <-(e)s, -e> órgão *m* sexual

Geschlechtsreife *f kein pl* maturidade *f* sexual, puberdade *f*

Geschlechtsteil *nt* <-(e)s, -e> orgão *m* genital

Geschlechtsverkehr *m* <-s> *kein pl* relações *fpl* sexuais

geschlichen [gəˈʃlɪçən] *pp von* **schleichen**

geschliffen [gəˈʃlɪfən] **I.** *pp von* **schleifen** **II.** *adj* (*Glas, Umgangsformen*) polido

geschlossen [gəˈʃlɔsən] **I.** *pp von* **schließen** **II.** *adj* (*zusammenhängend*) fechado, íntimo; **~e Gesellschaft** reunião íntima, círculo fechado; (*Vokal*) fechado **III.** *adv* unanimemente, por unanimidade; **~ für/gegen etw stimmen** votar unanimemente a favor de/contra a. c.

geschlungen [gəˈʃlʊŋən] *pp von* **schlingen**

Geschmack [gəˈʃmak] *m* <-(e)s, -schmäcke> **1.** (*ästhetisch*) gosto *m;* **er/sie hat keinen ~** ele/ela não tem gosto nenhum; **über ~ lässt sich nicht streiten** os gostos não se discutem; **an etw ~ finden** tomar gosto em a. c. **2.** (*einer Speise*) gosto *m* (*nach* a), sabor *m* (*nach* a)

geschmacklos *adj* **1.** (*Speise*) insípido, sem gosto **2.** (*taktlos*) de mau gosto

Geschmacklosigkeit *f* <-en> **1.** *kein pl* (*Eigenschaft*) falta *f* de gosto, mau gosto *m* **2.** (*Bemerkung*) inconveniência *f*

Geschmacksache *f kein pl* questão *f* de gosto; **das ist ~** isso é uma questão de gosto

Geschmackssinn *m* <-(e)s> *kein pl* paladar *m*, gosto *m*

geschmackvoll *adj* (*Kleidung, Einrichtung*) de bom gosto

geschmeidig [gəˈʃmaɪdɪç] *adj* **1.** (*Material*) maleável, flexível; (*weich*) macio **2.** (*Bewegung*) flexível

Geschmier(e) *nt* <-(e)s> *kein pl* (*pej*) gatafunhos *mpl*

geschmissen [gəˈʃmɪsən] *pp von* **schmeißen**

geschmolzen [gəˈʃmɔltsən] *pp von* **schmelzen**

geschnitten [gəˈʃnɪtən] *pp von* **schneiden**

geschoben [gəˈʃoːbən] *pp von* **schieben**

gescholten [gəˈʃɔltən] *pp von* **schelten**

Geschöpf *nt* <-(e)s, -e> criatura *f*

geschoren [gəˈʃoːrən] *pp von* **scheren**

Geschoss^{RR} [gəˈʃɔs] *nt*, **Geschoß**^{ALT} *nt* **1.** (*einer Waffe*) projé(c)til *m*, bala *f* **2.** (*eines*

Hauses) andar *m;* (*im Einkaufszentrum*) piso *m;* **sie wohnen im 3.** ~ eles moram no 3º andar

geschossen [gəˈʃɔsən] *pp von* **schießen**

Geschrei *nt* <-s> *kein pl* gritaria *f,* alarido *m*

geschrieben [gəˈʃriːbən] *pp von* **schreiben**

geschrie(e)n *pp von* **schreien**

geschritten [gəˈʃrɪtən] *pp von* **schreiten**

Geschütz *nt* <-es, -e> canhão *m;* (*umg*); **schweres ~ auffahren** reagir com duas pedras na mão

geschützt *adj* protegido; (*Ort*) abrigado

Geschwader *nt* <-s, -> (MIL) esquadra *f*

Geschwätz *nt* <-es> *kein pl* (*pej: Unsinn*) palavreado *m,* conversa *f* fiada; (*brasil*) papo-furado *m;* (*Klatsch*) coscuvilhice *f;* (*brasil*) bate-papo *m*

geschwätzig *adj* (*pej*) linguareiro; (*brasil*) linguarudo

geschweige [gəˈʃvaɪgə] *konj* ~ **denn** muito menos, quanto mais; **er isst kein Fleisch,** ~ **denn Innereien** ele não come carne, muito menos/quanto mais miudos

geschwiegen [gəˈʃviːgən] *pp von* **schweigen**

geschwind [gəˈʃvɪnt] *adj* (*reg*) veloz

Geschwindigkeit [gəˈʃvɪndɪçkaɪt] *f* <-en> velocidade *f;* **mit einer ~ von 100 km/h** a uma velocidade de 100 km/h; **wegen überhöhter ~** por excesso de velocidade

Geschwindigkeitsbeschränkung *f* <-en> limite *m* de velocidade

Geschwister [gəˈʃvɪstɐ] *pl* irmãos *mpl;* (*nur Schwestern*) irmãs *fpl*

geschwollen [gəˈʃvɔlən] **I.** *pp von* **schwellen II.** *adj* (*Stil*) empolado

geschwommen [gəˈʃvɔmən] *pp von* **schwimmen**

geschworen [gəˈʃvoːrən] *pp von* **schwören**

Geschworene(r) *m/f* <-n, -n *o* -n> jurado, jurada *m, f*

Geschwulst [gəˈʃvʊlst] *f* <-schwülste> tumor *m,* inchaço *m*

geschwunden [gəˈʃvʊndən] *pp von* **schwinden**

geschwungen [gəˈʃvʊŋən] **I.** *pp von* **schwingen II.** *adj* curvo, arqueado

Geschwür *nt* <-(e)s, -e> úlcera *f*

gesehen [gəˈzeːən] *pp von* **sehen**

Geselchte(s) *nt* <-n> *kein pl* (*österr*) carne *f* fumada

Geselle(in) [gəˈzɛlə] *m(f)* <-n, -n *o* -innen> oficial *m,f* (de um ofício)

gesellen* *vr* **sich** ~ juntar-se (*zu* a)

gesellig *adj* sociável; **~es Beisammensein** convívio *m*

Geselligkeit *f kein pl* convívio *m*

Gesellschaft [gəˈzɛlʃaft] *f* <-en> **1.** (*Soziologie*) sociedade *f* **2.** *kein pl* (*Umgang, Begleitung*) companhia *f;* **jdm ~ leisten** fazer companhia a alguém; **er ist in schlechte ~ geraten** ele anda em más companhias **3.** (WIRTSCH) sociedade *f;* ~ **mit beschränkter Haftung** sociedade de responsabilidade limitada **4.** (*Club*) associação *f*

gesellschaftlich *adj* social

Gesellschaftsordnung *f* <-en> ordem *f* social

Gesellschaftsschicht *f* <-en> nível *m* social, classe *f* social

Gesellschaftsspiel *nt* <-(e)s, -e> jogo *m* de sala

gesessen [gəˈzɛsən] *pp von* **sitzen**

Gesetz [gəˈzɛts] *nt* <-es, -e> lei *f;* **ein ungeschriebenes** ~ uma lei tradicional não escrita, um costume; **ein ~ verabschieden** votar uma lei; **das ~ übertreten** infringir a lei

Gesetzbuch *nt* <-(e)s, -bücher> código *m* (de leis); **Bürgerliches ~** Código Civil

Gesetzentwurf *m* <-(e)s, -würfe> proje(c)to *m* de lei

Gesetzesvorlage *f* <-n> *s.* **Gesetzentwurf**

gesetzgebend [gəˈzɛtsgeːbənt] *adj* legislativo

Gesetzgeber *m* <-s, -> legislador *m*

Gesetzgebung *f kein pl* legislação *f*

gesetzlich *adj* legal, legítimo; **~er Feiertag** feriado oficial; (*Erfindung*); ~ **geschützt** patenteado; (*Warenzeichen*) regist(r)ado

gesetzmäßig *adj* legal, conforme a lei

gesetzt [gəˈzɛtst] *adj* (*Person*) maduro, que assentou

gesetzwidrig *adj* ilegal, contra a lei

Gesicht [gəˈzɪçt] *nt* <-(e)s, -er> cara *f,* rosto *m;* (*Miene*) cara *f,* ar *m;* **sein wahres ~ zeigen** mostrar a sua verdadeira faceta; **etw zu ~ bekommen** ver a. c.; **jdm etw ins ~ sagen** dizer a. c. na cara de alguém; (*umg*); **ein langes ~ machen** ficar de trombas

Gesichtsausdruck *m* <-(e)s, -drücke> cara *f*, expressão *f* (facial)

Gesichtsfarbe *f* <-n> tez *f*

Gesichtspunkt *m* <-(e)s, -e> ponto *m* de vista; **unter diesem** ~ sob esse ponto de vista

Gesichtswasser *nt* <-s, -wässer> loção *f* facial

Gesichtszüge *pl* traços *mpl*, feições *fpl*

Gesindel [gə'zɪndəl] *nt* <-s> *kein pl* (*pej*) gentalha *f*, gentinha *f*, ralé *f*

gesinnt [gə'zɪnt] *adj* **jdm feindlich/freundlich** ~ **sein** ser hostil/favorável a alguém

Gesinnung [gə'zɪnʊŋ] *f kein pl* (*Denkart*) mentalidade *f*; (*Meinung*) opinião *f*; **politische** ~ convicções políticas *fpl*

Gesinnungswandel *m* <-s> *kein pl* mudança *f* de opinião

gesittet [gə'zɪtət] *adj* civilizado, bem-educado

gesoffen [gə'zɔfən] *pp von* **saufen**

gesogen [gə'zo:gən] *pp von* **saugen**

gesotten [gə'zɔtən] *pp von* **sieden**

Gespan *m* <-en, -en> (*schweiz*) companheiro *m*

Gespann [gə'ʃpan] *nt* <-(e)s, -e> **1.** (*Pferde*) parelha *f*; (*Ochsen*) junta *f* **2.** (*Menschen*) par *m*, parelha *f*

gespannt [gə'ʃpant] *adj* **1.** (*Lage, Stimmung*) tenso **2.** (*neugierig*) curioso (*auf* por), ansioso (*auf* por); **ich bin ·-, ob er kommt** estou curioso por saber se ele vem

Gespenst [gə'ʃpɛnst] *nt* <-(e)s, -er> fantasma *m*, espírito *m*; (*umg*) **du siehst ~er!** estás a ver coisas!

gespenstisch *adj* fantástico

gesponnen [gə'ʃpɔnən] *pp von* **spinnen**

Gespött *nt* <-(e)s> *kein pl* alvo *m* de troça; **sich zum** ~ **der Leute machen** cair no ridículo

Gespräch *nt* <-(e)s, -e> **1.** (*Unterhaltung*) conversa *f*, diálogo *m*; **ein** ~ **mit jdm führen** ter uma conversa com alguém; **mit jdm ins** ~ **kommen** começar a conversar com alguém **2.** (*am Telefon*) telefonema *m*; (*Anruf*) chamada *f*

gesprächig *adj* falador, conversador, comunicativo; **nicht sehr** ~ **sein** ser de poucas falas

Gesprächspartner(in) *m(f)* <-s, - *o* -innen> interlocutor, interlocutora *m, f*

Gesprächsstoff *m* <-(e)s, -e> assunto *m*

Gesprächsthema *nt* <-s, -themen> tema *m* de conversa

Gespritzte(r) *m* <-n, -n> (*österr*) vinho e água com gás

gesprochen [gə'ʃprɔxən] *pp von* **sprechen**

gesprossen [gə'ʃprɔsən] *pp von* **sprießen**

gesprungen [gə'ʃprʊŋən] *pp von* **springen**

Gespür *nt* <-s> *kein pl* intuição *f* (*für* para)

Gestalt [gə'ʃtalt] *f* <-en> **1.** *kein pl* (*Form*) forma *f*; ~ **annehmen** tomar forma; **in** ~ **von** sob a forma de **2.** *kein pl* (*äußere Erscheinung*) aspecto *m*; (*Wuchs*) porte *m*, estatura *f* **3.** (*Person*) vulto *m*; **düstere** ~**en** vultos sinistros

gestalten* *vt* (*Bild, Entwurf*) dar forma a; (*Vortrag*) realizar; (*Leben, Freizeit, Unterricht*) organizar

Gestaltung *f* <-en> (*von Veranstaltung*) realização *f*, organização *f*; (*von Thema*) tratamento *m*; (*von Leben, Freizeit*) organização *f*

gestanden [gə'ʃtandən] *pp von* **gestehen, stehen**

geständig *adj* confesso; **er war** ~ ele confessou-se culpado

Geständnis *nt* <-ses, -se> confissão *f*; **ein** ~ **ablegen** confessar-se culpado

Gestank [gə'ʃtaŋk] *m* <-(e)s> *kein pl* fedor *m*, mau cheiro *m*

gestatten* *vt* permitir, consentir, dar licença; **jdm etw** ~ dar licença a alguém para a. c.; ~ **Sie?** dá licença?; ~ **Sie, dass ...** dá-me licença de ...

Geste ['ge:stə, 'gɛstə] *f* <-n> gesto *m*

gestehen* *vt irr* (*a* JUR) confessar; **ich muss** ~, **dass ...** tenho de confessar que ...; **offen gestanden** para ser franco, com franqueza

Gestein [gə'ʃtaɪn] *nt* <-(e)s, -e> mineral *m*; (*Fels*) rocha *f*

Gestell [gə'ʃtɛl] *nt* <-(e)s, -e> **1.** (*Unterbau*) armação *f*; (*Stütze*) suporte *m* **2.** (*der Brille*) armação *f* **3.** (*des Autos*) chassis *m*

gestern ['gɛstən] *adv* ontem; ~ **Morgen/Mittag/Abend** ontem de manhã/ao meio-dia/à noite; ~ **vor zwei Wochen** fez ontem quinze dias; (*umg*) **ich bin nicht von** ~ eu não nasci ontem

gestiegen [gə'ʃti:gən] *pp von* **steigen**

Gestik *f kein pl* mímica *f*

gestikulieren* *vi* gesticular

Gestirn [gə'ʃtɪrn] *nt* <-(e)s, -e> astro *m*

gestochen [gə'ʃtɔxən] I. *pp von* **stechen** II. *adj* (*sorgfältig*) primoroso; **~e Handschrift** letra limpa e cuidada

gestohlen [gə'ʃtoːlən] *pp von* **stehlen**

gestorben [gə'ʃtɔrbən] *pp von* **sterben**

gestoßen *pp von* **stoßen**

gestreift [gə'ʃtraɪft] *adj* listrado, às listras, às riscas; **blau ~** às listras/riscas azuis

gestresst^RR [gə'ʃtrɛst] *adj*, **gestreßt**^ALT *adj* stressado

gestrichelt *adj* (*Linie*) tracejado

gestrichen [gə'ʃtrɪçən] *pp von* **streichen**

gestrig ['gɛstrɪç] *adj* de ontem; **die ~e Zeitung** o jornal de ontem

gestritten [gə'ʃtrɪtən] *pp von* **streiten**

Gestrüpp *nt* <-(e)s, -e> matagal *m*

gestunken [gə'ʃtʊŋkən] *pp von* **stinken**

Gestüt *nt* <-(e)s, -e> coudelaria *f*

Gesuch [gə'zuːx] *nt* <-(e)s, -e> requerimento *m;* **ein ~ einreichen** fazer um requerimento

gesund [gə'zʊnt] *adj* (*Person*) saudável, sadio, de saúde; (*Lebensmittel*) saudável; (*Haut, Zähne, Geist*) são; (**wieder**) **~ werden** restabelecer-se, recompor-se; **wieder ~ sein** já estar bom; **der ~e Menschenverstand** o bom senso

Gesundheit *f kein pl* saúde *f;* **~!** santinho!, viva!

gesundheitlich *adj* de saúde; **aus ~en Gründen** por motivos de saúde

Gesundheitsamt *nt* <-(e)s, -ämter> Direcção-Geral *f* de Saúde; (*brasil*) Secretaria *f* de Saúde

gesundheitsschädlich *adj* prejudicial à saúde

Gesundheitswesen *nt* <-s> *kein pl* Serviços *mpl* de Saúde Pública

Gesundheitszeugnis *nt* <-ses, -se> atestado *m* de saúde

Gesundheitszustand *m* <-(e)s> *kein pl* estado *m* de saúde

gesungen [gə'zʊŋən] *pp von* **singen**

gesunken [gə'zʊŋkən] *pp von* **sinken**

getan *pp von* **tun**

Getöse *nt* <-s> *kein pl* ruído *m*, barulho *m*

getragen [gə'traːgən] I. *pp von* **tragen** II. *adj* (*Musik*) solene

Getränk *nt* <-(e)s, -e> bebida *f;* **alkoholische ~e** bebidas alcoólicas

Getränkeautomat *m* <-en, -en> máquina *f* de bebidas

getrauen* *vr* **sich ~** atrever-se (*zu* a), ousar (*zu*)

Getreide [gə'traɪdə] *nt* <-s, -> cereal *m*, cereais *mpl*

getrennt [gə'trɛnt] *adj* separado; **sie leben ~** eles vivem separados; **~ bezahlen** pagar separado

getreten *pp von* **treten**

getreu [gə'trɔɪ] *adj* exa(c)to

Getriebe [gə'triːbə] *nt* <-s, -> (TECH) mecanismo *m*, engrenagem *f;* (*Auto*) caixa *f* de velocidades

getrieben *pp von* **treiben**

getroffen *pp von* **treffen**

getrogen *pp von* **trügen**

getrost [gə'troːst] *adv* descansado, tranquilo, sem receio; **du kannst dich ~ auf mich verlassen** podes confiar em mim à vontade

getrunken *pp von* **trinken**

Getue [gə'tuːə] *nt* <-s> *kein pl* (*pej*) complicação *f*

Getümmel *nt* <-s> *kein pl* tumulto *m*

geübt *adj* com prática, treinado; **ein ~es Auge** um olho treinado

Gewächs *nt* <-es, -e> planta *f*

gewachsen [gə'vaksən] I. *pp von* **wachsen** II. *adj* **jdm/etw ~ sein** estar à altura de alguém/a. c.

Gewächshaus *nt* <-es, -häuser> estufa *f*

gewagt [gə'vaːkt] *adj* ousado, arriscado

gewählt *adj* (*Stil*) rebuscado

Gewähr *f kein pl* garantia *f;* **ohne ~** sem compromisso

gewähren* *vt* (*Bitte*) atender a, aceder a; (*Unterkunft*) dar; (*Asyl*) conceder; (*Rabatt*) fazer; **jdn ~ lassen** deixar alguém fazer o que quer

gewährleisten* *vt* garantir

Gewahrsam [gə'vaːʁezaːm] *m* <-s> *kein pl* **1.** (*Obhut*) custódia *f*, guarda *f;* **etw in ~ nehmen** tomar a. c. sob custódia **2.** (*Gefangenschaft*) prisão *f*, detenção *f;* **jdn in ~ nehmen** prender/deter alguém

Gewalt [gə'valt] *f* <-en> **1.** (*Gewalttätigkeit*) violência *f*, força *f;* **jdm ~ antun** ser violento para com alguém; **~ anwenden** usar a força, recorrer à força; **mit ~** à (viva) força **2.** (*Macht*) poder *m*, autoridade *f;* **höhere ~** um caso de força maior; **in jds ~ geraten** cair nas mãos de alguém; **jdn/etw in seine**

~ **bringen** apoderar-se de alguém/a. c.; **sich in der ~ haben** dominar-se

Gewaltanwendung *f* <-en> uso *m* da força

Gewaltherrschaft *f kein pl* despotismo *m*, tirania *f*

gewaltig I. *adj* (*mächtig*) poderoso; (*riesig*) enorme; (*heftig, stark*) tremendo   II. *adv* (*umg*) imensamente; **sich ~ irren** estar redondamente enganado

gewaltlos I. *adj* pacífico   II. *adv* pacificamente, sem violência; **sich ~ ergeben** entregar-se pacificamente

gewaltsam I. *adj* violento   II. *adv* violentamente, à força; **eine Tür ~ öffnen** abrir uma porta à força

gewalttätig *adj* violento

Gewand [gəˈvant] *nt* <-(e)s, -wänder> (*geh*) vestimenta *f*

gewandt [gəˈvant] *adj* **1.** (*Person*) hábil, ágil; (*erfahren*) versado **2.** (*Auftreten*) desenvolto, desembaraçado

gewann [gəˈvan] *imp von* **gewinnen**

gewaschen [gəˈvaʃən] *pp von* **waschen**

Gewässer *nt* <-s, -> águas *fpl*

Gewässerschutz *m* <-es> *kein pl* prote(c)ção *f* das águas, prote(c)ção *f* hidrológica

Gewebe [gəˈveːbə] *nt* <-s, -> (*a* BIOL) tecido *m*

Gewehr [gəˈveːɐ] *nt* <-(e)s, -e> espingarda *f*

Gewehrkolben *m* <-s, -> coronha *f*

Gewehrlauf *m* <-(e)s, -läufe> cano *m* de espingarda

Geweih [gəˈvaɪ] *nt* <-(e)s, -e> armação *f*, chifres *mpl*

Gewerbe [gəˈvɛrbə] *nt* <-s, -> **1.** (*Tätigkeit*) profissão *f*, ofício *m* **2.** *kein pl* (*Betrieb*) pequena empresa *f*

Gewerbegebiet *nt* <-(e)s, -e> zona *f* industrial

Gewerbeschein *m* <-(e)s, -e> carteira *f* profissional

Gewerbesteuer *f* <-n> contribuição *f* industrial

gewerbetreibend *adj* industrial, profissional

gewerblich [gəˈvɛrplɪç] *adj* comercial; (*industriell*) industrial; (*beruflich*) profissional

gewerbsmäßig *adj* profissional

Gewerkschaft [gəˈvɛrkʃaft] *f* <-en> sindicato *m;* **in die ~ eintreten** filiar-se no sindicato

Gewerkschafter(in) *m(f)* <-s, - *o* -innen> sindicalista *m,f*

gewerkschaftlich *adj* sindical, sindicalista

Gewerkschaftsbund *m* <-(e)s, -bünde> associação *f* sindical

gewesen [gəˈveːzən] *pp von* **sein**

gewichen [gəˈvɪçən] *pp von* **weichen**

Gewicht [gəˈvɪçt] *nt* <-(e)s, -e> **1.** *kein pl* (*Schwere*) peso *m;* **sein ~ halten** manter o peso **2.** *kein pl* (*Bedeutung*) importância *f*, peso *m;* **das fällt (nicht) ins ~** isso (não) tem grande importância **3.** (*für Waage, Sport*) peso *m*

Gewichtheben *nt* <-s> *kein pl* (SPORT) levantamento *m* de pesos

gewichtig *adj* de peso

gewieft [gəˈviːft] *adj* (*umg*) esperto

gewiesen [gəˈviːzən] *pp von* **weisen**

gewillt [gəˈvɪlt] *adj* ~ **sein, etw zu tun** estar disposto a fazer a. c.

Gewinde [gəˈvɪndə] *nt* <-s, -> rosca *f*

Gewinn [gəˈvɪn] *m* <-(e)s, -e> **1.** (WIRTSCH) lucro *m*, ganho *m;* ~ **abwerfen** dar lucro; ~ **bringend** lucrativo; ~ **erzielen/machen** tirar benefícios, beneficiar **2.** (*in Lotterie, Spiel*) prémio *m*

Gewinnbeteiligung *f* <-en> participação *f* nos lucros

gewinnbringend *adj* lucrativo, proveitoso; **Geld ~ anlegen** investir dinheiro com proveito

gewinnen I. *vt* (*Krieg, Spiel, Medaille*) ganhar; (*erhalten*) ganhar, alcançar, conseguir; **Zeit ~** ganhar tempo; **Abstand ~** distanciar-se; (*Kohle, Öl*) extrair; (*Energie*) produzir II. *vi* (*siegen*) ganhar (*bei* em), vencer (*bei* em); **die Mannschaft gewann 2:3** a equipa ganhou/venceu por 2:3; **ich habe im Lotto gewonnen** eu ganhei no loto

gewinnend *adj* (*Wesen*) insinuante, simpático

Gewinner(in) *m(f)* <-s, - *o* -innen> (*bei Spiel, Sport*) vencedor, vencedora *m, f*; (*in Lotterie*) premiado, premiada *m, f*

Gewinnung *f kein pl* **1.** (*von Erdöl, Kohle*) extra(c)ção *f* **2.** (*von Energie*) produção *f*

Gewirr [gəˈvɪr] *nt* <-(e)s> *kein pl* **1.** (*von Fäden*) emaranhamento *m*, embrulhada *f* **2.** (*von Stimmen*) confusão *f*; (*von Straßen*) labirinto *m*

gewiss^{RR} [gəˈvɪs] *adj*, **gewiß**^{ALT} I. *adj* certo; ~**e Leute** certas pessoas; **ein ~es Et-**

was um não sei quê; **in ~em Maß(e)** de certa forma **II.** *adv* com certeza, decerto; **aber ~ doch!** mas com certeza!

Gewissen [gə'vɪsən] *nt* <-s> *kein pl* consciência *f;* **ein gutes/schlechtes ~ haben** ter a consciência limpa/pesada; **jdn/etw auf dem ~ haben** ter alguém/a. c. a pesar na consciência; **jdm ins ~ reden** chamar alguém à razão

gewissenhaft *adj* consciencioso, consciente

Gewissenhaftigkeit *f kein pl* consciência *f*

gewissenlos *adj* inconsciente

Gewissenlosigkeit *f kein pl* inconsciência *f,* falta *f* de consciência

Gewissensbisse *pl* remorsos *mpl;* **~ haben** sentir/ter remorsos

Gewissensfrage *f* <-n> questão *f* de consciência

Gewissensfreiheit *f kein pl* liberdade *f* de consciência

Gewissenskonflikt *m* <-(e)s, -e> conflito *m* de consciência

gewissermaßen *adv* de certo modo, até certo ponto

Gewissheit^{RR} *f kein pl* certeza *f;* **sich** *dat* **~ über etw verschaffen** (conseguir) ter a certeza sobre a. c.

Gewitter [gə'vɪtɐ] *nt* <-s, -> trovoada *f*

gewittern* *vi unpers* trovejar

Gewitterschauer *m* <-s, -> chuva *f* de trovoada

gewittrig *adj* de trovoada

gewitzt [gə'vɪtst] *adj* sabido

gewoben [gə'vo:bən] *pp von* **weben**

gewogen [gə'vo:gən] *pp von* **wiegen**

gewöhnen* I. *vt* habituar (*an* a) **II.** *vr* **sich ~** habituar-se (*an* a), acostumar-se (*an* a); **es fiel ihr schwer, sich an die neuen Arbeitszeiten zu ~** ela teve dificuldade em habituar-se ao novo horário de trabalho

Gewohnheit [gə'vo:nhaɪt] *f* <-en> hábito *m,* costume *m;* **das ist schon zur ~ geworden** isso já se tornou um hábito

Gewohnheitsrecht *nt* <-(e)s> *kein pl* (JUR) direito *m* consuetudinário, direito *m* de costumes

gewöhnlich I. *adj* (*üblich*) habitual, normal, vulgar; (*ordinär*) vulgar, ordinário **II.** *adv* geralmente, normalmente; **wie ~** como de costume

gewohnt [gə'vo:nt] *adj* habituado, acostumado; **etw ~ sein** estar habituado/acostumado a a. c.

Gewöhnung *f kein pl* habituação *f* (*an* a)

Gewölbe *nt* <-s, -> abóbada *f*

gewonnen [gə'vɔnən] *pp von* **gewinnen**

geworben [gə'vɔrbən] *pp von* **werben**

geworden [gə'vɔrdən] *pp von* **werden**

geworfen [gə'vɔrfən] *pp von* **werfen**

gewrungen [gə'vrʊŋən] *pp von* **wringen**

Gewühl *nt* <-(e)s> *kein pl* turba *f,* multidão *f*

gewunden [gə'vʊndən] *pp von* **winden**

gewunken [gə'vʊŋkən] *pp von* **winken**

Gewürz *nt* <-es, -e> especiaria *f,* condimento *m,* tempero *m*

Gewürznelke *f* <-n> cravinho *m,* cravo-da-índia *m*

gewusst^{RR} [gə'vʊst], **gewußt**^{ALT} *pp von* **wissen**

gez. *abk v* **gezeichnet** ass. (= *assinado*)

Gezeiten [gə'tsaɪtən] *pl* maré *f*

Gezeitenkraftwerk *nt* <-(e)s, -e> central *f* elé(c)trica de aproveitamento das marés

Gezeter [gə'tse:tɐ] *nt* <-s> *kein pl* (*pej*) gritaria *f,* berreiro *m*

gezielt [gə'tsi:lt] *adj* (*genau*) específico, dirigido (a); (*überlegt*) propositado, calculado; **~ Fragen/Kritik** perguntas/crítica com um obje(c)tivo específico

gezogen [gə'tso:gən] *pp von* **ziehen**

Gezwitscher [gə'tsvɪtʃɐ] *nt* <-s> *kein pl* gorjeio *m,* chilreio *m*

gezwungen [gə'tsvʊŋən] *pp von* **zwingen**

gezwungenermaßen *adv* à força, contra a vontade

Ghana *nt* <-s> *kein pl* Gana *m*

Ghetto ['gɛto] *nt* <-s, -s> gueto *m*

Gibraltar [gi'braltaːɐ, --'-] *nt* <-s> *kein pl* Gibraltar *m*

Gicht [gɪçt] *f kein pl* (MED) gota *f,* artrite *f*

Giebel ['gi:bəl] *m* <-s, -> frontão *m*

Gier [gi:ɐ] *f kein pl* avidez (*nach* de), cobiça (*nach* de)

gierig *adj* ávido (*nach* de); (*habgierig*) cobiçoso; (*gefräßig*) glutão

gießen I. *vt* (*Pflanze*) regar; (*Metall*) fundir; (*hineingießen*) deitar (*in* para/em), vazar (*in* para/em); (**sich** *dat*) **Wein ins Glas ~** deitar vinho para o copo; **das schmutzige Wasser**

in den Abfluss ~ deitar a água suja para o esgoto; (*verschütten*) derramar, entornar **II.** *vi* (*umg*) chover (muito); **es gießt in Strömen** chove a potes, chove a cântaros

Gießerei *f* <-en> (*Betrieb*) fundição *f*

Gießkanne *f* <-n> regador *m*

Gift [gɪft] *m* <-(e)s, -e> veneno *m*; ~ **und Galle spucken** espumar de raiva; **darauf kannst du ~ nehmen** isso é mais que certo, podes ter a certeza absoluta

Giftgas *nt* <-es, -e> gás *m* tóxico

giftig *adj* **1.** (*Substanz*) tóxico **2.** (*Schlange, Pflanze*) venenoso

Giftmüll *m* <-(e)s> *kein pl* resíduos *mpl* tóxicos

Giftschlange *f* <-n> serpente *f* venenosa

Giftstoff *m* <-(e)s, -e> substância *f* tóxica; (*organisch*) toxina *f*

Gigabyte ['giːgabaɪt] *nt* <-s, -s> (INFORM) gigabyte *m*

Gigant(in) [gi'gant] *m(f)* <-en, -en *o* -innen> gigante *m,f*

gigantisch *adj* gigante, gigantesco

Gin *m* <-s, -s> gim *m*; ~ **Tonic** gim tónico

ging [gɪŋ] *imp von* **gehen**

Ginster *m* <-s, -> (BOT) giesta *f*

Gipfel ['gɪpfəl] *m* <-s, -> **1.** (*eines Bergs*) cume *m*, topo *m*; **den ~ besteigen** subir ao topo **2.** (*das Äußerste*) cúmulo *m*; (*umg*); **das ist doch der ~!** isso é o cúmulo! **3.** (POL) cimeira *f*

gipfeln *vi* culminar (*in* em)

Gipfeltreffen *nt* <-s, -> (POL) cimeira *f*

Gips [gɪps] *m* <-es, -e> gesso *m*

Gipsbein *nt* <-(e)s, -e> (*umg*) perna *f* engessada; **sie hat ein ~** ela tem uma perna engessada

gipsen *vt* (*Wand, Bein*) engessar

Gipsverband *m* <-(e)s, -bände> gesso *m*

Giraffe [gi'rafə] *f* <-n> girafa *f*

Girlande [gɪr'landə] *f* <-n> grinalda *f*

Giro *nt* <-s, -s> tranferência *f*

Girokonto ['ʒiːrokɔnto] *nt* <-s, -konten> conta-corrente *f*

Gischt *f* *kein pl* espuma *f* (do mar)

Gitarre [gi'tarə] *f* <-n> viola *f*; (*portugiesische*) guitarra *f*

Gitarrist(in) *m(f)* <-en, -en *o* -innen> guitarrista *m,f*

Gitter ['gɪtɐ] *nt* <-s, -> grade *f*; (*umg*); **jdn hinter ~ bringen** pôr alguém atrás das grades

Glace *f* <-n> (*schweiz*) gelado *m*; (*brasil*) sorvete *m*

Gladiole *f* <-n> (BOT) gladíolo *m*

Glanz [glants] *m* <-es> *kein pl* **1.** (*von Fläche, Haar, Augen*) brilho *m*; (*von Gewebe, Leder*) lustro *m* **2.** (*Pracht*) brilho *m*, esplendor *m*

glänzen *vi* **1.** (*Glanz haben*) brilhar, luzir **2.** (*sich hervorheben*) distinguir-se (*durch* por), brilhar (*durch* por); **sie glänzte durch ihr Wissen** ela distinguiu-se pelo seu saber

glänzend *adj* (*auch fig*) brilhante

Glanzleistung *f* <-en> a(c)tuação *f* brilhante

glanzlos *adj* sem brilho, baço

glanzvoll *adj* brilhante, esplêndido

Glanzzeit *f* <-en> período *m* áureo, apogeu *m*

Glas [glaːs] *nt* <-es, Gläser> **1.** *kein pl* (*Material*) vidro *m*; **Vorsicht ~!** Frágil! **2.** (*zum Trinken*) copo *m*; **ein ~ Milch** um copo de leite; (*umg*); **zu tief ins ~ gucken** beber uma pinga a mais **3.** (*Behälter*) frasco *m*; **ein ~ Senf/Gurken** um frasco de mostarda/pepinos **4.** (*in Brille*) lente *f*

Glascontainer *m* <-s, -> vidrão *m*

Glaser(in) *m(f)* <-s, - *o* -innen> vidraceiro, vidraceira *m,f*

Glaserei *f* <-en> vidraria *f*

gläsern *adj* de vidro

Glasfaser *f* <-n> fibra *f* de vidro

Glasfaserkabel *nt* <-s, -> cabo *m* de fibra de vidro

glasieren* *vt* **1.** (*Keramik*) envernizar, vidrar **2.** (*Kuchen*) cobrir

glasig ['glaːzɪç] *adj* (*Blick*) vidrado; **Zwiebeln ~ braten** alourar a cebola

Glasmalerei *f* *kein pl* pintura *f* em vidro

Glasnost ['glasnɔst] *f* *kein pl* (POL) glasnost *m*

Glasscherbe *f* <-n> caco *m* de vidro

Glasur [gla'zuːɐ] *f* <-en> **1.** (*von Keramik*) verniz *m*, esmalte *m* **2.** (*von Kuchen*) cobertura *f*

glatt [glat] **I.** *adj* **1.** (*eben*) plano; (*Haare, Haut*) liso **2.** (*rutschig*) escorregadio; **es hat geschneit und ist ~** nevou e está escorregadio **3.** (*problemlos*) sem atritos, perfeito **4.** (*umg: eindeutig*) **das ist ~er Unsinn/eine ~e Lüge** isso é um autêntico disparate/uma mentira descarada **II.** *adv* **1.** (*problemlos*) sem dificuldades, sem problemas; ~ **landen**

fazer uma aterragem perfeita; **es ist alles ~ gegangen** correu tudo na perfeição **2.** (*rundweg*) absolutamente, completamente; **das habe ich ~ vergessen** esqueci-me completamente

Glätte *f kein pl* **1.** (*Ebenheit*) lisura *f,* polimento *f* **2.** (*durch Eis*) estado *m* escorregadio

Glatteis *nt <-es> kein pl* gelo *m;* **Vorsicht ~!** piso escorregadio!; (*fig*); **jdn aufs ~ führen** pregar uma rasteira a alguém

glätten *vt* **1.** (*eben machen*) alisar; (*fig*); **die Wogen ~** acalmar **2.** (*schweiz: bügeln*) passar a ferro

Glatze ['glatsə] *f<-n>* **1.** (*auf dem Kopf*) careca *f;* **eine ~ haben/bekommen** ter/ficar careca **2.** (*umg: Skinhead*) cabeça-rapada *m,f*

Glaube ['glaʊbə] *m <-ns> kein pl* **1.** (REL) fé *f* (*an* em), crença *f* (*an* em); **der christliche/jüdische ~** a fé cristã/judaica **2.** (*Vertrauen*) crédito *m;* (*Überzeugung*) convicção *f;* **jdm ~n schenken** acreditar em alguém; **in gutem ~n handeln** agir de boa fé

glauben ['glaʊbən] **I.** *vt* (*meinen*) crer, julgar, pensar; **ich glaube, dass sie zuverlässig ist** eu creio que ela é de confiança; **ich glaube ja/nein** julgo que sim/não; **ich glaube nicht, dass das geht** não creio que resulte; (*für wahr halten*) acreditar, crer; **kaum zu ~!** inacreditável!, parece mentira!; **ich glaube dir** acredito em ti; **ob du es glaubst oder nicht** acredites ou não; (*umg*); **daran ~ müssen** ir-se, morrer **II.** *vi* (*a* REL) crer (*an* em), acreditar (*an* em); **er glaubt an Gott** ele crê/acredita em Deus; **die Kinder ~ an den Weihnachtsmann** as crianças acreditam no Pai Natal; (*brasil*) as crianças acreditam no Papai Noel

Glaubensbekenntnis *nt<-ses, -se>* (REL) profissão *f* de fé, credo *m*

Glaubensfreiheit *f kein pl* liberdade *f* de culto

Glaubenskrieg *m <-(e)s, -e>* guerra *f* religiosa

glaubhaft *adj* credível, verosímil; **jdm etw ~ machen** fazer a. c. parecer credível

gläubig *adj* crente

Gläubige(r) *m/f<-n, -n o -n>* (REL) crente *m,f*

Gläubiger(in) *m(f) <-s, - o -innen>* (JUR) credor, credora *m, f*

glaubwürdig *adj* fidedigno, de confiança

gleich [glaɪç] **I.** *adj* **1.** (*übereinstimmend*) igual, mesmo; (*identisch*) idêntico; **zur ~en Zeit** ao mesmo tempo; **auf die ~e Weise** do mesmo modo; **sie studieren beide das Gleiche** eles estudam o mesmo; **es kommt aufs Gleiche hinaus** vai dar ao mesmo; **vier mal zwei** (**ist**) **~ acht** quatro vezes dois é igual oito **2.** (*gleichgültig*) indiferente; **es ist mir ~,** (**ob ...**) é-me indiferente, (se ...), tanto me faz, (se ...) **II.** *adv* **1.** (*sofort*) já; (*demnächst*) logo (a seguir); **ich komme ~** venho já; **~ nach dem Mittagessen** logo a seguir ao almoço; **bis ~!** até já! **2.** (*ebenso*) igualmente; **~ hoch/alt** da mesma altura/idade; **~ viel** outro tanto; **~ groß** do mesmo tamanho; **wir wollen alle ~ behandeln** queremos tratar todos da mesma forma; **es bleibt sich ~, ob ...** não importa se ...

gleichaltrig ['glaɪçaltrɪç] *adj* da mesma idade; **sie sind ~** eles são da mesma idade

gleichartig *adj* do mesmo modo, semelhante

gleichbedeutend *adj* sinónimo (*mit* de), equivalente (*mit* a)

gleichberechtigt *adj* que tem os mesmos direitos; **Männer und Frauen sind ~** homens e mulheres têm os mesmo direitos

Gleichberechtigung *f kein pl* igualdade *f* de direitos

gleich|bleiben^{ALT} *vr* sich ~ *irr s.* **gleich II 2**

gleichen ['glaɪçən] **I.** *vi* parecer-se (com), assemelhar-se (a); **sie gleicht ihrer Mutter** ela parece-se com a mãe **II.** *vr* sich ~ assemelhar-se

gleichentags *adv* (*schweiz*) neste dia

gleichermaßen *adv* igualmente, do mesmo modo

gleichfalls *adv* igualmente, do mesmo modo

Gleichgewicht *nt <-(e)s> kein pl* equilíbrio *m;* **jdn/etw aus dem ~ bringen** desequilibrar alguém/a. c.

gleichgültig *adj* indiferente; **das ist mir ~** isso é-me indiferente; **sich jdm gegenüber ~ benehmen** ser indiferente para com alguém

Gleichgültigkeit *f kein pl* indiferença *f* (*gegenüber* para com)

Gleichheitszeichen *nt <-s, ->* (MAT) sinal *m* de igualdade

gleich|kommen *vi irr* igualar-se, comparar-se; **das kommt einer Beleidigung gleich** isso equivale a uma ofensa

gleichmäßig adj (Tempo, Schritte) regular; (Verteilung) igual, proporcional; (Temperatur) constante
Gleichnis nt <-ses, -se> parábola f
gleich|sehen vi irr parecer; (umg); **das sieht ihm/ihr gleich** isso é mesmo dele/dela
gleichseitig adj (MAT) equilátero
gleich|setzen vt 1. (vergleichen) comparar (mit com) 2. (als gleichwertig ansehen) equiparar (mit a), igualar (mit a)
Gleichstand m <-(e)s> kein pl (SPORT) empate m
gleich|stellen vt igualar (mit a)
Gleichstellung f kein pl igualdade f; **die ~ von Mann und Frau** a igualdade de homens e mulheres
Gleichstrom m <-(e)s> kein pl (PHYS) corrente f contínua
gleich|tun vt irr **es jdm ~** fazer igual a alguém
Gleichung f <-en> (MAT) equação f
gleichwertig adj equivalente
gleichzeitig I. adj simultâneo, concomitante II. adv em simultâneo, ao mesmo tempo; **~ geschehen** coincidir
Gleis [glaɪs] nt <-es, -e> carril m, via-férrea f; (Bahnsteig) linha f; **auf ~ 10** na linha 10; **jdn aus dem ~ werfen** transtornar alguém
gleiten ['glaɪtən] vi 1. (über Eis, Wasser) deslizar (über sobre), escorregar (über sobre) 2. (Blick, Hand) passar (über por); **die Blicke ~ lassen** passar os olhos por
Gleitschirmfliegen m <-s> kein pl parapente m
Gleitzeit f kein pl horário m flexível
Gletscher ['glɛtʃe] m <-s, -> glaciar m
Gletscherspalte f <-n> fenda f de glaciar
glich [glɪç] imp von **gleichen**
Glied [gliːt] nt <-(e)s, -er> 1. (Körperteil) membro m; **der Schreck fuhr ihm in die ~er** ele teve um grande choque 2. (einer Kette) elo m
gliedern ['gliːdən] I. vt (ordnen) estruturar, organizar; (unterteilen) dividir (in em) II. vr **sich ~** dividir-se (in em); **der Text gliedert sich in drei Abschnitte** o texto divide-se em três parágrafos
Gliederung f <-en> 1. (Aufbau) estrutura f, organização f 2. (Einteilung) divisão f (in em)
Gliedmaßen pl membros mpl
glimmen ['glɪmən] vi arder (sem chama)

glimpflich ['glɪmpflɪç] I. adj moderado, indulgente II. adv sem grande prejuízo; **~ davonkommen** escapar (sem grande prejuízo)
glitschig ['glɪtʃɪç] adj escorregadio
glitt [glɪt] pp von **gleiten**
glitzern ['glɪtsən] vi cintilar, reluzir
global [glo'baːl] adj global
Globalisierung f kein pl (WIRTSCH) globalização f
Globus ['gloːbʊs] m <-, Globen> globo m (terrestre)
Glocke ['glɔkə] f <-n> 1. (in Kirche) sino m; **die ~n läuten** os sinos tocam/repicam; **etw an die große ~ hängen** espalhar a. c. aos quatro ventos 2. (reg: an Haustür) campainha f
Glockenschlag m <-(e)s, -schläge> badalada f; **beim ~ ist es 12 Uhr** ao toque da badalada serão 12 horas
Glockenspiel nt <-(e)s, -e> carrilhão m
Glockenturm m <-(e)s, -türme> campanário m
glomm [glɔm] imp von **glimmen**
glorreich ['gloːɐraɪç] adj glorioso
Glossar [glɔ'saːɐ] nt <-s, -e> glossário m
Glosse ['glɔsə] f <-n> glosa f, anotação f
Glotze f <-n> (umg) televisão f
glotzen ['glɔtsən] vi (umg) arregalar os olhos
Glück nt <-(e)s> kein pl sorte f; (Freude, Zustand) felicidade f; **auf gut ~** à sorte, ao acaso; **viel ~!** boa sorte!; **zum ~!** por sorte!, felizmente!; **~ haben/bringen** ter/dar sorte; **jdm ~ wünschen** desejar boa sorte a alguém; **ein ~, dass ...** ainda bem que ...
glücken vi sair bem, ser bem sucedido; **es ist uns nicht geglückt, ihn zu überzeugen** não conseguimos convencê-lo
gluckern vi gorgorejar
glücklich adj feliz; (froh) contente
glücklicherweise adv felizmente, por sorte
Glücksfall m <-(e)s, -fälle> feliz acaso m, caso m de sorte
Glücksklee m <-s> kein pl trevo m de quatro folhas
Glückspilz m <-es, -e> felizardo, felizarda m, f
Glücksspiel nt <-(e)s, -e> jogo m de azar
Glückssträhne f <-n> raio m de sorte
Glückwunsch m <-(e)s, -wünsche> para-

béns *mpl*, felicitações *fpl*; **herzlichen ~ (zum Geburtstag)** muitos parabéns (pelo aniversário)

Glühbirne *f* <-n> lâmpada *f* (eléctrica)

glühen *vi* **1.** (*Kohlen*) estar em brasa **2.** (*Wangen, Körper*) arder; **er glüht vor Begeisterung** ele arde de entusiasmo

Glühwein *m* <-(e)s, -e> vinho *m* quente

> Na época fria o **Glühwein** (vinho quente) é vendido principalmente em "Weihnachtsmärkten" (Mercados de Natal). Trata-se de um vinho tinto quente com canela, anis e cravo.

Glühwürmchen *nt* <-s, -> pirilampo *m*

Glut [glu:t] *f* <-en> (*von Kohlen, Zigaretten*) brasa *f*; (*Hitze*) calor *m*

GmbH [ge:?ɛmbe:'ha:] *abk v* **Gesellschaft mit beschränkter Haftung** S.A.R.L. (= *sociedade anónima de responsabilidade limitada*)

Gnade ['gna:də] *f* <-n> **1.** (*Gunst*) favor *m*; (REL) graça *f* **2.** (*Milde*) clemência *f*; **~ vor Recht ergehen lassen** deixar passar a. c., perdoar a. c.; **um ~ bitten/flehen** pedir clemência

Gnadenfrist *f* <-en> prazo *m* final, último prazo *m*; **jdm eine ~ gewähren** conceder um último prazo a alguém

Gnadengesuch *nt* <-(e)s, -e> pedido *m* de indulto; **ein ~ einreichen** fazer um pedido de indulto

gnadenlos *adj* implacável, impiedoso

gnädig *adj* **1.** (*barmherzig*) misericordioso, clemente **2.** (*nachsichtig*) complacente

Goal *m* <-s, -s> (SPORT: *österr, schweiz*) golo *m*; (*brasil*) gol *m*

Gockel *m* <-s, -> (*reg*) galo *m*

Gold [gɔlt] *nt* <-(e)s> *kein pl* ouro *m*; **es ist nicht alles ~, was glänzt** nem tudo que brilha/luz é ouro

golden ['gɔldən] *adj* **1.** (*aus Gold*) de ouro **2.** (*goldfarben*) dourado

Goldfisch *m* <-(e)s, -e> peixe *m* dourado

Goldgräber(in) *m(f)* <-s, - *o* -innen> garimpeiro, garimpeira *m, f*

Goldgrube *f* <-n> (*umg*) mina *f* de ouro

goldig *adj* (*umg*) amoroso; **das ist ein ~es Baby** é um bébé amoroso

Goldmedaille *f* <-n> medalha *f* de ouro; **die ~ gewinnen** ganhar a medalha de ouro

Goldschmied(in) *m(f)* <-(e)s, -e *o* -innen> ourives *m, f*

Goldschmiedearbeit *f* <-en> ourivesaria *f*

Golf¹ [gɔlf] *m* <-(e)s, -e> (GEOG) golfo *m*

Golf² *nt* <-(e)s> *kein pl* (SPORT) golfe *m*; **~ spielen** jogar golfe

Golfplatz *m* <-es, -plätze> campo *m* de golfe

Golfspieler(in) *m(f)* <-s, - *o* -innen> jogador de golfe, jogadora *m, f*

Golfstrom *m* <-(e)s> *kein pl* corrente *f* do golfo

Gondel ['gɔndəl] *f* <-n> **1.** (*Boot*) gôndola *f* **2.** (*von Seilbahn*) cabine *f*

Gondelbahn *f* <-en> (*schweiz*) teleférico *m*

Gong [gɔŋ] *m* <-s, -s> gongo *m*

gönnen *vt* folgar com, não invejar; **ich gönne es ihm** que lhe faça bom proveito, tanto melhor para ele; **jdm etw nicht ~** invejar a. c. a alguém; **sich** *dat* **etw ~** permitir-se a. c.; **du solltest dir mehr Ruhe ~** devias descansar mais

Gönner(in) *m(f)* <-s, - *o* -innen> prote(c)tor, prote(c)tora *m, f*, benfeitor, benfeitora *m, f*

gönnerhaft *adj* condescendente

gor [go:ɐ] *imp von* **gären**

Gorilla [go'rıla] *m* <-s, -s> gorila *m*

goss[RR] [gɔs], **goß**[ALT] *imp von* **gießen**

Gosse ['gɔsə] *f* <-n> sarjeta *f*

Gotik ['go:tık] *f kein pl* gótico *m*

gotisch *adj* gótico

Gott, Göttin [gɔt] *m, f* <-es, Götter *o* -innen> **1.** *kein pl* (*christlich*) Deus *m*; **~ bewahre!** Deus me livre!; **~ sei Dank!** graças a Deus!; **mein ~!** meu Deus!; **um ~es Willen** por amor de Deus **2.** (*allgemein*) deus, deusa *m, f*; **die griechischen Götter** os deuses gregos

Gotte *f* <-n> (*schweiz*) madrinha *f*

Gottesdienst *m* <-es, -e> serviço *m* religioso, missa *f*

Gotteshaus *nt* <-es, -häuser> casa *f* de Deus

Gottheit *f* <-en> divindade *f*

Götti *m* <-s, -> (*schweiz*) padrinho *m*

göttlich *adj* **1.** (*von Gott*) divino **2.** (*umg: toll*) divinal

gottlob ['gɔtlo:p] *adv* graças a Deus

gottlos *adj* ateu, ímpio

Götze *m* <-n, -n> ídolo *m*

Gourmet *m* <-s, -s> gourmet *m*

Grab [gra:p] *nt* <-(e)s, Gräber> campa *f*, jazigo *m*, sepultura *f*; (*geh*); **jdn zu ~e tragen** sepultar alguém; (*umg*); **das bringt mich noch ins ~!** isso ainda me mata!; **sie würde sich im ~ umdrehen, wenn …** ela dava uma volta no túmulo, se …

graben ['gra:bən] **I.** *vt* cavar, escavar; (*Graben, Loch*) abrir **II.** *vi* (MIN) prospecção (~ *nach* à procura de), escavar; **nach Erdöl ~** escavar à procura de petróleo

Graben ['gra:bən] *m* <-s, Gräben> cova *f*; (*Straßengraben*) vala *f*; (*zur Bewässerung*) valeta *f*; (MIL) trincheira *f*

Grabmal *nt* <-(e)s, -mäler> túmulo *m*

Grabstein *m* <-(e)s, -e> lápide *f*

Grad [gra:t] *m* grau *m*; **akademischer ~** grau académico; **bis zu einem gewissen ~** até certo ponto; **heute sind fünfzehn ~** hoje estão quinze graus; **zehn ~ minus** dez graus negativos

Graduierte(r) *m/f* <-n, -n *o* -n> formado, formada *m, f*, graduado, graduada *m, f*

Graf, Gräfin [gra:f] *m, f* <-en, -en *o* -innen> conde, condessa *m, f*

Graffiti *pl* graffiti *mpl*

GrafikRR *f* <-en> gráfico *m*

GrafikerRR(**in**) *m(f)* <-s, - *o* -innen> artista *m,f* gráfico

grafischRR *adj* gráfico

GrafitRR *m* <-s, -e> grafite *f*

Grafschaft *f* <-en> condado *m*

grämen *vr* **sich ~** afligir-se (*über* com)

Gramm [gram] *nt* <-s, -e> grama *m*

Grammatik [gra'matιk] *f* <-en> gramática *f*

grammatisch *adj* gramatical

Granatapfel *m* <-s, -äpfel> romã *f*

Granate [gra'na:tə] *f* <-n> (MIL) granada *f*

grandios [gran'djo:s] *adj* grandioso

Granit [gra'ni:t] *m* <-s, -e> granito *m*

grantig *adj* rabugento

Grapefruit ['gre:pfru:t, 'grειpfru:t] *f* <-s> toranja *f*

GraphikALT *f* <-en> *s.* **Grafik**

GraphikerALT(**in**) *m(f)* <-s, - *o* -innen> *s.* **Grafiker**

graphischALT *adj s.* **grafisch**

GraphitALT *s.* **Grafit**

grapschen *vt* (*umg*) agarrar

Gras [gra:s] *nt* <-es, Gräser> 1. *kein pl* (*Fläche*) relva *f*; (*umg*); **ins ~ beißen** morder o pó; (*umg*); **~ über etw wachsen lassen** o

que lá vai, lá vai; (*umg*); **er hört das ~ wachsen** ele é um espertalhão 2. (*Pflanze*) erva *f*

grasen ['gra:zən] *vi* pastar

Grasfläche *f* <-n> relvado *m*

grasgrün *adj* verde-gaio

Grashalm *m* <-(e)s, -e> vergôntea *f*

grassieren* *vi* espalhar-se

grässlichRR *adj*, **gräßlich**ALT *adj* (*Wetter*) horrível; (*Mensch*) abominável; (*Verbrechen*) atroz

Grat [gra:t] *m* <-(e)s, -e> (*des Berges*) cume *m*

Gräte *f* <-n> espinha *f*

gratis ['gra:tιs] *adv* grátis, gratuito

Gratulant(in) [gratu'lant] *m(f)* <-en, -en *o* -innen> congratulador, congratuladora *m, f*

Gratulation [gratula'tsjo:n] *f* <-en> felicitações *fpl*, parabéns *mpl*

gratulieren* *vi* felicitar (*zu* por), dar os parabéns (*zu* por), congratular (*zu* por); **jdm zum Geburtstag ~** felicitar alguém pelo seu aniversário; (**ich**) **gratuliere!** parabéns!

grau [grau] *adj* 1. (*Farbe*) cinzento, pardo; (*Haare*) grisalho; **~e Haare bekommen** envelhecer 2. (*eintönig*) monótono; **der ~e Alltag** o quotidiano monótono

Graubünden *nt* <-s> *kein pl* Grisões *mpl*

GräuelRR *m* <-s, -> horror *m*; **das ist mir ein ~** eu tenho horror a isso

grauen ['grauən] *vi unpers* ter medo, ter pavor; **mir graut vor der Prüfung** tenho um medo terrível do exame

Grauen ['grauən] *nt* <-s> *kein pl* pavor *m*, horror *m*

grauenhaft *adj* pavoroso, horrível

grauenvoll *adj* horroroso

grauhaarig *adj* de cabelo grisalho

Graupel ['graupəl] *f* <-n> granizo *m*

grausam ['grauza:m] *adj* atroz, horrível; (*Mensch*) cruel, desumano

Grausamkeit *f* <-en> atrocidade *f*, crueldade *f*, barbaridade *f*

grausen ['grauzən] *vi unpers* ter pavor; **es graust mich vor Spinnen** eu tenho pavor de aranhas

grausig *adj* pavoroso, horrível

grauslich *adj* (*österr*) *s.* **grässlich**

gravieren* *vt* gravar (*in* em)

gravierend *adj* (*Umstände*) agravante; (*Fehler*) grave

Gravitation [gravita'tsjo:n] *f* *kein pl* (PHYS) gravitação *f*

G

grazil [gra'tsi:l] *adj* gracioso

greifbar *adj* 1. (*nah*) acessível, tangível; **in ~er Nähe** à mão 2. (*konkret*) palpável, concreto; **das nimmt ~e Formen an** isso toma formas concretas

greifen ['graɪfən] I. *vt* (*nehmen*) apanhar, pegar em; (*packen*) agarrar II. *vi* (*ergreifen*) pegar (*nach, zu* em); (*Methoden*) recorrer (*zu* a); **sie griff nach der Zeitung/zur Zigarette** ela pegou no jornal/cigarro; **wir werden zu härteren Mitteln ~** vamos recorrer a meios mais drásticos; **zu den Waffen ~** pegar em armas; **in die Tasche ~** meter a mão no bolso; **um sich ~** propagar-se; (*fig*) **jdm unter die Arme ~** ajudar alguém; **das ist aus der Luft gegriffen** isso não tem fundamento

Greis(in) [graɪs] *m(f)* <-es, -e *o* -innen> velho, velha *m, f*, ancião, anciã *m, f*

grell [grɛl] *adj* 1. (*Licht, Sonne*) forte, ofuscante 2. (*Farbe*) vivo, berrante 3. (*Stimme, Schrei*) agudo, estridente

Gremium ['gre:miʊm] *nt* <-s, Gremien> grémio *m*

Grenze ['grɛntsə] *f* <-n> 1. (*Staatsgrenze*) fronteira *f* (*zu* com); **über die ~ gehen/fahren** atravessar/passar a fronteira 2. (*Begrenzung*) limite *m;* **alles hat seine ~n** tudo tem limites

grenzen *vi* 1. (*Gebiet*) confinar (*an* com) 2. (*nahe kommen*) chegar a ser, aproximar-se (*an* de); **das grenzt an Betrug** isso chega a ser vigarice, isso toca as raias da vigarice

grenzenlos *adj* 1. (*räumlich*) ilimitado, infinito 2. (*sehr groß*) enorme, imenso

Grenzfall *m* <-(e)s, -fälle> caso *m* extremo

Grenzgebiet *nt* <-(e)s, -e> região *f* fronteiriça

Grenzschutz *m* <-es> *kein pl* guarda *f* fronteiriça

Grenzübergang *m* <-(e)s, -gänge> passagem *f* da fronteira, travessia *f* da fronteira

grenzüberschreitend *adj* transfronteiriço

Grenzverletzung *f* <-en> violação *f* da fronteira

Grenzwert *m* <-(e)s, -e> valor-limite *m*

Grenzzwischenfall *m* <-(e)s, -fälle> incidente *m* de fronteiras

Greuel[ALT] *m* <-s, -> *s.* **Gräuel**

Grieche(in) ['gri:çə] *m(f)* <-n, -n *o* -innen> grego, grega *m, f*

Griechenland *nt* <-s> *kein pl* Grécia *f*

griechisch *adj* grego

griesgrämig *adj* carrancudo, macambúzio

Grieß *m* <-es, -e> sêmola *f*

griff [grɪf] *imp von* **greifen**

Griff [grɪf] *m* <-(e)s, -e> 1. (*von Messer*) cabo *m;* (*von Topf, Koffer*) pega *f;* (*an Tür, Fenster, Schublade*) puxador *m* 2. *kein pl* (*Greifen*) **mit einem ~** de uma assentada; **einen guten ~ tun** fazer uma boa escolha 3. (*Handgriff*) jeito *m; etw im ~ haben* dominar a. c., ter a. c. sob controlo; (*umg*); **etw in den ~ bekommen** tomar o jeito a a. c.

griffbereit *adj* à mão; **etw ~ haben** ter a. c. à mão

Grill [grɪl] *m* <-s, -e> 1. (*Rost*) grelha *f* 2. (*Gerät*) grelhador *m;* (*Gartengrill*) barbecue *m*

Grille ['grɪlə] *f* <-n> (ZOOL) grilo *m*

grillen ['grɪlən] *vt* grelhar; (*am Spieß*) assar no espeto

Grimasse [gri'masə] *f* <-n> careta *f; ~n schneiden* fazer caretas

grimmig *adj* 1. (*zornig*) furioso, irado; **ein ~es Gesicht machen** fazer uma cara de furioso 2. (*sehr stark*) excessivo; **~e Kälte** frio de morrer

grinsen ['grɪnzən] *vi* sorrir ironicamente; (*gezwungen*) fazer um sorriso amarelo

Grippe ['grɪpə] *f* <-n> gripe *f*

Grips [grɪps] *m* <-es> *kein pl* (*umg*) miolos *mpl,* carola *f*

grob [gro:p] *adj* 1. (*Stoff*) grosso, espesso; (*Sand*) grosso 2. (*Person*) rude, grosseiro 3. (*Fehler*) crasso, grave 4. (*ungefähr*) aproximado; **etw in ~en Zügen darstellen** delinear a. c., descrever a. c. grosso modo

Grobheit *f* *kein pl* 1. (*von Stoff*) rudeza *f* 2. (*Beschimpfung*) grossaria *f*

Grobian ['gro:bia:n] *m* <-(e)s, -e> (*pej*) grosseirão *m*

Grog [grɔk] *m* <-s, -s> grogue *m*

groggy *adj* (*umg*) grogue

grölen *vi* berrar

Groll [grɔl] *m* <-(e)s> *kein pl* rancor *m*

grollen *vi* 1. (*Person*) guardar rancor; **jdm ~** guardar rancor a alguém 2. (*Donner*) troar

Grönland *nt* <-s> *kein pl* Gronelândia *f*

Groschen ['grɔʃən] *m* <-s, -> (*umg*) moeda *f* de 10 centos

groß *adj* 1. (*allgemein*) grande; **der Mantel ist mir zu ~** o casaco fica-me grande; **~e Augen machen** arregalar os olhos; **im Großen**

und Ganzen de uma maneira geral, em resumo **2.** (*ausgedehnt*) extenso, grande; **ein ~es Grundstück** um terreno grande **3.** (*hoch*) alto; **wie ~ bist du?** quanto medes?; **er ist 1,80 m ~** ele mede 1,80 m, ele tem 1,80 m de altura; **~ werden** crescer **4.** (*älter*) mais velho; **Groß und Klein** grandes e pequenos; **er hat drei ~e Schwestern** ele tem três irmãs mais velhas **5.** (*zeitlich*) grande; **sie kam mit ~er Verspätung** ela veio com um grande atraso, ela veio muito atrasada **6.** (*heftig, intensiv*) grande; **~e Hitze** grande calor; **ich habe ~e Angst** eu tenho muito medo; **~e Lust auf etw haben** apetecer muito a. c., ter muita vontade de fazer a. c. **7.** (*wichtig, berühmt*) grande; **sie ist eine ~e Künstlerin** ela é uma grande artista

großartig *adj* grandioso, magnífico

Großaufnahme *f* <-n> (*Film*) primeiro plano *m*

Großbetrieb *m* <-(e)s, -e> grande empresa *f*

Großbritannien *nt* <-s> *kein pl* Grã-Bretanha *f*

Großbuchstabe *m* <-ns, -n> letra *f* maiúscula

Größe *f* <-n> **1.** (*Format*) tamanho *m*; (*bei Schuhen, Kleidung*) número *m*, tamanho *m*; **welche ~ haben Sie?** qual é o seu número?; **Anzüge in allen ~n** fatos em todos os tamanhos/números **2.** (*Ausdehnung*) extensão *f* **3.** (*Höhe*) altura *f*; (*Wuchs*) estatura *f* **4.** *kein pl* (*Bedeutsamkeit*) grandeza *f*

Großeltern *pl* avós *mpl*

Größenordnung *f* <-en> ordem *f*; **in der ~ von** na ordem de

Größenwahn *m* <-(e)s> *kein pl* megalomania *f*

größenwahnsinnig *adj* megalómano

Großgrundbesitz *m* <-es> *kein pl* latifúndio *m*

Großgrundbesitzer(in) *m(f)* <-s, - *o* -innen> latifundiário, latifundiária *m, f*

Großhandel *m* <-s> *kein pl* comércio *m* por atacado/grosso

Großhändler(in) *m(f)* <-en, -en *o* -innen> grossista *m,f*

Großkind *nt* <-(e)s, -er> (*schweiz*) neto, neta *m, f*

Großmacht *f* <-mächte> grande potência *f*

Großmarkt *m* <-(e)s, -märkte> hipermercado *m*

Großmaul *nt* <-(e)s, -mäuler> (*pej*) gabarola *m*, fanfarrão *m*

großmehrheitlich *adj* (*schweiz*) maioritário

Großmutter *f* <-mütter> avó *f*

Großonkel *m* <-s, -> tio-avô *m*

Großputz *m* <-es> *kein pl* limpeza *f* profunda; **~ machen** fazer uma limpeza profunda

Großrat, **Großrätin** *m, f* <-(e)s, -räte *o* -innen> (*schweiz*) membro do parlamento de um Cantão

Großraum *m* <-(e)s, -räume> grande área *f*; **im ~ Stuttgart** na grande área de Estugarda; **im ~ Porto** no grande Porto

Großraumwagen *m* <-s, -> vagão *m* sem compartimentos

groß|schreiben *vt irr* escrever com letra maiúscula

Großschreibung *f* <-en> letra *f* maiúscula

großspurig *adj* arrogante, pretensioso

Großstadt *f* <-städte> grande cidade *f*

Großtante *f* <-n> tia-avó *f*

größtenteils *adv* na maior parte das vezes

größtmöglich *adj* maior possível

Großvater *m* <-s, -väter> avô *m*

Großveranstaltung *f* <-en> grande acontecimento *m*

groß|ziehen *vt irr* criar

großzügig *adj* **1.** (*tolerant*) liberal, tolerante **2.** (*spendabel*) generoso **3.** (*weiträumig*) amplo

Großzügigkeit *f* *kein pl* **1.** (*Toleranz*) liberalidade *f*, tolerância *f* **2.** (*Freigebigkeit*) generosidade *f*

grotesk [gro'tɛsk] *adj* grotesco

Grotte ['grɔtə] *f* <-n> gruta *f*

grub [gru:p] *imp von* **graben**

Grübchen *nt* <-s, -> covinha *f*

Grube ['gru:bə] *f* <-n> **1.** (*Vertiefung*) cova *f*; **wer andern eine ~ gräbt, fällt selbst hinein** quem semeia ventos colhe tempestades **2.** (*Bergbau*) mina *f*

grübeln *vi* matutar (*über* em), cismar (*über* com)

grüezi *interj* (*schweiz*) olá!, oi!

Gruft [grʊft] *f* <-en> jazigo *m*, túmulo *m*; (*in Kirche*) cripta *f*

grün *adj* (*a* POL) verde; **jdm ~es Licht geben** dar luz verde a alguém; **auf keinen ~en Zweig kommen** não progredir, não ir a lado nenhum; (*umg*); **das ist dasselbe in ~** isso é o mesmo, mas de outra maneira; (*umg*); **sich**

G

~ **und blau ärgern** ficar verde de raiva; (*umg*); **jdm nicht** ~ **sein** não gostar de alguém

Grüner Punkt (ponto verde) é um símbolo que identifica embalagens como por exemplo caixas de papelão, latas, garrafas, embalagens de plástico de iogurte, que são recolhidas pelo "Duales System" (sistema dual), seleccionadas e recicladas. Com isso pretende evitar-se a formação de lixeiras gigantescas.

Grünanlage *f* <-n> espaço *m* verde, zona *f* ajardinada
Grund [grʊnt] *m* <-(e)s, Gründe> **1.** *kein pl* (*Erdboden*) solo *m*, terreno *m;* ~ **und Boden** bens de raiz *mpl*, terras *fpl* **2.** *kein pl* (*von Gewässer, Gefäß*) fundo *m;* **auf** ~ **laufen** encalhar; (*fig*) **zu** ~**e gehen** ir ao fundo **3.** (*Ursache*) motivo *m* (*für* de), razão *f* (*für* de); **aus diesem** ~ por este motivo, por isso; **auf** ~ **von** com base em; **das ist der** ~ **dafür, dass ...** essa é a razão pela qual ...; **aus gesundheitlichen Gründen** por motivos de saúde **4.** *kein pl* (*Grundlage*) base *f*, fundamento *m;* **im** ~**e** no fundo; **im** ~**e genommen** em última análise, com efeito; **von** ~ **auf** completamente, radicalmente
Grundbesitz *m* <-es> *kein pl* bens *mpl* de raiz, terras *fpl*
Grundbuch *nt* <-(e)s, -bücher> cadastro *m*
gründen I. *vt* (*Stadt, Betrieb, Institut*) fundar; (*Familie*) constituir II. *vr* **sich** ~ basear-se (*auf* em); **worauf gründet sich Ihr Verdacht?** em que é que baseiam as suas suspeitas?
Gründer(in) *m(f)* <-s, - *o* -innen> fundador, fundadora *m, f*
Grundgebühr *f* <-en> taxa *f* base; (*von Telefon*) assinatura *f*
Grundgedanke *m* <-n, -n> ideia fundamental *f*
Grundgesetz *nt* <-es> *kein pl* (POL) lei *f* básica, lei *f* fundamental; (*Verfassung*) constituição *f*
Grundkenntnisse *pl* conhecimentos *mpl* básicos
Grundlage *f* <-n> base *f*, fundamento *m;* **die** ~**n für etw schaffen** construir os alicerces para a. c.

Grundlagenforschung *f* <-en> investigação *f* básica; (*brasil*) pesquisa *f* básica
grundlegend ['grʊntleːgənt] *adj* fundamental
gründlich I. *adj* (*Kenntnisse*) profundo, sólido; (*Arbeit*) minucioso, pormenorizado; (*Reinigung*) geral, radical; (*Mensch*) meticuloso II. *adv* a fundo, em profundidade
grundlos *adj* sem fundamento, infundado
Grundnahrungsmittel *nt* <-s, -> alimento *m* básico
Gründonnerstag *m* <-s> *kein pl* Quinta-Feira *f* Santa
Grundrecht *nt* <-(e)s, -e> direito *m* fundamental
Grundriss^{RR} *m* <-es, -e>, **Grundriß**^{ALT} *m* <-sses, -sse> (ARCH) planta *f*
Grundsatz *m* <-es, -sätze> princípio *m;* **an seinen Grundsätzen festhalten** manter os seus princípios
grundsätzlich I. *adj* fundamental, básico II. *adv* **1.** (*immer*) fundamentalmente, basicamente; **das ist** ~ **verboten** isso é fundamentalmente proibido **2.** (*im Prinzip*) em princípio; **ich bin** ~ **dazu bereit** em princípio, estou preparado para isso; (*aus Prinzip*) por princípio
Grundschule *f* <-n> escola *f* primária
Grundstück *nt* <-(e)s, -e> terreno *m*
Gründung *f* <-en> (*von Stadt, Betrieb*) fundação *f;* (*einer Familie*) constituição *f*
Grundwasser *nt* <-s> *kein pl* águas *fpl* subterrâneas
Grundwortschatz *m* <-es> *kein pl* vocabulário *m* básico
Grüne *nt* <-n> *kein pl* Natureza *f;* **im** ~**n** ao ar livre; **ins** ~ **fahren** ir para o campo
Grüne(r) *m/f* <-n, -n *o* -n> (POL) Verde *m,f*
Grünfläche *f* <-n> relvado *m*
Grünkohl *m* <-(e)s, -e> couve *f* galega
Grünstreifen *m* <-s, -> faixa *f* ajardinada
grunzen *vi* grunhir
Gruppe ['grʊpə] *f* <-n> grupo *m;* (*Arbeitsgruppe*) equipa *f;* **in** ~**n einteilen** dividir em grupos
Gruppenarbeit *f* *kein pl* trabalho *m* de grupo
Gruppenreise *f* <-n> viagem *f* de grupo
gruppieren* *vt* agrupar
gruselig *adj* arripiante, horripilante
Gruß *m* <-es, Grüße> cumprimento *m*, saudação *f;* **viele Grüße an deine Eltern!** cum-

primentos aos teus pais!; **mit freundlichen Grüßen** com os melhores cumprimentos; **jdm Grüße bestellen** mandar os cumprimentos a alguém

grüßen *vt* cumprimentar, saudar; **jdn von jdm** ~ dar cumprimentos a alguém da parte de alguém; **sie lässt Sie** ~**!** ela manda-lhe cumprimentos!; (*reg*); **Grüß Gott** bom dia

Grütze *f* <-n> **rote** ~ pudim com frutas vermelhas, como morangos, cerejas, etc.

Guatemala [guateˈmaːla] *nt* <-s> *kein pl* Guatemala *f*

gucken [ˈgʊkən, ˈkʊkən] *vi* (*umg*) olhar; **guck mal!** (ora) olha!

Guerillakrieg *m* <-(e)s, -e> guerra *f* de guerrilhas

Guinea *nt* <-s> *kein pl* Guiné *f*

Guinea-Bissau *nt* <-s> *kein pl* Guiné-Bissau *f*

Gulasch *nt* <-(e)s, -e> guisado *m* de vaca

Gulden *m* <-s, -> florim *m*

gültig *adj* válido; (*Gesetz*) vigente, em vigor; **allgemein** ~ geral, universal; **der Fahrplan ist ab 1. Januar** ~ o horário das viagens é válido a partir de 1 de Janeiro; **ein** ~**er Ausweis** um cartão de identificação válido; **ist das Angebot noch** ~**?** a proposta ainda está de pé?

Gültigkeit *f kein pl* **1.** (*von Geld, Fahrkarte*) validade *f* **2.** (*von Gesetz, Vertrag*) vigência *f*

Gummi [ˈgʊmi] *m/nt* <-s, -s> **1.** (*Material*) borracha *f*, goma *f* **2.** (*Radiergummi*) borracha *f* **3.** (*umg: Gummiband*) elástico *m*

Gummiband *nt* <-(e)s, -bänder> elástico *m*

Gummibaum *m* <-(e)s, -bäume> (BOT) árvore da borracha *f*

Gummihandschuh *m* <-(e)s, -e> luva *f* de borracha

Gummiknüppel *m* <-s, -> cacete *m* (de borracha)

Gummistiefel *m* <-s, -> galocha *f*, bota *f* de borracha

Gunst [gʊnst] *f kein pl* graça *f*, favor *m*; **sich** *dat* **jds** ~ **erwerben** merecer as boas graças de alguém; **zu jds** ~**en** a favor de alguém

günstig *adj* favorável; (*Gelegenheit*) propício, oportuno; (*Angebot, Preis*) vantajoso; **etw** ~ **kaufen** comprar a. c. barata; **im** ~**sten Fall** na melhor das hipóteses, no máximo

Gurgel [ˈgʊrgəl] *f* <-n> garganta *f*; (*umg*) go-

ela *f*; **jdm an die** ~ **springen** saltar ao pescoço de alguém

gurgeln *vi* (*mit Mundwasser*) gargarejar

Gurke [ˈgʊrkə] *f* <-n> pepino *m*; **saure** ~ pepino em "pickle"

Gurt [gʊrt] *m* <-(e)s, -e> correia *f*; (*Sicherheitsgurt*) cinto *m*

Gürtel *m* <-s, -> **1.** (*für Kleidung*) cinto *m*; (*Karate*) cinturão *m*; (*umg*); **den** ~ **enger schnallen** apertar o cinto **2.** (*Gebiet*) zona *f*

Gürtelreifen *m* <-s, -> pneu *m* radial

Gurtpflicht *f kein pl* obrigatoriedade *f* do uso do cinto de segurança; **es besteht** ~ é obrigatório usar cinto

Guru [ˈguːru] *m* <-s, -s> guru *m*

GUS *abk v* **Gemeinschaft unabhängiger Staaten** Associação dos Estados Independentes

GussRR [gʊs] *m* <-es, Güsse>, **Guß**ALT *m* <-sses, Güsse> **1.** *kein pl* (*von Metall*) fundição *f*, fusão *f* **2.** (*umg: Regen*) aguaceiro *m*; (*brasil*) bátega *f* **3.** (*Kuchenguss, Zuckerguss*) cobertura *f*

GusseisenRR *nt* <-s> *kein pl* ferro *m* fundido

gut [guːt] **I.** *adj* bom; (*Schulnote*) Bom; **wie** ~**, dass ...** que bom, que ..., ainda bem que ...; ~ **e Besserung!** as melhoras!; ~**e Reise!** boa viagem!; **das ist** ~ **gegen Husten** isto é bom para tosse; **seien Sie so** ~ **und ...** tenha a bondade de ...; **lassen Sie es** ~ **sein** não falemos mais nisso **II.** *adv* bem; **schon** ~**!** está bem!; ~ **gemacht!** muito bem!; **das schmeckt sehr** ~ isto sabe muito bem; **du hast es** ~ tu (é que) tens sorte; **etw** ~ **können** saber fazer a. c. bem; **du hast** ~ **lachen** tu é que estás bem; **Sie haben** ~ **reden** pode falar, falar é fácil; ~ **gelaunt sein** estar bem disposto; **sich mit jdm** ~ **stehen** dar-se bem com alguém; **zu** ~**er Letzt** por fim; **es geht ihr** ~ **in Österreich** ela está bem na Áustria; **ein** ~ **gemeinter Rat** um conselho bem intencionado; ~ **situiert** bem situado; **der Urlaub wird ihr** ~ **tun** as férias vão fazer-lhe bem

Gut *nt* <-(e)s, Güter> **1.** (*Landgut*) quinta *f*, herdade *f*; (*brasil*) fazenda *f* **2.** (*Ware*) mercadoria *f*

Gutachten [ˈguːtʔaxtən] *nt* <-s, -> parecer *m*; **ein** ~ **erstellen** dar o parecer

Gutachter(in) *m(f)* <-s, - *o* -innen> perito, perita *m, f*

gutartig *adj* 1. (*Tier*) manso 2. (MED) benigno

Güte *f kein pl* 1. (*Freundlichkeit*) bondade *f*; (*umg*); **ach du meine ~!** meu Deus! 2. (*Qualität*) qualidade *f*

Güteklasse *f* <-n> nível *m* de qualidade

Güterbahnhof *m* <-(e)s, -höfe> estação *f* de mercadorias

Güterfernverkehr *m* <-s> *kein pl* tráfego *m* de mercadorias

Gütertrennung *f kein pl* (JUR) separação *f* de bens

Güterwagen *m* <-s, -> carruagem *f* de mercadorias

Güterzug *m* <-(e)s, -züge> comboio *m* de mercadorias

Gute(s) *nt* <-n> *kein pl* bom *m*; **das ~ daran ist, dass ...** o bom nisso é que ...; **alles ~!** felicidades!, tudo de bom!

gutgehen^{ALT}* *vi irr s.* **gut II**
gutgelaunt^{ALT} *adj s.* **gut II**
gutgemeint^{ALT} ['gu:tgəmaint] *adj s.* **gut II**
gutgläubig *adj* de boa fé; **du bist viel zu ~** tu és muito ingénuo

Guthaben ['gu:tha:bən] *nt* <-s, -> crédito *m*; **er hatte noch ein ~ von 500 DM** ele ainda tinha um crédito de 500 marcos

gut|heißen *vt irr* aprovar, sancionar

gütig *adj* bondoso; (*freundlich*) amável

gütlich *adj* amigável, amistoso; **sich ~ einigen** resolver uma questão amigavelmente/a bem; **sich an etw ~ tun** regalar-se com a. c.

gutmachen *vt* (*sich revanchieren*) redimir-se por, pagar; **wie kann ich das ~?** como posso pagar isso?; (*Fehler*); **wieder ~** reparar, emendar; (*Schaden*) reparar

gutmütig *adj* bondoso, de bom coração

Gutmütigkeit *f kein pl* bondade *f*

Gutschein *m* <-(e)s, -e> vale *m*

Gutschrift *f* <-en> nota *f* de crédito

Gutsherr(in) *m(f)* <-n, -en *o* -innen> senhor, senhora *m*, *f* da propriedade

Gutshof *m* <-(e)s, -höfe> herdade *f*, propriedade *f*; (*brasil*) fazenda *f*

gutsituiert^{ALT} ['gu:tzitu'i:rɛt] *adj s.* **gut II**
gut|tun^{ALT} *vi irr s.* **gut II**

Gymnasiast(in) [gymnazi'ast] *m(f)* <-en, -en *o* -innen> estudante *m*, *f* do liceu; (*brasil*) estudante *m*, *f* do ginásio

Gymnasium [gym'na:ziʊm] *nt* <-s, Gymnasien> liceu *m*, escola *f* secundária; (*brasil*) ginásio *m*

Os alunos alemães que após terem feito a "Grundschule" *(que compreende os primeiros quatro anos escolares)* e foram para o **Gymnasium** (liceu), têm a possibilidade de, após aqui cursarem do 5° ao 13° ano escolar, alcançar o nível necessário para entrar numa universidade. Na Áustria isso leva oito anos e na Suíça os alunos são obrigados a frequentarem pelo menos oito anos a "Maturitätsschule" (dependente do cantão também podem ser nove anos). Tradicionalmente há vários tipos de liceus: o liceu humanista (Línguas Clássicas e Vernáculas) o liceu de Línguas Modernas com e sem Latim, o liceu de Matemática e de Ciências Naturais, o liceu de Economia e o liceu de Artes.

Gymnastik [gym'nastik] *f kein pl* ginástica *f*

Gynäkologe(in) *m(f)* <-n, -n *o* -innen> ginecologista *m*, *f*

Gynäkologie *f kein pl* ginecologia *f*

Gyros *nt* <-, -> carne assada no espeto

H

H *nt* <-, -> H, h *m*

Haag *nt* <-s> *kein pl* **Den ~** Haia *f*

Haar [ha:ɐ] *nt* <-(e)s, -e> pêlo *m*; (*Kopfhaar*) cabelo *m*; **sie hat lange ~e** ela tem cabelo comprido; **weiße/graue ~e haben** ter cabelos brancos/grisalhos; **~e lassen** ficar depenado; **um ein ~** por um triz; **ihm standen die ~e zu Berge** ele ficou com os cabelos em pé; **etw an den ~en herbeiziehen** introduzir a. c. forçosamente

Haarausfall *m* <-s> *kein pl* queda *f* de cabelo

Haarbürste *f* <-n> escova *f* de cabelo

Haarbüschel *nt* <-s, -> tufo de cabelo *m*

haaren ['ha:rən] *vi* perder cabelo

Haaresbreite *f* <-n> **um ~** por um triz

Haarfestiger *m* <-s, -> espuma de cabelo *f*

haargenau ['--'-] *adj* (*umg*) exa(c)tamente

haarig ['haːrıç] *adj* **1.** (*Körper*) peludo **2.** (*Angelegenheit*) complicado

Haarklemme *f* <-n> gancho *m*, grampo *m*

Haarlack *m* <-(e)s, -e> laca *f*

Haarnadelkurve *f* <-n> curva *f* fechada

haarscharf ['-'-] *adj* preciso, exa(c)to

Haarschnitt *m* <-(e)s, -e> corte *m* de cabelo

Haarspalterei [---'-] *f* <-en> mesquinhez *f*

Haarspange *f* <-n> travessão *m*, gancho *m*, grampo *m*

Haarspray *nt* <-s, -s> laca *f*

haarsträubend *adj* horripilante, de pôr os cabelos em pé

Haartrockner *m* <-s, -> secador *m* de cabelo

Haarwaschmittel *nt* <-s, -> champô *m*, xampu *m*

Habe ['haːbə] *f kein pl* bens *mpl*, posses *fpl*, haveres *mpl*

haben ['haːbən] **I.** *vt* (*besitzen*) ter, possuir; **lieber** ~ preferir; **etw** ~ **wollen** querer a. c.; **ich hätte gerne sechs Brötchen** eu queria seis pães; (*verfügen über*) ter; **etw bei sich** ~ ter a. c. (consigo); **Durst/Hunger** ~ ter sede/fome, estar com sede/fome; **zu** ~/ **nicht mehr zu** ~ **sein** estar à venda/esgotado; **Zeit für etw** ~ ter tempo para a. c.; **es hat keine Eile** não há pressa; **was hast du?** o que é que tens?; (*umg*); **da** ~ **wir's!** ora aí está!; (*umg*); **jetzt habe ich dich!** apanhei-te!; (*müssen, sollen*) ter de/que; **ich habe zu tun** tenho que fazer; **was habe ich zu bezahlen?** quanto devo? **II.** *aux* ter; **es hat geregnet** choveu; **es hatte geregnet** tinha chovido; **hätten sie doch angerufen!** tivesse telefonado! **III.** *vr* **sich** ~ ser esquisito, ser exigente

Habgier *f kein pl* cobiça *f*, avidez *f*

habgierig *adj* ávido, cobiçoso

Habicht ['haːbıçt] *m* <-s, -e> açor *m*

Habilitation *f* <-en> provas de agregação *fpl*

habilitieren* *vr* **sich** ~ realizar as provas de agregação

Hachse *f* <-n> jarrete *m*

Hacke ['hakə] *f* <-n> **1.** (*Gartengerät*) enxada *f*, picareta *f* **2.** (*Ferse*) calcanhar *m*

hacken ['hakən] **I.** *vt* (*Loch*) cavar, sachar; (*Kräuter*) picar; (*Holz*) rachar, cortar; **etw in Stücke** ~ cortar a. c. em bocados **II.** *vi* (*Vogel*) picar

Hacker(in) ['hakɐ] *m(f)* <-s, - *o* -innen> (INFORM) pirata *m* informático

Hackfleisch *nt* <-(e)s> *kein pl* carne *f* picada, carne *f* moída

hadern ['haːdɐn] *vi* estar zangado; **mit seinem Schicksal** ~ estar zangado com o destino

Hafen ['haːfen] *m* <-s, Häfen> porto *m*

Hafenarbeiter(in) *m(f)* <-s, - *o* -innen> estivador, estivadora *m, f*

Hafenstadt *f* <-städte> cidade *f* portuária

Hafer ['haːfɐ] *m* <-s> *kein pl* aveia *f*

Haferflocke *f* <-n> floco *m* de aveia

Haferschleim *m* <-(e)s, -e> papas *fpl* de aveia

Haft [haft] *f kein pl* captura *f*; (*Polizeihaft*) detenção *f*, prisão *f*; **jdn in** ~ **nehmen** prender alguém; **jdn aus der** ~ **entlassen** libertar alguém, pôr alguém em liberdade

Haftanstalt *f* <-en> prisão *f*

haftbar *adj* **jdn für etw** ~ **machen** responsabilizar alguém por a. c.; **für etw** ~ **sein** ser responsável por a. c.

Haftbefehl *m* <-(e)s, -e> mandado *m* de captura, ordem *f* de prisão

haften ['haftən] *vi* **1.** (*kleben*) colar (*an* a); (*Geruch*); ~ **bleiben** ficar entranhado (*an* em); (*im Gedächtnis*) ficar gravado (*in* em) **2.** (*Verantwortung tragen*) responder (*für* por), ser responsável (*für* por); **ich hafte dafür** eu respondo por isso, eu sou responsável por isso

haften|bleiben^ALT *vi irr* s. **haften 1**

Häftling *m* <-s, -e> detido, detida *m, f*, prisioneiro, prisioneira *m, f*

Haftpflicht *f kein pl* responsabilidade *f*

Haftpflichtversicherung *f* <-en> seguro *m* de responsabilidade civil

Haftschale *f* <-n> lente *f* de conta(c)to

Haftung *f kein pl* responsabilidade *f*; **dafür übernehme ich keine** ~ eu não assumo responsabilidade por isso

Hagebutte *f* <-n> (BOT) baga *f* de roseira brava

Hagel ['haːgəl] *m* <-s> *kein pl* saraiva *f*, granizo *m*

hageln ['haːgəln] *vi* saraivar, granizar

hager ['haːgɐ] *adj* magro, descarnado

Hahn [haːn] *m* <-(e)s, Hähne> **1.** (ZOOL) galo *m*; (*umg*); **danach kräht kein** ~ isso não interessa a ninguém **2.** (*Wasserhahn, Gashahn*) torneira *f*; **den** ~ **aufdrehen/zudrehen** abrir/fechar a torneira

Hähnchen *nt* <-s, -> frango *m*
Hai [haɪ] *m* <-(e)s, -e> tubarão *m*
Häkchen *nt* <-s, -> colchete *m*
Häkelarbeit *f* <-en> croché *m*
häkeln I. *vt* tricotar, fazer; **einen Schal** ~ fazer um cachecol II. *vi* fazer croché
Häkelnadel *f* <-n> agulha *f* de croché
haken I. *vt* (*einhängen*) enganchar, prender II. *vi* (*klemmen*) ficar preso, engatar; **wo hakt es?** onde é que ficou preso?
Haken ['ha:kən] *m* <-s, -> 1. (*zum Aufhängen*) gancho *m;* (*Angelhaken*) anzol *m;* (*Kleiderhaken*) cabide *m* 2. (*Zeichen*) visto *m* 3. (*umg: Schwierigkeit*) dificuldade *f,* problema *m;* **die Sache hat einen** ~ a coisa está difícil
Hakenkreuz *nt* <-es, -e> cruz *f* suástica, cruz *f* gamada
Hakennase *f* <-n> nariz curvo *m*
halb [halp] I. *adj* metade, meio; **eine** ~**e Stunde** meia hora; **eine** ~**e Stelle** um emprego em part-time; (MUS); ~**e Note** meio tom; (NAUT); ~**e Fahrt** meio vapor; **es ist** ~ **eins** é (meio dia e) meia hora; **um** ~ **drei** às duas e meia; **zum** ~**en Preis** por metade do preço II. *adv* meio; **nur** ~ **so viel** só metade; **nur** ~ **zuhören** ouvir só metade; ~ **öffnen** entreabrir; ~ **offen** entreaberto; (*umg*); **das ist** ~ **so schlimm** isso não é tão grave assim; ~**e**-~**e machen** dividir a meias
halbamtlich *adj* oficioso
Halbbruder *m* <-s, -brüder> meio-irmão *m*
Halbdunkel *nt* <-s> *kein pl* penumbra *f*
halber ['halbɐ] *präp* +*gen* por causa de, devido a; **der Ehrlichkeit** ~ **muss ich zugeben, dass ...** para ser franco, tenho de admitir que ...
Halbfinale *nt* <-s, -> (SPORT) meia-final *f,* semifinal *f*
halbherzig *adj* com indiferença
halbieren* *vt* dividir ao meio
Halbinsel *f* <-n> península *f;* **die Iberische** ~ a Península Ibérica
Halbjahr *nt* <-(e)s, -e> semestre *m;* **im ersten** ~ **1998** no primeiro semestre de 1998
halbjährlich I. *adj* semestral II. *adv* semestralmente, de seis em seis meses
Halbkanton *m* <-s, -e> meio Cantão *m*
Halbkreis *m* <-es, -e> semicírculo *m,* semicircunferência *f*

Halbkugel *f* <-n> (GEOG) hemisfério *m*
Halbleiter *m* <-s, -> (ELEKTR) semicondutor *m*
halbmast *adv* **auf** ~ a meia haste; ~ **flaggen** içar a bandeira a meia haste
Halbmond *m* <-(e)s, -e> meia-lua *f*
halboffenALT ['-'---] *adj s.* **halb II**
Halbschatten *m* <-s, -> penumbra *f*
Halbschlaf *m* <-(e)s> *kein pl* sonolência *f,* sono *m* leve; **im** ~ num sono leve
Halbschuh *m* <-(e)s, -e> sapato *m* baixo
Halbstarke(r) *m/f* <-n, -n *o* -n> (*pej*) rufia *m,f*
halbstündig *adj* de meia hora
halbstündlich *adv* de meia em meia hora
halbtags ['halpta:ks] *adv* em part-time, a tempo parcial; ~ **arbeiten** trabalhar em part-time, trabalhar a tempo parcial
Halbtagsarbeit *f* *kein pl* trabalho *m* em part-time
Halbtagskraft *f* <-kräfte> trabalhador, trabalhadora *m,* *f* em part-time
Halbton *m* <-(e)s, -töne> (MUS) meio tom *m*
halbwegs ['halpve:ks] *adv* mais ou menos
Halbwelt *f* *kein pl* submundo *m*
Halbwertszeit *f* <-en> (PHYS) período *m* de semidesintegração
Halbwüchsige(r) *m/f* <-n, -n *o* -n> adolescente *m,f*
Halbzeit *f* <-en> (SPORT) meio-tempo *m;* **erste/zweite** ~ primeira/segunda parte
Halde ['haldə] *f* <-n> (*Bergbau*) monte de minério *m*
half [half] *imp von* **helfen**
Hälfte *f* <-n> metade *f;* **bis zur** ~ até meio; **nur die** ~ **verstehen** perceber só metade; **Kinder zahlen die** ~ as crianças pagam metade; (*umg*); **meine bessere** ~ a minha cara-metade
Halfter ['halftɐ] *nt* <-s, -> (*für Pistole*) coldre *m*
Halle ['halə] *f* <-n> 1. (*eines Gebäudes, Hotels, im Bahnhof, im Flughafen*) átrio *m,* entrada *f* 2. (*Ausstellungshalle, Fabrikhalle*) pavilhão *m;* (*Lagerhalle*) armazém *m* 3. (*Sporthalle*) pavilhão *m;* (*Turnhalle*) ginásio *m;* (*Reithalle*) picadeiro *m;* **in der** ~ **spielen** jogar no pavilhão
hallen ['halən] *vi* ecoar, ressoar
Hallenbad *nt* <-(e)s, -bäder> piscina *f* coberta

Hallensport *m* <-s> *kein pl* desporto *m* de salão

hallo ['halo, ha'lo:] *interj* olá!, oi!; (*am Telefon*) estou?, está lá?, alô!; ~, **wie geht's?** olá, como está?

Hallodri *m* <-s, -s> (*österr*) malandro *m*

Halluzination [halutsina'tsjo:n] *f* <-en> alucinação *f*

Halm [halm] *m* <-(e)s, -e> **1.** (*Grashalm*) cana *f*, caule *m* **2.** (*Trinkhalm*) palha *f*

Halogen *nt* <-s, -e> (CHEM) halogéneo *m*

Halogenleuchte *f* <-n> lâmpada *f* de halogéneo

Hals [hals] *m* <-es, Hälse> **1.** (ANAT) pescoço *m*; (*Kehle*) garganta *f*; **jdm um den ~ fallen** abraçar alguém; **aus vollem ~ singen/schreien** cantar/gritar com toda a força; **sich** *dat* **etw vom ~ schaffen** desembaraçar-se de a. c.; (*umg*) ~ **über Kopf** precipitadamente; (*umg*) **das hängt mir zum ~ heraus** estou farto disso até à ponta dos cabelos **2.** (*einer Flasche*) gargalo *m*

Halsband *nt* <-(e)s, -bänder> (*für Hunde*) coleira *f*

halsbrecherisch *adj* perigoso, arriscado; **mit ~er Geschwindigkeit** a uma velocidade perigosa

Halsentzündung *f* <-en> inflamação *f* da garganta

Halskette *f* <-n> colar *m*

Hals-Nasen-Ohren-Arzt, **Hals-Nasen-Ohren-Ärztin** *m, f* <-es, -ärzte *o* -innen> otorrinolaringologista *m,f*

Halsschmerzen *pl* dores *fpl* de garganta; **ich habe** ~ dói-me a garganta, estou com dores de garganta

halsstarrig *adj* teimoso, obstinado

Halstuch *nt* <-(e)s, -tücher> lenço *m* de pescoço, écharpe *f*

Halsweh *nt* <-s> *kein pl s.* **Halsschmerzen**

halt [halt] **I.** *interj* (*stehen bleiben*) alto(aí)!; (*beim Einschenken*) chega! **II.** *adv* apenas, simplesmente; **es ist ~ so** paciência, nada feito; **wir müssen es ~ versuchen** temos de tentar

Halt *m* <-(e)s, -e> **1.** (*Stopp*) paragem *f*; **lasst uns hier ~ machen** vamos parar aqui **2.** (*Stütze*) apoio *m*; (*innerer Halt*) amparo *m*, apoio *m* moral; **sie ist sein einziger ~** ela é o seu único amparo

haltbar *adj* **1.** (*strapazierfähig*) resistente, sólido **2.** (*dauerhaft*) duradouro; (*Lebensmittel*) conservável; (*Behauptung*) sustentável

Haltbarkeit *f kein pl* **1.** (*Strapazierfähigkeit*) resistência *f* **2.** (*Lebensmittel*) conservação *f*

Haltbarkeitsdatum *nt* <-s, -daten> prazo *m* de validade

halten ['haltən] **I.** <hielt, gehalten> *vt* (*festhalten*) agarrar, segurar; **halt mal** segura aí; **die Tür offen ~** deixar/manter a porta aberta; (*Abstand, Rekord*) manter; (*Diät*) fazer; (*Takt*) seguir; **Ordnung ~** manter arrumação; **etw auseinander ~** separar a. c.; **sich** *dat* **einen Ausweg offen ~** deixar uma saída em aberto; **jdn kurz ~** manter alguém com rédea curta; (*Rede, Vortrag*) fazer; (*Versprechen, Wort*) cumprir; **Unterricht ~** dar aulas; (*denken*) pensar (*von* de); **viel/wenig von jdm ~** ter muita/pouca consideração por alguém; **viel/wenig von etw ~** apreciar muito/pouco a. c.; **was ~ Sie davon?** que lhe parece?, que acha?; ~ **Sie es wie Sie wollen** faça como quiser; (*ansehen*) tomar (*für* por), ter (*für* como); **etw für gut/schlecht ~** achar bem/mal a. c.; **wofür ~ Sie mich?** por quem me toma? **II.** <hielt, gehalten> *vi* (*stehen bleiben*) parar; **hält der Bus an der Universität?** o autocarro para na universidade?; (*widerstandsfähig sein*) durar, manter-se; (*Lebensmittel*) conservar-se **III.** *vr* **sich ~** <hielt, gehalten> (*haltbar sein*) conservar-se; **sich bereit ~** estar pronto; **sich an etw ~** cumprir a. c.; **an sich ~** conter-se; **sich für etw ~** julgar-se a. c., considerar-se a. c.

Halter *m* <-s, -> (*Fahrzeug, Tier*) dono, dona *m, f*

Halterung *f* <-en> suporte *m*, dispositivo *m* de fixação

Haltestelle *f* <-n> paragem *f*; (*brasil*) ponto *m* de ônibus

Halteverbot *nt* <-(e)s, -e> paragem *f* proibida

haltlos *adj* (*Mensch*) inconstante; (*Behauptung*) inconsistente

halt|machen^{ALT} *vi s.* **Halt 1**

Haltung *f* <-en> **1.** (*Körperhaltung*) postura *f* **2.** (*Einstellung*) atitude *f* **3.** *kein pl* (*Selbstbeherrschung*) compostura *f*, autodomínio *m*; ~ **bewahren** conter-se

Halunke [ha'lʊŋkə] *m* <-n, -n> patife *m*, malandro *m*

H

Hamburg ['hambʊrk] *nt* <-s> *kein pl* Hamburgo *m*

Hamburger *m* <-s, -> (GASTR) hamburguer *m*

hamburgisch *adj* de Hamburgo

hämisch *adj* pérfido, malvado; (*Lachen*) sarcástico

Hammel ['haməl] *m* <-s, -> carneiro *m*

Hammelkotelett *nt* <-s, -s> costeleta *f* de carneiro

Hammer ['hamɐ] *m* <-s, Hämmer> martelo *m;* **unter den** ~ **kommen** ser leiloado

hämmern *vi* martelar; **gegen die Tür** ~ bater à porta com força

Hämorrhoiden, **Hämorriden**[RR] *pl* hemorróidas *fpl*

Hampelmann *m* <-(e)s, -männer> (*Spielzeug*) marionete *f*, títere *m*

Hamster ['hamstɐ] *m* <-s, -> hamster *m*

hamstern *vi* açambarcar

Hand [hant] *f* <Hände> mão *f;* **die öffentliche** ~ o Estado, as autoridades; **jdm die** ~ **schütteln** dar um aperto de mão a alguém; **in die Hände klatschen** bater com as mãos; **etw in die** ~ **nehmen** pegar em a. c.; (*organisieren*) encarregar-se de a. c.; **alle Hände voll zu tun haben** não ter mãos a medir; **etw zur** ~ **haben** ter a. c. à mão; **aus zweiter** ~ em segunda mão; **etw aus der** ~ **geben** largar a. c., renunciar a a. c.; **an** ~ **von** baseado em; **zu Händen von** ao cuidado de; **eine** ~ **voll** (**Zuschauer**) um punhado (de espectadores), uma mão-cheia (de espectadores); **die Hände in den Schoß legen** cruzar os braços; **letzte** ~ **anlegen** dar o último retoque; **es liegt in Ihrer** ~ está nas suas mãos; **freie** ~ **haben** ter carta-branca; ~ **in** ~ de mãos dadas; **zwei linke Hände haben** não ter jeito para trabalho manual; **etw unter der** ~ **kaufen** comprar a. c. às escondidas; **auf der** ~ **liegen** estar na cara, ser evidente; **weder** ~ **noch Fuß haben** não ter pés nem cabeça

Handänderung *f* <-en> (*schweiz*) mudança *f* de dono

Handarbeit *f* <-en> trabalho *m* manual; (*Nähen*) costura *f;* (*Stricken*) malha *f*, tricô *m*

Handball *m* <-(e)s, -bälle> **1.** *kein pl* (*Spiel*) andebol *m* **2.** (*Ball*) bola *f* de andebol

Handbewegung *f* <-en> gesto *m*

Handbremse *f* <-n> travão *m* de mão, freio de mão *m*

Handbuch *nt* <-(e)s, -bücher> manual *m*

Handcreme *f* <-s> creme *m* das mãos

Händedruck *m* <-(e)s, -drücke> aperto *m* de mão

Handel ['handəl] *m* <-s> *kein pl* comércio *m;* (*Drogenhandel*) tráfico *m;* (*Geschäft*) negócio *m;* **mit jdm/etw** ~ **treiben** negociar com alguém/em a. c.; **im** ~ **sein** estar à venda

handeln ['handəln] **I.** *vi* (*Handel treiben*) negociar (*mit* em); **mit Drogen** ~ traficar drogas; (*agieren*) agir, proceder; (*Erzählung, Film*) tratar (*von* de); (*feilschen*) regatear **II.** *vr* **sich** ~ tratar-se (*um* de); **es handelt sich um ein wertvolles Gemälde** trata-se de um quadro valioso; **worum handelt es sich?** de que é que se trata?

Handelsabkommen *nt* <-s, -> acordo *m* comercial

Handelsbilanz *f* <-en> balanço *m* comercial

Handelsdefizit *nt* <-s, -e> défice *m* comercial, déficit *m* comercial

Handelsgesellschaft *f* <-en> sociedade *f* comercial

Handelskammer *f* <-n> câmara *f* de comércio

Handelskette *f* <-n> cadeia *f* comercial

Handelsregister *nt* <-s, -> regist(r)o *m* comercial

Handelsvertreter(in) *m(f)* <-s, - *o* -innen> representante *m,f* comercial

händeringend *adj* desesperado, suplicante

Handfeger ['-fe:gɐ] *m* <-s, -> espanador *m*

handfest *adj* (*Mahlzeit*) forte, pesado; (*Beweis, Information*) evidente, seguro

Handfläche *f* <-n> palma *f* da mão

Handgelenk *nt* <-(e)s, -e> pulso *m;* **etw aus dem** ~ **schütteln** fazer a. c. sem mais nem menos

handgemacht *adj* feito à mão

Handgemenge *nt* <-s, -> briga *f*, rixa *f*

Handgepäck *nt* <-(e)s> *kein pl* bagagem *f* de mão

handgeschrieben *adj* manuscrito, escrito à mão

Handgranate *f* <-n> granada *f* de mão

handgreiflich *adj* ~ **werden** tornar-se violento, passar a vias de fa(c)to

Handgriff *m* <-(e)s, -e> **1.** (*zum Festhalten*) pega *f* **2.** (*Bewegung*) jeito *m;* **das ist mit einem** ~ **erledigt** isso faz-se num instante

H

handhaben ['hantha:bən] *vt* **1.** (*Gerät, Werkzeug*) manejar; **schwer zu** ~ difícil de manejar **2.** (*Vorschrift, Gesetz*) aplicar

Handikap ['hɛndikɛp] *nt* <-s, -s> **1.** (*Behinderung*) incapacidade *f*; (*Nachteil*) desvantagem *f* **2.** (SPORT) handicap *m*

händisch *adj* (*österr*) manual

Handkuss^RR *m* <-es, -küsse> beijo *m* de mão

Handlanger(in) ['-laŋɐ] *m(f)* <-s, - *o* -innen> servente *m,f*; criado, criada *m, f*

Händler(in) *m(f)* <-s, - *o* -innen> comerciante *m,f*; **fliegender** ~ vendedor ambulante

handlich ['hantlɪç] *adj* jeitoso, fácil de manejar

Handlung ['handluŋ] *f* <-en> **1.** (*Tat*) a(c)to *m*, a(c)ção *f*; **strafbare** ~ a(c)to criminoso **2.** (*von Film, Theaterstück*) argumento *m*; (*von Buch*) enredo *m*, a(c)ção *f* **3.** (*Geschäft*) negócio *m*, loja *f*

Handlungsbevollmächtigte(r) *m/f* <-n, -n *o* -n> procurador, procuradora *m, f*

Handrücken *m* <-s, -> costas *fpl* da mão

Handschelle *f* <-n> algemas *fpl*; **jdm ~n anlegen** algemar alguém

Handschlag *m* <-(e)s, -schläge> aperto *m* de mão; **jdn mit ~ begrüßen** dar um aperto de mão a alguém; **keinen ~ tun** não mexer uma palha

Handschrift *f* <-en> **1.** (*einer Person*) caligrafia *f*, letra *f*; **eine schöne ~ haben** ter uma caligrafia bonita **2.** (*Dokument*) manuscrito *m*

handschriftlich *adj* escrito à mão, manuscrito

Handschuh *m* <-(e)s, -e> luva *f*

Handschuhfach *nt* <-(e)s, -fächer> porta-luvas *m*

Handstand *m* <-(e)s, -stände> pino *m*; **einen ~ machen** fazer o pino

Handtasche *f* <-n> carteira *f*, mala *f* (de mão); (*brasil*) bolsa *f*

Handtuch *nt* <-(e)s, -tücher> toalha *f* das mãos; (*umg*); **das ~ schmeißen** não fazer mais

Handumdrehen *nt* <-s> *kein pl* **im ~** num instante, num abrir e fechar de olhos

Handvoll^ALT *f* <-> s. **Hand**

Handwäsche *f kein pl* lavagem à mão *f*

Handwerk *nt* <-(e)s, -e> ofício *m*; **er versteht sein** ~ ele sabe o que faz; **jdm das ~ legen** acabar com as manobras de alguém

Handwerker(in) *m(f)* <-s, - *o* -innen> artífice *m,f*

Handwerksbetrieb *m* <-(e)s, -e> oficina *f*

Handwerkskammer *f* <-n> associação dos artífices *f*

Handwerkszeug *nt* <-(e)s> *kein pl* ferramenta *f*

Handy *nt* <-s, -s> telemóvel *m*, celular *m*

Hanf [hanf] *m* <-(e)s> *kein pl* cânhamo *m*

Hang [haŋ] *m* <-(e)s, Hänge> **1.** (*Abhang*) encosta *f*, declive *m* **2.** *kein pl* (*Tendenz*) tendência *f* (*zu* para), inclinação *f* (*zu* para); **er hat einen ~ zur Übertreibung** ele tem uma tendência para exagerar

Hangar *m* <-s, -s> (AERO) hangar *m*

Hängebrücke *f* <-n> ponte *f* suspensa

Hängematte *f* <-n> rede *f* (de descanso)

hangen *vi* (*schweiz*) s. **hängen**

hängen **I.** <hing, gehangen> *vt* **1.** (*befestigen*) pendurar (*an* em); **den Mantel an die Garderobe** ~ pendurar o casaco no bengaleiro; **sich an jdn** ~ agarrar-se a alguém **2.** (*vergessen*) ~ **lassen** deixar ficar; (*im Stich lassen*) deixar pendurado; **lass dich nicht so** ~! anima-te! **II.** <hing, gehangen> *vi* **1.** (*befestigt sein*) estar dependurado (*an* em); **an der Wand hing ein Bild** um quadro estava pendurado na parede; **der Baum hängt voller Früchte** a árvore está carregada de fruta; **an jdm/etw** ~ ser muito agarrado a alguém/a. c. **2.** (*coloq: sich verhaken*) ~ **bleiben** ficar preso (*an* a); **an einem Ort** ~ deixar-se ficar

hängenbleiben^ALT *vi irr* s. **hängen II 2**

hängenlassen^ALT *vt irr* s. **hängen I 2**

Hängeschrank *m* <-(e)s, -schränke> armário *m* de parede

hängig *adj* **1.** (JUR: *schweiz*) pendente **2.** (*schweiz: unerledigt*) pendente

hänseln *vt* gozar com, troçar de

Hansestadt ['hanzə-] *f* <-städte> cidade *f* hanseática

A "Hanse" (liga hanseática) foi originalmente uma união de cidades que se situavam junto a importantes vias comerciais. As **Hansestädte** (cidades hanseáticas) tinham como objectivo um melhor regulamento do comércio. A liga hanseática alemã deteve por aproximadamente 200 anos o monopólio do comércio no Mar

Báltico. Ainda hoje há sete cidades no Norte da Alemanha que fazem uso do título de **Hansestadt** (cidade hanseática): Hamburgo, Bremen, Lübeck, Greifswald, Rostock, Stralsund e Wismar.

Hantel ['hantəl] *f* <-n> altere *m*

hantieren* *vi* ~ mit +*dat* manejar

hapern ['haːpɐn] *vi* haver falta (*an* de); **es hapert am Geld** há falta de dinheiro

Happening *nt* <-s, -s> evento artístico em que algo inesperado ou chocante é apresentado ao público

happig ['hapɪç] *adj* (*umg*) forte; **die Preise hier sind** ~ os preços aqui são exorbitantes

Happy End, **Happyend**ᴿᴿ *nt* <-(s), -s> final *m* feliz

Hardliner *m* <-s, -> pessoa rígida *f*

Hardware ['haːtwɛːɐ] *f* <-s> (INFORM) hardware *m*

Harfe ['harfə] *f* <-n> harpa *f*

Harke ['harkə] *f* <-n> ancinho *m*

harken *vt* (*Laub, Heu*) revolver (com ancinho)

harmlos ['harmloːs] *adj* **1.** (*Tier, Krankheit*) inofensivo **2.** (*Bemerkung*) inocente

Harmonie [harmo'niː] *f* <-n> (*a* MUS) harmonia *f*

harmonieren* *vi* harmonizar (*mit* com)

Harn [harn] *m* <-(e)s, -e> urina *f*

Harnblase *f* <-n> bexiga *f*

Harpune [har'puːnə] *f* <-n> arpão *m*

harren ['harən] *vi* (*geh*) esperar, aguardar

hart [hart] *adj* <härter, am härtesten> **1.** (*Material*) duro, rijo; ~e **Drogen** drogas duras; ~ **werden** endurecer, enrijecer; (*Ei*) ~ **gekocht** bem cozido **2.** (*Winter*) rigoroso; (*Vorschrift*) rígido, severo; ~ **bleiben** manter-se firme; **jdn** ~ **bestrafen** castigar alguém severamente **3.** (*Arbeit*) árduo, pesado **4.** (*Währung*) forte

Härte *f* <-n> **1.** (*Beschaffenheit*) dureza *f* **2.** (*Strenge*) severidade *f*, rigidez *f*

härten *vt* endurecer

hartgekochtᴬᴸᵀ *adj s.* **hart 1**

hartherzig *adj* cruel, implacável

hartnäckig *adj* obstinado, teimoso, casmurro; (*Krankheit*) persistente; **sie leistete** ~ **Widerstand** ela resistiu obstinadamente

Harz [haːɐts] *nt* <-es, -e> resina *f*

harzig *adj* **1.** (*Holz*) resinoso **2.** (*schweiz: mühsam*) custoso, trabalhoso

Haschee *nt* <-s, -s> (GASTR) picado *m* de carne

haschen *vi* (*umg*) fumar haxixe

Haschisch ['haʃɪʃ] *nt* <-(s)> *kein pl* haxixe *m*

Hase ['haːzə] *m* <-n, -n> lebre *f*; **sie ist ein alter** ~ ela já tem experiência nestas coisas

Haselnussᴿᴿ ['haːzəlnʊs] *f* <-nüsse> avelã *f*

Hassᴿᴿ [has] *m* <-es> *kein pl*, **Haß**ᴬᴸᵀ *m* <-sses> *kein pl* ódio (*auf* de)

hassen ['hasən] *vt* odiar, detestar; (*stärker*) abominar; **ich hasse volle Schwimmbäder** eu odeio piscinas cheias

hasserfülltᴿᴿ *adj* odiento; **jdn** ~ **ansehen** olhar para alguém com ódio

hässig *adj* (*schweiz*) mal humorado, maldisposto

hässlichᴿᴿ *adj*, **häßlich**ᴬᴸᵀ *adj* **1.** (*Aussehen*) feio **2.** (*gemein*) mau; **sei doch nicht immer so** ~! não sejas sempre tão mau!

Hässlichkeitᴿᴿ *f* <-en> **1.** *kein pl* (*im Aussehen*) fealdade *f* **2.** (*Bemerkung*) malvadez *f*

Hassliebeᴿᴿ *f kein pl* amor-ódio *m*

Hast [hast] *f kein pl* pressa *f*; (*Überstürzung*) precipitação *f*

hasten ['hastən] *vi* (*geh*) apressar-se

hastig *adj* (*Person*) apressado; (*Antwort*) precipitado

hatschi *interj* atchim!

hatte ['hatə] *imp von* **haben**

Haube ['haʊbə] *f* <-n> **1.** (*Mütze*) touca *f*, barrete *m* **2.** (*von Auto*) capô *m*

Hauch [haʊx] *m* <-(e)s, -e> **1.** (*Atemstrom*) sopro *m* **2.** (*Luftzug*) aragem *f* **3.** (*Spur*) vestígio *m*; **ein** ~ **von Parfüm/Traurigkeit** um vestígio de perfume/tristeza

hauchdünn *adj* finíssimo; **seine Partei erhielt eine** ~**e Mehrheit** o seu partido obteve uma maioria tangencial

hauchen ['haʊxən] **I.** *vt* (*Worte*) sussurrar **II.** *vi* (*ausatmen*) soprar

Haue *f kein pl* (*umg*) tau-tau *m*

hauen ['haʊən] *vt* **1.** (*umg: Person*) bater em; **etw in Stücke** ~ despedaçar a. c. **2.** (*hineinschlagen*) meter (batendo); **einen Nagel in die Wand** ~ pregar um prego na parede **3.** (*Skulpturen*) esculpir, talhar

Haufen ['haʊfən] *m* <-s, -> **1.** (*Anhäufung*) monte *m*, amontoado *m*; (*umg*); **etw über den** ~ **werfen** desistir de a. c. **2.** (*umg: große Menge*) monte(s) *mpl*; **das kostet einen**

~ **Geld** isso custa montes de dinheiro; **es war ein ~ Leute da** estava lá um monte de gente
häufen *vr* sich ~ acumular-se, amontoar-se
haufenweise *adv* (*umg*) aos montes
häufig I. *adj* frequente II. *adv* muitas vezes, frequentemente, com frequência; **etw ~ besuchen** frequentar a. c.
Häufigkeit *f* <-en> frequência *f*
hauptamtlich *adj* profissional
Hauptanliegen *nt* <-s, -> mira *f*, fim *m* principal
Hauptbahnhof *m* <-(e)s, -höfe> estação *f* central
hauptberuflich *adj* profissional
Hauptdarsteller(in) *m(f)* <-s, - o -innen> a(c)tor, a(c)triz *m*, *f* principal
Haupteingang *m* <-(e)s, -gänge> entrada *f* principal
Häuptel *nt* <-s, -(n)> (*österr: Salatkopf*) alface *f*; (*Kohlkopf*) couve *f*
Hauptfach *nt* <-(e)s, -fächer> disciplina *f* principal, disciplina nuclear *f*
Hauptgebäude *nt* <-s, -> edifício *m* principal
Hauptgericht *nt* <-(e)s, -e> prato *m* principal
Hauptgeschäftsstraße *f* <-n> principal rua *f* de comércio
Hauptgewinn *m* <-(e)s, -e> primeiro prémio *m*
Häuptling *m* <-s, -e> chefe *m*, cabecilha *m*
Hauptmahlzeit *f* <-en> refeição *f* principal
Hauptmann *m* <-(e)s, -leute> (MIL) capitão *m*
Hauptperson *f* <-en> figura *f* principal
Hauptpost *f* *kein pl* estação *f* central dos correios
Hauptquartier *nt* <-s, -e> (MIL) quartel-general *m*
Hauptrolle *f* <-n> papel *m* principal
Hauptsache *f* <-n> o principal, o importante; ~, **es geht dir gut** o importante é que estejas bem
hauptsächlich I. *adj* principal II. *adv* principalmente, sobretudo; **sie liest ~ Krimis** ela lê principalmente livros policiais
Hauptsaison *f* <-s> época *f* alta; **in der ~** na época alta
Hauptsatz *m* <-es, -sätze> oração *f* principal
Hauptschlagader *f* <-n> aorta *f*

Hauptschule *f* escola de ensino secundário até ao 9º ano

A **Hauptschule** segue-se à escola elementar e na Alemanha ela abrange do quinto ao nono ano escolar. Recebe os alunos cujas médias das notas não foram suficientemente boas para um ingresso na Realschule ou no Gymnasium. Adolescentes que possuem o nível escolar de Hauptschule muitas vezes têm dificuldades em encontrar uma vaga para a posterior qualificação profissional. Na Áustria há a possibilidade de uma mudança da Hauptschule (aqui com a duração de quatro anos) para um Gymnasium, desde que o aproveitamento escolar tenha sido bom.

Hauptspeicher *m* <-s, -> (INFORM) memória principal *f*
Hauptstadt *f* <-städte> capital *f*
Hauptstraße *f* <-n> rua *f* principal, estrada *f* principal
Hauptverhandlung *f* <-en> (JUR) audiência *f* principal
Hauptverkehrzeit *f* <-en> hora *f* de ponta
Hauptversammlung *f* <-en> assembleia geral *f*
Haus [haus] *nt* <-es, Häuser> casa *f*; **zu ~e sein/bleiben** estar/ficar em casa; **nach ~e gehen/kommen** ir/vir para casa; **er/sie ist nicht zu ~e** ele/ela não está em casa; **etw ins ~ liefern** entregar a. c. ao domicílio; **kommen Sie gut nach ~e!** boa viagem até casa!; **fühlen Sie sich wie zu ~e!** fique à-vontade!, faça de conta que está em sua casa!
Hausangestellte *f* <-n, -n> empregada *f* doméstica
Hausapotheke *f* <-n> farmácia *f* doméstica
Hausarbeit *f* <-en> trabalho *m* doméstico, lida *f* da casa
Hausarrest *m* <-(e)s, -e> prisão *f* domiciliária; **unter ~ stehen** estar sob prisão domiciliária
Hausarzt, Hausärztin *m, f* <-es, -ärzte o -innen> médico, médica *m, f* de família
Hausaufgabe *f* <-n> trabalhos *mpl* de casa, deveres *m*; **hast du die ~n schon gemacht?** já fizeste os trabalhos de casa?
Hausbesetzer(in) *m(f)* <-s, - o -innen> ocupante *m*, *f* ilegal (de casa), posseiro, posseira *m, f*

Hausbesitzer(in) *m(f)* <-s, - *o* -innen> dono, dona *m*, *f* da casa

Hausbesorger(in) *m(f)* <-s, - *o* -innen> (*österr*) porteiro, porteira *m*, *f*, zelador, zeladora *m*, *f*

Hausboot *nt* <-(e)s, -e> barco de habitação *m*

Häuschen *nt* <-s, -> **aus dem ~ sein** estar fora de si

hausen ['haʊzən] *vi* morar (*in* em), viver (*in* em)

Häuserblock *m* <-(e)s, -blöcke> quarteirão *m*

Hausflur *m* <-s, -e> entrada *f*, hall *m*

Hausfrau *f* <-en> dona *f* de casa; (*Berufsbezeichnung*) doméstica *f*

Hausfriedensbruch *m* <-(e)s, -brüche> (JUR) invasão *f* de domicílio

hausgemacht *adj* caseiro

Haushalt ['haʊshalt] *m* <-(e)s, -e> **1.** (*Privathaushalt*) governo *m* da casa; **jdm den ~ führen** tratar do governo da casa a alguém; **im ~ helfen** ajudar nos trabalhos domésticos **2.** (POL) orçamento *m*

Haushaltsdefizit *nt* <-(e)s, -e> (POL) défice *m* orçamental, déficit *m* orçamental

Haushaltsgeld *nt* <-es> *kein pl* dinheiro *m* para o governo da casa

Haushaltsgerät *nt* <-(e)s, -e> ele(c)trodoméstico *m*

Hausherr(in) *m(f)* <-n, -en *o* -innen> dono, dona *m*, *f* da casa

haushoch ['-'-] *adj* altíssimo, enorme

hausieren* *vi* ~ **mit** + *dat* vender pelas ruas, vender porta a porta; (*umg*); **mit etw ~ gehen** (andar a) espalhar a. c. aos quatro ventos

Hausierer(in) *m(f)* <-s, - *o* -innen> vendedor, vendedora *m*, *f* ambulante

Hauskatze *f* <-n> gato *m* doméstico

häuslich *adj* (*Person*) caseiro

Hausmann *m* <-(e)s, -männer> doméstico *m*

Hausmeister(in) *m(f)* <-s, - *o* -innen> **1.** (*in Wohnhaus*) administrador, administradora *m*, *f*, porteiro, porteira *m*, *f*, zelador, zeladora *m*, *f*; (*in öffentlichen Gebäuden*) porteiro, porteira *m*, *f* **2.** (*schweiz: Hausbesitzer*) dono, dona *m*, *f* da casa

Hausmittel *nt* <-s, -> remédio *m* caseiro

Hausnummer *f* <-n> número *m* da casa, número *m* da porta; **welche ~ wohnst du?** qual é o número da tua casa?

Hausordnung *f* <-en> regulamento *m* da casa

Hausputz *m* <-es> *kein pl* limpeza *f* da casa; **~ machen** fazer limpeza à casa

Hausrat *m* <-(e)s> *kein pl* recheio da casa *m*

Hausratversicherung *f* <-en> seguro do recheio da casa *m*

Hausschlüssel *m* <-s, -> chave *f* de casa

Hausschuh *m* <-(e)s, -e> chinelo *m*

Hausse *f* <-n> alta *f*; **auf ~ spekulieren** especular em alta

Haussegen *m* <-s> *kein pl* (*umg*) **bei jdm hängt der ~ schief** há discussão

Haustier *nt* <-(e)s, -e> animal *m* doméstico, animal *m* de estimação

Haustür *f* <-en> porta *f* de casa, porta *f* da rua

Hausverbot *nt* <-(e)s, -e> proibição *f* de entrar em casa; **jdm ~ erteilen** proibir alguém de entrar em casa

Hausverwalter(in) *m(f)* <-s, - *o* -innen> administrador, administradora *m*, *f* da casa, zelador, zeladora *m*, *f*

Hauswirt(in) *m(f)* <-(e)s, -e *o* -innen> senhorio, senhoria *m*, *f*

Hauswirtschaft *f* *kein pl* economia *f* doméstica, governo *m* da casa

Haut [haʊt] *f* <Häute> **1.** (*von Mensch, Tier*) pele *f*; (*von Obst*) casca *f*; **bis auf die ~ nass werden** ficar molhado até aos ossos; (*umg*); **nicht in jds ~ stecken wollen** não querer estar na pele de alguém; (*umg*); **etw geht jdm unter die ~** a. c. mexe profundamente com alguém; (*umg*); **aus der ~ fahren** ficar fora de si **2.** (*auf Flüssigkeit*) nata *f*

Hautarzt, **Hautärztin** *m*, *f* <-es, -ärzte *o* -innen> dermatologista *m*, *f*

Hautcreme *f* <-s> creme *m* para a pele

häuten **I.** *vt* esfolar **II.** *vr* **sich ~** mudar a pele

hauteng ['-'-] *adj* justo ao corpo

Hautfarbe *f* <-n> cor *f* da pele, tez *f*

hautfreundlich *adj* delicado com a pele

Hautkrankheit *f* <-en> doença *f* de pele, dermatose *f*

Hautkrebs *m* <-es> *kein pl* cancro *m* da pele

Hautpflege *f* *kein pl* higiene *f* da pele

Hawaii *nt* <-s> *kein pl* Havai *m*

Hbf. *abk v* **Hauptbahnhof** estação principal

Hearing *nt* <-s, -s> (POL) audiência *f*

Hebamme ['heːbamə] *f* <-n> parteira *f*

Hebel ['he:bəl] *m* <-s, -> alavanca *f*; **alle ~ in Bewegung setzen** empregar todos os meios

heben ['he:bən] **I.** <hob, gehoben> *vt* levantar, erguer; (*Wrack*) recuperar; **die Stimmung ~** levantar o ânimo **II.** *vr* **sich ~** <hob, gehoben> (*Nebel*) levantar

hebräisch *adj* hebraico

hecheln ['hɛçəln] *vi* (*Hund*) arquejar, ofegar

Hecht [hɛçt] *m* <-(e)s, -e> lúcio *m*

Heck [hɛk] *nt* <-(e)s, -s> (*von Schiff*) popa *f*; (*von Auto*) retaguarda *f*; (*von Flugzeug*) cauda *f*

Hecke ['hɛkə] *f* <-n> sebe *f*

Heckscheibe *f* <-n> óculo *m* traseiro

Heer [he:ɐ] *nt* <-(e)s, -e> **1.** (MIL) exército *m* **2.** (*große Menge*) multidão *f*, monte *m*; **ein ~ von Mücken** um monte de mosquitos

Hefe ['he:fə] *f* <-n> fermento *m*

Hefeteig *m* <-(e)s, -e> massa *f* levedada

Heft [hɛft] *nt* <-(e)s, -e> **1.** (*Schreibheft*) caderno *m*; (*einer Zeitschrift*) fascículo *m* **2.** (*geh: von Messer, Waffe*) cabo *m*, punho *m*; **das ~ in der Hand haben** ter a faca e o queijo na mão

heften ['hɛftən] *vt* **1.** (*befestigen*) prender (*an* a), fixar (*an* a); (*mit Heftklammern*) agrafar, grampear; **einen Zettel an die Tür ~** pendurar um papel na porta **2.** (*Buch*) brochar, encadernar **3.** (*Stoffe*) alinhavar **4.** (*Blick, Augen*) cravar (*auf* em); **die Augen auf jdn/etw ~** cravar os olhos em alguém/a. c.

Hefter *m* <-s, -> agrafador *m*, grampeador *m*

heftig ['hɛftɪç] *adj* **1.** (*Wind, Widerstand*) forte; (*Kampf*) violento; **es regnet ~** chove torrencialmente **2.** (*Liebe*) apaixonado, intenso, impetuoso; (*Hass*) intenso; (*Worte*) áspero, forte; **~ werden** zangar-se

Heftklammer *f* <-n> agrafo *m*, grampo *m*

Heftplaster *nt* <-s, -> adesivo *m*

Heftzwecke *f* <-n> pionés *m*, tachinha *f*

Hegemonie [hegemo'ni:] *f* <-n> hegemonia *f*

hegen ['he:gən] *vt* **1.** (*Wild, Pflanzen*) criar, cuidar de **2.** (*geh: haben*) nutrir, ter; **Zweifel ~** duvidar; **Hoffnung ~** nutrir esperanças

Hehl [he:l] *m* *o nt* **kein(en) ~ aus etw machen** não fazer segredo de a. c.

Hehler(in) *m(f)* <-s, - *o* -innen> encobridor, encobridora *m, f*, cúmplice *m,f*

Hehlerei *f* <-en> (JUR) cumplicidade *f*, conivência *f*

Heide(in)¹ *m(f)* <-n, -n *o* -innen> (REL) pagão, pagã *m, f*

Heide² ['haɪdə] *f* <-n> charneca *f*

Heidekraut *nt* <-(e)s> *kein pl* (BOT) urze *f*

Heidelbeere ['haɪdəlbe:rə] *f* <-n> arando *m*

Heidenspaß *m* <-es, -späße> (*umg*) **einen ~ haben** divertir-se à grande

heikel ['haɪkəl] *adj* **1.** (*Thema, Angelegenheit*) delicado, difícil, bicudo; **das ist ein heikler Punkt** isto é delicado **2.** (*Person*) melindroso, esquisito

heil [haɪl] **I.** *adj* (*unverletzt*) salvo, ileso; (*geheilt*) curado, restabelecido; (*ganz*) inta(c)to, inteiro **II.** *adv* a salvo; **~ ankommen** chegar são e salvo; **hoffentlich kommen wir hier ~ heraus!** havemos de sair daqui sãos e salvos!

Heil *nt* <-(e)s> *kein pl* **1.** (*Wohlergehen, Glück*) bem-estar *m*, felicidade *f*; **sein ~ in der Flucht suchen** fugir **2.** (REL) salvação *f*

Heiland ['haɪlant] *m* <-(e)s> *kein pl* Salvador *m*

Heilbad *nt* <-(e)s, -bäder> **1.** (*Kurort*) termas *fpl*, estação termal *f* **2.** (*medizinisches Bad*) banhos medicinais *mpl*

heilbar *adj* curável

heilen ['haɪlən] **I.** *vt* (*Patienten, Krankheit*) curar (*von* de, *mit* com) **II.** *vi* curar-se; (*Wunde*) sarar

heilfroh ['-'-] *adj* (*umg*) muito contente (*über* com)

heilig ['haɪlɪç] *adj* sagrado, santo; (*vor Konsonant*) São; **der ~e Antonius/Franziskus** Santo António/São Francisco

Heiligabend [haɪlɪç'ʔa:bənt] *m* <-(e)s, -e> véspera *f* de Natal

Heiligenschein *m* <-(e)s, -e> auréola *f*, nimbo *m*

Heilige(r) *m/f* <-n, -n *o* -n> santo, santa *m, f*

Heiligtum *nt* <-s, -tümer> santuário *m*

heillos *adj* monstruoso; **ein ~er Lärm** um barulho infernal

Heilmittel *nt* <-s, -> remédio *m*

Heilpraktiker(in) *m(f)* <-s, - *o* -innen> médico, médica *m, f* naturalista

heilsam *adj* salutar, saudável; **eine ~e Erfahrung** uma experiência salutar

Heilung *f* <-en> cura *f*

heim [haɪm] *adv* para casa

Heim *nt* <-(e)s, -e> 1. *kein pl* (*Zuhause*) casa *f*, lar *m* 2. (*für Obdachlose, Alte*) lar *m*, asilo *m*; (*für Kinder*) lar *m* de infância; (*für Studenten*) residência (universitária) *f*

Heimarbeit *f* <-en> trabalho em casa *m*

Heimat ['haɪmaːt] *f kein pl* 1. (*eines Menschen*) pátria *f*, terra *f* natal; **die Schweiz/ Berlin ist seine zweite ~** a Suíça/Berlim é a sua segunda pátria 2. (*von Tier, Pflanze*) habitat *m*

Heimatland *nt* <-(e)s, -länder> terra natal *f*, país *m* de origem

heimatlich *adj* natal, pátrio

heimatlos *adj* apátrida

Heimatort *m* <-(e)s, -e> terra natal *f*

Heimatschein *m* <-(e)s, -e> (*schweiz*) certidão de naturalidade *f*

Heimatvertriebene(r) *m/f* <-n, -n *o* -n> expatriado, expatriada *m, f*, refugiado, refugiada *m, f*

heim|begleiten* *vt* acompanhar a casa

heim|bringen *vt irr* (*Person*) trazer a casa; (*Objekt*) trazer para casa

Heimcomputer *m* <-s, -> computador *m* doméstico

heimelig *adj* acolhedor, aconchegante; **der Kamin verbreitet eine ~e Wärme** a lareira liberta um calor acolhedor

heim|fahren I. *vt irr* levar a casa II. *vi irr* ir a/para casa; **fährst du am Wochenende heim?** vais a casa no fim-de-semana?

Heimfahrt *f* <-en> viagem para casa *f*; **auf der ~ sein** estar a ir para casa

heim|gehen *vi irr* ir para casa

heimisch *adj* 1. (*einheimisch*) local, nacional; **die ~e Industrie** a indústria nacional 2. (*vertraut*) familiarizado, acostumado; **~ werden** familiarizar-se (*in* com), acostumar-se (*in* com)

Heimkehr ['haɪmkeːɐ] *f kein pl* regresso *m* a casa

heim|kehren *vi* regressar a casa

heimlich ['haɪmlɪç] I. *adj* secreto, oculto II. *adv* em segredo, às escondidas, à socapa; **sich mit jdm ~ treffen** encontrar-se com alguém às escondidas

Heimreise *f* <-n> viagem *f* para casa; **die ~ antreten** partir para casa

heim|reisen *vi* ir para casa

Heimspiel *nt* <-(e)s, -e> (SPORT) jogo *m* em casa

heim|suchen *vt* (*Krankheit, Katastrophe*) atingir

heimtückisch *adj* pérfido, traiçoeiro

heimwärts *adv* para casa, em dire(c)ção a casa

Heimweg *m* <-(e)s, -e> caminho de casa *m*; **sich auf den ~ machen** ir para casa

Heimweh *nt* <-s> *kein pl* saudades *fpl* de casa

Heimwerker(in) *m(f)* <-s, - *o* -innen> pessoa que faz bricolage *f*

heim|zahlen *vt* pagar na mesma moeda; **das zahle ich dir heim!** vais pagá-las!

Heirat ['haɪraːt] *f* <-en> casamento *m*, matrimónio *m*

heiraten ['haɪraːtən] I. *vt* casar(-se) com; **sie wird Dietrich ~** ela vai casar com o Dietrich II. *vi* casar(-se); **kirchlich/standesamtlich ~** casar(-se) pela Igreja/pelo registo(r)o; **sie wollen Ende Juli ~** eles querem casar no fim de Julho

Heiratsanzeige *f* <-en> participação *f* de casamento

Heiratsvermittlung *f* <-en> agência matrimonial *f*

heiser ['haɪzɐ] *adj* rouco; **~ werden** enrouquecer

Heiserkeit *f kein pl* rouquidão *f*

heiß *adj* 1. (*Temperatur, Wetter, Wasser*) quente; (*Gegenstand, Essen*) quente, a ferver; **es ist ~** está muito calor; **mir ist ~** tenho calor; **das Essen ~ machen** aquecer a comida, esquentar a comida 2. (*Kampf, Debatte*) vivo, fogoso 3. (*Liebe, Wunsch*) ardente; **er liebt sie ~ und innig** ele ama-a ardentemente; **~ geliebt** muito querido, adorado

heißen <hieß, geheißen> *vi* 1. (*Namen haben*) chamar-se; **wie ~ Sie/heißt du?** como é que se chama/te chamas?; **ich heiße Thomas Scheffner** (eu) chamo-me Thomas Scheffner 2. (*bedeuten*) significar, querer dizer; **was heißt das auf Portugiesisch?** como é que se diz isso em português?; **das heißt** quer dizer, isto é; **was soll das ~?** o que é que queres dizer com isso?

heißgeliebt^ALT *adj s.* **heiß 2**

Heißhunger *m* <-s> *kein pl* fome *f* canina

heiß|laufen *vi irr* (*Motor*) aquecer; (*umg*: *Telefon*) não parar de tocar

heiter ['haɪtɐ] *adj* (*Stimmung, Mensch*) alegre; (*Wetter*) limpo, claro; **~ bis wolkig** limpo ou pouco nublado; (*umg*) **das kann ja ~**

werden a coisa pode complicar-se
Heiterkeit *f kein pl* alegria *f; (Belustigung)* hilaridade *f*, risos *mpl;* **ihre Bemerkung erregte große** ~ o comentário dela provocou risos
heizbar *adj (Raum)* com aquecimento; *(Heckscheibe)* com desembaciador
Heizdecke *f* <-n> cobertor elé(c)trico *m*
heizen ['haɪtsən] **I.** *vt (Raum)* aquecer; *(Ofen, Backofen)* acender **II.** *vi* aquecer; **wir ~ mit Gas** nós temos aquecimento a gás; **ist das Zimmer geheizt?** o quarto está aquecido?
Heizkörper *m* <-s, -> radiador *m*
Heizlüfter *m* <-s, -> termoventilador *m*
Heizöl *nt* <-(e)s> *kein pl* óleo combustível *m*
Heizung *f* <-en> aquecimento *m;* **die ~ anstellen/abstellen** ligar/desligar o aquecimento
Heizungskeller *m* <-s, -> cave da caldeira *f*
Hektar ['hɛktaːɐ] *m* <-s, -e> hectar *m*
Hektik ['hɛktɪk] *f kein pl* agitação *f;* **nur keine ~!** calma!
hektisch ['hɛktɪʃ] *adj* agitado; ~ **herumlaufen** andar agitado
Held(in) [hɛlt] *m(f)* <-en, -en *o* -innen> herói, heroína *m, f*
helfen ['hɛlfən] <half, geholfen> *vi* **1.** *(Hilfe leisten)* ajudar *(bei* em); *(in der Not)* acudir, socorrer; **ich helfe dir (dabei)** eu ajudo-te (nisso); **kann ich Ihnen ~?** posso ajudá-lo?; **ihm ist nicht mehr zu ~** ele já não tem remédio; **sich zu ~ wissen** desenvencilhar-se, não se atrapalhar **2.** *(heilsam sein)* ser bom *(gegen* contra, para); **das hilft gegen Kopfweh** isso é bom contra/para as dores de cabeça; **nicht ~** não valer de nada **3.** *(nützen)* servir; **es hilft nichts, du musst ...** não adianta, tu tens de/que ... **4.** *(schweiz: mitmachen)* participar
Helfer(in) *m(f)* <-s, - *o* -innen> ajudante *m,f*, assistente *m,f*
Helfershelfer(in) *m(f)* <-s, - *o* -innen> *(pej)* cúmplice *m,f*
Helgoland *nt* <-s> *kein pl* Helgoland *f*
Helium ['heːliʊm] *nt* <-s> *kein pl* hélio *m*
hell [hɛl] *adj* **1.** *(Licht, Farbe, Haut, Augen, Haar)* claro; *(Wetter)*; ~**er werden** clarear, desanuviar; ~ **werden** amanhecer; **es ist schon ~** já é dia **2.** *(voller Licht)* luminoso; **es ist ein sehr ~es Zimmer** é um quarto

com muita luz **3.** *(Ton)* claro; **eine ~e Stimme** uma voz timbrada **4.** *(klug)* lúcido; **ein ~er Kopf** um entendimento claro **5.** *(umg: groß)* grande; **in ~er Verzweiflung** em franco desespero
hellblau *adj* azul claro
hellblond *adj* muito louro
hellhörig *adj (Wohnung)* sem isolamento acústico; ~ **werden** aguçar o ouvido
Helligkeit *f kein pl* **1.** *(Helle)* claridade *f* **2.** (FOT) luminosidade *f*
Hellraumprojektor *m* <-s, -en> *(schweiz)* retroprojector *m*
Hellseher(in) *m(f)* <-s, - *o* -innen> visionário, visionária *m, f*
Helm [hɛlm] *m* <-(e)s, -e> capacete *m; (von Rüstung)* elmo *m*
Hemd [hɛmt] *nt* <-(e)s, -en> **1.** *(Herrenhemd)* camisa *f* **2.** *(Unterhemd)* camisola interior *f; (umg)*; **mach dir nicht ins ~** não sejas assim!
Hemisphäre *f* <-n> hemisfério *m*
hemmen ['hɛmən] *vt* **1.** *(aufhalten)* deter, travar **2.** *(hindern)* impedir, obstruir, entravar
Hemmung *f* <-en> **1.** *(Beeinträchtigung)* impedimento *m*, obstáculo *m*, entrave *m* **2.** *(Bedenken)* dúvida *f*, hesitação *f;* **nur keine ~en!** vá lá! **3.** (PSYCH) inibição *f*, complexo *m;* **er/sie hat große ~en** ele/ela tem muitos complexos
hemmungslos *adj* desenfreado
Hendl *nt* <-s, -(n)> *(österr)* frango *m* (assado)
Hengst [hɛŋst] *m* <-es, -e> cavalo *m* reprodutor, garanhão *m*
Henkel ['hɛŋkəl] *m* <-s, -> asa *f*
Henker ['hɛŋkɐ] *m* <-s, -> carrasco *m; scher dich zum ~!* vá à fava!
Henne ['hɛnə] *f* <-n> galinha *f*
her [heːɐ] *adv* **1.** *(örtlich)* (para) cá, (para) aqui; **wo ist er ~?** donde vem ele?; **kommen Sie ~!** venha cá!; **gib mal ~** dá cá!; ~ **damit!** dá cá isso!; **von weit ~** de longe **2.** *(zeitlich)* há; **wie lange ist das ~?** há quanto tempo foi isso?; **es ist lange /ein Jahr ~** foi há muito tempo/um ano
herab [hɛˈrap] *adv* abaixo, para baixo; **von oben ~** de cima abaixo
herab|blicken *vi* olhar para baixo *(auf* para); *(fig)*; **auf jdn ~** olhar de cima para alguém

:en I. *vt irr* baixar, descer; **er ließ erab** ele baixou a corda **II.** *vr* **sich** :escender, dignar-se; **sich ~, etw** gnar-se a fazer a. c.

herablassend *adj* condescendente, desdenhoso

Herablassung *f kein pl* condescendência *f*

herab|setzen *vt* **1.** (*Preise*) baixar; (*Geschwindigkeit, Strafe*) reduzir **2.** (*Verdienst*) depreciar

Herabsetzung *f kein pl* **1.** (*der Preise*) redução *f* **2.** (*eines Menschen*) depreciação *f*

herab|würdigen *vt* depreciar, menosprezar

heran [hɛ'ran] *adv* para cá, para aqui, para junto de

heran|kommen *vi irr* **1.** (*sich nähern*) aproximar-se (*an* de); (*umg*); **nichts an sich ~ lassen** não se importar com nada **2.** (*erreichen*) chegar (*an* a); **er kommt nicht an seine Vorgängerin heran** ele não chega à sua antecessora

heran|machen *vr* **sich ~** (*umg*) **sich an jdn ~** fazer-se a alguém

heran|reichen *vi* **1.** (*an Gegenstand*) chegar (*an* a) **2.** (*an Leistung*) **~ an +** *akk* alcançar

heran|treten *vi irr* **1.** (*sich nähern*) aproximar-se (*an* de) **2.** (*sich wenden*) dirigir-se (*an* a); **er trat mit einer Bitte an sie heran** ele dirigiu-se a ela com um pedido

heran|wachsen *vi irr* desenvolver-se, crescer

Heranwachsende(r) *m/f* <-n, -n *o* -n> adolescente *m,f*

heran|wagen *vr* **sich ~ 1.** (*räumlich*) ousar aproximar-se (*an* de) **2.** (*an Aufgabe*) ousar fazer; (*an Problem*) ousar resolver

heran|ziehen I. *vt irr* (*näher holen*) puxar (para si); **einen Stuhl ~** puxar uma cadeira; (*Berater*) chamar (*zu* para); (*Sache*) recorrer a (*zu* para); **es wurden internationale Fachleute herangezogen** foram chamados especialistas internacionais; **etw zum Vergleich ~** recorrer a a. c. para comparar; **jdn zu einer Aufgabe ~** chamar alguém para uma tarefa **II.** *vi irr* aproximar-se; **ein Gewitter zieht heran** aproxima-se um trovão

herauf [hɛ'raʊf] *adv* acima, para cima; **hier ~!** lá para cima!

herauf|beschwören * *vt irr* evocar; (*Streit, Gefahr*) provocar

herauf|kommen *vi irr* vir para cima, subir

herauf|ziehen I. *vt irr* puxar para cima **II.** *vi irr* (*Gewitter*) aproximar-se

heraus [hɛ'raʊs] *adv* fora, para fora; **von innen ~** de dentro para fora; **~ damit/mit der Sprache!** diz lá!, desembucha!; **aus einer Notlage ~** por uma emergência

heraus|arbeiten *vt* (*Unterschiede, Standpunkte*) evidenciar

heraus|bekommen * *vt irr* **1.** (*Information*) conseguir saber; (*Geheimnis*) conseguir descobrir; (*Aufgabe, Rätsel*) adivinhar; **wie hast du das herausbekommen?** como é que descobriste isso? **2.** (*Wechselgeld*) receber de troco; **Sie bekommen noch zehn Euros heraus** ainda recebe dez euros de troco

heraus|bringen *vt irr* **1.** (*nach draußen bringen*) trazer para fora **2.** (*Buch*) publicar; (*Ware*) lançar; **vor Schreck kein Wort ~** não articular uma palavra com o susto

heraus|finden I. *vt irr* (*erfahren*) (conseguir) descobrir, apurar; **hast du herausgefunden, wann der Bus fährt?** conseguiste descobrir quando passa o autocarro? **II.** *vi irr* (*aus Ort, Gebäude*) conseguir sair (*aus* de)

heraus|fordern *vt* desafiar

Herausforderung *f* <-en> desafio *m;* **eine ~ annehmen** aceitar um desafio

heraus|geben *vt irr* **1.** (*Beute*) devolver, restituir **2.** (*Buch*) publicar, editar **3.** (*Wechselgeld*) dar de troco; **ich kann nicht ~** não tenho trocos

Herausgeber(in) *m(f)* <-s, - *o* -innen> editor, editora *m, f*

heraus|gehen *vi irr* sair (*aus* de); **aus sich** *dat* **~** sair da casca

Herausgeld *nt* <-(e)s> *kein pl* (*schweiz*) troco *m*

heraus|haben *vt irr* (*Ergebnis, Trick*) ter descoberto

heraus|halten *vr* **sich ~** *irr* ficar de fora (*aus* de); **aus der Sache halte ich mich heraus** eu não me meto no assunto

heraus|holen *vt* tirar (*aus* de); (*umg*); **alles aus sich** *dat* **~** dar tudo de si

heraus|kehren *vt* (*Überlegenheit, Wissen*) mostrar

heraus|kommen *vi irr* **1.** (*aus Gebäude, Zimmer*) sair (*aus* de) **2.** (*Ergebnis*) dar; **dabei kommt nichts heraus** isso não dá nada; **es kommt auf dasselbe heraus** vem a dar no mesmo, vai dar ao mesmo **3.** (*Buch*) sair, ser publicado **4.** (*Geheimnis, Wahrheit*) vir a saber-se, vir à luz; **die Wahrheit ist doch herausgekommen** a verdade sempre se descobriu

heraus|nehmen *vt irr* **1.** (*Gegenstand*) tirar (*aus* de), retirar (*aus* de); (MED) extrair; **jdm den Blinddarm** ~ extrair o apêndice a alguém **2.** (*sich erlauben*) **sich** *dat* **etw** ~ tomar a liberdade de fazer a. c., atrever-se a fazer a. c.; **sich** *dat* **jdm gegenüber zu viel** ~ abusar de alguém

heraus|platzen *vi* (*umg*) desabafar; **mit etw** ~ sair-se com a. c.

heraus|putzen *vr* **sich** ~ aperaltar-se

heraus|reden *vr* **sich** ~ (*umg*) arranjar desculpas

heraus|reißen *vt irr* arrancar

heraus|rücken **I.** *vt* (*umg*) dar; **rück doch mal ein bisschen Geld heraus!** dá lá algum dinheiro! **II.** *vi* falar; **mit der Wahrheit** ~ dizer a verdade

heraus|rutschen *vi* escapar; **das ist mir nur so herausgerutscht** escapou-me

heraus|schlagen *vt irr* **1.** (*Wand*) deitar abaixo **2.** (*Vorteil*) lucrar com

heraus|springen *vi irr* saltar (*aus* de)

heraus|stellen **I.** *vt* (*nach draußen stellen*) pôr para fora; (*hervorheben*) pôr em destaque **II.** *vr* **sich** ~ verificar-se, provar-se; **der Verdacht hat sich als richtig/falsch herausgestellt** verificou-se que a suspeita estava certa/errada; **es stellte sich heraus, dass ...** verificou-se que ..., provou-se que ...

heraus|suchen *vt* escolher, sele(c)cionar; **wir müssen alle alten Modelle** ~ temos de escolher todos os velhos modelos

heraus|ziehen *vt irr* tirar (*aus* de); (*Zahn*) extrair, arrancar, tirar

herb [hɛrp] *adj* **1.** (*Geschmack*) acre, amargo; ~**er Wein** vinho seco **2.** (*Enttäuschung*) forte; (*Worte*) áspero; ~**e Kritik** crítica mordaz

herbei [hɛɐ'baɪ] *adv* (para) cá, (para) aqui

herbei|führen *vt* causar

Herberge ['hɛrbɛrgə] *f* <-n> albergue *m*, pousada *f*

her|bestellen* *vt* mandar vir; **ich habe sie für 14 Uhr herbestellt** eu mandei-a vir às 14 horas

Herbizid *nt* <-(e)s, -e> herbicida *m*

Herbst [hɛrpst] *m* <-es, -e> Outono *m;* **im** ~ no Outono

herbstlich *adj* outonal

Herd [heːɐt] *m* <-(e)s, -e> **1.** (*zum Kochen*) fogão *m;* (*zum Backen*) forno *m;* **den** ~ **anmachen** acender o fogão, ligar o forno; **am** ~ **stehen** estar ao fogão **2.** (*einer Krankheit, eines Erdbebens*) foco *m*

Herde ['heːɐdə] *f* <-n> manada *f;* (*Schafe*) rebanho *m*

herein [hɛ'raɪn] *adv* para dentro; ~! entre!

herein|bitten *vt irr* mandar entrar; **darf ich Sie** ~? pode entrar!

herein|brechen *vi irr* (*Nacht, Dämmerung*) cair

herein|bringen *vt irr* **1.** (*Gegenstand*) trazer para dentro **2.** (*Ausgaben, Verlust*) repor; **die Kosten müssen wieder hereingebracht werden** os custos têm de ser repostos

herein|fallen *vi irr* **1.** (*in Loch*) cair (*in* em) **2.** (*umg: sich täuschen lassen*) cair, deixar-se levar; **auf etw** ~ cair em a. c.; **auf jdn** ~ deixar-se levar por alguém

herein|kommen *vi irr* entrar (*in* em/para)

herein|lassen *vt irr* deixar entrar (*in* em/para)

herein|legen *vi* **1.** (*nach drinnen legen*) pôr (cá) dentro **2.** (*umg: betrügen*) levar, enganar

herein|platzen *vi* (*umg*) irromper (*in* em)

herein|schauen *vi* (*umg*) passar (*bei* por casa de); **ich wollte nur kurz bei dir** ~ eu queria passar por tua casa

her|fallen *vi irr* **über etw** ~ atirar-se a a. c.; **über jdn** ~ cair em cima de alguém; **sie fielen mit Fragen über ihn her** eles caíram-lhe em cima com perguntas; **sie fielen gierig über den Kuchen her** eles atiraram-se ao bolo

Hergang ['heːɐ-] *m* <-(e)s> *kein pl* desenrolar dos acontecimentos *m*, processo *m;* **bitte schildern Sie den** ~ **des Unfalls** por favor descreva o desenrolar do acidente

her|geben *vt irr* dar, fornecer; **das Thema gibt viel/wenig her** o tema oferece muito/pouco

her|gehen *vi irr* **vor/hinter/neben jdm** ~ ir à frente/atrás/ao lado de alguém; (*umg*); **es ging hoch her** houve um grande alvoroço

her|halten *vi irr* servir; **als Entschuldigung** ~ servir de desculpa

her|hören *vi* escutar, prestar atenção; **bitte** ~! escute!

H

Hering ['heːrɪŋ] *m* <-s, -e> arenque *m;* **ge-räucherter** ~ arenque defumado *m*

her|kommen *vi irr* **1.** (*sich nähern*) vir cá; **komm her!** anda cá!, chega aqui! **2.** (*stammen aus*) vir, provir; **wo kommen Sie her?** de onde é?, de onde vem?

herkömmlich *adj* tradicional, habitual; **auf ~e Art** de forma tradicional

Herkunft ['heːrɛkʊnft] *f kein pl* proveniência *f;* (*Ursprung*) origem *f;* **die ~ dieses Brauches ist unbekannt** a origem deste costume é desconhecida

Herkunftsland *nt* <-(e)s, -länder> país *m* de origem

her|laufen *vi irr* **1.** (*sich nähern*) vir (a correr) **2.** (*sich bewegen*) **vor/hinter/neben jdm** ~ correr à frente/atrás/ao lado de alguém

her|machen *vr* **sich** ~ **sich über etw** ~ lançar-se a a. c.; **sich über das Essen** ~ atirar-se à comida; **sich über die Arbeit** ~ meter mãos ao trabalho

Hermelin [hɛrmə'liːn] *nt* <-s, -e> arminho *m*

hermetisch [hɛr'meːtɪʃ] *adj* hermético; ~ **abriegeln** fechar hermeticamente

Heroin [hero'iːn] *nt* <-s> *kein pl* heroína *f*

heroisch [he'roːɪʃ] *adj* heróico

Herr¹ *m* <-n, -en> **1.** (*Mann*) senhor *m*, cavalheiro *m* **2.** (*Anrede*) senhor *m;* ~ **Müller** senhor Müller; (*im Brief*); **sehr geehrter ~ Krüger** Exmo Senhor Krüger; **meine Damen und** ~ minhas senhoras e meus senhores **3.** (REL) (*Nosso*) Senhor *m*

Herr(in)² [hɛr] *m(f)* <-n, -en *o* -innen> (*Gebieter*) senhor, senhora *m, f,* patrão, patroa *m, f;* ~ **der Lage sein** ter o controlo da situação; **sein eigener** ~ **sein** ser senhor do seu nariz

Herrchen *nt* <-s, -> (*von Hund*) dono, dona *m, f*

herrenlos *adj* sem dono, abandonado; (*Hund*) vadio

Herrenmode *f* <-n> moda masculina *f*

Herrentoilette *f* <-n> casa-de-banho dos homens *f*

her|richten *vt* arranjar, preparar

herrisch *adj* autoritário, imperioso

herrlich *adj* magnífico, esplêndido; **heute ist ~es Wetter** hoje o tempo está magnífico

Herrschaft *f kein pl* **1.** (*Macht*) soberania *f* (*über* sobre), poder *m* (*über* sobre) **2.** (*Kon-*

trolle) domínio (*über* sobre), controlo (*über* de); **er verlor die ~ über den Wagen** ele perdeu o controlo do carro

Herrschaften *pl* senhores *mpl;* **meine ~!** minhas senhoras e meus senhores!

herrschen ['hɛrʃən] *vi* **1.** (*Macht haben*) dominar; (*regieren*) governar; (*König*) reinar **2.** (*bestehen*) reinar, haver; **es herrscht große Angst/Freude** reina um grande medo/ uma grande alegria; **es herrscht viel Verkehr/allgemeine Ratlosigkeit** há muito trânsito/reina uma perplexidade geral

Herrscher(in) *m(f)* <-s, - *o* -innen> soberano, soberana *m, f*

Herrschsucht *f kein pl* despotismo *m,* ambição de poder *f*

her|rühren *vi* provir (*von* de), derivar (*von* de)

her|sehen *vi irr* olhar (para cá); **sieh mal her!** olha (lá)!

her|stellen *vt* (*Ware*) produzir, fabricar; (*Verbindung*) estabelecer

Hersteller(in) *m(f)* <-s, - *o* -innen> produtor, produtora *m, f,* fabricante *m,f*

Herstellung *f kein pl* produção *f,* fabrico *m*

Herstellungskosten *pl* custos de produção *mpl*

Hertz [hɛrts] *nt* <-, -> (PHYS) hertz *m*

herüber *adv* para cá, para aqui, para este lado

herum [hɛ'rʊm] *adv* **1.** (*rings*) em redor, à/ em volta; **um die Stadt** ~ à/em volta da cidade; **rechts/links** ~ pela direita/esquerda; **hier** ~ por aqui; **verkehrt** ~ ao contrário, às avessas **2.** (*ungefähr*) **um ... ~** à volta de; **das kostet um die 50 €** ~ isso custa à volta de 50 euros

herum|ärgern *vr* **sich** ~ andar aborrecido (*mit* com)

herum|führen **I.** *vt* conduzir (*um* por) **II.** *vi* ~ **um** +*akk* rodear; **die Autobahn führt um die Stadt herum** a auto-estrada rodeia a cidade

herum|gehen *vi irr* **1.** (*ziellos gehen*) circular, andar às voltas **2.** (*umrunden*) **um etw** ~ dar a volta a a. c., andar à volta de a. c.; **sie ging mehrmals um das Haus herum** ela deu a volta à casa várias vezes **3.** (*Zeit*) passar

herum|kommandieren* *vt* (*umg*) dar ordens a

herum|kommen *vi irr* **1.** (*reisen*) viajar; **sie ist weit herumgekommen** ela já viajou muito **2.** (*vermeiden können*) escapar (*um a*), livrar-se (*um de*); **um den Hausputz kommst du nicht herum** não escapas à limpeza da casa

herum|kriegen *vt* (*umg*) dar a volta a, conseguir convencer

herum|lungern [-'-lʊŋən] *vi* vadiar, mandriar

herum|schlagen *vr* **sich** ~ *irr* (*umg*) debater-se (*mit* com); **er schlägt sich noch mit der Steuererklärung herum** ele ainda se debate com a declaração de impostos

herum|sitzen *vi irr* (*umg*) não fazer nada

herum|sprechen *vr* **sich** ~ *irr* (*Nachricht*) espalhar-se

herum|stehen *vi irr* **1.** (*umg: Mensch*) ficar parado; (*Gegenstand*) estar à toa **2.** (*Kreis bilden*) **um jdn/etw** ~ estar à volta de alguém/a. c.

herum|treiben *vr* **sich** ~ *irr* (*umg*) andar por aí, andar a vaguear

herunter [hɛ'rʊntɐ] *adv* para baixo, abaixo; **von oben** ~ de cima para baixo

heruntergekommen *adj* (*Person*) em baixo; (*Gebäude*) degradado; ~ **sein** estar muito em baixo

herunter|holen *vt* trazer para baixo

herunter|kommen *vi irr* **1.** (*nach unten kommen*) descer, vir para baixo **2.** (*nachlassen, verkommen*) decair

herunter|laden *vt irr* (INFORM) carregar, fazer o carregamento de; baixar (dados)

herunter|lassen *vt irr* descer, baixar

herunter|spielen *vt* (*umg: Vorfall, Skandal*) minimizar

hervor [hɛɐ'foːɐ] *adv* **1.** (*nach vorne*) para a frente, para diante **2.** (*heraus*) para fora

hervor|bringen *vt irr* **1.** (*erzeugen*) produzir **2.** (*Wort, Laut*) proferir, articular

hervor|gehen *vi irr* (*sich ergeben*) sair (*aus* de), resultar (*aus* de); **aus dem Brief geht nichts Neues hervor** não há nada de novo na carta; **sie ging als Siegerin aus dem Wettkampf hervor** ela saiu vencedora do concurso

hervor|heben *vt irr* salientar, sublinhar; (*als Kontrast*) pôr em destaque

hervorragend *adj* extraordinário, excelente

hervor|rufen *vt irr* causar, provocar

hervor|treten *vi irr* **1.** (*nach vorne treten*) avançar **2.** (*sichtbar werden*) evidenciar-se, distinguir-se

hervor|tun *vr* **sich** ~ *irr* distinguir-se, notabilizar-se; **er hat sich als ausgezeichneter Schriftsteller hervorgetan** ele distinguiu-se como um excelente escritor

Herz [hɛrts] *nt* <-ens, -en> **1.** (ANAT) coração *m*; **von** ~**en gern** com todo o gosto; **schweren** ~**ens** com pesar; **sich** *dat* **etw zu** ~**en nehmen** tomar uma coisa a peito; **jdn ins** ~ **schließen** afeiçoar-se a alguém; **jdm sein** ~ **ausschütten** abrir-se com alguém; **sie sind ein** ~ **und eine Seele** eles são unha e carne **2.** (*Zentrum*) coração *m*, centro *m* **3.** *kein pl* (*Kartenspiel*) copas *fpl*

Herzanfall *m* <-(e)s, -fälle> ataque cardíaco *m*

Herzenslust *f kein pl* **nach** ~ à vontade

Herzenswunsch *m* <-es> *kein pl* desejo ardente *m*

Herzfehler *m* <-s, -> deficiência cardíaca *f*

herzhaft *adj* (*Essen*) forte, consistente

Herzinfarkt *m* <-(e)s, -e> enfarte do miocárdio *m*

Herzklopfen *nt* <-s> *kein pl* palpitação *f*; ~ **haben** estar excitado

herzlich *adj* afe(c)tuoso, afável; ~**e Grüße** muitos cumprimentos; ~**en Dank/Glückwunsch!** muito obrigado/muitos parabéns!; ~ **willkommen!** bem-vindo!

Herzlichkeit *f kein pl* afe(c)to *m*, afabilidade *f*

herzlos *adj* sem coração, insensível; (*grausam*) cruel

Herz-Lungen-Maschine *f* <-n> (MED) coração-pulmão artificial *m*

Herzog(in) ['hɛrtsoːk] *m(f)* <-s, Herzöge *o* -innen> duque, duquesa *m, f*

Herzogtum *nt* <-s, -tümer> ducado *m*

Herzoperation *f* <-en> operação ao coração *f*

Herzschlag *m* <-(e)s, -schläge> pulsação *f*; (MED) ataque cardíaco *m*

Herzschrittmacher *m* <-s, -> pacemaker *m*

Herztransplantation *f* <-en> transplante de coração *m*

Herzversagen *nt* <-s> *kein pl* falha cardíaca *f*

herzzerreißend *adj* de cortar o coração, lacerante

H

Hesse(in) *m(f)* <-n, -n *o* -innen> habitante de Hesse *m,f*

Hessen *nt* <-s> *kein pl* Hesse *m*

hessisch *adj* de Hesse

heterogen *adj* heterogéneo

heterosexuell [heterozɛksu'ɛl, hetero↓sɛksu'ɛl] *adj* heterossexual

Hetze *f kein pl* 1. (*Eile*) correria *f*, pressa *f* 2. (*Verleumdung*) campanha difamatória *f*

hetzen ['hɛtsən] I. *vt* (*antreiben*) perseguir II. *vi* 1. (*in Eile sein*) andar numa correria 2. (*aufwiegeln*) agitar (*gegen* contra), fazer propaganda (*gegen* contra)

Hetzkampagne *f* <-n> campanha difamatória *f*

Heu [hɔɪ] *nt* <-(e)s> *kein pl* feno *m*

Heuchelei [hɔɪçə'laɪ] *f* <-en> hipocrisia *f*, dissimulação *f*

heucheln ['hɔɪçəln] I. *vt* fingir, dissimular II. *vi* ser hipócrita, ser fingido

Heuchler(in) *m(f)* <-s, - *o* -innen> hipócrita *m,f*

heuchlerisch *adj* hipócrita, falso, dissimulado

heuer ['hɔɪɐ] *adv* (*österr, schweiz*) este ano

heulen ['hɔɪlən] *vi* (*Wolf, Wind*) uivar; (*Sirene*) apitar; (*Mensch*) chorar

heurig *adj* (*österr*) deste ano

Heurige(r) *m* <-n, -n> (*österr*) vinho novo *m*

Heuschnupfen *m* <-s> *kein pl* febre do feno *f*

Heuschrecke ['hɔɪʃrɛkə] *f* <-n> gafanhoto *m*

heute ['hɔɪtə] *adv* hoje; ~ **Abend/Mittag/Morgen** hoje à noite/ao meio-dia/de manhã; ~ **vor acht Tagen** há oito dias; ~ **in vierzehn Tagen** daqui a quinze dias, de hoje a quinze dias; **der Wievielte ist ~?** quantos são hoje?; **von** ~ **auf morgen** de um dia para o outro

heutig ['hɔɪtɪç] *adj* de hoje, a(c)tual; **die ~en Schriftsteller** os escritores de hoje; **die ~e Zeitung** o jornal de hoje

heutzutage ['hɔɪtsutaːgə] *adv* hoje em dia

Hexe ['hɛksə] *f* <-n> bruxa *f*, feiticeira *f*

hexen ['hɛksən] *vi* fazer bruxarias; (*umg*); **ich kann nicht** ~ não posso fazer milagres

Hexenschuss[RR] *m* <-es> *kein pl* lumbago *m*

Hexerei *f* <-en> bruxedo *m*, feitiçaria *f*

Hickhack *nt* <-s, -s> (*umg*) discussão disparatada e inútil *f*

Hieb [hiːp] *m* <-(e)s, -e> pancada *f*, golpe *m*

hielt [hiːlt] *imp von* **halten**

hier [hiːɐ] *adv* aqui, cá; **der/dieser** ~ este; ~**!** presente!; ~ **behalten** reter, guardar, reservar; ~ **bleiben** ficar aqui; ~ **entlang** por aqui; ~ **lassen** deixar; ~ **ist/sind** eis (aqui); **ich bin nicht von** ~ eu não sou de cá; ~ **oben/unten** cá em cima/em baixo; ~ **und da** aqui e ali, uma vez por outra

hieran ['hiːran, '-'-] *adv* aqui, nisto; ~ **zeigt sich ...** aqui mostra-se ...

Hierarchie [hierar'çiː] *f* <-n> hierarquia *f*

hierarchisch [hie'rarçɪʃ] *adj* hierárquico

hierauf ['hiːraʊf, '-'-] *adv* 1. (*räumlich*) cá em cima 2. (*sodann*) de seguida

hieraus ['hiːraʊs, '-'-] *adv* disto, daqui; ~ **folgt, dass ...** daqui resulta que ...

hier|behalten[ALT]* *vt irr s.* **hier**

hierbei ['hiːɐbaɪ] *adv* 1. (*währenddessen*) com isto, nisto 2. (*in diesem Fall*) aqui; ~ **geht es um ...** aqui trata-se de ...

hier|bleiben[ALT] *vi irr s.* **hier**

hierdurch ['hiːɐdʊrç, '-'-] *adv* (*auf Grund*) assim, deste modo; ~ **kam es zu einem Unfall** assim se deu um acidente

hierfür *adv* 1. (*zu diesem Zweck*) para isto/isso 2. (*als Gegenwert*) em troca

hierher ['hiːɐheːɐ, '-'-] *adv* para aqui, para cá; **bis** ~ **und nicht weiter** só até aqui; **das gehört nicht** ~ isso não é para aqui chamado

hierhin ['hiːɐhɪn, '-'-] *adv* para cá

hier|lassen[ALT] *vt irr s.* **hier**

hiermit ['hiːɐmɪt, '-'-] *adv* com isto; (*im Brief*) por este meio; ~ **teilen wir Ihnen mit ...** vimos por este meio informá-lo ...

Hieroglyphe *f* <-n> hieróglifo *m*

hiervon ['hiːɐfɔn, '-'-] *adv* daqui, disto; **geben Sie mir bitte** ~ **100 g** dê-me 100g disto por favor

hierzu ['hiːɐtsuː, '-'-] *adv* a isto, com isto; ~ **kann ich Ihnen nur raten** quanto a isso, só posso aconselhá-lo; ~ **gehört ein guter Rotwein** com isto, bebe-se um bom vinho tinto

hierzulande ['hiːɐtsu(')landə] *adv* nesta terra, neste país

hiesig ['hiːzɪç] *adj* de cá, local

hieß *imp von* **heißen**

Hi-Fi-Anlage *f* <-n> aparelhagem *f* de alta fidelidade

high [haɪ] *adj* mocado, pedrado

HighsocietyRR, **High Society** [haɪ sə'saɪəti] *f kein pl* alta sociedade *f*

HightechRR, **High Tech** *nt* <-s> *kein pl* tecnologia de ponta *f*, alta tecnologia *f*

Hilfe ['hɪlfə] *f* <-n> ajuda *f* (*bei* em); (*Hilfeleistung*) auxílio *m*, socorro *m;* **erste** ~ primeiros socorros; **humanitäre** ~ ajuda humanitária; (**zur**) ~! socorro!; (**jdm**) ~ **leisten** prestar ajuda (a alguém); **jdm zu** ~ **kommen** acudir a alguém; **um** ~ **rufen** pedir ajuda, gritar por socorro; **etw zur** ~ **nehmen** recorrer a a. c.

hilflos *adj* desamparado; (*ratlos*) impotente

Hilflosigkeit *f kein pl* impotência *f*

hilfreich *adj* **1.** (*hilfsbereit*) prestável, solícito **2.** (*nützlich*) útil; **ihre Kenntnisse waren sehr** ~ os conhecimentos dela foram muito úteis

Hilfsaktion *f* <-en> a(c)ção de caridade *f*, campanha de beneficiência *f*

Hilfsarbeiter(in) *m(f)* <-s, *o* -innen> auxiliar *m,f*

hilfsbedürftig *adj* necessitado, indigente

hilfsbereit *adj* prestável

Hilfsbereitschaft *f kein pl* prestabilidade *f*, solicitude *f*

Hilfskraft *f* <-kräfte> auxiliar *m,f*, assistente *m,f*

Hilfsmittel *nt* <-s, -> meio *m*, recurso *m*

Hilfsorganisation *f* <-en> organização de caridade *f*

Hilfsverb *nt* <-(e)s, -en> verbo auxiliar *m*

Himbeere ['hɪmbeːrə] *f* <-n> framboesa *f*

Himmel ['hɪməl] *m* <-s, -> céu *m;* **unter freiem** ~ a céu aberto, ao ar livre; (*umg*); **aus heiterem** ~ do nada; ~ **und Erde/Hölle in Bewegung setzen** mover o Céu e a Terra; (*umg*); **weiß der** ~! sei lá!; (*umg*); **um** ~**s willen!** por amor de Deus!

himmelblau *adj* azul celeste *m*

Himmelfahrt *f kein pl* (REL) **Christi** ~ Ascensão de Cristo *f;* **Mariä** ~ Assunção de Maria *f*

himmelschreiend *adj* de bradar aos céus, atroz; **das ist eine** ~**e Ungerechtigkeit** isso é de uma injustiça atroz

Himmelskörper *m* <-s, -> corpo celeste *m*

Himmelsrichtung *f* <-en> ponto cardeal *m;* **die vier** ~**en** os quatro pontos cardeais

himmlisch ['hɪmlɪʃ] *adj* **1.** (*göttlich*) divino **2.** (*wunderbar*) divinal

hin [hɪn] **I.** *adv* (*Richtung*) (para) lá, (para) ali, (para) aí; ~ **und her** para lá e para cá, para trás e para a frente, de um lado para o outro; ~ **und zurück** ida e volta; **wo gehst du** ~? (a)onde vais?; **nichts wie** ~! vamos lá!; **ein ewiges Hin und Her** um vaivém, uma azáfama; ~ **und her überlegen** não conseguir decidir-se; **vor sich** ~ **reden/weinen** falar sozinho/chorar baixinho; (*zeitlich*); **es ist noch lang** ~ ainda falta muito (tempo); ~ **und wieder** de vez em quando, uma vez por outra; **zum Frühjahr** ~ até à Primavera; (*daraufhin*); **auf ...** ~ por causa de ...; **auf seinen Rat** ~ seguindo o seu conselho; **auf die Gefahr** ~, **dass ...** com o risco de ... **II.** *adj* (*umg: kaputt*) acabado, perdido; ~ **sein** estar perdido, ter ido ao ar; **sein guter Ruf ist** ~ **a** sua boa reputação foi ao ar

hinab [hɪ'nap] *adv* para baixo, abaixo; **den Berg** ~ pelo monte abaixo

hinab|**gehen** *vi irr* descer, ir para baixo

hin|**arbeiten** *vi* **auf etw** ~ batalhar por a. c.

hinauf [hɪ'naʊf] *adv* para cima, acima; **den Berg** ~ pelo monte acima

hinauf|**gehen** **I.** *vt irr* subir; **die Treppe/den Berg** ~ subir a escada/o monte **II.** *vi irr* subir, ir para cima

hinauf|**steigen** *vi irr* subir

hinaus [hɪ'naʊs] *adv* fora, para fora; **zur Tür/zum Fenster** ~ pela porta/janela fora; ~ (**mit dir**)! fora!, rua!; **auf Jahre** ~ durante anos; **worauf willst du** ~? onde é que queres chegar?; **darüber** ~ além disso

hinaus|**blicken** *vi* olhar para fora; **zum Fenster** ~ olhar pela janela

hinaus|**gehen** *vi irr* **1.** (*aus Raum*) sair (*aus* de) **2.** (*gerichtet sein*) dar (*auf* para); **das Fenster geht auf den Garten hinaus** a janela dá para o jardim **3.** (*überschreiten*) **über etw** ~ exceder a. c., ultrapassar a. c.

hinaus|**laufen** *vi irr* **1.** (*aus Raum*) sair a correr (*aus* de) **2.** (*als Ergebnis haben*) **auf etw** ~ acabar em a. c.

hinaus|**schieben** *vt irr* adiar, protelar

hinaus|**werfen** *vt irr* **1.** (*Dinge*) deitar fora; **etw aus dem Fenster** ~ atirar a. c. pela janela (fora) **2.** (*Person*) expulsar, pôr na rua

hinaus|**wollen** *vi* **1.** (*aus Raum*) querer sair (*aus* de) **2.** (*abzielen*) **auf etw** ~ tentar conseguir a. c.; **hoch** ~ querer ir longe, ser ambicioso

hinaus|**ziehen** **I.** *vt irr* (*Gegenstand*) puxar

H

para fora (*aus* de); (*zeitlich*) arrastar, prolongar II. *vr* sich ~ *irr* arrastar-se, prolongar-se

hinaus|zögern I. *vt* prolongar, arrastar II. *vr* sich ~ demorar-se, prolongar-se

Hinblick *m* im ~ auf +*akk* tendo em vista, considerando, tendo em consideração

hinderlich ['hɪndəlɪç] *adj* impeditivo

hindern ['hɪndən] *vt* jdn an etw ~ impedir alguém de fazer a. c.

Hindernis ['hɪndənɪs] *nt* <-ses, -se> obstáculo *m*, impedimento *m*, entrave *m;* (SPORT) obstáculo *m;* ein ~ überwinden ultrapassar um obstáculo; (*fig*); jdm ~se in den Weg legen atrapalhar o caminho de alguém

hin|deuten *vi* auf etw ~ apontar para a. c., indicar a. c.

Hindi *nt* <-> *kein pl* hindustani *m*

Hindu *m* <-(s), -s> hindu *m*

Hinduismus [hɪndu'ɪsmʊs] *m* <-> *kein pl* hinduismo *m*

hindurch [hɪn'dʊrç] *adv* 1. (*räumlich*) através de, pelo meio de 2. (*zeitlich*) durante; den ganzen Tag ~ (durante) todo o dia

hinein [hɪ'naɪn] *adv* para dentro, dentro; ~ mit dir! para dentro!; bis in die Nacht ~ pela noite dentro, até altas horas (da noite); mitten ~ para o meio

hinein|denken *vr* sich ~ *irr* imaginar-se (*in* em)

hinein|fallen *vi irr* cair (*in* em); (*Licht*) incidir (*in* em)

hinein|gehen *vi irr* 1. (*eintreten*) entrar (*in* em) 2. (*passen*) caber (*in* em); in den Saal gehen 50 Leute hinein no salão cabem 50 pessoas

hinein|geraten* *vi irr* (*in Unwetter, Stau*) ir parar (*in* a), deparar (*in* com)

hinein|greifen *vi irr* meter as mãos (*in* em)

hinein|kommen *vi irr* (*in Raum*) entrar (*in* em)

hinein|passen *vi* caber (*in* em)

hinein|schlittern *vi* (*umg: in Situation*) ir parar (*in* a)

hinein|sehen *vi irr* espreitar (*in* para)

hinein|stecken *vt* enfiar (*in* em), meter (*in* em); (*Geld, Mühe*) investir (*in* em)

hinein|steigern *vr* sich ~ exaltar-se (*in* com), deixar-se levar (*in* por)

hinein|versetzen *vr* sich ~ sich in jdn ~ pôr-se no lugar de alguém

hinein|wachsen *vi irr* (*in Aufgabe*) familiarizar-se (*in* com), habituar-se (*in* a)

hinein|ziehen *vt irr* (*in Verbrechen*) envolver (*in* em)

hin|fahren I. *vt irr* (*Ware, Person*) levar (lá); soll ich dich ~? queres que te leve (lá)? II. *vi irr* ir (lá)

Hinfahrt *f* <-en> ida *f;* auf der ~ à ida

hin|fallen *vi irr* cair

hinfällig *adj* 1. (*ungültig*) inválido 2. (*schwach*) fraco, debilitado

hing [hɪŋ] *imp von* **hängen**

Hingabe *f kein pl* 1. (*Selbstlosigkeit*) entrega *f*, dedicação *f* 2. (*Leidenschaft*) fervor *m*, amor ardente *m*

hin|geben I. *vt irr* (*aushändigen*) dar, entregar II. *vr* sich ~ *irr* entregar-se

hin|gehen *vi irr* (*an Ort*) ir (lá) (*zu* a); wo gehst du hin? (a)onde vais?

hin|gehören* *vi* ser; wo gehören die Bücher hin? onde é que são os livros?; das gehört hier nicht hin isso não vem ao caso

hingerissen ['hɪŋɡərɪsən] *adj* fascinado (*von* com), extasiado (*von* com)

hin|halten *vt irr* 1. (*Gegenstand*) estender; sie hielt mir die Hand/ein Päckchen Zigaretten hin ela estendeu-me a mão/um maço de tabaco 2. (*warten lassen*) fazer esperar; (*vertrösten*) empatar, entreter; er hält mich schon mehrere Wochen hin ele já me anda a empatar há várias semanas

hinken ['hɪŋkən] *vi* coxear, mancar

hin|kriegen *vt* (*umg*) dar conta do recado, conseguir (fazer a. c.); das werde ich nie ~! eu não vou conseguir!; das kriegen wir schon wieder hin nós havemos de conseguir-guir!

hin|legen *vt* 1. (*Gegenstand*) pôr, colocar, pousar; wo hast du den Schlüssel hingelegt? onde é que puseste a chave? 2. (*umg: bezahlen*) desembolsar; dafür hat er sicher über 500 DM hingelegt ele desembolsou com certeza mais de 500 marcos

hin|nehmen *vt irr* (*Tatsache*) aceitar; (*erdulden*) suportar, aguentar; etw als selbstverständlich ~ tomar a. c. como certa

hinreichend ['hɪnraɪçənt] *adj* suficiente, bastante

Hinreise *f* <-n> ida *f;* auf der ~ à ida

hin|reißen *vr* sich ~ sich zu etw ~ lassen deixar-se levar (*von* por)

hin|richten *vt* executar

Hinrichtung *f* <-en> execução *f*

hin|schicken *vt* (*Person, Post*) mandar, enviar

hin|schmeißen *vt irr* **1.** (*umg: Gegenstand*) atirar ao chão **2.** (*umg: Arbeit, Stelle*) mandar à fava

hin|sehen *vi irr* olhar (*zu* para)

hin|setzen *vr* sich ~ sentar-se

Hinsicht *f* in dieser ~ a este respeito, nesse aspe(c)to; **in ~ auf** a respeito de, com respeito a; **in jeder ~** em todos os aspe(c)tos; **in finanzieller ~** no aspe(c)to financeiro

hinsichtlich *präp* +*gen* a respeito de, em vista de

hin|stellen *vt* pôr, colocar, pousar; **etw als leicht/schwer ~** apresentar a. c. como fácil/difícil; **jdn als Betrüger/Vorbild ~** ver alguém como um impostor/exemplo

hinten ['hɪntən] *adv* atrás; (*am Ende*) ao fundo; **nach/von ~** para trás/por trás; (**ziemlich**) **weit ~** lá atrás; **sich ~ anstellen** pôr-se no fim da fila; (*umg*); **das reicht ~ und vorne nicht** isso não chega para nada

hintenherum ['----] *adv* (*umg*) por trás

hinter ['hɪntɐ] **I.** *präp* +*dat* atrás de, detrás de; **der Garten liegt ~ dem Haus** o jardim fica atrás da casa; ~ **jdm her sein** andar atrás de alguém; **etw ~ sich haben** ter passado por a. c. **II.** *präp* +*akk* atrás de; **stell das Buch ~ die anderen** põe o livro atrás dos outros; **etw ~ sich bringen** terminar a. c.; ~ **etw kommen** descobrir a. c.

Hinterachse *f* <-n> eixo traseiro *m*

Hinterausgang *m* <(e)s, -gänge> porta das traseiras *f*

Hinterbliebene(r) *m/f* <-n, -n *o* -n> familiar do falecido *m,f*

hintereinander [hɪntɐʔaɪ'nandɐ] *adv* **1.** (*räumlich*) um atrás do outro **2.** (*zeitlich*) seguido; **drei Tage ~** três dias seguidos

hintere(r, s) *adj* de trás, traseiro; **es ist die ~ Tür/das ~ Buch** é a porta traseira/o livro de trás

hinterfragen* *vt* questionar, interrogar

Hintergedanke *m* <-n, -n> segundas intenções *fpl*

hintergehen* *vt irr* enganar

Hintergrund *m* <-(e)s, -gründe> plano de fundo *m*, último plano *m*; (*eines Geschehens*) antecedentes *mpl*; **in den ~ treten** passar a segundo plano

Hinterhalt *m* <-(e)s, -e> cilada *f*, emboscada *f*; **in einen ~ geraten** cair numa cilada

hinterhältig *adj* traiçoeiro, falso

hinterher [--'-, '---] *adv* **1.** (*räumlich*) atrás **2.** (*zeitlich*) depois, a seguir

hinterher|laufen *vi irr* correr atrás; **jdm ~** correr atrás de alguém, seguir alguém

Hinterhof *m* <-(e)s, -höfe> traseiras *fpl*, fundos *mpl*

Hinterkopf *m* <-(e)s, -köpfe> occipital *m*

Hinterlage *f* <-n> (*schweiz*) depósito *m*

hinterlassen* *vt irr* **1.** (*Nachricht*) deixar; **kann ich ihr/für sie eine Nachricht ~?** posso deixar um recado para ela? **2.** (*vererben*) deixar; **sie hinterlässt ein großes Vermögen** ela deixa uma grande fortuna

hinterlegen* *vt* depositar (*für* por)

Hinterlist *f kein pl* manha *f*, perfídia *f*

hinterlistig *adj* manhoso, pérfido

Hintermann *m* <-(e)s, -männer> **1.** (*räumlich*) pessoa atrás *f* **2.** (*Drahtzieher*) cérebro *m*

Hintern ['hɪntɐn] *m* <-s, -> (*umg*) traseiro *m*, rabo *m*; **jdm den ~ versohlen** dar uma palmada no rabo a alguém

Hinterrad *nt* <-(e)s, -räder> roda traseira *f*

Hinterradantrieb *m* <-(e)s, -e> (*beim Auto*) tra(c)ção às rodas traseiras *f*

hinterrücks *adv* pelas costas

Hinterteil *nt* <-(e)s, -e> (*umg*) traseiro *m*

Hintertreffen *nt* (*umg*) **ins ~ geraten** ficar para trás

Hintertür *f* <-en> porta traseira *f*, porta de trás *f*; **sich eine ~ offen halten** deixar uma saída

hinterziehen* *vt irr* (*Steuern*) fugir a

hinüber *adv* para lá, para o outro lado

hinüber|gehen *vi irr* passar para o outro lado, ir para o outro lado; **über etw ~** atravessar a. c.

hinunter [hɪ'nʊntɐ] *adv* para baixo, abaixo; **den Fluß ~** rio abaixo

hinunter|bringen *vt irr* levar para baixo

hinunter|gehen *vi irr* descer, ir para baixo

hinunter|schlucken *vt* engolir

Hinweg ['hɪnveːk] *m* <-(e)s, -e> ida *f*; **auf dem ~** à ida

hinweg|kommen *vi irr* **über etw ~** conformar-se com a. c.

hinweg|sehen *vi irr* **über jdn/etw ~** não fazer caso de alguém/a. c., passar por cima de alguém/a. c.

H

hinweg|setzen *vr* sich ~ sich über jdn/ etw ~ não se importar com alguém/a. c.

Hinweis ['hınvaıs] *m* <-(e)s, -e> 1. (*Tipp*) instrução *f*; **jdm einen ~ geben** dar uma instrução a alguém; **unter ~ auf** com referência a 2. (*Anzeichen*) indicação *f*; **es gibt keinen ~ dafür, dass** não há indicação de que ...

hin|weisen I. *vt irr* **jdn auf etw** ~ chamar a atenção de alguém para a. c., remeter alguém para a. c. II. *vi irr* remeter (*auf* para), apontar (*auf* para)

hinzu|fügen *vt* (*a* GASTR) acrescentar; **ich möchte noch etwas ~** eu gostaria ainda de acrescentar mais uma coisa

hinzu|kommen *vi irr* 1. (*Person*) juntar-se (*zu* a) 2. (*Sache*) acrescer (*zu* a); **kommt noch etwas hinzu?** ainda falta alguma coisa?

hinzu|ziehen *vt irr* (*Arzt, Fachmann*) consultar

Hirn [hırn] *nt* <-(e)s, -e> 1. (*Verstand*) cabeça *f*, juízo *m* 2. (GASTR) cérebro *m*

Hirngespinst ['hırngəʃpınst] *nt* <-(e)s, -e> visão *f*, fantasma *m*, alucinação *f*

Hirnhautentzündung *f* <-en> (MED) meningite *f*

hirnverbrannt *adj* (*umg*) descabido, absurdo; **das ist doch völlig ~!** isso é completamente descabido!

Hirsch [hırʃ] *m* <-(e)s, -e> veado *m*, cervo *m*

Hirse ['hırzə] *f kein pl* painço *m*

Hirte(in) ['hırtə] *m(f)* <-n, -n *o* -innen> pastor, pastora *m, f*

Hispanistik *f kein pl* filologia espanhola *f*, estudos espanhóis *mpl*

hissen ['hısən] *vt* (*Flagge*) hastear

Historiker(in) [hıs'to:rike] *m(f)* <-s, -*o* -innen> historiador, historiadora *m, f*

historisch [hıs'to:rıʃ] *adj* histórico

Hit [hıt] *m* <-(s), -s> 1. (MUS: *umg*) sucesso *m*, êxito *m* 2. (*umg: Verkaufsschlager*) êxito de vendas *m*

Hitparade *f* <-n> lista dos tops *f*

Hitze ['hıtsə] *f kein pl* 1. (*Temperatur*) calor *m;* **eine drückende ~** um calor abrasador; **ist das eine ~ heute** hoje está um calor; **etw bei starker/mittlerer ~ backen** cozinhar a. c. em lume forte/brando 2. (*Erregung*) calor *m*, ardor *m;* **in der ~ des Gefechtes** no ardor do combate

hitzebeständig *adj* resistente ao calor

Na Alemanha os alunos têm **hitzefrei** (dispensa das aulas devido a muito calor) quando o termómetro marca cerca de 30°C pelas 11 horas da manhã e o director da escola suspende as aulas para o resto do dia. Desde a introdução do horário de verão, esta dispensa já não acontece muitas vezes.

Hitzewelle *f* <-n> onda de calor *f*, vaga de calor *f*

hitzig ['hıtsıç] *adj* 1. (*Mensch*) impulsivo, temperamental, esquentado 2. (*Debatte*) acalorado

Hitzkopf *m* <-(e)s, -köpfe> (*umg*) pessoa impulsiva *f*

Hitzschlag *m* <-(e)s, -schläge> insolação *f*

HIV [ha:ʔiːˈfaʊ] *abk v* **human immune deficiency virus** HIV

HIV-negativ *adj* seronegativo

HIV-positiv *adj* seropositivo

H-Milch *f kein pl* leite UHT *m*

hob [ho:p] *imp von* **heben**

Hobby ['hɔbi] *nt* <-s, -s> passatempo *m*, hobby *m;* **ein ~ haben** ter um passatempo

Hobel ['ho:bəl] *m* <-s, -> plaina *f*

hobeln *vt* aplainar

hoch [ho:x] *adj* 1. (*räumlich*) alto; **es ist drei Meter ~** tem três metros de altura; **wir fliegen 10.000 Meter ~** voamos a uma altitude de 10.000 metros; **~ oben** lá em cima 2. (*Geschwindigkeit, Temperatur*) elevado, alto 3. (*von großem Ausmaß*) **sie ist ~ begabt** ela é altamente talentosa; **~ qualifiziert** de grandes qualificado (o prendado), extremamente diplomado; **hohes Fieber haben** ter febre alta; **mit hoher Wahrscheinlichkeit** muito provavelmente 4. (*sehr weit*) **im hohen Norden** no alto norte; **etw ~ und heilig versprechen** prometer a. c. solenemente; (*umg*); **das ist mir zu ~** eu não compreendo isso; (*umg*); **wenn es ~ kommt** quando muito 5. (*Zahl, Preis*) elevado 6. (*Alter*) avançado; **in hohem Alter sein** ter uma idade avançada 7. (*Ton*) agudo 8. (MAT) elevado a; **drei ~ fünf** três elevado à quinta potência

Hoch *nt* <-s, -s> (METEO) anticiclone *m*

Hochachtung *f kein pl* consideração *f*, estima *f;* **~ vor jdm haben** ter consideração por alguém

hochachtungsvoll *adj* (*im Brief*) muito

atentamente, com os melhores cumprimentos

hochauflösend *adj* (*Bildschirm*) de alta resolução

Hochbau *m* <-(e)s> *kein pl* construção *f*

hochbegabt^ALT ['--'-] *adj s.* **hoch 1**

Hochbetrieb *m* <-(e)s> *kein pl* grande movimento *m*, grande afluência *f*; **es herrscht ~** há um grande movimento

hoch|bringen *vt irr* levar para cima

Hochburg *f* <-en> foco *m*, centro *m*

hochdeutsch *adj* alto-alemão

Hochdeutsch *nt* <-(s)> *kein pl* alto-alemão *m*

Hochdruck *m* <-(e)s> *kein pl* **1.** (PHYS) alta pressão *f*; (*umg*); **mit ~ arbeiten** trabalhar sob pressão **2.** (METEO) anticiclone *m*, centro de alta pressão *m*

Hochebene *f* <-n> planalto *m*

Hochform *f kein pl* boa forma *f*; **in ~ sein** estar em boa forma

Hochformat *nt* <-(e)s, -e> formato vertical *m*

Hochgebirge *nt* <-s, -> altas montanhas *fpl*

Hochgeschwindigkeitszug *m* <-(e)s, -züge> comboio de alta velocidade *m*, trem de alta velocidade *m*

Hochglanz *m* <-es> *kein pl* lustre *m*, brilho intenso *m*; **etw auf ~ bringen** pôr a. c. a brilhar

hochgradig ['ho:xgra:dɪç] *adv* altamente, em alto grau; **der Boden ist ~ verseucht** o solo está altamente contaminado

hoch|halten *vt irr* **1.** (*in die Höhe halten*) segurar no ar **2.** (*schätzen*) admirar, ter consideração por

Hochhaus *nt* <-es, -häuser> arranha-céus *m*

hoch|heben *vt irr* levantar

hochintelligent ['----'-] *adj* muito inteligente

Hochkonjunktur *f* <-en> (WIRTSCH) período de grande prosperidade *m*

Hochland *nt* <-(e)s, -länder> altiplano *m*

hoch|leben *vi* **jd./etw lebe hoch** viva alguém/a. c.; **jdn ~ lassen** dar vivas a alguém

Hochleistungssport *m* <-(e)s> *kein pl* desporto de alta competição *m*

Hochmut *m* <-(e)s> *kein pl* altivez *f*, presunção *f*

hochmütig *adj* altivo, presunçoso

hochnäsig *adj* arrogante

Hochofen *m* <-s, -öfen> alto-forno *m*

hochprozentig *adj* (*Alkohol*) de percentagem elevada

hochqualifiziert^ALT ['----'-] *adj s.* **hoch 1**

hoch|rappeln *vr* **sich ~** (*umg*) arrebitar

Hochrechnung *f* <-en> proje(c)ção *f*, previsão estatística *f*

hoch|rüsten *vt* (TECH) modernizar o equipamento

Hochsaison *f* <-s> época alta *f*

Hochschulabschluss^RR *m* <-es, -schlüsse> diploma final de curso *m*

Hochschule *f* <-n> escola superior *f*, instituto superior *m*

Hochschulreife *f kein pl* aptidão para aceder ao ensino superior *f*

Hochschulstudium *nt* <-s, -studien> curso universitário *m*; **ein ~ absolvieren** tirar um curso universitário

hochschwanger *adj* em estado avançado de gravidez; **sie ist ~** ela está num estado avançado de gravidez

Hochsommer *m* <-s> *kein pl* pleno Verão *m*, pino do Verão *m*

Hochspannung *f* <-en> (ELEKTR) alta tensão *f*

Hochspannungsleitung *f* <-en> fio de alta tensão *m*

Hochsprung *m* <-(e)s> *kein pl* (SPORT) salto em altura *m*

höchst *adv* extremamente; **das ist ~ unangenehm** isso é extremamente desagradável

Höchstalter *nt* <-s, -> idade máxima *f*

Hochstapler(in) *m(f)* <-s, - o -innen> vigarista *m,f*, aldrabão, aldrabona *m,f*

höchstens *adv* no máximo, quando muito; **ich warte ~ fünf Minuten** eu espero cinco minutos no máximo

höchste(r, s) *superl von* **hoch**

Höchstgeschwindigkeit *f* <-en> velocidade máxima *f*; **zulässige ~** velocidade máxima permitida *f*

höchstpersönlich *adj* em pessoa; **die Ministerin ~** a ministra em pessoa

Höchstsatz *m* <-es, -sätze> taxa máxima *f*

höchstwahrscheinlich *adv* muito provavelmente

Hochtouren *pl* (*Kampagne*) **auf ~ laufen** ir a toda a velocidade, ir de vento em popa

hochtrabend ['-tra:bənt] *adj* patético

Hochverrat *m* <-(e)s> *kein pl* (JUR) alta traição *f*

H

Hochwasser *nt* <-s> *kein pl* **1.** (*eines Flusses*) cheia *f;* (*Überschwemmung*) inundação *f;* **der Fluss hat** ~ o rio está cheio **2.** (*bei Flut*) maré alta *f,* maré cheia *f*

hochwertig *adj* de alta qualidade

Hochzahl *f* <-en> (MAT) expoente *m*

Hochzeit ['hɔxtsaɪt] *f* <-en> casamento *m*, matrimónio *m;* ~ **feiern** celebrar as bodas; **silberne/goldene** ~ bodas de prata/ouro

Hochzeitsreise *f* <-n> lua-de-mel *f,* viagem de núpcias *f;* **auf** ~ **sein** estar em lua-de-mel

Hochzeitstag *m* <-(e)s, -e> dia de casamento *m;* (*jährlich*) aniversário de casamento *m*

hocken ['hɔkən] *vi* acocorar-se, agachar-se

Hocker ['hɔkɐ] *m* <-s, -> banco *m*

Höcker *m* <-s, -> bossa *f*

Hockey ['hɔki] *nt* <-s> *kein pl* hóquei *m*

Hoden ['hoːdən] *m* <-s, -> testículo *m*

Hof [hoːf] *m* <-(e)s, Höfe> **1.** (*Innenhof, Hinterhof*) pátio *m* **2.** (*Bauernhof*) quinta *f;* (*brasil*) sítio *m*, fazenda *f* **3.** (*Königshof*) corte *f*

hoffen ['hɔfən] **I.** *vt* esperar; ~ **wir das Beste!** esperemos que corra bem! **II.** *vi* esperar; **auf etw** ~ esperar a. c.; **ich hoffe, dass ...** eu espero que ...

hoffentlich ['hɔfəntlɪç] *adv* oxalá, Deus queira; ~ **kommt er bald** oxalá ele venha em breve

Hoffnung ['hɔfnʊŋ] *f* <-en> esperança *f* (*auf* em); ~ **haben** ter esperança; **die** ~ **aufgeben** perder a esperança; **das ist meine letzte** ~ esta é a minha última esperança

hoffnungslos *adj* sem esperança, desesperado; **das ist ein** ~**er Fall** é um caso perdido

Hoffnungslosigkeit *f* *kein pl* desespero *m*

hoffnungsvoll *adj* esperançado, o(p)timista

höflich *adj* cortês, gentil, bem-educado

Höhe *f* <-n> **1.** (MUS: *räumlich*) altura *f;* (*Preise*) **in die** ~ **gehen** subir; (*umg*); **das ist die** ~ isso é o cúmulo! **2.** (*eines Betrags*) montante *m*, importância *f;* (*geographisch*) altitude *f;* **eine Rechung in** ~ **von 200 €** uma conta na importância de 200 euros; **das hängt von der** ~ **der Temperatur ab** isso depende da temperatura; **das Dorf liegt in einer** ~ **von 1500 m** a aldeia fica a uma altitude de 1500 m

Hoheit ['hoːhaɪt] *f* <-en> **1.** *kein pl* (*Staatsgewalt*) soberania *f* **2.** (*Anrede*) Alteza *f,* Emi-

nência *f;* **Königliche** ~ Vossa Alteza *f*

Hoheitsgebiet *nt* <-(e)s, -e> território nacional *m*

Hoheitsgewässer *pl* águas territoriais *fpl*

Höhenluft *f* *kein pl* ar das montanhas *m*

Höhenmesser *m* <-s, -> altímetro *m*, astrolábio *m*

Höhensonne *f* <-n> lâmpada de raios ultra-violeta *f*

Höhenunterschied *m* <-(e)s, -e> diferença de altura *f*

Höhenzug *m* <-(e)s, -züge> cumeada *f*

Höhepunkt *m* <-(e)s, -e> auge *m*, apogeu *m*

höher *komp von* **hoch**

hohl [hoːl] *adj* **1.** (*leer*) oco, vazio; **ein** ~**er Zahn** um dente cariado/furado **2.** (*konkav*) côncavo, cavado **3.** (*Klang, Stimme*) cavernoso **4.** (*geisthohl, inhaltslos*) fútil, vazio; ~**es Geschwätz** conversa fiada *f,* papo-furado *m*

Höhle *f* <-n> **1.** (*im Felsen*) caverna *f;* (*Grotte*) gruta *f* **2.** (*Tierbau*) toca *f,* covil *m*

Höhlenmalerei *f* <-en> pintura rupestre *f*

Hohlmaß *nt* <-es, -e> medida de capacidade *f*

Hohlraum *m* <-(e)s, -räume> espaço vazio *m*

Hohn [hoːn] *m* <-(e)s> *kein pl* troça *f,* escárnio *m;* **das ist der reine** ~ isso é puro escárnio

höhnisch *adj* sarcástico; **ein** ~**es Lachen** um sorriso sarcástico

hoi *interj* (*schweiz*) olá!, oi!

holen ['hoːlən] *vt* **1.** (*herbringen*) ir buscar, trazer; (*Arzt, Polizei*) chamar; **jdn/etw** ~ **lassen** mandar vir alguém/a. c., mandar chamar alguém/buscar a. c.; **Atem** ~ tomar ar, respirar; **ich hole uns etwas zu trinken** eu vou buscar a. c. para bebermos **2.** (*umg: Krankheit*) apanhar; **sich** *dat* **einen Schnupfen** ~ apanhar uma constipação

Holland ['hɔlant] *nt* <-s> *kein pl* Holanda *f*

Holländer(in) *m(f)* <-s, - *o* -innen> holandês, holandesa *m, f*

holländisch *adj* holandês

Hölle *f* <-n> inferno *m;* **jdm die** ~ **heiß machen** dar que fazer a alguém; (*umg*); **hier ist die** ~ **los** anda aqui o diabo à solta

höllisch *adj* infernal, diabólico; ~**e Angst vor jdm/etw haben** ter um medo terrível de alguém/a. c.; **es tut** ~ **weh** dói que se farta

Holocaust ['ho:lokaʊst] *m* <-(s), -s> holocausto *m*

Holographie *f* <-n> *s.* **Holografie** (PHYS) holografia *f*

holperig *adj* **1.** (*Weg*) acidentado, desnivelado **2.** (*Stil, Sprechweise*) escabroso

holpern ['hɔlpen] *vi* (*Auto*) dar solavancos

Holunder [ho'lʊndɐ] *m* <-s, -> sabugueiro *m*

Holz [hɔlts] *nt* <-es, Hölzer> madeira *f;* (*Brennholz*) lenha *f;* **ein Stück** ~ uma acha; **der Tisch ist aus massivem** ~ a mesa é de madeira maciça

hölzern *adj* de madeira

Holzfäller(in) *m(f)* <-s, - *o* -innen> lenhador, lenhadora *m, f*

holzfrei *adj* (*Papier*) sem celulose

holzig ['hɔltsɪç] *adj* (*Gemüse*) lenhoso

Holzkohle *f kein pl* carvão vegetal *m*

Holzschutzmittel *nt* <-s, -> produto para conservação de madeiras *m*

Holzweg *m* <-(e)s, -e> (*umg*) **auf dem** ~ **sein** estar enganado

Holzwurm *m* <-(e)s, -würmer> caruncho *m*, bicho-carpinteiro *m*

Hometrainer *m* <-s, -> bicicleta estática *f*

Hommage *f* <-n> homenagem *f*

homogen [homo'ge:n] *adj* homogéneo

Homöopathie *f kein pl* homeopatia *f*

homöopathisch *adj* homeopático

Homosexualität *f kein pl* homossexualidade *f*

homosexuell *adj* homossexual

Homosexuelle(r) *m/f* <-n, -n *o* -n> homossexual *m,f*

Honduras [hɔn'du:ras] *nt* <-> *kein pl* Honduras *fpl*

Honig ['ho:nɪç] *m* <-s, -e> mel *m;* **jdm** ~ **um den Bart schmieren** dar graxa a alguém, engraxar alguém

Honigmelone *f* <-n> melão *m*

Honorar [hono'ra:ɐ] *nt* <-s, -e> honorário *m*

honorieren* *vt* **1.** (*anerkennen, würdigen*) honrar; **jds Engagement** ~ reconhecer o empenho de alguém **2.** (*bezahlen*) pagar, remunerar

Hooligan *m* <-s, -s> hooligan *m*

Hopfen ['hɔpfən] *m* <-s, -> lúpulo *m;* **da ist** ~ **und Malz verloren** isso já não tem remédio

hopsen ['hɔpsən] *vi* (*umg*) saltar, pular

hörbar *adj* audível, perceptível; **kaum** ~ quase imperceptível

horchen ['hɔrçən] *vi* escutar, estar à escuta; **an der Tür** ~ escutar atrás da porta

Horde ['hɔrdə] *f* <-n> bando *m*

hören I. *vt* ouvir, escutar; (*erfahren*) ouvir dizer; **Radio** ~ ouvir rádio; **sie hört oft klassische Musik** ela ouve música clássica muitas vezes; **hast du etwas Neues gehört?** ouviste alguma novidade?; **jdn kommen** ~ ouvir alguém vir; **lassen Sie etwas von sich** ~! dê notícias suas! **II.** *vi* ouvir; (*gehorchen*) obedecer; **gut/schlecht** ~ ouvir bem/mal; ~ **Sie mal!** ouça lá!; **auf jdn/einen Ratschlag** ~ seguir os conselhos de alguém; **von jdm** ~ ter notícias de alguém; **von etw nichts** ~ **wollen** não querer ouvir falar de a. c.; **auf den Namen Sandra** ~ dar pelo nome de Sandra

Hörensagen *nt* <-s> *kein pl* (**nur**) **vom** ~ (só) de ouvir dizer

Hörer(in)[1] *m(f)* <-s, - *o* -innen> ouvinte *m,f*

Hörer[2] *m* <-s, -> (*Telefonhörer*) auscultador *m;* **den** ~ **abnehmen/auflegen** levantar/pousar o auscultador

Hörfunk *m* <-(e)s> *kein pl* radiodifusão *f*

Hörgerät *nt* <-(e)s, -e> aparelho auditivo *m*

Horizont [hori'tsɔnt] *m* <-(e)s, -e> horizonte *m*

horizontal [horitsɔn'ta:l] *adj* horizontal

Hormon [hɔr'mo:n] *nt* <-s, -e> hormona *f*

Horn [hɔrn] *nt* <-(e)s, Hörner> **1.** (*beim Tier*) corno *m*, chifre *m* **2.** (MUS) corneta *f*

Hornhaut *f* <-häute> **1.** (*am Fuß*) pele calejada *f* **2.** (*des Auges*) córnea *f*

Hornisse [hɔr'nɪsə] *f* <-n> vespa *f*, moscardo *m*

Horoskop [horo'sko:p] *nt* <-(e)s, -e> horóscopo *m*

horrend *adj* (*Preis, Summe*) exorbitante

Horror ['hɔro:ɐ] *m* <-s> *kein pl* horror *m*, terror *m*

Horrorfilm *m* <-(e)s, -e> filme de terror *m*

Hörsaal *m* <-(e)s, -säle> auditório *m*

Hörspiel *nt* <-(e)s, -e> peça radiofónica *f*

Hort [hɔrt] *m* <-(e)s, -e> (*Kinderhort*) infantário *m*, creche *f*

horten ['hɔrtən] *vt* açambarcar, acumular

Hörverstehen *nt* <-s> *kein pl* compreensão auditiva *f*

Hose ['ho:zə] *f* <-n> calças *fpl;* **eine lange/ kurze** ~ umas calças/uns calções; (*umg*);

H

das ist in die ~ gegangen foi por água abaixo; (*umg*); **hier ist heute tote ~** hoje não se passa nada

Hosenanzug *m* <-(e)s, -züge> fato *m*, terno *m*

Hosenbein *nt* <-(e)s, -e> perna das calças *f*

Hosenrock *m* <-(e)s, -röcke> saia-calça *f*

Hosensack *m* <-(e)s, -säcke> (*schweiz*) *s.* **Hosentasche**

Hosentasche *f* <-n> bolso das calças *m*

Hosenträger *m* <-s, -> suspensórios *mpl*

Hospital [hɔspiˈtaːl] *nt* <-s, -e> hospital *m*

Hostess[RR] *f* <-en>, **Hosteß**[ALT] *f* <-ssen> guia *f*

Hostie [ˈhɔstjə] *f* <-n> hóstia *f*

Hotdog[RR], **Hot Dog** *m o nt* <-s, -s> cachorro (quente) *m*

Hotel [hoˈtɛl] *nt* <-s, -s> hotel *m*; **wir übernachten im ~** nós passamos a noite no hotel

Hotelfachschule *f* <-n> escola de hotelaria *f*

Hotelgewerbe *nt* <-s, -> indústria hoteleira *f*

Hotelier [hotaˈljeː, hotɛˈljeː] *m* <-s, -s> hoteleiro *m*

Hotelzimmer *nt* <-s, -> quarto de hotel *m*

Hotline [ˈhɔtlaɪn] *f* <-s> linha verde *f*

Hrsg. *abk v* **Herausgeber** editor

Hubraum *m* <-(e)s, -räume> (TECH) cilindrada *f*

hübsch *adj* **1.** (*Person, Kleidung, Wohnung, Möbel, Melodie*) bonito, lindo; (*umg*) giro; **sich ~ machen** pôr-se bonito **2.** (*umg: beträchtlich*) belo; **eine ~e Summe** uma bela quantia

Hubschrauber *m* <-s, -> helicóptero *m*

huckepack [ˈhʊkəpak] *adv* às costas, às cavalitas; **jdn/etw ~ tragen** levar alguém/a. c. às costas

hudeln *vi* (*österr*) aldrabar

Huf [huːf] *m* <-(e)s, -e> casco *m*

Hufeisen *nt* <-s, -> ferradura *f*

Hüferl *nt* <-s, -> (*schweiz*) *s.* **Hüfte**

Hüfte *f* <-n> anca *f*

Hüftgelenk *nt* <-(e)s, -e> articulação da anca *f*

Hügel *m* <-s, -> colina *f*, outeiro *m*

hügelig *adj* acidentado

Huhn [huːn] *nt* <-(e)s, Hühner> galinha *f*; (*umg*); **da lachen ja die Hühner** isso é ridículo

Hühnchen *nt* <-s, -> (GASTR) frango *m*

Hühnerauge *nt* <-s, -n> calo *m*

Hühnerbrühe *f* <-n> canja *f*, caldo de galinha *m*

Hülle *f* <-n> estojo *m*; (*Schutzhülle*) capa *f*, cobertura *f*; **in ~ und Fülle** à farta, em abundância

hüllen *vt* envolver (*in* em), cobrir (*in* com); **sich in eine Decke ~** cobrir-se com um cobertor; **sich in Schweigen ~** envolver-se em silêncio

Hülse *f* <-n> **1.** (BOT) casca *f*, vagem *f* **2.** (*Etui*) caixa *f*, estojo *m*

Hülsenfrucht *f* <-früchte> leguminosa *f*

human [huˈmaːn] *adj* humano

Humangenetik *f kein pl* genética humana *f*

Humanismus [humaˈnɪsmʊs] *m* <-> *kein pl* humanismo *m*

humanistisch *adj* humanístico

humanitär *adj* humanitário; **aus ~en Gründen** por razões humanitárias

Humanmedizin *f kein pl* medicina humana *f*

Humbug [ˈhʊmbuːk] *m* <-s> *kein pl* (*umg*) disparate *m*; **das ist doch ~** isso é um disparate

Hummel [ˈhʊməl] *f* <-n> zangão *m*, abelhão *m*

Hummer [ˈhʊmɐ] *m* <-s, -> lavagante *m*

Humor [huˈmoːɐ] *m* <-s> *kein pl* humor *m*; **schwarzer ~** humor negro *m*; **Sinn für ~ haben** ter sentido de humor; **etw mit ~ tragen** levar a. c. na brincadeira

Humorist(in) *m(f)* <-en, -en *o* -innen> humorista *m,f*

humorlos *adj* sem humor

humorvoll *adj* humorístico

humpeln [ˈhʊmpəln] *vi* coxear, mancar

Humus [ˈhuːmʊs] *m* <-> *kein pl* húmus *m*

Hund, **Hündin** [hʊnt] *m*, *f* <-(e)s, -e *o* -innen> cão *m*, cadela *f*; (*brasil*) cachorro, cachorra *m*, *f*; **den ~ an die Leine nehmen** levar o cão pela trela; **Vorsicht, bissiger ~!** cuidado com o cão!; (*umg*); **das ist ein dicker ~!** isso é grave!; (*umg*); **er ist bekannt wie ein bunter ~** ele é mais conhecido que o tremoço

Hundefutter *nt* <-s, -> comida de cão *f*

Hundehütte *f* <-n> canil *m*

Hundekuchen *m* <-s, -> biscoito de cão *m*

Hundeleine *f* <-n> trela *f*

hundemüde *adj* (*umg*) esfalfado, estafado

Hunderasse *f* <-n> raça canina *f*, raça de

cão *f*

hundert ['hʊndɐt] *num kard* cem; **einige ~ Menschen** umas centenas de pessoas

Hundert *nt* <-s, -e> centena *f*, cento *m*; **~e von Opfern** centenas de vítimas; **sie kamen zu ~en** eles vieram às centenas

Hundertjahrfeier [--'---] *f* <-n> centenário *m*

hundertjährig *adj* centenário, secular; **~e Bäume** árvores centenárias

hundertmal *adv* cem vezes; (*umg*); **das habe ich dir schon ~ gesagt** eu já te disse isso mil vezes

hundertprozentig ['---('-)--] **I.** *adj* (de) cem por cento **II.** *adv* cem por cento, completamente; **ich bin mir ~ sicher** eu tenho a certeza absoluta

Hundertstel *nt* <-s, -> centésimo *m*

Hundesteuer *f* <-n> imposto sobre cães *m*

Hüne *m* <-n, -n> gigante *m*

Hunger ['hʊŋɐ] *m* <-s> *kein pl* fome *f*; **~ haben/bekommen** ter/ficar com fome; **~ leiden** passar fome

Hungerlohn *m* <-(e)s, -löhne> remuneração miserável *f*

hungern ['hʊŋɐn] *vi* **1.** (*Hunger leiden*) passar fome **2.** (*fasten*) jejuar

Hungersnot *f* <-nöte> fome *f*

Hungerstreik *m* <-(e)s, -s> greve de fome *f*; **in den ~ treten** fazer greve de fome

hungrig ['hʊŋrɪç] *adj* faminto, esfomeado; **~ sein** ter fome, estar com fome

Hupe ['hu:pə] *f* <-n> buzina *f*

hupen ['hu:pən] *vi* buzinar

hüpfen *vi* saltar, pular

Hupkonzert *nt* <-(e)s, -e> (*umg*) buzinões *mpl*

Hürde *f* <-n> cerca *f*; (SPORT) obstáculo *m*, barreira *f*; (*fig*); **eine ~ nehmen** ultrapassar um obstáculo

Hürdenlauf *m* <-(e)s, -läufe> (SPORT) corrida de obstáculos *f*

Hure ['hu:rə] *f* <-n> (*pej*) prostituta *f*, puta *f*

hurra *interj* hurra!, viva!

huschen ['hʊʃən] *vi* deslizar

husten ['hu:stən] *vi* tossir

Husten ['hu:stən] *m* <-s, -> tosse *f*

Hustenanfall *m* <-(e)s, -fälle> ataque de tosse *m*

Hustenbonbon *nt* <-s, -s> rebuçado da tosse *m*

Hustensaft *m* <-(e)s, -säfte> xarope para a tosse *m*

Hut¹ [hu:t] *m* <-(e)s, Hüte> chapéu *m*; (*umg*); **das ist ein alter ~** essa já é velha; (*umg*); **verschiedene Dinge unter einen ~ bringen** conciliar coisas diferentes; (*fig*); **~ ab!** é de se lhe tirar o chapéu!

Hut² [hu:t] *f* **auf der ~ sein** estar à escuta, estar de vigilância

hüten **I.** *vt* (*Kinder*) tomar conta de; (*Vieh*) guardar; **das Bett ~** estar de cama **II.** *vr* **sich ~** tomar cuidado, acautelar-se; **sich vor jdm/etw ~** tomar cuidado com alguém/a. c.

Hütte *f* <-n> **1.** (*Haus*) cabana *f*, barraca *f*; (*Berghütte*) abrigo *m* **2.** (*Industrieanlage*) fundição *f*

Hüttenindustrie *f kein pl* indústria siderúrgica *f*

hutzelig *adj* (*umg*) enrugado, encarquilhado

Hyäne *f* <-n> hiena *f*

Hyazinthe [hya'tsɪntə] *f* <-n> jacinto *m*

Hydrant *m* <-en, -en> boca-de-incêndio *f*

Hydraulik *f* <-en> hidráulica *f*

hydraulisch *adj* hidráulico

Hydrokultur ['----, ---'-] *f* <-en> (BOT) hidrocultura *f*

Hygiene [hy'gje:nə] *f kein pl* higiene *f*

hygienisch *adj* higiénico

Hymne ['hʏmnə] *f* <-n> hino *m*

Hypnose [hʏp'no:zə] *f* <-n> hipnose *f*, hipnotismo *m*

hypnotisieren* *vt* hipnotizar

Hypochonder [hypo'xɔndɐ] *m* <-s, -> hipocondríaco *m*

Hypothek [hypo'te:k] *f* <-en> hipoteca *f*; **eine ~ aufnehmen** fazer uma hipoteca

Hypothese [hypo'te:zə] *f* <-n> hipótese *f*; **eine ~ aufstellen** pôr uma hipótese

hypothetisch [hypo'te:tɪʃ] *adj* hipotético

Hysterie [hʏste'ri:] *f* <-n> histeria *f*, histerismo *m*

hysterisch [hʏs'te:rɪʃ] *adj* histérico

H

I

I *nt* <-, -> I, i *m*

i.A. *abk v* im Auftrag p. p. (= *por procuração*)

iberisch [i'be:rɪʃ] *adj* ibérico; **die Iberische Halbinsel** a Península Ibérica

Iberoamerikaner(in) *m(f)* <-s, - *o* -innen> ibero-americano, ibero-americana *m, f*

IC [i:'tse:] *abk v* **Intercity** IC (= *intercidades*)

ICE [i:tse:'?e:] *abk v* **Intercityexpress** ICE (= *intercidades expresso*)

ich [ɪç] *pron pers* eu; ~ **bin's!** sou eu!; ~ **nicht** eu não

IC-Zuschlag *m* <-(e)s, -schläge> sobretaxa de intercidades *f*

ideal [ide'a:l] *adj* ideal

Ideal *nt* <-s, -e> ideal *m;* **ein unerreichbares** ~ um ideal impossível

Idealgewicht *nt* <-(e)s, -e> peso ideal *m;* **sein** ~ **haben** ter o peso ideal

idealisieren* *vt* idealizar, conceber

Idealismus [idea'lɪsmʊs] *m* <-> *kein pl* idealismo *m*

Idealist(in) *m(f)* <-en, -en *o* -innen> idealista *m,f*

idealistisch *adj* idealista

Idee [i'de:] *f* <-n> **1.** (*Einfall, Vorstellung*) ideia *f;* **ich habe eine** ~! tenho uma ideia!; **gute** ~! boa ideia!; **wie kommst du denn auf die** ~? onde é que foste buscar essa ideia?; **das ist so eine fixe** ~ **von ihm** é uma ideia fixa que ele tem **2.** (*ein bisschen*) pitada *f;* **es fehlt eine** ~ **Pfeffer** falta uma pitada de pimenta

identifizieren* *vt* identificar

identisch [i'dɛntɪʃ] *adj* idêntico

Identität *f* <-en> identidade *f*

Identitätskarte *f* <-en> (*schweiz*) bilhete de identidade *m*, carteira de identidade *f*

Ideologie [ideolo'gi:] *f* <-n> ideologia *f*

ideologisch *adj* ideológico

Idiom *nt* <-s, -e> **1.** (LING) idioma *m*, língua *f* **2.** (*Wortverbindung*) expressão idiomática *f*

idiomatisch [idjo'ma:tɪʃ] *adj* (LING) idiomático; ~**e Wendung** expressão idiomática *f*

Idiot(in) [i'djo:t] *m(f)* <-en, -en *o* -innen> (*pej*) idiota *m,f*, pateta *m,f*

idiotisch *adj* (*pej*) idiota, simplório

Idol [i'do:l] *nt* <-s, -e> ídolo *m*

idyllisch *adj* idílico, encantador

Igel ['i:gəl] *m* <-s, -> ouriço(-cacheiro) *m*

Ignoranz *f kein pl* ignorância *f*

ignorieren* *vt* ignorar, não fazer caso de; **sie ignorierte seinen Gruß** ela ignorou o cumprimento dele

ihm [i:m] *dat von* **er, es**

ihn [i:n] *akk von* **er**

ihnen ['i:nən] *dat von* **sie**

Ihnen *dat sing und pl von* **Sie**

ihr [i:ɐ] **I.** *dat von* **sie II.** *pron poss* deles, dela(s); **das ist** ~ **Computer/~e Uhr** este computador/relógio é deles/dela(s)

Ihr *pron poss* (o) seu, (a) sua

ihrer ['i:ɐ] *gen von* **sie**

ihrerseits ['i:ɐzaɪts] *adv* **1.** (*Singular*) por seu lado, da/pela parte dela; **sie hält** ~ **nichts davon** pela parte dela, não gosta da ideia **2.** (*Plural*) por seu lado, da/pela parte deles, da/pela parte delas; **sie halten** ~ **nichts davon** pela parte deles/delas, não gostam da ideia

ihresgleichen ['--'--] *pron indef* seu igual, seu semelhante

ihretwegen ['i:ɐt've:gən] *adv* **1.** (*Singular*) por sua causa, por causa dela **2.** (*Plural*) por causa deles, por causa delas; ~ **kommen wir zu spät** vimos tarde por causa deles/dela(s)

Ikone *f* <-n> ícone *m*

illegal ['ɪlega:l] *adj* ilegal; **der Handel mit Drogen ist** ~ o tráfico de drogas é ilegal

Illegalität *f kein pl* ilegalidade *f*

illegitim ['ɪlegiti:m] *adj* ilegítimo

Illusion [ɪlu'zjo:n] *f* <-en> ilusão *f;* **sich** *dat* (**über etw**) ~**en machen** ter ilusões (acerca de a. c.)

illusorisch [ɪlu'zo:rɪʃ] *adj* ilusório, enganador; **die Hoffnung war** ~ a esperança era ilusória

Illustration [ɪlʊstra'tsjo:n] *f* <-en> ilustração *f*

illustrieren* *vt* ilustrar; **etw an einem Beispiel** ~ ilustrar a. c. através de um exemplo

Illustrierte [ɪlʊs'triːetə] *f*<-n> revista *f*
Iltis ['ɪltɪs] *m* <-ses, -se> tourão *m*
im [ɪm] = **in dem** *s. a.* **in**
Image ['ɪmɪtʃ] *nt* <-s, -s> imagem *f;* **das schadet seinem** ~ isso estraga/prejudica a imagem dele
imaginär *adj* imaginário
Imbiss[RR] ['ɪmbɪs] *m* <-es, -e>, **Imbiß**[ALT] *m* <-sses, -sse> refeição ligeira *f*
Imbissstube[RR] *f*<-n> snack-bar *m*
Imitation [imita'tsjoːn] *f*<-en> imitação *f*
imitieren* *vt* imitar
Imker(in) ['ɪmkɐ] *m(f)* <-s, - *o* -innen> apicultor *m*
Immatrikulation *f*<-en> matrícula *f,* inscrição *f*
immatrikulieren* **I.** *vt* (*an Universität*) matricular (*für* em), inscrever (*für* em); (*schweiz: Fahrzeug*) regist(r)ar **II.** *vr* **sich** ~ matricular-se (*für* em), inscrever-se (*für* em)
immens [ɪ'mɛns] *adj* imenso, enorme; **die Kosten sind** ~ os custos são incalculáveis
immer ['ɪmɐ] *adv* sempre; (*unaufhörlich*) continuamente, sem cessar; **für** ~ para sempre; ~ **noch** ainda; ~ **wieder etw tun** tornar/voltar sempre a fazer a. c.; ~ **mehr/besser** cada vez mais/melhor; ~ **wenn** sempre que; **was/wer auch** ~ o que/quem quer que seja
immerhin ['--'-] *adv* em todo o caso, mesmo assim, ainda assim; **sie ist** ~ **seine Mutter** mesmo assim, ela é a mãe dele
immerzu ['--'-] *adv* sempre, sem cessar, continuamente
Immigrant(in) [ɪmi'grant] *m(f)* <-en, -en *o* -innen> imigrante *m,f*
Immission *f*<-en> imissão *f*
Immobilie *f*<-n> imóveis *mpl,* bens de raíz *mpl*
immun [ɪ'muːn] *adj* (MED, JUR) imune (*gegen* contra)
Immunität *f kein pl* (MED, JUR) imunidade *f*
Immunschwäche *f*<-n> (MED) imunodeficência *f*
Immunschwächekrankheit *f* <-en> síndrome de imunodeficiência adquirida *m*
Immunsystem *nt* <-s, -e> sistema imunológico *m*
Imperativ ['ɪmperatiːf] *m* <-s, -e> (GRAM) imperativo *m*
Imperfekt ['ɪmpɛrfɛkt] *nt* <-s, -e> (GRAM) imperfeito *m*

Imperialismus [ɪmperia'lɪsmʊs] *m* <-s> *kein pl* imperialismo *m*
imperialistisch *adj* imperialista
Imperium [ɪm'peːriʊm] *nt* <-s, Imperien> império *m*
Impfausweis *m* <-es, -e> boletim de vacinas *m*
impfen ['ɪmpfən] *vt* vacinar (*gegen* contra)
Impfstoff *m* <-(e)s, -e> vacina *f*
Impfung *f*<-en> vacinação *f* (*gegen* contra)
implizieren* *vt* implicar
implizit [ɪmpli'tsiːt] *adj* implícito
imponieren* *vi* impressionar, impor respeito (a)
Import [ɪm'pɔrt] *m*<-(e)s, -e> importação *f*
Importeur(in) *m(f)* <-s, -e *o* -innen> importador, importadora *m, f*
importieren* *vt* importar
imposant *adj* imponente, grandioso
impotent ['ɪmpotɛnt] *adj* impotente
Impotenz ['ɪmpotɛnts] *f kein pl* impotência *f*
imprägnieren* *vt* impregnar, impermeabilizar
Impressionismus [ɪmprɛsjo'nɪsmʊs] *m* <-> *kein pl* impressionismo *m*
Improvisation *f* <-en> (*a* MUS) improviso *m*
improvisieren* *vi* (*a* MUS) improvisar
Impuls [ɪm'pʊls] *m*<-es, -e> impulso *m;* **einen** ~ **geben** impulsionar
impulsiv [ɪmpʊl'ziːf] *adj* impulsivo
imstande [ɪm'ʃtandə] *adv* +*dat* ~ **sein, etw zu tun** ser capaz de fazer a. c.; **zu etw** ~ **sein** estar preparado para a. c.
in [ɪn] **I.** *präp* (*Richtung*) a, para; ~**s Ausland fahren/gehen** ir ao/para o estrangeiro; **wir gehen** ~**s Kino** nós vamos ao cinema; (*räumlich*) em; **wir wohnen** ~ **Deutschland/Portugal/der Stadt** nós moramos na Alemanha/em Portugal/na cidade; ~ **der Kanne ist noch etwas Tee** ainda há chá no bule; **er hat die Zeitung** ~ **der Hand** ele tem o jornal na mão; (*zeitlich*) em; (*innerhalb*) dentro de, daqui a; ~ **einem Monat** daqui a um mês; **im Sommer/Mai** no Verão/em Maio; **im Jahr 1988** em 1988/no ano de 1988; ~ **der Nacht** durante a noite **II.** *adv* (*umg*) ~ **sein** estar na moda; **Miniröcke sind wieder** ~ as mini-saias estão outra vez na moda
inakzeptabel *adj* inaceitável; **dieser Vorschlag ist** ~ essa proposta é inaceitável

Inbegriff ['ɪnbəɡrɪf] *m* <-(e)s, -e> suma *f*, quinta-essência *f*, cúmulo *m*; **er ist der ~ von Sturheit** ele é o cúmulo da teimosia

inbegriffen ['----] *adj* incluído, compreendido; **Frühstück im Preis ~** pequeno-almoço incluído

Inbetriebnahme [--'---] *f kein pl* colocação em funcionamento *f*; **vor/bei ~ des Gerätes** antes de/ao colocar o aparelho em funcionamento

indem [ɪn'de:m] *konj* **1.** (*während*) quando, enquanto, ao mesmo tempo que; **~ er das sagte ...** enquanto ele disse isso ... **2.** (*dadurch dass*) posto que; **er half uns, ~ er umsonst arbeitete** ele ajudou-nos, trabalhando de graça

Inder(in) *m(f)* <-s, - *o* -innen> indiano, indiana *m*, *f*

Index ['ɪndɛks] *m* <-(es), -e/Indizes> **1.** (*a* WIRTSCH, MAT) índice *m*; **auf dem ~ stehen** estar no índice **2.** (REL) índex *m*

Indianer(in) [ɪndi'anɐ] *m(f)* <-s, - *o* -innen> índio, índia *m*, *f*

Indien ['ɪndiən] *nt* <-s> *kein pl* Índia *f*

indigniert *adj* (*geh*) indignado

Indikation *f*<-en> prescrição *f*

Indikativ ['ɪndikati:f] *m* <-s, -e> (GRAM) indicativo *m*

indirekt ['ɪndirɛkt] *adj* indirecto; (GRAM); **~e Rede** discurso indirecto *m*

indisch *adj* indiano; **der Indische Ozean** o Oceano Índico

indiskret ['ɪndɪskre:t] *adj* indiscreto

Indiskretion ['----, ---'-] *f* <-en> indiscrição *f*; **eine ~ begehen** cometer uma indiscrição

indiskutabel *adj* inadmissível; **diese Preise sind ~** estes preços são inadmissíveis

Individualismus *m* <-> *kein pl* individualismo *m*

Individualist(in) [ɪndividua'lɪst] *m(f)* <-en, -en *o* -innen> individualista *m,f*

individuell [ɪndividu'el] *adj* individual; (*Bedienung*) personalizado; **das ist ~ verschieden** isso difere de pessoa para pessoa

Individuum [ɪndi'vi:duʊm] *nt* <-s, Individuen> indivíduo *m*

Indiz [ɪn'di:ts] *nt* <-es, -ien> (*a* JUR) indício *m* (*für* de)

Indonesien [ɪndo'ne:ziən] *nt* <-s> *kein pl* Indonésia *f*

industrialisieren* *vt* industrializar

Industrialisierung *f* <-en> industrialização *f*

Industrie [ɪndʊs'tri:] *f*<-n> indústria *f*; **~- und Handelskammer** Câmara de Comércio e Indústria

Industriegebiet *nt*<-(e)s, -e> zona industrial *f*

Industriegewerkschaft *f*<-en> sindicato industrial *m*

Industrieland *nt* <-(e)s, -länder> país industrializado *m*

industriell [ɪndʊstri'ɛl] *adj* industrial; **~ gefertigt** fabricado industrialmente

Industrielle(r) *m/f*<-n, -n *o* -n> industrial *m,f*

Industrieroboter *m*<-s, -> robot industrial *m*

ineffizient *adj* que não é eficiente

ineinander [ɪn(ʔ)aɪ'nandɐ] *adv* um no/ pelo outro; **sie sind ~ verliebt** eles estão apaixonados um pelo outro; **das kann man ~ schieben** pode-se encaixar um no outro

infam *adj* infame; **das sind ~e Lügen** isso são mentiras infames

Infanterie [ɪnfantə'ri:, '----] *f*<-n> (MIL) infantaria *f*

infantil *adj* infantil

Infarkt [ɪn'farkt] *m*<-(e)s, -e> (MED) enfarte *m*

Infektion [ɪnfɛk'tsjo:n] *f*<-en> infe(c)ção *f*

Infektionskrankheit *f*<-en> doença infe(c)ciosa *f*

Inferno *nt* <-s> *kein pl* inferno *m*

Infinitiv ['ɪnfiniti:f] *m* <-s, -e> (GRAM) infinitivo *m*

infizieren* **I.** *vt* (MED) infe(c)cionar, infe(c)tar (*mit* com); (INFORM) infe(c)tar **II.** *vr* **sich ~** infe(c)tar-se; **er hat sich mit Aids infiziert** ele infe(c)tou-se com Sida

Inflation [ɪnfla'tsjo:n] *f* <-en> (WIRTSCH) inflação *f*

inflationär *adj* (WIRTSCH) inflacionário

Inflationsrate *f*<-n> (WIRTSCH) taxa de inflação *f*

Info *f*<-s, -s> (*umg*) informação *f*, dica *f*; **ich brauche ein paar ~s über Angola** preciso de umas informações/dicas sobre Angola

infolge [ɪn'fɔlgə] *präp* +*gen* devido a; **~ des Hochwassers mussten viele Leute ihre Häuser verlassen** devido à cheia, muita gente teve que abandonar as suas casas

infolgedessen [---'--] *adv* por conseguinte,

portanto; ~ **kam es zu Studentenprote-sten** por conseguinte, houve manifestações estudantis

Informant(in) [ɪnfɔr'mant] *m(f)* <-en, -en *o* -innen> informador, informadora *m, f*

Informatik [ɪnfɔr'maːtɪk] *f kein pl* informática *f*

Informatiker(in) [ɪnfɔr'maːtikɐ] *m(f)* <-s, - *o* -innen> informático, informática *m, f*

Information [ɪnfɔrma'tsjoːn] *f* <-en> informação *f;* **haben Sie ~en über die Azoren?** tem informações sobre os Açores?; **~en austauschen** trocar informações; **zu Ihrer ~** para sua informação

Informationsmaterial *nt* <-s, -ien> material informativo *m*

informieren I. *vt* informar (*über* sobre) II. *vr* **sich** ~ informar-se; **ich möchte mich über brasilianische Literatur ~** eu gostaria de me informar sobre literatura brasileira

infrage[RR], **in Frage** *adv* ~ **stehen** estar em causa; **etw** ~ **stellen** pôr a. c. em causa

infrarot *adj* infravermelho

Infrastruktur ['----] *f* <-en> infra-estrutura *f*

Infusion *f* <-en> infusão *f*

Ing. *abk v* **Ingenieur** eng[Q] (= *engenheiro*)

Ingenieur(in) [ɪnʒe'njøːɐ] *m(f)* <-s, -e *o* -innen> engenheiro, engenheira *m, f*

Ingenieurbüro *nt* <-s, -s> escritório de engenharia *m*

Ingwer ['ɪŋvɐ] *m* < s> *kein pl* gengibre *f*

Inhaber(in) ['ɪnhaːbɐ] *m(f)* <-s, - *o* -innen> **1.** (*Eigentümer*) proprietário, proprietária *m, f*, dono, dona *m, f*, possuidor, possuidora *m, f* **2.** (*eines Kontos, Passes, Amtes*) titular *m,f* **3.** (*eines Wechsels*) portador, portadora *m,f* **4.** (*eines Titels, Rekordes*) detentor, detentora *m, f* **5.** (*einer Lizenz*) concessionário *m*

inhaftieren * *vt* prender, capturar

inhalieren * *vt* inalar

Inhalt ['ɪnhalt] *m* <-(e)s, -e> **1.** (*eines Behälters*) conteúdo *m* **2.** (*eines Buches, Gespräches*) assunto *m*, teor *m;* (*eines Filmes*) assunto *m*, tema *m* **3.** (MAT) volume *m* **4.** (*Rauminhalt*) capacidade *f*

Inhaltsangabe *f* <-n> resumo *m*, sumário *m*

inhaltslos *adj* vazio, oco

Inhaltsverzeichnis *nt* <-ses, -se> índice *m*

inhuman *adj* desumano

Initiative [initsja'tiːvə] *f* <-n> **1.** (*allgemein*) iniciativa *f;* **die** ~ **ergreifen** tomar a iniciativa **2.** (*schweiz: Volksbegehren*) referendo *m*

Initiator(in) *m(f)* <-s, -en *o* -innen> iniciador, iniciadora *m, f*, precursor, precursora *m, f*

Injektion [ɪnjɛk'tsjoːn] *f* <-en> inje(c)ção *f*

Inkarnation *f* <-en> encarnação *f*

inklusive [ɪnklu'ziːvə] I. *präp* inclusive, incluindo; ~ **der Flughafengebühren** inclusive as taxas do aeroporto II. *adv* incluído; **alles** ~ tudo incluído; **lesen Sie bis Seite 25** ~ leia até à página 25 inclusive

inkognito *adv* incógnito; **er reist oft** ~ ele viaja muitas vezes incógnito

inkompatibel *adj* (*a* INFORM, JUR) incompatível

inkompetent ['ɪnkɔmpetɛnt] *adj* incompetente

inkonsequent *adj* inconsequente

In-Kraft-Treten[RR] *nt* <-s> *kein pl* entrada em vigor *f*

Inkubationszeit *f* <-en> (MED) período de incubação *m*

Inland ['ɪnlant] *nt* <-(e)s> *kein pl* interior *m;* (POL) país *m*

Inlandflug *m* <-(e)s, -flüge> voo doméstico *m*

inländisch *adj* nacional, interno; (*Mensch*) natural (de)

inmitten [ɪn'mɪtən] *präp* (*geh*) no meio de

innehaben ['ɪnə-] *vt irr* ter, possuir; **sie hat ein wichtiges Amt inne** ela tem uma função importante

innen ['ɪnən] *adv* (por) dentro, no interior; ~ **und außen** dentro e fora; **man öffnet die Tür nach** ~ abre-se a porta para dentro; **von** ~ de dentro

Innenarchitekt(in) *m(f)* <-en, -en *o* -innen> decorador de interiores, decoradora *m, f*

Inneneinrichtung *f* <-en> decoração de interiores *f*

Innenhof *m* <-(e)s, -höfe> pátio interior *m*

Innenminister(in) *m(f)* <-s, - *o* -innen> Ministro do Interior, Ministra *m, f*

Innenministerium *m* <-s, -ministerien> Ministério do Interior *m*

Innenpolitik *f kein pl* política interna *f*

Innenseite *f* <-n> (lado) *m* interior, lado de dentro *m*

Innenstadt *f* <-städte> centro da cidade *m*

Innere *nt* <-n> *kein pl* **1.** (*eines Gegenstands*) interior *m;* **im ~n des Landes** no interior do país **2.** (*Mitte*) centro *m* **3.** (*eines Menschen*) fundo *m,* íntimo *m;* **in seinem tiefsten ~n** bem no fundo

Innereien [ɪnəˈraɪən] *pl* entranhas *fpl;* (*von Huhn*) miúdos *mpl*

innere(**-r**, **-s**), **-s** *adj* interior; (POL: *im Körper*) interno; **~e Verletzungen**/**Angelegenheiten** ferimentos/assuntos internos

innerhalb [ˈɪnɐhalp] I. *präp* +*gen* (*örtlich*) dentro de; (*zeitlich*) dentro de, no espaço de; **~ einer Woche muss die Arbeit fertig sein** o trabalho tem de estar pronto dentro de uma semana II. *adv* dentro; **~ von Berlin** dentro de Berlim

innerlich *adj* interno, interior; (*seelisch*) íntimo

innerorts *adj* +*gen* (*schweiz*) local

innert *präp* (*schweiz, österr*) *s.* **innerhalb**

innig [ˈɪnɪç] *adj* íntimo, profundo; **mein ~ster Wunsch** o meu maior desejo; **sie lieben sich heiß und ~** eles amam-se ardente e profundamente; **sie sind ~ befreundet** eles são amigos íntimos

Innung *f* <-en> corporação *f*, grémio *m*

inoffiziell [ˈɪnʔɔfitsjɛl] *adj* não oficial

Input [ˈɪnpʊt] *m* <-s, -s> (INFORM) input *m*

ins [ɪns] = **in das** *s. a.* **in**

Insasse(**in**) [ˈɪnzasə] *m(f)* <-n, -n *o* -innen> **1.** (*einer Anstalt*) internado, internada *m, f* **2.** (*in Bus, Auto*) passageiro, passageira *m, f,* ocupante *m,f*

insbesondere [ɪnsbəˈzɔndərə] *adv* especialmente, principalmente

Inschrift [ˈ--] *f* <-en> inscrição *f*, epígrafe *f*

Insekt [ɪnˈzɛkt] *nt* <-s, -en> inse(c)to *m*

Insektizid *nt* <-s, -e> inse(c)ticida *m*

Insel [ˈɪnzəl] *f* <-n> ilha *f;* (*kleiner*) ilhota *f,* ilhéu *m*

Inselgruppe *f* <-n> arquipélago *m*

Inserat [ɪnzeˈraːt] *nt* <-(e)s, -e> anúncio *m;* **ein ~ aufgeben** pôr um anúncio

Inserent(**in**) *m(f)* <-en, -en *o* -innen> anunciante *m,f*

inserieren* *vi* inserir, anunciar, pôr um anúncio

insgeheim [ˈ--ˈ] *adv* em segredo, secretamente; **~ hatte sie ganz andere Pläne** ela tinha outros planos escondidos

insgesamt [ˈ--ˈ] *adv* no conjunto, no total, ao todo; **wir haben ~ 200 DM** ao todo, temos 200 marcos

Insider(**in**) [ˈɪnsaɪdɐ] *m(f)* <-s, - *o* -innen> especialista *m,f*

inskünftig *adv* (*schweiz*) no futuro

insofern [--ˈ-, -ˈ--] I. *adv* nisso, nesse ponto, até aí; **~ habe ich nichts dagegen** até aí não tenho nada contra; **~ gebe ich ihm Recht** nesse ponto dou-lhe razão II. *konj* contanto que, desde que; **~ als** na medida em que

insoweit [--ˈ-, -ˈ--] *konj s.* **insofern**

Inspektion [ɪnspɛkˈtsjoːn] *f* <-en> inspe(c)ção *f;* (*des Autos*) revisão *f*

Inspektor(**in**) [ɪnˈspɛktɔːɐ] *m(f)* <-s, -en *o* -innen> inspe(c)tor, inspe(c)tora *m, f*

Inspiration [ɪnspiraˈtsjoːn] *f* <-en> inspiração *f*

inspirieren* *vt* inspirar (*zu* para); **Italien hat Goethe inspiriert** a Itália inspirou Goethe

inspizieren* *vt* inspe(c)cionar

Installateur(**in**) [ɪnstalaˈtøːɐ] *m(f)* <-s, -e *o* -innen> **1.** (*Elektrizität*) ele(c)tricista *m,f* **2.** (*Wasser*) canalizador, canalizadora *m, f*

Installation [ɪnstalaˈtsjoːn] *f* <-en> (*a* INFORM, TECH) instalação *f*

installieren* *vt* (*a* INFORM, TECH) instalar; **hast du das neue Programm schon installiert?** já instalaste o novo programa?

Instandhaltung *f kein pl* manutenção *f,* conservação *f*

inständig I. *adj* instante, insistente; **~e Bitte** pedido insistente *m* II. *adv* encarecidamente, com empenho; **ich bitte Sie ~ darum** peço-lhe encarecidamente

Instanz [ɪnˈstants] *f* <-en> (*a* JUR: *Behörde*) instância *f;* **in letzter ~** em última instância

Instinkt [ɪnˈstɪŋkt] *m* <-(e)s, -e> instinto *m;* **er hat einen guten ~** ele tem um bom instinto

instinktiv [ɪnstɪŋkˈtiːf] *adj* instintivo, por instinto; **er hat ~ richtig gehandelt** ele agiu bem instintivamente

Institut [ɪnstiˈtuːt] *nt* <-(e)s, -e> instituto *m*

Institution [ɪnstituˈtsjoːn] *f* <-en> instituição *f*

instruieren* *vt* (*informieren, anweisen*) instruir

Instruktion [ɪnstrʊkˈtsjoːn] *f* <-en> (*Anleitung, Anweisung*) instrução *f;* **jdm ge-**

naue **~en geben** dar instruções exactas a alguém

Instrument [ɪnstruˈmɛnt] *nt* <-(e)s, -e> (*a* MUS) instrumento *m*

instrumental *adj* (*a* MUS) instrumental

Insulin [ɪnzuˈliːn] *nt* <-s> *kein pl* (MED) insulina *f*

inszenieren* *vt* (*Theaterstück*) encenar

Inszenierung *f* <-en> encenação *f*; **diese ~ von Hamlet war sehr gut** esta encenação do Hamlet foi muito boa

intakt [ɪnˈtakt] *adj* intacto

Integralrechnung *f* <-en> (MAT) cálculo integral *m*

Integration [ɪntegraˈtsjoːn] *f* <-en> integração *f*; **die politische ~ Europas** a integração política da Europa; **die ~ von Minderheiten** a integração de minorias

integrieren* *vt* integrar (*in* em); **jdn wieder in die Gesellschaft ~** reintegrar alguém na sociedade

Intellekt [ɪntɛˈlɛkt] *m* <-(e)s> *kein pl* intelecto *m*

intellektuell [ɪntɛlɛktuˈɛl] *adj* intelectual

Intellektuelle(r) *m/f* <-n, -n *o* -n> intelectual *m,f*

intelligent [ɪntɛliˈgɛnt] *adj* inteligente

Intelligenz [ɪntɛliˈgɛnts] *f kein pl* **1.** (*Denkfähigkeit*) inteligência *f*; **künstliche ~** inteligência artificial *f* **2.** (*Gebildete*) intelligentsia *f*

Intelligenzquotient *m* <-en, -en> quociente de inteligência *m*

Intendant(in) [ɪntɛnˈdant] *m(f)* <-en, -en *o* -innen> intendente *m,f*, comissário, comissária *m, f*

Intensität *f kein pl* intensidade *f*

intensiv [ɪntɛnˈziːf] *adj* **1.** (*gründlich*) intenso, profundo; **~e Gespräche führen** ter conversas profundas **2.** (*Farbe, Schmerz*) intenso **3.** (*Arbeit*) intensivo

intensivieren* *vt* intensificar; **wir werden unsere Anstrengungen ~** vamos intensificar os nossos esforços

Intensivkurs *m* <-es, -e> curso intensivo *m*

Intensivstation *f* <-en> Unidade de Cuidados Intensivos *f*

Intention *f* <-en> intenção *f*

Interaktion *f* <-en> intera(c)ção *f*

interaktiv [ɪntɛʔakˈtiːf] *adj* (INFORM) intera(c)tivo

Intercity [ɪntɛˈsɪti] *m* <-s, -s> intercidades *m*, alfa *m*

Intercityexpress[RR] *m* <-es, -e> intercidades expresso *m*

interdisziplinär *adj* interdisciplinar; **~e Zusammenarbeit** colaboração interdisciplinar

interessant [ɪnt(ə)rɛˈsant] *adj* interessante; **sich ~ machen** fazer-se interessante

interessanterweise *adv* curiosamente

Interesse [ɪntaˈrɛsə, ɪnˈtrɛsə] *nt* <-s, -n> interesse *m* (*für* por); **haben Sie ~ daran?** está interessado nisto?; **für etw ~ zeigen** mostrar interesse por a. c.; **seine ~n verfolgen** ir atrás dos seus interesses

Interessengebiet *nt* <-(e)s, -e> área de interesses *f*; **das fällt nicht in mein ~** isso não está na minha área de interesses

Interessengemeinschaft *f* <-en> comunidade de interesses *f*

Interessent(in) [ɪnt(ə)rɛˈsɛnt] *m(f)* <-en, -en *o* -innen> interessado, interessada *m, f*

interessieren* **I.** *vt* interessar; **jdn für etw ~** fazer alguém interessar-se por a. c. **II.** *vr* **sich ~** interessar-se (*für* por); **sie interessiert sich für moderne Architektur** ela interessa-se por arquite(c)tura moderna; **der Vortrag interessiert mich nicht** a conferência não me interessa

interessiert [ɪnt(ə)rɛˈsiːɐt] *adj* interessado (*an* em); **er hörte ~ zu** ele ouvia com interesse

Interjektion [ɪntɛjɛkˈtsjoːn] *f* <-en> (LING) interjeição *f*

Interkontinentalrakete *f* <-n> foguetão intercontinental *m*

Intermezzo *nt* <-s, -s> **1.** (MUS) entrea(c)to *m* **2.** (*Zwischenfall*) incidente *m*, episódio *m*

intern [ɪnˈtɛrn] *adj* interno

Internat [ɪntɛˈnaːt] *nt* <-(e)s, -e> internato *m*, colégio interno *m*

international [ɪntɛnatsjoˈnaːl] *adj* internacional

Internet [ˈɪntɛnɛt] *nt* <-s> *kein pl* Internet *f*; **im ~ surfen** navegar na Internet

internieren* *vt* internar

Internist(in) [ɪntɛˈnɪst] *m(f)* <-en, -en *o* -innen> especialista em medicina interna *m,f*

Interpol *f kein pl* Interpol *f*

Interpret(in) *m(f)* <-en, -en *o* -innen> intérprete *m,f*

Interpretation [ɪntɐpretaˈtsjoːn] *f* <-en> interpretação *f*

interpretieren* *vt* (*a* LIT) interpretar

Interpunktion [ɪntɐpʊŋkˈtsjoːn] *f kein pl* pontuação *f*

Interrailkarte^RR *f* <-en> bilhete de Inter-Rail *m*

Interrogativpronomen *nt* <-s, -> (LING) pronome interrogativo *m*

Intervall [ɪntɐˈval] *nt* <-s, -e> (*a* MUS) intervalo *m*

intervenieren* *vi* intervir

Intervention *f* <-en> intervenção *f;* **militärische ~** intervenção militar

Interview [ɪntɐˈvjuː, ˈɪntɐvjuː] *nt* <-s, -s> entrevista *f;* **ein ~** (**mit jdm**) **führen** fazer uma entrevista (a alguém); **ein ~ geben** dar uma entrevista

interviewen* *vt* entrevistar

intim [ɪnˈtiːm] *adj* íntimo, familiar; **mit jdm ~ werden** ganhar intimidade com alguém

Intimbereich *m* <-(e)s, -e> intimidade *f,* foro íntimo *m*

Intimität *f* <-en> intimidade *f,* familiaridade *f*

Intimsphäre *f* <-n> privacidade *f;* **die ~ verletzen** invadir a vida privada

intolerant [ˈ----] *adj* intolerante

Intoleranz [ˈ----] *f kein pl* intolerância *f*

Intonation *f* <-en> (MUS, LING) entoação *f*

intransitiv [ˈ----] *adj* (LING) intransitivo

intravenös *adj* (MED) intravenoso

intrigant *adj* intrigante

Intrige [ɪnˈtriːɡə] *f* <-n> intriga *f,* enredo *m,* trama *f;* **~n spinnen** fazer intrigas

introvertiert [ˈɪntrovɛrtiːɐt] *adj* introvertido

Intuition [ɪntuiˈtsjoːn] *f* <-en> intuição *f*

intuitiv [ɪntuiˈtiːf] *adj* intuitivo; **etw ~ spüren** sentir a. c. intuitivamente/por intuição

Invalide(r) *m/f* <-n, -n *o* -n> inválido, inválida *m, f*

Invasion [ɪnvaˈzjoːn] *f* <-en> invasão *f*

Inventar [ɪnvɛnˈtaːɐ] *nt* <-s, -e> inventário *m;* **etw ins ~ aufnehmen** inventariar a. c.

Inventur [ɪnvɛnˈtuːɐ] *f* <-en> inventariação *f;* **~ machen** fazer a inventariação

investieren* *vt* (*a* WIRTSCH) investir (*in* em); **er investiert viel Zeit in sein Hobby** ele investe muito tempo no seu passatempo

Investition [ɪnvɛstiˈtsjoːn] *f* <-en> investimento *m*

inwiefern [--ˈ-] I. *adv* até que ponto; **~ treffen die Anschuldigungen zu?** até que ponto é que as acusações são verdadeiras? II. *konj* em que medida, como; **es ist unklar, ~ wir davon betroffen sind** ainda não se sabe em que medida é que somos afectados por isso

Inzest [ˈɪntsɛst] *m* <-(e)s, -e> incesto *m*

Inzucht [ˈɪntsʊxt] *f kein pl* cruzamento consanguíneo *m*

inzwischen [-ˈ--] *adv* entretanto

Ion [iˈoːn] *nt* <-s, -en> (PHYS, CHEM) ião *m,* ión *m*

IQ [iːˈkuː] *abk v* **Intelligenzquotient** QI (= *Quociente de Inteligência*)

i.R. *abk v* **im Ruhestand** reformado

Irak [iˈraːk] *m* <-s> *kein pl* Iraque *m*

Iran [iˈraːn] *m* <-s> *kein pl* Irão *m*

irdisch [ˈɪrdɪʃ] *adj* terreno, terrestre; **die ~en Dinge** as coisas mundanas/deste mundo

Ire(in) [ˈiːrə] *m(f)* <-n, -n *o* -innen> irlandês, irlandesa *m, f*

irgendeine(-r, -s), -s *pron indef* alguém, algum, qualquer um; **haben Sie noch ~n Wunsch?** deseja mais alguma coisa?

irgendetwas *pron indef* qualquer coisa, alguma coisa; **~ muss geschehen!** alguma coisa tem de acontecer!

irgendjemand *pron indef* alguém, uma pessoa qualquer, qualquer um

irgendwann [ˈ--ˈ-] *adv* em qualquer ocasião, qualquer dia, em qualquer altura; **hast du ~ eine Stunde Zeit?** tens uma hora livre, em qualquer altura?

irgendwer [ˈ--ˈ-] *pron indef* (*umg*) alguém, quem quer que seja; **kann mir ~ 5 € leihen?** alguém pode emprestar-me 5 €?

irgendwie [ˈ--ˈ-] *adv* de qualquer modo/maneira, de algum modo; **~ schaffen wir das schon!** nós conseguimos de qualquer maneira!

irgendwo [ˈ--ˈ-] *adv* em qualquer lugar/parte

Iris *f* <-, -> (BOT, ANAT) íris *f*

irisch [ˈiːrɪʃ] *adj* irlandês

Irland [ˈɪrlant] *nt* <-s> *kein pl* Irlanda *f*

Ironie [iroˈniː] *f kein pl* ironia *f;* **das ist eine ~ des Schicksals** isto é ironia do destino

ironisch [iˈroːnɪʃ] *adj* irónico

irrational *adj* irracional

irre [ˈɪrə] *adj* **1.** (*verwirrt*) desorientado, confuso; **du machst mich ganz ~** tu deixas-me confuso **2.** (*geistesgesört*) louco, demente, doido **3.** (*umg: toll*) porreiro; **der Film war ~** o filme foi demais

Irre¹ ['ɪrə] *f kein pl* **jdn in die ~ führen** induzir alguém em erro

irreführen *vt* enganar, desorientar; **lass dich davon nicht ~** não te deixes enganar por isso

irregulär *adj* irregular

irrelevant *adj* irrelevante

irren ['ɪrən] **I.** *vi* perder-se, desviar-se; **wir irrten drei Stunden durch den Wald** andámos três horas perdidos na floresta **II.** *vr* **sich ~** errar, enganar-se; **du irrst dich in mir** enganas-te comigo/a meu respeito; **sich gründlich ~** estar redondamente enganado; **sich in der Zeit ~** enganar-se nas horas; **sich in jdm ~** enganar-se a respeito de alguém; **Sie ~ sich, mein Herr!** o senhor engana-se!; **wenn ich mich nicht irre** se não estou enganado

irreparabel *adj* irreparável; **die Schäden sind ~** os prejuízos são irreparáveis

Irre(r)² *m/f* <-n, -n *o* -n> louco, louca *m, f,* maluco, maluca *m, f*

irreversibel *adj* irreversível

Irrgarten *m* <-s, -gärten> labirinto *m*

irrig *adj* erróneo, falso; **in der ~en Annahme, dass ...** na falsa suposição de que ...

irritieren* *vt* irritar; **der Lärm irritierte den Redner** o barulho irritou quem estava a falar

irrsinnig *adj* **1.** (*verrückt*) demente, louco, doido **2.** (*unvernünftig, absurd*) irracional, absurdo, de loucos; **die Arbeit ist ~ an-** strengend o trabalho é muito cansativo **3.** (*umg: toll*) de gritos

Irrtum *m* <-s, -tümer> erro *m,* engano *m,* equívoco *m;* **~ vorbehalten** salvo erro; **seinen ~ erkennen/einsehen** reconhecer o próprio erro; **im ~ sein** estar enganado

irrtümlich **I.** *adj* erróneo **II.** *adv* por engano, por equívoco

Ischias *m/nt* <-> *kein pl* (MED) ciática *f*

Islam [ɪs'laːm] *m* <-s> *kein pl* Islão *m,* Islamismo *m*

islamisch *adj* islâmico

Island ['iːslant] *nt* <-s> *kein pl* Islândia *f*

Isländer(in) *m(f)* <-s, - *o* -innen> islandês, islandesa *m, f*

isländisch *adj* islandês, da Islândia

Isolation [izola'tsjoːn] *f* <-en> (*a* TECH) isolamento *m*

Isolierband [izo'liːɐ-] *nt* <-(e)s, -bänder> fita isoladora *f*

isolieren* *vt* (*a* ELEKRT) isolar (*gegen* de)

Isolierkanne *f* <-n> garrafa termos *f*

Isolierung *f* <-en> isolamento *m*

Isomatte *f* <-n> esteira (de campismo) *f*

Isotop *nt* <-s, -e> (CHEM) isótopo *m*

Israel ['iːsraeːl, 'ɪsraeːl] *nt* <-s> *kein pl* Israel *f*

Israeli *m/f* <-(s), -(s) *o* -(s)> israelita *m,f*

Italien [i'taːliən] *nt* <-s> *kein pl* Itália *f*

Italiener(in) [ita'ljeːnɐ] *m(f)* <-s, - *o* -innen> italiano, italiana *m, f*

italienisch *adj* italiano

IWF *abk v* **Internationaler Währungsfond** FMI (= *Fundo Monetário Internacional*)

J

J *nt* J, j *m*

ja [jaː] *adv* sim; **~ sagen** dizer que sim; **zu allem ~ sagen** concordar com tudo; **ich glaube ~** acho que sim; **~ doch!** sim, sim!; **ich sage es ~** eu não disse?; **wir sehen uns Morgen, ~?** vemo-nos amanhã, sim?; **es ist ~ bekannt, dass ...** até é sabido que ...; **~ wissen Sie ...** olhe, sabe ...; **da kommt er ~** aí está ele (afinal); **mach das ~ nicht!** não faças isso!; **es ist ~ noch früh** mas ainda é cedo

Jacht [jaxt] *f* <-en> iate *m*

Jacke ['jakə] *f* <-n> casaco *m,* blusão *m*

Jackett [ʒa'kɛt] *nt* <-s, -s> jaqueta *f,* paletó *m*

Jade *f kein pl* jade *m*

Jagd [jaːkt] *f* <-en> caça *f* (*auf* a); **auf der ~ sein** andar na caça; **~ auf jdn/etw machen** andar à caça de alguém/a. c.

Jagdgewehr *nt* <-(e)s, -e> caçadeira *f*

Jagdhund *m* <-(e)s, -e> cão de caça *m,* perdigueiro *m*

Jagdrevier *nt* <-s, -e> zona de caça *f*

Jagdschein *m* <-s, -e> licença de caça *f*

jagen ['jaːgən] I. vt 1. (*Tier, Mensch*) caçar; (*verfolgen*) perseguir 2. (*verjagen*) escorraçar; **jdn in die Flucht** ~ pôr alguém em fuga II. vi 1. (*auf Jagd gehen*) ir à caça, caçar 2. (*rasen*) correr

Jäger(in) m(f) <-s, - o -innen> caçador, caçadora m, f

Jägerschnitzel nt <-s, -> escalope com cogumelos m

Jagertee m <-s> kein pl (*österr*) chá com aguardente m

Jaguar ['jaːguaɐ] m <-s, -e> jaguar m

jäh adj 1. (*plötzlich*) súbito, repentino; (*Bewegung*) brusco 2. (*steil*) íngreme

Jahr [jaːɐ] nt <-(e)s, -e> ano m; **letztes/nächstes** ~ no ano passado/no próximo ano; **ein halbes** ~ meio ano; **im** ~ 1998 no ano de 1998; **vor einem** ~ há um ano; **heute vor einem** ~ faz hoje um ano; **im Dezember vorigen** ~es em Dezembro do ano passado; **er ist zwanzig** ~e **alt** ele tem vinte anos; **mit 40** ~en com 40 anos; **die neunziger** ~e os anos noventa; ~ **für** ~ de ano para ano; **jdm ein frohes neues** ~ **wünschen** desejar um bom ano novo a alguém; **in die** ~e **kommen** envelhecer

jahrelang ['jaːrəlaŋ] I. adj de muitos anos II. adv durante anos, por muitos anos

jähren vr sich ~ fazer um ano; **ihr Todestag jährt sich heute zum dritten Mal** faz hoje três anos que ela morreu

Jahresbeginn m <-(e)s, -e> princípio do ano m, início do ano m; **zu** ~ no princípio do ano

Jahresbericht m <-(e)s, -e> relatório anual m, anuário m

Jahresende nt <-s> kein pl fim do ano m; **gegen** ~ para o fim do ano

Jahreskarte f <-n> cartão anual m

Jahresring m <-(e)s, -e> (BOT) cerne m

Jahrestag m <-(e)s, -e> aniversário m

Jahresurlaub m <-(e)s, -e> férias anuais fpl

Jahreswechsel m <-s, -> passagem de ano f

Jahreszeit f <-en> estação do ano f; **die vier** ~en as quatro estações (do ano)

Jahrgang m <-(e)s, -gänge> 1. (*Geburtsjahr*) ano (de nascimento) m; **sie ist** ~ 1966 ela é do ano de 1966 2. (*von Wein*) ano (de colheita) m; **das ist ein guter** ~ este é um bom ano (de colheita) 3. (*von Zeitschrift*) ano m

Jahrhundert [-'--] nt <-s, -e> século m; **das zwanzigste** ~ o século vinte

jährlich I. adj anual II. adv anualmente, todos os anos

Jahrmarkt m <-(e)s, -märkte> feira popular f

Jahrtausend [-'--] nt <-s, -e> milénio m

Jahrtausendwende f <-n> passagem do milénio f

Jahrzehnt [jaːˈɐ̯ʦeːnt] nt <-(e)s, -e> década f, decénio m

Jähzorn m <-(e)s> kein pl cólera f, fúria f

jähzornig adj colérico, furioso

Jalousie [ʒaluˈziː] f <-n> persiana f

Jammer ['jame] m <-s> kein pl 1. (*Klage*) lamento m 2. (*Elend*) lástima f, miséria f; **es ist ein** ~, **dass ...** é uma pena que ...; **ein Bild des** ~s **bieten** estar num lástima

jämmerlich adj 1. (*Zustand, Aussehen*) lastimável, deplorável; (*Geschrei*) lastimoso 2. (*Bezahlung, Leistung*) miserável

jammern ['jamen] vi lastimar-se (*über* de), lamentar-se (*über* de)

Janker m <-s, -> (*österr*) casaco de malha m

Jänner m <-s, -> (*österr*) Janeiro m; s. **März**

Januar ['januaɐ] m <-(s), -e> Janeiro m; s. **März**

Japan ['jaːpan, 'jaːpaːn] nt <-s> kein pl Japão m

Japaner(in) m(f) <-s, - o -innen> japonês, japonesa m, f

japanisch adj japonês

japsen vi ofegar, estar ofegante

Jargon [ʒarˈgõː] m <-s, -s> jargão m, gíria f

jäten vt arrancar; (*Beet*) mondar; **Unkraut** ~ arrancar ervas

Jauche f <-n> estrume m

jauchzen ['jaʊxʦən] vi jubilar, vibrar; **sie jauchzten vor Freude** eles vibraram de alegria

jaulen ['jaʊlən] vi (*Hund*) latir, ganir

Jause f <-n> (*österr*) merenda f

jawohl [jaˈvoːl] adv com certeza, sim senhor, pois sim

Jawort nt <-(e)s> kein pl consentimento m, sim m; **sein** ~ **geben** consentir, dar o seu consentimento; **sich das** ~ **geben** fazer promessa de casamento

Jazz [dʒɛːs] m <-> kein pl jazz m

Jazzband f <-s> banda de jazz f

Jazzmusiker(in) m(f) <-s, - o -innen> músico de jazz, música m, f

je [je:] I. *adv* (*jemals*) nunca, jamais, em tempo algum; **mehr/besser denn** ~ mais/melhor (do) que nunca; (*jeweils*) cada; **Sie erhalten** ~ **ein Exemplar** vocês recebem um exemplar cada; ~ **nach Größe/Alter** conforme o tamanho/a idade II. *präp + akk* (*pro*) por, a; **15 DM** ~ **Stunde** 15 marcos por/à hora III. *konj* ~ **...** desto **...** quanto mais ... (tanto) mais ...; ~ **früher, desto besser** quanto mais cedo, melhor; ~ **nachdem, ob er kommt** dependendo de se ele vier ou não

Jeans [dʒiːns] *pl* calças de ganga *fpl*, jeans *mpl*

Jeansjacke *f* <-n> blusão de ganga *m*

jedenfalls ['je:dənfals] *adv* em todo o caso, de qualquer forma; **ich** ~ eu pelo menos

jedermann ['---] *pron indef* (*jeder*) cada qual, cada um; (*alle*) todos, toda a gente; **das ist nicht** ~**s Sache** isso não é para toda a gente, nem toda a gente gosta disso

jede(r, s) *pron indef* **1.** (*substantivisch*) todos, cada qual, cada um; ~**r, der ihn kennt, weiß, dass ...** todos que o conhecem sabem que ...; ~**r einzelne/von uns** cada um/cada um de nós; ~ **zweite Woche** de duas em duas semanas **2.** (*adjektivisch*) cada, todo; ~**n Tag** todos os dias; **auf** ~**n Fall** em todo o caso; ~**s Mal** (**wenn**) cada vez (que), todas as vezes (que); **ohne** ~**n Grund** sem qualquer razão, sem a mínima razão

jederzeit ['--'-] *adv* a qualquer hora, a qualquer momento

jedesmal^{ALT} *adv s.* **jede(r, s) 2**

jedoch [je'dɔx] *konj* todavia, contudo, no entanto

Jeep® *m* <-s, -s> jipe *m*

jeher ['je:he:ɐ, '-'-] *adv* **von** ~ desde sempre

jemals ['je:ma:ls] *adv* alguma vez, jamais

jemand ['je:mant] *pron indef* alguém, algum(a); ~ **anderes** outra pessoa; **ist hier** ~? está aqui alguém?; **kommt sonst noch** ~? vem mais alguém?; **ohne** ~**en zu sehen** sem ver ninguém

Jemen *m* <-s> *kein pl* Iémene *m*

jene(r, s) *pron dem* (*da*) esse, essa, isso; (*dort*) aquele, aquela, aquilo; **dieses und** ~**s** isto e aquilo

jenseits ['je:nzaɪts] I. *präp + gen* do outro lado de II. *adv* do outro lado

Jenseits *nt* <-> *kein pl* além *m*, outro mundo *m*; (*umg*) **jdn ins** ~ **befördern** matar alguém

Jet [dʒɛt] *m* <-s, -s> ja(c)to *m*

jetzig *adj* a(c)tual

jetzt [jɛtst] *adv* agora, neste momento; **bis** ~ até agora; ~ **gleich** agora; **von** ~ **an** a partir de agora, de agora em diante; ~ **schon?** já?

jeweilig *adj* respe(c)tivo

jeweils ['je:vaɪls] *adv* de cada vez, respe(c)tivamente; ~ **am Monatsersten** no primeiro dia de cada mês; ~ **zwei Personen** dois a dois; **zu** ~ **5 DM** a 5 marcos cada

Jh. *abk v* Jahrhundert séc. (= *século*)

jiddisch *adj* judaico-alemão

Job [dʒɔp] *m* <-s, -s> (*umg*) trabalho *m*, emprego *m*

jobben ['dʒɔbən] *vi* (*umg*) ir trabalhando (*als* como)

Jobsharing^{RR} *nt* <-s> *kein pl* partilha de um posto de trabalho *f*

Joch [jɔx] *nt* <-(e)s, -e> (*von Zugtieren*) jugo *m*, junta *f*

Jockei *m* <-s, -s> (SPORT) jóquei *m*

Jod [jo:t] *nt* <-(e)s> *kein pl* iodo *m*

Joga ['jo:ga] *nt* <-(s)> *kein pl* ioga *m*

joggen ['dʒɔgən] *vi* fazer jogging

Jogger(in) *m(f)* <-s, - *o* -innen> corredor, corredora *m, f*

Jogginganzug *m* <-(e)s, -züge> fato de treino *m*

Joghurt ['jo:gʊrt] *m* <-(s), -(s)> iogurte *m*

Jogurt^{RR} *m* <-(s), -(s)> iogurte *m*

Johannisbeere [jo'hanɪsbeːrə] *f* <-n> groselha *f*; **schwarze** ~ groselha-negra *f*

johlen *vi* (*pej*) berrar, gritar

Joint [dʒɔɪnt] *m* <-s, -s> charro *m*

Jointventure^{RR}, **Joint Venture** *nt* <-(s), -s> (WIRTSCH) empreendimento conjunto *m*

Joker ['dʒo:kɐ] *m* <-s, -> jocker *m*

Jongleur(in) [ʒõ'gløːɐ, ʒõŋ'løːɐ] *m(f)* <-s, -e *o* -innen> malabarista *m,f*

jonglieren* *vi* fazer malabarismo

Jordanien [jɔr'da:niən] *nt* <-s> *kein pl* Jordânia *f*

Joule [dʒu:l] *nt* <-(s), -> joule *m*

Journalismus [ʒʊrna'lɪsmʊs] *m* <-> *kein pl* jornalismo *m*

Journalist(in) *m(f)* <-en, -en *o* -innen> jornalista *m,f*

Joystick ['dʒɔɪstɪk] *m* <-s, -s> (INFORM) joystick *m*

Jubel ['ju:bəl] *m* <-s> *kein pl* júbilo *m*

jubeln ['ju:bəln] *vi* regozijar-se, jubilar

J

Jubilar(in) *m(f)* <-s, -e *o* -innen> aniversariante *m,f*

Jubiläum *nt* <-s, Jubiläen> jubileu *m*, aniversário *m; zehnjähriges/fünfzigjähriges* ~ décimo/quinquagésimo aniversário

jucken ['jʊkən] *vi* fazer comichão; **es juckt mich am Arm** tenho comichão no braço

Juckreiz *m* <-es> *kein pl* comichão *f*

Jude, Jüdin ['juːdə] *m, f* <-n, -n *o* -innen> judeu, judia *m, f*

Judentum *nt* <-s> *kein pl* judaísmo *m*

Judenverfolgung *f* <-en> perseguição judaica *f*

jüdisch *adj* judaico

Judo ['juːdo] *nt* <-(s)> *kein pl* judo *m*

Jugend ['juːgənt] *f kein pl* (*Altersstufe*) juventude *f*, mocidade *f; von* ~ **an** desde a juventude; **die** ~ **von heute** a juventude de hoje

Jugendamt *nt* <-(e)s, -ämter> assistência social para crianças e jovens *f*

jugendfrei *adj* permitido a jovens

Jugendfreund(in) *m(f)* <-(e)s, -e *o* -innen> amigo de juventude, amiga *m, f*

Jugendgruppe *f* <-n> grupo de jovens *m*

Jugendherberge *f* <-n> pousada da juventude *f*, albergue da juventude *m*

jugendlich *adj* juvenil

Jugendliche(r) *m/f* <-n, -n *o* -n> jovem *m,f*, adolescente *m,f*

Jugendliebe *f* <-n> paixão de adolescente *f*

Jugendstil *m* <-s> *kein pl* arte nova *f*

Jugendsünde *f* <-n> erro da juventude *m*

Jugendzentrum *nt* <-s, -zentren> centro de jovens *m*

Jugoslawien [jugo'slaːviən] *nt* <-s> *kein pl* Jugoslávia *f*

Juli ['juːli] *m* <-(s), -s> Julho *m; s.* **März**

Jumbojet^RR *m* <-s, -s> jumbo *m*

jung [jʊŋ] *adj* jovem, novo, moço; **ein** ~**r Mann/eine** ~**e Frau** um rapaz/uma rapariga, um/uma jovem; **mein jüngerer Bruder** o meu irmão mais novo; ~ **heiraten/sterben** casar/morrer novo

Junge ['jʊŋə] *m* <-n, -n> rapaz *m*, menino *m*

Jünger(in) *m(f)* <-s, - *o* -innen> discípulo *m*

Junge(s) *nt* <-n, -n> cria *f*, filhote *m;* ~ **bekommen** ter filhotes

Jungfernfahrt *f* <-en> primeira viagem *f*, viagem de ba(p)tismo *f*

Jungfernhäutchen *nt* <-s, -> (ANAT) hímen *m*

Jungfrau *f* <-en> **1.** (*Frau*) virgem *f* **2.** (REL: *Sternkreiszeichen*) Virgem *f;* **die Heilige** ~ Virgem Santíssima

Junggeselle(in) *m(f)* <-n, -n *o* -innen> solteiro, solteira *m, f*, celibatário, celibatária *m, f;* **ein eingefleischter** ~ um solteirão

Jüngling *m* <-s, -e> (*pej*) rapazola *m*, rapazote *m*

jüngst *adj* (mais) recente; **die** ~**e Vergangenheit** o passado recente; **ihr** ~**er Roman** o seu romance mais recente; **das Jüngste Gericht** o Juízo Final; **der Jüngste Tag** o dia do Juízo Final

Juni ['juːni] *m* <-(s), -s> Junho *m; s.* **März**

junior ['juːnioːɐ, 'juːnjoːɐ] *adj* júnior; **Konrad Schmid** ~ Konrad Schmid Júnior

Junior(in) *m(f)* <-s, -en *o* -innen> (SPORT) júnior *m,f*

Junkie *m* <-s, -s> (*umg*) drogado, drogada *m, f*

Jupe *f* <-s> (*schweiz*) saia *f*

Jura ['juːra] *nt* Direito *m;* ~ **studieren** estudar Direito

Jurist(in) [ju'rɪst] *m(f)* <-en, -en *o* -innen> jurista *m,f*

juristisch [ju'rɪstɪʃ] *adj* jurídico; **juristische Fakultät** Faculdade de Direito *f*

Jury [ʒy'riː, 'ʒy:ri] *f* <-s> júri *m*

Jus *nt* <-> *kein pl* **1.** (*schweiz: Saft*) sumo de fruta *m*, suco de fruta *m* **2.** (*österr*) *s.* **Jura**

Justiz [jʊs'tiːts] *f kein pl* justiça *f*

Justizirrtum *m* <-s, -tümer> erro de justiça *m*

Jute *f kein pl* (BOT) juta *f*

Juwel [ju'veːl] *nt* <-s, -en> jóia *f*

Juwelier(in) *m(f)* <-s, -e *o* -innen> joalheiro, joalheira *m, f*, ourives *m,f*

Juweliergeschäft *nt* <-(e)s, -e> joalharia *f*, ourivesaria *f*

Jux [jʊks] *m* <-es> *kein pl* (*umg*) brincadeira *f*, piada *f;* **aus** ~ por brincadeira

K

K *nt* <-s, -s> K, k *m*

Kabarett [kaba'rɛt, kaba're:] *nt* <-s, -s> revista *f*; **politisches** ~ revista com sátira política *f*

Kabarettist(in) [kabarɛ'tɪst] *m(f)* <-en, -en *o* -innen> a(c)tor de revista, a(c)triz *m*, *f*

Kabel ['ka:bəl] *nt* <-s, -> cabo *m*

Kabelfernsehen *nt* <-s> *kein pl* televisão por cabo *f*

Kabeljau ['ka:bəljaʊ] *m* <-s, -s> bacalhau (fresco) *m*

Kabine [ka'bi:nə] *f* <-n> cabine *f*; (*auf Schiff*) camarote *m*

Kabinett [kabi'nɛt] *nt* <-s, -e> (POL) gabinete *m*, conselho de ministros *m*

Kabis *m* <-> *kein pl* (*schweiz*) couve *f*

Kabrio *nt* <-s, -s> cabriolé *m*

Kachel ['kaxəl] *f* <-n> azulejo *m*

Kachelofen *m* <-s, -öfen> forno de azulejos *m*

Kacke ['kakə] *f kein pl* (*umg*) merda *f*

Kadaver [ka'da:vɐ] *m* <-s, -> cadáver *m*

Kadmium ['katmiʊm] *nt* <-s> *kein pl* cádmio *m*

Käfer *m* <-s, -> **1.** (ZOOL) escaravelho *m*, besouro *m* **2.** (*umg: Auto*) carocha *m*

Kaff [kaf] *nt* <-(e)s, Käffer> (*pej*) terreola *f*, lugarejo *m*

Kaffee ['kafe, ka'fe:] *m* <-s, -s> **1.** (*Getränk*) café *m*, bica *f*; **starker**/**dünner** ~ café forte/fraco; ~ **trinken** tomar café; ~ **kochen** fazer café; (*umg*); **das ist kalter** ~ isso não é novidade **2.** (BOT) cafeeiro *m*

Kaffeebohne *f* <-n> grão de café *m*

Kaffeefahrt *f* <-en> excursão onde se podem comprar artigos baratos

Kaffeefilter *m* <-s, -> filtro de café *m*

Kaffeehaus *nt* <-es, -häuser> (*österr*) café *m*

Kaffeekanne *f* <-n> cafeteira *f*

Kaffeeklatsch *m* <-(e)s, -e> conversa de café *f*

Kaffeelöffel *m* <-s, -> colher de café *f*

Kaffeemaschine *f* <-n> máquina de café *f*

Kaffeemühle *f* <-n> moinho de café *m*

Kaffeepause *f* <-n> pausa para café *f*

Kaffeesatz *m* <-es> *kein pl* borra de café *f*

Käfig *m* <-s, -e> gaiola *f*; (*groß*) jaula *f*

kahl [ka:l] *adj* **1.** (*Mensch*) careca, calvo; (*Mensch*); ~ **scheren**/**geschoren** rapar/rapado; (*Tier*) torquiar/tosquiado **2.** (*Landschaft*) escalvado **3.** (*Baum*) desfolhado, despido; (*Raum*) despido

kahlköpfig *adj* calvo, careca

kahl|scheren[ALT] *vt irr s.* **kahl 1**

Kahn [ka:n] *m* <-(e)s, Kähne> **1.** (*kleines Boot*) barco *m*, bote *m* **2.** (*Lastschiff*) batelão *m*

Kai [kaɪ] *m* <-s, -s> cais *m*

Kaiser(in) ['kaɪzɐ] *m(f)* <-s, - *o* -innen> imperador, imperatriz *m*, *f*

kaiserlich *adj* imperial

Kaiserreich *nt* <-(e)s, -e> império *m*

Kaiserschmarren *m* <-s, -> pequena panqueca polvilhada com açúcar

Na Áustria, no Sul da Alemanha e também na Suíça há um prato largamente difundido chamado **Kaiserschmarren**, nome esse que originalmente remetia à imperatriz Elisabeth da Áustria. O Kaiserschmarren é um tipo de panqueca muito espessa, que na frigideira ao fritar é desfeita em pedaços. É servida polvilhada com açúcar. Também se podem juntar passas à massa.

Kaiserschnitt *m* <-(e)s, -e> cesariana *f*

Kajak *m* <-s, -s> caiaque *m*

Kajalstift *m* <-(e)s, -e> lápis dos olhos *m*

Kajüte *f* <-n> camarote *m*

Kakao [ka'kaʊ] *m* <-s, -> (*Pflanze, Getränk*) cacau *m*; (*umg*); **jdn**/**etw durch den** ~ **ziehen** fazer pouco de alguém/a. c.

Kakerlak ['ka:kɛlak] *m* <-s, -en> barata *f*

Kaktus ['kaktʊs] *m* <-, Kakteen> ca(c)to *m*

Kalauer *m* <-s, -> trocadilho *m*, jogo de palavras *m*

Kalb [kalp] *nt* <-(e)s, Kälber> bezerro *m*, vitelo *m*

Kalbfleisch *nt* <-es> *kein pl* vitela *f*, carne de vitela *f*

Kaldaunen *pl* tripas *fpl*

Kalender [ka'lɛndɐ] *m* <-s, -> calendário

m; (Taschenkalender) agenda *f*

Kalenderjahr *nt* <-(e)s, -e> ano civil *m*

Kaliber [ka'liːbɐ] *nt* <-s, -> calibre *m*

Kalif *m* <-en, -en> califa *m*

Kalium ['kaːliʊm] *nt* <-s> *kein pl* potássio *m*

Kalk [kalk] *m* <-(e)s, -e> **1.** *(Stein)* cal *f;* **gelöschter** ~ cal apagada **2.** *(im Knochen)* cálcio *m*

Kalkstein *m* <-(e)s, -e> calcário *m*

Kalkulation [kalkula'tsjoːn] *f* <-en> cálculo *m*

kalkulieren* *vt* calcular

Kalorie [kalo'riː] *f* <-n> caloria *f*

kalorienarm *adj* pobre em calorias

Kaloriengehalt *m* <-(e)s> *kein pl* teor calórico *m*

kalorienreich *adj* rico em calorias

kalt [kalt] *adj* **1.** *(Temperatur)* frio; **es ist** ~ está/faz frio; **mir ist/wird** ~ tenho frio, estou com frio; *(Wetter, Essen)*; ~ **werden** arrefecer; **etw** ~ **stellen** pôr a. c. em lugar fresco **2.** *(gefühllos)* frio, insensível

kaltblütig *adj* de sangue-frio

Kaltblütigkeit *f kein pl* sangue-frio *m*

Kälte *f kein pl* **1.** *(Temperatur)* frio *m;* **eisige** ~ frio de rachar; **sieben Grad** ~ sete graus negativos **2.** *(Gefühllosigkeit)* frieza *f*

Kälteeinbruch *m* <-(e)s, -brüche> queda brusca da temperatura *f*

Kaltfront *f* <-en> frente fria *f*

kaltgepresst[RR] *adj* virgem; ~**es Olivenöl** azeite virgem

Kaltmiete *f* <-n> renda sem aquecimento incluído *f*

Kalzium ['kaltsiʊm] *nt* <-s> *kein pl* cálcio *m*

kam [kaːm] *imp von* **kommen**

Kamel [ka'meːl] *nt* <-(e)s, -e> camelo *m*

Kamelie *f* <-n> camélia *f*

Kamera ['kamɐra] *f* <-s> **1.** *(Filmkamera)* câmara (de filmar) *f* **2.** *(Fotoapparat)* máquina fotográfica *f,* câmara *f*

Kamerad(in) [kamə'raːt] *m(f)* <-en, -en *o* -innen> camarada *m,f,* companheiro, companheira *m, f*

Kameradschaft *f kein pl* camaradagem *f*

kameradschaftlich *adj* de camaradagem

Kameramann, Kamerafrau *m, f* <-(e)s, -männer *o* -en> operador de câmara, operadora *m, f*

Kamerun *nt* <-s> *kein pl* Camarões *mpl*

Kamille [ka'mɪlə] *f* <-n> camomila *f*

Kamillentee *m* <-s, -s> chá de camomila *m*

Kamin [ka'miːn] *m* <-s, -e> **1.** *(im Zimmer)* lareira *f,* fogão de sala *m* **2.** *(Schornstein)* chaminé *f*

Kaminfeger(in) *m(f)* <-s, - *o* -innen> limpa-chaminés *m,f*

Kamm [kam] *m* <-(e)s, Kämme> **1.** *(zum Kämmen)* pente *m;* **alles über einen** ~ **scheren** meter tudo no mesmo saco **2.** *(Bergkamm)* cumeada *f* **3.** *(Hahnenkamm)* crista *f*

kämmen **I.** *vt* pentear **II.** *vr* **sich** ~ pentear-se

Kammer ['kamɐ] *f* <-n> **1.** *(für Vorräte)* despensa *f* **2.** (POL) câmara *f* **3.** *(Ärztekammer, Apothekerkammer)* ordem *f*

Kammermusik *f kein pl* música de câmara *f*

Kammerorchester *nt* <-s, -> orquestra de câmara *f*

Kampagne [kam'panjə] *f* <-n> campanha *f (für* a favor de, *gegen* contra)

Kampf [kampf] *m* <-(e)s, Kämpfe> **1.** *(allgemein)* luta *(für* por, *gegen* contra); **ein** ~ **auf Leben und Tod** um luta de vida ou morte; **etw den** ~ **ansagen** desafiar a. c.; **der** ~ **ums Dasein** a luta pela sobrevivência **2.** *(Kampfhandlung)* combate *m* **3.** (SPORT) competição *f*

kampfbereit *adj* pronto para o combate

kämpfen *vi* lutar *(für* por, *gegen* contra/com, *um* por); (MIL) combater; **mit den Tränen** ~ lutar com as lágrimas; **sie kämpfte um ihr Leben** ela lutou pela vida

Kämpfer(in) *m(f)* <-s, - *o* -innen> lutador, lutadora *m, f;* (MIL) combatente *m,f*

kämpferisch *adj* lutador

Kampfflugzeug *nt* <-(e)s, -e> (MIL) avião de guerra *m*

Kampfhandlungen *pl* operações militares *fpl*

kampflos *adj* sem luta; **sich** ~ **ergeben** entregar-se sem luta

Kampfrichter(in) *m(f)* <-s, - *o* -innen> árbitro *m*

Kampfsport *m* <-(e)s> *kein pl* artes marciais *fpl*

kampieren* *vi* acampar

Kanada ['kanada] *nt* <-s> *kein pl* Canadá *m*

Kanadier(in) *m(f)* <-s, - *o* -innen> canadiano, canadiana *m, f,* canadense *m,f*

kanadisch *adj* canadiano, canadense

Kanal [kaˈnaːl] *m* <-s, Kanäle> 1. (*Wasserlauf*) canal *m* 2. (*für Abwasser*) esgoto *m;* (*zur Bewässerung*) sulco *m* 3. (*Fernsehen*) canal *m;* (*Radio*) estação *f*

Kanalisation [kanalizaˈtsjoːn] *f* <-en> saneamento *m*

Kanaltunnel *m* <-s, -> eurotúnel *m*

Kanaren [kaˈnaːrən] *pl* Canárias *fpl*

Kanarienvogel [kaˈnaːriənfoːɡəl] *m* <-s, -vögel> canário *m*

kanarisch [kaˈnaːrɪʃ] *adj* canário; **die Kanarischen Inseln** as Ilhas Canárias

Kandidat(in) [kandiˈdaːt] *m(f)* <-en, -en *o* -innen> (*bei Wahlen, Prüfung*) candidato, candidata *m, f*

Kandidatur [kandidaˈtuːɐ] *f* <-en> candidatura *f*

kandidieren* *vi* candidatar-se (*für* a)

Kandiszucker [ˈkandɪs-] *m* <-s, -> açúcar cristalizado *m*

Känguru^{RR} *nt* <-s, -s>, **Känguruh**^{ALT} *nt* <-s, -s> canguru *m*

Kaninchen [kaˈniːnçən] *nt* <-s, -> coelho *m*

Kanister [kaˈnɪstɐ] *m* <-s, -> lata *f;* (*aus Plastik*) bidão *m*

Kanne [ˈkanə] *f* <-n> (*Krug*) jarro *m*, caneca *f;* (*Kaffeekanne*) cafeteira *f;* (*Teekanne*) bule *m;* (*Milchkanne*) leiteira *f*

Kannibale(in) [kaniˈbaːlə] *m(f)* <-n, -n *o* -innen> canibal *m,f*

Kannibalismus *m* <-> *kein pl* canibalismo *m*

kannte [ˈkantə] *imp von* **kennen**

Kanon [ˈkaːnɔn] *m* <-s, -s> (MUS) cânone *m*

Kanone [kaˈnoːnə] *f* <-n> 1. (*Geschütz*) canhão *m* 2. (*umg: Revolver*) pistola *f*

Kante [ˈkantə] *f* <-n> 1. (*an Tisch, Stuhl*) borda *f*, beira *f;* (*scharf*) canto *m*, quina *f;* (MAT) aresta *f;* (*umg*); **auf der ~ stehen** não ter a certeza; (*umg*); **etwas auf der hohen ~ haben** ter algum dinheiro de lado 2. (*an Kleidung*) orla *f*, borda *f*

Kantine [kanˈtiːnə] *f* <-n> cantina *f*

Kanton [kanˈtoːn] *m* <-s, -e> cantão *m*

A Suíça compõe-se de 26 cantões, **Kantone**, dos quais três são por sua vez subdivididos em semi-cantões (Unterwalden, Basileia e Appenzell). Os cantões elegem no total 46 representantes para o Ständerat, uma das duas câmaras do legislativo suíço. Os cantões maiores são Graubünden, Berna e Waadt.

kantonal *adj* cantonal

Kanu [ˈkaːnu, kaˈnuː] *nt* <-s, -s> canoa *f*

Kanzel [ˈkantsəl] *f* <-n> 1. (*in Kirche*) púlpito *m* 2. (*in Flugzeug*) carlinga *f*

Kanzlei [kantsˈlaɪ] *f* <-en> 1. (*von Rechtsanwalt*) escritório *m;* (*von Notar*) notário *m* 2. (*Staatskanzlei*) chancelaria *f*

Kanzler(in) [ˈkantslɐ] *m(f)* <-s, - *o* -innen> (POL) chanceler *m,f*

Kanzleramt *nt* <-(e)s> *kein pl* chancelaria *f*

Kanzlerkandidat(in) *m(f)* <-en, -en *o* -innen> candidato a chanceler, candidata *m, f*

Kap [kap] *nt* <-s, -s> cabo *m;* ~ **der Guten Hoffnung** Cabo da Boa Esperança *m;* ~ **Verde** Cabo Verde *m*

Kapazität *f* <-en> 1. (WIRTSCH: *Fassungsvermögen*) capacidade *f* 2. (*Experte*) perito, perita *m, f*

Kapelle [kaˈpɛlə] *f* <-n> 1. (*Gebäude*) capela *f* 2. (MUS) banda *f*, orquestra *f*

Kaper *f* <-n> alcaparra *f*

kapern *vt* capturar

kapieren* *vt* (*umg*) perceber, pescar

Kapital [kapiˈtaːl] *nt* <-s, -ien> capital *m;* ~ **anlegen** investir capital; **geistiges** ~ conhecimentos *mpl*

Kapitalanlage *f* <-n> investimento de capital *m*

Kapitalflucht *f* *kein pl* fuga de capitais *f*

Kapitalismus [kapitaˈlɪsmʊs] *m* <-> *kein pl* capitalismo *m*

Kapitalist(in) [kapitaˈlɪst] *m(f)* <-en, -en *o* -innen> capitalista *m,f*

kapitalistisch *adj* capitalista

Kapitalverbrechen *nt* <-s, -> crime capital *m*

Kapitän(in) *m(f)* <-s, -e *o* -innen> 1. (*Sport*) capitão, capitã *m, f* 2. (*Schiff, Flugzeug*) comandante *m,f*

Kapitel [kaˈpɪtəl] *nt* <-s, -> capítulo *m;* **das ist ein ~ für sich** isso é outra coisa completamente diferente

Kapitulation [kapitulaˈtsjoːn] *f* <-en> capitulação *f*, rendição *f*

kapitulieren* *vi* capitular, render-se

Kappe [ˈkapə] *f* <-n> 1. (*Mütze*) boné *m* 2. (*für Stifte*) tampa *f* 3. (*am Schuh*) biqueira *f*

kappen [ˈkapən] *vt* 1. (*Baum, Hecke*) podar 2. (*Finanzmittel*) reduzir

Kapsel [ˈkapsəl] *f* <-n> 1. (*Behälter*) estojo

K

m, cápsula *f* **2.** (PHARM) cápsula *f* **3.** (*Raumkapsel*) módulo *m*

kaputt [ka'pʊt] *adj* **1.** (*umg: Gerät*) estragado, escangalhado, quebrado; (*Glas, Porzellan*) partido; (*Stoff*) roto **2.** (*umg: Person*) estourado, estafado

kaputtlgehen *vi irr* **1.** (*umg: Gerät*) estragar-se, escangalhar-se, quebrar; (*Stoff, Schuhe*) romper(-se); (*Holz, Glas*) partir(-se) **2.** (*umg: Firma*) falir

kaputtlachen *vr* sich ~ (*umg*) fartar-se de rir (*über* de)

kaputtlmachen I. *vt* (*umg*) estragar, escangalhar, dar cabo de; (*Gesundheit*) estragar; (*Firma*) arruinar; (*psychisch*) dar cabo de; **die Arbeit macht ihn kaputt** o trabalho dá cabo dele II. *vr* sich ~ (*umg*) dar cabo de si

Kapuze [ka'pu:tsə] *f* <-n> capuz *m,* carapuço *m*

Kapuziner *m* <-s, -> (*österr*) café com leite *m*

Kapverden *pl* Cabo Verde *m*

Kapverdier(in) *m(f)* <-s, - *o* -innen> cabo-verdiano, cabo-verdiana *m, f*

kapverdisch *adj* cabo-verdiano

Karaffe [ka'rafə] *f* <-n> garrafa *f*

Karambolage [karambo'la:ʒə] *f* <-n> colisão *f,* choque *m*

Karamellᴿᴿ [kara'mɛl] *m* <-s> *kein pl,* **Karamel**ᴬᴸᵀ *m* <-s> *kein pl* caramelo *m*

Karaoke *nt* <-(s), -(s)> karaoke *m*

Karat [ka'ra:t] *nt* <-(e)s, -e> quilate *m*

Karate [ka'ra:tə] *nt* <-(s)> *kein pl* karaté *m*

Karawane [kara'va:nə] *f* <-n> caravana *f*

Kardanwelle *f* <-n> (TECH) eixo de transmissão *m*

Kardinal [kardi'na:l] *m* <-s, Kardinäle> cardeal *m*

Kardinalzahl *f* <-en> número cardinal *m*

Kardiogramm *nt* <-s, -e> cardiograma *m*

Kardiologe(in) *m(f)* <-n, -n *o* -innen> cardiologista *m,f*

Karfiol *m* <-s> *kein pl* (*österr*) couve-flor *f*

Karfreitag [ka:ɐ̯'fraɪta:k] *m* <-(e)s, -e> Sexta-Feira Santa *f*

karg [kark] *adj* **1.** (*Lohn, Essen*) escasso **2.** (*Ausstattung, Raum*) pobre **3.** (*Landschaft*) árido

kärglich *adj* escasso, pobre

Karibik [ka'ri:bɪk] *f kein pl* Caraíbas *fpl*

kariert [ka'ri:ɐ̯t] *adj* (*Stoff*) axadrezado, aos quadrados; (*Papier*) quadriculado

Karies ['ka:riɛs] *f kein pl* cárie *f*

Karikatur [karika'tu:ɐ̯] *f* <-en> caricatura *f*

Karikaturist(in) *m(f)* <-en, -en *o* -innen> caricaturista *m,f*

karikieren* *vt* caricaturar

karitativ [karita'ti:f] *adj* caridoso

Karneval ['karnəval] *m* <-s, -e> Carnaval *m,* Entrudo *m*

O Carnaval festeja-se tradicionalmente nas regiões católicas da Alemanha. Os mais famosos são "Schwäbisch-alemannische Fasnacht" nas regiões do Sul e Kölner e Mainzer **Karneval**. No Sul predominam os disfarces coloridos tradicionais, muitos com máscaras de madeira. Típico do "Rosenmontagsumzug" (cortejo da Segunda-feira de Carnaval) em Colónia são os grandes carros representando de maneira engraçada personagens e acontecimentos da vida política actual. Em Basileia (Suíça), o Carnaval começa na segunda-feira depois da Quarta-feira de Cinzas e dura 3 dias.

Kärnten *nt* <-s> *kein pl* Caríntia *f*

Karo ['ka:ro] *nt* <-s, -s> **1.** (*Viereck*) quadrado *m*; (*Raute*) losango *m*; (*als Muster*) xadrez *m* **2.** (*im Kartenspiel*) ouros *mpl*

Karosserie [karɔsə'ri:] *f* <-n> carroçaria *f*

Karotin *nt* <-s> *kein pl* caroteno *m*

Karotte [ka'rɔtə] *f* <-n> cenoura *f*

Karpfen ['karpfən] *m* <-s, -> carpa *f*

Karree [ka're:] *nt* <-s, -s> (*österr*) entrecosto *m,* costeleta *f*

Karren ['karən] *m* <-s, -> carroça *f*; (*umg*); **für jdn den ~ aus dem Dreck ziehen** fazer o trabalho sujo por alguém

Karrette *f* <-n> (*schweiz*) carrinho de mão *m*

Karriere [ka'rje:rə] *f* <-n> carreira *f*; ~ **machen** fazer carreira

Karsamstag *m* <-(e)s, -e> Sábado de Páscoa *m*

Karst *m* <-(e)s, -e> (GEOL) carso *m*

Karte ['kartə] *f* <-n> **1.** (*Landkarte*) mapa *m,f,* carta *f, nt* **2.** (*Eintrittskarte*) bilhete *m,* ingresso *m*; (*Fahrkarte*) bilhete *m* **3.** (*Postkarte*) postal *m,* cartão *m*; (*Visitenkarte*) cartão-de-visitas *m*; (SPORT); **die gelbe/rote Karte** o cartão amarelo/vermelho **4.** (*Speisekarte*) ementa *f,* lista *f,* cardápio *m*; **Herr Ober, die ~ bitte!** a lista, por favor! **5.**

(*Spielkarte*) carta *m,f*; ~**n spielen** jogar cartas; (*fig*); **alles auf eine ~ setzen** apostar tudo

Kartei [kar'taɪ] *f* <-en> ficheiro *m*

Karteikarte *f* <-n> ficha *f*

Kartell [kar'tɛl] *nt* <-s, -e> (WIRTSCH) cartel *m*

Kartenspiel *nt* <-(e)s, -e> **1.** (*Spiel*) jogo de cartas *m*; **ein ~ machen** jogar um jogo de cartas **2.** (*Spielkarten*) baralho *m*

Kartentelefon *nt* <-s, -e> telefone de cartão *m*

Kartenvorverkauf *m* <-(e)s> *kein pl* venda antecipada de bilhetes *f*

Kartoffel [kar'tɔfəl] *f* <-n> batata *f*

Kartoffelbrei *m* <-s> *kein pl* puré de batata *m*

Kartoffelchip *m* <-s, -s> batata frita *f*

Kartoffelkäfer *m* <-s, -> escaravelho da batata *m*

Kartoffelpuffer *m* <-s, -> panqueca de batata *f*

Kartoffelpüree *nt* <-s> *kein pl* puré de batata *m*

Kartoffelsalat *m* <-(e)s, -e> salada de batata *f*

Kartoffelstock *m* <-(e)s> *kein pl* (*schweiz*) puré *m* de batata

Karton [kar'tɔŋ] *m* <-s, -s> **1.** (*Schachtel*) caixa de cartão *f* **2.** (*Pappe*) papelão *m*, cartão *m*; (*Zeichenkarton*) cartolina *f*

Karussell [karʊ'sɛl] *nt* <-s, -s> carrocel *m*; ~ **fahren** andar de carrocel

Karwoche ['ka:ɐvɔxə] *f* <-n> Semana Santa *f*

Karzinom *nt* <-s, -e> carcinoma *m*

Kasachstan ['kazaxsta:n] *nt* <-s> *kein pl* Cazaquistão *m*

kaschieren* *vt* esconder

Kaschmir ['kaʃmiːɐ] *m* <-s, -e> (*Material*) casimira *f*

Käse *m* <-s, -> **1.** (*Lebensmittel*) queijo *m* **2.** (*umg: Unsinn*) disparate *m*

Käsebrot *nt* <-(e)s, -e> pão com queijo *m*

Käseglocke *f* <-n> campânula para queijo *f*

Käsekuchen *m* <-s, -> tarte de queijo *f*, queijada *f*

Kaserne [ka'zɛrnə] *f* <-n> quartel *m*

käsig *adj* (*umg*) pálido

Kasino [ka'zi:no] *nt* <-s, -s> **1.** (*Spielkasino*) casino *m* **2.** (MIL) messe dos oficiais *f*

Kaskoversicherung *f* <-en> seguro contra todos os riscos *m*

Kasper *m* <-s, -> fantoche *m*

Kasperletheater *nt* <-s, -> teatro de fantoches *m*

Kassa *f* <Kassen> (*österr*) caixa *f*

Kasse ['kasə] *f* <-n> **1.** (*im Kino, Theater*) bilheteira *f*, bilheteria *f* **2.** (*in Geschäft*) caixa *f*; **zahlen Sie bitte an der ~** pague na caixa, por favor **3.** (*Bargeld*) dinheiro *m*; (*umg*); **gut/schlecht bei ~ sein** estar bem/mal de finanças

Kassenpatient(in) *m(f)* <-en, -en *o* -innen> beneficiário, beneficiária *m, f*

Kassenzettel *m* <-s, -> talão (da caixa) *m*

Kasserolle *f* <-n> caçarola *f*

Kassette [ka'sɛtə] *f* <-n> **1.** (*Musikkassette, Videokassette*) cassete *f*; **etw auf ~ aufnehmen** gravar a. c. em cassete **2.** (*für Schmuck*) guarda-jóias *m*

Kassettendeck *nt* <-s, -s> leitor-gravador de cassetes *m*, toca-fitas *m*

Kassettenrekorder *m* <-s, -> gravador de cassetes *m*, toca-fitas *m*

Kassier *m* <-s, -e> (*österr, schweiz*) *s.* **Kassierer**

kassieren* **I.** *vt* (*Geldbetrag*) cobrar; (*umg: an sich nehmen*) ficar com; (JUR) anular **II.** *vi* tirar a conta; **darf ich ~?** posso tirar a conta?

Kassierer(in) *m(f)* <-s, - *o* -innen> caixa *m,f*

Kastanie [kas'ta:niə] *f* <-n> **1.** (*Frucht*) castanha *f* **2.** (*Baum*) castanheiro *m*

Kastanienbaum *m* <-(e)s, -bäume> castanheiro *m*

Kästchen *nt* <-s, -> **1.** (*Behälter*) caixinha *f* **2.** (*auf Papier*) quadrado *m*

Kastell *nt* <-s, -e> castelo *m*, forte *m*

Kasten ['kastən] *m* <-s, Kästen> **1.** (*Kiste*) caixa *f* **2.** (*für Getränke*) grade *f*; **ein ~ Bier** uma grade de cerveja **3.** (*umg: Gebäude*) caixote *m* **4.** (*österr, schweiz: Schrank*) armário *m*

Kastilien [kas'ti:liən] *nt* <-s> *kein pl* Castela *f*

Kastration *f* <-en> castração *f*

kastrieren* *vt* castrar, capar

Kasus ['ka:zʊs] *m* <-, -> (LING) caso *m*

Kat [kat] *abk v* **Katalysator** catalisador

Katalog [kata'lo:k] *m* <-(e)s, -e> catálogo *m*

K

katalogisieren* vt catalogar

Katalysator [kataly'za:to:ɐ] m <-s, -en> catalisador m

Katarr m <-s, -e> s. **Katarrh** catarro m

katastrophal [katastro'fa:l] adj catastrófico

Katastrophe [katas'tro:fə] f <-n> catástrofe f

Katastrophengebiet nt <-(e)s, -e> zona de catástrofe f

Kategorie [katego'ri:] f <-n> categoria f

kategorisch [kate'go:rɪʃ] adj categórico; **etw ~ ablehnen** recusar a. c. categoricamente

kategorisieren* vt classificar

Kater ['ka:tɐ] m <-s, -> 1. (ZOOL) gato m 2. (umg: nach Alkoholgenuss) ressaca f; **einen ~ haben** estar de ressaca

Kathedrale [kate'dra:lə] f <-n> catedral f, sé f

Katheter [ka'te:tɐ] m <-s, -> cateter m

Kathode f <-n> cátodo m

Katholik(in) [kato'li:k] m(f) <-en, -en o -innen> católico, católica m, f

katholisch [ka'to:lɪʃ] adj católico

Katze ['katsə] f <-n> gato m; (Weibchen) gata f; (umg); **es war alles für die Katz** foi tudo em vão; (umg); **wie die ~ um den heißen Brei schleichen** estar com rodeios; (umg); **die ~ im Sack kaufen** comprar a. c. às escuras

Katzensprung m <-(e)s, -sprünge> **es ist nur ein ~** é um tirinho

Katzenwäsche f kein pl ~ **machen** lavar-se à gato

Kauderwelsch ['kaʊdɐvɛlʃ] nt <-(s)> kein pl jargão m

kauen ['kaʊən] vt mastigar; (Kaugummi) mascar

kauern ['kaʊɐn] I. vi estar de cócoras II. vr **sich ~** acocorar-se, agachar-se

Kauf [kaʊf] m <-(e)s, Käufe> compra f; **ein guter ~** uma pechincha; **etw in ~ nehmen** aceitar a. c., sujeitar-se a a. c.

kaufen ['kaʊfən] vt 1. (Ware) comprar; **etw auf Raten ~** comprar a. c. a prestações; **ein Kleid für 150 DM ~** comprar um vestido por 150 marcos 2. (umg: bestechen) comprar, subornar; **die Zeugen sind gekauft** as testemunhas estão compradas

Käufer(in) ['kɔyfɐ] m(f) <-s, - o -innen> comprador, compradora m, f

Kaufhaus nt <-es, -häuser> armazéns (de comércio) mpl

Kaufkraft f kein pl poder de compra m

käuflich adj 1. (Ware) comprável; **etw ~ erwerben** adquirir a. c. por compra 2. (bestechlich) subornável

Kaufmann, Kauffrau m, f <-(e)s, -männer o -en> comerciante m, f

kaufmännisch adj comercial, mercantil

Kaufvertrag m <-(e)s, -träge> contrato de compra e venda m

Kaugummi nt <-s, -s> pastilha elástica f, chiclete f; ~ **kauen** mascar pastilha elástica, mascar chiclete

Kaukasus m <-> kein pl Cáucaso m

Kaulquappe ['kaʊlkvapə] f <-n> girino m

kaum [kaʊm] adv 1. (fast nicht) mal, quase; **ich habe ~ etwas gegessen** eu mal comi, eu quase não comi; **er ist ~ größer als ich** é pouco mais alto (do) que eu; **es war ~ jemand da** não estava lá quase ninguém 2. (mit Mühe) dificilmente; **es ist ~ zu glauben** custa a crer; **ich bin ~ fertig geworden** quase não acabei 3. (wahrscheinlich nicht) **sie wird heute wohl ~ kommen** ela hoje não deve vir 4. (gerade erst) mal, logo que; ~ **war er da, ...** mal ele chegou ..., logo que ele chegou ...

kausal [kaʊ'za:l] adj causal

Kaution [kaʊ'tsjo:n] f <-en> 1. (JUR) fiança f, caução f; **jdn gegen ~ freilassen** libertar alguém sob fiança 2. (bei Miete) depósito m; **eine ~ hinterlegen** pagar um depósito

Kautschuk ['kaʊtʃʊk] m <-s> kein pl borracha f

Kauz [kaʊts] m <-es, Käuze> 1. (ZOOL) mocho m, coruja f 2. (Person) esquisito m; **ein komischer ~** um tipo esquisito

Kavalier [kava'li:ɐ] m <-s, -e> cavalheiro m

Kavaliersdelikt nt <-(e)s, -e> pecadilho m, pequena ofensa f

Kaviar ['ka:via:ɐ] m <-s, -e> caviar m

KB [ka:'be:] abk v **Kilobyte** KB (= quilobyte)

Kcal abk v **Kilokalorie** Kcal (= quilocaloria)

Kebab m <-(s), -s> carne assada no espeto m

keck [kɛk] adj atrevido, descarado

Keeper(in) m(f) <-s, - o -innen> (SPORT: Torwart, österr) guarda-redes m, f, goleiro, goleira m, f

Kefe f <-n> (schweiz) ervilha f

Kegel ['ke:gəl] m <-s, -> 1. (MAT) cone m 2. (Spielfigur) pino m

Kegelbahn f<-en> pista de bowling f, pista de boliche f

kegeln ['keːgəln] vi jogar bowling, jogar boliche

Kehle ['keːlə] f <-n> garganta f; **jdm die ~ durchschneiden** degolar alguém; **aus voller ~ singen** cantar a plenos pulmões; (umg); **etw in die falsche ~ kriegen** perceber mal a. c.

Kehlkopf m <-(e)s, -köpfe> laringe f

Kehre f <-n> curva (apertada) f

kehren ['keːrən] **I.** vt (drehen) virar, voltar; **die Innenseite nach außen ~** virar do avesso; **jdm den Rücken ~** virar as costas a alguém; **sie ist in sich gekehrt** ela está reservada; (fegen) varrer **II.** vi (schweiz: Wind, Trend) mudar; (Auto) dar a volta

Kehrmaschine f <-n> varredora mecânica f

Kehrreim m <-(e)s, -e> refrão m

Kehrseite f <-n> reverso m; **die ~ der Medaille** o reverso da medalha

kehrt|machen ['keːɐt-] vi voltar atrás, dar meia volta

Kehrwoche é uma invenção da Suábia. Para que os passeios e escadas dos prédios estejam sempre limpos, os próprios moradores limpam em turnos semanais os passeios em frente das suas casas e as escadas dos seus prédios.

keifen ['kaɪfən] vi berrar, resmungar

Keil [kaɪl] m <-(e)s, -e> **1.** (Werkzeug) calço m, cunha f **2.** (Bremsklotz) calço de travão m

Keilriemen m <-s, -> correia do ventilador f

Keim [kaɪm] m <-s, -e> **1.** (BOT) gérmen m, germe m; **etw im ~ ersticken** abafar a. c. no início **2.** (Embryo) embrião m **3.** (Krankheitserreger) germe m

keimen vi germinar

keimfrei adj esterilizado

Keimzelle f <-n> **1.** (BIOL) célula embrionária f **2.** (Anfang) base f

kein pron indef nenhum(a); **~ einziges Mal** nenhuma vez; **~ bisschen** nem um bocadinho; **ich habe ~ Geld/~e Zeit** eu não tenho dinheiro/tempo (nenhum); **es war ~ Mensch da** não estava lá ninguém; **nur ~e Angst!** não tenhas medo (nenhum)!

keine(r, s) pron indef ninguém, nenhum; **~r von beiden/uns** nenhum dos dois/de nós;

ich kenne ~n, der das kann não conheço ninguém que saiba fazer isso; **~s der Kinder** nenhuma das crianças

keinesfalls ['--'-] adv de forma nenhuma, de maneira nenhuma, em hipótese alguma

keineswegs ['--'-] adv de maneira nenhuma

keinmal adv nem uma só vez

Keks [keːks] m <-es, -e> bolacha f; (umg); **jdm auf den ~ gehen** enervar alguém

Kelch [kɛlç] m <-(e)s, -e> **1.** (Glas) taça f; (REL) cálice m **2.** (BOT) cálice m

Kelle ['kɛlə] f <-n> **1.** (Schöpflöffel) concha f **2.** (Maurerkelle) pá f

Keller ['kɛlɐ] m <-s, -> cave f; (brasil) porão m

Kellerei f <-en> caves fpl

Kellner(in) ['kɛlnɐ] m(f) <-s, - o -innen> empregado de mesa, empregada m, f, garçon, garçonete m, f

Kelter f <-n> lagar m

keltern vt espremer

Kenia nt <-s> kein pl Quénia m

kennen ['kɛnən] vt conhecer; **~ Sie das Buch/meinen Mann?** conhece o livro/meu marido?; **jdn dem Namen nach ~** conhecer alguém de nome; **etw ~ lernen** (ficar a) conhecer a. c.; **jdn ~ lernen** conhecer alguém, travar conhecimento com alguém; **sich näher ~ lernen** conhecer-se melhor; **es freut mich sehr, Sie ~ zu lernen** tenho muito prazer em conhecê-lo

kennen|lernen[ALT] vt s. **kennen**

Kenner(in) m(f) <-s, - o -innen> conhecedor, conhecedora m, f, entendido, entendida m, f

Kenntnis ['kɛntnɪs] f kein pl conhecimento m; **jdn von etw in ~ setzen** dar conhecimento de a. c. a alguém; **etw zur ~ nehmen** tomar conhecimento de a. c.

Kenntnisse pl conhecimentos mpl, noções fpl; **seine ~ auffrischen/vertiefen** renovar/aprofundar os seus conhecimentos

Kennwort nt <-(e)s, -wörter> senha f

Kennzeichen nt <-s, -> **1.** (Merkmal) sinal m, marca f; **besondere ~** sinais particulares **2.** (Auto) matrícula f; (brasil) chapa (de matrícula) f

kennzeichnen vt distinguir, assinalar

Kennziffer f <-n> código m

kentern ['kɛntɐn] vi virar, voltar-se

Keramik [keˈraːmɪk] f <-en> cerâmica f

Kerbe ['kɛrbə] f <-n> (in Holz) entalhe m; (in Metall) mossa f

K

Kerbel *m* <-s> *kein pl* (BOT) cerefólio *m*

Kerbholz *nt* (*umg*) **etw auf dem ~ haben** ter feito a. c. de errado

Kerker ['kɛrkɐ] *m* <-s, -> (*sehr festes unterirdisches Gefängnis*) presídio *m*

Kerl [kɛrl] *m* <-(e)s, -e> (*umg*) tipo *m*, gajo *m*; (*brasil*) cara *m*; **du blöder ~!** seu estúpido!; **er ist ein feiner ~** ele é um tipo porreiro

Kern [kɛrn] *m* <-(e)s, -e> 1. (*Obstkern*) caroço *m*; (*von Melone*) pevide *f*; (*von Traube*) grainha *f*, grão *m*; (*von Nuss*) miolo *m*; (*von Sonnenblume*) âmago *m* 2. (BIOL, PHYS) núcleo *m* 3. (*einer Sache*) essência *f* 4. (*Zentrum*) âmago *m*

Kernbrennstoff *m* <-(e)s, -e> combustível nuclear *m*

Kernenergie *f kein pl* energia nuclear *f*

Kernfusion *f* <-en> (PHYS) fusão nuclear *f*

Kerngehäuse *nt* <-s, -> coração *m*

kerngesund ['---'-] *adj* sadio, são como um pêro

Kernkraft *f kein pl* energia nuclear *f*

Kernkraftgegner(in) *m(f)* <-s, - *o* -innen> a(c)tivista antinuclear *m,f*

Kernkraftwerk *nt* <-(e)s, -e> central nuclear *f*

Kernphysik *f kein pl* física nuclear *f*

Kernreaktion *f* <-en> (PHYS) rea(c)ção nuclear *f*

Kernseife *f* <-n> sabão *m*

Kernspaltung *f* <-en> (PHYS) fissão nuclear *f*

Kernwaffen *pl* armas nucleares *fpl*

Kerze ['kɛrtsə] *f* <-n> 1. (*aus Wachs*) vela *f*; (REL) círio *m* 2. (*Zündkerze*) vela *f*

kerzengerade ['----'--] *adj* aprumado

Kerzenlicht *nt* <-(e)s> *kein pl* luz da vela *f*

Kerzenständer *m* <-s, -> castiçal *m*

kess^RR [kɛs] *adj*, **keß**^ALT *adj* arrojado, atrevido

Kessel ['kɛsəl] *m* <-s, -> 1. (*Wasserkessel*) chaleira *f* 2. (*Dampfkessel*) caldeira *f* 3. (GEOG) vale fundo *m* 4. (*schweiz: Eimer*) balde *m*

Ketchup *nt* <-(s), -s> *s.* **Ketschup** ketchup *m*

Kette ['kɛtə] *f* <-n> 1. (*Eisenkette, Fahrradkette*) corrente *f*; (*Hotelkette*) cadeia *f*; **den Hund an die ~ legen** prender o cão à corrente 2. (*Halskette*) colar *m*, cordão *m* 3. (*Gebirgskette*) serra *f*, cordilheira *f* 4. (*von Ereignissen*) série *f*

Kettenfahrzeug *nt* <-(e)s, -e> veículo de lagartas *m*

Kettenraucher(in) *m(f)* <-s, - *o* -innen> fumador em série, fumadora *m, f*, fumante em série *m,f*

Kettenreaktion *f* <-en> rea(c)ção em cadeia *f*

Ketzerei [kɛtsə'raɪ] *f kein pl* heresia *f*

ketzerisch *adj* herege

keuchen ['kɔɪçən] *vi* arquejar, ofegar

Keuchhusten *m* <-s> *kein pl* tosse convulsa *f*

Keule ['kɔɪlə] *f* <-n> 1. (GASTR) perna *f*, coxa *f* 2. (*Waffe*) moca *f*

keusch [kɔɪʃ] *adj* casto, puro

Keyboard ['kiːbɔːt] *nt* <-s, -s> teclado *m*

Kfz *abk v* **Kraftfahrzeug** veículo ligeiro

kg *abk v* **Kilogramm** kg (= *quilograma*)

Kichererbse ['kiçɐ-] *f* <-n> grão-de-bico *m*

kichern ['kiçɐn] *vi* dar risadinhas

kicken ['kikən] **I.** *vt* (*umg*) chutar **II.** *vi* (*umg*) jogar futebol

kidnappen ['kitnɛpən] *vt* raptar, sequestrar

Kidnapper(in) ['kitnɛpɐ] *m(f)* <-s, - *o* -innen> raptor, raptora *m, f*, sequestrador, sequestradora *m, f*

Kids *pl* (*umg*) miudos *mpl*

Kiefer[1] ['kiːfɐ] *m* <-s, -> (ANAT) maxilar *m*, maxila *f*

Kiefer[2] *f* <-n> (BOT) pinheiro bravo *m*

Kiel [kiːl] *m* <-(e)s, -e> quilha *f*

Kielwasser *nt* <-s> *kein pl* rast(r)o do navio *m*, sulco (na água) *m*

Kieme ['kiːmə] *f* <-n> guelra *f*

Kies [kiːs] *m* <-es> *kein pl* 1. (*Steine*) cascalho *m*, gravilha *f* 2. (*umg: Geld*) massa *f*, pastel *m*

Kieselstein *m* <-(e)s, -e> seixo *m*

Kiesgrube *f* <-n> cova de cascalho *f*

kiffen ['kifən] *vi* (*umg*) fumar (charros)

Kikeriki *nt* <-s, -s> cocorocó *m*

killen ['kilən] *vt* (*umg*) matar

Killer ['kilɐ] *m* (*umg*) assassino *m*

Kilo ['kiːlo] *nt* <-s, -(s)> (*umg*) quilo *m*; **ich hätte gern drei ~ Äpfel** eu queria três quilos de maçãs

Kilobyte ['kiːlobaɪt] *nt* <-(s), -(s)> kilobyte *m*

Kilogramm *nt* <-s, -> quilograma *m*

Kilojoule *nt* <-(s), -> quilojoule *m*

Kilokalorie *f* <-n> quilocaloria *f*

Kilometer [--'--, '----] *m* <-s, -> quilómetro

m; **wir fahren 120 ~ pro Stunde** nós vamos a 120 quilómetros à/por hora

Kilometerstand *m* <-(e)s, -stände> quilometragem *f*

Kilometerzähler *m* <-s, -> conta-quilómetros *m*

Kilowatt *nt* <-s, -> quilovátio *m*, quilowatt *m*

Kind [kɪnt] *nt* <-(e)s, -er> **1.** (*Junge, Mädchen*) criança *f;* **von ~ an** desde pequeno **2.** (*eigenes Kind*) filho, filha *m, f;* **er hat drei ~er** ele tem três filhos; **sie bekommt ein ~** ela vai ter um filho; **das ~ kommt im Mai** o filho nasce em Maio; **jdn an ~es statt annehmen** ado(p)tar alguém

Kinderarbeit [ˈkɪndɐ-] *f kein pl* trabalho infantil *m*

Kinderarzt, **Kinderärztin** *m, f* <-es, -ärzte *o* -en> pediatra *m, f*

Kinderbett *nt* <-(e)s, -en> cama de criança *f*

Kinderbuch *nt* <-(e)s, -bücher> livro infantil *m*

Kinderei *f* <-en> criancice *f*

Kinderfahrkarte *f* <-n> meio-bilhete *m*

Kinderfreibetrag *m* <-(e)s, -träge> dedução nos impostos por descendente *f*

Kindergarten *m* <-s, -gärten> infantário *m*, jardim de infância *m*, jardim-escola *m*

Na Alemanha **Kindergarten** é uma instituição pública que funciona numa sala ou prédio do município ou da Igreja. Aqui crianças em idade pré-escolar são acompanhadas 4 a 6 horas por dia por educadoras que incentivam o seu desenvolvimento. Na Alemanha todas as crianças a partir dos 3 anos têm em princípio direito a um lugar no Kindergarten.

Kindergärtnerin *f* <-nen> educadora de infância *f*

Kindergeld *nt* <-(e)s> *kein pl* abono de família *m*

Kinderheim *nt* <-(e)s, -e> lar de infância *m*

Kinderhort *m* <-(e)s, -e> infantário *m*

Kinderkrankheit *f* <-en> doença infantil *f*

Kinderlähmung *f kein pl* poliomielite *f*, paralisia infantil *f*

kinderleicht [ˈ--ˈ-] *adj* facílimo

kinderlieb *adj* que gosta de crianças

kinderlos *adj* sem filhos

kinderreich *adj* ~e **Familie** família numerosa *f*

Kinderschuh *m* <-(e)s, -e> sapato de criança *m;* (*umg*); **noch in den ~en stecken** ainda estar verde

Kindersitz *m* <-es, -e> cadeira de bebé *f*

Kinderspiel *nt* <-(e)s, -e> jogo infantil *m*

Kinderteller *m* <-s, -> prato infantil *m*, prato de criança *m*

Kinderwagen *m* <-s, -> carrinho de bebé *m*

Kinderzimmer *nt* <-s, -> quarto das crianças *m*

Kindesmisshandlung[RR] *f* <-en> maus-tratos (infantis) *mpl*

Kindheit *f kein pl* infância *f;* **seit frühester ~** desde tenra idade

kindisch *adj* infantil, pueril; **sich ~ benehmen** ser infantil

kindlich *adj* infantil

Kinn [kɪn] *nt* <-(e)s, -e> queixo *m*

Kinnhaken *m* <-s, -> golpe no queixo *m*

Kino [ˈkiːno] *nt* <-s, -s> cinema *m*

Kinokarte *f* <-n> bilhete de cinema *m*

Kinoprogramm *nt* <-s, -e> programa de cinema *m*

Kiosk [ˈkiːɔsk] *m* <-(e)s, -e> quiosque *m*

Kipferl *nt* <-s, -> (*österr*) bolacha em meia-lua *f*

Kippe [ˈkɪpə] *f* <-n> **1.** (*Müllkippe*) lixeira *f* **2.** (*umg: von Zigarette*) pica *f*, beata *f*

kippen [ˈkɪpən] **I.** *vt* (*schräg stellen*) inclinar; (*umkippen*) virar, entornar **II.** *vi* perder o equilíbrio

Kippschalter *m* <-s, -> interruptor basculante *m*

Kirche [ˈkɪrçə] *f* <-n> igreja *f;* **in die ~ gehen** ir à igreja

Kirchenasyl *nt* <-s, -e> (POL) asilo concedido pela Igreja *m*

Kirchengemeinde *f* <-n> paróquia *f*

Kirchenlied *nt* <-(e)s, -er> cântico (sagrado) *m*

Kirchenmusik *f kein pl* música sacra *f*

Kirchensteuer *f* <-n> contribuição para a Igreja *f*

Kirchensteuer é um imposto que se eleva a aproximadamente 8% do salário e que é pago por todas as pessoas que trabalham e estão filiadas à Igreja Evangélica (Protestante) ou à Igreja Católica. Nor-

K

malmente este imposto é pago às Finanças que se encarregam de o reenviar para
as devidas igrejas. Na Áustria esta contribuição assume diferentes valores e é recolhida pelas próprias igrejas. Na Suíça o
Kirchensteuer é regulamentado de acordo com as leis de cada cantão.

kirchlich adj eclesiástico, da Igreja; ~ **heiraten** casar pela Igreja
Kirchturm m <-(e)s, -türme> campanário m
Kirsche ['kɪrʃə] f <-n> cereja f
Kissen ['kɪsən] nt <-s, -> (Kopfkissen) almo-
fada f, travesseiro m; (Sofakissen) almofada f
Kissenbezug m <-(e)s, -bezüge> fronha f
Kiste ['kɪstə] f <-n> 1. (Behälter) caixa f;
(groß) caixote m; (für Getränke) grade f 2.
(umg: Auto) carripana f, calhambeque m 3.
(umg: Bett) cama f; **in die ~ gehen** ir para a
cama
Kitsch [kɪtʃ] m <-(e)s> kein pl kitsch m
kitschig adj parolo, piroso
Kitt [kɪt] m <-(e)s, -e> massa f, argamassa f
Kittchen ['kɪtçən] nt <-s, -> (umg) cadeia f;
im ~ sitzen estar na cadeia
Kittel ['kɪtəl] m <-s, -> 1. (Arbeitskittel) bata
f 2. (für Kinder) bibe m 3. (schweiz: Jackett)
jaqueta f
kitten ['kɪtən] vt betumar
Kitz [kɪts] nt <-es, -e> (Zicklein) cabrito m;
(Rehkitz) cria de corça f
Kitzel m <-s, -> (Lust) gana f, vontade f
kitzelig adj (Mensch) que tem cócegas; ~
sein ter cócegas
kitzeln ['kɪtsəln] vt fazer cócegas a
Kiwi ['kiːvi] f <-s> kiwi m
KKW [kaːkaːˈveː] abk v **Kernkraftwerk** central nuclear
klaffen ['klafən] vi abrir-se, estar fendido;
eine ~de Wunde uma ferida aberta
kläffen vi (pej) latir, ladrar
Klage ['klaːgə] f <-n> 1. (Jammern, Beschwerde) queixa f, lamento m 2. (JUR) queixa f; **eine ~ einreichen** apresentar queixa
klagen ['klaːgən] vi 1. (sich beschweren)
queixar-se (über de); (jammern) lamentar-se
(über de); **er klagt über Kopfschmerzen**
ele queixa-se de dores de cabeça 2. (JUR)
apresentar queixa; **auf Schadensersatz ~**
pedir inde(m)nização
Kläger(in) m(f) <-s, - o -innen> (JUR) queixoso, queixosa m, f

kläglich adj 1. (Mitleid erregend) lastimável, lamentável 2. (minderwertig, jämmerlich) miserável
Klamauk m <-s> kein pl palhaçada f, fantochada f
klamm [klam] adj (vor Kälte) teso; (feucht)
(h)úmido
Klammer ['klamɐ] f <-n> 1. (im Text) parêntese m, parêntesis m; **eckige/geschweif-
te ~n** parêntese re(c)to/curvo; **ein Wort in
~n setzen** pôr uma palavra entre parênteses
2. (Wäscheklammer) mola f, prendedor m 3.
(Zahnklammer) aparelho m; **eine ~ tragen**
usar aparelho
Klammeraffe m <-n, -n> (umg) arroba f
klammern ['klamɐn] I. vt enganchar, engatar II. vr sich ~ agarrar-se (an a), pren-
der-se (an a)
klammheimlich adj (umg) às escondidas
Klamotten [klaˈmɔtən] pl 1. (umg: Sachen) tarecos mpl 2. (umg: Kleidung) roupa f
klang [klaŋ] imp von **klingen**
Klang [klaŋ] m <-(e)s, Klänge> (Ton) som
m; (der Stimme) timbre m; (eines Instrumen-
tes) tom m
klangvoll adj sonoro
Klappbett nt <-(e)s, -en> cama articulada f
Klappe ['klapə] f <-n> 1. (Deckel) tampa f;
(an Blasinstrumenten) lingueta f; (am Ofen)
porta f; (am Briefkasten) portinhola f 2.
(umg: Mund) matraca f; (umg); **halt die ~!**
cala-te!, cala a boca!
klappen ['klapən] I. vt (aufklappen) abrir;
(hochklappen) levantar; (zuklappen) fechar
II. vi (umg: funktionieren) dar (certo), resultar; **es klappt nicht** não dá
klapperig ['klapərɪç] adj 1. (Auto, Möbel)
a cair aos bocados, caindo em pedaços 2.
(Mensch) decrépito
klappern ['klapɐn] vi fazer barulho, dar estalos; (Fensterladen) bater; **vor Kälte mit
den Zähnen ~** bater o queixo de frio
Klapperschlange f <-n> cobra cascavel f
Klappmesser nt <-s, -> navalha (de ponta
e mola) f
Klappstuhl m <-(e)s, -stühle> cadeira articulada f
Klapptisch m <-(e)s, -e> mesa elástica f,
mesa de abrir f
Klaps [klaps] m <-es, -e> palmada f; **jdm einen ~ geben** dar uma palmada a alguém
klar [klaːɐ] adj 1. (Wasser) límpido; (Him-

mel) limpo; (*durchsichtig*) transparente **2.** (*eindeutig*) claro, nítido; **ein ~er Sieg** uma nítida vitória; **es ist völlig ~, dass ...** é evidente que ...; **sich ~ ausdrücken** expressar-se com clareza; **sich** *dat* **über etw im Klaren sein** estar bem (cons)ciente de a. c.; **~ kommen** (*coloq*) arranjar-se a.c.; **jdm etw ~ machen** (**legen**) explicar a. c. a alguém; **~ stellen** esclarecel; **alles ~?** (*coloq*) tudo bem?; **na ~!** claro!, com certeza!

Kläranlage *f* <-n> ETAR *f*, estação de tratamento de águas residuais *f*

klären **I.** *vt* (*Abwässer*) filtrar, limpar; (*Problem, Frage*) esclarecer **II.** *vr* **sich ~** (*Angelegenheit*) esclarecer-se

Klarheit *f kein pl* **1.** (*Reinheit, Schärfe*) clareza *f*, nitidez *f* **2.** (*Durchsichtigkeit*) transparência *f* **3.** (*Deutlichkeit*) clareza *f*, nitidez *f*; **sich** *dat* **~ über etw verschaffen** esclarecer-se acerca de a. c.

Klarinette [klari'nɛtə] *f* <-n> clarinete *m*

klar|kommen *vi irr* não ter problemas (*mit* com)

klar|machen *vt* (*Schiff*) preparar (para zarpar)

klar|sehen[ALT] *vi irr s.* **klar 2**

Klarsichtfolie *f* <-n> película transparente *f*

klar|stellen *vt* esclarecer

Klärung *f* <-en> **1.** (*von Abwasser*) tratamento *m*, limpeza *f* **2.** (*von Problem, Frage*) esclarecimento *m*

klasse ['klasə] *interj* (*umg*) espe(c)tacular, de categoria; **das ist ja ~!** isso é o máximo!

Klasse ['klasə] *f* <-n> **1.** (*Kategorie*) classe *f*; (*Güte~, Sport*) categoria *f*; **erster ~ fahren** viajar em primeira (classe) **2.** (*Schulklasse*) turma *f*; (*Jahrgang*) ano *m* **3.** (*gesellschaftlich*) classe *f*

Klassenarbeit *f* <-en> teste *m*

Klassenkamerad(in) *m(f)* <-en, -en *o* -innen> colega de turma *m,f*

Klassenkampf *m* <-(e)s> *kein pl* luta de classes *f*

Klassenlehrer(in) *m(f)* <-s, - *o* -innen> professor da turma, professora *m, f*

Klassentreffen *nt* <-s, -> encontro de ex-colegas de escola *m*

Klassenzimmer *nt* <-s, -> sala de aula *f*

Klassifikation *f* <-en> classificação *f*

klassifizieren* *vt* classificar

Klassik ['klasɪk] *f kein pl* **1.** (*Zeit*) época clás-

sica *f* **2.** (*Stil*) classicismo *m* **3.** (MUS) música clássica *f*

Klassiker(in) ['klasikə] *m(f)* <-s, - *o* -innen> clássico, clássica *m, f*

klassisch *adj* clássico

Klatsch [klatʃ] *m* <-(e)s, -e> **1.** (*Geräusch*) pancada *f* **2.** *kein pl* (*Gerede*) bisbilhotice *f*, fofoca *f*

Klatschbase *f* <-n> (*pej*) bisbilhoteira *f*, fofoqueira *f*

klatschen ['klatʃən] **I.** *vt* **Beifall ~** aplaudir, bater palmas **II.** *vi* **1.** (*applaudieren*) aplaudir **2.** (*pej: tratschen*) bisbilhotar, dar à língua, fofocar **3.** (*Geräusch*) bater, fazer barulho; **Regen klatscht an das Fenster** a chuva bate na janela, a chuva faz barulho na janela

Klatschmohn *m* <-s> *kein pl* (BOT) papoila *f*

klatschnass[RR] ['-'-] *adj* (*umg*) encharcado

Klaue ['klaʊə] *f* <-n> **1.** (*von Raubtier*) garra *f* **2.** (*umg: Handschrift*) gatafunhos *mpl*, gatafunhada *f*

klauen ['klaʊən] *vt* (*umg*) gamar, fanar

Klausel ['klaʊzəl] *f* <-n> cláusula *f*

Klaustrophobie *f kein pl* claustrofobia *f*

Klausur [klaʊ'zuːɐ] *f* <-en> (*Arbeit*) frequência *f*

Klavier [kla'viːɐ] *nt* <-s, -e> piano *m*

Klebeband *nt* <-(e)s, -bänder> fita adesiva *f*

kleben ['kleːbən] **I.** *vt* colar (*an* a); (*umg*); **jdm eine ~** dar uma bofetada a alguém **II.** *vi* **1.** (*haften*) estar preso (*an* a) **2.** (*klebrig sein*) colar

Klebestift *m* <-(e)s, -e> baton de cola *m*

Klebestreifen *m* <-s, -> fita-cola *f*, fita durex *f*

klebrig ['kleːbrɪç] *adj* pegajoso, melado

Klebstoff *m* <-(e)s, -e> cola *f*

kleckern ['klɛkən] *vi* (*beim Essen*) sujar-se

Klecks [klɛks] *m* <-es, -e> nódoa *f*, mancha *f*; (*Tintenklecks*) borrão *m*

klecksen *vi* manchar

Klee [kleː] *m* <-s> *kein pl* (BOT) trevo *m*

Kleid [klaɪt] *nt* <-(e)s, -er> vestido *m*

kleiden ['klaɪdən] **I.** *vt* vestir; **der Mantel kleidet dich gut** o casaco fica-te bem **II.** *vr* **sich ~** vestir-se; **sich nach der neuesten Mode ~** andar na moda

Kleider *pl* roupa *f*; **~ machen Leute** o hábito faz o monge

K

Kleiderbügel m <-s, -> cruzeta f, cabide m
Kleiderhaken m <-s, -> cabide m
Kleiderkasten m <-s, -kästen> (österr, schweiz) s. **Kleiderschrank**
Kleiderschrank m <-(e)s, -schränke> guarda-roupa m, guarda-vestidos m, guarda-fatos m
Kleidung f kein pl vestuário m, roupa f
Kleidungsstück nt <-(e)s, -e> peça de roupa f
Kleie ['klaɪə] f <-n> farelo m
klein [klaɪn] adj pequeno; (Mensch) baixo; **ein ~ wenig** um pouquinho; **der Pullover ist zu ~** a camisola é pequena demais; **mein ~er Bruder** o meu irmão mais novo; **ein Wort ~ schreiben** escrever uma palavra em letra minúscula; **einen ~en Augenblick bitte** um momentinho por favor; **von ~ auf** desde pequeno; **bis ins Kleinste** até ao ínfimo pormenor; **~ anfangen** começar de baixo; **~ beigeben** dar a mão à palmatória; (coloq); **jmd. ~ krigen** dar cabo de alguém; **etw ~ hacken** picar a. c.; **etw ~er machen** encurtar a. c.; **sich ~er machen** baixar-se; **~er werden** encolher
Kleinanzeige f <-n> pequeno anúncio m
Kleinbildkamera f <-s> máquina fotográfica de pequeno formato f
Kleinbuchstabe m <-n, -n> minúscula f
Kleinbus m <-ses, -se> autocarro pequeno m, ônibus pequeno m
Kleine(r) m/f <-n, -n o -n> pequeno, pequena m, f, menino, menina m, f
Kleingeld nt <-(e)s> kein pl trocos mpl
Kleinhirn nt <-(e)s, -e> (ANAT) cerebelo m
Kleinigkeit ['klaɪnɪçkaɪt] f <-en> 1. (Gegenstand) coisinha f; **eine ~ einkaufen/essen** comprar/comer qualquer coisa 2. (Bagatelle) insignificância f, ninharia f; **sich über jede ~ aufregen** exaltar-se por uma ninharia; **die Prüfung war keine ~** o teste não foi nada fácil
kleinkariert adj tacanho
Kleinkind nt <-(e)s, -er> criança pequena f
Kleinkram m <-s> kein pl 1. (umg: Dinge) tralha f, quinquilharia f 2. (umg: Angelegenheit) ninharias f
Kleinkrieg m <-(e)s, -e> discussão f, guerrilha f; **sie führen einen ständigen ~ miteinander** eles discutem constantemente
Kleinkunst f kein pl arte popular f
kleinlaut adj desanimado

kleinlich adj (pedantisch) miudinho, niquento; (geizig) mesquinho
klein|schneiden^ALT vt irr s. **klein**
Kleinstadt f <-städte> cidade pequena f, vila f
Kleinwagen m <-s, -> carro pequeno m
Kleister ['klaɪstɐ] m <-s, -> grude m
Klemme ['klɛmə] f <-n> 1. (Gegenstand) pinça f 2. kein pl (Notlage) aperto m, apuros mpl; **in der ~ sitzen** estar em apuros, estar à rasca; **sich aus der ~ ziehen** desembaraçar-se
klemmen I. vt (festhalten) apertar, entalar; **sich dat etw unter den Arm ~** apertar a. c. debaixo do braço; (quetschen) trilhar, entalar; **sich dat den Finger ~** trilhar/entalar o dedo II. vi (Tür, Schloss) estar perro
Klempner(in) ['klɛmpnɐ] m(f) <-s, - o -innen> picheleiro, picheleira m, f
Kleptomanie f kein pl cleptomania f
klerikal adj clerical
Klerus m <-> kein pl clero m
Klette ['klɛtə] f <-n> 1. (BOT) bardana f 2. (umg: Mensch) lapa f, cola m,f; **wie eine ~ an jdm hängen** colar-se a alguém
klettern ['klɛtɐn] vi trepar (auf a), subir (auf a); **auf einen Baum/Berg ~** trepar uma árvore/subir um monte
Kletterpflanze f <-n> trepadeira f
klicken ['klɪkən] vi clicar (auf em); **du musst auf "Start" ~** tens de clicar em "Start"
Klient(in) [kli'ɛnt] m(f) <-en, -en o -innen> cliente m,f, freguês, freguesa m, f
Klima ['kli:ma] nt <-s, -s> clima m; **sich an das ~ gewöhnen** adaptar-se ao clima
Klimaanlage f <-n> ar condicionado m
Klimakterium nt <-s, Klimakterien> menopausa f
klimatisch [kli'ma:tɪʃ] adj climático
klimatisieren* vt climatizar
Klimaveränderung f <-en> mudança de clima f
Klimmzug m <-(e)s, -züge> exercício de elevação (na barra) m
klimpern ['klɪmpɐn] vi 1. (Münzen) tilintar 2. (umg: auf Gitarre, Klavier) arranhar
Klinge ['klɪŋə] f <-n> lâmina f
Klingel ['klɪŋəl] f <-n> campainha f
klingeln vi 1. (Person) tocar à campainha 2. (Türklingel, Telefon) tocar; **es klingelt** a campainha está a tocar
klingen ['klɪŋən] vi soar; **das klingt, als ob sie verreisen wollte** isso soa como se ela quisesse ir viajar

Klinik [ˈkliːnɪk] *f*<-en> clínica *f*
klinisch *adj* clínico
Klinke [ˈklɪŋkə] *f*<-n> trinco *m*, puxador *m*
klipp [klɪp] *adv* **jdm etw ~ und klar sagen** dizer a. c. a alguém com clareza
Klippe [ˈklɪpə] *f*<-n> **1.** (*Fels*) penhasco *m*, rochedo *m* **2.** (*fig: Hindernis*) obstáculo *m*
klirren [ˈklɪrən] *vi* (*Gläser, Fensterscheibe*) tilintar, vibrar
Klischee [kliˈʃeː] *nt* <-s, -s> cliché *m*, chavão *m*
Klitoris *f*<-> (ANAT) clítoris *m*
Klo [kloː] *nt* <-s, -s> (*umg*) retrete *f*, privada *f*; **ich muss aufs ~** tenho de fazer chichi
Kloake [kloˈaːkə] *f*<-n> esgoto *m*
klobig [ˈkloːbɪç] *adj* maciço, compacto
Klobrille *f*<-n> tampa da sanita *f*, tampa do vaso sanitário *f*
Klon [kloːn] *m* <-s, -e> (BIOL) clone *m*
klonen [kloːnən] *vt* (BIOL) clonar
Klonen *nt* <-s> *kein pl* (BIOL) clonagem *f*
Klopapier *nt* <-s> *kein pl* (*umg*) papel higiénico *m*
klopfen [ˈklɔpfən] **I.** *vt* (*Teppich*) sacudir; (*Takt*) marcar **II.** *vi* bater; **es klopft** estão a bater à porta; **jdm auf die Schulter ~** bater a alguém no ombro
Klops *m* <-es, -e> almôndega *f*
Klosett [kloˈzɛt] *nt* <-s, -s> retrete *f*, privada *f*
Kloß *m* <-es, Klöße> (GASTR: *Fleischkloß*) almôndega *f*; (*Knödel*) bolinho *m*; (*fig*) **einen ~ im Hals haben** ter um nó na garganta
Kloster [ˈkloːstɐ] *nt* <-s, Klöster> (*Nonnenkloster*) convento *m*; (*Mönchskloster*) mosteiro *m*
Klotz [klɔts] *m* <-es, Klötze> **1.** (*Holzstück*) tronco *m*; **ein ~ am Bein** um empecilho **2.** (*umg: Gebäude*) caixote *m* **3.** (*Spielzeug*) cubo *m*
Klub [klʊp] *m* <-s, -s> clube *m*
Kluft[1] [klʊft] *f* <Klüfte> (*Gegensatz*) diferença *f*; **eine ~ überbrücken** transpor uma diferença
Kluft[2] *f*<-en> (*Kleidung*) traje *m*
klug [kluːk] *adj* **1.** (*intelligent*) inteligente **2.** (*vernünftig*) sensato; **eine ~e Entscheidung** uma decisão sensata **3.** (*geschickt, schlau*) esperto, sabido, fino; (*Rat*) prudente, sensato
Klugheit *f* *kein pl* **1.** (*Intelligenz*) inteligência *f*, esperteza *f* **2.** (*Vernunft*) sensatez *f*

Klumpen [ˈklʊmpən] *m* <-s, -> pedaço *m*; (*in Soße*) grumo *m*; (*Erdklumpen*) torrão *m*; (*Goldklumpen*) pepita *f*
Klüngel *m* <-s, -> (*pej*) jogo de interesses *m*
km *abk v* **Kilometer** km (= *quilómetro*)
km/h *abk v* **Stundenkilometer** km/h (= *quilómetros por hora*)
knabbern [ˈknabɐn] **I.** *vt* debicar **II.** *vi* **an etw ~** mordiscar a.c.
Knabe [ˈknaːbə] *m* <-n, -n> (*geh*) rapaz *m*
knabenhaft *adj* acriançado
Knäckebrot *nt* <-(e)s, -e> tosta dietética *f*
knacken [ˈknakən] **I.** *vt* **1.** (*Nüsse*) partir, quebrar **2.** (*umg: Aufgabe*) resolver; (*Computercode*) violar **3.** (*umg: Tresor*) arrombar; (*Auto*) estroncar **II.** *vi* **1.** (*Holz*) crepitar, estalar **2.** (*Telefon, Radio*) fazer ruído
knackig *adj* (*Obst, Salat, Brötchen*) estaladiço
Knackpunkt *m* <-(e)s, -e> (*umg*) ponto crucial *m*
Knacks [knaks] *m* <-es, -e> **1.** (*Geräusch*) estalido *m* **2.** (*Sprung*) racha *f* **3.** (*umg: seelisch*) pancada *f*; **einen ~ haben** ter uma pancada
Knall [knal] *m* <-(e)s, -e> estalo *m*; (*von Explosion*) estouro *m*; (*von Aufprall, Tür*) estrondo *m*; (*von Schuss*) estampido *m*; (*von Korken*) estalido *m*; (*umg*); **er/sie hat einen ~** ele/ela tem uma panca
knallen **I.** *vt* (*Tür*) bater com; (*umg*); **jdm eine ~** dar um estalo a alguém **II.** *vi* estalar, dar um estalo; (*Tür*) bater com estrondo; (*Schuss*) detonar; (*Korken*) dar um estalido; **gegen etw ~** esbarrar contra a. c.
Knallgas *nt* <-es, -e> (CHEM) gás detonante *m*
knallig *adj* berrante
knallrot [ˈ-ˈ-] *adj* vermelho vivo
knapp [knap] *adj* **1.** (*spärlich*) escasso, insuficiente; **mit ~er Mehrheit** com uma escassa maioria; **~ werden** escassear; **die Zeit ist ~** o tempo escasseia; **ich bin ~ bei Kasse** estou mal de finanças; **jdn ~ halten** apertar alguém **2.** (*Kleidungsstück*) apertado, justo **3.** (*kaum*) quase; **mit ~er Not entkommen** sair a muito custo; **vor einer ~en Stunde** há quase uma hora, há praticamente uma hora; **das war ~!** foi à tangente! **4.** (*Stil*) conciso
knapp|halten[ALT] *vt irr s.* **knapp 1**
Knappheit *f kein pl* **1.** (*Mangel*) escassez *f* **2.** (*Kürze*) concisão *f*

K

knarren [ˈknarən] *vi* ranger

Knast [knast] *m* <-(e)s, Knäste> (*umg*) cadeia *f;* **im ~ sitzen** estar na cadeia

knattern *vi* (*Motorrad*) dar estalos; (*Maschinengewehr*) crepitar

Knäuel *nt* <-s, -> novelo *m*

Knauf [knauf] *m* <-(e)s, Knäufe> (*an Tür*) maçaneta *f;* (*an Stock, Degen*) punho *m*

knauserig *adj* avaro, sovina, somítico

knausern [ˈknauzɐn] *vi* ser avaro (*mit* com)

Knautschzone *f* <-n> zona absorvente de impacto *f*

Knebel [ˈkneːbəl] *m* <-s, -> mordaça *f*

knebeln *vt* amordaçar

Knecht [knɛçt] *m* <-(e)s, -e> servente *m*, criado *m*

knechten *vt* (*geh*) subjugar, oprimir

kneifen [ˈknaɪfən] **I.** *vt* beliscar **II.** *vi* **1.** (*Kleidung*) apertar **2.** (*umg: sich drücken*) descartar-se, esquivar-se

Kneipe [ˈknaɪpə] *f* <-n> pub *m*

Knete [ˈkneːtə] *f kein pl* **1.** (*Knetmasse*) plasticina *f* **2.** (*umg: Geld*) massa *f*

kneten [ˈkneːtən] *vt* (*Teig*) amassar; (*Ton*) moldar

Knetmasse *f* <-n> plasticina *f*

Knick [knɪk] *m* <-(e)s, -e> **1.** (*in Papier*) dobra *f* **2.** (*Biegung*) curva *f;* **die Straße macht einen ~** a rua faz uma curva

knicken *vt* (*Zweige, Streichholz*) vergar; (*Papier*) dobrar; **nicht ~!** não dobrar!; (*umg*); **geknickt sein** estar acabrunhado

knickerig *adj* sovina, avarento

Knicks [knɪks] *m* <-es, -e> vénia *f*

Knie [kniː] *nt* <-s, -> **1.** (*ANAT*) joelho *m;* (*umg*); **weiche ~ bekommen** ficar inseguro; **etw übers ~ brechen** precipitar a. c. **2.** (*im Rohr*) cotovelo *m*

Kniebeuge *f* <-n> flexão dos joelhos *f*

Kniekehle *f* <-n> jarrete *m*

knien [ˈkniːən, kniːn] *vi* estar de joelhos

Kniescheibe *f* <-n> rótula *f*

Kniestrumpf *m* <-(e)s, -strümpfe> meia até ao joelho *f*

kniff [knɪf] *imp von* **kneifen**

Kniff [knɪf] *m* <-(e)s, -e> **1.** (*Kneifen*) beliscão *m* **2.** (*Falte*) dobra *f* **3.** (*Trick*) truque *m*

kniffelig *adj* complicado, bicudo

knipsen [ˈknɪpsən] **I.** *vt* (*umg: fotografieren*) fotografar; (*Fahrkarte*) picar **II.** *vi* (*Foto*) disparar

Knirps [knɪrps] *m* <-es, -e> rapazote *m*

knirschen [ˈknɪrʃən] *vi* (*Schnee*) ranger; **mit den Zähnen ~** ranger os dentes

knistern [ˈknɪstɐn] *vt* (*Feuer*) estalar, crepitar; (*Papier*) ranger

knittern [ˈknɪtɐn] **I.** *vt* (*Stoff, Papier*) amarrotar, engelhar **II.** *vi* (*Stoff*) encorrilhar

Knoblauch [ˈknoːblaux] *m* <-s> *kein pl* alho *m*

Knoblauchzehe *f* <-n> dente de alho *m*

Knöchel *m* <-s, -> **1.** (*am Fuß*) tornozelo *m* **2.** (*am Finger*) nó *m*

Knochen [ˈknɔxən] *m* <-s, -> osso *m;* **bis auf die ~ nass werden** ficar encharcado até aos ossos

Knochenbau *m* <-s> *kein pl* estrutura óssea *f*

Knochenbruch *m* <-(e)s, -brüche> fra(c)tura *f*

Knochenmark *nt* <-s> *kein pl* tutano *m*, medula óssea *f*

knochig [ˈknɔxɪç] *adj* ossudo

Knock-out *m* <-(s), -s> (SPORT) knock-out *m*, nocaute *m*

Knödel *m* <-s, -> bolinho *m*

> **Knödel** é a denominação dada ao "Kloß" no Sul da Alemanha e na Áustria. É uma bola que pode ser feita de várias massas, cozida em água a ferver e servida como acompanhamento de um prato de carne. Kartoffelknödel (Knödel de batata) e Semmelknödel (Knödel de pãezinhos) comem-se muito no Sul da Alemanha.

Knolle [ˈknɔlə] *f* <-n> (BOT) bolbo *m*, tubérculo *m*

Knopf [knɔpf] *m* <-(e)s, Knöpfe> **1.** (*an Kleidung*) botão *m;* **einen ~ annähen** pregar um botão **2.** (*an Geräten*) botão *m;* **auf den ~ drücken** carregar no botão **3.** (*schweiz: Knoten*) nó *m*

knöpfen *vt* abotoar

Knopfloch *nt* <-(e)s, -löcher> casa de botão *f*

Knorpel [ˈknɔrpəl] *m* <-s, -> cartilagem *f*

knorpelig *adj* cartilaginoso

knorrig *adj* (*Baum*) nodoso

Knospe [ˈknɔspə] *f* <-n> (*Blütenknospe*) botão *m;* (*von Blatt, Zweig*) rebento *m*

knoten *vt* dar um nó em

Knoten [ˈknoːtən] *m* <-s, -> **1.** (*in Faden*) nó *m;* **einen ~ machen** dar um nó **2.** (NAUT) nó *m*, milha marítima *f* **3.** (*Haarkno-*

ten) puxo *m* **4.** (MED) nódulo *m*, caroço *m*
Knotenpunkt *m* <-(e)s, -e> entroncamento *m*
Know-how *nt* <-(s)> *kein pl* know-how *m*
Knüller *m* <-s, -> (*umg*) êxito *m*
knüpfen *vt* **1.** (*Netz, Teppich*) tecer **2.** (*Freundschaft*) travar
Knüppel *m* <-s, -> **1.** (*Stock*) cacete *m*, moca *f*; (*Polizeiknüppel*) cassetete *m*; (*fig*); **jdm einen ~ zwischen die Beine werfen** pôr obstáculos a alguém **2.** (*im Flugzeug*) alavanca de comando *f*
knurren ['knʊrən] *vi* **1.** (*Hund*) rosnar **2.** (*Mensch*) resmungar **3.** (*Magen*) dar horas
knusprig *adj* tostado, estaladiço
knutschen ['knuːtʃən] *vt* (*umg*) beijar
k. o. (SPORT) *abk v* **knock-out** k. o (= knock-out)
Koalition [koaliˈtsjoːn] *f* <-en> coligação *f*
Kobalt *m* <-s> *kein pl* cobalto *m*
Kobold ['koːbɔlt] *m* <-(e)s, -e> duende *m*
Kobra *f* <-s> cobra *f*
Koch, **Köchin** [kɔx] *m*, *f* <-(e)s, Köche *o* -innen> cozinheiro, cozinheira *m*, *f*
Kochbuch *nt* <-(e)s, -bücher> livro de receitas *m*
kochen ['kɔxən] **I.** *vt* **1.** (*Essen*) cozer; (*Kaffee, Tee*) fazer; **Reis/Kartoffeln** ~ cozer arroz/batatas **2.** (*Wäsche*) lavar a 90 graus **II.** *vi* **1.** (*Essen*) cozinhar; **sie kocht ausgezeichnet** ela cozinha muito bem **2.** (*Wasser, Milch*) (estar a) ferver; **anfangen zu** ~ levantar fervura **3.** (*Person*) ferver; **vor Wut** ~ espumar de raiva
Kocher *m* <-s, -> fogão *m*
Köcher *m* <-s, -> aljava *f*
Kochgelegenheit *f* <-en> uso da cozinha *m*; **Zimmer mit** ~ quarto com direito a usar a cozinha
Kochlöffel *m* <-s, -> colher de pau *f*
Kochnische *f* <-n> kitchenette *f*
Kochplatte *f* <-n> disco *m*
Kochsalz *nt* <-es> *kein pl* sal de cozinha *m*
Kochtopf *m* <-(e)s, -töpfe> tacho *m*; (*hoch*) panela *f*
Kochwäsche *f kein pl* roupa de lavagem a 90 graus *f*
Köder *m* <-s, -> isco *m*, isca *f*
ködern *vt* **1.** (*Tier*) atrair **2.** (*Mensch*) aliciar
Koeffizient *m* <-en, -en> (MAT) coeficiente *m*
Koffein [kɔfeˈiːn] *nt* <-s> *kein pl* cafeína *f*

koffeinfrei *adj* sem cafeína, descafeinado
Koffer ['kɔfɐ] *m* <-s, -> mala *f*; **den ~ packen/auspacken** fazer/desfazer a mala
Kofferkuli *m* <-s, -s> carrinho de bagagem *m*
Kofferradio *nt* <-s, -s> rádio portátil *m*
Kofferraum *m* <-(e)s, -räume> mala (do carro) *f*, porta-bagagem *m*, bagageira *f*
Kognak ['kɔnjak] *m* <-s, -s> conhaque *m*
Kohl [koːl] *m* <-(e)s> *kein pl* **1.** (*Gemüse*) couve *f* **2.** (*umg: Unsinn*) disparate *m*
Kohldampf *m* <-(e)s> *kein pl* (*umg*) (muita) fome *f*
Kohle ['koːlə] *f* <-n> **1.** (*Brennstoff*) carvão *m*; **mit ~ heizen** ter aquecimento a carvão; **wie auf ~n sitzen** estar em brasa **2.** (*umg: Geld*) massa *f*, pastel *m*
Kohlendioxid [--'---] *nt* <-(e)s> *kein pl* dióxido de carbono *m*
Kohlenhydrat *nt* <-(e)s, -e> hidrato de carbono *m*
Kohlenmonoxid [--'---] *nt* <-(e)s> *kein pl* monóxido de carbono *m*
Kohlensäure *f kein pl* **1.** (CHEM) ácido carbónico *m* **2.** (*in Getränken*) gás *m*
Kohlenstoff *m* <-(e)s> *kein pl* carbono *m*
Kohlenwasserstoff [--'---] *m* <-(e)s> *kein pl* hidrocarboneto *m*
Kohlepapier *nt* <-s> *kein pl* papel químico *m*, papel carbono *m*
Kohlkopf *m* <-(e)s, -köpfe> repolho *m*
Kohlsprossen *pl* (*österr*) couve-de-bruxelas *f*
Koitus ['koːitʊs] *m* <-, -(se)> coito *m*
Koje ['koːjə] *f* <-n> camarote *m*
Kokain [kokaˈiːn] *nt* <-s> *kein pl* cocaína *f*; ~ **schnupfen** cheirar cocaína
kokett [koˈkɛt] *adj* janota
kokettieren* *vi* (*flirten*) namoriscar (*mit* com)
Kokosflocken *pl* coco ralado *m*
Kokosmilch *f kein pl* água de coco *f*
Kokosnuss[RR] *f* <-nüsse> coco *m*
Kokospalme *f* <-n> coqueiro *m*
Koks [koːks] *m* <-es> *kein pl* **1.** (*Brennstoff*) carvão de coque *m* **2.** (*umg: Kokain*) coca *f*
Kolben ['kɔlbən] *m* <-s, -> **1.** (TECH) êmbolo *m*, pistão *m*, pistom *m* **2.** (*am Gewehr*) culatra *f*, coronha *f* **3.** (CHEM) balão *m* **4.** (*Maiskolben*) espiga *f*
Kolik ['koːlık, koˈliːk] *f* <-en> cólica *f*
Kollaps ['kɔlaps, -'-] *m* <-es, -e> colapso *m*

Kollege(in) [kɔ'leːgə] *m(f)* <-n, -n *o* -innen> colega *m,f*

kollegial [kɔle'gjaːl] *adj* colegial

Kollegium [kɔ'leːgiʊm] *nt* <-s, Kollegien> corpo *m; (Lehrer)* corpo docente *m*

Kollekte [kɔ'lɛktə] *f* <-n> peditório *m*

kollektiv *adj* cole(c)tivo

Koller *m* <-s, -> *(umg)* ataque de cólera *m,* ataque de fúria *m;* **einen ~ kriegen** ter um ataque de cólera/fúria

kollidieren* *vi* 1. *(zusammenstoßen)* colidir *(mit* com), chocar *(mit* com) 2. *(in Konflikt geraten)* colidir *(mit* com), entrar em conflito *(mit* com)

Kollision [kɔli'zjoːn] *f* <-en> colisão *f*

Köln *nt* <-> *kein pl* Colónia *f*

kolonial *adj* colonial

Kolonialismus *m* <-> *kein pl* colonialismo *m*

Kolonialmacht *f* <-mächte> potência colonial *f*

Kolonie [kolo'niː] *f* <-n> colónia *f*

Kolonisation *f kein pl* colonização *f*

Kolonne [ko'lɔnə] *f* <-n> 1. (MIL) coluna *f* 2. *(von Fahrzeugen)* fila *f,* fileira *f*

kolorieren* *vt* colorir

Kolossᴿᴿ [ko'lɔs] *m* <-es, -e>, **Koloß**ᴬᴸᵀ *m* <-sses, -sse> colosso *m*

kolossal [kolɔ'saːl] *adj* colossal

Kolumbien [ko'lʊmbiən] *nt* <-s> *kein pl* Colômbia *f*

Kolumbus *m* <-> *kein pl* Colombo *m*

Kolumne [ko'lʊmnə] *f* <-n> *(Spalte)* coluna *f*

Koma ['koːma] *nt* <-s, -s> (MED) coma *m;* **im ~ liegen** estar em coma

Kombi ['kɔmbi] *m* <-s, -s> carrinha *f*

Kombination [kɔmbina'tsjoːn] *f* <-en> 1. *(Verbindung)* combinação *f* 2. *(Hose und Jackett)* conjunto de calças e casaco *m*

kombinieren* I. *vt* combinar II. *vi (schlussfolgern)* concluir

Komet [ko'meːt] *m* <-en, -en> cometa *m*

Komfort [kɔm'foːɐ] *m* <-s> *kein pl* conforto *m*

komfortabel [kɔmfɔr'taːbəl] *adj* confortável

Komik ['koːmɪk] *f kein pl* humor *m*

Komiker(in) ['koːmike] *m(f)* <-s, - *o* -innen> cómico, cómica *m, f,* humorista *m,f*

komisch *adj* 1. *(lustig)* cómico, engraçado 2. *(merkwürdig)* esquisito; **das kommt mir**

~ **vor** isso parece-me esquisito

Komitee [komi'teː, kɔmi'teː] *nt* <-s, -s> comité *m*

Komma ['kɔma] *nt* <-s, -s> vírgula *f;* ~**s setzen** pôr vírgulas

Kommandant(in) *m(f)* <-en, -en *o* -innen> (MIL) comandante *m,f*

kommandieren* *vt* comandar

Kommando [kɔ'mando] *nt* <-s, -s> 1. *(Befehl)* ordem *f* 2. *kein pl (Befehlsgewalt)* comando *m;* **das ~ haben** chefiar 3. *(Gruppe)* destacamento *m*

kommen ['kɔmən] *vi* 1. *(einen Ort erreichen)* vir; *(ankommen)* chegar; **er wird bald** ~ ele está a chegar; **ich komme schon** já vou, vou já; **vorwärts ~** avançar, andar para a frente, progredir, fazer progressos; **zu spät** ~ chegar tarde; **wie komme ich zum Bahnhof?** como é que eu vou até à estação?; ~ **Sie hierher!** venha cá!; **komm, wir gehen!** anda, vamos (embora)!; **ein Taxi/den Arzt ~ lassen** chamar um táxi/o médico; **von einer Reise ~** chegar de uma viagem; **da kommt er angelaufen** lá vem ele a correr; **in die Schule/ins Krankenhaus ~** ir para a escola/o hospital; **durch eine Prüfung ~** passar num exame; **aus der Mode ~** sair de moda; **das kommt mir wie gerufen** isso vem-me mesmo a calhar; **da könnte ja jeder ~!** venha quem vier!; **von der Stelle ~** sair do sítio; **ich kam auf den Gedanken zu ...** lembrei-me de ..., tive a ideia de ...; **ich komme nicht auf ihren Namen** não consigo lembrar-me do seu nome 2. *(geschehen)* acontecer, suceder, vir; **ihr Rücktritt kam für alle überraschend** a demissão dela foi uma surpresa para todos; **komme es wie es wolle** aconteça o que acontecer; **es musste ja so ~** tinha de ser; **wie kommt es, dass ...?** como é que ...?; **es kam eins zum anderen** uma coisa levou à outra; **so weit ist es nicht gekommen** (a coisa) não chegou a tanto; **wie es gerade kommt** como calha 3. *(stammen)* vir *(aus* de), ser *(aus* de); **ich komme aus Hamburg** eu sou/venho de Hamburgo 4. *(herrühren)* derivar; **woher kommt es, dass ...?** como se explica que ...?; **das kommt davon** isso deve-se a isso

kommend *adj* futuro, próximo; *(Generation)* vindouro; ~**e Woche** na próxima semana, na semana que vem

Kommentar [kɔmɛn'taːɐ] *m* <-s, -e> comentário *m;* **einen ~ zu etw abgeben** fazer um comentário a a. c.

Kommentator(in) *m(f)* <-s, -en *o* -in-nen> comentador, comentadora *m, f*

kommentieren * *vt* comentar

kommerziell [kɔmɛr'tsjɛl] *adj* comercial

Kommilitone(in) [kɔmili'to:nə] *m(f)* <-n, -n *o* -innen> colega (de universidade) *m,f*

Kommissar(in) [kɔmɪ'sa:ɐ] *m(f)* <-s, -e *o* -innen> comissário, comissária *m, f*

Kommissär(in) *m(f)* <-s, -e *o* -innen> (*österr, schweiz*) *s.* **Kommissar**

kommissarisch *adj* provisório; **die ~e Leiterin** a dire(c)tora interina

Kommission [kɔmɪ'sjo:n] *f* <-en> **1.** (*Ausschuss, Gremium*) comissão *f* **2.** (WIRTSCH) **etw in ~ geben/nehmen** dar/tomar a. c. à consignação

kommissionieren * *vt* (*österr*) examinar

Kommode [kɔ'mo:də] *f* <-n> cómoda *f*

kommunal [kɔmu'na:l] *adj* municipal, comunal

Kommunalpolitik *f kein pl* política municipal *f*, política autárquica *f*

Kommunalwahl *f* <-en> eleições autárquicas *fpl*

Kommune *f* <-n> autarquia *f*, concelho *m*, município *m*

Kommunikation [kɔmunika'tsjo:n] *f kein pl* comunicação *f*

kommunikativ *adj* comunicativo

Kommunikee[RR] *nt* <-s, -s> comunicado *m*

Kommunion [kɔmu'njo:n] *f kein pl* **1.** (*Abendmahl*) comunhão *f* **2.** (*Erstkommunion*) primeira comunhão *f*

Kommuniqué *nt* <-s, -s> comunicado *m*

Kommunismus [kɔmu'nɪsmʊs] *m kein pl* comunismo *m*

Kommunist(in) [kɔmu'nɪst] *m(f)* <-en, -en *o* -innen> comunista *m,f*

kommunistisch *adj* comunista

kommunizieren * *vi* **1.** (*sprechen*) comunicar (*mit* com) **2.** (REL) comungar

Komödiant(in) *m(f)* <-en, -en *o* -innen> comediante *m,f*

Komödie *f* <-n> comédia *f*

Kompagnon *m* <-s, -s> (WIRTSCH) sócio *m*

kompakt [kɔm'pakt] *adj* compacto

Kompanie [kɔmpa'ni:] *f* <-n> companhia *f*

Komparativ ['kɔmparati:f] *m* <-s, -e> (GRAM) comparativo *m*

Kompass[RR] ['kɔmpas] *m* <-es, -e>,

Kompaß[ALT] *m* <-sses, -sse> bússola *f*

kompatibel [kɔmpa'ti:bəl] *adj* compatível (*mit* com)

kompensieren * *vt* compensar

kompetent [kɔmpe'tɛnt] *adj* competente

Kompetenz [kɔmpe'tɛnts] *f* <-en> competência *f;* **seine ~en überschreiten** ultrapassar as suas competências

komplett [kɔm'plɛt] *adj* completo, inteiro

komplex [kɔm'plɛks] *adj* complexo

Komplex [kɔm'plɛks] *m* <-es, -e> **1.** (*Gruppe*) conjunto *m*, complexo *m* **2.** (PSYCH) complexo *m;* **~e haben** ter complexos

Komplikation [kɔmplika'tsjo:n] *f* <-en> complicação *f;* **das kann zu ~en führen** isso pode originar complicações

Kompliment [kɔmpli'mɛnt] *nt* <-(e)s, -e> elogio *m;* **jdm ein ~ machen** fazer um elogio a alguém

Komplize(in) [kɔm'pli:tsə] *m(f)* <-n, -n *o* -innen> cúmplice *m,f*

kompliziert [kɔmpli'tsi:ɐt] *adj* complicado

Komplott [kɔm'plɔt] *nt* <-(e)s, -e> complô *m*, conspiração *f;* **ein ~ schmieden** armar um complô, conspirar

Komponente [kɔmpo'nɛntə] *f* <-n> componente *m*

komponieren * *vt* (MUS) compor

Komponist(in) [kɔmpo'nɪst] *m(f)* <-en, -en *o* -innen> compositor, compositora *m, f*

Komposition *f* <-en> (MUS) composição *f*

Kompositum [kɔm'po:zitʊm] *nt* <-s, Komposita> (GRAM) palavra composta *f*

Kompost [kɔm'pɔst] *m* <-(e)s> *kein pl* composto *m*

Kompott [kɔm'pɔt] *nt* <-(e)s, -e> compota *f*

Kompresse [kɔm'prɛsə] *f* <-n> (MED) compressa *f*

Kompressor *m* <-s, -en> (TECH, PHYS) compressor *m*

Kompromiss[RR] [kɔmpro'mɪs] *m* <-es, -e>, **Kompromiß**[ALT] *m* <-sses, -sse> compromisso *m;* (JUR) acordo *m;* **einen ~ schließen** fazer um acordo

kompromissbereit[RR] *adj* transigente

Kompromisslösung[RR] *f* <-en> compromisso *m*

kompromittieren * *vt* comprometer

kondensieren * *vi* (PHYS) condensar

Kondensmilch [kɔn'dɛns-] *f kein pl* leite condensado *m*

K

Kondensstreifen *m* <-s, -> rast(r)o de condensação *m*

Kondenswasser *nt* <-s> *kein pl* água condensada *f*

Kondition [kɔndi'tsjoːn] *f* <-en> **1.** (WIRTSCH) condição *f* **2.** *kein pl* (SPORT) condição física *f;* **eine gute ~ haben** estar em boa condição física

Konditional *nt* <-s> *kein pl* (GRAM) condicional *m*

Konditionstraining *nt* <-s> *kein pl* treino de condição física *m*

Konditor(in) [kɔn'diːtoːɐ] *m(f)* <-s, -en *o* -innen> pasteleiro, pasteleira *m, f,* confeiteiro, confeiteira *m, f*

Konditorei [kɔndito'raɪ] *f* <-en> pastelaria *f,* confeitaria *f*

kondolieren* *vi* dar os pêsames

Kondom [kɔn'doːm] *nt* <-s, -e> preservativo *m*

Konfekt [kɔn'fɛkt] *nt* <-(e)s, -e> doces *mpl*

Konfektionsgröße *f* <-en> tamanho *m*

Konferenz [kɔnfe'rɛnts] *f* <-en> conferência *f*

Konferenzraum *m* <-(e)s, -räume> sala de conferências *f*

Konferenzschaltung *f* <-en> videoconferência *f*

Konfession [kɔnfɛ'sjoːn] *f* <-en> religião *f*

konfessionell *adj* religioso

konfessionslos *adj* ateu

Konfetti [kɔn'fɛti] *nt* <-(s)> *kein pl* confetti *m*

Konfirmand(in) *m(f)* <-en, -en *o* -innen> confirmando, confirmanda *m, f*

Konfirmation [kɔnfɪrma'tsjoːn] *f* <-en> (REL) confirmação *f*

konfirmieren* *vt* (REL) confirmar

Konfiserie *f* <-n> **1.** (*schweiz: Konditorei*) confeitaria *f* **2.** (*schweiz: Konfekt*) doces *mpl*

Konfitüre *f* <-n> compota *f*

Konflikt [kɔn'flɪkt] *m* <-(e)s, -e> conflito *m;* **bewaffneter ~** conflito armado; **mit dem Gesetz in ~ geraten** entrar em conflito com a lei

konform [kɔn'fɔrm] *adj* conforme

Konformismus *m* <-> *kein pl* conformismo *m*

Konfrontation [kɔnfrɔnta'tsjoːn] *f* <-en> confrontação *f*

konfrontieren* *vt* confrontar (*mit* com)

konfus [kɔn'fuːs] *adj* confuso

Kongo *m* <-s> *kein pl* Congo *m*

Kongress^RR [kɔn'grɛs, kɔn'grɛs] *m* <-es, -e>, **Kongreß**^ALT *m* <-sses, -sse> congresso *m*

kongruent *adj* (MAT) congruente

Kongruenz *f kein pl* (MAT) congruência *f*

König(in) *m(f)* <-s, -e *o* -innen> rei *m,* rainha *f;* **die Heiligen Drei ~e** os três Reis Magos

königlich *adj* real, régio

Königreich *nt* <-(e)s, -e> reino *m*

konisch *adj* cónico

Konjugation [kɔnjuga'tsjoːn] *f* <-en> (GRAM) conjugação *f*

konjugieren* *vt* conjugar

Konjunktion [kɔnjʊnk'tsjoːn] *f* <-en> (GRAM) conjunção *f*

Konjunktiv ['kɔnjʊŋktiːf] *m* <-s, -e> (GRAM) conjuntivo *m*

Konjunktur [kɔnjʊŋk'tuːɐ] *f* <-en> conjuntura *f;* **steigende/fallende ~** alta/baixa conjuntura

konjunkturell [kɔnjʊŋktu'rɛl] *adj* da conjuntura

konkav [kɔn'kaːf] *adj* côncavo

konkret [kɔŋ'kreːt, kɔn'kreːt] *adj* concreto

Konkurrent(in) [kɔŋkʊ'rɛnt] *m(f)* <-en, -en *o* -innen> concorrente *m,f*

Konkurrenz [kɔŋkʊ'rɛnts, kɔn-] *f kein pl* concorrência *f;* **jdm ~ machen** fazer concorrência a alguém; **in dieser Branche gibt es eine starke ~** neste ramo há muita concorrência

konkurrenzfähig *adj* competitivo

Konkurrenzkampf *m* <-(e)s, -kämpfe> luta de concorrência *f*

konkurrieren* *vi* concorrer (*mit* com)

Konkurs [kɔŋ'kʊrs, kɔn-] *m* <-es, -e> falência *f;* **in ~ gehen** falir; **~ anmelden** abrir falência

können I. *vt* (*gelernt haben*) saber; **kannst du Portugiesisch?** sabes (falar) português?; **sie kann gut schwimmen/Auto fahren** ela sabe nadar/conduzir bem, ela nada/conduz bem II. (*fähig sein*) poder, ser capaz de; **~ Sie mir das erklären?** pode explicar-me isto?; **wir ~ morgen wiederkommen** podemos voltar amanhã; **wie kannst du nur so etwas sagen?** como é que podes dizer uma coisa dessas?; (*möglich sein*) poder, ser possível; **es kann sein, dass es morgen regnet** é possível que chova amanhã, é capaz de chover amanhã; **wir könnten morgen einen Ausflug machen** amanhã podíamos fazer uma excursão; **~ Sie mir sagen, wie spät es ist?** pode dizer-me as horas?; **das kann passieren** isso pode acontecer; (*dürfen*) poder; **kann ich jetzt gehen?** posso ir agora?; **du kannst hier kurz telefonieren** podes telefonar daqui **III.** *vi* poder; **ich kann nichts dafür** eu não tenho culpa; **so gut ich kann** o melhor que posso; **ich kann nicht mehr** não posso mais; **morgen kann ich nicht** amanhã não posso; (*umg*); **du kannst mich mal!** vai-te lixar!

Können *nt* <-s> *kein pl* saber *m*, capacidade *f*

Könner(in) *m(f)* <-s, - *o* -innen> talentoso, talentosa *m, f*

konnte ['kɔntə] *imp von* **können**

Konsens [kɔn'zɛns] *m* <-es> *kein pl* consenso *m;* **einen ~ erzielen** chegar a um consenso

konsequent [kɔnze'kvɛnt] **I.** *adj* consequente **II.** *adv* com coerência; **etw ~ verfolgen** seguir a. c. com coerência

Konsequenz [kɔnze'kvɛnts] *f* <-en> **1.** (*Folgerichtigkeit*) coerência *f* **2.** (*Folge*) consequência *f;* **das wird ernste ~en haben** isso vai ter consequências graves; **die ~en aus etw ziehen** pensar nas consequências de a. c.

konservativ ['kɔnzɛrvatiːf, ---'-] *adj* conservador

Konserve [kɔn'zɛrvə] *f* <-n> conserva *f*

Konservenbüchse *f* <-n> lata de conserva *f*

konservieren* *vt* conservar

Konservierungsmittel *nt* <-s, -> conservante *m*

Konsole [kɔn'zoːlə] *f* <-n> (INFORM: *Möbel*) consola *f*

konsolidieren* *vt* consolidar

Konsonant [kɔnzo'nant] *m* <-en, -en> consoante *f*

Konsortium *nt* <-s, -sortien> (WIRTSCH) consórcio *m*

konstant [kɔn'stant] *adj* constante

Konstante [kɔn'stantə] *f* <-n> (MAT) constante *f*, invariável *f*

Konstellation [kɔnstɛla'tsjoːn] *f* <-en> **1.** (*Lage*) conjuntura *f* **2.** (ASTR) constelação *f*

konsterniert *adj* consternado

Konstitution [kɔnstitu'tsjoːn] *f* <-en>

(MED) constituição *f*

konstitutionell [kɔnstitutsjo'nɛl] *adj* (POL, MED) constitucional

konstruieren* *vt* construir

Konstrukteur(in) *m(f)* <-s, -e *o* -innen> construtor, construtora *m, f*

Konstruktion [kɔnstrʊk'tsjoːn] *f* <-en> construção *f*

konstruktiv [kɔnstrʊk'tiːf] *adj* construtivo

Konsul(in) ['kɔnzʊl] *m(f)* <-s, -n *o* -innen> cônsul *m*, consulesa *f*

Konsulat [kɔnzu'laːt] *nt* <-(e)s, -e> consulado *m*

konsultieren* *vt* consultar

Konsum [kɔn'zuːm] *m* <-s> *kein pl* consumo *m*

Konsument(in) [kɔnzu'mɛnt] *m(f)* <-en, -en *o* -innen> consumidor, consumidora *m, f*

Konsumgesellschaft *f* <-en> sociedade de consumo *f*

konsumieren* *vt* consumir

Konsumorientiertheit *f kein pl* consumismo *m*

Kontakt [kɔn'takt] *m* <-(e)s, -e> (*a* ELEKTR) conta(c)to *m;* **mit jdm ~ aufnehmen** entrar em conta(c)to com alguém; **mit jdm in ~ stehen** estar em conta(c)to com alguém; **sie unterhalten geschäftliche ~e zu unserer Firma** eles mantêm conta(c)tos comerciais para a nossa firma; **sexuelle ~e** relações sexuais *fpl*

kontaktfreudig *adj* comunicativo, dado

Kontaktlinse *f* <-n> lente de conta(c)to *f*

Kontaktperson *f* <-en> conta(c)to *m*

kontern ['kɔntɐn] *vt* responder a; **geschickt ~** dar uma boa resposta a

Kontext ['kɔntɛkst] *m* <-es, -e> contexto *m*

Kontinent ['kɔntinɛnt, --'-] *m* <-(e)s, -e> continente *m*

Kontinentalklima *nt* <-s> *kein pl* clima continental *m*

Kontingent [kɔntɪŋ'gɛnt] *nt* <-(e)s, -e> **1.** (*Anteil*) parte *f* **2.** (*Truppen*) contingente *m*

kontinuierlich [kɔntinu'iːɐlɪç] *adj* contínuo

Kontinuität *f kein pl* continuidade *f*

Konto ['kɔnto] *nt* <-s, Konten> conta *f;* **ein ~ eröffnen/auflösen** abrir/fechar uma conta; **Geld auf das ~ einzahlen** depositar dinheiro na conta; **Geld auf dem ~ haben** ter dinheiro na conta; **das ~ überziehen** exceder o crédito da conta; (*umg*); **das geht auf mein ~** a culpa é minha

Kontoauszug *m* <-(e)s, -züge> extra(c)to de conta *m*

Kontoführungsgebühr *f* <-en> despesas de manutenção de conta *fpl*

Kontoinhaber(in) *m(f)* <-s, - *o* -innen> titular da conta *m,f*

Kontonummer *f* <-n> número da conta *m*

Kontostand *m* <-(e)s, -stände> saldo bancário *m*

Kontoüberziehung *f* <-en> conta a descoberto *f*

kontra ['kɔntra] **I.** *präp* +*akk* (JUR) contra **II.** *adv* (*dagegen*) contra; **er ist immer ~** ele é sempre contra

Kontra *nt* <-s, -s> **jdm ~ geben** contradizer alguém, opor-se a alguém

Kontrabassᴿᴿ ['kɔntra-] *m* <-es, -bässe> contrabaixo *m*

Kontrahent(in) [kɔntra'hɛnt] *m(f)* <-en, -en *o* -innen> **1.** (*Gegner*) adversário, adversária *m, f* **2.** (*Vetragspartner*) outorgante *m,f*, contraente *m,f*

Kontraktion [kɔntrak'tsjoːn] *f* <-en> (MED, LING, PHYS) contra(c)ção *f*

konträr *adj* contrário

Kontrast [kɔn'trast] *m* <-es, -e> contraste *m*; **im ~ zu etw stehen** estar em contraste com a. c.

Kontrolle [kɔn'trɔlə] *f* <-n> **1.** (*Beherrschung*) controlo *m*, controle *m*; **jdn/etw unter ~ haben** ter alguém/a. c. sob controlo; **der Waldbrand konnte unter ~ gebracht werden** o incêndio florestal pôde ser controlado; **die ~ über sich verlieren** descontrolar-se, perder o controlo; **das Auto geriet außer ~** o carro descontrolou-se **2.** (*Prüfung*) teste *m*, peritagem *f*; (*Überwachung*) fiscalização *f*, inspe(c)ção *f*; **~n durchführen** fazer inspe(c)ções/testes

Kontrolleur(in) [kɔntrɔ'løːɐ] *m(f)* <-s, -e *o* -innen> revisor, revisora *m, f*

kontrollieren* *vt* **1.** (*überprüfen*) testar; (*nachprüfen*) verificar; (*Gepäck*) revistar; **den Pass/die Fahrkarte ~** verificar o passaporte/os bilhetes **2.** (*überwachen*) controlar, fiscalizar, inspe(c)cionar

Kontrollturm *m* <-(e)s, -türme> (AERO) torre de controlo *f*, torre de controle *f*

kontrovers [kɔntro'vɛrs] *adj* **1.** (*entgegengesetzt*) oposto, contrário **2.** (*umstritten*) controverso

Kontroverse [kɔntro'vɛrzə] *f* <-n> controvérsia *f*

Kontur [kɔn'tuːɐ] *f* <-en> contorno *m*

Konvention [kɔnvɛn'tsjoːn] *f* <-en> **1.** (POL) convenção *f*, convénio *m*; (JUR) acordo *m*; **~ zum Schutz der Menschenrechte** convenção dos direitos humanos **2.** (*Verhaltensnorm*) convenção *f*; **sich über ~en hinwegsetzen** não ligar a convenções

konventionell [kɔnvɛntsjo'nɛl] *adj* convencional

Konversation [kɔnvɛrza'tsjoːn] *f* <-en> conversação *f*

konvertieren* **I.** *vt* (INFORM, WIRTSCH) converter **II.** *vi* (REL) converter-se (*zu* a)

konvex [kɔn'vɛks] *adj* convexo

Konvoi [kɔn'vɔɪ, '--] *m* <-s, -s> comboio *m*; **im ~ fahren** ir em comboio

Konzentrat [kɔntsɛn'traːt] *nt* <-(e)s, -e> concentrado *m*

Konzentration [kɔntsɛntra'tsjoːn] *f* <-en> (*a* CHEM) concentração *f*

Konzentrationslager *nt* <-s, -> campo de concentração *m*

Konzentrationsschwäche *f* <-n> falta de concentração *f*

konzentrieren* **I.** *vt* concentrar (*auf* em) **II.** *vr* **sich ~** concentrar-se (*auf* em)

konzentrisch [kɔn'tsɛntrɪʃ] *adj* concêntrico

Konzept [kɔn'tsɛpt] *nt* <-(e)s, -e> **1.** (*Entwurf*) esboço *m*, rascunho *m*; **aus dem ~ kommen** perder o fio à meada; **jdn aus dem ~ bringen** fazer alguém perder o fio à meada **2.** (*Plan, Programm*) plano *m*

Konzeption [kɔntsɛp'tsjoːn] *f* <-en> concepção *f*

Konzern [kɔn'tsɛrn] *m* <-s, -e> grupo de empresas *m*

Konzert [kɔn'tsɛrt] *nt* <-(e)s, -e> concerto *m*; **ins ~ gehen** ir ao concerto

Konzession [kɔntsɛ'sjoːn] *f* <-en> **1.** (*Zugeständnis*) concessão *f*; **~en machen** fazer concessões **2.** (*Lizenz*) licença *f*, alvará *m*; **jdm die ~ entziehen** tirar a licença a alguém

konzipieren* *vt* conceber

Kooperation [koʔopera'tsjoːn] *f* <-en> cooperação (*mit* com)

kooperativ [koʔopera'tiːf] *adj* cooperativo

kooperieren* *vi* cooperar (*mit* com)
Koordinate [koʔɔrdiˈnaːtə] *f* <-n> (MAT) coordenada *f*
Koordinatensystem *nt* <-s, -e> (MAT) sistema de coordenadas *m*
koordinieren* *vt* coordenar
Kopenhagen *nt* <-s> *kein pl* Copenhaga *f*
Kopf [kɔpf] *m* <-(e)s, Köpfe> **1.** (*Körperteil*) cabeça *f;* **das kostet 15 DM pro ~** custa 15 marcos por cabeça; **von ~ bis Fuß** dos pés à cabeça; **der Wein steigt ihm zu ~** o vinho sobe-lhe à cabeça; **seinen ~ durchsetzen wollen** ser teimoso; **sich** *dat* **etw durch den ~ gehen lassen** ponderar a. c.; **sich** *dat* **etw aus dem ~ schlagen** desistir de a. c.; (*fig*); **den ~ verlieren** perder a cabeça; **den ~ hängen lassen** andar cabisbaixo; **nicht ganz richtig im ~ sein** não estar bom da cabeça; **sich** *dat* **etw in den ~ setzen** meter a. c. na cabeça; **sich** *dat* **den ~ zerbrechen** dar voltas à cabeça; **das geht ihm nicht mehr aus dem ~** isso não lhe sai da cabeça; **etw auf den ~ stellen** pôr a. c. de pernas para o ar **2.** (*Chef*) cérebro *m*, cabecilha *m;* **er ist der ~ der Bewegung** ele é o cérebro do movimento **3.** (*Briefkopf*) cabeçalho *m*
Kopfball *m* <-(e)s, -bälle> (SPORT) remate de cabeça *m*
köpfen *vt* **1.** (*enthaupten*) decapitar **2.** (SPORT) dar uma cabeçada em
Kopfende *nt* <-s, -n> cabeceira *f*
Kopfhaut *f* <-häute> couro cabeludo *m*
Kopfhörer *m* <-s, -> auscultador *m;* **sich** *dat* **~ aufsetzen** pôr auscultadores
Kopfkissen *nt* <-s, -> almofada *f*, travesseira *f*
kopflos *adj* **1.** (*Lebewesen*) acéfalo **2.** (*verwirrt*) desnorteado, desvairado
kopfrechnen *vi* calcular de cabeça
Kopfrechnen *nt* <-s> *kein pl* cálculo mental *m*
Kopfsalat *m* <-(e)s, -e> alface *f*
Kopfschmerzen *pl* dores de cabeça *fpl*
Kopfschmerztablette *f* <-n> comprimido para as dores de cabeça *m*
Kopfsprung *m* <-(e)s, -sprünge> salto de cabeça *m*
Kopfstand *m* <-(e)s, -stände> pino *m*
Kopfsteinpflaster *nt* <-s, -> piso em paralelo *m*
Kopfstütze *f* <-n> encosto de cabeça *m*

Kopftuch *nt* <-(e)s, -tücher> lenço da cabeça *m*
Kopfweh *nt* <-s> *kein pl* dor de cabeça *f*
Kopfzerbrechen *nt* esforço mental *m;* **das bereitet mir ~** isso obriga-me a puxar pela cabeça
Kopie [koˈpiː] *f* <-n> **1.** (*a* INFORM) cópia *f;* (*Fotokopie*) fotocópia *f*, xerox *m;* **eine ~ von etw machen** fazer/tirar uma cópia de a. c. **2.** (*Nachahmung*) cópia *f*, imitação *f*
kopieren* *vt* **1.** (*a* INFORM) copiar; (*fotokopieren*) fotocopiar **2.** (*nachahmen*) copiar, imitar
Kopierer *m* <-s, -> (*umg*) fotocopiadora *f*, xerox *m*
Kopiergerät *nt* <-(e)s, -e> copiadora *f*
Kopilot(in) [ˈkoːpiloːt] *m(f)* <-en, -en *o* -innen> co-piloto *m,f*
koppeln [ˈkɔpəln] *vt* **1.** (*Fahrzeuge*) atrelar, engatar; (*Raumschiffe*) acoplar; (*Geräte*) ligar **2.** (*abhängig machen*) fazer depender; **seine Zustimmung an mehrere Bedingungen ~** fazer depender do seu consentimento de várias condições
Kopplung *f* <-en> (*Fahrzeuge*) atrelagem *f;* (*Raumschiffe*) acoplamento *m;* (*Geräte*) ligação *f*
Koprozessor *m* <-s, -en> (INFORM) co-processador *m*
Koralle [koˈralə] *f* <-n> coral *m*
Korallenriff *nt* <-(e)s, -e> recife de corais *m*
Koran [koˈraːn] *m* <-s> *kein pl* Alcorão *m*
Korb [kɔrp] *m* <-(e)s, Körbe> **1.** (*Behälter*) cesto *m*, cesta *f* **2.** (SPORT) cesto *m;* **einen ~ erzielen** encestar **3.** (*Abfuhr*) rejeição *f*, recusa *f;* **einen ~ bekommen** ser rejeitado; **jdm einen ~ geben** rejeitar alguém
Korbflasche *f* <-n> garrafão *m*
Korbstuhl *m* <-(e)s, -stühle> cadeira de verga *f*
Kord [kɔrt] *m* <-(e)s, -e> bombazina *f*
Kordel [ˈkɔrdəl] *f* <-n> cordel *m*
Korea *nt* <-s> *kein pl* Coreia *f*
Koriander *m* <-s> *kein pl* coentro *m*
Korinthe *f* <-n> coríntia *f*
Kork [kɔrk] *m* <-(e)s, -e> cortiça *f*
Korkeiche *f* <-n> sobreiro *m*
Korken [ˈkɔrkən] *m* <-s, -> rolha *f*
Korn¹ [kɔrn] *nt* <-(e)s, Körner> **1.** (*Getreidekorn, Reiskorn, Sandkorn*) grão *m;* (*Salzkorn*) pedra *f*, grão *m;* (*Samenkorn*) semente

K

f **2.** *kein pl* (*Getreide*) cereal *m*, cereais *mpl*

Korn² *m* <-(e)s> *kein pl* aguardente de cereais *f*

Kornblume *f* <-n> (BOT) centáurea *f*

Kornfeld *nt* <-(e)s, -er> seara *f*

Körper *m* <-s, -> corpo *m*

Körperbau *m* <-(e)s> *kein pl* estrutura física *f*, envergadura *f*

körperbehindert *adj* deficiente físico

Körpergewicht *nt* <-(e)s> *kein pl* peso do corpo *m*

Körpergröße *f* <-n> estatura *f*

körperlich *adj* corporal, físico; ~**e Arbeit** trabalho físico

Körperpflege *f kein pl* higiene do corpo *f*

Körperschaft *f* <-en> (JUR) corpo *m*, corporação *f*

Körperteil *m* <-(e)s, -e> parte do corpo *f*

Körperverletzung *f* <-en> lesão corporal *f*

Korps [koːɐ] *nt* <-, -> (MIL) corpo *m*; **das diplomatische** ~ o corpo diplomático

korpulent [kɔrpuˈlɛnt] *adj* corpulento

Korpus *m* <-, -se> (*schweiz: Ladentisch*) balcão *m*; (*Bürotisch*) secretária *f*

korrekt [kɔˈrɛkt] *adj* corre(c)to

Korrektur [kɔrɛkˈtuːɐ] *f* <-en> corre(c)ção *f*; ~ **lesen** corrigir

Korrespondent(in) [kɔrɛspɔnˈdɛnt] *m(f)* <-en, -en *o* -innen> correspondente *m,f*

Korrespondenz [kɔrɛspɔnˈdɛnts] *f* <-en> correspondência *f*; **mit jdm in** ~ **stehen** corresponder-se com alguém

Korridor [ˈkɔridoːɐ] *m* <-s, -e> corredor *m*

korrigieren * *vt* corrigir; (*verbessern*) emendar

Korrosion *f* <-en> corrosão *f*

korrumpieren * *vt* corromper

korrupt [kɔˈrʊpt] *adj* corrupto

Korruption [kɔrʊpˈtsjoːn] *f* <-en> corrupção *f*

Korse(in) *m(f)* <-n, -n *o* -innen> corso, corsa *m, f*

Korsett [kɔrˈzɛt] *nt* <-(e)s, -e> espartilho *m*

Korsika [ˈkɔrzika] *nt* <-s> *kein pl* Córsega *f*

korsisch *adj* corso

Kortison *nt* <-s, -e> (MED) cortisona *f*

koscher [ˈkoːʃɐ] *adj* (REL) kosher

Kosename *m* <-ns, -n> nome de afe(c)to *m*

Kosewort *nt* <-(e)s, -wörter> palavra de afe(c)to *f*

Kosinus *m* <-, -(se)> (MAT) co-seno *m*

Kosmetik [kɔsˈmeːtɪk] *f kein pl* cosmética *f*

Kosmetiker(in) [kɔsˈmeːtikɐ] *m(f)* <-s, - *o* -innen> esteticista *m,f*

Kosmetiktuch *nt* <-(e)s, -tücher> toalinha *f*, toalhete *m*

kosmetisch *adj* cosmético; ~**e Chirurgie** cirurgia estética *f*

kosmisch [ˈkɔsmɪʃ] *adj* cósmico

Kosmonaut(in) [kɔsmoˈnaʊt] *m(f)* <-en, -en *o* -innen> cosmonauta *m,f*

Kosmopolit(in) [kɔsmopoˈliːt] *m(f)* <-en, -en *o* -innen> cosmopolita *m,f*

Kosmos [ˈkɔsmɔs] *m* <-> *kein pl* cosmo *m*

Kost [kɔst] *f kein pl* **1.** (*Nahrung*) comida *f*, alimento *m*; **leichte/vegetarische** ~ comida ligeira/vegetariana **2.** (*Ernährung*) alimentação *f*

kostbar *adj* valioso, precioso; (*teuer*) caro, dispendioso

Kostbarkeit *f* <-en> preciosidade *f*

kosten [ˈkɔstən] *vt* **1.** (*Preis haben*) custar; **wie viel/was kostet das?** quanto custa isso?; **das kostet 70 DM** isso custa 70 marcos; **koste es, was es wolle** custe o que custar **2.** (*probieren*) provar **3.** (*erfordern*) exigir; **das kostet viel Zeit** isso exige muito tempo, isso leva muito tempo

Kosten [ˈkɔstən] *pl* custo(s) *mpl*, despesas *fpl*, gastos *mpl*; **keine** ~ **scheuen** não olhar a despesas; **das geht auf meine** ~ isso fica por minha conta; **auf** ~ **meiner Schwester** à custa da minha irmã; **das geht auf** ~ **der Umwelt** isso prejudica o meio-ambiente; (*fig*) **auf seine** ~ **kommen** divertir-se à farta

kostenlos *adj* gratuito, grátis

kostenpflichtig *adj* sujeito a pagamento, sujeito a taxa

Kostenvoranschlag [--'---, '-----] *m* <-(e)s, -schläge> orçamento *m*; **einen** ~ **machen** fazer um orçamento

köstlich *adj* **1.** (*Essen*) delicioso **2.** (*amüsant*) divertido; **sich** ~ **amüsieren** divertir-se à grande

Kostprobe *f* <-n> prova (de comida) *f*

kostspielig *adj* caro, dispendioso

Kostüm *nt* <-s, -e> **1.** (*Damenkostüm*) conjunto de saia e casaco *m* **2.** (*Verkleidung*) disfarce *m*, fantasia *f* **3.** (*im Theater*) guarda-roupa *m*

kostümieren * *vr* **sich** ~ fantasiar-se (*als* de), mascarar-se (*als* de)

Kot [koːt] *m* <-(e)s> *kein pl* (*geh*) excremento *m*

Kotelett ['kɔtlɛt, kɔt'lɛt] *nt* <-s, -s> costeleta *f*

Koteletten [kɔt'lɛtən] *pl* suíças *fpl*, patilhas *fpl*, costeletas *fpl*

Köter *m* <-s, -> *(pej)* rafeiro *m*, vira-lata *m*

Kotflügel *m* <-s, -> guarda-lamas *m*

kotzen *vi (umg)* vomitar; **das ist ja zum Kotzen!** isso mete nojo!, isso é nojento!

Krabbe ['krabə] *f* <-n> camarão *m*

krabbeln ['krabəln] *vi* **1.** *(Kind)* gatinhar **2.** *(Käfer)* rastejar; *(Fliege)* andar

Krach [krax] *m* <-(e)s, Kräche> **1.** *(Lärm)* barulho *m*, estrondo *m; (andauernd)* barulho *m*, barulheira *f; ~* **machen** fazer barulho **2.** *(umg: Streit)* zanga *f;* **mit jdm ~ haben** zangar-se com alguém, ter chatices com alguém

krachen *vi* **1.** *(Tür)* bater com estrondo; *(Donner)* rebentar; *(Schuss)* estalar **2.** *(umg: Unfall)* haver um estouro; **an dieser Ecke kracht es jede Woche** nesta esquina há estouros todas as semanas

krächzen *vi* **1.** *(Vogel)* grasnar **2.** *(Mensch)* rouquejar

kraft [kraft] *präp + gen* em virtude de; **~ seines Amtes** em virtude da sua função

Kraft [kraft] *f* <Kräfte> **1.** (PHYS: *Körperkraft)* força *f; (Tatkraft)* energia *f;* **wieder zu Kräften kommen** recuperar as forças; **am Ende seiner Kräfte sein** estar sem forças; **neue Kräfte sammeln** recuperar energia; **mit aller ~** com unhas e dentes **2.** *(Wirksamkeit)* eficácia *f* **3. in ~ sein/treten** estar/entrar em vigor; **außer ~ setzen** anular **4.** *(Arbeitskraft)* empregado, empregada *m, f*

Kraftausdruck *m* <-(e)s, -drücke> expressão violenta *f*

Kraftfahrer(in) *m(f)* <-s, - *o* -innen> automobilista *m,f*

Kraftfahrzeug *nt* <-(e)s, -e> automóvel *m*, veículo automóvel *m*

Kraftfahrzeugbrief *m* <-(e)s, -e> título de propriedade do veículo *m*

Kraftfahrzeugschein *m* <-(e)s, -e> livrete *m*

Kraftfahrzeugsteuer *f* <-n> imposto automóvel *m*

Kraftfahrzeugversicherung *f* <-en> seguro de automóvel *m*

kräftig *adj* **1.** *(Person)* forte; *(Körperbau)* robusto; *(Stimme)* potente **2.** *(Farbe)* forte, vivo; *(Geruch, Geschmack)* intenso **3.** *(Essen)* pesado

kraftlos *adj* sem forças, fraco

Kraftprobe *f* <-n> prova de esforço *f*

Kraftstoff *m* <-(e)s, -e> combustível *m*

kraftvoll *adj* vigoroso, enérgico

Kraftwagen *m* <-s, -> automóvel *m*

Kraftwerk *nt* <-(e)s, -e> central eléctrica *f*, usina elétrica *f*

Kragen ['kra:gən] *m* <-s, Krägen> gola *f; (an Hemd)* colarinho *m; (umg);* **mir platzt gleich der ~** já estou a perder a paciência

Krähe *f* <-n> gralha *f*

krähen *vi (Hahn)* cantar

Krake *m* <-n, -n> polvo *m*

krakeelen* *vi* fazer barulho

Kralle ['kralə] *f* <-n> garra *f; (umg);* **jdm die ~n zeigen** mostrar as garras a alguém

krallen *vr* sich ~ agarrar-se *(an)*

Kram [kra:m] *m* <-(e)s> *kein pl* **1.** *(umg: Zeug)* tralha *f* **2.** *(umg: Angelegenheit)* coisas *fpl;* **mach deinen ~ allein!** faz as tuas coisas sozinho!; **jdm in den ~ passen** calhar bem a alguém

kramen **I.** *vt* remexer, revolver; **Sachen aus dem Keller ~** desentulhar coisas da cave **II.** *vi* remexer; **in alten Papieren ~** remexer papéis velhos

Krampf [krampf] *m* <-(e)s, Krämpfe> **1.** (MED) cãibra *f; (Magenkrampf)* convulsão *f*, espasmo *m;* **einen ~ haben/bekommen** ter uma cãibra **2.** *kein pl (umg: Qual)* maçada *f;* **das ist vielleicht ein ~!** que maçada! **3.** *(schweiz: Straftat)* delito *m*

Krampfader *f* <-n> variz *f*

krampfhaft *adj* **1.** (MED) convulsivo, espasmódico **2.** *(verbissen)* desesperado; **~ an etw festhalten** agarrar-se desesperadamente a a. c.

Kran [kra:n] *m* <-(e)s, Kräne> guindaste *m*, grua *f*

Kranich ['kra:nıç] *m* <-s, -e> grou *m*

krank [krank] *adj* doente; **~ werden** adoecer, ficar doente

kranklachen *vi (umg)* sich ~ fartar-se de rir

krankmelden^{RR} *vi* **er hat sich krankgemeldet** ele avisou que está doente

kränkeln *vi* andar doente

kränken *vt* magoar, machucar

Krankengeld *nt* <-(e)s> *kein pl* dinheiro da baixa *m*

Krankengymnast(in) *m(f)* <-en, -en *o* -innen> fisioterapeuta *m,f*

Krankengymnastik *f kein pl* fisioterapia *f*

K

Krankenhaus *nt* <-es, -häuser> hospital *m;* **ins ~ kommen** dar entrada no hospital; **im ~ liegen** estar (internado) no hospital

Krankenkasse *f* <-n> caixa de previdência *f*

Krankenpfleger *m* <-s, -> enfermeiro *m*

Krankenschwester *f* <-n> enfermeira *f*

Na Alemanha todas as pessoas que trabalham sem ser por conta própria ou registo de actividade industrial ou comercial têm que estar **krankenversichert** (seguras contra doenças) tendo por isso obrigação de contribuir para a Segurança Social. Na Áustria este seguro é obrigatório para todos os que trabalham, mas na Suíça é voluntário. Apesar disso, 95% dos suíços estão **krankenversichert**.

Krankenversichertenkarte *f* <-n> cartão de beneficiário *m*

Krankenversicherung *f* <-en> seguro de saúde *m*

Krankenwagen *m* <-s, -> ambulância *f*

Kranke(r) *m/f* <-n, -n *o* -n> doente *m,f*

krankhaft *adj* doentio, patológico

Krankheit *f* <-en> doença *f*, enfermidade *f;* **ansteckende ~** doença contagiosa *f;* **eine ~ bekommen** contrair/apanhar uma doença; **eine ~ durchmachen** passar por uma doença

Krankheitserreger *m* <-s, -> micróbio patogénico *m*

kränklich *adj* adoentado, achacado

Krankmeldung *f* <-en> aviso de doença *m*

krank|schreiben^RR *vt irr* dar baixa a; **der Arzt hat mich für eine Woche krankgeschrieben** o médico deu-me baixa por uma semana

Kränkung *f* <-en> ofensa *f*

Kranz [krants] *m* <-(e)s, Kränze> coroa *f;* **einen ~ binden** fazer uma coroa

krass^RR [kras] *adj,* **kraß**^ALT *adj* **1.** (*extrem*) crasso, extremo; **in ~em Gegensatz zu etw stehen** estar totalmente em oposição a a. c. **2.** (*auffallend*) flagrante; (*Unterschied*) enorme

Krater ['kraːtɐ] *m* <-s, -> cratera *f*

Kratten *m* <-s, -> (*schweiz*) cesto *m*, cesta *f*

kratzbürstig *adj* rabugento

kratzen ['kratsən] **I.** *vt* (*Person, Katze*) arranhar; (*bei Juckreiz*) coçar; (*abkratzen*) raspar (*von* de) **II.** *vi* (*Pullover*) picar, arranhar; (*Katze*) arranhar **III.** *vr* **sich ~** (*bei Juckreiz*) coçar-se; **er kratzt sich am Bein** ele coça-se na perna

Kratzer *m* <-s, -> **1.** (*Verletzung*) arranhão *m* **2.** (*Werkzeug*) espátula *f*

Kraul *nt* <-s> *kein pl* crawl *m;* **100 m ~ schwimmen** nadar 100 m crawl

kraulen ['kraʊlən] **I.** *vt* fazer festinhas a **II.** *vi* (SPORT) nadar crawl

kraus [kraʊs] *adj* (*Haar*) crespo; (*Stoff*) encorrilhado, enrugado; **die Stirn ~ ziehen** franzir a testa

Krause *f* <-n> carapinha *f*

kräuseln **I.** *vt* (*Haar*) frisar **II.** *vr* **sich ~** (*Haar, Wasser*) encrespar-se

Kraut [kraʊt] *nt* <-(e)s, Kräuter> **1.** (*Pflanze*) erva *f* **2.** (*Kohl*) couve *f;* (*umg*); **wie ~ und Rüben** em desordem

Kräutertee *m* <-s, -s> chá de ervas *m*

Krautkopf *m* <-(e)s, -köpfe> (*österr*) repolho *m*

Krawall [kra'val] *m* <-(e)s, -e> **1.** (*Tumult*) tumulto *m* **2.** (*Lärm*) barulho *m;* **~ machen** fazer barulho

Krawatte [kra'vatə] *f* <-n> gravata *f*

Krawattennadel *f* <-n> alfinete de gravata *m*

kreativ [krea'tiːf] *adj* criativo

Kreativität *f kein pl* criatividade *f*

Kreatur [krea'tuːɐ] *f* <-en> criatura *f*

Krebs [kreːps] *m* <-es, -e> **1.** (MED) cancro *m*, câncer *m;* **~ erregend** cancerígeno **2.** (ZOOL) caranguejo *m* **3.** *kein pl* (*Sternkreiszeichen*) Caranguejo *m*, Câncer *m*

krebserregend^ALT *adj s.* **Krebs 1**

Krebsvorsorge *f kein pl* prevenção contra o câncro *f*, prevenção contra o câncer *f*

Kredit [kre'diːt] *m* <-(e)s, -e> crédito *m;* **zinsloser ~** crédito sem juros; **jdm ~ gewähren** conceder crédito a alguém; **einen ~ aufnehmen** pedir um empréstimo

Kreditkarte *f* <-n> cartão de crédito *m*

kreditwürdig *adj* digno de crédito, solvente

Kreide ['kraɪdə] *f* <-n> **1.** (*zum Schreiben*) giz *m* **2.** (*Gestein*) cré *f*

kreidebleich ['--'-] *adj* branco como a cal

kreieren* *vt* criar

Kreis [kraɪs] *m* <-es, -e> **1.** (*a* MAT) círculo *m;* **im ~ sitzen/stehen** estar sentado em círculo/estar em círculo **2.** (*Personenkreis*) meio *m;* **weite ~e der Bevölkerung** grandes camadas da população; **gut informierte ~e berichteten, dass ...** grupos bem informados comunicaram que ...; **im ~ der Familie** no seio da família; **die besseren ~e** a alta-roda **3.** (*Landkreis*) distrito *m*, comarca *f*; **im ~ Tübingen** no distrito de Tübingen

kreischen ['kraɪʃən] *vi* **1.** (*Person*) guinchar **2.** (*Bremsen, Säge*) chiar

Kreisel ['kraɪzəl] *m* <-s, -> (*Spielzeug*) pião *m*

kreisen ['kraɪzən] *vi* **1.** (*sich drehen*) girar (*um* à/em volta de), rodar (*um* à/em volta de); **ihre Gedanken kreisten nur um ein Thema** os pensamentos dela giravam à volta do mesmo tema **2.** (*Flugzeug, Vögel*) dar voltas (*über* sobre) **3.** (*herumgereicht werden*) circular, passar de mão em mão

Kreislauf *m* <-(e)s, -läufe> **1.** (*Zyklus*) ciclo *m* **2.** *kein pl* (*Blutkreislauf*) circulação (sanguínea) *f*

Kreislaufkollaps *m* <-es, -e> colapso circulatório *m*

Kreislaufstörung *f* <-en> perturbação circulatória *f*

Kreissäge *f* <-n> serra circular *f*

Kreißsaal *m* <-(e)s, -säle> sala de parto *f*

Kreisstadt *f* <-städte> capital de distrito *f*

Kreisverkehr *m* <-s> *kein pl* trânsito circundante *m*; (*Platz*) rotunda *f*

Krematorium [krema'to:riʊm] *nt* <-s, -torien> crematório *m*

Krempe ['krɛmpə] *f* <-n> aba *f*

Krempel ['krɛmpəl] *m* <-s> *kein pl* (*umg*) tralha *f*, tarecos *mpl*

krepieren* *vi* (*umg: Mensch, Tier*) morrer

Krepp [krɛp] *m* <-s, -s> crepe *m*

Krepppapier^{RR} *nt* <-(e)s> *kein pl*, **Kreppapier**^{ALT} *nt* <-(e)s> *kein pl* papel crepe *m*

Kresse *f* *kein pl* agrião *m*

Kreuz [krɔɪts] *nt* <-es, -e> **1.** (*a REL: Symbol*) cruz *f*; **das Rote ~** a Cruz Vermelha; **das ~ schlagen** benzer-se; **das ~ des Südens** o Cruzeiro do Sul **2.** (ANAT) espinha dorsal *f* **3.** (*Autobahnkreuz*) nó (de auto-estrada) *m* **4.** (*im Kartenspiel*) paus *mpl* **5.** (MUS) sustenido *m*

kreuzen I. *vt* (*überqueren*) cruzar; (BIOL) cruzar (*mit* com) **II.** *vr* **sich ~** (*Straßen*) cruzar-se

Kreuzfahrt *f* <-en> cruzeiro *m*

Kreuzfeuer *nt* <-s, -> fogo cruzado *m*; **ins ~ der Kritik geraten** ser muito criticado

Kreuzgang *m* <-(e)s, -gänge> claustro *m*

kreuzigen* ['krɔɪtsɪgən] *vt* crucificar

Kreuzigung *f* <-en> crucificação *f*

Kreuzotter *f* <-n> víbora *f*

Kreuzschlüssel *m* <-s, -> chave em cruz *f*

Kreuzung *f* <-en> **1.** (*Straßenkreuzung*) cruzamento *m*, encruzilhada *f* **2.** (BIOL) cruzamento *m*

Kreuzverhör *nt* <-(e)s, -e> acareação *f*

Kreuzworträtsel *nt* <-s, -> palavras cruzadas *fpl*

Kreuzzug *m* <-(e)s, -züge> (GESCH) cruzada *f*

kribbeln ['krɪbəln] *vi* formigar

kriechen [kri:çən] *vi* **1.** (*Käfer, Schlange*) rastejar; (*Mensch*) gatinhar; **auf allen vieren ~** andar de gatas **2.** (*Fahrzeug*) arrastar-se; **die Zeit kriecht** o tempo arrasta-se **3.** (*pej: unterwürfig sein*) lamber as botas (*vor* a)

Kriecher(in) *m(f)* <-s, - o -innen> (*pej*) pau-mandado *m*

Kriechspur *f* <-en> faixa lenta *f*

Krieg [kri:k] *m* <-(e)s, -e> guerra *f*; **der Kalte ~** a Guerra Fria; **~ führen** fazer guerra (*gegen* com); **~ führend** beligerante; **jdm/etw den ~ erklären** declarar guerra a alguém/a. c.

kriegen ['kri:gən] *vt* **1.** (*umg: bekommen*) receber, arranjar; **ein Kind ~** estar grávida; **wie viel ~ Sie dafür?** quanto é que recebe por isso?; **eine Erkältung ~** apanhar uma constipação **2.** (*umg: erwischen*) apanhar

kriegerisch *adj* guerreiro, bélico; **~e Auseinandersetzungen** conflitos bélicos *mpl*

kriegführend^{ALT} *adj s.* **Krieg**

Kriegsdienstverweigerer *m* <-s, -> obje(c)tor de consciência *m*

Kriegserklärung *f* <-en> declaração de guerra *f*

Kriegsfuß *m* **mit jdm/etw auf ~ stehen** estar em pé de guerra com alguém/a. c.

Kriegsgefangene(r) *m* <-n, -n> prisioneiro de guerra *m*

Kriegsgericht *nt* <-(e)s, -e> conselho de guerra *m*

Kriegsschauplatz *m* <-es, -plätze> cenário de guerra *m*

Kriegsschiff *nt* <-(e)s, -e> navio de guerra *m*

Kriegsverbrechen *nt* <-s, -> crime de guerra *m*

Kriegsverbrecher *m* <-s, -> criminoso de guerra *m*

K

Kriegsversehrte(r) *m* <-n, -n> ferido de guerra *m*

Krimi ['krɪmi] *m* <-s, -s> (*Film*) filme policial *m*; (*Buch*) romance policial *m*

Kriminalbeamte(r)(in) *m(f)* <-n, -n *o* -innen> agente da polícia judiciária *m,f*

Kriminalität *f kein pl* criminalidade *f*

Kriminalpolizei *f kein pl* polícia judiciária *f*

Kriminalroman *m* <-s, -e> romance policial *m*

kriminell [krimi'nɛl] *adj* criminoso

Kriminelle(r) *m/f* <-n, -n *o* -n> criminoso, criminosa *m, f*

Krimskrams ['krɪmskrams] *m* <-> *kein pl* (*umg*) quinquilharias *fpl*

Kripo ['kri:po] *abk v* **Kriminalpolizei** PJ (= *polícia judiciária*)

Krippe ['krɪpə] *f* <-n> 1. (*Futterkrippe*) manjedoura *f* 2. (*Weihnachtskrippe*) presépio *m* 3. (*Kinderhort*) infantário *m*, creche *f*

Krise ['kri:zə] *f* <-n> crise *f*; (*umg*); **ich krieg die ~!** eu fico maluco!

kriseln ['kri:zəln] *vi* estar em crise; **es kriselt** estamos em crise, há uma crise

Krisengebiet *nt* <-(e)s, -e> zona de crise *f*

Krisenstab *m* <-(e)s, -stäbe> comité de emergência *m*

Kristall¹ [krɪs'tal] *m* <-s, -e> (*Körper*) cristal *m*

Kristall² *nt* <-s> *kein pl* (*Glas*) cristal *m*

Kriterium [kri'te:riʊm] *nt* <-s, -rien> critério *m*

Kritik [kri'ti:k, kri'tɪk] *f* <-en> crítica *f*; ~ **an etw üben** fazer uma crítica a. c.; (*umg*); **das ist unter aller ~** isso é inqualificável

Kritiker(in) ['kri:tikɐ] *m(f)* <-s, - *o* -innen> crítico, crítica *m, f*

kritiklos *adj* sem crítica; **etw ~ annehmen** aceitar a. c. sem criticar

kritisch ['kri:tɪʃ, 'krɪtɪʃ] *adj* crítico; **die Lage ist ~** a situação é crítica; **~e Bemerkungen machen** fazer comentários críticos; **etw ~ prüfen** examinar a. c. com espírito crítico

kritisieren* *vt* criticar

kritzeln ['krɪtsəln] *vi* rabiscar

Kroate(in) [kro'a:tə] *m(f)* <-n, -n *o* -innen> croata *m,f*

Kroatien [kro'a:tsiən] *nt* <-s> *kein pl* Croácia *f*

kroatisch *adj* croata

kroch [krɔx] *imp von* **kriechen**

Krokette *f* <-n> croquete *m*

Krokodil [kroko'di:l] *nt* <-s, -e> crocodilo *m*

Krokus *m* <-, -se> croco *m*

Krone ['kro:nə] *f* <-n> 1. (*des Königs, Währung*) coroa *f* 2. (*Baumkrone*) copa *f* 3. (*Zahnkrone*) coroa *f*

krönen *vt* 1. (*König*) coroar 2. (*beenden*) acabar, rematar; **ein ~der Abschluss** uma conclusão para rematar

Kronkorken *m* <-s, -> cápsula *f*

Kronleuchter *m* <-s, -> candelabro *m*, lustre *m*

Kronprinz, essin *m, f* <-en, -en *o* -innen> príncipe herdeiro *m*, princesa herdeira *f*

Krönung *f* <-en> 1. (*von König*) coroação *f* 2. (*Abschluss*) remate *m*

Kronzeuge(in) *m(f)* <-n, -n -innen> testemunha principal *f*

Kropf [krɔpf] *m* <-(e)s, Kröpfe> 1. (*von Vogel*) papo *m* 2. (MED) papeira *f*

Kröte *f* <-n> sapo *m*

Krücke *f* <-n> muleta *f*, canadiana *f*; **an ~n gehen** andar de muletas/canadianas

Krug [kru:k] *m* <-(e)s, Krüge> jarro *m*, jarra *f*; (*Bierkrug*) caneca *f*

Krümel *m* <-s, -> migalha *f*

krümeln *vi* 1. (*Person*) fazer migalhas 2. (*Brot*) esmigalhar(-se)

krumm [krʊm] *adj* 1. (*verbogen*) torto, torcido; (*kurvig*) curvo; (*Weg*) tortuoso; (*Rücken*) torto 2. (*umg: unehrlich*) duvidoso; (*Geschäft*) escuro; **jdm etw ~ nehmen** levar a. c. a mal a alguém

krümmen I. *vt* dobrar; (*Rücken*) curvar II. *vr sich ~* (*Straße, Fluss*) fazer uma curva; **sich vor Schmerz ~** (con)torcer-se de dores

krumm|nehmen^ALT *vt irr s.* **krumm 2**

Krümmung *f* <-en> curvatura *f*, curva *f*

Krüppel *m* <-s, -> aleijado, aleijada *m, f*, mutilado, mutilada *m, f*

Kruste ['krʊstə] *f* <-n> 1. (*einer Wunde*) crosta *f*, casca *f* 2. (*von Braten*) crosta *f*; (*Brotkruste*) côdea *f*

Kruzifix ['kru:tsifɪks, krutsi'fɪks] *nt* <-es, -e> crucifixo *m*

Kuba ['ku:ba] *nt* <-s> *kein pl* Cuba *f*

Kübel *m* <-s, -> tina *f*; (*umg*); **es gießt wie aus ~n** chove a cântaros

Kubikmeter *m* <-s, -> metro cúbico *m*

Kubismus *m* <-> *kein pl* cubismo *m*

Küche *f* <-n> cozinha *f;* **die portugiesische** ~ a cozinha portuguesa
Kuchen ['ku:xən] *m* <-s, -> bolo *m*
Küchenchef(in) *m(f)* <-s, -s *o* -innen> chefe de cozinha *m,f*
Kuchenform *f* <-en> forma para bolos *f*
Küchenmaschine *f* <-n> máquina de cozinha *f*
Küchenschabe *f* <-n> barata *f*
Küchenschrank *m* <-(e)s, -schränke> armário de cozinha *m*
Kücken *nt* <-s, -> (*österr*) pinto *m*, pintainho *m*
Kuckuck ['kʊkʊk] *m* <-s, -e> cuco *m;* (*umg*); **weiß der ~!** sei lá!
Kuddelmuddel *m* <-s> *kein pl* (*umg*) mistela *f*, salgalhada *f*
Kufe ['ku:fə] *f* <-n> patim *m*
Kugel ['ku:gəl] *f* <-n> 1. (MAT: *runder Körper*) esfera *f* 2. (*Geschoss*) bala *f;* **sich** *dat* **eine ~ durch den Kopf jagen** dar um tiro na cabeça 3. (SPORT) peso *m*
Kugelhagel *m* <-s> *kein pl* rajada de balas *f*
Kugelkopfschreibmaschine *f* <-n> máquina de escrever com cabeça esférica *f*
Kugellager *nt* <-s, -> rolamento de esferas *m*
kugelrund ['--'-] *adj* esférico
Kugelschreiber *m* <-s, -> esferográfica *f*
kugelsicher *adj* à prova de bala
Kugelstoßen *nt* <-s> *kein pl* lançamento de pesos *m*
Kuh [ku:] *f* <Kühe> vaca *f;* **blinde ~ spielen** jogar à cabra-cega
Kuhhaut *f* <-häute> pêlo de vaca *m;* (*umg*); **das geht auf keine ~** isso passa dos limites
kühl *adj* 1. (*Temperatur*) fresco; ~ **lagern** armazenar em local fresco; **abends wird es ~** à noite arrefece; **mir ist ~** estou com frio 2. (*Person, Empfang*) frio
Kühlbox *f* <-en> geleira *f*
Kuhle *f* <-n> cova *f*
Kühle *f kein pl* 1. (*Frische*) frescura *f* 2. (*Zurückhaltung*) frieza *f*
kühlen *vt* esfriar; (*Getränke*) arrefecer; (*erfrischen*) refrescar
Kühler *m* <-s, -> (*Auto*) radiador *m*
Kühlerhaube *f* <-n> tampa do radiador *f*
Kühlhaus *nt* <-es, -häuser> armazém frigorífico *m*
Kühlschrank *m* <-(e)s, -schränke> frigorífico *m*, geladeira *f*

Kühltasche *f* <-n> mala térmica *f*, saco térmico *m*
Kühltruhe *f* <-n> arca frigorífica *f*
Kühlturm *m* <-(e)s, -türme> (TECH) torre de arrefecimento *f*
Kühlwasser *nt* <-s> *kein pl* água de refrigeração *f*
kühn *adj* ousado, audaz
Kühnheit *f kein pl* ousadia *f*, audácia *f*
Kuhstall *m* <-(e)s, -ställe> vacaria *f*
Küken *nt* <-s, -> pinto *m*, pintainho *m*
Kukuruz *m* <-(es)> *kein pl* (*österr*) milho *m*
kulant [ku'lant] *adj* atencioso
Kuli ['ku:li] *m* <-s, -s> 1. (*umg: Kugelschreiber*) esferográfica *f* 2. (*Lastenträger*) carregador *m*
kulinarisch [kuli'na:rɪʃ] *adj* culinário
Kulisse [ku'lɪsə] *f* <-n> bastidor *m;* **einen Blick hinter die ~n werfen** dar uma vista de olhos nos bastidores
kullern *vi* rolar
Kult [kʊlt] *m* <-(e)s, -e> culto *m*
kultivieren* *vt* cultivar
kultiviert [kʊlti'vi:ɐt] *adj* cultivado; (*gebildet*) culto
Kultur [kʊl'tu:ɐ] *f* <-en> (BIOL, MED: *künstlerisch, geistig*) cultura *f;* **menschliche ~** civilização *f*
Kulturabkommen *nt* <-s, -> acordo cultural *m*
Kulturbeutel *m* <-s, -> estojo de toilette *m*
Kulturdenkmal *nt* <-s, -mäler> monumento cultural *m*
kulturell [kʊltu'rɛl] *adj* cultural
Kulturschock *m* <-(e)s, -s> choque de culturas *m*
Kultusminister(in) ['kʊltʊs-] *m(f)* <-s, -*o* -innen> ministro federal da Educação, ministra *m, f*
Kultusministerium *nt* <-s, -ministerien> ministério federal da Educação *m*
Kümmel *m* <-s> *kein pl* 1. (*Pflanze, Gewürz*) cominho *m* 2. (*Schnaps*) kümmel *m*
Kummer ['kʊmɐ] *m* <-s> *kein pl* mágoa *f*, desgosto *m;* (*Sorge*) preocupação *f*, aflição *f;* **jdm ~ machen** causar pena a alguém
kümmerlich *adj* 1. (*elend*) miserável; (*ärmlich*) pobre 2. (*schwächlich*) débil
kümmern I. *vt* preocupar; **was kümmert mich das?** que me importa isso?; **das kümmert mich nicht** quero lá saber disso, isso pouco me importa II. *vr* **sich ~** 1. (*sich be-*

K

schäftigen) tratar (*um* de), ocupar-se (*um* de);
~ **Sie sich um Ihre eigenen Angelegenheiten!** trate da sua vida! **2.** (*sorgen*) cuidar
(*um* de), tratar (*um* de); **sich um jdn** ~ cuidar de alguém, tratar de alguém

Kumpan [kʊm'paːn] *m* <-s, -e> companheiro *m*

Kumpel ['kʊmpəl] *m* <-s, -> (*umg*) parceiro *m*

Kunde(in) ['kʊndə] *m(f)* <-n, -n *o* -innen> cliente *m,f*

Kundendienst *m* <-(e)s, -e> assistência técnica *f*; serviço pós-venda *m*

Kundenstock *m* <-(e)s, -stöcke> (*österr*) clientela *f*

Kundgebung *f* <-en> manifesto *m*

kündigen I. *vt* **1.** (*Arbeitsstelle*) demitir-se de **2.** (*Vertrag*) rescindir; (*Abonnement, Telefonanschluss*) cancelar; **jdm die Wohnung** ~ rescindir o contrato de arrendamento a alguém II. *vi* **1.** (*Arbeitgeber*) despedir; (*als Arbeitnehmer*) despedir-se, demitir-se; **jdm** ~ despedir alguém; **ich habe zum Jahresende gekündigt** eu acabo de trabalhar no fim do ano **2.** (*Mieter*) sair, entregar a casa

Kündigung *f* <-en> **1.** (*vom Arbeitgeber*) despedimento *m*; (*eigene Kündigung*) demissão *f*; **fristlose** ~ despedimento sem aviso prévio *m* **2.** (*von Vertrag*) rescisão *f*; (*von Wohnung*) aviso de saída *m*

Kündigungsfrist *f* <-en> prazo de rescisão *m*

Kündigungsschutz *m* <-es> *kein pl* prote(c)ção contra despedimento *f*

Kundschaft *f kein pl* clientela *f*

künftig *adj* futuro

Kunst [kʊnst] *f* <Künste> arte *f*; **die schönen Künste** as belas-artes; **die bildenden Künste** as artes plásticas; **das ist keine ~!** isso não é nenhuma maravilha!; **mit seiner ~ am Ende sein** já não saber o que fazer

Kunstakademie *f* <-n> academia de belas-artes *f*

Kunstausstellung *f* <-en> exposição de obras de arte *f*

Kunstdruck *m* <-(e)s, -e> impressão artística *f*

Kunstdünger *m* <-s, -> adubo químico *m*

Kunstfaser *f* <-n> fibra sintética *f*

Kunstfehler *m* <-s, -> (MED) erro médico *m*

Kunstgegenstand *m* <-(e)s, -stände> obra de arte *f*

Kunstgeschichte *f kein pl* história da arte *f*

Kunstgewerbe *nt* <-s> *kein pl* artes decorativas *fpl*

Kunsthandwerk *nt* <-(e)s> *kein pl* artesanato *m*

Kunsthistoriker(in) *m(f)* <-s, - *o* -innen> historiador de arte, historiadora *m, f*

Kunstkritiker(in) *m(f)* <-s, - *o* -innen> crítico de arte, crítica *m, f*

Künstler(in) *m(f)* <-s, - *o* -innen> artista *m,f*

künstlerisch *adj* artístico

künstlich *adj* artificial, falso; (*Haar, Zähne*) postiço; (*Befruchtung, Ernährung*) artificial; **~e Intelligenz** inteligência artificial

Kunststoff *m* <-(e)s, -e> plástico *m*

Kunststück *nt* <-(e)s, -e> artifício *m*

Kunsttischler(in) *m(f)* <-s, - *o* -innen> marceneiro, marceneira *m, f*

Kunstturnen *nt* <-s> *kein pl* ginástica artística *f*

kunstvoll *adj* artístico

Kunstwerk *nt* <-(e)s, -e> obra de arte *f*

kunterbunt ['kʊntɐ'bʊnt] *adj* **1.** (*farbig*) colorido **2.** (*durcheinander*) misturado

Kupfer ['kʊpfɐ] *nt* <-s> *kein pl* cobre *m*

kupfern *adj* de cobre

Kupferstich *m* <-(e)s, -e> gravura em cobre *f*

Kuppe ['kʊpə] *f* <-n> **1.** (*Bergkuppe*) cimo *m*, cume *m* **2.** (*Fingerkuppe*) ponta *f*

Kuppel ['kʊpəl] *f* <-n> cúpula *f*

Kuppelei [kʊpə'laɪ] *f* <-en> alcovitice *f*

kuppeln ['kʊpəln] I. *vt* (*Fahrzeuge*) engatar (*an* em), atrelar (*an* a) II. *vi* (*Auto*) embraiar, embrear

Kuppler(in) *m(f)* <-s, - *o* -innen> alcoviteiro, alcoviteira *m, f*

Kupplung *f* <-en> **1.** (*Vorrichtung*) engate *m* **2.** (*Auto*) embraiagem *f*, embreagem; **die ~ treten** carregar na embraiagem, carregar na embreagem

Kur [kuːɐ] *f* <-en> **1.** (*Heilverfahren*) cura *f*; (*Behandlung*) tratamento *m* **2.** (*Aufenthalt*) termas *f*; **zur ~ fahren** ir para as termas

Kür *f* <-en> (SPORT) exercício livre *m*

Kurbel ['kʊrbəl] *f* <-n> manivela *f*

Kurbelwelle *f* <-n> (TECH) cambota *f*

Kürbis *m* <-ses, -se> abóbora *f*

Kurde(in) *m(f)* <-n, -n *o* -innen> curdo, curda *m, f*

kurdisch *adj* curdo

Kurgast *m* <-(e)s, -gäste> banhista (de termas) *m,f*

Kurier [ku'riːɐ] *m* <-s, -e> correio expresso *m*

kurieren* *vt* curar

kurios [kuri'oːs] *adj* curioso, estranho

Kuriosität *f* <-en> curiosidade *f*

Kurort *m* <-(e)s, -e> (*mit Heilquellen*) termas *f*, estação termal *f*; (*klimatisch*) estação climática *f*

Kurpfuscher(in) ['kuːɐpfʊʃɐ] *m(f)* <-s, - *o* -innen> curandeiro, curandeira *m, f*

Kurs [kʊrs] *m* <-es, -e> 1. (*Lehrgang*) curso *m*; **einen ~ besuchen** frequentar um curso 2. (*Richtung*) rumo *m*; (NAUT) rota *f*; **wir nehmen ~ auf Madeira** nós dirigimo-nos para a Madeira; **vom ~ abkommen** desviar-se da rota 3. (WIRTSCH) cotação *f*; (*von Devisen*) câmbio *m*; **die ~e steigen/fallen** as cotações sobem/descem

Kursbuch *nt* <-(e)s, -bücher> horário dos caminhos-de-ferro *m*

kursieren* *vi* (*Geld, Gerücht*) circular

kursiv [kʊr'ziːf] *adj* em itálico; **ein Wort ~ drucken/schreiben** imprimir/escrever uma palavra em itálico

Kurssturz *m* <-es, -stürze> (*von Devisen*) queda de câmbio *f*; (*von Aktien*) queda de cotação *f*

Kursteilnehmer(in) *m(f)* <-s, - *o* -innen> participante (de um curso) *m,f*

Kursverlust *m* <-(e)s, -e> perda de câmbio *f*

Kurswagen *m* <-s, -> carruagem directa *f*, vagão direto *m*

Kurtaxe *f* <-n> taxa diária de turismo *f*

Kurve ['kʊrvə] *f* <-n> (*a* MAT) curva *f*; **um die ~ fahren** virar a curva; **die Straße macht eine ~** a rua faz uma curva

kurvenreich *adj* cheio de curvas, sinuoso

kurz [kʊrts] *adj* 1. (*räumlich*) curto; **~ vor Zürich** pouco antes de Zurique; **~e Hosen** calções *mpl*; **die Ärmel sind zu ~** as mangas são curtas demais; **etw kürzer machen** encurtar a. c.; (*umg*) **etw ~ und klein schlagen** despedaçar a. c. 2. (*zeitlich*) breve, conciso; **bis vor ~em** até há pouco (tempo); **seit ~em** (desde) há pouco; **~ danach** pouco depois; **~ nach vier** pouco depois das quatro; **über ~ oder lang** mais dia menos dia, mais cedo ou mais tarde; **~ und gut** em poucas palavras; **sich ~ fassen/halten** ser breve; **~**

entschlossen de pronta resolução; **zu ~ kommen** ficar prejudicado

Kurzarbeit *f kein pl* trabalho a tempo reduzido *m*

kurzärmelig *adj* de manga curta

Kürze *f kein pl* 1. (*räumlich*) curta distância *f* 2. (*zeitlich*) brevidade *f*; **in ~** em breve, brevemente; **in aller ~** em poucas palavras

kürzen *vt* 1. (*in der Länge*) encurtar (*um* em, *auf* para); (*Text*) abreviar 2. (*Gehalt*) reduzir (*um* em, *auf* para)

kurzerhand ['kʊrtsɐ'hant] *adv* sem rodeios, sem cerimónias

Kurzform *f* <-en> forma abreviada *f*

kurzfristig I. *adj* 1. (*Dauer*) a/de curto prazo; **~e Arbeitsverträge** contratos (de trabalho) a prazo *mpl* 2. (*ohne Vorbereitung*) em cima da hora II. *adv* 1. (*in kurzer Zeit*) a curto prazo; **die Entscheidung muss ~ fallen** a decisão tem que ser tomada a curto prazo 2. (*ohne Vorbereitung*) à última da hora; **wir mussten das Programm ~ ändern** tivemos de mudar o programa à última da hora

Kurzgeschichte *f* <-n> conto *m*

kurzhaarig *adj* de cabelo curto

kurz|**halten**ᴬᴸᵀ *vt irr s.* **kurz 2**

kurzlebig *adj* 1. (*Tier, Pflanze*) de vida curta 2. (*Mode*) efémero, passageiro

kürzlich *adv* recentemente, há pouco tempo

Kurzschlussᴿᴿ *m* <-es, -schlüsse> (ELEKTR) curto-circuito *m*

kurzsichtig *adj* (MED) míope

Kurzsichtigkeit *f* (MED) miopia *f*

Kurzstreckenrakete *f* <-n> míssil de curto alcance *m*

Kürzung *f* <-en> 1. (*finanziell*) corte *m*, redução *f*; **die Regierung wird weitere ~en vornehmen** o governo vai fazer mais cortes 2. (*von Text*) abreviação *f*

Kurzurlaub *m* <-(e)s, -e> férias curtas *fpl*

Kurzwaren *pl* miudezas *fpl*

Kurzwelle *f* <-n> onda curta *f*

kusch *interj* 1. (*zum Hund*) quieto! 2. (*umg österr: ruhig*) está quieto!

kuscheln ['kʊʃəln] *vr* **sich ~ sich an jdn/ etw ~** aconchegar-se a alguém/a. c.

kuschen *vi* 1. (*sich fügen*) submeter-se 2. (*Hund*) deitar-se

Kusine [ku'ziːnə] *f* <-n> prima *f*

Kussᴿᴿ [kʊs] *m* <-es, Küsse>, **Kuß**ᴬᴸᵀ *m* <-sses, Küsse> beijo *m*; **jdm einen ~ geben** dar um beijo a alguém

K

küssen I. *vt* beijar II. *vr* **sich** ~ beijar-se
Küste *f* <-n> costa *f*; (*Küstengebiet*) litoral *m*
KüstenschifffahrtRR *f kein pl* navegação costeira *f*
Küstenschutz *m* <-es> *kein pl* prote(c)ção costeira *f*
Küster(in) *m(f)* <-s, - *o* -innen> sacristão, sacristã *m, f*
Kutsche ['kʊtʃə] *f* <-n> coche *m*, carruagem *f*
Kutscher(in) *m(f)* <-s, - *o* -innen> cocheiro, cocheira *m, f*

Kutte ['kʊtə] *f* <-n> hábito *m*
Kutteln *pl* (*österr, schweiz*) tripas *fpl*
Kutter *m* <-s, -> chalupa *f*
Kuwait *nt* <-s> *kein pl* Kuwait *m*
kV *abk v* **Kilovolt** kV (= *quilovolt*)
kW *abk v* **Kilowatt** kW (= *quilowatt*)
Kybernetik [kybɛr'neːtɪk] *f kein pl* cibernética *f*
kyrillisch *adj* cirílico
KZ [kaːˈtsɛt] *abk v* **Konzentrationslager** campo de concentração

L

L *nt* <-s, -s> L, l *m*
Label *nt* <-s, -s> 1. (*Etikett*) rótulo *m* 2. (*Schallplattenfirma*) editora discográfica *f*
labern ['laːbɐn] *vi* (*pej*) palrar, papaguear
labial *adj* labial
labil [laˈbiːl] *adj* (MED, PSYCH) instável
Labor [laˈboːɐ] *nt* <-s, -s> laboratório *m*
Laborant(in) [laboˈrant] *m(f)* <-en, -en *o* -innen> assistente de laboratório *m,f*
Labyrinth [labyˈrɪnt] *nt* <-(e)s, -e> labirinto *m*
Lache¹ ['laːxə] *f* <-n> (*Pfütze*) poça *f*
Lache² *f* <-n> (*Lachen*) gargalhada *f*, risada *f*
lächeln *vi* sorrir
Lächeln *nt* <-s> *kein pl* sorriso *m*
lachen ['laxən] *vi* rir(-se) (*über* de); **sich halb tot~** fartar-se de rir; **da gibt es nichts zu ~** não tem piada nenhuma; **du hast gut ~** tu (é que) tens sorte; **wer zuletzt lacht, lacht am besten** quem ri por último, ri melhor
lächerlich *adj* 1. (*komisch*) ridículo; **jdn/sich ~ machen** pôr alguém/pôr-se ao ridículo 2. (*geringfügig*) irrisório; **ein ~er Preis** um preço irrisório
lachhaft *adj* cómico, caricato
Lachs [laks] *m* <-es, -e> salmão *m*
Lack [lak] *m* <-(e)s, -e> (*für Holz, Möbel*) verniz *m*; (*von Auto*) pintura *f*
Lackel *m* <-s, -> (*pej österr*) tanso *m*
lackieren* *vt* (*Holz*) envernizar, lacar; (*Auto, Fingernägel*) pintar
Ladegerät *nt* <-(e)s, -e> (PHYS) carregador de bateria *m*
laden ['laːdən] *vt* 1. (*Batterie, Datei, Fracht,*

Waffe) carregar; **alle Schuld auf sich ~** arcar com as culpas todas 2. (JUR) intimar; **jdn vor Gericht ~** intimar alguém para ir a julgamento
Laden ['laːdən] *m* <-s, Läden> 1. (*Geschäft*) loja *f*; **wann schließen die Läden?** a que horas fecham as lojas? 2. (*Fensterladen*) portada *f*
Ladenhüter *m* <-s, -> mono *m*
Ladenpreis *m* <-es, -e> preço de venda ao público *m*
LadenschlussRR *m* <-es> *kein pl* hora de fecho *f*
Ladentisch *m* <-(e)s, -e> balcão *m*, mostrador *m*
Ladentochter *f* <-, -töchter> (*schweiz*) empregada de balcão *f*
lädieren* *vt* (*Gegenstand*) danificar; (*Person*) lesar
Ladung *f* <-en> 1. (*Fracht*) carga *f* 2. (JUR) intimação *f*, citação *f* 3. (PHYS) carga *f*
lag [laːk] *imp von* **liegen**
Lage ['laːɡə] *f* <-n> 1. (*Situation*) situação *f*; **die ~ der Dinge** o estado das coisas; **die ~ wird ernst/kritisch** a situação está a ficar séria/crítica 2. (*Position*) posição *f*; **in der ~ sein, etw zu tun** estar em condições de fazer a. c.; **jdn in die ~ versetzen, etw zu tun** dar a possibilidade a alguém de fazer a. c. 3. (*geografisch*) sítio *m*, localização *f*; **ein Haus in günstiger ~** uma casa bem situada 4. (*Schicht*) camada *f*
Lager ['laːɡɐ] *nt* <-s, -> 1. (*für Waren*) armazém *m*; **etw auf ~ haben** ter a. c. em armazém; **ein gut sortiertes ~ haben** estar bem

provido **2.** (*Zeltlager, Ferienlager*) acampamento *m;* (*Gefangenenlager, Flüchtlingslager*) campo *m;* **das ~ abbrechen** levantar acampamento; **ein ~ aufschlagen** acampar **3.** (POL) campo *m* **4.** (TECH) mancal *m*

Lagerfeuer *nt* <-s, -> fogueira de acampamento *f*

lagern ['laːgɐn] **I.** *vt* **1.** (*Waren*) armazenar; **kühl ~** conservar em lugar fresco **2.** (*legen*) deitar, pôr; **das Bein hoch ~** pôr a perna para cima **II.** *vi* **1.** (*Vorrat, Waren*) estar em armazém; (*Wein*) estar em adega **2.** (*Menschen*) acampar

Lagerung *f kein pl* (*Waren*) armazenagem *f*

Lagune [la'guːnə] *f* <-n> lagoa *f*

lahm [laːm] *adj* **1.** (*Körperteil*) paralítico **2.** (*umg: wie gelähmt, kraftlos*) paralisado; **etw ~ legen** paralisar a. c. **3.** (*umg: langsam*) lento; (*langweilig*) chato

lähmen *vt* (*Muskeln, Aktivität*) paralisar; **vor Schreck war sie wie gelähmt** ela ficou paralisada de susto

lahm⎮legen^{ALT} *vt s.* **lahm 2**

Lähmung *f* <-en> (MED) paralisia *f*

Laib [laɪp] *m* <-(e)s, -e> **ein ~ Brot** um pão

Laich *m* <-(e)s, -e> ovas *fpl*

laichen *vi* desovar

Laie(in) ['laɪə] *m(f)* <-n, -n *o* -innen> **1.** (*Nichtfachmann*) leigo, leiga *m, f,* amador, amadora *m, f* **2.** (*Christ*) leigo, leiga *m, f,* laico, laica *m, f*

laienhaft *adj* de amador

Laken ['laːkən] *nt* <-s, -> lençol *m*

lakonisch *adj* lacónico

Lakritze *f* <-n> alcaçuz *m*

lallen ['lalən] **I.** *vt* balbuciar **II.** *vi* gaguejar

Lama ['laːma] *nt* <-s, -s> lama *m*

Lamelle [la'mɛlə] *f* <-n> (BOT, TECH) lamela *f*

lamentieren* *vi* lamentar-se (*über* de)

Lametta *nt* <-s> *kein pl* fios prateados *mpl*

Lamm [lam] *nt* <-(e)s, Lämmer> cordeiro *m;* (*Lammfleisch*) borrego *m,* anho *m*

lammfromm ['-'-] *adj* manso como um cordeiro

Lammkotelett *nt* <-s, -s> costeleta de borrego *f*

Lampe ['lampə] *f* <-n> candeeiro *m;* (*brasil*) lâmpada *f*

Lampenfieber *nt* <-s> *kein pl* timidez *f,* nervosismo *m*

Lampenschirm *m* <-(e)s, -e> abajur *m,* quebra-luz *m*

Lampion ['lampjɔn, -'-] *m* <-s, -s> lampião *m*

Land [lant] *nt* <-(e)s, Länder> **1.** (*Staat*) país *m;* **das Gelobte ~** a Terra Santa **2.** (*Bundesland*) estado federado *m* **3.** *kein pl* (*Festland*) terra *f;* **an ~ gehen** desembarcar **4.** *kein pl* (*dörfliche Gegend*) campo *m;* **auf dem ~** no campo; **aufs ~ fahren** ir para o campo

Landarbeiter(in) *m(f)* <-s, -*o*-innen> trabalhador rural, trabalhadora *m, f,* camponês, camponesa *m, f*

Landbevölkerung *f kein pl* população rural *f*

Landebahn *f* <-n> pista de aterragem *f,* pista de aterrissagem *f*

landen ['landən] *vi* **1.** (*Flugzeug*) aterrar, aterrissar; (*auf dem Mond*) alunar **2.** (*Schiff*) atracar **3.** (*umg: geraten*) ir parar a; **im Gefängnis ~** ir parar à cadeia

Ländereien *pl* terras *fpl,* bens de raiz *mpl*

Länderspiel *nt* <-(e)s, -e> campeonato internacional *m*

Landesfarben *pl* cores nacionais *fpl*

Landeskunde *f kein pl* história e cultura *f* de um país *f*

Landesrat, Landesrätin *m, f* <-(e)s, -räte *o* -innen> (*österr*) ministro regional, ministra *m, f*

Landesregierung *f* <-en> governo regional *m*

Landessprache *f* <-n> língua nacional *f*

landesüblich *adj* corrente no país

Landesverrat *m* <-(e)s> *kein pl* (JUR) traição à pátria *f*

Landeswährung *f* <-en> moeda nacional *f*

Landflucht *f kein pl* êxodo rural *m*

Landgut *nt* <-(e)s, -güter> quinta *f,* herdade *f,* sítio *m*

Landhaus *nt* <-es, -häuser> casa de campo *f*

Landkarte *f* <-n> mapa *m*

Landkreis *m* <-es, -e> distrito *m,* comarca *f*

ländlich *adj* rural, rústico

Landmine *f* <-n> mina anti-pessoal *f*

Landrat *m* <-(e)s, -räte> parlamento em alguns cantões suíços

Landschaft *f* <-en> paisagem *f*

landschaftlich *adj* paisagístico, panorâmico; **eine ~ schöne Gegend** uma região com uma bonita paisagem

L

Landschaftsschutzgebiet *nt* <-(e)s, -e> área protegida *f*

Landsmann, **Landsmännin** *m, f* <-(e)s, -leute *o* -innen> compatriota *m,f*, conterrâneo, conterrânea *m, f*

Landstraße *f* <-n> estrada nacional *f*

Landstreicher(in) *m(f)* <-s, - *o* -innen> vadio, vadia *m, f*, vagabundo, vagabunda *m, f*

Landtag *m* <-(e)s, -e> câmara dos deputados (de estado federado) *f*

As representações do povo chamam-se **Landtag** em todos os estados da Alemanha e da Áustria. Somente em Hamburgo e Bremen ela é chamada de "Bürgerschaft", em Berlim de "Abgeordnetenhaus" e em Viena é o "Gemeinderat". As representações do povo regionais na Suíça denominam-se "Kantonsrat", "Großer Rat" ou "Landrat", conforme o cantão.

Landung ['landʊŋ] *f* <-en> 1. (*von Flugzeug*) aterragem *f*, aterrissagem *f*; (*auf dem Mond*) alunagem *f*; **zur ~ ansetzen** preparar-se para aterrar, preparar-se para aterrissar; **weiche ~** aterragem suave *f*, aterrissagem suave *f* 2. (*von Schiff*) atracamento *m* 3. (*von Truppen*) desembarque *m*

Landwirt(in) *m(f)* <-(e)s, -e *o* -innen> agricultor, agricultora *m, f*, lavrador, lavradora *m, f*

Landwirtschaft *f kein pl* agricultura *f*

landwirtschaftlich *adj* agrícola, agrário

lang [laŋ] *adj* 1. (*räumlich*) comprido; (*Text*) extenso, comprido; **wie ~ ist es?** qual é o comprimento?, que comprimento tem?; **das Seil ist drei Meter ~** a corda tem três metros de comprimento, a corda mede três metros; **ein zwei Meter ~es Bett** uma cama com dois metros de comprimento; **beide Teile sind gleich ~** as peças têm ambas o mesmo comprimento; **~ und breit** com todos os pormenores 2. (*zeitlich*) longo; **~e Jahre** longos anos, largos anos; **zwei Stunden ~** durante duas horas; **seit ~em** há muito (tempo); **sein Leben ~** toda a sua vida; **vor ~er Zeit** desde há muito (tempo); **etw von ~er Hand planen** planear a. c. de antemão; **je länger, je lieber** quanto mais tempo, melhor 3. (*umg: Mensch*) alto

langärmelig *adj* de manga(s) comprida(s)

langatmig *adj* extenso, prolixo

lange ['laŋə] *adv* (por) muito tempo; **es ist**

schon/nicht ~ her foi há muito/pouco tempo; **~ vorher** muito (tempo) antes; **wie ~ dauert das?** quanto tempo dura/demora isso?; **~ schlafen** dormir muito

Länge *f* <-n> 1. (*räumlich*) comprimento *m*; **ein Stau von 20 km ~** uma fila com 20 km de comprimento; **der ~ nach** ao comprido, longitudinalmente 2. (*zeitlich*) duração *f*; **etw in die ~ ziehen** prolongar a. c. 3. (GEOG) longitude *f*

langen ['laŋən] *vi* 1. (*umg: ausreichen*) chegar, bastar, ser suficiente; **langt das?** chega?; (*umg*); **es langt mir jetzt!** já chega!, basta! 2. (*greifen, fassen*) estender a mão (*nach* para), pôr a mão (*in* em)

Längengrad *m* <-(e)s, -e> grau de longitude *m*

Längenmaß *nt* <-es, -e> medida de comprimento *f*

Langeweile ['laŋəvaɪlə] *f kein pl* aborrecimento *m*, tédio *m*; **~ haben** estar aborrecido

langfristig *adj* a longo prazo

langhaarig *adj* de cabelo comprido, cabeludo

langjährig *adj* antigo, de muitos anos

Langlauf *m* <-(e)s> *kein pl* (SPORT) esqui de fundo *m*

langlebig *adj* 1. (*Lebewesen*) longevo, de longa vida 2. (*Material*) duradouro

länglich *adj* alongado, oblongo

längs I. *präp* +*gen* ao longo de II. *adv* longitudinalmente, no sentido longitudinal; **etw ~ durchschneiden** cortar a. c. no sentido longitudinal

langsam ['laŋzaːm] I. *adj* lento, vagaroso II. *adv* 1. (*Geschwindigkeit*) devagar, lentamente; **sprechen Sie bitte ~** fale devagar por favor 2. (*allmählich*) lentamente, ir +*gerúndio*; **es wird ~ Zeit, dass ...** já vai sendo altura de ...

Langsamkeit *f kein pl* lentidão *f*

Langschläfer(in) *m(f)* <-s, - *o* -innen> dorminhoco, dorminhoca *m, f*

längst *adv* 1. (*zeitlich*) há muito (tempo); **sie wusste schon ~, dass ...** ela já sabia há muito (tempo) que ...; **der Bus war schon ~ abgefahren** o autocarro já tinha partido há muito (tempo) 2. (*bei weitem*) de longe; **das ist noch ~ nicht alles** isto ainda não é tudo

Langstreckenrakete *f* <-n> míssil de longo alcance *m*

Languste *f* <-n> lagosta *f*

langweilen ['laŋvaɪlən] **I.** vt aborrecer, enfadar, maçar; **das langweilt mich** isso aborrece-me **II.** vr **sich** ~ aborrecer-se

langweilig adj aborrecido, enfadonho, maçador; (umg) chato

Langwelle f <-n> onda longa f

langwierig ['laŋviːrɪç] adj moroso

Langzeitarbeitslose(r) m/f <-n, -n o -n> desempregado de longa duração, desempregada m, f

Lanze ['lantsə] f <-n> lança f; **für jdn eine** ~ **brechen** interceder por alguém

lapidar adj lapidar

Lappalie [la'paːliə] f <-n> ninharia f, insignificância f, bagatela f

Lappe(in) m(f) <-n, -n o -innen> lapónio, lapónia m, f

Lappen ['lapən] m <-s, -> trapo m, farrapo m; (umg); **etw geht jdm durch die** ~ a. c. escapa a alguém

lappisch adj lapónio, lapónico

läppisch adj **1.** (kindisch) tolo, infantil **2.** (gering) ridículo, irrisório; **ein ~er Betrag** uma quantia ridícula/irrisória

Lappland ['laplant] nt <-s> kein pl Lapónia f

Lapsus m <-, -> lapso m

Laptop ['lɛptɔp] m <-s, -s> computador portátil m

Lärche f <-n> (BOT) lariço m

large adj (schweiz) generoso

Lärm m <-(e)s> kein pl barulho m, ruído m; ~ **schlagen** tocar a rebate; **viel** ~ **um nichts machen** fazer muito barulho por nada

Lärmbelastung f <-en> poluição sonora f

lärmen vi fazer barulho

Lärmschutz m <-es> kein pl prote(c)ção sonora f

Larve ['larfə] f <-n> (ZOOL) larva f

las [laːs] imp von **lesen**

Lasagne pl lasanha f

lasch [laʃ] adj frouxo

Lasche ['laʃə] f <-n> **1.** (an Tasche) pala f; (am Schuh) pala f, lingueta f **2.** (TECH) cobre-junta f

Laser ['leːze, 'lɛɪze] m <-s, -> laser m

Laserdrucker m <-s, -> impressora a laser f

Laserstrahl m <-(e)s, -en> raio laser m

lassen ['lasən] vt **1.** (erlauben) deixar, consentir, permitir; **etw geschehen** ~ deixar acontecer a. c.; **jdn gehen** ~ deixar ir alguém; **lass mich bitte vorbei** deixa-me passar **2.** (veranlassen) mandar; **etw machen** ~ mandar fazer a. c.; **die Wäsche reinigen** ~ mandar limpar a roupa a seco; **hier** ~ deixar aqui; (Tür); **offen** ~ deixar aberto; (Frage) deixar em aberto; **übrig** ~ deixar (ficar); **sie lässt Ihnen ausrichten, dass ...** ela manda dizer-lhe que ...; **lass ihn rufen!** manda chamá-lo!; **etwas von sich hören** ~ dar notícias; **etw sehen** ~ deixar ver a. c., mostrar a. c.; **sich von jdm scheiden** ~ separar-se de alguém **3.** (aufhören mit) deixar (de); ~ **Sie das!** deixe isso!, deixe-se disso!; ~ **wir das für heute!** deixemos isso por hoje!; **lass mich (in Ruhe)!** deixa-me (em paz)!; **warum lässt du das Rauchen nicht?** porque é que não deixas de fumar? **4.** (zugestehen) conceder; **jdm Zeit** ~ dar tempo a alguém; **lass nur!** deixa estar! **5.** (möglich sein) ser possível; **das lässt sich machen** isso é possível/viável; **der Wein lässt sich trinken** o vinho bebe-se, o vinho não é mau; **das kann sich sehen** ~ isso pode-se ver

lässig adj **1.** (ungezwungen) descontraído **2.** (umg: ohne Schwierigkeiten) fácil

Lässigkeit f kein pl descontra(c)ção f

Lasso nt <-s, -s> laço m

Last [last] f <-en> **1.** (zum Transport) carga f **2.** (Gewicht) peso m **3.** (Belastung) sobrecarga f, fardo m; **jdm zur** ~ **fallen** ser um fardo para alguém; **jdm etw zur** ~ **legen** imputar a. c. a alguém; **zu** ~**en von** a cargo de, por conta de

lasten ['lastən] vi pesar (auf sobre); **auf ihr lastet die gesamte Verantwortung** toda a responsabilidade pesa sobre ela

Lasten pl (Abgaben) encargos mpl

Laster nt <-s, -> vício m

Lästerer(in) m(f) <-s, - o -innen> difamador, difamadora m, f, má-língua m,f

lasterhaft adj vicioso, perverso

lästern vi dizer mal (über de)

lästig adj (Mensch) maçador, incómodo, importuno; (Arbeit, Pflicht) pesado, enfadonho, chato; **jdm** ~ **sein** maçar alguém, importunar alguém; **eine** ~**e Sache** uma estopada

Lastkraftwagen m <-s, -> veículo automóvel de mercadorias m

Lastschrift f <-en> débito m

Lasttier nt <-(e)s, -e> animal de carga m

Lastwagen m <-s, -> camião m; (brasil) caminhão m

Lastzug m <-(e)s, -züge> camião com reboque *m,* caminhão com reboque *m*

Latein [la'taɪn] *nt* <-s> *kein pl* latim *m;* **mit seinem ~ am Ende sein** já não saber o que fazer mais

Lateinamerika [---'---] *nt* <-s> *kein pl* América Latina *f*

Lateinamerikaner(in) [-----'--] *m(f)* <-s, - *o* -innen> latino-americano, latino-americana *m, f*

lateinamerikanisch [-----'--] *adj* latino-americano

lateinisch [la'taɪnɪʃ] *adj* latino

latent *adj* latente

Laterne [la'tɛrnə] *f* <-n> (*Straßenlaterne*) candeeiro *m,* lampião *m;* (*Handlaterne*) lanterna *f*

Laternenpfahl *m* <-(e)s, -pfähle> poste de iluminação *m*

latschen ['laːtʃən] *vi* **1.** (*umg: gehen*) ir nas calmas **2.** (*umg: schlurfen*) arrastar os pés

Latte ['latə] *f* <-n> **1.** (*Brett*) ripa *f;* (*fig*) **eine lange ~** uma estaca **2.** (*am Tor*) trave *f;* (*am Hochsprung*) barra *f* **3.** (*umg: Menge*) pilha *f,* ror *m*

Lattenrost *m* <-(e)s, -e> estrado de ripas *m*

Latz [lats] *m* <-es, Lätze> **1.** (*an Kleidung*) peitilho *m* **2.** (*für Babys*) babeiro *m,* babete *f,* baba *f*

Latzhose *f* <-n> calças à jardineira *fpl*

lau [laʊ] *adj* morno, tépido

Laub [laʊp] *nt* <-(e)s> *kein pl* folhagem *f*

Laubbaum *m* <-(e)s, -bäume> árvore de folhas caducas *f*

Laube ['laʊbə] *f* <-n> ramada *f*

Laubfrosch *m* <-(e)s, -frösche> rela *f*

Laubsäge *f* <-n> serra de recortes *f*

Laubwald *m* <-(e)s, -wälder> floresta de folha caduca *f*

Lauch [laʊx] *m* <-(e)s, -e> alho francês *m,* alho-porro *m*

Lauer ['laʊɐ] *f kein pl* **auf der ~ liegen** estar à espreita; **sich auf die ~ legen** pôr-se à espreita

lauern ['laʊɐn] *vi* **1.** (*in feindlicher Absicht*) estar à espreita (*auf* de) **2.** (*umg: ungeduldig*) esperar (*auf* por)

Lauf [laʊf] *m* <-(e)s, Läufe> **1.** (*Wettlauf*) corrida *f* **2.** *kein pl* (*von Fluss*) curso *m,* corrente *f;* (*von Gestirn*) rota *f* **3.** *kein pl* (*Verlauf*) decurso *m,* decorrer *m;* **im ~e der Zeit** com o decorrer do tempo, com o tempo; **etw nimmt seinen ~** a. c. segue o seu curso; **der**

~ der Dinge o andar das coisas; **seiner Fantasie freien ~ lassen** dar largas à sua fantasia **4.** (*Gewehrlauf*) cano *m*

laufen ['laʊfən] **I.** *vt* correr; **etw ~ lassen** deixar correr a. c.; **jdn ~ lassen** deixar ir alguém; **Ski/Rollschuh ~** fazer esqui/andar de patins **II.** *vi* **1.** (*rennen*) correr, ir/andar depressa; **hin und her ~** andar de um lado para o outro **2.** (*umg: gehen*) caminhar, ir/andar a pé; **jdm über den Weg ~** cruzar o caminho de alguém; **gegen die Tür ~** esbarrar contra a porta **3.** (*fließen*) correr; **der Wasserhahn läuft** a torneira está a deitar **4.** (*funktionieren*) funcionar; (*Motor*) trabalhar; **das Radio läuft** o rádio está ligado **5.** (*Film*) estar em exibição; (*Vorführung*) realizar-se **6.** (*Prozess, Verhandlungen*) decorrer, estar em curso; (*Vertrag*) ser válido; (*umg*); **wie ist es gelaufen?** como é que correu?

laufend I. *adj* (*ständig*) contínuo; (*gegenwärtig*) corrente; **auf dem Laufenden sein** estar ao corrente; **jdn auf dem Laufenden halten** pôr alguém ao corrente **II.** *adv* permanentemente

laufen|lassen^{ALT} *vt irr s.* **laufen I 1**

Läufer(in)¹ *m(f)* <-s, - *o* -innen> (SPORT) corredor, corredora *m, f*

Läufer² *m* <-s, -> **1.** (*Teppich*) passadeira *f* **2.** (*Schach*) bispo *m*

Lauferei *f* <-en> (*umg*) correria *f*

läufig *adj* **~ sein** estar com o cio

Laufmasche *f* <-n> malha caída *f*

Laufstall *m* <-(e)s, -ställe> parque de bebé *m*

Laufsteg *m* <-(e)s, -e> passarela *f*

Laufwerk *nt* <-(e)s, -e> (INFORM) drive *f,* acionador *m*

Lauge ['laʊgə] *f* <-n> barrela *f;* (CHEM) solução de soda cáustica *f*

Laune ['laʊnə] *f* <-n> **1.** (*Stimmung*) disposição *f,* humor *m;* **gute/schlechte ~ haben** estar bem-disposto/mal-disposto, estar de bom/mau humor **2.** (*Einfall*) capricho *m;* **aus einer ~ heraus** por capricho

launisch *adj* caprichoso, instável

Laus [laʊs] *f* <Läuse> piolho *m*

Lausbub *m* <-en, -en> (*umg*) maroto *m,* malandro *m*

lauschen ['laʊʃən] *vi* **1.** (*zuhören*) escutar **2.** (*heimlich*) estar à escuta, estar à espreita; **an der Tür ~** escutar atrás da porta

lauschig *adj* sossegado, agradável

lausig *adj* **1.** (*schlecht, unangenehm*) miserável; **eine ~e Arbeit** um trabalho miserável **2.** (*wenig*) mísero **3.** (*groß*) grande; **~e Kälte** um frio de rachar

laut [laʊt] **I.** *adj* (*Ton*) alto; **mit ~er Stimme** em voz alta; **das Radio ~er stellen** pôr o rádio mais alto; (*lärmend*) barulhento, ruidoso **II.** *adv* em voz alta, alto; **~ lesen/denken** ler/pensar em voz alta **III.** *präp* +*gen* segundo, de acordo com; **~ der letzten Umfragen** segundo as últimas sondagens

Laut [laʊt] *m* <-(e)s, -e> som *m;* **keinen ~ von sich geben** não abrir a boca

lauten [laʊtən] *vi* dizer (o seguinte), ser (o seguinte); **die Antwort lautet ...** a resposta é (a seguinte) ...; **der Text lautet so: ...** o texto diz assim: ...; **der Pass lautet auf ihren Namen** o passaporte está em seu nome; **die Anklage lautet auf Mord** a acusação é de homicídio

läuten **I.** *vt* (*Glocken*) tocar, repicar; **die Glocken ~ 8 Uhr** os sinos tocam as 8 horas **II.** *vi* **1.** (*an der Tür*) tocar à campainha; **es hat zum zweiten Mal geläutet** a campainha tocou pela segunda vez **2.** (*Telefon, Glocke*) tocar; **es läutet zur Messe** está a tocar para a missa

lauter [ˈlaʊtɐ] *adj inv* só, mero, somente; **~ Männer** só homens; **vor ~ Kummer** de tanto desgosto

Lautgesetz *nt* <-es, -e> (LING) lei fonética *f*

lauthals [ˈ--] *adv* a plenos pulmões

lautlos *adj* silencioso, mudo; **c Stille** silêncio profundo *m*

Lautschrift *f* <-en> (LING) transcrição fonética *f*

Lautsprecher *m* <-s, -> altifalante *m*

Lautsprecherbox *f* <-en> coluna *f*, caixa de som *f*

lautstark [ˈ--] *adj* potente, forte

Lautstärke *f* <-n> volume (do som) *m*

lauwarm [ˈ-ˈ-] *adj* morno, tépido

Lava [ˈlaːva] *f* <Laven> lava *f*

Lavabo *nt* <-(s), -s> (*schweiz*) lavatório *m*

Lavendel [laˈvɛndəl] *m* <-s, -> lavanda *f*

Lawine [laˈviːnə] *f* <-n> avalanche *f*

Layout^{RR} [lɛɪˈʔaʊt] *nt* <-s, -s> **Lay-out**^{ALT} disposição *f*

Lazarett [latsaˈrɛt] *nt* <-(e)s, -e> hospital militar *m*

leasen [ˈliːzən] *vt* alugar por leasing

Leasing [ˈliːzɪŋ] *nt* <-s, -s> leasing *m*

leben [ˈleːbən] *vi* viver; **bei jdm ~** viver com alguém; **allein ~** viver sozinho; **sie lebt in Ostdeutschland** ela vive no Leste da Alemanha; **er lebt noch/nicht mehr** ele ainda está vivo/já morreu; **~ Sie wohl!** passe bem!; **es lebe ...!** viva ...!

Leben *nt* <-s, -> **1.** (*Lebewesen*) vida *f;* (*Existenz*) existência *f;* **am ~ bleiben** sobreviver; **jdn ums ~ bringen** matar alguém; **ums ~ kommen** perder a vida; **sich das ~ nehmen** suicidar-se; **nie im ~!** jamais!, nem morto! **2.** (*Betriebsamkeit*) vivacidade *f*

lebendig [leˈbɛndɪç] *adj* **1.** (*lebend*) vivo **2.** (*lebhaft*) vivaço

Lebendigkeit *f kein pl* vivacidade *f*, vida *f*

Lebensart *f* <-en> modo de vida *m*

Lebensaufgabe *f* <-n> obje(c)tivo de vida *m*, missão *f*

Lebensbedingungen *pl* condições de vida *fpl*

Lebensdauer *f kein pl* tempo de vida *m*

Lebenserfahrung *f kein pl* experiência de vida *f*

Lebenserwartung *f kein pl* esperança de vida *f*

Lebensfreude *f* <-n> alegria de viver *f*

lebensfroh *adj* alegre, contente da vida

Lebensgefahr *f kein pl* perigo de vida *m*, perigo de morte *m;* **unter ~** com risco da própria vida; **in ~ sein/schweben** estar em perigo de vida

lebensgefährlich *adj* muito perigoso; (*Krankheit, Verletzung*) muito grave

Lebensgefährte(in) *m(f)* <-n, -n *o* -innen> companheiro de vida, companheira *m*, *f*, consorte *m,f*

Lebenshaltungskosten *pl* custo de vida *m*

Lebensjahr *nt* <-(e)s, -e> ano (de vida) *m;* **nach Vollendung des 18. ~es** após completar os 18 anos (de vida)

Lebenslage *f* <-n> situação da vida *f;* **in allen ~n** em todas as situações da vida

lebenslänglich *adj* (*Strafe*) perpétuo; (*Rente*) vitalício; **er wurde zu ~er Haft verurteilt** ele foi condenado a prisão perpétua

Lebenslauf *m* <-(e)s, -läufe> curriculum (vitae) *m*, currículo *m*

lebenslustig *adj* alegre, jovial

Lebensmittel *pl* géneros alimentícios *mpl*, mantimentos *mpl*

Lebensmittelgeschäft *nt* <-(e)s, -e> mercearia *f*

L

lebensmüde *adj* cansado da vida

Lebensstandard *m* <-s, -s> nível de vida *m*

Lebensunterhalt *m* <-(e)s> *kein pl* subsistência *f*, sustento *m;* **den ~ verdienen** ganhar a vida

Lebensversicherung *f* <-en> seguro de vida *m*

Lebenswandel *m* <-s> *kein pl* vida *f*, conduta *f;* **einen lockeren ~ haben** levar uma vida depravada

lebenswichtig *adj* (de importância) vital

Lebenswille *m* <-ns> *kein pl* vontade de viver *f*

Lebenszeichen *nt* <-s, -> sinal de vida *m;* **kein ~ von sich geben** não dar sinais de vida

Leber ['le:bɐ] *f* <-n> fígado *m;* (*umg*); **sich** *dat* **etw von der ~ reden** desabafar sobre a. c.

Leberfleck *m* <-(e)s, -e> sarda *f*

Leberwurst *f* <-würste> paté de fígado *m*

Lebewesen *nt* <-s, -> ser vivo *m*

lebhaft *adj* **1.** (*Mensch*) vivaço, cheio de vida; (*Interesse, Temperament*) vivo; (*Unterhaltung*) animado **2.** (*Verkehr, Handel*) intenso; **eine ~e Straße** uma rua movimentada

Lebhaftigkeit *f kein pl* vivacidade *f*, animação *f*

Lebkuchen *m* <-s, -> broa de mel *f*

leblos *adj* inanimado, inerte, sem vida

Lebzeiten *pl* **zu ~** em vida

lechzen ['lɛçtsən] *vi* (*geh*) estar ávido (*nach* de)

Leck [lɛk] *nt* <-(e)s, -e> fuga *f*, furo *m*

lecken ['lɛkən] **I.** *vt* lamber; **ein Eis ~** lamber um gelado; (*umg*); **leck mich doch am Arsch!** vai-te lixar! **II.** *vi* (*Gefäß*) estar furado, ter uma fuga

lecker ['lɛkɐ] *adj* delicioso

Leckerbissen *m* <-s, -> iguaria *f*, petisco *m*

led. *abk v* **ledig** solteiro

Leder ['le:dɐ] *nt* <-s, -> couro *m;* (*fein*) cabedal *m*

ledern *adj* de couro

Lederwaren *pl* marroquinaria *f*, artigos de couro/pele *mpl*

ledig ['le:dɪç] *adj* solteiro

lediglich ['le:dɪklɪç] *adv* somente, unicamente, simplesmente

Lee *f kein pl* (NAUT) sotavento *m*

leer [le:ɐ] *adj* **1.** (*ohne Inhalt*) vazio **2.** (*unbeschrieben*) em branco; (*Batterie*) descarregado; **die Wohnung steht** ~ a casa está vazia **3.** (*menschenleer*) vazio, às moscas **4.** (*nichtssagend*) sem fundamento, vão; ~**es Geschwätz** conversa fiada *f*, papo-furado *m;* ~**e Versprechungen machen** fazer promessas vãs

Leere ['le:rə] *f kein pl* vazio *m;* **im Theater herrschte gähnende** ~ o teatro estava quase às moscas

leeren ['le:rən] *vt* (*Behälter*) esvaziar, despejar; (*Glas*) beber até ao fim; (*Briefkasten*) levantar o correio de

Leergut *nt* <-(e)s> *kein pl* vasilhame *m*

Leerlauf *m* <-(e)s> *kein pl* **1.** (*Auto*) ponto morto *m* **2.** (*bei Tätigkeit*) período de ina(c)tividade *m*

Leertaste *f* <-n> espaço *m*

Leerung *f* <-en> esvaziamento *m;* (*Briefkasten*) tiragem *f*

legal [le'ga:l] *adj* legal

legalisieren* *vt* legalizar

Legalität *f kein pl* legalidade *f*

Legasthenie *f kein pl* dislexia *f*

legen ['le:gən] **I.** *vt* **1.** (*allgemein*) pôr; (*hinlegen*) pousar, colocar; (*hineinlegen*) meter (*in* em); **etw beiseite ~** pôr a. c. de lado; **etw aus der Hand ~** pousar a. c. **2.** (*Gas, Wasser, Leitung*) instalar **3.** (*Feuer*) pôr, pegar; (*Eier*) pôr; (*Haare*); **waschen und ~** fazer mise **II.** *vr* **sich ~ 1.** (*Mensch, Tier*) deitar-se, estender-se; **sich ins Bett ~** deitar-se na cama; **sich auf den Bauch/Rücken ~** deitar-se de barriga para baixo/de costas; **sich in die Sonne ~** estender-se ao sol; **sich schlafen ~** deitar-se a dormir **2.** (*nachlassen*) acalmar, abrandar; **der Wind legt sich** o vento está a acalmar/abrandar; **das Fieber hat sich gelegt** a febre acalmou

legendär *adj* lendário

Legende [le'gɛndə] *f* <-n> lenda *f*

leger [le'ʒe:ɐ] *adj* à vontade

Leggings ['lɛgɪŋs] *pl* meias sem pé *fpl*

Legierung *f* <-en> liga *f*

Legislative [legɪsla'ti:və] *f* <-n> poder legislativo *m*

Legislaturperiode [legɪsla'tu:ɐ-] *f* <-n> legislatura *f*

legitim [legi'ti:m] *adj* legítimo

Legitimation *f* <-en> legitimação *f*

legitimieren* *vt* legitimar

Lehm [le:m] *m* <-(e)s, -e> barro *m*, argila *f*

lehmig *adj* argiloso

Lehne ['le:nə] *f* <-n> (*Rückenlehne*) costas da cadeira *fpl*, espaldar *m*; (*Armlehne*) encosto de braços *m*

lehnen ['le:nən] **I.** *vt* encostar (*an* a, *gegen* contra), apoiar (*an* em, *gegen* contra) **II.** *vi* estar encostado (*an* a) **III.** *vr* sich ~ encostar-se (*an* a, *gegen* contra), apoiar-se (*an* em, *gegen* contra); **sich aus dem Fenster** ~ debruçar-se sobre a janela

Lehnstuhl *m* <-(e)s, -stühle> poltrona *f*, cadeira de braços *f*

Lehnwort *nt* <-(e)s, -wörter> estrangeirismo *m*

Lehramt ['le:ɐ-] *nt* <-(e)s, -ämter> ensino *m*; **auf ~ studieren** estudar no ramo educacional

Lehrbehelf *m* <-(e)s, -e> (*österr*) material didá(c)tico *m*, recursos pedagógicos *mpl*

Lehrbuch *nt* <-(e)s, -bücher> livro de aprendizagem *m*

Lehre ['le:rə] *f* <-n> **1.** (*Ausbildung*) instrução *f*, aprendizagem *f*; **eine ~ machen** andar a aprender um ofício **2.** (*Theorie*) teoria *f*; (*Philosophie, Religion*) doutrina *f* **3.** (*Erfahrung*) lição *f*; **eine ~ aus etw ziehen** aprender uma lição com a. c. **4.** (TECH) calibre *m*

lehren ['le:rən] *vt* **1.** (*beibringen*) ensinar, instruir; **die Geschichte lehrt uns, dass ...** a história ensina-nos que ... **2.** (*Schule, Universität*) dar aulas; **sie lehrt Medizin** ela dá aulas de medicina

Lehrer(in) *m(f)* <-s, - *o* -innen> professor, professora *m*, *f*

Lehrgang *m* <-(e)s, -gänge> curso *m*; **einen ~ besuchen** frequentar um curso

Lehrjahr *nt* <-(e)s, -e> ano de aprendizagem *m*

Lehrkörper *m* <-s, -> corpo docente *m*, professorado *m*

Lehrkraft *f* <-kräfte> professor, professora *m*, *f*

Lehrling *m* <-s, -e> aprendiz, aprendiza *m*, *f*

Lehrmittel *pl* material didá(c)tico *m*, recursos pedagógicos *mpl*

Lehrplan *m* <-(e)s, -pläne> programa de ensino *m*

lehrreich *adj* instrutivo, educativo

Lehrstelle *f* <-n> lugar de aprendiz *m*

Lehrstuhl *m* <-(e)s, -stühle> cátedra *f* (*für* de), cadeira *f* (*für* de)

Lehrtochter *f* <-töchter> (*schweiz*) aluna *f*

Lehrzeit *f* <-en> tempo de aprendizagem *m*

Leib [laip] *m* <-(e)s, -er> **1.** (*Körper*) corpo *m*; **etw am eigenen ~ erfahren** sentir a. c. na própria pele; **mit ~ und Seele** de corpo e alma; **bleib mir vom ~!** não te aproximes de mim!; **jdm auf den ~ rücken** importunar alguém **2.** (*Bauch*) barriga, ventre *m*

Leibchen *nt* <-s, -> (*österr*) camisola interior *f*, camiseta *f*

leibhaftig [-'---] *adj* verdadeiro, em pessoa

leiblich *adj* **1.** (*körperlich*) corporal, carnal **2.** (*blutsverwandt*) de sangue; (*Mutter, Vater*) biológico, natural; **mein ~er Bruder** o meu irmão de sangue

Leibwächter(in) *m(f)* <-s, - *o* -innen> guarda-costas *m,f*

Leiche ['laɪçə] *f* <-n> cadáver *m*; **über ~n gehen** não ter escrúpulos; (*umg*); **nur über meine ~!** só por cima do meu cadáver!

leichenblassRR *adj* lívido, cadavérico

Leichenhalle *f* <-n> capela mortuária *f*

Leichenverbrennung *f* <-en> cremação *f*

Leichenwagen *m* <-s, -> carro fúnebre *m*

Leichnam ['laɪçna:m] *m* <-s, -e> cadáver *m*, corpo *m*

leicht [laɪçt] **I.** *adj* **1.** (*Gewicht*) leve; **~e Kleidung** roupa leve **2.** (*einfach, unkompliziert*) fácil, simples; **das wird nicht so ~ sein** não vai ser fácil **3.** (*Speisen*) ligeiro, leve; (*Tabak*) suave, fraco **4.** (*schwach*) leve, fraco; **eine ~e Grippe** uma leve gripe; **~er Regen** chuva fraca **II.** *adv* **1.** (*schnell*) facilmente; (*einfach*) com facilidade; **~ verständlich** fácil de entender; **~ verdaulich** ligeiro; (*brasil*) fácil de degerir, leve; **~ zerbrechlich** frágil; **etw ~ nehmen** levar a. c. a bem; **das fällt ihm ~** isso não lhe custa nada; **die Entscheidung ist uns nicht ~ gefallen** a decisão não nos foi fácil de tomar!; **jdm etw ~ machen** facilitar a. c. a alguém; **das ist ~er gesagt, als getan** isso é fácil de dizer **2.** (*gering*) ligeiramente, levemente; **~ gesalzen** ligeiramente salgado; **~ erkältet** ligeiramente constipado

Leichtathletik *f kein pl* atletismo *m*

leicht|fallenALT *vi irr s*. **leicht II 1**

leichtfertig *adj* leviano, frívolo

leichtgläubig *adj* crente, crédulo

Leichtgläubigkeit *f kein pl* credulidade *f*

L

Leichtigkeit *f kein pl* facilidade *f*
leicht|machen^ALT *vt s.* **leicht II 1**
Leichtmetall *nt* <-s, -e> metal leve *m*
leicht|nehmen^ALT *vt irr s.* **leicht II 1**
Leichtsinn *m* <-(e)s> *kein pl* leviandade *f,* descuido *m*
leichtsinnig *adj* leviano, imprudente
leichtverdaulich^ALT *adj s.* **leicht II 1**
leichtverständlich^ALT *adj s.* **leicht II 1**
leid [laɪt] *adj* etw ~ **haben**/**sein** estar farto de a. c.
Leid [laɪt] *nt* <-(e)s> *kein pl* **1.** (*Kummer*) mágoa *f,* dor *f;* **jdm sein ~ klagen** desabafar com alguém **2.** (*Bedauern*) pena *f,* pesar *m;* **es tut mir ~** sinto muito, lamento muito, tenho (muita) pena; **er**/**sie tut mir ~** eu tenho pena dele/dela
leiden ['laɪdən] **I.** *vt* (*erdulden*) suportar, aguentar; **Hunger ~** passar fome; **ich kann das nicht ~** não posso tolerar isso; **jdn**/**etw nicht ~ können** não suportar alguém/a. c. **II.** *vi* sofrer (*an* de, *unter* com)
Leiden *nt* <-s, -> **1.** (*allgemein*) sofrimento *m;* (*Schmerz*) dor *f* **2.** (*Krankheit*) doença *f,* mal *m*
Leidenschaft *f* <-en> paixão *f* (*für* por); **Computer sind seine ~** os computadores são a sua paixão
leidenschaftlich I. *adj* apaixonado **II.** *adv* apaixonadamente, com paixão; **jdn ~ lieben** amar alguém apaixonadamente; **~ gern Fahrrad fahren** adorar andar de bicicleta
leider ['laɪdɐ] *adv* infelizmente; **~ nicht** infelizmente, não
leidig *adj* maçador, enfadonho
leidlich *adj* tolerável, suportável
Leidtragende(**r**) *m/f* <-n, -n *o* -n> vítima *f*
Leier ['laɪɐ] *f* <-n> **1.** (*Drehleier*) lira *f* **2.** (*Klage*) lengalenga *f;* **es ist immer die gleiche ~** é sempre a mesma lengalenga
Leierkasten *m* <-s, -kästen> realejo *m*
leihen ['laɪən] *vt* **1.** (*ausleihen*) emprestar; **kannst du mir 20 € ~?** podes emprestar-me 20 €? **2.** (*entleihen*) pedir emprestado; **ich habe mir ein Video von ihm geliehen** eu pedi-lhe um vídeo emprestado
Leihgebühr *f* <-en> aluguer *m;* (*brasil*) aluguel *m*
Leihmutter *f* <-mütter> mãe de aluguer *f,* mãe de aluguel *f*
Leihwagen *m* <-s, -> carro de aluguer *m,*

carro de aluguel *m;* **sich** *dat* **einen ~ nehmen** alugar um carro
Leim [laɪm] *m* <-(e)s, -e> cola *f;* (*umg*); **aus dem ~ gehen** desmanchar-se, desconjuntar-se; (*umg*); **jdm auf den ~ gehen** cair nas teias de alguém
leimen *vt* colar
Leine ['laɪnə] *f* <-n> cordel *m;* (*Wäscheleine*) corda *f;* (*Hundeleine*) trela *f;* **den Hund an der ~ führen** levar o cão pela trela
Leinen *nt* <-s, -> linho *m*
Leintuch *nt* <-(e)s, -tücher> (*reg*) lençol *m*
Leinwand *f* <-wände> **1.** (*Malerei*) tela *f* **2.** (*Kino*) ecrã *m*, tela *f*
leise ['laɪzə] **I.** *adj* (*Stimme, Ton*) baixo; (*geräuschlos*) silencioso; (*sanft*) leve, brando, suave; (*gering*) vago; **ich habe nicht die ~ste Ahnung** não faço a mínima ideia **II.** *adv* baixo, baixinho; (*Äußerungen*) em voz baixa; **~ singen** cantar baixinho; **mach bitte das Radio ~r!** põe o rádio mais baixo por favor!; **sprich etwas ~r!** fala mais baixo!
Leiste ['laɪstə] *f* <-n> **1.** (*Randleiste*) borda *f;* (*Fußleiste*) rodapé *m;* (*Zierleiste*) friso *m* **2.** (ANAT) virilha *f*
leisten ['laɪstən] *vt* **1.** (*schaffen*) fazer, efe(c)tuar; (*vollbringen*) realizar; **gute Arbeit ~** fazer um bom trabalho **2.** (*Maschine, Motor*) produzir, render **3.** (*Dienst, Hilfe*) prestar; (*Eid*) fazer; **Ersatz ~** inde(m)nizar; **jdm Gesellschaft ~** fazer companhia a alguém; **Widerstand ~** oferecer resistência **4.** (*umg: sich gönnen*) comprar; **sich** *dat* **etw ~ können** poder comprar a. c., ter dinheiro para a. c.
Leistenbruch *m* <-(e)s, -brüche> hérnia inguinal *f*
Leistung *f* <-en> **1.** (*Arbeit*) trabalho *m;* (*gutes Ergebnis*) obra *f;* (SPORT) desempenho *m*, performance *f;* (*im Beruf*) mérito profissional *m;* (*Schule*) aproveitamento *m* **2.** (*Leistungsfähigkeit*) capacidade *f* **3.** (*von Maschine, Fabrik*) rendimento *m*, produção *f;* (*von Motor*) potência *f*
Leistungen *pl* serviços *mpl;* (*finanziell*) encargos *mpl*
Leistungssport *m* <-s> *kein pl* desporto de competição *m*, esporte de competição *m*
Leitartikel *m* <-s, -> artigo de fundo *m*
leiten ['laɪtən] *vt* **1.** (*Firma*) dirigir, gerir; (*Versammlung*) dirigir; (*Diskussion*) conduzir; (*Expedition*) chefiar **2.** (*führen, beglei-*

ten) guiar, conduzir; **sich von etw ~ lassen** deixar-se guiar por a. c.; **etw in die Wege ~** encaminhar a. c.; **den Verkehr um die Stadt herum ~** encaminhar o trânsito à volta da cidade **3.** (ELEKTR, PHYS) conduzir

leitend *adj* **1.** (*führend*) dirigente, principal; **~e Position** posição de chefia *f;* **~e Angestellte** gerente *f* **2.** (ELEKTR, PHYS) condutor

Leiter¹ *f* <-n> escadote *m*, escada de mão *f*

Leiter(in)² ['laɪtɐ] *m(f)* <-s, - *o* -innen> dire(c)tor, dire(c)tora *m, f,* chefe *m,f*

Leitfaden *m* <-s, -fäden> guia *m*

Leitfähigkeit *f kein pl* (PHYS) condutibilidade *f*

Leitmotiv *nt* <-s, -e> tónica *f,* tema fundamental *m*

Leitplanke *f* <-n> barreira de segurança *f*

Leitung *f* <-en> **1.** (*Führung*) dire(c)ção *f,* condução *f;* (*in Firma*) gerência *f;* **unter der ~ von ...** sob a dire(c)ção de ... **2.** (*Führungsgruppe*) administração *f,* dire(c)ção *f* **3.** (*Kabel*) fio *m;* (*Telefonleitung*) linha *f;* **die ~ ist frei/besetzt** a linha está livre/ocupada; (*umg*); **eine lange ~ haben** ser de compreensão lenta **4.** (*Rohrleitung*) canalização *f,* encanamento *m*

Leitungswasser *nt* <-s> *kein pl* água da torneira *f*

Leitwerk *nt* <-(e)s, -e> (AERO) empenagem *f*

Lektion [lɛkˈtsjoːn] *f* <-en> lição *f;* **jdm eine ~ erteilen** dar uma lição a alguém

Lektor(in) ['lɛktoːɐ̯] *m(f)* <-s, en *o* -innen> **1.** (*an Universität*) leitor, leitora *m, f* **2.** (*in Verlag*) revisor, revisora *m, f*

Lektorat *nt* <-(e)s, -e> **1.** (*an Universität*) leitorado *m* **2.** (*in Verlag*) departamento de revisão *m*

Lektüre *f kein pl* leitura *f*

Lende ['lɛndə] *f* <-n> lombo *m*

lenken ['lɛŋkən] *vt* **1.** (*Fahrzeug*) conduzir, guiar, dirigir; (*Schiff*) pilotar **2.** (*Aufmerksamkeit, Blick*) dirigir (*auf* para); **das Gespräch auf ein anderes Thema ~** conduzir a conversa para outro tema

Lenkrad *nt* <-(e)s, -räder> volante *m*

Lenkstange *f* <-n> guiador *m*

Lenkung *f* <-en> **1.** *kein pl* (*Leitung*) condução *f* **2.** (*im Auto*) dire(c)ção *f*

Leopard [leoˈpart] *m* <-en, -en> leopardo *m*

Lepra *f kein pl* lepra *f*

Lerche ['lɛrçə] *f* <-n> (ZOOL) cotovia *f*

lernbegierig *adj* ávido de aprender, interessado

lernen ['lɛrnən] **I.** *vt* aprender, estudar; **lesen/schwimmen ~** aprender a ler/nadar; **Grammatik/Griechisch ~** estudar gramática/grego; **etw auswendig ~** decorar a. c.; **einen Beruf ~** aprender uma profissão; **jdn/etw kennen ~** (ficar a) conhecer alguém/a. c. **II.** *vi* estudar

Lernfahrausweis *m* <-es, -e> licença de aprendizagem de condução quando acompanhado por alguém com carta de condução

Lernsoftware *f* <-s> software de aprendizagem *m*

lesbar *adj* legível

Lesbe ['lɛsbə] *f* <-n> lésbica *f*

lesbisch *adj* lésbica

Lese ['leːzə] *f* <-n> apanha *f,* colheita *f;* (*Weinlese*) vindima *f*

Lesebuch *nt* <-(e)s, -bücher> livro de leitura *m*

lesen ['leːzən] *vt* **1.** (*Buch, Zeitung*) ler; **die Schrift ist kaum zu ~** a letra é quase ilegível; **die Messe ~** rezar a missa; **jds Gedanken ~** ler os pensamentos de alguém **2.** (*ernten*) apanhar, colher; **Trauben ~** vindimar

Leser(in) *m(f)* <-s, - *o* -innen> leitor, leitora *m, f*

Leserbrief *m* <-(e)s, -e> carta de leitor *f*

leserlich *adj* legível

Lesezeichen *nt* <-s, -> marca de leitura *f*

Lesung *f* <-en> **1.** (*Dichterlesung*) recital *m* **2.** (POL) leitura *f*

Lethargie *f kein pl* letargia *f*

Lette(in) *m(f)* <-n, -n *o* -innen> letónio, letónia *m, f*

lettisch *adj* letónio

Lettland *nt* <-s> *kein pl* Letónia *f*

letztens ['lɛtstəns] *adv* por último, em último lugar

letzte(r, s) *adj* **1.** (*in Reihenfolge*) último; (*abschließend*) último, final, derradeiro; **als Letzter kommen** chegar em último; **als Letzte gehen** ir em último; **auf dem ~n Platz liegen** estar em último lugar; **zum ~n Mal** pela última vez **2.** (*zeitlich*) último, passado; **in ~r Zeit** nos últimos tempos; **er kam ~ Woche** ele veio na semana passada

letztlich *adv* finalmente, por fim

Leuchte ['lɔɪçtə] *f* <-n> **1.** (*Lampe*) lâmpada *f* **2.** (*umg: Person*) génio *m;* **sie ist eine ~ in**

Mathematik ela é um génio em matemática

leuchten ['lɔɪçtən] *vi* **1.** (*Lampe*) iluminar, dar luz **2.** (*beleuchten*) alumiar, iluminar; **leuchte hierher!** alumia aqui! **3.** (*glänzen, strahlen*) brilhar, luzir; **~de Augen** olhos brilhantes; **seine Augen leuchteten vor Freude** os seus olhos brilhavam de alegria

Leuchter *m* <-s, -> castiçal *m*

Leuchtfarbe *f* <-n> cor fluorescente *f*

Leuchtrakete *f* <-n> foguete luminoso *m*

Leuchtreklame *f* <-n> reclame luminoso *m*

Leuchtstift *m* <-(e)s, -e> caneta fluorescente *f*

Leuchtturm *m* <-(e)s, -türme> farol *m*

leugnen ['lɔɪgnən] **I.** *vt* desmentir, contestar **II.** *vi* desmentir; **es ist nicht zu ~, dass ...** é incontestável que ...

Leukämie *f* <-n> leucemia *f*

Leumund *m* <-(e)s> *kein pl* reputação *f*, fama *f*

Leute ['lɔɪtə] *pl* pessoas *fpl*, gente *f*; **es waren viele ~ da** estava lá muita gente, estavam lá muitas pessoas; **es waren ungefähr 30 ~ da** estavam lá aproximadamente 30 pessoas; (*umg*); **etw unter die ~ bringen** espalhar a. c.; **was sollen die ~ denken?** o que é que as pessoas vão pensar?

Leutnant ['lɔɪtnant] *m* <-s, -s> tenente *m*

leutselig *adj* dado, afável

Level ['lɛvəl] *m* <-s, -s> nível *m*

Lexikograf^RR**(in)** *m(f)* <-en, -en *o* -innen> lexicógrafo, lexicógrafa *m, f*

Lexikografie^RR *f kein pl* lexicografia *f*

Lexikograph(in) *m(f)* <-en, -en *o* -innen> lexicógrafo, lexicógrafa *m, f*

Lexikographie *f kein pl* lexicografia *f*

Lexikon ['lɛksikɔn] *nt* <-s, Lexika> enciclopédia *f*

libanesisch *adj* libanês

Libanon *m* <-s> *kein pl* Líbano *m*

Libelle [li'bɛlə] *f* <-n> libélula *f*

liberal [libe'ra:l] *adj* liberal

liberalisieren* *vt* liberalizar

Liberalisierung *f* <-en> liberalização *f*

Liberalismus *m* <-> *kein pl* liberalismo *m*

Liberia *nt* <-s> *kein pl* Libéria *f*

Libero *m* <-s, -s> libero *m*

Libyen *nt* <-s> *kein pl* Líbia *f*

Licht [lɪçt] *nt* <-(e)s, -er> luz *f*; **das ~ anmachen/ausmachen** acender/apagar a luz; **etw ans ~ bringen** publicar a. c.; **ans ~**

kommen vir a lume; (*geh*); **das ~ der Welt erblicken** nascer; **gegen das ~** em contra-luz, contra a luz; **einer Sache grünes ~ geben** dar luz verde a a. c.; **jdn hinters ~ führen** enganar alguém, intrujar alguém

Lichtbild *nt* <-(e)s, -er> **1.** (*Passbild*) fotografia *f* **2.** (*Dia*) slide *m*

Lichtblick *m* <-(e)s, -e> raio de esperança *m*

lichtempfindlich *adj* sensível à luz

lichten ['lɪçtən] **I.** *vt* (*Wald*) desbastar; **den Anker ~** levantar ferro **II.** *vr* **sich ~** (*Nebel, Wolken*) clarear; (*Haare*) rarear; **die Reihen ~ sich** as filas começam a esvaziar

lichterloh ['lɪçtɐ'lo:] *adv* **~ brennen** arder em chamas

Lichtgeschwindigkeit *f kein pl* velocidade da luz *f*

Lichthupe *f* <-n> sinais de luzes *mpl;* **die ~ betätigen** dar sinais de luzes

Lichtjahr *nt* <-(e)s, -e> ano-luz *m*

Lichtmaschine *f* <-n> dínamo *m*

Lichtschalter *m* <-s, -> interruptor *m*

Lichtschein *m* <-(e)s> *kein pl* clarão *m*

Lichtschranke *f* <-n> sensor luminoso *m*

Lichtschutzfaktor *m* <-s, -en> fa(c)tor de prote(c)ção solar *m*

Lichtstrahl *m* <-(e)s, -en> raio de luz *m*

Lichtung *f* <-en> (*im Wald*) clareira *f*

Lid [li:t] *nt* <-(e)s, -er> pálpebra *f*

Lidschatten *m* <-s, -> sombra para os olhos *f*

lieb [li:p] *adj* **1.** (*geliebt*) querido, caro; **~e Tabea/~er Niklas** querida Tabea/querido Niklas; **~e Frau Maier/~er Herr Müller** cara Sr.ª Maier/caro Sr. Müller; **jdn ~ haben** gostar de alguém **2.** (*liebenswürdig*) amoroso, querido; (*nett*) simpático; **viele ~e Grüße sendet dir Ann-Kathrin** a Ann-Kathrin manda-te muitos beijinhos; **wären Sie so ~ und ...** quer ter a bondade de ...; **der ~e Gott** o bom Deus **3.** (*brav*) bom **4.** (*angenehm*) agradável; **es wäre mir ~er, wenn ...** eu preferia que ... +*conj*

liebäugeln *vi* estar com ideias (*mit* de); **sie liebäugelt mit einer Weltreise** ela está com ideias de fazer uma viagem à volta do mundo

Liebe ['li:bə] *f kein pl* amor (*zu* a); (*Zuneigung*) afeição *m* (*zu* a), carinho *m* (*zu* por); **auf den ersten Blick** amor à primeira vista; **~ macht blind** o amor é cego; **alte ~ rostet**

nicht paixão antiga não morre; **er/sie ist meine große** ~ ele/ela é o meu grande amor; **aus** ~ **zur Literatur** por amor à literatura

Liebelei [li:bə'laɪ] f<-en> namorico m

lieben ['li:bən] vt **1.** (*Liebe empfinden*) amar **2.** (*Geschlechtsverkehr haben*) amar, fazer amor com **3.** (*mögen*) gostar de, adorar; **er liebt es nicht, wenn ...** ele não gosta quando ...

liebenswürdig adj amável, gentil; **das ist sehr** ~ **von Ihnen** é muito amável da sua parte

liebenswürdigerweise adv amavelmente, gentilmente

Liebenswürdigkeit f <-en> amabilidade f, gentileza f

lieber ['li:bɐ] I. komp von **gern** II. adv (*vorzugsweise, besser*) antes; ~ **wollen** antes querer, preferir; ~ **nicht** é melhor não; **lass uns** ~ **gehen** é melhor irmos

Liebesbeziehung f<-en> relação amorosa f, namoro m

Liebesbrief m <-(e)s, -e> carta de amor f

Liebeserklärung f <-en> declaração de amor f; **jdm eine** ~ **machen** fazer uma declaração de amor a alguém

Liebeskummer m<-s> kein pl desgosto de amor m; ~ **haben** sofrer um desgosto de amor

Liebespaar nt <-(e)s, -e> par de namorados m, casal de namorados m

liebevoll adj amoroso, carinhoso, afe(c)tuoso

lieb|habenALT vt irr s. **lieb 1**

Liebhaber(in) m(f)<-s, - o -innen> **1.** (*Geliebter*) amante m,f **2.** (*Kenner*) apreciador, apreciadora m, f, amante m,f

Liebhaberei f<-en> passatempo m, hobby m

liebkosen* vt acariciar, acarinhar, afagar

lieblich ['li:plɪç] adj **1.** (*Landschaft*) lindo, encantador **2.** (*Duft*) suave; (*Wein*) adocicado

Liebling ['li:plɪŋ] m <-s, -e> **1.** (*Kosewort*) querido, querida m, f **2.** (*bevorzugte Person*) predile(c)to, predile(c)ta m, f, favorito, favorita m, f

Lieblingsbuch nt <-(e)s, -bücher> livro preferido m

lieblos adj frio, insensível

Liebste(r) m/f<-n, -n o -n> amor m, querido, querida m, f

Liechtenstein ['lɪçtənʃtaɪn] nt <-s> kein pl Liechtenstein m

Liechtensteiner(in) m(f) <-s, - o -innen> habitante do Liechtenstein m,f

Lied [li:t] nt <-(e)s, -er> canção f, cantiga f; (*religiös*) cântico m, canto m; **ein** ~ **singen** entoar uma canção

Liederbuch nt <-(e)s, -bücher> cancioneiro m

liederlich ['li:dɐlɪç] adj **1.** (*unordentlich*) desmazelado, desleixado **2.** (*unmoralisch*) libertino, vadio

Liedermacher(in) m(f) <-s, - o -innen> cançonetista m,f

lief [li:f] imp von **laufen**

Lieferant(in) [lifə'rant] m(f) <-en, -en o -innen> fornecedor, fornecedora m, f

lieferbar adj pronto para entrega; **das ist in drei Tagen** ~ isso poderá ser entregue no prazo de três dias; **die Ware ist zur Zeit nicht** ~ a mercadoria não se encontra disponível para entrega

liefern ['li:fɐn] vt **1.** (*Waren*) fornecer, entregar; **wir** ~ **nicht ins Ausland** nós não fornecemos para o estrangeiro; **wann können Sie mir die Ersatzteile** ~**?** quando é que pode entregar-me as peças sobresselentes? **2.** (*erzeugen*) produzir, fornecer; **das Land liefert Erdöl** o país produz petróleo **3.** (*vorlegen*) dar, apresentar; **Beweise für etw** ~ apresentar provas de a. c.

Lieferschein m <-(e)s, -e> guia de remessa f

Lieferung f<-en> **1.** (*das Liefern*) fornecimento m, entrega f **2.** (*Ware*) remessa f

Lieferungswagen m<-s, -> (*schweiz*) furgoneta f

Lieferwagen m <-s, -> furgoneta f

Liege ['li:gə] f<-n> espreguiçadeira f

liegen ['li:gən] vi **1.** (*Person*) estar deitado; **im Bett/in der Sonne** ~ estar deitado na cama/ao sol; **auf dem Bauch/Rücken** ~ estar deitado de barriga para baixo/de costas; ~ **bleiben** ficar deitado **2.** (*sich befinden*) estar, encontrar-se; (*geografisch*) ficar, situar-se; **das Buch liegt auf dem Tisch** o livro está em cima da mesa; **Porto liegt am Atlantik** o Porto fica/situa-se na costa atlântica; **wo liegt Sagres?** onde fica Sagres?; **in den Bergen liegt Schnee** há neve nos montes; **das liegt auf dem Weg** isso fica a caminho; **die Preise** ~ **zwischen 100 und 200 €** os

L

preços situam-se entre 100 e 200 €; (*Arbeit*);
~ **bleiben** ficar esquecido, ficar por fazer;
(*vergessen*); etw ~ **lassen** deixar ficar a. c.,
deixar a. c. a meio; **jdn links ~ lassen** deixar
alguém de parte **3.** (*zusagen*) agradar; **Englisch liegt mir nicht** não gosto de inglês;
mir liegt viel daran tenho muito empenho
nisso **4.** (*abhängen*) depender de, dever-se a;
an wem liegt es? quem é o responsável por
isso?; **woran liegt es?** qual é a causa?; **das
liegt an den hohen Preisen** isso deve-se
aos preços elevados; **die Entscheidung liegt
bei euch** a decisão é vossa
liegen|bleiben^ALT *vi irr s.* **liegen 1, 2**
liegen|lassen^ALT *vt irr s.* **liegen 2**
Liegesitz *m* <-es, -e> (*Auto*) banco reclinável *m*
Liegestuhl *m* <-(e)s, -stühle> cadeira de
repouso *f*
Liegestütz *m* <-es, -e> flexão *f*; **50 ~e machen** fazer 50 flexões
Liegewagen *m* <-s, -> vagão-cama *m*
lieh [li:] *imp von* **leihen**
ließ *imp von* **lassen**
Lift [lɪft] *m* <-(e)s, -e> elevador *m*
Likör *m* <-s, -e> licor *m*
lila ['li:la] *adj inv* lilás
Lilie ['li:liə] *f* <-n> lírio *m*
Liliputaner(in) [lilipu'ta:nɐ] *m(f)* <-s, - *o*
-innen> liliputiano, liliputiana *m, f*
Limit ['lɪmɪt] *nt* <-s, -s> limite *m*
Limonade [limo'na:də] *f* <-n> gasosa *f*; (*aus
Zitronen*) limonada *f*; (*aus Orangen*) laranjada *f*
Limone *f* <-n> lima *f*
Limousine *f* <-n> limusine *f*
Linde ['lɪndə] *f* <-n> tília *f*
lindern ['lɪndɐn] *vt* aliviar, mitigar
Linderung *f kein pl* alívio *m*
Lineal [line'a:l] *nt* <-s, -e> régua *f*
linear [line'a:ɐ] *adj* linear
Linguist(in) *m(f)* <-en, -en *o* -innen> linguista *m,f*
Linguistik [lɪŋgu'ɪstɪk] *f kein pl* linguística *f*
linguistisch *adj* linguístico
Linie ['li:niə] *f* <-n> linha *f*; (*Bus, Straßenbahn*) carreira *f*, linha *f*; **~n ziehen** traçar linhas; **in erster ~** em primeiro lugar; **auf die
schlanke ~ achten** ter cuidado com a linha;
von wo fährt ~ 10 ab? de onde parte a linha
10?
Linienbus *m* <-ses, -se> autocarro de carreira *m*, ônibus de carreira *m*

Linienflug *m* <-(e)s, -flüge> voo de carreira *m*, voo regular *m*
Linienrichter(in) *m(f)* <-s, - *o* -innen>
(SPORT) juíz de linha *m,f*, fiscal de linha *m,f*
linientreu *adj* fiel à ideologia
liniert *adj* pautado
Linke *f kein pl* **1.** (*Hand*) mão esquerda *f* **2.**
(POL) esquerda *f*; **die extreme ~** a extrema
esquerda
linken *vt* (*umg*) tramar, lixar
linke(r, s) *adj* esquerdo; **~r Hand** à esquerda; (POL); **der ~ Flügel** a ala esquerda
linkisch *adj* desajeitado
links [lɪŋks] *adv* **1.** (*Richtung*) à esquerda;
nach ~ fahren ir para a esquerda; **~ abbiegen** virar à esquerda; **er kommt von ~** ele
vem da esquerda; **~ von mir** à minha esquerda; **die zweite Tür ~** a segunda porta à esquerda; (*umg*); **etw mit ~ machen** fazer a. c.
sem problemas **2.** (*verkehrt herum*) do avesso, ao contrário; **die Jacke auf ~ ziehen**
pôr/virar o casaco do avesso
Linksaußen *m* <-, -> ponta-esquerda *m*
Linkshänder(in) *m(f)* <-s, - *o* -innen> canhoto, canhota *m, f*
Linkskurve *f* <-n> curva para a esquerda *f*
linksradikal *adj* de extrema esquerda
Linoleum *nt* <-s> *kein pl* linóleo *m*
Linse ['lɪnzə] *f* <-n> **1.** (BOT) lentilha *f* **2.**
(*Optik*) lente *f*
Lippe ['lɪpə] *f* <-n> lábio *m;* **kein Wort
über die ~n bringen** não dizer uma palavra
Lippenstift *m* <-(e)s, -e> bâton *m*
liquidieren* *vt* **1.** (*Schulden*) liquidar, pagar **2.** (*töten*) liquidar
lismen *vi* (*schweiz*) tricotar
lispeln ['lɪspəln] *vi* ciciar, silvar
Lissabon *nt* <-s> *kein pl* Lisboa *f*
Lissabonner(in) *m(f)* <-s, - *o* -innen> lisboeta *m,f*
List [lɪst] *f* <-en> **1.** (*Schlauheit*) astúcia *f*,
manha *f* **2.** (*Kniff, Trick*) artimanha *f*
Liste ['lɪstə] *f* <-n> lista *f;* **sich in eine ~ eintragen** inscrever-se numa lista; **auf einer ~
stehen** estar numa lista
listig *adj* astuto, manhoso, matreiro
Litanei *f* <-en> **1.** (REL) ladainha *f* **2.** (*pej:
Aufzählung*) lengalenga *f*, ladainha *f;* **immer
dieselbe ~** é sempre a mesma lengalenga
Litauen ['li:tauən] *nt* <-s> *kein pl* Lituânia *f*
Litauer(in) *m(f)* <-s, - *o* -innen> lituano, lituana *m, f*

litauisch *adj* lituano
Liter ['li:tɐ, 'lɪtɐ] *m* <-s, -> litro *m;* **zwei ~ Wein** dois litros de vinho
literarisch [lɪtəˈraːrɪʃ] *adj* literário
Literatur [lɪtəraˈtuːɐ] *f* <-en> literatura *f*
Literaturangaben *pl* bibliografia *f*
Literaturgeschichte *f* <-n> história da literatura *f*
Literaturwissenschaft *f* <-en> literatura(s) *fpl*
Lithografie[RR] *f* <-n> litografia *f*
Lithographie *f* <-n> litografia *f*
litt [lɪt] *imp von* **leiden**
Liturgie *f* <-n> liturgia *f*
live [laɪf] *adv* ao vivo; **wir senden ~ aus Berlin** estamos a transmitir ao vivo de Berlim
Livesendung[RR] *f* <-en> transmissão ao vivo *f*
Liveübertragung[RR] *f* <-en> transmissão ao vivo *f*
Livree *f* <-n> farda *f*

Na Suíça o primeiro grau académico a ser alcançado numa universidade, é chamado de **Lizentiat** ou "Diplom". Em seguida à graduação ainda se pode fazer um doutorado ou um curso após a graduação, chamado "Nachdiplomstudium".

Lizenz [liˈtsɛnts] *f* <-en> licença *f,* alvará *m;* **eine ~ beantragen** pedir uma licença
Lkw, LKW, LKW ['ɛlkaːveː] *abk v* **Lastkraftwagen** veículo pesado
Lob [loːp] *nt* <-(e)s> *kein pl* elogio *m,* louvor *m;* **jdm ein ~ aussprechen** fazer um elogio a alguém
Lobby *f* <-s> lobby *m*
loben ['loːbən] *vt* elogiar, louvar
lobenswert *adj* louvável
Loch [lɔx] *nt* <-(e)s, Löcher> 1. (*Vertiefung*) buraco *m,* furo *m;* (*beim Golf*) buraco *m;* (*umg*); **Löcher in die Luft starren** estar a olhar para o balão 2. (*in Kleidung*) rasgão *m,* buraco *m;* **du hast ein ~ in der Hose** tens um buraco nas calças 3. (*umg: Wohnung*) buraco *m*
lochen *vt* furar
Locher *m* <-s, -> furador *m*
löcherig *adj* furado, esburacado
Lochkarte *f* <-n> (INFORM) cartão perfurado *m*
Locke ['lɔkə] *f* <-n> caracol *m;* **das Haar in**

~n legen ondular o cabelo, encaracolar o cabelo
locken ['lɔkən] I. *vt* (*anziehen*) atrair, aliciar; **jdn in einen Hinterhalt ~** atrair alguém para uma cilada; **das Angebot lockt mich** a proposta atrai-me/alicia-me II. *vr* **sich ~** (*Haar*) encaracolar(-se)
Lockenwickler *m* <-s, -> rolo (de cabelo) *m*
locker ['lɔkɐ] *adj* 1. (*Schraube, Verband*) solto; (*Knoten*) frouxo, solto; (*Zahn*) a abanar 2. (*Teig, Backwaren*) fofo 3. (*Haltung*) descontraído; **etw ~ handhaben** ser flexível com a. c. 4. (*Lebenswandel*) descontraído, depravado; **hier herrschen ~e Sitten** aqui reinam hábitos depravados
locker|lassen *vi irr* (*umg*) **nicht ~** não desistir
locker|machen *vt irr* (*umg*) **Geld ~** arranjar dinheiro
lockern ['lɔkɐn] *vt* 1. (*Schraube*) desapertar; (*Griff*) soltar; (*Knoten*) alargar, afrouxar 2. (*Muskeln*) relaxar 3. (*Embargo*) levantar; (*Beschränkung*) reduzir; (*Vorschriften*) ser flexível com
lockig *adj* encaracolado
lodern ['loːdɐn] *vi* flamejar, arder em labareda
Löffel *m* <-s, -> 1. (*zum Essen*) colher *f;* **zwei ~ Zucker** duas colheres de açúcar; (*umg*); **den ~ abgeben** bater a bota 2. (*Hasenohr*) orelha de lebre *f*
löffeln *vt* comer com colher
log [loːk] *imp von* **lügen**
Logarithmus *m* <-, -men> logaritmo *m*
Loge ['loːʒə] *f* <-n> 1. (*im Theater*) camarote *m* 2. (*Freimaurertum*) loja maçónica *f* 3. (*Pförtnerloge*) portaria *f*
Logik ['loːgɪk] *f kein pl* lógica *f*
logisch ['loːgɪʃ] *adj* lógico
Logistik *f kein pl* logística *f*
Lohn [loːn] *m* <-(e)s, Löhne> 1. (*für Arbeit*) salário *m,* vencimento *m* 2. (*Belohnung*) recompensa *f,* prémio *m*
Lohnempfänger(in) *m(f)* <-s, - *o* -innen> assalariado, assalariada *m, f*
lohnen ['loːnən] I. *vt* (*wert sein*) compensar, valer a pena; **das Museum lohnt einen Besuch** vale a pena visitar o museu II. *vr* **sich ~** compensar, valer a pena; **das lohnt sich nicht** não vale a pena, não compensa; **das Geschäft lohnt sich** o negócio é rentá-

L

vel; **unsere Mühe hat sich gelohnt** o nosso esforço valeu a pena

Lohnerhöhung *f* <-en> aumento de salários *m*

Lohnkosten *pl* custos salariais *mpl*

Lohnsteuer *f* <-n> IRS *m*

Loipe *f* <-n> pista de esqui de fundo *f*

Lok [lɔk] *abk v* **Lokomotive** locomotiva

lokal [lo'ka:l] *adj* local

Lokal [lo'ka:l] *nt* <-(e)s, -e> restaurante *m*

Lokalaugenschein *m* <-(e)s, -e> (*österr*) visita ao local (do acontecimento) *f*

lokalisieren* *vt* localizar

Lokomotive [lokomo'ti:və] *f* <-n> locomotiva *f*

Lokomotivführer(in) *m(f)* <-s, - *o* -innen> maquinista *m,f*

Lolli ['lɔli] *m* <-s, -s> chupa-chupa *m*, pirulito *m*

London ['lɔndɔn] *nt* <-s> *kein pl* Londres *f*

Look *m* <-s, -s> estilo *m*

Lorbeer ['lɔːɐ̯beːɐ̯] *m* <-s, -en> louro *m*, loureiro *m*; (*umg*) **sich auf seinen ~en ausruhen** deitar-se à sombra dos louros

los [loːs] **I.** *adj* **1.** (*nicht befestigt*) solto; **der Knopf ist ~** o botão está solto; **jdn/etw ~ sein** ter-se livrado de alguém/a. c. **2.** (*Geschehen*) **was ist ~?** o que é que se passa?, o que é que há?; **was ist mit ihm/ihr ~?** que é que ele/ela tem?, o que é que se passa com ele/ela?; **dort ist nichts ~** ali não se passa nada; **mit ihm ist heute nichts ~** não há nada a fazer com ele hoje **II.** *adv* **1.** (*schnell*) **~!** vamos (lá)!, anda (lá)!; **~, mach schon!** anda, faz lá! **2.** (*umg: weg*) **sie sind schon ~** eles já foram (embora)

Los [loːs] *nt* <-es, -e> **1.** (*Lotterielos*) bilhete de lotaria *m*, cautela *f*; **etw durch das ~ entscheiden** tirar a. c. à sorte; **das große ~ ziehen** tirar a sorte grande **2.** *kein pl* (*geh: Schicksal*) sorte *f*, fado *m*

los|binden *vt irr* desatar, soltar

Löschblatt *nt* <-(e)s, -blätter> mata-borrão *m*

löschen *vt* **1.** (*Feuer*) apagar, extinguir; (*Licht*) apagar, desligar **2.** (*Datei, Daten*) apagar, limpar; (*Tonband*) desgravar **3.** (*Durst*) matar **4.** (*Fracht*) descarregar

Löschfahrzeug *nt* <-(e)s, -e> carro dos bombeiros *m*

Löschtaste *f* <-n> tecla para apagar *f*

lose ['loːzə] *adj* **1.** (*locker*) solto, frouxo **2.**

(*Ware*) avulso, a granel; **~ Blätter** folhas avulso, folhas soltas; (*umg*) **ein ~s Mundwerk haben** não ter papas na língua

Lösegeld *nt* <-(e)s, -er> resgate *m*

losen ['loːzən] *vi* tirar à sorte

lösen ['lø:zən] **I.** *vt* **1.** (*losmachen, entfernen*) desprender (*von* de) **2.** (*Knoten*) soltar, desatar; (*Schraube*) desaparafusar, desatarraxar; **die Handbremse ~** destravar **3.** (*Aufgabe, Problem*) resolver; **ein Rätsel ~** decifrar um enigma **4.** (*Vertrag*) rescindir, anular; (*Verhältnis*) romper **5.** (*Fahrkarte*) comprar, tirar **6.** (*Substanz*) dissolver (*in* em), desfazer (*in* em) **II.** *vr* **sich ~ 1.** (*ablösen, aufgehen*) soltar-se (*von* de), desprender-se (*von* de); **es hat sich eine Schraube gelöst** soltou-se um parafuso **2.** (*in Flüssigkeit*) dissolver-se (*in* em), desfazer-se (*in* em) **3.** (*Problem*) resolver-se

los|fahren ['loːs-] *vi irr* partir

los|gehen *vi irr* **1.** (*Person*) ir embora, partir, pôr-se a caminho **2.** (*umg: Veranstaltung*) começar; **es geht gleich los** já vai começar **3.** (*Schuss, Gewehr*) disparar

los|kommen *vi irr* livrar-se (*von* de), desembaraçar-se (*von* de); **sie kam von dem Gedanken nicht los, dass ...** ela não conseguia deixar de pensar que ...

los|lassen *vt irr* largar, soltar; **lass mich los!** larga-me!

los|legen *vi* (*umg*) começar a despachar

löslich *adj* solúvel

los|machen *vt* soltar, desprender

Losnummer *f* <-n> número do bilhete da lotaria *m*

los|sagen *vr* **sich ~** renunciar (*von* a), deixar

Losung ['loːzʊŋ] *f* <-en> lema *m*

Lösung *f* <-en> **1.** (*von Aufgabe, Rätsel*) solução *f* **2.** (*Trennung*) separação *f* (*von* de) **3.** (*von Vertrag*) rescisão *f*; (*von Bündnis*) dissolução *f* **4.** (*CHEM: Flüssigkeit*) solução *f*

Lösungsmittel *nt* <-s, -> solvente *m*

los|werden *vt irr* livrar-se de, desembaraçar-se de; (*umg*) descartar-se de; (*Geld*) largar

Lot [loːt] *nt* <-(e)s, -e> **1.** (*Senkblei*) fio-de-prumo *m*; **etw wieder ins ~ bringen** pôr a. c. em pratos limpos **2.** (MAT) perpendicular *f* **3.** (NAUT) sonda *f*

löten *vt* soldar

Lothringen ['loːtrɪŋən] *nt* <-s> *kein pl* Lorena *f*

Lotion [lo'tsjoːn] *f* <-en> loção *f*

Lötkolben *m* <-s, -> ferro de soldar *m*

Lotse(in) [ˈloːtsə] *m(f)* <-n, -n *o* -innen> piloto *m,f*

lotsen *vt* conduzir, guiar; (AERO, NAUT) pilotar

Lotterie [lɔtəˈriː] *f* <-n> lotaria *f*, loteria *f*

Lotto [ˈlɔto] *nt* <-s, -s> loto *m;* ~ **spielen** jogar no loto; **im** ~ **gewinnen** ganhar no loto

Lottogewinn *m* <-(e)s, -e> prémio do loto *m*

Löwe(in)[1] *m(f)* <-n, -n *o* -innen> (ZOOL) leão, leoa *m, f*

Löwe[2] *m* <-n> *kein pl* (*Sternkreiszeichen*) Leão *m*

Löwenanteil *m* <-(e)s, -e> parte maior *f*

Löwenzahn *m* <-(e)s> *kein pl* (BOT) dente-de-leão *m*

loyal [lɔˈaːl] *adj* leal, fiel

LP [ɛlˈpiː] *abk v* **Langspielplatte** LP (= *long-playing record*)

LSD *abk v* **Lysergsäurediäthylamid** LSD

Luchs [lʊks] *m* <-es, -e> lince *m*

Lücke *f* <-n> (*Zwischenraum*) espaço (vazio) *m;* (*im Text*) lacuna *f*, omissão *f;* (*im Gedächtnis, Zahnlücke*) falha *f;* **das Gesetz weist ~n auf** a lei apresenta lacunas

Lückenbüßer(in) *m(f)* <-s, - *o* -innen> substituto, substituta *m, f*, suplente *m,f*

lückenhaft *adj* omisso, com lacunas

lückenlos *adj* completo, sem lacunas

lud [luːt] *imp von* **laden**

Luder [ˈluːdɐ] *nt* <-s, -> (*umg*) malandro, malandra *m, f*

Luft [lʊft] *f* <Lüfte> 1. (*allgemein*) ar *m;* **an die frische** ~ **gehen** ir apanhar ar (fresco); **jdn wie** ~ **behandeln** ignorar alguém; **etw liegt in der** ~ a. c. anda no ar; **etw in die** ~ **sprengen** fazer a. c. ir pelos ares; (*umg*); **jdn an die** ~ **setzen** pôr alguém na rua; **das ist völlig aus der** ~ **gegriffen** isso não tem fundamento nenhum; (*umg*); **es herrscht dicke** ~ o ambiente está pesado; (*umg*); **die** ~ **ist rein** não há perigo; (*umg*); **in die** ~ **gehen** ir aos arames, atirar-se ao ar 2. *kein pl* (*Atem*) respiração *f*, fôlego *m;* ~ **holen** tomar fôlego; **nach** ~ **schnappen** ter falta de ar; **die** ~ **anhalten** conter a respiração

Luftangriff *m* <-(e)s, -e> ataque aéreo *m*

Luftballon *m* <-s, -s> balão aerostático *m*

Luftbild *nt* <-(e)s, -er> fotografia aérea *f*

Luftblase *f* <-n> bolha de ar *f*

Luftbrücke *f* <-n> ponte aérea *f*

luftdicht *adj* hermético, impermeável ao ar; ~ **verpackt** hermeticamente embalado

Luftdruck *m* <-(e)s> *kein pl* pressão atmosférica *f*

lüften *vt* 1. (*Kleidung, Zimmer*) arejar 2. (*Geheimnis*) revelar

Luftfahrt *f kein pl* aeronáutica *f*, aviação *f*

luftig *adj* (*Kleidung*) vaporoso, ligeiro

Luftkissenboot *nt* <-(e)s, -e> aerodeslizador *m*, hovercraft *m*

Luftkurort *m* <-(e)s, -e> estância de ar *f*

luftleer *adj* vazio

Luftlinie *f kein pl* linha aérea *f;* **es sind 100 km** ~ são 100 km em linha re(c)ta

Luftloch *nt* <-(e)s, -löcher> 1. (*Öffnung*) respiradouro *m* 2. (*umg: beim Fliegen*) poço de ar *m*

Luftmatraze *f* <-n> colchão de ar *m*

Luftpirat(in) *m(f)* <-en, -en *o* -innen> pirata do ar *m,f*

Luftpost *f kein pl* correio aéreo *m;* **mit** ~ por via aérea, por avião

Luftpumpe *f* <-n> bomba pneumática *f*

Luftraum *m* <-(e)s, -räume> espaço aéreo *m*

Luftröhre *f* <-n> (ANAT) traqueia *f*

Luftschloss[RR] *nt* <-es, -schlösser> castelos no ar *mpl;* **Luftschlösser bauen** construir castelos no ar

Luftschutzkeller *m* <-s, -> abrigo antiaéreo *m*

Luftsprung *m* <-(e)s, -sprünge> salto *m*, pulo *m;* **vor Freude einen** ~ **machen** dar um salto de alegria

Lüftung *f* <-n> ventilação *f*

Luftverkehr *m* <-s> *kein pl* tráfego aéreo *m*

Luftverschmutzung *f kein pl* poluição do ar *f*

Luftwaffe *f* <-n> força aérea *f*, aviação militar *f*

Luftwiderstand *m* <-(e)s> *kein pl* resistência do ar *f*

Luftzug *m* <-(e)s> *kein pl* corrente de ar *f*, correnteza *f*

Lüge *f* <-n> mentira *f*

lügen *vi* mentir

Lügner(in) *m(f)* <-s, - *o* -innen> mentiroso, mentirosa *m, f;* (*umg*) aldrabão, aldrabona *m, f*

Luke [ˈluːkə] *f* <-n> fresta *f*

lukrativ [lukraˈtiːf] *adj* lucrativo

Lümmel *m* <-s, -> malcriado *m*, malandro *m*

L

lümmeln vr sich ~ refastelar-se
Lump [lʊmp] m <-en, -en> patife m
Lumpen ['lʊmpən] m <-s, -> **1.** (Stofffetzen) trapo m, farrapo m **2.** (reg: Putzlappen) esfregão m
lumpig adj miserável; **er hat ein ~es Gehalt** ele tem um ordenado miserável
Lunge ['lʊŋə] f <-n> pulmão m; **sich** dat **die ~ aus dem Hals schreien** gritar a plenos pulmões
Lungenbraten m <-s, -> (österr) lombo de vaca m
Lungenentzündung f <-en> pneumonia f
Lungenflügel m <-s, -> lóbulo do pulmão m
Lungenkrebs m <-es> kein pl cancro do pulmão m
Lupe ['lu:pə] f <-n> lupa f, lente de aumento f; **etw unter die ~ nehmen** examinar a. c.
lupfen vt (österr, schweiz) levantar um pouco
Lurch m <-(e)s, -e> batráquio m
Lusitanistik f kein pl filologia e cultura f portuguesa f, estudos portugueses mpl
Lust [lʊst] f kein pl **1.** (Verlangen) vontade f, desejo m; ~ **haben, etw zu tun** ter vontade de fazer a. c.; ~ **auf etw haben** apetecer a. c. (a alguém); **hast du ~?** apetece-te?; **ich habe keine ~** não tenho vontade, não me apetece **2.** (Vergnügen) prazer m, gozo m; **nach ~ und Laune** conforme apetecer

Lüsterklemme f <-n> borne de ligação m
lüstern adj lascivo, concupiscente
lustig ['lʊstɪç] adj **1.** (fröhlich) alegre, divertido **2.** (komisch) engraçado, gozado; **sich über jdn/etw ~ machen** fazer troça de alguém/a. c.
lustlos adj sem gosto, desanimado
lutschen ['lʊtʃən] **I.** vt chupar **II.** vi chupar, chuchar; **am Daumen ~** chupar/chuchar no dedo
Lutscher m <-s, -> chupa-chupa m, pirulito m
Luv f kein pl (NAUT) barlavento m
Luxemburg ['lʊksəmbʊrk] nt <-s> kein pl Luxemburgo m
Luxemburger(in) ['lʊksəmbʊrgɐ] m(f) <-s, - o -innen> luxemburguês, luxemburguesa m, f
luxemburgisch adj luxemburguês
luxuriös adj luxuoso, sumptuoso
Luxus ['lʊksʊs] m <-> kein pl luxo m; **im ~ leben** viver no luxo
Luxusartikel m <-s, -> artigo de luxo m
Luzern nt <-s> kein pl Lucerna f
Lymphe f <-n> linfa f
Lymphknoten m <-s, -> glândula linfática f
lynchen vt linchar
Lyrik ['ly:rɪk] f kein pl lírica f
Lyriker(in) m(f) <-s, - o -innen> poeta lírico m, poetisa lírica f
lyrisch adj lírico

M

M nt <-, -> M, m m
Machart f <-en> estilo m, design m
machbar adj praticável, viável
Mache f kein pl (pej) peneira f, afe(c)tação f
machen ['maxən] vt **1.** (tun) fazer; (Abstecher, Angaben, Schritt, Spaziergang, Sprung) dar; **was machst du da?** o que é que estás a fazer?, o que é você está fazendo?; **mach schnell!** despacha-te!; **etw voll ~** encher a. c.; **was ~ Sie beruflich?** o que é que faz?; **da ist nichts zu ~** não há nada a fazer; **mach's gut!** que tudo te corra bem! **2.** (kosten) ser; **was/wie viel macht das?** quanto é? **3.** (herstellen) produzir, fabricar; **soll ich**

uns etwas zu essen ~? faço qualquer coisa para comermos? **4.** (verursachen) causar; **großen Eindruck auf jdn ~** causar uma boa impressão em alguém, impressionar alguém; **das macht nichts** não faz mal, não tem importância; **mach dir nichts draus!** não te importes com isso, não ligues a isso
Machenschaft f <-en> (pej) maquinação f, intriga f
Macho ['matʃo] m <-s, -s> machista m
Macht [maxt] f <Mächte> **1.** kein pl (Gewalt) poder m; (Kraft) força f; **an die ~ kommen** chegar ao poder; ~ **über jdn haben** ter poder sobre alguém **2.** (Staat) potência f

Machthaber(in) *m(f)* <-s, - *o* -innen> detentor, detentora *m*, *f* do poder

mächtig I. *adj* (*machtvoll*) poderoso, potente; (*umg: sehr groß*) enorme II. *adv* imenso, à brava; **sich ~ anstrengen** esforçar-se imenso

Machtkampf *m* <-(e)s, -kämpfe> luta *f* pelo poder

machtlos *adj* impotente

Machtprobe *f* <-n> prova *f* de força

Machtwort *nt* <-(e)s, -e> palavra *f* de ordem; **ein ~ sprechen** fazer valer o seu poder, intervir com autoridade

Macke ['makə] *f* <-n> 1. (*Fehler*) defeito *m* 2. (*umg: Tick*) pancada *f*

Madagaskar *nt* <-s> *kein pl* Madagáscar *m*

Mädchen *nt* <-s, -> menina *f*, moça *f*; (*Kind*) rapariga *f*; (*umg*); **~ für alles** criada para todo o serviço *f*

mädchenhaft *adj* a modo de menina

Mädchenname *m* <-ns, -n> (*vor der Heirat*) apelido *m* de solteira

Made ['ma:də] *f* <-n> bicho *m*, verme *m*; **wie die ~ im Speck leben** ter-se tudo o que se precisa

Madeira *nt* <-s> *kein pl* Madeira *f*

Mädel *nt* <-s, -(s)> (*umg*) rapariga *f*, menina *f*

madig *adj* bichoso, cheio de vermes

Madl *nt* <-s, -n> (*österr*) *s.* **Mädel**

Mafia ['mafja] *f* <-s> máfia *f*

Magazin [maga'tsi:n] *nt* <-s, -e> 1. (*Lager*) armazém *m*, depósito *m* 2. (*Zeitschrift*) revista *f* (ilustrada) 3. (*bei Waffen*) coronha *f*

Magd [ma:kt] *f* <Mägde> criada *f*

Magen ['ma:gən] *m* <-s, Mägen> estômago *m*; **auf nüchternen ~** em jejum

Magengeschwür *nt* <-(e)s, -e> úlcera *f* no estômago

Magenschmerzen *pl* dores *fpl* de estômago

Magenverstimmung *f* <-en> indigestão *f*

mager ['ma:gɐ] *adj* 1. (*Person, Fleisch*) magro 2. (*Ernte, Ergebnis*) pobre, fraco

Magermilch *f kein pl* leite *m* magro

Magersucht *f kein pl* (MED) anorexia *f* nervosa

Magie [ma'gi:] *f kein pl* magia *f*

Magier(in) ['ma:giɐ] *m(f)* <-s, - *o* -innen> mágico, mágica *m*, *f*

magisch ['ma:gɪʃ] *adj* mágico

Magister *m* <-s, -> 1. (*Universitätsgrad*) grau académico obtido após a licenciatura 2. (*österr: Apotheker*) farmacêutico *m*

> O grau de **Magister**, na Alemanha chamado Magister Artium (M.A.), corresponde a um diploma e é conferido após a conclusão de um curso superior na área de Letras. Na Áustria também há a possibilidade de se tratar de alguém que tenha concluído a graduação em Farmácia.

Magistrat *m* <-en, -en> (*schweiz*) membro *m* do governo

Magnesium [ma'gne:ziʊm] *nt* <-s> *kein pl* (CHEM) magnésio *m*

Magnet [ma'gne:t] *m* <-en, -en> íman *m*, ímã *m*

Magnetband *nt* <-(e)s, -bänder> fita *f* magnética

Magnetfeld *nt* <-(e)s, -er> campo *m* magnético

magnetisch *adj* magnético

Mahagoni [maha'go:ni] *nt* <-s> *kein pl* mogno *m*

Mahd *nt* <-(e)s, Mähder> (*österr, schweiz*) prado *m*

Mähdrescher *m* <-s, -> ceifeira-debulhadora *f*

mähen *vi* ceifar

Mahl [ma:l] *nt* <-s, -e> (*geh*) refeição *f*

mahlen ['ma:lən] *vt* moer

Mahlzeit *f* <-en> refeição *f*; **~!** bom proveito!, bom apetite!

> O dia começa com o "Frühstück" (pequeno-almoço) composto de café ou chá, pão ou pãezinhos frescos e à escolha compota, mel, queijo, carnes frias e, ao domingo, um ovo cozido. Segue-se o "Mittagessen" (almoço) entre as 12 e a 1. Come-se, em geral, só um prato. Sopa ou sobremesa servem-se só ao domingo ou em eventos especiais. À noite toma-se "Abendessen", um jantar frio com pão, queijo e carnes frias.

Mähne *f* <-n> (*Pferd*) crina *f*; (*Löwe, Mensch*) juba *f*

mahnen ['ma:nən] *vt* 1. (*warnend*) advertir, admoestar 2. (*erinnern*) lembrar; (*Schuldner*) reclamar pagamento 3. (*auffordern*) exortar (*zu* a); **zur Ruhe ~** exortar ao silêncio

M

Mahnmal *nt* <-(e)s, -e> monumento *m* comemorativo

Mahnung *f* <-en> 1. (*Ermahnung*) advertência *f*, aviso *m* 2. (*Mahnbrief*) reclamação *f*; (*wegen Schulden*) intimidação *f* para pagar

Mähren *nt* <-s> *kein pl* Morávia *f*

Mai [maɪ] *m* <-(e)s, -e> Maio *m*; *s.* **März**

Maiglöckchen *nt* <-s, -> lírio-do-vale *m*

Maikäfer *m* <-s, -> besouro *m*

Mailand *nt* <-s> *kein pl* Milão *m*

Mailbox ['mɛɪlbɔks] *f* <-en> (INFORM) caixa *f* de correio electrónico

mailen *vt* enviar por correio electrónico; **jdm etw** ~ enviar a. c. a alguém por correio electrónico

Main [maɪn] *m* <-s> *kein pl* Meno *m*

Mainz [maɪnts] *nt* <-> *kein pl* Mogúncia *f*

Mais [maɪs] *m* <-es, -e> milho *m*

Maisbrot *nt* <-(e)s, -e> broa de milho *f*

Maiskolben *m* <-s, -> espiga *f* de milho

Maisonette *f* <-s> duplex *m*

Majestät *f* <-en> majestade *f*; **Seine/Ihre** ~ Sua Majestade

majestätisch *adj* majestoso

Majonäse^RR *f* <-n> maionese *f*

Major [ma'joːɐ] *m* <-s, -e> major *m*

Majoran *m* <-s, -e> manjerona *f*

makaber [ma'kaːbɐ] *adj* macabro

Makel ['maːkəl] *m* <-s, -> (*geh*) mácula *f*

makellos *adj* imaculado

mäkeln *vi* ~ **an** +*dat* criticar

Make-up *nt* <-s, -s> maquiagem *f*, maquilhagem *f*

Makkaroni *pl* macarrão *m*

Makler(in) ['maːklɐ] *m(f)* <-s, - *o* -innen> (*Immobilienmakler*) agente *m,f*; (*Börsenmakler*) corretor, corretora *m, f*

Maklergebühr *f* <-en> corretagem *f*

Makrele *f* <-n> cavala *f*

makrobiotisch *adj* macrobiótico; **sich** ~ **ernähren** alimentar-se de comida macrobiótica

mal [maːl] *adv* 1. (MAT) vezes; **zwei** ~ **drei ist sechs** dois vezes três são seis 2. (*umg: einmal*) **hören Sie** ~ ouça (lá); **sagen Sie** ~ diga lá; **sag das noch** ~ diz lá outra vez; **zeig** ~ (ora) mostra lá; **komm** ~ **her!** anda cá!

Mal [maːl] *nt* <-s, -e> (*Zeitpunkt*) vez *f*; **ein paar** ~ algumas vezes, umas vezes; **das letzte** ~ (d)a última vez; **ein einziges** ~ uma só vez, uma única vez; **kein einziges** ~ nem uma vez; **ein anderes** ~ (uma) outra

vez; **jedes** ~ **wenn ...** todas as vezes que ..., sempre que ...; **ich sage das zum letzten** ~ eu digo isto pela última vez; **von** ~ **zu** ~ uma vez por outra; **ein für alle** ~ duma vez por todas

Malaria [ma'laːria] *f* *kein pl* malária *f*

Malaysia *nt* <-s> *kein pl* Malásia *f*

malen ['maːlən] *vi* pintar; **in Öl** ~ pintar a óleo

Maler(in) *m(f)* <-s, - *o* -innen> (*Künstler, Handwerker*) pintor, pintora *m, f*

Malerei *f* *kein pl* pintura *f*

malerisch *adj* pitoresco

Malheur *nt* <-s, -e> (*umg*) azar *m;* **mir ist ein kleines** ~ **passiert** aconteceu-me um pequeno azar

Malkasten *m* <-s, -kästen> caixa *f* de tintas

Malta *nt* <-s> *kein pl* Malta *f*

malträtieren * *vt* maltratar

Malz [malts] *nt* <-es> *kein pl* malte *m*

Mama ['mama] *f* <-s> (*umg*) mamã *f*, mãezinha *f*, mamãe *f*

Mami ['mami] *f* <-s> (*umg*) *s.* **Mama**

Mammografie^RR *f* <-n> mamografia *f*

Mammographie *f* <-n> mamografia *f*

Mammut *m* <-s, -s> mamute *m*

man [man] *pron indef* a gente, alguém, se; ~ **sagt, dass ...** diz-se que ..., dizem que ...; ~ **hat mir gesagt, dass ...** disseram-me que ...; **das darf** ~ **nicht!** não se pode!; **wann kann** ~ **Sie telefonisch erreichen?** quando é que se pode contactá-lo por telefone?; **hier hat** ~ **eine gute Aussicht** aqui tem-se uma boa vista, aqui a gente tem uma boa vista

Management *nt* <-s> *kein pl* gestão *f* de empresas; (*brasil*) gerência *f* de empresas

Manager(in) ['mɛnɪtʃɐ, 'mɛnətʃɐ] *m(f)* <-s, - *o* -innen> gestor, gestora *m, f*, gerente *m,f*; (*von Sängern*) agente *m,f*

mancherlei ['mançɐlaɪ] *adj* vários, muitos, de toda a variedade

manche(r, s) I. *pron indef* alguns, algumas; **er hat mir** ~**s gesagt** ele contou-me muita coisa; ~ **schöne Stunde** algumas horas felizes; **so** ~**s Mal** várias vezes II. *adj* alguns, algumas, certos, certas; ~ **Leute meinen, dass ...** algumas pessoas dizem que ...

manchmal ['mançmaːl] *adv* 1. (*gelegentlich*) às vezes, por vezes, de vez em quando 2. (*schweiz: oft*) muitas vezes

Mandant(in) [man'dant] *m(f)* <-en, -en *o* -innen> (JUR) cliente *m,f*

Mandarine [manda'ri:nə] *f* <-n> tangerina *f*

Mandat [man'da:t] *nt* <-s, -e> (POL) mandato *m;* **sein ~ niederlegen** renunciar ao mandato

Mandel ['mandəl] *f* <-n> **1.** (*Frucht*) amêndoa *f* **2.** (ANAT) amígdala *f*

Mandelbaum *m* <-(e)s, -bäume> amendoeira *f*

Mandelentzündung *f* <-en> amigdalite *f*

Manege [ma'ne:ʒə] *f* <-n> arena *f*

Mangan [maŋ'ga:n] *nt* <-s> *kein pl* (CHEM) manganésio *m*

Mangel[1] ['maŋəl] *m* <-s, Mängel> **1.** (*Fehler*) defeito *m,* falha *f;* **technische Mängel** falhas técnicas **2.** *kein pl* (*Fehlen*) falta *f* (*an* de), carência (*an* de); **an etw ~ haben** ter falta de a. c.; **aus ~ an Beweisen** por falta de provas

Mangel[2] *f* <-n> calandra *f;* (*umg*); **jdn in die ~ nehmen** apertar com alguém

mangelhaft **I.** *adj* (*fehlerhaft*) defeituoso, imperfeito; (*Schulnote*) insuficiente **II.** *adv* mal

mangeln ['maŋəln] *vi* ter falta (*an* de), carecer (*an* de); **es mangelt an Medikamenten** há falta de medicamentos; **ihnen mangelt es an nichts** não lhes falta nada

mangels ['maŋəls] *präp* +*gen* por falta de

Mangelware *f kein pl* mercadoria *f* rara; **~ sein** ser difícil de arranjar

Mango *f* <-s> mango *m,* manga *f*

Mangold ['maŋɡɔlt] *m* <-(e)s, -e> acelga *f*

Manie [ma'ni:] *f* <-n> mania *f*

Manier [ma'ni:ɐ] *f kein pl* maneira, modo

Manieren *pl* (boas) maneiras *fpl,* (bons) modos *mpl;* **er hat keine ~** ele não tem modos nenhuns

manierlich [ma'ni:ɐlıç] *adj* (*Verhalten*) cortês; (*Mensch*) bem-educado, de boas maneiras; (*Aussehen*) cuidado, polido; **sich ~ benehmen** ter modos

Manifest [mani'fɛst] *nt* <-(e)s, -e> manifesto *m*

Manifestant(**in**) *m(f)* <-en, -en *o* -innen> (*österr, schweiz*) manifestante *m,f*

Maniküre *f* <-n> manicura *f*

Maniok *m* <-s, -s> mandioca *f*

Manipulation [manipula'tsjo:n] *f* <-en> manipulação *f*

manipulieren* *vt* manipular

Manko ['maŋko] *nt* <-s, -s> **1.** (*Beeinträch-* *tigung*) falha *f,* defeito *m* **2.** (WIRTSCH) défice *m,* deficit *m*

Mann [man] *m* <-(e)s, Männer> **1.** (*allgemein*) homem *m;* **ein junger/alter ~** um homem novo/velho; **der ~ auf der Straße** o homem comum; (*umg*); **etw an den ~ bringen** vender a. c. **2.** (*Ehemann*) marido *m;* **mein geschiedener ~** o meu ex-marido

Männchen *nt* <-s, -> (ZOOL) macho *m;* (*Hunde*); **~ machen** pôr-se nas patas traseiras

Mannequin [manə'kɛ̃:, 'manəkɛ̃] *nt* <-s, -s> manequim *m*

Männerchor *m* <-(e)s, -chöre> coro *m* de homens

männlich *adj* (*a* GRAM) masculino; (*stärker*) másculo, viril; (*Tier*) macho

Männlichkeit *f kein pl* virilidade *f,* masculinidade *f*

Mannschaft *f* <-en> **1.** (AERO, NAUT) tripulação *f* **2.** (SPORT) equipa *f,* time *m*

Manöver *nt* <-s, -> **1.** (MIL) manobra, exercício; **ein ~ abhalten** fazer uma manobra **2.** (*pej: List*) estratagema *m*

manövrieren* *vt* (*Fahrzeug*) manobrar

Mansarde [man'zardə] *f* <-n> mansarda *f,* águas-furtadas *fpl*

Manschette [man'ʃɛtə] *f* <-n> **1.** (*an Hemd*) punho *m;* (*umg*); **vor etw ~n haben** ter medo de a. c. **2.** (TECH) guarnição *f*

Manschettenknopf *m* <-(e)s, -knöpfe> botão *m* de punho

Mantel ['mantəl] *m* <-s, Mäntel> **1.** (*Kleidungsstück*) casaco *m;* (*Herrenwintermantel*) sobretudo *m;* (*für Damen*) casaco *m* comprido; (*Übergangsmantel*) sobretudo *m,* casacão *m;* **den ~ nach dem Wind hängen** ser um vira-casacas **2.** (TECH) revestimento *m*

manuell [manu'ɛl] **I.** *adj* manual **II.** *adv* manualmente

Manuskript [manu'skrıpt] *nt* <-(e)s, -e> manuscrito *m*

Mappe ['mapə] *f* <-n> pasta *f*

Maracuja *f* <-s> maracujá *m*

Marathonlauf *m* <-(e)s, -läufe> maratona *f*

Märchen *nt* <-s, -> conto *m* (de fadas), história *f,* lenda *f;* **erzähl keine ~!** deixa-te de histórias!

Marder ['mardɐ] *m* <-s, -> marta *f*

Margarine [marga'ri:nə] *f* <-n> margarina *f*

M

Margerite [margə'riːtə] *f* <-n> margarida *f*, bem-me-quer *f*

Marienkäfer *m* <-s, -> joaninha *f*

Marihuana [marihu'aːna] *nt* <-s> *kein pl* marijuana *f*

Marille *f* <-n> (*österr*) damasco *m*, alperce *m*

Marinade [mari'naːdə] *f* <-n> escabeche *m*, marinada *f*

Marine [ma'riːnə] *f* <-n> armada *f*

marinieren* *vt* pôr de escabeche, marinar

Marionette [marjo'nɛtə] *f* <-n> **1.** (*Puppe*) marionete *f* **2.** (*fig: Mensch*) fantoche *m*

maritim *adj* marítimo

Mark¹ [mark] *f* <-> (GESCH) marco *m*; **Deutsche** ~ marco alemão *m*; **ich habe nur noch 20** ~ eu já só tenho 20 marcos

Mark² [mark] *nt* <-(e)s> *kein pl* medula *f*, miolo *m*; (*Knochenmark*) tutano *m*; **das geht durch** ~ **und Bein** isso faz estremecer até aos ossos

markant [mar'kant] *adj* marcado, carregado; **~e Gesichtszüge** feições carregadas

Marke ['markə] *f* <-n> **1.** (*Warenzeichen*) marca *f*; **das ist eine bekannte** ~ esta é uma marca conhecida **2.** (*Briefmarke*) selo *m* **3.** (*Essensmarke*) senha *f*; (*Spielmarke, Garderobenmarke*) ficha *f*

Markenartikel *m* <-s, -> artigo *m* de marca

Marketing ['markətɪŋ] *nt* <-s> *kein pl* marketing *m*

markieren* *vt* **1.** (*kennzeichnen*) marcar (*mit* com) **2.** (*umg: vortäuschen*) armar-se em, fazer-se de; **den Dummen** ~ fazer-se de burro

Markierung *f* <-en> marcação *f*

Markise *f* <-n> toldo *m*

Markstück *nt* <-(e)s, -stücke> moeda *f* de um marco

Markt [markt] *m* <-(e)s, Märkte> mercado *m*; **auf den** ~ **gehen** ir ao mercado; **neue Produkte auf den** ~ **bringen** lançar novos produtos no mercado; **neue Märkte erschließen** explorar novos mercados; **der Gemeinsame** ~ o Mercado Comum

Marktforschung *f* <-en> prospecção *f* de mercado; (*brasil*) pesquisa *f* de mercado

Markthalle *f* <-n> (edifício do) mercado *m*

Marktplatz *m* <-es, -plätze> largo *m* (do mercado) *m*, praça (do mercado) *m*

Marktwirtschaft *f kein pl* economia *f* de

mercado; **soziale** ~ economia social de mercado *f*

marktwirtschaftlich *adj* da economia de mercado

Marmelade [marmə'laːdə] *f* <-n> compota *f*, doce *m*; (*aus Quitten*) marmelada *f*

Marmor ['marmoːɐ] *m* <-s, -e> mármore *m*

marode *adj* fraco, debilitado

Marokko *nt* <-s> *kein pl* Marrocos *m*

Marone [ma'roːnə] *f* <-n> castanha *f*

Maronibrater(in) *m(f)* <-s, - *o* -innen> (*österr*) assador, assadora *m*, *f* de castanhas

Marotte [ma'rɔtə] *f* <-n> capricho *m*

Marrokaner(in) *m(f)* <-s, - *o* -innen> marroquino, marroquina *m*, *f*

marrokanisch *adj* marroquino

Mars [mars] *m* <-> *kein pl* Marte *m*

marsch *interj* **1.** (MIL) marchar! **2.** (*umg*) embora; ~ **ins Bett!** embora para a cama!

Marsch [marʃ] *m* <-(e)s, Märsche> (*a* MUS) marcha *f*

Marschflugkörper *m* <-s, -> míssil *m* de cruzeiro

marschieren* *vi* marchar

Märtyrer(in) *m(f)* <-s, - *o* -innen> mártir *m*, *f*

Marxismus [mar'ksɪsmʊs] *m* <-s> *kein pl* marxismo *m*

marxistisch *adj* marxista

März *m* <-(es), -e> Março *m*; **im** ~ em Março; **im Monat** ~ no mês de Março; **am 5.** ~ (**1980**) a 5 de Março (de 1980); **heute ist der 17.** ~ hoje são 17 de Março; **der 30.** ~ **ist am Montag** o dia 30 de Março é na Segunda-feira; **Köln, den 23.** ~ **1998** Colónia, 23 de Março de 1998; **Anfang/Mitte/Ende** ~ princípio/meados/fim de Março

Marzipan [martsi'paːn, '---] *nt* <-s, -e> maçapão *m*

Masche ['maʃə] *f* <-n> **1.** (*bei Handarbeit*) malha *f* **2.** (*umg: Vorgehensweise*) pose *f*, fita *f*; **immer die gleiche** ~! sempre as mesmas fitas! **3.** (*österr, schweiz: Schleife*) laço *m*

Maschine [ma'ʃiːnə] *f* <-n> **1.** (*Schreibmaschine, Nähmaschine, Waschmaschine*) máquina *f*; ~ **schreiben** dactilografar, escrever à máquina **2.** (*Flugzeug*) avião *m*; **die** ~ **aus Rio de Janeiro hat Verspätung** o avião do Rio de Janeiro está atrasado **3.** (*umg: Motorrad*) mota *f*

maschinell [maʃiˈnɛl] **I.** *adj* mecânico **II.** *adv* à máquina

Maschinenbau *m* <-(e)s> *kein pl* engenharia *f* mecânica

Maschinenbautechniker(in) *m(f)* <-s, - *o* -innen> mecânico, mecânica *m*, *f*

Maschinengewehr *nt* <-(e)s, -e> metralhadora *f*

Maschinenpistole *f* <-n> pistola *f* automática

Maschinenschaden *m* <-s, -schäden> avaria *f* de máquina

maschine|schreiben^{ALT} → *vi irr s.* **Maschine 1**

Maschinist(in) [maʃiˈnɪst] *m(f)* <-en, -en *o* -innen> maquinista *m,f*

Masern [ˈmaːzɐn] *pl* sarampo *m;* **er/sie hat** ~ ele/ela está com sarampo

Maserung [ˈmaːzərʊŋ] *f* <-en> veio *m* na madeira

Maske [ˈmaskə] *f* <-n> máscara *f;* **die** ~ **fallen lassen** desmascarar-se

Maskenball *m* <-(e)s, -bälle> baile *m* de máscaras

maskieren* **I.** *vt* mascarar; **die Bankräuber waren maskiert** os assaltantes do banco estavam mascarados **II.** *vr* **sich** ~ mascarar-se

Maskottchen [masˈkɔtçən] *nt* <-s, -> mascote *f*

maskulin [maskuˈliːn] *adj* masculino

masochistisch *adj* masoquista

maß *imp von* **messen**

Maß¹ *nt* <-es, -e> medida *f;* (*Ausmaß*) extensão *f;* **das** ~ **aller Dinge** a medida de todas as coisas; **bei jdm** ~ **nehmen** tirar medidas a alguém; **nach** ~ **(gemacht)** (feito) à medida; **in hohem** ~ em grande escala; **in besonderem** ~ particularmente, especialmente; **in** ~**n** com peso e medida, com moderação; (*umg*); **das** ~ **ist voll!** já chega!

Maß² *f* <-(e)> (*reg*) caneca *f* de litro (de cerveja); **zwei** ~ **Bier** duas canecas de litro de cerveja

Massage [maˈsaːʒə] *f* <-n> massagem *f*

Massaker [maˈsaːkɐ] *nt* <-s, -> massacre *m*

Maßarbeit *f* <-en> trabalho *m* por medida

Masse [ˈmasə] *f* <-n> **1.** (*Menge*) quantidade *f*, volume *m;* (*Menschen*) multidão *f;* **in** ~**n** aos montes; **er verschwand in der** ~ ele desapareceu na multidão **2.** (*unförmiger Stoff*) massa *f*

Maßeinheit *f* <-en> unidade *f* de medida

Massenarbeitslosigkeit *f kein pl* desemprego *m* em massa

Massenentlassung *f* <-en> despedimento *m* cole(c)tivo

Massengrab *nt* <-(e)s, -gräber> vala *f* comum

massenhaft *adj* (*umg*) em massa

Massenkarambolage *f* <-en> choque *m* em cadeia

Massenmedien *pl* órgãos *mpl* de comunicação social, (mass-)media *mpl*

Massenproduktion *f* <-en> produção *f* em série

Massentourismus *m* <-> *kein pl* turismo *m* de massas

Masseur(in) [maˈsøːɐ] *m(f)* <-s, -e *o* -innen> massagista *m,f*

maßgebend *adj* (*Person*) competente; (*für eine Handlung*) decisivo, determinante; **deine Meinung ist für mich nicht** ~ a tua opinião não é decisiva para mim

maßgeschneidert *adj* feito à medida

massieren* *vt* massajar

massig [ˈmasıç] **I.** *adj* robusto, sólido, volumoso **II.** *adv* (*umg*) muito

mäßig *adj* **1.** (*gemäßigt*) moderado; (*Preis*) módico; (*Lebensweise*) sóbrio, moderado **2.** (*mittelmäßig*) medíocre, mediano

mäßigen *vt* moderar

massiv [maˈsiːf] *adj* **1.** (*Gegenstand*) maciço, compacto **2.** (*Kritik*) grosseiro

Massiv *nt* <-s, -e> maciço *m*

Maßkrug *m* <-(e)s, -krüge> caneca *f* de litro

maßlos *adj* (*Gefühl*) desmedido; (*Mensch*) descomedido

Maßnahme *f* <-n> medida *f;* ~**n ergreifen** tomar medidas (*gegen* contra)

Maßstab *m* <-(e)s, -stäbe> **1.** (*Norm*) critério *m*, norma *f;* **einen bestimmten** ~ **an etw anlegen** ado(p)tar um determinado critério; **neue Maßstäbe setzen** estabelecer novos critérios **2.** (*bei Landkarten*) escala *f;* **im** ~ **von 1 zu 20.000** à escala de 1 para 20.000

Mast¹ [mast] *m* <-e(s), -en> **1.** (*auf Schiff*) mastro *m* **2.** (*für Leitungen*) poste *m;* (*Fahnenmast*) mastro *m*, haste *f*

Mast² [mast] *f* <-en> ceva *f*, engorda *f*

mästen *vt* cevar, engordar

masturbieren* *vi* masturbar-se

Material [mateˈriaːl] *nt* <-s, -ien> material *m*

M

Materialismus [materia'lɪsmʊs] *m* <-> *kein pl* materialismo *m*

Materialist(in) *m(f)* <-en, -en *o* -innen> materialista *m,f*

materialistisch *adj* materialista

Materie [ma'te:riə] *f* <-n> **1.** *kein pl* (CHEM, PHILOS, PHYS) matéria *f* **2.** (*Thema, Gegenstand*) assunto *m*, matéria *f*, tema *m*

materiell [materi'ɛl] *adj* material

Mathematik [matema'ti:k] *f kein pl* matemática *f*

Mathematiker(in) *m(f)* <-s, *o* -innen> matemático, matemática *m, f*

mathematisch [mate'ma:tɪʃ] *adj* matemático

Matratze [ma'tratsə] *f* <-n> colchão *m*

Matrikel *f* <-n> (*österr*) Conservatória *f* do Registo Civil

Matrize *f* <-n> matriz *f*

Matrose [ma'tro:zə] *m* <-n, -n> marinheiro *m*, marujo *m*

Matsch [matʃ] *m* <-(e)s> *kein pl* lama *f*, lodo *m*; (*Schneematsch*) lama *f* de neve

matschig *adj* **1.** (*Boden*) lamacento, lodoso **2.** (*Obst*) feito em papa

matt [mat] *adj* **1.** (*schwach*) fraco, débil; (*erschöpft*) abatido **2.** (*Lichtschein*) mortiço, fosco **3.** (*glanzlos*) baço; (*Foto*) mate **4.** (*Schach*) xeque-mate *m*; **jdn ~ setzen** pôr alguém em xeque-mate

Matte ['matə] *f* <-n> **1.** (*Unterlage*) esteira *f*; (*Fußmatte*) capacho *m*, tapete *m*; (SPORT) colchão *m* **2.** (*österr, schweiz: Bergwiese*) prado *m*

Matura [ma'tu:ra] *f kein pl* (*österr, schweiz*) exame *m* de madureza, exame final do ensino secundário

Maturand(in) *m(f)* <-en, -en *o* -innen> (*schweiz*) aluno do último ano do liceu

Maturant(in) *m(f)* <-en, -en *o* -innen> (*österr*) aluno do último ano do liceu

maturieren* *vi* (*österr*) fazer o exame de madureza, fazer o exame final do ensino secundário

Maturität *f kein pl* (*schweiz*) exame de madureza, exame final do ensino secundário

Mauer ['maʊɐ] *f* <-n> muro *m*; (*Stadtmauer*) muralha *f*; **die Berliner ~** o muro de Berlim; **die Chinesische ~** a muralha da China

mauern ['maʊɐn] *vt* murar

Maueröffnung *f kein pl* (GESCH) queda *f* do muro

Maul [maʊl] *nt* <-(e)s, Mäuler> focinho *m*; (*umg*); **halt's ~!** cala o bico!

maulen ['maʊlen] *vi* (*umg*) amuar

Maulkorb *m* <-(e)s, -körbe> açaime *m*, focinheira *f*

Maultaschen é um prato da Suábia que antigamente era servido principalmente na época da Quaresma. São pequenas bolsas de massa recheadas com espinafres e carne picada. Comem-se na sopa ou fritas com ovos e cebola.

Maultier *nt* <-(e)s, -e> macho *m*, mula *f*

Maulwurf *m* <-(e)s, -würfe> toupeira *f*

Maure(in) *m(f)* <-n, -n *o* -innen> mouro, moura *m, f*

Maurer(in) ['maʊrɐ] *m(f)* <-s, - *o* -innen> pedreiro, pedreira *m, f*

Mauretanien *nt* <-s> *kein pl* Mauritânia *f*

maurisch ['maʊrɪʃ] *adj* mouro, mourisco

Maus [maʊs] *f* <Mäuse> (*a* INFORM) rato *m*

Mausefalle *f* <-n> ratoeira *f*

mausern ['maʊzɐn] *vr* **sich ~** (*Vogel*) mudar as penas

Mausklick ['maʊsklɪk] *m* <-s, -s> (INFORM) clique *m* (com o rato)

Mausoleum [maʊzo'le:ʊm] *nt* <-s, Mausoleen> mausoléu *m*

Mautgebühr *f* <-en> (*österr*) portagem *f*

Mautstelle *f* <-n> (*österr*) portagem *f*

Mautstraße *f* <-n> (*österr*) estrada *f* com portagem

maximal [maksi'ma:l] **I.** *adj* máximo **II.** *adv* no máximo

Maximum ['maksimʊm] *nt* <-s, Maxima> máximo *m*

Mayonnaise^ALT *f* <-n> *s.* **Majonäse**

Mazedonien [matse'do:niən] *nt* <-s> *kein pl* Macedónia *f*

Mäzen *m* <-s, -e> mecenas *m*

Mechanik [me'ça:nɪk] *f kein pl* mecânica *f*; (*Getriebe*) mecanismo *m*

Mechaniker(in) [me'ça:nikɐ] *m(f)* <-s, - *o* -innen> mecânico, mecânica *m, f*

mechanisch [me'ça:nɪʃ] *adj* mecânico

Mechanismus [meça'nɪsmʊs] *m* <-, Mechanismen> mecanismo *m*

meckern ['mɛkɐn] *vi* **1.** (*Ziege*) balar, balir **2.** (*umg: kritisieren*) resmungar (*über* por causa de)

mecklenburgisch ['mɛklənbʊrgɪʃ] *adj* de Meclemburgo

mecklenburg-vorpommerisch *adj* de Meclemburgo-Pomerânia

Mecklenburg-Vorpommern *nt* <-s> *kein pl* Meclemburgo-Pomerânia *m*

Medaille [me'daljə] *f* <-n> medalha *f*

Medaillon [medal'jõ:] *nt* <-s, -s> medalhão *m*

Medien ['me:diən] *pl* media *mpl*

Medikament [medika'mɛnt] *nt* <-(e)s, -e> medicamento *m*, remédio *m*; **ein ~ einnehmen** tomar um medicamento

Meditation [medita'tsjo:n] *f* <-en> meditação *f*

meditieren* *vi* meditar

Medizin *f* <-en> **1.** *kein pl* (*Wissenschaft*) medicina *f*; **innere ~** medicina interna *f* **2.** (*Medikament*) medicamento *m*, remédio *m*

Mediziner(in) [medi'tsi:nɐ] *m(f)* <-s, - *o* -innen> **1.** (*Arzt*) médico, médica *m*, *f* **2.** (*Student*) estudante *m*,*f* de medicina

medizinisch *adj* médico

Meer [me:ɐ] *nt* <-(e)s, -e> mar *m*; **das Rote/Schwarze/Tote ~** o Mar Vermelho/Negro/Morto; **auf offenem ~** em alto mar; **am ~** à beira-mar; **ans ~ fahren** ir para o litoral; **im ~ baden** tomar banho no mar

Meerenge *f* <-n> estreito *m*, canal *m*

Meeresfrüchte *pl* marisco *m*

Meeresspiegel *m* <-s> *kein pl* nível *m* do mar; **über/unter dem** acima/abaixo do nível do mar

Meerrettich *m* <-s, -e> rábano *m*

Meersalz *nt* <-es> *kein pl* sal *m* marinho

Meerschweinchen *nt* <-s, -> porquinho-da-índia *m*, cobaia *f*

Meerwasser *nt* <-s> *kein pl* água *f* do mar

Meeting ['mi:tɪŋ] *nt* <-s, -s> reunião *f*

Megabyte ['me:gabaɪt] *nt* <-s, -s> (INFORM) megabyte *m*

Megafon^RR *nt* <-s, -e> megafone *m*

Megaphon [mega'fo:n] *nt* <-s, -e> megafone *m*

Mehl [me:l] *nt* <-(e)s> *kein pl* farinha *f*

mehlig *adj* enfarinhado

Mehlspeise *f* <-n> (*österr*) sobremesa *f*

mehr [me:ɐ] **I.** *komp von* **viel II.** *adv* mais (*als* (do) que); **sie verdient ~ als er** ela ganha mais (do) que ele; **ich habe kein Geld ~** não tenho mais dinheiro; **es war niemand ~ da** já lá não estava ninguém; **es dauert** **nicht ~ lange** já não demora muito; **er arbeitet nicht ~ dort** ele já não trabalha lá; (*umg*); **ich kann nicht ~!** (já) não posso mais! **III.** *pron indef* mais (*als* (do) que); **immer ~** cada vez mais; **noch ~** ainda mais; **~ oder weniger** mais ou menos; **~ als genug** mais (do) que suficiente; **~ als die Hälfte kam zu spät** mais de metade veio tarde; **wir brauchen ~ Computer** precisamos de mais computadores

Mehr *nt* <-(s)> *kein pl* **1.** (*schweiz: Stimmenmehrheit*) maioria *f* dos votos **2.** (*schweiz: Mehrheitsbeschluss*) decisão *f* por maioria

Mehrbereichsöl *nt* <-(e)s, -e> óleo *m* multigrado

mehrdeutig ['me:ɐdɔɪtɪç] *adj* ambíguo, equívoco

mehrere ['me:rərə] *pron indef* vários; (*verschiedene*) diferentes; **ein Wort mit ~n Bedeutungen** uma palavra com vários significados; **~ hundert Zuschauer** várias centenas de espectadores

mehrfach ['me:ɐfax] **I.** *adj* múltiplo, diverso; **in ~er Hinsicht** em vários/diversos aspectos **II.** *adv* repetidas vezes, de várias maneiras; **er ist ~ vorbestraft** ele foi condenado várias vezes

Mehrfamilienhaus *nt* <-es, -häuser> prédio *m* de habitação

Mehrheit *f* <-en> maioria; **in der ~ sein** ser a maioria; **mit einer Stimme ~** com a maioria de um voto

mehrmals ['me:ɐma:ls] *adv* várias vezes

mehrsprachig *adj* poliglota; **~ aufwachsen** crescer com várias línguas

mehrstimmig *adj* (MUS) polifónico

Mehrwegflasche *f* <-n> garrafa *f* com depósito

Mehrwertsteuer *f* *kein pl* imposto *m* sobre o valor acrescentado

Mehrzahl *f* *kein pl* **1.** (*Mehrheit*) maioria *f* **2.** (GRAM) plural *m*

Mehrzweckhalle *f* <-n> pavilhão *m* multi-usos

meiden ['maɪdən] *vt* (*geh*) evitar

Meile ['maɪlə] *f* <-n> milha *f*

Meilenstein *m* <-(e)s, -e> (*fig*) marco *m* miliário

meilenweit *adj* a milhas; **~ von etw entfernt sein** estar a milhas de a. c.

mein *pron poss* (*adjektivisch*) meu, minha;

~**e Arbeit/Kinder** o meu trabalho/os meus filhos; **ich spreche oft mit ~em Freund/ ~er Mutter/~en Kollegen** eu falo muitas vezes com o meu namorado/a minha mãe/ os meus colegas; ~**e Damen und Herren!** minhas senhoras e meus senhores!

Meineid *m* <-(e)s, -e> perjúrio *m*, juramento *m* falso; **einen ~ leisten** jurar em falso

meinen ['maɪnən] *vt* **1.** (*glauben*) crer, julgar, achar; (*denken*) pensar; **was ~ Sie?** que lhe parece?, o que é que acha?; **das meine ich auch** eu também acho **2.** (*sich beziehen auf*) referir-se a; **wen meinst du?** a quem é que te referes? **3.** (*sagen wollen*) querer dizer; **das will ich ~** é o que eu quero dizer; **so hatte ich es nicht gemeint** não era isso que eu queria dizer; **was ~ Sie damit?** que quer dizer com isso?

meiner *pron pers o gen von* **ich** de mim, meu

meine(r, s) *pron poss* (*substantivisch*) o meu, a minha; **deine Wohnung ist größer als ~** a tua casa é maior (do) que a minha

meinerseits *adv* quanto a mim, pela minha parte

meinesgleichen ['--'--] *pron indef* igual a mim, do mesmo modo que eu

meinetwegen ['--'--] *adv* (*wegen mir*) por minha causa; (*mir zuliebe*) por mim; (*von mir aus*) quanto a mim, cá por mim

Meinung ['maɪnʊŋ] *f* <-en> opinião *f*, parecer *m*; **ich bin der ~, dass ...** eu sou da opinião que ...; **meiner ~ nach kann man ...** na minha opinião, pode-se ...; **ich habe dazu keine ~** não tenho opinião em relação a isso; **ich bin anderer ~** eu sou doutra opinião; **seine ~ ändern** mudar de ideias

Meinungsforschung *f kein pl* sondagem de opinião (pública) *f*

Meinungsfreiheit *f kein pl* liberdade *f* de pensamento

Meinungsumfrage *f* <-n> sondagem *f* de opinião; **eine ~ durchführen** fazer uma sondagem de opinião

Meinungsverschiedenheit *f* <-en> divergência *f* de opinião

Meise ['maɪzə] *f* <-n> abelheiro *m*; (*umg*); **er/sie hat eine ~** ele/ela não regula bem

Meißel *m* <-s, -> cinzel *m*, escopro *m*

meißeln *vt* cinzelar, esculpir

meist [maɪst] *adv s.* **meistens**

meistens ['maɪstəns] *adv* quase sempre, a maior parte das vezes

Meister(in) ['maɪstɐ] *m(f)* <-s, - *o* -innen> **1.** (*im Handwerk*) mestre, mestra *m*, *f* **2.** (*Könner*) ás *m*; **es ist noch kein ~ vom Himmel gefallen** ninguém nasce ensinado **3.** (SPORT) campeão, campeã *m*, *f*

meisterhaft **I.** *adj* magistral, de mestre **II.** *adv* perfeitamente

meistern ['maɪstɐn] *vt* dominar; **Schwierigkeiten ~** superar as dificuldades

meiste(r, s) *pron indef o superl von* **viel** a maior parte de; **die ~n Schüler wollen ...** a maior parte dos alunos quer ...; **in den ~n Fällen** na maior parte dos casos, na maioria dos casos; **das ~ ist sehr teuer** a maior parte é muito cara; **Susanne arbeitet am ~n** a Susanne é (a) que trabalha mais

Meisterschaft *f* <-en> **1.** *kein pl* (*Können*) mestria *f*, perícia *f* **2.** (SPORT) campeonato *m*

Meisterwerk *nt* <-(e)s, -e> obra-prima *f*

Melancholie [melaŋko'li:] *f kein pl* melancolia *f*

melancholisch [melaŋ'ko:lɪʃ] *adj* melancólico

Melange *f* <-n> (*österr: im Glas*) galão *m*; (*in Tasse*) meia-de-leite *f*

Melanzani *pl* (*österr*) beringelas *fpl*

Meldefrist *f* <-en> prazo *m* de participação

melden ['mɛldən] **I.** *vt* **1.** (*mitteilen*) comunicar, notificar, participar; (*im Radio*) noticiar; **jdm etw ~** participar a. c. a alguém; **im Radio wurde gemeldet, dass ...** foi noticiado no rádio que ... **2.** (*anzeigen*) participar, dar parte de; **sie müssen den Diebstahl der Polizei ~** eles têm de participar o roubo à polícia **3.** (*ankündigen*) anunciar **II.** *vr* **sich ~ 1.** (*sich anmelden*) apresentar-se (*bei* em); **sich telefonisch bei jdm ~** telefonar a alguém; **sich zum Examen ~** requerer exame **2.** (*sich zur Verfügung stellen*) oferecer-se (*zu* para) **3.** (*Bescheid geben*) dizer alguma coisa; **sich auf eine Anzeige ~** responder a um anúncio; **sich zu Wort ~** pedir a palavra; **sich krank~** avisar que está doente **4.** (*am Telefon*) atender; **es meldet sich niemand** ninguém atende

Meldepflicht *f kein pl* (*Person*) participação *f* obrigatória de domicílio; (*Krankheit*) declaração *f* obrigatória

Meldestelle *f* <-n> regist(r)o *m*

Meldung *f* <-en> **1.** (*Mitteilung*) participação *f*, comunicação *f*; (*für die Presse*) comunicado *m* **2.** (*in Radio, Fernsehen*) notícia *f*

melken ['mɛlkən] *vt* ordenhar, mungir
Melodie [melo'diː] *f* <-n> melodia *f*
melodisch [me'loːdɪʃ] *adj* melódico, melodioso
Melone [me'loːnə] *f* <-n> (*Honigmelone*)
melão *m;* (*Wassermelone*) melancia *f*
Membran [mɛm'braːn] *f* <-en> 1. (ANAT,
BIOL) membrana *f* 2. (TECH) diafragma *m*
Memoiren [memo'aːrən] *pl* memórias *fpl*
Menge ['mɛŋə] *f* <-n> 1. (*Anzahl*) quantidade *f;* **eine ganze/jede ~** uma data de, um
ror de; **es gab eine ~ zu sehen** havia muita
coisa para ver 2. (*Menschenmenge*) multidão *f;* **sie verschwand in der ~** ela desapareceu na multidão
Mengenrabatt *m* <-(e)s, -e> desconto
pela aquisição de um produto em grande
quantidade
Meniskus [me'nɪskʊs] *m* <-, Menisken>
menisco *m*
Mensa ['mɛnza] *f* <Mensen> cantina *f* universitária
Mensch [mɛnʃ] *m* <-en, -en> homem *m,*
ser *m* humano; (*Person*) pessoa *f;* **jeder ~**
cada um, todos; **kein ~** ninguém; **es war
kein ~ da** não estava lá ninguém; **der Saal
war voller ~en** o salão estava cheio de gente
Menschenkenntnis *f kein pl* conhecimento *m* da natureza humana
Menschenleben *nt* <-s, -> vida (humana)
f; **der Unfall forderte drei ~** o acidente provocou três mortes
menschenleer ['--'-] *adj* (*Gebiet*) despovoado, deserto; (*Straße*) deserto; (*Raum*) vazio
Menschenmenge *f* <-n> multidão *f*
menschenmöglich *adj* humanamente
possível; **alles Menschenmögliche tun** fazer tudo que é humanamente possível
Menschenrechte *pl* direitos *mpl* humanos
Menschenrechtsverletzung *f* <-en> violação *f* dos direitos humanos
menschenscheu *adj* tímido, acanhado
Menschenverstand *m* <-(e)s> *kein pl*
der gesunde ~ o bom senso
Menschheit *f kein pl* humanidade *f*
menschlich *adj* humano; **~es Versagen** falha humana *f*
Menschlichkeit *f kein pl* humanidade *f;*
Verbrechen gegen die ~ crime contra a humanidade *m*
Menstruation [mɛnstrua'tsjoːn] *f* <-en>
menstruação *f*

Mentalität *f* <-en> mentalidade *f*
Menthol [mɛn'toːl] *nt* <-s> *kein pl* (CHEM)
mentol *m*
Menü *nt* <-s, -s> 1. (GASTR) ementa *f,* cardápio *m* 2. (INFORM) menu *m*
Menüzeile *f* <-n> (INFORM) barra *f* do menu
merci *interj* (*schweiz*) obrigado
merken ['mɛrkən] I. *vt* (*wahrnehmen*) notar, reparar em, dar conta de; **sie merkte
nicht, dass ...** ela não reparou/notou que ...;
woran hast du das gemerkt? como é que
notaste isso?; (*spüren*) sentir, perceber II. *vr*
sich ~ (*etw*) lembrar-se de, tomar nota de; **ich
kann mir die Telefonnummer nicht ~** eu
não consigo decorar o número de telefone;
merk dir das! não te esqueças disso!
merklich *adj* visível, perceptível
Merkmal *nt* <-s, -e> marca *f,* sinal *m*
merkwürdig *adj* esquisito, estranho, curioso
messbar[RR] ['mɛsbaːɐ] *adj,* **meßbar**[ALT]
adj mensurável
Messbecher[RR] *m* <-s, ->, **Meßbecher**[ALT]
m <-s, -> copo *m* medidor
Messe ['mɛsə] *f* <-n> 1. (WIRTSCH) feira *f,* exposição *f* 2. (REL) missa *f;* **eine ~ lesen/hal-
ten** rezar/dar uma missa
Messehalle *f* <-n> salão *m* de exposições
messen ['mɛsən] I. *vt* medir (*an* por);
Fieber ~ medir a febre, tirar a febre II. *vr*
sich ~ medir-se (*mit* com), medir forças (*mit*
com)
Messer ['mɛsɐ] *nt* <-s, -> faca *f;* (*Taschenmesser*) canivete *m;* (*Klappmesser*) navalha *f;*
(*umg*); **jdm das ~ an die Kehle setzen** pôr
alguém entre a espada e a parede
Messestand *m* <-(e)s, -stände> stand *m*
de exposição, estande *m* de exposição
Messgerät[RR] *nt* <-(e)s, -e>, **Meßge-
rät**[ALT] *nt* <-(e)s, -e> instrumento *m* de medição
Messing ['mɛsɪŋ] *nt* <-s> *kein pl* latão *m*
Messtechnik[RR] *f* <-en>, **Meßtechnik**[ALT]
f <-en> metrologia *f*
Messung *f* <-en> medição *f*
Mestize(in) *m(f)* <-n, -n *o* -innen> mesti-
ço, mestiça *m, f*
Metall [me'tal] *nt* <-s, -e> metal *m*
Metallindustrie *f kein pl* indústria *f* meta-
lúrgica
Metapher [me'tafɐ] *f* <-n> metáfora *f*
Metastase [meta'staːzə] *f* <-n> (MED) me-
tástase *f*

M

Meteor *m* <-s, -e> meteoro *m*, meteorito *m*

Meteorologe(in) *m(f)* <-n, -n *o* -innen> meteorologista *m,f*

Meteorologie [meteorolo'giː] *f kein pl* meteorologia *f*

Meter ['meːtə] *m o nt* <-s, -> metro *m;* **vier ~ hoch/lang** quatro metros de altura/comprimento; **sie ist 1,70 ~ groß** ela mede 1,70 metros

Metermaß *nt* <-es, -e> fita *f* métrica

Methadon *nt* <-s> *kein pl* metadona *f*

Methode [me'toːdə] *f* <-n> método *m;* **etw mit ~ machen** fazer a. c. com método

methodisch *adj* metódico

Metropole [metro'poːlə] *f* <-n> metrópole *f*

Metzger(in) *m(f)* <-s, - *o* -innen> talhante *m,f; (brasil)* açougueiro, agouceira *m, f*

Metzgerei [mɛtsgə'raɪ] *f* <-en> talho *m*, açougue *m*

Meute *f* <-n> matilha *f*

Meuterei [mɔɪtə'raɪ] *f* <-en> motim *m*, revolta *f*

meutern ['mɔɪtən] *vi* revoltar-se, sublevar-se

Mexiko ['mɛksiko] *nt* <-s> *kein pl* México *m*

MEZ [ɛmʔeː'tsɛt] *abk v* **mitteleuropäische Zeit** hora da Europa Central

miauen *vi* miar

mich [mɪç] *pron pers o akk von* **ich** me; *(nach Präposition)* mim; **für ~** para mim

mied [miːt] *imp von* **meiden**

Miene ['miːnə] *f* <-n> cara *f*, ar *m;* **ohne eine ~ zu verziehen** sem pestanejar; **gute ~ zum bösen Spiel machen** esconder os sentimentos

mies [miːs] *adj (umg)* feio, ruim; *(Charakter)* reles; **jdm etw ~ machen** desmotivar alguém; **jdn ~ machen** ser indecente com alguém

mies|machen^ALT *vt s.* **mies**

Miesmuschel *f* <-n> mexilhão *m*

Miete ['miːtə] *f* <-n> aluguer *m; (Wohnungsmiete)* renda *f; (brasil)* aluguel *m;* **zur ~ wohnen** viver em casa alugada

mieten ['miːtən] *vt* alugar, arrendar

Mieter(in) *m(f)* <-s, - *o* -innen> inquilino, inquilina *m, f*, locatário, locatária *m, f*

Mietvertrag *m* <-(e)s, -verträge> contrato *m* de arrendamento; *(brasil)* contrato *m* de aluguel

Mietwagen *m* <-s, -> automóvel *m* de aluguer, automóvel *m* de aluguel; **sich einen ~ nehmen** alugar um automóvel

Mietwohnung *f* <-en> casa *f* alugada

Mietzins *m* <-es, -e> *(österr, schweiz)* aluguer *m*, aluguel *m*

Migräne *f kein pl* enxaqueca *f*

Mikrobe [mi'kroːbə] *f* <-n> micróbio *m*

Mikrochip ['miːkro-] *m* <-s, -s> (ELEKTR) microchip *m*

Mikroelektronik *f kein pl* microele(c)trónica *f*

Mikrofon [mikro'foːn] *nt* <-s, -e> microfone *m;* **ins ~ sprechen** falar ao microfone

Mikroprozessor ['-----] *m* <-s, -en> (INFORM) microprocessador *m*

Mikroskop [mikro'skoːp] *nt* <-s, -e> microscópio *m*

Mikrowelle ['----] *f* <-n> **1.** *(umg: Herd)* micro-ondas *m* **2.** (ELEKTR) micro-onda *f*

Mikrowellenherd *m* <-(e)s, -e> forno *m* de micro-ondas

Milch [mɪlç] *f kein pl* leite *m*

Milchflasche *f* <-n> **1.** *(im Supermarkt)* garrafa *f* de leite **2.** *(für Babys)* biberão *m*, mamadeira *f*

Milchglas *nt* <-es, -gläser> vidro *m* fosco

milchig ['mɪlçɪç] *adj* lácteo

Milchkaffee *m* <-s, -s> café *m* com leite; *(im Glas)* galão *m; (in Tasse)* meia-de-leite *f*

Milchkuh *f* <-kühe> vaca *f* leiteira

Milchpulver *nt* <-s, -> leite *m* em pó

Milchreis *m* <-es> *kein pl* arroz *m* doce

Milchstraße *f kein pl* Via *f* Láctea

Milchzahn *m* <-(e)s, -zähne> dente *m* de leite

mild *adj* **1.** *(sanft)* suave, brando; *(Klima)* temperado, ameno; *(Wind)* moderado; **~e Temperaturen** temperaturas agradáveis **2.** *(gütig)* bondoso, benevolente; *(Strafe)* leve; *(Richter)* indulgente; **~e Gabe** esmola *f* **3.** *(Geschmack)* moderado

Milde *f kein pl* **1.** *(Sanftheit)* suavidade *f*, brandura *f* **2.** *(Nachsicht)* benevolência *f*, indulgência *f*

mildern ['mɪldən] *vt* suavizar, amenizar; *(Schmerzen)* aliviar, atenuar, abrandar; (JUR) **~de Umstände** atenuantes *fpl*

Milieu [mi'ljøː] *nt* <-s, -s> meio *m*, ambiente *m*

militant [mili'tant] *adj* militante

Militär *nt* <-s> *kein pl* forças *fpl* armadas;

(*Truppen*) tropa *f*; **beim ~ sein** estar nas forças armadas

Militärdienst *m* <-(e)s> *kein pl* serviço *m* militar

militärisch *adj* militar

Militarismus [milita'rɪsmʊs] *m* <-> *kein pl* militarismo *m*

Milliardär(in) *m(f)* <-s, -e *o* -innen> multimilionário, multimilionária *m, f*

Milliarde [mɪ'ljardə] *f* <-n> mil milhões *m*; (*brasil*) bilião *m*

Milligramm ['mɪligram] *nt* <-s, (-e)> miligrama *m*

Millimeter [mɪli'meːtɐ, '----] *m o nt* <-s, -> milímetro *m*

Million [mɪ'ljoːn] *f* <-en> milhão *m*

Millionär(in) *m(f)* <-s, -e *o* -innen> milionário, milionária *m, f*

Milz [mɪlts] *f* <-en> baço *m*

Mimik ['miːmɪk] *f kein pl* mímica *f*

Mimose [mi'moːzə] *f* <-n> mimosa *f*

Minarett *nt* <-(e)s, -e> minarete *m*

mindere(r, s) *adj* menor; (*minderwertig*) inferior; **diese Frage ist von ~r Bedeutung** esta pergunta tem pouco significado; **von ~r Qualität** de qualidade inferior

Minderheit *f* <-en> minoria *f*; **in der ~ sein** ser a minoria

minderjährig *adj* menor (de idade)

Minderjährige(r) *m/f* <-n, -n *o* -n> menor *m,f* de idade

mindern ['mɪndɐn] *vt* reduzir (*um* em), diminuir (*um* em)

minderwertig *adj* de menor valia, inferior

Minderwertigkeitskomplex *m* <-es, -e> complexo *m* de inferioridade

mindestens ['mɪndəstəns] *adv* pelo menos, no mínimo

mindeste(r, s) *adj* mínimo, menor; **der ~ Zweifel genügt, um ...** a mais pequena dúvida basta para ...; **das ist das ~, was man erwarten kann** isso é o mínimo que se pode esperar; **nicht im ~n** de modo nenhum

Mine ['miːnə] *f* <-n> 1. (*von Kugelschreiber*) carga *f*; (*von Drehbleistift*) mina *f* 2. (MIL) mina *f*; **~n legen** minar 3. (*Bergbau*) mina *f*

Minensuchboot *nt* <-(e)s, -e> caça-minas *m*

Mineral [mine'raːl] *nt* <-s, -ien> mineral *m*

Mineralogie *f kein pl* mineralogia *f*

Mineralwasser *nt* <-s, -wässer> água *f* mineral

Na Áustria costuma beber-se água da torneira, o que pouco acontece na Alemanha e na Suíça. Aí compram-se garrafas de água mineral, **Mineralwasser**. Esta água contem sais minerais e é acrescida de gás carbónico.

Minigolf *nt* <-s> *kein pl* minigolf *m*

minimal [mini'maːl] *adj* mínimo

Minimum ['miːnimʊm] *nt* <-s, Minima> mínimo *m*

Minirock *m* <-(e)s, -röcke> mini-saia *f*

Minister(in) [mi'nɪstɐ] *m(f)* <-s, - *o* -innen> ministro, ministra *m, f*

Ministerium [minɪs'teːriʊm] *nt* <-s, Ministerien> ministério *m*

Ministerpräsident(in) *m(f)* <-en, -en *o* -innen> primeiro-ministro, primeira-ministra *m, f*

Ministerpräsident é o chefe do governo de um estado federal alemão. Na Áustria trata-se do "Landeshauptmann". O chefe do governo de um cantão suíço é o "Kantonalpräsident".

M

minus *adv* 1. (MAT) menos; **sieben ~ neun ist ~ zwei** sete menos nove é menos dois 2. (*Temperatur*) negativo; **es sind 8 Grad ~** estão 8 graus negativos

Minus ['miːnʊs] *nt* <-> *kein pl* défice *m*, deficit *m*; **ins ~ kommen** atingir o défice

Minuspol *m* <-s, -e> pólo *m* negativo

Minuszeichen *nt* <-s, -> sinal *m* negativo

Minute [mi'nuːtə] *f* <-n> minuto *m*; **es ist zehn ~n vor/nach vier** são quatro menos/ e dez minutos; **auf die ~** em ponto; **in letzter ~** à última da hora; **warten Sie bitte ein paar ~n** espere uns minutos por favor; **sie kommt in wenigen ~n** ela vem dentro de poucos minutos; **es dauert noch einige ~n** ainda demora alguns minutos

Minutenzeiger *m* <-s, -> ponteiro *m* dos minutos

mir [miːɐ] *pron pers o dat von* **ich** me, a mim; (*nach Präposition*) mim; **mit ~** comigo; **ein Freund von ~** um amigo meu; **das gefällt ~ sehr gut** eu gosto muito disso, isso agrada-me muito; **das gehört ~** isso pertence-me, isso é meu; **kommt doch mit zu ~!** anda (também) para minha casa!; **von ~ aus!** por mim!

mischen ['mɪʃən] **I.** *vt* **1.** (*vermengen*) misturar (*mit* com); (*Karten*) baralhar; **einen Cocktail** ~ misturar um cocktail **2.** (*Film, Radio, Fernsehen*) fazer a mistura **II.** *vr* **sich** ~ **1.** (*sich vermischen*) misturar-se **2.** (*sich einmischen*) intrometer-se (*in* em); **sich in fremde Angelegenheiten** ~ meter-se na vida alheia

Mischling *m* <-s, -e> (*Tier*) raçado; (*Mensch*) mestiço

Mischmasch *m* <-(e)s, -e> (*umg*) miscelânea *f*, misturada *f*, mistela *f*

Mischpult *nt* <-(e)s, -e> mesa *f* de mistura

Mischung *f* <-en> mistura *f*

Mischwald *m* <-(e)s, -wälder> floresta *f* mista

miserabel [mize'ra:bəl] *adj* miserável

missachten*^{RR} *vt*, **mißachten**^{ALT}* *vt* **1.** (*Person*) desprezar, menosprezar **2.** (*Vorschrift, Anweisung*) desrespeitar

Missachtung^{RR} ['---, '---] *f* <-en> **1.** (*einer Person*) desprezo *m*, desdém *m* **2.** (*einer Vorschrift, Anweisung*) desrespeito *m*, desacato *m*

Missbildung^{RR} ['---] *f* <-en> (MED) malformação *f*

missbilligen*^{RR} *vt* desaprovar, reprovar

Missbilligung^{RR} ['----, '----] *f* <-en> reprovação *f*, desaprovação *f*

Missbrauch^{RR} ['---] *m* <-(e)s, -bräuche> abuso *m*; **sexueller** ~ abuso sexual; **mit etw** ~ **treiben** abusar de a. c.

missbrauchen*^{RR} *vt* abusar de

Misserfolg^{RR} ['----] *m* <-(e)s, -e> fracasso, malogro, fiasco; ~ **haben** ter mau êxito

Missfallen^{RR} *nt* <-s> *kein pl* desagrado *m*

Missgeburt^{RR} *f* <-en> (MED) aborto *m*

Missgeschick^{RR} ['---] *nt* <-(e)s, -e> infortúnio *m*, desgraça *f*; **mir ist ein** ~ **passiert** aconteceu-me uma desgraça

missgünstig^{RR} *adj* invejoso

misshandeln*^{RR} *vt* maltratar

Misshandlung^{RR} ['---] *f* <-en> mau trato *m*

Mission [mɪ'sjo:n] *f* <-en> (*a* REL) missão *f*; **in geheimer** ~ em missão confidencial

Missionar(in) [mɪsjo'na:ɐ] *m(f)* <-s, -e *o* -innen> missionário, missionária *m, f*

Missklang^{RR} ['---] *m* <-(e)s, -klänge> dissonância *f*, discordância *f*

Misskredit^{RR} ['----] *m* jdn/etw in ~ **bringen** desacreditar alguém/a. c.; **in** ~ **geraten** cair em descrédito

misslang^{RR} [mɪs'laŋ] *imp von* **misslingen**

misslingen^{RR} [mɪs'lɪŋən] *vi* falhar, sair mal, dar mau resultado; **die Torte ist ihm misslungen** a torta saiu-lhe mal

misslungen^{RR} [mɪs'lʊŋən] *pp von* **misslingen**

missmutig^{RR} *adj* mal-humorado

missraten*^{RR} *vi irr* falhar, sair mal

misstrauen*^{RR} *vi* desconfiar de, não ter confiança em

Misstrauen^{RR} *nt* <-s> *kein pl* desconfiança *f* (*gegenüber* em relação a), suspeita *f* (*gegenüber* em relação a); **gegen jdn/etw** ~ **hegen** ter desconfiança em relação a alguém/a. c.

misstrauisch^{RR} ['mɪstraʊʃ] *adj* desconfiado (*gegenüber* em relação a)

Missverhältnis^{RR} *nt* <-ses, -se> desproporção *f*, desigualdade *f*

Missverständnis^{RR} *nt* <-ses, -se> mal-entendido *m*, equívoco *m*

missverstehen*^{RR} *vt irr* compreender mal, entender mal; (*Wort, Tat*) interpretar mal; **Sie dürfen mich nicht** ~ não me interprete mal

Mist [mɪst] *m* <-es> *kein pl* **1.** (*Tierkot*) esterco *m*; (*Dünger*) estrume *m* **2.** (*umg: Unsinn*) asneiras; **er redet nur** ~ ele só diz asneiras; ~ **bauen** fazer disparates

Mistel *f* <-n> visco *m*

mit [mɪt] **I.** *präp* +*dat* com; (*mittels*) por meio de; ~ **dem Auto** de carro; ~ **dem Zug** de comboio, de trem; ~ **mir** comigo; ~ **dir** contigo, com você; ~ **Gewalt** à força; ~ **zehn Jahren** aos dez anos; ~ **100 Stundenkilometern** a 100 quilómetros por hora; **was ist los** ~ **dir?** o que é que se passa contigo?, o que é que há com você? **II.** *adv* (*ebenfalls*) também; **etw** ~ **berücksichtigen** considerar (também) a. c.; (*umg*); **ich habe kein Geld** ~ não tenho dinheiro comigo

Mitarbeit *f kein pl* colaboração (*an, bei* em), cooperação (*an, bei* em)

mit|arbeiten *vi* colaborar (*an, bei* em), cooperar (*an, bei* em)

Mitarbeiter(in) *m(f)* <-s, - *o* -innen> colaborador, colaboradora *m, f*, trabalhador, trabalhadora *m, f*; **freier** ~ trabalhador liberal

mit|bekommen* *vt irr* (*hören, erfahren*) perceber, apanhar; **ich habe nur die Hälfte**

von dem Vortrag ~ eu só apanhei metade da conferência

mit|bestimmen* *vt* decidir (também) (*bei* sobre), participar na gestão (*bei* de)

Mitbestimmung *f kein pl* co-gestão *f*

Mitbewohner(in) *m(f)* <-s, - *o* -innen> companheiro de casa, companheira *m, f*

mit|bringen *vt irr* trazer (consigo); **ich habe euch etwas mitgebracht** eu trouxe-vos uma coisa

Mitbringsel ['mɪtbrɪŋzəl] *nt* <-s, -> lembrança *f*

Mitbürger(in) *m(f)* <-s, - *o* -innen> concidadão, concidadã *m, f*; **ausländischer** ~ cidadão estrangeiro *m*

miteinander [mɪt?aɪ'nandɐ] *adv* 1. (*einer mit dem anderen*) um com o outro, uns com os outros; **wir telefonieren oft** ~ nós telefonamos muitas vezes um ao outro; **sie sprechen nicht mehr** ~ eles já não falam um com o outro; **sie sind** ~ **verheiratet** eles são casados um com o outro 2. (*zusammen*) juntos; **alle** ~ todos juntos

mit|erleben* *vt* assistir a, presenciar

Mitesser *m* <-s, -> (MED) ponto *m* negro

mit|fahren *vi irr* ir (também), vir (também); **möchtest du** ~? queres vir (também)?; **du kannst bei mir** ~ podes vir comigo

Mitfahrgelegenheit *f* <-en> boleia *f* (com divisão das despesas de combustível), carona *f*; **ich biete/suche eine** ~ **nach Berlin** eu ofereço/procuro boleia para Berlim, eu ofereço/procuro carona para Berlim

Mitfahrzentrale *f* <-n> central de boleias

mit|geben *vt irr* entregar (para levar), dar (para levar); **ich gebe dir einen Brief für sie mit** eu dou-te uma carta para (levares para) ela

Mitgefühl *nt* <-s> *kein pl* (*Verständnis*) simpatia *f* (*für* por); (*Mitleid*) compaixão (*für* por)

mit|gehen *vi irr* ir (também) (*mit* com), acompanhar; (*umg*); **etw** ~ **lassen** gamar a. c.

mitgenommen *adj* (*Mensch*) abatido, combalido; (*Gegenstand*) gasto; **sie macht einen** ~**en Eindruck** ela parece estar cansada

Mitgift ['mɪtɡɪft] *f* <-en> dote *m*

Mitglied *nt* <-(e)s, -er> (*in Partei*) membro *m*; (*in Verein*) sócio, sócia *m, f*

Mitgliedschaft *f* <-en> condição *f* de membro/sócio; **die** ~ **in einem Verein beantragen** requerer a entrada numa associação

Mitgliedsland *nt* <-(e)s, -länder> Estado-membro *m*

mit|halten *vi irr* (conseguir) acompanhar; **bei diesem Tempo konnte er nicht** ~ a esta velocidade ele não conseguiu acompanhar

Mithilfe *f kein pl* ajuda (*bei* em), colaboração (*bei* em)

mit|kommen *vi irr* vir/ir (também) (*mit* com), acompanhar; **du kannst gerne (mit uns)** ~! também podes vir (connosco)!; **kommst du mit ins Kino?** vens (também) ao cinema?; (*umg*); **da komme ich nicht mit** eu não consigo acompanhar

Mitleid *nt* <-(e)s> *kein pl* compaixão *f* (*mit* por); (*Erbarmen*) piedade *f* (*mit* de), pena *f* (*mit* de), dó *m* (*mit* de); **mit jdm** ~ **haben** ter compaixão por alguém, ter pena de alguém; ~ **erregen** fazer pena, dar dó

Mitleidenschaft *f kein pl* **jdn/etw in** ~ **ziehen** afe(c)tar alguém/a. c., prejudicar alguém/a. c.

mitleidig *adj* piedoso, compassivo

mit|machen I. *vt* (*teilnehmen*) participar em, tomar parte em; **einen Ausflug** ~ ir numa excursão; (*umg: leiden*) passar por; **sie haben mehrere Bombenangriffe mitgemacht** eles passaram por vários ataques aéreos II. *vi* (*umg*) entrar (*bei* em), alinhar (*bei* em); **wollen Sie** ~? quer alinhar?, quer entrar na partida?; **bei einem Preisausschreiben** ~ entrar num concurso

Mitmensch *m* <-en, -en> próximo *m*

mit|nehmen *vt irr* 1. (*an einen anderen Ort*) levar (consigo); **wir könnten noch etwas zu essen** ~ podíamos levar alguma coisa para comer 2. (*anstrengen*) enfraquecer, desgastar; (*seelisch*) abalar, afe(c)tar; **die Scheidung hat ihn sehr mitgenommen** a separação abalou-o muito

mit|reißen *vt irr* 1. (*Sturm, Wasser*) arrastar, arrebatar 2. (*vor Begeisterung*) arrebatar

Mitschuld *f kein pl* cumplicidade (*an* em)

mitschuldig *adj* cúmplice (*an* em); **er hat sich** ~ **gemacht** ele foi cúmplice

Mitschüler(in) *m(f)* <-s, - *o* -innen> colega (da escola) *m, f*

mit|spielen *vi* 1. (*bei Spiel*) entrar (também) (*bei* em); (*in Mannschaft*) jogar (tam-

M

bém) (*in* em); (*in Theaterstück, Film*) entrar (também) (*in* em); **jdm übel** ~ ser indecente com alguém **2.** (*beeinflussen*) ter influência (*bei* em)

Mittag ['mɪtaːk] *m* <-s, -e> meio-dia *m;* **gestern/heute/morgen** ~ ontem/hoje/amanhã ao meio-dia; **jeden** ~ sempre ao meio-dia; **über** ~ **geschlossen** fechado à hora de almoço; **zu** ~ **essen** almoçar

Mittagessen *nt* <-s, -> almoço *m;* **was gibt es zum** ~**?** o que é que há para o almoço?; **beim** ~ **sitzen** estar a almoçar

mittags ['mɪtaːks] *adv* ao meio-dia, à hora do almoço

Mittagspause *f* <-n> intervalo *m* de almoço, hora *f* de almoço; ~ **machen** fazer intervalo para almoço

Mittagszeit *f* <-en> hora de almoço; **um die/zur** ~ à hora de almoço

Mitte ['mɪtə] *f* <-n> **1.** (*räumlich*) meio *m;* (*Mittelpunkt*) centro *m;* **in der** ~ no meio **2.** (*zeitlich*) **sie ist** ~ **zwanzig** ela tem uns 25 anos; ~ **Mai** em meados de Maio; ~ **des Jahres** a meio do ano

mit|teilen *vt* comunicar, informar, participar; **jdm etw** ~ comunicar a. c. a alguém, informar alguém de a. c.; **ich muss Ihnen leider** ~**, dass ...** lamento informá-lo que ...

Mittel¹ ['mɪtəl] *nt* <-s, -> **1.** (*Methode, Hilfsmittel*) meio *m*, recurso *m;* **etw mit allen** ~**n durchsetzen/versuchen** impôr/tentar a. c. por todos os meios; **zu anderen** ~**n greifen** recorrer a outros meios **2.** (*Präparat*) produto *m;* (MED) remédio *m;* **ein** ~ **gegen Kopfschmerzen/Ungeziefer** um remédio contra as dores de cabeça/os parasitas

Mittel² *pl* (*Gelder*) meios *m*, recursos *m;* **öffentliche** ~ dinheiros públicos

Mittelalter *nt* <-s> *kein pl* Idade *f* Média

mittelalterlich *adj* medieval

Mittelamerika ['---'---] *nt* <-s> *kein pl* América *f* Central

Mitteleuropa ['---'--] *nt* <-s> *kein pl* Europa *f* Central

mitteleuropäisch *adj* da Europa Central

Mittelfeld *nt* <-(e)s, -er> (SPORT) meio campo *m*

Mittelfinger *m* <-s, -> dedo *m* médio

mittelfristig *adj* a médio prazo

Mittelgebirge *nt* <-s, -> montanha *f* secundária

mittellos *adj* sem meios, sem recursos, indigente

mittelmäßig *adj* medíocre, mediano

Mittelmeer *nt* <-(e)s> *kein pl* Mediterrâneo *m*

Mittelpunkt *m* <-(e)s, -e> centro *m;* **im** ~ **stehen** ser o centro das atenções

Mittelstand *m* <-(e)s> *kein pl* classe *f* média; (WIRTSCH) médias empresas *fpl;* (*brasil*) média indústria *f*

Mittelstreckenrakete *f* <-n> míssil *m* de alcance intermediário

Mittelstreifen *m* <-s, -> faixa *f* central

Mittelstufe *f* <-n> ensino *m* secundário

Mittelstürmer(in) *m(f)* <-s, - *o* -innen> (SPORT) avançado-centro *m,f*

Mittelweg *m* <-(e)s, -e> meio-termo *m*

Mittelwelle *f* <-n> onda *f* média

mitten ['mɪtən] *adv* ~ **in/auf/bei** no meio de; ~ **aus** do meio de; ~ **durch** pelo meio de; ~ **auf der Straße** no meio da rua; ~ **in der Nacht** a meio da noite

Mitternacht ['mɪtɛnaxt] *f kein pl* meia-noite *f;* **um** ~ à meia-noite

mittlere(r, s) *adj* **1.** (*räumlich*) do meio; **im** ~**n Teil** na parte do meio; **das** ~ **Fenster** a janela do meio **2.** (*durchschnittlich*) médio, mediano; ~**n Alters** de meia idade

mittlerweile ['--'--] *adv* entretanto

Mittwoch ['mɪtvɔx] *m* <-(e)s, -e> quarta-feira *f; s.* **Montag**

mittwochs ['mɪtvɔxs] *adv* às quartas-feiras

mit|wirken *vi* cooperar (*an, bei* em), colaborar (*an, bei* em)

Mitwirkung *f* <-en> colaboração (*an, bei* em); **unter** ~ **von** com a colaboração de

mixen ['mɪksən] *vt* misturar

Mixer *m* <-s, -> batedeira *f* elé(c)trica

Mobbing *nt* <-s> *kein pl* conspiração *f* (no emprego)

Möbel *nt* <-s, -> móvel *m*

Möbelwagen *m* <-s, -> carrinha *f* de mudanças

mobil [moˈbiːl] *adj* móvel

Mobiliar [mobiˈljaːɐ] *nt* <-s> *kein pl* mobiliário *m*

mobilisieren* *vt* mobilizar

Mobiltelefon *nt* <-s, -e> telemóvel *m*

möblieren* *vt* mobilar, mobiliar; **möbliert wohnen** morar em casa mobil(i)ada

mochte ['mɔxtə] *imp von* **mögen**

Mocken *m* <-s, -> (*schweiz*) pedaço *m*

Modalverb *nt* <-s, -en> (GRAM) verbo *m* modal

Mode ['mo:də] *f* <-n> moda; **aus der** ~ fora de moda; **nach der neuesten** ~ **gekleidet sein** seguir a (última) moda; **groß in** ~ **sein** estar em voga, estar na moda

Modell [mo'dɛl] *nt* <-s, -e> 1. (*Vorbild, Muster*) modelo *m*, padrão *m*; (*Entwurf*) maquete *f*; **jdm** ~ **stehen** posar para alguém 2. (*Person*) modelo *m*

Modelleisenbahn *f* <-en> pista *f* de comboios em miniatura

Modem ['mo:dɛm] *nt* <-s, -s> (INFORM) modem *m*

Modenschau *f* <-en> passagem *f* de modelos

Moderator(in) [modə'ra:to:ɐ] *m(f)* <-s, -en *o* -innen> apresentador, apresentadora *m, f*

moderieren* *vt* apresentar

modern [mo'dɛrn] *adj* moderno; ~/**nicht mehr** ~ **sein** ser/já não ser moderno

modernisieren* *vt* modernizar

modifizieren* *vt* modificar

modisch ['mo:dɪʃ] I. *adj* moderno, da moda II. *adv* na moda

Modus ['mɔdʊs, 'mo:dʊs] *m* <-, Modi> (*a* LING) modo *m*

Mofa ['mo:fa] *nt* <-s, -s> bicicleta *f* motorizada, ciclomotor *m*

mogeln ['mo:gəln] *vi* (*umg*) fazer batota, trapacear

mögen I. *vt* 1. (*gern haben*) gostar de; **jdn/etw** (**gern**) ~ gostar de alguém/a. c.; **lieber** ~ preferir; **sie mag keine Hunde** ela não gosta de cães; **ich mag ihn nicht** eu não gosto dele 2. (*wünschen*) querer, desejar; **ich möchte dieses Buch** eu queria este livro; **möchten Sie einen Kaffee?** deseja um café? II. *nt* 1. (*wollen*) querer; **er möchte mit Ihnen sprechen** ele queria falar consigo 2. (*Vermutung*) poder, dever; **es mag sein** pode ser; **wie es auch sein mag** seja como for; **er mag an die 40 sein** ele deve andar pelos 40; **wie mag es ihr gehen?** como é que ela estará?

möglich *adj* possível; **nicht** ~! impossível!; **sobald wie** ~ logo que (seja) possível, o quanto antes; **etw** ~ **machen** tornar a. c. possível; **es ist** ~, **dass ...** é possível que ...

möglicherweise *adv* possivelmente

Möglichkeit *f* <-en> possibilidade *f*; **nach** ~ na medida do possível; **es besteht die** ~, **dass ...** há a possibilidade de ...; **finanzielle** ~**en** possibilidades financeiras; **alle** ~**en in Betracht ziehen** considerar todas as possibilidades

möglichst *adv* se possível; ~ **bald** o quanto antes, o mais cedo possível; ~ **wenig** o menos possível; **sein Möglichstes tun** fazer os possíveis

Mohn [mo:n] *m* <-(e)s, -e> 1. (*Pflanze*) papoila *f* 2. (*Samen*) semente *f* de papoila

Möhre *f* <-n> cenoura *f*

Mokka *m* <-s, -s> café *m* (cheio)

Moldawien [mɔl'da:viən] *nt* <-s> *kein pl* moldávia *f*

Mole ['mo:lə] *f* <-n> molhe *m*

Molekül *nt* <-s, -e> molécula *f*

molk *imp von* **melken**

Molkerei *f* <-en> leitaria *f*, leiteria *f*

Moll [mɔl] *nt* <-> *kein pl* (MUS) tom *m* menor

mollig ['mɔlɪç] *adj* 1. (*Wärme*) agradável; (*Pullover*) macio, fofo 2. (*Person*) gorducho

Moment [mo'mɛnt] *m* <-(e)s, -e> momento *m*, instante *m*; **im** ~ **de** momento; ~ **mal!** espera aí!

momentan [momɛn'ta:n] I. *adj* momentâneo II. *adv* de momento, por agora

Monaco [mo'nako] *nt* <-s> *kein pl* Mónaco *m*

Monarch(in) [mo'narç] *m(f)* <-en, -en *o* -innen> monarca *m, f*

Monarchie [monar'çi:] *f* <-n> monarquia *f*

Monat ['mo:nat] *m* <-(e)s, -e> mês *m;* **am Anfang/Ende des** ~**s** no princípio/fim do mês; **letzten** ~ o mês passado; **vor drei** ~**en** há três meses; **im** ~ **Juni** no mês de Junho; (*umg*) **sie ist im vierten** ~ ela está no quarto mês

monatlich *adj* mensal

Monatsgehalt *nt* <-(e)s, -gehälter> ordenado *m* mensal

Monatskarte *f* <-n> passe mensal, bilhete mensal

Mönch *m* <-(e)s, -e> monge *m*, frade *m*

Mond [mo:nt] *m* <-(e)s, -e> lua *f*; **zunehmender/abnehmender** ~ quarto crescente/minguante; **auf dem** ~ **landen** pousar na lua, alunar; (*umg*) **hinter dem** ~ **leben** estar desa(c)tualizado

mondän *adj* chique

Mondfinsternis *f* <-se> eclipse *m* da lua

M

Mondlandung *f* <-en> alunagem *f*

Mondschein *m* <-(e)s, o.pl> luar *m;* (*umg*); **du kannst mir mal im ~ begegnen!** vai-te lixar!, vai dar uma volta!

Mongolei *f kein pl* Mongólia *f*

Monitor ['mo:nito:ɐ, 'mɔnito:ɐ] *m* <-s, -e(n)> (INFORM) monitor *m*

monogam *adj* monógamo

Monokultur ['mo:no-] *f* <-en> monocultura *f*

Monolog [mono'lo:k] *m* <-(e)s, -e> monólogo *m;* **einen ~ halten** ter um monólogo

Monopol [mono'po:l] *nt* <-s, -e> monopólio *m;* **das ~ auf eine Ware haben** ter o monopólio de uma mercadoria

monoton [mono'to:n] *adj* monótono

Monotonie [monoto'ni:] *f* <-n> monotonia *f*

Monster ['mɔnstɐ] *nt* <-s, -> monstro *m*

Monsun *m* <-s, -e> monção *f*

Montag ['mo:nta:k] *m* <-(e)s, -e> segunda-feira *f;* **am ~** na segunda-feira; **letzten ~** na segunda-feira passada; **nächsten ~** na próxima segunda-feira; **jeden zweiten ~** segunda-feira sim, segunda-feira não; **in der Nacht von ~ auf Dienstag** na noite de segunda-feira para terça-feira; **heute ist ~, der 7. Februar** hoje é segunda-feira, (dia) 7 de Fevereiro

Montage [mɔn'ta:ʒə] *f* <-n> montagem *f*

montags ['mo:nta:ks] *adv* às segunda-feiras

Monteur(in) [mɔn'tø:ɐ] *m(f)* <-s, -e *o* -innen> instalador, instaladora *m, f*

montieren* *vt* montar, instalar

Monument [monu'mɛnt] *nt* <-(e)s, -e> monumento *m*

monumental *adj* monumental, colossal

Moor [mo:ɐ] *nt* <-(e)s, -e> pântano *m*, charco *m*

Moos [mo:s] *nt* <-es, -e> musgo *m*

Moped ['mo:pɛt] *nt* <-s, -s> ciclomotor *m*

Mops *m* <-es, Möpse> (ZOOL) dogue *m* pequeno

Moral [mo'ra:l] *f kein pl* **1.** (*Sittlichkeit*) moral *f*, moralidade *f;* **doppelte ~** dois pesos e duas medidas **2.** (*einer Fabel*) moral *f*

moralisch *adj* moral

Moräne *f* <-n> (GEOL) morena *f*, moreia *f*

Morast [mo'rast] *m* <-(e)s> *kein pl* lamaçal *m*, lodaçal *m*, atoleiro *m*

Mord [mɔrt] *m* <-(e)s, -e> assassinato *m*

(*an* de), assassínio *m* (*an* de), homicídio *m* (*an* de); **einen ~ begehen** cometer um assassinato; **versuchter ~** tentativa de homicídio *f*

Mörder(in) *m(f)* <-s, - *o* -innen> assassino, assassina *m, f,* homicida *m,f*

mörderisch *adj* (*umg: Tempo*) homicida; (*Hitze*) de morrer

Mordkommission *f* <-en> brigada *f* de homicídios

Mordshunger *m* <-s> *kein pl* (*umg*) fome *f* de cão

Mordskrach *m* <-(e)s> *kein pl* (*umg*) barulho *m* infernal

Mordsspaß *m* <-es> *kein pl* (*umg*) paródia *f* a

Mordwaffe *f* <-n> arma *f* mortífera

morgen ['mɔrgən] *adv* amanhã; **~ früh** amanhã de manhã; **~ Abend/Mittag** amanhã à noite/à hora do almoço; **bis ~!** até amanhã!; **~ in acht Tagen** de amanhã a oito

Morgen *m* <-s, -> manhã *f;* **guten ~!** bom dia!; **gestern ~** ontem de manhã; **heute ~** hoje de manhã, esta manhã; **früh am ~** de manhã cedo, de manhãzinha; **am nächsten ~** na manhã seguinte; (*schweiz*); **zu ~ essen** tomar o pequeno-almoço, tomar o café da manhã

Morgenessen *nt* <-s, -> (*schweiz*) pequeno-almoço *m*, café *m* da manhã

Morgenrock *m* <-(e)s, -röcke> roupão *m*, robe *m*

morgens ['mɔrgəns] *adv* de manhã, pela manhã; **von ~ bis abends** de manhã à noite; **um sieben Uhr ~** às sete horas da manhã

morgig *adj* de amanhã; **der ~e/am ~en Tag** o/no dia de amanhã

Morphem *nt* <-s, -e> (LING) morfema *m*

Morphium ['mɔrfiʊm] *nt* <-s> *kein pl* morfina *f*

Morphologie *f kein pl* (LING) morfologia *f*

morsch [mɔrʃ] *adj* podre, quebradiço

Mörser *m* <-s, -> almofariz *m*

Mörtel *m* <-s, -> argamassa *f*

Mosaik [moza'i:k] *nt* <-s, -e(n)> mosaico *m*

Mosambik *nt* <-s> *kein pl* Moçambique *m*

Mosambikaner(in) *m(f)* <-s, - *o* -innen> moçambicano, moçambicana *m, f*

mosambikanisch *adj* moçambicano

Moschee [mɔ'ʃe:] *f* <-n> mesquita *f*

Mosel ['mo:zəl] *f kein pl* Mosela *m*

Moskau ['mɔskaʊ] *nt* <-s> *kein pl* Moscovo *m*

Moskito [mɔs'ki:to] *m* <-s, -s> mosquito *m*
Moslem, Moslime ['mɔslɛm] *m, f* <-s, -s *o* -n> muçulmano, muçulmana *m, f,* islamita *m, f*
moslemisch *adj* mulçulmano, islâmico
Most *m* <-(e)s, -e> 1. (*Traubenmost*) mosto *m* 2. (*reg: Apfelwein*) cidra *f*
Motel *nt* <-s, -s> motel *m*
Motiv [mo'ti:f] *nt* <-s, -e> (*a* MUS) motivo *m*
Motivation [motiv 'tsjo:n] *f* <-en> motivação *f*
motivieren* *vt* motivar (*zu* para); **jdn zur Arbeit** ~ motivar alguém para o trabalho
Moto-Cross *nt* <-, -e> *s*. **Motocross** motocross *m*
Motor ['mo:to:ɐ] *m* <-s, -en> motor *m*
Motorboot *nt* <-(e)s, -e> barco *m* a motor
Motorfahrzeugsteuer *f* <-n> (*schweiz*) imposto *m* de automóvel
Motorhaube *f* <-n> capô *m*
Motoröl *nt* <-s, -e> óleo *m* de motor
Motorrad ['mo:to:ɐ-, mo'to:ɐ-] *nt* <-(e)s, -räder> motorizada *f*
Motorroller *m* <-s, -> motoreta *f*, lambreta® *f*
Motorschaden *m* <-s, -schäden> avaria *f* no motor
Motorsport *m* <-(e)s> *kein pl* motorismo *m*
Motte ['mɔtə] *f* <-n> traça *f*
Motto ['mɔto] *nt* <-s, -s> lema *m,* divisa *f*
Mountainbike ['maʊntənbaɪk] *nt* <-s, -s> bicicleta *f* de montanha
Mousepad ['maʊspɛt] *nt* <-s, -s> tapete *m* do rato
Möwe *f* <-n> gaivota *f*
Mücke *f* <-n> mosquito *m;* (*umg*); **aus einer ~ einen Elefanten machen** fazer uma tempestade num copo d'água
Mückenstich *m* <-(e)s, -e> picada *f* de mosquito
müde *adj* cansado, fatigado; (*schläfrig*) com sono; **ich bin** ~ estou cansado/com sono; ~ **werden** ficar cansado/com sono
Müdigkeit *f kein pl* cansaço *m,* fadiga *f;* (*Schläfrigkeit*) sono *m*
Muffel ['mʊfəl] *m* <-s, -> (*umg*) resmungão *m*
muffig *adj* 1. (*Geruch*) mofento, abafado 2. (*umg: unfreundlich*) carrancudo
Mühe *f* <-n> esforço *m;* **das ist nicht der ~ wert** não vale a pena; **mit ~ und Not** a mui-

to custo; **sich** *dat* ~ **geben** esforçar-se, esmerar-se; **sich** *dat* **die** ~ **machen, etw zu tun** esforçar-se por fazer a. c.
mühelos I. *adj* fácil, facílimo II. *adv* sem dificuldade, sem custo nenhum
muhen *vi* mugir
mühevoll *adj* trabalhoso, penoso
Mühle *f* <-n> moinho *m,* azenha *f*
mühsam I. *adj* custoso, difícil, trabalhoso II. *adv* dificilmente, a muito custo
Mulatte(in) *m(f)* <-n, -n *o* -innen> mulato, mulata *m, f*
Mulde ['mʊldə] *f* <-n> gamela *f*
Mull [mʊl] *m* <-s, -e> gaze *f*
Müll *m* <-s> *kein pl* lixo *m;* **radioaktiver** ~ lixo radioa(c)tivo
Müllabfuhr *f* <-en> recolha *f* do lixo
Mullbinde *f* <-n> ligadura *f* (de gaze)
Müllcontainer *m* <-s, -> contentor *m* do lixo
Mülldeponie *f* <-n> aterro *m* sanitário, lixeira *f*
Mülleimer *m* <-s, -> balde *m* do lixo, caixote *m* de lixo
Müller(in) *m(f)* <-s, - *o* -innen> moleiro, moleira *m, f*
Müllplatz *m* <-es, -plätze> lixeira *f*
Müllschlucker *m* <-s, -> conduta *f* de lixo
Mülltonne *f* <-n> contentor *m* do lixo

Mülltrennung: Para melhor aproveitamento e reciclagem separa-se nas casas alemãs o lixo. Há contentores de lixo orgânico, de embalagens de plástico, de papel e de vidro.

Müllverbrennungsanlage *f* <-n> central *f* de incineração, incineradora *f*
Müllwagen *m* <-s, -> camião *m* do lixo
Multi *m* <-s, -s> (*umg*) multinacional *f*
multikulturell [mʊlti-] *adj* multicultural
Multiplikation [mʊltiplika'tsjo:n] *f* <-en> multiplicação *f*
multiplizieren* *vt* multiplicar (*mit* por); **sieben multipliziert mit zwei ergibt vierzehn** sete a multiplicar por dois dá catorze
Mumps [mʊmps] *m* <-> *kein pl* (MED) papeira *f*
München *nt* <-s> *kein pl* Munique *m*
Mund [mʊnt] *m* <-(e)s, Münder> boca *f;* **mit vollem ~ reden** falar com a boca cheia; **von ~ zu ~ beatmen** fazer respiração boca a

M

boca; (umg); **halt den** ~! cala a boca!; (umg); **nicht auf den** ~ **gefallen sein** não ter papas na língua; (umg); **jdm den** ~ **wässrig machen** fazer crescer água na boca a alguém; (umg); **den** ~ **aufreißen** ficar boquiaberto

Mundart f <-en> diale(c)to m

münden vi (Fluss) desaguar (in em); (Straße) desembocar (in em)

mundfaul adj (umg) calado, de poucas palavras

Mundgeruch m <-(e)s, -rüche> mau hálito m

Mundharmonika f <-harmoniken> harmónica f de boca, gaita f de beiços

mündig adj maior de idade

mündlich I. adj oral, verbal; ~**e Prüfung** prova oral f II. adv oralmente, verbalmente; **etw** ~ **vereinbaren** combinar a. c. de boca

Mundstück nt <-(e)s, -e> (Zigarette, Pfeife) boquilha f; (Musikinstrument) palheta f

Mündung f <-en> (Fluss) foz f

Munition [muni'tsjo:n] f <-en> munição f

munkeln ['muŋkəln] vi (umg) murmurar; **man munkelt ...** dizem que ..., consta que ...

Münster nt <-s, -> sé f, catedral f

munter ['muntɐ] adj 1. (lebhaft) vivo, espevitado; (fröhlich) alegre, animado 2. (wach) desperto, bem acordado

Munterkeit f kein pl (Lebhaftigkeit) vivacidade f; (Fröhlichkeit) alegria f

Münze f <-n> moeda f; (umg); **etw für bare** ~ **nehmen** acreditar piamente em a. c.

Münzfernsprecher m <-s, -> telefone m de moedas

mürbe adj mole; (Fleisch) tenro; (umg); **jdn** ~ **machen** moer a paciência a alguém

murmeln ['murməln] vi murmurar, sussurrar

Murmeltier nt <-(e)s, -e> marmota f; **schlafen wie ein** ~ dormir como uma pedra

murren ['murən] vi resmungar

mürrisch adj rabugento, de mau humor; (Antwort) torto; **ein** ~**es Gesicht machen** estar com cara de poucos amigos

Mus [mu:s] nt <-es, -e> papa f, puré m

Muschel ['muʃəl] f <-n> 1. (ZOOL) marisco m 2. (Muschelschale) concha f

Muse ['mu:zə] f <-n> musa f

Museum [mu'ze:ʊm] nt <-s, Museen> museu m

Musical ['mju:zikəl] nt <-s, -s> musical m

Musik [mu'zi:k] f <-en> música f; ~ **hören** ouvir música; ~ **machen** tocar música

musikalisch [muzi'ka:lɪʃ] adj musical

Musiker(in) ['mu:zikɐ] m(f) <-s, - o -innen> músico, música m, f

Musikhochschule f <-en> Escola f Superior de Música

Musikinstrument nt <-(e)s, -e> instrumento m musical

musizieren* vi tocar música

Muskatnuss[RR] f <-nüsse> noz-moscada f

Muskel ['muskəl] m <-s, -n> músculo m

Muskelkater m <-s, -> dores fpl musculares

Muskulatur [muskula'tu:ɐ] f <-en> musculatura f

muskulös adj musculoso

Müsli nt <-s, -s> muesli m

Muße f kein pl (geh) ócio m, vagar m

müssen I. vi ter de/que, dever; **ich muss nicht** eu não preciso de fazê-lo; **ich muss zur Bank** eu tenho de/que ir ao banco; (umg); **ich muss mal** tenho de/que ir à casa-de-banho II. nt 1. (Pflicht) ter de/que; **du musst pünktlich sein** tu tens de/que ser pontual 2. (Vermutung) dever; **hier ist alles nass; es muss geregnet haben** está aqui tudo molhado; deve ter chovido; **es ist schon 10 Uhr; sie müsste bald kommen** já são 10 horas; ela deve estar a chegar

müßig I. adj (untätig) ocioso, vago; (überflüssig) desnecessário, escusado II. adv ociosamente

Müßiggang m <-(e)s> kein pl (geh) ociosidade f

musste[RR] ['mustə], **mußte**[ALT] imp von **müssen**

Muster ['mustɐ] nt <-s, -> 1. (Vorlage) modelo m; (Schnittmuster) padrão m 2. (Vorbild) exemplo m; **als** ~ **dienen** servir de exemplo 3. (auf Stoff) desenho m; **ein** ~ **entwerfen** esboçar um desenho 4. (Warenprobe) amostra f

mustergültig adj exemplar

mustern ['mustɐn] vt 1. (kritisch betrachten) examinar, inspe(c)cionar 2. (MIL: Wehrpflichtige) inspeccionar, fazer a inspe(c)ção a

Musterung ['mustərʊŋ] f <-en> (a MIL) inspe(c)ção f

Mut [mu:t] m <-(e)s> kein pl coragem f, ânimo m; **jdm** ~ **machen** animar alguém; **den**

~ **verlieren** desanimar, perder as esperanças; **neuen** ~ **fassen** cobrar ânimo

Mutation [muta'tsjo:n] *f* <-en> (BIOL) mutação *f*

mutig ['mu:tıç] *adj* corajoso, valente

mutlos *adj* desanimado, sem coragem

mutmaßlich *adj* provável, presumível; **der** ~**e Täter** o presumível autor

Mutschli *nt* <-s, -> (*schweiz*) pão *m*

Mutter[1] ['mʊtɐ] *f* <Mütter> mãe *f;* **werdende** ~ futura mãe *f;* ~ **von vier Kindern** mãe de quatro filhos; **keine** ~ **mehr haben** já não ter mãe

Mutter[2] *f* <-n> (TECH) porca *f*

mütterlich *adj* maternal

mütterlicherseits *adv* materno

Mutterliebe *f kein pl* amor *m* materno

Muttermal *nt* <-(e)s, -e> sinal *m* de nascença

Mutterschaft *f kein pl* maternidade *f*

Mutterschaftsurlaub *m* <-(e)s, -e> licença *f* de parto

Mutterschutz *m* <-es> *kein pl* legislação para a protecção das mães antes e depois do parto

Muttersöhnchen *nt* <-s, -> (*pej*) menino *m* da mamã, filhinho *m* de mamãe

Muttersprache *f* <-n> língua *f* materna

Muttersprachler(in) ['--ʃpra:xlɐ] *m(f)* <-s, - *o* -innen> nativo, nativa *m, f* (da língua)

Mutti ['mʊti] *f* <-s> (*umg*) mamã *f,* mãezinha *f,* mamãe *f*

mutwillig ['mu:tvɪlıç] *adj* **1.** (*absichtlich*) propositado, deliberado **2.** (*böswillig*) maldoso

Mütze *f* <-n> barrete *m*, carapuço *m;* (*Schirmmütze*) boné *m;* (*Baskenmütze*) boina *f;* **eine** ~ **aufsetzen** pôr um carapuço

MWSt *abk v* **Mehrwertsteuer** IVA (= imposto sobre o valor acrescentado)

mysteriös *adj* misterioso

Mystik ['mʏstık] *f kein pl* mística *f,* misticismo *m*

Mystiker(in) *m(f)* <-s, - *o* -innen> místico, mística *m, f*

Mythologie [mytolo'gi:] *f* <-n> mitologia *f*

Mythos ['my:tɔs] *m* <-, Mythen> mito *m*

N

N *nt* <-s, -s> N, n *m*

na [na(:)] *interj* então!; ~, **wie geht´s?** então, como estás?; ~ **und?** e depois?; ~ **ja** enfim, bem

Nabe *f* <-n> cubo *m*

Nabel ['na:bəl] *m* <-s, -> umbigo *m;* **der** ~ **der Welt** o centro do mundo

Nabelschnur *f* <-schnüre> cordão umbilical *m*

nach [na:x] **I.** *präp + dat* (*zeitlich*) depois de, após; **sie kam** ~ **10 Minuten** ela chegou depois de/após 10 minutos; (*Uhrzeit*) e; **10** (**Minuten**) ~ **2** duas e dez (minutos); (*Richtung*) para, a; ~ **Norden** para norte; (*vorübergehend*) ~ **Brasilien** ao Brasil; (*auf Dauer*) para o Brasil; ~ **Hause** para casa; (*kurz*) a casa; **von links** ~ **rechts** da esquerda para a direita; (*Reihenfolge*) depois de; **einer** ~ **dem anderen** um de cada vez, um depois do outro; (*gemäß*) segundo, conforme; **je** ~ **Größe** conforme o tamanho; **meiner Meinung** ~

na minha opinião; ~ **Art des Hauses** à moda da casa **II.** *adv* **ihm** ~! atrás dele!; ~ **und** ~ pouco a pouco, gradualmente; ~ **wie vor** como sempre

nach|ahmen ['na:xʔa:mən] *vt* imitar, copiar

Nachahmung *f* <-en> imitação *f*, cópia *f*

Nachbar(in) ['naxba:ɐ] *m(f)* <-n, -n *o* -innen> vizinho, vizinha *m, f*

Nachbarhaus *nt* <-es, -häuser> casa pegada *f*, casa ao lado *f*

Nachbarschaft *f kein pl* vizinhança *f*

Nachbeben *nt* <-s, -> réplica(s) *fpl*

nach|bestellen* *vt* fazer nova encomenda de

nach|bilden *vt* copiar

Nachbildung *f* <-en> cópia *f*, imitação *f*

nach|blicken *vi* seguir com os olhos

nachdem [na:x'de:m] *konj* depois de; ~ **sie mit ihm gesprochen hatte, ging sie beruhigt nach Hause** depois de ela ter falado com ele, foi descansada para casa; **je ~** conforme

nach|denken *vi irr* pensar (*über* sobre), refle(c)tir (*über* sobre)

nachdenklich *adj* pensativo

Nachdruck *m* <-(e)s> *kein pl* ênfase *m;* **mit ~** com ênfase

nachdrücklich I. *adj* expresso, vigoroso II. *adv* expressamente; **etw ~ empfehlen** aconselhar a. c. vivamente

nacheinander [naːxʔaɪˈnandɐ] *adv* 1. (*räumlich*) um atrás do outro, sucessivamente 2. (*zeitlich*) consecutivamente; **es regnete sechs Tage ~** choveu durante seis dias consecutivos; **zweimal ~** duas vezes consecutivas

nach|empfinden* *vt irr* entender, compreender; **jdm etw ~** compreender o que alguém sente, ser solidário com alguém em a. c.

Nacherzählung *f* <-en> reprodução (duma narrativa) *f*

nach|feiern *vt* festejar depois do dia

Nachfolge *f kein pl* sucessão *f;* **jds ~ antreten** suceder a alguém

Nachfolger(in) *m(f)* <-s, - *o* -innen> sucessor, sucessora *m, f*

nach|forschen *vi* investigar, indagar

Nachforschung *f* <-en> investigação *f,* indagação *f;* **~en anstellen** fazer investigações

Nachfrage *f* <-n> (WIRTSCH) procura *f;* **die ~ sinkt/steigt** a procura diminui/aumenta

nach|fragen *vi* informar-se, pedir informações

nachfüllbar *adj* recarregável

nach|füllen *vt* recarregar

Nachfüllpackung *f* <-en> recarga *f*

nach|geben *vi irr* 1. (*zustimmen*) ceder 2. (*Holz*) ceder; (*Stoff*) dar de si

Nachgebühr *f* <-en> sobretaxa postal *f*

Nachgeburt *f* <-en> secundinas *f*

nach|gehen *vi irr* 1. (*verfolgen*) seguir, ir atrás de 2. (*erforschen*) investigar; **einer Spur ~** investigar uma pista 3. (*Uhr*) estar atrasado, atrasar-se; **die Uhr geht 10 Minuten nach** o relógio está atrasado 10 minutos 4. (*ausüben*) ocupar-se de; **seinen Geschäften ~** ocupar-se dos seus negócios; **seinem Vergnügen ~** entregar-se aos seus prazeres

Nachgeschmack *m* <-(e)s> *kein pl* 1. (*nach Essen*) mau gosto *m,* travo *m* 2. (*nach Ereignis*) travo (amargo) *m*

nachgiebig [ˈnaːxɡiːbɪç] *adj* 1. (*Mensch, Haltung*) flexível, transigente 2. (*Material*) flexível, elástico

nachhaltig [ˈnaːxhaltɪç] *adj* duradouro; **~e Wirkung haben** ter um efeito duradouro

nachhause^RR *adv* (*österr, schweiz*) para casa

nach|helfen *vi* dar uma ajuda, ajudar

nachher [naːxˈheːɐ, ˈ--] *adv* mais tarde, depois; **bis ~!** até logo!

Nachhilfe *f kein pl* explicações *fpl* (*in* de); **~ geben/haben** dar/ter explicações

Nachhilfestunde *f* <-n> explicação *f,* aula particular *f*

nach|holen *vt* 1. (*Versäumtes, Zeit*) recuperar 2. (*später holen*) ir buscar depois

Nachkomme [ˈnaːxkɔmə] *m* <-n, -n> descendente *m,f*

nach|kommen *vi irr* 1. (*später kommen*) vir atrás, vir/chegar depois; **ich komme in einer Stunde nach** eu vou daqui a uma hora 2. (*Schritt halten*) acompanhar; **wir kommen mit der Arbeit nicht nach** não conseguimos acompanhar o trabalho 3. (*einer Verpflichtung*) cumprir 4. (*schweiz: verstehen*) perceber, compreender

Nachkriegszeit *f* <-en> pós-guerra *m*

Nachlass^RR [ˈnaːxlas] *m* <-es, -lässe>, **Nachlaß**^ALT *m* <-sses, -lässe> 1. (*Rabatt*) redução *f,* abatimento *m* 2. (*Erbschaft*) espólio *m,* herança *f*

nach|lassen I. *vt irr* (*vom Preis*) descontar, abater II. *vi irr* diminuir; (*Regen, Sturm*) acalmar; (*Schmerz, Fieber*) abrandar; (*Interesse, Qualität*) diminuir

nachlässig *adj* (*Mensch*) negligente, desleixado, desmazelado; (*Arbeit*) desleixado

Nachlässigkeit *f* <-en> negligência *f,* desleixo *m*

nach|laufen *vi irr* **jdm/etw ~** correr atrás de alguém/a. c.

nach|machen *vt* 1. (*nachahmen*) imitar, copiar 2. (*fälschen*) falsificar 3. (*Fotos*) fazer cópias de

Nachmittag *m* <-s, -e> tarde *f;* **heute/gestern ~** hoje/ontem à tarde; **am ~** à/de tarde

nachmittags *adv* à/de tarde; **um vier Uhr ~** às quatro horas da tarde

Nachnahme [ˈ-naːmə] *f* <-n> cobrança *f;* **etw per ~ verschicken** enviar a. c. contra reembolso, enviar a. c. à cobrança

Nachname *m* <-ns, -n> apelido *m*, sobre-nome *m*

nach|plappern *vt* (*umg*) repetir maquinal-mente

Nachporto *nt* <-s, -s> sobretaxa postal *f*

nach|prüfen *vt* rever, conferir

nach|rechnen *vt* conferir, verificar

Nachricht ['naːxrɪçt] *f*<-en> notícia *f*; (*Mit-teilung*) recado *m*; (**jdm**) **eine ~ hinterlas-sen** deixar recado (a alguém)

Nachrichten *pl* noticiário *m*, notícias *fpl*

Nachrichtenagentur *f*<-en> agência no-ticiosa *f*

Nachrichtendienst *m* <-(e)s, -e> serviço de informação *m*

Nachrichtensatellit *m* <-en, -en> satéli-te de telecomunicações *m*

Nachrichtentechnik *f kein pl* telecomu-nicações *fpl*

Nachruf *m* <-(e)s, -e> discurso fúnebre *m* (*auf* em memória de)

nach|rüsten **I.** *vt* (*Gerät, Auto*) reequipar **II.** *vi* (MIL) rearmar

Nachrüstung *f*<-en> **1.** (*von Gerät, Auto*) reequipamento *m* **2.** (MIL) rearmamento *m*

nach|sagen *vt* repetir; **jdm etw ~** dizer a. c. de alguém; **man sagt ihm große didakti-sche Fähigkeiten nach** dizem que ele tem grandes capacidades didá(c)ticas

Nachsaison *f*<-s> fim de estação *m*

nach|schauen **I.** *vt* (*prüfen*) rever, conferir; (*nachschlagen*) procurar, ver **II.** *vi* seguir com os olhos

nach|schicken *vt* remeter, fazer seguir; **jdm etw ~** remeter a. c. a alguém

nach|schlagen *vt irr* procurar; **ein Wort im Wörterbuch ~** ver uma palavra no dicio-nário

Nachschlagewerk *nt* <-(e)s, -e> obra de consulta *f*

Nachschlüssel *m* <-s, -> chave falsa *f*, ga-zua *f*

Nachschub *m* <-s, -schübe> (*an Pro-viant, Munition*) reabastecimento *m*, reforços *mpl*

nach|sehen **I.** *vt irr* (*prüfen*) rever, conferir, verificar; (*nachschlagen*) procurar, ver; (*ver-zeihen*) desculpar; **jdm zu viel ~** desculpar muita coisa a alguém **II.** *vi irr* seguir com os olhos

nach|senden *vt* (*Post*) remeter, fazer seguir

Nachsicht *f kein pl* benevolência *f*, indul-

gência *f*; **~ üben/haben** ser benevolente/in-dulgente

nachsichtig *adj* benevolente, indulgente

nach|sitzen *vi irr* ficar de castigo (na escola)

Nachspeise *f*<-n> sobremesa *f*

Nachspiel *nt* <-(e)s, -e> **1.** (*Theaternach-spiel, Musikstück*) epílogo *m* **2.** (*Folgen*) consequências *fpl*; **das wird ein ~ haben!** isso vai ter consequências!

nach|sprechen *vi irr* repetir as palavras (de alguém)

nächstbeste(**r**, **s**) *adj* o primeiro que apare-ça; **bei der ~n Gelegenheit** à primeira opor-tunidade

Nächstenliebe *f kein pl* amor ao próximo *m*

nächstens *adv* (dentro) em breve

Nächste(**r**) *m/f*<-n, -n *o* -n> próximo *m*

nächste(**r**, **s**) *adj* **1.** (*räumlich*) próximo; (*Reihenfolge*) próximo, seguinte; (*Verwand-te*) chegado; **an der ~n Ecke links** na próxi-ma esquina à esquerda; **wo ist die ~ Tank-stelle?** onde fica a próxima bomba de gasolina?; **der Nächste bitte!** o próximo/se-guinte por favor! **2.** (*zeitlich*) próximo; **das ~ Mal** a próxima vez; **in den ~n Tagen** nos próximos dias

nächstmögliche(**r**, **s**) *adj* (*Termin*) o mais cedo possível

Nacht ['naxt] *f*<Nächte> noite *f*; **bei ~** à/de noite; **über ~** durante a noite; (*plötzlich*) de um dia para o outro; **bei Einbruch der ~** ao cair da noite; **gute ~!** boa noite!; **über ~ bleiben** passar a noite; **gestern/morgen ~** ontem/amanhã à noite; **bei ~ und Nebel** à socapa

Nachtdienst *m* <-(e)s, -e> serviço no(c)turno *m*; **~ haben** estar de serviço (no(c)turno)

Nachteil *m* <-(e)s, -e> desvantagem *f*, in-conveniente *m*

nachteilig *adj* desvantajoso

nächtelang *adv* noites inteiras

Nachtessen *nt* <-s, -> (*österr, schweiz*) ceia *f*

Nachtfrost *m* <-(e)s, -fröste> geada *f*

Nachthemd *nt* <-(e)s, -en> camisa de dor-mir *f*, camisa de noite *f*, camisola *f*

Nachtigall ['naxtɪgal] *f*<-en> rouxinol *m*

Nachtisch *m* <-(e)s, -e> sobremesa *f*

nächtlich *adj* no(c)turno

Nachtlokal *nt* <-s, -e> boite *f*

N

Nachtmahl *nt* <-(e)s, -e> (*österr*) ceia *f*

Nachtrag ['na:xtra:k] *m* <-(e)s, -träge> suplemento *m*, aditamento *m*

nach|tragen *vt irr* **1.** (*hinzufügen*) acrescentar **2.** (*übelnehmen*) guardar rancor; **er trägt dir das nicht nach** ele não te guarda rancor por isso

nachträglich *adj* suplementar, adicional

nachts [naxts] *adv* à/de noite; **um zwei Uhr** ~ às duas horas da manhã

Nachtschicht *f* <-en> turno da noite *m*

Nachtstrom *m* <-(e)s> *kein pl* energia elé(c)trica de tarifa no(c)turna *f*

Nachttisch *m* <-(e)s, -e> mesinha-de-cabeceira *f*, criado-mudo *m*

Nachttopf *m* <-(e)s, -töpfe> bacio *m*, pote *m*

Nachtwache *f* <-n> vigília *f*; ~ **haben** estar de vigília

Nachtwächter(in) *m(f)* <-s, - *o* -innen> guarda-no(c)turno, guarda-no(c)turna *m, f*

Nachtzug *m* <-(e)s, -züge> comboio nocturno *m*, trem noturno *m*

nach|vollziehen* *vt irr* imaginar, identificar-se com

Nachweis ['na:xvaɪs] *m* <-es, -e> (*Beweis*) prova *f*; (*Bescheinigung*) documento comprovativo *m*, atestado *m*; **den** ~ **erbringen, dass ...** apresentar prova de ...

nach|weisen *vt irr* provar, comprovar, demonstrar; **jdm einen Fehler** ~ (com)provar que alguém cometeu um erro

nachweislich *adj* susce(p)tível de prova

Nachwirkung *f* <-en> consequência *f*, repercussão *f*

Nachwort *nt* <-(e)s, -e> epílogo *m*

Nachwuchs *m* <-es> *kein pl* **1.** (*umg: Kinder*) filhos *mpl*; **sie haben** ~ **bekommen** eles tiveram um filho **2.** (*beruflich*) nova geração *f*; **der wissenschaftliche** ~ a nova geração de cientistas

nach|zählen *vt* tornar a contar

Nachzügler(in) *m(f)* <-s, - *o* -innen> atrasado, atrasada *m, f*, retardatário, retardatária *m, f*

Nacken ['nakən] *m* <-s, -> nuca *f*, cachaço *m*

nackert *adj* (*umg österr*) nu

nackt [nakt] *adj* **1.** (*Person*) nu, despido; **sich** ~ **ausziehen** tirar a roupa; **mit** ~**en Füßen** descalço; ~ **baden** nadar nu, tomar banho nu **2.** (*Felsen*) escalvado; (*Wand*) despi-

do; **das sind die** ~**en Tatsachen** esses são os factos verdadeiros; **die** ~**e Wahrheit** a verdade nua e crua

Nacktbadestrand *m* <-(e)s, -strände> praia de nudismo *f*

Nadel ['na:dəl] *f* <-n> **1.** (*zum Nähen, Stricken*) agulha *f*; (*Stecknadel*) alfinete *m* **2.** (*Haarnadel*) gancho *m* **3.** (BOT) agulha *f*

Nadelbaum *m* <-(e)s, -bäume> árvore conífera *f*

Nadeldrucker *m* <-s, -> impressora de agulhas *f*

Nadelöhr *nt* <-(e)s, -e> olho da agulha *m*, buraco da agulha *m*

Nadelwald *m* <-(e)s, -wälder> pinhal *m*, floresta de coníferas *f*

Nagel ['na:gəl] *m* <-s, Nägel> **1.** (*Fingernagel*) unha *f*; **an den Nägeln kauen** roer as unhas **2.** (*zum Befestigen*) prego *m*; (*umg*); **Nägel mit Köpfen machen** não deixar as coisas pela metade; (*umg*); **den** ~ **auf den Kopf treffen** acertar em cheio; (*umg*); **etw an den** ~ **hängen** desistir de a. c.

Nagelfeile *f* <-n> lima das unhas *f*, lixa das unhas *f*

Nagellack *m* <-(e)s, -e> verniz (das unhas) *m*, esmalte (das unhas) *m*

nageln *vt* pregar (*an* a, *auf* em)

nagelneu ['--'-] *adj* (*umg*) novo em folha

Nagelschere *f* <-n> tesoura das unhas *f*

nagen ['na:gən] *vi* (*Tier, Mensch*) ~ **an** +*dat* roer

Nagetier *nt* <-(e)s, -e> roedor *m*

Nahaufnahme *f* <-n> (FOT, FILM) grande plano *m*

nah(e) I. *adj* (*räumlich*) próximo, chegado; (*zeitlich*) próximo, iminente; (*Verwandte*) próximo, chegado II. *adv* perto, ao pé, junto; ~ **an/bei** +*dat* perto de, junto a/de; ~ **daran sein, etw zu tun** estar prestes a fazer a. c.; **jdm** ~ **gehen** comover alguém, impressionar alguém; **jdm etw** ~ **legen** tentar convencer alguém de a. c.; ~ **liegen** ser evidente, ser óbvio; ~ **liegend** natural, evidente; **jdm** ~ **stehen** ter intimidade com alguém, ser chegado a alguém III. *präp* +*dat* perto de

Nähe *f kein pl* **1.** (*räumlich*) proximidade *f*; **der Bahnhof ist ganz in der** ~ a estação fica muito perto, a estação fica nas redondezas; **hier in der** ~ aqui perto **2.** (*zeitlich*) futuro próximo *m*

nahe|gehen[ALT] *vi irr s.* **nahe II**

nahe|legen[ALT] *vt s.* **nahe II**
nahe|liegen[ALT] *vi irr s.* **nahe II**
naheliegend[ALT] *adj s.* **nahe II**
nahen ['na:ən] *vi* aproximar-se
nähen *vt* (*Kleidung*) coser; (*Wunde*) suturar
näher I. *adj* 1. (*räumlich*) mais próximo; **in der näheren Umgebung** ao alcance 2. (*Erklärung, Erkundigung*) mais preciso II. *adv* 1. (*räumlich*) mais perto 2. (*genauer*) em pormenor
Naherholungsgebiet *nt* <-(e)s, -e> estância de repouso próxima *f*
Näherin *f* <-nen> costureira *f*
nähern *vr* **sich** ~ aproximar-se (de)
nahe|stehen[ALT] *vi irr s.* **nahe II**
nahezu ['na:ə'tsu:] *adv* quase
Nähgarn *nt* <-(e)s, -e> linha (de costura) *f*
nahm [na:m] *imp von* **nehmen**
Nähmaschine *f* <-n> máquina de costura *f*
Nahost ['-'-] *m* <-> *kein pl* Próximo Oriente *m*
nähren *vt* 1. (*ernähren*) alimentar, nutrir 2. (*geh: Zweifel, Hoffnung*) alimentar
nahrhaft ['na:əhaft] *adj* nutritivo
Nährstoff *m* <-(e)s, -e> nutriente *m*
Nahrung ['na:rʊŋ] *f kein pl* alimentação *f*, comida *f*, alimento *m*; **feste/flüssige** ~ alimentação sólida/líquida *f*
Nahrungsmittel *nt* <-s, -> alimento *m*, género alimentício *m*
Nahrungsmittelallergie *f* <-n> alergia a certos alimentos *f*
Nährwert *m* <-(e)s, -e> valor nutritivo *m*
Naht [na:t] *f* <Nähte> 1. (TECH: *Kleidung*) costura *f* 2. (MED) sutura *f*
nahtlos *adj* (*Kleidung, Strümpfe*) sem costura
Nahverkehr *m* <-s> *kein pl* tráfego suburbano *m*
Nahverkehrszug *m* <-(e)s, -züge> comboio suburbano *m*, comboio regional *m*, trem suburbano *m*
naiv [na'i:f] *adj* 1. (*Mensch*) ingénuo, inocente; (*umg*) lorpa 2. (*Kunst*) naife
Naivität *f kein pl* ingenuidade *f*, inocência *f*
Name ['na:mə] *m* <-ns, -n> nome *m;* **mein** ~ **ist ...** o meu nome é ...; **im** ~**n von** em nome de; **jdn dem** ~**n nach kennen** conhecer alguém de nome
namenlos *adj* anónimo, sem nome
namens ['na:məns] *adv* de nome; **ein Herr** ~ **Schmidt** um senhor de nome Schmidt
Namenstag *m* <-(e)s, -e> dia do santo patrono *m*

namentlich *adv* (*besonders*) nomeadamente, especialmente
namhaft ['na:mhaft] *adj* conhecido, ilustre
Namibia *nt kein pl* Namíbia *f*
nämlich *adv* 1. (*denn*) é que; **am Wochenende fährt sie** ~ **immer zu ihrem Vater** é que ao fim-de-semana ela vai sempre para casa do pai 2. (*und zwar*) a saber, isto é; **er spricht zwei Fremdsprachen,** ~ **Englisch und Französisch** ele fala duas línguas estrangeiras, o Inglês e o Francês
nannte ['nantə] *imp von* **nennen**
nanu *interj* ora essa!, essa agora!
Napalm® *nt* <-s> *kein pl* napalm *m*
Napf [napf] *m* <-(e)s, Näpfe> tigela *f*, malga *f*
Narbe ['narbə] *f* <-n> 1. (MED) cicatriz *f* 2. (BOT) estigma *m*
Narkose [nar'ko:zə] *f* <-n> anestesia *f*
Narr, Närrin [nar] *m, f* <-en, -en *o* -innen> tolo, tola *m, f*, bobo, boba *m, f*; **jdn zum** ~**en halten** gozar com alguém, troçar de alguém
närrisch *adj* tolo
Narzisse [nar'tsɪsə] *f* <-n> narciso *m*
Nasallaut *m* <-(e)s, -e> som nasal *m*
naschen ['naʃən] I. *vt* petiscar II. *vi* petiscar; (*Süßes*) comer lambarices
naschhaft *adj* guloso, lambareiro
Nase ['na:zə] *f* <-n> nariz *m;* **die** ~ **rümpfen** torcer o nariz; (*umg*); **immer der** ~ **nach** sempre a direito; (*umg*); **pro** ~ por pessoa, por cabeça; (*umg*); **die** ~ **voll haben** estar farto, estar pelos cabelos; (*umg*); **jdn an der** ~ **herumführen** andar a brincar com alguém; (*umg*); **seine** ~ **in alles stecken** meter o nariz em tudo; (*umg*); **jdm etw unter die** ~ **reiben** atirar a. c. à cara de alguém
Nasenbluten *nt* <-s> *kein pl* hemorragia nasal *f*
Nasenloch *nt* <-(e)s, -löcher> narina *f*
Nasentropfen *pl* gotas nasais *fpl*
naseweis ['na:zəvais] *adj* curioso, indiscreto
Nashorn *nt* <-(e)s, -hörner> rinoceronte *m*
nass[RR] [nas] *adj*, **naß**[ALT] *adj* molhado, (h)úmido; (*durchnässt*) encharcado; ~ **machen** molhar; ~ **werden** molhar-se
Nässe *f kein pl* (h)umidade *f*
nasskalt[RR] *adj* (h)úmido e frio
Nastuch *nt* <-es, -tücher> (*schweiz*) lenço (do nariz) *m*

N

Nation [na'tsjoːn] *f* <-en> nação *f;* **die Vereinten** ~**en** as Nações Unidas

national [natsjo'naːl] *adj* nacional

Nationalhymne *f* <-n> hino nacional *m*

Nationalismus [natsjona'lɪsmʊs] *m* <-> *kein pl* nacionalismo *m*

nationalistisch [natsjona'lɪstɪʃ] *adj* nacionalista

Nationalität *f* <-en> nacionalidade *f*

Nationalmannschaft *f* <-en> sele(c)ção nacional *f*

Nationalrat[1] *m* <-es> *kein pl* (*österr, schweiz*) Parlamento *m*

Nationalrat, Nationalrätin[2] *m, f* <-es, -räte *o* -innen> (*österr, schweiz*) deputado parlamentar, deputada *m, f*

Nationalsozialismus *m* <-> *kein pl* nacional-socialismo *m*

Nationalsozialist(in) *m(f)* <-en, -en *o* -innen> nacional-socialista *m,f*

NATO ['naːto] *abk v* **North Atlantic Treaty Organization** OTAN (= *Organização do Tratado do Atlântico do Norte*)

Natrium ['naːtriʊm] *nt* <-s> *kein pl* sódio *m*

Natron ['naːtrɔn] *nt* <-s> *kein pl* bicarbonato de sódio *m*

Natur [na'tuːɐ] *f kein pl* natureza *f;* (*Beschaffenheit*) natureza *f,* cará(c)ter *m;* **von** ~ **aus** por natureza

Naturalien *pl* produtos naturais *mpl;* **in** ~ **bezahlen** pagar em géneros, pagar em espécie

Naturalismus *m* <-> *kein pl* naturalismo *m*

Naturfaser *f* <-n> fibra natural *f*

naturgemäß I. *adj* natural, normal II. *adv* naturalmente, normalmente

Naturgesetz *nt* <-es, -e> lei da natureza *f,* lei natural *f*

Naturheilkunde *f kein pl* medicina naturalista *f*

Naturkatastrophe *f* <-n> catástrofe natural *f*

Naturkost *f kein pl* alimentação biológica *f*

natürlich I. *adj* natural II. *adv* naturalmente, evidentemente; ~! claro!, naturalmente!; ~ **nicht!** claro que não!

Natürlichkeit *f kein pl* naturalidade *f*

Naturprodukt *nt* <-(e)s, -e> produto natural *m*

Naturschutz *m* <-es> *kein pl* preservação da natureza *f*

Naturschutzgebiet *nt* <-(e)s, -e> reserva natural *f*

Naturwissenschaft *f* <-en> ciências naturais *fpl*

Naturwissenschaftler(in) *m(f)* <-s, - *o* -innen> cientista *m,f*

naturwissenschaftlich *adj* científico

Nautik *f kein pl* náutica *f*

Navigation *f kein pl* navegação *f*

Nazi ['naːtsi] *m* <-s, -s> nazi *m,f,* nazista *m,f*

NC [ɛn'tseː] *abk v* **Numerus Clausus** numeros clausus

n. Chr. *abk v* **nach Christus** d.C. (= *depois de Cristo*)

Neapel *nt* <-s> *kein pl* Nápoles *f*

Nebel ['neːbəl] *m* <-s, -> névoa *f,* neblina *f;* (*dicht*) nevoeiro *m*

Nebelbank *f* <-bänke> camada espessa de nevoeiro *f*

Nebelhorn *nt* <-(e)s, -hörner> sirene de nevoeiro *f,* ronca *f*

nebelig *adj* enevoado, nublado; **es ist** ~ está nevoeiro

Nebelscheinwerfer *m* <-s, -> farol de nevoeiro *m*

Nebelschlussleuchte[RR] *f* <-n> farol traseiro de nevoeiro *m*

neben ['neːbən] I. *präp* +*dat* (*räumlich*) perto de, ao pé de, junto a/de; (*an der Seite*) ao lado de; **das Restaurant ist** ~ **dem Supermarkt** o restaurante fica ao lado do supermercado; (*außer*) fora, além de; ~ **anderen Dingen** além de outras coisas II. *präp* +*akk* perto de, ao pé de; **setz dich** ~ **mich!** senta-te ao pé de mim!, senta-te perto de mim!

nebenan [--'-] *adv* ao lado

nebenbei [--'-] *adv* 1. (*beiläufig*) de passagem, com quem não quer outra coisa; ~ **bemerkt** diga-se de passagem 2. (*außerdem*) além disso, ao mesmo tempo

Nebenbeschäftigung *f* <-en> ocupação secundária *f*

Nebeneffekt *m* <-(e)s, -e> efeito secundário *m,* efeito colateral *m*

nebeneinander [---'--] *adv* um ao lado do outro

Nebenfach *nt* <-(e)s, -fächer> (*Schule*) disciplina secundária *f*

Nebenfluss[RR] *m* <-es, -flüsse> afluente *m*

Nebengebäude *nt* <-s, -> dependência *f,* edifício anexo *m*

Nebengeräusch *nt* <-(e)s, -e> ruído parasita *m*, interferência *f*

nebenher [--'-] *adv* (*zusätzlich*) além disso; (*gleichzeitig*) paralelamente

Nebenkosten *pl* despesas suplementares *fpl*

Nebenprodukt *nt* <-(e)s, -e> derivado *m*

Nebenrolle *f* <-n> papel secundário *m*

Nebensache *f* <-n> coisa secundária *f;* **das ist** ~ isso é secundário

nebensächlich *adj* secundário, de pouca importância

Nebensaison *f* <-s> época baixa *f*

Nebensatz *m* <-es, -sätze> (GRAM) oração subordinada *f*

Nebenstraße *f* <-n> (*in der Stadt*) travessa *f;* (*Landstraße*) estrada secundária *f*

Nebenwirkung *f* <-en> efeito secundário *m*, efeito colateral *m*

Nebenzimmer *nt* <-s, -> quarto contíguo *m*

necken ['nɛkən] *vt* brincar com, gozar com

neckisch *adj* brincalhão, gozão; (*Bemerkung*) engraçado

nee *adv* (*umg*) nã, não

Neffe ['nɛfə] *m* <-n, -n> sobrinho *m*

negativ ['neːgatiːf] *adj* negativo

Negativ *nt* <-s, -e> negativo *m*

Neger(in) ['neːgɐ] *m(f)* <-s, - *o* -innen> negro, negra *m, f*

nehmen ['neːmən] *vt* **1.** (*ergreifen*) apanhar, pegar em; (*wegnehmen*) tirar, agarrar; **wer hat meinen Kugelschreiber genommen?** quem é que pegou na minha esferográfica?; **jdm die Hoffnung** ~ tirar a esperança a alguém **2.** (*annehmen*) tomar, aceitar, receber; ~ **Sie noch ein Stück Torte?** aceita mais uma fatia de torta?; **nimm dir noch einmal** serve-te de mais; **wie man´s nimmt** isso é conforme **3.** (*auswählen*) ficar com; (*mitnehmen*) levar; **ich weiß nicht, was ich** ~ **soll** não sei o que hei-de levar; **wir** ~ **ein Doppelzimmer** ficamos com um quarto duplo **4.** (*Verkehrsmittel*) apanhar; ~ **Sie den Zug um 16 Uhr?** vai apanhar o comboio às 16 horas?

Neid [naɪt] *m* <-(e)s> *kein pl* inveja *f;* **aus** ~ por inveja; **vor** ~ **platzen** morrer de inveja

neidisch *adj* invejoso; **auf jdn/etw** ~ **sein** ter inveja de alguém/a. c.

Neige ['naɪgə] *f kein pl* **zur** ~ **gehen** ir-se acabando; (*geh*); **der Tag geht zur** ~ o dia finda

neigen ['naɪgən] **I.** *vt* inclinar; **den Kopf** ~ inclinar a cabeça **II.** *vi* **zu etw** ~ inclinar-se para a. c., ter tendência a. c. **III.** *vr* **sich** ~ inclinar-se

Neigung *f* <-en> **1.** (*im Gelände*) inclinação *f*, declive *m* **2.** (*Vorliebe*) inclinação *f*, queda *f* **3.** (*Zuneigung*) afeição *f* (*zu* a)

nein [naɪn] *adv* não; ~ **danke** não, obrigado; **oh** ~! de modo nenhum!, nem pensar!; ~, **so was!** essa agora!, ora essa!

Nektarine [nɛktaˈriːnə] *f* <-n> nectarina *f*

Nelke ['nɛlkə] *f* <-n> **1.** (*Blume*) cravo *m* **2.** (*Gewürz*) cravo-da-índia *m*

Nelkenrevolution *f kein pl* revolução dos cravos *f*

nennen ['nɛnən] **I.** *vt* (*angeben*) indicar; **können Sie mir einen guten Arzt** ~? pode indicar-me um bom médico?; (*bezeichnen*) designar; (*Namen geben*) chamar; **ich nenne sie Susi** eu chamo-lhe Susi; **wie werdet ihr das Baby** ~? que nome vão dar ao bebé? **II.** *vr* **sich** ~ chamar-se

nennenswert *adj* digno de menção

Nenner *m* <-s, -> (MAT) denominador *m;* (*fig*); **einen gemeinsamen** ~ **finden** encontrar um denominador comum

Nennwert *m* <-(e)s, -e> valor nominal *m*

Neoliberalismus *m* <-> *kein pl* neoliberalismo *m*

Neon ['neːɔn] *nt* <-s> *kein pl* néon *m*

Neonazi ['neːonaːtsi] *m* <-s, -s> neonazi *m,f*

Neonlicht *nt* <-(e)s, -er> luz fluorescente *f*

Neonröhre *f* <-n> lâmpada fluorescente *f*

Nepal *nt* <-s> *kein pl* Nepal *m*

Nerv [nɛrf] *m* <-en, -en> nervo *m;* **die** ~**en verlieren** perder a paciência; (*umg*); **jdm auf die** ~**en gehen** enervar alguém

nerven ['nɛrfən] *vi* (*umg*) irritar, chatear; **du nervst!** tu irritas!

Nervenkitzel *m* <-s> *kein pl* emoção *f*, sensação *f*

Nervenzusammenbruch *m* <-(e)s, -brüche> esgotamento nervoso *m*

nervig *adj* (*umg*) enervante, irritante

nervlich ['nɛrflɪç] *adj* nervoso

nervös *adj* nervoso

Nervosität *f kein pl* nervosismo *m*

Nerz [nɛrts] *m* <-es, -e> (ZOOL) marta do Canadá *f*, vison *m*

Nessel ['nɛsəl] *f* <-n> (BOT) urtiga *f*

Nest [nɛst] *nt* <-(e)s, -er> **1.** (*von Tieren*) ni-

N

nho *m* **2.** (*umg: kleiner Ort*) terreola *f*

nett [nɛt] *adj* **1.** (*freundlich*) simpático; **das ist sehr/nicht ~ von Ihnen** isso é muito/não é nada simpático da sua parte **2.** (*angenehm*) agradável; (*hübsch*) engraçado

netto [ˈnɛto] *adv* líquido, limpo; **ich verdiene 2500 DM ~** eu ganho 2500 marcos limpos

Nettoeinkommen *nt* <-s, -> rendimento líquido *m*, renda líquida *f*

Netz [nɛts] *nt* <-es, -e> (*a* ELEKTR, INFORM, SPORT: *Fischernetz, Straßennetz*) rede *f*; (*Einkaufsnetz*) saca de rede *f*; (*Spinnennetz*) teia *f*; **das soziale ~** a segurança social; (*Reaktor*); **ans ~ gehen** ser ligado à rede

Netzanschluss^RR *m* <-es, -schlüsse> ligação à rede *f*

Netzhaut *f* <-häute> retina *f*

neu [nɔɪ] **I.** *adj* novo; (*zeitlich*) recente, moderno; (*noch nie dagewesen*) inédito; **das ist mir ~** não sabia, isso para mim é novidade; **das Neueste** a última; **nichts Neues** nada de novo; **seit ~estem** (desde) há pouquíssimo tempo; **von ~em** de novo **II.** *adv* **1.** (*kürzlich*) recentemente; **der Roman ist ~ erschienen** o romance foi publicado recentemente; **eine ~ eröffnete Filiale** uma filial aberta recentemente **2.** (*noch einmal*) novamente; **~ machen/schreiben** tornar a fazer/escrever, fazer/escrever novamente

neuartig *adj* moderno

Neuauflage *f* <-n> nova edição *f*

Neubau *m* <-(e)s, -ten> edifício novo *m*

Neubearbeitung *f* <-en> edição revista *f*

neuerdings [ˈnɔɪɐˈdɪŋs] *adv* recentemente, ultimamente

Neuerscheinung *f* <-en> novidade *f*

Neuerung *f* <-en> inovação *f*

Neugeborene(s) *nt* <-n, -n> recém-nascido, recém-nascida *m, f*

Neugier(de) *f kein pl* curiosidade (*auf* por); **aus ~** por curiosidade

neugierig *adj* curioso (*auf* por); **auf etw ~ sein** estar curioso por saber a. c.; **jdn ~ machen** intrigar alguém

Neuheit *f* <-en> novidade *f*

Neuigkeit *f* <-en> novidade *f*, nova *f*

Neujahr *nt* <-(e)s, -e> Ano Novo *m*; **Prost ~!** feliz Ano Novo!

Neujahrstag *m* <-(e)s, -e> dia de Ano Novo *m*

Neuland *nt* <-(e)s> *kein pl* terra virgem *f*;

(*fig*); **das ist ~ für mich** isso é desconhecido para mim

neulich *adv* recentemente, há pouco tempo, (no) outro dia

Neuling *m* <-s, -e> novato, novata *m, f*

neumodisch *adj* moderno, novo

Neumond *m* <-(e)s> *kein pl* lua nova *f*

neun [nɔɪn] *num kard* nove; *s.* **zwei**

Neun *f* <-en> nove *m; s.* **Zwei**

neunhundert [ˈ-ˈ--] *num kard* novecentos

neunjährig *adj* de nove anos

neunmal *adv* nove vezes

Neuntel *nt* <-s, -> nona parte *f*

neuntens [ˈnɔɪntəns] *adv* em nono (lugar)

neunte(r, s) *num ord* nono; *s. a.* **zweite(r, s)**

neunzehn [ˈ--] *num kard* dezanove

neunzig *num kard* noventa

Neuphilologie *f* <-n> filologia moderna *f*

Neuregelung *f* <-en> reorganização *f*, reestruturação *f*

neureich *adj* novo-rico

Neurodermitis *f* <-, Neurodermitiden> (MED) neurodermatite *f*

Neurologe(in) [nɔɪroˈloːgə] *m(f)* <-n, -n -innen> neurologista *m, f*

Neurologie *f kein pl* neurologia *f*

Neurose *f* <-n> neurose *f*

Neurotiker(in) *m(f)* <-s, - *o* -innen> neurótico, neurótica *m, f*

neurotisch [nɔɪˈroːtɪʃ] *adj* neurótico

Neuschnee *m* <-s> *kein pl* neve recente *f*

Neuseeland *nt* <-s> *kein pl* Nova Zelândia *f*

neuseeländisch *adj* neozelandês

neutral [nɔɪˈtraːl] *adj* **1.** (*unparteiisch*) neutro, neutral **2.** (CHEM, PHYS) neutro

neutralisieren* *vt* neutralizar

Neutralität *f kein pl* neutralidade *f*

Neutron [nɔɪˈtroːn] *nt* <-s, -en> neutrão *m*, nêutron *m*

Neutronenbombe *f* <-n> bomba de neutrões *f*

Neutrum [ˈnɔɪtrʊm] *nt* <-s, Neutra> (GRAM) neutro *m*

Neuverschuldung *f* <-en> aumento da dívida pública *m*

Neuwagen *m* <-s, -> carro novo *m*

Neuwahl *f* <-en> novas eleições *fpl*

Neuzeit *f kein pl* idade moderna *f*

New York *nt* <-s> *kein pl* Nova Iorque *f*

Nicaragua [nikaˈraːgua] *nt* <-s> *kein pl* Nicarágua *f*

nicht [nɪçt] *adv* não; ~ **einmal** nem (sequer); ~ **mehr** já não; ~ **mehr als** não mais (do) que; ~ **viel später** não muito depois; ~ **nur ..., sondern auch ...** não só ..., mas também ...; **bestimmt** ~ certamente que não; **gar** ~ de modo algum, de maneira nenhuma; **mach das lieber** ~ é melhor não fazeres isso; ~ **öffentlich** particular, privado; ~ **rostend** inoxidável; ~ **wahr?** não é?

Nichte ['nɪçtə] *f* <-n> sobrinha *f*

nichtig ['nɪçtɪç] *adj* (JUR) nulo; **etw für ~ erklären** anular a. c.

nichtöffentlich^{ALT} *adj s.* **nicht**

Nichtraucher(in) *m(f)* <-s, - *o* -innen> não-fumador, não-fumadora *m, f,* não-fumante *m,f*

Nichtraucherflug *m* <-(e)s, -flüge> voo de não-fumadores *m,* voo de não-fumantes *m*

Nichtraucherzone *f* <-n> zona de não-fumadores *f,* zona de não-fumantes *f*

nichtrostend^{ALT} *adj s.* **nicht**

nichts [nɪçts] *pron indef* nada; **gar/überhaupt** ~ absolutamente nada, de todo; ~ **tun** não fazer nada; ~ **sagend** insignificante; (*Gesicht*) inexpressivo; ~ **zu machen!** não há nada a fazer!; ~ **als Ärger** é só chatice; **ich kann** ~ **dafür** eu não tenho culpa; **mir ~, dir** ~ sem mais nem menos

Nichts *nt* <-> *kein pl* (*a* PHILOS) nada *m;* **vor dem** ~ **stehen** estar com uma mão à frente e outra atrás

Nichtschwimmer(in) *m(f)* <-s, - *o* -innen> não-nadador, não-nadadora *m, f*

Nichtsesshafte(r)^{RR} *m/f* <-n, -n *o* -n> sem-abrigo *m,f*

nichtssagend^{ALT} *adj s.* **nichts**

Nichtstun *nt* <-s> *kein pl* ociosidade *f*

Nichtwähler(in) *m(f)* <-s, - *o* -innen> abstencionista *m,f*

Nickel ['nɪkəl] *nt* <-s> *kein pl* níquel *m*

nicken ['nɪkən] *vi* **1.** (*zum Gruß*) acenar com a cabeça **2.** (*zustimmend*) fazer que sim (com a cabeça)

Nickerchen ['nɪkeçən] *nt* <-s, -> soneca *f*

nie [ni:] *adv* nunca, jamais; ~ **wieder** nunca mais; ~ **und nimmer** jamais; **noch** ~ (até agora) nunca

nieder ['ni:dɐ] **I.** *adj* (*in Hierarchie*) inferior **II.** *adv* abaixo; **auf und** ~ para cima e para baixo

Niedergang *m* <-(e)s> *kein pl* decadência *f*

niedergeschlagen *adj* abatido, cabisbaixo

Niedergeschlagenheit *f kein pl* desânimo *m,* tristeza *f*

nieder|knien *vi* ajoelhar-se

Niederlage *f* <-n> derrota *f;* **eine ~ erleiden** sofrer uma derrota

Niederlande ['ni:dəlandə] *pl* Países Baixos *mpl*

Niederländer(in) *m(f)* <-s, - *o* -innen> neerlandês, neerlandesa *m, f*

niederländisch *adj* neerlandês

nieder|lassen *vr* **sich** ~ *irr* **1.** (*an Ort*) fixar-se, fixar residência; (*Firma*) estabelecer-se, fixar-se; **sich als Arzt** ~ abrir um consultório **2.** (*geh: sich setzen*) sentar-se

Niederlassung *f* <-en> (WIRTSCH) sucursal *f*

Niederlassungsbewilligung *f* <-en> (*schweiz*) autorização de residência *f*

nieder|legen *vt* **1.** (*geh: hinlegen*) colocar, depositar; **einen Kranz** ~ depositar uma coroa **2.** (*Amt, Vorsitz*) demitir-se de; **die Arbeit** ~ fazer greve

Niederösterreich *nt* <-s> *kein pl* Baixa-Áustria *f*

Niedersachsen *nt* <-s> *kein pl* Baixa Saxónia *f*

niedersächsisch *adj* da Baixa Saxónia

Niederschlag *m* <-(e)s, -schläge> **1.** (METEO) precipitação *f,* chuvas *fpl* **2.** (CHEM) sedimento *m*

nieder|schlagen **I.** *vt irr* **1.** (*Person*) derrubar, derribar; **die Augen** ~ baixar os olhos **2.** (*Aufstand*) suprimir **3.** (JUR: *Prozess*) arquivar **II.** *vr* **sich** ~ *irr* **1.** (*Feuchtigkeit, Dampf*) depositar-se **2.** (*zum Ausdruck kommen*) manifestar-se (*in* em)

nieder|stechen *vt irr* apunhalar

niederträchtig *adj* infame, vil

Niederung *f* <-en> terreno baixo *m,* chã *f*

niedlich ['ni:tlɪç] *adj* giro, engraçado, bonito

niedrig ['ni:drɪç] *adj* **1.** (*tief, gering*) baixo; ~**e Preise** preços baixos **2.** (*Herkunft*) humilde **3.** (*Gesinnung*) baixo, mesquinho

niemals ['ni:ma:ls] *adv* nunca, jamais

niemand ['ni:mant] *pron indef* ninguém; **es war** ~ **zu Hause** não estava ninguém em casa

Niemandsland *nt* <-(e)s> *kein pl* terra de ninguém *f*

Niere ['ni:rə] *f* <-n> rim *m*

Nierenentzündung *f* <-en> nefrite *f,* inflamação renal *f*

N

Nierenstein *m* <-(e)s, -e> cálculo renal *m*
nieseln ['niːzəln] *vi* chuviscar, morrinhar; **es nieselt** está a chuviscar/morrinhar
Nieselregen *m* <-s, -> morrinha *f*, chuviscos *mpl*
niesen ['niːzən] *vi* espirrar
Niete ['niːtə] *f* <-n> 1. (*Lotterie*) bilhete em branco *m* 2. (*umg: Person*) nulidade *f* 3. (TECH) rebite *m*
Nigeria *nt* <-s> *kein pl* Nigéria *f*
Nihilismus [nihi'lɪsmʊs] *m* <-> *kein pl* niilismo *m*
nihilistisch *adj* niilista
Nikolaus ['nɪkolaʊs] *m* <-, -e> 1. (*Gestalt*) São Nicolau *m* 2. (*Tag*) dia de São Nicolau *m*

No dia 6 de Dezembro vem o **Nikolaus** - nalgumas regiões é chamado "Knecht Ruprecht" - com o seu grande livro, um saco e uma vara visitar os meninos. No livro lê como se portaram durante o ano. Os meninos bons recebem nozes, tangerinas ou chocolate, os meninos maus - teoricamente - apanham pancadas. É também costume colocar os sapatos diante da porta na noite do dia 5. Na manhã seguinte, os meninos bons encontram neles doces, nozes e laranjas.

Nikotin [niko'tiːn] *nt* <-s> *kein pl* nicotina *f*
nikotinarm *adj* baixo em nicotina
Nilpferd *nt* <-(e)s, -e> hipopótamo *m*
nimmer *adv* (*österr*) nunca mais, jamais
Nimmersatt *m* <-(e)s, -e> (*umg*) comilão *m*, glutão *m*
nippen ['nɪpən] *vi* ~ **an** + *dat* bebericar
Nippes ['nɪpəs] *pl* bibelôs *mpl*
nirgends ['nɪrgənts] *adv* em lado nenhum, em parte alguma
Nische ['niːʃə] *f* <-n> nicho *m*
nisten ['nɪsten] *vi* nidificar, fazer ninho
Nistkasten *m* <-s, -kästen> ninho (artificial) *m*
Nitrat [ni'traːt] *nt* <-(e)s, -e> nitrato *m*
Niveau [ni'voː] *nt* <-s, -s> nível *m*
niveaulos *adj* sem nível, baixo
nix *pron indef* (*umg*) *s.* **nichts**
Nixe [nɪksə] *f* <-n> ninfa *f*
nobel ['noːbəl] *adj* 1. (*geh: edel*) nobre 2. (*luxuriös*) de luxo
Nobelpreis [no'bɛlpraɪs] *m* <-es, -e> prémio Nobel *m*
Nobelpreisträger(**in**) *m(f)* <-s, - *o* -in-

nen> prémio Nobel *m*, titular do prémio Nobel *m,f*
noch [nɔx] *adv* 1. (*zeitlich*) ainda; ~ **nicht** ainda não; **heute** ~ ainda hoje, hoje mesmo; **immer** ~ ainda; ~ **nie** nunca (na minha vida), (até agora) nunca; **nur** ~ (já) só 2. (*zusätzlich*) (ainda) outro, mais; ~ **einmal** outra vez, mais uma vez; ~ **ein Bier, bitte!** outra cerveja, por favor!, mais uma cerveja, por favor!; ~ **ein paar Tage** mais uns dias
nochmalig *adj* outro, repetido
nochmals ['nɔxmaːls] *adv* outra vez, mais uma vez, de novo
Nockenwelle *f* <-n> árvore de cames *f*
Nomade(**in**) [no'maːdə] *m(f)* <-n, -n *o* -innen> nómada *m,f*
Nomen ['noːmən] *nt* <-s, -(a)> (GRAM) substantivo *m*
Nominativ ['noːminatiːf, nomina'tiːf] *m* <-s, -e> (GRAM) nominativo *m*
nominieren* *vt* nomear (*für* para)
Nonne ['nɔnə] *f* <-n> freira *f*
Nordafrika *nt* <-s> *kein pl* Norte de África *m*
Nordamerika ['--'---] *nt* <-s> *kein pl* América do Norte *f*; **die Vereinigten Staaten von** ~ os Estados Unidos da América do Norte
norddeutsch *adj* do norte da Alemanha
Norddeutschland ['-'--] *nt* <-s> *kein pl* norte da Alemanha *m*
Norden ['nɔrdən] *m* <-s> *kein pl* norte *m*; **im** ~ no norte; **von** ~ **nach Süden** do norte para o sul
Nordeuropa ['--'--] *nt* <-s> *kein pl* norte da Europa *m*
nordisch ['nɔrdɪʃ] *adj* nórdico
nördlich *adj* do norte; ~ **von** a norte de
Nordosten ['-'--] *m* <-s> *kein pl* nordeste *m*
Nordpol *m* <-(e)s> *kein pl* pólo norte *m*
Nordrhein-Westfalen *nt* <-s> *kein pl* Renânia do Norte-Vestefália *f*
nordrhein-westfälisch *adj* da Renânia do Norte-Vestefália
Nordsee *f kein pl* Mar do Norte *m*
Nordwesten [-'--] *m* <-s> *kein pl* noroeste *m*
Nordwind *m* <-(e)s, -e> vento do norte *m*
nörgeln *vi* resmungar
Nörgler(**in**) *m(f)* <-s, - *o* -innen> resmungão, resmungona *m, f*
Norm [nɔrm] *f* <-en> norma *f*

normal [nɔr'ma:l] *adj* normal

Normalbenzin *nt* <-s> *kein pl* gasolina normal *f*

normalerweise [-'--'--] *adv* normalmente

normalisieren* I. *vt* normalizar II. *vr* sich ~ normalizar

Norwegen ['nɔrve:gən] *nt* <-s> *kein pl* Noruega *f*

Norweger(in) *m(f)* <-s, - *o* -innen> norueguês, norueguesa *m, f*

norwegisch *adj* norueguês

Nostalgie [nɔstal'gi:] *f kein pl* nostalgia *f*

Not *f kein pl* (*Mangel*) falta *f;* (*Elend*) miséria *f;* (*Armut*) pobreza *f,* necessidade *f;* ~ **leiden** passar necessidades; **in** ~ **geraten** cair na miséria; (*geh*); ~ **tun** ser necessário, fazer falta; **zur** ~ em caso de necessidade

Notar(in) [no'ta:ɐ] *m(f)* <-s, -e *o* -innen> notário, notária *m, f*

notariell [notari'ɛl] I. *adj* notarial II. *adv* perante o notário; **etw** ~ **beglaubigen lassen** reconhecer a. c. no notário

Notarzt, **Notärztin** *m, f* <-es, -ärzte *o* -innen> médico de urgência, médica *m, f*

Notausgang *m* <-(e)s, -gänge> saída de emergência *f*

Notbehelf *m* <-(e)s, -e> recurso *m*

Notbremse *f* <-n> travão de emergência *m,* freio de emergência *m;* (*fig*); **die** ~ **ziehen** puxar o travão de emergência, suspender a. c.

notdürftig *adj* **1.** (*kaum ausreichend*) insuficiente **2.** (*behelfsmäßig*) provisório

Note ['no:tə] *f* <-n> **1.** (*Schule*) nota *f;* **gute/schlechte** ~**n haben** ter boas/más notas **2.** (MUS) nota *f;* **eine ganze/halbe** ~ uma semibreve/mínima

A **Note** (nota) seis é na Alemanha e na Áustria a pior nota escolar. Ela significa "insuficiente". A melhor nota é o um. Na Suíça é o contrário. A nota seis é a melhor e a nota um a pior nota.

Notebook *nt* <-s, -s> (INFORM) computador portátil *m*

Notenbank *f* <-en> banco emissor *m*

Notenschlüssel *m* <-s, -> (MUS) clave *f*

Notenständer *m* <-s, -> estante de música *f*

Notfall *m* <-(e)s, -fälle> emergência *f;* **im** ~ em caso de emergência

notfalls *adv* em caso de necessidade

Notfallstation *f* <-en> (schweiz) urgências *fpl*

notgedrungen ['no:tgə'drʊŋən] *adv* forçado pela necessidade

notieren* *vt* **1.** (*aufschreiben*) apontar, anotar, tomar nota de; **ich möchte mir seine Telefonnummer** ~ eu queria apontar o número de telefone dele **2.** (WIRTSCH) cotar

nötig *adj* necessário, preciso; **unbedingt** ~ imprescindível; **etw** ~ **haben** precisar de a. c.; **es ist nicht** ~, **dass ...** é escusado ... +*inf,* não é preciso ... +*inf*

nötigen *vt* (*drängen*) pressionar; (*zwingen*) obrigar, forçar; (JUR) coagir

Notiz [no'ti:ts] *f* <-en> **1.** (*Vermerk*) nota *f,* apontamento *m;* **sich** *dat* ~**en machen** tomar notas, tirar apontamentos; **von etw** ~ **nehmen** reparar em a. c., notar a. c. **2.** (*Zeitungsnotiz*) notícia *f*

Notizbuch *nt* <-(e)s, -bücher> caderno de apontamentos *m,* agenda *f*

Notlage *f* <-n> situação de emergência *f;* **sich in einer** ~ **befinden** estar em apuros

notlanden *vi* (AERO) aterrar de emergência, fazer uma aterragem forçada; (*brasil*) aterrissar de emergência, fazer uma aterrissagem forçada

Notlandung *f* <-en> (AERO) aterragem de emergência *f,* aterragem forçada *f;* (*brasil*) aterrissagem de emergência *f,* aterrissagem forçada *f*

Notlösung *f* <-en> solução de emergência *f,* solução provisória *f*

Notlüge *f* <-n> mentira de emergência *f*

notorisch [no'to:rɪʃ] *adj* notório, público

Notruf *m* <-(e)s, -e> **1.** (*Hilferuf*) pedido de socorro *m* **2.** (*Notrufnummer*) número de emergência *f*

Notrufsäule *f* <-n> poste SOS *m*

Notstand *m* <-(e)s> *kein pl* (JUR) estado de emergência *m,* calamidade pública *f;* **den** ~ **ausrufen** declarar o estado de emergência

Notwehr *f kein pl* (JUR) legítima defesa *f*

notwendig ['no:tvɛndɪç] *adj* **1.** (*nötig*) necessário, preciso; **unbedingt** ~ imprescindível **2.** (*zwangsläufig*) forçoso

Notwendigkeit ['----, -'---] *f* <-en> necessidade *f*

Novelle [no'vɛlə] *f* <-n> novela *f;* (*Erzählung*) conto *m*

November [no'vɛmbɐ] *m* <-(s), -> Novembro *m; s.* **März**

N

Nr. *abk v* **Nummer** nº (= *número*)

NS *abk v* **Nationalsozialismus** nacional-socialismo

NS-Zeit *f kein pl* período nazi *m*, período nazista *m*

Nu [nuː] *m* (*umg*) **im** ~ num instante, num abrir e fechar de olhos

Nuance [ny'ãːsə] *f* <-n> nuance *f*

nüchtern *adj* 1. (*ohne zu essen*) em jejum 2. (*nicht betrunken*) sóbrio 3. (*sachlich*) obje(c)tivo

Nüchternheit *f kein pl* 1. (*mit leerem Magen*) jejum *m* 2. (*nicht betrunken*) sobriedade *f* 3. (*Sachlichkeit*) obje(c)tividade *f*

nuckeln *vi* (*umg*) chuchar, chupar

Nudel ['nuːdəl] *f* <-n> massa *f*

Nugat *m* <-s, -s> nugado *m*

nuklear *adj* nuclear

Nuklearmacht *f* <-mächte> potência nuclear *f*

Nuklearwaffe *f* <-n> arma nuclear *f*

null [nʊl] *num kard* zero; ~ **Uhr** zero horas, meia-noite; **fünf Grad unter** ~ cinco graus abaixo de zero, cinco graus negativos

Null *f* <-en> 1. (*Zahl*) zero *m* 2. (*pej: Mensch*) nulidade *f*, zero à esquerda *m*

Nulllösung^RR *f* <-en>, **Nulllösung**^ALT *f* <-en> (POL) opção zero *f*

Nullpunkt *m* <-(e)s, -e> zero *m*

Nulltarif *m* <-s> *kein pl* **zum** ~ de graça

numerieren^ALT * *vt s.* **nummerieren**

Numerus clausus *m* <-, -> numerus clausus *m*

> Através do **Numerus clausus** as universidades têm a possibilidade de regular a admissão dos estudantes ao nível superior. Isto significa que a certos cursos só são admitidos os candidatos cuja média esteja acima do Numerus clausus, que normalmente corresponde à nota "muito bom".

nummerieren★^RR *vt* numerar

Nummernschild *nt* <-(e)s, -er> chapa da matrícula *f*

nun [nuːn] *adv* 1. (*jetzt*) agora, já; **von** ~ **an** de agora em diante, de ora avante; **was** ~**?** e agora? 2. (*einleitend*) pois, então, ora; ~ **komm schon** anda lá (então); ~ **gut** ora bem, pois bem

nur [nuːɐ] *adv* só, somente, apenas; ~ **noch** (já) só; **wir haben** ~ **eine Woche Zeit** só temos uma semana, temos apenas uma semana; ~ **zu!** vamos!; **was hat sie** ~**?** o que é que lhe deu?

Nuss^RR [nʊs] *f* <Nüsse>, **Nuß**^ALT *f* <Nüsse> noz *f*; (*fig*); **das ist eine harte** ~ isso é um osso duro de roer

Nussbaum^RR *m* <-(e)s, -bäume> nogueira *f*

Nussgipfel^RR *m* <-s, -> bolo com recheio de avelã

Nussknacker^RR *m* <-s, -> quebra-nozes *m*

Nutte ['nʊtə] *f* <-n> (*pej*) puta *f*

nutzen ['nʊtsən] *vi s.* **nützen**

Nutzen ['nʊtsən] *m* <-s> *kein pl* 1. (*Nützlichkeit*) utilidade *f*, préstimo *m* 2. (*Gewinn*) proveito *m*; ~ **aus etw ziehen** tirar proveito de a. c.; **jdm von** ~ **sein** fazer jeito a alguém

nützen I. *vt* (*Rohstoffe*) utilizar; (*Gelegenheit*) aproveitar (*zu* para) II. *vi* ser útil, servir, prestar; **wozu soll das** ~**?** que adianta isso?; **wem nützt das?** quem lucra com isso?

nützlich *adj* proveitoso, útil; **sich** ~ **machen** fazer-se útil

Nützlichkeit *f kein pl* utilidade *f*

nutzlos *adj* inútil

Nutzlosigkeit *f kein pl* inutilidade *f*

NVA *abk v* **Nationale Volksarmee** exército da RDA

Nylon® *nt* <-s> *kein pl* nylon *m*, náilon *m*

O

O *nt* <-s, -s> O, o *m*

Oase [o'aːzə] *f* <-n> oásis *m*

ob [ɔp] *konj* se; **sie fragt,** ~ **du mitkommen möchtest** ela pergunta se queres vir; **ich weiß nicht,** ~ **die Entscheidung richtig war** não sei se a decisão foi acertada; ~ **er kommt?** será que ele vem?; **als** ~ como

se +*conj;* **als** ~ **nichts geschehen wäre** como se nada tivesse acontecido; **und** ~**!** e como!

ÖBB *abk v* **Österreichische Bundesbahnen** caminhos-de-ferro federais austríacos

obdachlos *adj* desalojado, sem casa, sem abrigo; ~ **sein** estar desalojado, não ter casa

Obdachlose(r) *m/f*<-n, -n *o* -n> sem-abrigo *m,f*

Obdachlosigkeit *f kein pl* falta de abrigo *f*

Obduktion [ɔpdʊkˈtsjoːn] *f* <-en> autópsia *f*

O-Beine *pl* pernas arqueadas *fpl*

oben [ˈoːbən] *adv* em cima, por cima; (*im Haus*) lá em cima; **dort** ~ ali em cima; **ganz** ~ bem (lá) em cima; **nach/von** ~ para/de cima; **weiter** ~ mais acima; **von** ~ **bis unten** de cima abaixo; **von** ~ **nach unten** de cima para baixo; ~ **genannt** supracitado, acima indicado; **siehe** ~ ver em cima; (*umg*); ~ **ohne** em topless; **von** ~ **herab** além disso, ainda por cima

obendrein [ˈ--ˈ-] *adv* além disso, ainda por cima

obengenannt^{ALT} *adj s.* **oben**

Ober [ˈoːbɐ] *m* <-s, -> empregado de mesa *m;* **Herr** ~! por favor!

Oberarm [ˈoːbɐ-] *m* <-(e)s, -e> braço *m*

Oberarzt, Oberärztin *m, f*<-es, -ärzte *o* -innen> médico-chefe, médica-chefe *m, f*

Oberbefehl *m* <-(e)s> *kein pl* (MIL) comando supremo *m*

Oberbefehlshaber *m* <-s, -> (MIL) comandante supremo *m*

Oberbegriff *m* <-(e)s, -e> conceito geral *m*

Oberbekleidung *f*<-en> roupa de cima *f*

Oberbürgermeister(in) *m(f)* <-s, - *o* -innen> presidente da câmara *m,f*, prefeito, prefeita *m, f*

obere(r, s) *adj* de cima, superior; (*in Hierarchie*) superior

Oberfläche *f*<-n> superfície *f*

oberflächlich *adj* superficial

Obergeschoss^{RR} *nt* <-es, -e> andar *m*

Obergrenze *f*<-n> limite máximo *m*

oberhalb **I.** *präp* +*gen* acima de, por cima de **II.** *adv* ~ **von** na parte de cima de

Oberhaupt *nt* <-(e)s, -häupter> cabecilha *m,f*, chefe *m,f*

Oberhemd *nt* <-(e)s, -en> camisa *f*

Oberin *f*<-nen> **1.** (*im Krankenhaus*) enfermeira-chefe *f* **2.** (*im Kloster*) madre-superiora *f*

oberirdisch *adj* supraterrâneo; (*Leitung*) aéreo

Oberkellner(in) *m(f)* <-s, - *o* -innen> chefe de mesa *m,f*

Oberkiefer *m* <-s, -> maxilar superior *m*

Oberkörper *m* <-s, -> tronco *m*, meio-corpo *m*

Oberland *nt* <-es> *kein pl* (*schweiz*) região montanhosa *f*

Oberleitung *f* <-en> (*für Bus, Straßenbahn*) cabos (aéreos) de corrente elé(c)trica *mpl*

Oberlicht *nt* <-(e)s, -er> clarabóia *f*

Oberlippe *f*<-n> lábio superior *m*

Oberösterreich *nt* <-s> *kein pl* Alta-Áustria *f*

Obers *nt* <-> *kein pl* (*österr*) nata(s) *fpl*

Oberschenkel *m* <-s, -> coxa *f*

Oberschicht *f*<-en> classe alta *f*

Oberschule *f*<-n> escola secundária *f*

Oberschwester *f*<-n> enfermeira-chefe *f*

Oberst [ˈoːbɛst] *m* <-en, -en> coronel *m*

Oberstaatsanwalt, Oberstaatsanwältin *m, f*<-(e)s, -wälte *o* -innen> procurador-geral da república, procuradora-geral *m, f*

oberste(r, s) *adj* **1.** (*räumlich*) mais alto, de cima; (*Stockwerk*) último **2.** (*Gericht, Gesetz*) supremo **3.** (*wichtigste*) supremo; **das** ~ **Gebot** o supremo mandamento

Oberstufe *f* <-n> ensino secundário complementar *m*, segundo grau *m*

Oberteil *nt* <-(e)s, -e> parte superior *f*, parte de cima *f*; (*von Kleidung*) corpo *m*

Oberweite *f*<-n> medida de peito *f*

obgleich *konj s.* **obwohl**

Obhut [ˈɔphuːt] *f kein pl* (*geh*) guarda *f*; (*Schutz*) prote(c)ção *f*; **jdn in seine** ~ **nehmen** tomar alguém a seu cuidado

obig *adj* acima/atrás mencionado, supracitado

Objekt [ɔpˈjɛkt] *nt* <-s, -e> **1.** (*Gegenstand*) obje(c)to *m* **2.** (GRAM) complemento *m*, obje(c)to *m* **3.** (*österr: Gebäude*) edifício *m*

objektiv [ɔpjɛkˈtiːf] *adj* obje(c)tivo

Objektiv [ɔpjɛkˈtiːf] *nt* <-s, -e> obje(c)tiva *f*

Objektivität *f kein pl* obje(c)tividade *f*

Oblate [oˈblaːtə] *f* <-n> **1.** (*für Gebäck*) obreia *f* **2.** (*Hostie*) hóstia *f*

obligatorisch [obligaˈtoːrɪʃ] *adj* obrigatório

Oboe [oˈboːə] *f*<-n> oboé *m*

Obrigkeit [ˈoːbrɪçkaɪt] *f*<-en> autoridade *f*

Observatorium *nt* <-s, -rien> observatório *m*

obskur *adj* obscuro

Obst [oːpst] *nt* <-es> *kein pl* fruta *f*

Obstbaum *m* <-(e)s, -bäume> árvore de fruto *f*

O

Obstgarten *m* <-s, -gärten> pomar *m*
Obstkuchen *m* <-s, -> bolo de frutas *m*
Obstsalat *m* <-(e)s, -e> salada de fruta *f*
obszön *adj* obsceno
Obszönität *f* <-en> obscenidade *f*
obwohl [-'-] *konj* embora +*conj*, apesar de +*inf*; ~ **es bewölkt ist, gehen wir an den Strand** embora esteja nublado, vamos à beira da praia, apesar de estar nublado, vamos à beira da praia

Occasion *f* <-en> (*schweiz*) compra de ocasião *f*
Ochse ['ɔksə] *m* <-n, -n> 1. (ZOOL) boi *m*; **junger** ~ bezerro *m* 2. (*pej: Mensch*) burro *m*; **das ist ein blöder** ~! ele é um burro!
Ochsenschwanzsuppe *f* <-n> sopa de rabo de boi *f*
Ocker *nt* <-s, -> ocre *m*
öd(e) *adj* 1. (*unfruchtbar*) árido 2. (*verlassen*) deserto, despovoado 3. (*eintönig*) monótono; (*langweilig*) aborrecido, chato
Öde *f kein pl* 1. (*Einsamkeit*) solidão *f* 2. (*Land*) deserto *m*, ermo *m*
oder ['o:dɐ] *konj* ou; **entweder ... ~ ...** ou ... ou ...; ~ **aber/doch** ou então; ~ **nicht?** não é?; **du weißt es doch,** ~? tu sabes, não sabes?
Oder *f kein pl* Óder *m*
Ofen ['o:fən] *m* <-s, Öfen> 1. (*zum Heizen*) fogão de sala *m*, estufa *f*; (*fig, umg*); **der** ~ **ist aus** acabou-se 2. (*Backofen*) forno *m*, fornalha *f*
offen ['ɔfən] *adj* 1. (*unverschlossen*) aberto; (*ohne Deckel*) destapado, descoberto; (*unverpackt*) desembrulhado; **die Tür** ~ **lassen** deixar a porta aberta; ~ **stehen** estar aberto; ~**er Wein** vinho a copo *m*; **auf** ~**er Straße** em plena rua; **die** ~**e See** o mar alto; ~ **gegenüber allem Neuen sein** ter um espírito aberto (a coisas novas); **sich mehrere Möglichkeiten** ~ **halten** deixar várias possibilidades em aberto 2. (*Stelle*) livre, vago 3. (*unerledigt, ungeklärt*) em aberto; (*Frage*) no ar, em suspenso; ~**e Rechnung** conta por pagar *f*, conta aberta *f*; ~ **bleiben** ficar em aberto; **das ist noch völlig** ~ isso ainda está completamente em aberto; **eine Frage** ~ **lassen** deixar uma pergunta no ar 4. (*aufrichtig*) franco, sincero; ~ **gestanden** francamente, para ser franco; **mit jdm** ~ **reden** falar abertamente com alguém
offenbar ['ɔfən(')baːɐ] I. *adj* evidente, ma-

nifesto, patente II. *adv* pelos vistos
offenbaren* *vt* revelar, tornar público
Offenbarung *f* <-en> (*a* REL) revelação *f*
offen|bleiben[ALT] *vi irr s.* **offen 3**
Offenheit *f kein pl* 1. (*Ehrlichkeit*) franqueza *f*, sinceridade *f* 2. (*Aufgeschlossenheit*) espírito aberto *m*
offenherzig *adj* franco, sincero
offenkundig ['--('-)--] *adj* notório, manifesto; (*klar*) evidente
offen|lassen[ALT] *vt irr s.* **offen 1**, **3**
offensichtlich ['--(')--] *adj* evidente, óbvio
offensiv [ɔfɛn'ziːf] *adj* ofensivo
Offensive [ɔfɛn'ziːvə] *f* <-n> ofensiva *f*; **in die** ~ **gehen** passar à ofensiva
offen|stehen[ALT] *vi irr s.* **offen 1**
öffentlich *adj* público; ~**er Dienst** função pública *f*
Öffentlichkeit *f kein pl* público *m*; **etw an die** ~ **bringen** tornar a. c. pública; **in aller** ~ em público
Öffentlichkeitsarbeit *f kein pl* relações públicas *fpl*
Offerte *f* <-n> oferta *f*
offiziell [ɔfi'tsjɛl] *adj* oficial
Offizier [ɔfi'tsiːɐ] *m* <-s, -e> oficial *m*
offline[RR] ['ɔflaɪn] *adj* (INFORM) desligado, offline
öffnen I. *vt* abrir; **hier** ~ abrir (por) aqui II. *vi* abrir; **die Apotheke öffnet um 9 Uhr** a farmácia abre às 9 horas III. *vr* **sich** ~ abrir-se
Öffner *m* <-s, -> abridor *m*; (*Büchsenöffner*) abre-latas *m*
Öffnung *f* <-en> abertura *f*; (*Loch*) orifício *m*, abertura *f*, furo *m*
Öffnungszeit *f* <-en> horário de abertura *m*
Offsetdruck *m* <-(e)s> *kein pl* impressão offset *f*
oft [ɔft] *adv* muitas vezes, com frequência; **wie** ~? quantas vezes?, com que frequência?; **nicht** ~ não muitas vezes, poucas vezes; **so** ~ **wie** tantas vezes como
öfter *komp von* **oft**
öfters *adv* várias vezes
oh *interj* oh!, ah!; ~ **ja/nein!** ah, sim/não!; ~ **Gott!** oh, meu Deus!
ohne ['o:nə] I. *präp* +*akk* sem; ~ **mich!** sem mim!; ~ **weiteres** sem hesitação, sem mais nada II. *konj* ~ **zu** sem +*inf*; ~ **dass ...** sem que ... +*conj*; **er ging,** ~ **dass sie es bemerkte** ele foi embora sem ela reparar, ele

foi embora sem que ela reparasse; ~ **lange zu zögern** sem hesitar muito

ohnehin [--'-] *adv* mesmo assim

Ohnmacht ['oːn-] *f* <-en> **1.** (*Bewusstlosigkeit*) desmaio *m*, desfalecimento *m*; **in ~ fallen** desmaiar, desfalecer **2.** (*Machtlosigkeit*) impotência *f*

ohnmächtig *adj* desmaiado; ~ **werden** desmaiar, perder os sentidos

Ohr [oːɐ] *nt* <-(e)s, -en> orelha *f*; (*Gehör*) ouvido *m*; **ich bin ganz ~** sou todo ouvidos; **das ist mir zu ~en gekommen** isso chegou-me aos ouvidos; **die ~en spitzen** aguçar o ouvido; (*umg*); **sich aufs ~ legen** deitar-se; (*umg*); **bis über beide ~en verliebt sein** estar perdidamente apaixonado; (*umg*); **viel um die ~ haben** ter muito que fazer, estar cheio de trabalho; (*umg*); **sich** *dat* **etw hinter die ~en schreiben** não se esquecer de a. c.; (*umg*); **jdn übers ~ hauen** intrujar alguém

Öhr *nt* <-(e)s, -e> olho da agulha *m*, buraco da agulha *m*

Ohrenarzt, **Ohrenärztin** *m*, *f* <-es, -ärzte *o* -innen> otologista *m*,*f*, médico especialista de doenças de ouvidos, médica *m*, *f*

ohrenbetäubend *adj* ensurdecedor, estrondoso

Ohrenschmerzen *pl* dores de ouvidos *fpl*

Ohrfeige *f* <-n> bofetada *f*; **jdm eine ~ geben** dar uma bofetada a alguém

ohrfeigen *vt* esbofetear

Ohrklipp *m* <-s, -s> brinco de mola *m*

Ohrläppchen *nt* <-s, -> lóbulo *m*

Ohrring *m* <-(e)s, -e> brinco *m*

Ohrwurm *m* <-(e)s, -würmer> (*umg*) música que não sai da cabeça *f*

oje *interj* ai!, ui!

o.k. *abk v* **okay** bem

okay [oˈkeː, oˈkɛɪ] **I.** *adj* (*umg*) bem, bom; **bist du ~?** estás bem/bom? **II.** *adv* (*umg*) bem

Ökobauer, **Ökobäuerin** *m*, *f* <-n, -n *o* -innen> agricultor de produtos biológicos, agricultora *m*, *f*

Ökologe(in) *m(f)* <-n, -n *o* -innen> ecologista *m*,*f*

Ökologie *f kein pl* ecologia *f*

ökologisch *adj* ecológico; **das ~e Gleichgewicht** o equilíbrio ecológico

Ökonomie *f kein pl* economia *f*

ökonomisch *adj* económico

Ökopartei *f* <-en> partido ecológico *m*

Ökosteuer *f* <-n> imposto sobre formas de energia não ecológicas

Ökosystem *nt* <-s, -e> ecossistema *m*

Oktanzahl *f* <-en> índice de octanas *m*

Oktave *f* <-n> (MUS) oitava *f*

Oktober [ɔkˈtoːbɐ] *m* <-s, -> Outubro *m*; *s.* **März**

ökumenisch *adj* ecuménico

Öl *nt* <-(e)s, -e> **1.** (*Speiseöl*) óleo (alimentar) *m*; (*Olivenöl*) azeite *m* **2.** (*Erdöl*) petróleo *m*; (*Motoröl*) óleo *m*; **nach ~ bohren** perfurar o solo em busca de petróleo **3.** (*Kunst*) **in ~ malen** pintar a óleo

Oldtimer *m* <-s, -> carro antigo *m*

Oleander *m* <-s, -> oleandro *m*

ölen *vt* (*Maschine*) lubrificar; (*Fahrrad, Tür*) olear

Ölfarbe *f* <-n> tinta a óleo *f*

Ölfeld *nt* <-(e)s, -er> campo de petróleo *m*, campo petrolífero *m*

Ölgemälde *nt* <-s, -> pintura a óleo *f*

Ölheizung *f* <-en> aquecimento a óleo *m*

ölig *adj* oleoso, gorduroso

Olive [oˈliːvə] *f* <-n> azeitona *f*

Olivenbaum *m* <-(e)s, -bäume> oliveira *f*

Olivenöl *nt* <-(e)s, -e> azeite *m*

olivgrün *adj* verde-azeitona, cor de azeitona

Öllämpchen *nt* <-s, -> candeia de azeite *f*

Ölmessstab^RR *m* <-(e)s, -stäbe> vareta indicadora do nível de óleo *f*

Ölpest *f kein pl* maré negra *f*

Ölquelle *f* <-n> poço de petróleo *m*

Ölsardine *f* <-n> sardinha enlatada em azeite *f*, sardinha de conserva em azeite *f*

Ölstand *m* <-(e)s, -stände> nível do óleo *m*

Ölstandanzeiger *m* <-s, -> indicador do nível do óleo *m*

Öltanker *m* <-s, -> petroleiro *m*

Ölwechsel *m* <-s, -> mudança de óleo *f*

Olympiade [olɪmˈpjaːdə] *f* <-n> olimpíadas *fpl*

Olympiasieger(in) *m(f)* <-s, - *o* -innen> campeão olímpico *m*, campeã olímpica *f*

olympisch [oˈlɪmpɪʃ] *adj* olímpico; **Olympische Spiele** Jogos Olímpicos *mpl*

Ölzeug *nt* <-(e)s> *kein pl* oleado *m*

Oma ['oːma] *f* <-s> (*umg*) vovó *f*, avó *f*

Omelett [ɔm(ə)ˈlɛt] *nt* <-(e)s, -s> omelete *f*

Omen ['oːmən] *nt* <-s, -> presságio *m*, augúrio *m*; **ein gutes/schlechtes ~** um bom/mau presságio

Omnibus ['ɔmnibʊs] *m* <-ses, -se> camioneta *f*, autocarro *m*, ônibus *m*

onanieren* *vi* masturbar-se

Onkel ['ɔŋkəl] *m* <-s, -> tio *m*

online *adj* (INFORM) ligado, online

Onlinedienst[RR] *m* <-(e)s, -e> (INFORM) serviço online *m*

OP *abk v* **Operationssaal** sala de operações

Opa ['o:pa] *m* <-s, -s> (*umg*) vovô *m*, avô *m*

Openairkonzert[RR], **Open-Air-Konzert**

nt <-(e)s, -e> concerto ao ar livre *m*

Oper ['o:pɐ] *f* <-n> ópera *f*

Operation [opəra'tsjo:n] *f* <-en> operação *f*

Operationssaal *m* <-(e)s, -säle> sala de operações *f*

operativ *adj* (MED) operatório; ~**er Eingriff** intervenção cirúrgica *f*

Operette *f* <-n> opereta *f*

operieren* *vt* operar; **sich ~ lassen** ser operado

Opernglas *nt* <-es, -gläser> binóculo *m*

Opernsänger(in) *m(f)* <-s, - *o* -innen> cantor de ópera, cantora *m*, *f*

Opfer ['ɔpfɐ] *nt* <-s, -> 1. (*Mensch*) vítima *f*; **jdm/etw zum ~ fallen** ser vítima de alguém/a. c.; **das Erdbeben forderte viele ~** o terramoto provocou muitas vítimas 2. (*Verzicht*) sacrifício *m;* ~ **bringen** fazer sacrifício(s) 3. (~*gabe*) oferenda *f*

opfern ['ɔpfɐn] I. *vt* sacrificar; **jdm viel Zeit ~** dedicar muito tempo a alguém II. *vr* **sich ~** sacrificar-se (*für* por)

Opium ['o:pium] *nt* <-s> *kein pl* ópio *m*

Opportunismus [ɔpɔrtu'nɪsmʊs] *m* <-> *kein pl* oportunismo *m*

Opportunist(in) [ɔpɔrtu'nɪst] *m(f)* <-en, -en *o* -innen> oportunista *m,f*

Opposition [ɔpozi'tsjo:n] *f* <-en> oposição *f;* **in der ~ sein** ser da oposição

oppositionell *adj* oposicionista

Optik ['ɔptɪk] *f* <o.pl> ó(p)tica *f*

Optiker(in) ['ɔptikɐ] *m(f)* <-s, - *o* -innen> oculista *m,f*

optimal [ɔpti'ma:l] *adj* ó(p)timo; **das ist keine ~e Lösung** essa não é a solução ideal

Optimismus [ɔpti'mɪsmʊs] *m* <-> *kein pl* o(p)timismo *m*

Optimist(in) [ɔpti'mɪst] *m(f)* <-en, -en *o* -innen> o(p)timista *m,f*

optimistisch *adj* o(p)timista

Optimum *nt* <-s, Optima> ideal *m*

optisch ['ɔptɪʃ] *adj* ó(p)tico; **eine ~e Täuschung** uma ilusão de ó(p)tica

Orang-Utan *m* <-s, -s> orangotango *m*

orange [o'rã:ʒ, o'rã:ʃ, o'raŋʃ] *adj* cor-de-laranja

Orange [o'rã:ʒə, o'raŋʒə] *f* <-n> laranja *f*

Orangenbaum *m* <-(e)s, -bäume> laranjeira *f*

Orangenblüte *f* <-n> flor de laranjeira *f*

Orangensaft *m* <-(e)s, -säfte> sumo de laranja *m*, suco de laranja *m*

Orchester [ɔr'kɛstɐ] *nt* <-s, -> orquestra *f*

Orchidee [ɔrçi'de:ə] *f* <-n> orquídea *f*

Orden ['ɔrdən] *m* <-s, -> 1. (*Auszeichnung*) condecoração *f*; **einen ~ bekommen** ser condecorado; **jdm einen ~ verleihen** condecorar alguém 2. (*religiös*) ordem *f*

ordentlich ['ɔrdəntlɪç] I. *adj* (*Mensch*) organizado, metódico; (*Zimmer*) arrumado; (*Mitglied*) efe(c)tivo, regular; ~**er Professor** professor catedrático *m; (umg: annehmbar)* razoável; (*umg: tüchtig*) valente, forte; **eine ~e Tracht Prügel** uma valente porrada II. *adv* devidamente; **sich ~ benehmen** portar-se bem

Ordinalzahl [ɔrdi'na:l] *f* <-en> número ordinal *m*

ordinär *adj* 1. (*Verhalten, Ausdruck*) ordinário, vulgar; (*umg*) reles 2. (*gewöhnlich*) comum, vulgar

Ordner[1] *m* <-s, -> 1. (*zum Abheften*) pasta de arquivo *f* 2. (INFORM) pasta *f*

Ordner(in)[2] *m(f)* <-s, - *o* -innen> segurança *m,f*

Ordnung *f* kein *pl* ordem *f;* (*Anordnung*) disposição *f*, ordenação *f;* **die öffentliche ~** ordem pública; **etw in ~ bringen** pôr a. c. em ordem, arrumar a. c.; (TECH) consertar a. c., compor a. c.; ~ **schaffen** arrumar; **jdn zur ~ rufen** chamar alguém à ordem; (*umg*); **ich finde es ganz in ~, dass ...** eu acho muito bem que ... +*conj*; (*umg*) **geht in ~!** está (a ir) bem!

Ordnungsliebe *f* kein *pl* amor à ordem *m*

Ordnungsstrafe *f* <-n> (JUR) multa disciplinar *f*, pena disciplinar *f*

Oregano *nt* <-s> *kein pl* oregão *m*, orégano *m*

Organ [ɔr'ga:n] *nt* <-s, -e> 1. (*Körperorgan*) órgão *m* 2. (*Institution*) órgão *m*, organismo *m*; (*Zeitung*) jornal *m* 3. (*umg: Stim-*

me) voz *f;* **er hat ein lautes** ~ ele tem uma voz forte

Organisation [ɔrganizaˈtsjoːn] *f* <-en> organização *f*

Organisator(in) *m(f)* <-s, -en *o* -innen> organizador, organizadora *m, f*

organisatorisch [ɔrganizaˈtoːrɪʃ] *adj* organizador

organisch [ɔrˈgaːnɪʃ] *adj* (BIOL, CHEM, MED) orgânico

organisieren* *vt* **1.** (*Veranstaltung*) organizar **2.** (*umg: beschaffen*) tentar arranjar

Organismus [ɔrgaˈnɪsmʊs] *m* <-, -men> organismo *m*

Organist(in) *m(f)* <-en, -en *o* -innen> organista *m,f*

Organspender(in) *m(f)* <-s, - *o* -innen> doador de órgãos, doadora *m, f*

Orgasmus [ɔrˈgasmʊs] *m* <-, -men> orgasmo *m*

Orgel [ˈɔrgəl] *f* <-n> órgão *m*

Orgie *f* <-n> orgia *f,* bacanal *m*

Orient [ˈoːriɛnt, oriˈɛnt] *m* <-s> *kein pl* Oriente *m*

orientalisch [oriɛnˈtaːlɪʃ] *adj* oriental

orientieren* *vr* **sich** ~ (*örtlich*) orientar-se (*an* por)

Orientierung *f kein pl* orientação *f* (*an* por); **die** ~ **verlieren** desorientar-se

Orientierungssinn *m* <-(e)s> *kein pl* sentido de orientação *m*

original [origiˈnaːl] *adj* original; (*echt*) autêntico, verdadeiro

Original [origiˈnaːl] *nt* <-s, -e> **1.** (*von Dokument, Buch*) original *m* **2.** (*Person*) pessoa esquisita *f*

Originalität *f kein pl* originalidade *f*

originell [origiˈnɛl] *adj* original, fora do vulgar

Orkan [ɔrˈkaːn] *m* <-s, -e> furacão *m*

Ornament [ɔrnaˈmɛnt] *nt* <-(e)s, -e> ornamento *m,* adorno *m*

Ornithologe(in) [ɔrnitoˈloːgə] *m(f)* <-n, -n *o* -innen> ornitologista *m,f*

Ort [ɔrt] *m* <-(e)s, -e> **1.** (*Platz*) lugar *m,* local *m;* (*Stelle*) sítio *m;* **vor** ~ in loco, no local; **an** ~ **und Stelle** no sítio **2.** (*Ortschaft*) localidade *f,* povoação *f*

orten [ˈɔrtən] *vt* (NAUT, AERO) localizar

orthodox [ɔrtoˈdɔks] *adj* ortodoxo

Orthografie *f s.* **Orthographie** ortografia *f*

orthografisch *adj s.* **orthographisch** ortográfico

Orthopäde(in) *m(f)* <-n, -n *o* -innen> ortopedista *m,f*

orthopädisch *adj* ortopédico

örtlich *adj* local

ortsansässig *adj* (*Person*) residente; (*Firma*) domiciliado

Ortschaft *f* <-en> localidade *f,* povoação *f*

ortsfremd *adj* forasteiro

Ortsgespräch *nt* <-(e)s, -e> chamada (telefónica) local *f*

ortskundig *adj* conhecedor dum lugar; ~ **sein** conhecer um lugar

Ortsnetz *nt* <-es, -e> rede local *f*

Ortstarif *m* <-(e)s, -e> tarifa local *f*

Ortszeit *f* <-en> hora local *f*

O-Saft *m* <-(e)s, -säfte> (*umg*) sumo de laranja *m,* suco de laranja *m*

Öse *f* <-n> fêmea de colchete *f*

Ossi [ˈɔsi] *m* <-s, -s> (*umg*) alemão de Leste, alemã *m, f*

Com a queda do Muro entre a Alemanha Oriental e a Alemanha Ocidental surgiu na linguagem coloquial o termo **Ossi**, muitas vezes de cunho pejorativo. Com este termo é designado o cidadão oriundo da antiga Alemanha Oriental.

O

Ostberlin *nt* <-s> *kein pl* Berlim oriental *f*

Ostblock *m* <-(e)s> *kein pl* (POL) Bloco de Leste *m;* **im ehemaligen** ~ no antigo Bloco de Leste

ostdeutsch *adj* alemão de leste

Ostdeutsche(r) *m/f* <-n, -n *o* -n> alemão de Leste, alemã *m, f*

Ostdeutschland *nt* <-s> *kein pl* Alemanha de Leste *f,* Leste da Alemanha *m*

Osten [ˈɔstən] *m* <-s> *kein pl* este *m,* oriente *m,* leste *m;* **im/nach** ~ a/para (l)este; **der Nahe/Ferne/Mittlere** ~ o Próximo/Extremo/Médio Oriente

Osterei *nt* <-(e)s, -er> ovo de Páscoa *m*

Osterglocke *f* <-n> (BOT) narciso *m*

Osterhase *m* <-n, -n> coelhinho da Páscoa *m*

Na Páscoa vem o **Osterhase**, Coelho da Páscoa, que esconde para as crianças ovos de Páscoa coloridos, coelhos de chocolate e outros presentes no jardim ou dentro de casa. As crianças procuram então os esconderijos dos presentes.

Ostermontag *m* <-(e)s, -e> Segunda-feira de Páscoa *f*

Ostern ['o:stən] *nt* <-, -> Páscoa *f;* **an/zu ~** na Páscoa; **Frohe ~!** Feliz Páscoa!

Österreich *nt* <-s> *kein pl* Áustria *f*

Österreicher(in) *m(f)* <-s, - *o* -innen> austríaco, austríaca *m, f*

österreichisch *adj* austríaco

Ostersonntag ['--'--] *m* <-(e)s, -e> Domingo de Páscoa *m*

Osteuropa ['--'--] *nt* <-s> *kein pl* Europa de Leste *f*

östlich *adj* oriental, de leste; **~ von Leipzig** a leste de Leipzig; **in ~er Richtung** na direcção de leste

Ostsee *f kein pl* mar Báltico *m*

Otter¹ ['ɔtə] *f* <-n> (*Schlange*) víbora *f*

Otter² *m* <-s, -> (*Fischotter*) lontra *f*

Output ['aʊtpʊt] *nt* <-s, -s> (INFORM) saída *f*, output *m*

Ouzo *m* <-(s), -s> licor grego de anis *m*

oval [o'va:l] *adj* oval

Overall ['ɔʊvərəl] *m* <-s, -s> macacão *m*, fato-macaco *m*

Overheadprojektor ['ɔʊvɛhɛt-] *m* <-s, -en> retroproje(c)tor *m*

Oxid *nt* <-(e)s, -e> óxido *m*

oxidieren* *vi* oxidar

Ozean ['o:tsea:n] *m* <-s, -e> oceano *m;* **Stiller ~** Oceano Pacífico

ozeanisch *adj* oceânico

Ozon [o'tso:n] *nt* <-s> *kein pl* ozono *m;* (*brasil*) ozônio *m*

Ozonloch *nt* <-(e)s> *kein pl* buraco do ozono *m*, buraco do ozônio *m*

Ozonschicht *f kein pl* camada de ozono *f*, camada de ozônio *f*

P

P *nt* <-s, -s> P, p *m*

paar [pa:ɐ] *pron indef* **ein ~** alguns, algumas, uns, umas; **ein ~ Autos** alguns carros, uns carros; **ein ~ Mal** algumas vezes, umas vezes; **warte doch ein ~ Minuten!** espera uns minutos!; **vor ein ~ Stunden** há umas horas

Paar [pa:ɐ] *nt* <-(e)s, -e> **1.** (*Lebewesen*) par *m*, parelha *f;* (*Liebespaar*) casal *m* **2.** (*Dinge*) par *m;* **ein ~ Schuhe** um par de sapatos

paaren ['pa:rən] **I.** *vt* (*Tiere*) juntar **II.** *vr* **sich ~** (*Tiere*) acasalar, copular

paarmalᴬᴸᵀ *adv s.* **paar**

Paarung *f* <-en> (*Tiere*) acasalamento *m*, cópula *f*

paarweise *adv* aos pares, dois a dois

Pacht [paxt] *f* <-en> arrendamento *m*

pachten *vt* arrendar

Pächter(in) *m(f)* <-s, - *o* -innen> arrendatário, arrendatária *m, f*

Pack [pak] *nt* <-(e)s> *kein pl* (*pej*) gentalha *f*, corja *f*

Päckchen *nt* <-s, -> **1.** (*zum Verschicken*) encomenda postal *f* **2.** (*Zigaretten*) maço *m*

Packeis *nt* <-es> *kein pl* gelo movediço *m*

packeln *vi* (*umg österr*) planear a. c. em segredo

packen ['pakən] *vt* **1.** (*einpacken*) pôr, meter; (*Paket*) fazer, embrulhar; (*Koffer*) fazer; **etw in Geschenkpapier ~** embrulhar a. c. em papel de fantasia; **etw in Kisten ~** encaixotar a. c. **2.** (*greifen, fassen*) agarrar, segurar; (*Stier*) pegar **3.** (*fesseln*) prender

Packpapier *nt* <-s, -e> papel de embrulho *m*

Packung *f* <-en> **1.** (*Paket*) pacote *m;* (*Zigaretten*) maço *m;* **eine ~ Pralinen** uma caixa de bonbons **2.** (MED) cataplasma *m*

Pädagoge(in) *m(f)* <-n, -n *o* -innen> pedagogo, pedagoga *m, f*

Pädagogik *f kein pl* pedagogia *f*

pädagogisch *adj* pedagógico

Paddel *nt* <-s, -> remo *m*

Paddelboot *nt* <-(e)s, -e> canoa *f*

paddeln ['padəln] *vi* andar de canoa

Päderast *m* <-en, -en> pederasta *m*

pädophil *adj* pedófilo

paffen ['pafən] *vi* (*umg*) fumar, deitar nuvens de fumo

Page ['pa:ʒə] *m* <-n, -n> trintanário *m*, porteiro *m*

Pailette *f* <-n> lentejoula *f*

Paket [pa'ke:t] *nt* <-(e)s, -e> **1.** (*Packen, Packung*) pacote *m*, embrulho *m;* **ein ~ Waschpulver** um pacote de detergente **2.** (*Postpaket*) encomenda postal *f* **3.** (WIRTSCH, POL) pacote *m*

Paketkarte *f* <-n> talão *m*, guia *f*

Pakistan *nt* <-s> *kein pl* Paquistão *m*

Pakistani *m/f* <-(s), -(s) *o* -(s)> paquistanês, paquistanesa *m*, *f*

Pakt [pakt] *m* <-(e)s, -e> pacto *m*, acordo *m*

Palast [pa'last] *m* <-(e)s, Paläste> palácio *m*

Palästina *nt* <-s> *kein pl* Palestina *f*

Palästinenser(in) *m(f)* <-s, - *o* -innen> palestino, palestina *m*, *f*

Palatschinke *f* <-n> (*österr*) crepe recheado com chantilly e coberto com frutos e chocolate

Palette [pa'lɛtə] *f* <-n> **1.** (*des Malers*) paleta *f* **2.** (*zum Transport*) palete *f* **3.** (*Vielfalt*) variedade *f*; **eine breite ~ (von)** +*dat* uma grande variedade (de), um grande leque (de)

Palme ['palmə] *f* <-n> palmeira *f*; (*umg*); **jdn auf die ~ bringen** pôr alguém louco

Palmsonntag *m* <-(e)s, -e> Domingo de Ramos *m*

Pampelmuse ['pampəlmu:zə] *f* <-n> toranja *f*

Panama ['panama] *nt* <-s> *kein pl* Panamá *m*

Panamaer(in) ['panamɐ, pana'ma:ɐ] *m(f)* <-s, *o* -innen> panameano, panameana *m*, *f*

Panda *m* <-s, -s> panda *m*

panieren* *vt* panar

Paniermehl *nt* <-s> *kein pl* pão ralado *m*

Panik ['pa:nɪk] *f kein pl* pânico *m*; **in ~ geraten** entrar em pânico; **es brach ~ aus** instalou-se o pânico

panisch *adj* pânico, terrível; **~e Angst vor etw haben** ter pavor de a. c.

Panne ['panə] *f* <-n> **1.** (*mit Auto, Fahrrad*) avaria *f*; **eine ~ haben** estar avariado **2.** (*Missgeschick*) percalço *m*

Pannendienst *m* <-(e)s, -e> serviço de desempanagem *m*

Panorama [pano'ra:ma] *nt* <-s, Panoramen> panorama *m*

Panter[RR] *m* <-s, -> pantera *f*

Panther ['pantɐ] *m* <-s, -> pantera *f*

Pantoffel [pan'tɔfəl] *m* <-s, -n> chinelo *m*; (*umg*); **unter dem ~ stehen** obedecer ao mando da mulher

Pantomime *f* <-n> pantomima *f*, mímica *f*

Panzer ['pantsɐ] *m* <-s, -> **1.** (*Fahrzeug*) tanque *m*, blindado *m* **2.** (*von Tieren*) carapaça *f*

Panzerglas *nt* <-es> *kein pl* vidro temperado *m*

Papa ['papa] *m* <-s, -s> (*umg*) papá *m*, papai *m*

Papagei [papa'gaɪ] *m* <-en, -en> papagaio *m*

Papaya *f* <-s> papaia *f*

Papeterie *f* <-n> **1.** (*schweiz: Geschäft*) papelaria *f* **2.** (*schweiz: Schreibwaren*) artigos de papelaria *mpl*

Papier [pa'pi:ɐ] *nt* <-s, -e> **1.** (*Material*) papel *m*; **ein Blatt ~** uma folha de papel **2.** (*Wertpapier*) título *m*, valor *m* **3.** (*Schriftstück*) documento *m*

Papiere *pl* documentos *mpl*, documentação *f*; **seine ~ sind (nicht) in Ordnung** os seus documentos (não) estão em ordem

Papiergeld *nt* <-(e)s> *kein pl* papel-moeda *m*

Papierkorb *m* <-(e)s, -körbe> cesto dos papéis *m*

Papierkrieg *m* <-(e)s, -e> batalha burocrática *f*

Papierstau *m* <-s, -s> acumulação de papel *f*

Papiertaschentuch *nt* <-(e)s, -tücher> lenço de papel *m*

Papiertüte *f* <-n> saco de papel *m*

Pappbecher *m* <-s, -> copo de papel *m*

Pappe ['papə] *f* <-n> papelão *m*, cartão *m*; (*dünn*) cartolina *f*

Pappel ['papəl] *f* <-n> choupo *m*

Paprika *m* <-s, -(s)> **1.** (*Frucht*) pimento *m*, pimentão *m* **2.** *kein pl* (*Gewürz*) colorau *m*

Papst [pa:pst] *m* <-(e)s, Päpste> papa *m*

Parabel [pa'ra:bəl] *f* <-n> (MAT, LIT) parábola *f*

Parabolantenne [para'bo:l-] *f* <-n> antena parabólica *f*

Parade [pa'ra:də] *f* <-n> (MIL) parada *f*

Paradeiser *m* <-s, -> (*österr*) tomate *m*

Paradies [para'di:s] *nt* <-es, -e> paraíso *m*; **das ~ auf Erden** o paraíso na Terra

paradiesisch [para'di:zɪʃ] *adj* paradisíaco

paradox [para'dɔks] *adj* paradoxal

Paragliding ['pa:raglaɪdɪŋ] *nt* <-s> *kein pl* ultra-ligeiro *m*

Paragraf *m* <-en, -en> *s.* **Paragraph** parágrafo *m*

Paraguay [para'guaɪ, 'paraguaɪ] *nt* <-s> *kein pl* Paraguai *m*

parallel [para'le:l] *adj* paralelo

P

Parallele [para'le:lə] *f* <-n> 1. (MAT) paralela *f* 2. (*ähnlicher Fall*) analogia *f*; **eine ~ zu etw ziehen** estabelecer uma analogia com a. c.

Parallelogramm *nt* <-s, -e> paralelograma *m*

Parameter [pa'ra:metɐ] *m* <-s, -> parâmetro *m*

paramilitärisch *adj* paramilitar

Paranuss^RR *f* <-nüsse> castanha-do-pará *f*

Parasit [para'zi:t] *m* <-en, -en> parasita *m*

parat [pa'ra:t] *adj* à mão; **er hat immer eine Antwort ~** ele tem sempre uma resposta pronta

Parfüm *nt* <-s, -s> perfume *m*

Parfümerie *f* <-n> perfumaria *f*

parfümieren* *vt* perfumar

parieren* *vi* obedecer

Pariserbrot *nt* <-(e)s, -e> (*schweiz*) baguete *f*

Park [park] *m* <-s, -s> parque *m*

Park-and-ride-System *nt* <-s, -e> sistema, segundo o qual são disponibilizados parques de estacionamento baratos na periferia da cidade e transportes públicos para o centro

Parkanlage *f* <-n> parque *m*, jardim público *m*

parken ['parkən] *vi* estacionar

Parkett [par'kɛt] *nt* <-(e)s, -s> 1. (*Fußboden*) parquet *m* 2. (*im Theater, Kino*) plateia *f*

Parkhaus *nt* <-es, -häuser> silo-auto *m*, auto-silo *m*, edifício-garagem *m*

parkieren* *vi* (*schweiz*) *s.* **parken**

Parkingmeter *m* <-s, -> (*schweiz*) parquímetro *m*

Parkkralle *f* <-n> bloqueador de rodas *m*

Parklücke *f* <-n> espaço para estacionar *m*

Parkplatz *m* <-es, -plätze> parque de estacionamento *m*

Parkscheinautomat *m* <-en, -en> máquina para pagamento do estacionamento *f*

Parkuhr *f* <-en> parquímetro *m*

Parkverbot *nt* <-(e)s, -e> estacionamento proibido *m*; **hier ist ~** aqui é proibido estacionar

Parlament [parla'mɛnt] *nt* <-(e)s, -e> parlamento *m*, assembleia *f*; **Europäisches ~** Parlamento Europeu *m*

Parlamentarier(in) *m(f)* <-s, - *o* -innen> parlamentar *m,f*

parlamentarisch *adj* parlamentar

Parlamentswahl *f* <-en> eleições parlamentares *fpl*

Parmesan *m* <-s> *kein pl* queijo parmesão *m*

Parodie [paro'di:] *f* <-n> paródia *f* (*auf* de)

parodieren* *vt* parodiar

Parodontose [parodɔn'to:zə] *f* <-n> (MED) parodontose *f*

Parole [pa'ro:lə] *f* <-n> 1. (*Leitspruch*) lema *m* 2. (*Kennwort*) senha *f*

Partei [par'taɪ] *f* <-en> (POL) partido *m*; **einer ~ angehören** pertencer a um partido; **für jdn ~ ergreifen** tomar o partido de alguém

Parteiführung *f* <-en> dire(c)ção do partido *f*

Parteigenosse(in) *m(f)* <-n, -n *o* -innen> partidário, partidária *m, f*

parteiisch *adj* parcial; **~ sein** ser parcial

Parteitag *m* <-(e)s, -e> congresso do partido *m*

Parterre *nt* <-s, -s> rés-do-chão *m*, andar térreo *m*

Partie [par'ti:] *f* <-n> 1. (*Teil*) parte *f* 2. (*Spiel, Sport*) partida *f*

Partikel [par'ti:kəl] *f* <-n> (LING, PHYS) partícula *f*

Partisan(in) [parti'za:n] *m(f)* <-en, -en *o* -innen> guerrilheiro, guerrilheira *m, f*

Partitur [parti'tu:ɐ] *f* <-en> (MUS) partitura *f*

Partizip [parti'tsi:p] *nt* <-s, -ien> particípio *m*; **~ Präsens/Perfekt** particípio presente/passado

Partner(in) ['partnɐ] *m(f)* <-s, - *o* -innen> 1. (*Lebenspartner*) companheiro, companheira *m, f*, parceiro, parceira *m, f*; (*Tanzpartner*) par *m*; (*Gesprächspartner*) interlocutor, interlocutora *m, f*; (*Spielpartner*) parceiro, parceira *m, f* 2. (*Teilhaber*) sócio, sócia *m, f*

Partnerschaft *f* <-en> 1. (*Zusammenleben*) relação *f* 2. (*Zusammenarbeit*) cooperação *f*

partnerschaftlich *adj* (*Freundschaft*) de amizade; (*Liebesbeziehung*) de namoro

Partnerstadt *f* <-städte> cidade geminada *f*

Party ['pa:ɐti] *f* <-s> festa *f*; **eine ~ geben** dar uma festa

Parzelle [par'tsɛlə] *f* <-n> lote (de terreno) *m*

Pass^RR [pas] *m* <-es, Pässe>, **Paß**^ALT *m*

<-sses, Pässe> **1.** (*Ausweis*) passaporte *m*; **der ~ ist abgelaufen** o passaporte caducou; **den ~ verlängern lassen** renovar o passaporte **2.** (*im Gebirge*) desfiladeiro *m*

passabel [pa'saːbəl] *adj* aceitável

Passage [pa'saːʒə] *f* <-n> **1.** (*Durchfahrt*) passagem *f*, travessia *f* **2.** (*Ladenstraße*) passagem *f*, corredor *m* **3.** (*Textabschnitt*) passagem *f*

Passagier(in) [pasa'ʒiːɐ] *m(f)* <-s, -e o -innen> passageiro, passageira *m*, *f*; **ein blinder ~** um passageiro clandestino

Passant(in) [pa'sant] *m(f)* <-en, -en o -innen> transeunte *m,f*

Passat *m* <-(e)s, -e> monção *f*

PassbildRR *nt* <-(e)s, -er> fotografia tipo passe *f*

passen ['pasən] *vi* **1.** (*in Größe, Form*) servir; (*in der Menge*) caber; **dieser Mantel passt mir** este casaco serve-me; **in das Auto ~ fünf Personen** cabem cinco pessoas no carro **2.** (*harmonieren*) ajustar-se; (*Farbe*) condizer (*zu* com); **sie ~ gut zueinander** eles estão bem um para o outro; **das passt zu ihm!** isso é mesmo dele! **3.** (*genehm sein*) convir, dar jeito; **um 18 Uhr passt es mir nicht** às 18 horas não me convém, às 18 horas não me dá jeito; **das könnte dir so ~!** era o que tu querias!, não querias mais nada! **4.** (*im Spiel*) passar

passend *adj* **1.** (*in Größe, Form*) correspondente; (*in Farbe*) a condizer; **welches ist der ~e Schlüssel?** qual é a chave correspondente? **2.** (*treffend, genau*) apropriado, conveniente; **sie findet immer die ~en Worte** ela encontra sempre as palavras apropriadas

Passepartout *nt* <-s, -s> passe-partout *m*

passieren* **I.** *vt* (*überqueren*) passar, atravessar; **die Grenze ~** atravessar a fronteira; (*Gemüse*) passar; **passierte Tomaten** tomates passados **II.** *vi* acontecer, passar-se; **was ist passiert?** o que é que aconteceu?, o que é que se passou?; **das kann jedem ~!** pode acontecer a qualquer um!

passiv ['pasiːf, -'-] *adj* passivo

Passiv ['pasiːf, -'-] *nt* <-s> *kein pl* (LING) voz passiva *f*

Passiva *pl* (WIRTSCH) passivo *m*

Passivität *f kein pl* passividade *f*

PasskontrolleRR *f* <-n> controlo de passaportes *m*

PasswortRR ['pasvɔrt] *nt* <-(e)s, -wörter> palavra-passe *f*

Pastell *nt* <-(e)s, -e> pastel *m*

Pastete [pas'teːtə] *f* <-n> (*aus Blätterteig*) pastel *m*; (*mit Fleisch, Fisch*) empada *f*

pasteurisiert *adj* pasteurizado

Pastor(in) *m(f)* <-s, -en o -innen> (*reg*) pastor, pastora *m*, *f*

Pate(in) ['paːtə] *m(f)* <-n, -n o -innen> padrinho *m*, madrinha *f*

Patenkind *nt* <-(e)s, -er> afilhado, afilhada *m*, *f*

Patent [pa'tɛnt] *nt* <-(e)s, -e> **1.** (*für Erfindung, Produkt*) patente *f* **2.** (*schweiz: staatliche Erlaubnis*) alvará *m*, licença *f*

Patentamt *nt* <-(e)s, -ämter> regist(r)o de patentes *m*

patentieren* *vt* regist(r)ar, patentear

Pater ['paːtɐ] *m* <-s, -> padre *m*

pathetisch [pa'teːtɪʃ] *adj* patético

Pathologie [patolo'giː] *f kein pl* patologia *f*

pathologisch [pato'loːgɪʃ] *adj* patológico

Pathos ['paːtɔs] *nt* <-> *kein pl* ardor *m*, veemência *f*

Patient(in) [pa'tsjɛnt] *m(f)* <-en, -en o -innen> paciente *m,f*

Patisserie *f* <-n> **1.** (*schweiz: Konditorei*) pastelaria *f*, confeitaria *f* **2.** (*schweiz: Feingebäck*) confeito *m*

Patriot(in) [patri'oːt] *m(f)* <-en, -en o -innen> patriota *m,f*

patriotisch *adj* patriótico

Patriotismus *m* <-> *kein pl* patriotismo *m*

Patrone [pa'troːnə] *f* <-n> **1.** (*für Tinte*) carga *f* **2.** (*für Schusswaffe*) cartucho *m*

Patrouille [pa'trʊljə] *f* <-n> patrulha *f*

patrouillieren* *vi* patrulhar

patschnassRR *adj* (*umg*) encharcado, molhado até aos ossos

Patzer *m* <-s, -> **1.** (*umg: Fehler*) gafe *f*, deslize *m* **2.** (*österr: Klecks*) mancha *f*

patzig ['patsɪç] *adj* (*umg: Person*) respondão; (*Antwort*) torto

Pauke ['paʊkə] *f* <-n> timbale *m*, tímpano *m*

pauken *vi* **1.** (MUS) tocar timbales **2.** (*umg: lernen*) marrar, empinar

Pauker(in) *m(f)* <-s, - o -innen> **1.** (MUS) timbaleiro, timbaleira *m*, *f* **2.** (*umg: Lehrer*) professor, professora *m*, *f*

pausbäckig *adj* gorducho

pauschal [paʊ'ʃaːl] **I.** *adj* **1.** (*Kosten, Sum-*

P

me) global **2.** (*Urteil*) generalizado **II.** *adv* **1.** (*im Ganzen*) ao todo, no total; **dafür berechnen wir ~ 100 DM** nós calculamos 100 marcos ao todo **2.** (*allgemein*) de forma generalizada; **so ~ kann man das nicht sagen** isso não se pode generalizar

Pauschale [paʊˈʃaːlə] *f* <-n> quantia fixa *f*

Pauschalpreis *m* <-es, -e> preço global *m*

Pauschalreise *f* <-n> viagem com tudo incluído *f*, pacote turístico *m*

Pauschalurteil *nt* <-(e)s, -e> juízo generalizado *m*

Pause [ˈpaʊzə] *f* <-n> **1.** (*Unterbrechung*) pausa *f*, intervalo *m*; (*in der Schule*) recreio *m*; (*im Theater, Kino*) intervalo *m*; **eine ~ machen** fazer um intervalo, fazer uma pausa **2.** (MUS) pausa *f*

pausenlos *adj* contínuo, ininterrupto

Pauspapier *nt* <-(e)s, -e> papel transparente *m*

Pavian [ˈpaːviaːn] *m* <-s, -e> babuíno *m*

Pavillon [ˈpavɪljõ] *m* <-s, -s> pavilhão *m*

Pay-TV *nt* <-> *kein pl* televisão paga *f*

Pazifik [paˈtsiːfɪk] *m* <-s> *kein pl* oceano Pacífico *m*

Pazifist(in) *m(f)* <-en, -en *o* -innen> pacifista *m,f*

pazifistisch *adj* pacifista

PC [peːˈtseː] *abk v* **Personalcomputer** PC (= *personal computer*)

Pech [pɛç] *nt* <-(e)s> *kein pl* azar *m*; **~ haben** ter azar

Pechsträhne *f* <-n> maré de azar *f*

Pechvogel *m* <-s, -vögel> (*umg*) azarento, azarenta *m, f*

Pedal [peˈdaːl] *nt* <-s, -e> pedal *m*

pedalen *vi* (*schweiz*) andar de bicicleta

Pedant(in) [peˈdant] *m(f)* <-en, -en *o* -innen> pedante *m,f*

Pedanterie *f kein pl* pedantismo *m*

pedantisch *adj* pedante

Peeling [ˈpiːlɪŋ] *nt* limpeza de pele *f*

Peepshow^RR *f* <-s> caleidoscópio *m*

Pegel [ˈpeːgəl] *m* <-s, -> marégrafo *m*

Pegelstand *m* <-(e)s, -stände> nível da água *m*

peilen [ˈpaɪlən] *vt* (NAUT: *Lage bestimmen*) localizar

peinigen* [ˈpaɪnɪgən] *vt* (*geh*) atormentar, torturar

peinlich *adj* **1.** (*unangenehm*) penoso, desagradável, embaraçoso; **es ist mir furchtbar**

~, dass ... é desagradável para mim que ... +*conj* **2.** (*genau*) meticuloso

Peinlichkeit *f* <-en> embaraço *m*

Peitsche [ˈpaɪtʃə] *f* <-n> chicote *m*

peitschen *vt* chicotear, fustigar

Peking *nt* <-s> *kein pl* Pequim *f*

Pelikan [ˈpeːlikaːn] *m* <-s, -e> pelicano *m*

Pelle [ˈpɛlə] *f* <-n> (*von Kartoffel, Obst*) casca *f*, pele *f*; (*von Wurst*) pele *f*

Pellkartoffel *f* <-n> batata cozida com a pele *f*

Pelz [pɛlts] *m* <-es, -e> pele *f*

Pelzmantel *m* <-s, -mäntel> casaco de peles *m*

Pendel [ˈpɛndəl] *nt* <-s, -> pêndulo *m*

pendeln [ˈpɛndəln] *vi* **1.** (*schwingen*) oscilar **2.** (*zwischen zwei Orten*) viajar (diariamente); **sie pendelt täglich nach Osnabrück/zwischen Münster und Osnabrück** ela viaja todos os dias para Osnabrück/entre Münster e Osnabrück; **wohnt er in Bremen? - nein, er pendelt** ele mora em Bremen? - não, ele vai e vem todos os dias

Pendelverkehr *m* <-s> *kein pl* tráfego de ida e volta *m*

pendent *adj* (*schweiz*) pendente

Pendenz *f* <-en> (*schweiz*) assunto pendente *m*

penetrant [peneˈtrant] *adj* **1.** (*Geschmack, Geruch*) penetrante **2.** (*Mensch*) impertinente

penibel [peˈniːbəl] *adj* meticuloso

Penis [ˈpeːnɪs] *m* <-, -se> pénis *m*

Penizillin [penitsiˈliːn] *nt* <-s, -e> penicilina *f*

pennen [ˈpɛnən] *vi* (*umg*) dormir

Penner(in) [ˈpɛnɐ] *m(f)* <-s, - *o* -innen> vagabundo, vagabunda *m, f*, vadio, vadia *m, f*

Pension [pãˈzjoːn, pɛnˈzjoːn] *f* <-en> **1.** (*Unterkunft*) pensão *f*, hospedaria *f* **2.** *kein pl* (*Ruhestand*) reforma *f*; **in ~ gehen** reformar-se; **in ~ sein** estar reformado **3.** (*Ruhegehalt*) pensão *f*, reforma *f*

Pensionär(in) *m(f)* <-s, -e *o* -innen> **1.** (*Ruheständler*) pensionista *m,f* **2.** (*schweiz: Pensionsgast*) hóspede *m,f*

pensionieren* *vt* aposentar, reformar; **sich ~ lassen** aposentar-se, reformar-se

pensioniert *adj* reformado, aposentado

Pensionierung *f* <-en> aposentadoria *f*, reforma *f*

Pensionsgast *m* <-(e)s, -gäste> hóspede *m,f*

Pensum ['pɛnzʊm] *nt* <-s, Pensen> tarefa *f*

Penthouse *nt* <-, -s> cobertura *f*

Pep [pɛp] *m* <-(s)> *kein pl* genica *f*

Peperoni *f* <-s> 1. (*scharfe Paprika*) pimento em conserva *m*, pimentão em conserva *m* 2. (*schweiz: Gemüsepaprika*) pimento *m*, pimentão *m*

per [pɛr] *präp* +*akk* (*Transportmittel*) por, de; ~ **Post** pelo correio; **etw ~ Einschreiben schicken** enviar a. c. regist(r)ada

perfekt [pɛr'fɛkt] *adj* perfeito

Perfekt ['pɛrfɛkt] *nt* <-s, -e> (LING) pretérito perfeito *m*

Perfektion [pɛrfɛk'tsjoːn] *f kein pl* perfeição *f*

Perfektionist(in) *m(f)* <-en, -en *o* -innen> perfeccionista *m,f*

Pergament [pɛrga'mɛnt] *nt* <-(e)s, -e> pergaminho *m*

Pergamentpapier *nt* <-s, -e> papel vegetal *m*

Periode [peri'oːdə] *f* <-n> 1. (*Zeitabschnitt*) período *m*, época *f* 2. (*Menstruation*) período *m*, menstruação *f;* **sie hat ihre ~** ela está com o período

periodisch [peri'oːdɪʃ] *adj* periódico

Peripherie [perife'riː] *f* <-n> 1. (*Randbezirke*) periferia *f* 2. (INFORM) equipamento periférico *m*

Peripheriegerät *nt* <-(e)s, -e> (INFORM) periférico *m*

Perle ['pɛrlə] *f* <-n> (*der Perlmuschel*) pérola *f;* (*aus Glas, Holz*) conta *f*

perlen ['pɛrlən] *vi* borbulhar

Perlmutt ['pɛrlmʊt] *nt* <-s> *kein pl* madrepérola *f*

permanent [pɛrma'nɛnt] *adj* permanente

perplex [pɛr'plɛks] *adj* perplexo, atónito

Perron *m* <-s, -s> (*schweiz*) plataforma *f*

Perserteppich *m* <-s, -e> tapete persa *m*

Persien *nt* <-s> *kein pl* Pérsia *f*

Person [pɛr'zoːn] *f* <-en> 1. (*Mensch*) pessoa *f;* **das kostet 7 DM pro ~** isso custa 7 marcos por pessoa; **ich für meine ~ möchte ...** eu, por mim, gostaria de ...; **wie heißt die 3. ~ Singular von "wissen"?** como é a 3ª pessoa do singular do verbo "wissen"?; **er ist die Frechheit in ~** ele é o atrevimento em pessoa 2. (FILM, LIT) personagem *m,f*

Personal [pɛrzo'naːl] *nt* <-s> *kein pl* pessoal *m*

Personalabteilung *f* <-en> se(c)ção de pessoal *f*

Personalausweis *m* <-es, -e> bilhete de identidade *m*, carteira de identidade *f*

Personalchef(in) *m(f)* <-s, -s *o* -innen> chefe do pessoal *m,f*

Personalcomputer *m* <-s, -> computador pessoal *m*

Personalien [pɛrzo'naːljən] *pl* dados pessoais *mpl;* **seine ~ angeben** indicar os dados pessoais

Personalpronomen *nt* <-s, -> pronome pessoal *m*

Personenkraftwagen *m* <-s, -> automóvel ligeiro de passageiros *m*

Personenschaden *m* <-s, -schäden> danos corporais *mpl*

Personenwagen *m* <-s, -> automóvel de passageiros *m*

Personenzug *m* <-(e)s, -züge> comboio de passageiros *m*, trem de passageiros *m*

persönlich I. *adj* pessoal II. *adv* pessoalmente, em pessoa; **Sie müssen ~ vorbeikommen** tem de vir cá pessoalmente; **sie kennt den Präsidenten ~** ela conhece o presidente pessoalmente

Persönlichkeit *f* <-en> personalidade *f*

Perspektive [pɛrspɛk'tiːvə] *f* <-n> perspe(c)tiva *f;* **dadurch eröffnen sich neue ~n** com isso abrem-se novas perspe(c)tivas

Peru [pe'ruː] *nt* <-s> *kein pl* Peru *m*

Perücke *f* <-n> peruca *f*, cabeleira (postiça) *f*

pervers [pɛr'vɛrs] *adj* perverso

Perversität *f* <-en> perversidade *f*

Pessar [pɛ'saːɐ] *nt* <-s, -e> (MED) pessário *m*

Pessimismus [pɛsi'mɪsmʊs] *m* <-> *kein pl* pessimismo *m*

Pessimist(in) *m(f)* <-en, -en *o* -innen> pessimista *m,f*

pessimistisch *adj* pessimista

Pest [pɛst] *f kein pl* peste *f;* (*umg*) **es stinkt wie die ~** cheira mal que tresanda; (*umg*); **jdn/etw hassen wie die ~** abominar alguém/a. c.

Pestizid [pɛsti'tsiːt] *nt* <-s, -e> pesticida *m*

Peterli *m* <-s> *kein pl* (*schweiz*) s. **Petersilie**

Petersilie [petɐ'ziːljə] *f kein pl* salsa *f;* **ein Bund ~** um molho de salsa

P

Petroleum [pe'tro:leʊm] *nt* <-s> *kein pl* petróleo *m*

Petting *nt* <-(s), -s> carícias *fpl*

petzen ['pɛtsən] *vi* (*umg*) fazer queixinhas

Pf *abk v* **Pfennig** pfennig

Pfad [pfa:t] *m* <-(e)s, -e> caminho *m*, vereda *f*, carreiro *m*

Pfadfinder(in) *m(f)* <-s, - *o* -innen> escoteiro, escoteira *m*, *f*, escuteiro, escuteira *m*, *f*

Pfahl [pfa:l] *m* <-(e)s, Pfähle> estaca *f*, poste *m*

Pfahlbau *m* <-(e)s, -ten> palafita *f*, construção lacustre *f*

Pfand [pfant] *nt* <-(e)s, Pfänder> **1.** (*Gegenstand*) penhor *m*; (*im Spiel*) prenda *f*; **etw als ~ behalten** ficar com a. c. de penhora; **ein ~ hinterlassen** deixar a. c. de penhora **2.** *kein pl* (*auf Flaschen*) depósito *m*; **auf der Flasche sind 30 Cent ~** a garrafa tem 30 centos de depósito

pfänden *vt* penhorar

Pfandflasche *f* <-n> garrafa com depósito *f*

Pfandhaus *nt* <-es, -häuser> casa de penhores *f*, prego *m*

Pfandschein *m* <-es, -e> cautela de penhora *f*

Pfändung *f* <-en> penhora *f*

Pfanne ['pfanə] *f* <-n> frigideira *f*, sertã *f*

Pfannkuchen *m* <-s, -> crepe *m*, panqueca *f*

Pfarramt ['pfar?amt] *nt* <-(e)s, -ämter> (*Dienststelle*) paróquia *f*

Pfarrei *f* <-en> paróquia *f*

Pfarrer(in) ['pfarɐ] *m(f)* <-s, - *o* -innen> (*katholisch*) padre *m*, pároco *m*; (*evangelisch*) pastor, pastora *m*, *f*

Pfau [pfaʊ] *m* <-en, -en> pavão *m*

Pfeffer ['pfɛfɐ] *m* <-s, -> pimenta *f*; **weißer/schwarzer ~** pimenta branca/preta; **roter/spanischer ~** piripiri *m*

Pfefferkuchen *m* <-s, -> broa de mel *f*

Pfefferminze [pfɛfɐ'mɪntsə] *f kein pl* hortelã-pimenta *f*

Pfeffermühle *f* <-n> moinho de pimenta *m*

pfeffern ['pfɛfɐn] *vt* temperar com pimenta

Pfefferstreuer *m* <-s, -> pimenteira *f*

Pfeife ['pfaɪfə] *f* <-n> **1.** (*Tabakspfeife*) cachimbo *m*; **~ rauchen** fumar cachimbo **2.** (*Musikinstrument*) pífaro *m*; (*von Polizei, Schiedsrichter*) apito *m*; **nach jds ~ tanzen** ser um pau-mandado de alguém **3.** (*der Orgel*) tubo *m*

pfeifen ['pfaɪfən] *vi* assobiar; (*mit Pfeife*) apitar; **draußen pfeift der Wind** lá fora, o vento assobia; (*umg*); **auf etw ~** estar-se nas tintas para a. c., estar-se marimbando para a. c.

Pfeil [pfaɪl] *m* <-(e)s, -e> **1.** (*Geschoss*) seta *f*, flecha *f* **2.** (*als Zeichen*) seta *f*

Pfeiler ['pfaɪlɐ] *m* <-s, -> pilar *m*

Pfennig ['pfɛnɪç] *m* <-s, -e> (GESCH) pfennig *m*

Pferd ['pfe:ɐt] *nt* <-(e)s, -e> cavalo *m*; **auf das ~ steigen** montar o cavalo; **vom ~ steigen** desmontar; **ein ~ reiten** andar a cavalo, montar um cavalo

Pferderennen *nt* <-s, -> corrida de cavalos *f*

Pferdeschwanz *m* <-es, -schwänze> (*Frisur*) rabo-de-cavalo *m*

Pferdestall *m* <-(e)s, -ställe> cavalariça *f*

Pferdestärke *f* <-n> cavalo-vapor *m*

pfiff [pfɪf] *imp von* **pfeifen**

Pfiff [pfɪf] *m* <-(e)s, -e> assobio *m*

Pfifferling ['pfɪfɐlɪŋ] *m* <-s, -e> cantarelo *m*; **das ist keinen ~ wert!** isso não vale um chavo!, isso não vale um tostão furado!

pfiffig ['pfɪfɪç] *adj* (*Mensch*) finório, ladino; (*Antwort*) esperto

Pfingsten ['pfɪŋstən] *nt* <-> *kein pl* Pentecostes *m*

Pfingstrose *f* <-n> peónia *f*

Pfirsich ['pfɪrzɪç] *m* <-s, -e> pêssego *m*

Pfirsichbaum *m* <-(e)s, -bäume> pessegueiro *m*

Pflanze ['pflantsə] *f* <-n> planta *f*

pflanzen *vt* plantar

Pflanzenfett *nt* <-(e)s, -e> gordura vegetal *f*

Pflanzenschutzmittel *nt* <-s, -> pesticida *m*

pflanzlich *adj* vegetal

Pflanzung *f* <-en> plantação *f*, plantio *m*

Pflaster ['pflastɐ] *nt* <-s, -> **1.** (*Verband*) adesivo *m*, emplastro *m* **2.** (*der Straße*) pavimento *m*, piso *m*

Pflasterer(in) *m(f)* <-s, - *o* -innen> calceteiro, calceteira *m*, *f*

pflastern *vt* calcetar, empedrar

Pflasterstein *m* <-(e)s, -e> paralelepípedo *m*

Pflaume ['pflaʊmə] *f* <-n> ameixa *f*

Pflaumenbaum *m* <-e(s), -bäume> ameixoeira *f*

Pflege ['pfle:gə] *f kein pl* **1.** (*von Kindern*)

criação *f;* (*von Tieren*) tratamento *m;* (*von Kranken*) tratamento *m,* assistência *f;* (*Körperpflege*) higiene *f,* toilette *f* **2.** (*Instandhaltung*) manutenção *f*

Pflegeeltern *pl* família de acolhimento *f*

Pflegeheim *nt* <-(e)s, -e> lar de terceira idade *m*

Pflegekind *nt* <-(e)s, -er> criança colocada em família de acolhimento

pflegeleicht *adj* fácil de tratar

pflegen ['pfle:gən] **I.** *vt* (*Kranke*) tratar de, cuidar de; (*Garten, Pflanzen*) tratar de; (*Körper*) cuidar de; (*Beziehungen, Freundschaft*) cultivar **II.** *vi* costumar; **er pflegt zu sagen ...** ele costuma dizer ...

Pfleger(in) *m(f)* <-s, - *o* -innen> enfermeiro, enfermeira *m, f*

Pflegeversicherung *f* <-en> seguro de velhice *m*

> **Pflegeversicherung** é um seguro de velhice. Foi criado em resposta à crescente percentagem de pessoas idosas na população e os custosos tratamentos médicos e assistência de que precisam muitas delas.

Pflicht [pflɪçt] *f* <-en> **1.** (*Verpflichtung*) obrigação *f,* dever *m;* **seine ~ erfüllen** cumprir o dever; **es ist deine ~, ihr zu helfen** é tua obrigação ajudá-la **2.** (SPORT) exercício obrigatório *m*

pflichtbewusst^{RR} *adj* cumpridor, ciente do dever

Pflichtbewusstsein^{RR} *nt* <-s> *kein pl* consciência do dever *f*

Pflichtfach *nt* <-(e)s, -fächer> disciplina obrigatória *f*

Pflichtteil *m* <-e(s), -e> (JUR) legítima *f*

Pflichtversicherung *f* <-en> seguro obrigatório *m*

Pflock [pflɔk] *m* <-(e)s, Pflöcke> estaca *f*

pflücken *vt* (*Obst, Blumen*) apanhar, colher

Pflug [pflu:k] *m* <-(e)s, Pflüge> arado *m,* charrua *f*

pflügen *vi* lavrar, arar

Pflümli *nt* <-, -s> (*schweiz*) aguardente de ameixa *f*

Pforte ['pfɔrtə] *f* <-n> portão *m*

Pförtner(in) *m(f)* <-s, - *o* -innen> porteiro, porteira *m, f*

Pfosten ['pfɔstən] *m* <-s, -> poste *m*

Pfote ['pfo:tə] *f* <-n> pata *f*

Pfropfen ['pfrɔpfən] *m* <-s, -> rolha *f,* batoque *m*

pfui [pfʊɪ] *interj* credo!, ui!

Pfund [pfʊnt] *nt* <-(e)s, -e> **1.** (*Gewichtseinheit*) meio quilo *m;* **zwei ~ Birnen** um quilo de pêras; **ich habe ein paar ~ abgenommen** eu emagreci uns quilos **2.** (*Währungseinheit*) libra *f;* **~ Sterling** libra esterlina *f*

pfuschen ['pfʊʃən] *vi* (*umg*) aldrabar, atamancar

Pfuscherei *f* <-en> (*umg*) trabalho mal feito *m*

Pfütze *f* <-n> poça *f*

PH *abk v* **Pädagogische Hochschule** ESE (= *Escola Superior de Educação*)

Phänomen *nt* <-s, -e> fenómeno *m*

Phantasie^{ALT} *f* <-n> *s.* **Fantasie**

phantasieren^{ALT} * *vi s.* **fantasieren**

phantastisch^{ALT} *adj s.* **fantastisch**

Phantombild *nt* <-(e)s, -er> retrato-robô *m*

Pharmaindustrie *f kein pl* indústria farmacêutica *f*

Pharmakologie [farmakolo'gi:] *f kein pl* farmacologia *f*

pharmazeutisch *adj* farmacêutico

Pharmazie [farma'tsi:] *f kein pl* farmácia *f*

Phase ['fa:zə] *f* <-n> fase *f*

Philharmonie [fɪlharmo'ni:] *f* <-n> orquesta filarmónica *f*

Philippinen *pl* Filipinas *fpl*

Philologe(in) *m(f)* <-n, -n *o* -innen> filólogo, filóloga *m, f*

Philologie [filolo'gi:] *f* <-n> filologia *f*

philologisch *adj* filológico

Philosoph(in) *m(f)* <-en, -en *o* -innen> filósofo, filósofa *m, f*

Philosophie [filozo'fi:] *f* <-n> filosofia *f*

philosophisch [filo'zo:fɪʃ] *adj* filosófico

phlegmatisch *adj* pachorrento, vagaroso

Phonetik [fo'ne:tɪk] *f kein pl* fonética *f*

phonetisch *adj* fonético

Phosphat [fɔs'fa:t] *nt* <-(e)s, -e> fosfato *m*

phosphatfrei *adj* sem fosfato

Phosphor ['fɔsfo:ɐ] *m* <-s, -e> fósforo *m*

Photo^{ALT} *nt* <-s, -s> *s.* **Foto**

pH-Wert *m* <-(e)s, -e> teor de pH *m*

Physik [fy'zi:k] *f kein pl* física *f*

physikalisch [fyzi'ka:lɪʃ] *adj* físico

Physiker(in) *m(f)* <-s, - *o* -innen> físico, física *m, f*

P

Physiologie *f kein pl* fisiologia *f*

Physiotherapie [fyzio-] *f kein pl* fisioterapia *f*

physisch ['fy:zɪʃ] *adj* físico

Pianist(in) [pja'nɪst] *m(f)* <-en, -en *o* -innen> pianista *m,f*

piano *adv* (MUS) piano

Pickel ['pɪkəl] *m* <-s, -> 1. (*auf der Haut*) borbulha *f*, espinha *f* 2. (*Spitzhacke*) picareta *f*

picken ['pɪkən] *vt* picar

Picknick ['pɪknɪk] *nt* <-s, -s> piquenique *m*

piepen ['pi:pən] *vi* (*Vogel*) piar; (*Funkgerät*) apitar

piepsen *vi s.* **piepen**

Piepser *m* <-s, -> (*umg*) bip *m*, telebip *m*

piepsig *adj* (*Stimme*) fraco, delicado

piercen *vt* sich ~ lassen fazer piercing

Piercing ['pi:esɪŋ] *nt* <-s> *kein pl* piercing *m*

piesacken ['pi:zakən] *vt* (*umg*) chatear, picar

pieseln *vi* 1. (*umg: urinieren*) fazer chichi, fazer xixi/pipi 2. (*umg: nieseln*) pingar

Pigment [pɪ'ɡmɛnt] *nt* <-(e)s, -e> pigmento *m*

Pik [pi:k] *nt* <-s, -s> espadas *fpl*

pikant [pi'kant] *adj* picante

pikiert [pi'ki:ɐt] *adj* melindrado, picado

Pikkoloflöte *f* <-n> flautim *m*

Pilger(in) ['pɪlɡɐ] *m(f)* <-s, - *o* -innen> peregrino, peregrina *m, f*

pilgern ['pɪlɡɐn] *vi* fazer uma peregrinação (*nach* a)

Pille ['pɪlə] *f* <-n> 1. (*Tablette*) comprimido *m*, pílula *f* 2. (*umg: Antibabypille*) pílula *f*

Pilot(in) [pi'lo:t] *m(f)* <-en, -en *o* -innen> piloto *m,f*

Pilotprojekt *nt* <-(e)s, -e> proje(c)to piloto *m*

Pils *nt* <-, -> cerveja branca *f*

Pilz [pɪlts] *m* <-es, -e> 1. (BOT) fungo *m*; (*essbar*) cogumelo *m* 2. (MED) fungo *m*

Pilzerkrankung *f* <-en> (MED) micose *f*

Pilzvergiftung *f* <-en> intoxicação de cogumelos *f*

Pimmel ['pɪməl] *m* <-s, -> (*umg*) pila *f*

pingelig ['pɪŋəlɪç] *adj* picuinhas, miudinho

Pinguin ['pɪŋɡui:n] *m* <-s, -> pinguim *m*

Pinie ['pi:niə] *f* <-n> pinheiro *m*

Pinienkern *m* <-s, -e> pinhão *m*

pink [pɪŋk] *adj* cor-de-rosa

pinkeln ['pɪŋkəln] *vi* (*umg*) mijar

Pinnwand ['pɪn-] *f* <-wände> quadro de afixação (em cortiça) *m*

Pinscher *m* <-s, -> pinscher *m*

Pinsel ['pɪnzəl] *m* <-s, -> pincel *m*

Pinte *f* <-n> (*umg*) barzinho *m*

Pinzette [pɪn'tsɛtə] *f* <-n> pinça *f*

Pionier(in) [pio'ni:ɐ] *m(f)* <-s, -e *o* -innen> pioneiro, pioneira *m, f*

Pipeline ['paɪplaɪn] *f* <-n> (*für Gas*) gasoduto *m*; (*für Öl*) oleoduto *m*

Pipi ['pɪpi, pi'pi:] *nt* <-s> *kein pl* (*umg*) chichi *m*; (*brasil*) xixi *m*, pipi *m*

Pirat(in) [pi'ra:t] *m(f)* <-en, -en *o* -innen> pirata *m,f*

pissen ['pɪsən] *vi* (*umg*) mijar

Pistazie *f* <-n> pistácio *m*

Piste ['pɪstə] *f* <-n> (AERO, SPORT) pista *f*

Pistole [pɪs'to:lə] *f* <-n> pistola *f*

Pizza ['pɪtsa] *f* <Pizzen> pizza *f*

Pizzeria *f* <-s> pizzaria *f*

Pkw ['pe:kave:] *abk v* **Personenkraftwagen** automóvel ligeiro de passageiros

Placebo *nt* <-s, -s> (MED) placebo *m*

Plackerei *f* <-en> (*umg*) maçada *f*

plädieren* *vi* lutar (*für* por); **sie plädierten für die Einrichtung einer Fußgängerzone** eles lutaram pela construção de uma zona de peões

Plafond *m* <-s, -s> (*schweiz*) limite máximo *m*

plafondieren* *vt* (*schweiz*) pôr um limite a

Plage ['pla:ɡə] *f* <-n> praga *f*

plagen ['pla:ɡən] I. *vt* atormentar, consumir II. *vr* sich ~ esfalfar-se

Plagiat *nt* <-(e)s, -e> plágio *m*

Plakat [pla'ka:t] *nt* <-(e)s, -e> cartaz *m*, placard *m*; **ein ~ aufhängen** pendurar um cartaz

Plan [pla:n] *m* <-(e)s, Pläne> 1. (*Vorhaben*) plano *m*; **Pläne machen** fazer planos; **einen ~ aufgeben** desistir dum plano; **alles verläuft nach ~** tudo corre conforme os planos 2. (*Karte*) mapa *m*, planta *f* 3. (*Entwurf*) esboço *m*

Plane ['pla:nə] *f* <-n> lona *f*

planen ['pla:nən] *vt* 1. (*entwerfen*) plane(j)ar, proje(c)tar; (*Entwicklung*) planificar; (*Mord*) plane(j)ar, maquinar; **den Bau eines Theaters ~** proje(c)tar a construção de um teatro 2. (*vorhaben*) plane(j)ar; **sie ~ nach Brasilien zu fliegen** eles planeiam ir ao Brasil, eles planejam ir ao Brasil

Planet [pla'ne:t] *m* <-en, -en> planeta *m*

Planetarium [plane'ta:riʊm] *nt* <-s, Planetarien> planetário *m*

planieren* *vt* terraplenar, nivelar

Planierraupe *f* <-n> tra(c)tor de terraplenagem *m*

Planke ['plaŋkə] *f* <-n> prancha *f*

Plankton ['plaŋktɔn] *nt* <-s> *kein pl* (BIOL) plâncton *m*

planlos I. *adj* sem plano, sem método II. *adv* ao acaso, à sorte

planmäßig I. *adj* plane(j)ado, previsto; ~e **Ankunft um 16 Uhr** chegada prevista às 16 horas II. *adv* conforme os planos, como previsto

Planschbecken *nt s.* **Plantschbecken**

planschen *vi s.* **plantschen**

Planstelle *f* <-n> lugar efe(c)tivo *m*

Plantage [plan'ta:ʒə] *f* <-n> plantação *f*

Plantschbecken *nt* <-s, -> piscina para crianças *f*

plantschen *vi* chapinhar (*in* em)

Planung *f* <-en> planeamento *m*, planificação *f*

Planwirtschaft *f kein pl* economia dirigida *f*, economia planificada *f*

plappern ['plapɐn] *vi* (*umg*) palrar, tagarelar

Plaque *f* <-s> placa bacteriana *f*

plärren *vi* 1. (*pej: weinen*) choramingar; (*schreien*) berrar 2. (*Radio, Lautsprecher*) estar aos berros

Plasma *nt* <-s, Plasmen> plasma *m*

Plastik¹ ['plastɪk] *f* <-en> (*Skulptur*) escultura *f*

Plastik² ['plastɪk] *nt* <-s> *kein pl* plástico *m*

Plastiktüte *f* <-n> saco (de) plástico *m*

plastisch ['plastɪʃ] *adj* 1. (*anschaulich*) plástico, ilustrativo 2. (*formbar*) plástico; ~e **Chirurgie** cirurgia plástica *f*

Platane *f* <-n> plátano *m*

Plateausohle *f* <-n> sola de plataforma *f*

Platin ['pla:ti:n] *nt* <-s> *kein pl* platina *f*

platonisch [pla'to:nɪʃ] *adj* platónico

plätschern *vi* murmurar

platt [plat] *adj* 1. (*flach*) chato, raso, plano; **etw ~ drücken** achatar a. c.; **der Reifen ist ~** o pneu está furado; (*umg*); **jetzt bin ich ~** estou pasmado 2. (*umg: geistlos*) vulgar, banal

plattdeutsch *adj* baixo-alemão

Platte ['platə] *f* <-n> 1. (*aus Stein*) laje *f*; (*aus Metall*) placa *f* 2. (*Schallplatte*) disco *m*; **eine ~ auflegen** pôr um disco 3. (*Herdplatte*) disco *m* 4. (*für Speisen*) travessa *f*

Plattenfirma *f* <-firmen> editora discográfica *f*

Plattenspieler *m* <-s, -> gira-discos *m*; (*brasil*) vitrola *f*, toca-discos *m*

Plattform *f* <-en> plataforma *f*

Plattfuß *m* <-es, -füße> 1. (ANAT) pé chato *m* 2. (*umg: am Reifen*) furo *m*

Platz [plats] *m* <-es, Plätze> 1. (*Ort, Stelle*) lugar *m,f*, local *m*, sítio *m* 2. (*in Stadt*) praça *f*, largo *m* 3. (*Sitzplatz*) lugar *m*, assento *m*; **einen ~ belegen** reservar lugar; **~ nehmen** sentar-se; **ist der ~ noch frei?** o lugar ainda está livre? 4. (*Raum*) espaço *m*, lugar *m*; **für etw ~ schaffen** arranjar lugar para a. c. 5. (*Sportplatz*) campo *m* 6. (*Rang*) lugar *m*; **sie belegte den vierten ~** ela ficou no quarto lugar

Platzangst *f* <-ängste> 1. (*umg: Beklemmung*) vergonha *f*, inibição *f* 2. (PSYCH) claustrofobia *f*

Platzanweiser(in) *m(f)* <-s, - o -innen> arrumador, arrumadora *m, f*

Plätzchen *nt* <-s, -> (*Gebäck*) bolachinha *f*

platzen ['platsən] *vi* (*Reifen, Rohr*) rebentar; (*Naht*) romper(-se); (*Luftballon*) estourar, rebentar; **vor Wut ~** estourar/rebentar de raiva; (*umg*); **ins Zimmer ~** entrar de rompante no quarto

platzieren*^{RR}* I. *vt* (*Platz zuweisen*) colocar II. *vr* **sich ~** (SPORT) classificar-se

Platzkarte *f* <-n> bilhete marcado *m*

Plätzli *m* <-s, -> 1. (*schweiz: Gebäck*) bolacha *f* 2. (*schweiz: Schnitzel*) filete *m*

Platzpatrone *f* <-n> cartucho de pólvora seca *m*

Platzregen *m* <-s, -> aguaceiro *m*

Platzwunde *f* <-n> laceração *f*

plaudern ['plaʊdɐn] *vi* conversar, tagarelar (*über* sobre), dar à língua, bater um papo

Plausch *m* <-(e)s, -e> 1. (*österr: Plauderei*) cavaqueira *f*, bate-papo *m* 2. (*schweiz: Vergnügen*) diversão *f*; **aus/zum ~** por prazer

plausibel [plaʊ'zi:bəl] *adj* plausível

Playback *nt* <-, -s> *s.* **Play-back** play-back *m*

Playboy ['plɛɪbɔɪ] *m* <-s, -s> play-boy *m*

Plazenta *f* <-s> (MED) placenta *f*

plazieren^{ALT} *vt, vr s.* **platzieren**

P

pleite ['plaɪtə] *adj* (*umg*) ~ **sein** estar liso, estar teso

Pleite ['plaɪtə] *f* <-n> **1.** (*Bankrott*) falência *f*; ~ **gehen**/**machen** falir, abrir falência **2.** (*umg: Misserfolg*) fracasso *m*, fiasco *m*

Plenum *nt* <-s, Plenen> sessão plenária *f*

Plexiglas *nt* <-es> *kein pl* acrílico *m*

Plombe ['plɔmbə] *f* <-n> **1.** (*Verschluss*) selo de chumbo *m* **2.** (*Zahnfüllung*) chumbo *m*

plombieren* *vt* **1.** (*versiegeln*) selar **2.** (*Zahn*) chumbar

plötzlich **I.** *adj* repentino, súbito **II.** *adv* de repente, subitamente

plump [plʊmp] *adj* **1.** (*Form, Körper*) tosco, grosseiro; (*Bewegung*) desengonçado, deselegante **2.** (*dreist*) atrevido; (*Trick, Betrug*) pouco hábil

plumpsen ['plʊmpsən] *vi* (*umg*) cair pesadamente, cair como um saco

Plunder ['plʊndə] *m* <-s> *kein pl* (*umg*) tarecos *mpl*, trastes velhos *mpl*

plündern *vt* pilhar, saquear

Plünderung *f* <-en> pilhagem *f*, saque *m*

Plural ['pluːraːl] *m* <-s, -e> plural *m*

Pluralismus *m* <-> *kein pl* pluralismo *m*

plus [plʊs] **I.** *adv* (MAT) mais; **minus zwei mal minus zwei ist** ~ **vier** menos dois vezes menos dois é mais quatro; (METEO) positivo; **es sind** ~ **fünf Grad** estão cinco graus positivos **II.** *konj* (MAT) mais; **zwei** ~ **drei gibt fünf** dois mais três dá cinco

Plus [plʊs] *nt* <-> *kein pl* **1.** (*Überschuss*) excedente *m*; (*finanziell*) superavit *m* **2.** (*Vorteil*) vantagem *f*

Plüsch *m* <-(e)s, -e> peluche *m*, pelúcia *f*

Pluspol *m* <-s, -e> (PHYS) pólo positivo *m*

Pluspunkt *m* <-(e)s, -e> ponto a favor *m*

Plusquamperfekt ['plʊskvampɛrfɛkt] *nt* <-s, -e> (LING) mais-que-perfeito *m*

Pluszeichen *nt* <-s, -> mais *m*

Plutonium [pluˈtoːniʊm] *nt* <-s> *kein pl* plutónio *m*

PLZ *abk v* **Postleitzahl** código postal

Pneu *m* <-s, -s> (*schweiz*) pneu *m*

Po [poː] *m* <-s, -s> (*umg*) rabiote *m*, tutu *m*

Pöbel *m* <-s> *kein pl* ralé *f*, povinho *m*

pochen ['pɔxən] *vi* **1.** (*geh: klopfen*) bater; (*Herz*) pulsar, palpitar **2.** (*bestehen*) **auf etw** ~ insistir em a. c.

pochieren* *vt* escalfar

Pocken ['pɔkən] *pl* (MED) varíola *f*

Pocketkamera *f* <-s> câmara de bolso *f*

Podium ['poːdiʊm] *nt* <-s, Podien> estrado *m*

Poesie [poeˈziː] *f kein pl* poesia *f*

Poet(in) *m(f)* <-en, -en *o* -innen> poeta, poetisa *m*, *f*

poetisch [poˈeːtɪʃ] *adj* poético

Pogrom *nt* <-s, -e> perseguição das minorias *f*

Pointe *f* <-n> graça *f*

Pokal [poˈkaːl] *m* <-s, -e> (*a* SPORT) taça *f*

Pokalspiel *nt* <-(e)s, -e> (SPORT) jogo para a taça *m*

Poker *nt* <-s> *kein pl* póquer *m*

pokern *vi* jogar póquer

Pol [poːl] *m* <-s, -e> pólo *m*

polar *adj* polar

Polarkreis *m* <-es, -e> círculo polar *m*

Polaroidkamera® *f* <-s> polaróide *f*

Pole(in) ['poːlə] *m(f)* <-n, -n *o* -innen> polaco, polaca *m*, *f*

Polemik [poˈleːmɪk] *f* <-en> polémica *f*

polemisch *adj* polémico

Polen ['poːlən] *nt* <-s> *kein pl* Polónia *f*

Police [poˈliːs(ə)] *f* <-n> apólice *f*

polieren* *vt* polir

Politik [poliˈtiːk, poˈlitɪk] *f kein pl* política *f*

Politiker(in) [poˈlitikə] *m(f)* <-s, - *o* -innen> político, política *m*, *f*

Politikwissenschaft *f kein pl* ciências políticas *fpl*

politisch [poˈliːtɪʃ, poˈlitɪʃ] *adj* político

Politur [poliˈtuːɐ] *f* <-en> (*Mittel*) limpa-móveis *m*

Polizei [poliˈtsai] *f* <-en> polícia *f*; **die** ~ **rufen** chamar a polícia

Polizeibeamte(in) *m(f)* <-n, -n *o* -innen> agente da polícia *m*,*f*

Polizeibuße *f* <-n> (*schweiz*) multa *f*

polizeilich **I.** *adj* policial, da polícia; **unter** ~**er Aufsicht** sob vigilância policial **II.** *adv* pela polícia; **das ist** ~ **verboten** isso é proibido pela polícia

Polizeiposten *m* <-s, -> (*schweiz*) esquadra *f*, delegacia *f*

Polizeipräsident(in) *m(f)* <-en, -en *o* -innen> chefe da polícia *m*,*f*

Polizeipräsidium *nt* <-s, -präsidien> instituição superior da polícia nas grandes cidades

Polizeirevier *nt* <-s, -e> esquadra *f*, posto da polícia *m*, delegacia *f*

Polizeistaat *m* <-(e)s, -en> estado policial *m*

Polizeistunde *f* <-n> hora de encerramento dos bares *f*

polizeiwidrig *adj* contrário aos regulamentos da polícia

Polizist(in) [poli'tsɪst] *m(f)* <-en, -en *o* -innen> polícia *m*, mulher-polícia *f*

Polizze *f* <-n> (*österr*) apólice *f*

Pollen ['pɔlən] *m* <-s, -> pólen *m*

polnisch ['pɔlnɪʃ] *adj* polaco

Polohemd *nt* <-(e)s, -en> pólo *m*

Polster ['pɔlstɐ] *nt* <-s, -> **1.** (*Kissen*) almofada *f* **2.** (*in Kleidung*) estofo *m* **3.** (*Rücklage*) pé-de-meia *m*

Polstergarnitur *f* <-en> conjunto de sofás *m*

polstern ['pɔlstɐn] *vt* (*Möbel*) estofar

Polterabend *m* <-s, -e> despedida de solteiro *f*

> **Polterabend** é a noite antes de um casamento, a despedida de solteiro. Festeja-se com amigos e parentes, e quebra-se louça, cujos cacos devem ser varridos e deitados ao lixo pelos noivos. A finalidade deste costume é trazer a sorte.

poltern ['pɔltɐn] *vi* fazer barulho

Polyamid *nt* <-(e)s, -e> poliamida *f*

Polyester [poly'ɛstɐ] *m* <-s, -> poliéster *m*

polyglott *adj* poliglota

Polynesien *nt* <-s> *kein pl* Polinésia *f*

Pomade [po'maːdə] *f* <-n> pomada *f*

Pommes frites [pɔm'frɪt] *pl* batatas fritas *fpl*

Pomp *m* <-(e)s> *kein pl* pompa *f*, aparato *m*

pompös *adj* pomposo, faustoso

Pony¹ ['pɔni] *nt* <-s, -s> (ZOOL) pónei *m*

Pony² ['pɔni] *m* <-s, -s> franja *f*

Popcorn ['pɔpkɔrn] *nt* <-s> *kein pl* pipocas *fpl*

popelig *adj* pobre

popeln *vi* (*umg*) meter o dedo no nariz

Popmusik ['pɔpmuzik] *f kein pl* música pop *f*

Popo [po'poː, '--] *m* <-s, -s> (*umg*) rabiote *m*, tutu *m*

populär *adj* popular

Popularität *f kein pl* popularidade *f*

populärwissenschaftlich *adj* popularizado

Pore ['poːrə] *f* <-n> poro *m*

Porno *m* <-s, -s> (*umg: Film*) filme pornográfico *m;* (*Roman*) romance pornográfico *m*

Pornographie [pɔrnogra'fiː] *f kein pl s.* **Pornografie** pornografia *f*

porös *adj* poroso

Porree ['pɔre] *m* <-s, -s> alho-porro *m*, alho francês *m*

Portal *nt* <-(e)s, -e> portal *m*

Portemonnaie [pɔrtmɔ'neː] *nt* <-s, -s> *s.* **Portmonee**

Portier [pɔr'tjeː] *m* <-s, -s> porteiro, porteira *m, f*

Portion [pɔr'tsjoːn] *f* <-en> dose *f*

Portmonee[RR] [pɔrtmɔ'neː] *nt* <-s, -s> porta-moedas *m*

Porto ['pɔrto] *nt* <-s, -s> **1.** (*Post*) porte *m*, franquia postal *f* **2.** *kein pl* (*Stadt*) Porto *m;* **aus** ~ portuense, do Porto; **in** ~ no Porto

portofrei *adj* isento de franquia, franco de porte

portopflichtig *adj* sujeito a franquia

Porträt *nt* <-s, -s> retrato *m*

porträtieren* *vt* retratar

Portugal ['pɔrtugal] *nt* <-s> *kein pl* Portugal *m*

Portugiese(in) [pɔrtu'giːzə] *m(f)* <-n, -n *o* -innen> português, portuguesa *m, f*

portugiesisch *adj* português; ~-**brasilianisch** luso-brasileiro

Portwein ['pɔrtvaɪn] *m* <-(e)s, -e> vinho do Porto *m*

Porzellan [pɔrtsɛ'laːn] *nt* <-s, -e> **1.** (*Material*) porcelana *f* **2.** *kein pl* (*Geschirr*) louça *f*

Posaune [po'zaʊnə] *f* <-n> trombone *m*

Position [pozi'tsjoːn] *f* <-en> **1.** (*Standpunkt*) posição *f*, ponto de vista *m;* **eine bestimmte** ~ **vertreten** defender uma determinada posição **2.** (*im Beruf*) posição *f*, estatuto *m*

positiv ['poːzitiːf] *adj* positivo

Possessivpronomen ['pɔsɛsiːf-, pɔsɛ'siːf-] *nt* <-s, -> pronome possessivo *m*

possierlich [pɔ'siːɐlɪç] *adj* engraçado, castiço

Post [pɔst] *f kein pl* **1.** (*Institution*) correio(s) *mpl;* **Briefe auf die** ~ **bringen** pôr cartas no correio; **etw mit der** ~ **schicken** mandar a. c. pelo correio **2.** (*Briefe*) correio *m*, correspondência *f;* **elektronische** ~ correio ele(c)trónico *m;* **die** ~ **öffnen/beant-**

P

worten abrir o/responder ao correio
Postamt *nt* <-(e)s, -ämter> correios *mpl*, estação dos correios *f*
Postanweisung *f* <-en> vale de correio *m*, vale postal *m*
Postbote(in) *m(f)* <-n, -n o -innen> carteiro *m*, mulher-carteiro *f*
posten *vt* (*schweiz*) comprar
Posten ['pɔstən] *m* <-s, -> 1. (*Stellung*) posto *m*, emprego *m;* (*Amt*) cargo *m* 2. (MIL) sentinela *f;* (*umg*); **nicht ganz auf dem ~ sein** não se sentir muito bem 3. (WIRTSCH: *Warenmenge*) lote *m;* (*in Rechnung*) item *m*, parcela *f*
Poster ['poːste] *nt* <-s, -> poster *m*
Postfach *nt* <-(e)s, -fächer> apartado *m*, caixa postal *f*
Postgirokonto *nt* <-s, -konten> conta-corrente postal *f*
Postgraduiertenstudiengang *m* <-(e)s, -gänge> curso de pós-graduação *m*
Postkarte *f* <-n> postal *m*, cartão *m*
postlagernd *adj* posta-restante
Postleitzahl *f* <-en> código postal *m*

Com a reunificação alemã tornou-se necessária a introdução de um novo sistema de código postal. Desde Julho de 1993 o código postal, ou **Postleitzahl**, passou a ter cinco dígitos. Os dois primeiros indicam a cidade ou a região. Na Áustria e na Suíça ainda são só necessários quatro dígitos. Na Suíça os últimos dois indicam as ruas das localidades correspondentes aos dois primeiros dígitos.

postmodern *adj* pós-moderno
Postpaket *nt* <-(e)s, -e> encomenda postal *f*
Postsparbuch *nt* <-(e)s, -bücher> caderneta de poupança postal *f*
Postsparkasse *f* <-n> caixa económica postal *f*
Poststempel *m* <-s, -> carimbo dos correios *m*
postwendend *adv* na volta do correio
Postwertzeichen *nt* <-s, -> selo postal *m*
potent [po'tɛnt] *adj* potente
potentiell^ALT *adj* s. **potenziell**
Potenz [po'tɛnts] *f* <-en> 1. *kein pl* (*Zeugungsfähigkeit*) potência *f* 2. (MAT) potência *f;* **zweite/dritte ~** segunda/terceira potência; **eine Zahl in die zweite ~ erheben** elevar um número à segunda potência

potenziell^RR [potɛn'tsjɛl] *adj* potencial
potthässlich^RR *adj* (*umg*) asqueroso, muito feio
PR *abk v* **Public Relations** RP (= *relações públicas*)
PR-Abteilung *f* <-en> departamento de relações públicas *m*
Pracht [praxt] *f kein pl* magnificência *f*, esplendor *m*, sumptuosidade *f*, suntuosidade *f*
prächtig *adj* 1. (*prunkvoll*) faustoso, sumptuoso, suntuoso 2. (*großartig*) esplêndido, magnífico
prädestiniert *adj* predestinado (*für* para)
Prädikat *nt* <-(e)s, -e> 1. (*Bewertung*) qualificação *f*, classificação *f* 2. (GRAM) predicado *m*
Präfix *nt* <-es, -e> prefixo *m*
Prag *nt* <-s> *kein pl* Praga *f*
prägen *vt* 1. (*Münze, Papier*) cunhar; (*Metall*) gravar, estampar; **etw prägt sich jdm ins Gedächtnis** a. c. fica gravada na memória de alguém 2. (*beeinflussen*) marcar; **die Kriegszeit hat ihn geprägt** o tempo da guerra marcou-o 3. (*Begriff*) criar
Pragmatik *f kein pl* pragmática *f*
Pragmatiker(in) *m(f)* <-s, - o -innen> pragmático, pragmática *m, f*
pragmatisch *adj* pragmático
prägnant *adj* conciso, sucinto
Prägung *f* <-en> 1. (*von Münzen, Papier*) cunhagem *f;* (*von Metall*) gravação *f* 2. (*Art*) cunho *m;* **ein Parteiensystem westlicher ~** um sistema partidário de cunho ocidental 3. (*von Begriff*) criação *f*
prahlen ['praːlən] *vi* gabar-se (*mit* de)
Prahlerei *f* <-en> gabarolice *f*, bazófia *f*
Praktik *f* <-en> prática *f*
Praktikant(in) [prakti'kant] *m(f)* <-en, -en o -innen> estagiário, estagiária *m, f*
Praktikum ['praktikʊm] *nt* <-s, Praktika> estágio *m;* **ein ~ bei einem Verlag machen** fazer um estágio numa editora
praktisch ['praktɪʃ] *adj* prático; **~er Arzt** médico de clínica geral; **~ veranlagt sein** ser prático
praktizieren* I. *vt* pôr em prática II. *vi* (*als Arzt*) exercer (medicina)
Praline [pra'liːnə] *f* <-n> bombom *m*
Pralinee [prali'neː] *nt* <-s, -s> (*österr, schweiz*) s. **Praline**
prall [pral] *adj* (*Sack, Ball*) muito cheio; (*Segel*) enfunado; (*Arme*) rechonchudo; **in der**

~**en Sonne** no sol escaldante

prallen ['pralən] *vi* embater (*an/auf* em, *gegen* contra), chocar (*an/auf* com, *gegen* contra)

Prämie *f* <-n> **1.** (*Gewinn*) prémio *m*; (*Sondervergütung*) bonificação *f* **2.** (*Versicherungsbeitrag*) prémio *m*

prämieren* *vt* (*Person, Leistung, Film*) premiar

Pranger ['praŋɐ] *m* <-s, -> pelourinho *m*; (*fig*); **jdn/etw an den ~ stellen** expor alguém/a. c. publicamente

Präparat *nt* <-(e)s, -e> preparado *m*

Präposition *f* <-en> preposição *f*

Präsens *nt* <-, Präsentia> (LING) presente *m*

Präsentation *f* <-en> apresentação *f*

präsentieren* *vt* apresentar

Präservativ *nt* <-s, -e> preservativo *m*

Präsident(in) *m(f)* <-en, -en *o* -innen> presidente *m,f*

Präsidentschaft *f* <-en> presidência *f*

Präsidentschaftskandidat(in) *m(f)* <-en, -en *o* -innen> candidato à presidência, candidata *m, f*

Präsidium *nt* <-s, Präsidien> presidência *f*, dire(c)ção *f*

prasseln ['prasəln] *vi* **1.** (*Regen*) bater (*an* em, *gegen* contra); (*Fragen*) jorrar, chover **2.** (*Feuer*) crepitar, estalar

Präteritum *nt* <-s, Präterita> (LING) pretérito *m*

Präventivmaßnahme *f* <-n> medida preventiva *f*

Praxis ['praksɪs] *f* <Praxen> **1.** *kein pl* (*Anwendung, Erfahrung*) prática *f*; **etw in die ~ umsetzen** pôr a. c. em prática **2.** (*des Arztes*) consultório *m*; (*des Anwaltes*) escritório *m*

Präzedenzfall *m* <-(e)s, -fälle> precedente *m*

präzis *adj* preciso, exa(c)to

Präzision *f kein pl* precisão *f*, exa(c)tidão *f*

predigen ['pre:dɪgən] *vi* pregar

Prediger(in) *m(f)* <-s, - *o* -innen> pregador, pregadora *m, f*

Predigt ['pre:dɪçt] *f* <-en> sermão *m*, pregação *f*; **eine ~ halten** dar um sermão

Preis [praɪs] *m* <-es, -e> **1.** (*Kaufpreis*) preço *m*, valor *m*; **zum ~ von 50 DM** ao preço de 50 marcos; **etw zum halben ~ verkaufen** vender a. c. a metade do preço; **um jeden ~** a qualquer custo, a todo o preço; **um keinen** ~ de modo algum, de maneira nenhuma **2.** (*in Wettbewerb*) prémio *m*; **sie hat den ersten ~ gewonnen** ela ganhou o primeiro prémio; **jdm einen ~ verleihen** atribuir um prémio a alguém; **einen ~ ausschreiben** abrir um concurso

Preisausschreiben *nt* <-s, -> concurso *m*; **an einem ~ teilnehmen** participar num concurso

Preiselbeere ['praɪzəlbe:rə] *f* <-n> airela *f*

preisen ['praɪzən] *vt* (*geh*) louvar, elogiar

Preiserhöhung *f* <-en> subida de preços *f*

preis|geben *vt irr* **1.** (*überlassen, ausliefern*) deixar, entregar; **jdn der Lächerlichkeit ~** expor alguém ao ridículo **2.** (*Geheimnis*) revelar

preisgekrönt *adj* premiado

preisgünstig *adj* por bom preço

Preislage *f* <-n> nível de preços *m*; **in allen ~n** em todos os preços

preislich *adj* de preço; **~e Unterschiede** diferenças de preço *fpl*

Preisliste *f* <-n> tabela de preços *f*, lista de preços *f*

Preisschild *nt* <-(e)s, -er> etiqueta de preço *f*

Preissenkung *f* <-en> descida dos preços *f*

Preisträger(in) *m(f)* <-s, - *o* -innen> premiado, premiada *m, f*, laureado, laureada *m, f*

Preisverleihung *f* <-en> premiação *f*

preiswert *adj* barato, em conta

Prellung *f* <-en> contusão *f*

Premiere [prə'mje:rə] *f* <-n> estreia *f*

Premierminister(in) *m(f)* <-s, - *o* -innen> primeiro-ministro, primeira-ministra *m, f*

Presse ['prɛsə] *f* <-n> **1.** *kein pl* (*Medien*) imprensa *f* **2.** (TECH) prensa *f*

Presseagentur *f* <-en> agência noticiosa *f*

Pressefotograf(in) *m(f)* <-en, -en *o* -innen> repórter fotográfico *m*, repórter fotográfica *f*

Pressefreiheit *f kein pl* liberdade de imprensa *f*

Pressekonferenz *f* <-en> conferência de imprensa *f*, entrevista coletiva *f*

pressen ['prɛsən] *vt* **1.** (*in einer Presse*) prensar **2.** (*Früchte*) espremer; **frisch gepresster Orangensaft** sumo de laranja natural **3.** (*drücken*) comprimir

Pressesprecher(in) *m(f)* <-s, - *o* -innen> porta-voz *m,f*

P

pressieren* *vi* (*österr, schweiz*) ter pressa, ser urgente; **mir pressiert es** estou com pressa

Pressluft^{RR} *f kein pl*, **Preßluft**^{ALT} *f kein pl* ar comprimido *m*

Pressluftbohrer^{RR} *m* <-s, -> perfuradora pneumática *f*

Presslufthammer^{RR} *m* <-s, -hämmer> martelo pneumático *m*

Presswehen^{RR} *pl* (MED) contra(c)ções *fpl*

Prestige [prɛs'tiːʒ] *nt* <-s> *kein pl* prestígio *m*

Preußen *nt* <-s> *kein pl* Prússia *f*

preußisch *adj* prussiano

prickeln ['prɪkəln] *vi* **1.** (*kitzeln*) formigar **2.** (*Getränk*) espumar

pries [priːs] *imp von* **preisen**

Priester(in) ['priːstɐ] *m(f)* <-s, - *o* -innen> sacerdote, sacerdotisa *m, f*

prima ['priːma] *adj* (*umg*) fantástico, ó(p)timo

Primarschule *f* <-n> (*schweiz*) escola *f* primária

Na Suíça a frequência de uma **Primarschule** é gratuita e obrigatória para todas as crianças a partir de aproximadamente seis anos. A **Primarschule** é a primeira etapa do curso escolar obrigatório e compreende, dependendo do cantão, 4 a 6 anos.

Primel ['priːməl] *f* <-n> prímula *f*

primitiv [primi'tiːf] *adj* primitivo

Primzahl ['priːm-] *f* <-en> número primo *m*

Prinz, essin [prɪnts] *m, f* <-en, -en *o* -innen> príncipe *m*, princesa *f*

Prinzip [prɪn'tsiːp] *nt* <-(e)s, -ien> princípio *m;* **aus** ~ por princípio; **im** ~ **funktioniert es, aber ...** em princípio funciona, mas ...; **gegen seine ~ien verstoßen** ir contra os seus princípios

prinzipiell [prɪntsi'pjɛl] **I.** *adj* em princípio; (*grundlegend*) fundamental **II.** *adv* por princípio; **das mache ich ~ nicht** por princípio não faço isso

Priorität *f* <-en> prioridade *f*, precedência *f;* **~en setzen** estabelecer as prioridades

Prise ['priːzə] *f* <-n> pitada *f;* **eine ~ Salz** uma pitada de sal

Prisma ['prɪsma] *nt* <-s, Prismen> prisma *m*

privat [pri'vaːt] **I.** *adj* (*nicht öffentlich*) privado, particular; (*persönlich*) pessoal, particular, privado **II.** *adv* em privado; **ich möchte Sie ~ sprechen** eu queria falar consigo em privado

Privatangelegenheit *f* <-en> assunto particular *m*, assunto privado *m*

Privateigentum *nt* <-s> *kein pl* propriedade privada *f*

Privatfernsehen *nt* <-s> *kein pl* televisão privada *f*

privatisieren* *vt* privatizar

Privatisierung *f* <-en> privatização *f*

Privatleben *nt* <-s> *kein pl* vida privada *f*

Privatschule *f* <-n> escola particular *f*, colégio *m*

Privileg [privi'leːk] *nt* <-(e)s, -ien> privilégio *m*

pro [proː] **I.** *präp* +*akk* por; ~ **Tag/Kopf** por dia/pessoa; **2 DM ~ Stück** 2 marcos cada **II.** *adv* a favor (de)

Pro [proː] *nt* <-s> *kein pl* pró *m;* **das ~ und das Kontra** os prós e os contras

Probe ['proːbə] *f* <-n> **1.** (*Versuch*) prova *f;* **jds Geduld auf die ~ stellen** pôr a paciência de alguém à prova; **die ~ bestehen** passar a prova **2.** (*im Theater*) ensaio *m* **3.** (*Prüfstück*) amostra *f*

Probefahrt *f* <-en> viagem experimental *f*

Probelehrer(in) *m(f)* <-s, - *o* -innen> (*österr*) professor estagiário *m*, professora estagiária *f*

proben ['proːbən] *vt* ensaiar

probeweise *adv* a título de experiência

Probezeit *f* <-en> tempo à experiência *m*

probieren* *vt* **1.** (*versuchen*) tentar, experimentar **2.** (*Getränk, Speise*) provar, experimentar

Problem [pro'bleːm] *nt* <-s, -e> problema *m;* **vor einem ~ stehen** estar perante um problema; **ein ~ lösen** resolver um problema; **das ist nicht mein ~!** o problema não é meu!

Problematik [proble'maːtɪk] *f kein pl* problemática *f*

problematisch *adj* problemático

problemlos *adj* sem problemas

Produkt [pro'dʊkt] *nt* <-(e)s, -e> produto *m;* **landwirtschaftliche/industrielle ~e** produtos agrícolas/industriais

Produktion [prodʊk'tsjoːn] *f* <-en> produção *f*

produktiv [prodʊk'tiːf] *adj* produtivo
Produktivität *f kein pl* produtividade *f*
Produktpalette *f* <-n> gama de produtos *f*
Produzent(in) [produ'tsɛnt] *m(f)* <-en, -en *o* -innen> (*a* FILM) produtor, produtora *m, f*
produzieren* *vt* produzir
profan *adj* profano
professionell [profɛsjo'nɛl] *adj* profissional
Professor(in) [pro'fɛsoːɐ] *m(f)* <-s, -en *o* -innen> **1.** (*Universität*) professor (catedrático) *m*, professora (catedrática) *f* **2.** (*österr: Gymnasiallehrer*) professor, professora *m, f*
Professur *f* <-en> cátedra *f* (*für* de)
Profi ['proːfi] *m* <-s, -s> (*umg*) profissional *m, f*
Profil [pro'fiːl] *nt* <-s, -e> perfil *m*
profilieren* *vr* **sich** ~ destacar-se
Profit [pro'fiːt] *m* <-s, -e> proveito *m*, lucro *m*; **aus etw** ~ **schlagen** tirar proveito de a. c., lucrar com a. c.
profitieren* *vi* lucrar (*von* com), ganhar (*von* com)
Prognose [pro'gnoːzə] *f* <-n> prognóstico *m*
Programm [pro'gram] *nt* <-(e)s, -e> **1.** (*Planung, Ablauf*) programa *m*; **auf dem** ~ **stehen** estar no programa **2.** (*im Radio, Fernsehen*) canal *m*; **der Film läuft im ersten** ~ o filme dá no primeiro canal **3.** (INFORM) programa *m*
programmieren* *vi* (INFORM) programar
Programmierer(in) *m(f)* <-s, - *o* -innen> programador, programadora *m, f*
Programmiersprache *f* <-n> (INFORM) linguagem de programação *f*
progressiv [progrɛ'siːf] *adj* (*fortschrittlich*) avançado
Projekt [pro'jɛkt] *nt* <-(e)s, -e> proje(c)to *m*
Projektor [pro'jɛktoːɐ] *m* <-s, -en> proje(c)tor *m*
Pro-Kopf-Einkommen *nt* <-s> *kein pl* rendimento per capita *m*
Proletariat [proletari'aːt] *nt* <-(e)s, -e> proletariado *m*
Proletarier(in) *m(f)* <-s, - *o* -innen> proletário, proletária *m, f*
Prolog [pro'loːk] *m* <-(e)s, -e> prólogo *m*
Promenade [promə'naːdə] *f* <-n> passeio *m*, calçada *f*

Promille [pro'mɪlə] *pl* (*umg*) taxa de alcoolémia *f*; **er hatte 1,2** ~ ele tinha 1,2 por mil de álcool no sangue
prominent [promi'nɛnt] *adj* proeminente, destacado
Prominenz [promi'nɛnts] *f kein pl* colunáveis *mpl*, alta sociedade *f*
Promotion [promo'tsjoːn] *f* <-en> doutoramento *m*
promovieren *vi* fazer o doutoramento (*in* em, *über* sobre)
prompt [prɔmpt] **I.** *adj* rápido; ~**e Bedienung** serviço rápido **II.** *adv* com prontidão, imediatamente; ~ **reagieren** reagir com prontidão
Pronomen [pro'noːmən] *nt* <-s, -> pronome *m*
Propaganda [propa'ganda] *f kein pl* propaganda *f*
propagieren* *vt* fazer propaganda a
Propangas *nt* <-es> *kein pl* gás propano *m*
Propeller [pro'pɛlɐ] *m* <-s, -> hélice *f*
Prophet(in) [pro'feːt] *m(f)* <-en, -en *o* -innen> profeta, profetisa *m, f*
prophetisch *adj* profético
prophezeien* *vt* profetizar
Prophezeiung *f* <-en> profecia *f*
prophylaktisch [profy'laktɪʃ] *adj* profiláctico
Proportion [propɔr'tsjoːn] *f* <-en> porção *f*
proportional *adj* proporcional
Prosa ['proːza] *f kein pl* prosa *f*
prosaisch *adj* (*geh*) prosaico
prosit *interj* (à) saúde!
Prospekt [pro'spɛkt] *m* <-(e)s, -e> prospe(c)to *m*, folheto *m*
prost [proːst] *interj* saúde!
Prostata *f* <-e> (ANAT) próstata *f*
Prostituierte *m/f* <-n, -n *o* -n> prostituto, prostituta *m, f*
Prostitution [prostitu'tsjoːn] *f kein pl* prostituição *f*
Protein [prote'iːn] *nt* <-s, -e> proteína *f*
Protektionismus [protɛktsjo'nɪsmʊs] *m* <-> *kein pl* prote(c)cionismo *m*
Protest [pro'tɛst] *m* <-(e)s, -e> protesto *m*; ~ **gegen etw erheben** levantar um protesto contra a. c.; **etw aus** ~ **tun** fazer a. c. por protesto; **unter** ~ **verließ er den Raum** em protesto, ele abandonou a sala
Protestant(in) [protɛs'tant] *m(f)* <-en,

-en *o* -innen> protestante *m,f*
protestantisch *adj* protestante
protestieren* *vi* protestar (*gegen* contra)
Protestmarsch *m* <-(e)s, -märsche> marcha de protesto *f*, passeata *f*
Prothese [pro'te:zə] *f* <-n> prótese *f*
Protokoll [proto'kɔl] *nt* <-s, -e> 1. (*Niederschrift*) protocolo *m*; (*von Sitzung*) a(c)ta *f*; (*der Polizei*) auto *m*; **bei einer Sitzung ~ führen** escrever as a(c)tas de uma reunião; **etw zu ~ geben** prestar um depoimento para os autos 2. *kein pl* (*Zeremoniell*) protocolo *m*; **gegen das ~ verstoßen** quebrar o protocolo
protokollieren* *vt* regist(r)ar
Proton *nt* <-s, -e> (PHYS) protão *m*, próton *m*
Prototyp ['pro:toty:p] *m* <-s, -en> protótipo *m*
protzen *vi* (*umg*) gabar-se (*mit* de), exibir-se (*mit* com)
protzig *adj* 1. (*umg: angeberisch*) gabarola 2. (*umg: luxuriös*) luxuoso
Proviant [provi'ant] *m* <-s, -e> provisões *fpl*, mantimentos *mpl*
Provinz [pro'vɪnts] *f* <-en> província *f*
provinziell [provɪn'tsjɛl] *adj* provinciano
Provision [provi'zjo:n] *f* <-en> comissão *f*
provisorisch [provi'zo:rɪʃ] *adj* provisório
Provokation [provoka'tsjo:n] *f* <-en> provocação *f*
provozieren* *vt* provocar
Prozedur [protse'du:ɐ] *f* <-en> procedimento *m*, processo *m*
Prozent [pro'tsɛnt] *nt* <-(e)s, -e> percentagem *f*, porcentagem *f*; **zehn ~ der Waren sind verdorben** dez por cento da mercadoria está estragada; **dieser Wein hat 12 ~** (**Alkohol**) este vinho tem 12 por cento (de álcool)
Prozente *pl* (*umg*) desconto *m*; **~ bekommen** ter desconto
Prozentsatz *m* <-es, -sätze> percentagem *f*, porcentagem *f*
prozentual [protsɛntu'a:l] *adj* percentual, porcentual
Prozess^RR [pro'tsɛs] *m* <-es, -e>, **Prozeß**^ALT *m* <-sses, -sse> 1. (*Entwicklung*) processo *m* 2. (JUR) processo *m*, causa *f*; **einen ~ gegen jdn führen** instaurar um processo contra alguém; (*umg*); **mit etw kurzen ~ machen** resolver a. c. rapidamente

prozessieren* *vi* instaurar um processo; **gegen jdn ~** processar alguém; **mit jdm um etw ~** estar em litígio com alguém por a. c.
Prozession [protsɛ'sjo:n] *f* <-en> procissão *f*
Prozesskosten^RR *pl* (JUR) custos de processo *mpl*
Prozessor [pro'tsɛso:ɐ] *m* <-s, -en> (INFORM) processador *m*
prüde *adj* pudico
prüfen *vt* 1. (*Gerät, Maschine*) testar; (*Rechnung*) conferir, verificar; **die Ausweise ~** conferir os documentos 2. (*Kandidaten*) examinar; **jdn in Geschichte ~** examinar alguém a história; **er ist staatlich geprüfter Übersetzer** ele é um tradutor oficialmente reconhecido
Prüfer(in) *m(f)* <-s, - *o* -innen> 1. (*als Beruf*) revisora *m*, *f* 2. (*Schule, Universität*) examinador, examinadora *m*, *f*
Prüfling *m* <-s, -e> examinando, examinanda *m*, *f*
Prüfung *f* <-en> 1. (*von Gerät, Maschine*) teste *m*, ensaio *m*; **bei der ~ wurden zahlreiche Mängel festgestellt** verificaram-se inúmeros defeitos no teste 2. (*Schule, Universität*) exame *m*, prova *f*; **mündliche/schriftliche ~** prova oral/escrita; **eine ~ ablegen** fazer um exame; **eine ~ bestehen** passar num exame; **bei einer ~ durchfallen** reprovar num exame
Prüfungskommission *f* <-en> júri *m*, comissão examinadora *f*
Prüfungszeugnis *nt* <-ses, -se> diploma *m*, certificado de exame *m*
Prügel^1 *m* <-s, -> (*Stock*) pau *m*, cacete *m*
Prügel^2 *pl* pancada *f*, tareia *f*, sova *f*; **er bekam eine ordentliche Tracht ~** ele apanhou uma valente sova
Prügelei *f* <-en> pancadaria *f*
prügeln I. *vt* bater em, dar pancada em, sovar II. *vr* **sich ~** andar à pancada (*mit* com)
Prunk [prʊŋk] *m* <-(e)s> *kein pl* pompa *f*, fausto *m*, sumptuosidade *f*, suntuosidade *f*
prunkvoll *adj* faustoso, sumptuoso, suntuoso
PS [pe:'ʔɛs] *abk v* **Pferdestärke** CV (= *cavalo-vapor*)
Psalm [psalm] *m* <-s, -en> salmo *m*
Pseudonym [psɔɪdo'ny:m] *nt* <-s, -e> pseudónimo *m*; **sie schreibt unter einem ~** ela escreve sob um pseudónimo

Psyche ['psy:çə] f<-n> psique f
Psychiater(in) [psy'ç(j)a:tɐ] m(f) <-s, - o -innen> psiquiatra m,f
Psychiatrie [psyç(j)a'tri:] f kein pl psiquiatria f
psychisch ['psy:çɪʃ] adj psíquico; ~ **krank sein** ser doente mental
Psychoanalyse [----'--] f<-n> psicanálise f
Psychologe(in) m(f) <-n, -n o -innen> psicólogo, psicóloga m, f
Psychologie [psyçolo'gi:] f kein pl psicologia f
psychologisch adj psicológico
Psychopath(in) [psyço'pa:t] m(f) <-en, -en o -innen> psicopata m,f
Psychose [psy'ço:zə] f<-n> psicose f
psychosomatisch adj psicossomático
Psychotherapeut(in) [psyçotera'pɔɪt, 'psy:ço-] m(f) <-en, -en o -innen> psicoterapeuta m,f
PTT (schweiz) abk v Post-, Telefon- und Telegrafenbetrieb CTT (= Correios, Telégrafos e Telefones)
Pubertät f kein pl puberdade f
Publikation [publika'tsjo:n] f <-en> publicação f
Publikum ['pu:blikʊm] nt <-s> kein pl público m
Publizistik [publi'tsɪstɪk] f kein pl jornalismo m
Puck m <-s, -s> (SPORT) disco de hóquei m
Pudding ['pʊdɪŋ] m <-s, -s> pudim m
Pudel ['pu:dəl] m <-s, -> caniche m
Puder ['pu:dɐ] m <-s, -> pó m; (Gesichtspuder) pó-de-arroz m
pudern ['pu:dɐn] vt pôr pó em
Puderzucker m <-s> kein pl açúcar em pó m
Puerto Rico ['pʊɐrto 'ri:ko] nt <-s> kein pl Porto Rico m
Puff m <-s, -s> (umg: Bordell) bordel m, zona f
Puffer m <-s, -> (am Zug) pára-choques m
Pufferzone f <-n> (POL) zona neutra f
Pulle ['pʊlə] f<-n> (umg) garrafa f; **er fährt volle** ~ ele conduz como um louco
Pulli ['pʊli] m <-s, -s> (umg) s. **Pullover**
Pullover [pʊ'lo:vɐ] m <-s, -> camisola f, camisolão m; (brasil) pulôver m, suéter m
Pullunder [pʊ'lʊndɐ] m <-s, -> pulôver sem mangas m
Puls [pʊls] m <-es, -e> pulso m; **den** ~ **fühlen** tomar o pulso

Pulsader f<-n> artéria f
Pulsschlag m <-(e)s, -schläge> pulsação f
Pult [pʊlt] nt <-(e)s, -e> (Rednerpult) púlpito m, tribuna f; (Schreibpult) escrivaninha f
Pulver ['pʊlvɐ] nt <-s, -> pó m; (Schießpulver) pólvora f
PulverfassRR nt <-es, -fässer> barril de pólvora m; **das Land gleicht einem** ~ o país está sob grande tensão
pulverig adj em pó
Pulverkaffee m <-s, -s> café solúvel m
Pulverschnee m <-s> kein pl neve solta f
Puma ['pu:ma] m <-s, -s> puma m
pummelig ['pʊməlɪç] adj gorducho, rechonchudo
Pumpe ['pʊmpə] f<-n> bomba f
pumpen vt 1. (mit Pumpe) bombear; **Luft in den Reifen** ~ bombear ar para os pneus 2. (umg: verleihen) pedir emprestado; **sich** dat **etw von jdm** ~ cravar a. c. a alguém
Pumps m <-, -> sapato de tacão alto m
Punk [paŋk] m <-s, -s> s. **Punker**
Punker(in) ['paŋkɐ] m(f) <-s, - o -innen> punk m,f
Punkt [pʊŋkt] m <-(e)s, -e> 1. (Zeichen, Ort, Abschnitt) ponto m; **es ist** ~ **vier Uhr** são quatro horas em ponto; **etw** ~ **für** ~ **widerlegen** refutar a. c. ponto por ponto; **der springende** ~ o busílis; **der strittige** ~ o ponto de discórdia; **von diesem** ~ **ist alles gut zu sehen** deste ponto vê-se tudo bem 2. (bei Muster) pinta f; **eine Bluse mit** ~**en** uma blusa às pintas
pünktlich I. adj pontual II. adv à hora, pontualmente
Pünktlichkeit f kein pl pontualidade f
Punktrichter(in) m(f) <-s, - o -innen> (SPORT) juiz de pontuação, juíza m, f
Punktsieg m <-(e)s, -e> (SPORT) vitória por pontos m
punktuell adj pontual, esporádico
Pupille [pu'pɪlə] f<-n> pupila f
Puppe ['pʊpə] f<-n> 1. (Spielzeug) boneca f, boneco m 2. (von Insekt) pupa f
Puppenwagen m <-s, -> carrinho de bonecas m
pur [pu:ɐ] adj 1. (rein) puro; **den Whisky** ~ **trinken** beber o uísque puro 2. (umg: bloß) puro, mero; **das war** ~**er Zufall** foi mero acaso; **das war** ~**er Neid** foi pura inveja
Püree nt <-s, -s> puré m

P

pürieren *vt* passar

Pürierstab *m* <-(e)s, -stäbe> varinha *f*

Purzelbaum ['pʊrtsəl-] *m* <-(e)s, -bäume> cambalhota *f;* **einen ~ machen** dar uma cambalhota

Pustel ['pʊstəl] *f* <-n> pústula *f*

pusten ['puːstən] *vi* (*umg*) soprar, bufar; **bei der Verkehrskontrolle musste ich ~** na operação stop, tive de soprar ao balão

Pute ['puːtə] *f* <-n> perua *f*

Puter ['puːtɐ] *m* <-s, -> peru *m*

Putsch [pʊtʃ] *m* <-es, -e> golpe de estado *m*

Putschist(in) [pʊ'tʃɪst] *m(f)* <-en, -en *o* -innen> golpista *m,f*

Putz [pʊts] *m* <-es> *kein pl* reboco *m*

putzen ['pʊtsən] *vt* limpar; **die Schuhe ~** engraxar os sapatos; **sich** *dat* **die Nase ~** assoar-se, limpar o nariz; **die Zähne ~** lavar os dentes

Putzete *f* <-n> (*schweiz*) limpeza geral *f*

Putzfrau *f* <-n> mulher da limpeza *f,* arrumadeira *f*

putzig ['pʊtsɪç] *adj* engraçado

puzzeln *vi* montar um puzzle

Puzzle ['pazəl] *nt* <-s, -s> puzzle *m*

PVC [peːfaʊ'tseː] *abk v* **Polyvinylchlorid** vinil

Pyjama [py'(d)ʒaːma] *m* <-s, -s> pijama *m*

Pyramide [pyra'miːdə] *f* <-n> pirâmide *f*

Pyrenäen *pl* Pirinéus *mpl*

Python ['pyːtɔn] *m* <-s, -s> (ZOOL) pitão *m*

Q

Q *nt* <-, -> Q, q *m*

Quader *m* <-s, -> **1.** (*Stein*) pedra *f* de cantaria, pedra *f* talhada **2.** (MAT) paralelepípedo *m*

Quadrat [kva'draːt] *nt* <-(e)s, -e> (MAT) quadrado *m;* **ins ~ erheben** elevar ao quadrado; **im ~** em quadrado

quadratisch *adj* **1.** (*Form*) quadrado **2.** (MAT) de segundo grau; **~e Gleichung** equação do segundo grau

Quadratmeter *m* <-s, -> metro *m* quadrado

Quadratwurzel *f* <-n> (MAT) raiz *f* quadrada

Quai *m/nt* <-s, -s> **1.** (*Kai*) molhe *m* **2.** (*schweiz: Uferstraße*) ribeira *f*

quaken ['kvaːkən] *vi* (*Frosch*) coaxar; (*Ente*) grasnar

quäken *vi* (*pej*) berrar, vagir

Qual [kvaːl] *f* <-en> (*Quälerei*) tormento *m,* martírio *m;* (*Mühe*) pena *f*

quälen **I.** *vt* (*foltern*) torturar, martirizar; (*seelisch*) atormentar; (*lästig fallen*) importunar, massacrar **II.** *vr* **sich ~** consumir-se, afligir-se

Quälerei *f* <-en> tormento *m,* tortura *f;* (*Tierquälerei*) crueldade *f* para com os animais

qualifizieren* **I.** *vt* qualificar; (*einstufen*) classificar **II.** *vr* **sich ~** qualificar-se; (SPORT) ficar apurado

qualifiziert *adj* qualificado; **hoch ~** altamente qualificado; **er ist sehr ~** ele é muito qualificado

Qualität *f* <-en> qualidade *f*

qualitativ [kvalita'tiːf, '----] *adj* qualitativo

Qualle ['kvalə] *f* <-n> alforreca *f;* (*brasil*) medusa *f*

Qualm [kvalm] *m* <-(e)s> *kein pl* fumarada *f,* fumaça *f*

qualmen *vi* **1.** (*Schornstein*) fumegar **2.** (*umg: Mensch*) fumar como uma chaminé

qualvoll ['kvaːlfɔl] *adj* **1.** (*bedrückend*) torturoso **2.** (*schmerzlich*) doloroso

Quantität *f* <-en> quantidade *f*

Quarantäne *f* <-n> quarentena *f;* **unter ~ stehen** estar de quarentena

Quark [kvark] *m* <-s> *kein pl* (GASTR) requeijão *m*

Quartett [kvar'tɛt] *nt* <-(e)s, -e> (MUS) quarteto *m*

Quartier [kvar'tiːɐ] *nt* <-s, -e> **1.** (*Unterkunft*) alojamento *m;* **~ nehmen** alojar-se **2.** (*schweiz: Stadtviertel*) bairro *m*

Quarz [kvaːɐts] *m* <-es, -e> quartzo *m*

Quarzuhr *f* <-en> relógio *m* de quartzo

quasseln *vi* (*umg*) tagarelar, dar à língua

Quaste *f* <-n> borla *f*

Quatsch [kvatʃ] *m* <-(e)s> *kein pl* (*umg*) disparate *m*, parvoíce *f*; (*brasil*) bobagem *f*, besteira *f*; ~ **machen** fazer asneiras; (*brasil*) fazer besteira

quatschen *vi* **1.** (*umg: sich unterhalten*) dar à língua **2.** (*verraten*) revelar

Quecksilber ['kvɛk-] *nt* <-s> *kein pl* (CHEM) mercúrio *m*

Quelle ['kvɛlə] *f* <-n> **1.** (*eines Flusses*) nascente *f*, fonte *f* **2.** (*Ursache*) origem *f* **3.** (*Text*) fonte *f*

quellen ['kvɛlən] *vi* brotar

Quellenangabe *f* <-n> indicação *f* da fonte

quengeln ['kvɛŋəln] *vi* (*umg*) resmungar; (*weinerlich*) choramingar

quer [kve:ɐ] *adv* de través, de lado; ~ **durch** através, de permeio; **das Auto stand** ~ o carro estava atravessado; ~ **gestreift** às riscas atravessadas; **kreuz und** ~ em todos os sentidos

Quere ['kve:rə] *f kein pl* jdm in die ~ kommen atravessar-se no caminho de alguém

Querflöte *f* <-n> flauta *f* transversal

querschnittsgelähmt *adj* paraplégico

Querstraße *f* <-n> rua *f* transversal

quetschen ['kvɛtʃən] *vt* **1.** (*drücken*) aper-tar (*an/gegen* contra); (*für Obstsaft*) espremer **2.** (*verletzen*) esmagar, pisar; (*brasil*) machucar; **sich** *dat* **den Finger** (**in der Tür**) ~ trilhar o dedo (na porta)

Quetschung *f* <-en> (MED) contusão *f*

quietschen ['kvi:tʃən] *vi* (*Mensch, Schwein*) guinchar; (*Tür*) chiar

Quintett [kvɪn'tɛt] *nt* <-(e)s, -e> (MUS) quinteto *m*

Quirl [kvɪrl] *m* <-(e)s, -e> **1.** (*Küchengerät*) molinilho *m*, batedor *m* **2.** (*Kind*) traquina *m,f*

quitt [kvɪt] *adj* (*umg*) **mit jdm** ~ **sein** estar quite com alguém; **wir sind** ~ estamos quites

Quitte ['kvɪtə] *f* <-n> marmelo *m*

quittieren* *vt* (*Summe*) passar recibo; **den Dienst** ~ despedir-se, renunciar ao cargo

Quittung *f* <-en> recibo *m*; **gegen** ~ mediante recibo

Quiz [kvɪs] *nt* <-, -> concurso *m*

quoll [kvɔl] *imp von* **quellen**

Quote ['kvo:tə] *f* <-n> cota *f*, quota *f*

Quotenregelung *f* <-en> regime *m* por quotas

Quotient [kvo'tsjɛnt] *m* <-en, -en> (MAT) quociente *m*

R

R *nt* <-, -> R, r *m*

Rabatt [ra'bat] *m* <-(e)s, -e> desconto *m*; **jdm auf etw** ~ **geben** fazer um desconto a alguém em a. c.

Rabbi ['rabi] *m* <-(s), -s> rabi *m*

Rabbiner *m* <-s, -> rabino *m*

Rabe ['ra:bə] *m* <-n, -n> corvo *m*

rabiat [rabi'a:t] *adj* sem respeito

Rache ['raxə] *f kein pl* vingança *f* (*für* por); **an jdm** ~ **nehmen** vingar-se de alguém

Rachen ['raxən] *m* <-s, -> (*des Menschen*) garganta *f*, faringe *f*; (*bei Tieren*) goela *f*; (*des Löwen*) boca *f*

rächen I. *vt* vingar II. *vr* **sich** ~ **1.** (*Rache üben*) vingar-se (*an* de, *für* por) **2.** (*schädlich sein*) sair caro; **dein Leichtsinn wird sich noch** ~ a tua leviandade ainda te vai sair cara

Rachitis [ra'xi:tɪs] *f* <Rachitiden> (MED) raquitismo *m*

rachsüchtig *adj* vingativo

Racker *m* <-s, -> (*umg*) piralho *m*, maroto *m*, pivete *m*

Raclette *f* <-s> queijo fundido *m*

Rad [ra:t] *nt* <-(e)s, Räder> **1.** (*von Fahrzeug*) roda *f*; **ein** ~ **wechseln** mudar um pneu; (*umg*); **das fünfte** ~ **am Wagen sein** estar a mais **2.** (*Fahrrad*) bicicleta *f*; ~ **fahren** andar de bicicleta **3.** (SPORT) pirueta *f*; **ein** ~ **schlagen** fazer uma pirueta

Radar [ra'da:ɐ] *m o nt* <-s> *kein pl* radar *m*

Radarkontrolle *f* <-n> controlo por radar *m*

Radau [ra'dau] *m* <-s> *kein pl* (*umg*) estardalhaço *m*, barulheira *f*

radebrechen *vt* arranhar; **Deutsch** ~ arranhar o alemão

radeln ['ra:dəln] *vi* (*umg*) andar de bicicleta

rad|fahren^{ALT} *vi irr s.* **Rad 2**

Radfahrer(in) *m(f)* <-s, - *o* -innen> ciclista *m,f*

Q
R

Radi *m* <-s, -> (*österr, bayrisch: umg*) rábano *m*

radieren* *vi* **1.** (*ausradieren*) safar, apagar **2.** (*Kunst*) gravar

Radiergummi *m* <-s, -s> borracha *f*

Radierung *f* <-en> gravura a água-forte *f*

Radieschen [ra'diːsçən] *nt* <-> rabanete *m*

radikal [radi'kaːl] *adj* **1.** (*vollständig*) radical, total **2.** (POL) radical, extremista

Radio ['raːdio] *nt* <-s, -s> rádio *m;* ~ **hören** ouvir rádio; **das** ~ **läuft** o rádio está ligado

radioaktiv [----'-] *adj* radioa(c)tivo

Radioaktivität *f kein pl* radioa(c)tividade *f*

Radioapparat *m* <-(e)s, -e> aparelho de rádio *m*

Radiologie *f kein pl* radiologia *f*

Radiorekorder ['raːdiorekɔrdɐ] *m* <-s, -> radiogravador *m*

Radiosender *m* <-s, -> emissora de rádio *f*

Radiowecker *m* <-s, -> rádio-despertador *m*

Radium ['raːdiʊm] *nt* <-s> *kein pl* (CHEM) rádio *m*

Radius ['raːdiʊs] *m* <-, Radien> (MAT) raio *m*

Radler¹ *m* <-s, -> (GASTR) panaché *m*

Radler(in)² *m(f)* <-s, - *o* -innen> ciclista *m,f*

Radlerhose *f* <-n> calções de ciclismo *mpl*

Radrennen *nt* <-s, -> corrida de bicicletas *f*

Radsport *m* <-(e)s> *kein pl* ciclismo *m*

Radtour *f* <-en> passeio de bicicleta *m*

Radwechsel *m* <-s, -> mudança de pneus *f*

Radweg *m* <-(e)s, -e> pista para velocípedes *f*

raffen ['rafən] *vt* **1.** (*pej: ergreifen*) apanhar, arrebatar; **etw an sich** ~ arrebatar a. c. **2.** (*zusammenfassen*) resumir, fazer um apanhado de

Raffinade *f* <-n> açúcar refinado *m*

Raffinerie [rafinə'riː] *f* <-n> refinaria *f*

raffiniert [rafi'niːɐt] *adj* **1.** (*Mensch*) fino, finório **2.** (*Methode*) subtil; (*Technik*) sofisticado **3.** (*Geschmack*) refinado, requintado

Rafting *nt* <-s> *kein pl* rafting *m*

Rage ['raːʒə] *f kein pl* (*umg*) raiva *f*, fúria *f;* **das bringt mich in** ~ isso enfurece-me

ragen ['raːgən] *vi* sobressair (*aus* de); (*sich erheben*) erguer-se (*aus* de); **Felsen** ~ **aus dem Meer** rochedos erguem-se do mar; **ein Hochhaus ragt in den Himmel** um prédio ergue-se para o céu; **aus der Tasche ragt**

ein Schirm uma ponta do guarda-chuva sai do saco

Ragout *nt* <-s, -s> guisado *m*

Rahm [raːm] *m* <-(e)s> *kein pl* (*österr, schweiz*) nata(s) *fpl*, creme de leite *m*

rahmen ['raːmən] *vt* encaixilhar, emoldurar

Rahmen ['raːmən] *m* <-s, -> **1.** (*Bilderahmen*) moldura *f;* (*Türrahmen, Fensterrahmen*) caixilho *m* **2.** (*von Auto*) chassis *m;* (*von Fahrrad, Motorrad*) armação *f* **3.** *kein pl* (*einer Veranstaltung*) âmbito *m*, enquadramento *m;* **wir feiern im kleinen** ~ nós festejamos num círculo fechado; **im** ~ **des Möglichen** na medida do possível; **im** ~ **der geltenden Gesetze** no âmbito das leis em vigor; **aus dem** ~ **fallen** desviar-se da norma

Rain *m* <-(e)s, -e> (*schweiz*) encosta *f*

Rakete [ra'keːtə] *f* <-n> **1.** (*Raumfahrt*) foguetão *m*, foguete *m* **2.** (*Feuerwerk*) foguete *m* **3.** (MIL) míssil *m*

Raketenabwehrsystem *nt* <-(e)s, -e> sistema antimíssil *m*

Rallye ['rɛli] *f* <-s> rally *m*, rali *m*

Ramadan *m* <-(s)> *kein pl* (REL) ramadão *m*

rammen ['ramən] *vt* **1.** (*in den Boden*) cravar (*in* em), fincar (*in* em) **2.** (*Auto, Schiff*) abalroar; **der Tanker rammte die Hafenmauer** o petroleiro abalroou o muro do porto

Rampe ['rampə] *f* <-n> **1.** (*Auffahrt*) rampa *f* **2.** (*zum Berampe und Entladen*) plataforma *f*

Rampenlicht *nt* <-(e)s> *kein pl* luz da ribalta *f;* **im** ~ **stehen** estar na ribalta, estar na berlinda

ramponieren* *vt* (*umg*) estragar, dar cabo de

Ramsch [ramʃ] *m* <-(e)s> *kein pl* (*umg*) rebotalho *m*, monos *mpl*

RAM-Speicher *m* <-s, -> (INFORM) memória RAM *f*

ran *adv* (*umg*) *s.* **heran**

Rand [rant] *m* <-(e)s, Ränder> **1.** (*von Gefäß*) beira *f*, borda *f;* (*von Tisch, Abgrund*) beira *f;* (*von Straße*) beira *f;* (*einer Stadt*) periferia *f;* **am** ~ **des Waldes wohnen** morar perto da floresta, morar à beira da floresta; **bis zum** ~ **voll** a transbordar; **am** ~ **der Gesellschaft stehen** estar à margem da sociedade; **dunkle Ränder unter den Augen haben** estar com/ter olheiras **2.** (*zur Verzierung*) orla *f*, rebordo *m* **3.** (*auf Papier*) margem *f;* **etw an den** ~ **schreiben** escrever a. c. na margem

Randale *f kein pl* (*umg*) balbúrdia *f*
randalieren* *vi* provocar distúrbios
Randalierer(in) *m(f)* <-s, - *o* -innen> arruaceiro, arruaceira *m, f,* zaragateiro, zaragateira *m, f*
Rande *f* <-n> (*schweiz*) beterraba *f*
Randgruppe *f* <-n> grupo marginal *m*
Randstein *m* <-(e)s, -e> beira do passeio *f,* beira da calçada *f*
Randstreifen *m* <-s, -> berma da estrada *f*
rang [raŋ] *imp von* **ringen**
Rang [raŋ] *m* <-(e)s, Ränge> **1.** (*Stellung*) posição *f;* (*Stufe*) grau *m,* nível *m;* (MIL) posto *m;* **einen hohen ~ bekleiden** ocupar um alto posto **2.** *kein pl* (*Stellenwert*) classe *f,* categoria *f;* **eine Skulptur von hohem künstlerischen ~** uma escultura de alta categoria artística **3.** (*im Theater*) balcão *m* **4.** (SPORT) lugar *m;* **sie belegt den zweiten ~** ela ocupa o segundo lugar
rangieren* **I.** *vt* (*Waggons*) manobrar **II.** *vi* ocupar um lugar; **die Mannschaft rangiert an fünfter Stelle** a equipa ocupa o quinto lugar
Rangliste *f* <-n> (SPORT) ranking *m,* lista de categorias *f*
Rank *m* <-(e)s, Ränke> **1.** (*schweiz: Wegbiegung*) sinuosidade *f* **2.** (*schweiz: Trick*) manha *f,* ardil *m*
Ranke *f* <-n> (BOT) gavinha *f*
ran|klotzen *vi* (*umg*) dar no duro
rann [ran] *imp von* **rinnen**
rannte ['rantə] *imp von* **rennen**
Ranzen ['rantsən] *m* <-s, -> **1.** (*Schultasche*) mochila *f* **2.** (*umg: Bauch*) pança *f,* bandulho *m*
ranzig ['rantsıç] *adj* rançoso
Rap *m* <-(s), -s> (MUS) rap *m*
Rappe *m* <-n, -n> cavalo preto *m*
Rappen *m* <-s, -> unidade mínima do franco suíço
Rapper(in) *m(f)* <-s, - *o* -innen> cantor de rap, cantora *m, f*
Raps [raps] *m* <-es> *kein pl* colza *f*
rar [raːɐ] *adj* raro; **~ sein** ser raro
Rarität *f* <-en> raridade *f*
rasant [ra'zant] *adj* **1.** (*umg: Fahrt, Entwicklung*) rápido; (*Tempo*) louco **2.** (*Ballistik*) rasante
rasch [raʃ] **I.** *adj* rápido, veloz **II.** *adv* depressa
rascheln ['raʃəln] *vi* (*Laub*) ramalhar; (*Pa-*

pier, Maus) fazer ruído; **mit etw ~** fazer barulho com a. c.
rasen ['raːzən] *vi* **1.** (*umg: Person*) correr como um louco; (*Fahrzeug*) ir a alta velocidade; **die Zeit rast** o tempo voa **2.** (*vor Wut*) vociferar
Rasen ['raːzən] *m* <-s, -> relva *f,* relvado *m,* grama *f;* **den ~ mähen** cortar a relva, cortar a grama
rasend *adj* **1.** (*Tempo*) alucinante, vertiginoso **2.** (*Beifall*) entusiástico; (*Schmerzen*) louco
Rasenmäher *m* <-s, -> cortador de relva *m,* cortador de grama *m*
Raser(in) *m(f)* <-s, - *o* -innen> (*pej*) acelera *m, f*
Raserei *f* <-en> **1.** (*Wut*) fúria *f,* raiva *f;* **das bringt mich noch zur ~** isso ainda me deixa furioso **2.** (*umg: schnelles Fahren*) correria (louca) *f*
Rasierapparat *m* <-(e)s, -e> máquina de barbear *f*
rasieren* **I.** *vt* fazer a barba a, barbear; (*außerhalb des Gesichtes*) depilar; **sich** *dat* **die Beine ~** depilar as pernas, fazer depilação às pernas **II.** *vr* **sich ~** fazer a barba, barbear-se
Rasierklinge *f* <-n> lâmina de barbear *f*
Rasiermesser *nt* <-s, -> navalha de barba *f*
Rasierpinsel *m* <-s, -> pincel de barba *m*
Rasierschaum *m* <-(e)s> *kein pl* espuma de barbear *f*
Rasierseife *f* <-n> sabão para a barba *m*
Rasierwasser *nt* <-s, -> loção da barba *f*
raspeln *vt* ralar
rass^RR *adj,* **raß**^ALT *adj* **1.** (*österr, schweiz: würzig*) picante **2.** (*österr, schweiz: schneidend*) cortante **3.** (*österr, schweiz: resolut*) enérgico, resoluto
räss^RR *adj,* **räß**^ALT *adj* (*österr, schweiz*) *s.* **rass**
Rasse ['rasə] *f* <-n> raça *f*
Rassel ['rasəl] *f* <-n> matraca *f*
rasseln ['rasəln] *vi* (*Wecker*) tocar; (*Kette*) fazer barulho
Rassendiskriminierung *f* <-en> discriminação racial *f*
Rassenhass^RR *m* <-es> *kein pl* ódio racial *m*
Rassentrennung *f kein pl* segregação racial *f*
Rassenunruhen *pl* distúrbios raciais *mpl*
Rassismus [ra'sısmʊs] *m* <-> *kein pl* racismo *m*

R

Rassist(in) [ra'sɪst] *m(f)* <-en, -en *o* -innen> racista *m,f*

rassistisch *adj* racista

Rast [rast] *f* <-en> descanso *m*, repouso *m;* ~ **machen** descansar, repousar

rasten ['rastən] *vi* descansar, repousar

Raster ['rastɐ] *nt* <-s, -> **1.** (*Testbild*) retículo *m* **2.** (*System*) norma *f*

Rasthaus *nt* <-es, -häuser> pousada *f*, estalagem *f*

rastlos *adj* sem descanso; (*ununterbrochen*) incessante

Rastplatz *m* <-es, -plätze> área de descanso *f*

Raststätte *f* <-n> área de serviço *f*

Rasur [ra'zu:ɐ] *f* <-en> raspagem *f*

Rat¹ *m* <-(e)s, Räte> **1.** *kein pl* (*Empfehlung*) conselho *m;* **jdn einen ~ geben** dar um conselho a alguém; **jdn um ~ fragen** pedir um conselho a alguém; **einen Arzt zu ~e ziehen** consultar um médico; **da ist guter ~ teuer** é difícil encontrar solução **2.** (*Gremium*) conselho *m*, junta *f;* **Großer ~** Parlamento de Cantão Suíço *m*

Rat, Rätin² [ra:t] *m, f* <-(e)s, Räte *o* -innen> membro de conselho *m*

Rate ['ra:tə] *f* <-en> prestação *f;* **in ~n zahlen** pagar em prestações; **etw auf ~n kaufen** comprar a. c. a prestações

raten ['ra:tən] *vt* **1.** (*empfehlen*) aconselhar; **jdm (zu) etw ~** aconselhar alguém a fazer a. c., aconselhar a. c. a alguém **2.** (*erraten*) adivinhar

Ratenzahlung *f* <-en> pagamento a prestações *m*

Ratgeber¹ *m* <-s, -> (*Buch*) guia *m*

Ratgeber(in)² *m(f)* <-s, - *o* -innen> conselheiro, conselheira *m, f*

Rathaus *nt* <-es, -häuser> câmara municipal *f*, junta de freguesia *f*, prefeitura *f*

ratifizieren* *vt* (JUR) ratificar

Ration [ra'tsjo:n] *f* <-en> ração *f*

rational [ratsjo'na:l] *adj* racional

rationalisieren* I. *vt* racionalizar II. *vi* fazer despedimentos

rationell [ratsjo'nɛl] *adj* metódico, económico

rationieren* *vt* racionar

ratlos *adj* desorientado, desnorteado; ~ **sein** estar desorientado

Ratlosigkeit *f kein pl* desorientação *f*, atrapalhação *f*

rätoromanisch *adj* reto-romano

Rätoromanisch *nt* <-(s)> *kein pl* reto-romano *m*

ratsam ['ra:tza:m] *adj* aconselhável

Rätsel *nt* <-s, -> **1.** (*Denkaufgabe*) adivinha *f*, charada *f;* **jdm ein ~ aufgeben** fazer uma adivinha a alguém **2.** (*Geheimnis*) enigma *m*, mistério *m;* **die Experten standen vor einem ~** os peritos estavam perante um enigma; **es ist mir ein ~, wie das passieren konnte** é um mistério para mim, como é que isso aconteceu

rätselhaft *adj* enigmático, misterioso

Ratte ['ratə] *f* <-n> ratazana *f*

rattern ['ratɐn] *vi* (*Maschinengewehr*) estalar; (*Maschine*) fazer barulho

rau^{RR} [raʊ] *adj* **1.** (*Hände, Material*) áspero **2.** (*Stimme*) rouco **3.** (*Klima, Wind*) agreste; (*Winter*) rigoroso

Raub [raʊp] *m* <-(e)s> *kein pl* **1.** (*das Rauben*) roubo *m*, furto *m;* (*Entführung*) rapto *m* **2.** (*Beute*) presa *f*

rauben ['raʊbən] *vt* roubar, furtar; (*entführen*) raptar; **jdm etw ~** roubar a. c. a alguém; **das raubt mir noch den Verstand!** eu ainda fico maluco com isto!

Räuber(in) *m(f)* <-s, - *o* -innen> ladrão, ladra *m, f,* gatuno, gatuna *m, f;* (*Straßenräuber*) salteador, salteadora *m, f*

räuberisch *adj* de ladrão

Raubkatze *f* <-n> felino predador *m*

Raubkopie *f* <-n> cópia pirata *f*

Raubmord *m* <-(e)s, -e> assassinato e roubo *m*

Raubtier *nt* <-(e)s, -e> predador *m*

Raubüberfall *m* <-(e)s, -fälle> assalto (à mão armada) *m*

Raubvogel *m* <-s, -vögel> ave de rapina *f*

Rauch [raʊx] *m* <-(e)s> *kein pl* fumo *m*, fumaça *f*

rauchen I. *vt* fumar; **er raucht Zigarren/Pfeife** ele fuma charuto/cachimbo II. *vi* **1.** (*Person*) fumar; ~ **verboten!** proibido fumar! **2.** (*Schornstein, Feuer*) fumegar, deitar fumo

Raucher(in) *m(f)* <-s, - *o* -innen> fumador, fumadora *m, f,* fumante *m,f*

Raucherabteil *nt* <-(e)s, -e> compartimento para fumadores *m*, compartimento para fumantes *m*

räuchern *vt* defumar

Raucherzone *f* <-n> zona de fumadores *f*, zona de fumantes *f*

Rauchfleisch *nt* <-(e)s> *kein pl* carne defumada *f*

rauchig *adj* (*Zimmer, Luft*) cheio de fumo

Rauchverbot *nt* <-(e)s, -e> proibição de fumar *f*

Räude *f* <-n> tinha *f*, sarna *f*

räudig *adj* tinhoso

rauf [raʊf] *adv* (*umg*) *s.* **herauf**

raufen ['raʊfən] *vi* brigar

Rauferei *f* <-en> briga *f*, rixa *f*

rauh[ALT] *adj s.* **rau**

Rauhreif[ALT] *m* <-(e)s> *kein pl s.* **Raureif**

Raum [raʊm] *m* <-(e)s, Räume> 1. (a ASTR, MAT, PHILOS) espaço *m* 2. *kein pl* (*Platz*) lugar *m*, espaço *m;* **zu viel ~ einnehmen** ocupar demasiado espaço 3. (*Zimmer*) sala *f*, divisão *f* 4. (*Gebiet*) área *f*, zona *f;* **im ~ Leipzig** na área de Leipzig

räumen *vt* 1. (*Gebiet, Gebäude*) evacuar; **wir müssen die Wohnung bis zum Ersten ~** temos de desocupar/deixar a casa até ao dia um; **die Polizei räumte das Gebäude** a polícia evacuou o edifício 2. (*wegräumen*) arrumar, tirar; (*Schnee*) limpar; **etw aus dem Weg ~** tirar a. c. do caminho; **räum bitte die Bücher vom Tisch/die Handtücher in den Schrank** arruma os livros da mesa/os lenços no armário, por favor

Raumfähre *f* <-n> vaivém espacial *m*

Raumfahrt *f kein pl* aeronáutica *f*

Räumfahrzeug *nt* <-(e)s, -e> limpa-neve *m*

Rauminhalt *m* <-(e)s, -e> (MAT) volume *m*

Raumkapsel *f* <-, -n> módulo espacial *m*

räumlich *adj* 1. (*den Raum betreffend*) espacial, do espaço 2. (*dreidimensional*) tridimensional

Räumlichkeiten *pl* instalações *fpl*

Raumpfleger(in) *m(f)* <-s, - o -innen> homem da limpeza *m*, mulher da limpeza *f*

Raumschiff *nt* <-(e)s, -e> nave espacial *f*

Raumstation *f* <-en> estação espacial *f*

Räumung *f* <-en> (*einer Wohnung*) desocupação *f;* (JUR) despejo *m;* (*durch Polizei*) evacuação *f*

Räumungsverkauf *m* <-(e)s, -käufe> liquidação total *f*

Raupe ['raʊpə] *f* <-n> (ZOOL) lagarta *f*

Raureif[RR] *m* <-(e)s> *kein pl* geada *f*

raus [raʊs] *adv* (*umg*) *s.* **heraus**

Rausch [raʊʃ] *m* <-(e)s, Räusche> 1. (*Trunkenheit*) bebedeira *f;* **einen ~ haben** estar com uma bebedeira, estar bêbedo; **sei-**

nen **~ ausschlafen** cozer uma bebedeira 2. (*Ekstase*) embriaguez *f,* êxtase *m*

rauschen ['raʊʃən] *vi* (*Wasser, Bach*) murmurar, rumorejar; (*Meer*) marulhar; (*Wind*) ciciar, sussurrar; (*Baum*) ramalhar, sussurrar; (*Radio, Telefon*) fazer ruído

rauschend *adj* (*Beifall*) impetuoso, frenético; (*Fest*) ruidoso

Rauschgift *nt* <-(e)s, -e> estupefaciente *m*, entorpecente *m*

Rauschgifthandel *m* <-s> *kein pl* narcotráfico *m*

Rauschgiftsüchtige(r) *m/f* <-n, -n o -n> toxicodependente *m,f,* toxicómano, toxicómana *m, f*

räuspern *vr* **sich** **~** pigarrear, tossir levemente

Raute ['raʊtə] *f* <-n> (MAT) losango *m*

Rayon *m* <-s, -s> (*österr, schweiz*) distrito *m*

Razzia ['ratsja] *f* <Razzien> rusga *f,* batida *f;* **eine ~ machen** fazer uma rusga, fazer uma batida

Reagenzglas [rea'gɛnts-] *nt* <-es, -gläser> tubo de ensaio *m*

reagieren* *vi* reagir (*auf* a); **allergisch auf etw ~** ter uma rea(c)ção alérgica a a. c.

Reaktion [reak'tsjoːn] *f* <-en> (a CHEM) rea(c)ção *f* (*auf* a)

reaktionär *adj* rea(c)cionário

Reaktionär(in) *m(f)* <-s, -e o -innen> rea(c)cionário, rea(c)cionária *m, f*

Reaktor [re'aktoːɐ] *m* <-s, -en> rea(c)tor *m*

Reaktorblock *m* <-(e)s, -blöcke> unidade de rea(c)tor *f*

Reaktorsicherheit *f kein pl* segurança das centrais nucleares *f*

real [re'aːl] *adj* real

realisieren* *vt* realizar

Realismus [rea'lɪsmʊs] *m* <-> *kein pl* realismo *m*

Realist(in) [rea'lɪst] *m(f)* <-en, -en o -innen> realista *m,f*

realistisch *adj* realista

Realität *f* <-en> (*Wirklichkeit*) realidade *f;* **virtuelle ~** realidade virtual

Realitäten *pl* (*österr*) imóveis *mpl*

Realitätenhändler(in) *m(f)* <-s, - o -innen> (*österr*) agente de imóveis *m,f*

Reality-TV *nt* <-> *kein pl* televisão sensacionalista *f*

Realkanzlei *f* <-en> (*österr*) imobiliária *f*

R

Realschule *f* <-n> escola secundária até ao décimo ano de escolaridade

Na Alemanha a **Realschule** situa-se entre "Hauptschule" e "Gymnasium", no que se refere à possibilidade de formação escolar e às matérias. Vai até ao décimo ano com a prova de "Mittlere Reife". Normalmente segue-se uma qualificação profissional com duração de três anos.

Rebe ['re:bə] *f* <-n> videira *f*, vide *f*
Rebell(in) [re'bɛl] *m(f)* <-en, -en o -innen> (*Aufständiger, Gegner*) rebelde *m,f*
rebellieren* *vi* 1. (*gegen Diktatur*) rebelar-se (*gegen* contra), revoltar-se (*gegen* contra), insurgir-se (*gegen* contra) 2. (*gegen Handlung, Entscheidung*) revoltar-se (*gegen* contra)
Rebellion [rebɛ'ljo:n] *f* <-en> rebelião *f*
rebellisch [re'bɛlɪʃ] *adj* 1. (*Truppe*) rebelde 2. (*Jugend*) rebelde, insurre(c)to
Rebhuhn ['re:p-] *nt* <-(e)s, -hühner> perdiz *f*
Reblaus *f kein pl* filoxera *f*
Rebstock *m* <-(e)s, -stöcke> cepa *f*, videira *f*
Receiver *m* <-s, -s> receptor (de rádio) *m*
Rechen ['rɛçən] *m* <-s, -> (*österr, schweiz*) ancinho *m*
Rechenart *f* <-en> operação aritmética *f*
Rechenaufgabe *f* <-n> problema aritmético *m*
Rechenfehler *m* <-s, -> erro de cálculo *m*
Rechenmaschine *f* <-n> máquina de calcular *f*, calculadora *f*
Rechenschaft *f kein pl* satisfação *f*, contas *fpl*; **jdm für etw ~ ablegen** dar satisfações a alguém de a. c., prestar contas a alguém de a. c.; **jdn zur ~ ziehen** pedir uma satisfação a alguém
Rechenzentrum *nt* <-s, -zentren> centro de cálculo ele(c)trónico *m*
Recherche [re'ʃɛrʃə, rə'ʃɛrʃə] *f* <-n> pesquisa *f*
recherchieren* *vi* pesquisar
rechnen ['rɛçnən] **I.** *vt* 1. (MAT) calcular 2. (*einbeziehen*) incluir; **jdn/etw zu etw ~** incluir alguém/a. c. em a. c. **II.** *vi* 1. (MAT) calcular, fazer contas; **im Kopf ~** fazer contas de cabeça 2. (*annehmen*) contar (*mit* com); **mit einer Antwort ~** contar com uma resposta

Rechner *m* <-s, -> calculadora *f*; (*Computer*) computador *m*
Rechnung *f* <-en> 1. (*das Rechnen*) cálculo *m*, conta *f* 2. (*Abrechnung*) fa(c)tura *f*; (*im Restaurant*) conta *f*; **eine ~ über 350 DM** uma fa(c)tura de 350 marcos; **auf eigene ~** por conta própria; **die ~ stimmt nicht** a conta não está certa; **jdm etw in ~ stellen** fa(c)turar a. c. a alguém
recht [rɛçt] **I.** *adj* 1. (*passend*) certo, próprio, conveniente; **zur ~en Zeit** na altura certa, em boa hora 2. (*wirklich*) verdadeiro, autêntico; **ich habe keine ~e Lust** eu não tenho verdadeira vontade 3. (*richtig*) certo; **hier geht es nicht mit ~en Dingen zu** aí há coisa **II.** *adv* 1. (*sehr*) bem, muito; **es ist ~ tief** é bem fundo 2. (*ziemlich*) bem, bastante; **~ viel/oft** bastante/bastantes vezes 3. (*richtig, genehm*) justamente; **ganz ~!** muito bem!, exa(c)tamente!; **das ist mir ~** por mim, está bem; **das geschieht ihm ~** é bem feito; **wenn ich Sie ~ verstehe** se estou a perceber bem
Recht [rɛçt] *nt* <-s, -e> 1. *kein pl* (*Rechtsordnung*) direito *m*; (*Gesetze*) lei *f*, jurisprudência *f*; **bürgerliches/öffentliches ~** direito civil/público; **~ sprechen** julgar, sentenciar; **von ~s wegen** de direito; **~ haben** ter razão; **im ~ sein** estar com a razão 2. (*Anspruch, Berechtigung*) direito *m* (*auf* a); **das ~ haben, etw zu tun** ter o direito de fazer a. c.; **Sie haben das ~ auf einen Anwalt** tem direito a um advogado; **ich verlange mein ~** eu exijo os meus direitos; **alle ~e vorbehalten** todos os direitos reservados
Rechte ['rɛçtə] *f* <-n, -n> 1. (*rechte Seite*) direita *f*; **er saß zu meiner ~n** ele estava sentado à minha direita 2. (POL) direita *f*; **die ~ erhielt kaum Stimmen** a direita obteve poucos votos
Rechteck *nt* <-(e)s, -e> re(c)tângulo *m*
rechteckig *adj* re(c)tangular
Rechte(r) *m/f* <-n, -n o -n> adepto de direita, adepta *m, f*
rechte(r, s) *adj* 1. (*Seite*) direito 2. (POL) de direita; **die ~n Parteien** os partidos de direita 3. (MAT) **~r Winkel** ângulo re(c)to
rechtfertigen ['----] **I.** *vt* justificar **II.** *vr* **sich ~** justificar-se (*für* por, *vor* a)

Rechtfertigung *f* <-en> justificação *f* (*für* por)

rechthaberisch *adj* teimoso

rechtlich *adj* legal; (*gesetzlich*) jurídico

rechtmäßig *adj* legítimo, legal; **der ~e Besitzer** o legítimo proprietário

rechts [rɛçts] *adv* à direita; **nach ~ fahren** ir para a direita; **von ~ kommen** vir da direita; **~ von mir** à minha direita; (POL); **~ stehen** ser de direita; **sich ~ einordnen** chegar-se à direita

Rechtsanwalt, **Rechtsanwältin** *m, f* <-(e)s, -wälte *o* -innen> advogado, advogada *m, f*

Rechtsaußen *m/f* <-, - *o* -> (SPORT) ponta-direita *m,f*

Rechtsberatung *f* <-en> aconselhamento jurídico *m*

Rechtschreibung *f kein pl* ortografia *f*

No dia 1 de Julho de 1996 foi assinado em Viena o acordo para a reforma ortográfica da língua alemã, **Reform der deutschen Rechtschreibung**. As novas regras são oficialmente válidas desde 1 de Agosto de 1998. Durante um período de transição até ao ano 2005 serão válidas grafias de acordo com as regras antigas e as regras novas.

Rechtsextremismus *m* <-> *kein pl* extremismo de direita *m*

Rechtsextremist(in) *m(f)* <-en, -en *o* -innen> extremista de direita *m,f*

Rechtshänder(in) *m(f)* <-s, - *o* -innen> pessoa destra *f*

Rechtskonsulent(in) *m(f)* <-en, -en *o* -innen> 1. (*schweiz: Rechtsberater*) solicitador, solicitadora *m, f* 2. (*schweiz: Rechtsanwalt*) advogado, advogada *m, f*

rechtskräftig *adj* válido, vigente; **~ werden** entrar em vigor

Rechtskurve *f* <-n> curva à direita *f*

Rechtsprechung *f kein pl* jurisdição *f*

rechtsradikal *adj* de extrema direita

Rechtsschutzversicherung *f* <-en> seguro de prote(c)ção jurídica *m*

Rechtsverkehr *m* <-s> *kein pl* circulação pela direita *f*

Rechtsweg *m* <-(e)s, -e> via judicial *f*

rechtswidrig *adj* ilegal, contra a lei

rechtwinklig *adj* re(c)tangular; **~es Dreieck** triângulo re(c)tângulo *m*

rechtzeitig I. *adj* atempado II. *adv* a tempo, a horas

Reck [rɛk] *nt* <-(e)s, -s> barra fixa *f*

recken ['rɛkən] *vr* **sich ~** espreguiçar-se, esticar-se

Recorder *m* <-s, -> gravador *m*

recycelbar *adj* reciclável

recyceln * *vt* reciclar

Recycling [ri'saɪklɪŋ] *nt* <-s> *kein pl* reciclagem *f*

Recyclingpapier *nt* <-s> *kein pl* papel reciclado *m*

Redakteur(in) [redak'tøːɐ] *m(f)* <-s, -e *o* -innen> reda(c)tor, reda(c)tora *m, f*

Redaktion [redak'tsjoːn] *f* <-en> reda(c)ção *f*

Redaktionsschluss^RR *m* <-es> *kein pl* fecho da reda(c)ção *m*

Redaktor(in) *m(f)* <-s, -en *o* -innen> (*schweiz*) *s.* **Redakteur**

Rede ['reːdə] *f* <-n> discurso *m;* (*Gespräch*) conversa *f*; **eine ~ über etw halten** proferir um discurso sobre a. c.; **wovon ist die ~?** de que se trata?; **es ist nicht der ~ wert** não tem importância; **jdn zur ~ stellen** pedir satisfações a alguém; (LING); **direkte/indirekte ~** discurso dire(c)to/indire(c)to

Redefreiheit *f kein pl* liberdade de expressão *f*

redegewandt *adj* eloquente

reden ['reːdən] I. *vt* dizer, falar; **Unsinn ~** dizer disparates, falar besteira II. *vi* 1. (*sprechen*) falar (*mit* com, *über* sobre, *von* de); **sie ~ nicht mehr miteinander** eles já não se falam; **~ wir nicht mehr darüber** não falemos mais sobre isso; **du hast gut ~!** tu bem podes falar!; **so lasse ich nicht mit mir ~** eu não admito que me falem assim 2. (*Rede halten*) discursar (*über* sobre)

Redewendung *f* <-en> expressão idiomática *f*

redigieren * *vt* redigir

redlich ['reːtlɪç] *adj* sério, re(c)to

Redner(in) ['reːdnɐ] *m(f)* <-s, - *o* -innen> orador, oradora *m, f*

redselig *adj* falador

reduzieren * *vt* reduzir (*auf* para, *um* em)

Reede *f* <-n> ancoradouro *m;* **auf ~ liegen** estar ancorado

Reeder(in) *m(f)* <-s, - *o* -innen> armador, armadora *m, f*

Reederei *f* <-en> companhia de navegação *f*

R

reell [re'ɛl] *adj* **1.** (*Geschäft*) sério; (*Preis*) módico; (*Chance*) concreto **2.** (MAT) real

Referat [refe'ra:t] *nt* <-(e)s, -e> **1.** (*Vortrag*) relatório *m*, trabalho *m*; **ein ~ über etw halten** apresentar um trabalho sobre a. c. **2.** (*Abteilung*) se(c)ção *f*

Referendar(in) *m(f)* <-s, -e *o* -innen> estagiário, estagiária *m*, *f*

Referendariat *nt* <-(e)s, -e> estágio *m*

Referendum *nt* <-s, Referenda> referendo *m*; **ein ~ abhalten** fazer um referendo

Referent(in) [refe'rɛnt] *m(f)* <-en, -en *o* -innen> **1.** (*Vortragende*) arguente *m*,*f* **2.** (*Referatsleiter*) chefe de se(c)ção *m*,*f*

Referenz *f* <-en> referência *f*

referieren* *vi* **1.** (*Referat halten*) relatar (*über* sobre) **2.** (*berichten*) informar (*über* sobre)

reflektieren* *vt* (*Licht*) refle(c)tir

Reflektor [re'flɛkto:ɐ] *m* <-s, -en> refle(c)tor *m*

Reflex [re'flɛks] *m* <-es, -e> reflexo *m*

Reflexion *f* <-en> reflexão *f* (*über* sobre)

reflexiv [reflɛ'ksi:f] *adj* reflexo, reflexivo

Reflexivpronomen *nt* <-s, -> pronome reflexo *m*

Reform [re'fɔrm] *f* <-en> reforma *f*

Reformation [refɔrma'tsjo:n] *f kein pl* (GESCH) Reforma *f*

Reformhaus *nt* <-es, -häuser> loja de produtos naturais *f*

reformieren* *vt* reformar

Refrain [rə'frɛ:] *m* <-s, -s> refrão *m*

Regal [re'ga:l] *nt* <-s, -e> estante *f*

Regatta [re'gata] *f* <Regatten> regata *f*

rege ['re:gə] *adj* **1.** (*Verkehr, Betrieb*) intenso; (*Nachfrage, Interesse*) grande **2.** (*Unterhaltung*) animado; (*Fantasie*) vivo

Regel ['re:gəl] *f* <-n> **1.** (*Vorschrift*) regra *f*; **~n aufstellen** estabelecer regras; **in der ~** geralmente, por norma, regra geral **2.** (*Menstruation*) menstruação *f*, período *m*

regelmäßig *adj* regular

Regelmäßigkeit *f kein pl* regularidade *f*

regeln ['re:gəln] **I.** *vt* regular; (*durch Verordnung*) regulamentar; (*in Ordnung bringen*) regularizar, resolver; **die Temperatur ~** regular a temperatura **II.** *vr* **sich ~** regularizar-se; **sich von selbst ~** resolver-se por si (mesmo)

regelrecht *adj* **1.** (*vorschriftsmäßig*) cor-

re(c)to, segundo as regras **2.** (*umg: echt*) autêntico

Regelung *f* <-en> **1.** (*Vorschrift*) regulamento *m*; (*Abmachung*) acordo *m* **2.** (*von Angelegenheit*) regularização *f*

regelwidrig *adj* irrular, contra a regra

regen ['re:gən] *vr* **sich ~** mexer-se, agitar-se; **es regt sich kein Lüftchen** não corre ponta de vento; **es regt sich nichts** não se vê/ouve vivalma

Regen ['re:gən] *m* <-s> *kein pl* chuva *f*; **saurer ~** chuvas ácidas *fpl*; **es sieht nach ~ aus** o tempo está de chuva; **in den ~ kommen** apanhar chuva; (*umg*); **vom ~ in die Traufe kommen** é pior a emenda que o soneto; (*umg*); **jdn im ~ stehen lassen** abandonar alguém

Regenbogen *m* <-s, -bögen> arco-íris *m*

Regenbogenpresse *f kein pl* imprensa sensacionalista *f*

Regeneration *f* <-en> regeneração *f*

regenerieren* *vr* **sich ~** regenerar-se

Regenmantel *m* <-s, -mäntel> gabardine *f*, impermeável *m*

Regenrinne *f* <-n> caleira *f*, goteira *f*

Regenschauer *m* <-s, -> aguaceiro *m*, pancada de chuva *f*

Regenschirm *m* <-(e)s, -e> guarda-chuva *m*, chapéu-de-chuva *m*

Regentropfen *m* <-s, -> gota de chuva *f*

Regenwald *m* <-(e)s, -wälder> floresta (h)úmida *f*

Regenwasser *nt* <-s> *kein pl* águas pluviais *fpl*

Regenwetter *nt* <-s> *kein pl* tempo de chuva *m*; **bei ~** com tempo de chuva

Regenwurm *m* <-(e)s, -würmer> minhoca *f*

Regenzeit *f* <-en> estação das chuvas *f*

Regie [re'ʒi:] *f* <-n> (FILM) realização *f*; (*Theater*) dire(c)ção artística *f*; **bei etw ~ führen** dirigir a. c.

regieren* **I.** *vt* reger, dirigir **II.** *vi* governar

Regierung *f* <-en> governo *m*; **an die ~ kommen** subir ao poder; **die ~ umbilden** reestruturar o governo; **die Partei ist seit zwei Jahren an der ~** o partido está no governo há dois anos

Regierungsbezirk *m* <-(e)s, -e> distrito *m*

Regierungschef(in) *m(f)* <-s, -s *o* -innen> chefe de governo *m*,*f*

Regierungskrise *f* <-n> crise governamental *f*

Regierungswechsel *m* <-s, -> mudança de governo *f*

Regime [re'ʒi:m] *nt* <-s, -(s)> regime *m*

Regiment *nt* <-(e)s, -e(r)> 1. (*Leitung*) governo *m* 2. (MIL) regimento *m*

Region [re'gjo:n] *f* <-en> região *f*

regional [regjo'na:l] *adj* regional

Regisseur(in) [reʒɪ'søːɐ] *m(f)* <-s, -e *o* -innen> (FILM) realizador, realizadora *m, f*; (*im Theater*) dire(c)tor artístico *m*, dire(c)tora artística *f*, encenador, encenadora *m, f*

Register [re'gɪstɐ] *nt* <-s, -> 1. (*Verzeichnis*) regist(r)o *m*, lista *f*; (*im Buch*) índice *m* 2. (*einer Orgel*) regist(r)o *m*

registrieren* *vt* regist(r)ar

Regler ['re:glɐ] *m* <-s, -> (TECH) regulador *m*

regnen ['re:gnən] *vi* chover; **es regnet** está a chover, está chovendo

regnerisch *adj* chuvoso

regulär *adj* regular

regulieren* *vt* 1. (*Lautstärke, Temperatur*) regular 2. (*durch Verordnung*) regulamentar

Regung ['re:gʊŋ] *f* <-en> 1. (*Bewegung*) movimento *m*, agitação *f* 2. (*Gefühlsregung*) emoção *f*

regungslos *adj* imóvel

Reh [re:] *nt* <-(e)s, -e> corça *f*

Rehabilitation [rehabilita'tsjo:n] *f* <-en> reabilitação *f*

rehabilitieren* *vt* (*Ansehen*) recuperar

Reibe ['raɪbə] *f* <-n> raspa *f*

Reibeisen *nt* <-s, -> raspador *m*, ralador *m*

Reibelaut *m* <-(e)s, -e> (LING) fonema fricativo *m*

reiben ['raɪbən] *vt* 1. (*aneinander*) esfregar, friccionar; **sich** *dat* **die Hände** ~ esfregar as mãos; **etw blank** ~ polir a. c. 2. (*zerkleinern*) ralar, raspar

Reiberei *f* <-en> atrito *m*

Reibung *f* <-en> 1. (*das Reiben*) fricção *f* 2. (PHYS) atrito *m*

reibungslos *adj* sem atritos

reich [raɪç] *adj* 1. (*wohlhabend*) rico (*an* em); ~ **werden** enriquecer 2. (*ergiebig*) abundante, opulento 3. (*vielfältig*) rico, variado; **eine ~e Auswahl** uma escolha variada

Reich [raɪç] *nt* <-(e)s, -e> império *m*; (*Königreich*) reino *m*

reichen ['raɪçən] I. *vt* 1. (*geben*) passar, chegar; **jdm die Hand** ~ estender a mão a alguém; ~ **Sie mir bitte das Brot** passe-me o pão, por favor 2. (*anbieten*) servir II. *vi* 1. (*genügen*) chegar, bastar; **die Torte reicht für alle** a torta chega para todos; **die Zeit reicht nicht** o tempo não chega; **jetzt reicht's aber!** chega!, basta! 2. (*sich erstrecken*) chegar (*bis* até), alcançar; **so weit das Auge reicht** ao alcance da vista; **die Zweige** ~ **bis an das Fenster** os ramos chegam (até) à janela

reichhaltig *adj* abundante, rico; (*Auswahl*) variado

reichlich *adj* bastante, suficiente; (*Zeit*) (mais que) suficiente

No "Deutsches Reich" o **Reichstag** compunha-se de deputados que podiam ser eleitos por quatro anos, de acordo com a Constituinte de Weimar. O edifício do Reichstag em Berlim passou a ser novamente a sede do governo federal a partir de 1994, uma vez que após a reunificação foi decidido em Bona transferir-se a sede do governo para Berlim.

Reichtum *m* <-(e)s, -tümer> 1. (*Besitz*) riqueza *f* (*an* em) 2. (*Reichhaltigkeit*) abundância *f*, fartura *f*

Reichweite *f* <-n> alcance *m*; **in** ~ ao alcance da mão

reif [raɪf] *adj* maduro

Reif [raɪf] *m* <-(e)s, -e> 1. (*Armreif*) pulseira *f* 2. *kein pl* (*Raureif*) geada *f*

Reife ['raɪfə] *f kein pl* 1. (*das Reifen*) amadurecimento *m* 2. (*das Reifsein*) madureza *f*; (*von Mensch*) maturidade *f*

reifen ['raɪfən] *vi* amadurecer

Reifen ['raɪfən] *m* <-s, -> 1. (*von Auto, Fahrrad*) pneu *m* 2. (*Spielzeug*) arco *m*

Reifenpanne *f* <-n> furo no pneu *m*

Reifeprüfung *f* <-en> exame final *m*, exame de madureza *m*

Reihe ['raɪə] *f* <-n> 1. (*Stuhlreihe, Baumreihe*) fila *f*, fileira *f*; **wir haben Plätze in der dritten** ~ temos lugares na terceira fila; **in einer** ~ **stehen** estar em fila 2. (*Anzahl*) série *f*; **ich habe schon eine** ~ **Bücher von ihr gelesen** eu já li uma série de livros dela 3. *kein pl* (*Reihenfolge*) ordem *f*; **der** ~ **nach** por ordem; **ich bin an der** ~ é a minha vez; **wer ist an der** ~? quem é que se segue?

Reihenfolge *f* <-n> ordem *f*, sucessão *f*; **in**

R

alphabetischer ~ por ordem alfabética

Reihenhaus *nt* <-es, -häuser> moradia em banda *f*

Reiher ['raɪɐ] *m* <-s, -> garça *f*

Reim [raɪm] *m* <-(e)s, -e> rima *f*

reimen *vr* sich ~ rimar (*auf* com)

rein [raɪn] I. *adj* (*unvermischt*) puro; ~es Gold ouro puro; ~e Seide pura seda; das war ~er Zufall foi mero acaso; (*sauber*) limpo; etw ins Reine schreiben passar a. c. a limpo II. *adv* (*umg*) *s.* herein

Reinfall *m* <-(e)s, -fälle> (*umg*) fracasso *m*, fiasco *m*

Reingewinn *m* <-(e)s, -e> lucro líquido *m*

Reinheit *f kein pl* 1. (*Unverfälschtheit*) pureza *f* 2. (*Sauberkeit*) limpeza *f*

Reinheitsgebot é uma das mais antigas leis alemãs para produtos alimentares. Desde 1516 ela prescreve que para a fabricação de cerveja só podem ser utilizados malte obtido a partir de cevada, lúpulo, água e ultimamente também levedura.

reinigen ['raɪnɪɡən] *vt* limpar; (*Abwässer*) depurar; einen Mantel ~ lassen mandar limpar um casaco

Reiniger *m* <-s, -> produto de limpeza *m*

Reinigung *f* <-en> 1. *kein pl* (*Säuberung*) limpeza *f*; (*von Abwässern*) depuração *f*, purificação *f*; (*von Kleidern*) limpeza a seco *f* 2. (*Geschäft*) lavandaria *f*; chemische ~ lavandaria de limpeza a seco *f*; etw in die ~ bringen levar a. c. para a lavandaria

reinlich *adj* limpo, asseado

reinrassig *adj* de raça pura

Reis [raɪs] *m* <-es> *kein pl* arroz *m*

Reise ['raɪzə] *f* <-n> viagem *f* (*nach* a/para); gute ~! boa viagem!; eine ~ machen fazer uma viagem; auf ~n sein estar (para) fora

Reiseandenken *nt* <-s, -> recordação de viagem *f*

Reisebüro *nt* <-s, -s> agência de viagens *f*

Reisebus *m* <-ses, -se> camioneta de turismo *f*

Reiseführer *m* <-s, -> guia turístico *m*, roteiro turístico *m*

Reisegruppe *f* <-n> grupo de turistas *m*

Reisekosten *pl* despesas de viagem *fpl*

Reiseleiter(in) *m(f)* <-s, - *o* -innen> guia turístico *m*, guia turística *f*

reisen ['raɪzən] *vi* viajar (*nach* para)

Reisende(r) *m/f* <-n, -n *o* -n> viajante *m,f*

Reisepass[RR] *m* <-es, -pässe> passaporte *m*

Reisescheck *m* <-s, -s> cheque de viagem *m*

Reisetasche *f* <-n> saco de viagem *m*

Reiseveranstalter *m* <-s, -> operador turístico *m*

Reiseziel *nt* <-(e)s, -e> destino da viagem *m*

Reisfeld *nt* <-(e)s, -er> lezíria *f*

Reisig ['raɪzɪç] *nt* <-s> *kein pl* caruma *f*

Reißbrett *nt* <-(e)s, -er> estirador *m*

reißen I. *vt* (*zerreißen*) rasgar; er riss den Brief in Stücke ele rasgou a carta aos bocados; (*wegreißen, ausreißen*) arrancar, arrebatar; etw aus dem Zusammenhang ~ tirar a. c. de contexto; (*ziehen*) puxar; mir wurde die Tasche aus der Hand gerissen puxaram-me o saco da mão; jdn zu Boden ~ puxar alguém para o chão; etw an sich ~ levar a. c., apoderar-se de a. c. II. *vi* romper(-se); Achtung, das Seil reißt! cuidado, a corda rompe!; ihr riss die Geduld ela perdeu a paciência

reißend *adj* (*Strömung*) torrencial; ~en Absatz finden ter muita saída

Reißverschluss[RR] *m* <-es, -schlüsse> fecho de correr *m*, fecho éclair *m*; (*brasil*) fecho ecler *m*, zíper *m*

Reißwolf *m* <-(e)s, -wölfe> destruidora de papel *f*

Reißzwecke *f* <-n> percevejo *m*

reiten ['raɪtən] I. *vt* montar; dieses Pferd reitet Lilli a Lilli monta este cavalo II. *vi* montar, andar a cavalo, cavalgar

Reiter(in) *m(f)* <-s, - *o* -innen> cavaleiro, cavaleira *m, f*

Reithose *f* <-n> calças de montar *fpl*

Reitpferd *nt* <-(e)s, -e> cavalo de montar *m*

Reitsport *m* <-(e)s> *kein pl* hipismo *m*, equitação *f*

Reitstall *m* <-(e)s, -ställe> picadeiro *m*

Reitstiefel *m* <-s, -> bota de montar *f*

Reiz [raɪts] *m* <-es, -e> 1. (*physiologisch*) estímulo *m* 2. (*Anziehungskraft*) atra(c)ção *f*, encanto *m*; der ~ des Neuen a atra(c)ção pela novidade 3. (*Charme*) atra(c)tivo *m*

reizbar *adj* irritadiço

Reizbarkeit *f* <-en> irritabilidade *f*

reizen ['raɪtsən] *vt* 1. (*provozieren*) irritar, espicaçar 2. (*Organismus*) irritar 3. (*anzie-*

hen) atrair, encantar; (*verlocken*) tentar; **Dänemark reizt mich nicht** a Dinamarca não me atrai

reizend *adj* encantador, atraente

reizlos *adj* sem graça, insípido

Reizung *f* <-en> (MED) irritação *f*

reizvoll *adj* **1.** (*schön*) encantador **2.** (*verlockend*) cativante, atraente

Reklamation [reklama'tsjoːn] *f* <-en> reclamação *f*

Reklame [re'klaːmə] *f* <-n> reclame *m*, anúncio *m*; **für etw ~ machen** fazer publicidade a a. c.

reklamieren* *vt* reclamar

rekonstruieren* *vt* reconstruir

Rekonstruktion *f* <-en> reconstrução *f*

Rekord [re'kɔrt] *m* <-(e)s, -e> recorde *m*; **einen ~ aufstellen/brechen** estabelecer/bater um recorde

Rekrut(in) [re'kruːt] *m(f)* <-en, -en *o* -innen> recruta *m,f*

rekrutieren* *vt* recrutar

Rektor(in) ['rɛktoːɐ] *m(f)* <-s, -en *o* -innen> (*Schule, Universität*) reitor, reitora *m, f*

Relais *nt* <-, -> (ELEKTR) relé *m*

Relation [rel'tsjoːn] *f* <-en> proporção *f*, relação *f*; **Preis und Leistung stehen in keiner ~ zueinander** o preço e o rendimento não estão em proporção

relativ [rela'tiːf, 're:latiːf, 'rɛlatiːf] *adj* relativo; **in diesem Winter ist es ~ warm** este Inverno está relativamente quente; **er ruft ~ oft an** ele telefona com relativa frequência

Relativsatz *m* <-es, -sätze> (LING) frase relativa *f*

relaxen* *vi* relaxar

relevant [rele'vant] *adj* relevante

Relief [re'ljɛf] *nt* <-s, -s> relevo *m*

Religion [reli'gjoːn] *f* <-en> religião *f*

Religionszugehörigkeit *f* <-en> religião *f*

religiös *adj* religioso

Religiosität *f kein pl* religiosidade *f*

Relikt *nt* <-(e)s, -e> vestígio *m*

Reling ['reːlɪŋ] *f* <-s> amurada *f*

Reliquie [re'liːkviə] *f* <-n> relíquia *f*

Remigrant(in) *m(f)* <-en, -en *o* -innen> retornado, retornada *m, f*

Remoulade *f* <-n> remolada *f*

Ren *nt* <-s, -s> rena *f*

Renaissance [rənɛ'sãːs] *f kein pl* Renascença *f*, Renascimento *m*

Rendezvous [rãde'vuː] *nt* <-, -> encontro *m*; **ein ~ haben** ter um encontro

Rendite [rɛn'diːtə] *f* <-n> (WIRTSCH) rendimento *m*, renda *f*

Renditenhaus *nt* <-es, -häuser> (*schweiz*) quarteirão de casas alugadas *m*

Rennbahn *f* <-en> pista de corridas *f*; (*Pferderennen*) hipódromo *m*; (*Radrennen*) velódromo *m*; (*Autorennen*) autódromo *m*

rennen ['rɛnən] *vi* correr; **gegen etw ~** embater contra a. c.

Rennen *nt* <-s, -> corrida *f*

Rennfahrer(in) *m(f)* <-s, - *o* -innen> corredor, corredora *m, f*, piloto *m,f*

Rennrad *nt* <-(e)s, -räder> bicicleta de corrida *f*

Rennwagen *m* <-s, -> carro de corrida *m*

renovieren* *vt* renovar

Renovierung *f* <-en> renovação *f*

rentabel [rɛn'taːbəl] *adj* rentável, lucrativo

Rente ['rɛntə] *f* <-n> pensão de reforma *f*; **eine hohe/niedrige ~ bekommen** receber uma pensão alta/baixa; (*umg*) **in ~ gehen** reformar-se

Rentenalter *nt* <-s> *kein pl* idade da reforma *f*; **das ~ erreichen** chegar à idade da reforma

Rentenversicherung *f* <-en> (*staatlich*) fundo de pensão *m*; (*privat*) seguro de poupança reforma *m*

Rentier *nt* <-(e)s, -e> rena *f*

rentieren* *vr* **sich ~** ser proveitoso; (*finanziell*) ser rentável, ser lucrativo

Rentner(in) ['rɛntnɐ] *m(f)* <-s, - *o* -innen> reformado, reformada *m, f*, pensionista *m,f*

Reparatur [repara'tuːɐ] *f* <-en> reparação *f*, conserto *m*; **etw in ~ geben** levar a. c. para arranjar

Reparaturwerkstatt *f* <-stätten> oficina *f*

reparieren* *vt* reparar, consertar

Reportage [repɔr'taːʒə] *f* <-n> reportagem *f* (*über* sobre)

Reporter(in) [re'pɔrtɐ] *m(f)* <-s, - *o* -innen> repórter *m,f*

Repräsentant(in) *m(f)* <-en, -en *o* -innen> representante *m,f*

repräsentativ *adj* representativo

Repressalien *pl* represálias *fpl*

repressiv *adj* repressivo

Reptil [rɛp'tiːl] *nt* <-s, -ien> réptil *m*

Republik [repu'bliːk] *f* <-en> república *f*

R

Republikaner(in) [republi'ka:nɐ] *m(f)* <-s, - *o* -innen> republicano, republicana *m*, *f*

republikanisch *adj* republicano

Requiem ['re:kviɛm] *nt* <-s, -s> (REL, MUS) réquiem *m*

Requisit [rekvi'zi:t] *nt* <-(e)s, -en> adereço *m*

resch *adj* **1.** (*österr: knusprig*) estaladiço **2.** (*österr: energisch*) enérgico

Reserve [re'zɛrvə] *f* <-n> reserva *f*

Reservekanister *m* <-s, -> bidão de reserva *m*

Reserverad *nt* <-(e)s, -räder> pneu sobresselente *m*

reservieren* *vt* reservar, marcar; **ich möchte einen Tisch/ein Zimmer für zwei Personen** ~ eu queria reservar uma mesa/um quarto para duas pessoas

reserviert *adj* reservado

Residenz [rezi'dɛnts] *f* <-en> residência *f*

Resignation [rezɪgna'tsjo:n] *f kein pl* resignação *f*

resignieren* *vi* resignar-se, conformar-se

resolut [rezo'lu:t] *adj* resoluto, decidido

Resonanz [rezo'nants] *f* <-en> **1.** (PHYS, MUS) ressonância *f* **2.** (*Reaktion*) receptividade *f*; **der Vortrag fand wenig/große** ~ a conferência teve pouca/muita receptividade

resozialisieren* *vt* reintegrar na sociedade

Respekt [re'spɛkt, rɛs'pɛkt] *m* <-(e)s> *kein pl* respeito *m* (*vor* por); **großen** ~ **vor jdm haben** ter um grande respeito por alguém

respektabel [rɛspɛk'ta:bəl, rɛspɛk'ta:bəl] *adj* respeitável

respektieren* *vt* respeitar

respektlos *adj* irreverente

respektvoll *adj* respeitoso

Ressource *f* <-n> recurso *m*

Rest [rɛst] *m* <-(e)s, -e> **1.** (*nach Verbrauch, Verzehr*) resto *m*; (*Stoffrest*) retalho *m*; **es ist noch ein** ~ **Käse da** ainda há um resto de queijo **2.** (*Überrest*) restos *mpl*, sobras *fpl*

Restanz *f* <-en> (*schweiz*) assunto *m* pendente

Restaurant [rɛsto'rã:] *nt* <-s, -s> restaurante *m*

Restauration *f* <-en> **1.** (*von Kunstwerken*) restauração *f* **2.** (*österr*) restaurante *m*

restaurieren* *vt* restaurar

Restbetrag *m* <-(e)s, -träge> saldo devedor *m*

restlich *adj* restante

restlos *adv* completamente; **ich bin** ~ **glücklich** eu estou completamente feliz

restriktiv *adj* restritivo

Resultat [rezʊl'ta:t] *nt* <-(e)s, -e> resultado *m*

Resümee *nt* <-s, -s> resumo *m*

Retorte [re'tɔrtə] *f* <-n> retorta *f*; (*umg*); **aus der** ~ artificial

Retortenbaby *nt* <-s, -s> bebé proveta *m*, nenê de proveta *m*

retour [re'tu:ɐ] *adv* (*österr, schweiz*) para trás; **jdm etw** ~ **geben** devolver a. c. a alguém; **etw** ~ **gehen lassen** reclamar a. c.

Retourbillett *nt* <-s, -s> (*schweiz*) bilhete *m* de ida e volta

Retourgeld *nt* <-(e)s, -er> (*schweiz*) troco *m*

retournieren* *vt* (*schweiz*) devolver

Retourspiel *nt* <-(e)s, -e> (*österr, schweiz*) segunda mão *f*

retten ['rɛtən] *vt* **1.** (*aus Notlage*) salvar (*vor* de); **jdm das Leben** ~ salvar a vida a alguém **2.** (*Denkmal*) restaurar

Retter(in) *m(f)* <-s, - *o* -innen> salvador, salvadora *m*, *f*

Rettich ['rɛtɪç] *m* <-s, -e> rábano *m*

Rettung *f* <-en> **1.** (*aus Gefahr*) salvamento *m*; (*umg*); **du bist meine letzte** ~ tu és a minha última salvação **2.** (*von Denkmal*) restauração *f*

Rettungsboot *nt* <-(e)s, -e> barco salva-vidas *m*

Rettungshubschrauber *m* <-s, -> helicóptero de salvamento *m*

Rettungsring *m* <-(e)s, -e> bóia de salvamento *f*

Rettungsschwimmer(in) *m(f)* <-s, - *o* -innen> nadador-salvador, nadadora-salvadora *m*, *f*

Rettungswagen *m* <-s, -> pronto-socorro *m*

Reue ['rɔɪə] *f kein pl* arrependimento *m*

reuig *adj* arrependido

Revanche [re'vã:ʃ(ə)] *f* <-n> desforra *f*, vingança *f*

revanchieren* *vr* **sich** ~ **1.** (*sich rächen*) desforrar-se (*für* de) **2.** (*erwidern*) retribuir; **sich bei jdm für etw** ~ retribuir a. c. a alguém

revidieren* *vt* rever, revisar

Revier [re'vi:ɐ] *nt* <-s, -e> **1.** (*Aufgabenge-*

biet) distrito *m* **2.** (*Polizeirevier*) esquadra *f*, delegacia *f* **3.** (*Jagdrevier*) zona de caça *f*
Revision [revi'zjo:n] *f* <-en> **1.** (*Kontrolle*) revisão *f* **2.** (JUR) recurso *m*
Revolte [re'vɔltə] *f* <-n> revolta *f*
Revolution [revolu'tsjo:n] *f* <-en> revolução *f*
revolutionär *adj* revolucionário
Revolutionär(in) *m(f)* <-s, -e *o* -innen> revolucionário, revolucionária *m, f*
Revolver [re'vɔlvɐ] *m* <-s, -> revólver *m*
rezensieren* *vt* criticar
Rezension [retsɛn'zjo:n] *f* <-en> crítica *f*
Rezept [re'tsɛpt] *nt* <-(e)s, -e> (*a* MED) receita *f*
rezeptfrei *adj* de venda livre
Rezeption [retsɛp'tsjo:n] *f* <-en> recepção *f*; **melden Sie sich bitte an der** ~ apresente-se na recepção por favor
rezeptpflichtig *adj* que só se vende mediante receita médica
Rezession [retsɛ'sjo:n] *f* <-en> (WIRTSCH) recessão *f*
rezitieren* *vt* recitar, declamar
R-Gespräch *nt* <-(e)s, -e> chamada a cobrar no destino *f*
Rhabarber [ra'barbɐ] *m* <-s> *kein pl* ruibarbo *m*
Rhein [raɪn] *m* <-s> *kein pl* Reno *m*
Rheinland-Pfalz *nt* <-> *kein pl* Renânia-Palatinado *f*
rheinland-pfälzisch *adj* da Renânia-Palatinado
Rhesusfaktor *m* <-s, -en> fa(c)tor Rh *m*
Rhetorik [re'to:rɪk] *f* *kein pl* retórica *f*
rhetorisch *adj* retórico
Rheuma ['rɔɪma] *nt* <-s> *kein pl* reumatismo *m*
Rhinozeros *nt* <-(ses), -se> rinoceronte *m*
rhythmisch ['rʏtmɪʃ] *adj* rítmico
Rhythmus ['rʏtmʊs] *m* <-, Rhythmen> ritmo *m*
Ribisel *f* <-n> (*österr: rot*) groselha-vermelha *f*; (*schwarz*) groselha-negra *f*
richten ['rɪçtən] **I.** *vt* dirigir (*an/auf* a, *gegen* contra); (*Waffe*) apontar (*auf* a/para); (*Blick, Aufmerksamkeit, Hass*) dirigir (*auf* para); **eine Frage an jdn** ~ dirigir uma pergunta a alguém; **an wen ist der Brief gerichtet?** a quem é endereçada a carta? **II.** *vr* **sich** ~ **1.** (*abhängen*) reger-se (*nach* por), regular-se (*nach* por), orientar-se (*nach* por); **die**

Preise ~ **sich nach der Entfernung** os preços regem-se pela distância **2.** (*sich anpassen*) ajustar-se (*nach* a); **sich nach jds Wünschen** ~ ajustar-se aos desejos de alguém **3.** (*sich wenden*) dirigir-se (*gegen* a); **die Kritik richtet sich gegen die Ärzte** a crítica dirige-se aos médicos
Richter(in) *m(f)* <-s, - *o* -innen> juiz, juíza *m, f*
richterlich *adj* judiciário, judicial
Richterskala *f* *kein pl* escala de Richter *f*
Richtgeschwindigkeit *f* <-en> velocidade recomendada *f*
richtig ['rɪçtɪç] **I.** *adj* **1.** (*zutreffend*) certo, exa(c)to; (*korrekt*) certo, corre(c)to; **ich halte es für** ~, **dass ...** eu acho bem que ... **2.** (*echt*) autêntico, verdadeiro; **es war ein ~es Durcheinander** foi uma autêntica confusão **3.** (*passend*) apropriado, justo **II.** *adv* **1.** (*korrekt*) bem, corre(c)tamente; **eine Frage** ~ **beantworten** responder bem a uma pergunta; **die Uhr geht** ~ o relógio está certo; **etw** ~ **stellen** re(c)tificar a. c., emendar a. c. **2.** (*umg: sehr*) mesmo; **der Urlaub war** ~ **gut** as férias foram mesmo boas
Richtigkeit *f* *kein pl* exa(c)tidão *f*; **damit hat es seine** ~ tem a sua razão de ser
richtig|stellen[ALT] *vt s.* **richtig II 1**
Richtlinie *f* <-n> dire(c)tiva *f*
Richtpreis *m* <-es, -e> preço recomendado *m*
Richtung *f* <-en> **1.** (*räumlich*) dire(c)ção *f*, sentido *m*; **du gehst in die falsche** ~ tu vais na dire(c)ção errada; **der Zug** ~ **Lissabon** o comboio em dire(c)ção a Lisboa; **in welche** ~ **muss ich fahren, um nach Hannover zu kommen?** qual é a dire(c)ção que tenho de seguir para chegar a Hannover?; **in östliche** ~ **para oriente 2.** (*Tendenz*) tendência *f*, orientação *f*
Richtwert *m* <-(e)s, -e> valor aproximado *m*, valor de referência *m*
rieb [ri:p] *imp von* **reiben**
riechen ['ri:çən] **I.** *vt* cheirar; (*umg*); **jdn nicht** ~ **können** não poder com alguém **II.** *vi* cheirar (*nach* a); **an einer Blume** ~ cheirar uma flor; **es riecht angebrannt** cheira a queimado
Ried *nt* <-(e)s, -e> **1.** (BOT) cana *f*, junco *m* **2.** (*schweiz: Moor*) pântano *m*
rief [ri:f] *imp von* **rufen**
Riegel ['ri:gəl] *m* <-s, -> **1.** (*an Tür*) ferrolho

R

m **2.** (*aus Schokolade*) barra *f*

Riemen ['riːmən] *m* <-s, -> **1.** (*Band*) tira *f*, cinto *m* **2.** (*Ruder*) remo *m*

Riese(in) ['riːzə] *m(f)* <-n, -n *o* -innen> gigante *m,f*

rieseln ['riːzəln] *vi* **1.** (*Sand, Pulver*) cair, escorregar **2.** (*Schnee*) cair de mansinho

Riesenarbeit *f kein pl* trabalhão *m*, trabalheira *f*

Riesenerfolg *m* <-(e)s, -e> mega-sucesso *m*

riesengroß *adj* gigantesco, enorme

Riesenrad *nt* <-(e)s, -räder> roda gigante *f*

riesig *adj* **1.** (*Gestalt*) gigantesco **2.** (*Problem, Freude*) enorme

riet [riːt] *imp von* **raten**

Riff [rɪf] *nt* <-(e)s, -e> recife *m*

rigoros [rigoˈroːs] *adj* rigoroso

Riksha *f* <-s> riquexó *m*

Rille ['rɪlə] *f* <-n> estria *f*, sulco *m*

Rind [rɪnt] *nt* <-(e)s, -er> **1.** (*männliches Tier*) boi *m*; (*weibliches Tier*) vaca *f* **2.** (ZOOL) gado bovino *m*

Rinde ['rɪndə] *f* <-n> **1.** (*Baumrinde*) casca *f* **2.** (*Brotrinde*) côdea *f*

Rinderwahnsinn *m* <-s> *kein pl* (*umg*) doença das vacas loucas *f*

Rindfleisch *nt* <-(e)s> *kein pl* carne de vaca *f*

Rindvieh *nt* <-s, -viecher> (*umg*) boi *m*, estúpido *m*

Ring [rɪŋ] *m* <-(e)s, -e> **1.** (*allgemein*) argola *f*, aro *m*; (*Fingerring*) anel *m*; (*Trauring, Verlobungsring*) aliança *f*; ~**e unter den Augen haben** estar com/ter olheiras **2.** (*beim Boxen*) ringue *m*

Ringbuch *nt* <-(e)s, -bücher> caderno de argolas *m*

Ringelnatter *f* <-n> cobra d'água *f*

Ringelspiel *nt* <-(e)s, -e> (*österr*) carrocel *m*

ringen ['rɪŋən] *vi* lutar (*um* por); **nach Worten** ~ tentar encontrar palavras; **mit dem Tod** ~ lutar com a morte

Ringer(in) *m(f)* <-s, - *o* -innen> lutador, lutadora *m, f*

Ringfinger *m* <-s, -> dedo anular *m*

ringhörig *adj* (*schweiz*) sem isolamento acústico; **die Wohnung ist sehr** ~ ouve-se tudo na casa

Ringkampf *m* <-(e)s, -kämpfe> luta *f*

Ringrichter(in) *m(f)* <-s, - *o* -innen> árbitro *m*

ringsherum ['rɪŋshɛˈrʊm] *adv* a toda a volta (*um* de)

ringsum *adv* à/em volta

Rinne ['rɪnə] *f* <-n> **1.** (*im Boden*) sulco *m*; (*zur Bewässerung*) rego *m* **2.** (*Dachrinne*) caleira *f*, goteira *f*

rinnen ['rɪnən] *vi* escorrer

Rinnstein *m* <-(e)s, -e> sarjeta *f*, valeta *f*

Rippchen *nt* <-s, -> (GASTR) entrecosto *m*

Rippe ['rɪpə] *f* <-n> (ANAT) costela *f*

Rippli *nt* <-s, -> (*schweiz*) *s.* **Rippchen**

Risiko ['riːziko] *nt* <-s, Risiken> risco *m*; **ein großes** ~ **eingehen** correr um grande risco; **kein** ~ **eingehen** não correr riscos; **auf Ihr** ~ por sua conta e risco

Risikogruppe *f* grupo de risco *m*

riskant [rɪsˈkant] *adj* arriscado

riskieren* *vt* arriscar

riss^RR [rɪs], **riß^ALT** *imp von* **reißen**

Riss^RR [rɪs] *m* <-es, -e>, **Riß^ALT** *m* <-sses, -sse> (*in Stoff, Papier*) rasgão *m*; (*in Mauer*) fenda *f*, racha *f*; (*in Tasse*) rachadela *f*; (*in Haut*) greta *f*

rissig ['rɪsɪç] *adj* (*Wand*) rachado, fendido; (*Hände, Haut*) gretado

ritt [rɪt] *imp von* **reiten**

Ritt [rɪt] *m* <-(e)s, -e> cavalgada *f*, passeio a cavalo *m*

Ritter ['rɪtɐ] *m* <-s, -> cavaleiro *m*

ritterlich *adj* cavalheiresco

Ritual [rituˈaːl] *nt* <-s, -e> ritual *m*

rituell *adj* ritual

Ritze ['rɪtsə] *f* <-n> frincha *f*

ritzen ['rɪtsən] *vt* riscar (*in* em); **seinen Namen in das Holz** ~ riscar o nome na madeira

Rivale(in) [riˈvaːlə] *m(f)* <-n, -n *o* -innen> rival *m,f*

rivalisieren* *vi* rivalizar, competir; **mit jdm um etw** ~ competir com alguém por a. c.

Rivalität *f* <-en> rivalidade *f*

Roastbeef *nt* <-s, -s> rosbife *m*

Robbe ['rɔbə] *f* <-n> foca *f*

Robotbild *nt* <-(e)s, -er> (*schweiz*) retrato-robô *m*

Roboter ['rɔbɔtɐ] *m* <-s, -> robô *m*

robust [roˈbʊst] *adj* robusto

roch [rɔx] *imp von* **riechen**

röcheln *vi* gemer; (*Sterbender*) agonizar

Rock¹ [rɔk] *m* <-(e)s, Röcke> **1.** (*Kleidungsstück*) saia *f* **2.** (*schweiz: Kleid*) vestido *m*

Rock² *m* <-(s)> *kein pl* (MUS) rock *m*

Rockband *f* <-s> grupo de rock *m*

rocken *vi* **1.** (*Musik machen*) tocar rock **2.** (*tanzen*) dançar rock

Rocker(in) ['rɔkɐ] *m(f)* <-s, - *o* -innen> roqueiro, roqueira *m, f*

Rockfestival *nt* <-s, -s> festival de rock *m*

Rodelbahn *f* <-en> pista de trenós *f*

rodeln ['roːdəln] *vi* andar de trenó

Rodelschlitten *m* <-s, -> trenó *m*

roden ['roːdən] *vt* **1.** (*Gebiet*) desbravar **2.** (*Wald*) desbastar

Rodler(in) *m(f)* <-s, - *o* -innen> praticante de trenó *m,f*

Rodung *f* <-en> **1.** (*das Roden*) desbravamento *m* **2.** (*gerodetes Gebiet*) terra desbravada *f*

Rogen *m* <-s, -> ovas *fpl*

Roggen ['rɔgən] *m* <-s> *kein pl* centeio *m*

Roggenbrot *nt* <-(e)s, -e> pão de centeio *m*

roh [roː] *adj* **1.** (*Lebensmittel*) cru **2.** (*unbearbeitet*) bruto, tosco **3.** (*grob*) tosco, grosseiro

Rohbau *m* <-(e)s, -ten> construção de alvenaria *f*

Rohkost *f kein pl* comida crua *f*

Rohöl *nt* <-(e)s, -e> petróleo bruto *m*, crude *m*

Rohr [roːɐ] *nt* <-(e)s, -e> **1.** (*Wasserrohr*) cano *m*, tubo *m* **2.** *kein pl* (BOT) cana *f*

Röhre *f* <-n> **1.** (*für Gas, Wasser*) tubo *m*, cano *m* **2.** (*Radioröhre, Fernsehröhre*) válvula *f* **3.** (*Backröhre*) forno *m*; (*umg*) **in die ~ gucken** ficar a ver navios

Rohrzange *f* <-n> chave de tubos *f*

Rohrzucker *m* <-s> *kein pl* açúcar de cana *m*

Rohstoff *m* <-(e)s, -e> matéria-prima *f*

Rokoko ['rɔkoko] *nt* <-(s)> *kein pl* rococó *m*

Rolladen^ALT *m* <-s, -läden> *s.* **Rollladen**

Rolle ['rɔlə] *f* <-n> **1.** (*Gerolltes*) rolo *m*; (*um etw darauf zu wickeln*) carretel *m*; (*Garnrolle*) carrinho *m*; (*Filmrolle*) bobina *f*; (*am Flaschenzug*) roldana *f* **2.** (*an Möbeln*) rodízio *m* **3.** (*eines Schauspielers, in der Gesellschaft*) papel *m*; **er spielt die ~ des Liebhabers** ele desempenha o papel do amante; **die ~ der Frau** o papel da mulher; **es spielt eine große ~** faz muita diferença; **es spielt keine ~** não tem importância nenhuma, não interessa

rollen ['rɔlən] **I.** *vt* (*bewegen*) rodar; (*aufrollen*) enrolar **II.** *vi* (*Ball, Tränen, Auto*) rolar; (*Flugzeug*) andar

Roller *m* <-s, -> **1.** (*für Kinder*) trotinete *f* **2.** (*österr: Rollo*) estore *m*

Rollfeld *nt* <-(e)s, -er> campo de aterragem *m*, campo de aterrissagem *m*

Rollkragenpullover *m* <-s, -> camisola de gola alta *f*

Rollladen^RR *m* <-s, -läden> persiana *f*

Rollo ['rɔlo] *nt* <-s, -s> estore *m*

Rollschuh *m* <-(e)s, -e> patim *m*; **~ laufen** andar de patins

Rollsplitt *m* <-(e)s> *kein pl* gravilha *f*

Rollstuhl *m* <-(e)s, -stühle> cadeira de rodas *f*; **er sitzt im ~** ele está numa cadeira de rodas

Rollstuhlfahrer(in) *m(f)* <-s, - *o* -innen> deficiente motor *m,f*

Rolltreppe *f* <-n> escada rolante *f*; **~ fahren** ir pela escada rolante

Roma *pl* ciganos *mpl*

Roman [roˈmaːn] *m* <-s, -e> romance *m*

Romanik *f kein pl* estilo românico *m*

romanisch *adj* **1.** (*Sprache*) latino, românico; (*Kunst*) românico **2.** (*schweiz: rätoromanisch*) reto-romano

Romanist(in) *m(f)* <-en, -en *o* -innen> romanista *m,f*

Romanistik [romaˈnɪstɪk] *f kein pl* filologia românica *f*

Romantik [roˈmantɪk] *f kein pl* romantismo *m*

Romantiker(in) *m(f)* <-s, - *o* -innen> romântico, romântica *m, f*

romantisch *adj* romântico

Romanze [roˈmantsə] *f* <-n> romance *m*

römisch *adj* romano; **~e Zahlen** numeração romana *f*, números romanos *mpl*

röntgen *vt* radiografar

Röntgenaufnahme *f* <-n> radiografia *f*

Röntgenbild *nt* <-(e)s, -er> radiografia *f*

röntgenisieren* *vt* (*österr*) *s.* **röntgen**

Röntgenstrahlen *pl* raios X *mpl*

Rooming-in *nt* <-(s), -s> alojamento das mães em hospital, em caso de doença dos filhos

rosa ['roːza] *adj inv* cor-de-rosa

Rose ['roːzə] *f* <-n> rosa *f*

Rosenkohl *m* <-(e)s> *kein pl* couve de Bruxelas *f*

Rosenkranz *m* <-es, -kränze> terço *m*, ro-

R

sário *m;* **den ~ beten** rezar o terço
Rosenmontag [(')--'--] *m* <-(e)s, -e> segunda-feira de Carnaval *f*
Rosette *f* <-n> (ARCH) rosácea *f*
Roséwein *m* <-(e)s, -e> vinho rosé *m*
rosig *adj* **1.** (*Hautfarbe*) rosado **2.** (*erfreulich*) cor-de-rosa; **~e Zeiten** bons tempos; **~e Aussichten** boas perspe(c)tivas
Rosine [ro'ziːnə] *f* <-n> uva passa *f*
Rosmarin ['roːsmariːn] *m* <-s> *kein pl* rosmaninho *m*
Ross^RR [rɔs] *nt* <-es, Rösser>, **Roß**^ALT *nt* <-sses, Rösser> (*österr, schweiz*) cavalo *m*
Rosskur^RR *f* <-en> terapia de choque *f*
Rösslispiel^RR *nt* <-(e)s, -e> (*schweiz*) carrocel *m*
Rost [rɔst] *m* <-(e)s, -e> **1.** (*an Eisen*) ferrugem *f* **2.** (*für Grill*) grelha *f*
Rostbraten *m* <-s, -> (*österr*) carne grelhada *f*
rosten ['rɔstən] *vi* enferrujar, oxidar; **nicht rostend** inoxidável
rösten *vt* (*Fleisch, Fisch*) grelhar; (*Brot, Kaffee*) torrar; (*Kastanien*) assar
rostfrei *adj* inoxidável
Rösti *f* <-> batatas assadas cortadas em fatias muito finas

> **Rösti** é uma especialidade da culinária suíça. Para este prato frita-se dos dois lados numa frigideira uma espécie de panqueca de batata ralada crua ou cozida com cebolas e ervas.

rostig *adj* enferrujado, ferrugento
Rostschutz *m* <-es> *kein pl* anticorrosivo *m*
rot [roːt] *adj* **1.** (*Farbe*) vermelho, encarnado; (*Haarfarbe*) ruivo; **eine ~e Ampel** um semáforo vermelho; **~ werden** ficar vermelho, corar **2.** (*sozialistisch*) socialista, social-democrata
rotblond *adj* ruivo
Röte *f kein pl* vermelhidão *f;* (*Schamesröte*) rubor *m*
Röteln *pl* (MED) rubéola *f*
röten *vr* **sich ~** ficar vermelho; (*vor Scham*) corar
rot-grün *adj* (POL) social-democrata e ecologista; **eine ~e Koalition** uma coligação entre social-democratas e ecologistas
rothaarig *adj* de cabelo ruivo

rotieren* *vi* **1.** (*sich drehen*) rodar (*um à volta de*), girar (*um à volta de*) **2.** (*umg: hektisch sein*) andar numa roda-viva
Rotkäppchen *nt* <-s> *kein pl* capuchinho vermelho *m*, chapeuzinho vermelho *m*
Rotkehlchen ['roːtkeːlçən] *nt* <-s, -> pintarroxo *m*
Rotkohl *m* <-(e)s> *kein pl* couve roxa *f*
rötlich *adj* avermelhado
Rotlichtviertel *nt* <-s, -> (*umg*) bairro da luz vermelha *m*
Rotor *m* <-s, -en> (TECH) rotor *m*
Rotwein *m* <-(e)s, -e> vinho tinto *m*
Rotz [rɔts] *m* <-es> *kein pl* (*umg*) ranho *m*
Rouge [ruːʒ] *nt* <-s, -s> blush *m*
Roulade *f* <-n> rolo de carne *m*
Roulette [ru'lɛt] *nt* <-(e)s, -e> roleta *f*
Route ['ruːtə] *f* <-n> rota *f*, itinerário *m*
Routine [ru'tiːnə] *f kein pl* **1.** (*Gewohnheit*) rotina *f* **2.** (*Erfahrung*) prática *f*, experiência *f*
Routineuntersuchung *f* <-n> exame de rotina *m*
routiniert [ruti'niːɐt] *adj* experiente
Rowdy ['raʊdi] *m* <-s, -s> vândalo *m*
Rowdytum *nt* <-s> *kein pl* vandalismo *m*
Rübe *f* <-n> **1.** (BOT) nabo *m;* (*reg*) **gelbe ~** cenoura *f;* **rote ~** beterraba *f* **2.** (*umg: Kopf*) tola *f*
Rubel ['ruːbəl] *m* <-s, -> rublo *m*
rüber *adv* (*umg*) *s.* **herüber**
Rubin [ru'biːn] *m* <-s, -e> rubi *m*
Rubrik [ru'briːk] *f* <-en> rubrica *f*
Ruck [rʊk] *m* <-(e)s, -e> solavanco *m;* **sich** *dat* **einen ~ geben** fazer um esforço
ruckartig *adj* brusco, repentino
Rückblende *f* <-n> (LIT) analepse *f;* (FILM) flash-back *m*
Rückblick *m* <-(e)s, -e> retrospe(c)tiva *f* (*auf de*)
rückblickend *adj* em retrospe(c)tiva; **~ lässt sich sagen, dass ...** analisando retrospe(c)tivamente, pode dizer-se que ...
rückdatieren* *vt* pré-datar
rücken **I.** *vt* deslocar, mudar (de sítio); **er rückte den Stuhl vor die Heizung** ele deslocou a cadeira para o aquecedor **II.** *vi* (*Platz machen*) deslocar-se, chegar-se para lá; (*näher kommen*) aproximar-se; **er rückte an den Tisch** ele aproximou-se da mesa; **rück mal ein Stück** chega-te para lá; **rück näher!** chega-te mais para cá!; **an jds Stelle ~** tomar o lugar de alguém

Rücken m <-s, -> **1.** (des Menschen) costas fpl; **jdm den ~ zudrehen** virar as costas a alguém; **hinter jds ~** nas costas de alguém; **jdm in den ~ fallen** não apoiar alguém **2.** (Buchrücken) lombada f **3.** (eines Tieres) lombo m, dorso m

Rückenlehne f <-n> espaldar m, costas (da cadeira) fpl

Rückenmark nt <-(e)s> kein pl espinal medula f

Rückenschmerzen pl dores de costas fpl

Rückenschwimmen nt <-s> kein pl natação de costas f

Rückenwind m <-(e)s> kein pl vento de cauda m

Rückerstattung f <-en> (Steuern) restituição f; (Geld) reembolso m, devolução f

Rückfahrkarte f <-n> bilhete de ida e volta m

Rückfahrscheinwerfer m <-s, -> farol de marcha atrás m, farol de marcha a ré m

Rückfahrt f <-en> volta f, viagem de regresso m; **auf der ~** à volta

Rückfall m <-(e)s, -fälle> **1.** (MED) recaída f; **einen ~ erleiden** ter uma recaída **2.** (JUR) reincidência f

rückfällig adj (JUR) **~ werden** reincidir

Rückflug m <-(e)s, -flüge> voo de regresso m

Rückfrage f <-n> consulta f

Rückgabe f <-n> devolução f, restituição f

Rückgang m <-(e)s, -gänge> diminuição f (um em), recuo m (um em)

rückgängig adj (Vertrag) **etw ~ machen** anular; (Verabredung) cancelar, desmarcar

Rückgrat nt <-(e)s, -e> (ANAT) coluna vertebral f, espinha dorsal f

Rückhalt m <-(e)s, -e> apoio m; **jdm ~ geben** dar apoio a alguém, apoiar alguém

Rückkehr f kein pl regresso m, volta f; **bei meiner ~** quando eu regressar

Rücklicht nt <-(e)s, -er> luz traseira f

Rücknahme f <-n> (von Waren) aceitação de devoluções f; (von Versprechen, Klage) desistência f

Rückporto nt <-s, -s> franquia de volta f

Rückreise f <-n> viagem de regresso f; **auf der ~** na viagem de regresso

Rückruf m <-(e)s, -e> resposta por telefone f; **ich erwarte Ihren ~** eu aguardo a sua resposta por telefone

Rucksack ['rʊk-] m <-(e)s, -säcke> mochila f

Rucksacktourist(in) m(f) <-en, -en o -innen> turista pé-descalço m,f

Rücksand m <-(e)s> kein pl (schweiz) devolução f

Rückschlag m <-(e)s, -schläge> revés m

Rückschritt m <-(e)s, -e> retrocesso m, recuo m

Rückseite f <-n> (eines Gebäudes) traseiras fpl; (eines Blattes Papier) verso m; (eines Stoffes) avesso m; **siehe ~** ver no verso

Rücksicht f <-en> consideração f, respeito m; **auf jdn ~ nehmen** ter consideração por alguém; **auf etw ~ nehmen** tomar a. c. em consideração; **mit ~ auf +akk** atendendo a, considerando que +inf

rücksichtslos adj (Person) sem consideração, sem respeito; (Benehmen) indelicado, grosseiro, bruto; (Fahrstil) à bruta; (Vorgehen) desrespeitoso

Rücksichtslosigkeit f <-en> falta de respeito f, falta de consideração f

rücksichtsvoll adj atencioso

Rücksitz m <-es, -e> banco de trás m, banco traseiro m

Rückspiegel m <-s, -> espelho retrovisor m, retrovisor m

Rückspiel nt <-(e)s, -e> segunda mão f

Rücksprache f kein pl consulta f, conversa f; **die ~ mit der Chefin hat ergeben ...** da conversa com a chefe resultou ...; **mit jdm ~ halten** conferenciar com alguém

Rückstand m <-(e)s, -stände> **1.** (Rest) restante m, resto m **2.** (Verzug) atraso m; **wir sind mit der Lieferung im ~** nós estamos atrasados na entrega; **die Mannschaft liegt mit drei Toren im ~** a equipa está a perder por três golos

rückständig adj **1.** (rückschrittlich) atrasado **2.** (unterentwickelt) atrasado, subdesenvolvido

Rücktritt m <-(e)s, -e> (von Amt) demissão f; **seinen ~ erklären** apresentar a sua demissão

Rücktrittbremse f <-n> travão de pé m

rückwärts adv **1.** (mit dem Rücken voran) para trás, de costas; **~ einparken** estacionar de costas **2.** (österr: hinten) atrás; **im Zug ~ aussteigen** descer do comboio atrás

Rückwärtsgang m <-(e)s, -gänge> marcha atrás f, marcha a ré f

R

Rückweg *m* <-(e)s, -e> volta *f*, regresso *m;* **auf dem** ~ na volta, no regresso

rückwirkend *adj* retroa(c)tivo

Rückzahlung *f* <-en> reembolso *m*

Rückzug *m* <-(e)s, -züge> (MIL) retirada *f*

Rüde *m* <-n, -n> cão macho *m*

Rudel ['ruːdəl] *nt* <-s, -> (*Wölfe*) alcateia *f;* (*Hirsche*) manada *f*

Ruder ['ruːde] *nt* <-s, -> 1. (*des Ruderbootes*) remo *m* 2. (*Steuerruder*) leme *m;* (*umg*); **am** ~ **sein** estar no poder; (*umg*); **ans** ~ **kommen** subir ao poder

Ruderboot *nt* <-(e)s, -e> barco a remos *m*

Ruderer(in) *m(f)* <-s, - *o* -innen> remador, remadora *m, f*

rudern ['ruːden] *vi* remar

Rüebli *nt* <-s, -> (*schweiz*) cenoura *f*

Ruf [ruːf] *m* <-(e)s, -e> 1. (*Ausruf, Schrei*) grito *m*, clamor *m* 2. *kein pl* (*Ansehen*) reputação *f*, fama *f;* **einen guten** ~ **haben** ter uma boa reputação

rufen ['ruːfən] I. *vt* chamar; **jdn** ~ chamar alguém; **ein Taxi/den Arzt** ~ chamar um táxi/o médico; **wie gerufen kommen** vir mesmo a calhar II. *vi* chamar; **laut** ~ gritar, berrar; **nach jdm** ~ chamar por alguém; **um Hilfe** ~ gritar por socorro

Rufmord *m* <-(e)s, -e> destruição da reputação *f*

Rufname *m* <-ns, -n> nome próprio *m*, primeiro nome *m*

Rufnummer *f* <-n> número de telefone *m*

Rugby ['rakbi] *nt* <-(s)> *kein pl* râguebi *m*, rugby *m*

Rüge *f* <-n> reprimenda *f*, repreensão *f;* **jdm eine** ~ **erteilen** dar uma reprimenda a alguém

rügen *vt* repreender

Rügen *nt* <-s> *kein pl* Rügen *f*

Ruhe ['ruːə] *f kein pl* 1. (*Stille*) sossego *m*, tranquilidade *f;* (*Gelassenheit*) calma *f;* **immer mit der** ~! paciência! 2. (*Entspannung*) descanso *m*, repouso *m;* **sich zur** ~ **setzen** retirar-se da vida a(c)tiva 3. (*Frieden*) paz *f;* **lass mich in** ~! deixa-me em paz! 4. (*Schweigen*) silêncio *m;* ~! silêncio!

ruhelos *adj* irrequieto, desassossegado

ruhen ['ruːən] *vi* 1. (*ausruhen*) descansar, repousar; **der Teig muss** ~ a massa tem de repousar 2. (*Tätigkeit*) estar em suspenso

Ruhepause *f* <-n> pausa *f*, intervalo *m;* **eine** ~ **einlegen** descansar

Ruhestand *m* <-(e)s> *kein pl* reforma *f;* **jdn in den** ~ **versetzen** dar a reforma a alguém; **im** ~ **sein** estar na reforma

Ruhestörung *f* <-en> perturbação da ordem pública *f*

Ruhetag *m* <-(e)s, -e> folga *f;* (*eines Restaurantes*) dia de descanso *m*

ruhig ['ruːɪç] *adj* 1. (*bewegungslos*) quieto; **eine** ~**e Hand haben** ter uma mão segura 2. (*geräuschlos*) silencioso; (*schweigsam*) calado; **seid** ~! caluda!, estejam calados!; **es ist ein** ~**es Viertel** é um bairro sossegado 3. (*friedlich*) sossegado, pacífico; (*gelassen*) calmo, sereno; (*Gewissen*) tranquilo; ~**er werden** sossegar, acalmar-se

Ruhm [ruːm] *m* <-(e)s> *kein pl* fama *f*, celebridade *f*

rühmen *vt* louvar, exaltar, glorificar

Ruhr [ruːɐ] *f kein pl* (MED) disenteria *f*

Rührei *nt* <-(e)s, -er> ovo mexido *m*

rühren I. *vt* (*umrühren*) mexer; (*mischen*) misturar; **die Eier in den Teig** ~ misturar os ovos na massa; (*bewegen*) mover; (*emotional*) comover, tocar, mexer com II. *vi* mexer; **im Kaffee** ~ mexer o café III. *vr* **sich** ~ mexer-se, mover-se; **sich nicht vom Fleck** ~ não sair do sítio

rührend *adj* comovente, enternecedor

rührig *adj* mexido, vivo

Rührteig *m* <-(e)s, -e> massa de bolo *f*

Rührung *f kein pl* comoção *f*

Ruin [ruˈiːn] *m* <-s> *kein pl* ruína *f;* **vor dem** ~ **stehen** estar à beira da ruína

Ruine [ruˈiːnə] *f* <-n> ruína(s) *fpl*

ruinieren* *vt* arruinar, estragar; (*umg*) dar cabo de

rülpsen *vi* (*umg*) arrotar

Rülpser *m* <-s, -> (*umg*) arroto *m*

rum [rʊm] *adv* (*umg*) s. **herum**

Rum [rʊm] *m* <-s, -s> rum *m*

Rumäne(in) *m(f)* <-n, -n *o* -innen> romeno, romena *m, f*

Rumänien *nt* <-s> *kein pl* Roménia *f*

rumänisch *adj* romeno

Rummel ['rʊməl] *m* <-s> *kein pl* (*umg*) agitação *f*, estardalhaço *m*

Rumpf [rʊmpf] *m* <-(e)s, Rümpfe> 1. (*des Menschen*) tronco *m* 2. (*eines Schiffes*) casco *m;* (*eines Flugzeuges*) fuselagem *f*

rümpfen *vt* **die Nase** ~ torcer o nariz

rund [rʊnt] I. *adj* (*Form*) redondo; (*Körperteil*) roliço II. *adv* (*umg*) à/por volta de, apro-

ximadamente, cerca de; **der Flug kostet** ~ **500 DM** o voo custa cerca de 500 marcos; ~ **um jdn/. etw** à/em volta de alguém/a. c.; **eine Reise** ~ **um die Welt** uma viagem à volta do mundo; **Informationen** ~ **um Picasso** informações completas sobre Picasso; ~ **um die Uhr geöffnet** aberto 24 horas
Rundblick *m* <-(e)s, -e> panorama *m*, vista *f*
Runde ['rʊndə] *f* <-n> 1. (*Gesellschaft*) grupo *m* 2. (*von Wächter*) ronda *f* 3. (*von Getränken*) rodada *f*; **wer zahlt die nächste** ~? quem paga a próxima rodada? 4. (*in Wettkampf*) volta *f*; (*Boxen*) assalto *m*
runden *vt* (MAT) arredondar
Rundfahrt *f* <-en> circuito turístico *m*
Rundfunk *m* <-s> *kein pl* rádio *f*, radiodifusão *f*; **im** ~ na rádio
Rundfunkgebühr *f* <-en> taxa de radiodifusão *f*
Rundfunksender *m* <-s, -> emissora de rádio *f*
Rundgang *m* <-(e)s, -gänge> volta *f*, ronda *f*
rundlich *adj* 1. (*Gegenstand*) arredondado 2. (*umg: Person*) gorducho, roliço
Rundreise *f* <-n> volta *f* (*durch* por)
Rundschreiben *nt* <-s, -> circular *f*
runter ['rʊntə] *adv* (*umg*) s. **herunter**
Runzel ['rʊntsəl] *f* <-n> ruga *f*
runzelig *adj* (*Haut, Gesicht*) rugoso, enrugado; (*Apfel*) engelhado, encarquilhado
runzeln ['rʊntsəln] *vt* franzir; **die Stirn** ~ franzir a testa
Rüpel *m* <-s, -> malcriado *m*, grosseirão *m*
rüpelhaft *adj* insolente
rupfen ['rʊpfən] *vt* 1. (*Geflügel*) depenar 2. (*Gras, Unkraut*) arrancar
ruppig *adj* rude, grosseiro
Rüsche *f* <-n> folho *m*

Rushhour^RR *f* <-s> hora de ponta *f*
Ruß *m* <-es, -e> fuligem *f*
Russe(in) ['rʊsə] *m(f)* <-n, -n *o* -innen> russo, russa *m*, *f*
Rüssel *m* <-s, -> (*von Elefant*) tromba *f*; (*von Schwein*) focinho *m*; (*von Insekt*) ferrão *m*
rußen I. *vt* (*schweiz: entrußen*) desenferrujar II. *vi* (*Kerze, Feuer*) fumegar
rußig *adj* fuliginoso
russisch *adj* russo
Russland^RR ['rʊslant] *nt* <-s> *kein pl*, **Rußland**^ALT *nt* <-s> *kein pl* Rússia *f*
rüsten I. *vt* (*schweiz*) preparar II. *vi* 1. (MIL) armar-se; **zum Krieg** ~ armar-se para a guerra 2. (*schweiz: sich vorbereiten*) preparar-se (*zu* para)
rüstig *adj* forte, vigoroso
Rüstung *f* <-en> 1. *kein pl* (MIL) armamento *m* 2. (*der Ritter*) armadura *f*
Rüstungsbegrenzung *f* <-en> limitação de armamento *f*
Rüstungskontrolle *f* <-n> controlo de armamento *m*
Rüstungswettlauf *m* <-(e)s, -läufe> corrida ao armamento *f*
Rute ['ruːtə] *f* <-n> 1. (*Stock*) vara *f*, verga *f* 2. (*zum Angeln*) cana *f*
Rutsch [rʊtʃ] *m* <-(e)s, -e> (*umg*) **guten** ~ **(ins neue Jahr)**! Boas Entradas!
Rutschbahn *f* <-en> escorregão *m*
rutschen ['rʊtʃən] *vi* 1. (*auf nasser, glatter Fläche*) escorregar 2. (*sich bewegen*) deslizar, escorregar; **die Hose rutscht** as calças escorreguem; **auf Knien** ~ andar de joelhos 3. (*umg: Platz machen*) chegar-se para lá; **rutsch doch mal!** chega-te para lá!
rutschig *adj* escorregadio
rütteln *vi* (*an Türklinke, Gitter*) abanar, sacudir; **daran gibt es nichts zu** ~ a decisão está tomada

S

S *nt* <-, -> S, s *m*
S. *abk v* **Seite** p. (= *página*)
Saal [zaːl] *m* <-(e)s, Säle> salão *m*
Saaltochter *f* <-töchter> (*schweiz*) empregada de mesa *f*, garçonete *f*
Saarland *nt* <-(e)s> *kein pl* Sarre *m*
saarländisch *adj* do Sarre

Saat [zaːt] *f kein pl* 1. (*das Aussäen*) sementeira *f* 2. (*Saatgut*) semente *f*
Saatgut *nt* <-(e)s> *kein pl* semente *f*
Sabbat ['zabat] *m* <-s, -e> sabat *m*, sábado judaico *m*
sabbern *vi* babar-se
Säbel *m* <-s, -> sabre *m*

Sabotage [zabo'ta:ʒə] *f*<-n> sabotagem *f*
sabotieren* *vt* sabotar
Saccharin *nt* <-s> *kein pl* sacarina *f*
Sachbearbeiter(in) *m(f)* <-s, - *o* -innen> funcionário especializado *m*, funcionária especializada *f*
Sachbuch *nt* <-(e)s, -bücher> livro especializado *m*
Sache ['zaxə] *f*<-n> **1.** (*Ding*) coisa *f*; (*Gegenstand*) obje(c)to *m*; (*umg*); **warme ~n** roupa quente *f*; **seine sieben ~n packen** arrumar as trouxas **2.** (*Angelegenheit*) coisa *f*, assunto *m*; **das ist Ihre ~!** isso é consigo!; **zur ~ kommen** ir dire(c)to ao assunto; **nicht bei der ~ sein** estar distraído; **bei der ~ bleiben** cingir-se ao assunto
Sachertorte *f*<-n> torta de chocolate *f*
Sachgebiet *nt* <-(e)s, -e> área especializada *f*
sachgemäß *adj* apropriado, adequado
sachkundig *adj* especialista
sachlich *adj* (*objektiv*) obje(c)tivo
sächlich *adj* (LING) neutro
Sachschaden *m* <-s, -schäden> dano material *m*
Sachse, Sächsin *m, f*<-n, -n *o* -innen> saxónio, saxónia *m, f*
Sachsen ['zaksən] *nt*<-s> *kein pl* Saxónia *f*
Sachsen-Anhalt *nt* <-s> *kein pl* Saxónia-Anhalt *f*
sachsen-anhaltinisch *adj* da Saxónia-Anhalt
sachsen-anhaltisch *adj s.* **sachsen-anhaltinisch**
sächsisch *adj* saxónio
sachte ['zaxtə] *adv* **1.** (*behutsam*) com cuidado, com calma **2.** (*langsam*) lentamente, devagar **3.** (*allmählich*) pouco a pouco
Sachverhalt ['zaxvɛɐhalt] *m* <-(e)s, -e> fa(c)tos *mpl*, estado das coisas *m*
Sachverständige(r) *m/f*<-n, -n *o* -n> perito, perita *m, f*, técnico, técnica *m, f*
Sack [zak] *m*<-(e)s, Säcke> saco *m*, saca *f*; **mit ~ und Pack** com todos os haveres; **der Gelbe ~** saco para lixo reciclável
Sackgasse *f*<-n> beco *m*, rua sem saída *f*
Sackgeld *nt*<-(e)s> *kein pl* (*schweiz*) mesada *f*
Sackmesser *nt* <-s, -> (*schweiz*) navalha *f*, canivete *m*
Sacktuch *nt* <-(e)s, -tücher> (*österr, schweiz*) lenço (da mão) *m*

Sadismus [za'dɪsmʊs] *m kein pl* sadismo *m*
sadistisch *adj* sádico
säen *vt* semear
Safari *f*<-s> safari *m*
Safe [sɛif] *m* <-s, -s> cofre *m*, caixa-forte *f*
Safersex[RR] *m*<-(es)> *kein pl* sexo seguro *m*
Safran ['zafra(:)n] *m* <-s> *kein pl* (GASTR) açafrão *m*
Saft [zaft] *m* <-(e)s, Säfte> (*von Früchten*) sumo *m*, suco *m*; (*von Braten*) molho *m*; (*von Pflanzen*) seiva *f*
saftig *adj* **1.** (*Obst*) suculento, sumarento **2.** (*umg: Preis, Rechnung*) puxado; (*Ohrfeige*) valente
Sage ['za:gə] *f*<-n> saga *f*
Säge *f*<-n> **1.** (*Werkzeug*) serra *f*, serrote *m* **2.** (*österr: Sägewerk*) serração *f*
Sägemehl *nt*<-s> *kein pl* serrim *m*, serradura *f*
sagen ['za:gən] *vt* dizer; **jdm etw ~** dizer a. c. a alguém; **Ja/Nein ~** dizer que sim/não; **wie sagt man das auf Portugiesisch?** como é que se diz isso em Português?; **gute Nacht ~** dizer boa noite; **was ich noch ~ wollte ...** é verdade ..., a propósito ...; **das hätte ich dir gleich ~ können** eu ter-te-ia dito logo; **unter uns gesagt** entre nós; **er hat in der Firma nichts zu ~** ele não tem voz a(c)tiva na empresa; **das ist leichter gesagt, als getan** isso é fácil de dizer; (*umg*); **lass dir das gesagt sein!** fica sabendo!; (*umg*); **was Sie nicht ~!** não diga!, ora vejam lá!; (*umg*); **sag schon!** diz lá!, desembucha!; (*umg*); **sag bloß!** não me digas!
sägen *vt* serrar
sagenhaft *adj* **1.** (*legendär*) lendário, mítico **2.** (*umg: fantastisch*) fabuloso
Sägewerk *nt* <-(e)s, -e> serração *f*
sah [za:] *imp von* **sehen**
Sahara *f kein pl* Sara *m*
Sahne ['za:nə] *f kein pl* nata(s) *fpl*; **~ steif schlagen** bater as natas em castelo
Saison [zɛ'zõ:, zɛ'zɔŋ] *f*<-s> época *f*, temporada *f*
Saite ['zaɪtə] *f*<-n> corda *f*
Saiteninstrument *nt* <-(e)s, -e> instrumento de cordas *m*
Sakko ['zako] *nt* <-s, -s> casaco *m*, paletó-saco *m*
sakral [za'kra:l] *adj* sagrado
Sakrament [zakra'mɛnt] *nt*<-(e)s, -e> sacramento *m*

Salamander *m* <-s, -> salamandra *f*

Salami [za'la:mi] *f* <-s> salame *m*

Salär *nt* <-s, -e> (*schweiz*) salário *m*

Salat [za'la:t] *m* <-(e)s, -e> salada *f*; **gemischter** ~ salada mista; **den** ~ **anmachen** temperar a salada

Salatkopf *m* <-(e)s, -köpfe> alface *f*

Salatsoße *f* <-n> molho para saladas *m*

Salbe ['zalbə] *f* <-n> pomada *f*

Salbei ['zalbaɪ, -'-] *m* <-s> kein pl salva *f*

Saldo ['zaldo] *m* <-s, Saldi> saldo *m*

Säle *pl von* **Saal**

Salmiak [zal'mjak, '--] *m* <-s> kein pl sal amoníaco *m*

Salmiakgeist *m* <-(e)s> kein pl amoníaco *m*

Salmonellen *pl* (MED) salmonelose *f*

Salon [za'lõ:, za'lɔ̃] *m* <-s, -s> salão *m*

salopp [za'lɔp] *adj* (*Sprache, Verhalten*) descontraído; (*Kleidung*) à vontade

Salpeter *m* <-s> kein pl salitre *m*

Salpetersäure *f* kein pl ácido nítrico *m*

Salto ['zalto] *m* <-s, -s> salto *m*

salü *interj* **1.** (*umg schweiz: hallo*) olá! **2.** (*tschüs*) tchau!

SalutschussRR *m* <-es, -schüsse> (MIL) tiro de saudação *m*

Salve *f* <-n> (MIL) salva *f*

Salz [zalts] *nt* <-es, -e> (a CHEM) sal *m*; ~ **gewinnen** extrair sal

Salzburg *nt* <-s> kein pl Salzburgo *m*

salzen ['zaltsən] *vt* pôr sal em, salgar

salzhaltig *adj* salino

salzig *adj* salgado

Salzkartoffeln *pl* batatas cozidas *fpl*

Salzsäure *f* kein pl ácido clorídico *m*

Salzstreuer *m* <-s, -> saleiro *m*

Salzwasser *nt* <-s> kein pl água salgada *f*

Samba *f* <-s> samba *m*

Samen ['za:mən] *m* <-s, -> **1.** (*von Pflanzen*) semente *f* **2.** kein pl (*Sperma*) sémen *m*, esperma *m*

Samenbank *f* <-en> banco de esperma *m*

SamenergussRR *m* <-es, -güsse> ejaculação *f*

Sammelband *m* <-(e)s, -bände> cole(c)tânea *f*, antologia *f*

sammeln ['zaməln] **I.** *vt* (*Unterschriften, Eindrücke*) recolher; (*Geld*) juntar; (*Altpapier*) acumular; (*Beeren*) colher; (*als Hobby*) cole(c)cionar **II.** *vr* **sich** ~ (*zusammenkommen*) juntar-se, reunir-se

Sammeltaxi *nt* <-s, -s> táxi cole(c)tivo

Sammet *m* <-s, -e> (*schweiz*) s. **Samt**

Sammler(in) ['zamlɐ] *m(f)* <-s, - *o* -innen> cole(c)cionador, cole(c)cionadora *m, f*

Sammlung *f* <-en> **1.** (*das Sammeln*) cole(c)ção *f*; (*Geld*) cole(c)ta *f*, peditório *m* **2.** (*gesammelte Gegenstände*) cole(c)ção *f* **3.** (*Anthologie*) cole(c)tânea *f*

Samstag ['zamsta:k] *m* <-(e)s, -e> sábado *m*; *s.* **Montag**

samstags ['zamsta:ks] *adv* aos sábados

samt [zamt] *präp* + *dat* juntamente com

Samt [zamt] *m* <-(e)s, -e> veludo *m*

sämtlich *pron indef* todo, todos; **mir sind ~e Dokumente gestohlen worden** roubaram-me os documentos todos

Sanatorium [zana'to:riʊm] *nt* <-s, -torien> sanatório *m*

Sand [zant] *m* <-(e)s> kein pl areia *f*; **im** ~ **verlaufen** ficar em águas de bacalhau; (*umg*); **wie** ~ **am Meer** aos montes

Sandale [zan'da:lə] *f* <-n> sandália *f*

Sandbank *f* <-bänke> banco de areia *m*

sandig *adj* arenoso

Sandkasten *m* <-s, -kästen> forma para areia *f*

Sandmännchen *nt* <-s, -> João Pestana *m*

Sandpapier *nt* <-s, -e> lixa *f*

Sandstein *m* <-(e)s> kein pl arenito *m*, grés *m*

Sandstrand *m* <-(e)s, -strände> praia de areia *f*

sandte ['zantə] *imp von* **senden**

Sanduhr *f* <-en> ampulheta *f*

Sandwich ['sɛntvɪtʃ] *nt* <-s, -s> sande *f*, sanduíche *f*

sanft [zanft] *adj* **1.** (*Berührung, Musik, Farbe*) suave; (*Wind*) suave, brando **2.** (*Charakter*) meigo, afável, terno

sang [zaŋ] *imp von* **singen**

Sänger(in) *m(f)* <-s, - *o* -innen> cantor, cantora *m, f*; (*einer Band*) vocalista *m,f*

sanieren* *vt* **1.** (*Gebäude, Altstadt*) restaurar, reconstruir **2.** (WIRTSCH) sanear, reabilitar **3.** (ÖKOL) despoluir

Sanierung *f* <-en> **1.** (ARCH) restauração *f*, reconstrução *f* **2.** (WIRTSCH) estabilização *f*, reabilitação *f* **3.** (ÖKOL) despoluição *f*

sanitär *adj* sanitário; ~**e Anlagen** sanitários *mpl*, instalações sanitárias *fpl*

sanitarisch *adj* (*schweiz*) sanitário

Sanität *f* kein pl **1.** (*österr: Gesundheits-*

S

dienst) sanidade _f_ **2.** (_schweiz: Ambulanz_) ambulância _f_

Sanitäter(in) _m(f)_ <-s, - _o_ -innen> socorrista _m,f_

sank [zaŋk] _imp von_ **sinken**

Sankt [zaŋkt] _adj inv_ santo, são; ~ **Peter/ Elisabeth** São Pedro/Santa Isabel

Sanktionen _pl_ sanções _fpl;_ ~ **gegen einen Staat verhängen** impor sanções a um país

sanktionieren* _vt_ **1.** (_gutheißen_) sancionar **2.** (_mit Sanktionen belegen_) impor sanções a

Saphir [za'fiːɐ] _m_ <-s, -e> safira _f_

Sardelle [zar'dɛlə] _f_ <-n> anchova _f_

Sardine [zar'diːnə] _f_ <-n> sardinha _f_

Sardinien [zar'diːniən] _nt_ <-s> _kein pl_ Sardenha _f_

Sarg [zark] _m_ <-(e)s, Särge> caixão _m_

Sarkasmus [z r'k smʊs] _m_ <-> _kein pl_ sarcasmo _m_

sarkastisch [zar'kastɪʃ] _adj_ sarcástico

Sarkophag _m_ <-s, -e> sarcófago _m_

saß _imp von_ **sitzen**

Satan ['zaːtan] _m_ <-s> _kein pl_ satanás _m,_ satã _m_

Satellit [zatɛ'liːt] _m_ <-en, -en> satélite _m_

Satellitenfernsehen _nt_ <-s> _kein pl_ televisão via satélite _f_

Satellitenschüssel _f_ <-n> prato da antena parabólica _m_

Satellitenstadt _f_ <-städte> cidade-dormitório _f_

Satin [za'tɛ̃ː] _m_ <-s, -s> cetim _m_

Satire [za'tiːrə] _f_ <-n> sátira _f_

satirisch _adj_ satírico

satt [zat] _adj_ cheio, farto; **sich** ~ **essen** fartar-se de comer, ficar cheio; **nicht** ~ **werden** não se encher, não se fartar; **diese Suppe macht** ~ a sopa enche; **jdn/etw** ~ **sein/haben** estar farto de alguém/a. c., estar cheio de alguém/a. c.

Sattel ['zatəl] _m_ <-s, Sättel> (_am Fahrrad_) selim _m;_ (_zum Reiten_) sela _f_

satteln _vt_ selar

sättigen I. _vt_ (_Markt, Lösung_) saturar II. _vi_ saciar, encher

Saturn [za'tʊrn] _m_ <-s> _kein pl_ Saturno _m_

Satz [zats] _m_ <-es, Sätze> **1.** (LING) frase _f,_ oração _f, nt_ **2.** (_Set_) jogo _m, nt;_ (_Briefmarken_) série _f;_ (_Töpfe_) conjunto _m_ **3.** (_Sprung_) salto _m,_ pulo _m;_ **einen** ~ **machen** dar um salto **4.** (_Bodensatz, Kaffeesatz_) depósito _m,_ borra _f_

5. (_Tennis_) set _m_ **6.** (MUS) andamento _m_ **7.** (_Tarif_) taxa _m,f,_ percentagem _f_

Satzung _f_ <-en> regulamento _m,_ estatutos _mpl_

Satzzeichen _nt_ <-s, -> sinal de pontuação _m_

Sau [zaʊ] _f_ <Säue> **1.** (_Tier_) porca _f;_ (_umg_); **er fährt wie eine gesengte** ~ ele conduz a uma velocidade louca **2.** (_Schimpfwort_) porco, porca _m, f_

sauber ['zaʊbɐ] _adj_ limpo

Sauberkeit _f kein pl_ limpeza _f;_ (_einer Person_) asseio _m_

säuberlich I. _adj_ limpo II. _adv_ com asseio

säubern _vt_ limpar

Säuberung _f_ <-en> limpeza _f_

Sauce ['zoːsə] _f_ <-n> molho _m_

Saudi-Arabien _nt_ <-s> _kein pl_ Arábia Saudita _f_

sauer ['zaʊɐ] _adj_ **1.** (CHEM: _Obst_) ácido; (_Bonbon_) amargo; **saurer Regen** chuvas ácidas _fpl;_ **saure Gurke** pepino em pickle _m_ **2.** (_verdorben_) azedo; **saure Milch** leite coalhado _m;_ ~ **werden** azedar **3.** (_umg: Person_) chateado (_auf_ com), zangado (_auf_ com); ~ **werden** chatear-se, zangar-se

Sauerei [zaʊə'raɪ] _f_ <-en> (_pej_) patifaria _f,_ pulhice _f,_ sujeira _f_

Sauerkirsche _f_ <-n> ginja _f_

Sauerkraut _nt_ <-(e)s> _kein pl_ chucrute _m_

säuerlich _adj_ **1.** (_Speisen, Getränke_) ácido **2.** (_Miene_) irritado

Sauermilch _f kein pl_ leite coalhado _m_

Sauerrahm _m_ <-(e)s> _kein pl_ nata azeda _f_

Sauerstoff _m_ <-(e)s> _kein pl_ oxigénio _m_

Sauerstoffflasche^RR _f_ <-n>, **Sauerstoffflasche**^ALT _f_ <-n> garrafa de oxigénio _f_

saufen ['zaʊfən] _vi_ **1.** (_Tier_) beber; (_Mensch_) beber como uma esponja **2.** (_Alkohol_) ser alcoólico

Säufer(in) _m(f)_ <-s, - _o_ -innen> bêbedo, bêbeda _m, f,_ borrachão, borrachona _m, f_

Sauferei _f_ <-en> **1.** (_umg: Gelage_) bebedeira _f,_ borracheira _f_ **2.** (_umg: Trunksucht_) bebida _f_

saugen ['zaʊgən] I. _vt_ (_Flüssigkeit_) chupar, sugar; (_staubsaugen_) aspirar; **würdest du noch das Wohnzimmer** ~? podes aspirar também a sala? II. _vi_ (_Säugling_) mamar (_an_ em)

säugen _vt_ amamentar

Sauger _m_ <-s, -> **1.** (_auf Flasche_) tetina _f_ **2.** (_Staubsauger_) aspirador _m_

Säugetier *nt* <-(e)s, -e> mamífero *m*

Säugling *m* <-s, -e> bebé *m*, nenê *m*

Säuglingspflege *f kein pl* puericultura *f*

Saukerl *m* <-s, -e> (*pej*) porco *m*, porcalhão *m*

Säule *f* <-n> coluna *f*, pilar *m*

Saum [zaʊm] *m* <-(e)s, Säume> (*an Kleidung*) bainha *f*

Säure *f* <-n> **1.** (CHEM) ácido *m* **2.** *kein pl* (*Geschmack*) acidez *f*

säurehaltig *adj* ácido

Saurier *m* <-s, -e> sáurio *m*

Saus [zaʊs] **in ~ und Braus leben** viver à grande

sausen [ˈzaʊzən] *vi* **1.** (*Wind, Sturm*) sibilar, zunir **2.** (*umg: rennen*) correr como uma seta; (*Fahrzeug*) ir a alta velocidade; **etw ~ lassen** mandar a. c. para o tecto

Sauwetter *nt* <-s> *kein pl* (*umg*) tempo péssimo *m*

Saxofon *nt* <-s, -e> *s.* **Saxophon** saxofone *m*

SB [ɛsˈbeː] *abk v* **Selbstbedienung** self-service

S-Bahn *f* <-en> eléctrico *m*, metro de superfície *m*, bonde *m*

S-Bahnhof *m* <-(e)s, -höfe> estação de eléctrico *f*, estação de bonde *f*

SBB *abk v* **Schweizerische Bundesbahn** caminhos-de-ferro suíços

SB-Markt *m* <-(e)s, -Märkte> supermercado *m*

scannen *vt* copiar com o scanner

Scanner [ˈskɛnɐ] *m* <-s, -> scanner *m*

Schabe *f* <-n> barata *f*

schaben [ˈʃaːbən] *vt* raspar, ralar

schäbig *adj* **1.** (*Kleidung*) esfarrapado, coçado **2.** (*Verhalten*) mesquinho, reles

Schablone [ʃaˈbloːnə] *f* <-n> padrão *m*, modelo *m*

Schach [ʃax] *nt* <-s, -s> **1.** *kein pl* (*Spiel*) xadrez *m*; **~ spielen** jogar xadrez **2.** (*Stellung*) xeque-mate *m*; **im ~ stehen** estar em xeque-mate; **~ bieten** pôr em xeque-mate

Schachbrett *nt* <-(e)s, -er> tabuleiro de xadrez *m*

Schachcomputer *m* <-s, -> jogo de xadrez ele(c)trónico *m*

Schachfigur *f* <-en> peça de xadrez *f*

schachmatt [ˈ--] *adj* xeque-mate

Schachspiel *nt* <-(e)s, -e> jogo de xadrez *m*

Schacht [ʃaxt] *m* <-(e)s, Schächte> (*Bergbau*) poço *m*

Schachtel [ˈʃaxtəl] *f* <-n> **1.** (*Behälter*) caixa *f*; (*Zigarettenschachtel*) maço *m*; **eine ~ Pralinen** uma caixa de bonbons **2.** (*pej: Frau*) **alte ~!** velhaca!; (*brasil*) piranha!

schade [ˈʃaːdə] *interj* que pena!; **wie ~!** que pena!; **es ist ~!** é pena!

Schädel *m* <-s, -> crânio *m*

Schädelbruch *m* <-(e)s, -brüche> fra(c)tura craniana *f*

schaden [ˈʃaːdən] *vi* prejudicar, causar dano a; **jdm ~** prejudicar alguém, causar dano a alguém; **Rauchen schadet der Gesundheit** fumar prejudica a saúde

Schaden [ˈʃaːdən] *m* <-s, Schäden> **1.** (*Beschädigung*) dano *m*, estrago *m*; (TECH) avaria *f*; **es entstand ein ~ von 5000 DM** houve danos no valor de 5000 marcos; **~ anrichten** causar danos; **einen ~ ersetzen** inde(m)nizar; **durch ~ wird man klug** aprende-se à própria custa **2.** (*Nachteil*) prejuízo *m* **3.** (*gesundheitlich*) lesão *f*

Schadenersatz *m* <-es> *kein pl* inde(m)nização *f*; **~ leisten** inde(m)nizar

Schadenfreude *f kein pl* satisfação maliciosa *f*

schadenfroh *adj* que se alegra com o mal dos outros

schadhaft *adj* defeituoso

schädigen *vt* prejudicar

schädlich *adj* prejudicial (*für* a), nocivo (*für* para); (*Einfluss*) pernicioso; (*Tier*) perigoso

Schädling *m* <-s, -e> parasita *m*

Schädlingsbekämpfungsmittel *nt* <-s, -> pesticida *m*

Schadstoff *m* <-(e)s, -e> substância tóxica *f*, substância poluente *f*

schadstoffarm *adj* pouco poluente

Schadstoffbelastung *f* <-en> poluição ambiental *f*

Schaf [ʃaːf] *nt* <-(e)s, -e> ovelha *f*; **schwarzes ~** ovelha negra

Schafbock *m* <-(e)s, -böcke> carneiro *m*

Schäfer(in) *m(f)* <-s, - o -innen> pastor, pastora *m, f*

Schäferhund *m* <-(e)s, -e> pastor alemão *m*

schaffen¹ [ˈʃafən] *vt* **1.** (*erschaffen*) criar; (*gründen*) fundar, instituir **2.** (*Ordnung*) pôr; (*Platz*) arranjar; (*Voraussetzungen*) criar

schaffen² *vt* (*bewältigen*) conseguir (fazer);

S

(*Prüfung*) conseguir passar em; **schaffst du das alleine?** consegues (fazer) isso sozinho?; **das wäre geschafft!** conseguimos!

Schaffer(in) *m(f)* <-s, - *o* -innen> (*schweiz*) mouro de trabalho, moura *m, f*

Schaffhausen *nt* <-s> *kein pl* Schaffhausen *m*

schaffig *adj* (*schweiz*) trabalhador

Schaffner(in) ['ʃafnɐ] *m(f)* <-s, - *o* -innen> revisor, revisora *m, f*

Schafskäse *m* <-s> *kein pl* queijo de ovelha *m*

Schaft [ʃaft] *m* <-(e)s, Schäfte> **1.** (*von Stiefel*) cano *m* **2.** (*schweiz: Schrank*) armário *m*

Schah *m* <-s, -s> xá *m*

Schakal [ʃa'ka:l] *m* <-s, -e> chacal *m*

schal *adj* insosso, insípido

Schal [ʃa:l] *m* <-s, -s> cachecol *m*

Schale ['ʃa:lə] *f* <-n> **1.** (*Obst, Ei*) casca *f*; (*Kartoffel*) casca *f*, pele *f* **2.** (*Muschel*) concha *f* **3.** (*Gefäß*) prato *m* **4.** (*einer Waage*) prato *m*

schälen **I.** *vt* (*Obst, Ei, Kartoffeln*) descascar **II.** *vr* **sich** ~ (*Haut*) esfolar, descascar

Schall [ʃal] *m* <-(e)s> *kein pl* som *m*, sonoridade *f*; (PHYS) som *m*; (*Widerhall*) eco *m*, ressonância *f*

Schalldämpfer *m* <-s, -> silenciador *m*, silencioso *m*

schalldicht *adj* impermeável ao som, insonorizado

schallen ['ʃalən] *vi* ressoar, retumbar

Schallgeschwindigkeit *f kein pl* velocidade do som *f*

Schallmauer *f kein pl* barreira do som *f*; **die** ~ **durchbrechen** quebrar a barreira do som

Schallplatte *f* <-n> disco *m*

schalten ['ʃaltən] **I.** *vt* **1.** (*anschalten*) ligar; (*ausschalten*) desligar; **den Backofen auf 200 °C** ~ ligar o forno nos 200° C; **die Heizung auf "aus"** ~ desligar o aquecimento **2.** (*Anzeige*) colocar, pôr **II.** *vi* **1.** (*im Auto*) mudar de velocidade; **in den dritten Gang** ~ meter a terceira (velocidade) **2.** (*umschalten*) mudar; **die Ampel schaltet auf Rot** o semáforo muda para vermelho **3.** (*umg: begreifen*) perceber

Schalter *m* <-s, -> **1.** (*in Post, Bank*) guiché *m*, postigo *m*; (*in Bahnhof*) bilheteira *f* **2.** (ELEKTR) interruptor *m*, comutador *m*

Schalthebel *m* <-s, -> alavanca das velocidades *f*

Schaltjahr *nt* <-(e)s, -e> ano bissexto *m*

Schalttafel *f* <-n> quadro elé(c)trico *m*

Schaltung *f* <-en> **1.** (ELEKTR) ligação *f* **2.** (*Gangschaltung*) caixa de velocidades *f*

Scham [ʃa:m] *f kein pl* **1.** (*Sichschämen*) vergonha *f*; **vor** ~ **erröten** corar de vergonha **2.** (*Schamgefühl*) pudor *m*, pejo *m*

schämen *vr* **sich** ~ ter vergonha (*vor* de), envergonhar-se (*vor* de); ~ **Sie sich nicht?** não tem vergonha?

Schamgefühl *nt* <-(e)s> *kein pl* pudor *m*, pejo *m*

Schamgegend *f kein pl* região pudica *f*

schamhaft *adj* pudico, envergonhado

schamlos *adj* sem vergonha, descarado, sem pudor

Schamlosigkeit *f kein pl* descaramento *m*, impudência *f*

Schande ['ʃandə] *f kein pl* vergonha *f*, desonra *f*

schändlich *adj* vergonhoso

Schandtat *f* <-en> a(c)to vil *m*, infâmia *f*

Schanze ['ʃantsə] *f* <-n> (SPORT) trampolim *m*

Schar [ʃa:ɐ] *f* <-en> (*Gruppe*) bando *m*, grupo *m*; (*Kinder*) canalha *f*; (*Menge*) multidão *f*; **in** ~**en** em bandos, em massa

scharen ['ʃa:rən] *vr* **sich** ~ (*geh*) **sich um jdn/etw** ~ reunir-se à volta de alguém/a. c.

scharf [ʃarf] *adj* **1.** (*Messer, Zähne*) afiado **2.** (*Essen*) picante **3.** (*Verstand*) arguto, perspicaz; (*Blick*) penetrante **4.** (*Wind, Kälte*) cortante **5.** (*Foto*) nítido **6.** (*Kurve*) fechado, apertado **7.** (*Protest*) rigoroso; (*Worte*) ríspido, severo; (*Kritik*) acerbo, mordaz; (*Zunge*) afiado **8.** (*umg: toll*) porreiro, bestial; ~ **auf etw sein** pelar-se por a. c.

Schärfe *f kein pl* **1.** (*von Messer*) corte *m* **2.** (*von Speise*) sabor picante *m* **3.** (*des Verstandes*) agudeza *f*, perspicácia *f*; (*der Sinne*) acuidade *f* **4.** (*von Foto*) nitidez *f* **5.** (*von Worten*) rispidez *f*, severidade *f*; (*von Kritik*) mordacidade *f*; **etw in aller** ~ **kritisieren** criticar a. c. severamente

schärfen *vt* afiar, aguçar

Scharfschütze(in) *m(f)* <-n, -n *o* -innen> bom atirador *m*, boa atiradora *f*

Scharfsinn *m* <-(e)s> *kein pl* perspicácia *f*, sagacidade *f*

scharfsinnig *adj* perspicaz, sagaz

Scharlach [ˈʃarlax] *m* <-s> *kein pl* (MED) escarlatina *f*

Scharlatan [ˈʃarlatan] *m* <-s, -e> charlatão *m*, impostor *m*

Scharnier [ʃarˈniːɐ] *nt* <-s, -e> dobradiça *f*, charneira *f*

Schaschlik [ˈʃaʃlɪk] *nt* <-s, -s> espetada *f*

Schatten [ˈʃatən] *m* <-s, -> sombra *f*; **es sind 30° C im** ~ estão 30° C à sombra; **im** ~ **sitzen** estar sentado à sombra; (*fig*); **jdn/ etw in den** ~ **stellen** superar alguém/a. c.

Schattenseite *f* <-n> 1. (*örtlich*) sítio à sombra *m* 2. (*des Lebens*) lado escuro *m*

schattieren* *vt* sombrear, matizar

Schattierung *f* <-en> sombreado *m*, matiz *m*

schattig *adj* sombrio, com sombra

Schatulle [ʃaˈtʊlə] *f* <-n> guarda-jóias *m*

Schatz [ʃats] *m* <-es, Schätze> 1. (*Geld, Juwelen*) tesouro *m* 2. *kein pl* (*umg: Anrede*) amor, querido; **mein** ~! meu amor!, meu querido!, meu tesouro!, meu bem!; **du bist ein** ~! tu és um amor!

schätzen *vt* 1. (*Wert*) estimar, avaliar; (*Größe, Alter*) calcular; **wie hoch wird ihr Vermögen geschätzt?** em quanto está avaliada a sua fortuna?; **wie alt** ~ **Sie ihn?** que idade acha que ele tem?; **ich schätze ihn auf Mitte 30** eu acho que ele anda na casa dos trinta 2. (*würdigen*) estimar, prezar; **etw gering** ~ menosprezar a. c., subestimar a. c.

Schätzung *f* <-en> cálculo *m*, estimativa *f*, avaliação *f*; **nach meiner** ~ segundo os meus cálculos

schätzungsweise *adv* aproximadamente

Schau [ʃau] *f* <-en> exposição *f*; **die neuesten Modelle zur** ~ **stellen** expor os mais recentes modelos; **seine Gefühle zur** ~ **tragen** exibir os seus sentimentos; (*umg*); **eine große** ~ **abziehen** ser o centro das atenções

Schauder [ˈʃaudɐ] *m* <-s, -> arrepio *m*, calafrio *m*

schauderhaft *adj* horrível, horroroso, horripilante

schaudern [ˈʃaudɐn] *vi* estremecer, arrepiar-se

schauen [ˈʃauən] *vi* 1. (*sehen*) ver, olhar; **auf die Uhr** ~ olhar para o relógio, ver as horas; **jdm fest in die Augen** ~ olhar alguém nos olhos 2. (*österr, schweiz: sich kümmern*) olhar (*nach* por); **er schaut nach den Kindern** ele olha pelas crianças

Schauer [ˈʃauɐ] *m* <-s, -> 1. (*Regenschauer*) aguaceiro *m* 2. (*geh: Schreck*) arrepio *m*, tremor *m*

schauerlich *adj* horrível, horripilante, terrível; **ein** ~**es Wetter** um tempo horrível

Schaufel [ˈʃaufəl] *f* <-n> pá *f*

schaufeln *vt* 1. (*Sand, Schnee*) remover com a pá 2. (*Loch*) escavar

Schaufenster *nt* <-s, -> montra *f*

Schaufensterbummel *m* <-s, -> passeio para ver as montras *m*; **einen** ~ **machen** ir ver (as) montras

Schaufensterpuppe *f* <-n> manequim *m*

Schaukasten *m* <-s, -kästen> vitrina *f*, mostrador *m*

Schaukel [ˈʃaukəl] *f* <-n> baloiço *m*

schaukeln *vi* 1. (*auf einer Schaukel*) baloiçar, balouçar 2. (*auf dem Wasser*) balançar; (*im Wind*) oscilar, flutuar

Schaukelstuhl *m* <-(e)s, -stühle> cadeira de baloiço *f*

Schaulustige(r) *m/f* <-n, -n *o* -n> curioso, curiosa *m, f*

Schaum [ʃaum] *m* <-(e)s> *kein pl* espuma *f*

schäumen *vi* espumar, fazer espuma

Schaumgummi *nt* <-s, -s> espuma de borracha *f*

schaumig *adj* espumoso

Schaumstoff *m* <-(e)s, -e> espuma *f*

Schaumwein *m* <-(e)s, -e> vinho espumoso *m*, espumante *m*

Schauplatz *m* <-es, -plätze> cenário *m*, teatro *m*

schaurig [ˈʃaurɪç] *adj* arrepiante

Schauspiel *nt* <-(e)s, -e> 1. (*Theater*) peça de teatro *f* 2. (*geh: Vorgang*) espe(c)táculo *m*

Schauspieler(in) *m(f)* <-s, - *o* -innen> a(c)tor, a(c)triz *m, f*

Schauspielhaus *nt* <-es, -häuser> teatro *m*

Scheck [ʃɛk] *m* <-s, -s> cheque *m*; **einen** ~ **ausstellen/einlösen** passar/cobrar um cheque; **ein** ~ **über 3000 DM** um cheque de 3000 marcos

Scheckheft *nt* <-(e)s, -e> livro de cheques *m*, talão de cheques *m*

scheckig *adj* (*Pferd, Rind*) malhado

Scheckkarte *f* <-n> cartão multibanco *m*

Scheibe [ˈʃaibə] *f* <-n> 1. (*flacher Gegenstand*) disco *m*; (*des Töpfers*) roda *f* 2. (*Brot, Käse*) fatia *f*; (*Wurst*) rodela *f*; **etw in** ~**n schneiden** cortar a. c. às fatias 3. (*Glasscheibe*) vidro *m*, vidraça *f*

S

Scheibenbremse *f*<-n> travão de disco *m*
Scheibenwaschanlage *f* <-n> limpa-pára-brisas *m*
Scheibenwischer *m* <-s, -> escova do limpa-pára-brisas *f*
Scheich [ʃaɪç] *m* <-(e)s, -s> xeque *m*
Scheide [ˈʃaɪdə] *f*<-n> 1. (ANAT) vagina *f* 2. (*des Schwertes*) bainha *f*
scheiden [ˈʃaɪdən] *vt* (*Ehe*) dissolver; **sich von jdm ~ lassen** divorciar-se de alguém
Scheidung *f*<-en> divórcio *m;* **die ~ einreichen** pedir o divórcio
Schein [ʃaɪn] *m* <-(e)s, -e> 1. *kein pl* (*des Lichtes*) brilho *m* 2. *kein pl* (*Anschein*) aparência *f;* **den ~ wahren** manter as aparências; **der ~ trügt** as aparências iludem 3. (*Geld*) nota *f* 4. (*Bescheinigung*) certificado *m*, certidão *f*

Na universidade os estudantes têm que obter **Scheine**, que são comprovantes para as matérias cursadas. Somente os estudantes que possuem um certo número ou um certo tipo de **Scheine** são admitidos para as provas intermediárias e os exames finais.

scheinbar *adj* aparente, fictício
scheinen [ˈʃaɪnən] *vi* 1. (*glänzen*) brilhar, luzir; **die Sonne scheint** está/faz sol 2. (*Anschein haben*) parecer; **wie es scheint ...** ao que parece ...; **es scheint mir, dass ...** parece-me que ...
Scheinfirma *f*<-firmen> firma fictícia *f*, firma fantasma *f*
scheinheilig *adj* hipócrita
Scheinwerfer *m* <-s, -> proje(c)tor *m;* (*am Auto*) farol *m*
Scheiß *m* <-> *kein pl* (*umg*) chatice *f;* **mach keinen ~!** não faças asneiras!; **so ein ~!** que chatice!
Scheiße *f kein pl* 1. (*pej: Kot*) merda *f* 2. (*umg: Ärger*) chatice *f;* (*Unsinn*) asneira *f;* **so eine (verdammte) ~!** que merda!
scheißegal *adj* (*umg*) **das ist (mir)** ~ estou-me nas tintas para isso, quero lá saber disso
scheißen *vi* (*umg*) cagar
scheißfreundlich *adj* (*umg*) hipócrita
Scheitel [ˈʃaɪtəl] *m* <-s, -> 1. (*im Haar*) risca *f;* **einen ~ ziehen** fazer uma risca 2. (MAT) vértice *m*

Scheiterhaufen [ˈʃaɪtə-] *m* <-s, -> fogueira *f*
scheitern [ˈʃaɪtən] *vi* (*Person, Plan, Verhandlungen*) falhar (*an* em), fracassar (*an* em)
Schellfisch *m* <-(e)s, -e> eglefim *m*
Schelm *m* <(e)s, -e> (*schweiz*) ladrão *m*
Schema [ˈʃeːma] *nt* <-s, -ta> esquema *m*
schematisch [ʃeˈmaːtɪʃ] *adj* esquemático
Schenkel [ˈʃɛŋkəl] *m* <-s, -> coxa *f*
schenken [ˈʃɛŋkən] *vt* oferecer; **was schenkst du ihr zum Geburtstag?** o que é que lhe vais oferecer no aniversário?; **etw geschenkt bekommen** receber a. c. de prenda; (*fig*) receber a. c. de mão beijada
Schenkung *f*<-en> oferta *f*
Scherbe [ˈʃɛrbə] *f*<-n> caco *m;* **~n bringen Glück** os cacos dão sorte
Schere [ˈʃeːrə] *f*<-n> 1. (*Werkzeug*) tesoura *f* 2. (*von Krebsen*) tenaz *f*
scheren [ˈʃeːrən] *vt* (*Schaf*) tosquiar; (*Mensch*) rapar; **jdm die Haare ~** rapar o cabelo a alguém
Schererei [ʃeːrəˈraɪ] *f*<-en> maçada *f*, amolação *f*
Scherz [ʃɛrts] *m* <-es, -e> brincadeira *f*, piada *f*, gracejo *m;* **ohne ~** fora de brincadeira, a sério
scherzhaft *adj* engraçado, divertido
scheu [ʃɔɪ] *adj* 1. (*schüchtern*) tímido, acanhado, envergonhado 2. (*Tier*) medroso, espantadiço; (*Pferd*); ~ **werden** espantar-se
Scheu *f kein pl* timidez *f*, acanhamento *m*
scheuchen [ˈʃɔɪçən] *vt* enxotar, espantar, afugentar
scheuen [ˈʃɔɪən] I. *vt* (*Anstrengung, Arbeit*) evitar; (*Aufgabe, Verantwortung*) esquivar-se a; **keine Ausgaben ~** não olhar a despesas II. *vi* (*Pferd*) espantar-se III. *vr* **sich ~** ter receio (*vor* de)
Scheuerlappen *m* <-s, -> esfregão *m*
scheuern [ˈʃɔɪən] *vt* esfregar
Scheune [ˈʃɔɪnə] *f*<-n> celeiro *m*, palheiro *m*
Scheusal [ˈʃɔɪzaːl] *nt* <-s, -e> monstro *m*
scheußlich *adj* horrível, horrendo, monstruoso; (*Verbrechen*) atroz
Scheußlichkeit *f* <-en> atrocidade *f*, monstruosidade *f*
Schi [ʃiː] *m* <-s, -s> *s.* **Ski**
Schicht [ʃɪçt] *f*<-en> 1. (*Luftschicht, Farbschicht*) camada *f;* (*Gestein, gesellschaftlich*)

estrato *m*, camada *f* **2.** (*Arbeitszeit*) turno *m;*
~ **arbeiten** trabalhar por turnos

Schichtarbeit *f kein pl* trabalho por turnos
m

schichten *vt* (*Holz, Steine, Papier*) empilhar

schick [ʃɪk] *adj* chique, elegante

schicken ['ʃɪkən] *vt* mandar, enviar; **jdm
etw** ~ mandar a. c. a alguém; **etw mit der
Post** ~ mandar a. c. pelo correio

Schickimicki *m* <-s, -s> (*umg*) queque *m*,
peralta *m*

Schicksal ['ʃɪkzaːl] *nt* <-s, -e> destino *m*, fado *m*, sina *f;* **jdn seinem** ~ **überlassen** deixar alguém à sua sorte

Schicksalsschlag *m* <-(e)s, -schläge>
golpe do destino *m*, fatalidade *f*

Schiebedach *nt* <-(e)s, -dächer> te(c)to
de abrir *m*

schieben ['ʃiːbən] *vt* empurrar; **ein Fahr-
rad/Auto** ~ empurrar uma bicicleta/um carro; **etw zur Seite** ~ afastar a. c. para o lado;
die Verantwortung auf jdn ~ empurrar a
responsabilidade para alguém

Schiebetür *f* <-en> porta de correr *f*

schied [ʃiːt] *imp von* **scheiden**

Schiedsgericht *nt* <-(e)s, -e> tribunal arbitral *m*

Schiedsrichter(in) *m(f)* <-s, - *o* -innen>
árbitro, árbitra *m, f*

schief [ʃiːf] **I.** *adj* (*krumm*) torto, enviesado;
(*nicht senkrecht*) inclinado; (*falsch*) erróneo,
equívoco **II.** *adv* de lado; **das Bild hängt** ~
o quadro está inclinado; ~ **gehen** correr mal;
(*umg*) **jdn** ~ **ansehen** olhar de lado para alguém, olhar de soslaio para alguém

Schiefer ['ʃiːfɐ] *m* <-s, -> xisto *m*, lousa *f*, ardósia *f*

schief|gehen^{ALT} *vi irr s.* **schief II**

schielen ['ʃiːlən] *vi* ser estrábico, trocar os
olhos; **nach etw** ~ cobiçar a. c.

schien [ʃiːn] *imp von* **scheinen**

Schienbein *nt* <-(e)s, -e> tíbia *f*, canela (da
perna) *f*

Schiene ['ʃiːnə] *f* <-n> **1.** (*der Eisenbahn*)
carril *m;* (*der Straßenbahn*) trilho *m* **2.** (MED)
tala *f*

schienen ['ʃiːnən] *vt* (MED) pôr uma tala em

Schießbude *f* <-n> barraca de tiro *f*

schießen I. *vt* **1.** (*Geschoss*) disparar **2.**
(*Rakete, Satellit*) lançar; (*Ball*) chutar; **ein
Tor** ~ marcar um golo **II.** *vi* **1.** (*Schütze*) ati-
rar (*auf* sobre), disparar (*auf* sobre); (*umg*); **es**

war zum Schießen! foi de morrer a rir! **2.**
(SPORT) rematar, chutar; **auf das Tor** ~ rematar à baliza, chutar à baliza **3.** (*sich schnell
bewegen*) ir disparado; **sie schoss ins Zimmer** ela entrou no quarto disparada; **das
Wasser schießt ins Tal** a água corre para o
vale; **in die Höhe** ~ crescer a olhos vistos

Schießerei *f* <-en> tiroteio *m*

Schießplatz *m* <-es, -plätze> carreira de
tiro *f*

Schießpulver *nt* <-s, -> pólvora *f*

Schießstand *m* <-(e)s, -stände> carreira
de tiro *f*

Schiff [ʃɪf] *nt* <-(e)s, -e> **1.** (NAUT) navio *m*,
embarcação *f;* **mit dem** ~ **fahren** ir de navio;
an Bord des ~**es gehen** embarcar **2.** (ARCH)
nave *f*

schiffbar *adj* navegável

Schiffbau *m* <-(e)s> *kein pl* construção naval *f*

Schiffbruch *m* <-(e)s, -brüche> naufrágio
m; ~ **erleiden** naufragar

schiffbrüchig *adj* naufragado

Schifffahrt^{RR} *f kein pl*, **Schiffahrt**^{ALT} *f
kein pl* navegação *f*

Schifffahrtslinie^{RR} *f* <-n> rota de navegação *f*

Schiffsjunge *m* <-n, -n> moço de navio *m*

Schiit(in) [ʃiˈiːt] *m(f)* <-en, -en *o* -innen>
xiita *m,f*

Schikane [ʃiˈkaːnə] *f* <-n> chicana *f*, trapaça
f

schikanieren* *vt* chicanar

Schild¹ [ʃɪlt] *m* <-(e)s, -e> **1.** (*zum Schutz*)
escudo *m* **2.** (*an Mütze*) pala *f*

Schild² [ʃɪlt] *nt* <-(e)s, -er> (*Hinweisschild*)
letreiro *m;* (*eines Ladens*) tabuleta *f;* (*Tür-
schild, Verkehrsschild*) placa *f;* (*Reklame-
schild*) placard *m;* (*Preisschild*) etiqueta *f*

Schilddrüse *f* <-n> tiróide *f*

schildern ['ʃɪldɐn] *vt* (*erzählen*) contar; (*beschreiben*) descrever, pintar

Schilderung *f* <-en> (*Erzählung*) narração
f; (*Beschreibung*) descrição *f*

Schildkröte *f* <-n> tartaruga *f*, cágado *m*

Schilf [ʃɪlf] *nt* <-(e)s, -e> **1.** (*Pflanze*) cana *f*
2. (*Röhricht*) canavial *m*

schillern ['ʃɪlɐn] *vi* cintilar, brilhar, reluzir;
das Meer schillert in tiefem Blau o mar re-
luz num azul escuro

Schilling ['ʃɪlɪŋ] *m* <-s, -e> xelim *m*

Schimmel ['ʃɪməl] *m* <-s, -> **1.** *kein pl* (*auf*

S

Speisen) bolor *m* **2.** (*Pferd*) cavalo branco *m*

schimmelig *adj* bolorento

schimmeln *vi* criar bolor

Schimmer ['ʃɪmɐ] *m* <-s, -> brilho *m;* (*umg*); **keinen blassen ~ von etw haben** não fazer a mínima ideia de a. c.

schimmmern *vi* cintilar, tremeluzir

Schimpanse [ʃɪm'panzə] *m* <-n, -n> chimpanzé *m*

schimpfen ['ʃɪmpfən] *vi* **1.** (*tadeln*) ralhar (*mit* com) **2.** (*verfluchen*) barafustar (*auf* com, *über* por causa de), resmungar (*auf* com, *über* por causa de); **auf jdn ~** chamar nomes a alguém

Schimpfwort *nt* <-(e)s, -wörter> palavrão *m*

Schinderei *f* <-en> canseira *f,* trabalheira *f*

Schinken ['ʃɪŋkən] *m* <-s, -> **1.** (*Fleisch*) presunto *m;* **gekochter ~** fiambre *m,* presunto *m* **2.** (*umg: Buch*) calhamaço *m;* (*Gemälde*) mamarracho *m*

Schirm [ʃɪrm] *m* <-(e)s, -e> **1.** (*Regenschirm*) guarda-chuva *m,* chapéu-de-chuva *m;* (*gegen Sonne*) guarda-sol *m,* chapéu-de-sol *m* **2.** (*einer Lampe*) abajur *m,* quebra-luz *m* **3.** (*einer Mütze*) pala *f*

Schirmherr(in) *m(f)* <-n, -en *o* -innen> (*von Stiftung*) patrono, patrona *m, f;* (*von Veranstaltung*) patrocinador, patrocinadora *m, f*

Schirmherrschaft *f kein pl* patrocínio *m;* **unter der ~ von** +*dat* sob os auspícios de

Schirmmütze *f* <-n> boné *m*

Schirmständer *m* <-s, -> bengaleiro (para guarda-chuvas) *m*

schiss^{RR} [ʃɪs], **schiß**^{ALT} *imp von* **scheißen**

Schiss^{RR} [ʃɪs] *m* <-es> *kein pl,* **Schiß**^{ALT} *m* <-sses> *kein pl* (*umg*) cagaço *m;* **~ haben** estar com cagaço

schizophren [ʃitso'freːn] *adj* esquizofrénico

Schlacht [ʃlaxt] *f* <-en> batalha *f*

schlachten ['ʃlaxtən] *vt* abater, matar

Schlachtenbummler(in) *m(f)* <-s, - *o* -innen> adepto de clube de futebol, adepta *m, f*

Schlachter(in) *m(f)* <-s, - *o* -innen> carniceiro, carniceira *m, f*

Schlachtfeld *nt* <-(e)s, -er> campo de batalha *m*

Schlachthof *m* <-(e)s, -höfe> matadouro *m*

Schlachtvieh *nt* <-s> *kein pl* gado de abate *m*

Schlacke ['ʃlakə] *f* <-n> escória *f*

Schlaf [ʃlaːf] *m* <-(e)s> *kein pl* sono *m;* **jdn aus dem ~ reißen** arrancar alguém do sono; **im ~ sprechen** falar a dormir; **etw im ~ können** (conseguir) fazer a. c. de olhos fechados

Schlafanzug *m* <-(e)s, -züge> pijama *m*

Schläfchen *nt* <-s, -> soneca *f;* **ein ~ machen** dormir uma soneca

Schläfe *f* <-n> fonte *f*

schlafen ['ʃlaːfən] *vi* dormir; **~ gehen** ir dormir, ir deitar-se; **schlaf gut!** dorme bem!; **bei jdm ~** dormir em casa de alguém; **mit jdm ~** dormir com alguém

schlaff [ʃlaf] *adj* **1.** (*Seil*) frouxo; (*Haut*) flácido **2.** (*kraftlos*) fraco; (*träge*) mole

Schlaffheit *f kein pl* **1.** (*ohne Straffheit*) frouxidão *f* **2.** (*Kraftlosigkeit*) fraqueza *f;* (*Trägheit*) moleza *f*

Schlafgelegenheit *f* <-en> sítio para dormir *m*

schlaflos *adj* (*Person*) sem dormir; **eine ~e Nacht** uma noite sem dormir, uma noite em claro

Schlaflosigkeit *f kein pl* insónia *f*

Schlafmittel *nt* <-s, -> soporífero *m*

schläfrig *adj* sonolento; **~ sein** estar com sono; **~ machen** dar sono

Schlafsaal *m* <-(e)s, -säle> dormitório *m*

Schlafsack *m* <-(e)s, -säcke> saco-cama *m,* saco de dormir *m*

Schlafstadt *f* <-städte> cidade-dormitório *f*

Schlaftablette *f* <-n> comprimido para dormir *m*

schlaftrunken ['ʃlaːftrʊŋkən] *adj* cheio de sono, a cair de sono

Schlafwagen *m* <-s, -> carruagem-cama *f,* vagão-cama *m*

Schlafzimmer *nt* <-s, -> quarto (de dormir) *m*

Schlag [ʃlaːk] *m* <-(e)s, Schläge> **1.** (*Hieb*) pancada *f,* golpe *m, nt;* (*mit der Faust*) murro *m, nt,* soco *m;* **jdm einen ~ versetzen** dar um murro a alguém; (*umg*); **mit einem ~** de uma vez, à primeira **2.** (*Schicksalsschlag*) golpe *m,* fatalidade *f;* **das war ein schwerer ~ für die ganze Familie** foi um grande golpe para toda a família **3.** (*von Uhr, Glocke*) badalada *f;* (*von Puls*) pulsação *f;* (*von Herz*) batida *f,* palpitação *f;* **~ sieben Uhr** às sete horas em ponto **4.** (*Stromschlag*) choque *m;* **einen ~ bekommen** apanhar um choque

5. (*umg: Schlaganfall*) apoplexia *f*; **ihn hat der ~ getroffen** ele teve um ataque **6.** (*umg: Portion*) colherada *f*

Schlagader *f* <-n> artéria *f*

Schlaganfall *m* <-(e)s, -fälle> (MED) acidente vascular cerebral *m*, ataque de apoplexia *m*

schlagartig *adj* repentino

Schlagbohrmaschine *f* <-n> berbequim de percussão *m*

Schläge *pl* pancada *f*; **~ bekommen** apanhar pancada

schlagen ['ʃlaːgən] **I.** *vt* (*hauen*) bater; **jdn (ins Gesicht)** ~ bater em alguém (na cara); **jdn zu Boden** ~ dar cabo de alguém; **jdn mit der Faust** ~ dar um murro a alguém; **er schlug alles kurz und klein** ele quebrou tudo, ele reduziu tudo a pedaços; (*Gegner, Feind*) bater, vencer, derrotar; (*Spielstein*) comer; **jdn im Tennis** ~ bater alguém no ténis; **sie schlugen die deutsche Mannschaft mit 3:2** eles venceram à equipa alemã por 3:2; (*befestigen*) pregar; **einen Nagel in die Wand** ~ pregar um prego na parede; (*Eiweiß, Sahne*) bater; (*Uhrzeit*) dar; **Alarm** ~ dar o alarme; **den Takt** ~ marcar o compasso; **eine geschlagene Stunde** uma hora inteira **II.** *vi* (*Herz, Puls*) bater, palpitar; (*Uhr*) dar horas; (*Glocke*) repicar, tocar **III.** *vr* **sich** ~ bater-se

schlagend *adj* (*Beweis, Argument*) concludente, convincente

Schlager ['ʃlaːgɐ] *m* <-s, -> êxito de temporada *m*

Schläger *m* <-s, -> **1.** (*Tennis*) raquete *f*; (*Golf*) taco *m*; (*Hockey*) stick *m*; (*Baseball*) taco *m*, bastão *m* **2.** (*Mensch*) brigão *m*, rufião *m*

Schlägerei *f* <-en> pancadaria *f*, rixa *f*

Schlagersänger(in) *m(f)* <-s, - *o* -innen> cantor popular, cantora *m, f*

schlagfertig *adj* (*Person*) de resposta pronta; (*Antwort*) pronto; ~ **sein** ter sempre uma resposta na ponta da língua

Schlagfertigkeit *f* kein pl prontidão para responder *f*, presença de espírito *f*

Schlaginstrument *nt* <-(e)s, -e> instrumento de percussão *m*

Schlagloch *nt* <-(e)s, -löcher> buraco *m*

Schlagobers *nt* <-> *kein pl* (*österr, schweiz*) s. **Schlagsahne**

Schlagsahne *f* kein pl chantilly *m*

Schlagwort *nt* <-(e)s, -wörter> tópico *m*

Schlagzeile *f* <-n> título *m*, manchete *f*

Schlagzeug *nt* <-(e)s, -e> bateria *f*

Schlagzeuger(in) *m(f)* <-s, - *o* -innen> baterista *m,f*

Schlamm [ʃlam] *m* <-(e)s, Schlämme> lodo *m*, lama *f*, limo *m*

schlammig *adj* lamacento, enlameado

Schlamper(in) *m(f)* <-s, - *o* -innen> (*umg*) sostra *m,f*, desmazelado, desmazelada *m, f*

Schlamperei *f* <-en> **1.** (*umg: Nachlässigkeit*) desmazelo *m*, desleixo *m* **2.** *kein pl* (*umg: Unordnung*) desordem *f*

schlampig *adj* (*Person*) desmazelado, desleixado; (*Arbeit*) atamancado, às três pancadas

schlang [ʃlaŋ] *imp von* **schlingen**

Schlange ['ʃlaŋə] *f* <-n> **1.** (ZOOL) serpente *f*, cobra *f* **2.** (*Menschenschlange, Fahrzeugschlange*) fila *f*, bicha *f*; ~ **stehen** fazer fila/bicha

schlängeln *vr* **sich** ~ (*Schlange, Weg*) serpentear; **der Bach schlängelt sich durch die Wiesen** o ribeiro serpenteia pelos prados

Schlangenlinie *f* <-n> linha sinuosa *f*; ~**n fahren** ir em ziguezague

schlank [ʃlaŋk] *adj* elegante, esbelto, esguio; ~ **werden** emagrecer

Schlankheitskur *f* <-en> cura de emagrecimento *f*

schlapp [ʃlap] *adj* **1.** (*nicht straff*) frouxo, mole **2.** (*erschöpft*) estafado; **nach einer Stunde hat er ~ gemacht** após uma hora, ele foi-se abaixo das pernas

Schlappe ['ʃlapə] *f* <-n> (*umg*) fracasso *m*

schlau [ʃlaʊ] *adj* **1.** (*klug*) esperto, astuto, inteligente; **aus ihrem Verhalten werde ich nicht** ~ eu não percebo o comportamento dela **2.** (*verschlagen*) espertalhão, fino, finório

Schlauch [ʃlaʊx] *m* <-(e)s, Schläuche> **1.** (*für Wasser*) mangueira *f*; (*für Gas*) tubo de borracha *m* **2.** (*im Reifen*) câmara-de-ar *f*

Schlauchboot *nt* <-(e)s, -e> barco pneumático *m*, barco insuflável *m*

schlauchen *vt* (*umg*) estafar

schlecht [ʃlɛçt] **I.** *adj* (*nicht gut*) mau, má; **mir ist** ~ sinto-me mal; **das ist keine ~e Idee** não é má ideia; (*verdorben*) estragado; **das Obst/die Milch ist ~ geworden** a fruta/o leite estragou-se **II.** *adv* mal; **er ist ~ zu verstehen** ele é difícil de perceber; **auf jdn ~ zu sprechen sein** ser rude com alguém; ~

S

gelaunt mal-disposto; **mehr ~ als recht** não tão bem; **jdn/etw ~ machen** falar mal de alguém/a. c., denegrir alguém/a. c.

schlechtgelaunt^{ALT} *adj s.* **schlecht II**

schlechthin ['-'-] *adv* **1.** (*an sich*) por excelência; **sie gilt als die Geschäftsfrau ~** ela é considerada mulher de negócios por excelência **2.** (*geradezu*) simplesmente; **das ist ~ unmöglich** isso é simplesmente impossível

schlecht|machen^{ALT} *vt s.* **schlecht II**

Schleckermaul *nt* <-(e)s, -mäuler> guloso, gulosa *m, f,* lambareiro, lambareira *m f*

Schlegel *m* <-s, -> (*österr, schweiz*) coxa *f*

schleichen ['ʃlaɪçən] *vi* **1.** (*leise*) andar/ir de mansinho, andar/ir pé ante pé **2.** (*langsam*) arrastar-se, ir a passo de caracol; (*Zeit*) arrastar-se

Schleichweg [-veːk] *m* <-(e)s, -e> desvio *m,* atalho *m*

Schleier ['ʃlaɪɐ] *m* <-s, -> (*für Gesicht, Kopf*) véu *m*

schleierhaft *adj* misterioso, incompreensível; **seine Pläne sind mir ~** os seus planos são um enigma para mim

Schleife ['ʃlaɪfə] *f* <-n> laço *m;* (*beim Schuhebinden*) nó *m;* (*für die Haare*) laço *m*

schleifen¹ ['ʃlaɪfən] *vt* **1.** (*schärfen*) afiar, amolar **2.** (*Edelstein*) polir, lapidar; (*optisches Glas*) graduar

schleifen² *vt* (*ziehen*) arrastar

Schleifstein *m* <-(e)s, -e> pedra de amolar *f,* mó *f*

Schleim [ʃlaɪm] *m* <-(e)s, -e> **1.** (*Sekret*) muco *m,* mucosidade *f* **2.** (*Brei*) papa *f*

schleimig *adj* **1.** (*Absonderung*) mucoso; (*zähflüssig*) viscoso **2.** (*pej: Mensch*) sebento

schlemmen ['ʃlɛmən] *vi* comer e beber à farta

Schlemmerei *f* <-en> patuscada *f,* comezaina *f*

schlendern ['ʃlɛndɐn] *vi* vaguear

schlenkern *vi* balançar, bambolear; **sie schlenkert mit den Beinen** ela balança as pernas

schleppen ['ʃlɛpən] **I.** *vt* (*ziehen*) arrastar; (*abschleppen*) rebocar; **wir müssen das Auto in die Werkstatt ~** temos de rebocar o carro para a oficina; (*tragen*) carregar com, levar **II.** *vr* **sich ~** (*sich fortbewegen*) arrastar-se

schleppend *adj* (*Verhandlung, Unterhaltung*) arrastado, demorado

Schlepper *m* <-s, -> **1.** (*Schiff*) rebocador *m* **2.** (*Fluchthelfer*) passador (de fronteira) *m*

Schlepplift *m* <-(e)s, -e> reboque de esqui *m*

Schleppnetz *nt* <-es, -e> rede de arrasto *f*

Schlesien ['ʃleːziən] *nt* <-s> *kein pl* Silésia *f*

Schleswig-Holstein *nt* <-s> *kein pl* Schleswig-Holstein *m*

schleswig-holsteinisch *adj* de Schleswig-Holstein

Schleuder ['ʃlɔɪdɐ] *f* <-n> **1.** (*für Geschosse*) catapulta *f* **2.** (*für Wäsche*) centrifugadoura de roupa *f*

schleudern ['ʃlɔɪdɐn] **I.** *vt* (*werfen*) arremessar, lançar, atirar; (*Wäsche*) centrifugar **II.** *vi* (*Auto*) derrapar

Schleuderpreis *m* <-es, -e> baixo preço *m; zu ~en verkaufen* vender ao desbarato

Schleudersitz *m* <-es, -e> assento de eje(c)ção *m*

schleunigst ['ʃlɔɪnɪçst] *adv* (o) quanto antes, o mais depressa possível

Schleuse ['ʃlɔɪzə] *f* <-n> eclusa *f*

schlich [ʃlɪç] *imp von* **schleichen**

Schlich *m* <-(e)s, -e> manha *f,* artimanha *f;* **alle ~e kennen** conhecer as manhas todas; **jdm auf die ~e kommen** topar as manhas de alguém

schlicht [ʃlɪçt] *adj* (*einfach*) simples, despretensioso; (*schmucklos*) singelo; (*einfarbig*) liso

schlichten ['ʃlɪçtən] *vt* (*Konflikt*) apaziguar, abrandar; **einen Streit ~** pôr fim a uma briga

Schlichtung *f* <-en> acordo *m,* reconciliação *f*

Schlick *m* <-(e)s, -e> lodo *m*

schlief [ʃliːf] *imp von* **schlafen**

schließen **I.** *vt* **1.** (*Tür, Fenster*) fechar; **eine Lücke ~** tapar um buraco **2.** (*beenden*) encerrar, terminar **3.** (*Vertrag*) assinar, firmar; (*Bündnis*) selar; (*Ehe*) contrair; **Frieden ~** fazer as pazes; **mit jdm Freundschaft ~** travar amizade com alguém; **jdn in die Arme ~** abraçar alguém **II.** *vi* **1.** (*zumachen*) fechar, encerrar; **die Geschäfte ~ um 20 Uhr** as lojas fecham às 20 horas **2.** (*folgern*) deduzir (*aus* de)

Schließfach *nt* <-(e)s, -fächer> **1.** (*bei Bank*) cofre *m;* (*bei Post*) apartado *m,* caixa postal *f* **2.** (*für Gepäck*) cacifo *m*

schließlich *adv* **1.** (*endlich, zuletzt*) finalmente, por fim; **~ etw tun** acabar por fazer a.

c. **2.** (*als Begründung*) afinal; (*sie ist ~ meine Mutter*) afinal, ela é minha mãe

schliff [ʃlɪf] *imp von* **schleifen**

schlimm [ʃlɪm] **I.** *adj* mau, má; (*Fehler, Folge, Krankheit*) grave; (*Zeiten*) difícil; **halb so** ~ não tão grave; **es wird immer ~er** está cada vez pior; **im ~sten Falle** na pior das hipóteses **II.** *adv* mal; ~ **enden** acabar mal

schlimmstenfalls ['ʃlɪmstənfals] *adv* na pior das hipóteses

Schlinge ['ʃlɪŋə] *f* <-n> laço *m*, laçada *f*; (*Armschlinge*) atadura ao peito *f*, tipóia *f*; **den Arm in der** ~ **tragen** trazer o braço ao peito

schlingen ['ʃlɪŋən] **I.** *vt* atar; **Fäden ineinander** ~ entrelaçar fios; **sich** *dat* **einen Schal um den Hals** ~ enrolar um cachecol ao pescoço **II.** *vi* (*beim Essen*) engolir

schlingern *vi* balançar, balouçar, baloiçar

Schlingpflanze *f* <-n> trepadeira *f*

Schlips [ʃlɪps] *m* <-es, -e> gravata *f*

schlitteln *vi* (*schweiz*) andar de trenó

Schlitten ['ʃlɪtən] *m* <-s, -> **1.** (*Wintersport*) trenó *m*; ~ **fahren** andar de trenó **2.** (*umg: Auto*) carro *m*

schlittern ['ʃlɪtən] *vi* patinar

Schlittschuh *m* <-(e)s, -e> patim *m*; ~ **laufen** andar de patins

Schlittschuhläufer(in) *m(f)* <-s, - *o* -innen> patinador, patinadora *m, f*

Schlitz [ʃlɪts] *m* <-es, -e> **1.** (*Spalt*) fenda *f*; (*am Briefkasten*) abertura *f*; (*für Münze*) ranhura *f* **2.** (*an Kleidung*) racha *f* **3.** (*umg: Hosenschlitz*) braguilha *f*, carcela *f*

Schlitzohr *nt* <-(e)s, -en> (*umg*) melro de bico amarelo *m*

schloss[RR] [ʃlɔs], **schloß**[ALT] *imp von* **schließen**

Schloss[RR] [ʃlɔs], *nt* <-es, Schlösser>, **Schloß**[ALT] *nt* <-sses, Schlösser> **1.** (*Bau*) castelo *m*, palácio *m* **2.** (*an Türen*) fechadura *f*; (*an Schmuck*) mosquetão *m*, fecho *m*

Schlosser(in) ['ʃlɔsə] *m(f)* <-s, - *o* -innen> serralheiro, serralheira *m, f*

Schlot [ʃloːt] *m* <-(e)s, -e> chaminé *f*

Schlucht [ʃlʊxt] *f* <-en> barranco *m*

schluchzen ['ʃlʊxtsən] *vi* soluçar

Schluck [ʃlʊk] *m* <-(e)s, -e> gole *m*, trago *m*; **ein** ~ **Tee/Wasser** um gole de chá/água; **lass uns einen** ~ **trinken** vamos beber um copo

Schluckauf [ʃlʊk'ʔaʊf] *m* <-s> *kein pl* soluços *mpl*; ~ **haben** estar com/ter soluços

schlucken ['ʃlʊkən] *vt* (*Speise*) engolir; (*Getränk*) engolir, tragar

Schluckimpfung *f* <-en> vacinação oral *f*

schludern ['ʃluːdən] *vi* (*umg*) atamancar, aldrabar

schlug [ʃluːk] *imp von* **schlagen**

schlummern ['ʃlʊmen] *vi* dormitar, passar pelo sono, passar pelas brasas

Schlund [ʃlʊnt] *m* <-(e)s, Schlünde> faringe *f*, garganta *f*; (*eines Tieres*) goela *f*

schlüpfen *vi* **1.** (*hinein*) meter-se (*in* em), enfiar-se (*in* em); (*hinaus*) esgueirar-se (*aus* de); **in seine Kleider** ~ enfiar a roupa **2.** (*Küken*) sair do ovo

Schlupfloch *nt* <-(e)s, -löcher> esconderijo *m*

schlüpfrig *adj* **1.** (*Boden*) escorregadio **2.** (*Angelegenheit, Erzählung*) obsceno, indecente

schlurfen ['ʃlʊrfən] *vi* arrastar os pés

schlürfen *vt* sorver

Schluss[RR] [ʃlʊs] *m* <-es, Schlüsse>, **Schluß**[ALT] *m* <-sses, Schlüsse> **1.** (*Ende*) fim *m*, final *m*; (*einer Tagung*) encerramento *m*; (MUS) final *m*; **am** ~ no fim/final; ~ **jetzt!** acabou!, chega!; **mit etw** ~ **machen** acabar (com) a. c., terminar (com) a. c.; **mit jdm** ~ **machen** acabar com alguém **2.** (*Schlussfolgerung*) conclusão *f*; **Schlüsse aus etw ziehen** tirar conclusões de a. c.; **wir sind zu dem** ~ **gekommen, dass ...** chegámos à conclusão que ...

Schlüssel *m* <-s, -> **1.** (*für Tür, Auto*) chave *f* **2.** (MUS) clave *f*

Schlüsselbein *nt* <-(e)s, -e> clavícula *f*

Schlüsselblume *f* <-n> primavera *f*

Schlüsselbund *m* <-(e)s, -e> molho de chaves *m*

Schlüsselindustrie *f* <-n> (WIRTSCH) indústria-chave *f*

Schlüsselloch *nt* <-(e)s, -löcher> buraco da fechadura *m*

Schlüsselposition *f* <-en> cargo de influência *m*

Schlussfolgerung[RR] *f* <-en> dedução *f*, conclusão *f*; ~**en aus etw ziehen** tirar conclusões de a. c.

schlüssig *adj* concludente

Schlusslicht[RR] *nt* <-(e)s, -er> **1.** (*am Fahrzeug*) farolim traseiro *m*, farolete traseiro *m* **2.** (*Person*) último, última *m, f*; **er bildete das** ~ ele foi o último

S

Schlussstrich^RR *m* <-(e)s, -e> ponto final *m;* **einen ~ unter etw ziehen** pôr um ponto final em a. c.

Schlussverkauf^RR *m* <-(e)s, -käufe> liquidação *f,* saldos *mpl*

Schlusswort^RR *nt* <-(e)s, -e> última palavra *f*

schmächtig *adj* franzino, débil

schmackhaft ['ʃmakhaft] *adj* saboroso, gostoso

schmählich *adj* (*geh*) injurioso, ultrajante

schmal [ʃmaːl] *adj* **1.** (*eng*) estreito **2.** (*schlank*) esguio, magro; **~e Hände** mãos esguias **3.** (*karg*) escasso; **ein ~er Lohn** um pequeno salário

schmälern *vt* diminuir, reduzir; **die Bedeutung von etw ~** diminuir o significado de a. c., minimizar a. c.

Schmalfilm *m* <-(e)s, -e> fita de 8 mm *f*

Schmalz [ʃmalts] *nt* <-es, -e> pingue *m,* banha de porco *f*

schmalzig *adj* (*Film, Buch*) piegas, lamecha

schmarotzen* *vi* viver à custa dos outros

Schmarotzer(in) *m(f)* <-s, - o -innen> parasita *m,f*

schmatzen ['ʃmatsən] *vi* fazer barulho a comer

schmecken ['ʃmɛkən] *vi* **1.** (*Essen*) saber bem, estar saboroso; **es schmeckt ihm** sabe-lhe bem; **hat es Ihnen geschmeckt?** soube-lhe bem?, gostou?; **das Essen schmeckt ausgezeichnet** a comida está excelente **2.** (*Geschmack haben*) saber (*nach* a), ter gosto (*nach* de); **der Wein schmeckt nach Korken** o vinho sabe a rolha

Schmeichelei [ʃmaɪçə'laɪ] *f* <-en> bajulação *f,* lisonja *f*

schmeichelhaft *adj* lisonjeador, adulador

schmeicheln ['ʃmaɪçəln] *vi* lisonjear, adular, gabar

Schmeichler(in) *m(f)* <-s, - o -innen> adulador, aduladora *m, f,* bajulador, bajuladora *m, f*

schmeißen *vt* **1.** (*umg: werfen*) atirar **2.** (*umg: abbrechen*) largar; **er hat sein Studium geschmissen** ele largou os estudos

Schmelz *m* <-es, -e> esmalte *m*

schmelzen ['ʃmɛltsən] **I.** *vt* (*Erz, Käse*) fundir; (*Eis, Butter, Schnee*) derreter **II.** *vi* (*Eis, Schnee, Butter, Plastik*) derreter(-se); (*Metall, Käse*) fundir(-se)

Schmelzkäse *m* <-s, -> queijo fundido *m*

Schmelzpunkt *m* <-(e)s, -e> ponto de fusão *m*

Schmelzwasser *nt* <-s, -> água de degelo *f*

Schmerz [ʃmɛrts] *m* <-es, -en> dor *f;* (*Kummer*) mágoa *f;* **~en haben** estar com/ter dores

schmerzempfindlich *adj* sensível à dor

schmerzen ['ʃmɛrtsən] *vi* doer

Schmerzensgeld *nt* <-(e)s> *kein pl* inde(m)nização por danos morais *f*

schmerzhaft *adj* doloroso

schmerzlich *adj* doloroso

schmerzlos *adj* sem dor

schmerzstillend *adj* (*Mittel*) analgésico

Schmerztablette *f* <-n> analgésico *m*

Schmetterling ['ʃmɛtəlɪŋ] *m* <-s, -e> **1.** (ZOOL) borboleta *f* **2.** (*Schwimmstil*) mariposa *f*

schmettern ['ʃmɛtən] *vt* **1.** (*werfen*) atirar, lançar **2.** (*Lied*) cantar à desgarrada

Schmied [ʃmiːt] *m* <-(e)s, -e> forjador *m,* ferreiro *m*

schmiedeeisern *adj* de ferro forjado

schmieden ['ʃmiːdən] *vt* **1.** (*Eisen*) forjar **2.** (*Pläne*) engendrar, maquinar

schmiegen ['ʃmiːgən] *vr* **sich ~ 1.** (*Person*) **sich an jdn/etw ~** aconchegar-se a alguém/a. c.; **er schmiegte sich in ihre Arme/in die Kissen** ele aconchegou-se nos seus braços/nas almofadas **2.** (*Kleidung*) **sich an etw ~** ajustar-se a a. c.; **das Kleid schmiegt sich an ihren Körper** o vestido ajusta-se ao corpo dela

schmiegsam *adj* flexível

Schmiere *f* <-n> graxa *f;* (*umg*); **~ stehen** estar de vigia

schmieren ['ʃmiːrən] **I.** *vt* (*fetten*) lubrificar; (*Brot*) barrar; **Butter auf das Brot ~** barrar o pão com manteiga; (*umg: bestechen*) untar as mãos a **II.** *vi* (*schreiben*) rabiscar

Schmiergeld *nt* <-(e)s, -er> dinheiro de suborno *m,* luva *f*

schmierig *adj* gorduroso, engordurado

Schmiermittel *nt* <-s, -> lubrificante *m*

Schmierzettel *m* <-s, -> papel de rascunho *m*

Schminke ['ʃmɪŋkə] *f* <-n> maquilhagem *f,* maquiagem *f,* pintura *f*

schminken ['ʃmɪŋkən] **I.** *vt* maquilhar, maquiar, pintar **II.** *vr* **sich ~** maquilhar-se, maquiar-se, pintar-se

schmirgeln ['ʃmɪrgəln] *vt* lixar

Schmirgelpapier *nt* <-s, -e> lixa *f*

schmiss^{RR} [ʃmɪs], **schmiß**^{ALT} *imp von* **schmeißen**

schmollen [ˈʃmɔlən] *vi* amuar, estar amuado

schmolz [ʃmɔlts] *imp von* **schmelzen**

Schmorbraten *m* <-s, -> carne estufada *f*, carne guisada *f*

schmoren [ˈʃmoːrən] *vt* (*Fleisch*) estufar, guisar; (*Zwiebeln*) refogar; **in der Sonne** ~ tostar ao sol

Schmuck [ʃmʊk] *m* <-(e)s> *kein pl* **1.** (*Juwelen*) jóias *fpl*; (*Modeschmuck*) bijutaria *f* **2.** (*Verzierung*) enfeite *m*, adorno *m*

schmücken *vt* enfeitar, adornar

schmucklos *adj* simples, singelo

Schmuckstück *nt* <-(e)s, -e> jóia *f*

schmuddelig *adj* sujo, imundo, sórdido

Schmuggel [ˈʃmʊɡəl] *m* <-s> *kein pl* contrabando *m*

schmuggeln *vt* contrabandear, fazer contrabando de

Schmuggler(in) *m(f)* <-s, - o -innen> contrabandista *m,f*

schmunzeln [ˈʃmʊntsəln] *vi* sorrir (satisfeito)

schmusen [ˈʃmuːzən] *vi* fazer carícias, acariciar-se

Schmutz [ʃmʊts] *m* <-es> *kein pl* (*Zustand*) sujidade *f*, imundície *f*, sujeira *f*; (*herumliegender*) lixo *m*, porcaria *f*; (*Schlamm*) lodo *m*

Schmutzfink *m* <-en, -en> porcalhão, porcalhona *m, f*

schmutzig *adj* **1.** (*dreckig*) sujo, imundo, porco; ~ **werden** sujar-se **2.** (*unanständig*) indecente, porco

Schnabel [ˈʃnaːbəl] *m* <-s, Schnäbel> **1.** (*des Vogels*) bico *m* **2.** (*umg: Mund*) bico *m*, boca *f*; **du sollst den** ~ **halten** cala o bico

Schnake [ˈʃnaːkə] *f* <-n> melga *f*, mosquito *m*

Schnalle [ˈʃnalə] *f* <-n> fivela *f*

schnallen *vt* apertar; **den Gürtel enger/weiter** ~ apertar/alargar o cinto

schnalzen [ˈʃnaltsən] *vi* estalar; **mit den Fingern/der Zunge** ~ estalar os dedos/a língua

Schnäppchen *nt* <-s, -> (*umg*) pechincha *f*

schnappen [ˈʃnapən] **I.** *vt* (*Dinge*) agarrar (em); (*Verbrecher*) apanhar; **sie schnappte ihre Tasche und ging** ela agarrou na carteira e foi embora **II.** *vi* (*Hund*) apanhar com a

boca; **die Tür schnappt ins Schloss** a porta dá um estalo na fechadura; **nach Luft** ~ ter falta de ar

Schnappschuss^{RR} *m* <-es, -schüsse> instantâneo *m*

Schnaps [ʃnaps] *m* <-es, Schnäpse> aguardente *f*, bagaço *m*

Schnapsidee *f* <-n> ideia mirabolante *f*

schnarchen [ˈʃnarçən] *vi* ressonar, roncar

schnattern [ˈʃnatən] *vi* grasnar

schnauben [ˈʃnaʊbən] *vi* (*Mensch*) bufar; (*Pferd*) bafejar; **vor Zorn** ~ bufar de raiva

schnaufen [ˈʃnaʊfən] *vi* ofegar, arquejar, arfar

Schnauferl *nt* <-s, -> (*umg österr*) carro de guerra *f*

Schnauz *m* <-es, Schnäuze> (*schweiz*) *s.* **Schnauzbart**

Schnauzbart *m* <-(e)s, -bärte> bigode *m*

Schnauze [ˈʃnaʊtsə] *f* <-n> **1.** (*von Tier*) focinho *m* **2.** (*pej: Mund*) bico *m*, boca *f*; **halt die** ~! caluda!, cala o bico!

schnäuzen^{RR} *vr* **sich** ~ assoar-se

Schnecke [ˈʃnɛkə] *f* <-n> caracol *m*

Schneckenhaus *nt* <-es, -häuser> casca do caracol *f*

Schneckentempo *nt* <-s> *kein pl* (*umg*) passo de caracol *m*; **im** ~ a passo de caracol

Schnee [ʃneː] *m* <-s> *kein pl* **1.** (*Niederschlag*) neve *f*; **es fällt** ~ cai neve **2.** (*Eischnee*) claras batidas em castelo *fpl*; **Eiweiß zu** ~ **schlagen** bater as claras em castelo

Schneeball *m* <-(e)s, -bälle> bola de neve *f*

Schneebesen *m* <-s, -> batedeira *f*

Schneefall *m* <-(e)s, -fälle> nevada *f*, queda de neve *f*

Schneeflocke *f* <-n> floco de neve *m*

Schneegestöber *nt* <-s, -> nevasca *f*, nevão *m*

Schneeglöckchen *nt* <-s, -> (BOT) campânula branca *f*

Schneekette *f* <-n> corrente anti-derrapante *f*; ~**n anlegen** pôr correntes anti-derrapantes

Schneemann *m* <-(e)s, -männer> boneco de neve *m*; **einen** ~ **bauen** fazer um boneco de neve

Schneepflug *m* <-(e)s, -pflüge> limpa-neve *m*

Schneeschmelze *f* <-n> degelo *m*

Schneewehe *f* <-n> acumulação de neve *f*

S

Schneewittchen [ʃneːˈvɪtçən] *nt* <-s> *kein pl* Branca de Neve *f*

Schneide [ʃnaɪdə] *f* <-n> gume *m*, fio *m*

schneiden [ˈʃnaɪdən] **I.** *vt* **1.** (*zerkleinern*) cortar, partir; (*kürzen*) cortar; **Brot** ~ cortar pão, partir pão; **jdm die Haare** ~ cortar o cabelo a alguém; **etw klein** ~ cortar a. c. em/ aos bocadinhos; **Grimassen** ~ fazer caretas; **sich** *dat* **den Finger** ~ cortar-se no dedo **2.** (FILM) montar **II.** *vr* **sich** ~ **1.** (*sich verletzen*) cortar-se **2.** (*Linien*) cruzar-se

schneidend *adj* (*Schmerz*) agudo; (*Wind*) cortante; **~e Kälte** frio de rachar *m*

Schneider(in) *m(f)* <-s, -*o* -innen> costureiro, costureira *m, f*, alfaiate *m*, modista *f*

schneidern [ˈʃnaɪdən] *vt* costurar

Schneidezahn *m* <-(e)s, -zähne> dente incisivo *m*

schneien [ˈʃnaɪən] *vi* nevar; **es schneit** neva, está a nevar

Schneise [ˈʃnaɪzə] *f* <-n> caminho *m*, atalho *m*

schnell [ʃnɛl] **I.** *adj* rápido, veloz, ligeiro **II.** *adv* depressa, rapidamente; **so ~ wie möglich** o mais depressa possível; **nicht so ~!** mais devagar!

Schnellhefter *m* <-s, -> pasta de arquivo *f*

Schnelligkeit *f kein pl* rapidez *f*, ligeireza *f*

Schnellimbiss[RR] *m* <-es, -e> pronto-a-comer *m*, lanchonete *f*

Schnellkochtopf *m* <-(e)s, -töpfe> panela de pressão *f*

schnellstens [ˈʃnɛlstəns] *adv* o mais depressa possível

Schnellstraße *f* <-n> via rápida *f*

Schnellzug *m* <-(e)s, -züge> comboio rápido *m*

schnetzeln *vt* (*schweiz*) cortar aos bocados

schneuzen[ALT] [ˈʃnɔɪtsən] *vr* **sich** ~ *s.* **schnäuzen**

schnippisch [ˈʃnɪpɪʃ] *adj* (*pej*) arrogante, desdenhoso

Schnipsel [ˈʃnɪpsəl] *m* <-s, -> (*Papier, Stoff*) pedaço *m*, bocado *m*; (*Stoff*) retalho *m*, trapinho *m*

schnitt [ʃnɪt] *imp von* **schneiden**

Schnitt [ʃnɪt] *m* <-(e)s, -e> **1.** (*von Kleid, Haar*) corte *m*; **ein modischer** ~ um corte da moda **2.** (*Verletzung*) corte *m*, golpe *m* **3.** (FILM) montagem *f* **4.** (*Schnittmuster*) molde *m* **5.** (*umg: Durchschnitt*) média *f*; **im** ~ em média

Schnittlauch *m* <-(e)s> *kein pl* cebolinho *m*

Schnittmuster *nt* <-s, -> molde *m*, padrão *m*

Schnittpunkt *m* <-(e)s, -e> (*a* MAT) ponto de interse(c)ção *m*

Schnittstelle *f* <-n> (INFORM) interface *f*

Schnittwunde *f* <-n> golpe *m*, corte *m*

Schnitzel [ˈʃnɪtsəl] *nt* <-s, -> escalope *m*; **paniertes** ~ panado *m*

schnitzen [ˈʃnɪtsən] *vt* entalhar, esculpir

Schnitzer *m* <-s, -> (*umg*) gafe *f*, deslize *m*

Schnitzerei *f* <-en> talha *f*

schnodderig *adj* (*umg*) descarado, petulante

Schnorchel [ˈʃnɔrçəl] *m* <-s, -> tubo de respirador *m*

Schnörkel *m* <-s, -> (*an Möbeln*) arabesco *m*, voluta *f*; (*bei Unterschrift*) cornucópia *f*

schnorren [ˈʃnɔrən] **I.** *vt* (*umg*) cravar, pedir; **kann ich noch eine Zigarette bei dir ~?** posso cravar-te um cigarro? **II.** *vi* **1.** (*umg: betteln*) mendigar **2.** (*pej schweiz: daherreden*) dizer asneiras, falar besteira

schnüffeln *vi* **1.** (*Hund*) farejar (*an* em) **2.** (*umg: spionieren*) meter o nariz, bisbilhotar **3.** (*umg: Klebstoff*) cheirar, snifar

Schnüffler(in) *m(f)* <-s, -*o* -innen> intrometido, intrometida *m, f*, bisbilhoteiro, bisbilhoteira *m, f*

Schnuller [ˈʃnʊlɐ] *m* <-s, -> chupeta *f*

Schnupfen [ˈʃnʊpfən] *m* <-s, -> constipação *f*; **~ bekommen** constipar-se; **~ haben** estar constipado

schnuppern [ˈʃnʊpɐn] *vi* cheirar, farejar (*an* em)

Schnur [ʃnuːɐ] *f* <Schnüre> fio *m*, cordel *m*, guita *f*, barbante *m*

schnüren *vt* atar, apertar

schnurlos *adj* (*Telefon*) sem fio, portátil

Schnurrbart [ˈʃnʊrbaːɐt] *m* <-(e)s, -bärte> bigode *m*

schnurren [ˈʃnʊrən] *vi* (*Katze*) ronronar, fazer ronrom

Schnürsenkel *m* <-s, -> atacador *m*, cordão *m*

schnurstracks [ˈʃnuːɐˈʃtraks] *adv* (*umg*) imediatamente, sem discutir

schob [ʃoːp] *imp von* **schieben**

Schock [ʃɔk] *m* <-(e)s, -s> choque *m*; **unter ~ stehen** estar em estado de choque; **einen ~ bekommen** ter um choque

schockieren* *vt* chocar; *(moralisch)* escandalizar

Schöffe(in) *m(f)* <-n, -n *o* -innen> jurado, jurada *m, f*

Schokolade [ʃokoˈlaːdə] *f* <-n> chocolate *m;* **eine Tafel** ~ uma tablete de chocolate; **eine Tasse (heiße)** ~ uma chávena de chocolate quente

Schokoladentafel *f* <-n> tablete de chocolate *f*

Scholle [ˈʃɔlə] *f* <-n> **1.** *(Fisch)* solha *f* **2.** *(Eisscholle)* bloco de gelo *m*

schon [ʃoːn] *adv* **1.** *(zeitlich)* já; **da kommt er** ~ lá vem ele; ~ **lange** (desde) há muito tempo; ~ **wieder** outra vez; ~ **oft** já muitas vezes; ~ **bald darauf** logo a seguir **2.** *(allein)* só, somente; ~ **der Gedanke daran macht mich nervös** só de pensar nisso já fico nervoso **3.** *(zwar, tatsächlich)* até, por certo, certamente; **das ist** ~ **möglich, doch ...** isso é bem possível, mas ..., isso até é possível, mas ...; **es wird** ~ **gehen** vai dar tudo certo; **sie wird** ~ **kommen** ela há-de vir **4.** *(doch, ja)* sim; **ich denke** ~ eu penso que sim; **Zeit hatte ich** ~**, nur ...** tempo eu até tinha, só que ...; ~ **gut!** está bem!

schön I. *adj* bonito, lindo, belo; **das Wetter ist** ~ o tempo está bom; ~**e Grüße** muitos cumprimentos; ~**es Wochenende!** bom fim-de-semana!; ~**en Dank!** muito obrigado!; *(umg)*; **das wäre ja noch** ~**er!** só faltava essa!, não faltava mais nada! **II.** *adv* bem; **sie singt** ~ ela canta bem; **hier ist es** ~ **warm** aqui está quentinho; *(Aufforderung)*; **bitte** ~**!** faça favor!; *(als Antwort)* de nada!, não tem de quê!; **danke** ~**!** muito obrigado!

schonen [ˈʃoːnən] **I.** *vt (Person)* poupar; *(Gegenstand)* tratar com cuidado; **seine Kräfte** ~ poupar as forças **II.** *vr* **sich** ~ cuidar-se, poupar-se

Schönheit *f* <-en> beleza *f*

Schönheitsoperation *f* <-en> operação plástica *f*

schön|machen *vr* **sich** ~ pôr-se bonito

Schonung *f kein pl (Nachsicht)* cuidado *m; (Schutz)* preservação *f*, conservação *f*; **der Kranke braucht** ~ o doente precisa de cuidados

schonungslos *adj* sem piedade, cruel

Schonzeit *f* <-en> defeso *m*

Schopf *m* <-(e)s, Schöpfe> *(schweiz: Schuppen)* telheiro *m*

schöpfen *vt* **1.** *(Flüssigkeit)* tirar *(aus* de); **Suppe auf den Teller** ~ tirar sopa para o prato **2.** *(Mut, Hoffnung)* ganhar; **frische Luft** ~ apanhar ar puro, tomar ar; **Verdacht** ~ suspeitar

Schöpfer(in) *m(f)* <-s, - *o* -innen> criador, criadora *m, f*

schöpferisch *adj* criativo

Schöpfkelle *f* <-n> concha *f*

Schöpflöffel *m* <-s, -> *s.* **Schöpfkelle**

Schöpfung *f kein pl* criação *f*

Schoppen *m* <-s, -> *(schweiz)* biberão *m*, mamadeira *f*

Schöps *m* <-es, -e> *(österr)* carneiro *m*

schor [ʃoːɐ] *imp von* **scheren**

Schorf [ʃɔrf] *m* <-(e)s, -e> crosta *f*, escara *f*

Schorle *nt* <-s, -s *o* -en> *(Weinschorle)* vinho e água com gás *m; (Apfelschorle)* sumo de maçã e água com gás *m*

Schornstein [ˈʃɔrnʃtain] *m* <-(e)s, -e> chaminé *f*

Schornsteinfeger(in) *m(f)* <-s, - *o* -innen> limpa-chaminés *m,f*

schoss, schoßᴬᴸᵀ *imp von* **schießen**

Schoß *m* <-es, Schöße> colo *m*, regaço *m;* **jdn auf den** ~ **nehmen** pegar em alguém ao colo

Schote [ˈʃoːtə] *f* <-n> vagem *f*

Schotte(in) [ˈʃɔtə] *m(f)* <-n, -n *o* -innen> escocês, escocesa *m, f*

Schotter [ˈʃɔtɐ] *m* <-s> *kein pl* cascalho *m*

schottisch *adj* escocês

Schottland *nt* <-s> *kein pl* Escócia *f*

schräg I. *adj (nicht gerade)* oblíquo, enviesado; *(geneigt)* inclinado; *(diagonal)* diagonal, transversal **II.** *adv* de través, de esguelha; ~ **gegenüber** quase em frente, transversalmente oposto

Schräge *f* <-n> inclinação *f*, superfície inclinada *f*

Schrägstrich *m* <-(e)s, -e> barra *f*

Schramme [ˈʃramə] *f* <-n> arranhão *m*

schrammen *vt* arranhar, esmurrar

Schrank [ʃraŋk] *m* <-(e)s, Schränke> armário *m; (für Kleider)* armário *m*, roupeiro *m;* **etw in den** ~ **hängen** pendurar a. c. no armário

Schranke [ˈʃraŋkə] *f* <-n> barreira *f; (an Bahnstrecke)* cancela *f;* **jdn in seine** ~**n weisen** pôr limites a alguém

Schranken [ˈʃraŋkən] *m* <-s, -> *(österr) s.* **Schranke**

S

Schrankwand *f* <-wände> armário de parede a parede *m*

Schraube ['ʃraʊbə] *f* <-n> 1. (*zum Befestigen*) parafuso *m*; (*umg*); **bei ihm ist eine ~ locker** ele tem um parafuso a menos 2. (*des Schiffs*) hélice *f*

schrauben ['ʃraʊbən] *vt* 1. (*befestigen*) aparafusar, atarraxar; (*lösen*) desaparafusar, desatarraxar 2. (*drehen*) rodar; **den Deckel von der Flasche ~** desatarraxar a tampa da garrafa; **den Deckel auf die Flasche ~** atarraxar a tampa na garrafa

Schraubenschlüssel *m* <-s, -> chave de parafusos *f*, chave-inglesa *f*

Schraubenzieher *m* <-s, -> chave de fendas *f*

Schraubstock *m* <-(e)s, -stöcke> torno *m*

Schraubverschluss[RR] *m* <-es, -schlüsse> tampa de rosca *f*

Schreck [ʃrɛk] *m* <-(e)s, -e> susto *m*, sobressalto *m*; **einen ~ bekommen** apanhar um susto; **jdm einen ~ einjagen** pregar um susto a alguém

schreckhaft *adj* assustadiço, espantadiço

schrecklich *adj* horrível, terrível, horroroso

Schrei [ʃraɪ] *m* <-(e)s, -e> grito *m*, berro *m*; **einen ~ ausstoßen** dar/soltar um grito

Schreibblock *m* <-(e)s, -blöcke> bloco de papel *m*

schreiben ['ʃraɪbən] *vi* escrever; **jdm ~** escrever a alguém; **auf der Maschine ~** escrever à máquina; **etw ins Reine ~** passar a. c. a limpo; **das Wort ist falsch geschrieben** a palavra está mal escrita

Schreiben ['ʃraɪbən] *nt* <-s, -> carta *f*; **Ihr ~ vom 1.12.03** a sua carta de 1/12/03

schreibfaul *adj* preguiçoso para escrever

Schreibfehler *m* <-s, -> erro ortográfico *m*

Schreibkraft *f* <-kräfte> escriturária *f*

Schreibmaschine *f* <-n> máquina de escrever *f*; **einen Brief auf der ~ schreiben** escrever uma carta à maquina

Schreibschrift *f kein pl* caligrafia *f*

Schreibtisch *m* <-(e)s, -e> secretária *f*, escrivaninha *f*

Schreibwaren *pl* artigos de papelaria *mpl*

schreien ['ʃraɪən] **I.** *vt* gritar **II.** *vi* gritar; (*wütend*) berrar, vociferar; (*Säugling*) chorar; **nach jdm ~** gritar por alguém; **um Hilfe ~** gritar por socorro; **sie schrien vor Begeisterung/Angst** eles gritaram de espanto/medo

Schreiner(in) ['ʃraɪnɐ] *m(f)* <-s, - *o* -in-nen> marceneiro, marceneira *m, f*, carpinteiro, carpinteira *m, f*

Schreinerei *f* <-en> marcenaria *f*, carpintaria *f*

schreiten ['ʃraɪtən] *vi* (*geh*) andar, caminhar; **zur Tat ~** passar à a(c)ção

schrie [ʃriː] *imp von* **schreien**

schrieb [ʃriːp] *imp von* **schreiben**

Schrift [ʃrɪft] *f* <-en> 1. (*Schriftsystem*) escrita *f*; (*Schriftzeichen*) letra *f*, tipo de letra *m*; **in kursiver ~** em itálico 2. (*Handschrift*) letra *f*, caligrafia *f* 3. (*Text*) escrito *m*; (*Abhandlung*) estudo *m*, dissertação *f*; **die Heilige ~** a Sagrada Escritura

schriftlich **I.** *adj* escrito; **eine ~e Prüfung** uma prova escrita **II.** *adv* por escrito

Schriftsprache *f kein pl* linguagem escrita *f*

Schriftsteller(in) *m(f)* <-s, - *o* -innen> escritor, escritora *m, f*

Schriftstück *nt* <-(e)s, -e> escrito *m*, documento *m*

schrill [ʃrɪl] *adj* (*Ton*) estridente, agudo; (*Aussehen*) extravagante

schritt [ʃrɪt] *imp von* **schreiten**

Schritt [ʃrɪt] *m* <-(e)s, -e> 1. (*beim Gehen*) passo *m*; **mit schnellen ~en** a passos largos; **(im) ~ fahren** conduzir a uma velocidade de passo; **auf ~ und Tritt** a cada passo; **jdm auf ~ und Tritt folgen** seguir todos os passos de alguém; **mit einer Entwicklung ~ halten** acompanhar um desenvolvimento 2. (*Maßnahme*) diligência *f*, medida *f*; **~e gegen jdn unternehmen** tomar medidas contra alguém

Schrittmacher *m* <-s, -> (MED) estimulador cardíaco *m*, pacemaker *m*

schrittweise *adv* passo a passo

schroff [ʃrɔf] *adj* 1. (*Felswand*) escarpado, íngreme 2. (*Antwort*) seco, brusco; (*Charakter*) rude, intratável

Schrot [ʃroːt] *m* <-(e)s, -e> 1. (*Munition*) chumbo *m* 2. (*Getreide*) cereal triturado *m*

Schrott [ʃrɔt] *m* <-(e)s> *kein pl* sucata *f*, ferro-velho *m*

Schrubber *m* <-s, -> escova (de esfregar) *f*

Schrulle *f* <-n> mania *f*, cisma *f*

schrullig *adj* caprichoso

schrumpfen ['ʃrʊmpfən] *vi* 1. (*Gewebe*) encolher, mingar 2. (*Vorräte, Interesse*) diminuir

Schub [ʃuːp] *m* <-(e)s, Schübe> 1. (PHYS, TECH) impulso *m* 2. (*Gruppe*) grupo *m*

Schubkarre *f* <-n> carrinho de mão *m*

Schublade *f* <-n> gaveta *f*

Schubs [ʃʊps] *m* <-es, -e> (*umg*) empurrão *m;* **jdm einen ~ geben** dar um empurrão a alguém

schüchtern *adj* tímido, acanhado

Schüchternheit *f kein pl* timidez *f,* acanhamento *m*

schuf [ʃuːf] *imp von* **schaffen**

Schuft [ʃʊft] *m* <-(e)s, -e> patife *m,* canalha *m*

schuften ['ʃʊftən] *vi* (*umg*) trabalhar (muito), labutar

Schuh [ʃuː] *m* <-(e)s, -e> sapato *m;* **ein Paar ~e** um par de sapatos; **sich** *dat* **die ~e anziehen** calçar os sapatos; (*fig*) **jdm etw in die ~e schieben** imputar a. c. a alguém

Schuhbändel *nt* <-s, -> (*schweiz*) atacador *m,* cordão de sapato *m*

Schuhcreme *f* <-s> graxa para calçado *f*

Schuhgeschäft *nt* <-(e)s, -e> sapataria *f*

Schuhgröße *f* <-n> número de calçado *m;* **welche ~ haben Sie?** que número calça?; **ich habe ~ 38** eu calço 38

Schuhlöffel *m* <-s, -> calçadeira *f*

Schuhmacher(in) *m(f)* <-s, -o -innen> sapateiro, sapateira *m, f*

Schuhputzer(in) *m(f)* <-s, -o -innen> engraxador de sapatos, engraxadora *m, f*

Schulanfang *m* <-(e)s, -fänge> início das aulas *m*

Schulaufgaben *pl* trabalhos de casa *m,* deveres *mpl*

Schulbuch *nt* <-(e)s, -bücher> livro escolar *m*

Schuld [ʃʊlt] *f kein pl* culpa *f;* **jdm die ~ an etw geben** atribuir a culpa a alguém por a. c.; **er ist/hat ~** a culpa é dele; **an etw ~ sein/haben** ter culpa de a. c.; **sie trifft keine ~** ela não tem culpa (nenhuma)

schuldbewusst^RR *adj* consciente de culpa

schulden ['ʃʊldən] *vt* dever; **was schulde ich?** quanto devo?; **er schuldet ihr 100 DM** ele deve-lhe 100 marcos

Schulden *pl* dívida *f;* **bei jdm ~ haben** estar a dever a. c. a alguém; **~ machen** contrair dívidas

schuldig ['ʃʊldɪç] *adj* **1.** (*verantwortlich*) culpado (*an* de); **sich ~ bekennen** confessar-se culpado; **wer ist ~?** quem é o culpado? **2.** (*finanziell*) endividado; **jdm etw ~ sein** dever a. c. a alguém

Schuldner(in) ['ʃʊldnɐ] *m(f)* <-s, - o -innen> devedor, devedora *m, f*

Schuldspruch *m* <-(e)s, -sprüche> condenação *f*

Schule ['ʃuːlə] *f* <-n> escola *f;* **in die ~ gehen** andar na escola; **sie kommt im Herbst in die ~** ela vai para a escola no Outono

schulen *vt* (*Mitarbeiter*) formar

Schüler(in) *m(f)* <-s, - o -innen> **1.** (*in der Schule*) aluno, aluna *m, f* **2.** (*Anhänger*) discípulo *m*

Schulfach *nt* <-(e)s, -fächer> disciplina escolar *f*

Schulferien *pl* férias da escola *fpl*

schulfrei *adj* sem aulas, livre; **~ haben** não ter aulas

Schulgeld *nt* <-(e)s> *kein pl* propina escolar *f*

Schuljahr *nt* <-(e)s, -e> ano le(c)tivo *m*

Schulpflicht *f kein pl* escolaridade obrigatória *f*

schulpflichtig *adj* sujeito a escolaridade obrigatória

Schulstunde *f* <-n> aula *f*

Schultag *m* <-(e)s, -e> dia de aulas *m*

Schultasche *f* <-n> pasta da escola *f*

Schulter ['ʃʊltɐ] *f* <-n> ombro *m;* **mit den ~n zucken** encolher os ombros; **etw auf die leichte ~ nehmen** não levar a. c. a sério; **jdm die kalte ~ zeigen** ignorar alguém

Schulterblatt *nt* <-(e)s, -blätter> (ANAT) omoplata *f*

Schulterpolster *nt* <-s, -> enchumaço *m*

Schulung ['ʃuːlʊŋ] *f* <-en> **1.** (*von Personal*) formação *f* **2.** (*Lehrgang*) curso *m*

Schund *m* <-(e)s> *kein pl* lixo *m,* porcaria *f*

Schupfer *m* <-s, -> (*umg österr*) empurrão *m,* encontrão *m*

Schuppe ['ʃʊpə] *f* <-n> **1.** (*von Fisch*) escama *f* **2.** (*Kopfschuppe*) caspa *f;* **ein Haarshampoo gegen ~n** um champô anti-caspa

schuppen I. *vt* (*Fisch*) escamar II. *vr* **sich ~** (*Haut*) escamar, esfolar

Schuppen ['ʃʊpən] *m* <-s, -> barracão *m,* telheiro *m*

schüren *vt* **1.** (*Feuer*) atiçar, avivar **2.** (*Hass, Eifersucht*) atiçar

schürfen *vt* (*Haut*) arranhar, esfolar, esmurrar

Schürfwunde *f* <-n> arranhão *m*

Schurke(in) ['ʃʊrkə] *m(f)* <-n, -n o -innen> patife *m,* malandro, malandra *m, f*

S

Schurwolle *f kein pl* lã virgem *f*
Schürze *f* <-n> avental *m*
Schuss[RR] [ʃʊs] *m* <-es, Schüsse>,
Schuß[ALT] *m* <-sses, Schüsse> 1. (*mit Waffe*) tiro *m;* **einen ~ abgeben** dar um tiro; **es fielen mehrere Schüsse** dispararam-se vários tiros 2. (*von Flüssigkeit*) pinguinha *f;* **einen ~ Milch in den Kaffee tun** pôr uma pinguinha de leite no café; **Kaffee mit ~** café com cheirinho 3. (*beim Fußball*) remate *m,* pontapé *m,* chuto *m,* chute *m* 4. (*Drogen*) inje(c)ção *f;* **sich** *dat* **einen ~ setzen** inje(c)tar-se
Schüssel *f* <-n> 1. (*für Speisen*) taça *f,* tigela *f;* (*Suppenschüssel*) terrina *f* 2. (*Waschschüssel*) bacia *f* 3. (*umg: Satellitenantenne*) prato *m*
Schussverletzung[RR] *f* <-en> ferida de bala *f*
Schusswaffe[RR] *f* <-n> arma de fogo *f*
Schuster(in) [ˈʃuːstɐ] *m(f)* <-s, - *o* -innen> sapateiro, sapateira *m, f*
Schutt [ʃʊt] *m* <-(e)s> *kein pl* entulho *m,* lixo *m;* **~ abladen verboten** proibido depositar lixo
Schuttabladeplatz *m* <-es, -plätze> lixeira *f*
Schüttelfrost *m* <-(e)s> *kein pl* arrepios *mpl,* calafrios *mpl;* **~ haben** estar arrepiado
schütteln *vt* (*Baum*) abanar; (*Kissen*) sacudir; (*Gefäß*) agitar; **den Kopf ~** abanar a cabeça; **jdm die Hand ~** apertar a mão a alguém; **vor Gebrauch ~** agitar antes de usar
schütten I. *vt* (*gießen*) despejar, deitar, verter; (*verschütten*) derramar, virar; **jdm Wein ins Glas ~** servir alguém de vinho II. *vi* chover a cântaros, chover torrencialmente; **es schüttet** chove a cântaros
Schüttstein *m* <-(e)s, -e> (*schweiz*) pia *f*
Schutz [ʃʊts] *m* <-es> *kein pl* prote(c)ção *f* (*gegen* contra, *vor* de); (*Verteidigung*) defesa *f* (*gegen* contra, *vor* de); **jdn in ~ nehmen** proteger alguém; **der ~ der Menschenrechte** a defesa dos direitos humanos
Schutzanzug *m* <-(e)s, -züge> fato prote(c)tor *m*
Schutzblech *nt* <-(e)s, -e> guarda-lamas *m,* pára-lamas *m*
Schutzbrief *m* <-(e)s, -e> assistência em viagem *f*
Schutzbrille *f* <-n> óculos prote(c)tores *mpl*

Schütze *m* <-n, -n> 1. (*mit Waffe*) atirador *m* 2. (*Sternzeichen*) Sagitário *m*
schützen I. *vt* proteger (*gegen* contra, *vor* de); (*verteidigen*) defender (*gegen* contra, *vor* de); **vor Nässe ~!** proteger da humidade!; **die Umwelt ~** proteger o meio-ambiente II. *vr* **sich ~** proteger-se (*gegen* contra, *vor* de); **sich gegen die Kälte ~** proteger-se do/contra o frio; **sich vor Ansteckung ~** proteger-se contra o contágio

No Outono os clubes de tiro ao alvo promovem uma festa onde se apresentam ao público. Nesta festa, **Schützenfest**, são mostradas as instalações e muitas vezes realiza-se um torneio de tiro ao alvo, no qual também podem participar pessoas que não são sócios do clube.

Schutzengel *m* <-s, -> anjo-da-guarda *m,* anjo-custódio *m*
Schutzhelm *m* <-(e)s, -e> capacete de prote(c)ção *m*
Schutzhülle *f* <-n> capa de prote(c)ção *f*
Schutzimpfung *f* <-en> vacinação preventiva *f*
schutzlos *adj* desprotegido, indefeso
Schutzpatron(in) *m(f)* <-s, -e *o* -innen> padroeiro, padroeira *m, f*
Schutzweg *m* <-(e)s, -e> (*österr*) passadeira *f,* passagem para pedestres *f*
schwach [ʃvax] *adj* (*Getränk, Argument, Motor, Leistung, Beifall*) fraco; (*Nachfrage*) escasso; (*Gesundheit*) frágil; **ein ~ bevölkertes Land** um país pouco povoado; **die sozial Schwachen** os desfavorecidos; **in einer ~en Stunde** num momento de fraqueza
Schwäche *f* <-n> 1. (*körperlich, charakterlich*) fraqueza *f;* **eine ~ für etw haben** ter um fraco/fraquinho por a. c. 2. (*Mangel*) deficiência *f*
schwächen *vt* debilitar
Schwächling *m* <-s, -e> fraco, fraca *m, f*
Schwachsinn *m* <-(e)s> *kein pl* 1. (MED) deficiência mental *f* 2. (*umg: Blödsinn*) estupidez *f,* besteira *f*
schwachsinnig *adj* 1. (MED) deficiente mental 2. (*umg: blödsinnig*) estúpido, descabido
Schwachstrom *m* <-(e)s, -ströme> corrente de baixa tensão *f*

Schwächung *f* <-en> enfraquecimento *m*

schwafeln *vi* (*pej*) disparatar (*über* sobre)

Schwager, **Schwägerin** ['ʃvaːgɐ] *m, f* <-s, Schwäger *o* -innen> cunhado, cunhada *m, f*

Schwalbe ['ʃvalbə] *f* <-n> andorinha *f*

Schwall [ʃval] *m* <-(e)s, -e> (*Wasser*) torrente *f;* (*Menschen*) enchente *f,* turbilhão *m;* **ein ~ Fragen** uma torrente de perguntas

schwamm [ʃvam] *imp von* **schwimmen**

Schwamm [ʃvam] *m* <-(e)s, Schwämme> **1.** (*zum Waschen, Putzen*) esponja *f;* (*umg*); **~ drüber!** não se fala mais nisso!, passemos uma esponja sobre o assunto! **2.** (*österr: Pilz*) cogumelo *m*

schwammig *adj* **1.** (*Gesicht, Körper*) balofo **2.** (*Begriff, Aussage*) inconsistente

Schwan [ʃvaːn] *m* <-(e)s, Schwäne> cisne *m*

schwand [ʃvant] *imp von* **schwinden**

schwang [ʃvaŋ] *imp von* **schwingen**

schwanger ['ʃvaŋɐ] *adj* grávida; **sie ist im 5. Monat ~** ela está grávida de 5 meses, ela está no quinto mês de gravidez

Schwangere *f* <-n, -n> grávida *f*

schwängern *vt* engravidar

Schwangerschaft *f* <-en> gravidez *f*

Schwangerschaftsabbruch *m* <-(e)s, -brüche> interrupção (voluntária) da gravidez *f*

Schwangerschaftstest *m* <-(e)s, -s> teste de gravidez *m*

Schwangerschaftsverhütung *f kein pl* contracepção *f*

schwanken ['ʃvaŋkən] *vi* **1.** (*Boot, Steg*) balançar; (*Preise, Temperatur*) oscilar, flutuar **2.** (*taumeln, torkeln*) cambalear **3.** (*zögern*) vacilar, hesitar

Schwankung *f* <-en> oscilação *f*

Schwanz [ʃvants] *m* <-es, Schwänze> **1.** (*eines Tieres*) cauda *f,* rabo *m;* **den ~ einziehen** meter o rabo entre as pernas; (*umg*); **es war kein ~ da** não estava lá ninguém **2.** (*umg: Penis*) caralho *m*

schwänzen *vt* (*umg*) fazer gazeta, dar um tiro a, matar; **Chemie/die Schule ~** dar um tiro a química/às aulas, matar química/as aulas

Schwarm [ʃvarm] *m* <-(e)s, Schwärme> **1.** (*Bienen*) enxame *m;* (*Fisch*) cardume *m;* (*Vögel*) bando *m* **2.** (*Mensch*) paixão *f*

schwärmen *vi* (*begeistert sein*) delirar (*für*

com), adorar; **sie schwärmt für dunkelhaarige Männer** ela adora homens morenos, ela delira com homens morenos; **er schwärmte vom portugiesischen Wein** ele delirava com o vinho português

schwarz [ʃvarts] *adj* **1.** (*Farbe*) preto, negro; **etw ~ färben** pintar a. c. de preto; **jdm etw ~ auf weiß geben** dar a. c. preto no branco a alguém; **ins Schwarze treffen** acertar em cheio **2.** (*konservativ*) conservador **3.** (*illegal*) ilegal

Schwarzarbeit *f kein pl* trabalho clandestino *m,* trabalho ilegal *m*

schwarz|arbeiten *vi* trabalhar ilegalmente

Schwarzbrot *nt* <-(e)s, -e> pão integral *m*

schwarz|fahren *vi irr* viajar sem bilhete; (*ohne Führerschein*) conduzir sem carta, dirigir sem carteira

Schwarzfahrer(in) *m(f)* <-s, - *o* -innen> passageiro sem bilhete, passageira *m, f*

schwarzhaarig *adj* de cabelo(s) preto(s)

Schwarzmarkt *m* <-(e)s, -märkte> mercado negro *m*

schwarz|sehen *vi irr* ser pessimista, ver tudo negro

Schwarzwald *m* <-(e)s> *kein pl* Floresta Negra *f*

schwarzweiß *adj* (a) preto e branco

schwatzen *vi s.* **schwätzen**

schwätzen *vi* palrar (*über* sobre), tagarelar (*über* sobre)

Schwätzer(in) *m(f)* <-s, - *o* -innen> palrador, palradora *m, f,* tagarela *m,f*

schwatzhaft *adj* palrador, tagarela

Schwebebahn *f* <-en> teleférico *m*

Schwebebalken *m* <-s, -> barra suspensa *f*

schweben ['ʃveːbən] *vi* (*in der Luft*) pairar, flutuar, estar suspenso; **in Gefahr ~** estar em perigo

Schwede(in) *m(f)* <-n, -nen> sueco, sueca *m, f*

Schweden ['ʃveːdən] *nt* <-s> *kein pl* Suécia *f*

schwedisch *adj* sueco

Schwefel ['ʃveːfəl] *m* <-s> *kein pl* enxofre *m*

Schwefelsäure *f kein pl* ácido sulfúrico *m*

schweigen ['ʃvaɪgən] *vi* calar(-se), estar calado; **kannst du ~?** consegues guardar segredo?; **ganz zu ~ von ...** para já não falar de ...

Schweigen *nt* <-s> *kein pl* silêncio *m;* **jdn zum ~ bringen** (fazer) calar alguém; **das ~ brechen** quebrar o silêncio

S

Schweigepflicht *f kein pl* sigilo profissional *m*

schweigsam *adj* calado

Schwein [ʃvaɪn] *nt* <-(e)s, -e> 1. (*Tier*) porco *m*, suíno *m* 2. (*Mensch*) porco, porca *m, f* 3. (*umg: Glück*) sorte *f*; ~ **gehabt!** tiveste sorte!

Schweinefleisch *nt* <-(e)s> *kein pl* carne de porco *f*

Schweinerei *f* <-en> 1. (*Dreck*) porcaria *f*, imundície *f* 2. (*Gemeinheit*) patifaria *f*, pulhice *f*, sujeira *f* 3. (*Unanständigkeit*) indecência *f*

schweinisch *adj* 1. (*schmutzig*) porco, imundo 2. (*unanständig*) indecente

Schweinsohr *nt* <-(e)s, -en> 1. (*Fleisch*) orelheira *f* 2. (*Gebäck*) pastel de massa folhada *m*

Schweiß *m* <-es> *kein pl* suor *m*

Schweißbrenner *m* <-s, -> ferro de soldar *m*

schweißen *vt* soldar

Schweißer(in) *m(f)* <-s, - *o* -innen> soldador, soldadora *m, f*

Schweißfuß *m* <-es, -füße> suor dos pés *m*

schweißgebadet *adj* alagado em suor

Schweiz [ʃvaɪts] *f kein pl* Suíça *f*; **die deutsche/französische/italienische** ~ a Suíça alemã/francesa/italiana

Schweizer(in) *m(f)* <-s, -nen> suíço, suíça *m, f*

Schweizerdeutsch *nt* <-en> *kein pl* alemão da Suíça *m*

schweizerisch [ˈʃvaɪtsərɪʃ] *adj* suíço

schwelgen [ˈʃvɛlgən] *vi* gozar (*in* de); **in Erinnerungen** ~ gozar de recordações

Schwelle [ˈʃvɛlə] *f* <-n> 1. (*einer Tür*) soleira *f*, umbral *m*, ombreira *f* 2. (*Eisenbahn*) travessa *f*

schwellen [ˈʃvɛlən] I. *vt* (*schweiz: weich kochen*) cozinhar em lume brando II. *vi* inchar, intumescer; **die Mandeln sind geschwollen** as amígdalas estão inchadas

Schwellung *f* <-en> (MED) inchaço *m*

schwenken [ˈʃvɛŋkən] *vt* 1. (*drehen*) volver, virar 2. (*Arme, Fahne*) agitar, mover

schwer [ʃveːɐ] I. *adj* (*Gewicht*) pesado; **wie** ~ **ist der Koffer?** quanto pesa a mala?; **ein drei Kilo ~es Paket** um pacote de três quilos; **mit ~em Herzen** a muito custo; (*Krank-*

heit) grave; (*Schicksal*) duro; (*Gewitter*) forte; **ein ~er Fehler** um erro grave; **das waren ~e Zeiten** foram tempos difíceis; (*schwierig*) difícil, custoso; **die Prüfung war ziemlich** ~ a prova foi bastante difícil II. *adv* (*sehr*) muito, pesadamente, dificilmente; **sie ist** ~ **verletzt/krank** ela está gravemente ferida/doente; ~ **beladen sein** estar muito carregado; ~ **bewaffnet** armado até aos dentes; ~ **arbeiten** trabalhar arduamente; **jdn** ~ **bestrafen** castigar alguém severamente; ~ **verdauliche Speisen** comida indigesta; **der Abschied wird mir** ~ **fallen** a despedida vai custar-me muito; **seine Klagen sind** ~ **zu ertragen** as suas queixas são difíceis de suportar; **jdm das Leben** ~ **machen** dificultar a vida a alguém

Schwerbehinderte(r) *m/f* <-n, -n *o* -n> deficiente profundo *m*, deficiente profunda *f*

Schwere *f kein pl* 1. (*Gewicht*) peso *m* 2. (*Ernsthaftigkeit*) gravidade *f*; (*einer Strafe*) severidade *f* 3. (*Schwierigkeit*) dificuldade *f*

schwerelos *adj* sem gravidade

Schwerelosigkeit *f kein pl* ausência de gravidade *f*

schwer|fallenᴬᴸᵀ *vi irr s.* **schwer II**

schwerfällig *adj* (*Mensch*) lento, desengonçado; (*Bewegung*) tosco, pesado

Schwergewicht *nt* <-(e)s, -e> 1. *kein pl* (*Nachdruck*) ênfase *m*; **das** ~ **auf etw legen** pôr o ênfase em a. c. 2. (SPORT) peso pesado *m*

schwerhörig *adj* mouco

Schwerindustrie *f kein pl* indústria pesada *f*

Schwerkraft *f kein pl* (PHYS) gravidade *f*

schwerkrankᴬᴸᵀ ['-'-] *adj s.* **schwer II**

schwerlich *adv* dificilmente, a custo

schwer|machen *vt s.* **schwer II**

Schwermetall *nt* <-s, -e> metal pesado *m*

schwermütig *adj* taciturno, tristonho

Schwerpunkt *m* <-(e)s, -e> 1. (PHYS) centro de gravidade *m* 2. (*im Studium*) área de especialização *f*, variante *f*; (*bei Arbeit*) ponto principal *m*, tónica *f*

Schwert [ʃveːɐt] *nt* <-(e)s, -er> espada *f*

Schwertfisch *m* <-(e)s, -e> peixe-espada *m*, espadarte *m*

Schwerverbrecher(in) *m(f)* <-s, - *o* -innen> delinquente perigoso *m*, delinquente perigosa *f*

schwerverdaulich^{ALT} *adj s.* **schwer II**
schwerverletzt^{ALT} *adj s.* **schwer II**
schwerwiegend *adj* importante, de peso
Schwester ['ʃvɛstɐ] *f* <-n> 1. (*Verwandte*) irmã *f* 2. (*im Krankenhaus*) enfermeira *f* 3. (*eines Ordens*) irmã *f*, freira *f*
schwesterlich *adj* de irmã
schwieg [ʃviːk] *imp von* **schweigen**
Schwiegereltern ['ʃviːgɐ-] *pl* sogros *mpl*
Schwiegermutter *f* <-mütter> sogra *f*
Schwiegersohn *m* <-(e)s, -söhne> genro *m*
Schwiegertochter *f* <-töchter> nora *f*
Schwiegervater *m* <-s, -väter> sogro *m*
Schwiele ['ʃviːlə] *f* <-n> calo *m*, calosidade *f*
schwierig ['ʃviːrɪç] *adj* difícil, complicado
Schwierigkeit *f* <-en> dificuldade *f*; **in ~en geraten** meter-se em sarilhos
Schwimmbad *nt* <-(e)s, -bäder> piscina *f*
Schwimmbecken *nt* <-s, -> piscina *f*
schwimmen ['ʃvɪmən] *vi* 1. (*Person, Fisch*) nadar; **~ gehen** ir à piscina; **auf dem Rücken ~** nadar de costas 2. (*Gegenstand*) flutuar (*auf* em), boiar (*auf* em)
Schwimmer(in) *m(f)* <-s, - *o* -innen> nadador, nadadora *m, f*
Schwimmflosse *f* <-n> barbatana *f*
Schwimmring *m* <-(e)s, -e> bóia *f*
Schwimmsport *m* <-(e)s> *kein pl* natação *f*
Schwimmweste *f* <-n> colete salva-vidas *m*
Schwindel ['ʃvɪndəl] *m* <-s> *kein pl* 1. (*Gefühl*) vertigem *f*, tontura *f* 2. (*umg: Lüge*) peta *f*, treta *f*; (*Betrug*) aldrabice *f*, vigarice *f*, intrujice *f*
schwindelfrei *adj* que não tem vertigens
schwindelig *adj* ourado, tonto, com vertigens; **mir ist ~** estou tonto/ourado, estou com vertigens
schwindeln ['ʃvɪndəln] *vi* aldrabar
schwinden ['ʃvɪndən] *vi* 1. (*verschwinden*) desaparecer 2. (*abnehmen*) diminuir
Schwindler(in) ['ʃvɪndlɐ] *m(f)* <-s, - *o* -innen> aldrabão, aldrabona *m, f*, vigarista *m,f*, intrujão, intrujona *m, f*
schwingen ['ʃvɪŋən] I. *vt* balançar; (*Fahne*) agitar; (*Peitsche, Stock*) sacudir II. *vi* (*Pendel*) oscilar III. *vr* **sich ~ sich auf das Pferd/Fahrrad ~** montar o cavalo/a bicicleta; **sich in die Luft ~** levantar voo
Schwingung *f* <-en> oscilação *f*

Schwips [ʃvɪps] *m* <-es, -e> piela *f*, pileque *m*; **einen ~ haben** estar com uma piela, estar de pileque
schwirren ['ʃvɪrən] *vi* (*Mücken*) zumbir, zunir; (*Pfeil, Kugel*) sibilar, zunir
schwitzen ['ʃvɪtsən] *vi* suar, transpirar
schwoll [ʃvɔl] *imp von* **schwellen**
schwor [ʃvoːɐ] *imp von* **schwören**
schwören *vt* jurar; **einen Eid ~** fazer um juramento; **auf etw ~** jurar por a. c.
schwul [ʃvuːl] *adj* homossexual, maricas, paneleiro
schwül *adj* abafado, asfixiante, sufocante
Schwule(r) *m* <-n, -n> homossexual *m*
schwulstig ['ʃvʊlstɪç] *adj* (*österr*) *s.* **schwülstig**
schwülstig *adj* afe(c)tado, empolado, inchado
Schwung [ʃvʊŋ] *m* <-(e)s> *kein pl* 1. (*Antrieb*) impulso *m*, lanço *m*; **etw in ~ bringen** dar impulso a a. c. 2. (*Energie*) garra *f* 3. (*umg: Menge*) montão *m*
schwungvoll *adj* dinâmico
Schwur [ʃvuːɐ] *m* <-(e)s, Schwüre> juramento *m*; **einen ~ leisten** fazer um juramento
Schwurgericht *nt* <-(e)s, -e> tribunal de jurados *m*
Schwyz *f kein pl* Schwyz *m*
Sciencefiction^{RR} [saɪnsˈfɪktʃən] *nt* <-s> *kein pl* ficção científica *f*
sechs [zɛks] *num kard* seis; *s.* **zwei**
Sechs *f* <-en> seis *m; s.* **Zwei**
Sechseck *nt* <-(e)s, -e> hexágono *m*
sechsfach *adj* sêxtuplo
sechshundert ['-'--] *num kard* seiscentos
sechsjährig *adj* de seis anos
sechsmal *adv* seis vezes
sechstausend *num kard* seis mil
Sechstel *nt* <-s, -> sexto *m*, sexta parte *f*
sechstens ['zɛkstəns] *adv* em sexto lugar
sechste(r, s) *num ord s. a.* **zweite(r, s)**
sechzehn ['zɛçtseːn] *num kard* dezasseis
Sechzehntel *nt* <-s, -> (MUS) *s.* **Sechzehntelnote**
Sechzehntelnote *f* <-n> (MUS) semicolcheia *f*
sechzig ['zɛçtsɪç] *num kard* sessenta
Secondhandladen^{RR} *m* <-s, -läden> loja de artigos em segunda mão *f*
See¹ [zeː] *f kein pl* mar *m*; **auf hoher ~** no mar alto

S

See² *m* <-s, -n> lago *m*

Seebad *nt* <-(e)s, -bäder> estância balnear *f*

Seebeben *nt* <-s, -> maremoto *m*

Seefahrt *f kein pl* viagem marítima *f*, navegação *f*

Seehund *m* <-(e)s, -e> lobo-marinho *m*, foca *f*

Seeigel *m* <-s, -> ouriço-do-mar *m*

seekrank *adj* enjoado; ~ **sein** estar enjoado; ~ **werden** enjoar

Seekrankheit *f kein pl* enjoo *m*

Seele ['ze:lə] *f* <-n> alma *f*

Seeleute *pl* marinheiros *mpl*

seelisch *adj* mental, psíquico

Seemacht *f* <-mächte> potência marítima *f*

Seemann *m* <-(e)s, -leute> marinheiro *m*, marujo *m*

Seemeile *f* <-n> milha marítima *f*

Seenot *f kein pl* perigo no mar *m;* **in** ~ **geraten** ficar em perigo de naufragar

Seepferdchen *nt* <-s, -> cavalo-marinho *m*

Seeräuber *m* <-s, -> pirata *m*, corsário *m*

Seerose *f* <-n> nenúfar *m*

Seestern *m* <-(e)s, -e> estrela-do-mar *f*

Seeweg *m* <-(e)s, -e> caminho marítimo *m;* **auf dem** ~ por mar

Seezunge *f* <-n> linguado *m*

Segel ['ze:gəl] *nt* <-s, -> vela *f;* **die** ~ **setzen** içar as velas; **die** ~ **einholen** arriar as velas

Segelboot *nt* <-(e)s, -e> barco à vela *m*

Segelfliegen *nt* <-s> *kein pl* voo de planador *m*

Segelflugzeug *nt* <-(e)s, -e> planador *m*

segeln ['ze:gəln] *vi* velejar

Segelschiff *nt* <-(e)s, -e> veleiro *m*

Segelsport *m* <-(e)s> *kein pl* vela *f*

Segeltuch *nt* <-(e)s, -e> lona *f*, brim *m*

Segen ['ze:gən] *m* <-s> *kein pl* **1.** (*des Priesters*) bênção *f* **2.** (*Glück*) felicidade *f;* **es ist ein** ~, **dass** ... ainda bem que ...

Segler(in) *m(f)* <-s, - *o* -innen> velejador, velejadora *m, f*

segnen ['ze:gnən] *vt* abençoar

sehen ['ze:ən] **I.** *vt* ver; **ich freue mich, Sie zu** ~ prazer em vê-lo; **wann** ~ **wir uns wieder?** quando é que nos vemos outra vez?; **etw nicht gern** ~ não gostar de a. c.; (*umg*) **etw nicht mehr** ~ **können** estar farto de a. c., já não poder ver a. c. à frente **II.** *vi* ver; (*in bestimmte Richtung*) olhar; **aus dem Fenster** ~ olhar pela janela; **auf die Uhr** ~ olhar

para o relógio; **jdm ins Gesicht** ~ fixar alguém; **gut/schlecht** ~ ver bem/mal; **siehe oben** ver atrás, ver acima; **wir werden ja** ~! vamos ver!, veremos!; **wie ich sehe, haben Sie viel gearbeitet** pelo que vejo, trabalhou muito; **klar** ~ ver bem; **jdm ähnlich** ~ ser parecido com alguém

sehenswert *adj* digno de ser visto

Sehenswürdigkeit *f* <-en> atra(c)ção turística *f*, curiosidade (turística) *f*

Sehkraft *f kein pl* visão *f*, vista *f*

Sehne ['ze:nə] *f* <-n> **1.** (ANAT) tendão *m*, nervo *m* **2.** (MAT) corda *f*

sehnen ['ze:nən] *vr* **sich** ~ ter saudades (*nach* de), ansiar (*nach* por); **er sehnte sich nach Ruhe** ele ansiava por descanso

Sehnsucht *f* <-süchte> saudade(s) *fpl* (*nach* de), ânsia *f* (*nach* de); ~ **nach jdm haben** ter saudades de alguém

sehnsüchtig *adj* ansioso, desejoso, saudoso

sehr [ze:ɐ] *adv* muito; ~ **oft** muitas vezes; **zu** ~ demasiado; **wie** ~ quanto; **so** ~ tanto, tão; **so** ~ **er auch bat** por mais que ele pedisse; **danke** ~! muito obrigado!; **ich bin** ~ **müde** estou muito cansado; ~ **viele Gäste** muitos convidados

seicht [zaɪçt] *adj* **1.** (*Gewässer*) baixo, pouco profundo **2.** (*Unterhaltung*) superficial, fútil

Seide ['zaɪdə] *f* <-n> seda *f*

seiden ['zaɪdən] *adj* de seda

Seife ['zaɪfə] *f* <-n> sabonete *m;* (*Kernseife*) sabão *m*

Seifenoper *f* <-n> telenovela *f*

seifig *adj* de sabão

Seiher *m* <-s, -> (*österr*) passador *m*

Seil [zaɪl] *nt* <-(e)s, -e> corda *f*, cabo *m;* (*für Seiltanz*) corda (bamba) *f;* **auf dem** ~ **tanzen** dançar na corda bamba

Seilbahn *f* <-en> teleférico *m*

seil|springen *vi irr* saltar à corda

seiltanzen *vi* dançar na corda bamba

Seiltänzer(in) *m(f)* <-s, - *o* -innen> funâmbulo, funâmbula *m, f*

sein¹ [zaɪn] *vi* **1.** (*Identität, Eigenschaft, Herkunft, Beruf*) ser; (*Alter*) ter; **sie ist Angolanerin** ela é angolana; **ich bin aus Wien** eu sou de Viena; **er ist 45** ele tem 45 anos; **ich bin Übersetzerin** eu sou tradutora; **sind Sie verheiratet?** é casado?; **der Fisch ist nicht frisch** o peixe não é fresco; **sei es auch noch so klein** por muito pequeno que seja; **etw ~ lassen** deixar estar a. c.; **lass das ~!** deixa (estar) isso!; **es sei denn, dass..** a não ser que ... **+***conj* **2.** (*Zustand*) estar; **mir ist kalt** estou com frio, tenho frio; **mir ist schlecht** sinto-me mal; **du bist wohl verrückt!** estás tolo! **3.** (*vorhanden sein*) haver, ter; **es waren viele Leute da** havia lá muita gente, tinha lá muita gente **4.** (*sich befinden*) estar; (*Ort*) ficar; **sie ist zu Hause** ela está em casa; **São Paulo ist in Brasilien** São Paulo fica no Brasil; **da sind wir** aqui estamos, eis-nos **5.** (*Zeitangabe*) ser; **es ist 15.30 Uhr** são 15.30 horas; **heute ist Freitag** hoje é sexta-feira; **es ist Januar** é Janeiro; **es ist schon lange/über fünf Jahre her** isso já foi há muito tempo/há mais de cinco anos **6.** (*Wetter*) estar, fazer; **es ist schönes Wetter** está/faz bom tempo; **es ist sonnig/heiß** está sol/calor, faz sol/calor **7.** (*geschehen*) passar-se; **was ist los?** o que é que se passa?, o que é que há?; **das wär's** é tudo **8.** (*Hilfsverb*) ter

sein² *pron poss* (*adjektivisch*) (o) seu, (a) sua, o/a ... dele; **~ Bruder** o seu irmão, o irmão dele; **~e Schwester/Kinder** a sua irmã/os seus filhos, a irmã dele/os filhos dele

seiner *pron gen von* **er**, **es**

seine(r, s) *pron poss* (*substantivisch*) (o) seu, (a) sua, (o/a) dele; **mein Auto ist neuer als ~s** o meu carro é mais novo (do) que o dele/seu; **die schwarze Tasche ist ~** a carteira preta é sua/dele

seinerseits *adv* por seu lado, pela sua parte, por ele

seinerzeit *adv* nessa altura, naquele tempo

seinesgleichen ['--'--] *pron indef* (seu) igual

seinetwegen ['zaɪnət'veːgən] *adv* por ele; (*negativ*) por causa dele

sein‖lassen^ALT *vt irr s.* **sein 1**

Seismograf *m* <-en, -en> *s.* **Seismograph** sismógrafo *m*

seit [zaɪt] *präp* +*dat* desde; **~ wann?** desde quando?; **~ langem** (desde) há muito; **sie ist ~ einer Woche hier** ela está aqui há uma semana; **~ eh und je** desde sempre

seitdem [-'-] **I.** *adv* desde então, desde essa altura; **ich habe ihn ~ nie wieder gesehen** desde então, nunca mais o vi **II.** *konj* desde que; **~ sie in Polen arbeitet, schreiben wir uns regelmäßig** desde que ela trabalha na Polónia, escrevemo-nos regularmente

Seite ['zaɪtə] *f* <-n> **1.** (*allgemein*) lado *m*; (*des Flusses*) margem *f*; **auf beiden ~n der Straße** nos dois lados da rua; **von allen ~n** de todos os lados; **zur ~ gehen/treten** desviar-se, passar para o lado; **etw zur/auf die ~ legen** pôr a. c. de lado; **jdn von der ~ ansehen** olhar de lado para alguém; **jdm zur ~ stehen** estar do lado de alguém; **jdn auf seine ~ bringen** convencer alguém; **Sprachen sind ihre starke/schwache ~** as línguas são o seu lado forte/fraco **2.** (*von Angelegenheit*) aspe(c)to *m*, lado *m*; **auf der einen ~ freue ich mich darüber, auf der anderen bringt es auch Probleme mit sich** por um lado, fico contente com isso; por outro, também traz problemas **3.** (*im Buch*) página *f*; **siehe ~ 17** ver página 17; **die gelben ~n** as páginas amarelas **4.** (*von Stoff, Schallplatte*) lado *m*; (*von Münze*) face *f*

Seitenansicht *f* <-en> vista de perfil *f*

seitens ['zaɪtəns] *präp* +*gen* da parte de

Seitensprung *m* <-(e)s, -sprünge> escapadela *f*, aventura *f*; **einen ~ machen** dar uma escapadela, ter uma aventura

Seitenstraße *f* <-n> travessa *f*, rua lateral *f*

Seitenstreifen *m* <-s, -> berma da estrada *f*

seitenverkehrt *adj* lateralmente invertido

seither [-'-] *adv* desde então

seitlich *adj* lateral, de lado

seitwärts *adv* para o lado

Sek. *abk v* **Sekunde** segundo

Sekretär¹ *m* <-s, -e> (*Möbel*) papeleira *f*, escrivaninha *f*

Sekretär(in)² *m(f)* <-s, -e *o* -innen> secretário, secretária *m*, *f*

Sekretariat [zekretaˈriaːt] *nt* <-(e)s, -e> secretaria *f*, secretariado *m*

Sekt [zɛkt] *m* <-(e)s, -e> espumante *m*, champanhe *m*

Sekte ['zɛktə] *f* <-n> seita *f*

Sektor ['zɛktoːɐ] *m* <-s, -en> se(c)tor *m*

sekundär *adj* secundário

Sekundarlehrer(in) *m(f)* <-s, - *o* -innen> (*schweiz*) professor do ensino secundário, professora *m*, *f*

Sekundarschule *f* <-n> (*schweiz*) escola secundária *f*

S

Depois da "Primarschule", o ensino escolar na Suíça segue com a **Sekundarstufe** I, a qual, conforme o cantão, pode durar de três a cinco anos e que é de frequência escolar obrigatória. Em seguida pode fazer-se uma qualificação profissional na Sekundarstufe II, frequentar uma escola profissional ou uma escola de formação intermediária, iniciar um curso de formação de professores para o magistério da Sekundarstufe I ou frequentar a "Maturitätsschule".

Sekunde [zeˈkʊndə] *f* <-n> segundo *m*
selbst [zɛlpst] **I.** *pron dem* mesmo, próprio; **von** ~ por si (mesmo); **das versteht sich von** ~ já se sabe que sim, isso é evidente; **Fritz hat es** ~ **gesagt** foi o próprio Fritz que o disse; **wie geht's? - gut, und** ~**?** como estás? - bem, e tu?; **er denkt nur an sich** ~ ele só pensa nele mesmo/próprio; **er ist die Ruhe** ~ ele é o sossego em pessoa; ~ **gemacht** feito pela própria pessoa; (*Kuchen*) caseiro; **ist der Kuchen** ~ **gemacht?** foste tu que fizeste o bolo?, o bolo é caseiro?; **sie trägt einen** ~ **gemachten Rock** ela traz uma saia feita por ela; **ich bringe** ~ **gemachtes Brot mit** eu trago pão feito por mim **II.** *adv* (até) mesmo, até; ~ **seine Freunde haben ihn verlassen** até os seus amigos o abandonaram
Selbstachtung *f kein pl* auto-estima *f*
selbständig^ALT *adj s.* **selbstständig**
Selbständigkeit^ALT *f kein pl s.* **Selbstständigkeit**
Selbstauslöser *m* <-s, -> (FOT) disparador automático *m*
Selbstbedienung *f kein pl* self-service *m*, auto-serviço *m*
Selbstbefriedigung *f* <-en> masturbação *f*
Selbstbeherrschung *f kein pl* autodomínio *m*, sangue-frio *m*
Selbstbestimmung *f kein pl* (POL) autodeterminação *f*
selbstbewusst^RR *adj* auto-confiante
Selbstbewusstsein^RR *nt* <-s> *kein pl* autoconfiança *f*
Selbstgedrehte *f* <-n> (*umg*) cigarro de enrolar *m*
selbstgefällig *adj* vaidoso, presunçoso
selbstgemacht^ALT *adj s.* **selbst I**
Selbstgespräch *nt* <-(e)s, -e> monólogo *m;* ~**e führen** falar com os seus botões
Selbsthilfegruppe *f* <-n> grupo de interajuda *m*
selbstklebend *adj* autocolante

Selbstkostenpreis *m* <-es, -e> preço de custo *m*
selbstlos *adj* altruísta, desinteressado
Selbstmitleid *nt* <-(e)s> *kein pl* auto-compaixão *f*
Selbstmord *m* <-(e)s, -e> suicídio *m;* ~ **begehen** suicidar-se, cometer suicídio
Selbstmörder(in) *m(f)* <-s, - *o* -innen> suicida *m,f*
selbstmörderisch *adj* suicida
selbstsicher *adj* seguro de si
selbstständig^RR *adj* **1.** (*unabhängig*) independente, autónomo **2.** (*beruflich*) independente; **sich** ~ **machen** abrir uma empresa
Selbstständigkeit^RR *f kein pl* independência *f,* autonomia *f*
selbstsüchtig *adj* egoísta, interesseiro
selbstverständlich I. *adj* natural, evidente, óbvio; **das ist doch** ~**!** é claro!, é evidente! **II.** *adv* evidentemente, obviamente; **das mache ich** ~ **gerne** é claro que faço isso
Selbstverteidigung *f kein pl* autodefesa *f*
Selbstvertrauen *nt* <-s> *kein pl* autoconfiança *f*
Selbstverwaltung *f* <-en> autonomia administrativa *f*
Selbstzweck *m* <-(e)s, -e> fim em si mesmo *m*
selchen *vt* (*österr*) defumar
Selchfleisch *nt* <-(e)s> *kein pl* (*österr*) carne defumada *f*
selektiv *adj* sele(c)tivo
selig [ˈzeːlɪç] *adj* **1.** (*glücklich*) feliz (da vida), felicíssimo **2.** (REL) bem-aventurado; **Gott hab ihn** ~**!** que Deus o tenha!
Seligkeit *f kein pl* **1.** (*Glück*) felicidade *f,* alegria *f* **2.** (REL) bem-aventurança *f,* salvação eterna *f*
Sellerie [ˈzɛləri] *m* <-s, -s> aipo *m*
selten [ˈzɛltən] **I.** *adj* **1.** (*nicht häufig*) raro **2.** (*außergewöhnlich*) singular, extraordinário **II.** *adv* **1.** (*nicht häufig*) raramente, poucas vezes; **wir sehen uns** ~ nós vemo-nos raramente **2.** (*außergewöhnlich*) extraordinariamente, excepcionalmente
Seltenheit *f kein pl* raridade *f*
seltsam [ˈzɛltzaːm] *adj* estranho, esquisito, singular
seltsamerweise [ˈzɛltzaːmɐˈvaɪzə] *adv* estranhamente
Semantik *f kein pl* semântica *f*
Semester [zeˈmɛstɐ] *nt* <-s, -> semestre *m;*

ich studiere im dritten ~ **Chemie** eu estudo no terceiro semestre de Química; **sie ist im siebten** ~ ela está no sétimo semestre (do curso)

Semesterferien *pl* férias de semestre *fpl*

Semikolon [zemi'ko:lɔn] *nt* <-s, -s> ponto e vírgula *m*

Seminar [zemi'na:ɐ] *nt* <-s, -e> 1. (*Lehrveranstaltung*) seminário *m* 2. (*Institut*) instituto *m*, departamento *m*

Semmel ['zɛməl] *f* <-n> (*österr*) pão *m*, pãozinho *m*

Senat [ze'na:t] *m* <-(e)s, -e> senado *m*

senden[1] ['zɛndən] *vi* (*Radio, Fernsehen*) emitir, transmitir

senden[2] *vt* (*geh: Post*) enviar, remeter

Sender *m* <-s, -> (*Radio, Fernsehen*) emissora *f*

Sendereihe *f* <-n> mini-série *f*

Sendezeit *f* <-en> tempo de antena *m*

Sendung *f* <-en> 1. (*Warensendung*) envio *m*, remessa *f* 2. (*Radio, Fernsehen*) emissão *f*, programa *m;* **eine** ~ **ausstrahlen** transmitir um programa

Senegal *m* <-s> *kein pl* Senegal *m*

Senf [zɛnf] *m* <-(e)s, -e> mostarda *f;* (*umg*); **seinen** ~ **dazugeben** meter a sua colherada

senil [ze'ni:l] *adj* senil

senior ['ze:njo:ɐ] *adj* Peter Schneider ~ Peter Schneider Pai

Senior(in) ['ze:njo:ɐ] *m(f)* <-s, -en *o* -innen> 1. (*älterer Mensch*) idoso, idosa *m, f* 2. (SPORT) sénior *m,f*

Seniorenheim *nt* <-(e)s, -e> lar de terceira idade *m*

Seniorenpass[RR] *m* <-es, -pässe> cartão dourado *m*

Senke ['zɛŋkə] *f* <-n> baixa no terreno *f*

senken ['zɛŋkən] I. *vt* (*Preis, Anzahl, Kosten, Steuer*) baixar (*um* em, *auf* para), reduzir (*um* em, *auf* para); **die Zinsen wurden um 2%/auf 5% gesenkt** baixaram os juros (em) 2%/para 5%; (*Kopf*) baixar; **die Stimme** ~ baixar a voz II. *vr* **sich** ~ (*Boden*) abater

senkrecht I. *adj* vertical, perpendicular (*zu* a) II. *adv* a prumo

Senkung *f kein pl* descida *f* (*um* em, *auf* para), redução *f* (*um* em, *auf* para)

Senn *m* <-(e)s, -e> (*österr, schweiz*) *s.* **Senner**

Senner(in) *m(f)* <-s, - *o* -innen> (*österr*) vaqueiro alpino *m*, vaqueira alpina *f*

Sensation [zɛnza'tsjo:n] *f* <-en> sensação *f*

sensationell [zɛnzatsjo'nɛl] *adj* sensacional, extraordinário

Sense ['zɛnzə] *f* <-n> foice *f*, gadanha *f*

sensibel [zɛn'zi:bəl] *adj* sensível

Sensibilität *f kein pl* sensibilidade *f*

Sensor ['zɛnzo:ɐ] *m* <-s, -en> (TECH) sensor *m*

sentimental [zɛntimɛn'ta:l] *adj* sentimental; (*pej*) lamecha, piegas

Sentimentalität *f* <-en> sentimentalismo *m*

separat [zepa'ra:t] I. *adj* separado; (*Eingang*) independente II. *adv* à parte, (em) separado

Separatismus *m* <-> *kein pl* separatismo *m*

September [zɛp'tɛmbɐ] *m* <-s, -> Setembro *m; s.* **März**

Serbe(in) *m(f)* <-n, -n *o* -innen> sérvio, sérvia *m, f*

Serbien ['zɛrbiən] *nt* <-s> *kein pl* Sérvia *f*

serbisch *adj* sérvio

Serie ['ze:riə] *f* <-n> 1. (*gleichartige Dinge, Fernsehserie*) série *f* 2. (*Buch, Zeitschrift*) cole(c)ção *f* 3. (*Ereignisse*) série *f;* **es ereignete sich eine** ~ **von Unfällen** registou-se uma série de acidentes

Serienproduktion *f* <-en> produção em série *f*

serienweise *adv* em série

seriös *adj* sério

Seriosität *f kein pl* seriedade *f*

Serpentine *f* <-n> 1. (*Weg*) caminho sinuoso *m* 2. (*Windung*) sinuosidade *f*

Serum ['ze:rʊm] *nt* <-s, Seren> soro *m*

Server ['sœ:vɐ] *m* <-s, -> (INFORM) servidor *m*

Service[1] [zɛr'vi:s] *m* <-> *kein pl* 1. (*Bedienung*) serviço *m* 2. (*Kundendienst*) assistência técnica *f*

Service[2] ['sœ:vɪs] *nt* <-(e)s, -> (*Geschirr*) serviço *m*

servieren* *vt* servir

Serviertochter *f* <-töchter> (*schweiz*) empregada de mesa *f*, garçonete *f*

Serviette [zɛr'vjɛtə, zɛrvi'ɛtə] *f* <-n> guardanapo *m*

Servobremse *f* <-n> servo-freio *m*

Servolenkung *f* <-en> dire(c)ção assistida *f*

servus *interj* (*österr*) tchau!

Sessel ['zɛsəl] *m* <-s, -> poltrona *f*, maple *m*

Sessellift *m* <-(e)s, -e> teleférico *m*

sesshaft[RR] ['zɛshaft] *adj*, **seßhaft**[ALT] *adj* sedentário; ~ **werden** tornar-se sedentário

Set [sɛt] *nt* <-(s), -s> conjunto *m*

setzen ['zɛtsən] **I.** *vt* **1.** (*einen Platz geben*) pôr, meter; (*hinstellen*) colocar; (*Person*) sentar; **er setzte das Kind ins Auto** ele sentou a criança no carro; **das Glas an den Mund** ~ levar o copo à boca; **ein Wort in Anführungszeichen/Klammern** ~ pôr uma palavra entre aspas/parêntesis; **eine Anzeige in die Zeitung** ~ colocar/pôr um anúncio no jornal; **gesetzt den Fall, es regnet ...** caso chova ...; **jdm ein Denkmal** ~ erigir/erguer um monumento a alguém **2.** (*Frist, Termin*) fixar, estabelecer; **sich** *dat* **ein Ziel** ~ estabelecer um obje(c)tivo; **Hoffnung auf jdn/etw** ~ pôr esperança em alguém/a. c. **3.** (*Pflanze*) plantar **4.** (*in Druckerei*) compor **5.** (*Segel*) içar **6.** (*Geld*) apostar (*auf* em); **ich setze 50 DM auf Rot** eu aposto 50 marcos no vermelho **II.** *vr* **sich** ~ **1.** (*Person*) sentar-se; (*Vogel*) pousar; **bitte, ~ Sie sich!** faça o favor de se sentar!, tenha a bondade de se sentar!; **sich an den Tisch/in die Sonne** ~ sentar-se à mesa/ao sol **2.** (*Flüssigkeit*) sedimentar

Setzer(in) *m(f)* <-s, - *o* -innen> tipógrafo, tipógrafa *m, f*

Setzerei *f* <-en> tipografia *f*

Seuche ['zɔɪçə] *f* <-n> epidemia *f*

seufzen ['zɔɪftsən] *vi* suspirar

Seufzer *m* <-s, -> suspiro *m*

Sex [sɛks, zɛks] *m* <-(es)> *kein pl* sexo *m*

Sexismus *m* <-> *kein pl* sexismo *m*

Sexist(in) *m(f)* <-en, -en *o* -innen> sexista *m,f*

sexistisch *adj* sexista

Sexualität *f kein pl* sexualidade *f*

Sexualkunde *f kein pl* educação sexual *f*

sexuell [sɛksu'ɛl, zɛksu'ɛl] *adj* sexual; **jdn** ~ **missbrauchen** abusar sexualmente de alguém

sexy ['sɛksi, 'zɛksi] *adj* sensual, sexy

sezieren* *vt* dissecar

Shampoo ['ʃampu] *nt* <-s, -s> champô *m*, xampu *m*

Sherry ['ʃɛri] *m* <-s, -s> xerez *m*

Shorts [ʃɔːts, ʃɔrts] *pl* calções *mpl*, short *m*

Show [ʃɔʊ] *f* <-s> programa *m*

Sibirien *nt* <-s> *kein pl* Sibéria *f*

sich [zɪç] *pron* se; (*nach Präposition*) si; **er kämmt** ~ ele penteia-se; **er kämmt** ~ *dat*

die Haare ele penteia os cabelos; **er denkt nur an** ~ ele só pensa nele; **von** ~ **aus** por si; **das ist an und für** ~ **eine gute Idee** a ideia em si é boa; **das ist eine Sache für** ~ isso é uma outra coisa, isso é outra história; **hier sitzt es** ~ **gut!** aqui está-se bem sentado!

Sichel ['zɪçəl] *f* <-n> foice *f*

sicher ['zɪçɐ] **I.** *adj* seguro, firme; (*gewiss*) certo; (*zuverlässig*) de confiança; **vor jdm/etw** ~ **sein** estar protegido de alguém/a. c.; **ein ~er Arbeitsplatz** um emprego seguro; **bist du (dir) ~?** tens a certeza?; **ich bin ~, dass er anruft** tenho a certeza de que ele telefona **II.** *adv* **1.** (*wahrscheinlich*) com certeza, certamente; **sie hat das** ~ **vergessen** com certeza ela esqueceu-se disso **2.** (*gewiss*) sem dúvida **3.** (*geübt*) com segurança; **sie fährt sehr** ~ ela conduz com muita segurança

Sicherheit *f kein pl* **1.** (*vor Gefahr*) segurança *f*; **jdn/etw in** ~ **bringen** pôr alguém/a. c. a salvo **2.** (*Gewissheit*) certeza *f*; (*im Auftreten*) firmeza *f*; **mit an** ~ **grenzender Wahrscheinlichkeit** muito provavelmente

Sicherheitsabstand *m* <-(e)s, -stände> distância de segurança *f*

Sicherheitsglas *nt* <-es, -gläser> vidro laminado *m*

Sicherheitsgurt *m* <-(e)s, -e> cinto de segurança *m*; **den** ~ **anlegen** pôr o cinto de segurança

Sicherheitskopie *f* <-n> (INFORM) cópia de segurança *f*

Sicherheitsnadel *f* <-n> alfinete de bebé *m*, alfinete de segurança *m*

Sicherheitsschloss[RR] *nt* <-es, -schlösser> fechadura de segurança *f*

Sicherheitsvorkehrung *f* <-en> medida de segurança *f*, medida de precaução *f*

sicherlich *adv* certamente, com certeza, seguramente

sichern ['zɪçɐn] *vt* **1.** (*schützen*) proteger (*gegen* contra, *vor* de); (*Rechte*) salvaguardar, assegurar **2.** (*Waffe*) desengatilhar; **Spuren** ~ preservar as pistas

Sicherung *f* <-en> **1.** *kein pl* (*Schutz*) prote(c)ção *f*, salvaguarda *f*; **Maßnahmen zur** ~ **der Arbeitsplätze** medidas para salvaguardar os postos de trabalho **2.** (*Vorrichtung*) dispositivo de segurança *m* **3.** (ELEKTR) fusível *m*; **die** ~ **ist durchgebrannt** o fusível está fundido

Sicht [zɪçt] *f kein pl* **1.** (*Sichtverhältnisse*) visibilidade *f*; (*Aussicht*) vista *f*; **bei klarer ~ sieht man die Schweizer Alpen** com boa visibilidade vêem-se os Alpes Suíços **2.** (*Betrachtungsweise*) visão *f*, ponto de vista *m*; **aus meiner ~** a meu ver, do meu ponto de vista; **auf lange ~** a longo prazo

sichtbar *adj* **1.** (*zu sehen*) visível **2.** (*offensichtlich*) notório, manifesto

sichten ['zɪçtən] *vt* **1.** (*erblicken*) avistar **2.** (*durchsehen, ordnen*) arrumar, sele(c)cionar

sichtlich **I.** *adj* visível **II.** *adv* visivelmente

Sichtverhältnisse *pl* visibilidade *f*

Sichtvermerk *m* <-(e)s, -e> visto *m*

Sichtweite *f* <-n> alcance da vista *m*; **die ~ beträgt 100 m** a visibilidade é de 100 m

sickern ['zɪkɐn] *vi* infiltrar-se (*durch* por, *in* em), penetrar (*durch* por, *in* em); **das Wasser sickert durch das Dach/in die Erde** a água infiltra-se pelo telhado/na terra

sie [zi:] *pron pers* **1.** (*3. Person sing. f. nom.*) ela; **~ kommt heute nicht** ela hoje não vem; **er ist älter als ~** ele é mais velho (do) que ela **2.** (*3. Person pl m. und f. nom.*) eles, elas; **wollen auf die Azoren fliegen** eles/elas querem viajar para os Açores **3.** (*akk. von "sie" sing.*) a; (*nach präp.*) ela; **ich treffe ~ jeden Montag** eu encontro-a todas as segundas-feiras; **die Bücher sind für ~** os livros são para ela; **dort liegt die Zeitung, gibst du ~ mir?** está ali o jornal, dás-mo? **4.** (*akk. von "sie" pl*) os, as; (*nach präp.*) eles, elas; **ich habe ~ lange nicht gesehen** não os/as vejo há muito tempo; **die Kinder sind draußen, rufst du ~?** as crianças estão lá fora, chama-las?; **die Bonbons sind für ~** os bonbons são para eles/elas

Sie [zi:] *pron pers* **1.** (*nom. sing.*) o senhor, a senhora, você; **rufen ~ mich bitte morgen an** telefone-me amanhã por favor; **hallo, ~!** desculpe!, olhe! **2.** (*nom. pl*) os senhores, as senhoras, vocês; **~ müssen uns bald einmal besuchen!** vocês têm de nos visitar em breve **3.** (*akk. sing.*) o senhor, a senhora, você; **ich meine ~!** eu refiro-me ao senhor/à senhora! **4.** (*akk. pl*) os senhores, as senhoras, vocês; **meine Damen und Herren, ich begrüße ~ herzlich zu ...** minhas senhoras e meus senhores, eu saúdo-os calorosamente para ...

Sieb [zi:p] *nt* <-(e)s, -e> (*für Sand*) peneira *f*; (*für Flüssigkeiten*) coador *m*; (*für Gemüse,* *Nudeln*) passador *m*; **etw durch ein ~ gießen** coar a. c.

sieben[1] ['zi:bən] *num kard* sete; *s.* **zwei**

sieben[2] ['zi:bən] *vt* (*Sand, Mehl*) peneirar

Sieben *f kein pl* sete *m*; *s.* **Zwei**

siebenfach *adj* séptuplo

siebenhundert ['--'--] *num kard* setecentos

siebenjährig *adj* de sete anos

siebenmal *adv* sete vezes

siebentausend *num kard* sete mil

Siebtel *nt* <-s, -> sétimo *m*, sétima parte *f*

siebtens ['zi:ptəns] *adv* em sétimo lugar

siebte(r, s) *num ord* sétimo; *s. a.* **zweite(r, s)**

siebzehn ['zi:ptse:n] *num kard* dezassete

siebzig ['zi:ptsɪç] *num kard* setenta

sieden ['zi:dən] *vi* ferver

Siedepunkt *m* <-(e)s, -e> ponto de ebulição *m*

Siedler(in) ['zi:dlɐ] *m(f)* <-s, - *o* -innen> colono, colona *m, f*

Siedlung ['zi:dlʊŋ] *f* <-en> urbanização *f*

Sieg [zi:k] *m* <-(e)s, -e> vitória *f* (*über* sobre); **einen ~ erringen** vencer

Siegel ['zi:gəl] *nt* <-s, -> selo *m*, lacre *m*

siegen ['zi:gən] *vt* vencer, triunfar; (SPORT) ganhar, vencer; **die Mannschaft siegte mit 3:1** a equipa venceu/ganhou 3:1

Sieger(in) *m(f)* <-s, - *o* -innen> vencedor, vencedora *m, f*; **die dreimalige ~in** a tricampeã

siegessicher *adj* certo da vitória

siegreich *adj* vitorioso, triunfante

siezen ['zi:tsən] *vt* tratar por você

Signal [zɪ'gna:l] *nt* <-s, -e> sinal *m*, aviso *m*

signalisieren* *vt* fazer sinal de, dar sinal de; **Zustimmung ~** fazer sinal de consentimento

Signatur *f* <-en> (*in Bibliothek*) cota *f*

Silbe ['zɪlbə] *f* <-n> sílaba *f*

Silbentrennung *f kein pl* divisão silábica *f*

Silber ['zɪlbɐ] *nt* <-s> *kein pl* prata *f*

Silberhochzeit *f* <-en> bodas de prata *fpl*

silbern ['zɪlbɐn] *adj* **1.** (*aus Silber*) de prata **2.** (*Farbton*) prateado

Silhouette [zilu'ɛtə] *f* <-n> silhueta *f*

Silo ['zi:lo] *nt* <-s, -s> silo *m*

Silvester [zɪl'vɛstɐ] *nt* <-s, -> passagem de ano *f*, reveillon *m*; **~ feiern** festejar a passagem de ano

S

Existem muitas maneiras de festejar a passagem de ano: em casa, num restaurante ou discoteca, com a família ou com amigos. À meia-noite todos brindam desejando um ao outro "ein gutes Neues" (um bom ano novo) e as pessoas lançam individualmente fogos-de-artifício.

simpel ['zɪmpəl] *adj* fácil, simples

Sims [zɪms] *m* <-es, -e> (*am Kamin*) cornija *f*; (*am Fenster*) peitoril *m*

simulieren* *vt* simular

simultan [zimʊl'taːn] *adj* (em) simultâneo

Simultandolmetschen *nt* <-s> *kein pl* tradução simultânea *f*, interpretação *f*

Sinfonie [zɪnfo'niː] *f* <-n> sinfonia *f*

Sinfonieorchester *nt* <-s, -> orquestra sinfónica *f*

singen ['zɪŋən] *vi* cantar; **falsch** ~ cantar desafinado; **vom Blatt** ~ cantar à primeira vista

Single¹ ['sɪŋ(g)əl] *f* <-s> (*Schallplatte*) single *m*

Single² ['sɪŋ(g)əl] *m* <-(s), -s> solteiro, solteira *m, f*

Singular ['zɪŋgulaːɐ] *m* <-s, -e> (LING) singular *m*

Singvogel *m* <-s, -vögel> pássaro *m*, ave canora *f*

sinken ['zɪŋkən] *vi* **1.** (*Anzahl, Preis, Temperatur*) descer (*um* em, *auf* para), baixar (*um* em, *auf* para); **die Benzinpreise sind um 3 Cents/auf 1 Euro gesunken** os preços da gasolina baixaram (em) 3 centos/para 1 euros **2.** (*Schiff*) afundar-se, ir ao fundo **3.** (*niedersinken*) deixar-se cair; **er sank auf einen Stuhl** ele deixou-se cair numa cadeira

Sinn [zɪn] *m* <-(e)s, -e> **1.** (*Wahrnehmungssinn*) sentido *m*; **einen sechsten** ~ **haben** ter um sexto sentido; **von** ~**en sein** estar doido (varrido) **2.** *kein pl* (*Bedeutung*) sentido *m*, significado *m*; **im wörtlichen/übertragenen** ~ no sentido literal/figurado da palavra; **der Satz ergibt keinen** ~ a frase não faz sentido **3.** *kein pl* (*Verständnis*) espírito *m*, sentido *m*; **keinen** ~ **für Humor haben** não ter sentido de humor **4.** *kein pl* (*Zweck*) sentido *m*; **das hat keinen** ~ isso não faz sentido; **der** ~ **des Lebens** o sentido da vida

Sinnbild *nt* <-(e)s, -er> símbolo *m*

sinnbildlich *adj* simbólico

Sinnesorgan *nt* <-(e)s, -e> órgão sensorial *m*

Sinnestäuschung *f* <-en> ilusão dos sentidos *f*

sinngemäß *adj* que transmite a ideia geral

sinnlich *adj* **1.** (*wahrnehmbar*) sensorial, sensitivo **2.** (*Mensch, Genuss*) sensual, erótico

Sinnlichkeit *f* *kein pl* sensualidade *f*

sinnlos *adj* (*unsinnig*) sem sentido; (*zwecklos*) inútil; **es ist ~, weiter darüber zu diskutieren** não faz sentido continuar a discutir sobre isso

Sinnlosigkeit *f* *kein pl* falta de sentido *f*, inutilidade *f*

sinnvoll *adj* **1.** (*vernünftig*) sensato; (*nützlich*) útil **2.** (*Satz*) com sentido

Sintflut ['zɪntfluːt] *f* *kein pl* dilúvio *m*

Sinti *pl* ciganos de origem germânica *mpl*

Sinus *m* <-, -> (MAT) seno *m*

Sippe ['zɪpə] *f* <-n> clã *m*

Sirene [zi're:nə] *f* <-n> sirene *f*, sereia *f*, sirena *f*

Sirup ['ziːrʊp] *m* <-s, -e> xarope *m*

Sitte ['zɪtə] *f* <-n> costume *m*

sittlich *adj* decente

Sittlichkeit *f* *kein pl* moral *f*, bons costumes *mpl*

Sittlichkeitsverbrechen *nt* <-s, -> atentado à moral (e aos bons costumes) *m*, atentado ao pudor *m*

Situation [zitua'tsjoːn] *f* <-en> situação *f*; **eine schwierige/ausweglose** ~ uma situação difícil/sem saída

Sitz [zɪts] *m* <-es, -e> **1.** (*Sitzgelegenheit*) assento *m* **2.** (*einer Firma*) sede *f* **3.** (POL) lugar *m*; **die Partei hat 60 ~e im Parlament** o partido tem 60 lugares no parlamento; ~ **und Stimme haben** ter um lugar e um voto

sitzen ['zɪtsən] *vi* **1.** (*Person*) estar sentado; (*Vogel*) estar pousado; **bleiben Sie doch ~!** deixe-se ficar sentado!; ~ **Sie bequem?** está confortável?; **am Tisch** ~ estar sentado à mesa; **beim Essen** ~ estar sentado a comer; **in der Sonne** ~ estar sentado ao sol; **vor dem Fernseher** ~ ver televisão **2.** (*Kleid*) assentar bem **3.** (*umg: Bemerkung, Schlag*) acertar em cheio; **die unregelmäßigen Verben** ~ **noch nicht** os verbos irrulares ainda não entraram **4.** (*umg: Schule*) ~ **bleiben** reprovar, não passar **5.** (*umg: im Gefängnis*) estar preso; **er hat zwei Jahre gesessen** ele esteve preso dois anos

sitzen|bleibenᴬᴸᵀ *vi irr s.* **sitzen 4**

Sitzgelegenheit f <-en> lugar m, assento m

Sitzplatz m <-es, -plätze> lugar sentado m

Sitzung f <-en> sessão f, reunião f; **die ~ ist geschlossen** a sessão está encerrada

Sizilien nt <-s> kein pl Sicília f

Skala ['ska:la] f <Skalen> **1.** (an Messinstrument) escala f **2.** (Farben) gama f

Skalpell [skal'pɛl] nt <-s, -e> bisturi m

Skandal [skan'da:l] m <-s, -e> escândalo m

skandalös adj escandaloso

Skandinavien [skandi'na:viən] nt <-s> kein pl Escandinávia f

Skateboard ['skeɪtbɔːt] nt <-s, -s> skate m, patinete m; **~ fahren** andar de skate, andar de patinete

Skater(in) m(f) <-s, - o -innen> patinador de skate, patinadora m, f

Skelett [ske'lɛt] nt <-(e)s, -e> esqueleto m

Skepsis ['skɛpsɪs] f kein pl ce(p)ticismo m

skeptisch ['skɛptɪʃ] adj ce(p)tico

Sketch m <-(es), -e> sketch m

Ski [ʃiː] m <-s, -(er)> esqui m; **~ laufen/fahren** fazer esqui

Skianzug m <-(e)s, -züge> fato de esqui m

Skibrille f <-n> óculos de esqui mpl

Skifahrer(in) m(f) <-s, - o -innen> esquiador, esquiadora m, f

Skikurs m <-es, -e> curso de esqui m

Skiläufer(in) m(f) <-s, - o -innen> s. **Skifahrer**

Skilift m <-(e)s, -e> cadeira teleférica f

Skinhead ['skɪnhɛt] m <-s, -s> cabeça-rapada m

Skisport m <-(e)s> kein pl esqui m

Skispringen nt <-s> kein pl competição de saltos de esqui f

Skistiefel m <-s, -> bota de esqui f

Skiträger m <-s, -> porta-esquis m

Skizze ['skɪtsə] f <-n> (Zeichnung) esboço m; **eine ~ von etw machen** fazer um esboço de a. c.

skizzieren* vt **1.** (zeichnen) esboçar, fazer o esboço de **2.** (kurz darstellen) delinear

Sklave(in) ['skla:və] m(f) <-n, -n o -innen> escravo, escrava m, f

Sklaverei f kein pl escravidão f, escravatura f

Skonto ['skɔnto] nt <-s, -s> desconto (de pronto pagamento) m

Skorpion [skɔr'pjoːn] m <-s, -e> **1.** (ZOOL) escorpião m **2.** (Sternzeichen) Escorpião m

Skrupel ['skruːpəl] m <-s, -> escrúpulo m; **~ haben** ter escrúpulos

skrupellos adj sem escrúpulos

Skrupellosigkeit f kein pl falta de escrúpulos f

Skulptur [skʊlp'tuːɐ] f <-en> escultura f

Slalom ['sla:lɔm] m <-s, -s> slalom m

Slang [slɛŋ] m <-s> kein pl calão m

Slip [slɪp] m <-s, -s> cuecas fpl

Slipeinlage f <-n> pensinho diário m

Slogan ['slɔʊgən] m <-s, -s> slogan m

Slowake(in) [slo'va:kə] m(f) <-n, -n o -innen> eslovaco, eslovaca m, f

Slowakei [slova'kaɪ] f kein pl Eslováquia f

slowakisch adj eslovaco

Slowene(in) [slo've:nə] m(f) <-n, -n o -innen> esloveno, eslovena m, f

Slowenien [slo've:niən] nt <-s> kein pl Eslovénia f

slowenisch adj esloveno

Slum [slam] m <-s, -s> barraca f, favela f

Smaragd [sma'rakt] m <-(e)s, -e> esmeralda f

Smog [smɔk] m <-(s), -s> nevoeiro com fumo m

Smogalarm m <-(e)s, -e> alarme de fumos m

Smoking ['smo:kɪŋ] m <-s, -s> smoking m

Snob [snɔp] m <-s, -s> snobe m,f, esnobe m,f

Snowboard nt <-s, -s> snowboard m

snowboarden vi fazer snowboard

s. o. abk v **siehe oben** ver acima/atrás

so [zo:] **I.** adv (auf diese Weise) assim, desta maneira, deste modo; **~ oder ~** de uma maneira ou de outra; **warum schaust du mich ~ an?** porque é que olhas para mim assim?; **~ genannt** chamado, denominado; **wenn Sie mir ~ kommen** se me fala assim; (Zustand, Maß, Eigenschaft) tanto, de tal modo; (vor Adjektiv) tão; **das ist nicht ~ schwer** isso não é assim tão difícil; **rauch doch nicht ~ viel!** não fumes tanto!; **sie ist ~ intelligent wie ihr Bruder** ela é tão inteligente como/quanto o irmão; **die Kiste sollte ~ groß wie möglich sein** a caixa deve ser o maior possível; **er lief ~ schnell, dass er hinfiel** ele correu tão depressa, que caiu; (umg: ungefähr) mais ou menos; **sie kommen ~ gegen acht** eles vêm lá para as oito; **sie heißt Corinna oder ~** ela chama-se Corinna ou uma coisa assim; (umg: solch) tal; **bei ~ einem Wetter** com um tempo assim **II.** konj s. **sodass** **III.** interj **~ was!** ora essa!; **~ eine**

Frechheit! que atrevimento!; **ach ~!** ah!; **~?** a sério?

sobald [zo'balt] *konj* logo que, assim que, mal; **ich helfe dir, ~ ich kann** eu ajudo-te logo que possa, eu ajudo-te assim que puder

Socke ['zɔkə] *f* <-n> meia (curta) *f*, peúga *f*

Sockel ['zɔkəl] *m* <-s, -> pedestal *m*

Socken *m* <-s, -> (*österr, schweiz*) peúga *f*

sodass^RR [zo'das] *konj* de modo que; **es hagelte, ~ die Ernte vernichtet wurde** granizou, de modo que a colheita ficou destruída

Sodbrennen ['zo:t-] *nt* <-s> *kein pl* azia *f*

soeben [zo'ʔe:bən] *adv* agora mesmo; **das Buch ist ~ herausgekommen** o livro acaba de ser publicado

Sofa ['zo:fa] *nt* <-s, -s> sofá *m*

sofern [zo'fɛrn] *konj* desde que, contanto que; **ich gehe einkaufen, ~ ihr keine Zeit habt** eu vou às compras, desde que vocês não tenham tempo; **ich nehme den Zug um drei, ~ nicht etwas dazwischenkommt** eu apanho o comboio às três, a não ser que surja um imprevisto/contanto que não surja um imprevisto

soff [zɔf] *imp von* **saufen**

sofort [zo'fɔrt] *adv* **1.** (*unverzüglich*) imediatamente, já; **ich komme ~!** já vou!, vou já! **2.** (*unmittelbar*) imediatamente, no mesmo instante; **der Fahrer war ~ tot** o condutor morreu imediatamente

Sofortbildkamera *f* <-s> polaróide® *f*

Softdrink^RR *m* <-s, -s> bebida de cápsula *f*

Softie *m* <-s, -s> (*umg*) homem sensível *m*

Software ['sɔftwɛːɐ] *f* <-s> (INFORM) software *m*

Softwarepaket *nt* <-(e)s, -e> (INFORM) pacote de programas de software *m*

sog [zo:k] *imp von* **saugen**

Sog *m* <-(e)s, -e> sucção *f*

sog. *abk v* **sogenannt** chamado

sogar [zo'gaːɐ] *adv* até, mesmo; **er spricht ~ Japanisch** ele até fala japonês

sogenannt^ALT ['zo:gənant] *adj s.* **so I**

sogleich *adv* já, imediatamente

Sohle ['zo:lə] *f* <-n> **1.** (*Fußsohle*) planta do pé *f* **2.** (*von Schuh*) sola *f*; (*Einlegesohle*) palmilha *f*

Sohn [zo:n] *m* <-(e)s, Söhne> filho *m*

Soja ['zo:ja] *f* <Sojen> soja *f*

solange *konj* enquanto; **~ der Computer kaputt ist, kann ich nicht arbeiten** en-

quanto o computador estiver estragado, não posso trabalhar

Solarenergie *f kein pl* energia solar *f*

Solarium [zo'l:riʊm] *nt* <-s, Solarien> solário *m*

Solarzelle *f* <-n> célula solar *f*

solch [zɔlç] *pron dem* **1.** (*dieser Art*) tal; **~e Bücher sind teuer** tais livros são caros **2.** (*intensivierend*) tanto, tal, semelhante; **sie hatte ~en Durst, dass sie die ganze Flasche ausgetrunken hat** ele tinha tanta sede, que bebeu a garrafa toda **3.** (*allein stehend*) tal; **der Tourismus als ~er** o turismo como tal; **Experten und ~e, die es werden wollen** peritos e aqueles que querem sê-lo

Soldat(in) [zɔl'da:t] *m(f)* <-en, -en *o* -innen> soldado *m*

Söldner *m* <-s, -> mercenário *m*

solidarisch [zoli'da:rɪʃ] *adj* solidário

solidarisieren* *vr* **sich ~** solidarizar-se (*mit* com)

Solidarität *f kein pl* solidariedade *f* (*mit* com)

solide *adj* **1.** (*Bauweise, Kenntnisse*) sólido, firme, seguro **2.** (*Person, Lebenswandel*) sério, respeitável

Solist(in) [zo'lɪst] *m(f)* <-en, -en *o* -innen> solista *m,f*

Soll [zɔl] *nt* <-(s), -(s)> **1.** (*finanziell*) passivo *m*, débito *m*; **~ und Haben** débito e crédito, passivo e a(c)tivo **2.** (*Arbeitsmenge*) tarefa prevista *f*; **sein ~ erfüllen** cumprir os seus deveres

sollen ['zɔlən] **I.** *vi* **1.** ((*moralische*) *Pflicht*) dever; **er soll zum Chef kommen** ele que vá ao chefe; **was soll ich tun?** o que hei-de fazer?; **soll ich dir helfen?** queres que te ajude?; **du sollst nicht töten** não matarás **2.** (*Weitergabe von Information*) **er soll reich/krank sein** dizem que ele é rico/está doente; **das Benzin soll teurer werden** dizem que a gasolina vai aumentar **3.** (*Empfehlung*) dever; **du solltest zum Arzt gehen** tu devias ir ao médico; **das hättest du nicht sagen ~** não devias ter dito isso **4.** (*Zweifel, Ungewissheit*) dever; **was soll das heißen?** que significa isso?; **sollte er kommen, werde ich ihn fragen** se ele vier, eu pergunto-lhe **II.** *vi* **1.** (*angefordert sein*) dever; **soll sie jetzt in die Schule?** ela deverá ir para a escola? **2.** (*bedeuten*) significar; **was soll das?** o que vem a ser isso?, o que significa isto?

Söller *m* <-s, -> (*schweiz*) chão *m*
Solo ['zo:lo] *nt* <-s, -s> solo *m;* **ein** ~ **spielen** tocar um solo
Solothurn *nt* <-s> *kein pl* Solothurn *m*
Somalia *nt* <-s> *kein pl* Somália *f*
somit ['zo:mɪt, zo'mɪt] *adv* assim, por conseguinte, portanto; ~ **wären alle Probleme gelöst** assim resolvem-se todos os problemas
Sommer ['zɔmɐ] *m* <-s, -> Verão *m*, Estio *m;* **im** ~ no Verão; **wir verbringen den** ~ **im Gebirge** nós passamos o Verão nas montanhas
Sommerferien *pl* férias de Verão *fpl*
sommerlich *adj* estival, veranil
Sommerloch *nt* <-(e)s, -löcher> férias políticas do Verão *fpl*
Sommerschlussverkauf[RR] *m* <-(e)s, -käufe> saldos de Verão *mpl*
Sommersprosse *f* <-n> sarda *f*
Sommerzeit *f* <-en> **1.** *kein pl* (*Jahreszeit*) Verão *m* **2.** (*Uhrzeit*) hora de Verão *f;* **die Uhren auf** ~ **umstellen** mudar os relógios para a hora de Verão
Sonate [zo'na:tə] *f* <-n> sonata *f*
Sonde ['zɔndə] *f* <-n> sonda *f*
Sonderangebot ['zɔndɐ-] *nt* <-(e)s, -e> promoção *f*
sonderbar *adj* singular, estranho, esquisito
Sonderfall *m* <-(e)s, -fälle> caso isolado *m*
Sonderkorrespondent(in) *m(f)* <-en, -en *o* -innen> enviado especial, enviada *m, f*
Sonderling *m* <-s, -e> excêntrico, excêntrica *m, f*
Sondermüll *m* <-(e)s> *kein pl* resíduos tóxicos *mpl*
sondern ['zɔndɐn] *konj* mas (sim), antes; **nicht Bonn ist die deutsche Hauptstadt,** ~ **Berlin** a capital alemã não é Bona, mas (sim) Berlim; **nicht nur ...,** ~ **auch ...** não só ... mas também
Sonderschule *f* <-n> escola de ensino especial *f*

Sonderschule é a escola para crianças e adolescentes com deficiências mentais, físicas ou sociais. Pertence ao sistema público escolar. Os professores destas escolas têm formação pedagógica especializada.

Sonderzeichen *nt* <-s, -> (INFORM) cará(c)ter especial *m*

Sonderzug *m* <-(e)s, -züge> comboio especial *m*, trem especial *m*
sondieren* *vt* (*Lage*) sondar
Sonett [zo'nɛt] *nt* <-(e)s, -e> (LIT) soneto *m*
Sonnabend ['zɔn?a:bənt] *m* <-s, -e> sábado *m; s.* **Montag**
sonnabends *adv* aos sábados
Sonne ['zɔnə] *f* <-n> sol *m;* **die** ~ **geht auf/ unter** o sol nasce/põe-se; **die** ~ **scheint** o sol brilha, está sol; **sich in die** ~ **legen** deitar-se ao sol
sonnen *vr* **sich** ~ apanhar sol, tomar banhos de sol
Sonnenaufgang *m* <-(e)s, -gänge> nascer do sol *m*
sonnenbaden *vi* apanhar banhos de sol
Sonnenblume *f* <-n> girassol *m*
Sonnenbrand *m* <-(e)s, -brände> escaldão *m;* **einen** ~ **haben/bekommen** ter/ apanhar um escaldão
Sonnenbrille *f* <-n> óculos de sol *mpl*, óculos escuros *mpl*
Sonnenenergie *f kein pl* energia solar *f*
Sonnenfinsternis *f* <-se> eclipse do sol *m*
Sonnenkollektor *m* <-s, -en> placa solar *f*
Sonnenlicht *nt* <-(e)s> *kein pl* luz solar *f*
Sonnenmilch *f kein pl* leite solar *m*
Sonnenöl *nt* <-(e)s, -e> óleo solar *m*
Sonnenschein *m* <-(e)s> *kein pl* luz do sol *f;* **bei** ~ com sol
Sonnenschirm *m* <-(e)s, -e> guarda-sol *m*, chapéu-de-sol *m*
Sonnenstich *m* <-(e)s, -e> insolação *f;* **einen** ~ **bekommen** apanhar uma insolação
Sonnenuhr *f* <-en> relógio de sol *m*
Sonnenuntergang *m* <-(e)s, -gänge> pôr-do-sol *m*
sonnig *adj* (*Wetter, Tag*) soalheiro; (*Platz*) exposto ao sol; **hier ist es mir zu** ~ aqui está muito sol para mim
Sonntag ['zɔnta:k] *m* <-(e)s, -e> domingo *m; s.* **Montag**
sonntags ['zɔnta:ks] *adv* aos domingos
sonst [zɔnst] *adv* **1.** (*außerdem*) além disso; ~ **noch etwas?** mais alguma coisa?; ~ **nichts** mais nada, nada mais; ~ **noch Fragen?** há mais perguntas?; ~ **kommt niemand mehr** não vem mais ninguém **2.** (*andernfalls*) senão, caso contrário; **beeil dich,** ~ **verpassen wir den Bus** despacha-te, senão perdemos o autocarro **3.** (*für gewöhnlich*) normalmente, habitualmente, de costume;

S

wie ~ como de costume; **mehr als** ~ mais do que habitualmente/de costume

sonstig *adj* restante, outro; **die ~en Angebote waren auch gut** as outras propostas também eram boas

sooft [zo'ʔɔft] *konj* (todas) as vezes que, sempre que; **du kannst meinen Computer benutzen,** ~ **du willst** podes usar o meu computador quantas vezes quiseres; ~ **ich auch darüber nachdenke, ich finde keine Lösung** por mais que pense nisso, não encontro uma solução

Sopran [zo'praːn] *m* <-s, -e> soprano *m*

Sorge ['zɔrgə] *f* <-n> (*Unruhe, Angst*) preocupação *f* (*um* com); **keine** ~! não te preocupes!, fica descansado!; **sich** *dat* **um jdn/etw** ~**n machen** preocupar-se com alguém/a. c.

sorgen ['zɔrgən] **I.** *vi* (*sich kümmern*) cuidar (*für* de), tratar (*für* de); (*besorgen*) encarregar-se (*für* de), tratar (*für* de); **wer sorgt für Getränke?** quem é que trata das bebidas?, quem é que se encarrega das bebidas? **II.** *vr* **sich** ~ preocupar-se (*um* com), estar preocupado (*um* com)

sorgenfrei *adj* despreocupado, descansado

sorgenvoll *adj* cheio de preocupações, cheio de cuidados

Sorgerecht *nt* <-(e)s> *kein pl* (JUR) custódia *f*

Sorgfalt ['zɔrkfalt] *f kein pl* esmero *m*, cuidado *m*, atenção *f*

sorgfältig *adj* cuidadoso, esmerado

sorglos *adj* **1.** (*unachtsam*) descuidado, negligente **2.** (*sorgenfrei*) despreocupado

Sorglosigkeit *f kein pl* **1.** (*Unachtsamkeit*) descuido *m*, falta de cuidado *f* **2.** (*Unbekümmertheit*) despreocupação *f*

sorgsam *adj* cuidadoso, aplicado, diligente

Sorte ['zɔrtə] *f* <-n> género *m*, qualidade *f*, tipo *m*; (*Warensorte*) marca *f*

sortieren* *vt* classificar, separar, ordenar; (INFORM) ordenar; **etw alphabetisch** ~ ordenar a. c. por ordem alfabética

Sortiment [zɔrti'mɛnt] *nt* <-(e)s, -e> sortido *m*, sortimento *m*

sosehr [zo'zeːɐ] *konj* por muito que, por mais que

soso *adv* (*umg*) pois; ~ **lala** assim-assim

Soße *f* <-n> molho *m*

Souffleur, **Souffleuse** [zu'fløːɐ] *m*, *f* <-s, -e *o* -innen> ponto *m*

Soundkarte ['saʊnt-] *f* <-n> (INFORM) placa de som *f*

soundso *adv* tal, tanto; **das kannst du** ~ **oft machen, dann ist Schluss** podes fazer isso umas tantas vezes, depois acabou; **wenn du** ~ **viel Geld hast ...** se tiveres um tanto; **er fährt** ~ **lange in Urlaub** ele vai de férias por (um) tanto tempo; **Herr Soundso** o Sr. fulano de tal

Souvenir [zuvə'niːɐ] *nt* <-s, -s> lembrança *f*, recordação *f*

souverän *adj* soberano

Souverän *m* <-s, -e> (*schweiz*) eleitores *mpl*

Souveränität *f kein pl* soberania *f*

soviel [zo'fiːl] **I.** *konj* tanto quanto; ~ **ich weiß, beginnt der Film um acht** tanto quanto sei, o filme começa às oito **II.** *adv s.* **so I**

soweit [zo'vaɪt] *konj* tanto quanto; ~ **ich es beurteilen kann, spricht er gut Italienisch** tanto quanto posso julgar, ele fala bem italiano

sowenig [zo've:nɪç] **I.** *konj* por pouco que; ~ **Computerkenntnisse er auch hat, er will alles alleine machen** por poucos conhecimentos de informática que ele tenha, quer fazer tudo sozinho **II.** *adv s.* **so I**

sowie [zo'viː] *konj* assim como, bem como; **die Firma stellt Waschmaschinen, Kühlschränke und Kühltruhen** ~ **Herde her** a firma produz máquinas de lavar roupa, frigoríficos e arcas frigoríficas, assim/bem como fogões

sowieso [zovi'zoː, 'zo:vizo] *adv* **1.** (*ohnehin*) de qualquer maneira, mesmo assim; **gib mir den Brief, ich muss** ~ **zur Post** dá-me a carta, eu tenho de ir aos correios de qualquer maneira **2.** (*schweiz: selbstverständlich*) evidentemente

Sowjetunion [zɔ'vjɛt-, 'zɔvjɛt-] *f kein pl* União Soviética *f*

sowohl [zo'voːl] *konj* ~ **... als auch ...** tanto ... como ..., não só ... mas também ...; ~ **Weihnachten als auch Silvester feiern sie mit Freunden** eles festejam, tanto o Natal como a passagem de ano, com amigos

sozial [zo'tsjaːl] *adj* social

Sozialabgaben *pl* descontos para a segurança social *mpl*

Sozialamt *nt* <-(e)s, -ämter> serviços de assistência social *mpl*

Sozialarbeit *f kein pl* a(c)ção social *f*
Sozialarbeiter(in) *m(f)* <-s, - *o* -innen> assistente social *m,f*
Sozialdemokrat(in) *m(f)* <-en, -en *o* -in-nen> social-democrata *m,f*
Sozialhilfe *f kein pl* pensão social *f,* rendimento mínimo *m*
Sozialismus [zotsja'lɪsmʊs] *m* <-> *kein pl* socialismo *m*
Sozialist(in) *m(f)* <-en, -en *o* -innen> socialista *m,f*
sozialistisch *adj* socialista
Sozialpädagogik *f kein pl* assistência social *f*
Sozialpolitik *f kein pl* política social *f*
Sozialversicherung *f* <-en> segurança social *f,* seguro social *m*
Sozialwissenschaften *pl* ciências socias *fpl*
Sozialwohnung *f* <-en> habitação social *f*
Soziologe(in) *m(f)* <-n, -n *o* -innen> sociólogo, socióloga *m, f*
Soziologie [zotsjolo'gi:] *f kein pl* sociologia *f*
soziologisch *adj* sociológico
sozusagen [zo:tsu'za:gən, '----] *adv* por assim dizer, como quem diz
Spachtel ['ʃpaxtəl] *m* <-s, -> espátula *f*
Spagetti *pl s.* **Spaghetti** espa(r)guete *m*
Spalt [ʃpalt] *m* <-(e)s, -e> fenda *f,* racha *f;* (*Türspalt*) frincha *f;* **das Fenster einen ~ öffnen** abrir uma frincha da janela
spaltbar *adj* (PHYS) desintegrável
Spalte ['ʃpaltə] *f* <-n> **1.** (*in Zeitung*) coluna *f* **2.** (*in Gletscher*) fenda *f*
spalten ['ʃpaltən] **I.** *vt* **1.** (*teilen*) dividir, separar **2.** (*der Länge nach*) cortar; (*Holz*) rachar **3.** (CHEM) dissociar; (PHYS) desintegrar **II.** *vr* sich ~ **1.** (*Partei, Gruppe*) dividir-se **2.** (*Haar*) espigar
Spaltung *f* <-en> **1.** (*eines Landes*) cisma *m,* cisão *f;* (*einer Gruppe, Partei*) cisão *f,* divisão *f* **2.** (CHEM) dissociação *f;* (PHYS) desintegração *f,* cisão *f*
Span [ʃpa:n] *m* <-(e)s, Späne> (*Holz*) lasca *f,* fita *f;* (*Metall*) limalha *f*
Spanferkel *nt* <-s, -> leitão *m*
Spange ['ʃpaŋə] *f* <-n> **1.** (*Haarspange*) travessão *m,* grampo *m* **2.** (*Zahnspange*) aparelho (dental) *m*
Spanien ['ʃpa:niən] *nt* <-s> *kein pl* Espanha *f*

Spanier(in) ['ʃpa:niɐ] *m(f)* <-s, - *o* -innen> espanhol, espanhola *m, f*
spanisch *adj* espanhol
spann [ʃpan] *imp von* **spinnen**
Spanne ['ʃpanə] *f* <-n> **1.** (*Zeit*) espaço de tempo *m,* intervalo *m* **2.** (*Gewinn*) margem *f*
spannen ['ʃpanən] **I.** *vt* (*dehnen*) esticar; (*Muskeln*) contrair; (*Bogen*) estirar, distender; (*Netz*) estender; (*Seil*) esticar **II.** *vi* (*Kleidung*) estar justo
spannend *adj* (*Entwicklung*) excitante, emocionante; (*Film, Buch*) absorvente, com suspense
Spannteppich *m* <-s, -e> (*schweiz*) alcatifa *f*
Spannung *f* <-en> **1.** (*Erwartung*) ansiedade *f;* **etw mit ~ erwarten** esperar a. c. com ansiedade **2.** *kein pl* (*von Film, Buch*) suspense *m* **3.** (*Feindseligkeit*) tensão *f* **4.** (ELEKTR) voltagem *f;* **die ~ beträgt 220 Volt** a voltagem é de 220 Volt
Spannweite *f* <-n> **1.** (*bei Flugzeug, Vogel*) envergadura *f* **2.** (ARCH) vão *m*
Sparbuch *nt* <-(e)s, -bücher> caderneta de poupança *f*
Sparbüchse *f* <-n> mealheiro *m*
sparen ['ʃpa:rən] **I.** *vt* (*Geld, Zeit*) poupar, economizar; (*Bemerkung, Weg*) evitar; **den Anruf hätte ich mir ~ können** não adiantou nada telefonar **II.** *vi* (*Geld*) poupar (*auf* para)
Spargel ['ʃpargəl] *m* <-s, -> espargo *m*
Sparheft *nt* <-(e)s, -e> (*schweiz*) *s.* **Sparbuch**
Sparkasse *f* <-n> caixa-económica *f,* Caixa Geral de Depósitos *f*
Sparkonto *nt* <-s, -konten> conta poupança *f*
spärlich *adj* (*Ertrag, Rest*) parco; (*Einkommen*) escasso, reduzido; (*Mahl*) parco, pobre; (*Vegetation*) escasso; (*Beifall*) pobre; **nur ~ bekleidet sein** ter pouca roupa (vestida)
Sparmaßnahme *f* <-n> medida de contenção de despesas *f*
sparsam *adj* (*Person*) poupado; (*Gerät, Auto*) económico
Sparsamkeit *f kein pl* poupança *f,* economia *f*
Sparte ['ʃpartə] *f* <-n> **1.** (*Bereich*) área *f,* campo *m* **2.** (*in Zeitung*) rubrica *f*
Spaß *m* <-es, Späße> **1.** *kein pl* (*Vergnügen*) prazer *m,* gozo *m;* **Schwimmen macht**

S

ihm großen ~ nadar dá-lhe muito prazer **2.** (*Scherz*) brincadeira *f*, gracejo *m;* **das war doch nur ein ~!** foi só uma brincadeira!; **keinen ~ verstehen** não estar para brincadeiras; ~ **beiseite** fora de brincadeira

spaßen *vi* brincar

spaßeshalber *adv* por brincadeira

spaßig *adj* divertido, engraçado

Spaßverderber(in) *m(f)* <-s, - *o* -innen> desmancha-prazeres *m,f*

Spaßvogel *m* <-s, -vögel> brincalhão, brincalhona *m, f*

spät **I.** *adj* tardio, atrasado; **am ~en Vormittag** ao fim da manhã; **zu ~er Stunde** a altas horas; **wie ~ ist es?** que horas são? **II.** *adv* tarde; **zu etw zu ~ kommen** chegar atrasado a a. c.; **es wird ~** faz-se tarde

Spaten ['ʃpaːtən] *m* <-s, -> pá *f*

später **I.** *adj* posterior; (*zukünftig*) futuro **II.** *adv* mais tarde; **bis ~!** até logo!

spätestens *adv* o mais tardar; ~ **in einer Stunde bin ich zurück** eu volto o mais tardar dentro de uma hora

Spätnachmittag *m* <-(e)s, -e> fim da tarde *m*, fim do dia *m*, tardinha *f*

Spatz [ʃpats] *m* <-es, -en> pardal *m*

Spätzle é uma especialidade culinária da Suábia e do Allgäu, regiões situadas no Sul da Alemanha. É uma massa caseira, passada por um espremedor de onde sai em forma de cordões. Também se podem raspar pequenas quantidades de massa de uma pequena tábua. Em ambos os casos os pedaços de massa são deitados directamente em água a ferver com sal, onde cozem.

spazieren* *vi* passear (*durch* por); ~ **gehen** (ir) passear; **im Park ~ gehen** (ir) passear no parque

spazieren|gehenᴬᴸᵀ *vi irr s.* **spazieren**

Spaziergang *m* <-(e)s, -gänge> passeio *m;* **einen ~ machen** dar um passeio

Specht [ʃpɛçt] *m* <-(e)s, -e> pica-pau *m*

Speck [ʃpɛk] *m* <-(e)s, -e> **1.** (*Nahrungsmittel*) toucinho *m* **2.** (*umg: beim Menschen*) gordura *f;* ~ **ansetzen** engordar

Spediteur(in) [ʃpedi'tøːɐ] *m(f)* <-s, -e *o* -innen> transportador, transportadora *m, f*

Spedition [ʃpedi'tsjoːn] *f* <-en> transportadora *f*, transitário *m*, empresa de transportes *f*

Speer [ʃpeːɐ] *m* <-(e)s, -e> lança *f;* (SPORT) dardo *m*

Speiche ['ʃpaɪçə] *f* <-n> raio *m*

Speichel ['ʃpaɪçəl] *m* <-s> *kein pl* saliva *f*

Speicher ['ʃpaɪçɐ] *m* <-s, -> **1.** (*Lager*) armazém *m;* (*für Getreide*) celeiro *m* **2.** (*reg: Dachboden*) sótão *m*, águas-furtadas *fpl* **3.** (INFORM) memória *f* **4.** (*Wasserspeicher*) depósito *m*, reservatório *m*

speichern ['ʃpaɪçɐn] *vt* armazenar; (INFORM) gravar; **eine Datei auf Diskette ~** gravar um ficheiro em disquete

Speise ['ʃpaɪzə] *f* <-n> comida *f;* (*Gericht*) prato *m;* **warme und kalte ~n** quentes e frios

Speiseeis *nt* <-es, -e> gelado *m*, sorvete *m*

Speisekammer *f* <-n> despensa *f*

Speisekarte *f* <-n> ementa *f*, lista *f*, cardápio *m*

Speiseröhre *f* <-n> (ANAT) esófago *m*

Speisesaal *m* <-(e)s, -säle> sala de jantar *f;* (*in Schule*) refeitório *m*

Speisewagen *m* <-s, -> vagão-restaurante *m*

Spektakel [ʃpɛk'taːkəl] *nt* <-s, -> espe(c)táculo *m*

spektakulär *adj* espe(c)tacular

Spektrum ['ʃpɛktrʊm] *nt* <-s, Spektren> **1.** (PHYS) espectro *m* **2.** (*Auswahl*) variedade *f*

Spekulant(in) *m(f)* <-en, -en *o* -innen> especulador, especuladora *m, f*

Spekulation [ʃpekula'tsjoːn] *f* <-en> especulação *f;* ~ **en über etw anstellen** fazer especulações sobre a. c.

spekulieren* *vi* **1.** (WIRTSCH) especular (*mit/in* em); **an der Börse ~** especular na Bolsa **2.** (*vermuten*) especular (*über* sobre); (*umg*); **auf etw ~** esperar conseguir a. c.

Spende ['ʃpɛndə] *f* <-n> (*Geld*) donativo *m;* (*Schenkung*) oferta *f*, dádiva *f*

spenden *vt* (*Geld, Kleidung*) doar (*für* para), dar (*für* para); **Blut ~** doar sangue; **Beifall ~** bater palmas

Spender¹ *m* <-s, -> (*Gerät*) distribuidora *f*

Spender(in)² *m(f)* <-s, - *o* -innen> doador, doadora *m, f*

Spengler(in) *m(f)* <-s, - *o* -innen> (*österr*) picheleiro, picheleira *m, f*

Sperma ['ʃpɛrma] *nt* <-s, Spermen> esperma *m*

sperrangelweit ['-'-'--'-] *adv* ~ **offen** escancarado, aberto de par em par

Sperre [ˈʃpɛrə] *f* <-n> 1. (*Schranke*) barreira *f*; (*Straßensperre*) barricada *f* 2. (SPORT) suspensão *f*

sperren [ˈʃpɛrən] *vt* 1. (*für den Verkehr*) fechar, cortar, vedar (ao trânsito); **für Lastwagen gesperrt** trânsito proibido a veículos pesados 2. (*Wasser, Strom, Telefon*) cortar; (*Konto, Kredit*) bloquear 3. (*einsperren*) fechar (*in* em), prender (*in* em); **jdn ins Gefängnis** ~ meter alguém na cadeia 4. (SPORT) suspender

Sperrholz *nt* <-es> *kein pl* contraplacado *m*
sperrig *adj* volumoso
Sperrmüll *m* <-(e)s> *kein pl* lixo que não se inclui na recolha normal, como electrodomésticos velhos e móveis usados

> **Sperrmüll** é todo tipo de lixo que não se inclui na recolha semanal por ser muito voluminoso, p.e. móveis usados.

Sperrstunde *f* <-n> hora de encerramento *f*
Spesen [ˈʃpeːzən] *pl* despesas *fpl*, ajudas de custo *fpl*
Spezi *nt* <-s, -s> (*umg*) coca-cola com fanta *f*
spezialisieren* *vr* **sich** ~ especializar-se (*auf* em)
Spezialisierung *f* <-en> especialização *f* (*auf* em)
Spezialist(in) [ʃpetsjaˈlɪst] *m(f)* <-en, -en *o* -innen> especialista (*für* em)
Spezialität *f* <-en> especialidade *f*
speziell [ʃpeˈtsjɛl] *adj* especial
spezifisch [ʃpeˈtsiːfɪʃ] *adj* específico; (PHYS); **das ~e Gewicht** o peso específico
Sphäre *f* <-n> esfera *f*
spicken [ˈʃpɪkən] *vt* (*Braten*) lardear
Spickzettel *m* <-s, -> (*umg*) copianço *m*
Spiegel [ˈʃpiːgəl] *m* <-s, -> 1. (*zur Betrachtung*) espelho *m* 2. (*Wasserstand*) nível das águas *m*
Spiegelbild *nt* <-(e)s, -er> imagem refle(c)tida *f*
Spiegelei *nt* <-(e)s, -er> ovo estrelado *m*
spiegeln I. *vt* refle(c)tir II. *vr* **sich** ~ refle(c)tir-se (*in* em); **die Bäume** ~ **sich im Wasser** as árvores refle(c)tem-se na água
Spiegelreflexkamera *f* <-s> (FOT) máquina fotográfica reflex *f*
Spiegelung *f* <-en> reflexo *m*
Spiel [ʃpiːl] *nt* <-(e)s, -e> 1. (*Glücksspiel, Kinderspiel*) jogo *m*; **etw aufs** ~ **setzen** pôr

a. c. em risco; **ein leichtes** ~ **mit jdm haben** não ter problemas com alguém; **jdm das** ~ **verderben** estragar os planos a alguém 2. (SPORT) jogo *m*, desafio *m*; **die Olympischen** ~**e** os Jogos Olímpicos; **das** ~ **endete 4:2** o jogo acabou em 4:2 3. (TECH) folga *f*; **die Lenkung hat** ~ a dire(c)ção tem uma folga
Spieldose *f* <-n> caixa de música *f*
spielen [ˈʃpiːlən] I. *vt* 1. (*Spiel*) jogar; **Billard/Schach/Fußball** ~ jogar bilhar/xadrez/futebol 2. (MUS) tocar; **Gitarre/einen Walzer** ~ tocar guitarra/uma valsa 3. (*Theaterstück*) representar; (*Rolle*) desempenhar; **sie spielt die Königin** ela faz de rainha 4. (*vortäuschen*) fazer-se de, fingir-se de; **den Unschuldigen** ~ fazer-se de inocente II. *vi* 1. (*Kinder*) brincar; (*Glücksspiel, Sport*) jogar; **um Geld** ~ jogar a dinheiro; **wir haben 2:2 gespielt** nós empatámos 2:2 2. (*sich zutragen*) passar-se, desenrolar-se; **die Handlung spielt in Hamburg** a acção desenrola-se em Hamburgo
spielend *adv* a brincar, sem dificuldade
Spieler(in) *m(f)* <-s, - *o* -innen> jogador, jogadora *m, f*
Spielerei *f kein pl* brincadeira *f*
Spielfeld *nt* <-(e)s, -er> campo de jogos *m*; (*Tennis*) campo de ténis *m*, quadra de ténis *f*
Spielfilm *m* <-(e)s, -e> longa-metragem *f*
Spielhalle *f* <-n> salão de jogos *m*
Spielothek *f* <-en> *s.* **Spielhalle**
Spielplan *m* <-(e)s, -pläne> programa *m*, repertório *m*
Spielplatz *m* <-es, -plätze> parque infantil *m*
Spielraum *m* <-(e)s, -räume> liberdade de a(c)ção *f*
Spielregel *f* <-n> regra do jogo *f*
Spielsachen *pl* brinquedos *mpl*
Spielverderber(in) *m(f)* <-s, - *o* -innen> desmancha-prazeres *m,f*
Spielzeug *nt* <-(e)s, -e> brinquedo *m*
Spieß *m* <-es, -e> 1. (*Waffe*) lança *f*; (*umg*); **er schreit wie am** ~ ele grita a plenos pulmões 2. (*zum Braten*) espeto *m*
Spießer(in) *m(f)* <-s, - *o* -innen> (*pej*) bota-de-elástico *m,f*
spießig *adj* (*pej*) quadrado
Spinat [ʃpiˈnaːt] *m* <-(e)s, -e> espinafre *m*
Spindel *f* <-n> 1. (*am Spinnrad*) fuso *m* 2. (TECH) eixo *m*
Spinne [ˈʃpɪnə] *f* <-n> aranha *f*

S

spinnen ['ʃpɪnən] I. vt 1. (Garn) fiar 2. (Spinne) tecer II. vi 1. (Garn) fiar 2. (umg: Person) estar maluco, estar tolo

Spinnennetz nt <-es, -e> teia de aranha f

Spinner(in) m(f) <-s, - o -innen> 1. (umg: Verrückter) maluco, maluca m, f; (umg: tolo, tola m, f 2. (Beruf) fiandeiro, fiandeira m, f

Spinnerei f <-en> 1. (Betrieb) fábrica de fiação f 2. (umg: Unsinn) maluquice f, tolice f

Spion(in) m(f) <-s, -e o -innen> espião, espiã m, f

Spionage [ʃpio'na:ʒə] f kein pl espionagem f

spionieren* vi espionar, fazer espionagem

Spirale [ʃpi'ra:lə] f <-n> 1. (Linie, Gegenstand) espiral f 2. (umg: zur Empfängnisverhütung) pessário m

spirituell [ʃpiritu'ɛl, spiri-] adj espiritual

Spirituosen pl bebidas alcoólicas fpl

Spiritus ['ʃpi:ritʊs] m <-, -se> álcool desnaturado m

Spital [ʃpi'ta:l] nt <-s, -täler> (schweiz) hospital m

spitz [ʃpɪts] adj 1. (Gegenstand) pontiagudo, bicudo; (Nase) bicudo 2. (spöttisch) aguçado; eine ~e Bemerkung machen fazer um comentário mordaz; eine ~e Zunge haben ter uma língua afiada

spitze adj (umg) espe(c)tacular; gestern war ~ Wetter o tempo ontem estava espe(c)tacular

Spitze ['ʃpɪtsə] f <-n> 1. (von Gegenstand) ponta f; das ist nur die ~ des Eisbergs isto é só a ponta do icebergue 2. (von Berg) cume m, cimo m, pico m 3. (Führung) frente f, vanguarda f; (eines Unternehmens) presidência f; an der ~ stehen estar à frente, estar na vanguarda 4. (Bemerkung) indire(c)ta f 5. (Gewebe) renda f 6. (für Zigaretten) boquilha f

Spitzel ['ʃpɪtsəl] m <-s, -> informador, informadora m, f; espião, espiã m, f

spitzen ['ʃpɪtsən] vt aguçar, afiar; die Ohren ~ aguçar o ouvido

Spitzenkandidat(in) m(f) <-en, -en o -innen> candidato da frente, candidata m, f

Spitzenleistung f <-en> rendimento máximo m; (SPORT) recorde m

Spitzensportler(in) m(f) <-s, - o -innen> recordista m,f

Spitzentechnologie f kein pl tecnologia de ponta f

spitzfindig adj (pej) manhoso

Spitzname m <-ns, -n> alcunha f, apelido m

Splitter ['ʃplɪtɐ] m <-s, -> (Holz) farpa f; (Glas, von Granat) estilhaço m; (Stein) lasca f

Splittergruppe f <-n> grupo dissidente m

splittern ['ʃplɪtɐn] vi (Glas) estilhaçar; (Holz) fender

splitternackt adj (umg) completamente nu, em pêlo

Spoiler ['ʃpɔɪlɐ] m <-s, -> saia f

sponsern ['ʃpɔnzɐn] vt patrocinar

Na Áustria a entrega festiva do grau de Magister é chamada **Sponsion**.

Sponsor(in) ['ʃpɔnzɐ, 'ʃpɔnzo:ɐ] m(f) <-s, -en o -innen> patrocinador, patrocinadora m, f

spontan [ʃpɔn'ta:n] adj espontâneo

Spontaneität f kein pl espontaneidade f

Sport [ʃpɔrt] m <-(e)s> kein pl desporto m, esporte m; (als Schulfach) educação física f; ~ treiben praticar desporto, praticar esporte

Sportlehrer(in) m(f) <-s, - o -innen> professor de educação física, professora m, f

Sportler(in) ['ʃpɔrtlɐ] m(f) <-s, - o -innen> desportista m,f, esportista m,f

sportlich ['ʃpɔrtlɪç] adj 1. (Leistung, Kleidung) (d)esportivo 2. (Mensch) (d)esportista

Sportplatz m <-es, -plätze> campo de desporto m, campo de esporte m

Sportverein m <-(e)s, -e> clube (d)esportivo m

Sportwagen m <-s, -> 1. (Auto) carro (d)esportivo m 2. (Kinderwagen) carrinho de bebé m

Spott [ʃpɔt] m <-(e)s> kein pl troça f, zombaria f

spottbillig ['-'--] adj (umg) muito barato, ao desbarato

spotten ['ʃpɔtən] vi troçar (über de), zombar (über de)

spöttisch adj trocista

sprach [ʃpra:x] imp von **sprechen**

sprachbegabt adj com jeito para línguas; ~ sein ter jeito para línguas

Sprache ['ʃpra:xə] f <-n> 1. (eines Landes) língua f, idioma m; mehrere ~n sprechen falar várias línguas 2. kein pl (Ausdrucksweise) linguagem f; (Sprechfähigkeit) fala f; etw zur ~ bringen trazer a. c. à conversa; zur ~ kommen vir à conversa

Sprachenschule *f* <-n> escola de línguas *f*

Sprachfehler *m* <-s, -> deficiência na fala *f*

Sprachführer *m* <-s, -> guia de conversação *m*

Sprachkenntnisse *pl* conhecimentos da língua *mpl*

Sprachkurs *m* <-es, -e> curso de línguas *m*

Sprachlabor *nt* <-s, -e> laboratório de línguas *m*

sprachlich *adj* linguístico

sprachlos *adj* sem fala, mudo; ~ **sein** ficar de boca aberta, perder a fala

Sprachprüfung *f* <-en> exame de línguas *m*

Sprachrohr *nt* <-s, -e> megafone *m*; **jds ~ sein** ser porta-voz de alguém

Sprachunterricht *m* <-(e)s> *kein pl* aula de línguas *f*

Sprachwissenschaft *f* <-en> linguística *f*

Sprachwissenschaftler(in) *m(f)* <-s, - o -innen> linguista *m,f*

sprang [ʃpraŋ] *imp von* **springen**

Spray [ʃpreː, ʃprɛɪ, spreɪ] *nt* <-s, -s> spray *m*

sprayen *vi* vaporizar

Sprechanlage *f* <-n> intercomunicador *m*

sprechen [ˈʃprɛçən] **I.** *vt* falar; (*sagen*) dizer; **ich würde gerne Frau Klose ~** eu queria falar com a Senhora Klose; **kann ich Sie einen Augenblick ~?** posso falar consigo um minuto?; **eine Fremdsprache ~** falar uma língua estrangeira; **ein Urteil ~** proferir uma sentença; **jdn schuldig ~** condenar alguém **II.** *vi* falar (*über* sobre, *von* de); (*am Telefon*); **wer spricht?** quem fala?; **mit jdm ~** falar com alguém; **portugiesisch ~** falar português; **zu ~ sein** estar (disponível)

Sprecher(in) *m(f)* <-s, - o -innen> (*Redner*) orador, oradora *m, f*; (*im Radio*) locutor, locutora *m, f*; (*einer Organisation, Regierung*) porta-voz *m,f*

Sprechstunde *f* <-n> (*beim Arzt*) hora de consulta *f*; (*eines Lehrers, Dozenten*) hora de atendimento *f*; ~ **haben** receber, atender; (*Arzt*) dar consulta

Sprechzimmer *nt* <-s, -> consultório *m*

spreizen [ˈʃpraɪtsən] *vt* (*Beine*) escarrapachar, escachar; (*Finger*) abrir, estender

sprengen [ˈʃprɛŋən] *vt* **1.** (*mit Sprengstoff*) fazer explodir, rebentar com; **etw in die Luft ~** fazer a. c. ir pelos ares **2.** (*Rasen*) regar; (*Wäsche*) borrifar

Sprengkopf *m* <-(e)s, -köpfe> (MIL) ogiva *f*

Sprengstoff *m* <-(e)s, -e> explosivo *m*

Sprengstoffanschlag *m* <-(e)s, -schläge> atentado bombista *m*

Sprichwort [ˈʃprɪç-] *nt* <-(e)s, -wörter> provérbio *m*, ditado *m*

sprießen *vi* (*geh*) brotar

Springbrunnen *m* <-s, -> chafariz *m*, repuxo *m*

Springer¹ *m* <-s, -> (*Schach*) cavalo *m*

Springer(in)² *m(f)* <-s, - o -innen> (SPORT) saltador, saltadora *m, f*

Sprint *m* <-s, -s> (SPORT) corrida *f*

Sprit [ʃprɪt] *m* <-s> *kein pl* (*umg: Benzin*) gasolina *f*

Spritze [ˈʃprɪtsə] *f* <-n> **1.** (MED) seringa *f*; (*Injektion*) inje(c)ção *f*; **jdm eine ~ geben** dar uma inje(c)ção a alguém **2.** (*Löschgerät*) bomba de incêndio *f*

spritzen [ˈʃprɪtsən] **I.** *vt* **1.** (*Flüssigkeit*) pulverizar, salpicar; **jdn nass ~** molhar alguém; **sich** *dat* **Soße auf den Pullover ~** salpicar molho para a camisola **2.** (*Rasen, Straße*) regar **3.** (*mit Pflanzenschutzmitteln*) borrifar **4.** (*Schmerzmittel*) inje(c)tar **II.** *vi* **1.** (*Fett*) salpicar **2.** (*herausspritzen*) brotar (*aus* de); (*Blut*) esguichar

Spritzer *m* <-s, -> **1.** (*Tropfen*) salpico *m* **2.** (*Fleck*) pinta *f*

spritzig *adj* **1.** (*Wein*) espumoso **2.** (*lebhaft*) animado

Spritzkanne *f* <-n> (*schweiz*) regador *m*

spröde *adj* **1.** (*Material*) frágil **2.** (*Haar*) espigado; (*Haut*) gretado **3.** (*Mensch*) reservado

spross^RR [ʃprɔs], **sproß^ALT** *imp von* **sprießen**

Spross^RR [ʃprɔs] *m* <-es, -e>, **Sproß^ALT** *m* <-sses, -e> rebento *m*, grelo *m*

Sprosse [ˈʃprɔsə] *f* <-n> degrau *m*

Sprössling^RR *m* <-s, -e> (*umg*) rebento *m*

Spruch [ʃprʊx] *m* <-(e)s, Sprüche> **1.** (*Ausspruch*) dito *m* **2.** (JUR) veredicto *m*, sentença *f*

Sprudel [ˈʃpruːdəl] *m* <-s, -> água com gás *f*

sprudeln *vi* **1.** (*hervorquellen*) brotar, jorrar **2.** (*Getränk*) borbulhar

Sprühdose *f* <-n> pulverizador *m*, spray *m*

sprühen **I.** *vt* (*Flüssigkeit*) borrifar **II.** *vi* (*Wasser*) jorrar; (*Funken*) faiscar

Sprühregen *m* <-s> *kein pl* chuvisco *m*, morrinha *f*, garoa *f*

S

Sprung [ʃprʊŋ] *m* <-(e)s, Sprünge> 1. (*von Mensch, Tier*) salto *m* 2. (*Riss*) fenda *f*, racha *f*; **einen ~ bekommen** fender, rachar

Sprungbrett *nt* <-(e)s, -er> trampolim *m*

sprunghaft *adj* 1. (*unstet*) inconstante, instável 2. (*abrupt*) repentino

Spucke [ˈʃpʊkə] *f kein pl* (*umg*) cuspo *m*, cuspe *m*

spucken [ˈʃpʊkən] I. *vt* cuspir, escarrar; **Blut ~** cuspir sangue II. *vi* cuspir; **auf den Boden ~** cuspir para o chão

Spuk [ʃpuːk] *m* <-(e)s> *kein pl* fantasma *m*, assombração *f*, espectro *m*

spuken [ˈʃpuːkən] *vi* haver fantasmas; **in diesem Haus spukt es** esta casa está assombrada; **hier spukt es** aqui há fantasmas

Spülbecken *nt* <-s, -> banca *f*, lava-louça *m*

Spule [ˈʃpuːlə] *f* <-n> 1. (*für Film*) rolo *m*; (*für Garn*) carretel *m*, carreto *m* 2. (ELEKTR) bobina *f*

Spüle *f* <-n> banca *f*, lava-louça *m*

spülen I. *vt* 1. (*Geschirr*) lavar 2. (*Wäsche*) passar por água II. *vi* 1. (*Geschirr*) lavar a louça 2. (*Toilette*) puxar o autoclismo, dar descarga

Spülmaschine *f* <-n> máquina de lavar a louça *f*

Spülmittel *nt* <-s, -> detergente da louça *m*

Spülung *f* <-en> 1. (MED) lavagem *f* 2. (*an Toilette*) autoclismo *m*, descarga de privada *f*

Spur [ʃpuːɐ] *f* <-en> 1. (*von Fuß*) pegada *f*; (*von Rad*) rasto *m*; (*Fährte*) pista *f*, rasto *m*; **eine heiße ~** uma boa pista; **von den Verbrechern fehlt jede ~** não há rasto dos criminosos 2. (*Fahrspur*) faixa de rodagem *f*; **die ~ wechseln** mudar de faixa 3. (*Anzeichen*) vestígio *m*, sinal *m*; **alle ~en beseitigen** eliminar todos os vestígios 4. (*beim Tonband*) faixa *f*

spürbar *adj* perce(p)tível

spüren *vt* sentir; (*merken*) perceber, notar; **etw zu ~ bekommen** ressentir-se de a. c.

Spurenelement *nt* <-(e)s, -e> oligoelemento *m*

Spurensicherung *f kein pl* preservação de pistas *f*

spurlos *adv* sem vestígio; **~ verschwinden** desaparecer sem deixar rasto

Spürsinn *m* <-(e)s> *kein pl* (*auch fig*) faro *m*

Spurt [ʃpʊrt] *m* <-(e)s, -s> (SPORT) corrida *f*

Spurweite *f* <-n> bitola de via-férrea *f*

Squash *nt* <-> *kein pl* squash *m*; **~ spielen** jogar squash

SSV *abk v* **Sommerschlussverkauf** saldos de Verão

Staat [ʃtaːt] *m* <-(e)s, -en> estado *m*

staatenlos *adj* apátrida

staatlich *adj* estatal

Staatsangehörigkeit *f* <-en> nacionalidade *f*; **die deutsche ~ erwerben** nacionalizar-se alemão

Staatsanwalt, **Staatsanwältin** *m, f* <-(e)s, -wälte *o* -innen> procurador da República, procuradora *m, f*, representante do Ministério Público *m,f*

Staatsbürger(in) *m(f)* <-s, - *o* -innen> cidadão, cidadã *m, f*

Staatschef(in) *m(f)* <-s, -s *o* -innen> chefe de Estado *m,f*

Staatsexamen *nt* <-s, -> exame final de curso *m*

> Na universidade alguns cursos superiores como por exemplo Medicina, Pedagogia e Direito são concluídos na Alemanha com um ou dois **Staatsexamen**, exames estes aplicados por examinadores do Estado.

Staatsoberhaupt *nt* <-(e)s, -häupter> chefe de Estado *m,f*

Staatspräsident(in) *m(f)* <-en, -en *o* -innen> presidente da República *m,f*

Staatssekretär(in) *m(f)* <-s, -e *o* -innen> secretário de estado, secretária *m, f*

Staatssicherheitsdienst *m* <-(e)s> *kein pl* (GESCH) polícia de segurança do estado *f*

Staatsstreich *m* <-(e)s, -e> golpe de Estado *m*

Stab [ʃtaːp] *m* <-(e)s, Stäbe> 1. (*Stock*) pau *m*; (*des Bischofs*) bastão *m* 2. (SPORT: *für Hochsprung*) vara *f*; (*für Staffellauf*) testemunho *m* 3. (*Mitarbeiter*) pessoal *m* 4. (MIL) estado-maior (do exército) *m*

Stabhochsprung *m* <-(e)s> *kein pl* salto à vara *m*

stabil [ʃtaˈbiːl] *adj* 1. (*Material*) resistente 2. (*Währung, Preise*) estável

stabilisieren* *vt* estabilizar

Stabilität *f kein pl* estabilidade *f*

stach [ʃtaːx] *imp von* **stechen**

Stachel [ˈʃtaxəl] *m* <-s, -> 1. (*Dorn*) espinho *m*, pico *m* 2. (*von Insekten*) ferrão *m*; (*von*

Igel) aguilhão *m* **3.** (*spitzes Teil*) pico *m*, ponta *f*

Stachelbeere *f*<-n> groselha-espim *f*

Stacheldraht *m* <-(e)s, -drähte> arame farpado *m*

stachelig *adj* espinhoso

Stadion ['ʃtaːdiɔn] *nt* <-s, Stadien> estádio *m*

Stadium ['ʃtaːdiʊm] *nt* <-s, Stadien> estádio *m*

Stadt [ʃtat] *f* <Städte> cidade *f*; **die ~ Porto** a cidade do Porto

Städtebau *m* <-s> *kein pl* urbanismo *m*, gestão urbanística *f*

Städtepartnerschaft *f* <-en> geminação entre cidades *f*

städtisch *adj* **1.** (*urban*) urbano, citadino **2.** (*kommunal*) municipal

Stadtmauer *f* <-n> muralha da cidade *f*

Stadtmitte *f kein pl* centro da cidade *m*

Stadtplan *m* <-(e)s, -pläne> planta da cidade *f*

Stadtrand *m* <-(e)s, -ränder> periferia da cidade *f*

Stadtstaat *m* <-(e)s, -en> cidade-estado *f*, cidade livre *f*

Stadtteil *m* <-(e)s, -e> bairro *m*

Stadtverwaltung *f* <-en> serviços municipais *mpl*

Stadtviertel *nt* <-s, -> bairro *m*

Staffel ['ʃtafəl] *f* <-n> **1.** (SPORT) estafetas *fpl* **2.** (MIL) esquadrão *m*

staffeln *vt* escalonar

Stagnation [ʃtagna'tsjoːn] *f* <-en> estagnação *f*

stahl [ʃtaːl] *imp von* **stehlen**

Stahl [ʃtaːl] *m* <-(e)s, Stähle> aço *m*

Stahlbeton *m* <-s> *kein pl* betão armado *m*

Stahlwerk *nt* <-(e)s, -e> empresa de fundição de aço *f*

Stalagmit *m* <-en, -en> (GEOL) estalagmite *f*

Stalaktit *m* <-en, -en> (GEOL) estalactite *f*

Stall [ʃtal] *m* <-(e)s, Ställe> estábulo *m*; (*für Pferde*) cavalariça *f*; (*für Schweine*) pocilga *f*; (*für Hühner*) galinheiro *m*; (*für Kaninchen*) coelheira *f*

Stamm [ʃtam] *m* <-(e)s, Stämme> **1.** (*von Baum*) tronco *m* **2.** (*Volksstamm*) tribo *f* **3.** (*von Wort*) raiz *f*, radical *m*, tema *m*

Stammbaum *m* <-(e)s, -bäume> árvore genealógica *f*

stammeln ['ʃtaməln] *vt* balbuciar, gaguejar

stammen ['ʃtamən] *vi* provir, derivar; (*örtlich*) ser natural de; **stammst du aus Ostdeutschland?** és natural da Alemanha Oriental?; **die Handschrift stammt aus dem 16. Jahrhundert** o manuscrito provém do século XVI

Stammform *f* <-en> (LING) forma primitiva *f*

Stammgast *m* <-(e)s, -gäste> cliente habitual *m,f*

stämmig *adj* entroncado, robusto

Stammtisch é uma mesa de restaurante permanentemente reservada para fregueses habituais. Existe em muitos restaurantes e tem uma indicação correspondente.

stampfen ['ʃtampfən] **I.** *vt* (*Kartoffeln*) esmagar; (*Trauben*) pisar **II.** *vi* bater com os pés

stand [ʃtant] *imp von* **stehen**

Stand [ʃtant] *m* <-(e)s, Stände> **1.** *kein pl* (*das Stehen*) posição (de pé) *f*, *nt* **2.** *kein pl* (*der Entwicklung*) nível *m,f*; (*Zustand*) estado *m,f*; **etw auf den neuesten ~ bringen** a(c)tualizar a. c.; **der ~ der Ermittlungen** o estado das investigações **3.** (*auf Markt*) barraca *f*, tenda *f*; (*auf Messe*) stand *m*, estande *m*; (*Verkaufsstand*) banca *f* **4.** (*Taxistand*) praça *f* **5.** (*Ölstand, Wasserstand, Preisestand*) nível *m*; (*der Sonne*) posição *m,f*; (*eines Spieles*) resultado *m*; (*des Kontos*) saldo *m*

Standard ['ʃtandart] *m* <-s, -s> **1.** (*Maßstab*) padrão *m*, modelo *m*, norma *f* **2.** (*Niveau*) nível *m*

Ständer *m* <-s, -> suporte *m*; (*für Noten*) cavalete de música *m*; (*für Kleider*) cabide *m*, bengaleiro *m*

Ständerat *m* <-(e)s> *kein pl* Câmara dos representantes dos Cantões Suíços

Ständerlampe *f* <-n> (*schweiz*) candeeiro de pé *m*

Standesamt *nt* <-(e)s, -ämter> registo civil *m*

standhaft *adj* constante

standlhalten *vi irr* perseverar, resistir

ständig *adj* contínuo, constante; (*Wohnort*) permanente

Standlicht *nt* <-(e)s> *kein pl* mínimos *mpl*

Standort *m* <-(e)s, -e> **1.** (*Ort*) localização *f*, posição *f* **2.** (MIL) guarnição *f*

Standpunkt *m* <-(e)s, -e> opinião *f*, ponto

S

de vista *m;* **ich stehe auf dem ~, dass ...** eu sou da opinião que ...

Standspur *f* <-en> faixa de paragem de emergência *f*

Stange ['ʃtaŋə] *f*<-n> 1. (*Stab*) estaca *f,* vara *f,* pau *m;* (*Kleiderstange, Garderobenstange*) varão *m;* (*Fahnenstange*) haste *f;* (*der Hühner*) poleiro *m;* **eine ~ Zimt** um pau de canela 2. (*Zigaretten*) volume *m*

StängelRR *m* <-s, -> pedúnculo *m*

Stangenbrot *nt* <-(e)s, -e> cacete *m*

stank [ʃtaŋk] *imp von* **stinken**

Stanniol *nt* <-s, -e> papel de estanho *m*

stanzen ['ʃtantsən] *vt* estampar, cunhar

Stapel ['ʃta:pəl] *m* <-s, -> 1. (*Haufen*) pilha *f,* monte *m* 2. (NAUT) estaleiro *m;* **ein Schiff vom ~ lassen** lançar um navio à água

stapeln ['ʃta:pəln] *vt* empilhar, amontoar

Star[1] [sta:ɐ] *m* <-(e)s, -e> 1. (ZOOL) estorninho *m* 2. (MED) **grüner ~** glaucoma *m;* **grauer ~** catarata *f*

Star[2] [ʃta:ɐ] *m* <-s, -s> estrela *f,* vedeta *f,* vedete *f*

starb [ʃtarp] *imp von* **sterben**

stark [ʃtark] I. *adj* (*allgemein*) forte; (*kräftig*) vigoroso, robusto; **~er Kaffee** café forte; **~e Medikamente/Zigaretten** medicamentos/ cigarros fortes; (*dick, stabil*) gordo, grosso; (*Verkehr, Hitze, Regen*) intenso; (*Nachfrage*) grande; **er ist ein ~er Raucher** ele fuma muito; (*beträchtlich*) forte; **sie hat ~e Schmerzen** ela tem fortes dores; (*umg: toll*) espe(c)tacular, bestial; **der Film ist ~** o filme é espe(c)tacular II. *adv* muito, fortemente, intensamente; **~ erkältet sein** estar muito constipado; **es schneit ~** neva intensamente

Stärke *f* <-n> 1. *kein pl* (*allgemein*) força *f, nt;* (*Leistung*) potência *f* 2. (*Dicke*) grossura *f;* (*Festigkeit*) robustez *f* 3. (*Intensität*) intensidade *f* 4. (*Begabung*) forte *m;* **Matemathik ist seine ~** a matemática é o seu forte 5. (*Anzahl*) número *m,* quantidade *f* 6. (*Substanz*) fécula *f,* amido *m;* (*für Wäsche*) goma *m,f*

stärken I. *vt* (*kräftigen*) fortalecer, fortificar; (*Wäsche*) engomar II. *vr* **sich ~** comer

Starkstrom *m* <-(e)s> *kein pl* (ELEKTR) corrente de alta tensão *f*

Stärkung *f* <-en> 1. (*Erfrischung*) reforço *m;* (*Imbiss*) lanche *m;* **eine ~ zu sich nehmen** comer a. c. 2. *kein pl* (*das Kräftigen*) fortalecimento *m*

starr [ʃtar] *adj* 1. (*steif*) rígido, teso; (*unbeweglich*) hirto; (*Glieder*) teso, paralisado; **ihre Finger waren ~ vor Kälte** os dedos dela estavam tesos de frio 2. (*Blick*) fixo, parado; (*vor Schreck*) estarrecido, espavorido; **~ vor Entsetzen** atónito 3. (*Haltung*) intransigente

starren ['ʃtarən] *vi* olhar fixamente; **auf etw ~** cravar os olhos em a. c., fitar a. c.

starrköpfig *adj* teimoso, casmurro

Starrsinn *m* <-(e)s> *kein pl* teimosia *f,* obstinação *f,* intransigência *f*

Start [ʃtart] *m* <-(e)s, -s> 1. (*Beginn*) princípio *m,* início *m* 2. (*Auto*) arranque *m;* (*Flugzeug*) de(s)colagem *f* 3. (SPORT) partida *f,* largada *f*

Startbahn *f* <-en> pista de de(s)colagem *f*

starten ['ʃtartən] I. *vt* 1. (*Auto, Motor*) pôr a trabalhar; (*Computer*) ligar; (*Programm*) iniciar 2. (*Rakete*) lançar 3. (*Kampagne*) lançar II. *vi* 1. (*losgehen, startenfahren*) partir; (*Auto*) arrancar; (*im Sport*) partir, largar 2. (*Flugzeug*) de(s)colar

Startkapital *nt* <-s, -e> capital inicial *m*

Startrampe *f* <-n> plataforma de lançamento *f*

Stasi *abk v* **Staatssicherheitsdienst** polícia de segurança do estado

Station [ʃta'tsjo:n] *f* <-en> 1. (*Eisenbahn, Radio, Wetter*) estação *f;* (*Haltestelle*) paragem *f,* ponto *m;* **~ machen** parar, fazer paragem 2. (*im Krankenhaus*) enfermaria *f,* unidade hospitalar *f*

stationär *adj* (MED) estacionário

stationieren* *vt* (*Truppen, Waffen*) colocar

statisch ['ʃta:tɪʃ] *adj* estático

Statist(in) [ʃta'tɪst] *m(f)* <-en, -en *o* -innen> figurante *m,f*

Statistik [ʃta'tɪstɪk] *f kein pl* estatística *f*

statistisch [ʃta'tɪstɪʃ] *adj* estatístico

Stativ *nt* <-(e)s, -e> tripé *m*

statt [ʃtat] I. *präp+gen* em vez de II. *konj* em vez de, em lugar de; **er macht alles gleichzeitig, ~ sich auf eine Sache zu konzentrieren** ele faz tudo ao mesmo tempo, em vez de se concentrar numa coisa

stattdessenRR *präp* em vez disso; **sie hat das Skifahren aufgegeben, ~ dessen fährt sie jetzt Rad** ela desistiu de fazer esqui, em vez disso anda de bicicleta

statt|finden *vi irr* realizar-se, ter lugar, acontecer

Statthalter(in) *m(f)* <-s, - *o* -innen> (*schweiz*) presidente da Câmara *m,f*

stattlich ['ʃtatlıç] *adj* **1.** (*groß, kräftig*) robusto **2.** (*Gebäude*) imponente; (*Summe*) considerável

Statue ['ʃta:tuə] *f* <-n> estátua *f*

Statur [ʃta'tu:ɐ] *f* <-en> porte *m*, estatura *f*

Status ['ʃta:tʊs] *m* <-, -> estatuto *m*, status *m*

Stau [ʃtaʊ] *m* <-s, -s> engarrafamento *m;* **im ~ stehen** estar preso no trânsito

Staub [ʃtaʊp] *m* <-(e)s> *kein pl* pó *m*, poeira *f; ~* **wischen** limpar o pó; (*umg*); **sich aus dem ~ machen** pisgar-se

staubig *adj* empoeirado, cheio de pó

staub|saugen ['---], **Staub saugen**^RR *vt* aspirar

Staubsauger *m* <-s, -> aspirador *m*

Staubtuch *nt* <-(e)s, -tücher> pano do pó *m*

Staudamm *m* <-(e)s, -dämme> barragem *f*

stauen ['ʃtaʊən] **I.** *vt* (*Wasser*) estancar, represar **II.** *vr* **sich ~** (*Wasser*) acumular-se; (*Verkehr*) congestionar-se; (*Menschen*) apinhar-se

staunen ['ʃtaʊnən] *vi* ficar espantado (*über* com), ficar admirado (*über* com)

Stausee *m* <-s, -n> represa *f*, albufeira *f*

Stauung *f* <-en> **1.** (*von Wasser*) estancamento *m* **2.** (*des Verkehrs*) congestionamento *m* **3.** (MED) congestão *f*

Steak [ste:k] *nt* <-s, -s> bife *m*

stechen ['ʃtɛçən] **I.** *vt* **1.** (*mit spitzem Gegenstand*) picar, furar; (*mit Messer*) espetar; (*Mensch*) dar uma facada a **2.** (*Insekt*) picar, ferrar **3.** (*Kunst*) gravar; **etw in Kupfer ~** gravar a. c. em cobre **II.** *vi* **1.** (*Insekt*) picar, ferrar; (*Sonne*) queimar; **in See ~** fazer-se ao mar; **in die Augen ~** saltar à vista **2.** (*beim Kartenspiel*) cortar

stechend *adj* (*Blick, Geruch*) penetrante; (*Schmerz*) agudo, pungente

Stechmücke *f* <-n> mosquito *m*, melga *f*

Stechuhr *f* <-en> relógio de ponto *m*

Steckbrief *m* <-(e)s, -e> mandado de captura *m*

Steckdose *f* <-n> tomada *f*

stecken ['ʃtɛkən] **I.** *vt* (*hineintun*) pôr (*in* em), meter (*in* em); **die Hände in die Taschen ~** pôr/meter as mãos nos bolsos; **sich** *dat* **etw in den Mund ~** pôr/meter a. c. na boca; **5 DM in den Automaten ~** introduzir 5 marcos na máquina; (*umg*); **jdn ins Gefängnis ~** meter alguém na cadeia; (*aufstecken, anstecken*) enfiar; (*mit Nadeln*) espetar; **einen Ring an den Finger ~** enfiar um anel no dedo; **eine Brosche an die Jacke ~** espetar um broche no casaco **II.** *vi* (*sich befinden*) estar metido (*in* em), estar enfiado (*in* em); (*Nadeln*) estar espetado (*in* em); **mitten in der Arbeit ~** estar a meio do trabalho; **wo steckt er?** onde é que ele se enfiou?, onde é que ele está metido?; **der Schlüssel steckt** a chave está na fechadura; **~ bleiben** atascar-se, atolar-se; (*beim Sprechen*) atrapalhar-se; (*brasil*) afobar-se

stecken|bleiben^ALT *vi irr s.* **stecken II**

Stecker *m* <-s, -> ficha *f*

Stecknadel *f* <-n> alfinete *m*

Steg [ʃte:k] *m* <-(e)s, -e> **1.** (*Brücke*) pontão *m* **2.** (*Bootssteg*) ponte de embarque *f*

Stegreif ['ʃte:kraıf] *m* **aus dem ~** de improviso

Stehcafé *nt* <-s, -s> café sem mesas *m*

stehen ['ʃte:ən] *vi* **1.** (*aufrecht*) estar de/em pé; **ich kann nicht mehr ~** já não posso estar em/de pé **2.** (*sich befinden*) estar, ficar; **neben jdm ~** estar ao lado de alguém; **unter Drogen/Schock ~** estar sob o efeito de drogas/em estado de choque; **wir ~ vor der Schwierigkeit, dass ...** estamos perante a dificuldade de ...; **offen ~** estar aberto; **allein ~d** solteiro **3.** (*geschrieben stehen*) estar (escrito), vir; **in der Zeitung stand, dass ...** estava (escrito) no jornal que ..., vinha no jornal que ...; **du stehst auch auf der Liste** tu também estás/vens na lista **4.** (*Uhr, Verkehr*) estar parado; **~ bleiben** parar, ficar parado **5.** (*anzeigen*) estar, indicar; **das Thermometer steht auf 25 Grad** o termómetro indica 25 graus, o termómetro está nos 25 graus; **die Ampel steht auf Rot** o semáforo está vermelho; **wie steht's?** então que tal?; (SPORT) qual é o resultado neste momento?; **es steht 3:2 für Portugal** está a 3:2 para Portugal; **das Kleid steht Ihnen gut** o vestido fica-lhe bem

stehen|bleiben^ALT *vi irr s.* **stehen 4**

Stehlampe *f* <-n> candeeiro de pé *m*

stehlen ['ʃte:lən] *vt* roubar, furtar

Stehplatz *m* <-es, -plätze> lugar de pé *m*

Steiermark ['ʃtaıɐmark] *f kein pl* Estíria *f*

steif [ʃtaıf] *adj* **1.** (*starr*) teso, hirto; **Eiweiß/ Sahne ~ schlagen** bater as claras/natas em

S

castelo; (*umg*); **etw ~ und fest behaupten** afirmar a. c. a pés juntos **2.** (*Gelenke*) teso **3.** (*unelastisch*) inflexível; **ein ~er Gang** um andar deselegante **4.** (*förmlich*) rígido, cerimonioso

Steigbügel *m* <-s, -> estribo *m*

Steige *f* <-n> **1.** (*österr: steile Straße*) rua íngreme *f* **2.** (*österr: Treppe*) escada *f*

steigen ['ʃtaɪɡən] *vi* **1.** (*hinauf*) subir (*auf* para); (*hinunter*) descer (*von* de); (*klettern*) trepar; **aufs Fahrrad/Pferd ~** montar a bicicleta/o cavalo; **von der Leiter ~** descer do escadote; **einen Drachen ~ lassen** lançar um papagaio; **der Wein steigt mir in den Kopf** o vinho sobe-me à cabeça **2.** (*hinein*) entrar (*in* em/para); (*hinaus*) sair (*aus* de), descer (*aus* de); **in den Bus ~** entrar no/para o autocarro; **aus dem Flugzeug ~** sair/descer do avião **3.** (*zunehmen*) aumentar, crescer; (*Aktien, Preise*) subir (*um* em, *auf* para); **die Spannung steigt** a tensão aumenta; **die Temperatur ist auf 30 Grad/um 5 Grad gestiegen** a temperatura aumentou/subiu para os 30 graus/(em) 5 graus

steigern ['ʃtaɪɡən] **I.** *vt* **1.** (*erhöhen*) aumentar, subir; (*verstärken*) reforçar, intensificar **2.** (*Adjektiv*) formar os graus de **II.** *vr* **sich ~ 1.** (*zunehmen*) aumentar, intensificar-se **2.** (*sich verbessern*) melhorar

Steigerung *f* <-en> **1.** (*Zunahme*) aumento *m*, subida *f* **2.** (LING) grau de comparação *m* **3.** (*schweiz: Versteigerung*) leilão *m*

Steigung *f* <-en> (*im Gelände*) ladeira *f*, encosta *f*; (*einer Straße*) subida *f*

steil [ʃtaɪl] **I.** *adj* (*Gelände, Treppe*) íngreme, abrupto; (*Fels*) escarpado; (*Küste*) alcantilado **II.** *adv* a pique

Steilküste *f* <-n> ribanceira *f*

Stein [ʃtaɪn] *m* <-(e)s, -e> **1.** (*allgemein*) pedra *f*; (*Edelstein*) pedra preciosa *f*; **mir fällt ein ~ vom Herzen** saiu-me um peso dos ombros; (*geh*); **der ~ des Anstoßes** a causa do escândalo; (*geh*); **der ~ der Weisen** a pedra filosofal **2.** (*im Obst*) caroço *m* **3.** (*Spielstein*) pedra *f*, peça *f* **4.** (MED) cálculo *m*

Steinbock *m* <-(e)s, -böcke> **1.** (ZOOL) bode *m* **2.** (*Sternzeichen*) Capricórnio *m*

Steinbruch *m* <-(e)s, -brüche> pedreira *f*

Steinbutt *m* <-(e)s, -e> (ZOOL) rodovalho *m*

Steineiche *f* <-n> azinheira *f*

steinern ['ʃtaɪnən] *adj* de pedra

Steingut *nt* <-(e)s> *kein pl* louça de barro *f*

steinhart ['-'-] *adj* duro como pedra

steinig *adj* pedregoso

Steinkohle *f* <-n> carvão mineral *m*, hulha *f*

Steinmetz(in) ['ʃtaɪnmɛts] *m(f)* <-en, -en o -innen> pedreiro, pedreira *m*, *f*

Steinobst *nt* <-(e)s> *kein pl* fruta de caroço *f*

Steinzeit *f kein pl* Idade da Pedra *f*

Steißbein *nt* <-(e)s, -e> (ANAT) cóccix *m*

Stelle ['ʃtɛlə] *f* <-n> **1.** (*Ort, Platz*) lugar *m*, sítio *m*; **an erster ~** em primeiro lugar; **auf der ~** imediatamente; **an deiner ~ würde ich ...** no teu lugar, eu ...; (*umg*); **auf der ~ treten** não sair do sítio **2.** (*Bereich*) ponto *m*, área *f* **3.** (*Arbeitsplatz*) emprego *m*; **freie ~** vaga *f*; **eine ~ antreten/aufgeben** começar um/sair dum emprego **4.** (*Dienststelle*) repartição *f* **5.** (*im Text*) passagem *f*

stellen ['ʃtɛlən] **I.** *vt* **1.** (*hinstellen, aufstellen*) pôr (*auf* em), colocar (*auf* em), pousar (*auf* em); (*hineintun*) meter (*in* em); **er stellt das Auto in die Garage** ele põe/mete o carro na garagem; **stell die Blumen bitte auf den Tisch** põe/pousa as flores em cima da mesa, por favor **2.** (*regulieren*) regular, pôr; (*Uhr*) acertar; **das Radio leiser/lauter ~** pôr o rádio mais baixo/alto; **den Wecker auf sieben Uhr ~** pôr o despertador para as sete horas; **etw warm/kalt ~** aquecer/arrefecer a. c. **3.** (*Antrag, Diagnose*) fazer; (*Bedingungen*) impor; (*jdm*) **eine Frage ~** fazer uma pergunta (a alguém), colocar uma (questão a alguém); **etw zur Diskussion ~** trazer a. c. à discussão; **etw in Frage ~** pôr a. c. em questão **II.** *vr* **sich ~ 1.** (*sich hinstellen*) pôr-se, colocar-se; **sie stellt sich ans Fenster** ela põe-se à janela; **~ Sie sich dahin!** ponha-se ali!; **sich auf die Zehenspitzen ~** pôr-se em bicos de pés; **sich hinter jdn ~** pôr-se atrás de alguém; (*fig*) apoiar alguém **2.** (*vortäuschen*) fazer-se, fingir-se; **sich krank/dumm ~** fazer-se de doente/burro **3.** (*der Polizei*) entregar-se

Stellenanzeige *f* <-n> anúncio de emprego *m*

stellenweise *adv* aqui e ali

Stellenwert *m* <-(e)s, -e> importância *f*, valor *m*; **einen hohen ~ haben** ter uma grande importância

Stellung *f* <-en> **1.** (*beruflich*) emprego *m*,

colocação *f*; (*Amt*) função *f*; **in seiner ~ als Minister** na sua função de ministro **2.** (*sozial*) estatuto *m*, posição *f*; **die ~ der Frau in der modernen Gesellschaft** o estatuto da mulher na sociedade moderna **3.** (*Einstellung*) posição *f*; **zu etw ~ nehmen** tomar uma posição em relação a a. c.

Stellungnahme *f* <-n> tomada de posição *f*, rea(c)ção *f*; **eine ~ zu etw abgeben** ter uma rea(c)ção a a. c.

stellvertretend *adj* substituto, adjunto; **die ~e Vorsitzende** a vice-presidente

Stellvertreter(in) *m(f)* <-s, - *o* -innen> substituto, substituta *m, f*, representante *m,f*

Stelze ['ʃtɛltsə] *f* <-n> anda *f*; **auf ~n laufen** andar sobre andas

stemmen ['ʃtɛmən] **I.** *vt* (*Gewicht*) levantar; **die Hände in die Seite ~** fincar as mãos nas ancas **II.** *vr* **sich ~ 1.** (*sich widersetzen*) resistir (*gegen* a), opor-se (*gegen* a) **2.** (*drücken*) encostar-se (*gegen* a); **sich gegen eine Tür ~** encostar-se a uma porta (com força)

Stempel ['ʃtɛmpəl] *m* <-s, -> **1.** (*Gerät, Abdruck*) carimbo *m* **2.** (BOT) estilete *m*, pistilo *m*

Stempelkissen *nt* <-s, -> almofada de carimbos *f*

stempeln *vt* (*Brief, Briefmarke*) carimbar; (*Urkunde*) carimbar, selar

StengelALT ['ʃtɛŋəl] *m* <-s, -> *s.* **Stängel**

StenografieRR [ʃtenogra'fi:] *f* <-n> **Stenographie**ALT estenografia *f*

stenografierenRR* *vi* **stenographieren**ALT* estenografar

Steppdecke *f* <-n> edredão *m*

Steppe ['ʃtɛpə] *f* <-n> estepe *f*

Sterbehilfe *f kein pl* eutanásia *f*

sterben ['ʃtɛrbən] *vi* morrer (*an* de), falecer (*an* de); **im Sterben liegen** estar moribundo

Sterbeurkunde *f* <-n> certidão de óbito *f*

sterblich *adj* mortal

Sterblichkeit *f kein pl* mortalidade *f*

stereo *adj inv* estéreo

Stereoanlage *f* <-n> aparelhagem de alta fidelidade *f*

stereotyp [ʃtereo'ty:p] *adj* estereotípico

steril [ʃte'ri:l] *adj* **1.** (*keimfrei*) esterilizado **2.** (*unfruchtbar*) estéril

Sterilisation *f* <-en> esterilização *f*

sterilisieren* *vt* esterilizar

Stern [ʃtɛrn] *m* <-(e)s, -e> estrela *f*; (*Gestirn*) astro *m*; **ein Hotel mit vier ~en** um

hotel de quatro estrelas; **das steht noch in den ~en** isso ainda é uma incógnita

Sternbild *nt* <-(e)s, -er> constelação *f*

Sternschnuppe *f* <-n> estrela-cadente *f*

Sternwarte *f* <-n> observatório astronómico *m*

Sternzeichen *nt* <-s, -> signo do zodíaco *m*

stetig *adj* permanente, contínuo

stets [ʃte:ts] *adv* sempre, continuamente

Steuer[1] ['ʃtɔɪɐ] *f* <-n> imposto *m*; **~n hinterziehen** fugir aos impostos, fugir ao fisco; **etw von der ~ absetzen** deduzir a. c. do imposto

Steuer[2] *nt* <-s, -> (*Auto*) volante *m*; (*Schiff, Flugzeug*) leme *m*; **am ~ sitzen** estar ao volante

Steuerberater(in) *m(f)* <-s, - *o* -innen> consultor fiscal, consultora *m, f*

Steuerbord *nt* <-s> *kein pl* (AERO, NAUT) estibordo *m*

Steuererklärung *f* <-en> declaração de impostos *f*

Steuerhinterziehung *f* <-en> evasão fiscal *f*, fuga ao fisco *f*

Steuerkarte *f* <-n> cartão de contribuinte *m*

Steuerknüppel *m* <-s, -> alavanca de comando *f*

steuerlich *adj* fiscal, tributário

steuern ['ʃtɔɪɐn] *vt* **1.** (*Auto*) conduzir, guiar, dirigir; (*Flugzeug*) pilotar; (*Schiff*) governar, pilotar **2.** (*Entwicklung*) comandar, controlar

steuerpflichtig *adj* sujeito a impostos, tributário

Steuerrad *nt* <-(e)s, -räder> (*im Auto*) volante *m*; (*im Schiff*) roda do leme *f*

Steuerung *f* <-en> **1.** *kein pl* (*Auto*) condução *f*; (*Flugzeug*) pilotagem *f*; (*Schiff*) comando *m*, pilotagem *f* **2.** (*Vorrichtung*) dispositivo de comando *m*

Steuerzahler(in) *m(f)* <-s, - *o* -innen> contribuinte *m,f*

Steward, ess ['stju:ɐt] *m, f* <-s, -s *o* -en> (*im Flugzeug*) comissário de bordo *m*, hospedeira *f*, aeromoça *f*; (*auf Schiff*) camareiro, camareira *m, f*

Stich [ʃtɪç] *m* <-(e)s, -e> **1.** (*an Dorn, Stachel, Nadel*) picadela *f*, *nt*; (*von Insekt*) picada *f*, ferradela *f*; (*mit Messer*) golpe *m*, facada *f* **2.** *kein pl* (*Färbung*) tom *m*; **einen ~ ins Grüne haben** ter uns tons de verde **3.**

S

(MED: *beim Nähen*) ponto *m* **4.** (*Kunst*) gravação *f* **5.** (*Schmerz*) pontada *f*, fisgada *f* **6.** (*beim Kartenspiel*) vaza *m,f*

stichhaltig *adj* convincente, plausível

Stichprobe *f* <-n> amostra aleatória *f*

Stichwort¹ *nt* <-(e)s, -wörter> (*im Wörterbuch*) entrada *f*, palavra *f*; **unter einem ~ nachschlagen** procurar numa palavra

Stichwort² *nt* <-(e)s, -e> **1.** (*Theater*) deixa *f* **2.** (*Notiz*) apontamento *m*, nota *f*; **sich** *dat* **~e machen** tirar apontamentos/notas

sticken ['ʃtɪkən] *vt* bordar

Stickerei *f* <-en> bordado *m*

stickig ['ʃtɪkɪç] *adj* sufocante; (*Luft*) abafado

Stickoxid *nt* <-(e)s, -e> óxido nítrico *m*

Stickstoff *m* <-(e)s, -e> azoto *m*, nitrogénio *m*

Stiefbruder ['ʃtiːf-] *m* <-s, -brüder> meio-irmão *m*

Stiefel ['ʃtiːfəl] *m* <-s, -> bota *f*; **die ~ anziehen/ausziehen** calçar/descalçar as botas

Stiefkind *nt* <-(e)s, -er> enteado, enteada *m, f*

Stiefmutter *f* <-mütter> madrasta *f*

Stiefschwester *f* <-n> meia-irmã *f*

Stiefvater *m* <-s, -väter> padrasto *m*

stieg [ʃtiːk] *imp von* **steigen**

Stiegenhaus *nt* <-es, -häuser> (*österr*) escadaria *f*

Stiel [ʃtiːl] *m* <-(e)s, -e> **1.** (*Griff*) cabo *m*; (*von Besen*) toco *m* **2.** (*von Blume*) pedúnculo *m*, pé *m*; (*an Frucht*) pé *m*; (*von Blatt*) pecíolo *m*, talo *m*

Stier *m* <-(e)s, -e> **1.** (ZOOL) touro *m* **2.** (*Sternzeichen*) Touro *m*

Stierkampf *m* <-(e)s, -kämpfe> tourada *f*, corrida de touros *f*

Stierkämpfer(in) *m(f)* <-s, - *o* -innen> toureiro, toureira *m, f*

stieß *imp von* **stoßen**

Stift [ʃtɪft] *m* <-(e)s, -e> **1.** (*Bleistift*) lápis *m*; (*Buntstift*) lápis de cor *m* **2.** (*Nagel*) prego *m*

stiften ['ʃtɪftən] *vt* **1.** (*gründen*) fundar, instituir; (*spenden*) doar **2.** (*bewirken*) causar, provocar; **Frieden ~** restabelecer a paz

Stiftung *f* <-en> fundação *f*, instituição *f*

Stil [ʃtiːl] *m* <-(e)s, -e> estilo *m*

stilistisch [ʃtiˈlɪstɪʃ] *adj* estilístico

still [ʃtɪl] *adj* **1.** (*lautlos*) silencioso; (*Ort*) sossegado, calmo, tranquilo; **sei ~!** silêncio!, está calado!; **~ und heimlich** com pezinhos de lã, de mansinho **2.** (*unbewegt*) quieto;

(WIRTSCH); **~er Teilnehmer** comanditário **3.** (*Mensch*) sossegado

Stille ['ʃtɪlə] *f kein pl* calma *f*, sossego *m*, tranquilidade *f*

Stilleben^{ALT} *nt* <-s, -> *s.* **Stillleben**

stillegen^{ALT} *vt s.* **stilllegen**

stillen ['ʃtɪlən] *vt* **1.** (*Säugling*) amamentar, dar de mamar a **2.** (*Hunger, Durst, Sehnsucht*) matar **3.** (*Schmerzen*) acalmar; (*Blutung*) estancar

stillhalten *vi irr* não se mexer, ficar quieto

Stillleben^{RR} *nt* <-s, -> natureza-morta *f*

stilllegen^{RR} *vt* (*Betrieb, Strecke*) parar; (*Fahrzeug*) proibir a circulação de

Stillschweigen *nt* <-s> *kein pl* silêncio *m*; **~ bewahren** manter o sigilo

stillschweigend *adv* em silêncio, calado

Stillstand *m* <-(e)s> *kein pl* (*in Verhandlung, Entwicklung*) paralisação *f*, ponto morto *m*; (*von Verkehr, Produktion*) paralisação *f*; **zum ~ kommen** paralisar

stillstehen *vi irr* (*Mensch, Maschine*) estar parado; (*Entwicklung, Produktion*) cessar; (*Handel, Verkehr*) estar paralisado

Stimmband *nt* <-(e)s, -bänder> (ANAT) corda vocal *f*

stimmberechtigt *adj* com direito de voto

Stimmbeteiligung *f* <-en> (*schweiz*) afluência às urnas *f*

Stimmbruch *m* <-(e)s> *kein pl* mudança de voz *f*

Stimmbürger(in) *m(f)* <-s, - *o* -innen> (*schweiz*) eleitor, eleitora *m, f*

Stimme ['ʃtɪmə] *f* <-n> **1.** (*des Menschen*) voz *f*; **mit lauter/leiser ~** em voz alta/baixa **2.** (*bei Wahl*) voto *m*; **sich der ~ enthalten** abster-se (de votar); **jdm seine ~ geben** votar em alguém **3.** (MUS) voz *f*; **die erste/ zweite ~ singen** cantar a primeira/segunda voz

stimmen ['ʃtɪmən] **I.** *vt* (*Instrument*) afinar **II.** *vi* **1.** (*richtig sein*) estar certo, estar conforme; **das stimmt!** é verdade!, está certo!; **das stimmt nicht!** isso não é verdade!; **die Rechnung stimmt** a conta está certa **2.** (*bei Wahl*) votar (*für, gegen* a favor de, contra)

stimmhaft *adj* (LING) sonoro

stimmlos *adj* (LING) mudo

Stimmrecht *nt* <-(e)s, -e> direito de voto *m*

Stimmung *f* <-en> **1.** (*Gemütsverfassung*) disposição *f*, humor *m*; **in guter/schlechter ~ sein** estar bem-disposto/mal-disposto, estar de bom/mau humor **2.** (*Atmosphäre*) ambiente *m*, atmosfera *f*; (*angeregte*) animação *f*; **es herrschte eine fröhliche/feindselige ~** havia um ambiente alegre/hostil

Stimmzettel *m* <-s, -> boletim de voto *m*

stimulieren* *vt* estimular

stinken ['ʃtɪŋkən] *vi* feder (*nach* a), cheirar mal; (*umg*); **mir stinkt's!** estou farto!

Stipendiat(in) *m(f)* <-en, -en *o* -innen> bolseiro, bolseira *m*, *f*, bolsista *m,f*

Stipendium [ʃti'pɛndiʊm] *nt* <-s, Stipendien> bolsa (de estudos) *f*; **ein ~ beantragen/erhalten** requerer/obter uma bolsa

Stirn [ʃtɪrn] *f* <-en> testa *f*

Stirnhöhlenentzündung *f* <-en> (MED) sinusite frontal *f*

stöbern *vi* ~ **in** *dat* remexer, vasculhar

stochern ['ʃtɔxən] *vi* ~ **in** +*dat* escarafunchar; **in den Zähnen** ~ palitar os dentes

Stock [ʃtɔk] *m* <-(e)s, Stöcke> **1.** (*Stab*) pau *m*; (*Spazierstock*) bengala *f*; (*Skistock*) bastão *m*; (*Taktstock*) batuta *f*; (*Billardstock*) taco *m* **2.** *kein pl* (*Stockwerk*) andar *m*; **sie wohnen im vierten** ~ eles moram no quarto andar **3.** *kein pl* (*schweiz: Kartoffelbrei*) puré de batata *m*

stockdunkel *adj* completamente escuro, escuro como breu

Stöckelschuh *m* <-(e)s, -e> sapato de tacão alto *m*

stocken ['ʃtɔkən] *vi* parar; (*Verkehr*) congestionar-se; (*beim Sprechen*) emperrar, engasgar-se

Stockfisch *m* <-(e)s, -e> bacalhau *m*

Stockholm *nt* <-s> *kein pl* Estocolmo *m*

stocktaub *adj* surdo como uma porta

Stockung *f* <-en> paralisação *f*; (*von Verkehr*) congestionamento *m*

Stockwerk *nt* <-(e)s, -e> andar *m*

Stoff [ʃtɔf] *m* <-(e)s, -e> **1.** (*Gewebe*) pano *m*, tecido *m* **2.** (*Materie*) matéria *f*, material *m*; (*Substanz*) substância *f* **3.** (*Unterricht*) matéria *f*; (*Film, Buch*) tema *m* **4.** *kein pl* (*umg: Rauschgift*) droga *f*

Stoffwechsel *m* <-s, -> metabolismo *m*

stöhnen *vi* gemer (*vor* de); (*klagen*) queixar-se (*über* de)

Stola ['ʃtoːla, 'stoːla] *f* <Stolen> estola *f*

Stollen ['ʃtɔlən] *m* <-s, -> **1.** (GASTR) bolo de Natal *m* **2.** (*Bergbau*) galeria *f*

stolpern ['ʃtɔlpen] *vi* tropeçar (*über* em)

stolz [ʃtɔlts] *adj* orgulhoso (*auf* de)

Stolz *m* <-es> *kein pl* orgulho *m* (*auf* em)

Stop^ALT *m* <-s, -s> *s.* **Stopp**

stopfen ['ʃtɔpfən] **I.** *vt* (*Kleidung*) remendar; **Strümpfe** ~ pontear meias; (*Loch*) tapar; (*hineintun*) meter (*in* em), enfiar (*in* em); **die Sachen in den Koffer** ~ meter as coisas na mala; **die Pfeife** ~ encher o cachimbo **II.** *vi* (*Speise*) causar prisão de ventre

stopp [ʃtɔp] *interj* alto!

Stopp^RR *m* <-s, -s> (*Auto*) paragem *f*; (*Flugzeug*) escala *f*, paragem *f*

Stoppel ['ʃtɔpəl] *f* <-n> **1.** (*Getreide*) restolho *m* **2.** (*umg: Bartstoppel*) barba rala *f*

stoppen ['ʃtɔpən] **I.** *vt* (*anhalten*) (fazer) parar; (*Zeit*) cronometrar **II.** *vi* parar

Stoppschild *nt* <-(e)s, -er> sinal de paragem obrigatória *m*, stop *m*

Stoppuhr *f* <-en> cronómetro *m*

Stöpsel *m* <-s, -> **1.** (*für Waschbecken*) tampa do ralo *f*; (*für Flaschen*) rolha *f* **2.** (*umg: Junge*) miúdo *m*

Storch [ʃtɔrç] *m* <-(e)s, Störche> cegonha *f*

stören *vt* **1.** (*belästigen*) incomodar, importunar; **jdn bei der Arbeit** ~ incomodar alguém no trabalho; **lassen Sie sich nicht** ~ não se incomode; **stört es Sie, wenn ich rauche?** importa-se que eu fume? **2.** (*Ruhe, Frieden, Unterricht*) perturbar; (*Verkehr*) estorvar

Störenfried *m* <-(e)s, -e> perturbador (da paz), perturbadora *m*, *f*

störrisch *adj* teimoso, casmurro, obstinado

Störung *f* <-en> **1.** (*Belästigung*) incómodo *m*, estorvo *m* **2.** (*der Ordnung*) perturbação *f*; (*eines Gesprächs*) interrupção *f*; (*des Verkehrs*) complicação *f*; (*Radio*) interferência *f*; **technische** ~ avaria *f* **3.** (*gesundheitlich*) distúrbio *m*

Stoß *m* <-es, Stöße> **1.** (*Schubs*) empurrão *m*, encontrão *m*; (*Schlag*) pancada *f*, golpe *m*; (*mit Ellbogen*) cotovelada *f* **2.** (*Erdstoß*) abalo *m*; (*bei Autofahrt*) solavanco *m* **3.** (*Haufen*) monte *m*; **ein ~ Bücher** um monte de livros

Stoßdämpfer *m* <-s, -> amortecedor *m*

stoßen I. *vt* (*schubsen*) empurrar, impelir; (*mit Ellbogen*) dar uma cotovelada a; (*mit Hörnern*) dar uma marrada em; **sich** *dat* **den Kopf an der Wand** ~ bater com a cabeça na parede; **jdn ins Wasser** ~ empurrar alguém para a água; (*zerkleinern*) moer, pisar **II.** *vi*

S

(*prallen*) ir (*an/gegen* contra), esbarrar (*an/gegen* em/contra); **aufeinander** ~ ir um contra o outro; **der Stier stieß mit den Hörnern nach ihm** o touro deu-lhe uma marrada; (*treffen, finden*) deparar-se (*auf* com); topar (*auf* com); **auf Erdöl** ~ encontrar petróleo; **auf jdn** ~ esbarrar-se com alguém **III.** *vr* **sich** ~ dar um encontrão, esbarrar-se; **sich an etw** ~ bater contra a. c., dar um encontrão em a. c.; (*fig*) ficar chocado com a. c.

Stoßstange *f* <-n> pára-choques *m*

Stoßzeit *f* <-en> hora de ponta *f*

stottern [ˈʃtɔtən] *vi* gaguejar

Str. *abk v* **Straße** R. (= *rua*)

Strafanstalt *f* <-en> casa de corre(c)ção *f*, penitenciária *f*

Strafarbeit *f* <-en> castigo escolar *m*

strafbar *adj* punível

Strafe [ˈʃtraːfə] *f* <-n> castigo *m;* (*Freiheitsstrafe*) pena *f;* (*Geldstrafe*) multa *f;* **das ist bei** ~ **verboten** isso é proibido sob pena de multa; **etw unter** ~ **stellen** proibir a. c. sob pena; **zur** ~ como castigo

strafen [ˈʃtraːfən] *vt* punir (*für* por), castigar (*für* por); (*mit Geldstrafe*) multar

straff [ʃtraf] *adj* **1.** (*gespannt*) esticado; (*Haut*) teso **2.** (*Disziplin, Organisation*) rigoroso, rígido

straffällig *adj* criminoso; ~ **werden** cometer um crime

Strafgefangene(r) *m/f* <-n, -n *o* -n> presidiário, presidiária *m, f,* recluso, reclusa *m, f*

Strafgesetzbuch *nt* <-(e)s, -bücher> código penal *m*

sträflich *adj* condenável, imperdoável

Sträfling *m* <-s, -e> presidiário, presidiária *m, f,* recluso, reclusa *m, f*

strafmildernd *adj* atenuante

Strafporto *nt* <-s, -s> sobretaxa postal *f*, multa *f*

Strafraum *m* <-(e)s, -räume> (SPORT) grande área *f*

Strafrecht *nt* <-(e)s> *kein pl* direito penal *m*

Strafstoß *m* <-es, -stöße> (SPORT) grande penalidade *f*, penalty *m*, pênalti *m*

Straftat *f* <-en> delito *m;* **eine** ~ **begehen** cometer um delito

Strafzettel *m* <-s, -> aviso de multa *m*

Strahl [ʃtraːl] *m* <-(e)s, -en> **1.** (*Lichtstrahl, Sonnenstrahl*) raio *m* **2.** (*Wasserstrahl*) ja(c)to *m*

strahlen [ˈʃtraːlən] *vi* **1.** (*Licht, Sonne*) brilhar, raiar **2.** (*radioaktiv*) ser radioa(c)tivo; **Plutonium strahlt** o plutónio é radioa(c)tivo **3.** (*Mensch*) estar radiante, irradiar; **sie strahlte vor Glück** ela estava radiante, ela irradiava felicidade

strählen I. *vt* (*schweiz*) pentear **II.** *vr* **sich** ~ (*schweiz*) pentear-se

Strahlenbehandlung *f* <-en> radioterapia *f*

Strahlenbelastung *f* <-en> exposição à radiação *f*

strahlend *adj* **1.** (*Wetter*) refulgente, brilhante; **bei** ~**em Sonnenschein** com um sol brilhante **2.** (*Mensch*) radiante

Strahlenschutz *m* <-es> *kein pl* prote(c)ção contra radiações *f*

strahlenverseucht *adj* contaminado por radiação

Strahlung *f* <-en> (PHYS) radiação *f;* **radioaktive** ~ radioa(c)tividade *f*

Strähne *f* <-n> (*Haar*) madeixa *f*

stramm [ʃtram] *adj* **1.** (*straff*) direito, teso **2.** (*kräftig*) vigoroso, robusto

strampeln [ˈʃtrampəln] *vi* (*Baby*) espernear

Strand [ʃtrant] *m* <-(e)s, Strände> praia *f;* **am** ~ **liegen** estar na praia

stranden [ˈʃtrandən] *vi* (*Schiff*) encalhar

Strandgut *nt* <-(e)s> *kein pl* despojos do mar *mpl*

Strandkorb *m* <-(e)s, -körbe> cadeirão de praia *m*

Strandkorb é típico das praias do Mar do Norte e do Mar Báltico. É um grande cesto em forma de poltrona com espaço para duas pessoas. Serve para proteger os banhistas do vento norte frio e às vezes forte, da chuva, mas também da radiação solar.

Strang [ʃtraŋ] *m* <-(e)s, Stränge> **1.** (*Seil*) corda *f;* (*umg*); **über die Stränge schlagen** passar das marcas, passar dos limites **2.** (*Muskeln, Nerven*) feixe *m*

Strapaze [ʃtraˈpaːtsə] *f* <-n> canseira *f*, estafa *f*

strapazfähig *adj* (*österr*) *s.* **strapazierfähig**

strapazieren* *vt* **1.** (*Mensch*) cansar, estafar; (*Kräfte, Geduld, Nerven*) desgastar **2.** (*Material*) gastar, desgastar

strapazierfähig *adj* resistente
strapaziös *adj* cansativo, fatigante
Straßburg *nt* <-s> *kein pl* Estraburgo *m*
Straße *f* <-n> **1.** (*im Ort*) rua *f*; (*groß, breit*) avenida *f*; (*Landstraße*) estrada *f*; **auf der ~** na rua; **er wohnt drei ~n weiter** ele mora três ruas mais acima; (*umg*) **jdn auf die ~ setzen** pôr alguém na rua **2.** (*Meeresenge*) estreito *m*; **die ~ von Gibraltar** o estreito de Gibraltar
Straßenbahn *f* <-en> eléctrico *m*, metro de superfície *m*, bonde *m*
Straßencafé *nt* <-s, -s> esplanada *f*
Straßenkind *nt* <-(e)s, -er> criança de rua *f*, moleque *m*
Straßennetz *nt* <-es, -e> rede rodoviária *f*
Straßenschild *nt* <-(e)s, -er> placa *f*, tabuleta *f*
Straßensperre *f* <-n> barricada *f*, bloqueio de rua *m*
Straßenverkehr *m* <-s> *kein pl* trânsito rodoviário *m*
Straßenverkehrsordnung *f* <-en> código da estrada *m*
Strategie [ʃtrateˈgiː] *f* <-n> estratégia *f*
strategisch *adj* estratégico
Stratosphäre *f kein pl* (METEO) estratosfera *f*
sträuben *vr* sich ~ **1.** (*Haare*) arrepiar-se; (*Fell*) eriçar-se **2.** (*sich widersetzen*) opor-se (*gegen* a), resistir (*gegen* a)
Strauch [ʃtraʊx] *m* <-(e)s, Sträucher> arbusto *m*
Strauß¹ *m* <-es, -e> (ZOOL) avestruz *f*
Strauß² *m* <-es, Sträuße> (*Blumen*) ramo *m*
streben [ˈʃtreːbən] *vi* aspirar (*nach* a), ambicionar
Streber(in) *m(f)* <-s, - o -innen> (*pej*) marrão, marrona *m*, *f*
strebsam *adj* aplicado, assíduo; (*ehrgeizig*) ambicioso
Strecke [ˈʃtrɛkə] *f* <-n> **1.** (*Wegabschnitt*) percurso *m*, traje(c)to *m*; (*Entfernung*) distância *f*; **eine große ~ zurücklegen** percorrer uma grande distância **2.** (*Eisenbahn*) linha *f*; **die ~ Coimbra-Lissabon** a linha Coimbra-Lisboa **3.** (MAT) segmento de re(c)ta *m*
strecken [ˈʃtrɛkən] **I.** *vt* **1.** (*Körperteil*) esticar, estender; **die Beine unter den Tisch ~** estender as pernas debaixo da mesa; **den Kopf aus dem Fenster ~** pôr a cabeça de

fora da janela **2.** (*Vorräte*) racionar; (*Geld*) administrar **II.** *vr* sich ~ **1.** (*hinlegen*) estender-se, esticar-se **2.** (*sich recken*) espreguiçar-se
Streetworker(in) *m(f)* <-s, - o -innen> assistente social de rua *m,f*
Streich [ʃtraɪç] *m* <-(e)s, -e> partida *f*, brincadeira *f*; **jdm einen ~ spielen** pregar uma partida a alguém
streicheln [ˈʃtraɪçəln] *vt* acariciar, fazer festas a
streichen [ˈʃtraɪçən] **I.** *vt* **1.** (*anstreichen*) pintar; **frisch gestrichen!** pintado de fresco! **2.** (*durchstreichen*) riscar; (*Plan, Auftrag*) anular; (*Veranstaltung*) cancelar **3.** (*Brot*) barrar; **Butter auf das Brot ~** barrar o pão com manteiga; **etw glatt ~** alisar a. c. **II.** *vi* **1.** (*umherziehen*) andar (*durch* por), vaguear (*durch* por) **2.** (*mit der Hand*) passar a mão (*über* por)
Streichholz *nt* <-es, -hölzer> fósforo *m*
Streichinstument *nt* <-(e)s, -e> instrumento de cordas *m*
Streife [ˈʃtraɪfə] *f* <-n> patrulha *f*; **~ fahren** patrulhar
streifen [ˈʃtraɪfən] **I.** *vt* (*berühren*) roçar, tocar (de leve); **jdn am Arm ~** tocar no braço de alguém; **er streifte das Thema nur** ele só roçou o tema **II.** *vi* vaguear (*durch* por); **durch die Wälder ~** vaguear pelos bosques
Streifen [ˈʃtraɪfən] *m* <-s, -> **1.** (*aus Papier*) tira *f*, fita *f*; (*aus Stoff*) tira *f*, faixa *f*; **etw in ~ schneiden** cortar a. c. às tiras **2.** (*Linie*) risca *f*, list(r)a *f*; **ein Pullover mit bunten ~** uma camisola às riscas coloridas **3.** (*umg: Film*) filme *m*
Streifenwagen *m* <-s, -> carro de patrulha *m*
Streik [ʃtraɪk] *m* <-(e)s, -s> greve *f*; **in ~ treten** entrar em greve; **zum ~ aufrufen** convocar uma greve
Streikbrecher(in) *m(f)* <-s, - o -innen> fura-greves *m,f*
streiken [ˈʃtraɪkən] *vi* estar em greve (*für* por, *gegen* contra), fazer greve (*für* por, *gegen* contra)
Streikposten *m* <-s, -> piquete de grevistas *m*
Streit [ʃtraɪt] *m* <-(e)s, -e> discussão *f*, briga *f*; (*Rechtsstreit*) litígio *m*, contenda *f*; **wir haben ~** nós discutimos; **mit jdm wegen etw ~ bekommen** discutir com alguém por cau-

S

sa de a. c.; **wir trennten uns im** ~ nós separámo-nos litigiosamente

streiten ['ʃtraɪtən] **I.** *vi* (*zanken*) brigar (*um* por); (*mit Worten*) discutir (*über* por causa de); **darüber lässt sich** ~ isso é discutível **II.** *vr* **sich** ~ discutir (*mit* com, *wegen* por causa de)

Streitfrage *f* <-n> questão *f*, controvérsia *f*

Streitigkeit *f* <-en> desavença *f*, disputa *f*; (*unwichtig*) questiúncula *f*

Streitkräfte *pl* forças armadas *fpl*

streitsüchtig *adj* brigão

streng [ʃtrɛŋ] *adj* **1.** (*Strafe, Maßnahme, Erziehung*) rígido; (*Vorschrift*) rigoroso; (*Lehrer*) severo, austero; (*Überwachung*) apertado, rigoroso; ~ **zu jdm sein** ser severo (para) com alguém **2.** (*Ordnung, Diskretion, Sitte*) rigoroso; ~ **genommen** em rigor; **das ist** ~ **verboten!** isso é estritamente proibido! **3.** (*Geschmack*) puxado; (*Geruch*) acerbo **4.** (*Winter*) rigoroso; (*Kälte*) intenso, cortante

strenggenommen^{ALT} *adv s.* **streng 2**

strenggläubig *adj* ortodoxo

strengstens *adv* rigorosamente; **ich habe es ihr** ~ **verboten** eu proibi-lhe isso terminantemente; **wir mussten uns** ~ **an seine Anweisungen halten** nós tivemos de seguir as suas instruções à risca

Stress^{RR} [ʃtrɛs] *m* <-es> *kein pl*, **Streß**^{ALT} *m* <-sses> *kein pl* stress *m*, estresse *m*; **im** ~ **sein** estar em stress, estar em estresse

stressen ['ʃtrɛsən] *vt* cansar, estafar; **die Arbeit stresst mich** o trabalho cansa-me

stressfrei^{RR} *adj* sem stress, sem estresse

stressgeplagt^{RR} *adj* assoberbado de trabalho

stressig *adj* estafante, stressante, estressante

streuen ['ʃtrɔɪən] *vt* espalhar (*auf* em), polvilhar (*auf* em)

strich [ʃtrɪç] *imp von* **streichen**

Strich [ʃtrɪç] *m* <-(e)s, -e> **1.** (*Linie*) risco *m*, linha *f*, traço *m*; (*mit Pinsel*) pincelada *f*; **einen** ~ **ziehen** traçar uma linha, fazer um risco/traço; (*umg*); **jdm einen** ~ **durch die Rechnung machen** estragar os planos a alguém **2.** *kein pl* (*von Haar, Fell*) risca *f*; **gegen den** ~ a contrapelo, ao arrepio; (*umg*); **jdm gegen den** ~ **gehen** ir contra os princípios de alguém **3.** (*umg: Prostitution*) vida *f*; **auf den** ~ **gehen** andar na vida

Strichjunge *m* <-n, -n> (*umg*) prostituto *m*

Strichcode *m* <-s, -s> código de barras *m*

Strichpunkt *m* <-(e)s, -e> ponto e vírgula *m*

Strick [ʃtrɪk] *m* <-(e)s, -e> cordel *m*, cordão *m*; **wenn alle** ~**e reißen** na pior das hipóteses, se acontecer o pior

stricken ['ʃtrɪkən] **I.** *vt* tricotar **II.** *vi* fazer malha, fazer tricô

Strickonjacke *f* <-n> casaco de malha *m*

Strickleiter *f* <-n> escada de cordas *f*

Stricknadel *f* <-n> agulha de tricô *f*

Strickwaren *pl* malhas *fpl*

strikt [ʃtrɪkt] **I.** *adj* rigoroso, estrito **II.** *adv* à risca, estritamente; **eine Regel** ~ **befolgen** seguir uma regra à risca

Striptease *m* <-> *kein pl* strip-tease *m*

stritt [ʃtrɪt] *imp von* **streiten**

strittig ['ʃtrɪtɪç] *adj* discutível

Stroh [ʃtroː] *nt* <-s> *kein pl* palha *f*

Strohblume *f* <-n> perpétua *f*

Strohdach *nt* <-(e)s, -dächer> telhado *m* de colmo *m*, telhado de palha *m*

Strohhalm *m* <-(e)s, -e> **1.** (*Halm*) palha *f*, palinha *f*, cálamo *m* **2.** (*zum Trinken*) palha *f*, palhinha *f*

Strohmann *m* <-(e)s, -männer> testa-de-ferro *m*

Strohwitwer, **Strohwitwe** *m*, *f* <-s, - -n> viúvo de mulher viva *m*, viúva de marido vivo *f*

Strom [ʃtroːm] *m* <-(e)s, Ströme> **1.** (ELEKTR) corrente *f* **2.** (*Fluss*) grande rio *m*; **es gießt in Strömen** chove a cântaros, chove torrencialmente; **gegen den** ~ **schwimmen** remar contra a maré **3.** (*Menschen*) torrente *f*, mar de gente *m*

stromabwärts *adv* rio abaixo

stromaufwärts *adv* rio acima

Stromausfall *m* <-(e)s, -fälle> falha de corrente *f*, falha de energia *f*

strömen *vi* **1.** (*Flüssigkeit*) correr; **das Wasser strömt ins Becken** a água corre para a bacia; **bei** ~**dem Regen** com chuva torrencial **2.** (*Menschen*) afluir; **die Kunden** ~ **in die Geschäfte** os clientes afluem às lojas

Stromschnelle *f* <-n> cascata *f*, cachoeira *f*

Stromspannung *f* <-en> voltagem *f*

Strömung *f* <-en> corrente *f*, correnteza *f*

Stromversorgung *f* *kein pl* abastecimento de energia *m*

Strophe ['ʃtroːfə] *f* <-n> estrofe *f*

strotzen ['ʃtrɔtsən] *vi* estar cheio (*vor/von* de); (*vor Freude*) transbordar (*vor/von* de);

vor Gesundheit ~ respirar saúde, vender saúde; **der Satz strotzt vor Fehlern** a frase está cheia de erros

Strudel ['ʃtruːdəl] *m* <-s, -> **1.** (*im Wasser*) redemoinho *m*, turbilhão *m* **2.** (*Speise*) torta *f*, rolo *m*

Struktur [ʃtrʊk'tuːɐ] *f* <-en> estrutura *f*

strukturell [ʃtrʊktuˈrɛl] *adj* estrutural

Strukturkrise *f* <-n> crise estrutural *f*

Strumpf [ʃtrʊmpf] *m* <-(e)s, Strümpfe> meia *f*, peúga *f*

Strumpfhose *f* <-n> meia-calça *f*, collant *m*

Strunk *m* <-(e)s, Strünke> **1.** (*von Gemüse*) troço *m* **2.** (*von Baum*) cepo *m*, toco *m*

struppig ['ʃtrʊpɪç] *adj* esguedelhado, desgrenhado; (*Bart*) emaranhado

Stube ['ʃtuːbə] *f* <-n> quarto *m*, sala *f*

Stubenhocker(in) *m(f)* <-s, - *o* -innen> **ein** ~/**eine** ~**in sein** ser muito caseiro/caseira

stubenrein *adj* limpo, treinado

Stuck [ʃtʊk] *m* <-(e)s> *kein pl* estuque *m*

Stück *nt* <-(e)s, -e> **1.** (*Teil*) bocado *m*, pedaço *m*; **ein** ~ **Kuchen** uma fatia de bolo; **etw in** ~**e schlagen** despedaçar a. c.; **hast du ein** ~ **Papier?** tens uma folha (de papel)?; **ich begleite dich noch ein** ~ eu acompanho-te mais um bocado; **aus freien** ~**en de** livre vontade; (*umg*) **das ist ein starkes** ~**!** é incrível! **2.** (*Exemplar*) exemplar *m*; **das ist ein seltenes** ~ isso é um exemplar raro **3.** (*Theaterstück*) peça *f*; (*Musikstück*) música *f*; **das** ~ **ist von den Beatles** isto é uma música dos Beatles

Stücklohn *m* <-(e)s, -löhne> remuneração à peça *f*

stückweise *adv* aos poucos, aos bocados

Student(in) [ʃtuˈdɛnt] *m(f)* <-en, -en *o* -innen> estudante (de universidade) *m,f*

Studentenausweis *m* <-es, -e> cartão de estudante *m*, carteira de estudante *f*

Studentenvertretung *f* <-en> associação de estudantes *f*

Studentenwohnheim *nt* <-(e)s, -e> residência universitária *f*, república de estudantes *f*

Studie ['ʃtuːdiə] *f* <-n> **1.** (*Entwurf*) exercício *m* **2.** (*Untersuchung*) estudo *m*, investigação *f*

Studienanfänger(in) *m(f)* <-s, - *o* -innen> caloiro, caloira *m, f*

Studienaufenthalt *m* <-(e)s, -e> estad(i)a para fins de estudo *f*

Studienberatung *f* <-en> orientação académica *f*

Studienfach *nt* <-(e)s, -fächer> disciplina de estudos *f*

Studiengebühren *pl* propinas *fpl*

Studienjahr *nt* <-(e)s, -e> ano le(c)tivo *m*

studieren* **I.** *vt* estudar; **Jura** ~ estudar Direito; **was studierst du?** o que é que estás a estudar? **II.** *vi* estudar; **sie studiert in Wien** ela estuda em Viena

Studierende(r) *m/f* <-n, -n *o* -n> estudante (em universidade) *m,f*

Studio ['ʃtuːdio] *nt* <-s, -s> estúdio *m*

Studium ['ʃtuːdiʊm] *nt* <-s> *kein pl* curso (universitário) *m*, estudos *mpl*; **das** ~ **der Biologie** o curso de Biologia; **hast du das** ~ **abgeschlossen?** já acabaste o curso?, já acabaste os estudos?

Stufe ['ʃtuːfə] *f* <-n> **1.** (*der Treppen*) degrau *m* **2.** (*einer Entwicklung*) grau *m*, nível *m*

stufenweise *adv* gradualmente, pouco a pouco

Stuhl [ʃtuːl] *m* <-(e)s, Stühle> cadeira *f*; **elektrischer** ~ cadeira elé(c)trica; **jdm einen** ~ **anbieten** oferecer uma cadeira a alguém; **zwischen zwei Stühlen sitzen** estar num dilema

Stuhlgang *m* <-(e)s> *kein pl* evacuação *f*

stumm [ʃtʊm] *adj* **1.** (*sprechunfähig*) mudo **2.** (*schweigsam*) calado, silencioso

Stummel ['ʃtʊməl] *m* <-s, -> (*von Bleistift, Kerze*) coto *m*; (*von Zigarette*) ponta *f*, beata *f*

Stummfilm *m* <-(e)s, -e> filme mudo *m*

Stümper(in) *m(f)* <-s, - *o* -innen> sucateiro, sucateira *m,f*, remendão, remendona *m, f*

stumpf [ʃtʊmpf] *adj* **1.** (*Messer*) rombo; (*Nadel*) embotado **2.** (*glanzlos*) baço **3.** (*teilnahmslos*) apático; **ein** ~**er Blick** um olhar apático **4.** (MAT) ~**er Winkel** ângulo obtuso *m*

Stumpf [ʃtʊmpf] *m* <-(e)s, Stümpfe> (*Baumstumpf*) toco *m*, toro *m*, cepo *m*; (*Kerzenstumpf*) coto *m*; (*von Gliedmaßen*) coto *m*

Stumpfsinn *m* <-(e)s> *kein pl* **1.** (*Teilnahmslosigkeit*) apatia *f* **2.** (*Monotonie*) monotonia *f*

stumpfsinnig *adj* **1.** (*teilnahmslos*) apático **2.** (*monoton*) monótono

Stunde ['ʃtʊndə] *f* <-n> hora *f*; (*Unterrichtsstunde*) aula *f*; **er kommt in einer** ~ ele vem dentro de uma hora; **vor einer halben** ~ há

S

meia hora; **alle zwei ~n** de duas em duas horas; **er nimmt 40 DM pro ~** ele leva 40 marcos por hora; **zu später ~** tarde

Stundengeschwindigkeit *f* <-en> velocidade horária *f*

Stundenkilometer *m* <-s, -> quilómetro por hora *m*, quilómetro horário *m;* **der Zug fährt mit 200 ~n** o comboio vai a 200 quilómetros por hora, o trem vai a 200 quilómetros horários

stundenlang I. *adj* de horas; **~e Wartezeiten** espera de horas *f* II. *adv* durante horas, horas a fio

Stundenlohn *m* <-(e)s, -löhne> salário por hora *m;* **der ~ beträgt 30 DM** o salário é de 30 marcos por hora

Stundenplan *m* <-(e)s, -pläne> horário *m*

stündlich I. *adj* de uma hora II. *adv* 1. *(je de Stunde)* de hora a hora; **der Zug fährt ~** o comboio parte de hora a hora 2. *(demnächst)* a qualquer momento; **der Vulkan kann ~ ausbrechen** o vulcão pode entrar em erupção a qualquer momento

Stupsnase *f* <-n> nariz arrebitado *m*

stur [ʃtuːɐ] *adj* casmurro, teimoso

Sturm [ʃtʊrm] *m* <-(e)s, Stürme> 1. *(Wind)* vendaval *m*, tempestade *f*, temporal *m;* **ein ~ der Begeisterung** um clamor de entusiasmo 2. *(Angriff)* assalto *m;* **gegen etw ~ laufen** protestar contra a. c. 3. (LIT) **~ und Drang** período literário alemão de 1767 a 1785

stürmen I. *vt* assaltar, tomar de assalto II. *vi* 1. *(rennen)* correr disparado 2. (SPORT) passar ao ataque 3. (METEO) haver tempestade; **es stürmt** há tempestade

Stürmer(in) *m(f)* <-s, - *o* -innen> (SPORT) avançado, avançada *m, f*

Sturmflut *f* <-en> grande cheia *f*

stürmisch *adj* 1. *(Wetter)* tempestuoso; *(Meer)* encapelado 2. *(ungestüm, heftig)* impetuoso, impulsivo; *(Empfang, Beifall)* entusiástico

Sturmwarnung *f* <-en> aviso de tempestade *m*

Sturz [ʃtʊrts] *m* <-es, Stürze> 1. *(Fall)* queda *f (aus/von* de), trambolhão *m (aus/von* de) 2. *(Rückgang)* queda *f*, baixa repentina *f* 3. *(einer Regierung)* queda *f*

stürzen I. *vt (hinunterstürzen)* deitar abaixo; *(von Felsen)* atirar; *(umstürzen)* derrubar, virar; *(Regierung)* derrubar; *(Kuchen, Pud-*

ding) virar; *(Paket)*; **nicht ~!** não virar! II. *vi (fallen)* cair, dar um trambolhão; *(Temperatur, Währung)* cair; **vom Fahrrad ~** cair da bicicleta; *(in die Tiefe)* despenhar-se, precipitar-se; *(rennen)* largar a correr; **aus dem Haus ~** sair disparado de casa; **er kam ins Zimmer gestürzt** ele irrompeu no quarto, ele entrou de rompante no quarto III. *vr* sich **~** atirar-se, precipitar-se; **sich aus dem Fenster ~** atirar-se da janela; **sich auf jdn ~** atirar-se para cima de alguém; **sich in die Arbeit ~** mergulhar no trabalho; **sich in Unkosten ~** meter-se em despesas

Sturzflug *m* <-(e)s, -flüge> voo picado *m;* **im ~** a pique

Sturzhelm *m* <-(e)s, -e> capacete *m*

Stute *f* <-n> égua *f*

Stutz *m* <-es, -> *(umg schweiz)* franco suíço *m*

Stütze *f* <-n> 1. *(Pfosten, Säule)* suporte *m*, esteio *m*, estaca *f* 2. *(Hilfe, Beistand)* apoio *m*, esteio *m*

stutzen ['ʃtʊtsən] I. *vt (Baum)* podar; *(Flügel, Schwanz)* cortar II. *vi* ficar perplexo

stützen I. *vt (Person)* amparar, apoiar; *(Mauer)* suster, amparar; *(Ellbogen)* apoiar *(auf* em); *(Argument)* corroborar; *(Währung)* segurar; **den Kopf in die Hände ~** apoiar a cabeça nas mãos; **die Äste der Bäume ~** escorar os ramos das árvores II. *vr* sich **~** 1. *(sich aufstützen)* apoiar-se; **sich auf das Geländer ~** apoiar-se no corrimão 2. *(beruhen)* basear-se *(auf* em)

stutzig *adj* **~ werden** ficar perplexo; **jdn ~ machen** deixar alguém perplexo

Stützpunkt *m* <-(e)s, -e> (MIL) base *f*

Styropor® *nt* <-s> *kein pl* esferovite *m*, poliestireno *m*, isopor® *m*

s. u. *abk v* **siehe unten** ver em baixo

Subjekt [zʊpˈjɛkt] *nt* <-(e)s, -e> (LING) sujeito *m*

subjektiv [zʊpjɛkˈtiːf] *adj* subje(c)tivo

Subkultur *f* <-en> cultura minoritária *f*

Substantiv ['zʊpstantiːf] *nt* <-s, -e> substantivo *m*

Substanz [zʊpˈstants] *f* <-en> substância *f*

subtil [zʊpˈtiːl] *adj* su(b)til

subtrahieren* *vt* (MAT) subtrair *(von* de)

Subtraktion [zʊptrakˈtsjoːn] *f* <-en> (MAT) subtra(c)ção *f*

Subvention [zʊpvɛnˈtsjoːn] *f* <-en> subvenção *f*, subsídio *m*

subventionieren* *vt* subvencionar, subsidiar

subversiv [zʊpvɛr'ziːf] *adj* subversivo

Suche ['zuːxə] *f* <-n> procura *f* (*nach* de), busca *f* (*nach* de); **auf der ~ nach etw sein** estar à procura de a. c.

suchen ['zuːxən] *vi* procurar; **nach jdm/ etw ~** procurar alguém/a. c., andar à procura de alguém/a.c .; **was hast du hier zu ~?** o que fazes aqui?

Sucher *m* <-s, -> (FOT) visor *m*

Suchmaschine *f* <-, -n> (INFORM) motor de busca *m*

Sucht [zʊxt] *f* <-en> **1.** (*Abhängigkeit*) vício *m* **2.** (*Verlangen*) mania *f*

süchtig *adj* **1.** (*alkoholsüchtig, tablettensüchtig*) viciado; (*drogensüchtig*) drogado; **Heroin macht ~** a heroína vicia **2.** (*begierig*) maníaco (*nach* por)

Süchtige(r) *m/f* <-n, -n *o* -n> viciado, viciada *m, f*

Südafrika *nt* <-s> *kein pl* África do Sul *f*

Südamerika *nt* <-s> *kein pl* América do Sul *f*

Sudan *m* <-s> *kein pl* Sudão *m*

süddeutsch *adj* do sul da Alemanha

Süddeutschland *nt* <-s> *kein pl* sul da Alemanha *f*

Sudel *m* <-s, -> (*schweiz*) rascunho *m*

Süden *m* <-s> *kein pl* sul *m*; **Portugal liegt im ~ Europas** Portugal fica no sul da Europa; **nach ~** para o sul

Südeuropa *nt* <-s> *kein pl* Europa meridional *f*, sul da Europa *m*

Südeuropäer(in) *m(f)* <-s, - *o* -innen> habitante do sul da Europa *m,f*

Südfrucht *f* <-früchte> fruta meridional *f*

südlich *adj* meridional; **~ von** +*dat* a(o) sul de

Südosten *m* <-s> *kein pl* sueste *m*, sudeste *m*

Südpol *m* <-(e)s> *kein pl* Pólo Sul *m*

Südsee *f kein pl* mar do Sul *m*

Südtirol *nt* <-s> *kein pl* Tirol do Sul *m*

Südwesten *m* <-s> *kein pl* sudoeste *m*

süffig *adj* (*Wein*) apaladado

Suffix *nt* <-es, -e> (LING) sufixo *m*

Suite *f* <-n> (*im Hotel*) suite *f*

Sukkurs *m* <-es> *kein pl* (*schweiz*) apoio *m*

Sultan(in) *m(f)* <-s, -e *o* -innen> sultão, sultana *m, f*

Sultanine *f* <-n> passa branca *f*

Sülze *f* <-n> geleia de carne *f*

summarisch *adj* sumário, breve

Summe ['zʊmə] *f* <-n> **1.** (MAT) soma *f* **2.** (*Betrag*) quantia *f*, montante *m*; **eine ~ von 400 €** um montante de 400 €

summen ['zʊmən] *vi* (*Insekt*) zumbir, zunir

summieren* *vt* somar

Sumpf [zʊmpf] *m* <-(e)s, Sümpfe> pântano *m*, lodaçal *m*

sumpfig *adj* pantanoso

Sünde *f* <-n> pecado *m*; **eine ~ begehen** cometer um pecado

Sündenbock *m* <-(e)s, -böcke> (*umg*) bode expiatório *m*

Sünder(in) *m(f)* <-s, - *o* -innen> pecador, pecadora *m, f*

sündigen *vi* pecar

Sunnit(in) *m(f)* <-en, -en *o* -innen> sunita *m,f*

super ['zuːpɐ] *adj* (*umg*) ó(p)timo, fantástico; **dort ist ein ~ Strand** ali está uma praia ó(p)tima

Super *nt* <-> *kein pl* (*umg*) gasolina super *f*

Superlativ ['zuːpɐlatiːf] *m* <-s, -e> superlativo *m*

Supermarkt *m* <-(e)s, -märkte> supermercado *m*; (*groß*) hipermercado *m*

Suppe ['zʊpə] *f* <-n> sopa *f*

Sure *f* <-n> (REL) sura *f*

Surfbrett ['sœːf-] *nt* <-(e)s, -er> prancha de surf *f*

surfen ['sœːfən] *vi* (SPORT) surfar; **im Internet ~** navegar na Internet

Surfen *nt* <-s> *kein pl* surf *m*

Surfer(in) ['sœːfɐ] *m(f)* <-s, - *o* -innen> surfista *m,f*

surren ['zʊrən] *vi* zumbir, zunir

suspekt [zʊs'pɛkt] *adj* suspeito

suspendieren* *vt* suspender (*von* de)

süß *adj* **1.** (*Geschmack*) doce; (*gezuckert*) açucarado **2.** (*reizend*) querido, amoroso, gracioso

Süßigkeit *f* <-en> doce *m*, lambarice *f*, gulodice *f*

süßlich *adj* adocicado

süßsauer *adj* agridoce

Süßspeise *f* <-n> doce *m*

Süßstoff *m* <-(e)s, -e> adoçante *m*

Süßwasser *nt* <-s, -> água doce *f*

Sweatshirt ['swɛtʃœːt] *nt* <-s, -s> camisola de algodão *f*, suéter *m*

Symbiose *f* <-n> (BIOL) simbiose *f*

S

Symbol [zʏm'boːl] *nt* <-s, -e> símbolo *m* (*für* de)

symbolisch *adj* simbólico

symbolisieren* *vt* simbolizar

Symmetrie [zʏme'triː] *f* <-n> simetria *f*

symmetrisch [zʏ'meːtrɪʃ] *adj* simétrico

Sympathie [zʏmpa'tiː] *f* <-n> simpatia (*für* por)

sympathisch [zʏm'paːtɪʃ] *adj* simpático; **er ist mir sehr** ~ eu acho-o muito simpático

sympathisieren* *vi* simpatizar (*mit* com)

Symptom [zʏmp'toːm] *nt* <-s, -e> sintoma *m*

Synagoge [zyna'goːɡə] *f* <-n> sinagoga *f*

synchron [zʏn'kroːn] *adj* sincronizado

synchronisieren* *vt* (*Film*) dobrar, dublar

Syndrom [zʏn'droːm] *nt* <-s, -e> síndrome *f*, síndroma *m*

synonym [zyno'nyːm] *adj* sinónimo

Synonym [zyno'nyːm] *nt* <-s, -e> sinónimo *m*

Syntax ['zʏntaks] *f* kein pl (LING) sintaxe *f*

Synthese [zʏn'teːzə] *f* <-n> síntese *f*

Synthesizer ['sʏntəsaɪzɐ] *m* <-s, -> sintetizador *m*

synthetisch [zʏn'teːtɪʃ] *adj* sintético

Syphilis ['zyːfilɪs] *f* kein pl sífilis *f*

Syrien *nt* <-s> kein pl Síria *f*

System [zʏs'teːm] *nt* <-s, -e> sistema *m*

Systematik *f* <-en> (*Ordnung*) método *m*

systematisch [zʏste'maːtɪʃ] *adj* sistemático, metódico

systematisieren* *vt* sistematizar

Systemsoftware *f* kein pl (INFORM) software de sistemas *m*

Szene ['stseːnə] *f* <-n> cena *f*; **ein Stück in** ~ **setzen** pôr uma peça em cena; **jdm eine** ~ **machen** fazer acusações a alguém

T

T *nt* T, t *m*

Tabak ['tabak] *m* <-s, -e> tabaco *m*; (*brasil*) fumo *m*

tabellarisch [tabɛ'laːrɪʃ] *adj* tabelar

Tabelle [ta'bɛlə] *f* <-n> tabela *f*, quadro *m*

Tablar *nt* <-s, -e> (*schweiz*) prateleira *f*

Tablett [ta'blɛt] *nt* <-(e)s, -s> tabuleiro *m*, bandeja *f*

Tablette [ta'blɛtə] *f* <-n> comprimido *m*, pastilha *f*

Tablettensucht *f* kein pl dependência de medicamentos *f*

Tabu [ta'buː] *nt* <-s, -s> tabu *m*; **ein** ~ **brechen** quebrar um tabu

Tabulator [tabu'laːtoːɐ] *m* <-s, -en> tabulador *m*

Tachometer [taxo'meːtɐ] *m* <-s, -> velocímetro *m*, tacómetro *m*

Tadel ['taːdəl] *m* <-s, -> (*Rüge*) repreensão *f*; (*Kritik*) censura *f*, crítica *f*

tadellos *adj* (*Benehmen*) irrepreensível; (*Aussehen*) impecável, perfeito

tadeln ['taːdəln] *vt* (*rügen*) repreender (*für* por); (*kritisieren*) censurar (*für* por), criticar (*für* por); **jds Verhalten** ~ censurar o comportamento de alguém

Tadschikistan [ta'dʒiːkista(ː)n] *nt* <-s> kein pl Tajiquistão *m*

Tafel ['taːfəl] *f* <-n> **1.** (*Wandtafel*) quadro *m*; (*Anschlagtafel, Gedenktafel*) placa *f*; **etw an die** ~ **schreiben** escrever a. c. no quadro **2.** (*Schalttafel*) painel *m* **3.** (*Schokoladentafel*) tablete *f* **4.** (*Tabelle*) tabela *f*, quadro *m* **5.** (*geh: Esstisch*) mesa *f*

Tafelwein *m* <-(e)s, -e> vinho de mesa *m*

Tag [taːk] *m* <-(e)s, -e> **1.** (*Zeitraum*) dia *m*; **bei/am** ~ de dia; **am helllichten** ~ em pleno dia; **eines** ~**es** um dia, uma vez; **am** ~ **danach/davor** no dia seguinte/anterior; **welcher** ~ **ist heute?** que dia é hoje?; ~ **für** ~ dia a dia; **jeden dritten** ~ de três em três dias; **vier** ~**e lang** durante quatro dias; **heute in acht** ~**en** de hoje a oito dias; (*morgens*); **guten** ~! bom dia!; (*nachmittags*) boa tarde!; **es wird** ~ está a amanhecer, está a ficar de dia; **etw an den** ~ **bringen** trazer a. c. a lume; **in den** ~ **hinein leben** viver o presente; **man soll den** ~ **nicht vor dem Abend loben** não lances foguetes antes da festa **2.** (*Bergbau*) **über/unter** ~**e** à superfície/debaixo da terra

A 3 de Outubro de 1990 a RDA torna-se parte da República Federal Alemã. No dia 12 de Setembro o "Vertrag über die abschließende Regelung in Bezug auf Deutschland" (acordo sobre a regulamentação final em relação à Alemanha) fora já assinado em Moscovo pelos quatro países vencedores da Segunda Guerra Mundial e pela República Federal Alemã, assim como pelo ministro representante da RDA. Desde então o dia 3 de Outubro é festejado como o **Tag der deutschen Einheit** (Dia da Unidade Alemã).

tagaus [-'-] *adv* ~ **tagein** dia a dia, todos os dias

Tage *pl* (*umg: Menstruation*) período *m;* **sie hat ihre** ~ ela está com o período

Tagebuch *nt* <-(e)s, -bücher> diário *m*

tagein *adv s.* **tagaus**

tagelang I. *adj* de muitos dias II. *adv* dias a fio, por muitos dias

Tagelöhner(in) *m(f)* <-s, - *o* -innen> jornaleiro, jornaleira *m, f*

tagen ['taːgən] *vi* reunir-se, estar reunido; **der Ausschuss tagt montags** a comissão reúne-se à segunda-feira; **das Parlament tagt schon** o parlamento já está reunido

Tagesanbruch *m* <-(e)s> *kein pl* alvorada *f*, madrugada *f*, romper do dia *m;* **bei** ~ ao romper do dia

Tageslicht *nt* <-(e)s> *kein pl* luz do dia *f*

Tageslichtprojektor *m* <-s, -en> retroproje(c)tor *m*

Tagesmutter *f* <-mütter> ama *f*

Tagesordnung *f* <-en> ordem do dia *f;* **zur** ~ **übergehen** passar à ordem do dia

Tagesschau *f* <-en> telejornal *m*

Tageszeit *f* <-en> hora do dia *f;* **zu jeder** ~ a qualquer hora do dia

Tageszeitung *f* <-en> jornal diário *m*

täglich I. *adj* diário II. *adv* diariamente, todos os dias; **zweimal** ~ duas vezes por dia

Tagliste *f* <-n> (*schweiz*) *s.* **Tagesordnung**

tagsüber *adv* durante o dia

Tagung ['taːgʊŋ] *f* <-en> congresso *m*

Taifun *m* <-s, -e> tufão *m*

Taille ['taljə] *f* <-n> cintura *f*, cinta *f*

tailliert *adj* cintado

Taiwan *nt* <-s> *kein pl* Taiwan *m*

Takt [takt] *m* <-(e)s, -e> 1. *kein pl* (MUS:

Rhythmus) compasso *m;* **im 3/4** ~ compasso a três tempos; **den** ~ **schlagen** marcar o compasso; **im** ~ **bleiben** seguir o compasso; **jdn aus dem** ~ **bringen** desconcertar alguém; **den** ~ **nicht halten** ir fora do compasso 2. (MUS: *Takteinheit*) tempo *m;* **spielen Sie bitte die ersten** ~**e** toque os primeiros tempos por favor 3. *kein pl* (*Taktgefühl*) ta(c)to *m*

Taktik ['taktɪk] *f* <-en> tá(c)tica *f*

taktisch *adj* tá(c)tico

taktlos *adj* (*Mensch*) sem ta(c)to, inconveniente; (*Bemerkung*) inconveniente, indelicado

Taktlosigkeit *f* <-en> falta de ta(c)to *f*

taktvoll *adj* (*Mensch*) com ta(c)to, bem-educado; (*Bemerkung*) cuidadoso

Tal [taːl] *nt* <-(e)s, Täler> vale *m*

Talent [ta'lɛnt] *nt* <-(e)s, -e> talento (*zu* para); **viel** ~ **zu etw haben** ter muito talento para a. c.

talentiert [talɛn'tiːɐt] *adj* talentoso

Talg [talk] *m* <-(e)s, -e> sebo *m*

Talisman ['taːlɪsman] *m* <-s, -e> talismã *m*

Talkshow^RR ['tɔːkʃɔʊ] *f* <-s> talkshow *m*

Talschaft *f* <-en> (*schweiz*) habitantes do vale *mpl*

Talsperre *f* <-n> represa *f*

Tamburin *nt* <-s, -e> tamborim *m*, pandeireta *f*

Tampon ['tampɔn] *m* <-s, -s> tampão *m*

Tandem ['tandɛm] *nt* <-s, -s> tandem *m*

Tang [taŋ] *m* <-(e)s, -e> sargaço *m*, alga *f*

Tangente [taŋ'gɛntə] *f* <-n> (MAT) tangente *f*

Tank [taŋk] *m* <-s, -s> tanque *m*, depósito *m*

tanken *vi* meter gasolina; **voll** ~ atestar (o depósito); **wo kann man hier** ~**?** onde é que se pode meter gasolina aqui?; **ich tanke bleifrei** eu meto gasolina sem chumbo; **20 Liter** ~ meter 20 litros de gasolina

Tanker *m* <-s, -> petroleiro *m*, navio-cisterna *m*

Tankstelle *f* <-n> estação de serviço *f*, bomba de gasolina *f*, posto de gasolina *m*

Tankwagen *m* <-s, -> camião-cisterna *m*

Tankwart ['-vart] *m* <-(e)s, -e> empregado da estação de serviço, empregada *m, f*

Tanne ['tanə] *f* <-n> pinheiro *m*, abeto *m*

Tannenbaum *m* <-(e)s, -bäume> 1. (*Tanne*) pinheiro *m* 2. (*umg: Weihnachtsbaum*) pinheiro (de Natal) *m*, árvore de Natal *f*

T

Tannennadel *f* <-n> agulha de pinheiro *f,* agulha de abeto *f*

Tannenzapfen *m* <-s, -> pinha *f*

Tante ['tantə] *f* <-n> tia *f*

Tanz [tants] *m* <-es, Tänze> dança *f*

tanzen I. *vt* dançar; **kannst du Tango ~?** sabes dançar o tango? II. *vi* dançar, bailar; **~ gehen** ir dançar

Tänzer(in) *m(f)* <-s, - *o* -innen> dançarino, dançarina *m, f; (professionell)* bailarino, bailarina *m, f,* dançarino, dançarina *m, f*

Tanzmusik *f* <-en> música de dança *f*

Tanzschule *f* <-n> escola de dança *f*

Tapete [ta'pe:tə] *f* <-n> papel de parede *m*

tapezieren* *vt (Wand)* forrar; *(Zimmer)* revestir de papel

tapfer ['tapfɐ] *adj* valente, corajoso

Tapferkeit *f kein pl* valentia *f,* coragem *f*

Tarif [ta'ri:f] *m* <-s, -e> tarifa *f*

Tariflohn *m* <-(e)s, -löhne> salário contratual *m*

tarnen ['tarnən] *vt* camuflar

Tarnung *f* <-en> camuflagem *f*

Tasche ['taʃə] *f* <-n> 1. *(an Kleidung)* bolso *m;* **etw aus der eigenen ~ bezahlen** pagar a. c. do seu próprio bolso; *(umg);* **jdm auf der ~ liegen** viver às custas de alguém 2. *(Reisetasche)* saco *m; (Aktentasche, Schultasche)* pasta *f; (Handtasche)* carteira *f,* bolsa *f; (Einkaufstasche)* saca *f*

Taschenbuch *nt* <-(e)s, -bücher> livro de bolso *m*

Taschendieb(in) *m(f)* <-(e)s, -e *o* -innen> carteirista *m,f;* **vor ~en wird gewarnt!** cuidado com os carteiristas!

Taschengeld *nt* <-(e)s, -er> *(wöchentlich)* semanada *f; (monatlich)* mesada *f*

Taschenlampe *f* <-n> pilha elé(c)trica *f*

Taschenmesser *nt* <-s, -> canivete *m,* navalha *f*

Taschenrechner *m* <-s, -> calculadora de bolso *f*

Taschentuch *nt* <-(e)s, -tücher> lenço (da mão) *m*

Tasse ['tasə] *f* <-n> chávena *f,* xícara *f;* **eine ~ Kaffee/Tee** uma chávena de café/chá, uma xícara de café/chá; *(umg);* **er hat nicht alle ~ im Schrank** ele não regula bem

Tastatur [tasta'tu:ɐ] *f* <-en> teclado *m*

Taste ['tastə] *f* <-n> tecla *f;* **eine ~ drücken** carregar numa tecla, premir uma tecla

tasten ['tastən] *vi* apalpar, ta(c)tear, andar

às apalpadelas; **sie tastete nach dem Lichtschalter** ela procurou o interruptor às apalpadelas

Tastentelefon *nt* <-s, -e> telefone digital *m*

Tastsinn *m* <-(e)s> *kein pl* ta(c)to *m*

tat [ta:t] *imp von* **tun**

Tat [ta:t] *f* <-en> 1. *(Handlung)* a(c)to *m,* a(c)ção *f;* **etw in die ~ umsetzen** pôr a. c. em prática; **in der ~!** de fa(c)to! 2. *(Straftat)* delito *m,* crime *m;* **jdn auf frischer ~ ertappen** apanhar alguém em flagrante (delito)

Tatbestand *m* <-(e)s, -stände> (JUR) fa(c)tos *mpl*

tatenlos *adj* ina(c)tivo

Täter(in) *m(f)* <-s, - *o* -innen> autor, autora *m, f*

Täterschaft *f* <-en> *(schweiz)* autores do crime *mpl*

tätig *adj* a(c)tivo; **in einer/für eine Firma ~ sein** trabalhar numa/para uma empresa; **als Lehrerin ~ sein** trabalhar como professora; **in einer Sache ~ werden** resolver-se a fazer a. c.

Tätigkeit *f* <-en> a(c)tividade *f*

tatkräftig *adj* efe(c)tivo

tätlich *adj* violento; **~ werden** passar a vias de facto

Tatort *m* <-(e)s, -e> local do crime *m*

tätowieren* *vt* tatuar

Tätowierung *f* <-en> tatuagem *f*

Tatsache *f* <-n> fa(c)to *m,* realidade *f;* **vor vollendeten ~n stehen** estar perante os fa(c)tos consumados

tatsächlich I. *adj* real, fa(c)tual II. *adv* realmente, de fa(c)to; **~?** a sério?

Tatze ['tatsə] *f* <-n> pata *f*

Tau¹ [tau] *nt* <-(e)s, -e> (NAUT) cabo *m,* amarra *f*

Tau² *m* <-(e)s> *kein pl* orvalho *m*

taub [taup] *adj* 1. *(Person)* surdo; **sich ~ stellen** fazer ouvidos de mercador 2. *(Körperglied)* entorpecido

Taube ['taubə] *f* <-n> pombo, pomba *m, f; (junge Taube)* borracho *m*

taubstumm ['--] *adj* surdo-mudo

tauchen ['tauxən] I. *vt* molhar *(in* em), embeber *(in* em) II. *vi (Person)* mergulhar; *(Ente, U-Boot)* submergir; **nach etw ~** mergulhar em busca de a. c.

Taucher(in) *m(f)* <-s, - *o* -innen> mergulhador, mergulhadora *m, f*

Taucheranzug *m* <-(e)s, -züge> fato de mergulho *m*, escafandro *m*

Tauchsieder ['-ziːdɐ] *m* <-s, -> aquecedor de imersão *m*

tauen ['taʊən] *vi* (*Eis, Schnee*) derreter; (*es ist Tauwetter*); **es taut** começou o degelo; (*Tau schlägt sich nieder*) está a orvalhar

Taufe *f* <-n> **1.** *kein pl* (*Sakrament*) ba(p)tismo *m* **2.** (*Feier*) ba(p)tizado *m*

taufen ['taʊfən] *vt* ba(p)tizar; **sich ~ lassen** ser ba(p)tizado; **sie tauften ihn auf den Namen Niklas** eles ba(p)tizaram-no de Niklas

Taufpate(in) *m(f)* <-n, -n *o* -innen> padrinho *m*, madrinha *f*

taugen [taʊgən] *vi* servir (*zu* para), prestar (*zu* para), valer; (*Gegenstand*); **etw ~** servir/prestar para a. c.; (*Gegenstand*); **wenig ~** não servir/prestar para nada; **der Film/das Auto taugt nichts** o filme/carro não presta (para nada), o filme/carro não vale nada

Taugenichts ['taʊgənɪçts] *m* <-(es), -e> (*pej*) zero à esquerda *m*

tauglich *adj* **1.** (*brauchbar*) útil; (*geeignet*) apropriado, adequado **2.** (*wehrdiensttauglich*) apto

taumeln ['taʊməln] *vi* cambalear

Tausch [taʊʃ] *m* <-(e)s> *kein pl* troca *f*

tauschen ['taʊʃən] *vt* trocar (*für/gegen* por); **die Plätze ~** trocar de lugar

täuschen **I.** *vt* iludir, enganar **II.** *vr* **sich ~** iludir-se, enganar-se; **wenn ich mich nicht täusche** se não me engano

täuschend *adj* ilusório, enganador; **eine ~e Ähnlichkeit** uma grande parecença; **sich ~ ähnlich sehen** ser parecidíssimo

Tauschhandel *m* <-s> *kein pl* comércio de troca *m*

Täuschung *f* <-en> **1.** (*das Täuschen*) engano *m* **2.** (*Irrtum*) ilusão *f*; **optische ~** ilusão de ó(p)tica *f*

tausend ['taʊzənt] *num kard* mil

Tausend *nt* <-s, -(e)> milhar *m*; **zu ~en** aos milhares; **~e Fans** milhares de fãs; **der Umbau kostet ~e von Euro** a resconstrução custou milhares de euros

Tausendfüßler *m* <-s, -> centopeia *f*

tausendmal *adv* mil vezes, milhares de vezes

Tausendstel *nt* <-s, -> milésimo *m*, milésima parte *f*

tausendste(r, s) *num* milésimo

Tauwetter *nt* <-s> *kein pl* degelo *m*

Taxcard *f* <-s> (*schweiz*) cartão de contribuinte *m*

Taxi ['taksi] *nt* <-s, -s> táxi *m*; **ein ~ rufen** chamar um táxi; **ein ~ nehmen** apanhar um táxi

Taxifahrer(in) *m(f)* <-s, - *o* -innen> taxista *m,f*

Team [tiːm] *nt* <-s, -s> equipa *f*, equipe *f*

Teamarbeit *f* *kein pl* trabalho de equipa *m*, trabalho de equipe *m*

Technik ['tɛçnɪk] *f* <-en> **1.** *kein pl* (*Technologie*) técnica *f*; (*Ausrüstung*) equipamento *m*; **wir sind auf dem neuesten Stand der ~** nós estamos a(c)tualizados; **die Firma verfügt über modernste ~** a firma possui o mais moderno equipamento **2.** (*Arbeitsweise*) técnica *f*

Techniker(in) ['tɛçnikɐ] *m(f)* <-s, - *o* -innen> técnico, técnica *m, f*

technisch *adj* técnico

Techno ['tɛkno] *m* <-(s)> *kein pl* (MUS) techno *m*

Technologie *f* <-n> tecnologia *f*

technologisch *adj* tecnológico

Teddybär *m* <-en, -en> urso de peluche *m*

Tee [teː] *m* <-s, -s> chá *m*; **schwarzer ~** chá preto *m*; **~ kochen** fazer chá

Teebeutel *m* <-s, -> saquinho de chá *m*

Teekanne *f* <-n> bule *m*

Teelöffel *m* <-s, -> colher de chá *f*

Teenager ['tiːnɛɪdʒɐ] *m* <-s, -> adolescente *m,f*

Teer [teːɐ] *m* <-(e)s, -e> alcatrão *m*

Teeservice *nt* <-(s), -> serviço de chá *m*

Teich [taɪç] *m* <-(e)s, -e> lago *m*

Teig [taɪk] *m* <-(e)s, -e> massa *f*

Teil¹ [taɪl] *nt* <-(e)s, -e> (*einzelnes Stück*) peça *f*; (*Ersatzteil*) peça sobresselente *f*; **ein Puzzle mit 500 ~en** um puzzle de 500 peças

Teil² *m* <-(e)s, -e> **1.** (*Stück eines Ganzen*) parte *f*; (*Bestandteil*) componente *m,f*; **weite ~e des Landes** grande parte do país; **im hinteren ~ des Hauses** nas traseiras da casa; **zum ~** em parte **2.** (*Anteil, Beitrag*) parte *f*; **ich für meinen ~** por minha parte; **seinen ~ zu etw beitragen** contribuir com a sua parte para a. c.; **sie erben zu gleichen ~en** elas herdam em partes iguais

teilbar ['-baːɐ] *adj* divisível, repartível

Teilchen ['taɪlçən] *nt* <-s, -> (PHYS) partícula *f*

T

teilen I. *vt* **1.** (*zerteilen*) partir (*in* em), dividir (*in* em) **2.** (*aufteilen*) partilhar (*mit* com), distribuir (*unter* por); **etw mit jdm** ~ repartir a. c. com alguém, partilhar a. c. com alguém; **ich teile Ihre Meinung** eu sou da sua opinião, eu partilho a sua opinião **3.** (MAT) dividir (*durch* por) II. *vr* **sich** ~ **1.** (*auseinander gehen*) dividir-se **2.** (*Straße, Fluss*) bifurcar-se

Teilhaber(in) *m(f)* <-s, - *o* -innen> (WIRTSCH) sócio, sócia *m, f*

Teilkaskoversicherung *f* <-en> seguro contra terceiros *m*

Teilnahme ['-na:mə] *f kein pl* participação *f* (*an* em)

Teilnahmebescheinigung *f* <-en> certificado de presença *m*

teilnahmslos ['taɪlna:mslo:s] *adj* sem interesse, indiferente

teil|nehmen *vi irr* participar (*an* em), tomar parte (*an* em); (*an einem Kurs*) assistir (*an* a)

Teilnehmer(in) *m(f)* <-s, - *o* -innen> participante *m,f*; (*Telefonteilnehmer*) assinante *m,f*

teils [taɪls] *adv* em parte; **das Programm richtet sich** ~ **an Männer,** ~ **an Frauen** o programa destina-se em parte a homens, em parte a mulheres

Teilung *f* <-en> divisão *f*; (*Verteilen*) distribuição *f*, partilha *f*

teilweise ['-vaɪzə] *adv* em parte

Teilzeitbeschäftigung *f* <-en> emprego em part-time *m*, emprego a tempo parcial *m*

Teint [tɛ̃:] *m* <-s, -s> tez *f*

Tel. *abk v* **Telefonnummer** tel. (= *número de telefone*)

Telebanking *nt* <-s> *kein pl* telebanco *m*

Telefax ['te:lefaks] *nt* <-, -(e)> telefax *m*

telefaxen *vt* mandar por telefax

Telefaxgerät *nt* <-(e)s, -e> telefax *m*

Telefon ['te:lefo:n, tele'fo:n] *nt* <-(e)s, -e> telefone *m*; **schnurloses** ~ telefone sem fio *m*, telefone portátil *m*; **ans** ~ **gehen** atender o telefone, ir ao telefone; **haben Sie** ~? tem telefone?

Telefonabonnent(in) *m(f)* <-en, -en *o* -innen> (*schweiz*) assinante do telefone *m,f*

Telefonanschluss^RR *m* <-es, -schlüsse> ligação telefónica *f*

Telefonat [telefo'na:t] *nt* <-(e)s, -e> telefonema *m*; **ein** ~ **führen** estar ao telefone

Telefonbuch *nt* <-(e)s, -bücher> lista telefónica *f*

Telefongespräch *nt* <-(e)s, -e> chamada telefónica *f*

telefonieren* *vi* telefonar (*mit* a); **nach Deutschland** ~ telefonar para a Alemanha; **kann ich bei Ihnen kurz** ~? posso fazer um telefonema rápido de sua casa?

Ao atender o telefone, na Alemanha, diz-se o apelido. Só no telemóvel é costume dizer "hallo" ou "ja". Para despedir-se depois de terminar o telefonema diz-se "Auf Wiederhören".

telefonisch [tele'fo:nɪʃ] I. *adj* telefónico II. *adv* por telefone; **kann ich Sie** ~ **erreichen?** posso contactá-lo por telefone?

Telefonist(in) *m(f)* <-en, -en *o* -innen> telefonista *m,f*

Telefonkarte *f* <-n> cartão de telefone *m*

Telefonnummer *f* <-n> número de telefone *m*

Telefonzelle *f* <-n> cabine telefónica *f*

Telefonzentrale *f* <-n> central telefónica *f*

telegrafieren* *vi* telegrafar; **jdm** ~ telegrafar a alguém

Telegramm [tele'gram] *nt* <-s, -e> telegrama *m*

Telekommunikation *f kein pl* telecomunicações *fpl*

Teleobjektiv *nt* <-s, -e> teleobje(c)tiva *f*

Telepathie [telepa'ti:] *f kein pl* telepatia *f*

Teleskop [tele'sko:p] *nt* <-s, -e> telescópio *m*

Telex ['te:lɛks] *nt* <-, -(e)s> telex *m*

Teller ['tɛlɐ] *m* <-s, -> prato *m*; **flacher** ~ prato raso/ladeiro *m*; **tiefer** ~ prato fundo; **ein** ~ **Suppe** um prato de sopa

Tempel ['tɛmpəl] *m* <-s, -> templo *m*

Temperament [tɛmp(ə)ra'mɛnt] *nt* <-(e)s, -e> temperamento *m*, génio *m*, feitio *m*; (*Lebhaftigkeit*) vivacidade *f*; **ein hitziges** ~ **haben** ter sangue quente

temperamentvoll *adj* temperamental

Tempo¹ ['tɛmpo] *nt* <-s, -s> **1.** (*Geschwindigkeit*) velocidade *f*; **mit hohem** ~ a alta velocidade **2.** <-s, Tempi> (MUS) tempo *m*

Tempo®² *nt* <-s, -s> (*umg: Papiertaschentuch*) lenço de papel

Tempolimit *nt* <-s, -s> limite de velocidade *m*

Tempus *nt* <-, Tempora> (LING) tempo *m*

Tendenz [tɛn'dɛnts] *f* <-en> tendência *f* (*zu* para)

Tennis ['tɛnɪs] *nt <-> kein pl* ténis *m;* ~ **spielen** jogar ténis

Tennisplatz *m <-es, -plätze>* campo de ténis *m*

Tennisschläger *m <-s, ->* raquete de ténis *f*

Tennisspieler(in) *m(f) <-s, - o -innen>* tenista *m,f*

Tenor [te'noːɐ] *m <-s, Tenöre>* (MUS) tenor *m*

Teppich ['tɛpɪç] *m <-s, -e>* tapete *m;* (*fig*) **etw unter den** ~ **kehren** camuflar a. c.

Teppichboden *m <-s, -böden>* alcatifa *f;* **ein Zimmer mit** ~ **auslegen** alcatifar um quarto

Termin [tɛr'miːn] *m <-(e)s, -e>* 1. (*Frist*) prazo *m;* **einen** ~ **einhalten** cumprir um prazo 2. (*Zeitpunkt*) data *f;* (*beim Arzt*) consulta *f;* (*beim Friseur*) hora marcada *f;* **einen** ~ **vereinbaren/absagen** marcar/desmarcar uma hora; **sich** *dat* **einen** ~ **geben lassen** marcar uma hora; **um neun Uhr habe ich einen** ~ **beim Zahnarzt** tenho uma consulta no dentista às nove horas 3. (JUR) audiência *f;* ~ **haben** ser intimado para comparecer em tribunal

Terminal ['tœːmɪnəl] *nt <-s, -s>* (AERO, INFORM) terminal *m*

Terminkalender *m <-s, ->* agenda *f*

Terminologie [tɛrminolo'giː] *f <-n>* terminologia *f*

Terpentin [tɛrpɛn'tiːn, tɛrpən'tiːn] *nt <-s, -e>* 1. (*Harz*) terebintina *f* 2. (*umg: Lösungsmittel*) aguarrás *f*

Terrasse [tɛ'rasə] *f <-n>* (a AGR) terraço *m*

Terrine *f <-n>* terrina *f*

Territorium [tɛri'toːriʊm] *nt <-s, -torien>* território *m*

Terror ['tɛroːɐ] *m <-s> kein pl* terror *m*

terrorisieren* *vt* aterrorizar

Terrorismus [tɛro'rɪsmʊs] *m <-> kein pl* terrorismo *m*

Terrorist(in) [tɛro'rɪst] *m(f) <-en, -en o -innen>* terrorista *m,f*

Na Suíça a **Tertiärstufe** compreende a formação de nível superior, a formação pelas Faculdades Técnicas, a formação de professores para a "Sekundarstufe II", assim como uma qualificação profissional de nível superior.

Tesafilm® *m <-(e)s> kein pl* fita-cola *f*, fita durex *f*

Tessin [tɛ'siːn] *nt <-s> kein pl* Ticino *m*

Test [tɛst] *m <-(e)s, -s>* teste *m*

Testament [tɛsta'mɛnt] *nt <-(e)s, -e>* testamento *m;* **sein** ~ **machen** fazer o testamento; (REL) **das Alte/Neue** ~ o Antigo/Novo Testamento

testen ['tɛstən] *vt* testar; **das Material auf seine Haltbarkeit** ~ fazer um teste de resistência ao material

Tetanus ['tɛtanʊs, 'teːtanʊs] *m <-> kein pl* (MED) tétano *m*

Tetanusschutzimpfung *f <-en>* (MED) vacina anti-tetânica *f*

teuer ['tɔɪɐ] *adj* 1. (*kostspielig*) caro; (*wertvoll*) precioso; **wie** ~ **ist das?** quanto custa isso?; **das Buch ist (um) drei Euro teurer geworden** o livro encareceu três €; **etw kommt jdn** ~ **zu stehen** a. c. sai caro a alguém 2. (*geh: geschätzt*) prezado, querido

Teuerung *f <-en>* encarecimento *m*

Teufel ['tɔɪfəl] *m <-s, ->* diabo *m;* (*umg*); **was zum** ~ **...?** que diabo ...?; (*umg*); **da war der** ~ **los!** o Diabo andava à solta!, foi o fim do mundo!; (*umg*); **den** ~ **an die Wand malen** agourar; (*umg*); **in** ~**s Küche kommen** ter problemas

Teufelskreis *m <-es, -e>* círculo vicioso *m*

teuflisch *adj* diabólico, demoníaco

Text [tɛkst] *m <-(e)s, -e>* texto *m;* (*Liedtext*) letra *f*

Texter(in) *m(f) <-s, - o -innen>* reda(c)tor, reda(c)tora *m, f*

Textilien [tɛks'tiːliən] *pl* têxteis *m*

Textilindustrie *f <-n>* indústria têxtil *f*

Textverarbeitung *f <-en>* (INFORM) processamento de texto *m*

Textverarbeitungsprogramm *nt <-(e)s, -e>* (INFORM) programa de processamento de texto *m*

TH *abk v* **Technische Hochschule** Instituto Superior Técnico

Thailand *nt <-s> kein pl* Tailândia *f*

Theater [te'aːtɐ] *nt <-s, ->* teatro *m;* (*Vorstellung*) sessão *f;* **das** ~ **beginnt um 20 Uhr** a sessão começa à 20 horas

Theaterkarte *f <-n>* bilhete de teatro *m*, ingresso de teatro *m*

Theaterstück *nt <-(e)s, -e>* peça de teatro *f*, peça teatral *f*

theatralisch [tea'traːlɪʃ] *adj* teatral

T

Theke ['te:kə] *f* <-n> balcão *m*

Thema ['te:ma] *nt* <-s, Themen> tema *m;* **das gehört nicht zum** ~ isso não faz parte do tema; **das ist für mich kein** ~ isso para mim não se discute

Thematik [te'ma:tɪk] *f kein pl* temática *f*

Themse *f kein pl* Tamisa *m*

Theologe(in) *m(f)* <-n, -n *o* -innen> teólogo, teóloga *m, f*

Theologie [teolo'gi:] *f kein pl* teologia *f*

theologisch *adj* teológico

theoretisch *adj* teórico

Theorie [teo'ri:] *f* <-n> teoria *f*

Therapeut(in) [tera'pɔɪt] *m(f)* <-en, -en *o* -innen> terapeuta *m,f*

therapeutisch *adj* terapêutico

Therapie [tera'pi:] *f* <-n> terapia *f*

Thermalbad *nt* <-(e)s, -bäder> termas *fpl,* caldas *fpl*

Thermometer [tɛrmo'me:tɐ] *nt* <-s, -> termómetro *m*

Thermosflasche ['tɛrmɔs-] *f* <-n> garrafa termos *f*

Thermostat [tɛrmo'sta:t] *m* <-(e)s, -e> termóstato *m*

These ['te:zə] *f* <-n> tese *f*

Thon *m* <-s, -s> *(schweiz)* atum *m*

Thriller ['θrɪlɐ] *m* <-s, -> *(Film)* filme de terror *m; (Buch)* livro de suspense *m*

Thrombose [trɔm'bo:zə] *f* <-n> (MED) trombose *f*

Thron [tro:n] *m* <-(e)s, -e> trono *m;* **den ~ besteigen** subir ao trono

Thronfolge *f kein pl* sucessão ao trono *f*

Thunfisch ['tu:n-] *m* <-(e)s, -e> *s.* **Tunfisch**

Thurgau *m* <-s> *kein pl* Turgóvia *f*

Thüringen *nt* <-s> *kein pl* Turíngia *f*

thüringisch *adj* turíngio

Thymian ['ty:mia:n] *m* <-s, -e> tomilho *m*

Tibet *nt* <-s> *kein pl* Tibete *m*

Tick [tɪk] *m* <-s, -s> 1. *(umg: Eigenart)* mania *f,* tara *f* 2. (MED) tique *m*

ticken ['tɪkən] *vi (Uhr)* fazer tiquetaque

tief [ti:f] I. *adj* 1. *(nicht flach)* fundo; *(mit Maßangabe)* de profundidade; **der See ist drei Meter** ~ o lago tem três metros de profundidade; **fünf Meter** ~ **fallen** cair a cinco metros de profundidade; **wie** ~ **ist das?** qual é a profundidade disso?; ~**er Schnee** neve alta; **im** ~**sten Winter** em pleno Inverno; ~ **in Gedanken versunken sein** estar absorto,

estar mergulhado em pensamentos; ~ **in der Nacht** a altas horas da noite 2. *(niedrig)* baixo; ~**e Temperaturen** baixas temperaturas 3. *(Ton, Stimme)* grave II. *adv* 1. *(nach unten)* para baixo; *(niedrig)* baixo; **sich** ~ **verbeugen** inclinar-se profundamente; **der Hubschrauber fliegt sehr** ~ o helicóptero voa muito baixo 2. *(intensiv, stark)* profundamente, muito; ~ **schlafen** dormir profundamente; **jdn** ~ **beeindrucken** impressionar alguém profundamente; ~ **greifende Veränderungen** modificações profundas; **das lässt** ~ **blicken** isso dá que pensar

Tief [ti:f] *nt* <-s, -s> 1. (METEO) centro de baixa pressão *m,* depressão *f* 2. (PSYCH) depressão *f*

Tiefbau *m* <-(e)s> *kein pl* obras públicas e construção *f* subterrânea *fpl*

Tiefdruckgebiet *nt* <-(e)s, -e> zona de depressão atmosférica *f*

Tiefe ['ti:fə] *f* <-n> 1. *(räumlich)* profundidade *f;* **eine** ~ **von 20 Metern** uma profundidade de 20 metros 2. *kein pl (eines Tones, der Stimme)* gravidade *f*

Tiefebene *f* <-n> (GEOG) planície baixa *f*

Tiefenschärfe *f kein pl* (FOT) profundidade de campo *f*

Tiefgarage *f* <-n> garagem subterrânea *f*

tiefgefroren *adj* congelado

tiefgekühlt *adj* congelado

tiefgreifendALT *adj s.* **tief II 2**

Tiefkühlfach *nt* <-(e)s, -fächer> congelador *m,* freezer *m*

Tiefkühlkost *f kein pl* congelados *mpl*

Tiefkühltruhe *f* <-n> arca congeladora *f*

Tiefpunkt *m* <-(e)s, -e> ponto mais baixo *m;* **die Stimmung war auf dem** ~ **angelangt** a disposição chegou ao ponto mais baixo

tiefsinnig *adj* pensado, refle(c)tido

Tiefsttemperatur *f* <-en> temperatura mínima *f*

Tier [ti:ɐ] *nt* <-(e)s, -e> animal *m;* **wilde** ~**e** animais selvagens *mpl; (umg)*; **ein hohes** ~ uma alta personalidade

Tierarzt, Tierärztin *m, f* <-es, -ärzte *o* -innen> veterinário, veterinária *m, f*

Tierheim *nt* <-(e)s, -e> canil *m*

tierisch ['ti:rɪʃ] *adj* 1. *(Tiere betreffend)* animal 2. *(umg: groß, sehr)* muito; **ich habe** ~**en Hunger** estou a morrer de fome; **der Film ist** ~ **gut** o filme é um espe(c)táculo

Tierkreiszeichen nt <-s, -> signo do zodíaco m

Tierpark m <-s, -s> jardim zoológico m

Tierquälerei f <-en> crueldade para com os animais f

Tierschutzverein m <-s, -e> sociedade prote(c)tora dos animais f

Tierversuch m <-(e)s, -e> experiência com animais f, ensaio em animais m

Tiger(in) ['ti:gɐ] m(f) <-s, - o -innen> tigre m

Tilde ['tɪldə] f <-n> til m

tilgen ['tɪlgən] vt (WIRTSCH) saldar; **seine Schulden** ~ saldar as dívidas

Tilgung f (WIRTSCH) amortização f

Timor nt <-s> kein pl Timor m

Tinktur [tɪŋk'tu:ɐ] f <-en> tintura f

Tinte ['tɪntə] f <-n> tinta f

Tintenfisch m <-(e)s, -e> lula f, choco m

Tintenstrahldrucker m <-s, -> impressora a ja(c)to de tinta f

TippRR [tɪp] m <-s, -s>, **Tip**ALT m <-s, -s> **1.** (umg: Rat) dica f; **jdm einen ~ geben** dar uma dica a alguém **2.** (in Toto, Wettbüro) palpite m

tippen ['tɪpən] **I.** vt **1.** (umg: Text) da(c)tilografar, escrever à máquina **2.** (im Lotto) apostar em; **sie tippt immer die 18** ela aposta sempre no 18 **II.** vi **1.** (berühren) tocar levemente; **jdm auf die Schulter ~** tocar a alguém no ombro **2.** (umg: Maschine schreiben) escrever à maquina **3.** (umg: wetten) apostar (auf em); **ich tippe (darauf), dass er gleich anruft** eu aposto que ele vai já telefonar

Tippfehler m <-s, -> gralha f, erro de da(c)tilografia m

Tippse f <-n> (pej) da(c)tilógrafa f

Tirol [ti'ro:l] nt <-s> kein pl Tirol m

Tisch [tɪʃ] m <-(e)s, -e> mesa m; **auf dem ~** na mesa; **bei ~** à mesa; **den ~ decken/abdecken** pôr/levantar a mesa; **am ~ sitzen** estar (sentado) à mesa; (umg); **etw unter den ~ fallen lassen** não se ocupar de a. c.; (umg); **jdn über den ~ ziehen** enganar alguém

Tischdecke f <-n> toalha de mesa f

tischen vi (schweiz) pôr a mesa

Tischfußball m <-s> kein pl matrecos mpl, matraquilhos mpl

Tischler(in) m(f) <-s, - o -innen> carpinteiro, carpinteira m, f

Tischlerei f <-en> carpintaria f

Tischtennis nt <-> kein pl ténis de mesa m, pingue-pongue m

Titan nt <-s> kein pl (CHEM) titânio m

Titel ['ti:təl] m <-s, -> título m; **akademischer ~** título académico m

Titelbild nt <-(e)s, -er> vinheta f

Titelseite f <-n> (von Buch) frontispício m; (von Zeitschrift) capa f; (von Zeitung) primeira página f

Toast [to:st] m <-(e)s, -s> **1.** (Brot) torrada f, tosta f; **ein ~ mit Butter/Käse** uma torrada com manteiga/tosta com queijo **2.** (Trinkspruch) brinde m

toasten ['to:stən] vt torrar

Toaster m <-s, -> torradeira f

toben ['to:bən] vi **1.** (vor Wut) enfurecer-se, enraivecer-se; (vor Begeisterung) bramir, bramar **2.** (Kinder) brincar ruidosamente

tobsüchtig adj frenético

Tochter ['tɔxtɐ] f <Töchter> **1.** (Kind) filha f **2.** (schweiz: Kellnerin) empregada de mesa f, garçonete f; (Haushaltshilfe) empregada doméstica f

Tochtergesellschaft f <-en> (WIRTSCH) filial f, sucursal f

Tod [to:t] m <-(e)s, -e> morte f; **jdn zum ~e verurteilen** condenar alguém à morte; **sich zu ~e langweilen** morrer de tédio

todernst ['-'-] adj (umg) muito sério

Todesangst f <-ängste> agonia f

Todesanzeige f <-n> anúncio de falecimento m

Todesfall m <-(e)s, -fälle> falecimento m; **im ~** em caso de morte

Todesopfer nt <-s, -> vítima mortal f; **der Unfall forderte zwei ~** o acidente provocou duas vítimas mortais

Todesstrafe f <-n> pena de morte f; **bei ~** sob pena de morte

Todesurteil nt <-(e)s, -e> sentença de morte f

todkrank ['-'-] adj fatalmente doente

tödlich **I.** adj mortal, fatal, letal **II.** adv fatalmente, mortalmente; ~ **verunglücken** ter um acidente mortal

todmüde adj (umg) morto (de cansaço), estafado

todschick adj (umg) chiquíssimo

todsicher ['-'--] adj (umg) infalível

Todsünde f <-n> (REL) pecado mortal m

Töff nt <-s, -s> (umg schweiz) mota f

T

Toilette [tɔaˈlɛtə] *f* <-n> casa-de-banho *f*, quarto-de-banho *m*, banheiro *m*; **öffentliche ~n** casas-de-banho públicas, banheiro público *m*; **auf die/zur ~ gehen** ir à casa-de-banho, ir no banheiro

Toilettenpapier *nt* <-(e)s, -e> papel higiénico *m*

tolerant [toleˈrant] *adj* tolerante (*gegenüber* com)

Toleranz [toleˈrants] *f kein pl* tolerância *f* (*gegenüber* com)

tolerieren* *vt* tolerar

toll [tɔl] *adj* **1.** (*umg: großartig*) fantástico, estupendo; **das ist ja ~!** é fantástico! **2.** (*umg: unglaublich*) incrível

Tollkirsche *f* <-n> beladona *f*

Tollpatsch^RR [ˈtɔlpatʃ] *m* <-(e)s, -e> patego, patega *m, f*, desastrado, desastrada *m, f*

Tollwut *f kein pl* (MED) raiva *f*

Tolpatsch^ALT *m* <-(e)s, -e> *s.* **Tollpatsch**

Tomate [toˈmaːtə] *f* <-n> tomate *m*

Tomatenmark *nt* <-(e)s> *kein pl* concentrado de tomate *m*, polpa de tomate *f*

Tombola [ˈtɔmbola] *f* <-s> tômbola *f*

Ton[1] [toːn] *m* <-(e)s, Töne> **1.** (*Laut*) som **2.** (*Redeweise, Farbton*) tom *m*; **etw in freundlichem ~ sagen** dizer a. c. num tom afável; **der gute ~** o bom tom **3.** (*Film, Fernsehen*) som *m* **4.** (*umg: Äußerung*) som *m*; **keinen ~ sagen** não tugir nem mugir **5.** (*Betonung*) entoação *f*

Ton[2] [toːn] *m* <-(e)s, -e> barro *m*, argila *f*

Tonart *f* <-en> (MUS) tom *m*, tonalidade *f*

Tonband *nt* <-(e)s, -bänder> **1.** (*Tonträger*) fita magnética *f*; **etw auf ~ aufnehmen** gravar a. c. em cassete **2.** (*umg: Gerät*) gravador *m*, toca-fitas *m*

Tonbandgerät *nt* <-(e)s, -e> gravador *m*, toca-fitas *m*

tönen **I.** *vt* tonalizar, matizar; (*Haare*) pintar **II.** *vi* toar, soar

Toner *m* <-s, -> toner *m*

Tonfall *m* <-(e)s> *kein pl* entoação *f*

Tonfilm *m* <-(e)s, -e> filme sonoro *m*

Tonic *nt* <-s, -s> água tónica *f*

Tonleiter *f* <-n> escala *f*

tonlos *adj* (*Stimme*) afónico

Tonne [ˈtɔnə] *f* <-n> **1.** (*Gefäß*) tonel *m* **2.** (*Maßeinheit*) tonelada *f*

Tonstudio *nt* <-s, -s> estúdio de som *m*

Tontechniker(in) *m(f)* <-s, - *o* -innen> técnico de som, técnica *m, f*

Topf [tɔpf] *m* <-(e)s, Töpfe> **1.** (*Kochtopf*) tacho *m* **2.** (*Blumentopf*) vaso *m*

Topfen *m* <-s> *kein pl* (*österr*) requeijão *m*

Töpfer(in) *m(f)* <-s, - *o* -innen> oleiro, oleira *m, f*

Töpferei *f* <-en> olaria *f*

topfit [ˈtɔpˈfɪt] *adj* (*umg*) em plena forma

Topflappen *m* <-s, -> pega *f*

Tor [toːɐ] *nt* <-(e)s, -e> **1.** (*Eingang*) portão *m*; (*Stadttor*) porta *f* **2.** (SPORT: *Gehäuse*) baliza *f*; (*Treffer*) golo *m*, gol *m*; **ein ~ schießen** marcar um golo, marcar um gol

Torero *m* <-(s), -s> toureiro *m*

Torf [tɔrf] *m* <-(e)s, -e> turfa *f*

Torhüter(in) *m(f)* <-s, - *o* -innen> guarda-redes *m,f*, goleiro, goleira *m, f*

torkeln [ˈtɔrkəln] *vi* vacilar, cambalear

torpedieren* *vt* (MIL) torpedear

Torpedo [tɔrˈpeːdo] *m* <-s, -s> torpedo *m*

Torte [ˈtɔrtə] *f* <-n> torta *f*

Tortur [tɔrˈtuːɐ] *f* <-en> tortura *f*

Torwart, -frau [ˈtoːɐvart] *m, f* <-(e)s, -e *o* -en> guarda-redes *m,f*, goleiro, goleira *m, f*

tosen [ˈtoːzən] *vi* (*Meer*) bramar; (*Sturm*) ressoar, retumbar, atroar

tot [toːt] *adj* **1.** (*Lebewesen*) morto; (*verstorben*) falecido, morto; **jdn für ~ erklären** dar alguém como morto; **er war auf der Stelle ~** ele morreu instantaneamente **2.** (*Kapital*) ina(c)tivo; (*Leitung*) sem sinal

total [toˈtaːl] *adj* total

totalitär *adj* totalitário

Totalschaden *m* <-s, -schäden> perda total *f*

töten *vt* matar; (*ermorden*) assassinar; **du sollst nicht ~** não matarás

Totengräber(in) *m(f)* <-s, - *o* -innen> coveiro, coveira *m, f*

Totenschein *m* <-(e)s, -e> certidão de óbito *f*

Tote(r) *m/f* <-n, -n *o* -n> morto, morta *m, f*

tot|lachen *vr* **sich ~** (*umg*) morrer de riso, fartar-se de rir

Toto [ˈtoːto] *nt* <-s, -s> totobola *m*

Totschlag *m* <-(e)s> *kein pl* (JUR) homicídio *m*

tot|schlagen *vt irr* matar à pancada; (*Tier*) abater; **die Zeit ~** matar o tempo, fazer horas

Toupet [tuˈpeː] *nt* <-s, -s> **1.** (*Haarteil*) topete *m* **2.** (*schweiz: Frechheit*) descaramento *m*

toupieren* *vt* ripar

Tour [tuːɐ] *f* <-en> 1. (*Rundfahrt*) passeio *m*; (*Ausflug*) excursão *f* 2. (*Strecke*) traje(c)to *m*, itinerário *m* 3. (TECH: *Umdrehung*) rotação *f*

Tourismus [tuˈrɪsmʊs] *m* <-> *kein pl* turismo *m*

Tourist(in) [tuˈrɪst] *m(f)* <-en, -en *o* -innen> turista *m,f*

touristisch *adj* turístico

Tournee [tʊrˈneː] *f* <-n> digressão *f*, tournée *f*; **auf ~ sein/gehen** estar/ir em digressão

Tower [ˈtaʊɐ] *m* <-s, -> torre de controlo *f*

toxisch [ˈtɔksɪʃ] *adj* tóxico

Trab [traːp] *m* <-(e)s> *kein pl* trote *m*; (*umg*); **jdn auf ~ bringen** dar um empurrão a alguém

Trabantenstadt *f* <-städte> cidade-dormitório *f*

Trabbi *m* <-s, -s> (*umg*) trabant® *m*

O **Trabbi** ou **Trabant** era o veículo de passageiros mais difundido na RDA. O modelo típico P601 foi fabricado de 1964 a 1989. Era equipado com um motor de dois tempos. Como esse carro não tinha condições de competir com veículos modernos, surgiram muitas anedotas a propósito.

Tracht [traxt] *f* <-en> (*einer Volksgruppe*) traje *m*

trächtig *adj* prenha, cheio

Tradition [tradiˈtsjoːn] *f* <-en> tradição *f*

traditionell [traditsjoˈnɛl] *adj* tradicional

traf [traːf] *imp von* **treffen**

Trafik *f* <-en> (*österr*) tabacaria *f*

Trafikant(in) *m(f)* <-en, -en *o* -innen> (*österr*) dono de tabacaria, dona *m, f*

Tragbahre *f* <-n> maca *f*

tragbar *adj* 1. (*Gerät*) portátil 2. (*erträglich*) suportável; **das ist wirtschaftlich nicht mehr ~** isso já não é economicamente suportável

träge *adj* 1. (*langsam*) lento; (*faul*) preguiçoso, indolente 2. (PHYS) inerte

tragen [ˈtraːɡən] I. *vt* 1. (*Last*) carregar (com); (*Koffer*) trazer, levar; **etw auf dem Rücken ~** carregar a. c. nas costas; **er trug ihr den Koffer** ele levou-lhe a mala; **der Baum trägt Früchte** a árvore dá frutos 2. (*Brille, Hut*) usar; (*Kleidung*) vestir, ter vestido 3. (*stützen*) sustentar, suportar 4. (*ertragen*) suportar, aguentar; (*Verantwortung,*

Folgen) arcar com; **die Kosten** ~ pagar as despesas 5. (*Aufschrift*) ter II. *vi* 1. (*Kleidung*) usar-se; **diesen Winter trägt man wieder länger** neste Inverno usam-se outra vez saias compridas 2. (*Eis*) aguentar, estar firme; **das Eis trägt gut** o gelo está firme

Träger¹ *m* <-s, -> 1. (ARCH) viga *f*, suporte *m* 2. (*an Kleidung*) alça *f* 3. (*Institution*) entidade responsável *f*

Träger(in)² *m(f)* <-s, - *o* -innen> 1. (*Gepäckträger, Lastenträger*) carregador, carregadora *m, f* 2. (*Preisträger*) titular *m,f*

Trägerrakete *f* <-n> foguete de lançamento *m*

Tragetasche *f* <-n> saco de mão *m*

Tragfähigkeit *f kein pl* capacidade de carga *f*

Tragfläche *f* <-n> asa *f*

Tragflügelboot *nt* <-(e)s, -e> hidroplanador *m*

Trägheit *f kein pl* 1. (*Langsamkeit*) inércia *f*, lentidão *f*; (*Faulheit*) preguiça *f*, indolência *f* 2. (PHYS) inércia *f*

tragisch [ˈtraːɡɪʃ] *adj* trágico

Tragödie *f* <-n> tragédia *f*

Tragweite *f* <-n> 1. (*Bedeutung*) envergadura *f* 2. (*von Waffe*) alcance *m*

Trainer(in)¹ [ˈtrɛːnɐ] *m(f)* <-s, - *o* -innen> treinador, treinadora *m, f*, instrutor, instrutora *m, f*

Trainer² *m* <-s, -> (*schweiz*) fato *m* de treino

trainieren* *vi* treinar

Training [ˈtrɛːnɪŋ] *nt* <-s, -s> treino *m*, treinamento *m*

Trainingsanzug *m* <-(e)s, -züge> fato de treino *m*, training *m*

Traktandum *nt* <-s, -den> (*schweiz*) assunto das negociações *m*

Traktor [ˈtraktoːɐ] *m* <-s, -en> tra(c)tor *m*

Tram *nt* <-s, -s> (*schweiz*) eléctrico *m*, bonde *m*

trampeln [ˈtrampəln] *vi* bater com os pés

trampen [ˈtrɛmpə] *vi* viajar à boleia, viajar de carona

Tramper(in) [ˈtrɛmpən] *m(f)* <-s, - *o* -innen> viajante à boleia *m,f*, viajante de carona *m,f*

Trampolin [ˈtrampoliːn, --ˈ-] *nt* <-s, -e> trampolim *m*

Tramway *f* <-s> (*österr*) eléctrico *m*, bonde *m*

T

Tran [tra:n] *m* <-(e)s, -e> óleo de peixe *m*

Trance ['trãs(ə)] *f* <-n> transe *m;* **jdn in ~ versetzen** pôr alguém em transe

Träne *f* <-n> lágrima *f;* **den ~n nahe sein** estar quase a chorar; **~n lachen** chorar de rir

tränen *vi* lacrimejar, chorar

Tränengas *nt* <-es> *kein pl* gás lacrimogéneo *m*

trank [traŋk] *imp von* **trinken**

Tränke *f* <-n> bebedouro *m*

tränken *vt* **1.** (*Tiere*) dar de beber a **2.** (*durchnässen*) molhar (*mit* em), ensopar (*mit* em)

transatlantisch *adj* transatlântico

Transfer *m* <-s, -s> **1.** (WIRTSCH, SPORT) transferência *f* **2.** (*auf Reisen*) transfer *m*

Transformator [transfɔr'ma:to:ɐ] *m* <-s, -en> transformador *m*

Transfusion [transfu'zjo:n] *f* <-en> (MED) transfusão *f*

Transistor [tran'zɪsto:ɐ] *m* <-s, -en> transistor *m*

Transit [tran'zi:t, tran'zɪt] *m* <-s, -e> trânsito *m*

transitiv ['tranziti:f, --'-] *adj* (GRAM) transitivo

Transitverkehr *m* <-s> *kein pl* trânsito de passagem *m*

transparent [transpa'rɛnt] *adj* transparente

Transparent [transpa'rɛnt] *nt* <-(e)s, -e> estandarte de manifestação *m*

Transplantation [transplanta'tsjo:n] *f* <-en> (MED) transplantação *f*

Transport [trans'pɔrt] *m* <-(e)s, -e> transporte *m*

transportieren* *vt* (*Waren, Personen*) transportar

Transportmittel *nt* <-s, -> meio de transporte *m*

Transportunternehmen *nt* <-s, -> empresa de transportes *f*, transportadora *f*

Transvestit [transvɛs'ti:t] *m* <-en, -en> travesti *m*

Trapez [tra'pe:ts] *nt* <-es, -e> trapézio *m*

trat [tra:t] *imp von* **treten**

Tratsch [tra:tʃ] *m* <-(e)s> *kein pl* (*umg*) bisbilhotice *f*, coscuvilhice *f*, fofoca *f*

tratschen ['tra:tʃən] *vi* (*umg*) bisbilhotar (*über* sobre), coscuvilhar (*über* sobre), fofocar (*über* sobre)

Traube ['traʊbə] *f* <-n> **1.** (*Weintraube*)

uva *f;* **blaue/grüne ~n** uvas pretas/brancas **2.** (*Fruchtstand*) cacho de uvas *m*

Traubenzucker *m* <-s> *kein pl* glicose *f*

trauen ['traʊən] **I.** *vt* casar; **sich ~ lassen** contrair casamento, casar-se **II.** *vi* confiar; **jdm/etw ~** confiar em alguém/a. c.; **sie traute ihren Ohren kaum** ela mal acreditava no que estava a ouvir **III.** *vr* **sich ~** atrever-se; **er traut sich nicht** ele não se atreve

Trauer ['traʊɐ] *f kein pl* mágoa *f;* (*um Verstorbene*) luto *m;* **~ tragen** estar de luto

Trauerfeier *f* <-n> ofício fúnebre *m*

trauern ['traʊɐn] *vi* **1.** (*betrübt sein*) estar triste; **um jdn ~** estar triste pela morte de alguém **2.** (*Trauerkleidung tragen*) estar de luto

Trauerspiel *nt* <-(e)s, -e> tragédia *f*

Trauerweide *f* <-n> chorão *m*

träufeln *vt* pingar (*in* para)

Traum [traʊm] *m* <-(e)s, Träume> sonho *m*

Trauma ['traʊma] *nt* <-s, -ta> (MED, PSYCH) trauma *m*

träumen *vi* sonhar (*von* com); **das hätte ich mir nie ~ lassen** eu nunca teria imaginado tal coisa

Träumer(in) *m(f)* <-s, - *o* -innen> sonhador, sonhadora *m, f*

Träumerei *f* <-en> imaginação *f*, fantasia *f*

träumerisch *adj* sonhador

traumhaft *adj* de sonho

traurig ['traʊrɪç] *adj* triste (*über* com); **~ werden** entristecer, ficar triste

Traurigkeit *f kein pl* tristeza *f*

Trauschein *m* <-(e)s, -e> certidão de casamento *f*

Trauung ['traʊʊŋ] *f* <-en> casamento *m*, matrimónio *m;* **standesamtliche/kirchliche ~** casamento civil/religioso *m*

Trauzeuge(in) *m(f)* <-n, -n *o* -innen> testemunha de casamento *f*, padrinho de casamento *m*, madrinha de casamento *f*

treffen ['trɛfən] **I.** *vt* **1.** (*begegnen*) encontrar **2.** (*Ziel*) acertar em **3.** (*kränken*) ferir **4.** (*beschließen*) **ein Abkommen ~** chegar a um acordo; **eine Auswahl ~** fazer uma escolha; **eine Entscheidung ~** tomar uma decisão; **Maßnahmen gegen etw ~** tomar medidas contra a. c.; **Vorbereitungen ~** fazer preparações **II.** *vi* (*Ziel*) acertar; **getroffen!** precisamente!, justamente!; **es gut mit etw ~** ter sorte com a. c. **III.** *vr* **sich ~ 1.** (*zusam-*

menkommen) encontrar-se (*mit* com); **wir ~ uns um acht** encontramo-nos às oito **2.** (*geschehen*) suceder; **das trifft sich gut!** isso vem mesmo a calhar!

Treffen ['trɛfən] *nt* <-s, -> encontro *m* (*mit* com)

treffend *adj* (*richtig*) acertado, exa(c)to; (*angemessen*) adequado, oportuno

Treffer *m* <-s, -> (SPORT) golo *m*, gol *m*

Treffpunkt *m* <-(e)s, -e> ponto de encontro *m*

treiben ['traɪbən] **I.** *vt* **1.** (*hinbringen*) fazer andar; (*schieben*) empurrar (*in* para); (*mit Zwang*) enxotar, escorraçar; **das Vieh in den Stall ~** encurralar o gado; **die Preise in die Höhe ~** fazer subir os preços; **jdn in die Enge ~** pôr alguém entre a espada e a parede **2.** (*antreiben*) impelir, mover; (TECH) impulsionar, a(c)cionar; **jdn zur Eile ~** apressar alguém; **die ~de Kraft** a força motriz **3.** (*betreiben, tun*) exercer, fazer; (*Studien*) seguir; (*Sport*) praticar; **Handel ~** negociar; **Missbrauch mit etw ~** abusar de a. c.; **sie ~ nur Unfug!** eles só fazem asneiras!; **was treibst du?** o que fazes? **II.** *vi* **1.** (*bewegt werden*) andar; (*auf dem Wasser*) flutuar, boiar, ir à deriva; **es zu weit ~** exagerar, levar as coisas ao extremo **2.** (*Pflanze*) rebentar, germinar **3.** (*Tee, Kaffee*) ser diurético

Treibgas *nt* <-es, -e> gás propulsor *m*

Treibhaus *nt* <-es, -häuser> estufa *f*

Treibhauseffekt *m* <-(e)s> *kein pl* efeito de estufa *m*

Treibstoff *m* <-(e)s, -e> combustível *m*

Trema *nt* <-s, -s> (LING) trema *m*

Trend [trɛnt] *m* <-s, -s> tendência *f* (*zu* para)

trennen ['trɛnən] **I.** *vt* separar (*von* de); (*absondern*) tirar; (*Begriffe*) distinguir; (*Familie*) dividir; (*Telefongespräch*) cortar, interromper; **zahlen Sie zusammen oder getrennt?** pagam junto ou separado?; **das Futter aus dem Mantel ~** tirar o forro do casaco; **dieses Wort kann man nicht ~** esta palavra não se separa **II.** *vr* **sich ~** separar-se (*von* de)

Trennkost *f kein pl* alimentação racional *f*

Trennung *f* <-en> **1.** (*das Trennen*) separação *f* (*von* de), desquite *m;* (*Teilung*) divisão *f* **2.** (*Silbentrennung*) divisão silábica *f*

Treppe ['trɛpə] *f* <-n> escada *f;* **sie wohnt eine ~ höher** ela mora no andar de cima

Treppenhaus *nt* <-es, -häuser> escadaria *f*

Tresen ['treːzən] *m* <-s, -> balcão *m*

Tresor [tre'zoːɐ] *m* <-s, -e> cofre *m*

Tretboot *nt* <-(e)s, -e> gaivota *f*

treten ['treːtən] **I.** *vt* (*Person*) pisar, calcar, trilhar; (*Tier*) dar um coice a; (*mit Fußtritt*) dar um pontapé a **II.** *vi* **1.** (*hinaustreten*) sair (*aus* de); (*hineintreten*) entrar (*in* em); **ans Fenster ~** assomar à janela; **zur Seite ~** chegar-se para o lado; **näher ~** aproximar-se; **der Fluss trat über die Ufer** o rio transbordou; **in den Streik ~** começar uma greve **2.** (*mit dem Fuß*) dar um pontapé; **jdm auf den Fuß ~** pisar/calcar alguém; **nach jdm ~** querer dar um pontapé a alguém; **gegen etw ~** dar pontapés a a. c.

treu [trɔɪ] *adj* fiel; **jdm ~ sein** ser fiel a alguém

Treue ['trɔɪə] *f kein pl* fidelidade *f*

treuherzig *adj* franco, leal

treulos *adj* desleal, infiel

Triangel *m* <-s, -> (MUS) ferrinhos *mpl*

Triathlon *nt* <-s, -s> triatlo *m*

Tribüne *f* <-n> tribuna *f*

Trichter ['trɪçtɐ] *m* <-s, -> funil *m*

Trick [trɪk] *m* <-s, -s> truque *m*

Trickfilm *m* <-s, -e> desenhos animados *mpl*

trieb [triːp] *imp von* **treiben**

Trieb [triːp] *m* <-(e)s, -e> **1.** (*innerer Antrieb*) impulso *m;* (*Neigung*) inclinação *f;* (*Instinkt*) instinto *m* **2.** (BOT) rebento *m*

Triebkraft *f* <-kräfte> (TECH) força motriz *f;* (PSYCH) impulso *m*

Triebtäter *m* <-s, -> criminoso sexual *m*

Triebwagen *m* <-s, -> automotora *f*, automotriz *f*

Triebwerk *nt* <-(e)s, -e> (AERO) rea(c)tor *m*

triftig ['trɪftɪç] *adj* (*Grund, Argument*) válido; (*Bemerkung*) pertintente; (*Beweis*) concludente, convincente

Trigonometrie *f kein pl* trigonometria *f*

Trikot [tri'koː] *nt* <-s, -s> camisola *f*

Triller *m* <-s, -> trilo *m*, gorjeio *m*

Trillerpfeife *f* <-n> apito *m*

Trimester *nt* <-s, -> trimestre *m*

Trimmpfad *m* <-(e)s, -e> circuito de manutenção *m*

trinkbar *adj* potável; **~ sein** beber-se

trinken ['trɪŋkən] *vt* beber, tomar; **ich trinke auf deine Gesundheit** eu bebo à tua (saúde); **darauf müssen wir einen ~** temos de beber um copo a isso

T

Trinker(in) *m(f)* <-s, - *o* -innen> alcoólico, alcoólica *m, f*
Trinkgeld *nt* <-(e)s, -er> gorjeta *f*

Trinkgeld (gorjeta) é facultativa, mas frequentemente espera-se que seja dada, já que os salários são baixos na área de prestação de serviços. Quando se está satisfeito com o serviço, dá-se ao empregado de café ou restaurante 5-10% na Alemanha, na Áustria uns 15%. O motorista de táxi recebe entre 50 Cent a 1 Euro, o cabeleireiro entre 1a 2,5 Euro. A criada de hotel recebe entre 50 Cent a 1 Euro por noite.

Trinkhalm *m* <-(e)s, -e> palha *f*, palhinha *f*
Trinkwasser *nt* <-s> *kein pl* água potável *f*; **kein ~!** água imprópria para consumo!
Trio ['tri:o] *nt* <-s, -s> trio *m*
Trip [trɪp] *m* <-s, -s> (*umg*) passeio *m*
Tripper *m* <-s, -> gonorreia *f*
Tritt [trɪt] *m* <-(e)s, -e> **1.** (*Schritt, Gang*) passo *m* **2.** (*Fußtritt*) pontapé *m*; **jdm einen ~ geben** dar um pontapé a alguém
Trittbrett *nt* <-(e)s, -e> estribo *m*
Triumph [tri'ʊmf] *m* <-(e)s, -e> triunfo *m*
triumphieren* *vi* triunfar (*über* sobre)
trivial [tri'vja:l] *adj* trivial
Trivialliteratur *f* <-en> literatura ligeira *f*
trocken ['trɔkən] *adj* **1.** (*Wäsche*) seco, enxuto; (*Haut, Wein*) seco; (*Alkoholiker*); **~ sein** não beber **2.** (*Klima, Wetter*) seco **3.** (*fantasielos*) sóbrio **4.** (*Bemerkung, Humor*) seco
Trockenhaube *f* <-n> secador *m*
Trockenheit *f kein pl* secura *f*; (*Dürre*) seca *f*
trocken|legen *vt* **1.** (*Sumpf*) drenar, secar **2.** (*Kind*) mudar
Trockenmilch *f kein pl* leite em pó *m*
Trockenzeit *f* <-en> tempo da seca *m*
trocknen ['trɔknən] **I.** *vt* secar, enxugar **II.** *vi* secar
Trockner *m* <-s, -> secador *m*
Trödelmarkt *m* <-(e)s, -märkte> feira da ladra *f*
trödeln *vi* (*umg*) ser demorado; (*beim Gehen*) andar devagar
Trödler(in) *m(f)* <-s, - *o* -innen> adeleiro, adeleira *m, f*
trog [tro:k] *imp von* **trügen**

Trog [tro:k, 'trø:gə] *m* <-(e)s, Tröge> tina *f*; (*Futtertrog*) comedouro *m*
Trolleybus *m* <-ses, -se> (*schweiz*) troleicarro *m*
Trommel ['trɔməl] *f* <-n> **1.** (MUS) tambor *m*; (*größer*) bombo *m* **2.** (*von Revolver, Waschmaschine*) tambor *m*
Trommelbremse *f* <-n> travão de tambor *m*, freio de tambor *m*
Trommelfell *nt* <-(e)s, -e> (ANAT) tímpano *m*
trommeln *vi* rufar tambor, tocar tambor
Trommler(in) ['trɔmlɐ] *m(f)* <-s, - *o* -innen> tamborileiro, tamborileira *m, f*
Trompete [trɔm'pe:tə] *f* <-n> trompete *m*
Trompeter(in) *m(f)* <-s, - *o* -innen> trompetista *m,f*
Tropen ['tro:pən] *pl* trópicos *mpl*
Tropenhelm *m* <-(e)s, -e> capacete colonial *m*
tröpfeln *vi* gotejar, pingar; (*umg*); **es tröpfelt** está a pingar, está a chuviscar
tropfen ['trɔpfən] *vi* gotejar, pingar
Tropfen *m* <-s, -> gota *f*, pinga *f*, pingo *m*; **ein guter ~** uma boa pinga, um bom vinho; **das ist nur ein ~ auf den heißen Stein** isso é uma gota no oceano
tropfenweise *adv* gota a gota, às gotas
Tropfsteinhöhle *f* <-n> gruta de estala(c)tites *f*
Trophäe *f* <-n> troféu *m*
tropisch ['tro:pɪʃ] *adj* tropical
Trost [tro:st] *m* <-(e)s> *kein pl* consolação *f*, consolo *m*; **das ist ein schwacher ~** isso serve de pouco consolo
trösten *vt* consolar
tröstlich *adj* consolador
trostlos *adj* (*Gegend, Anblick*) desolador; (*Fall*) desesperado
Trottel ['trɔtəl] *m* <-s, -> pateta *m,f*, palerma *m,f*
Trottoir *nt* <-s, -s> (*schweiz*) passeio *m*, calçada *f*
trotz *präp* +*gen, dat* apesar de; **~ ihrer Erkältung nahm sie an dem Ausflug teil** apesar da constipação, ela participou na excursão
Trotz *m* <-es> *kein pl* obstinação *f*, teimosia *f*; **aus ~** por birra, por teimosia
trotzdem ['--, -'-] **I.** *adv* apesar disso, apesar de tudo; **ich komme ~!** mesmo assim, eu vou!; **es regnete und ~ gingen sie spazie-**

ren chovia e apesar disso foram passear
konj (*umg*) embora, apesar de; **sie fror, ~ sie
zwei Pullover trug** ela tinha frio apesar de
ter duas camisolas (vestidas)

trotzig *adj* (*Kind*) teimoso, rebelde; (*Antwort*) provocador

trüb *adj* **1.** (*Flüssigkeit, Augen*) turvo; (*Spiegel, Glas, Licht*) baço **2.** (*Stimmung*) triste,
sombrio **3.** (*Tag, Himmel*) enevoado, nublado; (*Wetter*) escuro

Trubel ['truːbəl] *m* <-s> *kein pl* rebuliço *m*,
balbúrdia *f*

trüben I. *vt* (*Flüssigkeit*) turvar; (*Stimmung*)
estragar, perturbar **II.** *vr* **sich ~** (*Himmel*) encobrir-se, toldar-se

Trübsal *f kein pl* tristeza *f*, melancolia *f*; **~
blasen** dar-se à tristeza

trübselig *adj* abatido, triste

Trübsinn *m* <-(e)s> *kein pl* tristeza *f*, desânimo *m*

trübsinnig *adj* tristonho, desanimado

Trüffel *f* <-n> trufa *f*

trug [truːk] *imp von* **tragen**

trügen *vi* iludir, enganar; **der Schein trügt**
as aparências iludem

trügerisch *adj* enganador, falso

Trugschluss^{RR} *m* <-es, -schlüsse> paralogismo *m*

Truhe ['truːə] *f* <-n> arca *f*, baú *m*

Trümmer *pl* restos *mpl*; (*von Gebäude*) escombros *mpl*, destroços *mpl*; **in ~n liegen**
estar em ruínas

Trumpf [trumpf] *m* <-(e)s, Trümpfe>
trunfo *m*; **den letzten ~ ausspielen** jogar a
última cartada

Trunkenheit *f kein pl* embriaguez *f*; **~ am
Steuer** condução sob efeito do álcool *m*

Truppe ['trupə] *f* <-n> **1.** (MIL) tropa *f* **2.**
(*Schauspieler*) companhia *f*

Trute *f* <-n> (*schweiz*) perua *f*

Truthahn, ene ['truːt-] *m, f* <-(e)s, -hähne *o* -n> peru, perua *m, f*

Tschad *m* <-s> *kein pl* Chade *m*

Tscheche(in) ['tʃɛçə] *m(f)* <-n, -n *o* -innen> checo, checa *m, f*, tcheco, tcheca *m, f*

Tschechien ['tʃɛçiən] *nt* <-s> *kein pl* República Checa *f*, República Tcheca *f*

tschechisch *adj* checo, tcheco

Tschechoslowakei [-slovaˈkaı] *f kein pl*
Checoslováquia *f*, Tchecoslováquia *f*

Tschetschenien *nt* <-s> *kein pl* Tchetchénia *f*

tschüss *interj s.* **tschüs** (*umg*) tchau!

T-Shirt *nt* <-s, -s> t-shirt *f*, camiseta *f*

TU [teːˈʔuː] *abk v* **Technische Universität**
Universidade Técnica

Tuba *f* <Tuben> (MUS) tuba *f*

Tube ['tuːbə] *f* <-n> bisnaga *f*, tubo *m*

Tuberkulose [tubɛrkuˈloːzə] *f* <-n> tuberculose *f*

Tuch [tuːx] *nt* <-(e)s, Tücher> **1.** (*Halstuch, Kopftuch*) lenço *m* **2.** (*Lappen*) pano *m*

tüchtig I. *adj* (*fähig*) hábil; (*fleißig*) activo,
eficiente; (*umg: groß*) valente, forte; **eine ~e
Tracht Prügel** uma valente coça **II.** *adv*
(*umg*) muito, a valer; **~ essen** comer muito

Tücke *f* <-n> **1.** *kein pl* (*Boshaftigkeit*) maldade *f*, malícia *f* **2.** (*unangenehme Eigenschaft*) manha *f*; **der Computer hat seine
~n** o computador tem as suas manhas

tückisch *adj* **1.** (*boshaft*) mau, malvado, malicioso **2.** (*unberechenbar, gefährlich*) traiçoeiro

Tugend ['tuːgənt] *f* <-en> virtude *f*

tugendhaft *adj* virtuoso

Tüll *m* <-s, -e> tule *m*

Tulpe ['tulpə] *f* <-n> túlipa *f*

Tumor [tuˈmoːɐ] *m* <-s, -en> (MED) tumor
m

Tümpel *m* <-s, -> charco *m*

Tumult [tuˈmult] *m* <-(e)s, -e> tumulto *m*

tun [tuːn] **I.** *vt* (*machen*) fazer; (*Pflicht*) cumprir; **jdm etw ~** fazer a. c. a alguém; (*umg:
hinlegen, hinstellen*) pôr, meter; **tu die Gabeln in die Schublade** põe os garfos na gaveta **II.** *vi* (*machen*) fazer, agir; **gut ~** fazer
bem; (**viel**) **zu ~ haben** ter (muito) que fazer; **damit habe ich nichts zu ~** não tenho
nada a ver com isso; **der Hund tut nichts** o
cão não faz mal; (*Anschein erwecken*) proceder; **so ~, als ob ...** fingir que ..., fazer de
conta que ...; **tu nicht so!** não finjas!; (*umg:
funktionieren*) trabalhar, funcionar; **der
Fernseher tut nicht mehr** a televisão já não
trabalha **III.** *vr* **sich ~** (*geschehen*) acontecer; **es tut sich etwas/viel** há certa/muita
agitação

Tunesien [tuˈneːziən] *nt* <-s> *kein pl* Tunísia *f*

Tunfisch *m* <-(e)s, -e> *s.* **Thunfisch**

Tunnel ['tunəl] *m* <-s, -(s)> túnel *m*

Tupfen ['tupfən] *m* <-s, -> pinta *f*

Tupfer *m* <-s, -> (MED) mecha *f*, gaze *f*

Tür *f* <-en> porta *f*; **an die ~ klopfen** bater

T

à porta; **hinter verschlossenen ~en** à porta fechada; (*umg*); **jdm die ~ vor der Nase zuschlagen** dar/bater com a porta na cara a alguém; (*umg*); **jdn vor die ~ setzen** pôr alguém na rua; **Weihnachten steht vor der ~** o Natal está à porta; (*umg*); **mit der ~ ins Haus fallen** dizer a. c. de chofre

Turban ['tʊrbaːn] *m* <-s, -e> turbante *m*
Turbine [tʊr'biːnə] *f* <-n> turbina *f*
Turbolader *m* <-s, -> turbocompressor *m*
turbolent *adj* turbolento
Türfalle *f* <-n> (*schweiz*) trinco *m*
Türke(in) *m(f)* <-n, -n *o* -innen> turco, turca *m, f*
Türkei *f kein pl* Turquia *f*
türkis *adj* turquesa
Türkis *m* <-es, -e> turquesa *f*
türkisch *adj* turco
Türklinke *f* <-n> trinco *m*
Turm [tʊrm] *m* <-(e)s, Türme> 1. (*Bauwerk, Schachfigur*) torre *f*; (*Kirchturm*) campanário *m*, torre da igreja *f*; (*Festungsturm*) torreão *m* 2. (*Sprungturm*) torre de saltos *f*
turnen *vi* fazer ginástica, praticar ginástica
Turnen ['tʊrnən] *nt* <-s> *kein pl* ginástica *f*; (*Turnunterricht*) educação física *f*
Turner(in) *m(f)* <-s, - *o* -innen> ginasta *m,f*
Turnhalle *f* <-n> ginásio *m*
Turnhose *f* <-n> calções de ginástica *mpl*
Turnier [tʊr'niːɐ] *nt* <-s, -e> torneio *m*
Turnschuh *m* <-(e)s, -e> sapatilha *f*, sapato de ginástica *m*
Turnverein *m* <-s, -e> clube desportivo *m*, clube esportivo *m*

Türschnalle *f* <-n> (*österr*) trinco *m*
Tusche ['tʊʃə] *f* <-n> tinta-da-china *f*
tuscheln ['tʊʃəln] *vi* cochichar (*über* sobre)
Tüte *f* <-n> 1. (*Tragetasche*) saca *f*, saco *m* 2. (*zur Aufbewahrung*) saco *m* 3. (*Eiswaffel*) cone *m*
tuten ['tuːtən] *vi* apitar, roncar
Tutor(in) *m(f)* <-s, -en *o* -innen> tutor, tutora *m, f*
TÜV *abk v* **Technischer Überwachungsverein** organização de inspe(c)ção de veículos

TÜV é a abreviação de "Technischer Überwachungs-Verein". Cada veículo a ser admitido para a circulação pública, tem primeiro que passar pelo TÜV. Não se tendo constatado falhas durante o controle técnico, coloca-se na placa de trás da matrícula do veículo a plaqueta TÜV, que é válida por dois anos.

TÜV-Plakette *f* <-n> plaqueta da inspe(c)ção de veículos *f*
Typ [tyːp] *m* <-s, -en> 1. (*Art*) tipo *m*, género *m* 2. (*umg: Mann*) tipo *m*, gajo *m*
Typenrad *nt* <-(e)s, -räder> roda de impressão *f*
Typhus ['tyːfʊs] *m* <-> *kein pl* (MED) tifo *m*
typisch ['tyːpɪʃ] *adj* típico (*für* de)
Tyrann(in) [ty'ran] *m(f)* <-en, -en *o* -innen> tirano, tirana *m, f*
tyrannisch *adj* tirânico
tyrannisieren* *vt* tiranizar

U

U *nt* <-, -> U, u *m*
u.A.w.g. *abk v* **um Antwort wird gebeten** r.s.f.f. (= *responder se faz favor*)
U-Bahn *f* <-en> metro *m*, metrô *m*; **mit der ~ fahren** ir de metro, ir de metrô
U-Bahn-Station *f* <-en> estação de metro *f*, estação de metrô *f*; **Entschuldigung, wo ist hier die nächste ~?** desculpe, onde é a estação de metro mais próxima?
übel I. *adj* (*schlimm*) mau, má, ruim; **er ist ein übler Bursche** ele é um mau sujeito; **das ist eine üble Sache** isso é uma coisa ruim; (*schlecht*) mau; **es herrscht eine üble**

Stimmung há um mau ambiente; **mir ist ~** sinto-me mal, estou enjoado II. *adv* mal; **jmdm. etw übel nehmen** levar a mal
Übel *nt* <-s, -> mal *m*, desgraça *f*
Übelkeit *f kein pl* náusea *f*, enjoo *m*
übel|nehmen^ALT *vt irr s.* **übel II**
Übeltäter(in) *m(f)* <-s, - *o* -innen> malfeitor, malfeitora *m, f*, autor (de má ac(ç)ão, autora *m, f*
üben I. *vt* praticar, treinar, exercitar; **Kritik ~** exercer uma crítica; **Nachsicht ~** ser benevolente; **Rache ~** vingar-se II. *vi* treinar
über I. *präp* +*akk* 1. (*Richtung, Route, Weg*)

por, via; (*darüber hinweg*) por cima de; **wir hängen das Bild ~ das Sofa** nós penduramos o quadro por cima do sofá; **wir fahren die Strecke ~ Barcelona** nós seguimos o caminho por Barcelona; **er springt ~ die Mauer** ele salta por cima do muro; **~ die Straße gehen** atravessar a rua **2.** (*zeitlich*) mais de, por; **~ eine Woche** mais de uma semana; **~ Ostern** pela Páscoa; **~ kurz oder lang** mais dia menos dia **3.** (*von, betreffend*) sobre, acerca de; **ein Film ~ die Universitäten** um filme sobre as universidades **4.** (*in Höhe von*) de; **ein Scheck ~ 3000 €** um cheque de 3000 € **5.** (*mittels*) por, via; **~ Satellit** via satélite **II.** *präp + dat* **1.** (*oberhalb*) sobre, por cima de; **das Bild hängt ~ dem Sofa** o quadro está pendurado sobre o sofá; **er trägt einen Mantel ~ dem Anzug** ele traz o casaco por cima do fato **2.** (*Grenze*) acima de; **~ dem Durchschnitt** acima da média; **vier Grad ~ Null** quatro graus acima de zero **III.** *adv* **1.** (*mehr als*) mais de, para cima de; **~ zwei Meter lang/breit** com mais de dois metros de comprimento/largura; **sind Sie ~ 30?** tem mais de 30 anos? **2.** (*zeitlich*) durante; **die ganze Zeit ~** o tempo todo

überall *adv* por toda a parte

überanstrengen* **I.** *vt* extenuar, cansar **II.** *vr* **sich** ~ esforçar-se demasiado

Überanstrengung *f* <-en> esforço excessivo *m*

überarbeiten* **I.** *vt* retocar, aperfeiçoar **II.** *vr* **sich** ~ trabalhar excessivamente

überaus *adv* extremamente, muito

überbacken* *vt* gratinar

überbelichten* *vt* dar demasiada exposição a

überbieten* *vt irr* **1.** (*übertreffen*) exceder **2.** (*bei Auktion*) cobrir o lanço de

überbinden* *vt irr* (*schweiz*) imputar, transferir

Überbleibsel *nt* <-s, -> resto *m*, sobras *fpl*

Überblick *m* <-(e)s, -e> **1.** (*Ausblick*) vista *f* **2.** (*über Zusammenhänge*) visão geral *f*; **sich** *dat* **einen ~ über etw verschaffen** (conseguir) ter uma visão geral de a. c.

überblicken* *vt* **1.** (*sehen*) ver, abranger com a vista **2.** (*Zusammenhänge*) ter uma visão clara sobre, compreender

überbringen* *vt irr* (*geh*) trazer, levar

Überbringer(in) *m(f)* <-s, - *o* -innen> portador, portadora *m, f*

überbrücken* *vt* **1.** (*Frist, Zeitraum*) col-

matar **2.** (*Gegensätze*) equilibrar

überdachen* *vt* telhar, cobrir com telhado

überdenken* *vt irr* ponderar, repensar

Überdosis *f* <-dosen> overdose *f*, superdose *f*

Überdruck *m* <-(e)s, -drücke> (PHYS) pressão excessiva *f*

Überdruss^{RR} *m* <-es> *kein pl*, **Überdruß**^{ALT} *m* <-sses> *kein pl* fastio *m*, tédio *m*; **bis zum ~** até fartar

überdrüssig *adj* **jds./etw ~ sein** estar farto de alguém/a. c.; **jds./etw ~ werden** fartar-se de alguém/a. c.

übereifrig *adj* demasiado zeloso

übereinander *adv* **1.** (*räumlich*) um por cima do outro, um sobre o outro, sobreposto **2.** (*von sich*) um do outro; **~ sprechen** falar um do outro

überein|kommen *vi irr* concordar, combinar

Übereinkunft *f* <-künfte> acordo *m*; **eine ~ erzielen** chegar a um acordo

überein|stimmen *vi* **1.** (*einer Meinung sein*) estar de acordo (*mit* com) **2.** (*gleich sein*) estar conforme (*mit* com)

Übereinstimmung *f* <-en> concordância *f*; (*von Meinungen*) harmonia *f*; **in ~ bringen** harmonizar

überempfindlich *adj* hipersensível

überfahren* *vt irr* **1.** (*Person, Tier*) atropelar **2.** (*umg: überraschen*) tomar de surpresa

Überfahrt *f* <-en> passagem *f*, travessia *f*

Überfall *m* <-(e)s, -fälle> ataque *m*, agressão *f*; (*Raubüberfall*) assalto (à mão armada) *m* (*auf* a); (MIL) investida (de surpresa) *f*

überfallen* *vt irr* **1.** (*Bank, Person*) assaltar; (MIL) atacar de surpresa **2.** (*Müdigkeit, Gefühle*) invadir

überfällig *adj* atrasado

überfliegen* *vt irr* **1.** (*Gebiet*) sobrevoar **2.** (*Text*) ler por alto, passar os olhos por

Überfluss^{RR} *m* <-es> *kein pl* superabundância *f* (*an* de), fartura *f* (*an* de)

überflüssig *adj* supérfluo, em demasia

überfordern* *vt* exigir demais de

überfrieren* *vi irr* ~**de Nässe** gelo *m*

überführen* *vt* **1.** (*Kranke, Tote*) transportar, trasladar **2.** (*Verbrecher*) provar a culpa de; **jdn eines Verbrechens ~** provar que alguém é culpado de um crime

Überführung *f* <-en> **1.** (*Transport*) transporte *m* **2.** (*eines Verbrechers*) prova de cul-

U

pa *f* **3.** (*Übergang*) viaduto *m*

überfüllt *adj* repleto (*mit* de); (*mit Menschen*) apinhado, superlotado

Übergabe *f*<-n> entrega *f*

Übergang *m*<-(e)s, -gänge> **1.** (*über Straße, Bahngleis*) passagem *f* **2.** (*Überleitung*) transição *f*

Übergangslösung *f*<-en> solução transitória *f*

Übergangszeit *f*<-en> fase de transição *f*

übergeben* **I.** *vt irr* entregar; (*Amt*) transmitir; (*Angelegenheit*) entregar **II.** *vr* sich ~ *irr* vomitar

über|gehen¹ *vi irr* **1.** (*Besitzer wechseln*) passar (*auf* para), mudar (*auf* para) **2.** (*bei Tätigkeit*) passar (*zu* a/para); **lassen Sie uns zu einem anderen Thema** ~ passemos a/para outro tema

übergehen*² *vt irr* **1.** (*nicht wahrnehmen*) ignorar, não fazer caso de **2.** (*überspringen*) passar por cima de

Übergepäck *nt* <-s> *kein pl* excesso de bagagem *m;* **Sie haben 5 kg** ~ o senhor tem um excesso de bagagem de 5 kg

übergeschnappt *adj* (*umg*) doido; **völlig** ~ **sein** estar doido varrido

Übergewicht *nt* <-(e)s> *kein pl* **1.** (*von Menschen, Dingen*) excesso de peso *m* **2.** (*Bedeutung*) preponderância *f*

überglücklich *adj* felicíssimo, feliz da vida

überhand ~ **nehmen** aumentar, chegar a ser excessivo

überhand|nehmen^ALT *vi irr s.* **überhand**

überhäufen* *vt* (*mit Arbeit*) sobrecarregar (*mit* com/de); (*mit Geschenken*) atulhar (*mit* de)

überhaupt *adv* **1.** (*im Allgemeinen*) em geral, de uma maneira geral; ~ **nicht** de modo nenhum/algum, nada, de todo; ~ **nichts** absolutamente nada; **wenn** ~ se tanto **2.** (*besonders*) sobretudo

überheblich *adj* presunçoso, arrogante

Überheblichkeit *f kein pl* presunção *f,* arrogância *f*

überholen* *vt* **1.** (*Fahrzeug*) ultrapassar, alcançar **2.** (*durch Leistung*) ultrapassar, vencer **3.** (*überprüfen*) fazer a vistoria a

Überholspur *f* <-en> faixa de ultrapassagem *f*

überholt *adj* ultrapassado

überhören* *vt* não ouvir; (*absichtlich*) fazer

ouvidos de mercador

überirdisch *adj* sobrenatural

über|kochen *vi* deitar por fora

überladen* *vt irr* sobrecarregar (*mit* com/de)

Überlandbus *m* <-ses, -se> camioneta *f,* caminhonete *f*

überlassen* *vt irr* deixar, ceder; (*geben*); **jdm etw** ~ ceder a. c. a alguém; (*anheimstellen*) deixar a. c. ao critério de alguém; ~ **Sie mir das!** deixe isso por minha conta!; **sich selbst** ~ **sein** estar entregue a si próprio

überlasten* *vt* sobrecarregar

über|laufen¹ *vi irr* **1.** (*Flüssigkeit*) deitar por fora, transbordar; (*Gefäß*) transbordar **2.** (*auf die gegnerische Seite*) passar(-se) (*zu* para)

überlaufen² *adj* apinhado

Überläufer(in) *m(f)* <-s, - *o* -innen> desertor, desertora *m, f*

überleben* *vt* sobreviver; **ein Unglück** ~ sobreviver a um desastre

Überlebende(r) *m/f* <-n, -n *o* -n> sobrevivente *m,f*

überlegen¹ *adj* superior; **jdm** ~ **sein** ser superior a alguém, estar acima de alguém

überlegen*² *vt* pensar em, refle(c)tir sobre; **ich werde es mir** ~ eu vou pensar nisso; **wollen Sie es sich noch einmal** ~**?** quer reconsiderar?; **ich habe es mir anders überlegt** eu mudei de ideias

Überlegenheit *f kein pl* superioridade *f*

Überlegung *f* <-en> reflexão *f,* ponderação *f*

Überlieferung *f* <-en> tradição *f*

überlisten* *vt* ser mais esperto do que, enganar

Übermacht *f kein pl* supremacia *f,* superioridade *f*

Übermaß *nt* <-es> *kein pl* excesso *m* (*an* de); **etw im** ~ **haben** ter a. c. em excesso

übermäßig **I.** *adj* excessivo **II.** *adv* excessivamente, em demasia

übermenschlich *adj* sobre-humano

übermitteln* *vt* transmitir

übermorgen *adv* depois de amanhã

übermüdet *adj* exausto

Übermüdung *f kein pl* excesso de fadiga *m*

Übermut *m* <-(e)s> *kein pl* **1.** (*Fröhlichkeit*) alegria incontida *f* **2.** (*Mutwille*) petulância *f*

übermütig *adj* **1.** (*fröhlich*) muito alegre, eufórico **2.** (*frech*) atrevido

übernachten* *vi* passar a noite (*in* em), pernoitar (*in* em)

übernächtig *adj* (*österr*) s. **übernächtigt**

übernächtigt *adj* tresnoitado, cansado de não dormir

Übernachtung *f* <-en> dormida *f*; ~ **mit Frühstück** dormida e pequeno-almoço, cama e café da manhã

Übernahme *f* <-n> (*einer Aufgabe, eines Geschäftes*) aceitação *f*; (*einer Methode, Meinung, Sitte*) ado(p)ção *f*; (*eines Amtes*) tomada de posse *f*; **die ~ der Kosten zusichern** assegurar a responsabilidade pelos custos

übernatürlich *adj* sobrenatural

übernehmen* **I.** *vt irr* (*Aufgabe*) encarregar-se de, empreender; (*Geschäft*) tomar conta de; (*Kosten, Verantwortung*) assumir; (*Methode*) ado(p)tar; (*Amt*) aceitar, tomar posse de **II.** *vr* **sich** ~ *irr* abusar das suas capacidades

überprüfen* *vt* examinar, rever, verificar

Überprüfung *f* <-en> revisão *f*

überqueren* *vt* atravessar

überraschen* *vt* surpreender; **jdn mit etw** ~ surpreender alguém com a. c.

überraschend I. *adj* inesperado **II.** *adv* de surpresa

Überraschung *f* <-en> surpresa *f*

überreden* *vt* persuadir (*zu* a)

überregional *adj* nacional

überreichen* *vt* entregar, apresentar

überrumpeln* *vt* tomar de surpresa, apanhar desprevenido

übers (*coloq*) = **über das** s. **über**

übersättigt *adj* saciado, farto

Überschallflugzeug *nt* <-(e)s, -e> avião supersónico *m*

Überschallgeschwindigkeit *f kein pl* velocidade supersónica *f*

überschätzen* **I.** *vt* sobrestimar **II.** *vr* **sich** ~ sobrestimar as suas capacidades

überschaubar *adj* (*Menge, Arbeit*) claro, de fácil percepção; (*Risiko*) seguro

Überschlag *m* <-(e)s, -schläge> **1.** (*Schätzung*) estimativa *f*, cálculo aproximado *m* **2.** (SPORT) cambalhota *f*

überschlagen* **I.** *vt irr* **1.** (*schätzen*) calcular **2.** (*Seite*) saltar **II.** *vr* **sich** ~ *irr* **1.** (*Fahrzeug*) capotar, virar-se; (*Person*) dar uma cambalhota, dar um trambolhão; **sich**

vor Freude ~ transbordar de alegria **2.** (*Stimme*) esganiçar-se

überschneiden* *vr* **sich** ~ *irr* (*Termine, Themen*) sobrepor-se, coincidir

überschreiten* *vt irr* **1.** (*überqueren*) atravessar **2.** (*Geschwindigkeit*) ultrapassar, exceder; (*Frist, Befugnisse*) exceder

Überschrift *f* <-en> título *m*

überschuldet *adj* sobrecarregado de dívidas

Überschuss^{RR} *m* <-es, -schüsse> excesso *m* (*an* de), excedente *m* (*an* em); (*finanziell*) saldo positivo *m*

überschüssig *adj* excedente, em excesso

überschütten* *vt* cobrir (*mit* de); **etw mit Benzin** ~ cobrir a. c. de gasolina; **jdn mit Fragen** ~ cobrir alguém de perguntas

überschwänglich^{RR} *adj* efusivo, exaltado, exagerado

überschwemmen* *vt* inundar, alagar

Überschwemmung *f* <-en> inundação *f*

überschwenglich^{ALT} *adj* s. **überschwänglich**

Übersee *f* **in** ~ no ultramar, além-mar; **nach/aus** ~ para o/do ultramar, para/de além-mar

übersehen* *vt irr* **1.** (*Gebiet*) abranger com a vista, abarcar **2.** (*Zusammenhänge verstehen*) perceber, ver; **die Folgen des Unglücks sind noch nicht zu** ~ ainda não se conhecem as consequências do desastre **3.** (*nicht sehen*) não ver, não se dar conta de **4.** (*nicht beachten*) deixar passar, fazer vista grossa a

übersenden* *vt* mandar, enviar

über|setzen¹ *vi* passar para outro lado

übersetzen*² *vt* traduzir (*aus* de, *in* para); **einen Brief aus dem Portugiesischen ins Deutsche** ~ traduzir uma carta do Português para o Alemão

Übersetzer(in) *m(f)* <-s, -*o*-innen> tradutor, tradutora *m, f*

Übersetzung *f* <-en> **1.** (*Text*) tradução *f* **2.** (TECH) transmissão *f*

Übersicht *f* <-en> **1.** (*Überblick*) visão geral *f* (*über* de) **2.** (*Zusammenfassung*) resumo *m* (*über* de), síntese *f* (*über* de); (*tabellarisch*) quadro sinóptico *m*

übersichtlich *adj* **1.** (*Gelände*) aberto; (*räumlich*) visível **2.** (*deutlich*) claro, nítido

Übersichtlichkeit *f* <o.pl> clareza *f*, abertura *f*

überspannt *adj* exaltado

U

überspielen* *vt* (*Film, Kassette*) copiar
überspitzt *adj* exagerado, levado ao extremo
überspringen* *vt irr* **1.** (*Hindernis*) saltar (por cima de) **2.** (*auslassen*) saltar, omitir
überstehen* *vt irr* (*Krankheit, Winter*) resistir a, aguentar; (*Schwierigkeiten*) vencer
übersteigen* *vt irr* (*übertreffen*) exceder, ultrapassar
übersteigert *adj* exagerado
überstimmen* *vt* (*Vorschlag*) rejeitar por maioria de votos; (*Menschen*) vencer por maioria de votos
Überstunde *f* <-n> hora extra *f,* hora extraordinária *f;* **~n machen** fazer horas extras
überstürzen* *vt* precipitar; **nichts ~** não precipitar os acontecimentos
überstürzt *adj* precipitado
Übertopf *m* <-(e)s, -töpfe> cache-pot *m*
Übertrag *m* <-(e)s, -träge> transporte *m*
übertragbar *adj* **1.** (*Ausweis*) transmissível; (*Methode*) transferível **2.** (*Krankheit*) contagioso, transmissível
übertragen¹ *adj* (*österr*) usado
übertragen*² *vt irr* **1.** (*Radioübertragung, Fernsehsendung*) transmitir; **das Konzert wird live ~** o concerto é transmitido em direc(c)to **2.** (*anwenden*) aplicar, transferir; **in diesem Fall lässt sich die Methode nicht ~** neste caso, não se pode aplicar este método; **in ~er Bedeutung** em sentido figurado **3.** (*Begeisterung*) contagiar; (*Krankheit*) transmitir, contagiar **4.** (*Eigentum, Besitz*) transferir, ceder; (*Rechte*) conferir, conceder; (*Macht, Verantwortung*) transferir, delegar; (*Amt, Aufgabe*) confiar; (*Vollmacht*) ceder
Übertragung *f* <-en> **1.** (*Radio, Fernsehen*) transmissão *f* **2.** (*Anwendung*) aplicação *f,* transferência *f* **3.** (*einer Krankheit*) transmissão *f,* contágio *m* **4.** (*von Rechten, Besitz*) cedência *f*
übertreffen* *vt irr* exceder, ultrapassar, superar
übertreiben* *vi irr* exagerar
Übertreibung *f* <-en> exagero *m*
übertrieben I. *pp von* **übertreiben** II. *adj* exagerado; (*Preise*) exorbitante, excessivo
überwachen* *vt* **1.** (*kontrollieren*) fiscalizar, controlar **2.** (*Verdächtige*) vigiar
Überwachung *f* <-en> **1.** (*Kontrolle*) fiscalização *f* **2.** (*von Person, Gebäude*) vigilância *f*

überwältigen* *vt* **1.** (*bezwingen*) vencer, dominar **2.** (*beeindrucken*) arrebatar, impressionar profundamente
überwältigend *adj* arrebatador, avassalador, grandioso; (*Anblick*) imponente; (*Mehrheit*) esmagador
überweisen* *vt irr* (*Geld*) transferir; **~ Sie den Betrag bitte auf mein Konto** por favor, transfira a quantia para a minha conta; **einen Patienten zu einem Facharzt ~** enviar um doente para um médico especialista
Überweisung *f* <-en> **1.** (*Geld*) transferência *f* **2.** (*ärztlich*) envio (de doente) *m*
überwiegen* *vi irr* predominar
überwiegend I. *adj* predominante, preponderante II. *adv* predominantemente, na sua maioria
überwinden* I. *vt irr* (*Misstrauen, Bedenken*) superar; (*Hindernis*) ultrapassar, vencer; (*Schwierigkeit*) superar, ultrapassar, vencer; (*Gegner*) vencer II. *vr* **sich ~** *irr* fazer um esforço
Überwindung *f* kein *pl* esforço *m,* sacrifício *m;* **es hat mich große ~ gekostet, ihn anzurufen** custou-me muito telefonar-lhe, fiz um grande esforço para telefonar-lhe
überwintern* *vi* (*Vogel*) hibernar; (*Person*) passar o Inverno; **wir ~ auf Mallorca** nós passamos o Inverno em Maiorca
Überzahl *f* kein *pl* número superior *m,* maioria *f;* **in der ~ sein** estar em maioria
überzählig *adj* a mais, em excesso
überzeugen* *vt* convencer (*von* de)
überzeugend *adj* convincente
Überzeugung *f* <-en> convi(c)ção *f;* **ich bin der ~, dass ...** eu estou convi(c)to que ...; **zu der ~ kommen/gelangen, dass ...** chegar à conclusão que ...
überziehen* *vt irr* **1.** (*mit Stoff, Leder*) forrar (*mit* com), revestir (*mit* com/de); (*mit Schokolade*) cobrir (*mit* de/com); **das Bett frisch ~** mudar a (roupa) da cama **2.** (*Konto*) deixar a descoberto
Überziehungskredit *m* <-(e)s, -e> crédito a descoberto *m*
Überzug *m* <-(e)s, -züge> **1.** (*Belag*) cobertura *f,* revestimento *m;* (*Schicht*) camada *f* **2.** (*für Kissen*) fronha *f;* (*für Decke*) capa *f*
üblich *adj* habitual, comum, usual; **zur ~en Zeit** à hora do costume; **die ~e Ausrede** a desculpa habitual, a desculpa do costume; **das ist hier so ~** isso aqui é normal

U-Boot *nt* <-(e)s, -e> submarino *m*
übrig *adj* restante, que resta; **das Übrige** o resto; **es ist noch Salat** ~ ainda sobrou salada; **wir haben noch Geld** ~ ainda temos dinheiro (de sobra); **im Übrigen** de resto; (*umg*); ~ **bleiben** figar, sobrar, restar; **für jdn etw** ~ **haben** ter um fraquinho por alguém; ~ **lassen** deixar
übrig|bleiben^ALT *vi irr s.* **übrig**
übrigens *adv* a propósito, aliás, por sinal; **er kommt** ~ **erst morgen** a propósito, ele só vem amanhã
übrig|lassen^ALT *vt irr s.* **übrig**
Übung *f* <-en> **1.** (*Turnübung, Aufgabe*) exercício *m* **2.** *kein pl* (*Erfahrung*) prática *f*, exercício *m*; **aus der** ~ **gekommen sein** estar destreinado

UdSSR [uːdeˈʔɛsʔɛsˈʔɛr] *abk v* **Union der Sozialistischen Sowjetrepubliken** URSS (= *União das Repúblicas Socialistas Soviéticas*)
Ufer [ˈuːfɐ] *nt* <-s, -> margem *f*; **am** ~ **na** margem
Uferstraße *f* <-n> marginal *f*
Ufo [ˈuːfo] *abk v* **unbekanntes Flugobjekt** OVNI (= *obje(c)to voador não identificado*)
Uganda *nt* <-s> *kein pl* Uganda *m*
U-Haft *f kein pl* prisão preventiva *f*
Uhr [uːɐ] *f* <-en> **1.** (*Gerät*) relógio *m*; **die** ~ **geht richtig** o relógio está certo; **die** ~ **geht vor/nach** o relógio está adiantado/atrasado; **die** ~ **schlägt** o relógio está a dar horas; **die** ~ **stellen** acertar o relógio **2.** (*Zeitangabe*) hora *f*; **wie viel** ~ **ist es?** que horas são?; **es ist ein/zwei** ~ é uma hora/são duas horas; **um 17** ~ às 17 horas; **rund um die** ~ dia e noite, 24 horas
Uhrmacher(in) *m(f)* <-s, - *o* -innen> relojoeiro, relojoeira *m*, *f*
Uhrwerk *nt* <-(e)s, -e> mecanismo do relógio *m*
Uhrzeiger *m* <-s, -> ponteiro do relógio *m*
Uhrzeigersinn *m* **im** ~ no sentido dos ponteiros do relógio; **gegen den** ~ no sentido contrário aos ponteiros do relógio
Uhrzeit *f* <-en> hora *f*
Uhu [ˈuːhu] *m* <-s, -s> bufo *m*, corujão *m*
Ukraine [ukraˈiːnə, uˈkraɪnə] *f kein pl* Ucrânia *f*
UKW [uːkaːˈveː] *abk v* **Ultrakurzwelle** frequência modulada
ulkig *adj* engraçado, cómico, patusco
Ulme *f* <-n> ulmo *m*, ulmeiro *m*

Ultimatum [ʊltiˈmaːtʊm] *nt* <-s, Ultimaten> ultimato *m*; **jdm ein** ~ **stellen** fazer um ultimato a alguém; **das** ~ **läuft um 24 Uhr ab** o ultimato acaba às 24 horas
Ultrakurzwelle *f* <-n> frequência modulada *f*
Ultraschall *m* <-(e)s> *kein pl* (PHYS) ultra-som *m*
Ultraschallbild *nt* <-(e)s, -er> (MED) ecografia *f*, ultra-sonografia *f*, ultra-som *m*
ultraviolett *adj* ultra-violeta
um [ʊm] **I.** *präp* +*akk* (*räumlich*) ~ **...** (herum) à/em volta de, à/em roda de; **die Straße führt** ~ **die Stadt** (herum) a rua situa-se à/em volta da cidade; **sie wohnt in der Gegend** ~ **Bern** ela mora na região à volta de Berna; (*Zeitangabe*) a; ~ **drei/zwölf** às três/ao meio-dia; (*ungefähr*); ~ **...** (herum) por, por volta de; **er kommt** ~ **den Fünfzehnten** (herum) volta por volta do dia quinze; (*Differenz*) em; ~ **5 cm kürzer** 5 cm mais curto; **die Ausgaben** ~ **10% verringern** reduzir as despesas (em) 10%; **er ist** ~ **ein Jahr älter** ele é um ano mais velho **II.** *konj* ~ **...** **zu** para; **sie stellt sich auf den Stuhl,** ~ **besser zu sehen** ela põe-se em cima da cadeira para ver melhor; **ich bin zu müde,** ~ **weiterzuarbeiten** eu estou demasiado cansado para continuar a trabalhar
um|ändern *vt* mudar, transformar, reorganizar
umarmen* *vt* abraçar
Umarmung *f* <-en> abraço *m*
Umbau *m* <-(e)s, -ten> obras *fpl*
um|bauen *vt* fazer obras em, remodelar
Umbaute *f* <-n> (*schweiz*) *s.* **Umbau**
umbenennen* *vt irr* reba(p)tizar
um|blättern *vi* virar a página
um|bringen *vt irr* matar, assassinar
Umbruch *m* <-(e)s, -brüche> reviravolta *f*, mudança radical *f*
um|buchen *vt* (*Reise*) mudar (a data de)
um|drehen **I.** *vt* virar, voltar **II.** *vr* **sich** ~ voltar-se, virar-se
Umdrehung [-'---] *f* <-en> volta *f*; (TECH) rotação *f*
Umfahrung *f* <-en> (*schweiz*) circunvalação *f*
um|fallen *vi irr* cair, tombar
Umfang *m* <-(e)s, -fänge> **1.** (*Ausdehnung*) extensão *f*; (*Dicke*) volume *m*; **das Buch hat einen** ~ **von 300 Seiten** o livro

U

tem um volume de 300 páginas **2.** (*von Kreis*) circunferência *f* **3.** (*Ausmaß*) proporções *fpl*, dimensões *fpl*

umfangreich *adj* (*Buch, Akte*) volumoso, extenso; (*Änderungen*) vasto, grande

umfassen* *vt* **1.** (*mit den Armen*) abraçar **2.** (*bestehen aus*) abranger, abarcar, compreender

umfassend *adj* abrangente

Umfeld *nt* <-(e)s, -er> meio *m*

um|formen *vt* transformar, reformar

Umfrage *f* <-n> inquérito *m*, sondagem *f*; **eine ~ machen** fazer um inquérito

um|füllen *vt* transvazar, mudar

umfunktionieren* *vt* converter (*zu* em)

Umgang *m* <-(e)s> *kein pl* **1.** (*Beziehungen*) relações *fpl* **2.** (*das Umgehen*) trato *m*

umgänglich *adj* tratável, sociável, acessível

Umgangsformen *pl* modos *mpl*, maneiras *fpl*

Umgangssprache *f* <-n> linguagem corrente *f*, linguagem coloquial *f*

umgeben* *vt irr* rodear (*mit* de), cercar (*mit* de)

Umgebung ['-'--] *f* <-en> **1.** (*Gebiet*) arredores *mpl*; **in der näheren ~ Dresdens** nos arredores de Dresden **2.** (*Milieu*) meio *m*

um|gehen *vi irr* **1.** (*Gerücht*) circular **2.** (*mit Personen, Dingen*) lidar (*mit* com); **er kann gut mit Kindern/nicht mit Geld ~** ele sabe lidar bem com crianças/não sabe lidar com dinheiro

umgehend ['---] **I.** *adj* imediato, rápido **II.** *adv* sem demora, imediatamente, rapidamente

Umgehungsstraße *f* <-n> circunvalação *f*

umgekehrt **I.** *adj* inverso, invertido; **in ~er Reihenfolge** em sentido inverso **II.** *adv* ao contrário; **und ~** e vice-versa

um|graben *vt irr* escavar

Umhang *m* <-(e)s, -hänge> capa *f*

Umhängetasche *f* <-n> saco a tiracolo *m*

um|hauen *vt* **1.** (*umg: niederschlagen*) derrubar **2.** (*umg: verblüffen*) abananar, fulminar

umher [ʊm'he:ɐ] *adv* (*hier und da*) aqui e acolá; (*überall*) em todas as direcções

umher|gehen *vi irr* andar por aí; **im Zimmer ~** andar pelo quarto

um|hören *vr sich ~* (*tentar*) informar-se

umkämpft *adj* combatido

Umkehr *f kein pl* regresso *m*, volta *f*

um|kehren **I.** *vt* (*Reihenfolge*) inverter **II.** *vi* voltar para trás, regressar, retroceder; **auf halbem Wege ~** voltar para trás a meio do caminho, arrepiar caminho

um|kippen **I.** *vt* virar, entornar **II.** *vi* **1.** (*umfallen*) cair, tombar; (*Boot*) virar-se; **er ist mit dem Stuhl umgekippt** ele caiu com a cadeira **2.** (*umg: Person*) desmaiar

um|klappen *vt* rebater

Umkleideraum ['----] *m* <-(e)s, -räume> vestiário *m*

um|kommen *vi irr* perecer, morrer

Umkreis *m* <-es> *kein pl* circunferência *f*, periferia *f*; **im ~ von 10 Kilometern** num raio de 10 quilómetros

umkreisen* *vt* andar à volta de, circundar

um|krempeln ['ʊmkrɛmpəln] *vt* arregaçar

um|laden *vt irr* transferir

Umlauf *m* <-(e)s> *kein pl* (*Geld*) circulação *f*; **im ~ sein** estar em circulação; **in ~ bringen** pôr em circulação

Umlaufbahn *f* <-en> (ASTR) órbita *f*

Umlaut *m* <-(e)s, -e> (LING) metafonia *f*

um|legen *vt* **1.** (*Baum*) abater; (*Mast*) derrubar, derribar; (*Hebel, Schalter*) mudar a posição de **2.** (*Mantel, Jacke*) pôr pelos ombros; (*Halskette, Verband*) pôr **3.** (*Termin*) mudar **4.** (*Kosten*) repartir **5.** (*umg: erschießen*) apagar

um|leiten *vt* desviar

Umleitung *f* <-en> desvio *m*

umliegend *adj* circunvizinho, adjacente

um|pflanzen *vt* transplantar

um|räumen *vt* mudar (a disposição de)

um|rechnen *vt* (*Maßeinheit, Währung*) converter; **du musst das in Euro ~** tens de converter isso em euros

Umrechnung *f* <-en> conversão *f*

Umrechnungskurs *m* <-es, -e> taxa de câmbio *f*

umreißen* *vt irr* delinear

umringen* *vt irr* rodear

Umriss^RR ['--] *m* <-es, -e>, **Umriß**^ALT *m* <-sses, -e> contorno *m*

um|rühren *vt* mexer

ums [ʊms] = **um das** *s.* **um**

Umsatz *m* <-es, -sätze> volume de vendas *m*, movimento *m*

Umsatzsteuer *f* <-n> imposto sobre vendas *m*

um|schalten *vi* **1.** (*Einstellung ändern*) mudar; **die Ampel schaltet auf Rot um** o semáforo muda para vermelho **2.** (*Radioum-schalten, Fernsehprogramm*) mudar de canal; **auf das dritte Programm** ~ mudar para o terceiro canal

Umschau *f* **nach jdm/etw** ~ **halten** procurar alguém/a. c. (olhando à volta)

um|schauen *vr* **sich** ~ *s.* **umsehen**

Umschlag *m* <-(e)s, -schläge> **1.** (*Briefumschlag*) envelope *m*, sobrescrito *m* **2.** (*für Buch*) capa *f* **3.** (MED) compressa *f* **4.** *kein pl* (*Güterumschlag*) transbordo *m*

um|schlagen I. *vt irr* (*Ärmel*) arregaçar II. *vi irr* (*Wind*) virar; (*Wetter*) mudar; (*Stimmung*) alterar-se, mudar; **ins Gegenteil** ~ mudar completamente

um|schreiben[1] *vt irr* **1.** (*Text*) reescrever **2.** (*transkribieren*) transcrever

umschreiben*[2] *vt irr* (*Begriff*) parafrasear

um|schulen *vt* (*beruflich*) dar nova formação a, readaptar; **sich zum Programmierer** ~ **lassen** fazer nova formação como programador

Umschulung *f* <-en> readaptação profissional *f*

umschwärmen* *vt* **1.** (*umfliegen*) esvoaçar em volta de **2.** (*verehren*) idolatrar, admirar

Umschweife *pl* rodeios *mpl*; **ohne** ~ sem rodeios

Umschwung *m* <-(e)s, -schwünge> **1.** (*Veränderung*) mudança *f* **2.** (*schweiz: Umgebung*) arredores *mpl*

umsegeln* *vt* circum-navegar; **ein Kap** ~ dobrar um cabo

um|sehen *vr* **sich** ~ *irr* **1.** (*zurückblicken*) olhar para trás; **sich nach jdm** ~ olhar para trás à procura de alguém **2.** (*herumschauen*) olhar em volta; **sich in der Stadt** ~ dar uma volta pela cidade; (*umg*); **du wirst dich noch** ~! ainda tens muito que aprender! **3.** (*suchen*) procurar; **wir müssen uns nach einer neuen Putzfrau** ~ temos de procurar uma nova empregada de limpeza

Umsicht *f* *kein pl* prudência *f*, cautela *f*

umsichtig *adj* prudente, cauteloso

um|siedeln *vt* transportar

umso[RR] ['ʊmzo] *konj* tanto; ~ **besser** tanto melhor; **je länger sie Französisch lernte,** ~ **mehr Spaß machte es ihr** quanto mais ela aprendia francês, mais prazer lhe dava

umsonst [ʊm'zɔnst] *adv* **1.** (*gratis*) de graça, gratuitamente, de borla **2.** (*vergeblich*) em vão, debalde

Umstand *m* <-(e)s, -stände> circunstância *f*; **unter Umständen** em determinadas circunstâncias, eventualmente; **unter diesen Umständen** nestas condições; **unter allen/gar keinen Umständen** a todo o preço/de modo algum; (JUR); **mildernde Umstände** atenuantes *fpl*; **sie ist in anderen Umständen** ela está grávida

umständlich *adj* **1.** (*mühsam*) trabalhoso, complicado; **eine** ~**e Methode** um método complicado **2.** (*sehr gründlich*) pormenorizado

Umstandskleidung *f* roupa pré-mama *f*

um|steigen *vi irr* fazer transbordo, mudar (de transporte); **wo/wie oft müssen wir** ~? onde/quantas vezes temos de fazer transbordo?; **in den Intercity** ~ mudar para o intercidades

um|stellen I. *vt* (*Dinge*) mudar de lugar; (*Reihenfolge*) inverter; (*Uhr*) mudar; **nächste Woche wird die Uhr umgestellt** na próxima semana muda a hora; (*Betrieb*) reestruturar II. *vr* **sich** ~ adaptar-se (*auf* a)

Umstellung ['---] *f* <-en> **1.** (*von Dingen*) mudança (de lugar) *f*; (*der Reihenfolge*) inversão *f* **2.** (*Anpassung*) adaptação *f*; (*von Betrieb*) reestruturação *f*; ~ **auf Computer** adaptação aos computadores

um|stimmen *vt* (*Person*) persuadir, convencer; **wir konnten ihn nicht** ~ não conseguimos persuadi-lo, não conseguimos dar-lhe a volta

um|stoßen *vt irr* **1.** (*Gegenstand*) derrubar, entornar **2.** (*Plan*) anular

umstritten [-'--] *adj* discutido, debatido

Umsturz *m* <-es, -stürze> revolução *f*

Umtausch *m* <-(e)s> *kein pl* **1.** (*von Waren*) troca *f*; **vom** ~ **ausgeschlossen** não se aceitam trocas **2.** (*von Geld*) câmbio *m*, troca *f*

um|tauschen *vt* **1.** (*Ware, Geschenk*) trocar (*gegen* por) **2.** (*Geld*) cambiar, trocar; **Euros in Schweizer Franken** ~ trocar/cambiar euros em francos suíços

um|wandeln *vt* transformar (*in* em), converter (*in* em)

Umwandlung *f* <-en> transformação *f* (*in* em), conversão *f* (*in* em)

um|wechseln *vt* trocar (*in* em), cambiar (*in* em)

Umweg *m* <-(e)s, -e> desvio *m*; **einen** ~ **machen** fazer um desvio; **auf** ~**en** indire(c)tamente

U

Umwelt *f kein pl* meio *m;* (ECOL) ambiente *m,* meio-ambiente *m*

Umweltbelastung *f* <-en> poluição ambiental *f*

umweltfreundlich *adj* ecológico, não-poluente

umweltgefährdend *adj* poluente, nocivo ao ambiente

Umweltkatastrophe *f* <-n> desastre ecológico *m,* desastre ambiental *m*

Umweltpapier *nt* <-s, -e> papel reciclado *m*

umweltschädlich *adj* prejudicial ao ambiente

Umweltschutz *m* <-es> *kein pl* defesa do ambiente *f,* prote(c)ção do ambiente *f*

Umweltschutzorganisation *f* <-en> organização ambiental *f*

Umweltverschmutzung *f* <-en> poluição ambiental *f*

um|werfen *vt irr* **1.** (*Gegenstand*) derrubar, virar **2.** (*umg: Plan*) mudar **3.** (*umg: erschüttern*) transtornar

umwerfend *adj* espantoso, de pasmar

um|ziehen **I.** *vi irr* mudar de casa, mudar-se; **sie will nach Bonn** ~ ela quer mudar-se para Bona **II.** *vr* **sich** ~ *irr* mudar de roupa, mudar-se, trocar-se

Umzug *m* <-(e)s, -züge> **1.** (*Wohnungswechsel*) mudança de casa *f* **2.** (*Festzug*) cortejo *m*

unabänderlich *adj* inalterável, imutável; (*unwiderruflich*) irrevogável

unabhängig *adj* independente (*von* de)

Unabhängigkeit *f kein pl* independência *f* (*von* de)

unablässig *adj* contínuo, ininterrupto

unabsehbar ['--'--] *adj* **1.** (*Folgen*) imprevisível; **auf ~e Zeit** por tempo indeterminado **2.** (*räumlich*) a perder de vista

unabsichtlich **I.** *adj* involuntário **II.** *adv* sem querer, involuntariamente

unachtsam *adj* desatento, distraído

unangebracht *adj* (*Benehmen*) impróprio; (*Bemerkung*) descabido; ~ **sein** não ter cabimento

unangemeldet **I.** *adj* não anunciado **II.** *adv* sem ser anunciado

unangemessen *adj* inconveniente

unangenehm *adj* desagradável; ~ **auffallen** transmitir uma má impressão

Unannehmlichkeit *f* <-en> transtorno *m,*

inconveniência *f;* **jdm ~en bereiten** causar transtorno a alguém

unansehnlich *adj* feio

unanständig *adj* indecente, indecoroso, torpe; (*obszön*) obsceno

unantastbar ['--'--] *adj* intocável

unappetitlich *adj* repugnante

Unart ['ʊn?aːɐt] *f* <-en> **1.** (*schlechte Angewohnheit*) mau hábito *m* **2.** (*eines Kindes*) má-criação *f*

unartig *adj* mal-criado, mal-educado

unauffällig *adj* discreto

unaufgefordert *adj* espontâneo

unaufhaltsam ['--'--] *adj* imparável

unaufhörlich **I.** *adj* incessante, contínuo **II.** *adv* sem cessar, sem parar

unaufmerksam *adj* **1.** (*zerstreut*) desatento, distraído **2.** (*nicht zuvorkommend*) imprestável

unaufrichtig *adj* desonesto, falso

unausgeglichen *adj* desequilibrado

unaussprechlich ['--'--] *adj* inenarrável, inefável, indizível

unausstehlich ['--'--] *adj* insuportável

unausweichlich ['--'--] *adj* inevitável

unbändig *adj* **1.** (*Kind*) indomável **2.** (*Freude, Wut*) incontrolável

unbarmherzig *adj* cruel, desumano

unbeabsichtigt *adj* involuntário, não intencional

unbeachtet *adj* despercebido; ~ **bleiben** passar despercebido

unbebaut *adj* (*Acker*) inculto, ermo; (*Grundstück*) sem construção

unbedenklich *adj* seguro, sem perigo

unbedeutend *adj* **1.** (*unwichtig*) insignificante, sem importância **2.** (*geringfügig*) insignificante, mínimo

unbedingt ['---, '--'--] **I.** *adj* incondicional, absoluto **II.** *adv* **1.** (*mit Adjektiv*) absolutamente, mesmo; **ist das ~ nötig?** isso é mesmo necessário? **2.** (*mit Verb*) sem falta; **das Buch müssen Sie ~ lesen** deve ler o livro sem falta

unbefangen *adj* **1.** (*ungehemmt*) descontraído, à vontade **2.** (*unvoreingenommen*) imparcial

Unbefangenheit *f kein pl* **1.** (*Ungehemmtheit*) naturalidade *f,* descontra(c)ção *f,* à-vontade *m* **2.** (*Unvoreingenommenheit*) imparcialidade *f*

unbefriedigend *adj* insatisfatório

unbefristet adj sem prazo; **~er Arbeits-vertrag** contrato de trabalho a termo incerto m

unbefugt adj não autorizado, estranho ao serviço

unbegabt adj sem talento

unbegreiflich ['--'--] adj incompreensível

unbegrenzt adj ilimitado, sem limites

unbegründet adj infundado, sem fundamento

Unbehagen ['ʊnbəhaːgən] nt <-s> kein pl desassossego m, inquietação f

unbehaglich adj incómodo, desagradável

unbeholfen ['ʊnbəhɔlfən] adj desajeitado

unbekannt adj desconhecido, estranho

unbekümmert adj despreocupado, indiferente

unbeliebt adj mal visto (bei por); **er ist bei allen** ~ ele é mal visto por todos

unbemannt adj sem tripulação

unbemerkt adj despercebido; **sein Verschwinden blieb** ~ o seu desaparecimento passou despercebido

unbequem adj 1. (Möbel) desconfortável, incómodo 2. (Mensch, Frage) inconveniente

unberechenbar ['--'---] adj incalculável; (Person) imprevisível; **er ist** ~ ele é imprevisível

unberechtigt adj injustificado

unbeschreiblich ['--'--] adj indescritível, inenarrável; **ein ~es Elend** uma miséria indescritível

unbeschwert adj despreocupado, descontraído

unbesonnen adj (unüberlegt) irrefle(c)tido; (unvorsichtig) imprudente, leviano

unbeständig adj 1. (Wetter) instável, variável 2. (Mensch) instável, inconstante

unbestechlich adj incorruptível

unbestimmt adj 1. (unklar, ungenau) incerto, vago 2. (nicht festgelegt) indeterminado, indefinido; **auf ~e Zeit** por tempo indeterminado 3. (LING) indefinido

unbeteiligt adj 1. (desinteressiert) indiferente, desinteressado 2. (nicht teilnehmend) que não participa; **sie war an dem Streit** ~ ela não participou na discussão

unbetont adj átono

unbeugsam adj inabalável, inexorável

unbewacht adj não vigiado, sem vigilância

unbewaffnet adj desarmado

unbeweglich adj 1. (bewegungslos) imó-vel 2. (nicht bewegbar) amovível 3. (Blick, Gesichtsausdruck) impassível

unbewusst[RR], **unbewußt**[ALT] I. adj inconsciente; (instinktiv) instintivo II. adv inconscientemente, instintivamente

unblutig adj pacífico, sem derramamento de sangue

unbrauchbar ['---] adj (Arbeit, Gerät) inútil, que não presta; (Mensch) inútil

unbürokratisch adj não burocrático

und [ʊnt] konj e; ~ **so weiter** e assim por diante, e por aí fora; **nach** ~ **nach** pouco a pouco, a pouco e pouco; **hat es dir gefallen?** - ~ **ob/wie!** gostaste? - se gostei!; **~? war der Test schwer?** então? O teste foi difícil?; (umg) **na ~?** (e) então?

Undank m <-(e)s> kein pl (geh) ingratidão f

undankbar adj ingrato

undefinierbar ['---'---] adj indefinível

undemokratisch adj não democrático

undenkbar ['--'--] adj impensável, inconcebível

undeutlich adj 1. (ungenau) indistinto, confuso; (Erinnerung) vago 2. (Aussprache) ininteligível; (Schrift) ilegível

undicht adj permeável; (Gefäß) ~ **sein** não vedar; (Dach, Fenster) ter fuga

Unding nt **das ist ein** ~! isso é um absurdo!

undiplomatisch adj não diplomático

undiszipliniert adj indisciplinado

undurchlässig adj impermeável

undurchsichtig adj 1. (Glas, Stoff) opaco 2. (Methode, Verhalten) obscuro

uneben adj (Gelände) acidentado; (Oberfläche, Straße) irrular

unecht adj falso, postiço

unehelich adj ilegítimo

unehrlich adj desonesto

uneigennützig adj altruísta, desinteressado

uneingeschränkt adj ilimitado

uneinig adj em desacordo; **in diesem Punkt sind sie sich** ~ neste ponto, eles estão em desacordo

Uneinigkeit f <-en> discórdia f; **es besteht** ~ **über ...** há discórdia em relação a ...

unempfindlich adj 1. (nicht feinfühlig) insensível (gegen a) 2. (widerstandsfähig) resistente

unendlich ['-'--] adj 1. (zeitlich) interminável, infindável; (MAT: räumlich) infinito 2. (groß) imenso

U

Unendlichkeit *f kein pl* **1.** (*zeitlich, räumlich*) infinito *m* **2.** (*Weite*) infinidade *f*

unentbehrlich ['--'--] *adj* indispensável, imprescindível

unentgeltlich ['--'--] **I.** *adj* gratuito, grátis **II.** *adv* gratuitamente, de graça

unentschieden *adj* **1.** (*Person*) indeciso **2.** (*Angelegenheit*) pendente **3.** (SPORT) empatado; **sie spielten 0:0** ~ eles empataram 0:0

unentschlossen *adj* indeciso, irresoluto

unerbittlich ['--'--] *adj* implacável, inflexível

unerfahren *adj* inexperiente (*in* em)

unerfreulich *adj* desagradável

unergründlich *adj* impenetrável, insondável

unerhört *adj* **1.** (*groß*) inaudito, incrível **2.** (*unverschämt*) vergonhoso

unerklärlich *adj* inexplicável

unerlässlichRR *adj*, **unerläßlich**ALT *adj* indispensável, essencial

unerlaubt *adj* ilícito, não permitido

unermesslichRR *adj*, **unermeßlich**ALT *adj* imenso, incomensurável

unermüdlich *adj* incansável, infatigável

unerreichbar *adj* inacessível, inatingível

unersättlich *adj* insaciável

unerschöpflich *adj* inesgotável

unerschütterlich *adj* inabalável

unerschwinglich ['--'--] *adj* (*Ware*) inacessível; (*Preis*) exorbitante, astronómico

unerträglich *adj* insuportável, intolerável

unerwartet **I.** *adj* inesperado, imprevisto **II.** *adv* inesperadamente, de surpresa

unerwünscht *adj* indesejado, inoportuno, indesejável

unfähig *adj* incapaz, incapacitado, inapto; **zu etw** ~ **sein** ser incapaz de fazer a. c.

Unfähigkeit *f kein pl* incapacidade *f*

unfair *adj* desleal, pouco corre(c)to

Unfall *m* <-(e)s, -fälle> acidente *m*

Unfallflucht *f kein pl* fuga em caso de acidente *f;* ~ **begehen** fugir após o acidente

Unfallversicherung *f* <-en> seguro contra acidentes *m*

unfassbarRR ['--'--] *adj*, **unfaßbar**ALT *adj* inconcebível, incrível

unfehlbar ['--'--] *adj* infalível, certo

Unfehlbarkeit *f kein pl* infalibilidade *f*

unflätig *adj* (*pej*) grosseiro

unförmig *adj* disforme, desproporcionado

unfrankiert *adj* sem franquia

unfreiwillig *adj* involuntário

unfreundlich *adj* **1.** (*Mensch*) antipático, mal-encarado; (*Gesicht*) carrancudo **2.** (*Wetter*) desagradável, agreste

Unfreundlichkeit *f kein pl* antipatia *f*

Unfriede *m* <-ns> *kein pl* discórdia *f*

unfruchtbar *adj* **1.** (*Boden*) estéril, infrutífero **2.** (*Tier, Person*) estéril, infecundo

Unfug ['ʊnfuːk] *m* <-(e)s> *kein pl* disparate *m*, absurdo *m;* ~ **reden** dizer disparates

Ungar(in) ['ʊŋgaːɐ] *m(f)* <-n, -n *o* -innen> húngaro, húngara *m, f*

ungarisch ['ʊŋgarɪʃ] *adj* húngaro

Ungarn ['ʊŋgarn] *nt* <-s> *kein pl* Hungria *f*

ungeachtet ['--'--] *präp* +*gen* não obstante, apesar de; ~ **dessen** não obstante, apesar disso; ~ **der Friedensverhandlungen, erfolgten weitere Bombenangriffe** não obstante as conversações de paz, ocorreram mais ataques bombistas

ungeahnt ['--'--] *adj* insuspeitado

ungebeten *adj* (*Einmischung*) indesejado, inoportuno; (*Gast*) intruso

ungebildet *adj* inculto, sem educação

ungeboren *adj* por nascer

ungebräuchlich *adj* obsoleto, antiquado

ungedeckt *adj* (*Scheck*) sem cobertura, careca; **der Tisch ist noch** ~ a mesa ainda não está posta

Ungeduld *f kein pl* impaciência *f;* **voller** ~ sem paciência nenhuma

ungeduldig *adj* impaciente; ~ **sein** ser impaciente; ~ **werden** impacientar-se, perder a paciência

ungeeignet *adj* impróprio (*für* para), inadequado (*für* para); (*Mensch*) inapto (*für* para)

ungefähr **I.** *adj* aproximado **II.** *adv* aproximadamente, mais ou menos

ungefährlich *adj* seguro, sem perigo; (*harmlos*) inofensivo

ungehalten *adj* (*geh*) indignado (*über* com)

ungeheizt *adj* sem aquecimento

ungeheuer ['----, '--'--] **I.** *adj* descomunal, monstruoso, enorme **II.** *adv* imensamente

Ungeheuer *nt* <-s, -> monstro *m*

ungeheuerlich ['--'---] *adj* chocante, escandaloso

ungehobelt *adj* **1.** (*Holz*) não aplainado, tosco **2.** (*Mensch, Manieren*) grosseiro

ungehörig *adj* inconveniente, impróprio

ungehorsam *adj* desobediente

Ungehorsam m<-s> kein pl desobediência f

ungelegen adj inconveniente, inoportuno; **das kommt mir sehr ~** isso não me convém nada, isso não vem nada a calhar

ungelogen adv (umg) sem mentir

ungemein ['--'-] I. adj tremendo, extraordinário II. adv tremendamente, extraordinariamente

ungemütlich adj (Möbel, Wohnung) desconfortável; (Wetter, Atmosphäre) desagradável

ungenau adj impreciso, incerto

ungeniert ['ʊnʒe(')niːɐt] I. adj desembaraçado, com à-vontade II. adv sem cerimónia, à vontade

ungenießbar adj 1. (Speise, Getränk) intragável 2. (umg: Person) insuportável

ungenügend adj (a. Schulnote) insuficiente

ungepflegt adj (Garten, Wohnung) descurado, desleixado; (Person) desleixado, desmazelado; (Hände) mal cuidado

ungerade adj ímpar

ungerecht adj injusto

ungerechtfertigt adj injustificado

Ungerechtigkeit f<-en> injustiça f

ungern adv de má vontade; **das macht er gar nicht** ~ ele não se importa nada de fazer isso

ungeschickt adj desajeitado

ungeschminkt adj 1. (Person) sem pinturas, ao natural 2. (Wahrheit) claro, transparente

ungeschützt adj desprotegido, sem prote(c)ção; **~er Geschlechtsverkehr** sexo sem prote(c)ção

ungesetzlich adj ilegal, ilegítimo

ungestört I. adj tranquilo, sossegado II. adv em paz, à vontade

ungestraft adj impune

ungestüm adj (geh) impetuoso, precipitado, arrebatado

ungesund adj 1. (Aussehen) de doente 2. (Klima, Speise, Gewohnheit) pouco saudável, mau para a saúde

ungetrübt adj claro, puro

Ungetüm nt <-(e)s, -e> trambolho m

ungewiss^{RR} adj incerto

Ungewissheit^{RR} f<-en> incerteza f

ungewöhnlich adj 1. (nicht üblich, selten) invulgar, insólito, estranho 2. (außerordentlich) extraordinário

ungewohnt adj insólito, inusitado; (nicht vertraut) desacostumado

Ungeziefer ['ʊngətsiːfɐ] nt <-s> kein pl bichos mpl, parasitas mpl

ungezogen adj malcriado, mal-educado

ungezwungen I. adj espontâneo, natural II. adv sem constrangimento

ungiftig adj não-tóxico

ungläubig adj 1. (zweifelnd) incrédulo 2. (REL) descrente, ateu

unglaublich [-'--, '-'--] adj incrível, inacreditável

unglaubwürdig adj (Person) não fiável; (Geschichte) invero(s)símil

ungleich adj desigual, diferente

ungleichmäßig adj desigual, irrular

Unglück nt <-(e)s, -e> 1. (Unheil) desgraça f, calamidade f; **etw bringt jdm** ~ a. c. traz desgraça a alguém 2. (Pech) azar m, má sorte f 3. (Unfall) desastre m, acidente m; **es hat sich ein schweres ~ ereignet** deu-se um grave acidente 4. (Elend, Verderben) miséria f, infelicidade f; **jdn ins** ~ **stürzen** pôr alguém na miséria

unglücklich adj 1. (traurig) infeliz, desgraçado 2. (unheilvoll) funesto, desastroso

unglücklicherweise adv infelizmente, por azar

ungültig adj sem valor; (Pass) inválido; (Stimmzettel) nulo; **eine Ehe für** ~ **erklären** anular um casamento; ~ **werden** caducar

ungünstig adj desfavorável, pouco propício; **zu einem ~en Zeitpunkt** em má hora

Unheil nt <-(e)s> kein pl (geh) mal m, infortúnio m; ~ **anrichten** causar mal

unheilbar ['---, '-'--] adj incurável

unheilvoll adj funesto, nefasto

unheimlich I. adj (beängstigend) medonho, pavoroso; (düster) lúgubre, sinistro; (umg: groß) enorme II. adv muito, imensamente

unhöflich adj descortês, grosseiro, malcriado

unhygienisch adj anti-higiénico

uni ['ʊni] adj liso

Uni ['ʊni] f<-s> (umg) universidade f

Uniform [uni'fɔrm, 'ʊnifɔrm] f<-en> uniforme m, farda f

uniformiert adj fardado, de uniforme

Unikum nt <-s, -s> (umg) peça única f

uninteressant adj desinteressante

U

Union *f* <-en> união *f;* **die Europäische ~ a** União Europeia

Universität *f* <-en> universidade *f*

Universum [uni'vɛrzʊm] *nt* <-s> *kein pl* universo *m*

Unke *f* <-n> sapo doméstico *m,* rela *f*

unkenntlich ['ʊnkɛntlıç] *adj* irreconhecível

Unkenntnis *f kein pl* ignorância *f,* falta de conhecimento *f;* **in ~ der Tatsachen** sem conhecimento dos fa(c)tos

unklar *adj* **1.** (*undeutlich*) confuso, pouco claro, indistinto **2.** (*unverständlich*) incompreensível, imperceptível **3.** (*ungewiss*) incerto; **sich** *dat* **über etw im Unklaren sein** não fazer bem ideia de a. c.

Unklarheit *f* <-en> falta de clareza *f,* confusão *f*

unklug *adj* imprudente, insensato; **sich ~ verhalten** ser imprudente

unkonventionell *adj* inconvencional

Unkosten *pl* gastos *mpl,* despesas *fpl;* **sich in ~ stürzen** meter-se em despesas

Unkraut *nt* <-(e)s, -kräuter> erva daninha *f*

Unkrautvernichtungsmittel *nt* <-s, -> inse(c)ticida de plantas *m*

unkritisch *adj* sem sentido crítico

unlängst *adv* há pouco, recentemente

unleserlich *adj* ilegível

unlogisch *adj* ilógico, sem lógica

unlösbar *adj* (*Aufgabe, Problem*) sem solução; **ein ~es Rätsel** um enigma indecifrável

unmäßig *adj* descomedido, excessivo

Unmenge *f* <-n> grande quantidade *f* (*von* de), sem-número *m* (*von* de)

Unmensch *m* <-en, -en> monstro *m*

unmenschlich *adj* (*Behandlung, Verhalten, Mensch*) desumano, cruel

unmerklich ['---, '-'--] *adj* imperceptível

unmissverständlich^{RR} *adj* inequívoco, inconfundível

unmittelbar *adj* **1.** (*direkt*) dire(c)to **2.** (*zeitlich*) imediato; **~ danach** logo a seguir

unmöbliert *adj* vazio, sem mobília

unmodern *adj* antiquado, fora de moda

unmöglich *adj* impossível

unmoralisch *adj* imoral

unmusikalisch *adj* insensível à música, sem vocação musical

Unmut *m* <-(e)s> *kein pl* (*geh*) mau humor *m*

unnachgiebig *adj* intransigente, implacável

unnahbar ['-'--] *adj* inacessível

unnötig *adj* desnecessário, escusado, inútil

unnütz *adj* inútil

UNO ['u:no] *abk v* **United Nations Organization** ONU (= *Organização das Nações Unidas*)

unordentlich *adj* (*Mensch*) desorganizado, desarrumado, desleixado; (*Zimmer*) desarrumado; (*Kleidung*) desordenado, desleixado

Unordnung *f kein pl* desordem *f,* confusão *f*

UNO-Truppen *pl* tropas da ONU *fpl*

unparteiisch *adj* imparcial

unpassend *adj* (*Zeitpunkt*) impróprio, inconveniente; (*Bemerkung*) descabido, incorre(c)to

unpersönlich *adj* (*a* LING) unpersoal

unpopulär *adj* impopular

unpraktisch *adj* pouco prático

unproblematisch *adj* não problemático

unpünktlich *adj* pouco pontual; **~ sein** não ser pontual, vir fora de horas

unqualifiziert *adj* não qualificado

unrasiert *adj* com a barba por fazer

Unrecht *nt* <-(e)s> *kein pl* injustiça *f;* **zu ~** injustamente, sem razão; **~ haben/im ~ sein** não ter razão; **jdm ~ tun** ser injusto para com alguém

unrechtmäßig *adj* ilegal

unregelmäßig *adj* irrular

unreif *adj* **1.** (*Obst*) verde **2.** (*Person*) imaturo

unrentabel *adj* não rentável

unrichtig *adj* incorre(c)to

Unruhe *f kein pl* **1.** (*mangelnde Ruhe*) desassossego *m,* inquietação *f* **2.** (*Besorgnis*) inquietação *f,* preocupação *f*

Unruhen *pl* distúrbios *mpl*

unruhig *adj* **1.** (*nicht ruhig*) inquieto; (*Schlaf, Meer*) agitado; (*Kind*) irrequieto; **~e Zeiten** tempos turbulentos **2.** (*laut*) barulhento **3.** (*besorgt*) desassossegado

uns [ʊns] **I.** *pron pers* o *akk/dat von* **wir** nos; (*nach präp.*) nós; **mit ~** connosco; **ein Freund von ~** um amigo nosso; **das bekommst du von ~** recebes isto da nossa parte; **ist das für ~?** isto é para nós?; **~ ist es egal** é-nos indiferente; **das gehört nicht ~** isso não nos pertence **II.** *pron akk/dat von* **wir** nos; **wir haben ~ lange nicht gesehen** nós não nos vemos há muito tempo

unsachlich *adj* subje(c)tivo

unsagbar ['---, '-'--] *adj* indizível, inenarrável

unsanft *adj* áspero, rude

unsauber *adj* **1.** (*schmutzig*) sujo, porco, imundo **2.** (*Geschäfte*) escuro

unschädlich *adj* inofensivo

unscharf *adj* (*Fotografie*) desfocado

unschätzbar *adj* incalculável, inestimável

unscheinbar *adj* (*Aussehen, Haus*) pouco vistoso; (*Mensch*) discreto

unschlagbar ['-'--] *adj* (*Mannschaft*) invencível, imbatível; (*Leistung*) insuperável, imbatível

unschlüssig *adj* irresoluto, indeciso

unschön *adj* feio, deselegante

Unschuld *f kein pl* (*a* JUR) inocência *f;* **jds ~ beweisen** provar a inocência de alguém

unschuldig *adj* **1.** (JUR) inocente (*an* de) **2.** (*naiv*) inocente, ingénuo

unselbstständigRR *adj* sem iniciativa própria

unser[^1] ['ʊnzɐ] *gen von* **wir**

unser(**e, s**)[^2] **, s** *pron poss* (*adjektivisch*) o nosso, a nossa; **~ Vater/~e Mutter** o nosso pai/a nossa mãe; **wir spielen mit ~en Katzen** nós brincamos com os nossos gatos

uns(**e**)**re**(**r, s**) *pron poss* (*substantivisch*) (o) nosso, (a) nossa; **der rote Koffer ist ~r** a mala vermelha é nossa; **seine Tochter heißt genauso wie ~** a filha dele tem o mesmo nome que a nossa

unsererseits ['ʊnz(ə)rezaɪts] *adv* da nossa parte, pela nossa parte

unseretwegen ['ʊnzərət've:gən, 'ʊnˌzet've:gən] *adv* por nós; (*negativ*) por nossa causa

unseriös *adj* (*Geschäfte, Person*) desonesto

unsicher *adj* **1.** (*gefährlich*) perigoso **2.** (*ungewiss*) incerto, duvidoso **3.** (*Mensch, Auftreten*) inseguro

Unsicherheit *f* <-en> **1.** (*Ungewissheit*) incerteza *f* **2.** *kein pl* (*im Auftreten*) insegurança *f*

unsichtbar *adj* invisível

Unsinn *m* <-(e)s> *kein pl* **1.** (*fehlender Sinn*) absurdo *m* **2.** (*Unfug*) disparate *m,* tolice *f*

unsinnig *adj* absurdo, disparatado

Unsitte *f* <-n> mau hábito *m*

unsittlich *adj* imoral

unsportlich *adj* pouco (d)esportivo

unsre(**r, s**) *pron poss s.* **unsere**(**r, s**)**, unser**

unsterblich [(')-'--] *adj* imortal

Unstimmigkeit *f* <-en> **1.** (*Ungenauigkeit*) irrularidade *f* **2.** (*Meinungsverschiedenheit*) desavença *f,* discórdia *f*

Unsumme *f* <-n> enorme quantia *f*

unsympathisch *adj* antipático; **er ist mir ~** não simpatizo com ele

untätig *adj* ina(c)tivo

untauglich *adj* (*Gerät*) inútil (*für* para); (*Person*) inútil (*für* para), incapaz (*für* para); (*für Militärdienst*) inapto; **~ sein** não servir para nada

unteilbar ['-'--, '---] *adj* indivisível

unten ['ʊntən] *adv* **1.** (*tief, tiefer*) em baixo, por baixo; **da/dort ~** lá em baixo; **nach ~** para baixo; **von ~** de baixo; **sie ist ~ im Hof** ela está lá em baixo no pátio **2.** (*Ende, Unterseite*) no fundo; **~ in der Kiste** no fundo da caixa **3.** (*im Text*) em baixo; **siehe ~** ver em baixo, ver abaixo; **weiter ~** mais abaixo **4.** (*umg: im Süden*) em baixo, no Sul; **wie lange bleibt ihr dort ~?** quanto tempo ficam lá em baixo?

unter ['ʊntɐ] **I.** *präp +dat* (*Lage*) debaixo de, em/por baixo de; **der Hund liegt ~ dem Bett** o cão está debaixo/em baixo da cama; (*zwischen, inmitten*) entre; **~ anderem** entre outras coisas; **~ uns gesagt** aqui entre nós; (*weniger als*) abaixo de; (*Menge*) menos de; (*Alter*) com menos de; **ein Handy kostet heutzutage ~ 100 DM** um telemóvel hoje em dia custa menos de 100 marcos; **er wiegt ~ 80 Kilo** ele pesa menos de 80 quilos; **Kinder ~ 12 Jahren** crianças com menos de 12 anos; (*Art und Weise*) sob, em; **~ Protest/Tränen** em protesto/lágrimas; **~ falschem Namen** sob um nome falso; (*Unterordnung*) sob; **~ seiner Leitung** sob a sua dire(c)ção **II.** *präp +akk* (*Richtung*) para baixo de, em baixo de; **der Hund kriecht ~ das Bett** o cão rasteja para baixo da cama; **die Temperaturen sinken ~ Null** as temperaturas descem para baixo de zero

Unterarm *m* <-(e)s, -e> antebraço *m*

unterbelichten* *vt* dar exposição insuficiente a

UnterbewusstseinRR *nt* <-s> *kein pl* subconsciente *m,* inconsciente *m*

unterbezahlt *adj* mal pago

unterbinden* *vt irr* parar

U

Unterbodenschutz m <-es> kein pl revestimento de prote(c)ção da parte inferior do automóvel m

unterbrechen* vt irr interromper, suspender

Unterbrechung [--'--] f <-en> interrupção f, suspensão f

unter|bringen vt irr 1. (verstauen) arranjar lugar para 2. (einquartieren) hospedar, alojar 3. (umg: beruflich) colocar

Unterbringung f <-en> alojamento m

Unterbruch m <-(e)s, -brüche> (schweiz) s. **Unterbrechung**

unterdessen [--'--] adv entretanto

Unterdruck m <-(e)s, -drücke> (PHYS) baixa pressão f

unterdrücken* vt 1. (Gefühle, Tränen) reprimir 2. (Information) omitir 3. (Personen) oprimir, reprimir; (Aufstand) reprimir, subjugar

Unterdrückung f <-en> 1. (von Gefühlen) repressão f 2. (von Information) omissão f 3. (von Menschen) opressão f, repressão f; (eines Aufstandes) repressão f, subjugação f

untereinander [---'--] adv 1. (räumlich) um sob o outro, um debaixo do outro 2. (miteinander) uns com os outros; **das können wir ~ besprechen** isso podemos discutir entre nós; **das könnt ihr ~ besprechen** isso podem discutir entre vós/vocês; **das müssen sie ~ ausmachen** isso têm de combinar entre eles/si

unterentwickelt adj (Land, Region) subdesenvolvido

unterernährt adj subnutrido, desnutrido

Unterernährung f kein pl subnutrição f, desnutrição f

untere(r, s) adj inferior; (Stockwerk, Fach) de baixo

Unterführung f <-en> passagem subterrânea f

Untergang m <-(e)s, -gänge> 1. (von Schiff) naufrágio m 2. (von Gestirn) ocaso m 3. (Verderb) queda f, ruína f; (von Kulturen) decadência f

Untergebene(r) m/f <-n, -n o -n> súbdito, súbdita m, f

unter|gehen vi irr 1. (Schiff) afundar-se, naufragar 2. (Gestirn) pôr-se 3. (zu Grunde gehen) perecer, acabar-se; (Kultur) extinguir-se; (Welt) acabar 4. (im Lärm) passar despercebido

Untergewicht nt <-(e)s> kein pl falta de peso f, peso a menos m

untergliedern* vt subdividir (in em)

Untergrund m <-(e)s> kein pl 1. (Boden) subsolo m 2. (POL) clandestinidade f; **in den ~ gehen** passar à clandestinidade

Untergrundorganisation f <-en> organização clandestina f

unterhalb präp +gen abaixo de

Unterhalt m <-(e)s> kein pl 1. (Lebensunterhalt) sustento m 2. (Unterhaltszahlungen) pensão de alimentos f

unterhalten* I. vt irr 1. (ernähren) sustentar 2. (Gebäude, Kontakte, Beziehung) manter 3. (vergnügen) entreter, divertir II. vr sich ~ irr 1. (sprechen) conversar (mit com, über sobre) 2. (sich amüsieren) entreter-se, divertir-se

unterhaltend adj recreativo; (Lektüre, Gespräch) divertido

unterhaltsam [--'--] adj recreativo

Unterhaltspflicht f kein pl dever de prestação de alimentos m

Unterhaltung f <-en> 1. (Gespräch) conversa f (über sobre) 2. (Vergnügen) entretenimento m, divertimento m; **wir wünschen Ihnen gute ~** esperamos que se divirta 3. kein pl (Instandhaltung) manutenção f, conservação f

Unterhemd nt <-(e)s, -en> camisola interior f, camiseta f

Unterhose f <-n> (für Damen) calcinhas fpl; (für Herren) cuecas fpl

unterirdisch adj subterrâneo

Unterkiefer m <-s, -> maxilar inferior m

unter|kommen vi irr 1. (zum Übernachten) achar alojamento 2. (umg: Arbeit finden) encontrar colocação

Unterkunft ['ʊntɐkʊnft] f <-künfte> alojamento m

Unterlage f <-n> base f; (zum Schreiben) bloco m

Unterlagen pl documentos mpl, documentação f

unterlaufen* vt irr (Regelung, Gesetz) esquivar-se de, fintar

unter|legen¹ [--'--] vt colocar por baixo

unterlegen² adj inferior (a); (besiegt) vencido; **jdm ~ sein** ser inferior a alguém

Unterleib m <-(e)s, -e> abdómen m, ventre m

unterliegen* vi irr 1. (verlieren) sucumbir,

ser vencido **2.** (*unterworfen sein*) estar sujei-to; **er unterliegt der Schweigepflicht** ele está sujeito a sigilo profissional

Unterlippe *f* <-n> lábio inferior *m*

Untermenu *nt* <-s, -s> (INFORM) submenu *m*

Untermiete *f kein pl* sublocação *f*, subar-rendamento *m;* **zur ~ wohnen** morar em quarto alugado

Untermieter(in) *m(f)* <-s, - *o* -innen> su-blocatário, sublocatária *m, f*, subarrendatário, subarrendatária *m, f*

unternehmen* *vt irr* empreender, fazer; (*Reise*) fazer; **man muss etwas dagegen ~** alguma coisa tem de ser feita contra isso

Unternehmen [--'--] *nt* <-s, -> **1.** (*Firma*) empresa *f* **2.** (*Vorhaben*) operação *f*, empre-endimento *m*

Unternehmensberater(in) *m(f)* <-s, - *o* -innen> consultor de empresas, consultora *m, f*

Unternehmer(in) [--'--] *m(f)* <-s, - *o* -in-nen> empresário, empresária *m, f*, industrial *m,f*

unternehmungslustig *adj* empreende-dor, com iniciativa

unter|ordnen *vt* subordinar

Unterredung [--'--] *f* <-en> conversa *f*, conferência *f*

Unterricht ['ʊntərɪçt] *m* <-(e)s> *kein pl* **1.** (*das Unterrichten*) ensino *m* **2.** (*Unter-richtsstunde*) aula *f*, lição *f;* **der ~ fällt aus** não há aula; **jdm ~ geben** dar aulas a al-guém; **bei jdm ~ nehmen** ter aulas de al-guém

unterrichten* *vt* **1.** (*Fach*) ensinar, le(c)-cionar, dar aulas de; (*Schüler*) dar aulas a; **sie unterrichtet Mathematik/die dritte Klas-se** ela dá aulas de matamática/à terceira clas-se **2.** (*informieren*) informar (*über* sobre, *von* de)

Unterrichtserfahrung *f* <-en> experiên-cia no ensino *f*

Unterrock *m* <-(e)s, -röcke> combinação *f*

untersagen* *vt* proibir; **jdm etw ~** proibir a. c. a alguém

unterschätzen* *vt* subestimar

unterscheiden* I. *vt irr* distinguir (*von* de), diferenciar (*von* de) II. *vr* **sich ~** *irr* dis-tinguir-se (*von* de), diferir (*von* de)

Unterscheidung *f* <-en> distinção *f*

Unterschied ['ʊntəʃiːt] *m* <-(e)s, -e> dife-rença *f* (*zwischen* entre); **ohne ~** sem distin-ção; **im ~ zu** ao contrário de; **es besteht ein ~ zwischen ...** há uma diferença entre ...

unterschiedlich *adj* diferente, diverso; **die Dateien sind ~ groß** os ficheiros têm tama-nhos diferentes

unterschlagen* *vt irr* **1.** (*Geld*) desfalcar, desviar; (*Brief*) extraviar, desviar **2.** (*Informa-tion*) ocultar, escamotear

Unterschlagung *f* <-en> **1.** (*von Geld*) desfalque *m*, desvio *m* **2.** (*von Information*) escamoteação *f*

Unterschlupf ['ʊntəʃlʊpf] *m* <-(e)s, -e> refúgio *m*, abrigo *m*

unterschreiben* *vt irr* assinar, subscrever

Unterschrift ['---] *f* <-en> assinatura *f;* **~en sammeln** recolher assinaturas

Unterschriftensammlung *f* <-en> abai-xo-assinado *m*

Unterseeboot *nt* <-(e)s, -e> submarino *m*

Unterseite *f* <-n> lado inferior *m*

Untersetzer *m* <-s, -> (*für Gläser, Töpfe*) base *f*

untersetzt [--'-] *adj* atarracado

unterstehen* *vi irr* depender (de), estar su-bordinado (a)

unterstellen*1 *vt* (*annehmen*) presumir, supor; **wir wollen einmal ~, dass er nichts davon wusste** vamos supor que que ele não sabia de nada; **jdm etw ~** imputar a. c. a alguém

unter|stellen2 I. *vt* guardar, recolher II. *vr* **sich ~** abrigar-se

unterste(r, s) *adj* inferior, mais baixo

unterstreichen* *vt irr* sublinhar

Unterstufe *f* <-n> escolaridade do 5º ao 7º anos

unterstützen* *vt* **1.** (*Beistand leisten*) apoiar (*bei* em) **2.** (*fördern*) proteger (*bei* em); (*finanziell*) subsidiar

Unterstützung *f* <-en> apoio *m;* (*Zu-schuss*) subsídio *m*

Untersuch *m* <-s, -e> (*schweiz*) *s.* **Unter-suchung**

untersuchen* *vt* **1.** (*analysieren*) analisar; (*wissenschaftlich*) investigar, pesquisar **2.** (*Kranke*) examinar

Untersuchung [--'--] *f* <-en> **1.** (*Analyse*) análise *f;* (JUR) inquérito *m* **2.** (*Studie*) inves-tigação *f*, pesquisa *f;* **eine ~ über das Aus-maß der Armut** uma investigação sobre a extensão da pobreza **3.** (MED) exame *m*

U

Untersuchungshaft *f kein pl* prisão preventiva *f*

untertags *adv (österr, schweiz)* durante o dia

Untertasse *f* <-n> pires *m*

unter|tauchen *vi* **1.** *(Schwimmer, U-Boot)* mergulhar, submergir **2.** *(verschwinden)* desaparecer, esconder-se

Unterteil *nt* <-(e)s, -e> parte inferior *f,* parte de baixo *f*

Unterteller *m* <-s, -> *(schweiz) s.* **Untertasse**

Untertitel *m* <-s, -> legenda *f;* **ein Film mit englischen ~n** um filme com legendas em inglês

untervermieten* *vt* sublocar, subarrendar

Unterwäsche *f kein pl* roupa interior *f*

unterwegs [ʊntɐ'veːks] *adv* **1.** *(auf dem Weg)* a caminho; **sie sind ~ nach Amsterdam** eles estão a caminho de Amsterdão; *(umg)*; **bei ihr ist ein Kind ~** ela está à espera de bebé **2.** *(während der Reise)* pelo caminho, no caminho; **wir haben ~ Störche gesehen** nós vimos cegonhas pelo caminho

Unterwelt *f kein pl* submundo *m*

unterwerfen* **I.** *vt irr (Volk, Gebiet)* subjugar **II.** *vr* **sich ~** *irr* submeter-se, subjugar-se

unterwürfig *adj (pej)* submisso

unterzeichnen* *vt* assinar, firmar

Unterzeichner(in) *m(f)* <-s, - *o* -innen> signatário, signatária *m, f*

unterziehen* *vt irr* submeter, sujeitar; **etw einer Kontrolle ~** submeter a. c. a um controlo; **jdn einem Verhör ~** submeter alguém a um interrogatório

untrennbar *adj* inseparável

untreu *adj* infiel; **jdm ~ sein/werden** ser infiel a alguém

Untreue *f kein pl* infidelidade *f*

untröstlich *adj* inconsolável

untypisch *adj* que não é típico

unüberbrückbar *adj* insuperável

unüberlegt **I.** *adj* irrefle(c)tido, impensado **II.** *adv* sem pensar

unübersehbar *adj* **1.** *(groß)* imenso, a perder de vista; *(nicht zu übersehen)* que não passa despercebido **2.** *(Folgen)* (ainda) por conhecer

unübertrefflich *adj* inexcedível, insuperável

unüblich *adj* insólito, invulgar

unumgänglich *adj* inevitável, indispensável

ununterbrochen ['---'--] **I.** *adj* ininterrupto, contínuo **II.** *adv* ininterruptamente, continuamente

unveränderlich *adj* inalterável, imutável; (LING) invariável

unverändert *adj* inalterado, o mesmo; **~ sein** estar na mesma

unverantwortlich ['-----, '--'---] *adj* irresponsável

unverbesserlich ['--'---] *adj* incorrigível

unverbindlich *adj* sem compromisso; **~e Preisempfehlung** preço recomendado

unverbleit *adj* sem chumbo

unverblümt *adj* franco

unvereinbar ['--'--] *adj* incompatível

unverfroren *adj* descarado

unvergesslich[RR] ['--'--] *adj* inesquecível

unverheiratet *adj* solteiro

unverhofft ['--'-] *adj* inesperado, imprevisto

unverkennbar ['--'--] *adj (eindeutig)* evidente; *(nicht zu verwechseln)* inconfundível

unvermeidlich ['--'--] *adj* inevitável

unvermittelt **I.** *adj* repentino, súbito **II.** *adv* de repente, inesperadamente

unvermutet *adj* inesperado, insuspeitado

Unvernunft *f kein pl* insensatez *f*

unvernünftig *adj* insensato, desajuizado

unverschämt *adj* **1.** *(Benehmen, Mensch)* descarado, desavergonhado, insolente **2.** *(Preis)* exorbitante, vergonhoso

Unverschämtheit *f* <-en> descaramento *m,* desaforo *m*

unversöhnlich *adj* irreconciliável, implacável

unverständlich *adj* incompreensível

unverträglich *adj* **1.** *(Speisen)* inassimilável **2.** *(unvereinbar)* incompatível

unverwechselbar ['--'---] *adj* inconfundível

unverwüstlich *adj* resistente ao máximo; *(Gesundheit)* de ferro

unverzeihlich ['--'--] *adj* imperdoável

unverzüglich **I.** *adj* imediato **II.** *adv* sem demora

unvollkommen *adj* imperfeito

unvollständig *adj* incompleto

unvorbereitet *adj* não preparado; *(unversehens)* desprevenido

unvoreingenommen *adj* imparcial

unvorhergesehen ['--'----] *adj* imprevisto, inesperado

unvorhersehbar *adj* imprevisível

unvorsichtig *adj* imprudente, descuidado, incauto

unvorstellbar ['--'--] *adj* inimaginável

unvorteilhaft *adj* desvantajoso

unwahr *adj* falso

Unwahrheit *f* <-en> mentira *f*, falsidade *f*; **die ~ sagen** mentir

unwahrscheinlich ['----, '--'--] **I.** *adj* (*kaum möglich*) improvável; (*unglaubhaft*) inveros(s)ímil **II.** *adv* (*umg*) incrivelmente

Unwahrscheinlichkeit *f kein pl* improbabilidade *f*, inveros(s)imilhança *f*

unweit *adv* perto de

Unwesen *nt* <-s> *kein pl* (*geh*) mau comportamento *m*; **sein ~ treiben** fazer das suas

Unwetter *nt* <-s, -> intempérie *f*, mau tempo *m*, temporal *m*

unwichtig *adj* insignificante, trivial, sem importância

unwiderlegbar *adj* irrefutável

unwiderstehlich ['---'--] *adj* irresistível

unwillig **I.** *adj* relutante **II.** *adv* de má-vontade, com relutância

unwillkürlich **I.** *adj* involuntário **II.** *adv* sem querer, inadvertidamente

unwirklich *adj* irreal, imaginário

unwirksam *adj* ineficaz

unwirsch ['ʊnvɪrʃ] *adj* rude, grosseiro

unwirtlich *adj* inóspito

unwirtschaftlich *adj* que não dá lucro, não lucrativo

unwissend *adj* ignorante

Unwissenheit *f kein pl* ignorância *f*

unwohl *adj* indisposto; **mir ist ~** sinto-me mal, não me sinto bem

Unwohlsein *nt* <-s> *kein pl* indisposição *f*, mal-estar *m*

unwürdig *adj* indigno

unzählig *adj* incontável; **~e Male** vezes sem conta

Unze *f* <-n> onça *f*

unzeitgemäß *adj* anacrónico

unzerbrechlich ['--'--] *adj* inquebrável

unzertrennlich ['--'--] *adj* inseparável

Unzucht *f kein pl* (JUR) delito sexual *m*

unzüchtig *adj* impudico; (*obszön*) obsceno

unzufrieden *adj* insatisfeito (*mit* com), descontente (*mit* com)

Unzufriedenheit *f kein pl* insatisfação *f*

(*mit* com), descontentamento *m* (*mit* com)

unzulänglich *adj* (*geh*) insuficiente

unzulässig *adj* inadmissível

unzumutbar *adj* insensato, inaceitável

unzurechnungsfähig *adj* irresponsável

unzusammenhängend *adj* incoerente, desconexo

unzutreffend *adj* errado; **Unzutreffendes bitte streichen** riscar o que não interessa

unzuverlässig *adj* de pouca confiança

Update ['apdɛɪt] *nt* <-s, -s> (INFORM) a(c)tualização *f*

üppig *adj* (*Essen*) abundante, opulento; (*Vegetation*) exuberante, viçoso

uralt ['uːɐ'alt] *adj* muito antigo, antiquíssimo; (*Person*) muito velho, velhíssimo

Uran [u'raːn] *nt* <-s> *kein pl* urânio *m*

Uraufführung *f* <-en> estreia *f*

Urbevölkerung *f* <-en> aborígenes *mpl*, povos primitivos *mpl*

Ureinwohner(in) *m(f)* <-s, - *o* -innen> indígena *m,f*, aborígene *m,f*

Urenkel(in) *m(f)* <-s, - *o* -innen> bisneto, bisneta *m, f*

Urgroßeltern *pl* bisavós *mpl*

Urgroßmutter *f* <-mütter> bisavó *f*

Urgroßvater *m* <-s, -väter> bisavô *m*

Urheber(in) *m(f)* <-s, - *o* -innen> autor, autora *m, f*

Urheberrecht *nt* <-(e)s, -e> direitos de autor *mpl*

Uri *nt* <-s> *kein pl* Uri *m*

Urin [u'riːn] *m* <-s> *kein pl* urina *f*

Urknall *m* <-(e)s> *kein pl* Big Bang *m*

Urkunde ['uːɐkʊndə] *f* <-n> documento *m*

Urkundenfälschung *f* <-en> falsificação de documentos *f*

Urlaub ['uːɐlaʊp] *m* <-(e)s, -e> férias *fpl*; (MIL) licença *f*; **~ nehmen/haben** tirar/ter férias; **im ~ sein** estar de férias; **sie machen in der Schweiz ~** eles fazem férias na Suíça

Urlauber(in) *m(f)* <-s, - *o* -innen> turista *m,f*

Urlaubsgeld *nt* <-(e)s, -er> subsídio de férias *m*

Urne ['ʊrnə] *f* <-n> urna *f*

Urologe(in) *m(f)* <-n, -n *o* -innen> urologista *m,f*

urplötzlich *adv* de repente, de súbito

Ursache *f* <-n> causa *f*, motivo *m*, razão *f*; **keine ~!** não tem de quê!, de nada!; **aus ungeklärter ~** por motivo desconhecido

U

Ursprung *m* <-(e)s, -sprünge> origem *f*
ursprünglich I. *adj* (*anfänglich*) inicial; (*unverfälscht*) original; (*natürlich*) natural II. *adv* inicialmente, originalmente
Urteil ['ʊrtaɪl] *nt* <-s, -e> 1. (*Meinung*) juízo *m*, opinião *f;* **nach meinem** ~ segundo a minha opinião; **sich** *dat* **ein** ~ **über jdn/etw bilden** formar um juízo sobre alguém 2. (JUR) sentença *f;* **über jdn das** ~ **sprechen** emitir uma sentença sobre alguém; **ein** ~ **fällen** proferir uma sentença
urteilen ['ʊrtaɪlən] *vi* julgar (*über* sobre); **nach seinem Aussehen zu** ~ a julgar pela aparência
Urteilsspruch *m* <-(e)s, -sprüche> veredicto *m*, sentença *f*
Uruguay [uru'ɡu̯aɪ] *nt* <-s> *kein pl* Uruguai *m*

Ururgroßmutter *f* <-mütter> trisavó *f*
Ururgroßvater *m* <-s, -väter> trisavô *m*
Urwald ['uːrvalt] *m* <-(e)s, -wälder> floresta virgem *f*, selva *f*
urwüchsig *adj* natural
USA [uːʔɛs'ʔaː] *abk v* **United States of America** EUA (= *Estados Unidos da América*)
Usbekistan [ʊs'beːkistaːn] *nt* <-s> *kein pl* Usbequistão *m*
usw. *abk v* **und so weiter** etc. (= *et cetera*)
Utensilien *pl* utensílios *mpl*, ferramenta *f*
Utopie [uto'piː] *f* <-n> utopia *f*
utopisch [u'toːpɪʃ] *adj* utópico
UV-Strahlung *f kein pl* radiação ultravioleta *f*
Ü-Wagen *m* <-s, -> carro de exteriores *m*

V

V *nt* V, v *m*
Vagabund(in) [vaga'bʊnt] *m(f)* <-en, -en *o* -innen> vagabundo, vagabunda *m, f*
vage [va:ɡə] *adj* vago
Vagina [va'ɡiːna] *f* <-Vaginen> vagina *f*
Vakuum ['vaːkuʊm] *nt* <-s, Vakua> vácuo *m*
vakuumverpackt *adj* embalado a vácuo
Valenz *f* <-en> (CHEM, LING) valência *f*
Vampir [vam'piːɐ] *m* <-s, -e> vampiro *m*
Vanille [va'nɪl(j)ə] *f kein pl* baunilha *f*
variabel *adj* variável
Variable *f* <-n> (MAT, PHYS) variável *f*
Variante [vari'antə] *f* <-n> variante *f*
Varieté *nt* <-s, -s> *s.* **Varietee** 1. (*Vorstellung*) espe(c)táculo de variedades *m* 2. (*Theater*) teatro de variedades *m*
Vase ['vaːzə] *f* <-n> jarra *f*, jarro *m*
Vater ['faːtɐ] *m* <-s, Väter> pai *m*
Vaterland *nt* <-(e)s, -länder> pátria *f*
väterlich *adj* 1. (*vom Vater*) paterno 2. (*wie ein Vater*) paternal
väterlicherseits *adv* paterno; **meine Großeltern** ~ os meus avós paternos
Vaterunser ['--'--, --'--] *nt* <-s, -> padre-nosso *m*, pai-nosso *m;* **das** ~ **beten** rezar o pai-nosso
Vatikan [vati'kaːn] *m* <-s> *kein pl* Vaticano *m*

V-Ausschnitt *m* <-(e)s, -e> decote em bico *m*
v. Chr. *abk v* **vor Christus** a. C. (= *antes de Cristo*)
Vegetarier(in) [vege'taːriɐ] *m(f)* <-s, - *o* -innen> vegetariano, vegetariana *m, f*
vegetarisch *adj* vegetariano
Vegetation [vegeta'tsjoːn] *f* <-en> vegetação *f*
Veilchen ['faɪlçən] *nt* <-s, -> (BOT) violeta *f*
Velo ['veːlo] *nt* <-s, -s> (*schweiz*) bicicleta *f*
Vene ['veːnə] *f* <-n> veia *f*
Venezuela [venetsu'eːla] *nt* <-s> *kein pl* Venezuela *f*
Ventil [vɛn'tiːl] *nt* <-s, -e> válvula *f*
Ventilator [vɛnti'laːtoːɐ] *m* <-s, -en> ventilador *m*
verabreden* I. *vt* combinar; **wir haben verabredet, dass ...** nós combinámos que ...; **mit jdm verabredet sein** ter um encontro com alguém; **ich bin schon verabredet** eu já tenho um compromisso II. *vr* **sich** ~ marcar um encontro (*mit* com); **wir haben uns um 20 Uhr in einem Restaurant verabredet** nós marcámos um encontro às 20 horas num restaurante, nós combinámos encontrarmo-nos às 20 horas num restaurante
Verabredung *f* <-en> 1. (*Treffen*) encontro *m*, compromisso *m;* **ich habe um fünf**

eine ~ mit ihr eu tenho um encontro com ela às cinco **2.** (*Vereinbarung*) combinação *f*, acordo *m*

verabscheuen* *vt* detestar, abominar

verabschieden* **I.** *vt* (*Gäste*) fazer as despedidas de; (*Gesetz, Haushalt*) aprovar **II.** *vr* **sich ~** despedir-se (*von* de), dizer adeus (*von* a)

Verabschiedung *f* <-en> **1.** (*Person*) despedida *f* **2.** (*Gesetz, Haushalt*) aprovação *f*

verachten* *vt* desprezar, desdenhar

verächtlich **I.** *adj* desdenhoso **II.** *adv* com desdém

Verachtung *f kein pl* desprezo *m*, desdém *m*

verallgemeinern* *vt* generalizar

Verallgemeinerung *f* <-en> generalização *f*

veralten* *vi* (*Gerät, Methode, Ansichten*) cair em desuso

veraltet [fɛɐ'ʔaltət] *adj* (*Methode, Ansichten*) antiquado, obsoleto; (*Gerät*) obsoleto, antigo; (*Wort*) em desuso

veränderlich *adj* variável, mutável

verändern* **I.** *vt* mudar, modificar, alterar **II.** *vr* **sich ~** mudar, modificar-se; **du hast dich in letzter Zeit sehr verändert** tu mudaste muito nos últimos tempos

Veränderung *f* <-en> modificação *f*, mudança *f*, transformação *f*; **eine ~ an etw vornehmen** proceder a uma mudança em a. c.

Veranlagung *f* <-en> (*Neigung*) predisposição *f* (*zu* para)

veranlassen* *vt* **1.** (*anordnen*) providenciar, determinar; **bitte ~ Sie, dass ...** por favor, tome providências para que ... +*conj* **2.** (*bewirken*) causar, provocar; **jdn zu etw ~** levar alguém a a. c.; **sich veranlasst sehen zu ...** ver-se obrigado a ...

Veranlassung *f* <-en> **1.** (*Grund*) motivo *m* **2.** (*Anordnung*) ordem *f*

veranschaulichen* *vt* ilustrar

veranschlagen* *vt* (*Kosten*) avaliar (*auf* em), orçar (*auf* em), calcular (*auf* em)

veranstalten* *vt* organizar, realizar

Veranstalter(**in**) *m(f)* <-s, - *o* -innen> organizador, organizadora *m, f*

Veranstaltung *f* <-en> espe(c)táculo *m*

verantworten* **I.** *vt* responder por, assumir responsabilidade por; **das kann ich nicht ~** não posso responder por isso **II.** *vr* **sich ~** responsabilizar-se (*für* por)

verantwortlich *adj* **1.** (*Person*) responsável (*für* por); **für jdn/etw ~ sein** ser responsável por alguém/a. c. **2.** (*Tätigkeit*) de responsabilidade

Verantwortung *f* <-en> responsabilidade *f* (*für* por); **jdn zur ~ ziehen** pedir satisfações a alguém; **die ~ für etw tragen/übernehmen** deter/assumir a responsabilidade por a. c.

verantwortungsbewusst^{RR} *adj* responsável, ciente das suas responsabilidades

verantwortungslos *adj* irresponsável

verarbeiten* *vt* **1.** (*Material*) trabalhar, transformar **II.** *vr* (*Eindruck*) assimilar; (*Erlebnis*) digerir

Verarbeitung *f* <-en> **1.** (*Bearbeitung*) tratamento *m* **2.** (*Ausführung*) elaboração *f*, execução *f*

verärgern* *vt* aborrecer, irritar

verarmen* *vi* empobrecer, cair na miséria

verarschen* *vt* (*umg*) lixar

Verb [vɛrp] *nt* <-s, -en> verbo *m*

Verband *m* <-(e)s, -bände> **1.** (MED) ligadura *f*; **jdm einen ~ anlegen** pôr uma ligadura a alguém **2.** (*Vereinigung*) associação *f*, liga *f*, sociedade *f* **3.** (MIL) unidade *f*

Verbandskasten *m* <-s, -kästen> estojo de primeiros-socorros *m*

Verbandzeug *nt* <-(e)s> *kein pl* ligaduras e pensos *fpl*

verbeamten* *vt* admitir no serviço público

verbergen* **I.** *vt irr* (*verstecken*) esconder (*vor* de), ocultar (*vor* de); (*verheimlichen*) ocultar **II.** *vr* **sich ~** *irr* esconder-se (*vor* de)

verbessern* *vt* **1.** (*besser machen*) melhorar; (*vervollkomnen*) aperfeiçoar; **ich möchte meine Portugiesischkenntnisse ~** eu gostaria de melhorar/aperfeiçoar o meu Português **2.** (*Fehler*) corrigir, emendar

Verbesserung *f* <-en> **1.** (*Änderung*) melhoramento *m* **2.** (*Korrektur*) emenda *f*, corre(c)ção *f*

verbeugen* *vr* **sich ~** fazer uma vénia (*vor* a)

Verbeugung *f* <-en> vénia *f*

verbeulen* *vt* amolgar

verbiegen* *vt irr* entortar, dobrar

verbieten* *vt irr* proibir; **jdm etw ~** proibir a. c. a alguém; **jdm den Mund ~** mandar calar alguém

verbilligt *adj* a preço reduzido

verbinden* *vt irr* **1.** (*zusammenfügen*) juntar (*mit* a), unir (*mit* a); (*Kabel*) ligar **2.** (*am Telefon*) ligar, passar; ~ **Sie mich bitte mit Herrn Schmid** ligue-me com o senhor Schmid por favor, passe-me ao senhor Schmid por favor; **Sie sind falsch verbunden** é engano **3.** (MED) ligar

verbindlich *adj* **1.** (*bindend*) vinculativo **2.** (*freundlich*) amável, afável

Verbindung *f* <-en> **1.** (*Zusammenhang*) ligação *f*, união *f*; (*Beziehung*) relação *f* **2.** (*Kontakt*) conta(c)to *m*; **sich mit jdm in ~ setzen** entrar em conta(c)to com alguém; **mit jdm in ~ stehen** estar em conta(c)to com alguém **3.** (*Verkehrsweg, Telefonverbindung*) ligação *f*; **unsere ~ wurde unterbrochen** a nossa ligação foi interrompida **4.** (CHEM) composto *m*

verbissen [fɛɐˈbɪsən] *adj* aferrado

verbittert *adj* amargurado

verblassen* *vi* (*Farbe*) esbater-se, esmorecer; (*Foto*) perder a cor

verbleit [fɛɐˈblaɪt] *adj* com chumbo

verblichen *adj* (*Farbe, Stoff*) desbotado

verblöden* *vi* estupidificar

verblüffen* *vt* espantar, transtornar, desconcertar

verblüfft *adj* estupefa(c)to, atónito, siderado

Verblüffung *f* <-en> estupefa(c)ção *f*, perplexidade *f*

verblühen* *vi* murchar

verbluten* *vi* esvair-se em sangue

verbogen I. *pp von* **verbiegen** II. *adj* torto, torcido

verborgen [fɛɐˈbɔrgən] I. *pp von* **verbergen** II. *adj* oculto, escondido

Verbot [fɛɐˈboːt] *nt* <-(e)s, -e> proibição *f*, interdição *f*; **gegen ein ~ verstoßen** transgredir uma proibição

verboten [fɛɐˈboːtən] I. *pp von* **verbieten** II. *adj* proibido, interdito; **Rauchen ~!** proibido fumar!; **Zutritt ~!** entrada proibida!

Verbrauch *m* <-(e)s> *kein pl* consumo *m* (*an* de)

verbrauchen* *vt* consumir; (*Geld*) gastar

Verbraucher(in) *m(f)* <-s, - *o* -innen> consumidor, consumidora *m, f*

Verbraucherschutz *m* <-es> *kein pl* defesa do consumidor *f*

verbraucht *adj* gasto; (*Luft*) viciado

Verbrechen *nt* <-s, -> crime *m*, delito *m*; **ein ~ begehen** cometer um crime

Verbrecher(in) *m(f)* <-s, - *o* -innen> cri-

minoso, criminosa *m, f*, delinquente *m,f*

verbrecherisch [fɛɐˈbrɛçərɪʃ] *adj* criminoso

verbreiten* I. *vt* (*Neuigkeit*) espalhar, divulgar; (*per Radio*) difundir; (*Licht, Wärme, Geruch*) espalhar II. *vr* **sich ~** (*Neuigkeit*) espalhar-se, propagar-se

verbrennen* I. *vt irr* (*Papier, Holz*) queimar; (*Müll*) incinerar; (*Leiche*) cremar; **sich dat die Finger ~** escaldar-se II. *vi irr* (*Papier, Holz*) arder; (*Essen*) queimar-se

Verbrennung *f* <-en> **1.** (*das Verbrennen*) combustão *f*; (*von Müll*) incineração *f*; (*von Leiche*) cremação *f* **2.** (MED) queimadura *f*; **~en zweiten Grades** queimaduras de segundo grau

Verbrennungsmotor *m* <-s, -en> motor de combustão interna *m*

verbringen* *vt irr* passar; **den Urlaub im Gebirge ~** passar as férias nas montanhas; **seine Zeit mit Lesen ~** passar o tempo a ler

verbrühen* *vr* **sich ~** escaldar-se

verbunden [fɛɐˈbʊndən] I. *pp von* **verbinden** II. *adj* ligado, unido; **jdm ~ sein** estar em dívida para com alguém; **mit Schwierigkeiten ~ sein** acarretar problemas

verbünden* *vr* **sich ~** unir-se (*mit* a), ligar-se (*mit* a)

Verbündete(r) *m/f* <-n, -n *o* -n> aliado, aliada *m, f*

Verbundglas *nt* <-es> *kein pl* vidro laminado *m*

verbüßen* *vt* (JUR) cumprir; **er muss eine dreijährige Haftstrafe ~** ele tem de cumprir uma pena de prisão de três anos

Verdacht [fɛɐˈdaxt] *m* <-(e)s, -e> suspeita *f*; **~ erregen** levantar suspeitas; **~ schöpfen** suspeitar, desconfiar; **in ~ geraten** cair em suspeita; **es besteht ~ auf Krebs** há suspeita de cancro

verdächtig *adj* suspeito; **sich ~ machen** levantar suspeitas

verdächtigen* *vt* suspeitar de

verdammen* *vt* condenar

verdammt *adj* (*umg*) maldito; **~ nochmal!** porra!, irra!

verdampfen* *vi* evaporar-se

verdanken* *vt* **jdm etw ~** dever a. c. a alguém

Verdankung *f* <-en> (*schweiz*) agradecimento *m*

verdarb [fɛɐˈdarp] *imp von* **verderben**

verdauen* *vt* digerir

verdaulich *adj* **leicht** ~ de fácil digestão; **schwer** ~ indigesto

Verdauung *f kein pl* digestão *f*

Verdauungsstörungen *pl* indigestão *f*

Verdauungstrakt *m* <-(e)s, -e> aparelho digestivo *m*

Verdeck *nt* <-(e)s, -e> **1.** (*von Auto*) capota *f* **2.** (*von Schiff*) coberta *f*, convés *m*

verdecken* *vt* **1.** (*zudecken*) cobrir **2.** (*verbergen*) encobrir, ocultar

verderben [fɛɐˈdɛrbən] **I.** *vt* (*Plan*) estragar; (*Ware*) deteriorar; (*moralisch*) corromper, perverter; **sich** *dat* **den Magen** ~ apanhar uma indigestão; **es mit jdm** ~ perder as simpatias de alguém **II.** *vi* estragar-se

Verderben *nt* <-s> *kein pl* perdição *f*, ruína *f*; **jdn ins** ~ **stürzen** levar alguém à ruína, arruinar alguém

verderblich [fɛɐˈdɛrplɪç] *adj* **1.** (*Lebensmittel*) perecível **2.** (*Einfluss*) pernicioso, nocivo

verdeutlichen* *vt* esclarecer, elucidar, explicar

verdienen* *vt* **1.** (*Lohn*) ganhar; **sie verdient 4000 DM im Monat** ela ganha 4000 marcos por mês; **er verdient gut** ele ganha bem **2.** (*Lob, Vertrauen, Strafe*) merecer

Verdienst[1] *m* <-(e)s, -e> vencimento *m*

Verdienst[2] *nt* <-(e)s, -e> mérito *m*, merecimento *m*

verdoppeln* *vt* duplicar, dobrar

verdorben [fɛɐˈdɔrbən] **I.** *pp von* **verderben II.** *adj* (*Ware*) estragado, deteriorado; (*moralisch*) corrompido, depravado

verdorren* *vi* secar, murchar

verdrängen* *vt* **1.** (*Person*) suplantar; (*Gedanken*) esquecer **2.** (PSYCH) recalcar

Verdrängung *f kein pl* **1.** (*von Person*) suplantação *f* **2.** (PSYCH) recalcamento *m*

verdrehen* *vt* (*Tatsachen*) deturpar, distorcer; **die Augen** ~ revirar os olhos

verdreifachen* *vt* triplicar

verdrossen [fɛɐˈdrɔsən] *adj* carrancudo

Verdruss^RR [fɛɐˈdrʊs] *m* <-es, -e>, **Verdruß^ALT** *m* <-sses, -e> aborrecimento *m*, dissabor *m*; **zu meinem** ~ com muito pesar meu

verduften* *vi* (*umg*) evaporar-se, eclipsar-se

verdummen* *vi* estupidificar

verdunkeln* **I.** *vt* (*Raum*) escurecer **II.** *vr* **sich** ~ (*Himmel*) toldar-se, escurecer

Verdunkelung *f kein pl* escurecimento *m*

verdünnen* *vt* (*Flüssigkeit*) diluir; (*Gas*) rarefazer

verdunsten* *vi* evaporar-se

verdursten* *vi* morrer de sede

verdutzt [fɛɐˈdʊtst] *adj* estupefa(c)to, atónito, perplexo

verehren* *vt* **1.** (*geh: schätzen*) venerar, reverenciar **2.** (REL) venerar; (*anbeten*) adorar

Verehrer(in) *m(f)* <-s, - *o* -innen> admirador, admiradora *m, f*

verehrt *adj* venerado; **sehr ~es Publikum!** minhas Senhoras e meus Senhores!

Verehrung *f kein pl* **1.** (*von Personen*) veneração *f* **2.** (REL) culto *m*, veneração *f*; (*Anbetung*) adoração *f*

vereidigen* *vt* ajuramentar

Vereidigung *f* <-en> juramento *m*

Verein [fɛɐˈʔaɪn] *m* <-(e)s, -e> associação *f*; (*Sport, Fußball*) clube *m*

vereinbar *adj* compatível (*mit* com), conciliável (*mit* com)

vereinbaren* *vt* **1.** (*verabreden*) combinar, acordar **2.** (*in Einklang bringen*) conciliar (*mit* com); **das kann ich nicht mit meinem Gewissen** ~ isso não está de acordo com a minha consciência

Vereinbarung *f* <-en> acordo *m*, combinação *f*; **eine** ~ **treffen** chegar a um acordo; (*beim Arzt*); **Sprechstunde nach** ~ consulta por marcação

vereinfachen* *vt* simplificar

vereinigen* *vt* unir, associar; **zwei Staaten wieder** ~ reunificar dois estados

Vereinigung *f* <-en> **1.** (*das Vereinigen*) união *f*, unificação *f*; **die deutsche** ~ a unificação alemã **2.** (*Organisation*) união *f*, associação *f*

vereinsamen* *vi* isolar-se, ficar só

vereint *adj* unido

vereinzelt *adj* isolado

vereisen* **I.** *vt* (MED) anestesiar **II.** *vi* (*Straße*) cobrir-se de gelo

vereitern* *vi* supurar, criar pus

vererben* **I.** *vt* (BIOL) transmitir por hereditariedade; (*Güter*) legar, deixar; **jdm etw** ~ deixar a. c. a alguém **II.** *vr* **sich** ~ (BIOL) ser hereditário

vererblich *adj* hereditário

Vererbung *f kein pl* (BIOL) transmissão hereditária *f*

verewigen* **I.** *vt* eternizar, perpetuar, imortalizar **II.** *vr* sich ~ (*umg*) deixar rasto

verfahren*¹ I. *vi irr* proceder **II.** *vr* sich ~ *irr* perder-se, enganar-se no caminho

verfahren² I. *pp von* **verfahren II.** *adj* encrencado, confuso

Verfahren *nt* <-s, -> **1.** (*Vorgehen*) procedimento *m;* (*Methode*) processo *m,* método *m* **2.** (JUR) processo *m;* **ein ~ gegen jdn einleiten** instaurar um processo contra alguém, processar alguém; **ein ~ einstellen** arquivar um processo

Verfall *m* <-(e)s> *kein pl* **1.** (*von Gebäude*) queda *f* **2.** (*moralisch*) decadência *f,* declínio *m* **3.** (*von Gutschein, Eintrittskarte*) fim da validade *m*

verfallen* *vi irr* **1.** (*Gebäude*) desmoronar-se, ruir **2.** (*körperlich, geistig*) entrar em decadência, entrar em declínio **3.** (*ungültig werden*) caducar; (*Frist*) vencer-se, expirar **4.** (*abhängig werden*) viciar-se, entregar-se; **in Melancholie ~** entregar-se à melancolia; **dem Alkohol ~** viciar-se no álcool **5.** (*sich ausdenken*) lembrar-se (*auf* de)

Verfallsdatum *nt* <-s, -daten> data de validade *f*

verfälschen* *vt* (*Wahrheit*) deturpar, distorcer; (*Daten*) adulterar

verfärben* *vr* sich ~ (*Kleidung*) tingir; (*Gesicht*) tomar cor

verfassen* *vt* redigir, compor

Verfasser(in) *m(f)* <-s, - *o* -innen> autor, autora *m, f*

Verfassung *f* <-en> **1.** (*Zustand*) estado *m* **2.** (POL) constituição *f*

Verfassungsgericht *nt* <-(e)s, -e> tribunal constitucional *m*

verfassungswidrig *adj* anticonstitucional

verfaulen* *vi* apodrecer

verfehlen* **I.** *vt* (*Zweck, Ziel*) falhar; (*Beruf*) errar; (*Zug*) perder; (*Person*) não encontrar **II.** *vr* sich ~ desencontrar-se

verfilmen* *vt* fazer um filme de

verfliegen* *vi irr* **1.** (*Duft*) dissipar-se, evaporar-se **2.** (*Ärger, Begeisterung*) dissipar-se; (*Zeit*) voar

verfluchen* *vt* (*Person*) amaldiçoar, rogar pragas a; (*Situation, Arbeit*) maldizer

verflucht *adj* (*umg*) maldito, danado; **dieser ~e Kerl** este patife; **~er Mist!** com um raio!

verflüchtigen* *vr* sich ~ dissipar-se

verfolgen* *vt* (*Person, Ziel*) perseguir; (*Ent-*

wicklung) seguir de perto; **sie werden politisch verfolgt** eles são perseguidos pelos seus ideais políticos

Verfolger(in) *m(f)* <-s, - *o* -innen> perseguidor, perseguidora *m, f*

Verfolgung *f* <-en> perseguição *f*

Verfolgungswahn *m* <-(e)s> *kein pl* (PSYCH) mania da perseguição *f*

verfrüht *adj* prematuro

verfügbar *adj* disponível

verfügen* *vi* (*Zeit, Besitz*) dispor (*über* de); **über Erfahrung ~** ter experiência

Verfügung *f* <-en> **1.** (*Bereitschaft*) disposição *f;* **jdm zur ~ stehen** estar à disposição de alguém; **jdm etw zur ~ stellen** pôr a. c. à disposição de alguém **2.** (*Anordnung*) ordem *f*

verführen* *vt* **1.** (*anstiften*) desencaminhar (*zu* para), tentar (*zu* a) **2.** (*sexuell*) seduzir

verführerisch *adj* (*Anblick, Person*) sedutor; (*Angebot*) tentador, aliciante

Verführung *f* <-en> sedução *f*

vergammeln* *vi* (*umg*) estragar-se

vergangen [fɛɐ'gaŋən] **I.** *pp von* **vergehen II.** *adj* passado

Vergangenheit *f kein pl* **1.** (*Zurückliegendes*) passado *m;* **das Schloss hat eine düstere ~** o castelo tem um passado sinistro **2.** (LING) passado *m,* pretérito *m*

Vergangenheitsbewältigung *f kein pl* superação do passado histórico *f*

vergänglich *adj* efémero, passageiro

Vergaser *m* <-s, -> carburador *m*

vergaß *imp von* **vergessen**

vergeben* *vt irr* **1.** (*zuweisen*) conferir; (*Stipendium, Preis*) atribuir; (*Auftrag*) adjudicar **2.** (*geh: verzeihen*) perdoar; **jdm etw ~** perdoar a. c. a alguém

vergebens [fɛɐ'ge:bəns] *adv* em vão, debalde

vergeblich I. *adj* inútil, infrutífero **II.** *adv* em vão, debalde

Vergebung *f* <-en> (*geh*) perdão *m;* (*der Sünden*) remissão *f;* **um ~ bitten** pedir perdão

vergehen* *vi irr* (*Zeit, Schmerz*) passar; **mir ist die Lust vergangen** passou-me a vontade

Vergehen *nt* <-s, -> delito *m,* crime *m*

Vergeltung *f kein pl* desforra *f,* troco *m;* ~ **für etw üben** desforrar-se de a. c.

vergessen [fɛɐ'gɛsən] *vt* esquecer-se de, esquecer; **ich habe ~, was ich sagen wollte** esqueci-me do que queria dizer; **ich habe meine Brille zu Hause ~** esqueci-me dos óculos em casa

Vergessenheit *f kein pl* esquecimento *m;* **in ~ geraten** cair no esquecimento

vergesslich^RR *adj,* **vergeßlich**^ALT *adj* esquecido

vergeuden* *vt* (*Zeit*) desperdiçar; (*Geld*) esbanjar

vergewaltigen* *vt* violar, violentar

Vergewaltigung *f* <-en> violação *f,* estupro *m*

vergewissern* *vr* **sich ~** certificar-se; **haben Sie sich seiner Unterstützung vergewissert?** certificou-se de que ele o apoia?; **ich habe mich vergewissert, dass alle Türen geschlossen sind** eu certifiquei-me de que todas as portas estão fechadas

vergießen* *vt irr* entornar, derramar, verter; **viele Trännen wegen etw ~** derramar muitas lágrimas por a. c.

vergiften* *vt* intoxicar; (*tödlich*) envenenar

Vergiftung *f* <-en> intoxicação *f;* (*tödlich*) envenenamento *m*

Vergissmeinnicht^RR [fɛɛ'gɪsmaɪnɪçt] *nt* <-(e)s, -e> (BOT) miosótis *f*

verglasen* *vt* envidraçar

Vergleich *m* <-(e)s, -e> **1.** (*das Vergleichen*) comparação *f;* **im ~ zu** +*dat* em comparação com; **einen ~ zwischen zwei Dingen ziehen** fazer uma comparação entre duas coisas; **der ~ hinkt** não é uma boa comparação **2.** (JUR) acordo *m*

vergleichbar *adj* comparável

vergleichen* *vt irr* comparar (*mit* com), confrontar (*mit* com); **vergleiche Seite 32** confrontar página 32; **~de Sprachwissenschaft** linguística comparada; **zwei Städte miteinander ~** comparar duas cidades uma com a outra; **sich mit etw ~ lassen** comparar-se a a. c.

vergleichsweise *adv* em comparação; **das ist ~ viel** em comparação, isso é muito

vergnügen* *vr* **sich ~** divertir-se, entreter-se

Vergnügen *nt* <-s> *kein pl* **1.** (*Gefallen*) gosto *m,* prazer *m,* satisfação *f;* (*Spaß*) divertimento *m;* **mit ~!** com muito prazer!, com todo o gosto!; **viel ~!** diverte-te! **2.** (*Zeitvertreib*) entretenimento *m,* divertimento *m*

vergnügt *adj* satisfeito (*über* com), contente (*über* com)

Vergnügung *f* <-en> diversão *f,* divertimento *m*

Vergnügungspark *m* <-s, -s> parque de diversões *m*

vergolden* *vt* dourar

vergönnen* *vt* **1.** (*geh: gewähren*) permitir, consentir; **es war ihm nicht vergönnt, einmal nach Asien zu reisen** não lhe foi possível ir uma vez à Ásia **2.** (*schweiz: nicht gönnen*) não conceder; **die Chance zu studieren wurde ihm vergönnt** ele não teve oportunidade de estudar

vergöttern* *vt* idolatrar, deificar

vergraben* *vt irr* soterrar, enterrar

vergriffen [fɛɛ'ɡrɪfən] *adj* esgotado

vergrößern* **I.** *vt* **1.** (*räumlich*) aumentar, ampliar; (*Lupe*) ampliar **2.** (*vermehren*) aumentar **II.** *vr* **sich ~ 1.** (*räumlich*) aumentar **2.** (*zunehmen*) crescer, aumentar

Vergrößerung *f* <-en> **1.** (*räumlich*) aumento *m,* ampliação *m;* (*eines Fotos*) ampliação *f* **2.** (*Zunahme*) crescimento *m,* aumento *m*

Vergrößerungsglas *nt* <-es, -gläser> lupa *f,* lente de aumento *f*

Vergünstigung *f* <-en> regalia *f,* benefício *m;* (*finanziell*) bonificação *f,* bónus *m*

vergüten* *vt* **1.** (*Arbeit*) remunerar **2.** (*Unkosten*) inde(m)nizar

Vergütung *f* <-en> **1.** (*für Arbeit*) remuneração *f* **2.** (*Rückerstattung*) inde(m)nização *f*

verh. *abk v* **verheiratet** casado

verhaften* *vt* prender, deter

Verhaftung *f* <-en> prisão *f,* detenção *f*

verhalten* *vr* **sich ~** *irr* **1.** (*sich benehmen*) comportar-se, portar-se; **sie hat sich ihm gegenüber korrekt ~** ela foi corre(c)ta com ele **2.** (*sein*) ser; **in Wirklichkeit verhält es sich ganz anders** na realidade, é bem diferente

Verhalten *nt* <-s> *kein pl* comportamento *m,* conduta *f*

verhaltensgestört *adj* com distúrbios de comportamento

Verhältnis *nt* <-ses, -se> **1.** (*Relation*) relação *f;* (MAT) proporção *f,* razão *f;* **im ~ zu ihrem Alter** em relação à idade dela; **das entspricht einem ~ von vier zu eins** isso corresponde a uma proporção de quatro para um **2.** (*persönliche Beziehung*) relação *f* (*zu* com), relacionamento *m* (*zu* com); **er hat ein gutes ~ zu seinen Eltern** ele tem uma boa relação com os pais **3.** (*umg: Liebesbeziehung*) relação (amorosa) *f* (*mit* com); **sie haben ein** ~ eles têm uma relação

verhältnismäßig *adv* em proporção, relativamente

Verhältnisse *pl* condições *fpl*, circunstâncias *fpl;* **er kommt aus einfachen ~n** ele vem de uma baixa condição social; **sie lebt über ihre** ~ ela vive acima das suas condições financeiras

Verhältniswahlrecht *nt* <-(e)s> *kein pl* (POL) sufrágio proporcional *m*

verhandeln* **I.** *vt* (JUR) deliberar **II.** *vi* negociar; **sie ~ über einen Waffenstillstand** eles negoceiam um cessar-fogo

Verhandlung *f* <-en> **1.** (*das Verhandeln*) negociação *f;* **mit jdm ~en aufnehmen** entrar em negociações com alguém; **~en über etw führen** estar em negociações sobre a. c. **2.** (JUR) audiência *f*

verhängen* *vt* (*Strafe*) infligir (*über* a); (*Embargo*) impor (*über* a); (*Ausnahmezustand*) declarar (*über* para)

Verhängnis *nt* <-ses, -se> fatalidade *f*

verhängnisvoll *adj* fatídico

verharmlosen* *vt* minimizar

verharren* *vi* permanecer, persistir; **regungslos** ~ ficar impávido

verhasst^RR [fɛɐ'hast] *adj,* **verhaßt**^ALT *adj* odiado, detestado

verheerend *adj* devastador, assolador

verheilen* *vi* sarar, cicatrizar

verheimlichen* *vt* esconder, ocultar, encobrir

verheiratet *adj* casado (*mit* com); ~ **sein** ser casado; **glücklich ~ sein** ter um casamento feliz

verheißen* *vt irr* (*geh*) prometer

verherrlichen* *vt* glorificar, enaltecer

verhexen* *vt* enfeitiçar; (*umg*); **es ist wie verhext!** parece que tem bruxedo!

verhindern* *vt* impedir, evitar; **verhindert sein** já ter um compromisso

verhöhnen* *vt* escarnecer, troçar de, zombar de

Verhör *nt* <-(e)s, -e> interrogatório *m;* **jdn einem ~ unterziehen** submeter alguém a interrogatório, interrogar alguém

verhören* **I.** *vt* interrogar **II.** *vr* **sich** ~ ouvir mal

verhungern* *vi* morrer de fome

verhüten* *vt* (*Unfall, Krankheit*) evitar; **die**

Empfängnis ~ usar um contraceptivo

Verhütung *f* <-en> prevenção *f,* precaução *f;* (*der Empfängnis*) contracepção *f*

Verhütungsmittel *nt* <-s, -> contraceptivo *m,* método anticoncepcional *m*

verinnerlichen* *vt* interiorizar

verirren* *vr* **sich** ~ perder-se (*in* em)

verjagen* *vt* enxotar, escorraçar

verjähren* *vi* prescrever

Verkabelung *f* <-en> cablagem *f*

verkalken* *vi* **1.** (*Maschine*) calcinar, calcificar **2.** (MED) escloretizar **3.** (*umg: Mensch*) ficar xexé

verkalkulieren* *vr* **sich** ~ enganar-se nos cálculos

verkatert *adj* (*umg*) ressacado

Verkauf *m* <-(e)s, -käufe> venda *f; zum* ~ **stehen** estar à venda

verkaufen* *vt* vender; **sich gut** ~ ter muita saída, vender-se bem; **wir ~ das Auto für 8000 DM** nós vendemos o carro por 8000 marcos

Verkäufer(in) *m(f)* <-s, - *o* -innen> vendedor, vendedora *m, f;* (*im Laden*) empregado, empregada *m, f*

verkäuflich *adj* vendível; **schwer ~ sein** vender-se mal, ter pouca saída

Verkaufspreis *m* <-es, -e> preço de venda *m*

Verkehr [fɛɐ'keːɐ] *m* <-s> *kein pl* **1.** (*Straßenverkehr*) trânsito *m;* (*Güterverkehr*) transporte *m,* circulação *f;* (*Flugverkehr, Schiffsverkehr*) tráfego *m;* **es ist viel** ~ está muito trânsito; **stockender** ~ engarrafamento; **etw aus dem** ~ **ziehen** tirar a. c. de circulação **2.** (*Schriftverkehr*) correspondência *f*

verkehren* **I.** *vt* inverter; **etw ins Gegenteil** ~ inverter a. c. **II.** *vi* **1.** (*Verkehrsmittel*) circular; **der Bus verkehrt alle 15 Minuten** o autocarro circula de 15 em 15 minutos **2.** (*besuchen*) frequentar; **in dem Café** ~ **zahlreiche Schriftsteller** numerosos escritores frequentam o café; **mit jdm** ~ dar-se com alguém, privar com alguém; (*brieflich*) corresponder-se com alguém

Verkehrsampel *f* <-n> semáforo *m*

Verkehrsberuhigung *f kein pl* diminuição do trânsito *f*

Verkehrsdelikt *nt* <-(e)s, -e> infra(c)ção ao código da estrada *f*

Verkehrsdurchsage *f* <-n> informação de trânsito *f*

Verkehrsinsel *f* <-n> separador ajardinado *m*

Verkehrsmittel *nt* <-s, -> meio de transporte *m;* **öffentliche** ~ transportes públicos *mpl,* transportes cole(c)tivos *mpl*

Verkehrsordnung *f kein pl* código da estrada *m*

Verkehrspolizei *f kein pl* polícia de trânsito *f*

Verkehrsregel *f* <-n> regra de trânsito *f*

verkehrsreich *adj* movimentado, com muito trânsito

Verkehrsschild *nt* <-(e)s, -er> sinal de trânsito *m,* placa de sinalização *f*

Verkehrsstockung *f* <-en> engarrafamento *m*

Verkehrsunfall *m* <-(e)s, -fälle> acidente de viação *m*

Verkehrsverein *m* <-(e)s, -e> agência de turismo *f*

verkehrswidrig *adj* contrário ao regulamento de trânsito

verkehrt [fɛɐˈkeːɐt] **I.** *adj* errado **II.** *adv* (*umgekehrt*) do avesso, às avessas; (*falsch*) mal; **du hast die Jacke ~ herum an** tens o casaco do avesso; **etw ~ machen** fazer a. c. mal

verkennen* *vt irr* desconhecer, não entender; **du verkennst den Ernst der Lage** tu não entendes a gravidade da situação

verklagen* *vt* (JUR) processar, apresentar queixa contra; **jdn auf Schadenersatz ~** exigir uma inde(m)nização a alguém

verklappen* *vt* descarregar no mar

verkleiden* **I.** *vt* (*Wand*) revestir (*mit* de) **II.** *vr* **sich** ~ fantasiar-se (*als* de), mascarar-se (*als* de)

Verkleidung *f* <-en> **1.** (*von Wand*) revestimento *m* **2.** (*von Person*) fantasia *f*

verkleinern* *vt* **1.** (*räumlich*) reduzir; **etw um die Hälfte ~** reduzir a. c. a metade **2.** (*Menge*) diminuir, reduzir

Verkleinerungsform *f* <-en> (LING) diminutivo *m*

verklemmt *adj* inibido, complexado

verklingen* *vi irr* deixar de se ouvir lentamente, desaparecer lentamente

verkneifen* *vt irr* (*umg*) **sich** *dat* **etw ~** conter a. c.

verkniffen [fɛɐˈknɪfən] **I.** *pp von* **verkneifen II.** *adj* tenso

verknüpfen* *vt* **1.** (*in Beziehung setzen*) ligar (*mit* a), juntar (*mit* a) **2.** (*kombinieren*) associar (*mit* a)

verkommen¹ *vi irr* **1.** (*Gebäude, Stadt*) degradar-se **2.** (*Mensch*) abandalhar-se; (*moralisch*) corromper-se, degenerar

verkommen² **I.** *pp von* **verkommen II.** *adj* **1.** (*Gebäude, Stadt*) degradado **2.** (*Mensch*) abandalhado; (*moralisch*) corrompido

verkomplizieren* *vt* complicar

verkörpern* *vt* encarnar, personificar

Verkörperung *f* <-en> encarnação *f,* personificação *f*

verkrachen* *vr* **sich** ~ (*umg*) zangar-se (*mit* com), chatear-se (*mit* com)

verkraften* *vt* aguentar, suportar

verkrampfen* *vr* **sich** ~ (*Muskel*) contrair-se

verkrampft *adj* tenso, contraído; (*Lächeln*) forçado

verkriechen* *vr* **sich** ~ *irr* agachar-se, encolher-se

verkrümmt *adj* deformado

Verkrümmung *f* <-en> deformação *f*

verkrüppelt *adj* aleijado, atrofiado

verkühlen* *vr* **sich** ~ constipar-se, apanhar um resfriado

verkümmern* *vi* **1.** (*Glied, Organ*) atrofiar; (*Pflanze*) mirrar, definhar **2.** (*Talent*) perder-se

verkünden* *vt* **1.** (*ankündigen*) comunicar **2.** (*bekannt machen*) anunciar; (*Urteil*) proferir, pronunciar; (*Gesetz*) publicar

Verkündigung *f* <-en> (*schweiz*) publicação de banhos *f*

verkürzen* *vt* encurtar, reduzir; (*Zeit, Weg, Text*) abreviar

Verlad *m* <-(e)s> *kein pl* (*schweiz*) *s.* **Verladung**

verladen* *vt irr* carregar (*auf* para); (*auf Schiffe*) embarcar

Verladung *f* <-en> carga *f,* carregamento *m;* (*auf Schiff*) embarque *m*

Verlag [fɛɐˈlaːk] *m* <-(e)s, -e> editora *f*

verlagern* *vt* (*Schwerpunkt, Interessen*) transferir (*auf* para)

Verlagswesen *nt* <-s, -> se(c)tor editorial *m*

verlangen* *vt* exigir; (*bitten*) pedir; **das ist zu viel verlangt** isso é exigir demais; **ich verlange Pünktlichkeit** eu exijo pontualidade; **Sie werden am Telefon verlangt** estão a chamá-lo ao telefone

Verlangen *nt* <-s> *kein pl* **1.** (*Wunsch*) desejo *m*, ansiedade *f*; **ein starkes ~ nach etw haben** ansiar por a. c. **2.** (*Forderung*) exigência *f*

verlängern* **I.** *vt* (*räumlich*) prolongar (*um* por); (*Vertrag*) prorrogar (*um* por), renovar (*um* por); (*Frist*) prolongar (*um* por), prorrogar (*um* por); (*Pass*) renovar (*um* por) **II.** *vr* **sich ~** (*räumlich, zeitlich*) prolongar-se (*um* por)

Verlängerung *f* <-en> **1.** (*räumlich*) prolongamento *m* **2.** (*von Frist*) prolongamento *m*, prorrogação *f*; (*von Vertrag, Pass*) renovação *f*; (SPORT) prolongamento *m*

Verlängerungsschnur *f* <-schnüre> extensão *f*

verlangsamen* *vt* (*Geschwindigkeit*) reduzir, abrandar

Verlass^{RR} [fɛɐˈlas] *m* <-es, ->, **Verlaß**^{ALT} *m* <-sses, -> confiança *f*; **auf ihn ist ~** pode-se confiar nele, ele é de confiança; **auf ihn ist kein ~** não se pode confiar nele; **darauf ist (kein) ~** isso (não) é de confiança

verlassen*¹ **I.** *vt irr* deixar, abandonar; **sie hat ihren Freund ~** ela deixou o namorado; **~ Sie sofort mein Haus!** saia imediatamente da minha casa! **II.** *vr* **sich ~** *irr* confiar (*auf* em), fiar-se (*auf* em); **darauf können Sie sich ~** pode confiar

verlassen² **I.** *pp von* **verlassen** **II.** *adj* (*Haus*) abandonado; (*Ort, Gegend*) sem vivalma

verlässlich^{RR} *adj* seguro, de confiança

Verlauf *m* <-(e)s, -läufe> **1.** (*zeitlich*) decurso *m*, decorrer *m*; (*Entwicklung*) desenrolar *m*, andamento *m*; (*einer Krankheit*) evolução *f*; **im ~ der letzten Monate** no decorrer dos últimos meses **2.** (*von Straße, Grenze*) percurso *m*; (*von Fluss*) curso *m*

verlaufen* **I.** *vi irr* **1.** (*ablaufen*) decorrer, correr; (*Zeitraum*) passar; (*Untersuchung*) decorrer **2.** (*Grenze, Weg*) estender-se (*durch* por) **3.** (*Farben*) escorrer **II.** *vr* **sich ~** *irr* **1.** (*sich verirren*) perder-se, enganar-se no caminho; **habt ihr euch im Wald ~?** perderam-se na floresta? **2.** (*Menschenmenge*) dispersar

verlauten* *vi* constar; **wie von offizieller Seite verlautete ...** segundo fontes oficiais ...

verleben* *vt* passar; **den Urlaub im Gebirge ~** passar as férias nas montanhas

verlegen¹ *vt* **1.** (*örtlich*) transferir; **die Filiale wurde nach Hongkong verlegt** a filial foi transferida para Hongkong **2.** (*Termin*) mudar (*auf* para), transferir (*auf* para); **können wir die Sitzung auf Donnerstag ~?** podemos adiar a reunião para quinta-feira? **3.** (*verlieren*) pôr fora do sítio, perder; **ich habe die Fernbedienung verlegt** eu perdi o telecomando **4.** (*Leitung*) instalar; (*Teppichboden*) colocar **5.** (*Buch*) editar, publicar

verlegen² *adj* embaraçado, constrangido, atrapalhado; **nie um eine Antwort ~ sein** ter sempre resposta pronta

Verlegenheit *f kein pl* embaraço *m*, constrangimento *m*; **jdn in ~ bringen** embaraçar alguém, constranger alguém, atrapalhar alguém

Verleger(in) *m(f)* <-s, - *o* -innen> editor, editora *m, f*

Verleih *m* <-(e)s, -e> (*Firma*) distribuidor *m*

verleihen* *vt irr* **1.** (*ausleihen*) emprestar (*an* a); (*gegen Gebühr*) alugar (*an* a) **2.** (*Titel, Preis*) atribuir; **José Saramago wurde der Nobelpreis verliehen** José Saramago foi laureado com o prémio Nobel, foi atribuído o prémio Nobel a José Saramago

Verleihung *f* <-en> **1.** (*von Geld, Buch*) empréstimo *m*; (*gegen Gebühr*) aluguer *m*, aluguel *m* **2.** (*von Auszeichnung*) atribuição *f*

verleiten* *vt* induzir (*zu* em), desencaminhar (*zu* para)

verlernen* *vt* desaprender, esquecer

verlesen* *vt irr* **1.** (*Text*) ler **2.** (*Gemüse*) escolher

verletzen* **I.** *vt* (*verwunden*) ferir (*an* em), magoar (*an* em); (*seelisch*) magoar (*an* em); (*Gesetz*) violar, infringir **II.** *vr* **sich ~** ferir-se (*an* em), magoar-se (*an* em)

verletzend *adj* ofensivo

verletzt *adj* ferido, magoado; **schwer ~** gravemente ferido

Verletzte(r) *m/f* <-n, -n *o* -n> ferido, ferida *m, f*

Verletzung *f* <-en> **1.** (*Wunde*) ferimento *m*, lesão *f*; **innere ~en** lesões internas; **er ist seinen ~en erlegen** ele morreu dos ferimentos **2.** (*seelisch*) ofensa *f* **3.** (*von Gesetz*) violação *f*, infra(c)ção *f*

verleugnen* *vt* renegar

verleumden* *vt* caluniar, difamar

verleumderisch *adj* calunioso, difamador

Verleumdung f<-en> calúnia f, difamação f

verlieben* vr sich ~ apaixonar-se (in por), enamorar-se (in de)

verliebt adj apaixonado

Verliebtheit f kein pl paixão f

verlieren [fɛɐ̯'liːrən] **I.** vt perder; **wir dürfen keine Zeit mehr** ~ não podemos perder mais tempo; **seine Stelle** ~ perder o emprego; **die Geduld** ~ perder a paciência **II.** vi (Mannschaft) perder; (Währung) desvalorizar; **sie haben 2 zu 5 verloren** eles perderam 5:2; **der Euro hat an Wert verloren** o euro desvalorizou

Verlierer(in) m(f) <-s, - o -innen> perdedor, perdedora m, f

verloben* vr sich ~ ficar noivo (mit de); **sie haben sich (letzte Woche) verlobt** eles ficaram noivos (a semana passada); **sie wollen sich** ~ eles tencionam ficar noivos

Verlobte(r) m/f<-n, -n o -n> noivo, noiva m, f

Verlobung f<-en> noivado m

verlockend adj tentador, aliciante

Verlockung f<-en> tentação f

verlogen [fɛɐ̯'loːgən] adj mentiroso, falso

Verlogenheit f kein pl mentira f, falsidade f

verlor [fɛɐ̯'loːɐ̯] imp von **verlieren**

verloren [fɛɐ̯'loːrən] **I.** pp von **verlieren** **II.** adj perdido; ~ **gehen** perder-se, extraviar-se

verloren|gehen^ALT vi irr s. **verloren II**

verlosen* vt sortear, rifar

Verlosung f<-en> sorteio m, rifa f; **an der** ~ **teilnehmen** participar no sorteio

Verlust [fɛɐ̯'lʊst] m <-(e)s, -e> perda f; (Schaden) prejuízo m; (in Krieg) baixa f

vermachen* vt jdm etw ~ legar a. c. a alguém, deixar a. c. a alguém

Vermächtnis nt <-ses, -se> legado m

vermarkten* vt comercializar

vermasseln* vt (umg) estragar, escangalhar

vermehren* **I.** vt aumentar **II.** vr sich ~ **1.** (zunehmen) aumentar (um em) **2.** (sich fortpflanzen) multiplicar-se

Vermehrung f <-en> **1.** (Zunahme) aumento m **2.** (Fortpflanzung) multiplicação f

vermeiden* vt irr evitar

vermeintlich [fɛɐ̯'maɪntlɪç] adj pretenso

Vermerk m<-(e)s, -e> observação f, nota f

vermerken* vt **1.** (notieren) anotar, apontar **2.** (wahrnehmen) notar

vermessen¹ vt irr medir; (Land) agrimensar, levantar um plano de

vermessen² adj (geh) ousado, arrojado

Vermessung f <-en> levantamento topográfico m

vermieten* vt alugar (an a); (Haus, Wohnung) alugar (an a), arrendar (an a); **Zimmer zu** ~ alugam-se quartos

Vermieter(in) m(f) <-s, - o -innen> senhorio, senhoria m, f

vermindern* **I.** vt diminuir, reduzir; (Schmerzen) mitigar, abrandar **II.** vr sich ~ diminuir

Verminderung f <-en> diminuição f, redução f

verminen* vt minar

vermischen* vt misturar (mit com)

vermissen* vt (Person) sentir a falta de; (Dinge) dar pela falta de; **wir haben dich sehr vermisst** nós sentimos muito a tua falta, nós tivemos muitas saudades tuas; **er vermisst seine Schlüssel** ele não encontra a chave

vermisst^RR adj, **vermißt^ALT** adj desaparecido; **jdn als** ~ **melden** participar o desaparecimento de alguém

Vermisste(r)^RR m/f<-n, -n o -n> desaparecido, desaparecida m, f

vermitteln* **I.** vt (beschaffen) arranjar; **jdm eine Wohnung/Stelle** ~ arranjar uma casa/ um emprego a alguém; (Wissen) proporcionar **II.** vi (in Konflikt) servir de mediador (zwischen entre), mediar (zwischen entre)

Vermittler(in) m(f) <-s, - o -innen> (in Konflikt) mediador, mediadora m, f, intermediário, intermediária m, f

Vermittlung f<-en> **1.** (in Konflikt) mediação f; **durch** ~ **von** +dat por intermédio de **2.** (von Stelle, Treffen) mediação f **3.** (für Telefongespräche) central f

vermögen* vt irr (schweiz) poder ter

Vermögen nt <-s, -> fortuna f

vermögend adj rico

vermummt adj disfarçado, mascarado

Vermummung f<-en> disfarce m, máscara f

vermuten* vt presumir, supor, imaginar; **das hatte ich nicht vermutet** eu não tinha imaginado isso

vermutlich **I.** adj presumível, suposto **II.** adv presumivelmente

Vermutung f<-en> suposição f, presunção

V

f; ~**en über etw anstellen** fazer conje(c)turas sobre a. c.

vernachlässigen* *vt* (*Arbeit, Kinder*) descurar, descuidar, desleixar; **die Details können wir** ~ podemos esquecer os pormenores

vernarben* *vi* cicatrizar

vernarrt *adj* doido (*in* por)

vernehmen* *vt irr* **1.** (JUR) interrogar **2.** (*geh: erfahren*) saber, ter conhecimento **3.** (*geh: hören*) ouvir, escutar

Vernehmung *f* <-en> (JUR) interrogatório *m;* (*von Zeugen*) audição *f*

verneigen* *vr* **sich** ~ fazer uma vénia (*vor* a)

verneinen* *vt* (*Frage*) responder negativamente a

Verneinung *f* <-en> negação *f;* (*einer Frage*) resposta negativa *f*

vernetzen* *vt* (INFORM) ligar à rede

vernichten* *vt* destruir, aniquilar; (*Arbeitsplätze*) suprimir; (*ausrotten*) exterminar; **das Feuer hat große Waldgebiete vernichtet** o fogo consumiu grandes zonas florestais

vernichtend *adj* (*Blick*) fulminante; (*Kritik, Niederlage*) arrasador

Vernichtung *f* <-en> destruição *f*, aniquilamento *m;* (*Ausrottung*) extermínio *m*

verniedlichen* *vt* minimizar

Vernissage *f* <-n> inauguração (de exposição) *f*

Vernunft [fɛɐˈnʊnft] *f kein pl* juízo *m*, razão *f*, sensatez *f;* **jdn zur** ~ **bringen** chamar alguém à razão; **zur** ~ **kommen** tomar juízo

vernünftig *adj* sensato; (*Kind*) ajuizado

veröden* *vi* ficar deserto, ficar despovoado

veröffentlichen* *vt* publicar, divulgar

Veröffentlichung *f* <-en> publicação *f*, divulgação *f*

verordnen* *vt* **1.** (*Arzt*) prescrever, receitar **2.** (*anordnen*) decretar, ordenar

Verordnung *f* <-en> **1.** (*von Arzt*) prescrição *f*, receita *f* **2.** (*Anordnung*) decreto *m*

verpachten* *vt* arrendar (*an* a)

verpacken* *vt* embrulhar; (*in Pakete*) embalar, empacotar; (*in Dosen*) encaixotar; **gut verpackt** bem acondicionado; **etw als Geschenk** ~ embrulhar a. c. para oferecer

Verpackung *f* <-en> acondicionamento *m*, embalagem *f*

verpassen* *vt* (*Zug, Gelegenheit*) perder; (*Person*) desencontrar-se de

verpesten* *vt* empestar; **die Abgase** ~ **die Luft** os gases empestam o ar

verpetzen* *vt* (*pej*) fazer queixa de; **jdn beim Lehrer** ~ fazer queixa de alguém ao professor

verpfänden* *vt* empenhar, penhorar

Verpflanzung *f* <-en> (MED) transplante *m*, transplantação *f;* (BOT) transplantação *f*

verpflegen* *vt* alimentar

Verpflegung *f kein pl* alimentação *f*

verpflichten* **I.** *vt* (*binden*) obrigar; **jdn zu etw** ~ obrigar alguém a a. c.; (*Sportler*) contratar **II.** *vr* **sich** ~ comprometer-se (*zu* a)

Verpflichtung *f* <-en> **1.** (*Bindung*) compromisso *m;* (*Pflicht*) obrigação *f*, dever *m* **2.** (*von Sportler*) contratação *f*

verpfuschen* *vt* (*umg*) estragar, dar cabo de

verplappern* *vr* **sich** ~ (*umg*) descair-se

verplempern* *vt* (*umg*) desperdiçar

verpönt *adj* de mau tom; ~ **sein** ser mal visto

verprügeln* *vt* espancar

Verputz *m* <-es, -e> reboco *m*

verputzen* *vt* (*Wand, Haus*) rebocar, revestir com reboco

verqualmt *adj* cheio de fumo

verquollen *adj* inchado

verramschen* *vt* (*umg*) vender ao desbarato

Verrat [fɛɐˈraːt] *m* <-(e)s> *kein pl* traição *f*

verraten* **I.** *vt irr* (*Geheimnis*) revelar, contar; (*Person*) trair, atraiçoar **II.** *vr* **sich** ~ *irr* (*durch Geste, Sprache*) trair-se

Verräter(in) *m(f)* <-s, - *o* -innen> traidor, traidora *m, f*

verräterisch *adj* **1.** (*Person*) traiçoeiro **2.** (*Geste, Verhalten*) traidor

verrechnen* **I.** *vt* descontar, lançar em conta; **die Gewinne mit den Verlusten** ~ compensar as perdas com os lucros **II.** *vr* **sich** ~ enganar-se nas contas; **Sie haben sich um 3 DM verrechnet** enganou-se por 3 marcos

Verrechnungsscheck *m* <-s, -s> cheque cruzado *m*

verregnet *adj* chuvoso

verreisen* *vi* ir para fora, partir de viagem; **er ist verreist** ele está para fora, ele viajou

verrenken* *vt* torcer, deslocar; **sich** *dat* **den Knöchel** ~ torcer o tornozelo

Verrenkung *f* <-en> (MED) luxação *f*

verriegeln* *vt* aferrolhar, trancar

verringern* **I.** *vt* diminuir (*um* em), reduzir

(*um* em) **II.** *vr* **sich** ~ diminuir (*um* em)

Verringerung *f* <-en> diminuição *f*, redução *f*

verrosten* *vi* enferrujar

verrückt *adj* doido, louco, maluco; ~ **werden** enlouquecer; ~ **nach etw sein** ser louco/doido por a. c.; **jdn** ~ **machen** dar com alguém em doido, pôr alguém doido/maluco; ~ **spielen** parecer doido

Verrückte(r) *m/f* <-n, -n *o* -n> louco, louca *m*, *f*, maluco, maluca *m*, *f*, doido, doida *m*, *f*

Verruf *m* in ~ **geraten/kommen** cair em descrédito; **jdn** in ~ **bringen** desacreditar alguém, difamar alguém

verrufen *adj* com má fama

verrutschen* *vi* escorregar, deslizar

Vers [fɛrs] *m* <-es, -e> verso *m*; (*in Bibel*) versículo *m*

versagen* *vi* (*Mensch, Maschine*) falhar; **die Stimme versagte mir** falhou-me a voz

Versagen *nt* <-s> *kein pl* (*von Mensch*) falha *f*; (*von Maschine*) avaria *f*, falha *f*; **menschliches** ~ falha humana

Versager(in) *m(f)* <-s, -*o* -innen> falhado, falhada *m*, *f*, fracassado, fracassada *m*, *f*

versalzen* *vt* pôr sal a mais em

versammeln* **I.** *vt* reunir, juntar **II.** *vr* **sich** ~ reunir-se, juntar-se

Versammlung *f* <-en> reunião *f*, assembleia *f*; **eine** ~ **abhalten** fazer uma reunião

Versand [fɛɐ'zant] *m* <-(e)s> *kein pl* expedição *f*, envio *m*

versanden* *vi* assorear

Versandhaus *nt* <-es, -häuser> firma de venda por correspondência *f*

versäumen* *vt* **1.** (*Gelegenheit, Frist*) deixar passar; (*Zug, Zeit*) perder **2.** (*Pflicht*) negligenciar, faltar com, esquecer **3.** (*Treffen, Unterricht*) faltar a

Versäumnis *nt* <-ses, -se> falta *f*, negligência *f*

verschaffen* *vt* arranjar, proporcionar; **sich** *dat* **Respekt** ~ impor respeito

verschämt *adj* envergonhado

verschärfen* **I.** *vt* (*Vorschriften, Krise, Strafe*) agravar; (*Aufsicht*) reforçar, apertar **II.** *vr* **sich** ~ (*Lage*) agravar-se; (*Spannungen*) intensificar-se

verschätzen* *vr* **sich** ~ enganar-se

verschenken* *vt* oferecer (*an* a), dar de presente (*an* a)

verscheuchen* *vt* (*Person, Fliege*) enxotar, escorraçar; (*Gedanken*) afugentar

verschicken* *vt* enviar, mandar

verschieben* *vt irr* **1.** (*räumlich*) remover, deslocar **2.** (*zeitlich*) adiar (*auf* para)

verschieden [fɛɐ'ʃiːdən] *adj* **1.** (*unterschiedlich*) diferente; ~**er Meinung sein** ter opiniões diferentes; **sie sind** ~ **groß** têm tamanhos diferentes **2.** (*mehrere, manche*) vários, diversos; ~**e Bücher über Ökologie** vários/diversos livros sobre ecologia

verschiedenartig *adj* variado, diversificado

Verschiedenheit *f* <-en> **1.** (*Unterschied*) diferença *f*, divergência *f* **2.** (*Mannigfaltigkeit*) diversidade *f*, variedade *f*

verschimmeln* *vi* criar bolor

verschlafen* **I.** *vt irr* (*Tag*) passar a dormir; **einen Termin** ~ faltar a um compromisso por ficar a dormir; **ich habe den ganzen Nachmittag** ~ eu dormi a tarde toda, eu passei a tarde a dormir **II.** *vi irr* adormecer; **ich habe heute Morgen** ~ eu adormeci esta manhã

verschlechtern* **I.** *vt* piorar, deteriorar **II.** *vr* **sich** ~ piorar, deteriorar-se

Verschlechterung *f* <-en> piora *f*, deterioração *f*

verschleiern* **I.** *vt* (*Gesicht*) cobrir com véu; (*Skandal*) encobrir **II.** *vr* **sich** ~ (*Frau*) cobrir-se com véu

Verschleiß *m* <-es> *kein pl* **1.** (*Abnutzung*) desgaste *m* **2.** (*österr: Verkauf*) venda *f*

verschleppen* *vt* **1.** (*Person*) raptar **2.** (*Krankheit*) curar mal **3.** (*hinauszögern*) arrastar

verschleudern* *vt* **1.** (*Ware*) vender ao desbarato **2.** (*Geld*) esbanjar

verschließbar *adj* **1.** (*abschließbar*) com fechadura **2.** (*Behälter*) com tampa

verschließen* *vt irr* **1.** (*abschließen*) fechar (à chave) **2.** (*Behälter*) tapar

verschlimmern* *vr* **sich** ~ piorar, agravar-se

verschlossen [fɛɐ'ʃlɔsən] **I.** *pp von* **verschließen** **II.** *adj* (*Person*) fechado, reservado

verschlucken* **I.** *vt* engolir **II.** *vr* **sich** ~ engasgar-se

Verschluss^RR [fɛɐ'ʃlʊs] *m* <-es, -schlüsse> (*Vorrichtung*) fecho *m*; (*Stöpsel*) rolha *f*; **etw unter** ~ **halten** ter a. c. fechada

verschlüsseln* *vt* codificar, escrever em código

verschmähen* *vt* desdenhar, desprezar

verschmitzt *adj* maroto

verschmutzen* *vt* sujar; (*Umwelt*) poluir

Verschmutzung *f* <-en> sujidade *f*, sujeira *f*; (*der Umwelt*) poluição *f*

verschneit [fɛɛ'ʃnait] *adj* coberto de neve

verschnupft [fɛɛ'ʃnʊpft] *adj* constipado

verschollen [fɛɛ'ʃɔlən] *adj* desaparecido

verschonen* *vt* jdn mit etw ~ poupar alguém de a. c.; **verschon mich mit deinen Fragen!** poupa-me com as tuas perguntas!

verschönern* *vt* embelezar

verschränken* *vt* cruzar; **mit verschränkten Armen** de braços cruzados

verschreiben* I. *vt irr* (*Medikament*) receitar, prescrever; **ich verschreibe Ihnen Antibiotika** eu receito-lhe antibióticos II. *vr* sich ~ *irr* enganar-se a escrever

verschreibungspflichtig *adj* que só se vende mediante receita médica

verschrotten* *vt* transformar em sucata

verschulden* I. *vt* causar II. *vr* sich ~ endividar-se

Verschuldung *f kein pl* dívidas *fpl*

verschütten* *vt* 1. (*Flüssigkeit*) entornar, derramar 2. (*unter sich begraben*) soterrar; **bei dem Erdbeben wurden Hunderte von Menschen verschüttet** centenas de pessoas ficaram soterradas no terramoto

verschweigen* *vt irr* ocultar, não contar; **jdm etw** ~ ocultar a. c. a alguém

verschwenden* *vt* (*Zeit*) desperdiçar; (*Geld*) esbanjar; (*Energie, Wasser*) desperdiçar, gastar

Verschwender(in) *m(f)* <-s, - *o* -innen> esbanjador, esbanjadora *m, f*

verschwenderisch *adj* esbanjador

Verschwendung *f kein pl* desperdício *m*, esbanjamento *m*

verschwiegen [fɛɛ'ʃviːɡən] I. *pp von* verschweigen II. *adj* calado

Verschwiegenheit *f kein pl* discrição *f*

verschwimmen* *vi irr* (*Umrisse*) desvanecer

verschwinden *vi irr* desaparecer

Verschwinden *nt* <-s> *kein pl* desaparecimento *m*

verschwören* *vr* sich ~ conspirar (*gegen* contra)

Verschwörung *f* <-en> conspiração *f*

versehen* *vt irr* 1. (*ausstatten*) prover (*mit* de), fornecer (*mit* de) 2. (*Dienst, Amt*) exercer

Versehen *nt* <-s, -> descuido *m*, engano *m*, lapso *m*; **aus** ~ por engano, por descuido

versehentlich *adv* por descuido, inadvertidamente

versenden* *vt* enviar, expedir, remeter

versenken* *vt* (*Schiff*) afundar; **etw in die Erde** ~ enterrar a. c.

versessen [fɛɛ'zɛsən] *adj* aferrado, obstinado; **auf etw** ~ **sein** pelar-se por a. c., ser louco por a. c.; **darauf** ~ **sein zu** estar morto por

versetzen* I. *vt* (*räumlich*) mudar (de lugar), deslocar; (*dienstlich*) transferir; **sie ist in die Schweiz versetzt worden** ela foi transferida para a Suíça; (*in Schule*) passar; **in die nächste Klasse versetzt werden** passar de ano; **nicht versetzt werden** reprovar, não passar (de ano); (*Schlag*) aplicar; (*Tritt*) dar; (*verpfänden*) penhorar; (*umg*) pôr no prego; (*umg: bei Verabredung*) deixar à espera II. *vr* sich ~ **sich in jdn/in jds Lage** ~ pôr-se no lugar de alguém

Versetzung *f* <-en> 1. (*dienstlich*) transferência *f* 2. (*Schule*) passagem *f*

verseuchen* *vt* (*Umwelt*) poluir; (*Wasser*) contaminar, inquinar

versichern* I. *vt* 1. (*gegen Schaden*) pôr no seguro, segurar (*gegen* contra) 2. (*bestätigen*) assegurar, asseverar; **jdm etw** ~ assegurar a. c. a alguém II. *vr* sich ~ 1. (*gegen Schaden*) fazer um seguro (*gegen* contra); **sich gegen Diebstahl** ~ fazer um seguro contra roubo 2. (*sich vergewissern*) assegurar-se

Versicherte(r) *m/f* <-n, -n *o* -n> segurado, segurada *m, f*

Versicherung *f* <-en> 1. (*Vertrag*) seguro *m* (*gegen* contra); **eine** ~ **abschließen** fazer um seguro 2. (*Gesellschaft*) seguradora *f* 3. (*Bestätigung*) garantia *f*

Versicherungsbeitrag *m* <-(e)s, -träge> prémio de seguro *m*

Versicherungsgesellschaft *f* <-en> companhia de seguros *f*

Versicherungskarte *f* <-n> certificado de seguro *m*; **grüne** ~ carta verde *f*

Versicherungspolice *f* <-n> apólice de seguro *f*

versiegeln* *vt* selar, lacrar

versiegen* *vi* (*Quelle*) secar, esgotar-se

versiert [vɛrˈziːɐt] *adj* experiente

versinken* *vi irr* (*in Flüssigkeit*) imergir (*in* em); (*in Schnee, Schlamm*) enterrar-se (*in* em); (*Schiff*) afundar-se (*in* em)

Version [vɛrˈzjoːn] *f* <-en> versão *f*

verslumen* *vi* degradar-se

versnobt *adj* snobe, esnobe

versoffen *adj* (*umg*) bêbedo

versöhnen* *vr* **sich** ~ fazer as pazes (*mit* com), reconciliar-se (*mit* com)

versöhnlich *adj* disposto a reconciliar-se

Versöhnung *f* <-en> reconciliação *f*

versorgen* I. *vt* (*beliefern*) prover (*mit* de), abastecer (*mit* de); (*Kranke*) cuidar de; (*Haushalt*) manter; (*unterhalten*) sustentar II. *vr* **sich** ~ abastecer-se (*mit* de); **sich selbst** ~ cuidar de si

Versorgung *f kein pl* **1.** (*Belieferung*) abastecimento *m* (*mit* de), aprovisionamento *m* (*mit* de) **2.** (*Unterhalt*) sustento *m* **3.** (*Betreuung*) acompanhamento *m;* **ärztliche** ~ acompanhamento médico

verspäten* *vr* **sich** ~ atrasar-se; **sich um eine Stunde** ~ atrasar-se uma hora

Verspätung *f* <-en> atraso *m;* **eine Stunde** ~ uma hora de atraso; **der Zug hat 20 Minuten** ~ o comboio está atrasado 20 minutos, o comboio está com 20 minutos de atraso

versperren* *vt* **1.** (*blockieren*) obstruir, bloquear **2.** (*österr: zuschließen*) fechar (à chave), trancar

verspielen* *vt* (*Geld*) perder no jogo

verspotten* *vt* zombar de, troçar de

versprechen* I. *vt irr* prometer; **jdm etw** ~ prometer a. c. a alguém II. *vr* **sich** ~ *irr* enganar-se a falar

Versprechen *nt* <-s, -> promessa *f;* **jdm ein** ~ **geben** fazer uma promessa a alguém; **sein** ~ **halten** cumprir a promessa

verstaatlichen* *vt* nacionalizar

Verstand [fɛɐˈʃtant] *m* <-(e)s> *kein pl* (*Denkfähigkeit*) entendimento *m*, intelecto *m*, discernimento *m;* (*Urteilskraft*) juízo *m;* (*Vernunft*) razão *f;* **den** ~ **verlieren** perder o juízo

verständigen* I. *vt* informar II. *vr* **sich** ~ entender-se (*mit* com, *über* sobre)

Verständigung *f kein pl* **1.** (*Benachrichtigung*) informação *f* **2.** (*Kommunikation*) comunicação *f* (*mit* com) **3.** (*Einigung*) acordo *m*

verständlich *adj* compreensível; **allgemein** ~ **sein** estar ao alcance de todos; **leicht** ~ de fácil compreensão; **sich** ~ **machen** fazer-se entender

Verständnis *nt* <-ses> *kein pl* compreensão *f;* **wir bitten um Ihr** ~ pedimos a sua compreensão; **kein** ~ **für etw haben** não compreender a. c.

verständnislos *adj* incompreensivo

verständnisvoll *adj* compreensivo

verstärken* I. *vt* (*stabiler machen*) reforçar; (*vergrößern*) aumentar; (*Lautstärke, Instrument*) amplificar II. *vr* **sich** ~ intensificar-se, aumentar

Verstärker *m* <-s, -> amplificador *m*

Verstärkung *f* <-en> **1.** (*der Stabilität*) reforço *m* **2.** (*Vergrößerung*) aumento *m* **3.** (*der Lautstärke*) amplificação *f* **4.** (*Personen*) reforços *mpl*

verstauben* *vi* cobrir-se de pó

verstauchen* *vt* **sich** *dat* **etw** ~ torcer a. c., deslocar a. c.; **sich** *dat* **den Fuß** ~ torcer o pé

Verstauchung *f* <-en> entorse *f*, luxação *f*

verstauen* *vt* arrumar

Versteck [fɛɐˈʃtɛk] *nt* <-(e)s, -e> esconderijo *m;* ~ **spielen** jogar às escondidas

verstecken* I. *vt* esconder (*vor* de) II. *vr* **sich** ~ esconder-se (*vor* de)

versteckt *adj* escondido

verstehen* I. *vt irr* (*begreifen*) entender, compreender, perceber; **jdm etw zu** ~ **geben** dar a entender a. c. a alguém; **das hast du falsch verstanden** percebeste mal; (*können*) saber; **er versteht es, mit Kindern umzugehen** ele sabe lidar com crianças; (*Verständnis haben*) compreender; **ich verstehe deinen Ärger** eu compreendo o teu aborrecimento II. *vr* **sich** ~ *irr* entender-se (*mit* com); **ich verstehe mich gut mit ihr** eu entendo-me com ela; **das versteht sich doch von selbst!** isso é óbvio!, isso é evidente!

versteifen* *vr* **sich** ~ teimar (*auf* em), manter-se intransigente (*auf* em relação a)

versteigern* *vt* leiloar

Versteigerung *f* <-en> leilão *m*

verstellbar *adj* regulável

verstellen* I. *vt* (*räumlich*) mudar (de sítio); (*einstellen*) regular; (*versperren*) barrar, obstruir; **das Auto verstellt die Einfahrt** o carro está a obstruir a entrada; (*Stimme, Hand-*

schrift) disfarçar **II.** *vr* **sich** ~ (*Person*) fingir

versteuern* *vt* pagar imposto de

verstockt [fɛɐˈʃtɔkt] *adj* teimoso, obstinado

verstohlen [fɛɐˈʃtoːlən] *adj* furtivo

verstopfen* *vt* **1.** (*Loch*) tapar, obturar **2.** (*Rohr*) entupir; (*Straße*) obstruir; **meine Nase ist verstopft** tenho o nariz entupido

Verstopfung *f* <-en> **1.** (*von Loch*) obturação *f* **2.** (*von Rohr, Abfluss*) entupimento *m* **3.** (MED) obstrução *f*, prisão de ventre *f*

verstorben [fɛɐˈʃtɔrbən] *adj* (*geh*) falecido

verstört *adj* perturbado, transtornado

Verstoß *m* <-es, -stöße> (*gegen Gesetz*) infra(c)ção *f* (*gegen* a); (*gegen Sitten*) atentado (*gegen* a/contra)

verstoßen* **I.** *vt irr* expulsar **II.** *vi irr* (*gegen Gesetz*) ir (*gegen* contra), infringir; (*gegen Sitten*) atentar (*gegen* contra)

verstrahlt *adj* contaminado por radioa(c)tividade

verstreuen* *vt* espalhar

verstümmeln* *vt* mutilar

verstummen* *vi* emudecer, ficar calado

Versuch [fɛɐˈzuːx] *m* <-(e)s, -e> **1.** (*Handlung*) tentativa *f*; **ich möchte noch einen ~ machen** eu gostaria de fazer mais uma tentativa **2.** (*wissenschaftlich*) experiência *f*, ensaio *m;* **einen ~ durchführen** fazer uma experiência **3.** (SPORT) tentativa *f*

versuchen* *vt* **1.** (*ausprobieren*) tentar, experimentar; **wir haben alles versucht** nós tentámos tudo **2.** (*Essen*) provar, experimentar

Versuchskaninchen *nt* <-s, -> cobaia *f*

versuchsweise [-vaɪzə] *adv* a título de experiência

Versuchung *f* <-en> tentação *f*; **jdn in ~ führen** tentar alguém

versunken [fɛɐˈzʊŋkən] **I.** *pp von* **versinken II.** *adj* **1.** (*Kultur*) submerso **2.** (*vertieft*) absorto; **in Gedanken ~** mergulhado nos pensamentos

versüßen* *vt* adoçar, adoçicar; **jdm etw ~** atenuar a. c. a alguém

vertagen* *vt* adiar (*auf* para)

vertauschen* *vt* **1.** (*austauschen*) trocar, permutar **2.** (*verwechseln*) trocar (*mit* com), confundir (*mit* com)

verteidigen* **I.** *vt* (*a* SPORT, JUR) defender (*gegen* de/contra) **II.** *vr* **sich** ~ defender-se (*gegen* de/contra)

Verteidiger(in) *m(f)* <-s, - *o* -innen> **1.**

(*vor Gericht*) advogado de defesa, advogada *m, f* **2.** (SPORT) defesa *m,f*

Verteidigung *f* <-en> (*a* JUR, MIL, SPORT) defesa *f* (*gegen* contra); **in der ~ spielen** jogar à defesa

Verteidigungsminister(in) *m(f)* <-s, - *o* -innen> ministro da defesa, ministra *m, f*

verteilen* *vt* **1.** (*austeilen*) distribuir (*an* por); **Flugblätter ~** distribuir panfletos **2.** (*aufteilen*) distribuir (*auf* por); **die Verletzten wurden auf mehrere Krankenhäuser verteilt** os feridos foram distribuídos por vários hospitais **3.** (*verstreichen*) espalhar (*auf* por)

Verteiler *m* <-s, -> (ELEKTR) distribuidor *m*

Verteilung *f* <-en> **1.** (*Austeilung*) distribuição *f* (*an* por) **2.** (*Aufteilung*) distribuição *f* (*auf* por)

verteuern* *vt* aumentar o preço de, encarecer

vertiefen* *vt* (*Graben, Kenntnisse*) aprofundar

Vertiefung *f* <-en> **1.** (*von Graben, Kenntnissen*) aprofundamento *m* **2.** (*im Gelände*) depressão *f*

vertikal [vɛrtiˈkaːl, '---] *adj* vertical

vertilgen* *vt* (*Ungeziefer*) exterminar

vertippen* *vr* **sich** ~ enganar-se na tecla

vertonen* *vt* musicar

Vertrag [fɛɐˈtraːk] *m* <-(e)s, -träge> contrato *m;* (POL) tratado *m;* **einen ~ schließen** assinar/firmar um contrato; (POL) assinar/firmar um tratado

vertragen* **I.** *vt irr* (*Klima, Speise, Medikament*) aguentar; **er verträgt keinen Rotwein** ele não aguenta vinho tinto; (*schweiz: austragen*) distribuir **II.** *vr* **sich** ~ *irr* (*Personen*) dar-se (*mit* com); **sich wieder ~** fazer as pazes, reconciliar-se; **sich mit jdm gut ~** dar-se bem com alguém

vertraglich I. *adj* contratual **II.** *adv* por contrato

verträglich *adj* **1.** (*Mensch*) tratável, afável **2.** (*Speisen*) facilmente digerível; (*Medikament*) assimilável

Vertragsbruch *m* <-(e)s, -brüche> violação de contrato *f*

Vertragshändler *m* <-s, -> concessionário *m*

Vertragspartner(in) *m(f)* <-s, - *o* -innen> outorgante *m,f*

vertrauen* *vi* confiar, fiar-se; **jdm ~** confiar

em alguém, ter confiança em alguém

Vertrauen nt <-s> kein pl confiança f; im ~ confidencialmente; ~ **erweckend** de confiança; ~ **zu jdm haben** ter confiança em alguém

vertrauenerweckend^{ALT} adj s. **Vertrauen**

vertrauensvoll adj confiante

vertraulich adj confidencial

Vertraulichkeit f kein pl confidencialidade f

verträumt adj distraído, absorto

vertraut [fɛɐ̯'traʊt] adj familiar; (Mensch) íntimo; **sich mit etw ~ machen** familiarizar-se com a. c.; **mit etw ~ sein** conhecer a. c. a fundo

vertreiben* vt irr **1.** (Personen) expulsar (aus de), escorraçar (aus de) **2.** (Mücken) enxotar, afugentar **3.** (Waren) vender

Vertreibung f <-en> expulsão f (aus de)

vertreten* vt irr **1.** (Kollegen) substituir **2.** (als Beauftragter) representar; (als Anwalt) defender, representar; **jdn vor Gericht ~** defender alguém em tribunal **3.** (Interessen, Ansicht) defender

Vertreter(in) m(f) <-s, - o -innen> **1.** (Stellvertreter) substituto, substituta m, f **2.** (von Organisation, Regierung) representante m,f **3.** (Verfechter) defensor, defensora m, f

Vertretung f <-en> **1.** (Stellvertretung) substituição f **2.** (Delegation) representação f

Vertrieb [fɛɐ̯'triːp] m <-(e)s> kein pl venda f

Vertriebene(r) m/f <-n, -n o -n> expatriado, expatriada m, f, desterrado, desterrada m, f

vertrocknen* vi secar

vertun* I. vt irr desperdiçar, gastar II. vr **sich ~** irr (umg) enganar-se, errar

vertuschen* vt encobrir, esconder

verübeln* vt jdm etw ~ levar a. c. a mal a alguém

verunfallen* vi (schweiz) s. **verunglücken**

verunglücken* vi sofrer um acidente; **tödlich ~** sofrer um acidente fatal; **sie sind beim Bergsteigen verunglückt** eles sofreram um acidente ao escalar a montanha

verunmöglichen* vt (schweiz) impossibilitar

verunreinigen* vt poluir, contaminar

verunsichern* vt fazer ficar inseguro, fazer hesitar

verunstalten* vt desfigurar

veruntreuen* vt desviar

verursachen* vt causar, provocar; (Arbeit) dar

verurteilen* vt condenar (zu a); **sie wurde zu drei Jahren Haft verurteilt** ela foi condenada a três anos de prisão; **die Opposition verurteilte das Vorgehen der Polizei** a oposição condenou o procedimento da polícia

Verurteilung f <-en> condenação f (zu a)

vervielfältigen* vt multiplicar, reproduzir; (kopieren) fazer cópias de

Vervielfältigung f <-en> multiplicação f, reprodução f

vervollkommnen* vt aperfeiçoar

vervollständigen* vt completar

verw. abk v **verwitwet** viúvo

verwackelt adj desfocado, tremido

verwählen* vr sich ~ marcar mal o número, discar mal o número

verwahren* vt conservar, guardar

verwahrlosen* vi (Wohnung, Garten) degradar-se, ficar descuidado; (Kinder) ficar ao abandono

verwaist [fɛɐ̯'vaɪst] adj órfão, sem pais; **ein ~es Mädchen** uma órfã; **sie sind ~** eles são órfãos

verwalten* vt administrar; (Amt) exercer, desempenhar

Verwalter(in) m(f) <-s, - o -innen> administrador, administradora m, f

Verwaltung f <-en> administração f

verwandeln* vt **1.** (verändern) mudar, alterar, transformar **2.** (umwandeln) transformar (in em), converter (in em)

Verwandlung f <-en> transformação f (in em), conversão f (in em)

verwandt [fɛɐ̯'vant] adj (ähnlich) análogo, afim; **mit jdm ~ sein** ser parente de alguém

Verwandte(r) m/f <-n, -n o -n> parente m,f

Verwandtschaft f kein pl **1.** (das Verwandtsein) parentesco m; (die Verwandten) família f, parentes mpl **2.** (Ähnlichkeit) afinidade f, analogia f

verwarnen* vt advertir, prevenir

Verwarnung f <-en> advertência f, aviso m; **gebührenpflichtige ~** aviso de multa m

verwechseln* vt confundir (mit com), trocar (mit com)

Verwechselung f <-en> confusão f, equívoco m, engano m

verwegen [fɛɐ̯'veːɡən] *adj* arrojado, temerário, ousado

Verwegenheit *f kein pl* audácia *f,* arrojo *m,* ousadia *f*

verweigern* *vt* recusar; **seine Zustimmung** ~ não dar o seu consentimento; **den Wehrdienst** ~ recusar o cumprimento do serviço militar

Verweigerung *f* <-en> recusa *f;* ~ **des Wehrdienstes** recusa do cumprimento do serviço militar

Verweis [fɛɐ̯'vaɪs] *m* <-es, -e> **1.** (*Rüge*) repreensão *f,* reprimenda *f;* **jdm einen ~ erteilen** dar uma repreensão a alguém **2.** (*Hinweis*) referência *f* (*auf* para)

verweisen* *vt irr* **1.** (*hinweisen*) remeter (*auf* para) **2.** (*ausweisen*) expulsar, desterrar; **jdn des Landes** ~ expatriar alguém; (SPORT); **jdn vom Platz** ~ expulsar alguém do campo

verwelken* *vi* murchar

verwenden* *vt* usar; (*Methode, Mittel*) utilizar, empregar; **viel Zeit auf etw** ~ gastar muito tempo em a. c.

Verwendung *f* <-en> uso *m,* emprego *m,* aplicação *f;* **ich habe dafür keine** ~ eu não preciso disso

verwerfen* *vt irr* (*Idee, Plan*) rejeitar

verwerflich *adj* (*geh*) reprovável, repudiável

verwerten* *vt* aproveitar, utilizar; **Abfälle wieder~** reciclar resíduos

verwesen* *vi* decompor-se

verwickeln* *vt* **jdn in etw** ~ envolver alguém em a. c., implicar alguém em a. c.; **sie hat ihn in ein Gespräch verwickelt** ela envolveu-o numa conversa; **mehrere Beamte waren in den Bestechungsskandal verwickelt** vários funcionários estavam envolvidos/implicados no escândalo de suborno

verwildern* *vi* **1.** (*Garten, Park*) ficar descuidado **2.** (*Tier*) tornar-se selvagem

verwirklichen* *vt* (*Projekt, Idee*) concretizar, realizar

Verwirklichung *f* <-en> realização *f,* concretização *f*

verwirren* *vt* **1.** (*Fäden, Haare*) emaranhar, enrodilhar **2.** (*Person*) confundir, baralhar

verwirrt *adj* (*Person*) confuso, baralhado

Verwirrung *f* <-en> confusão *f,* baralhada *f,* trapalhada *f*

verwischen* *vt* **1.** (*Schrift*) borratar **2.** (*Spuren*) apagar

verwittern* *vi* (*Gestein*) corroer-se; (*Gebäude*) aluir

verwitwet [fɛɐ̯'vɪtvət] *adj* viúvo

verwöhnen* *vt* mimar

verworren [fɛɐ̯'vɔrən] *adj* confuso; (*umg*) baralhado

verwundbar *adj* vulnerável

verwunden* *vt* ferir, magoar

verwunderlich [fɛɐ̯'vʊndɐlɪç] *adj* de admirar

Verwunderung *f kein pl* admiração *f,* surpresa *f;* **voller** ~ muito admirado

Verwundete(r) *m/f* <-n, -n *o* -n> ferido, ferida *m, f*

Verwundung *f* <-en> ferimento *m*

verwüsten* *vt* (*Sturm, Unwetter*) assolar, devastar; (*Truppen*) devastar

Verwüstung *f* <-en> devastação *f,* desolação *f*

verzählen* *vr* **sich** ~ enganar-se na conta, contar mal

verzaubern* *vt* encantar, enfeitiçar

Verzehrbon *m* <-s, -s> senha de alimentação *f*

verzehren* *vt* consumir, comer

verzeichnen* *vt* regist(r)ar, anotar, apontar

Verzeichnis *nt* <-ses, -se> lista *f,* regist(r)o *m;* (*in Buch*) índice *m*

verzeigen* *vt* (*schweiz*) denunciar

verzeihen* [fɛɐ̯'tsaɪən] *vt* perdoar; **jdm etw** ~ perdoar a. c. a alguém

Verzeihung *f kein pl* perdão *m;* **jdn um** ~ **bitten** pedir perdão a alguém; **~!** perdão!

verzerren* *vt* **1.** (*Gesicht*) contorcer **2.** (*Sehne*) torcer **3.** (*Tonwiedergabe*) distorcer

Verzicht [fɛɐ̯'tsɪçt] *m* <-es, -e> abdicação *f* (*auf* de), renúncia *f* (*auf* a); **der ~ auf Atomkraftwerke bringt verschiedene Probleme mit sich** a precisão das centrais nucleares traz vários problemas

verzichten* *vi* abdicar (*auf* de), prescindir (*auf* de), renunciar (*auf* a); **iss du den Kuchen, ich verzichte** come tu o bolo, eu dispenso

verzieh [fɛɐ̯'tsiː] *imp von* **verzeihen**

verziehen*¹ I. *vt irr* **1.** (*Kind*) estragar com mimos, amimalhar **2.** (*Gesicht, Mund*) torcer, contorcer; **keine Miene** ~ ficar impassível II. *vi irr* mudar-se (*nach* para); **unbekannt verzogen** mudou-se para morada desconhecida; **sie sind nach Berlin verzo-gen** eles mudaram-se para Berlim **III.** *vr* **sich** ~ *irr* **1.** (*Holz, Tür*) empenar; (*Stoff, Pullover*) ficar torcido, estragar-se **2.** (*Nebel, Wolken*) dissipar-se **3.** (*umg: verschwinden*) pirar-se, pisgar-se; **los, verzieh dich!** desaparece!

verziehen² *pp von* **verzeihen**

verzieren* *vt* enfeitar (*mit* com)

Verzierung *f* <-en> enfeite *m*

verzinsen *vt* pagar juros de; **das Guthaben wird mit 3% verzinst** o crédito vence 3% de juro

verzögern* **I.** *vt* atrasar, retardar **II.** *vr* **sich** ~ atrasar(-se), demorar; **die Ankunft verzögert sich um 30 Minuten** a chegada foi adiada 30 minutos

Verzögerung *f* <-en> atraso *m*, demora *f*, retarde *m*

verzollen* *vt* pagar direitos alfandegários de; **haben Sie etwas zu** ~? tem alguma coisa a declarar?; **nichts zu** ~ **haben** não ter nada a declarar

verzückt *adj* encantado, extasiado

Verzückung *f* <-en> êxtase *m*, enlevo *m*; **in** ~ **geraten** extasiar-se, enlevar-se

Verzug [fɛɐ̯'tsuːk] *m* <-(e)s> *kein pl* atraso *m*, demora *f*; **mit etw in** ~ **geraten** atrasar-se com a. c.; **es ist Gefahr im** ~ há um perigo iminente

verzweifeln* *vi* desesperar (*an* com)

verzweifelt *adj* desesperado; **er ist völlig** ~ ele está completamente desesperado

Verzweiflung *f* <o.pl> desespero *m*; **etw aus** ~ **tun** fazer a. c. por desespero; **jdn zur** ~ **bringen** levar alguém ao desespero, desesperar alguém

Verzweigung *f* <-en> (*schweiz*) cruzamento *m*

verzwickt [fɛɐ̯'tsvɪkt] *adj* (*umg*) complicado, difícil

Veteran [vete'raːn] *m* <-en, -en> veterano *m*

Veto ['veːto] *nt* <-s, -s> veto *m*; **sein** ~ **gegen etw einlegen** vetar a. c.

Vetter ['fɛtɐ] *m* <-s, -> primo *m*

Vetternwirtschaft *f kein pl* compadrio *m*, nepotismo *m*

vgl. *abk v* **vergleiche** cf. (= *confrontar*)

VHS [faʊhaː'ʔɛs] *abk v* **Volkshochschule** escola de formação para adultos

Vibration [vibr'tsjoːn] *f* <-en> vibração *f*

vibrieren* *vi* vibrar

Video ['viːdeo] *nt* <-s, -s> vídeo *m*

Videoclip *m* <-s, -s> teledisco *m*, videoclipe *m*

Videogerät *nt* <-(e)s, -e> aparelho de vídeo *m*

Videokamera *f* <-s> câmara de vídeo *f*, videocâmara *f*

Videokassette *f* <-n> cassete de vídeo *f*, videocassete *m*

Videorecorder *m* <-s, -> videogravador *m*, videocassete *m*

Videospiel *nt* <-(e)s, -e> videojogo *m*

Videotext *m* <-(e)s, -e> videotexto *m*

Videothek [video'teːk] *f* <-en> videoclube *m*, clube de vídeo *m*, videoteca *f*

Videoüberwachung *f* <-en> vigilância de vídeo *f*; (*im Haus*) videoporteiro *m*

Vieh [fiː] *nt* <-(e)s> *kein pl* gado *m*; (*einzelnes*) cabeça de gado *f*, rês *f*

Viehzucht *f kein pl* criação de gado *f*, pecuária *f*

viel [fiːl] **I.** *pron indef* muito; **es ist** ~ **Arbeit** é muito trabalho; ~ **Spaß!** diverte-te!; ~**en Dank!** muito obrigado!; **er weiß** ~ ele sabe muito; **es kamen** ~**e Leute** vieram muitas pessoas; **er freute sich über die** ~**en Geschenke** ele ficou contente com os muitos presentes; **noch einmal so** ~ (ainda) outro tanto; **ich habe nicht so** ~ **Zeit** não tenho tanto tempo; **ich habe doppelt so** ~ **Geld wie du** eu tenho duas vezes mais dinheiro (do) que tu; **rede nicht so** ~! não fales tanto!; **sie isst so** ~ **wie du** ela come tanto como/quanto tu; **ein** ~ **sagender Blick/sagendes Lächeln** um olhar/sorriso muito significativo; ~ **versprechend** prometedor; **wie** ~ **kostet das?** quanto custa isso?; **wie** ~ **Uhr ist es?** que horas são?; **wie** ~**e Kilometer/Menschen?** quantos quilómetros/quantas pessoas?; **zu** ~ demais, demasiado; **ich habe drei Euro zu** ~ **bezahlt** eu paguei três euros a mais **II.** *adv* **1.** (*häufig*) muito, muitas vezes; ~ **ins Kino gehen** ir muito ao cinema, ir muitas vezes ao cinema; **ihre Kinder sind** ~ **krank** os seus filhos estão muitas vezes doentes **2.** (*wesentlich*) muito; ~ **billiger** muito mais barato; **es geht mir schon** ~ **besser** já estou muito melhor; ~ **zu** ~ demasiado; ~ **zu wenig** demasiado pouco, muito pouco

vielerlei ['fiːlɐ'laɪ] *pron indef* **1.** (*attributiv*) muitos, diversos; ~ **Sorten Käse** muitos ti-

V

pos de queijo **2.** (*allein stehend*) muito; **sie hat ~ zu berichten** ela tem muito que contar

vielfach ['fi:lfax] **I.** *adj* múltiplo, frequente; **auf ~en Wunsch** a pedido frequente **II.** *adv* muitas vezes; **ein ~ ausgezeichneter Autor** um autor muitas vezes distinguido

Vielfalt ['fi:lfalt] *f kein pl* multiplicidade *f*, variedade *f*

vielfältig *adj* múltiplo, variado

vielleicht [fi'laıçt] *adv* **1.** (*möglicherweise*) talvez + *conj*; (*umg*) se calhar; **~ fahre ich im Urlaub** nach Portugal talvez vá a Portugal nas férias, se calhar vou a Portugal nas férias; **kommst du heute Abend? - ~** vens hoje à noite? -talvez/se calhar **2.** (*ungefähr*) talvez; **in den Raum passen ~ 60 Personen** na sala cabem talvez 60 pessoas **3.** (*etwa*) por acaso, porventura; **meinst du ~ ich mache das gern?** por acaso/porventura achas que eu gosto de fazer isso?; **können Sie mir ~ sagen, wie spät es ist?** por acaso pode dizer-me as horas?

vielmals ['-ma:ls] *adv* **danke ~!** muitíssimo obrigado!; **ich bitte ~ um Entschuldigung** peço mil desculpas

vielmehr ['--] *adv* antes, pelo contrário; **von Fußball versteht er nicht viel, sein Interesse gilt ~ der Malerei** de futebol ele não percebe muito; o seu interesse vai antes para a pintura

vielsagend^ALT *adj s.* **viel I 1**

vielschichtig *adj* complexo

vielseitig *adj* **1.** (*umfassend*) variado, abrangente, vasto; **ein ~es Studium** um curso abrangente **2.** (*Mensch*) versátil

vielversprechend^ALT *adj s.* **viel I 1**

Vielzahl *f kein pl* multiplicidade *f*, sem-número *m*

vier [fi:ɐ] *num kard* quatro; (*umg*); **auf allen ~en** de gatas; *s.* **zwei**

Vier *f* <-en> quatro *m;* (*Schulnote*) suficiente *m; s.* **Zwei**

Viereck ['fi:ɐʔɛk] *nt* <-(e)s, -e> quadrângulo *m;* (*gleichseitig*) quadrado *m*

viereckig *adj* quadrado, quadrangular

vierhundert ['-'--] *num kard* quatrocentos

vierjährig *adj* de quatro anos

Vierlinge ['fi:ɐlɪŋə] *pl* quadrigémeos *mpl*

viermal *adv* quatro vezes

vierspurig ['-ʃpu:rɪç] *adj* de quatro faixas

vierstellig *adj* de quatro algarismos

Viertaktmotor *m* <-s, -en> motor a quatro tempos *m*

viertausend *num kard* quatro mil

Viertel ['fɪrtəl] *nt* <-s, -> **1.** (*Menge*) quarto *m;* **es ist ~ nach zwölf** é meio-dia e um quarto; **drei ~ der Bevölkerung** três quartos da população **2.** (*Stadtteil*) bairro *m*, zona *f*

Vierteljahr ['--'-] *nt* <-(e)s, -e> trimestre *m*

vierteljährlich *adj* trimestral

Viertelstunde ['--'--] *f* <-n> quarto de hora *m*

viertens ['fi:ɐtəns] *adv* em quarto lugar

vierte(r, s) *num ord* quarto; *s.* **zweite(r, s)**

Vierwaldstätter See *m* <-s> *kein pl* lago dos Quatro Cantões *m*

vierzehn ['fɪrtse:n] *num kard* catorze; **in ~ Tagen** de hoje a quinze (dias), dentro de quinze dias

vierzehntägig *adj* quinzenal

vierzig ['fɪrtsıç] *num kard* quarenta

Vietnam *nt* <-s> *kein pl* Vietname *m*, Vietnã *m*

Vignette *f* <-n> vinheta *f*

Vikar(in) *m(f)* <-s, -e *o* -innen> vigário *m*

Villa ['vıla] *f* <Villen> vivenda *f*

Villenviertel *nt* <-s, -> urbanização (de vivendas) *f*

Vinaigrette *f* <-n> vinagrete *m*

violett [vio'lɛt] *adj* violeta, roxo

Violine [vio'li:nə] *f* <-n> violino *m*

Violinschlüssel *m* <-s, -> (MUS) clave de sol *f*

Violoncello *nt* <-s, -celli> violoncelo *m*

Viper ['vi:pɐ] *f* <-n> víbora *f*

Virensuchprogramm *nt* <-(e)s, -e> (INFORM) programa anti-vírus *m*

virtuell [vırtu'ɛl] *adj* virtual

Virus ['vi:rʊs] *m* <-, Viren> (MED, INFORM) vírus *m*

Virusinfektion *f* <-en> (MED) virose *f*

Visier [vi'zi:ɐ] *nt* <-s, -e> **1.** (*an Waffe*) mira *f* **2.** (*am Helm*) viseira *f*

visieren* *vt* **1.** (*schweiz: abzeichnen*) rubricar **2.** (*schweiz: beglaubigen*) autenticar

Vision [vi'zjo:n] *f* <-en> visão *f*

Visite [vi'zi:tə] *f* <-n> visita de médico (em hospital) *f*

Visitenkarte *f* <-n> cartão-de-visitas *m*

Viskose [vɪs'ko:zə] *f kein pl* viscose *f*

visuell [vizu'ɛl] *adj* visual

Visum ['vi:zʊm] *nt* <-s, Visa> **1.** (*Sichtver-*

merk) visto *m*; **ein ~ beantragen** requerer um visto **2.** (*schweiz: Namenskürzel*) rúbrica *f*

Vitamin [vita'miːn] *nt* <-s, -e> vitamina *f*; (*umg*); **~ P haben** meter uma cunha, ter conhecimentos

Vitrine [vi'triːnə] *f* <-n> vitrina *f*

Vizepräsident(in) *m(f)* <-en, -en *o* -innen> vice-presidente *m,f*

Vogel ['foːgəl] *m* <-s, Vögel> pássaro *m*; (*groß*) ave *f*

Vogelkäfig *m* <-s, -e> gaiola *f*

Vogelscheuche *f* <-n> espantalho *m*

Vogesen *pl* Vosgos *mpl*

Vokabel [vo'kaːbəl] *f* <-n> vocábulo *m*; **~n lernen** estudar o vocabulário

Vokabular [vokabu'laːɐ] *nt* <-s, -e> vocabulário *m*

Vokal [vo'kaːl] *m* <-s, -e> vogal *f*

Volk [fɔlk] *nt* <-(e)s, Völker> povo *m*; (*Nation*) nação *f*; **das einfache ~** o povinho

Völkerkunde *f kein pl* etnologia *f*

Völkerrecht *nt* <-(e)s> *kein pl* (JUR) direito internacional *m*

völkerrechtlich *adj* do direito internacional

Völkerverständigung *f kein pl* paz internacional *f*, entendimento entre os povos *m*

Völkerwanderung *f* <-en> (GESCH) migração dos povos *f*

Volksabstimmung *f* <-en> plebiscito *m*

Volksentscheid *m* <-(e)s, -e> referendo *m*

Volksfest *nt* <-(e)s, -e> festa popular *f*, arraial *m*

Volksgruppe *f* <-n> grupo étnico *m*

Volkshochschule *f* <-n> escola de formação para adultos *f*

Na Alemanha a **Volkshochschule** é uma instituição pública autónoma que oferece cursos abertos ao público em vários sectores. Há grande variedade de cursos p. ex. de processamento de dados, de línguas estrangeiras, de filosofia e dança. Os cursos são concebidos para todas as camadas sociais e todas as idades. Cada vez mais estes cursos são reconhecidos como cursos de especialização profissional.

Volkslied *nt* <-(e)s, -er> canção popular *f*

Volksmund *m* <-(e)s> *kein pl* voz do povo *f*

Volksrepublik *f* <-en> república popular *f*

Volksstamm *m* <-(e)s, -stämme> tribo *f*

Volkstanz *m* <-es, -tänze> dança popular *f*

volkstümlich *adj* popular

Volkswirtschaft *f* <-en> economia política *f*

Volkszählung *f* <-en> censo *m*, recenseamento (da população) *m*

voll [fɔl] **I.** *adj* (*gefüllt*) cheio (*mit/von* de), repleto (*mit/von* de); **brechend ~** à cunha, à pinha; **halb ~** a meio; **der Kurs ist ~** o curso está cheio; **ein Krug ~ Wein** uma caneca cheia de vinho; **der Raum war ~er Menschen** a sala estava cheia de gente; **~er Angst** cheio de medo; (*vollständig*) inteiro, completo; **er trägt die ~e Verantwortung** ele tem toda a responsabilidade; **eine ~e Stunde warten** esperar uma hora inteira; **die ~e Summe** a soma total; **in ~em Lauf** em plena corrida; **die Bäume stehen in ~er Blüte** as árvores estão cheias de flor; **mit ~em Namen unterschreiben** assinar o nome completo; **etw ~ machen** encher a. c.; (*umg*); **jdn für ~ nehmen** levar alguém a sério; **voll ~** atestar (o depósito); **eine ~e Stelle** um emprego a tempo inteiro; (*umg: betrunken*) bêbado, grosso **II.** *adv* plenamente, em cheio; **~ und ganz** inteiramente

vollauf ['--] *adv* completamente, inteiramente; **~ zufrieden sein** estar completamente satisfeito

vollautomatisch ['---'--] *adj* inteiramente automático

Vollbad *nt* <-(e)s, -bäder> banho de imersão *m*

Vollbart *m* <-(e)s, -bärte> barba cerrada *f*

Vollbeschäftigung *f kein pl* ausência de desemprego *f*

vollbringen* *vt irr* (*geh*) realizar, efe(c)tuar

vollenden* *vt* terminar, concluir, levar a cabo

vollends ['fɔlɛnts] *adv* inteiramente, por completo

V

Vollendung *f* <-en> conclusão *f*, acabamento *m*; **mit ~ des 18. Lebensjahres** ao concluir 18 anos

Volleyball ['vɔlibal] *m* <-(e)s> *kein pl* voleibol *m*

Vollgas *nt* <-es> *kein pl* **mit ~ fahren** ir a toda a velocidade; **~ geben** acelerar a fundo, carregar no pedal

völlig I. *adj* total, completo II. *adv* completamente, inteiramente

volljährig *adj* maior (de idade); **nächsten Monat wird er** ~ no próximo mês ele atinge a maioridade

> Na Alemanha o cidadão torna-se **volljährig** (maior de idade) aos 18 anos, tendo a partir de então plena responsabilidade civil. Na Áustria isso ocorre aos 19 e na Suíça aos 20 anos.

Volljährigkeit *f kein pl* maioridade *f*

Vollkaskoversicherung *f* <-en> seguro contra todos os riscos *m*

vollklimatisiert *adj* com ar condicionado

vollkommen [-'--] I. *adj* (*fehlerlos*) perfeito; (*völlig*) total II. *adv* perfeitamente, totalmente

Vollkommenheit *f kein pl* perfeição *f*

Vollkornbrot *nt* <-(e)s, -e> pão integral *m*

voll|machen^ALT *vt s.* **voll I**

Vollmacht *f* <-en> plenos poderes *mpl*, procuração *f*; **jdm eine** ~ **erteilen** passar uma procuração a alguém

Vollmilch *f kein pl* leite gordo *m*

Vollmond *m* <-(e)s, -e> lua cheia *f*

Vollnarkose *f* <-n> anestesia geral *f*

Vollpension *f kein pl* pensão completa *f*

vollständig I. *adj* completo, inteiro II. *adv* completamente

vollstrecken* *vt* (JUR) executar

voll|tanken^ALT *vi s.* **voll I**

Volltreffer *m* <-s, -> golpe certeiro *m*

Vollversammlung *f* <-en> assembleia magna *f*, sessão plenária *f*

Vollwaschmittel *nt* <-s, -> detergente da roupa (para lavagem a altas e baixas temperaturas) *m*

Vollwertkost *f kein pl* alimentação integral *f*

vollzählig *adj* completo; **ich glaube wir sind** ~ acho que estamos todos, acho que não falta ninguém

vollziehen* *vt irr* realizar; (*Befehl, Urteil*) executar; (*Ehe*) consumar

Vollzugsanstalt *f* <-en> estabelecimento prisional *m*

Volt [vɔlt] *nt* <-(e)s, -> (PHYS) vóltio *m*, volt *m*

Voltmeter *nt* <-s, -> voltímetro *m*

Volumen [voˈluːmən] *nt* <-s, Volumina> volume *m*

voluminös *adj* volumoso

vom [fɔm] = **von dem** *s.* **von**

von [fɔn] *präp* +*dat* **1.** (*allgemein, örtlich*) de; ~ **Wien nach Klagenfurt** de Viena para Klagenfurt; **südlich** ~ **Basel** a sul de Basel; ~ **oben nach unten** de cima para baixo; **ein Freund** ~ **mir** ele é um amigo meu; **ein Roman** ~ **Böll** um romance de Böll; **die Zeitung vom 30. Januar** o jornal de 30 de Janeiro; **im Alter** ~ **40 Jahren** com a idade de 40 anos; **ein Betrag** ~ **70 DM** uma quantia de 70 marcos; ~ **selbst** por si; (*umg*) ~ **mir aus** (cá) por mim; ~ **wegen!** qual quê! **2.** (*zeitlich*) de, desde; ~ **nun an** a partir de agora; ~ **13 bis 15 Uhr sind die Geschäfte geschlossen** as lojas estão fechadas das 13 às 15 horas **3.** (*beim Passiv*) por; **der Chor wird** ~ **Klaus geleitet** o coro é dirigido pelo Klaus

voneinander [--'--] *adv* um do outro

vonseiten *adv* da parte de

vor [foːɐ] I. *präp* +*akk* (*Richtung*) à frente de, em frente a; **stell das Fahrrad** ~ **die Tür** põe a bicicleta à frente da porta, põe a bicicleta em frente à porta II. *präp* +*dat* **1.** (*räumlich*) à/em/na frente de, diante de; **sie ging** ~ **ihm** ela foi à frente dele; **zehn Kilometer** ~ **Faro** a dez quilómetros de Faro, dez quilómetros antes de Faro; **warte** ~ **dem Kino auf mich** espera por mim em frente ao cinema **2.** (*zeitlich*) antes de; (*in der Vergangenheit*) há; (*bei Uhrzeit*) menos, para; ~ **drei Tagen** há três dias; ~ **kurzem** há pouco tempo, recentemente; **um zwanzig** ~ **acht** às oito menos vinte, às vinte para as oito; **es ist Viertel** ~ **drei** são três menos um quarto, falta um quarto para as três; ~ **Weihnachten** antes do Natal; **ich bin** ~ **Ihnen an der Reihe** eu estou à sua frente na fila **3.** (*bedingt durch*) de; ~ **Freude/Kälte** de alegria/frio; ~ **allem** sobretudo, antes de mais

Vorabend *m* <-s, -e> véspera *f*; **am** ~ **seines Geburtstages** na véspera do seu aniversário

voran [foˈran] *adv* (*vorwärts*) para a frente

voran|gehen *vi irr* **1.** (*vorne gehen*) ir à frente **2.** (*zeitlich*) preceder

voran|kommen *vi irr* progredir, avançar, fazer progressos

Voranmeldung *f* <-en> aviso prévio *m*

Vorarlberg *nt* <-s> *kein pl* Voralberg *m*

voraus [foˈraʊs] *adv* à frente; **im Voraus** antecipadamente, de antemão

voraus|gehen *vt irr* **1.** (*vorne gehen*) ir à frente **2.** (*zeitlich*) anteceder, preceder

voraus|haben *vt irr* jdm etw ~ exceder alguém em a. c.

Vorauskasse *f kein pl* pré-pagamento *m*

Voraussage *f* <-n> prognóstico *m*, previsão *f*

voraus|sagen *vt* profetizar

voraus|sehen *vt irr* prever, antever

voraus|setzen *vt* pressupor; **vorausgesetzt, dass ...** partindo do princípio que ..., desde que ... +*conj;* **gute Sprachkenntnisse werden vorausgesetzt** exigem-se bons conhecimentos de línguas

Voraussetzung *f* <-en> **1.** (*Annahme*) pressuposto *m*, presunção *f*, suposição *f* **2.** (*Vorbedingung*) condição *f;* **unter der ~, dass ...** na condição de ... **3.** (*Anforderung*) requisito *m*, exigência *f;* **die ~en erfüllen** preencher os requisitos

voraussichtlich I. *adj* previsto II. *adv* previsivelmente

Vorauswahl *f* <-en> pré-sele(c)ção *f;* **eine ~ treffen** fazer uma pré-sele(c)ção

Vorbehalt [ˈ-bəhalt] *m* <-(e)s, -e> restrição *f*, reserva *f;* **unter dem ~, dass ...** sob condição de ...; **~e gegen etw haben** ter reservas em relação a a. c.

vor|behalten * *vt irr* sich *dat* etw ~ reservar-se a. c.; jdm ~ **sein** estar reservado a alguém; **Irrtum** ~ salvo erro; **Änderungen** ~ reservado o direito de alteração

vorbehaltlos *adj* sem restrições, sem reservas

vorbei [foːɐ̯ˈbaɪ, fɔrˈbaɪ] *adv* **1.** (*räumlich*) perto, junto, ao lado; **am Bahnhof ~ und dann rechts** passa a estação e depois à direita **2.** (*zeitlich*) passado; (*zu Ende*) acabado; **die Vorstellung ist ~** o espe(c)táculo (já) acabou; **es ist zwei Uhr ~** (já) passa das duas horas

vorbei|gehen *vi irr* **1.** (*entlanggehen*) passar (*an* por, junto de); **im Vorbeigehen** de passagem; **bei jdm ~** passar por casa de alguém **2.** (*vergehen*) passar

vor|bereiten * I. *vt* preparar II. *vr* sich ~ preparar-se (*auf* para)

Vorbereitung *f* <-en> (*Tätigkeit*) preparação *f;* (*Maßnahme*) preparativo *m;* **~en für**

etw treffen tratar dos preparativos para a. c.

vor|bestellen * *vt* reservar, marcar; **ich möchte einen Tisch/Kinokarten ~** eu gostaria de reservar uma mesa/bilhetes para o cinema

vorbestraft *adj* com antecedentes penais; ~ **sein** ter cadastro

vor|beugen I. *vi* prevenir, evitar II. *vr* sich ~ inclinar-se, debruçar-se

vorbeugend *adj* preventivo

Vorbeugung *f kein pl* prevenção *f* (*gegen* de); (MED) profilaxia *f*

Vorbild *nt* <-(e)s, -er> modelo *m*, exemplo *m;* sich *dat* jdn zum ~ **nehmen** tomar alguém como exemplo

vorbildlich *adj* exemplar

vor|bringen *vt irr* (*Wunsch*) transmitir; (*Einwand*) pôr; (*Gründe*) apresentar, expor

Vorderachse *f* <-n> eixo dianteiro *m*

vordere(r, s) *adj* dianteiro, da frente; **in der ~n Reihe** na fila da frente

Vordergrund *m* <-(e)s, -gründe> primeiro plano *m*

Vorderrad *nt* <-(e)s, -räder> roda dianteira *f*

Vorderradantrieb *m* <-(e)s, -s> tra(c)ção à frente *f*

Vorderseite *f* <-n> frente *f*

vor|drängen *vr* sich ~ pôr-se à frente, meter-se à frente

Vordruck *m* <-(e)s, -e> impresso *m*

vorehelich *adj* pré-nupcial

voreilig *adj* precipitado

voreingenommen *adj* com ideias preconcebidas

Voreingenommenheit *f kein pl* opinião preconcebida *f*

vor|enthalten * *vt irr* jdm etw ~ privar alguém de a. c.

vorerst [ˈfoːɐ̯ʔeːɐ̯st, -ˈ-] *adv* por enquanto, para já

Vorfahr(in) [ˈfoːɐ̯faːɐ̯] *m(f)* <-en, -en *o* -innen> antepassado, antepassada *m, f*

vor|fahren *vi irr* **1.** (*ankommen*) chegar; **sie sind im Taxi vorgefahren** eles chegaram no táxi **2.** (*vorne fahren*) ir à frente

Vorfahrt *f kein pl* prioridade (na estrada) *f;* **die ~ beachten** respeitar a prioridade; **jdm die ~ nehmen** desrespeitar a prioridade de alguém

Vorfahrtsschild *nt* <-(e)s, -er> sinal de prioridade *m*

Vorfahrtsstraße *f* <-n> rua com prioridade *f*

Vorfall *m* <-(e)s, -fälle> incidente *m*, caso *m*

Vorfilm *m* <-(e)s, -e> curta-metragem *f*

vor|finden *vt irr* encontrar

vor|führen *vt* 1. (*zeigen*) apresentar; (*Mode, Gerät*) mostrar 2. (*Film, Theaterstück*) exibir

Vorführung *f* <-en> 1. (*Vorstellung*) apresentação *f* 2. (*von Mode, Gerät*) mostra *f* 3. (*von Film*) proje(c)ção *f*

Vorgang *m* <-(e)s, -gänge> (*Ereignis*) caso *m*, acontecimento *m*; (*Ablauf*) processo *m*

Vorgänger(in) *m(f)* <-s, - *o* -innen> antecessor, antecessora *m, f*, predecessor, predecessora *m, f*

vorgängig *adj* (*schweiz*) anterior

vor|geben *vt irr* 1. (*vortäuschen*) fingir 2. (*festlegen*) dar, estipular

Vorgefühl *nt* <-(e)s, -e> pressentimento *m*

vor|gehen *vi irr* 1. (*vorne gehen*) ir à frente; (*nach vorne gehen*) avançar; **kennst du den Weg? - dann solltest du** ~ conheces o caminho? - então, devias ir à frente 2. (*vorausgehen*) ir à frente; **Uli ist schon vorgegangen** o Uli já foi (à frente) 3. (*Uhr*) estar adiantado 4. (*geschehen*) passar-se, acontecer; **was geht hier vor?** que se passa aqui? 5. (*handeln*) proceder, agir; **wie gehen wir am besten vor?** como é que procedemos melhor?; **gegen etw** ~ agir contra a. c. 6. (*Vorrang haben*) ter prioridade, estar à frente (de); **Sicherheit geht vor** a segurança está primeiro

Vorgehen *nt* <-s> *kein pl* procedimento *m*

Vorgeschichte *f* <-n> 1. *kein pl* (*Urgeschichte*) pré-história *f* 2. (*eines Geschehens*) antecedentes *mpl*

Vorgeschmack *m* <-(e)s> *kein pl* antegosto *m*, cheirinho *m*; **das war ein** ~ **auf den Winter** isto foi um cheirinho do Inverno

Vorgesetzte(r) *m/f* <-n, -n *o* -n> chefe *m,f*, superior *m,f*

vorgestern *adv* anteontem; ~ **Abend** anteontem à noite

vor|haben *vt irr* 1. (*beabsichtigen*) tencionar, ter a intenção de 2. (*geplant haben*) ter planeado; **hast du heute Abend schon etwas vor?** já tens planos para esta noite?

Vorhaben *nt* <-s, -> plano *m*

vorhanden [foːˈɛˈhandən] *adj* existente; (*verfügbar*) disponível; ~ **sein** haver, existir;

es ist nichts mehr davon ~ já não há nada disso

Vorhandensein *nt* <-s> *kein pl* existência *f*

Vorhang *m* <-(e)s, -hänge> 1. (*am Fenster*) cortina *f*, cortinado *m*; **die Vorhänge zuziehen** fechar as cortinas 2. (*im Theater*) pano *m*; **der** ~ **geht auf/fällt** o pano sobe/desce; (GESCH); **der eiserne** ~ a cortina de ferro

Vorhängeschloss[RR] *nt* <-es, -schlösser> aloquete *m*, cadeado *m*

Vorhaus *nt* <-es, -häuser> (*österr*) entrada *f*

Vorhaut *f* <-häute> (ANAT) prepúcio *m*

vorher [foːˈɛˈheːɐ, ˈ--] *adv* antes; (*im Voraus*) de antemão, previamente, antecipadamente; **kurz** ~ pouco antes; **das hättest du mir auch** ~ **sagen können** podias ter-me dito isso antes

vorher|gehen *vi irr* anteceder, preceder

vorherig *adj* anterior, precedente

Vorherrschaft *f kein pl* hegemonia *f*, supremacia *f*

vor|herrschen *vi* predominar

Vorhersage *f* <-n> profecia *f*, prognóstico *m*; (*Wettervorhersage*) previsão *f*

vorher|sagen [-ˈ---] *vt* prever, profetizar

vorhersehbar *adj* previsível

vorher|sehen [-ˈ---] *vt irr* prever, antever

vorhin [foːˈɛˈhɪn, ˈ--] *adv* há pouco

Vorhinein *adv* (*österr*) **im** ~ de antemão

vorig *adj* passado

Vorjahr *nt* <-(e)s, -e> ano passado *m*

Vorkehr *f* <-en> (*schweiz*) *s.* **Vorkehrung**

Vorkehrung [ˈfoːɐkeːrʊŋ] *f* <-en> medida de precaução *f*, providência *f*; ~ **en treffen** tomar providências

Vorkenntnisse *pl* conhecimentos prévios *mpl*

vor|kommen *vi irr* 1. (*geschehen*) acontecer, ocorrer; **es wird nicht wieder** ~ não voltará a acontecer; **so etwas kommt vor** essas coisas acontecem 2. (*vorhanden sein*) haver, existir 3. (*scheinen*) parecer; **das kommt mir merkwürdig vor** isso parece-me estranho; **sie kommt mir bekannt vor** ela é-me familiar; **sich** *dat* ~ **wie** sentir-se como

Vorkommen *nt* <-s, -> 1. (*Vorhandensein*) presença *f*, existência *f* 2. (*von Rohstoffen*) depósito *m*

Vorladung *f* <-en> (JUR) intimação *f*, citação *f*

Vorlage *f* <-n> 1. *kein pl* (*das Vorlegen*) apresentação *f*; **gegen** ~ **einer Bescheinigung** mediante apresentação de um certificado 2. (*Gesetzesvorlage*) proje(c)to de lei *m*, moção *f* 3. (*Muster*) modelo *m*; (*für Handarbeit*) amostra *f* 4. (*schweiz: Teppich*) tapete *m*

vorläufig I. *adj* provisório II. *adv* por enquanto, por agora, para já

vorlaut *adj* indiscreto, metediço

vor|legen *vt* 1. (*zeigen*) mostrar, expor; (*Ausweis, Gesetzentwurf*) apresentar; **der Brief wurde ihr zur Unterschrift vorgelegt** a carta foi-lhe dada para assinar 2. (*Kette, Riegel*) colocar

vor|lesen *vt irr* ler (em voz alta); **jdm etw** ~ ler a. c. a alguém

Vorlesung *f* <-en> aula *f*

Vorlesungsverzeichnis *nt* <-ses, -se> guia do estudante *m*

vorletzte(r, s) *adj* penúltimo; ~ **Woche** há duas semanas, na outra semana

Vorliebe *f* <-n> predile(c)ção *f* (*für* por); **eine** ~ **für etw/jdn haben** ter uma predile(c)ção por a. c./alguém

vor|liegen *vi irr* 1. (*vorhanden sein*) haver, existir; **es liegt nichts gegen ihn vor** não há nada contra ele; **hier muss ein Irrtum** ~ deve haver aqui um engano 2. (*zur Begutachtung*) estar à vista; **Ihnen liegen alle Unterlagen vor** o senhor tem aí todos os documentos

vorliegend *adj* presente; **im** ~**en Fall** neste caso, no caso em questão; **die bisher** ~**en Ergebnisse zeigen, dass ...** os resultados existentes até agora mostram que ...

vor|lügen *vt irr* (*umg*) **jdm etw** ~ mentir a alguém acerca de a. c.

vor|machen *vt* 1. (*zeigen*) mostrar (como se faz); **jdm etw** ~ mostrar a alguém como se faz a. c. 2. (*täuschen*) (tentar) iludir

Vormachtstellung *f* <-en> hegemonia *f*, supremacia *f*

vor|merken *vt* apontar, tomar nota de; **sich** *dat* **etw** ~ apontar a. c.

Vormittag *m* <-(e)s, -e> manhã *f*; **heute** ~ hoje de manhã, esta manhã; **am** ~ de manhã

vormittags *adv* de manhã

Vormonat *m* <-(e)s, -e> mês passado *m*

Vormund *m* <-(e)s, -e> tutor, tutora *m*, *f*

Vorname *m* <-ns, -n> primeiro nome *m*, nome próprio *m*

vorn(e) *adv* 1. (*an vorderer Stelle, am vorderen Ende*) à frente; (*auf der Vorderseite*) na frente, à frente; **von/nach** ~ de/para a frente; **von** ~ **sieht das Auto gut aus** de frente, o carro tem bom aspecto; **unsere Plätze sind ganz** ~ os nossos lugares são lá à frente; **die Knöpfe gehören nach** ~ os botões são para a frente 2. (*am Anfang*) no princípio; **von** ~ **anfangen** começar do princípio

vornehm ['foːɐneːm] *adj* distinto

vor|nehmen *vt irr* 1. (*durchführen*) realizar, efe(c)tuar; **eine Reparatur** ~ efe(c)tuar uma reparação 2. (*vorhaben*) **sich** *dat* **etw** ~ tencionar fazer a. c.; (*planen*) plane(j)ar a. c.; **nimm dir nicht zu viel vor!** não te ocupes tanto!

vornherein ['--'-] *adv* **von** ~ à partida, de antemão

Vorort *m* <-(e)s, -e> subúrbio *m*, arrabaldes *mpl*

Vorortzug *m* <-(e)s, -züge> comboio suburbano *m*, trem de subúrbio *m*

Vorrang ['foːraŋ] *m* <-(e)s> *kein pl* 1. (*Priorität*) prioridade *f*, precedência *f*, primazia *f*; ~ **vor etw haben** ter prioridade em relação a a. c. 2. (*österr: Vorfahrt*) prioridade *f*

vorrangig *adj* prioritário

Vorrat ['foːraːt] *m* <-(e)s, -räte> (*Waren*) stock *m*, estoque *m*; (*Lebensmittel*) provisões *fpl*, reserva *f*; **etw auf** ~ **kaufen** comprar a. c. por junto; **solange der** ~ **reicht** até esgotar o stock, até esgotar o estoque

vorrätig *adj* em armazém, em stock, em estoque; **etw** ~ **haben** ter a. c. em stock, ter a. c. em estoque

Vorrecht *nt* <-(e)s, -e> regalia *f*, privilégio *m*, prerrogativa *f*

Vorrichtung *f* <-en> dispositivo *m*

Vorruhestand *m* <-(e)s> *kein pl* pré-reforma *f*, reforma antecipada *f*

Vorrunde *f* <-n> (SPORT) eliminatória *f*

vor|sagen *vt* 1. (*vorsprechen*) dizer, ditar; **ein Gedicht** ~ recitar um poema 2. (*in Prüfung*) segredar

Vorsaison *f* <-s> princípio da época *f*

Vorsatz *m* <-es, -sätze> desígnio *m*, intento *m*; **den** ~ **haben, etw zu tun** ter o intento de fazer a. c.

vorsätzlich I. *adj* propositado, deliberado; (JUR) premeditado II. *adv* de propósito, deliberadamente; (JUR) premeditadamente

Vorschau f <-en> programa previsto m; (Film) apresentações fpl, amostras fpl

Vorschein m zum ~ kommen aparecer, manifestar-se; etw zum ~ bringen revelar a. c.

vor|schieben vt irr (nach vorne schieben) empurrar para a frente; den Riegel ~ correr o ferrolho

Vorschlag m <-(e)s, -schläge> proposta f, sugestão f; einen ~ machen fazer uma proposta

vor|schlagen vt irr propor, sugerir

vorschnell adj precipitado, arrebatado

vor|schreiben vt irr prescrever, ordenar; jdm etw ~ prescrever a. c. a alguém

Vorschrift f <-en> prescrição f, preceito m; (Anweisung) instruções fpl; (Bestimmung) regra f; gesetzliche ~ disposição legal f; jdm ~en machen dar instruções a alguém; das verstößt gegen die ~ isso vai contra o regulamento

vorschriftsmäßig I. adj corre(c)to II. adv conforme (o regulamento), a preceito

Vorschub m etw ~ leisten favorecer a. c., dar azo a a. c.

Vorschule f <-n> escola pré-primária f

Na Suíça todas as crianças têm direito a pelo menos um ou dois anos de frequência na **Vorschule** (pré-escola), que é voluntária e gratuita. Na maioria dos cantões as crianças pequenas frequentam a **Vorschule** 4 a 5 horas por dia. Aí são preparadas para a escola.

VorschussRR m <-es, -schüsse> adiantamento m

vor|schweben vi jdm schwebt etw vor alguém tem a. c. em mente

vor|sehen I. vt irr (planen) prever (für para); die Eröffnung ist für nächste Woche vorgesehen a inauguração está prevista para a próxima semana; (bestimmen) destinar (für para); die Lebensmittel sind für die Erdbebenopfer vorgesehen os alimentos estão destinados para as vítimas do sismo II. vr sich ~ irr ter cuidado (vor com), precaver-se (vor contra)

Vorsehung f kein pl Providência (divina) f

Vorsicht f kein pl precaução f, cautela f, prudência f, cuidado m; ~! cuidado!; ~ Glas! frágil!

vorsichtig adj prudente, cauteloso

vorsichtshalber [-halbə] adv por precaução

Vorsichtsmaßnahme f <-n> medida de precaução f

Vorsilbe f <-n> prefixo m

Vorsitz m <-es, -e> presidência f; den ~ übernehmen assumir a presidência

Vorsitzende(r) m/f <-n, -n o -n> presidente m,f

Vorsorge f kein pl precaução f, previdência f; (MED) prevenção f; ~ treffen tomar precauções

vor|sorgen vi prevenir-se (für para)

Vorsorgeuntersuchung f <-en> (MED) exame de prevenção m

vorsorglich adj preventivo, providente

Vorspann m <-(e)s, -e> (von Film) genérico m

Vorspeise f <-n> entrada f

Vorspiel m <-(e)s, -e> 1. (MUS) prelúdio m 2. (sexuell) preliminares mpl

vor|spielen vt (Lied) tocar; (Sketch) representar

vor|sprechen vt irr (Wort, Satz) pronunciar, dizer (para que alguém repita)

Vorsprung m <-(e)s, -sprünge> 1. (an Mauer, Fels) saliência f 2. (Abstand) avanço m (vor sobre), vantagem f (vor sobre); einen ~ haben levar um avanço, levar vantagem

Vorstadt f <-städte> arrabaldes mpl, subúrbio m

Vorstand m <-(e)s, -stände> dire(c)ção f

vor|stehen vi irr 1. (herausragen) sobressair 2. (leiten) dirigir; einer Organisation ~ estar à frente de uma organização, dirigir uma organização

vorstellbar adj imaginável, concebível

vor|stellen I. vt (nach vorne stellen) pôr à frente; (bekannt machen) apresentar; die Modeschöpfer stellen diese Woche ihre neue Kollektion vor os criadores de moda apresentam esta semana a sua nova cole(c)ção; darf ich dir Anita und Jürgen ~ posso apresentar-te a Anita e o Jürgen?; (Uhr) adiantar; (ausmalen); sich dat etw ~ imaginar a. c., fazer ideia de a. c.; das muss man sich mal ~! imagina!; ich kann sie mir gut als Ärztin ~ eu consigo imaginá-la como médica II. vr sich ~ apresentar-se; gestatten Sie, dass ich mich vorstelle permita que me apresente

Vorstellung f <-en> **1.** (*Bekanntmachung*) apresentação f **2.** (*Bild*) ideia f, noção f; **sich** *dat* **eine falsche ~ von etw machen** fazer uma ideia errada de a. c. **3.** (*im Theater*) espe(c)táculo m; (*im Kino*) sessão f; **die ~ ist ausverkauft** o espe(c)táculo está esgotado

Vorstellungsgespräch nt <-(e)s, -e> entrevista (de emprego) f

Vorstoß m <-es, -stöße> **1.** (MIL) ataque m, investida f **2.** (*Versuch*) investida f

vor|stoßen vi irr avançar

Vorstrafe f <-n> (JUR) antecedente criminal m, condenação anterior f

vor|strecken vt **1.** (*Hand*) estender; (*Kopf*) esticar **2.** (*Geld*) adiantar

Vorstufe f <-n> fase preliminar f

vor|täuschen vt fingir, simular

Vorteil ['fɔrtaɪl] m <-(e)s, -e> vantagem f; **die Vor- und Nachteile von ... ** as vantagens e as desvantagens de ...; **die Sache hat den ~, dass ...** a coisa tem a vantagem de ...

vorteilhaft adj vantajoso, proveitoso

Vortrag ['foːtraːk] m <-(e)s, -träge> conferência f; **einen ~ (über etw) halten** realizar uma conferência (sobre a. c.)

vor|tragen vt irr **1.** (*Gedicht*) recitar; (*Lied*) cantar **2.** (*darlegen*) expor

vortrefflich [foːeˈtrɛflɪç] adj excelente, primoroso

vor|treten vi irr (*nach vorne treten*) dar um passo em frente, avançar; (*aus Reihe*) sair da fila

Vortritt m <-(e)s> kein pl **1.** (*Vorrang*) prioridade f, precedência f; **jdm den ~ lassen** dar prioridade a alguém **2.** (*schweiz: Vorfahrt*) prioridade f

vorüber adv passado; **es ist ~** já passou, já acabou

vorüber|gehen vi irr **1.** (*örtlich*) passar (*an* por, junto de) **2.** (*aufhören*) passar

vorübergehend adj passageiro, temporário

Vorurteil nt <-(e)s, -e> preconceito m; **~e gegen jdn haben** ter preconceitos contra alguém

Vorverkauf m <-(e)s> kein pl venda antecipada f

Vorwahl f <-en> (TEL) indicativo m; (*brasil*) código m, prefixo m

Vorwand m <-(e)s, -wände> pretexto m, subterfúgio m; **unter dem ~, dass ...** sob o pretexto de ...

vor|wärmen vt aquecer previamente

vor|warnen vt avisar previamente, avisar com antecedência

vorwärts adv para a frente, em frente; **~ gehen** andar para a frente, fazer progressos; **~ kommen** avançar, andar para a frente, progredir, fazer progressos

Vorwärtsgang m <-(e)s, -gänge> velocidade para a frente f

vorwärts|gehen^ALT vi irr s. **vorwärts**
vorwärts|kommen^ALT vi irr s. **vorwärts**

Vorwäsche f <-n> pré-lavagem f

vorweg [fɔˈvɛk] adv **1.** (*im Voraus*) primeiramente, antecipadamente **2.** (*an der Spitze*) à frente

vorweg|nehmen vt irr antecipar

vor|weisen vt irr (*Pass*) apresentar, mostrar; (*Erfahrungen, Kenntnisse*) demonstrar

vor|werfen vt irr jdm etw ~ acusar alguém de a. c., censurar alguém por a. c.

vorwiegend adv principalmente

vorwitzig adj petulante, impertinente

Vorwort nt <-(e)s, -e> prefácio m

Vorwurf m <-(e)s, -würfe> acusação f, censura f; **jdm (wegen etw) Vorwürfe machen** acusar alguém (de a. c.), censurar alguém (por a. c.)

vorwurfsvoll adj reprovador, repreensivo

Vorzeichen nt <-s, -> **1.** (*Omen*) augúrio m, presságio m **2.** (MUS) sinal m

vor|zeigen vt irr mostrar; (*Pass*) apresentar

vorzeitig **I.** adj prematuro, antecipado **II.** adv prematuramente, antes do tempo, antecipadamente

vor|ziehen vt irr **1.** (*nach vorne ziehen*) puxar para a frente; (*Vorhang*) correr **2.** (*bevorzugen*) preferir, dar a preferência a; **ich ziehe Wein dem Bier vor** eu prefiro vinho a cerveja; **er zog es vor zu schweigen** ele preferiu calar-se

Vorzimmer nt <-s, -> **1.** (*Sekretariat*) sala de espera f **2.** (*österr: Diele*) entrada f, hall m

Vorzug m <-(e)s, -züge> **1.** kein pl (*Vorrang*) preferência f; **jdm/etw den ~ geben** dar preferência a alguém/a. c. **2.** (*Vorteil*) qualidade f, vantagem f

vorzüglich adj excelente

Vorzugspreis m <-es, -e> preço especial m

Votum ['voːtʊm] nt <-s, Voten> voto m

Voyeur [vɔaˈjøːɐ] m <-s, -e> voyeur m, espreita m

V

vulgär *adj* vulgar, ordinário

Vulkan [vʊlˈkaːn] *m* <-s, -e> vulcão *m*

Vulkanausbruch *m* <-(e)s, -brüche> erupção de vulcão *f*

Vulva *f* <Vulven> (ANAT) vulva *f*

W

W *nt* <-, -> W, w *m*

Waadt *f kein pl* Vaud *m*

Waage [ˈvaːgə] *f* <-n> **1.** (*Gerät*) balança *f* **2.** (*Tierkreiszeichen*) Balança *f*

waagerecht *adj* horizontal

wabbelig *adj* (*umg*) mole, flácido

Wabe [ˈvaːbə] *f* <-n> favo *m*

wach [vax] *adj* **1.** (*nicht schlafend*) acordado, desperto; ~ **werden** acordar, despertar; ~ **sein** estar acordado **2.** (*aufgeschlossen*) esperto

Wachablösung *f* <-en> render da guarda *m*

Wachdienst *m* <-(e)s, -e> serviço de vigilância *m*

Wache [ˈvaxə] *f* <-n> **1.** (*Person*) guarda *m,f*, vigilante *m,f*, vigia *m,f* **2.** (*Wachdienst*) vigilância *f*; (*Nachtwache*) vigília *f*; ~ **stehen** estar de vigília, estar de sentinela **3.** (*Polizeiwache*) esquadra *f*, delegacia *f*

wachen [ˈvaxən] *vi* (*aufpassen*) vigiar, fiscalizar; **UNO-Truppen wachen über die Einhaltung des Friedensabkommens** as tropas da ONU vigiam o cumprimento do acordo de paz

Wachmann *m* <-(e)s, -männer/-leute> **1.** (*Wächter*) segurança *m* **2.** (*österr: Polizist*) polícia *m*

Wacholder *m* <-s, -> (BOT) zimbro *m*

Wachs [vaks] *nt* <-es, -e> cera *f*

wachsam [ˈ-zaːm] *adj* vigilante, alerta, atento

Wachsamkeit *f kein pl* vigilância *f*

wachsen [ˈvaksən] **I.** *vt* (*Fußboden, Ski*) encerar **II.** *vi* crescer; (*zunehmen*) aumentar, subir; **die Gewinne sind um 5% gewachsen** os lucros aumentaram 5%; **er lässt sich** *dat* **einen Bart** ~ ele está a deixar crescer a barba; **jdm gewachsen sein** estar à altura de alguém

Wachstum [ˈvakstuːm] *nt* <-s> *kein pl* crescimento *m*; (*Zunahme*) aumento *m*

Wachtel [ˈvaxtəl] *f* <-n> codorniz *f*

Wächter(in) *m(f)* <-s, - *o* -innen> vigilante *m,f*, guarda *m,f*

Wachtmeister(in) *m(f)* <-s, - *o* -innen> guarda *m,f*

Wachturm *m* <-(e)s, -türme> torre de observação *f*, atalaia *f*

wackelig [ˈvakəlɪç] *adj* **1.** (*Tisch, Stuhl, Zahn*) a abanar; (*Mensch*) trôpego **2.** (*Arbeitsplatz*) pouco seguro; (*Angelegenheit*) tremido

Wackelkontakt *m* <-(e)s, -e> mau conta(c)to *m*

wackeln [ˈvakəln] *vi* **1.** (*durch Erschütterung*) abanar **2.** (*Arbeitsplätze*) estar pouco seguro

Wade [ˈvaːdə] *f* <-n> barriga da perna *f*

Waffe [ˈvafə] *f* <-n> arma *f*; **die ~n ruhen** há um cessar-fogo; **er trägt eine** ~ ele tem uma arma; **zu den ~n greifen** recorrer às armas

Waffel [ˈvafəl] *f* <-n> bolacha quente *f*

Waffenembargo *nt* <-s, -s> embargo ao armamento *m*

Waffenschein *m* <-(e)s, -e> licença de porte de arma *f*

Waffenstillstand *m* <-(e)s> *kein pl* cessar-fogo *m*, armistício *m*, tréguas *fpl*

Wagemut *m* <-(e)s> *kein pl* audácia *f*, ousadia *f*, temeridade *f*

wagemutig *adj* audaz, ousado, temerário

wagen [ˈvaːgən] *vt* **1.** (*sich getrauen*) atrever-se (*zu* a), aventurar-se (*zu* a), ousar; **niemand wagte, eine Frage zu stellen** ninguém ousou fazer uma pergunta, ninguém se atreveu a fazer uma pergunta **2.** (*riskieren*) arriscar

Wagen [ˈvaːgən] *m* <-s, -> **1.** (*Auto*) carro *m*, automóvel *m* **2.** (*der Straßenbahn*) carruagem *f*; (*der Eisenbahn*) carruagem *f*, vagão *m*; (*Pferdewagen*) carroça *f* **3.** (*Einkaufswagen, Kinderwagen*) carrinho *m* **4.** (ASTR) **der Große/Kleine** ~ a Ursa Maior/Menor

Wagenheber *m* <-s, -> macaco *m*

waghalsig ['vaːkhalzɪç] *adj* arrojado, temerário

Wagnis ['vaːknɪs] *nt* <-ses, -se> **1.** (*Risiko*) risco *m* **2.** (*Vorhaben*) façanha *f*

Wagon^RR *m* <-s, -s> **Waggon**^ALT vagão *m*

Wahl [vaːl] *f* <-en> **1.** (*Auswahl*) escolha *f*, opção *f*; (*Ware*); **zweite** ~ com defeito; **er hat keine andere** ~ ele não tem alternativa, ele não tem opção; **es stehen mehrere Möglichkeiten zur** ~ há várias possibilidades à escolha **2.** (POL) eleição *f*, eleições *fpl*; (*Abstimmung*) votação *f*, voto *m*; **freie** ~**en** eleições livres; **geheime** ~**en** voto secreto; **die** ~ **gewinnen/verlieren** ganhar/perder as eleições; **zur** ~ **gehen** ir votar; **die** ~**en zum Europaparlament** as eleições para o Parlamento Europeu

wahlberechtigt *adj* com direito de voto

Wahlbeteiligung *f* <-en> afluência às urnas *f*

wählen **I.** *vt* **1.** (POL) eleger; **jdn** ~ eleger alguém, votar em alguém; **welche Partei wählst du?** em que partido votas?; **er wurde in den Vorstand gewählt** ele foi eleito para a dire(c)ção; **sie wurde zur Präsidentin gewählt** ela foi eleita presidente **2.** (*Telefonnummer*) marcar, discar **II.** *vi* **1.** (*aussuchen*) escolher; **haben Sie schon gewählt?** já escolheu? **2.** (*am Telefon*) marcar o número, discar o número

Wähler|in *m(f)* <-s, - *o* -innen> eleitor, eleitora *m, f*

wählerisch *adj* picuinhas, esquisito, niquento; (*beim Essen*); ~ **sein** ser esquisito com a comida

Wahlfach *nt* <-(e)s, -fächer> disciplina de opção *f*

Wahlgang *m* <-(e)s, -gänge> escrutínio *m*

Wahlkabine *f* <-n> cabine de voto *f*

Wahlkampf *m* <-(e)s, -kämpfe> campanha eleitoral *f*

Wahlkreis *m* <-es, -e> círculo eleitoral *m*

Wahllokal *nt* <-s, -e> assembleia de voto *f*

wahllos **I.** *adj* indiscriminado, ao acaso **II.** *adv* indiscriminadamente, ao acaso

Wahlpflicht *f kein pl* voto obrigatório *m*

Wahlrecht *nt* <-(e)s> *kein pl* direito de voto *m*, sufrágio *m*

Wählscheibe *f* <-n> disco (do telefone) *m*

Wahlurne *f* <-n> urna eleitoral *f*

wahlweise *adv* à escolha

Wahlwiederholung *f* <-en> remarcação (do número) *f*

Wahn [vaːn] *m* <-(e)s> *kein pl* **1.** (*geh: Einbildung*) ilusão *f* **2.** (MED) delírio *m*, alucinação *f*

Wahnsinn ['vaːnzɪn] *m* <-(e)s> *kein pl* **1.** (*Geistesgestörtheit*) demência *f*, loucura *f* **2.** (*umg: Unvernunft*) loucura *f*

wahnsinnig **I.** *adj* (*geistesgestört*) louco, alucinado, alienado; (*umg: groß, stark*) louco **II.** *adv* (*umg*) incrivelmente, imensamente

wahr [vaːɐ] *adj* **1.** (*der Wahrheit entsprechend*) verdadeiro; ~ **sein** ser verdade; **nicht** ~? não é (verdade)? **2.** (*wirklich*) real, verídico; ~ **werden** realizar-se

wahren ['vaːrən] *vt* **1.** (*Geheimnis*) guardar **2.** (*Rechte*) defender, salvaguardar

während **I.** *präp* +*gen* durante **II.** *konj* **1.** (*zeitlich*) enquanto; ~ **du kochst, wasche ich ab** enquanto cozinhas, eu lavo a louça **2.** (*wohingegen*) ao passo que, enquanto (que); **er interessiert sich für Klassik,** ~ **sie lieber in Rockkonzerte geht** ele interessa-se por música clássica, ao passo que/enquanto (que) ela prefere ir a concertos de rock

währenddessen *adv* enquanto isso, entretanto

wahrhaftig [-'--] *adv* na verdade, realmente

Wahrheit *f* <-en> verdade *f*; **das ist die volle** ~ esta é toda a verdade; **die** ~ **sagen** dizer a verdade, falar a verdade

wahr|nehmen *vt irr* **1.** (*bemerken*) aperceber-se de, perceber, notar **2.** (*nutzen*) aproveitar; **eine Gelegenheit** ~ aproveitar uma oportunidade **3.** (*Interessen, Rechte*) defender, zelar por; **einen Termin** ~ manter um compromisso, não faltar a um encontro

Wahrnehmung *f* <-en> **1.** (*über die Sinne*) percepção *f* **2.** (*von Interessen, Rechten*) defesa *f*

wahr|sagen *vi* profetizar, prever o futuro

Wahrsager|in *m(f)* <-s, - *o* -innen> cartomante *m,f*, adivinho, adivinha *m, f*

wahrscheinlich [vaːɐ'ʃaɪnlɪç] **I.** *adj* provável, veros(s)ímil **II.** *adv* provavelmente, certamente

Wahrscheinlichkeit *f* <-en> probabilidade *f*, veros(s)imilhança *f*

Währung *f* <-en> moeda *f*

Währungsfonds *m* <-, -> fundo monetário *m*

Währungsunion f <-en> união monetária f

Wahrzeichen nt <-s, -> (einer Stadt) símbolo m, brasão m

Waise ['vaɪzə] f <-n> órfão, órfã m, f

Wal [va:l] m <-(e)s, -e> baleia f

Wald [valt] m <-(e)s, Wälder> floresta f, bosque m

Waldbrand m <-(e)s, -brände> incêndio florestal m

waldig adj coberto de mato, com floresta

Waldorfschule® f <-n> escola privada que se baseia nos princípios da pedagogia antroposófica

Waldsterben nt <-s> kein pl degradação das florestas f

Walkie-Talkie^RR nt <-(s), -s> walkie-talkie m

Walkman® m <-s, Walkmen> walkman m

Wall [val] m <-(e)s, Wälle> (Erdwall) valado m, talude m; (Schutzwall) dique m

Wallfahrer(in) m(f) <-s, - o -innen> peregrino, peregrina m, f, romeiro, romeira m, f

Wallfahrt f <-en> peregrinação f, romaria f

Wallfahrtsort m <-(e)s, -e> lugar de peregrinação m

Wallis nt <-> kein pl Valais m

Walnuss^RR ['va:l-] f <-nüsse> noz f

Segundo uma antiga crença popular, as bruxas entravam em acção na noite que antecede o 1° de Maio. Para isso reuniam-se no Blocksberg, que é a designação mais nova do Brocken, montanha de altitude média que se situa no Harz, na Alemanha. Hoje em dia são principalmente as crianças e os jovens que na **Walpurgisnacht** fazem partidas à vizinhança.

Walross^RR ['va:l-] nt <-es, -e> morsa f

Walze ['valtsə] f <-n> 1. (an Maschinen) rolo m, cilindro m 2. (Straßenwalze) cilindro compressor m

walzen vt 1. (Metall) laminar 2. (Straße) aplanar

wälzen I. vt (rollen) rolar; **Fleisch in Paniermehl** ~ passar carne por pão ralado; (Bücher) revolver; (Probleme) andar às voltas com II. vr sich ~ rebolar-se; (vor Schmerzen) torcer-se, contorcer-se; (im Bett) dar voltas

Walzer ['valtsə] m <-s, -> valsa f; **Wiener** ~ valsa de Viena f; ~ **tanzen** valsar

wand [vant] imp von **winden**

Wand [vant] f <Wände> parede f; **spanische** ~ biombo m; ~ **an** ~ **mit** paredes meias com; (umg); **die Wände hochgehen** trepar pelas paredes; **weiß wie die** ~ branco como a cal

Wandel ['vandəl] m <-s> kein pl mudança f, transformação f; **einem** ~ **unterliegen** sofrer uma mudança

wandeln ['vandəln] I. vt (geh) transformar II. vr sich ~ (geh) transformar-se

Wanderausstellung f <-en> exposição itinerante f

Wanderer(in) m(f) <-s, - o -innen> caminhante m,f, turista a pé m,f

Wanderkarte f <-n> mapa turístico m

wandern ['vandən] vi 1. (Wanderung machen) andar a pé, caminhar, fazer caminhadas; **am Sonntag wollen wir in der Serra da Estrela** ~ no domingo vamos fazer uma caminhada na Serra da Estrela 2. (Blick, Gedanken) vaguear

Wanderschuh m <-(e)s, -e> sapato de marcha m

Wanderung f <-en> excursão a pé f, caminhada f; **eine** ~ **machen** fazer uma caminhada

Wandkalender m <-s, -> calendário de parede m

Wandkarte f <-n> mapa de parede m

Wandlung ['vandluŋ] f <-en> mudança f, transformação f

Wandmalerei f <-en> pintura a fresco f

Wandschrank m <-(e)s, -schränke> armário de parede m

Wange ['vaŋə] f <-n> (geh) face f

wankelmütig adj (geh) inconstante

wanken ['vaŋkən] vi vacilar

wann [van] adv quando; ~ **kommst du/kommt der Zug an?** quando vens/chega o comboio?; **seit** ~? desde quando?; **bis** ~? até quando?; **von** ~ **bis** ~ **kommt sie dich besuchen?** de quando até quando é que ela vem visitar-te?; **ab** ~ **steigen die Preise?** a partir de quando é que os preços aumentam?; **ich weiß nicht,** ~ **er Geburtstag hat** eu não sei quando ele faz anos; **dann und** ~ de vez em quando, uma vez por outra; ~ **auch immer** seja quando for

Wanne ['vanə] f <-n> bacia f; (Badewanne) banheira f

Wanze ['vantsə] f <-n> 1. (Ungeziefer) percevejo *m* **2.** (*umg: Abhörgerät*) aparelho de escuta *m*

Wappen ['vapən] *nt* <-s, -> brasão *m*

war [va:ɐ] *imp von* **sein**

warb [varp] *imp von* **werben**

Ware ['va:rə] *f* <-n> mercadoria *f*

Warenhaus *nt* <-es, -häuser> armazém *m*

Warenlager *nt* <-s, -> armazém *m*, depósito de mercadorias *m*

Warenprobe *f* <-n> amostra *f*

Warensendung *f* <-en> remessa *f*, envio de mercadorias *m*

Warenumsatzsteuer *f* <-n> (*schweiz*) imposto sobre o valor acrescentado *m*, imposto sobre circulação de mercadorias *m*

Warenzeichen *nt* <-s, -> marca *f;* **eingetragenes** ~ marca regist(r)ada

warf [varf] *imp von* **werfen**

warm [varm] *adj* **1.** (*Klima, Wetter, Temperatur*) quente; **es ist** ~ está/faz calor; **mir ist** ~ tenho calor, estou com calor; ~**e Duschen** duches de água quente; **die Wohnung kostet** ~ **900 €** a renda custa 900 euros com aquecimento incluído; **etw** ~ **machen** aquecer a. c.; ~ **werden** aquecer **2.** (*Kleidung*) quente; **sich** ~ **anziehen** agasalhar-se **3.** (*herzlich*) caloroso

Wärme *f kein pl* calor *m*

Wärmekraftwerk *nt* <-(e)s, -e> central de energia térmica *f*

wärmen **I.** *vi* (*Ofen, Kleidung*) aquecer **II.** *vr* **sich** ~ aquecer-se

Wärmflasche *f* <-n> botija (de água quente) *f*

Warmfront *f* <-en> frente quente *f*

Warmhalteplatte *f* <-n> chapa quente *f*

warmherzig *adj* caloroso

Warmmiete *f* <-n> renda com aquecimento incluído *f*

Warmstart *m* <-s, -s> (INFORM) arranque a quente *m*

Warnblinkanlage *f* <-n> luzes de perigo *fpl*, quatro piscas *mpl*

Warndreieck *nt* <-(e)s, -e> triângulo de pré-sinalização *m*

warnen ['varnən] *vt* avisar (*vor* de), prevenir (*vor* de); (*vor Gefahr*) alertar (*vor* para); **vor Taschendieben wird gewarnt** cuidado com os carteiristas

Warnstreik *m* <-(e)s, -s> greve de aviso *f*

Warnung *f* <-en> aviso *m* (*vor* de), advertência *f* (*vor* para)

Warschau ['varʃaʊ] *nt* <-s> *kein pl* Varsóvia *f*

Warteliste *f* <-n> lista de espera *f;* **auf der** ~ **stehen** estar em lista de espera

warten ['vartən] **I.** *vt* (TECH) manter, fazer a manutenção de **II.** *vi* esperar (*auf* por), estar à espera (*auf* de), aguardar; **wir** ~ **schon seit einer Stunde** nós já estamos à espera há uma hora; **wartet ihr mit dem Essen auf mich?** esperam por mim com a comida?; ~ **Sie bitte draußen** aguarde lá fora, por favor; **warte auf mich!** espera por mim!; **auf sich** ~ **lassen** demorar-se; **na warte!** se te agarro!, espera!

Wärter(**in**) *m(f)* <-s, - *o* -innen> guarda *m,f*

Wartesaal *m* <-(e)s, -säle> sala de espera *f*

Warteschlange *f* <-n> fila de espera *f*

Wartezimmer *nt* <-s, -> sala de espera *f*

Wartung *f* <-en> manutenção *f*

warum [va'rʊm] *adv* **1.** (*direkte Frage*) por que, porquê; ~ **hast du das getan?** por que (é que) fizeste isso? **2.** (*indirekte Frage*) porque; **ich frage mich,** ~ **er so unfreundlich ist** eu pergunto-me porque é que ele é tão antipático

Warze ['vartsə] *f* <-n> **1.** (*auf der Haut*) verruga *f* **2.** (*Brustwarze*) mamilo *m*

was [vas] **I.** *pron interr* (o) que; ~ **haben Sie gesagt?** o que disse?; ~ **kostet das Buch?** quanto custa o livro?; ~ **ist denn los?** (o) que aconteceu?; ~ **du nicht sagst!** não me digas!; ~ **für ein Pech!** que azar!; **ach** ~! qual quê! **II.** *pron rel* (o) que, aquilo que; **das ist alles,** ~ **ich weiß** é tudo o que sei; ~ **mich betrifft** no que me diz respeito; **koste es,** ~ **es wolle** custe o que custar **III.** *pron indef* (*umg: etwas*) alguma coisa; **hast du mir** ~ **mitgebracht?** trouxeste-me alguma coisa?

Waschanlage *f* <-n> lavagem automática *f*

Waschbecken *nt* <-s, -> lavatório *m*

Wäsche *f kein pl* **1.** (*das Waschen*) lavagem *f;* **etw in die** ~ **geben** pôr a. c. a lavar **2.** (*zu waschende Textilien*) roupa suja *f;* ~ **waschen** lavar roupa **3.** (*Bettwäsche*) roupa de cama *f;* (*Unterwäsche*) roupa interior *f*

waschecht *adj* **1.** (*Kleidung*) lavável; (*Farbe*) que não tinge **2.** (*umg: typisch*) genuíno, de gema; **ein** ~**er Bayer** um bávaro de gema

Wäscheklammer *f* <-n> mola da roupa *f*, pregador de roupa *m*

Wäscheleine *f* <-n> corda da roupa *f*, varal *m*

waschen ['vaʃən] I. vt (reinigen) lavar; **das Auto** ~ lavar o carro; **sich** dat **die Hände/ Haare waschen** lavar as mãos/o cabelo; (umg: Geld) branquear II. vr **sich** ~ lavar-se
Wäscherei f <-en> lavandaria f
Wäscheschleuder f <-n> centrifugadora de roupa f
Wäschetrockner m <-s, -> secador de roupa m
Waschlappen m <-s, -> esponja de banho f
Waschmaschine f <-n> máquina de lavar roupa f
Waschmittel nt <-s, -> detergente da roupa m
Waschpulver nt <-s, -> detergente em pó (para a roupa) m
Wasser ['vasɐ] nt <-s, -> água f; **sich über** ~ **halten** flutuar, boiar; **etw unter** ~ **setzen** submergir a. c.; **unter** ~ **stehen** estar inundado; **mir läuft das** ~ **im Mund zusammen** estou com água na boca; **dort wird auch nur mit** ~ **gekocht** ali é como em todo o lado; **ihnen steht das** ~ **bis zum Hals** eles estão com a corda na garganta; (fig) **ins** ~ **fallen** ir por água abaixo
wasserarm adj árido, seco
Wasserbad nt <-(e)s, -bäder> (GASTR) banho-maria m
Wasserdampf m <-(e)s, -dämpfe> vapor de água m
wasserdicht adj impermeável; (Uhr) à prova de água
Wasserfall m <-(e)s, -fälle> cascata f, catarata f, queda-d'água f, cachoeira f; **wie ein** ~ **reden** falar pelos cotovelos
Wasserfarbe f <-n> aguarela f
Wasserflugzeug nt <-(e)s, -e> hidroavião m
Wassergymnastik f kein pl hidroginástica f
Wasserhahn m <-(e)s, -hähne> torneira da água f
Wasserhaushalt m <-(e)s, -e> (BIOL, MED) reserva de água (no organismo) f
Wasserkraftwerk nt <-(e)s, -e> central hidráulica f, hidrelétrica f
Wasserleitung f <-en> canalização f
wasserlöslich adj solúvel em água
Wassermangel m <-s> kein pl falta de água f
Wassermann m <-(e)s, -männer> Aquário m

Wassermelone f <-n> melancia f
wässern vt **1.** (Bäume, Garten) regar **2.** (GASTR) pôr de molho
Wasserpflanze f <-n> planta aquática f
wasserscheu adj hidrópico, que tem medo da água
Wasserschutzgebiet nt <-(e)s, -e> reserva aquática f
Wasserski nt <-s> kein pl esqui aquático m
Wassersport m <-(e)s> kein pl desporto aquático m, esporte aquático m
Wasserstand m <-(e)s, -stände> nível da água m
Wasserstoff m <-(e)s> kein pl (CHEM) hidrogénio m
Wasserstoffbombe f <-n> bomba de hidrogénio f
Wasserstoffperoxid nt <-(e)s, -e> (CHEM) água oxigenada f
Wasserstraße f <-n> via fluvial f
Wasserwaage f <-n> nível de bolha de ar m
Wasserwelle f <-n> mise f
Wasserwerfer m <-s, -> canhão de água m
Wasserwerk nt <-(e)s, -e> estação de depósito de água f
Wasserzeichen nt <-s, -> filigrana f
waten vi caminhar (com dificuldade)
Watsche f <-n> (österr) bofetada f
watscheln vi gingar
Watt¹ nt <-(e)s, -en> (am Meer) baixio m

Watt é a paisagem da costa no Mar do Norte, caracterizada por marés-cheias e marés-baixas. Durante a maré-baixa pode-se passear sobre o fundo arenoso do mar. Com a maré-cheia o Watt é novamente coberto por vários metros de água do mar e pode ser navegado por embarcações costeiras planas.

Watt² nt <-s, -> (PHYS) vátio m, watt m
Watte ['vatə] f <-n> algodão (em rama) m
weben ['ve:bən] vt tecer
Webstuhl m <-(e)s, -stühle> tear m
Wechsel ['vɛksəl] m <-s, -> **1.** (das Wechseln) troca f, permuta f **2.** (Veränderung) mudança f, alteração f, modificação f **3.** (Bankwesen) letra de câmbio f
Wechselbeziehung f <-en> interrelação f (zwischen entre)
Wechselgeld nt <-(e)s> kein pl troco m
wechselhaft adj instável, incerto

Wechseljahre *pl* menopausa *f*

Wechselkurs *m* <-es, -e> taxa de câmbio *f*

wechseln ['vɛksəln] **I.** *vt* (*Kleidung, Thema, Meinung*) mudar de; **mit jdm den Platz ~** trocar/mudar de lugar com alguém; **einen Reifen ~** trocar/mudar um pneu; (*Blicke, Worte, Briefe*) trocar; (*Geldschein*) trocar; (*in andere Währung*) cambiar (*in* em); **können Sie 5000 € ~?** pode trocar 5000 €?; **ich möchte 300 $ in Euros ~** eu queria cambiar 300 $ em euros **II.** *vi* (*Wetter*) mudar; **ich kann nicht ~** não tenho troco

Wechselrahmen *m* <-s, -> passe-partout *m*

wechselseitig *adj* mútuo, recíproco

Wechselstrom *m* <-(e)s, -ströme> corrente alterna *f*

Wechselstube *f* <-n> agência de câmbio *f*

Wechselwirkung *f* <-en> intera(c)ção *f*, reciprocidade *f*

wecken ['vɛkən] *vt* **1.** (*Schlafende*) acordar, despertar; **~ Sie mich bitte um acht Uhr** acorde-me às oito horas por favor **2.** (*Interesse, Begeisterung*) despertar

Wecken *m* <-s, -> (*österr*) pãozinho *m*

Wecker *m* <-s, -> despertador *m;* **den ~ auf sieben Uhr stellen** pôr o despertador para as sete horas; (*umg*); **jdm auf den ~ gehen** dar cabo dos nervos a alguém

wedeln ['ve:dəln] *vi* **1.** (*winken*) **mit etw ~** acenar com a c.; **mit dem Schwanz ~** abanar o rabo, rabear **2.** (*Ski*) ziguezaguear

weder ['ve:dɐ] *konj* **weder ... noch ...** nem ... nem ...; **er hat ~ ein Auto noch ein Fahrrad** ele não tem (nem) carro, nem bicicleta

weg [vɛk] *adv* **1.** (*abwesend*) fora, embora; **ist der Zug schon ~?** o comboio já partiu?; **er ist schon ~** ele já foi (embora), ele já saiu **2.** (*verloren, verschwunden*) desaparecido; **mein Koffer ist/die Schmerzen sind ~** a minha mala desapareceu/as dores desapareceram **3.** (*Aufforderung*) embora; **geh ~!** vai-te embora!; **nehmen Sie das ~!** tire isso daí!; **Finger/Kopf ~!** tira os dedos/a cabeça (daí)! **4.** (*entfernt*) longe; **Moskau ist weit ~** Moscovo fica longe

Weg [ve:k] *m* <-(e)s, -e> **1.** (*zum Gehen, Fahren*) caminho *m;* (*Pfad*) vereda *f,* atalho *m;* **jdm im ~ stehen** estorvar alguém, estar no caminho de alguém; **jdm aus dem ~ gehen** evitar alguém; **dem steht nichts im ~e**

não há nada que o impeça **2.** (*Route*) caminho *m,* traje(c)to *m;* **vom ~ abkommen** afastar-se do caminho; **etw in die ~e leiten** encaminhar a. c.; **sich auf den ~ machen** pôr-se a caminho; **auf dem ~ zu** a caminho de **3.** (*Mittel, Methode*) via *f,* caminho *m;* **auf diesem ~** desta maneira; **auf legalem ~** pela via legal

weg|bleiben *vi irr* não vir, não comparecer; **er bleibt nicht lange weg** ele não se demora

weg|bringen *vt irr* levar

wegen ['ve:gən] *präp* +*gen/dat* por causa de

weg|fahren *vi irr* partir, sair de carro

weg|fallen *vi irr* ser eliminado, desaparecer

weg|geben *vt irr* dar, desfazer-se de

weg|gehen *vi irr* (*Person*) ir(-se) embora, sair, partir

weg|lassen *vt irr* **1.** (*gehen lassen*) deixar ir **2.** (*umg: auslassen*) saltar

weg|laufen *vi irr* fugir; **vor jdm ~** fugir de alguém; **sie ist von zu Hause weggelaufen** ela fugiu de casa

weg|machen *vt* (*umg*) tirar

weg|müssen *vi* (*umg*) ter de ir (embora), ter de sair; **ich muss gleich weg** eu tenho de ir; **die Kisten müssen hier weg** as caixas têm de sair daqui

weg|nehmen *vt irr* **1.** (*fortnehmen*) tirar; **nimm bitte die Bücher hier weg** tira daqui os livros por favor **2.** (*entwenden*) tirar, roubar; **jdm etw ~** tirar a. c. a alguém

weg|räumen *vt* guardar, arrumar

weg|schicken *vt* **1.** (*Post, Paket*) mandar, enviar **2.** (*Person*) mandar embora

weg|stoßen *vt irr* empurrar, repelir

weg|tragen *vt irr* levar (consigo)

weg|tun *vt irr* **1.** (*wegräumen*) guardar; (*wegnehmen*) tirar **2.** (*wegwerfen*) deitar fora, jogar fora

weg|wählen *vt* (*schweiz*) não votar em

Wegweiser ['ve:k-] *m* <-s, -> (*in Gebäude*) dire(c)tório *m;* (*in Stadt*) roteiro *m*

weg|werfen *vt irr* deitar fora, pôr fora, jogar fora

Wegwerfgesellschaft *f* <-en> sociedade de desperdício *f*

Wegwerfprodukt *nt* <-(e)s, -e> produto descartável *m*

weg|ziehen **I.** *vt irr* tirar, retirar **II.** *vi irr* mudar-se; **sie sind vor einem Monat weggezogen** eles mudaram-se há um mês

weh I. *adj* magoado, ferido, do(lo)rido **II.** *interj* **o** ~! caramba!, meu deus!

wehen ['veːən] *vi* **1.** (*Wind*) soprar **2.** (*Fahne*) flutuar, ondear; **die Fahnen** ~ **im Wind** as bandeiras flutuam ao vento

Wehen *pl* dores de parto *fpl*, contra(c)ções *fpl*

wehleidig *adj* plangente, queixoso

Wehmut *f kein pl* (*geh*) melancolia *f*, saudade *f*

wehmütig *adj* melancólico, saudoso

Wehr¹ [veːɐ] *f* **sich zur** ~ **setzen** defender-se, resistir

Wehr² *nt* <-(e)s, -e> represa *f*, barragem *f*

Wehrdienst *m* <-(e)s> *kein pl* serviço militar *m*; ~ **leisten** prestar o serviço militar

Wehrdienstverweigerer *m* <-s, -> obje(c)tor de consciência *m*

wehren ['veːrən] *vr* **sich** ~ defender-se

wehrlos *adj* indefeso

Wehrmann *m* <-(e)s, -männer> (*schweiz*) soldado *m*

Wehrpflicht *f kein pl* serviço militar obrigatório *m*

Wehrpflichtige(r) *m* <-n, -n> pessoa sujeita ao serviço militar obrigatório *f*

weh|tun^RR *vi irr* doer; **jdm/sich** *dat* ~ magoar alguém/magoar-se; **tut es weh? dói?**; **mir tut der Rücken weh** dóem-me as costas, estou com dores nas costas

Weib [vaɪp] *nt* <-(e)s, -er> (*pej*) mulher *f*

Weibchen ['vaɪpçən] *nt* <-s, -> (ZOOL) fêmea *f*

weiblich *adj* feminino; (*Tier*) fêmea

weich [vaɪç] *adj* **1.** (*nicht hart*) mole; (*Haut, Stoff*) macio, suave; (*Bett, Kissen*) fofo; (*Drogen*) leve; **ein ~es Ei** um ovo mal cozido, um ovo escalfado **2.** (*formbar*) maleável **3.** (*Klang, Stimme*) suave **4.** (*Mensch, Charakter*) sensível; **ein ~es Herz haben** ter um coração de manteiga; ~ **werden** derreter-se

Weiche ['vaɪçə] *f* <-n> (*Eisenbahn*) agulha *f*

weichen ['vaɪçən] *vi* afastar-se; (*zurückweichen*) recuar, retroceder; **nicht von der Stelle** ~ não se mover

Weichheit *f kein pl* suavidade *f*

weichlich *adj* **1.** (*Material*) mole, fofo **2.** (*schwächlich*) mole, fraco

Weichseln *pl* (*österr*) ginjas *fpl*

Weichspüler *m* <-s, -> amaciador *m*

Weide ['vaɪdə] *f* <-n> **1.** (*Baum*) salgueiro *m* **2.** (*für Vieh*) pastagem *f*

weiden ['vaɪdən] *vi* pastar

weigern ['vaɪgɐn] *vr* **sich** ~ recusar-se (*zu* a), negar-se (*zu* a)

Weigerung *f* <-en> recusa *f*

Weihe *f* <-n> (*eines Bischofs*) consagração *f*; (*eines Priesters*) ordenação *f*

weihen ['vaɪən] *vt* ordenar, consagrar; **jdn zum Priester** ~ ordenar alguém para padre

Weiher ['vaɪɐ] *m* <-s, -> tanque *m*, viveiro *m*

Weihnachten ['vaɪnaxtən] *nt* <-, -> Natal *m*; **fröhliche/frohe** ~! bom/feliz Natal!; **an** ~ no Natal; **jdm etw zu** ~ **schenken** oferecer a. c. a alguém pelo Natal

O Natal festeja-se em família. No dia 24 de Dezembro as lojas fecham à hora do almoço, no dia 25 e 26 não se trabalha. Na noite do dia 24 para 25 as crianças recebem os presentes que o "Weihnachtsmann" (Pai Natal) ou o "Christkind" (Menino Jesus) colocam sob a Árvore de Natal. O Jantar de Consoada normalmente é simples. O típico "Gänsebraten" (ganso assado) é servido com "Knödel" e couve roxa e come-se no dia 25. As receitas para o ganso assado variam de região para região.

weihnachtlich *adj* natalício, natalino

Weihnachtsabend *m* <-s, -e> noite de Natal *f*, consoada *f*

Weihnachtsbaum *m* <-(e)s, -bäume> árvore de Natal *f*

Weihnachtsgeld *nt* <-(e)s> *kein pl* subsídio de Natal *m*

Weihnachtsgeschenk *nt* <-(e)s, -e> prenda de Natal *f*

Weihnachtsmann *m* <-(e)s, -männer> Pai Natal *m*, Papai Noel *m*

Weihnachtsmarkt *m* <-(e)s, -märkte> mercadinho de Natal *m*, feira de Natal *f*

Weihnachtsmarkt é um mercado de Natal. O **Weihnachtsmarkt** mais famoso da Alemanha é o de Nuremberga. Mas também em muitas outras cidades se realizam estes mercados por um só dia ou durante todo o período de advento. Vendem-se artigos para presentes de Natal, decorações natalícias, utensílios domésticos e muitas outras coisas.

Weihrauch *m* <-(e)s> *kein pl* incenso *m*

Weihwasser *nt* <-s> *kein pl* água benta *f*

weil [vaɪl] *konj* porque; **ich gehe nicht ins Kino,** ~ **ich den Film schon kenne** eu não vou ao cinema, porque já conheço o filme

Weile ['vaɪlə] *f kein pl* bocado (de tempo) *m*, algum tempo *m;* **eine ganze** ~ um bom bocado; **es dauerte eine** ~ durou um bocado, durou algum tempo; **vor einer** ~ há (um) bocado, há pouco (tempo)

Wein [vaɪn] *m* <-(e)s, -e> vinho *m;* **lieblicher/trockener** ~ vinho adamado/seco; **jdm reinen** ~ **einschenken** dizer toda a verdade a alguém

Weinbau *m* <-(e)s> *kein pl* vinicultura *f*, viticultura *f*

Weinbeere *f* <-n> (*österr, schweiz*) uva passa *f*

Weinberg *m* <-(e)s, -e> vinha *f*

Weinbergschnecke *f* <-n> caracol comum *m*

Weinbrand *m* <-(e)s, -brände> aguardente (de uva) *f,* conhaque *m*

weinen ['vaɪnən] *vi* chorar (*vor* de)

weinerlich *adj* choroso

Weinessig *m* <-s, -e> vinagre de vinho *m*

Weingeist *m* <-(e)s> *kein pl* álcool vínico *m*

Weinhandlung *f* <-en> loja de vinhos *f,* garrafeira *f*

Weinkarte *f* <-n> lista dos vinhos *f*

Weinkeller *m* <-s, -> adega *f*

Weinlese *f* <-n> vindima *f*

Weinprobe *f* <-n> prova de vinhos *f*

Weinrebe *f* <-n> videira *f*

weinrot ['-'-] *adj* cor de vinho

Weinstock *m* <-(e)s, -stöcke> videira *f,* cepa *f*

Weintraube *f* <-n> uva *f;* **grüne/blaue** ~ uva branca/preta

weise ['vaɪzə] *adj* sábio

Weise *f* <-n> maneira *f,* modo *m,* forma *f;* **auf diese** ~ deste modo, desta maneira/forma; **in gewisser** ~ de certo modo, de certa maneira/forma; **in der** ~**, dass ...** de tal modo que ...

weisen ['vaɪzən] *vt* **jdm etw** ~ indicar a. c. a alguém, mostrar a. c. a alguém; **jdn aus dem Land** ~ expulsar alguém do país; **etw von sich** *dat* ~ rejeitar a. c.

Weise(r) *m/f* <-n, -n *o* -n> sábio, sábia *m, f*

Weisheit *f kein pl* sabedoria *f*

Weisheitszahn *m* <-(e)s, -zähne> dente do siso *m*

weiß *adj* branco, alvo

Weißbrot *nt* <-(e)s, -e> pão branco *m,* pão de trigo *m*

Weiße(r) *m/f* <-n, -n *o* -n> branco, branca *m, f*

weißhaarig *adj* de cabelo(s) branco(s)

Weißkabis *m* <-> *kein pl* (*schweiz*) s. **Weißkohl**

Weißkohl *m* <-(e)s> *kein pl* couve branca *f*

Weißrussland[RR] *nt* <-s> *kein pl* Bielo-Rússia *f*

Weißwein *m* <-(e)s, -e> vinho branco *m*

Uma linha geográfica divisória que transcorre aproximadamente ao longo do Rio Meno e Danúbio é chamada por brincadeira de **Weißwurstäquator** (Equador da salsicha branca), pois ela separa a Baviera e o seu dialecto da região de dialecto prussiano, quer dizer, de todos os dialectos não-bávaros. Com este termo também é feita referência à região onde há a típica **"Weißwurst"** bávara (salsicha), feita de carne de vitela e especiarias e que tem uma cor esbranquiçada.

Weisung ['vaɪzʊn] *f* <-en> instrução *f*

weit [vaɪt] **I.** *adj* **1.** (*Entfernung*) grande, longo; (*Weg, Reise*) longo; **ein** ~**er Weg** um longo caminho; **wie** ~ **ist es** (**von ... bis ...**)? que distância é (de ... até ...)?, a que distância fica (... de ...)?; **ist es noch** ~**?** ainda é longe?; **von** ~**em** de longe; ~ **und breit** por toda a parte **2.** (*mit Maßangabe*) em comprimento; **sie springt fünf Meter** ~ ela salta cinco metros em comprimento **3.** (*groß*) grande, vasto, largo; ~**e Kreise der Bevölkerung** grandes camadas da população **4.** (*Kleidung*) largo **II.** *adv* **1.** (*sehr, erheblich*) muito; ~ **größer/mehr** muito maior/mais **2.** (*Entfernung*) longe, distante; **die Kathedrale ist** ~ **entfernt von hier** a catedral é muito longe daqui **3.** (*zeitlich*) muito; **es ist** ~ **nach Mitternacht** passa muito da meia-noite **4.** (*Ausmaß*) longe; **das Fenster ist** ~ **offen** a janela está escancarada; **du bist zu** ~ **gegangen** tu foste longe demais; **das geht zu** ~ isso passa dos limites; **etw zu** ~ **treiben** levar a. c. longe demais, abusar de a. c.; ~ **verbreitet** divulgado, generalizado; **es ist so** ~ **gekommen, dass ...** chegou a tal ponto, que ...

Weitblick *m* <-(e)s> *kein pl* vistas largas *fpl*, perspicácia *f*

Weite ['vaɪtə] *f*<-n> **1.** (*Ausdehnung*) vastidão *f*, extensão *f* **2.** (*Entfernung*) distância *f* **3.** (*von Kleidung*) roda *f*

weiter ['vaɪtə] **I.** *adj* (*zusätzlich*) outro, mais; (*zeitlich*) seguinte; ~**e fünf Jahre** mais cinco anos; **die ~e Entwicklung** a evolução seguinte; **ohne ~es** sem mais (nada); **bis auf ~es** até ver, até nova ordem **II.** *adv* **1.** (*außerdem, sonst*) além disso; (*danach*) depois; **nichts/niemand ~** mais nada/ninguém; **was geschah ~?** que aconteceu depois? **2.** (*weiterhin*) de agora em diante; **ob es ~ schneit?** será que vai continuar a nevar?; **und so ~** e assim por diante, e por aí fora

Weiterbildung *f kein pl* formação complementar *f*, reciclagem *f*

Weiterfahrt *f kein pl* continuação da viagem *f*; **auf der ~** ao continuar a viagem

weiter|gehen *vi irr* **1.** (*seinen Weg*) prosseguir, seguir **2.** (*andauern*) continuar; **so kann es nicht ~!** assim não pode continuar!

weiterhin *adv* **1.** (*künftig*) daqui em diante, para o futuro; **etw ~ tun** continuar a fazer a. c. **2.** (*außerdem*) além disso

weiter|kommen *vi irr* **1.** (*räumlich*) avançar **2.** (*Fortschritte machen*) progredir, fazer progressos

weiter|machen *vi* continuar (*mit* com)

weiter|reisen *vi* continuar viagem

weiters *adv* (*österr*) além disso

weiter|sagen *vt* divulgar

weiter|sehen *vi irr* ver

weitgehend **I.** *adj* extenso, vasto, amplo **II.** *adv* em grande parte

weitreichend *adj* (*umfassend*) vasto

weitschweifig *adj* prolixo, difuso, profuso

weitsichtig *adj* **1.** (*umsichtig*) perspicaz, previdente **2.** (MED) presbita, de vista cansada

Weitsprung *m* <-(e)s, -sprünge> salto em comprimento *m*

weitverbreitet^{ALT} *adj s.* **weit II 4**

Weitwinkelobjektiv *nt* <-(e)s, -e> lente grande-angular *f*

Weizen ['vaɪtsən] *m* <-s, -> trigo *m*

welche(r, s) **I.** *pron interr* (*adjektivisch*) que; (*substantivisch*) qual, quais; ~**r Mann?** que homem?; ~ **Bluse gefällt dir besser?** de que blusa gostas mais?, qual é a blusa que mais te agrada?; **aus ~m Grund?** por que razão? **II.** *pron indef* algum; **hast du Streichhölzer? - im Schrank müssen ~ sein** tens fósforos? - deve haver alguns no armário; **ich habe kein Papier dabei, hast du ~?** eu não tenho papel, tens algum? **III.** *pron rel* que; **das Kind, ~s das schönste Bild gemalt hat** a criança que pintou o quadro mais bonito

welk [vɛlk] *adj* murcho

welken ['vɛlkən] *vi* murchar, secar, definhar

Wellblech *nt* <-(e)s, -e> chapa ondulada *f*

Welle ['vɛlə] *f*<-n> **1.** (*im Wasser*) onda *f*; **es sind hohe ~n** as ondas estão altas **2.** (*von Protest, Begeisterung*) onda *f*; **hohe ~n schlagen** causar sensação **3.** (PHYS) onda *f* **4.** (TECH) eixo *m*

Wellenbrecher *m* <-s, -> quebra-mar *m*

Wellengang *m*<-(e)s> *kein pl* ondulação *f*

Wellenlänge *f* <-n> (PHYS) comprimento de onda *m*

Wellenreiten *nt* <-s> *kein pl* surf *m*

Wellensittich *m* <-s, -e> periquito *m*

wellig *adj* ondulado

Wellpappe *f*<-n> cartão canelado *m*

Welpe ['vɛlpə] *m* <-n, -n> cachorro *m*

welsch *adj* (*schweiz*) da Suíça francesa

Welschschweiz *f kein pl* (*schweiz*) Suíça francesa *f*

Welschschweizer(in) *m(f)* <-s, - *o* -innen> (*schweiz*) habitante da Suíça francesa *m,f*

welschschweizerisch *adj* (*schweiz*) da Suíça francesa

Welt [vɛlt] *f*<-en> mundo *m*; (*Erde*) Terra *f*; **die Alte/Neue/Dritte ~** o Velho/Novo/terceiro Mundo; **auf der ganzen ~** em todo o mundo, no mundo inteiro; **auf die ~ kommen** vir ao mundo; **die ~ der Träume** o país dos sonhos; **eine ~ brach für sie zusammen** o mundo desabou-lhe em cima; (*umg*); **was in aller ~ soll das?** que raio vem a ser isto?

Weltall *nt* <-s> *kein pl* universo *m*

Weltanschauung *f*<-en> mundividência *f*, concepção do mundo *f*

Weltausstellung *f*<-en> exposição mundial *f*

Weltbank *f kein pl* banco mundial *m*

weltberühmt *adj* mundialmente famoso

weltfremd *adj* ingénuo, inocente

Weltgesundheitsorganisation *f kein pl* organização mundial de saúde *f*

weltgewandt *adj* conhecedor do mundo
Weltkrieg *m* <-(e)s, -e> guerra mundial *f*
Weltkulturerbe *nt* <-s> *kein pl* património mundial *m*
weltlich *adj* 1. (*irdisch*) mundano, profano, terrestre 2. (*nicht kirchlich*) secular, leigo
Weltliteratur *f kein pl* literatura mundial *f*
Weltmacht *f* <-mächte> potência mundial *f*
Weltmarkt *m* <-(e)s> *kein pl* mercado mundial *m*
Weltmeister(in) *m(f)* <-s, - *o* -innen> campeão mundial, campeã *m, f;* **dreifacher** ~ tricampeão mundial
Weltmeisterschaft *f* <-en> campeonato do mundo *m,* campeonato internacional *m;* (*Fußball*) mundial *m*
Weltraum *m* <-(e)s> *kein pl* espaço *m*
Weltreise *f* <-n> volta ao mundo *f;* **eine** ~ **machen** dar a volta ao mundo
Weltrekord *m* <-(e)s, -e> recorde mundial *m*
Weltsicherheitsrat [-'----] *m* <-(e)s> *kein pl* conselho mundial de segurança *m*
Weltuntergang *m* <-(e)s> *kein pl* fim do mundo *m*
weltweit ['-'-, '--] I. *adj* mundial, universal II. *adv* mundialmente, universalmente
Weltwunder *nt* <-s, -> maravilha do mundo *f*
wem [ve:m] I. *dat von* **wer** II. *pron rel* a quem, para quem; ~ **das zu teuer ist, der soll es sagen** para quem isto é muito caro, deve dizê-lo
wen [ve:n] I. *akk von* **wer** II. *pron rel* (a) quem; ~ **das betrifft, der muss 20 DM bezahlen** a quem isto disser respeito, tem de pagar 20 marcos
Wende ['vɛndə] *f* <-n> viragem *f,* transição *f;* **eine** ~ **auf dem Arbeitsmarkt** uma viragem no mercado de trabalho; **an der** ~ **zum 21. Jahrhundert** na viragem para o século XXI
Wendekreis *m* <-es, -e> 1. (GEOG) trópico *m;* **der** ~ **des Krebses/Steinbocks** o trópico de Câncer/Capricórnio 2. (*von Auto*) raio de viragem *m*
Wendeltreppe ['vɛndəl-] *f* <-n> escada em caracol *f*
wenden I. *vt* (*Braten, Blatt, Auto*) virar; **er wendete den Kopf** ele virou a cabeça, ele voltou a cabeça; **bitte ~!** virar se faz favor II.

vi virar III. *vr* **sich** ~ virar-se, dirigir-se; **sich zum Ausgang** ~ dirigir-se para a saída; **sich an jdn** ~ dirigir-se a alguém; **einige Abgeordnete wendeten sich gegen den Beschluss** alguns deputados viraram-se contra a decisão
Wendepunkt *m* <-(e)s, -e> ponto de transição *m*
wendig *adj* 1. (*Auto*) facilmente manobrável 2. (*Person*) ágil, hábil
Wendung *f* <-en> 1. (*Drehung*) volta *f;* **eine** ~ **um 180°** uma volta de 180° 2. (*Veränderung*) viragem *f,* mudança *f;* **eine** ~ **zum Guten/Schlechten nehmen** virar para o bem/mal 3. (*Redewendung*) expressão idiomática *f*
wenig ['ve:nıç] I. *pron indef* pouco; **ich habe** ~ **Geld/Zeit** eu tenho pouco tempo/ dinheiro; **möchten Sie noch ein** ~ **Wein** quer mais um pouco de vinho?; **zu** ~ pouco; **das ist zu** ~ isso é (muito) pouco, isso não chega; **in** ~**en Tagen** dentro de poucos dias; **so** ~ tão pouco; **trink so** ~ **wie möglich** bebe o menos possível; **wir haben zu** ~ **eingekauft/Bier im Haus** nós comprámos pouco/temos pouca cerveja em casa II. *adv* pouco; **das interessiert mich** ~ isso não me interessa muito, isso interessa-me pouco
weniger ['ve:nıgə] *adv indef* menos; ~ **als 100 Personen** menos de 100 pessoas; **sie isst** ~ **als du** ela come menos (do) que tu; **immer** ~ cada vez menos; ~ **werden** diminuir, escassear
wenigstens ['ve:nıçstəns, 've:nıkstəns] *adv* ao menos, pelo menos
wenigste(r, s) *pron indef* menor (número de), mínimo; **die** ~**n Strände sind völlig sauber** muito poucas praias estão completamente limpas
wenn [vɛn] *konj* 1. (*zeitlich*) quando; **jedes Mal,** ~ **...** cada vez que ..., sempre que ... 2. (*konditional*) se; (*falls*) no caso de; ~ **es nicht so kalt gewesen wäre, wären die Pflanzen nicht erfroren** se não tivesse estado tanto frio, as plantas não teriam congelado; ~ **du mit ihr sprichst, gib ihr meine Telefonnummer** se falares com ela, dá-lhe o meu número de telefone; ~ **dem so ist** se é assim 3. (*obwohl*) ~ **auch** ainda que, mesmo que, embora; **es ging,** ~ **auch mit einiger Mühe** fez-se, ainda que com algum esforço 4. (*Wunschsatz*) se (ao menos); ~ **er doch bald**

W

käme! se (ao menos) ele viesse em breve!

wennschon *konj* (*umg*) **und** ~**!** e depois?, e daí?

wer [veːɐ] **I.** *pron interr* quem; ~ **ist da?** quem está aí?; ~ **sind diese Leute?** quem são estas pessoas?; ~ **war alles da?** quem estava lá? **II.** *pron rel* quem; ~ **etwas gesehen hat, sollte sich an die Polizei wenden** quem viu alguma coisa, deve dirigir-se à polícia; ~ **auch immer** seja quem for

Werbeagentur *f* <-en> agência de publicidade *f*

Werbefernsehen *nt* <-s> *kein pl* publicidade televisiva *f*

werben [ˈvɛrbən] **I.** *vt* (*Mitglieder, Arbeitskräfte*) recrutar, angariar **II.** *vi* (*für Ware*) fazer publicidade (*für* a); (*für Partei*) fazer propaganda (*für* a)

Werbespot [ˈvɛrbespɔt] *m* <-s, -s> anúncio publicitário *m*, reclame *m*

Werbung *f* <-en> **1.** (*für Waren*) publicidade *f*, propaganda *f*; **für etw** ~ **machen** fazer publicidade a a. c., publicitar a. c. **2.** (*von Mitgliedern, Arbeitskräften*) recrutamento *m*, angariação *f*

Werdegang *m* <-(e)s> *kein pl* desenvolvimento *m*, evolução *f*

werden [ˈveːɐdən] **I.** *vi* **1.** (*Zustandsveränderung*) ficar; **alt/krank/reich** ~ envelhecer/adoecer/enriquecer, ficar velho/doente/rico; **es wird Morgen** está a amanhecer; **es wird schon dunkel** já está a escurecer; **es wird bald Frühling** em breve é Primavera; **mir wird kalt** começo a ter frio; **die Suppe wird kalt** a sopa arrefece, a sopa fica fria; **das muss anders** ~ isto tem que mudar **2.** (*Entwicklung*) tornar-se, ficar, ser; **sie will Journalistin** ~ ela quer ser jornalista; **sie wird dieses Jahr 12** ela faz este ano 12 anos; ~ **Sie nicht böse!** não se zangue! **3.** (*Resultat*) ser, ficar, vir a ser; **die Fotos sind gut geworden** as fotografias ficaram bem; **er ist 40 geworden** ele fez 40 anos; **was ist aus ihr/ihm geworden?** o que é feito dela/dele?; (*umg*) **daraus ist nichts geworden** isso ficou em águas de bacalhau, isso não deu em nada **II.** (*Futur*) ir, haver de; **ich werde ihn anrufen** eu vou telefonar-lhe, eu hei-de telefonar-lhe **2.** (*Passiv*) ser; **das Zimmer wird gestrichen** o quarto está a ser pintado; **das Flugzeug ist entführt worden** o avião foi desviado; **mir wurde gesagt, dass** ... foi-me dito que ... **3.** (*Konjunktiv II*) ficaria, seria; **ich würde dich gerne wiedersehen** eu gostaria de voltar a ver-te

werfen [ˈvɛrfən] **I.** *vt* (*durch die Luft*) atirar, lançar, deitar, jogar; **nicht werfen!** não atirar!; **etw auf den Boden** ~ atirar/deitar a. c. ao chão, jogar a. c. no chão; **sie warf ihre Tasche in die Ecke** ela atirou a carteira para o canto, ela jogou a bolsa no canto; (SPORT); **ein Tor** ~ encestar; **jdn aus dem Saal** ~ expulsar alguém do salão; (*Tierjunge*) parir **II.** *vi* atirar (*mit* com); **die Demonstranten warfen mit Steinen** os manifestantes atiraram com pedras

Werft [vɛrft] *f* <-en> estaleiro *m*

Werk [vɛrk] *nt* <-(e)s, -e> **1.** (*Handlung, Geschaffenes*) obra *f*; (*Arbeit*) trabalho *m*; (LIT); **gesammelte** ~**e** obras completas *fpl*; **ein gutes** ~ **tun** fazer uma boa obra, fazer um bom trabalho **2.** (*Fabrik*) fábrica *f*, usina *f*

Werkstatt [ˈ-ʃtat] *f* <-stätten> oficina *f*

Werktag *m* <-(e)s, -e> dia útil *f*

werktags *adv* nos dias úteis

Werkvertrag *m* <-(e)s, -träge> contrato de prestação de serviços *m*

Werkzeug *nt* <-(e)s, -e> ferramenta *f*

Wermut *m* <-(e)s> *kein pl* vermute *m*

wert [veːɐt] *adj* **etw** ~ **sein** valer a. c.; **viel** ~ **sein** valer muito; **das ist 200 DM/ein Vermögen** ~ isso vale 200 marcos/uma fortuna; **das ist nichts** ~ isso não vale nada; **es ist nicht der Mühe** ~ não vale a pena

Wert [veːɐt] *m* <-(e)s, -e> **1.** (*Preis*) valor *m*; **Gemälde im** ~ **von 100.000 DM** quadros no valor de 100.000 marcos **2.** (*Bedeutung*) valor *m*, importância *f*; **auf etw** (**keinen**) ~ **legen** (não) dar valor a a. c.; **ich lege** ~ **darauf, dass du pünktlich kommst** eu faço questão de que sejas pontual **3.** (TECH) valor *m*; **es wurden erhöhte** ~**e gemessen** mediram-se valores elevados

Wertangabe *f* <-n> declaração de valor *f*

Wertbrief *m* <-(e)s, -e> valor declarado *m*

werten [ˈveːɐtən] *vt* avaliar; **wir haben das als Erfolg gewertet** nós avaliámos isso como um sucesso

Wertgegenstand *m* <-(e)s, -stände> obje(c)to de valor *m*

wertlos *adj* sem valor

Wertpapier *nt* <-(e)s, -e> título *m*, valor *m*

Wertsachen *pl* obje(c)tos de valor *mpl*

Wertschrift *f* <-en> (*schweiz*) *s.* **Wertpapier**

Wertstoff *m* <-(e)s, -e> material reciclável *m*

Wertung *f* <-en> avaliação *f;* (SPORT) classificação *f;* pontuação *f*

wertvoll *adj* valioso, precioso

Wesen *nt* <-s, -> **1.** (*Lebewesen*) ser *m*, ente *m;* **ein menschliches ~** um ser humano **2.** *kein pl* (*Kern*) essência *f*, substância *f* **3.** *kein pl* (*Charakter*) natureza *f*, índole *f*

wesentlich ['ve:zəntlɪç] **I.** *adj* essencial; (*grundlegend*) fundamental; (*bedeutend*) considerável; **im Wesentlichen** na essência; **ein ~er Bestandteil** uma parte integrante **II.** *adv* consideravelmente; **es geht ihm schon ~ besser** ele está muito melhor

weshalb [vɛs'halp, '--] *adv* porque

Wespe ['vɛspə] *f* <-n> vespa *f*

wessen ['vɛsən] **I.** *gen von* **wer II.** *pron rel* (de) quem; **~ Schuld es ist, der sollte das sagen** quem tiver a culpa, deve dizê-lo

Wessi ['vɛsi] *m* <-s, -s> (*umg*) alemão ocidental, alemã *m, f*

Em contraposição ao termo "Ossi" surgiu depois da abertura da RDA o termo **Wessi** - muitas vezes pejorativo - que se refere ao cidadão dos antigos estados da RFA.

westdeutsch *adj* alemão ocidental

Westdeutschland *nt* <-s> *kein pl* Alemanha Ocidental *f*

Weste ['vɛstə] *f* <-n> colete *m;* **kugelsichere ~** colete à prova de balas; (*umg*) **eine weiße ~ haben** estar inocente

Westen ['vɛstən] *m* <-s> *kein pl* ocidente *m*, oeste *m*

Western ['vɛstɐn] *m* <-s, -> western *m*, filme de faroeste *m*

Westeuropa ['--'--] *nt* <-s> *kein pl* Europa Ocidental *f*

westeuropäisch *adj* da Europa Ocidental

westlich *adj* ocidental; **~ von Wien** a oeste de Viena

Westwind *m* <-(e)s, -e> vento do ocidente *m*

weswegen [vɛs've:gən] *adv* porque

Wettbewerb ['vɛtbəvɛrp] *m* <-(e)s, -e> **1.** (*Veranstaltung*) concurso *m;* (SPORT) campeonato *m* **2.** *kein pl* (*Konkurrenz*) concorrência *f*

Wette ['vɛtə] *f* <-n> aposta *f;* **eine ~ (mit jdm) abschließen** fazer uma aposta (com alguém); **um die ~ laufen** correr ao desafio, correr à porfia

wetteifern ['---] *vi* competir (*mit* com); **sie ~ um den ersten Platz** eles competem o primeiro lugar, eles estão em competição pelo primeiro lugar

wetten ['vɛtən] **I.** *vt* apostar **II.** *vi* apostar (*mit* com); **~, dass es stimmt?** uma aposta, como é verdade?, queres apostar como é verdade?; **ich wette um eine Pizza** eu aposto uma pizza

Wetter ['vɛtɐ] *nt* <-s> *kein pl* tempo *m;* **das ~ ist/wird schlecht** o tempo está mau/piora; **bei diesem ~** com este tempo; **wie wird das ~ morgen?** qual é o tempo para amanhã?

Wetterbericht *m* <-(e)s, -e> boletim meteorológico *m*

Wetterdienst *m* <-(e)s, -e> serviço meteorológico *m*

Wetterkarte *f* <-n> mapa meteorológico *m*

Wetterlage *f* <-n> estado do tempo *m*

Wettervorhersage *f* <-n> previsão do tempo *f*, previsão meteorológica *f*

Wettkampf *m* <-(e)s, -kämpfe> (SPORT) competição *f*, desafio *m*

Wettlauf *m* <-(e)s, -läufe> corrida *f*

wett|machen ['vɛt-] *vt* (*umg*) reparar

Wettrüsten *nt* <-s> *kein pl* corrida ao armamento *f*

wetzen *vt* afiar, amolar

WEZ *abk v* **Westeuropäische Zeit** hora da Europa Ocidental

WG [ve:'ge:] *abk v* **Wohngemeinschaft** habitação partilhada

Whirlpool *m* <-s, -s> jacuzzi *m*

Whisky ['wɪski] *m* <-s, -s> whisky *m*, uísque *m*

wich [vɪç] *imp von* **weichen**

wichtig ['vɪçtɪç] *adj* importante; **~ tun/sich ~ machen** fazer-se importante; **etw ~ nehmen** dar importância a a. c.

Wichtigkeit *f kein pl* importância *f*

Wichtigtuer(in) [-tu:ɐ] *m(f)* <-s, - *o* -innen> presumido, presumida *m, f*, convencido, convencida *m, f*

wickeln ['vɪkəln] *vt* **1.** (*aufwickeln*) enrolar; **die Wolle zu einem Knäuel ~** enrolar a lã num novelo **2.** (*einwickeln*) embrulhar (*in* em), envolver (*in* em); (*auswickeln*) desembrulhar (*aus* de); **etw in eine Decke ~** embrulhar a. c. num cobertor; **etw aus einem Papier ~** desembrulhar a. c. dum papel **3.** (*Kind*) mudar a fralda a

Widder ['vɪdɐ] *m* <-s, -> **1.** (ZOOL) carneiro *m*, bode *m* **2.** (*Tierkreiszeichen*) Carneiro *m*, Áries *m*

wider ['vi:dɐ] *präp* + *akk* (*geh*) contra; **~ Erwarten** contra as expectativas

Widerhandlung *f* <-en> (*schweiz*) infra(c)ção *f*

widerlegen* *vt* refutar, impugnar

widerlich ['vi:dɐlɪç] *adj* repugnante, nojento

widerrechtlich *adj* ilegal, ilícito

Widerruf *m* <-(e)s, -e> (*einer Anordnung*) revogação *f*, contra-ordem *f*; (*einer Aussage*) desmentido *m*, retra(c)tação *f*; **bis auf ~** até ordem em contrário

widerrufen* *vt irr* (*Aussage*) retra(c)tar

Widersacher(in) *m(f)* <-s, - *o* -innen> adversário, adversária *m, f*

widersetzen* *vr* **sich ~** opor-se, resistir; **sich etw ~** opor-se a a. c.

widersinnig *adj* absurdo

widerspenstig ['vi:dɐʃpɛnstɪç] *adj* renitente, pertinaz, rebelde

Widerspenstigkeit *f* <-en> pertinácia *f*, rebeldia *f*, renitência *f*

wider|spiegeln *vt* refle(c)tir

widersprechen* *vi irr* **jdm ~** contradizer alguém, contrariar alguém; **etw ~** contestar a. c.; **sich** *dat* **~** contradizer-se; **das widerspricht unserer Abmachung** isso contraria o nosso acordo; **ihre Aussagen ~ sich** as declarações deles contradizem-se

Widerspruch *m* <-(e)s, -sprüche> **1.** *kein pl* (*Widerrede*) protesto *m;* (JUR); **~ einlegen** reclamar; **seine Äußerungen stießen auf ~** as suas declarações depararam com protestos **2.** (*Gegensatz*) contradição *f*; **im ~ zu etw stehen** estar em contradição com a. c.; **sich in Widersprüche verwickeln** envolver-se em contradições

widersprüchlich *adj* contraditório

widerspruchslos *adj* sem contradições

Widerstand *m* <-(e)s, -stände> **1.** (POL) Resistência *f* (*gegen* contra); **~ leisten** oferecer/opor resistência **2.** (PHYS) resistência *f*

Widerstandsbewegung *f* <-en> movimento de Resistência *m*

widerstandsfähig *adj* resistente

widerstandslos *adj* sem resistência

widerstehen* *vi irr* resistir

widerwärtig *adj* repugnante

Widerwille *m* <-ns> *kein pl* **1.** (*Ekel*) repugnância *f* (*gegen* a), aversão *f* (*gegen* a) **2.** (*Abneigung*) relutância *f*, má vontade *f*

widerwillig I. *adj* contrariado, relutante II. *adv* de má vontade, com relutância

widmen ['vɪtmən] I. *vt* dedicar; **jdm etw ~** dedicar a. c. a alguém II. *vr* **sich ~** dedicar-se; **sich etw ~** dedicar-se a a. c.

Widmung *f* <-en> dedicatória *f*

wie [vi:] I. *adv* **1.** (*auf welche Art; interrogativ*) como; (*Qualität, Zustand, Grad*) que; **~ bitte?** como?; **~ geht's?** como está?, que tal?; **~ oft?** quantas vezes?; **~ lange** quanto tempo?; **~ alt ist er?** que idade tem ele?, quantos anos tem ele?; **~ machst du das?** como fazes isso?; **~ schnell fährt das Auto?** a que velocidade é que anda o carro?; **~ breit ist das?** qual é a largura disso?, que largura tem isso?; **~ kalt ist es?** está muito frio?; **~ teuer ist das?** quanto custa isso?, qual é o preço disso?; **~ weit ist es nach Genf?** qual é a distância até Genebra?; **~ spät ist es?** que horas são? **2.** (*relativisch*) como; **die Art, ~ er sich kleidet** a maneira como ele se veste; **in dem Maße, ~ ...** na medida que ... **3.** (*Ausruf*) que; **~ schade!** que pena!; **~ schön!** que lindo! II. *konj* **1.** (*Vergleich*) como, quanto; **so reich ~ er** tão rico como/quanto ele; **~ immer** como sempre; **das Essen war nicht so teuer, ~ ich erwartet hatte** a refeição não foi tão cara como eu tinha esperado **2.** (*Aufzählung*) (tal) como; **alkoholische Getränke, ~ Bier und Wein** bebidas alcoólicas, (tais) como cerveja e vinho **3.** (*und auch*) e (também), assim como; **sie wurde als Malerin ~ als Schriftstellerin bekannt** ela ficou conhecida como pintora e (também) como escritora **4.** (*auf diese Weise*) tal como, assim como; **es passierte alles, ~ er gesagt hatte** passou-se tudo tal como ele disse

wieder ['vi:dɐ] *adv* **1.** (*nochmals*) outra vez, de novo, novamente; **schon ~** outra vez; **da bin ich ~** cá estou eu outra vez; **~ eine ausländerfeindliche Aktion** mais um a(c)to xenófobo, outro a(c)to xenófobo **2.** (*in Verbverbindungen*) voltar a, tornar a; **er setzte sich ~** ele voltou/tornou a se sentar; **etw ~ aufnehmen** ressumir; (*Arbeit*) retomar; (*Prozess*) rever; **etw ~ gutmachen** remediar, reparar; **etw immer ~ machen** voltar/tornar sempre a fazer a. c.

Wiederaufbau [--'--] *m* <-(e)s> *kein pl* reconstrução *f*

Wiederaufbereitungsanlage *f* <-n> estação de tratamento de resíduos sólidos *f*

Wiederaufnahme [--'---] *f* <-n> (*einer Tätigkeit*) recomeço *m;* (*eines Gerichtsverfahrens*) revisão *f*

wieder|auf|nehmenᴬᴸᵀ *vt irr s.* **wieder 2**

wieder|beleben *vt* reanimar

wieder|erkennnen* *vt irr* reconhecer

wieder|erlangen* *vt* recuperar

Wiedereröffnung *f* <-en> reabertura *f*

wieder|finden *vt irr* reencontrar

Wiedergabe *f* <-n> **1.** (*Darstellung, Bericht*) reprodução *f* **2.** (*Aufführung*) representação *f* **3.** (*in Bild, Ton*) reprodução *f*

wieder|geben *vt irr* **1.** (*zurückgeben*) devolver; **ich gebe dir das Geld morgen wieder** eu devolvo-te o dinheiro amanhã **2.** (*schildern*) reproduzir **3.** (*wiederholen*) repetir

wieder|gut|machenᴬᴸᵀ *vt s.* **wieder 2**

Wiedergutmachung *f* <-en> **1.** (*eines Schadens*) reparação *f* **2.** (*Entschädigung*) ressarcimento *m*

wieder|her|stellen [--'---] *vt* restabelecer

wieder|holen¹ *vt* (*zurückholen*) ir buscar (de volta)

wiederholen*² *vt* repetir; (*Lernstoff*) recapitular; **ich wiederhole kurz** eu recapitulo

Wiederholung [--'--] *f* <-en> repetição *f;* (*von Lernstoff*) recapitulação *f*

Wiederhören *nt* **auf ~!** até à próxima!, adeus!

Wiederkäuer *m* <-s, -> ruminante *m*

Wiederkehr *f kein pl* (*geh*) regresso *m*

wieder|sehen *vt irr* **jdn/etw** ~ rever alguém/a. c., tornar a ver alguém/a. c.

Wiedersehen *nt* <-s, -> reencontro *m;* **auf ~!** adeus!, até à vista!

wiederum ['vi:dərom] *adv* **1.** (*nochmals*) de novo, outra vez **2.** (*andererseits*) por outro lado, em compensação

wieder|vereinigen* *vt* reunir, reunificar

Wiedervereinigung *f* <-en> reunificação *f*

wieder|verwerten* *vt* recuperar

Wiederverwertung *f* <-en> reaproveitamento *m,* reciclagem *f*

Wiederwahl *f kein pl* reeleição *f*

wiegen¹ ['vi:gən] **I.** *vt* pesar; **ein Paket ~** pesar um pacote **II.** *vi* pesar; **wie viel wiegst du? · ich wiege 80 kg** quanto pesas? · eu peso 80 kg

wiegen² *vt* (*Kind*) embalar

wiehern ['vi:ɐn] *vi* relinchar; **~des Gelächter** gargalhadas *fpl*

Wien [vi:n] *nt* <-s> *kein pl* Viena *f*

wies [vi:s] *imp von* **weisen**

Wiese ['vi:zə] *f* <-n> prado *m*

Wiesel ['vi:zəl] *nt* <-s, -> doninha *f*

wieso [vi'zo:] *adv* a que propósito, por que razão

wievielᴬᴸᵀ [vi'fi:l, '--] *adv s.* **wie I 1**

wievielmal *adv* quantas vezes

wievielte(r, s) *adj* qual; **den Wievielten haben wir heute?** quantos são hoje?, que dia é hoje?; **zum ~n Mal?** (por) quantas vezes?; **die ~ Zigarette rauchst du gerade?** quantos cigarros fumaste, com este?

wieweit *adv* até onde, até que ponto

wild [vɪlt] *adj* **1.** (*Tier*) selvagem, bravo; (*Pflanze*) bravo, silvestre; (*Landschaft*) agreste; **~ wachsen** crescer sem cultura **2.** (*wütend*) furioso, bravo; **~ werden** enfurecer-se; **das macht mich ganz ~** isso deixa-me muito furioso **3.** (*unkontrolliert*) furtivo; **~ zelten** fazer campismo selvagem **4.** (*Kind*) travesso, terrorista

Wild *nt* <-(e)s> *kein pl* caça *f*

wildern ['vɪldɐn] *vi* caçar furtivamente

wildfremd ['-'-] *adj* absolutamente desconhecido

Wildleder *nt* <-s, -> camurça *f*

Wildnis *f kein pl* selva *f*

Wildschwein *nt* <-(e)s, -e> javali *m*

Wille ['vɪlə] *m* <-ns> *kein pl* (*Wollen*) vontade *f;* (*Absicht*) intenção *f;* **der ~ des Volkes** a vontade do povo; **aus freiem ~n** de livre vontade, de livre arbítrio; **der letzte ~** a última vontade, as disposições testamentárias; **es war kein böser ~** não foi de má-fé; **wider ~n** contra a vontade, de má-vontade

willen ['vɪlən] *präp* +*gen* **um ... ~** por (amor de); **um Gottes ~!** por amor de Deus!

willenlos *adj* sem vontade própria

willensschwach *adj* sem força de vontade

willensstark *adj* com força de vontade

willig **I.** *adj* solícito, disposto **II.** *adv* de boa vontade

willkommen [-'--] *adj* (*Person*) bem-vindo; (*Sache*) bem-vindo, oportuno; **herzlich ~!**

seja bem-vindo!; **jdn ~ heißen** dar as bo-as-vindas a alguém

Willkommen *nt* <-s> *kein pl* boas-vindas *fpl*

willkürlich *adj* arbitrário, despótico

wimmeln ['vɪməln] *vi* formigar (*von* de), estar cheio (*von* de); **hier wimmelt es von Mücken** isto está cheio de mosquitos

wimmern ['vɪmɐn] *vi* gemer, choramingar

Wimper ['vɪmpɐ] *f* <-n> pestana *f;* **ohne mit der ~ zu zucken** sem pestanejar

Wimperntusche *f* <-n> rímel® *m*

Wind [vɪnt] *m* <-(e)s, -e> vento *m;* (*umg*) ~ **machen** fazer um pé-de-vento; (*umg*); **von etw ~ bekommen** (vir a) saber a. c.

Windbeutel *m* <-s, -> sonho *m*

Winde *f* <-n> **1.** (TECH) guincho *m* **2.** (BOT) trepadeira bons-dias *f*

Windel ['vɪndəl] *f* <-n> fralda *f*

winden ['vɪndən] *vr* **sich ~ 1.** (*sich krümmen*) enroscar-se, contorcer-se; **er wand sich vor Schmerzen** ele contorceu-se de dores **2.** (*Ausflüchte suchen*) esquivar-se

Windenergie *f kein pl* energia eólica *f*

windgeschützt *adj* abrigado (do vento)

Windhund *m* <-(e)s, -e> galgo *m*

windig *adj* (*Wetter, Tag*) com vento; (*Ort*) ventoso; **es ist ~** está vento

Windjacke *f* <-n> impermeável *m*

Windmühle *f* <-n> moinho de vento *m*

Windpark *m* <-s, -s> parque eólico *m*

Windpocken *pl* (MED) varicela *f*

Windschutzscheibe *f* <-n> pára-brisas *m*

Windstärke *f* <-n> intensidade do vento *f;* **es herrscht ~ drei** o vento sopra com intensidade de nível 3

Windstille *f kein pl* calmaria *f*, bonança *f*

Windstoß *m* <-es, -stöße> rajada de vento *f*, pé-de-vento *m*

Windsurfen *nt* <-s> *kein pl* windsurf *m*

Windsurfer(in) *m(f)* <-s, - *o* -innen> praticante de windsurf *m,f*

Wink [vɪŋk] *m* <-(e)s, -e> **1.** (*Zeichen*) aceno *m,* sinal *m* **2.** (*Äußerung*) indicação *f;* (*Warnung*) aviso *m;* (*Tipp*) palpite *m;* **jdm einen ~ geben** chamar a atenção de alguém para a. c.

Winkel ['vɪŋkəl] *m* <-s, -> **1.** (MAT) ângulo *m;* **spitzer/rechter/stumpfer ~** ângulo agudo/re(c)to/obtuso; **toter ~** ângulo morto **2.** (*Ecke*) (re)canto *m*

winken ['vɪŋkən] *vi* acenar, fazer sinal;

jdm/einem Taxi ~ acenar a alguém/um táxi, fazer sinal a alguém/um táxi

winseln ['vɪnzəln] *vi* (*Hund*) ganir

Winter ['vɪntɐ] *m* <-s, -> Inverno *m;* **ein strenger/harter ~** um Inverno rigoroso

Wintergarten *m* <-s, -gärten> estufa *f*

winterlich *adj* de Inverno, hibernal

Winterreifen *m* <-s, -> pneu de Inverno *m*

Winterschlaf *m* <-(e)s> *kein pl* hibernação *f;* ~ **machen** hibernar

Winterschlussverkauf^RR *m* <-(e)s, -käufe> saldos de Inverno *mpl*

Wintersport *m* <-(e)s> *kein pl* desporto de Inverno *m,* esporte de Inverno *m*

Winzer(in) ['vɪntsɐ] *m(f)* <-s, - *o* -innen> vinicultor, vinicultora *m, f,* viticultor, viticultora *m, f*

winzig ['vɪntsɪç] *adj* minúsculo, diminuto

Wipfel ['vɪpfəl] *m* <-s, -> copa *f*

Wippe ['vɪpə] *f* <-n> gangorra *f*, tábua de balanço *f*

wir [viːɐ] *pron pers* nós, a gente; ~ **alle** todos nós; ~ **beide/drei** nós os dois/três

Wirbel ['vɪrbəl] *m* <-s, -> **1.** (*im Haar*) re(de)moinho *m;* (*im Wasser*) re(de)moinho *m,* turbilhão *m* **2.** (*Trubel*) rodopio *m;* (*Aufsehen*) bronca *f;* **viel ~ um etw machen** fazer um pé-de-vento por causa de a. c. **3.** (ANAT) vértebra *f*

Wirbelsäule *f* <-n> coluna vertebral *f*

Wirbelsturm *m* <-(e)s, -stürme> ciclone *m*

Wirbelwind *m* <-(e)s, -e> turbilhão *m,* re(de)moinho *m*

wirken ['vɪrkən] *vi* **1.** (*Wirkung haben*) fazer efeito, surtir efeito, ser eficaz; **beruhigend ~** ter um efeito relaxante; **gegen etw ~** ser eficaz contra a. c. **2.** (*Eindruck machen*) parecer; **sie wirkt jünger, als sie ist** ela parece mais nova do que é

wirklich ['vɪrklɪç] **I.** *adj* real, efe(c)tivo; (*echt*) verdadeiro **II.** *adv* realmente, verdadeiramente, mesmo; **das ist ~ nett von Ihnen** isso é realmente simpático da sua parte; **ist das ~ wahr?** isso é mesmo verdade?

Wirklichkeit *f* <-en> realidade *f;* **in ~** na realidade

wirksam *adj* eficaz

Wirksamkeit *f kein pl* eficácia *f*

Wirkstoff *m* <-(e)s, -e> agente (químico) *m*

Wirkung *f* <-en> efeito *m;* (*Wirksamkeit*)

eficácia *f;* (*Ergebnis*) resultado *m;* (*Folge*) consequência *f;* **eine durchschlagende/lindernde ~ haben** ter um efeito eficaz/atenuante; **seine ~ verfehlen** não surtir o efeito desejado; **an ~ verlieren** perder efeito; **mit ~ vom ersten Januar** válido a partir de 1 de Janeiro

Wirkungsgrad *m* <-(e)s, -e> eficiência *f,* rendimento *m*

wirkungslos *adj* ineficaz

wirkungsvoll *adj* eficaz

wirr [vɪr] *adj* **1.** (*ungeordnet*) enredado, enrodilhado, emaranhado; (*Haar*) desgrenhado, enriçado; **alles lag ~ durcheinander** estava tudo de pernas para o ar **2.** (*verworren, verwirrt*) confuso

Wirren *pl* confusão *f,* distúrbios *mpl;* **in den ~ des Krieges** na confusão da guerra

Wirrwarr ['vɪrvar] *m* <-s> *kein pl* confusão *f,* barafunda *f,* trapalhada *f*

Wirsingkohl *m* <-(e)s> *kein pl* couve sabóia *f*

Wirt(in) [vɪrt] *m(f)* <-(e)s, -e *o* -innen> **1.** (*Gastwirt*) dono, dona *m, f* **2.** (*Hauswirt*) senhorio, senhoria *m, f*

Wirtschaft ['vɪrtʃaft] *f* <-en> **1.** (*Volkswirtschaft*) economia *f;* **freie ~** economia livre **2.** (*Gaststätte*) restaurante *m*

wirtschaftlich *adj* **1.** (*auf die Wirtschaft bezogen*) económico **2.** (*sparsam*) económico

Wirtschaftlichkeit *f kein pl* economia *f,* poupança *f*

Wirtschaftskrise *f* <-n> crise económica *f*

Wirtschaftslage *f kein pl* situação económica *f*

Wirtschaftswachstum *nt* <-s> *kein pl* crescimento económico *m*

Wirtschaftswissenschaften *pl* ciências económicas *fpl*

Wisch *m* <-(e)s, -e> (*pej*) papelucho *m*

wischen ['vɪʃən] *vt* **1.** (*reinigen*) limpar, esfregar; **du musst noch die Küche/den Boden ~** ainda tens de limpar a cozinha/o chão **2.** (*entfernen*) limpar (*von* de), tirar (*von* de); **Staub ~** limpar o pó; **sich** *dat* **den Schweiß von der Stirn ~** limpar o suor da cara **3.** (*schweiz: fegen*) varrer

Wismut *nt* <-(e)s> *kein pl* bismuto *m*

wispern ['vɪspən] *vi* cochichar, murmurar

Wissbegierde^{RR} *f kein pl,* **Wißbegierde**^{ALT} *f kein pl* curiosidade *f*

wissbegierig^{RR} *adj,* **wißbegierig**^{ALT} *adj* curioso, ávido de saber

wissen ['vɪsən] *vt* **1.** (*können, Kenntnis besitzen*) saber; **sie wusste sich nicht anders zu helfen** ela não tinha outra saída; **ich weiß nicht, wo er ist** eu não sei onde ele está; **weißt du, dass Susanne umgezogen ist?** sabes que a Susanne mudou de casa?; **wenn ich das gewusst hätte** se eu soubesse!; **so viel ich weiß** que eu saiba, tanto quanto sei; **nicht dass ich wüsste** que eu saiba, não; **was weiß ich** sei lá **2.** (*kennen*) conhecer; **weißt du einen guten Arzt?** conheces um bom médico?

Wissen *nt* <-s> *kein pl* conhecimento *m;* (*Kenntnisse*) saber *m;* **meines ~s** que eu saiba; **das geschah ohne mein ~** isso aconteceu sem o meu conhecimento

Wissenschaft *f* <-en> ciência *f*

Wissenschaftler(in) *m(f)* <-s, - *o* -innen> cientista *m,f*

wissenschaftlich *adj* científico

wissenswert *adj* interessante

Witfrau *f* <-en> (*schweiz*) viúva *f*

wittern ['vɪtɐn] *vt* **1.** (*Tier*) farejar **2.** (*ahnen*) (pres)sentir, cheirar; **seine Chance ~** cheirar a sua oportunidade

Witterung *f* <-en> **1.** (*Wetter*) tempo *m,* condições meteorológicas *fpl* **2.** (*Geruch*) faro *m*

Witwer, Witwe ['vɪtvɐ] *m, f* <-s, - *o* -n> viúvo, viúva *m, f*

Witz [vɪts] *m* <-es, -e> **1.** (*lustiges Ereignis, Erzählung*) anedota *f;* **einen ~ erzählen** contar uma anedota; **~e machen** fazer brincadeiras **2.** (*einer Person*) subtileza *f,* astúcia *f;* **etw mit viel ~ darstellen** descrever a. c. com muita subtileza

Witzbold ['vɪtsbɔlt] *m* <-(e)s, -e> brincalhão, brincalhona *m, f*

witzig *adj* engraçado; **~ sein** ter graça, ter piada

WM [veː'ʔɛm] *abk v* **Weltmeisterschaft** mundial

wo [voː] **I.** *adv* (*interrogativ*) onde; **~ wohnen Sie/sind Sie geboren?** onde mora/nasceu?; (*relativisch, lokal*) onde; **dort, ~ der Unfall passiert ist** ali, onde se deu o acidente; **~ auch immer** onde quer que seja; (*relativisch, temporal*) que; **heute, ~ ich abreise** hoje, que eu parto de viagem **II.** *konj* (*obwohl*) embora; **~ sie doch wusste, dass ich**

keine Zeit habe embora ela soubesse que eu não tenho tempo

woanders [-'--] *adv* noutro lugar, noutro lado, noutro sítio

wobei [vo'baı] *adv* **1.** (*interrogativ*) como, por que; ~ **ist das passiert?** como é que isso aconteceu? **2.** (*relativisch*) em que, pelo qual

Woche ['vɔxə] *f* <-n> semana *f*; **in/vor einer** ~ dentro de/há uma semana; **dreimal in der** ~ três vezes por semana; **alle zwei** ~**n** de duas em duas semanas

Wochenarbeitszeit *f kein pl* tempo semanal de trabalho *m*

Wochenende *nt* <-s, -n> fim-de-semana *m;* **schönes** ~**!** bom fim-de-semana!; **ein langes** ~ um fim-de-semana prolongado

Wochenendhaus *nt* <-es, -häuser> casa de fim-de-semana *f*

Wochenkarte *f* <-n> passe semanal *m*

wochenlang *adv* semanas a fio, durante semanas

Wochentag *m* <-(e)s, -e> dia de semana *m;* (*Werktag*) dia útil *m*

wöchentlich **I.** *adj* semanal **II.** *adv* semanalmente, todas as semanas; **die Zeitschrift erscheint** ~ a revista sai uma vez por semana; **zweimal** ~ duas vezes por semana

Wochenzeitung *f* <-en> semanário *m*

Wodka ['vɔtka] *m* <-s, -s> vodka *m*

wodurch [vo'dʊrç] *adv* **1.** (*interrogativ*) como, de que modo; ~ **wird ein Erdbeben ausgelöst?** como é que se dá um sismo? **2.** (*relativisch*) por onde, pelo que; **es schneite heftig,** ~ **viele Straßen unpassierbar wurden** nevou fortemente, pelo que muitas ruas ficaram intransitáveis

wofür *adv* **1.** (*interrogativ*) para que, por que; ~ **halten Sie mich?** por quem me toma? **2.** (*relativisch*) para o que, pelo qual

wog [vo:k] *imp von* **wiegen**

Woge ['vo:gə] *f* <-n> (*geh*) vaga *f*, onda *f*

wogegen [vo'ge:gən] **I.** *adv* (*interrogativ*) contra que; ~ **hilft das?** isso é contra o quê?; (*relativisch*) contra o que, contra o qual; **sie verlangte nach einem Anwalt,** ~ **nichts einzuwenden war** ela exigiu um advogado, contra o que não havia nada a obje(c)tar **II.** *konj* enquanto (que); **er sammelt Briefmarken,** ~ **seine Geschwister sich nur für Antiquitäten interessieren** ele cole(c)ciona selos, enquanto (que) os irmãos só se interessam por antiguidades

woher [vo'he:ɐ] *adv* **1.** (*interrogativ*) de onde, donde; ~ **kommen Sie?** donde vem?; ~ **wissen Sie das?** como é que sabe isso? **2.** (*relativisch*) de onde; **sie gingen dorthin zurück,** ~ **sie gekommen waren** eles voltaram para lá, de onde tinham vindo

wohin [vo'hın] *adv* **1.** (*interrogativ*) (a)onde, para onde; ~ **gehst du?** (a)onde vais?; (*umg*); ~ **damit?** (a)onde é que ponho isto? **2.** (*relativisch*) para onde; **ihr könnt gehen,** ~ **ihr wollt** vocês podem ir para onde quiserem

wohl [vo:l] *adv* **1.** (*gut, gesund*) bem; **mir ist nicht ganz** ~ não me sinto muito bem; **sich** ~ **fühlen** sentir-se bem; ~ **bekomm's!** bom proveito!; ~ **oder übel** quer queira, quer não, a bem ou a mal **2.** (*etwa*) talvez **3.** (*vermutlich*) provavelmente, certamente, talvez; (*fragend*) porventura; **er ist** ~ **sehr reich** ele deve ser muito rico; **ob er** ~ **kommt?** ele virá?; **das ist doch** ~ **nicht dein Ernst!** não estás a falar a sério!

Wohl *nt* <-(e)s> *kein pl* bem-estar *m;* **auf dein/Ihr** ~**!** à tua/sua saúde!; **zum** ~**!** saúde!

wohlbehalten ['--'--] *adv* **1.** (*unverletzt*) são e salvo, ileso **2.** (*unbeschädigt*) bem conservado, em bom estado, em boas condições

wohlerzogen *adj* bem-educado

Wohlfahrtsstaat *m* <-(e)s, -en> estado-previdência *m*

wohlgemerkt *adv* bem entendido

wohlhabend *adj* abastado

wohlig *adj* agradável

Wohlklang *m* <-(e)s, -klänge> harmonia *f*

Wohlstand *m* <-(e)s> *kein pl* abastança *f*, prosperidade *f*

Wohltat *f* <-en> **1.** (*gute Tat*) boa a(c)ção *f*, benefício *m* **2.** *kein pl* (*Erleichterung*) alívio *m*

wohltätig *adj* benéfico

wohlverdient ['--'-] *adj* bem merecido

wohlweislich *adv* bem ciente

Wohlwollen *nt* <-s> *kein pl* benquerença *f*, estima *f*

wohlwollend *adj* benévolo

wohnen ['vo:nən] *vi* morar, residir, viver; (*vorübergehend*) estar alojado; **sie** ~ **in Brüssel/auf Madeira** eles moram em Bruxelas/na Madeira; **er wohnt bei seinen Eltern/in einer Wohngemeinschaft** ele mora com os pais/num apartamento partilhado; **sie**

wohnt mit ihrem Freund zusammen ela mora com o namorado; **zur Miete** ~ morar em casa alugada

Wohngebiet *nt* <-(e)s, -e> área residencial *f*

Wohngemeinschaft *f* <-en> habitação partilhada *f*

wohnhaft *adj* residente (*in* em)

Wohnheim *nt* <-(e)s, -e> lar *m;* (*für Studenten*) residência *f,* lar *m*

Wohnmobil *nt* <-s, -e> autocaravana *f*

Wohnort *m* <-(e)s, -e> morada *f*

Wohnsitz *m* <-es, -e> residência *f*

Wohnstock *m* <-(e)s, -stöcke> (*schweiz*) andar *m*

Wohnung *f* <-en> andar *m,* apartamento *m*

Wohnungsbau *m* <-(e)s> *kein pl* construção de habitações *f*

Wohnungsnot *f kein pl* crise habitacional *f*

Wohnwagen *m* <-s, -> caravana *f,* roulote *f,* trailer *m*

Wohnzimmer *nt* <-s, -> sala de estar *f*

wölben *vr* sich ~ abaular, arquear

Wölbung *f* <-en> abóbada *f*

Wolf, **Wölfin** [vɔlf] *m, f* <-(e)s, Wölfe *o* -innen> lobo, loba *m, f*

Wolfram ['vɔlfram] *nt* <-s> *kein pl* volfrâmio *m*

Wolke ['vɔlkə] *f* <-n> nuvem *f*

Wolkenbruch *m* <-(e)s, -brüche> aguaceiro torrencial *m*

Wolkenkratzer *m* <-s, -> arranha-céus *m*

wolkenlos *adj* limpo, sem nuvens

wolkig *adj* nublado

Wolle ['vɔlə] *f* <-n> lã *f*

wollen¹ ['vɔlən] *adj* de lã

wollen² ['vɔlən] I. *vt* querer; **etw lieber** ~ preferir a. c.; **sie will ein Klavier** ela quer um piano; **wir** ~ **keine Kinder** nós não queremos filhos II. *vi* 1. (*Willen haben*) querer; **ich will nach Hause** eu quero ir para casa; **wie Sie** ~ como queira, como quiser; **das habe ich nicht gewollt** eu não queria isto; **zu wem** ~ **Sie?** quem procura? 2. (*wünschen*) querer; **ich wollte, er käme** eu queria que ele viesse, tomara eu que ele viesse III. *nt* 1. (*Absicht, Wunsch*) tencionar, querer; **wir** ~ **in Urlaub fahren** nós tencionamos ir de férias; **sie will Stewardess werden** ela quer ser hospedeira; **ich wollte gerade gehen** eu ia já sair; **was ich dir noch sagen wollte ...** é verdade ...; **was**

wollten Sie sagen? o senhor ia dizer? **2.** (*Behauptung*) dizer; **er will dich dort gesehen haben** ele diz que te viu lá **3.** (*Notwendigkeit*) precisar de, ter de/que; **das will gut überlegt sein** isso precisa de ser bem pensado

wollüstig *adj* lascivo, voluptuoso

womit [vo'mɪt] *adv* **1.** (*interrogativ*) com quê; ~ **hast du den Boden geputzt?** com que é que limpaste o chão?; ~ **habe ich das verdient?** o que fiz eu para merecer isto? **2.** (*relativisch*) com que, com o qual; **das ist etwas,** ~ **ich nicht gerechnet habe** isso é uma coisa, com a qual eu não contava

womöglich *adv* porventura, possivelmente, se calhar

wonach [vo'naːx] *adv* **1.** (*interrogativ*) por que, a que; ~ **hat er dich gefragt?** por que te perguntou ele?; ~ **soll man sich richten?** a que nos havemos de ater?, por que nos havemos de guiar? **2.** (*relativisch*) pelo qual, atrás do qual; ~ **es hier stinkt, weiß ich auch nicht** a que cheira aqui, eu também não sei

Wonne ['vɔnə] *f* <-n> delícia *f,* deleite *m*

woran [vo'ran] *adv* **1.** (*interrogativ*) em que; ~ **denkst du?** em que pensas?; ~ **liegt es?** qual é o motivo? **2.** (*relativisch*) a que, ao qual, no qual

worauf [vo'raʊf] *adv* **1.** (*interrogativ*) a que, em que; (*räumlich*) sobre que, em que; ~ **wartest du noch?** por que esperas ainda? **2.** (*relativisch*) sobre que, (*zeitlich*) depois do qual; ~ **er mir antwortete ...** ao que ele me respondeu ...

woraus [vo'raʊs] *adv* **1.** (*interrogativ*) de que; ~ **besteht Wasser?** de que se compõe a água? **2.** (*relativisch*) donde, do qual; ~ **ich schließe, dass ...** donde concluo que ...

worden ['vɔrdən] *pp irr von* **werden**

worin [vo'rɪn] *adv* **1.** (*interrogativ*) em que, onde; ~ **besteht der Unterschied?** em que consiste a diferença? **2.** (*relativisch*) onde, no qual; ~ **ich keinen Sinn sehe** onde eu não vejo sentido

Workaholic [wœːkə'hɔlɪk] *m* <-s, -s> (*umg*) viciado no trabalho, viciada *m, f*

Wort¹ [vɔrt] *nt* <-(e)s, Wörter> palavra *m,* vocábulo *m,* termo *m;* **kein** ~ **sagen** não dizer uma palavra, ficar calado; **etw** ~ **für** ~ **abschreiben** copiar a. c. palavra a palavra, copiar a. c. textualmente; **im wahrsten Sin-**

ne des ~**es** na verdadeira acepção da palavra
Wort² *nt* <-(e)s, -e> **1.** (*Äußerung*) palavra *f*, conversa *f*, fala *f*; **zu ~ kommen** falar; **jdn nicht zu ~ kommen lassen** não deixar alguém falar; **jdm ins ~ fallen** interromper alguém; **das ~ hat Frau Schön** tem a palavra a Sra. Schön; **in ~en** por extenso **2.** *kein pl* (*Versprechen*) palavra *f*, promessa *f*; **jdn beim ~ nehmen** pegar nas palavras de alguém; **sein ~ halten** cumprir a sua palavra
Wortart *f* <-en> (LING) categoria gramatical *f*
Wortbildung *f* <-en> (LING) formação de palavras *f*
Wörterbuch *nt* <-(e)s, -bücher> dicionário *m;* **im ~ nachschlagen** procurar no dicionário
Wörterverzeichnis *nt* <-ses, -se> glossário *m*
wortkarg *adj* lacónico, de poucas palavras
Wortlaut *m* <-(e)s> *kein pl* conteúdo textual *m;* **der genaue ~ der Rede** o conteúdo integral do discurso
wörtlich **I.** *adj* literal, textual **II.** *adv* literalmente, textualmente, à letra; **etw ~ zitieren** citar a. c. textualmente
wortlos *adv* sem palavras
Wortschatz *m* <-es> *kein pl* vocabulário *m*
Wortspiel *nt* <-(e)s, -e> jogo de palavras *m*, trocadilho *m*
Wortstellung *f kein pl* (LING) ordem das palavras *f*
Wortwechsel *m* <-s, -> troca de palavras *f*
wortwörtlich *adj* literal
worüber *adv* **1.** (*interrogativ*) sobre que, de que; **~ freust du dich am meisten?** com o que é que ficas mais contente? **2.** (*relativisch*) de que, do qual; **all das, ~ keiner spricht** tudo (aquilo) de que ninguém fala
worum [voˈrʊm] *adv* **1.** (*interrogativ*) de que; **~ geht es in dem Buch?** de que se trata o livro? **2.** (*relativisch*) de que, do qual; **alles, ~ sie sich bemüht hatte** tudo (aquilo) por que ela se tinha esforçado
wovon [voˈfɔn] *adv* **1.** (*interrogativ*) de que, de quê? **~ hängt das ab?** de que depende isso? **2.** (*relativisch*) de que, do qual; **das ist etwas, ~ man noch einige Zeit sprechen wird** isso é uma coisa, de que/da qual ainda se vai falar por algum tempo
wozu [voˈtsuː] *adv* **1.** (*interrogativ*) para quê? **~ brauchst du das Geld?** para que que-

res o dinheiro? **2.** (*relativisch*) para que; **das ist etwas, ~ ich gar keine Lust habe** isso é uma coisa para a qual eu não tenho vontade
Wrack [vrak] *nt* <-(e)s, -s> **1.** (*eines Schiffes*) destroços *mpl* **2.** (*Mensch*) frangalho *m*, farrapo *m*
wrang [vraŋ] *imp von* **wringen**
wringen [ˈvrɪŋən] *vt* torcer
Wucher [ˈvuːxɐ] *m* <-s> *kein pl* usura *f*, agiotagem *f*
wuchern [ˈvuːxɐn] *vi* **1.** (*Pflanzen*) pulular; (MED) proliferar **2.** (*Wucher treiben*) praticar usura
Wucherung *f* <-en> excrescência *f*, tumor *m*
wuchs [vuːks] *imp von* **wachsen**
Wucht [vʊxt] *f kein pl* força *f*, peso *m;* **mit voller ~** com toda a força
wuchtig *adj* **1.** (*kräftig*) forte, violento **2.** (*Statur*) volumoso, pesado; **ein ~er Turm** uma torre maciça
wühlen [ˈvyːlən] **I.** *vt* esgravatar, revolver; (*Maulwurf*) escavar; **ein Loch ~** escavar um buraco **II.** *vi* revolver, remexer; **sie wühlt in der Schublade** ela revolve/remexe a gaveta
Wühltisch *m* <-(e)s, -e> caixote com produtos de venda a granel *m*
Wulst [vʊlst] *m* <-(e)s, Wülste> protuberância *f*; (MED) inchaço *m*
wulstig *adj* balofo
wund [vʊnt] *adj* ferido, em ferida
Wunde [ˈvʊndə] *f* <-n> ferida *f*
Wunder [ˈvʊndɐ] *nt* <-s, -> maravilha *f*; (REL) milagre *m;* **an ~ glauben** acreditar em milagres; **es ist kein ~, dass ...** não é de admirar que ... +*conj*
wunderbar *adj* **1.** (*wie ein Wunder*) milagroso **2.** (*schön*) maravilhoso, admirável, extraordinário
Wunderkind *nt* <-(e)s, -er> menino-prodígio *m*
wunderlich *adj* estranho, esquisito, singular
wundern [ˈvʊndɐn] **I.** *vt* admirar; **es wundert mich, dass ...** admira-me que ... +*conj;* **das wundert mich nicht** não me admira **II.** *vr* **sich ~** ficar admirado (*über* com), admirar-se (*über* com)
wunderschön *adj* lindíssimo, maravilhoso
wundervoll *adj* maravilhoso, extraordinário
Wundstarrkrampf *m* <-(e)s> *kein pl* (MED) tétano *m*
Wunsch [vʊnʃ] *m* <-(e)s, Wünsche> dese-

jo *m* (*nach* de); (*Verlangen*) anseio *m* (*nach* por); **auf** ~ a pedido; **haben Sie sonst noch einen** ~**?** deseja mais alguma coisa?; **jdm einen** ~ **erfüllen** realizar um desejo a alguém; **mit den besten Wünschen** com os melhores cumprimentos

wünschbar *adj* (*schweiz*) *s.* **wünschenswert**

wünschen *vt* desejar; **was** ~ **Sie?/Sie** ~**?** que deseja?; **ich wünsche dir viel Glück/ gute Besserung** eu desejo-te boa sorte/as melhoras; **jdm einen guten Tag** ~ dar os bons-dias a alguém; **was wünscht er sich zum Geburtstag?** o que é que ele quer pelos anos?; **du darfst dir von mir etwas wünschen** podes pedir-me um desejo; **wie Sie** ~**!** como queira!; **viel zu** ~ **übrig lassen** deixar muito a desejar

wünschenswert *adj* desejável

wurde ['vʊrdə] *imp von* **werden**

Würde *f kein pl* dignidade *f*

würdevoll *adj* digno, respeitável

würdig *adj* digno

würdigen *vt* apreciar, estimar, avaliar; **ich weiß das zu** ~ eu sei avaliar isso

Würdigung *f* <-en> **1.** (*einer Leistung*) apreciação *f*, avaliação *f* **2.** (*einer Persönlichkeit*) homenagem *f*

Wurf [vʊrf] *m* <-(e)s, Würfe> **1.** (*das Werfen*) arremesso *m;* (SPORT) lançamento *m;* (*beim Würfeln*) jogada *f*, lance *m* **2.** (*Tiere*) ninhada *f*

Würfel *m* <-s, -> **1.** (*zum Spielen*) dado *m;* **die** ~ **sind gefallen** os dados estão lançados **2.** (MAT) cubo *m* **3.** (*Käsewürfel, Eiswürfel*) cubo *m;* **etw in** ~ **schneiden** cortar a. c. em cubos

würfeln **I.** *vt* (*zerschneiden*) cortar em cubos; (*im Spiel*) lançar; **eine Fünf** ~ lançar um cinco **II.** *vi* jogar os dados

Würfelspiel *nt* <-(e)s, -e> jogo de dados *m*

Würfelzucker *m* <-s> *kein pl* açúcar em cubos *m*

würgen **I.** *vt* estrangular, esganar **II.** *vi* sufocar, asfixiar; **an etw** ~ fazer esforço para engolir a. c.

Wurm [vʊrm, 'vʏrmə] *m* <-(e)s, Würmer> verme *m;* (*in Obst*) bicho *m*

wurmen ['vʊrmən] *vt* (*umg*) irritar, aferroar; **es wurmt mich, dass ...** irrita-me que ... +*conj*

wurmig *adj* bichoso

wurmstichig *adj* (*Obst*) com bicho, bichoso; (*Holz*) carunchoso

Wurst [vʊrst, 'vʏrstə] *f* <Würste> enchido *m;* (*Würstchen*) salsicha *f;* (*Blutwurst*) morcela *f;* (*Paprikawurst*) chouriço *m;* (*umg*) **das ist mir** ~ isso é-me indiferente, isso é-me igual ao litro

Würstchen *nt* <-s, -> salsicha *f*

Würze *f* <-n> (*Substanz*) especiaria *f*, condimento *m;* (*Aroma*) aroma *m*

Wurzel ['vʊrtsəl] *f* <-n> **1.** (*von Pflanze, Haar, Zahn*) raiz *f;* (*Pflanze*); ~**n schlagen** lançar raízes; (*Person*) enraizar-se **2.** (MAT) raiz *f;* **die** ~ **ziehen** achar a raiz; **die dritte** ~ a raiz cúbica

würzen *vt* condimentar, temperar

würzig *adj* temperado, condimentado, aromático

wusch [vuːʃ] *imp von* **waschen**

wusste^{RR} ['vʊstə], **wußte**^{ALT} *imp von* **wissen**

Wust (*schweiz, brasil*) *abk v* **Warenumsatzsteuer** ICM (= *imposto sobre circulação de mercadorias*)

wüst *adj* **1.** (*öde*) ermo; (*unbewohnt*) deserto, vazio **2.** (*unordentlich*) desordenado **3.** (*unanständig*) indecente, indecoroso; (*ausschweifend*) devasso **4.** (*schlimm*) mau, ruim

Wüste *f* <-n> deserto *m*

Wut [vuːt] *f kein pl* raiva *f*, fúria *f;* **eine** ~ **auf jdn haben** ter raiva de alguém; **in** ~ **geraten** enfurecer-se, ficar furioso; **vor** ~ **kochen** (estar a) ferver de raiva

Wutanfall *m* <-(e)s, -fälle> acesso de cólera *m*, ataque de fúria *m;* **einen** ~ **bekommen** ter um acesso de cólera

wüten *vi* (*Sturm*) desencadear-se em fúria; (*Krieg, Seuche*) assolar, devastar

wütend *adj* furioso, fulo, danado; ~ **werden** ficar furioso, enfurecer-se; **auf jdn** ~ **sein** estar furioso com alguém

X

X *nt* <-, -> X, x *m*

X-Beine *pl* pernas *fpl* cambadas; ~ **haben** ter pernas cambadas, meter os joelhos para dentro

x-beliebig *adj* (*umg*) qualquer; **jeder x-Beliebige** qualquer um, não importa qual

X-Chromosom *nt* <-s, -en> (BIOL) cromossoma *m* X

Xenophobie *f* <o.pl> xenofobia *f*

x-mal *adv* (*umg*) vezes sem conta, inúmeras vezes, não sei quantas vezes

Xylophon [ksylo'fo:n] *nt* <-s, -e> xilofone *m*

Y

Y *nt* <-, -> Y, y *m*

Y-Chromosom *nt* <-s, -en> cromossoma *m* Y

Yen *nt* <-(s), -(s)> iene *m*

Yeti *nt* <-s, -s> Yéti *m*, abominável homem *m* das neves

Yoga ['jo:ga] *m/nt* <-s> *kein pl* ioga *m*

Ypsilon ['ypsilɔn] *nt* <-(s), -s> ípsilon *m*, i *m* grego

Yuppie ['jʊpi] *m* <-s, -s> yuppie *m*

Z

Z *nt* <-, -> Z, z *m*

Zacke ['tsakə] *f* <-n> ponta *f*; (*an Kamm, Gabel*) dente *m*

zackig ['tsakıç] *adj* **1.** (*gezackt*) recortado **2.** (*Mensch*) expedito, seguro; (*Tempo*) de marcha

zaghaft *adj* medroso; (*schüchtern*) acanhado, tímido

Zaghaftigkeit *f kein pl* receio *m*, medo *m*; (*Schüchternheit*) acanhamento *m*, timidez *f*

zäh *adj* **1.** (*Fleisch*) rijo, duro; (*Flüssigkeit*) viscoso **2.** (*schleppend*) moroso **3.** (*beharrlich*) tenaz, teimoso; (*widerstandsfähig*) resistente

zähflüssig *adj* **1.** (*Flüssigkeit*) viscoso, espesso **2.** (*Verkehr*) congestionado

Zähigkeit *f kein pl* **1.** (*Widerstandsfähigkeit*) tenacidade *f*, resistência *f* **2.** (*Ausdauer*) tenacidade *f*, pertinácia *f*

Zahl [tsa:l] *f* <-en> número *m*; (*Ziffer*) algarismo *m*; **arabische/römische ~en** numeração árabe/romana *f*; **in großer ~** em grande número; **rote ~en schreiben** estar endividado

zahlbar *adj* pagável

zahlen ['tsa:lən] *vi* pagar; ~ **bitte!** a conta, por favor!; **bar/mit einem Scheck/mit Karte** ~ pagar em dinheiro/com cheque/com cartão

zählen I. *vt* contar; **das Geld** ~ contar o dinheiro **II.** *vi* contar; **bis zehn** ~ contar até dez; **auf jdn/etw** ~ contar com alguém/a. c.; **er zählt zu den bedeutendsten zeitgenössischen Autoren** ele conta-se entre os autores contemporâneos mais significativos

Zahlenangabe *f* <-n> dados estatísticos *mpl*

zahlenmäßig *adj* numérico

Zahlenschloss^RR *nt* <-es, -schlösser> fechadura de segredo *f*

Zahler(in) *m(f)* <-s, - o -innen> pagador, pagadora *m, f*

Zähler *m* <-s, -> **1.** (*Ablesegerät*) contador *m* **2.** (MAT) numerador *m*

Zählerstand *m* <-(e)s, -stände> contagem (do contador) *f*; **den ~ ablesen** fazer a leitura (da contagem)

zahllos *adj* inúmero, incontável

zahlreich I. *adj* numeroso, abundante **II.** *adv* em grande quantidade

Zahlung *f* <-en> pagamento *m;* ~**en leisten** fazer pagamentos; **die ~en einstellen** suspender os pagamentos; **etw in ~ nehmen** aceitar a. c. como pagamento

zahlungsfähig *adj* solvente

zahlungsunfähig *adj* insolvente

Zahlungsverkehr *m* <-s> *kein pl* sistema de pagamentos *m*, transferência de pagamentos *f*

Zahlwort *nt* <-(e)s, -wörter> (LING) numeral *m*

zahm [tsaːm] *adj* manso

zähmen *vt* **1.** (*Tier*) domesticar, domar **2.** (*Neugierde, Wut*) dominar, conter, refrear

Zahn [tsaːn] *m* <-(e)s, Zähne> dente *m;* **das Baby bekommt Zähne** o bebé está na dentição; **die dritten Zähne** a dentadura postiça; **mit den Zähnen knirschen** ranger os dentes; **der ~ der Zeit** as marcas do tempo; **bis zu den Zähnen bewaffnet sein** estar armado até aos dentes

Zahnarzt, Zahnärztin *m, f* <-es, -ärzte *o* -innen> dentista *m,f*

zahnärztlich *adj* odontológico

Zahnbürste *f* <-n> escova de dentes *f*

zähneknirschend *adj* rangendo os dentes

Zahnersatz *m* <-es> *kein pl* dentadura postiça *f*

Zahnfleisch *nt* <-(e)s> *kein pl* gengiva *f*

zahnlos *adj* desdentado, sem dentes

Zahnlücke *f* <-n> falha de dente *f*

Zahnmedizin *f kein pl* medicina dentária *f*, odontologia *f*

Zahnpasta ['tsaːnpasta] *f* <-pasten> pasta dentífrica *f*, dentífrico *m*

Zahnrad *nt* <-(e)s, -räder> roda dentada *f*

Zahnradbahn *f* <-en> elevador de cremalheira *m*

Zahnschmelz *m* <-es, -e> esmalte dos dentes *m*

Zahnschmerz *m* <-es, -en> dor de dentes *f*

Zahnseide *f* <-n> fio dental *m*

Zahnspange *f* <-n> aparelho de dentes *m*

Zahnstein *m* <-(e)s> *kein pl* tártaro *m*

Zahnstocher [-ʃtɔxɐ] *m* <-s, -> palito *m*

Zange ['tsaŋə] *f* <-n> **1.** (*Werkzeug*) alicate *m;* (*für Geburt*) fórceps *m* **2.** (*des Krebses*) tenaz *f*

zanken ['tsaŋkən] **I.** *vi* ralhar (*um* por causa de) **II.** *vr* **sich ~** brigar (*um* por)

zänkisch *adj* brigão

Zäpfchen *nt* <-s, -> **1.** (ANAT) úvula *f* **2.** (*Medikament*) supositório *m*

zapfen *vt* tirar; **Bier/Benzin ~** tirar cerveja/gasolina

Zapfen *m* <-s, -> **1.** (*der Tanne*) pinha *f* **2.** (*aus Eis*) sincelo *m*

Zapfenstreich *m* <-(e)s, -e> (MIL) toque de recolher *m*

Zapfenzieher *m* <-s, -> (*schweiz*) saca-rolhas *m*

Zapfsäule *f* <-n> bomba de gasolina *f*

zappelig ['tsap(ə)lɪç] *adj* irrequieto, inquieto

zappeln ['tsapəln] *vi* estrebuchar

zappen ['tsapən] *vi* mudar de canal para canal

Zar(in) [tsaːɐ] *m(f)* <-en, -en *o* -innen> czar, czarina *m, f*

zart [tsaːɐt] *adj* **1.** (*Fleisch, Gemüse*) tenro **2.** (*fein, zerbrechlich*) débil, franzino; (*empfindlich*) sensível; (*Gesundheit*) frágil; (*Haut*) delicado **3.** (*Farbe, Klang, Berührung*) suave

Zartgefühl *nt* <-(e)s> *kein pl* delicadeza *f*

zärtlich *adj* terno, meigo, carinhoso; **zu jdm ~ sein** ser meigo com alguém

Zärtlichkeit *f* <-en> **1.** *kein pl* (*Zuneigung*) ternura *f*, meiguice *f*, carinho *m* **2.** (*Liebkosung*) carícia *f*, mimo *m*

Zauber ['tsaʊbɐ] *m* <-s> *kein pl* **1.** (*Zauberhandlung, Zauberbann*) feitiço *m*, bruxedo *m;* (*umg*); **fauler ~** charlatanice *f* **2.** (*Zauberkraft*) magia *f* **3.** (*Faszination, Reiz*) encanto *m*, fascínio *m*

Zauberei [tsaʊbəˈraɪ] *f* <-en> **1.** *kein pl* (*Magie*) feitiçaria *f*, bruxaria *f* **2.** (*Kunststück*) truque de ilusionismo *m*, truque de magia *m*

Zauberer(in) ['tsaʊbərɐ] *m(f)* <-s, - *o* -innen> feiticeiro, feiticeira *m, f*, bruxo, bruxa *m, f*

zauberhaft *adj* encantador

Zauberkünstler(in) *m(f)* <-s, - *o* -innen> ilusionista *m,f*

zaubern ['tsaʊbɐn] *vi* fazer magia

Zauberspruch *m* <-(e)s, -sprüche> fórmula mágica *f*

Zauberstab *m* <-(e)s, -stäbe> varinha mágica *f*, varinha de condão *f*

Zauberwort *nt* <-(e)s, -e> palavra mágica *f*

Zaum [tsaʊm] *m* <-(e)s, Zäume> rédea *f;* **sich im ~ halten** conter-se, refrear-se

Zaun [tsaʊn] *m* <-(e)s, Zäune> cerca *f*, sebe *f*

X
Y
Z

Zaunkönig *m* <-s, -e> (ZOOL) carriça *f*

Zaunpfahl *m* <-(e)s, -pfähle> estaca *f*

Zaziki *nt* <-s, -s> iogurte com pedaços de pepino e alho, para acompanhamento de carne

z. B. *abk v* **zum Beispiel** p. ex. (= *por exemplo*)

Zebra ['tse:bra] *nt* <-s, -s> zebra *f*

Zebrastreifen *m* <-s, -> passadeira *f*, zebra *f*, passagem de pedestres *f*

Zeche ['tsɛçə] *f* <-n> 1. (*Bergwerk*) mina *f* 2. (*Rechung*) conta *f*, despesa *f*; (*umg*): **die ~ bezahlen müssen** pagar as favas

Zeck *m* <-(e)s, -en> (*österr*) s. **Zecke**

Zecke ['tsɛkə] *f* <-n> carraça *f*, carrapato *m*

Zeder *f* <-n> cedro *m*

Zeh [tse:] *m* <-s, -en> dedo do pé *m*

Zehe ['tse:ə] *f* <-n> 1. (*Körperteil*) dedo do pé *m*; **die große ~** o polegar do pé, o dedo grande do pé 2. (*Knoblauch*) dente *m*

Zehenspitze *f* <-n> ponta do pé *f*; **auf ~n gehen** andar em bicos de pés, andar nas pontas dos pés; **sich auf die ~n stellen** pôr-se em bicos de pés, pôr-se nas pontas dos pés

zehn [tse:n] *num kard* dez; *s.* **zwei**

Zehn *f* <-en> dez *m*; *s.* **Zwei**

Zehner *m* <-s, -> (*umg: Geldschein*) nota de dez marcos *f*

Zehnerkarte *f* <-n> (*für Bus*) senha de dez viagens *f*; (*für Schwimmbad*) cartão de dez entradas *m*

Zehnerpackung *f* <-en> pacote de dez *m*

zehnfach *adj* dez vezes

zehnjährig *adj* de dez anos

Zehnkampf *m* <-(e)s, -kämpfe> (SPORT) decatlo *m*

zehnmal *adv* dez vezes

Zehntel *nt* <-s, -> décimo *m*, décima parte *f*

zehntens ['tse:ntəns] *adv* em décimo lugar

zehnte(r, s) *num ord* décimo; *s.* **zweite(r, s)**

Zeichen ['tsaiçən] *nt* <-s, -> 1. (*Hinweis, Signal*) sinal *m*; (*Markierung*) marca *f*; (*mit der Hand*) sinal *m*; **jdm ein ~ geben** fazer (um) sinal a alguém; **das ist ein ~ unserer Zeit** isso é um sinal dos nossos tempos; **das ist kein gutes ~** isso não é bom sinal 2. (*Anzeichen*) sinal *m*, indício *m*; (MED) sintoma *m*; **das ist ein ~ von Stress** isso é um sintoma de stress

Zeichenblock *m* <-(e)s, -blöcke> bloco de desenho *m*

Zeichenerklärung *f* <-en> explicação de símbolos *f*

Zeichensetzung *f kein pl* pontuação *f*

Zeichensprache *f* <-n> linguagem gestual *f*

Zeichentrickfilm *m* <-(e)s, -e> filme de desenhos animados *m*, desenho animado *m*

zeichnen ['tsaiçnən] *vt* 1. (*malen*) desenhar 2. (*kennzeichnen*) marcar

Zeichner(in) *m(f)* <-s, - *o* -innen> desenhador, desenhadora *m, f*

Zeichnung *f* <-en> desenho *m*

Zeigefinger *m* <-s, -> dedo indicador *m*

zeigen ['tsaigən] **I.** *vt* (*vorzeigen*) mostrar; (*Film*) exibir; **jdm etw ~** mostrar a. c. a alguém; (*anzeigen*) indicar; **das Thermometer zeigt 10 Grad** o termómetro indica 10 graus; (*beweisen*) mostrar, demonstrar; **die Umfrage zeigt, dass ...** a sondagem mostra que ... **II.** *vi* apontar (*auf* para); **sie zeigt nach rechts** ela aponta para a direita; **zeig mal!** mostra!, deixa ver! **III.** *vr* **sich ~** (*sich herausstellen*) mostrar-se; **das wird sich ~** isso se verá; **sich am Fenster ~** assomar à janela

Zeiger *m* <-s, -> indicador *m*; (*der Uhr*) ponteiro *m*

Zeile ['tsailə] *f* <-n> linha *f*; **zwischen den ~n lesen** ler nas entrelinhas; (*beim Diktat*); **neue ~** outra linha

Zeilenabstand *m* <-(e)s, -stände> entrelinha *f*; **doppelter ~** entrelinha dupla *f*

Zeit [tsait] *f* <-en> tempo *m*; (*Uhrzeit*) horas *fpl*; (*Zeitraum*) período *m*, tempo *m*; (*Zeitalter*) época *f*, era *f*, idade *f*; **um diese ~** a esta hora; **nach kurzer ~** pouco tempo depois; **in letzter ~** ultimamente, nos últimos tempos; **mit der ~** com o tempo; **von ~ zu ~** de tempos a tempos, de vez em quando; **eine ~ lang** (durante) um tempo; **in der ~ von 10 bis 12 (Uhr)** das 10 às 12 (horas); **die ~ ist um** acabou o tempo; **es ist höchste ~** já está mais do que na altura, são mais que horas; **es hat ~** tem tempo, não tem pressa; (*umg*); **ach du liebe ~!** porra!; **sich** *dat* **die ~ vertreiben** passar o tempo; **sich** *dat* **~ lassen** dar tempo ao tempo; **zeitraubend** moroso, demorado

Zeitalter *nt* <-s, -> época *f*, era *f*, idade *f*

Zeitansage *f* <-n> informação horária *f*

Zeitarbeit *f kein pl* trabalho temporário *m*

Zeitbombe *f* <-n> bomba-relógio *f*

Zeitgeist *m* <-(e)s> *kein pl* espírito da época *m*

zeitgemäß *adj* a(c)tual, moderno

Zeitgenosse(in) *m(f)* <-n, -n *o* -innen> contemporâneo, contemporânea *m*, *f*

zeitgenössisch *adj* contemporâneo

Zeitgeschichte *f kein pl* história contemporânea *f*

Zeitlangᴬᴸᵀ *f s.* **Zeit**

zeitlebens *adv* durante toda a vida

zeitlich *adj* temporal

zeitlos *adj* intemporal

Zeitlupe *f kein pl* câmara lenta *f*; **etw in ~ filmen** filmar a. c. em câmara lenta

Zeitplan *m* <-(e)s, -pläne> calendário *m*

Zeitpunkt *m* <-(e)s, -e> momento *m*, altura *f*

Zeitraffer [-rafɐ] *m* <-s, -> filme acelerado *m*

zeitraubendᴬᴸᵀ *adj s.* **Zeit**

Zeitraum *m* <-(e)s, -räume> espaço de tempo *m*, período *m*

Zeitrechnung *f* <-en> calendário *m*, cronologia *f*; **nach christlicher ~** segundo o calendário cristão

Zeitschrift *f* <-en> revista *f*

Zeitumstellung *f* <-en> mudança da hora *f*

Zeitung ['tsaɪtʊŋ] *f* <-en> jornal *m*; *(Tageszeitung)* diário *m*; **in der ~ steht, dass ...** vem no jornal que ...

Zeitungsartikel *m* <-s, -> artigo de jornal *m*

Zeitverschwendung *f kein pl* perda de tempo *f*

Zeitvertrag *m* <-(e)s, -träge> contrato a prazo *m*

Zeitvertreib *m* <-(e)s, -e> passatempo *m*, distra(c)ção *f*, entretenimento *m*; **etw zum ~ tun** fazer a. c. para passar o tempo

zeitweilig ['tsaɪtvaɪlɪç] *adj* temporário

zeitweise ['tsaɪtvaɪzə] *adv* temporariamente

Zeitzeuge(in) *m(f)* <-n, -n *o* -innen> contemporâneo, contemporânea *m*, *f*

Zeitzone *f* <-n> fuso horário *m*

Zeitzünder *m* <-s, -> espoleta automática *f*

Zelle ['tsɛlə] *f* <-n> **1.** *(im Gefängnis, Kloster)* cela *f* **2.** *(Telefonzelle)* cabine *f* **3.** *(einer Organisation, des Körpers)* célula *f*

Zellstoff *m* <-(e)s, -e> celulose *f*

Zellulitis *f* <Zellulitiden> (MED) celulite *f*

Zellulose *f* <-n> celulose *f*

Zelt [tsɛlt] *nt* <-(e)s, -e> *(zum Campen)* tenda *f*; *(für Veranstaltung, Zirkus)* pavilhão *m*, barraca *f*; **ein ~ aufbauen** montar uma tenda

zelten ['tsɛltən] *vi* acampar

Zeltlager *nt* <-s, -> acampamento *m*

Zement [tse'mɛnt] *m* <-(e)s, -e> cimento *m*

zementieren * *vt* cimentar

zensieren * *vt* **1.** *(Film, Zeitungsartikel)* censurar **2.** *(benoten)* avaliar, dar nota a

Zensur [tsɛn'zuːɐ] *f* <-en> **1.** *kein pl (Kontrolle)* censura *f* **2.** *(Schulnote)* nota *f*

zensurieren * *vt (österr, schweiz)* censurar

Zentimeter [tsɛnti-, 'tsɛnti-] *m* <-s, -> centímetro *m*

Zentner ['tsɛntnɐ] *m* <-s, -> **1.** *(50 kg)* quintal *m* **2.** *(österr, schweiz: 100 kg)* quintal métrico *m*

zentral [tsɛn'traːl] *adj* central; **in ~er Lage** em lugar central

Zentralafrika *nt* <-s> *kein pl* África Central *f*

Zentralamerika [-'--'---] *nt* <-s> *kein pl* América Central *f*

Zentrale [tsɛn'traːlə] *f* <-n> central *f*

Zentraleinheit *f* <-en> (INFORM) unidade central de processamento *f*

Zentralheizung *f* <-en> aquecimento central *m*

zentralisieren * *vt* centralizar

Zentralismus *m* <-> *kein pl* centralismo *m*

Zentralnervensystem *nt* <-s, -e> sistema nervoso central *m*

Zentralverriegelung *f* <-en> fecho centralizado de portas *m*, tranca central *f*

zentrieren * *vt* centrar

Zentrifuge *f* <-n> centrifugador *m*

Zentrum ['tsɛntrʊm] *nt* <-s, Zentren> centro *m*

Zeppelin ['tsɛpəliːn] *m* <-s, -e> zepelim *m*, dirigível *m*

Zepter ['tsɛptɐ] *nt* <-s, -> ce(p)tro *m*

zerbrechen * **I.** *vt irr* partir, quebrar, despedaçar **II.** *vi irr* partir(-se), quebrar(-se)

zerbrechlich *adj* frágil, quebradiço

zerdrücken * *vt* esmagar, esborrachar

Zeremonie [tseremo'niː, tsere'moːniə] *f* <-n> cerimónia *f*

Zerfall *m* <-(e)s> *kein pl* **1.** *(von Gebäude)* desmoronamento *m*, queda *f* **2.** *(von Reich)* queda *f*; *(von Kultur)* decadência *f* **3.** (CHEM)

Z

desagregação *f*; (PHYS) desintegração *f*

zerfallen* *vi irr* **1.** (*Gebäude*) desmoronar-se, cair **2.** (*Reich*) cair; (*Kultur*) decair **3.** (CHEM) desagregar-se; (PHYS) desintegrar-se

zerfetzen* *vt* (*Stoff*) esfarrapar; (*Papier*) rasgar

zerfließen *vi irr* (*Farbe, Tinte*) escorrer

zergehen* *vi irr* desfazer-se

zerkleinern* *vt* esmiuçar, triturar; (*in Stükke*) partir, cortar; (*Holz*) cortar

zerklüftet *adj* alcantilado, escabroso, escarpado

zerknirscht *adj* arrependido

zerlegen* *vt* **1.** (*Gerät, Möbel*) desmontar, desmanchar **2.** (*Fleisch*) trinchar

zermürben* *vt* (*körperlich*) moer; (*seelisch*) consumir

zerquetschen* *vt* esmagar, amassar

zerreißen* I. *vt irr* rasgar II. *vi irr* rasgar(-se)

zerren ['tsɛrən] I. *vt* arrastar II. *vi* puxar (*an* por)

zerrissen [tsɛɛ'rısən] I. *pp von* **zerreißen** II. *adj* rasgado

Zerrung ['tsɛruŋ] *f* <-en> (MED) distensão muscular *f*, entorse *f*

zerschlagen*[1] I. *vt irr* despedaçar, destroçar; (*Geschirr*) escacar, quebrar; (*mit Gewalt*) espatifar II. *vr* sich ~ *irr* falhar, malograr-se, ir por água abaixo

zerschlagen[2] I. *pp von* **zerschlagen** II. *adj* estourado, estafado; **sich ~ fühlen** estar de rastos

zerschneiden* *vt irr* retalhar

zersetzen* *vr* sich ~ decompor-se

Zerstäuber *m* <-s, -> pulverizador *m*

zerstechen* *vt irr* (*Reifen*) furar

zerstören* *vt* destruir

Zerstörung *f* <-en> destruição *f*

zerstreuen* I. *vt* **1.** (*Menschenmenge, Bedenken*) dispersar **2.** (*ablenken*) distrair II. *vr* sich ~ **1.** (*Menschenmenge, Bedenken*) dispersar(-se) **2.** (*sich unterhalten*) distrair-se

zerstreut [tsɛɛ'ʃtrɔit] *adj* (*Mensch*) distraído

Zerstreutheit *f kein pl* distra(c)ção *f*

Zerstreuung *f* <-en> **1.** *kein pl* (*von Menschenmenge, Bedenken*) dispersão *f* **2.** (*Unterhaltung*) distra(c)ção *f*, diversão *f*

zerstritten *adj* zangado

zerstückeln* *vt* despedaçar, partir em pedaços; (*Kadaver*) esquartejar

Zertifikat [tsɛrtifi'kaːt] *nt* <-(e)s, -e> certificado *m*

zertrümmern* *vt* destroçar, destruir, despedaçar

zerzaust *adj* desgrenhado, despenteado

Zettel ['tsɛtəl] *m* <-s, -> papel *m*, papelinho *m*; (*Notiz*) bilhete *m*; (*Kassenbon*) talão *m*, ticket *m*, tiquete *m*

Zeug [tsɔik] *nt* <-(e)s> *kein pl* (*umg*) coisa *f*; **das ~ zu etw haben** ter estofo para a. c.; **sich ins ~ legen** meter mãos à obra; **dummes ~!** que disparate!

Zeuge(in) ['tsɔigə] *m(f)* <-n, -n *o* -innen> testemunha *f*

zeugen ['tsɔigən] I. *vt* gerar II. *vi* ~ **von** +*dat* revelar, mostrar

Zeugenaussage *f* <-n> depoimento *m*, testemunho *m*

Zeugenvernehmung *f* <-en> audição das testemunhas *f*

Zeugnis ['tsɔiknıs] *nt* <-ses, -se> **1.** (*Schule*) certificado das notas *m*; (*Abgangszeugnis*) diploma *m*; (*Arbeit*) declaração com referências *f*; **ein gutes ~ haben** ter boas notas; **jdm ein ~ schreiben** passar uma declaração a alguém (com referências) **2.** (*Gutachten*) certificado *m*, atestado *m*

Zeugung *f* <-en> geração *f*

zeugungsunfähig *adj* impotente, estéril

z.H. *abk v* zu Händen von a/c (= *ao cuidado de*)

Zicklein *nt* <-s, -> cabrito *m*

Zickzack *m* <-(e)s, -e> ziguezague *m*; ~ **fahren/laufen** ir em ziguezague

Ziege ['tsiːgə] *f* <-n> **1.** (*Tier*) cabra *f* **2.** (*pej: Frau*) cabra *f*, mula *f*

Ziegel ['tsiːgəl] *m* <-s, -> **1.** (*Backstein*) tijolo *m* **2.** (*Dachziegel*) telha *f*

Ziegelei *f* <-en> fábrica de tijolos *f*

Ziegenkäse *m* <-s, -> queijo de cabra *m*

ziehen ['tsiːən] I. *vt* (*fortbewegen, zerren*) puxar (*an* por); (*dehnen*) esticar; (*Anhänger*) puxar; **jdn am Ärmel ~** puxar alguém pela manga; **die Vorhänge vor die Fenster ~** correr as cortinas; **jdn beiseite ~** chamar alguém ao lado; **etw nach sich ~** trazer a. c. (como consequência); **die Blicke/Aufmerksamkeit auf sich ~** atrair os olhares/chamar a atenção para si; (*herausziehen*) tirar (*aus* de), extrair (*aus* de); (*Wurzeln*) arrancar (*aus* de); **die Schlüssel aus der Tasche ~** tirar as chaves do bolso; **jdm einen Zahn zie-**

hen tirar/arrancar um dente a alguém; **ein Los** ~ fazer um sorteio; (*heranziehen*) puxar (*an/auf* para); **sie zogen das Boot an den Strand** eles puxaram o barco para a praia; **es zieht mich nach Hause** eu queria ir para casa; (*Linie*) traçar; (*Grenze*) estabelecer; (*Mauer, Zaun*) construir **II.** *vi* (*Auto*) desenvolver; (*Ofen*) ter tiragem; **an etw** ~ puxar por a. c.; (*an Zigarette*); **lass mich mal** ~ deixa-me dar uma passa; (*umziehen*) mudar-se (*in* para); **nach Lissabon** ~ ir viver para Lisboa, mudar-se para Lisboa; **aufs Land** ~ mudar-se para o campo; **sie zieht zu ihrer Tante** ela vai viver com a tia; (*gehen, wandern*) ir (*nach/zu* para), andar (*nach/zu* para); (*durchqueren*) passar (*durch* por); (*Vögel*) migrar; **die Wolken** ~ **am Himmel** as nuvens passam no céu; **die Demonstranten zogen zum Rathaus** os manifestantes foram para a câmara municipal; **die Prozession zieht durch die Stadt** a procissão anda pela cidade; (*Tee*) abrir; (*umg: Wirkung haben*) pegar; **das zieht bei mir nicht** essa comigo não pega **III.** *vr* **sich** ~ (*sich erstrecken*) estender-se; (*umg: dauern*) durar; **sich in die Länge** ~ demorar **IV.** *vi unpers* haver corrente de ar; **es zieht** faz/há corrente de ar

Ziehharmonika *f* <-s> concertina *f*, acordeão *m*

Ziehung *f* <-en> extra(c)ção da lotaria *f*; ~ **der Lottozahlen** extra(c)ção dos números do loto

Ziel [tsiːl] *nt* <-(e)s, -e> **1.** (*cincr Reise*) destino *m*; **mit unbekanntem** ~ **verreisen** viajar sem destino **2.** (*Zweck, Absicht*) obje(c)tivo *m*, finalidade *f*; **sich** *dat* **ein** ~ **setzen** estabelecer um obje(c)tivo; **am** ~ **sein** atingir o obje(c)tivo **3.** (SPORT) meta *f*; **als Erster durchs** ~ **gehen** cortar a meta **4.** (*beim Schießen*) alvo *m*; **ins** ~ **treffen** acertar no alvo

zielen *vi* **1.** (*Mensch*) apontar (*auf* para) **2.** (*Bemerkung*) dirigir-se (*auf* a); **ihre Kritik zielt auf ...** a crítica dirige-se a ... **3.** (*zum Ziel haben*) visar; **auf etw** ~ visar a. c., ter a. c. em mira

Zielgruppe *f* <-n> grupo destinatário *m*, grupo alvo *m*

ziellos *adv* à toa, sem rumo, sem destino

Zielscheibe *f* <-n> alvo *m*

Zielsprache *f* <-n> língua de chegada *f*

zielstrebig *adj* determinado, decidido

ziemlich ['tsiːmlıç] **I.** *adj* razoável; **mit** ~**er Sicherheit** quase de certeza **II.** *adv* bastante, razoavelmente; ~ **gut/weit** bastante bom/longe; ~ **viel** bastante

zieren ['tsiːrən] *vr* **sich** ~ fazer-se rogado, fazer cerimónia

zierlich *adj* gracioso, elegante

Zierlichkeit *f kein pl* graciosidade *f*, elegância *f*

Zierpflanze *f* <-n> planta decorativa *f*

Ziffer ['tsıfə] *f* <-n> algarismo *m*, cifra *f*

Zifferblatt *nt* <-(e)s, -blätter> mostrador *m*

zig *adj inv* (*umg*) muitos, N; **er hat** ~ **Computerspiele** ele tem muitos jogos de computador, ele tem N jogos de computador

Zigarette [tsiga'rɛtə] *f* <-n> cigarro *m*; **selbst gedrehte** ~ cigarro de enrolar; **sich** *dat* **eine** ~ **drehen/anzünden** enrolar/acender um cigarro

Zigarettenautomat *m* <-en, -en> máquina de tabaco *f*, distribuidora automática de cigarros *f*

Zigarettenschachtel *f* <-n> maço de tabaco *m*, maço de cigarros *m*

Zigarillo *nt* <-s, -s> cigarrilha *f*

Zigarre [tsi'garə] *f* <-n> charuto *m*

Zigeuner(in) [tsi'gɔınə] *m(f)* <-s, - *o* -innen> cigano, cigana *m, f*

zigmal ['tsıçmaːl] *adv* (*umg*) montes de vezes

Zikade *f* <-n> cigarra *f*

Zimmer ['tsımə] *nt* <-s, -> sala *f*, quarto *m*; **haben Sie ein** ~ **frei?** tem um quarto livre?; **ein** ~ **mit Bad/Dusche/Frühstück** um quarto com quarto-de-banho/duche/pequeno-almoço; **eine Wohnung mit vier** ~**n** um apartamento com quatro assoalhadas/um T3

Zimmerantenne *f* <-n> antena interior *f*

Zimmerlautstärke *f kein pl* volume de som moderado *m*; **das Radio auf** ~ **stellen** baixar o rádio

Zimmermädchen *nt* <-s, -> criada de quarto *f*

Zimmermann *m* <-(e)s, -leute> carpinteiro *m*

zimmern *vt* construir

Zimmerpflanze *f* <-n> planta de interiores *f*

zimperlich ['tsımpəlıç] *adj* **1.** (*pej: sehr empfindlich*) melindroso, cheio de melindres **2.** (*pej: geziert*) afe(c)tado

Z

Zimt [tsɪmt] *m* <-(e)s> *kein pl* canela *f*
Zimtstange *f* <-n> pau de canela *m*
Zink [tsɪŋk] *nt* <-(e)s> *kein pl* zinco *m*
Zinke ['tsɪŋkə] *f* <-n> (*von Gabel, Kamm*) dente *m*
Zinn [tsɪn] *nt* <-(e)s> *kein pl* estanho *m*
Zinne *f* <-n> ameia *f*
Zins [tsɪns] *m* <-es, -en> 1. (*Verzinsung*) juro *m*; **5 % ~en erhalten** receber 5 % de juros 2. (*österr, schweiz: Miete*) renda, aluguer *m*, aluguel *m*
Zinseszins *m* <-es, -en> juro composto *m*
zinslos *adj* isento de juros
Zinssatz *m* <-es, -sätze> taxa de juro *f*
Zionismus *m* <-> *kein pl* sionismo *m*
Zipfel ['tsɪpfəl] *m* <-s, -> ponta *f*
Zipfelmütze *f* <-n> carapuço *m*, carapuça *f*
zippen *vt* (INFORM) compactar
Zippverschluss[RR] *m* <-es, -schlüsse> (*österr*) fecho eclair *m*, fecho de correr *m*, zíper *m*
zirka ['tsɪrka] *adv* cerca de, aproximadamente
Zirkel ['tsɪrkəl] *m* <-s, -> 1. (*Instrument*) compasso *m* 2. (*Kreis, Gruppe*) círculo *m*
zirkulieren* *vi* circular
Zirkumflex *m* <-es, -e> (LING) acento circunflexo *m*
Zirkus ['tsɪrkʊs] *m* <-, -se> circo *m*
zischen ['tsɪʃən] *vi* (*Schlange*) silvar, sibilar; (*Mensch*) cochichar, sussurrar
Zitat [tsi'ta:t] *nt* <-(e)s, -e> citação *f*
zitieren* *vt* citar
Zitrone [tsi'tro:nə] *f* <-n> limão *m*
Zitronenbaum *m* <-(e)s, -bäume> limoeiro *m*
Zitronenlimonade *f* <-n> limonada *f*
Zitronensaft *m* <-(e)s, -säfte> sumo de limão *m*, suco de limão *m*
Zitrusfrucht ['tsi:trʊs-] *f* <-früchte> citrino *m*
zitterig *adj* (*Hand*) trémulo; (*Schrift*) tremido
zittern ['tsɪten] *vi* tremer, estremecer; **vor Kälte ~** tiritar/tremer de frio; **vor Angst ~** tremer de medo; **mir ~ die Knie** tenho os joelhos a tremer
Zitze ['tsɪtsə] *f* <-n> teta *f*
Zivi ['tsi:vi] *m* <-s, -s> (*umg*) s. **Zivildienstleistende(r)**
zivil [tsi'vi:l] *adj* 1. (*nicht militärisch*) civil 2. (*gemäßigt*) moderado; (*Preis*) módico, acessível

Zivil *nt* <-s> *kein pl* **in** ~ à paisana; ~ **tragen** andar à paisana
Zivilbevölkerung *f* <-en> população civil *f*
Zivilcourage *f kein pl* coragem (para defender as suas convicções) *f*
Zivildienst *m* <-(e)s> *kein pl* serviço cívico *m*

Na Alemanha os jovens que se negam a prestar o serviço militar têm que prestar 10 meses de **Zivildienst**. Desde 1997 este serviço também se tornou possível na Suíça, e geralmente é prestado na área de saúde. Na Áustria e na Suíça ele compreende 12 meses. Na Alemanha o "Zivi" (denominação dada ao prestante) é escalado para trabalhar na assistência aos idosos, como motorista para deficientes ou ajudante em pousadas de juventude.

Zivildienstleistende(r) *m* <-n, -n> prestador de serviço cívico *m*
Zivilisation [tsiviliza'tsjo:n] *f* <-en> civilização *f*
zivilisiert *adj* civilizado
Zivilist(in) [tsivi'lɪst] *m(f)* <-en, -en *o* -innen> civil *m,f*
Zivilrecht *nt* <-(e)s> *kein pl* direito civil *m*
Zmittag *m o nt* <-s> *kein pl* (*schweiz*) almoço *m*
Zmorge *m o nt* <-> *kein pl* (*schweiz*) pequeno-almoço *m*, café da manhã *m*
Znacht *m o nt* <-s> *kein pl* (*schweiz*) jantar *m*
Znüni *m o nt* <-> *kein pl* (*schweiz*) pequeno-almoço tardio *m*
zocken *vi* (*umg*) jogar a dinheiro
Zoff *m* <-s> *kein pl* (*umg*) chatices *fpl*
zog [tso:k] *imp von* **ziehen**
zögern *vi* hesitar, vacilar; **ohne zu ~** sem hesitação
Zölibat *nt* <-(e)s> *kein pl* celibato *m*
Zoll¹ [tsɔl] *m* <-(e)s, Zölle> 1. *kein pl* (*Behörde*) alfândega *f* 2. (*Abgabe*) direitos alfandegários *mpl*, taxas alfandegárias *fpl*; **für etw ~ bezahlen** pagar direitos de a. c.
Zoll² *m* <-(e)s, -> (*Maßeinheit*) polegada *f*
Zollabfertigung *f* <-en> despacho alfandegário *m*, despacho aduaneiro *m*
Zollamt *nt* <-(e)s, -ämter> alfândega *f*
Zollbeamte(r)(in) *m(f)* <-n, -n *o* -innen> funcionário da alfândega, funcionária *m, f*

Zollerklärung *f* <-en> declaração (de alfândega) *f*

zollfrei *adj* isento de direitos alfandegários; ~**er Einkauf** compra livre de impostos

Zollkontrolle *f* <-n> controlo alfandegário *m*

zollpflichtig *adj* sujeito a direitos

Zollstock *m* <-(e)s, -stöcke> metro articulado *m*

Zone ['tsoːnə] *f* <-n> zona *f*

Zonengrenze *f* <-n> **1.** (*bei öffentlichen Verkehrsmitteln*) limite de zona *m* **2.** *kein pl* (GESCH) fronteira entre a RDA e a RFA *f*

Zoo [tsoː] *m* <-s, -s> jardim zoológico *m*

Zoologe(in) [tsoloˈgiː] *m(f)* <-n, -n *o* -innen> zoólogo, zoóloga *m, f*

Zoologie [tsooloˈgiː] *f kein pl* zoologia *f*

zoologisch *adj* zoológico

Zoom [zuːm] *nt* <-s, -s> zoom *m*, zum *m*

Zopf [tsɔpf] *m* <-(e)s, Zöpfe> trança *f*

Zorn [tsɔrn] *m* <-(e)s> *kein pl* cólera *f*, ira *f*, fúria *f*; **in** ~ **geraten** encolerizar-se, enfurecer-se

zornig *adj* irado, enfurecido; (*Blick*) colérico; ~ **werden** irar-se, enfurecer-se

Zote *f* <-n> obscenidade *f*

zottig ['tsɔtɪç] *adj* (*Fell*) peludo

z.T. *abk v* **zum Teil** em parte

zu [tsuː] **I.** *präp + dat* (*Richtung*) para, a; (*Lage*) em; ~ **Hause** em casa; ~ **jdm gehen** ir a/para casa de alguém; **sie kommt** ~ **mir** ela vem a/para minha casa; ~**m Zentrum sind es vier Kilometer** são quatro quilómetros até ao centro; ~ **beiden Seiten** para os dois lados; **es fiel** ~ **Boden** caiu ao chão; **sie sah** ~ **ihm hinüber** ela olhou para ele; (*zeitlich*) a, por; ~ **Anfang** a princípio; ~ **Weihnachten** pelo Natal; **ich kündige** ~**m 1. April** eu despeço-me no dia 1 de Abril; ~ **meiner Zeit** no meu tempo; (*Zweck, Ziel*) para, por; ~**m Glück** por sorte; ~**m Scherz** por brincadeira; ~ **meinem Erstaunen** para meu espanto; ~ **meiner großen Freude** com grande alegria minha; **Papier** ~**m Schreiben** papel para escrever; (*Preis, Menge, Häufigkeit*) a, por; ~**m dritten Mal** pela terceira vez; ~ **Hunderten** às centenas; **zehn Briefmarken** ~ **80 Cents** dez selos de 80 centos; ~**m halben Preis** a/por metade do preço; (*hinzu, dazu*) junto de, perto de, ao lado de; **sich** ~ **jdm setzen** sentar-se ao lado de alguém; **nehmen Sie Wein** ~**m Essen?** quer vinho para acompanhar a

refeição?; (*Art und Weise*) a; ~ **Fuß** a pé; (*Verhältnis*) para (com); **zwei** ~ **eins siegen** vencer por dois a um **II.** *adv* (*übermäßig*) muito, demasiado, demais; **er fährt** ~ **schnell** ele guia muito depressa, ele guia depressa demais; **das ist viel** ~ **viel** isso é demais; **der Pullover ist** ~ **groß/klein** a camisola é demasiado grande/pequena, a camisola é grande/pequena demais; (*umg: geschlossen*) fechado; ~ **sein** estar fechado; **Tür** ~! fechar a porta!; (*in Richtung*) em dire(c)ção a; **wir fahren auf Hamburg** ~ nós vamos na dire(c)ção de Hamburgo; (*Aufforderung*); **mach** ~! anda!, despacha-te!; **nur** ~! vamos!, coragem! **III.** *konj* para, de; **es ist leicht** ~ **finden** é fácil de encontrar; **er ging, ohne sich** ~ **verabschieden** ele foi embora sem se despedir; **ich rufe an, um dich einzuladen** eu telefono para te convidar

zuallererst [-'--'-] *adv* antes de mais nada

zuallerletzt [-'--'-] *adv* em último lugar

Zubehör *nt* <-s, -e> acessório *m*

zu|bereiten* *vt* preparar

Zubereitung *f* <-en> preparação *f*

zu|binden *vt irr* atar, ligar; **jdm die Augen** ~ vendar os olhos a alguém

Zubringer *m* <-s, -> (*Straße*) via de acesso *f*

Zubringerdienst *m* <-(e)s, -e> serviço de ligação *m*

Zucchini *pl* aboborinha *f*, courgette *f*

Zucht [tsʊxt] *f* <-en> (*von Tieren*) criação *f*; (*von Pflanzen*) cultivo *m*; (*von Bakterien*) cultura *f*

züchten *vt* (*Tiere*) criar; (*Pflanzen, Bakterien*) cultivar

Züchter(in) *m(f)* <-s, -*o* -innen> (*von Tieren*) criador, criadora *m, f*; (*von Pflanzen*) cultivador, cultivadora *m, f*

züchtig *adj* recatado, pudico

Züchtung *f* <-en> (*Tier*) criação *f*; (*Pflanze*) cultura *f*

zucken ['tsʊkən] *vi* **1.** (*sich bewegen*) fazer um movimento involuntário; (*vor Schreck*) estremecer; (*Muskel*) contrair-se; **mit den Schultern** ~ encolher os ombros **2.** (*Blitz*) relampejar

zücken *vt* sacar de, puxar de; **die Brieftasche/den Kugelschreiber** ~ sacar da carteira/caneta

Zucker ['tsʊkɐ] *m* <-s> *kein pl* **1.** (*zum Süßen*) açúcar *m;* **ein Stück** ~ um torrão de açúcar **2.** (*Krankheit*) diabetes *f*

Z

Zuckerdose *f* <-n> açucareiro *m*

Zuckerhut *m* <-(e)s, -hüte> 1. (*aus Zucker*) pão-de-açúcar *m*, pão doce *m* 2. *kein pl* (GEOG) Pão-de-açúcar *m*

zuckerkrank *adj* diabético

Zuckerl *nt* <-s, -(n)> (*österr*) rebuçado *m*, bala *f*

zuckern ['tsʊkɐn] *vt* pôr açúcar em, açucarar

Zuckerrohr *nt* <-(e)s, -e> cana-de-açúcar *f*

Zuckerwatte *f kein pl* algodão doce *m*

Zuckung *f* <-en> convulsão *f*, contra(c)ção *f*

zu|decken *vt* cobrir, tapar

zu|drehen *vt* 1. (*Wasserhahn*) fechar 2. (*zuwenden*) virar, voltar; **jdm den Rücken ~** virar as costas a alguém

zudringlich ['tsuːdrɪŋlɪç] *adj* impertinente

zu|drücken *vt* fechar

zueinander [tsuʔaɪ'nandɐ] *adv* um ao outro, um para com o outro; **sie haben ein gutes Verhältnis ~** eles têm um bom relacionamento (um com o outro); **gut ~ passen** estar bem um para o outro

zuerst [-'-] *adv* 1. (*als erstes*) primeiro; (*vorrangig*) em primeiro lugar 2. (*erst, als erster*) (como) primeiro; **ich war ~ da** eu cheguei primeiro 3. (*anfangs*) primeiro, a princípio, de início; **~ mochte ich ihn nicht** primeiro, eu não gostava dele

Zufahrt *f* <-en> acesso *m*

Zufahrtsstraße *f* <-n> estrada de acesso *f*

Zufall *m* <-(e)s, -fälle> acaso *m*, coincidência *f*, casualidade *f*; **durch ~** por acaso, por coincidência; **so ein ~!** que coincidência!; **etw dem ~ verdanken/überlassen** agradecer/deixar a. c. ao acaso

zu|fallen *vi irr* 1. (*Tür, Fenster*) fechar-se; **vor Müdigkeit fielen ihm die Augen zu** os olhos fecharam-se-lhe de cansaço 2. (*Aufgabe, Vergünstigung*) tocar (a alguém); **der erste Preis ist ihm zugefallen** tocou-lhe o primeiro prémio

zufällig I. *adj* casual, acidental II. *adv* casualmente, por acaso; (*in Frage*) por acaso

Zuflucht *f kein pl* abrigo *m*, refúgio *m*; **~ suchen/finden** procurar/encontrar abrigo

Zufluss^{RR} *m* <-es, -flüsse> afluente *m*

zufolge [tsuː'fɔlgə] *präp* +*dat* segundo, em consequência de; **seinen Aussagen ~** segundo as suas declarações

zufrieden [tsuː'friːdən] *adj* satisfeito (*mit* com), contente (*mit* com); **jdn ~ stellen** satisfazer alguém; **nicht ~ sein** não estar satisfeito, estar insatisfeito

Zufriedenheit *f kein pl* satisfação *f*, contentamento *m*

zufrieden|stellen^{ALT} *vt s.* **zufrieden**

zu|frieren *vi irr* congelar; **der See ist zugefroren** o lago congelou

zu|fügen *vt* 1. (*hinzutun*) acrescentar 2. (*Schaden, Leid*) causar, provocar

Zufuhr ['tsuːfuːɐ] *f kein pl* (*Versorgung*) abastecimento *m*, entrada *f*; (*Zuleitung*) transporte *m*

zu|führen *vt* (*versorgen*) abastecer; (*zuleiten*) levar, conduzir; **einem Gerät Strom ~** ligar um aparelho à corrente

Zug¹ [tsuːk] *m* <-(e)s, Züge> 1. (*Eisenbahn*) comboio *m*, *nt*, trem *m*, *nt*; **der ~ nach Wien** o comboio para Viena; **mit dem ~ fahren/kommen** ir/vir de comboio; **ein durchgehender ~** um comboio directo; **den ~ verpassen** perder o comboio 2. (*Umzug*) marcha *f*; (*Festzug*) cortejo *m,f*; **ein langer ~ von Flüchtlingen** um grande cortejo de refugiados 3. (*Atemzug*) fôlego *m,f*; (*an Zigarette*) passa *f*, *nt*; (*Schluck*) gole *m*, trago *m*; **das Glas in einem ~ austrinken** beber o copo de golada; (*umg*); **in den letzten Zügen liegen** estar a dar as últimas 4. (*bei Brettspielen*) jogada *f*, lance *m*; **am ~ sein** ser a sua vez 5. (*beim Schwimmen*) braçada *f* 6. (*Gesichtszug*) traço *mpl*; (*Charakterzug*) feitio *mpl*; **etw in groben Zügen darstellen** descrever a. c. em traços largos 7. (*Krafteinwirkung*) puxão *mpl* 8. *kein pl* (*Luftzug*) corrente de ar *m,fpl*; **im ~ sitzen** estar a apanhar corrente de ar

Zug² *m* <-s> *kein pl* (GEOG) Zug *m*

Zugabe *f* <-n> 1. *kein pl* (*das Hinzugeben*) acréscimo *m* 2. (*im Konzert*) extraprograma *m*; **~!** bis!; **sie haben drei ~n gegeben** eles tocaram mais três músicas

Zugang *m* <-(e)s, -gänge> 1. (*Zutritt*) acesso *m* (*zu* a); **der ~ zum Internet** o acesso à Internet; **~ verboten!** entrada proibida! 2. (*Eingang*) entrada *f* (*zu* para)

zugänglich *adj* 1. (*erreichbar*) acessível 2. (*Person*) acessível, tratável

Zugbegleiter(in) *m(f)* <-s, - *o* -innen> revisor, revisora *m, f*

Zugbrücke *f* <-n> ponte levadiça *f*

zu|geben *vt irr* 1. (*hinzufügen*) acrescentar

2. (*eingestehen*) reconhecer, admitir; (*gestehen*) confessar

zu|gehen I. *vi irr* (*hingehen*) ir; **auf jdn/etw ~** dirigir-se a alguém/a. c.; **dem Ende ~** aproximar-se do fim; (*umg: sich schließen lassen*) fechar-se II. *vi unpers* acontecer; **bei der Diskussion ging es lebhaft zu** a discussão estava muito animada

Zugehfrau *f* <-en> (*österr: Putzfrau*) mulher *f* a dias

Zugehörigkeit *f kein pl* pertença *f* (*zu* de); (*zu Partei, Verein*) filiação *f* (*zu* em)

Zügel *m* <-s, -> freio *m*, rédeas *fpl*

zügellos *adj* desenfreado, descontrolado

Zügellosigkeit *f kein pl* leviandade *f*, libertinagem *f*, devassidão *f*

Zügelmann *m* <-(e)s, -männer> (*schweiz*) homem das mudanças *m*

zügeln I. *vt* (*Pferd*) enfrear; (*Neugierde, Zorn*) refrear, conter II. *vi* (*schweiz*) mudar-se

Zugeständnis *nt* <-ses, -se> concessão *f*; **jdm ein ~ machen** fazer uma concessão a alguém; **~se an etw machen** descuidar a. c.

zu|gestehen* *vt irr* (*bewilligen*) conceder, outorgar; **jdm etw ~** conceder a. c. a alguém

Zugführer(in) *m(f)* <-s, - o -innen> maquinista *m,f*

zügig *adj* rápido, ligeiro

zugleich [-'-] *adv* **1.** (*gleichzeitig*) ao mesmo tempo, simultaneamente **2.** (*ebenso*) juntamente

Züglete *f* <-n> (*schweiz*) cortejo *m*

Zugluft *f kein pl* corrente de ar *f*

zu|greifen *vi irr* agarrar, apanhar; (*beim Essen*) servir-se; **greift zu!** sirvam-se!; **bei solch einer Gelegenheit muss man ~** tem que se agarrar uma oportunidade dessas

Zugriff *m* <-(e)s, -e> **1.** (*das Zugreifen*) captura *f* **2.** (INFORM) acesso *m*

Zugriffszeit *f* <-en> (INFORM) tempo de acesso *m*

zugrunde [tsu'grʊndə], **zu Grunde**[RR] *adv* **~ gehen** ir ao fundo, perecer; **etw ~ legen** partir de a. c., ter a. c. por base; **~ liegen** servir de base, estar na base; **jdn/etw ~ richten** arruinar alguém/a. c.

zugunsten [-'--], **zu Gunsten**[RR] *präp* +*gen* a favor de, em benefício de

zugute [-'--] *adv* (*geh*) **jdm etw ~ halten** ter a. c. em conta em alguém; **jdm ~ kommen** reverter a favor de alguém

Zugverbindung *f* <-en> ligação ferroviária *f*

Zugvogel *m* <-s, -vögel> ave de arribação *f*

zu|halten *vt irr* **1.** (*geschlossen halten*) conservar fechado **2.** (*bedecken*) tapar; **sich** *dat* **die Ohren ~** tapar os ouvidos

Zuhälter *m* <-s, -> chulo *m*

zuhause[RR] *adv* (*österr, schweiz*) em casa

Zuhause [tsuˈhaʊzə] *nt* <-s> *kein pl* casa *f*; **ein schönes ~ haben** ter uma casa bonita

zu|hören *vi* escutar, ouvir; **jdm/einem Vortrag ~** ouvir alguém/uma conferência

Zuhörer(in) *m(f)* <-s, - o -innen> (*am Radio*) ouvinte *m,f*; (*Publikum*) público *m*

zu|jubeln *vi* **jdm ~** aclamar alguém

zu|kleben *vt* (*Brief, Umschlag*) colar

zu|knöpfen *vt* abotoar

zu|kommen *vi irr* **1.** (*sich nähern*) chegar-se (*auf* a), aproximar-se (*auf* de); (*Aufgabe, Problem*) vir; **auf jdn ~** vir/ir ao encontro de alguém; **die Dinge auf sich ~ lassen** esperar a ver o que dá **2.** (*gebühren*) condizer, enquadrar-se; **dem kommt eine große Bedeutung zu** ele é muito importante **3.** (*geh: übermitteln*) transmitir; **jdm etw ~ lassen** fazer chegar a. c. às mãos de alguém

Zukunft [ˈtsuːkʊnft] *f kein pl* futuro *m;* **in ~ de** futuro, para o futuro

zukünftig *adj* futuro, vindouro; **seine ~e Frau** a sua futura mulher

Zulage *f* <-n> suplemento *m*, aumento *m*

zu|lassen *vt irr* **1.** (*erlauben*) permitir, consentir **2.** (*Zugang gewähren, ermöglichen*) deixar entrar; (*Auto*) aprovar (para circulação) **3.** (*umg: nicht öffnen*) deixar fechado

zulässig *adj* permitido, admitido

Zulassung *f kein pl* admissão *f*; (*amtlich*) licença *f*, autorização *f*; (*für Auto*) aprovação para circular *f*

Zulassungsbeschränkung *f* <-en> limite de admissão *m*

Zulauf *m* <-(e)s> *kein pl* afluência *f*, concorrência *f*

zu|laufen *vi irr* **1.** (*hinlaufen*) correr (*auf* para); **der Hund ist ihnen zugelaufen** o cão correu para eles **2.** (*dazufließen*) correr, fluir **3.** (*Form haben*) acabar; **spitz ~** acabar em bico

zu|legen I. *vi* (*umg*) aumentar, acrescentar II. *vr* **sich ~** (*umg*) comprar, arranjar; **sie haben sich einen Hund zugelegt** eles compraram um cão

Z

zuleide [-'--], **zu Leide**[RR] *adv* jdm etw ~ **tun** fazer mal a alguém

zuletzt [-'-] *adv* **1.** (*als letztes*) em último lugar **2.** (*als letzter*) em último; ~ **kommen** ser o último a chegar, chegar em último **3.** (*schließlich*) por último, por fim; ~ **war er doch einverstanden** por fim, ele estava de acordo

zuliebe [-'--] *adv* jdm/etw ~ por alguém/a. c.; **tu es mir ~!** faz isso por mim!; **ich mache es dir** ~ eu faço isto por ti

Zulieferindustrie *f* <-n> indústria fornecedora *f*

zum [tsʊm] = **zu dem** *s*. **zu**

zu|machen *vt* fechar; (*Loch*) tapar; (*Kleidung*) abotoar, fechar

zumal [-'-] **I.** *konj* tanto mais que, até porque **II.** *adv* especialmente

zumindest [-'---] *adv* pelo menos, ao menos; **er hätte ~ grüßen können** ele podia ao/pelo menos ter cumprimentado

zumute [-'--], **zu Mute**[RR] *adv* **mir ist nicht wohl** ~ não me sinto bem/à vontade; **ihr war nicht zum Lachen** ~ ela não estava com disposição para rir

zu|muten ['tsu:mu:tən] *vt* jdm etw ~ exigir a. c. de alguém; **jdm/sich** *dat* **zu viel** ~ exigir demasiado de si/alguém

Zumutung *f* <-en> exigência *f*; (*Unverschämtheit*) desaforo *m*, descaramento *m*

zunächst *adv* **1.** (*anfangs*) primeiro, em primeiro lugar **2.** (*vorläufig*) para já, por ora

zu|nähen *vt* coser

Zunahme ['tsu:na:mə] *f* <-n> aumento *m*, acréscimo *m*; **eine ~ um 5%** um acréscimo de 5%

Zuname ['tsu:na:mə] *m* <-ns, -n> sobrenome *m*, apelido *m*

zünden **I.** *vt* (*Bombe*) detonar; (*Feuerwerk*) queimar; (*Rakete*) disparar **II.** *vi* (*Rakete*) disparar; (*Motor*) pegar; (*umg*); **bei ihm hat es gezündet** fez-se luz!

zündend *adj* (*Idee*) luminoso

Zünder *m* <-s, -> espoleta *f*

Zündholz *nt* <-es, -hölzer> (*österr*) fósforo *m*

Zündkerze *f* <-n> vela de ignição *f*

Zündschlüssel *m* <-s, -> chave de ignição *f*

Zündschnur *f* <-schnüre> rastilho *m*

Zündung *f* <-en> (*des Autos*) ignição *f*

Zündungsschlüssel *m* <-s, -> (*schweiz*)

s. **Zündschlüssel**

zu|nehmen *vi irr* **1.** (*sich vergrößern, vermehren*) aumentar, crescer **2.** (*Mensch*) engordar

Zuneigung *f* <-en> afeição *f* (*zu* a), simpatia *f* (*zu* por)

Zunge ['tsʊŋə] *f* <-n> **1.** (*Organ*) língua *f*; **jdm die ~ herausstrecken** pôr a língua de fora a alguém; **es liegt mir auf der ~** está debaixo da língua; (*fig*); **sich** *dat* **auf die ~ beißen** conter-se **2.** (*Lasche*) lingueta *f*, palheta *f*

Zungenbrecher *m* <-s, -> trava-línguas *m*

Zungenkuss[RR] *m* <-es, -küsse> linguado *m*

zunichte [-'--] *adv* etw ~ **machen** destruir a. c.

zunutze [-'--], **zu Nutze**[RR] *adv* **sich** *dat* **etw ~ machen** aproveitar-se de a. c.

zu|ordnen *vt* classificar, agregar

zu|packen *vi* (*greifen*) deitar a mão a, agarrar

zupfen ['tsʊpfən] *vt* **1.** (*ziehen*) puxar (*an* por); **jdn am Ärmel** ~ puxar alguém pela manga **2.** (*Gitarre*) tanger

zur [tsu:ɐ] = **zu der** *s*. **zu**

zurechnungsfähig *adj* responsável (pelos seus actos)

zurecht|finden *vr* **sich** ~ *irr* saber orientar-se, arranjar-se

zurecht|kommen *vi irr* arranjar-se, desenrascar-se; **nicht** ~ ver-se à rasca, ver-se aflito; **mit jdm** ~ dar-se com alguém; **er kam mit dem Videogerät nicht zurecht** ele viu-se aflito com o vídeo

zurecht|legen *vt* arranjar, preparar; **sich** *dat* **einen Plan** ~ engendrar um plano

zurecht|machen **I.** *vt* (*umg*) arranjar, preparar **II.** *vr* **sich** ~ (*umg*) arranjar-se, produzir-se

zurecht|weisen *vt irr* repreender

Zurechtweisung *f* <-en> repreensão *f*, reprimenda *f*

zu|reden *vi* (*ermutigen*) encorajar, animar; (*überreden*) persuadir; **jdm gut** ~ (tentar) persuadir alguém

Zürich *nt* <-s> *kein pl* Zurique *f*

zurück *adv* **1.** (*an den Ausgangspunkt*) de volta; **ich bin gleich** ~ eu volto já, eu venho já; **hin und** ~ ida e volta **2.** (*nach hinten*) para trás; **geh drei Schritte** ~ dá três passos para trás

zurück|behalten* *vt irr* (*Information*) reter, guardar; (*Rest*) ficar com

zurück|bekommen* *vt irr* reaver, recuperar; (*Wechselgeld*) receber de troco

zurück|bezahlen* *vt* reembolsar

zurück|bleiben *vi irr* ficar para trás, atrasar-se; **hinter den Erwartungen** ~ ficar aquém das expectativas

zurück|bringen *vt irr* **1.** (*zurückgeben*) devolver, trazer de volta; **ich muss die Bücher in die Bibliothek** ~ eu tenho de devolver os livros à biblioteca **2.** (*zurückbegleiten*) acompanhar

zurück|drängen *vt* (*Personen*) fazer recuar

zurück|erobern* *vt* reconquistar

zurück|erstatten* *vt* restituir, devolver

zurück|fahren *vi irr* **1.** (*zurückkehren*) regressar, voltar para trás; **mit dem Zug** ~ regressar de comboio; **sie ist schon nach Köln zurückgefahren** ela já voltou para Colónia **2.** (*rückwärts fahren*) andar para trás

zurück|fallen *vi irr* **1.** (*Person*) cair de costas; **sich in den Sessel** ~ **lassen** deixar-se cair de costas na cadeira **2.** (*in eine Gewohnheit*) voltar a cair (*in* em) **3.** (SPORT) cair (*auf* para) **4.** (*Eigentum*) reverter (*an* para) **5.** (*sich auswirken*) repercutir-se (*auf* em), recair (*auf* sobre); **alles, was er tut, fällt irgendwann auch auf uns zurück** tudo o que ele faz acaba por recair sobre nós

zurück|finden *vi irr* achar o caminho de volta

zurück|fordern *vt* reclamar, reivindicar

zurück|führen *vt* **1.** (*herleiten*) reduzir (*auf* a); **das lässt sich auf den gleichen Ursprung** ~ isso reduz-se à mesma origem **2.** (*die Folge sein*) atribuir (*auf* a); **wir führen Ihre Krankheit auf falsche Ernährung zurück** nós atribuimos a sua doença à má alimentação

zurück|geben *vt irr* devolver; (*Wechselgeld*) dar de troco

zurückgeblieben *adj* atrasado (mental)

zurück|gehen *vi irr* **1.** (*zurückkehren*) voltar atrás, voltar para trás **2.** (*nach hinten*) recuar, retroceder; **ein paar Schritte** ~ recuar uns passos; **auf etw** ~ remontar a a. c. **3.** (*abnehmen*) descer, baixar

zurückgezogen *adj* retirado, recolhido, solitário; ~ **leben** levar uma vida solitária

zurück|greifen *vi irr* **auf etw** ~ recorrer a a. c.

zurück|halten I. *vt irr* (*Person*) deter; (*Geld, Information*) reter; (*Gefühle*) conter, reprimir **II.** *vr* **sich** ~ *irr* conter-se, retrair-se; **er hält sich mit Lob/Kritik zurück** ele abstém-se de louvar/criticar

zurückhaltend *adj* reservado, discreto

Zurückhaltung *f kein pl* discrição *f*, reserva *f*; **seine** ~ **aufgeben** ganhar confiança

zurück|kehren *vi* voltar (*nach/zu* para/a), regressar (*nach/zu* para/a)

zurück|kommen *vi irr* voltar (*nach/zu* para/a), regressar (*nach/zu* para/a); **auf etw** ~ voltar a a. c.

zurück|lassen *vt irr* deixar para trás

zurück|legen *vt* **1.** (*an Platz*) voltar a pôr **2.** (*Waren*) guardar; (*Geld*) pôr de lado **3.** (*Strecke*) percorrer

zurück|nehmen *vt irr* **1.** (*Waren*) aceitar de volta, aceitar (como devolução) **2.** (*Bemerkung*) retirar; (*Angebot*) voltar atrás com; (*Gesetz*) revogar; **sein Versprechen** ~ voltar com a palavra atrás

zurück|rufen *vt* chamar (de volta); **ich rufe Sie in zehn Minuten zurück** eu chamo-o (de volta) daqui a dez minutos

zurück|schalten *vi* reduzir

zurück|schicken *vt* **1.** (*Paket*) devolver **2.** (*Person*) recambiar, mandar de volta

zurück|schrecken *vi* recuar (*vor* perante)

zurück|stellen *vt* **1.** (*an einen Platz*) voltar a pôr **2.** (*Uhr*) atrasar; (*Heizung*) diminuir **3.** (*Waren*) guardar **4.** (*Wünsche, Interessen*) passar para segundo plano

zurück|treten *vi irr* **1.** (*nach hinten treten*) recuar, retroceder; **bitte ~!** é favor afastar-se da linha! **2.** (*von Amt*) demitir-se (*von* de) **3.** (*von Kauf, Vereinbarung*) desistir (*von* de)

zurück|versetzen *vr* **sich** ~ recuar (no tempo), lembrar-se; **wenn ich mich in meine Schulzeit zurückversetze ....** quando me lembro dos meus tempos de escola ...

zurück|weichen *vi irr* recuar (*vor* perante)

zurück|weisen *vt irr* (*Person*) mandar embora; (*Beschuldigung*) negar; (*Einladung, Geschenk*) recusar, não aceitar; (*Klage*) rejeitar

zurück|zahlen *vt* reembolsar; (*umg*); **das werde ich ihm ~!** ele vai pagar-mas!

zurück|ziehen I. *vt irr* (*nach hinten*) puxar para trás; (*Körperteil*) encolher, retrair; (*Vorhang, Riegel*) correr; (*Angebot, Bestellung*) cancelar; (*Klage*) retirar **II.** *vr* **sich** ~ *irr* retirar-se

Z

Zuruf *m* <-(e)s, -e> clamor *m,* grito *m;* **durch ~ wählen** votar por aclamação

zurzeit[RR] [tsuːˈtsaɪt] *adv* a(c)tualmente, agora

Zusage [ˈ---] *f* <-n> (*positive Antwort*) resposta afirmativa *f;* (*Versprechen*) promessa *f;* **jdm eine ~ geben** dizer que sim a alguém

zulsagen I. *vt* prometer II. *vi* 1. (*gefallen*) agradar; **das sagt mir nicht zu** isso não me agrada 2. (*annehmen*) aceitar, dizer que sim

zusammen [tsuˈzamən] *adv* 1. (*miteinander*) junto(s), em conjunto; **~ mit** +*dat* juntamente com; **alle ~** todos juntos; **sind die beiden noch ~?** eles ainda estão juntos?; **wir sind ~ angekommen** nós chegámos juntos 2. (*insgesamt*) ao todo, no total; **das macht ~ 25 DM** isso dá 25 marcos ao todo

Zusammenarbeit *f kein pl* colaboração *f,* cooperação *f;* **in ~ mit** +*dat* em colaboração com

zusammenlarbeiten *vi* colaborar (*mit* com)

zusammenlbauen *vt* montar, armar

zusammenlbleiben *vi irr* ficar unido, ficar junto

zusammenlbrechen *vi irr* 1. (*einstürzen*) desmoronar-se, ruir 2. (*Mensch*) sucumbir, ir-se abaixo 3. (*Verkehr*) paralisar

zusammenlbringen *vt irr* (*Geld, Personen*) juntar

Zusammenbruch *m* <-(e)s, -brüche> 1. (*gesundheitlich*) colapso *m,* esgotamento *m;* (*des Verkehrs*) paralisação *f* 2. (*Bankrott*) falência *f*

zusammenlfahren *vi irr* estremecer

zusammenlfallen *vi irr* 1. (*einstürzen*) cair, desabar 2. (*Termine*) coincidir

zusammenlfassen *vt* 1. (*vereinigen*) concentrar, reunir 2. (*Bericht*) resumir

zusammenfassend I. *adj* resumido II. *adv* em suma, em resumo

Zusammenfassung *f* <-en> 1. (*Vereinigung*) união *f* 2. (*kurze Darstellung*) resumo *m,* sumário *m*

zusammengesetzt *adj* composto; **ein ~es Wort** uma palavra composta

zusammenlhalten I. *vt irr* (*Gegenstände*) segurar; **etw mit einer Schnur ~** segurar a. c. com um fio II. *vi irr* (*Gruppe, Menschen*) manter-se unido, manter-se junto

Zusammenhang *m* <-(e)s, -hänge> (*Beziehung*) relação *f* (*zwischen* entre), ligação *f*

(*zwischen* entre); (*innerer*) coerência *f,* coesão *f;* (*im Text*) contexto *m;* **im ~** no contexto; **etw aus dem ~ reißen** tirar a. c. de contexto; **es besteht ein ~ zwischen seiner Festnahme und den Attentaten** há uma ligação entre a sua detenção e os atentados

zusammenlhängen *vi irr* 1. (*Gegenstände*) estar ligado 2. (*in Beziehung stehen*) estar relacionado (*mit* com), estar ligado (*mit* a); **das hängt damit zusammen, dass ...** isso está relacionado com o fa(c)to de ...

zusammenhanglos *adj* desconexo

zusammenklappbar *adj* articulado

zusammenlkommen *vi irr* (*Personen*) reunir-se, encontrar-se

Zusammenkunft [tsuˈzamənkʊnft] *f* <-künfte> reunião *f,* encontro *m*

zusammenlleben *vi* conviver (*mit* com)

zusammenllegen I. *vt* (*falten*) dobrar; (*vereinigen*) juntar; (*Firmen*) fundir; (*Termine*) juntar II. *vi* (*Geld*) juntar dinheiro

zusammenlnehmen I. *vt irr* juntar; **alles zusammengenommen** no total II. *vr sich ~ irr* dominar-se, conter-se

zusammenlpacken *vt* 1. (*zum Transport*) empacotar 2. (*wegräumen*) arrumar

zusammenlpassen *vi* (*Personen*) condizer; (*Farben, Gegenstände*) combinar bem, condizer

zusammenlreißen *vr* **sich ~** *irr* dominar-se

zusammenlschlagen *vt irr* 1. (*umg: zerstören*) despedaçar, dar cabo de 2. (*umg: verprügeln*) dar cabo de, desfazer

zusammenlschließen *vr* **sich ~** *irr* unir-se; (*Firmen*) associar-se

Zusammenschluss[RR] *m* <-es, -schlüsse> união *f;* (*von Firmen*) fusão *f*

zusammenlsetzen I. *vt* montar II. *vr* **sich ~** 1. (*bestehen aus*) compor-se (*aus* de) 2. (*Menschen*) reunir-se

Zusammensetzung *f* <-en> 1. *kein pl* (*das Zusammenbauen*) montagem *f* 2. (*Struktur, Mischung*) composição *f*

Zusammenspiel *nt* <-(e)s> *kein pl* 1. (*einer Mannschaft*) espírito de equipa *m* 2. (*von Kräften*) intera(c)ção *f*

zusammenlstellen *vt* 1. (*Gegenstände*) reunir, juntar 2. (*Programm*) organizar; (*Liste*) compor; (*Menü*) fazer; (*Farben*) combinar

Zusammenstellung *f* <-en> 1. (*Zusam-*

mensetzung) composição f **2.** (*Übersicht*) resumo m; (*Liste*) lista f

Zusammenstoß m <-es, -stöße> **1.** (*von Fahrzeugen*) colisão f, choque m, embate m **2.** (*Auseinandersetzung*) conflito m; **es kam zu blutigen Zusammenstößen mit der Polizei** chegaram-se a conflitos sangrentos com a polícia

zusammen|stoßen vi irr chocar (*mit* com), colidir (*mit* com), embater (*mit* em)

zusammen|tragen vt irr **1.** (*Gegenstände*) juntar **2.** (*Informationen*) reunir

zusammen|treffen vi irr **1.** (*Personen*) encontrar-se (*mit* com) **2.** (*Ereignisse*) coincidir

Zusammentreffen nt <-s, -> **1.** (*Begegnung*) encontro m **2.** (*von Ereignissen*) coincidência f

zusammen|wohnen vi morar (junto) (*mit* com); **ich wohne mit ihm zusammen** eu moro com ele; **sie wohnen zusammen** eles moram juntos

zusammen|zählen vt somar

zusammen|ziehen **I.** vt irr (*enger machen*) apertar, estreitar; (*Muskeln*) contrair; (*Polizei, Truppen*) reunir **II.** vi irr juntar-se; **wir wollen** ~ nós queremos ir viver juntos **III.** vr sich ~ irr (*kleiner werden*) encolher

Zusatz m <-es, -sätze> **1.** (*Substanz*) aditivo m **2.** (*zu Text*) suplemento m, aditamento m

zusätzlich adj adicional, suplementar

Zusatzversicherung f <-en> seguro suplementar m

zu|schauen vi observar, ver; **sie schaute ihm beim Reiten zu** ela observou-o a andar de cavalo

Zuschauer(in) m(f) <-s, - o -innen> espe(c)tador, espe(c)tadora m, f; (*Fernsehzuschauer*) telespe(c)tador, telespe(c)tadora m, f; **die** ~ **waren begeistert** o público estava entusiasmado

zu|schicken vt enviar, mandar, remeter

Zuschlag m <-(e)s, -schläge> **1.** (*für einen Auftrag*) adjudicação f; **den** ~ **erhalten** obter a adjudicação **2.** (*im Zug*) sobretaxa f, suplemento m **3.** (*bei Auktion*) arrematação f

zu|schlagen **I.** vt irr (*Tür*) bater com; (*Buch*) fechar; **jdm die Tür vor der Nase** ~ bater com a porta na cara de alguém **II.** vi irr **1.** (*Tür, Fenster*) bater **2.** (*Mensch*) atacar; **er**

hat sofort zugeschlagen ele atacou logo **3.** (*bei Auktion*) arrematar

zuschlagspflichtig adj sujeito a sobretaxa

zu|schließen vt irr fechar à chave, trancar

zu|schneiden vt (*Stoff*) recortar

zu|schnüren vt atar; (*Schuh*) apertar

zu|schrauben vt **1.** (*mit Schrauben*) aparafusar **2.** (*Flasche*) fechar

zu|schreiben vt irr atribuir, imputar; **jdm die Schuld an etw** ~ atribuir a culpa por a. c. a alguém

Zuschrift f <-en> carta f

ZuschussRR m <-es, -schüsse> suplemento m; (*staatlich*) subsídio m, subvenção f

zu|schütten vt (*Loch, Graben*) entulhar

zu|sehen vt irr ver, observar; **er sah ihm bei der Arbeit zu** ele observou-o no trabalho

zusehends ['tsu:ze:ənts] adv a olhos vistos

zu|senden vt mandar, enviar

zu|sichern vt assegurar, garantir

zu|sperren vt (*österr*) fechar à chave

zu|spielen vt (*Ball*) atirar

zu|spitzen vr sich ~ agravar-se

Zustand ['--] m <-(e)s, -stände> estado m; (*Lage*) situação f; (*Beschaffenheit*) condições fpl

zustande [-'--], **zu Stande**RR adv etw ~ **bringen** (conseguir) fazer a. c.; ~ **kommen** realizar-se, efe(c)tuar-se

zuständig adj responsável (*für* por), competente; **ich bin nicht dafür** ~ isso não é da minha competência

Zuständigkeit f <-en> competência f

zu|stehen vi irr caber; **mir stehen noch 30 DM zu** ainda me cabem 30 marcos, ainda tenho direito a 30 marcos

zu|stellen vt **1.** (*versperren*) tapar **2.** (*schicken*) remeter; (*Post*) entregar

zu|stimmen vi concordar, estar de acordo; **ich stimme Ihnen zu** eu concordo consigo

Zustimmung f <-en> (*Einverständnis*) assentimento m; (*Billigung*) consentimento m, aprovação f; **seine** ~ (**zu etw**) **geben**/**verweigern** dar/não dar o seu consentimento (para a. c.)

zu|stoßen vi **1.** (*Unglück*) acontecer; **ihm ist etwas zugestoßen** aconteceu-lhe uma coisa **2.** (*zustechen*) dar uma facada; (*Stier*) dar uma estocada

Zustrom m <-(e)s, -ströme> afluência f

Z

zutage [-'--], **zu Tage**[RR] *adv* etw ~ bringen trazer a. c. à luz, pôr a. c. a descoberto; ~ **kommen** vir a lume, vir à tona

Zutat *f*<-en> ingrediente *m*

zu|teilen *vt* distribuir, repartir

zutiefst [-'-] *adv* profundamente

zu|trauen *vt* jdm etw ~ julgar alguém capaz de a. c.; **sich** *dat* **etw** ~ sentir-se capaz de a. c.

Zutrauen *nt* <-s> *kein pl* confiança *f* (*zu* em)

zutraulich *adj* confiante; (*Tier*) manso

Zutraulichkeit *f kein pl* confiança *f*

zu|treffen *vi irr* **1.** (*richtig sein*) estar certo **2.** (*passen*) corresponder (*auf* a); **genau das trifft auf ihn zu** é isso mesmo que acontece com ele

zutreffend *adj* correspondente, certo; **Zutreffendes bitte unterstreichen** sublinhar o que interessa

Zutritt *m* <-(e)s> *kein pl* acesso *m* (*zu* a), entrada *f* (*zu* para)

Zutun *nt* <-s> *kein pl* **ohne mein/dein/sein** ~ sem a minha/tua/sua participação

zuverlässig *adj* **1.** (*Mensch*) de confiança **2.** (*glaubwürdig*) fiável, fidedigno

Zuverlässigkeit *f kein pl* **1.** (*eines Menschen*) seriedade *f* **2.** (*Glaubwürdigkeit*) fiabilidade *f*

Zuversicht ['tsu:fɛɐzɪçt] *f kein pl* confiança *f*, esperança *f*; **voller** ~ cheio de confiança

zuversichtlich **I.** *adj* confiante; **ich bin ~, dass ...** eu estou confiante que ... **II.** *adv* com confiança

zuviel[ALT] [-'-] *adv s.* **zu II**

zuvor [-'-] *adv* antes; **kurz** ~ pouco antes

zuvor|kommen *vi irr* antecipar-se, adiantar-se; **sie sind uns zuvorgekommen** eles anteciparam-se a nós

zuvorkommend *adj* solícito, atencioso

Zuwachs ['tsu:vaks] *m* <-es, -wächse> **1.** (*Wachstum*) crescimento *m* **2.** (*Zunahme*) aumento *m* (*um* em); (*umg*); ~ **bekommen** ter um bebé

zu|wachsen *vi irr* **1.** (*mit Pflanzen*) ficar coberto de plantas **2.** (*Wunde*) fechar

zu|wandern *vi* imigrar

Zuwanderung *f* <-en> imigração *f*

zu|weisen *vt irr* (*Aufgabe*) destinar; (*Wohnung*) atribuir; (*Arbeit*) dar

zu|wenden **I.** *vt* (*Gesicht, Rücken*) virar, voltar; **jdm den Rücken** ~ virar/voltar as

costas a alguém **II.** *vr* **sich** ~ dedicar-se; **sich einer neuen Aufgabe** ~ dedicar-se a uma nova tarefa

Zuwendung *f* <-, -en> **1.** *kein pl* (*Aufmerksamkeit*) dedicação *f*, atenção *f*; **Kinder brauchen viel** ~ as crianças precisam de muita dedicação **2.** (*Geld*) ajuda financeira *f*

zuwenig[ALT] [-'--] *adv s.* **zu II**

zu|werfen *vt irr* (*Ball*) atirar; (*Blick*) lançar

zuwider [-'--] *adv* etw ist jdm ~ a. c. repugna a alguém; **dieser Gedanke ist mir** ~ esse pensamento repugna-me

zuwider|handeln *vi* (*dem Gesetz*) transgredir, violar, infringir; (*einem Prinzip*) contrariar, violar

Zuwiderhandlung *f* <-en> contravenção *f*, infra(c)ção *f*

zuwider|laufen *vi irr* ir contra, contrariar

zu|winken *vi* jdm ~ fazer sinal a alguém

zu|ziehen *vt irr* **1.** (*Gardine*) fechar, puxar, correr; (*Knoten, Schlinge*) apertar, atar **2.** (*bekommen*) apanhar; **sich** *dat* **eine Erkältung** ~ apanhar uma constipação

zuzüglich *präp* +*gen* mais, acrescido de

Zvieri *m o nt* <-s, -> (*schweiz*) lanche *m*, merenda *f*

zwang [tsvaŋ] *imp von* **zwingen**

Zwang [tsvaŋ] *m* <-(e)s, Zwänge> **1.** (*Gewalt*) violência *f*; (*Druck*) pressão *f*; ~ **auf jdn ausüben** pressionar alguém; **sich** *dat* **keinen** ~ **antun** estar à vontade **2.** (*Nötigung*) coa(c)ção *f* **3.** (*Notwendigkeit*) necessidade *f*; **wirtschaftliche Zwänge** necessidades económicas

zwängen **I.** *vt* forçar, comprimir, apertar; **die Kleider in den Koffer** ~ meter a roupa na mala à força **II.** *vr* **sich** ~ enfiar-se à força; **er zwängte sich in den Wagen** ele enfiou-se no carro à força

zwanglos **I.** *adj* informal **II.** *adv* à vontade, sem cerimónia

Zwanglosigkeit *f kein pl* à-vontade *m*, desembaraço *m*

Zwangsarbeit *f kein pl* trabalhos forçados *mpl*

zwangsernähren* *vt* alimentar à força

Zwangslage *f* <-n> situação difícil *f*

zwangsläufig *adj* forçoso, inevitável

Zwangsmaßnahme *f* <-n> medida coerciva *f*

zwangsweise *adv* forçosamente, por força

zwanzig ['tsvantsɪç] *num kard* vinte

zwar [tsvaːɐ] *adv* **1.** (*Einschränkung*) das ist ~ ..., aber ... é certo que ..., mas ..., embora ..., ... +*conj;* **die Möbel sind** ~ **schön, aber teuer** é certo que os móveis são bonitos, mas são caros, embora os móveis sejam bonitos, são caros **2.** (*Erklärung*) **und** ~ mais precisamente, nomeadamente, a saber; **Portugiesisch wird auch in Afrika gesprochen, und** ~ **in** ... o Português também é falado em África, mais precisamente em ...

Zweck ['tsvɛk] *m* <-(e)s, -e> finalidade *f,* fim *m,* propósito *m;* (*Ziel*) obje(c)tivo *m;* (*Absicht*) intenção *f;* (*Sinn*) desígnio *m;* **einem guten** ~ **dienen** ser para um bom fim; **der** ~ **heiligt die Mittel** os fins justificam os meios; **für berufliche** ~**e** para fins profissionais; **keinen** ~ **haben** ser inútil

zweckentfremden* *vt* usar para outros fins

zwecklos *adj* inútil

zweckmäßig *adj* conveniente, oportuno, adequado

Zweckmäßigkeit *f kein pl* conveniência *f*

zwecks [tsvɛks] *präp* +*gen* para +*inf,* com o obje(c)tivo de

zwei [tsvaɪ] *num kard* dois, duas; **um** ~ (**Uhr**) às duas (horas); **um halb** ~ à uma e meia; **fünf Minuten vor/nach** ~ duas menos/e cinco; **alle** ~ **Tage** dia sim, dia não, de dois em dois dias; **vor** ~ **Tagen** há dois dias; **mit** ~ (**Jahren**) com dois anos; **wir** ~ nós os dois; **er isst für** ~ ele come por dois

Zwei *f* <-en> dois *m;* **eine** ~ **würfeln** lançar um dois; **eine römische** ~ um dois romano

zweibändig *adj* de dois volumes

zweideutig ['tsvaɪdɔɪtɪç] *adj* **1.** (*unklar*) ambíguo **2.** (*anzüglich*) malicioso

zweidimensional ['tsvaɪdimɛnzjonaːl] *adj* bidimensional, a duas dimensões

Zweidrittelmehrheit *f* <-en> (POL) maioria de dois terços *f*

zweierlei ['tsvaɪɐ'laɪ] *adj* de dois géneros, de duas maneiras; ~ **Sorten Käse** queijo de duas qualidades

zweifach *adj* duplo; **in** ~**er Ausfertigung** em duplicado

Zweifamilienhaus *nt* <-es, -häuser> prédio de dois andares *m*

zweifarbig *adj* bicolor, de duas cores

Zweifel ['tsvaɪfəl] *m* <-s, -> dúvida *f;* **etw in** ~ **ziehen** pôr a. c. em dúvida; ~ **an etw haben** ter dúvidas em relação a a. c.; **es be-**

steht kein ~, dass ... não há dúvida que ...; **mir kommen** ~ surgem-me dúvidas

zweifelhaft *adj* duvidoso

zweifellos *adv* sem dúvida, indubitavelmente

zweifeln ['tsvaɪfəln] *vi* duvidar (*an* de)

Zweifelsfall *m* <-(e)s, -fälle> caso de dúvida *m;* **im** ~ na dúvida, em caso de dúvida

Zweig [tsvaɪk] *m* <-(e)s, -e> **1.** (*Ast*) ramo *m;* (*umg*); **auf keinen grünen** ~ **kommen** não ter sorte nenhuma, não conseguir nada **2.** (*Sparte*) ramificação *f*

Zweigstelle *f* <-n> delegação *f,* sucursal *f*

zweihundert ['-'---] *num kard* duzentos

zweijährig *adj* de dois anos

Zweikampf *m* <-(e)s, -kämpfe> duelo *m*

zweimal *adv* duas vezes

zweisprachig *adj* bilingue

Zweisprachigkeit *f kein pl* bilinguismo *m*

zweispurig *adj* (*Straße*) de duas faixas

zweistimmig **I.** *adj* de duas vozes **II.** *adv* a duas vozes

zweistündig *adj* de duas horas

zweit [tsvaɪt] *adv* **zu** ~ a dois; **wir kommen zu** ~ vimos dois

Zweitaktmotor *m* <-s, -en> motor a dois tempos *m*

zweitälteste(r, s) *adj* segundo mais velho; **meine** ~ **Tochter** a minha segunda filha mais velha

zweitbeste(r, s) *adj* segundo melhor; **er ist mein** ~**r Schüler** ele é o meu segundo melhor aluno

zweitens ['tsvaɪtəns] *adv* em segundo lugar

zweite(r, s) *num ord* segundo; **am** ~**n März** no dia dois de Março; **der** ~ **April** o dia dois de Abril; **jeden** ~**n Tag** de dois em dois dias; **im** ~**n Stock** no segundo andar; **jeder Zweite** um em cada dois; **du bist der Zweite, der mich das fragt** tu és o segundo que me pergunta isso; **Katharina die Zweite** Katharina Segunda; **er ist Zweiter geworden** ele ficou em segundo lugar; **er arbeitet wie kein Zweiter** ele trabalha como ninguém

zweitgrößte(r, s) *adj* segundo maior

zweitklassig *adv* de segunda categoria, de qualidade inferior

zweitletzte(r, s) *adj* penúltimo

Zweitwagen *m* <-s, -> segundo automóvel *m*

Zweizimmerwohnung *f* <-en> apartamento de duas assoalhadas *m,* T 1 *m*

Z

Zwerchfell ['tsvɛrçfɛl] *nt* <-(e)s, -e> diafragma *m*

Zwerg(in) [tsvɛrk] *m(f)* <-(e)s, -e *o* -innen> anão, anã *m, f*

Zwetschge *f* <-n> ameixa *f*

Zwickel *m* <-s, -> nesga *f*

zwicken ['tsvɪkən] I. *vt* beliscar II. *vi* (*Kleidung*) apertar, repuxar

Zwickmühle *f* <-n> (*umg*) embrulhada *f*, beco sem saída *m*

Zwieback ['tsvi:bak] *m* <-(e)s, -bäcke> tosta *f*

Zwiebel ['tsvi:bəl] *f* <-n> 1. (*Speisezwiebel*) cebola *f* 2. (*Blumenzwiebel*) bolbo *m*

Zwielicht *nt* <-(e)s> *kein pl* lusco-fusco *m*, meia-luz *f*; **ins ~ geraten** cair em desconfiança

Zwiespalt *m* <-(e)s, -e> indecisão *f*, dilema *m*; **in einem ~ sein** estar num dilema, estar dividido

Zwietracht *f kein pl* (*geh*) discórdia *f*, desavença *f*

Zwilling ['tsvɪlɪŋ] *m* <-s, -> gémeo, gémea *m, f*; **eineiige/zweieiige ~e** gémeos monozigóticos/dizigóticos; (*umg*) gémeos verdadeiros/falsos

Zwillinge *pl* (*Sternzeichen*) Gémeos *mpl*

zwingen ['tsvɪŋən] *vt* forçar (*zu* a), obrigar (*zu* a); **ich lasse mich nicht ~** eu não me deixo intimidar; **wir waren gezwungen umzukehren** nós fomos obrigados/forçados a regressar

zwingend *adj* (*unerlässlich*) forçoso, obrigatório; (*überzeugend*) concludente, convincente

Zwinger *m* <-s, -> jaula *f*; (*für Hunde*) canil *m*

zwinkern ['tsvɪŋkən] *vi* pestanejar, piscar os olhos

Zwirn [tsvɪrn] *m* <-(e)s, -e> linha *f*

zwischen ['tsvɪʃən] I. *präp + akk* (*Richtung*) entre; **ich setze mich ~ euch** eu sento-me entre vocês II. *präp + dat* (*Lage*) entre; **ich sitze ~ euch** eu estou sentado entre vocês; **~ mir und dir** entre mim e tu, entre nós os dois; **das kostet ~ 200 und 300 €** isso custa entre 200 e 300 €

Zwischenbemerkung *f* <-en> aparte *m*

Zwischenbilanz *f* <-en> balancete *m*

zwischendurch ['--'-] *adv* (*hin und wieder*) pelo meio, nos intervalos; (*in der Zwischenzeit*) entretanto

Zwischenfall *m* <-(e)s, -fälle> incidente *m*, peripécia *f*, episódio *m*

Zwischenhändler(in) *m(f)* <-s, - *o* -innen> intermediário, intermediária *m, f*

Zwischenlager *nt* <-s, -> estação de transferência *f*

zwischen|landen *vi* fazer escala; **wir sind in London zwischengelandet** nós fizemos escala em Londres

Zwischenlandung *f* <-en> escala *f*

zwischenmenschlich *adj* interpessoal

Zwischenraum *m* <-(e)s, -räume> (*räumlich*) espaço *m*, intervalo *m*

Zwischenruf *m* <-(e)s, -e> intervenção *f*; **einen ~ machen** fazer uma intervenção

zwischenstaatlich *adj* internacional

Zwischenstation *f* <-en> paragem *f*; **~ machen** parar, fazer uma paragem

Zwischenstecker *m* <-s, -> (ELEKTR) ficha de adaptação *f*

Zwischenzeit *f* <-en> intervalo *m*, meio-tempo *m*; **in der ~** entretanto, nesse meio-tempo

zwitschern ['tsvɪtʃən] *vi* gorjear, chilrear, trinar

Zwitter *m* <-s, -> hermafrodita *m, f*

zwo *num kard* (*umg*) s. **zwei**

zwölf *num kard* doze; **es ist ~ Uhr** é meio-dia, são doze horas; *s.* **zwei**

zwölffach *adj* duodécuplo, doze vezes tanto

Zwölffingerdarm *m* <-(e)s, -därme> duodeno *m*

zwölfte(r, s) *num ord* décimo segundo; *s.* **zweite(r, s)**

Zyankali [tsyan'ka:li] *nt* <-s> *kein pl* cianeto de potássio *m*

Zyklus ['tsy:klʊs] *m* <-, Zyklen> ciclo *m*

Zylinder [tsi'lɪndɐ, tsy'lɪndɐ] *m* <-s, -> 1. (MAT, TECH) cilindro *m* 2. (*Hut*) cartola *f*

zylindrisch *adj* cilíndrico

Zyniker(in) ['tsy:nike] *m(f)* <-s, - *o* -innen> cínico, cínica *m, f*

zynisch ['tsy:nɪʃ] *adj* cínico

Zynismus [tsy'nɪsmʊs] *m* <-> *kein pl* cinismo *m*

Zypern ['tsy:pɐn] *nt* <-s> *kein pl* Chipre *m*

Zypresse [tsy'prɛsə] *f* <-n> cipreste *m*

Zyste ['tsʏstə] *f* <-n> quisto *m*

Deutsche Kurzgrammatik
Apêndice Gramatical da Língua Alemã

Casos

Na língua alemã as estruturas sintácticas determinam os casos indicados nas terminações dos artigos, pronomes, substantivos e adjectivos. Os casos representam as seguintes funções:

nominativo	– sujeito

nominativo – sujeito
    Ich bin Mathias. — Eu sou o Mathias.
    Das Buch gehört mir. — O livro pertence-me.

acusativo – complemento directo e preposições com noção de movimento
    Sie kauft *einen Computer.* — Ela compra um computador.
    Ich bringe *dich nach Hause.* — Eu levo-te para casa.
    Wir gehen ins *(in das) Café.* — Nós vamos ao café.

dativo – complemento indirecto e preposições que indicam lugar
    Das Buch gehört *meinem Vater.* — O livro pertence ao meu pai.
    Das Buch steht im *(in dem) Regal.* — O livro está na estante.

genitivo – posse
    Der Hund *des Nachbarn.* — O cão do vizinho.

Artigo

Os artigos da língua alemã referem-se a três géneros (masculino, feminino e neutro) em dois números (no singular e plural).

	artigo definido				artigo indefinido			
	m	**f**	**nt**	**pl**	**m**	**f**	**nt**	**pl**
nominativo	der	die	das	die	ein	eine	ein	--
acusativo	den	die	das	die	einen	eine	ein	--
dativo	dem	der	dem	den	einem	einer	einem	--
genitivo	des	der	des	der	eines	einer	eines	

Pronomes
Pronome pessoal

nominativo	acusativo	dativo	genitivo	reflexo
ich	mich	mir	meiner	mich
du	dich	dir	deiner	dich
er	ihn	ihm	seiner	sich
sie	sie	ihr	ihrer	sich
es	es	ihm	seiner	sich
wir	uns	uns	unser	uns
ihr	euch	euch	euer	euch
sie	sie	ihnen	ihrer	sich

Pronome possessivo

Pode ser usado antes de substantivo ou em sua substituição.

formas usadas antes do substantivo (no nominativo)

masculino	feminino	neutro	plural
mein	meine	mein	meine
dein	deine	dein	deine
sein	seine	sein	seine
ihr	ihre	ihr	ihre
unser	uns(e)re	unser	uns(e)re
euer	eure	euer	eure
ihr	ihre	ihr	ihre

formas usadas em vez do substantivo (no nominativo)

masculino	feminino	neutro	plural
meiner	meine	mein(e)s	meine
deiner	deine	dein(e)s	deine
seiner	seine	sein(e)s	seine
ihrer	ihre	ihr(e)s	ihre
uns(e)rer	uns(e)re	uns(e)res	uns(e)re
eurer	eure	eures, euers	eure
ihrer	ihre	ihr(e)s	ihre

declinação dos pronomes possessivos

	masculino	feminino	neutro	plural
nominativo	mein	meine	mein	meine
acusativo	meinen	meine	mein	meine
dativo	meinem	meiner	meinem	meinen
genitivo	meines	meiner	meines	meiner

Todos estes pronomes se declinam *como mein.*

Pronome demonstrativo

	masculino	feminino	neutro	plural
	dieser	diese	dieses	diese
	jener	jene	jenes	jene
	derjenige	diejenige	dasjenige	diejenigen
	derselbe	dieselbe	dasselbe	dieselben

Dieser refere-se a algo que está próximo; *jener* refere-se a algo que está mais longe. *Der, die, das* também são usados como pronomes demonstrativos.

declinação dos pronomes demonstrativos

	masculino	feminino	neutro	plural
nominativo	dieser	diese	dieses	diese
acusativo	diesen	diese	dieses	diese
dativo	diesem	dieser	diesem	diesen
genitivo	dieses	dieser	dieses	dieser

A declinação de *jener* é igual a *dieser.*

	masculino	feminino	neutro	plural
nominativo	derselbe	dieselbe	dasselbe	dieselben
acusativo	denselben	dieselbe	dasselbe	dieselben
dativo	demselben	derselben	demselben	denselben
genitivo	desselben	derselben	desselben	derselben

A declinação de *derjenige* é igual a *derselbe.*

Pronome relativo

	masculino	feminino	neutro	plural
nominativo	der · welcher	die · welche	das · welches	die · welche
acusativo	den · welchen	die · welche	das · welches	die · welche
dativo	dem · welchem	der · welcher	dem · welchem	denen · welchen
genitivo	dessen	deren	dessen	deren

Os pronomes relativos mais frequentes são *der, die, das;* os menos frequentes são *welcher, welche, welches.*

Wer e was podem também ser utilizados como pronomes relativos.

Pronome interrogativo

local (onde)	**Wo** ist das Theater?	Onde fica o teatro?
local (para onde)	**Wohin** fährt er?	Para onde é que ele vai?
temporal	**Wann** fährt der Zug?	Quando parte o comboio?
causal	**Warum** sagst du nichts?	Porque não dizes nada?
modalidade	**Wie** ist das Wetter?	Como está o tempo?
sujeito (pessoa)	**Wer** ist da?	Quem está aí?
sujeito (objecto)	**Was** ist das ?	O que é isto?
acusativo (pessoa)	**Wen** siehst du?	Quem vês?
acusativo (objecto)	**Was** sagst du?	Que dizes?
dativo (pessoa)	**Wem** gehört das Buch?	A quem pertence o livro?
genitivo[1]	**Wessen** Buch ist das?	De quem é o livro?
quantidade	**Wieviel** Geld habt ihr?	Quanto dinheiro têm?
qualidade	**Was für eine** Uhr ist das?	Que tipo de relógio é este?
duração	**Wie lange** wartest du schon?	Há quanto tempo estás à espera?
frequência	**Wie oft** hast du Englisch? **Welches** Buch ist es?	Quantas vezes tens Inglês? Qual é o livro?

[1] *Wessen* tem vindo a ser substituído por *wem*.

Substantivo

Declinação forte

plural em ~e/¨e

singular	masculino	feminino	neutro
nominativo	der Tag	die Hand	das Brot
acusativo	den Tag	die Hand	das Brot
genitivo	des Tag(e)s	der Hand	des Brot(e)s
dativo	dem Tag(e)	der Hand	dem Brot(e)

plural	masculino	feminino	neutro
nominativo	die Tage	die Hände	die Brote
acusativo	die Tage	die Hände	die Brote
genitivo	der Tage	der Hände	der Brote
dativo	den Tagen	den Händen	den Broten

plural em ¨e/-

singular	masculino	feminino	neutro
nominativo	der Faden	die Mutter	das Mädchen
acusativo	den Faden	die Mutter	das Mädchen
genitivo	des Fadens	der Mutter	des Mädchens
dativo	dem Faden	der Mutter	dem Mädchen

plural	masculino	feminino	neutro
nominativo	die Fäden	die Mütter	die Mädchen
acusativo	die Fäden	die Mütter	die Mädchen
genitivo	der Fäden	der Müttern	der Mädchen
dativo	den Fäden	den Mütter	den Mädchen

plural em ~er/¨er (m/nt)

singular	masculino	feminino
nominativo	der Wald	das Ei
acusativo	den Wald	das Ei
genitivo	des Waldes	des Ei(e)s
dativo	dem Wald(e)	dem Ei

plural	masculino	feminino
nominativo	die Wälder	die Eier
acusativo	die Wälder	die Eier
genitivo	der Wälder	der Eier
dativo	den Wäldern	den Eiern

plural em ~s

singular	masculino	feminino	neutro
nominativo	der Uhu	die Bar	das Echo
acusativo	den Uhu	die Bar	das Echo
genitivo	des Uhu	der Bar	des Echos
dativo	dem Uhu	der Bar	dem Echo

plural	masculino	feminino	neutro
nominativo	die Uhus	die Bars	die Echos
acusativo	die Uhus	die Bars	die Echos
genitivo	der Uhus	der Bars	der Echos
dativo	den Uhus	den Bars	den Echos

Declinação fraca (m/f)

singular	masculino	feminino
nominativo	der Elefant	die Liebe
acusativo	den Elefanten	die Liebe
genitivo	des Elefanten	der Liebe
dativo	dem Elefanten	der Liebe

plural	masculino	feminino
nominativo	die Elefanten	die Lieben
acusativo	die Elefanten	die Lieben
genitivo	der Elefanten	der Lieben
dativo	den Elefanten	den Lieben

Declinação mista (m/nt)

singular	masculino	feminino
nominativo	der Editor	das Hemd
acusativo	den Editor	das Hemd
genitivo	des Editors	des Hemd
dativo	dem Editor	dem Hemd

plural	masculino	feminino
nominativo	die Editoren	die Hemden
acusativo	die Editoren	die Hemden
genitivo	der Editoren	de Hemden
dativo	den Editoren	den Hemden

Adjectivo

Quando um adjectivo se encontra a seguir a um verbo copulativo (sein, werden) mantém-se invariável. Quando antecede um substantivo, deve concordar com este em género, caso e número.

Declinação sem artigo

singular	masculino	feminino	neutro
nominativo	schöner Abend	schöne Blume	schönes Büch
acusativo	schönen Abend	schöne Blume	schönes Büch
genitivo	schönen Abends	schöner Blume	schönen Büches
dativo	schönem Abend(e)	schöner Blume	schönem Büch(e)

plural	masculino	feminino	neutro
nominativo	schöne Abende	schöne Blumen	schöne Bücher
acusativo	schöne Abende	schöne Blumen	schöne Bücher
genitivo	schöner Abende	schöner Blumen	schöner Bücher
dativo	schönen Abende	schönen Blumen	schönen Büchern

Esta declinação também se aplica quando o determinante que precede o adjectivo não indica o género:

> *mehrere kleine* Kinder.
> *manch netter* Mensch.

ou a seguir a numerais cardinais, ou às expressões 'ein paar', 'ein bisschen':

> Er kauft *zwei neue* Bücher.
> Wir essen *ein paar leckeren* Hamburger.
> Mit *einem bisschen Zeit werden wir es machen.*

Declinação com artigo definido

singular	masculino	feminino	neutro
nominativo	der gute Fisch	die gute Nachricht	das gute Essen
acusativo	den guten Fisch	die gute Nachricht	das gute Essen
genitivo	des guten Fisch(e)s	der guten Nachricht	des guten Essen
dativo	dem guten Fisch	der guten Nachricht	dem guten Essen

plural	masculino	feminino	neutro
nominativo	die guten Fische	die guten Nachrichten	die guten Essen
acusativo	die guten Fische	die guten Nachrichten	die guten Essen
genitivo	der guten Fische	der guten Nachrichten	der guten Essen
dativo	den guten Fischen	den guten Nachrichten	den guten Essen

Declinação com artigo indefinido

singular	masculino	feminino	neutro
nominativo	ein guter Abend	eine schöne Blume	ein schönes Buch
acusativo	einen guten Abend	eine schöne Blume	ein schönes Buch
genitivo	eines guten Abend(e)	eine schöne Blume	eines schönen Buch
dativo	einem guten Abend(e)	eine schöne Blume	einem schönen Buch

Esta declinação também se aplica aos pronomes possessivos *mein, dein, sein, unser, euer, ihr.*

Grau dos adjectivos
formas regulares

	masculino	feminino	neutro
positivo	schön	schöne	schönes
comparativo	schöner	schönere	schöneres
superlativo	der schönste	die schönste	das schönste

formas irregulares

positivo	gut	viel	gern	bald
comparativo	besser	mehr	lieber	eher
superlativo	beste(r, s)	meiste(r, s)	am liebsten	am ehesten

Preposições

As preposições podem reger um caso fixo ou dois casos.

acusativo	dativo		acusativo/dativo
bis	ab	nahe	an
durch	aus	samt	auf
entlang	außer	seit	entlang
ohne	bei	von	hinter
pro	entgegen	zu	in
um	entsprechend	zufolge	neben
wider	gegenüber		über
für	gemäß		über
gegen	mit		vor
je	nach		zwischen

Liste der wichtigsten unregelmäßigen Verben im Deutschen
Lista de verbos irregulares mais importantes língua alemã

backen	bäckt	buk, backte	gebacken
befehlen	befiehlt	befahl	befohlen
beginnen		begann	begonnen
beißen		biss	gebissen
bewegen	bewegt	bewog	bewogen
biegen		bog	gebogen
bieten		bot	geboten
binden		band	gebunden
bitten		bat	gebeten
blasen	bläst	blies	geblasen
bleiben		blieb	geblieben (ist)
braten	brät, bratet	briet	gebraten
brechen	bricht	brach	gebrochen (hat, ist)
brennen		brannte	gebrannt
bringen		brachte	gebracht
denken		dachte	gedacht
dürfen	darf	durfte	gedurft
empfehlen	empfiehlt	empfahl	empfohlen
erlöschen	erlischt	erlosch	erloschen (ist)
erschrecken	erschrickt	erschrak	erschrocken (ist)
essen	isst	aß	gegessen
fahren	fährt	fuhr	gefahren (ist, hat)
fallen	fällt	fiel	gefallen (ist)
fangen	fängt	fing	gefangen
finden		fand	gefunden
fliegen		flog	geflogen (ist)
fliehen		floh	geflohen (ist)
fließen		floss	geflossen (ist)
fressen	frisst	fraß	gefressen
frieren		fror	gefroren
geben	gibt	gab	gegeben
gedeihen		gedieh	gediehen (ist)
gehen		ging	gegangen (ist)

gelingen	gelingt	gelang	gelungen (ist)
gelten	gilt	galt	gegolten
genesen		genas	genesen (ist)
genießen		genoss	genossen
geschehen	geschieht	geschah	geschehen (ist)
gewinnen		gewann	gewonnen
gießen		goss	gegossen
gleichen		glich	geglichen
graben	gräbt	grub	gegraben
greifen		griff	gegriffen
haben	hat	hatte	gehabt
halten	hält	hielt	gehalten
hängen		hing	gehangen
hauen		hieb	gehauen
heben		hob	gehoben
heißen		hieß	geheißen
helfen	hilft	half	geholfen
kennen		kannte	gekannt
klimmen		klomm	geklommen (ist)
klingen		klang	geklungen
kneifen		kniff	gekniffen
kommen		kam	gekommen (ist)
können	kann	konnte	gekonnt
kriechen		kroch	gekrochen (ist)
laden	lädt, ladet	lud	geladen
lassen	lässt	ließ	gelassen
laufen	läuft	lief	gelaufen (ist)
leiden		litt	gelitten
leihen		lieh	geliehen
lesen	liest	las	gelesen
liegen		lag	gelegen
lügen		log	gelogen
mahlen		mahlte	gemahlen
meiden		mied	gemieden
melken		molk	gemolken
messen	mißt	maß	gemessen
mögen	mag	mochte	gemocht
müssen	muss	musste	gemusst
nehmen	nimmt	nahm	genommen
nennen		nannte	genannt

pfeifen		pfiff	gepfiffen
preisen		pries	gepriesen
quellen	quillt	quoll	gequollen (ist)
raten	rät	riet	geraten
reiben		rieb	gerieben
reißen		riss	gerissen (hat, ist)
reiten		ritt	geritten (hat, ist)
rennen		rannte	gerannt (ist)
riechen		roch	gerochen
ringen		rang	gerungen
rinnen		rann	geronnen (ist)
rufen		rief	gerufen
salzen		salzte	gesalzen
saufen	säuft	soff	gesoffen
saugen		sog	gesogen
schaffen		schuf	geschaffen
scheiden		schied	geschieden (hat, ist)
scheinen		schien	geschienen
schelten	schilt	schalt	gescholten
scheren		schor	geschoren
schieben		schob	geschoben
schießen		schoss	geschossen
schlafen	schläft	schlief	geschlafen
schlagen	schlägt	schlug	geschlagen
schleichen		schlich	geschlichen (ist)
schleifen		schliff	geschliffen
schließen		schloss	geschlossen
schlingen		schlang	geschlungen
schmeißen		schmiss	geschmissen
schmelzen	schmilzt	schmolz	geschmolzen (hat, ist)
schneiden		schnitt	geschnitten
schreiben		schrieb	geschrieben
schreien		schrie	geschrien
schreiten		schritt	geschritten (ist)
schweigen		schwieg	geschwiegen
schwimmen		schwamm	geschwommen (ist)
schwingen		schwang	geschwungen
schwören		schwor, schwur	geschworen
sehen	sieht	sah	gesehen
sein	ist	war	gewesen (ist)

senden		sandte	gesandt
singen		sang	gesungen
sinken		sank	gesunken (ist)
sitzen		saß	gesessen
sollen	soll	sollte	gesollt
spinnen		spann	gesponnen
sprechen	spricht	sprach	gesprochen
springen		sprang	gesprungen (ist)
stechen	sticht	stach	gestochen
stehen		stand	gestanden
stehlen	stiehlt	stahl	gestohlen
steigen		stieg	gestiegen (ist)
sterben	stirbt	starb	gestorben (ist)
stinken		stank	gestunken
stoßen	stößt	stieß	gestoßen
streichen		strich	gestrichen
streiten		stritt	gestritten
tragen	trägt	trug	getragen
treffen	trifft	traf	getroffen
treten		trat	getreten (hat, ist)
trinken		trank	getrunken
trügen		trog	getrogen
tun		tat	getan
verderben	verdirbt	verdarb	verdorben (hat, ist)
vergessen	vergisst	vergaß	vergessen
verlieren		verlor	verloren
verzeihen		verzieh	verziehen
wachsen	wächst	wuchs	gewachsen (ist)
waschen	wäscht	wusch	gewaschen
weisen		wies	gewiesen
wenden		wandte	gewandt
werben	wirbt	warb	geworben
werden	wird	wurde (ward)	geworden (ist)
werfen	wirft	warf	geworfen
wiegen		wog	gewogen
winden		wand	gewunden
wissen	weiß	wußte	gewußt
wollen	will	wollte	gewollt
ziehen		zog	gezogen (hat, ist)
zwingen		zwang	gezwungen

Portugiesische Kurzgrammatik
Gramática sucinta da língua portuguesa

Der Artikel (Geschlechtswort)

		bestimmter Artikel		unbestimmter Artikel	
Singular	männlich	**o** carro	der Wagen	**um** ano	ein Jahr
	weiblich	**a** porta	die Tür	**uma** casa	ein Haus
Plural	männlich	**os** carros	die Wagen	**(uns)** anos	Jahre
	weiblich	**as** portas	die Türen	**(umas)** casas	Häuser

Präpositionen + Artikel (Verhältniswörter + Geschlechtswort)

Die Präpositionen *a, de, em* und *por* verschmelzen mit dem nachfolgenden bestimmten Artikel zu einem Wort:

a + o	ao	de + o	do	em + o	no	por + o	pelo
a + a	à	de + a	da	em + a	na	por + a	pela
a + os	aos	de + os	dos	em + os	nos	por + os	pelos
a + as	às	de + as	das	em + as	nas	por + as	pelas

Dás uma gorjeta **ao** porteiro.	Du gibst dem Portier ein Trinkgeld.
Telefonei **às** minhas amigas.	Ich habe meine Freundinnen angerufen.
Recebi uma carta **da** minha tia.	Ich erhielt einen Brief von meiner Tante.
Há muita gente **na** rua.	Es sind viele Leute auf der Straße.
Passei **pelo** centro da cidade.	Ich ging durch das Stadtzentrum.

Das Substantiv (Hauptwort)

Das Geschlecht

Es gibt nur zwei Geschlechter: männlich und weiblich. Die meisten Substantive auf *-o* sind männlich, die auf *-a* weiblich.

o carro	der Wagen
a porta	die Tür

Es gibt aber andere Endungen beider Geschlechter und Substantive, die auf *-a* enden und nicht weiblich sind. In diesen Fällen muss man sich das Geschlecht jeweils merken.

o senho**r**	der Herr	**o** restaurante	das Restaurant
a flo**r**	die Blume	**a** carn**e**	das Fleisch
o alem**ão**	der Deutsche	**o** clima	das Klima
a esta**ção**	der Bahnhof	**o** dia	der Tag

Bei manchen Substantiven kann die weibliche Form (Femininum) von der männlichen Form gebildet werden. Beispiele: Männliche Substantive auf *-o*; das *-o* wird durch *-a* ersetzt. Bei Substantiven, die auf einen Konsonanten (Mitlaut) enden, wird meist ein *-a* hinzugefügt. Bei einigen Substantiven auf *-ão* entfällt das *-o*.

I.	Maskulinum		Femininum
o amig**o**	der Freund	a amig**a**	die Freundin
o advogad**o**	der Rechtsanwalt	a advogad**a**	die Rechtsanwältin
o pinto**r**	der Maler	a pintor**a**	die Malerin
o portuguê**s**	der Portugiese	a portugues**a**	die Portugiesin
o alem**ão**	der Deutsche	a alem**ã**	die Deutsche
o irm**ão**	der Bruder	a irm**ã**	die Schwester

Der Plural (Mehrzahl)

Der Plural wird allgemein durch Anhängen eines *-s* gebildet. Endet jedoch das Substantiv auf *-r, -s* oder *-z*, so wird *-es* angehängt.

	Singular		Plural
o mercad**o**	der Markt	os mercado**s**	die Märkte
a dat**a**	das Datum	as data**s**	die Daten
a irm**ã**	die Schwester	as irmã**s**	die Schwestern
a co**r**	die Farbe	as cor**es**	die Farben
o paí**s**	das Land	os país**es**	die Länder
o rapa**z**	der Junge	os rapaz**es**	die Jungen

Die Substantive auf *-ão* bilden den Plural meist auf *-ões,* einige auch auf *-ãos, -ães.*

o avi**ão**	das Flugzeug	os avi**ões**	die Flugzeuge
o mel**ão**	die Melone	os mel**ões**	die Melonen
o irm**ão**	der Bruder	os irm**ãos**	die Brüder
o p**ão**	das Brot	os p**ães**	die Brote

Nominativ/Akkusativ/Dativ/Genitiv (Die vier Fälle)

Da das Portugiesische keine Deklination des Substantivs hat, werden die deutschen Fälle entweder durch die Stellung des Substantivs im Satz oder durch Präpositionen gekennzeichnet.

Den vier Fällen des Deutschen entsprechen im Portugiesischen:		
Nominativ Wer? Was?	**O motorista** conduz o carro. Der Chauffeur lenkt den Wagen.	Subjekt vor dem Verb
Akkusativ Wen? Was?	O motorista conduz **o carro.** Der Chauffeur lenkt den Wagen.	Objekt nach dem Verb
Dativ Wem?	Contei a história **a um jornalista.** Ich erzählte die Geschichte einem Journalisten.	Präposition **a** vor dem Objekt
Genitiv Wessen?	Aquela é a casa **do médico.** Das ist das Haus des Arztes.	Präposition **de** vor dem Objekt

Das Adjektiv (Eigenschaftswort)

Das Geschlecht

Die weibliche Form der Adjektive wird in etwa so gebildet wie bei den Substantiven.

Maskulinum	Femininum	
branco	branca	weiß
bonito	bonita	hübsch
português	portuguesa	portugiesisch
encantador	encantadora	bezaubernd
alemão	alemã	deutsch

Sonderformen:

bom	boa	gut
mau	má	schlecht

Der Plural (Mehrzahl)

Bei der Pluralbildung folgen die Adjektive den Regeln für die Substantive.

Singular	Plural	
novo	novos	neu
simpático	simpáticos	nett
regular	regulares	regelmäßig
feliz	felizes	glücklich
alemão	alemães	deutsch

Die Übereinstimmung von Substantiv und Adjektiv

Das Adjektiv richtet sich in Geschlecht und Zahl immer nach dem Substantiv.

um homem alt**o**	ein großer Mann
uma mulher baix**a**	eine kleine Frau
os sapatos novo**s**	die neuen Schuhe
as botas velh**as**	die alten Stiefel
O vinho é car**o**.	Der Wein ist teuer.
A fruta é barat**a**.	Das Obst ist billig.
Os sapatos são car**os**.	Die Schuhe sind teuer.
As sandálias são barat**as**.	Die Sandalen sind billig.

Die Stellung des Adjektivs

Das Adjektiv steht in der Regel nach dem Substantiv.

um artista **português**	ein portugiesischer Künstler
uma cerveja **fresca**	ein frisches Bier
o céu **azul**	der blaue Himmel

Steigerung des Adjektivs und Vergleich

mais ... (do) que	As laranjas são mais baratas (do) que as bananas. Die Orangen sind billiger als die Bananen.
tão ... como	Esta mulher é tão alta como o homem. Diese Frau ist so groß wie der Mann.
menos ... (do) que	A pensão é menos confortável (do) que o hotel. Die Pension ist weniger komfortabel als das Hotel.
o/a mais ... os/as mais ...	Estes figos são os mais saborosos. Diese Feigen sind am schmackhaftesten.
o/a menos os/as menos	Este hotel é o menos confortável. Dieses Hotel ist am wenigsten komfortabel.
... íssimo/a	A carne é caríssima. Das Fleisch ist sehr, sehr teuer.
... íssimos/as	Estes lagos são lindíssimos. Diese Seen sind sehr, sehr schön.

Unregelmäßige Steigerung

bom, boa gut	melhor besser	o/a melhor der/die/das beste	óptimo/-a sehr, sehr gut
mau, má schlecht	pior schlechter	o/a pior der/die/das schlechsteste	péssimo/-a sehr, sehr schlecht
grande groß	maior maior	o/a maior der/die/das größte	máximo/-a sehr, sehr groß

Lisboa é a maior cidade de Portugal. Lissabon ist die größte Stadt Portugals.
Este bacalhau está óptimo! Dieser Stockfisch schmeckt super!

Das Adverb (Umstandswort)

- Es gibt ursprüngliche Adverbien: **aqui hoje depressa** hier heute schnell
- und abgeleitete Adverbien, die durch Anhängen von **-mente** an die weibliche Form des Eigenschaftswortes gebildet werden:

Adjektiv		Adverb	
Maskulinum	Femininum		
certo	certa	certamente	sicher
	evidente	evidentemente	selbstverständlich
	fácil	facilmente	leicht

Sonderformen:

| bom | boa | bem | gut |
| mau | má | mal | schlecht |

Das Verb (Zeitwort)

- Im Allgemeinen wird die 2. Person Plural durch die 3. Person Plural ersetzt. Dem deutschen „ihr" entspricht dabei *vocês*. Die 2. Person Plural wird deshalb in dieser Grammatik nicht aufgeführt. **Vocês** não vão hoje à praia? Geht ihr heute nicht an den Strand?
- Als Höflichkeitsform wird die 3. Person Singular oder Plural verwendet, meist in Verbindung mit *você (vocês), o senhor, a senhora (os senhores, as senhoras)* bzw. mit Titeln oder Namen.
- In Portugal dient *você* als Höflichkeitsform im vertrauten Umgang; *o senhor, a senhora, os senhores, as senhoras* für einen formellen Umgang. **Você** é de Lisboa? Sind Sie aus Lissabon? **O senhor** (a senhora) pode-me Können Sie mir sagen, dizer onde é o correio? wo die Post ist?
- Bei der 3. Person Plural unterscheidet man zwischen einer männlichen oder gemischten Gruppe *(eles)* und einer weiblichen Gruppe *(elas)*. **Eles** gostam de cerveja; Sie (m. Pl.) mögen Bier; **elas** não. sie (f.Pl.) nicht.

Das Präsens (Gegenwart)

a) **Die Verben ser – estar** sein; **ter – haver** haben

	ser	estar	ter	haver
eu	sou	estou	tenho	
tu	és	estás	tens	
você				
ele	é	está	tem	há
ela				
nós	somos	estamos	temos	
vocês				
eles	são	estão	têm	
elas				

- *Ser* bezeichnet wesentliche, andauernde Eigenschaften, wie Geschlecht, Beruf, Verwandtschaft, Staatszugehörigkeit, Religion, Farbe, Form und steht bei Zeitbestimmungen.
- *Estar* bezeichnet einen vorübergehenden Zustand und hat auch oft die Bedeutung „sich befinden".

Os comboios **são** rápidos.	Die Züge sind schnell.
O senhor **é** português?	Sind Sie Portugiese?
Hoje **é** quinta-feira.	Heute ist Donnerstag.
A janela **está** fechada.	Das Fenster ist geschlossen.
O rapaz **está** muito contente.	Der Junge ist sehr froh.
Estamos em Lisboa.	Wir sind in Lissabon.

- *Ter* bedeutet „haben" (= besitzen) und wird auch als Hilfsverb verwendet.
- *Haver* wird im heutigen Sprachgebrauch meistens nur in der 3. Person Singular verwendet, im Sinne von „es gibt".

Tenho aqui cem escudos.	Ich habe hier hundert Escudos.
Temos tempo.	Wir haben Zeit.
Amanhã **há** queijo fresco.	Morgen gibt es frischen Käse.
Hoje não **há** peixe.	Heute gibt es keinen Fisch.

b) Die regelmäßigen Verben

Die Verben werden gemäß ihrer Infinitivendung in drei Gruppen (Konjugationen) eingeteilt.

	-ar	-er	-ir
	falar sprechen	viver leben	partir abreisen
eu	falo	vivo	parto
tu	falas	vives	partes
você			
ele	fala	vive	parte
ela			
nós	falamos	vivemos	partimos
vocês			
eles	falam	vivem	partem
elas			

Die wichtigsten Zeiten der Vergangenheit

falar	viver	partir
falei	vivi	parti
falaste	viveste	partiste
falou	viveu	partiu
falámos	vivemos	partimos
falaram	viveram	partiram
falava	vivia	partia
falavas	vivias	partias
falava	vivia	partia
falávamos	vivíamos	partíamos
falavam	viviam	partiam

- Das *perfeito simples* (Historisches Perfekt) bezeichnet eine in der Vergangenheit abgeschlossene Handlung.
- Das *imperfeito* (Imperfekt) bezeichnet Handlungen, die in der Vergangenheit andauern oder oftmals wiederholt werden.

O José partiu ontem para o Porto.
José ist gestern nach Porto abgereist.

O meu primo visitou-me uma vez quando eu vivia em Lisboa
Mein Vetter besuchte mich einmal, als ich in Lissabon lebte.

Ele chegava sempre tarde.
Er kam immer spät an.

Die nahe Zukunft

Im gesprochenen Portugiesisch wird die Zukunft sehr häufig durch das unregelmäßige Verb *ir* *(gehen)* im Präsens + Infinitiv ausgedrückt.

	ir	**Hauptverb** (Infinitiv)	
eu	vou	comprar um postal.	Ich werde eine Postkarte kaufen.
tu	vais	aprender português.	Du wirst Portugiesisch lernen.
você	vai	alugar um carro.	Sie werden ein Auto mieten.
ele	vai	fechar a porta.	Er wird die Tür zumachen.
ela	vai	trocar dinheiro.	Sie wird Geld wechseln.
nós	vamos	dar um passeio.	Wir werden einen Spaziergang machen.
vocês	vão	partir amanhã.	Ihr werdet morgen abfahren.
eles	vão	comer fora.	Sie werden auswärts essen.
elas	vão	dormir cedo.	Sie werden früh schlafen.

Die Verlaufsform

Estar + *a* + Infinitiv bezeichnen eine eben ablaufende Handlung.

Estou a ler o jornal.   Ich lese (gerade) die Zeitung.

Der Ausdruck von „müssen"

Ter de oder *ter que* + Infinitiv dient mangels eines eigenständigen Verbs zum Ausdruck von „müssen".

Tens que reservar a viagem.   Du musst die Reise buchen.
Temos de pagar a conta.   Wir müssen die Rechnung bezahlen.

Die Verneinung

Não	nein	Quer mais um Porto? – **Não,** obrigado.	Noch einen Portwein? Nein, danke.
Não	nein/ nicht	O senhor fala português? – **Não, não** falo.	Nein (ich spreche nicht).
Não	nicht	Este museu hoje **não** está aberto.	Dieses Museum ist heute nicht geöffnet.
Não	kein	Eu não tenho bilhete	Ich habe keine Eintrittskarte.

Vermerk: *Não* steht immer vor dem Verb.

Wichtige unregelmäßige Verben

Die nachstehende Übersicht enthält nicht die Formen, die regelmäßig gebildet werden oder wenig gebräuchlich sind.

	dar geben	Partizip: dado
Präsens	dou, dás, dá, damos, dão	
Perfeito s.	dei, deste, deu, demos, deram	

	dizer sagen	Partizip: dito
I.		
Präsens	digo, dizes, diz, dizemos, dizem	
Perfeito s.	disse, disseste, disse, dissemos, disseram	

	estar sein	Partizip: estado
I.		
Präsens	estou, estás, está, estamos, estão	
Perfeito s.	estive, estiveste, esteve, estivemos, estiveram	

	fazer machen	Partizip: feito
I.		
Präsens	faço, fazes, faz, fazemos, fazem	
Perfeito s.	fiz, fizeste, fez, fizemos, fizeram	

	ir gehen, fahren	Partizip: ido
I.		
Präsens	vou, vais, vai, vamos, vão	
Perfeito s.	fui, foste, foi, fomos, foram	

	poder können	Partizip: podido
I.		
Präsens	posso, podes, pode, podemos, podem	
Perfeito s.	pude, pudeste, pôde, pudemos, puderam	

	pôr legen, setzen, stellen	Partizip: posto
I.		
Präsens	ponho, pões, põe, pomos, põem	
Perfeito s.	pus, puseste, pôs, pusemos, puseram	
Imperfeito	punha, punhas, punha, púnhamos, punham	

	querer wollen	Partizip: querido
I.		
Präsens	quero, queres, quer, queremos, querem	
Perfeito s.	quis, quiseste, quis, quisemos, quiseram	

	saber wissen	Partizip: sabido
I.		
Präsens	sei, sabes, sabe, sabemos, sabem	
Perfeito s.	soube, soubeste, soube, soubemos, souberam	

I.	**ser** sein	Partizip: sido
Präsens	sou, és, é, somos, são	
Perfeito s.	fui, foste, foi, fomos, foram	
Imperfeito	era, eras, era, éramos, eram	

I.	**ter** haben	Partizip: tido
Präsens	tenho, tens, tem, temos, têm	
Perfeito s.	tive, tiveste, teve, tivemos, tiveram	
Imperfeito	tinha, tinhas, tinha, tínhamos, tinham	

I.	**ver** sehen	Partizip: visto
Präsens	vejo, vês, vê, vemos, vêem	
Perfeito s.	vi, viste, viu, vimos, viram	

I.	**vir** kommen	Partizip: vindo
Präsens	venho, vens, vem, vimos, vêm	
Perfeito s.	vim, vieste, veio, viemos, vieram	
Imperfeito	vinha, vinhas, vinha, vínhamos, vinham	

Siehe auch die Konjugationsmuster ab Seite 528

Die Pronomen (Fürwörter)

Personalpronomen (Persönliche Fürwörter)

Nominativ		Dativ		Akkusativ		nach Präpositionen	
eu	ich	me	mir	me	mich	para mim	für mich
tu	du	te	dir	te	dich	para ti	für dich
você	Sie	lhe	Ihnen	o/a	Sie	para você/si	für Sie
ele	er	lhe	ihm	o	ihn	para ele	für ihn
ela	sie	lhe	ihr	a	sie	para ela	für sie
nós	wir	nos	uns	nos	uns	para nós	für uns
vocês	ihr	lhes	euch	os/as	euch	para vocês	für euch
eles	sie	lhes	ihnen	os	sie	para eles	für sie
elas	sie	lhes	ihnen	as	sie	para elas	für sie

- In Portugal stehen die Objektpronomen nach dem Verb und werden mit diesem durch Bindestrich verbunden.
- In verneinten Sätzen jedoch, nach einem einleitenden Fragewort, in Nebensätzen usw. stehen die Objektpronomen ohne Bindestrich vor dem Verb.

Nós demos-**lhe** um presente.	Wir gaben ihm/ihr ein Geschenk.
Eu vejo-**o** todos os dias.	Ich sehe ihn jeden Tag.
Ele não **me** deu o troco.	Er gab mir das Wechselgeld nicht.

| Quanto dinheiro **te** devo? | Wie viel Geld schulde ich dir? |
| Eu acho que **o** vou ver. | Ich glaube, dass ich ihn sehen werde. |

Possessivpronomen (Besitzanzeigende Fürwörter)

Besitz	Singular		Plural		
Besitzer	*m*	*f*	*m*	*f*	
eu	meu	minha	meus	minhas	mein(e)
tu	teu	tua	teus	tuas	dein(e)
você	seu	sua	seus	suas	Ihr(e)
ele	seu (dele)	sua (dele)	seus (dele)	suas (dele)	sein(e)
ela	seu (dela)	sua (dela)	seus (dela)	suas (dela)	ihr(e)
nós	nosso	nossa	nossos	nossas	unser(e)
vós	vosso	vossa	vossos	vossas	Ihr(e)
vocês	seu	sua	seus	suas	euer(e)
eles	seu (deles)	sua (deles)	seus (deles)	suas (deles)	ihr(e)
elas	seu (delas)	sua (delas)	seus (delas)	suas (delas)	ihr(e)

- Im Gegensatz zur deutschen Sprache richtet sich das Geschlecht der Possessivpronomen nach dem Besitz, nicht nach dem Besitzer.
- Die Possessivpronomen werden mit dem entsprechenden bestimmten Artikel verwendet.
- Da die Formen *seu, sua, seus, suas* auch bei der Anrede gebraucht werden, ist es üblich – um Missverständnisse zu vermeiden – die verschmolzenen Formen *dele, dela, deles, delas* zu benützen, wenn es nicht um die Anrede geht.

A minha mala é pesada.	Mein Koffer ist schwer.
O nosso hotel é longe daqui.	Unser Hotel ist weit von hier.
A sua irmã vive em São Paulo?	Lebt Ihre Schwester in São Paulo?
Onde está **o meu** bilhete?	Wo ist meine Eintrittskarte?
Conhecemos a mulher **dele**.	Wir kennen seine Frau.
Sabes qual é o carro **delas**?	Weißt du, welches ihr Auto ist?

Relativpronomen (Bezügliche Fürwörter)

- *Que* (der, die, das, welcher, welche, welches) ist das meistgebrauchte Relativpronomen. Es ist unveränderlich und kann sich sowohl auf Personen als auch auf Dinge beziehen.

A pessoa que telefonou não deixou recado. Die Person, die anrief, hinterließ keine Nachricht.
Gosto dos sapatos que compraste. Ich mag die Schuhe, die du gekauft hast.

Die Fragewörter

Wer?	**Quem** fala	Wer spricht?
Wen?	**Quem** encontraram?	Wen haben Sie getroffen?
Wem?	**A quem** escreves?	Wem schreibst du?
Von wem?	**De quem** estão a falar?	Von wem sprechen Sie?
Was?	**(O) que** estás a fazer? **(O) que** é isto?	Was machst du? Was ist das?
Welche/r/s?	**Qual** é o seu hotel? **Quais** livros compra?	Welches ist Ihr Hotel? Welche Bücher kaufen Sie?
Wie viel?	**Quanto** custa o melão?	Wie viel kostet die Melone?
quanto/-a/-os/-as	**Quantas** malas tens?	Wie viele Koffer hast du?
Wo?	**Onde** é a estação?	Wo ist der Bahnhof?
Woher?	**Donde** vem o senhor?	Woher kommen Sie?
Wohin?	**Aonde** vamos?	Wohin gehen wir?
Wohin?	**Para onde** vai este metro?	Wohin fährt diese U-Bahn?
Wie?	**Como** se chama?	Wie heißen Sie?
Warum?	**Porque** vens tão tarde?	Warum kommst du so spät?
Wann?	**Quando** chega o avião?	Wann kommt die Maschine an?

Brasilianische Kurzgrammatik
Gramática sucinta da língua brasileira

1. Verb (Verbo)

- Das Brasilianische kennt 3 Grundparadigmen zur Konjugation: Verben, die auf -ar, -er und -ir enden und regelmäßig konjugiert werden. Daneben gibt es eine Reihe von unregelmäßigen Verben; eine Auswahl von ihnen ist im Anhang zu finden.
- Das Konjugationssystem des Brasilianischen macht den Gebrauch der Personalpronomen überflüssig.

Präsens (Presente)	mandar schicken	entender verstehen	abrir öffnen
1. eu	mando	entendo	abro
2. tu	mandas	entende	abres
3. ele/ela/você/o senhor/a senhora	manda	entende	abre
4. nós	mandamos	entendemos	abrimos
vós (die 2. Person Plural ist ungebräuchlich			
5. eles/elas/vocês/ os senhores/as senhoras	mandam	entendem	abrem
Partizip (Particípio)	mandado	entendido	aberto
Gerundium (Gerúndio)	mandando	entendendo	abrindo

Imperativ (Imperativo)

tu	manda	entende	abre
ele etc.	mande	entenda	abra
nós	mandemos	entendamos	abramos
eles etc.	mandem	entendam	abram

Futur (Futuro)

1. mandarei	entenderei	abrirei
2. mandarás	entenderás	abrirás
3. mandará	entenderá	abrirá
4. mandaremos	entenderemos	abriremos
5. mandarão	entenderão	abrirão

Konditional (Futuro do Pretérito)

1. mandaria	entenderia	abriria
2. mandarias	entenderias	abririas
3. mandaria	entenderia	abriria
4. mandaríamos	entenderíamos	abriríamos
5. mandariam	entenderiam	abririam

Perfekt (Pretérito Perfeito)

1. mandei	entendi	abri
2. mandaste	entendeste	abriste
3. mandou	entendeu	abriu
4. mandamos	entendemos	abrimos
5. mandaram	entenderam	abriram

Imperfekt (Pretérito Imperfeito)

1. mandava	entendia	abria
2. mandavas	entendias	abrias
3. mandava	entendia	abria
4. mandávamos	entendíamos	abríamos
5. mandavam	entendiam	abriam

Konjunktiv (Subjuntivo)

1. mande	entenda	abra
2. mandes	entendas	abras
3. mande	entenda	abra
4. mandemos	entendamos	abramos
5. mandem	entendam	abram

Konjunktiv Futur (Futuro do Subjuntivo)

1. mandar	entender	abrir
2. mandares	entenderes	abrires
3. mandar	entender	abrir
4. mandarmos	entendermos	abrirmos
5. mandarem	entenderem	abrirem

Konjunktiv Imperfekt (Imperfeito do Subjuntivo)

1. mandasse	entendesse	abrisse
2. mandasses	entendesses	abrisses
3. mandasse	entendesse	abrisse
4. mandássemos	entendêssemos	abríssemos
5. mandassem	entendessem	abrissem

Daneben kennt das Brasilianische den persönlichen Infinitiv
(Infinitivo Pessoal)

1. mandar	entender	abrir
2. mandares	entenderes	abrires
3. mandar	entender	abrir
4. mandarmos	entendermos	abrirmos
5. mandarem	entenderem	abrirem

• Der persönliche Infinitiv findet zumeist dann Anwendung, wenn Unsicherheit darüber bestehen könnte, worauf sich eine Infinitivkonstruktion im Satz bezieht, oder wenn der Gebrauch des Konjunktiv im Nebensatz vermieden werden soll bzw. wenn großer Wert auf die Eindeutigkeit der Aussage gelegt wird. Beispiel:

Seria bom fazer o trabalho. (Es wäre gut, wenn die Arbeit getan würde.)
Seria bom fazeres o trabalho. (Es wäre gut, wenn du die Arbeit machtest.)

• Hinweis: Im Falle der regelmäßig konjugierten Verben sind die Formen des Konjunktiv Futur mit denen des persönlichen Infinitiv identisch.

2. Substantiv (Substantivo)

• Hinweis: Im Brasilianischen gibt es lediglich die Unterscheidung der Substantive nach den Genera maskulin oder feminin. Der Genus ist am Artikel erkennbar:

maskulin	feminin	
bestimmt	o homem	a mulher
unbestimmt	um homem	uma mulher

• Femininbildung:	Erklärung	Beispiel
Substantive auf -o	Ersetzung durch -a	o amigo – a amiga
Substantive auf -l, -r, -s, -z	Anhängen der Femininendung -a doutor – doutora o português – a portuguesa o juiz – a juíza	o espanhol – a espanhola
Besonderheiten:	Wörter auf -or können feminin auf -eira oder -triz bilden	o lavadora – lavadeirao imperador – a imperatriz
Wörter auf nasale Diphtonge	-ão wird: -ã -oa -ona	o irmão – a irmã o patrão – a patroa o solteirão – a solteirona
unveränderliche auf: z.B. -ista, -ante, -ente, -inte	Maskulin und Feminin nur durch Artikel unterscheidbar o cliente – a cliente o pedinte – a pedinte	o turista – a turista o estudante – a estudante

• Substantive mit der Endung o oder or (Singular), os (Plural) sind männlich; Substantive mit der Endung a (Singular) bzw. as (Plural) sind weiblich. Nur bei Abweichungen von dieser

Regel und bei anderen Endungen wird das Geschlecht der Substantive durch den Artikel angegeben.

- Die brasilianische Sprache verfügt über kein Kasussystem. Eine rigorose Satzgliedfolge und Präpositionen übernehmen die Funktion, die in anderen Sprachen Kasusendungen erfüllen: Subjekt (entspricht Nominativ) – Prädikat – Objekt (direktes Objekt: ohne Präposition entspricht Akkusativ; indirektes Objekt: mit Präposition a entspricht Dativ).

3. Adjektiv (Adjetivo)

- Das Adjektiv entspricht in Genus und Numerus dem Substantiv, welches es näher bezeichnet: o carro novo – a casa nova, o homem alemão – a mulher alemã.
- Die Bildung der femininen Formen erfolgt nach gleichen Regeln wie beim Substantiv.
- Im Regelfall stehen die Adjektive hinter dem Substantiv; aus Gründen der Hervorhebung können sie auch vorangestellt werden.

Steigerung der Adjektive:

Phänomen	Überlegenheit	Unterlegenheit
• Komparativ:	mais mais caro (teurer)	menos menos caro (billiger)
• relativer Superlativ:	o/os, a/as + mais o mais velho dos irmãos (der älteste der Brüder)	o/os, a/as + menos as menos afetadas das árvores (die am wenigsten betroffenen Bäume)
• absoluter Superlativ: gebildet aus Adjektiv ohne Endung + íssimo/íssima: caro – caríssimo, nova – novíssima		
Sonderformen:	grande – superior	pequeno – inferior
	bom – melhor	mau – pior
• Vergleichs- konstruktionen:	A é mais caro (do) que B (A ist teurer als B)	A é menos caro (do) que B (A ist billiger als B)
– Konstruktionen mit tão + Adjektiv:	A é tão caro como B (A ist genauso teuer wie B)	
– Konstruktion mit tanto + Substantiv (tanto stimmt in Genus und Numerus mit dem Substantiv überein)	Aqui há tanta gente como ali (Hier sind genauso viele Leute wie dort)	
– tanto als unver- änderliches Adverb:	A come tanto como B (A isst genauso viel wie B) Gosto tanto deste carro como daquele (Dieses Auto gefällt mir genauso wie jenes)	

4. Pluralbildung (Formação do Plural)

Die Pluralbildung erfolgt grundsätzlich durch Anhängen des -s.
Je nach Wortauslaut sind Besonderheiten zu beachten:

Phänomen	Singular	Plural
• vokalische Endung:	carro Auto	carros
– Substantive	casa Haus pai Vater irmã Schwester	casas pais irmãs
– Adjektive	mau schlecht alemã Deutsche	maus alemãs
– Possessivpronomen:	meu mein	meus
• konsonantische Endung -r, -s, -z erhält -es als Pluralbildung	doutor Doktor português Portugiese capaz fähig	doutores portugueses capazes
• Wörter auf -m bilden ·ns	viagem Reise algum einiges bom gut	viagens alguns bons
• Wörter auf -l: -is (-l- fällt aus, aber die durch -l- bedingte Vokalöffnung bleibt erhalten, was bei betontem -e- und -o- durch Akzent kenntlich gemacht werden muss)		
-al	casal Ehepaar pardal Spatz	casais pardais
-el	papel Papier	papéis
aber:	móvel Möbel	móveis
-ol	anzol Angel espanhol Spanier	anzóis espanhóis
-ul	azul blau	azuis
aber -il endbetont: -s nicht endbetont: -eis	fusil Gewehr civil zivil réptil Reptil útil nützlich	fusis civis répteis úteis
• Nasaldiphtong -ão: kann drei verschiedene Pluralformen bilden (-ões, -ães, -ãos)		
wichtigste Gruppe:	tensão Spannung	tensões
-ões	brincalhão Spaßvogel união Vereinigung	brincalhões uniões
-ães	pão Brot alemão deutsch	pães alemães
-ãos	mão Hand são gesund	mãos sãos

5. Adverb (Advérbio)

Es gibt:
- ursprüngliche Adverbien, wie z.B. agora jetzt, aqui hier, assim so, bem gut, mal schlecht, muito sehr, sempre immer und
- abgeleitete Adverbien:
  - von der femininen Form des Adjektivs abgeleitet + Endung -mente: aberta – abertamente offen; nova – novamente von neuem
  - Adjektive auf -e, ohne gesonderte Maskulin- und Femininformen: solene – solenemente feierlich
  - Adjektive mit konsonantischer Endung + -mente: difícil – dificilmente kaum (die auf den Adjektiven liegenden und der Betonung dienenden Akzente fallen bei den Adverbformen fort).

6. Personalpronomen (Pronome Pessoal)

Objektpronomen

Subjektpronomen	direktes Objekt	indirektes Objekt	präpositionales Objekt
eu – ich	me – mich	me – mir	mim – mir/mich
tu – du	te – dich	te – dir	ti – dir/dich
ele – er	o – ihn	lhe – ihm	ele – ihm/ihn
ela – sie	a – sie	ihe – ihr	ela – ihr/sie
nós – wir	nos – uns	nos – uns	nós – uns
vós (ungebr.)	vos – euch	vos – euch	vós (ungebr.)
eles – sie	os – sie	lhes – ihnen	eles – ihnen/sie
elas – sie	as – sie	lhes – ihnen	elas – ihnen/sie
se – sich		si – sich	

Reflexivpronomen: se – sich, si – sich
- Das Reflexivpronomen se wird auch benutzt, um das unpersönliche „man" auszudrücken: fala-se alemão (man spricht deutsch).½hlung12
- Die unbetonten, vokalischen Pronomen des direkten Objekts bilden mit den unbetonten Pronomen des indirekten Objekts Kontraktionsformen:

me + o = mo	me + a = ma	me + os = mos	me + as = mas
te + o = to	te + a = ta	te + os = tos	te + as = tas
lhe + o = lho	lhe + a = lha	lhe + os = lhos	lhe + as = lhas
nos + o = no-lo	nos + a = no-la	nos + os = no-los	nos + as = no-las
vos + o = vo-lo	vos + a = vo-la	vos + os = vo-los	vos + as = vo-las
lhes + o = lho	lhes + a = lha	lhes + os = lhos	lhes + as = lhas

- Die unbetonten, vokalischen Objektpronomen bilden in Verbindung mit bestimmten Verbformen Sonderformen:
  - Verbformen mit der Endung auf -r, -s oder -z binden das unbetonte, vokalische Objektpronomen in der Form -lo, -la, -los, -las, wobei -r, -s bzw. -z ausfallen: fazer + o = fazê-lo, fazemos + o = fazemo-lo, faz + o = fá-lo (Anmerkung: zur Erhaltung der Vokalqualität erhalten die betonten Vokale am Wortende den entsprechenden Akzent, ^ für geschlossenes e und ´ für offenes a.
  - Verben mit nasalem Laut ziehen den Nasallaut durch Einschub eines n zum angehängten vokalischen Objektpronomen herüber: contam + o = contam-no, fazem + o = fazem-no, dão + o = dão-no.
- Einige der betonten, nach Präpositionen stehenden Objektpronomen können gemeinsam mit der Präposition com Kontraktionsformen bilden: com + mim = comigo, com + ti = contigo, com + nós = conosco, com + vós = convosco, com + si = consigo.
- Stellung der Objektpronomen: Im bejahten Aussagesatz stehen die Objektpronomen nach dem Verb. Vor dem Verb stehen sie:
  - In Fragesätzen: como te sentes? (sinto-me bem) wie geht es dir? (mir geht es gut)
  - bei der Verneinung: não me sinto bem. es geht mir nicht gut
  - nach bestimmten Adverbien: ainda noch, já schon, sempre immer, talvez vielleicht u.a.
  - in Nebensätzen: dizes que te sentes bem. du sagst, dass es dir gut geht
  - nach Indefinitpronomen: alguém irgendeiner, cada jeder, tudo alle etc.

7. **Anrede** (Pronome de Tratamento)

Die wichtigsten Anredeformen im Brasilianischen sind: tu du, você du/Sie, o senhor/a senhora Herr/Frau:

- você
  - eine Möglichkeit, die höfliche Anrede Sie auszudrücken
  - wird nur von Personen desselben sozialen Standes und gleichen Alters verwendet
  - findet auch Anwendung innerhalb einer Hierarchie, vom Vorgesetzten zum Untergebenen, niemals umgekehrt
  - in Brasilien stellt você, zusammen mit der 3. Person Singular des Verbs, die vertrauliche Du-Form dar
- vocês
  - die Pluralform + 3. Person Plural des Verbs – wird an Stelle der 2. Person Plural (vós) als vertrauliches Ihr gebraucht
- o senhor/a senhora
  - stellt die korrekte, höfliche Anrede – Sie – unter Personen, die einander nicht kennen oder sonst respektvollen Umgang miteinander pflegen. Titel werden der Anredeform nachgestellt: O senhor doutor (kurz: o sr. Dr.)
- Dona
  - wird häufig als höfliche Anrede einer Frau benutzt, die der Sprecher mit Namen kennt: a Dona (kurz: a. D.) + Vorname oder auch Vor- und Zuname.
- a senhorita
  - lautet die übliche Anrede, die dem deutschem „Fräulein" entspricht (zumeist gefolgt vom Vornamen).

8. Präposition (Preposição)

- Zur Besonderheit einiger Präpositionen (a, de, em, por) gehört, dass sie mit folgenden Wörtern (Artikel, Personal- oder Demonstrativpronomen) Kontraktionsformen bilden können:
  - a + Artikel: a + a/as = à/às, a + o/os = ao/aos de + Artikel: de + a/as = da/das, de + o/os = do/dos em + Artikel: em + a/as = na/nas, em + o/os = no/nos por + Artikel: por + a/as = pela/pelas, por + o/os = pelo/pelos
  - de bzw. em + vokalisch anlautende Personalpronomen der 3. Person: – de + ele(s) = dele(s), de + ela(s) = dela(s) – em + ele(s) = nele(s), em + ela(s) = nela(s)
  - de bzw. em + Demonstrativpronomen: – de + este(s) = deste(s), em + este(s) = neste(s) etc. – de + aquela(s) = daquela(s), em + aquela(s) = naquela(s) etc.
  - a + auf a anlautendes Demonstrativpronomen: a + aquele = àquele

9. Demonstrativpronomen (Pronome Demonstrativo)

maskulin	feminin	unveränderlich
este/estes	esta/estas isto	dies(e, er, es) (direkt beim Sprecher)
esse/esses	essa/essas isso	dies(e, er, es) (unweit vom Sprecher)
aquele/aqueles	aquela/aquelas/aquilo	jene(r, s)

(Anmerkung: die unveränderlichen Demonstrativpronomen könnte man als neutral bezeichnen; sie weisen eher auf abstrakte Dinge oder Sachverhalte hin. Konkrete Dinge werden mit Hilfe des maskulinen oder femininen Demonstrativpronomens ausgedrückt.)

10. Possessivpronomen bzw. –adjektiv
(Pronome/Adjetivo Possessivo)

maskulin	feminin	
meu/meus	minha/minhas	mein(e)
teu/teus	tua/tuas	dein(e)
seu/seus	sua/suas	sein(e)/ihr(e)
nosso/nossos	nossa/nossas	unser(e)
vosso/vossos	vossa/vossas	euer(e)
seu/seus	sua/suas	ihr(e)

Das Possessivpronomen bzw. -adjektiv stimmt in Genus und Numerus mit dem Nomen überein, dessen „Besitz" angezeigt werden soll. Dem Possessivadjektiv wird in der Regel der entsprechende Artikel vorangestellt: o meu pai mein Vater, as tuas calças deine Hosen etc.

11. Relativpronomen (Pronome Relativo)

veränderlich

maskulin	feminin	
o qual/os quais	a qual/as quais	welche/r, s)/der, die, das
cujo/cujos	cuja/cujas	dessen/deren

Die jeweilige Form von cujo richtet sich in Genus und Numerus nach dem Satzglied, das auf cujo folgt: é o pai cuja filha ganhou (das ist der Vater, dessen Tochter gewann).

unveränderlich

que	was/der, die, das/welche(r, s)
o que	was, welche(r, s) (wird als bezugsloses Pronomen bezeichnet, weil es ganze, nicht mit einem Wort fassbare Sinnzusammenhänge zum Ausdruck bringt: contaram-lhe toda a história, o que não achei bom – sie erzählten ihm die ganze Geschichte, was mir überhaupt nicht gefiel
onde	– wo
quem	– wer/der, die, das (nur auf Personen bezogen)

Die Relativpronomen können mit einer vorangestellten Präposition auftreten, die Bestandteil der Rektion des Verbs des Nebensatzes ist: a mulher de quem gosta – die Frau, die ihm gefällt etc.

12. Interrogativpronomen (Pronome Interrogativo)

que	was (mehr Nachdruck: o que; als allein stehende Frage: o quê?)
quem	wer (als direktes Objekt: wen; a quem – als indirektes Objekt: wem)
qual	welche(r, s) (Plural: quais)
quanto	wie viel (quanta, quantos, quantas)

weitere Fragewörter:

por que – warum (allein stehend: por quê?)
para que – wofür, weshalb, wozu
como – wie
quando – wann
onde – wo
aonde – wohin
donde – woher

13. Indefinitpronomen (Pronome Indefinito)

veränderlich

maskulin/feminin		Plural
algum/alguma	irgendein(e, er, es), etwas	alguns/algumas – einige
nenhum/nenhuma	keinerlei, kein(e, er, es)	nenhuns/nenhumas – keine
todo/toda	ganze(r, s)	todos/todas – alle
outro/outra	andere(r, s)	outros/outras – andere
muito/muita	viel	muitos/muitas – viele
pouco/pouca	wenig	poucos/poucas – wenige
certo/certa	gewisse(r, s)	certos/certas – gewisse
vário/vária	verschiedene(r, s)	vários/várias – verschiedene
tanto/tanta	so viel	tantos/tantas – so viele
quanto/quanta	wie viel	quantos/quantas – wie viele
qualquer	irgendein(e, er, es)	quaisquer – irgendwelche

unveränderlich

alguém	– jemand
ninguém	– niemand
tudo	– alles
outrem	– jemand anderes
nada	– nichts
cada	– jeder
algo	– etwas

14. Syntax (Sintaxe)

1. Der Aussagesatz

Im bejahten Aussagesatz gilt folgende Regel für die Satzgliedfolge: Subjekt – Prädikat – Objekt (und ggf. adverbiale Bestimmungen, die vor oder nach S-P-O stehen):

(adv. B.)	Subjekt	Prädikat	Objekte	(adv. B.)
	a mulher	escreve	uma carta	

(die Frau schreibt einen Brief)

• Aussagesatz mit zwei Objektiven – direktes und indirektes Objekt (im Deutschen Dativ- und Akkusativobjekt):

a mulher	escreve	uma carta	ao marido

(die Frau schreibt ihrem Mann einen Brief)

(im Brasilianischen steht das direkte(!) Objekt direkt beim Verb, im Gegensatz zum indirekten Objekt)

• adverbiale Bestimmungen:

hoje,	a mulher	escreve	uma carta	(oder:)
a mulher	escreveu	a carta	ontem	

Abweichungen vom Grundmuster:

- Will man eine Person oder einen Sachverhalt besonders hervorheben, kann dies zur Umstellung der Satzglieder innerhalb des Satzes führen:

  a carta,   escreve-a   a mulher
  (etwa: den Brief, den schreibt die Frau)

- Verneinung:

  die Verneinungspartikel não steht vor dem Verb:
  a mulher   não   escreve   a carta

2. Der Fragesatz

- Entscheidungsfragen: Durch veränderte Intonation kann ein Aussagesatz in eine Frage verändert werden:

  a mulher   escreve   uma carta?   (oder:)
  a mulher   escreve   a carta   hoje?

- bei Fragen, die mit Fragewort eingeleitet werden, findet eine Inversion statt:

  quando   escreve   a mulher?

  Durch Einschub der Wendung „é que" kann in diesen Fällen auf die Inversion verzichtet werden:

  quando   é que   a mulher   escreve   a carta?

Unregelmäßige Verben (Verbos Irregulares)

Einige Hilfsverben (Alguns Verbos Auxiliares)
Estar – sein

Presente	estou, estás, está, estamos, estais, estão
Pretérito Perfeito	estive, estiveste, esteve, estivemos, estivestes, estiveram
Subjuntivo	esteja, estejas, esteja, estajamos, estejais, estejam
Futuro do Subjuntivo	estiver, estiveres, estiver, estivermos, estiverdes, estiverem
Imperfeito do Subjuntivo	estivesse, estivesses, estivesse, estivéssemos, estivésseis, estivessem

Haver

Presente	hei, hás, há, havemos, haveis, hão
Pretérito Perfeito	houve, houveste, houve, houvemos, houvestes, houveram
Subjuntivo	haja, hajas, haja, hajamos, hajais, hajam
Futuro do Subjuntivo	houver, houveres, houver, houvermos, houverdes, houverem
Imperfeito do Subjuntivo	houvesse, houvesses, houvesse, houvéssemos, houvésseis, houvessem

Ser

Presente	sou, és, é, somos, sois, são
Pretérito Perfeito	fui, foste, foi, fomos, fostes, foram
Subjuntivo	seja, sejas, seja, sejamos, sejais, sejam
Futuro do Subjuntivo	for, fores, for, formos, fordes, forem
Imperfeito do Subjuntivo	fosse, fosses, fosse, fôssemos, fôsseis, fossem

Ter

Presente	tenho, tens, tem, temos, tendes, têm
Pretérito Perfeito	tive, tiveste, teve, tivemos, tivestes, tiveram
Subjuntivo	tenha, tenhas, tenha, tenhamos, tenhais, tenham
Futuro do Subjuntivo	tiver, tiveres, tiver, tivermos, tiverdes, tiverem
Imperfeito do Subjuntivo	tivesse, tivesses, tivesse, tivéssemos, tivésseis, tivessem

Ir + Infinitiv

In Brasilien überwiegt in der Umgangssprache die periphrastische Konstruktion von ir + Infinitiv. Sie dient zum Ausdruck des Futurs und im Alltag fast immer der *unmittelbar auszuführenden* Absicht. So mancher Gringo hat sich mit diesem Hilfsverb während seines Brasilienaufenthalts sprachlich elegant durchgeschlagen:

eu vou visitar o meu amigo – Ich werde meinen Freund besuchen.
ele/ela vai assistir televisão – Er/sie wird fernsehen.
nós vamos beber uma cerveja – Wir werden ein Bier trinken.
eles/elas vão tomar um banho – Sie werden baden.

Ir

Presente	vou, vais, vai, vamos, ides, vão
Pretérito Perfeito	fui, foste, foi, fomos, fostes, foram
Subjuntivo	vá, vás, vá, vamos, vades, vão
Futuro do Subjuntivo	for, fores ...
Imperfeito do Subjuntivo	fosse, fosses, fosse, fôssemos, fôsseis, fossem

Konjugationsmuster der portugiesischen Verben
Paradigmas de conjugação de verbos irregulares

(1) CABER

Presente Ind.	caibo, cabes, cabe, cabemos, cabeis, cabem
Pret. imp. Ind.	cabia, cabias, cabíamos, cabíeis, cabiam
Pret. perf. Ind.	coube, coubeste, coube, coubemos, coubestes, couberam
Mais-que-perf. Ind.	coubera, couberas, coubera, coubéramos, coubéreis, couberam
Futuro Ind.	caberei, caberás, caberá, caberemos, cabereis, caberão
Presente Conj.	caiba, caibas, caiba, caibamos, caibais, caibam
Pret. imp. Conj.	coubesse, coubesses, coubesse, coubéssemos, coubésseis, coubessem
Futuro Conj.	couber, couberes, couber, coubermos, couberdes, couberem
Condicional	caberia, caberias, caberia, caberíamos, caberíeis, caberiam
Imperativo	cabe, caiba (você), caibamos, caibei, caibam (vocês)
Infinitivo pessoal	caber, caberes, caber, cabermos, caberdes, caberem

(2) CONCLUIR

Presente Ind.	concluo, concluis, conclui, concluímos, concluís, concluem
Pret. imp. Ind.	concluía, concluías, concluía, concluíamos, concluíeis, concluíam
Pret. perf. Ind.	concluí, concluíste, concluiu, concluímos, concluístes, concluíram
Mais-que-perf. Ind.	concluíra, concluíras, concluíra, concluíramos, concluíreis, concluíram
Futuro Ind.	concluirei, concluirás, concluirá, concluiremos, concluireis, concluirão
Presente Conj.	conclua, concluas, conclua, concluamos, concluais, concluam
Pret. imp. Conj.	concluísse, concluísses, concluísse, concluíssemos, concluíssem
Futuro Conj.	concluir, concluíres, concluir, concluirmos, concluirdes, concluírem
Condicional	concluiria, concluirias, concluiria, concluiríamos, concluiríeis, concluiriam
Imperativo	conclui, conclua (você), concluamos, concluí, concluam (vocês)

(3) CONDUZIR

Presente Ind.	conduzo, conduzes, conduz, conduzimos, conduzis, conduzem
Pret. imp. Ind.	conduzia, conduzias, conduzia, conduzíamos, conduzíeis, conduziam
Pret. perf. Ind.	conduzi, conduziste, conduziu, conduzimos, conduzistes, conduziram
Mais-que-perf. Ind.	conduzira, conduziras, conduzira, conduzíramos, conduzíreis, conduziram
Futuro Ind.	conduzirei, conduzirás, conduzirá, conduziremos, conduzireis, conduzirão
Presente Conj.	conduza, conduzas, conduza, conduzamos, conduzais, conduzam
Pret. imp. Conj.	conduzisse, conduzisses, conduzisse, conduzíssemos, conduzísseis, conduzissem

Futuro Conj.	conduzir, conduzires, conduzir, conduzirmos, conduzirdes, conduzirem
Condicional	conduziria, conduzirias, conduziria, conduziríamos, conduziríeis, conduziriam
Imperativo	conduz, conduza (você), conduzamos, conduzi, conduzam (vocês)

(4) **CONSTRUIR**

Presente Ind.	construo, constróis, constrói, construímos, construís, constroem
Pret. imp. Ind.	construía, construías, construía, construíamos, construíeis, construíam
Pret. perf. Ind.	construí, construíste, construiu, construímos, construístes, construíram
Mais-que-perf. Ind.	construíra, construíras, construíra, construíramos, construíreis, construíram
Futuro Ind.	construirei, construirás, construirá, construiremos, construireis, construirão
Presente Conj.	construa, construas, construa, construamos, construais, construam
Pret. imp. Conj.	construísse, construísses, construísse, construíssemos, construísseis, construíssem
Futuro Conj.	construir, construíres, construir, construirmos, construirdes, construírem
Condicional	construiria, construirias, construiria, construiríamos, construiríeis, construiriam
Imperativo	constrói, construa (você), construamos, construí, construam (vocês)

(5) **DAR**

Presente Ind.	dou, dás, dá, damos, dais, dão
Pret. imp. Ind.	dava, davas, dava, dávamos, dáveis, davam
Pret. perf. Ind.	dei, deste, deu, demos, destes, deram
Mais-que-perf. Ind.	dera, deras, dera, déramos, déreis, deram
Futuro Ind.	darei, darás, dará, daremos, dareis, darão
Presente Conj.	dê, dês, dê, dêmos, deis, dêem
Pret. imp. Conj.	desse, desses, desse, déssemos, désseis, dessem
Futuro Conj.	der, deres, der, dermos, derdes, derem
Condicional	daria, darias, daria, daríamos, daríeis, dariam
Imperativo	dá, dê (você), dêmos, dai, dêem (vocês)
Infinitivo pessoal	dar, dares, dar, darmos, dardes, darem

(6) **DIZER**

Presente Ind.	digo, dizes, diz, dizemos, dizeis, dizem
Pret. imp. Ind.	dizia, dizias, dizia, dizíamos, dizíeis, diziam
Pret. perf. Ind.	disse, disseste, disse, dissemos, dissestes, disseram
Mais-que-perf. Ind.	dissera, disseras, dissera, disséramos, disséreis, disseram
Futuro Ind.	direi, dirás, dirá, diremos, direis, dirão
Presente Conj.	diga, digas, diga, digamos, digais, digam

Pret. imp. Conj.	dissesse, dissesses, dissesse, disséssemos, dissésseis, dissessem
Futuro Conj.	disser, disseres, disser, dissermos, disserdes, disserem
Condicional	diria, dirias, diria, diríamos, diríeis, diriam
Imperativo	diz, diga (você), digamos, digai, digam (vocês)
Infinitivo pessoal	dizer, dizeres, dizer, dizermos, dizerdes, dizerem

(7)   DORMIR

Presente Ind.	durmo, dormes, dorme, dormimos, dormis, dormem
Pret. imp. Ind.	dormia, dormias, dormia, dormíamos, dormíeis, dormiam
Pret. perf. Ind.	dormi, dormiste, dormiu, dormimos, dormistes, dormiram
Mais-que-perf. Ind.	dormira, dormiras, dormira, dormíramos, dormíreis, dormiram
Futuro Ind.	dormirei, dormirás, dormirá, dormiremos, dormireis, dormirão
Presente Conj.	durma, durmas, durma, durmamos, durmais, durmam
Pret. imp. Conj.	dormisse, dormisses, dormisse, dormíssemos, dormísseis, dormissem
Futuro Conj.	dormir, dormires, dormir, dormirmos, dormirdes, dormirem
Condicional	dormiria, dormirias, dormiria, dormiríamos, dormiríeis, dormiriam
Imperativo	dorme, durma (você), durmamos, dormi, durmam (vocês)

(8)   ESTAR

Presente Ind.	estou, estás, está, estamos, estais, estão
Pret. imp. Ind.	estava, estavas, estava, estavávamos, estáveis, estavam
Pret. perf. Ind.	estive, estiveste, esteve, estivemos, estivestes, estiveram
Mais-que-perf. Ind.	estivera, estiveras, estivera, estivéramos, estivéreis, estiveram
Futuro Ind.	estarei, estarás, estará, estaremos, estareis, estarão
Presente Conj.	esteja, estejas, esteja, estejamos, estejais, estejam
Pret. imp. Conj.	estivesse, estivesses, estivesse, estivéssemos, estivésseis, estivessem
Futuro Conj.	estiver, estiveres, estiver, estivermos, estiverdes, estiverem
Condicional	estaria, estarias, estaria, estaríamos, estaríeis, estariam
Imperativo	está, esteja (você), estejamos, estai, estejam (vocês)
Infinitivo pessoal	estar, estares, estar, estarmos, estardes, estarem

(9)   FAZER

Presente Ind.	faço, fazes, faz, fazemos, fazeis, fazem
Pret. imp. Ind.	fazia, fazias, fazia, fazíamos, fazíeis, faziam
Pret. perf. Ind.	fiz, fizeste, fez, fizemos, fizestes, fizeram
Mais-que-perf. Ind.	fizera, fizeras, fizera, fizéramos, fizéreis, fizeram
Futuro Ind.	farei, farás, fará, faremos, fareis, farão
Presente Conj.	faça, faças, faça, façamos, façais, façam
Pret. imp. Conj.	fizesse, fizesses, fizesse, fizéssemos, fizésseis, fizessem

Futuro Conj.	fizer, fizeres, fizer, fizermos, fizerdes, fizerem
Condicional	faria, farias, faria, faríamos, faríeis, fariam
Imperativo	faz, faça (você), façamos, fazei, façam (vocês)
Infinitivo pessoal	fazer, fazeres, fazer, fazermos, fazerdes, fazerem

(10) HAVER

Presente Ind.	hei, hás, há, havemos, haveis, hão
Pret. imp. Ind.	havia, havias, havia, havíamos, havíeis, haviam
Pret. perf. Ind.	houve, houveste, houve, houvemos, houvestes, houveram
Mais-que-perf. Ind.	houvera, houveras, houvera, houvéramos, houvéreis, houveram
Futuro Ind.	haverei, haverás, haverá, haveramos, havereis, haverão
Presente Conj.	haja, hajas, haja, hajamos, hajais, hajam
Pret. imp. Conj.	houvesse, houvesses, houvesse, houvéssemos, houvésseis, houvessem
Futuro Conj.	houver, houveres, houver, houvermos, houverdes, houverem
Condicional	haveria, haverias, haveria, haveríamos, haveríeis, haveriam
Imperativo	há, haja (você), hajamos, havei, hajam (vocês)
Infinitivo pessoal	haver, haverás, haverá, havermos, havereis, haverão

(11) HAVER DE

| *Presente Ind.* | hei-de, hás-de, há-de, havemos de, haveis de, hão-de |

(12) IR

Presente Ind.	vou, vais, vai, vamos, ides, vão
Pret. imp. Ind.	ia, ias, ia, íamos, ieis, iam
Pret. perf. Ind.	fui, foste, foi, fomos, fostes, foram
Mais-que-perf. Ind.	fora, foras, fora, fôramos, fôreis, foram
Futuro Ind.	irei, irás, irá, iremos, ireis, irão
Presente Conj.	vá, vás, vá, vamos, vades, vão
Pret. imp. Conj.	fosse, fosses, fosse, fôssemos, fôsseis, fossem
Futuro Conj.	for, fores, for, formos, fordes, forem
Condicional	iria, irias, iria, iríamos, iríeis, iriam
Imperativo	vai, vá (você), vamos, ide, vão (vocês)
Infinitivo pessoal	ir, ires, ir, irmos, irdes, irem

(13) JAZER

Presente Ind.	jazo, jazes, jaz, jazemos, jazeis, jazem
Pret. imp. Ind.	jazia, jazias, jazia, jazíamos, jazíeis, jaziam
Pret. perf. Ind.	jazi, jazeste, jazeu, jazemos, jazestes, jazeram
Mais-que-perf. Ind.	jazera, jazeras, jazera, jazeramos, jazêreis,

Futuro Ind.	jazerei, jazerás, jazerá, jazeremos, jazereis, jazerão
Presente Conj.	jaza, jazas, jaza, jazamos, jazais, jazam
Pret. imp. Conj.	jazesse, jazesses, jazesse, jazêssemos, jazêsseis, jazessem
Futuro Conj.	jazer, jazeres, jazer, jazermos, jazerdes, jazerem
Condicional	jazeria, jazerias, jazeria, jazeríamos, jazeríeis, jazeriam
Imperativo	jaze, jaza (você), jazamos, jazei, jazam (vocês)

(14) LER

Presente Ind.	leio, lês, lê, lemos, ledes, lêem
Pret. imp. Ind.	lia, lias, lia, líamos, líeis, liam
Pret. perf. Ind.	li, leste, leu, lemos, lestes, leram
Mais-que-perf. Ind.	lera, leras, lera, lêramos, lêreis, leram
Futuro Ind.	lerei, lerás, leremos, lereis, lerão
Presente Conj.	leia, leias, leia, leiamos, leiais, leiam
Pret. imp. Conj.	lesse, lesses, lesse, lêssemos, lêsseis, lessem
Futuro Conj.	ler, leres, ler, lermos, lerdes, lerem
Condicional	leria, lerias, leria, leríamos, leríeis, leriam
Imperativo	lê, leia (você), leiamos, lede, leiam (vocês)

(15) MENTIR

Presente Ind.	minto, mentes, mente, mentimos, mentis, mentem
Pret. imp. Ind.	mentia, mentias, mentia, mentíamos, mentíeis, mentiam
Pret. perf. Ind.	menti, mentiste, mentiu, mentimos, mentistes, mentiram
Mais-que-perf. Ind.	mentira, mentiras, mentira, mentíramos, mentíreis, mentiram
Futuro Ind.	mentirei, mentirás, mentirá, mentiremos, mentireis, mentirão
Presente Conj.	minta, mintas, minta, mintamos, mintais, mintam
Pret. imp. Conj.	mentisse, mentisses, mentisse, mentíssemos, mentísseis, mentissem
Futuro Conj.	mentir, mentires, mentir, mentirmos, mentirdes, mentirem
Condicional	mentiria, mentirias, mentiria, mentiríamos, mentiríeis, mentiriam
Imperativo	menta, minta (você), mintamos, mintam (vocês)

(16) OUVIR

Presente Ind.	ouço, ouves, ouve, ouvimos, ouvis, ouvem
Pret. imp. Ind.	ouvia, ouvias, ouvia, ouvíamos, ouvíeis, ouviam
Pret. perf. Ind.	ouvi, ouviste, ouviu, ouvimos, ouvistes, ouviram
Mais-que-perf. Ind.	ouvira, ouviras, ouvira, ouvíramos, ouvireis, ouviram
Futuro Ind.	ouvirei, ouvirás, ouvirá, ouviremos, ouvireis
Presente Conj.	ouça, ouças, ouça, ouçamos, ouçais, ouçam
Pret. imp. Conj.	ouvisse, ouvisses, ouvisse, ouvíssemos, ouvísseis, ouvissem

Futuro Conj.	ouvir, ouvires, ouvir, ouvirmos, ouvirdes, ouvirem
Condicional	ouviria, ouvirias, ouviria, ouviríamos, ouviríeis, ouviriam
Imperativo	ouve, ouça (você), ouçamos, ouvi, ouçam (vocês)

(17) PASSEAR

Presente Ind.	passeio, passeias, passeia, passeamos, passeais, passeiam
Pret. imp. Ind.	passeava, passeavas, passeava, passeávamos, passeáveis, passeavam
Pret. perf.	passeei, passeaste, passeou, passeámos, passeastes, passearam
Pret. mais-que-perf.	passeara, passearas, passeara, passeáramos, passeáreis, passearam
Futuro	passearei, passearás, passeará, passearemos, passeareis, passearão
Presente Conj.	passeie, passeies, passeie, passeemos, passeeis, passeiem
Pret. imp. Conj.	passeasse, passeasses, passeasse, passeássemos, passeásseis, passeassem
Futuro Conj.	passear, passeares, passear, passearmos, passeardes, passearem
Condicional	passearia, passearias, passearia, passearíamos, passearíeis, passeariam
Imperativo	passeia, passeie (você), passeemos, passeai, passeiem (vocês)

(18) PEDIR

Presente Ind.	peço, pedes, pede, pedimos, pedis, pedem
Pret. imp. Ind.	pedia, pedias, pedia, pedíamos, pedíeis, pediam
Pret. perf. Ind.	pedi, pediste, pediu, pedimos, pedistes, pediram
Mais-que-perf. Ind.	pedira, pediras, pedira, pedíramos, pedíreis, pediram
Futuro Ind.	pedirei, pedirás, pedirá, pediremos, pedireis, pedirão
Presente Conj.	peça, peças, peça, peçamos, peçais, peçam
Pret. imp. Conj.	pedisse, pedisses, pedisse, pedíssemos, pedísseis, pedissem
Futuro Conj.	pedir, pedires, pedir, pedirmos, pedirdes, pedirem
Condicional	pediria, pedirias, pediria, pediríamos, pediríeis, pediriam
Imperativo	pede, peça (você), peçamos, peçam (você)

(19) PERDER

Presente Ind.	perco, perdes, perde, perdemos, perdeis, perdem
Pret. imp. Ind.	perdia, perdias, perdia, perdíamos, perdíeis, perdiam
Pret. perf. Ind.	perdi, perdeste, perdeu, perdemos, perdestes, perderam
Mais-que-perf. Ind.	perdera, perderas, perder, perdêramos, perdêreis, perderam
Futuro Ind.	perderei, perderás, perderá, perderemos, perdereis, perderão
Presente Conj.	perca, percas, perca, percamos, percais, percam
Pret. imp. Conj.	perdesse, perdesses, perdesse, perdêssemos, perdêsseis, perdessem
Futuro Conj.	perder, perderes, perder, perdermos, perderdes, perderem
Condicional	perderia, perderias, perderia, perderíamos, perderíeis, perderiam
Imperativo	perde, perca (você), percamos, percam (vocês)

(20) PODER

Presente Ind.	posso, podes, pode, podemos, podeis, podem
Pret. imp. Ind.	podia, podias, podia, podíamos, podíeis, podiam
Pret. perf. Ind.	pude, pudeste, pôde, pudemos, pudestes, puderam
Mais-que-perf. Ind.	pudera, puderas, pudera, pudéramos, pudéreis, puderam
Futuro Ind.	poderei, poderás, poderá, poderemos, podereis, poderão
Presente Conj.	possa, possas, possa, possamos, possais, possam
Pret. imp. Conj.	pudesse, pudesses, pudesse, pudéssemos, pudésseis, pudessem
Futuro Conj.	puder, puderes, puder, pudermos, puderdes, puderem
Condicional	poderia, poderias, poderia, poderíamos, poderíeis, poderiam
Imperativo	pode, possa (você), possamos, possam (vocês)
Infinitivo pessoal	poder, poderes, poder, podermos, poderdes, poderem

(21) PÔR

Presente Ind.	ponho, pões, põe, pomos, pondes, põem
Pret. imp. Ind.	punha, punhas, punha, púnhamos, púnheis, punham
Pret. perf. Ind.	pus, puseste, pôs, pusemos, pusestes, puseram
Mais-que-perf. Ind.	pusera, puseras, pusera, puséramos, puséreis
Futuro Ind.	porei, porás, porá, poremos, poreis, porão
Presente Conj.	ponha, ponhas, ponha, ponhamos, ponhais, ponham
Pret. imp. Conj.	pusesse, pusesses, pusesse, puséssemos, pusésseis, pusessem
Futuro Conj.	puser, puseres, puser, pusermos, puserdes, puser
Condicional	poria, porias, poria, poríamos, poríeis, poriam
Imperativo	põe, ponha (você), ponhamos, ponham (vocês)
Infinitivo pessoal	pôr, pores, pôr, pormos, pordes, porem

(22) PREMIR

Presente Ind.	primo, primes, prime, premimos, premis, primem
Pret. imp. Ind.	premia, premias, premia, premíamos, premíeis, premiam
Pret. perf. Ind.	premi, premiste, premiu, premimos, premistes, premiram
Mais-que-perf. Ind.	premira, premiras, premira, premíramos, premíreis, premiram
Futuro Ind.	premirei, premirás, premirá, premiremos, premireis, premirão
Presente Conj.	prima, primas, prima, primamos, primais, primam
Pret. imp. Conj.	premisse, premisses, premisse, premíssemos, premísseis, premissem
Futuro Conj.	premir, premires, premir, premirmos, premirdes, premirem
Condicional	premiria, premirias, premiria, premiríamos, premiríeis, premiriam
Imperativo	prime, prima (você), primamos, primam (vocês)

(23) **QUERER**

Presente Ind.	quero, queres, quer, queremos, quereis, querem
Pret. imp. Ind.	queria, querias, queria, queríamos, queríeis, queriam
Pret. perf. Ind.	quis, quiseste, quis, quisemos, quisestes, quiseram
Mais-que-perf. Ind.	quisera, quiseras, quisera, quiséramos, quiséreis, quiseram
Futuro Ind.	quererei, quererás, quererá, quereremos, querereis, quererão
Presente Conj.	queira, queiras, queira, queiramos, queirais, queiram
Pret. imp. Conj.	quisesse, quisesses, quisesse, quiséssemos, quisésseis, quisessem
Futuro Conj.	quiser, quiseres, quiser, quisermos, quiserdes, quiserem
Condicional	quereria, quererias, quereria, quereríamos, quereríeis, quereriam
Imperativo	quer, queira (você), queiramos, queiram (vocês)
Infinitivo pessoal	querer, quereres, quereremos, quereres, quererem

(24) **REQUERER**

Presente Ind.	requeiro, requeres, requer, requeremos, requereis, requerem
Pret. imp. Ind.	requeria, requerias, requeria, requeríamos, requeríeis, requeriam
Pret. perf. Ind.	requeri, requereste, requereu, requeremos, requerestes, requereram
Mais-que-perf. Ind.	requerera, requereras, requerera, requerêramos, requerêreis, requereram
Futuro Ind.	requererei, requererás, requererá, requereremos, requerereis, requererão
Presente Conj.	requeira, requeiras, requeira, requeiramos, requeirais, requeiram
Pret. imp. Conj.	requeresse, requeresses, requeresse, requerêssemos, requerêsseis, requeressem
Futuro Conj.	requerer, requereres, requerermos, requererdes, requererem
Condicional	requereria, requererias, requereria, requereríamos, requereríeis, requereriam
Imperativo	requer, requeira (você), requeiramos, requerei, requeiram (vocês)

(25) **ROER**

Presente Ind.	roo, róis, rói, roemos, roeis, roem
Pret. imp. Ind.	roía, roías, roía, roíamos, roíeis, roíam
Pret. perf. Ind.	roí, roeste, roeu, roemos, roestes, roeram
Mais-que-perf. Ind.	roera, roeras, roera, roêramos, roêreis, roeram
Futuro Ind.	roerei, roerás, roerá, roeremos, roereis, roerão
Presente Conj.	roa, roas, roa, roamos, roais, roam
Pret. imp. Conj.	roesse, roesses, roesse, roêssemos, roêsseis, roessem
Futuro Conj.	roer, roeres, roer, roermos, roerdes, roerem
Condicional	roeria, roerias, roeria, roeríamos, roeríeis, roeriam
Imperativo	roí (você), roa, roamos, roei, roam (vocês)

(26) SABER

Presente Ind.	sei, sabes, sabe, sabemos, sabeis, sabem
Pret. imp. Ind.	sabia, sabias, sabia, sabíamos, sabíeis, sabiam
Pret. perf. Ind.	soube, soubeste, soube, soubemos, soubestes, souberam
Mais-que-perf. Ind.	soubera, souberas, soubera, soubéramos, soubéreis, souberam
Futuro Ind.	saberei, saberás, saberá, saberemos, sabereis, saberão
Presente Conj.	saiba, saibas, saiba, saibamos, saibais, saibam
Pret. imp. Conj.	soubesse, soubesses, soubesse, soubéssemos, soubésseis, soubessem
Futuro Conj.	souber, souberes, souber, soubermos, souberdes, souberem
Condicional	saberia, saberias, saberia, saberíamos, saberíeis, saberiam
Imperativo	sabe, saiba (você), saibamos, saibam (vocês)
Infinitivo pessoal	saber, saberes, saber, sabermos, saberdes, saberem

(27) SAIR

Presente Ind.	saio, sais, sai, saímos, saís, saem
Pret. imp. Ind.	saía, saías, saía, saíamos, saíeis, saíam
Pret. perf. Ind.	saí, saíste, saiu, saímos, saístes, saíram
Mais-que-perf. Ind.	saíra, saíras, saíra, saíramos, saíreis, saíram
Futuro Ind.	sairei, sairás, sairá, sairemos, saireis, sairão
Presente Conj.	saia, saias, saia, saiamos, saiais, saiam
Pret. imp. Conj.	saísse, saísses, saísse, saíssemos, saísseis, saíssem
Futuro Conj.	sair, saíres, sair, sairmos, sairdes, saírem
Condicional	sairia, sairias, sairia, sairíamos, sairíeis, sairiam
Imperativo	sai, saia (você), saiamos, saí, saiam (vocês)

(28) SER

Presente Ind.	sou, és, é, somos, sois, são
Pret. imp. Ind.	era, eras, era, éramos, éreis, eram
Pret. perf. Ind.	fui, foste, foi, fomos, fostes, foram
Mais-que-perf. Ind.	fora, foras, fora, fôramos, fôreis, foram
Futuro Ind.	serei, serás, será, seremos, sereis, serão
Presente Conj.	seja, sejas, seja, sejamos, sejais, sejam
Pret. imp. Conj.	fosse, fosses, fosse, fôssemos, fôsseis, fossem
Futuro Conj.	for, fores, for, formos, fordes, forem
Condicional	seria, serias, seria, seríamos, seríeis, seriam
Imperativo	sê, seja (você), sejamos, sede, sejam (vocês)
Infinitivo pessoal	ser, seres, ser, sermos, serdes, serem

(29) SUBIR

Presente Ind.	subo, sobes, sobe, subimos, subis, sobem
Pret. imp. Ind.	subia, subias, subia, subíamos, subíeis, subiam
Pret. perf. Ind.	subi, subiste, subiu, subimos, subistes, subiram
Mais-que-perf. Ind.	subira, subiras, subira, subíramos, subíreis, subiram
Futuro Ind.	subirei, subirás, subirá, subiremos, subireis, subirão
Presente Conj.	suba, subas, suba, subamos, subais, subam
Pret. imp. Conj.	subisse, subisses, subisse, subíssemos, subísseis, subissem
Futuro Conj.	subir, subires, subir, subirmos, subirdes, subirem
Condicional	subiria, subirias, subiria, subiríamos, subiríeis, subiriam
Imperativo	sobe, suba (você), subamos, subi, subam (vocês)

(30) TER

Presente Ind.	tenho, tens, tem, temos, tendes, têm
Pret. imp. Ind.	tinha, tinhas, tinha, tínhamos, tínheis, tinham
Pret. perf. Ind.	tive, tiveste, tive, tivemos, tivestes, tiveram
Mais-que-perf. Ind.	tivera, tiveras, tivera, tivéramos, tivéreis, tiveram
Futuro Ind.	terei, terás, terá, teremos, tereis, terão
Presente Conj.	tenha, tenhas, tenha, tenhamos, tenhais, tenham
Pret. imp. Conj.	tivesse, tivesses, tivesse, tivéssemos, tivésseis, tivessem
Futuro Conj.	tiver, tiveres, tiver, tivermos, tiverdes, tiverem
Condicional	teria, terias, teria, teríamos, teríeis, teriam
Imperativo	tem, tenha (você), tenhamos, tende, tenham (vocês)
Infinitivo pessoal	ter, teres, ter, termos, terdes, terem

(31) TRAZER

Presente Ind.	trago, trazes, traz, trazemos, trazeis, trazem
Pret. imp. Ind.	trazia, trazias, trazia, trazíamos, trazíeis, traziam
Pret. perf. Ind.	trouxe, trouxeste, trouxe, trouxemos, trouxestes, trouxeram
Mais-que-perf. Ind.	trouxera, trouxeras, trouxera, trouxéramos, trouxéreis, trouxeram
Futuro Ind.	trarei, trarás, trará, traremos, trareis, trarão
Presente Conj.	traga, tragas, traga, tragamos, tragais, tragam
Pret. imp. Conj.	trouxesse, trouxesses, trouxesse, trouxéssemos, trouxésseis, trouxessem
Futuro Conj.	trouxer, trouxeres, trouxer, trouxermos, trouxerdes, trouxerem
Condicional	traria, trarias, traria, traríamos, traríeis, trariam
Imperativo	traz, traga (você), tragamos, trazei, tragam (vocês)
Infinitivo pessoal	trazer, trazeres, trazer, trazermos, trazerdes, trazerem

(32) **VALER**

Presente Ind.	valho, vales, vale, valemos, valeis, valem
Pret. imp. Ind.	valia, valias, valia, valíamos, valíeis, valiam
Pret. perf. Ind.	vali, valeste, valeu, valemos, valestes, valeram
Mais-que-perf. Ind.	valera, valeras, valera, valêramos, valêreis, valeram
Futuro Ind.	valerei, valerás, valerá, valeremos, valereis, valerão
Presente Conj.	valha, valhas, valha, valhamos, valhais, valham
Pret. imp. Conj.	valesse, valesses, valesse, valêssemos, valêsseis, valessem
Futuro Conj.	valer, valeres, valer, valermos, valerdes, valerem
Condicional	valeria, valerias, valeria, valeríamos, valeríeis, valeriam
Imperativo	vale, valha (você), valhamos, valei, valham (vocês)

(33) **VER**

Presente Ind.	vejo, vês, vê, vemos, vedes, vêem
Pret. imp. Ind.	via, vias, via, víamos, víeis, viam
Pret. perf. Ind.	vi, viste, viu, vimos, vistes, viram
Mais-que-perf. Ind.	vira, viras, vira, víramos, víreis, viram
Futuro Ind.	verei, verás, verá, veremos, vereis, verão
Presente Conj.	veja, vejas, veja, vejamos, vejais, vejam
Pret. imp. Conj.	visse, visses, visse, víssemos, vísseis, vissem
Futuro Conj.	vir, vires, vir, virmos, virdes, virem
Condicional	veria, verias, veria, veríamos, veríeis, veriam
Imperativo	vê, veja (você), vejamos, vede, vejam (vocês)
Infinitivo pessoal	ver, veres, ver, vermos, verdes, verem

(34) **VIR**

Presente Ind.	venho, vens, vem, vimos, vindes, vêm
Pret. imp. Ind.	vinha, vinhas, vinha, vinhamos, vínheis, vinham
Pret. perf. Ind.	vim, vieste, veio, viemos, viestes, vieram
Mais-que-perf. Ind.	viera, vieras, viera, viéramos, viéreis, vieram
Futuro Ind.	verei, virás, viremos, vireis, virão
Presente Conj.	venha, venhas, venha, venhamos, venhais, venham
Pret. imp. Conj.	viesse, viesses, viesse, viéssemos, viésseis, viessem
Futuro Conj.	vier, vieres, vier, viermos, vierdes, vierem
Condicional	viria, virias, viria, viríamos, viríeis, viriam
Imperativo	vem, venha (você), venhamos, vinde, venham (vocês)
Infinitivo pessoal	vir, vires, vir, virmos, virdes, virem

Portugiesische Aussprache – allgemeine Hinweise
Pronúncia portuguesa – indicações gerais

Im Portugiesischen werden die Wörter nicht einzeln ausgesprochen, sondern in Sprech-einheiten miteinander verbunden. So verbindet man z. B. einen auslautenden Konsonant mit einem folgenden anlautenden Vokal. Ein auslautendes **e**, aber auch manchmal **o** oder **a**, fällt vor einem anlautenden Vokal aus:

depois de amanhã [də'poiʒ d amɐ'aɲã]

pequeno almoço [pə'ken al'mosu].

Zwei unbetonte **a**, die aufeinander treffen, werden als ein offenes **a** ausgesprochen:

toda a noite ['toda 'noitə].

Das Alphabet

A	a	[a]
B	b	[be]
C	c	[se]
D	d	[de]
E	e	[ɛ]
F	f	['ɛfə]
G	g	[ge]
H	h	[ɐ'ga]
I	i	[i]
J	j	['ʒɔta]
K	k	['kapa]
L	l	['ɛla]
M	m	['ɛma]
N	n	['ɛna]
O	o	[ɔ]
P	p	[pe]
Q	q	[ke]
R	r	['ɛrə]
S	s	['ɛsə]
T	t	[te]
U	u	[u]
V	v	[ve]
W	w	[vedu'bradu]
X	x	[ʃiʃ]
Y	y	[i'gregu]
Z	z	[ze]

Brasilianische Aussprache – allgemeine Hinweise
Pronúncia brasileira – indicações gerais

Anders als in Portugal werden in Brasilien alle Vokale deutlich ausgesprochen.
In auslautender, unbetonter Stellung wird in Brasilien **e** zu **i**, und **a** – in der Lautschrift [ɐ] – ist nicht so geschlossen wie in Portugal.

Vokale:

au:	ist keine Betonung auf einem der Vokale, dann werden diese zusammenhängend wie im deutschen Wort „Maus" (aber nasal) ausgesprochen, z. B. mau (schlecht) [mau]
ai:	wird stets verbunden ausgesprochen wie „ei" in „Reis", z. B. raiva (Wut) ['raiva]
e:	am Ende des Wortes ohne Akzent wird je nach Region wie „e" oder „i" ausgesprochen. In beiden Fällen wird man verstanden: z. B. rede (Hängematte) ['redsche] oder ['redschi]
ei:	wird niemals wie im Deutschen „ei" (wie z. B. in „Ei") ausgesprochen. Beide Vokale werden einzeln gesprochen, z. B. feira (Markt) ['feira]
eu:	wird nie wie „eu" in „Eule", sondern die Vokale werden immer hintereinander einzeln ausgesprochen wie „e-u", z. B. eu (ich) ['eu]
o:	am Ende des Wortes ohne Akzent kann man als Gringo ruhig als o aussprechen, tatsächlich geht es aber in ein leichtes „u" über, z. B. rio (Fluss) ['riu] oder ['rio]
oi:	wird stets verbunden ausgesprochen wie das „Eu" in der „Eule", z. B. depois (später) [di'pois]
ui:	wird stets nacheinander wie der Ausruf „Ui" ausgesprochen, z. B. muito (viel) ['muito]

Nasallaute:

Wie schon der Name sagt, werden diese Laute leicht durch die Nase gesprochen. Ein typischer Nasallaut im Deutschen ist beispielsweise das „iau" in „Miau".
Den brasilianischen Nasallaut erkennt man auch an der kleinen Welle auf dem Vokal, auch Tilde genannt.

So klingt in etwa:

„ãe"	in mãe (Mutter)	wie	„ai"	in Mai
„ães"	in mães (Mütter)	wie	„ais"	in Mais
„ão"	in portão (Einfahrt)	wie	„au"	in Bau
„ãos"	in portãos (Einfahrten)	wie	„aus"	in Haus
„ões"	in informações (Informationen)	wie	„äuß"	in „äußerst"

Konsonanten:

c:	wird vor a, o und u wie „k" ausgesprochen, z. B. carro (Auto) ['kaho]; ansonsten wie ein scharfes „ß" oder auch nur wie ein einfaches „s", z. B. cedo (früh) ['sedo]
ç:	wird wie ein scharfes „ß" oder auch nur wie ein einfaches „s" ausgesprochen, z. B. praça (Platz) ['praßa] oder ['prasa]
ch:	wird wie „sch" ausgesprochen, z. B. chamar (rufen) [scha'mar]
g:	wird vor den Vokalen „e" und „i" wie „sch" gesprochen, z. B. gelado (gefroren) [sche'lado]
h:	wird am Anfang eines Wortes nicht ausgesprochen, z. B. hesitar (zögern) [esi'tar]
j:	wird am Wortanfang wie „sch" ausgesprochen, z. B. journal (Zeitung) [schor'nau]
lh:	wird wie „lj" ausgesprochen, z. B. toalha (Handtuch) [toal'ja]
l:	wird am Wortende unterschiedlich ausgesprochen. Daher genau auf die Lautschrift achten. So wird aus mal (schlecht) [mau], Brasil (Brasilien) [bra'siu], terrível (schrecklich) [te'hiweo]
nh:	kann wie „nj" oder auch nur „n" ausgesprochen werden, z. B. dinheiro (Geld) [dschin'jeiro] oder [dschin'eiro]
qu:	wird vor „e" und „i" wie „k" ausgesprochen, z. B. que (was) [ke]; ansonsten wie „kw": quarto (Zimmer) ['kwarto]
r:	wird am Wortanfang zu einem „h". Man kann jedoch auch ein Zungen-r aussprechen, z. B. rasgar (zerreißen) [has'gar], aber auch [ras'gar]
rr:	wird als „h" ausgesprochen, z. B. correio (Post) [ko'heio]
x:	wird in der Regel wie ein „sch" ausgesprochen, z. B. xícara (Tasse) ['schikara], in Ausnahmen wie ein „x" in Taxi
z:	wie ein scharfes „ß" oder auch nur wie ein einfaches „s", z. B. dizer (sagen) [di'ßer] oder [di'ser]

Betonung:

Wörter mit nur einem Vokal oder zwei aufeinanderfolgenden Vokalen, die gleichwertig betont werden, haben kein Betonungszeichen. Ansonsten befindet sich der Akzent „ ' " vor dem zu betonenden Vokal, ggf. noch vor dem davor befindlichen Konsonanten. Stehen zwei Vokale hintereinander und befindet sich davor ein Betonungszeichen, so ist der erste Vokal zu betonen.

Beispiele für die korrekte Aussprache und die Betonung:

água	['agwa] (Wasser)	Das „gu" wird zu „gw".
alguém	[au'gein] (irgendjemand)	Aus dem „al" wird ein „au" wie in „Haus".
ao	['ao] (zu)	In dieser Kombination als einzelnes Wort liegt die Betonung auf dem „a". Die Vokale in „São" von São Paulo werden dagegen, da sie kein Betonungszeichen haben, wie in dem Wort „Sau" zusammen nasal (Tilde!) betont.

atual	[atu'au] (aktuell)	Die Endung „-al" wird zu „-au".
bom/bem	[bong/beng] (gut)	Die Endung „-om" wird wie „ong", die Endung „-em" wie „eng" ausgesprochen.
completamente	[kompleta'-meintschi] (vollständig)	Aus dem „c" wird ein „k", aus der Endung „-mente" ein ['meintschi].
e	[i] (und)	Aus dem „e" wird ein „i".
espécie	[e'spesie] (Art)	Das „-ie" am Wortende wird nicht wie im Deutschen als langes „i" ausgesprochen, sondern hintereinander „i-e" wie „Spezie".
há	[a] (es gibt)	Das „h" wird verschluckt, das „a" kurz ausgesprochen.
hoje	['oschi] (heute)	Das „h" wird verschluckt, das „j" zu „sch" und aus dem „e" ein „i".
hospitalidade	[hospitali'dadschi] (Gastfreundschaft)	Die Endung „-ade" wird wie der (Apfel-)„dadschi" ausgesprochen.
mais	[mais] (mehr)	Die Vokale werden zusammenhängend wie in „Mais" gesprochen.
meia	['meia] (halb)	Die Betonung liegt auf dem „ei".
muito	['muito] (viel)	Die Betonung liegt gleichwertig auf dem „u" und dem „i". Beide Vokale werden stets wie ein „ui" in „Pfui" ausgesprochen.
não	[nau] (nein)	Das nasale „a" mit dem „u" wird am Wortende wie das „Nau" im Wort „Nautik" stets zusammen ausgesprochen.
oito	['oito] (acht)	Das „o" und das „i" hintereinander werden stets zusammen wie das „Eu" in „Eule" ausgesprochen.
parente	[pa'reintschi] (Verwandter)	Betonung auf dem „rei"! „e" und „i" werden immer, wenn sie hintereinander folgen, zusammenhängend ausgesprochen.
pé	[pä] (Fuß)	„e" mit Akzent wird wie das deutsche „ä" ausgesprochen.
provavelmente	[prowaweu-'meintschi] (wahrscheinlich)	Das „eu" in der Lautschrift wird nicht wie das „eu" in Eule ausgesprochen, sondern hintereinander „e-u".
sim	[sinn] (ja)	Das „m" ist in diesem Fall nasal und wird eher wie im deutschen „Sinn" ausgesprochen.
talvez	[tau'weiß] (vielleicht)	Aus dem „al" wird ein „au" wie in „Tau". Das „v" wird wie ein „w", das „z" wie ein „ß" ausgesprochen.
terrível	[te'hiweo] (fürchterlich)	Aus dem Doppel-„r" wird ein „h", die Endung „-el" wird zu „-eo".
virgem	['wirscheing] (Jungfrau)	Das „v" wird zu „w", die Betonung liegt auf dem „wi".

Zahlen, Maße und Gewichte
Números, medidas e pesos

0	zero ['zɛru]
1	um [ũ]
2	dois [doiʃ]
3	três [treʃ]
4	quatro ['kwatru]
5	cinco ['sĩŋku]
6	seis [seiʃ]
7	sete ['sɛtə]
8	oito ['oitu]
9	nove ['nɔvə]
10	dez [dɛʃ]
11	onze ['õzə]
12	doze ['dozə]
13	treze ['trezə]
14	catorze [kɐ'torzə]
15	quinze ['kĩzə]
16	dezasseis [dəzɐ'seiʃ]
17	dezassete [dəzɐ'sɛtə]
18	dezoito [də'zɔitu]
19	dezanove [dəzɐ'nɔvə]
20	vinte ['vĩtə]
21	vinte e um ['vĩt‿i 'ũ]
22	vinte e dois ['vĩt‿i 'doiʃ]
23	vinte e três ['vĩt‿i 'treʃ]
24	vinte e quatro ['vĩt‿i 'kwatru]
25	vinte e cinco ['vĩt‿i 'sĩŋku]
26	vinte e seis ['vĩt‿i 'seiʃ]
27	vinte e sete ['vĩt‿i 'sɛtə]
28	vinte e oito ['vĩt‿i 'oitu]
29	vinte e nove ['vĩt‿i 'nɔvə]
30	trinta ['trĩtɐ]
31	trinta e um ['trĩtɐ i 'ũ]
32	trinta e dois ['trĩtɐ i 'doiʃ]
40	quarenta [kwɐ'rẽtɐ]

50	cinquenta (qü) [sĩŋˈkwẽntɐ]
60	sessenta [sǝˈsẽntɐ]
70	setenta [sǝˈtẽntɐ]
80	oitenta [oiˈtẽntɐ]
90	noventa [nuˈvẽntɐ]
100	cem [sẽi]
101	cento e um [ˈsẽntwi ũ]
200	duzentos [duˈzẽntuʃ]
300	trezentos [trǝˈzẽntuʃ]
1 000	mil [mil]
2 000	dois mil [doiʒ mil]
3 000	três mil [treʒ mil]
10 000	dez mil [dɛʒ mil]
100 000	cem mil [sẽi mil]
1 000 000	um milhão [ũ mǝˈʎẽu]

1.	primeiro [priˈmeiru]
2.	segundo [sǝˈgũndu]
3.	terceiro [tǝrˈseiru]
4.	quarto [ˈkwartu]
5.	quinto [ˈkĩntu]
6.	sexto [ˈseiʃtu]
7.	sétimo [ˈsɛtimu]
8.	oitavo [oiˈtavu]
9.	nono [ˈnonu]
10.	décimo [ˈdɛsimu]

1/2	um meio [ũ ˈmeju]
1/3	um terço [ũ ˈtersu]
1/4	um quarto [ũ ˈkwartu]
3/4	três quartos [treʃ ˈkwartuʃ]
3,5%	três e meio por cento [trez_i ˈmeju pur ˈsẽntu]

| 27 °C | vinte e sete graus [ˈvĩnt_i ˈsɛtǝ grauʃ] |
| –5 °C | cinco graus negativos [ˈsĩŋku grauʒ nǝgeˈtivuʃ] |

| 1999 | mil novecentos e noventa e nove
[mil nɔvǝˈsentuz_i nuˈvẽnt_i ˈnɔvǝ] |
| 2000 | dois mil [doiʒ mil] |

2001	**dois mil e um** [doiʒ mil‿i ũ]
Millimeter	**milímetro** [mi'limətru]
Zentimeter	**centímetro** [sen'timətru]
Meter	**metro** ['mɛtru]
Kilometer	**quilómetro (ô)** [ki'lɔmətru]
Seemeile	**milha marítima** ['miʎɐ mɐ'ritimɐ]
Quadratmeter	**metro quadrado** ['mɛtru kwa'dradu]
Quadratkilometer	**quilómetro (ô) quadrado** [ki'lɔmətru kwɐ'dradu]
Liter	**litro** ['litru]
Gramm	**o grama** [u 'grɐmɐ]
Kilogramm	**o quilograma** [u kilu'grɐmɐ] **quilo** ['kilu]

Häufig gebrauchte Abkürzungen
As abreviaturas mais usadas

a/c	ao cuidado de	per Adresse, bei
ACP	Automóvel Clube de Portugal	portugiesischer Automobilclub
Ap.to	apartamento	Appartement
Av.	avenida	Allee
B., B.o	beco	Gasse
C., Calç.	calçada	Straße
CDS - PP	Partido Popular CDS - PP	Volkspartei - Demokratisch-Soziales Zentrum
cl.	classe	Klasse
CP	Caminhos de Ferro Portugueses, EP	Portugiesische Eisenbahngesellschaft
CV	cavalo-vapor	Pferdestärke
d.to	direito	rechts
esq.	esquerdo	links
GNR	Guarda Nacional Republicana	Gendarmerie
L.	largo	Platz
Lx.a	Lisboa	Lissabon
n.o	número	Nummer
P.	praça	Platz
PC	Partido Comunista	Kommunistische Partei
p.ex.	por exemplo	zum Beispiel
p.f.	por favor	bitte
PGA	Portugália Airlines	portugiesische Fluggesellschaft
PJ	Polícia Judiciária	Kriminalpolizei
PS	Partido Socialista	Sozialistische Partei
PSD	Partido Social Democrata	Sozialdemokratische Partei
PSP	Polícia de Segurança Pública	Ordnungspolizei
R$	real (reais)	Real
R.	rua	Straße
r/c	rés-do-chão	Erdgeschoss
RP	República Portuguesa	Republik Portugal
Sr.	Senhor	Herr(n)
Sr.a	Senhora	Frau, Fräulein
TAP, tap	Transportes Aéreos Portugueses, Air Portugal	staatliche portugiesische Fluggesellschaft

Conteúdo e estrutura alemão-português

Todos os **vocábulos** estão ordenados alfabeticamente e realçados em cores.

Jh. *abk v* **Jahrhundert** séc. *c*
jiddisch *adj* judaico-alemão

Palavras de grafia idêntica mas com origens diferentes têm as entradas com numeração elevada.

Kiefer¹ ['kiːf] *m* <-s, -> (AN
Kiefer² *f* <-n> (BOT) pinhei

A antiga grafia está **sombreada em azul** e reformada está marcada com ᴿᴿ.

Schifffahrtᴿᴿ *f kein pl*, **Sch**

Em exemplos e expressões o **til** representa a entrada.

Sahne ['zaːnə] *f kein pl* nata
natas em castelo

Inclusão dos **femininos** dos substantivos e dos adjectivos.

Lehrer(in) *m (f)* <-s, - *o* -in
Prinz, -essin [prːnts] *m, f,* <
princesa *f*

As indicações sobre os **plurais irregulares** estão inscritas em seguida ao vocábulo.

Material [materiˈaːl] *nt* <-s,

Nos verbos alemães de **partícula separável** faz-se a indicação com um traço vertical |

ab| ändern *vt* mudar, alter

Assinalam-se com * os verbos alemães com **particípios que não são formados com "ge-".**

ab| bestellen* *vt (Hotelzi*
celar a encomenda, dar con

Nos substantivos, indicam-se as **terminações:** o nominativo do plural, em substantivos femininos, o genitivo do singular e o nominativo do plural em substantivos masculinos e neutros.

Liege ['liːgə] *f* <-n>
Hase ['haːzə] *m* <-n, -n>
Ballett [baˈlɛt] *nt* <-(e)s, -

As cifras romanas servem para indicar as distintas **espécies de palavras.**
As cifras árabes distinguem os diferentes **significados** dum vocábulo.

ein| gehen I. *vt irr* **1.** *(Risiko*
aposta **2.** *(Ehe)* contrair; *(Ver*
(zustimmen) aceder *(auf* a); *(*
einandersetzen) entrar *(auf e*

Vários **indicadores** ajudam a achar a tradução correcta:

sanieren* *vt* **1.** *(Gebäude, A*
(WIRTSCH) sanear, reabilitar **3.**
Satz [zats] *m* <-es, Sätze> **1**
(Set) jogo *m, nt (Briefmarker*
3. *(Sprung)* salto *m*, pulo *m*
Schlegel *m* <-s, -> *(österr, s*
ab| bremsen *vi* travar; *(bras*
ab| checken *vt* (*umg*) contro

- Indicação da **especialidade**
- **Definições** e **sinónimos** sujeitos e **complementos** típicos e demais **explicações**
- Inclusão de **brasileirismos**, indicações sobre o **significado** e o **uso na Suíça** e **Áustria.**
Indicação de **estilo**